NomosKommentar

Prof. Dr. Andreas Jurgeleit [Hrsg.]

Betreuungsrecht

Handkommentar

3. Auflage

Roberto Bučić, Richter am Oberlandesgericht Hamm | **Dr. Andrea Diekmann**, Vizepräsidentin des Landgerichts Berlin | **Prof. Dr. Andreas Jurgeleit**, Richter am Bundesgerichtshof, Honorarprofessor der Ruhr-Universität Bochum | **Margrit Kania**, Überörtliche Betreuungsbehörde, Die Senatorin für Soziales, Kinder, Jugend und Frauen, Bremen | **Dr. Peter Kieß**, Vorsitzender Richter am Landgericht Dresden | **Reinhard Langholf**, Behörde für Soziales, Familie, Gesundheit und Verbraucherschutz (BSG), Referatsleiter Betreuung, Hamburg | **Dr. Klaus Maier**, Richter am Oberlandesgericht Frankfurt/M. | **Sybille M. Meier**, Rechtsanwältin, Fachanwältin für Medizinrecht, Fachanwältin für Sozialrecht, Berlin | **Alexandra Reinfarth**, Diplom-Rechtspflegerin am Amtsgericht Schöneberg, Berlin | **Dr. Immanuel Stauch**, Vorsitzender Richter am Landgericht Tübingen

Die Deutsche Nationalbibliothek verzeichnet diese Publikation in
der Deutschen Nationalbibliografie; detaillierte bibliografische
Daten sind im Internet über http://dnb.d-nb.de abrufbar.

ISBN 978-3-8487-0357-9

3. Auflage 2013
© Nomos Verlagsgesellschaft, Baden-Baden 2013. Printed in Germany. Alle
Rechte, auch die des Nachdrucks von Auszügen, der fotomechanischen Wiedergabe und der Übersetzung, vorbehalten.

Vorwort zur dritten Auflage

Seit der zweiten Auflage sind dreieinhalb betreuungsrechtlich spannende Jahre vergangen. Das BVerfG und der BGH haben mit ihrer Rechtsprechung tiefgreifende Änderungen des Unterbringungsrechts angestoßen, die der Gesetzgeber zu Beginn dieses Jahres umgesetzt hat. Die unter dem Vorsitz des Bundesjustizministeriums tagende interdisziplinäre Arbeitsgruppe zum Betreuungsrecht hat im Oktober 2011 ihre Ergebnisse vorgestellt. Diese sind in den Gesetzesentwurf der Bundesregierung „zur Stärkung der Funktionen der Betreuungsbehörde" eingeflossen. Das Kostenrecht hat der Gesetzgeber grundsätzlich reformiert. Die 2009 in Kraft getretene Reform des Verfahrensrechts konnte sich bewähren. Und der BGH musste als nunmehr allein zuständiges Rechtsbeschwerdegericht den Sachverstand der OLG-Senate ersetzen.

Die mit den gesetzgeberischen Initiativen, der Bewährung des geltenden Rechts und dessen Weiterentwicklung durch den BGH einhergehenden Ausgestaltungen und Veränderungen sind in der Neuauflage umfassend berücksichtigt. Dabei ist die Konzeption des Kommentars, aus den verschiedenen Perspektiven der mit dem Betreuungsrecht befassten Professionen Probleme aufzuzeigen und Lösungen zu entwickeln, unverändert geblieben. Für Anregungen und Kritik sind wir weiterhin dankbar.

Bochum, im Juni 2013
Andreas Jurgeleit

Inhaltsverzeichnis

Vorwort zur dritten Auflage 5
Bearbeiterverzeichnis 13
Abkürzungsverzeichnis 15
Literaturverzeichnis 33
Einleitung 39

Bürgerliches Gesetzbuch (BGB)

§ 1632	Herausgabe des Kindes; Bestimmung des Umgangs; Verbleibensanordnung bei Familienpflege	47
§ 1784	Beamter oder Religionsdiener als Vormund	51
§ 1787	Folgen der unbegründeten Ablehnung	52
§ 1791 a	Vereinsvormundschaft	54
§ 1792	Gegenvormund	55
§ 1795	Ausschluss der Vertretungsmacht	58
§ 1796	Entziehung der Vertretungsmacht	62
§ 1797	Mehrere Vormünder	64
§ 1798	Meinungsverschiedenheiten	65
§ 1799	Pflichten und Rechte des Gegenvormunds	66
§ 1802	Vermögensverzeichnis	66
§ 1803	Vermögensverwaltung bei Erbschaft oder Schenkung	73
§ 1805	Verwendung für den Vormund	75
§ 1806	Anlegung von Mündelgeld	77
§ 1807	Art der Anlegung	78
§ 1809	Anlegung mit Sperrvermerk	82
§ 1810	Mitwirkung von Gegenvormund oder Familiengericht	83
§ 1811	Andere Anlegung	84
§ 1812	Verfügungen über Forderungen und Wertpapiere	88
§ 1813	Genehmigungsfreie Geschäfte	91
§ 1814	Hinterlegung von Inhaberpapieren	93
§ 1815	Umschreibung und Umwandlung von Inhaberpapieren	95
§ 1816	Sperrung von Buchforderungen	96
§ 1817	Befreiung	97
§ 1818	Anordnung der Hinterlegung	99
§ 1819	Genehmigung bei Hinterlegung	99
§ 1820	Genehmigung nach Umschreibung und Umwandlung	100
§ 1821	Genehmigung für Geschäfte über Grundstücke, Schiffe oder Schiffsbauwerke	101
§ 1822	Genehmigung für sonstige Geschäfte	107

§ 1823	Genehmigung bei einem Erwerbsgeschäft des Mündels	121
§ 1824	Genehmigung für die Überlassung von Gegenständen an den Mündel	122
§ 1825	Allgemeine Ermächtigung	123
§ 1826	Anhörung des Gegenvormunds vor Erteilung der Genehmigung	125
§ 1828	Erklärung der Genehmigung	126
§ 1829	Nachträgliche Genehmigung	131
§ 1830	Widerrufsrecht des Geschäftspartners	134
§ 1831	Einseitiges Rechtsgeschäft ohne Genehmigung	135
§ 1832	Genehmigung des Gegenvormunds	138
§ 1833	Haftung des Vormunds	138
§ 1834	Verzinsungspflicht	172
Übersicht vor §§ 1835 ff		173
§ 1835	Aufwendungsersatz	175
§ 1835 a	Aufwandsentschädigung	190
§ 1836	Vergütung des Vormunds	196
§ 1836 c	Einzusetzende Mittel des Mündels	202
§ 1836 d	Mittellosigkeit des Mündels	212
§ 1836 e	Gesetzlicher Forderungsübergang	216
§ 1837	Beratung und Aufsicht	222
§ 1839	Auskunftspflicht des Vormunds	230
§ 1840	Bericht und Rechnungslegung	232
§ 1841	Inhalt der Rechnungslegung	236
§ 1842	Mitwirkung des Gegenvormunds	238
§ 1843	Prüfung durch das Familiengericht	239
§ 1846	Einstweilige Maßregeln des Familiengerichts	242
§ 1857 a	Befreiung des Jugendamts und des Vereins	247
§ 1888	Entlassung von Beamten und Religionsdienern	252
§ 1890	Vermögensherausgabe und Rechnungslegung	252
§ 1891	Mitwirkung des Gegenvormunds	258
§ 1892	Rechnungsprüfung und -anerkennung	259
§ 1893	Fortführung der Geschäfte nach Beendigung der Vormundschaft, Rückgabe von Urkunden	261
§ 1894	Anzeige bei Tod des Vormunds	272
§ 1895	Amtsende des Gegenvormunds	273
§ 1896	Voraussetzungen	273
Anhang 1 zu § 1896 Vollmacht		319
Anhang 2 zu § 1896 Vorsorgeregister-Verordnung		322
Anhang 3 zu § 1896 Vorsorgeregister-Gebührensatzung		325
§ 1897	Bestellung einer natürlichen Person	326

§ 1898	Übernahmepflicht	345
§ 1899	Mehrere Betreuer	348
§ 1900	Betreuung durch Verein oder Behörde	355
§ 1901	Umfang der Betreuung, Pflichten des Betreuers	359
§ 1901 a	Patientenverfügung	381
§ 1901 b	Gespräch zur Feststellung des Patientenwillens	391
§ 1901 c	Schriftliche Betreuungswünsche, Vorsorgevollmacht	393
§ 1902	Vertretung des Betreuten	401
§ 1903	Einwilligungsvorbehalt	420
§ 1904	Genehmigung des Betreuungsgerichts bei ärztlichen Maßnahmen	437
§ 1905	Sterilisation	451
§ 1906	Genehmigung des Betreuungsgerichts bei der Unterbringung	459
§ 1907	Genehmigung des Betreuungsgerichts bei der Aufgabe der Mietwohnung	479
§ 1908	Genehmigung des Betreuungsgerichts bei der Ausstattung	488
§ 1908 a	Vorsorgliche Betreuerbestellung und Anordnung des Einwilligungsvorbehalts für Minderjährige	490
§ 1908 b	Entlassung des Betreuers	491
§ 1908 c	Bestellung eines neuen Betreuers	522
§ 1908 d	Aufhebung oder Änderung von Betreuung und Einwilligungsvorbehalt	528
§ 1908 f	Anerkennung als Betreuungsverein	539
§ 1908 g	Behördenbetreuer	552
§ 1908 i	Entsprechend anwendbare Vorschriften	553

Einführungsgesetz zum Bürgerlichen Gesetzbuche (EGBGB)

Artikel 24	Vormundschaft, Betreuung und Pflegschaft	561

Gesetz über die Wahrnehmung behördlicher Aufgaben bei der Betreuung Volljähriger (Betreuungsbehördengesetz – BtBG)

Übersicht vor § 1		563
§ 1	Sachliche Zuständigkeit	568
§ 2	Durchführung überörtlicher Aufgaben	572
§ 3	Örtliche Zuständigkeit	578
§ 4	Beratung	580
§ 5	Fortbildung	586

§ 6	Aufgaben	589
§ 7	Mitteilung an das Betreuungsgericht	595
§ 8	Unterstützung des Betreuungsgerichts	596
§ 9	Sonstige Vorschriften	600

Gesetz über die Vergütung von Vormündern und Betreuern (Vormünder- und Betreuervergütungsgesetz – VBVG)

Übersicht vor § 1		606
§ 1	Feststellung der Berufsmäßigkeit und Vergütungsbewilligung	607
§ 2	Erlöschen der Ansprüche	612
§ 3	Stundensatz des Vormunds	614
§ 4	Stundensatz und Aufwendungsersatz des Betreuers	619
§ 5	Stundenansatz des Betreuers	633
§ 6	Sonderfälle der Betreuung	651
§ 7	Vergütung und Aufwendungsersatz für Betreuungsvereine	656
§ 8	Vergütung und Aufwendungsersatz für Behördenbetreuer	659
§ 9	Abrechnungszeitraum für die Betreuungsvergütung	662
§ 10	Mitteilung an die Betreuungsbehörde	664
§ 11	Umschulung und Fortbildung von Berufsvormündern	668

Gesetz über das Verfahren in Familiensachen und in den Angelegenheiten der freiwilligen Gerichtsbarkeit (FamFG)

§ 168	Beschluss über Zahlungen des Mündels	671
Übersicht vor §§ 271 ff		681
§ 271	Betreuungssachen	692
§ 272	Örtliche Zuständigkeit	695
§ 273	Abgabe bei Änderung des gewöhnlichen Aufenthalts	709
§ 274	Beteiligte	715
§ 275	Verfahrensfähigkeit	734
§ 276	Verfahrenspfleger	738
§ 277	Vergütung und Aufwendungsersatz des Verfahrenspflegers	745
§ 278	Anhörung des Betroffenen	751
§ 279	Anhörung der sonstigen Beteiligten, der Betreuungsbehörde und des gesetzlichen Vertreters	772
§ 280	Einholung eines Gutachtens	777
§ 281	Ärztliches Zeugnis; Entbehrlichkeit eines Gutachtens	793

Inhaltsverzeichnis

§ 282	Vorhandene Gutachten des Medizinischen Dienstes der Krankenversicherung	800
§ 283	Vorführung zur Untersuchung	806
§ 284	Unterbringung zur Begutachtung	815
§ 285	Herausgabe einer Betreuungsverfügung oder der Abschrift einer Vorsorgevollmacht	821
§ 286	Inhalt der Beschlussformel	829
§ 287	Wirksamwerden von Beschlüssen	843
§ 288	Bekanntgabe	850
§ 289	Verpflichtung des Betreuers	856
§ 290	Bestellungsurkunde	861
§ 291	Überprüfung der Betreuerauswahl	863
§ 292	Zahlungen an den Betreuer FamFG	867
§ 293	Erweiterung der Betreuung oder des Einwilligungsvorbehalts	867
§ 294	Aufhebung und Einschränkung der Betreuung oder des Einwilligungsvorbehalts	876
§ 295	Verlängerung der Betreuung oder des Einwilligungsvorbehalts	885
§ 296	Entlassung des Betreuers und Bestellung eines neuen Betreuers	890
§ 297	Sterilisation	898
§ 298	Verfahren in Fällen des § 1904 des Bürgerlichen Gesetzbuchs	912
§ 299	Verfahren in anderen Entscheidungen	929
§ 300	Einstweilige Anordnung	945
§ 301	Einstweilige Anordnung bei gesteigerter Dringlichkeit	956
§ 302	Dauer der einstweiligen Anordnung	959
§ 303	Ergänzende Vorschriften über die Beschwerde	963
§ 304	Beschwerde der Staatskasse	1003
§ 305	Beschwerde des Untergebrachten	1005
§ 306	Aufhebung des Einwilligungsvorbehalts	1007
§ 307	Kosten in Betreuungssachen	1009
§ 308	Mitteilung von Entscheidungen	1025
§ 309	Besondere Mitteilungen	1031
§ 310	Mitteilungen während einer Unterbringung	1034
§ 311	Mitteilungen zur Strafverfolgung	1035
§ 312	Unterbringungssachen	1036
§ 313	Örtliche Zuständigkeit	1042
§ 314	Abgabe der Unterbringungssache	1046
§ 315	Beteiligte	1048
§ 316	Verfahrensfähigkeit	1052

§ 317	Verfahrenspfleger	1054
§ 318	Vergütung und Aufwendungsersatz des Verfahrenspflegers	1059
§ 319	Anhörung des Betroffenen	1060
§ 320	Anhörung der sonstigen Beteiligten und der zuständigen Behörde	1067
§ 321	Einholung eines Gutachtens	1067
§ 322	Vorführung zur Untersuchung; Unterbringung zur Begutachtung	1073
§ 323	Inhalt der Beschlussformel	1077
§ 324	Wirksamwerden von Beschlüssen	1080
§ 325	Bekanntgabe	1082
§ 326	Zuführung zur Unterbringung	1084
§ 327	Vollzugsangelegenheiten	1086
§ 328	Aussetzung des Vollzugs	1089
§ 329	Dauer und Verlängerung der Unterbringung	1091
§ 330	Aufhebung der Unterbringung	1093
§ 331	Einstweilige Anordnung	1095
§ 332	Einstweilige Anordnung bei gesteigerter Dringlichkeit	1099
§ 333	Dauer der einstweilen Anordnung	1101
§ 334	Einstweilige Maßregeln	1103
§ 335	Ergänzende Vorschriften über die Beschwerde	1104
§ 336	Einlegung der Beschwerde durch den Betroffenen	1118
§ 337	Kosten in Unterbringungssachen	1119
§ 338	Mitteilung von Entscheidungen	1121
§ 339	Benachrichtigung von Angehörigen	1123
§ 340	Betreuungsgerichtliche Zuweisungssachen	1123
§ 341	Örtliche Zuständigkeit	1127

Stichwortverzeichnis 1129

Bearbeiterverzeichnis

Roberto Bučić, Richter am Oberlandesgericht Hamm (Übersicht vor §§ 271 ff, §§ 271–274, 278–291, 293–302, 306–311, 340, 341 FamFG; Übersicht vor § 1 BtBG Rn 8–14)

Dr. *Andrea Diekmann*, Vizepräsidentin des Landgerichts Berlin
(§§ 312–315, 319–334, 337–339 FamFG)

Prof. Dr. *Andreas Jurgeleit*, Richter am Bundesgerichtshof, Honorarprofessor der Ruhr-Universität Bochum (Einleitung, §§ 1784, 1787, 1791 a, 1792, 1798, 1799, 1842, 1888, 1891, 1895, 1896–1900, 1908 a BGB; Art. 24 EGBGB)

Margrit Kania, Die Senatorin für Soziales, Kinder, Jugend und Frauen, Überörtliche Betreuungsbehörde, Freie Hansestadt Bremen
(§ 1908 f BGB; BtBG; § 10 VBVG)

Dr. *Peter Kieß*, Vorsitzender Richter am Landgericht Dresden
(§§ 1795–1797, 1803, 1893, 1901–1904, 1906, 1908 b–d BGB)

Reinhard Langholf, Behörde für Soziales, Familie, Gesundheit und Verbraucherschutz (BSG), Referatsleiter Betreuung, Hamburg
(§ 1908 f BGB; BtBG; § 10 VBVG)

Dr. *Klaus Maier*, Richter am Oberlandesgericht Frankfurt/M. (Übersicht vor §§ 1835 ff, §§ 1835–1836 e BGB; Übersicht vor § 1, §§ 1–9, 11 VBVG; §§ 168, 277 FamFG)

Sybille M. Meier, Rechtsanwältin, Fachanwältin für Medizinrecht, Fachanwältin für Sozialrecht, Berlin (§§ 1632, 1802, 1833, 1837, 1839–1841, 1843, 1846, 1857 a, 1890, 1892, 1894, 1905, 1908 g, 1908 i BGB; §§ 275, 276, 316, 317 FamFG)

Alexandra Reinfarth, Diplom-Rechtspflegerin, Berlin
(§§ 1805–1826, 1828–1832, 1834, 1907, 1908 BGB)

Dr. *Immanuel Stauch*, Vorsitzender Richter am Landgericht Tübingen
(§§ 303–305, 335, 336 FamFG)

Zitiervorschlag

Jurgeleit-*Bearbeiter* § 1901 BGB Rn 3

Abkürzungsverzeichnis

aA	anderer Ansicht
aaO	am angegebenen Ort
Abb.	Abbildung
abgedr.	abgedruckt
Abh.	Abhandlung
ABl.	Amtsblatt
abl.	ablehnend
ABl. EG	Amtsblatt der Europäischen Gemeinschaft
Abs.	Absatz
Abschn.	Abschnitt
Abschr.	Abschrift
Abt.	Abteilung
abw.	abweichend
AbzG	Gesetz betr. Abzahlungsgeschäfte
abzgl.	abzüglich
AcP	Archiv für die civilistische Praxis (Zeitschrift)
AdoptG	Adoptionsgesetz
AdVermG	Adoptionsvermittlungsgesetz
AdWirkG	Adoptionswirkungsgesetz
aE	am Ende
AEAO	Anwendungserlass zur AO
aF	alte Fassung
AfA	Absetzung für Abnutzung
AG	Amtsgericht
AGB	Allgemeine Geschäftsbedingungen
AgBtG	Ausführungsgesetz zum Betreuungsbehördengesetz
AGS	Anwaltsgebühren Spezial (Zeitschrift)
AgrarR	Agrarrecht (Zeitschrift)
AktG	Aktiengesetz
ALB	Allgemeine Lebensversicherungsbedingungen
ALG	Gesetz über die Alterssicherung der Landwirte
Alg II	Arbeitslosengeld II
Alg II-V	Arbeitslosengeld II/Sozialgeld-Verordnung
allg.	allgemein
allgM	allgemeine Meinung
Alt.	Alternative
AltZertG	Gesetz über die Zertifizierung von Altersvorsorgeverträgen
aM	anderer Meinung
AMG	Arzneimittelgesetz
amtl.	amtlich
Amtl. Anz.	Amtlicher Anzeiger
ÄndG	Änderungsgesetz
AnfG	Anfechtungsgesetz
Anh.	Anhang

Abkürzungsverzeichnis

Anl.	Anlage
Anm.	Anmerkung
AnO	Anordnung
AnwBl.	Anwaltsblatt (Zeitschrift)
AO	Abgabenordnung
AR	Allgemeines Register (am Bundesverfassungsgericht)
ARB	Allgemeine Bedingungen für die Rechtsschutzversicherung
arg.	argumentum
Art.	Artikel
AsylbLG	Asylbewerberleistungsgesetz
AsylVfG	Asylverfahrensgesetz
AT	Allgemeiner Teil
AV	Ausführungsverordnung
AVB	Allgemeine Versicherungs-bedingungen
AVBl	Amts- und Verordnungsblatt
AufenthG	Aufenthaltsgesetz
Aufl.	Auflage
AUG	Auslandsunterhaltsgesetz
ausf.	ausführlich
AuslG	Ausländergesetz
Az	Aktenzeichen
BAföG	Bundesausbildungsförderungsgesetz
BAGüS	Bundesarbeitsgemeinschaft der überörtlichen Träger der Sozialhilfe
BAnz	Bundesanzeiger
BauGB	Baugesetzbuch
Bay.	Bayern/bayerisch
BayJMBl.	Justizministerialblatt für Bayern
BayObLG	Bayerisches Oberstes Landesgericht
BayObLGZ	Entscheidungen des Bayerischen Obersten Landesgerichts in Zivilsachen
BayRS	Bayerische Rechtssammlung
BayVBl	Bayerische Verwaltungsblätter
BayVGH	Bayerischer Verwaltungsgerichtshof
BB	Der Betriebsberater (Zeitschrift)
Bd.	Band
Bearb.	Bearbeiter
BEEG	Bundeselterngeld- und Elternzeitgesetz
BEG	Bundesentschädigungsgesetz
Begr.	Begründung
Bekl.	Beklagte(r)
BerHG	Beratungshilfegesetz
BErzGG	Bundeserziehungsgeldgesetz
ber.	berichtigt
bes.	besonders

Abkürzungsverzeichnis

Beschl.	Beschluss
BetrAVG	Gesetz zur Verbesserung der betrieblichen Altersversorgung (Betriebsrentengesetz)
BeurkG	Beurkundungsgesetz
BewG	Bewertungsgesetz
bez.	bezüglich
BezG	Bezirksgericht
BfA	Bundesversicherungsanstalt für Angestellte
BFH	Bundesfinanzhof
BFH/NV	Sammlung der Entscheidungen des Bundesfinanzhofs ab 1950 (Zeitschrift)
BFHE	Sammlung der Entscheidungen des Bundesfinanzhofs, hrsg. v. den Mitgliedern des BFH
BG	Berufsgenossenschaft
BGB	Bürgerliches Gesetzbuch
BGBl.	Bundesgesetzblatt
BGH	Bundesgerichtshof
BGH VGrS	Bundesgerichtshof, Vereinigter Großer Senat
BGHSt	Entscheidungen des Bundesgerichtshofs in Strafsachen
BGHZ	Entscheidungen des Bundesgerichtshofs in Zivilsachen
BKGG	Bundeskindergeldgesetz
Bl.	Blatt
BMF	Bundesministerium der Finanzen
BNotO	Bundesnotarordnung
BORA	Berufsordnung für Rechtsanwälte
BR	Bundesrat
BRAGO	Bundesgebührenordnung für Rechtsanwälte
BRAK	Bundesrechtsanwaltskammer
BRAK-Mitt.	Bundesrechtsanwaltskammer-Mitteilungen
BRAO	Bundesrechtsanwaltsordnung
BR-Drucks.	Bundesratsdrucksache
BReg.	Bundesregierung
Breithaupt	Sammlung von Entscheidungen aus dem Sozialrecht, begründet von Breithaupt
BRH	Bundesrechnungshof
BSG	Bundessozialgericht
BSGE	Entscheidungen des Bundessozialgerichts
BSHG	Bundessozialhilfegesetz
Bsp.	Beispiel
bspw	beispielsweise
BStBl.	Bundessteuerblatt
BT	Besonderer Teil; Bundestag
BtÄndG	Betreuungsrechtsänderungsgesetz
BT-Drucks.	Bundestagsdrucksache
BtG	Betreuungsgesetz
BtBG	Betreuungsbehördengesetz

Abkürzungsverzeichnis

BtMan	Betreuungsmanagement (Zeitschrift)
BtMG	Betäubungsmittelgesetz
BtPrax	Betreuungsrechtliche Praxis (Zeitschrift)
Buchst.	Buchstabe
BUZ	Berufsunfähigkeitszusatzversicherung
BVerfG	Bundesverfassungsgericht
BVerfGE	Entscheidungen des Bundesverfassungsgerichts
BVerfGG	Gesetz über das Bundesverfassungsgericht
BVerfGK	Kammerentscheidungen des Bundesverfassungsgerichts
BVersG	Bundesversorgungsgesetz
BVerwG	Bundesverwaltungsgericht
BVG	Bundesvertriebenengesetz
BVormVG	Gesetz über die Vergütung von Berufsvormündern
BvR	Verfahrensregister (am Bundesverfassungsgericht)
BW	Baden-Württemberg
BWO	Bundeswahlordnung
BWNotZ	Mitteilungen aus der Praxis, Zeitschrift für das Notariat in Baden- Württemberg
bzgl	bezüglich
BZRG	Bundeszentralregistergesetz
bzw	beziehungsweise
ca.	circa
CC	Code Civil
cic	culpa in contrahendo
DAVorm	Der Amtsvormund (Zeitschrift)
DDR	Deutsche Demokratische Republik
ders.	derselbe
DFG	Zeitschrift für Deutsche Freiwillige Gerichtsbarkeit
DFGT	Deutscher Familiengerichtstag
DGVZ	Deutsche Gerichtsvollzieherzeitung
dgl.	dergleichen
dh	das heißt
dies.	dieselbe
DIJuF	Deutsches Institut für Jugendhilfe und Familienrecht e.V.
DIS	Deutsches Institut für Schiedsgerichtsbarkeit e.V.
Diss.	Dissertation
DIV	Deutsches Institut für Vormundschaftswesen e.V.
DJ	Deutsche Justiz (Zeitschrift)
DJT	Deutscher Juristentag
DJZ	Deutsche Juristen-Zeitung
DLT	Deutscher Landkreistag
DM	Deutsche Mark
DNotI	Deutsches Notarinstitut
DNotIR	DNotI-Report

DNotZ	Deutsche Notar-Zeitschrift
DONot	Dienstordnung für Notare
DRiG	Deutsches Richtergesetz
DRiZ	Deutsche Richterzeitung
Drucks.	Drucksache
DRV	Deutsche Rentenversicherung
DRZ	Deutsche Rechtszeitschrift
DST	Deutscher Städtetag
DStR	Deutsches Steuerrecht (Zeitschrift)
DStRE	DStR-Entscheidungsdienst (Zeitschrift)
DStZ	Deutsche Steuerzeitung
DT	Düsseldorfer Tabelle
dt.	deutsch
DV; DVO	Durchführungsverordnung
DVBl.	Deutsches Verwaltungsblatt
DZWiR	Deutsche Zeitschrift für Wirtschaftsrecht
E	Entwurf
ebd	ebenda
EFG	Entscheidungen der FG
EG	Europäische Gemeinschaft
EGBGB	Einführungsgesetz zum Bürgerlichen Gesetzbuch
EGGVG	Einführungsgesetz zum Gerichtsverfassungsgesetz
EGHGB	Einführungsgesetz zum Handelsgesetzbuch
EGRL	Richtlinie der Europäischen Gemeinschaft
EGStGB	Einführungsgesetz zum Strafgesetzbuch
EGV	Vertrag zur Gründung der Europäischen Gemeinschaft
EheG	Ehegesetz
ehel.	ehelich
ehem.	ehemalig/ehemals
Einf.	Einführung
eingetr.	eingetragen
EinigungsV	Einigungsvertrag
Einl.	Einleitung
einschl.	einschließlich
einschr.	einschränkend
EKMR	Europäische Kommission für Menschenrechte
eLP	eingetragene Lebenspartnerschaft
EMRK (G)	Europäische Menschenrechtskonvention (Gesetz)
Entsch.	Entscheidung
entspr.	entsprechend
Entw.	Entwurf
ErbbRVO	Erbbaurechtsverordnung
ErbGleichG	Erbrechtsgleichstellungsgesetz
ErbSt.	Erbschaftsteuer
ErbStDV	Erbschaftsteuer Durchführungsverordnung

Abkürzungsverzeichnis

ErbStG	Erbschaft- und Schenkungsteuergesetz
ErbStR	Erbschaftsteuerrichtlinien
ErbStRG	Gesetz zur Reform des Erbschaftsteuer- und Bewertungsrechts
Ergeb.	Ergebnis
Erkl.	Erklärung
Erl.	Erläuterung; Erlass
ErwSÜAG	Gesetz zur Ausführung des Haager Übereinkommens vom 13. Januar 2000 über den internationalen Schutz von Erwachsenen
ES	Entscheidungssammlung
ESchG	Embryonenschutzgesetz
ESt.	Einkommensteuer
EStDB	Durchführungsbestimmungen zum Einkommensteuergesetz
EStDV	Einkommensteuer-Durchführungsverordnung
EStG	Einkommensteuergesetz
EStH	Einkommensteuerrichtlinien, Amtliche Hinweise
EStR	Einkommensteuerrichtlinien
ESÜ	Haager Übereinkommen über den internationalen Schutz von Erwachsenen
etc.	et cetera
EU	Europäische Union
EuBVO	Verordnung (EG) Nr. 1206/2001 des Rates vom 28.5.2001 über die Zusammenarbeit zwischen den Gerichten der Mitgliedstaaten auf dem Gebiet der Beweisaufnahme in Zivil- oder Handelssachen
EÜ	Einnahmeüberschuss
EuGH	Gerichtshof der Europäischen Gemeinschaften
EuGHMR	Europäischer Gerichtshof für Menschenrechte
EuGRZ	Europäische Grundrechte-Zeitschrift
EuGVVO	Verordnung über die gerichtliche Zuständigkeit und die Vollstreckung gerichtlicher Entscheidungen in Zivil- und Handelssachen
EuGVÜ	Übereinkommen über die gerichtliche Zuständigkeit und die Vollstreckung gerichtlicher Entscheidungen in Zivil- und Handelssachen
EuR	Europarecht
EUR	Euro
e.V.	eingetragener Verein
EV	Einwilligungsvorbehalt
EVG	Einigungsvertrag
evtl	eventuell
EW	Einheitswert
EWG	Europäische Wirtschaftsgemeinschaft
EzFamR	Entscheidungssammlung zum Familienrecht
EzFamR-SD	Schnelldienst zur EzFamR

f, ff	folgende, fortfolgende
FA	Finanzamt
FAG	Finanzausgleichsgesetz
FamFG	Gesetz über das Verfahren in Familiensachen und in den Angelegenheiten der freiwilligen Gerichtsbarkeit
FamFördG	Familienförderungsgesetz
FamG	Familiengericht
FamR	Familienrecht
FamRÄndG	Familienrechtänderungsgesetz
FamRB	Der Familienrechts-Berater (Zeitschrift)
FamRBint	Der Familienrechts-Berater international (Zeitschrift)
FamRZ	Zeitschrift für das gesamte Familienrecht
FeststG	Feststellungsgesetz
FEVS	Fürsorgerechtliche Entscheidungen der Verwaltungs- u. Sozialgerichte
FG	Freiwillige Gerichtsbarkeit
FG	Finanzgericht
FGB	Familiengesetzbuch (DDR)
FGG	Gesetz über die Angelegenheiten der freiwilligen Gerichtsbarkeit
FGG-RG	Gesetz zur Reform des Verfahrens in Familiensachen und in den Angelegenheiten der freiwilligen Gerichtsbarkeit
FGPrax	Praxis der Freiwilligen Gerichtsbarkeit (Zeitschrift)
FiWi	Finanzwirtschaft (Zeitschrift)
FK	Familienrecht kompakt
FlurbG	Flurbereinigungsgesetz
FMBl.	Finanzministerialblatt
Fn	Fußnote
FPR	Familie, Partnerschaft, Recht (Zeitschrift)
FRG	Fremdrentengesetz
FS	Festschrift
FuR	Familie und Recht (Zeitschrift)
GB	Grundbuch
GBA	Grundbuchamt
GBl.	Gesetzesblatt
GBO	Grundbuchordnung
GbR	Gesellschaft des bürgerlichen Rechts
geänd.	geändert
gem.	gemäß
GewSchG	Gewaltschutzgesetz
GG	Grundgesetz
ggf	gegebenenfalls
Ggs.	Gegensatz
GKG	Gerichtskostengesetz
GKG-KV	Kostenverzeichnis zum GKG

GleichberG	Gesetz über die Gleichberichtigung von Mann und Frau auf dem Gebiet des bürgerlichen Rechts
GmbH	Gesellschaft mit beschränkter Haftung
GmbHG	GmbH-Gesetz
GMBl.	Gemeinsames Ministerialblatt
GoA	Geschäftsführung ohne Auftrag
grds.	grundsätzlich
GrEStG	Grunderwerbsteuergesetz
GRV	Gesetzliche Rentenversicherung
GRZS	Großer Senat in Zivilsachen
GS	Großer Senat
GuT	Gewerbemiete und Teileigentum (Zeitschrift)
GV	Gebührenverzeichnis
GVBl.	Gesetz- und Verordnungsblatt
GVG	Gerichtsverfassungsgesetz
GVKostG	Gesetz über die Kosten der Gerichtsvollzieher
GVO	Grundstücksverkehrsordnung
hA	herrschende Auffassung
Hamb.	Hamburg/hamburgisch
HausratsV	Hausratsverordnung
HAÜ	Haager Übereinkommen über den Schutz von Kindern und die Zusammenarbeit auf dem Gebiet der internationalen Adoption
Hbd.	Halbband
HeimG	Heimgesetz
Hess.	Hessen/hessisch
HGB	Handelsgesetzbuch
HintO	Hinterlegungsordnung
Hinw.	Hinweis
HJ	Halbjahr
HK	Handkommentar
HKÜ	Haager Übereinkommen über die zivilrechtlichen Aspekte internationaler Kindesentführung
hL	herrschende Lehre
hM	herrschende Meinung
HöfeO	Höfeordnung
Hrsg.	Herausgeber
hrsg.	herausgegeben
Hs	Halbsatz
HZPÜ	Haager Übereinkommen v. 1.3.1954 über den Zivilprozess
HZÜ	Haager Übereinkommen v. 15.11.1965 über die Zustellung gerichtlicher und außergerichtlicher Schriftstücke im Ausland in Zivil- u. Handelssachen

Abkürzungsverzeichnis

iA	im Auftrag
idF	in der Fassung
idR	in der Regel
idS	in diesem Sinne
iE	im Ergebnis
ieS	im engeren Sinne
IGH	Internationaler Gerichtshof
IHK	Industrie- und Handelskammer
iHv	in Höhe von
InfAuslR	Informationsbrief Ausländerrecht
info also	Informationen zum Arbeitslosen- und Sozialhilferecht (Zeitschrift)
inkl.	inklusive
insb.	insbesondere
insg.	insgesamt
IntFamRVG	Internationales Familienrechtsverfahrensgesetz
InsO	Insolvenzordnung
intern.	international
IPR	Internationales Privatrecht
IPrax	Praxis des Internationalen Privat- und Verfahrensrechts (Zeitschrift)
iSd	im Sinne des/der
iSv	im Sinne von
iÜ	im Übrigen
iVm	in Verbindung mit
i. Vorb.	in Vorbereitung
JA	Juristische Arbeitsblätter (Zeitschrift)
JAmt	Das Jugendamt (Zeitschrift)
JArbSchutzG	Jugendarbeitsschutzgesetz
JBl.	Justizblatt
JGG	Jugendgerichtsgesetz
Jhg.	Jahrgang
JKostG	Justizkostengesetz
JMBl.	Justizministerialblatt
JR	Juristische Rundschau (Zeitschrift)
JurBüro	Juristisches Büro (Zeitschrift)
JuS	Juristische Schulung (Zeitschrift)
Justiz	Die Justiz (Zeitschrift)
JVBl.	Justizverwaltungsblatt
JVEG	Justizvergütungs- und -entschädigungsgesetz
JWG	Gesetz für Jugendwohlfahrt
JZ	Juristenzeitung
Kap.	Kapitel
KapESt	Kapitalertragsteuer

KG	Kammergericht; Kapitalgesellschaft; Kommanditgesellschaft
KastrG	Kastrationsgesetz
KGaA	Kommanditgesellschaft auf Aktien
KGReport	Rechtsprechungsreport des Kammergerichts Berlin
KiG	Kindergeld
KindPrax	Kindschaftsrechtliche Praxis (Zeitschrift)
KindRG	Kindschaftsrechtsreformgesetz
KiSt	Kirchensteuer
KiStG	Kirchensteuergesetz
KJ	Kritische Justiz (Zeitschrift)
KJHG	Gesetz zur Neuordnung des Kinder- und Jugendhilferechts
KO	Konkursordnung
Komm.	Kommentar
KostO	Kostenordnung
KostRÄndG	Kostenrechtsänderungsgesetz
KostRMoG	Kostenrechtsmodernisierungsgesetz
KostRsp	Kostenrechtsprechung (Nachschlagewerk)
krit.	kritisch
KSt	Körperschaftsteuer
KStG	Körperschaftsteuergesetz
KSVG	Künstlersozialversicherungsgesetz
Kto.	Konto
KV	Kostenverzeichnis
KVSt	Kapitalverkehrsteuer
KWG	Kreditwesengesetz
LBtG	Landesbetreuungsgesetz
lfd.	laufend
Lfg.	Lieferung
LFGG	Landesgesetz über die freiwillige Gerichtsbarkeit
LG	Landgericht
lit.	littera
Lit.	Literatur
Lkr.	Landkreis
LL	(Unterhalts-)Leitlinien
LMK	Kommentierte BGH-Rechtsprechung Lindenmaier-Möhring
LPartG	Lebenspartnerschaftsgesetz
LPartGErgG	Lebenspartnerschaftsgesetzergänzungsgesetz
LPartÜG	Gesetz zur Überarbeitung des Lebenspartnerschaftsrechts
LS	Leitsatz
LSA	Sachsen-Anhalt
LSG	Landessozialgericht
LSt	Lohnsteuer
LStR	Lohnsteuer-Richtlinien
lt.	laut

LuganoÜ	Lugano-Übereinkommen über die gerichtliche Zuständigkeit und die Vollstreckung gerichtlicher Entscheidungen in Zivil- und Handelssachen
LVA	Landesversicherungsanstalt
LZ	Leipziger Zeitschrift
m. Anm.	mit Anmerkung
MDR	Monatsschrift für Deutsches Recht (Zeitschrift)
mE	meines Erachtens
Meck.-Pom.	Mecklenburg-Vorpommern
MinBl.	Ministerialblatt
mind.	mindestens
Mio.	Millionen
Mitt.	Mitteilung
MittBayNot	Mitteilungen des Bayerischen Notarvereins, der Notarkasse und der Landesnotarkammer Bayern (Zeitschrift)
MittRhNK	Mitteilungen der Rheinischen Notarkammer (Zeitschrift)
mN	mit Nachweisen
Mrd.	Milliarden
MPU	Medizinisch-psychologische Untersuchung
MRRG	Melderechtsrahmengesetz
MSA	Übereinkommen über die Zuständigkeit der Behörden und das anzuwendende Recht auf dem Gebiet des Schutzes von Minderjährigen (Haager Minderjährigenschutzabkommen)
MSchG	Mieterschutzgesetz
mtl.	monatlich
MuSchG	Mutterschutzgesetz
MV	Mitteilungsverordnung
mwN	mit weiteren Nachweisen
mWv	mit Wirkung vom
nachf.	nachfolgend
Nachw.	Nachweis/e
NamÄndG	Gesetz über die Änderung von Familiennamen und Vornamen
Nds.	Niedersachsen/niedersächsisch
NdsRpfl	Niedersächsische Rechtspflege
NDV	Nachrichtendienst des Deutschen Vereins für private und öffentliche Fürsorge
ne.	nichtehelich
NEheLG	Gesetz über die rechtliche Stellung der nichtehelichen Kinder
nF	neue Fassung
NJ	Neue Justiz (Zeitschrift)
NJOZ	Neue Juristische Online-Zeitschrift
NJW	Neue Juristische Wochenschrift (Zeitschrift)
NJWE-FER	NJW-Entscheidungsdienst Familien- u. Erbrecht
NJW-RR	NJW-Rechtsprechungsreport

NordÖR	Zeitschrift für Öffentliches Recht in Norddeutschland
not.	notariell
NotBZ	Zeitschrift für die notarielle Beratungs- und Beurkundungspraxis
Nov.	Novelle
n.r.	nicht rechtskräftig
Nr.	Nummer
NRW	Nordrhein-Westfalen
n.v.	nicht veröffentlicht
NVwZ	Neue Zeitschrift für Verwaltungsrecht (Zeitschrift)
NVwZ-RR	NVwZ-Rechtsprechungsreport
NZG	Neue Zeitschrift für Gesellschaftsrecht
NZS	Neue Zeitschrift für Sozialrecht
o.a.	oben angegeben/angeführt
o.ä.	oder ähnlich
o.g.	oben genannt
obj.	objektiv
od.	oder
OFD	Oberfinanzdirektion
OFH	Oberster Finanzgerichtshof
OHG	Offene Handelsgesellschaft
OLG	Oberlandesgericht
OLGE	Entscheidungssammlung der Oberlandesgerichte
OLG-NL	OLG-Rechtsprechung Neue Länder
OLGReport	(nicht offizieller) Rechtsprechungsdienst einiger Oberlandesgerichte
OLGRspr	Rechtsprechung der Oberlandesgerichte auf dem Gebiete des Zivilrechts
OLGZ	Entscheidungen der OLG in Zivilsachen
OpferschG	Opferschutzgesetz
OVG	Oberverwaltungsgericht
p.a.	pro anno (jährlich)
PassG	Passgesetz
PflegeVG	Pflege-Versicherungsgesetz
PflR	Pflegerecht - Zeitschrift für Rechtsfragen in der stationären und ambulanten Pflege
PKH	Prozesskostenhilfe
PKHBegrenzG	Prozesskostenhilfebegrenzungsgesetz
PKHG	Prozesskostenhilfegesetz
PKHVVO	Prozesskostenhilfevordruckverordnung
PkRL	Richtlinie 2003/8/EG v. 27.1.2003 für Prozesskostenhilfe in grenzüberschreitenden Streitsachen
PKV	Prozesskostenvorschuss
Pkw	Personenkraftwagen

PrKV	Preisklauselverordnung
Prot.	Protokoll
PRV	Partnerschaftsregisterverordnung
PStG	Personenstandsgesetz
PStRG	Gesetz zur Reform des Personenstandsrechts
PsychKG	Psychischkrankengesetz
pVV	positive Vertragsverletzung
RA	Rechtsanwalt
rd.	rund
RdErl.	Runderlass
RDG	Rechtsdienstleistungsgesetz
RdJB	Recht der Jugend und des Bildungswesens (Zeitschrift)
RdL	Recht der Landwirtschaft (Zeitschrift)
RdSchr.	Rundschreiben
RdW	Das Recht der Wirtschaft (Zeitschrift)
Red.	Redaktion
Ref.	Reform
Reg.	Regierung
RegBl.	Regierungsblatt
RegEntw.	Regierungsentwurf
RegelbedVO	Regelbedarfs-Verordnung
RegelbetrVO	Regelbetrags-Verordnung
RegUnterhVO	Regelunterhalts-Verordnung
RFH	Reichsfinanzhof
RG	Reichsgericht
RGBl.	Reichsgesetzblatt
RGZ	Entscheidungen des Reichsgerichts in Zivilsachen
Rh.-Pf.	Rheinland-Pfalz/Rheinland-pfälzisch
RiA	Das Recht im Amt (Zeitschrift)
RiG	Richtergesetz
RIW	Recht der internationalen Wirtschaft (Zeitschrift)
rkr.	rechtskräftig
RL	Richtlinie
Rn	Randnummer
RNotZ	Rheinische Notar-Zeitschrift
Rpfleger	Der Deutsche Rechtspfleger (Zeitschrift)
RPflAnpG	Rechtspflegeanpassungsgesetz
RPflG	Rechtspflegergesetz
RPflStud	Rechtspfleger-Studienhefte
RR	Rechtsprechungs-Report
Rspr	Rechtsprechung
RStBl.	Reichssteuerblatt
R&P	Recht und Psychiatrie (Zeitschrift)
RÜ	Rechtsprechungsübersicht
RÜG	Rentenüberleitungsgesetz

Abkürzungsverzeichnis

RuStAG	Reichs- und Staatsangehörigkeitsgesetz
RVG	Rechtsanwaltsvergütungsgesetz
RVO	Rechtsverordnung
RVO	Reichsversicherungsordnung
S.	Satz/Seite
s.	siehe
s.a.	siehe auch
SachBezV	Sachbezugsverordnung
sächs.	sächsisch
SchlHA	Schleswig-Holsteinische Anzeigen
SchuldRÄndG	Schuldrechtsänderungsgesetz
SchuldRModG	Schuldrechtsmodernisierungsgesetz
SchwbG	Schwerbehindertengesetz
SG	Sozialgericht
SGb	Die Sozialgerichtsbarkeit (Zeitschrift)
SGB	Sozialgesetzbuch
SGB I	Sozialgesetzbuch 1. Buch – Allgemeiner Teil
SGB IV	Sozialgesetzbuch 4. Buch – Gemeinsame Vorschriften für die Sozialversicherung
SGB V	Sozialgesetzbuch 5. Buch – Ges. Krankenversicherung
SGB VI	Sozialgesetzbuch 6. Buch – Ges. Rentenversicherung
SGB VIII	Sozialgesetzbuch 8. Buch – Kinder- und Jugendhilfe
SGB IX	Sozialgesetzbuch 9. Buch – Rehabilitation und Teilhabe behinderter Menschen
SGB X	Sozialgesetzbuch 10. Buch – Sozialverwaltungsverfahren
SGB XI	Sozialgesetzbuch 11. Buch – Soziale Pflegeversicherung
SGG	Sozialgerichtsgesetz
s.o.	siehe oben
sog.	so genannte/r/s
SorgeRG	Sorgerechtsreformgesetz
SorgeRÜbkAG	Ausführungsgesetz zum Europäischen Übereinkommen über die Anerkennung und Vollstreckung von Entscheidungen über das Sorgerecht für Kinder und die Wiederherstellung des Sorgerechtsverhältnis
StAG	Staatsangehörigkeitsgesetz
StAnz	Staatsanzeiger
StAZ	Das Standesamt (Zeitschrift)
StGB	Strafgesetzbuch
Stkl.	Steuerklasse
staatl.	staatlich
StPO	Strafprozessordnung
StR	Steuerrecht
str.	streitig/strittig
StrEG	Gesetz über die Entschädigung für Strafverfolgungsmaßnahmen

StVollzG	Strafvollzugsgesetz
s.u.	siehe unten
subj.	subjektiv
tats.	tatsächlich
TDM	Tausend DM
teilw.	teilweise
TestG	Testamentsgesetz
thür.	thüringisch
ThUG	Therapieunterbringungsgesetz
TPG	Transplantationsgesetz
TSG	Transsexuellengesetz
u.	und
u.a.	unter anderem
u.Ä.	und Ähnliche(s)
UÄndG	Unterhaltsänderungsgesetz
Überbl.	Überblick
UBG	Unterbringungsgesetz
ÜbV	Überleitungsvertrag
u.E.	unseres Erachtens
UmwG	Umwandlungsgesetz
UN	United Nations = Vereinte Nationen
unstr.	unstreitig
UnterbrG	Unterbringungsgesetz
unzutr.	unzutreffend
UrhG	Urheberrechtsgesetz
Urt.	Urteil
USG	Unterhaltssicherungsgesetz
usw	und so weiter
uU	unter Umständen
u.v.a.	und vieles andere
UVG	Unterhaltsvorschussgesetz
v.	vom/von
VBL	Versorgungsanstalt des Bundes und der Länder
VBVG	Vormünder- und Betreuervergütungsgesetz
VerbrKrG	Verbraucherkreditgesetz
Vereinb.	Vereinbarung
Verf.	Verfasser/Verfassung
VerfGH	Verfassungsgerichtshof
VermG	Vermögensgesetz
VAG	Versicherungsaufsichtsgesetz
VerschG	Verschollenheitsgesetz
VersR	Versicherungsrecht (Zeitschrift)
Vertr.	Vertrag

Abkürzungsverzeichnis

Verz.	Verzeichnis
VG	Verwaltungsgericht
VGH	Verwaltungsgerichtshof
vgl	vergleiche
VGT	Vormundschaftsgerichtstag
v.H.	vom Hundert
VIZ	Zeitschrift für Vermögens- und Immobilienrecht
VO	Verordnung
Vor	Vorbemerkung
VOBl.	Verordnungsblatt
Vorbem.	Vorbemerkung
vorl.	vorläufig
VorSt	Vorsteuer
VRegV	Vorsorgeregisterverordnung
VRegGebS	Vorsorgeregister-Gebührensatzung
VStG	Vermögenssteuergesetz
VStR	Vermögenssteuer-Richtlinien
VVG	Versicherungsvertragsgesetz
VV	Vergütungsverzeichnis
VwGO	Verwaltungsgerichtsordnung
VWL	Vermögenswirksame Leistungen
VwV	Verwaltungsvorschriften
VwVfG	Verwaltungsverfahrensgesetz
VwVG	Verwaltungsvollstreckungsgesetz
VwZG	Verwaltungszustellungsgesetz
VZ	Veranlagungszeitraum
WährG	Währungsgesetz
WE	Wohnungseigentum
WEG	Wohnungseigentumsgesetz
WertErmVO	Wertermittlungsverordnung
WG	Wechselgesetz
wg.	wegen
WiVerw	Wirtschaft und Verwaltung (Zeitschrift)
WM	Wertpapiermitteilungen (Zeitschrift)
wN	weitere Nachweise
WoGG	Wohngeldgesetz
WP	Wirtschaftsprüfer
WRV	Weimarer Reichsverfassung
WuM	Wohnungswirtschaft und Mietrecht (Zeitschrift)
ZAP	Zeitschrift für die Anwaltspraxis
ZAR	Zeitschrift für Ausländerrecht und Asylpolitik
zB	zum Beispiel
ZblFG	Zentralblatt für Freiwillige Gerichtsbarkeit und Notariat
ZblJugR	Zentralblatt für Jugendrecht und Jugendwohlfahrt

ZErb	Zeitschrift für die Steuer- und Erbrechtspraxis
ZEV	Zeitschrift für Erbrecht und Vermögensnachfolge
ZfJ	Zentralblatt für Jugendrecht
ZfL	Zeitschrift für Lebensrecht
ZfPP	Zeitschrift für Pädagogische Psychologie
ZfSH	Zeitschrift für Sozialhilfe
ZfSH/SGB	Zeitschrift für Sozialhilfe und Sozialgesetzbuch
ZGS	Zeitschrift für das gesamte Schuldrecht
Ziff.	Ziffer
ZInsO	Zeitschrift für das gesamte Insolvenzrecht
ZIP	Zeitschrift für Wirtschaftsrecht und Insolvenzpraxis
zit.	zitiert
ZKJ	Zeitschrift für Kindschaftsrecht und Jugendhilfe (seit 2006 Gesamtblatt von Kind-Prax und ZfJ)
ZMR	Zeitschrift für Miet- und Raumrecht
ZNotP	Zeitschrift für die Notarpraxis
ZOV	Zeitschrift für Offene Vermögensfragen
ZPO	Zivilprozessordnung
ZRHO	Rechtshilfeordnung für Zivilsachen
ZRP	Zeitschrift für Rechtspolitik
ZS	Zivilsenat
zT	zum Teil
ZugabeVO	Zugabeverordnung
zul.	zulässig
zust.	zustimmend
zutr.	zutreffend
ZV	Zusatzversorgung
ZVG	Zwangsversteigerungsgesetz
zzgl	zuzüglich
zzt.	zurzeit

Literaturverzeichnis

Assenmacher/Mathias, vormals Göttlich/Mümmler, Kostenordnung, Kommentar, 16. Aufl. 2008	Göttlich/Mümmler-KostO/Bearbeiter
Bäumel/Bienwald/Häußermann/Hoffmann/Maurer/Meyer-Stolte/Rogner/Sonnenfeld/Wax, Familienrechtsreformkommentar, 1998	FamRefK/Bearbeiter
Bahrenfuss (Hrsg.), Gesetz über die Angelegenheiten der freiwilligen Gerichtsbarkeit, Kommentar, 2009	Bahrenfuss/Bearbeiter
Bamberger/Roth (Hrsg.), Kommentar zum Bürgerlichen Gesetzbuch, 3. Aufl. 2012	BR/Bearbeiter
Bassenge/Roth, Gesetz über die Angelegenheiten der freiwilligen Gerichtsbarkeit, Rechtspflegergesetz, Kommentar, 12. Aufl. 2009	Bassenge/Roth/Bearbeiter
Bassenge/Herbst/Roth, Gesetz über die Angelegenheiten der freiwilligen Gerichtsbarkeit, Rechtspflegergesetz, Kommentar, 10. Aufl. 2004	Bassenge/Herbst/Roth
Baumbach/Lauterbach/Albers/Hartmann, Zivilprozessordnung mit Gerichtsverfassungsgesetz und anderen Nebengesetzen, Kommentar, 71. Aufl. 2013	BLAH/Bearbeiter
Bieritz-Harder/Conradis/Thie (Hrsg.), Sozialgesetzbuch XII, Sozialhilfe, Lehr- und Praxiskommentar, 9. Aufl. 2012	LPK-SGB XII
Bischof/Jungbauer/Bräuer/Curkovic/Mathies/Uher, Kompaktkommentar RVG, 5. Aufl. 2013	Bischof/Jungbauer/Bräuer/Curkovic/Mathies/Uher
Bienwald/Sonnenfeld/Hoffmann, Betreuungsrecht, Kommentar, 5. Aufl. 2011	Bienwald/Sonnenfeld/Hoffmann
Bumiller/Harders, Freiwillige Gerichtsbarkeit: FamFG, Kommentar, 10. Aufl. 2011	Bumiller/Harders
Bumiller/Winkler, Freiwillige Gerichtsbarkeit: FG, Kommentar, 8. Aufl. 2006	Bumiller/Winkler
Damrau/Zimmermann, Betreuungsrecht, Kommentar, 4. Aufl. 2010	Damrau/Zimmermann
Deinert/Lütgens, Die Vergütung des Betreuers, 6. Aufl. 2012	Deinert/Lütgens

Literaturverzeichnis

Dodegge/Roth (Hrsg.), Systematischer Praxiskommentar Betreuungsrecht, 3. Aufl. 2010	BtKomm/Bearbeiter
Eckebrecht/Große-Boymann/Gutjahr u.a., Verfahrenshandbuch Familiensachen, 2. Aufl. 2010	FamVerf/Bearbeiter
Erman, Handkommentar zum BGB, 13. Aufl. 2011	Erman/Bearbeiter
Eylmann/Vassen (Hrsg.), Bundesnotarordnung, Beurkundungsgesetz: BNotO und BeurkG, Kommentar, 3. Aufl. 2011	Eylmann/Vassen
Fröschle (Hrsg.), Praxiskommentar Betreuungs- und Unterbringungsverfahren, 2. Aufl. 2010	Fröschle/Bearbeiter
Gerold/Schmidt, RVG, Kommentar, 20. Aufl. 2012	Gerold/Schmidt/Bearbeiter
Gerhardt/v. Heintschel-Heinegg/Klein (Hrsg.), Handbuch des Fachanwalts Familienrecht, 9. Aufl. 2013	FA-FamR/Bearbeiter
Gerold/Schmidt, Rechtsanwaltsvergütungsgesetz, Kommentar, 20. Aufl. 2012	Gerold/Schmidt/Bearbeiter
Göttlich/Mümmler/Rehberg/Xanke, RVG – Rechtsanwaltsvergütungsgesetz, Kommentar, 2. Aufl. 2006; jetzt hrsg. v. Bestelmeyer/Feller/Frankenberg, 5. Aufl. 2013	Göttlich/Mümmler-RVG/Bearbeiter
Hartmann, Kostengesetze, 42. Aufl. 2012	Hartmann
Heidelberger Kommentar zum Betreuungs- und Unterbringungsrecht, Loseblatt	HK-BUR/Bearbeiter
Herberger/Martinek/Rüßmann, Juris Praxiskommentar BGB, Bd. 4, Familienrecht, 5. Aufl. 2010	Herberger/Martinek/Bearbeiter
Hoppenz (Hrsg.), Familiensachen, Kommentar, 9. Aufl. 2009	Hoppenz/Bearbeiter
Horndasch/Viefhues (Hrsg.), FamFG, Kommentar, 2. Aufl. 2010	Horndasch/Viefhues/Bearbeiter
Johannsen/Henrich (Hrsg.), Eherecht – Trennung, Scheidung, Folgen, Kommentar, 5. Aufl. 2010	JH/Bearbeiter
Jurgeleit (Hrsg.), Freiwillige Gerichtsbarkeit, Handbuch, 2010	Jurgeleit/Bearbeiter
Jürgens (Hrsg.), Betreuungsrecht, Kommentar, 4. Aufl. 2010	Jürgens/Bearbeiter
Jürgens/Kröger/Marschner/Winterstein, Betreuungsrecht kompakt, 7. Aufl. 2011	Jürgens/Kröger/Marschner/Winterstein

Kaiser/Schnitzler/Friederici (Hrsg.), NomosKommentar BGB, Band 4: Familienrecht, 2. Aufl. 2010	NK-BGB/Bearbeiter
Keidel/Kuntze/Winkler, Freiwillige Gerichtsbarkeit, Kommentar, 15. Aufl. 2003	KKW/Bearbeiter
Keidel, Freiwillige Gerichtsbarkeit, Kommentar, 17. Aufl. 2011	Keidel/Bearbeiter
Kemper, FamFG – FGG – ZPO, Kommentierte Synopse, 2. Aufl. 2009	Kemper
Kemper/Schreiber (Hrsg.), Familienverfahrensrecht, Kommentar, 2. Aufl. 2011	HK-Familienverfahrensrecht/Bearbeiter
Kersten/Bühling (Hrsg.), Formularbuch und Praxis der freiwilligen Gerichtsbarkeit, 23. Aufl. 2010	Kersten/Bühling/Bearbeiter
Kopp/Ramsauer, Verwaltungsverfahrensgesetz, 13. Aufl. 2012	Kopp/Ramsauer
Korintenberg (Hrsg.), Kostenordnung, Kommentar, 18. Aufl. 2010	Korintenberg/Bearbeiter
Knittel, Betreuungsgesetz, Loseblatt, Stand Juni 2012	Knittel
Kroiß/Seiler, Das neue FamFG, 2. Aufl. 2009	Kroiß/Seiler
Kunz/Butz/Wiedemann, Heimgesetz, Kommentar, 10. Aufl. 2004	Kunz/Butz/Wiedemann
Meier, Handbuch Betreuungsrecht, 2001	Meier, Handbuch Betreuungsrecht
Meier/Neumann, Handbuch Vermögenssorge, 2. Aufl. 2011	Meier/Neumann, Handbuch Vermögenssorge
Mayer/Kroiß (Hrsg.), Handkommentar Rechtsanwaltsvergütungsgesetz, 5. Aufl. 2012	HK-RVG/Bearbeiter
Marschner/Volckart/Lesting, Freiheitsentziehung und Unterbringung, 5. Aufl. 2010	Marschner/Volckart
Münchener Kommentar zum Bürgerlichen Gesetzbuch, Familienrecht I und II, 6. Aufl. 2012	MK/Bearbeiter
Münchener Kommentar zur Insolvenzordnung, 3. Aufl. 2013	MK-InsO/Bearbeiter
Münchener Kommentar zur Zivilprozessordnung, 4. Aufl. 2012	MK-ZPO/Bearbeiter

Literaturverzeichnis

Münder u.a., Sozialgesetzbuch XII – Sozialhilfe, Lehr- und Praxiskommentar, 8. Aufl. 2008; jetzt hrsg. v. Bieritz-Harder/Conradis/Thie, 9. Aufl. 2012 — LPK SGB XII

Musielak (Hrsg.), Kommentar zur Zivilprozessordnung, 10. Aufl. 2013 — Musielak/Bearbeiter

Musielak/Borth (Hrsg.), Familiengerichtliches Verfahren: FamFG 1. + 2. Buch, Kommentar, 3. Aufl. 2012 — Musielak/Borth/Bearbeiter

Oberloskamp, Vormundschaft, Beistand und Pflegschaft für Minderjährige, 3. Aufl. 2010 — Oberloskamp/Bearbeiter

Palandt, Bürgerliches Gesetzbuch u.a., 72. Aufl. 2013 — Palandt/Bearbeiter

Pickel/Marschner (Hrsg.), SGB X, Kommentar zum Sozialgesetzbuch Zehntes Buch, Loseblatt — Pickel/Marschner

Prütting/Helms (Hrsg.), FamFG, Kommentar, 2. Aufl. 2011 — Prütting/Helms/Bearbeiter

Prütting/Wegen/Weinreich (Hrsg.), BGB-Kommentar, 8. Aufl. 2013 — PWW/Bearbeiter

Rahm/Künkel (Hrsg.), Handbuch des Familiengerichtsverfahrens, Loseblatt, Stand 2013 — Rahm/Künkel/Bearbeiter

RGRK, BGB-Kommentar, hrsg. von Reichsgerichtsräten und Bundesrichtern, 12. Aufl. 1983 ff — RGRK/Bearbeiter

Saenger (Hrsg.), Handkommentar Zivilprozessordnung, 5. Aufl. 2013 — HK-ZPO/Bearbeiter

Schmidt, Aufgabenkreis Vermögenssorge — Schmidt, Aufgabenkreis Vermögenssorge

Schuckmann/Sonnenfeld (Hrsg.), FGG, Gesetz über die Angelegenheiten der freiwilligen Gerichtsbarkeit, Großkommentar, begründet von Paul Jansen, 3 Bände, 3. Aufl. 2006 — SchuSo/Bearbeiter

Schulz/Hauß (Hrsg.), Handkommentar Familienrecht, 2. Aufl. 2012 — HK-FamR/Bearbeiter

Schulte-Bunert/Weinreich (Hrsg.), FamFG, Kommentar, 3. Aufl. 2012 — Schulte-Bunert/Weinreich/Bearbeiter

Schulze u.a., Handkommentar Bürgerliches Gesetzbuch, 7. Aufl. 2012 — HK-BGB/Bearbeiter

Soergel/Siebert, Kommentar zum Bürgerlichen Gesetzbuch mit Einführungsgesetz und Nebengesetzen, 13. Aufl. 1999 ff

Soergel/Bearbeiter

Sonnenfeld, Betreuungs- und Pflegschaftsrecht, 2. Aufl. 2001

Sonnenfeld

Staudinger, Kommentar zum Bürgerlichen Gesetzbuch, 14. Bearbeitung 1993 ff, Bd. IV: Familienrecht, Bearbeitung 2000 ff

Staudinger/Bearbeiter

Stein/Jonas, Kommentar zur Zivilprozessordnung, 22. Aufl. 2002 ff

Stein/Jonas/Bearbeiter

Thomas/Putzo, Zivilprozessordnung mit Gerichtsverfassungsgesetz und europarechtlichen Vorschriften, 33. Aufl. 2012

Thomas/Putzo/Bearbeiter

Zimmermann, Das neue FamFG, 2009

Zimmermann

Zöller, Zivilprozessordnung, 30. Aufl. 2013

Zöller/Bearbeiter

Einleitung
I. Was ist Betreuung?

Der Begriff der Betreuung ist missverständlich. Im **allgemeinen Sprachgebrauch** umfasst „Betreuung" tatsächliche Hilfen von der Mutter-Kind-Versorgung, die Hausaufgabenhilfe, die psychologische Versorgung nach einem Unfall, die Fürsorgepflichten eines Arbeitgebers bis zur Pflege im Alter. „Betreuung" wird damit in einem sozialen, karitativen Sinn verstanden. 1

Betreuung im Rechtssinn ist dagegen keine karitative Aufgabe. Dem Betreuer wird vielmehr die Rechtsmacht eingeräumt, in seinem Aufgabenkreis die Angelegenheiten des Betroffenen rechtlich zu besorgen (§ 1901 Abs. 1 BGB). Betreuung bedeutet daher **gesetzliche Vertretung des Betroffenen durch die dafür vom Betreuungsgericht bestellte Person (§ 1902 BGB).** Darin liegt ein Eingriff in Rechte des Betroffenen, die die Verfassung schützt. Die mit der Betreuung deshalb einhergehende Entrechtung des Betroffenen bedarf einer besonderen gesetzlichen Rechtfertigung. 2

Die **Rechtfertigung** schafft das Betreuungsrecht auf zwei Ebenen. **Materiellrechtlich** sind die Anforderungen des § 1896 BGB zu beachten. Ein Betreuer darf ausschließlich unter den dort genannten Bedingungen bestellt werden. Bloße Fürsorgegesichtspunkte reichen nicht. **Verfahrensrechtlich** wird die Feststellung der Betreuungsvoraussetzungen durch verschiedene Vorgaben abgesichert. Das Betreuungsgericht wird im Regelfall eine psychiatrische Begutachtung anordnen, häufig einen Verfahrenspfleger bestellen, um eine Stellungnahme der Betreuungsbehörde bitten, nahe Angehörige einbeziehen und sich selbst im Wege einer persönlichen Anhörung einen Eindruck verschaffen. 3

Mit dem Betreuungsverfahren sind für die Betroffenen und ihre Angehörigen nicht unerhebliche Belastungen verbunden. Das lässt sich nur durch die Errichtung einer **Vollmacht** vermeiden (§ 1896 BGB Rn 15 ff). Es ist daher ein Ziel des Betreuungsrechts, die Verbreitung von Vollmachten zu fördern, um staatliche Eingriffe in das Selbstbestimmungsrecht der Betroffenen zu vermeiden. 4

II. Prinzipien des Betreuungsrechts

Das Betreuungsrecht wird von vier Grundsätzen getragen: Den Prinzipien der Erforderlichkeit, der Selbstbestimmung, der persönlichen Betreuung und des Ehrenamtes. 5

1. Erforderlichkeit

Das Prinzip der Erforderlichkeit prägt das gesamte Betreuungsrecht (§§ 1896 Abs. 1 S. 1, Abs. 2 S. 1 und 2, 1901 Abs. 1 und Abs. 5, 1903 Abs. 1 S. 1, 1906 Abs. 1, 1908 a, 1908 d BGB, §§ 294 Abs. 3, 295 Abs. 2 FamFG).[1] 6

Eine Betreuung darf nur und insoweit angeordnet werden, wie der Betroffene seine rechtlichen Angelegenheiten selbst nicht mehr verantwortlich regeln kann (§ 1896 Abs. 1 S. 1, Abs. 2 S. 1 BGB). Die Aufgabenkreise des Betreuers sind dementsprechend eng zu fassen und auf die konkreten Belange des Betroffenen 7

---

[1] Staudinger/Bienwald, Vor § 1896 BGB Rn 38; Soergel/Zimmermann, Vor § 1896 BGB Rn 9; MK/Schwab, § 1896 BGB Rn 8, 9; Knittel, § 1896 BGB Rn 7.

abzustimmen.² Darüber hinaus ist eine Betreuung nach dem Prinzip der **Subsidiarität** nicht erforderlich, soweit andere Hilfestellungen vorhanden sind, die die Tätigkeit eines Betreuers entbehrlich machen (§ 1896 Abs. 2 S. 2 BGB). Das ist der Fall, wenn der Betroffene für die von ihm nicht mehr wahrnehmbaren Aufgabenbereiche eine Vorsorgevollmacht erteilt hat oder andere – soziale – Hilfestellungen vorhanden sind, die ihn auffangen. Andere Hilfen können die eigene Familie, Nachbarn und Bekannte, das Heimpersonal oder allgemeine soziale Dienste sein.³ Schließlich ist die Betreuung nach dem Prinzip der **Rehabilitation** nur so lange erforderlich, wie der Betroffene für die konkreten Aufgabenbereiche der Hilfe eines Betreuers bedarf (§§ 1901 Abs. 5, 1908 d Abs. 1 BGB). Die Betreuung darf deshalb nur für eine Zeitspanne angeordnet werden, in der voraussichtlich eine Betreuungsnotwendigkeit besteht.⁴ Der Betreuer hat zudem innerhalb seines Aufgabenkreises alle Möglichkeiten zu nutzen, die die Krankheit des Betreuten beseitigen, ihre Verschlimmerung verhüten und ihre Folgen mildern (§ 1901 Abs. 4 BGB). Ist eine Verbesserung des Krankheitszustandes eingetreten, so dass der Betroffene keiner oder nur einer eingeschränkten Betreuung bedarf, hat der Betreuer dies dem Betreuungsgericht mitzuteilen (§ 1901 Abs. 5 BGB). Das Gesetz stellt damit klar, dass eine Betreuung – soweit möglich – kein Dauerzustand sein soll. Der Betreuer hat deshalb alle Maßnahmen zu ergreifen, die diesem Ziel dienen, insbesondere ärztliche oder pflegerische Leistungen im Sinne von Rechtsfürsorge zu organisieren.⁵

2. Selbstbestimmung und Selbstständigkeit

8   Das Betreuungsgesetz ist darauf gerichtet, die Selbstbestimmung und die Selbstständigkeit des Betroffenen so weit wie möglich zu erhalten und seine eigene Kompetenz nicht durch eine „**Überbetreuung**" zu reduzieren.⁶ Deshalb ist dem Vorschlag des Betroffenen für die Person des Betreuers grundsätzlich zu folgen (§ 1897 Abs. 4 S. 1 BGB) und der Betreuer hat den Wünschen des Betroffenen grundsätzlich zu entsprechen (§ 1901 Abs. 3 S. 1 BGB).⁷ Schließlich ist der Betroffene grundsätzlich befugt, neben dem Betreuer rechtsgeschäftlich zu handeln. Die Betreuung als solche hat keine Auswirkungen auf seine Geschäftsfähigkeit (§§ 104, 1903 BGB). Die gesetzliche Vertretungsbefugnis des Betreuers (§ 1902 BGB)⁸ schließt die Handlungsmacht des Betreuten nicht aus.⁹

---

2   BayObLG BtPrax 2001, 37, 38; BayObLG FamRZ 1999, 1612, 1613; OLG Köln FamRZ 2000, 908, 909.
3   BayObLG FamRZ 1998, 452, 453; Palandt/Götz, § 1896 BGB Rn 12; Knittel, § 1896 BGB Rn 28.
4   BayObLG BtPrax 1995, 68, 69; Soergel/Zimmermann, § 1901 BGB Rn 19.
5   MK/Schwab, § 1901 BGB Rn 22, 23; Knittel, § 1901 BGB Rn 18; Jürgens/Jürgens, § 1901 BGB Rn 12.
6   Leutheusser-Schnarrenberger BtPrax 1992, 3.
7   Zu den Anforderungen an die Beziehungsgestaltung und Kommunikationsfähigkeit von Betreuern s. Zander/Lantzerath/Crefeld/Brill BtPrax 2002, 19, 21.
8   MK/Schwab, § 1902 BGB Rn 1; Soergel/Zimmermann, § 1902 BGB Rn 1; Palandt/Götz, § 1902 BGB Rn 2.
9   MK/Schwab, § 1902 BGB Rn 6, 10; Staudinger/Bienwald, § 1902 BGB Rn 11; Holzhauer, Gutachten zum 57. DJT, B 73.

3. Persönliche Betreuung

Die persönliche Betreuung war dem Betreuungsgesetzgeber ein besonderes Anliegen. In Abgrenzung zu den Rechtszuständen vor dem 1.1.1992 sollten Sammelbetreuungen, in denen das Vermögen einer großen Zahl von Personen mehr oder minder anonym verwaltet wurde, vermieden werden.[10] Stattdessen ist es die Aufgabe der Betreuer, die rechtliche Besorgung der Angelegenheiten so zu gestalten, dass Wünsche und Vorstellungen des Betroffenen einfließen (§ 1901 Abs. 3 BGB). Das setzt eine Verständigung und – soweit möglich – eine Absprache mit dem Betroffenen voraus.

9

4. Ehrenamt

Die Tätigkeit eines Betreuers ist ein Ehrenamt, das unentgeltlich geführt wird (§§ 1908i Abs. 1 S. 1, 1836 Abs. 1 S. 1 BGB). Ein Berufsbetreuer soll nur bestellt werden, wenn keine andere geeignete Person zur Verfügung steht, die zur ehrenamtlichen Führung der Betreuung bereit ist (§ 1897 Abs. 6 S. 1 BGB). Dieser **Grundsatz des Ehrenamtes** beruht auf dem Zweck der Betreuung. Ziel ist es, die krankheitsbedingten Defizite in der Lebensführung auszugleichen. Durch die Bestellung eines Betreuers soll der Betroffene so gestellt werden, als wenn er seine Angelegenheiten selbst organisieren könnte. Eine Betreuung ist deshalb ausgeschlossen, wenn auch ein gesunder Mensch sich der Hilfe eines Anlageberaters, Steuerberaters oder Rechtsanwalts bedienen würde, um ein Problem zu lösen.[11]

10

Diese Vorstellung des Gesetzgebers entspricht der Rechtswirklichkeit. Ca. **70% aller Betreuungen werden ehrenamtlich**, vor allem von Angehörigen, geführt. Diese sind im Regelfall am besten geeignet, Wünsche und Vorstellungen des Betroffen zu kommunizieren. Es bedarf deshalb grundsätzlich keiner fachlichen Mindeststandards und gar einer akademischen Vorbildung als Arzt, Rechtsanwalt oder Sozialarbeiter, um als Betreuer fachlich geeignet zu sein. Treten Probleme auf, die eine spezielle Ausbildung erfordern, braucht der Betreuer über entsprechende Kenntnisse nicht zu verfügen. Notwendig ist die Bereitschaft, im Bedarfsfall Fachleute einzuschalten und sich deren Fähigkeiten zu sichern.[12]

11

III. Die Betreuungsstruktur

1. Aufgabenverteilung

Der Gesetzgeber hat den Betreuungsgerichten, den Betreuungsbehörden, den Betreuungsvereinen, den ehrenamtlichen Betreuern und den Berufsbetreuern zur Verwirklichung der Ziele und Ideale des Betreuungsrechts unterschiedliche Aufgaben zugewiesen:

12

Die **Betreuungsgerichte** sind im Wesentlichen zuständig, Betreuer zu bestellen (§§ 1896, 1908a BGB), den Aufgabenkreis des Betreuers zu definieren (§§ 1896, 1908d Abs. 1 S. 2 und Abs. 3 BGB), den Betreuer zu entlassen (§ 1908b BGB), den Betreuer zu überwachen (§§ 1908i Abs. 1 S. 1, 1837

13

---

10 BT-Drucks. 11/4528, 53, 68; Staudinger/Bienwald, Vor § 1896 BGB Rn 42; zu dem Vorwurf von Massenvormundschaften/Pflegschaften: Bürgle NJW 1988, 1881.
11 BayObLG Rpfleger 2001, 234; vgl § 1896 BGB Rn 121.
12 OLG Schleswig OLGReport 2004, 429.

Abs. 2 BGB) und die Vergütungen berufsmäßig tätiger Betreuer festzusetzen (§ 168 FamFG; §§ 1, 2, 4–9 VBVG).

14 Die **Betreuungsbehörden** haben vor allem die Aufgaben, Betreuer zu unterstützen und fortzubilden (§§ 4, 5 BtBG), ehrenamtliche Betreuer zu gewinnen (§ 6 Abs. 1 S. 1 BtBG), über Betreuungsvollmachten und Betreuungsverfügungen aufzuklären und zu beraten (§ 6 Abs. 1 S. 2 BtBG), das Betreuungsgericht bei der Feststellung des Sachverhaltes zu unterstützen und eine geeignete Person vorzuschlagen, die sich im Einzelfall zum Betreuer eignet (§ 8 BtBG), das Betreuungsgericht über Umstände zu unterrichten, die Maßnahmen in Betreuungssachen erforderlich machen (§ 7 Abs. 1 BtBG), und selbst Betreuungen zu führen (§§ 1900 Abs. 4, 1897 Abs. 2 S. 2 BGB).

15 Die **Betreuungsvereine** sind zuständig für die Gewinnung, Beratung, Unterstützung und Fortbildung von ehrenamtlich tätigen Betreuern (§ 1908 f Abs. 1 Nr. 2 BGB), die planmäßige Information über Vorsorgevollmachten (§ 1908 f Abs. 1 Nr. 2 a BGB) und die Führung von Betreuungen (§§ 1900 Abs. 1 und Abs. 2, 1897 Abs. 2 S. 1 BGB).

16 Der **ehrenamtliche Betreuer** stellt den **Idealtypus** des Gesetzgebers dar (§ 1897 Abs. 6 S. 1 BGB). Dieser führt die Betreuung unentgeltlich (§§ 1908 i Abs. 1 S. 1, 1836 Abs. 1 S. 1 BGB) und erhält eine Aufwandsentschädigung, die pauschal im Umfang von 323 EUR jährlich geltend gemacht werden kann (§§ 1908 i Abs. 1 S. 1, 1835, 1835 a BGB). In ca. 30 % der Gesamtfälle muss ein Berufsbetreuer tätig werden, weil ein ehrenamtlicher Betreuer nicht zur Verfügung steht oder die Wahrnehmung der konkreten Angelegenheiten des Betroffenen einen berufsmäßig tätigen Betreuer erfordert (§ 1897 Abs. 6 BGB). Aufgabe der Betreuer ist es, im Rahmen der Aufgabenkreise die rechtlichen Angelegenheiten des Betroffenen wahrzunehmen und ihn insoweit persönlich zu betreuen (§ 1901 BGB).

2. Zielvorgaben

17 In dieser Konstellation haben die am Betreuungsverfahren Beteiligten folgende Prinzipien des Betreuungsrechts zu verwirklichen:

a) Subsidiarität – Vollmacht

18 Nach dem Prinzip der Subsidiarität bedarf es keines Betreuungsverfahrens, wenn der Betroffene für die von ihm nicht mehr wahrnehmbaren Aufgabenbereiche eine Vorsorgevollmacht erteilt hat (§ 1896 Abs. 2 S. 2 BGB). Die Möglichkeit der Betreuungsvermeidung durch Vollmacht dient dem Selbstbestimmungsrecht der Betroffenen, die in gesunden Zeiten die Wahrnehmung ihrer Angelegenheiten bestimmen können. Es ist deshalb notwendig und wünschenswert, dieses Rechtsinstitut einem breiten Bevölkerungskreis bekannt zu machen.[13] Demzufolge haben Betreuungsbehörden und Betreuungsvereine über Vorsorgevollmachten und deren Inhalt zu informieren. Zusätzlich obliegt es den Betreuungsgerichten, in geeigneten Fällen Betroffene auf die Möglichkeit der Vorsorgevollmacht und deren Inhalt hinzuweisen (§ 278 Abs. 2 S. 2 FamFG).

---

13 BT-Drucks. 11/4528, 122.

Um das Ziel einer möglichst breiten Bekanntmachung privatautonomer Lebensgestaltung zu erreichen, ist es notwendig, dass Betreuungsbehörden und Betreuungsvereine im Zusammenwirken mit den Amtsgerichten ein Konzept entwickeln und umsetzen.

b) Subsidiarität – Soziale Hilfen

Nach dem Grundsatz der Subsidiarität darf des Weiteren ein Betreuer nicht bestellt werden, wenn andere – soziale – Hilfestellungen vorhanden sind, die den Betroffenen auffangen. Andere Hilfen können die eigene Familie, Nachbarn und Bekannte, das Heimpersonal oder allgemeine soziale Dienste sein.[14] Die Nutzung betreuungsvermeidender Hilfen ist aber nur möglich, wenn das Betreuungsgericht hinreichend über den Lebensalltag des Betroffenen und die tatsächlich zur Verfügung stehenden sozialen Dienste informiert ist. Entsprechende Kenntnisse werden beim Betreuungsgericht oft nicht vorhanden sein. Die Betreuungsbehörden haben deshalb das Betreuungsgericht bei der Feststellung des Sachverhalts auf Anforderung zu unterstützen (§ 8 BtBG, § 279 Abs. 2 FamFG).

19

c) Rehabilitation

Nach dem Prinzip der Rehabilitation darf eine Betreuung nur so lange aufrecht erhalten werden, wie der Betroffene für die konkreten Aufgabenbereiche der Hilfe eines Betreuers bedarf (§§ 1901 Abs. 5, 1908 d Abs. 1 BGB). Der Betreuer hat deshalb innerhalb seines Aufgabenkreises alle Möglichkeiten zu nutzen, die die Krankheit des Betreuten beseitigen, ihre Verschlimmerung verhüten und ihre Folgen mildern (§ 1901 Abs. 4 BGB). Er hat alle Maßnahmen zu ergreifen, die diesem Ziel dienen, insbesondere ärztliche oder pflegerische Leistungen im Sinne von Rechtsfürsorge zu organisieren.[15] Die Verwirklichung dieser Aufgabe setzt eine zukunftsorientierte Betreuungsplanung voraus, für die der Betreuer die Hilfestellung der Betreuungsbehörde in Anspruch nehmen kann (§ 4 BtBG). Nimmt der Betreuer die Kompetenz der Betreuungsbehörde nicht in Anspruch, obwohl dies notwendig erscheint, kann das Betreuungsgericht aufsichtsrechtlich einschreiten (§§ 1908 i Abs. 1 S. 1, 1837 Abs. 2 S. 1 BGB).

20

d) Ehrenamtliche Betreuung

Ehrenamtliche Betreuung setzt voraus, dass engagierte Bürgerinnen und Bürger für diese verantwortungsvolle Tätigkeit auch außerhalb des eigenen familiären Kontextes gewonnen werden können. Dies wird umso einfacher sein, je mehr ehrenamtliche Betreuer in eine Organisationsform eingebunden sind, in der sie Beratung, Förderung und Hilfe erhalten können. Diese Aufgabe obliegt den Betreuungsvereinen (§ 1908 f Abs. 1 Nr. 2 BGB). Zusätzlich sind die Betreuungsgerichte (§§ 1908 i Abs. 1 S. 1, 1837 Abs. 1 BGB) und die Betreuungsbehörden (§ 4 BtBG) Ansprechpartner für Fragen der Betreuer. Die Tätigkeit der Betreuungsvereine zu fördern, obliegt wiederum den Betreuungsbehörden (§ 6 Abs. 1 S. 1 BtBG). Zudem hat die Betreuungsbehörde die Verpflichtung, das

21

---

14 BayObLG FamRZ 1998, 452, 453; Palandt/Götz, § 1896 BGB Rn 12; Knittel, § 1896 BGB Rn 28.
15 MK/Schwab, § 1901 BGB Rn 22, 23; Knittel, § 1901 BGB Rn 18; Jürgens/Jürgens, § 1901 BGB Rn 12.

Betreuungsgericht bei der Gewinnung geeigneter Betreuer zu unterstützen (§ 8 S. 2 Hs 2 BtBG). Zu diesem Zweck kann die Betreuungsbehörde ein Verzeichnis geeigneter Betreuer führen oder auch auf die Erkenntnisse der Betreuungsvereine zurückgreifen.

e) Berufsbetreuer

22 Für die Unterstützung der Berufsbetreuer ist einerseits das Betreuungsgericht (§§ 1908i Abs. 1 S. 1, 1837 Abs. 1 u. 2 BGB) und andererseits die Betreuungsbehörde (§ 4 BtBG) zuständig. Zudem sieht § 10 VBVG Mitteilungspflichten der Berufsbetreuer vor, die ein Zusammenwirken von Betreuungsbehörde und Betreuungsgericht erfordern. Nach § 10 Abs. 1 VBVG hat der Berufsbetreuer der Betreuungsbehörde, in deren Bezirk er seinen Sitz oder Wohnsitz hat, kalenderjährlich die Zahl der von ihm im Kalenderjahr geführten Betreuungen und den von ihm für die Führungen von Betreuungen im Kalenderjahr erhaltenen Geldbetrag mitzuteilen. Die Mitteilungspflichten haben das Ziel, die Beurteilung der Berufsmäßigkeit der Betreuertätigkeit zu erleichtern und einer schleichenden Konzentration übermäßig vieler Betreuungen bei einem Betreuer entgegenzuwirken. Soweit die Berufsbetreuer ihrer Mitteilungspflicht nachkommen, ist die Betreuungsbehörde berechtigt und auf Verlangen des Betreuungsgerichtes verpflichtet, dem Betreuungsgericht diese Mitteilung zu übermitteln (§ 10 Abs. 3 VBVG).

3. Fazit

23 Zusammenfassend ergibt sich, dass die grundlegenden Ziele des Betreuungsrechts, insbesondere die Verwirklichung des Erforderlichkeitsgrundsatzes in seinen Ausprägungen der Subsidiarität und der Rehabilitation, nur verwirklicht werden können, wenn Betreuungsgericht und Betreuungsbehörde, Betreuungsgericht und Betreuungsvereine, Betreuungsbehörde und Betreuungsvereine sowie Betreuungsgericht, Betreuungsbehörde und Betreuungsvereine einerseits sowie Betreuer andererseits vertrauensvoll zusammenarbeiten. Dieses vom Gesetzgeber als **Idealform** konzipierte System ist von verschiedenen **Voraussetzungen** abhängig, die in der Praxis häufig nicht verwirklicht werden können:

24 Betreuungsbehörden und Betreuungsvereine können ihre wichtige Querschnittsarbeit zur Stärkung des Selbstbestimmungsrechts, zur Gewinnung und Beratung ehrenamtlicher Betreuer und zur Hilfestellung in der alltäglichen Betreuungsarbeit nur leisten, wenn sie hinreichend personell und finanziell ausgestattet sind. Das ist nicht generell gewährleistet. Neben gut ausgestatteten Behörden ist teilweise eine Halbtagskraft für einen Bezirk von 400.000 Einwohnern zuständig. Betreuungsvereine versuchen ihre Finanzprobleme oft durch eine verstärkte Übernahme von Betreuungen zu lösen. Die Querschnittsarbeit kommt dabei zu kurz.

25 Der Erforderlichkeitsgrundsatz kann nur hinreichend Beachtung finden, wenn den Betreuungsgerichten **anderweitige Hilfsmöglichkeiten** aufgezeigt werden. Die Zusammenarbeit zwischen den Betreuungsgerichten und den Betreuungsbehörden wird aber durch die unterschiedliche Binnenstruktur erschwert. Während die Betreuungsbehörde aufgrund ihrer Einbindung in die kommunale Verwaltung unter politischen Vorgaben, Dienstanweisungen, fachlichen Weisungen und Richtlinien arbeitet, trifft sie in den Betreuungsgerichten auf die

richterliche und rechtspflegerische Unabhängigkeit, die weder politische Vorgaben noch Weisungen, Absprachen oder Richtlinien kennt. Es fehlt damit an einer institutionalisierten Verbindlichkeit der Zusammenarbeit. Die Kooperation und Kommunikation zwischen den Betreuungsgerichten und den Betreuungsbehörden ist deshalb personenabhängig. Werden die agierenden Personen ausgetauscht, kann eine vorhandene Kommunikationsbasis wegbrechen.

4. Lösungsansatz

Eine Lösung des Strukturproblems[16] kann darin liegen, in den Ausführungsgesetzen der Länder die **Kooperation der Professionen zu institutionalisieren**. Teilweise enthalten die Ausführungsgesetze der Länder bereits Regelungen, die die Zusammenarbeit durch Gründung von örtlichen Arbeitsgemeinschaften fördern sollen. Notwendig ist es aber darüber hinaus, alle Professionen des Betreuungsrechts einzubeziehen, die Einrichtung der örtlichen Arbeitsgemeinschaften und die Teilnahme der Betreuungsrichter als Dienstpflichten auszugestalten und die Aufgabenbeschreibung der Arbeitsgemeinschaften zu konkretisieren. 26

Die Bund-Länder-Arbeitsgruppe „Betreuungsrecht" hat für eine entsprechende Ergänzung der Landesausführungsgesetze folgenden Vorschlag unterbreitet:[17]

§ X Arbeitsgemeinschaften

(1) Die örtliche Betreuungsbehörde richtet zur Förderung der Zusammenarbeit in Betreuungsangelegenheiten auf örtlicher Ebene eine Arbeitsgemeinschaft ein, in der alle für das Betreuungswesen vor Ort maßgeblichen Institutionen vertreten sind, insbesondere die Betreuungsbehörde, die Betreuungsgerichte, die Betreuungsvereine und die Berufsbetreuer.

(2) Der Arbeitsgemeinschaft gehören alle Betreuungsrichterinnen und -richter und alle im Betreuungsrecht eingesetzten Rechtspflegerinnen und Rechtspfleger der Betreuungsgerichte an, die im Bezirk der Betreuungsbehörde liegen.

(3) Die örtliche Arbeitsgemeinschaft verfolgt insbesondere folgende Ziele:
- **Aufzeigen und Entwicklung betreuungsvermeidender Alternativen;**
- **Planung einer umfassenden Beratung über Vorsorgevollmachten;**
- **Benennung geeigneter Betreuer;**
- **Organisation einer effektiven Betreuungsplanung.**

Ob dieser Vorschlag von den Landesgesetzgebern umgesetzt wird, bleibt weiter abzuwarten. Davon unabhängig, ist es den vor Ort tätigen Professionen unbenommen, sich entsprechend zu organisieren und damit eine effektive Betreuungsarbeit zu gewährleisten. 27

---

16 Zu einer Verlagerung der Aufgaben auf die Betreuungsbehörden s. Bund-Länder-Arbeitsgruppe „Betreuungsrecht" – Abschlussbericht in Betrifft: Betreuung, Bd. 6, S. 168 ff sowie Diekmann ZRP 2002, 425 ff mit Ausführungen zur historischen Entwicklung.

17 Bund-Länder-Arbeitsgruppe „Betreuungsrecht" – Abschlussbericht in Betrifft: Betreuung, Bd. 6, S. 97.

Jurgeleit

Bürgerliches Gesetzbuch (BGB)

In der Fassung der Bekanntmachung vom 2. Januar 2002[18] (BGBl. I S. 42, ber. S. 2909 und BGBl. 2003 I S. 738)
(FNA 400-2)
zuletzt geändert durch Personenstandsrechts-Änderungsgesetz vom 7. Mai 2013 (BGBl. I S. 1122, 1159)
– Auszug –

§ 1632 BGB Herausgabe des Kindes; Bestimmung des Umgangs; Verbleibensanordnung bei Familienpflege

(1) Die Personensorge umfasst das Recht, die Herausgabe des Kindes von jedem zu verlangen, der es den Eltern oder einem Elternteil widerrechtlich vorenthält.

(2) Die Personensorge umfasst ferner das Recht, den Umgang des Kindes auch mit Wirkung für und gegen Dritte zu bestimmen.

(3) Über Streitigkeiten, die eine Angelegenheit nach Absatz 1 oder 2 betreffen, entscheidet das Familiengericht auf Antrag eines Elternteils.

(4) Lebt das Kind seit längerer Zeit in Familienpflege und wollen die Eltern das Kind von der Pflegeperson wegnehmen, so kann das Familiengericht von Amts wegen oder auf Antrag der Pflegeperson anordnen, dass das Kind bei der Pflegeperson verbleibt, wenn und solange das Kindeswohl durch die Wegnahme gefährdet würde.

I. Einleitung

Die Absätze 1, 2 und 3 des § 1632 BGB sind im Betreuungsrecht sinngemäß anzuwenden, nicht aber § 1632 Abs. 4 BGB. Statt Kind ist Betreuter zu lesen, statt Eltern Betreuer, anstelle des Familiengerichts ist das Betreuungsgericht (AG) zuständig. Sämtliche Angelegenheiten fallen in die Richterzuständigkeit, § 15 Abs. 1 S. 1 Nr. 7 RPflG.

II. Bedeutung für das Betreuungsgericht

Abs. 1: Auf Antrag des Betreuers, Abs. 3, ist über den geltend gemachten Herausgabeanspruch zu entscheiden. Voraussetzung für das betreuerseitige Stellen eines Herausgabeverlangens ist das Vorliegen mindestens einer der nachstehend benannten Aufgabenkreise: Aufenthaltsbestimmung, Personensorge bzw alle Angelegenheiten. Gerichtsseits ist zu überprüfen, inwieweit der erhobene Herausgabeanspruch mit dem **Wohl** und den **Wünschen** des Betreuten im Einklang steht, § 1901 Abs. 3 BGB. Wird der Betreute **gegen seinen Willen** von einem Dritten an einer Aufenthaltsänderung gehindert, liegt eindeutig ein **widerrechtliches Vorenthalten** im Sinne der Vorschrift vor. Demgegenüber ist eine von dem Betreuer gegen den Willen des Betreuten beabsichtigte Aufenthaltsbe-

---

18 Neubekanntmachung des BGB v. 18. 8. 1896 (RGBl. S. 195) in der ab 1. 1. 2002 geltenden Fassung.

stimmung besonders intensiv zu prüfen. Voraussetzung für ein Tätigwerden des Betreuers ist n das krankheits- oder behinderungsbedingte Unvermögen des Betreuten, eigenverantwortliche Entscheidungen zu treffen.[1] Die Herausgabe des Betreuten muss ferner zur Abwendung einer **erheblichen Gefahr** für dessen Person oder Vermögen erforderlich sein. Unbeachtlich ist der Wille des Betreuten im Falle einer drohenden Selbstschädigung.[2]

3 **Abs. 2:** Die Anordnung des Aufgabenkreises der **Personensorge** oder der **Umgangsbestimmung** zugunsten des Betreuers setzt auf Seiten des Betreuten die aufgrund einer psychischen Krankheit oder einer körperlichen, geistigen oder seelischen Behinderung gegebene **Unfähigkeit** voraus, **seine Umgangsangelegenheiten selbst zu besorgen.**[3] Erfolgt die Anordnung des Aufgabenkreises gegen den Willen des Betreuten, muss dieser krankheits- oder behinderungsbedingt außerstande sein, seinen Willen unbeeinflusst zu bilden und nach zutreffend gewonnenen Einsichten zu handeln.[4] Soll der Umgang des Betreuten mit seinen Eltern, volljährigen Kindern oder nahen Verwandten (Geschwistern und deren Kinder) reglementiert werden, ist der in Art. 6 Abs. 1 GG normierte verfassungsrechtliche Schutz der Familie zu beachten. Kontaktverbote gegen den Willen des Betreuten stellen sich als ein schwerwiegender Eingriff in die allgemeine Handlungsfreiheit dar, Art. 2 Abs. 1 GG, und setzen die Abwehr einer erheblichen gesundheitlichen Gefahr voraus, der anders nicht wirksam begegnet werden kann.[5] Verwandtenbesuche, die mit psychischen Belastungen verbunden sind und damit zu Gefährdungen der Gesundheit des Betreuten führen, rechtfertigen die Anordnung des Aufgabenkreises.[6]

4 Entgegen dem natürlichen Willen des Betreuten **können Umgangswünsche übergangen werden,** die krankheitsbedingt zustande kommen und seinem Wohl zuwiderlaufen würden.[7]

5 Das Betreuungsgericht schreitet jedoch aufsichtlich gegen sachlich nicht begründete, überzogene Umgangsbestimmungen des Betreuers ein, §§ 1908 i, 1837 Abs. 2 BGB.[8] Spricht der Betreuer Kontaktverbote aus, ohne über einen hierzu legitimierenden Aufgabenkreis zu verfügen, liegt eine Pflichtwidrigkeit vor, die ebenso ein aufsichtliches Einschreiten erfordert.[9] Gewinnt das Gericht Erkenntnisse von Problemen des Betroffenen im Umgang mit Familienangehörigen oder Dritten, ist von Amts wegen ein Verfahren zur Entscheidung über die Frage der Erweiterung des Aufgabenkreises des Betreuers hinsichtlich der Bestimmung des Umgangs einzuleiten, § 1908 d Abs. 3 S. 1 BGB.[10]

6 **Verfahrensrechtlich** sind bei avisierten Aufgabenkreiserweiterungen gegen den Willen des Betreuten mit Hinblick auf die Bedeutung der Angelegenheiten – Herausgabeverlangen sowie Umgangsbestimmung – die nachstehenden Schritte einzuhalten:

---

1 BayObLG BtPrax 2003, 38.
2 BGH BtPrax 2009, 290.
3 BayObLG v. 10.3.1999, 3Z BR 70/99 Rn 11.
4 BGH NJW 1996, 918, 919.
5 BayObLG FamRZ 2000, 1524; BayObLGZ 2003, 33, 35; FamRZ 2004, 1670, 1671.
6 BayObLG v. 10.3.1999, 3Z BR 70/99 Rn 11.
7 BayObLG FamRZ 2003, 402, 403 mwN.
8 Saarländisches OLG BtPrax 1999, 153, 154.
9 OLG München BtPrax 2008, 74, 75.
10 OLG München BtPrax 2008, 74, 75.

- Beachtung der Verfahrensfähigkeit des Betreuten, § 275 FamFG;
- erforderlichenfalls Bestellen eines Verfahrenspflegers, § 276 FamFG;
- Persönliche Anhörung des Betroffenen, § 278 FamFG;
- Persönliche Anhörung des Dritten, § 279 FamFG;
- Anhörung der Betreuungsbehörde, § 279 FamFG;
- Einholen eines Sachverständigengutachtens, § 280 FamFG.[11]

Bei einer angeregten Erweiterung des Aufgabenkreises auf die Aufenthaltsbestimmung hat sich das einzuholende Sachverständigengutachten zu der Frage der Fähigkeit des Betreuten zu äußern, seinen Willen in Fragen des Aufenthaltsortes bzw in Umgangsfragen frei bestimmen zu können. Als **milderes Mittel** ist auch ein temporär begrenztes Kontaktverbot in Erwägung zu ziehen.[12] Der Betreute ist mit Hinblick auf die Wichtigkeit der Angelegenheiten grundsätzlich persönlich anzuhören. In dringenden Fällen kann wegen Gefahr im Verzug die Herausgabe des Betreuten im Wege einer einstweiligen Anordnung ohne die an sich erforderliche vorherige Anhörung, die schnellstmöglich nachzuholen ist, erlassen werden.[13] Der **Geschäftswert** eines Verfahrens ist nach dem neuen § 36 GNotKG nach billigem Ermessen zu bestimmen; gibt es dafür nicht genügend Anhaltspunkte, ist er bei 5.000 EUR anzusetzen (§ 36 Abs. 3 GNotKG). Das wirtschaftliche Gewicht des Geschäfts für den Betreuten, Auswirkung, Zweck, seine Vermögenslage sowie die Mühewaltung des Gerichts können eine Über- oder Unterschreitung des Regelstreitwerts rechtfertigen.[14]

Zur Beschwerdebefugnis vgl die Kommentierung zu § 7 FamFG.

III. Bedeutung für den Betreuer

Abs. 1, Herausgabe des Betreuten: Voraussetzung für das Stellen eines Herausgabeverlangens des Betreuers ist die Übertragung einer der nachstehenden Aufgabenkreise: Personensorge, Aufenthaltsbestimmung oder alle Angelegenheiten. Erforderlichenfalls ist seitens des Betreuers eine Aufgabenkreiserweiterung anzuregen, § 1901 Abs. 5 BGB.

Der Betreuer kann von jedem, der den Betreuten **widerrechtlich vorenthält,** das heißt ohne **rechtfertigenden Grund** sich seiner bemächtigte, die Herausgabe verlangen. Der mit dem Herausgabeanspruch konfrontierte Dritte muss der von dem Betreuer vorgenommenen Aufenthaltsbestimmung aktiv entgegenwirken – ein rein passives Verhalten, wie das bloße Zur-Verfügung-Stellen von Nahrung und Unterkunft – ist nicht ausreichend. Widersetzt sich der Dritte dem Herausgabeverlangen, ist von dem Betreuer eine Entscheidung des Betreuungsgerichtes zu beantragen, Abs. 3.

Abs. 2: Folgende Aufgabenkreise gestatten es dem Betreuer, eine Umgangsbestimmung vorzunehmen:

- Personensorge,
- Bestimmung des Umgangs des Betreuten.

---

11 BayObLG FamRZ 2003, 402, 403.
12 HK-BUR/Bauer, § 1632 BGB Rn 47.
13 OLG Frankfurt/M. FamRZ 2003, 964.
14 BayObLG FamRZ 2004, 1670, 1671.

12 Das Aufenthaltsbestimmungsrecht legitimiert den Betreuer nicht zur Ausübung umgangsrechtlicher Anordnungen.[15]

13 Die Anordnung des Aufgabenkreises gibt dem Betreuer die Rechtsmacht, entsprechende Anordnungen auch mit Wirkung für und gegen Dritte zu treffen. So kann der Betreuer beispielsweise das Pflegeheim anweisen, bestimmte Personen von dem Betreuten fernzuhalten. Bei der Vornahme von Umgangsrechtsbeschränkungen ist betreuerseits der **Grundsatz der Verhältnismäßigkeit** zu beachten. Je nach Zustand des Betreuten ist zur Gewährleistung seiner seelischen Gesundheit der **Umfang**, die **Dauer** und die **Häufigkeit** von Besuchen zu bestimmen.[16] Ein **Umgangsverbot** muss auf triftigen und sachlichen Gründen beruhen und strikt zum Wohle des Betreuten geboten sein.[17] Der Betreuer muss dabei bedenken, dass es sich insbesondere bei dem Umgangsrecht mit Familienangehörigen um ein höchstpersönliches Recht des Betreuten handelt, das der Aufrechterhaltung der persönlichen, verwandtschaftlichen und sozialen Bande dient. Persönliche Kontakte zu Familienangehörigen (Eltern, Kinder, Geschwister und deren Kinder) können einerseits von großer Wichtigkeit für den Betreuten sein, andererseits aber eine Gefahr für seine weitere Persönlichkeits- und Krankheitsentwicklung beinhalten. Nahe Verwandte, nicht aber Dritte,[18] haben zudem untereinander ein aus Art. 6 Abs. 1, Art. 2 Abs. 1, Art. 1 Abs. 1 GG[19] herzuleitendes Recht auf Kontaktaufnahme – diese verfassungsrechtlichen Vorgaben sind bei der zu treffenden Betreuerentscheidung zu berücksichtigen[20] Zwar haben Bezugspersonen kein subjektives Recht auf Umgang mit dem Betreuten.[21] Gleichwohl muss die Einschränkung des Umgangsrechts zur Abwehr eines erheblichen gesundheitlichen Schadens des Betreuten und zur Wahrung von dessen Wohl geboten sein.[22] Ggf ist die Durchführung von Besuchen in Anwesenheit des Betreuers oder einer Pflegeperson als milderes Mittel anzuordnen. Der Kontakt des Betreuten zu einem Anwalt seiner Wahl darf nicht behindert werden.[23]

14 Bei notwendigen Eingriffen des Betreuers in den Post- und Fernmeldeverkehr des Betreuten ist eine gesonderte gerichtliche Anordnung nach § 1896 Abs. 4 BGB erforderlich.

15 Abs. 3: Die **Durchsetzung** des Herausgabeverlangens und Respektierung der Umgangsbestimmung ist durch den Betreuer bei dem zuständigen Betreuungsgericht zu beantragen. Zur Beachtung der gerichtlichen Entscheidung kann der Dritte mittels Zwangsgeld, § 90 Abs. 1, 2 FamFG, angehalten werden. Gegen gerichtliche Entscheidungen ist das Rechtsmittel der Beschwerde, § 64 FamFG, statthaft.

---

15 BayObLG FamRZ 1991, 1481.
16 BayObLG FamRZ 2004, 1670, 1671.
17 BayObLG FamRZ 2002, 907, 908.
18 Saarländisches OLG BtPrax 1999, 153, 154.
19 BayObLG FamRZ 2003, 962; 2004, 1670; OLG Hamm v. 30.1.2008, 15 Wx 257/08.
20 BVerfG NJW 1981, 1943.
21 BGH NJW 1996, 1825, 1826.
22 BayObLG FamRZ 2002, 907.
23 BayObLG Rpfleger 1990, 361.

Die **Betreuungsbehörde**, die allerdings nicht zur Hilfeleistung verpflichtet ist, kann von dem Betreuer um Unterstützung nach §§ 4, 8 BtBG angegangen werden. 16

Hilft die Behörde dem Betreuer nicht, ist ein **Gerichtsvollzieher** mit der Durchsetzung der gerichtlichen Entscheidung zu beauftragen.[24] 17

IV. Bedeutung für Dritte

Dritte sind nach Maßgabe der §§ 7 Abs. 2 Nr. 1, 274 Abs. 4 FamFG Beteiligte des Verfahrens. Der von einem Besuchsverbot des Betreuers betroffene Dritte kann bei dem zuständigen Betreuungsgericht ein Verfahren nach §§ 1908i, 1837 Abs. 2 S. 1 BGB einleiten mit dem Ziel eines aufsichtlichen Einschreitens gegen den Betreuer. Eine einstweilige Verfügung scheidet daneben aus, § 935 ZPO.[25] 18

§ 1784 BGB Beamter oder Religionsdiener als Vormund

(1) Ein Beamter oder Religionsdiener, der nach den Landesgesetzen einer besonderen Erlaubnis zur Übernahme einer Vormundschaft bedarf, soll nicht ohne die vorgeschriebene Erlaubnis zum Vormund bestellt werden.[1]

(2) Diese Erlaubnis darf nur versagt werden, wenn ein wichtiger dienstlicher Grund vorliegt.

I. Erlaubnis für Beamte

§ 1784 BGB findet über § 1908i Abs. 1 S. 1 BGB im Betreuungsrecht Anwendung. Er erfasst alle Beamten im beamtenrechtlichen Sinn sowie Richter und Soldaten unabhängig davon, ob sie für den Bund, die Länder oder die Kommunen tätig sind. Angestellte und Arbeiter des öffentlichen Dienstes fallen dagegen nicht in den Anwendungsbereich des § 1784 BGB.[2] 1

Die maßgeblichen Regelungen des BRRG, die sich in den beamtenrechtlichen Kodifikationen auf Bundes- und Landesebene,[3] in § 46 DRiG und §§ 20, 21 SoldG wiederfinden, enthalten folgende Bestimmungen: 2

Als erlaubnispflichtige Tätigkeit gilt nicht die **unentgeltliche Führung** einer Betreuung. Ihre Übernahme ist jedoch vor Aufnahme schriftlich anzuzeigen (§ 42 Abs. 1 S. 2 BRRG). 3

Dagegen bedarf es für die Tätigkeit als **Berufsbetreuer** (s. § 1 Abs. 1 VBVG) einer Genehmigung, die nach § 42 Abs. 2 S. 1 BRRG zu versagen ist, wenn dienstliche Interessen beeinträchtigt werden. Das gilt insbesondere, wenn der Umfang der Nebentätigkeit die ordnungsgemäße Erfüllung der dienstlichen 4

---

24 AG Wangen FamRZ 1989, 527.
25 Damrau/Zimmermann § 1632 BGB Rn 7.
1 Vgl. für Soldaten auch § 21 SoldatenG.
2 Staudinger/Engler, § 1784 BGB Rn 3.
3 § 65 BBG; §§ 83, 87, 87a LBG BW; § 73 Abs. 2-7 LBG By; § 29 LBG Bln; § 31 LBG Bbg; § 64 LBG Bre; § 69 LBG Hbg; § 79 LBG Hessen; §§ 68, 70, 71 LBG MV; §§ 73, 74a Abs. 3, 75c LBG Nds; §§ 65, 65a, 70 Abs. 1 LBG NW; §§ 73, 74–74b LBG RP; § 79 LBG Saarl; §§ 82, 86, 87 LBG Sachsen; § 65 LBG Sachsen-Anhalt; § 81 LBG SH; § 67 LBG Th.

Verpflichtungen behindert (§ 42 Abs. 2 S. 2 Nr. 1 BRRG). Dafür gilt die sogenannte **Fünftelvermutung** (§ 42 Abs. 2 S. 3 BRRG). Die Inanspruchnahme durch eine oder mehrere Nebentätigkeiten darf 1/5 der regelmäßigen wöchentlichen Arbeitszeit nicht überschreiten. Ob das der Fall ist, muss nach den Umständen des Einzelfalls beurteilt werden.

5 Die Genehmigung ist ebenfalls ausgeschlossen, wenn sie den Beamten in einen **Widerstreit zu seinen dienstlichen Pflichten** bringen kann (§ 42 Abs. 2 S. 2 Nr. 2 BRRG). Die Mitarbeiter von Betreuungsbehörden sowie Richter und Rechtspfleger, die im Betreuungsgericht tätig sind, dürften als Berufsbetreuer deshalb ausscheiden.

Die genannten Versagungsgründe bestimmen zugleich die wichtigen dienstlichen Gründe gemäß § 1784 Abs. 2 BGB.[4]

II. Erlaubnis für Religionsdiener

6 Der **Begriff** „Religionsdiener" erfasst alle Angehörige einer Religionsgemeinschaft, die sich entsprechend den Rechtsordnungen der jeweiligen Religionsgemeinschaft mit Glaubens- und Weltanschauungsfragen befassen. Nicht erfasst sind dagegen Laien, die haupt- oder nebenberuflich Hilfsdienste leisten.[5]

Für die Ausgestaltung einer ggf notwendigen Erlaubnis ist das Recht der jeweiligen Religionsgemeinschaft maßgebend (Art. 137, 140 WRV).

§ 1787 BGB Folgen der unbegründeten Ablehnung

(1) Wer die Übernahme der Vormundschaft ohne Grund ablehnt, ist, wenn ihm ein Verschulden zur Last fällt, für den Schaden verantwortlich, der dem Mündel dadurch entsteht, dass sich die Bestellung des Vormunds verzögert.

(2) Erklärt das Familiengericht die Ablehnung für unbegründet, so hat der Ablehnende, unbeschadet der ihm zustehenden Rechtsmittel, die Vormundschaft auf Erfordern des Familiengerichts vorläufig zu übernehmen.

I. Einleitung

1 § 1787 Abs. 1 BGB findet über § 1908 i Abs. 1 S. 1 BGB im Betreuungsrecht Anwendung. Lehnt also eine natürliche Person entgegen der sich aus § 1898 Abs. 1 BGB ergebenden Pflicht (s. dort Rn 1) die Bestellung als Betreuer ab, kann dies zu Schadensersatzansprüchen des Betroffenen führen.

II. Voraussetzungen des Schadensersatzanspruchs

2 Die Schadensersatzpflicht verlangt, dass eine vom Betreuungsgericht ausgewählte natürliche Person **ohne Grund die Übernahme der Betreuung verweigert** hat. Unter welchen Voraussetzungen ausnahmsweise die Übernahme der Betreuung abgelehnt werden kann, ergibt sich aus § 1898 Abs. 1 BGB (s. § 1898 BGB Rn 2, 3). Teilweise wird vertreten, eine Betreuung werde nie ohne Grund abgelehnt, da § 1898 Abs. 2 BGB die Bestellung von der Einwilli-

---

4 BVerwG NJW 1996, 139.
5 Staudinger/Engler, § 1784 BGB Rn 6.

gung des Ausgewählten abhängig mache.[1] Dem kann aus rechtssystematischen und teleologischen Erwägungen nicht gefolgt werden. Die Einbeziehung des § 1787 Abs. 1 BGB in das System des Betreuungsrechts wäre überflüssig, folgte aus § 1898 Abs. 2 BGB ein Grund für die Ablehnung der Übernahme der Betreuung. § 1898 Abs. 2 BGB will vielmehr zum Schutz des Betroffenen die Bestellung eines Betreuers verhindern, der sich hartnäckig weigert, das Amt anzutreten. Mit dem Ziel, den Betroffenen zu schützen, ist es nicht vereinbar, ihm Schadensersatzansprüche zu nehmen und denjenigen besser zu stellen, der seine Pflichten verletzt.[2]

Der Ausgewählte muss **schuldhaft** gehandelt haben. Maßstab ist § 276 BGB. Der Ausgewählte hat also für Vorsatz und jede Art von Fahrlässigkeit einzustehen. Die Schadensersatzpflicht tritt deshalb ein, wenn der Ausgewählte hätte wissen können, für das Amt geeignet gewesen zu sein, keine Zumutbarkeitskriterien der Bestellung entgegenstanden und deshalb die Pflicht zur Übernahme des Amtes bestand. Diese Voraussetzungen werden im Regelfall vorliegen, da das Vormundschaftsgericht den Ausgewählten auf den Inhalt des § 1898 BGB hinweisen wird. 3

Der Ausgewählte hat für Schäden einzustehen, die dadurch entstehen, dass sich die Bestellung eines Betreuers verzögert. Ein solcher **Verzögerungsschaden** kann im Rahmen der Vermögenssorge bedeutend sein, wenn beispielsweise Geld erst verspätet angelegt werden kann und sich daraus Zinsverluste ergeben. Darüber hinaus wird vertreten, ein Schaden könne ebenfalls durch den Ablauf von Rechtsmittelfristen oder einen Verjährungseintritt entstanden sein.[3] Das ist fraglich. Ist der Betroffene geschäftsunfähig, wird die Verjährung gehemmt (§ 210 Abs. 1 S. 1 BGB), und für versäumte Rechtsmittelfristen kann Wiedereinsetzung in den vorigen Stand gewährt werden (§§ 233 ff ZPO). Ist der Betroffene noch geschäftsfähig, ist er gleichwohl aufgrund seiner psychischen Erkrankung, geistigen oder seelischen Behinderung nicht in der Lage, diesen Bereich seines Lebens zu organisieren. In Betracht kommt deshalb eine Hemmung von Verjährungsfristen wegen höherer Gewalt (§ 206 BGB).[4] Prozessual begründet die Unfähigkeit des Betroffenen ebenfalls einen Wiedereinsetzungsgrund nach §§ 233 ff ZPO. 4

Die Schadensersatzpflicht ist deshalb eng begrenzt. Insbesondere beruhen die Kosten, die der Betroffene wegen der Ablehnung eines Ehrenamtlers für einen Berufsbetreuer aufwenden muss, nicht auf der verzögerten Bestellung eines Betreuers, sondern der Ablehnung als solcher. Dies mag man rechtspolitisch bedauern. Die notwendige Solidarität in einer zunehmend bindungsarmen Gesellschaft lässt sich aber nicht mittels Schadensersatzdrohungen erzwingen. 5

III. Bedeutung für das Betreuungsgericht

Besteht aufgrund einer verzögerten Bestellung eines Betreuers die Möglichkeit, Schadensersatzansprüche geltend zu machen, muss im Rahmen der **betreuungsgerichtlichen Aufsicht** (§§ 1908i Abs. 1 S. 1, 1837 Abs. 2 S. 1 BGB) die 6

---

1 Damrau/Zimmermann, § 1787 BGB Rn 1.
2 Im Ergebnis auch die hM: s. Dodegge/Roth, D Rn 140 mwN.
3 Jürgens/Jürgens, § 1898 BGB Rn 6.
4 BGH VersR 1963, 94.

Verwirklichung der Ansprüche überwacht werden. Insbesondere hat der Betreuer Risiken und Chancen einer Anspruchsverwirklichung darzulegen.

IV. Bedeutung für den Betreuer

7 Erfasst die Bestellung als Betreuer den Aufgabenkreis der Vermögenssorge, wird der Betreuer ggf unter Inanspruchnahme eines Rechtsanwalts zu prüfen haben, ob er Ansprüche mit Erfolg gegen den ehemals Ausgewählten verwirklichen kann. Das Betreuungsgericht ist darüber zu informieren.

§ 1791 a BGB Vereinsvormundschaft

(1) ¹Ein rechtsfähiger Verein kann zum Vormund bestellt werden, wenn er vom Landesjugendamt hierzu für geeignet erklärt worden ist. ²Der Verein darf nur zum Vormund bestellt werden, wenn eine als ehrenamtlicher Einzelvormund geeignete Person nicht vorhanden ist oder wenn er nach § 1776 als Vormund berufen ist; die Bestellung bedarf der Einwilligung des Vereins.

(2) Die Bestellung erfolgt durch Beschluss des Familiengerichts; die §§ 1789, 1791 sind nicht anzuwenden.

(3) ¹Der Verein bedient sich bei der Führung der Vormundschaft einzelner seiner Mitglieder oder Mitarbeiter; eine Person, die den Mündel in einem Heim des Vereins als Erzieher betreut, darf die Aufgaben des Vormunds nicht ausüben. ²Für ein Verschulden des Mitglieds oder des Mitarbeiters ist der Verein dem Mündel in gleicher Weise verantwortlich wie für ein Verschulden eines verfassungsmäßig berufenen Vertreters.

(4) Will das Familiengericht neben dem Verein einen Mitvormund oder will es einen Gegenvormund bestellen, so soll es vor der Entscheidung den Verein hören.

1 § 1791 a Abs. 3 S. 1 Hs 2 und Abs. 3 S. 2 BGB findet über § 1908 i Abs. 1 S. 1 BGB im Betreuungsrecht Anwendung. Diese Regelungen beziehen sich auf eine **Vereinsbetreuung** iSv § 1900 Abs. 1 BGB (s. § 1900 BGB Rn 2 ff) und haben folgende Bedeutung:

2 Bei der **Auswahl** des für die Führung der Betreuung zuständigen **Mitarbeiters** (§ 1900 Abs. 2 BGB) hat der Verein § 1791 a Abs. 3 S. 1 Hs 2 BGB zu beachten. Danach darf kein Mitarbeiter beauftragt werden, der den Betroffenen in einem Heim des Vereins mitversorgt. Das entspricht § 1897 Abs. 3 BGB (s. § 1897 BGB Rn 8 ff). Die Beachtung dieses Erfordernisses kann im Rahmen eines Antrages auf gerichtliche Entscheidung gemäß § 291 FamFG überprüft werden (s. § 291 FamFG Rn 5).

3 Als Betreuer **haftet** der Verein gemäß §§ 1908 i Abs. 1 S. 1, 1833 Abs. 1 S. 1 BGB. § 1791 a Abs. 3 S. 2 BGB bestimmt, dass der Verein für ein Fehlverhalten des Mitarbeiters wie für ein Vereinsorgan einstehen muss (§ 31 BGB). Eine Exkulpation des Vereins wegen gewissenhafter Auswahl des Mitarbeiters (s. § 831 BGB) ist deshalb ausgeschlossen.

§ 1792 BGB Gegenvormund

(1) ¹Neben dem Vormund kann ein Gegenvormund bestellt werden. ²Ist das Jugendamt Vormund, so kann kein Gegenvormund bestellt werden; das Jugendamt kann Gegenvormund sein.

(2) Ein Gegenvormund soll bestellt werden, wenn mit der Vormundschaft eine Vermögensverwaltung verbunden ist, es sei denn, dass die Verwaltung nicht erheblich oder dass die Vormundschaft von mehreren Vormündern gemeinschaftlich zu führen ist.

(3) Ist die Vormundschaft von mehreren Vormündern nicht gemeinschaftlich zu führen, so kann der eine Vormund zum Gegenvormund des anderen bestellt werden.

(4) Auf die Berufung und Bestellung des Gegenvormunds sind die für die Begründung der Vormundschaft geltenden Vorschriften anzuwenden.

I. Einleitung

§ 1792 BGB findet über § 1908 i Abs. 1 S. 1 BGB im Betreuungsrecht Anwendung. Der Gegenbetreuer hat keine eigenen Vertretungs- und Verwaltungsrechte. Seine ausschließliche Aufgabe besteht darin, den **Betreuer zu überwachen** und an der Aufsicht des Betreuers durch das Betreuungsgericht mitzuwirken (§ 1799 BGB). 1

Die Mitwirkungspflichten des Gegenbetreuers sind wie folgt geregelt:

- Bei der Aufnahme des **Vermögensverzeichnisses**, das bei der Anordnung der Betreuung vorhanden ist oder später dem Betreuten zufällt, ist ein bestellter Gegenbetreuer hinzuzuziehen (§ 1802 Abs. 1 S. 2 BGB). 2
- Die **Anlage von Geld** des Betreuten nach §§ 1806, 1807 BGB soll nur mit Genehmigung des Gegenbetreuers erfolgen (§ 1810 S. 1 Hs 1 BGB).
- **Verfügungen über Forderungen**, andere Rechte, kraft derer eine Leistung verlangt werden kann, und Wertpapiere des Betreuten bedürfen einer Genehmigung des Gegenbetreuers (§ 1812 Abs. 1 S. 1 BGB). Das gleiche gilt für die Eingehung einer Verpflichtung zu einer solchen Verfügung (§ 1812 Abs. 1 S. 2 BGB).
- Die **Überlassung von Gegenständen** an den Mündel, zu deren Veräußerung eine Genehmigung notwendig ist, bedarf der Genehmigung des Gegenbetreuers (§ 1824 BGB).
- Der Gegenbetreuer ist **anzuhören**, bevor das Betreuungsgericht dem Betreuer eine Genehmigung zur Vornahme eines Rechtsgeschäfts erteilt (§ 1826 BGB).
- Auf Genehmigungen des Gegenbetreuers finden §§ 1828–1831 BGB entsprechende Anwendung (§ 1832 BGB).
- Der Gegenbetreuer ist dem Betreuten für schuldhafte Pflichtverletzungen **schadensersatzpflichtig** (§ 1833 Abs. 1 S. 2 BGB).
- Der Gegenbetreuer unterliegt der **Aufsicht** des Vormundschaftsgerichts (§ 1837 Abs. 2 BGB). Der Gegenbetreuer ist während der Betreuung verpflichtet, dem Vormundschaftsgericht **jederzeit Auskunft** zu geben (§ 1839 BGB).

Jurgeleit

- Der Gegenbetreuer hat die **jährliche Rechnungslegung** des Betreuers über die Vermögensverwaltung (§ 1840 Abs. 2, Abs. 3 BGB) zu prüfen (§ 1842 BGB).
- Der Gegenbetreuer hat die nach Beendigung der Betreuung aufzustellende **Schlussrechnung** des Betreuers über die Vermögensverwaltung (§ 1890 BGB) zu prüfen (§ 1891 Abs. 1 BGB).
- Für die **Entlassung** des Gegenbetreuers gelten über § 1895 BGB die §§ 1886 bis 1888 BGB entsprechend.
- Den **Tod des Betreuers** hat der Gegenbetreuer dem Betreuungsgericht anzuzeigen (§§ 1895, 1894 BGB).
- Nach Beendigung der Betreuung hat der Gegenbetreuer **dringende Geschäfte** noch abzuwickeln (§§ 1895, 1893 Abs. 1, 1698 b BGB).
- Nach Beendigung der Betreuung hat der Gegenbetreuer zudem über die Führung der Gegenbetreuung und die Vermögensverwaltung des Betreuers **Auskunft** zu geben (§ 1891 Abs. 2 BGB).

3 Durch das zweite Betreuungsrechtsänderungsgesetz ist § 1908 i Abs. 1 S. 1 BGB so ergänzt worden, dass auf alle für den Gegenbetreuer relevante Normen der §§ 1802 ff BGB Bezug genommen wird.

4 Im Übrigen gelten die Regelungen des Betreuungsrechts auch für den Gegenbetreuer, insbesondere der Grundsatz der **persönlichen Betreuung**. Der Gegenbetreuer wird deshalb beispielsweise in einem persönlichen Gespräch mit dem Betroffenen dessen Vorstellungen über ein zu genehmigendes Rechtsgeschäft zu klären haben.[1]

II. Voraussetzungen für die Bestellung

1. Grundlagen

5 Die Bestellung eines Gegenbetreuers richtet sich nach den allgemeinen Vorschriften des Betreuungsrechts (§ 1792 Abs. 4 BGB). Ein Gegenbetreuer kann daher für jeden Aufgabenkreis bestellt werden, der eine Überwachung des Betreuers erfordert (§ 1896 Abs. 2 BGB).[2] Wie die Vorschriften zeigen, die Rechte und Pflichten des Gegenbetreuers regeln, ist aber in erster Linie der Bereich der Vermögenssorge im Blick des Gesetzgebers (s. Rn 2).[3] Für die Auswahl des Gegenbetreuers ist § 1897 BGB heranzuziehen.

2. Erhebliche Vermögensverwaltung

6 Nach § 1792 Abs. 2 BGB soll ein Gegenbetreuer bestellt werden, wenn mit der Betreuung eine Vermögensverwaltung verbunden ist, es sei denn, die Verwaltung ist nicht erheblich. Für die Erheblichkeit ist allein der Umfang des Vermögens nicht entscheidend.[4] Maßgebend sind vielmehr Art, Umfang und Schwierigkeit der Verwaltung, die von der Zusammensetzung des Vermögens und der Anzahl der zu verbuchenden Einnahmen und Ausgaben abhängig ist.[5]

---

1 Jürgens/v. Crailsheim, § 1792 BGB Rn 9.
2 OLG Frankfurt/M. FGPrax 2009, 18.
3 OLG Frankfurt/M. FGPrax 2009, 18.
4 BayObLG FamRZ 1994, 325.
5 BayObLG FamRZ 2004, 1992; OLG Frankfurt/M. FGPrax 2009, 18.

3. Ausschlusstatbestände

Nach § 1792 Abs. 1 S. 2 Hs 1 BGB ist die Bestellung eines Gegenbetreuers ausgeschlossen, wenn die **Betreuungsbehörde** zum Betreuer bestellt wird (§ 1900 Abs. 4 BGB). Entsprechendes gilt gemäß § 1792 Abs. 2 BGB, wenn die Vermögenssorge durch **mehrere Betreuer** gemeinschaftlich geführt wird (§ 1899 Abs. 1, Abs. 3 BGB, s. § 1899 BGB Rn 12). 7

Wird ein **Betreuungsverein** zum Betreuer bestellt, ist dagegen die Anordnung einer Gegenbetreuung möglich. §§ 1908 i Abs. 1 S. 1, 1857 a BGB nehmen nicht auf § 1852 Abs. 1 BGB Bezug. Entsprechendes gilt für den **Vereinsbetreuer** und den **Behördenbetreuer** sowie die **Eltern**, den **Ehegatten**, den eingetragenen **Lebenspartner** und die **Abkömmlinge** des Betreuten (§ 1908 i Abs. 2 S. 2 BGB). Diese Personenkreise sind nur von bestimmten Pflichten befreit (§§ 1908 i Abs. 2 S. 2, 1857 a, 1852 Abs. 2, 1853, 1854 BGB). Dies betrifft insbesondere die Beschränkungen bei Anlage des Mündelgeldes (§§ 1809, 1810 BGB), betreuungsgerichtliche Genehmigungen nach § 1812 BGB und die Pflicht zur Rechnungslegung (§ 1840 Abs. 2 BGB). 8

III. Bedeutung für das Betreuungsgericht

Für das Betreuungsgericht kann die Bestellung eines Gegenbetreuers bei einer erheblichen Vermögensverwaltung zu einer Entlastung führen, da eine zusätzliche Kontrollinstanz (s. § 1799 BGB) geschaffen wird. Der Gegenbetreuer ist aber ebenfalls zu überwachen (§§ 1908 i Abs. 1 S. 1, 1837 Abs. 2 S. 1 BGB). 9

Für die Bestellung des Gegenbetreuers ist der **Richter** zuständig (§ 15 Nr. 1 RPflG), da sich die Bestellung nach §§ 1896–1900 BGB richtet. Daran ändert weder die beschränkte Funktion des Gegenbetreuers etwas noch der Umstand, dass § 15 Nr. 7 RPflG nicht auf § 1792 BGB Bezug nimmt.[6] 10

IV. Bedeutung für den Betreuer

Für den Betreuer ist der Gegenbetreuer im Rahmen seiner Befugnisse unmittelbare Aufsichtsinstanz. Ihm schuldet er Auskunft (§ 1799 Abs. 2 BGB), und mit ihm muss sich der Betreuer bei Geschäften, die der Gegenbetreuer zu genehmigen hat, verständigen. Bei **Meinungsverschiedenheiten** kann das Betreuungsgericht die Genehmigung des Gegenbetreuers ersetzen (s. §§ 1810 Abs. 1 S. 1 Hs 1, 1812 Abs. 2 BGB). 11

V. Bedeutung für den Gegenbetreuer

Der Gegenbetreuer hat die pflichtgemäße Führung der Betreuung zu **überwachen** und Pflichtwidrigkeiten sowie andere Umstände, die zur Entlassung des Betreuers oder zur Beendigung seines Amtes führen können, unverzüglich dem Betreuungsgericht anzuzeigen (§ 1799 Abs. 1 BGB). Verletzt er diese Pflichten, ist er dem Betreuten neben dem Betreuer als Gesamtschuldner zum **Schadensersatz** verpflichtet (§§ 1908 i Abs. 1 S. 1, 1833 Abs. 1 S. 2, Abs. 2 S. 1 BGB). 12

Dem Gegenbetreuer steht das Recht auf **jederzeitige Information** und Einsicht in Papiere zu, die sich auf die Führung der Betreuung beziehen (§ 1799 Abs. 2 13

---

[6] MK/Schwab, § 1908 i BGB Rn 12; Jürgens/Klüsener, 3. Aufl. 2005, § 14 RPflG Rn 15; aA Jürgens/v. Crailsheim, § 15 RPflG Rn 39 mwN.

BGB). Weigert sich der Betreuer, Auskunft zu erteilen oder Einsicht zu gewähren, hat das Betreuungsgericht im Rahmen seiner Aufsichtsbefugnisse (§§ 1908 i Abs. 1 S. 1, 1837 Abs. 2 S. 1 BGB) einzuschreiten. Einklagen kann der Gegenbetreuer die Erfüllung der Pflichten des Betreuers dagegen nicht.[7]

14 Übt der Gegenbetreuer sein Amt berufsmäßig aus, steht ihm eine **Vergütung** nach §§ 4, 5 VBVG zu.

§ 1795 BGB Ausschluss der Vertretungsmacht

(1) Der Vormund kann den Mündel nicht vertreten:
1. bei einem Rechtsgeschäft zwischen seinem Ehegatten, seinem Lebenspartner oder einem seiner Verwandten in gerader Linie einerseits und dem Mündel andererseits, es sei denn, dass das Rechtsgeschäft ausschließlich in der Erfüllung einer Verbindlichkeit besteht,
2. bei einem Rechtsgeschäft, das die Übertragung oder Belastung einer durch Pfandrecht, Hypothek, Schiffshypothek oder Bürgschaft gesicherten Forderung des Mündels gegen den Vormund oder die Aufhebung oder Minderung dieser Sicherheit zum Gegenstand hat oder die Verpflichtung des Mündels zu einer solchen Übertragung, Belastung, Aufhebung oder Minderung begründet,
3. bei einem Rechtsstreit zwischen den in Nummer 1 bezeichneten Personen sowie bei einem Rechtsstreit über eine Angelegenheit der in Nummer 2 bezeichneten Art.

(2) Die Vorschrift des § 181 bleibt unberührt.

I. Bedeutung der Vorschrift für den Betreuer

1 Mit §§ 1795, 1796 BGB sollen die Interessen des Betreuten vor Handlungen des Betreuers geschützt werden, bei denen sich der Betreuer in einem **Interessenskonflikt** befindet. Sie gelten über die Verweisung in § 1908 i Abs. 1 S. 1 BGB auch für den Betreuer. Der Betreuer soll gehindert werden, **interessensgefährdende Handlungen**, insbesondere den Abschluss von Rechtsgeschäften, vorzunehmen. § 1795 BGB ordnet dabei einen gesetzlichen Entzug der Vertretungsmacht an, während in § 1796 BGB das Betreuungsgericht die Vertretungsmacht für die konkrete Angelegenheit entzieht.

2 § 1795 BGB setzt eine bestehende **Vertretungsmacht** voraus. Dem Betreuer kann die Vertretungsbefugnis nach § 1795 BGB nur für solche Rechtsgeschäfte fehlen, die in seinen Aufgabenkreis fallen. Dies wird meist – jedoch nicht ausschließlich – der der Vermögenssorge und der dazu zählenden Aufgabenkreise (in Abgrenzung zur Personensorge) sein. Handelt er außerhalb dieses Aufgabenkreises, ist er ohnehin nicht vertretungsbefugt, § 1902 BGB.

3 § 1795 Abs. 1 BGB legt **bestimmte Konstellationen** fest, in denen dem Betreuer die Vertretungsmacht von Gesetzes wegen entzogen ist. Dies sind neben den In-Sich-Geschäften (§ 1795 Abs. 2 BGB iVm § 181 BGB) Rechtsgeschäfte mit bestimmten Angehörigen (§ 1795 Abs. 1 Nr. 1 BGB), Rechtsgeschäfte über Si-

---

[7] Jürgens/v. Crailsheim, § 1799 BGB Rn 4.

cherungsrechte, die Forderungen des Betreuten gegen den Betreuer betreffen (§ 1795 Abs. 1 Nr. 2 BGB), und Rechtsstreite hierüber (§ 1795 Abs. 1 Nr. 3 BGB). Der Ausschluss der Vertretungsmacht ist hier **absolut**. Selbst wenn im Einzelfall eine Interessengefährdung zu verneinen wäre, würde dies nichts am gesetzlichen Ausschluss der Vertretungsbefugnis ändern.

Anders ist dies bei § 1796 BGB, welcher dem Betreuungsgericht außerhalb des Anwendungsbereichs des § 1795 BGB die Möglichkeit eröffnet, dem Betreuer die Vertretungsmacht für bestimmte Angelegenheiten zu entziehen. Dies soll erfolgen, wenn kollidierende Interessen des Betreuten und des Betreuers oder seiner Angehörigen die konkrete Gefahr begründen, dass die Interessen des Betreuten nicht hinreichend gewahrt werden. 4

Liegt ein Fall des § 1795 BGB vor oder wurde die Vertretungsbefugnis nach § 1796 BGB entzogen, hat das Betreuungsgericht gemäß § 1899 Abs. 4 BGB einen **Ergänzungsbetreuer** zu bestellen. Dieser hat dann an Stelle des diesbezüglich rechtlich verhinderten Betreuers die rechtsgeschäftlich notwendigen Erklärungen abzugeben oder zu empfangen; er wird mit einem eigenen Aufgabenkreis in alleiniger Verantwortung bestellt.[1] Aber auch wenn dem Betreuer die Vertretungsmacht nicht gemäß §§ 1795, 1796 BGB entzogen ist, kann das Betreuungsgericht einen weiteren Betreuer nach § 1899 Abs. 1 BGB bestellen, wenn dieser die Angelegenheiten des Betreuten insoweit besser besorgen kann.[2] Dann muss das Betreuungsgericht aber festlegen, ob der weitere Betreuer nach § 1899 Abs. 3 BGB zusammen mit dem bisherigen Betreuer oder alleine nach § 1899 Abs. 1 BGB tätig werden kann. 5

Das Vorliegen solcher Umstände hat der Betreuer dem Betreuungsgericht gem. § 1901 Abs. 5 BGB **mitzuteilen** (vgl § 1901 BGB Rn 106 ff). 6

Handelt der Betreuer aufgrund einer **Vollmacht**, die der Betroffene wirksam, dh noch zu Zeiten seiner Geschäftsfähigkeit, erteilt hat und die ihm das Selbstkontrahieren gestattet, greifen die Vertretungsverbote der §§ 1795, 181 BGB ebenfalls nicht, da insofern eine Betreuung wegen § 1896 Abs. 2 S. 2 BGB ohnehin nicht zulässig ist.[3] Der Betreute schließt dann die Rechtsgeschäfte aufgrund der Vollmacht und nicht aufgrund seines Amtes als Betreuer ab. 7

II. Das Verbot des Selbstkontrahierens (§ 1795 Abs. 2 BGB iVm § 181 BGB)

Die Vorschrift stellt eigentlich nur klar, dass das Verbot des § 181 BGB, das auch ohne ausdrückliche Erwähnung in § 1795 Abs. 2 BGB im Verhältnis Betreuer – Betreuter anzuwenden wäre, hier volle Geltung beansprucht. Eine gesetzliche Vertretung des Betreuers ist ausgeschlossen, wenn er als Vertragspartei auf der einen Seite und zugleich als gesetzlicher Vertreter des Betreuten auf der anderen Seite handelt. Eine verbotene Konstellation ist auch das Handeln als Vertreter eines am Rechtsgeschäft beteiligten Dritten und des Betreuten. 8

Die **Ausnahmen** vom Verbot des Selbstkontrahierens, die sich aus § 181 BGB selbst oder aus den Rechtsprechungsgrundsätzen ergeben, gelten jedoch auch hier. 9

---

[1] BT-Drucks. 11/4528, 130.
[2] BayObLG BtPrax 1998, 32.
[3] Schleswig-Holsteinisches OLG FGPrax 2004, 70.

10 Bedeutsam ist die Ausnahme für Rechtsgeschäfte, die ausschließlich der **Erfüllung einer Verbindlichkeit** dienen. Wegen der Zulässigkeit eines solchen In-Sich-Geschäfts tritt die Erfüllungswirkung ein, wenn der Betreuer eine ihm gegenüber bestehende Verbindlichkeit des Betreuten aus dessen Vermögen an sich selbst zahlt. Hierunter fällt auch die Befugnis, dem Vermögen des Betreuten den von diesem geschuldeten Aufwendungsersatz und die geschuldete Vergütung entnehmen zu dürfen (s. hierzu § 168 Abs. 1 FamFG). Auch können Verpflichtungen aus Dauerschuldverhältnissen, die vor Bestellung des Betreuers begründet wurden, (danach) wirksam durch ein In-Sich-Geschäft erfüllt werden, etwa bei der Begleichung der dem Betreuer geschuldeten Miete des Betreuten. Schließlich stellt die Erfüllung eines Vermächtnisses eine Erfüllung einer Verbindlichkeit dar.[4] Der Erfüllung steht die Erfüllung durch Aufrechnung, nicht aber durch andere Erfüllungssurrogate gleich.

11 Auch Geschäfte, die dem Betreuten **lediglich** einen **rechtlichen Vorteil** bringen, sind zulässig. Von großer praktischer Bedeutung sind hierbei Schenkungen zwischen betreuten und betreuenden Familienangehörigen. Allerdings gibt es zur Frage, ob eine Schenkung lediglich einen rechtlichen Vorteil bringt, eine umfangreiche Kasuistik. Daher ist der jeweilige Einzelfall genau zu untersuchen. So ist zB die schenkweise Übertragung eines Grundstücks, das verpachtet ist, nicht lediglich rechtlich vorteilhaft in diesem Sinne.[5] Auch der Erwerb einer Eigentumswohnung ist nicht lediglich rechtlich vorteilhaft, da der Betreute die Mitgliedschaft in der Wohnungseigentümergemeinschaft mit allen Rechten und Pflichten erwirbt.[6] Andererseits ist die schenkweise Übertragung eines voll eingezahlten Kommanditanteils lediglich rechtlich vorteilhaft.[7]

12 Führt ein zum Betreuer bestellter **Rechtsanwalt** einen Rechtsstreit für den Betreuten, bedarf es keiner vorherigen Erteilung einer Prozessvollmacht an ihn. Er vertritt den Betreuten aufgrund seiner ihm durch den Aufgabenkreis eingeräumten Befugnis zur gerichtlichen Vertretung nach § 1902 BGB. Die Schaffung eines Tatbestands des Selbstkontrahierens – Erteilung der Vollmacht an sich im Namen des Betreuten – ist von vornherein nicht erforderlich.[8]

III. Ausschlussgründe (Abs. 1)

13 Nr. 1 entzieht dem Betreuer die Vertretungsmacht für Rechtsgeschäfte des Betreuten mit dem Ehegatten, eingetragenen Lebenspartner oder Verwandten in gerader Linie des Betreuers. Stehen dem Betreuten hingegen Verwandte des Betreuers in der Seitenlinie, dessen Verschwägerte oder früherer Ehegatte gegenüber, hindert diese Bestimmung die wirksame Vertretung nicht, weil eine **erweiternde Auslegung** der Bestimmung **nicht zulässig ist**.[9] Das Betreuungsgericht muss dann aber prüfen, ob dem Betreuer die Vertretungsbefugnis nach § 1796 BGB zu entziehen ist.

14 Der Ausschluss ist weit zu verstehen. Er erstreckt sich auf den Abschluss von Verträgen und die Abgabe oder Entgegennahme von an den Betreuten gerich-

---

4 OLG München FamRZ 2012, 740; FamRZ 2013, 494.
5 BGH NJW 2005, 1430.
6 BGH FGPrax 2011, 21.
7 OLG Bremen GmbHR 2008, 1263.
8 OLG Karlsruhe NJW-RR 1999, 1699.
9 BayObLG BtPrax 1998, 32.

teten einseitigen Willenserklärungen. Auch sind Erklärungen, die in dieser Angelegenheit im Interesse des Betreuten gegenüber Behörden oder Gerichten abzugeben sind, erfasst.

§ 1795 Abs. 1 Nr. 1 BGB belässt dem Betreuer aber die Vertretungsmacht, wenn es um die **Erfüllung** einer Verbindlichkeit des Betreuten gegenüber dem vorgenannten Personenkreis geht. 15

Weiterhin wurde von der Rechtsprechung[10] (in Parallele zu § 181 BGB) eine Ausnahme vom Vertretungsverbot für solche Rechtsgeschäfte anerkannt, die dem Betreuten lediglich einen **rechtlichen Vorteil** bringen. 16

Nr. 2 verbietet Rechtsgeschäfte des Betreuers über Forderungen des Betreuten gegen ihn, die **in bestimmten Formen gesichert** sind. So kann der Betreuer zwar seine dem Betreuten gegenüber bestehenden Schulden wirksam tilgen (die Tilgung seiner Schuld ist nur Erfüllung einer Verbindlichkeit, die § 181 BGB a. E. vom Selbstkontrahierungsverbot ausnimmt). Er ist jedoch nicht befugt, den Betreuten bei einem Rechtsgeschäft zu vertreten, welches die Übertragung oder Belastung einer gegen ihn selbst bestehenden und durch Pfandrecht, Hypothek oder Bürgschaft gesicherten Forderung oder die auch nur teilweise Aufhebung einer solchen Sicherheit oder eine entsprechende Verpflichtung des Betreuten hierzu zum Gegenstand hat. 17

Forderungen, die auf andere Weise gesichert sind, etwa durch **Grundschulden**, sind in § 1795 BGB jedoch nicht erwähnt. Hieraus kann, was allerdings nicht unumstritten ist, geschlossen werden, dass für diesbezügliche Rechtsgeschäfte kein Vertretungsverbot besteht. 18

Nr. 3 schließt die Vertretung des Betreuten in **Rechtsstreitigkeiten** aus, die zwischen ihm und einer der in Nr. 1 bezeichneten Personen (Ehegatte, eingetragener Lebenspartner oder Verwandter in gerade Linie des Betreuers) oder über eine der in Nr. 2 bezeichneten Angelegenheiten geführt werden. 19

Obwohl von § 1795 BGB nicht ausdrücklich erwähnt, kann selbstverständlich der Betreuer auch keine Rechtsstreitigkeiten als Vertreter des Betreuten **mit sich selbst** führen. Dies ergibt sich aus dem Rechtsgedanken der §§ 1795 Abs. 2, 181 BGB. 20

Rechtsstreite idS sind nur **Zivilprozesse** und sogenannte **echte Streitverfahren der freiwilligen Gerichtsbarkeit**, in denen das Gericht die Legitimation des gesetzlichen Vertreters nach § 56 Abs. 1 ZPO prüft. Nicht von der Norm erfasst sind daher die Verwaltungsverfahren der freiwilligen Gerichtsbarkeit (wie das Erbscheinserteilungsverfahren), weil ein Interessenkonflikt hier nicht denkbar ist. 21

Hat der Betreuer zu prüfen, ob er einen Rechtsstreit in einer der in Nr. 3 genannten Angelegenheiten führen soll, steht dem das Vertretungsverbot grundsätzlich noch nicht entgegen. Auch hindert es ihn nicht daran, von einer Klageerhebung seitens des Betreuten – etwa gegen einen seiner Angehörigen – abzusehen. Sowohl die **Prüfung der Anspruchsverfolgung** als auch das **Absehen hiervon** sind weder Rechtsgeschäfte iSd Nr. 1 noch Rechtsstreite iSd Nr. 3. Wegen des in diesen Fällen bestehenden Interessenkonflikts hat dann allerdings das Betreuungsgericht zu entscheiden, ob es hierfür nach § 1899 Abs. 4 BGB 22

---

10 BGH FamRZ 1975, 480.

einen Ergänzungsbetreuer bestellt und dem Betreuer zugleich gemäß § 1796 BGB die Vertretungsmacht entzieht oder den Betreuer sogar nach § 1908 b BGB aus dem entsprechenden Aufgabenkreis entlässt.

23 Richtet sich der Anspruch gegen den **Betreuer selbst**, gilt Gleiches. Hat zB der Betroffene kurze Zeit vor Eintritt seiner Geschäftsunfähigkeit Schenkungen an die später für ihn als Betreuerin mit dem Aufgabenkreis Vermögenssorge bestellte Ehefrau vorgenommen, ist sie von der Prüfung etwaiger Rückforderungsansprüche aus Bereicherungsrecht wegen möglicher Unwirksamkeit der Schenkungen entsprechend §§ 1795 Abs. 1 Nr. 1, Abs. 2, 181 BGB ausgeschlossen und es ist insoweit ein Ergänzungsbetreuer zu bestellen.[11] Streng genommen müsste dieser Fall jedoch § 1796 BGB zugeordnet werden.

IV. Rechtsfolgen

24 Die ohne Beachtung des in § 1795 normierten Vertretungsverbots vorgenommen Rechtsgeschäfte sind solche eines **Vertreters ohne Vertretungsmacht**. Für Verträge ergeben sich die Rechtsfolgen aus §§ 177 ff BGB, für einseitige Willenserklärungen aus § 180 BGB. Durch eine Genehmigung des Ergänzungsbetreuers – oder bei Wiedererlangen der Geschäftsfähigkeit des Betreuten – können Verträge wirksam werden. Einseitige Rechtsgeschäfte sind jedoch nichtig und nicht genehmigungsfähig, § 180 S. 1 BGB. Hat der Empfänger einer empfangsbedürftigen Erklärung die von dem Betreuer behauptete Vertretungsmacht allerdings nicht beanstandet oder ist er mit einem Handeln ohne Vertretungsmacht einverstanden gewesen (§ 180 S. 2 BGB), kann die Erklärung doch noch entsprechend §§ 177 Abs. 1, 184 Abs. 1 BGB genehmigt werden.[12]

25 Eine **Genehmigung** der nach § 1795 BGB unzulässigen Vertretung ist auch **durch das Betreuungsgericht nicht möglich**. Insbesondere kann hierin keine Gestattung iSv § 181 BGB gesehen werden, weil dem Gericht im Rahmen der §§ 1795, 1796 BGB nur eine Kontrollfunktion zukommt. Daher führt auch die ausdrückliche Weisung des Betreuungsgerichts an den Betreuer, eine selbstkontrahierende Handlung vorzunehmen (zB das mit dem Betreuten bestehende Mietverhältnis aufzulösen), nicht zu deren Wirksamkeit,[13] weil sie ein rechtlich unmögliches Handeln verlangt.

26 Der Betreute ist in Prozessen nicht wirksam vertreten und damit nicht handlungsfähig, wenn in der Person des Betreuers Hinderungsgründe des § 1795 BGB vorliegen.

§ 1796 BGB Entziehung der Vertretungsmacht

(1) Das Familiengericht kann dem Vormund die Vertretung für einzelne Angelegenheiten oder für einen bestimmten Kreis von Angelegenheiten entziehen.

(2) Die Entziehung soll nur erfolgen, wenn das Interesse des Mündels zu dem Interesse des Vormunds oder eines von diesem vertretenen Dritten oder einer der in § 1795 Nr. 1 bezeichneten Personen in erheblichem Gegensatz steht.

---

11 BayObLG BtPrax 2005, 110.
12 AG Nürnberg VersR 2002, 875.
13 BayObLG BtPrax 2004, 69.

I. Bedeutung der Vorschrift

Die beiden Absätze der Vorschrift müssen – unter Einbeziehung der Verweisung des § 1908i Abs. 1 S. 1 BGB – wie folgt zusammengefasst gelesen werden: 1

Das Betreuungsgericht soll dem Betreuer die Vertretung für einzelne Angelegenheiten oder für einen bestimmten Kreis von Angelegenheiten entziehen, wenn das Interesse des Betreuten zu dem Interesse des Betreuers oder eines von diesem vertretenen Dritten oder einer der in § 1795 Abs. 1 Nr. 1 BGB bezeichneten Personen in erheblichem Gegensatz steht. 2

Die Zuständigkeit des Betreuungsgerichts ergibt sich aus § 271 Nr. 3 FamFG iVm §§ 1908i Abs. 1 S. 1 BGB.

Eine Entziehung der Vertretungsmacht setzt einen erheblichen Interessengegensatz voraus. Liegt dieser vor, hat das Gericht insoweit **kein Ermessen**.[1] 3

Der Anwendungsbereich des § 1796 BGB ist erheblich weiter gezogen als der des § 1795 BGB. In persönlicher Hinsicht sind nicht nur die Angehörigen nach § 1795 Abs. 1 Nr. 1 BGB erfasst, sondern auch **Dritte**, deren Interessen der Betroffene sich zu eigen machen könnte. Auch ist § 1796 BGB nicht auf Rechtsgeschäfte oder Rechtsstreitigkeiten beschränkt und hat daher nicht nur im Aufgabenkreis der Vermögenssorge Bedeutung. In allen Aufgabenkreisen ist ein Interessenkonflikt denkbar, etwa im Bereich der Gesundheitsfürsorge, wenn es um Fragen der Heilbehandlung geht, oder etwa bei der nach § 1600b Abs. 3 BGB möglichen Vaterschaftsanfechtung.[2] 4

Ein **erheblicher Interessenkonflikt** liegt vor, wenn das eine Interesse nur auf Kosten des anderen Interesses durchgesetzt werden kann und der Betreuer eine genügende Berücksichtigung der Interessen des Betreuten nicht erwarten lässt.[3] Der Interessengegensatz muss durch das Gericht konkret festgestellt werden. Hierbei sind nur objektive Umstände ausschlaggebend.[4] Abzustellen ist auf den **Zeitpunkt**, in dem der Betreuer tätig wird oder tätig werden müsste. Ein Entzug der Vertretungsmacht scheidet allerdings aus, wenn das Gericht feststellt, dass der Betreuer die Interessen des Betreuten trotz der Interessenkollision wahren wird.[5] 5

In Betracht zu ziehende Fallkonstellationen dürften in der Praxis nicht selten sein. Eine wesentliche Konstellation ist die Prüfung der Geltendmachung von Ansprüchen eines Betreuten gegen den Betreuer oder nahe Angehörige und die Prüfung deren Durchsetzbarkeit.[6] Die Vertretung bei der außergerichtlichen oder gerichtlichen Durchsetzung wäre dem Betreuer hier bereits kraft Gesetzes verwehrt, §§ 1795 Abs. 1 Nr. 1 und Nr. 3, Abs. 2, 181 BGB. Da die Prüfung aber auch zum Ergebnis führen kann, nicht tätig zu werden, sind die Voraussetzungen des § 1796 BGB zu bejahen. 6

Dass ein **Sozialhilfeträger** diese Ansprüche gem. **§ 93 SGB XII** auf sich übergeleitet hat, schließt die Annahme gegensätzlicher Interessen von Betreuer und 7

---

1 Vgl OLG Zweibrücken FGPrax 2004, 30.
2 Vgl dazu OLG Celle AuAS 2006, 81.
3 OLG Hamm NJW 1986, 389; BayObLG FGPrax 2003, 268.
4 BayObLG FamRZ 1963, 578.
5 BGH NJW 1955, 217; vgl etwa auch OLG Karlsruhe NJW-RR 2012, 839.
6 BayObLG FGPrax 2003, 268.

Angehörigen zu denen des Betreuten nicht aus, weil dem Betreuten uU Freibeträge zustehen.[7]

8 Ist der Betreute Vorerbe und der Betreuer mit dem Aufgabenkreis Vermögenssorge oder ein naher Angehöriger Nacherbe und ggf auch noch Testamentsvollstrecker, ist im konkreten Einzelfall zu prüfen, ob sich ein solcher Interessengegensatz ergibt.[8]

II. Verfahren

9 Die Entziehung der Vertretungsmacht nach § 1796 BGB ist Aufgabe des Rechtspflegers, da § 1796 in § 15 RPflG nicht genannt wird. Für die Bestellung des Ergänzungsbetreuers nach § 1899 Abs. 4 BGB ist hingegen nach § 15 Nr. 1 RPflG der Richter zuständig. In der bisherigen Praxis wurde aber oftmals nur durch den Richter ein **Ergänzungsbetreuer** bestellt, ohne dass ausdrücklich die Vertretungsmacht entzogen wurde oder gar eine teilweise Entlassung des Betreuers aus einem Aufgabenkreis erfolgte. Dies ist im Hinblick auf § 8 Abs. 1 RPflG unbedenklich. Der Entzug der Vertretungsmacht wird mit **Bekanntmachung** der betreuungsgerichtlichen Entscheidung oder inzident – mit der Bekanntmachung der Bestellung des Ergänzungsbetreuers – wirksam.[9] Hiergegen kann der Betreuer gem. § 58 Abs. 1 FamFG Beschwerde einlegen, die aber keine aufschiebende Wirkung hat.

10 Wurde dem Betreuer die Vertretungsmacht durch das Betreuungsgericht entzogen, darf dieser den Betreuten in dieser Angelegenheit nicht mehr vor Gericht vertreten. Das Prozessgericht darf die Vertretungsmacht des Betreuers allerdings nicht von sich aus verneinen, wenn es einen Interessenkonflikt feststellt und damit die Voraussetzungen des § 1796 BGB vorliegen.

11 **Gerichtsgebühren** werden für die Entscheidung über die Entziehung der Vertretungsmacht nicht erhoben, da das Kostenverzeichnis des GNotKG hierfür keinen Gebührentatbestand vorsieht.

§ 1797 BGB Mehrere Vormünder

(1) ¹Mehrere Vormünder führen die Vormundschaft gemeinschaftlich. ²Bei einer Meinungsverschiedenheit entscheidet das Familiengericht, sofern nicht bei der Bestellung ein anderes bestimmt wird.

(2) ¹Das Familiengericht kann die Führung der Vormundschaft unter mehrere Vormünder nach bestimmten Wirkungskreisen verteilen. ²Innerhalb des ihm überwiesenen Wirkungskreises führt jeder Vormund die Vormundschaft selbständig.

(3) Bestimmungen, die der Vater oder die Mutter für die Entscheidung von Meinungsverschiedenheiten zwischen den von ihnen benannten Vormündern und für die Verteilung der Geschäfte unter diese nach Maßgabe des § 1777 getroffen hat, sind von dem Familiengericht zu befolgen, sofern nicht ihre Befolgung das Interesse des Mündels gefährden würde.

---

7 BayObLG FGPrax 2003, 268.
8 BGH FamRZ 2008, 1156.
9 BGH NJW 2007, 1677.

Über die Einzelverweisung in § 1908 i BGB wird **nur Abs. 1 S. 2** der Vorschrift in Bezug genommen. Soweit in den Fällen der **gemeinschaftlichen Mitbetreuung** nach § 1899 Abs. 3 BGB die Mitbetreuer in einer Angelegenheit des Betreuten verschiedener Meinung sind, entscheidet das Betreuungsgericht (vgl § 271 Nr. 3 FamFG).

Die Vorschrift betrifft im Wesentlichen Konflikte zwischen ehrenamtlichen Mitbetreuern oder Konflikte zwischen Berufsbetreuer und ehrenamtlichem Betreuer, weil § 1899 Abs. 1 S. 3 BGB eine gemeinschaftliche Mitbetreuung durch Berufsbetreuer außer in den Fällen des Sterilisationsbetreuers (§ 1899 Abs. 2 BGB), des Gegenbetreuers (§ 1792 BGB) und des Ersatzbetreuers (§ 1899 Abs. 4 BGB) nicht vorsieht. In diesen Fällen ist ein gemeinsames Handeln aber schon von Gesetzes wegen nicht vorgesehen.

Bei einer **gemeinschaftlichen Mitbetreuung** werden mehrere Betreuer mit demselben Aufgabenkreis betraut, was zur Folge hat, dass sie – abgesehen von bestimmten Ausnahmen, insbesondere bei unaufschiebbaren Geschäften – die Angelegenheiten des Betreuten **nur gemeinschaftlich besorgen** können (§ 1899 Abs. 3 BGB).

Über Meinungsverschiedenheiten der Mitbetreuer entscheidet nach § 15 Nr. 7 RPflG der **Richter**. Von der Ermächtigung in § 19 Abs. 1 S. 1 Nr. 1 RPflG, die Entscheidung auf den Rechtspfleger zu übertragen, hat kein Bundesland Gebrauch gemacht. Der Betreute ist vor der Entscheidung vom Gericht anzuhören (vgl § 34 Abs. 1 Nr. 1 FamFG).

Das Gericht ist wegen des Grundsatzes der eigenverantwortlichen und selbstständigen Führung der Betreuung nicht befugt, seine eigene, von den Meinungen der Betreuer abweichende Auffassung durchzusetzen. Es kann sich nur der **Meinung** eines der Betreuer **anschließen** oder aber keine Auffassung bestätigen. Letzteres hätte allerdings zur Folge, dass keiner der Betreuer seine Absicht zur Art der Besorgung der Angelegenheit des Betreuten durchsetzen kann, die Angelegenheit bliebe dann bis zu einer Einigung ungeregelt. Das Betreuungsgericht kann jedoch bei Pflichtwidrigkeiten nach § 1837 Abs. 2 und 3 BGB einschreiten.[1]

Der Betreuer, dessen Meinung übergangen wurde, ist nach § 59 Abs. 1 FamFG **beschwerdeberechtigt**. Er kann Beschwerde auch im Namen des Betreuten, der ebenfalls beschwerdeberechtigt ist, einlegen (§ 303 Abs. 4 S. 2 FamFG).

§ 1798 BGB Meinungsverschiedenheiten

Steht die Sorge für die Person und die Sorge für das Vermögen des Mündels verschiedenen Vormündern zu, so entscheidet bei einer Meinungsverschiedenheit über die Vornahme einer sowohl die Person als das Vermögen des Mündels betreffenden Handlung das Familiengericht.

§ 1798 BGB findet über § 1908 i Abs. 1 S. 1 BGB im Betreuungsrecht Anwendung. § 1798 BGB bezieht sich auf die Konstellation, dass die Betreuung von mehreren Betreuern mit voneinander getrennten Aufgabenkreisen geführt wird

---

1 OLG München FamRZ 2011, 1427 zur Nachlasspflegschaft.

(§ 1899 Abs. 1 S. 2 BGB).[1] Bei der Erledigung der unterschiedlichen Aufgaben kann es gleichwohl zu Überschneidungen kommen. Dies betrifft beispielsweise die Weigerung des für die Vermögenssorge zuständigen Betreuers, die notwendigen finanziellen Mittel für eine Maßnahme der Gesundheitssorge zur Verfügung zu stellen. Streit kann des Weiteren über die Zuständigkeit für eine bestimmte Angelegenheit bestehen.

2 Zu den Kriterien, nach denen das Betreuungsgericht entscheidet, s. § 1797 BGB Rn 4.

§ 1799 BGB Pflichten und Rechte des Gegenvormunds

(1) ¹Der Gegenvormund hat darauf zu achten, dass der Vormund die Vormundschaft pflichtmäßig führt. ²Er hat dem Familiengericht Pflichtwidrigkeiten des Vormunds sowie jeden Fall unverzüglich anzuzeigen, in welchem das Familiengericht zum Einschreiten berufen ist, insbesondere den Tod des Vormunds oder den Eintritt eines anderen Umstands, infolgedessen das Amt des Vormunds endigt oder die Entlassung des Vormunds erforderlich wird.

(2) Der Vormund hat dem Gegenvormund auf Verlangen über die Führung der Vormundschaft Auskunft zu erteilen und die Einsicht der sich auf die Vormundschaft beziehenden Papiere zu gestatten.

1 § 1799 BGB findet über § 1908 i Abs. 1 S. 1 BGB im Betreuungsrecht Anwendung. § 1799 Abs. 1 BGB regelt die Pflichten des Gegenbetreuers, § 1799 Abs. 2 BGB gewährt ihm Auskunftsrechte gegen den Betreuer. Wegen der Rechte und Pflichten des Gegenbetreuers im Einzelnen wird auf die Kommentierung zu § 1792 BGB verwiesen.

§ 1802 BGB Vermögensverzeichnis

(1) ¹Der Vormund hat das Vermögen, das bei der Anordnung der Vormundschaft vorhanden ist oder später dem Mündel zufällt, zu verzeichnen und das Verzeichnis, nachdem er es mit der Versicherung der Richtigkeit und Vollständigkeit versehen hat, dem Familiengericht einzureichen. ²Ist ein Gegenvormund vorhanden, so hat ihn der Vormund bei der Aufnahme des Verzeichnisses zuzuziehen; das Verzeichnis ist auch von dem Gegenvormund mit der Versicherung der Richtigkeit und Vollständigkeit zu versehen.

(2) Der Vormund kann sich bei der Aufnahme des Verzeichnisses der Hilfe eines Beamten, eines Notars oder eines anderen Sachverständigen bedienen.

(3) Ist das eingereichte Verzeichnis ungenügend, so kann das Familiengericht anordnen, dass das Verzeichnis durch eine zuständige Behörde oder durch einen zuständigen Beamten oder Notar aufgenommen wird.

---

1 Zu Meinungsverschiedenheiten zwischen mehreren Betreuern mit identischem Aufgabenkreis s. § 1797 Abs. 1 S. 2 BGB.

I. Einleitung

Die Vorschrift ist auf die Betreuung, die eine Vermögensverwaltung zum Gegenstand hat, sinngemäß anzuwenden, § 1908 i Abs. 1 S. 1 BGB; hinsichtlich der Privilegierung der Behörde vgl § 1908 i Abs. 1 S. 2 BGB.

Das zu Beginn der Betreuung vorzulegende Vermögensverzeichnis bildet für das Betreuungsgericht die Basis für die auszuübende Aufsicht im Bereich der Vermögenssorge. Es soll Klarheit über das Vermögen und die wirtschaftliche Lage des Betreuten geben.[1] Es ist ferner Grundlage für die später vorzunehmende Rechnungslegung nach § 1840 Abs. 2 und 4 BGB und das Herausgabeverlangen des Betreuten gemäß § 1890 BGB. Eine Befreiung des Betreuers von der Verpflichtung zur Erstellung eines Vermögensverzeichnisses ist gesetzlich nicht vorgesehen[2] – zu den diesbezüglichen Dispensen der Betreuungsbehörden in Baden-Württemberg, Bayern, Bremen, Hamburg, Hessen, Sachsen-Anhalt siehe § 1857 a BGB Rn 7.[3]

II. Bedeutung für das Betreuungsgericht

Das Gericht prüft das vorgelegte Vermögensverzeichnis auf seine formell ordnungsgemäße Erstellung. Bestehen seitens des Gerichtes Bedenken bezüglich der Vollständigkeit und der materiellen Richtigkeit können im Wege der Amtsermittlung, § 26 FamFG, zB Bankauskünfte eingeholt werden. Dem Vermögensverzeichnis müssen keine **Belege** beigefügt sein. Allerdings kann das Betreuungsgericht jederzeit nach § 1839 BGB Auskünfte über die Amtsführung und die Vorlage von Belegen verlangen. Das Gericht überprüft die Sicherung der Geldanlagen, ordnet Hinterlegungen an, § 1818 BGB, nimmt ggf Befreiungen zurück, § 1908 i Abs. 2 BGB oder bestellt einen Gegenbetreuer, § 1792 Abs. 2 BGB.

Das Gericht ist befugt, dem Betreuer eine angemessene Frist zur Erstellung des Vermögensverzeichnisses von in der Regel vier bis sechs Wochen zu bestimmen.[4] Teilweise wird eine Frist von sechs bis acht Wochen für angemessen angesehen.[5] In der Praxis wird die Erstellungsfrist für das Vermögensverzeichnis mit dem Rechtspfleger bei der persönlichen Verpflichtung besprochen, § 289 Abs. 1 FamFG. Zwar kann zukünftig die mündliche Verpflichtung nach § 289 Abs. 1 S. 2 FamFG für die dort näher bezeichneten Betreuer entfallen; gleichwohl empfiehlt es sich, nach wie vor persönlich bei Gericht vorzusprechen, schon allein um an Ort und Stelle Akteneinsicht in die Betreuungsakte zu nehmen, um Erkenntnisse über das Betreuungsverhältnis zu gewinnen durch Lektüre der gerichtlichen Ermittlungsergebnisse. Auch wenn kein Anlass zu Misstrauen besteht, hat das Gericht auf die Erledigung der sich aus § 1802 BGB ergebenden Verpflichtung des Betreuers zu dringen.[6] Kommt der Betreuer seiner Verpflichtung zur Erstellung eines Vermögensverzeichnisses nicht oder nur unvollständig nach, kann das Betreuungsgericht nach § 1837 Abs. 2 und 3 BGB

---

1 OLG Schleswig BtPrax 2004, 201, 202.
2 Jürgens/Klüsener, Vor §§ 1802–1832 BGB Rn 11.
3 Jürgens/Klüsener, § 1857 a Rn 13–20.
4 Schmidt, Aufgabenkreis Vermögenssorge, S. 29; OLG Schleswig BtPrax 2004, 201, 202: vier Wochen.
5 Meier/Neumann, Handbuch Vermögenssorge, S. 112.
6 RGZ 88, 264, 267.

einschreiten. Gegen die Betreuungsbehörde bzw den Betreuungsverein kann allerdings ein Zwangsgeld nicht festgesetzt werden, § 1837 Abs. 3 S. 2 BGB; allenfalls ist als letztes Mittel eine Entlassung aus dem Betreueramt zu initiieren. Die unzureichende Überwachung des Betreuers durch das Betreuungsgericht kann im Schadensfalle **Amtshaftungsansprüche** des Betreuten begründen, Art. 34 GG, § 839 BGB.[7]

5 Reicht der Betreuer kein Vermögensverzeichnis ein oder aber ein inhaltlich unrichtiges oder unvollständiges, kann das Betreuungsgericht die Aufnahme eines Verzeichnisses durch die nach Landesrecht zuständige Behörde oder Notar anordnen, Abs. 3. Liegt der Grund für die Heranziehung in einer Pflichtwidrigkeit des Betreuers, siehe § 1833 BGB, so haftet dieser für die aus dem Mehraufwand resultierenden Kosten. Daneben kommt als letztes Mittel der Wahl eine Entlassung des Betreuers im Aufgabenkreis der Vermögenssorge in Betracht, § 1908 b BGB.[8]

III. Bedeutung für den Betreuer

6 **Stichtag** für das Vermögensverzeichnis ist die Betreuerbestellung durch das Gericht, die mit der Bekanntmachung an den Betreuer wirksam wird, §§ 15 Abs. 1, 40 Abs. 1 FamFG.[9]

7 In dem Vermögensverzeichnis sind sämtliche Aktiva und Passiva zu verzeichnen. Es hat eine **lückenlose Bestandsaufnahme** des Vermögens zu erfolgen.[10]

Zur Ermittlung von Konten ist eine Anfrage bei dem regionalen Mitgliedsverband des Bankenverbandes veranlasst, dessen Adresse unter www.bankenverband.de recherchiert werden kann. Der **Bankenverband** ist ein Zusammenschluss von insgesamt 210 Banken. Bei dem regionalen Bankenverband kann eruiert werden, welche Banken dort nicht Mitglied sind; diese sind dann mit gesonderter Post anzuschreiben. Die Postbank AG ist gesondert nach Konten abzufragen. Ferner sind 62 Millionen Deutsche bei der Schufa gespeichert. Jeder Handyvertrag, jede Versandhausbestellung, die der Kunde per Rechnung bezahlte, wird registriert. Unter www.schufa.de kann der Betreuer ebenso Auskünfte über vorhandene Konten erzielen.

Die **Kosten der Vermögensaufzeichnung** (Gebühr des Bankenverbandes, Kosten für die Beschaffung von Grundbuchauszügen, Taxat eines Sachverständigen bezüglich einer Münzsammlung etc.) gehen grundsätzlich zulasten des Betreuten.[11] Allerdings wird der Zeitaufwand des Betreuers zur Vermögensermittlung wegen der Pauschalierung (§§ 4, 5 VBVG) nicht gesondert vergütet. Verfügt der Betreute über ausländischen Immobilienbesitz, ist mit dem Betreuungsgericht die Bewilligung von Aufwendungsersatz wegen notwendiger Ermittlungen vor Ort vorab abzuklären, §§ 670, 1835 Abs. 1 BGB.[12] Der Betreu-

---

7 RGZ 80, 406; grundlegend: Zimmermann, Richter- und Rechtspflegerhaftung im Betreuungsrecht, BtPrax 2008, 185, 186 mwN; Meier, Zur gerichtlichen Haftung in Betreuungssachen, BtPrax 2005, 131; OLG Schleswig BtPrax 2004, 201, 202.
8 BayObLG BtPrax 2000, 91; KG BtPrax 2008, 265.
9 LG Berlin Rpfleger 1981, 110, 111; Meier/Neumann, Handbuch Vermögenssorge, S. 111.
10 OLG Schleswig BtPrax 2004, 201, 202.
11 Damrau/Zimmermann, § 1802 BGB Rn 19.
12 Damrau/Zimmermann, aaO.

er haftet nach §§ 1908 i, 1833 BGB für überflüssig hervorgerufene Kosten.[13] Es darf kein Zweifel an der Identität einzelner Gegenstände verbleiben.[14] Klärungsbedürftige Abgänge vom Konto des Betreuten aus der Zeit vor der Betreuerbestellung sind aufzuklären und hieraus resultierende Forderungen in das Vermögensverzeichnis aufzunehmen.[15] Ein vor der Betreuerbestellung tätig gewesener Bevollmächtigter, der zu seinen Gunsten vom Bankkonto des Betroffenen vorgenommene Überweisungen als Schenkungen deklariert, ist hierfür im Rückforderungsprozess darlegungs- und beweispflichtig.[16] Denn das **bloße Vorhandensein einer Bankvollmacht/Vorsorgevollmacht** besagt nichts darüber, welche Rechtshandlungen der Bevollmächtigte im Verhältnis zum Vollmachtgeber vornehmen darf. Eine Verpflichtung zur Benutzung der amtlichen Vordrucke besteht nicht.[17] Im Einzelnen sind Angaben zu folgenden Punkten erforderlich:

Aktiva 8
- Grundvermögen
- (Grundstücke, Wohnungseigentum oder sonstige grundstücksgleiche Rechte, zB Erbbaurecht; Lage, Grundbuchbezeichnung, Bebauung, ungefährer Verkehrswert [=Verkaufswert]);
- Bank-, Sparkassen- und Postspartguthaben; Postbankkonten, Gehalts- und Girokonten, Festgeldkonten (Kontonummer, Geldinstitut, Guthabenbetrag);
- Bargeld;
- Wertpapiere (auch Wechsel, Schecks, Pfandbriefe: Bezeichnung, Laufzeit, Nennwert und Kurswert, Depot und Depotnummer angeben; wenn vorhanden, Depotauszug beifügen);
- Spar- und Bausparverträge (Geldinstitut, Kontonummer, Laufzeit, Kapitalnummer angeben);
- Lebensversicherung, Sterbegeldversicherung, Aussteuer- und Ausbildungsversicherung (Versicherung, Versicherungsnummer, Fälligkeit angeben);
- Kautionen, Mietvorauszahlungen (Leistungsempfänger, Leistungsgrund, Kautionshöhe angeben);
- Forderungen gegen Dritte, Hypotheken, Grundschulden (Schuldner, Schuldgrund, Höhe und Fälligkeit der Forderung angeben);
- Schmuck, Gold und Wertsachen;
- Kunstgegenstände, Sammlungen;
- Wohnungseinrichtung und Gebrauchsgegenstände (zB Bücher, technische Geräte; nur Gesamtwert angeben; wertvolle Gegenstände einzeln aufführen);

---

13 Damrau/Zimmermann, § 1802 BGB Rn 19.
14 KG OLGE 24 (1912), 45.
15 OLG München Rpfleger 2006, 14; OLG Naumburg FamRZ 2008, 182; OLG Karlsruhe FamRZ 2004, 1601; OLG Saarbrücken v. 22.12.2010, 8 U 622/09-164; BGH WM 1987, 79.
16 BGH FamRZ 2007, 386 = NJW 2007, 2220.
17 Damrau/Zimmermann, § 1802 BGB Rn 3.

- Kleidungsstücke von besonderem Wert (zB Pelze; möglichst mit Wertangabe);
- Fahrzeuge (zB Kraftfahrzeuge, Motorräder, Boote; Typ, Baujahr, Zulassungsnummer angeben);
- Erwerbsgeschäft (Unterlagen beifügen);
- Beteiligung an einer Erbengemeinschaft, Gesellschaft, Genossenschaft (nähere Bezeichnung, Angabe des Anteils);
- Sonstige Vermögenswerte.

Verbindlichkeiten
- bei Sparkassen, Banken und sonstigen Kreditinstituten (Institut, Kontonummer, Schuldbetrag, Tilgungsart angeben);
- gegenüber Privatpersonen (Name, Anschrift des Gläubigers, Schuldgrund, Schuldbetrag angeben);
- gegenüber dem Finanzamt und Sozialamt aus Steuerrückständen bzw Sozialleistungen;
- Grundstücksbelastungen (zB Hypotheken, Grundschulden, Reallasten zulasten des Grundvermögens des Betreuten);
- Verbindlichkeiten im Zusammenhang mit einem Erwerbsgeschäft, einer Gemeinschaft oder Gesellschaft;
- Sonstige Verbindlichkeiten, auch laufende Zahlungsverpflichtungen.

Einkommen
- Arbeitseinkommen (auch Ausbildungsvergütung) brutto/netto;
- Rente, Versorgungsbezüge (zB Waisenrente, Unterhaltsrente, Betriebsrente; Art der Leistung, monatlichen Betrag, auszahlende Stelle, Versicherungs- oder Geschäftsnummer angeben);
- Leistungen aus der Pflegeversicherung (auszahlende Stelle, monatlichen Betrag angeben);
- Wohngeld (Bezirksamt, monatlichen Betrag angeben);
- Grundsicherung nach dem SGB II, XII bzw Sozialhilfe (auszahlende Stelle, monatlichen Betrag angeben);
- Sonstige Einkünfte (zB aus Pacht, Miete, Untermiete, sonstige Zinsen, Unterhaltszahlungen);
- Beihilfeansprüche aufgrund besoldungsrechtlicher oder ähnlicher Bestimmungen.

9 **Wertangaben** sind nicht erforderlich, werden aber in den gängigen Vordrucken verlangt und im Übrigen auch von den Betreuungsgerichten erwartet. Bei „normalem" **Hausrat** reicht es aus, selbst eine Schätzung – vorzugsweise in Anwesenheit eines neutralen Zeugen – vorzunehmen. Sind jedoch wertvollere Möbel, Porzellanfiguren oder Teppiche vorhanden, ist mitunter die Einschaltung eines Sachverständigen erforderlich zu Taxierungszwecken. Wertvoll erscheinender **Schmuck** wird von erfahrenen Betreuern auf einem dunklen Hintergrund fotografiert und exakt beschrieben in das Vermögensverzeichnis eingestellt. Bei **Immobilien** ist beim zuständigen Grundbuchamt ein Grundbuchauszug abzufordern; dieser gibt zwar Auskunft über die rechtlichen Verhältnis-

se und die Belastungen, nicht aber, wie hoch diese gegenüber den einzelnen Gläubigern valutieren. Insoweit sind Nachfragen bei den Kreditinstituten und Hypothekengläubigern angezeigt. Der Verkehrswert, das heißt der Marktwert einer Immobilie zum Zeitpunkt der Erstellung eines Vermögensverzeichnisses, lässt sich unter Umgehung eines kostenaufwändigen Sachverständigengutachtens durch eine Nachschau in dem in allen Gerichten und öffentlichen Büchereien zugänglichen Richtwertatlas einigermaßen zuverlässig bestimmen. Die dort veröffentlichten **Bodenrichtwerte** setzen sich zusammen aus den jährlich per 31.12. von den beurkundenden Notaren den Bauverwaltungen übermittelten Grundstücksverkäufen in einer Region.[18] Die Angabe eines Verkehrswertes ist erforderlich unter zweierlei Gesichtspunkten: Der Berechnung der Gerichtskosten nach § 92 KostO und der Beurteilung der Frage, ob wegen Mittellosigkeit eine Vergütung aus der Landeskasse zu zahlen ist. Liegt eine von dem Betreuten selbst genutzte Immobilie iSd § 90 Abs. 2 Nr. 3, 6, 8 SGB XII vor, wird deren Wert weder bei der Erstellung der Gerichtskostenrechnung noch bei der aus der Landeskasse zu zahlenden Vergütung berücksichtigt.[19]

Den **Gebäudewert** ermittelt man mithilfe des von der Feuerversicherung zu erfragenden Brandversicherungswertes 1914, der mit dem für das laufende Jahr geltenden Multiplikator abzüglich eines Abschlages/Zuschlages für Alter und Zustand des Hauses einen ungefähren Wert ergibt.[20] 10

Bei **Lebensversicherungen** ist der Verkehrswert identisch mit dem Rückkaufswert, der über die Versicherung in Erfahrung zu bringen ist. 11

In das Vermögensverzeichnis ebenso einzustellen sind Vermögensbestandteile, die der **Verwaltung Dritter**, etwa eines Testamentsvollstreckers, unterliegen. Ist der Betreute Erbe oder Mitglied einer Erbengemeinschaft, ist ein Nachlassverzeichnis anzufertigen und der Anteil des Betreuten anzugeben. Dasselbe gilt für eine Nacherbschaft des Betreuten mit Hinblick auf seine Anwartschaft auf den Erwerb der Nachlassgegenstände, § 2139 BGB. Ferner ist ein eventuell vorhandener Pflichtteilsanspruch zu verzeichnen.[21] Der Erbe ist aufzufordern, Auskunft zum Bestand des Nachlasses zu erteilen, § 2314 BGB. Dieselbe Aufzeichnungspflicht gilt auch für Anteile des Betreuten an Gesellschaften (§ 705 ff BGB) und Bruchteilsgemeinschaften (§§ 741 ff BGB).[22] Im Falle eines **Betreuerwechsels** kann sich der Betreuer eigentlich auf die Angaben in der Schlussrechnung seines Vorgängers beziehen; allerdings sind diese zu überprüfen und etwaige Unstimmigkeiten dem Betreuungsgericht zu melden.[23] Nimmt der Betreuer auf ein Vermögensverzeichnis eines Vorbetreuers oder eines Dritten Bezug, erstreckt sich die von ihm abzugebende Versicherung über die Richtigkeit und Vollständigkeit seiner Angaben auch hierauf. Jeder Betreuer ist also aus haftungsrechtlichen Gründen gut beraten, die Angaben eines Dritten oder des Vorbetreuers mit den selbst eingeholten Bankauskünften bzw Recherchen ab- 12

---

18 Schmidt, Aufgabenkreis Vermögenssorge, S. 34.
19 Schmidt, Aufgabenkreis Vermögenssorge, S. 35, 36.
20 Meier/Neumann, Handbuch Vermögenssorge, S. 115.
21 Staudinger/Engler, § 1802 BGB Rn 19–20; RGZ 65, 142; OLG Hamm FamRZ 1969, 660, 661.
22 Staudinger/Engler, § 1802 BGB Rn 16.
23 MK/Schwab, § 1802 BGB Rn 7, 8.

zugleichen, um etwaige Differenzen zwischen dem eigenen Vermögensverzeichnis und der Schlussrechnung/Vermögensübersicht aufzudecken.

13 Bei späteren **Vermögenszuwächsen** des Betreuten ist das erstellte Verzeichnis zu ergänzen und dem Betreuungsgericht unverzüglich vorzulegen. Es kann nicht bis zur nächsten Rechnungslegung gewartet werden.[24]

14 Im Vermögensverzeichnis sind ebenso die **Schulden** des Betreuten aufzuführen. Unbezahlte Rechnungen, Schuldtitel, Mahnschreiben, Vollstreckungsmitteilungen eines Gerichtsvollziehers, die sich in den Unterlagen des Betreuten befinden, sind sicher zu stellen und die in ihnen enthaltenen Forderungen in das Vermögensverzeichnis aufzunehmen. Auch dem Betreuer unberechtigt erscheinende Forderungen sollten zunächst der guten Ordnung halber im Vermögensverzeichnis aufgeführt werden: Ob der Betreute eine Verbindlichkeit in eventuell geschäftsunfähigem Zustand einging, ist mit den Gläubigern oder gegebenenfalls vor Gericht abzuklären.

15 Zu ergänzen ist das Vermögensverzeichnis um eine Aufstellung der laufenden **Einnahmen** und **Ausgaben**.[25] Nur dadurch werden sowohl dem Betreuer als auch dem Rechtspfleger die finanziellen Verhältnisse des Betreuten transparent.

16 Die **Richtigkeit** und **Vollständigkeit** der Angaben in dem Vermögensverzeichnis ist zu versichern.[26]

17 Der Betreuer muss einen vorhandenen **Gegenbetreuer** bei der Erstellung des Vermögensverzeichnisses hinzuziehen. Der Gegenbetreuer hat seinerseits das Vermögensverzeichnis mit der Versicherung der Richtigkeit und Vollständigkeit zu versehen, Abs. 1 S. 2.

18 Gemäß Abs. 2 der Vorschrift besitzt der Betreuer das Recht, sich bei der Aufnahme des Verzeichnisses der Hilfe eines Beamten, eines Notars oder eines anderen Sachverständigen auf Kosten des Betreuten zu bedienen. Von einem Berufsbetreuer wird man freilich die eigenständige Erstellung des Vermögensverzeichnisses erwarten. Die Anwendung der Vorschrift beschränkt sich somit auf ehrenamtlich tätige Betreuer, die mit der Erfassung eines größeren Vermögens überfordert sind. Allerdings stellt sich dann für das Betreuungsgericht die Frage nach der Eignung des Betreuers.

19 Bei der Ausübung seiner Ermittlungstätigkeit ist der Betreuer nicht befugt, **Zwangsbefugnisse** auszuüben. Der Gesetzgeber regelte nur spärlich die möglichen Zwangsbefugnisse des Betreuers, vgl § 1896 Abs. 4 BGB, der Eingriffe in das Post- und Fernmeldegeheimnis legitimiert, und § 326 FamFG, der die Zuführung zur Unterbringung regelt. Der Bundesgerichtshof lehnte in einer Grundlagenentscheidung ausdrücklich eine ambulante Zwangsmedikation mangels gesetzlicher Ermächtigungsgrundlage ab.[27] Der BGH führte aus, der in Art. 2 Abs. 2, 104 Abs. 1 GG enthaltene Gesetzesvorbehalt schließe Zwangsmaßnahmen gegen den Widerstand des Betreuten aus. Dementsprechend kann und darf der Betreuer nicht gegen den Willen des Betreuten dessen Wohnung betreten und diese nach Schmuck, Bargeld und anderen Wertgegen-

---

24 Meier/Neumann, Handbuch Vermögenssorge, S. 116.
25 Schmidt, Aufgabenkreis Vermögenssorge, S. 41.
26 Palandt/Götz, § 1802 BGB Rn 2.
27 BGH BtPrax 2001, 32 ff.

ständen durchsuchen. Verweigert der Betreute dem Betreuer den Zutritt zu seiner Wohnung, ist dieser möglicherweise außerstande, Angaben zum Wert des Hausrats und des Bargeldbestandes im Vermögensverzeichnis vorzunehmen. Hierüber ist das Betreuungsgericht zu unterrichten. Die übrigen Angaben können problemlos von dem Betreuer durch entsprechende Bankauskünfte eingezogen werden; insoweit bedarf es nicht der Kooperation des Betreuten.

Nicht gesetzlich vorgeschrieben, aber hilfreich für die eigene Arbeit, ist die Erstellung eines Vermögensverzeichnisses jeweils zum Ende eines Rechnungsjahres.[28] 20

Der Betreuer hat das Vermögensverzeichnis in einer angemessenen Frist von ca. sechs bis acht Wochen ohne vorherige Aufforderung durch das Betreuungsgericht zu erstellen.[29] Teilweise wird eine Frist von einem Monat für ausreichend gehalten.[30] 21

§ 1803 BGB Vermögensverwaltung bei Erbschaft oder Schenkung

(1) Was der Mündel von Todes wegen erwirbt oder was ihm unter Lebenden von einem Dritten unentgeltlich zugewendet wird, hat der Vormund nach den Anordnungen des Erblassers oder des Dritten zu verwalten, wenn die Anordnungen von dem Erblasser durch letztwillige Verfügung, von dem Dritten bei der Zuwendung getroffen worden sind.

(2) Der Vormund darf mit Genehmigung des Familiengerichts von den Anordnungen abweichen, wenn ihre Befolgung das Interesse des Mündels gefährden würde.

(3) ¹Zu einer Abweichung von den Anordnungen, die ein Dritter bei einer Zuwendung unter Lebenden getroffen hat, ist, solange er lebt, seine Zustimmung erforderlich und genügend. ²Die Zustimmung des Dritten kann durch das Familiengericht ersetzt werden, wenn der Dritte zur Abgabe einer Erklärung dauernd außerstande oder sein Aufenthalt dauernd unbekannt ist.

I. Bedeutung für den Betreuer

§ 1803 BGB ist über die Verweisung in § 1908i Abs. 1 S. 1 BGB auch auf die Betreuung anwendbar. Er betrifft die Verbindlichkeit von **Verwaltungsanordnungen** eines Erblassers oder unentgeltlich Zuwendenden hinsichtlich des zugewendeten Vermögens. Damit kann sich der Zuwendende einen gewissen Einfluss auf die Vermögensverwaltung sichern. 1

Abs. 1 verpflichtet den Betreuer, Anordnungen eines Erblassers oder eines Dritten, der dem Betreuten unentgeltlich etwas zugewendet hat, zu beachten, die dieser über die Verwaltung des zugewendeten Vermögens getroffen hat. Insofern verdrängt diese Regelung § 1901 Abs. 2 ff BGB. Verwaltung idS ist nicht nur die reine Anlage des Vermögens. Sie ist weit zu fassen und kann daher auch in der Veräußerung einzelner Vermögenswerte bestehen. 2

---

28 Schmidt, Aufgabenkreis Vermögenssorge, S. 119.
29 Meier/Neumann, Handbuch Vermögenssorge, S. 112.
30 OLG Schleswig BtPrax 2004, 201, 202.

II. Verbindlichkeit der Anordnung

3 Voraussetzung für die Verbindlichkeit der Anordnung des Zuwendenden ist, dass sie selbst wirksam ist. Sie muss sich auf den Erwerb von Todes wegen oder auf eine unentgeltliche Zuwendung (Schenkung, Ausstattung) beziehen. Im ersten Fall ist es nicht erforderlich, dass der Erwerb des zu verwaltenden Vermögenswertes auf einer letztwilligen Verfügung beruht. Der Vermögenswert muss nur aus dem Nachlass des anordnenden Erblassers stammen, weshalb es auch ausreicht, wenn der Betreute ihn aufgrund gesetzlicher Erbfolge, Vermächtnis, Pflichtteil oder einer testamentarischen Auflage erhält. Die Anordnung muss aber (vom Erblasser) durch – formwirksame – **letztwillige Verfügung** getroffen worden sein. Bei dem Erwerb durch unentgeltliche Zuwendung muss die Verwaltungsanordnung (spätestens) im **Zeitpunkt** der Zuwendung selbst erfolgt sein, ansonsten ist sie unwirksam. Sie bedarf – im Unterschied zur letztwilligen Verfügung – keiner besonderen Form, muss aber klar zum Ausdruck kommen.

4 Die wirksame Anordnung des Zuwendenden verpflichtet nur den Betreuer; eine Verpflichtung des Betreuten könnte nur durch eine Auflage – entweder nach § 1940 BGB oder nach § 525 BGB – herbeigeführt werden. Ob die Anordnung den Betreuer oder den Betreuten binden soll, muss durch Auslegung ermittelt werden.

5 Durch die Anordnung können die Bindungen des Betreuers an die für den Vormund in Bezug auf die Verwaltung des Mündelvermögens geltenden Bestimmungen der §§ 1807 ff, 1814 ff BGB begrenzt oder erweitert werden. Dies gilt jedoch nur, soweit diese Regelungen dispositiv sind. So können zB die gesetzlichen Schranken der Vertretungsmacht (zB § 1795 BGB) zwar – allerdings nur im Innenverhältnis (vgl Rn 7) – beschränkt, nicht aber erweitert werden. Auch kann der Kreis der genehmigungspflichtigen Rechtsgeschäfte (§§ 1821, 1822 BGB) weder erweitert noch eingeschränkt werden, weil die Kontroll- und Überwachungsfunktion des Betreuungsgerichts öffentlich-rechtlichen Charakter hat.

6 Der Zuwendende kann dem Betreuer die Verwaltung insgesamt entziehen.[1] Dann hat das Betreuungsgericht einen Verhinderungsbetreuer nach § 1899 Abs. 4 BGB zu bestellen, den das Betreuungsgericht ohne Bindung an Anweisungen des Zuwendenden bestimmt.

III. Wirkung

7 Durch eine Anordnung verliert der Betreuer nicht die Befugnis zur Vertretung. Anordnungswidrige Rechtsgeschäfte sind daher grundsätzlich wirksam. Der Betreuer kann sich jedoch nach § 1833 BGB schadensersatzpflichtig machen.

8 Die Befolgung der Anordnungen durch den Betreuer unterliegt der **betreuungsgerichtlichen Aufsicht** nach § 1837 Abs. 2 BGB (iVm § 1908 i Abs. 1 S. 1 BGB, § 271 Nr. 3 FamFG). In diesem Rahmen hat das Betreuungsgericht die Möglichkeit, durch Gebote und Verbote auf Beachtung der Anordnung hinzuwirken und bei Nichtbeachtung ggf ein Zwangsgeld nach § 1837 Abs. 3 BGB festzusetzen.

---

[1] Anders noch die Voraufl.

IV. Statthafte Abweichungen

Da die wirtschaftliche Entwicklung auch von dem Zuwendenden nicht verlässlich prognostiziert werden kann, muss es im Interesse des Betreuten auch möglich sein, von den Anordnungen abweichende Verwaltungsentscheidungen treffen zu können. Dies ist, wie in den Absätzen 2 und 3 geregelt, grundsätzlich möglich. 9

Lebt der **Zuwendende** noch, obliegt es ihm allein, zu bestimmen, ob von seiner Verwaltungsanordnung abgewichen werden darf oder nicht, selbst wenn dadurch die Interessen des Betreuten gefährdet wären. Im Falle des Todes des Zuwendenden oder seiner Unerreichbarkeit kann seine Zustimmung durch eine betreuungsgerichtliche Entscheidung ersetzt werden (Abs. 3). Letzteres ist bei nicht nur vorübergehender, sondern dauernder Abwesenheit, wie etwa bei dauerhafter Geschäftsunfähigkeit, denkbar. 10

Handelt es sich um die Anordnung eines **Erblassers**, bedarf die Abweichung zwingend einer betreuungsgerichtlichen Genehmigung (Abs. 2),[2] über die der **Rechtspfleger** entscheidet (§ 3 Nr. 2 Buchst. b) RPflG). 11

Bei der Entscheidung, ob ein Abweichen des Betreuers von der Anordnung des Zuwendenden gestattet werden kann, hat der Rechtspfleger zu prüfen, ob die Befolgung der Anordnung Interessen des Betreuten gefährden würde. Je nach Motiv und Zweck der Anordnung wird der Maßstab eng oder weiter zu setzen sein. Zunächst hat sich das Gericht am Willen des Erblassers zu orientieren. So wird ein Abweichen idR nicht zu gestatten sein, wenn der Erblasser testamentarisch angeordnet hat, dass der Familienbesitz „möglichst" erhalten bleiben soll und nicht veräußert werden darf.[3] Allerdings ist auch zu berücksichtigen, ob der Betreuer durch die Anordnung an einer vernünftigen Vermögensverwaltung gehindert wäre. Hier reicht zwar die Tatsache, dass die Anordnung die Erzielung eines optimalen Gewinns verhindert, nicht aus. Wird jedoch die Werterhaltung behindert, können die Vermögensinteressen des Betreuten gefährdet sein. 12

§ 1805 BGB Verwendung für den Vormund

¹Der Vormund darf Vermögen des Mündels weder für sich noch für den Gegenvormund verwenden. ²Ist das Jugendamt Vormund oder Gegenvormund, so ist die Anlegung von Mündelgeld gemäß § 1807 auch bei der Körperschaft zulässig, bei der das Jugendamt errichtet ist.

I. Einleitung

Sinn der Norm ist es, das Betreutenvermögen vor dem Zugriff Dritter und deren Gläubigern zu schützen. 1

---

2 Nach § 1908 i Abs. 1 S. 2 BGB kann Landesrecht im Falle des Behördenbetreuers Ausnahmen vorsehen; vgl dazu die Übersicht bei NK-BGB/Heitmann, § 1908 i BGB Fn 53 zu Rn 33.
3 LG München Rpfleger 2002, 363.

II. Bedeutung für den Betreuer

2 Es kann Situationen geben, in denen der Betreuer versucht ist, für einen Betreuten ohne eigenes Girokonto Geld auf dem eigenen Konto oder einem sog. Unterkonto in Empfang zu nehmen.[1] Dies ist nicht zulässig. Auch dann nicht, wenn der Betreuer die Beträge im normierten Wortsinn tatsächlich nicht „für sich verwendet", sondern nur verwaltet. Es ist auf die möglichen Rechtsfolgen abzustellen. Würde der Betreuer Geld des Betreuten auf eigenen Namen anlegen, wäre dieses Geld im Falle des Todes des Betreuers oder seiner eigenen Insolvenz der Verfügung des Betreuten entzogen. Daher ist es dem Betreuer nicht gestattet, eigenes Vermögen mit demjenigen des Betreuten zu vermischen.

Eine verbotene Verwendung von Vermögen des Betreuten liegt in jeder rechtlichen oder faktischen Überführung von Gegenständen in das Vermögen des Betreuenden. Auch die Einzahlung von Geld des Betreuten auf das Konto des Betreuers ist verboten. Darauf, ob dieses Vorgehen dem Betreuten Vorteile bringt, kommt es dabei nicht an.[2] Das Vermögen des Betreuten ist vielmehr ausnahmslos vom eigenen zu trennen. Findet der Betreuer bei Übernahme des Amtes kein Girokonto vor, hat er ein solches zeitnah einzurichten.

3 Auch die Gelder der Betreuten untereinander sind separat zu halten. Es ist stets ein Konto auf den Namen des Betreuten zu führen. Es ist grundsätzlich unzulässig, das Geld mehrerer Betreuter auf einem Sammelkonto („Treuhandkonto") des Betreuers oder eines Betreuungsvereines zu verwalten, auch wenn aus der internen Buchführung jederzeit zweifelsfrei ermittelt werden kann, welcher Betrag welchem Betreuer zuzuordnen ist.[3]

Ein gemeinsames Konto von Betreuer und Betreutem kann im Einzelfall allerdings zulässig sein: Das OLG Rostock[4] hat dazu entschieden, dass die Mutter des Betreuten als Betreuerin dessen geringfügigen Einkünfte zusammen mit ihren eigenen Rentenkünften auf demselben Girokonto verwalten kann. Die Gefahr einer Vermischung der Vermögen des Betreuten und der Betreuerin bestehe in solchen Fällen nicht.

III. Bedeutung für das Betreuungsgericht

4 Das Betreuungsgericht hat im Rahmen seiner Aufsichtspflicht (§§ 1908 i Abs. 1, 1837 Abs. 2 BGB) zu sichern, dass der Betreuer diese Ordnungsvorschrift beachtet. Die Nichtbeachtung der Vorschrift ist pflichtwidrig und durch entsprechende Gebote oder Verbote bzw. Maßnahmen nach § 35 FamFG zu sanktionieren.

5 Führen Vereinsbetreuer für ihre Betreuten Sammelverwahrkonten auf den Namen des Vereins, so kann das Vormundschaftsgericht im Rahmen seiner Aufsichtstätigkeit grundsätzlich nur von den Vereinsbetreuern, nicht dagegen von dem Betreuungsverein, die Auflösung der Sammelkonten und die Zuführung der Guthaben zum Vermögen des einzelnen Betreuten fordern.[5]

---

1 Jürgens/v. Crailsheim, § 1805 BGB Rn 5.
2 MK/Wagenitz, § 1805 BGB Rn 3.
3 OLG Köln FamRZ 1997, 899.
4 OLG Rostock FamRZ 2005, 1588 (zustimmend Bienwald, FamRZ 2005, 1589).
5 LG Chemnitz FamRZ 2000, 1311.

IV. Bedeutung für die Betreuungsbehörde (S. 2)

S. 2 der Norm macht eine Ausnahme von dem Trennungsgebot für die Anlage von Geldern. Ist die Betreuungsbehörde selbst zum Betreuer bestellt worden, darf sie Vermögen des Betreuten auch bei der sie tragenden Körperschaft anlegen, also insbesondere bei der entsprechenden Stadt- oder Kreissparkasse. § 1908 g Abs. 2 BGB erstreckt diese Ausnahme auf den Behördenbetreuer.

6

§ 1806 BGB Anlegung von Mündelgeld

Der Vormund hat das zum Vermögen des Mündels gehörende Geld verzinslich anzulegen, soweit es nicht zur Bestreitung von Ausgaben bereitzuhalten ist.

I. Anwendbarkeit

Die Vorschrift ist gem. § 1908 i Abs. 1 BGB für den Betreuer anwendbar. Die Regelung ist zwingend und erfasst auch Bargeld, welches sich im Besitz des Betreuten befindet.[1]

1

II. Inhalt

Nach dieser Vorschrift ist das Vermögen des Betreuten verzinslich anzulegen, sofern es nicht für den regelmäßigen Bedarf benötigt wird. Letzteres Vermögen bildet das sog. Ausgaben- oder Verfügungsgeld, das nicht zwingend verzinslich anzulegen ist, sondern auf einem Girokonto oder bar bereitgehalten werden kann.[2] Nur nicht zur Lebensführung notwendige Gelder sind verzinslich anzulegen. Zins iSd § 1806 BGB ist eine Vergütung, die nach Laufzeit bestimmt ist; darunter fällt auch die Abzinsung oder die Zuschlagung des Zinses zum Kapital (**Thesaurierung**).[3]

2

III. Bedeutung für den Betreuer

Welches Guthaben das Girokonto aufweisen darf, ist eine Frage des Einzelfalles. Haftungsrechtlich irrelevant ist eine Summe, die die laufenden Kosten für drei Monate nicht übersteigt. Der Betreuer muss die Gesamtsumme der monatlichen Ausgaben ermitteln, um den Betrag zu errechnen, der in haftungsrechtlich unbedenklicher Höhe auf dem Girokonto verbleiben kann. Fallen jedoch Steuernachzahlungen und hohe einmalige Aufwendungen (Umzug, Neuanschaffungen etc.) an, ist es statthaft, auch größere Summen auf dem Girokonto zu belassen.[4]

3

Ermittelt der Betreuer zu Beginn der Betreuung größere Barbeträge bei dem Betreuten respektive Guthaben auf dem Girokonto, die nicht für die laufende Lebensführung benötigt werden, ist eine verzinsliche Geldanlage auf einem bereits vorhandenen Sparkonto des Betreuten vorzunehmen oder ein mündelsicheres, verzinsliches Konto bei einer Sparkasse oder einem sonst für mündelsicher erklärten Kreditinstitut einzurichten, auch wenn dies dem Wunsch des Be-

4

---

1 Damrau/Zimmermann, § 1806 BGB Rn 6.
2 BtKomm/Roth Teil E, § 1806 BGB Rn 43; Erman/S.C. Saar, § 1806 BGB Rn 1.
3 BtKomm/Roth Teil E, § 1806 BGB Rn 43.
4 Meier/Neumann, Handbuch Vermögenssorge, S. 90 f.

treuten nicht entsprechen sollte. Das Bayrische Oberlandesgericht[5] statuierte dazu:

„Der Betreuer ist verpflichtet, Geld des Betreuten mündelsicher anzulegen und einen Sperrvermerk eintragen zu lassen. Selbst wenn die Betreute von sich aus den Wunsch geäußert haben sollte, das Geld nicht anlegen zu wollen, ist dies nicht ausschlaggebend. Zwar hat ein Betreuer den Wünschen des Betreuten zu entsprechen, doch gilt dies nur insoweit, als ein solcher Wunsch dessen Wohl nicht zuwiderläuft, § 1901 Abs. 3 BGB."

Die Anlage hat unverzüglich zu erfolgen und muss den Erfordernissen nach §§ 1807 bis 1811 BGB genügen. Es ist eine Anlage zu suchen, die einen **möglichst hohen Zins, Sicherheit und Liquidität** bietet.[6] Ein Mindestzinssatz ist nicht vorgesehen. Doch genügt die Anlage auf dem Girokonto dann nicht, wenn dort für Guthaben minimale Zinsen gezahlt werden.[7]

IV. Bedeutung für das Betreuungsgericht

5 Das Betreuungsgericht hat im Rahmen seiner Aufsichtspflicht dafür Sorge zu tragen, dass der Betreuer die Vorschrift beachtet. Funktional zuständig ist der Rechtspfleger, § 3 Nr. 2 a RPflG.

6 Das Ausgabengeld umfasst nur Mittel für die Alltagsausgaben, nicht jedoch Gelder, die für größere Anschaffungen bereitgehalten werden.[8] Eine Pflicht zur Bildung von Ersparnissen, lässt sich aus § 1806 BGB nicht herleiten.[9]

§ 1807 BGB Art der Anlegung

(1) Die im § 1806 vorgeschriebene Anlegung von Mündelgeld soll nur erfolgen:
1. in Forderungen, für die eine sichere Hypothek an einem inländischen Grundstück besteht, oder in sicheren Grundschulden oder Rentenschulden an inländischen Grundstücken;
2. in verbrieften Forderungen gegen den Bund oder ein Land sowie in Forderungen, die in das Bundesschuldbuch oder in das Landesschuldbuch eines Landes eingetragen sind;
3. in verbrieften Forderungen, deren Verzinsung vom Bund oder einem Land gewährleistet ist;
4. in Wertpapieren, insbesondere Pfandbriefen,[1] sowie in verbrieften Forderungen jeder Art gegen eine inländische kommunale Körperschaft oder die Kreditanstalt einer solchen Körperschaft, sofern die Wertpapiere oder die Forderungen von der Bundesregierung mit Zustimmung des Bundesrates zur Anlegung von Mündelgeld für geeignet erklärt sind;

---

5 BayObLG v. 11.8.2004, 3Z BR 102/04, BayObLGR 2004, 447 = FamRZ 2005, 389.
6 LG Kassel FamRZ 2003, 626.
7 Zur Schadensersatzpflicht des Vormundes bei Geldanlagen mit zu niedriger Verzinsung, LG Bremen Rpfleger 1993, 338.
8 BtKomm/Roth, Teil E, § 1806 BGB Rn 43.
9 OLG Düsseldorf Rpfleger 1980, 471.
1 Vgl. das PfandbriefG und die VO über die Mündelsicherheit der Pfandbriefe und verwandten Schuldverschreibungen.

5. bei einer inländischen öffentlichen Sparkasse, wenn sie von der zuständigen Behörde des Landes, in welchem sie ihren Sitz hat, zur Anlegung von Mündelgeld für geeignet erklärt ist, oder bei einem anderen Kreditinstitut, das einer für die Anlage ausreichenden Sicherungseinrichtung angehört.

(2) Die Landesgesetze können für die innerhalb ihres Geltungsbereichs belegenen Grundstücke die Grundsätze bestimmen, nach denen die Sicherheit einer Hypothek, einer Grundschuld oder einer Rentenschuld festzustellen ist.

I. Anwendbarkeit

Die Vorschrift ist gem. § 1908 Abs. 1 S. 1 BGB auf die Betreuung anzuwenden. 1

II. Inhalt

Abs. 1 schreibt die mündelsichere Anlage von Geldern des Betreuten vor. Der Zweck der Vorschrift liegt darin, die Unversehrtheit des Betreutenvermögens durch Ausschaltung von Risiken zu gewährleisten. Die gesetzlichen Vorgaben zielen eindeutig auf den Aspekt der Sicherheit ab, der die Messlatte für zu wählende Anlageformen bildet, was mancherorts zu (berechtigter) Kritik[2] führt. Die mündelsichere Geldanlage stellt den Regelfall der pflichtgemäßen Geldanlage dar. 2

Abs. 1 beschreibt folgende mündelsichere Anlageformen: 3

- die öffentlich-rechtlichen Sparkassen,
- die jeweiligen Landeszentralbanken,
- jedes Institut, das in dem jeweiligen Bundesland für mündelsicher erklärt wurde.

Abs. 1 schreibt ferner im Einzelnen vor, in welcher Form der Betreuer regelmäßig eine mündelsichere Anlage vorzunehmen hat.

Nr. 1: In Forderungen, für die eine sichere Hypothek, Grundschuld oder Rentenschuld an einem inländischen Grundstück besteht, oder in sicheren Grundschulden oder Rentenschulden an inländischen Grundstücken. 4

Diese Form der Geldanlage ist historisch überkommen und ist nur dann angezeigt, wenn ein Verwandter/Bekannter eines Betreuten ein Grundstück besitzt, auf eine andere Weise keinen Kredit bekommen kann und der Betreute das Geld nicht unbedingt benötigt. In einem solchen Fall ist darauf zu achten, dass der Rang der zu sichernden Hypothek, Grundschuld, Rentenschuld sich in der ersten Hälfte des Verkehrswertes des Grundstücks befindet.[3] 5

Nr. 2: In verbrieften Forderungen gegen die Bundesrepublik Deutschland oder die Bundesländer sowie in Forderungen, die in das Bundesschuldbuch oder in das Staatsschuldbuch eines Bundeslandes eingetragen sind. 6

Nr. 3: In verbrieften Forderungen, deren Verzinsung von der Bundesrepublik Deutschland oder einem Bundesland gewährleistet ist. Hierzu gehören zB die Schuldverschreibung der Lastenausgleichsbank und die Inhaberschuldverschreibungen der Kreditanstalt für den Wiederaufbau. 7

---

2 Hoffmann, Die vormundschaftsgerichtlich genehmigte Vernichtung von Mündelvermögen, BtPrax 2000, 242.
3 Schmidt, Aufgabenkreis Vermögenssorge, S. 53.

8 **Nr. 4:** In Wertpapieren, insbesondere Pfandbriefen, sowie in verbrieften Forderungen jeder Art gegen eine inländische kommunale Körperschaft oder die Kreditanstalt einer solchen Körperschaft, sofern die Wertpapiere oder die Forderung von der Bundesregierung mit Zustimmung des Bundesrates zur Anlegung von Mündelgeld für geeignet erklärt sind. Nach dieser Vorschrift sind zB die genannten Anlagen bei den öffentlich-rechtlichen Sparkassen als mündelsicher anzusehen.[4]

9 **Nr. 5:** Bei einer inländisch öffentlichen Sparkasse, wenn sie von der zuständigen Behörde des Bundeslandes, in dem sie ihren Sitz hat, zur Anlegung von Mündelgeld für geeignet erklärt ist, oder bei einem anderen Kreditinstitut, das zu einer für die Anlage ausreichenden Sicherungseinrichtung gehört. Welche Sparkassen als öffentlich anzusehen sind, bestimmt sich grundsätzlich nach Landesrecht und § 40 Kreditwesengesetz. Sparkassen gibt es sowohl in der Rechtsform der öffentlich-rechtlichen, rechtsfähigen Anstalt als auch auf privatrechtlicher Basis, vorausgesetzt sie verfolgen gemeinnützige Zwecke und stehen unter staatlicher Aufsicht.[5] Hinsichtlich derjenigen öffentlich-rechtlichen Sparkassen, die zur Anlage von Mündelgeld für geeignet erklärt sind, gilt Landesrecht.

10 Objektiv mündelsicher sind also:
- festverzinsliche Sparbücher,
- Termingelder (Festgelder),
- Anlagen nach dem Sparprämiengesetz,
- Anlagen nach dem Wohnungsbauprämiengesetz,
- Bundes- und Länderanleihen,
- Sparbriefe und Sparobligationen,
- Inhaberschuldverschreibungen, Pfandbriefe, Kommunalobligationen,

soweit die Mündelsicherheit durch die Sparkasse bzw Bank belegt ist.

III. Bedeutung für den Betreuer

1. Neuanlagen

11 Bei der Anlage des Geldvermögens ist der Betreuer an den Katalog des Abs. 1 gebunden. Die Nichtbeachtung der Vorschrift macht das abgeschlossene Rechtsgeschäft nicht unwirksam, kann aber zur Haftung des Betreuers nach § 1833 BGB führen. Grundsätzlich benötigt der Betreuer auch zur mündelsicheren Geldanlage die Genehmigung des Betreuungsgerichtes nach §§ 1908 i Abs. 1, 1810 BGB.

12 Davon befreit sind gem. §§ 1908 i Abs. 2, 1857 a, 1852 Abs. 2 S. 1 BGB Vater, Mutter, Kinder, der Lebenspartner sowie Vereins- und Behördenbetreuer.

2. Vorgefundene Konten und Anlagen

13 Vorgefundene Girokonten, Sparkonten oder Wertpapierdepots werden von dem Betreuer in Verwaltung genommen; die Eröffnung eines Betreuungskontos ist dann nicht erforderlich. Sind die von dem Betreuten veranlassten Geld-

---

4 Schmidt, Aufgabenkreis Vermögenssorge, S. 55.
5 MK/Wagenitz, § 1807 BGB Rn 4, 13.

anlagen nicht mündelsicher iSd § 1807 BGB, so kann dies ohne besondere Genehmigung des Betreuungsgerichts beibehalten werden.

Erweist sich jedoch eine Anlage als völlig ungeeignet und hätte der Betreuer dieses erkennen müssen und können, haftet er nach §§ 1908 i, 1833 BGB für den Verlust. In einem solchen Fall wäre der Betreuer verpflichtet gewesen, eine Anlageform nach § 1807 BGB zu wählen.[6] Der Schaden liegt in der Differenz zwischen dem Vermögen des Betreuten infolge des Verlustes und dem Vermögensbestand, der bei einer Anlageform nach § 1807 BGB erwirtschaftet worden wäre.

14

Legte der Betreute allerdings seine Gelder höchst spekulativ an, so ist sein fortwirkender Wille nicht dahin gehend zu verstehen, solche Anlagen dauerhaft beizubehalten. Vielmehr wäre es der höchstwahrscheinliche Wunsch des Betreuten gewesen, neue Werte zu kaufen und wieder zu verkaufen. Belässt es der Betreuer beispielsweise bei vorgefundenen, mit Risiko belasteten Anlagen durch den Betreuten und kommt es später zu Kursverlusten, ist eine Haftung des Betreuers zu bejahen. Denn es hätte ihm – ggf unter Einschaltung von Sachverständigen – oblegen, zu ermitteln, wie es um die langfristige Performance der Anlage bestellt ist. ME besteht auch bei einer Auflösung einer Risiko behafteten Geldanlage „hinter dem Rücken" des Betreuten keine vorherige Besprechungspflicht nach § 1901 Abs. 3 S. 3 BGB. Vermögensangelegenheiten sind trotz der gerichtlichen Genehmigungserfordernisse nicht in jedem Fall besprechungspflichtig, insbesondere dann nicht, wenn hiervon die persönlichen Verhältnisse des Betreuten nicht berührt werden.[7]

15

IV. Bedeutung für das Betreuungsgericht

Das Betreuungsgericht hat im Rahmen seiner Aufsichtspflicht dafür zu sorgen, dass der Betreuer diese Ordnungsvorschrift beachtet. Ist dies nicht der Fall, kann es Weisungen erteilen oder die Entlassung des Betreuers anregen.

16

Es hat die gem. § 1810 BGB erforderliche Genehmigung zu erteilen oder dem Betreuer ggf eine von den Maßstäben der mündelsicheren Anlage abweichende Anlageform gem. § 1811 BGB zu gestatten. Zuständig ist der Rechtspfleger, § 3 Nr. 2 a RPflG.

Ein Verstoß gegen § 1807 BGB macht die Geldanlage nicht unwirksam, kann aber beim Vorliegen der Voraussetzungen nach § 1833 BGB Schadensersatzansprüche begründen.

V. Bedeutung für die Betreuungsbehörde

Im Falle der Bestellung der Betreuungsbehörde zum Betreuer kann die mündelsichere Anlage von Geld des Betreuten nach §§ 1807, 1908 i Abs. 1 BGB auch bei der Körperschaft erfolgen, bei der die Betreuungsbehörde errichtet ist, § 1805 S. 2 BGB. Welche Körperschaft das im jeweiligen Bundesland ist, richtet sich nach Landesrecht.[8]

17

---

6 Fiala/Nerb, Geldanlagen für Mündel und Betreute, S. 43.
7 Meier, Handbuch Betreuungsrecht, Rn 1094.
8 HK-BUR/Bauer, § 1805 BGB Rn 5.

§ 1809 BGB Anlegung mit Sperrvermerk

Der Vormund soll Mündelgeld nach § 1807 Abs. 1 Nr. 5 nur mit der Bestimmung anlegen, dass zur Erhebung des Geldes die Genehmigung des Gegenvormunds oder des Familiengerichts erforderlich ist.

I. Anwendbarkeit

1 Die Vorschrift ist gem. § 1908i Abs. 1 BGB für den Betreuer anzuwenden und gilt nur für Anlagen die er selbst bei inländischen öffentlichen Sparkassen oder anderen Kreditinstituten iSd § 1807 Abs. 1 Nr. 5 BGB tätigt.

2 Die Verpflichtung zur Anlage mit Mündelsperrvermerk erfasst nur Sparkonten und ist nicht auf Girokonten zu beziehen. Über den Wortlaut hinaus wird die Vorschrift auch auf Geld angewandt, das der Betreuer bereits angelegt vorgefunden hat.[1]

II. Inhalt

3 Die Vorschrift verpflichtet den Betreuer, auf einem Sparbuch angelegte Gelder des Betreuten mit einem sogenannten „Mündelsperrvermerk" versehen zu lassen. Sinn der Norm ist es, die Verfügungen des Betreuers über Sparvermögen von der Genehmigung des Gerichtes gem. §§ 1908i Abs. 1, 1812 BGB abhängig zu machen. Der Betreuer ist insofern in seiner Vertretungsmacht beschränkt. Die Genehmigung des Betreuungsgerichtes (§§ 1813, 1812 BGB) ist Voraussetzung für die Verfügung über das Guthaben.

In der Praxis werden die „Sperrvermerke" häufig derartig missverständlich und rechtlich unzutreffend formuliert, dass im Ergebnis eine Kontosperre für den Betreuten selbst festzustellen ist.

4 Die Sperrabrede darf sich jedoch nur auf Verfügungen des Betreuers beziehen. Der geschäftsfähige Betreute kann über sein Vermögen frei verfügen. Wird dies vereitelt, ist darin eine unzulässige Beschneidung der Handlungsfähigkeit des Betreuten zu sehen.

III. Bedeutung für Betreuer

5 Der Betreuer hat mit dem Kreditinstitut – nicht etwa mit dem Betreuungsgericht – rechtsgeschäftlich zu vereinbaren, dass er über Sparguthaben des Betreuten nur mit Genehmigung des Betreuungsgerichtes verfügen darf. Der Sperrvermerk wird üblicherweise im Sparbuch eingetragen und ist dem Betreuungsgericht nachzuweisen.

6 Befreit von der Vereinbarung eines Sperrvermerkes sind der Ehegatte, der Lebenspartner, die Kinder und Eltern des Betreuten sowie Vereinsbetreuer.

IV. Bedeutung für das Betreuungsgericht

7 Das Betreuungsgericht ist angehalten zu überwachen, dass die Sperrabrede mit dem Kreditinstitut nur im gesetzlich zulässigen Rahmen erfolgt.

---

[1] Jürgens/v. Crailsheim, § 1809 BGB Rn 5.
Bienwald, BtPrax 1998, 15; Blank, BtPrax 1998, 21.

Versäumt der Betreuer es, eine Sperrvermerkvereinbarung mit dem Kreditinstitut zu treffen und tritt infolgedessen bei dem Betreuten ein Vermögensschaden ein, etwa weil der Betreuer selbst oder andere Geldabhebungen von Konten durchführen, so ist eine Haftung nach § 1833 BGB gegeben; ggf. zugleich nach § 823 Abs. 2 BGB iVm § 266 StGB, dem Untreuetatbestand.[2]

8

Das Betreuungsgericht kann von der Erforderlichkeit des Sperrvermerkes im Einzelfall Befreiung erteilen, § 1817 BGB.

9

V. Bedeutung für Betreuungsbehörde

Die Betreuungsbehörde ist von der Verpflichtung zur versperrten Anlage befreit.

10

§ 1810 BGB Mitwirkung von Gegenvormund oder Familiengericht

¹Der Vormund soll die in den §§ 1806, 1807 vorgeschriebene Anlegung nur mit Genehmigung des Gegenvormunds bewirken; die Genehmigung des Gegenvormunds wird durch die Genehmigung des Familiengerichts ersetzt. ²Ist ein Gegenvormund nicht vorhanden, so soll die Anlegung nur mit Genehmigung des Familiengerichts erfolgen, sofern nicht die Vormundschaft von mehreren Vormündern gemeinschaftlich geführt wird.

I. Einleitung

Die Vorschrift ist gemäß § 1908 i Abs. 1 S. 1 auf die Betreuung entsprechend anzuwenden.

1

II. Bedeutung für den Betreuer

Der Betreuer hat für eine Geldanlage nach den §§ 1806, 1807 BGB die Genehmigung des Betreuungsgerichts einzuholen und sich vor einer Geldanlage über die „Mündelsicherheit" des ausgewählten Kreditinstituts zu informieren.[1] Er hat also in jedem Fall zu prüfen, ob das betreffende Unternehmen einer „für die Anlage ausreichenden Einlagensicherung angehört", § 1807 Abs. 1 Nr. 5 BGB. Banken müssen keinem Einlagesicherungsfond angehören.[2]

2

III. Bedeutung für das Betreuungsgericht

Das Betreuungsgericht hat die Einhaltung des Gebotes zu überwachen. Funktional zuständig ist der Rechtspfleger, § 3 Nr. 2 a RPflG.

3

---

2 Damrau/Zimmermann, § 1809 BGB Rn 5.
1 HK-BUR/Perlwitz, § 1807 BGB Rn 21.
2 Auskünfte über die Mündelsicherheit erteilen: Bundesaufsichtsamt für Kreditwesen, Gardeschützenweg 71–101, 12203 Berlin; Bundesanstalt für Finanzdienstleistungsaufsicht, Graudorfer Str. 108, 53117 Bonn und Lurgiallee 12, 60439 Frankfurt – www.bafin.de; Bundesverband deutscher Banken (BdB), Burgstr. 28, 10178 Berlin – www.bdb.de; Bundesverband der Deutschen Volksbanken und Raiffeisenbanken e.V. (BVR), Heussallee 5, 53113 Bonn – www.vrnet.de; Bundesverband öffentlicher Banken Deutschlands, Lennestr. 17, 10785 Berlin – www.voeb.de; Deutscher Sparkassen- und Giroverband, Simrockstr. 4, 53113 Bonn – www. dsgv.de.

Eine Verletzung der Ordnungsvorschrift hat jedoch keine Außenwirkung. Das Anlagegeschäft ist unabhängig davon wirksam, ob eine Genehmigung vom Betreuer ersucht und vom Gericht erteilt wird. Allerdings kann die Verletzung der Vorschrift Schadensersatzpflichten (§ 1833 BGB) auslösen.[3]

4 Die Genehmigung kann formlos und auch gegenüber dem Kreditinstitut erteilt werden.[4] Sie kann nachträglich erfolgen.

5 Die Eltern, Ehegatten oder Kinder des Betreuten sind von der Genehmigungspflicht des § 1810 BGB befreit. Dies ergibt sich aus §§ 1908i Abs. 2 S. 2, 1857a, 1852 Abs. 2 S. 1 BGB. Die Befreiung für den Betreuungsverein folgt aus §§ 1908i Abs. 2, 1857a, 1852 Abs. 2 S. 1 BGB.

§ 1811 BGB Andere Anlegung

¹Das Familiengericht kann dem Vormund eine andere Anlegung als die in § 1807 vorgeschriebene gestatten. ²Die Erlaubnis soll nur verweigert werden, wenn die beabsichtigte Art der Anlegung nach Lage des Falles den Grundsätzen einer wirtschaftlichen Vermögensverwaltung zuwiderlaufen würde.

I. Anwendbarkeit

1 Die Vorschrift ist gemäß § 1908i Abs. 1 S. 1 BGB auf die Betreuung entsprechend anzuwenden und **gilt für alle Betreuer,** auch für Betreuungsbehörden. In den Bundesländern Berlin, Bayern, Hamburg, Hessen und Sachsen-Anhalt sind die Behörden jedoch von dem Genehmigungserfordernis befreit.[1]

II. Inhalt

2 Dem Betreuer soll ermöglicht werden, Geldvermögen des Betreuten auch nicht „mündelsicher" iSv § 1807 BGB anzulegen. Als „andere Anlegung" nach § 1811 BGB wird jede, nicht den Bestimmungen der §§ 1806, 1807 BGB entsprechende Geldanlage verstanden.[2] Von dem Genehmigungserfordernis des § 1811 BGB sind damit alle nicht unter § 1807 BGB fallenden **Anlageformen** erfasst. Hierzu zählen im Einzelnen u.a. der Erwerb von:

- Anlagen in Aktien und Aktieninvestmentfonds,
- Anteilen an einem offenen Immobilienfonds und an einem Beteiligungsfonds,
- Sachwerten (Gold, Kunstgegenständen),
- Patenten,
- Inhaberschuldverschreibungen kleinerer Privatbanken,
- Anleihen (Kommunal- und Industrieanleihen),
- ausländischen Staatsanleihen,
- ausländischen Pfandbriefen.

---

3 MK/Wagenitz, § 1810 BGB Rn 3.
4 Soergel/Zimmermann, § 1810 BGB Rn 2.
1 Damrau/Zimmermann, § 1811 BGB Rn 11.
2 HK-BUR/Perlwitz, § 1811 BGB Rn 10.

Für eine Beteiligung an einem geschlossenen Immobilienfonds in Form einer GmbH ist dagegen eine Genehmigung nach §§ 1908 i Abs. 1 S. 1, 1822 Nr. 3 BGB erforderlich.
Für eine Anlage in Sachwerten (zB in Gold oder Kunstobjekten)[3] gilt die Vorschrift nach hM gleichfalls.[4]

III. Bedeutung für den Betreuer
1. Wirksamkeit von Geldanlagen
Das Genehmigungserfordernis schränkt die Vertretungsmacht des Betreuers nicht ein. Es handelt sich um eine **Innengenehmigung**. Ohne betreuungsgerichtliche Gestattung abgeschlossene Verträge über andere Anlagen iSd § 1811 BGB sind rechtswirksam.[5] Kommt es aber infolge von Zins- und Kursverlusten zu einem Schaden am Vermögen des Betreuten, haftet der Betreuer nach §§ 1908 i, 1833 BGB.

2. Haftungsrechtungsrechtliche Folgen
Vor dem Hintergrund einer wirtschaftlichen Vermögensverwaltung hat der Betreuer die Pflicht, eine Anlageform zu wählen, die unter sorgfältiger Abwägung des Anlagerisikos die **größtmögliche Rendite bei gleichbleibender Sicherheit** bietet.[6] Bei der Wahl der Anlageart ist der Betreuer frei.[7] Allerdings könnte sich die Anlage größerer Geldbeträge auf einem Sparkonto mit gesetzlicher Kündigungsfrist in Ansehung der geringen Zinsen als eine **Pflichtwidrigkeit** iSd § 1833 BGB darstellen.[8] Die relativ geringe Summe von 14.000 EUR genügte der Rechtsprechung, um von einem **erheblichen Vermögen** zu sprechen. Der Spareckzins reicht bei (absehbar) mittel- bis langfristiger Anlagemöglichkeit nicht aus, den Pflichten zu genügen.[9] Die genannten Rechtsprechungsbeispiele datieren jedoch aus der Zeit kurz nach der deutschen Vereinigung, als andere Anlageformen, wie zB Bundesschatzbriefe, deutlich höhere Zinsen erbrachten als Sparbücher. Ob eine Pflichtverletzung im Bereich der Vermögensanlage vorliegt, ist anhand des Gesamtverhaltens des gesetzlichen Betreuers zu prüfen, wobei einzelne Anlageposten nicht willkürlich herausgegriffen werden dürfen.[10] Der Bundesgerichtshof statuierte in diesem Kontext:

„Daraus, dass bei der einen oder anderen Anlage ein Verlust eintritt, folgt noch nicht zwingend, dass diese eine Pflichtverletzung darstellt. (...) Keinesfalls dürfen sich die Kläger zwei Wertposten heraussuchen und deren Kursverlust als Schadensersatz beanspruchen. Vielmehr ist das Anlageverhalten des Testamentsvollstreckers insgesamt zu beurteilen und zu bewerten. Sollten sich bei anderen Maßnahmen des Testamentsvollstreckers Vorteile für die Erben ergeben haben, dann darf das nicht außer Betracht bleiben. Außerdem: Läge eine

---

3 Hoffmann, BtPrax 2000, 242; Jürgens/v. Crailsheim, § 1811 BGB Rn 8.
4 MK/Wagenitz, § 1811 BGB Rn 4.
5 Damrau/Zimmermann, § 1810 BGB Rn 6.
6 HK-BUR/Perlwitz, § 1807 BGB Rn 9.
7 HK-BUR/Perlwitz aaO; Damrau/Zimmermann, § 1807 BGB Rn 2.
8 BtKomm/Roth, Teil E, § 1807 BGB Rn 44; Damrau/Zimmermann aaO; AG Bremen Rpfleger 1993, 338 mwN.
9 Schlesw.-Holst. OLG BtPrax 2000, 87.
10 BGH NJW 1987, 1070; AG Bremen Rpfleger 1993, 338 mwN, bestätigt durch LG Bremen.

Pflichtverletzung darin, dass der Testamentsvollstrecker andere Aktien verkauft und die beanstandeten gekauft hat, dann wäre für die Schadensberechnung auch auf die hypothetische Entwicklung des Kurses der alten Papiere abzustellen."[11]

5 Der Bundesgerichtshof tritt damit der verkürzten Sichtweise von Rechtsnachfolgern oder dem Betreuten in der Form entgegen, es reiche, sich willkürlich aus einem Anlagepaket einzelne Positionen herauszupicken und auf deren Kursverluste zu verweisen, um allein damit eine Schadensersatzforderung zu begründen. Es ist also stets eine **Gesamtschau** durchzuführen.

6 Eine erteilte gerichtliche Genehmigung zu einer anderen Geldanlage nach § 1811 BGB entbindet den Betreuer nicht per se von seiner Verantwortung gegenüber dem Vermögen des Betreuten im Schadensfall; das Erfordernis des Vier-Augen-Prinzips dient allein dem Schutz des Betreuten und nicht der Entlastung des Betreuers. Jedoch wird bei der Prüfung des Verschuldens zugunsten des Betreuers eine vorhandene betreuungsgerichtliche Genehmigung entlastend zu berücksichtigen sein.[12] Der Bundesgerichtshof führte hierzu in einer Leitentscheidung vom 15.1.1964 wörtlich aus:[13]

„Die Haftung des Pflegers entfällt grundsätzlich auch nicht dadurch, dass das Vormundschaftsgericht das von ihm abgeschlossene Rechtsgeschäft genehmigt oder sein Einverständnis erteilt hat. Nur bei Vorliegen besonderer Umstände kann ein solches Verhalten des Vormundschaftsrichters den Pfleger entlasten."[14]

IV. Bedeutung für das Betreuungsgericht

7 Das Betreuungsgericht kann dem Vormund eine andere Anlage als die in § 1807 BGB vorgeschriebene gestatten. Die Erlaubnis soll nur verweigert werden, wenn die beabsichtigte Art der Anlage nach Lage des Falles den Grundsätzen einer wirtschaftlichen Vermögensverwaltung zuwiderlaufen würde, § 1811 BGB. Dies hat das Betreuungsgericht unter Berücksichtigung der individuellen Situation des Einzelfalles nach pflichtgemäßem Ermessen zu entscheiden.[15] Maßgebliche **Kriterien** sind:

- die Wünsche des Betreuten,[16]
- das bisherige Anlageverhalten des Betreuten,
- die Lebensführung des Betreuten,
- Risiken der Anlage,
- Vorteile der Anlage.

Für die Erteilung der Genehmigung ist es nicht erforderlich, dass die Anlage bei gleicher Sicherheit wirtschaftliche Vorteile bietet. Bei einer derartigen Einschränkung wäre der Betreuer letztlich auf die Anlagen nach § 1807 BGB be-

---

11 BGH NJW 1987, 1070 f.
12 BGH JZ 1964, 324.
13 BGH JZ 1964, 324.
14 RGZ 132, 257, 260; BGH MDR 62, 466 Nr. 19.
15 OLG München FamRZ 2009, 1860; OLG Köln FamRZ 2001, 708; Schlesw.-Holst. OLG Rpfleger 2000,112; aA Damrau/Zimmermann, § 1811 BGB Rn 8
16 Denkbar ist die Genehmigung einer solchen Anlageform bei Investitionen in Familienbetriebe oder bei Darlehen an Angehörige, vgl OLG Köln FGPrax 1999, 26.

schränkt.[17] Vielmehr sollte das höhere Risiko durch geldwerte Vorteile ausgeglichen werden.

1. Wirtschaftliche Vermögensverwaltung

Entscheidend ist, ob die geplante Anlage mit den Grundsätzen einer wirtschaftlichen Vermögensverwaltung vereinbar ist.[18] Dies ist für jede einzelne Anlage unter Einbeziehung der **individuellen Verhältnisse** (voraussichtliche Dauer der Betreuung; ist der Betreute auf die Erträge angewiesen; welche Gelder müssen im Hinblick auf die Verpflichtungen des Betreuten kurzfristig verfügbar sein usw) sowie Art und Umfang des Vermögens, bisherige eigenverantwortliche Anlageentscheidungen des Betreuten, steuerliche Vor- und Nachteile sowie Fachkenntnisse des gesetzlichen Vertreters[19] konkret zu prüfen. 8

Wirtschaftliche Gesichtspunkte sind vor allem die **Sicherheit**, die **Rentabilität** und die **Verfügbarkeit** der Anlage. Bei größeren Vermögen ist eine Streuung auf verschiedene Anlagearten vorzunehmen. So läuft es den Grundsätzen einer wirtschaftlichen Vermögensverwaltung zuwider 75% des Vermögens (150.000 EUR von 200.000 EUR) in einen einzelnen Immobilienfonds zu investieren.[20] 9

2. Sicherheit

Die Anlage muss hinreichend sicher sein. Dies ist bei der Anlage in **Aktien** problematisch; andererseits entspricht es wirtschaftlichen Grundsätzen, jedenfalls **bei mittleren und größeren Vermögen** einen Teil des Vermögens langfristig in Aktien zu investieren, um den **Geldwertschwund** verzinslicher Anlagen auszugleichen. Die Grenzen der ordnungsgemäßen Verwaltung sind nicht bereits da zu ziehen, wo der „sicherste Weg" verlassen wird. Der Erwerb von Aktien ist im Rahmen des § 1811 BGB nicht generell ausgeschlossen, die bloße Streuung bei der Kapitalanlage kann schon eine sinnvolle Vorsichtsmaßnahme sein. 10

So hat das OLG München ausgeführt:[21] 11

„Der Erwerb von Aktien sowie von Beteiligungen an Aktien- und Rentenfonds scheidet nicht von vornherein wegen des allgemeinen Risikos von Kurs- und Wertschwankungen als gerichtlich genehmigungsfähige „andere Anlage" aus."[22]

Die mit der Anlage in Aktien verbundenen Risiken lassen sich im Hinblick auf die für Investmentfonds gesetzlich vorgeschriebene Risikomischung auch streuen durch die Beteiligung an **Aktieninvestmentfonds**.[23] 12

---

17 Schlesw.-Holst. OLG BTPrax 2000, 87.
18 Schlesw.-Holst. OLG Rpfleger 2000, 112; BGH NJW 1987, 1070, zu den Grenzen einer Vermögensverwaltung nach § 1811 BGB.
19 OLG Frankfurt/M. DB 1999, 739 = NJW-RR 1999, 1236 m.Anm. Wanner/Laufer; OLG Frankfurt/M. BtPrax 2002, 266, 267.
20 OLG Frankfurt/M. BtPrax 2002, 266.
21 Beschluss v. 5.6.2009, 33 Wx 124/09.
22 Zu den bei einer am Einzelfall orientierten Prüfung zu beachtenden Gesichtspunkten vgl OLG Frankfurt/M. Rpfleger 2002, 621; OLG Köln FamRZ 2001, 708; Schlesw.-Holst. OLG BtPrax 2000, 87.
23 Zur Vielschichtigkeit des Risikobegriffs im Vergleich verzinslicher Anlagen zum Aktieninvestment (Kaufkraftschwund vs. Wertsteigerung) vgl Werkmüller/Oyen, Rpfleger 2003, 66, 68.

3. Entscheidung

13 Zuständig für die Entscheidung ist der Rechtspfleger, § 3 Nr. 2 a RPflG.

14 Bei der Prüfung der komplexen Frage, was zu den Grundzügen einer wirtschaftlichen Vermögensverwaltung zählt, wird sich der Rechtspfleger des Betreuungsgerichts im Einzelfall **externen Sachverstands** bedienen müssen, was im Rahmen der Ermittlungen nach § 26 FamFG ohne Weiteres zulässig ist[24] (zB Gutachten eines öffentlich bestellten **Finanzsachverständigen** für Kapitalanlagen und private Finanzplanung, zB IHK). Die Entscheidung des Gerichts ergeht nach pflichtgemäßem Ermessen unter Abwägung aller für die konkrete Anlage ermittelten Umstände, wobei auch die Fachkenntnisse des gesetzlichen Vertreters einbezogen werden können. Es handelt sich um eine **Einzelfallprüfung**, allgemeine Erwägungen wie „Schwankungen des Rentenmarkts", „Risiko des Kursverfalls", „generell nicht das erforderliche Maß an Sicherheit" genügen für das Versagen der Genehmigung nicht. Das Gericht ist jedenfalls zur Ablehnung der anderweitigen Anlage befugt, wenn der Betreuer für die Abweichung von § 1807 BGB keine Gründe plausibel machen kann.[25] Das Verfahren nach § 1811 BGB wird nach Lage des Einzelfalls auch Anlass sein, die Bestellung eines Verfahrenspflegers zu prüfen, § 276 Abs. 1 FamFG.

15 Gegen die Verweigerung der Genehmigung ist die Beschwerde gegeben, § 58 FamFG.

4. Amtshaftung

16 Das Betreuungsgericht hat im Rahmen seiner Aufsichtspflicht dafür zu sorgen, dass der Betreuer die Vorschrift beachtet, §§ 1908 i Abs. 1 S. 1, 1837 Abs. 2 S. 1 BGB.

17 Kann dann dem Gericht eine leichtfertige Genehmigung einer Geldanlage vorgeworfen werden, etwa unter Missachtung der oben dargestellten Kriterien, oder etwa durch eine ungenügende Amtsermittlung, ist eine Staatshaftung nach Art. 34 GG, § 839 BGB in Betracht zu ziehen.[26]

§ 1812 BGB Verfügungen über Forderungen und Wertpapiere

(1) ¹Der Vormund kann über eine Forderung oder über ein anderes Recht, kraft dessen der Mündel eine Leistung verlangen kann, sowie über ein Wertpapier des Mündels nur mit Genehmigung des Gegenvormunds verfügen, sofern nicht nach den §§ 1819 bis 1822 die Genehmigung des Familiengerichts erforderlich ist. ²Das Gleiche gilt von der Eingehung der Verpflichtung zu einer solchen Verfügung.

(2) Die Genehmigung des Gegenvormunds wird durch die Genehmigung des Familiengerichts ersetzt.

---

24 Schlesw.-Holst. OLG aaO; OLG Köln aaO; OLG Frankfurt/M. BtPrax 2002, 266, 267.
25 Schlesw.-Holst. OLG BtPrax 2000, 87.
26 Damrau/Zimmermann, § 1811 BGB Rn 11.

(3) Ist ein Gegenvormund nicht vorhanden, so tritt an die Stelle der Genehmigung des Gegenvormunds die Genehmigung des Familiengerichts, sofern nicht die Vormundschaft von mehreren Vormündern gemeinschaftlich geführt wird.

I. Anwendbarkeit

Die Vorschrift ist gem. § 1908 i Abs. 1 BGB für den Betreuer anwendbar. 1

II. Inhalt

1. Forderungen oder sonstige Rechte

Forderungen sind schuldrechtliche Ansprüche aller Art. Der Begriff „sonstiges 2 Recht" erweitert den Anwendungsbereich im Prinzip auf alle Ansprüche auf eine Leistung.

Die hM[1] nimmt den Anspruch auf Herausgabe einer beweglichen Sache vom 3 Anwendungsbereich aus. Da der Betreuer eine bewegliche Sache nach §§ 929, 930 BGB genehmigungsfrei durch Übergabe erreichen kann, soll ihm dies für die Abtretung des Herausgabeanspruches (§ 931 BGB) nicht verwehrt sein.

2. Verfügungen

Verfügung ist jedes **Rechtsgeschäft**, durch das ein Recht 4

- aufgehoben,
- belastet oder
- inhaltlich geändert oder
- übertragen wird.

Daher zählen zu Verfügungen:

- der Erlass,
- der Verzicht oder die Abtretung einer Forderung,
- die Aufrechnung.[2]

Auch die Annahme von Zahlungen (wie z.B. die Annahme des Guthabens aus einer Lebensversicherung oder einem Bausparvertrag sowie einer Rentennachzahlung) zur Erfüllung einer Verbindlichkeit gegenüber der betreuten Person ist Verfügung, da hiermit Erfüllung eintritt und der Anspruch erlischt, § 362 BGB. Daher misst die Rechtsprechung der Annahme von an den Betreuten gerichteten Geldleistungen nur dann befreiende Wirkung zu, wenn das Betreuungsgericht zustimmt.[3] Dies gilt trotz § 808 Abs. 1 BGB auch dann, wenn dem Betreuer trotz Kenntnis seiner Amtsstellung gegen Vorlage des Versicherungsscheines Versicherungsleistungen ausbezahlt werden.[4]

Der Rücktritt von einem Vertrag ist dann eine Verfügung, wenn dadurch der Leistungsanspruch des Betreuten verändert wird oder untergeht.[5]

---

1 MK/Wagenitz, § 1812 BGB Rn 17; Damrau/Zimmermann, § 1812 BGB Rn 4; BtKomm/Roth, § 1812 BGB Rn 57.
2 Im Einzelnen umstritten, MK/Wagenitz, § 1812 BGB Rn 9.
3 OLG Karlsruhe Rpfleger 2007, 606, 607.
4 OLG Karlsruhe NJW-RR 1999, 230.
5 MK/Wagenitz, § 1812 BGB Rn 19.

Keine Verfügungen sind Mahnungen, Quittungserteilungen oder Erteilung einer Vollmacht durch den Betreuer.[6]
Zu beachten ist, dass wegen Abs. 1 S. 2 nicht nur die Verfügung selbst der Genehmigungspflicht unterliegt, sondern bereits die Verpflichtung, also das schuldrechtliche Kausalgeschäft zu einer solchen Verfügung. Immer dann, wenn der Betreuer zur Verfügung einer Genehmigung bedarf, ist auch die die Verpflichtung zu einer solchen Verfügung nur mit Genehmigung wirksam.[7]

III. Bedeutung für den Betreuer

5 Das Genehmigungserfordernis schränkt die rechtsgeschäftliche Selbstständigkeit des Betreuers umfassend ein und ist nach hM[8] **restriktiv auszulegen**. Teilweise wird die Regelung auf Verfügungen über Geldleistungen beschränkt.[9] So werden Geschäfte für die persönliche Lebensführung des Betreuten wegen des Schutzzweckes der Norm nicht von dem Genehmigungsvorbehalt erfasst. Es handelt sich um **Geschäfte des täglichen Lebens**, wie die

- Annahme von Unterhaltsleistungen,
- Kündigung eines Zeitschriftenabonnements.

Teilweise wird die Regelung auf Verfügungen über Geldleistungsansprüche beschränkt, weil nur bei diesen der Zweck der Vorschrift, der Schutz vor Veruntreuung, relevant werde.

6 Bei der Genehmigung nach § 1812 BGB handelt es sich nicht um eine bloße Ordnungsvorschrift, sondern um eine Außengenehmigung. Fehlt diese Genehmigung, ist die Verfügung unwirksam.[10]

7 Die Barabhebung fällt ebenso unter die Genehmigungspflicht wie die Überweisung durch den Betreuer. Zahlt ein Schuldner des Betreuten (zB die Bank) an den Betreuer, so tritt bei Fehlen der erforderlichen Genehmigung keine Erfüllung gem. § 362 BGB ein. Nach § 362 BGB erlischt die Forderung (des Betreuten an die Bank) erst, wenn diese die Leistung an den Gläubiger (Betreuten persönlich) bewirkt. Leistet die Bank an den gesetzlichen Vertreter ohne Genehmigung, tritt die Wirkung des § 362 BGB nicht ein, da es dem Betreuer ohne Genehmigung nach § 1812 BGB an der vollen Vertretungsmacht mangelt. Der Betreute hätte nach wie vor eine Forderung gegen die Bank. Wird die Verfügung (zB über einen Betrag von 2.000 EUR) genehmigt, erlischt die Forderung in diesem Umfang und der Anspruch des Betreuten reduziert sich um diese 2.000 EUR.

8 Bei **mehreren Betreuern**, die für den Aufgabenkreis gemeinsam zuständig sind, ist nach § 1812 Abs. 3 BGB keine Genehmigung erforderlich.

---

6 LG Frankfurt FamRZ 1975, 354.
7 BGH FamRZ 2010, 207.
8 Erman/S.C. Saar, § 1812 BGB Rn 6; MK/Wagenitz, § 1812 BGB Rn 11; Damrau, FamRZ 1984, 842 ff.
9 Damrau, FamRZ 1984, 842 ff; Staudinger/Engler, § 1812 BGB Rn 31, 39 ff; aA OLG Hamm Rpfleger 1991, 56.
10 OlG Karlsruhe NJW-RR 1999, 230.

IV. Bedeutung für das Betreuungsgericht

1. Genehmigungserfordernis

Will der Betreuer über eine Forderung des Betreuten verfügen, kann er dies nur 9
mit Genehmigung des Betreuungsgerichtes, sofern diese nicht schon nach den
§§ 1819 bis 1822 BGB erforderlich ist. Das Gleiche gilt für die Eingehung der
Verpflichtung zu einer solchen Verfügung, §§ 1908 i Abs. 1, 1812 Abs. 1 BGB.
Die Bank trifft keine Pflicht zur Prüfung des Vorliegens der gerichtlichen Genehmigung, gleichwohl leistet sie ohne gerichtliche Genehmigung nicht befreiend.[11]

Die Eltern, Ehegatten oder Kinder des Betreuten sind von der Genehmigungspflicht 10
des § 1812 BGB befreit. Dies ergibt sich aus §§ 1908 i Abs. 2 S. 2,
1857 a, 1852 Abs. 2 S. 1 BGB. Die Befreiung für den Betreuungsverein folgt
aus §§ 1908 i Abs. 2, 1857 a, 1852 Abs. 2 S. 1 BGB.

Der Berufsbetreuer kann auf Antrag durch das Betreuungsgericht befreit werden, 11
§ 1825 Abs. 1 BGB. Funktional zuständig ist der Rechtspfleger, § 3
Nr. 2 a RPflG.

2. Verfahren

Die Genehmigung wird auf Antrag erteilt. Der Betroffene ist vor der Entscheidung 12
anzuhören, § 299 FamFG. Ggf kann ein Verfahrenspfleger bestellt werden,
§ 276 Abs. 1 FamFG. Das Betreuungsgericht prüft von Amts wegen (§ 26
FamFG) die Genehmigungsfähigkeit der Verfügung.

3. Entscheidung

Die Entscheidung ergeht durch Beschluss, § 38 FamFG. Dieser wird mit 13
Rechtskraft wirksam, §§ 63 Abs. 2, 40 Abs. 2 FamFG, was ist in der Entscheidung
auszusprechen ist.

§ 1813 BGB Genehmigungsfreie Geschäfte

(1) Der Vormund bedarf nicht der Genehmigung des Gegenvormunds zur Annahme einer geschuldeten Leistung:
1. wenn der Gegenstand der Leistung nicht in Geld oder Wertpapieren besteht,
2. wenn der Anspruch nicht mehr als 3 000 Euro beträgt,
3. wenn der Anspruch das Guthaben auf einem Giro- oder Kontokorrentkonto zum Gegenstand hat oder Geld zurückgezahlt wird, das der Vormund angelegt hat,
4. wenn der Anspruch zu den Nutzungen des Mündelvermögens gehört,
5. wenn der Anspruch auf Erstattung von Kosten der Kündigung oder der Rechtsverfolgung oder auf sonstige Nebenleistungen gerichtet ist.

(2) ¹Die Befreiung nach Absatz 1 Nr. 2, 3 erstreckt sich nicht auf die Erhebung von Geld, bei dessen Anlegung ein anderes bestimmt worden ist. ²Die Befrei-

---

11 BGH NJW 2006, 430.

ung nach Absatz 1 Nr. 3 gilt auch nicht für die Erhebung von Geld, das nach § 1807 Abs. 1 Nr. 1 bis 4 angelegt ist.

I. Anwendbarkeit

1 Die Vorschrift ist gem. § 1908i Abs. 1 S. 1 BGB auf die Betreuung entsprechend anzuwenden.

II. Inhalt

2 § 1813 regelt die **Ausnahmen** von der Genehmigungspflicht nach § 1812, die auch die Annahme einer dem Betreuten geschuldeten Leistung durch den Betreuer erfasst. Die Vorschrift sieht für bestimmte Verfügungen Ausnahmen von der Genehmigungspflicht vor und findet nur Anwendung auf Kontovermögen, dass nicht gem. § 1809 BGB versperrt angelegt ist. Daher scheiden Sparkonten in der Regel aus.

Trotz grundsätzlicher Genehmigungspflicht kann der Betreuer in den folgenden Fällen **alleine verfügen**:

Nr. 1: wenn es sich bei einer Forderung nicht um Geld oder Wertpapiere handelt (sondern zB um eine Warenlieferung oder Dienstleistung),

Nr. 2: wenn der Anspruch nicht mehr als 3.000 Euro beträgt (hier ist in der Rechtsprechung nicht eindeutig, ob es sich um den Gesamtanspruch = Kontostand oder die einzelne Verfügung = Abhebung bzw. Überweisung handelt). Viele Gerichte stellen auf den Gesamtanspruch ab,

Nr. 3: (neu seit 1.9.2009) wenn es sich um Geld handelt, das sich auf einem Giro- oder Kontokorrentkonto befindet

oder wenn Geld zur Rückzahlung (bei Fälligkeit) ansteht, das der Betreuer selbst angelegt hat,

Nr. 4: wenn Zinszahlungen (Nutzungen) erfolgen,

Nr. 5: wenn nur Kosten der Kündigung oder Rechtsverfolgung oder Nebenleistungen geltend gemacht werden.

III. Bedeutung für den Betreuer

3 Für die Betreuungspraxis ist vor allem der Ausnahmetatbestand von Nr. 3 bedeutsam (seit 1.9.2009), wenn es sich um Geld handelt, das sich auf einem Giro- oder Kontokorrentkonto befindet.[1] Früher brauchte ein Betreuer, der für seinen Betreuten einen kleinen Geldbetrag vom Girokonto abheben oder überweisen wollte, die Genehmigung des Betreuungsgerichts, sobald das Guthaben auf dem Konto 3.000 EUR überschritt. Das führte zu einem enormen bürokratischen Aufwand. Nach der Neufassung von Abs. 1 Nr. 3 können Betreuer nun ohne gerichtliche Genehmigung über das Girokonto verfügen. Entlastet werden dadurch vor allem Betreuer, die nicht in einem engen familiären Verhältnis zum Betreuten stehen.[2]

---

[1] Neu gefasst zum 1.9.2009 durch das Gesetz zur Änderung der Zugewinnausgleich- und Vormundschaftsrechtes vom 6.7.2009.
[2] Eltern, Ehegatten, Lebenspartner und Abkömmlinge sind schon gem. § 1908i Abs. 2 BGB von der Genehmigungspflicht befreit.

Es kommt dabei nicht darauf an, ob der Betreuer, der Betreute oder Dritte das Geld auf das Konto des Betreuten eingezahlt haben, auch nicht, ob das Guthaben mehr oder weniger als 3.000 EUR beträgt.[3] Die Teilnahme am Internetbanking wird durch die Regelung genehmigungsfrei.

IV. Bedeutung für das Vormundschaftsgericht

Auch die gerichtliche Praxis erfährt durch diese Regelung Entlastung von verdichteten Anträgen auf Genehmigungen zur Verfügung über Geld des Betreuten. Vor einem Missbrauch ist der Betreute auch weiterhin durch die Aufsicht des Betreuungsgerichts geschützt. Dieses hat im Rahmen der Aufsichtspflicht die ordnungsgemäße Verwaltung des Vermögens zu überwachen. Der Betreuer muss gegenüber dem Gericht über Einnahmen und Ausgaben des Betreuten genau abrechnen und die Kontobelege einreichen, §§ 1840, 1841 BGB. Geld, das nicht für die laufenden Ausgaben benötigt wird, muss der Betreuer für den Betreuten verzinslich anlegen, § 1806 BGB.

Neben dem Girokonto mit seiner gewollten generellen Befreiung sind Verfügungen über andere Geldanlagen gem. § 1813 BGB nur beschränkt von Genehmigungen befreit. Das hat die Folge, dass zB eine Umbuchung von einem Sparkonto mit einem Guthaben über 3.000 EUR auf das Girokonto, um es für anstehende Ausgaben aufzufüllen, eine Verfügung gem. § 1812 BGB darstellt und genehmigungsbedürftig ist. Soweit auf einem Giro- oder Kontokorrentkonto Zahlungen **Dritter** eingehen, bedarf der Betreuer zur Annahme der den Zahlungen zugrunde liegenden, dem Mündel geschuldeten Leistungen – zB einen Kaufpreisanspruch o.Ä. – ebenfalls der Genehmigung gemäß §§ 1812, 1813 BGB. Diese entfällt nicht dadurch, dass der Betreuer die Leistung über ein Verrechnungskonto des Mündels entgegennimmt.[4]

Das Verfahren unterliegt der Rechtskraftlösung des § 40 Abs. 2 FamFG und bedeutet in der Praxis eine Eingrenzung der flexiblen Vermögensverwaltung.

§ 1814 BGB Hinterlegung von Inhaberpapieren

¹Der Vormund hat die zu dem Vermögen des Mündels gehörenden Inhaberpapiere nebst den Erneuerungsscheinen bei einer Hinterlegungsstelle oder bei einer der in § 1807 Abs. 1 Nr. 5 genannten Kreditinstitute mit der Bestimmung zu hinterlegen, dass die Herausgabe der Papiere nur mit Genehmigung des Familiengerichts verlangt werden kann. ²Die Hinterlegung von Inhaberpapieren, die nach § 92 zu den verbrauchbaren Sachen gehören, sowie von Zins-, Renten- oder Gewinnanteilscheinen ist nicht erforderlich. ³Den Inhaberpapieren stehen Orderpapiere gleich, die mit Blankoindossament versehen sind.

I. Anwendbarkeit

Die Vorschrift ist gemäß § 1908 i Abs. 1 S. 1 BGB auf die Betreuung entsprechend anzuwenden.

---

3 BT-Drucks. 16/10798, 38.
4 BT-Drucks. 16/10798, 24, 25.

II. Bedeutung für den Betreuer

2 Nach S. 1 ist der Betreuer ist verpflichtet, Inhaberpapiere (zB Pfandbriefe, Anleihen, Inhaberaktien) sowie Erneuerungsscheine und Orderpapiere, die mit Blankoindossament versehen sind, zu Sicherungszwecken zu hinterlegen. Nicht zu hinterlegen sind: Sparbücher, Sparbriefe und sonstige Namenspapiere. Stehen die an sich hinterlegungspflichtigen Papiere nur im Miteigentum des Betreuten, so ist S. 1 nicht anzuwenden, weil sie dann der gemeinschaftlichen Verwaltung unterliegen, § 744 BGB.[1] Es ist erforderlich, dass die die Papiere im Besitz des Betreuten sind und nicht einem Dritten verpfändet oder zum Nießbrauch übergeben sind.[2]

3 Nach S. 2 sind von der Hinterlegungspflicht Banknoten, Inhaberchecks oder Zins-Renten- und Gewinnanteilscheine ausgenommen, da diese zu den **verbrauchbaren Sachen** iSd § 92 BGB gehören. Jedoch benötigt der Betreuer zur Verfügung über diese Anlagen regelmäßig eine Genehmigung gem. § 1812 BGB.

4 Der Betreuer hat im Sinne einer **Sperrabrede** nach § 1809 BGB mit dem Dritten zu vereinbaren, dass die Papiere nur mit Genehmigung des Betreuungsgerichtes herausgegeben werden. Auch für bereits hinterlegt vorgefundene Papiere ist solch eine Sperrabrede zu treffen. Solange die Papiere hinterlegt sind, sind auch Verfügungs- und Verpflichtungsgeschäfte an die Genehmigung des Betreuungsgerichts gebunden, § 1819 BGB. Die Verfügungsbeschränkung betrifft nur das Stammrecht, also nicht die Zinserträge, § 1820 BGB.

5 In der **Praxis** können **Probleme** dann auftreten, wenn der Betreuer das Dispositionsrecht des Betreuten durch eine Abrede mit der Bank einschränkt. Die Verpflichtung zur Hinterlegung ist jedoch eine Verfügungsbeschränkung, die nur den gesetzlichen Vertreter trifft. Der geschäftsfähige Betreute ist in seiner Verfügungsmacht nicht beschränkt. Allenfalls tritt die einschränkende Wirkung für den Betreuten ein, wenn er zustimmt[3] oder unter Einwilligungsvorbehalt steht. Ansonsten soll der Betreuer gegenüber dem Dritten (der Bank) klarstellen, dass dem Betreuten die Dispositionsmöglichkeit verbleibt.[4]

6 Für **befreite Betreuer** nach §§ 1908 i Abs. 1, 1857 a, 1853 BGB gilt die Hinterlegungspflicht nicht. Gleiches gilt für durch das Betreuungsgericht nach § 1817 BGB oder § 1803 BGB befreite Betreuer.

III. Bedeutung für das Betreuungsgericht

7 Das Betreuungsgericht hat im Rahmen seiner Aufsicht (§§ 1908 i Abs. 1 S. 1, 1837 Abs. 2 S. 1 BGB) dafür zu sorgen, dass der Betreuer die Vorschrift beachtet. Funktional zuständig ist der Rechtspfleger, § 3 Nr. 2 a RPflG.

8 Das Betreuungsgericht kann den Betreuer von den Verpflichtungen nach § 1814 BGB gem. § 1817 Abs. 3 BGB befreien, ohne dass die Voraussetzung des geringen Umfanges der Vermögensverwaltung erfüllt ist. Es müssen jedoch besondere Gründe für die Befreiung vorliegen.

---

1 Erman/S.C. Saar, § 1815 BGB Rn 4; Damrau/Zimmermann, § 1814 BGB Rn 7.
2 Damrau/Zimmermann, § 1814 BGB Rn 13.
3 Bobenhausen, BtPrax 1994, 158, 159.
4 Bienwald, BtPrax 1998, 15 ff.

§ 1815 BGB Umschreibung und Umwandlung von Inhaberpapieren

(1) ¹Der Vormund kann die Inhaberpapiere, statt sie nach § 1814 zu hinterlegen, auf den Namen des Mündels mit der Bestimmung umschreiben lassen, dass er über sie nur mit Genehmigung des Familiengerichts verfügen kann. ²Sind die Papiere vom Bund oder einem Land ausgestellt, so kann er sie mit der gleichen Bestimmung in Schuldbuchforderungen gegen den Bund oder das Land umwandeln lassen.

(2) Sind Inhaberpapiere zu hinterlegen, die in Schuldbuchforderungen gegen den Bund oder ein Land umgewandelt werden können, so kann das Familiengericht anordnen, dass sie nach Absatz 1 in Schuldbuchforderungen umgewandelt werden.

I. Anwendbarkeit

Die Vorschrift ist gemäß § 1908 i Abs. 1 S. 1 BGB auf die Betreuung entsprechend anzuwenden. 1

II. Bedeutung für den Betreuer

Zum Vermögen des Betreuten können Forderungen gegen den Bund oder die Länder (zB Bundesschatzbriefe, Bundesobligationen) gehören, welche nicht als Wertpapier verbrieft sind, sondern lediglich in einem Staatsschuldbuch eingetragen sind. 2

Nach S. 1 kann der Betreuer diese Inhaberpapiere in **Namenspapiere** oder **Briefrechte** gegen den Staat mit einem Sperrvermerk umschreiben lassen. Der Sperrvermerk erfasst auch Verpflichtungsgeschäfte, § 1820 Abs. 1 BGB. Bei Papieren von Bund und Ländern ist es auch möglich, diese in Buchforderungen umzuwandeln. Dabei hat der Betreuer mit dem Dritten eine **Sperrabrede** zu vereinbaren, mit der Wirkung, dass er nur mit Genehmigung des Betreuungsgerichtes über diese verfügen kann.[1]

Die Umschreibung hat nur geringe praktische Bedeutung, weil der Aussteller der Papiere zur Umschreibung nicht verpflichtet werden kann (§ 806 S. 2 BGB) und die Hinterlegung in der Regel einfacher und kostengünstiger ist. 3

ISd § 1908 i Abs. 2 S. 2 BGB **befreite Betreuer** (Eltern, Ehegatte, Kinder, Lebenspartner) sind von der Umschreibungspflicht entbunden. Die Befreiung für den Verein oder die Behörde als Betreuer folgt aus den §§ 1908 i Abs. 1 S. 1, 1857 a, 1853 BGB. Ansonsten kann der Betreuer durch das Betreuungsgericht nach § 1817 BGB oder § 1803 BGB befreit werden. 4

III. Bedeutung für das Betreuungsgericht

Das Betreuungsgericht hat im Rahmen seiner Aufsicht (§§ 1908 i Abs. 1 S. 1, 1837 Abs. 2 S. 1) dafür zu sorgen, dass der Betreuer die Vorschrift beachtet. Funktional zuständig ist der Rechtspfleger, § 3 Nr. 2 a RPflG. 5

Es darf die Sperrabrede jedoch jenseits der Voraussetzungen des § 1846 BGB nicht an Stelle des Betreuers unmittelbar herbeiführen.[2]

---

1 Für eine Verpflichtung zu einer solchen Verfügung gilt § 1820 BGB.
2 Damrau/Zimmermann, § 1816 BGB Rn 1.

6 Nach S. 2 kann es die Umwandlung der Inhaberpapiere anordnen, die in Schuldbuchforderungen gegen Bund oder Land umgewandelt werden können (§ 9 Abs. 2 Nr. 2 Bundeswertpapierverwaltungsgesetz). Es hat nach pflichtgemäßem Ermessen zu entscheiden und dabei den besseren Schutz gegen Verlust und die Gefahren der Austauschbarkeit zu wählen.

IV. Bedeutung für die Betreuungsbehörde

7 Die Betreuungsbehörde ist gem. §§ 1908 i Abs. 2, 1857 a, 1853 von der Verpflichtung nach § 1816 BGB befreit.

§ 1816 BGB Sperrung von Buchforderungen

Gehören Schuldbuchforderungen gegen den Bund oder ein Land bei der Anordnung der Vormundschaft zu dem Vermögen des Mündels oder erwirbt der Mündel später solche Forderungen, so hat der Vormund in das Schuldbuch den Vermerk eintragen zu lassen, dass er über die Forderungen nur mit Genehmigung des Familiengerichts verfügen kann.

I. Anwendbarkeit

1 Die Vorschrift ist gemäß § 1908 i Abs. 1 S. 1 BGB auf die Betreuung entsprechend anzuwenden.

II. Bedeutung für den Betreuer

2 Hat der Betreute vor Bestellung des Betreuers bereits Buchforderungen gegen den Bund (Bundesschatzbriefe) oder gegen ein Land oder erwirbt der Betreuer sie später im Namen des Betreuten, muss er eine Verfügungssperre verabreden und einen entsprechenden **Sperrvermerk** eintragen lassen. Dies gilt für Buchforderungen, die bei der Anordnung der Betreuung zum Vermögen des Betreuten gehören oder während der Betreuung hinzukommen.[1] Der Sperrvermerk erfasst auch Verpflichtungsgeschäfte, § 1820 Abs. 2 BGB. Die Eintragung des Sperrvermerkes ist ohne Aufforderung des Betreuungsgerichtes unverzüglich (dh ohne schuldhaftes Zögern)[2] zu veranlassen.

3 ISd § 1908 i Abs. 2 S. 2 BGB **befreite Betreuer** (Eltern, Ehegatte, Kinder, Lebenspartner) sind von der Umschreibungspflicht entbunden. Die Befreiung für den Verein oder die Behörde als Betreuer folgt aus den §§ 1908 i Abs. 1 S. 1, 1857 a, 1853 BGB. Ansonsten kann der Betreuer durch das Betreuungsgericht nach § 1817 BGB oder § 1803 BGB befreit werden.

III. Bedeutung für das Betreuungsgericht

4 Das Betreuungsgericht hat im Rahmen seiner Aufsicht (§§ 1908 i Abs. 1 S. 1, 1837 Abs. 2 S. 1) dafür zu sorgen, dass der Betreuer die Vorschrift beachtet. Funktional zuständig ist der Rechtspfleger, § 3 Nr. 2 a RPflG.

5 Das Betreuungsgericht kann den Betreuer von den Verpflichtungen nach § 1816 BGB gem. § 1817 Abs. 3 BGB befreien, ohne dass die Voraussetzung

---

[1] Erman/S.C. Saar, § 1816 BGB Rn 1.
[2] MK/Wagenitz, § 1816 BGB Rn 3.

des geringen Umfanges der Vermögensverwaltung erfüllt ist. Es müssen jedoch besondere Gründe für die Befreiung vorliegen.

§ 1817 BGB Befreiung

(1) ¹Das Familiengericht kann den Vormund auf dessen Antrag von den ihm nach den §§ 1806 bis 1816 obliegenden Verpflichtungen entbinden, soweit
1. der Umfang der Vermögensverwaltung dies rechtfertigt und
2. eine Gefährdung des Vermögens nicht zu besorgen ist.

²Die Voraussetzungen der Nummer 1 liegen im Regelfall vor, wenn der Wert des Vermögens ohne Berücksichtigung von Grundbesitz 6 000 Euro nicht übersteigt.

(2) Das Familiengericht kann aus besonderen Gründen den Vormund von den ihm nach den §§ 1814, 1816 obliegenden Verpflichtungen auch dann entbinden, wenn die Voraussetzungen des Absatzes 1 Nr. 1 nicht vorliegen.

I. Anwendbarkeit

Die Vorschrift ist über § 1908 i Abs. 1 BGB auf den Betreuer anzuwenden und dient der Erleichterung der Ausübung der Vermögenssorge. 1

II. Bedeutung für den Betreuer

Nach Abs. 1 kann dem Betreuer auf seinen Antrag eine Befreiung von den Verpflichtungen der §§ 1806 bis 1816 BGB erteilt werden, soweit im Regelfall der Wert des Vermögens ohne Grundbesitz 6.000 EUR nicht übersteigt und eine Gefährdung des Vermögens des Betreuten wegen der Zuverlässigkeit und Vertrauenswürdigkeit des Betreuers nicht zu besorgen ist. 2

Damit soll dem Betreuer insbesondere ermöglicht werden, 3

- Geld des Betreuten genehmigungsfrei und unversperrt anzulegen oder
- über Forderungen oder Wertpapiere iSd § 1812 BGB genehmigungsfrei zu verfügen.

Nach dem Wortlaut wird der Umfang der Vermögensverwaltung in Abs. 1 S. 1 Nr. 1 mit dem Wert des Vermögens ohne Grundbesitz und grundstücksgleiche Rechte definiert.

Besitzt der Betreute allerdings Kunstgegenstände, Kostbarkeiten und Edelmetalle, hilft § 1817 BGB bei der Vermögensverwaltung nicht, weil diese Vermögensanlagen die Wertgrenze des Abs. 1 S. 2 übersteigen dürften, obwohl der Umfang der Vermögensverwaltung jedenfalls im Verhältnis zum Wert eher gering ist. 4

Eine wirksame Befreiung stellt § 1817 BGB nur in den Fällen des § 1812 BGB dar, also bei der Verfügung über **Forderungen und Wertpapiere**. Hier allerdings nur innerhalb der Wertgrenze bis 6.000 EUR Gesamtvermögen ohne Grundstücke. In der Praxis wird daher von dieser Möglichkeit nur vereinzelt Gebrauch gemacht, da diese Befreiung gegenüber der Wertgrenze des § 1813 Abs. 1 Nr. 2 BGB (3.000 EUR je Einzelverfügung) tatsächlich nicht erheblich ist. 5

6 Nach Abs. 2 kann das Betreuungsgericht den Betreuer in den Fällen der §§ 1814, 1816 BGB aus besonderen Gründen auch dann befreien, wenn der Umfang der Vermögensverwaltung erheblich ist. Damit soll dem Betreuer ermöglicht werden, Inhaberpapiere nach § 1814 BGB nicht hinterlegen zu müssen und genehmigungsfrei darüber verfügen zu dürfen bzw Inhaberpapiere nach § 1815 BGB nicht umschreiben oder in Buchforderungen unter Versperrung (§ 1816 BGB) umwandeln zu müssen.

7 Die **besonderen Gründe** bilden einen unbestimmten Rechtsbegriff.[1] Besondere Gründe können sein:

- Geordnete Vermögensverhältnisse des Betreuers bei klarer Trennung von Vermögen des Betreuten und Betreuers;
- Sichere Vermögensaufbewahrung;
- Kostenaufwand der Hinterlegung, der diese unverhältnismäßig macht.

Die persönliche Vertrauenswürdigkeit des Betreuers allein kann eine Befreiung nicht begründen.[2] Diese Befreiung entbindet den Betreuer aber nur von den Verpflichtungen der §§ 1806 bis 1816 BGB. In den Fällen der §§ 1819 bis 1823 BGB hilft die Befreiung nicht. Der Betreuer bedarf daher weiterhin der Genehmigung

- zur Verfügung hinterlegter Wertpapiere, Kostbarkeiten, Hypotheken-, Grundschuld- und Rentenschuldbriefen nach § 1819 BGB;
- zur Verfügung von Stammforderungen aus umgeschriebenen Inhaberpapieren nach § 1820 BGB;
- bei Grundstücksgeschäften nach § 1821 BGB;
- bei sonstigen Geschäften nach § 1822 BGB;
- bei Beginn und Auflösung eines Erwerbsgeschäftes, § 1823 BGB.

III. Bedeutung für das Betreuungsgericht

8 Das Betreuungsgericht kann den Betreuer von allen, von einigen oder nur von einzelnen der genannten Vorschriften befreien, wenn dies unter den Gesichtspunkten zweckmäßiger Vermögensverwaltung vorteilhaft erscheint. Funktional zuständig ist der Rechtspfleger, § 2 Nr. 3 a RPflG.

9 Zulässig ist auch die Befreiung von einer Vorschrift generell oder den aus dieser Vorschrift folgenden Verpflichtungen.[3] Dabei ist stets zu prüfen, inwieweit der Schutz des Vermögens des Betreuten eine Befreiung erlaubt. Eine generelle Befreiung von der Genehmigung zur Geldanlage dürfte vor diesem Hintergrund weit weniger bedenklich erscheinen als eine generelle Befreiung von dem Gebot zur Genehmigung anderer Anlagen gem. § 1811 BGB.[4]

10 Wegen des engen Rahmens der Möglichkeiten zur Befreiung nach dieser Vorschrift ist es sinnvoll zu prüfen, ob nicht die Erteilung einer allgemeinen Befreiung nach § 1825 BGB zu der gewünschten Erleichterung der Vermögensverwaltung und zur Entlastung der Gerichte führen kann.

---

1 Erman/S.C. Saar, § 1817 BGB Rn 5.
2 KG FamRZ 1970, 104; Staudinger/Engler, § 1817 BGB Rn 24; MK/Wagenitz, § 1817 BGB Rn 12; Soergel/Zimmermann, § 1817 BGB Rn 3.
3 MK/Wagenitz, § 1817 BGB Rn 2.
4 Erman/S.C. Saar, § 1817 BGB Rn 4.

§ 1818 BGB Anordnung der Hinterlegung

Das Familiengericht kann aus besonderen Gründen anordnen, dass der Vormund auch solche zu dem Vermögen des Mündels gehörende Wertpapiere, zu deren Hinterlegung er nach § 1814 nicht verpflichtet ist, sowie Kostbarkeiten des Mündels in der in § 1814 bezeichneten Weise zu hinterlegen hat; auf Antrag des Vormunds kann die Hinterlegung von Zins-, Renten- und Gewinnanteilscheinen angeordnet werden, auch wenn ein besonderer Grund nicht vorliegt.

I. Anwendbarkeit

1 Die Vorschrift ist gemäß § 1908 i Abs. 1 S. 1 BGB auf die Betreuung entsprechend anzuwenden.

II. Bedeutung für den Betreuer

2 Die Vorschrift erlaubt dem Betreuungsgericht, die Hinterlegungspflicht des Betreuers zu erweitern. Gegenstand können dabei Wertpapiere sein, die der Betreuer nach § 1814 BGB nicht hinterlegen muss (Namensaktien, Sparbriefe, Sparbücher, Hypothekenbriefe), und Kostbarkeiten (Kunstgegenstände, Antiquitäten, Schmuck, Edelmetalle, vgl §§ 5, 9 HintO). Ob eine Kostbarkeit vorliegt, richtet sich nach der Verkehrsanschauung.

3 Der **besondere Grund** für die Hinterlegungsanordnung kann darin liegen, dass der Betreuer die sichere Verwahrung der Gegenstände nicht gewährleisten kann. Auch dem nach den §§ 1908 i, 1857 a, 1853 BGB von den gesetzlichen Hinterlegungspflichten befreiten Betreuer (Vater, Mutter, Ehegatte, Lebenspartner, Abkömmling sowie Vereins- und Behördenbetreuer; Verein oder die Behörde als Betreuer) können Anordnungen nach der Vorschrift aufgegeben werden.

III. Bedeutung für das Betreuungsgericht

4 Das Betreuungsgericht ordnet die Pflicht zur Hinterlegung im Rahmen der Aufsicht über die Ausübung der Vermögenssorge an und hat nach pflichtgemäßem Ermessen zu entscheiden. Funktional zuständig ist der Rechtspfleger, § 3 Nr. 2 a RPflG. Bei der Hinterlegung ist zu bestimmen, dass die Gegenstände nur mit Zustimmung des Betreuungsgerichts herausgegeben werden dürfen.

5 Die Anordnung der Hinterlegungspflicht von sog. Nebenpapieren auf Antrag des Betreuers ohne besonderen Grund begründet eine Hinterlegungsbefugnis nach § 6 S. 2 Nr. 1 aE HintO.

§ 1819 BGB Genehmigung bei Hinterlegung

[1]Solange die nach § 1814 oder nach § 1818 hinterlegten Wertpapiere oder Kostbarkeiten nicht zurückgenommen sind, bedarf der Vormund zu einer Verfügung über sie und, wenn Hypotheken-, Grundschuld- oder Rentenschuldbriefe hinterlegt sind, zu einer Verfügung über die Hypothekenforderung, die Grundschuld oder die Rentenschuld der Genehmigung des Familiengerichts.

Reinfarth

²Das Gleiche gilt von der Eingehung der Verpflichtung zu einer solchen Verfügung.

§ 1820 BGB Genehmigung nach Umschreibung und Umwandlung

(1) Sind Inhaberpapiere nach § 1815 auf den Namen des Mündels umgeschrieben oder in Schuldbuchforderungen umgewandelt, so bedarf der Vormund auch zur Eingehung der Verpflichtung zu einer Verfügung über die sich aus der Umschreibung oder der Umwandlung ergebenden Stammforderungen der Genehmigung des Familiengerichts.

(2) Das Gleiche gilt, wenn bei einer Schuldbuchforderung des Mündels der im § 1816 bezeichnete Vermerk eingetragen ist.

I. Anwendbarkeit

1 Die Vorschriften beinhalteten sog. Außengenehmigungen und sind gemäß § 1908i Abs. 1 S. 1 BGB auf die Betreuung entsprechend anzuwenden.

II. Bedeutung für den Betreuer

2 Sind Gegenstände nach § 1814 oder § 1818 BGB hinterlegt oder nach § 1815 BGB umgeschrieben worden, könnte der Betreuer das Verbot zur Herausgabe ohne gerichtliche Genehmigung umgehen, indem er die Wertpapiere oder Kostbarkeiten veräußert (§ 931 BGB), ohne sie aus der Hinterlegung zu nehmen.

3 Nach § 1819 S. 1 BGB ist daher die Genehmigung des Betreuungsgerichtes erforderlich, wenn über hinterlegte Papiere oder verbriefte Forderungen verfügt werden soll. Eine Verfügung ist auch die Einlösung eines ausgeschlossenen und gekündigten Wertpapiers.[1]

4 Nach § 1819 S. 2 BGB gilt dies auch für hinterlegte Hypotheken-, Grundschuld- oder Rentenbriefe sowie zu einer Verpflichtung zu einer solchen Verfügung. Es wird jeweils nur das Stammrecht, nicht die Zinsforderungen erfasst.

5 Nach § 1820 S. 1 BGB bedarf der Betreuer zur Verpflichtung zu einer Verfügung über die nach § 1815 BGB umgeschriebenen Wertpapiere der Genehmigung des Betreuungsgerichtes.

6 Nach § 1820 S. 2 BGB gilt dies auch für Buchforderungen, die mit einem Sperrvermerk iSv § 1816 BGB versehen sind.

7 Bei §§ 1819, 1820 BGB handelt es sich nicht um bloße Ordnungsvorschriften, sondern sog. **Außengenehmigungen**. Ohne die erforderliche Genehmigung abgeschlossene Rechtsgeschäfte sind bis zur Genehmigung durch das Betreuungsgericht schwebend unwirksam, da die Vorschrift die gesetzliche Vertretungsmacht des Betreuers beschränkt, §§ 1828, 1829 Abs. 1 S. 2 BGB.

8 Nach der Rücknahme der hinterlegten Wertpapiere oder Kostbarkeiten ist § 1819 BGB nicht mehr anzuwenden, eine Verfügungsbeschränkung kann sich dann aus § 1812 BGB ergeben.

---

1 RGZ 115, 153.

III. Bedeutung für das Betreuungsgericht

Funktional zuständig für die Erteilung der Genehmigung (vgl § 1828 BGB) ist der Rechtspfleger (§ 3 Nr. 2 a RPflG). **9**

Adressat der Genehmigung ist der Betreuer, § 1828 BGB. Die Genehmigung wird mit ihrer Rechtskraft wirksam, § 40 Abs. 2 FamFG. Dies hat das Gericht mit der Entscheidung auszusprechen. Die Bekanntgabe der Genehmigung an den Betreuer setzt lediglich den Lauf der zweiwöchigen Rechtsmittelfrist in Gang, §§ 15, 16, 63 Abs. 2 FamFG, und führt nicht zur Wirksamkeit der Genehmigung. **10**

Da die §§ 1819, 1820 BGB Folgevorschriften zu §§ 1814 bis 1816 BGB sind, gelten sie nicht für die nach den §§ 1908 i, 1817, 1857 a, 1853 BGB von den gesetzlichen Hinterlegungspflichten befreiten Betreuer (Eltern, Ehegatte, Lebenspartner, Abkömmling sowie Vereins- und Behördenbetreuer; Verein oder die Behörde als Betreuer) auch wenn diese freiwillig hinterlegt haben. In diesen Fällen ist § 1812 BGB zu beachten. **11**

§ 1821 BGB Genehmigung für Geschäfte über Grundstücke, Schiffe oder Schiffsbauwerke

(1) Der Vormund bedarf der Genehmigung des Familiengerichts:
1. zur Verfügung über ein Grundstück oder über ein Recht an einem Grundstück;
2. zur Verfügung über eine Forderung, die auf Übertragung des Eigentums an einem Grundstück oder auf Begründung oder Übertragung eines Rechts an einem Grundstück oder auf Befreiung eines Grundstücks von einem solchen Recht gerichtet ist;
3. zur Verfügung über ein eingetragenes Schiff oder Schiffsbauwerk oder über eine Forderung, die auf Übertragung des Eigentums an einem eingetragenen Schiff oder Schiffsbauwerk gerichtet ist;
4. zur Eingehung einer Verpflichtung zu einer der in den Nummern 1 bis 3 bezeichneten Verfügungen;
5. zu einem Vertrag, der auf den entgeltlichen Erwerb eines Grundstücks, eines eingetragenen Schiffes oder Schiffsbauwerks oder eines Rechts an einem Grundstück gerichtet ist.

(2) Zu den Rechten an einem Grundstück im Sinne dieser Vorschriften gehören nicht Hypotheken, Grundschulden und Rentenschulden.

I. Einleitung 1	V. Bedeutung für das Betreuungs-
II. Anwendbarkeit 4	gericht 26
III. Inhalt 5	1. Antrag/Anregung 26
IV. Bedeutung für den Betreuer 17	2. Anhörung 28
1. Genehmigungspflicht 17	3. Genehmigungskriterien 31
2. Vertretungsmacht 21	4. Entscheidung 32
3. Folgen fehlender Genehmi-	a) Beschluss 32
gung 22	b) Wirksamkeit 33
4. Haftung 23	

I. Einleitung

1 Kann der Betreute ein Rechtsgeschäft nicht selbst abschließen, weil er geschäftsunfähig oder anderweitig eingeschränkt ist, muss der Betreuer als gesetzlicher Vertreter handeln. Seine **Vertretungsmacht** ist jedoch im Hinblick auf diverse Rechtshandlungen durch gesetzliche Genehmigungserfordernisse **eingeschränkt**. Sie sind zwingender Natur[1] und gelten auch für Verbindlichkeiten, die der gesetzliche Vertreter im Namen des Vertretenen begründet.[2] An der Spitze des Kataloges der Rechtsgeschäfte, zu denen die Genehmigung des Betreuungsgerichtes erforderlich ist, stehen Verfügungen über Grundstücke und über Rechte an Grundstücken. Dem liegt der Gedanke zu Grunde, dass der Grundbesitz als eine besonders wertvolle Art des Vermögens dem Betreuten grundsätzlich zu erhalten ist und nur unter bestimmten Voraussetzungen veräußert werden können soll. Dies gilt auch dann, wenn die Erteilung einer rechtsgeschäftlichen Vollmacht möglich gewesen wäre, der Betreuer aber nach außen als gesetzlicher Vertreter auftritt.[3]

2 Den Grundstücken stehen das **Erbbaurecht** und das **Wohneigentum** gleich.

3 Die Genehmigung des Betreuungsgerichtes ist **erforderlich** in Fällen, in denen das Grundstück dem Betreuten allein gehört oder der Betreute Miteigentümer eines Grundstückes ist. Das Fehlen einer betreuungsgerichtlichen Genehmigung kann keinesfalls durch die Auflassung und Eintragung im Grundbuch geheilt werden. Eine ohne betreuungsgerichtliche Genehmigung eingetragene Grundbuchänderung ist nichtig.

II. Anwendbarkeit

4 Die Vorschrift ist gemäß § 1908i Abs. 1 S. 1 BGB auf die Betreuung entsprechend anzuwenden und ergreift auch die Zustimmung des Betreuers zu einem Rechtsgeschäft, welches der Betreute mit einem Einwilligungsvorbehalt selbst vorgenommen hat.

III. Inhalt

5 **Abs. 1 Nr. 1** betrifft **Verfügungen über das Grundstück**. Eine Verfügung ist jedes Rechtsgeschäft, durch das ein Recht übertragen, aufgehoben, belastet oder inhaltlich geändert wird, vgl § 1812 BGB. Bei den **grundstücksbezogenen Verfügungen** handelt es sich insbesondere um die **Auflassung** (§§ 873, 925 BGB), die **Begründung von Wohnungseigentum** (§ 3 WEG), die Zustimmung zur **Verfügung eines Nichtberechtigten** sowie die **Belastung mit Grundpfandrechten** (§ 873 BGB).

6 Bei der Belastung eines Grundstücks mit einem Grundpfandrecht greift Abs. 2 nicht ein; diese Freistellung von der Genehmigungspflicht erfasst nur das Recht am Grundstück und nicht das Grundstück selbst.

---

1 MK/Wagenitz, § 1821 BGB Rn 1.
2 BVerfG NJW 1986, 1859 ff.
3 OLG Frankfurt/M. Rpfleger 1997, 111.

Weitere Fälle von Verfügungen über ein Grundstück sind: 7
- die Begründung von Wohneigentum;
- die Zustimmung zur Verfügung eines Nichtberechtigten[4] (zB als Ergänzungsbetreuer bei rechtlicher Verhinderung des Hauptbetreuers);
- die Übernahme einer Baulast;[5]
- Änderung der Fälligkeit oder des Zinses eines Grundpfandrechtes (Grundschuld oder Hypothek), weil auch in diesem Fall über das Grundstück selbst und nicht über das Recht an sich verfügt wird;[6]
- die Bewilligung einer Vormerkung (analog);[7]
- der Verzicht auf die Grundbuchberichtigung zu Lasten des Betreuten.[8]

Weiter werden Verfügungen über dingliche Rechte am Grundstück erfasst, nämlich Dienstbarkeit, Nießbrauch, Vorkaufsrecht, Wohnungseigentum und Reallast. Hypothek, Grund- und Rentenschuld werden dagegen nach Abs. 2 von der Genehmigungspflicht freigestellt; für sie gilt jedoch § 1812 BGB.

Erfasst wird die Verfügung über ein **Grundstück**, das einer **BGB-Gesellschaft** 8 oder einer **Erbengemeinschaft** gehört, an der der Betreute beteiligt ist. Dabei ist es unerheblich, ob der Betreuer über den Anteil des Betreuten an der Gemeinschaft oder die Gemeinschaft selbst verfügt.

Eine **Belastung im Zusammenhang mit dem Erwerb** (Grundschuldbestellung 9 zur Sicherung des Restkaufpreises, Einräumung eines Nießbrauchs oder Wohnrechts an den Schenker) ist nicht nach Nr. 1 genehmigungspflichtig, da die Vorschrift das vorhandene Vermögen des Betreuten sichern soll.

Abs. 1 Nr. 2 betrifft Verfügungen über grundstücksbezogene Forderungen, wie 10 Abtretung eines Auflassungsanspruchs, Aufhebung eines Grundstückskaufvertrages oder Löschung einer Auflassungsvormerkung. Die Entgegennahme der Auflassung ist genehmigungsfrei, da sie zu keinem Rechtsverlust führt.

Abs. 1 Nr. 3 betrifft eingetragene Schiffe und Schiffsbauwerke. Die Ausführun- 11 gen zu Nr. 1 und 2 gelten entsprechend.

Abs. 1 Nr. 4 sichert den Schutz des Betreutenvermögens durch die Genehmi- 12 gungspflicht für Verfügungen nach Abs. 1 Nr. 1 bis 3 dadurch ab, dass diese auf schuldrechtliche Verpflichtungen zu entsprechenden Verfügungen erstreckt wird. In Betracht kommt insbesondere ein Vertrag, durch den ein Grundstück des Betreuten verkauft werden soll. Nicht erfasst werden dagegen Schenkungen an den Betreuten.[9]

Nach **Abs. 1 Nr. 5** bedarf der Betreuer der Genehmigung des Gerichtes zu ei- 13 nem Vertrag, der auf den **entgeltlichen Erwerb** eines Grundstückes oder grundstücksgleichen Rechtes gerichtet ist. Darunter fällt insbesondere der Kauf eines Grundstückes oder einer Eigentumswohnung für den Betreuten und zwar auch

---

4 BayOLGZ 13, 287.
5 OVG Münster NJW 1996, 275.
6 BGHZ 1, 295.
7 BayObLG DNotZ 1994, 182; OLG Frankfurt/M. FamRZ 1997, 1342; OLG Celle Rpfleger 1980, 187.
8 BGH FamRZ 1955, 359.
9 Vgl OLG Köln Rpfleger 1998, 159.

dann, wenn er in Ausübung eines Vorkaufsrechtes (§ 504 BGB), eines Wiederkaufrechtes (§ 497 BGB) oder eines Tausches (§ 515 BGB) erfolgt.

14 Die Genehmigung ist immer dann erforderlich, wenn der Betreute eine Gegenleistung zu erbringen hat. Dabei kann die Gegenleistung ebenfalls in einem Grundstück oder in einer beweglichen Sache bestehen. Wird ein Kaufpreis für ein Grundstück vereinbart, so kommt es für die Frage der Entgeltlichkeit nicht darauf an, auf welche Weise der Erwerbspreis beglichen wird. Denkbar wären:

- eine bare Leistung;
- die Bestellung einer Grundschuld oder Hypothek zu Gunsten des Verkäufers.

Dagegen handelt es sich um einen **unentgeltlichen Erwerb**, wenn dem Betreuten ein Grundstück geschenkt wird, welches bereits mit einer Grundschuld oder Hypothek belastet ist.[10] Auch die Schenkung unter einer Auflage ist eine unentgeltliche Zuwendung und damit genehmigungsfrei. Allerdings ist die Abgrenzung zwischen einer genehmigungsfreien Schenkung unter Auflage und einem genehmigungspflichtigen Erwerb mit verschleierter Gegenleistung schwierig.

15 Auch der **Erwerb eines Grundstückes in der Zwangsversteigerung** ist genehmigungsbedürftig nach Nr. 5, da es sich um einen dem vertraglichen entgeltlichen Erwerb ähnlichen Erwerb handelt. Jedoch ist das Gebot des Betreuers nur dann zulässig, wenn die Tatsache der betreuungsgerichtlichen Genehmigung des Erwerbes beim Versteigerungsgericht offenkundig ist, etwa durch Beiziehen der Betreuungsakte oder durch eine öffentlich beglaubigte Urkunde sofort nachgewiesen wird. Andernfalls wäre das Gebot zurückzuweisen, § 71 Abs. 2 ZVG.[11]

16 Abs. 2 stellt Verfügungen und Verpflichtungen über Hypotheken, Grund- und Rentenschulden vom Genehmigungserfordernis nach § 1821 BGB frei. Die Genehmigungspflicht nach § 1812 BGB bleibt unberührt.

IV. Bedeutung für den Betreuer
1. Genehmigungspflicht

17 Die Genehmigungspflicht besteht, wenn der Betreuer an dem Geschäft mitwirkt. Dabei kann er das Geschäft selbst vornehmen oder das eines unter **Einwilligungsvorbehalt** (§ 1903 BGB) stehenden Betreuten genehmigen. Handelt ein vom Betreuer **Bevollmächtigter**, so ist nicht die Erteilung der Vollmacht, sondern das mit der Vollmacht getätigte Rechtsgeschäft genehmigungspflichtig. Dies gilt auch für eine Verfügungsermächtigung, die regelmäßig in der Finanzierungsvollmacht für einen Grundstückserwerber enthalten ist.

18 Der geschäftsfähige Betreute kann dem Betreuer nicht wirksam **Vollmacht erteilen** und dadurch den Genehmigungsvorbehalt unterlaufen.[12]

Erteilt der Betreuer einem Dritten Vollmacht zu einem Rechtsgeschäft iSd § 1821 BGB, ist dies grundsätzlich nicht genehmigungsbedürftig. Vielmehr be-

---

10 BayObLGZ 26, 307.
11 Zu den Problemen der gerichtlichen Genehmigung im Zwangsversteigerungsverfahren ausführlich: Eickmann, Rpfleger 1983, 199.
12 OLG Köln FamRZ 2000, 1525.

darf erst das sodann vom Bevollmächtigten vorgenommene Rechtsgeschäft der betreuungsgerichtlichen Genehmigung.[13]

Streitig ist, ob die Vollmachtserteilung der Verfügung dann gleichzustellen ist, wenn die Vollmacht unwiderruflich erteilt wird. Nach zutreffender Ansicht ist das Genehmigungsbedürfnis zu bejahen.[14]

Zwangsvollstreckungen gegen den Betreuten sind genehmigungsfrei.

Eine teilweise vertretene Ansicht, die Genehmigungspflicht sei von ihrem Schutzzweck her einschränkend auszulegen, so dass ein wirtschaftlich unbedeutendes Geschäft genehmigungsfrei wirksam wäre, ist nach dem eindeutigen Wortlaut der Vorschrift abzulehnen.

2. Vertretungsmacht

Die Vorschrift beschränkt die gesetzliche Vertretungsmacht des Betreuers: Wird ein **Vertrag** ohne Genehmigung geschlossen, so hängt dessen Wirksamkeit davon ab, dass der Betreuer eine nachträglich erteilte Genehmigung nach deren Rechtskraft (§ 40 Abs. 2 FamFG) dem Vertragspartner mitteilt, § 1829 Abs. 1 S. 2 BGB. Bis dahin ist der Vertrag schwebend unwirksam.

3. Folgen fehlender Genehmigung

Ein **einseitiges Rechtsgeschäft** ohne die erforderliche Genehmigung ist nichtig (§ 1831 BGB). Ein **zweiseitiges Rechtsgeschäft** bleibt schwebend unwirksam. Wird die Genehmigung versagt, ist der Vertrag nichtig.

4. Haftung

Eine erteilte betreuungsgerichtliche Genehmigung berührt die **Haftung des Betreuers** für Vermögensschäden (§ 1833 BGB), welche dieser im Zuge einer Pflichtverletzung schuldhaft verursacht, nicht. Der Betreuer haftet jedoch dann nicht für den Schaden, der dem Betreuten bei dem Verkauf einer Immobilie zu einem Preis unter dem Gutachtenwert entsteht, wenn er dokumentieren kann, dass er in angemessener Weise versucht hat, das Grundstück zum Gutachtenpreis zu verkaufen.[15]

Zur Vermeidung von Fahrlässigkeitsvorwürfen sollten alle Handlungsschritte (zB Beauftragung diverser Makler, Inserate in Presse und Internet) sorgfältig in der Betreuungsakte **dokumentiert** werden.

Sofern Familienangehörige des Betreuten das Grundstück erwerben wollen, ist immer der **Marktpreis** anzusetzen. Bei Kaufpreisgestaltung deutlich zu Gunsten einzelner Angehöriger entstünde sonst der Verdacht der verdeckten Schenkung, die dem Betreuer gem. § 1804 BGB grundsätzlich verboten ist.

---

13 MK/Wagenitz, § 1821 BGB Rn 12.
14 Die Erteilung einer Vollmacht sehen bejahend als Verfügung an: KG Berlin FamRZ 1993, 733; OLG Zweibrücken FamRZ 2005, 832; verneinend: Klüsener, Rpfleger 1981, 481; Fahl, MittBayNot 2007, 220, der auch eine unwiderruflich erteilte Vollmacht nicht als genehmigungsbedürftig erachtet.
15 OLG Köln FamRZ 2000, 1525.

V. Bedeutung für das Betreuungsgericht

1. Antrag/Anregung

26 Mit Vorlage des Antrages oder der zu genehmigenden Urkunde beginnt das Gericht die entscheidungserheblichen Tatsachen **von Amts wegen** zu ermitteln, § 26 FamFG. Funktional zuständig für die Erteilung der Genehmigung ist der Rechtspfleger (§ 3 Nr. 2 a RPflG).

27 Dieser kann den Betreuer auffordern, diverse entscheidungserheblichen Unterlagen beizubringen, wie etwa ein Wertgutachten eines vereidigten Sachverständigen, sofern dieses nicht vorliegt, vollständige Grundbuchauszüge,[16] Personenstandsurkunden zum Nachweis möglicher Rechtsnachfolge, uU Erbscheine.

2. Anhörung

28 Der Betreute soll vor der Entscheidung persönlich angehört werden, § 299 FamFG. Die Norm ist eine Sollvorschrift, die Streit darüber ausgelöst hat, was unter „**soll**" zu verstehen ist. Es wird vertreten, dass es sich um eine bloße Empfehlung handelt und die Anhörung entbehrlich ist, wenn keine Sachaufklärung zu erwarten ist.[17] Diese Ansicht verkennt die doppelte Funktion der Anhörung, sie dient nicht nur der Sachaufklärung, sondern auch der Gewährung des rechtlichen Gehörs. Streit besteht auch über die Art der **Durchführung** der Anhörung. Es wird vertreten, dass die Anhörung nicht zwingend persönlich erfolgen muss, sondern auch schriftlich erfolgen kann. Nach anderer Auffassung bildet die schriftliche Anhörung die Ausnahme zur regelmäßig persönlichen Anhörung. Beide Auffassungen vermögen nicht zu überzeugen, denn die Form der Anhörung, nämlich „persönlich", ist im Gesetz geregelt.

29 Die persönliche Anhörung kann nur **unterbleiben**, wenn der Betroffene hiervon erhebliche Nachteile für die Gesundheit zu besorgen hat oder er seinen Willen nicht mehr kundtun kann, § 34 Abs. 2 FamFG. Das Absehen von der persönlichen Anhörung führt nicht regelhaft zur Bestellung eines Verfahrenspflegers, da § 276 Abs. 1 Nr. 1 und 2 FamFG diesen Fall nicht erfasst, ist aber nach S. 1 der Norm zur Gewährung des rechtlichen Gehörs und zur Gewährleistung eines fairen Verfahrens im Interesse des Betreuten geboten.[18]

30 Der Verfahrenspfleger hat hier in erster Linie die Pflicht, den Verfahrensgarantien, insbesondere dem Anspruch des Betreuten auf **rechtliches Gehör**, Geltung zu verschaffen. Außerdem hat er den tatsächlichen oder mutmaßlichen Willen des Betreuten zu erkunden und in das Verfahren einzubringen.[19]

3. Genehmigungskriterien

31 Das Betreuungsgericht hat bei der Erteilung der Genehmigung **Ermessen**.[20] Da der Betreuer jedoch grundsätzlich autonom handelt, ist das Gericht auf **Überprüfung der Wirtschaftlichkeit** und Berücksichtigung der Wünsche des Betreuten beschränkt. Für die Beurteilung der Wirtschaftlichkeit wird in der Regel

---

16 OLG Köln FamRZ 2000, 1525.
17 Bassenge/Roth, § 299 FamFG Rn 3.
18 BayObLG FamRZ 2003, 1044.
19 OLG Köln FamRZ 2000, 1525; BGH v. 22.7.2009, XII ZR 77/06 (Abgrenzung zum Senatsbeschluss v. 25.6.2003, XII ZB 169/99, FamRZ 2003, 1275, 1276).
20 BGH NJW 1986, 2829; BayObLG FamRZ 1998, 455, 456; BayObLG NJW-RR 2000, 1030.

ein Verkehrswertgutachten vorzulegen sein. Jenseits zwingend wirtschaftlicher Gründe, ist für die Genehmigungsfähigkeit einer Verfügung immer der Wunsch des Betreuten maßgeblich. Der BGH hat dazu ausgeführt:

„Ein Wunsch des Betreuten läuft nicht bereits dann im Sinne des § 1901 Abs. 3 Satz 1 BGB dessen Wohl zuwider, wenn er dem objektiven Interesse des Betreuten widerspricht. Vielmehr ist ein Wunsch des Betreuten im Grundsatz beachtlich, sofern dessen Erfüllung nicht höherrangige Rechtsgüter des Betreuten gefährden oder seine gesamte Leben- und Versorgungssituation erheblich verschlechtern würde."[21]

Ein Vertrag, mit dem ein Betreuer ein Grundstück auf einen Angehörigen überträgt, um dieses im Falle einer späteren Inanspruchnahme dem Regress des Trägers der Sozialhilfe zu entziehen, ist sittenwidrig und damit nicht genehmigungsfähig.[22]

4. Entscheidung
a) Beschluss

Die Genehmigung ist dem Betreuer als gesetzlichem Vertreter zu erteilen (§ 1828 BGB) und ergeht durch Beschluss, § 38 Abs. 1 FamFG. Eine Doppelbevollmächtigung für den beurkundenden Notar, diese Genehmigung entgegenzunehmen und dem anderen Vertragspartner mitzuteilen sowie diese Mitteilung in Empfang zu nehmen, ist zulässig.[23]

32

Das Gericht soll die Entscheidung nach der Würdigung aller entscheidungserheblichen Unterlagen treffen und vor dem Hintergrund der Nachvollziehbarkeit begründen.[24]

b) Wirksamkeit

Ein Beschluss, der die Genehmigung eines Rechtsgeschäftes zum Gegenstand hat, wird erst **mit Rechtskraft** wirksam. Dies ist mit der Entscheidung auszusprechen, § 40 Abs. 2 FamFG.

33

Diese Vorschrift formuliert eine Ausnahme von dem in § 40 Abs. 1 FamFG geregelten Grundsatz des Anknüpfens der Wirksamkeit der Entscheidung an ihre Bekanntgabe.

34

§ 1822 BGB Genehmigung für sonstige Geschäfte

Der Vormund bedarf der Genehmigung des Familiengerichts:
1. zu einem Rechtsgeschäft, durch das der Mündel zu einer Verfügung über sein Vermögen im Ganzen oder über eine ihm angefallene Erbschaft oder über seinen künftigen gesetzlichen Erbteil oder seinen künftigen Pflichtteil verpflichtet wird, sowie zu einer Verfügung über den Anteil des Mündels an einer Erbschaft,

---

21 BGHZ 182, 116 = BtPrax 2009, 290.
22 OLG Frankfurt FamRZ 2005, 60; OLG Hamm NJW-RR 2010, 83.
23 BayObLG DNotZ 1983, 240; OLG Hamm Rpfleger 1964, 313.
24 BVerfGE 40, 276.

2. zur Ausschlagung einer Erbschaft oder eines Vermächtnisses, zum Verzicht auf einen Pflichtteil sowie zu einem Erbteilungsvertrag,
3. zu einem Vertrag, der auf den entgeltlichen Erwerb oder die Veräußerung eines Erwerbsgeschäfts gerichtet ist, sowie zu einem Gesellschaftsvertrag, der zum Betrieb eines Erwerbsgeschäfts eingegangen wird,
4. zu einem Pachtvertrag über ein Landgut oder einen gewerblichen Betrieb,
5. zu einem Miet- oder Pachtvertrag oder einem anderen Vertrag, durch den der Mündel zu wiederkehrenden Leistungen verpflichtet wird, wenn das Vertragsverhältnis länger als ein Jahr nach dem Eintritt der Volljährigkeit des Mündels fortdauern soll,
6. zu einem Lehrvertrag, der für längere Zeit als ein Jahr geschlossen wird,
7. zu einem auf die Eingehung eines Dienst- oder Arbeitsverhältnisses gerichteten Vertrag, wenn der Mündel zu persönlichen Leistungen für längere Zeit als ein Jahr verpflichtet werden soll,
8. zur Aufnahme von Geld auf den Kredit des Mündels,
9. zur Ausstellung einer Schuldverschreibung auf den Inhaber oder zur Eingehung einer Verbindlichkeit aus einem Wechsel oder einem anderen Papier, das durch Indossament übertragen werden kann,
10. zur Übernahme einer fremden Verbindlichkeit, insbesondere zur Eingehung einer Bürgschaft,
11. zur Erteilung einer Prokura,
12. zu einem Vergleich oder einem Schiedsvertrag, es sei denn, dass der Gegenstand des Streites oder der Ungewissheit in Geld schätzbar ist und den Wert von 3 000 Euro nicht übersteigt oder der Vergleich einem schriftlichen oder protokollierten gerichtlichen Vergleichsvorschlag entspricht,
13. zu einem Rechtsgeschäft, durch das die für eine Forderung des Mündels bestehende Sicherheit aufgehoben oder gemindert oder die Verpflichtung dazu begründet wird.

I. Anwendbarkeit 1	aa) Erwerbsgeschäft 34
II. Inhalt 2	bb) Gesellschaftsvertrag ... 38
III. Bedeutung für den Betreuer 22	b) Rechtsfolgen fehlender
1. Gesamtvermögen; angefallene Erbschaft; künftige Erbschaft (Nr. 1) 23	Genehmigungen 42
	aa) Erwerbsgeschäft 42
	bb) Gesellschaftervertrag .. 43
a) Gesamtvermögen 24	4. Pachtvertrag über Landgut oder gewerblichen Betrieb (Nr. 4) 44
b) Angefallene Erbschaft ... 25	
c) Künftige Erbschaft 27	
2. Erbausschlagung; Verzicht auf Pflichtteil; Erbteilung (Nr. 2) 28	5. Miet- oder Pachtvertrag (Nr. 5) 46
	6. Lehrvertrag (Nr. 6) 47
a) Erbausschlagung 29	7. Dienst- oder Arbeitsverhältnis (Nr. 7) 50
b) Verzicht auf Pflichtteil 30	
c) Erbteilung 31	8. Aufnahme von Kredit (Nr. 8) 53
3. Erwerbsgeschäft; Gesellschaftsvertrag (Nr. 3) 33	
	9. Schuldverschreibung, Verbindlichkeit aus Wechsel (Nr. 9) 58
a) Genehmigungstatbestände 34	
	10. Bürgschaft (Nr. 10) 59

11. Erteilung Prokura (Nr. 11) 66
12. Vergleich (Nr. 12) 68
13. Verfügung über eine bestehende Sicherheit (Nr. 13) ... 70
IV. Bedeutung für das Betreuungsgericht 71

1. Antrag/Anregung 71
2. Anhörung 72
3. Genehmigungskriterien 73
4. Entscheidung 74

I. Anwendbarkeit

Die Vorschrift ist gemäß § 1908 i Abs. 1 S. 1 BGB mit Ausnahme von Nr. 5 auf die Betreuung entsprechend anzuwenden. Statt § 1822 Nr. 5 BGB gilt die Sonderregelung des § 1907 BGB. **1**

II. Inhalt

Die Vorschrift ergänzt den durch § 1821 BGB gewährten Schutz des Betreuten vor Grundstücksgeschäften durch den Schutz vor sonstigen bedeutsamen, riskanten oder tendenziell nachteiligen Geschäften. **2**

Nr. 1 erfasst nur die Geschäfte, bei denen der Wille der Parteien darauf gerichtet ist, das **gesamte Mündelvermögen** zum Gegenstand zu machen (Gesamttheorie). Geschäfte, die sich jedoch auf einen Vermögensgegenstand beziehen, werden von dem Genehmigungserfordernis auch dann nicht erfasst, wenn dieser wirtschaftlich das gesamte Vermögen des Betreuten ausmacht. **3**

Weiter regelt Nr. 1 Rechtsgeschäfte mit Bezug auf eine **Erbschaft** des Betreuten. Eine Verpflichtung zur Verfügung über eine angefallene Erbschaft ist der Erbschaftsverkauf (§§ 2371 ff BGB), ein Erbauseinandersetzungsvertrag oder eine Verpflichtung zur Nießbrauchbestellung am Erbe (§ 1089 BGB). **4**

Eine Verpflichtung zur Verfügung über einen künftig anfallenden gesetzlichen Erb- oder Pflichtteil kommt im Rahmen eines Verzichtsvertrages mit dem Erblasser in Betracht, ansonsten ist sie nur zwischen künftigen gesetzlichen Erben gem. § 311 b Abs. 5 S. 2 BGB zulässig. **5**

Die Verfügung selbst wird nur bei der Verfügung über einen Erbanteil unter Genehmigungspflicht gestellt. Eine solche Verfügung kann neben der Veräußerung oder der Verpfändung des Erbteils an einen Sozialhilfeträger auch im entgeltlichen Ausscheiden aus einer Erbengemeinschaft liegen. Die Genehmigung des entsprechenden Verpflichtungsgeschäftes wird die Genehmigung der Verfügung umfassen. **6**

Nr. 2 unterstellt **weitere erbschaftsbezogene Rechtsgeschäfte** dem Genehmigungserfordernis: Ausschlagung einer Erbschaft (§§ 1942 ff BGB) oder eines Vermächtnisses (§ 2180 BGB), Anfechtung der Annahme der Erbschaft (§ 1957 Abs. 1 BGB); den Erlassvertrag mit dem Erben über einen entstandenen Pflichtteilsanspruch des Betreuten und den generellen Erbverzichtsvertrag (§§ 2346 f BGB). Die Annahme der Erbschaft und des Vermächtnisses sind nicht genehmigungsbedürftig. **7**

Eine Erbteilung ist die Auflösung einer Erbengemeinschaft in Bezug auf einen Gegenstand oder insgesamt. Die Genehmigung ist für Verpflichtungs- und Verfügungsgeschäfte erforderlich. **8**

Nr. 3 befasst sich in der ersten Alternative zunächst mit dem **schuldrechtlichen Vertrag** zum entgeltlichen Erwerb von Erwerbsgeschäften. Erfasst wird auch **9**

die schuldrechtliche Verpflichtung zur Veräußerung des Erwerbsgeschäftes, ohne dass es auf die Entgeltlichkeit ankäme. Erwerbsgeschäfte sind berufsmäßig ausgeübte und auf selbstständigen Erwerb ausgerichtete Tätigkeiten. Da die Minderjährigenhaftungsbeschränkung (§ 1629a BGB) für Betreute nicht gilt, haftet der Betreute für ein solches Geschäft grundsätzlich persönlich und unbeschränkt.

10 Erfasst wird auch die entgeltliche Beteiligung an einer Personengesellschaft; bei einer Kapitalgesellschaft kommt es für die Frage, ob es sich um ein Erwerbsgeschäft handelt, auf eine wirtschaftliche Betrachtung an. Der Erwerb durch Schenkung oder von Todes wegen ist genehmigungsfrei. Bei der Veräußerung des Erwerbsgeschäftes kann es sich auch um die entgeltliche Veräußerung eines Gesellschaftsanteils oder das Ausscheiden aus einer Personengesellschaft gegen Abfindung handeln.

11 Nicht von Nr. 3 erfasst wird die Auflösung des Erwerbsgeschäftes oder die Kündigung eines Gesellschaftsvertrages; hier dürfte aber in der Regel § 1823 BGB eingreifen. Eine Beteiligung an einem Gesellschaftsvertrag zu einem Erwerbsgeschäft (zweite Alternative von Nr. 3) ist unabhängig von der Entgeltlichkeit genehmigungsbedürftig. Die Beteiligung an einer Gesellschaft zur reinen Vermögensverwaltung wird dagegen nicht erfasst.

12 Neben der Beteiligung am Gründungsvertrag genügt bei BGB-Gesellschaft, KG und stiller Gesellschaft auch ein späterer Eintritt in die Gesellschaft. Dabei kann es sich auch um einen Eintritt im Erbgang aufgrund einer Nachfolge- oder Eintrittsklausel handeln. Bei der GmbH besteht Genehmigungspflicht nur für den Gründungsvertrag, nicht jedoch für den Anteilserwerb durch Schenkung.

13 Nr. 4 erfasst den **Pachtvertrag** gem. § 581 BGB über einen land- und forstwirtschaftlichen Betrieb sowie über einen Handwerksbetrieb oder ein sonstiges Gewerbe. Unter Nr. 4 werden auch Praxen von Freiberuflern erfasst. Zusätzlich kann eine Genehmigungspflicht nach § 1907 Abs. 3 BGB bestehen.

14 Nr. 5 betrifft **Miet- und Pachtverträge**. Die Vorschrift ist auf die Betreuung nicht anwendbar; es gilt die Sonderregelung des § 1907 BGB.

15 Nr. 6 und 7 stellen den Abschluss von **Ausbildungs-, Dienst- und Arbeitsverträgen** unter Genehmigungspflicht, wenn sie den Betreuten als Arbeitnehmer oder Dienstverpflichteten für mehr als ein Jahr binden. Aufhebung und Kündigung derartiger Verträge sind dagegen genehmigungsfrei.

16 Nr. 8 betrifft die **Aufnahme von Krediten**, also die Darlehensaufnahme und die Ausnutzung eines Dispositionskredites bei Führung eines Girokontos. Es kann sinnvoll sein, eine Überziehung bis zu einer bestimmten Höhe grundsätzlich genehmigen zu lassen. Fehlt es an einer Genehmigung, schuldet der Betreute keine Überziehungszinsen. Eine allgemeine Ermächtigung ist nach § 1825 BGB möglich. Nicht erfasst wird der Ratenzahlungskauf im Unterschied zum drittfinanzierten Abzahlungskauf.

17 Nr. 9 erfasst die Ausstellung von **Inhaberschuldverschreibungen** (§§ 793ff BGB) und Wechseln. Richtigerweise ist die Ausstellung eines Inhaberschecks ohne Genehmigung möglich. Eine allgemeine Ermächtigung ist nach § 1825 BGB möglich.

Nr. 10 betrifft neben Schuldübernahme und Bürgschaft auch die **Bestellung von Sicherheiten** am Vermögen des Betreuten zur Sicherung fremder Verbindlichkeiten. Erforderlich ist die Rückgriffsmöglichkeit auf den eigentlichen Schuldner. Die Übernahme fremder Schulden als eigene zB beim Grundstückskauf mit Übernahme der Belastung des Grundstücks unter Anrechnung auf den Kaufpreis wird deshalb nicht erfasst. Eine allgemeine Ermächtigung ist nach § 1825 BGB möglich.

Nr. 11 macht die **Erteilung der Prokura** durch den Betreuer von der vorherigen Genehmigung nach § 1831 BGB abhängig. Für die im Rahmen der wirksamen Prokura abgeschlossenen Geschäfte ist keine Genehmigung mehr erforderlich. Der Widerruf der Prokura ist nicht genehmigungsbedürftig.

Nr. 12 erfasst den **Vergleich** iSv § 779 BGB, aber auch den Anwaltsvergleich nach § 1044 b ZPO und den Prozessvergleich. Genehmigungsfrei wirksam ist der Vergleich, wenn der ungewisse/streitige Betrag 3.000 EUR nicht übersteigt oder auf einem schriftlichen/protokollierten Vergleichsvorschlag eines Gerichts beruht. Eine Genehmigungspflicht aus § 1821 BGB entfällt nicht.

Nr. 13 betrifft **Aufgabe und Minderung von Sicherheiten für Forderungen** des Betreuten durch Verpflichtungs- oder Verfügungsgeschäfte (zB Aufhebung oder Rangrücktritt eines Grundpfandrechts, Aufgabe von Sicherungseigentum).

III. Bedeutung für den Betreuer

Der Betreuer hat im Rahmen der ordnungsgemäßen Vermögensverwaltung den Katalog der Genehmigungserfordernisse nach § 1822 BGB zu beachten.

1. Gesamtvermögen; angefallene Erbschaft; künftige Erbschaft (Nr. 1)

Nach **Nr. 1** bedarf der Betreuer der Genehmigung des Betreuungsgerichts zu einem Rechtsgeschäft, durch das der Betreute zu einer Verfügung über sein Vermögen im Ganzen oder über eine ihm angefallene Erbschaft oder über seinen künftigen gesetzlichen Erbteil bzw seinen künftigen Pflichtteil verpflichtet wird, sowie zu einer Verfügung über den Anteil des Betreuten an einer Erbschaft.

a) Gesamtvermögen

Fraglich ist, ob die Pflicht zur Genehmigung einer Verfügung über das Vermögen des Betreuten im Ganzen gegeben ist, wenn sich die Verfügung lediglich auf einen **Einzelgegenstand** erstreckt, welcher faktisch das ganze Vermögen darstellt.[1] Bezieht sich ein Verpflichtungsgeschäft nur auf einen Einzelgegenstand, so handelt es sich nach überwiegender Rechtsauffassung auch dann nicht um ein Gesamtvermögensgeschäft iSd § 1822 Nr. 1 BGB, wenn sich das Vermögen des Betreuten in diesen Gegenstand erschöpft.[2] Erscheint auch in der Praxis manches Mal ein anderes Ergebnis wünschenswert, etwa wenn Versicherungsansprüche des Betreuten abgetreten werden, ist hier aus Gründen der Rechtssicherheit die Norm formal auszulegen, so dass Verfügungen über Einzelgegenstände genehmigungsfrei sind.

---

[1] BGH FamRZ 1957, 121; BGH NJW 1992, 300, 301.
[2] Klüsener, Rpfleger 1993, 133 ff; BtKomm/Roth, § 1822 BGB Rn 97.

b) Angefallene Erbschaft

25 Die **Verpfändung eines Erbteils** zur Sicherung eines Darlehens des Sozialhilfeträgers ist Verfügung über eine angefallene Erbschaft. Genehmigungspflichtig ist nicht nur die **Verfügung durch Verpfändung** (§§ 1273, 1274 Abs. 1, 2033 Abs. 1 S. 2 BGB), sondern auch das Verpflichtungsgeschäft, da das für die Erbschaft bestehende Genehmigungserfordernis auch für den Erbteil gilt, § 1922 Abs. 2 BGB.

26 Die Übertragung von Erbanteilen kann auch vereinbart sein zur Erfüllung von Erbauseinandersetzungsvereinbarungen und Auslegungsverträgen.

c) Künftige Erbschaft

27 Verträge über den künftigen gesetzlichen Erbteil, sog. **Erbschaftsverträge** des Betreuten, sind nur zwischen den gesetzlichen Erben zulässig, § 311 b Abs. 4, 5 BGB. Der Erbverzichtsvertrag zwischen dem Erblasser und dem künftigen Erben unterliegt hingegen der Genehmigungspflicht nach § 2347 BGB. Mit einem solchen Erbverzichtsvertrag ist regelmäßig eine schuldrechtliche Vereinbarung verbunden (Abfindungsvertrag). Die hierin liegende Verpflichtung des Betreuten zum Abschluss des Erbverzichtsvertrages ist in entsprechender Anwendung des § 2347 Abs. 1 BGB ebenfalls genehmigungsbedürftig. Es ist darauf zu achten, dass der Erblasser beim Erbverzichtsvertrag nur vertreten werden kann, wenn er geschäftsunfähig ist, § 2347 Abs. 2 BGB. Dies ist ggf im Genehmigungsverfahren als Vorfrage durch den auch hier zuständigen Rechtspfleger zu prüfen.

2. Erbausschlagung; Verzicht auf Pflichtteil; Erbteilung (Nr. 2)

28 Nach **Nr. 2** bedarf der Betreuer der Genehmigung des Familiengerichts:
a) zur Ausschlagung einer Erbschaft oder eines Vermächtnisses,
b) zum Verzicht auf einen Pflichtteil sowie
c) zu einem Erbteilungsvertrag.

a) Erbausschlagung

29 Die Erbausschlagung (§§ 1942 ff BGB) ist ein einseitiges, amtsempfangsbedürftiges, form- und fristgebundenes Rechtsgeschäft. Soweit sie gerichtlich zu genehmigen ist, kann die Genehmigung der Erklärung folgen. Das Erfordernis der **Vorgenehmigung** (§ 1831 BGB) wird für amtsempfangsbedürftige Genehmigungen durchbrochen, da durch Fristsetzung des Nachlassgerichtes dafür Sorge getragen wird, dass der Zustand der Ungewissheit binnen bestimmter Zeit endet.[3] Nach hM[4] wird die sechswöchige Ausschlagungsfrist (§ 1944 Abs. 1 BGB) durch Eingang des Antrags auf Erteilung der betreuungsgerichtlichen Genehmigung beim zuständigen Amtsgericht bis zur Rechtskraft der Entscheidung gehemmt, §§ 1944 Abs. 2 S. 3, 206 Abs. 1 BGB. Es kommt also nur darauf an, dass die gerichtliche Genehmigung binnen der Ausschlagungsfrist beantragt wird, denn das Genehmigungsverfahren liegt außerhalb des Einflus-

---

[3] BGH FamRZ 1966, 504.
[4] OLG Frankfurt/M. OLGZ 1966, 377; MK/Leipold, § 1944 BGB Rn 20; Soergel/Stein, § 1944 BGB Rn 21.

ses des gesetzlichen Vertreters.⁵ Diese von der Rechtsprechung gefundene Lösung ist sach- und praxisgerecht. Sachgerecht, weil dem gesetzlichen Vertreter die volle Überlegungszeit der Ausschlagungsfrist zugestanden werden muss. Praxisgerecht, weil selbst bei frühzeitiger Antragstellung die Entscheidung binnen der Ausschlagungsfrist die Ausnahme bilden wird. Die Genehmigung wird wirksam mit Rechtskraft, § 40 Abs. 2 FamFG. Wenngleich dem Nachlassgericht der Zeitpunkt der Wirksamkeit der Genehmigung nachzuweisen ist, ist die Genehmigung nicht materiellrechtliches Wirksamkeitserfordernis für die Erbausschlagung an sich, da § 1829 Abs. 1 S. 2 BGB auf **einseitige Willenserklärungen** nicht anwendbar ist.⁶

b) Verzicht auf Pflichtteil

Verträge über den künftigen Pflichtteil sind nur zwischen den gesetzlichen Erben zulässig, § 312 BGB, und unterliegen der Genehmigungspflicht nach § 1822 Nr. 1 BGB. Der **Pflichtteilsverzichtsanspruch** mit dem Erblasser ist nach § 2347 BGB genehmigungspflichtig. Mit Verzicht auf einen Pflichtteil iSd § 1822 Nr. 2 BGB ist der Erlass des entstandenen Pflichtteilsanspruchs (§ 2317 Abs. 1 BGB) durch Vertrag mit dem Erben (§ 397 BGB) gemeint. Ein **unentgeltlicher Verzicht** (§ 516 BGB) würde allerdings schon am Schenkungsverbot des § 1804 BGB scheitern. Die Freigiebigkeit durch unentgeltlichen Verzicht auf den angefallenen Pflichtteil ist im Gegensatz zur Ausschlagung der Erbschaft und zur Ausschlagung des Vermächtnisses nicht aus der Schenkung ausgegliedert (§ 517 BGB). Wenn mit Hinweis auf die Entstehungsgeschichte eine andere Auffassung vertreten wird, so führt dies jedenfalls insoweit zu Ungereimtheiten, als dann der Erlass im Schenkungswege wirksam und genehmigungsfähig wäre, die Übertragung im Wege der Schenkung auf einen Dritten hingegen nicht.

30

c) Erbteilung

Erbteilung iSd Nr. 2 ist jeder (auch mündlich geschlossene) Vertrag zwischen den Miterben, der die Erbengemeinschaft zur Aufhebung bringt, sei es am gesamten Nachlass oder an einzelnen Gegenständen. Umstritten ist, ob die **Erbauseinandersetzung** auch dann genehmigungsbedürftig ist, wenn sie nach den Auseinandersetzungsregeln der gesetzlichen Vorschriften (§§ 2042, 749 ff BGB) erfolgt. Zum einen wird dies verneint, weil in diesem Falle keine Interessengefährdung für den Betreuten besteht.⁷ Nach anderer Auffassung ist Nr. 2 auch dann anzuwenden, wenn das dingliche Geschäft lediglich die gesetzlichen Auseinandersetzungsregelungen oder eine Teilungsanordnung des Erblassers (§ 2048 BGB) umsetzt.⁸

31

Ist eine **Immobilie Bestandteil des Nachlasses** und soll diese veräußert werden, ist genau abzugrenzen, ob es sich in diesem Zusammenhang um eine bloße Verfügung über ein Grundstück handelt, welche der Genehmigung des § 1821 Abs. 1 Nr. 1 BGB bedürfte und lediglich der Vorbereitung der Erbteilung

32

---

5 BayObLG FamRZ 1983, 834; MK/Wagenitz, § 1831 BGB Rn 7; Staudinger/Engler, § 1831 BGB Rn 14.
6 Dazu ausführlich: Sonnenfeld/Zorn, Wirksamwerden gerichtlicher Genehmigungen, Rpfleger 2004, 533 ff.
7 Staudinger/Engler, § 1822 BGB Rn 24; Brüggemann, FamRZ 1990, 124.
8 Klüsener, Rpfleger 1993, 133 ff.

dient[9] oder ob ein Erbteilungsvertrag vorliegt. Letzteres wäre dann zu bejahen, wenn ein Nachlassgrundstück an einen Dritten veräußert werden soll und der Erlös in der notariellen Urkunde den Miterben bereits anteilig zugeordnet wird.

3. Erwerbsgeschäft; Gesellschaftsvertrag (Nr. 3)

33 Nach Nr. 3 bedarf der Betreuer der Genehmigung des Gerichtes zu einem Vertrag, der auf den entgeltlichen Erwerb oder die Veräußerung eines Erwerbsgeschäfts gerichtet ist, sowie zu einem Gesellschaftsvertrag, der zum Betrieb eines Erwerbsgeschäfts eingegangen wird.

a) Genehmigungstatbestände
aa) Erwerbsgeschäft

34 Die Veräußerung eines Erwerbsgeschäftes ist genehmigungspflichtig, § 1822 Nr. 3 BGB. Unter einem Erwerbsgeschäft versteht man jede berufsmäßige, selbstständig ausgeübte Tätigkeit zur Gewinnerzielung, unabhängig davon, ob es sich um eine landwirtschaftliche, handwerkliche, wissenschaftliche oder sonstige Tätigkeit handelt.

35 Hierzu sollten auch die freiberuflichen Praxen (z.B. Anwaltskanzlei, Arztpraxis usw) gezählt werden.[10]

36 Unerheblich ist es, ob es sich um ein Einzelunternehmen, eine Personengesellschaft oder eine von einer Erbengemeinschaft fortgeführte Gesellschaft handelt.

37 Die **Auflösung eines Erwerbsgeschäftes** fällt nicht unter die Genehmigungspflicht des § 1822 Nr. 3 BGB.[11] Jedoch ist hier eine Genehmigungspflicht gem. § 1823 BGB zu beachten.

bb) Gesellschaftsvertrag

38 Der Gesellschaftsvertrag, der zum Betrieb eines Erwerbsgeschäftes eingegangen wird, ist grundsätzlich genehmigungspflichtig. Ob dies für eine **BGB-Gesellschaft** zutrifft, muss im Einzelfall betrachtet werden:

39 Von der Genehmigungspflicht wird eine Gesellschaft nicht erfasst, deren alleiniger Zweck die Verwaltung von Familienvermögen ist.[12] In diesem Zusammenhang ist die Abgrenzung zur **Erwerbsgesellschaft** problematisch.[13]

40 Anders als beim Erwerb ist es beim Abschluss eines Gesellschaftsvertrages unerheblich, ob der Betreute hierfür eine Gegenleistung erbringen muss. Das Schutzbedürfnis ergibt sich aus dem vom Betreuten zu tragenden Haftungsrisiko.[14] Genehmigungsbedürftig können daher insbesondere sein:

- der Verbleib als persönlich haftender Gesellschafter in einer von Todes wegen aufgrund einer Nachfolgeklausel erworbenen Gesellschafterstellung;

---

9 OLG Jena Rpfleger 1996, 26.
10 MK/Wagenitz, § 1822 BGB Rn 11.
11 BGH NJW 1970, 33.
12 LG Münster FamRZ 1997, 842.
13 BayObLG FamRZ 1996, 119.
14 OLG Zweibrücken FamRZ 2000, 117.

- Eintrittsklauseln, die ein Optionsrecht zum Eintritt in eine Gesellschaft gewähren;
- Gründungsverträge für eine Kapital- oder Personengesellschaft bzw der Beitritt zu einer solchen Gesellschaft;
- die Gründung einer stillen Gesellschaft bzw der Beitritt zu einer solchen Gesellschaft;
- die Gründung einer GbR mit dem Zweck der Verwaltung und Verwertung von Immobilien;
- die Gründung einer Leasinggesellschaft;
- die Gründung einer Kapitalgesellschaft, etwa der einer GmbH oder AG;
- der Beitritt zu einer KG als Kommanditist und damit persönlich haftender Gesellschafter;
- der Erwerb eines Anteiles an einem geschlossenen Immobilienfonds in Form einer GmbH.

Strittig ist, ob die **Änderung des Gesellschaftsvertrages** der Genehmigung nach Nr. 3 bedarf. Der BGH hat sich in ständiger Rechtsprechung gegen die ausdehnende Anwendung von Nr. 3 auf die Änderung des Gesellschaftsvertrages ausgesprochen.

Die Änderung des Gesellschaftsvertrages kann jedoch genehmigungsbedürftig sein nach Nr. 10, wenn durch die Änderung das unternehmerische Risiko des Betreuten erweitert wird, etwa durch Wechsel in die Komplementärstellung oder Erhöhung der Haftsumme.[15]

b) Rechtsfolgen fehlender Genehmigungen
aa) Erwerbsgeschäft

Der Erwerb oder die Veräußerung eines Erwerbsgeschäftes ohne Genehmigung ist unwirksam.

bb) Gesellschaftervertrag

Wurde ein Gesellschaftsvertrag ohne Genehmigung geschlossen, ist der Betreute bis zum Vorliegen einer Nachgenehmigung (§ 1829 Abs. 1 S. 2 BGB) nicht an der Personen- oder Kapitalgesellschaft beteiligt. Die im Rahmen des Erwerbsgeschäftes mit Dritten abgeschlossenen Verträge sind dann zwar wirksam, jedoch haftet der Betreute aus ihnen nicht.[16]

4. Pachtvertrag über Landgut oder gewerblichen Betrieb (Nr. 4)

Nach **Nr. 4** bedarf der Betreuer einer gerichtlichen Genehmigung zu einem **Pachtvertrag** über ein **Landgut** oder einen **gewerblichen Betrieb**.

Ein Landgut ist jedes zum selbstständigen Betrieb der Landwirtschaft geeignete und eingerichtete Grundstück samt Gebäuden. Unter gewerblichem Betrieb ist jede berufsmäßige, selbstständig ausgeübte Tätigkeit zur Gewinnerzielung zu verstehen. Es kann sich um eine landwirtschaftliche, handwerkliche, wissenschaftliche oder sonstige Tätigkeit handeln. Daneben können sich Genehmigungserfordernisse aus § 1907 Abs. 3 BGB ergeben.

---

15 BGH NJW 1992, 300.
16 BGH NJW 1983, 748.

5. Miet- oder Pachtvertrag (Nr. 5)

46 Auf die **Nr. 5** der Norm wird in § 1908 i Abs. 1 BGB nicht verwiesen. Im Betreuungsrecht ist § 1907 Abs. 3 BGB als Spezialvorschrift anzuwenden.

6. Lehrvertrag (Nr. 6)

47 Nach **Nr. 6** bedarf der Betreuer der gerichtlichen Genehmigung zu einem Lehrvertrag, der für längere Zeit als ein Jahr geschlossen wird. Wird also ein **Ausbildungsvertrag** über eine Zeit von mehr als einem Jahr abgeschlossen und hat der Betreute keine Möglichkeit, das Vertragsverhältnis ohne Vermögensnachteile zu kündigen, so unterliegt dieser Vertrag der Genehmigungspflicht. Die **Aufhebung oder Kündigung** des Ausbildungsvertrages ist nicht genehmigungsbedürftig.

48 Ob die spätere **Änderung des Ausbildungsvertrages** genehmigungsbedürftig ist, ist umstritten.[17] Da bei einer genehmigungsfreien Änderung eines Lehrvertrages, der den Betreuten für länger als ein Jahr bindet, Schutzlücken zulasten des Betreuten entstehen könnten, ist mE ein Genehmigungsbedürfnis zu bejahen.

49 Ein ohne eine Genehmigung geschlossener Ausbildungsvertrag wird erst mit deren Bekanntgabe an den Vertragspartner für die Zukunft (ex nunc) wirksam. Bis zu diesem Zeitpunkt ist das Ausbildungsverhältnis rein faktischer Natur. Der Betreute hätte daher auch im Falle der Versagung der Genehmigung Anspruch auf die Zahlung eines Ausbildungsentgeltes.

7. Dienst- oder Arbeitsverhältnis (Nr. 7)

50 Nach **Nr. 7** bedarf der Betreuer der gerichtlichen Genehmigung zu einem auf die Eingehung eines **Dienst- oder Arbeitsverhältnisses** gerichteten Vertrag, wenn der Betreute zu persönlichen Leistungen für längere Zeit als ein Jahr verpflichtet werden soll. Auch Verträge, in denen wie hier die Dauer des Vertragsverhältnisses unbestimmt bleibt und die nicht vor dem Ablauf der Jahresfrist (vgl dazu § 188 Abs. 2 BGB) durch den Betreuten einseitig kündbar sind, fallen unter diese Vorschrift.

51 Dienst und Arbeitsverträge, die der Betreuer im Namen des Betreuten als Arbeitgeber oder Dienstherr abschließt, sind hingegen gem. § 1907 Abs. 3 BGB genehmigungspflichtig.

52 Ein ohne eine Genehmigung geschlossener Arbeitsvertrag wird erst mit Bekanntgabe der Genehmigung an den Vertragspartner für die Zukunft (ex nunc) wirksam. Bis zu diesem Zeitpunkt ist das Arbeitsverhältnis rein faktischer Natur. Der Betreute hätte daher auch im Falle der Versagung der Genehmigung Anspruch auf die Zahlung eines Arbeitsentgeltes.

8. Aufnahme von Kredit (Nr. 8)

53 Nach **Nr. 8** bedarf der Betreuer der gerichtlichen Genehmigung zur **Aufnahme von Geld auf den Kredit** des Betreuten. Die Vorschrift erfasst alle Geldgeschäfte, durch die eine Verpflichtung des Betreuten begründet wird, das ihm zur Verfügung gestellte Geld zurückzuzahlen. Dies kann geschehen durch:

---

17 BtKomm/Roth, § 1822 BGB Rn 107.

- Gewährung eines Darlehens, §§ 488 ff BGB;
- einer Kontokurrentabrede oder Überziehung des Kontos;
- ein Schuldversprechen, § 780 BGB;
- ein Schuldanerkenntnis, § 781 BGB.

Entscheidend ist nicht eine bestimmte Rechtsform, sondern der wirtschaftliche Zweck des Geschäftes. Es ist allein darauf abzustellen, ob es der Beschaffung von Geld dient, das der Betreute zurückzuzahlen hat.[18]

Fehlt die Genehmigung zu einem Kreditvertrag, ist dieser unwirksam. Strittig ist, ob die Nichtigkeit des Darlehensvertrages auch den Kaufvertrag gem. § 139 BGB erfasst.[19] 54

Nicht unter diese Vorschrift fallen 55
- Abzahlungskauf,
- Vorauszahlung auf die Lebensversicherung,
- Stundung eines Kaufpreises,
- Verpfändung,
- Sicherungsabtretung,

weil dadurch kein Geld auf Kredit des Betreuten aufgenommen wird.

Verträge, die unter das VerbrKrG fallen, sind genehmigungsbedürftig, nicht aber die bloße Stundung des Kaufpreises, weil in diesem Fall der Betreute das Recht behält, die Raten in einer Summe zurückzuzahlen. Beim finanzierten oder drittfinanzierten Kauf ist nur der Darlehensvertrag genehmigungsbedürftig, auch wenn die Valuta dem Verkäufer zufließt, nicht aber der Kaufvertrag; jedoch ist der Kaufvertrag nach § 139 BGB nichtig, wenn die Genehmigung des Darlehensvertrages fehlt. Nicht unter § 1822 Nr. 8 BGB fällt die Verpflichtung des Betreuten zum Ersatz von Aufwendungen für die Beschaffung eines Darlehens, weil es sich hierbei um eine mit Mitteln des Betreuten zu erfüllende Verbindlichkeit handelt. 56

Ist der Betreute an einer Gesellschaft beteiligt und nimmt deren Geschäftsführer einen Kredit für die Gesellschaft auf, so ist Nr. 8 nicht anwendbar. 57

9. Schuldverschreibung, Verbindlichkeit aus Wechsel (Nr. 9)

Nach **Nr. 9** bedarf der Betreuer der Genehmigung des Betreuungsgerichtes 58
- zur Ausstellung einer Schuldverschreibung auf den Inhaber;
- zur Eingehung einer Verbindlichkeit aus einem Wechsel oder einem anderen Papier, das durch Indossament übertragen werden kann.

Umstritten ist, ob das **Geben eines Inhaberschecks** von der Norm erfasst wird, da dieser nicht durch Indossament übertragen wird. Die herrschende Ansicht bejaht die Anwendung von § 1822 Nr. 9 BGB.[20]

---

18 OLG Dresden OLGE 26, 11.
19 BGH NJW 1961, 166.
20 Erman/S.C. Saar, § 1822 BGB Rn 28; Westermann, FamRZ 1967, 645 ff; aA Klüsener, Rpfleger 1993, 133.

10. Bürgschaft (Nr. 10)

59 Nr. 10 betrifft den Bürgschaftsvertrag. Durch den **Bürgschaftsvertrag** verpflichtet sich der Bürge gegenüber dem Gläubiger eines Dritten für die Erfüllung der Verbindlichkeit des Dritten einzustehen, § 765 Abs. 1 BGB. Geht der Betreuer für den Betreuten eine Bürgschaft ein, so bedarf er zur Übernahme einer solchen sog. „fremden Verbindlichkeit" der Genehmigung des Betreuungsgerichtes.

60 Sinn und Zweck von § 1822 Nr. 10 BGB ist der Schutz des Betreuten hinsichtlich solcher Verbindlichkeitsübernahmen, bei denen ein Rückgriff auf den eigentlichen Schuldner grundsätzlich möglich ist, da sich der Übernehmer (hier der Bürge) durch die Rückgriffmöglichkeit auf den primären Schuldner gesichert fühlt. Daher werden von dem Genehmigungsbedürfnis nur solche Verbindlichkeiten erfasst, für die eine Rückgriffsmöglichkeit beim Erstschuldner besteht.[21]

61 Mithin fallen unter die Norm:
- die Bürgschaft, § 765 BGB;
- die Verpfändung eines Gegenstandes des Betreuten zur Sicherung einer Forderung;
- gegenüber einem Dritten, §§ 1204 ff BGB;
- im Hinblick auf Ausgleichsansprüche (§ 426 BGB) gesamtschuldnerische Verpflichtungen (§ 427 BGB), so zB die gesamtschuldnerische Kaufpreisverpflichtung beim Erwerb zum Miteigentum;
- die Stellung einer dinglichen Sicherheit für fremde Verbindlichkeiten (Pfandrecht, Sicherungsübereignung, Sicherungsabtretung).

Nicht von § 1822 Nr. 10 BGB erfasst werden:
- der Eintritt in Mietverträge bei Veräußerung von Wohnraum, § 566 BGB (dies fällt auch nicht unter 1907 Abs. 3 BGB);[22]
- die Tilgung fremder Schulden oder die Übernahme dieser Schulden als eigene Schuld ohne Erstattungsanspruch.[23]

Ob die **Beteiligung an** einer **Genossenschaft** oder **einer GmbH** genehmigungspflichtig nach Nr. 10 ist, ist streitig. Nach einer Entscheidung des BGH[24] ist der Beitritt zu einer Genossenschaft mit beschränkter Haftung nicht genehmigungsbedürftig. Anders ist der **Erwerb von GmbH-Anteilen** vor Einzahlung der Einlage zu beurteilen.[25]

62 § 1822 Nr. 10 BGB greift aber dann ein, wenn der Betreute bei Gründung einer GmbH, die kein Erwerbsgeschäft betreibt (sonst Nr. 3), oder beim Erwerb eines Geschäftsanteils vor Volleinzahlung der Stammeinlage nach §§ 16 Abs. 3, 24 GmbHG mit der Haftung für eine fremde Verbindlichkeit belastet wird, für die er bei dem säumigen Gesellschafter Regress nehmen kann, § 31 Abs. 3 GmbHG. Andererseits entfällt die Regressmöglichkeit und damit auch die Anwendbarkeit von Nr. 10, wenn entgegen dem Verbot des § 30 GmbHG

---

21 BGH Rpfleger 1989, 281.
22 BGH NJW 1983, 1780.
23 BayObLG FamRZ 1983, 526.
24 BGHZ 41, 71.
25 Damrau/Zimmermann, § 1822 BGB Rn 41.

eine Zahlung an einen anderen Gesellschafter geleistet worden ist und die Erstattung nicht möglich ist.

Ist der Eintritt in eine fremde Verbindlichkeit lediglich gesetzliche Folge eines Rechtsgeschäfts, fällt dieses auch unter Nr. 10. Hierher gehört der Erbschaftskauf nach §§ 2371, 2382 BGB. 63

Der Erwerb eines Handelsgeschäfts fällt bereits unter Nr. 3, so dass im Hinblick auf § 25 HGB auf eine Genehmigungspflicht nach Nr. 10 nicht mehr zurückgegriffen werden braucht. 64

Da die Beurteilung der Rechtlage für die Anwendung des § 1822 Nr. 10 BGB und die Abgrenzung zu § 1822 Nr. 3 BGB für Betreuer oftmals schwierig ist, wäre insbesondere vor beabsichtigter Beteiligung des Betreuten an Gesellschaften und Genossenschaften Rat beim Betreuungsgericht einzuholen. 65

11. Erteilung Prokura (Nr. 11)

Nach **Nr. 11** ist die **Erteilung der Prokura** (§ 48 HGB) durch den Betreuer genehmigungsbedürftig. Die Prokura wird durch eine einseitige Willenserklärung erteilt, daher ist eine vorherige Genehmigung erforderlich, § 1831 BGB. Eine ohne Genehmigung erklärte Prokura ist unwirksam. Auch die Eintragung der Prokura ins Handelsregister ändert an der Unwirksamkeit nichts. Der wirksam bestellte Prokurist bedarf für Rechtsgeschäfte innerhalb seiner Prokura keiner betreuungsgerichtlichen Genehmigung. 66

Der **Widerruf der Prokura** (§ 52 HGB) ist nicht genehmigungsbedürftig. Die Erteilung der Prokura für eine Gesellschaft, an welcher der Betreute beteiligt ist, wäre ebenso genehmigungsfrei.[26] 67

12. Vergleich (Nr. 12)

Nach **Nr. 12** genehmigungsbedürftig ist ein **Vergleich** nur, wenn der Gegenstand des Streites oder der Ungewissheit 3.000 EUR übersteigt. Dieser Wert ist abzugrenzen von der Anspruchshöhe und vom Vergleichsbetrag. Fordert zB der Betreute nach einem Verkehrsunfall vom Versicherer 15.000 EUR, ist dieser aber nur zur Zahlung von 9.000 EUR bereit und einigt man sich auf 11.500 EUR, so ist der Vergleich genehmigungspflichtig, weil 3.500 EUR im Streit standen. 68

Genehmigungsfrei ist der Vergleich immer dann, wenn er auf einem Vorschlag des Gerichts beruht, da in diesem Fall der gerichtliche Schutz bereits gewährt ist. Nach der Definition des § 779 BGB liegt ein Vergleich vor, wenn die Parteien im Wege des gegenseitigen Nachgebens durch Vertrag den Streit oder die Ungewissheit über ein Rechtsverhältnis beseitigen. 69

13. Verfügung über eine bestehende Sicherheit (Nr. 13)

Nr. 13 betrifft jedwede **für eine Forderung** des Betreuten **bestehende Sicherheit**, sei es ein Grundpfandrecht, Sicherungseigentum, eine Bürgschaft, ein Schuldbeitritt oder Vorzugsrechte im Konkurs- und Zwangsversteigerungsverfahren. Die Vorschrift soll Änderungen der Sicherheit unter Fortbestand der Forderung kontrollieren und erfasst demnach keine Rechtsgeschäfte, die die 70

---

26 Erman/S.C. Saar, § 1822 BGB Rn 31.

Forderung selbst betreffen, also zB deren Einziehung oder Verpfändung. Gebunden sind entsprechend alle Rechtsgeschäfte, die die bezeichneten Sicherheiten aufheben oder verschlechtern, also zB bei Grundpfandrechten die Aufhebung (§ 875 BGB), der Verzicht (§ 1168 BGB) und der Rangrücktritt (§ 880 BGB). Erfasst werden auch die diesbezüglichen Verpflichtungsgeschäfte.

IV. Bedeutung für das Betreuungsgericht

1. Antrag/Anregung

71 Mit Vorlage des Antrages oder der zu genehmigenden Urkunde beginnt das Gericht die entscheidungserheblichen Tatsachen von Amts wegen zu ermitteln, § 26 FamFG.

2. Anhörung

72 Der Betreute soll vor der Entscheidung persönlich angehört werden, § 299 FamFG. Die Norm ist eine Sollvorschrift, die Streit darüber ausgelöst hat, was unter „soll" zu verstehen ist. Es wird vertreten, dass es sich um eine bloße Empfehlung handelt und die Anhörung entbehrlich ist, wenn keine Sachaufklärung zu erwarten ist.[27] Diese Ansicht verkennt die doppelte Funktion der Anhörung, sie dient nicht nur der Sachaufklärung, sondern auch der Gewährung des rechtlichen Gehörs.[28] Streit besteht auch über die Art der Durchführung der Anhörung. Es wird vertreten, dass die Anhörung nicht zwingend persönlich erfolgen muss, sondern auch schriftlich erfolgen kann.[29] Nach anderer Auffassung bildet die schriftliche Anhörung die Ausnahme zur regelmäßig persönlichen Anhörung. Beide Auffassungen vermögen nicht zu überzeugen, denn die Form der Anhörung, nämlich „persönlich", ist im Gesetz geregelt.[30] Die persönliche Anhörung kann nur **unterbleiben**, wenn der Betroffene hiervon erhebliche Nachteile für die Gesundheit zu besorgen sind oder der Betroffene seinen Willen nicht mehr kundtun kann, § 34 Abs. 2 FamFG. Das Absehen von der persönlichen Anhörung führt nicht regelhaft zur Bestellung eines Verfahrenspflegers, da § 276 Abs. 1 Nr. 1 und 2 diesen Fall nicht erfasst, ist aber nach S. 1 der Norm zur Gewährung des rechtlichen Gehörs und zur Gewährleistung eines fairen Verfahrens im Interesse des Betreuten geboten.[31]

3. Genehmigungskriterien

73 Das Betreuungsgericht hat bei der Erteilung der Genehmigung **Ermessen**.[32] Da der Betreuer jedoch grundsätzlich selbstständig handelt, ist das Gericht auf Überprüfung der **Wirtschaftlichkeit** und Berücksichtigung der Wünsche des Betreuten beschränkt. Für die Beurteilung der Wirtschaftlichkeit wird in der Regel ein Verkehrswertgutachten vorzulegen sein.

---

27 Bassenge/Roth, § 299 FamFG Rn 3.
28 Bienwald/Sonnenfeld, § 299 FamFG Rn 8.
29 Damrau/Zimmermann, § 299 FamFG Rn 2.
30 Bienwald/Sonnenfeld, § 299 FamFG Rn 8.
31 BayObLG FamRZ 2003, 1044.
32 BayObLG FamRZ 1998, 455, 456.

4. Entscheidung

Die Entscheidung ergeht durch **Beschluss**, § 38 FamFG, und wird mit ihrer Rechtskraft **wirksam**, § 40 Abs. 2 FamFG. Das Betreuungsgericht kann die Genehmigung nur dem Betreuer als gesetzlichem Vertreter erklären (§ 1828 BGB). Zum Spezialfall Nachgenehmigung einer Erbausschlagung vgl Rn 29. 74

§ 1823 BGB Genehmigung bei einem Erwerbsgeschäft des Mündels

Der Vormund soll nicht ohne Genehmigung des Familiengerichts ein neues Erwerbsgeschäft im Namen des Mündels beginnen oder ein bestehendes Erwerbsgeschäft des Mündels auflösen.

I. Anwendbarkeit

Die Vorschrift ist gemäß § 1908 i Abs. 1 S. 1 BGB auf die Betreuung entsprechend anzuwenden. 1

II. Bedeutung für den Betreuer

Die Vorschrift ergänzt § 1822 Nr. 3 und 4 BGB und erfasst den Neubeginn und die Auflösung eines Erwerbsgeschäftes. 2

Die Fortführung eines bestehenden, ererbten, geschenkten oder entgeltlich erworbenen Geschäftes ist nicht genehmigungspflichtig. Es kann aber eine Genehmigungspflicht aus § 1822 Nr. 3 BGB bestehen. 3

Auflösung eines Erwerbsgeschäftes ist die endgültige Aufgabe eines Einzelunternehmens, die Mitwirkung am Auflösungsbeschluss oder die Kündigung eines Gesellschaftsvertrages. Die Veräußerung eines Erwerbsgeschäftes ist keine Auflösung; hier besteht Genehmigungspflicht nach § 1822 Nr. 3 oder Nr. 10 BGB. Wird jedoch von den Erben eines Einzelunternehmens eine neue Gesellschaft zu dessen Fortführung gegründet, so ist dies genehmigungspflichtig.[1] 4

Es handelt sich um eine bloße **Ordnungsvorschrift ohne Außenwirkung**. Eine fehlende Genehmigung hat daher keine Auswirkung auf die Wirksamkeit der ohne diese abgeschlossenen Geschäfte. Mithin darf das Registergericht eine Eintragung in das Handelsregister nicht von der Vorlage der Genehmigung abhängig machen.[2] 5

III. Bedeutung für das Gericht

Das Gericht hat im Rahmen seiner Aufsicht (§§ 1908 i Abs. 1 S. 1, 1837 Abs. 2 S. 1 BGB) dafür zu sorgen, dass der Betreuer die Vorschrift beachtet. Funktional zuständig für die Erteilung der Genehmigung ist der Rechtspfleger, § 3 Nr. 2 a RPflG. 6

Der Betreute soll vor der Entscheidung persönlich angehört werden, § 299 FamFG. 7

Die Norm ist eine Sollvorschrift, die Streit darüber ausgelöst hat, was unter „soll" zu verstehen ist. Es wird vertreten, dass es sich um eine bloße Empfeh- 8

---

1 Damrau/Zimmermann, § 1824 BGB Rn 3.
2 Damrau/Zimmermann, § 1824 BGB Rn 3.

lung handelt und die Anhörung entbehrlich ist, wenn keine Sachaufklärung zu erwarten ist.[3] Diese Ansicht verkennt die doppelte Funktion der Anhörung; sie dient nicht nur der Sachaufklärung, sondern auch der Gewährung des rechtlichen Gehörs.[4]

9 Streit besteht auch über die Art der Durchführung der Anhörung. Es wird vertreten, dass die Anhörung nicht zwingend persönlich erfolgen muss, sondern auch schriftlich erfolgen kann.[5] Nach anderer Auffassung bildet die schriftliche Anhörung die Ausnahme zur regelmäßigen persönlichen Anhörung. Beide Auffassungen vermögen nicht zu überzeugen, denn die Form der Anhörung, nämlich „persönlich", ist im Gesetz geregelt.[6]

10 Die persönliche Anhörung kann nur **unterbleiben**, wenn der Betroffene hiervon erhebliche Nachteile für die Gesundheit zu besorgen hat oder er seinen Willen nicht mehr kundtun kann, § 34 Abs. 2 FamFG. Das Absehen von der persönlichen Anhörung führt nicht regelhaft zur Bestellung eines Verfahrenspflegers, da § 276 Abs. 1 Nr. 1 und 2 FamFG diesen Fall nicht erfasst, ist aber nach S. 1 der Norm zur Gewährung des rechtlichen Gehörs und zur Gewährleistung eines fairen Verfahrens im Interesse des Betreuten geboten.[7]

11 Die Entscheidung wird mit der Rechtskraft wirksam, § 40 Abs. 2 FamFG.

§ 1824 BGB Genehmigung für die Überlassung von Gegenständen an den Mündel

Der Vormund kann Gegenstände, zu deren Veräußerung die Genehmigung des Gegenvormunds oder des Familiengerichts erforderlich ist, dem Mündel nicht ohne diese Genehmigung zur Erfüllung eines von diesem geschlossenen Vertrags oder zu freier Verfügung überlassen.

I. Anwendbarkeit

1 Die Vorschrift ist gemäß § 1908 i Abs. 1 S. 1 BGB auf die Betreuung entsprechend anzuwenden.

II. Bedeutung für den Betreuer

2 Die Vorschrift gewinnt nur im Falle eines für den Betreuten gem. § 1903 BGB angeordneten **Einwilligungsvorbehalt** an Bedeutung, da der Betreute mit Einwilligungsvorbehalt über Mittel, die ihm frei zur Verfügung stehen, auch frei verfügen kann, § 1903 Abs. 1 S. 2 BGB iVm § 110 BGB (sog Taschengeldparagraf). Überlässt der Betreuer dem Betreuten Gegenstände zur freien Verfügung oder zur Erfüllung eines Vertrages, so könnte der Betreute wirksam verfügen. Die Kontrollmöglichkeit des Gerichts oder Gegenbetreuers wäre ausgehebelt. Daher wird auch diese Überlassung von Gegenständen an den Betreuten an ei-

---

3 Damrau/Zimmermann, § 1824 BGB Rn 3.
4 Damrau/Zimmermann, § 1824 BGB Rn 3.
5 Damrau/Zimmermann, § 1824 BGB Rn 3.
6 Damrau/Zimmermann, § 1824 BGB Rn 3.
7 Damrau/Zimmermann, § 1824 BGB Rn 3.

ne nach den §§ 1812, 1813, 1819 bis 1822 BGB für den Betreuer zur Veräußerung erforderliche Genehmigung gebunden.

Die Vorschrift ist **weit auszulegen**. **Gegenstände** sind neben Sachen auch Rechte, mit der Veräußerung sind neben der dinglichen auch schuldrechtliche Übertragungen erfasst. Für den geschäftsfähigen Betreuten, der nicht unter Einwilligungsvorbehalt steht, ist die Vorschrift unanwendbar.[1]   3

Die Wirkung des **Fehlens der Genehmigung** ist streitig: Nach einer Meinung[2] ist sie von der Norm abhängig, die die Genehmigungspflicht anordnet. Hat diese Außenwirkung und führt ihr Fehlen zur Unwirksamkeit des Geschäftes, so gilt dies auch für die nach § 1824 BGB erforderliche Genehmigung. Nach anderer Ansicht[3] tritt bei Fehlen der Genehmigung die Wirksamkeitsfiktion des § 110 BGB nicht ein und der Vertrag bleibt unwirksam.   4

III. Bedeutung für das Gericht

Das Gericht hat im Rahmen seiner Aufsicht (§§ 1908 i Abs. 1 S. 1, 1837 Abs. 2 S. 1 BGB) dafür zu sorgen, dass der Betreuer die Vorschrift beachtet, und die erforderliche Genehmigung zu erteilen. Funktional zuständig ist der Rechtspfleger, § 3 Nr. 2 a RPflG.   5

§ 1825 BGB Allgemeine Ermächtigung

(1) Das Familiengericht kann dem Vormund zu Rechtsgeschäften, zu denen nach § 1812 die Genehmigung des Gegenvormunds erforderlich ist, sowie zu den in § 1822 Nr. 8 bis 10 bezeichneten Rechtsgeschäften eine allgemeine Ermächtigung erteilen.

(2) Die Ermächtigung soll nur erteilt werden, wenn sie zum Zwecke der Vermögensverwaltung, insbesondere zum Betrieb eines Erwerbsgeschäfts, erforderlich ist.

I. Anwendbarkeit

Die Vorschrift ist über § 1908 i Abs. 1 BGB für den Betreuer anzuwenden und dient der Erleichterung der Verfügung über Kapitalvermögen oder ein Erwerbsgeschäft des Betreuten. Die Vorschrift stellt insofern eine Ergänzung zur Befreiung nach § 1817 BGB dar.   1

II. Bedeutung für den Betreuer

Grundsätzlich ist die Genehmigungspflicht für jedes einzelne Rechtsgeschäft gem. §§ 1812, 1822 Nr. 8 bis 10 BGB gegeben. Will der Betreuer nicht für jede Verfügung eine Genehmigung einholen, ist als Ausnahme hierzu die Beantragung einer allgemeinen Ermächtigung für alle in § 1825 BGB genannten Rechtsgeschäfte möglich. Die allgemeine Ermächtigung ermöglicht dem Betreuer genehmigungsfrei zu Verfügungen über das Kapitalvermögen (§ 1812 BGB) und allen in § 1822 Nr. 8 bis 10 BGB genannten Rechtsgeschäften.   2

---

1 Damrau/Zimmermann, § 1824 BGB Rn 3.
2 Damrau/Zimmermann, § 1824 BGB Rn 3.
3 Damrau/Zimmermann, § 1824 BGB Rn 3.

3 Hat der Betreute einen **Gewerbebetrieb**, so ermöglicht die allgemeine Ermächtigung den Fortbestand des Geschäftsbetriebs, ohne dass Rechtsgeschäfte gem. §§ 1812, 1822 Nr. 8 bis 10 BGB vom Betreuungsgericht genehmigt werden müssten. Die allgemeine Ermächtigung wirkt also wie eine Befreiung des Betreuers von dem seine Vertretungsmacht einschränkenden Genehmigungserfordernis für o. g. Rechtsgeschäfte.

4 Aber auch außerhalb eines Erwerbsgeschäftes kann eine solche Erleichterung für den Betreuer angezeigt sein.[1] Außerhalb des Geschäftslebens wird die allgemeine Ermächtigung auf einzelne Geschäfte beschränkt; zu denken ist dabei an die Erfüllung aller Dauerschuldverhältnisse, die üblicherweise per Dauerauftrag erfüllt werden, aber auch an sonstige Rechtsgeschäfte im Zusammenhang mit dem Unternehmen des Betreuten.

5 Über den Rahmen des § 1825 Abs. 1 BGB hinaus ist eine allgemeine Ermächtigung unzulässig[2] und unwirksam.

III. Bedeutung für das Betreuungsgericht

1. Erteilung der Ermächtigung

6 Nach Abs. 2 soll eine Ermächtigung nur erteilt werden, wenn sie zum Zwecke der Vermögensverwaltung erforderlich ist. Es handelt sich hierbei jedoch um eine bloße **Ordnungsvorschrift**, daher ist eine erteilte Ermächtigung auch dann wirksam, wenn diese Voraussetzungen nicht vorliegen.

7 Das Betreuungsgericht hat nach pflichtgemäßem **Ermessen** zu prüfen, ob die Vermögensverwaltung mit Blick auf die Häufigkeit der genehmigungspflichtigen Geschäftsvorgänge die Ermächtigung erfordert. Funktional zuständig ist der Rechtspfleger, § 2 Nr. 3 a RPflG.

8 Die Ermächtigung ist dem Betreuer zu erteilen. Ob sich die Ermächtigung auf alle in § 1825 BGB genannten Rechtsgeschäfte bezieht oder nur einzelne Rechtsgeschäfte erfasst, ist ausdrücklich zu bestimmen. Die Erteilung der Ermächtigung an einen Dritten ist nicht zulässig.[3] Die einmal erteilte Ermächtigung wirkt wie eine Befreiung vom Genehmigungserfordernis.

2. Verfahren

9 Der Betreute soll vor der Entscheidung angehört werden, § 299 FamFG. Die Norm ist eine Sollvorschrift, die Streit darüber ausgelöst hat, was unter „soll" zu verstehen ist. Es wird vertreten, dass es sich um eine bloße Empfehlung handelt und die Anhörung entbehrlich ist, wenn keine Sachaufklärung zu erwarten ist. Diese Ansicht verkennt die doppelte Funktion der Anhörung. Sie dient nicht nur der Sachaufklärung, sondern auch der Gewährung des rechtlichen Gehörs.

10 Streit besteht auch über die Art der **Durchführung** der Anhörung. Es wird vertreten, dass die Anhörung nicht zwingend persönlich erfolgen muss, sondern auch schriftlich erfolgen kann. Nach anderer Auffassung bildet die schriftliche Anhörung die Ausnahme zur regelmäßigen persönlichen Anhörung. Beide Auf-

---

[1] OLG Karlsruhe FGPrax 2001, 23.
[2] Staudinger/Engler, § 1825 BGB Rn 3; Soergel/Zimmermann, § 1825 BGB Rn 1; MK/Wagenitz, § 1825 BGB Rn 2.
[3] MK/Wagenitz, § 1825 BGB Rn 4.

fassungen vermögen nicht zu überzeugen, denn die Form der Anhörung, nämlich „persönlich", ist im Gesetz geregelt.

Die persönliche Anhörung kann nur **unterbleiben**, wenn der Betroffene hiervon erhebliche Nachteile für die Gesundheit zu besorgen hat oder er seinen Willen nicht mehr kundtun kann, § 34 Abs. 2 FamFG. Das Absehen von der persönlichen Anhörung führt nicht regelhaft zur Bestellung eines Verfahrenspflegers, da § 276 Abs. 1 Nr. 1 und 2 diesen Fall nicht erfasst, ist aber nach S. 1 der Norm zur Gewährung des rechtlichen Gehörs und zur Gewährleistung eines fairen Verfahrens im Interesse des Betroffenen. 11

Die Entscheidung wird mit Rechtskraft wirksam, § 40 Abs. 2 FamFG. Dies ist in der Entscheidung durch das Gericht ausdrücklich zu formulieren. 12

§ 1826 BGB Anhörung des Gegenvormunds vor Erteilung der Genehmigung

Das Familiengericht soll vor der Entscheidung über die zu einer Handlung des Vormunds erforderliche Genehmigung den Gegenvormund hören, sofern ein solcher vorhanden und die Anhörung tunlich ist.

I. Anwendbarkeit

Die Vorschrift ist über § 1908 i Abs. 1 S. 1 BGB auf die Betreuung entsprechend anwendbar. 1

II. Bedeutung für den Betreuer

Die Anhörungspflicht begründet **kein eigenes Recht des Gegenbetreuers** auf Anhörung oder Berücksichtigung seiner Bedenken, wird in der Regel aber schon wegen des Amtsermittlungsgrundsatzes nach § 26 FamFG geboten sein. Die Anhörungspflicht besteht grundsätzlich für alle Genehmigungen. Es kommt nicht darauf an, ob die Genehmigung Außenwirkung hat. Die Anhörung hat auch dann zu erfolgen, wenn die Genehmigung des Gegenvormundes gem. §§ 1810 S. 2, 1812 Abs. 2 BGB ersetzt werden soll.[1] 2

Die Anhörung kann unterbleiben, wenn 3

- kein Gegenbetreuer bestellt ist oder
- sie untunlich ist, weil sie unverhältnismäßige Kosten oder eine unverhältnismäßige Verzögerung verursacht.

III. Bedeutung für das Betreuungsgericht

Das Betreuungsgericht hat für die erforderliche Anhörung zu sorgen. Funktional zuständig ist der Rechtspfleger, § 3 Nr. 2 a RPflG. 4

Eine **Verletzung der Anhörungspflicht** hat auf die Wirksamkeit der Genehmigung des Betreuungsgerichts keinen Einfluss, begründet jedoch, sofern diese nicht untunlich ist, ein Beschwerderecht des Gegenbetreuers. Eine verfahrens- 5

---

[1] Soergel/Damrau, § 1826 BGB Rn 1; Staudinger/Engler, § 1826 BGB Rn 3.

rechtliche Position kann auch dann ein Beschwerderecht (§ 59 Abs. 1 FamFG) konstituieren, wenn dieses lediglich durch eine Sollvorschrift begründet wird.[2]

6 Ist der Gegenbetreuer gehört worden, so steht ihm ein Beschwerderecht nicht zu, weil er etwa mit seiner Auffassung nicht durchgedrungen ist.[3]

§ 1828 BGB Erklärung der Genehmigung

Das Familiengericht kann die Genehmigung zu einem Rechtsgeschäft nur dem Vormund gegenüber erklären.

I. Anwendbarkeit

1 Die Vorschrift ist gemäß § 1908 i Abs. 1 S. 1 auf die Betreuung entsprechend anzuwenden und erfasst nur die sog. Außengenehmigungen, von denen die Wirksamkeit des vom Betreuer abgeschlossenen Geschäftes abhängt (§§ 1812, 1819, 1820 bis 1822), nicht die reinen Innengenehmigungen (§§ 1810, 1811, 1823).

II. Bedeutung für den Betreuer

1. Schutzzweck

2 Sinn der Vorschrift ist es, dem Betreuer die Möglichkeit zu geben zu überdenken, ob er das Rechtsgeschäft vornehmen oder in Fällen nachträglicher Genehmigung wirksam werden lassen will. Die Vorschrift ist nicht abdingbar.[1] Auf die Genehmigungspflicht ist beim Abschluss des Rechtsgeschäftes hinzuweisen.

Einseitige Rechtsgeschäfte sind nur mit vorheriger Genehmigung wirksam, § 1831 BGB. Genehmigungen zu mehrseitigen Rechtsgeschäften (Verträge) können vor dem Rechtsgeschäft erfolgen (sog. Vorgenehmigung) oder im Nachhinein (sog. Nachgenehmigung) erteilt werden, § 1829 BGB. Ob das eine oder das andere erfolgt, entscheidet der Betreuer.

Der Betreute ist bei nachträglicher Genehmigung vor der Mitteilung der Genehmigung durch den Betreuer nicht an den Vertrag gebunden[2] und kann auf den Gebrauch der Genehmigung verzichten, wenn das Rechtsgeschäft inzwischen dem beachtlichen Wunsch des Betreuten oder dessen Wohl zuwiderläuft. Der Betreuer ist also nicht verpflichtet, von der Genehmigung Gebrauch zu machen.[3] Der Vertragspartner[4] ist jedoch an den Vertrag gebunden – es sei denn, der Betreuer hätte bei Vertragsabschluss wahrheitswidrig behauptet, dass die Genehmigung bereits erteilt war und der Vertragspartner ihr Fehlen nicht gekannt hat, § 1830 BGB.

---

2 MK/Wagenitz, § 1826 BGB Rn 6.
3 OLG Hamm NJW 1966, 1126.
1 Soergel/Zimmermann, § 1828 BGB Rn 27.
2 MK/Wagenitz, § 1828 BGB Rn 29.
3 BayObLG FamRZ 1989, 1113; Damrau/Zimmermann, § 1829 BGB Rn 3.
4 BGH NJW 1954, 1925.

2. Wirksamwerden der Genehmigung

Adressat der Genehmigung ist der Betreuer. Nach Inkrafttreten des FamFG zum 1.9.2009 wird eine Entscheidung, die eine Genehmigung zu einem Rechtsgeschäft zum Gegenstand hat, mit ihrer Rechtskraft wirksam, § 40 Abs. 2 FamFG. Dies ist mit der Entscheidung auszusprechen. § 40 Abs. 2 FamFG formuliert eine Ausnahme des Grundsatzes aus § 40 Abs. 1 FamFG für alle Rechtsgeschäfte, da mit diesen oft gravierende Rechtsänderungen verbunden sind, die ein Abwarten der Rechtskraft angezeigt erscheinen lassen.[5] Die Bekanntgabe der Genehmigung an den Betreuer setzt hier lediglich den Lauf der zweiwöchigen Rechtsmittelfrist in Gang, §§ 15,16, 63 Abs. 2 FamFG. Soweit die Gesetzesbegründung zu § 40 Abs. 2 FamFG eine zeitnahe Herbeiführung der Wirksamkeit durch die Möglichkeit, auf Rechtsmittel zu verzichten, ausdrücklich anspricht,[6] ist darauf hinzuweisen, dass das Gesetz einen Rechtsmittelverzicht wie zB in § 144 FamFG für die Ehesachen nicht vorsieht und zum anderen eine betreute Person einen Rechtsmittelverzicht mangels Einsicht in die Rechtsfolgen überwiegend nicht erklären kann. Auch der Verfahrenspfleger könnte mangels gesetzlicher Grundlage einen Rechtsmittelverzicht nicht erklären.

III. Bedeutung für das Betreuungsgericht
1. Erteilung der Genehmigung

Die Genehmigung des Betreuungsgerichtes hat keine rechtsgeschäftlichen Eigenschaften[7] und entbindet den Betreuer nicht von einer autonomen Entscheidung.

Die Genehmigung ist dem Betreuer als gesetzlichen Vertreter (§ 1902 BGB) zu erteilen. Dies gilt auch dann, wenn der Betreute unter Einwilligungsvorbehalt in der Vermögenssorge mit Zustimmung des Betreuers selbst gehandelt hat.

Die Genehmigung kann aber nur dem gegenwärtigen Betreuer erteilt werden. Ist zwischen Abschluss des zu genehmigenden Rechtsgeschäftes und Erteilung der Genehmigung ein Betreuerwechsel eingetreten, muss die Genehmigung dem neuen Betreuer erklärt werden.[8] Eine vom ehemaligen Betreuer an den Notar erteilte Doppelvollmacht (zur Entgegennahme und Mitteilung der Genehmigung) wirkt jedoch fort.

Wird die Genehmigung anderen Personen als dem Betreuer oder seinem Bevollmächtigten erteilt, ist sie unwirksam und wird auch nicht dadurch wirksam, dass der Betreuer davon Kenntnis erlangt.[9]

Hält das Gericht eine Genehmigung nicht für erforderlich, kann es ein **Negativattest** erteilen. War entgegen der Ansicht des Gerichts eine Genehmigung erforderlich, führt das Negativattest nicht zur Wirksamkeit des Geschäftes.

Die Genehmigung kann unter einer aufschiebenden, nicht jedoch unter einer auflösenden Bedingung erteilt werden.

---

5 BT-Drucks.16/6308, 196.
6 BT-Drucks.16/6308, 196.
7 Damrau/Zimmermann, § 1828 BGB Rn 7.
8 Staudinger/Engler, § 1828 BGB Rn 20; Soergel/Zimmermann, § 1828 BGB Rn 16; MK/Wagenitz, § 1828 BGB Rn 29.
9 Soergel/Zimmermann, § 1828 BGB Rn 16.

2. Umfang der Genehmigung

5 Grundsätzlich umfasst die Genehmigung nur das konkrete zur Prüfung vorgelegte Rechtsgeschäft. Weitergehende Abreden oder sonstige mitgeteilte Abreden sind von ihr nicht gedeckt.[10] Die Genehmigung bezieht sich immer auf das abgeschlossene oder abzuschließende Rechtsgeschäft, nicht etwa auf eine vom Betreuer erteilte Vollmacht oder eine vom Betreuer erteilte Zustimmung zu einem Rechtsgeschäft des Betreuten, für den ein Einwilligungsvorbehalt (§ 1903 BGB) angeordnet worden ist.

3. Genehmigungskriterien
a) Wirksamkeit des Rechtsgeschäftes

6 Vor der Beurteilung der Genehmigungsfähigkeit hat das Gericht zunächst zu prüfen, ob das Rechtsgeschäft wirksam ist, oder ob der Betreuer von der Vertretung ausgeschlossen ist, §§ 1908 i Abs. 1, 1795 Abs. 1 u. 2, 181 BGB.

Daneben hat das Betreuungsgericht das Geschäft aber auch einer rechtlichen Prüfung zu unterziehen und dessen Genehmigung insbesondere dann zu versagen, wenn es sich um eine unerlaubte Schenkung (§§ 1908 I Abs. 2, 1804 BGB) handelt oder das Rechtsgeschäft wegen Gesetzes- oder Sittenwidrigkeit nach §§ 134, 138 BGB nichtig ist.[11]

Allgemein anerkannt ist, dass Rechtsgeschäfte, die nach Inhalt, Zweck und Beweggrund darauf abzielen, trotz eigenen Vermögens oder eigener Einkunftsmöglichkeiten zu **Ansprüchen auf Sozialhilfe** zu gelangen, grundsätzlich als sittenwidrig einzustufen und deshalb nach § 138 Abs. 1 BGB nichtig sind. Denn nach dem gesetzlich verankerten Grundsatz des Nachrangs staatlicher Hilfeleistungen besteht Anspruch auf Sozialhilfe nur für solche Personen, die sich selbst nicht helfen können und auch keinen Anspruch auf vorrangige Hilfe von anderen Personen – insbesondere Angehörigen – haben. Die rechtsgeschäftliche Gestaltungsfreiheit findet dort ihre Grenzen, wo sog. Rechtsgeschäfte zulasten der Sozialhilfe abgeschlossen werden, weshalb diese grundsätzlich als sittenwidrig anzusehen sind.

So stuft der Bundesgerichtshof in ständiger Rechtsprechung den **Unterhaltsverzicht** zwischen Ehegatten, der absehbar zur Sozialbedürftigkeit des Verzichtenden und damit zur Belastung der Sozialhilfe führt, als sittenwidrig ein, auch wenn die Vertragsparteien eine Schädigung des Trägers der Sozialhilfe nicht beabsichtigen.[12] Des Weiteren wurden auch Vermögensübertragungen, der Verzicht auf dingliche Rechte und die Ausschlagung einer Erbschaft zum Nachteil des Sozialhilfeträgers für unwirksam erklärt.[13]

---

10 MK/Wagenitz, § 1828 BGB Rn 9.
11 Palandt/Götz, § 1828 BGB Rn 7; Soergel/Zimmermann, § 1828 BGB Rn 10; MK/Wagenitz, § 1828 BGB Rn 22.
12 Vgl BGH NJW 1983, 1851; 1987, 1548; 1991, 913; 1992, 3164; ebenso OLG Köln FamRZ 1999, 920.
13 VGH Mannheim NJW 1993, 2953; Schleswig-Holsteinisches OLG SchlHA 1998, 48; OVG Münster FamRZ 1998, 199; VG Gießen NJW 2000, 1515; OLG Stuttgart FGPrax 2001, 199; siehe auch Schwarz, JZ 1997, 545 ff und Holzhauer, FamRZ 2000, 163.

b) Genehmigungsfähigkeit

Maßstab für die Erteilung oder Versagung der gerichtlichen Genehmigung für Grundstücksgeschäfte sind das Interesse und das Wohl des Betreuten, wie sie sich zur Zeit der Entscheidung unter Berücksichtigung aller in Betracht kommender Umstände des Einzelfalles darstellen.[14]

So, wie der Betreuer ist das Gericht im Rahmen seiner Ermessensentscheidung[15] an die Wünsche des Betreuten gebunden, soweit diese dessen Wohl nicht zuwider laufen, § 1901 Abs. 3 S. 1 BGB. Diese Bindung des Gerichtes an den **Wunsch des Betreuten** besteht sogar dann, wenn der Betreute aufgrund seines Zustandes im konkreten Einzelfall nicht mehr zu einer Entscheidung fähig ist. Seine Wünsche sind nicht bereits deshalb unbeachtlich, weil er „geschäftsunfähig" iSd § 104 Nr. 2 BGB oder „einwilligungsunfähig" ist, dem Betreuten ein Schaden droht oder das Gericht etwas anderes für besser hält. § 1901 Abs. 3 S. 1 BGB räumt dem objektiven Wohl des Betreuten keinen Vorrang vor seinen subjektiven Wünschen ein.

Unter welchen Voraussetzungen das Betreuungsgericht den Wunsch des Betreuten unbeachtlich lassen darf, bestimmt **§ 1901 Abs. 3 S. 1 BGB.** Demnach ist es dann nicht an den Wunsch des Betreuten gebunden, wenn dieser in der konkreten Situation nicht mehr mit einem freien Willen handeln kann oder sich der Betreute durch die Verwirklichung seines Wunsches erheblich selbst schädigen würde.

Dazu hat der BGH statuiert:[16] „Ein Wunsch des Betreuten läuft nicht bereits dann im Sinne des § 1901 Abs. 3 Satz 1 BGB dessen Wohl zuwider, wenn er dem objektiven Interesse des Betreuten widerspricht. Vielmehr ist ein Wunsch des Betreuten im Grundsatz beachtlich, sofern dessen Erfüllung nicht höherrangige Rechtsgüter des Betreuten gefährden oder seine gesamte Lebens- und Versorgungssituation erheblich verschlechtern würde. Allerdings gilt der Vorrang des Willens des Betreuten nur für solche Wünsche, die Ausfluss des Selbstbestimmungsrechts des Betreuten sind und nicht lediglich Zweckmäßigkeitserwägungen darstellen. Beachtlich sind weiter nur solche Wünsche, die nicht Ausdruck der Erkrankung des Betreuten sind und auf der Grundlage ausreichender Tatsachenkenntnis gefasst wurden."

Im Ergebnis kann die Genehmigung zu einem wirtschaftlich günstigen Geschäft für den Betreuten zu unterlassen sein oder ein nicht sehr vorteilhaftes Geschäft zu genehmigen sein, wenn dies dem Wunsch des Betreuten entspricht. **Interessen von Familienangehörigen** sind bei der Entscheidungsfindung nur dann beachtlich, wenn zugleich ein Interesse des Betreuten vorliegt.[17] Hingegen kann es dem beachtlichen Wunsch eines Betreuten entsprechen, mit einem Angehören ein Geschäft zu schließen, dass für seine Vermögenssituation eher nachteilig ist.

---

14 BGH NJW 1986, 2829; BayObLG FamRZ 1998, 455.
15 BGH NJW 1986, 2829, 2830; BayObLG FamRZ 2001, 51; aA MK/Wagenitz, § 1828 BGB Rn 15.
16 BGH v. 22.7.2009, XII ZR 77/06, BGHZ 182, 116 = NJW 2009, 2814.
17 OLG Hamm Rpfleger 1987, 200.

§ 1828 BGB

4. Versagen der Genehmigung; Negativattest

8 Wird die gerichtliche Genehmigung eines vom Betreuer abgeschlossenen Rechtsgeschäftes (hier Kaufvertrag über ein Grundstück) des Betreuten abgelehnt, steht dem Käufer regelmäßig kein Beschwerderecht zu.[18]

Nach gefestigter Rechtsauffassung wird ein gerichtlicher Beschluss, der feststellt, dass ein namens des Betreuten geschlossenes Rechtsgeschäft keiner betreuungsgerichtlichen Genehmigung bedürfe (Negativattest), im Verfahren der freiwilligen Gerichtsbarkeit als beschwerdefähige Entscheidung anerkannt.[19]

5. Verfahren

a) Antrag/Anregung

9 Mit Vorlage des Antrages oder der zu genehmigenden Urkunde beginnt das Gericht, die entscheidungserheblichen Tatsachen von Amts wegen zu ermitteln, § 26 FamFG.

b) Anhörung

10 Der Betreute soll vor der Entscheidung persönlich angehört werden, § 299 FamFG. Die Norm ist eine Sollvorschrift, die Streit darüber ausgelöst hat, was unter „soll" zu verstehen ist. Es wird vertreten, dass es sich um eine bloße Empfehlung handelt und die Anhörung entbehrlich ist, wenn keine Sachaufklärung zu erwarten ist.[20] Diese Ansicht verkennt die doppelte Funktion der Anhörung, sie dient nicht nur der Sachaufklärung, sondern auch der Gewährung des rechtlichen Gehörs.[21]

Streit besteht auch über die **Art der Durchführung der Anhörung**. Es wird vertreten, dass die Anhörung nicht zwingend persönlich erfolgen muss, sondern auch schriftlich erfolgen kann.[22] Nach anderer Auffassung bildet die schriftliche Anhörung die Ausnahme zur regelmäßigen persönlichen Anhörung. Beide Auffassungen vermögen nicht zu überzeugen, denn die Form der Anhörung, nämlich „persönlich" ist im Gesetz geregelt.[23]

Die persönliche Anhörung kann nur unterbleiben, wenn der Betroffene hiervon erhebliche Nachteile für die Gesundheit zu besorgen sind oder der Betroffene seinen Willen nicht mehr kundtun kann, § 34 Abs. 2 FamFG. Das Absehen von der persönlichen Anhörung führt nicht regelhaft zur Bestellung eines Verfahrenspflegers, da § 276 Abs. 1 Nr. 1 und 2 diesen Fall nicht erfasst, ist aber nach Satz 1 der Norm zur Gewährung des rechtlichen Gehörs und zur Gewährleistung eines fairen Verfahrens im Interesse des Betreuten geboten.[24]

---

18 BayObLG Rpfleger 1988, 482; OLG Rostock NJW-RR 2006, 1229; OLG München v. 15.6.2009, 33 Wx 079/09.
19 OLG Hamm v. 24.10.1990, 15 W 306/90.
20 Bassenge, § 299 FamFG Rn 3.
21 Bienwald/Sonnenfeld, § 299 FamFG Rn 8
22 Damrau/Zimmermann, § 299 FamFG Rn 2.
23 Bienwald/Sonnenfeld, aaO.
24 BayObLG FamRZ 2003, 1044.

§ 1829 BGB Nachträgliche Genehmigung

(1) ¹Schließt der Vormund einen Vertrag ohne die erforderliche Genehmigung des Familiengerichts, so hängt die Wirksamkeit des Vertrags von der nachträglichen Genehmigung des Familiengerichts ab. ²Die Genehmigung sowie deren Verweigerung wird dem anderen Teil gegenüber erst wirksam, wenn sie ihm durch den Vormund mitgeteilt wird.

(2) Fordert der andere Teil den Vormund zur Mitteilung darüber auf, ob die Genehmigung erteilt sei, so kann die Mitteilung der Genehmigung nur bis zum Ablauf von vier Wochen nach dem Empfang der Aufforderung erfolgen; erfolgt sie nicht, so gilt die Genehmigung als verweigert.

(3) Ist der Mündel volljährig geworden, so tritt seine Genehmigung an die Stelle der Genehmigung des Familiengerichts.

I. Anwendungsbereich

Die Vorschrift ist gemäß § 1908 i Abs. 1 S. 1 BGB auf die Betreuung entsprechend anzuwenden und erfasst nur die Außengenehmigungen (zB §§ 1812, 1821, 1822 BGB), die sich auf die Wirksamkeit des Rechtsgeschäftes beziehen.

II. Inhalt

Bei Genehmigungen, die Wirksamkeitserfordernis für das Rechtsgeschäft sind (Außengenehmigungen), fehlt dem Betreuer die Vertretungsmacht (§ 1902 BGB), das Rechtsgeschäft ohne die erforderliche Genehmigung wirksam vorzunehmen. Die Genehmigung hebt in diesen Fällen die Beschränkung der Vertretungsmacht auf.[1]

1. Abgrenzung zur Vorgenehmigung

Ein mehrseitiges Rechtsgeschäft, das mit einer dem Betreuer zuvor gem. § 1828 BGB erklärten Genehmigung abgeschlossen wurde, ist sofort wirksam. Einer besonderen Mitteilung an den Vertragspartner bedarf es nicht. § 1829 BGB ist nicht anwendbar.[2]

Eine solche Vorgenehmigung ist zweifelsfrei zulässig, jedoch in der Praxis die **Ausnahme**. Sie setzt voraus, dass der Inhalt des Vertrages fixiert ist und die einzelnen Vertragsbestimmungen feststehen und nicht verändert werden.[3]

2. Nachträgliche Genehmigung

Bei nachträglicher Genehmigung eines mehrseitigen Rechtsgeschäftes (zB Vertrag, Vergleich) sind Voraussetzungen der Wirksamkeit:
a) der Eintritt der Rechtskraft der Genehmigung an den Betreuer nach § 40 Abs. 2 FamFG und
b) die Mitteilung der Genehmigung durch den Betreuer an den Vertragspartner.

---

1 BayObLG FamRZ 1990, 1132 ff.
2 KG OGLZ 1966, 78,79; MK/Wagenitz, § 1828 BGB Rn 29, § 1829 BGB Rn 4; Soergel/Zimmermann, § 1828 BGB Rn 11, § 1829 BGB Rn 1.
3 BayObLG Rpfleger 2003, 361; KG OLGZ 1966,78.

Erst mit dieser werden die Genehmigung und das Rechtsgeschäft dem Vertragspartner gegenüber rückwirkend[4] auf den Zeitpunkt der Vornahme des Rechtsgeschäfts wirksam, § 1829 Abs. 1 S. 2 BGB.

Fehlt die erforderliche Genehmigung, ist der Vertrag nach Abs. 1 S. 1 **schwebend unwirksam**. Die Erteilung der Genehmigung durch das Betreuungsgericht an den Betreuer beendet diesen Schwebezustand nicht, dazu ist nach S. 2 die Mitteilung der Genehmigung durch den Betreuer an den Vertragspartner erforderlich.

Die Mitteilung ist **nicht formbedürftig**. Bei einer Auflassung muss die Form des § 29 GBO eingehalten werden. Dazu kann der Erwerber den ihm vom Betreuer überlassenen Genehmigungsbeschluss beim Grundbuchamt einreichen. In der Praxis kann dem beurkundenden Notar vom Betreuer eine Vollmacht zur Einholung der Genehmigung und zu deren Mitteilung an den Vertragspartner sowie vom Vertragspartner eine Vollmacht zur Entgegennahme der Genehmigung erteilt werden. Diese **Doppelvollmacht für den Notar** ist zulässig.[5]

5 Abs. 2 ermöglicht dem Vertragspartner, den Schwebezustand hinsichtlich des ihn bindenden Vertrages zu beenden. Dazu kann er den Betreuer auffordern mitzuteilen, ob die Genehmigung erteilt ist. Der Betreuer muss dann die Genehmigung binnen zwei Wochen mitteilen, ansonsten gilt sie als verweigert. Die Erklärung des zur Mitteilung nach § 1829 Abs. 2 BGB auffordernden Vertragspartners muss jedoch so beschaffen sein, dass der Betreuer erkennen kann, dass es sich nicht um eine bloße Sachstandsanfrage, sondern um eine Erklärung von rechtserheblicher Bedeutung handelt.[6]

6 Abs. 3 betrifft die Aufhebung der Betreuung insgesamt (§ 1908 d Abs. 1 S. 1) oder die Einschränkung des Aufgabenkreises des Betreuers, zu dem das Geschäft gehört (§ 1908 d Abs. 1 S. 2). Wird die Betreuung aufgehoben, so tritt die Genehmigung des Betreuten an die Stelle der nachträglichen Zustimmung durch das Betreuungsgericht. Dies gilt auch, wenn der Aufgabenkreis, in den das Rechtsgeschäft fällt, aufgehoben wurde. In beiden Fällen ist der geschäftsfähige Betreute statt des Betreuungsgerichtes befugt, die Genehmigung zu erteilen. Der geschäftsfähige Betreute kann das Geschäft auch selbst vornehmen, eine Genehmigung des Betreuungsgerichts ist dann nicht erforderlich. Etwas anderes gilt nur, wenn ein Einwilligungsvorbehalt (§ 1903) angeordnet wurde.

Stirbt der Betreute während der „schwebenden Unwirksamkeit", so geht das Entscheidungsrecht auf die Erben über.[7]

III. Bedeutung für den Betreuer

7 Der Betreuer ist **vor der Mitteilung der Genehmigung** nicht an den Vertrag gebunden, sondern hat Gelegenheit zu prüfen, ob der Gebrauch der Genehmigung wirtschaftlich vorteilhaft für den Betreuten ist. Der Dritte (Vertragspartner) bleibt jedoch während des Schwebezustandes an den Vertrag gebunden

---

4 Zum Teil wird die analoge Anwendung von § 184 BGB bejaht: MK/Wagenitz, § 1829 BGB Rn 7, 29; aA Soergel/Zimmermann, § 1828 BGB Rn 11, der die Rückwirkung aus der Kontrollfunktion des Betreuungsgerichtes ableitet.
5 BayObLG FamRZ 1998, 1325.
6 OLG Düsseldorf v. 23.7.2003, 3 Wx 200/03, DNotZ 2003, 863.
7 Damrau/Zimmermann, § 1830 BGB Rn 2.

und kann sich von dieser Bindung nur durch eine Aufforderung nach Abs. 2 lösen, wenn nicht der Betreuer das Vorliegen der Genehmigung wahrheitswidrig behauptet hat und der Vertragspartner das Fehlen der Genehmigung nicht kannte, § 1830 BGB.

Der Betreuer hat also insbesondere die Möglichkeit des Vertragspartners, von der Aufforderung nach Abs. 2 Gebrauch zu machen, zu berücksichtigen und die Frist von zwei Wochen für die Mitteilung der Genehmigung zu beachten. Kann er dann die Genehmigung des Betreuungsgerichts nicht fristgemäß mitteilen, weil dieses seine Prüfung noch nicht abgeschlossen hat, so gilt die Genehmigung unabhängig von der tatsächlichen Lage als verweigert und das Rechtsgeschäft ist unwirksam. Die zweiwöchige Frist nach Abs. 2 kann durch Vereinbarung verlängert werden.

IV. Bedeutung für den Vertragspartner

Der Vertragspartner hat zu berücksichtigen, dass er erst nach Mitteilung der rechtskräftigen Genehmigung des Betreuungsgerichtes durch den Betreuer auf die Wirksamkeit des Vertrages vertrauen kann, vorher besteht weder eine Bindung des Betreuten noch ein Schadenersatzanspruch gegen den Betreuer. Er selbst ist dagegen an den Vertrag gebunden. Er wird bei der Ausnützung seiner Rechte nach Abs. 2 berücksichtigen, ob er das Scheitern des Vertrages wegen des Ablaufes der Frist in Kauf nehmen will. 8

Für den Vertragspartner ist der Erwerbsvorgang erst nach Mitteilung der betreuungsgerichtlichen Genehmigung abgeschlossen. Er hat den zu diesem Zeitpunkt maßgeblichen Grunderwerbsteuersatz zu leisten. Auf den bei Vertragsschluss geltenden Grunderwerbsteuersatz kommt es nicht an, weil bis zur wirksamen Erteilung der Genehmigung der Erwerbsvorgang iSv § 23 GrEStG 1983 noch nicht verwirklicht worden ist. Auch dann nicht, wenn die Vertragsbeteiligten den beurkundenden Notar beauftragen und ermächtigen, die Genehmigung für den Vormund (gesetzlichen Vertreter eines Minderjährigen) entgegenzunehmen und den anderen Vertragsbeteiligten mitzuteilen sowie zugleich diese Mitteilung für die anderen Vertragsbeteiligten zu empfangen (sog. Doppelermächtigung).[8]

Dem Vertragspartner steht kein Beschwerderecht zu, weil er nicht in seinen Rechten verletzt ist, § 59 Abs. 1 FamFG. Als Vertragspartner des Betreuten ist er durch die Versagung der Genehmigung nur mittelbar betroffen, nicht aber in seinen geschützten Rechten.[9]

V. Bedeutung für das Betreuungsgericht

Funktional zuständig für die Erteilung oder Verweigerung der Genehmigung ist der Rechtspfleger, § 3 Nr. 2 a RPflG. 9

Die Genehmigung ist zu erteilen, wenn sie den Interessen des Betreuten dient. Neben objektiven Interessen ist auch das subjektive Wohl des Betreuten dann

---

8 BFH v. 8.2.2000, II R 51/98, BStBl. 2000 II, 318.
9 BayObLG 64, 240, 242; OLG Frankfurt/M. Rpfleger 1979, 423; Staudinger/Engler, § 1828 BGB Rn 59.

entscheidungserheblich, wenn höher wertige Rechtsgüter nicht in Gefahr sind.[10]

Interessen Dritter sind dabei nicht maßgeblich.[11]

§ 1830 BGB Widerrufsrecht des Geschäftspartners

Hat der Vormund dem anderen Teil gegenüber der Wahrheit zuwider die Genehmigung des Familiengerichts behauptet, so ist der andere Teil bis zur Mitteilung der nachträglichen Genehmigung des Familiengerichts zum Widerruf berechtigt, es sei denn, dass ihm das Fehlen der Genehmigung bei dem Abschluss des Vertrags bekannt war.

I. Anwendbarkeit

1 Die Vorschrift ist gemäß § 1908 i Abs. 1 S. 1 BGB auf die Betreuung entsprechend anzuwenden.

II. Bedeutung für den Betreuer

2 Ein Vertrag, der ohne die erforderliche Genehmigung abgeschlossen wurde, ist schwebend unwirksam. Der Vertragspartner ist jedoch entgegen § 109 Abs. 1 BGB an den Vertrag gebunden und kann den Schwebezustand nur durch Aufforderung zur Mitteilung der Betreuungsgerichtlichen Genehmigung nach § 1829 Abs. 2 BGB beenden.

3 Ein **Widerrufsrecht** steht ihm jedoch dann zu, wenn der Betreuer **bei Vertragsschluss** unzutreffend behauptet, die Genehmigung sei erteilt worden. Das Widerrufsrecht setzt nur die objektive Unwahrheit der Behauptung des Betreuers voraus und gilt daher auch bei unbewusst unrichtiger Behauptung durch den Betreuer.[1] Ein Verschulden des Betreuers ist also nicht erforderlich.

4 **Kein Widerrufsrecht** entsteht, wenn der Betreuer die unwahre Behauptung erst nach Vertragabschluss aufstellt. Der Widerruf ist auch ausgeschlossen, wenn der Vertragspartner das Fehlen der Genehmigung positiv kannte. Fahrlässige Unkenntnis reicht nicht aus.[2]

5 Der Widerruf ist nicht fristgebunden. Er ist nicht mehr möglich, wenn die Genehmigung nachträglich erteilt und dem Vertragspartner vom Betreuer mitgeteilt wurde.

III. Bedeutung für das Gericht

6 Das Gericht hat im Rahmen seiner Aufsicht (§§ 1908 i Abs. 1 S. 1, 1837 Abs. 2 S. 1 BGB) dafür zu sorgen, dass der Betreuer die Vorschrift beachtet. Funktional zuständig ist der Rechtspfleger (§ 3 Nr. 2 a RPflG).

---

10 BGH NJW 2009, 2814.
11 BayObLGZ 1977, 121.
1 MK/Wagenitz, § 1832 BGB Rn 3.
2 Soergel/Zimmermann, § 1832 BGB Rn 1; Staudinger/Engler, § 1832 BGB Rn 7; MK/Wagenitz, § 1832 BGB Rn 2.

IV. Bedeutung für den Betreuer

Der Betreuer muss sicher sein, dass die Genehmigung, deren Existenz er behauptet, wirklich erteilt wurde. 7

§ 1831 BGB Einseitiges Rechtsgeschäft ohne Genehmigung

¹Ein einseitiges Rechtsgeschäft, das der Vormund ohne die erforderliche Genehmigung des Familiengerichts vornimmt, ist unwirksam. ²Nimmt der Vormund mit dieser Genehmigung ein solches Rechtsgeschäft einem anderen gegenüber vor, so ist das Rechtsgeschäft unwirksam, wenn der Vormund die Genehmigung nicht vorlegt und der andere das Rechtsgeschäft aus diesem Grunde unverzüglich zurückweist.

I. Anwendbarkeit

Die Vorschrift ist gemäß § 1908 i Abs. 1 S. 1 BGB auf die Betreuung entsprechend anzuwenden. 1

II. Inhalt

Einseitige Rechtsgeschäfte, die ohne die erforderliche, nach § 1828 BGB dem Betreuer zu erklärende Genehmigung vorgenommen wurden, sind **nichtig**. Eine Heilung des Mangels ist nicht möglich. Das Rechtsgeschäft muss in diesen Fällen mit vorheriger Genehmigung des Betreuungsgerichts neu vorgenommen werden. 2

Beispiele für **einseitige Rechtsgeschäfte** sind: Kündigung eines Miet- oder Pachtvertrages, Aufrechnung, Anfechtung, Rücktritt, Erteilung einer Prokura, Ausschlagung einer Erbschaft. Nicht erfasst wird dagegen die Genehmigung zur Annahme einer Leistung nach § 1812 BGB, die auch nachträglich vom Betreuungsgericht genehmigt werden kann. 3

Nicht anwendbar ist § 1831 BGB auf das Angebot oder die Annahme eines Angebots, denn diese Erklärungen sind Teil des Vertragsabschlusses. Das Gleiche gilt für die Zustimmung des Betreuers zu einer dem Einwilligungsvorbehalt nach § 1903 BGB unterliegenden Erklärung des Betreuten. 4

III. Bedeutung für den Betreuer
1. Schutzzweck

Die Vorschrift will verhindern, dass bei einseitigen Rechtsgeschäften ein Schwebezustand eintritt, und dient dem **Schutz des Erklärungsempfängers**. Er soll nicht auf unbestimmte Zeit über die Wirksamkeit des Rechtsgeschäftes im Ungewissen bleiben. In der Praxis hat dies hauptsächlich für die Genehmigung zur Aufgabe von Wohnraum des Betreuten (§ 1907 Abs. 1 BGB) Bedeutung. 5

2. Wirksamkeit des einseitigen Rechtsgeschäftes

Die Wirksamkeit eines einseitigen Rechtsgeschäftes hängt neben dem Zugang der Erklärung (zB Kündigung) beim Empfänger (zB Vermieter) nur von dem Eintritt der Rechtskraft (§ 40 Abs. 2 FamFG) ab, nicht jedoch davon, dass der Betreuer von der rechtskräftigen Genehmigung durch Mitteilung Gebrauch 6 macht. § 1829 Abs. 1 S. 2 BGB findet auf einseitige Rechtsgeschäfte keine Anwendung![1]

7 Dem Erklärungsempfänger ist folglich nur der Eintritt der Rechtskraft durch Vorlage einer Ausfertigung der Entscheidung mit Rechtskraftzeugnis (§ 46 FamFG) nachzuweisen.

8 Bei empfangsbedürftigen Erklärungen (zB Kündigung, Ausschlagung) genügt es, wenn die Genehmigung bei deren Zugang rechtskräftig ist (§ 130 Abs. 1 S. 1 BGB).[2]

9 Bei **Nichtvorlage** einer erteilten **Genehmigung** hat der private Erklärungsempfänger ein Zurückweisungsrecht, § 1831 Abs. 2 BGB. Er muss davon aber unverzüglich (ohne schuldhaftes Zögern) Gebrauch machen und die Zurückweisung auf die Nichtvorlage stützen.

3. Nachträgliche Genehmigung eines Rechtsgeschäftes

10 Das Erfordernis der Vorgenehmigung wird für die amtsempfangsbedürftige Genehmigung durchbrochen,[3] da das Schutzbedürfnis für den Erklärungsempfänger entfällt, wenn andere Stellen (zB das Grundbuchamt oder das Nachlassgericht) durch Fristsetzung bzw Zwischenverfügung dafür Sorge tragen, dass der Zustand der Ungewissheit binnen bestimmter Zeit endet.[4]

11 Ist die genehmigungsbedürftige Erklärung einer Behörde gegenüber abzugeben, ist diese verpflichtet, durch Fristsetzung dem Zustand der Ungewissheit ein Ende zu machen.[5]

12 Dies gilt auch für Erklärungen, die gegenüber dem Grundbuchamt abzugeben sind und eine Eintragung zum Ziel haben (etwa nach §§ 875, 1183, 1196 Abs. 2 BGB), da hier das Grundbuchamt eine Frist setzen kann, binnen derer der Nachweis der Rechtskraft der Genehmigung (§ 40 Abs. 2 FamFG) geführt werden kann.[6]

4. Besonderheiten bei der Erbausschlagung

13 Größte praktische Bedeutung dürfte der Ausnahme von dem Erfordernis der vorherigen Genehmigung für die gem. §§ 1908 Abs. 1, 1822 Nr. 2 BGB genehmigungsbedürftige Erbausschlagung zukommen.

14 Die Erbausschlagung ist eine einseitige, form- und fristgebundene, amtsempfangsbedürftige Willenserklärung, die grundsätzlich der Vorgenehmigung bedarf. Allgemein anerkannt ist jedoch, dass die Genehmigung **innerhalb der**

---

1 Sonnenfeld/Zorn, Wirksamwerden genehmigungsbedürftiger Rechtsgeschäfte, Rpfleger 2004, 533 entgegen: OLG Frankfurt/M. OLGZ 1966, 337 = FamRZ 1966, 256; BayObLGZ 1983, 213, 219; MK/Leipold, § 1944 BGB Rn 2; Staudinger/Otte, § 1944 BGB Rn 25.
2 BayObLG Rpfleger 1996, 450 = FamRZ 1996, 1161; Staudinger/Engler, § 1831 BGB Rn 4; Soergel/Zimmermann, § 1831 BGB Rn 1; MK/Wagenitz, § 1831 BGB Rn 5.
3 OLG Celle Rpfleger 1980, 187; OLG Düsseldorf Rpfleger 1993, 337; BayObLG Rpfleger 1996, 450.
4 BGH FamRZ 1966, 504.
5 OLG Zweibrücken FamRZ 1996, 430.
6 AA Eickmann, Grundbuchverfahrensrecht, 3. Aufl. 1994, Rn 206.

Ausschlagungsfrist nachgeholt werden kann.[7] Nach hM[8] wird die sechswöchige Ausschlagungsfrist (§ 1944 Abs. 1 BGB) durch Eingang des Antrags auf Erteilung der betreuungsgerichtlichen Genehmigung beim zuständigen Amtsgericht bis zur Rechtskraft der Entscheidung gehemmt, § 1944 Abs. 2 S. 3, § 206 Abs. 1 BGB. Es kommt also nur darauf an, dass die gerichtliche Genehmigung binnen der Ausschlagungsfrist beantragt wird, denn das Genehmigungsverfahren liegt außerhalb des Einflusses des gesetzlichen Vertreters.[9] Diese von der Rechtsprechung gefundene Lösung ist sach- und praxisgerecht. Sachgerecht, weil dem gesetzlichen Vertreter die volle Überlegungszeit der Ausschlagungsfrist zugestanden werden muss. Praxisgerecht, weil selbst bei frühzeitiger Antragstellung die Entscheidung binnen der Ausschlagungsfrist die Ausnahme bilden wird. Die Genehmigung wird wirksam mit Rechtskraft, § 40 Abs. 2 FamFG. Wenngleich dem Nachlassgericht der Zeitpunkt der Wirksamkeit der Genehmigung nachzuweisen ist, ist die Genehmigung nicht materiellrechtliches Wirksamkeitserfordernis für die Erbausschlagung an sich, da § 1829 Abs. 1 S. 2 BGB auf **einseitige Willenserklärungen** nicht anwendbar ist.[10]

IV. Bedeutung für das Betreuungsgericht

Das Betreuungsgericht hat im Rahmen seiner Aufsicht (§§ 1908i Abs. 1 S. 1, 1837 Abs. 2 S. 1) dafür zu sorgen, dass der Betreuer die Vorschrift beachtet. Funktional zuständig ist dafür der Rechtspfleger, § 3 Nr. 2a RPflG. 15

Zu den Kriterien für die Genehmigung wird auf § 1828 BGB Rn 14ff verwiesen. 16

Werden einseitige, amtsempfangsbedürftige Rechtsgeschäfte ausnahmsweise **nachträglich genehmigt**, werden sie mit Rechtskraft der Genehmigung gem. § 40 Abs. 2 FamFG wirksam. An der Einseitigkeit des Rechtsgeschäftes ändert sich durch die Ausnahme vom Erfordernis der vorherigen Genehmigung nichts! Daher führt die Möglichkeit zur Nachgenehmigung nicht zur Anwendung von § 1829 Abs. 1 S. 2 BGB und macht den Erklärungsempfänger nicht zum Vertragspartner iSd § 1829 BGB. Ein Gebrauch der Genehmigung durch Mitteilung an den Empfänger der Erklärung (Vermieter, Nachlassgericht, Grundbuchamt) ist nicht Wirksamkeitsvoraussetzung.[11] 17

Zu beachten ist jedoch, dass der **Nachweis der Rechtskraft der Genehmigung** als Wirksamkeitsnachweis zu führen ist. Im Falle von amtsempfangsbedürftigen Erklärungen gegenüber dem Nachlassgericht oder Grundbuchamt wäre die Übersendung einer Ausfertigung der Entscheidung an das Nachlassgericht oder Grundbuchamt zweckdienlich. So können Nachlassgericht oder Grundbuchamt den Zeitpunkt der Wirksamkeit des einseitigen Rechtsgeschäftes des Betreuers sicher und zeitnah feststellen.[12] 18

---

7 Palandt/Weidlich, § 1945 BGB Rn 6.
8 OLG Frankfurt/M. OLGZ 1966, 377; MK/Leipold, § 1944 BGB Rn 20; Soergel/Stein, § 1944 BGB Rn 21.
9 BayObLG FamRZ 1983, 834; MK/Wagenitz, § 1831 BGB Rn 7; Staudinger/Engler, § 1831 BGB Rn 14.
10 Dazu ausführlich: Sonnenfeld/Zorn, Wirksamwerden gerichtlicher Genehmigungen, Rpfleger 2004, 533 ff.
11 Mit überzeugenden Argumenten: Sonnenfeld/Zorn, Rpfleger 2004, 533 ff.
12 OLG Frankkfurt/M. OLGZ 1966, 377; MK/Leipold, § 1944 BGB Rn 20.

§ 1832 BGB Genehmigung des Gegenvormunds

Soweit der Vormund zu einem Rechtsgeschäft der Genehmigung des Gegenvormunds bedarf, finden die Vorschriften der §§ 1828 bis 1831 entsprechende Anwendung; abweichend von § 1829 Abs. 2 beträgt die Frist für die Mitteilung der Genehmigung des Gegenvormunds zwei Wochen.

I. Anwendbarkeit

1 Die Vorschrift ist gemäß § 1908 i Abs. 1 S. 1 BGB auf die Betreuung entsprechend anzuwenden.

II. Inhalt

2 Die Vorschrift betrifft die nach **außen wirksamen Genehmigungen** nach §§ 1809, 1812, 1813 Abs. 2 BGB, nicht dagegen die reine Ordnungsvorschrift des § 1810 BGB.[1] Die Genehmigungserklärung ist eine privatrechtliche Willenserklärung, auf die die allgemeinen Regeln, zB über die Anfechtung, anwendbar sind.[2]

3 Durch § 1832 BGB wird klargestellt, dass die Genehmigung des Rechtsgeschäftes durch den Gegenbetreuer nach § 1828 BGB dem Betreuer zu erklären ist. Eine nachträgliche Genehmigung wird erst wirksam, wenn der Betreuer sie dem Vertragspartner mitteilt, § 1829 Abs. 1 S. 2 BGB.

§ 1833 BGB Haftung des Vormunds

(1) ¹Der Vormund ist dem Mündel für den aus einer Pflichtverletzung entstehenden Schaden verantwortlich, wenn ihm ein Verschulden zur Last fällt. ²Das Gleiche gilt von dem Gegenvormund.

(2) ¹Sind für den Schaden mehrere nebeneinander verantwortlich, so haften sie als Gesamtschuldner. ²Ist neben dem Vormund für den von diesem verursachten Schaden der Gegenvormund oder ein Mitvormund nur wegen Verletzung seiner Aufsichtspflicht verantwortlich, so ist in ihrem Verhältnis zueinander der Vormund allein verpflichtet.

I. Einleitung ... 1	c) Aufenthaltsbestimmung/Unterbringung ... 32
II. Bedeutung für das Betreuungsgericht ... 4	d) Wohnungsangelegenheiten ... 35
III. Bedeutung für den Betreuer ... 5	e) Umgangsbestimmung ... 43
1. Allgemeines ... 5	f) Behördenangelegenheiten ... 44
2. Pflichten im Rahmen der gerichtlich zugewiesenen Aufgabenkreise ... 6	g) Prozessführung ... 45
a) Vermögenssorge ... 6	3. Gesetzliche Pflichten des Betreuers ... 47
b) Gesundheitssorge ... 15	

---

1 Soergel/Zimmermann, § 1832 BGB Rn 1; Staudinger/Engler, § 1832 BGB Rn 2; MK/Wagenitz, § 1832 BGB Rn 2.
2 Soergel/Zimmermann, § 1832 BGB Rn 1; Staudinger/Engler, § 1832 BGB Rn 8; MK/Wagenitz, § 1832 BGB Rn 3.

4. Anordnungen und Gebote des Betreuungsgerichts 48
5. Haftung des Gegenbetreuers 49
6. Haftung des Vollmachtüberwachungsbetreuers 50
7. Verschulden 51
8. Schaden 56
9. Kausalität zwischen Pflichtverletzung und Schaden 60

IV. Bedeutung für die Betreuungsbehörde 61
V. Bedeutung für den Betreuungsverein 64
VI. Bedeutung für den Betreuten, Erben bzw Ergänzungsbetreuer 66

I. Einleitung

§ 1833 BGB ist sinngemäß auf die Betreuung anzuwenden, § 1908 i Abs. 1 S. 1 BGB. Der Betreute kann von dem Betreuer den Schaden ersetzt verlangen, der ihm infolge einer von diesem verursachten Pflichtverletzung entstand. Mögliche Anspruchsgegner sind **alle Betreuertypen**: Einzelbetreuer, Gegenbetreuer, Mitbetreuer, Ergänzungsbetreuer, Vereins-, Behördenbetreuer und Vollmachtsüberwachungsbetreuer nach § 1896 Abs. 3 BGB. Die Vorschrift gilt für ehrenamtliche ebenso wie für berufliche Betreuer. Der Betreuer kann sich nicht haftungsmäßig entlasten durch das Einschalten eines Bevollmächtigten zur Erledigung einzelner Aufgaben. Der Betreuer hat in der Regel für Fehler einer Hilfsperson gemäß § 278 BGB wie für eigenes Verschulden einzustehen. Das **Gebot der persönlichen Betreuung** (§ 1897 Abs. 1 BGB) steht dabei der Delegation wesentlicher Betreueraufgaben entgegen, vgl im Übrigen die Kommentierung zu § 1901 BGB.[1] Insbesondere die Besprechung wichtiger Angelegenheiten mit dem Betreuten (§ 1901 Abs. 3 BGB)[2] sowie beispielsweise die Einwilligung in Eingriffe nach §§ 1904 bis 1906 BGB zählen zu den nicht delegierbaren Aufgaben. Untergeordnete Tätigkeiten können Hilfskräften zur Erledigung übertragen werden; die Entscheidungsverantwortung muss aber weiterhin bei dem Betreuer liegen.[3] Dies gilt auch für Fälle vorübergehender Abwesenheit des Betreuers.[4] Die unzulässige Delegation wichtiger Betreueraufgaben, wie beispielsweise die Entscheidung über ärztliche Eingriffe, ist pflichtwidrig. Verursacht der Dritte dem Betreuten einen Schaden, haftet der Betreuer auch ohne dessen Verschulden; das Verschulden liegt in der unzulässigen Delegation.[5] Bei **zulässiger Delegation** ist zu unterscheiden, ob der Betreuer die Angelegenheit ohne Weiteres selbst hätte wahrnehmen können, dann ist seine Haftung gemäß § 278 BGB gegeben, ohne dass es auf ein eigenes Verschulden des Betreuers ankommt.[6] War die Einschaltung eines Dritten wegen dessen besonderer Sachkunde notwendig (zB Anwalt für Prozessführung, Steuerberater für die Anfertigung einer Steuererklärung), haftet der Betreuer nur für ein Auswahl- und Überwachungsverschulden.[7]

1

---

1 Zur Zulässigkeit von Delegation: Klaus Maier, Pauschalierung von Vergütung und Aufwendungsersatz – Chance für Berufsbetreuer, BtPrax Spezial 2005, 17 ff.
2 Lipp, Rechtliche Betreuung und das Recht auf Freiheit, BtPrax 2008, 51, 54.
3 BayObLG FamRZ 2003, 405; FamRZ 2004, 565; grundlegend zur Delegation: Maier, Pauschalierung von Vergütung und Aufwendungsersatz, BtPrax Spezial 2005, 17 ff.
4 BayObLG BtPrax 2000, 214, 215; OLG Dresden BtPrax 2001, 260; OLG Frankfurt/M. FamRZ 2002, 223.
5 Deinert/Lütgens/Meier, Die Haftung des Betreuers, 2. Aufl. 2007, Rn 386.
6 Deinert/Lütgens/Meier aaO.
7 Knittel, § 1833 BGB Rn 47.

2 **Dritte,** die dem Betreuten Schäden zufügen, haften nach den allgemeinen Grundsätzen. Ferner nicht erfasst durch § 1833 BGB ist die Haftung des Betreuers gegenüber Dritten.[8] Diesen gegenüber haftet der Betreuer nur nach allgemeinen Grundsätzen, zB bei Überschreiten der gesetzlichen Vertretungsmacht nach § 179 BGB. Im Übrigen wird der Betreuer stets als gesetzlicher Vertreter des Betreuten im Rahmen des ihm gerichtlich zugewiesenen Aufgabenkreises tätig, § 1902 BGB. Allerdings sind im Rahmen der gesetzlichen Vertretungsbefugnis des Betreuers Konstellationen denkbar, in denen sowohl der Betreute als auch ein Dritter durch Handeln oder Unterlassen des Betreuers geschädigt sind. Dies kann zu einer Drittschadensliquidation gegen den Betreuer führen. Gläubiger des Betreuten können im Wege der Zwangsvollstreckung auf dessen Schadensersatzanspruch gem. § 1833 BGB zurückgreifen. ZB kann ein Vermieter des Betreuten dessen Anspruch gegen den Betreuer wegen verspäteter Mietkündigung pfänden und sich zur Einziehung überweisen lassen, §§ 829, 835 ZPO.[9] Eine **Eigenhaftung des Betreuers** für Geschäfte, die in Erledigung seiner Betreueraufgaben vorgenommen wurden, kommt lediglich ausnahmsweise in Betracht. Dies ist der Fall, wenn der Betreuer über das allgemeine Vertrauen hinaus eine zusätzliche, persönliche Gewähr für die Seriosität und Erfüllung der Verbindlichkeit in Anspruch nahm.[10] Dementsprechend begründet der Abschluss eines Altenheimvertrages zugunsten des Betreuten keine eigene persönliche Haftung des Betreuers für vertragliche Verbindlichkeiten.[11] Unterlässt es der Betreuer pflichtwidrig, sich um die Bezahlung des Heimentgelts zu kümmern, und kommt es deshalb zu einem Vermögensschaden der Einrichtung, steht dieser weder aus §§ 1908 i, 1833 BGB noch aus § 823 Abs. 1, 2 BGB ein Schadensersatzanspruch zu.[12] Allerdings könnte die Einrichtung mögliche Schadensersatzansprüche des Betreuten gegen den Betreuer pfänden, § 836 Abs. 1 ZPO. Gesetzliche Erben – wozu auch der Fiskus gehören kann (§ 1936 BGB) – sind verpflichtet, etwaige Ansprüche gegen den Betreuer aus einer Pflichtverletzung an den Träger der Einrichtung abzutreten, sofern sie selbst kein Interesse an einer Auseinandersetzung mit dem Betreuer haben.[13]

Wird allerdings in einem **Pflegeheimvertrag** neben dem Betreuten der Betreuer als Auftraggeber genannt und unterzeichneten beide den Vertrag, haftet der Betreuer nach dem Tod des Betreuten dem Heim für rückständige Pflegekosten.[14] Es ist von daher dem Betreuer zu empfehlen, Verträge zugunsten des Betreuten stets mit dem Zusatz „als Betreuer" oder „in Vertretung" zu unterzeichnen, um zu verdeutlichen, dass kein Eigengeschäft vorliegt.

3 Nicht erfasst durch die Norm sind Schäden, die der Betreute dem Betreuer zufügte. Insoweit ist auf das **allgemeine Deliktsrecht** zurückzugreifen. Es kommt eine Haftung des Betreuten für dem Betreuer zugefügte Rechtsgutverletzungen nach § 823 BGB in Betracht. Ist der Betreute nicht deliktsfähig (§ 827 BGB),

---

8 OLG Düsseldorf FamRZ 2010, 1282 für Ansprüche des Vermieters.
9 LG Berlin FamRZ 2000, 1526.
10 BGH BtPrax 1995, 103, 105.
11 AG Essen NJWE-FER 2000, 257; OLG Schleswig SchlHA 2003, 74; LG Duisburg NJW-RR 2012, 455; OLG Düsseldorf FamRZ 2010, 1282.
12 AG Steinfurth SozR aktuell 2004, 236; OLG Schleswig SchlHA 2003, 74.
13 AG Münster SozR aktuell 2004, 237.
14 AG Dortmund Urteil v. 14.2.2006, 125 C 1227/05.

tritt allenfalls bei Vorhandensein von Vermögen eine Billigkeitshaftung nach § 829 BGB ein. Für Personenschäden, die der ehrenamtliche Betreuer im Rahmen seiner Berufsausübung erleidet, besteht unter bestimmten Voraussetzungen Versicherungsschutz bei der Unfallversicherung, § 2 Abs. 1 Nr. 9, 10 a SGB VII. Träger der Unfallversicherung ist die Eigenunfallversicherung des jeweiligen Bundeslandes.

§ 1833 BGB ist also eine Vorschrift, die ausschließlich die Haftung des Betreuers gegenüber dem Betreuten regelt. Sie besitzt **keine drittschützende Funktion.** Demgemäß kann der Betreuer auch nicht von der Staatskasse dafür haftbar gemacht werden, keine Rücklagen für den Ausgleich seiner Vergütung gebildet zu haben.[15]

II. Bedeutung für das Betreuungsgericht

Besteht im Rahmen einer laufenden Betreuung seitens des Betreuungsgerichts der Verdacht, der Betreuer könne pflichtwidrig gehandelt haben, ist zugunsten des Betreuten ein **Ergänzungspfleger** respektive ein **Gegenbetreuer** zu bestellen mit dem Aufgabenkreis der Prüfung von Pflichtwidrigkeiten und Geltendmachung von Schadensersatzansprüchen.[16] Bei gravierenden Pflichtverstößen in der Besorgung der Vermögensangelegenheiten des Betreuten bzw Amtsüberforderung ist der Betreuer zu **entlassen.**[17] Im Übrigen ist auf die Kommentierung zu § 1837 BGB zu verweisen.

III. Bedeutung für den Betreuer
1. Allgemeines

Die Vorschrift enthält mehrere Tatbestandsmerkmale, die alle erfüllt sein müssen, um zu einer Haftung zu kommen: Pflichtverletzung, Verschulden und Schaden, ferner Kausalität zwischen Pflichtverletzung und Schaden. Zentraler Aufhänger für eine Haftung ist zunächst eine durch den Betreuer begangene **Pflichtverletzung.** Als Pflichtverletzung stellt sich jeder Verstoß gegen das Gebot zu einer treuen und gewissenhaften Amtsführung dar; sie kann in einem Tun oder Unterlassen liegen, in der Abgabe und dem Unterlassen einer Willenserklärung, in der Vornahme oder Nichtvornahme beliebiger Rechtshandlungen oder Realakte.[18] Es ist also im Rahmen einer Haftungsprüfung im Umkehrschluss zu fragen, welche Pflichten der Betreuer gehabt hätte. **Pflichten des Betreuers** ergeben sich aus:

- dem übertragenen Aufgabenkreis;
- dem Gesetz;
- Anordnungen/Weisungen des Betreuungsgerichts;
- der Wunschbefolgungspflicht, § 1901 Abs. 3 S. 1 BGB.

---

15 OLG Düsseldorf BtPrax 1999, 74.
16 OLG München Rpfleger 2006, 14.
17 BayObLG v. 21.12.2004, 3 Z BR 229/04; BayObLG v. 14.9.1999, 3 Z BR 187/99, FamRZ 2000, 514, 515.
18 BayObLG FamRZ 1992, 108; LG Kempten DAVorm 1995, 1064.

2. Pflichten im Rahmen der gerichtlich zugewiesenen Aufgabenkreise
a) Vermögenssorge

6 Der Betreuer mit dem Aufgabenkreis der Vermögenssorge ist zu einer umfassenden **Ermittlung und Verwaltung des Einkommens und des Vermögens** des Betreuten verpflichtet. Der Aufgabenkreis umfasst dementsprechend die Vertretung in allen vermögensrechtlichen Fragen[19], also auch die Geltendmachung von Ansprüchen, die dem Betreuten zustehen, wie Schmerzensgeld, Ansprüche nach dem Urheberrecht, Ansprüche auf Erwerbsunfähigkeitsrente[20] usw. Zu den Aufgaben des Betreuers zählen auch die steuerrechtlichen Geschäfte, wie die Abgabe der Steuererklärungen und Anzeige von Schwarzgeldern.[21] Die Durchführung der Selbstanzeige sollte von einem steuerrechtlich unkundigen Betreuer wegen der zu wahrenden Vorgehensweise auf einen Steuerberater delegiert werden. Der Betreuer hat die Pflicht zur Abgabe von Einkommensteuererklärungen für Veranlagungszeiträume, die vor seiner Bestellung liegen und noch nicht festsetzungsverjährt sind, andernfalls ist der Tatbestand der Steuerhinterziehung (§ 370 AO) verwirklicht.[22] Zum Aufgabenkreis gehört ebenso die Geltendmachung von Schadensersatzansprüchen, die dem Betreuten gegen Dritte zustehen, und zwar unabhängig davon, ob der Grund für diese Ansprüche während des Laufs der Betreuung oder bereits vorher gelegt wurde.[23] Wird einem Betreuer der Aufgabenkreis Vermögenssorge übertragen, hat er die Aufgabe, das Vermögen des Betroffenen ordnungsgemäß zu verwalten sowie bestmöglich zu sichern und zu mehren.[24] Seine Richtschnur bei den zu treffenden Entscheidungen hat ausschließlich das Wohl und das vermögensrechtliche Interesse des Betreuten zu sein. Bei der Vermögenssorge ist deshalb nicht zu fragen, ob Angehörige Interesse an einer vorweggenommenen Erbfolge haben oder ob familiäre Streitigkeiten zwischen Abkömmlingen des Betreuten vermieden werden können. Wichtig ist allein, dass der Betreute sein Vermögen behält oder mehrt, um damit möglichst lange seinen Unterhalt bestreiten zu können. Hierin besteht die Vermögenssorgepflicht des bestellten Betreuers. Eine korrekte und gewissenhafte Amtsführung verlangt deshalb die konsequente Verfolgung der Interessen des Betreuten.[25]

Teilweise wird vertreten, das Geltendmachen von Leistungen nach dem SGB XII – früher Sozialhilfe (BSHG) – falle nicht unter den Aufgabenkreis der Vermögenssorge, sondern sei eine Angelegenheit der Personensorge.[26] Diese Auffassung dürfte mit Hinblick auf die Entscheidung des BGH zur Verwaltung von Barbeträgen durch den Heimträger veraltet sein.[27] Ferner ist ein Betreuer mit dem Aufgabenkreis der Vermögenssorge nicht befugt, Unterhaltsansprüche

---

19 OLG München Rpfleger 2006, 14.
20 LG Berlin FamRZ 2002, 345.
21 Lipp/Sauer, Steueramnestiegesetz und Betreuung, BtPrax 2004, 83.
22 FG Rheinland-Pfalz v. 18.7.12, 5 K 1348/09; Külz/Tottmann, Rentenbezugsmitteilungen, Möglichkeit der Selbstanzeige, Steuerhinterziehung durch Dritte, Praxis Steuerstrafrecht 2013, 10 ff.
23 BayObLG v. 24.2.2005, 3 Z BR 262/04.
24 Zur Vermögensmehrung: BGH v. 3.11.2004, XII ZR 332/01, BtPrax 2005, 104 ff; OLG München Rpfleger 2006, 14 ff.
25 BGH v. 3.11.2004, XII ZR 332/01 sowie v. 22.7.2009, XII ZR 77/06.
26 LG Köln FamRZ 1998, 919; OVG NRW FamRZ 2001, 312; OLG Zweibrücken FamRZ 2000, 1324.
27 BGH v. 2.12.2010, III ZR 19/10 Rn 18.

des Betreuten geltend zu machen.[28] Das Realisieren von Unterhaltsansprüchen ist Teil der Personensorge; wird ein Betreuer ohne diesen Aufgabenkreis tätig, ist die von ihm erhobene Unterhaltsklage wegen Unzulässigkeit abzuweisen.[29] Der Schaden des Betreuten besteht dann in dem Verlust von Unterhaltsansprüchen für die Vergangenheit, der nicht nachgefordert werden kann, § 1585 b Abs. 2 BGB. Dem Betreuer muss der Aufgabenkreis der Personensorge oder mit Hinblick auf den Erforderlichkeitsgrundsatz besser das Geltendmachen von Unterhaltsansprüchen übertragen worden sein, § 1902 BGB. Aus Betreuersicht empfehlenswert ist haftungstechnisch die Eingrenzung auf das Geltendmachen von Unterhaltsansprüchen, ansonsten im Rahmen der Personensorge auch die weitreichende Aufsichtspflicht wahrzunehmen wäre.[30]

Nach einem Urteil des OLG Nürnberg[31] obliegt es dem Betreuer mit dem Aufgabenkreis der Vermögenssorge, sogenannte **gefahrerhebliche Umstände** im Rahmen eines **Versicherungsverhältnisses** mitzuteilen. Nach § 19 Abs. 1 Versicherungsvertragsgesetz (VVG) müssen einem Versicherer bei Vertragsschluss alle bekannten Gefahrenumstände, die für den Entschluss des Versicherers, den Vertrag mit dem vereinbarten Inhalt zu schließen, erheblich sind und nach denen der Versicherer in Textform fragte, dem Versicherer angezeigt werden. Der Betreute muss sich die Kenntnis/das Verschweigen gefahrerheblicher Umstände und die mögliche Arglist des Betreuers wie eigenes Fehlverhalten zurechnen lassen, § 20 VVG. Dasselbe gilt für sich nach Vertragsschluss ergebende gefahrerhebliche Umstände, § 23 Abs. 3 VVG. Der Betreuer ist verpflichtet, bei einem laufenden Vertragsverhältnis unverzüglich nach Kenntnis gefahrerhöhender Umstände diese dem Versicherer anzuzeigen. Zu den gefahrerheblichen Umständen zählen alle psychischen Erkrankungen, geistigen oder seelischen Behinderungen, derentwegen eine Betreuung nach § 1896 BGB angeordnet wurde. Unterbleibt seitens des Betreuers eine Anzeige, wird der Versicherer im Schadensfall leistungsfrei. Datenschutzrechtliche Aspekte sind nachrangig und treten hinter die vorgenannten versicherungsrechtlichen Mitteilungspflichten. Bei Betreuungsübernahme sind sämtliche Versicherer anzuschreiben.

Wurde der Betreute **Opfer einer Straftat**, ist die Befugnis des Betreuers mit dem Aufgabenkreis der Vermögenssorge zur Stellung eines Strafantrages wegen Diebstahls, Betrugs usw umstritten.[32] Für den Betreuten, der mit langfristigen gesundheitlichen Beeinträchtigungen aus einer Gewalttat leben muss, ist bei dem zuständigen Landesamt für Versorgung ein Antrag auf Leistungen nach dem Opferentschädigungsgesetz (OEG) zu stellen. Unerheblich ist, wie lange die Straftat zeitlich zurückliegt. Das Bundessozialgericht billigt auch Opfern häuslicher Gewalt Ansprüche nach dem OEG zu.[33] Gerade psychiatrisierte

---

28 BGH NJW 1993, 1546, 1547; OLG Zweibrücken FamRZ 2000, 1324 m.Anm. Bienwald NJW-RR 2001, 151; aA AG Westerstede FamRZ 2003, 552 m.Anm. Bienwald FamRZ 2003, 886.
29 OLG Zweibrücken FamRZ 2000, 1324.
30 BGH FamRZ 2001, 149.
31 OLG Nürnberg BtPrax 2004, 38 m.Anm. Henkemeier, Versicherungsrechtlicher Aspekt der Betreuerhaftung, BtPrax 2004, 59, und Meier, Haftungsrechtlicher Aspekt der Entscheidung, BtPrax 2004, 60.
32 Bejahend: LG Ravensbrück FamRZ 2001, 937; aA LG Hamburg NStZ 2002, 39; OLG Frankfurt/M. BtPrax 2005, 197, 198.
33 BSG v. 28.4.2005, B9/9 a VG 1/04; v. 11.12.2008, B 9/9 a VG 1/07 R.

§ 1833 BGB

Frauen wurden in ihrer Kindheit häufig Opfer sexuellen Missbrauchs und haben noch im Erwachsenenalter unter den Langzeitfolgen zu leiden.[34]

9 Folgende **Pflichten** treffen u.a. den mit der Vermögenssorge betrauten Betreuer:

- Erstellen eines Vermögensverzeichnisses, §§ 1908 i, 1802 BGB. Gegen den Willen des Betreuten ist es allerdings nicht statthaft, die Wohnung nach Wertgegenständen, Schmuck usw zu durchsuchen.[35]
- Trennung eigener Gelder von denen des Betreuten, §§ 1908 i, 1805 BGB.[36] Dies gilt auch für einen Vermögensbetreuer, der das Vermögen der Mutter verwaltet.[37] Ferner unzulässig ist die Verwaltung von Geldern mehrerer Betreuter auf einem Sammelkonto (Treuhandkonto) des Betreuers.[38]
- Vermögensanlagepflichten, §§ 1908 i, 1806 BGB.[39] Auf dem Girokonto des Betreuten kann ein Betrag belassen werden, der einer Summe entspricht, die für die Lebensführung des Betreuten für maximal drei Monate[40] benötigt wird. Darüber hinaus sind alle weiteren Mittel zinsbringend und mündelsicher anzulegen.[41] Der Betreuer haftet im Schadensfall für eine Geldanlage bei einem Kreditinstitut, das keiner ausreichenden Sicherungseinrichtung angehört.[42]
- Mündelsichere Geldanlage, §§ 1908 i, 1807 BGB. Bei den mündelsicheren Geldanlagen handelt es sich um konservative Anlageformen, bei denen sowohl das Geldinstitut als auch die Anlageform selbst mündelsicher sind. Abweichend davon kann das Betreuungsgericht eine andere Anlageform nach § 1811 BGB gestatten. Girokonten sind ebenso mündelsicher zu führen, das heißt, das Geldinstitut muss einer ausreichenden Sicherungseinrichtung angehören.[43] Bei ausländischen Banken ist der Umfang der Einlagensicherung zu erfragen.[44]
- Versperrte Geldanlage, §§ 1908 i, 1809 BGB. Mit dem Kreditinstitut ist zu vereinbaren, dass Gelder nur mit Genehmigung des Betreuungsgerichts bzw des Gegenbetreuers abgehoben werden dürfen. Es ist ein sog. Mündelsperrvermerk zu veranlassen.[45] In der Wohnung eines Betreuten befindliches Bargeld in erheblicher Größenordnung (13.400 EUR) ist entgegen dessen Wunsch mündelsicher, versperrt und zinsbringend anzulegen.[46] Es

---

34 AWMF-Leitlinie Nr. 028/038 zu den Langzeitfolgen sexuellen Missbrauchs im Kindesalter, www.awmf-leitlinien.de.
35 BGH FamRZ 2001, 149.
36 LG Münster v. 28.7.2011, 5 T 309/11.
37 LG Krefeld Rpfleger 2001, 302.
38 OLG Köln v. 7.4.1996, 16 Wx 139/96 und 16 Wx 140/96; LG Münster v. 4.5.2011, 5 T 309/11, BtPrax 2012, 219.
39 LG Köln FamRZ 2006, 1874 (LS).
40 Meier/Neumann, Handbuch Vermögenssorge, S. 106; Oberloskamp/Pollack/Band, § 8 Rn 262, und Jochum/Pohl, Pflegschaft, Vormundschaft und Nachlass, 1989, Rn 247 halten demgegenüber ein Guthaben für ein bis zwei Monaten für unbedenklich.
41 BayObLG v. 11.8.2004, 3 ZBR 102/04, BayObLGR 2004, 447; KG v. 27.1.2009, 1 W 95/08 Rn 18.
42 LG Waldshut-Tiengen BtPrax 2008, 87.
43 BayObLG FamRZ 2005, 389; LG Waldshut-Tiengen FamRZ 2008, 916.
44 LG Berlin BB 1966, 1170.
45 BayObLG FamRZ 2005, 389.
46 BayObLG FamRZ 2005, 389, 390.

liegt weiterhin auf der offenen Hand, dass die ungesicherte Verwahrung von Bargeld in beträchtlicher Höhe in einem Pflegeheim die Gefahr des Verlustes durch Diebstahl in sich birgt.[47] Wünsche des Betreuten, größere Bargeldmengen in der Wohnung/dem Pflegeheim zu verwahren, laufen dem betreuerseits zu beachtenden Wohl zuwider. Die Geldanlagevorschriften stellen sich somit als eine Einschränkung des Willensvorrangs des Betreuten dar.[48] Der Betreuer ist ohne betreuungsgerichtliche Genehmigung nicht berechtigt, Gelder des Betreuten von einem gesperrten Spargeldkonto auf ein ebenso gesperrtes Spargeldkonto bei einer anderen Bank zu transferieren.[49]

- Einhalten der Genehmigungserfordernisse nach §§ 1908 i, 1811 ff BGB für die Geldanlage und Geldverwaltung. Ausschlagen einer überschuldeten Erbschaft, § 1944 BGB.[50]
- Prüfung der wirtschaftlichen Angemessenheit eines vorgenommenen oder genehmigten Rechtsgeschäfts.[51]
- Prüfung zweifelhafter, gegen den Betreuten erhobener Forderungen.[52]
- Kritische Würdigung und Überprüfung eines eingeholten Sachverständigengutachtens auf Plausibilität hinsichtlich des Ergebnisses bei einem Grundstücksverkauf.[53]
- Abstandnahme von dem Führen eines offensichtlich aussichtslosen Prozesses.[54]
- Verjährungsunterbrechende Anspruchssicherung von Forderungen. Für die Kenntnis vom Schaden und der Person des Ersatzpflichtigen ist nicht auf die Kenntnis des Betreuten abzustellen, der Schmerzensgeld- und Schadensersatzansprüche, vertragliche oder sonstige Ansprüche nicht erkennen und geltend machen kann. Es ist vielmehr auf die Kenntnis bzw das Kennenmüssen des Betreuers oder des von diesem bevollmächtigten Rechtsanwalts für die Frage der Verjährung abzustellen. Der Aufgabenkreis der Vermögenssorge umfasst die Vertretung in allen vermögensrechtlichen Fragen, also auch das Geltendmachen von Forderungen aller Art.[55]
- Wahrung von Rechtsmittel- und Antragsfristen.[56]
- Durchführung von Zwangsvollstreckungsmaßnahmen.[57]
- Sicherstellung von Rückzahlungsverpflichtungen.[58]

---

47 KG FamRZ 2009, 910, 911.
48 BayObLG FamRZ 2005, 389; Hoffmann BtPrax 2001, 60, 63.
49 LG Münster Rpfleger 1989, 455.
50 Einzelheiten hierzu: Deinert/Lütgens/Meier, Die Haftung des Betreuers, 2. Aufl. 2007, S. 179 ff.
51 BGH NJW 1984, 2464, 2465.
52 BGH v. 9.1.2013, XII ZB 334/12, BtPrax 2013, 68 ff.
53 BGH FamRZ 1983, 1220.
54 OLG Hamburg NJW 1960, 1207.
55 OLG Celle BtMan 2008, 167 (LS); OLG München Rpfleger 2006, 14 ff.
56 BGH VersR 1968, 1115.
57 KG DAVorm 1975, 439.
58 OLG Hamm FamRZ 1995, 696.

- Übertragung von Vermögensgegenständen nur bei Gestellung ausreichender Sicherheiten.[59]
- Rechtzeitiges Stellen eines Rentenantrages.[60]
- Abschließen einer Haftpflichtversicherung bei zu erwartender erhöhter haftungsrechtlicher Inanspruchnahme des Betreuten.[61]
- Beauftragen eines Streudienstes für das Anwesen des Betreuten; Winterfestmachen von Wasserleitungen.[62]
- Gelegentliches Überprüfen von technischen Mängeln in der Wohnung des Betreuten und Veranlassen von deren Behebung.[63] Diese Verpflichtung fällt allerdings auf einen Pflegedienst, dem die sog. kleine und große hauswirtschaftliche Versorgung des Betreuten obliegt.
- Verwahrung von Wertsachen und Schmuck in einem sicheren Banksafe.[64]
- Realisieren von Sozialleistungen aller Art: Krankengeld nach § 44 SGB V,[65] Grundsicherungsleistungen nach dem SGB II, XII, Geltendmachung von Mehrbedarfszuschlägen und Zuschlägen für kostenaufwändige Ernährung nach §§ 21 SGB II, 30 SGB XII, Antrag auf Zuerkennung einer Schwerbehinderung nebst Nachteilsausgleichen, Rundfunkgebührenbefreiung, Wohngeld, Kindergeld, Pflegegeld nach dem SGB V, XI, Nachteilsausgleiche nach dem SGB IX (Freifahrt),[66] Gebührenbefreiung/-ermäßigung von Rundfunk- und Telefongebühren, Erziehungsgeld etc.[67]

Im Bereich der Vermögenssorge wurde als **Pflichtverletzung** bejaht:

- unkritische Übernahme der Bewertung von Grundvermögen bei Anzeichen für nicht plausible Angaben;[68]
- Geldanlage in ausländischen (unsicheren) Wertpapieren;[69]
- unterlassene Prüfung, ob ein Rechtsgeschäft wirtschaftlich angemessen ist;[70]
- der voreilige Verkauf eines Hausgrundstücks in Zeiten ansteigender Preise;[71]
- Löschungsbewilligung einer Vormerkung bei fehlgeschlagenem Grundstücksgeschäft, ohne die Rückzahlung des bereits erbrachten anteiligen Kaufpreises sicherzustellen;[72]

---

59 BGH BtPrax 2004, 30.
60 LG Berlin BtPrax 2001, 215, aber keine Haftung, wenn der Betreuer zunächst den Wunsch des Betreuten nach Reha-Maßnahmen respektiert, LG Berlin BtPrax 2001, 83.
61 BGH NJW 1980, 2249.
62 Knittel § 1833, Rn 9; LG Berlin v. 23.6.2011, 5 O 261/10.
63 AG Laufen FamRZ 2001, 754; AG Schöneberg v. 10.12.2008, 7 a C 48/08.
64 Wesche, Die Geldverwaltung durch den Betreuer, BtPrax 2003, 56, 59.
65 LSG Berlin BtPrax 2001, 126.
66 Guter Überblick: Behindertenleitfaden Leipzig www.imn.htwk-leipzig.de.
67 www.btprax.de/wiki Checkliste Vermögenssorge.
68 BGH FamRZ 1983, 1220 unter Hinweis auf RG JW 1910, 708.
69 DIV-Gutachten DAVorm 1992, 1212.
70 BGH FamRZ 1984, 780.
71 BGH MDR 1967, 473; OLG Düsseldorf v. 11.7.1989, 20 U 151/87.
72 OLG Hamm FamRZ 1995, 696.

- Vermischung des Betreutenvermögens mit eigenem Vermögen unter Verletzung des § 1805 BGB;[73]
- Verweigerung von Mitteln für Kurmaßnahmen, leichtsinniges Bestreiten einer gerechtfertigten Gläubigerforderung, Ablehnung einer berechtigt erscheinenden Strafverteidigerbestellung trotz Vermögens;[74]
- Anlage in nicht mündelsicheren Wertpapieren sowie Unterlassen des Sperrvermerks nach § 1809;[75]
- Unterlassen des Abschlusses einer Haftpflichtversicherung für den Betreuten trotz der Gefahr der erhöhten haftpflichtrechtlichen Inanspruchnahme;[76] Voraussetzung sind aber eine aufnahmebereite Versicherung sowie ausreichende Geldmittel für den Versicherungsvertrag;
- unterbliebene Geltendmachung von Pflichtteilsansprüchen;[77]
- Übertragung des Inventars einer dem Betreuten gehörenden Baufirma auf einen Dritten, ohne ausreichende Gegenleistung, insbesondere ohne verbindliche Schuldenübernahme;[78]
- Verletzung der Pflichten eines Vermögenspflegers bei der Geltendmachung und Sicherung von Gewinnanteilen aus einem Unternehmen;[79]
- Unterlassen der Geltendmachung von Rückforderungsansprüchen gegen Dritte, die sich vor der Betreuerbestellung am Vermögen des Betreuten bereicherten;[80]
- Verweigerung von finanziellen Mitteln für das Stellen eines Betreuungsaufhebungsantrages durch einen vom Betreuten beauftragten Anwalt;[81]
- Verletzung von Kontroll- und Anzeigepflichten bei einem laufenden Girovertrag im Hinblick auf fehlerhafte oder falsche Buchungen;[82]
- Verfügung über ein Wertdepotkonto ohne Zustimmung des Gegenbetreuers, Überlassung einer EC-Karte mit PIN-Nummer an einen Dritten sowie Aushändigung von über 2000 € monatlich zur freien Verfügung.[83]

Die neuere Rechtsprechung betont die Verpflichtung des Betreuers im Aufgabenkreis der Vermögenssorge, Bereicherungsansprüche gegen Dritte (Vorbetreuer, Bevollmächtigte, Nachbarn, Verwandte etc.) geltend zu machen, die vor der Betreuerbestellung von dem geschäftsunfähigen Betreuten Vermögenswerte erhielten. Wichtig ist, dass der Betreute sein Vermögen behält und vermehrt. Die Pflicht zur Vermögensmehrung (§ 1793 BGB) wird verletzt, wenn der Betreuer Rückforderungsinteressen des Betreuten nach verdächtigen Ver-

10

---

73 LG Krefeld FamRZ 2001, 302.
74 OLG Karlsruhe DAVorm 1967, 126.
75 BayObLG FamRZ 2005, 389.
76 BGH FamRZ 1980, 874; OLG Hamm VersR 1982, 77.
77 LG München I FamRZ 2009, 2117, 2118.
78 BGH BtPrax 2004, 30.
79 BGH FamRZ 2005, 358.
80 OLG München Rpfleger 2006, 14.
81 Damrau/Zimmermann, § 1837 BGB, Rn 7.
82 BGHZ 72, 9; 73, 207; OLG Koblenz v. 30.1.2012, 3 W 40/12, FamRZ 2013, 69.
83 LG Berlin FamRZ 2010, 492.

mögensverschiebungen nicht konsequent verfolgt.[84] Ein Vorbetreuer trägt ebenso wie ein Bevollmächtigter die Darlegungs- und Beweislast für eine bestimmungsgemäße Verwendung der Betreutengelder.[85] Wer gestützt auf eine Bankvollmacht als Bevollmächtigter oder Dritter Beträge vom Konto des Vollmachtgebers abgehoben hat, trägt im Rückforderungsprozess die Beweislast für die Behauptung, mit der Abhebung ein formnichtiges Schenkungsversprechen des Vollmachtgebers mit dessen Willen vollzogen zu haben.[86] Die vorbezeichnete Rechtsprechung führt zu einer Haftungsverbreiterung: neben die Haftung aus § 1833 BGB tritt zusätzlich die nach Auftragsrecht. Nach § 666 BGB ist der Bevollmächtigte/Betreuer auf Verlangen des Betreuten/bzw dessen Rechtnachfolgers zur Auskunftserteilung und Rechnungslegung über das verwaltete Vermögen verpflichtet, § 666 BGB. Ferner bestehen Herausgabeansprüche des Betreuten/Vollmachtgebers nach § 667 BGB.

11 Allerdings begrenzt der Wunsch des Betreuten die Vermögensanlagepflichten des Betreuers. Besaß der Betreute zeit seines Lebens einen hohen Girokontostand und wünscht, an diesen Usancen festzuhalten, kommt eine Haftung des Betreuers wegen Verstoß gegen das Verzinsungsgebot, §§ 1908i, 1806 BGB, nicht in Betracht.[87] Dasselbe gilt in dem Falle, dass der (geschäftsfähige) Betreute stets sein Vermögen spekulativ anlegte und hieran festhalten möchte. Im Falle eines geschäftsunfähigen Betreuten kann jedoch in Ansehung der Finanzkrise nicht länger davon ausgegangen werden, es entspräche seinem fortbestehenden Wunsch, länger sein Geld spekulativ anzulegen. Dementsprechend sind spekulative Geldanlagen in mündelsichere umzuwandeln. Aus der Verpflichtung zur mündelsicheren Geldanlage folgt: Der Wunsch des Betreuten, sein Geld zuhause verwahren zu wollen, widerspricht seinem Wohl und kann von dem Betreuer übergangen werden.[88] Die Vermögenssorge beinhaltet die Pflicht, für die Erhaltung, Verwertung und Vermehrung des Vermögens des Betreuten innerhalb der durch das Gesetz aufgestellten Schranken zu sorgen.[89] Dementsprechend pflichtwidrig handelt der Betreuer, der Bargeld des Betreuten bei einem Kreditinstitut anlegt, das keiner für die Anlage ausreichenden Sicherungseinrichtung angehört.[90]

12 Bei einem höheren Barvermögen (hier: 27.000 DM) ist der Betreuer verpflichtet, sich um eine höhere Verzinsung zu bemühen, als diejenige, die auf einem Sparbuch mit gesetzlicher Kündigungsfrist zum Eckzinssatz von 2 % gewährt wird.[91] Der Betreuer ist verpflichtet, regelmäßig die sachgemäße Verwendung der dem Heim/Pflegedienst überwiesenen Gelder zu überprüfen. Gelder auf Verwahrkonten des Heims/Pflegedienstes stellen Betreutenvermögen dar und

---

84 OLG München Rpfleger 2006, 14; LG Mainz v. 8.3.2012, 1 O 20/11; OLG Saarbrücken FamRZ 2011, 1170; OLG Karlsruhe FamRZ 2004, 1601; BGH FamRZ 2007, 386; BGH NJW 1997, 47, 48; OLG Naumburg BtPrax 2007, 262; LG Neuruppin v. 11.6.2012, 3 O 470/10 sowie KG v. 30.1.2013, 26 U 51/12; Palandt/Sprau, § 667 BGB Rn 10 mwN.
85 OLG Naumburg BtPrax 2007, 262; BGH FamRZ 1996, 1533; OLG Karlsruhe FamRZ 2004, 1601.
86 BGH FamRZ 2007, 386 = NJW 2007, 2220.
87 AG Charlottenburg v. 24.3.1995, Az 53 XVII K 438.
88 BayObLG FamRZ 2005, 389; KG FamRZ 2009, 910, 911.
89 LG Köln FamRZ 2006, 1874 (LS).
90 LG Waldshut-Tiengen BtPrax 2008, 87 = FamRZ 2008, 916.
91 AG Bremen v. 14.2.1993 Rpfleger 1993, 338.

sind im Vermögensverzeichnis anzugeben.[92] Wurden Gelder unbemerkt durch Heimmitarbeiter unterschlagen und begünstigte fehlende Kontrolle des Betreuers diese Straftaten, ist lediglich ein faktischer, aber kein juristisch relevanter Schaden des Betreuten iSd §§ 1908 i, 1833 BGB entstanden, falls der Grundsicherungsträger den Barbetrag (§ 35 Abs. 2 SGB XII) leistete.[93] Anders ist die Rechtslage zu beurteilen im Falle eines vermögenden Betreuten, für den Gelder aus dem eigenen Vermögen im Heim zur Auszahlung deponiert wurden. Dasselbe gilt, wenn der Betreuer vergisst, Grundsicherungsleistungen für den Betreuten geltend zu machen und dieser durch Dritte versorgt „überlebt". Sozialhilfe/Grundsicherungsleistungen nach dem SGB II, XII dienen nur der laufenden Sicherung des Lebensunterhalts und nicht der Vermögensbildung.[94] Allerdings kommt ein Schadensersatzanspruch des Betreuten gegen den Betreuer wegen der Verletzung sozialrechtlicher Mitwirkungspflichten in Betracht, §§ 60 ff SGB I, wenn der Betreuer es unterlässt, dem Sozialamt/Träger der Grundsicherung Mitteilung über Einkommens-/Vermögenszuwächse des Betreuten zu machen und deshalb Rückgriffsansprüche des Leistungsträgers gegen den Betreuten entstehen.[95] Ein Betreuer, der mit normaler Post einen Antrag an einen Leistungsträger (hier Pflegekasse) schickt und mehrere Monate nicht nachfragt wegen generell gegebener längerer Bearbeitungszeiten muss nicht mit dem Verlust des Schriftstücks auf dem Postweg oder bei der Pflegekasse rechnen.[96]

Der für die Vermögenssorge bestellte Betreuer ist – auch wenn kein Einwilligungsvorbehalt nach § 1903 BGB angeordnet wurde – berechtigt und verpflichtet, für den Betreuten die **eidesstattliche Versicherung** abzugeben. Das Vollstreckungsgericht kann nach pflichtgemäßem Ermessen bestimmen, wen es dazu heranzieht: den Betreuten oder den Betreuer.[97] Sofern der Gerichtsvollzieher sein Auswahlermessen zulasten des Betreuers ausübt, muss dieser für den Betreuten tätig werden.[98]

13

Im Übrigen ist der Betreuer mit dem Aufgabenkreis der Vermögenssorge verpflichtet, regelmäßig die **Wohnverhältnisse** des Betroffenen zur Vermeidung von Vermüllung und Gesundheitsgefahren zu überprüfen.[99] Allerdings haftet der Betreuer nicht für Schäden, die der Betreute in der vermieteten Wohnung verursacht.[100]

14

b) Gesundheitssorge

Die Aufgabenstellungen in den Aufgabenkreisen **Gesundheitssorge** bzw. **Zustimmung zu Heilbehandlungsmaßnahmen** sind unterschiedlich, was regressrechtliche Auswirkungen hat. Gesundheitssorge umfasst alle Bereiche der Me-

15

---

92 Schmidt, Aufgabenkreis Vermögenssorge, S. 115, 116; Meier, Wer verwaltet den Barbetrag?, BtPrax 2011, 78 ff.
93 LG Offenburg FamRZ 1996, 1356.
94 Ständige Rechtsprechung: BSG v. 17.2.2006, L 7 AS 70/05; OVG Lüneburg v. 27.6.1990, 4 OVG A 67/88; SG Aachen v. 28.9.2010, S 20 SO 40/10.
95 AG Kirchhain RdLH 2005, 35 SG Aachen v. 28.9.2010, S 20 SO 40/10.
96 LG Karlsruhe v. 20.3.2008, 10 O 41/07.
97 BGH BtPrax 2008, 257.
98 BGH aaO m.Anm. Brosey, BtPrax 2008, 258.
99 BayObLG FamRZ 2004, 977, 978.
100 LG Flensburg FamRZ 2008, 2232; OLG Düsseldorf FamRZ 2010, 1282.

dizin.[101] Bei einem derart global formulierten Aufgabenkreis obliegt es dem Betreuer, sich in jeder Hinsicht um die gesundheitlichen Belange des Betreuten zu kümmern. Das Bundessozialgericht[102] nahm in einer Entscheidung eine Priorisierung der Aufgaben des Betreuers im Aufgabenkreis der Gesundheitssorge vor: Der Betreuer ist in allererster Linie verpflichtet, eine **Krankenversicherung** des Betreuten herbeizuführen. Nach Beendigung eines Pflichtversicherungstatbestandes in der gesetzlichen Krankenversicherung, § 5 SGB V, ist der Betreuer verpflichtet, für eine freiwillige Weiterversicherung nach § 9 SGB V Sorge zu tragen.[103] Der Beitritt zur freiwilligen Krankenversicherung ist der Krankenkasse binnen einer Frist von drei Monaten anzuzeigen, vgl § 9 Abs. 2 SGB V. Dies gilt auch und gerade nach der Einführung einer Versicherungspflicht für alle Bürger durch das GKV-WSG (Gesundheitsreform 2007). Endet beispielsweise der Pflichtversicherungstatbestand Bezug von Grundsicherungsleistungen nach dem SGB II (§ 5 Abs. 1 Nr. 2 a SGB V) wegen fehlender Erwerbsfähigkeit des Betreuten (§ 8 SGB II), entsteht ein Anspruch auf Bezug von Grundsicherungsleistungen nach dem SGB XII einschließlich Hilfen zur Gesundheit nach §§ 47 ff SGB XII. Ein derartiger Anspruch auf Krankenhilfe nach § 48 SGB XII, § 264 SGB V ist ein anderweitiger Anspruch nach § 5 Abs. 13 SGB V, der die Versicherungspflicht in der GKV ausschließt.[104] Der Sozialhilfeträger leistet – einen rechtzeitig erklärten Beitritt durch den Betreuer unterstellt – für den Betreuten die Beiträge zur freiwilligen Krankenversicherung § 32 SGB XII. Wird der Beitritt nach § 9 Abs. 2 SGB V nach Ablauf der Dreimonatsfrist verspätet oder gar nicht erklärt, entstehen dem Sozialhilfeträger Mehrkosten. Zwar erhält der Betreute eine Krankenversicherungskarte und Krankenversicherungsschutz entsprechend dem gesetzlichen Leistungskatalog gemäß § 11 SGB V. Der Sozialhilfeträger muss jedoch die tatsächlich angefallenen Aufwendungen, die durch die Krankenbehandlung des Betreuten entstehen, nebst anteiligen Verwaltungskosten vierteljährlich der Krankenkasse erstatten, § 264 Abs. 7 SGB V. Der Regress des Sozialversicherungsträgers (§ 116 SGB X, § 104 SGB XII) besteht in den tatsächlich bezahlten Krankenbehandlungskosten abzüglich der Beiträge, die angefallen wären, unterstellt, es wäre rechtzeitig der Beitritt zur Krankenversicherung angezeigt worden.

16 Ferner ist der Betreuer verpflichtet, sich vor einer Auslandsreise des Betreuten um einen ausreichenden Krankenversicherungsschutz durch Abschluss einer privaten **Reisekrankenversicherung** (Zusatzversicherung) zu bemühen.[105]

17 In einer neueren Entscheidung vertiefte das BSG seine Rechtsprechung.[106] Die Hemmung der Beitrittsfrist nach § 9 Abs. 2 SGB V ende im Falle eines geschäftsunfähigen Betreuten bereits mit dem Tag der Betreuerbestellung. Unter-

---

101 BayObLG BtPrax 1995, 218.
102 BSG v. 14.5.2002, B 12KR 14/01 R, www.bundessozialgericht.de = NJW 2002, 2413.
103 BSG BtPrax 2003, 172 m.Anm. Meier; BSG v. 28.5.2008, B 12 KR 16/07 R; OLG Brandenburg FamRZ 2008, 916; OLG Hamm FamRZ 2010, 754 = BtPrax 2010, 44; OLG Nürnberg BtPrax 2013, 70.
104 Orlowski/Wasem, Gesundheitsreform 2007, 10; Meier, Zur Haftung des Betreuers in Krankenversicherungsangelegenheiten, BtPrax 2008, 153, 154.
105 LG Berlin v. 16.7.2008, 3 O 349/07; Meier, Krankenversicherung und Auslandsreise, BtPrax 2008, 201.
106 BSG BtPrax 2008, 258; OLG Brandenburg FamRZ 2008, 916; LG Roßlau-Dessau FamRZ 2010, 1011; OLG Hamm FamRZ 2010, 754 = BtPrax 2010, 44.

lässt der Betreuer bei einem zuvor wegen Arbeitslosigkeit pflichtversichert gewesenen Betreuten den rechtzeitigen Beitritt nach § 9 Abs. 2 SGB V wegen einer vorbestehenden Pflichtversicherung nach § 9 Abs. 1 Nr. 1 SGB V, ist wegen dieser Versäumnis ein Beitritt wegen Anerkennung als Schwerbehinderter nach § 2 Abs. 2 SGB IX versperrt. Die Beitrittsmöglichkeit des § 9 Abs. 1 Nr. 4 SGB V ist restriktiv auszulegen. Die Entscheidung des BSG gewährt erschreckenderweise – entgegen der unterinstanzlichen Rechtsprechung[107] – dem Betreuer keine angemessene Einarbeitungszeit. Das BSG betont, schwierige Betreuungsverhältnisse und ein unkooperatives Verhalten des Betreuten seien nicht geeignet, die Fristversäumnis zu rechtfertigen. Allerdings besteht nach Aufhebung der Betreuung seitens des Betreuers keine Verpflichtung mehr, für eine Krankenversicherung des Betreuten Sorge zu tragen.[108]

Ferner ist der Betreuer bei einem geschäftsunfähigen Betreuten zum Abschluss von Arzt-, Krankenhaus- und Transportverträgen verpflichtet. 18

Der Aufgabenkreis „Zustimmung zu Heilbehandlungsmaßnahmen" ist enger gefasst. **Heilbehandlungsmaßnahmen** sind auf die Herstellung der Gesundheit, Linderung von Krankheiten bzw Krankheitsfolgen sowie die Verhinderung von Krankheiten und ihrer Verschlimmerung gerichtet. Demgemäß sind kosmetische Operationen, Schwangerschaftsabbrüche etc. nicht durch den Aufgabenkreis abgedeckt. Die Bestellung eines Betreuers für den speziellen Aufgabenkreis der Entscheidung über einen Schwangerschaftsabbruch oder für den eine solche Entscheidung wohl umfassenden Aufgabenkreis der Einwilligung in ärztliche Eingriffe[109] setzt nicht voraus, dass zuvor abschließend geklärt wird, ob ein Schwangerschaftsabbruch unter den Voraussetzungen des § 218a Abs. 2 StGB vorgenommen werden darf. Vielmehr ist es – wie auch bei anderen Aufgabenkreisen einer Betreuung – notwendig, aber auch ausreichend, wenn ein diesbezüglicher Handlungsbedarf besteht.[110] Jede ärztliche Heilbehandlungsmaßnahme, in die ein Patient nicht rechtswirksam einwilligte, ist juristisch als Körperverletzung iSd § 223 StGB zu qualifizieren.[111] Der Arzt ist verpflichtet, den Patienten über den anstehenden Heileingriff im Großen und Ganzen aufzuklären. Der Betreuer ist jedoch nur dann anstelle des Betreuten – trotz angeordnetem Aufgabenkreis Zustimmung zu Heilbehandlungsmaßnahmen – befugt, in eine avisierte Heilbehandlung einwilligen, wenn dieser nach seiner natürlichen Einsichts- und Steuerungsfähigkeit die Bedeutung, Tragweite, Vorteile und Risiken einer Maßnahme nicht erfassen kann.[112] Es ist Sache des Arztes zu beurteilen, ob der Betreute in der Lage ist, das Für und Wider einer anstehenden Behandlungsmaßnahme abzuwägen.[113] 19

Neuroleptische Behandlungen können schwere Spätfolgen bewirken. Der Arzt ist im Rahmen der sog. therapeutischen Aufklärung verpflichtet, dem Betreuer/Patienten die **Nebenwirkungen einer medikamentösen Therapie** zu erläutern, 20

---

107 LSG Nordrhein-Westfalen v. 24.7.1998, L 5 B 25/98 KR; LSG Berlin BtPrax 2001, 126, 128 m.Anm. Meier.
108 LG Frankfurt/Oder v. 29.1.2007, 11 O 508/05.
109 HK-BUR/Rink, § 1904 Rn 21.
110 OLG Frankfurt/M. FamRZ 2009, 368 = NJW 2008, 3790.
111 BGHSt 111, 111 ff.
112 LG Berlin BtPrax 1993, 66, 68.
113 BGHZ 29, 47, 51.

§ 630 e Abs. 1 BGB.[114] Besteht insoweit grundsätzlich die Gefahr einer schweren und dauerhaften Gesundheitsschädigung, ist eine betreuungsgerichtliche Genehmigung nach § 1904 BGB einzuholen, sofern nicht § 1904 Abs. 4 BGB gegeben ist.[115] Ist im Rahmen einer geschlossenen Unterbringung eine Behandlung gegen den natürlichen Willen des Betreuten avisiert, sind die gesetzlichen Voraussetzungen und die Genehmigung nach dem am 26.2.2013 in Kraft getretenen Zwangsbehandlungsgesetz zu beachten, vgl Kommentierung zu § 1906 BGB. Eine fahrlässige Einwilligung des Betreuers in eine medikamentöse Behandlung, die Langzeitschäden hervorruft, kann Schadenersatz begründend sein. Ein schwerer dauernder Gesundheitsschaden erfüllt den Tatbestand des § 224 StGB. Des Weiteren ist der Wille von Betreuten, die eine lange „Psychiatriekarriere" hinter sich haben und in einem schubfreien Intervall frei willensbestimmt[116] entscheiden, lieber in Abständen untergebracht als dauerhaft neuroleptisch behandelt zu werden, betreuerseits zu respektieren.[117] Andererseits ist der Betreuer trotz einer mit einer Vorsorgevollmacht verbundenen sog. psychiatrischen Patientenverfügung befugt, in eine stationäre Unterbringung und Zwangsbehandlung einzuwilligen, sofern der Eigengefährdung des Betroffenen nicht anders wirksam begegnet werden kann.[118]

21 Haftungsrechtlich ist das Genehmigungserfordernis nach § 1904 BGB zu beachten. Birgt eine ärztliche Heilmaßnahme die begründete Gefahr des Todes oder eines schweren und längeren gesundheitlichen Schadens in sich und besteht nach Erörterung zwischen Arzt und Betreuer Dissens über den Patientenwillen (§ 1901 b Abs. 1 S. 2 BGB), bedarf die Einwilligung, deren Widerruf oder Nichteinwilligung in eine ärztliche Maßnahme einer betreuungsgerichtlichen Genehmigung, vgl hierzu die Kommentierung zu § 1904 BGB. Das Nichteinholen einer betreuungsgerichtlichen Genehmigung stellt sich als ein schwerer Gesetzesverstoß dar, insbesondere bei dem Abbruch lebenserhaltender Maßnahmen im Falle eines Konflikts zwischen Arzt und Betreuer. Bei unklarem und nicht aufklärbaren Patientenwillen gilt für den Fall, dass es überhaupt ein Therapieziel gibt, der Grundsatz „in dubio pro vita". Der Betreuer hat dem Willen des Betreuten nach Maßgabe der §§ 1901 Abs. 3, 1901 a Abs. 1 S. 2 BGB Geltung zu verschaffen. Dementsprechend ist eine gegen den Willen des Betreuten durchgeführte künstliche Ernährung ein Eingriff in dessen körperliche Integrität, die seiner Einwilligung bedarf. Zwangsbehandlungen sind unzulässig und schadenersatzbegründend, §§ 1004, 823 BGB.[119] Die unterlassene Einholung einer betreuungsgerichtlichen Genehmigung vor einem Behandlungsabbruch, zB Einstellen der Sondenernährung, stellt keinen Pflichtenverstoß des Betreuers dar, wenn der Arzt die weitere Behandlung nicht medizinisch für **indiziert** hält und deshalb nicht anbietet, § 1901 b Abs. 1 S. 1 BGB.[120] Ohnehin kann der Betreuer auf die vorgeschlagene Therapie bzw Angaben ei-

---

114 BGH v. 15.3.2005, VI ZR 289/03, VersR 2005, 834.
115 LG Berlin aaO.
116 BayObLG BtPrax 1994, 59, 61.
117 Deinert/Lütgens/Meier, Die Haftung des Betreuers, 2. Aufl. 2007, S. 233 ff.
118 OLG Hamm v. 19.12.2006, 15 W 126/06; Deinert/Lütgens/Meier, Die Haftung des Betreuers, Rn 1188.
119 BGH v. 8.6.2005, XII ZR 177/03, www.bundesgerichtshof.de.
120 OLG Frankfurt/M. BtPrax 2007, 91.

nes Arztes vertrauen, es sei denn, es gäbe begründete Anhaltspunkte dafür, Zweifel zu hegen. Insoweit lassen sich folgende Rechtsgrundsätze aufstellen:

Der jeweils behandelnde Arzt hat eigenverantwortlich aufgrund seines Berufsethos[121] und nach Maßgabe der fachärztlichen Standards[122] zu prüfen, ob eine weitere Behandlung unter Einschluss einer lebensverlängernden Maßnahme, zu der auch eine Sondenernährung gehören kann, noch medizinisch sinnvoll ist. Besteht in Ansehung des Krankheitsbildes und dem Stadium der Erkrankung ein Therapieziel, ist eine weitere Behandlung anzubieten, § 1901 b Abs. 1 BGB. 22

An erster Stelle steht die ärztliche Indikation. Unterbreitet der behandelnde Arzt im Hinblick auf den Gesamtzustand des Patienten und der Prognose der Erkrankung kein Therapieangebot, so ist weder eine Zustimmung des Betreuers/Bevollmächtigten noch eine Genehmigung des Betreuungsgerichts hierfür erforderlich.[123] Ein betreuungsgerichtliches Einschreiten kommt nur dann in Betracht, wenn seitens des Betreuers erhebliche Zweifel an der ärztlichen Diagnose begründet wären. Der Betreuer wäre in einem solchen Fall im Interesse des Betroffenen aufgerufen, die Erfüllung des ärztlichen Heilauftrags durch die Einforderung bestimmter lebensverlängernder oder -erhaltender Behandlungen durchzusetzen.[124] 23

Liegt keine schriftliche Patientenverfügung vor oder treffen die Festlegungen einer Patientenverfügung nicht auf die aktuelle Lebens- und Behandlungssituation zu und wird die Fortführung der Behandlung ärztlich angeboten, hat der Betreuer die Behandlungswünsche oder den mutmaßlichen Willen des Betreuten festzustellen und auf dieser Grundlage zu entscheiden, ob er in eine ärztliche Maßnahme einwilligt oder sie untersagt, § 1901 a Abs. 2 BGB. Zur Feststellung des mutmaßlichen Willens bedarf es individueller, konkreter, aussagekräftiger Anhaltspunkte.[125] Als solche kommen insbesondere frühere mündliche oder schriftliche Äußerungen des Betroffenen, seine religiöse Überzeugung, seine sonstigen persönlichen Wertvorstellungen und seine altersbedingte Lebenserwartung in Betracht.[126] Der behandelnde Arzt und der Betreuer sind verpflichtet, zur Feststellung des Patientenwillens, der Behandlungswünsche beziehungsweise zur Ermittlung des mutmaßlichen Willens des Betreuten gemeinsam die Behandlungsmaßnahme zu erörtern und eine Entscheidung zu treffen, § 1901 b Abs. 1 S. 2 BGB. Das Dritte Gesetz zur Änderung des Betreuungsrechts in der Neufassung des § 1901 b BGB gebietet den Dialog zwischen Arzt und Betreuer. Zur Feststellung der Behandlungswünsche des Betreuten soll in nicht eilbedürftigen Fällen nahen Angehörigen und Vertrauenspersonen Gelegenheit zur Äußerung gegeben werden, § 1901 b Abs. 2 BGB. 24

Bei Entscheidungen über eine medizinisch indizierte Heilbehandlungsmaßnahme, die die begründete Gefahr in sich birgt, dass das Unterbleiben oder der Abbruch der Maßnahme dazu führt, dass der Betreute stirbt oder einen schwe- 25

---

121 www.bundesaerztekammer.de, Medizin und Ethik, Grundsätze der Bundesärztekammer zur ärztlichen Sterbebegleitung vom 7.5.2004.
122 BGH v. 6.5.2003, VI ZR 259/02.
123 OLG München v. 25.1.2007, 33 Wx 6/07.
124 BGHZ 154, 205, 225.
125 BT-Drucks. 16/8442, 5.
126 BGHSt 40, 257; OLG Frankfurt/Main v. 15.7.1998, 20 W 224/98; BGH v. 13.9.1994, 1 StR 357/94.

ren und länger dauernden gesundheitlichen Schaden erleidet, ist eine betreuungsgerichtliche Genehmigung nach § 1904 Abs. 1 und 2 BGB nicht erforderlich, wenn zwischen dem Betreuer und dem behandelnden Arzt Konsens über den Patientenwillen und das weitere Vorgehen (Behandlungsabbruch bzw Behandlung) besteht, § 1904 Abs. 4 BGB.

26 Es ist Aufgabe des Betreuers, **an Terminen und Untersuchungen** (zB Untersuchung durch den MDK wegen Pflegeversicherungsleistungen) **teilzunehmen** bzw diesen zu wichtigen Terminen zu begleiten, in denen es beispielsweise um eine Begutachtung seiner Erwerbsfähigkeit nach § 44a SGB II geht.

27 Eine **Zwangsbehandlung**, die als Behandlung gegen den natürlichen Willen des Betreuten definiert ist, außerhalb einer geschlossenen Unterbringung ist unzulässig (s. hierzu auch § 1906 Rn 47).[127] Der Betreuer und der Arzt müssen zuvor versuchen, den Betreuten von der Notwendigkeit der avisierten ärztlichen Maßnahme zu überzeugen.[128] Der BGH statuierte die Verpflichtung der Arztseite im Rahmen der (medikamentösen) Zwangsbehandlung über das verabreichte Arzneimittel, den Wirkstoff, die (Höchst-)Dosis sowie die Verabreichungshäufigkeit aufzuklären.[129] Aufseiten des Betreuers ist dann eine Nutzen-Schaden-Relation[130] hinsichtlich der vorgeschlagenen Therapie vorzunehmen. Besteht kein angemessenes Verhältnis zwischen dem möglichen Körperschaden, hervorgerufen durch Nebenwirkungen der avisierten Medikamente, und dem potenziellen gesundheitlichen Nutzen, ist die Möglichkeit von Behandlungsalternativen mit dem Arzt zu besprechen. Voraussetzung für eine Zwangsbehandlung eines Betreuten ist aufseiten des Betreuers das Vorliegen der Aufgabenkreise Gesundheitssorge und Aufenthaltsbestimmung sowie die Einwilligungsunfähigkeit des Betreuten hinsichtlich Bedeutung, Tragweite, Vorteilen und Risiken der anstehenden ärztlichen Behandlungsmaßnahme.

28 Der Betreuer kann für den Betreuten nicht in die **Teilnahme an klinischen Experimenten** einwilligen. Die Unzulässigkeit ergibt sich aus § 40 Abs. 1 S. 1 AMG, in dem das klinische Experiment im Hinblick auf seine voraussichtliche Bedeutung des Arzneimittels für die Heilkunde abstellt und nicht auf konkrete Heilungschancen für den Patienten. Diese Erwägungen beanspruchen keine Geltung für den sog. **Heilversuch**, § 41 Ziff. 1 und 2 AMG. Diese Vorschrift stellt auf das konkrete Wohl des Patienten ab. Versagten alle anderen Behandlungsmöglichkeiten des Betreuten, trifft den Betreuer geradezu die Verpflichtung, in einen Heilversuch einzuwilligen.

29 Bei **häuslichem Aufenthalt** ist der Betreuer zur Vermeidung von Stürzen sturzgefährdeter Betreuter zur Beseitigung folgender exemplarisch genannten Sturzquellen verpflichtet:[131]

- lose Kabel auf dem Boden;
- Teppichkanten und -falten;

---

127 BGH BtPrax 2001, 32.
128 Zum Umfang der Medikamentenaufklärung: BGH v. 15.3.20, VI ZR 289/03, VersR 2005, 834; v. 17.4.2007, VI ZR 108/06, NJW 2007, 2771.
129 BGH BtPrax 2006, 145, 149.
130 KG v. 15.12.2003, 20 U 105/02, VersR 2005, 1399; BGH v. 3.12.1991, VI ZR 48/91, VersR 1992, 358.
131 Meier, Zur Haftung bei Stürzen im Pflegeheim, Hamburger Betreuungsjournal 12/2008, 16; DEGAM Leitlinie Nr. 4: Ältere Sturzpatienten www.degam leitlinien.de.

- zu hohe Bade- oder Duschwannenränder;
- rutschende Teppiche;
- zu hohe oder lockere Türschwellen;
- feuchte und/oder glatte Fußböden;
- zu hohe bzw zu niedrige Betten und/oder Stühle;
- Rollstühle oder Rollatoren ohne angemessene Bremswirkung;
- Duschen oder WC ohne angemessene Haltemöglichkeit;
- unzureichende Beleutung.

Es ist für festes, rutschsicheres Schuhwerk (Antirutschsocken) Sorge zu tragen, ebenso für eine adäquate Sehhilfe. Mit dem sturzgefährdeten Betreuten ist ein erfahrener Gerontopsychiater zu Beratungszwecken aufzusuchen. Die **Medikation** des Betreuten ist dahin gehend zu überprüfen, ob infolge von Nebenwirkungen wie Benommenheit das Sturzpotential erhöht ist. Erforderlichenfalls ist der Betreute mit Hilfsmitteln auszustatten – wie etwa einem Hüftprotektor[132] – um Stürze bzw Sturzfolgen zu vereiteln respektive abzumildern.[133] Die diesbezüglichen Beratungsangebote der Krankenkasse sind wahrzunehmen, § 14 SGB I. Der Betreuer ist verpflichtet, im Rahmen des übertragenen Aufgabenkreises Schaden von dem Betreuten abzuwenden.[134] Dies folgt aus der Stellung des Betreuers als Beschützergarant. Von daher kommt eine Strafbarkeit wegen Körperverletzung/Tötung in Betracht, wenn der Betreuer nichts unternimmt, um eine Besserung des Gesundheitszustandes des Betreuten zu erreichen bzw eine Verschlechterung zu verhindern, §§ 211, 223 StGB ff. So wurde eine Berufsbetreuerin wegen fahrlässiger Tötung einer Betreuten verwarnt. Die an einer chronischen schizophrenen Psychose leidende Betreute war in ihrer Wohnung verhungert und verdurstet. Die betreute Person hatte keine Ärzte mehr aufgesucht und keine notwendigen Medikamente mehr eingenommen. Zu der Betreuerin bestand lediglich ein sporadischer telefonischer Kontakt. Einen optischen Eindruck hatte sich die Betreuerin von der Betreuten nicht mehr gemacht, wohl aber ihre Sorgen und Bedenken in Berichten dem Amtsgericht mitgeteilt. Die Staatsanwaltschaft sah eine grobe Pflichtverletzung der Berufsbetreuerin in dem fahrlässigen Unterlassen, für eine Medikamenten- und Nahrungseinnahme zu sorgen. Es hätte der Betreuerin oblegen, eine Unterbringung zu veranlassen.[135] In einem weiteren Fall war ein jeden Kontakt zum Betreuer ablehnender Betreuter kot- und urinbeschmiert in ein Krankenhaus in extrem verwahrlostem Zustand eingeliefert worden. Die Staatsanwaltschaft verneinte in diesem Fall eine Pflichtverletzung des Betreuers, der wegen Verdachts einer Lebensgefahr einen Unterbringungsantrag gestellt hatte.[136]

30

---

132 LSG NRW v. 31.5.2007, L 16 (5.2) KR 70/00, bejahte Verpflichtung der Gesetzlichen Krankenkassen zur Finanzierung eines Hüftprotektors; das BSG v. 22.4.2009, B 3 KR 11/07 R, unterstellte Hüftprotektoren der Eigenvorsorge der Versicherten.
133 www.redufix.de.
134 Deinert/Lütgens/Meier, Die Haftung des Betreuers, 2. Aufl. 2007, Rn 61; Hoffmann, Strafrechtliche Verantwortung für das Unterlassen des Schutzes einwilligungs- (un-)fähiger Erwachsener, BtPrax 2010, 151 ff.
135 Goslarsche Zeitung v. 10.11.2006.
136 StA Karlsruhe Einstellungsbeschl. v. 15.11.1999, 6010 Js 012421/99.

31 Zu den weiteren **Aufgaben** des Betreuers im **Aufgabenkreis der Gesundheitssorge** zählen unter anderem zusammenfassend (keine abschließende Aufzählung):

- Organisierung eines ausreichenden Krankenversicherungsschutzes;
- Einwilligung in eine Operation;
- Einwilligung in eine medikamentöse, krankengymnastische, logopädische Behandlung oder in sonstige Heilbehandlungen;
- Einwilligung in diagnostische Maßnahmen, zB EKG, CT usw.;
- Veranlassung einer Unterbringung (Aufgabenkreis Aufenthaltsbestimmung/Unterbringung ergänzend erforderlich);
- Veranlassung einer unterbringungsähnlichen Maßnahme, zB Bettgitter, Bauchgurt (Aufgabenkreis Aufenthaltsbestimmung/Unterbringung ergänzend erforderlich);
- Veranlassung anderer medizinischer Maßnahmen, zB Anlegung von Verbänden, Verabreichung von Medikamenten;
- Veranlassung einer Kur oder Reha-Maßnahme;
- Einwilligung in eine Sterilisation (hierfür ist gem. § 1899 Abs. 2 BGB ergänzend ein besonderer Betreuer zu bestellen);
- Vertrag mit Pflegedienst über Haushaltshilfen;
- Vertrag über „Essen auf Rädern";
- Vertrag über ambulante medizinische Hilfen;
- Realisierung von Heil- und Hilfsmitteln;
- Realisierung von Ansprüchen bei Pflegebedürftigkeit.
- **Nicht umfasst** vom Aufgabenkreis der Gesundheitssorge ist die Bestimmung des Umgangs des Betreuten. Wirken sich Besuche/der Umgang von Verwandten, Freunden, Nachbarn etc. gesundheitlich nachteilig auf das Befinden des Betreuten aus, ist betreuerseits eine Aufgabenkreiserweiterung auf das Umgangsbestimmungsrecht anzuregen, §§ 1901 Abs. 5, 1632 BGB. Ferner ist der Betreuer nicht vertretungsbefugt, in medizinisch nicht indizierte Maßnahmen (Schwangerschaftsabbruch, Tätowierungen, Piercing, Schönheitsoperationen) einzuwilligen.

c) Aufenthaltsbestimmung/Unterbringung

32 **Voraussetzung** für ein Tätigwerden des Betreuers ist die Unfähigkeit des Betreuten, seinen Willen frei bezüglich eines Aufenthaltswechsels zu bestimmen.[137] Folgende **Pflichten** bestehen u.a. für den Betreuer:

- Bestimmung des gewöhnlichen Aufenthalts des Betreuten in einer geeigneten Wohnform unter Berücksichtigung der Wünsche des Betreuten und seiner betreuungsrelevanten Erkrankung und Behinderung;
- Kündigung des Mietvertrages nach Vorliegen einer gerichtlichen Genehmigung, § 1907 BGB;
- Beschaffung, Erhaltung und Besichtigung einer Wohnung oder stationären Einrichtung mit dem Betreuten;

---

137 BayObLG FamRZ 1999, 1299.

- Organisation eines Umzugs nebst Abschluss von Verträgen (Entrümpelungsunternehmen, Spedition etc.);
- Abschluss eines Wohn- und Betreuungsvertrages/Heimvertrages oder Vertrages über andere Wohnformen;[138] ein Verstoß gegen die Verpflichtung des (Heim-)Trägers, vorher schriftlich über den Vertragsinhalt zu informieren, führt im Falle eines nur mündlich abgeschlossenen Vertrages durch den Betreuer nicht zum Wegfall des Entgelts; Einholen einer gerichtlichen Genehmigung bei einem länger als vier Jahre dauernden, nicht vorher kündbaren Vertragsverhältnis, § 1907 Abs. 3 BGB;[139] Wahrnehmung der rechte und Pflichten aus dem Vertrag (Zahlung der Heimkosten, Zimmerauswahl, Qualitätsüberwachung etc.);
- Durchsetzung eines Herausgabeverlangens, vgl § 1632 BGB;
- Veranlassen der Unterbringung oder unterbringungsähnlicher Maßnahmen, § 1906 Abs. 1 und 4 BGB;
- Absprache der Medikation mit den behandelnden Ärzten im Falle eines gleichzeitigen Vorliegens des Aufgabenkreises Gesundheitssorge,[140]
- Vertretung in Ausweisangelegenheiten;
- Erledigung der melderechtlichen Verpflichtungen (Anmeldung, Abmeldung, Ummeldung).

Um eine **Unterbringung** vornehmen zu können, bedarf es der **Übertragung des Aufgabenkreises der Gesundheitssorge und der Aufenthaltsbestimmung**.[141] Die Unterbringung eines Betreuten, für den nur der Aufgabenkreis der Gesundheitssorge angeordnet wurde, stellt sich als eine unzulässige, haftungsbegründende Freiheitsberaubung (§ 239 StGB) dar.[142] Betreibt der Betreuer die Entlassung aus der Unterbringung trotz weiteren Vorliegens der Unterbringungsvoraussetzungen, insbesondere der Selbstgefährdung, so liegt darin eine Pflichtverletzung. Dasselbe gilt, wenn der Betreuer eine Unterbringung nicht initiiert, obzwar die Unterbringungsvoraussetzungen vorliegen, und damit zu einer Chronifizierung der psychischen Erkrankung beiträgt. 33

Eine **zwangsweise Verbringung** des Betreuten in ein Heim ist jedoch **unzulässig**.[143] 34

Bei einer Unterbringung in einem **Pflegeheim** ist vor der Anwendung unterbringungsähnlicher Maßnahmen zulasten des Betreuten, insbesondere Fixierungen, von dem Betreuer eine besonders sorgfältige Nutzen-Schaden-Abwägung vorzunehmen. Nach inzwischen etablierten pflegewissenschaftlichen Grundsätzen[144] gibt es weltweit keine Studie, die einen positiven Effekt von Fixierungen belegt. Im Gegenteil: Sturzgefährdete Personen verlieren durch Fi-

---

138 AG Siegburg v. 13.3.2008, 104 C 331/07, www.justiz.nrw.de; BayObLG v. 5.8.1998, 3 Z BR 96/98 (Annexkompetenz).
139 LG Göttingen v. 1.11.1995, 5 T 60/95; BGH v. 9.6.2011, III ZR 203/10 zur jederzeitigen Kündigungsmöglichkeit eines Pflegevertrages.
140 BGH BtPrax 2006, 145, 149.
141 OLG Brandenburg BtPrax 2007, 223; aA OLG Stuttgart FPR 2004, 711.
142 OLG Hamm FamRZ 2001, 861.
143 OLG Offenburg FamRZ 1997, 899.
144 Guerra, Fesselnde Fürsorge, www.forumsozialstation.de; DNQP, Expertenstandard Sturzprophylaxe in der Pflege Entwicklung – Konsentierung – Implementierung, 2006, S. 7; www.dnqp.de/ExpertenstandardSturz.pdf; www.redufix.de.

xierungen immer mehr an Kraft- und Balancegefühl. Die obergerichtliche Rechtsprechung trägt dem Rechnung und fordert vor der Entscheidung über Fixierungsmaßnahmen eine sorgfältige Abwägung[145] zwischen den Freiheitsrechten des Betroffenen (Recht auf Selbstbestimmung, Art. 2 Abs. 1 GG, und der Würde des Menschen, Art. 1 Abs. 1 GG) und dem Sicherheitsgebot (Recht auf körperliche Unversehrtheit, Art. 2 Abs. 2 GG) ein.[146] Die Entscheidung über Fixierungen steht dem Betreuer zu, dem ein erheblicher Beurteilungsspielraum verbleibt.[147] Lehnt der Betreuer eines Altenheimbewohners in Kenntnis aller maßgeblichen Umstände einen Antrag auf Fixierung des Betreuten aus vertretbaren Erwägungen ab, ist die Leitung des Pflegeheims gehalten, diese Entscheidung zu respektieren.[148] Kommt es nach einer auf sorgfältigen Abwägungen der Umstände des Einzelfalles und unter Respektierung der Wünsche des Betreuten zu einer Entscheidung gegen Fixierungen und einem Sturz, den keiner wollte (Betreuer, Heimpersonal, Angehörige), kann im Nachhinein nicht zulasten des Betreuers hieraus eine Pflichtwidrigkeit konstruiert werden. Weiterhin zählt es zu den Pflichten eines Betreuers, bei der zuständigen Behörde zugunsten des Betreuten einen Antrag auf Erteilung eines Reisepasses zu stellen.[149]

d) Wohnungsangelegenheiten

35 Folgende **Pflichten** treffen den Betreuer im Rahmen des Aufgabenkreises:

- Abwehren einer Wohnungskündigung des Vermieters;
- Vertretung des Betreuten bei Kündigungs- und Räumungsverfahren;
- Regelung von Miet- und Wohnungsangelegenheiten;
- Auflösung des Mietverhältnisses;
- Aufgabe der Wohnung und Auflösung des Haushalts;
- Beschaffung einer Wohnung und Regelung der Kosten/Mietvertragsabschluss; der Betreuer ist bei einem suizidgefährdeten Betreuten, der aufgrund eines vermieterseitigen Verlangens zur (Zwangs-)Räumung verurteilt wurde, verpflichtet, entweder eine erforderlich werdende stationäre Unterbringung zu veranlassen oder Ersatzwohnraum anzumieten;[150]
- Säuberung, Sanierung und Entmüllung der Wohnung. Weiß der für die Aufgabenkreise Vermögenssorge, Zuführung zur ärztlichen Behandlung und Aufenthaltsbestimmung bestellte Betreuer, dass der Betroffene zur Verwahrlosung neigt, gehört die Überprüfung der Wohnverhältnisse des

---

145 Checkliste Ablaufhilfe für freiheitsentziehende Maßnahmen in Einrichtungen www.lag-betreuungsvereine.de.
146 LG Limburg PflR 2004, 174; LG Paderborn PflR 2003, 297; BGH v. 28.4.2005, III ZR 399/04, NJW 2005, 1937; v. 14.7.2005, III ZR 391/04, www.bundesgerichtshof.de.
147 LG Zweibrücken BtPrax 2006, 154; OLG Koblenz FamRZ 2002, 1359.
148 OLG Koblenz FamRZ 2002, 1359.
149 Jürgens/Jürgens, § 1902 BGB Rn 25.
150 AG Köln v. 25.2.2009, 288 M 279/09.

Betroffenen zur Vermeidung von Vermüllung und Gesundheitsgefahren zu seinen Aufgaben.[151]
- Mitteilungs- und Genehmigungspflichten bei Wohnraumaufgabe, § 1907 BGB.[152]

Der Betreuer ist allerdings nicht legitimiert, gegen den Willen des Betreuten zwangsweise die Wohnung zu betreten, um beispielsweise eine Entmüllung durchzuführen. Der Bundesgerichtshof[153] stellte in anderem Zusammenhang dezidiert klar, dass im Betreuungsrecht **Zwangsmaßnahmen** gegen den Willen des Betreuten stets einer **Rechtsgrundlage durch ein formelles Gesetz** bedürfen. Zwar beziehen sich die Ausführungen des BGH in erster Linie auf einen Eingriff in die Freiheit der Person. Hinsichtlich eines Eingriffs in das grundgesetzlich geschützte Recht der Unverletzlichkeit der Wohnung (Art. 13 GG) kann jedoch nichts anderes gelten.[154] Frühere Entscheidungen, die teilweise ein zwangsweises Zutrittsrecht des Betreuers zur Entmüllung der Wohnung bejahten, sind damit veraltet.[155] 36

Zur Haftungsprophylaxe wird bei einer **Wohnungsauflösung** eine Durchsicht der Wohnung in Anwesenheit eines neutralen Zeugen empfohlen, der im Anschluss ein zu fertigendes Protokoll unterzeichnet, in dem das Ergebnis niedergelegt ist.[156] 37

Der scheinbar unvernünftige Wunsch einer geschäftsunfähigen, vermögenden Betreuten, ein ihr gehörendes Einfamilienhaus unvermietet zu lassen, ist betreuerseits zu respektieren.[157] Auch das Beibehalten einer von dem Betreuten ererbten und ungenutzten Zweitwohnung, die dieser aus affektuösen Gründen nicht aufzugeben wünscht, begründet keine Haftung des Betreuers.[158] Zu den Grenzen der Wunschbefolgungspflicht siehe unter gesetzliche Pflichten. 38

Die Entscheidung des Betreuers, eine Mietwohnung trotz erfolgter Unterbringung des Betreuten in einem Altenpflegewohnheim aufrechtzuerhalten ist nicht pflichtwidrig, wenn sich die Fortexistenz der Wohnung positiv auf die Befindlichkeit des Betroffenen auswirkt und die dadurch gegebene Vermögensbelastung nicht von Gewicht ist.[159] Es ist grundsätzlich eine Frage der Zweckmäßigkeit, wie lange die Wohnung eines Betroffenen im Falle einer anderweitigen Unterbringung beibehalten werden kann. Nach § 7 Abs. 4 Nr. 1 SGB II ist der Träger der Grundsicherung verpflichtet, bei einer richterlich angeordneten Unterbringung, die unter sechs Monaten liegt, weiter die angemessenen Kosten der Unterkunft zu zahlen. Ferner ist der Grundsicherungsträger verpflichtet, doppelte Kosten für Unterkunft bei Auszug aus der Wohnung des Betreuten 39

---

151 BayObLG FamRZ 2004, 977.
152 BayObLG aaO.
153 BGH FamRZ 2001, 149.
154 OLG Schleswig FGPrax 2008, 70.
155 LG Berlin BtPrax 1996, 111; LG Freiburg FamRZ 2000, 1316.
156 Zu Einzelheiten: Deinert/Lütgens/Meier, Die Haftung des Betreuers, 2. Aufl. 2007, S. 268.
157 OLG Schleswig BtPrax 2001, 211 = FGPrax 2001, 194.
158 KG ZMR 2002, 265.
159 BayObLG BtPrax 2004, 69.

und Übersiedelung in ein Pflegeheim zu finanzieren, die durch das Erfordernis der betreuungsgerichtlichen Wohnungskündigung entstehen.[160]

40 Der Betreuer, der mit dem Vermieter die zusätzliche Übernahme von Mietnebenkosten vereinbart, um den Wohnraum des Betreuten dauerhaft zu sichern, handelt nicht pflichtwidrig.[161]

41 Allerdings ist die verspätete **Wohnungsauflösung** einer Mietwohnung haftungsrechtlich relevant.[162] Dasselbe gilt für eine voreilige Wohnungsauflösung, ohne den aktuellen Zustand des Betreuten ermittelt zu haben,[163] weiter die pflichtwidrige Aufgabe der Wohnung des Betreuten ohne vorherige betreuungsgerichtliche Genehmigung,[164] wobei die Genehmigungspflicht gem. § 1907 Abs. 1 BGB sich ausschließlich auf selbst bewohnten Wohnraum, nicht jedoch auf Altenheimplätze beziehen soll.[165] Diese Differenzierung ist nicht einleuchtend und abzulehnen.[166]

42 Der Betreuer haftet für **Schäden** in der Wohnung des abwesenden Betreuten, die durch eine unterlassene Winterfestmachung der Wasserleitung entstanden.[167] Der Betreuer ist verpflichtet, die Wohnung des Betreuten regelmäßig auf technische Mängel und deren Beseitigung zu überprüfen, allerdings bestehen vorrangige Kontrollpflichten des häuslichen Pflegedienstes, der die hauswirtschaftliche Verpflichtung übernommen hat.[168] Besteht zugunsten eines Betreuten ein Wohnrecht an einer Immobilie, das infolge eines Heimumzugs nicht mehr ausgeübt werden kann, ist für eine Ablösung gegen Zahlung einer angemessenen Entschädigung zu sorgen.[169] Beheizt der demente Betreute einen Ölofen mit Benzin, ist der Betreuer zu einer Anzeige einer Gefahrenerhöhung an die Brandversicherung verpflichtet.[170] Für eine Eigenhaftung eines Betreuers ist dann kein Raum, wenn der Betreuer erkennbar allein in seiner Betreuereigenschaft für den Betreuten einen Pflegevertrag abschloss. Dies gilt auch dann, wenn der Betreuer Rechtsanwalt ist und es im Verhältnis zum Betreuten pflichtwidrig unterließ, dessen Sozialhilfeansprüche geltend zu machen.[171] Der Betreuer haftet grundsätzlich nicht für schadensersatzbegründende Handlungen des Betreuten. Beschädigt der Betreute die Mietsache, ist keine Betreuerhaftung begründet. Auch das Verschweigen von Verwahrlosungstendenzen des Betreuten kann nur dann zu einer Schadensersatzpflicht führen, wenn der Be-

---

160 SG Berlin v. 15.10.2008, S 51 SO 2446/06; LSG Berlin Brandenburg v. 10.3.2011, L 15 SO 23/09.
161 LG Freiburg BtMan 2005, 105.
162 LG Berlin FamRZ 2000, 1526; KG ZMR 2002, 265.
163 LG Berlin R & P 1987, 34.
164 LG Berlin NZM 2001, 807.
165 LG Münster BtPrax 1994, 67.
166 Neumann, Genehmigungspflichten und spezielle Probleme im Aufgabenkreis Wohnungsangelegenheiten, BtPrax 2008, 246, 247 mwN.
167 OLG München OLGReport München 2000, 318: Im konkreten Fall wurde eine Haftung wegen eines berechtigten Vertrauens auf das Tätigwerden eines Dritten abgewiesen.
168 AG Laufen FamRZ 2001, 754; ähnl. AG Schöneberg v. 10.12.2008, 7 a C 48/08.
169 BGH VersR 1971, 931 = FamRZ 1971, 574.
170 OLG Nürnberg BtPrax 2004, 38 m.Anm. Henckemeier BtPrax 2004, 59 und Meier BtPrax 2004, 60; LG Nürnberg-Fürth BtPrax 2006, 112 m.Anm. Meier.
171 OLG Schleswig OLGReport 2003, 8; ebenso für den Abschluss eines Heimvertrags AG Essen NJWE-FER 2000, 257 sowie AG Münster SozR aktuell 2004, 237.

treuer diesbezüglich eine Aufklärungspflicht hätte, die allerdings nicht besteht.[172]

e) Umgangsbestimmung

Zur Regelung von Umgangsfragen des Betreuten bedarf der Betreuer der Übertragung des Aufgabenkreises der Personensorge oder der Umgangsbestimmung. Die angeordneten Aufgabenkreise Aufenthaltsbestimmung und Gesundheitssorge sind nicht ausreichend.[173] Der Betreuer mit dem Aufgabenkreis der Umgangsbestimmung darf ohne sachlichen Grund nicht den Kontakt des Betreuten zu nahen Angehörigen unterbinden.[174] Beschränkungen des Umgangs sind unter Beachtung des **Grundsatzes der Verhältnismäßigkeit** vorzunehmen und müssen geeignet und erforderlich sein zur Wahrung der Gesundheit des Betreuten. Insbesondere ist bei einer Umgangsbeschränkung des Betreuten zu seinen Eltern Art. 6 Abs. 1 GG zu beachten[175] (vgl hierzu im Einzelnen auch die Kommentierung zu § 1632 BGB).

f) Behördenangelegenheiten

Folgende **Pflichtwidrigkeiten** wurden von der Rechtsprechung bejaht:

- Unterlassen eines Sozialhilfeantrags zur Heimkostenübernahme;[176]
- Unterlassen eines Rechtsmittels bei ablehnendem Sozialhilfebescheid;[177]
- Haftung wegen versäumter Beantragung von Sozialhilfe verneint, da der Betreuer nur die Vermögenssorge als Aufgabenkreis innehatte und die Antragstellung von Sozialhilfe in den Bereich der Personensorge (ohne näher genannte Spezifizierung) falle;[178]
- Versäumung der Rentenantragstellung;[179]
- Unterlassung der Antragstellung einer Passsperre für einen unterhaltspflichtigen Angehörigen, der sich seinen Unterhaltspflichten durch Auswanderung zu entziehen versucht;[180]
- verspätete Antragstellung auf Kindergeld;[181]
- Versäumung der Pfändungsschutzfrist des § 55 SGB I nach Überweisung von Sozialhilfe auf das Girokonto des Betreuten;
- Unterlassen der Mitteilung über Zahlungseingänge (Übergangsgeld) an den Sozialhilfeträger bei laufender Sozialhilfe;[182]

---

172 LG Flensburg FamRZ 2008, 2232 unter Berufung auf BGH BtPrax 2008, 228; OLG Düsseldorf BtPrax 2010, 288 = FamRZ 2010, 1282.
173 BayObLG BtPrax 2003, 38.
174 OLG Hamm Rpfleger 1985, 294; BayObLG FamRZ 1988, 320 und FamRZ 1991, 481 sowie BtPrax 2003, 178.
175 BayObLG FamRZ 2004, 1670, 1671.
176 OLG Schleswig OLGReport 2003, 8.
177 OLG Schleswig FamRZ 1997, 1427; LG Aachen DAVorm 1957/58, 186.
178 LG Köln FamRZ 1998, 919; ähnlich OVG Münster FamRZ 2001, 312.
179 LG Köln FamRZ 2006, 1874; OLG Stuttgart RdJ 1967, 192; LG Berlin BtPrax 2001, 215; LG Berlin BtPrax 2001, 83.
180 OLG Nürnberg FamRZ 1965, 454 für einen Amtsvormund.
181 OLG Stuttgart DAVorm 1956, 115.
182 AG Kirchhain v. 29.12.2004, 7 C 277/04, RdLH 2005, 35.

- Verletzung von Mitwirkungspflichten im Rahmen der Gewährung von Grundsicherungsleistungen;[183]
- Das Unterlassen naheliegender Überlegungen und das Sich-Verschließen vor der auf der Hand liegenden Rechtswidrigkeit eines Verwaltungsaktes (Leistungsgewährung).[184]
- Demgegenüber besteht seitens des Grundsicherungsträgers gegenüber dem Betreuer kein Anspruch nach § 103 SGB XII im Falle einer Leistungsbewilligung für bestimmte beantragte Gegenstände (hier: Waschmaschine, Bettdecke und Kissen), wenn der Betreute sich selbst für das Geld einen ebenso benötigten Fernseher kauft.[185]

g) Prozessführung

45 Folgende **Pflichtwidrigkeiten** führen zu einer Betreuerhaftung:
- Führung eines aussichtslosen Prozesses;[186]
- fehlerhafte Führung eines Rechtsstreits,[187] insbesondere Unterlassen sachdienlicher Beweisanträge[188] und Versäumen eines Prozesskostenhilfeantrags;[189]
- Unterlassen einer Klageerhebung vor der Verjährung;[190]
- Versäumen von Rechtsmittelfristen;[191]
- Unterlassen von Zwangsvollstreckungsmaßnahmen aus einem dem Betreuten zustehenden Titel;[192]
- ungenügende Feststellung und Durchsetzung von Unterhaltsansprüchen;[193]
- das Unterlassen einer Mitteilung über finanzielle Verpflichtungen des Betreuten infolge verlorener Prozesse und dadurch entstehende Nebenforderungen.[194]

46 Es ist die Aufgabe des Betreuers, ggf **Akteneinsicht** in Behörden- oder Prozessakten zu nehmen, um Kenntnis von Vorgängen/Ermittlungen zu erhalten, die gegen den Betreuten gerichtet sind. Zur Unterstützung des Betreuten sind – je nach Lage der Dinge – Rechtsmittel einzulegen, einzuschränken oder zurückzunehmen sowie Anträge auf Gewährung von Wiedereinsetzung in den vorigen Stand und andere verfahrensrechtliche Anträge zu veranlassen. Bei fehlender Expertise des Betreuers ist ein sachkundiger Interessenvertreter (Rechtsanwalt, Steuerberater etc.) einzuschalten.

---

183 SG Aachen v. 28.9.2010, S 20 SO 40/10; BayVGH FamRZ 2004, 491.
184 SG Karlsruhe BtPrax 2009, 312.
185 SG Reutlingen v. 25.9.2012, S 5 SO 2995/11.
186 OLG Hamburg NJW 1960, 1207.
187 OLG Stuttgart MDR 1956, 169.
188 OLG Schleswig SchlHA 1962, 143.
189 DIV-Gutachten DAVorm 1988, 606.
190 BGH VersR 1968, 1165.
191 BGH VersR 1968, 1168.
192 KG DAVorm 1975, 439.
193 LG Siegen DAVorm 1988, 722; LG Hagen DAVorm 1971, 26.
194 LG Coburg DAVorm 1993, 191.

3. Gesetzliche Pflichten des Betreuers

Folgende gesetzliche, allgemeine Pflichten sind von dem Betreuer zu beachten:
- Pflicht zur persönlichen Betreuung, § 1897 Abs. 1 BGB. Das Unterlassen regelmäßiger persönlicher Kontakte zu einem ansprechbaren Betreuten stellt sich als pflichtwidrig dar.[195]
- Pflicht zur Wahrung des Wohls des Betreuten, § 1901 Abs. 2 S. 1 BGB.
- **Wunschbefolgungspflicht**, § 1901 Abs. 3 S. 1 BGB. Der Betreuer ist verpflichtet, dem Betreuten seine Lebenslage und den früher gepflegten Lebensstil zu erhalten. Keineswegs ist es statthaft, den Betreuten knapp zu halten.[196] Nicht das Interesse der Erben nach einem reichlichen Nachlass ist entscheidend, sondern Wunsch und Wille des Betreuten nach einem vertretbaren Luxus im Rahmen der finanziellen Möglichkeiten sind maßgebend.[197] So ist es nicht pflichtwidrig, einen 18 Jahre alten Pkw mit einem wirtschaftlichen Totalschaden für 12.000 € reparieren zu lassen bei einem Betreuten, der über ein Vermögen von ca. 6 Mio. € verfügt. Auf eine mögliche Unwirtschaftlichkeit kommt es nicht an.[198] Die Grenze der Wunschbefolgungspflicht liegt bei der Realisierung von Maßnahmen, die eine erhebliche Gefährdung des Vermögens in seiner Substanz, absoluter Rechtsgüter – Leben, Gesundheit oder sonstige fundamentale Persönlichkeitsrechte – oder der Versorgungssituation bewirken bzw wenn der gewünschte Lebensstil zur Verarmung des Betreuten führt. Der Betreute kann also von dem Betreuer keine Beihilfe zur Selbstschädigung erwarten. Der Betreuer muss im Einzelfall prüfen, welche Konsequenzen die Wunscherfüllung für die künftige Versorgungssituation und die soziale Sicherung des Betreuten haben wird.[199] Der Vorrang des Willens des Betreuten gilt nur für solche Wünsche, die Ausfluss des Selbstbestimmungsrechts des Betreuten sind. Weiter sind nur solche Wünsche beachtlich, die nicht Ausdruck der Erkrankung des Betreuten sind und auf der Grundlage ausreichender Tatsachenkenntnis gefasst wurden.[200] Das heißt, der Betreuer muss den Betreuten darüber **aufklären**, welche Konsequenzen die Realisierung eines irrationalen Wunsches haben würde. Notfalls hat sich der Betreuer bei einem Geschäft von großer Bedeutung vorher fachlichen Rat einzuholen, um seinen vorbezeichneten Informationspflichten gegenüber dem Betreuten nachkommen zu können.[201] Das Kammergericht entschied, in einem Haftungsprozess obliege es unter Umständen der klagenden Partei, einen entgegenstehenden Willen des Betreuten darzulegen und zu beweisen, sofern sich der Betreuer zur Exkulpation darauf beruft, der Wunschbefolgungspflicht nachgekommen zu sein.[202] Im Rahmen der Vermögenssorge gibt es durch die detaillierten gesetzlichen Regelungen klare Vorgaben für das Betreuerhandeln. Anders verhält es sich im Bereich der Personensorge. Hier muss oft anhand der Umstände des Einzelfalles eine Betreuerentscheidung ge-

---

195 BayObLG FamRZ 2004, 977, 978.
196 BayObLG FamRZ 1992, 106.
197 OLG Düsseldorf BtPrax 1999, 74.
198 OLG Karlsruhe FamRZ 2010, 2018.
199 LG Berlin BtPrax 2001, 83.
200 BGH NJW 2009, 2814.
201 BGH aaO Rn 24.
202 KG ZMR 2002, 265, 268.

troffen werden. Vor- und Nachteile sind bei verschiedenen Entscheidungsalternativen abzuwägen. Findet der Betreuer auf diesem Wege – vorzugsweise unter Einbindung weiterer fachlicher Helfer – eine vertretbare Lösung, so kann ihm haftungsrechtlich hieraus kein Strick gedreht werden.

- **Besprechungspflicht,** § 1901 Abs. 3 S. 3 BGB. Wann eine Angelegenheit wichtig und demgemäß mit dem ansprechbaren Betreuten zu besprechen ist, richtet sich nach den Umständen des Einzelfalles. Die Besprechungspflicht erstreckt sich regelmäßig nicht auf Routineangelegenheiten.[203] Der Gesetzgeber bezeichnete in den Gesetzesmotiven die Telefon- und Postkontrolle nach § 1896 Abs. 4 BGB, risikoreiche ärztliche Heilbehandlungsmaßnahmen nach § 1904 BGB, die Sterilisation nach § 1905 BGB und die Wohnungsauflösung nach § 1907 BGB als wichtige und damit erörterungspflichtige Angelegenheiten. Vermögensangelegenheiten, insbesondere Anlageentscheidungen, sind nicht besprechungspflichtig, es sei denn, der Betreute ist insoweit ambitioniert. Dem vermögenden Betreuten ist der Umstand der Begleichung der Betreuervergütung aus dem Vermögen mitzuteilen. Der Betreuer ist von einer Besprechungspflicht in dem Maße entbunden, in dem das Gericht nach § 278 Abs. 4 FamFG von einer Anhörung absehen kann. Der Grad der Wichtigkeit von zu besprechenden Angelegenheiten ist aus der Perspektive des Betreuten zu beurteilen. Ob eine Angelegenheit von Wichtigkeit ist, bestimmt sich danach, ob sie in dem Lebenszusammenhang des Betreuten und für seine Lebensgestaltung eine aus dem Alltag herausragende Bedeutung hat. Durch die Besprechungspflicht wird das allgemeine Mitspracherecht und Mitentscheidungsrecht des Betreuten gewährleistet. Von daher verletzt der Betreuer, der es versäumt, seinen Betreuten zu fragen, ob er eine private Zusatzkrankenversicherung für einen Auslandsaufenthalt abzuschließen wünscht und nicht darüber aufklärt, welche Risiken mit einem Nichtabschluss verbunden sind, die Besprechungspflicht.[204] Dementsprechend kann eine Verletzung der Besprechungspflicht Schadensersatzansprüche gegen den Betreuer auslösen und sogar zu dessen Strafbarkeit führen.[205]
- **Rehabilitationspflicht,** § 1901 Abs. 4 BGB.
- **Mitteilungspflichten** wegen Änderung der Betreuungsvoraussetzungen, § 1901 Abs. 5 BGB.[206] Gerade bei schubförmig verlaufenden Erkrankungen, wie etwa bei einer manisch-depressiven Erkrankung, unterliegt der Betreuer erhöhten Mitteilungspflichten wegen der weiteren Erforderlichkeit der Aufrechterhaltung der Betreuung, sofern der Betreute sich in einem krankheitsfreien Intervall befindet.[207] Ferner ist der Betreuer verpflichtet, unaufgefordert dem Betreuungsgericht Umstände zu berichten, die ihn wegen eines erheblichen Interessengegensatzes an der weiteren Besorgung von Geschäften des Betreuten hindern, §§ 1908 i, 1795 BGB.

---

203 OLG Düsseldorf FamRZ 2000, 1536, 1537.
204 LG Berlin v. 16.7.2008, 3 O 349/07.
205 Lipp, Rechtliche Betreuung und das Recht auf Freiheit, BtPrax 2008, 51, 54; BayObLG FamRZ 2004, 977, 978 betont die Notwendigkeit der persönlichen Kontaktaufnahme.
206 BayObLG FamRZ 2004, 977.
207 BayObLG BtPrax 1995, 68, 69.

4. Anordnungen und Gebote des Betreuungsgerichts

Der Betreuer ist verpflichtet, Weisungen und Geboten, die ihm das Betreuungsgericht nach § 1837 BGB im Rahmen seiner Aufsichtsführung auferlegt, nachzukommen. Resultiert aus dem Übergehen betreuungsgerichtlicher Anordnungen ein Schaden des Betreuten, wird hierdurch die Haftung des Betreuers ausgelöst. Aufgrund des Grundsatzes der Selbstständigkeit der Amtsführung des Betreuers ist das Betreuungsgericht allerdings erst dann zum Einschreiten befugt, wenn ein **pflichtwidriges Betreuerhandeln** gegeben ist. Eine Pflichtwidrigkeit liegt bei einem Verstoß gegen gesetzliche Regelungen, gerichtliche Anordnungen bzw dem Überschreiten des Aufgabenkreises vor. Außerhalb der vorstehend bezeichneten Grenzen besitzt der Betreuer jedoch einen weiten Gestaltungsspielraum. Wegen des Selbstständigkeitsprinzips kann eine Verletzung einer Aufgabe aus dem Bereich der Personen- oder Vermögenssorge nur angenommen werden, wenn der Betreuer den Rahmen dessen, was ein vernünftiger Mensch für zweckmäßig oder vertretbar hält, verletzt und sich von unsachlichen Erwägungen leiten lässt. Ist der Betreuer in **Zweckmäßigkeitsfragen** aus nachvollziehbaren Gründen anderer Auffassung als das Betreuungsgericht, darf dieses seine Meinung nicht anstelle derjenigen des Betreuers setzen und insoweit auch keine bindenden Anordnungen treffen.[208] Im Übrigen wird auf die Kommentierung zu § 1837 BGB verwiesen.

48

5. Haftung des Gegenbetreuers

Die Aufgabe des Gegenbetreuers ist es in erster Linie, den Betreuer zu beaufsichtigen, und zwar nicht nur hinsichtlich der Vermögensverwaltung, sondern auch im Bereich der Personensorge. Die Pflichten des Gegenbetreuers ergeben sich aus §§ 1799 iVm 1908i Abs. 1 S. 1 BGB. Der Gegenvormund besorgt nicht die Angelegenheiten des Betreuers, sondern trägt durch dessen Überwachung zu einer Entlastung der Aufsichtsführung des Betreuungsgerichts bei.[209] Folgende **Pflichtverletzungen** sind exemplarisch zu nennen:

49

- Mangelhafte Überwachung des Betreuers;
- Pflichtwidrige Erteilung einer Genehmigung.

Allgemein ist der Gegenbetreuer zur Wahrung der Interessen des Betreuten verpflichtet. Hierzu gehört es auch, erforderlichenfalls ein betreuungsgerichtliches Einschreiten nach § 1837 Abs. 2 BGB zu veranlassen.

6. Haftung des Vollmachtüberwachungsbetreuers

Der Vollmachtsüberwachungsbetreuer (**Kontrollbetreuer**) nach § 1896 Abs. 3 BGB haftet bei einer nachlässigen Kontrolle des Bevollmächtigten, ferner wenn er einen gebotenen Vollmachtswiderruf unterlässt. Voraussetzung für ein Tätigwerden ist der Aufgabenkreis „Widerruf von Vollmachten",[210] „Geltendmachen von Rechten des Betreuten gegenüber dem Bevollmächtigten" oder die Übertragung sämtlicher Angelegenheiten.[211] Nicht ausreichend ist der Aufgabenkreis der Vermögenssorge.[212] Der Betreute wird in seiner Entscheidungs-

50

---

208 BayObLG BtPrax 2004, 69.
209 BayObLG FamRZ 1997, 438, 439.
210 KG FamRZ 2007, 1041 = FG Prax 2007, 118; BtPrax 2009, 127.
211 KG FamRZ 2009, 910.
212 KG FamRZ 2009, 910, 911.

freiheit aus Art. 2 Abs. 1 GG ganz oder teilweise in den vom Gericht bestimmten Angelegenheiten eingeschränkt.[213] Gerade die Bestellung eines Kontrollbetreuers unter ausdrücklicher Zuweisung der Befugnis des Widerrufs erteilter Vollmachten stellt für den Betroffenen einen gewichtigen Eingriff in sein Selbstbestimmungsrecht dar. Die Erteilung von Vorsorgevollmachten zur Vermeidung einer rechtlichen Betreuung sind Ausdruck des durch Art. 2 Abs. 1 iVm Art. 1 Abs. 1 GG garantierten Selbstbestimmungsrechts.[214] Ein vorschneller **Widerruf** von erteilten Vollmachten konterkariert den Wunsch des Betroffenen, privat vorzusorgen und staatliche Fürsorge in Gestalt einer Betreuung zu vermeiden. Vor diesem Hintergrund muss der Vollmachtsüberwachungsbetreuers sorgfältig prüfen, ob ein Widerruf der Vollmacht wirklich das einzige Mittel ist, um die Interessen des Betroffenen zu wahren. Die Auffassung des OLG Brandenburg,[215] der Betreuer mit dem Aufgabenkreis der Vermögenssorge sei befugt, rechtsgeschäftliche Vollmachten bzw Patientenverfügungen im Rahmen des Aufgabenkreises der Gesundheitssorge zu widerrufen, ist in Ansehung des gewichtigen Grundrechtseingriffs abzulehnen.

7. Verschulden

51 Die Pflichtwidrigkeit muss von dem Betreuer schuldhaft begangen worden sein. Der Betreuer haftet für **Vorsatz und Fahrlässigkeit**. Vorsatz heißt, mit Wissen und Wollen zu handeln. Fahrlässigkeit ist nach der gesetzlichen Legaldefinition in § 276 BGB das Außerachtlassen der im Verkehr erforderlichen Sorgfalt. Der Betreuer haftet für jede Fahrlässigkeit. Es gilt der sog. objektivierte Fahrlässigkeitsmaßstab: Fahrlässig handelt, wer die Sorgfalt außer Acht lässt, die von einem Angehörigen der speziellen Berufsgruppe in der jeweiligen Situation erwartet werden kann. Die im Verkehr zu beachtende Sorgfalt wird durch die Pflichtenkreise konkretisiert, die für die einschlägigen Berufe existieren. Wird die im Verkehr erforderliche Sorgfalt in einem besonders schweren Maße verletzt, ist grobe Fahrlässigkeit gegeben. Für den Fahrlässigkeitsvorwurf entscheidend sind also die beruflichen Standards und der Lebenskreis, dem der Schädiger angehört. Insoweit ist zwischen ehrenamtlichen und berufsmäßigen Betreuern zu unterscheiden: Bei ehrenamtlichen Betreuern ist die geringere Rechts- und Geschäftserfahrung zu berücksichtigen.[216] Demgegenüber schulden Berufsbetreuer professionelles Handeln.[217] Allerdings kann die Weiterführung der Betreuungsgeschäfte durch einen ehrenamtlichen und/oder überforderten Betreuer eine Haftung aus Übernahmeverschulden auslösen.[218] Dementsprechend billigte das OLG Schleswig einem ehrenamtlichen Betreuer Haftungserleichterungen zu, der rechtzeitig wegen Überforderung einen Entlassungsantrag gestellt hatte.[219]

52 Ein **anwaltlicher Betreuer** muss die Erfolgsaussichten eines Prozesses sorgfältig prüfen. Bei einem anwaltlichen Betreuer kann weiterhin erwartet werden, dass er sich – ggf unter Zuhilfenahme von Fachliteratur – über die rechtlichen Risi-

---

213 BVerfG v. 2.8.2001, 1 BvR 618/93.
214 BVerfG v. 10.10.2008, 1 BvR 1415/08.
215 FamRZ 2009, 912, 913.
216 BGH BtPrax 2004, 30, 31.
217 LG Koblenz FamRZ 2002, 845.
218 Zu diesen Rechtsgrundsätzen: BGH NJW 1985, 2193; OLG Köln VersR 1991, 1376.
219 OLG Schleswig FamRZ 1997, 1427.

ken eines von ihm abzuschließenden Geschäftes vergewissert und im Interesse des Betreuten Vorkehrungen trifft, um erkennbare Risiken auszuschließen oder zu mindern.[220] Einen pflichtwidrig handelnden anwaltlichen Betreuer vermag auch nicht eine seit Jahren geübte örtliche gerichtliche Praxis, deren Richtigkeit er unreflektiert unterstellt, zu entlasten; von ihm ist die allgemein übliche Sorgfalt – ohne lokalen Bezug – zu fordern.[221]

Ein **rechtlich unerfahrener Betreuer** muss sich bei der Betreuungsbehörde, dem Betreuungsgericht oder einem Rechtsanwalt Rechtsrat einholen. Insbesondere Rechtsanwälte sind nach § 3 Bundesrechtsanwaltsordnung die berufenen Vertreter von Anliegen der Bürger im außergerichtlichen und gerichtlichen Bereich. Der Betreuer kann sich auf das ihm seitens eines Rechtsanwaltes angeratene Vorgehen verlassen, es sei denn, es lägen dezidiert Anhaltspunkte vor, die Veranlassung zu Misstrauen gäben. Nach § 1837 Abs. 1 BGB berät und unterstützt das Betreuungsgericht die Betreuer bei ihrer Amtsführung. Das Betreuungsgericht muss sich auf Anfrage äußern, ob eine beabsichtigte Maßnahme eines Betreuers pflichtwidrig ist.[222] Auskunft und Rat des Betreuungsgerichtes entheben den Betreuer allerdings nicht von einer eigenen sorgfältigen Prüfung. Gleichwohl wirkt eine betreuungsgerichtliche Beratung haftungsentlastend.[223] 53

Demgegenüber entfaltet eine betreuungsgerichtliche **Genehmigung keine haftungsentlastende Wirkung**. Betreuungsgericht und Betreuer haben, wie es im Übrigen auch in § 1829 Abs. 1 S. 2 BGB zum Ausdruck kommt, jeweils eine selbstständige Prüfungspflicht. Die Notwendigkeit zur Einholung einer betreuungsgerichtlichen Genehmigung eines Rechtsgeschäftes nimmt dem Betreuer nicht die Verpflichtung ab, die Vor- und Nachteile des avisierten Rechtsgeschäftes selbst sorgfältig zu prüfen und befreit ihn nicht von den Folgen eines ihm in dieser Hinsicht zur Last fallenden Verschuldens.[224] Es gilt das Vieraugenprinzip zugunsten des Betreuten; die betreuungsgerichtlichen Genehmigungserfordernisse bezwecken ausschließlich den Schutz des Betreuten und nicht den des Betreuers vor einer Inregressnahme. 54

Der Betreuer kann nicht mit dem Betreuten eine **Haftungsfreistellung** und/oder Reduzierung des Haftungsmaßstabes vereinbaren. 55

8. Schaden

Schaden ist als jede infolge eines Ereignisses entstandene **unfreiwillige Einbuße an rechtlich geschützten Positionen und Lebensgütern**, wie Gesundheit, Ehre, Vermögen, Freiheit oder Eigentum, zu definieren. Wurde der notwendige Lebensbedarf eines Betreuten wie auch immer sichergestellt, besteht kein Schadensersatzanspruch gegenüber dem Betreuer wegen entgangener Sozialhilfe/Grundsicherung.[225] Die Sozialhilfe/Grundsicherung dient nicht der Vermögensbildung, sondern ausschließlich der Sicherung des laufenden Lebensbe- 56

---

220 BGH BtPrax 2004, 30, 31.
221 OLG Hamm FamRZ 2001, 861.
222 BayObLG FamRZ 2001, 786.
223 BGH FamRZ 1964, 199, 200; AG Gifhorn v. 3.11.2000, 17 C 988/00; AG Charlottenburg v. 1.6.2001, 17 C 446/00.
224 RGZ 132, 257, 260, 261, 262; BGH BtPrax 2004, 30; ständige Rechtsprechung.
225 LG Offenburg FamRZ 1996, 1356.

darfs.[226] Von daher wurde in ständiger Rechtsprechung stets die Gewährung von Sozialhilfe/Grundsicherungsleistungen für die Vergangenheit abgelehnt.[227] Grundsätzlich ist zu differenzieren zwischen einem **Sachschaden**, einem **Personenschaden** und einem **Vermögensschaden**. Ein Sachschaden liegt in der Beschädigung, Vernichtung oder Zerstörung einer Sache bzw der Aufhebung ihres bestimmungsgemäßen Gebrauchs oder ihrer Verwendung. Ein Personenschaden besteht in dem Tod, der Verletzung der Gesundheit oder des Körpers einer Person, und ein Vermögensschaden liegt in jeder Einbuße geldwerter Güter. Die Ermittlung des Schadens erfolgt durch einen Vergleich der Situation des Betreuten vor und nach dem schädigenden Ereignis. Jede Schlechterstellung ist ausgleichspflichtig. Die Differenzierung zwischen den einzelnen Schadensarten hat enorme versicherungsrechtliche Auswirkungen: Ist ein Betreuer beispielsweise ausschließlich gegen Vermögensschäden haftpflichtversichert – was in der Regel der Fall ist – und kommt es infolge einer Pflichtwidrigkeit zu einem Personen- bzw Sachschaden des Betreuten,[228] besteht kein Versicherungsschutz. Ein und dieselbe Pflichtwidrigkeit kann jedoch Auswirkungen sowohl auf das Vermögen als auch die Gesundheit und das Eigentum des Betreuten haben. Vor einer Teilabdeckung von Risiken ist daher versicherungstechnisch zu warnen.[229] Ehrenamtliche Betreuer sind durch die Sammelhaftpflichtversicherungen der einzelnen Bundesländer gegen Personen-, Sach- und Vermögensschäden versichert. Die Versicherungssummen bei Vermögensschäden schwanken je nach Bundesland verschieden zwischen 26.000 EUR und 100.000 EUR, bei Personen- und Sachschäden zwischen 1.000.000 EUR und 2.000.000 EUR.[230] Der ehrenamtliche Betreuer kann sich selbst ergänzend versicherungsmäßig angemessen absichern und die dadurch entstehenden Kosten nach § 1835 Abs. 2 BGB als erstattungsfähige Aufwendungen geltend machen. Dies ist insbesondere bei der Verwaltung größerer Vermögen angezeigt.

57 Die Haftung des Betreuers beginnt mit der Bestellung und endet mit der Beendigung des Betreueramtes, § 207 Abs. 1 Nr. 4 BGB. Während der Dauer des Betreuungsverhältnisses ist die Verjährung gehemmt. Zum Schutz des Erben legen die Vorschriften der §§ 1698 b, 1893 Abs. 1, 1908 i Abs. 1 S. 1 BGB dem Betreuer allerdings nach dem Tod des Betreuten noch Handlungspflichten für Geschäfte auf, die nicht ohne Gefahr aufgeschoben werden können.

58 Der Schaden muss dem Betreuten selbst entstanden sein. Stellt der Betreuer die Bezahlung einer Versicherungsprämie für eine Lebensversicherung ein und wird deshalb dem Erben ein geringerer Versicherungsbetrag ausbezahlt, liegt kein kompensationsfähiger Schaden vor.[231]

59 Die beste **Haftungsprophylaxe** für einen Betreuer stellt eine **gute Dokumentation** dar. Diese besitzt im gerichtlichen Streitfall den Beweis der Richtigkeit und Vollständigkeit. Will der Betreute oder sein Rechtsnachfolger einwenden, Ver-

---

226 BSG v. 17.2.2006, L 7 AS 70/05; OVG Lüneburg v. 27.6.1990, 4 OVG A 67/88.
227 BVerwGE 57, 237 ff; 60, 237 ff.
228 OLG Nürnberg BtPrax 2004, 36.
229 Henkemeier, Versicherungsrechtlicher Aspekt der Betreuerhaftung, BtPrax 2004, 59.
230 Einzelheiten bei Deinert/Lütgens/Meier, Die Haftung des Betreuers, 2. Aufl. 2007, S. 299, 300.
231 AG Hamburg-Harburg NJW-RR 2002, 511.

merke etc. seien nachträglich durch den Betreuer manipuliert worden, trägt er hierfür prozessual die volle Darlegungs- und Beweislast, siehe auch Rn 73.

9. Kausalität zwischen Pflichtverletzung und Schaden

Ein Schadensersatzanspruch gegen den Betreuer setzt zunächst eine Pflichtverletzung voraus. Diese Pflichtverletzung muss jedoch für den eingetretenen Schaden kausal sein. Wäre der Schaden auch bei einem pflichtgemäßen Verhalten des Betreuers eingetreten, scheidet ein Schadensersatzanspruch aus (**Einwand des rechtmäßigen Alternativverhaltens**). Kann der Betreuer beweisen, dass die Brandversicherung des Hauses eine Kündigung des Versicherungsvertrages im Falle einer Unterrichtung über eine eingetretene Gefahrerhöhung vorgenommen hätte und eine andere Versicherungsmöglichkeit nicht eröffnet war, so entfällt die Kausalität zwischen der pflichtwidrig unterlassenen Mitteilung und dem Schaden.[232] Demgegenüber muss nach der neueren Rechtsprechung des BGH[233] der sich auf ein Unterlassen berufende Kläger in einem Schadensersatzprozess darlegen und beweisen, ein pflichtgemäßes Handeln hätte den Schadenseintritt verhindert. Steht die Ursächlichkeit des behaupteten Unterlassens für den Schaden des Betreuten fest, muss der Betreuer seinerseits darlegen und beweisen, ein rechtmäßiges Verhalten hätte ebenso wenig den Schadenseintritt verhindert. Es ist also stets zu prüfen, wie der normale Lauf der Dinge gewesen wäre, die Pflichtverletzung einmal hinweggedacht bzw das Unterlassen hinzugedacht. Wäre es so oder so zu einem Schadenseintritt gekommen, entfällt die Betreuerhaftung mangels Kausalität.

60

IV. Bedeutung für die Betreuungsbehörde

Eine mögliche **Haftung** der Betreuungsbehörde bei der Ausübung einer Betreuertätigkeit besteht zum einen bei der Bestellung der Behörde zum Betreuer und zum Anderen für den bei ihr hauptamtlich beschäftigten Behördenbetreuer, der zum Einzelbetreuer nach § 1897 Abs. 2 S. 2 BGB bestellt wurde. Der zuletzt bezeichnete Behördenbetreuer handelt nach der Gesetzesbegründung „in Wahrnehmung einer öffentlichen Aufgabe."[234] Das ist auch der Grund für die aufsichtsrechtliche Sonderregelung des § 1908 g Abs. 1 BGB. Von daher haftet die Anstellungskörperschaft nach Amtshaftungsgrundsätzen neben dem Behördenbetreuer. Nach der hier vertretenen Ansicht, die auch der Kommunale Schadensausgleich Hannover und der Kommunale Schadensausgleich westdeutscher Städte vertritt,[235] kann sich der Staat nicht mit Zweckkonstruktionen aus der Haftung für seine Bediensteten entziehen. Demnach haftet die Anstellungskörperschaft auch bei persönlich bestellten Behördenmitarbeitern für ein Verschulden des Mitarbeiters.

61

Mitarbeiter der Betreuungsbehörde, die als Betreuer tätig sind, haften demgemäß nach § 1833 BGB und **daneben** haftet die Anstellungskörperschaft nach Art. 34 GG, § 839 BGB (Amtshaftung).

62

Der Betreute kann es sich im Schadensfall also aussuchen, nach welcher Anspruchsgrundlage er gegen den Mitarbeiter der Betreuungsbehörde vorgeht –

63

---

232 LG Nürnberg-Fürth BtPrax 2006, 112 m.Anm. Meier.
233 7.2.2012, VI ZR 63/11.
234 MK/Schwab, § 1897 BGB Rn 16.
235 KSA-Mitteilungen Bochum 2/93, S. III/IV.

§§ 1908 i, 1833 BGB oder § 839 BGB, Art. 34 GG –, bzw ob er die Betreuungsbehörde selbst als Anstellungskörperschaft des Behördenbetreuers haftbar macht. Anstellungskörperschaft ist diejenige, die dem Bediensteten die hoheitliche Aufgabe zur Wahrnehmung übertrug. Welche Körperschaft das ist, richtet sich gemäß § 1 S. 1 BtBG nach dem jeweiligen Landesrecht. Die meisten Ausführungsgesetze sehen als örtliche Betreuungsbehörden die kreisfreien Städte bzw die Landkreise vor. Der Rückgriff der Körperschaft gegen den einzelnen Mitarbeiter ist nach Art. 34 S. 2 GG iVm dem jeweiligen Landesbeamtengesetz auf Vorsatz und grobe Fahrlässigkeit beschränkt.

V. Bedeutung für den Betreuungsverein

64 Der Verein als Betreuer gemäß § 1900 Abs. 1 BGB haftet für die pflichtwidrige Tätigkeit seines Mitgliedes oder Mitarbeiters nach §§ 1791a Abs. 3 S. 2, 1908 i Abs. 1 S. 1 BGB. Durch den Verein ist eine ausreichende Haftpflichtversicherung abzuschließen, § 1908 f Abs. 1 Nr. 1 BGB. Eine unmittelbare Haftung der eingesetzten Vereinsmitglieder ist nicht gegeben.

65 Der persönlich zum Vereinsbetreuer bestellte Mitarbeiter eines Betreuungsvereins haftet wie ein Einzelbetreuer nach §§ 1908 i, 1833 BGB. Der Verein muss den Vereinsbetreuer hiergegen haftpflichtrechtlich angemessen absichern, § 1908 f Abs. 1 Nr. 1 BGB. Wegen des möglichen Zugriffs auf sein Vermögen sollte sich der Vereinsbetreuer von dem Vorhandensein eines ausreichenden Versicherungsschutzes überzeugen. Strittig ist, ob daneben ergänzend der Verein haftet. Dies wird zutreffend überwiegend bejaht.[236]

VI. Bedeutung für den Betreuten, Erben bzw Ergänzungsbetreuer

66 Ansprüche gegen den Betreuer verjähren in drei Jahren nach § 195 BGB. Die **Frist** beginnt mit dem Schluss des Jahres, in dem der Berechtigte Kenntnis von dem Anspruch erlangte bzw ohne grobe Fahrlässigkeit hätte erlangen können, § 199 Abs. 1 BGB. Während der Dauer des Betreuungsverhältnisses ist die Verjährung von Ansprüchen zwischen dem Betreuten und dem Betreuer gehemmt, § 207 S. 1 Nr. 4 BGB. Die Verjährung beginnt also erst mit der Aufhebung der Betreuung oder dem Tod des Betreuten. Die Verjährungsobergrenze beträgt zehn Jahre, § 199 Abs. 3 Nr. 1 BGB. Mit Hinblick auf die vorbezeichnete Verjährungsobergrenze ist die Aufbewahrung der Handakten über diesen Zeitraum zu empfehlen.

67 Die vorbezeichnete kurze **dreijährige Verjährungsfrist** gilt nur für Ansprüche des Betreuten bzw dessen Rechtsnachfolgers wegen vermögensrechtlicher Pflichtverletzungen. Verletzte der Betreuer widerrechtlich und schuldhaft ein in § 823 Abs. 1 BGB genanntes Rechtsgut des Betreuten (die Freiheit, den Körper oder die Gesundheit) durch Tun oder Unterlassen, so beträgt die Verjährungsobergrenze 30 Jahre, § 199 Abs. 2 BGB. Diesbezügliche Schadensersatzansprüche sind ebenso im Rahmen der dreijährigen Verjährungsfrist ab Kenntnis von der Pflichtverletzung geltend zu machen. Der Beginn der Verjährung setzt nach § 199 Abs. 1 BGB Kenntnis vom Schaden und der Person des Ersatzpflichtigen

---

236 Schwab, FamRZ 1992, 493, 498; MK/Schwab, § 1908 i BGB Rn 18; Jürgens/Klüsener, § 1833 BGB Rn 12; aA BT-Drucks. 11/4528, 158; HK-BUR/Bauer/Deinert, § 1833 BGB Rn 12.

voraus. Die Kenntnis des gesetzlichen Vertreters (Ergänzungsbetreuers, Nachfolgebetreuers) ist maßgebend.[237]

Der Betreute/Rechtsnachfolger muss **Kenntnis** von der Pflichtverletzung des (Vor-)Betreuers, dem hierauf zurückzuführenden Schadenseintritt (Ursächlichkeit) und dessen Verschulden haben. Der Anspruchsinhaber muss also die Tatsachen kennen, die die Voraussetzungen des § 1833 BGB erfüllen. Ausreichend ist, dass der Betreute/der Rechtsnachfolger eine hinreichend aussichtsreiche, wenn auch nicht risikolose Feststellungsklage erheben kann.[238] 68

Erbrachte ein Rechtsanwalt als Betreuer berufsspezifische Dienste nach § 1835 Abs. 3 BGB, gilt ebenso die dreijährige Verjährungsfrist nach § 195 BGB. 69

Freilich können die Schadensersatzansprüche des Betreuten im Einzelfall verwirken. Maßgebend ist, ob nach den Umständen des Einzelfalles der Betreuer darauf vertrauen durfte, es werde kein Regressanspruch mehr gegen ihn erhoben. Es gelten die allgemeinen Grundsätze: das Vorliegen des Zeit- und des Umstandsmomentes. 70

Die **Erben** als Rechtsnachfolger können noch nicht verjährte Schadensersatzansprüche des Betreuten gegen den Betreuer geltend machen. Die Erben treten nach dem Grundsatz der Universalsukzession in alle Rechte und Pflichten in den Nachlass des Betreuten ein und demgemäß gehen auch bestehende Forderungen gegen den Betreuer auf sie über. 71

Für Haftungsprozesse ist die **Zivilgerichtsbarkeit** als Prozessgericht zuständig. Bei Streitigkeiten bis 5.000 EUR ist das Amtsgericht (§ 71 Abs. 1 GVG) sachlich zuständig, sonst das Landgericht, § 23 Nr. 1 GVG. Wird eine Klage auf Amtspflichtverletzung (§ 839 BGB iVm Art. 34 GG) bei einer Behördenbetreuung gestützt, ist unabhängig vom Streitwert stets das Landgericht zuständig, § 71 Abs. 2 Nr. 1 GVG. Örtlich zuständig ist das Gericht, an dem der Betreuer seinen Geschäftssitz innehat bzw die Betreuungsangelegenheiten regelmäßig erledigte, § 31 ZPO. 72

Der Betreute trägt die **Darlegungs- und Beweislast** für Pflichtverletzung, Schaden, Ursächlichkeit und Verschulden.[239] Liegt die Pflichtwidrigkeit im Unterlassen einer gesetzlichen Verpflichtung, wird der Betreute durch den Beweis des ersten Anscheins begünstigt. Ein Beweis des ersten Anscheins liegt in den Fällen vor, in denen ein Sachverhalt nach der Lebenserfahrung auf einen bestimmten typischen Verlauf hinweist. In diesen Fällen kann von einer feststehenden Ursache auf einen bestimmten Erfolg oder von einem feststehenden Erfolg auf eine bestimmte Ursache geschlossen und die Behauptung als bewiesen angesehen werden. Der Beweis des ersten Anscheins, der der Beweiswürdigung zuzuordnen ist, führt nicht zu einer Umkehr, sondern „nur" zu einer Erleichterung der Beweislast zugunsten des Betreuten. Legt der Betreuer jedoch Tatsachen dar, die auf die ernsthafte Möglichkeit eines atypischen Geschehensablaufes hinweisen, und gelingt es ihm darüber hinaus, diese zu beweisen, liegt die Beweislast wieder bei dem ursprünglich beweisbelasteten Betreuten. Wichtige Anhaltspunkte für einen andersartigen Geschehensablauf können sich insbesondere aus der **Dokumentation** des Betreuers ergeben. Die Dokumentation 73

---

237 BGH NJW 1989, 2323; NJW-RR 2005, 69; LG München I FamRZ 2009, 2117.
238 BGH NJW 2003, 2610; 2004, 510.
239 BGH v. 4.5.2011, XII ZR 86/10, BtPrax 2011, 171.

des Betreuers ist eine Urkunde nach § 267 StGB, die den Beweis der Richtigkeit und Vollständigkeit besitzt. Für das Arzthaftungsrecht führte der BGH aus: „Dieser Beweispflicht genügt der Arzt durch Vorlage einer ordnungsgemäßen Dokumentation in Operationsbericht, Krankenblatt oder Patientenkarte, wie sie auch gutem ärztlichen Brauch entspricht."[240] Aufgrund der Einheit des Haftungsrechtes beanspruchen diese Grundsätze auch Geltung im Bereich der Betreuerhaftung.[241] Sind also die Unterlagen äußerlich ordnungsgemäß und bestehen keine konkreten Anhaltspunkte, die Zweifel an der Zuverlässigkeit begründen, ist stets der dokumentierte Verlauf zugrunde zu legen.[242] Bei Unregelmäßigkeiten sind Umstände darzulegen und zu beweisen, aus denen sich die allgemeine Vertrauenswürdigkeit der Aufzeichnungen ergibt.[243] Bei Plausibilität der Dokumentation soll der Richter den Aufzeichnungen Glauben schenken. Behauptet und beweist der Betreuer (etwa anhand seiner Dokumentation) im Falle einer Ermessensentscheidung, einen Wunsch des Betreuten erfüllt zu haben, trägt der Prozessgegner die Darlegungs- und Beweislast dafür, warum der Betreuer diesen Wunsch hätte übergehen können. Erachtet das Gericht die Einwendungen des Betreuers als insoweit für nicht beachtlich, ist es zur Erteilung eines Hinweises nach § 139 Abs. 1 und 2 ZPO zur Vermeidung einer Überraschungsentscheidung verpflichtet.[244] Ist allerdings die Dokumentation unzulänglich und die Erledigung einer erforderlichen Aufgabe nicht hinreichend nachvollziehbar, gilt bis zum Beweis des Gegenteils die Vermutung, dass sie nicht ausgeführt wurde.[245] Der BGH führte hierzu – wiederum für das Arzthaftungsrecht, dessen Grundsätze heranzuziehen sind – aus: „Nach gefestigter Rechtsprechung kann der Tatrichter aus der Nichtdokumentation einer aufzeichnungspflichtigen Maßnahme bis zum Beweis des Gegenteils darauf schließen, dass die Maßnahme unterblieben ist."[246]

§ 1834 BGB Verzinsungspflicht

Verwendet der Vormund Geld des Mündels für sich, so hat er es von der Zeit der Verwendung an zu verzinsen.

I. Anwendbarkeit

1 Die Vorschrift ist gemäß § 1908 i Abs. 1 S. 1 BGB auf die Betreuung entsprechend anzuwenden und nur bei der Verwendung von Geld, nicht bei der Nutzung von anderen Vermögensgegenständen, einschlägig.[1] Die Vorschrift gilt auch für den Amts- und Vereinsvormund.

---

240 BGH VersR 1972, 887; v. 14.3.1978, VI ZR 213/76, NJW 1978, 1681, 1682.
241 BGH v. 22.7.2009, XII ZR/07.
242 OLG Düsseldorf v. 17.3.2005, 8 U 56/04, GesR 2005, 464.
243 BGH NJW 1978, 1681, 1682.
244 KG ZMR 2002, 265, 268.
245 BGH NJW 1995, 1611 ff = VersR 1995, 707.
246 BGH NJW 1988, 2949 = VersR 1989, 80 f.
1 Staudinger/Engler, § 1834 BGB Rn 5.

II. Bedeutung für den Betreuer

Grundsätzlich hat der Betreuer die Verpflichtung des § 1805 BGB einzuhalten, andernfalls handelt er pflichtwidrig. Mithin kann § 1834 BGB für ihn **nur für den Fall pflichtwidrigen Handelns** zur Anwendung kommen. In diesem Sinne ergänzt die Vorschrift § 1805 BGB, nach der der Betreuer sein Vermögen von dem des Betreuten getrennt zu halten hat. Verstößt der Betreuer gegen diese Vorschrift und nutzt Gelder des Betreuten für eigene Zwecke oder zahlt sie auf ein eigenes Konto ein, so hat er diese gem. § 246 BGB mit dem gesetzlichen Zinssatz von 4 % zu verzinsen. Für die Verzinsungspflicht ist es unerheblich, ob dem Betreuten ein entsprechender Schaden entstanden ist und ob dieser vom Betreuer schuldhaft verursacht wurde. Der Anspruch ist also **verschuldensunabhängig**[2] und kann schon während der Dauer der Betreuung von einem Ergänzungsbetreuer geltend gemacht werden. Er verjährt in 30 Jahren, § 197 Abs. 2 BGB. Während der Dauer der Betreuung ist die Verjährungsfrist gehemmt, § 207 Abs. 1 S. 2 Nr. 3 BGB.

Für einen höheren Zinsschaden haftet der Betreuer nach § 1833 BGB.

Bei der ebenfalls unzulässigen **Vermischung** von Vermögen gelten die Grundsätze des § 948 BGB. Eine Verwendung iSv § 1834 BGB liegt erst dann vor, wenn der Betreuer das vermischte Geld auch tatsächlich für sich verwendet.

III. Bedeutung für das Betreuungsgericht

Das Betreuungsgericht hat im Rahmen seiner Aufsicht (§§ 1837 Abs. 2 S. 1, 1908i Abs. 1 S. 1 BGB) zu prüfen, ob der Betreuer gegen das Trennungsgebot des § 1805 BGB verstößt, und für den Einzelfall geeignete Maßnahmen zu ergreifen. Funktional zuständig ist der Rechtspfleger, § 3 Nr. 2 a RPflG.

Dieser kann insbesondere die Bestellung eines Ergänzungsbetreuers gem. § 1899 Abs. 4 BGB zur Geltendmachung der Ansprüche aus § 1834 BGB anregen. Die Entscheidung ist dem Betreuungsrichter vorbehalten.

Übersicht vor §§ 1835 ff BGB

I. Grundlegende Reform des Vergütungsrechts durch das Zweite Betreuungsrechtsänderungsgesetz

Das Recht der Vergütung und des Aufwendungsersatzes für Betreuer, Vormünder und Pfleger wurde durch das Zweite Betreuungsrechtsänderungsgesetz (2. BtÄndG) vom 21.4.2005[1] grundlegend umgestaltet.[2] Dieses ging auf eine Initiative des Bundesrates zurück[3] und erhielt seine endgültige Fassung durch den Rechtsausschuss des Deutschen Bundestages.[4] Durch die Reform weitgehend unverändert blieben die §§ 1835 und 1835a BGB, soweit sie Aufwendungsersatz und pauschale Aufwandsentschädigung für ehrenamtliche Betreu-

---

2 Staudinger/Engler, § 1834 BGB Rn 2; Soergel/Zimmermann, § 1834 BGB Rn 1.
1 BGBl. I, 1073.
2 Zur Geschichte des Vergütungsrechts vor dem 2. BtÄndG vgl zB die Übersicht bei MK/Wagenitz, Vor § 1835 BGB.
3 BR-Drucks. 865/03; BT-Drucks. 15/2494.
4 BT-Drucks. 15/4874.

er regeln. Die Vergütung der berufsmäßig tätigen Betreuer, Vormünder und Pfleger ist im Vormünder- und Betreuervergütungsgesetz (VBVG) geregelt, welches das frühere Berufsvormündervergütungsgesetz ersetzt, aber auch weit über dieses hinausgeht. Unverändert blieben die Vorschriften über die Bestimmung der Mittellosigkeit des Betreuten einschließlich des Regresses der Staatskasse (§§ 1836 c bis 1836 e BGB). § 1836 BGB wurde novelliert, die Regelung des § 1836 a BGB aF wurde in das VBVG übernommen (§ 1 Abs. 2 S. 2), 1836 b BGB aF wurde aufgehoben. Unter Anpassung an die neue Rechtslage in das VBVG übernommen wurden die Regelungen der §§ 1908 e und 1908 h BGB aF über Aufwendungsersatz und Vergütung für Vereins- und Behördenbetreuer (jetzt §§ 7 und 8 VBVG).

II. Inkrafttreten, Altfälle

2 Gem. Art. 12 ist das 2. BtÄndG am **1.7.2005** in Kraft getreten. Zeitgleich trat das Berufsvormündervergütungsgesetz (BVormVG) außer Kraft. Diese Rechtslage gilt nicht nur für Betreuungen, die nach diesem Termin eingerichtet wurden, sondern auch für alle zum Termin bereits bestehenden Betreuungen. Ab diesem Termin entstandene Ansprüche auf Aufwendungsersatz und Vergütung richten sich nach dem neuen Recht.

III. Überblick über die Regelung der Vergütung und des Aufwendungsersatzes

3 Die grundsätzlichen Linien der Vergütung und des Aufwendungsersatzes im Betreuungsrecht sind danach folgende (für die Einzelheiten wird auf die Kommentierung der jeweiligen Vorschriften verwiesen):

1. Ehrenamtlich geführte Betreuung

4 Betreuungen werden grundsätzlich ehrenamtlich geführt. Von der Ausnahme des § 1836 Abs. 2 BGB abgesehen, erhält der ehrenamtlich tätige Betreuer **keine Vergütung**, sondern nur wahlweise den Ersatz seiner konkret nachgewiesenen Aufwendungen (§ 1835 BGB) oder eine Aufwandspauschale iHv 323 EUR pro Jahr (§ 1835 a BGB).

5 Ist der Betreute bemittelt, muss er selbst für Aufwendungsersatz und Aufwandspauschale aufkommen. Ist er hingegen mittellos iSd §§ 1836 c, 1836 d BGB, richtet sich der Anspruch des Betreuers gegen die Staatskasse. Diese wiederum kann unter bestimmten Voraussetzungen gegen den Betreuten oder seinen Erben Regress nehmen (§ 1836 e BGB).

2. Berufsmäßig geführte Betreuung

6 Stellt das Gericht fest, dass die Betreuung ausnahmsweise berufsmäßig geführt wird (§ 1836 Abs. 1 S. 2 BGB, § 1 VBVG), erhält der Betreuer einen **pauschalen Geldbetrag**, der eine Vergütung, seinen Aufwendungsersatz sowie die anfallende Umsatzsteuer enthält. Die Berechnung dieses Betrages ist in §§ 4 und 5 VBVG geregelt. In seltenen Ausnahmefällen erfolgt eine Vergütung nach der tatsächlich aufgewandten und erforderlichen Zeit (§ 6 iVm § 3 VBVG).

7 Wie bei Aufwendungsersatz und Aufwandsentschädigung gem. §§ 1835, 1835 a BGB muss der bemittelte Betreute auch für die Vergütung des Berufsbetreuers selbst aufkommen. Nur wenn er mittellos ist iSd §§ 1836 c, 1836 d

BGB, richtet sich der Anspruch des Betreuers gegen die Staatskasse. In diesem Fall ist die gezahlte Pauschale geringer (vgl § 5 Abs. 2 VBVG). Zahlt die Staatskasse an den Betreuer, kann sie unter bestimmten Umständen gegen den Betreuten oder seinen Erben Regress nehmen (§ 1836 e BGB).

3. Verein und Behörde

Wird gem. § 1897 Abs. 2 S. 1 BGB der Mitarbeiter eines anerkannten Betreuungsvereins zum Betreuer bestellt, so kann der Verein für diesen ebenfalls die **pauschale Vergütung** gem. §§ 4, 5 VBVG beanspruchen (§ 7 VBVG). Wird gem. § 1897 Abs. 2 S. 2 BGB ein sog. Behördenbetreuer bestellt, steht der Behörde nur gegenüber einem bemittelten Betreuten ein Anspruch auf Aufwendungsersatz und nur im Ausnahmefall eine Vergütung zu (§ 8 VBVG). 8

Werden gem. § 1900 Abs. 1, 4 BGB ein Verein oder eine Behörde als solche zum Betreuer bestellt, steht ihnen lediglich gegen den bemittelten Betreuten ein Anspruch auf Aufwendungsersatz zu (§ 1835 Abs. 5 S. 1 BGB). Eine Vergütung können sie nicht beanspruchen (§ 1836 Abs. 3 BGB). 9

4. Verfahrenspflegschaft

Gem. § 277 FamFG erhalten in Betreuungssachen bestellte Verfahrenspfleger **Aufwendungsersatz** nach § 1835 BGB sowie – wenn sie ausnahmsweise berufsmäßig tätig sind – eine Vergütung auf der Basis der tatsächlich aufgewandten und erforderlichen Zeit nach § 3 VBVG. Gem. § 277 Abs. 3 FamFG besteht statt Letzterem auch die Möglichkeit der Gewährung eines **Pauschalbetrages**. 10

Anders als bei den Betreuern richtet sich der Anspruch der Verfahrenspfleger immer **direkt gegen die Staatskasse** (§ 277 Abs. 5 S. 1 FamFG). Ist der Betreute bemittelt, kann das Gericht ihm die erbrachten Zahlungen als Verfahrensauslagen in Rechung stellen (§§ 93 a Abs. 2, 137 Nr. 16 KostO). 11

5. Verfahren

Das Verfahren ist hinsichtlich der Vergütung von Vormündern und Betreuern in § 168 FamFG, hinsichtlich der Verfahrenspfleger in § 277 FamFG geregelt 12

6. Vormünder, sonstige Pfleger

Außer für Betreuer und Verfahrenspfleger gelten die **§§ 1835 bis 1836 e BGB**, 1 bis 3 VBVG auch für Vormünder und nach Maßgabe des § 1915 BGB für die sonstigen Pfleger. Da sich der vorliegende Kommentar nur mit dem Betreuungsrecht befasst, wird hierauf bei der Kommentierung jedoch nicht näher eingegangen. 13

§ 1835 BGB Aufwendungsersatz

(1) ¹Macht der Vormund zum Zwecke der Führung der Vormundschaft Aufwendungen, so kann er nach den für den Auftrag geltenden Vorschriften der §§ 669, 670 von dem Mündel Vorschuss oder Ersatz verlangen; für den Ersatz von Fahrtkosten gilt die in § 5 des Justizvergütungs- und -entschädigungsgesetzes für Sachverständige getroffene Regelung entsprechend. ²Das gleiche Recht steht dem Gegenvormund zu. ³Ersatzansprüche erlöschen, wenn sie nicht bin-

nen 15 Monaten nach ihrer Entstehung gerichtlich geltend gemacht werden; die Geltendmachung des Anspruchs beim Familiengericht gilt dabei auch als Geltendmachung gegenüber dem Mündel.

(1 a) [1]Das Familiengericht kann eine von Absatz 1 Satz 3 abweichende Frist von mindestens zwei Monaten bestimmen. [2]In der Fristbestimmung ist über die Folgen der Versäumung der Frist zu belehren. [3]Die Frist kann auf Antrag vom Familiengericht verlängert werden. [4]Der Anspruch erlischt, soweit er nicht innerhalb der Frist beziffert wird.

(2) [1]Aufwendungen sind auch die Kosten einer angemessenen Versicherung gegen Schäden, die dem Mündel durch den Vormund oder Gegenvormund zugefügt werden können oder die dem Vormund oder Gegenvormund dadurch entstehen können, dass er einem Dritten zum Ersatz eines durch die Führung der Vormundschaft verursachten Schadens verpflichtet ist; dies gilt nicht für die Kosten der Haftpflichtversicherung des Halters eines Kraftfahrzeugs. [2]Satz 1 ist nicht anzuwenden, wenn der Vormund oder Gegenvormund eine Vergütung nach § 1836 Abs. 1 Satz 2 in Verbindung mit dem Vormünder- und Betreuervergütungsgesetz erhält.

(3) Als Aufwendungen gelten auch solche Dienste des Vormunds oder des Gegenvormunds, die zu seinem Gewerbe oder seinem Beruf gehören.

(4) [1]Ist der Mündel mittellos, so kann der Vormund Vorschuss und Ersatz aus der Staatskasse verlangen. [2]Absatz 1 Satz 3 und Absatz 1 a gelten entsprechend.

(5) [1]Das Jugendamt oder ein Verein kann als Vormund oder Gegenvormund für Aufwendungen keinen Vorschuss und Ersatz nur insoweit verlangen, als das einzusetzende Einkommen und Vermögen des Mündels ausreicht. [2]Allgemeine Verwaltungskosten einschließlich der Kosten nach Absatz 2 werden nicht ersetzt.

I. Einleitung 1	3. Einzelne Aufwendungen 12
1. Inhalt und Geschichte der Norm 1	4. Kosten für Hilfskräfte 13
2. Anwendungsbereich 2	5. Versicherungskosten (Abs. 2) 14
3. Bedeutung 3	6. Berufliche Dienste als Aufwendungen (Abs. 3) 19
II. Die ersatzfähigen Aufwendungen 5	a) Bedeutung 19
1. Begriff der Aufwendung 5	b) Anspruchsvoraussetzungen 20
2. Allgemeine Abgrenzungen 6	c) Höhe der Entschädigung 24
a) Freiwillige Vermögensopfer 6	III. Die Durchsetzung des Anspruchs auf Aufwendungsersatz 25
b) Tätigkeit zur Führung der Betreuung 7	1. Vorschuss und Ersatz, Fälligkeit, Verzinsung 25
c) Keine Beendigung der Betreuung 8	
d) Eigene Kosten des Betreuers 9	
e) Erforderlichkeit 10	

2. Die Ausschlussfrist gem. Abs. 1 S. 3, Abs. 1 a 26	IV. Aufwendungsersatz von Behörde und Betreuungsverein (Abs. 5) 32
3. Die Inanspruchnahme des bemittelten Betreuten 30	V. Besonderheiten des Aufwendungsersatzes für Verfahrenspfleger 34
4. Mittellosigkeit des Betreuten (Abs. 4) 31	

I. Einleitung

1. Inhalt und Geschichte der Norm

§ 1835 BGB gewährt einen **Anspruch auf Ersatz notwendiger und tatsächlich entstandener Aufwendungen** des Vormunds, Betreuers und Pflegers. Die Vorschrift stammt bereits aus dem ursprünglichen BGB, wurde jedoch mehrfach wesentlich geändert, zuletzt durch das BtG zum 1.1.1992, das 1. BtÄndG zum 1.1.1999, das Kostenrechtsmodernisierungsgesetz zum 1.7.2004, das 2. BtÄndG zum 1.7.2005 und das FamFG zum 1.9.2009.

2. Anwendungsbereich

Gem. § 1908 i Abs. 1 S. 1 BGB gilt die Vorschrift im Betreuungsrecht. Allerdings gilt für die berufsmäßig tätigen Betreuer die pauschalierte Inklusivvergütung nach dem VBVG, die auch den Aufwendungsersatz umfasst und bis auf Abs. 3 die Anwendung von § 1835 BGB ausschließt (§ 4 Abs. 2 VBVG; vgl hierzu § 4 VBVG Rn 35). Im Betreuungsrecht gilt die Vorschrift daher nur für folgende Gruppen:

a) **Ehrenamtliche Betreuer**, die keine pauschale Aufwandsentschädigung nach § 1835 a BGB geltend machen. § 1835 BGB gilt für alle ehrenamtlichen Betreuer, auch wenn diese ausnahmsweise gem. § 1836 Abs. 2 BGB eine Vergütung erhalten. Erhält der Ehrenamtliche keine Vergütung, kann er frei zwischen der konkreten Abrechnung seiner Aufwendungen gem. § 1835 BGB und der Inanspruchnahme der pauschalen Aufwandsentschädigung gem. § 1835 a BGB wählen (zu den Einzelheiten vgl § 1835 a BGB Rn 8).

b) Beruflich tätige **Sterilisationsbetreuer und Verhinderungsbetreuer** bei rechtlicher Verhinderung des Hauptbetreuers gem. § 6 VBVG (zu den Einzelheiten vgl dort Rn 7). In diesem Fall findet Abs. 2 keine Anwendung.

c) **Behördenbetreuer.** Soweit der Betreute bemittelt ist, kann die Betreuungsbehörde für einen gem. § 1897 Abs. 2 S. 2 BGB bestellten Behördenmitarbeiter Aufwendungsersatz gem. § 1835 Abs. 1 S. 1 und 2 BGB iVm Abs. 5 S. 2 beanspruchen (§ 8 Abs. 2 VBVG).

d) **Verfahrenspfleger**, die keine Pauschale nach § 277 Abs. 3 FamFG erhalten. In diesen Fällen gelten Abs. 1 bis 2, nicht aber Abs. 3 (vgl hierzu § 277 FamFG Rn 7 ff).

e) **Berufsbetreuer** für geleistete Dienste, die zu ihrem Beruf oder Gewerbe gehören gem. **Abs. 3**. Nur diese Vorschrift gilt weiterhin auch für die beruflich tätigen Betreuer (nicht jedoch für die Vereinsbetreuer, § 7 Abs. 1 S. 2 VBVG). Der Aufwendungsersatz nach Abs. 3 wird zusätzlich zur Pauschalvergütung nach §§ 4, 5 VBVG gezahlt, vgl § 4 VBVG Rn 41.

3. Bedeutung

3 Die praktische Bedeutung von § 1835 BGB ist begrenzt. Von den seltenen Fällen der Sterilisations-, Verhinderungs- und Behördenbetreuer abgesehen, gilt er im Betreuungsrecht vor allem für die ehrenamtlichen Betreuer und die Verfahrenspfleger. Die meisten Ehrenamtlichen wiederum dürften die für sie bequeme und oft auch lukrative pauschalierte Aufwandsentschädigung gem. § 1835a BGB wählen und viele Verfahrenspfleger den festen Geldbetrag nach § 277 Abs. 3 FamFG. Relevant ist lediglich die Bedeutung von **Abs. 3**, wonach geleistete Dienste, die zu dem Gewerbe oder Beruf des Betreuers gehören, als Aufwendungen gelten. Denn gem. § 4 Abs. 2 S. 2 VBVG ist diese Bestimmung nach wie vor auch für die Berufsbetreuer anwendbar. Wegen der relativ engen und vom tatsächlichen Aufwand unabhängigen Stundenansätze des § 5 VBVG hat die Möglichkeit, über § 1835 Abs. 3 BGB dem tatsächlichen Aufwand entsprechend abrechnen zu können, erhebliche Bedeutung.

4 **Für die Gerichte** ist die konkrete Abrechnung der Aufwendungen nach § 1835 BGB aufwändig, da sie diese prüfen und den auszuzahlenden Betrag im Einzelnen bestimmen müssen.

Die **ehrenamtlichen Betreuer** können zwischen einer konkreten Abrechnung ihrer tatsächlich entstandenen Aufwendungen gem. § 1835 BGB und der Inanspruchnahme einer pauschalen Aufwandsentschädigung gem. § 1835a BGB frei wählen (zu den Einzelheiten einschl. einer Anrechnung auf die Pauschale vgl § 1835a BGB Rn 8). § 1835 BGB gewährleistet, dass jeder Ehrenamtliche – wenn er es auf sich nimmt, konkret abzurechnen – seine Aufwendungen in vollem Umfang ersetzt erhält.

Für die **ehrenamtlich tätigen Verfahrenspfleger** stellt § 1835 BGB die einzige Möglichkeit des Aufwendungsersatzes dar.

Für die **berufsmäßig tätigen Verfahrenspfleger** besteht neben der konkreten Abrechnung gem. § 1835 BGB die Möglichkeit einer Pauschalierung gem. § 277 Abs. 3 FamFG. Anders als den ehrenamtlichen Betreuern steht den berufsmäßig tätigen Verfahrenspflegern allerdings kein freies Wahlrecht zwischen der Beantragung einer Pauschale gem. § 277 Abs. 3 FamFG und einer konkreten Abrechnung gem. §§ 277 Abs. 1 FamFG iVm § 1835 BGB zu. Denn zum einen ist die Gewährung der Pauschale an Voraussetzungen gebunden, zum anderen kann sie auch von Amts wegen erfolgen (zu den Einzelheiten vgl § 277 FamFG Rn 19 ff).

II. Die ersatzfähigen Aufwendungen

1. Begriff der Aufwendung

5 Aufwendungen iSv § 1835 BGB sind **freiwillige Vermögensopfer**, die der Betreuer zur Führung der Betreuung auf sich nimmt oder die sich als notwendige Folge seiner Tätigkeit ergeben.[1]

---

1 Staudinger/Bienwald, § 1835 BGB Rn 10; LG Koblenz BtPrax 1997, 247.

2. Allgemeine Abgrenzungen

a) Freiwillige Vermögensopfer

Da bereits der Begriff der Aufwendung (vgl Rn 5) Freiwilligkeit voraussetzt, ist der Ersatz von Vermögensschäden (also unfreiwilligen Opfern) grundsätzlich ausgeschlossen (zu den Einzelheiten vgl Rn 12).

b) Tätigkeit zur Führung der Betreuung

Die Aufwendungen müssen zur Führung der Betreuung entstehen. Erforderlich ist daher ein pflichtgemäßes Tätigwerden im Rahmen der rechtlichen Betreuung und **in dem übertragenen Aufgabenkreis**.[2] Wird der Betreuer – was insbesondere bei ehrenamtlich Tätigen häufig und durchaus erwünscht ist – **außerhalb seines Aufgabenkreises**, insbesondere sozial betreuend tätig, kann ein Aufwendungsersatz nach § 1835 BGB nicht erfolgen. Es verbleibt bei den allgemeinen Regelungen, die auch sonst gelten, wenn zB Verwandte füreinander tätig werden. In Betracht kommt etwa ein Anspruch unmittelbar aus § 670 BGB oder § 683 BGB, wenn die Voraussetzungen eines Auftrags des Betreuten oder einer Geschäftsführung ohne Auftrag vorliegen. Zu beachten ist jedoch das Selbstkontrahierungsverbot des § 181 BGB. Will der Betreuer über seinen Aufgabenkreis bzw das für die rechtliche Betreuung Erforderliche hinaus entgeltlich (zB als Pflegender) tätig werden, ist für den Abschluss des Pflegevertrages gem. § 1899 Abs. 4 BGB die Bestellung eines Verhinderungsbetreuers erforderlich.[3] Steht dem Betreuer die Vermögenssorge zu, kann er die von dem Betreuten zur Erfüllung dieses Vertrages geschuldeten Beträge dessen Vermögen entnehmen.

c) Keine Beendigung der Betreuung

Erforderlich ist des Weiteren, dass die Betreuung noch besteht. Maßnahmen nach Beendigung der Betreuung, insbesondere nach dem Tod des Betreuten, können grundsätzlich nicht nach § 1835 BGB abgerechnet werden. Etwas anderes gilt nur, wenn der Betreuer in Unkenntnis der Beendigung der Betreuung oder als Notgeschäftsführer noch Geschäfte tätigt (§§ 1908i Abs. 1, 1893 Abs. 1, 1698a und 1698b BGB).

d) Eigene Kosten des Betreuers

Die Aufwendungen müssen dem Betreuer selbst entstehen, wie zB Auslagen für Porto, Telefon- oder Fahrtkosten. Ausgaben für den Betreuten (wie zB Einkäufe) unterfallen § 1835 BGB grundsätzlich nicht.[4] Dies gilt auch zB für die Beauftragung eines Rechtsanwalts.[5] Ist der Betreute vermögend, kann sich der Betreuer (soweit er die Vermögenssorge inne hat) ggf gem. §§ 670, 683 BGB unmittelbar aus dessen Vermögen befriedigen. Andernfalls muss er Ersatz

---

[2] OLG Brandenburg FPR 2002, 106 (für den Fall eines Verfahrenspflegers); BayObLG FamRZ 2005, 550; OLG Hamm NJW 2006, 1144 (für die Mitwirkung in einem staatsanwaltschaftlichen Ermittlungsverfahren).
[3] Vgl MK/Wagenitz, § 1835 BGB Rn 14.
[4] BayObLG Rpfleger 2003, 246.
[5] OLG Köln FGPrax 2009, 112.

(bzw einen Vorschuss) vom Sozialamt, der Krankenkasse, dem Gericht (für Prozesskostenhilfe) pp. beantragen.[6]

e) Erforderlichkeit

10 Die Aufwendungen müssen für die Führung der Betreuung erforderlich sein.[7] Ausgangspunkt ist dabei das **Wohl des Betreuten** (§ 1901 Abs. 2 BGB), wobei dessen Wünschen zu entsprechen ist, soweit sie diesem nicht widersprechen. Da auch das finanzielle Wohl des Betreuten zu beachten ist, hat der Betreuer seine Aufwendungen im Interesse des Betreuten möglichst gering zu halten.[8] Dies gilt auch, wenn der Betreute mittellos ist und statt seiner die Staatskasse eintritt. Denn der Inhalt des Anspruchs ändert sich hierdurch nicht.

11 Hinsichtlich des „**Prognoserisikos**" besteht nach dem Gesetz ein Unterschied zwischen der Beantragung eines Vorschusses und dem Ersatz einer Aufwendung. Für den Vorschuss verweist Abs. 1 S. 1 auf § 669 BGB. Nach dieser Vorschrift muss die Aufwendung für die beabsichtigte Tätigkeit objektiv erforderlich sein. Für die Erstattung gilt hingegen § 670 BGB, wonach es darauf ankommt, was der Betreuer „den Umständen nach für erforderlich halten darf", so dass insoweit ein subjektiver Maßstab gilt. Eine Erstattung scheidet jedoch aus, wenn der Betreuer bei Beachtung der gebotenen Sorgfalt hätte erkennen müssen, dass die von ihm durchgeführten Maßnahmen zur Erfüllung seiner Aufgaben objektiv nicht erforderlich waren.[9]

3. Einzelne Aufwendungen

12 Hinsichtlich einzelner Aufwendungen gilt Folgendes:

- **Allgemeine Bürounkosten** des Betreuers (wie die Büromiete, Kosten für Büromaterial, Computer, Faxgeräte pp.) können **nicht** (auch nicht anteilig) abgerechnet werden.[10] Bei einem Berufsbetreuer sind sie durch den Stundensatz abgegolten.
- **Beratungskosten** (Kosten für Erfahrungsaustausch, Fortbildung, Supervision[11] etc.) sind **nicht** abrechenbar.[12]
- **Berufliche Dienste** des Betreuers im Rahmen der Betreuung können nach **Abs. 3** geltend gemacht werden (vgl hierzu Rn 19 ff).
- **Dolmetscherkosten** sind im angemessenen Umfang erstattungsfähig, wenn sich der Betreuer mit dem Betreuten nicht verständigen kann.[13]
- Kosten für **Fachliteratur** gehören ebenso wie sonstige Beratungs- und Fortbildungskosten zu den Allgemeinkosten und sind daher **nicht** abrechenbar.[14]

---

6 Vgl LG Koblenz FamRZ 2005, 239 (LS); BtKomm/Dodegge, Abschn. F Rn 8; Jürgens/Jürgens, § 1835 BGB Rn 4; MK/Wagenitz, § 1835 BGB Rn 14.
7 BGH FamRZ 2006, 111; BayObLG FamRZ 2005, 550.
8 BayObLG FamRZ 2003, 1586, 1587; 2005, 550; OLG Frankfurt/M. v. 3.2.2011, 2 WF 457/10, Rn 18: „Pflicht zur kostensparenden Amtsführung".
9 BayObLG FamRZ 2002, 639.
10 OLG Schleswig BtPrax 2002, 221; OLG Brandenburg FPR 2002, 106.
11 OLG Frankfurt/M. BtPrax 2004, 117.
12 Knittel, § 1835 BGB Rn 36.
13 BtKomm/Dodegge, Abschn. F Rn 13.
14 Damrau/Zimmermann, § 1835 BGB Rn 14.

- Praktisch sehr wichtig ist die Erstattung von **Fahrtkosten**, die in Abs. 1 S. 1 Hs 2 ausdrücklich geregelt ist. Es gilt danach die gem. § 5 des Justizvergütungs- und -entschädigungsgesetzes für Sachverständige geltende Regelung. Nach dieser werden bei öffentlichen Verkehrsmitteln die tatsächlich entstandenen Auslagen bis zu den Kosten der ersten Wagenklasse der Bahn einschließlich Platzreservierung und notwendiger Gepäckbeförderung erstattet. Bei der Benutzung seines Pkws erhält der Betreuer eine Pauschale von 0,30 EUR für jeden gefahrenen Kilometer (also Hin- und Rückfahrt gesondert) zuzüglich der anlässlich der Reise anfallenden baren Auslagen wie insbesondere Parkgebühren.

- **Fotokopierkosten** sind erstattungsfähig, soweit sie (auch für die Führung einer Handakte) erforderlich sind. Nach überwiegender Rechtsprechung können 0,15 EUR pro Seite zuzüglich Umsatzsteuer geltend gemacht werden.[15]

- Die Kosten eines **Handys** sind grundsätzlich **nicht** erstattungsfähig.[16] Etwas anderes gilt, wenn besondere Gründe (etwa Eilbedürftigkeit) seine Benutzung erfordern.[17]

- Zum Ersatz der Kosten für **Hilfskräfte** vgl Rn 13.

- Kosten für den **Lebensunterhalt des Betreuten** können grundsätzlich **nicht** nach § 1835 BGB abgerechnet werden (vgl dazu Rn 9).[18]

- **Parkgebühren** sind gem. § 5 Abs. 2 S. 1 JVEG vom Fahrtkostenersatz (s. dort) umfasst.

- **Pflegt** der Betreuer den Betreuten, erwächst hieraus kein Anspruch aus § 1835 BGB. Dies folgt bereits daraus, dass die tatsächliche Pflege nicht Bestandteil der rechtlichen Betreuung iSv § 1901 Abs. 1 BGB ist.[19] Will der Betreuer die aufgewandte Zeit vergütet erhalten, muss er daher mit dem Betreuten einen gesonderten Pflegevertrag abschließen, wofür – da es sich um ein In-Sich-Geschäft handelt – die Bestellung eines Verhinderungsbetreuers erforderlich ist. Barauslagen für Pflegemittel, Kleidung, Medikamente etc. kann der Betreuer direkt aus §§ 670, 683 BGB erstattet verlangen. Steht ihm die Vermögenssorge zu, kann er die Beträge in Erfüllung dieser Verbindlichkeiten aus dem Vermögen des Betreuten entnehmen. Ist der Betreute mittellos, muss er die Gegenstände bzw deren Bezahlung ggf bei der Krankenkasse oder dem Sozialamt beantragen.

- **Portokosten** (einschließlich Umsatzsteuer)[20] sind erstattungsfähig.[21] Gleiches gilt für die Kosten eines **Nachsendeauftrags**, wenn so gewährleistet wird, dass der Betreuer von der gesamten eingehenden Post des Betreuten Kenntnis erhält.[22]

---

15 BayObLG NJW-FER 2001, 292; OLG Zweibrücken FamRZ 2001, 864; OLG Dresden Rpfleger 2001, 492; LG Kassel BtPrax 2012, 130 (LS).
16 LG Koblenz FamRZ 1998, 1533; LG Frankenthal JurBüro 1998, 39.
17 Vgl BtKomm/Dodegge, Abschn. F Rn 16 mwN.
18 BayObLG Rpfleger 2003, 246.
19 LG Koblenz Rpfleger 2004, 488 (LS).
20 OLG Düsseldorf FPR 2002, 93.
21 Jürgens/Jürgens, § 1835 BGB Rn 7.
22 OLG Zweibrücken FGPrax 2005, 216.

- Kosten für **Rechtsberatung und Rechtsverfolgung** unterfallen § 1835 BGB, wenn sie zur Aufgabenerfüllung des Betreuers in dessen Aufgabenkreis notwendig sind.[23]
- **Schäden** sind keine freiwilligen Vermögensopfer und daher begrifflich keine Aufwendungen. Sie unterfallen daher grundsätzlich **nicht** dem Anspruch aus § 1835 BGB. Durch die Rechtsprechung entschieden wurde dies zB für Schäden, die dem Betreuer durch den Betreuten zugefügt wurden,[24] sowie für Schäden, die dem Betreuer in Ausübung seines Amtes an seinem Kraftfahrzeug entstehen.[25] Etwas anderes gilt nur, wenn der Betreuer entsprechend § 683 BGB im Interesse des Betreuten eine unbedingt erforderliche gefährliche Handlung vornimmt und dabei zu Schaden kommt. Denn in diesem Fall lag schon die Risikoübernahme im Interesse des Betreuten.[26] Existiert ein Schädiger, muss sich der Betreuer an diesen halten. Ist der Schädiger der Betreute und steht dem Betreuer die Vermögenssorge zu, kann er den zur Erfüllung des Schadensersatzanspruchs erforderlichen Betrag nach allgemeinen Regeln direkt dem Vermögen des Betreuten entnehmen.

  Angesichts dessen, dass auch die Kosten einer Versicherung gegen Eigenschäden – entgegen dem ursprünglichen Regierungsentwurf zum Betreuungsgesetz[27] – nicht ersatzfähig sind, können im Einzelfall Härten entstehen, zB dann, wenn kein Schädiger greifbar oder zB der Betreute mittellos ist. Aufgrund des klaren Wortlauts der Vorschrift und der genauen Regelung einzelner Aufwendungen in Abs. 2 und 3 ist eine ausdehnende Auslegung jedoch nicht möglich.[28] Lediglich bezüglich erlittener Unfälle ist der ehrenamtliche Betreuer gem. § 2 Abs. 1 Nr. 10 SGB VII in der gesetzlichen Unfallversicherung versichert.

- Kosten für **Schreibwaren** (Papier, Umschläge, Aktenordner) können von ehrenamtlichen Betreuern gem. § 1835 abgerechnet werden.[29] Bei Berufsbetreuern ist dieser Aufwand durch die Pauschale abgegolten.[30] Zur Erstattung von Kosten für Schreibkräfte vgl Rn 13 ff.
- **Übernachtungskosten** sind, wenn sie zur Führung der Betreuung notwendig sind, nach § 1835 BGB zu erstatten.[31]
- Der Aufwendungsersatzanspruch umfasst auch die **Umsatzsteuer**, die auf Aufwendungen zu zahlen ist.[32]
- Ein **Verdienstausfall** ist – wenn überhaupt – nur bei ehrenamtlichen Betreuern nach § 1835 BGB zu ersetzen. Denn der Berufsbetreuer erhält ja für seine Tätigkeit eine Vergütung. Die Tätigkeit des Ehrenamtlichen wiederum wird nicht bezahlt. Die Erstattung eines Verdienstausfalls kommt

---

23 Vgl zB BtKomm/Dodegge, Abschn. F Rn 20; Soergel/Zimmermann, § 1835 BGB Rn 8.
24 LG Hamburg BtPrax 2002, 270.
25 LG Bückeburg NJW-RR 2002, 506.
26 LG Bückeburg NJW-RR 2002, 506, 507; MK/Wagenitz, § 1835 BGB Rn 22.
27 Vgl BT-Drucks. 11/4528, 13, 109.
28 LG Bückeburg NJW-RR 2002, 506; LG Hamburg BtPrax 2002, 270.
29 BtKomm/Dodegge, Abschn. F Rn 21; Soergel/Zimmermann, § 1835 BGB Rn 8.
30 OLG Schleswig BtPrax 2002, 221 (zur alten Rechtslage).
31 BayObLG FamRZ 2004, 565.
32 ZB: OLG Düsseldorf FamRZ 2002, 638; OLG Brandenburg FamRZ 2001, 448 (LS); BayObLG FamRZ 2004, 403 (LS).

daher nur in Betracht, wenn die Tätigkeit unbedingt während der Arbeitszeit des Betreuers erledigt werden muss und eine Verschiebung auf die Zeit nach Dienstschluss nicht möglich ist. Liegen diese Voraussetzungen vor und ist ein konkreter Schaden entstanden, kommt es nicht darauf an,

- ob der Betreuer selbstständig oder abhängig beschäftigt ist.[33]

Ein pauschaler Ersatz von **Verpflegungsmehraufwendungen** ist grundsätzlich nicht möglich.[34]

4. Kosten für Hilfskräfte

Zur Frage, ob und inwieweit der Betreuer für die Erledigung seiner Aufgaben Hilfskräfte einsetzen darf, vgl § 1901 BGB Rn 56 ff sowie die Vorauflage zu § 1835 BGB Rn 13 ff.

13

Was die Frage der Erstattung der Kosten für Hilfskräfte gem. § 1835 Abs. 1 BGB betrifft, ist diese – im Gegensatz zur Rechtslage vor Inkrafttreten des 2. BtÄndG – im Wesentlichen nur noch für die **ehrenamtlichen Betreuer** relevant. Denn von den seltenen und in diesem Zusammenhang kaum relevanten Ausnahmen des § 6 VBVG sowie den Verfahrenspflegern abgesehen, gilt § 1835 Abs. 1 BGB nur noch für die ehrenamtlichen Betreuer (vgl Rn 2 ff). Vergütung und Aufwendungsersatz der Berufsbetreuer sind durch die Pauschale der §§ 4, 5 VBVG abgegolten. Ist nach § 1901 BGB eine Delegation der Tätigkeit (ausnahmsweise) zulässig, so ist hinsichtlich der Erstattung der Kosten zudem das finanzielle Wohl des Betreuten zu bedenken, dem der Betreuer verpflichtet ist. Denn anders als nach früherem Recht bei einem Berufsbetreuer, wo der Einsatz billigerer Hilfskräfte dem finanziellen Interesse des Betreuten dienen konnte,[35] erbringt der ehrenamtliche Betreuer (von der Ausnahme des § 1836 Abs. 2 BGB abgesehen) seine Leistungen unentgeltlich. Delegiert er nun eine Tätigkeit, die er auch selbst ausführen könnte, entstehen daher für den Betreuten (oder gem. Abs. 4 für den Steuerzahler) zusätzliche Kosten. Die **Erstattung der Kosten** gem. Abs. 1 für einen entgeltlichen Hilfskräfteeinsatz ist wegen § 1901 Abs. 2 S. 1 BGB bei einer ehrenamtlich geführten Betreuung daher **restriktiv zu behandeln**. Sie kommt vor allem in Betracht, wenn die Tätigkeit von dem Ehrenamtlichen nicht, nur schlechter oder mit erheblich größerem Aufwand ausgeführt werden kann als von der bezahlten Hilfskraft. Dies wird allgemein für die Einschaltung von Spezialisten wie einem Steuerberater, aber auch zB für den Einsatz einer Schreibkraft gelten, wenn der ehrenamtliche Betreuer nicht gut tippen kann.[36] Nicht abrechnungsfähig ist hingegen die Delegation einer Tätigkeit, die der Ehrenamtliche ebenso gut und schnell selbst hätte erledigen können, wie zB ein Botengang.

---

33 BtKomm/Dodegge, Abschn. F Rn 25.
34 BayObLG FamRZ 2004, 565.
35 Nämlich dann, wenn die Hilfskraft pro Stunde weniger verdient hat als der Berufsbetreuer gem. § 1836 Abs. 2 BGB aF, § 1 BVormVG aF. Vgl hierzu Maier, Pauschalierung von Vergütung und Aufwendungsersatz – Chance für Berufsbetreuer, BtPrax Spezial 2005, 17; Bienwald, Delegation von Betreueraufgaben und Einsatz von Hilfskräften, BtPrax 2003, 158.
36 Zum Einsatz von Schreibkräften vgl allgemein BtKomm/Dodegge, Abschn. F Rn 21 mwN.

5. Versicherungskosten (Abs. 2)

14 Für **ehrenamtlich** tätige Betreuer (einschließlich derjenigen, die gem. § 1836 Abs. 2 BGB eine angemessene Vergütung erhalten) erklärt Abs. 2 ausdrücklich die Kosten für bestimmte Haftpflichtversicherungen zu erstattungsfähigen Aufwendungen iSv § 1835 BGB. Im Umkehrschluss folgt daraus, dass die Kosten für weitere Versicherungen nicht übernommen werden können. Berufsbetreuer (einschließlich Vereins- und Behördenbetreuer) müssen daher ihre Versicherungskosten selbst tragen (Abs. 2 S. 2). Gleiches gilt gem. Abs. 5 S. 2, wenn ein Verein oder eine Behörde als solche bestellt werden.

15 Nach § 1835 Abs. 2 BGB abrechenbar sind die Kosten für eine **Haftpflichtversicherung**, die Schädigungen durch den Betreuer abdeckt, die entweder dem Betreuten oder Dritten durch die Führung der Betreuung entstehen. Ersteres kann beispielsweise geschehen, wenn der Betreuer versäumt, rechtzeitig Leistungen der Kranken- oder Rentenversicherung[37] geltend zu machen, pflichtwidrig einen ungünstigen Vertrag abschließt,[38] aber auch, wenn er fahrlässig Gegenstände des Betreuten beschädigt oder gar diesen selbst verletzt.

16 Von der Erstattung ausgenommen sind gem. Abs. 2 S. 1 Hs 2 die Kosten für die Kfz-Haftpflichtversicherung des Betreuers. Dies ist konsequent, da ein ehrenamtlicher Betreuer sein Kraftfahrzeug kaum überwiegend für die Betreuung nutzen wird.

17 Die Erstattung **sonstiger Versicherungskosten** ist **ausgeschlossen**. Hierzu gehören insbesondere auch Aufwendungen für eine Versicherung, die eigene Schäden des Betreuers, welche dieser in Ausübung seines Amtes erleidet, ersetzt.[39]

18 Tatsächlich spielt der Ersatz von Versicherungskosten praktisch nur eine geringe Rolle, da mittlerweile alle Bundesländer **Sammel-Haftpflichtversicherungen** für die ehrenamtlichen Betreuer abgeschlossen haben.[40] Über den Versicherungsumfang erteilen die Betreuungsgerichte Auskunft bzw es existieren entsprechende Merkblätter. Hinsichtlich von Personenschäden sind die ehrenamtlichen Betreuer jedoch gem. § 2 Abs. 1 Nr. 10 SGB VII kostenlos in der **gesetzlichen Unfallversicherung** versichert.[41]

6. Berufliche Dienste als Aufwendungen (Abs. 3)
a) Bedeutung

19 Gem. Abs. 3 gelten als Aufwendungen auch Dienste des Betreuers, die zu seinem Gewerbe oder Beruf gehören. Diese Bestimmung hat große Bedeutung. Sie stellt eine Ausnahme von dem Grundsatz dar, dass Arbeitszeit des Betreuers nicht als Aufwand (sondern nur über die Vergütung) erstattet werden kann (vgl hierzu und zu weiteren Ausnahmen bei ehrenamtlichen Betreuern Rn 12 aE) und ist gem. § 4 Abs. 2 S. 2 VBVG – anders als die Ansprüche aus § 1835 BGB im Übrigen – auch **für Berufsbetreuer anwendbar** (zur ratio hierfür vgl

---

37 Vgl LG Berlin NJWE-FER 2001, 210.
38 BGH BtPrax 2004, 30.
39 Eine ursprünglich von der Bundesregierung geplante entsprechende Regelung (BT-Drucks. 11/4528, 13, 109) scheiterte am Widerstand des Bundesrates (BT-Drucks. 11/4528, 205, 226).
40 HK-BUR/Deinert, § 1833 BGB Rn 296.
41 BSG BtPrax 2000, 30.

§ 4 VBVG Rn 42). Sie stellt die einzige Möglichkeit dar, im Ergebnis den geleisteten Arbeitseinsatz erstattet zu erhalten – und bedeutet damit eine entscheidende Ausnahme von der Pauschalierung. Für die Berufsbetreuer ist eine Abrechnung nach Abs. 3 äußerst lukrativ. Denn der Aufwendungsersatz nach Abs. 3 wird zusätzlich zur pauschalierten Vergütung nach dem VBVG gewährt (**str.**, vgl hierzu § 4 VBVG Rn 41).

b) Anspruchsvoraussetzungen

Die Voraussetzungen eines Anspruchs aus Abs. 3 wurden durch das 2. BtÄndG nicht verändert. Die zum Recht vor dem 1.7.2005 ergangene Rechtsprechung behält daher ihre Gültigkeit. **20**

Ausgangspunkt ist zunächst, dass ein Anspruch aus Abs. 3 nur in Frage kommt, wenn die beruflichen Dienste für die **rechtliche Betreuung** im Rahmen des übertragenen Aufgabenkreises geleistet wurden. Alle Tätigkeiten, die darüber hinausgehen, unterfallen § 1835 BGB nicht (vgl Rn 7). Will der Betreuer zB den Betreuten entgeltlich tatsächlich pflegen, sein Haus renovieren, ihn ärztlich behandeln oder anderweitig therapieren, muss er hierzu mit dem Betreuten einen Vertrag schließen. Wegen des Verbots des Selbstkontrahierens gem. § 181 BGB ist für dessen Abschluss die Bestellung eines Verhinderungsbetreuers notwendig. Besteht ein gültiger Vertrag und obliegt dem Betreuer die Vermögenssorge, kann er den zur Erfüllung seiner Entgeltforderung erforderlichen Betrag dem Vermögen des Betreuten entnehmen. Für die Berufsbezogenheit genügt es, dass der Beruf früher ausgeübt wurde.[42] **21**

Auch wenn die Tätigkeit innerhalb der rechtlichen Betreuung erfolgt, ist der Aufwendungsersatzanspruch aus Abs. 3 **als Ausnahmefall restriktiv** zu handhaben.[43] Denn seine ratio ist allein, dass der Betreute nicht davon profitieren soll, dass sein Betreuer aufgrund seiner Spezialkenntnisse was verrichten kann, wozu ein anderer Betreuer berechtigterweise fremde Hilfe in Anspruch genommen hätte.[44] Ein Anspruch ist daher nur gegeben, wenn es sich um eine Tätigkeit handelt, die **üblicherweise** einem darauf **spezialisierten Dritten übertragen** wird und die nur zufällig der Betreuer aufgrund seiner speziellen Qualifikation selbst erledigen kann[45] dh wenn eine durchschnittliche, nicht betreute Person[46] oder ein nicht spezialisierter Betreuer[47] einen Fachmann beauftragt hätte. Sie muss sich von der übrigen Führung der Betreuung klar abgrenzen lassen.[48] Insgesamt ist zu berücksichtigen, dass das Gericht bereits bei der Bestellung des Betreuers gem. § 1897 Abs. 1 BGB die Qualifikation des Betreuers berücksichtigt und diese sich gem. § 4 VBVG auf die Höhe der pauschalen **22**

---

42 OLG München OLGReport 2008, 372.
43 BayObLG FamRZ 2002, 573, 574; LG Mainz NJW-RR 2006, 1444.
44 BGH FamRZ 2007, 381 = BtPrax 2007, 126 mwN; OLG München OLGReport 2008, 372.
45 Vgl BayObLG FamRZ 1999, 29; OLG Karlsruhe NJW 2001, 1220; OLG Düsseldorf BtPrax 2002, 271; OLG Jena FamRZ 2002, 988 (LS); OLG Hamm FamRZ 2007, 1186.
46 BGH FamRZ 2010, 199 = BtPrax 2010, 30.
47 OLG München Rpfleger 2009, 455 für einen Rechtsanwalt als Berufsbetreuer.
48 OLG München OLGReport 2008, 372, vgl hierzu auch BGH FamRZ 2007, 381 = BtPrax 2007, 126.

Vergütung auswirkt.[49] Ein zusätzlicher Anspruch aus § 1835 Abs. 3 BGB besteht daher nur, wenn es sich um Leistungen im Kernbereich der jeweiligen speziellen Dienste handelt.[50] Dies ist beispielsweise nicht der Fall, wenn ein Anwalt ein Mahnschreiben verfasst oder den Unterhalt des Betreuten regelt.[51] Ist der Betreute mittellos (vgl Rn 31 und die Kommentierung zu §§ 1836 c und 1836 d), darf schließlich § 1835 Abs. 3 BGB nicht dazu führen, dass er über den Aufwendungsersatz des Betreuers im Ergebnis Sozialleistungen erhält, auf die er als Gesunder keinen Anspruch hätte.[52] Bereits aus der Pflicht, das Wohl des Betreuten auch in finanzieller Hinsicht zu beachten (vgl Rn 10), folgt, dass immer zunächst zu prüfen ist, ob nicht andere Kostenträger (wie Krankenkasse, Pflegeversicherung, Sozialhilfeträger, Beratungs- oder Prozesskostenhilfe)[53] für die Leistung aufkommen können.[54] Immer muss der Betreuer **abwägen**, ob die Bedeutung der Sache die Inanspruchnahme des Betreuten oder der Staatskasse rechtfertigt oder ob dem Betreuten zuzumuten ist, auf den Dienst zu verzichten.[55] Lehnt das Gericht die Gewährung von Prozesskostenhilfe ab, kommt ein Anspruch aus Abs. 3 nur in Ausnahmefällen in Betracht, etwa bei einer offensichtlich fehlerhaften Entscheidung bzw wenn mit der Ablehnung nicht gerechnet werden konnte.[56] Die Gebühren richten sich in diesem Fall ebenfalls nur nach §§ 49, 50 RVG.[57]

23 Für **Dienste, die Abs. 3 unterfallen,** kommen wegen der dargelegten (vgl Rn 21) Beschränkung auf Tätigkeiten unmittelbar im Rahmen der rechtlichen Betreuung vor allem Leistungen von Rechtsanwälten und Steuerberatern im Rahmen der Vermögenssorge in Betracht.[58] Bei Anwälten unterfällt die Prozessführung auf jeden Fall dann Abs. 3, wenn Anwaltszwang besteht,[59] uU auch dann, wenn dies nicht der Fall ist.[60] Gleiches dürfte bei komplizierten Vertragsgestaltungen gelten.[61] Auch bei schwierigen Vermögensverwaltungen,

---

49 Vgl OLG Köln FamRZ 2008, 921, welches einen Anspruch aus § 1835 BGB für einen Gebärdendolmetscher abgelehnt hat, da dieser gerade wegen seiner besonderen Kenntnisse zum Betreuer bestellt wurde.
50 OLG Köln FGPrax 2008, 155; OLG Hamm FamRZ 2007, 1186 „originär anwaltliche Dienstleistung".
51 BayObLG FamRZ 2002, 573, 574; vgl auch LG Mainz NJW-RR 2006, 1444 für die Tätigkeit in einem Mietrechtsstreit.
52 BGH FamRZ 2007, 381 = BtPrax 2007, 126 mwN.
53 Diese darf einem anwaltlichen Berufsbetreuer nicht etwa im Hinblick auf Abs. 3 versagt werden: BGH FamRZ 2007, 381 mwN; FamRZ 2011, 633.
54 BGH FamRZ 2007, 381 = BtPrax 2007, 126 mwN (für die Beantragung von PKH); OLG Köln NJW 2009, 2462 (Verteidigung im Strafverfahren); OLG Frankfurt/M. v. 3.2.2011, 2 WF 457/10, juris, Rn 18. Versäumt der Anwaltsbetreuer, PKH zu beantragen, kann dem mittellosen Betreuten gegen ihn ein Anspruch auf Befreiung von dem Gebührenanspruch zustehen (BGH aaO mwN).
55 BayObLG FamRZ 1998, 1050, 1051; HK-BUR/Bauer/Deinert, § 1835 BGB Rn 57 mwN.
56 OLG Köln FamRZ 2009, 1707 (LS).
57 BGH FamRZ 2007, 381 = BtPrax 2007, 126; OLG Frankfurt Beschl. v. 16.7.2009, 20 W 147/06.
58 Vgl zB LG Düsseldorf Rpfleger 2008, 361 für den Fall eines steuerberatenden Rechtsanwalts.
59 OLG Jena FamRZ 2002, 988.
60 BayObLG FamRZ 2002, 573, 574.
61 BtKomm/Dodegge, Abschn. F Rn 44; die Wahrnehmung eines Notartermins begründet jedoch noch nicht notwendig die Vertretung durch einen Anwalt, OLG München Rpfleger 2009, 455–456.

die auch ein Gesunder einem Fachmann übertragen hätte, kommt eine Abrechnung nach Abs. 3 in Betracht.

c) Höhe der Entschädigung

Die Höhe der Entschädigung richtet sich nach den einschlägigen Gebührenordnungen, insbesondere also RVG und StBVV, bzw nach den üblichen Entschädigungssätzen des jeweiligen Berufs.[62] Bei mittellosen Betreuten muss ein Betreuer Beratungs- oder Prozesskostenhilfe beantragen. Wird diese versagt, kommt ein Anspruch nach Abs. 3 nur im Ausnahmefall in Betracht.[63]

III. Die Durchsetzung des Anspruchs auf Aufwendungsersatz

1. Vorschuss und Ersatz, Fälligkeit, Verzinsung

Liegt nach dem zu II. Ausgeführten eine erstattungsfähige Aufwendung vor, kann der Betreuer nach seiner Wahl **Vorschuss oder Ersatz** verlangen (Abs. 1 S. 1 Hs 1). Hinsichtlich der Geltendmachung unterscheiden sich beide Ansprüche nicht. Der Ersatzanspruch wird mit Entstehung der Aufwendung fällig, also dann, wenn zB das Telefonat geführt oder die Fahrt unternommen wird.[64] Wurde kein Vorschuss gezahlt, ist der Anspruch von diesem Zeitpunkt an mit 4 % p. a. zu verzinsen, §§ 246, 256, 670 BGB. Dies gilt auch, wenn sich der Anspruch gem. Abs. 4 gegen die Staatskasse richtet.[65] Die Regelung der §§ 288 Abs. 1 S. 2, 247 BGB (5 Prozentpunkte über dem Basiszinssatz) gilt nicht.[66]

2. Die Ausschlussfrist gem. Abs. 1 S. 3, Abs. 1a

Gem. Abs. 1 S. 3 erlischt der Anspruch aus § 1835 BGB, wenn er nicht binnen **15 Monaten** nach seinem Entstehen geltend gemacht wird. Dies gilt auch für die Verzinsung.[67] Der Grund hierfür ist, dass der Betreute nicht noch nach Jahren mit uU hohen aufgelaufenen Forderungen konfrontiert werden soll.[68] Der Anspruch entsteht, wenn die entsprechende Aufwendung getätigt wird.[69] Die Frist gilt auch für Ansprüche wegen beruflicher Dienste nach Abs. 3.[70] Gem. Hs 2 gilt die Geltendmachung gegenüber dem Betreuungsgericht auch als Geltendmachung gegenüber dem Betreuten (nicht jedoch umgekehrt!). Anders als bei einer Fristbestimmung nach Abs. 1a ist hinsichtlich der 15-Monats-Frist eine Belehrung über die Folgen der Fristversäumnis durch das Gericht nicht vorgeschrieben. Bei einem Berufsbetreuer ist sie daher nicht geboten.[71] Wegen der allgemeinen Unterstützungspflicht für den ehrenamtlichen Betreuer sollte das Gericht einen solchen bei seiner Bestellung jedoch auf die Regelung hinweisen.

---

62 Vgl OLG Jena FamRZ 2002, 988 (LS) sowie BtKomm/Dodegge, Abschn. F Rn 47 mwN.
63 BGH FamRZ 2007, 381 = BtPrax 2007, 126.
64 OLG Brandenburg ZKJ 2008, 123.
65 BayObLG FamRZ 2001, 934 = BtPrax 2001, 39.
66 Zimmermann, Die Rechtsprechung zur Betreuervergütung seit dem BtÄndG, FamRZ 2002, 1373, 1374.
67 OLG Frankfurt/M. OLGReport 2006, 437 (LS).
68 BT-Drucks. 11/7158, 22, 24.
69 Z.B. OLG Brandenburg ZKJ 2008, 123 (für einen Verfahrenspfleger).
70 BayObLG FamRZ 2003, 1413; OLG Schleswig Rpfleger 2003, 363; FamRZ 2003, 1128; OLG Frankfurt/M. Rpfleger 2004, 488 (LS).
71 OLG Dresden FamRZ 2004, 137; BayObLG FamRZ 2004, 1137.

27 Nach Abs. 1 a kann das Gericht eine von Abs. 1 S. 3 abweichende, mindestens zweimonatige Frist bestimmen. In diesem Fall muss es den Betreuer auf die Folgen einer Fristversäumung hinweisen (Abs. 1 a S. 2). Auf Antrag des Betreuers (vor Fristablauf) kann die Frist vom Gericht verlängert werden. Die Fristbestimmung muss ausdrücklich erfolgen, eine bloße Erinnerung an die Nachreichung von Tätigkeitsnachweisen verlängert die Frist nicht.[72]

Nach Fristablauf ist eine Wiedereinsetzung in den vorherigen Stand nicht möglich.[73] Die Versäumung kann allenfalls nach Treu und Glauben unbeachtlich sein.[74]

28 Zweckmäßigerweise wird der Betreuer nicht jede einzelne Aufwendung gesondert dem Gericht gegenüber geltend machen, sondern innerhalb der 15-Monats-Frist Ansprüche „sammeln". Zur Fristwahrung genügt die Bezifferung des Anspruchs; Belege können nachgereicht werden.[75]

29 Auf den **Regress** des Betreuten oder der Staatskasse wegen zu viel gezahlten Aufwendungsersatzes sind Abs. 1 S. 3, Abs. 1 a nicht anzuwenden. Der Rückforderungsanspruch verjährt vielmehr gem. § 2 Abs. 4 S. 1 JVEG (Behörde) bzw §§ 195, 199 Abs. 1 BGB (Betreuer), also im Regelfall in drei Jahren nach Ablauf des Kalenderjahres, in dem die Zahlung erfolgt ist.[76]

3. Die Inanspruchnahme des bemittelten Betreuten

30 Ist der **Betreute nicht mittellos** iSv §§ 1836 c, 1836 d BGB,[77] muss er selbst für den Aufwendungsersatz aufkommen. Für die Geltendmachung ist in diesem Fall zu unterscheiden, ob dem Betreuer die Vermögenssorge zusteht oder nicht:

a) **Obliegt dem Betreuer die Vermögenssorge,** so kann (und muss) er den ihm zustehenden Betrag (innerhalb der Ausschlussfrist)[78] aus dem Vermögen des Betreuten entnehmen.[79] Eine gerichtliche Festsetzung ist nicht erforderlich; erfolgt sie dennoch, ist der Beschluss unwirksam.[80] Ein Verstoß gegen § 181 BGB (Verbot des Selbstkontrahierens) liegt hierin nicht, da der Betreuer eine Verbindlichkeit des Betreuten erfüllt. Der entnommene Betrag ist gem. §§ 1908 i Abs. 1, 1840 Abs. 2 BGB in die jährlich für das Vermögen des Betreuten zu erstellende Rechnungslegung aufzunehmen. Im Rahmen seiner Prüfung gem. § 1843 BGB kann das Gericht die Entnahme beanstanden und ggf den Betreuer auffordern, den Betrag zurückzuzahlen. Kommt er dieser Aufforderung nicht nach, besteht die Möglichkeit, gem. § 1899 Abs. 1 BGB einen weiteren Betreuer zu bestellen, der als Aufgabenkreis die Rückforderung zugewiesen bekommt.[81]

---

72 OLG Schleswig FGPrax 2006, 119; OLG München BtPrax 2008, 124.
73 OLG Brandenburg ZKJ, 123.
74 OLG Frankfurt/M. BtPrax 2001, 257.
75 BtKomm/Dodegge, Abschn. F Rn 38.
76 Str., vgl § 2 VBVG Rn 8.
77 Zu den Voraussetzungen vgl die dortige Kommentierung.
78 Vgl BtKomm/Dodegge, Abschn. F Rn 38.
79 ZB LG Koblenz FamRZ 1999, 458. Dies gilt allerdings nur, solange der Betreute lebt und die Betreuung daher noch besteht. Wird der Anspruch gegen die Erben geltend gemacht, muss ein gerichtliches Festsetzungsverfahren stattfinden: OLG Hamm FamRZ 2004, 1065 (LS).
80 BayObLG BtPrax 2001, 77.
81 BtKomm/Dodegge, Abschn. F Rn 49.

b) **Obliegt dem Betreuer die Vermögenssorge nicht,** kann er seinen Anspruch gegen den Betreuten selbst, einen Bevollmächtigten oder den Mitbetreuer, dem die Vermögenssorge zusteht, geltend machen. Ist der Betreute verstorben, richtet sich der Anspruch gegen seine Erben. Gem. § 168 Abs. 1 S. 1 Nr. 1 FamFG besteht in diesem Fall die Möglichkeit, die Festsetzung seines Anspruchs durch das Betreuungsgericht zu beantragen (vgl § 168 FamFG Rn 17),[82] woraus der Betreuer einfach und schnell einen Vollstreckungstitel erhält (vgl § 168 FamFG Rn 40).

Findet eine Festsetzung statt, muss das Gericht gem. § 26 FamFG die Richtigkeit des Anspruchs prüfen. Der Betreuer muss daher nachvollziehbare Angaben über Anlass, Art und Umfang seiner Aufwendungen machen.[83] Eine handschriftliche Darstellung ist ausreichend.[84]

4. Mittellosigkeit des Betreuten (Abs. 4)

Ist der Betreute mittellos iSv §§ 1836c, 1836d BGB,[85] kann der Betreuer für seinen Anspruch auf Aufwendungsersatz die Staatskasse in Anspruch nehmen (Abs. 4 S. 1). In diesem Fall muss der Betreuer die Erstattung beim Familiengericht beantragen. In Betracht kommt entweder ein formloser Antrag auf Auszahlung (§ 168 Abs. 1 S. 4 FamFG), die dann durch den Urkundsbeamten erfolgt. Der Betreuer kann jedoch auch gem. § 168 Abs. 1 S. 1 Nr. 1 FamFG die Festsetzung durch den Rechtspfleger beantragen (vgl § 168 FamFG Rn 10 und oben Rn 30). Soweit die Staatskasse den Betreuer befriedigt, geht der Anspruch gem. § 1836e BGB auf sie über und die Staatskasse kann unter den Voraussetzungen der §§ 1836e, 1836c BGB (vgl § 1836e Rn 4ff, § 1836c Rn 5ff) nach § 168 Abs. 1 S. 2 und 3 FamFG (vgl § 168 FamFG Rn 22ff) gegen den Betreuten Regress nehmen.

31

IV. Aufwendungsersatz von Behörde und Betreuungsverein (Abs. 5)

Hinsichtlich des Aufwendungsersatzes von Betreuungsbehörde und Betreuungsverein ist zwischen der Bestellung der Behörde als Institution gem. § 1900 Abs. 4 BGB bzw dem Verein als juristischer Person gem. § 1900 Abs. 1 BGB sowie der Bestellung eines Behörden- oder Vereinsbetreuers als natürlicher Person gem. § 1897 Abs. 2 BGB zu unterscheiden. Nur für die Bestellung der **Behörde als Institution** sowie des **Vereins als juristische Person** (was gem. § 1901 Abs. 1, 4 BGB nur in Ausnahmefällen zulässig und dementsprechend selten ist) gilt Abs. 5. In diesem Fall können Behörde oder Verein einen Vorschuss gar nicht und Aufwendungsersatz nur von bemittelten Betreuten verlangen. Ist der Betreute gem. §§ 1836c, 1836d BGB mittellos, besteht kein Anspruch, auch nicht gegen die Staatskasse.[86] Allgemeine Verwaltungskosten einschließlich der Versicherungskosten gem. Abs. 2 (vgl Rn 14ff) werden in keinem Fall ersetzt, Abs. 5 S. 2.

32

---

82 Dies gilt auch, wenn der Betreuer zuvor die Vermögenssorge inne hatte: OLG Hamm FamRZ 2004, 1065 (LS).
83 OLG Frankfurt/M. FamRZ 2002, 193.
84 Staudinger/Bienwald, § 1835 BGB Rn 49 mN.
85 Vgl zu den Voraussetzungen die dortige Kommentierung.
86 Dies hat der BGH – insoweit unter Aufgabe seiner bisherigen Rechtsprechung – auch für den Vereinsvormund bekräftigt: FamRZ 2011, 1394; vgl § 1836 BGB Rn 24.

33 Ist hingegen gem. § 1897 Abs. 2 S. 1 BGB ein sog. **Vereinsbetreuer** bestellt, erhält der Betreuungsverein eine Inklusivvergütung gem. §§ 4, 5 VBVG; daneben ist ein Anspruch aus § 1835 BGB (einschließlich des Abs. 3!) ausgeschlossen, § 7 Abs. 1 VBVG. Ist nach § 1897 Abs. 2 S. 2 BGB ein **Behördenmitarbeiter** als Betreuer bestellt, kann die Betreuungsbehörde Aufwendungsersatz gem. § 1835 Abs. 1 S. 1 BGB und 2 iVm Abs. 5 S. 2 beanspruchen; dies gilt jedoch nur, wenn der Betreute bemittelt ist, § 8 Abs. 2 VBVG (vgl § 8 VBVG Rn 6 ff).

V. Besonderheiten des Aufwendungsersatzes für Verfahrenspfleger

34 Der Aufwendungsersatz und die Vergütung für Verfahrenspfleger in Betreuungssachen sind in § 277 **FamFG** geregelt. Danach können ehrenamtlich wie berufsmäßig tätige Verfahrenspfleger einen Ersatz ihrer Aufwendungen nach § 1835 Abs. 1 bis 2 BGB verlangen. Abs. 3 gilt grundsätzlich nicht.[87] Ebenso wenig besteht ein Anspruch auf Zahlung eines Vorschusses. Gem. § 277 Abs. 5 FamFG richtet sich der Anspruch immer (also auch dann, wenn der Betreute bemittelt ist) gegen die Staatskasse. Für beruflich tätige Verfahrenspfleger besteht gem. § 277 Abs. 3 FamFG die Möglichkeit, anstelle der getrennten Geltendmachung von Aufwendungsersatz und Vergütung eine Gesamtpauschale zu beantragen. In diesem Fall besteht kein Anspruch aus § 1835 BGB. Für die weiteren Einzelheiten des Aufwendungsersatzes für Verfahrenspfleger wird auf die Kommentierung zu § 277 FamFG Bezug genommen.

§ 1835 a BGB Aufwandsentschädigung

(1) ¹Zur Abgeltung seines Anspruchs auf Aufwendungsersatz kann der Vormund als Aufwandsentschädigung für jede Vormundschaft, für die ihm keine Vergütung zusteht, einen Geldbetrag verlangen, der für ein Jahr dem Neunzehnfachen dessen entspricht, was einem Zeugen als Höchstbetrag der Entschädigung für eine Stunde versäumter Arbeitszeit (§ 22 des Justizvergütungs- und -entschädigungsgesetzes) gewährt werden kann (Aufwandsentschädigung). ²Hat der Vormund für solche Aufwendungen bereits Vorschuss oder Ersatz erhalten, so verringert sich die Aufwandsentschädigung entsprechend.

(2) Die Aufwandsentschädigung ist jährlich zu zahlen, erstmals ein Jahr nach Bestellung des Vormunds.

(3) Ist der Mündel mittellos, so kann der Vormund die Aufwandsentschädigung aus der Staatskasse verlangen; Unterhaltsansprüche des Mündels gegen den Vormund sind insoweit bei der Bestimmung des Einkommens nach § 1836 c Nr. 1 nicht zu berücksichtigen.

(4) Der Anspruch auf Aufwandsentschädigung erlischt, wenn er nicht binnen drei Monaten nach Ablauf des Jahres, in dem der Anspruch entsteht, geltend gemacht wird; die Geltendmachung des Anspruchs beim Familiengericht gilt auch als Geltendmachung gegenüber dem Mündel.

(5) Dem Jugendamt oder einem Verein kann keine Aufwandsentschädigung gewährt werden.

---

87 Bei Rechtsanwälten bestehen insoweit jedoch Ausnahmen, vgl hierzu § 277 FamFG Rn 8 ff.

I. Einleitung

1. Inhalt und Geschichte der Norm

§ 1835 a BGB gewährt ehrenamtlichen Betreuern eine **pauschale Aufwandsentschädigung**, die diese wahlweise anstelle des konkreten Aufwendungsersatzes nach § 1835 BGB beanspruchen können. Die Vorschrift wurde als § 1836 a BGB aF durch das BtG eingeführt und durch das (1.) BtÄndG an den jetzigen Platz verschoben sowie dem System des geänderten Vergütungsrechts angepasst. Gem. § 1908 i Abs. 1 S. 1 BGB gilt sie im Betreuungsrecht. 1

2. Normzweck

Zweck der Vorschrift ist es, dem ehrenamtlichen Betreuer die **Mühe zu ersparen**, alle seine Aufwendungen im Einzelnen zu dokumentieren und abzurechnen. Spätestens seit der drastischen Erhöhung der Pauschale durch das (1.) BtÄndG 1999 (von zuvor 375 DM auf dann 600 DM) beinhaltet sie jedoch auch eine gewisse – zur **Förderung des Ehrenamtes** politisch gewollte – Subvention, da die tatsächlichen Auslagen oftmals hinter der Pauschale zurückbleiben. 2

3. Anwendungsbereich

Gem. Abs. 1 S. 1 gilt die Vorschrift ausschließlich für **ehrenamtliche Betreuer**, die keine Vergütung gem. § 1836 Abs. 2 BGB erhalten. Diese können zwischen der konkreten Abrechnung ihrer Aufwendungen gem. § 1835 BGB und der Inanspruchnahme der Pauschale nach § 1835 a BGB wählen (vgl zu den Einzelheiten und zur Anrechnung gem. § 1835 BGB erhaltener Vorschüsse Rn 8). Auf ehrenamtliche Verfahrenspfleger findet die Vorschrift keine Anwendung. 3

4. Bedeutung

§ 1835 a BGB hat **große praktische Bedeutung** und stellt für die Ehrenamtlichen, die über 60 % der Betreuer ausmachen, eine einfache und unbürokratische Möglichkeit zur Abgeltung ihrer im Zusammenhang mit der Betreuung entstandenen Aufwendungen dar. Insbesondere dann, wenn keine Fahrtkosten anfallen, weil Betreuter und Betreuer am gleichen Ort wohnen, werden diese allerdings häufig den Betrag der Pauschale von derzeit 323 EUR im Jahr gar nicht erreichen, so dass ein „Gewinn" für den Ehrenamtlichen verbleibt. Zur Förderung des Ehrenamtes ist dies politisch gewollt. Da, solange der Betreute leistungsfähig ist, dieser die Aufwandsentschädigung selbst begleichen muss, wird der Anspruch aus § 1835 a BGB allerdings insbesondere unter nahen Angehörigen häufig nicht geltend gemacht. 4

II. Die Voraussetzungen des Anspruchs auf Aufwandsentschädigung

1. Unentgeltlich geführte Betreuung (Abs. 1 S. 1)

Voraussetzung für die Inanspruchnahme der Pauschale des § 1835 a BGB ist gem. Abs. 1 S. 1, dass dem Betreuer **keine Vergütung** zusteht. Wird die Betreuung gem. § 1836 Abs. 1 S. 2, 3 BGB iVm § 1 VBVG berufsmäßig geführt, ist ein Anspruch daher ausgeschlossen. Der Aufwendungsersatz ist in diesem Fall entweder in der gem. §§ 4, 5 VBVG gezahlten Vergütungspauschale enthalten oder muss nach § 1835 BGB im Wege der Einzelabrechnung geltend gemacht werden (so in den Sonderfällen des § 6 VBVG, bei den Behördenbetreuern 5 gem. § 8 Abs. 2 VBVG und den Verfahrenspflegern, die keinen festen Geldbetrag nach § 277 Abs. 3 FamFG erhalten, § 277 Abs. 1 FamFG).

6 Auch dann, wenn einem ehrenamtlichen Betreuer gem. § 1836 Abs. 2 BGB ausnahmsweise eine Vergütung gewährt wird, besteht **kein Anspruch auf pauschale Aufwandsentschädigung** gem. § 1835 a BGB, sondern nur ein Anspruch auf konkreten Aufwendungsersatz gem. § 1835 BGB. Die Ansicht, der ehrenamtliche Betreuer könne in diesen Fällen eine „Aufstockung" beanspruchen, wenn die Vergütung hinter der Pauschale des § 1835 a BGB zurückbleibt,[1] ist abzulehnen.[2] Es besteht insofern auch keine „Gerechtigkeitslücke", denn der ehrenamtlich tätige Betreuer ist ja nicht verpflichtet, eine Vergütung gem. § 1836 Abs. 2 BGB zu beantragen, wenn die Pauschale des § 1835 a BGB für ihn günstiger wäre.

7 Ein **Gegenbetreuer** schließlich „führt" keine Betreuung, sondern erledigt nur punktuell Aufsichts- und Kontrollaufgaben. Die Jahrespauschale des § 1835 a BGB steht ihm daher nicht zu,[3] er muss gem. § 1835 BGB konkret abrechnen. Gleiches muss für den Sterilisationsbetreuer gem. § 1899 Abs. 2 BGB sowie für einen Verhinderungsbetreuer gem. § 1899 Abs. 4 BGB gelten, der wegen rechtlicher Verhinderung des Hauptbetreuers bestellt wurde. Denn auch diese werden nur punktuell tätig (für die Behandlung des Verhinderungsbetreuers wegen tatsächlicher Verhinderung vgl Rn 10).

2. Wahlrecht, Anrechnung, Wirkung der Pauschale

8 Der unentgeltlich tätige Betreuer kann zwischen einer Einzelabrechnung nach § 1835 BGB und der Geltendmachung der Pauschale gem. § 1835 a BGB **frei wählen**. Dabei schadet es nicht, wenn er innerhalb des Abrechnungsjahres bereits Ersatz für einzelne Aufwendungen erhalten hat: Denn Abs. 1 S. 2 bestimmt, dass diese auf die Pauschale anzurechnen sind.[4] Der Betreuer kann also zunächst einzelne Positionen konkret abrechnen und sich im Nachhinein überlegen, ob die Geltendmachung der Pauschale für ihn sinnvoll ist. Hat er jedoch die Pauschale geltend gemacht, kann er zusätzlich keine einzeln spezifizierten Aufwendungen mehr abrechnen. Aufgrund des eindeutigen Wortlauts von Abs. 1 S. 1: „Zur Abgeltung seines Anspruchs auf Aufwendungsersatz ..." gilt dies auch für eine berufs- oder gewerbsmäßige Dienstleistung des Betreuers, die im Fall einer Einzelabrechnung gem. § 1835 Abs. 3 BGB geltend gemacht werden kann. Denn solche Dienstleistungen werden dort ausdrücklich als Aufwendungen fingiert.

3. Mehrere Betreuungen, mehrere Betreuer

9 Nach dem eindeutigen Wortlaut („... für jede Vormundschaft, für die ihm keine Vergütung zusteht ...") kann der Betreuer für **jede** unentgeltlich geführte Betreuung eine gesonderte Pauschale beanspruchen. Dies gilt sowohl, wenn ein

---

1 So MK/Wagenitz, § 1835 a BGB Rn 2.
2 So auch Knittel, § 1835 a BGB Rn 30.
3 Staudinger/Bienwald, § 1835 a BGB Rn 12, aA HK-BUR/Bauer/Deinert, § 1835 a BGB Rn 24 b mN.
4 Einschließlich ggf auf diese gezahlter Zinsen, vgl Staudinger/Bienwald, § 1835 a BGB Rn 20.

Ehrenamtlicher mehrfach zum Betreuer bestellt ist,[5] als auch, wenn zB ein Berufsbetreuer neben entgeltlichen Betreuungen eine unentgeltliche Betreuung führt.[6] Nach herrschender – und zutreffender – Rechtsprechung gilt es auch, wenn für einen Betreuten gem. § 1899 Abs. 1 BGB mehrere Betreuer bestellt sind, wobei es nicht darauf ankommt, ob die Betreuer für den gleichen oder unterschiedlichen Aufgabenkreise bestellt sind.[7] Etwas anderes lässt sich weder dem Wortlaut noch der Gesetzesbegründung entnehmen. Danach ist allein der Blickwinkel des Betreuers, nicht derjenige des Betreuten maßgebend. Er soll von der Pflicht zum Einzelnachweis seiner Aufwendungen entbunden werden. Darauf, wie hoch die Aufwendungen im Einzelfall tatsächlich sind (und ob sie bei mehreren Betreuern für den Einzelnen geringer ausfallen), kommt es – das ist gerade der Sinn der Pauschalierung – nicht an.

Eine **Ausnahme** gilt lediglich für den Verhinderungsbetreuer gem. § 1899 Abs. 4 BGB, der wegen einer tatsächlichen Verhinderung des Hauptbetreuers bestellt wird.[8] Denn dieser wird nicht zusätzlich, sondern anstelle des Hauptbetreuers tätig. Er erhält daher nur den auf die Zeit seines Tätigwerdens entfallenden Teil der Pauschale.[9] Ist der Hauptbetreuer ebenfalls ein Ehrenamtlicher, wird die Pauschale zeitanteilig aufgeteilt.[10] Dies entspricht der Wertung in § 6 S. 2 VBVG. 10

Ist der Hauptbetreuer ehrenamtlich und der Verhinderungsbetreuer beruflich tätig, wird bei Ersterem die Pauschale zeitanteilig gekürzt, während Letzterer eine zeitanteilige Vergütung gem. § 6 S. 2 VGVB erhält.[11]

4. Höhe der Pauschale

Die Höhe der Pauschale ist recht kompliziert durch eine Verweisung auf das Justizvergütungs- und -entschädigungsgesetz geregelt. Nachdem sie durch das (1.) BtÄndG 1999 von zuvor 375 DM auf 600 DM fast verdoppelt und durch das Kostenrechtsmodernisierungsgesetz zum 1.7.2004 nochmals nach oben „gerundet" wurde, beträgt sie nun **323 EUR im Jahr**. 11

---

5 Und zwar – das ist das Wesen einer Pauschale – unabhängig vom Aufwand im konkreten Fall, vgl Staudinger/Bienwald, § 1835 a BGB Rn 14.
6 Staudinger/Bienwald, § 1835 a BGB Rn 10.
7 BayObLG BtPrax 2002, 36, bestätigt FamRZ 2003, 479; OLG Frankfurt/M. FGPrax 2002, 115; OLG Zweibrücken FamRZ 2002, 1061 m.Anm. Bienwald; OLG Jena FamRZ 2005, 478 (LS); OLG Hamm v. 17.2.2005, RdLH 2005, 83; LG Koblenz BtPrax 2010, 189; aA: LG Mönchengladbach FamRZ 2003, 559 m.Anm. Bienwald; AG Betzdorf FamRZ 2004, 486 m.Anm. Bienwald, die zumindest dann, wenn zwei Betreuer mit dem gleichen Aufgabenkreis bestellt sind, die Pauschale nur einmal gewähren. Für eine weitere Übersicht über Rechtsprechung und Literatur vgl HK-BUR/Bauer/Deinert, § 1835 a BGB Rn 24 ff, welche die hiesige Ansicht vertreten, sowie MK/Wagenitz, § 1835 a BGB Rn 4, welcher der Gegenansicht folgt.
8 Wird der Verhinderungsbetreuer wegen einer rechtlichen Verhinderung des Hauptbetreuers bestellt, kann er gar keinen Anspruch aus § 1835 a BGB geltend machen, vgl Rn 7.
9 OLG Köln BtPrax 2004, 77. Vgl zu der Problematik iÜ ausführlich Deinert/Lütgens, Die Vergütung des Betreuers, Rn 331 ff.
10 OLG Köln aaO.
11 LG Nürnberg-Fürth FamRZ 2008, 719.

III. Die Durchsetzung des Anspruchs auf Aufwandsentschädigung
1. Entstehung des Anspruchs, Fälligkeit, Verzinsung

12 Gem. Abs. 2 entsteht der Anspruch auf die Pauschale jährlich für den vergangenen Jahreszeitraum, wobei maßgebend das Datum der Bestellung des Betreuers (ganz genau: der Bekanntmachung gem. § 287 FamFG) und nicht etwa das Kalenderjahr ist. Ein Vorschuss auf die Pauschale kann nicht verlangt werden. Wie aus Abs. 1 S. 2 folgt, kann der Betreuer jedoch einzeln dargelegte Aufwendungen konkret abrechnen oder auch auf diese einen Vorschuss verlangen, die dann auf die Pauschale angerechnet werden (vgl Rn 8). Ob er die Pauschale geltend machen oder seine Aufwendungen einzeln abrechnen will, kann der Betreuer am Ende eines jeden Jahres neu entscheiden. Endet die Betreuung während eines Abrechnungszeitraums, steht dem Betreuer nur eine zeitanteilige Quote der Pauschale zu, welche sofort fällig wird.[12]

13 Wann der Anspruch aus § 1835a BGB fällig wird und daher eine Verzinsung der Pauschale in Betracht kommt, regelt die Vorschrift nicht. In einem obiter dictum geht der Bundesgerichtshof[13] davon aus, dass die Fälligkeit „jeweils jährlich nachträglich ..., spätestens aber ... mit der Festsetzung" eintritt. Steht dem Betreuer die Vermögenssorge zu und ist der Betreute bemittelt, so dass der Betreuer den Pauschalbetrag direkt dem Vermögen des Betreuten entnehmen kann (vgl Rn 14, § 1835 Rn 30), stellt sich das Problem nicht. Beantragt der Betreuer die Festsetzung gem. § 168 Abs. 1 S. 1 FamFG, wird der Anspruch erst durch diese Gestaltungsentscheidung endgültig konkretisiert, so dass richtiger Ansicht nach die Fälligkeit erst mit der Rechtskraft des Festsetzungsbeschlusses eintritt.[14] Erst ab diesem Zeitpunkt kommt daher eine Verzinsung gem. §§ 291[15] oder 286 BGB in Betracht. Nicht anwendbar ist § 256 BGB, da es sich nicht um einen Ersatz konkreter Aufwendungen, sondern um eine Pauschale handelt, die auch einen Vergütungsanteil enthält (vgl Rn 2, 4).[16] Die Rechtslage ist insofern also anders als beim Aufwendungsersatz (vgl zu diesem § 1835 BGB Rn 25).

2. Die Inanspruchnahme des bemittelten Betreuten

14 Ist der **Betreute nicht mittellos** iSv §§ 1836c, 1836d BGB,[17] muss er selbst für die Aufwandsentschädigung aufkommen. Für die Geltendmachung ist in diesem Fall zu unterscheiden, ob dem Betreuer die Vermögenssorge zusteht oder nicht. Die Rechtslage ist insoweit die gleiche wie bei § 1835 BGB, weshalb auf die dortige Kommentierung, Rn 30, verwiesen wird.

3. Mittellosigkeit des Betreuten (Abs. 3)

15 Ist der Betreute mittellos, kann der Betreuer für seinen Anspruch auf Aufwendungsersatz die **Staatskasse** in Anspruch nehmen (Abs. 4 S. 1). Hinsichtlich der Geltendmachung ist die Rechtslage die gleiche wie bei § 1835 BGB, weshalb auf die dortige Kommentierung, Rn 31, verwiesen wird.

---

12 MK/Wagenitz, § 1835a BGB Rn 9.
13 Beschl v 25.2.2012, XII ZB 497/11, Rn 15.
14 BayObLG FamRZ 2002, 767; Palandt/Grüneberg, § 286 BGB Rn 13 mwN.
15 BayObLG aaO.
16 Im Ergebnis ebenso Staudinger/Bienwald, § 1835a BGB Rn 20.
17 Zu den Voraussetzungen vgl die dortige Kommentierung.

Die Beurteilung der Mittellosigkeit richtet sich grundsätzlich nach den §§ 1836 c und 1836 d BGB.[18] Gegenüber § 1836 d BGB besteht jedoch nach Abs. 3 Hs 2 die Besonderheit, dass **Unterhaltsansprüche** des Betreuten gegen seinen Betreuer für die Bestimmung der Mittellosigkeit von vornherein außer Betracht bleiben, ohne dass es wie bei § 1836 d Nr. 2 BGB (s. § 1836 d BGB Rn 10) auf die Frage ankommt, ob der Unterhaltspflichtige (also der Betreuer) freiwillig leistet oder nicht. Dies hat vor allem für die häufigen Fälle Bedeutung, in denen ein Kind seine Eltern oder Eltern ihr (zB behindertes) Kind betreuen. Auch ein Rückgriff der Staatskasse gegen den unterhaltspflichtigen Betreuer nach einem Forderungsübergang gem. § 1836 e BGB kommt nicht in Betracht.[19] Sinn der Regelung ist es, die familiäre Hilfsbereitschaft zu stärken und zu verhindern, dass der unterhaltspflichtige Familienangehörige seine eigene Aufwandsentschädigung im Ergebnis selbst bezahlen muss. 16

4. Erlöschen des Anspruchs (Abs. 4)

Der Anspruch auf Aufwandsentschädigung erlischt, wenn er nicht binnen drei Monaten nach Ablauf des Jahres, in dem er erstanden ist, geltend gemacht wird. Anders als in Abs. 2 ist mit „Jahr" dabei das Kalenderjahr gemeint.[20] Wird ein Betreuer also zB am 1.2.2012 bestellt, wird sein Anspruch am 1.2.2013 fällig, die Frist zur Geltendmachung endet am 31.3.2014. 17

Bei der Frist des Abs. 4 handelt es sich um eine verschuldensunabhängige Ausschlussfrist, bei ihrer Versäumung kommt eine Wiedereinsetzung in den vorherigen Stand nicht in Betracht.[21] Lediglich in Ausnahmefällen kann die Fristversäumung nach Treu und Glauben unbeachtlich sein.[22] Das Gericht muss den Betreuer jedoch nicht auf die rechtzeitige Geltendmachung seines Anspruchs hinweisen.[23] Der Anspruch auf Rückforderung zu viel gezahlter Aufwandsentschädigung verjährt demgegenüber gem. § 2 Abs. 4 S. 1 JVEG (Behörde) bzw §§ 195, 199 Abs. 1 BGB (Betreuter) im Regelfall in drei Jahren nach Ablauf des Kalenderjahres, in dem die Zahlung erfolgt ist.[24]

IV. Vereins- und Behördenbetreuer (Abs. 5), Verfahrenspfleger

Vereine und Betreuungsbehörden, die als Betreuer bestellt sind, können keine Aufwandsentschädigung gem. § 1835 a BGB geltend machen. Denn für die Vormundschaft schließt Abs. 5 den Anspruch hinsichtlich Jugendamt oder einem Verein aus und § 1908 i Abs. 1 S. 1 BGB ordnet die „entsprechende" Anwendung auf das Betreuungswesen an. Mangels Verweisung in §§ 7 und 8 VBVG steht auch dem Vereins- und Behördenbetreuer selbst kein Anspruch aus § 1835 a BGB zu. Entsprechendes gilt auch für den Verfahrenspfleger, denn § 277 FamFG verweist nur auf § 1835 BGB. 18

---

18 Vgl hierzu die dortige Kommentierung.
19 MK/Wagenitz, § 1835 a BGB Rn 14.
20 BT-Drucks. 960/96, 24; OLG Celle FamRZ 2002, 1591; OLG Frankfurt/M. BtPrax 2004, 243.
21 LG Meiningen v. 11.12.2006, 3 T 315/06; LG Stendal v. 29.6.2007, 25 T 94/07.
22 Vgl OLG Frankfurt/M. BtPrax 2001, 257; LG Meiningen aaO.
23 LG Koblenz v. 2.2.2006, 2 T 62/06; LG Meiningen aaO.
24 Str., vgl § 2 VBVG Rn 8.

V. Steuerliche Behandlung

19 Die pauschale Aufwandsentschädigung des § 1835 a BGB ist gem. § 3 Nr. 26 b EStG **steuerfrei**, soweit sie nicht zusammen mit Einkünften aus anderen steuerbefreiten Tätigkeiten (wie Übungsleiter pp.) gem. § 3 Nr. 26 EStG die Höchstgrenze von 2.100 EUR im Jahr überschreitet.[25]

§ 1836 BGB Vergütung des Vormunds

(1) ¹Die Vormundschaft wird unentgeltlich geführt. ²Sie wird ausnahmsweise entgeltlich geführt, wenn das Gericht bei der Bestellung des Vormunds feststellt, dass der Vormund die Vormundschaft berufsmäßig führt. ³Das Nähere regelt das Vormünder- und Betreuervergütungsgesetz.

(2) Trifft das Gericht keine Feststellung nach Absatz 1 Satz 2, so kann es dem Vormund und aus besonderen Gründen auch dem Gegenvormund gleichwohl eine angemessene Vergütung bewilligen, soweit der Umfang oder die Schwierigkeit der vormundschaftlichen Geschäfte dies rechtfertigen; dies gilt nicht, wenn der Mündel mittellos ist.

(3) Dem Jugendamt oder einem Verein kann keine Vergütung bewilligt werden.

I. Einleitung

1. Inhalt und Geschichte der Norm

1 § 1836 BGB statuiert den **Grundsatz der unentgeltlichen Führung** von Vormundschaft und Betreuung. Lediglich, wenn diese berufsmäßig geführt werden, sowie aus bestimmten besonderen Gründen auch bei ehrenamtlichem Tätigwerden besteht ein Anspruch auf Vergütung. Für die Einzelheiten der Vergütung des berufsmäßigen Vormunds/Betreuers verweist die Vorschrift auf das Vormünder- und Betreuervergütungsgesetz (VBVG).

2 Die Vorschrift stammt bereits aus dem ursprünglichen BGB, wurde jedoch durch das BtG zum 1.1.1992 grundlegend neu gestaltet, durch das 1. BtÄndG und das Kostenrechtsmodernisierungsgesetz wiederum geändert und durch das 2. BtÄndG zum 1.7.2005, welches sämtliche Vorschriften, die sich auf die Vergütung eines berufsmäßig tätigen Betreuers beziehen, ausgegliedert und in das VBVG überführt hat, erheblich verkürzt.

3 § 1836 BGB regelt Folgendes:
- Den Grundsatz der Unentgeltlichkeit der Betreuung (Abs. 1 S. 1).
- Die Notwendigkeit einer Feststellung, wenn die Betreuung ausnahmsweise berufsmäßig und damit entgeltlich geführt wird (Abs. 1 S. 2). Die Voraussetzungen dieser Feststellung finden sich jedoch in § 1 Abs. 1 VBVG.
- Die Möglichkeit, einem ehrenamtlich tätigen Betreuer ausnahmsweise eine Vergütung zu gewähren (Abs. 2).

---

25 Zur Rechtslage vor Einfügung von § 3 Nr. 26 b EStG im Jahre 2010 vgl BFH v. 17.10.2012, VIII R 57/09, LS 2: Steuerfreiheit der pauschalen Aufwandsentschädigung gem. § 3 Nr. 12 S. 1 EStG.

- Die Bestimmung, dass dem Jugendamt oder einem Verein keine Vergütung bewilligt werden kann.

2. Anwendungsbereich

Außer für die im Wortlaut genannten Vormünder gilt die Vorschrift gem. § 1908i Abs. 1 S. 1 BGB insgesamt für die Betreuer; für die Verfahrenspfleger gelten nur die Abs. 1 und 3 (§ 277 Abs. 2 S. 1 FamFG).

3. Bedeutung

Gegenüber der Rechtslage vor Inkrafttreten des 2. BtÄndG hat § 1836 BGB erheblich an Bedeutung verloren, da die Regelungen über die Vergütung auch der bemittelten Betreuten insgesamt in das VBVG übernommen wurden. Wichtig bleibt die Feststellung des Abs. 1 S. 1, dass die Betreuung grundsätzlich unentgeltlich geführt wird.

II. Der Grundsatz der Unentgeltlichkeit (Abs. 1 S. 1)

Abs. 1 S. 1 bekräftigt den Grundsatz, dass die **Betreuung grundsätzlich unentgeltlich** geführt wird. Es handelt sich hierbei um eine der grundlegenden Strukturbestimmungen des Betreuungsrechts: Die Übernahme einer Betreuung ist eine bürgerliche Ehrenpflicht, zu der jedermann verpflichtet ist. Nur im **Ausnahmefall**, wenn die Betreuung durch einen Ehrenamtlichen nicht möglich ist, kommt die Bestellung eines Berufsbetreuers in Betracht. Abs. 1 korrespondiert direkt mit § 1897 Abs. 6 BGB. Denn nach dieser Vorschrift soll ein Berufsbetreuer nur bestellt werden, wenn keine Person zur Verfügung steht, die zu einer ehrenamtlichen Betreuung bereit ist (vgl § 1897 BGB Rn 48 ff). Ist ein Berufsbetreuer eingesetzt, ist dieser verpflichtet, dem Betreuungsgericht eine Mitteilung zu machen, sobald die Möglichkeit der Abgabe an einen Ehrenamtlichen besteht. Im Vergütungsrecht wird diese Pflicht durch § 5 Abs. 5 VBVG flankiert (vgl § 5 VBVG Rn 42 ff).

Der gesetzlich gewollte **Vorrang der Ehrenamtlichkeit** spiegelt sich auch in der Praxis wider: Bei den Erstbestellungen im Jahr 2011 wurden bundesweit in ca. 62 % der Fälle ehrenamtliche Betreuer, zumeist Familienangehörige, bestellt. Nur in ca. 38 % der Fälle wurde ein Berufsbetreuer (einschließlich der Mitarbeiter von Vereinen und Behörden) eingesetzt.[1] Ohne diesen erheblichen Einsatz von Ehrenamtlichen wäre das Betreuungswesen nicht aufrecht zu erhalten. Denn zum einen wären schlicht nicht genug Berufsbetreuer vorhanden, um die von den Ehrenamtlichen Betreuten zu übernehmen. Zum anderen wäre der Staat (dh: der Steuerzahler!), der wegen Mittellosigkeit der Betreuten in ca. 70 bis über 80 % der Fälle[2] für Vergütung und Aufwendungsersatz aufkommt, mit der Bezahlung überfordert.

III. Ausnahmsweise entgeltliche Führung der Betreuung (Abs. 1 S. 2)

Gem. Abs. 1 S. 2 wird die Betreuung (rechtlich und tatsächlich – vgl Rn 6, 7) ausnahmsweise entgeltlich geführt, wenn das Gericht die **Feststellung** trifft,

---

1 Vgl Deinert, Betreuungszahlen 2011, BtPrax 2012, 243.
2 Vgl den Endbericht „Ausgabenmonitoring und Expertisen zum Betreuungsrecht 2011", BtPrax Sonderausgabe 2012, 17.

dass sie **berufsmäßig** geführt wird. Von der Ausnahme des Abs. 2 abgesehen, ist diese Feststellung die Voraussetzung dafür, dass der Betreuer für seine Tätigkeit eine Vergütung erhält. Für die Einzelheiten der Feststellung vgl die Kommentierung zu § 1 VBVG.

IV. Ausnahmsweise Vergütung eines ehrenamtlichen Betreuers (Abs. 2)
1. Überblick

9 Gem. Abs. 1 S. 1 wird die Betreuung grundsätzlich ehrenamtlich und unentgeltlich geführt (vgl Rn 6 ff). Für den Fall, dass der Umfang oder die Schwierigkeit der Geschäfte dies rechtfertigen, kann das Gericht gem. Abs. 2 nach pflichtgemäßem Ermessen[3] allerdings dennoch eine „angemessene" Vergütung gewähren. Im Fall des Gegenbetreuers ist zusätzliche Voraussetzung das Vorliegen „besonderer Gründe". Weitere Voraussetzung ist schließlich, dass der Betreute nicht mittellos ist, Abs. 2 Hs 2.

2. Die Voraussetzungen einer Vergütung nach Abs. 2
a) Keine Mittellosigkeit des Betreuten

10 Die wichtigste Voraussetzung für die ausnahmsweise Gewährung einer Vergütung an einen ehrenamtlichen Betreuer ist, dass der Betreute nicht mittellos iSd §§ 1836c, 1836d BGB ist.[4] Ein Vergütungsanspruch aus Abs. 2 gegen die Staatskasse kommt mithin nicht in Betracht. Die Anwendbarkeit der Vorschrift beschränkt sich daher auf die weniger als 20 % Betreuungen Bemittelter. In den übrigen Fällen ist der Betreuer auf die Ansprüche auf Aufwendungsersatz und pauschale Aufwandsentschädigung gem. §§ 1835, 1835a BGB beschränkt.

b) Angemessenheit der Vergütungsgewährung

11 Wie der Wortlaut der Vorschrift ergibt („kann das Gericht eine angemessene Vergütung bewilligen, soweit …"), stehen sowohl das Ob einer Vergütung als auch deren Höhe unter dem **Vorbehalt der Angemessenheit**.[5]

12 In einem ersten Schritt hat das Gericht daher zu prüfen, ob eine Vergütung dem Grunde nach angemessen ist. Hierbei ist von dem Grundsatz auszugehen, dass die Betreuung unentgeltlich geführt wird. Aufgrund der klaren gesetzlichen Wertung des Abs. 1 (vgl dazu Rn 6) gilt dies nicht nur für mittellose Betreute, sondern auch für diejenigen, die selbst für die Betreuungskosten aufkommen müssen. Eine Vergütung nach Abs. 2 kommt daher nicht in durchschnittlich gelagerten Fällen, sondern nur dann in Betracht, wenn entweder der **Umfang oder die Schwierigkeit deutlich überdurchschnittlich** sind.[6] Allerdings ist für die Entscheidung eine Gesamtabwägung[7] vorzunehmen, in die die Verhältnisse sowohl des Betreuers als auch des Betreuten einzubeziehen sind.

---

3 BayObLG FamRZ 2004, 1138, 1139.
4 Vgl zu den Voraussetzungen hierfür die dortige Kommentierung.
5 MK/Wagenitz, § 1836 BGB Rn 32.
6 So im Ergebnis auch MK/Wagenitz, § 1836 BGB Rn 32 ff; aA: Soergel/Zimmermann, § 1836 BGB Rn 31.
7 ZB BayVerfGH BtPrax 2011, 265 mwN.

aa) Der Umfang der Geschäfte

Eine Vergütung gem. Abs. 2 wird insbesondere dann zu gewähren sein, wenn der Umfang der Geschäfte deutlich **über dem Durchschnitt** liegt. Als durchschnittlicher Zeitansatz bieten sich dabei die in § 5 Abs. 1 VBVG kodifizierten Stundenansätze an.[8]

bb) Die Schwierigkeit der Geschäfte; Abgrenzung zu § 1835 Abs. 3 BGB und § 1 VBVG

Eine Vergütung allein wegen besonderer Schwierigkeit der Geschäfte (die nicht auch zu einem erhöhten Umfang führt) kommt in Betracht, wenn der Betreuer auf **besondere Fachkenntnisse** (zB medizinischer, juristischer oder kaufmännischer Art) zugreifen muss, die sonst auch bezahlt werden müssten. Auch kommen Fälle in Frage, in denen der Kontakt mit dem Betreuten besonders schwierig ist oder der Betreuer eine besonders hohe Verantwortung übernehmen muss. Zu bedenken ist allerdings, dass der Betreuer Dienste, die zu seinem Beruf gehören, ohnehin gem. § 1835 Abs. 3 BGB als Aufwendungen abrechnen kann (vgl § 1835 BGB Rn 19 ff). Soweit dies möglich ist, dürfte daher eine Vergütungsgewährung gem. Abs. 2 ausscheiden. Denn § 1836 Abs. 2 BGB stellt eine Ausnahmevorschrift dar. Schließlich kommt in diesen Fällen auch in Betracht, dass (auch wenn der Betreuer nur diese eine Betreuung führt) eine berufsmäßige Führung der Betreuung gem. § 1 VBVG gegeben ist (vgl § 1 VBVG Rn 5) mit der Folge, dass eine Vergütung nach §§ 4, 5 VBVG zu zahlen ist. Im Ergebnis wird es daher nur selten vorkommen, dass allein wegen der Schwierigkeit (und nicht auch des Umfangs) der Geschäfte eine Vergütung gem. Abs. 2 zu zahlen ist.

cc) Sonstige Gesichtspunkte

Des Weiteren sind die **Verhältnisse des Betreuten und des Betreuers** zu berücksichtigen. So kann zB bei einem sehr wohlhabenden Betreuten und einem armen Betreuer eine Bezahlung eher „angemessen" sein als im umgekehrten Fall. Da Ausgangspunkt jedoch in jedem Fall nur Umfang und Schwierigkeit der Geschäfte sind, rechtfertigt ein hohes Vermögen allein die Gewährung einer Vergütung noch nicht. Verwandtschaftliche Beziehungen schließen eine Vergütung nicht aus, dürften jedoch im Regelfall die Zumutbarkeit eines unentgeltlichen Tätigwerdens steigern.[9]

3. Die Höhe der Vergütung

Auch die Höhe der Vergütung muss **angemessen** sein. Weitere ausdrückliche Vorgaben macht Abs. 2 nicht. In einer Grundsatzentscheidung zur Rechtslage vor Inkrafttreten des 2. BtÄndG hatte das Bayerische Oberste Landesgericht die Auffassung vertreten, dass einem ehrenamtlichen Betreuer in keinem Fall eine höhere Vergütung zugebilligt werden könne als einem Berufsbetreuer, da dieser aus der Vergütung nicht seinen Lebensunterhalt bestreiten müsse, sondern die Vergütung für ihn nur einen angemessenen Ausgleich für die aufge-

---

[8] Denn diese basieren auf repräsentativ ermittelten Durchschnittssätzen, vgl § 5 VBVG Rn 17.
[9] MK/Wagenitz, § 1836 BGB Rn 35 b.

wendete Zeit darstelle.[10] Auf die neue Rechtslage lässt sich diese Rechtsprechung allerdings nicht direkt übertragen.[11] Zumindest gilt dies für die pauschalen Stundenansätze des § 5 VBVG. Denn diese basieren auf einem durchschnittlichen Betreuungsaufwand und setzen eine Mischkalkulation zwischen einer großen Anzahl unterschiedlicher Fälle voraus (vgl § 5 VBVG Rn 9). Beides passt im Rahmen von Abs. 2 nicht. Denn zum einen setzt – wie unter Rn 13 ausgeführt – diese Vorschrift voraus, dass der Betreuungsaufwand gerade überdurchschnittlich ist. Zum anderen wird ein Ehrenamtlicher in aller Regel nur einen oder jedenfalls sehr wenige Fälle betreuen, so dass ihm eine Mischkalkulation nicht möglich ist.

17 Denkbar ist jedoch eine Anlehnung an die **Stundensätze des VBVG**, wobei – da ein ehrenamtlicher Betreuer nicht umsatzsteuerpflichtig ist – § 3 VBVG in Betracht kommt.[12] Die Vergütung, die hiernach zu erlangen wäre, kann als „Kontroll- und Höchstwert"[13] herangezogen werden. In Ausnahmefällen können dabei die Stundensätze des § 3 Abs. 1 VBVG gem. § 3 Abs. 3 VBVG überschritten werden. Zu beachten ist hierbei aber, dass die (besondere) Schwierigkeit der Geschäfte bereits im Rahmen des Ob der Vergütungsgewährung zu prüfen ist (vgl Rn 14).

18 Unterhalb dieser Vergleichsschwelle sind als wesentliches Kriterium für die Bestimmung der Vergütungshöhe vor allem der geleistete Zeitaufwand sowie die Schwierigkeit der Geschäfte und die übernommen Verantwortung heranzuziehen.[14]

4. Die Art der Vergütungsgewährung

19 Die Art der Vergütungsgewährung lässt das Gesetz offen. In Betracht kommen daher sowohl **periodische (monatliche) Zahlungen**, als uU auch ein **Einmalbetrag**.[15] Wird die Vergütung nach Stundensätzen bemessen, kann der Zeitaufwand geschätzt und eine Pauschale festgelegt werden. Stellt die Vermögenssorge den Schwerpunkt der Geschäfte des Betreuers dar, so kommt auch eine Bemessung anhand eines Prozentsatzes des zu verwaltenden Vermögens in Betracht. Jedoch sollte dies im Ergebnis nicht dazu führen, dass der ehrenamtliche Betreuer mehr verdient als ein Berufsvormund gem. § 3 VBVG.

5. Entstehung des Anspruchs, Verzinsung

20 Der Anspruch auf Vergütung entsteht grundsätzlich mit der Ausführung der zu vergütenden Tätigkeit, bzw wenn zB ein monatlicher Pauschalbetrag gewährt

---

10 BayObLG FamRZ 2004, 1138, 1139 = BtPrax 2004, 151 = Rpfleger 2004, 485.
11 So auch OLG Karlsruhe v. 1.3.2007, BtPrax 2007, 184 = FamRZ 1270; OLG Frankfurt/M. v. 22.5.2008, 20 W 38/08; OLG München FamRZ 2009, 78; LG München II v. 28.1.2008, FamRZ 2008, 1118 (LS); aA (Vergütung nach §§ 4, 5 VBVG ist Obergrenze): LG Kassel FamRZ 2006, 1302 und BtPrax 2011, 87 (LS) für eine Behördenbetreuerin gem. § 8 Abs. 1 VBVG; LG Kleve BtPrax 2008, 138.
12 Eine Anwendung von § 3 VBVG hält zB auch das OLG Frankfurt/M. v. 22.5.2008, 20 W 38/08, für möglich. Da die Umsatzsteuerpflicht der Berufsbetreuer vermutlich entfallen wird (vgl § 4 VBVG Rn 44, 45), kommt künftig ggf auch eine Anlehnung an die Sätze des § 4 VBVG in Betracht.
13 BayObLG aaO.
14 BayObLG FamRZ 2004, 1138, 1139, 1140.
15 Soergel/Zimmermann, § 1836 BGB Rn 40.

wird, jeweils am Ende des Abrechnungsmonats.[16] Da Voraussetzung für die Geltendmachung gegenüber dem Betreuten die gerichtliche Festsetzung (vgl Rn 23) und damit eine Gestaltungsentscheidung ist, tritt **Fälligkeit** jedoch erst mit Rechtskraft des Festsetzungsbeschlusses ein.[17] Erst ab diesem Zeitpunkt kommt eine Verzinsung gem. §§ 291[18] oder 286 BGB in Betracht. Mangels Anwendbarkeit von § 256 BGB ist die Rechtslage also anders als beim Aufwendungsersatz (vgl zu diesem § 1835 BGB Rn 28).

6. Verjährung

Da eine dem § 2 VBVG entsprechende Regelung fehlt, gilt die allgemeine Verjährungsfrist von **drei Jahren** gem. § 195 BGB. Diese beginnt gem. § 199 BGB mit dem Schluss des Jahres zu laufen, in dem der Anspruch entstanden ist, dh die Tätigkeit entfaltet wurde (vgl Rn 20). 21

7. Die Vergütung des Gegenbetreuers

Für den Gegenbetreuer stellt das Gesetz die zusätzliche Voraussetzung auf, dass für die Gewährung einer Vergütung „**besondere Gründe**" vorliegen müssen. Nach der hier vertretenen Ansicht ist bereits dem Hauptbetreuer nur im Ausnahmefall eine Vergütung nach Abs. 2 zu gewähren und es hat in jedem Fall eine besondere Abwägung zu erfolgen, so dass im Ergebnis „besondere Gründe" vorliegen. Die ausdrückliche Erwähnung bei dem Gegenbetreuer verdeutlicht daher im Ergebnis nur, dass in diesen Fällen eine Vergütungsgewährung besonders selten vorkommen wird, da die Geschäfte eines Gegenbetreuers meist nicht außergewöhnlich umfangreich sind. 22

8. Geltendmachung des Vergütungsanspruchs

Anders als beim Aufwendungsersatz des § 1835 BGB und der pauschalen Aufwandsentschädigung des § 1835 a BGB muss der Betreuer seinen Anspruch auf Vergütung immer beim **Betreuungsgericht** geltend machen. Auch wenn dem Betreuer die Vermögenssorge zusteht, kommt eine Entnahme der Vergütung aus dem Vermögen des Betreuten nicht in Betracht.[19] Das Verfahren richtet sich nach § 168 Abs. 1 S. 1 FamFG (zu den Einzelheiten vgl dort Rn 10 ff). 23

V. Die Vergütung von Behörde und Verein (Abs. 3)

Nach dem klaren Wortlaut von Abs. 3 kann dem Jugendamt oder einem Verein **keine Vergütung** bewilligt werden.[20] Für das Betreuungsrecht bedeutet dies, dass weder der Betreuungsbehörde noch einem Betreuungsverein eine Vergütung gewährt werden kann. Dies gilt allerdings nur, wenn gem. § 1900 24

---

16 BGH FamRZ 2008, 1611; MK/Wagenitz, § 1836 BGB Rn 30.
17 BayObLG FamRZ 2002, 767; Palandt/Grüneberg, § 286 BGB Rn 13 mwN.
18 BayObLG aaO.
19 Dies folgt aus § 168 Abs. 1 S. 1 Nr. 2 FamFG, der die Festsetzung des Vergütungsanspruchs regelt und diese im Unterschied zu Aufwendungsersatz und Aufwandsentschädigung gem. Nr. 1 nicht auf die Fälle eines Anspruchs gegen die Staatskasse bzw fehlender Vermögenssorge beschränkt. Für die andere Rechtslage bei Aufwendungsersatz und Aufwandsentschädigung vgl § 1835 BGB Rn 30 ff.
20 Dies hat der BGH – insoweit unter Aufgabe seiner bisherigen Rechtsprechung – auch für den Vereinsvormund bekräftigt: FamRZ 2011, 1394; die abweichende Auffassung einiger Oberlandesgerichte (zB OLG München FamRZ 2011, 998; OLG Celle FamRZ 2011, 1329) ist damit überholt.

Abs. 1, 4 BGB der Verein oder die Behörde selbst, also als juristische Personen, zum Betreuer bestellt sind, was die Ausnahme ist. Verfassungsrechtlich ist dies nicht problematisch, da für die wesentlich häufigeren Fälle, in denen ein bei einem Verein angestellter Mitarbeiter als sog. Vereinsbetreuer oder ein Behördenmitarbeiter als natürliche Person bestellt wird (§ 1897 Abs. 2 BGB), eine Vergütungsgewährung möglich ist und sich die Betreuungsvereine so refinanzieren können.[21] Die entsprechenden, Abs. 3 als leges speciales vorgehenden Regelungen, finden sich für die Vereinsbetreuer in § 7, für die Behördenbetreuer in § 8 VBVG,[22] wobei Letzterer wieder auf § 1836 Abs. 2 BGB verweist.

§ 1836 c BGB Einzusetzende Mittel des Mündels

Der Mündel hat einzusetzen:
1. nach Maßgabe des § 87 des Zwölften Buches Sozialgesetzbuch sein Einkommen, soweit es zusammen mit dem Einkommen seines nicht getrennt lebenden Ehegatten oder Lebenspartners die nach den §§ 82, 85 Abs. 1 und § 86 des Zwölften Buches Sozialgesetzbuch maßgebende Einkommensgrenze für die Hilfe nach dem Fünften bis Neunten Kapitel des Zwölften Buches Sozialgesetzbuch übersteigt. Wird im Einzelfall der Einsatz eines Teils des Einkommens zur Deckung eines bestimmten Bedarfs im Rahmen der Hilfe nach dem Fünften bis Neunten Kapitel des Zwölften Buches Sozialgesetzbuch zugemutet oder verlangt, darf dieser Teil des Einkommens bei der Prüfung, inwieweit der Einsatz des Einkommens zur Deckung der Kosten der Vormundschaft einzusetzen ist, nicht mehr berücksichtigt werden. Als Einkommen gelten auch Unterhaltansprüche sowie die wegen Entziehung einer solchen Forderung zu entrichtenden Renten;
2. sein Vermögen nach Maßgabe des § 90 des Zwölften Buches Sozialgesetzbuch.

I. Einleitung

1. Inhalt und Geschichte der Norm

1 § 1836 c BGB legt fest, welches **Einkommen und Vermögen** der Betreute **einsetzen muss**, um die Ansprüche seines Betreuers auf Vergütung und Aufwendungsersatz zu erfüllen. Die Vorschrift wurde durch das (1.) BtÄndG zum 1.1.1999 eingeführt und durch das Gesetz zur Einordnung des Sozialhilferechts in das Sozialgesetzbuch vom 27.12.2003[1] mit Wirkung zum 1.1.2005 neu gefasst. Sie steht **in engem Zusammenhang mit § 1836 d BGB**, der definiert, wann der Betreute als mittellos gilt. Dies ist der Fall, wenn er Aufwendungsersatz oder Vergütung aus seinem einzusetzenden Einkommen und Vermögen nicht, nur zum Teil, nur in Raten oder nur im Wege gerichtlicher Geltendmachung von Unterhaltsansprüchen aufbringen kann (zu den Einzelheiten vgl § 1836 d BGB Rn 5 ff). § 1836 c BGB bestimmt, welches Einkommen und Vermögen der Betreute im Rahmen von § 1836 d BGB einsetzen muss und welche Einkommens- und Vermögensbestandteile anrechnungsfrei bleiben.

---

21 Vgl BGH FamRZ 2011, 1394.
22 Vgl daher für diese Fälle die dortige Kommentierung.
1 BGBl. I, 3022.

Sind die Voraussetzungen der **Mittellosigkeit** gem. §§ 1836 c, 1836 d BGB erfüllt, gelten eine Reihe von **Sondervorschriften**, insbesondere richten sich die Ansprüche des Betreuers auf Vergütung und Aufwendungsersatz statt gegen den Betreuten gegen die Staatskasse (vgl §§ 1835 Abs. 4 S. 1, 1835 a Abs. 3 BGB, 1 Abs. 2 S. 2 VBVG).

2. Anwendungsbereich

§ 1836 c BGB gilt gem. § 1908 i Abs. 1 S. 1 BGB bezüglich der **Ansprüche aller Betreuer** (ehrenamtlicher wie berufsmäßiger) **auf Vergütung, Aufwendungsersatz und Aufwandsentschädigung.**

Hinsichtlich der Verfahrenspfleger gilt die Vorschrift nicht direkt, da sich deren Ansprüche immer (also auch dann, wenn der Betreute bemittelt ist) gegen die Staatskasse richten (§ 277 Abs. 5 S. 1 FamFG). Wichtig ist § 1836 c BGB auch in diesem Fall jedoch für die Inanspruchnahme des Betreuten durch die Staatskasse: Denn die Zahlungen an den Verfahrenspfleger werden dem Betreuten nach Maßgabe des § 1836 c BGB als Verfahrensauslagen in Rechnung gestellt (§§ 93 a Abs. 2, 137 Abs. 1 Nr. 16 KostO bzw. Vorb. 3.1 Abs. 2, Ziff. 31015 GNotKG).

3. Bedeutung

Angesichts der hohen Zahl (ca. 80 %) mittelloser Betreuter hat die Vorschrift große praktische Bedeutung.

II. Das einzusetzende Einkommen

Die Ermittlung des von dem Betreuten einzusetzenden Einkommens behandelt § 1836 c Nr. 1. Satz 1 nimmt dabei Bezug auf die §§ 82, 85 Abs. 1, 86 und 87 SGB XII. Zur Durchführung des § 82 SGB XII besteht eine Verordnung.[2]

§ 82 SGB XII Begriff des Einkommens

(1) Zum Einkommen gehören alle Einkünfte in Geld oder Geldeswert mit Ausnahme der Leistungen nach diesem Buch, der Grundrente nach dem Bundesversorgungsgesetz und nach den Gesetzen, die eine entsprechende Anwendung des Bundesversorgungsgesetzes vorsehen und der Renten oder Beihilfen nach dem Bundesentschädigungsgesetz für Schaden an Leben sowie an Körper oder Gesundheit, bis zur Höhe der vergleichbaren Grundrente nach dem Bundesversorgungsgesetz. Einkünfte aus Rückerstattungen, die auf Vorauszahlungen beruhen, die Leistungsberechtigte aus dem Regelsatz erbracht haben, sind kein Einkommen. Bei Minderjährigen ist das Kindergeld dem jeweiligen Kind als Einkommen zuzurechnen, soweit es bei diesem zur Deckung des notwendigen Lebensunterhaltes, mit Ausnahme der Bedarfe nach § 34, benötigt wird.

(2) Von dem Einkommen sind abzusetzen

1. auf das Einkommen entrichtete Steuern,
2. Pflichtbeiträge zur Sozialversicherung einschließlich der Beiträge zur Arbeitsförderung,
3. Beiträge zu öffentlichen oder privaten Versicherungen oder ähnlichen Einrichtungen, soweit diese Beiträge gesetzlich vorgeschrieben oder nach Grund und Höhe angemessen sind, sowie geförderte Altersvorsorgebeiträge nach § 82 des Einkommensteuergesetzes, soweit sie den Mindesteigenbeitrag nach § 86 des Einkommensteuergesetzes nicht überschreiten,

---

[2] Diese ist abgedruckt zB im LPK-SGB XII, 9. Aufl. 2012, bei § 82.

4. die mit der Erzielung des Einkommens verbundenen notwendigen Ausgaben,
5. das Arbeitsförderungsgeld und Erhöhungsbeträge des Arbeitsentgelts im Sinne von § 43 Satz 4 des Neunten Buches.

(3) Bei der Hilfe zum Lebensunterhalt und Grundsicherung im Alter und bei Erwerbsminderung ist ferner ein Betrag in Höhe von 30 vom Hundert des Einkommens aus selbständiger und nichtselbständiger Tätigkeit der Leistungsberechtigten abzusetzen, höchstens jedoch 50 vom Hundert der Regelbedarfsstufe 1 nach der Anlage zu § 28. Abweichend von Satz 1 ist bei einer Beschäftigung in einer Werkstatt für behinderte Menschen von dem Entgelt ein Achtel der Regelbedarfsstufe 1 nach der Anlage zu § 28 zuzüglich 25 vom Hundert des diesen Betrag übersteigenden Entgelts abzusetzen. Im Übrigen kann in begründeten Fällen ein anderer als in Satz 1 festgelegter Betrag vom Einkommen abgesetzt werden. Erhält eine leistungsberechtigte Person mindestens aus einer Tätigkeit Bezüge oder Einnahmen, die nach § 3 Nummer 12, 26, 26a oder 26b des Einkommensteuergesetzes steuerfrei sind, ist abweichend von den Sätzen 1 und 2 ein Betrag von bis zu 200 Euro monatlich nicht als Einkommen zu berücksichtigen.

§ 85 SGB XII Einkommensgrenze

(1) Bei der Hilfe nach dem Fünften bis Neunten Kapitel ist der nachfragenden Person und ihrem nicht getrennt lebenden Ehegatten oder Lebenspartner die Aufbringung der Mittel nicht zuzumuten, wenn während der Dauer des Bedarfs ihr monatliches Einkommen zusammen eine Einkommensgrenze nicht übersteigt, die sich ergibt aus

1. einem Grundbetrag in Höhe des Zweifachen der Regelbedarfsstufe 1 nach der Anlage § 28,
2. den Kosten der Unterkunft, soweit die Aufwendungen hierfür den der Besonderheit des Einzelfalles angemessenen Umfang nicht übersteigen und
3. einem Familienzuschlag in Höhe des auf volle Euro aufgerundeten Betrages von 70 vom Hundert der Regelbedarfsstufe 1 nach der Anlage zu § 28 für den nicht getrennt lebenden Ehegatten oder Lebenspartner und für jede Person, die von der nachfragenden Person, ihrem nicht getrennt lebenden Ehegatten oder Lebenspartner überwiegend unterhalten worden ist oder für die sie nach der Entscheidung über die Erbringung der Sozialhilfe unterhaltspflichtig werden.

(2) ...

(3) Die maßgebende Regelbedarfsstufe 1 nach der Anlage zu § 28 bestimmt sich nach dem Ort, an dem der Leistungsberechtigte die Leistung erhält. Bei der Leistung in einer Einrichtung sowie bei Unterbringung in einer anderen Familie oder bei den in § 107 genannten anderen Personen bestimmt er sich nach dem gewöhnlichen Aufenthalt des Leistungsberechtigten oder, wenn im Falle des Absatzes 2 auch das Einkommen seiner Eltern oder eines Elternteils maßgebend ist, nach deren gewöhnlichem Aufenthalt. Ist ein gewöhnlicher Aufenthalt im Inland nicht vorhanden oder nicht zu ermitteln, ist Satz 1 anzuwenden.

§ 86 SGB XII Abweichender Grundbetrag

Die Länder und, soweit landesrechtliche Vorschriften nicht entgegenstehen, auch die Träger der Sozialhilfe können für bestimmte Arten der Hilfe nach dem Fünften bis Neunten Kapitel der Einkommensgrenze einen höheren Grundbetrag zu Grunde legen.

§ 87 SGB XII Einsatz des Einkommens über der Einkommensgrenze

(1) Soweit das zu berücksichtigende Einkommen die Einkommensgrenze übersteigt, ist die Aufbringung der Mittel in angemessenem Umfang zuzumuten. Bei der Prüfung, welcher Umfang angemessen ist, sind insbesondere die Art des Bedarfs, die Art oder Schwere der Behinderung oder der Pflegebedürftigkeit, die Dauer und Höhe der erforderlichen Aufwendungen sowie besondere Belastungen der nachfragenden Person und ihrer unter-

haltsberechtigten Angehörigen zu berücksichtigen. Bei schwerstpflegebedürftigen Menschen nach § 64 Abs. 3 und blinden Menschen nach § 72 ist ein Einsatz des Einkommens über der Einkommensgrenze in Höhe von mindestens 60 vom Hundert nicht zuzumuten.

(2) Verliert die nachfragende Person durch den Eintritt eines Bedarfsfalles ihr Einkommen ganz oder teilweise und ist ihr Bedarf nur von kurzer Dauer, so kann die Aufbringung der Mittel auch aus dem Einkommen verlangt werden, das sie innerhalb eines angemessenen Zeitraumes nach dem Wegfall des Bedarfs erwirbt und das die Einkommensgrenze übersteigt, jedoch nur insoweit, als ihr ohne den Verlust des Einkommens die Aufbringung der Mittel zuzumuten gewesen wäre.

(3) Bei einmaligen Leistungen zur Beschaffung von Bedarfsgegenständen, deren Gebrauch für mindestens ein Jahr bestimmt ist, kann die Aufbringung der Mittel nach Maßgabe des Absatzes 1 auch aus dem Einkommen verlangt werden, das die in § 19 Abs. 3 genannten Personen innerhalb eines Zeitraumes von bis zu drei Monaten nach Ablauf des Monats, in dem über die Leistung entschieden worden ist, erwerben.

Die Einkommensermittlung nach diesen Vorschriften ist recht kompliziert und erfolgt in mehreren Schritten:

1. Schritt: Ermittlung des Einkommens

a) In einem ersten Schritt ist zunächst gem. § 82 SGB XII das maßgebliche **Einkommen** zu ermitteln. Nach § 82 Abs. 1 S. 1 SGB XII gehören hierzu **alle Einkünfte in Geld oder Geldeswert** mit Ausnahme der Leistungen nach dem SGB XII, der Grundrente nach dem Bundesversorgungsgesetz und nach den Gesetzen, die eine entsprechende Anwendung des Bundesversorgungsgesetzes vorsehen, sowie der Renten oder Beihilfen nach dem Bundesentschädigungsgesetz für Schäden am Leben sowie an Körper oder Gesundheit bis zur Höhe der vergleichbaren Grundrente nach dem Bundesversorgungsgesetz. Gem. § 1836 c Nr. 1 S. 3 BGB gehören zum Einkommen auch **Unterhaltsansprüche** sowie eine wegen ihrer Entziehung zu entrichtende Rente.

b) Von dem ermittelten Einkommen sind sodann die in § 82 Abs. 2 SGB XII aufgeführten **Steuern, Sozialversicherungsbeiträge**, Beiträge zu öffentlichen oder privaten Versicherungen oder ähnlichen Einrichtungen und Werbungskosten sowie das Arbeitsförderungsgeld **abzusetzen**.

Erhält der Betreute **Hilfe zum Lebensunterhalt**, ist gem. § 82 Abs. 3 S. 1 SGB XII ferner ein Betrag von 30 % seines Einkommens aus selbstständiger oder nichtselbstständiger Tätigkeit abzusetzen, höchstens jedoch 50 % der Regelbedarfsstufe 1 nach der Anlage zu § 28 SGB XII[3] (seit 1.1.2013: 191 EUR im Monat). Bei einer Beschäftigung in einer Werksatt für behinderte Menschen ist nach § 82 Abs. 3 S. 2 SGB XII von dem Entgelt ein Achtel der Regelbedarfsstufe 1 (seit 1.1.2013: 47,75 EUR) zuzüglich 25 % des diesen Betrag übersteigenden Entgelts abzusetzen. Nach Satz 3 kann in begründeten Fällen ein abweichender Betrag vom Einkommen abgesetzt werden. Satz 4 regelt die Berücksichtigung bestimmter steuerfreier Einkünfte.

Ist der Betreute **verheiratet** oder lebt er in einer Lebenspartnerschaft, ohne dass er von seinem Ehegatten oder Lebenspartner getrennt lebt, ist schließlich das Einkommen des Partners zu dem des Betreuten hinzuzurechnen, § 1836 c Nr. 1

---

3 Vgl hierzu Rn 11.

und § 85 Abs. 1 SGB XII. Als „Ausgleich" hierfür ist in diesem Fall die Einkommensgrenze erhöht (§ 85 Abs. 1 Nr. 3 SGB XII), vgl Rn 11.

2. Schritt: Ermittlung der Einkommensgrenze

10 In einem zweiten Schritt ist dann gem. § 85 Abs. 1 SGB XII die Einkommensgrenze zu ermitteln, bis zu welcher das im ersten Schritt ermittelte Einkommen **anrechnungsfrei** bleibt.

11 a) Hierzu ist zunächst der geltende Betrag der „**Regelbedarfsstufe 1**" nach der Anlage zu § 28 SGB XII festzustellen. Dies ist der für einen Haushaltsvorstand geltende Bedarf des notwendigen Lebensunterhalts. Seit 1.1.2013 beträgt er 382 EUR monatlich.

b) Gem. § 85 Abs. 1 SGB XII wird sodann die **Einkommensgrenze** durch Addition folgender Beträge ermittelt:

1. einem **Grundbetrag** in Höhe des Zweifachen der Regelbedarfsstufe 1 (seit 1.1.2013 also 764 EUR),
2. den **Kosten der Unterkunft**, soweit die Aufwendungen hierfür den der Besonderheit des Einzelfalles angemessenen Umfang nicht übersteigen, und
3. einem **Familienzuschlag** in Höhe des auf volle Euro aufgerundeten Betrages von 70 % der Regelbedarfsstufe 1 (seit 1.1.2013 also 268 EUR) für den nicht getrennt lebenden Ehegatten oder Lebenspartner und für jede Person, die von dem Betreuten, seinem nicht getrennt lebenden Ehegatten oder Lebenspartner überwiegend unterhalten worden ist oder für die er nach der Entscheidung über die Erbringung der Sozialhilfe unterhaltspflichtig wird.

12 Gem. § 86 SGB XII können die Bundesländer und ggf auch die Sozialhilfeträger für bestimmte Arten der Hilfe nach dem SGB XII (Hilfe zur Gesundheit, Eingliederungshilfe für behinderte Menschen, Hilfe zur Pflege, Hilfe zur Überwindung besonderer sozialer Schwierigkeiten und Hilfe in anderen Lebenslagen) der Einkommensgrenze einen **höheren Grundbetrag** (also mehr als 764 EUR) zu Grunde legen. Erhält der Betreute eine solche Hilfe, gilt aufgrund der Verweisung auf diese Vorschrift in § 1836 c Nr. 1 BGB der erhöhte Grundbetrag auch für die Ermittlung der Einkommensgrenze nach dieser Vorschrift.

13 c) Ist auf diese Weise die Einkommensgrenze ermittelt worden, ist ihr Wert nun mit dem im ersten Schritt festgestellten Einkommen zu vergleichen. Liegt das Einkommen **unterhalb der Einkommensgrenze**, muss der Betreute es nicht zur Begleichung von Vergütung und Aufwendungsersatz einsetzen. Gem. § 1835 d Nr. 1 BGB gilt er dann als **mittellos**.

3. Schritt: Ermittlung des Einkommenseinsatzes über der Einkommensgrenze

14 a) **Übersteigt** das im ersten Schritt ermittelte Einkommen die im zweiten Schritt ermittelte Einkommensgrenze, ist zu prüfen, inwieweit das übersteigende Einkommen in Anspruch zu nehmen ist. Gem. § 87 Abs. 1 S. 1 SGB XII ist dies in „**angemessenem Umfang zuzumuten**". Satz 2 konkretisiert dies dahin gehend, dass insbesondere die Art des Bedarfs, die Art oder Schwere der Behinderung oder der Pflegebedürftigkeit, die Dauer und Hö-

he der erforderlichen Aufwendungen sowie besondere Belastungen des Betreuten und seiner unterhaltsberechtigten Angehörigen zu berücksichtigen sind. Abs. 1 S. 3 sowie Abs. 2 und 3 regeln weitere Einzelfälle.
b) Ist nach § 87 SGB XII das Einkommen des Betreuten heranzuziehen, ist schließlich § 1836 c Nr. 1 S. 2 BGB zu berücksichtigen. Nach dieser Vorschrift darf der Teil des Einkommens, der bereits zur Deckung eines bestimmten Bedarfs im Rahmen der Hilfe nach dem fünften bis neunten Kapitel des SGB XII (also: Hilfe zur Gesundheit, Eingliederungshilfe für behinderte Menschen, Hilfe zur Pflege, Hilfe zur Überwindung besonderer sozialer Schwierigkeiten und Hilfe in anderen Lebenslagen) in Anspruch genommen wurde, bei der Prüfung des Einkommenseinsatzes nach § 1836 c BGB nicht mehr berücksichtigt werden. Auf diese Weise soll eine **doppelte Inanspruchnahme** des gleichen Einkommensteils **verhindert** werden.
c) Ergebnis: Den Betrag, um den das ermittelte Einkommen die Einkommensgrenze übersteigt, dessen Verwendung zumutbar ist und der nicht bereits zur Deckung eines nach Nr. 1 S. 2 privilegierten Bedarfs verwendet wird, muss der Betreute zur Begleichung der Vergütungs- und Aufwendungsersatzansprüche seines Betreuers einsetzen.

III. Das einzusetzende Vermögen

Hinsichtlich des einzusetzenden Vermögens verweist § 1836 c Nr. 2 BGB auf § 90 SGB XII.

§ 90 SGB XII Einzusetzendes Vermögen

(1) Einzusetzen ist das gesamte verwertbare Vermögen.

(2) Die Sozialhilfe darf nicht abhängig gemacht werden vom Einsatz oder von der Verwertung

1. eines Vermögens, das aus öffentlichen Mitteln zum Aufbau oder zur Sicherung einer Lebensgrundlage oder zur Gründung eines Hausstandes erbracht wird,
2. eines Kapitals einschließlich seiner Erträge, das der zusätzlichen Altersvorsorge im Sinne des § 10a oder des Abschnitts XI des Einkommensteuergesetzes dient und dessen Ansammlung staatlich gefördert wurde,
3. eines sonstigen Vermögens, solange es nachweislich zur baldigen Beschaffung oder Erhaltung eines Hausgrundstücks im Sinne der Nummer 8 bestimmt ist, soweit diese Wohnzwecken behinderter (§ 53 Abs. 1 Satz 1 und § 72) oder pflegebedürftiger Menschen (§ 61) dient oder dienen soll und dieser Zweck durch den Einsatz oder die Bewertung des Vermögens gefährdet würde,
4. eines angemessenen Hausrats; dabei sind die bisherigen Lebensverhältnisse der nachfragenden Person zu berücksichtigen,
5. von Gegenständen, die zur Aufnahme oder Fortsetzung der Berufsausbildung oder der Erwerbstätigkeit unentbehrlich sind,
6. von Familien- und Erbstücken, deren Veräußerung für die nachfragende Person oder ihre Familie eine besondere Härte bedeuten würde,
7. von Gegenständen, die zur Befriedigung geistiger, insbesondere wissenschaftlicher oder künstlerischer Bedürfnisse dienen und deren Besitz nicht Luxus ist,
8. eines angemessenen Hausgrundstück, das von der nachfragenden Person oder einer anderen in den § 19 Abs. 1 bis 3 genannten Person allein oder zusammen mit Angehörigen ganz oder teilweise bewohnt wird und nach ihrem Tod von ihren Angehöri-

gen bewohnt werden soll. Die Angemessenheit bestimmt sich nach der Zahl der Bewohner, dem Wohnbedarf (zum Beispiel behinderter, blinder oder pflegebedürftiger Menschen), der Grundstücksgröße, der Hausgröße, dem Zuschnitt und der Ausstattung des Wohngebäudes sowie dem Wert des Grundstücks einschließlich des Wohngebäudes,

9. kleinerer Barbeträge oder sonstiger Geldwerte; dabei ist eine besondere Notlage der nachfragenden Person zu berücksichtigen.

(3) Die Sozialhilfe darf ferner nicht von dem Einsatz oder von der Verwertung eines Vermögens abhängig gemacht werden, soweit dies für den, der das Vermögen einzusetzen hat, und für seine unterhaltsberechtigten Angehörigen eine Härte bedeuten würde. Dies ist bei der Leistung nach dem Fünften bis Neunten Kapitel insbesondere der Fall, soweit eine angemessene Lebensführung oder die Aufrechterhaltung einer angemessenen Alterssicherung wesentlich erschwert würde.

Verordnung zur Durchführung des § 90 Abs. 2 Nr. 9 SGB XII

DVO § 1

(1) Kleinere Barbeträge oder sonstige Geldwerte im Sinne des § 90 Abs. 2 Nr. 9 des Zwölften Buches Sozialgesetzbuch sind,

1. wenn die Sozialhilfe vom Vermögen der nachfragenden Person abhängig ist,

    a) bei der Hilfe zum Lebensunterhalt nach dem Dritten Kapitel des Zwölften Buches Sozialgesetzbuch 1.600 Euro, jedoch 2.600 Euro bei nachfragenden Personen, die das 60. Lebensjahr vollendet haben, sowie bei voll Erwerbsgeminderten im Sinne der gesetzlichen Rentenversicherung und den diesem Personenkreis vergleichbaren Invalidenrentnern,

    b) bei den Leistungen nach dem Fünften bis Neunten Kapitel des Zwölften Buches Sozialgesetzbuch 2.600 Euro, zuzüglich eines Betrages von 256 Euro für den Ehegatten oder Lebenspartner und eines Betrages von 256 Euro für jede Person, die von der nachfragenden Person überwiegend unterhalten wird,

2. wenn die Sozialhilfe vom Vermögen der nachfragenden Person und ihres nicht getrennt lebenden Ehegatten oder Lebenspartners abhängig ist, der nach Nummer 1 Buchstabe a oder b maßgebende Betrag zuzüglich eines Betrages von 614 Euro für jede Person, die von der nachfragenden Person, ihrem Ehegatten oder Lebenspartner überwiegend unterhalten wird,

3. wenn die Sozialhilfe vom Vermögen einer minderjährigen unverheirateten nachfragenden Person und ihrer Eltern abhängig ist, der nach Nummer 1 Buchstabe a oder b maßgebende Betrag zuzüglich eines Betrages von 614 Euro für einen Elternteil und eines Betrages von 256 Euro für die nachfragende Person und für jede Person, die von den Eltern oder von der nachfragenden Person überwiegend unterhalten wird.

Im Falle des § 64 Abs. 3 und des § 72 des Zwölften Buches Sozialgesetzbuch tritt an die Stelle des in Satz 1 genannten Betrages von 614 Euro ein Betrag von 1.534 Euro, wenn beide Eheleute oder beide Lebenspartner (Nummer 2) oder beide Elternteile (Nummer 3) die Voraussetzungen des § 72 Abs. 5 des Zwölften Buches Sozialgesetzbuch erfüllen oder so schwer behindert sind, dass sie als Beschädigte die Pflegezulage nach den Stufen III bis VI nach § 35 Abs. 1 Satz 2 des Bundesversorgungsgesetzes erhielten.

(2) Ist im Falle des Absatzes 1 Satz 1 Nr. 3 das Vermögen nur eines Elternteils zu berücksichtigen, so ist der Betrag von 614 Euro, im Falle des § 64 Abs. 3 und des § 72 des Zwölften Buches Sozialgesetzbuch von 1.534 Euro, nicht anzusetzen. Leben im Falle von Leistungen nach dem Fünften bis Neunten Kapitel des Zwölften Buches Sozialgesetzbuch die Eltern nicht zusammen, so ist das Vermögen des Elternteils zu berücksichtigen, bei dem die nachfragende Person lebt; lebt sie bei keinem Elternteil, so ist Absatz 1 Satz 1 Nr. 1 anzuwenden.

DVO § 2

(1) Der nach § 1 Abs. 1 Satz 1 Nr. 1 Buchstabe a oder b maßgebende Betrag ist angemessen zu erhöhen, wenn im Einzelfall eine besondere Notlage der nachfragenden Person besteht. Bei der Prüfung, ob eine besondere Notlage besteht, sowie bei der Entscheidung über den Umfang der Erhöhung sind vor allem Art und Dauer des Bedarfs sowie besondere Belastungen zu berücksichtigen.

(2) Der nach § 1 Abs. 1 Satz 1 Nr. 1 Buchstabe a oder b maßgebende Betrag kann angemessen herabgesetzt werden, wenn die Voraussetzungen der §§ 103 oder 94 des Gesetzes vorliegen.

1. Grundsatz

Nach § 90 Abs. 1 SGB XII ist grundsätzlich das **gesamte verwertbare Vermögen** einzusetzen. Hierzu gehören auch schuldrechtliche und erbrechtliche Ansprüche, wenn diese in absehbarer Zeit realisiert werden können.[4] Dass der Betreute auf den Einsatz seines Vermögens zu seinem laufenden Unterhalt angewiesen ist und die Zahlung der Betreuervergütung ggf zu dessen schnellerem Verbrauch und einem früher einsetzenden Bezug von Sozialhilfe führen kann, ändert hieran nichts.[5]

16

Entsprechend sozialhilferechtlicher Grundsätze bleiben **Verbindlichkeiten** bei der Ermittlung des Vermögens **außer Betracht**, dh sie mindern dieses nicht.[6] Gelingt dem Betreuer die Realisierung seiner Forderungen nicht (weil ihm die anderen Gläubiger zuvorkommen), muss er ggf einen erneuten Antrag auf Erstattung aus der Staatskasse stellen.[7]

17

2. Schonvermögen

Von dem Grundsatz, dass das gesamte Vermögen einzusetzen ist, macht § 90 Abs. 2 SGB XII eine Reihe von **Ausnahmen** und erklärt zahlreiche Vermögenspositionen zum sog. Schonvermögen. Zur Vermeidung von Wiederholungen wird auf den Abdruck der Vorschrift Bezug genommen.

18

Praktisch besonders wichtig ist das Schonvermögen gem. § 90 Abs. 2 Nr. 9. Hiernach bleiben **kleinere Barbeträge** oder sonstige Geldwerte **anrechnungsfrei**, wobei auf eine besondere Notlage Rücksicht zu nehmen ist. Die Bestimmung wird durch die Verordnung zur Durchführung des § 90 Abs. 2 Nr. 9 SGB XII näher konkretisiert (vgl den obigen Abdruck). Nach § 1 Abs. 1 Nr. 1 lit. a der Verordnung beträgt der Schonbetrag dann, wenn die nachfragende Person Hilfe zum Lebensunterhalt erhält, 1.600 EUR, bei Personen über 60 Jahre sowie bei voll Erwerbsgeminderten 2.600 EUR. Erhält die nachfragende Person Leistungen nach dem Fünften bis Neunten Kapitel SGB XII (Hilfe zur

19

---

4 Vgl zB OLG Frankfurt/M. BtPrax 2001, 167 (Anspruch auf Auflösung einer Gesellschaft); LG Arnsberg FamRZ 1998, 119 (Anspruch auf künftige Erbauseinandersetzung); LG Koblenz FamRZ 2000, 981 (ungeteilte Erbengemeinschaft); LG Koblenz FamRZ 2006, 292 (LS, Anspruch auf Rückkaufswert einer Lebensversicherung); anders entschieden mangels Realisierbarkeit: OLG Oldenburg FamRZ 2000, 1534 (nicht auseinandersetzungsfähiger Nachlass); LG Oldenburg FamRZ 2001, 309 (Notwendigkeit einer Teilungsversteigerung); LG Koblenz FamRZ 2006, 647.
5 OLG München BtPrax 2005, 210; LG Schweinfurt BtPrax 2011, 135.
6 BGH v. 13.3.2013, XII ZB 26/12, Rn 13. Nach BayObLG FamRZ 2004, 308 m.Anm. Bienwald = BtPrax 2004, 71, gilt dies sogar, wenn die Verbindlichkeiten tituliert sind; aA (wohl) der BGH aaO Rn 14.
7 BayObLG FamRZ 2004, 308, 309.

Gesundheit, Eingliederungshilfe für behinderte Menschen, Hilfe zur Pflege, Hilfe zur Überwindung besonderer sozialer Schwierigkeiten und Hilfe in anderen Lebenslagen) beträgt der Schonbetrag immer 2.600 EUR zuzüglich eines Betrages von 256 EUR für jede Person, die von der nachfragenden Person unterhalten wird. Für die Anwendung im Rahmen von § 1836c BGB bedeutet dies, dass sich ein Betreuter nur dann auf einen höheren Schonbetrag als 1.600 EUR berufen kann, wenn die in der Verordnung genannten Voraussetzungen (zB älter als 60 Jahre, volle Erwerbsminderung, Anspruch auf Leistungen nach dem Fünften bis Neunten Kapitel) in der Person des Betreuten tatsächlich vorliegen. Eine generelle Gleichstellung eines unter Betreuung Stehenden mit den genannten privilegierten Personen ist nicht möglich.[8]

20 Gem. § 2 der Verordnung ist der nach § 1 Abs. 1 S. 1 lit. a oder b maßgebliche Betrag angemessen zu erhöhen, wenn im Einzelfall eine **besondere Notlage** besteht.[9]

21 Was die Verwertung eines **Hausgrundstücks** betrifft, so ist diese ausgeschlossen, soweit das Grundstück „angemessen" ist. Die Angemessenheit bestimmt sich dabei gem. § 90 Abs. 2 Nr. 8 SGB XII nach der Zahl der Bewohner, dem speziellen Wohnbedarf, der Grundstückgröße, der Hausgröße, dem Zuschnitt und der Ausstattung des Wohngebäudes sowie dem Wert des Grundstücks. Von der Rechtsprechung wird dabei als Grenzwert eines Familienheims mit nur einer Wohnung eine Größe von 130 qm für eine vierköpfige Familie angenommen. Wird die Wohnung von weniger als vier Personen bewohnt, ist der Wert um 20 qm pro Person zu verringern.[10] Auch eine **Lebensversicherung** muss, wenn sie nicht § 90 Abs. 2 SGB XII unterfällt, grundsätzlich verwertet werden.[11]

22 Handelt es sich bei dem Vermögen des Betreuten nicht um ein Schonvermögen gem. § 90 Abs. 2 SGB XII, so ist seine Inanspruchnahme dennoch ausgeschlossen, wenn die Verwertung des Vermögens für ihn oder seine unterhaltsberechtigten Angehörigen eine **Härte** bedeuten würde, § 90 Abs. 3 SGB XII. Zweck dieser Härtefallregelung ist es zu verhindern, dass die Zahlungen an den Betreuer zu einer wesentlichen Beeinträchtigung der vorhandenen Lebensgrundlagen führen. Dem Betreuten soll ein gewisser Spielraum in seiner wirtschaftlichen Bewegungsfreiheit verbleiben.[12] Hierbei hat eine Gesamtwürdigung der den Einzelfall prägenden Umstände zu erfolgen.[13] Insbesondere können auch persönliche, aus dem Krankheitsbild des Betreuten folgende Umstände berücksichtigt werden.[14] So sind zB nach einer Verletzung gezahlte Schmerzensgeld-

---

[8] So BGH FamRZ 2002, 157 mit ausführlicher Begründung (zu § 88 BSHG).
[9] Vgl hierzu BayObLG BtPrax 2002, 123.
[10] So OLG Karlsruhe (unter Bezug auf § 39 Abs. 2 II. WoBauG) FamRZ 2001, 236 (LS).
[11] LG Koblenz FamRZ 2010, 329 (LS); LG Detmold FamRZ 2011, 1003.
[12] OLG Zweibrücken FGPrax 2007, 232.
[13] BayObLG FamRZ 1996, 245, 247; BtPrax 2002, 123 unter Hinweis auf § 2 der VO zur Durchführung (jeweils zu § 88 Abs. 3 BSHG).
[14] BayObLG FamRZ 2004, 566 (zu § 88 Abs. 3 S. 1 BSHG); LG Koblenz BtPrax 2005, 239; LG Itzehoe RdLH 2006, 180 den Einsatz verneinend zu dem Fall eines sog. Behindertentestaments.

beträge (einschließlich Zinsen)[15] dem Schonvermögen zuzurechnen.[16] Gleiches gilt hinsichtlich eines angemessenen Betrages für eine würdige Bestattung[17] oder uU auch für die Aufrechterhaltung einer angemessenen Alterssicherung.[18] Weitere Ausnahmen als in § 90 SGB XII geregelt, bestehen nicht. Die erhöhte Freigrenze nach dem Bundesversorgungsgesetz ist nicht anwendbar.[19] Eine analoge Anwendung von § 92 SGB XII kommt nicht in Betracht.[20]

Für weitere Einzelfälle gerichtlicher Entscheidungen zum Schonvermögen vgl die Auflistung bei Staudinger/Bienwald.[21]

3. Verwertbarkeit

Liegt keiner der Verschonungstatbestände des § 90 Abs. 2 SGB XII vor und bedeutete die Verwertung des Vermögens auch keine Härte iSv Abs. 3, so ist weitere Voraussetzung, dass das Vermögen verwertbar ist. Hierunter fällt grundsätzlich nicht nur der Verkauf, sondern **jede Art der finanziellen Nutzbarmachung**.[22] An einer Verwertbarkeit des Vermögens fehlt es, wenn dieser ein rechtliches oder tatsächliches Hindernis entgegensteht oder sie wirtschaftlich unvertretbar wäre oder nicht in angemessener Zeit durchgeführt werden könnte.[23] Ist die Veräußerung zB eines Hausgrundstücks oder die vorzeitige Kündigung einer Lebensversicherung unzumutbar, kommt eine Beleihung in Betracht.[24] Ggf muss der Betreuer die Zwangsvollstreckung in das Vermögen des Betreuten betreiben, bevor er wegen Mittellosigkeit einen Anspruch gegen die Staatskasse erheben kann.[25]

IV. Verfahrensrechtliches

Beantragt der Betreuer gem. § 168 Abs. 1 S. 1 FamFG die Festsetzung seines Anspruchs auf Vergütung oder Aufwendungsersatz, muss er die persönlichen und wirtschaftlichen Verhältnisse des Betreuten darlegen und auf Verlangen des Gerichts glaubhaft machen. Daraufhin prüft das Gericht die Voraussetzun-

---

15 OLG Frankfurt/M. v. 2.7.2009, 20 W 491/08.
16 OLG Hamm FGPrax 2007, 171; OLG Frankfurt/M. FamRZ 2008, 2152 mwN; ebenso OLG Köln BtPrax 2005, 237 für die Härtebeihilfe eines NS-Opfers; LG Münster FamRZ 2011, 1898 (LS) für eine Opferentschädigungsrente.
17 OLG Zweibrücken Rpfleger 2005, 666; OLG Schleswig FamRZ 2007, 1188 = BtPrax 2007, 132; OLG München FamRZ 2007, 1189 = BtPrax 2007, 130.
18 OLG München BtPrax 2009, 238 (Auszahlung einer Lebensversicherung).
19 OLG Frankfurt/M. BtPrax 2004, 117; OLG München OLGReport 2006, 300; OLG Köln FamRZ 2007, 1043.
20 LG Meiningen v. 21.3.2007, 3 T 58/07.
21 Staudinger/Bienwald, § 1836c BGB Rn 18 ff; für das Übergangsrecht hinsichtlich des ehemals erweiterten Schonvermögens gem. § 88 Abs. 3 S. 3 BSHG aF vgl OLG Hamm Rpfleger 2006, 466; OLG München OLGReport 2006, 300.
22 BayObLG FamRZ 2002, 416 = NJW-RR 2001, 1515.
23 BayObLG FamRZ 2002, 416 = NJW-RR 2001, 1515 mwN; OLG Frankfurt/M. BtPrax 2008, 269 für ein landwirtschaftliches Grundstück; OLG Köln FamRZ 2009, 1091 für den Fall einer Beschränkung durch Testamentsvollstreckung; LG Gießen FamRZ 2007, 1689.
24 LG Kassel BtPrax 2012, 79 (Verpfändung einer Lebensversicherung), 261 (Belastung eines Grundstücks).
25 Vgl OLG Schleswig FamRZ 2004, 979 bezüglich der Verwertung einer Eigentumswohnung.

gen der Mittellosigkeit gem. §§ 1836 c, 1836 d BGB von Amts wegen (vgl hierzu näher § 168 FamFG Rn 12 ff).

§ 1836 d BGB Mittellosigkeit des Mündels

Der Mündel gilt als mittellos, wenn er den Aufwendungsersatz oder die Vergütung aus seinem einzusetzenden Einkommen oder Vermögen
1. nicht oder nur zum Teil oder nur in Raten oder
2. nur im Wege gerichtlicher Geltendmachung von Unterhaltsansprüchen

aufbringen kann.

I. Einleitung

1. Inhalt und Geschichte der Norm

1 Die Vorschrift enthält die **Definition der Mittellosigkeit**. Sie steht in **Zusammenhang mit § 1836 c und § 1836 e BGB** und wurde wie diese durch das (1.) Betreuungsrechtsänderungsgesetz zum 1.1.1999 eingeführt. Für den Fall der Mittellosigkeit treten im Betreuungsrecht eine Reihe von Sonderregelungen in Kraft, insbesondere kann der Betreuer Vergütung, Aufwendungsersatz und pauschalierte Aufwandsentschädigung aus der Staatskasse verlangen (vgl §§ 1835 Abs. 4 S. 1, 1835 a Abs. 3 BGB, § 1 Abs. 2 S. 2 VBVG).

2. Anwendungsbereich

2 § 1836 d BGB gilt gem. § 1908 i Abs. 1 S. 1 BGB bezüglich der **Ansprüche aller Betreuer** (ehrenamtlicher wie berufsmäßiger) **auf Vergütung, Aufwendungsersatz und Aufwandsentschädigung.**

Keine Anwendung findet die Vorschrift auf die Ansprüche der Verfahrenspfleger, da diese sich immer (also auch dann, wenn der Betreute bemittelt ist) gegen die Staatskasse richten (§ 277 Abs. 5 S. 1 FamFG).[1]

3. Zweck und Bedeutung der Norm

3 Die Vorschrift dient dem **Schutz der Betreuer**. Denn sie dehnt die Mittellosigkeit über die Fälle tatsächlicher Leistungsunfähigkeit hinaus aus. In Verbindung mit den §§ 1835 Abs. 4 S. 1, 1835 a Abs. 3 BGB, § 1 Abs. 2 S. 2 VBVG, die auf § 1836 d BGB bzw die Mittellosigkeit des Betreuten Bezug nehmen, erhält der Betreuer so einen solventen Schuldner (in Form des Staates). Im Rahmen der Betreuervergütung gem. § 5 VBVG verringert sich allerdings gleichzeitig die gezahlte Pauschale (§ 5 Abs. 2 VBVG, zum maßgeblichen Zeitpunkt vgl dort Rn 41 ff). Der Betreute wird durch § 1836 d BGB nicht geschützt, da gem. § 1836 e BGB der Anspruch auf die Staatskasse übergeht, soweit diese den Betreuer befriedigt hat. Die Vorschrift hat **große praktische Bedeutung**, denn (nach Schätzungen der Landesjustizverwaltungen) sind in ca. 80 % der Betreuungsverfahren die Voraussetzungen der Mittellosigkeit erfüllt.

---

[1] Die Inanspruchnahme bemittelter Betreuter durch die Staatskasse richtet sich in diesem Fall gem. § 93 a Abs. 2 KostO bzw.Vorb 3.1 Abs. 2, Ziff. 31015 GNotKG allein nach § 1836 c BGB, vgl dort Rn 3.

II. Fälle der Mittellosigkeit

§ 1836 d BGB enthält eine **Legaldefinition der Mittellosigkeit** in Form einer Fiktion („gilt als mittellos"). Er definiert den Betreuten in drei Fällen als mittellos, nämlich wenn dieser den von ihm geschuldeten Aufwendungsersatz oder die Vergütung

- nicht,
- nur zum Teil oder in Raten oder
- nur im Wege gerichtlicher Geltendmachung von Unterhaltsansprüchen

aufbringen kann.

Die aufgeführten Fälle sind **abschließend**. Liegen die Voraussetzungen des § 1836 d BGB nicht vor, ist keine Mittellosigkeit des Betreuten gegeben.[2]

Für den Betreuer kommt es nicht darauf an, welche der drei Alternativen der Vorschrift erfüllt sind. In jedem Fall kann die Staatskasse auf Vergütung und Aufwendungsersatz in Anspruch genommen werden. Lediglich hinsichtlich der Regressmöglichkeiten des Staates bestehen Unterschiede zwischen den Alternativen (vgl hierzu § 1836 e BGB Rn 11 ff).

III. Die Ermittlung der Mittellosigkeit

1. Ausgangspunkt

Den Ausgangspunkt für die Ermittlung der Mittellosigkeit bildet die **Ermittlung des einzusetzenden Einkommens und Vermögens** gem. § 1836 c BGB (vgl die Kommentierung hierzu).

2. Fehlende Leistungsfähigkeit (Nr. 1 Alt. 1)

Ergibt die Anwendung des § 1836 c BGB, dass kein einzusetzendes Einkommen oder Vermögen vorhanden ist, ist die erste Alternative von § 1836 d Nr. 1 BGB erfüllt: Der Betreute ist nicht in der Lage, den Anspruch des Betreuers zu erfüllen. Teilweise wird dieser Fall als „wirkliche" Mittellosigkeit (in Abgrenzung zur bloß fingierten Mittellosigkeit der Alternativen 2 und 3) bezeichnet.[3] In diesen Fällen ist – solange sich nicht die finanzielle Situation des Betreuten verbessert – auch ein Regress der Staatskasse ausgeschlossen (vgl § 1836 e Rn 11).

3. Eingeschränkte Leistungsfähigkeit (Nr. 1 Alt. 2)

Ergibt die Anwendung des § 1836 c BGB, dass einzusetzendes Einkommen oder Vermögen vorhanden ist, ist dessen Höhe mit der Höhe des geltend gemachten Anspruchs zu vergleichen. Ergibt dieser Vergleich, dass der Anspruch des Betreuers höher ist als das aktuell vorhandene, einsetzbare Einkommen oder Vermögen des Betreuten, gilt dieser ebenfalls als mittellos. Der Betreuer kann seine **gesamte Forderung** gegenüber der **Staatskasse** geltend machen. Eine

---

2 MK/Wagenitz, § 1836 d BGB Rn 9.
3 MK/Wagenitz, § 1836 d BGB Rn 4.

Differenzierung nach Aufwendungsersatz und Vergütung findet nicht statt. Maßgebend ist der Gesamtanspruch des Betreuers.[4]

8 Die Vorschrift dient mithin dem **Schutz des Betreuers**. Sie soll ihn von der Unannehmlichkeit entbinden, seinen Anspruch erst teilweise gegenüber dem Betreuten und dann für den Rest gegenüber der Staatskasse geltend machen zu müssen. Es kommt daher auch nicht darauf an, weshalb der Betreute nicht leistungsfähig ist. Auch wenn ein an sich höheres Einkommen oder Vermögen durch Pfändungen, Abtretungen o. ä. geschmälert ist, ist Mittellosigkeit gegeben.[5] Andererseits ist es dem Betreuer nicht verwehrt, zunächst den Teil, den der Betreute zahlen kann, gegenüber diesem geltend zu machen und nur hinsichtlich des Rests die Staatskasse in Anspruch zu nehmen. Er hat insoweit ein Wahlrecht.[6] Auf den ersten Blick erscheint eine getrennte Geltendmachung zwar umständlich. Dennoch kann sie für den Betreuer von Vorteil sein, insbesondere, wenn er Aufwendungsersatz oder Aufwandsentschädigung geltend machen will und ihm die Vermögenssorge zusteht. Denn dann kann er, soweit der Betreute leistungsfähig ist, den ihm zustehenden Betrag direkt dessen Vermögen entnehmen und sich insoweit sofort befriedigen, ohne auf den Abschluss des gerichtlichen Verfahrens warten zu müssen.

9 Der **Betreute** selbst wird hingegen durch § 1836 d BGB **nicht geschützt**. Denn gem. § 1836 e BGB gehen die Ansprüche des Betreuers auf die Staatskasse über, die dann Regress nimmt (vgl 1836 e BGB Rn 4 ff). Für ihn beinhaltet die Vorschrift lediglich einen **Gläubigerwechsel**.

4. Die Behandlung von Unterhaltsansprüchen (Nr. 2)

10 Ergibt die Anwendung von § 1836 c BGB, dass zwar einzusetzendes Vermögen des Betreuten vorhanden ist, dieses jedoch in Unterhaltsansprüchen besteht, die gerichtlich geltend gemacht werden müssten, gilt der Betreute ebenfalls als mittellos.[7] In Betracht kommen etwa **Ansprüche gegenüber Kindern, Eltern oder Ehegatten**. Voraussetzung ist, dass die Unterhaltsschuldner nicht freiwillig leisten. Da § 1836 d Nr. 2 BGB die Mittellosigkeit von dem Erfordernis einer gerichtlichen Geltendmachung abhängig macht, ist ein Betreuer, dem die Vermögenssorge zusteht, verpflichtet, die Ansprüche zunächst – zumindest formlos – **außergerichtlich geltend zu machen**, bevor er die Staatskasse in Anspruch nehmen kann.[8] Ob die Ansprüche tatsächlich bestehen (oder der außergerichtlich in Anspruch Genommene die Zahlung zu Recht verweigert), wird nicht im Verfahren auf Festsetzung der Betreuervergütung, sondern erst im nachfolgenden **Regress der Staatskasse** gegen den Betreuten geprüft. Im Ergebnis werden hierdurch der Aufwand und das Risiko der Durchsetzung des Unterhaltsanspruchs auf die Staatskasse verlagert.[9]

---

4 OLG Schleswig BtPrax 2000, 128 = FamRZ 2001, 251; aA: MK/Wagenitz, § 1836 d BGB Rn 10; Staudinger/Bienwald, § 1836 d BGB Rn 6, die Aufwendungsersatz und Vergütung getrennt berücksichtigen wollen.
5 Vgl Soergel/Zimmermann, § 1836 d BGB Rn 3.
6 MK/Wagenitz, § 1836 d BGB Rn 4.
7 Zur weitergehenden Regelung in § 1835 a Abs. 3 BGB, wonach im Rahmen dieser Vorschrift Unterhaltsansprüche gegen den Betreuer gänzlich außer Betracht bleiben, vgl dort Rn 16.
8 Vgl OLG Düsseldorf FamRZ 2001, 1099; BayObLG BtPrax 2002, 40.
9 Vgl zum Ganzen ausführlich BayObLG BtPrax 2002, 40 sowie § 1836 e BGB Rn 12 ff.

Unberührt von § 1836 d Nr. 2 BGB bleibt die **allgemeine Verpflichtung** des (Vermögens-)Betreuers, im Interesse des Betreuten **Unterhaltsansprüche geltend zu machen** und ggf auch einzuklagen,[10] wozu er ggf gem. § 1837 BGB durch das Gericht angewiesen werden kann. Zweck der Vorschrift ist lediglich, die Erfüllung der Ansprüche des Betreuers nicht von einem solchen Prozess abhängig zu machen. Wie allgemein § 1836 d BGB schützt sie nur die Interessen des Betreuers, nicht diejenigen des Betreuten oder Dritter. Befriedigt die Staatskasse daher den Betreuer, kann sie (zB durch Pfändung der Unterhaltsansprüche) bei dem Betreuten Regress nehmen (vgl hierzu § 1836 e BGB Rn 14).

Wird der Unterhalt gezahlt, zählen die gezahlten Beträge gem. § 1836 c Nr. 2 S. 3 BGB zum Einkommen des Betreuten, so dass insoweit keine Mittellosigkeit vorliegt.

5. Zeitpunkt der Mittellosigkeit

Hinsichtlich des Vergütungsschuldners ist für die Feststellung der Mittellosigkeit auf den Zeitpunkt abzustellen, in dem über die Kostenübernahme durch die Staatskasse entschieden wird, also auf den Zeitpunkt der **Entscheidung in der letzten Tatsacheninstanz**.[11] Besteht zu diesem Zeitpunkt einzusetzendes Einkommen oder Vermögen, ist es zu vergleichen mit den gesamten Kosten der Betreuung für den gewählten Abrechnungszeitraum.[12] Für die Höhe einer nach § 5 Abs. 1 oder § 2 VBVG zu zahlenden Vergütungspauschale vgl ausführlich § 5 VBVG Rn 41 ff.

6. Herbeiführung der Mittellosigkeit durch den Betreuer

Der Betreuer, dem auch die Vermögenssorge zusteht, ist nicht verpflichtet, die Befriedigung anderer Gläubiger zurückzustellen. Er kann sie daher aus dem Vermögen des Betreuten befriedigen und, wenn dieser dadurch mittellos wird, seine eigenen Ansprüche gegenüber der Staatskasse geltend machen.[13] Ebenso wenig ist der Betreuer verpflichtet, den Zeitpunkt seiner Abrechnung danach auszuwählen, wann der Betreute gerade liquide ist und daher die Staatskasse geschont wird. Er kann vielmehr die bestehenden Ausschlussfristen ausschöpfen.[14]

IV. Folgen der Mittellosigkeit

Liegt Mittellosigkeit des Betreuten vor, gelten eine Reihe von **Sonderregelungen**. Die wichtigste ist, dass grundsätzlich der **Betreuer** seine Ansprüche auf Vergütung (§ 1 Abs. 2 S. 2 VBVG), Aufwendungsersatz (§ 1835 Abs. 4 S. 1 BGB) und Aufwandsentschädigung (§ 1835 a Abs. 3 BGB) gegenüber der **Staatskasse** geltend machen kann. Folgende Ansprüche sind bei Mittellosigkeit des Betreuten hingegen **ausgeschlossen**:

---

10 BtKomm/Dodegge, Abschn. F Rn 250; Damrau/Zimmermann, § 1836 e BGB Rn 15.
11 BGH FamRZ 2013, 620.
12 BayObLG BtPrax 2002, 123 mwN; OLG Schleswig FGPrax 2005, 161; OLG Zweibrücken FGPrax 2005, 264; OLG München FamRZ 2007, 1188 = BtPrax 2007, 131; OLG Hamburg FGPrax 2008, 154.
13 BayObLG NJW-RR 1998, 435, 436; LG Saarbrücken FamRZ 2003, 60.
14 OLG Köln BtPrax 2002, 264.

- der ausnahmsweise Vergütungsanspruch des ehrenamtlichen Betreuers gem. § 1836 Abs. 2 BGB,
- der Anspruch auf Aufwendungsersatz von Betreuungsverein und -behörde (§ 1835 Abs. 5 BGB),
- der erhöhte Vergütungsanspruch gem. § 3 Abs. 3 VBVG.

Die Voraussetzungen, unter denen die Behörde für einen Behördenbetreuer einen Anspruch auf ausnahmsweise Vergütung oder Aufwendungsersatz geltend machen kann, richten sich direkt nach § 1836 c BGB, vgl § 8 Abs. 1 und 2 VBVG (vgl § 8 VBVG Rn 5, 6).

V. Verfahrensrechtliches

16 Beantragt der **Betreuer** gem. § 168 Abs. 1 S. 1 FamFG die Festsetzung seines Anspruchs auf Vergütung oder Aufwendungsersatz, muss er die persönlichen und wirtschaftlichen Verhältnisse des Betreuten darlegen und auf Verlangen des Gerichts glaubhaft machen. Daraufhin prüft das **Gericht** die Voraussetzungen der Mittellosigkeit von Amts wegen (vgl hierzu näher § 168 FamFG Rn 10 ff).

§ 1836 e BGB Gesetzlicher Forderungsübergang

(1) ¹Soweit die Staatskasse den Vormund oder Gegenvormund befriedigt, gehen Ansprüche des Vormundes oder Gegenvormunds gegen den Mündel auf die Staatskasse über. ²Nach dem Tode des Mündels haftet sein Erbe nur mit dem Wert des im Zeitpunkt des Erbfalls vorhandenen Nachlasses; § 102 Abs. 3 und 4 des Zwölften Buches Sozialgesetzbuch gilt entsprechend, § 1836 c findet auf den Erben keine Anwendung.

(2) Soweit Ansprüche gemäß § 1836 c Nr. 1 Satz 3 einzusetzen sind, findet zugunsten der Staatskasse § 850 b der Zivilprozessordnung keine Anwendung.

I. Einleitung

1. Inhalt und Geschichte der Norm

1 Die Vorschrift wurde durch das (1.) BtÄndG mit Wirkung ab 1.1.1999 eingeführt und ist im **Zusammenhang mit** §§ **1836 c und 1836 d BGB** zu sehen. Sie sieht vor, dass die Ansprüche des Betreuers gegen den Betreuten auf Vergütung und Aufwendungsersatz, für die im Falle der Mittellosigkeit gem. § 1836 d BGB die Staatskasse eintritt, auf diese übergehen. Mit dieser Legalzession wird der **Rückgriff der Staatskasse** gegen den Betreuten eröffnet. Das Verfahren ist in § 168 FamFG geregelt.

2. Anwendungsbereich

2 § 1836 e BGB gilt gem. § 1908 i Abs. 1 S. 1 BGB im Betreuungsrecht. Erfasst sind alle Ansprüche von **Betreuern** (ehrenamtlicher wie berufsmäßiger) auf Vergütung, Aufwendungsersatz und Aufwandsentschädigung, für welche die Staatskasse in Vorlage getreten ist.

Keine Anwendung findet die Vorschrift hinsichtlich der Ansprüche der **Verfahrenspfleger**, die sich gem. § 277 Abs. 5 S. 1 FamFG immer gegen die Staatskasse richten. Der „Regress" gegen den bemittelten Betreuten findet hier in der Weise statt, dass die Zahlungen an den Verfahrenspfleger dem Betreuten als Verfahrensauslagen in Rechnung gestellt werden, §§ 93 a Abs. 2, 137 Abs. 1 Nr. 16 KostO bzw. Vorb 3.1 Abs. 2, Ziff. 31015 GNotKG.

3. Bedeutung der Norm

§ 1836 e BGB hat große praktische Bedeutung. Er ermöglicht der Staatskasse, zumindest einen Teil der an die Betreuer verauslagten Kosten vom Betreuten wieder erstattet zu erhalten.

II. Der Übergang des Anspruchs auf die Staatskasse (Abs. 1 S. 1)

Soweit die Staatskasse den Betreuer befriedigt, gehen gem. § 1836 e Abs. 1 S. 1 BGB dessen Ansprüche gegen den Betreuten auf sie über. Die Situation entspricht § 93 SGB XII im Sozialhilferecht.

1. Voraussetzungen

Erste Voraussetzung ist, dass ein **Anspruch des Betreuers gegen den Betreuten** besteht. Dabei beschränkt der Wortlaut des Gesetzes die Art des Anspruchs nicht. Wie aus der systematischen Stellung im Zusammenhang mit § 1836 d BGB deutlich wird, sind jedoch nur Ansprüche auf Vergütung und Aufwendungsersatz gemeint (nicht etwa solche aus einem Darlehen),[1] zumal ja auch nur für diese gem. §§ 1835 Abs. 4, 1835 a Abs. 3 BGB, § 1 Abs. 2 VBVG die Staatskasse eintritt. Der Anspruch muss dem Betreuer tatsächlich zustehen. Hierüber entscheidet das materielle Recht. Eine Festsetzung gem. § 168 Abs. 1 S. 1 FamFG gegenüber dem Betreuer oder gar eine bloße Auszahlungsanordnung gem. § 168 Abs. 1 S. 4 FamFG entfalten im Verhältnis zwischen dem Betreuten und der Staatskasse keine Wirkung.[2] Im Regressverfahren kann der Betreute daher eine entsprechende Einrede erheben.

Zweite Voraussetzung ist, dass die Staatskasse den **Anspruch befriedigt** hat. Hat der Anspruch gegen den Betreuten bestanden, kommt es hierbei nicht darauf an, ob auch die Voraussetzungen für eine Inanspruchnahme der Staatskasse tatsächlich gegeben waren, dh ob der Betreute wirklich mittellos war.[3] Maßgeblich ist allein die tatsächliche Leistung der Staatskasse.

2. Wirkung

Mit der Leistung der Staatskasse an den Betreuer geht dessen Anspruch gegen den Betreuten in der Höhe der Zahlung auf den Staat über. Der **Forderungsübergang** erfolgt unmittelbar kraft Gesetzes, eine Abtretung oder Überleitungsanzeige ist nicht erforderlich. Handelt es sich um eine Vergütungsforderung gem. § 5 VBVG, kann der Betreuer gegenüber der Staatskasse nur eine geringere Pauschale geltend machen, als wenn der Betreute selbst in Anspruch genommen wird (§ 5 Abs. 2 VBVG, vgl dort Rn 23). Selbstverständlich kann die Staatskasse dann auch nur hinsichtlich dieses geringeren Betrages Regress nehmen.

---

1 Soergel/Zimmermann, § 1836 e BGB Rn 3.
2 Vgl BayObLG FamRZ 2001, 377; MK/Wagenitz, § 1836 e BGB Rn 2 sowie die Kommentierung zu § 168 FamFG Rn 19.
3 MK/Wagenitz, § 1836 e BGB Rn 3.

III. Der Regress des Staates gegen den Betreuten

1. Einwendungen des Betreuten

8 Mit dem Anspruchsübergang ist der Regress des Staates gegen den Betreuten eröffnet. Gegenüber diesem stehen dem Betreuten **sämtliche Einreden und Einwendungen** zu, die bereits gegenüber der Forderung des Betreuers bestanden.[4] So kann er geltend machen, dass der Anspruch nicht bestand, weil die abgerechnete Tätigkeit nicht erbracht oder nicht erforderlich war, die Aufwendung nicht entstanden ist oder eine andere Pauschale gem. §§ 4, 5 VBVG anzusetzen gewesen wäre etc. Der Betreute kann sich darauf berufen, dass die Forderung wegen Verstreichens der Ausschlussfrist gem. §§ 1835 Abs. 1 S., Abs. 2, 1835a Abs. 4 BGB oder § 2 VBVG bereits erloschen war, bevor sie durch den Betreuer geltend gemacht wurde, wenn das Gericht dies übersehen hat. Auch eine Aufrechnung mit Forderungen gegenüber dem Betreuer ist gem. §§ 406, 412 BGB möglich.[5]

9 Praktisch am bedeutsamsten ist jedoch, dass die Einwendungen des **§ 1836c BGB in vollem Umfang** auch gegenüber dem Regress der Staatskasse gelten.[6] Dies folgt im Umkehrschluss aus Abs. 1 S. 2 letzter Hs. Das Gericht muss daher im Regressverfahren sämtliche Voraussetzungen des § 1836c BGB prüfen, wobei es – und dies ist entscheidend – auf den Zeitpunkt des Regresses (und nicht den der Leistung an den Betreuer) ankommt.[7] Erfolgt der Regress erst später in einem neuen Verfahren, müssen die Voraussetzungen daher stets neu geprüft werden, was sich (je nach seiner Einkommensentwicklung) positiv oder negativ für den Betreuten auswirken kann.

Ein Vorrang anderer Ansprüche (zB von Rückforderungsansprüchen des Sozialhilfeträgers) besteht nicht.[8]

10 **§ 1836d BGB gilt** hingegen im Regressverfahren **nicht**. Denn diese Vorschrift ist ja gerade Voraussetzung für die Leistung der Staatskasse und damit den Regress.

2. Fälle des Regresses

11 Es sind daher folgende Fälle eines Regresses denkbar:
a) Lag ein Fall des § 1836d Nr. 1 Alt. 1 BGB vor, war der Betreute also **gar nicht leistungsfähig**, kommt eine Inanspruchnahme nur in zwei Fällen in Betracht: Entweder war die Ausgangsentscheidung über den Eintritt der Staatskasse fehlerhaft, es lag also in Wahrheit gar keine (vollständige) Mittellosigkeit vor, oder die Einkommens- oder Vermögenssituation hat sich zwischenzeitlich (etwa infolge einer Arbeitsaufnahme oder durch eine Erbschaft) verbessert. Da die Leistungsfähigkeit des Betreuten gem. § 1836c BGB im Regressverfahren erneut zu prüfen ist, ist in diesen Fällen der Regress eröffnet.

---

[4] BGH v. 25.1.2012, XII ZB 497/11, Rn 17, FamRZ 2012, 629 (LS); OLG Hamm FamRZ 2007, 1185 = BtPrax 2007, 134.
[5] BGH aaO.
[6] OLG Frankfurt/M. BtPrax 2008, 269.
[7] Und zwar auf die Leistungsfähigkeit zum Zeitpunkt der letzten Tatsacheninstanz (also der Beschwerdeinstanz): LG Koblenz FamRZ 2004, 137 (LS); LG Detmold FamRZ 2011, 1003; der Sache nach auch BGH aaO Rn 16.
[8] Dies gilt auch, wenn diese bereits tituliert sind: LG Koblenz v. 24.1.2011, 2 T 745/10.

b) Lag ein Fall des § 1836 d Nr. 1 Alt. 2 BGB vor, war der Betreute also **nur teilweise leistungsunfähig** oder kann er den Anspruch nur in Raten aufbringen, ist ein Regress hingegen regelmäßig gegeben: Soweit seine Leistungsfähigkeit reicht, ist der Betreute zur Zahlung verpflichtet. Ist ihm eine Ratenzahlung zuzumuten, legt das Gericht entsprechende Raten fest. Denn die ratio von § 1836 d Nr. 1 Alt. 2 BGB ist es, dem Betreuer die Entgegennahme von Teilleistungen oder Ratenzahlungen zu ersparen und nicht, den Betreuten zu privilegieren (vgl § 1836 d Rn 8). Erfolgt die Regressanordnung nicht gleichzeitig mit der Entscheidung über den Eintritt der Staatskasse gegenüber dem Betreuer (§ 168 Abs. 1 S. 3 FamFG), ist jedoch die Leistungsfähigkeit des Betreuten gem. § 1836 c BGB erneut zu prüfen, was sich zu seinen Gunsten oder Lasten auswirken kann.

3. Der Zugriff auf Unterhaltsansprüche (Abs. 2)

Gem. § 1836 c Nr. 1 S. 3 BGB gehören auch Unterhaltsansprüche zu dem einzusetzenden Einkommen des Betreuten. Müssten diese erst eingeklagt werden, tritt gem. § 1836 d Nr. 2 BGB die Staatskasse in Vorlage (vgl § 1836 d BGB Rn 10). Da hiermit nicht der Betreute privilegiert, sondern dem Betreuer ein Prozess gegen die Unterhaltsverpflichteten erspart werden soll, ist auch insoweit der Regress der Staatskasse eröffnet. 12

Praktisch kann dies auf zwei Wegen erfolgen: Entweder klagt der **Betreuer**, dem die Vermögenssorge zusteht, die Ansprüche ein. Die eingeklagten und ggf im Wege der Zwangsvollstreckung beigetriebenen Beträge erhöhen dann das Einkommen bzw Vermögen des Betreuten. Ggf kann das Gericht gem. § 1837 BGB den Betreuer zu Klageerhebung und Zwangsvollstreckung anweisen (vgl auch § 1836 d BGB Rn 11). 13

§ 1836 e Abs. 2 BGB eröffnet jedoch auch eine weitere, praktisch einfachere Möglichkeit: Denn diese Vorschrift erklärt entgegen § 850 b Abs. 1 Nr. 2 ZPO die **Unterhaltsansprüche des Betreuten** für **pfändbar**. Aufgrund des Beschlusses, der den Regress der Staatskasse gegen den Betreuten festsetzt, kann diese somit unmittelbar (vgl § 1 Abs. 1 Nr. 4 b JBeitrO) die Unterhaltsansprüche pfänden und sich zur Einziehung überweisen lassen.[9] 14

4. Verjährung

Der Regressanspruch gegen den Betreuten unterliegt der Regelverjährung von drei Jahren ab Jahresende des Entstehens gem. §§ 195, 199 BGB.[10] Der Hemmungstatbestand des § 207 Abs. 1 S. 2 Nr. 4 BGB gilt nicht. Ebenso wenig führt die Mittellosigkeit des Betreuten (und damit die Einrede gem. § 1836 c BGB, vgl Rn 9) zu einer Hemmung der Verjährung.[11] 15

---

9 Vgl hierzu BayObLG BtPrax 2002, 40: Das Gericht hat (gem. § 168 Abs. 1 S. 2 FamFG) die Verpflichtung des Betreuten auszusprechen, an die Staatskasse entsprechende Zahlungen zu leisten. Gleichzeitig muss es jedoch kenntlich machen, dass dieser Titel nur die Grundlage der Einziehung von Unterhaltsansprüchen sein kann.
10 BGH v. 25.1.2012, XII ZB 497/11, Rn 11 ff, FamRZ 2012, 629 (LS): und zwar gilt dies für alle Ansprüche, die ab dem 1.1.2002 entstanden sind; Art. 229 § 23 Abs. 2 S. 1 EGBGB findet keine Anwendung.
11 BGH aaO, Rn 20 ff.

IV. Der Regress gegen den Erben (Abs. 1 S. 2)

1. Grundsatz

16 Stirbt der Betreute, **haften die Erben** (auch Vorerben)[12] für seine Verbindlichkeiten. Die Staatskasse kann die auf sie übergeleiteten Ansprüche daher auch gegen den oder die Erben[13] geltend machen. § 1836e Abs. 1 S. 2 BGB enthält jedoch insoweit eine Reihe von Haftungsbeschränkungen. Diese gelten nicht nur für den Regress der Staatskasse, sondern auch bei einer Inanspruchnahme des Erben direkt durch den Betreuer.[14]

2. Haftungsbeschränkung auf den Wert des Nachlasses

17 Zugunsten des Erben bestimmt Abs. 1 S. 2 Hs 1 zunächst, dass die Haftung auf den Wert des Nachlasses im Zeitpunkt des Erbfalls beschränkt ist. Hierdurch wird dem Erben erspart, wegen des drohenden Regresses der Staatskasse die Erbschaft auszuschlagen bzw eine Nachlassverwaltung oder Nachlassinsolvenz herbeizuführen. Wie der Wortlaut klarstellt, ist die Beschränkung wertmäßig, nicht gegenständlich (auf bestimmte Vermögensgegenstände bezogen) zu verstehen. Der Nachlasswert bestimmt sich aus dem Aktivvermögen abzüglich der Nachlassverbindlichkeiten, zu denen auch die Kosten einer angemessenen Beerdigung gehören.[15]

3. Geltung sozialhilferechtlicher Schutzbestimmungen

18 Des Weiteren gelten gem. Abs. 1 S. 2 Hs 2 erster Teil zugunsten des Erben die sozialhilferechtlichen Vorschriften des § 102 Abs. 3 und 4 SGB XII. Schließlich müssen die Nachlassgegenstände verwertbar sein.

19 § 102 SGB XII Kostenersatz durch Erben

(3) Der Anspruch auf Kostenersatz ist nicht geltend zu machen,

1. soweit der Wert des Nachlasses unter dem Dreifachen des Grundbetrages nach § 85 Abs. 1 liegt,

2. soweit der Wert des Nachlasses unter dem Betrag von 15 340 Euro liegt, wenn der Erbe der Ehegatte oder Lebenspartner der leistungsberechtigten Person oder mit dieser verwandt ist und nicht nur vorübergehend bis zum Tod der leistungsberechtigten Person mit dieser in häuslicher Gemeinschaft gelebt und sie gepflegt hat,

3. soweit die Inanspruchnahme des Erben nach der Besonderheit des Einzelfalles eine besondere Härte bedeuten würde.

(4) Der Anspruch auf Kostenersatz erlischt in drei Jahren nach dem Tod der leistungsberechtigten Person, ihres Ehegatten oder ihres Lebenspartners. § 103 Abs. 3 Satz 2 und 3 gilt entsprechend.

---

12 Soergel/Zimmermann, § 1836e BGB Rn 15.
13 Nicht jedoch gegen den Bezugsberechtigten einer Lebensversicherung des Betreuten: OLG Frankfurt/M. Rpfleger 2004, 489 (LS) = FamRZ 2004, 138 (LS).
14 OLG Frankfurt/M. BtPrax 2004, 37 mwN.
15 OLG Zweibrücken Rpfleger 2004, 488 (LS); BayObLG FamRZ 2005, 1590 = BtPrax 2005, 427, welches auch zum Rangverhältnis zwischen dem Regressanspruch gem. § 1836e Abs. 1 S. 3 BGB und dem Kostenerstattungsanspruch des Sozialhilfeträgers gem. § 102 SGB XII Stellung nimmt; LG Koblenz FamRZ 2004, 221.

Nach § 102 Abs. 3 SGB XII gelten folgende **Haftungsbeschränkungen:** 20
a) Nach Nr. 1 ist der Regress ausgeschlossen, soweit der Wert des Nachlasses unter dem Dreifachen des Grundbetrages nach § 85 Abs. 1 SGB XII liegt. Dieser Grundbetrag beträgt gem. § 85 Abs. 1 Nr. 1 SGB XII das Zweifache der Regelbedarfsstufe 1 nach der Anlage zu § 28 SGB XII (ab 1.1.2013 382 EUR). Der Regress findet somit erst ab einem Nachlasswert von 6 x 382 EUR = 2.292 EUR statt.
b) Nach Nr. 2 ist der Regress ausgeschlossen, soweit der Wert des Nachlasses unter 15.340 EUR liegt und der Erbe der Ehegatte oder Lebenspartner des Betreuten ist, mit diesem verwandt ist oder mit ihm nicht nur vorübergehend bis zum Tode in häuslicher Gemeinschaft gelebt und ihn gepflegt hat.
c) Nach Nr. 3 ist der Regress schließlich ausgeschlossen, soweit die Inanspruchnahme des Erben nach der Besonderheit des Einzelfalles eine besondere Härte bedeuten würde. Dies kommt zB in Betracht, wenn alle übrigen Voraussetzungen von b) vorliegen, die Erbin aber nicht die Witwe, sondern die langjährige Lebensgefährtin des Betreuten ist, oder etwa bei einer langjährigen Pflege ohne häusliche Gemeinschaft.[16]

4. Keine Geltung von § 1836 c BGB

Zulasten des Erben bestimmt § 1836 e Abs. 1 S. 2 Hs 2 zweiter Teil BGB, dass 21
sich dieser nicht auf die Haftungsbeschränkungen des § 1836 c BGB berufen kann. Diese gelten nur für den Betreuten selbst.

5. Erlöschen der Haftung des Erben

Nach § 102 Abs. 4 SGB XII erlischt die Haftung des Erben in drei Jahren nach 22
dem Tod des Betreuten. Anders als die ebenfalls dreijährige Verjährungsfrist des Anspruchs selbst, die gem. §§ 195, 199 Abs. 1 BGB erst am Jahresende zu laufen beginnt, läuft diese Ausschlussfrist direkt ab dem Todestag. Beide Fristen sind voneinander unabhängig. Eine Inanspruchnahme scheidet aus, sobald die erste Frist abgelaufen ist.

V. Verfahrensrechtliches

Das Verfahren der Festsetzung von Vergütung und Aufwendungsersatz ein- 23
schließlich des Regresses der Staatskasse ist in § 168 FamFG geregelt. Nach § 168 Abs. 1 S. 2 FamFG soll die Festsetzung von Zahlungen des Betreuten an die Landeskasse grundsätzlich zugleich mit der Entscheidung über den Anspruch des Betreuers erfolgen. Vor der Regressentscheidung ist gem. § 168 Abs. 4 S. 1 FamFG der Betreute zu hören (weitere Einzelheiten unter § 168 FamFG Rn 22 ff).

Das Verfahren für den Regress gegen den Erben ist in § 168 Abs. 3 FamFG ge- 24
regelt, vgl hierzu die Kommentierung zu § 168 FamFG Rn 27. Stirbt der Betreute während des Regressverfahrens, ist das Verfahren – ggf unter Bestellung eines Nachlasspflegers – von Amts wegen gegen den Erben fortzuführen.[17]

---

16 Soergel/Zimmermann, § 1836 e BGB Rn 18 mN.
17 OLG Stuttgart FamRZ 2007, 1912.

§ 1837 BGB Beratung und Aufsicht

(1) ¹Das Familiengericht berät die Vormünder. ²Es wirkt dabei mit, sie in ihre Aufgaben einzuführen.

(2) ¹Das Familiengericht hat über die gesamte Tätigkeit des Vormunds und des Gegenvormunds die Aufsicht zu führen und gegen Pflichtwidrigkeiten durch geeignete Gebote und Verbote einzuschreiten. ²Es hat insbesondere die Einhaltung der erforderlichen persönlichen Kontakte des Vormunds zu dem Mündel zu beaufsichtigen. ³Es kann dem Vormund und dem Gegenvormund aufgeben, eine Versicherung gegen Schäden, die sie dem Mündel zufügen können, einzugehen.

(3) ¹Das Familiengericht kann den Vormund und den Gegenvormund zur Befolgung seiner Anordnungen durch Festsetzung von Zwangsgeld anhalten. ²Gegen das Jugendamt oder einen Verein wird kein Zwangsgeld festgesetzt.

(4) §§ 1666, 1666 a und 1696 gelten entsprechend.

I. Einleitung

1   Die Abs. 1 bis 3 der Vorschrift gelten über die Verweisungsnorm des § 1908 i Abs. 1 S. 1 BGB auch für die Betreuung, nicht aber der Abs. 4. Die Vorschrift des § 1837 BGB ist die **Grundnorm des Aufsichtsrechts**, die den **Grundsatz der selbstständigen und eigenverantwortlichen Amtsführung** durch den Betreuer einschränkt. Die gesamte Tätigkeit des Betreuers in der Personen- und Vermögenssorge unterliegt der Aufsicht des Gerichtes, das im Falle von Pflichtwidrigkeiten durch geeignete Ge- bzw Verbote einschreiten muss.

Durch das Betreuungsgesetz wurde der erste Absatz eingefügt und dem bereits bestehenden (jetzigen) Abs. 2 bis 4 vorangestellt. Hierdurch soll die fürsorgliche Tätigkeit des Gerichtes und eine ohnehin bereits lange gängige Praxis unterstrichen werden.[1] Abs. 2 wurde durch S. 2 ergänzt.

II. Bedeutung für das Betreuungsgericht

2   Abs. 1 S. 1 der Vorschrift begründet die Pflicht des zuständigen Betreuungsgerichtes zur Beratung der Betreuer. Daraus resultiert ein Rechtsanspruch der Betreuer auf Beratung.[2] So ist der Betreuer beispielsweise befugt, vorher eine Auskunft des Betreuungsgerichts zur Genehmigungsfähigkeit eines geplanten Grundstückserwerbs zu erhalten.[3]

Darüber hinaus verfügt der Betreuer auch gegenüber der zuständigen Betreuungsbehörde einen Rechtsanspruch auf Beratung, vgl § 4 BtBG. **Beraten** ist das Äußern einer Empfehlung, das Erteilen einer Auskunft.[4] Hierdurch darf das Betreuungsgericht jedoch nicht in die dem Betreuer obliegende eigenständige Entscheidung bzw die selbstverantwortliche Führung der Betreuung eingreifen. Keinesfalls ist das Gericht beispielsweise befugt, beispielsweise selbst eine Kontensperrung vorzunehmen[5] bzw eine Heimverlegung von einer vorherigen ge-

---

[1] BT-Drucks. 11/4528, 113.
[2] Damrau/Zimmermann, § 1837 BGB Rn 2.
[3] OLG Frankfurt/M. FamRZ 2003, 1971.
[4] Creifelds, Rechtswörterbuch, 18. Aufl.
[5] So aber LG Meiningen Rpfleger 1998, 285, 286.

richtlichen Zustimmung abhängig zu machen.[6] Demgegenüber soll das Gericht durch das Erteilen von Rechtsauskünften auf eine an den Gesetzen orientierte Führung der Betreuung hinwirken, die dem Wohl des Betreuten entspricht, § 1901 BGB. Das Betreuungsgericht kann dem Betreuer außerhalb von der in **Abs. 2** vorgesehenen Möglichkeit zur Erteilung von Ge- oder Verboten zur Verhinderung von Pflichtwidrigkeiten **keine bindenden Anweisungen** geben. Es ist allerdings befugt und verpflichtet[7] aufzuzeigen, ob **beabsichtigte Maßnahmen** des Betreuers, des Gegenbetreuers (§§ 1792, 1799 BGB) oder des Kontrollbetreuers (§ 1896 Abs. 3 BGB) als pflichtwidrig im Sinne des Abs. 2 zu qualifizieren sind.[8]

Die Betreuungsgerichte – Richter und Rechtspfleger – sind gehalten, nur solche Rechtsauskünfte zu erteilen, die einer vertretbaren Rechtsauffassung entsprechen. Gerade auf dem besonders schadensträchtigen Gebiet des Erb-, Sozial- bzw Sozialversicherungsrechts sollten nur solche Auskünfte erteilt werden, die auf einem fundierten Wissen beruhen. Diese Zurückhaltung ist angezeigt in Ansehung der haftungsrechtlichen Rechtsprechung, die von einer Entlastung des Betreuers ausgeht, der sich zuvor betreuungsgerichtlichen Rat einholte.[9] Ferner verpflichtet das Amtshaftungsrecht einen Rat erteilenden Beamten dazu, sich **vollständig, unmissverständlich, richtig** und **klar** gegenüber dem Ratsuchenden zu äußern. Wer von einem Beamten eine unvollständige Beratung in sozialen Fragen erhält, hat Anspruch auf Schadensersatz.[10] Der Beratungsanspruch ist also auf Grundfragen der Amtsführung und wichtige Entscheidungen beschränkt.[11] Diese Begrenzung des Beratungsanspruchs auf betreuungsrechtliche und damit einhergehende verfahrensrechtliche Fragestellungen ergibt sich aus der gebotenen teleologisch-reduzierenden Auslegung der Vorschrift.

Der **Betreute** besitzt **keinen Rechtsanspruch auf Beratung** gegenüber dem Betreuungsgericht. Allerdings ist das Betreuungsgericht nicht gehindert, Betreuten und Angehörigen mit Rat und Tat zur Seite zu stehen, soweit es sich dadurch nicht in die Amtsführung des Betreuers einmischt und an dessen Stelle setzt.[12] Insbesondere bei Konflikten zwischen dem Betreuten und dem Betreuer kann eine Beratung durch das Gericht sinnvoll sein.

Abs. 1 S. 2 statuiert eine Pflicht des Betreuungsgerichtes zur Mitwirkung an der Einführung des Betreuers in seine Aufgaben. Anhaltspunkte für die Art und den Inhalt der Einführung sind aus § 289 Abs. 1 FamFG zu gewinnen. Bei **professionellen Betreuern** (Betreuungsvereine, -behörden, Vereins- und Behördenbetreuern) wird durch das Gesetz zu Recht kein Beratungsbedarf unterstellt. Das Betreuungsgericht wird ehrenamtliche Betreuer respektive Berufsanfänger über die Verpflichtung zur Erstellung eines Vermögensverzeichnisses, die Rechnungslegung und den Kreis der genehmigungsbedürftigen Rechtsgeschäfte unterrichten.

---

6 OLG München BtPrax 2010, 35
7 LG Münster v. 4.5.2011, 5 T 309/11, BtPrax 2012, 219.
8 BayObLG FamRZ 1999, 1460.
9 Deinert/Lütgens/Meier, Die Haftung des Betreuers, 2. Aufl. 2007, S. 61 mwN
10 BGH NJW 1980, 2574; OLG Köln Urt. v. 3.6.2004, 3 U 184/03; OLG Koblenz Urt. v. 13.3.2002, 1 U 529/00; ständige Rechtsprechung.
11 Damrau/Zimmermann, § 1837 BGB Rn 2.
12 BT-Drucks. 11/4528, 113.

6 Nach **Abs. 2 S. 1** erstreckt sich die **Aufsichtspflicht** des Betreuungsgerichts auf die gesamte Tätigkeit des Betreuers oder Gegenbetreuers. Der Aufsicht unterworfen sind ausnahmslos **alle** Betreuerarten. Allerdings unterscheidet sich das **Maß** der durch das Gericht auszuübenden Aufsicht. **Befreite Betreuer** unterliegen einer geminderten Beaufsichtigung, vgl die Kommentierung zu § 1857 a BGB. Der **Vollmachtsbetreuer** und der **Gegenbetreuer** unterliegen ebenso der Aufsicht. Es besteht eine Verpflichtung des Bevollmächtigten, dem Vollmachtsbetreuer Auskunft und Rechenschaft (§§ 259, 666 BGB) über die Wahrnehmung und Ausübung der Rechte aus der Vollmacht zu erteilen.[13] Der Betreuer mit dem Aufgabenkreis „Geltendmachung von Rechten gegenüber dem Bevollmächtigten" (Vollmachtsbetreuer) kann unter Umständen auch die betreffende Vollmacht widerrufen.[14] Für die Entschließung dazu steht ihm ein Freiraum zu.[15] Der **Verfahrenspfleger** unterliegt keiner gerichtlichen Aufsicht.[16]

7 Die Aufsicht beginnt mit der Bestellung des Betreuers, § 286 FamFG, und endet mit der Beendigung des Amtes, §§ 1908 b–d BGB. Die Aufsicht umfasst das Recht, selbst gerichtliche Ermittlungen durchzuführen, wie zB den Kontenstand bei der Sparkasse abzufragen und mit den Angaben des Betreuers abzugleichen. Nach Beendigung des Betreuungsamtes kann das Betreuungsgericht noch das Einreichen einer formell ordnungsgemäßen Schlussrechnung,[17] §§ 1908 i, 1892 Abs. 1 BGB, und die Rückgabe des Betreuerausweises erzwingen, §§ 1908 i, 1893 BGB. Den Anspruch auf Herausgabe des Vermögens und das Erteilen von (weiteren) Auskünften muss der ehemalige Betreute bzw dessen Rechtsnachfolger im Zivilrechtswege gegen den Betreuer durchsetzen. Das Betreuungsgericht ist jedoch dem Betreuten und dessen Rechtsnachfolgern gegenüber zur Gewährung von Akteneinsicht, Erstellung von Abschriften nach § 13 FamFG sowie nach pflichtgemäßem Ermessen zur Auskunftserteilung verpflichtet.[18]

8 Das Betreuungsgericht muss (kein Ermessen) gegen Pflichtwidrigkeiten des Betreuers einschreiten. Verstößt ein Betreuer gegen das **Gebot zu einer treuen und gewissenhaften Amtsführung**,[19] handelt er pflichtwidrig. Es gibt folgende **Pflichtwidrigkeitstatbestände:**

- Verstoß gegen gesetzliche Vorschriften;
- Verstoß gegen gerichtliche Anordnungen;
- Verletzung/Vernachlässigung von persönlichen oder wirtschaftlichen Interessen des Betreuten;
- Ermessensfehler: Ermessensnichtgebrauch (Betreuer macht von einem vorhandenen Ermessen **keinen** Gebrauch); Ermessensfehlgebrauch (Betreuer lässt sich nicht vom Zweck der Ermessensvorschrift leiten, indem er entweder sachfremde Erwägungen anstellt, falsche Tatsachen zugrunde legt oder

---

13 OLG Karlsruhe FamRZ 2004, 1601; BGH FamRZ 2007, 386; BGH NJW 1997, 47, 48; OLG Saarbrücken v. 2.8.2007, 8 U 4/07; OLG Naumburg BtPrax 2007, 262.
14 Vgl hierzu die Kommentierung zu § 1833 BGB Haftung des Vollmachtüberwachungsbetreuers mwN.
15 BayObLG FamRZ 1994, 1550, 1551.
16 LG Osnabrück BtPrax 1993, 93, 95.
17 BayObLG BtPrax 1996, 76; FamRZ 1998, 1197.
18 Damrau/Zimmermann, § 1837 BGB Rn 6.
19 BayObLG FamRZ 1992, 108.

seine Erwägungen strukturelle Mängel aufweisen, wie zB Widersprüche, logische Fehler); Ermessensüberschreitung (Betreuer wählt eine nicht mehr im Rahmen des Ermessens mögliche Rechtsfolge) sowie Ermessensreduzierung auf Null (nur eine Entscheidung ist in Ansehung der Situation rechtmäßig. Der Betreuer ist dann verpflichtet, diese zu wählen).[20]

Dem Betreuer steht bei der Ausübung seines Amtes ein weiter Ermessensspielraum zu. Solange der Betreuer das ihm eingeräumte Ermessen nicht überschreitet, nicht missbraucht oder den Gebrauch unterlässt, handelt er nicht pflichtwidrig.[21] Ein Zuwiderhandeln gegen die Verpflichtung, für das Vermögen und die Person des Betreuten zu sorgen, kann nur dann angenommen werden, wenn der Betreuer den Rahmen dessen, was ein vernünftiger Mensch für zweckmäßig oder vertretbar hält, verletzt. Beispiele für **Zweckmäßigkeitsfragen:**

- Art und Weise der Vermögensverwaltung;[22]
- Aufenthalt des Betreuten;[23]
- Unterbringung des Betreuten in einem Pflegeheim oder einer anderen Senioreneinrichtung;[24]
- Ermittlung von Angehörigen;[25]
- Art und Weise des Führens eines Rechtsstreites;[26]
- Höhe des Taschengeldes bzw des Betrages für den Lebensunterhalt des Betreuten;[27]
- Erfüllung von Ansprüchen Dritter;[28]
- Beibehaltung einer Wohnung trotz anderweitiger Unterbringung im Altenpflegewohnheim;[29]
- Durchführung einer heilpädagogischen Behandlung;[30]
- Verwendung von Pflegegeld;[31]
- Fixierungen des Betreuten.[32]
- Das Betreuungsgericht ist jedoch befugt, den Betreuer in Zweckmäßigkeitsfragen zu beraten und zu unterstützen.[33]

---

20 BayObLG FGPrax 1999, 225.
21 BayObLG FamRZ 1999, 1457, 1459.
22 RG LZ 1918, 692, 693.
23 LG Frankfurt/M. FamRZ 1989, 53; LG Chemnitz FamRZ 2000, 1312.
24 OLG Schleswig FamRZ 1996, 1368.
25 LG Frankfurt/Main FamRZ 1989, 539.
26 OLG Saarbrücken MDR 2004, 1121.
27 Damrau/Zimmermann, § 1837 BGB Rn 11.
28 KG JW 1937, 1552, 1553.
29 BayObLG BtPrax 2004, 69.
30 BtPrax 2009, 237.
31 OLG Karlsruhe FamRZ 2006, 507.
32 LG Köln BtPrax 1992, 112, 113.
33 Damrau/Zimmermann, § 1837 BGB Rn 12 mwN.

10 Folgende Beispiele für **Pflichtwidrigkeiten** sind zu benennen:
- Nichterfüllen zumutbarer Wünsche des Betreuten;[34]
- Nichteinreichen der Jahresabrechnung;[35]
- Verstoß gegen das Gebot zur getrennten Vermögensverwaltung;[36]
- Überschreiten des Aufgabenkreises;[37]
- Unterlassen regelmäßiger Kontakte zum ansprechbaren Betreuten;
- avisierte Einstellung der künstlichen Ernährung des Betreuten mittels einer PEG-Sonde;[38]
- Verweigerung künstlicher Flüssigkeitszufuhr zur Behebung eines Austrocknungszustands;[39]
- Unterlassen des Besprechens wichtiger Angelegenheiten mit dem Betreuten;
- Grundloses Beschränken des Umgangs des Betreuten zu Verwandten oder Dritten[40] bzw Ausspruch eines Kontaktverbotes ohne einen hierzu legitimierenden Aufgabenkreis;[41]
- Verweigerung von vorhandenen Mitteln für eine Kurmaßnahme/ärztliche Behandlung;[42]
- Bestreiten einer berechtigten Gläubigerforderung;
- Verstoß gegen Vermögensanlagepflichten;
- Betreiben der Entlassung eines psychisch kranken und fremdgefährdenden Betreuten aus der geschlossenen Unterbringung;[43]
- Führen eines völlig aussichtslosen Prozesses;[44]
- Knapphalten des Betreuten mit finanziellen Mitteln/Aufnötigung eines sparsamen Lebenszuschnitts;[45]
- Nichtdurchführen eines erforderlichen Vollmachtwiderrufs durch Kontrollbetreuer;[46]
- Rückzahlung zweifelhafter Forderungen;[47]
- Anlage von Geldern mehrerer Betreuter auf einem Sammeltreuhandkonto;[48]
- Verweigerung von finanziellen Mitteln für das Stellen eines Antrages auf Betreuungsaufhebung.[49]

---

34 BayObLG FamRZ 2000, 565.
35 OLG Hamm Rpfleger 1966, 17.
36 LG Münster BtPrax 2012, 219.
37 BayObLG BtPrax 2004, 69.
38 AG Siegen GesR 2008, 247ff.
39 LG Duisburg PflR 2000, 234.
40 OLG München FamRZ 2008, 1030.
41 OLG München BtPrax 2008, 74.
42 OLG Colmar Recht 1905, 1767.
43 KG RJA 16, 13.
44 KG JW 1936, 2753.
45 BayObLG FamRZ 1991, 481; OLG Düsseldorf BtPrax 1999, 74.
46 OLG München FamRZ 1994, 1550
47 BGH v. 9.1.2013, XII ZB 334/12, BtPrax 2013, 68 = FamRZ 2013, 438; OLG Celle FamRZ 2012, 1066, 1067
48 LG Münster v. 4.5.2011, 5 T 309/11, BtPrax 2012, 219.
49 Damrau/Zimmermann, § 1837 BGB Rn 11.

Zusammenfassend löst jeder Verstoß gegen wichtige Interessen des Betreuten die Eingriffsbefugnisse des Betreuungsgerichtes aus. Der Eintritt eines Schadens oder das Vorliegen einer konkreten Gefährdung ist nicht erforderlich. Gerichtliche Aufsichtsmaßnahmen sind zulässig, wenn der Betreuer den Ermessensspielraum eindeutig überschreitet oder missbraucht oder sich zum Nachteil des Betreuten von unsachlichen Erwägungen leiten lässt.[50] Ge- und Verbote sind konkrete Handlungs- oder Unterlassungsanweisungen. Es sind im Falle einer Pflichtwidrigkeit die nach Lage der Dinge **erforderlichen** Ge- bzw Verbote auszusprechen. Die Anordnung muss inhaltlich **geeignet** sein, die Gefährdung der Interessen des Betreuten zu verhindern. Unter mehreren gleich geeigneten Maßnahmen ist diejenige zu treffen, die den **geringsten Eingriff** in die **Amtsführung des Betreuers** bewirkt. Getroffene gerichtliche Anordnungen sind aufzuheben, sobald zu ihrer Aufrechterhaltung keine Notwendigkeit mehr besteht. Das Gericht ist nicht befugt, sich über das Instrumentarium des Aufsichtsrechts selbst zu entlasten und zB dem Betreuer aufzugeben, eine Sterbeurkunde des Betreuten einzureichen. Das Gericht ist von Amts wegen zur Feststellung des Todes des Betreuten verpflichtet.[51] Ferner ist es unzulässig, wenn das Betreuungsgericht die Einreichung einer Entlastungserklärung durch den vormaligen Betreuer, erteilt durch den neuen Betreuer oder den Betreuten, erzwingen will, denn eine Verpflichtung hierzu besteht nicht.[28]

Widersetzt sich der Betreuer jedoch beharrlich Geboten bzw Weisungen des Betreuungsgerichts, kann es als letztes Mittel der Wahl im Interesse des Betreuten geboten sein, seine Entlassung zu initiieren. Nach dem Verhältnismäßigkeitsgrundsatz soll das Betreuungsgericht, bevor es den Betreuer entlässt, zunächst die ihm zu Gebote stehenden milderen Mittel der Aufsicht und Ausübung des Weisungsrechts nutzen.[52] Ein wichtiger Grund für die Entlassung liegt vor, wenn der Betreuer zwar keine Eignungsmängel aufweist, ein Betreuerwechsel aber dennoch im Interesse des Betreuten liegt, weil es dessen Wohl mehr als unerheblich schaden würde, bliebe der Betreuer im Amt.[53] Dies kann der Fall sein, wenn Interessenkollisionen in Vermögensbelangen auftreten.[54] Hierbei muss es sich um konkrete Gefahren handeln; nur abstrakte Gefahren sind nicht ausreichend. Ein Betreuer mit dem Aufgabenkreis Vermögenssorge kann entlassen werden, wenn er den Verfall eines von mehreren Hausgrundstücken des Betreuten tatenlos hinnimmt.[3]

Fehlende bzw unzureichende Aufsicht des Betreuungsgerichtes kann zugunsten des Betreuten einen Staatshaftungsanspruch nach Art. 34 GG, § 839 BGB begründen. Das gleiche gilt, wenn ungeeignete Ge- oder Verbote erlassen wurden oder das Gericht notwendige Maßnahmen versäumte.[55]

Abs. 2 S. 2: Das Gericht ist befugt, dem **Betreuer** oder **Gegenbetreuer** den Abschluss einer Haftpflichtversicherung gegen Schäden aufzuerlegen, die sie dem Betreuten zufügen könnten. Unter bestimmten Umständen, vgl Kommentie-

---

50 BayObLG FGPrax 1999, 225.
51 KGJ 51, 47.
52 BayObLG FamRZ 1996, 509; FamRZ 1996, 1105.
53 BayObLG FamRZ 1994, 1353; 1996, 1105.
54 BayObLG FamRZ 1996, 1105, 1106.
55 Zimmermann, Richter- und Rechtspflegerhaftung im Betreuungsrecht, BtPrax 2008, 185; Meier, Zur gerichtlichen Haftung in Betreuungssachen, BtPrax 2005, 131.

rung zu § 1835 Abs. 2 BGB, sind die Kosten einer Haftpflichtversicherung erstattungsfähig. Die gesetzliche Regelung bezweckt den Insolvenzschutz des Betreuten. Das Gericht hat von daher in allen Fällen, in denen ein Versicherungsschutz im Interesse des Betreuten geboten ist, dem Betreuer die Auflage zum Abschluss eines Versicherungsvertrages zu machen. Es müssen keinerlei Anhaltspunkte für eine Gefährdung von Interessen des Betreuten vorliegen. Entscheidend ist das Sicherungsinteresse des Betreuten, die Höhe seines Vermögens bzw sonstige Umstände des Einzelfalles. Das Maß der in Betracht kommenden möglichen Schädigungen ist bei der Höhe der festzulegenden Haftpflichtsumme ausreichend zu berücksichtigen.

14 Gegenüber dem **Vereinsbetreuer** erübrigt sich eine Anordnung zum Nachweis einer Haftpflichtversicherung mit Hinblick auf die durch den Verein durchgeführte Versicherung seiner Mitarbeiter.

15 Dem **Behördenbetreuer** ist mit Hinblick auf die mögliche persönliche Haftung der Abschluss einer nach Lage der Umstände angemessenen Haftpflichtversicherung aufzugeben.

16 **Abs. 3:** Missachtet der Betreuer die von dem Betreuungsgericht ausgesprochenen Anordnungen, kann dieses als Beugemittel zur Beachtung seiner Ge- oder Verbote zunächst ein Zwangsmittel androhen und dann festsetzen. Formelle Voraussetzung der Anordnung von Zwangsgeld ist der vorgängige Hinweis auf die Folgen einer Zuwiderhandlung, § 35 Abs. 2 FamFG. Dieser muss sich auf die Missachtung eines bestimmten Gebotes oder Verbotes beziehen und einen bestimmten Geldbetrag benennen. Es ist zulässig, die Androhung von Zwangsgeld mit dem Anordnen eines Gebotes oder Verbotes zu kombinieren. Die Höhe des Zwangsgeldes beträgt mindestens 5 EUR und maximal 25.000 EUR, § 35 Abs. 3 S. 1 FamFG. Eine Überschreitung des Höchstbetrages macht den Hinweis nicht nichtig, sondern nur anfechtbar.[56] Es ist nicht ausreichend, eine Zwangsgeldandrohung ohne Nennung eines konkreten Betrages auszusprechen; es muss mindestens der Höchstbetrag angegeben werden.[57]

17 Eine **Zwangsgeldandrohung** ist **unzulässig** in folgenden Fällen:
- bei nachträglicher Erledigung der Anordnung durch den Betreuer;[58]
- im Falle der nicht mehr möglichen Durchführung der Anordnung[59] (zB bei Amtsende);
- bei Zweckerreichung;
- zur Erzwingung von Schadensersatzleistungen des Betreuers;
- zur Bestrafung ungebührlichen Verhaltens des Betreuers gegenüber dem Betreuungsgericht.

18 Die Zwangsgeldfestsetzung kann beliebig oft – nach jeweiliger vorheriger Androhung – wiederholt werden. Unzulässig ist das Festsetzen von Zwangsgeldern gegen die Behörde/den Verein als Betreuer sowie den Behördenbetreuer, § 1908g BGB. Die vorbezeichneten Betreuer können lediglich durch Ge- und

---

56 Staudinger/Engler, § 1837 BGB Rn 38.
57 BGH NJW 1973, 2288.
58 BayObLG FamRZ 1994, 991.
59 BayObLG FamRZ 1984, 197, 199.

Verbote zu einer pflichtgemäßen Amtsführung angehalten werden. In allen Fällen richtet sich das Betreuungsgericht beim Ausspruch der Anordnungen an die Behörden- respektive Vereinsleitung, der dann die Einwirkung auf den Bediensteten obliegt. Gegen einen Vereinsbetreuer kann ein Zwangsgeld festgesetzt werden. Bei Vereinsbetreuern sind diese selbst und nicht der Verein Adressat der betreuungsgerichtlichen Anordnung.

Für sämtliche Maßnahmen nach § 1837 Abs. 1 bis 3 BGB ist der Rechtspfleger zuständig; in Beratungsangelegenheiten ergänzend der Richter. 19

III. Bedeutung für den Betreuer

Der Betreuer wird durch einen Rechtsrat des Betreuungsgerichtes, das ihm 20 „wie ein Rechtsanwalt zur weiteren Hilfe an die Seite gegeben ist",[60] regelmäßig – gerade in haftungsmäßiger Hinsicht – entlastet. Der Betreuer kann sich auf einen Rechtsrat des Betreuungsgerichts verlassen[61] und braucht sich nicht mehr anderweitig zu informieren.[62] Freilich kann der Betreuer einen Rechtsrat des Betreuungsgerichts nur in Fragen beanspruchen, die sich auf die Führung der Betreuung beziehen. In allgemeinen Rechtsangelegenheiten ist der Betreuer gehalten, Rechtsanwälte zu konsultieren, die nach § 3 BRAO die berufenen Vertreter der Bürgerinnen und Bürger vor Gericht sind. Welche Folgen eine beharrliche Verletzung des **Rechtsanspruchs auf Beratung** durch das Betreuungsgericht für den Betreuer hat, ist ungeregelt. Möglicherweise ist dem Betreuer die Fortführung der Betreuung nicht mehr zumutbar, § 1908b Abs. 2 BGB – insbesondere dann, wenn auch die Betreuungsbehörde keinen Rat weiß.

Führen Vereinsbetreuer für ihre Betreuten Sammelverwahrkonten auf den Namen ihres Vereins, so kann das Betreuungsgericht im Rahmen seiner Aufsichtstätigkeit grundsätzlich nur von den Vereinsbetreuern, nicht dagegen von dem Betreuungsverein die Auflösung der Sammelkonten und die Zuführung der Guthaben zum Vermögen des einzelnen Betreuten fordern.[63]

Eine Beschwerdebefugnis des Betreuers gegen Gebote oder Verbote, die An- 21 ordnung und Festsetzung von Zwangsgeld ergibt sich aus §§ 58, 59 FamFG. Gegen den Zwangsgeldbeschluss besteht eine Beschwerdefrist von zwei Wochen, § 35 Abs. 5 FamFG.

IV. Bedeutung für die Betreuungsbehörde

Für die Betreuungsbehörde ist Abs. 2 S. 2 – Anordnung zum Abschluss einer 22 Haftpflichtversicherung – nicht anwendbar. Der Sinn der Vorschrift, dem Betreuten einen solventen Betreuer zu verschaffen, ist bei der Behörde als Betreuer gegeben. Sowohl gegen die Behörde als Betreuer als auch gegen den Behördenbetreuer können Anordnungen nach Abs. 2 S. 1 ergehen. Ein Zwangsgeld kann aber weder gegen die Behörde als Betreuer, Abs. 3 S. 2, noch gegen den Behördenbetreuer, § 1908g BGB, festgesetzt werden.

---

60 OLG Schleswig FamRZ 1997, 1427, 1428.
61 BGH FamRZ 1964, 199, 200; Deinert/Lütgens/Meier, Die Haftung des Betreuers, S. 61 mwN.
62 BGH FamRZ 1983, 1220, 1221.
63 LG Chemnitz FamRZ 2000, 1311.

V. Bedeutung für Dritte

23 Dritte können aufsichtliche Maßnahmen bei dem Betreuungsgericht anregen und mögliche Pflichtwidrigkeiten anzeigen. Es besteht weder eine Beschwerdebefugnis gegen ein unterbliebenes Einschreiten des Betreuungsgerichts noch gegen getroffene Anordnungen.[64]

§ 1839 BGB Auskunftspflicht des Vormunds

Der Vormund sowie der Gegenvormund hat dem Familiengericht auf Verlangen jederzeit über die Führung der Vormundschaft und über die persönlichen Verhältnisse des Mündels Auskunft zu erteilen.

I. Einleitung

1 Die Vorschrift ist im Betreuungsrecht sinngemäß anwendbar, § 1908 i Abs. 1 S. 1 BGB und dient der Erleichterung der gerichtlichen Aufsicht über die gesamte Tätigkeit des Betreuers.[1] Zuständig ist der Rechtspfleger, § 3 Nr. 2 a RPflG.

II. Bedeutung für das Betreuungsgericht

2 Die Vorschrift schließt eine Lücke im umfassenden Informationsanspruch des Gerichts. Zwischen der Vorlage des ersten Vermögensverzeichnisses und der ersten Rechnungslegung bzw den einzelnen Abrechnungen können Zeiträume von mehr als einem Jahr liegen.[2] Das Betreuungsgericht wird bei unerfahrenen Betreuern, die am Anfang ihrer Tätigkeit stehen, bei Vorliegen von Beschwerden Dritter über die Amtsführung des Betreuers, einer ggf umfänglichen Vermögensverwaltung oder aber bei auftauchenden Fragestellungen von seinem Auskunftsrecht Gebrauch machen. Ferner geben die Befugnisse aus § 1839 BGB dem Betreuungsgericht insbesondere die befreiten Betreuungen die Möglichkeit, „auf dem Laufenden" zu bleiben.[3] Gerade bei den befreiten Betreuern, die von der Rechnungslegungspflicht entbunden sind, ist das Instrument des § 1839 BGB ein Mittel, die Amtsführung regelmäßig zu überprüfen, beispielsweise auch dahin gehend, inwieweit dem Betreuten für seine Lebensführung ausreichend Gelder zur Verfügung stehen.

3 Folgende – nicht abschließende – **Auskunftsrechte** können vom Betreuungsgericht geltend gemacht werden:

- schriftliche oder persönlich[4] vor Gericht zu erteilende Informationen über die persönlichen und wirtschaftlichen Verhältnisse des Betreuten;
- Vorlage von Unterlagen des Betreuten (Verträge etc.);
- Vorlage von Sparbüchern, Belegen oder Kontoauszügen;[5]

---

64 OLG München BtPrax 2009, 237
1 NK-BGB/Rohde, § 1839 BGB Rn 1.
2 Oberloskamp/Pollack/Band, § 8 Rn 187.
3 Jürgens/Klüsener, § 1839 BGB Rn 6.
4 KG OLGE 8, 269, 270.
5 KG RJA 16, 18.

- Anordnen periodischer Berichterstattung;[6]
- Anordnung zur Auskunftserteilung über die Anzahl persönlicher Kontakte zum Betreuten.[7] Demgegenüber ist die Weisung, die Daten der Besuchskontakte in den Bericht aufzunehmen und darzulegen, warum weniger als ein Besuch monatlich stattfand, unwirksam.[8]

Es kann lediglich die Vorlage solcher Unterlagen verlangt werden, auf die der Betreuer einen Anspruch auf Ausstellung hat.[9] Auch der Betreuer, dem ausschließlich der Aufgabenkreis der Vermögenssorge übertragen wurde, kann zu einer Berichterstattung über die persönlichen Verhältnisse herangezogen werden. 4

Für das Auskunftsverlangen ist das Vorliegen von Anhaltspunkten für eine Pflichtwidrigkeit nicht erforderlich.[10] 5

Während der Dauer der Betreuung besteht eine umfassende **Berichtspflicht**, die sich sowohl auf die Personen- als auch auf die Vermögenssorge bezieht und die mittels Zwangsgeld, § 1837 Abs. 3 BGB, durchgesetzt werden kann. Von der Auskunftspflicht kann keine Befreiung erteilt werden. Bleibt die Zwangsgeldverhängung erfolglos, ist eine Betreuerentlassung als letztes Mittel der Wahl zu initiieren, 1908 b BGB.[11] Nach Amtsbeendigung können Auskünfte über die Führung der Betreuung nicht mehr erzwungen werden.[12] Durchgesetzt werden kann gerichtsseits lediglich die Vorlage einer Schlussrechnung, § 1890 BGB. Führte in der Vergangenheit jedoch bereits die Zwangsgeldverhängung nicht weiter, ist hiervon Abstand zu nehmen und der neue Betreuer ist aufzufordern, im Wege der Stufenklage, siehe unter Rn 8, gegen den Vorbetreuer vorzugehen. 6

III. Bedeutung für den Betreuer

Der Betreuer muss auf Verlangen des Betreuungsgerichts entweder schriftlich oder im Rahmen eines persönlichen Erscheinens jederzeit umfassend über die Führung der Betreuung Auskunft erteilen und ist zur Berichterstattung über die persönlichen und wirtschaftlichen Verhältnisse verpflichtet, selbst wenn ihm nur der Aufgabenkreis der Vermögenssorge übertragen wurde. Der Grundsatz der persönlichen Betreuung ist durch den Betreuer stets zu beachten, § 1901 BGB. 7

Fand ein **Betreuerwechsel** statt, weil der Vorbetreuer seinen Auskunfts- und Rechnungslegungspflichten nicht nachkam, besteht seitens des neuen Betreuers die unverzügliche Verpflichtung, bei dem Zivilgericht im Wege der Stufenklage Auskunfts-, Rechnungslegungs- und Herausgabeansprüche des Betreuten geltend zu machen. Ein diesbezügliches Unterlassen ist haftungsrelevant iSd §§ 1908 i, 1833 BGB.[13] 8

---

6 Damrau/Zimmermann, § 1839 BGB Rn 1;NK-BGB/Rohde, § 1839 BGB Rn 3.
7 LG Hamburg BtPrax 2012, 81.
8 LG Hamburg FamRZ 2011, 1329.
9 BtKomm/Roth, D 49.
10 LG Saarbrücken DAV 1994, 646.
11 BayObLG BtPrax 2003, 218.
12 Staudinger/Engler, § 1839 BGB Rn 8.
13 OLG München Rpfleger 2006, 14.

9 Auch der befreite Betreuer ist ausnahmslos zur jederzeitigen Auskunft über die Amtsführung und die persönlichen Verhältnisse des Betreuten verpflichtet.

IV. Bedeutung für den Betroffenen

10 Mit Beendigung der Betreuung erlischt der gerichtliche Anspruch auf Auskunft. Der Betroffene bzw sein Rechtsnachfolger sind dann berechtigt, in entsprechender Anwendung des § 666 BGB einen allgemeinen zivilrechtlichen **Auskunftsanspruch** gegen den Betreuer vor dem Zivilgericht geltend zu machen.[14]

11 Erteilte der Betreuer gegenüber dem Gericht Schlussrechnung nach § 1890 BGB, so gilt Folgendes:

12 Ist eine Rechnungsprüfung wegen fehlender Informationen, Belegen etc. nicht möglich, so besitzt das Gericht keine Möglichkeiten mehr, im Zwangswege diese zu beschaffen. Die Schlussrechnung ist gegenüber dem Betroffenen zu erteilen. Diese Verpflichtung des Betreuers gerät in Wegfall bei Vorlage einer ordnungsgemäßen Schlussrechnung bei dem Betreuungsgericht. Eine mangelhafte oder unvollständige Abrechnung kann nicht gerichtlich erzwungen werden. Der Anspruch auf Schlussrechnung des Betreuten erlischt in einem solchen Fall nicht und kann zivilprozessual verfolgt werden.[15]

V. Bedeutung für die Betreuungsbehörde

13 Auch die Betreuungsbehörde als befreiter Betreuer ist zur jederzeitigen Auskunft über die Amtsführung und die persönlichen Verhältnisse des Betreuten verpflichtet.

§ 1840 BGB   Bericht und Rechnungslegung

(1) ¹Der Vormund hat über die persönlichen Verhältnisse des Mündels dem Familiengericht mindestens einmal jährlich zu berichten. ²Der Bericht hat auch Angaben zu den persönlichen Kontakten des Vormunds zu dem Mündel zu enthalten.

(2) Der Vormund hat über seine Vermögensverwaltung dem Familiengericht Rechnung zu legen.

(3) ¹Die Rechnung ist jährlich zu legen. ²Das Rechnungsjahr wird von dem Familiengericht bestimmt.

(4) Ist die Verwaltung von geringem Umfang, so kann das Familiengericht, nachdem die Rechnung für das erste Jahr gelegt worden ist, anordnen, dass die Rechnung für längere, höchstens dreijährige Zeitabschnitte zu legen ist.

---

14 OLG Karlsruhe FamRZ 2004, 160 f; OLG Naumburg BtPrax 2007, 262 = FamRZ 2008, 182; Saarländisches OLG v. 22.12.2010, 8 U 622/09; LG Mainz v. 8.3.2012, 1 O 250/11.
15 Oberloskamp/Pollack/Band, § 8 Rn 190.

I. Einleitung

Die Vorschrift ist auf die Betreuung entsprechend anwendbar, § 1908 i Abs. 1 BGB. Die in Abs. 1 statuierte **jährliche Berichtspflicht** des Betreuers wurde durch die Reform des Betreuungsrechts eingefügt. Beabsichtigt ist damit eine Stärkung der Personensorge und Verbesserung der gerichtlichen Aufsicht auf diesem Gebiet.[1] Dieser Zweck bestimmt auch den Inhalt des Berichtes: Das Gericht soll in die Lage versetzt werden, zu beurteilen, inwieweit der Betreuer seiner Verpflichtung zur Wahrung und Förderung des persönlichen Wohls und der Rehabilitation des Betreuten nachkommt.

II. Bedeutung für das Betreuungsgericht

Das Betreuungsgericht (Rechtspflegerzuständigkeit, § 3 Nr. 2 a RPflG) bestimmt das Rechnungsjahr. Es sprechen möglicherweise gute (Zweckmäßigkeits-)Gründe dafür, das Rechnungslegungsjahr mit dem Kalenderjahr zu harmonisieren, auch mit Hinblick auf Abrechnungen Dritter, die in der Regel per 31.12. eines jeden Jahres erfolgen und von dem Betreuer in seine Rechnungslegung einzubeziehen sind.[2] Ein einmal festgelegter Rechnungslegungszeitraum darf verkürzt werden, um die Umstellung auf das Kalenderjahr herbeizuführen.[3] Die erste Rechnungslegung ist zwingend längstens nach einem Jahr vorzunehmen,[4] § 1840 Abs. 4 BGB. Bei späteren Rechnungslegungen besitzt das Betreuungsgericht gemäß Abs. 4 die Möglichkeit, bei Verwaltungen von geringerem Umfang längere Zeitabschnitte bis zu drei Jahren anzuordnen. Ein „geringer Umfang" ist bei geringem Vermögen gegeben bzw wenn Veränderungen am Vermögensbestand übersichtlichen Zu- und Abgängen unterliegen.

Das Betreuungsgericht kann die Verpflichtung zur Rechnungslegung durch das Verhängen von **Zwangsgeld** nach § 1837 Abs. 3 BGB durchsetzen. Bleibt der Betreuer nach wie vor säumig, ist ihm die Vermögenssorge zu entziehen, § 1908 b BGB.[5] Das gilt jedenfalls dann, wenn das Betreuungsgericht infolge des Verhaltens des Betreuers seine Aufsichts- und Kontrollfunktion nicht mehr sachgerecht wahrnehmen kann. Auch der Umstand, dass der Betreuer über einen langen Zeitraum jedwede Kooperation mit dem Betreuungsgericht verweigert, kann einen wichtigen Grund für die Entlassung abgeben.[6]

Das Betreuungsgericht kann die Befreiung des Behörden- und des Vereinsbetreuers sowie der befreiten Angehörigen zum Schutz des Betreuten einschränken oder aufheben, § 1908 i Abs. 2 S. 2 BGB.

III. Bedeutung für den Betreuer

Abs. 1: Der Betreuer muss mindestens einmal jährlich unaufgefordert über die persönlichen Verhältnisse des Betreuten berichten. Die Form ist nicht vorgeschrieben, allerdings ist eine schriftliche Berichterstattung die Regel. Durch die von dem Betreuer erhaltenen Informationen soll das Gericht über die Entwick-

---

1 BT-Drucks. 11/4528, 114.
2 Oberloskamp/Pollack/Band, § 8 Rn 202.
3 AA LG Frankfurt Rpfleger 1993, 336.
4 Jürgens/Klüsener, § 1840 BGB Rn 8.
5 BayObLG Rpfleger 1994, 252; FamRZ 1996, 1105, 1107; OLG Zweibrücken FGPrax 1998, 57, 58.
6 OLG Schleswig BtPrax 2006, 79.

lung der Lebensumstände unterrichtet werden. Die Berichtspflicht trifft alle Betreuer, unabhängig davon, ob ein Aufgabenkreis aus dem Bereich der Personensorge (mit) angeordnet wurde oder nicht. Die Einkommens- und Vermögenslage eines Betreuten besitzt weit reichende Auswirkungen auf die persönlichen Wohn- und Lebensverhältnisse, weshalb auch ein Betreuer, dem (nur) der Aufgabenkreis der Vermögenssorge übertragen wurde, zu einer Berichterstattung verpflichtet ist.[7]

6 Der **Bericht** sollte zweckmäßigerweise folgende Themen behandeln:[8]
- Aufenthalt des Betreuten,
- Wohn- und Lebensverhältnisse,
- gesundheitliche Lage,
- Einkommensverhältnisse,
- Vermögen,
- laufende Verpflichtungen,
- Erforderlichkeit der Erweiterung oder Einschränkung der Aufgabenkreise bzw eines Einwilligungsvorbehaltes.

7 Die Verpflichtung zur Erstellung eines umfangreichen **Anfangberichts** ist nicht erforderlich.[9] Aufgrund der Ermittlungen in dem anhängigen Betreuungsverfahren verfügt das Gericht bereits über ausreichende Kenntnisse über die persönlichen Lebensverhältnisse des Betreuten. Ein **Abschlussbericht** ist – im Gegensatz zur Vermögenssorge, siehe § 1890 BGB – ebenso wenig erforderlich: Vor Aufhebung oder Verlängerung der Betreuung stellt das Gericht von Amts wegen Ermittlungen an.

8 Zweckmäßigerweise wird der Betreuer, dem auch der Aufgabenkreis der Vermögenssorge übertragen wurde, den Bericht über die Führung seines Amtes mit der jährlichen Rechnungslegung verbinden.

9 **Abs. 2:** Voraussetzung für eine Verpflichtung zum Tätigwerden des Betreuers ist die Übertragung des Aufgabenkreises der **Vermögenssorge** und das Vorhandensein von **Vermögen** des Betreuten.[10] Vermögen ist definiert als die Summe der einer Person zustehenden geldwerten Güter, Rechte und Forderungen ohne Abzug der Schulden und Verpflichtungen. **Vermögenslosigkeit** ist demnach gegeben im Falle eines Betreuten, dessen Rente direkt zur Deckung der Heimkosten an das Heim überwiesen wird. Dasselbe gilt bei Übernahme der ungedeckten Heimkosten durch den Grundsicherungsträger und Auszahlung des dem Betroffenen zustehenden Barbetrages direkt an das Heim. In diesem Fall reduziert sich die Verpflichtung des Betreuers zur Vermögensverwaltung auf die Überprüfung der **Bargeldverwaltung des Heimes**.[11] Die Rechnungslegungspflicht umfasst das **gesamte** zu verwaltende oder mit zu verwaltende Vermö-

---

7 Wie hier: Jürgens/Klüsener, § 1840 BGB Rn 3; aA Damrau/Zimmermann, § 1840 BGB Rn 1.
8 Damrau/Zimmermann, § 1840 BGB Rn 3.
9 BT-Drucks. 11/4528, 114.
10 Keine Pflicht zur Rechnungslegung bei Vermögenslosigkeit des Betreuten: Damrau/Zimmermann, § 1840 BGB Rn 4.
11 Meier, Wer verwaltet den Barbetrag? Anmerkung zu der Entscheidung des BGH vom 2.12.2010 – III ZR 19/10, BtPrax 2011, 78.

gen des Betreuten einschließlich der laufenden Einkünfte.[12] Beträge, die dem Betreuten zur freien Verfügung überlassen wurden, brauchen nicht abgerechnet werden.[13] Zur Vermögensverwaltung des Betreuers gehören nicht Vermögensbestandteile des Betreuten, die der Verwaltung eines anderen unterstehen. Dies ist insbesondere der Fall, wenn der Betreute Erbe oder Miterbe eines Nachlasses wurde, der der **Testamentsvollstreckung** unterliegt.[14] Der Testamentsvollstrecker ist allerdings gegenüber dem Betreuten nach § 2218 Abs. 2 BGB jährlich rechnungslegungspflichtig. Es ist die Aufgabe des Betreuers, die Rechnungslegung des Testamentsvollstreckers zu kontrollieren und den dort verwalteten Bestand in seiner jährlichen Rechnungslegung aufzunehmen.[15] Ist der Betreuer zugleich Testamentsvollstrecker, ist bei dem Betreuungsgericht Ergänzungspflegschaft anzuregen, § 1909 BGB.[16] Beim **Nießbrauch** oder **Pfandrecht** eines Dritten über einen dem Betreuten gehörenden Gegenstand ist wie folgt zu differenzieren: Der Nießbrauchberechtigte (§ 1036 BGB) sowie der Nutzungspfandgläubiger (§§ 1205, 1213 ff BGB) sind berechtigt, den Vermögensgegenstand in Besitz zu nehmen und zu verwalten. Machen der Nießbraucher und der Pfandrechtgläubiger von diesem Recht unter vollständigem Ausschluss des Betreuten Gebrauch, kann dem Betreuer schlechterdings eine Rechnungslegung über diese Vermögensgegenstände angesonnen werden. Voll abrechnungspflichtig ist der Betreuer jedoch, sofern mit dem Nießbrauchberechtigten und dem Pfandrechtgläubiger eine rechtsgeschäftliche Vereinbarung dahin gehend besteht, dass diesen nur der Jahresüberschuss bei ansonsten bestehender Verwaltung durch den Betreuer überwiesen wird.[17] Die Tätigkeit von **Hausverwaltungen** ist durch den Betreuer anhand der erteilten Überschussrechnungen und Einsichtnahme in die Belege zu kontrollieren. Durch vertragliche Absprachen ist sicherzustellen, dass Daten und Belege für eigene Abrechnungen zur Verfügung gestellt werden. Gelder, die den Heimen als Taschengeld/Bargeldbetrag zur Verfügung gestellt werden, sind in regelmäßigen Abständen – mindestens jedoch einmal jährlich – auf eine sachgemäße Verwendung hin zu überprüfen.[18]

Abs. 3: Das Gesetz ordnet jährliche Rechnungslegung an. Der Betreuer hat dem unaufgefordert nachzukommen. Die erste Rechnungslegung knüpft an den Vermögensbestand an, der in dem zu Beginn der Betreuung erstellten Vermögensverzeichnis nach § 1802 BGB dokumentiert ist. Bei der ersten Rechnungslegung ist eine Erweiterung des Abrechnungszeitraums über ein Jahr hinausgehend nicht möglich.[19] Eine Pflicht des Betreuers zur Auskunftserteilung und jährlichen Rechenschaftslegung besteht nur gegenüber dem Betreuungsgericht und nicht gegenüber dem Betreuten, mit dem jedoch alle wichtigen Angelegenheiten zu besprechen sind, § 1901 Abs. 3 S. 3 BGB.[20]

---

12 Schmidt, Aufgabenkreis Vermögenssorge, S. 114.
13 LG Mönchen-Gladbach FamRZ 2010, 1190 ff = BtPrax 2010, 192.
14 Oberloskamp/Pollack/Band, § 8 Rn 196.
15 Muster Rechnungslegung bei Meier/Neumann, Handbuch Vermögenssorge, S. 123.
16 Damrau/Zimmermann, § 1840 BGB Rn 6.
17 Oberloskamp/Pollack/Band, § 8 Rn 197.
18 Schmidt, Aufgabenkreis Vermögenssorge, S. 115.
19 Damrau/Zimmermann, § 1840 BGB Rn 7.
20 OLG Düsseldorf FamRZ 2000, 1536.

11 Im Falle eines **Betreuerwechsels** ist der neue Betreuer nicht verpflichtet, ein Vermögensverzeichnis nach § 1802 BGB zu erstellen. Allerdings ist er gut beraten, dies zu tun, um die Angaben des Vorbetreuers in der Schlussrechnung zu überprüfen und Differenzen zu erkennen, die die eigene spätere Rechnungslegung erschweren könnten. Die Rechnungslegung des neuen Betreuers knüpft nämlich nahtlos an die Schlussrechnung, § 1892 BGB, des alten Betreuers an.

12 Die **befreiten Betreuer** (Behörde/Verein, Behörden-/Vereinsbetreuer, Ehegatte, Eltern und Kinder des Betreuten) sind von der jährlichen Rechnungslegungspflicht, nicht aber von der Verpflichtung zur Berichterstattung über die persönlichen Verhältnisse nach Abs. 1 entbunden. Die befreiten Betreuer haben in mehrjährigen Abständen eine Vermögensübersicht einzureichen, § 1854 Abs. 2 BGB. Die Befreiung erstreckt sich nicht auf die nach Beendigung des Betreueramtes abzulegenden Schlussrechnungen, § 1890 BGB. Andere Angehörige, wie zum Beispiel Geschwister des Betreuten, können als Betreuer nicht von der Verpflichtung zur Rechnungslegung entbunden werden.[21]

IV. Bedeutung für den Betreuten

13 Ob und inwieweit das Betreuungsgericht Abrechnungen des Betreuers beanstandete oder „genehmigte", ist für Ansprüche des Betreuten gegen den Betreuer ohne Bedeutung.[22] Die Rechnungslegungspflicht dient dem Schutz des Betreuten vor Nachlässigkeiten, Fehlern und Missbräuchen bei der Vermögensverwaltung. Daher kann auch der geschäftsfähige Betreute den Betreuer nicht von der Rechnungslegungspflicht entbinden.[23]

V. Bedeutung für die Betreuungsbehörde

14 Auch die Betreuungsbehörde hat nach § 1840 Abs. 1 BGB zu berichten; die Befreiung nach §§ 1908i Abs. 1 S. 2, 1857a, 1854 Abs. 1 BGB betrifft nur die Rechnungslegung.[24]

§ 1841 BGB Inhalt der Rechnungslegung

(1) Die Rechnung soll eine geordnete Zusammenstellung der Einnahmen und Ausgaben enthalten, über den Ab- und Zugang des Vermögens Auskunft geben und, soweit Belege erteilt zu werden pflegen, mit Belegen versehen sein.

(2) [1]Wird ein Erwerbsgeschäft mit kaufmännischer Buchführung betrieben, so genügt als Rechnung ein aus den Büchern gezogener Jahresabschluss. [2]Das Familiengericht kann jedoch die Vorlegung der Bücher und sonstigen Belege verlangen.

I. Einleitung

1 Die Vorschrift ist sinngemäß auf die Betreuung anzuwenden, § 1908i Abs. 1 S. 1 BGB, und stellt eine Sondervorschrift zu § 259 BGB dar.[1]

---

21 BayObLG FamRZ 2003, 326.
22 OLG Karlsruhe FamRZ 2004, 1601, 1602.
23 OLG Hamm Rpfleger 1989, 20; OLG München Rpfleger 2006, 73.
24 LG Heilbronn DAVorm 1993, 954.
1 KGJ 1937, 110, 112.

II. Bedeutung für das Betreuungsgericht

Schaltete der Betreuer zur Erstellung der Rechnungslegung auf Kosten des Betreuten einen Sachverständigen ein, wozu er grundsätzlich legitimiert ist, siehe unten Rn 8, ist im Rahmen der Aufsichtsführung der Frage der Eignung nachzugehen. Möglicherweise ist der Betreuer mit dieser Aufgabe überfordert. Zum Umfang der Prüfungspflicht des Betreuungsgerichtes vgl die Kommentierung zu § 1843 BGB.

III. Bedeutung für den Betreuer

Der Betreuer hat über seine Vermögensverwaltung dem Betreuungsgericht jährlich Rechnung zu legen. Die erste Rechnungslegung knüpft an das Vermögensverzeichnis an, § 1802 BGB, und die nachfolgenden an die jeweils vorhergehenden. Die Rechnung soll eine geordnete Zusammenstellung der Einnahmen und Ausgaben enthalten, über den Ab- und Zugang des Vermögens Auskunft geben und, soweit Belege erteilt zu werden pflegen, mit Belegen versehen sein. Eine „geordnete Zusammenstellung der Einnahmen und Ausgaben" setzt die schriftliche klare und übersichtliche Darstellung der Einnahmen und Ausgaben voraus,[2] damit das Betreuungsgericht einen Überblick über alle Vorgänge erhält und seiner Verpflichtung aus §§ 1843 Abs. 1, 1837 BGB nachkommen kann.

Die Beifügung von Belegen dient der Kontrolle der vorzulegenden geordneten Zusammenstellung. Die bloße Vorlage solcher Belege, aus denen sich das Betreuungsgericht erst selbst eine Übersicht erarbeiten muss, genügt deshalb nicht,[3] auch dann nicht, wenn eine mündliche Erläuterung angeboten wird.[4] Auch die Vorlage eines „Kassenbuches", das nicht **alle** Einnahmen und Ausgaben verzeichnet, ersetzt die Rechnungslegung nicht.[5] Zwar gibt es keine verbindlichen Vorgaben für die Erstellung der Rechnungslegung. Der Betreuer kann zum einen chronologisch Einnahmen und Ausgaben gegenüberstellen oder aber getrennt jedes Einzelkonto abrechnen.[6] Eine **ordnungsgemäße Abrechnung** umfasst folgende Elemente:[7]

- Aufzeichnung des Vermögens zu Beginn des Abrechnungszeitraums, bezogen auf den Zeitpunkt der Amtsübernahme oder anknüpfend an den Vermögensbestand des vorangegangenen Abrechnungszeitraumes;
- Aufnahme und Bezeichnung der Veränderungen des Vermögensbestandes;
- Verzeichnis des Vermögens am Ende des Rechnungsabschnitts;
- Abrechnung im engeren Sinne: Darstellung der Kontobewegungen und Zahlungsvorgänge unter Beifügung von Belegen.

Belege sind Kontoauszüge, Depotbescheinigungen, Bescheinigungen über den Wertpapierbestand, Kopien von Sparkontenblättern, Rechnungen etc. Sparbü-

---

2 BGH NJW 1982, 573, 574 für die Abrechnung von Nebenkosten; BayObLG BtPrax 1993, 31, 32; BtPrax 2001, 39.
3 BayObLG FamRZ 1993, 237, 238.
4 OLG Köln NJW-RR 1989, 568, 569.
5 BayObLG BtPrax 1993, 31.
6 Jürgens/Klüsener, § 1841 BGB Rn 1.
7 Oberloskamp/Pollack/Band, § 8 Rn 206.

cher selbst sind keine Belege in diesem Sinne, können aber als Nachweis dienen, wenn alle Buchungen erfasst wurden.[8]

5 Wurden die einzelnen Konten chronologisch nach Einnahmen und Ausgaben abgerechnet und lückenlos[9] belegt, so dass das Betreuungsgericht mühelos seiner Aufsichtspflicht nachkommen kann, besteht keine weitere Verpflichtung des Betreuers mehr zu zusätzlichen Verprobungen.[10]

6 Der Betreuer braucht nicht die Richtigkeit und Vollständigkeit der Rechnung zu erklären.

7 Ist ein **Erwerbsgeschäft** Bestandteil des Betreutenvermögens, genügt in der Regel bei Praktizierung einer kaufmännischen Buchführung die Vorlage des Jahresabschlusses, es sei denn, das Betreuungsgericht trifft diesbezüglich andere Anordnungen.

8 Der Betreuer ist berechtigt, sich bei der Erstellung der Rechnungslegung **sachverständiger Hilfe** auf Kosten des Betreuten zu bedienen, §§ 1835 Abs. 1 BGB. Diesbezügliche Kosten sind dem Betreuer als Aufwendungen zu erstatten, §§ 1835 Abs. 1, 670 BGB. Die Abrechnungspflicht zählt jedoch zu den grundsätzlich persönlich von dem Betreuer zu erledigenden Aufgaben. Es müssen von daher gewichtige Gründe für die Einschaltung eines Dritten gegeben sein.

9 Die nachprüfbare und nachvollziehbare Beschreibung der Einnahmen und Ausgaben liegt im ureigensten Interesse des Betreuers. Nach der Rechtsprechung obliegt es dem Betreuer, nach Aufforderung durch den Betreuten/Rechtsnachfolger die bestimmungsgemäße Verwendung von Geldausgaben nachzuweisen.[11]

Bei **Amtsantritt** ist der Betreuer zur Erstellung eines Vermögensverzeichnisses verpflichtet bzw. zur Überprüfung eines vorhandenen, § 1802 BGB. Daher braucht der Betreuer bei der Jahresabrechnung keine (neue) Übersicht über den Vermögensstand zu fertigen, sondern kann sich auf eine Darstellung der Ab- und Zugänge beschränken.[12]

§ 1842 BGB Mitwirkung des Gegenvormunds

¹Ist ein Gegenvormund vorhanden oder zu bestellen, so hat ihm der Vormund die Rechnung unter Nachweisung des Vermögensbestands vorzulegen. ²Der Gegenvormund hat die Rechnung mit den Bemerkungen zu versehen, zu denen die Prüfung ihm Anlass gibt.

1 § 1842 BGB findet über § 1908i Abs. 1 S. 1 BGB im Betreuungsrecht Anwendung.

---

8 Damrau/Zimmermann, § 1841 BGB Rn 5.
9 Zur lückenlosen Belegpflicht bis zum Ende des Abrechnungszeitraums: BayObLG FamRZ 2004, 220.
10 Oberloskamp/Pollack/Band, § 8 Rn 211.
11 OLG Karlsruhe FamRZ 2004, 1601, 1602; OLG Naumburg BtPrax 2007, 262 = FamRZ 2008, 182; Saarländisches OLG FamRZ 2011, 1170; BGH NJW 1997, 47.
12 Damrau/Zimmermann, § 1841 BGB Rn 3.

§ 1842 BGB ist eine der Normen, die die Befugnisse und Pflichten des Gegenbetreuers ausgestalten. Dieser wird bestellt, um den Betreuer zu überwachen, insbesondere bei einer erheblichen Vermögensverwaltung (§ 1792 BGB Rn 2, 7). Dementsprechend hat der Betreuer seine im Regelfall jährlich aufzustellende Abrechnung über die Vermögensverwaltung (§§ 1840 Abs. 2–4, 1841 BGB) zunächst dem Gegenbetreuer vorzulegen (§ 1842 S. 1 BGB). Der Gegenbetreuer hat die Rechnung zu prüfen, ggf mit Anmerkungen zu versehen (§ 1842 S. 2 BGB) und an das Betreuungsgericht weiterzuleiten. 2

Benötigt der Gegenbetreuer zur Prüfung der Abrechnung Informationen, hat der Betreuer diese zu erteilen und Einsicht in Unterlagen zu gewähren (§ 1799 Abs. 2 BGB). 3

§ 1843 BGB Prüfung durch das Familiengericht

(1) Das Familiengericht hat die Rechnung rechnungsmäßig und sachlich zu prüfen und, soweit erforderlich, ihre Berichtigung und Ergänzung herbeizuführen.

(2) Ansprüche, die zwischen dem Vormund und dem Mündel streitig bleiben, können schon vor der Beendigung des Vormundschaftsverhältnisses im Rechtsweg geltend gemacht werden.

I. Einleitung

Die Vorschrift ist auf die Betreuung sinngemäß anwendbar, § 1908 i Abs. 1 S. 1 BGB, und regelt die Prüfungspflicht des Betreuungsgerichtes bezüglich der von dem Betreuer vorgelegten Rechnungslegung nach § 1840 Abs. 3 BGB. 1

Entnahm der Betreuer bestimmte Geldbeträge dem Vermögen des Betreuten, so sind diese gemäß § 667 BGB zurückzuführen, soweit nicht der Nachweis einer bestimmungsgemäßen Verwendung erfolgt.[1] Kommen Schadensersatzansprüche gegen einen Betreuer in Betracht, ist ein weiterer Betreuer zur Prüfung und eventuellen Durchsetzung dieser Forderungen einzusetzen.[2] 2

Die Nichteinhaltung dieser **Prüfungspflicht** kann **Schadensersatzansprüche** des Betreuten nach Art. 34 GG, § 839 BGB gegen das Land auslösen.[3] Das Gericht kann nicht wegen personeller Unterbesetzung die Prüfaufgaben an einen Sachverständigen übertragen. Erfolgte aus diesem Grunde die Einschaltung eines Sachverständigen, können dessen Kosten nicht dem Betroffenen auferlegt werden; insoweit gilt § 16 KostO.[4] Allerdings ist die Hinzuziehung einer fachkundigen Person im Rahmen einer außergewöhnlich gelagerten Rechnungsprüfung zulässig, wenn es beispielsweise um die Verwaltung eines größeren Unternehmens geht, dessen ordnungsgemäßer Betrieb nur mit Fachkenntnissen beurteilt 3

---

1 OLG Karlsruhe FamRZ 2004, 1601; BGH FamRZ 2007, 386; BGH NJW 1997, 47, 48; OLG Naumburg BtPrax 2007, 262 = FamRZ 2008, 182; Saarländisches OLG FamRZ 2011, 1170.
2 OLG München Rpfleger 2006, 14.
3 Schmidt, Aufgabenkreis Vermögenssorge, S. 119.
4 AG Oeynhausen BtPrax 2003, 235; Damrau/Zimmermann, § 1843 BGB Fn 2.

werden kann.[5] In derartigen Fällen kommt die Bestellung eines Ergänzungspflegers nicht in Betracht.[6]

II. Bedeutung für das Betreuungsgericht

4 Die von dem Betreuer vorgelegte Rechnung ist von dem Betreuungsgericht (Rechtspfleger) formell und sachlich zu prüfen. Die rein rechnerische Prüfung der Rechnung und der Belege bezieht sich auf die zahlenmäßige Übereinstimmung von Rechnungsposten, Belegen und Rechnungsabschluss.[7] Bei der sachlichen Prüfung geht es um die Frage, ob der Betreuer das Vermögen nach den gesetzlichen Vorschriften verwaltete und sich die Ausgaben im Rahmen einer ordnungsgemäßen Verwaltung bewegten. Bei schwierigen Vermögensverwaltungen kann das Gericht Sachverständige oder Hilfspersonen, wie etwa Wirtschaftsprüfer, ausschließlich zur Prüfung der rechnerischen Richtigkeit[8] heranziehen. Bezüglich deren etwaigem Fehlverhalten sind Amtshaftungsansprüche nur für den Fall eines Überwachungs- oder Auswahlverschuldens begründet.[9]

5 Die inhaltliche, sachliche Prüfung erstreckt sich auf die **Pflichtgemäßheit der Vermögensverwaltung** und umfasst folgende Punkte:

- Wurden die erforderlichen Genehmigungen eingeholt?
- Erfolgte die Geldanlage in der gesetzlich vorgeschriebenen und genehmigten Weise?
- Sind die Einnahmen und Ausgaben vollständig angeführt?
- Erfolgten die Vermögensverfügungen pflichtgemäß?
- Besteht eine Sperrung der Konten und Depots?
- Erfolgt eine unwirtschaftliche, ggf unverzinsliche Verwahrung von Geldern auf Giro- oder Sparkonten?
- Lauten die Konten auf den Namen des Betreuten?
- Lag ein Beschluss zur Entnahme der Betreuervergütung vor?
- Sind die betreuerseits entnommenen Auslagen gerechtfertigt?
- Gibt es Anhaltspunkte für Untreue oder Betrug des Betreuers?

Häufige Abrechnungsfehler sind:[10]

- Nichtbuchen von Zinsen;
- Nichtbuchen von Prämien als Einnahmen;
- Fehlende Übereinstimmung von Soll- und Ist-Bestand;
- Buchung von auf- bzw abgezinsten Papieren in der Abrechnung statt Aufnahme in das Vermögensverzeichnis.

6 Die von dem Betreuer vorzulegende Rechnungslegung soll eine geordnete, mit Belegen versehene Zusammenstellung der Einnahmen und Ausgaben enthalten und über Ab- und Zugänge des Vermögens Auskunft geben.[11] Dabei muss die

---

5 OLG Frankfurt/M. NJW 1963, 2278; Staudinger/Engler, § 1843 BGB Rn 6.
6 BayObLG FamRZ 1981, 916.
7 Schmidt, Aufgabenkreis Vermögenssorge, S. 119.
8 OLG Sachsen-Anhalt FamRZ 2012, 800, 801.
9 RGZ 80, 406, 407; NK-BGB/Rohde, § 1843 BGB Rn 3.
10 Quelle: Schmidt, Aufgabenkreis Vermögenssorge, S. 120, 121.
11 HK-FamR/Kemper, § 1841 BGB Rn 1.

Rechnungslegung an das vorgelegte Vermögensverzeichnis nach § 1802 BGB anknüpfen bzw an eine vorausgegangene Jahresabrechnung. Verfügt der Betreute über ein Erwerbsgeschäft mit kaufmännischer Buchführung, genügt ein Jahresabschluss iSd §§ 242 ff HGB. Bestehen Unklarheiten, kann das Betreuungsgericht die Vorlage der Handelsbücher und sonstigen Informationen zum Jahresabschluss verlangen.[12] Gelder, die der Betreuer Heimen, Pflegekräften oder Sozialstationen zur Bestreitung laufender Ausgaben des Betreuten überweist, unterliegen nicht der gerichtlichen Überprüfungspflicht. Die Überwachung der redlichen Verwendung dieser Geldausgaben obliegt dem Betreuer. Die Taschengeld-/Bargeldabrechnungen des Heimes sind in regelmäßigen Abständen, mindestens jedoch einmal jährlich, durch den Betreuer auf Plausibilität zu überprüfen. Ferner ist der Betreuer verpflichtet, die bei Heimen, Sozialstationen etc. zum Stichtag vorhandenen Geldbestände in dem Vermögensverzeichnis aufzuführen.[13]

Problematisch sind Betreuungen, bei denen Betreute sich **die Lebenshaltungskosten mit zusammenlebenden Verwandten teilen**. Es kann Angehörigen kaum zugemutet werden, beim Einkauf von Lebensmitteln diejenigen des Betreuten gesondert zu erfassen. Insoweit sind gleich zu Beginn der Betreuung Absprachen mit dem Gericht erforderlich. Dabei sollte sich der Betreuer nicht auf Telefonate beschränken, sondern die abgestimmte Verfahrensweise in einem Schreiben an das Betreuungsgericht zusammenfassen.[14]

Das Gericht kann sich im Einzelfall den **Bestand des Vermögens** nachweisen lassen, § 1839 BGB, oder aber diesen selbst ermitteln.[15] Eine diesbezügliche generelle Pflicht des Betreuungsgerichtes ist jedoch zu verneinen.[16]

Das Betreuungsgericht ist mit Hinblick auf den Grundsatz der Selbstständigkeit der Amtsführung des Betreuers nicht befugt, Berichtigungen oder Ergänzungen der Rechnung selbst vorzunehmen. Das Betreuungsgericht hat den Betreuer zur **Vornahme der Korrekturen** notfalls durch Gebote/Verbote bzw Zwangsgeld im Aufsichtswege anzuhalten, § 1837 Abs. 2, 3 BGB.[17] Insoweit kann das Gericht die Erstellung einer formell rechnerisch richtigen Rechnung erzwingen. Ebenso wenig darf das Gericht dem Betreuer aufgeben, von ihm für den Betreuten bewerkstelligte Ausgaben oder Aufwendungen, die er dessen Vermögen entnahm, zurück zu erstatten.[18] Es ist allein die Aufgabe der Prozessgerichte, über streitige Ansprüche zwischen dem Betreuten und dem Betreuer zu entscheiden. Bereits im Rahmen einer laufenden Betreuung kann ein derartiger Prozess angestrengt werden, obzwar etwaige Ansprüche des Betreuten gemäß § 207 Abs. 1 Nr. 4 BGB während der laufenden Betreuung gehemmt sind. Ist der Betreute geschäftsfähig, obliegt ihm die Entscheidung darüber, wie zu verfahren ist. Ansonsten ist wegen fehlender Vertretungsbefugnis des Betreuers – § 1795 BGB – dem Betreuten ein Ergänzungspfleger zu bestellen, § 1899 Abs. 4 BGB (siehe Einleitung). Allerdings kann das Gericht dem

---

12 HK-FamR/Kemper, § 1841 BGB Rn 2.
13 Schmidt, Aufgabenkreis Vermögenssorge, S. 116.
14 Schmidt, Aufgabenkreis Vermögenssorge, S. 117.
15 Damrau/Zimmermann, § 1837 BGB Rn 6.
16 Staudinger/Engler, § 1843 BGB Rn 2.
17 Jürgens/Klüsener, § 1843 BGB Rn 3; HK-FamR/Kemper, § 1843 BGB Rn 2.
18 OLG Zweibrücken Rpfleger 1980, 103; LG Bonn Rpfleger 1985, 297.

Betreuer nach § 1837 Abs. 2 BGB verbieten, zukünftig Auslagen dem Vermögen des Betreuten zu entnehmen.[19]

10 Für einen Schaden des Betreuten, der aus einer mangelhaften Prüfung der Rechnung des Betreuten entsteht, haftet der Staat nach § 839 BGB, Art. 34 GG. Bei grober Fahrlässigkeit kann Rückgriff gegen den Beamten genommen werden.

III. Bedeutung für den Betreuer

11 Der Betreuer kann den gerichtlichen Prüfbescheid nur dann mit dem Rechtsmittel der Beschwerde nach § 11 Abs. 2 S. 1 RPflG, §§ 58, 63 FamFG angreifen, wenn dieser mit Geboten und Verboten verknüpft ist.[20]

IV. Bedeutung für den Betreuten

12 Der gerichtliche Prüfbescheid mit dem Bemerken „keine Beanstandungen" bedeutet keine Entlastung für den Betreuer. Das Betreuungsgericht sah sich lediglich nach § 1837 BGB nicht veranlasst, mangels festgestellter Pflichtwidrigkeiten aufsichtlich einzuschreiten.[21] Ob und inwieweit das Betreuungsgericht Abrechnungen des Betreuers beanstandete oder „genehmigte", ist für Ansprüche des Betreuten ohne Bedeutung.[22] Genehmigungserklärungen oder Handlungen des Betreuungsgerichts entfalten keine Rechtswirkungen im zivilrechtlichen Verhältnis zwischen dem Betreuer und dem Betreuten. Der Betreute bzw. dessen Rechtsnachfolger sind von daher durch den gerichtlichen Prüfbescheid nicht gehindert, vor dem Prozessgericht Ansprüche gegen den Betreuer geltend zu machen. Das Prozessgericht ist nicht an die Auffassung des Betreuungsgerichts gebunden.[23] Während der Dauer des Betreuungsverfahrens ist die Verjährung gehemmt, § 207 Abs. 1 Nr. 4 BGB.

§ 1846 BGB Einstweilige Maßregeln des Familiengerichts

Ist ein Vormund noch nicht bestellt oder ist der Vormund an der Erfüllung seiner Pflichten verhindert, so hat das Familiengericht die im Interesse des Betroffenen erforderlichen Maßregeln zu treffen.

I. Einleitung

1 Die Vorschrift ist auf die Betreuung sinngemäß anzuwenden, § 1908i Abs. 1 S. 1 BGB. Durch das Betreuungsgesetz wurde anstelle des Wortes „Mündel" Betroffener eingesetzt, um klarzustellen, dass die Vorschrift auch dann anzuwenden ist, wenn noch kein Vormund, Pfleger oder Betreuer bestellt ist, mithin von einem Mündel noch nicht gesprochen werden kann.[1] Die Vorschrift will zugunsten des Betreuten rechtliche Nachteile vermeiden, die daraus entstehen könnten, dass es noch keinen gesetzlichen Vertreter gibt, der für ihn han-

---

19 BayObLG Rpfleger 1981, 302, 303.
20 OLG Jena Rpfleger 2001, 75.
21 BayObLG Rpfleger 1997, 476.
22 OLG Karlsruhe FamRZ 2004, 1601.
23 BayObLG Rpfleger 1996, 246; OLG Karlsruhe FamRZ 2004, 1601.
1 BT-Drucks. 11/4528, 114.

deln kann. Die Vorschrift besitzt einen absoluten Ausnahmecharakter: Nach der gesetzlichen Systematik vertritt der Betreuer eigenständig und eigenverantwortlich die Interessen des Betreuten in den gerichtlich festgelegten Aufgabenkreisen; das Betreuungsgericht ist nach § 1837 Abs. 2 und 3 BGB auf die Aufsicht des Betreuerhandelns beschränkt, Grundsatz der selbstständigen Amtsführung. § 1846 BGB will eine Lücke schließen und gibt dem Betreuungsgericht die Möglichkeit, **zeitlich begrenzt** und **einzelfallbezogen** selbst **unaufschiebbare** Maßnahmen zugunsten des Betroffenen anzuordnen. Die Bestimmung ist auf dem vorbezeichneten Hintergrund eng auszulegen. Keinesfalls darf mithilfe der Vorschrift die gebotene Beteiligung des Betreuers am Verfahren umgangen werden.[2] Das Vorliegen einer Verhinderung des Betreuers ist in vollem Umfang durch das Beschwerdegericht überprüfbar.[3] Das Gericht muss Hinweisen nach einer bereits erfolgten Betreuerbestellung nachgehen.[4] Erging eine vorläufige Maßregel trotz gegebener Betreuerbestellung, ist auf Antrag des Betroffenen deren Rechtswidrigkeit festzustellen.[5] Sämtliche betreuungsgerichtlichen Entscheidungsmöglichkeiten, insbesondere die Bestellung eines vorläufigen Betreuers, sind aufgrund des subsidiären Charakters der Vorschrift vorrangig anzuwenden. Das Hauptanwendungsgebiet der §§ 1908i, 1846 BGB besteht in der Anordnung einer zivilrechtlichen Unterbringung in Eilfällen. Allerdings ist dann **zeitgleich** ein Verfahren zur Bestellung eines Betreuers einzuleiten.[6] Ist infolge der Kürze der Zeit, einem Wochenende, an Feiertagen oder nachts ein geeigneter Betreuer nicht eruierbar, ist dem Betroffenen unverzüglich – binnen weniger Tage – ein Betreuer oder vorläufiger Betreuer zur Seite zu stellen.[7] Will das Betreuungsgericht nach § 1846 BGB eine ärztlicherseits beantragte Fixierung des Betroffenen nach dem Unterbringungsgesetz des jeweiligen Bundeslandes genehmigen, muss das betreffende PsychKG/FEG eine entsprechende Rechtsgrundlage vorsehen.[8]

II. Bedeutung für das Betreuungsgericht

Voraussetzungen für Eilmaßnahmen des Gerichtes sind das **Nichtvorhandensein** eines Betreuers oder dessen **Verhinderung**.[9] Eine fehlende Betreuerbestellung ist gegeben im Falle eines noch nicht anhängigen Betreuungsverfahrens bzw bei Tod/Entlassung des Betreuers und noch nicht erfolgter Neubestellung eines Nachfolgers. Eine Verhinderung des Betreuers kann auf tatsächlichen oder rechtlichen Gründen beruhen[10]: Krankheit, Urlaub, Freiheitsentzug, Interessenkollision, fehlender Aufgabenkreis. Die Bestellung eines Ergänzungsbe-

---

2 BayObLG FamRZ 2000, 566; OLG München BtPrax 2006, 36; LG Frankfurt/M. BtPrax 2001, 174.
3 OLG Düsseldorf FamRZ 1995, 637, 638.
4 OLG Frankfurt/M. FGPrax 2007, 149, 150.
5 OLG München R&P 2006, 91, 93; BtPrax 2006, 36; OLG Frankfurt/M. FGPrax 2007, 150, 151.
6 OLG München R&P 2006, 91, 92; BGH NJW 2002, 1801, 1802; OLG München BtPrax 2008, 77.
7 BGH NJW 2002, 1801, 1802; BayObLG FGPrax 2003, 145, 146; BayObLG FGPrax 2002, 191.
8 OLG Frankfurt/M. FGPrax 2007, 149; nicht alle Bundesländer sehen diesbezüglich Regelungen vor.
9 OLG Zweibrücken FamRZ 2003, 1127, 1128.
10 KG OLGE 8, 364.

treuers bzw Vertretungsbetreuers (§ 1899 Abs. 4 BGB) ist vorrangig. Die Dauer der Verhinderung ist unmaßgeblich; entscheidend ist allein die sofortige Handlungsnotwendigkeit.

3 Das Betreuungsgericht darf eigenständig ausschließlich in dringenden Fällen, in denen ein Aufschub einen Nachteil für den Betroffenen zur Folge haben würde, handeln.[11] Es müssen konkrete Anhaltspunkte für das Vorliegen einer Gefahr gegeben sein, eine bloß theoretische Möglichkeit ist nicht ausreichend. Ob eine Eilsituation vorhanden ist, entscheidet das Betreuungsgericht nach pflichtgemäßem Ermessen.[12] Wurde seitens des Gerichts nicht oder zu Unrecht eingegriffen, kann dies **Amtshaftungsansprüche** nach § 839 BGB, Art. 34 GG auslösen.[13] Die **Ausnahmevorschrift** des § 1908i iVm § 1846 BGB kann nicht zur **Umgehung** gesetzlich möglicher Maßnahmen herangezogen werden: Im Falle eines pflichtwidrigen Handelns eines bereits tätigen Betreuers sind aufsichtliche Maßnahmen nach § 1837 Abs. 2, 3 BGB zu ergreifen.[14] Das Gericht darf ein als pflichtwidrig erachtetes Betreuerverhalten nicht durch gegenläufige Anordnungen konterkarieren und so in die Führung der Betreuung eingreifen.[15] Notfalls ist im Wege der einstweiligen Anordnung eine Entlassung des Betreuers auszusprechen bei Vorliegen dringender Gründe für die Voraussetzungen des § 1908 b BGB bzw ist dem Betreuer die Vertretungsmacht für einzelne Angelegenheiten zu entziehen (§§ 1908i Abs. 1, 1796 BGB). Erst mit Wirksamwerden der vorbezeichneten Entscheidungen ist der Weg für das Gericht frei, selbst eine Maßregel nach §§ 1908i, 1846 BGB zu treffen. Liegt ein Fall von Interessenkollision (§ 1795 BGB) vor, ist ein Ergänzungsbetreuer nach § 1899 Abs. 4 BGB zu bestellen.[16] Es sind keine hohen Anforderungen an die Nachteile zu stellen, die durch die vorläufige Maßnahme abgewendet werden sollen. Bereits kleinere medizinische Maßnahmen rechtfertigen ein sofortiges Handeln des Betreuungsgerichts. Die **Faustregel** lautet: Stellt sich aller Voraussicht nach bei Einhalten der Regularien für eine vorläufige Betreuerbestellung nach § 300 FamFG ein gesundheitlicher oder sonstiger Schaden des Betroffenen ein, ist das Anordnen einer Maßregel indiziert. In diesem Zusammenhang ist auch eine ggf erforderliche Einarbeitungszeit zu berücksichtigen, die einem vorläufigen Betreuer zuzubilligen ist.[17]

4 Das Gericht kann – ebenso wie ein Betreuer – alle erforderlichen Maßnahmen zugunsten des Betroffenen ergreifen. **Beispiele für Maßregeln:**

- Verwahren von Papieren; Veräußerung von Gegenständen;[18]
- Genehmigung eines Vertrages und Mitteilung davon unmittelbar vor Ablauf der Frist des § 1829 Abs. 2 BGB;[19]

---

11 BGH FamRZ 2002, 744, 746.
12 OLG Hamm FamRZ 1964, 380.
13 Hierzu grundlegend: Zimmermann, Richter- und Rechtspflegerhaftung im Betreuungsrecht, BtPrax 2008, 185 ff; Meier, Zur gerichtlichen Haftung in Betreuungssachen, BtPrax 2005, 131 ff.
14 LG Kaiserslautern v. 20.1.2003, 1 T 292/02.
15 OLG Zweibrücken FamRZ 2003, 1127.
16 BayObLG FamRZ 1990, 1154, 1156.
17 Damrau/Zimmermann, § 1840 BGB Rn 4.
18 BGH DRiZ 1966, 395.
19 OLG Tübingen DNotZ 1952, 484, 487.

- Kündigung von Forderungen; Erwirken eines Arrestes; Abgabe einer Anfechtungserklärung;[20]
- Stellen eines Strafantrages;[21]
- Sicherung von Vermögensgegenständen;
- Kontensperrung;[22]
- Fixierung auf einem Toilettenstuhl mit einem Bauchgurt oder mit einer Schranke;[23]
- Einwilligung in ärztliche Maßnahmen[24] sowie
- Verhinderung des Abbruchs einer lebenserhaltenden Maßnahme.[25]

Demgegenüber kann eine wirksam erteilte (General-)Vollmacht nicht durch das Gericht vorläufig ausgesetzt werden.[26]

Im anhängigen Betreuungsverfahren kann das Betreuungsgericht nach zutreffender Ansicht[27] Maßregeln mit Sicherungscharakter im Vermögensbereich ohne vorherige Anhörung eines Verfahrenspflegers bzw persönliche Anhörung des Betroffenen erlassen aufgrund glaubhafter Zeugenaussagen bzw entsprechender Angaben in einem Sozialbericht.

In Ansehung des Erforderlichkeitsgrundsatzes ist die Maßregel so zu wählen, dass sie dem unverzüglich zu bestellenden Betreuer noch Raum für eigene Entscheidungen lässt. **Endgültige Maßregeln**, wie beispielsweise Wohnungsauflösungen, die Fakten schaffen, sind möglichst nicht auszusprechen.

Als zulässige Maßregel kommt auch eine **Unterbringung** des Betroffenen durch das Gericht in Betracht, ohne dass eine vorläufige Betreuerbestellung besteht.[28] Zugunsten des Betroffenen sind dann folgende **Verfahrensgarantien** zu beachten:

- dringende Gründe sprechen für eine vorläufige Betreuerbestellung;
- der Betreuer wird die Genehmigung eines Unterbringungsantrages stellen;
- das Gericht wird den Unterbringungsantrag des Betreuers wegen Vorliegen der Voraussetzungen des § 1906 BGB genehmigen;[29]
- das ärztliche Zeugnis muss von einem in der Psychiatrie erfahrenen Arzt ausgestellt sein[30] (vgl § 321 Abs. 1 S. 4 FamFG) und zu dem Zustand des Betroffenen, seiner Einwilligungsfähigkeit und zur Erforderlichkeit und Dringlichkeit der Maßnahme Stellung nehmen;[31]

---

20 OLG Colmar, Entscheidungen in Angelegenheiten der freiwilligen Gerichtsbarkeit, RJA 15, 271, 273; KG J 51, 319, 322 (Jahrbuch der Entscheidungen des Kammergerichts).
21 RGSt 75, 146, 147.
22 Jürgens/Klüsener, § 1846 BGB Rn 6.
23 AG Nidda BtPrax 2007, 140.
24 AG Hamburg-Wandsbeek BtPrax 2001, 131 für Dialysebehandlung; AG Nettetal FamRZ 1996, 1104 für Bluttransfusion.
25 LG Kaiserslautern v. 20.1.2003, 1 T 292/02.
26 LG München I FamRZ 2008, 184 ff.
27 HK-BUR/Rink, § 1846 BGB Rn 9.
28 BGH FamRZ 2002, 744, 745.
29 BayObLG BtPrax 2001, 38, 39.
30 OLG Zweibrücken BtPrax 2003, 80.
31 Jürgens/Klüsener, § 1846 BGB Rn 13; KKW/Kayser, § 70 h FGG Rn 7, 10.

- dem Betroffenen ist unverzüglich – regelmäßig am nächsten Arbeitstag – ein Betreuer oder vorläufiger Betreuer zu bestellen.[32]

7 Dem nach vorläufiger zivilrechtlicher Unterbringung unverzüglich bestellten Betreuer muss Gelegenheit gegeben werden, die Interessen des Betroffenen wahrzunehmen und die Entscheidung über die Fortdauer der Unterbringung in eigener Verantwortung zu treffen. Dem Betreuer muss daher diese Aufgabe bekanntgemacht werden.[33] Für eine unmittelbar durch das Gericht angeordnete Unterbringung bzw unterbringungsähnliche Maßnahme gelten die Verfahrensregeln des § 331 FamFG entsprechend.

8 Bei einer Maßregel, die eine **ärztliche Heilmaßnahme** zum Gegenstand hat, sind gerichtsseits wegen des Eingriffs in die körperliche Integrität folgende Verfahrensgarantien einzuhalten:

- persönliche Anhörung des Betroffenen oder im Falle von Verständigungsunfähigkeit Verschaffung eines persönlichen Eindrucks;
- Einholen eines ärztlichen Zeugnisses über den Zustand des Betroffenen;
- Bestellung eines Verfahrenspflegers.[34]

Demgegenüber sind vital indizierte Behandlungsmaßnahmen bei einem nicht ansprechbaren Patienten von einer mutmaßlichen Einwilligung umfasst.[35]

9 Die **örtliche Zuständigkeit** des Betreuungsgerichts ergibt sich aus dem:

- gewöhnlichen Aufenthalt des Betroffenen, § 272 Abs. 1 Nr. 2 FamFG;
- Gericht, bei dem das Betreuungsverfahren anhängig ist, § 272 Abs. 1 Nr. 1 FamFG;
- Gericht, bei dem das Fürsorgebedürfnis auftritt, § 272 Abs. 1 Nr. 3 FamFG.

10 Sachliche Zuständigkeit:

11 a) **Richter**

- Unterbringungsentscheidungen,
- Einwilligung in ärztliche Maßnahmen,
- Vorläufige Maßnahmen bei noch nicht angeordneter Betreuung.

12 b) **Rechtspfleger**

- Entscheidungen im Vorfeld einer Vollmachts- oder Kontrollbetreuung.[36]

13 **Rechtsmittel:**

- Gegen allgemeine Maßregeln: Beschwerde, §§ 58, 63 Abs. 1 FamFG;
- Kontrollmaßregeln entsprechend § 1896 Abs. 3 BGB: Erinnerung gem. § 11 Abs. 2 RPflG, §§ 58, 63 Abs. 1 FamFG;
- Einwilligungsvorbehalt und Unterbringung: sofortige Beschwerde, §§ 58, 63 Abs. 2 FamFG.

---

32 BGH FamRZ 2002, 744, 745; BayObLG Rpfleger 2003, 426, 427.
33 BayObLG FamRZ 2003, 783.
34 HK-BUR/Rink, § 1846 BGB Rn 13.
35 OLG Bamberg v. 5.12.2011, 4 U 72/11 Rn 71, 72 VersR 2012, 1440 = GesR 2012, 157.
36 HK-BUR/Rink, § 1846 BGB Rn 2.

Beschwerdeberechtigt sind der Betroffene und der Betreuer. 14

III. Bedeutung für den Betreuer

Aus dem Ausnahmecharakter der Vorschrift folgt die vorläufige Natur der von 15
dem Gericht getroffenen Regelung. Es ist die Pflicht des (vorläufigen) Betreuers
zu prüfen, inwieweit er die Maßregel aufheben, ändern oder beibehalten
will.[37]

§ 1857a BGB Befreiung des Jugendamts und des Vereins

Dem Jugendamt und einem Verein als Vormund stehen die nach § 1852
Abs. 2, §§ 1853, 1854 zulässigen Befreiungen zu.

I. Einleitung

Die Vorschrift ist sinngemäß auf die Betreuung durch den Vater, die Mutter, 1
den Ehegatten, den Lebenspartner iSd § 1 LPartG (nicht aber Lebensgefährten), ein Kind des Betreuten sowie auf den Vereins- bzw den Behördenbetreuer
anzuwenden, soweit das Betreuungsgericht nichts anderes anordnet, § 1908i
Abs. 2 S. 2 BGB. Statt Jugendamt ist Betreuungsbehörde zu lesen.[1] Bei folgenden **Betreuertypen** sind also die in §§ 1852 Abs. 2, 1853 und 1854 BGB vorgesehenen Befreiungen möglich:

- Behördenbetreuer, Betreuungsbehörde;
- Vereinsbetreuer, Betreuungsvereine;
- Eltern, Ehegatten, Lebenspartner, Kinder.

Die Regelung soll nach der Vorstellung des Gesetzgebers bei besonders nahen 2
Angehörigen und Personen, die aufgrund ihrer Stellung innerhalb eines Vereins
oder einer Behörde ohnehin kontrolliert werden, ein Stück Entbürokratisierung bringen.[2] Gleichwohl begegnete bereits im Gesetzgebungsverfahren die
Einbeziehung aller nahen Verwandten des Betreuten in den Kreis der befreiten
Betreuer Bedenken. Zu Recht wurde dagegen vorgebracht, das Bestehen eines
Verwandtschaftsverhältnisses garantiere nicht per se eine bessere Amtsführung.[3] Vor diesem Hintergrund erfolgte die Aufnahme der Änderungsermächtigung in § 1908i Abs. 2 S. 2 BGB. Die gesetzlich möglichen Befreiungen können jederzeit durch Anordnungen des Betreuungsgerichtes eingeschränkt bzw
aufgehoben werden. Zuständig für die laufende Aufsicht über die Führung der
Betreuung ist der Rechtspfleger, § 3 Nr. 2a RPflG.

II. Bedeutung für das Betreuungsgericht

Das Betreuungsgericht ist bereits bei der Betreuerbestellung aufgerufen, durch 3
geeignete Maßnahmen eine ordnungsgemäße Vermögensverwaltung zugunsten
des Betreuten sicherzustellen. Ist der Betreute krankheitsbedingt nicht mehr in

---

37 BtKomm/Roth, A Rn 102.
1 Damrau/Zimmermann, § 1857a BGB Rn 1.
2 BT-Drucks. 11/4528, 160.
3 Kirsch, Ergänzende Bemerkungen zum Betreuungsgesetz-Entwurf, Rpfleger 1989, 485, 486 mwN.

der Lage, einen Betreuerwunsch zu äußern, hat das Betreuungsgericht bei der Auswahl des Betreuers auf verwandtschaftliche und sonstige Bindungen des Betreuten Rücksicht zu nehmen, § 1897 Abs. 5 BGB. Gerade bei der Bestellung eines Kindes des Betreuten zum Betreuer mit dem Aufgabenkreis der Vermögenssorge ist die Gefahr von Interessenkonflikten zu thematisieren. Es besteht bei einem Kind des Betreuten die (naheliegende) Versuchung, die Vermögensverwaltung eher zu den eigenen Gunsten zu führen. Liegen dem Betreuungsgericht diesbezüglich Anhaltspunkte oder Hinweise vor, ist es gleichwohl nicht ermessensfehlerhaft, ein Kind zum Betreuer zu bestellen.[4] Es ist vielmehr dem **Verhältnismäßigkeitsgrundsatz** Rechnung zu tragen, der die Gerichte verpflichtet, zunächst die zu Gebote stehenden Mittel der Aufsicht und der Ausübung des Weisungsrechtes zu nutzen. Vorrangig ist also stets zu versuchen, den Betreuer über die Instrumentarien des § 1837 Abs. 2 und 3 BGB zu einer ordnungsgemäßen Amtsführung und Erledigung seiner Aufgaben anzuhalten.[5] Dieser für die Entlassung des Betreuers entwickelte Grundsatz gilt auch bei der Betreuerauswahl.[6] Insbesondere berechtigt und verpflichtet er die Gerichte, schon bei der Betreuerbestellung von der Möglichkeit einer **engeren Kontrolle** des Betreuers gemäß § 1908 i Abs. 2 S. 2 BGB Gebrauch zu machen. Ist im Einzelfall eine engere Kontrolle des Betreuers angezeigt, ist eine – ggf zeitlich beschränkte – Eingrenzung oder Aufhebung der Befreiung/en vom Betreuungsgericht anzuordnen.[7] Die Anordnung der Aufhebung der Befreiung des Betreuers von der jährlichen Rechnungslegungspflicht ist eine Ermessensentscheidung des Tatrichters, die vom Gericht der weiteren Beschwerde nur auf Rechtsfehler überprüft werden kann.[8] Der Maßstab für eine Eingrenzung/Aufhebung von Befreiungen ist ausschließlich das Wohl des Betreuten, das im Falle einer Beibehaltung der gesetzlichen Befreiungen gefährdet wäre und dem anders nicht abgeholfen werden kann.[9] So kann es beispielsweise angezeigt sein, bereits bei der Betreuerbestellung den Sohn/die Tochter nachdrücklich auf die Verpflichtung zur persönlichen Betreuung und jährlichen Berichterstattung über die persönlichen Verhältnisse hinzuweisen sowie die Rechnungslegung über das Vermögen des Betreuten anzuordnen.[10] Dasselbe gilt für einen Betreuer, dem es an Erfahrung und Sachkompetenz mangelt und der sich Ratschlägen des Gerichts verschließt.[11] Nach Wegfall der **Gefährdung des Wohls des Betreuten** kann das Betreuungsgericht die Eingrenzung/Aufhebung von Befreiungen wieder in Kraft setzen.[12] Wurde dagegen die Mitarbeiterin eines anerkannten Betreuungsvereins zur Betreuerin bestellt, ist grundsätzlich gewährleistet, dass die Betreuung im Aufgabenkreis der Vermögenssorge das Wohl des Betroffenen nicht gefährdet.[13] Der befreite Betreuer hat das **Vermögensverzeichnis** am Anfang der Betreuung im Rahmen einer angemessenen Frist von ca. vier bis maximal acht Wochen zu erstellen und dem Betreuungsgericht vorzulegen sowie al-

---

4 BayObLG FamRZ 1999, 51, 52.
5 Meier, Handbuch Betreuungsrecht Rn 424.
6 BayObLG FamRZ 1994, 324; FamRZ 1996, 1105.
7 BT-Drucks. 11/4528, 160; LG München I BtPrax 1998, 83.
8 BayObLG FamRZ 2003, 475, 476.
9 Staudinger/Bienwald, § 1908 i BGB Rn 298.
10 BayObLG FamRZ 1997, 51, 52.
11 BayObLG aaO; LG München I FamRZ 1998, 701.
12 Palandt/Götz, § 1857 BGB Rn 1.
13 LG München I FamRZ 1999, 468.

le zwei Jahre eine **Übersicht** über den **Bestand des Vermögens.** Dieser Zeitraum kann auf bis zu fünf Jahre verlängert werden, § 1854 Abs. 2 S. 2 BGB. Das Betreuungsgericht überprüft im Rahmen seiner Aufsichtsführung das Vermögensverzeichnis und die Vermögensübersichten in **formeller Hinsicht.** Bestehen Bedenken hinsichtlich der Ordnungsgemäßheit der getätigten Angaben ist die materielle Richtigkeit und Vollständigkeit zu prüfen. Es sind dann im Wege der Amtsermittlung ggf Bankauskünfte einzuholen und es ist darüber nachzudenken, ob **beispielsweise** Veranlassung besteht zur

- versperrten Anlage von Guthaben, § 1809 BGB;
- Anordnung von Hinterlegungen, § 1818 BGB;
- Zurücknahme von Befreiungen, § 1908 i Abs. 2 BGB.

Das Betreuungsgericht hat also auffälligen Bestandsveränderungen und sonstigen Anhaltspunkten nachzugehen, die das in den befreiten Betreuer gesetzte Vertrauen in Frage stellen, § 1837 Abs. 2 BGB.[14] Die jährliche obligatorische Berichtspflicht nach § 1840 Abs. 1 BGB ist seitens des Betreuungsgerichtes genau zu überwachen. Bei Veranlassung sind Einzelauskünfte gemäß § 1839 BGB, zB die Einsicht in Papiere wie Verträge und Sparbücher entsprechend § 1799 Abs. 2 BGB, zu verlangen und der Betreuer ist aufzufordern, persönlich bei Gericht zu erscheinen und den Bericht mündlich zu erstatten.

Bei befreiten Betreuungen, die durch Angehörige ausgeübt werden, ist insbesondere eine **Kontrolle** dahin gehend veranlasst, ob

- dem Betreuten genügend eigene Mittel zur Verfügung stehen bzw wie die seitens der Leistungsträger gezahlten Barbeträge und weitere Leistungen (zB Kleidergeld etc) verwendet werden;
- den Wünschen des Betreuten entsprochen wird, § 1901 BGB.

Die Eingrenzung/Aufhebung von gesetzlich angeordneten Befreiungen zur Abwendung einer Gefährdung des Wohls des Betreuten kommt ausschließlich gegenüber den im Gesetz genannten nahen Angehörigen in Betracht, nicht gegenüber Vereinen und Behörden. Gegenüber diesen stehen als Aufsichtsmittel lediglich Gebote und Verbote nach § 1837 Abs. 2 BGB zur Verfügung bzw schlimmstenfalls die Entlassung, § 1908 b Abs. 1 BGB.

III. Bedeutung für die Betreuungsbehörde

In vermögensrechtlicher Hinsicht können der zum Betreuer bestellten Betreuungsbehörde, § 1900 Abs. 4 BGB, durch Landesrecht weitere Befreiungen von der vermögensrechtlichen Aufsicht des Betreuungsgerichtes und bei dem Abschluss von Lehr- und Arbeitsverträgen – hiervon machten Bremen und Hamburg Gebrauch – erteilt werden. Diese Möglichkeiten nutzten einige Länder in unterschiedlichem Umfang. Die **Entbindungen** in vermögensrechtlicher Sicht werden anhand der Paragrafen im Nachstehenden vorgestellt:

- Einreichen eines Vermögensverzeichnisses, § 1802 BGB: Baden-Württemberg, Bayern, Bremen, Hamburg, Hessen, Sachsen-Anhalt;
- Vermögensverwaltung nach Anordnungen Dritter, § 1803 Abs. 2 BGB: Baden-Württemberg, Bayern, Bremen, Hamburg, Hessen;

---

14 Jürgens/Klüsener, § 1857 a BGB Rn 9.

- Gestattung anderer Geldanlagen, § 1811 BGB: Baden-Württemberg, Bayern, Berlin, Hamburg, Hessen, Sachsen-Anhalt;
- Verfügung über Forderungen und Wertpapiere, § 1812 BGB: Baden-Württemberg, Bayern;
- Anordnung der Hinterlegung, § 1818 BGB: Baden-Württemberg, Bayern, Berlin, Bremen, Hamburg, Hessen, Sachsen-Anhalt, Hessen;
- Genehmigung zur Verfügung über hinterlegte Papiere, § 1819 BGB: Baden-Württemberg, Bayern, Hessen, Sachsen-Anhalt;
- Genehmigung zur Verfügung über umgeschriebene Papiere und Buchforderungen, § 1820 BGB: Baden-Württemberg, Bayern, Hessen, Sachsen-Anhalt;
- Genehmigungen über Grundstücksgeschäfte, § 1821 BGB: Baden-Württemberg, Bremen, Hamburg, Hessen, Sachsen-Anhalt;
- Genehmigungen für riskante und sonstige bedeutsame Geschäfte, § 1822 BGB: Baden-Württemberg Nr. 1 bis 13, Bayern Nr. 6 und 7, Berlin Nr. 6 und 7, Bremen Nr. 1 bis 4 und 6 bis 13, Hamburg ohne Einschränkung, Hessen Nr. 1 bis 13, Sachsen-Anhalt Nr. 1, 2, 5 bis 8 und 13;
- Erwerbsgeschäft des Betreuten, § 1823 BGB: Baden-Württemberg, Bremen, Hamburg, Hessen;
- Überlassung von Gegenständen an den Betreuten, § 1824 BGB: Baden-Württemberg, Bremen, Hamburg, Hessen, Sachsen-Anhalt;
- Rechnungslegung über die Vermögensverwaltung, § 1840 Abs. 2 bis 4 BGB: Hamburg;
- Vermögensübersicht im zweijährigen Abstand, § 1854 Abs. 2 BGB: Baden-Württemberg, Berlin, Hessen, Sachsen-Anhalt;
- Schlussrechnung bei Amtsbeendigung, § 1892 BGB: in den Ländern Baden-Württemberg und Hamburg genügt die Einreichung einer zusammenfassenden Darstellung der Einnahmen mit Ausgaben sowie der Vermögensentwicklung;
- Genehmigung zur Wohnungsauflösung, § 1907 BGB: Hamburg.

Die dem Jugendamt bundesrechtlich nach §§ 56 Abs. 2 S. 1, 2 und Abs. 3 SGB VIII zustehenden Befreiungen gelten nicht für die Betreuungsbehörde, ebenso wenig wie die weit reichenderen landesrechtlichen Ausnahmen, § 56 Abs. 2 S. 3 SGB VIII. Insbesondere die dem Jugendamt eröffnete Möglichkeit, Mündelgelder auf Sammelkonten bereitzuhalten und anzulegen ist im Bereich der Betreuung Volljähriger nicht praktizierbar.[15]

IV. Bedeutung der Vorschrift für den Betreuer

8 Der Betreuer ist von folgenden Maßnahmen befreit:
- Mündelsperrvermerk nach § 1809 BGB;
- Genehmigung nach § 1810 BGB zur regelmäßigen Anlage von Betreutengeldern;

---

15 Jürgens/Klüsener, § 1857 a BGB Rn 22.

- Genehmigungspflichten bei Kontoabhebungen, -auflösungen, -zusammenlegungen;
- Genehmigungspflicht bei der Verfügung über Forderungen und Wertpapiere, § 1812 BGB;
- Hinterlegung von Wertpapieren, § 1814 BGB;
- Sperrung von Buchforderungen, § 1816 BGB;
- Befreiung von der Pflicht zur jährlichen Rechnungslegung, § 1840 Abs. 2 bis 4 BGB.

Bestehenbleibende **Pflichten des befreiten Betreuers**:
- Aufstellen eines Vermögensverzeichnisses nach § 1802 BGB;
- mündelsichere Geldanlage nach §§ 1806, 1807 ff BGB;
- Genehmigung einer anderen Geldanlage, § 1811 BGB;
- jährliche Berichtspflicht nach § 1840 Abs. 1 BGB;
- Übersicht über den Vermögensbestand im zweijährigen Rhythmus, § 1840 Abs. 2 BGB;
- Genehmigungspflichten für Grundstücksgeschäfte nach § 1821 BGB und alle in § 1822 BGB aufgeführten Rechtsgeschäfte;
- Schlussrechnung mit Belegpflicht, § 1892 BGB;
- Rechenschaftslegungspflicht gegenüber dem ehemaligen Betreuten bzw Rechtsnachfolger nach Aufhebung/Ende der Betreuung;[16]
- Genehmigungspflicht zur Wohnungsauflösung nach § 1907 BGB mit Ausnahme Hamburg für Betreuungsbehörde;[17]
- Einrichten eines Bankkontos.[18]

Bei Vorhandensein eines **Gegenbetreuers** ist diesem zunächst die Vermögensübersicht vorzulegen und nachzuweisen, § 1854 Abs. 3 S. 1 BGB. Der Gegenbetreuer versieht die Übersicht mit den Bemerkungen, die nach Lage der Dinge angebracht sind, § 1854 Abs. 3 S. 2 BGB. Ein Gegenvormund kann bei Vorliegen der Voraussetzungen des § 1792 Abs. 2 BGB noch nachträglich – auch bei Vereinsbetreuung, nicht aber bei Behördenbetreuung – bestellt werden. Erfüllt ein anerkannter Betreuungsverein, dessen Mitarbeiterin Betreuerin ist, die gesetzlichen Voraussetzungen gemäß § 1908 f BGB, so ist grundsätzlich gewährleistet, dass die Betreuung im Aufgabenkreis der Vermögenssorge das Wohl der Betroffenen nicht gefährdet.[19] Das Gericht hat von daher ohne konkrete Anhaltspunkte für eine Gefährdung des Wohls des Betreuten keine Befugnis, die Befreiungen einzuschränken.

Die Befreiung nach § 1857 a BGB betrifft ausschließlich die periodische Rechnungslegung, nicht aber die Pflicht, eine Schlussrechnung einzureichen, und zwar für die gesamte Zeit der Vermögensverwaltung. Auch bei der befreiten Betreuung umfasst gemäß § 1841 BGB die Schlussrechnung nicht lediglich ein Vermögensverzeichnis ohne Aufschlüsselung der Zu- und Abgänge. Die nach § 1890 S. 2 BGB grundsätzlich mögliche Bezugnahme auf die dem Betreuungs-

---

16 OLG Thüringen FamRZ 2001, 579.
17 Staudinger/Bienwald, § 1908 i BGB Rn 313.
18 LG Krefeld Rpfleger 2001, 302, 302.
19 LG München I FamRZ 1999, 468.

gericht gelegte periodische Rechnungslegung ist nicht möglich, wenn der Betreuer von dieser jährlichen Rechnungslegungspflicht nach den §§ 1908 i Abs. 2 S. 2, 1857 a BGB befreit war.[20]

V. Bedeutung für den Betreuten

11   Der (geschäftsfähige) Betreute selbst ist nicht befugt, Befreiung zu erteilen.[21] Der Betreute ist regelmäßig nicht in der Lage, Nachlässigkeiten, Fehler oder Missbräuche in der Vermögensverwaltung zu erkennen und diesen wirksam entgegenzutreten.[22] Der geschäftsfähige Betreute kann allerdings den Betreuer bevollmächtigen und auf diese Art und Weise ein Rechtsgeschäft der betreuungsgerichtlichen Kontrolle entziehen. Es stellt sich jedoch in einem solchen Fall die Frage nach der Erforderlichkeit einer Betreuung.

§ 1888 BGB Entlassung von Beamten und Religionsdienern

Ist ein Beamter oder ein Religionsdiener zum Vormund bestellt, so hat ihn das Familiengericht zu entlassen, wenn die Erlaubnis, die nach den Landesgesetzen zur Übernahme der Vormundschaft oder zur Fortführung der vor dem Eintritt in das Amts- oder Dienstverhältnis übernommenen Vormundschaft erforderlich ist, versagt oder zurückgenommen wird oder wenn die nach den Landesgesetzen zulässige Untersagung der Fortführung der Vormundschaft erfolgt.

1   § 1888 BGB findet über § 1908 i Abs. 1 S. 1 BGB im Betreuungsrecht Anwendung. § 1888 BGB ergänzt § 1784 BGB. Wird die Erlaubnis, der ein Beamter oder Religionsdiener zur Führung einer Betreuung bedarf, versagt oder aufgehoben oder wird die Fortführung der Betreuung untersagt, ist der Betreuer zu entlassen.

2   Für die Entscheidung nach § 1888 BGB ist der **Rechtspfleger** zuständig (§§ 3 Nr. 2 b, 15 RPflG).

§ 1890 BGB Vermögensherausgabe und Rechnungslegung

¹Der Vormund hat nach der Beendigung seines Amts dem Mündel das verwaltete Vermögen herauszugeben und über die Verwaltung Rechenschaft abzulegen. ²Soweit er dem Familiengericht Rechnung gelegt hat, genügt die Bezugnahme auf diese Rechnung.

I. Einleitung

1   Die Vorschrift ist auf die Betreuung sinngemäß anzuwenden, § 1908 i Abs. 1 S. 1 BGB. Voraussetzung ist, dass dem Betreuer ganz oder teilweise die Vermögenssorge übertragen war. Die Norm regelt die wichtigsten **Folgen der Beendigung des Betreueramtes**. Die Ansprüche auf Vermögensherausgabe und Rechenschaftslegung stehen dem Betreuten/dem Rechtsnachfolger (Erbe/n) zu,

---

20   OLG Jena BtPrax 2001, 87.
21   OLG München BtPrax 2006, 80.
22   OLG Hamm Rpfleger 1989, 20.

der diese entweder selbst oder durch einen neuen Betreuer geltend machen muss. Bei der Rechnungslegung wirken der Gegenvormund, § 1891 BGB, und das Betreuungsgericht, § 1892 BGB, mit. Zu unterscheiden ist zwischen den Pflichten des Betreuers gegenüber dem Betreuten, § 1890 BGB, und denjenigen gegenüber dem Betreuungsgericht, § 1892 BGB. Bei Insolvenz des Betreuers hat der Betreute bezüglich seiner Vermögensgegenstände ein Aussonderungsrecht, § 47 InsO.[1] Es besteht Rechtspflegerzuständigkeit, §§ 3 Nr. 2, 15 Abs. 1 Nr. 4 RPflG.

II. Bedeutung für das Betreuungsgericht

1. Herausgabeanspruch

Der Herausgabeanspruch bezieht sich auf das gesamte Vermögen des Betreuten. Mit dem Amtsende erlischt das Besitzrecht des Betreuers am Eigentum des Betreuten. Es handelt sich um einen privatrechtlichen Anspruch des Betreuten/des Rechtsnachfolgers, der auf dem Zivilrechtsweg durchzusetzen ist.[2] Zwangsmittel des Betreuungsgerichtes nach § 1837 Abs. 3 BGB sind daher nach zutreffender Ansicht unzulässig.[3] Statthaft ist allerdings Rechtshilfe zur Vermittlung der Herausgabe. Im Einverständnis mit dem Betreuer kann das Betreuungsgericht das Betreuungsgericht am Wohnsitz des ehemaligen Betreuten ersuchen, diesem beispielsweise in den Akten befindliche Urkunden auszuhändigen.

2. Rechenschaftslegungspflicht

Aus der Rechtsnatur des Anspruchs ergibt sich lediglich eine **Kontrollfunktion des Betreuungsgerichts** bezüglich der dem Betreuer obliegenden Pflicht zur Schlussrechnungslegung. Zur Vorlage einer formell ordnungsgemäßen Schlussrechnung kann das Betreuungsgericht den Betreuer mittels Zwangsgeld, § 1837 Abs. 3 BGB, anhalten.[4] Die Schlussrechnung ist bei dem Betreuungsgericht nach § 1892 Abs. 1 BGB einzureichen. Das Betreuungsgericht prüft die vorgelegte Schlussrechnung nur auf formale Richtigkeit und Vollständigkeit und vermittelt deren Abnahme, § 1892 Abs. 2 S. 1 BGB. Das Betreuungsgericht darf auch bei einem geschäftsfähigen Betreuten nach Aufhebung der Betreuung in geeigneten Fällen, wie zB geringem Vermögen, einen **Verzicht** auf die Rechenschaftslegung vermitteln.[5] Die materielle Richtigkeit der Schlussrechnung kann von dem Betreuungsgericht nicht mit Zwangsmitteln durchgesetzt werden, § 1837 Abs. 3 BGB. Ebenso wenig besteht wegen der Amtsbeendigung und dem beendeten Aufsichtsrecht die Möglichkeit, nach § 1839 BGB Unterlagen über den Vermögensbestand zu verlangen. Im Streitfall ist es also Sache der ordentlichen Gerichte, darüber zu befinden, ob die von dem Betreuer erstellte Rechenschaft ordnungsgemäß ist oder nicht. Ansonsten stellt ein Verzicht auf Rechenschaftslegung durch einen neuen Betreuer des Betreuten eine genehmigungsbedürftige Verfügung über eine (mögliche) Forderung des Be-

---

1 NK-BGB/Fritsche, § 1890 BGB Rn 3.
2 KG FamRZ 1969, 446.
3 Damrau/Zimmermann, § 1890 BGB Rn 3.
4 LG Münster Rpfleger 2002, 265; OLG Schleswig FamRZ 2006, 574.
5 RGZ 115, 368, 370.

treuten nach § 1812 Abs. 1 S. 1 BGB dar.[6] Diese ist regelhaft nicht genehmigungsfähig.[7] Verzichtete der ehemalige geschäftsfähige Betreute oder sein Rechtsnachfolger auf die Rechenschaft, kann das Betreuungsgericht zur Durchsetzung dieser Pflicht kein Zwangsgeld mehr gegen den ehemaligen Betreuer anordnen.

Die Bewilligung und die förmliche Festsetzung der Vergütung des Betreuers nach Beendigung der Betreuung durch das Betreuungsgericht kann nicht von einer vorherigen Erstellung der Schlussrechnung durch den Betreuer abhängig gemacht werden. Ein etwaiges pflichtwidriges Verhalten des Betreuers mindert nicht dessen Vergütungsanspruch. Die Vergütung ist aufgrund der zum Zeitpunkt der Vergütungsfestsetzung vorhandenen Erkenntnismöglichkeiten festzusetzen. Beim Auftreten veränderter Umstände kann die erfolgte Festsetzung durch eine erneute Festsetzung wieder aufgehoben werden.[8]

Eine Einsichtnahme in die Betreuungsakten kann dem entlassenen Betreuer nicht mit der Begründung verwehrt werden, nicht mehr am Verfahren beteiligt zu sein. War der Betreuer verfahrensbeteiligt, ist von einem berechtigten Interesse an der Einsichtnahme in die diesen Verfahrensabschnitt betreffenden Akten auszugehen. Befindet sich der entlassene Betreuer allerdings bereits im Besitz erbetener Informationen und ist nicht ersichtlich, inwieweit die erstrebte Akteneinsicht zu weiteren Erkenntnissen führt, so ist das berechtigte Interesse konkret darzulegen.[9]

III. Bedeutung für die Betreuungsbehörde

4   In den Bundesländern Baden-Württemberg und Hamburg ist die Behörde als Betreuer von der Verpflichtung zur Schlussrechnung dispensiert; es genügt die Einreichung einer zusammenfassenden Darstellung der Einnahmen und Ausgaben sowie der Vermögensentwicklung. Die Verpflichtung zur Vermögensherausgabe ist hiervon nicht berührt.

IV. Bedeutung für den Betreuer
1. Herausgabepflicht

5   Der Vermögensherausgabeanspruch gibt dem Betreuten einen Anspruch auf **sofortige Herausgabe sämtlichen Vermögens**, das der Verwaltung durch den Betreuer unterlag. Das von Dritten (Hausverwalter, Testamentsvollstrecker usw) verwaltete Vermögen ist nicht von der Herausgabepflicht umfasst. Zur Vermögensherausgabe gehört auch die Herausgabe der zur Geltendmachung von Forderungen, Rechten oder hinterlegten Gegenständen erforderlichen Papiere, Urkunden, wie etwa Sparbücher, und der anderen benötigten Schriftstücke.[10] Hierzu zählen auch die zur unbaren Zahlung und Geldabhebung beschafften EC-, Konto- und Kreditkarten.[11] In einem Schließfach hinterlegte Gegenstände oder Kostbarkeiten sind zweckmäßigerweise gegen Quittung zu

---

6 BayObLG BtPrax 2001, 39, 40.
7 Formella BtPrax 1995, 21, 22.
8 LG Saarbrücken FamRZ 2010, 328; LG Kleve FamRZ 2011, 1817, BGH BtPrax 2012, 163; OLG Schleswig FamRZ 2012, 143.
9 KG v. 14.3.2006, 1 W 445/04.
10 NK-BGB/Fritsche, § 1890 BGB Rn 2.
11 HK-BUR/Deinert, § 1890 BGB Rn 43.

übergeben. Der Herausgabeanspruch erstreckt sich ebenso auf Schriftstücke von Dritten (Vertragspartner des Betreuten, Behörden, Sozialleistungsträgern usw.), die der Betreuer als gesetzlicher Vertreter erhielt (§§ 131 BGB, 6 VwZG). Der Betreuer ist verpflichtet, auf Anforderung ein **Bestandsverzeichnis** vorzulegen, § 260 BGB. Die zu den Handakten des Betreuers gehörigen Verwaltungsunterlagen sind von der Herausgabepflicht nicht umfasst. Hierunter fällt die Korrespondenz des Betreuers mit dem Betreuungsgericht (zB Jahresberichte, Rechnungslegung, Vergütungsanträge). Die Gestattung von Akteneinsicht und Aktenherausgabe ist nicht geschuldet.[12] Die Kosten der Herausgabe fallen dem Betreuten zur Last.[13] Es handelt sich um eine Holschuld, § 269 BGB. Der Betreuer ist weiterhin nicht zur Löschung von Sperrvermerken nach §§ 1809, 1815, 1816 BGB verpflichtet. Die ggf erforderliche Beseitigung von Sperrvermerken ist eine Aufgabe des jeweiligen Anspruchsinhabers. Der Betreute bzw sein Rechtsnachfolger erhalten jedoch auf Antrag von dem Betreuungsgericht eine Bescheinigung, die das Ende der Betreuung bestätigt.[14]

Der Betreuer kann von dem Betreuten eine **Quittung** über die Herausgabe verlangen, § 368 BGB.[15] Es empfiehlt sich, die herausgegebenen Gegenstände und weiteren Vermögenswerte einzeln aufzulisten.

Gibt es nach dem Tod des Betreuten mehrere Erben, ist aus haftungsrechtlichen Gründen entweder eine Herausgabe nur an alle Erben gleichzeitig (alle Erben erscheinen zur Abholung im Büro) oder aber Herausgabe an einen von allen Erben Bevollmächtigten ratsam. Sind die Erben unbekannt und ist vom Gericht ein Nachlasspfleger bestellt worden, kann diesem der Nachlass ausgehändigt werden. Zur Entgegennahme des Vermögens braucht der Nachlasspfleger allerdings eine Genehmigung des Nachlassgerichts nach § 1812 BGB, soweit nicht die Ausnahmeregelung des § 1813 BGB greift (Annahme einer geschuldeten Leistung).[16]

Dem Berufsbetreuer steht ein **Zurückbehaltungsrecht** an den Akten wegen seines Aufwendungsersatzanspruchs und des Vergütungsanspruchs nach §§ 273, 274 BGB zu.[17] Dieses Zurückbehaltungsrecht entfällt, wenn die Staatskasse Adressat des Vergütungsanspruchs und des Auslagenersatzes ist. Aber auch bei vermögenden Betreuten darf das Zurückbehaltungsrecht nur angemessen ausgeübt werden. Wegen der Vergütungsansprüche des Betreuers wäre die Verweigerung der Herausgabe des gesamten Vermögens unverhältnismäßig, wenn eine Sicherung der Auslagen- und Vergütungsansprüche bereits durch das Zurückhalten eines Teils erreicht wird.[18] Wird der Vormund nach Volljährigkeit des Mündels zu dessen Betreuer bestellt, besteht eine Rechnungslegungspflicht, aber keine Herausgabepflicht.[19]

6

---

12 Damrau/Zimmermann, § 1890 BGB Rn 2.
13 RGRK-Scheffler, § 1890 BGB Rn 2.
14 Palandt/Götz, § 1890 BGB Rn 2.
15 HK-FamR/Kemper, § 1890 BGB Rn 2.
16 Zimmermann, Betreuung und Erbrecht 2012, Rn 741.
17 NK-BGB/Fritsche, § 1890 BGB Rn 3.
18 RGZ 61, 128.
19 Staudinger/Engler, § 1890 BGB Rn 8, 9.

2. Rechenschaftsanspruch des Betreuten

7 Nach Beendigung der Betreuung ist der Betreuer gegenüber dem Betreuungsgericht nicht mehr gemäß § 1840 BGB zur Rechnungslegung verpflichtet. An deren Stelle tritt die Rechenschaftspflicht nach § 1890 BGB.[20] Die Schlussrechnung knüpft an die letzte Rechnungslegung an. Es ist betreuerseits klarzustellen, auf welchen Zeitraum sich die Schlussrechnung bezieht. Bei angelegtem Vermögen sind ebenso die Zinserträge abzurechnen. Gibt es einen **Gegenbetreuer**, ist zunächst diesem die Schlussrechnung zur Rechnungsprüfung vorzulegen, § 1891 BGB. Die Rechenschaftspflicht des Betreuers gegenüber dem Betreuten ist strikt zu trennen und weiter gefasst als die der Rechnungslegungspflicht gegenüber dem Betreuungsgericht. Die Ausführung der Rechenschaft bemisst sich nach § 259 BGB. Danach ist eine übersichtliche Darstellung des Bestandes des verwalteten Vermögens und seiner Entwicklung während der Verwaltung unter geordneter Zusammenstellung aller Einnahmen und Ausgaben geschuldet. Der Betreuer ist zur Vorlage eines Verzeichnisses über den Vermögensbestand zum Zeitpunkt der Beendigung seines Amtes gem. § 260 BGB verpflichtet. Die Rechenschaftspflicht zwingt also den Betreuer, seine Amtsführung von Beginn bis zum Ende zu rechtfertigen; es sind alle Einnahmen und Ausgaben während der ganzen Amtszeit einzeln aufzuzeichnen, zu belegen und zu erläutern.[21] Freilich kann der Betreuer bei dem Vermögensverzeichnis auf das für das Betreuungsgericht erstellte Verzeichnis des Vermögens nach § 1802 BGB sowie auf die Jahresabrechnungen nach § 1840 BGB Bezug nehmen.[22] In der Regel wird sich die von dem Betreuer zu fertigende Schlussrechnung auf das letzte Rumpfjahr und die Dokumentation der dort stattgehabten Veränderungen beschränken. Besteht seitens des Betreuten oder seines Rechtsnachfolgers Grund zu der Annahme, das von dem Betreuer erstellte Vermögensverzeichnis sei nicht mit der erforderlichen Sorgfalt erstellt worden, kann von dem Betreuer, so die Voraussetzungen des § 260 Abs. 2 BGB vorliegen, die Abgabe der eidesstattlichen Versicherung verlangt werden.[23] Demgegenüber ist eine Versicherung des Betreuers, die vorgelegte Rechnungslegung sei richtig und vollständig, nicht geschuldet.[24]

8 Die durch das Betreuungsgericht geprüften Abrechnungen des Betreuers, die **keine Beanstandungen** ergaben, schneiden dem Betreuten keine juristischen Möglichkeiten ab. Die Überprüfung der Abrechnungen mit dem Ergebnis „nichts zu beanstanden" besagt lediglich, dass das Betreuungsgericht keinen Anlass zum Einschreiten wegen Pflichtwidrigkeit nach § 1837 BGB sah. Insofern ist der Betreute nicht gehindert, Rechnungsposten in „alten" Jahresabrechnungen zu monieren, die von dem Betreuungsgericht nicht bemängelt wurden. Die Verweisung des Betreuers auf die vom Betreuungsgericht geprüften Rechnungslegungen der Vorjahre schützt also nicht vor Beanstandungen des Betreuten bzw seines Rechtsnachfolgers. Ob und inwieweit also das Betreuungsgericht Abrechnungen des Betreuers beanstandete oder „genehmigte", ist für Ansprüche des Betreuten ohne Bedeutung.[25] Die Ablehnung des Betreu-

---

20 LG Saarbrücken BtPrax 2009, 195-197.
21 Damrau/Zimmermann, § 1890 BGB Rn 5.
22 Damrau/Zimmermann, § 1890 BGB Rn 2.
23 Jürgens/Klüsener, § 1890 BGB Rn 4.
24 BayObLG FamRZ 2004, 220.
25 OLG Karlsruhe FamRZ 2004, 1601, 1602.

ungsgerichts, die Schlussrechnung des Betreuers als „nicht ordnungsgemäß" zu beanstanden, ist kein anfechtbarer Beschluss iSd § 372 FamFG; der Betreute bzw dessen Erben sind auf das ordentliche Streitverfahren zu verweisen.[26]

Befreite Betreuer, die mitunter jahrelang keine Rechnungslegungen gegenüber dem Betreuungsgericht vornehmen mussten, sind im Falle einer Betreuungsaufhebung dem Rechenschaftsanspruch des Betreuten, ggf vertreten durch einen neuen Betreuer, bzw seines Rechtsnachfolgers, ausgesetzt. Die Befreiung nach § 1857a BGB betrifft ausschließlich die periodische Rechnungslegung, nicht aber die Pflicht, eine Schlussrechnung einzureichen und zwar für die gesamte Zeit der Vermögensverwaltung.[27] In der Regel wird es allerdings genügen, die Kontoauszüge mit den dazugehörigen Belegen zeitlich zu ordnen und eine nach Kalender- oder Rechnungsjahren unterteilte Übersicht über die Entwicklung des Vermögens während der Amtszeit vorzulegen.[28]

Die von einem neuen Betreuer einem Vorbetreuer erteilte **Entlastungserklärung** stellt sich ihrem materiellen Gehalt nach als ein negatives Anerkenntnis iSd § 397 Abs. 2 BGB dar.[29] Durch die Entlastungserklärung wird auf Ansprüche verzichtet, die zum Zeitpunkt ihrer Erteilung erkennbar waren bzw mit der gebotenen Sorgfalt hätten erkannt werden können. Es liegt darin ein etwaiger Forderungsverzicht, der im Falle eines **Betreuerwechsels** der betreuungsgerichtlichen Genehmigung nach §§ 1908i, 1812 Abs. 1 S. 1 BGB bedarf. Eine ohne die erforderliche betreuungsgerichtliche Genehmigung erklärte Entlastung des Vorbetreuers ist nichtig.[30] Seitens eines nachfolgenden Betreuers besteht in Ansehung der weit reichenden Folgen eines Forderungsverzichtes – immerhin wird eine günstige Rechtsposition des Betreuten bzw seiner Rechtsnachfolger aufgegeben – wenig Veranlassung, eine Entlastungserklärung auszusprechen.

Der Betreuer besitzt gegenüber dem Betreuten, dessen Rechtsnachfolger oder dem nachfolgenden Betreuer im Falle eines Betreuerwechsels **keinen Anspruch auf Erteilung einer Entlastungserklärung**. Besteht seitens des Betreuers ein Feststellungsinteresse an der Klärung, dass die Rechtsverhältnisse zwischen den Beteiligten so beschaffen sind, wie es die Schlussrechnung ausweist, ist Feststellungsklage nach § 256 ZPO zu erheben.[31] Allerdings kann nicht auf die Feststellung einer „ordnungsgemäßen" Vermögensabrechnung geklagt werden.[32]

V. Bedeutung für den Betreuten/den Rechtsnachfolger

Gläubiger des Anspruchs auf Herausgabe des Vermögens und Rechenschaft ist der Betreute selbst – im Falle eines Betreuerwechsels – vertreten durch seinen neuen Betreuer oder seinen Rechtsnachfolger. Die Durchsetzung des Anspruchs auf Vermögensherausgabe und Rechenschaftslegung erfolgt ausschließlich auf dem **Zivilrechtsweg**, §§ 259 ff BGB. Der Betreute besitzt ferner

---

26 OLG Karlsruhe FamRZ 2004, 1601, 1602.
27 OLG Thüringen FamRZ 2001, 580; OLG Düsseldorf FamRZ 1996, 374; OLG Jena BtPrax 2001, 87.
28 OLG Düsseldorf FamRZ 1996, 374.
29 OLG Köln FamRZ 1996, 249.
30 BayObLG BtPrax 2001, 39, 40.
31 Zimmermann, § 1892 BGB Rn 2.
32 LG Rottweil FamRZ 2000, 33.

einen Auskunftsanspruch entsprechend § 666 BGB bezüglich noch schwebender vermögensbezogener Geschäfte.[33] Nimmt der Betreuer auf die dem Betreuungsgericht in periodischen Abständen vorgelegte Rechnungslegung Bezug, ist der Betreute nicht gehindert, trotz einer unbeanstandet gebliebenen gerichtlichen Prüfung Rechnungsposten, etwa wegen fehlender Belege etc., zu beanstanden.

13 Erteilte der Betreute oder sein Rechtsnachfolger dem Betreuer vorbehaltlos **Entlastung**, so liegt hierin ein negatives Schuldanerkenntnis, das lediglich nach Maßgabe der §§ 812 Abs. 2, 814 BGB kondizierbar ist. Der Betreute muss das tatsächliche Bestehen einer Forderung – entgegen dem Anerkenntnis – beweisen und dass er sich bei der Abgabe der Erklärung irrte.[34] Im Einzelfall kann möglicherweise der Entlastungserklärung durch eine Betrachtung im Gesamtzusammenhang („für die Führung der Betreuung") nicht ein Verzicht auf noch nicht feststehende und zwischen den Parteien noch nicht streitige Haftungsansprüche entnommen werden.[35] Ficht der ehemalige Betreute oder sein Rechtsnachfolger eine Verzichtserklärung auf Durchführung der Rechenschaftslegung nachträglich an, ist der Streit um deren Wirksamkeit vor dem Prozessgericht auszutragen.[36]

Im Verhältnis zwischen dem Betreuten und dem Betreuer sind die Vorschriften des **Auftragsrechts** entsprechend anzuwenden. Der Betreuer ist darlegungs- und beweisbelastet für die bestimmungsgemäße Verwendung von Geldern des Betreuten.[37]

Erben des Betreuten sind gehalten, sich durch **Erbschein** oder eine Ausfertigung eines von dem zuständigen Nachlassgerichtes eröffneten Testaments gegenüber dem Betreuer zu legitimieren. Mehrere Erben sollten zweckmäßigerweise einen Miterben bevollmächtigen zur Entgegennahme der Unterlagen des Betreuten/der Wertgegenstände. Der Betreuer kann nur einmal gegenüber allen Miterben seinen Herausgabe- und Rechenschaftspflichten nachkommen. Benennen also sämtliche Miterben keinen diesbezüglichen Empfangsbevollmächtigten, müssen sie sich untereinander auf einen gemeinsamen Termin in dem Büro des Betreuers verständigen.

§ 1891 BGB Mitwirkung des Gegenvormunds

(1) ¹Ist ein Gegenvormund vorhanden, so hat ihm der Vormund die Rechnung vorzulegen. ²Der Gegenvormund hat die Rechnung mit den Bemerkungen zu versehen, zu denen die Prüfung ihm Anlass gibt.

(2) Der Gegenvormund hat über die Führung der Gegenvormundschaft und, soweit er dazu imstande ist, über das von dem Vormund verwaltete Vermögen auf Verlangen Auskunft zu erteilen.

---

33 OLG Karlsruhe FamRZ 2004, 1601, 1602.
34 OLG Köln FamRZ 1996, 249.
35 LG München I v. 8.4.2009, 34 O 17817/08, FamRZ 2009, 2117.
36 LG Saarbrücken BtPrax 2009,195–197.
37 OLG Karlsruhe FamRZ 2004, 1601; BGH FamRZ 2007, 386; BGH NJW 1997, 47, 48; OLG Saarbrücken FamRZ 2011, 1170; LG Mainz v. 8.3.2012, 1 O 250/11; OLG Naumburg BtPrax 2007, 262.

§ 1891 BGB findet über § 1908i Abs. 1 S. 1 BGB im Betreuungsrecht Anwendung.

§ 1891 BGB ist eine der Normen, die die Befugnisse und Pflichten des Gegenbetreuers ausgestalten. Dieser wird bestellt, um den Betreuer zu **überwachen**, insbesondere bei einer erheblichen Vermögensverwaltung (§ 1792 BGB Rn 2, 7).

Dementsprechend hat der Betreuer seine **Schlussrechnung** (§ 1890 BGB) zunächst dem Gegenbetreuer vorzulegen (§ 1891 Abs. 1 S. 1 BGB). Der Gegenbetreuer hat die Rechnung zu prüfen, ggf mit Anmerkungen zu versehen (§ 1891 Abs. 1 S. 2 BGB) und an das Betreuungsgericht weiterzuleiten. Benötigt der Gegenbetreuer zur Prüfung der Abrechnung Informationen, hat der Betreuer diese zu erteilen und Einsicht in Unterlagen zu gewähren (§ 1799 Abs. 2 BGB).

Zusätzlich ist der Gegenbetreuer verpflichtet, nach Beendigung der Betreuung über die Führung der Gegenbetreuung und, soweit ihm das möglich ist, über das vom Betreuer verwaltete Vermögen dem ehemals Betreuten bzw dessen Erben (§ 1922 BGB) **Auskunft** zu geben.[1]

§ 1892 BGB Rechnungsprüfung und -anerkennung

(1) Der Vormund hat die Rechnung, nachdem er sie dem Gegenvormund vorgelegt hat, dem Familiengericht einzureichen.

(2) [1]Das Familiengericht hat die Rechnung rechnungsmäßig und sachlich zu prüfen und deren Abnahme durch Verhandlung mit den Beteiligten unter Zuziehung des Gegenvormunds zu vermitteln. [2]Soweit die Rechnung als richtig anerkannt wird, hat das Familiengericht das Anerkenntnis zu beurkunden.

I. Einleitung

Die Vorschrift ist sinngemäß auf die Betreuung anzuwenden, § 1908i Abs. 1 S. 1 BGB.

§ 1890 BGB regelt die ausschließlich gegenüber dem Betreuten bestehende Verpflichtung des Betreuers auf Vermögensherausgabe und Schlussrechnung. Aus Zweckmäßigkeitsgründen wurde dem Betreuungsgericht als Rest an aufsichtsrechtlicher Fürsorge die Überwachung der Einhaltung dieser Pflichten übertragen.[1]

II. Bedeutung für das Betreuungsgericht

Abs. 1: Das Betreuungsgericht (Rechtspflegerzuständigkeit, § 3 Nr. 2a RPflG) kann den Betreuer auch nach Amtsbeendigung noch mit Zwangsmitteln nach § 1837 Abs. 3 BGB zur Vorlage der Schlussrechnung anhalten – nicht aber zur Vermögensherausgabe.[2] Diese Verpflichtung des Betreuers kann alleine der Betreute/der Rechtsnachfolger im Weigerungsfall mit einer zivilrechtlichen Klage durchsetzen. Der nachwirkenden Fürsorge entspricht es jedoch, den Betreuer

---
1 HK-FamR/Kemper, § 1891 BGB Rn 2.
1 Jürgens/Klüsener, § 1892 BGB Rn 2.
2 LG Münster Rpfleger 2002, 265; BayObLG BtPrax 2001, 39, 40; OLG Jena BtPrax 2001, 87.

bei der Vermögensherausgabe an den ehemaligen Betreuten zu unterstützen. Rechtshilfe bei der Herausgabe des Betreutenvermögens ist möglich: So kann das Betreuungsgericht das Gericht am Wohnsitz des Betreuten oder dessen Rechtsnachfolger ersuchen, bei den Akten befindliche Urkunden auszuhändigen.[3]

3 **Abs. 2:** Bei der Schlussrechnung umfasst die Prüfung des Betreuungsgerichtes die **rein rechnerische, formelle Prüfung** von Rechnungen und Belegen auf zahlenmäßige Übereinstimmung von Rechnungsposten, Belegen und Rechnungsabschluss. Entspricht die vorgelegte Schlussrechnung nicht diesen formalen Anforderungen, kann das Betreuungsgericht die Vervollständigung erzwingen. Ferner erfolgt die sachliche, inhaltliche Prüfung auf Einhaltung der gesetzlichen Vorschriften, Einholen der erforderlichen Genehmigungen, vollständige Aufführung von Einnahmen und Ausgaben, Pflichtgemäßheit der Vermögensverfügungen.[4] Das Betreuungsgericht überprüft also die Schlussrechnung ausschließlich in formaler Hinsicht. Das Prozessgericht ist zuständig für Streitigkeiten zwischen ehemaligem Betreuten und Betreuer über die **sachliche Richtigkeit** und rechtliche Bestandskraft sämtlicher in der Schlussrechnung aufgeführten Verfügungen über das Vermögen des Betreuten.

Die Pflicht zur Einreichung einer Schlussrechnung entfällt bei

- Nichtvorhandensein von Vermögen oder
- Verzicht des Betreuten/des Rechtsnachfolgers auf Schlussrechnung.

Einen **Schlussbericht** braucht der Betreuer nicht einzureichen.

4 Das Betreuungsgericht vermittelt die **Abnahme** der Rechnung durch Verhandlung mit den geladenen Beteiligten, deren Erscheinen allerdings nicht erzwungen werden kann. Sinn und Zweck eines derartigen Termins besteht darin, mit den Beteiligten die die Betreuung betreffenden Fragen zu klären, die Abrechnung dem Betreuten nebst dem gerichtlichen Prüfergebnis in Kopie auszuhändigen und zu erläutern. Das teilweise oder ganze Anerkenntnis der Schlussrechnung durch den Betreuten ist durch das Betreuungsgericht zu beurkunden. Wegen streitig bleibender Ansprüche ist auf den Prozessweg zu verweisen. Zur Rechtsnatur eines Anerkenntnisses und der **Entlastung** siehe unten sowie die Kommentierung zu § 1890 BGB. Wegen möglicherweise in Betracht kommender Amtshaftungsansprüche, Art. 34 GG, § 839 BGB, wird das Betreuungsgericht Zurückhaltung bei der Vermittlung eines Anerkenntnisses üben.[5] Ebenso besteht seitens des Gerichts wenig Veranlassung, im Falle eines Betreuerwechsels eine **Entlastungserklärung** des nachfolgenden Betreuers nach §§ 1908 i, 1812 Abs. 1 S. 1 BGB zu genehmigen.

III. Bedeutung für den Betreuer

5 Zu den Pflichten des Betreuers bzw im Falle eines Betreuerwechsels eines nachfolgenden Betreuers vgl die Kommentierung zu § 1890 BGB. Eine Klage des Betreuers dahin gehend festzustellen, dass die von ihm nach dem Tod des Betreuten erstellte Vermögensabrechnung „ordnungsgemäß" erfolgte, ist mangels

---

3 Damrau/Zimmermann, § 1890 BGB Rn 3; RGRK/Scheffler, § 1890 BGB Rn 2.
4 Schmidt, Aufgabenkreis Vermögenssorge, S. 119, 120.
5 Damrau/Zimmermann, § 1892 BGB Rn 7; Gleißner, Entlastungserteilung für Vormund und Pfleger, Rpfleger 1986, 462, 464.

Bestimmtheit unzulässig.[6] Bezeichnet der Betreuer eine Schlussrechnung nicht ausdrücklich als solche, muss er zumindest klarstellen, dass und für welchen Zeitraum Rechnungslegung erfolgte. Für diesen Zeitraum muss die Abrechnung lückenlos sein. Soweit über angelegtes Vermögen Rechnung zu legen ist, bedarf es einer Aufstellung jedenfalls dann, wenn seit der zuletzt vorgelegten Abrechnung Veränderungen, zB durch Zinserträge, zu verzeichnen sind.[7] Die Entlastungserklärung des Betreuten/Rechtsnachfolgers nach Aufhebung der Betreuung stellt ein negatives Schuldanerkenntnis iSd § 397 Abs. 2 BGB dar, dienach Maßgabe der §§ 812 Abs. 2, 814 BGB kondizierbar ist.[8] Der das Anerkenntnis Zurückfordernde muss also beweisen, dass entgegen dem Anerkenntnis eine Forderung tatsächlich bestand und er sich darüber bei Abgabe seiner Erklärung irrte.[9] Einen Schlussbericht braucht der Betreuer nicht einzureichen.

Wird dem Betreuer „für die Führung der Betreuung" Entlastung erteilt, kann aufgrund einer Gesamtschau in einer derartigen Erklärung nicht bereits ein Verzicht auf zum Zeitpunkt der Entlastungserklärung noch nicht feststehende bzw zwischen den Parteien auch noch nicht streitige Haftungsansprüche gegen den Betreuer liegen.[10]

IV. Bedeutung für den Betreuten

Der ehemalige geschäftsfähig Betreute kann auf die Schlussrechnung verzichten, Erlassvertrag nach § 397 BGB. Hiervon nicht erfasst ist ein gleichzeitiger Verzicht auf etwaige weitergehende Ansprüche wie zB nach § 1833 BGB. Durch die Verzichtserklärung entfällt lediglich die gegenüber dem Betreuungsgericht bestehende Pflicht des Betreuers zur Rechnungslegung.

6

Die Mitteilung des Betreuungsgerichts, die Schlussrechnung des Betreuers werde nicht beanstandet, kann vom Betreuten nicht im Wege der freiwilligen Gerichtsbarkeit (FamFG) angefochten werden; er muss vielmehr seine Rechte und Ansprüche im **Prozessweg** geltend machen.[11]

§ 1893 BGB Fortführung der Geschäfte nach Beendigung der Vormundschaft, Rückgabe von Urkunden

(1) Im Falle der Beendigung der Vormundschaft oder des vormundschaftlichen Amts finden die Vorschriften der §§ 1698a, 1698b entsprechende Anwendung.

(2) ¹Der Vormund hat nach Beendigung seines Amts die Bestallung dem Familiengericht zurückzugeben. ²In den Fällen der §§ 1791a, 1791b ist der Beschluss des Familiengerichts, im Falle des § 1791c die Bescheinigung über den Eintritt der Vormundschaft zurückzugeben.

---

6 LG Rottweil FamRZ 2000, 33, 34.
7 BayObLG FamRZ 2004, 220.
8 OLG Köln FamRZ 1996, 259.
9 OLG Köln FamRZ 1996, 249.
10 LG München I FamRZ 2009, 2117 ff.
11 BayObLG FamRZ 1998, 1197; OLG Stuttgart BtPrax 2001, 79, 80.

I. Bedeutung für den Betreuer 1	b) Haftung für offene Ansprüche 34
II. Fortführung der Betreuung über das Amtsende hinaus 7	IV. Rückgabe der Bestallungsurkunde 35
1. Fortführungsbefugnis, Voraussetzungen und Folgen ... 9	V. Bestattung des Betreuten 37
a) Beendigung der Betreuung 10	1. Keine Notgeschäftsführung 37
b) Fiktion 14	2. Beerdigungskosten und Totenfürsorge 41
2. Bedeutung für das Betreuungsgericht 19	a) Bestattungsberechtigung/Totenfürsorge 42
3. Vergütung und Aufwendungsersatz 24	b) Recht und Pflicht zur Totenfürsorge 47
III. Notgeschäftsführung bei Tod des Betreuten 28	c) Inanspruchnahme des Betreuers 50
1. Unaufschiebbare Geschäfte 29	d) Ersatzanspruch des Betreuers 51
2. Vergütung und Aufwendungsersatz 32	3. Private Vorsorge des Betreuten 57
a) Für Tätigkeiten nach § 1698 b BGB 32	

I. Bedeutung für den Betreuer

1 § 1893 BGB gilt über die Verweisung in § 1908 i Abs. 1 S. 1 BGB auch für das Betreuungsrecht. In § 1893 Abs. 1 BGB wird wiederum auf §§ 1698 a, 1698 b BGB verwiesen. Mit diesen Vorschriften werden im Anschluss an die aus § 1890 BGB folgende Pflicht zur Vermögensherausgabe und Rechenschaftslegung weitere, ganz unterschiedliche Probleme geregelt, die mit dem Ende der Betreuung oder dem Ende des Amtes des Betreuers zusammenhängen.

2 Die Vorschriften wenden sich an **alle Betreuer**, dh auch an den Gegenbetreuer, den Mitbetreuer, den Ergänzungsbetreuer und den Kontrollbetreuer.

3 § 1698 a BGB fingiert für den Fall, dass der Betreuer seine Tätigkeit in Unkenntnis oder fahrlässiger Unkenntnis der Beendigung seines Amtes oder der Betreuung, mit der sein Amt ebenfalls endet, fortsetzt, das Fortbestehen seiner Befugnis zur Geschäftsführung (§ 1901 Abs. 1 BGB) und seiner Vertretungsmacht (§ 1902 BGB). Die **Fiktion** schützt den Betreuer nach außen vor den **Folgen vollmachtslosen Handelns** (§§ 177 ff BGB). Nach dem Ende der Betreuung hat er keine Berechtigung mehr, die Angelegenheiten des ehemaligen Betreuten weiter zu besorgen. Im Innenverhältnis sollen für das Handeln des Betreuers weiterhin die betreuungsrechtlichen Vorschriften gelten, damit er sich nicht als **Geschäftsführer ohne Auftrag** (§§ 677 ff BGB) mit ihn belastenden Rechtsfolgen behandeln lassen muss. § 1698 a BGB will also den Betreuer vor den Folgen eines unberechtigten, aber nicht verschuldeten Weiterhandelns als Betreuer in Schutz nehmen.

4 § 1698 b BGB hat eine andere Zielrichtung. Die Vorschrift verpflichtet den Betreuer, bei Tod des Betreuten unaufschiebbare Geschäfte weiter zu führen, bis der Erbe anderweitig Fürsorge treffen kann. Seine Tätigkeit ist somit nicht mehr auf die Betreuung gerichtet, sondern eine **Notgeschäftsführung im Interesse der Erben**. Er hat nicht nur eine Berechtigung zum Handeln, also Vertretungsmacht, sondern auch die Pflicht hierzu. Bleibt der Betreuer untätig, macht er sich nach §§ 1908 i Abs. 1 S. 1, 1833 BGB schadensersatzpflichtig.

Nach § 1893 Abs. 2 S. 1 BGB hat der Betreuer die Pflicht zur Rückgabe der Bestallungsurkunde.

§ 1893 Abs. 2 S. 2 BGB hat, obwohl er von der Verweisung in § 1908 i Abs. 1 S. 1 BGB nicht ausgenommen ist, für das Betreuungsrecht keine Bedeutung, da, anders als im vormundschaftlichen Verfahren, der Betreuungsverein oder die Betreuungsbehörde eine Bestallungsurkunde erhält, die nach Satz 1 zurückzugeben ist. Die in Satz 2 genannten Ausfertigungen des Beschlusses existieren im Betreuungsrecht nicht.

II. Fortführung der Betreuung über das Amtsende hinaus

§ 1698 a Abs. 1 BGB lautet:

§ 1698 a BGB Fortführung der Geschäfte in Unkenntnis der Beendigung der elterlichen Sorge

(1) Die Eltern dürfen die mit der Personensorge und mit der Vermögenssorge für das Kind verbundenen Geschäfte fortführen, bis sie von der Beendigung der elterlichen Sorge Kenntnis erlangen oder sie kennen müssen. Ein Dritter kann sich auf diese Befugnis nicht berufen, wenn er bei der Vornahme eines Rechtsgeschäfts die Beendigung kennt oder kennen muss.

§ 1698 a Abs. 2 hat für die Betreuung keine Bedeutung, da hierin das **Ruhen** der elterlichen Sorge geregelt ist. Eine Betreuung kann jedoch nicht ruhen.

1. Fortführungsbefugnis, Voraussetzungen und Folgen

Mit der Beendigung der Betreuung oder des Amtes des Betreuers **entfallen** grundsätzlich auch die Rechte und Pflichten aus dem Betreuungsverhältnis. Die gesetzliche **Vertretungsmacht** nach § 1902 BGB **erlischt**.

a) Beendigung der Betreuung

Die Betreuung wird beendet durch **Tod** des Betreuten oder durch Aufhebung der Betreuung nach § 1908 d Abs. 1 S. 1 BGB. Der Tod des Betreuten führt unmittelbar zum Ende der Betreuung; eines gerichtlichen Beschlusses über die Aufhebung der Betreuung bedarf es nicht. Gerade in diesem Fall ist es möglich, dass der Betreuer in Unkenntnis dessen seine Amtsgeschäfte für den Betreuten fortführt. Ist der zu Betreuende vor der Bestellung verstorben, ist § 1698 a BGB analog anzuwenden.[1]

Wird der Aufgabenkreis des Betreuers durch das Betreuungsgericht nach § 1908 d Abs. 1 S. 2 BGB eingeschränkt, verliert der Betreuer auch insoweit seine Befugnis für den Betreuten zu handeln und ihn nach § 1902 BGB zu vertreten. § 1698 a BGB gilt auch bezüglich der Fortführung von Angelegenheiten innerhalb eines Aufgabenkreises, der entfallen ist.

Die **Aufhebung der Betreuung** oder die Einschränkung wird mit der schriftlichen oder mündlichen **Bekanntgabe** an den Betreuer **wirksam** (§ 287 Abs. 1 FamFG). Eine förmliche Zustellung ist nicht zwingend (§ 15 Abs. 2 FamFG). Zusätzlich sieht § 287 Abs. 2 FamFG die Möglichkeit vor, die Bekanntgabe durch Anordnung der sofortigen Wirksamkeit und die Übergabe der Entscheidung an die Geschäftsstelle des Gerichts vorzunehmen.

---

[1] AG Gelnhausen v. 26.10.2012, 76 XVII 440/12.

13 Bei der (auch nur teilweisen) **Entlassung des Betreuers** nach § 1908 b BGB **gegen seinen Willen**, bedarf es zur Bekanntgabe der **förmlichen Zustellung** (§ 41 Abs. 1 S. 2 FamFG), in den übrigen Fällen bedarf es zur Wirksamkeit der Entlassung nur der Bekanntgabe in den vorgeschriebenen Formen. Sämtliche Entscheidungen können auch durch **einstweilige Anordnungen** getroffen werden (§§ 300 Abs. 2, 301 Abs. 1 FamFG). Dann genügt gemäß § 287 Abs. 2 FamFG die Übergabe an die Geschäftsstelle zum Zweck der Bekanntmachung, um die Entscheidungen wirksam werden zu lassen.

b) Fiktion

14 In allen dargestellten Fällen kann nicht sichergestellt werden, dass der Betreuer vor einem weiteren Tätigwerden von den Entscheidungen erfährt oder ohne Verschulden erfahren könnte. Da jedoch ab dem **Zeitpunkt der Wirksamkeit** der Entscheidung (auf den Eintritt der Rechtskraft kommt es nicht an) die Befugnisse des Betreuers entfallen, bedarf es der Fiktion des § 1698a BGB. Sie tritt ab diesem Zeitpunkt ein.

15 Wird auf eine Beschwerde die **Entlassung** des Betreuers **aufgehoben**, entfällt diese rückwirkend. Hat der Betreuer innerhalb des Zeitraums zwischen den beiden Entscheidungen gehandelt, bedarf es einer Anwendung des § 1698a BGB nicht. Hinsichtlich des Vergütungsanspruches s. § 1908c BGB Rn 14f.

16 Bis zur Kenntniserlangung oder bei fahrlässiger Unkenntnis (§§ 122 Abs. 2, 276 Abs. 1 S. 2 BGB) unterliegt das Handeln des Betreuers grundsätzlich unverändert den Vorschriften des Betreuungsrechts. **Innerhalb des Aufgabenkreises entfaltete Tätigkeiten** sind daher gegenüber dem ehemaligen Betreuten oder dessen Erben nicht pflichtwidrig. Die Vertretungsbefugnis des § 1902 BGB gilt als fortbestehend, weshalb Rechtsgeschäfte wirksam sind. Eine **Haftung** des Betreuers nach § 1833 BGB (iVm § 1908i BGB), die er gegenüber dem Betreuten hätte, bleibt jedoch unberührt.

17 Auch der **Dritte** muss wie der ehemalige Betreuer **gutgläubig** sein: entsprechend der Regelung in §§ 169, 173 BGB sieht auch § 1698a Abs. 1 S. 2 BGB vor, dass sich der Dritte auf die Befugnis des Betreuers zur Fortführung der Angelegenheiten des Betreuten und damit der Fiktion des Fortbestehens seiner Vertretungsmacht nicht berufen kann, wenn er seinerseits die Beendigung der Betreuung kannte bzw fahrlässig nicht kannte.

18 Hat der Betreuer **Kenntnis** oder hätte er bei Beachtung der erforderlichen Sorgfalt Kenntnis erlangen können, richtet sich seine Haftung nach §§ 177ff, 677ff BGB: Dritten gegenüber haftet er als **Vertreter ohne Vertretungsmacht** (§ 179 BGB); im Verhältnis zum ehemaligen Betreuten oder dessen Erben muss er sich nach den Grundsätzen einer **Geschäftsführung ohne Auftrag** behandeln lassen.

2. Bedeutung für das Betreuungsgericht

19 Ist zur Wirksamkeit des Rechtsgeschäftes eine **betreuungsgerichtliche Genehmigung** erforderlich, hat das Gericht diese zu versagen, wenn es die Beendigung der Betreuung kennt.

20 Erteilt das Betreuungsgericht eine solche Genehmigung in Unkenntnis der Beendigung der Betreuung, ist diese zwar nicht nichtig. Das Gericht ist jedoch

verpflichtet, sie aufzuheben. Dies ist wegen § 40 Abs. 2 FamFG bis zur Rechtskraft der Entscheidung – nach Gewährung rechtlichen Gehörs – möglich.

Die Wirksamkeit einer betreuungsgerichtlichen Genehmigung tritt gegenüber Dritten gemäß § 1829 Abs. 1 S. 2 BGB grundsätzlich ein, sobald der Betreuer dem Dritten die **Genehmigung mitgeteilt** hat. 21

Wird der Betreuer, dessen genehmigungsbedürftiges Handeln nach § 1698a BGB wirksam ist, vor Rechtskraft der Genehmigung hinsichtlich der Beendigung der Betreuung bösgläubig, bleibt die Genehmigung weiterhin abänderbar. Der Betreuer ist dann verpflichtet, die Aufhebung der Genehmigung herbeizuführen, und nicht berechtigt, die Genehmigung dem Dritten mitzuteilen.[2] Dem stehen Erwägungen der **Rechtssicherheit** nicht entgegen.[3] Denn § 1698a BGB (dem die Erteilung der betreuungsgerichtlichen Genehmigung noch nicht einmal unterworfen ist) bezweckt nur den Schutz des gutgläubigen Betreuers, nicht jedoch des redlichen Dritten. Ist der Betreuer bösgläubig, handelt er als Vertreter ohne Vertretungsmacht. Der mit dem redlichen Dritten geschlossene Vertrag ist (schwebend) unwirksam. Auch der Dritte kann eine Klärung durch das Betreuungsgericht herbeiführen.

Auch der **Gegenbetreuer**, der hinsichtlich der Erteilung von Genehmigungen an Stelle des Betreuungsgerichts tritt, sollte entsprechend verfahren. Bei Kenntnis fehlt dem Gegenbetreuer die Vertretungsbefugnis des § 1698a BGB, um etwa eine Genehmigung nach § 1812 BGB zu erteilen. 22

Wird die betreuungsgerichtliche Genehmigung wegen der Beendigung der Betreuung nicht erteilt, entfällt nach Sinn und Zweck des § 1698a BGB auch die **Haftung des Betreuers** gegenüber dem Dritten wegen Handelns ohne Vertretungsmacht. 23

3. Vergütung und Aufwendungsersatz

Ob der Betreuer für seine Tätigkeiten Vergütung und Aufwendungsersatz beanspruchen kann, ist umstritten. Mit dem Ende der Betreuung oder dem Ende des Amtes des Betreuers endet grundsätzlich auch der Anspruch auf Vergütung und Aufwendungsersatz. Die Befugnis, über das Ende der Betreuung zeitlich hinaus zu handeln, räumt § 1698a BGB dem Betreuer nicht ein, um ihm einen **Vergütungsanspruch zu sichern**, sondern um ihn vor Haftungsfolgen zu schützen. 24

Im **VBVG** findet sich zu dieser Frage keine eindeutige Regelung. Aus § 3 Abs. 1 S. 1 VBVG, der bestimmt, dass dem Vormund (also nicht dem Betreuer) nur die für die Führung der Vormundschaft aufgewandte und erforderliche Zeit vergütet werden soll, lässt sich kein eindeutiger Hinweis entnehmen. Für sich genommen könnte die Vorschrift sogar die Auffassung stützen, dass ein Vergütungsanspruch ausgeschlossen ist, weil sie die Erforderlichkeit der aufgewandten Zeit voraussetzt. Im Fall des § 1698a BGB führt der Betreuer die Betreuung zwar weiter. Dies ist aber nicht erforderlich, weil § 1698a BGB dem Betreuer keine Pflicht zum weiteren Tätigwerden auferlegt. Der **gesetzgeberische Wille** dürfte wohl eher dahin gehen, nachwirkendes Handeln nach Amtsende nicht mehr zu vergüten. 25

---

2 Vgl OLG Stuttgart RdL 1956, 255; Palandt/Götz, § 1893 BGB Rn 2.
3 So aber BayObLG NJW 1965, 397; Staudinger/Engler, § 1893 BGB Rn 6.

26 Dennoch muss der Betreuer für die Zeit, in der er die Betreuung gutgläubig fortführt, Vergütung und Aufwendungsersatz verlangen können. Begründen lässt sich der Anspruch des Betreuers zum einen damit, dass die Fortsetzung des Tätigwerdens auch in den Fällen des nach § 1698a BGB zulässigen Handelns nach dem Betreuungsrecht zu beurteilen ist.[4] Danach kann der Betreuer für seine durch das Gericht veranlasste und aufgrund eines Gesetzes ausgeführte Tätigkeit Vergütung und Aufwendungsersatz verlangen, bei Mittellosigkeit des Betreuten ist ein Anspruch gegen die **Staatskasse** gegeben.

27 Der Betreuer erhält jedoch nicht die Vergütungspauschale; er ist auf der Basis einer Einzelaufstellung nach Zeitaufwand konkret zu vergüten.[5] Das Gleiche gilt, wenn die Betreuung in Unkenntnis des Todes des zu Betreuenden angeordnet wurde (vgl dazu Rn 10).

III. Notgeschäftsführung bei Tod des Betreuten

28 § 1698b BGB lautet:

§ 1698b BGB Fortführung dringender Geschäfte nach Tod des Kindes
Endet die elterliche Sorge durch den Tod des Kindes, so haben die Eltern die Geschäfte, die nicht ohne Gefahr aufgeschoben werden können, zu besorgen, bis der Erbe anderweit Fürsorge treffen kann.

1. Unaufschiebbare Geschäfte

29 Mit dem Tode des Betreuten endet das Amt des Betreuers. Er hat aber noch **nachwirkende Pflichten**, wie die zur Schlussrechnungslegung, zum Erstellen des Schlussberichtes und zur Herausgabe des verwalteten Vermögens, § 1890 BGB. Auch hat er die Erben und das Nachlassgericht vom Tod des Betreuten zu benachrichtigen, damit diese die erforderlichen Maßnahmen zur **Nachlasssicherung** treffen können. Weiterhin hat er – gegenüber Familienangehörigen nachrangig – das Standesamt vom Sterbefall nach § 29 Abs. 1 Nr. 3 PStG zu benachrichtigen. Letztlich hat er diejenigen vom Tod zu benachrichtigen, die das Recht zur Totenfürsorge (**Bestattungsberechtigte**) haben, damit diese die Bestattung veranlassen.

30 Der Betreuer ist aber nicht mehr befugt, Verfügungen zu treffen oder das Vermögen durch Rechtsgeschäfte zu belasten. Mit dem Erbfall geht diese Befugnis auf die Erben über.

31 §§ 1908i Abs. 1 S. 1, 1893 Abs. 1, 1698b BGB verpflichten den Betreuer jedoch innerhalb seines Aufgabenkreises zur Erledigung der **unaufschiebbaren** Geschäfte. Durch diese Vorschriften erhält der Betreuer die **Vertretungsmacht**, die notwendigen Rechtsgeschäfte mit Wirkung für und gegen die Erben vorzunehmen. Er ist somit nicht auf deren Genehmigung angewiesen. Der Betreuer besorgt diese Angelegenheiten im **gesetzlichen Auftrag** für die Erben. Der Kreis der unaufschiebbaren Geschäfte ist eng zu ziehen. Es muss eine **besondere Dringlichkeit** gegeben sein. § 1698b BGB bezieht sich auf die Rechtsgeschäfte und tatsächlichen Handlungen, mit denen ohne ernsthafte Gefährdung des Nachlasses nicht zugewartet werden kann, bis der Erbe oder das Nachlassgericht tätig werden könnten. So hat der Betreuer beispielsweise die Wohnung

---

4 MK/Wagenitz, § 1893 BGB Rn 9.
5 Vgl OLG München BtPrax 2007, 46 zu § 1698b BGB.

des verstorbenen Betreuten zu sichern, nicht aber die Kündigung des Mietverhältnisses nach § 564 S. 2 BGB auszusprechen, auch wenn offensichtlich ist, dass die Erben die Wohnung nicht übernehmen werden.

2. Vergütung und Aufwendungsersatz

a) Für Tätigkeiten nach § 1698 b BGB

Dem Betreuer steht für seine Tätigkeit aufgrund § 1698 b BGB ein Vergütungsanspruch zu. Kein Betreuer ist verpflichtet, gesetzliche Pflichten unentgeltlich zu erfüllen. Dies war nach dem vor Erlass des VBVG geltenden Rechts anerkannt[6] und sollte durch die Einführung des VBVG nicht abgeändert werden.[7]

Ihm steht allerdings **kein Anspruch auf die Pauschalvergütung** nach §§ 4 f VBVG zu, seine Tätigkeit ist vielmehr auf der Basis einer Einzelrechnung nach Zeitaufwand konkret zu vergüten.[8] Denn die Pauschalvergütung soll auch die am Ende der Betreuung anfallenden Tätigkeiten mitumfassen.[9]

b) Haftung für offene Ansprüche

Vergütung und Aufwendungsersatz sind Nachlassverbindlichkeiten, für die grundsätzlich die Erben nach §§ 1922, 1967 BGB haften. Ein Anspruch gegen die Staatskasse besteht aber bei **Mittellosigkeit des Betreuten** nach §§ 1836 c, 1836 d BGB.[10] Nach §§§ 292 Abs. 1, 168 FamFG kommt es auf die Verhältnisse zum **Zeitpunkt der Entscheidung** über den Festsetzungsantrag an, wobei jedoch die Vermögensverhältnisse zum **Todeszeitpunkt** zu berücksichtigen sind.[11] Bei der Berechnung des Schonvermögens sind vom Aktivvermögen die Nachlassverbindlichkeiten abzuziehen.[12]

IV. Rückgabe der Bestallungsurkunde

Nach § 1893 Abs. 2 S. 1 BGB hat der Betreuer dem Vormundschaftsgericht seine Bestallungsurkunde zurückzugeben. Diese Tätigkeit ist mit der Pauschalvergütung abgegolten.[13]

Die Rückgabe kann durch Festsetzung von **Zwangsgeld** nach § 1837 Abs. 3 S. 1 BGB, § 35 Abs. 1 und 3 FamFG (außer gegen Betreuungsverein und Betreuungsbehörde) durchgesetzt werden. Die Pflicht wird sofort mit **Wirksamkeit** der Entscheidungen über Aufhebung, Einschränkung der Betreuung oder Entlassung durch Bekanntgabe fällig. Deren Rechtskraft muss nicht erst abgewartet werden, bevor das Betreuungsgericht das Verlangen auf Rückgabe auch zwangsweise durchsetzen kann, weil Beschwerden gegen diese Entscheidungen keine aufschiebende Wirkung zukommt.

Gegen die Festsetzung des Zwangsgeldes durch den Rechtspfleger (§ 3 Nr. 2 b RPflG) kann der Betreuer aber bei einem Zwangsgeld bis zu 200 EUR **Erinnerung** (§ 567 Abs. 2 ZPO, § 11 RPflG), bei einem höheren Zwangsgeld **soforti-**

---

6 BayObLG BtPrax 1998, 234.
7 OLG München BtPrax 2006, 233.
8 OLG München BtPrax 2006, 233; BtPrax 2007, 46.
9 BGH BtPrax 2012, 62.
10 OLG Jena FGPrax 2001, 22; BayObLG BtPrax 2001, 163.
11 BayObLG FamRZ 1998, 697.
12 OLG Jena FGPrax 2001, 22; BayObLG BtPrax 2001, 163.
13 OLG München BtPrax 2006, 233; OLG Dresden BtPrax 2007, 45.

ge Beschwerde nach § 35 Abs. 5 FamFG iVm §§ 567 ff ZPO einlegen, die gem. § 35 Abs. 5 FamFG iVm § 570 Abs. 1 ZPO **aufschiebende Wirkung** hat.

V. Bestattung des Betreuten

1. Keine Notgeschäftsführung

37 Der Betreuer kann die Bestattung des Betreuten nicht auf der Grundlage des § 1698 b BGB vornehmen lassen. Dieser zielt nur auf die Sicherung des Nachlasses zugunsten der Erben ab. Die Bestattungspflicht ist jedoch Teil der Totenfürsorge und daher eine aus dem **öffentlichen Recht** folgende Pflicht. Wer eine Bestattung zu veranlassen hat, ergibt sich aus den jeweiligen Landesgesetzen und -verordnungen, weil das Recht der Bestattung und des Leichenwesens Ländersache ist.

38 Schließt der Betreuer mit einem Bestattungsunternehmen einen Bestattungsvertrag ab, nimmt er somit keine Aufgabe aus einem ihm übertragenen Aufgabenkreis wahr. Dann handelt es sich jedoch auch nicht um ein unaufschiebbares Geschäft iSd § 1698 b BGB („bis der Erbe anderweit Fürsorge treffen kann").

39 Fehlt es bereits an den Voraussetzungen des § 1698 b BGB, können auch keine Ansprüche auf Vergütung und Aufwendungsersatz wegen Notgeschäftsführung nach den Vorschriften des Betreuungsrechts entstehen, sondern allenfalls aus Geschäftsführung ohne Auftrag.

40 Die (von einem Betreuer verauslagten) Kosten dürfen **dem Nachlass** nicht ohne Ermächtigung des oder der Erben **entnommen** werden. Das Vermögen des Betreuten fällt gemäß § 1922 BGB mit dem Erbfall an die Erben. Die Bestattungskosten zählen zu den Nachlassverbindlichkeiten. Der Betreuer ist nach dem Tod des Betreuten über § 1698 b BGB hinaus weder befugt, Verbindlichkeiten zulasten des Nachlasses zu begründen noch dinglich über Nachlassvermögen zu verfügen. Die Begleichung von Nachlassverbindlichkeiten ist Sache der Erben. Der Betreuer ist daher – auf seine Amtsbefugnisse gestützt – auch nicht berechtigt, Nachlassverbindlichkeiten durch Entnahmen aus der Erbmasse zu begleichen.

2. Beerdigungskosten und Totenfürsorge

41 Im Zusammenhang mit der Bestattung sind zwei Fragen auseinander zu halten: Wer trägt die **Kosten der Bestattung**? Wem steht das Recht (und die Pflicht) zur Totenfürsorge zu?

a) Bestattungsberechtigung/Totenfürsorge

42 Wer die Totenfürsorge innehat, ist befugt, über Ort, Art und Durchführung der Bestattung zu entscheiden. Die meisten Landesgesetze richten sich dabei an den nachstehend genannten, verallgemeinerungsfähigen und **gewohnheitsrechtlich anerkannten Grundsätzen** aus. Die öffentlich-rechtliche Bestattungspflicht kann aber landesrechtlich abweichend geregelt sein.

43 Die Totenfürsorge richtet sich **nicht nach dem Erbrecht**.[14] Es ist nicht der Erbe, der darüber zu bestimmen hat, ob, wo und wie (als Erd- oder Feuerbestattung) die Bestattung vorgenommen werden soll. § 1968 BGB verpflichtet den

---

14 BVerwG ZEV 2011, 91.

Erben nur, die Beerdigungskosten zu tragen, weil ihm auch das Vermögen des Erblassers anfällt. Der Fürsorgeberechtigte kann sich seiner Pflicht daher auch nicht durch Ausschlagung der Erbschaft entledigen.

In erster Linie ist der **Wille des Verstorbenen** dafür maßgeblich, wer zu Entscheidungen über den Leichnam des Verstorbenen, über die Art der Bestattung, den Ort der letzten Ruhestätte und über Fragen einer Umbettung der Leiche bzw Urne berufen ist.[15] Der Verstorbene kann das Bestimmungsrecht für die Bestattung und die sogenannte Totenfürsorge seinen Angehörigen belassen, entziehen oder deren Reihenfolge bestimmen. Die Totenfürsorge fällt deshalb in erster Linie demjenigen zu, den der Verstorbene dazu bestimmt hat. Der so **Bestimmte** muss nicht zum Kreis der an sich dazu berufenen Angehörigen zählen, es kann auch ein Dritter, insbesondere der Betreuer, sein. Die Bestimmung muss vom verstorbenen Betreuten wirksam getroffen worden sein; die Landesgesetze erkennen nur die Bestimmungen eines **Geschäftsfähigen** an (vgl etwa § 18 Abs. 3 S. 2 Sächsisches Bestattungsgesetz vom 8.6.1994).

Nur soweit ein Wille des Verstorbenen nicht erkennbar ist, sind nach **Gewohnheitsrecht** seine nächsten Angehörigen berechtigt und verpflichtet,[16] also Ehegatten, Kinder und ersatzweise die nächsten Seitenverwandten. Der Ehegatte hat somit grundsätzlich das **Vorrecht**.[17] Bei der Ermittlung des ersatzweise Berechtigten (und Verpflichteten) kann auch zu berücksichtigen sein, dass einer der Angehörigen Betreuer des Erblassers war.[18]

Die **Landesgesetze** (in der amtlichen Kurzbezeichnung meist als **Bestattungsgesetz** benannt) halten sich bei der Bestimmung der Bestattungspflichtigen in aller Regel an diese gewohnheitsrechtlich anerkannte **Auswahl und Rangfolge** der Totenfürsorgeberechtigten. So bestimmt etwa § 18 Abs. 3 des Sächsischen Bestattungsgesetzes, dass für Ort, Art und Durchführung der Bestattung der Wille des Verstorbenen maßgeblich ist, soweit gesetzliche Bestimmungen oder zwingende öffentliche Belange nicht entgegenstehen. Bei Verstorbenen, deren **Wille nicht bekannt** ist oder die **geschäftsunfähig** waren, ist der Wille des nach § 10 Abs. 1 Verantwortlichen maßgebend. § 10 Abs. 1 SächsBestG bestimmt wiederum, dass für die Erfüllung der Bestattungspflicht (unter anderem neben der Pflicht zur Veranlassung der Leichenschau) der nächste geschäftsfähige Angehörige verantwortlich ist. Als **nächste Angehörige** gelten in der Reihenfolge der Aufzählung:

1. der Ehegatte,
2. die Kinder,
3. die Eltern,
4. die Geschwister,
5. der sonstige Sorgeberechtigte,
6. die Großeltern,
7. die Enkelkinder,
8. sonstige Verwandte.

---

15 OLG Karlsruhe FamRZ 2002, 134; OLG Zweibrücken FamRZ 1993, 1493.
16 BGH FamRZ 1992, 657; FamRZ 1978, 15.
17 OLG Schleswig NJW-RR 1987, 72.
18 LG Bonn FamRZ 1993, 1121.

b) Recht und Pflicht zur Totenfürsorge

47 Die Landesgesetze sehen den **Betreuer** in der Regel **nicht** als **totenfürsorgeberechtigt** (und -verpflichtet) an.[19]

48 Obwohl Art. 15 Abs. 2 Nr. 3 des Bayerischen Bestattungsgesetzes das zuständige Staatsministerium des Innern dazu ermächtigt hat, auch den Betreuer, soweit die Sorge für die Person des Verstorbenen zu dessen Lebzeiten zu seinem Aufgabenkreis gehört hat, als bestattungspflichtige Person zu bestimmen, wurde hiervon in der entsprechenden Verordnung kein Gebrauch gemacht.

49 Der **Betreuer** ist daher, soweit er nicht gleichzeitig zu den Angehörigen zählt, grundsätzlich **nicht berechtigt**, Maßnahmen zur Bestattung zu ergreifen. Eine entsprechende Berechtigung kann sich aber daraus ergeben, dass ihn der Betreute als Totenfürsorgeberechtigten willentlich bestimmt hat oder – was natürlich auch möglich ist – ihn die bestattungsberechtigten Angehörigen mit der Aufgabe betraut haben.

c) Inanspruchnahme des Betreuers

50 Obliegt dem Betreuer nach dem Vorstehenden die Totenfürsorge, ist er für die Bestattung verantwortlich. Da es sich um eine öffentlich-rechtliche Pflicht handelt, kann er polizeirechtlich in Anspruch genommen werden. Polizei und Ordnungsbehörden können gegen ihn im Wege der **Ersatzvornahme** nach den polizeirechtlichen Bestimmungen der Länder vorgehen, wenn er seiner Pflicht zur Bestattung nicht nachkommt. Da die Bestattungspflicht eine öffentlich-rechtliche Pflicht des Totenfürsorgeinhabers ist, ist er und nicht der Erbe **Störer**, den nur die zivilrechtliche Kostentragungspflicht trifft.

d) Ersatzanspruch des Betreuers

51 Ist der Betreuer Inhaber der Totenfürsorge, hat er einen **Freistellungsanspruch** oder, wenn er die Kosten bereits verauslagt hat, einen **Erstattungsanspruch** gegen den oder die Erben nach § 1968 BGB. Sowohl die angefallenen Kosten der Bestattung als auch der Ersatzanspruch des Betreuers sind Nachlassverbindlichkeiten.

52 Hat der Betreuer die Bestattung veranlasst, ohne dass ihm das Recht zur Totenfürsorge zustand, kann er sich nur auf einen **Anspruch aus Geschäftsführung ohne Auftrag** stützen. Der Erstattungsanspruch wird jedoch in der Regel bestehen.

53 Von § 1968 BGB erfasst werden die Beerdigungskosten (ggf inkl. der Kosten der Feuerbestattung), die auf den Aufwand beschränkt werden, der durch die **Lebensstellung** des Erblassers angemessen ist. Der Betreuer hat deshalb darauf zu achten, dass er sich bei der Bestattung innerhalb dieses Rahmens bewegt, überschießende Kosten kann er nicht ersetzt verlangen. Zu tragen sind nicht nur die eigentlichen Beerdigungskosten, sondern darüber hinaus anfallende Kosten für eine übliche kirchliche und bürgerliche Feier.

54 Ist die Bezahlung der Kosten von den Erben nicht zu erlangen, haftet subsidiär anstelle des Erben eine **unterhaltspflichtige Person** (§§ 1360a Abs. 3, 1361

---

[19] So jetzt etwa ausdrücklich auch Ziffer III. 1 der VwV SächsBestG vom 15.4.2011; vgl dazu auch VG Leipzig FamRZ 2007, 1786.

Abs. 4, 1615 Abs. 2 BGB), wenn der Verstorbene zu Lebzeiten **unterhaltsbedürftig** und der Unterhaltpflichtige **leistungsfähig** war.

Der Betreuer hat, auch wenn er Inhaber der Totenfürsorge ist, keinen Anspruch auf Aufwendungsersatz und Vergütung gegen die Staatskasse. Mit der Totenfürsorge übernimmt er eine **öffentlich-rechtliche Pflicht** und erfüllt damit gerade keine Aufgabe im Rahmen einer Notgeschäftsführung iSd § 1698 b BGB. Die Erfüllung der Pflicht ist auch **nicht an sein Betreueramt** gebunden. Sie wurde ihm nicht vom Betreuungsgericht als **Aufgabenkreis** übertragen, sondern von dem Verstorbenen auferlegt. Der Betreuer steht insoweit nicht anders als jeder andere Totenfürsorgeinhaber, der entweder den Erben, die Erbengemeinschaft oder unterhaltspflichtige Personen in Anspruch nehmen muss. 55

Als Kostenträger für die Bestattung kommt auch der **Sozialhilfeträger** in Betracht, der nach § 74 SGB XII die erforderlichen Kosten einer Bestattung übernimmt, soweit sie den hierzu Verpflichteten nicht zugemutet werden können. Der Anspruch besteht auch dann, wenn die Bestattung bereits vor Unterrichtung des Sozialhilfeträgers durchgeführt wurde und die Kosten bereits beglichen sind.[20] Der Betreuer wird die verauslagten Kosten jedoch unmittelbar gegenüber dem Erben geltend machen müssen, da er nicht Verpflichteter iSd § 74 SGB XII ist.[21] 56

3. Private Vorsorge des Betreuten

Weil eine Kostenerstattung durch die Erben schwierig und meist langwierig ist, ist es auch für den Betreuer sinnvoll, bereits zu Lebzeiten des Betreuten einen sogenannten **Bestattungsvorsorgevertrag** zu schließen. Dies korrespondiert auch oft mit dem Wunsch und Willen des Betreuten, einer würdigen oder angemessenen Beerdigung sicher zu sein. Gleiches gilt für einen anschließenden **Grabpflegevertrag**. 57

In den Landesrechten (vgl § 10 Abs. 2 des Sächsischen Bestattungsgesetzes) findet sich meist folgende Regelung:

> Hat ein Bestattungsunternehmen oder ein Dritter durch Vertrag mit dem Verstorbenen zu dessen Lebzeiten Verpflichtungen, die nach diesem Gesetz bestehen, übernommen, so gilt der Bestattungsunternehmer oder der Dritte hinsichtlich dieser Verpflichtungen als verantwortlich.

Aus diesem Grunde sind die privatrechtlichen Instrumente geeignet, dem Betreuer langwierige Auseinandersetzungen mit den Erben zu ersparen, wenn er das Recht der Totenfürsorge ausübt und die hierfür anfallenden Kosten ersetzt bekommen haben will. Damit der Betreuer dies für den Betreuten vornehmen kann, bedarf es jedoch der Übertragung des hierauf gerichteten Aufgabenkreises. Nach ständiger Rechtsprechung sind die hierfür angesparten Mittel nicht für die Betreuervergütung einzusetzen;[22] dies erhöht den Anreiz für Betreute, entsprechende **Vereinbarungen** abzuschließen.

---

20 BVerwG NJW 1998, 1329.
21 BVerwG BtPrax 2004, 238 zum gleichlautenden § 15 BSHG.
22 Vgl etwa OLG München BtPrax 2007, 130.

Kieß

§ 1894 BGB Anzeige bei Tod des Vormunds

(1) Den Tod des Vormunds hat dessen Erbe dem Familiengericht unverzüglich anzuzeigen.

(2) Den Tod des Gegenvormunds oder eines Mitvormunds hat der Vormund unverzüglich anzuzeigen.

I. Einleitung

1 Die Vorschrift ist sinngemäß auf die Betreuung anzuwenden, § 1908 i Abs. 1 S. 1 BGB. Der Tod des Betreuers beendet das Betreueramt. Im Interesse des Betreuten ist das Betreuungsgericht zu einem raschen Handeln aufgerufen, § 1846 BGB. Um eine frühestmögliche Information des Betreuungsgerichtes sicherzustellen, wurden die in § 1894 BGB statuierten **Anzeigepflichten** geschaffen. Die Situation bei dem Tod des Betreuers ist eine andere als die beim Tod des Betreuten. Stirbt der Betreute, ist der Betreuer in sinngemäßer Anwendung des § 1698 b BGB verpflichtet, noch Geschäfte durchzuführen, „die nicht ohne Gefahr aufgeschoben werden können". Der Erbe des Betreuers besitzt weder eine rechtliche Befugnis noch eine Verpflichtung zur Fortführung der notwendigen Geschäfte des Betreuten. Handelt er dennoch, finden die Vorschriften der Geschäftsführung ohne Auftrag, §§ 677 ff BGB, Anwendung.[1]

II. Bedeutung für das Betreuungsgericht

2 Das Betreuungsgericht hat nach Vorliegen der Information über den Tod des Betreuers unverzüglich die zum Schutz des Betreuten erforderlichen Maßnahmen zu ergreifen. Es ist nach § 1908 c BGB ein neuer Betreuer zugunsten des Betreuten zu bestellen, ggf im Wege einer einstweiligen Anordnung nach § 300 FamFG. Ein Untätigbleiben des Gerichtes wäre ggf haftungsrelevant, § 839 BGB, Art. 34 GG.[2] Notfalls ist das Betreuungsgericht aufgerufen, selbst die erforderlichen Maßnahmen zu treffen, § 1846 BGB.

III. Bedeutung für die Betreuungsbehörde

3 Nach § 7 Abs. 1 BtBG ist die Betreuungsbehörde verpflichtet, dem Betreuungsgericht Umstände mitzuteilen, die die Bestellung eines Betreuers oder eine andere Maßnahme in Betreuungssachen erforderlich machen. Die Voraussetzungen einer **Mitteilungsbefugnis** der Behörde nach § 7 Abs. 1 BtBG sind gegeben: Im Falle des Todes des Betreuers besteht eine erhebliche Gefahr für das Wohl des Betreuten, dessen Geschäfte unerledigt liegen bleiben. Das Betreuungsgericht ist daher durch die Mitteilungsbefugnis in die Lage zu versetzen, unverzüglich eine Betreuerbestellung zugunsten des Betreuten vorzunehmen.

IV. Bedeutung für den Betreuer bzw Gegenbetreuer

4 Abs. 2: Der Betreuer ist verpflichtet, dem Betreuungsgericht unverzüglich den Tod eines Mitbetreuers und des Gegenbetreuers anzuzeigen. Dieselbe Verpflichtung trifft den Gegenbetreuer nach §§ 1799 Abs. 1 S. 2, 1895 BGB. Die Anzeige an das Betreuungsgericht ist **unverzüglich** im Sinne des § 121 Abs. 1

---

[1] Staudinger/Engler, § 1894 BGB Rn 4.
[2] Damrau/Zimmermann, § 1846 BGB Rn 7.

BGB, das heißt ohne schuldhaftes Zögern, vorzunehmen. Es gilt eine Obergrenze von zwei Wochen.[3] Die Anzeige ist **formlos** möglich. Eine telefonische Unterrichtung ist ausreichend. Eine **Verletzung** dieser Verpflichtung durch Betreuer bzw Gegenbetreuer kann Schadensersatzansprüche des Betreuten nach §§ 1908 i, 1833 BGB auslösen.

V. Bedeutung für den Erben des Betreuers bzw Gegenbetreuers

Die Erben des Betreuers haben dessen Tod nach § 1894 Abs. 1 BGB dem Betreuungsgericht anzuzeigen und die des Gegenbetreuers nach §§ 1895, 1894 Abs. 1 BGB. Bei Verletzung der **Anzeigepflicht** haften die Erben des Betreuers bzw Gegenbetreuers nach § 1894 respektive §§ 1895, 1894 Abs. 1 BGB in Verbindung mit positiver Forderungsverletzung.

§ 1895 BGB Amtsende des Gegenvormunds

Die Vorschriften der §§ 1886 bis 1889, 1893, 1894 finden auf den Gegenvormund entsprechende Anwendung.

§ 1895 BGB findet über § 1908 i Abs. 1 S. 1 BGB im Betreuungsrecht Anwendung.

§ 1895 BGB ist eine der Normen, die die Befugnisse und Pflichten des Gegenbetreuers ausgestalten. Dieser wird bestellt, um den Betreuer zu überwachen, insbesondere bei einer erheblichen Vermögensverwaltung (§ 1792 BGB Rn 2, 7). Über § 1895 BGB finden §§ 1886–1888, 1893 und 1894 BGB entsprechende Anwendung. Wegen der Einzelheiten wird auf die Kommentierung zu § 1792 BGB verwiesen.

§ 1896 BGB Voraussetzungen

(1) ¹Kann ein Volljähriger auf Grund einer psychischen Krankheit oder einer körperlichen, geistigen oder seelischen Behinderung seine Angelegenheiten ganz oder teilweise nicht besorgen, so bestellt das Betreuungsgericht auf seinen Antrag oder von Amts wegen für ihn einen Betreuer. ²Den Antrag kann auch ein Geschäftsunfähiger stellen. ³Soweit der Volljährige auf Grund einer körperlichen Behinderung seine Angelegenheiten nicht besorgen kann, darf der Betreuer nur auf Antrag des Volljährigen bestellt werden, es sei denn, dass dieser seinen Willen nicht kundtun kann.

(1 a) Gegen den freien Willen des Volljährigen darf ein Betreuer nicht bestellt werden.

(2) ¹Ein Betreuer darf nur für Aufgabenkreise bestellt werden, in denen die Betreuung erforderlich ist. ²Die Betreuung ist nicht erforderlich, soweit die Angelegenheiten des Volljährigen durch einen Bevollmächtigten, der nicht zu den in § 1897 Abs. 3 bezeichneten Personen gehört, oder durch andere Hilfen, bei de-

---

3 Palandt/Ellenberger, § 121 BGB Rn 3.

nen kein gesetzlicher Vertreter bestellt wird, ebenso gut wie durch einen Betreuer besorgt werden können.

(3) Als Aufgabenkreis kann auch die Geltendmachung von Rechten des Betreuten gegenüber seinem Bevollmächtigten bestimmt werden.

(4) Die Entscheidung über den Fernmeldeverkehr des Betreuten und über die Entgegennahme, das Öffnen und das Anhalten seiner Post werden vom Aufgabenkreis des Betreuers nur dann erfasst, wenn das Gericht dies ausdrücklich angeordnet hat.

I. Einleitung	1
II. Beginn des Betreuungsverfahrens (Abs. 1 S. 1 bis 3)	4
1. Grundlagen	4
2. Begriff des Antrags	7
3. Die weitergehende Bedeutung des Antrags	9
a) Bedeutung für das Betreuungsgericht	10
b) Bedeutung für die Betreuungsbehörde und nahe Angehörige	14
III. Vollmacht (Abs. 2 S. 2 1. Fall)	15
1. Grundlagen	16
a) Gesetzliche Regelungen	16
b) Außenvollmacht und Absicherung	17
c) Form	20
d) Errichtung der Vollmacht	28
e) Widerruf der Vollmacht	30
f) Keine Annahmeverpflichtung und Kündigung	34
g) Geschäftsunfähigkeit, Tod und Insolvenz des Bevollmächtigten	37
h) Mehrere Bevollmächtigte, Ersatzbevollmächtigte und Unterbevollmächtigte	40
i) Tod und Insolvenz des Vollmachtgebers	43
j) Registrierung der Vollmacht	46
k) Ersatz von Aufwendungen und Vergütung	57
l) Haftung	59
2. Bedeutung der Vollmacht für das Betreuungsgericht	63
a) Nachforschungspflicht	63
b) Kontaktaufnahme	66
c) Betreuung trotz Vollmacht und Kontrollbetreuer	68
d) Konkurrenz mehrerer Vollmachten	77
e) Nachträgliches Auffinden einer Vollmacht	79
f) Keine Pflicht zur Errichtung einer Vollmacht	80
3. Bedeutung der Vollmacht für andere Gerichte	84
4. Bedeutung der Vollmacht für Behörden	88
5. Bedeutung der Vollmacht für den Bevollmächtigten	91
a) Allgemeine Rechte und Pflichten	91
b) Beschwerde gegen die Bestellung eines Betreuers	92
c) Beschwerde gegen verfahrenseinleitende Maßnahmen	96
6. Bedeutung der Vollmacht für die Betreuungsbehörde	101
7. Bedeutung der Vollmacht für den Betreuungsverein	105
8. Bedeutung der Vollmacht für den Betreuer	106
a) Informationspflicht	106
b) Widerrufsrecht	107
9. Bedeutung der Vollmacht für Angehörige des Betroffenen	110
IV. Andere Hilfen (§ 1896 Abs. 2 S. 2 2. Fall)	111
1. Grundlagen	112
2. Bedeutung für die Betreuungsgerichte	114
3. Bedeutung für die Betreuungsbehörde	117
4. Bedeutung für Betreuer	119

5. Bedeutung für Angehörige und andere nahestehende Personen 120	f) Widerruf einer Vollmacht 170
V. Krankheitsbilder (Abs. 1 S. 1) ... 121	2. Bedeutung für das Betreuungsgericht 171
1. Grundlagen 122	3. Bedeutung für andere Gerichte 175
a) Psychische Krankheiten 123	4. Bedeutung für Behörden 180
b) Geistige Behinderung ... 125	5. Bedeutung für die Betreuungsbehörde 182
c) Seelische Behinderung .. 126	6. Bedeutung für den Betreuer 183
d) Körperliche Behinderung 128	7. Bedeutung für Angehörige und einen Verfahrenspfleger 184
2. Bedeutung für das Betreuungsgericht 129	VIII. Kontrollbetreuer (§ 1896 Abs. 3 BGB) 185
VI. Freier Wille (Abs. 1 a) 130	1. Grundlagen 185
1. Grundlagen 131	2. Bedeutung für das Betreuungsgericht 188
2. Bedeutung für das Betreuungsgericht 134	3. Bedeutung für andere Gerichte, Behörden und die Betreuungsbehörde 190
VII. Erforderliche Aufgabenkreise (Abs. 1 S. 1, Abs. 2 S. 1 und Abs. 4) 135	4. Bedeutung für den Bevollmächtigten 191
1. Grundlagen 137	5. Bedeutung für Angehörige 192
a) Allgemeine Anforderungen 137	IX. Dauer der Betreuung 193
b) Nicht übertragbare Aufgabenkreise 141	
c) Typisierte Aufgabenkreise 154	
d) Alle Angelegenheiten 166	
e) Fernmeldeverkehr und Post 167	

I. Einleitung

§ 1896 BGB regelt die Voraussetzungen, unter denen **für einen Volljährigen** (§ 2 BGB)[1] ein Betreuer bestellt werden kann. In den Bestimmungen dieser Grundlagennorm des Betreuungsrechts spiegeln sich wesentliche Prinzipien des Betreuungsrechts (s. Einl. Rn 5–11). Das gilt für die Grundsätze der Subsidiarität, der Erforderlichkeit und der Eigenständigkeit. 1

Im Rahmen der Subsidiarität ist die **Vermeidung einer Betreuung** durch Vollmacht von besonderer Bedeutung. Dieses Rechtsinstitut ist bereits mit der Reform des Vormundschaftsrechts in das Gesetz aufgenommen worden, ohne aber in das Bewusstsein breiter Bevölkerungskreise zu gelangen und von der Rechtspraxis hinreichend beachtet zu werden. Dem wollte das erste Betreuungsrechtsänderungsgesetz entgegenwirken. Weitere wesentliche Schritte sind im Zuge der Arbeiten zum zweiten Betreuungsrechtsänderungsgesetz erfolgt. Damit sind wichtige Rahmenbedingungen geschaffen, um den verfassungsrechtlich gesicherten Anspruch auf Freiheit vor dem Staat auch im Fall einer schweren Erkrankung umzusetzen. Die Fürsorgepflicht des Staates greift erst, wenn andere Schutzmechanismen nicht funktionieren. 2

---

1 Zu der Möglichkeit, Maßnahmen bereits für einen siebzehnjährigen Betroffenen zu treffen, die mit dem Eintritt der Volljährigkeit wirksam werden, s. 1908 a BGB.

3 Diesem Ansatz des § 1896 BGB folgend, stehen das Rechtsinstitut der Vollmacht, die Feststellung anderer Hilfen und die Bestimmung der erforderlichen Aufgabenkreise im Mittelpunkt der Kommentierung.

II. Beginn des Betreuungsverfahrens (Abs. 1 S. 1 bis 3)

1. Grundlagen

4 Das Betreuungsverfahren beginnt nach § 1896 Abs. 1 S. 1 BGB mit einem Antrag des Betroffenen oder von Amts wegen. Ein Antrag des Betroffenen ist daher grundsätzlich nicht Voraussetzung für die Einleitung des Verfahrens. Das Betreuungsgericht hat stets Ermittlungen aufzunehmen (§ 26 FamFG), wenn es Hinweise erhält, die auf einen Betreuungsbedarf deuten. Entsprechende Hinweise können von Angehörigen, Nachbarn, Freunden, sozialen Diensten, Gerichten (§ 22a FamFG), der Betreuungsbehörde (§ 7 Abs. 1 BtBG, s. dort Rn 2 ff), allgemeinen Verwaltungsbehörden (§ 16 Abs. 1 Nr. 4 VwVfG, § 15 Abs. 1 Nr. 4 SGB X, § 81 Abs. 1 Nr. 4 AO, § 35a S. 2 FGG), dem Hausarzt oder dem Krankenhauspersonal an das Betreuungsgericht herangetragen werden. Der Gesetzgeber hat gleichwohl eine Antragstellung durch den Betroffenen vorgesehen, um die Akzeptanz der Betreuung zu erleichtern und die Zusammenarbeit des Betroffenen mit dem Betreuer zu vereinfachen.[2] Dementsprechend kann auch ein Geschäftsunfähiger den Antrag auf Bestellung eines Betreuers stellen (§ 1896 Abs. 1 S. 2 BGB). Das entspricht § 275 FamFG, wonach der Betroffene ohne Rücksicht auf seine Geschäftsfähigkeit im Betreuungsverfahren verfahrensfähig ist (s. § 275 FamFG Rn 2 ff).

5 Das Recht des Betroffenen, selbst durch einen Antrag das Betreuungsverfahren einzuleiten, vermag zudem für **Angehörige** entlastend wirken. Kann der Betroffene von einer Antragstellung überzeugt werden, bedarf es keiner Mitteilung der Angehörigen an das Betreuungsgericht, die von dem Betroffenen oft als beleidigend oder denunzierend empfunden wird.

6 Von dem dargestellten Grundsatz macht § 1896 Abs. 1 S. 3 BGB eine Ausnahme. Im Fall einer ausschließlich **körperlichen Behinderung** darf ein Betreuer nur auf Antrag des Betroffenen bestellt werden, es sei denn, dieser kann seinen Willen nicht äußern.

2. Begriff des Antrags

7 Der Begriff des Antrags ist nicht in einem formellen Sinn zu verstehen. Es genügt vielmehr jede Willensäußerung gegenüber dem Betreuungsgericht, der im Wege der Auslegung (§ 133 BGB) entnommen werden kann, der Betroffene wünsche für sich die Bestellung eines Betreuers. Die mündliche Erklärung, mit der Betreuung einverstanden zu sein, kann deshalb für einen Antrag ausreichen.[3] Ebenso formlos kann der Antrag **zurückgenommen** werden. So ist in der Einlegung einer Beschwerde gegen die Bestellung eines Betreuers eine Rücknahme des Antrags zu sehen, wenn sich die Beschwerde nicht gegen die Person des Betreuers oder einzelne Aufgabenkreise, sondern gegen die Betreuung als solche richtet.[4]

---

[2] BayObLG FamRZ 2003, 1871.
[3] BayObLG, 3Z BR 163/03, BayObLGR 2004, 112 (LS).
[4] BayObLG FamRZ 2001, 1245.

Für die Übermittlung des Antrags oder einer Antragsrücknahme kann sich der 8
Betroffene eines **Boten** bedienen. Das kann neben Personen des unmittelbaren
Umfeldes auch das Personal in einem Krankenhaus sein, insbesondere wenn
sich ein Betreuungsbedarf in Folge eines Krankenhausaufenthaltes ergibt.[5] Dagegen ist eine **Stellvertretung** (§ 164 Abs. 1 BGB) nicht möglich, da es sich um
eine höchstpersönliche Erklärung handelt.[6]

3. Die weitergehende Bedeutung des Antrags

Zwar hat der Antrag des Betroffenen grundsätzlich keine rechtliche Bedeutung 9
für den Beginn der Ermittlungen des Gerichts (Rn 4 ff). Wird aber ein Antrag
gestellt, hat dies Folgen für das materielle Betreuungsrecht und das Betreuungsverfahren.

a) Bedeutung für das Betreuungsgericht

Materiellrechtlich kann ein Betreuer gemäß § 1896 Abs. 1 a BGB gegen den 10
freien Willen des Betroffenen nicht bestellt werden (dazu Rn 130 ff). Diese
Voraussetzung entfällt, wenn der Betroffene kooperiert, dh selbst den Antrag
auf Bestellung eines Betreuers stellt.[7] Im Übrigen müssen aber alle Voraussetzungen für die Bestellung eines Betreuers gegeben sein.[8]

Darüber hinaus hat das Betreuungsgericht die auf Antrag erfolgte Bestellung 11
eines Betreuers auf Antrag des Betroffenen aufzuheben, wenn nicht eine Betreuung von Amts wegen erforderlich ist. Den Antrag auf Aufhebung kann
auch ein Geschäftsunfähiger stellen (§ 1908 d Abs. 2 S. 1, 2 BGB, s. dort
Rn 17). In diesen Fällen wird das Gericht bei der Prüfung, ob von Amts wegen
eine Betreuung erforderlich ist, § 1896 Abs. 1 a BGB zu beachten haben.

Verfahrensrechtlich kann statt der Einholung des Gutachtens eines Sachverständigen über die Notwendigkeit der Betreuung ein ärztliches Zeugnis ausreichen (§ 281 Abs. 1 Nr. 1 FamFG). 12

Erklärt sich der Betroffene zunächst mit der Betreuung einverstanden, nimmt 13
er aber sein Einverständnis im Laufe des Verfahrens zurück, so ist dies vom
Betreuungsgericht, und zwar auch in einem Beschwerde- und weiteren Beschwerdeverfahren zu berücksichtigen. Die Bestellung eines Betreuers muss
deshalb in einem Beschwerdeverfahren aufgehoben werden, wenn aus der Beschwerde des Betroffenen der Wegfall des Antrags folgt und die materiellrechtliche Prüfung sowie das Betreuungsverfahren auf die Besonderheiten des Antragsverfahrens ausgerichtet waren.[9] Bestehen Zweifel, ob der Betroffene auf
Dauer die Bestellung eines Betreuers wünscht, dürfte es deshalb sinnvoll sein,
eine umfassende Prüfung vorzunehmen oder von Amts wegen einen Betreuer
zu bestellen. Letzteres ist trotz Antrag des Betroffenen möglich.[10]

---

5 BayObLG, 3Z BR 163/03, BayObLGR 2004, 112 (LS); BayObLG FamRZ 2003, 1871.
6 Offengelassen in BayObLG FamRZ 2003, 1871.
7 BGH FamRZ 2011, 630; BtPrax 2012, 115.
8 OLG Köln FamRZ 1996, 249; Palandt/Götz, § 1896 BGB Rn 13.
9 BayObLG FamRZ 2001, 1245; BayObLG FamRZ 2003, 1871, 1872.
10 BayObLG FamRZ 2003, 1871.

b) Bedeutung für die Betreuungsbehörde und nahe Angehörige

14 Die Bestellung eines Betreuers auf Antrag des Betroffenen führt zu einem Wegfall der Beschwerdebefugnis naher Angehöriger.[11] Nach § 303 Abs. 2 FamFG kann eine Beschwerde dieses Personenkreises nur gegen eine Betreuerbestellung von Amts wegen erfolgen. Ob eine Betreuerbestellung auf Antrag erfolgt, hängt aber nicht von der Einleitung des Betreuungsverfahrens aufgrund eines Antrags ab. Wesentlich ist vielmehr der Inhalt der getroffenen Entscheidung.[12]

III. Vollmacht (Abs. 2 S. 2 1. Fall)

15 Nach dem Grundsatz der **Subsidiarität** (Einl. Rn 7) dürfen die Gerichte durch die Bestellung eines Betreuers Grundrechte der betroffenen Menschen nicht einschränken, wenn und soweit durch einen Bevollmächtigten die notwendigen Angelegenheiten wahrgenommen werden können. Die Vollmacht ist damit als einziges Rechtsinstitut geeignet, das Selbstbestimmungsrecht für den Fall einer psychischen Erkrankung sowie einer geistigen oder seelischen Behinderung grundsätzlich frei von einem staatlichem Verfahren umfassend zu sichern (zu betreuungsgerichtlichen Genehmigungen bei schwerwiegenden ärztlichen Maßnahmen und bei Unterbringungen, s. § 1904 Abs. 5 S. 1 BGB, dort Rn 50 f, und § 1906 Abs. 5 S. 2 BGB, dort Rn 64).[13] Es gibt keinen Aufgabenbereich der Betreuung, der nicht durch eine Vollmacht abgedeckt werden könnte. Die Vollmacht gewährleistet daher das **Recht auf Freiheit vor dem Staat** auch im Fall der Krankheit (für den besonderen Fall der Patientenverfügung im Sterbeprozess s. §§ 1901a, 1901b, 1904 Abs. 2 BGB). Liegt eine Vollmacht vor und erfüllt der Bevollmächtigte seine Pflicht, die Angelegenheiten des Vollmachtgebers zu besorgen, bedarf es der Durchführung eines Betreuungsverfahrens nicht.

1. Grundlagen

a) Gesetzliche Regelungen

16 Die Vollmacht zur Vermeidung einer Betreuerbestellung ist im Gesetz nicht besonders geregelt. Es gelten grundsätzlich die allgemeinen Vorschriften der §§ 164–181 BGB. Informationspflichten der Betreuungsvereine über Vollmachten allgemein sind Gegenstand von § 1908f Abs. 1 Nr. 2a BGB (s. § 1908f Rn 37). Die Beratung über Vollmachten im Einzelfall durch die Betreuungsbehörden regelt § 6 Abs. 1 S. 2 BtBG (s. § 6 BtBG Rn 6–8). Hinzukommen folgende Sonderregelungen:

- §§ 78a-c BNotO, zentrale Registrierung von Vollmachten (s. Rn 46).
- § 51 Abs. 3 ZPO, wonach für die Prozessfähigkeit ein Bevollmächtigter einem gesetzlichen Vertreter gleichsteht, wenn die Bevollmächtigung geeignet ist, die Erforderlichkeit einer Betreuung entfallen zu lassen (s. dazu Rn 86 ff).

---

11 Nach § 303 Abs. 1 Nr. 1 FamFG steht – im Gegensatz zu § 69g Abs. 1 S. 1 FGG – der **Betreuungsbehörde** ein Beschwerderecht gegen die Bestellung eines Betreuers zu, selbst wenn die Bestellung auf Antrag erfolgt.
12 BayObLG FamRZ 2003, 1871; OLG Hamm FamRZ 2002, 194.
13 Zur Bedeutung der Vollmacht für das Selbstbestimmungsrecht s. BVerfG BtPrax 2009, 27.

- § 1908 f. Abs. 4 BGB; Danach ist den Betreuungsvereinen die Befugnis eingeräumt, im Einzelfall bei der Errichtung von Vorsorgevollmachten zu beraten (s. § 1908 f BGB Rn 39).
- § 6 Abs. 2 bis 5 BtBG, der den Betreuungsbehörden die Befugnis einräumt, durch Urkundspersonen Vollmachten zu beglaubigen (s. § 6 BtBG Rn 9 ff).
- § 4 BtBG und § 1908 f Abs. 1 Nr. 2 BGB, wonach die Betreuungsbehörden und anerkannten Betreuungsvereine neben Betreuern auch Bevollmächtigte bei der Wahrnehmung ihrer Aufgaben zu unterstützen haben (s. § 4 BtBG Rn 5, 7 und § 1908 f BGB Rn 5, 9). Damit wird die für ihre Tätigkeit notwendige Unterstützung der Bevollmächtigten gewährleistet.
- § 11 Abs. 7 Melderechtsrahmengesetz; Danach kann durch Landesrecht bestimmt werden, dass die auskunftspflichtige Person sich durch einen Bevollmächtigten vertreten lassen kann, wenn die Vollmacht öffentlich oder nach § 6 Abs. 2 BtBG durch die Urkundsperson bei der Betreuungsbehörde beglaubigt ist.
- § 1901c BGB, wonach der Besitzer einer Vollmacht, in der der Betroffene eine andere Person mit der Wahrnehmung seiner Angelegenheiten bevollmächtigt hat, das Betreuungsgericht unterrichten muss, sobald er Kenntnis von der Einleitung eines Betreuungsverfahrens erlangt. Das Betreuungsgericht kann die Vorlage einer Abschrift der Vollmacht verlangen (s. dazu § 1901c BGB Rn 3).

b) Außenvollmacht und Absicherung

Ihren Zweck kann die Vollmacht nur erfüllen, wenn sie im Außenverhältnis, dh für Behörden, Banken, Gerichte, Geschäftspartner und dem übrigen Rechtsverkehr **frei von Bedingungen** wirksam ist. Insbesondere sollte die Vollmacht nicht vom Eintritt einer Erkrankung abhängig sein, da der Rechtsverkehr dies nicht überprüfen kann. Folge wäre, dass trotz Vollmacht ein Betreuungsverfahren eingeleitet werden müsste, um eine Vertretung des Betroffenen zu sichern.[14] Formulierungen wie „Altersvorsorgevollmacht" oder „Vollmacht für den Fall einer psychischen Erkrankung" sind deshalb nicht zu empfehlen. Der Krankheitsfall sollte allein im Innenverhältnis zum Bevollmächtigten Voraussetzung dafür sein, von der Vollmacht Gebrauch machen zu dürfen.

Diese Gestaltung hat den Nachteil, dass der Bevollmächtigte nach außen unabhängig von einem Krankheitsfall wirksam handeln kann, wenn er die Vollmachtsurkunde in Besitz hat. Gegen **Missbräuche** der Vollmacht kann sich der Vollmachtgeber aber absichern. So braucht er die Originalvollmacht nicht an den Bevollmächtigten auszuhändigen. Er kann sie vielmehr bei sich aufbewahren und den Bevollmächtigten darauf hinweisen, wo er die Vollmacht im Bedarfsfall findet. Hat der Vollmachtgeber gegen eine solche Handhabung bedenken, weil er befürchtet, der Bevollmächtigte könnte sich die Vollmacht widerrechtlich aneignen, sollte er die Auswahl seines Bevollmächtigten überprüfen.

Die **Hinterlegung** der Vorsorgevollmacht bei Gericht ist demgegenüber keine praktikable Alternative. Denn die Betreuungsgerichte könnten die Vollmacht an den Bevollmächtigten nur herausgeben, nachdem überprüft worden ist, ob

---

14 Vgl KG BtPrax 2010, 90.

die Voraussetzungen des Innenverhältnisses eingetreten sind, insbesondere ob ein Krankheitsfall vorliegt. Entsprechendes kann gelten, wenn die Vollmacht einem Notar ausgehändigt wird.

c) Form

20 Die Vollmacht bedarf grundsätzlich keiner Form (§ 167 Abs. 2 BGB). Ausnahmen sehen § 11 Abs. 7 MRRG (s. dazu Rn 15) und §§ 1904 Abs. 5 S. 2, 1906 Abs. 5 S. 1 BGB (s. § 1904 BGB Rn 64; § 1906 BGB Rn 52) vor. Die Bevollmächtigung zur Einwilligung in einen schweren ärztlichen Eingriff und eine Unterbringung bedarf der Schriftform. Der Vollmachtgeber muss dafür eine Vollmachtsurkunde eigenhändig durch Namensunterschrift oder mittels notariellen Handzeichens unterzeichnen (§ 126 Abs. 1 BGB). Diese Form ist aber ohnehin für jeden Inhalt einer Vollmacht einzuhalten, um den Bevollmächtigten im Geschäftsverkehr zu legitimieren.

21 Über die Form des § 126 Abs. 1 BGB hinaus ist eine **notarielle Beurkundung** erforderlich, wenn der Bevollmächtigte ermächtigt wird, das Eigentum an einem Grundstück zu übertragen oder zu erwerben. In diesen Fällen ergibt sich in Abweichung von § 167 Abs. 2 BGB ein Formerfordernis aus § 311 b Abs. 1 BGB. Danach bedarf die Vollmacht ausnahmsweise der notariellen Beurkundung, wenn die Ermächtigung zur Eigentumsübertragung oder zum Eigentumserwerb an Grundstücken unwiderruflich erteilt ist oder ansonsten zu einer Bindung des Vollmachtgebers führt.[15] Dies dürfte für die Vollmacht zur Vermeidung eines Betreuungsverfahrens immer anzunehmen sein, da sie – im Innenverhältnis – für den Fall ausgestellt wird, dass der Vollmachtgeber seinen Willen nicht mehr hinreichend bilden kann. Wenn die Innenbedingung eintritt, wird der Bevollmächtigte deshalb nicht mehr in der Lage sein, die Vollmacht zu widerrufen.[16]

22 Des Weiteren ist eine **notarielle Beurkundung** erforderlich, wenn der Bevollmächtigte ermächtigt wird, Darlehensverträge für den Betroffenen, und damit im Regelfall für einen Verbraucher (§ 13 BGB), abzuschließen (§ 492 Abs. 4 S. 2 BGB).

23 Unabhängig von der rechtlichen Notwendigkeit einer notariellen Beurkundung kann es im Einzelfall sinnvoll sein, eine **notarielle Beratung** in Anspruch zu nehmen (§ 17 Abs. 1 S. 1 BeurkG) und mit der Beurkundung der Vollmacht dem Bevollmächtigten eine Legitimation zu verschaffen, die allgemein akzeptiert wird. Denn der Geschäftsverkehr vermag nicht zu prüfen, ob die nicht beurkundete Unterschrift tatsächlich vom Vollmachtgeber stammt oder ob eine Fälschung vorliegt. Diese Unsicherheit führt möglicherweise dazu, dass die Vollmacht bei Rechtsgeschäften nicht akzeptiert wird und deshalb doch ein Betreuungsverfahren eingeleitet werden muss. Dies vermeidet die Beurkundung.

24 Die **Kosten** einer Beurkundung richten sich nach dem Geschäftswert. Nach § 98 Abs. 3 GNotKG ist der Wert für eine Vollmacht nach freiem Ermessen zu bestimmen. Der Umfang der Ermächtigung und das Vermögen des Vollmachtgebers sind dabei zu berücksichtigen. Der zu bestimmende Geschäftswert darf

---

15 BGH NJW 1979, 2306; Palandt/Grüneberg, § 311 b BGB Rn 20, 21.
16 Knittel, § 1896 BGB Rn 22.

die Hälfte des Vermögens des Auftraggebers nicht überschreiten. Obergrenze des Geschäftswertes sind 1.000.000 EUR (§ 98 Abs. 4 GNotKG). Die Höchstgebühr beträgt danach 1.735 EUR (§ 34 GNotKG, Ziff. 21200 KVGNotKG).[17]

Neben der Beurkundung kann auch die **notarielle Beglaubigung** Legitimationsprobleme beseitigen. Denn mit der Beglaubigung bestätigt der Notar, dass der Vollmachtgeber die Vollmachtsurkunde gezeichnet hat (§ 129 BGB, §§ 39, 40 BeurkG). 25

Die **Kosten** einer Beglaubigung richten sich ebenfalls nach dem Geschäftswert (§ 121 GNotKG), betragen aber höchstens 70 EUR (Ziff. 25100 KVGNotKG). Im Rahmen der Beglaubigung trifft den Notar allerdings weder eine Belehrungs- noch eine Prüfungspflicht.[18] Er darf nach § 40 Abs. 2 und § 4 BeurkG aber die Beglaubigung verweigern, wenn erkennbar unredliche Zwecke verfolgt werden. Das dürfte in Fällen offensichtlicher Geschäftsunfähigkeit des Vollmachtgebers gegeben sein.[19] 26

Um für den Bevollmächtigten die einfache und kostengünstige Möglichkeit der **Beglaubigung mit einer Beratung zu verbinden**, ist in § 6 Abs. 2 bis 6 BtBG eine Beglaubigung durch eine Urkundsperson bei der Betreuungsbehörde vorgesehen (s. § 6 BtBG Rn 9 ff), die neben die Beratung nach § 6 Abs. 1 BtBG tritt (s. dazu § 6 BtBG Rn 6–8). 27

d) Errichtung der Vollmacht

Die Errichtung einer privatschriftlichen Vollmacht kann mit Formulierungsproblemen und Unsicherheiten verbunden sein. Die Landesjustizministerien und das Bundesjustizministerium haben deshalb eine **Mustervollmacht** entwickelt (Anhang 1 zu § 1896 BGB), die einen Standard setzt und einen Rückgriff auf die unüberschaubare Anzahl von Formularen und Empfehlungen überflüssig macht. Mit dieser Mustervollmacht geben die Landesjustizministerien und das Bundesjustizministerium eine **Broschüre** heraus, die über die Möglichkeiten der Vollmacht eingehend informiert. Broschüre und Mustervollmacht können von den Internetseiten der Ministerien heruntergeladen oder postalisch angefordert werden. 28

Für die wirksame Errichtung einer Vollmacht ist es ratsam, sich an der Mustervollmacht mithilfe der Broschüre zu orientieren, um Unklarheiten hinsichtlich des Regelungsgehaltes zu vermeiden. Selbst notarielle Urkunden sind teilweise so abgefasst, dass Zweifel bestehen, ob eine Vorsorgevollmacht oder eine Betreuungsverfügung gemeint ist.[20] Zwar kann das Gewollte durch **Auslegung** ermittelt werden (§§ 133, 157 BGB). Die Auslegung einer Vollmachtsurkunde darf aber nur Umstände berücksichtigen, die der potenzielle Geschäfts- 29

---

17 Vgl. Zweites Gesetz zur Modernisierung des Kostenrechts, Gesetzentwurf der Bundesregierung, BR-Drucks. 517/12, 262 zu § 98 GNotKG-E.
18 Eylmann/Vaasen, § 40 BeurkG Rn 5.
19 Erman/A. Roth, § 1896 BGB Rn 43.
20 S. OLG Frankfurt/M. FGPrax 2004, 230: Die Urkunde war so aufgebaut, dass zunächst unter der Überschrift „Vollmacht" Herr X bevollmächtigt wurde, alle Erklärungen gegenüber Ärzten abzugeben. Im nachfolgenden Abschnitt unter der Überschrift „Betreuung" bestellte die Betroffene Herrn X als Betreuer für sämtliche persönlichen und rechtsgeschäftlichen Angelegenheiten.

partner erkennen kann. Dies folgt aus der Rechtsnatur der Außenvollmacht. Abzustellen ist deshalb auf das Verständnisvermögen eines durchschnittlichen Empfängers/Geschäftspartners. Aus dieser Sicht ergibt sich kein sicherer Schluss auf eine Vollmacht, wenn widersprüchliche Erklärungen vorliegen.[21]

e) Widerruf der Vollmacht

30 Die Vollmacht ist grundsätzlich **jederzeit widerrufbar** (§ 168 S. 2 BGB). Etwas anderes ist nur anzunehmen, wenn die Vollmacht im Interesse des Bevollmächtigten erteilt wurde, insbesondere den Bevollmächtigten absichern soll.[22] Das wird bei der Vollmacht zur Vermeidung eines Betreuungsverfahrens aber nicht angenommen werden können. Hier stehen die Interessen des Vollmachtgebers im Mittelpunkt, hinter denen ggf bestehende Vorteile des Bevollmächtigten zurücktreten.

31 Solange der Bevollmächtigte von der Vollmacht keinen Gebrauch macht, ist der Widerruf ihm gegenüber zu erklären (§§ 168 S. 3, 167 Abs. 1 1. Fall BGB). Dazu kann sich der Vollmachtgeber Boten bedienen. So wird in dem Antrag des Vollmachtgebers auf Bestellung eines Betreuers unter ausdrücklichem Hinweis, zu dem Bevollmächtigten bestehe kein Vertrauensverhältnis mehr, ein Widerruf zu sehen sein. Teilt das Gericht den Antrag dem Bevollmächtigten mit, wird der Widerruf wirksam.[23] Ist die Vollmachtsurkunde dem Bevollmächtigten bereits ausgehändigt worden, muss sie zurückgegeben werden (§ 175 BGB). Ansonsten kann der Vollmachtgeber die Urkunde vernichten. Der Widerruf bedarf keiner Form, kann also mündlich wirksam erklärt werden (§§ 168 S. 3, 167 Abs. 2 BGB). Das gilt unabhängig davon, ob die Erteilung der Vollmacht in Teilbereichen der Schriftform oder notariellen Beurkundung (s. dazu Rn 20, 21) bedurfte.

32 Der Vollmachtgeber muss zur Zeit des Widerrufs **geschäftsfähig** sein. Ansonsten ist der Widerruf nichtig (§§ 105 Abs. 1, 104 Nr. 2 BGB). Davon ist für das Betreuungsrecht keine Ausnahme zuzulassen. Denn es ist Sinn und Zweck der Vollmacht, eine Betreuung überflüssig zu machen. Dieser Zweck würde ins Gegenteil verkehrt, wenn allein die Erklärung des geschäftsunfähigen Vollmachtgebers die Vollmacht vernichten könnte.[24] Das gilt auch für persönliche Aufgabenbereiche wie die Einwilligung in ärztliche Behandlungen, die der Vollmachtgeber selbst wahrnehmen kann, soweit er zwar nicht geschäftsfähig, aber einwilligungsfähig ist. Denn auch die Erteilung einer Vollmacht für diese Aufgabenbereiche setzt Geschäftsfähigkeit voraus.[25]

33 Das Erfordernis der Geschäftsfähigkeit kann nicht umgangen werden durch die allgemeine Erwägung, eine widerrufene Vollmacht führe zu Zweifeln an ihrer Wirksamkeit im Rechtsverkehr und könne deshalb eine Betreuung nicht ersetzen.[26] Denn der Rechtsverkehr wird in der Regel von Zweifeln keine Kenntnis haben.[27] Zudem könnte der legitime Wunsch des Betroffenen, Vorsorge zu

---

21 OLG Frankfurt/M. FGPrax 2004, 230.
22 BGH NJW-RR 1991, 441; Palandt/Ellenberger, § 168 BGB Rn 6.
23 Vgl BayObLG, 3Z BR 163/03, BayObLGR 2004, 112 (LS).
24 BayObLG FamRZ 2002, 1220; OLG Köln OLGReport 2005, 372, 373; OLG Schleswig FGPrax 2006, 217.
25 Dodegge/Roth, C Rn 61 Fn 98.
26 OLG Schleswig FGPrax 2006, 217.
27 OLG München OLGR 2009, 656 unter Aufgabe von BayObLG FamRZ 1994, 720.

treffen, durch das gezielte Verbreiten von Bedenken, die Vollmacht könne nach §§ 104 Nr. 2, 105 Abs. 1 BGB unwirksam sein, unterlaufen werden.[28]

f) Keine Annahmeverpflichtung und Kündigung

Der Bevollmächtigte ist nicht verpflichtet, die ihm angetragene Aufgabe zu übernehmen. Er kann das Angebot des Vollmachtgebers **ablehnen** (§ 146 BGB). Es empfiehlt sich deshalb, die Vollmacht mit der Vertrauensperson zu besprechen und deren Einverständnis einzuholen.

34

Hat der Bevollmächtigte sein Einverständnis erklärt, ist er gleichwohl – vorbehaltlich abweichender Vereinbarungen mit dem Vollmachtgeber – nicht verpflichtet, von der Vollmacht Gebrauch zu machen. Er kann die ihm eingeräumte Rechtsposition aufgeben, indem er das der Vollmacht im Regelfall zugrunde liegende Auftragsverhältnis kündigt (§§ 168 S. 1, 671 Abs. 1 2. Fall BGB).[29] Die Kündigung wird mit Zugang beim Vollmachtgeber wirksam (§ 130 Abs. 1 S. 1 BGB). Ist aber der Vollmachtgeber im Zeitpunkt der Kündigung nicht mehr geschäftsfähig (§ 104 Nr. 2 BGB), wird die Kündigung erst wirksam, wenn sie einem gesetzlichen Vertreter zugeht (§ 131 Abs. 1 BGB). Bis das Betreuungsgericht einen Betreuer oder vorläufigen Betreuer als gesetzlichen Vertreter bestellt (§ 1902 BGB), ist der Bevollmächtigte deshalb grundsätzlich verpflichtet, nicht aufschiebbare Geschäfte abzuwickeln.

35

Bleibt der Bevollmächtigte **untätig**, ohne ausdrücklich zu kündigen, ist zu prüfen, ob darin **konkludent eine Aufgabe seiner Rechtsposition** liegt. Das ist vom Einzelfall abhängig.[30] Fühlt sich der Bevollmächtigte schlicht überfordert, können die Beratungsangebote der Betreuungsvereine oder der Betreuungsbehörde (§ 1908 f Abs. 1 Nr. 2 BGB, § 4 BtBG) helfen, Unsicherheiten zu beseitigen und Wege aufzuzeigen. Will der Bevollmächtigte mit seiner Untätigkeit dagegen zum Ausdruck bringen, die Angelegenheiten des Vollmachtgebers nicht besorgen zu wollen, wird die darin liegende Kündigung erst mit Zugang beim Vollmachtgeber oder einem Betreuer wirksam (s. Rn 31).

36

g) Geschäftsunfähigkeit, Tod und Insolvenz des Bevollmächtigten

Wird der Bevollmächtigte **geschäftsunfähig** (§ 104 Nr. 2 BGB), dh nicht nur vorübergehend unfähig, die rechtsgeschäftlichen Interessen des Vollmachtgebers wahrzunehmen, kann er nicht wirksam tätig werden (§ 165 BGB). Seine Vollmacht erlischt aber nicht (vgl §§ 168 S. 1, 671–673 BGB). Erlangt der Bevollmächtigte seine Geschäftsfähigkeit wieder, kann er demzufolge von der Vollmacht Gebrauch machen, wenn nicht der Vollmachtgeber bzw sein Betreuer die Vollmacht zwischenzeitlich widerrufen hat (§§ 168 S. 1, 671 Abs. 1 BGB).

37

Stirbt der Bevollmächtigte, erlischt die Vollmacht grundsätzlich. Die Befugnisse gehen also nicht auf den oder die Erben über (§§ 168 S. 1, 673 S. 1 BGB). Etwas anderes kann aber vereinbart werden.

38

---

28 OLG München OLGR 2009, 656.
29 Vgl BayObLG FamRZ 2004, 1403, wo sich der Bevollmächtigte wegen heftiger innerfamiliärer Streitigkeiten – auch über die Wirksamkeit der Vollmacht – weigerte, von der Vollmacht Gebrauch zu machen, und zum Betreuer bestellt wurde.
30 Dodegge/Roth, C Rn 68.

39 Die Eröffnung des **Insolvenzverfahrens** über das Vermögen des Bevollmächtigten hat keinen Einfluss auf die ihm eingeräumte Vollmacht, da diese nicht Bestandteil der Insolvenzmasse ist (§ 35 InsO). Im Einzelfall kann aber zumindest die Bestellung eines Kontrollbetreuers (§ 1896 Abs. 3 BGB – dazu Rn 185) in Betracht kommen, wenn an der Zuverlässigkeit des Bevollmächtigten zu zweifeln ist und die Gefahr besteht, der Bevollmächtigte könnte sich am Vermögen des Vollmachtgebers bereichern.

h) Mehrere Bevollmächtigte, Ersatzbevollmächtigte und Unterbevollmächtigte

40 Der Vollmachtgeber kann eine oder mehrere Personen als Bevollmächtigte einsetzen. Setzt er mehrere Personen ein, kann dies getrennt nach Aufgabenkreisen (Vermögenssorge, Gesundheitsangelegenheiten usw) erfolgen. Möglich ist aber auch, eine **Gesamtvertretung** anzuordnen. Dann können die Bevollmächtigten nur gemeinsam handeln. Der Widerruf der Vollmacht des einen Bevollmächtigten durch den oder die anderen Bevollmächtigten scheidet aus, soweit nichts anderes bestimmt ist.[31] Das gewährleistet einerseits eine Kontrolle, kann aber andererseits zu erheblichen Schwierigkeiten führen, wenn sich die Bevollmächtigten nicht einigen können. Eine Vertretung des Vollmachtgebers kann dann nicht stattfinden, so dass die Einleitung eines Betreuungsverfahrens unvermeidlich ist. Der Vollmachtgeber muss deshalb sorgfältig abwägen, ob er zB alle seine Kinder zu gesamtvertretungsberechtigten Bevollmächtigten einsetzt oder ein Kind zum Alleinbevollmächtigten bestimmt. Letzteres kann den Nachteil haben, dass die sich übergangen fühlenden Kinder mithilfe des Betreuungsgerichtes versuchen, unter Hinweis auf angebliche Verfehlungen des Bevollmächtigten oder eine Unwirksamkeit der Vollmacht diesen aus dem Amt zu drängen. Die Gerichte lösen diesen Streit häufig, indem mit Hinblick auf die verwandtschaftliche Zerrüttung, die zulasten des Vollmachtgebers wirke, der Vollmacht keine Bedeutung mehr beigemessen und ein familienfremder Betreuer bestellt wird.[32] Damit tritt ein, was der Vollmachtgeber auf keinen Fall wollte. Es empfiehlt sich deshalb, die Bestellung eines von mehreren Kindern mit dem Zusatz zu versehen, dass die Bevollmächtigung selbst bei erheblichen Streitigkeiten zwischen den Geschwistern aufrechterhalten bleiben soll. Das oft benutzte Argument, der Vollmachtgeber habe solche Streitigkeiten nicht vorhersehen können,[33] ist dann hinfällig.

41 Zwischen der Errichtung der Vollmacht und der Notwendigkeit, von ihr Gebrauch zu machen, kann ein längerer Zeitraum vergehen. Der Bevollmächtigte vermag deshalb aufgrund eigener Erkrankung oder fortgeschrittenen Alters nicht immer, die von ihm zugesagten Pflichten zu erfüllen. Zudem kann der Bevollmächtigte sterben (s. dazu Rn 38). Es ist deshalb häufig sinnvoll, einen **Ersatzbevollmächtigten** zu bestimmen, falls noch eine weitere Vertrauensperson vorhanden ist.

42 Schließlich ist zu bedenken, dass der Bevollmächtigte zB urlaubs- oder berufsbedingt abwesend sein kann. Für diese Fälle dürfte es sinnvoll sein, ihm das

---

31 OLG Karlsruhe BtPrax 2010, 178.
32 Vgl BayObLG FamRZ 2004, 1403, wo der Bevollmächtigte auf die Vollmacht verzichtete und für den Aufgabenkreis der Vermögenssorge eine Berufsbetreuerin bestellt wurde.
33 Vgl BayObLG FamRZ 2004, 1403.

Recht zur Bestellung eines **Unterbevollmächtigten** einzuräumen, der befugt ist, unaufschiebbare Maßnahmen durchzuführen.

i) Tod und Insolvenz des Vollmachtgebers

Durch den **Tod des Vollmachtgebers** erlischt die Vollmacht nur, wenn dies ausdrücklich vereinbart wurde oder sich dies im Wege der Auslegung (§§ 133, 157 BGB) des der Vollmacht zugrunde liegenden Auftragsverhältnisses ergibt (§§ 168 S. 1, 672 S. 1 1. Fall BGB). Wird die Vollmacht im Innenverhältnis für den Fall der Betreuungsbedürftigkeit erteilt, um ein Betreuungsverfahren zu vermeiden, kann der Wille des Vollmachtgebers dahin gehend gedeutet werden, dass die Wirkungen der Vollmacht mit seinem Tod enden sollten.[34] Der Bevollmächtigte ist dann nur noch berechtigt und verpflichtet, unaufschiebbare Maßnahmen durchzuführen, bis der Erbe die Geschäfte übernehmen kann (§ 672 S. 2 BGB). Will der Vollmachtgeber dem Bevollmächtigten weitergehende Befugnisse einräumen, sollte das in der Vollmachtsurkunde ausdrücklich bestimmt werden.

Mit der Eröffnung des **Insolvenzverfahrens** über das Vermögen des Vollmachtgebers erlöschen Vollmacht (§ 117 Abs. 1 InsO) und Auftragsverhältnis oder Geschäftsbesorgungsvertrag (§§ 115 Abs. 1, 116 S. 1 InsO), soweit die Insolvenzmasse (§ 35 InsO) betroffen ist. Unberührt bleibt daher die für die persönlichen Angelegenheiten erteilte Vollmacht. Ein Aufwandsentschädigungs- oder Vergütungsanspruch des Bevollmächtigten (s. dazu Rn 57) wird aber als Insolvenzforderung im Regelfall nicht mehr zu verwirklichen sein. Das kann den Bevollmächtigten veranlassen, das Auftragsverhältnis oder den Geschäftsbesorgungsvertrag zu kündigen. Folge ist die Einleitung eines Betreuungsverfahrens und die Bestellung eines Betreuers für die persönlichen Angelegenheiten des Vollmachtgebers (die Vermögensverwaltung wird vom Insolvenzverwalter übernommen), dessen Ansprüche auf Aufwendungsersatz oder ggf Vergütung aus der Staatskasse bezahlt werden (§ 1836 a BGB). In diesem Fall wird die Masse zugunsten der Gläubiger und zulasten der Allgemeinheit von Ansprüchen befreit, die sich aus einer Erkrankung des Vollmachtgebers ergeben.

Nach Aufhebung des Insolvenzverfahrens über das Vermögen des Vollmachtgebers lebt die Vollmacht nach Sinn und Zweck der §§ 115–117 InsO wieder auf. Denn das Erlöschen der Vollmacht soll nur verhindern, dass während des Insolvenzverfahrens neben dem Insolvenzverwalter (§ 80 Abs. 1 InsO) weitere Personen berechtigt sind, das Vermögen des Vollmachtgebers zu verwalten und über Vermögensgegenstände zu verfügen.[35] Die Einleitung eines Betreuungsverfahrens ist daher nicht notwendig, wenn der Bevollmächtigte weiter bereit ist, seine Rechte und Pflichten wahrzunehmen.

j) Registrierung der Vollmacht

Für die Betroffenen ist es von wesentlicher Bedeutung, ein System vorzufinden, mit dessen Hilfe die Vormundschaftsgerichte einfach und schnell eine Bevollmächtigung feststellen können. Deshalb ist zum 31.7.2004 der Bundesnotarkammer die Aufgabe übertragen worden, ein automatisiertes Register über Vorsorgevollmachten zu führen.

---

34 OLG Hamm NJW-RR 2003, 800.
35 MK-InsO/Ott, § 117 InsO Rn 5.

§ 78 BNotO

(2) Die Bundesnotarkammer führt als Registerbehörde je ein automatisiertes elektronisches Register über

1. Vorsorgevollmachten und Betreuungsverfügungen nach § 78a (Zentrales Vorsorgeregister).

Das Bundesministerium der Justiz hat durch jeweils eine Rechtsverordnung zum Zentralen Vorsorgeregister mit Zustimmung des Bundesrates die näheren Bestimmungen über Einrichtung und Führung der Register, über Auskunft aus den Registern, über Anmeldung, Änderung und Löschung von Registereintragungen, über Einzelheiten der Datenübermittlung und -speicherung sowie der Datensicherheit zu treffen. Die Erhebung und Verwendung der Daten ist auf das für die Erfüllung der gesetzlichen Aufgaben der Registerbehörde, der Nachlassgerichte und der Verwahrstellen Erforderliche zu beschränken.

Das Bundesministerium der Justiz führt die Rechtsaufsicht über die Registerbehörde.

§ 78a BNotO

In das Zentrale Vorsorgeregister dürfen Angaben über Vollmachtgeber, Bevollmächtigte, die Vollmacht und deren Inhalt sowie über Vorschläge zur Auswahl des Betreuers, Wünsche zur Wahrnehmung der Betreuung und über den Vorschlagenden aufgenommen werden.

§ 78b BNotO

(1) In das Zentrale Testamentsregister werden aufgenommen:
1. Verwahrangaben zu erbfolgerelevanten Urkunden, die
    a) von Notaren (§ 34a Absatz 1 Satz 1 des Beurkundungsgesetzes) oder Gerichten (Absatz 4 sowie § 347 des Gesetzes über das Verfahren in Familiensachen und in den Angelegenheiten der freiwilligen Gerichtsbarkeit) ab 1. Januar 2012 zu übermitteln sind,

...

§ 78d BNotO

(1) Die Registerbehörde erteilt auf Ersuchen

1. Gerichten Auskunft aus dem Zentralen Vorsorgeregister

(2) Die Befugnis der Gerichte und Notare zur Einsicht in Registrierungen, die von ihnen verwahrte oder registrierte Urkunden betreffen, bleibt unberührt.

§ 78e BNotO

(1) Das Zentrale Vorsorgeregister und ... werden durch Gebühren finanziert. Die Registerbehörde kann Gebühren erheben für:

1. die Aufnahme von Erklärungen in das Zentrale Vorsorgeregister,

...

(2) Zur Zahlung der Gebühren sind verpflichtet:

1. im Fall des Absatzes 1 Satz 2 Nummer 1 der Antragsteller und derjenige, der für die Gebührenschuld eines anderen kraft Gesetzes haftet;

...

Mehrere Gebührenschuldner haften als Gesamtschuldner.

(3) Die Gebühren sind so zu bemessen, dass der mit der Einrichtung, Inbetriebnahme, dauerhaften Führung und Nutzung des jeweiligen Registers durchschnittlich verbundene

Verwaltungsaufwand einschließlich Personal- und Sachkosten gedeckt wird. Dabei sind auch zu berücksichtigen

1. für die Aufnahme von Erklärungen in das Zentrale Vorsorgeregister: der gewählte Kommunikationsweg;

...

(4) Die Registerbehörde bestimmt die Gebühren nach Absatz 1 und die Art ihrer Erhebung jeweils durch eine Gebührensatzung. Die Satzungen bedürfen der Genehmigung durch das Bundesministerium der Justiz. Die Höhe der Gebühren ist regelmäßig zu überprüfen.

(5) Gerichte und Notare können die nach Absatz 3 bestimmten Gebühren für die Registerbehörde entgegennehmen.

§ 78 f BNotO

(1) Gegen Entscheidungen der Registerbehörde nach den §§ 78 a bis 78 e findet die Beschwerde nach den Vorschriften des Gesetzes über das Verfahren in Familiensachen und in den Angelegenheiten der freiwilligen Gerichtsbarkeit statt, soweit sich nicht aus den folgenden Absätzen etwas anderes ergibt.

(2) Die Beschwerde ist bei der Registerbehörde einzulegen. Diese kann der Beschwerde abhelfen. Beschwerden, denen sie nicht abhilft, legt sie dem Landgericht am Sitz der Bundesnotarkammer vor.

(3) Die Rechtsbeschwerde ist nicht zulässig.

Die Verordnung des Bundesministeriums der Justiz nach § 78 Abs. 2 BNotO ist als Anhang 2, die Gebührensatzung (§ 78 e Abs. 4 BNotO) ist als Anhang 3 zu § 1896 BGB abgedruckt. 47

Aus den gesetzlichen Regelungen folgt insbesondere: 48

Das Vorsorgeregister gilt für **jede Vollmacht**. Eine privatschriftliche Vollmacht kann ebenso wie eine notariell beurkundete oder öffentlich beglaubigte Vollmacht angemeldet werden. 49

Die Registrierung **beinhaltet** persönliche Daten des Vollmachtgebers und des Bevollmächtigten, um eine Identifizierung sicherzustellen. Praktisch wichtig ist die Angabe einer Telefonnummer des Bevollmächtigten, damit eine schnelle Kontaktaufnahme erfolgen kann. Darüber hinaus werden Angaben zum Inhalt der Vollmacht aufgenommen. Damit wird aus dem Register ersichtlich, welche Aufgabenkreise die Vollmacht umfasst. Die Vollmacht selbst wird aber nicht aufbewahrt (s. Rn 19). 50

Die Registrierung erfolgt auf **schriftlichen Antrag** des Vollmachtgebers. Der Antrag kann auch über www.zvr-online.de gestellt werden. 51

Die **Kosten** der Registrierung betragen für die Eintragung eines Bevollmächtigten zwischen 8,50 EUR und 18,50 EUR. Am günstigsten ist der Online-Antrag eines sogenannten institutionellen Nutzers (Betreuungsverein, Betreuungsbehörde, Notar, Rechtsanwalt) und Bezahlung der Gebühr mittels Lastschrifteinzug. 52

Die registrierten Daten können jederzeit **geändert** werden. Die Änderung erfolgt ebenfalls durch schriftlichen Antrag oder online. 53

Wird mit dem Antrag des Vollmachtgebers keine schriftliche Einwilligung des Bevollmächtigten in die Speicherung seiner Daten vorgelegt, erfordert es der 54

Datenschutz, den Bevollmächtigten zu informieren und darüber aufzuklären, dass er jederzeit die Löschung der ihn betreffenden Daten verlangen kann.

55 Auf das Vorsorgeregister haben die Betreuungsgerichte **Zugriff**. Der Zugriff erfolgt idealer Weise in einem automatischen Abrufverfahren. Möglich ist aber ein schriftliches, elektronisches oder telefonisches Ersuchen.

56 Gegen Entscheidungen der Bundesnotarkammer im Rahmen der Führung des Vorsorgeregisters findet der **Rechtsbehelf** der Beschwerde nach §§ 58 ff FamFG statt. Zuständig ist das Landgericht am Sitz der Bundesnotarkammer. Die Rechtsbeschwerde ist ausgeschlossen.

k) Ersatz von Aufwendungen und Vergütung

57 Liegt der Vollmacht ein **unentgeltliches Auftragsverhältnis** zugrunde – wie im Regelfall bei der Bevollmächtigung naher Verwandter und Freunden –, kann der Bevollmächtigte zwar keine Vergütung, aber Ersatz der Aufwendungen verlangen, die für die Ausübung seiner Tätigkeit erforderlich waren (§ 670 BGB). Dazu gehören zB die Kosten eines im Interesse des Vollmachtgebers zu führenden Rechtsstreits, nicht aber die eingesetzte Arbeitskraft oder die Abnutzung von Sachen zur Durchführung des Auftrags.[36]

58 Soll der Bevollmächtigte nicht unentgeltlich tätig werden, wird ein **Geschäftsbesorgungsvertrag** (§ 675 Abs. 1 BGB) abgeschlossen. Dieser Vertrag verpflichtet zur Zahlung der vereinbarten Vergütung. Wird eine Vergütung nicht bestimmt, schuldet der Vollmachtgeber die übliche Vergütung (§§ 611 Abs. 2, 632 Abs. 2 BGB). Zur Vermeidung von Streit ist es ratsam, eine Vergütung ausdrücklich festzusetzen.

l) Haftung

59 Der Bevollmächtigte haftet für die **ordnungsgemäße Erledigung der ihm übertragenen Aufgabe** (§ 280 Abs. 1 BGB). Dabei muss er grundsätzlich für Vorsatz und jede Art von Fahrlässigkeit einstehen (§ 276 Abs. 1 S. 1 BGB). Das gilt grundsätzlich auch, wenn der Bevollmächtigte aufgrund eines Auftragsverhältnisses, dh unentgeltlich, tätig wird (§ 662 BGB). §§ 521, 599, 690 BGB, die für die Schenkung, die Leihe und die unentgeltliche Verwahrung ausdrücklich oder über § 277 BGB die Haftung auf Vorsatz und grobe Fahrlässigkeit begrenzen, finden keine analoge Anwendung. Das wäre mit der Vertrauensstellung, die dem Bevollmächtigten eingeräumt wird, nicht vereinbar.[37]

60 Im Einzelfall kann aber zugunsten des Bevollmächtigten **§ 680 BGB analog** angewandt werden.[38] § 680 BGB regelt für das gesetzliche Schuldverhältnis der **Geschäftsführung ohne Auftrag** (GoA), dass der Geschäftsführer nur für Vorsatz und grobe Fahrlässigkeit haftet, wenn die Geschäftsführung die Abwendung einer drohenden und dringenden Gefahr bezweckt. Hintergrund dieser Vorschrift ist zum einen, dass im allgemeinen Interesse das Eingreifen bei dringender Gefahr erwünscht ist. Zum anderen besteht bei der Notwendigkeit schnellen Eingreifens immer die Gefahr unzutreffender Entscheidungen, weil

---

36 Palandt/Sprau, § 670 BGB Rn 3.
37 BGHZ 21, 102, 110.
38 Vgl dazu Jurgeleit, Die Haftung des Drittschuldners, 2. Aufl. 2004, Rn 70, 71.

die Zeit zu abwägendem Vorgehen nicht gegeben ist.[39] Die Gefahr, zu deren Abwendung der Geschäftsführer handelt, kann sowohl die Person als auch das Vermögen des Geschäftsherrn betreffen.[40] Wegen dieses Hintergrundes ist es anerkannt, dass im Auftragsverhältnis § 680 BGB analog angewandt wird, wenn der Beauftragte eine dem Auftraggeber drohende und dringende Gefahr abwenden muss und keine Zeit verbleibt, Weisungen einzuholen bzw abzuwarten.[41]

Diese Grundsätze finden auf den Bevollmächtigten, der zur Vermeidung eines Betreuungsverfahrens bestellt wird, Anwendung, soweit aufgrund der Dringlichkeit der Angelegenheit keine Zeit verbleibt, hinreichenden Rat der Betreuungsbehörde, eines Betreuungsvereins oder anderer Professionen einzuholen. Denn die Wahrnehmung der Vollmacht liegt im öffentlichen Interesse und ist im Eilfall schadensträchtig, ohne dass dies vom Bevollmächtigten vermieden werden könnte. 61

Darüber hinaus kommt für Bevollmächtigte, die als Ehegatten, Lebenspartner, Eltern oder Kinder mit dem Vollmachtgeber verbunden sind, **keine Beschränkung der Haftung** auf Vorsatz und grobe Fahrlässigkeit in analoger Anwendung von §§ 1359, 1664 BGB, § 4 LPartG iVm § 277 BGB in Betracht. Die Haftungsbeschränkungen erfassen keine Verträge zwischen Ehegatten, Lebenspartnern, Eltern und Kindern, die zwar anlässlich der familiären Bindung eingegangen werden, aber keinen Bezug zur Verwirklichung der Lebensgemeinschaft aufweisen.[42] 62

2. Bedeutung der Vollmacht für das Betreuungsgericht

a) Nachforschungspflicht

Nach § 26 FamFG hat das Betreuungsgericht von Amts wegen die notwendigen Ermittlungen durchzuführen. Es hat deshalb festzustellen, ob der Betroffene eine Vollmacht erteilt hat, da allein deshalb die Voraussetzungen für die Bestellung eines Betreuers ganz oder teilweise nicht gegeben sein könnten (§ 1896 Abs. 2 S. 2 BGB).[43] **Ermittlungen zum Auffinden einer Vollmacht** sind deshalb zweckmäßig zu Beginn der Tätigkeit des Betreuungsgerichts durchzuführen, um nicht nach der Einholung eines Gutachtens, der Bestellung eines Verfahrenspflegers, der Einschaltung der Betreuungsbehörde, der Anhörung des Betroffenen und naher Angehöriger feststellen zu müssen, dass es darauf nicht ankommt. Das ist nur in zweiter Linie eine Frage der sinnvollen Nutzung knapper finanzieller Ressourcen. Zuvörderst ist der Anspruch eines jeden Menschen zu verwirklichen, nicht in unnötiger Weise einem staatlichen Verfahren ausgesetzt zu werden, das zwar mit dem Ziel der Fürsorge betrieben wird, aber mit erheblichen Belastungen einhergehen kann. 63

Grundlage für die Ermittlungen des Betreuungsgerichts sind stets die **nahen Angehörigen**, die häufig als Bevollmächtigte eingesetzt werden und erste Ansprechpartner sein können. Nicht immer ist es aber möglich, unmittelbar den 64

---

39 BGHZ 43, 188, 194; BGH DB 1972, 721, 722; BGH NJW 75, 207, 209.
40 BGH VersR 1970, 620, 622.
41 Palandt/Sprau, § 662 BGB Rn 11.
42 Palandt/Brudermüller, § 1359 BGB Rn 1; Palandt/Götz, § 1664 BGB Rn 4.
43 BayObLG FPR 2003, 143; BayObLG FamRZ 2004, 1229.

Jurgeleit

Kontakt mit nahen Angehörigen herzustellen. Mit der Betreuungsrechtsreform ist deshalb die Möglichkeit der zentralen Registrierung von Vollmachten bei der Bundesnotarkammer geschaffen worden (s. dazu Rn 46 ff). Dies verschafft den Betreuungsgerichten den Zugriff auf eine umfangreiche Datenbank, die bereits von der Geschäftsstelle/Serviceeinheit bei Anlegung der Betreuungsakte genutzt werden kann. Ist für den Betroffenen eine Vollmacht registriert, können die entsprechenden Informationen dem Richter mit der Anregung auf Einleitung eines Betreuungsverfahrens vorgelegt werden.

65 Die Ermittlungen des Betreuungsgerichts werden durch § 1901c S. 2 BGB erleichtert (s. dort Rn 3). Nach § 1901c S. 2 BGB hat der Besitzer von Schriftstücken, in denen der Betroffene eine andere Person mit der Wahrnehmung seiner Angelegenheiten bevollmächtigt hat, das Betreuungsgericht zu unterrichten, nachdem er von der Einleitung eines Betreuungsverfahrens Kenntnis erhalten hat. Das Betreuungsgericht kann die Vorlage einer Abschrift des Schriftstückes verlangen (§ 1901c S. 3 BGB).

b) Kontaktaufnahme

66 Ergibt sich aus dem Vorsorgeregister der Bundesnotarkammer, dass der Betroffene eine Vollmacht errichtet hat, wird es in vielen Fällen, insbesondere nach Unfällen und krankheitsbedingten Zusammenbrüchen, ausreichend sein, den Bevollmächtigten zu informieren. Damit tritt für den Bevollmächtigten erkennbar die im Innenverhältnis zum Vollmachtgeber vereinbarte Bedingung für den Gebrauch der Vollmacht ein. Nimmt der Bevollmächtigte daraufhin seine Pflichten wahr und umfasst die Vollmacht die zu regelnden Aufgabenkreise, wird das Betreuungsgericht im Regelfall keine weiteren Maßnahmen veranlassen müssen. Insbesondere ist grundsätzlich **keine Prüfung** erforderlich, ob die Vollmacht wirksam errichtet wurde und der Bevollmächtigte in der Lage ist, die Interessen des Vollmachtgebers hinreichend wahrzunehmen. Wie bei jedem anderen Rechtsgeschäft besteht die Vermutung, dass der Betroffene bei Errichtung der Vollmacht geschäftsfähig war.[44] Zudem darf im Grundsatz davon ausgegangen werden, dass der Vollmachtgeber eine zuverlässige Vertrauensperson zum Bevollmächtigten bestimmt hat.

67 Etwas anderes gilt, wenn konkrete Umstände bekannt sind oder werden, die Zweifel an der Wirksamkeit der Vollmacht[45] oder der Geeignetheit des Bevollmächtigten begründen.[46]

c) Betreuung trotz Vollmacht und Kontrollbetreuer

68 Eine Betreuung ist für die **Aufgabenkreise** notwendig, die die Vollmacht nicht erfasst. Dies wird häufig der Fall sein, wenn dem Bevollmächtigten nur einzelne Befugnisse wie eine Kontovollmacht eingeräumt wurden. Aber auch eine Generalvollmacht, die nicht ausdrücklich auf schwerwiegende ärztliche Eingriffe, Unterbringungsmaßnahmen und melderechtliche Verfahren Bezug nimmt, deckt Maßnahmen nach §§ 1904, 1906 BGB, § 11 MRRG nicht ab

---

[44] OLG München BtPrax 2009, 240; Palandt/Ellenberger, § 104 BGB Rn 8.
[45] BayObLG FamRZ 2004, 402; BayObLG FPR 2003, 143; OLG Brandenburg FamRZ 2008, 303.
[46] BayObLG FamRZ 2003, 1219; BayObLG FamRZ 2004, 1814.

(§§ 1904 Abs. 5 S. 2, 1906 Abs. 5 S. 1 BGB, § 11 Abs. 7 MRRG).[47] Der in einer Vollmacht verwendete Begriff „Aufenthalts- und Unterbringungsregelungen" kann neben der Heimunterbringung als solcher zusätzlich die Vertretung mit der Heimunterbringung in Zusammenhang stehender freiheitsentziehender, unterbringungsähnlicher Maßnahmen erfassen.[48]

Die Vollmacht ist unbeachtlich, wenn der Vollmachtgeber im Zeitpunkt ihrer Errichtung **geschäftsunfähig** war (§§ 104 Nr. 2, 105 Abs. 1 BGB). Die Geschäftsfähigkeit des Betroffenen im Zeitpunkt der Vollmachterteilung unterstellt das Gesetz. Das gilt auch für das Betreuungsverfahren.[49] Das Betreuungsgericht hat deshalb nur Feststellungen zur Geschäftsfähigkeit des Betroffenen im Zeitpunkt der Vollmachtserteilung zu treffen (§ 26 FamFG), wenn es dafür konkrete Anhaltspunkte gibt.[50] Entsprechende Verdachtsmomente drängen sich auf, wenn aufgrund schwerer geistiger Beeinträchtigungen eine Betreuung angeregt wurde und daraufhin eine Vollmacht vorgelegt wird, die der Betroffene kurz zuvor unterschrieb,[51] oder die Vollmacht bereits im Rahmen einer fortschreitenden dementiellen Erkrankung erteilt wurde, bzw erteilt worden sein könnte.[52]

69

Bestehen **konkrete Anhaltspunkte**, die Zweifel an der Geschäftsfähigkeit begründen, muss das Betreuungsgericht mit sachverständiger Hilfe die Feststellung treffen, dass der Betroffene bereits im Zeitpunkt der Vollmachterteilung an einer krankhaften Störung der Geistestätigkeit litt, die dauerhaft war und die freie Willensbestimmung ausschloss. Letzteres ist anzunehmen, wenn die Entscheidung zur Erteilung der Vollmacht nicht mehr von vernünftigen Erwägungen abhängig gemacht werden konnte.[53] An eine entsprechende sachverständige Feststellung sind strenge Anforderungen zu stellen, wenn für die soziale Umgebung des Betroffenen, insbesondere den Hausarzt, zum **Zeitpunkt der Vollmachtserteilung** geistige Beeinträchtigungen nicht erkennbar waren. Allein der Umstand, dass der Betroffene vier Monate später wegen Verwirrtheit aufgrund einer dementiellen Erkrankung nicht mehr fähig war, seine Angelegenheiten zu besorgen, lässt keinen hinreichenden Schluss auf eine Geschäftsunfähigkeit im Zeitpunkt der Vollmachterteilung zu.[54] Lässt sich eine Geschäftsunfähigkeit zum Zeitpunkt der Vollmachtserteilung nicht feststellen, ist die Vollmacht wirksam.[55]

70

In **Zweifelsfällen** ist deshalb ein **Betreuer nicht zu bestellen**.[56] Die Bestellung eines Betreuers kann nicht mit dem Argument in Erwägung gezogen werden, der Rechtsverkehr akzeptiere eine Vollmacht, deren Wirksamkeit nicht positiv festgestellt werden könne, nicht. Denn der Rechtsverkehr wird in der Regel

71

---

47 BayObLGR 2002, 167.
48 BGH FamRZ 2012, 481, Rn 11.
49 OLG München BtPrax 2009, 240.
50 OLG Brandenburg FamRZ 2008, 303.
51 BayObLG FamRZ 2004, 1814; BayObLG FamRZ 2003, 1219.
52 Zu dieser Konstellation s. OLG München BtPrax 2009, 240.
53 Palandt/Ellenberger, § 104 BGB Rn 3 ff.
54 OLG München BtPrax 2010, 36.
55 OLG München BtPrax 2009, 240; BtPrax 2010, 36; MK-BGB/Schwab, § 1896 BGB Rn 49.
56 AA BGH NJW 2011, 925 und NJW 2011, 2135, jeweils ohne Begründung, s. dazu unten.

von Zweifeln keine Kenntnis haben.[57] Zudem könnte der legitime Wunsch des Betroffenen, Vorsorge zu treffen, durch das gezielte Verbreiten von Bedenken, die Vollmacht könne nach §§ 104 Nr. 2, 105 Abs. 1 BGB unwirksam sein, unterlaufen werden.[58]

Der **BGH** hatte bisher zweimal Gelegenheit, zu dieser Frage Stellung zu nehmen.[59] Ohne Begründung, insbesondere ohne Bezugnahme auf die vorstehend wiedergegebene Rechtsprechung und deren Erwägungen, hat der BGH mit jeweils einem Satz behauptet, Zweifel an der Geschäftsfähigkeit des Betroffenen im Zeitpunkt der Vollmachtserteilung stünden generell der Bestellung eines Betreuers nicht entgegen. Das OLG Hamm hat versucht, den Ansatz des BGH zu relativieren.[60] Nicht ausräumbare Zweifel an der Wirksamkeit der Vollmacht liegen danach erst dann vor, wenn der Betroffene an einer Erkrankung litt, die seine Willensfreiheit jedenfalls nachhaltig beeinträchtigte, und auch bei Ausschöpfung aller Erkenntnisquellen lediglich offen bleibt, ob es bereits zu einer völligen Aufhebung der Willensfreiheit im Sinne des § 104 BGB gekommen war. Im Sinne der Wahrung des Selbstbestimmungsrechts der Betroffenen bleibt zu hoffen, dass der BGH seine Rechtsprechung überdenkt und zumindest im Sinne des OLG Hamm konkretisiert.

72 Ist Geschäftsunfähigkeit im Zeitpunkt der Vollmachtserteilung festzustellen, ist weitergehend zu prüfen, ob aufgrund der Umstände des Einzelfalls von einer **partiellen Geschäftsfähigkeit für die Vollmachtserteilung** ausgegangen werden kann.[61] Die Annahme einer partiellen Geschäftsfähigkeit gerade für die Erteilung einer Vollmacht kommt in Betracht, wenn der Betroffene ein hinreichendes Bewusstsein von der Bedeutung einer Vollmacht hatte und die Vollmachtserteilung auf einem freien, nicht beeinflussten Willensentschluss beruhte. Dann treten keine Nachteile zulasten des Betroffenen ein, so dass der Schutzzweck der §§ 104 Nr. 2, 105 Abs. 1 BGB nicht eingeschränkt wird.[62] Ist eine partielle Geschäftsfähigkeit anzunehmen, bedarf es nicht der Bestellung eines Betreuers.

73 Trotz Vollmacht ist ein Betreuer zu bestellen, wenn der Bevollmächtigte die Vollmacht für eigene Zwecke in einem Maße **missbraucht**, dass die Bestellung eines Kontrollbetreuers (§ 1896 Abs. 3 BGB, dazu Rn 185) die Interessen des Betroffenen nicht wahren würde.[63] Der Missbrauch kann sich sowohl auf den vermögensrechtlichen Bereich (zB nicht autorisierte[64] Kontoverfügungen zulas-

---

57 OLG München BtPrax 2009, 240 unter Aufgabe von BayObLG FamRZ 1994, 720; BtPrax 2010, 36.
58 OLG München BtPrax 2009, 240.
59 BGH NJW 2011, 925 und NJW 2011, 2135 unter Bezugnahme auf MK-BGB/Schwab, § 1896 BGB Rn 49, die dieser in der 6. Aufl. unter Bezugnahme auf die Rechtsprechung des OLG München aufgegeben hat.
60 BtPrax 2011, 219.
61 OLG München BtPrax 2009, 240; zur partiellen Geschäftsunfähigkeit s. Palandt/Ellenberger, § 104 BGB Rn 6.
62 OLG München BtPrax 2009, 240.
63 BGH NJW 2011, 2135 Rn 26; BtPrax 2012, 116; Beschluss vom 13. Februar 2013 – XII ZB 647/12; BayObLG FamRZ 2001, 1402; BayObLG FamRZ 2003, 1219.
64 BGH FamRZ 2013, 465; Schenkungen, zu denen der Bevollmächtigte nach dem Inhalt der Vollmacht befugt ist, begründen grundsätzlich nicht den Vorwurf des Vollmachtsmissbrauchs.

ten des Betroffenen)[65] als auch die Personensorge (zB abruptes Herausreißen aus der gewohnten Umgebung ohne Anlass)[66] beziehen. In solchen Fällen wird es im Regelfall gerechtfertigt sein, einen Betreuer für alle erforderlichen Aufgabenkreise zu bestellen und dem – unredlichen – Bevollmächtigten keine Restzuständigkeiten zu belassen.[67] Eine Ungeeignetheit des Bevollmächtigten kann aber nicht angenommen werden, wenn Ursache eines objektiven Fehlverhaltens das Verschulden einer vom Bevollmächtigten beauftragten Rechtsanwaltskanzlei ist. Dieses Verschulden ist dem Bevollmächtigten nicht zurechenbar.[68]

Entsprechendes gilt, wenn der Bevollmächtigte **nicht willens** (s. dazu Rn 31) **oder in der Lage** ist, von der Vollmacht im Interesse des Betroffenen Gebrauch zu machen.[69] Verfehlt ist aber die Auffassung des KG, ein Betreuer sei zu bestellen, weil der Bevollmächtigte versuche, den – im Zustand der Geschäftsfähigkeit gebildeten und niedergelegten – Willen des Betroffenen durchzusetzen, ohne dessen Wohl zu beachten, was gegen § 1901 Abs. 3 S. 1 BGB verstoße.[70] § 1901 Abs. 3 S. 1 BGB findet für das Verhältnis des Betroffenen zum Bevollmächtigten keine Anwendung. Wesentlich ist § 665 S. 1 BGB. Dieser verpflichtet den Bevollmächtigten, Weisungen zu beachten. Abweichen darf der Bevollmächtigte nur, wenn er davon ausgehen darf, der Betroffene werde dies billigen. Es muss also eine Situation eintreten, die der Betroffene nicht bedacht hat bzw bedenken konnte. 74

Im Rahmen der Gesundheitssorge findet die Pflicht des Bevollmächtigten, den Willen des Betroffenen durchzusetzen, seine Grenze in § 1904 Abs. 2, Abs. 5 S. 1 BGB. Wenn die Umsetzung des Willens des Betroffenen, der mit der medizinischen Indikation nicht übereinstimmt, zu dessen Tod oder einem schweren und länger dauernden gesundheitlichen Schaden führt, bedarf es der Genehmigung des Betreuungsgerichts (§ 1904 Abs. 2, Abs. 5 S. 1 BGB). 75

Liegen gravierende Verstöße gegen die Pflichten eines Bevollmächtigten nicht vor, bestehen aber gleichwohl Anhaltspunkte, die eine Kontrolle des Bevollmächtigten erfordern, kommt die Bestellung eines **Kontrollbetreuers** gemäß § 1896 Abs. 3 BGB in Betracht (s. dazu Rn 185). 76

d) Konkurrenz mehrerer Vollmachten

Hat der Betroffene mehrere Vollmachten mit zumindest teilweise identischen Befugnissen für verschiedene Personen erstellt, kommt es darauf an, ob alle Vollmachten wirksam errichtet sind und welche Absichten der Vollmachtgeber verfolgte. Sollte mit der zeitlich späteren Vollmacht die zeitlich frühere Vollmacht widerrufen werden? Sollen beide Bevollmächtigten im Sinne einer Gesamtvertretung (dazu Rn 40) berufen sein? Diese Konstellation dürfte nicht selten vorkommen, wenn der Betroffene mehrere Kinder hat und die Sympathien schwanken oder keiner übergangen werden soll. Im letzteren Fall liegt es 77

---

65 BGH NJW 2011, 2135, Rn 35; BayObLG FamRZ 2004, 1814; BayObLG 2001, 1402; OLG Zweibrücken FamRZ 2006, 1710.
66 BayObLG FamRZ 2003, 1219.
67 BayObLG FamRZ 2001, 1402; vgl auch BGH NJW 2011, 2135, Rn 27 ff; BGH FamRZ 2013, 693.
68 BGH FamRZ 2013, 693.
69 KG FGPrax 2007, 115; OLG Schleswig FGPrax 2008, 158.
70 KG FGPrax 2007, 115.

nahe, der späteren Vollmacht keinen Vorrang einzuräumen, sondern von einer Gesamtvertretungsbefugnis auszugehen.

78 Den **Willen des Betroffenen** zu ermitteln, wird aber mit Schwierigkeiten verbunden sein. Das gilt entsprechend für die Frage der Geschäftsfähigkeit, wenn eine Vollmacht in unmittelbarer zeitlicher Nähe zur Betreuungsbedürftigkeit errichtet wurde. Lassen sich deshalb keine hinreichenden Feststellungen zur Wirksamkeit der Vollmachten treffen, muss ein Betreuer bestellt werden, da keiner der Bevollmächtigten sich legitimieren kann.[71]

e) Nachträgliches Auffinden einer Vollmacht

79 Wird nach Bestellung eines Betreuers eine Vollmacht des Betroffenen gefunden, sind die Voraussetzungen des § 1896 BGB nicht mehr gegeben. Nunmehr kann ein Bevollmächtigter die Angelegenheiten des Betroffenen besorgen (§ 1896 Abs. 2 S. 2 BGB). Die Betreuung ist daher aufzuheben (§ 1908 d Abs. 1 S. 1 BGB, s. dort Rn 7 ff).[72] Anderes gilt nur, wenn konkrete Anhaltspunkte vorliegen, die Zweifel an der Wirksamkeit der Vollmacht oder der Redlichkeit des Bevollmächtigten begründen.

f) Keine Pflicht zur Errichtung einer Vollmacht

80 Nach § 1896 Abs. 2 S. 2 BGB darf ein Betreuer nicht bestellt werden, wenn die Angelegenheiten des Betroffenen durch einen Bevollmächtigten ebenso gut besorgt werden können. Der Wortlaut verlangt daher nicht, dass ein Bevollmächtigter bereits vorhanden ist. § 278 Abs. 2 S. 2 FamFG verpflichtet dementsprechend das Gericht, vor einer Bestellung eines Betreuers in geeigneten Fällen den Betroffenen auf die Möglichkeit einer Vollmacht und deren Inhalt hinzuweisen (dazu § 278 FamFG Rn 20). **Geeignete Fälle** können in folgenden Konstellationen angenommen werden:

81 Beantragt ein körperlich Behinderter die Bestellung eines Betreuers (§ 1896 Abs. 1 S. 3 BGB, dazu Rn 6), besteht an seiner Geschäftsfähigkeit kein Zweifel. Er könnte deshalb eine Vollmacht errichten, die für eine Betreuung keinen Raum ließe. Entsprechendes gilt für einen psychisch erkrankten Betroffenen, der zwar geschäftsfähig ist, aber die Bestellung eines Betreuers beantragt, weil er krankheitsbedingt seine Angelegenheiten nicht hinreichend zu regeln vermag.[73] Für den psychisch Erkrankten, der die Bestellung eines Betreuers ablehnt, stellt sich die Rechtslage anders dar. Denn für ihn dürfte ein Betreuer nur bestellt werden, wenn er zu einer freien Willensbildung nicht mehr in der Lage wäre (dazu Rn 130). Ist er fähig, seinen Willen frei zu bilden, bedarf es keiner Vollmacht. Fehlt es aber an einer freien Willensbildung, scheidet die Errichtung einer Vollmacht mangels Geschäftsfähigkeit aus.[74]

82 Das Betreuungsgericht ist in den geeigneten Fällen nicht befugt, die Bestellung eines Betreuers abzulehnen, weil der Betroffene eine Vollmacht errichten könnte:[75]

---

71 BayObLG FamRZ 2004, 402; vgl zusätzlich OLG München BtPrax 2009, 240.
72 Vgl BGH FamRZ 2012, 969.
73 So der Fall OLG Hamm FamRZ 2001, 870.
74 So der Fall BayObLG FamRZ 2005, 63.
75 S. Staudinger/Bienwald, § 1896 BGB Rn 115.

Die Möglichkeit der Vollmachtserteilung gibt den Betroffenen ein Recht auf Freiheit vor dem Staat, begründet aber keine Pflicht, von diesem Recht Gebrauch zu machen. Denn eine Vollmachtserteilung kommt nur in Betracht, wenn eine Person vorhanden ist, die das uneingeschränkte Vertrauen des Betroffenen genießt und es deshalb rechtfertigt, auf die staatlichen Kontrollen im Wege betreuungsgerichtlicher Genehmigungen (§§ 1904–1908, 1908i Abs. 1 S. 1, 1812ff BGB) und betreuungsgerichtlicher Aufsicht (§§ 1908i Abs. 1 S. 1, 1802, 1837ff, 1890 BGB) zu verzichten.[76] Ist eine solche Person nach Einschätzung des Betroffenen nicht vorhanden, kann eine Vollmacht nicht erzwungen werden, indem staatliche Fürsorge verweigert wird. Das gilt auch, wenn der Betroffene eine bestimmte Person als Betreuer vorschlägt. Damit dokumentiert der Betroffene zwar sein Vertrauen, aber eben nur im Rahmen der vom Gesetz vorgesehenen Kontrolle.

3. Bedeutung der Vollmacht für andere Gerichte

Für die anderen Gerichte der freiwilligen Gerichtsbarkeit, der ordentlichen Gerichtsbarkeit sowie der Arbeits-, Finanz-, Sozial- und Verwaltungsgerichtsbarkeit ist die Vollmacht für die Prüfung von Bedeutung, ob ein Geschäftsunfähiger **wirksam vertreten** ist.

Nach § 58 Abs. 2 S. 1 FGO handeln für Geschäftsunfähige die nach dem bürgerlichen Recht dazu befugten Personen. Das sind gesetzliche Vertreter, aber ebenso Bevollmächtigte (§ 167 Abs. 1 BGB), die gerade für den Eintritt der Geschäftsunfähigkeit beauftragt wurden (§ 130 Abs. 2 BGB). Entsprechendes gilt gemäß § 71 Abs. 1 SGG für die Sozial- und nach § 62 VwGO für die Verwaltungsgerichtsbarkeit. Danach ist die Frage der Vertretung nach den allgemeinen Vorschriften des BGB (§§ 167, 130 Abs. 2) zu beantworten. Für das **Verfahren der freiwilligen Gerichtsbarkeit** fehlen gesetzliche Regelungen, es ist aber allgemein anerkannt, auf die Vorschriften des BGB zurückzugreifen, soweit Sonderregelungen anderes nicht bestimmen (§§ 164, 275, 316 FamFG).

Für die **ordentliche Gerichtsbarkeit** und damit für die **Arbeitsgerichtsbarkeit** (§ 46 Abs. 2 S. 1 ArbGG) finden §§ 51, 52 ZPO Anwendung. § 51 Abs. 1 ZPO bestimmt, dass eine nicht prozessfähige Person prozessual durch einen gesetzlichen Vertreter handeln kann. Daraus wurde teilweise der Schluss gezogen, ein Bevollmächtigter könne einen Geschäftsunfähigen nicht prozessual vertreten.[77] Das ist unzutreffend. Nach § 52 ZPO ist derjenige prozessfähig, der sich durch Verträge verpflichten kann. Prozess- und Geschäftsfähigkeit sollen gleich laufen. Wer also rechtsgeschäftlich keines Vertreters bedarf, weil er mittels einer Vollmacht umfassend Vorsorge getroffen hat, muss prozessual ebenfalls nicht gesetzlich vertreten werden.

Zur gesetzlichen Klärung der Streitfrage ist mit dem Betreuungsrechtsänderungsgesetz § 51 **Abs. 3 ZPO** eingefügt worden. Danach steht eine zur gerichtlichen Vertretung bevollmächtigte Person einem gesetzlichen Vertreter gleich, wenn die Bevollmächtigung geeignet ist, gemäß § 1896 Abs. 2 S. 2 BGB die Erforderlichkeit einer Betreuung entfallen zu lassen.

---

76 Vgl OLG Hamm FamRZ 2001, 870.
77 BayObLG FamRZ 1998, 920, 921.

4. Bedeutung der Vollmacht für Behörden

88 Nach § 11 SGB X, § 12 VwVfG, § 79 AO handeln für Geschäftsunfähige die nach dem bürgerlichen Recht dazu befugten Personen. Das sind gesetzliche Vertreter, aber ebenso Bevollmächtigte (§ 167 Abs. 1 BGB), die gerade für den Eintritt der Geschäftsunfähigkeit beauftragt wurden (§ 130 Abs. 2 BGB). Nur wenn weder ein gesetzlicher Vertreter noch ein Bevollmächtigter vorhanden ist, kann die Behörde sich an das Betreuungsgericht wenden und um die Bestellung eines Vertreters ersuchen (§ 15 Abs. 1 Nr. 4 SGB X, § 16 Abs. 1 Nr. 4 VwVfG, § 81 Abs. 1 Nr. 4 AO).

89 Durch § 11 Abs. 7 MRRG ist nunmehr klargestellt, dass das Landesrecht die Vertretung einer **meldepflichtigen** Person nicht nur durch den gesetzlichen Vertreter, sondern auch durch einen Bevollmächtigten gestatten kann. Die Vollmacht muss sich ausdrücklich auf die Erfüllung der Meldepflicht beziehen. Um sicherzustellen, dass die Vollmacht tatsächlich von der meldepflichtigen Person stammt, muss die Vollmacht öffentlich oder gemäß § 6 Abs. 2 BtBG (s. dort Rn 10 ff) durch die Urkundsperson der Betreuungsbehörde beglaubigt sein. Für die öffentliche Beglaubigung gilt § 129 BGB. Insbesondere kann sie durch die notarielle Beurkundung der Vollmacht ersetzt werden (§ 129 Abs. 2 BGB).

90 Für das **Passrecht** war in § 6 Abs. 1 S. 4 des Passgesetzes eine entsprechende Regelung im Gesetzentwurf des Bundesrates zu einem zweiten Betreuungsrechtsänderungsgesetz vorgesehen. Dem konnte sich der Bundestag aber nicht anschließen.

5. Bedeutung der Vollmacht für den Bevollmächtigten

a) Allgemeine Rechte und Pflichten

91 Das der Vollmacht im Regelfall zugrunde liegende Auftragsverhältnis (§ 662 BGB) verpflichtet den Bevollmächtigten, die Angelegenheiten des Vollmachtgebers zu besorgen, sobald die im Innenverhältnis vereinbarte Bedingung eingetreten ist. Dieser Pflicht kann er sich durch Kündigung entziehen, die aber, wenn der Vollmachtgeber nicht mehr geschäftsfähig ist, erst mit Zugang bei einem Betreuer wirksam wird (s. Rn 34). Verletzt der Bevollmächtigte seine Pflichten, macht er sich schadensersatzpflichtig (s. Rn 59 ff). Endet das Auftragsverhältnis durch Widerruf oder Tod des Vollmachtgebers (s. Rn 30, 43), ist der Bevollmächtigte gegenüber dem Vollmachtgeber oder dessen Erben zur Rechenschaft verpflichtet (§ 666 BGB). Die erforderlichen Aufwendungen zur Besorgung der Angelegenheiten des Vollmachtgebers kann der Bevollmächtigte nach § 670 BGB verlangen (s. Rn 57).

b) Beschwerde gegen die Bestellung eines Betreuers

92 Die Bestellung eines Betreuers in Aufgabenkreisen, für die der Betroffene eine Vollmacht errichtete, hat keinen Einfluss auf die Wirksamkeit der Vollmacht, solange die Vollmacht nicht widerrufen wird (s. Rn 30). Der Bevollmächtigte ist damit legitimierter Vertreter des Vollmachtgebers. Praktisch ist er aber an der Vertretung gehindert, da der Betreuer durch die Bestellungsurkunde (§ 290 FamFG) ebenfalls legitimiert ist und der Rechtsverkehr deshalb der Vollmacht keine Bedeutung beimisst. Das widerspricht dem Anliegen der Betreuungs-

rechtsreform, das Rechtsinstitut der Vorsorgevollmacht zur Verwirklichung des Prinzips der Subsidiarität zu stärken.[78]

Es ist deshalb von besonderer Bedeutung, welche Rechte dem Bevollmächtigten zustehen, gegen die Bestellung eines Betreuers im Aufgabenkreis der Vollmacht sowie gegen einen Widerruf der Vollmacht vorzugehen. Einigkeit besteht darüber, dass der Bevollmächtigte aufgrund seiner Vollmacht **für den Betroffenen Beschwerde** einlegen kann (§ 59 Abs. 1 FamFG), soweit diese zumindest auch dazu dient, ein Betreuungsverfahren zu vermeiden. Das ist bei einer Generalvollmacht stets anzunehmen.[79] Mit dieser obergerichtlichen Rechtsprechung ist dem Ziel, den Grundsatz der Subsidiarität zu stärken, gedient, da eine Überprüfung im Instanzenzug unproblematisch eröffnet wird. 93

Das gilt ebenfalls, wenn der Betreuer die Vollmacht bereits widerrufen haben sollte, da auch dies im Sinne der Anordnungen des Betroffenen überprüft werden muss, um sein verfassungsrechtlich gesichertes Selbstbestimmungsrecht (Art. 1 Abs. 1, Art. 2 Abs. 1 GG) zu gewährleisten.[80] Stellt sich heraus, dass die Bestellung des Betreuers aufzuheben ist, entfällt damit die Grundlage für den Widerruf. 94

Umstritten ist dagegen, ob dem Bevollmächtigten zusätzlich ein **eigenes Beschwerderecht** aus § 59 Abs. 1 FamFG zusteht. Das setzt einen unmittelbaren Eingriff in Rechte des Bevollmächtigten voraus. Ein subjektives Recht des Bevollmächtigten ist aber zu verneinen. Die Erteilung der Vollmacht liegt im Interesse des Vollmachtgebers, dessen Wünsche und Vorstellungen verwirklicht werden sollen. Dieser ist im Regelfall berechtigt, die Vollmacht jederzeit zu widerrufen (§§ 168 S. 1, 671 Abs. 1 BGB), zumindest aber aus wichtigem Grund. An dieser Rechtslage ändert sich durch die Bestellung des Betreuers nichts.[81] 95

c) Beschwerde gegen verfahrenseinleitende Maßnahmen

Liegt eine Vollmacht vor, wird der Bevollmächtigte tätig und hat das Gericht davon Kenntnis, leitet aber gleichwohl das Betreuungsverfahren durch Beauftragung eines Gutachters (§ 280 FamFG), Bestellung eines Verfahrenspflegers (§ 276 FamFG) und/oder Einschaltung der Betreuungsbehörde (§ 279 Abs. 2 FamFG) ein, stellt sich die Frage, ob dem Bevollmächtigten für den Vollmachtgeber ein Beschwerderecht zusteht. 96

Im Zuge der Reform der freiwilligen Gerichtsbarkeit ist das Beschwerderecht neu konzipiert worden. Nach § 58 FamFG findet eine Beschwerde ausschließlich gegen Endentscheidungen statt. Verfahrensleitende Entscheidungen sind unter Geltung der §§ 567 bis 572 ZPO anfechtbar, soweit das im Gesetz vorgesehen ist. Für das Betreuungsverfahren sieht § 284 Abs. 3 FamFG eine Beschwerde gegen die Anordnung der Unterbringung zur Begutachtung vor. Dagegen ist kein Beschwerderecht für die Bestellung eines Verfahrenspflegers, die 97

---

78 Dieckmann/Jurgeleit, BtPrax 2002, 135 ff; Gesetzentwurf des Bundesrats 19.12.2003, BR-Drucks. 865/03, 26.
79 OLG Zweibrücken FGPrax 2003, 21, 22; BayObLG FGPrax 2003, 171, 173.
80 BVerfG BtPrax 2009, 27; damit ist die entgegengesetzte Rechtsprechung – KG FGPrax 2009, 110; OLG Frankfurt/M. FGPrax 2009, 67; s. auch OLG Schleswig FGPrax 2006, 217 – obsolet.
81 BayObLG FGPrax 2003, 171, 173; aA OLG Zweibrücken FGPrax 2003, 21, 22.

Einschaltung der Betreuungsbehörde, die Einholung eines Gutachtens oder die Anordnung der Vorführung zur Untersuchung normiert.

98 Der BGH hatte gegen die Anordnung zur psychiatrischen Untersuchung und die Vorführung des Betroffenen entgegen dem Wortlaut von § 68 Abs. 3 S. 2 FGG eine Beschwerderecht eingeräumt, um die Anordnung auf objektive Willkür zu überprüfen. Eine objektive willkürliche Anordnung liege vor, wenn keine Anhaltspunkte für eine Betreuungsbedürftigkeit bestünden.[82] Inwieweit dieser Ansatz des BGH unter Geltung des FamFG fortzuführen ist, bedarf der Klärung.

99 **Für die Zulassung einer Beschwerde** sprechen jedenfalls im Rahmen einer **Vollmacht** folgende Erwägungen: Sinn und Zweck der Vollmacht ist es nicht nur, frei von staatlicher Kontrolle die eigenen Angelegenheiten zu organisieren. Wesentlich ist bereits, die Einleitung eines Betreuungsverfahrens zu verhindern, und damit eine Begutachtung, Befragungen durch Verfahrenspfleger und Betreuungsbehörde und Anhörungen des Gerichts. Entsprechende Belastungen wollen die Vollmachtgeber weder sich noch ihrer Familie zumuten. Die Vollmacht dient der Verwirklichung des Selbstbestimmungsrechts des Betroffenen. Jede Einschränkung der Wirkungen der Vollmacht stellt deshalb einen Eingriff in Art. 1 Abs. 1, Art. 2 Abs. 1 GG dar.[83] Im Zuge der Gewährung effektiven Rechtsschutzes ist es deshalb unabweisbar, eine Überprüfung verfahrenseinleitender Maßnahmen zu ermöglichen.[84]

100 In der Zulassung einer Beschwerde gegen Zwischenverfügungen könnte aber eine nicht hinnehmbare Verzögerung des Betreuungsverfahrens liegen,[85] wenn das Gericht Zweifel an der Wirksamkeit der Vollmacht oder der Redlichkeit des Bevollmächtigten hat und deshalb die Voraussetzungen zur Bestellung eines Betreuers prüfen will. Diesem richtigen Argument ist durch eine **Beschränkung des Prüfungsmaßstabes** des Beschwerdegerichts zu entsprechen. Das Beschwerdegericht hat nicht zu entscheiden, ob die Vollmacht wirksam oder der Bevollmächtigte unredlich ist. Es muss sich vielmehr auf die Prüfung beschränken, ob nach dem Akteninhalt konkrete Anhaltspunkte gegeben sind, die es rechtfertigen, an der Wirksamkeit der Vollmacht oder der Redlichkeit des Bevollmächtigten zu zweifeln.[86]

6. Bedeutung der Vollmacht für die Betreuungsbehörde

101 Die Betreuungsbehörden sind verpflichtet, die **Aufklärung** über die Bedeutung der Vollmacht sowie eine konkrete Beratung im Rahmen der Errichtung einer Vollmacht zu fördern (§ 6 Abs. 1 S. 2 BtBG, s. dort Rn 6–8). Der als Urkundsperson ermächtigte Beamte oder Angestellte der Betreuungsbehörde ist zudem befugt, Unterschriften oder Handzeichen auf Vollmachten zu **beglaubigen** (§ 6 Abs. 2 bis Abs. 6 BtBG, s. dort Rn 9 ff).

---

82 BGH NJW 2007, 3578.
83 BVerfG BtPrax 2009, 27.
84 Vgl BVerfG BtPrax 2009, 27.
85 Vgl BGH FGPrax 2003, 224.
86 Vgl BGH NJW 2007, 3578; KG FGPrax 2002, 63.

102 Die Betreuungsbehörde ist verpflichtet, Bevollmächtigte auf deren Wunsch bei der Wahrnehmung ihrer Aufgaben zu **beraten und zu unterstützen** (§ 4 BtBG, s. dort Rn 5, 7).

103 Werden der Betreuungsbehörde Umstände bekannt, die den Schluss rechtfertigen, der Bevollmächtigte missbraucht die Vollmacht, so kann sie dies dem Betreuungsgericht mitteilen, damit ggf ein Betreuer für die Wahrnehmung der Interessen des Betroffenen bestellt werden kann. Eine entsprechende **Mitteilungsbefugnis** besteht, wenn nach der Bestellung eines Betreuers eine Vollmacht gefunden und der Betreuungsbehörde zur Kenntnis gebracht wird (§ 7 Abs. 1 BtBG, s. dort Rn 2 ff).

104 Wird die Betreuungsbehörde durch das Betreuungsgericht in die **Aufklärung des Sachverhaltes** einbezogen (§ 279 Abs. 2 FamFG, s. dort Rn 10, und § 8 S. 2 BtBG, s. dort Rn 3–5), kann die Betreuungsbehörde ermitteln, ob der Betroffene eine Vollmacht errichtet hat und deshalb ein Betreuer nicht bestellt werden muss.

7. Bedeutung der Vollmacht für den Betreuungsverein

105 Die Betreuungsvereine sind verpflichtet, planmäßig über Vorsorgevollmachten zu informieren (§ 1908 f Abs. 1 Nr. 2 a BGB, s. dort Rn 37). Des Weiteren steht es im Ermessen der Betreuungsvereine, ob sie eine Beratung für die Errichtung einer Vollmacht anbieten (§ 1908 f Abs. 4 BGB, s. dort Rn 38 f). Schließlich sind die Betreuungsvereine verpflichtet, Bevollmächtigte auf deren Wunsch bei der Wahrnehmung ihrer Aufgaben zu beraten (§ 1908 f Abs. 1 Nr. 2 BGB, s. dort Rn 5, 9).

8. Bedeutung der Vollmacht für den Betreuer

a) Informationspflicht

106 § 1901 Abs. 5 BGB (s. dort Rn 101 ff) verpflichtet den Betreuer, dem Betreuungsgericht alle Umstände mitzuteilen, die zu einer Aufhebung der Betreuung oder zu einer Einschränkung der Aufgabenkreise führen können. Findet der Betreuer eine Vollmacht des Betroffenen, sind die Voraussetzungen des § 1896 BGB nicht mehr gegeben, soweit nunmehr ein Bevollmächtigter die Angelegenheiten des Betroffenen besorgen kann (§ 1896 Abs. 2 S. 2 BGB). Die Betreuung kann aufzuheben sein (§ 1908 d Abs. 1 S. 1 BGB, s. dort Rn 7 ff). Der Betreuer muss deshalb das Betreuungsgericht über die Vollmacht informieren. Eine entsprechende Pflicht folgt aus § 1901c S. 2 BGB (s. dort Rn 3).

b) Widerrufsrecht

107 Ein Betreuer ist in Vertretung des Betroffenen (§ 1902 BGB) zum Widerruf einer Vollmacht (Rn 30) berechtigt, wenn das Gericht ihn für diesen Aufgabenkreis ausdrücklich bestellt hat.[87] Dies sind die Fälle, in denen der Betroffene eine Vollmacht errichtete, aber erhebliche Zweifel an der Wirksamkeit der Vollmacht bestehen oder der Bevollmächtigte sich unredlich verhält, so dass trotz Vollmacht ein Betreuer zu bestellen war (Rn 68 ff).

---

[87] KG FGPrax 2009, 110.

108 Übt der Betreuer sein Widerrufsrecht aus, kann er nach § 175 BGB die Herausgabe der Vollmachtsurkunde verlangen. Im Falle eines Teil-Widerrufs kann der Betreuer die Vorlage der Vollmachtsurkunde zur Anbringung eines entsprechenden Vermerks verlangen.[88]

109 Eine gänzlich andere Situation stellt sich dar, wenn das Gericht **keine Kenntnis von einer Vollmacht** hatte, nach Bestellung des Betreuers eine Vollmacht aber gefunden wird. Kann nun der Betreuer, der für den Aufgabenkreis der gesamten Vermögenssorge bestellt wurde, die Vollmacht widerrufen? Ein solches Widerrufsrecht ist aus gesetzessystematischen und teleologischen Erwägungen zu verneinen: Die Pflicht des Betreuers aus §§ 1901 Abs. 5, 1901c S. 2 BGB, das Gericht über die nachträgliche gefundene Vollmacht zu informieren, soll gerade eine Aufhebung der Betreuung ermöglichen. Dem widerspräche ein Recht des Betreuers, die gefundene Vollmacht durch Widerruf zu vernichten. Ein solches Recht wäre zudem mit dem Prinzip der Subsidiarität im Sinne eines Vorrangs der Vollmacht vor der Betreuung nicht zu vereinbaren. Der Betreuer kann eine nach seiner Bestellung gefundene Vollmacht dementsprechend nur widerrufen, wenn das Gericht ihm dieses Recht ausdrücklich eingeräumt hat. Die Bestellung für den Aufgabenkreis der Vermögenssorge reicht dafür nicht.[89]

9. Bedeutung der Vollmacht für Angehörige des Betroffenen

110 Haben Angehörige Zweifel an der Wirksamkeit einer Vollmacht des Betroffenen oder an der ordnungsgemäßen Besorgung der Angelegenheiten des Betroffenen, können sie sich an das Betreuungsgericht wenden und die Bestellung eines Betreuers anregen, der u.a. befugt ist, die Vollmacht zu widerrufen und die Vollmachtsurkunde heraus zu verlangen (Rn 107). Zu diesem Zweck können sich Angehörige auch an die Betreuungsbehörde wenden, die die Informationen an das Betreuungsgericht weiterleiten kann (§ 7 Abs. 1 BtBG, s. dort Rn 2 ff).

IV. Andere Hilfen (§ 1896 Abs. 2 S. 2 2. Fall)

111 Eine weitere Verankerung des Grundsatzes der **Subsidiarität** enthält § 1896 Abs. 2 S. 2 2. Fall BGB. Danach ist eine Betreuung nicht erforderlich, soweit die zu regelnden Angelegenheiten des Betroffenen durch andere Hilfen, bei denen kein gesetzlicher Vertreter bestellt wird, ebenso gut wie durch einen gesetzlichen Vertreter besorgt werden können.

1. Grundlagen

112 Mit anderen Hilfen, die nicht die Funktion eines Betreuers als gesetzlichem Vertreter übernehmen, sind soziale **Hilfen tatsächlicher Art** gemeint. Darunter fallen insbesondere Hilfestellungen durch Familienangehörige,[90] das Heimpersonal,[91] Bekannte, Nachbarn, soziale Dienste und Einrichtungen der Wohl-

---

[88] OLG München BtPrax 2009, 189.
[89] Vgl KG FGPrax 2009, 108; KG FamRZ 2007, 1041; aA OLG Brandenburg BtPrax 2009, 79.
[90] OLG Hamm FGPrax 2009, 111; OLG Köln FamRZ 1999, 891.
[91] BGH FamRZ 2011, 293 für die Verwaltung von Geldbeträgen im Rahmen der Sozialhilfe; BayObLG FamRZ 1998, 452.

fahrtsverbände.[92] Es bedarf deshalb zB keines Betreuers für die Aufgabenkreise Aufenthaltsbestimmung und Gesundheitsfürsorge, wenn die Mutter einer psychisch kranken Frau dafür Sorge trägt, dass die notwendigen Arztbesuche wahrgenommen werden und die verordnete Medikation eingehalten wird[93] oder der Betroffene nach § 63 StGB in einem psychiatrischen Krankenhaus untergebracht ist.[94] Ebenso bedarf es keiner Betreuung für den Aufgabenkreis Vermögenssorge, wenn die mit Reha-Maßnahmen einhergehenden finanziellen Abwicklungen durch den Sozialdienst erfolgen[95] oder eine Schuldnerberatung Vermögensfragen klärt.[96] Das gilt entsprechend für die Geltendmachung von Sozialhilfe, weil dafür kein Antrag im Rechtssinne und damit kein rechtsgeschäftliches Handeln des oder für den Betroffenen erforderlich ist (§ 18 SGB XII – Kenntnisgrundsatz).[97] Für die Gewährung einer Grundsicherung ist dagegen ein Antrag erforderlich. Das gilt sowohl für die Grundsicherung bei Alter und bei Erwerbsminderung (§ 18 Abs. 1 SGB XII) als auch für Arbeitsuchende (§ 37 Abs. 1 SGB XII).

Erfordert aber die Organisation und Finanzierung der notwendigen Hilfen **rechtsgeschäftliche Erklärungen**, die der Betroffene selbst nicht mehr wirksam abgeben kann, so bedarf es dafür eines Betreuers als gesetzlichem Vertreter (§ 1902 BGB, s. dort Rn 1).[98] Anders als im Fall einer umfassenden Vollmacht ist bei der Beachtung anderer Hilfen eine differenzierte Sichtweise erforderlich. Dieser Prüfung dürfen sich die Gerichte nicht dadurch entledigen, indem die Aufgabenkreise umfänglich gestaltet und damit auf jeden Fall Bereiche erfasst werden, die ein rechtsgeschäftliches Handeln erfordern.[99]

2. Bedeutung für die Betreuungsgerichte

Die Betreuungsgerichte haben von Amts wegen zu ermitteln (§ 26 FamFG), ob die Angelegenheiten des Betroffenen in anderer Weise als durch einen gesetzlichen Vertreter geregelt werden können. Dies erfordert Informationen über das soziale Umfeld des Betroffen und eine genaue Kenntnis der kommunalen Sozialstruktur und der einschlägigen Sozialgesetzgebung.

Für **Informationen über das soziale Umfeld** kann das Betreuungsgericht an die Betreuungsbehörde herantreten und einen Betreuungsbericht anfordern (§ 279 Abs. 2 FamFG, s. dort Rn 10). Sinn macht das nur, wenn zeitnah mit einer inhaltlich ergiebigen Stellungnahme gerechnet werden kann. Das setzt eine hinreichende personelle Ausstattung der Betreuungsbehörden voraus, die nicht immer gegeben ist.[100] Vermag das Betreuungsgericht nicht auf eine funktionsfähige Betreuungsbehörde zuzugreifen, muss es versuchen, die notwendigen Informationen durch die Befragung des Betroffenen, von Angehörigen und ggf Nachbarn zu erlangen. Dafür kann sich die Anhörung des Betroffenen in seiner üblichen Umgebung (§ 278 Abs. 1 S. 2 FamFG, s. dort Rn 13) anbieten.

---

92 Knittel, § 1896 BGB Rn 28.
93 OLG Hamm FGPrax 2009, 111; OLG Köln FamRZ 1999, 891.
94 OLG Schleswig FamRZ 2007, 2007.
95 LG Hamburg BtPrax 1993, 209.
96 Jürgens/Kröger/Marschner/Winterstein, Rn 68.
97 Palandt/Götz, § 1896 BGB Rn 12.
98 BVerfG FuR 2002, 241.
99 Vgl BayObLG FamRZ 1998, 452.
100 Dieckmann/Jurgeleit, BtPrax 2002, 197, 203.

116 Für eine genaue **Kenntnis der kommunalen Sozialstrukturen** ist eine Kooperation von Betreuungsgericht und Betreuungsbehörde erforderlich. Neben personellen Engpässen wird die Zusammenarbeit aber durch die unterschiedlichen Strukturen erschwert. Es fehlt an einer institutionalisierten Verbindlichkeit der Zusammenarbeit.[101] Gefragt ist deshalb ein aktives Zugehen der Betreuungsgerichte auf die Betreuungsbehörden, um die persönlichen Kontakte herzustellen, Fragen auf dem kurzen Dienstweg zu klären und örtliche Arbeitsgemeinschaften (dazu Einl. Rn 26) zu gründen oder darin mitzuarbeiten.[102] Diese Arbeitsgemeinschaft, der zusätzlich die Betreuungsvereine und Berufsbetreuer angehören sollten, kann ebenfalls dazu beitragen, die Kenntnisse über die einschlägigen Sozialgesetze zu vertiefen.

3. Bedeutung für die Betreuungsbehörde

117 Die Betreuungsbehörde ist verpflichtet, das Betreuungsgericht zu unterstützen, insbesondere bei der Feststellung des entscheidungserheblichen Sachverhalts (§ 8 S. 1 und 2 BtBG, s. dort Rn 3–5). Dazu gehört im Regelfall eine Stellungnahme zum sozialen Umfeld des Betroffenen und zu den Möglichkeiten, seine Angelegenheiten durch andere Hilfen organisieren zu können.

118 Nach einigen Ausführungsgesetzen der Länder obliegt den Betreuungsbehörden die Aufgabe, örtliche Arbeitsgemeinschaften einzurichten (s. dazu Einl. Rn 26). Ziel ist es, einen Erfahrungsaustausch aller im Betreuungsrecht tätigen Professionen zu fördern, und damit die für den Betroffenen möglichst optimale Verwirklichung der Grundsätze des Betreuungsrechts zu erreichen.

4. Bedeutung für Betreuer

119 § 1901 Abs. 5 BGB (s. dort Rn 101 ff) verpflichtet den Betreuer, dem Betreuungsgericht alle Umstände mitzuteilen, die zu einer Aufhebung der Betreuung oder zu einer Einschränkung der Aufgabenkreise führen können. Gelingt es dem Betreuer, mithilfe des Umfeldes des Betroffenen ein soziales Netz zu knüpfen, das die Angelegenheiten des Betroffenen besorgt, kann der Betreuungsbedarf ganz oder teilweise entfallen.

5. Bedeutung für Angehörige und andere nahestehende Personen

120 Angehörigen und anderen nahestehenden Personen kann das Betreuungsgericht Gelegenheit zur Äußerung geben (§ 279 Abs. 1 iVm § 274 Abs. 4 FamFG sowie § 26 FamFG). Darüber hinaus besteht das Recht, sich im Wege der Eigeninitiative an das Betreuungsgericht zu wenden. In diesem Rahmen besteht die Möglichkeit, betreuungsvermeidende Alternativen aufzuzeigen.

V. Krankheitsbilder (Abs. 1 S. 1)

121 Voraussetzung für eine Betreuung ist eine psychische Krankheit oder eine körperliche, geistige oder seelische Behinderung.

---

101 Abschlussbericht der Bund-Länder-Arbeitsgruppe „Betreuungsrecht" in: Betrifft Betreuung, Band 6, S. 93.
102 S. dazu den Reformvorschlag zur Ergänzung des Landesrechts im Abschlussbericht der Bund-Länder-Arbeitsgruppe „Betreuungsrecht" in: Betrifft Betreuung, Band 6, S. 97.

1. Grundlagen

Das Gesetz definiert die in § 1896 Abs. 1 S. 1 BGB genannten Krankheitsbilder nicht.[103] Es handelt sich vielmehr um Begriffe, denen medizinische Fallgruppen zugeordnet werden.[104] Die Bildung von **Fallgruppen** ist ein stets fortschreitender Prozess, der es nicht zulässt, die vom Gesetz vorausgesetzten Krankheitsbilder abschließend zu definieren. Das darf aber nicht dazu führen, den medizinischen Befund derartig auszuweiten, dass jedes gesellschaftlich nicht tolerierte Verhalten als psychische Erkrankung, geistige oder seelische Behinderung angesehen wird.[105] Auf dieser Grundlage haben sich folgende Begriffsbestimmungen herausgebildet:

a) Psychische Krankheiten

Als psychische Krankheiten werden zunächst alle körperlich nicht begründbaren seelischen Erkrankungen (**endogene Psychosen**), wie zB die Schizophrenie und die Manische Depression, erfasst. Zudem sind seelische Störungen, die körperliche Ursachen haben (**exogene Psychosen**), als Folge zB einer Hirnverletzung, einer Hirnhautentzündung oder einer Tumorerkrankung, gemeint. Schließlich werden **Persönlichkeitsstörungen** wie Psychopathien oder Neurosen erfasst.

Suchtkrankheiten wie Alkoholismus oder Drogenabhängigkeit sind keine psychischen Erkrankungen.[106] Erforderlich ist vielmehr eine fachpsychiatrische Konkretisierung, um festzustellen, dass die Suchterkrankung zu einer psychischen Erkrankung wie einer Persönlichkeitsstörung geführt hat und der Betroffene deshalb nicht mehr in der Lage ist, eigenverantwortlich seinen Willen zu bestimmen.

b) Geistige Behinderung

Geistige Behinderungen sind angeborene (zB Down-Syndrom) oder durch Erkrankung oder Unfall erworbene Intelligenzdefizite verschiedener Schweregrade.[107]

c) Seelische Behinderung

Unter seelischen Behinderungen werden lang anhaltende oder bleibende psychische Beeinträchtigungen verstanden, die auf einem regelwidrigen körperlichen, geistigen oder seelischen Zustand beruhen. Damit sollen vor allem Erscheinungen des Altersabbaus erfasst sein.[108] Für diese Fallgruppe ist die **Altersdemenz** von besonderer Bedeutung.

Altersstarrsinn ist dagegen keine seelische Behinderung. Erforderlich ist vielmehr eine fachpsychiatrische Konkretisierung, um festzustellen, dass der Altersstarrsinn etwa auf einer senilen Demenz beruht oder zu einer psychischen Erkrankung wie einer Persönlichkeitsstörung geführt hat und der Betroffene

---

103 BayObLG FamRZ 2002, 494.
104 Knittel, § 1896 BGB Rn 2.
105 BayObLG FamRZ 2002, 494; BayObLG FamRZ 2001, 1403, 1404.
106 BayObLG FamRZ 2001, 1403, 1404; BayObLG FamRZ 1999, 1306; OLG Schleswig BtPrax 1998, 185.
107 BayObLG FamRZ 1994, 318.
108 BayObLG FamRZ 2002, 494.

deshalb nicht mehr in der Lage ist, eigenverantwortlich seinen Willen zu bestimmen.[109]

d) Körperliche Behinderung

128 Körperliche Behinderungen stellen einen medizinischen Befund dar, wenn sie die Fähigkeit des Betroffenen, seine Angelegenheiten selbst zu besorgen oder deren Erledigung zu organisieren, auf Dauer erheblich beeinträchtigen.[110] Behinderungen wie Taubheit, Blindheit oder Lähmungen hindern den Betroffenen grundsätzlich aber nicht an der Regelung seiner Interessen.[111] Braucht er im Tatsächlichen Helfer, genügt die Inanspruchnahme von Pflegediensten, sozialen Diensten, Behörden usw. Für verbleibende Fälle soll gleichwohl eine Betreuung möglich sein (zum Antragserfordernis s. Rn 6).[112]

2. Bedeutung für das Betreuungsgericht

129 Für die Feststellung eines Krankheitsbildes hat das Betreuungsgericht das Gutachten eines **Sachverständigen** einzuholen (§ 280 FamFG). Die teilweise in der amtsrichterlichen Praxis vertretene Auffassung, altersbedingte Erkrankungen, insbesondere die Demenz, unter Berücksichtigung allgemeiner und richterlicher Lebenserfahrung auf der Grundlage eines hausärztlichen Attestes überprüfen zu können, findet im Gesetz keine Stütze. Zudem können Stoffwechselstörungen und Mangelernährung, die die Bestellung eines Betreuers nicht rechtfertigen, zu äußerlich der Demenz entsprechenden Ausfallerscheinungen führen. Eine allgemeine Diagnosesicherheit der Hausärzte auf diesem Gebiet ist bisher nicht feststellbar, entsprechende Defizite für das Gericht sind nicht erkennbar.[113]

Das Gutachten muss klar und eindeutig zu einem Krankheitsbild Stellung nehmen. Eine bloße Verdachtsdiagnose genügt nicht.[114]

VI. Freier Wille (Abs. 1a)

130 Mit dem zweiten Betreuungsrechtsänderungsgesetz vom 21.4.2005 ist geregelt, dass gegen den freien Willen des Betroffenen ein Betreuer **nicht** bestellt werden darf.

1. Grundlagen

131 Art. 1 Abs. 1 GG garantiert die Subjektsqualität eines jeden Menschen.[115] Jeder hat das Recht, sein **Leben nach eigenen Vorstellungen zu gestalten**, soweit nicht Rechte Dritter oder Rechtsgüter von Verfassungsrang beeinträchtigt werden. Soweit eine Beeinträchtigung anderer Rechte oder Rechtsgüter nicht vor-

---

109 BayObLG FamRZ 2002, 494.
110 Dodegge/Roth, A Rn 9.
111 OLG Köln FamRZ 1996, 249.
112 Palandt/Götz, § 1896 BGB Rn 7.
113 Abschlussbericht der Bund-Länder-Arbeitsgruppe „Betreuungsrecht" in: Betrifft Betreuung, Band 6, S. 100.
114 BGH FamRZ 2012, 1210.
115 BVerfGE 30, 1, 25 f.

liegt, hat der Staat nicht die Befugnis, seine zur freien Willensbestimmung fähigen Bürger zu bessern oder zu hindern, sich selbst zu schädigen.[116]

Ein Betreuer darf gegen den Willen des Betroffenen deshalb nur bestellt werden, wenn der Betroffene aufgrund der festgestellten psychischen Erkrankung, geistigen oder seelischen Behinderung seinen Willen nicht frei bestimmen kann. Eine Betreuung gegen den freien Willen stellte einen nicht zu rechtfertigenden Eingriff in die Würde des Betroffenen dar.[117] Damit hatte die obergerichtliche Rechtsprechung eine Voraussetzung geschaffen, die sich an der Definition der **Geschäftsunfähigkeit** (§ 104 Nr. 2 BGB) orientiert.[118]

132

Für die freie Willensbestimmung ist wesentlich, ob der Betroffene noch einsichtsfähig und in der Lage ist, entsprechend dieser Einsicht zu handeln.[119] **Einsichtsfähigkeit** liegt vor, wenn der Betroffene die für und gegen eine Betreuung sprechenden Argumente abwägen kann,[120] er also in der Lage ist, seine Defizite im Wesentlichen zutreffend einzuschätzen.[121] Dafür kann er sich auch der Hilfe Dritter bedienen. Die Einsichtsfähigkeit ist aber zu verneinen, wenn der Einfluss Dritter das Selbstbestimmungsrecht des Betroffenen ersetzt. Vermag der Betroffene jedoch trotz seiner Erkrankung entsprechend seiner Einsichtsfähigkeit zu handeln, darf ein Betreuer nicht bestellt werden.[122]

133

2. Bedeutung für das Betreuungsgericht

Nach § 26 FamFG hat das Gericht festzustellen, dass der Betroffene krankheitsbedingt seinen freien Willen nicht bilden kann. Über diese Frage ist ebenso wie zum Krankheitsbild (Rn 121 ff) ein Gutachten einzuholen (§ 280 FamFG), das zu den Auswirkungen der Erkrankung nicht nur im Allgemeinen, sondern mit konkretem Bezug zum Betroffenen Stellung nimmt.[123] Solide Feststellungen zur Einsichtsfähigkeit können aber nur getroffen werden, wenn der Betroffene über den Sachverhalt und die rechtliche Bedeutung einer Betreuung hinreichend informiert ist. Spätestens im Rahmen der persönlichen Anhörung (§ 278 FamFG) ist daher der Betroffene über Sinn und Zweck der Betreuung aufzuklären.

134

VII. Erforderliche Aufgabenkreise (Abs. 1 S. 1, Abs. 2 S. 1 und Abs. 4)

Ein Betreuer darf nur für Aufgabenkreise bestellt werden, in denen die Betreuung aufgrund des Krankheitsbildes (s. Rn 121 ff) erforderlich ist. Notwendig

135

---

116 BVerfG FamRZ 2010, 1624; BVerfGE 22, 180, 219 f; BGH FamRZ 2012, 869; FamRZ 2013, 287; BayObLG FamRZ 1993, 998, 999; BayObLG FamRZ 1994, 1551, 1552.
117 Ständige Rechtsprechung der Obergerichte, vgl: BayObLG FamRZ 2005, 63; FamRZ 2004, 1814; BtPrax 2004, 68; FamRZ 2001, 1244; FamRZ 2001, 1558; BtPrax 2001, 218; OLG Hamm FamRZ 2000, 494, 496; OLG Köln FamRZ 2000, 908; OLG Frankfurt/M. BtPrax 1997, 123, und jetzt BGH FamRZ 2011, 630.
118 Vgl BGH NJW 1996, 918, 919; BayObLG FamRZ 2005, 63, 64.
119 BayObLG BtPrax 2004, 68.
120 OLG Köln OLGReport 2006, 279 und FGPrax 2006, 117; Knittel § 1896 BGB Rn 10.
121 BGH FamRZ 2011, 630; OLG Hamm FGPrax 2009, 111.
122 OLG Brandenburg BtPrax 2008, 265.
123 BGH FamRZ 2011, 630; FamRZ 2013, 287; OLG München BtPrax 2005, 231; OLG Köln OLGReport 2006, 279 und FGPrax 2006, 117; OLG Schleswig OLGReport 2007, 400.

ist deshalb eine doppelte Prüfung. Einerseits muss ein **Hilfebedarf** vorliegen, und andererseits muss der Hilfebedarf gerade durch ein von § 1896 Abs. 1 S. 1 BGB erfasstes Krankheitsbild verursacht worden sein.[124] Kann der Betroffene seine Angelegenheiten eigenständig besorgen, ist selbst auf seinen Antrag hin kein Betreuer zu bestellen.[125]

136 Dieser Erforderlichkeitsgrundsatz hat **Verfassungsrang**[126] und erfordert eine Kooperation aller beteiligten Professionen. Seine Verwirklichung wurde aber durch das bis zum 30.6.2005 geltende Vergütungsrecht für Berufsbetreuer eher gehindert. Während im Interesse der Betroffenen die Einschränkungen des Selbstbestimmungsrechts minimiert werden sollten, förderte das Vergütungsrecht Betreuungen mit einem breiten Aufgabenspektrum und stand einer Reduzierung von Aufgabenkreisen (§ 1908 d Abs. 1 S. 1 BGB, s. dort Rn 14) im Wege. Das durch das Zweite Betreuungsrechtsänderungsgesetz zum 1.7.2005 in Kraft gesetzte Vergütungspauschalsystem (s. dazu §§ 4, 5 VBVG) beseitigte diesen Missstand. Nunmehr sind sowohl § 1896 Abs. 2 S. 1 BGB als auch das Vergütungsrecht darauf ausgerichtet, die Angelegenheiten des Betroffenen nur im Rahmen des Erforderlichen zu erledigen.

1. Grundlagen

a) Allgemeine Anforderungen

137 Zur Bestimmung des **Hilfebedarfs** ist eine zweifache Prüfung notwendig. Zum einen muss der aktuell bestehende Handlungsbedarf festgestellt werden.[127] Zum anderen ist zu prüfen, inwieweit die Fähigkeiten des Betroffenen ausreichen, um den Handlungsbedarf zu decken.[128] Da der aktuell bestehende Handlungsbedarf maßgeblich ist, können ggf erst zukünftig relevant werdende Aufgabenkreise grundsätzlich nicht berücksichtigt werden. Eine sogenannte **Vorratsbetreuung** ist unzulässig.[129] Davon sind die Fälle schubförmiger Erkrankungen zu unterscheiden, bei denen die Notwendigkeit insbesondere einer psychiatrischen Behandlung zwar akut nicht besteht, aber konkret abzusehen ist. Muss bei Verschlechterung des Gesundheitszustandes sofort gehandelt werden und wird der Betroffene dazu selbst nicht in der Lage sein, ist ihm bereits jetzt ein Betreuer zu bestellen.[130]

138 Soweit ein Handlungsbedarf besteht, den der Betroffene selbst nicht decken kann, ist zusätzlich zu prüfen, ob das Defizit des Betroffenen **auf das Krankheitsbild** einer psychischen Erkrankung oder geistigen oder seelischen Behinderung **zurückzuführen** ist.[131] Würde sich auch ein psychisch gesunder Mensch der Hilfe anderer Personen wie eines Rechtsanwalts oder Steuerberaters bedienen, um ein Problem zu lösen, besteht insoweit kein Betreuungsbedürfnis.[132]

---

124 BGH FamRZ 2011, 1391 Rn 9; BtPrax 2012, 116; BayObLG Rpfleger 2001, 234; Palandt/Götz § 1896 BGB Rn 9.
125 OLG Zweibrücken BtPrax 2004, 155.
126 BayObLG BtPrax 1995, 64.
127 BGH FamRZ 2011, 1391; OLG München BtPrax 2006, 30.
128 BayObLG EzFamR 2003, 247; BayObLG FamRZ 2002, 1225; BayObLG FamRZ 1998, 452, 453.
129 BayObLG FamRZ 1999, 1612; OLG Köln FamRZ 2000, 908.
130 BayObLG FamRZ 2003, 1043.
131 BayObLGR 2002, 265.
132 OLG München BtPrax 2006, 30; BayObLG Rpfleger 2001, 234.

Ein Zusammenhang zwischen psychischer Erkrankung und Handlungsbedarf besteht ebenfalls nicht, wenn der Betroffene den Handlungsbedarf grundsätzlich selbst decken könnte, dies aber an Sprachschwierigkeiten oder allgemeinen sozialen Problemen scheitert.[133] Hier greifen die Hilfen (zB Einbeziehung eines Dolmetschers in Gerichts- oder Verwaltungsverfahren), die jeder Person unabhängig von einer psychischen Erkrankung zur Verfügung gestellt werden. Das Betreuungsrecht ist kein Auffangbecken zur Lösung allgemeiner sozialer Probleme. Es gilt vielmehr umgekehrt das mit Verfassungsrang ausgestattete Prinzip der Subsidiarität.

Nach der Zielsetzung des Betreuungsrechts setzt die Auswahl der Aufgabenkreise ein Fürsorgebedürfnis aus der Sicht des Betroffenen voraus.[134] Ein Betreuer kann aber in Ausnahmefällen auch für Aufgabenbereiche bestellt werden, die ausschließlich im **Drittinteresse** liegen. So ist ein Betreuer für den Aufgabenkreis der „Entgegennahme einer Wohnungskündigung" zu bestellen, wenn der Betroffene nicht geschäftsfähig ist und der Vermieter deshalb nicht wirksam kündigen kann (§ 131 Abs. 1 BGB).[135] Entsprechendes gilt für die Führung von Prozessen, wenn Klagen gegen den Betroffenen wegen seiner Geschäftsunfähigkeit unzulässig wären (§§ 51, 52 ZPO).[136] Ausgeschlossen soll dagegen die Tätigkeit des Betreuers in Aufgabenkreisen sein, die dem Schutz Dritter vor Belästigungen des Betroffenen dienen, es sei denn, der Betroffene muss vor den Reaktionen der Dritten (Strafanzeige; Unterlassungs- und Schadensersatzprozesse) geschützt werden.[137] Diese Voraussetzung dürfte aber im Regelfall gegeben sein. Die Entscheidung des OLG München, die formal-terminologisch an hergebrachte Denkmuster anknüpft, ist deshalb als revolutionär zu bezeichnen (zu Einzelheiten s. Rn 169). Ihr ist uneingeschränkt zuzustimmen.

139

Für die Bestellung eines Betreuers ist aber kein Raum, wenn sich der angestrebte Zweck durch eine Betreuung nicht erreichen lässt, diese insbesondere **keinen Erfolg** verspricht.[138] Das wird gerade im Aufgabenfeld der Gesundheitssorge anzunehmen sein, wenn der Betroffene dauerhaft jede Zusammenarbeit mit dem Betreuer verweigert, der für die Einnahme von Medikamenten Sorge tragen soll.[139] Die Fürsorgepflicht des Staates endet, wenn der Betroffene Fürsorge nicht will, Drittinteressen nicht betroffen sind und ein Fürsorgezwang zu weitreichenden Einschränkungen der persönlichen Handlungsfreiheit des Betroffenen führen würde.

140

b) Nicht übertragbare Aufgabenkreise

Der Betreuer kann nur für Aufgabenkreise bestellt werden, in denen eine Vertretung möglich ist. Eine Betreuung ist daher grundsätzlich **in höchstpersönlichen Angelegenheiten** und in spezialgesetzlich geregelten Fällen **ausgeschlossen**, soweit die einschlägigen Gesetze nichts anderes bestimmen. Das betrifft insbesondere folgende Aufgabenfelder:

141

---

133 Jürgens/Jürgens, § 1896 BGB Rn 11.
134 OLG München FGPrax 2008, 110.
135 BayObLG BtPrax 1996, 106.
136 BayObLG FamRZ 1998, 922.
137 OLG München FGPrax 2008, 110.
138 BayObLG FamRZ 2002, 703; BayObLGZ 1994, 209, 211 f.
139 BayObLGZ 1994, 209, 211.

142 Die **Eheschließung** kann nur persönlich vorgenommen werden (§ 1311 S. 1 BGB). Voraussetzung ist Geschäftsfähigkeit (§ 1304 BGB), die sich grundsätzlich nach § 104 Nr. 2 BGB richtet, aber eine partielle Geschäftsfähigkeit für die Eheschließung ermöglicht.[140] Die Bestimmung des Ehe- oder Begleitnamens (§ 1355 BGB) kann ebenfalls nur persönlich erfolgen, desgleichen die Festlegung des Kindesnamens (§§ 1617–1618 BGB). Anders dagegen die Rechtslage für den Abschluss eines **Ehevertrages** (§ 1414 BGB): Ist der Betreute geschäftsfähig, schließ er den Ehevertrag, wenn für diese Angelegenheit kein Einwilligungsvorbehalt angeordnet ist (§§ 1414 Abs. 1 S. 2 und 4, 1903 BGB). Besteht ein Einwilligungsvorbehalt, bedarf der geschäftsfähige Betreute der Zustimmung des Betreuers und der Genehmigung des Gerichts (§ 1414 Abs. 1 S. 2 und 3 BGB). Ist der Betreute geschäftsunfähig, kann der Betreuer mit Genehmigung des Gerichts den Ehevertrag schließen (§§ 1414 Abs. 2, 1828–1831 BGB). Die **Ehescheidung** kann für einen geschäftsunfähigen Betreuten ein für diese Angelegenheit bestellter Betreuer mit vormundschaftsgerichtlicher Genehmigung beantragen (§ 125 Abs. 2 FamFG). Über die Erfolgsaussichten eines Scheidungsantrages ist damit aber nichts gesagt. Insbesondere liegt nicht allein deshalb ein Getrenntleben (§ 1567 Abs. 1 BGB) vor, weil der Betreute bewusstlos ist und in einem Pflegeheim versorgt wird. Damit ist zwar die häusliche Lebensgemeinschaft aufgehoben, aber durch den anderen Ehegatten nicht notwendigerweise zum Ausdruck gebracht, sich trennen zu wollen.[141] Erfolgte die räumliche Trennung der Ehegatten ursprünglich krankheitsbedingt, ist für das Vorliegen des Getrenntlebens der Trennungswille der Ehegatten positiv festzustellen.[142]

143 Erklärungen, die den **Status eines Kindes** betreffen, sind zwar höchstpersönlicher Natur. Ein gesetzlicher Vertreter vermag aber in Teilbereichen gleichwohl zu handeln. Es ist wie folgt zu unterscheiden: Für die **Anerkennung** und die **Anfechtung** der Vaterschaft gilt, dass der geschäftsfähige Betreute selbst handeln muss. Ist der Betroffene geschäftsunfähig, kann aber ein Betreuer für ihn die entsprechenden Erklärungen abgeben und Verfahren einleiten (§§ 1596 Abs. 1 S. 3, Abs. 3, 1600a Abs. 3, Abs. 5 BGB). Die Einwilligung in die **Adoption** eines Kindes kann dagegen nicht durch einen Vertreter erklärt werden, sondern ausschließlich durch einen geschäftsfähigen Elternteil (§ 1750 Abs. 3 S. 1 BGB). Ist der Betroffene geschäftsunfähig, kann ein Adoptionsverfahren nur durchgeführt werden, wenn die Voraussetzungen für eine Ersetzung der Einwilligung gegeben sind. Nach § 1748 Abs. 3 BGB ist die Ersetzung der Einwilligung möglich, wenn der Betroffene wegen einer besonders schweren psychischen Erkrankung oder einer besonders schweren geistigen oder seelischen Behinderung zur Pflege und Erziehung dauerhaft unfähig ist, das Kind bei Unterbleiben der Adoption nicht in einer Familie aufwachsen könnte und dadurch in seiner Entwicklung schwer gefährdet wäre.

144 Haben Eltern aufgrund einer psychischen Erkrankung Schwierigkeiten, ihrer Pflicht zur **elterlichen Sorge** über minderjährige Kinder (§ 1626 Abs. 1 BGB)

---

140 BVerfG FamRZ 2003, 359.
141 Vgl den instruktiven, nach dem Tod der Betreuten im Erbscheinsverfahren – gesetzliches Erbrecht des Ehegatten, § 1933 BGB – ausgetragenen Fall des OLG Frankfurt/M. NJW 2002, 3033.
142 OLG Sachsen-Anhalt FamRZ 2012, 1316.

nachzukommen, sieht das Familienrecht mehrere Maßnahmen vor. So kann die elterliche Sorge ruhen (§§ 1673–1675 BGB) mit der Folge, dass ein Vormund für die Kinder zu bestellen wäre (§ 1773 Abs. 1 2. Fall BGB). Nach §§ 1666, 1666 a BGB kann den Eltern die elterliche Sorge ganz oder teilweise entzogen werden. Das führt zur Bestellung eines Ergänzungspflegers (§ 1909 Abs. 1 S. 1 BGB) oder eines Vormundes (§ 1773 Abs. 1 2. Fall BGB). Diese Maßnahmen werden flankiert durch die Angebote des Jugendamtes (§§ 16 ff SGB VIII). Eine Betreuung in diesem Aufgabenfeld ist deshalb ausgeschlossen.[143]

Letztwillige Verfügungen müssen persönlich errichtet werden, eine Vertretung ist ausgeschlossen. Das folgt für das Testament (§ 1937 BGB) aus § 2064 BGB und für den Erbvertrag (§ 1941 Abs. 1 BGB) aus § 2274 BGB. Die Aufhebung eines Erbvertrages durch Vertrag ist ebenfalls höchstpersönlicher Natur (§ 2290 Abs. 2 S. 1 BGB). Der Betreuer als gesetzlicher Vertreter kann gleichwohl tätig werden, bedarf jedoch der Genehmigung des Gerichts (§§ 2290 Abs. 3 S. 1, 1908 i Abs. 1 S. 1, 1828–1831 BGB). 145

Höchstpersönlich ist des Weiteren die Errichtung einer **Patientenverfügung**,[144] dh die Willensbekundung einer einwilligungsfähigen Person zu medizinischen und begleitenden Maßnahmen für den Fall der Einwilligungsunfähigkeit.[145] Die Auslegung und Ausübung der Patientenverfügung insbesondere während des Sterbevorgangs kann aber einem Bevollmächtigten oder einem Betreuer überlassen werden (§ 1901 a Abs. 1, Abs. 5 BGB).[146] 146

Schließlich findet bei einem **Kirchenaustritt**, einem **Religionswechsel** und einer Einwilligung in eine **Organspende** keine Vertretung statt.[147] 147

Die Entscheidung über einen **Schwangerschaftsabbruch** wird nach ganz herrschender Meinung nicht als höchstpersönlich, einer Betreuung unzugänglichem Aufgabenkreis angesehen.[148] Eine Betreuerbestellung sei unabweisbar notwendig. Die Schwangere könne nicht allein darauf verwiesen werden, in einem ggf eintretenden Notfall, träfen die Ärzte die erforderlichen Maßnahmen. Der Betreuer habe die Entscheidung, wenn die Voraussetzungen für einen Schwangerschaftsabbruch vorliegen, für die nicht mehr äußerungsfähige Betroffene auf der Grundlage ihres Wohles und ihres Willens zu treffen.[149] Diese Entscheidung wirft vielfältige Probleme auf, die bisher nicht geklärt sind und nachfolgend skizziert werden. 148

Gilt der Vorrang des Wohles vor dem (mutmaßlichen) Willen (§ 1901 Abs. 3 S. 1, 2 BGB)? Soll also der Betreuer den Schwangerschaftsabbruch initiieren dürfen oder müssen, obwohl die Betroffene dies beispielsweise aufgrund ihrer religiösen Überzeugung auch bei Gefahr für ihr eigenes Leben ablehnte? 149

---

143 BayObLG BtPrax 2004, 239 mit der weiteren Begründung, die Ausübung der elterlichen Sorge sei keine eigene Angelegenheit des Betroffenen; OLG Brandenburg ZKJ 2009, 130.
144 Bienwald FamRZ 2004, 835.
145 Bericht der Arbeitsgruppe „Patientenautonomie am Lebensende" vom 10.6.2004, zu III, 1, a.
146 Vgl zudem BGH NJW 2003, 1588; Bericht der Arbeitsgruppe „Patientenautonomie am Lebensende" vom 10.6.2004, zu III, 1, c.
147 Palandt/Götz, § 1896 BGB Rn 25.
148 OLG Frankfurt/M. NJW 2008, 3790 mwN; Palandt/Götz, § 1904 BGB Rn 13.
149 OLG Frankfurt/M. NJW 2008, 3790.

150 Darf oder muss der Betreuer den Schwangerschaftsabbruch initiieren, weil das Kind geschädigt ist? Besteht insoweit ein Fürsorgebedürfnis für die Betroffene? Wenn ja, wie ist das Wohl der Betroffenen in einem solchen Fall zu definieren? Ist hier der beispielsweise auf religiöse Vorstellungen gegründete Wille vorrangig?

151 Ist der (mutmaßliche) Vater des Kindes/Ehemann in die Entscheidungsfindung einzubeziehen? Kann er zum Betreuer bestellt werden, oder steht dem ein Interessenkonflikt entgegen?

152 Bedarf der Betreuer für seine Entscheidung einer betreuungsgerichtlichen Genehmigung?[150]

153 Aufgrund des höchstpersönlichen Charakters des Schwangerschaftsabbruchs sollte der zuvörderst zu beachtende Entscheidungsmaßstab der (mutmaßliche) Wille der Betroffenen sein. Zur Feststellung dieses Willens dürfte in vielen Fällen der Vater des Kindes/Ehemann der Betroffenen einen wesentlichen Beitrag leisten können. Er kommt deshalb auch als Betreuer in Betracht. Es besteht kein genereller Interessenkonflikt, der einer Bestellung entgegenstünde. Die Notwendigkeit einer betreuungsgerichtlichen Genehmigung dürfte sich nunmehr aus § 1904 Abs. 2, Abs. 3 BGB ergeben.

c) Typisierte Aufgabenkreise

154 **Vermögenssorge:** Der Begriff der Vermögenssorge umfasst unterschiedlichste Bereiche wie arbeitsrechtliche Ansprüche, Forderungen von und gegen Banken/Sparkassen, Versicherern, Rententrägern, Krankenkassen und anderen Gläubigern, die Verwaltung und Verwertung von Vermögensgegenständen, die Schuldenregulierung[151] oder die Beantragung sozialrechtlicher Leistungen. Die Bestellung eines Betreuers für den Aufgabenkreis der Vermögenssorge ist deshalb nur gerechtfertigt, wenn Handlungsbedarf für alle Einzelbereiche besteht, weil zB eine umfassende Schuldenregulierung stattfinden muss.[152] Ansonsten ist die vom Betreuer wahrzunehmende Aufgabe feingliedrig zu bezeichnen.[153]

155 **Gesundheitssorge:** Der Begriff Gesundheitssorge umfasst die medizinische und medikative Versorgung für jede Art von Erkrankung oder Vorsorge. Die psychiatrische Behandlung ist ebenso betroffen wie der turnusmäßige Zahnarzttermin. Notwendig ist deshalb eine kleinteilige Bestimmung des konkreten Handlungsbedarfs. Insbesondere ist bei einem Handlungsbedarf nur im psychiatrischen Bereich eine darüber hinausgehende Bestellung eines Betreuers unzulässig.[154]

156 Bei der Feststellung des Handlungsbedarfs ist zudem eine Besonderheit zu beachten. Angelegenheiten der Gesundheitssorge kann der Betroffene wirksam wahrnehmen, wenn er über eine **natürliche Einsichts-, Urteils- und Steuerungsfähigkeit** verfügt. Geschäftsfähigkeit ist dagegen nicht erforderlich.[155] Einen

---

150 Ablehnend OLG Frankfurt/M. NJW 2008, 3790.
151 BayObLG FamRZ 2001, 935.
152 BayObLG FamRZ 2001, 935.
153 BayObLG Rpfleger 2001, 234.
154 BayObLG FamRZ 2003, 1043; BayObLG FamRZ 2001, 935; BayObLG BtPrax 1995, 218; BayObLG FamRZ 1994, 1059; vgl zudem OLG Schleswig FamRZ 2007, 2007.
155 Palandt/Ellenberger, Überblick vor § 104 BGB Rn 8.

Betreuer für den Bereich der Gesundheitssorge bedarf es deshalb nicht, wenn der Betroffene zwar geschäftsunfähig ist, aber gleichwohl Sinn und Zweck einer Behandlung verstehen, eine Entscheidung treffen und danach handeln kann und handelt.[156] Dies kann nach Krankheitsbildern unterschiedlich zu beurteilen sein. Je komplexer sich die medizinischen Fragen und Entscheidungsmöglichkeiten darstellen, umso eher wird man annehmen dürfen, dass der Betroffene die Zusammenhänge krankheitsbedingt nicht versteht und keine eigene Entscheidung zu treffen vermag.[157]

Kommt der Betroffene **freiwillig** der notwendigen ärztlichen und medikamentösen Behandlung nach, besteht nur Anlass für eine Betreuung im Bereich der Gesundheitssorge, wenn konkrete Anhaltspunkte bestehen, der Betroffene könne die Behandlung jederzeit abbrechen. Eine allgemeine, auf das Krankheitsbild zurückgeführte Gefahr, reicht nicht.[158]

Aufenthaltsbestimmung: Für die Aufenthaltsbestimmung gilt das zur Gesundheitssorge Gesagte (Rn 155 f) entsprechend. Notwendig ist die Bestellung eines Betreuers für diesen Aufgabenkreis nur, wenn der Betroffene nicht über die natürliche Einsichts-, Urteils- und Steuerungsfähigkeit verfügt, die Notwendigkeit einer stationären Behandlung zu beurteilen und danach zu handeln.[159]

Die Bestellung eines Betreuers für die Gesundheitssorge und die Aufenthaltsbestimmung, die darauf zielt, den Betroffenen unterzubringen, falls er sich krankheitsbedingt einer notwendigen Heilbehandlung entzieht, ist nur erforderlich, wenn die Voraussetzungen von § 1906 Abs. 1 Nr. 1 oder 2 BGB festgestellt werden können.[160]

Wohnungsangelegenheiten: Der Begriff Wohnungsangelegenheiten umfasst vielfältige Bereiche. Es kann um eine Kündigung des Wohnraums des Betroffenen mit Räumungsverfahren gehen, die Auflösung eines Mietverhältnisses auf Betreiben des Betroffenen, die Regelung der Miethöhe oder die Entrümpelung der Wohnung.[161] Entsprechend dem konkreten Handlungsbedarf ist die Bestellung des Betreuers auf den tatsächlichen Handlungsbedarf zu beschränken.[162]

Der Aufgabenkreis Wohnungsangelegenheiten ermächtigt den Betreuer nicht, **Zwangsmaßnahmen** zu ergreifen. § 1896 BGB ist keine gesetzliche Grundlage iSv Art. 13 GG, die es dem Betreuer gestatten würde, die Wohnung oder das Wohnhaus des Betroffenen gegen dessen Willen zu betreten, um beispielsweise einen Verkauf zu ermöglichen. Geht von dem Wohnhaus eine Gefahr aus, kann der Betreuer auf der Grundlage von Art. 13 Abs. 7 GG handeln.[163] Es liegt im Interesse des Betroffenen, Dritte vor Schäden zu bewahren, um Schadensersatzansprüche abzuwenden.[164]

Heimangelegenheiten: Der Begriff der Heimangelegenheit ist ebenfalls eine Sammelbezeichnung. Erfasst sind der Abschluss eines Heimvertrages, die Rege-

---

156 OLG München FGPrax 2008, 110.
157 Jürgens/Jürgens, § 1896 BGB Rn 34.
158 OLG München FGPrax 2008, 110.
159 BayObLG FamRZ 1999, 1299, 1300.
160 OLG München FGPrax 2008, 110; OLG Schleswig BtPrax 2005, 195.
161 BayObLG FamRZ 2002, 348.
162 BayObLG FamRZ 1998, 452; BayObLG Rpfleger 2001, 234.
163 OLG Schleswig FGPrax 2008, 70.
164 OLG München FGPrax 2008, 110; s. dazu Rn 139.

lung der Kosten oder die Vertretung gegenüber der Heimleitung. Es ist zu konkretisieren, für welche Teilbereiche die Bestellung eines Betreuers erforderlich ist. Soll eine Betreuung die Heimunterbringung gegen den Willen des Betroffenen und seiner im gleichen Haus wohnenden Familie umfassen, ist eine Interessenabwägung vorzunehmen. Sind die mit der Heimunterbringung verbundenen Eingriffe in die Rechte des Betroffenen hinreichend gerechtfertigt? Dies dürfte bei Verwahrlosungstendenzen nur der Fall sein, wenn mit der Heimunterbringung eine schwerwiegende, erhebliche Gesundheitsgefährdung abgewandt werden soll.[165]

163 **Verfahren bei Gerichten und Behörden:** Mit Ausnahme der Fälle, in denen ein krankhafter Querulantenwahn mit einer kaum überschaubaren Aktivität des Betroffenen besteht, ist die Bestellung eines Betreuers nur für konkret zu bezeichnende Verfahren erforderlich.[166]

164 **Erbangelegenheiten:** Der Begriff der Erbangelegenheiten umfasst die Feststellung des Betroffenen als Erbe, die Ausschlagung der Erbschaft, die Anfechtung der Ausschlagung, Ansprüche gegen Miterben, Ansprüche gegen Dritte, die Inanspruchnahme des Betroffenen von Gläubigern des Erben oder die Miterbenauseinandersetzung. Ein Betreuer darf nur für die konkret anstehenden Angelegenheiten bestellt werden.

165 **Regelung des Umgangs:** Nach §§ 1908i Abs. 1 S. 1, 1632 Abs. 2 BGB kann eine Betreuung die Regelung des Umgangs des Betroffenen zum Gegenstand haben, insbesondere um ihn vor gesundheitsbeeinträchtigenden Besuchen oder Anrufen zu schützen.[167] Betrifft der Aufgabenkreis die Regelung des Umgangs mit den Eltern des Betroffenen oder seinen Kindern, ist der verfassungsrechtliche Schutz der Familie (Art. 6 Abs. 1 GG) zu berücksichtigen, der auch die Beziehung von Eltern zu ihren volljährigen Kindern umfasst.[168] Die Bestellung eines Betreuers zur Regelung des Umgangs stellt bereits einen Eingriff in Art. 6 Abs. 1 GG dar. Dieser Eingriff ist nur gerechtfertigt, wenn und soweit dies zum Schutz der Gesundheit des Betroffenen notwendig ist (Art. 2 Abs. 2 S. 1 GG). Das ist anzunehmen, wenn die Besuche der Eltern oder Kinder für den Betroffenen mit psychischen Belastungen, die sich gesundheitlich auswirken, einhergehen und er selbst nicht in der Lage ist, auf eine andere Gestaltung der Besuche hinzuwirken.[169] Um den Eingriff in Art. 6 Abs. 1 GG so gering wie möglich zu gestalten (Verhältnismäßigkeitsgrundsatz), kann die Maßnahme befristet werden, so dass eine kurzfristige Erfolgskontrolle der Maßnahme möglich ist.[170] Streitigkeiten der Familienangehörigen mit dem Betreuer über die Anzahl, Dauer und Gestaltung der Besuche hat das Gericht nach §§ 1908i Abs. 1 S. 1, 1632 Abs. 3 BGB zu schlichten.

---

165 BayObLG FamRZ 2001, 1244, 1245.
166 KG FGPrax 2008, 62.
167 BayObLG FamRZ 2004, 1670; BayObLG FamRZ 2003, 962; BayObLG FamRZ 2000, 1524.
168 BVerfG BtPrax 2006, 228; BVerfGE 57, 170, 178.
169 BayObLG FamRZ 2004, 1670; BayObLG FamRZ 2003, 962.
170 BayObLG FamRZ 2004, 1670.

d) Alle Angelegenheiten

Die Bestellung eines Betreuers für „alle Angelegenheiten" des Betroffenen, die nicht die Sonderfälle der Fernmelde-/Postkontrolle (§ 1896 Abs. 4 BGB, s. Rn 167) und der Sterilisation (§ 1905 BGB) erfassen muss,[171] beeinträchtigt in schwerwiegendster Weise die Grundrechte des Betroffenen. Ihm wird in jeder Hinsicht, dh auch für Lebenssituationen des Alltags, die Fähigkeit abgesprochen, eigenständig zu handeln. Das hat zusätzlich den Verlust des Wahlrechts zur Folge (§ 13 Nr. 2 BWG). Eine Betreuung für alle Angelegenheiten hat daher die **Ausnahme** zu bleiben.[172] Nach dem Erforderlichkeitsgrundsatz kommt eine Betreuung für alle Angelegenheiten nur in Betracht, wenn der Betroffene aufgrund seiner Erkrankung oder Behinderung keine seiner Angelegenheiten selbst besorgen kann. Es muss feststehen, dass der Betroffene seinen Alltag, wie er seiner konkreten Lebenssituation entspricht, nicht, auch nicht teilweise, zu beherrschen vermag. Zusätzlich muss in sämtlichen Bereichen, die das Leben des Betroffenen ausmachen, ein Handlungsbedarf bestehen.[173] Keinesfalls darf die Betreuung auf alle Angelegenheiten erstreckt werden, um den Ausschluss vom Wahlrecht herbeizuführen und damit Wahlmanipulationen zu verhindern.[174]

166

e) Fernmeldeverkehr und Post

Nach § 1896 Abs. 4 BGB wird die Entscheidung über den Fernmeldeverkehr des Betroffenen und die Entgegennahme, das Öffnen und das Anhalten der Post von dem Aufgabenkreis des Betreuers nur erfasst, wenn das Betreuungsgericht dies **ausdrücklich anordnet**. Eine Bestellung für „alle Angelegenheiten" (Rn 166) reicht deshalb nicht.[175] Für einen Eingriff in das Post- und Fernmeldegeheimnis (Art. 10 GG) und die damit verbundene erhebliche Beeinträchtigung des allgemeinen Persönlichkeitsrechts (Art. 2 Abs. 1 GG) bedarf es eines gesonderten Ausspruchs. Damit ist die Eingriffshärte und als Folge der Rechtfertigungsdruck für alle am Betreuungsverfahren Beteiligten deutlich. Es bedarf einer strengen, an den Grundsätzen der Erforderlichkeit und Verhältnismäßigkeit ausgerichteten Prüfung.[176]

167

Die Betreuung darf die Entscheidung über den Fernmeldeverkehr und die Kontrolle der Post nur erfassen, wenn der Betreuer seine Aufgaben ansonsten **nicht in der gebotenen Weise erfüllen könnte** und hierdurch wesentliche Rechtsgüter des Betroffenen erheblich gefährdet oder beeinträchtigt würden.[177] Diese Voraussetzungen können erfüllt sein, wenn der Betroffene die für ihn bestimmte Post nicht begreifen oder bearbeiten oder weiterleiten kann und deswegen der Betreuer wesentliche finanzielle Angelegenheiten nicht zu bearbeiten ver-

168

---

171 BayObLG FamRZ 2002, 1225.
172 BayObLG, 3Z BR 75/03, EzFamR aktuell 2003, 247 (LS); BayObLG FamRZ 1998, 452.
173 BayObLG, 3Z BR 75/03, EzFamR aktuell 2003, 247 (LS); BayObLG FamRZ 2002, 1225; BayObLG FamRZ 1998, 452.
174 BayObLG FamRZ 1998, 452, 453.
175 BayObLG, 3Z BR 75/03, EzFamR aktuell 2003, 247 (LS); BayObLG FamRZ 2002, 1225; BayObLG FamRZ 2001, 871.
176 BayObLG FamRZ 2001, 871.
177 BayObLG, 3Z BR 75/03, EzFamR aktuell 2003, 247 (LS); BayObLG FamRZ 2002, 1225, 1226; BayObLG FamRZ 2001, 871.

mag.[178] In solchen Fällen besteht aber kein Bedürfnis, zusätzlich die Telefongespräche des Betroffenen zu kontrollieren.[179] Der Aufgabenkreis Post verpflichtet den Betreuer aber nicht, stets und umfassend die Post zu überwachen. Notwendig ist eine **Kontrolle nur im Rahmen des konkreten Fürsorgebedürfnisses**. Im Übrigen ist das Selbstbestimmungsrecht des Betroffenen zu wahren.[180]

169 Der Fernmeldeverkehr des Betroffenen kann kontrolliert werden, um ihn davon abzuhalten, **Dritte durch ständige Anrufe zu belästigen** oder Behörden beispielsweise durch missbräuchliche Verwendung des Notrufs in ihrer Erreichbarkeit und Funktionsfähigkeit zu beeinträchtigen. Die Kontrolle des Fernmeldeverkehrs dient in diesen Fällen einerseits den Interessen von Dritten und Behörden, andererseits aber zusätzlich dem Betroffenen, der davor bewahrt werden soll, Adressat von Unterlassungs- und Schadensersatzprozessen sowie Strafanzeigen zu sein.[181]

f) Widerruf einer Vollmacht

170 Das Recht, eine vom Betroffenen erstellte Vollmacht zu widerrufen, muss dem Betreuer zur Sicherung des Prinzips der Subsidiarität ausdrücklich zugewiesen werden (Rn 107 f).[182]

2. Bedeutung für das Betreuungsgericht

171 Die Festlegung der erforderlichen Aufgabenkreise kann in **vier Schritten** erfolgen: Als Erstes ist der konkrete Handlungsbedarf möglichst kleinteilig festzustellen. Als Zweites ist zu fragen, inwieweit der Betroffene selbst in der Lage ist, die konkret anfallenden Aufgaben zu erledigen. Als Drittes ist zu ermitteln, ob andere, soziale Hilfen den Betroffenen unterstützen können oder eine Vollmacht[183] gerade für den nötigen Handlungsbedarf erstellt wurde. Als Viertes ist zu prüfen, ob der ermittelte Hilfebedarf auf der psychischen Erkrankung, geistigen oder seelischen Behinderung des Betroffenen beruht.

172 Der **Hilfebedarf** kann durch die Anhörung des Betroffenen (§ 278 FamFG), seiner Angehörigen oder einer Vertrauensperson (§ 279 Abs. 1 FamFG iVm §§ 274 Abs. 4, 279 Abs. 3 FamFG), die Stellungnahme der Betreuungsbehörde (§ 279 Abs. 2 FamFG) und die Einholung eines Gutachtens (§ 280 Abs. 3 Nr. 4 FamFG) geklärt werden. Der Sachverständige muss ebenfalls dazu Stellung nehmen, ob und inwieweit die psychische Erkrankung, geistige oder seelische Behinderung des Betroffenen **ursächlich** für den Hilfebedarf ist. Die Ausführungen des Psychiaters entbinden aber nicht von der Feststellung der Tatsa-

---

178 BayObLG FamRZ 2002, 1225, 1226.
179 BayObLG FamRZ 2001, 871, 872; vgl auch BayObLGFamRZ 2003, 962 zur Unverhältnismäßigkeit der Wegnahme eines Handys, um Kontakte mit Familienangehörigen zu unterbinden.
180 OLG München FamRZ 2008, 89.
181 OLG München FGPrax 2008, 110; zur grundsätzlichen Bedeutung dieser Entscheidung s. Rn 139.
182 KG FGPrax 2009, 110; KG FamRZ 2007, 1041; aA OLG Brandenburg BtPrax 2009, 79.
183 Dies betrifft Vollmachten für einzelne Angelegenheiten wie eine Kontovollmacht. Im Fall einer Generalvollmacht bedarf es grundsätzlich bereits nicht der Einleitung eines Betreuungsverfahrens.

chen, die einen konkreten Hilfebedarf begründen.[184] Hinsichtlich der Ermittlung einer **Vollmacht und anderer Hilfen** wird auf Rn 63, 114 verwiesen.

Kommt eine Betreuung für „alle Angelegenheiten" in Betracht, ist zudem im Regelfall ein Verfahrenspfleger zu bestellen (§ 276 Abs. 1 S. 2 Nr. 2 FamFG). 173

Das Gesagte gilt entsprechend für die **Erweiterung** der Aufgabenkreise des Betreuers (§ 1908 d Abs. 3 BGB; § 293 Abs. 1 FamFG).[185] 174

3. Bedeutung für andere Gerichte

Für die anderen Gerichte der freiwilligen Gerichtsbarkeit, die ordentliche Gerichtsbarkeit sowie die Arbeits-, Finanz-, Sozial- und Verwaltungsgerichtsbarkeit ist die Festlegung des Aufgabenkreises für die **Prüfung der Prozessfähigkeit** von Bedeutung. 175

Für die **ordentliche Gerichtsbarkeit** gilt § 53 ZPO (s. dazu § 1902 BGB Rn 99). Erfasst der Aufgabenkreis des Betreuers die Wahrnehmung der Interessen des Betroffenen in dem Rechtsstreit und macht der Betreuer von seiner Legitimation Gebrauch (Vorlage der Bestellungsurkunde, § 290 Nr. 3 FamFG, s. dort Rn 2 ff), so wird der Betroffene unabhängig von seiner Geschäftsfähigkeit wie eine prozessunfähige Partei behandelt. Anders als im materiellen Betreuungsrecht (§ 1902 BGB Rn 16) existiert prozessual eine nebeneinander bestehende Handlungskompetenz von Betreuer und Betreutem nicht. 176

Ist ein Betreuer für die Wahrnehmung der Interessen des Betroffenen im Prozess nicht bestellt oder wird der Betreuer nicht tätig, finden §§ 51, 52 ZPO Anwendung. Danach muss festgestellt werden, ob der Betroffene geschäftsfähig ist. Ist er nicht geschäftsfähig, ist das Gericht zu informieren (§ 22 a FamFG), damit ggf ein Betreuer bestellt wird oder Maßnahmen der Aufsicht (§§ 1908 i Abs. 1 S. 1, 1837 Abs. 2 S. 1 BGB) ergriffen werden. Auf Antrag des Klägers hat der Vorsitzende des Prozessgerichts einem geschäftsunfähigen Beklagten bis zu einer Entscheidung des Gerichts einen besonderen Vertreter zu bestellen, wenn dies wegen Gefahr in Verzug für den Kläger notwendig ist. 177

Wird eine Partei nach Eintritt der Rechtshängigkeit geschäftsunfähig, wird das Verfahren unter den Voraussetzungen der §§ 241, 246 ZPO unterbrochen. Das Gericht ist zu informieren (§ 22 a FamFG). § 57 ZPO Abs. 1 ZPO gilt entsprechend.[186] 178

Für die **Arbeitsgerichtsbarkeit** (§ 46 Abs. 2 S. 1 ArbGG), die **Finanzgerichtsbarkeit** (§ 58 Abs. 2 S. 1 und 2 FGO), die **Verwaltungsgerichtsbarkeit** (§ 62 Abs. 4 VwGO), die **Sozialgerichtsbarkeit** (§§ 71 Abs. 6, 72 Abs. 1 SGG)[187] und die Verfahren der **freiwilligen Gerichtsbarkeit** (§ 9 FamFG) gelten die vorgenannten Grundsätze entsprechend. 179

4. Bedeutung für Behörden

Nach § 11 Abs. 2 SGB X, § 12 Abs. 2 VwVfG, § 79 Abs. 2 AO findet § 53 ZPO entsprechende Anwendung. Erfasst also der Aufgabenkreis des Betreuers 180

---

184 BGH FamRZ 2012, 380; OLG München BtPrax 2006, 348.
185 BayObLGR 2002, 265.
186 BGH NJW 1990, 1735.
187 Nach § 72 Abs. 1 SGG ist die Bestellung eines Prozesspflegers auch für den Kläger möglich.

die Wahrnehmung der Interessen des Betroffenen in dem Verfahren und macht der Betreuer von seiner Legitimation Gebrauch (Vorlage der Bestellungsurkunde, § 290 Nr. 3 FamFG, s. dort Rn 2), so wird der Betroffene unabhängig von seiner Verfahrensfähigkeit wie eine verfahrensunfähige Partei behandelt.

181 Ist ein Betreuer für die Wahrnehmung der Interessen des Betroffenen im Verfahren nicht bestellt, kann die Behörde sich an das Betreuungsgericht wenden und um die Bestellung eines Vertreters ersuchen (§ 15 Abs. 1 Nr. 4 SGB X, § 16 Abs. 1 Nr. 4 VwVfG, § 81 Abs. 1 Nr. 4 AO). Wird der Betreuer nicht tätig, ist das Gericht zu informieren (§ 22a FamFG), damit Maßnahmen der Aufsicht (§§ 1908i Abs. 1 S. 1, 1837 Abs. 2 S. 1 BGB) ergriffen werden können.

5. Bedeutung für die Betreuungsbehörde

182 Für eine inhaltlich qualifizierte Stellungnahme nach § 279 Abs. 2 FamFG (s. dort Rn 10) ist es notwendig, das soziale Umfeld des Betroffenen zu analysieren, um drei Fragen von verfassungsrechtlicher Bedeutung beantworten zu können: Welche Angelegenheiten des Betroffenen sind konkret zu erledigen? Was kann der Betroffene trotz seiner Erkrankung in seinem sozialen Lebensraum selbst gestalten? Welche anderen, sozialen Hilfen, die den Betroffenen auffangen können, sind verfügbar?

6. Bedeutung für den Betreuer

183 Der Betreuer muss, insbesondere bei besonders schwerwiegenden Eingriffen in Grundrechte des Betroffenen, wie der Kontrolle des Fernmeldeverkehrs und der Post (Rn 167), anhand der konkreten Umstände prüfen, ob er von der Bestellung Gebrauch macht.[188] Zeigt sich im Laufe der Betreuung eine erhöhte Kompetenz des Betreuten, kann dessen Eigenständigkeit durch einen größeren Freiraum gefördert werden. Fällt der Betreuungsbedarf ganz oder teilweise weg, ist das Betreuungsgericht zu informieren (§ 1901 Abs. 5 S. 1 und 2 1. Fall BGB). Entsprechendes gilt, wenn sich der Betreuungsbedarf erweitert (§ 1901 Abs. 5 S. 2 2. Fall BGB).

7. Bedeutung für Angehörige und einen Verfahrenspfleger

184 Die Aufgabe der Angehörigen und eines Verfahrenspflegers (§ 276 FamFG) kann darin bestehen, die dem Betroffenen verbliebenen Fähigkeiten dem Betreuungsgericht zu vermitteln. Zusätzlich ist ggf aufzuzeigen, welche anderen Hilfen im familiären und sonstigen sozialen Umfeld zur Verfügung stehen. Zieht das Betreuungsgericht daraus keine Konsequenzen, liegt darin ein Verfahrensfehler (Verstoß gegen § 26 FamFG).

VIII. Kontrollbetreuer (§ 1896 Abs. 3 BGB)

1. Grundlagen

185 Nach § 1896 Abs. 3 BGB kann ein Betreuer bestellt werden, um Rechte des Betroffenen gegen seinen Bevollmächtigten zu verfolgen, insbesondere Kontrollbefugnisse (§ 666 BGB) auszuüben. Eine entsprechende Anordnung erfordert einen Überwachungsbedarf. Das ist bei konkreten Zweifeln an der Redlichkeit

---

188 BayObLG FamRZ 2001, 871.

oder den Fähigkeiten des Bevollmächtigten anzunehmen.[189] Ein bloß abstrakter Interessenkonflikt reicht nicht.[190] Die Zweifel dürfen aber noch nicht so gravierend sein, dass ein Vollbetreuer, und zwar auch für den Widerruf der Vollmacht (dazu Rn 68, 107) zu bestellen ist.[191] Dagegen ist kein Kontrollbetreuer zu bestellen, weil der Vollmachtgeber krankheitsbedingt zur Kontrolle nicht mehr in der Lage ist.[192] Entsprechendes gilt, wenn der Vollmachtgeber den Bevollmächtigten von den Beschränkungen des § 181 BGB befreit und ihm damit das Recht eingeräumt hat, Insichgeschäfte abzuschließen. Macht der Bevollmächtigte von dieser Kompetenz Gebrauch, liegt zwar potenziell ein Interessenkonflikt vor, den aber der Betroffene gesehen und in gesetzlich zulässiger Weise gelöst hat. Der darin zum Ausdruck kommende Wille darf durch die Bestellung eines Betreuers nicht übergangen werden.[193]

Neben diesem unproblematischen Inhalt des § 1896 Abs. 3 BGB ist eine andere Fallgruppe kontrovers zu diskutieren. Ausgehend von der Gesetzesbegründung für das zum 1.1.1992 in Kraft getretene Betreuungsrecht nimmt die Rechtsprechung an, für die Bestellung eines Kontrollbetreuers bestehe ein Anlass, wenn der Umfang oder die Schwierigkeit der zu besorgenden Geschäfte eine Überwachung erfordere. Unerheblich sei, ob der Bevollmächtigte die Fähigkeit besitze, die Schwierigkeiten zu meistern.[194] Das BayObLG sah diese Voraussetzung als erfüllt an, weil Grundstücksgeschäfte und Pachtverträge betroffen seien und deshalb die Vollmacht in Umfang und Schwierigkeit deutlich über dem Niveau von Alltagsgeschäften liege.[195] In einer vergleichbaren Situation verneinte dagegen das OLG Schleswig die Erforderlichkeit zur Bestellung eines Kontrollbetreuers.[196]

186

Zur Lösung des Problems ist auf Sinn und Zweck der Vollmacht abzustellen. Die Vollmacht sichert das **Recht auf Freiheit vor dem Staat auch im Fall der Krankheit**. Jeder Betroffene kann selbst entscheiden, ob er die Fürsorge des Staates in Anspruch nehmen möchte oder die Vertretung in seinen Angelegenheiten selbst organisieren will. Dazu gehört auch, die Kontrolle des Bevollmächtigten zu regeln oder den Bevollmächtigten von einer Kontrolle freizustellen. Letzteres dürfte gerade im Familien- oder Freundeskreis der Regelfall sein. Dieser Wille des Betroffenen darf durch die Bestellung eines Kontrollbetreuers nicht übergangen werden. Es ist nicht verständlich, wenn der Betroffene in Kenntnis einer umfangreichen Vermögensverwaltung eine geeignete Person zum Bevollmächtigten bestellt, diese Person keinen Anlass gibt, an Fähigkeiten

187

---

189 BGH FamRZ 2011, 1047; FamRZ 2012, 871; FamRZ 2012, 1631; BayObLG FamRZ 2003, 1219; BayObLG FamRZ 2001, 1402; BayObLG FamRZ 1999, 1302, 1303; OLG Schleswig FGPrax 2004, 70; OLG Köln OLGReport 2005, 373.
190 OLG Stuttgart BWNotZ 2006, 167.
191 BayObLG FamRZ 2003, 1219; BayObLG FamRZ 2001, 1402.
192 BGH FamRZ 2011, 1047; OLG München BtPrax 2009, 189; BayObLG FamRZ 1999, 1302, 1303; OLG Köln OLGReport 2007, 410; KG FGPrax 2006, 18; OLG Schleswig FGPrax 2006, 73.
193 BGH FamRZ 2012, 871; OLG Schleswig FGPrax 2004, 70.
194 BayObLG FamRZ 1999, 1302, 1303; OLG Schleswig FGPrax 2004, 70.
195 BayObLG FamRZ 1999, 1302, 1303; ebenso BGH FamRZ 2011, 1047; OLG München BtPrax 2007, 36; OLG Stuttgart BWNotZ 2006, 167.
196 OLG Schleswig FGPrax 2004, 70.

oder Redlichkeit zu zweifeln, aber gleichwohl ein Betreuungsverfahren zur Bestellung eines Kontrollbetreuers eingeleitet werden müsste.[197]

2. Bedeutung für das Betreuungsgericht

188 Für die Bestellung eines Kontrollbetreuers ist der Rechtspfleger zuständig (§ 14 Nr. 4 RPflG). Für die Feststellung einer psychischen Erkrankung, geistigen oder seelischen Behinderung reicht ein ärztliches Attest (§ 281 Abs. 1 Nr. 2 FamFG). Im Übrigen sieht das Betreuungsverfahrensrecht keine spezifischen Erleichterungen vor.

189 **Materiellrechtlich** ist konkret zu prüfen, ob der Bevollmächtigte Schwierigkeiten bei der Erledigung der Angelegenheiten des Betroffenen hat oder Grund zu der Annahme besteht, er handelt nicht redlich. Nicht nachvollziehbare Vorwürfe bei der Vollmachtserteilung nicht berücksichtigter Angehöriger reichen nicht aus. Ebenso rechtfertigt der Umstand, dass der Betroffene den Bevollmächtigten nicht überwachen kann, ebenso wenig die Bestellung eines Kontrollbetreuers wie der besondere Umfang oder der Schwierigkeitsgrad der zu erledigenden Aufgaben.

3. Bedeutung für andere Gerichte, Behörden und die Betreuungsbehörde

190 Unter den Voraussetzungen des § 22a FamFG sind Gerichte und Behörden und nach § 7 Abs. 1 BtBG die Betreuungsbehörde verpflichtet, dem Gericht Erkenntnisse über die Zuverlässigkeit des Bevollmächtigten zu übermitteln.

4. Bedeutung für den Bevollmächtigten

191 Gegen die Bestellung eines Kontrollbetreuers kann der Bevollmächtigte für den Betroffenen Beschwerde einlegen. Ein eigenes Beschwerderecht steht ihm aber nicht zu (Rn 92 ff).

5. Bedeutung für Angehörige

192 Stellen Angehörige konkret fest, dass der Bevollmächtigte seine Pflichten vernachlässigt, können sie sich an das Betreuungsgericht wenden und eine Kontrollbetreuung anregen. Allgemein gehaltene oder nur auf Vermutungen beruhende Verdächtigungen stellen aber keinen Grund dar, einen Kontrollbetreuer zu bestellen.

IX. Dauer der Betreuung

193 Die Betreuung ist nach dem Prinzip der **Rehabilitation** nur so lange erforderlich, wie der Betroffene für die konkreten Aufgabenfelder der Hilfe eines Betreuers bedarf (§ 1901 Abs. 5 BGB, s. dort Rn 101; § 1908d Abs. 1 BGB, s. dort Rn 7 ff). Die Betreuung darf deshalb nur für eine Zeitspanne angeordnet werden, in der voraussichtlich eine Betreuungsnotwendigkeit besteht.[198] Die Höchstfrist beträgt sieben Jahre (§§ 294 Abs. 3, 295 Abs. 2 FamFG).

---

[197] Das OLG München BtPrax 2007, 36, sieht jedenfalls eine Klausel in der Vollmachtsurkunde, die einen Kontrollbetreuer ausschließlich für den Fall des Missbrauchs vorsieht, als wirksam an. Die Bindung an diese Erklärung soll aber entfallen, wenn der Betroffene im Rahmen seiner Anhörung davon Abstand nimmt.
[198] BayObLG BtPrax 1995, 68, 69 f.

Anhang 1 zu § 1896 BGB

Ich, ... (Vollmachtgeber/in)
(Name, Vorname, Geburtsdatum)

....
(Adresse, Telefon, Telefax)

erteile hiermit Vollmacht an

.... (bevollmächtigte Person)
(Name, Vorname, Geburtsdatum)

....
(Adresse, Telefon, Telefax)

Diese Vertrauensperson wird hiermit bevollmächtigt, mich in allen Angelegenheiten zu vertreten, die ich im Folgenden angekreuzt oder angegeben habe. Durch diese Vollmachtserteilung soll eine vom Gericht angeordnete Betreuung vermieden werden. Die Vollmacht bleibt daher in Kraft, wenn ich nach ihrer Errichtung geschäftsunfähig geworden sein sollte.

Die Vollmacht ist nur wirksam, solange die bevollmächtigte Person die Vollmachtsurkunde besitzt und bei Vornahme eines Rechtsgeschäfts die Urkunde im Original vorlegen kann.

Gesundheitssorge/Pflegebedürftigkeit

- Sie darf in allen Angelegenheiten der Gesundheitssorge entscheiden, ebenso über alle Einzelheiten einer ambulanten oder (teil-)stationären Pflege. Sie ist befugt, meinen in einer Patientenverfügung festgelegten Willen durchzusetzen.   ja   nein

- Sie darf insbesondere in sämtliche Maßnahmen zur Untersuchung des Gesundheitszustandes und in Heilbehandlungen einwilligen, auch wenn diese mit Lebensgefahr verbunden sein könnten oder ich einen schweren oder länger dauernden gesundheitlichen Schaden erleiden könnte (§ 1904 Abs.1 BGB). Sie darf die Einwilligung zum Unterlassen oder Beenden lebensverlängernder Maßnahmen erteilen.   ja   nein

- Sie darf Krankenunterlagen einsehen und deren Herausgabe an Dritte bewilligen. Ich entbinde alle mich behandelnden Ärzte und nichtärztliches Personal gegenüber meiner bevollmächtigten Vertrauensperson von der Schweigepflicht.   ja   nein

- Sie darf über meine Unterbringung mit freiheitsentziehender Wirkung (§ 1906 Abs.1 BGB) und über freiheitsentziehende Maßnahmen (z.B. Bettgitter, Medikamente u. ä.) in einem Heim oder in einer sonstigen Einrichtung (§ 1906 Abs. 4 BGB) entscheiden, solange dergleichen zu meinem Wohle erforderlich ist.   ja   nein

- ....   ja   nein

....
(Unterschrift der Vollmachtgeberin/des Vollmachtgebers)

Jurgeleit

Anhang 1 zu § 1896 BGB

Aufenthalt und Wohnungsangelegenheiten

- Sie darf meinen Aufenthalt bestimmen, Rechte und Pflichten aus dem Mietvertrag über meine Wohnung einschließlich einer Kündigung wahrnehmen sowie meinen Haushalt auflösen. ja nein

- Sie darf einen neuen Wohnungsmietvertrag abschließen und kündigen. ja nein

- Sie darf einen Heimvertrag abschließen. ja nein

- .... ja nein

....
(Unterschrift der Vollmachtgeberin/des Vollmachtgebers)

Behörden

- Sie darf mich bei Behörden, Versicherungen, Renten- und Sozialleistungsträgern vertreten. ja nein

- .... ja nein

....
(Unterschrift der Vollmachtgeberin/des Vollmachtgebers)

Vermögenssorge

Sie darf mein Vermögen verwalten und hierbei alle Rechtshandlungen und Rechtsgeschäfte im In- und Ausland vornehmen, Erklärungen aller Art abgeben und entgegennehmen, sowie Anträge stellen, abändern, zurücknehmen, ja nein

namentlich

- über Vermögensgegenstände jeder Art verfügen ja nein
- Zahlungen und Wertgegenstände annehmen ja nein
- Verbindlichkeiten eingehen ja nein
- Willenserklärungen bezüglich meiner Konten, Depots und Safes abgeben. Sie darf mich im Geschäftsverkehr mit Kreditinstituten vertreten ja nein
- Schenkungen in dem Rahmen vornehmen, der einem Betreuer rechtlich gestattet ist. ja nein
- Folgende Geschäfte soll sie nicht wahrnehmen können
  .... ja nein

- .... ja nein

....
(Unterschrift der Vollmachtgeberin/des Vollmachtgebers)

Anhang 1 zu § 1896 BGB

Post und Fernmeldeverkehr

Sie darf die für mich bestimmte Post entgegennehmen und öffnen sowie über den Fernmeldeverkehr entscheiden. Sie darf alle hiermit zusammenhängenden Willenserklärungen (z.B. Vertragsabschlüsse, Kündigungen) abgeben. ja nein

Vertretung vor Gericht

Sie darf mich gegenüber Gerichten vertreten sowie Prozesshandlungen aller Art vornehmen. ja nein

Untervollmacht

Sie darf in einzelnen Angelegenheiten Untervollmacht erteilen. ja nein

Betreuungsverfügung

Falls trotz dieser Vollmacht eine gesetzliche Vertretung („rechtliche Betreuung") erforderlich sein sollte, bitte ich, die oben bezeichnete Vertrauensperson als Betreuer zu bestellen. ja nein

Die Vollmacht gilt über den Tod hinaus. ja nein

Weitere Regelungen

....
....
....
....
....

....
(Ort, Datum)   (Unterschrift der Vollmachtgeberin/des Vollmachtgebers)

....
(Ort, Datum)   (Unterschrift der Vollmachtnehmerin/des Vollmachtnehmers)

Beglaubigungsvermerk:

Anhang 2 zu § 1896 BGB

Verordnung über das Zentrale Vorsorgeregister (Vorsorgeregister-Verordnung – VRegV)

Vom 21. Februar 2005 (BGBl. I S. 318)
(FNA 303-1-1)
zuletzt geändert durch Art. 3 G v. 18.2.2013 (BGBI. I S. 266)

§ 1 Inhalt des Zentralen Vorsorgeregisters

(1) Die Bundesnotarkammer stellt die Eintragung folgender personenbezogener Daten im Zentralen Vorsorgeregister sicher:

1. Daten zur Person des Vollmachtgebers:
   a) Familienname,
   b) Geburtsname,
   c) Vornamen,
   d) Geschlecht,
   e) Geburtsdatum,
   f) Geburtsort,
   g) Anschrift (Straße, Hausnummer, Postleitzahl, Ort),
2. Daten zur Person des Bevollmächtigten:
   a) Familienname,
   b) Geburtsname,
   c) Vornamen,
   d) Geburtsdatum,
   e) Anschrift (Straße, Hausnummer, Postleitzahl, Ort),
   f) Rufnummer,
3. Datum der Errichtung der Vollmachtsurkunde,
4. Aufbewahrungsort der Vollmachtsurkunde,
5. Angaben, ob Vollmacht erteilt wurde zur Erledigung von
   a) Vermögensangelegenheiten,
   b) Angelegenheiten der Gesundheitssorge und ob ausdrücklich Maßnahmen nach § 1904 Abs. 1 Satz 1 des Bürgerlichen Gesetzbuches umfasst sind,
   c) Angelegenheiten der Aufenthaltsbestimmung und ob ausdrücklich Maßnahmen nach § 1906 Abs. 1, 3 und 4 des Bürgerlichen Gesetzbuches umfasst sind,
   d) sonstigen persönlichen Angelegenheiten,
6. besondere Anordnungen oder Wünsche
   a) über das Verhältnis mehrerer Bevollmächtigter zueinander,
   b) für den Fall, dass das Vormundschaftsgericht einen Betreuer bestellt,
   c) hinsichtlich Art und Umfang medizinischer Versorgung.

(2) Ist die Vollmacht in öffentlich beglaubigter oder notariell beurkundeter Form errichtet worden, dürfen darüber hinaus die Urkundenrollennummer, das Urkundsdatum sowie die Bezeichnung des Notars und die Anschrift seiner Geschäftsstelle aufgenommen werden.

(3) Die Eintragung erfolgt unter Angabe ihres Datums.

§ 2 Eintragungsantrag

(1) Die Eintragung erfolgt auf schriftlichen Antrag des Vollmachtgebers. Der Antrag hat mindestens die Angaben nach § 1 Abs. 1 Nr. 1 Buchstabe a, c bis g zu enthalten. Sollen auch Angaben über den Bevollmächtigten eingetragen werden, muss der Antrag zudem mindestens die Angaben nach § 1 Abs. 1 Nr. 2 Buchstabe a, c und e enthalten. Die Angaben nach § 1 Abs. 3 werden unabhängig von dem Antrag eingetragen.

(2) Der Antrag kann auch im Wege der Datenfernübertragung gestellt werden, soweit die Bundesnotarkammer diese Möglichkeit eröffnet hat. Die Bundesnotarkammer hat dem jeweiligen Stand der Technik entsprechende Maßnahmen zur Sicherstellung von Datenschutz und Datensicherheit zu treffen, die insbesondere die Vertraulichkeit und Unversehrtheit der Daten gewährleisten; im Falle der Nutzung allgemein zugänglicher Netze sind dem jeweiligen Stand der Technik entsprechende Verschlüsselungsverfahren anzuwenden.

(3) In Zweifelsfällen hat die Bundesnotarkammer sich von der Identität des Antragstellers zu überzeugen. Im Übrigen prüft sie die Richtigkeit der mit dem Antrag übermittelten Angaben nicht.

§ 3 Vorschuss, Antragsrücknahme bei Nichtzahlung

(1) Die Bundesnotarkammer kann die Zahlung eines zur Deckung der Gebühren hinreichenden Vorschusses verlangen. Sie kann die Vornahme der Eintragung von der Zahlung oder Sicherstellung des Vorschusses abhängig machen.

(2) Wird ein verlangter Vorschuss innerhalb angemessener Frist nicht gezahlt, gilt der Antrag als zurückgenommen. Die Frist sowie die Rechtsfolge der Fristversäumnis sind mit dem Verlangen des Vorschusses mitzuteilen. Die Frist darf 30 Tage nicht unterschreiten.

§ 4 Benachrichtigung des Bevollmächtigten

Nach Eingang des Eintragungsantrags hat die Bundesnotarkammer einen Bevollmächtigten, der nicht schriftlich in die Speicherung der Daten zu seiner Person eingewilligt hat, schriftlich über die nach § 1 Abs. 1 Nr. 1 Buchstabe a, c, g und Nr. 2 bis 6 gespeicherten Daten zu unterrichten. Die Bundesnotarkammer hat den Bevollmächtigten über den Zweck des Registers und darüber aufzuklären, dass er jederzeit die Löschung seiner personenbezogenen Daten aus dem Register verlangen kann.

§ 5 Änderung, Ergänzung und Löschung von Eintragungen

(1) Änderungen, Ergänzungen und Löschungen von Eintragungen erfolgen auf schriftlichen Antrag des Vollmachtgebers. § 2 Abs. 2, 3 und § 3 gelten entsprechend.

(2) Bei der Eintragung von Änderungen und Ergänzungen ist sicherzustellen, dass die bisherige Eintragung auf Anforderung erkennbar bleibt.

(3) Daten nach § 1 Abs. 1 Nr. 2 sind auch auf schriftlichen Antrag des Bevollmächtigten zu löschen. § 2 Abs. 2 und 3 gilt entsprechend.

(4) Eintragungen sind 110 Jahre nach der Geburt des Vollmachtgebers zu löschen.

§ 6 Auskunft an die Vormundschaftsgerichte

(1) Die Auskunft aus dem Register erfolgt im Wege eines automatisierten Abrufverfahrens, sofern die Bundesnotarkammer zuvor mit der jeweiligen Landesjustizverwaltung schriftlich Festlegungen nach § 10 Abs. 2 des Bundesdatenschutzgesetzes getroffen hat. § 2 Abs. 2 Satz 2 gilt entsprechend.

(2) Die Auskunft aus dem Register erfolgt auch auf schriftliches oder elektronisches Ersuchen des Vormundschaftsgerichts. Bei besonderer Dringlichkeit, insbesondere wenn die Bestellung eines vorläufigen Betreuers im Rahmen einer einstweiligen Anordnung in Betracht kommt, kann das Ersuchen auch fernmündlich gestellt werden. In jedem Fall hat das Vormundschaftsgericht das Geschäftszeichen seines Betreuungsverfahrens anzugeben.

(3) In den Fällen des Absatzes 2 erteilt die Bundesnotarkammer die Auskunft aus dem Register schriftlich oder elektronisch. Hierbei sind die erforderlichen Maßnahmen zu treffen, um die Authentizität des Ersuchens zu prüfen und die Vertraulichkeit der Auskunft zu gewährleisten.

§ 7 Protokollierung der Auskunftserteilungen

(1) Die Zulässigkeit der Auskunftsersuchen prüft die Bundesnotarkammer nur, wenn sie dazu nach den Umständen des Einzelfalls Anlass hat. Für die Kontrolle der Zulässigkeit der Ersuchen und für die Sicherstellung der ordnungsgemäßen Datenverarbeitung protokolliert die Bundesnotarkammer alle nach § 6 erteilten Auskünfte elektronisch. Zu protokollieren sind die Daten zur Person des Vollmachtgebers, das ersuchende Vormundschaftsgericht, dessen Geschäftszeichen, der Zeitpunkt des Ersuchens sowie die übermittelten Daten. Die Bundesnotarkammer hält das Protokoll für stichprobenweise Datenschutzkontrollen durch das Bundesministerium der Justiz und den Bundesbeauftragten für den Datenschutz bereit.

(2) Die Protokolle dürfen nur für Zwecke der Datenschutzkontrolle, der Datensicherung und der Sicherstellung eines ordnungsgemäßen Registerbetriebs verwendet werden. Ferner kann der Vollmachtgeber auf der Grundlage der Protokolle Auskunft darüber verlangen, welche Auskünfte aus dem Register erteilt worden sind. Satz 2 gilt entsprechend für den Bevollmächtigten, sofern Daten zu seiner Person gespeichert sind. Die Protokolle sind gegen zweckfremde Verwendung zu schützen.

(3) Die Protokolle werden nach Ablauf des auf ihre Erstellung folgenden Kalenderjahres gelöscht. Das Bundesministerium der Justiz löscht Protokolle, die ihm nach Absatz 1 Satz 4 zur Verfügung gestellt worden sind, ein Jahr nach ihrem Eingang, sofern sie nicht für weitere, bereits eingeleitete Prüfungen benötigt werden.

§ 8 Sicherung der Daten

Die im Register gespeicherten Daten sind nach dem Stand der Technik so zu sichern, dass Verluste und Veränderungen von Daten verhindert werden.

§ 9 Aufbewahrung von Dokumenten

Die ein einzelnes Eintragungs- oder Auskunftsverfahren betreffenden Dokumente hat die Bundesnotarkammer fünf Jahre aufzubewahren. Die Aufbewahrungsfrist beginnt mit dem Schluss des Kalenderjahres, in dem die letzte Verfügung zur Sache ergangen ist oder die Angelegenheit ihre Erledigung gefunden hat. Nach Ablauf der Aufbewahrungsfrist sind die Dokumente zu vernichten.

§ 10 Betreuungsverfügungen

Im Zentralen Vorsorgeregister können auch Betreuungsverfügungen unabhängig von der Eintragung einer Vollmacht registriert werden. Die §§ 1 bis 9 gelten entsprechend.

Anhang 3 zu § 1896 BGB

Satzung über die Gebühren in Angelegenheiten des Zentralen Vorsorgeregisters (Vorsorgeregister-Gebührensatzung – VRegGebS)

vom 2. Februar 2005, geänd. durch Satzung vom 2. Dezember 2005

§ 1 Gebührenverzeichnis

Für Eintragungen in das Zentrale Vorsorgeregister sowie die Änderung, Ergänzung oder Löschung von Einträgen werden Gebühren nach dem Gebührenverzeichnis der Anlage zu dieser Satzung erhoben. Auslagen werden daneben nicht erhoben.

§ 2 Gebührenschuldner

(1) Zur Zahlung der Gebühren ist verpflichtet:
1. der Antragsteller;
2. derjenige, der für die Gebührenschuld eines anderen kraft Gesetzes haftet.

(2) Mehrere Gebührenschuldner haften als Gesamtschuldner.

§ 3 Fälligkeit

Die Gebühren werden mit der Beendigung der beantragten Amtshandlung fällig.

§ 4 Registrierte Person oder Einrichtung

(1) Wird der Antrag auf Eintragung oder auf Änderung, Ergänzung oder Löschung eines Eintrags von einer bei der Bundesnotarkammer registrierten Person oder Einrichtung für den Vollmachtgeber übermittelt oder im Namen des Vollmachtgebers gestellt, werden ermäßigte Gebühren erhoben.

Jurgeleit

(2) Registrieren lassen können sich Personen oder Einrichtungen, zu deren beruflicher, satzungsgemäßer oder gesetzlicher Tätigkeit es gehört, entsprechende Anträge für den Vollmachtgeber zu übermitteln oder im Namen des Vollmachtgebers zu stellen. Insbesondere können sich Notare, Rechtsanwälte, Betreuungsvereine und Betreuungsbehörden registrieren lassen.

(3) Die Registrierung erfolgt durch Anmeldung bei der Bundesnotarkammer. Bei der Anmeldung hat die Person oder Einrichtung hinreichend ihre Identität und die Erfüllung der Voraussetzungen des Absatzes 2 nachzuweisen. Darüber hinaus hat die Person oder Einrichtung zu erklären, dass sie die Gebührenzahlung für die Vollmachtgeber, für die sie Anträge übermittelt oder in deren Namen sie Anträge stellt, auf deren Rechnung besorgt.

(4) Die Registrierung erlischt, wenn die Voraussetzungen des Absatzes 2 nicht mehr vorliegen oder wenn die registrierte Person oder Einrichtung die Gebührenzahlung für die Vollmachtgeber nicht mehr besorgt.

(5) Die Bundesnotarkammer kann die Registrierung aufheben, wenn die registrierte Person oder Einrichtung länger als sechs Monate keinen Antrag für einen Vollmachtgeber übermittelt oder im Namen eines Vollmachtgebers gestellt hat.

§ 5 Unrichtige Sachbehandlung

Gebühren, die bei richtiger Behandlung nicht entstanden wären, werden nicht erhoben.

§ 6 Ermäßigung, Absehen von Gebührenerhebung

Die Bundesnotarkammer kann Gebühren ermäßigen oder von der Erhebung von Gebühren absehen, wenn dies durch die besonderen Umstände des Einzelfalls geboten erscheint, insbesondere wenn die volle Gebührenerhebung für den Gebührenschuldner eine unzumutbare Härte darstellen würde oder wenn der mit der Erhebung der Gebühr verbundene Verwaltungsaufwand außer Verhältnis zu der Höhe der zu erhebenden Gebühr stünde.

§ 7 Übergangsregelung

Für die Eintragung von Angaben zu notariell beglaubigten oder beurkundeten Vorsorgevollmachten sowie die Änderung, Ergänzung oder Löschung solcher Eintragungen wird keine Gebühr erhoben, wenn die Eintragung, Änderung, Ergänzung oder Löschung vor dem Inkrafttreten dieser Satzung beantragt wurde.

§ 8 Inkrafttreten

Diese Satzung tritt am 1. März 2005 in Kraft.

§ 1897 BGB Bestellung einer natürlichen Person

(1) Zum Betreuer bestellt das Betreuungsgericht eine natürliche Person, die geeignet ist, in dem gerichtlich bestimmten Aufgabenkreis die Angelegenheiten

des Betreuten rechtlich zu besorgen und ihn in dem hierfür erforderlichen Umfang persönlich zu betreuen.

(2) ¹Der Mitarbeiter eines nach § 1908 f anerkannten Betreuungsvereins, der dort ausschließlich oder teilweise als Betreuer tätig ist (Vereinsbetreuer), darf nur mit Einwilligung des Vereins bestellt werden. ²Entsprechendes gilt für den Mitarbeiter einer in Betreuungsangelegenheiten zuständigen Behörde, der dort ausschließlich oder teilweise als Betreuer tätig ist (Behördenbetreuer).

(3) Wer zu einer Anstalt, einem Heim oder einer sonstigen Einrichtung, in welcher der Volljährige untergebracht ist oder wohnt, in einem Abhängigkeitsverhältnis oder in einer anderen engen Beziehung steht, darf nicht zum Betreuer bestellt werden.

(4) ¹Schlägt der Volljährige eine Person vor, die zum Betreuer bestellt werden kann, so ist diesem Vorschlag zu entsprechen, wenn es dem Wohl des Volljährigen nicht zuwiderläuft. ²Schlägt er vor, eine bestimmte Person nicht zu bestellen, so soll hierauf Rücksicht genommen werden. ³Die Sätze 1 und 2 gelten auch für Vorschläge, die der Volljährige vor dem Betreuungsverfahren gemacht hat, es sei denn, dass er an diesen Vorschlägen erkennbar nicht festhalten will.

(5) Schlägt der Volljährige niemanden vor, der zum Betreuer bestellt werden kann, so ist bei der Auswahl des Betreuers auf die verwandtschaftlichen und sonstigen persönlichen Bindungen des Volljährigen, insbesondere auf die Bindungen zu Eltern, zu Kindern, zum Ehegatten und zum Lebenspartner, sowie auf die Gefahr von Interessenkonflikten Rücksicht zu nehmen.

(6) ¹Wer Betreuungen im Rahmen seiner Berufsausübung führt, soll nur dann zum Betreuer bestellt werden, wenn keine andere geeignete Person zur Verfügung steht, die zur ehrenamtlichen Führung der Betreuung bereit ist. ²Werden dem Betreuer Umstände bekannt, aus denen sich ergibt, dass der Volljährige durch eine oder mehrere andere geeignete Personen außerhalb einer Berufsausübung betreut werden kann, so hat er dies dem Gericht mitzuteilen.

(7) ¹Wird eine Person unter den Voraussetzungen des Absatzes 6 Satz 1 erstmals in dem Bezirk des Betreuungsgerichts zum Betreuer bestellt, soll das Gericht zuvor die zuständige Behörde zur Eignung des ausgewählten Betreuers und zu den nach § 1 Abs. 1 Satz 2 zweite Alternative des Vormünder- und Betreuervergütungsgesetzes zu treffenden Feststellungen anhören. ²Die zuständige Behörde soll die Person auffordern, ein Führungszeugnis und eine Auskunft aus dem Schuldnerverzeichnis vorzulegen.

(8) Wird eine Person unter den Voraussetzungen des Absatzes 6 Satz 1 bestellt, hat sie sich über Zahl und Umfang der von ihr berufsmäßig geführten Betreuungen zu erklären.

I. Einleitung 1	b) Beamte und Religionsdiener 7
II. Die Eignung des Betreuers (Abs. 1, 3, 7 S. 2) 4	c) Ausschluss nach Abs. 3 8
1. Persönliche Eignung 5	aa) Bedeutung 8
a) Geschäftsfähigkeit 5	

Jurgeleit

- bb) Wohnen oder Unterbringung in einer Anstalt, einem Heim oder einer sonstigen Einrichtung 10
- cc) Abhängigkeitsverhältnis oder andere enge Beziehung 13
- d) § 1897 Abs. 7 S. 2 BGB 16
- 2. Fachliche Eignung 19
  - a) Kriterien für die fachliche Befähigung 20
  - b) Ausschlusstatbestände und Interessenkollisionen 25
- III. Vorschläge des Betroffenen (Abs. 4) 28
  - 1. Voraussetzungen 30
  - 2. Vorschläge in einer Betreuungsverfügung 33
  - 3. Bindungswirkung eines Vorschlags 36
    - a) Positiver Vorschlag 37
    - b) Negativer Vorschlag 41
- IV. Rücksichtnahme auf persönliche Bindungen (Abs. 5) 43
- V. Die subsidiäre Bestellung von Berufsbetreuern (Abs. 2, 6, 7, 8) 48
  - 1. Der Vorrang des Ehrenamtes 48
  - 2. Der Begriff des Berufbetreuers 50
  - 3. Besondere Anforderungen für die Bestellung als Berufsbetreuer 52
- VI. Bedeutung des § 1897 BGB für das Betreuungsgericht 55
  - 1. Prüfungsreihenfolge 55
  - 2. Ermittlungen 59
    - a) Vorschlag des Betroffenen 60
    - b) Nahestehende Personen 61
    - c) Ehrenamtliche Betreuer 62
    - d) Berufsbetreuer 63
  - 3. Besonderheiten bei Vereins- und Behördenbetreuern 65
- VII. Bedeutung des § 1897 BGB für die Betreuungsbehörde 66
- VIII. Bedeutung für andere Behörden 68
- IX. Bedeutung des § 1897 BGB für Betreuungsvereine 69
- X. Bedeutung des § 1897 BGB für Verfahrenspfleger 70
- XI. Bedeutung des § 1897 BGB für Angehörige 71

I. Einleitung

1 § 1897 BGB regelt die Anforderungen, die erfüllt sein müssen, um als Betreuer die Angelegenheiten des Betroffenen rechtlich zu besorgen und ihn in diesem Umfang persönlich zu betreuen. Für die Auswahlentscheidung stellt das Gesetz verschiedene **Grundsätze** auf:

- Zum Betreuer soll eine natürliche Person bestellt werden (§ 1897 Abs. 1 BGB).[1]

- Das Betreuungsgericht soll nur eine Person als Betreuer bestellen (§ 1897 Abs. 1 BGB).[2]

- Der Wille des Betroffenen hat Vorrang (§ 1897 Abs. 4 BGB).

- Auf verwandtschaftliche und persönliche Beziehungen ist Rücksicht zu nehmen (§ 1897 Abs. 5 BGB).

- Das Ehrenamt hat Vorrang. Ein Berufsbetreuer soll nur bestellt werden, wenn keine andere geeignete, ehrenamtlich tätige Person zur Verfügung steht (§ 1897 Abs. 6 BGB).

- Das objektive Wohl des Betroffenen (§ 1901 Abs. 2 S. 1 BGB) ist stets zu beachten. Unter diesem Gesichtspunkt hat bei Erfüllung bestimmter Vor-

---
[1] Zur den Voraussetzungen, unter denen ein Betreuungsverein oder die Betreuungsbehörde bestellt werden kann, s. § 1900 BGB.
[2] Zu Ausnahmefällen s. § 1899 BGB.

aussetzungen selbst der Wille des Betroffenen zurückzutreten (§ 1897 Abs. 4 S. 1 BGB).

Keines dieser Kriterien ist absolut und steht für sich allein. Notwendig ist deshalb eine **Abwägung** aller maßgeblichen Gesichtspunkte. Das Betreuungsgericht hat diese zu ermitteln und zu gewichten, wobei dem Willen und dem Wohl des Betroffenen eine hohe Bedeutung zukommt.[3]

Mit dem zweiten Betreuungsrechtsänderungsgesetz sind in § 1897 Abs. 7 S. 2 und Abs. 8 BGB weitere Möglichkeiten zur Prüfung der Eignung von Berufsbetreuern geschaffen worden.

II. Die Eignung des Betreuers (Abs. 1, 3, 7 S. 2)

Nach § 1897 Abs. 1 BGB ist zum Betreuer geeignet, wer in dem gerichtlich bestimmten Aufgabenkreis die rechtlichen Angelegenheiten des Betreuten zu besorgen und ihn hierbei persönlich zu betreuen vermag. Diese Feststellung erfordert eine hinreichende persönliche und fachliche Eignung des Betreuers.

1. Persönliche Eignung

a) Geschäftsfähigkeit

Zum Betreuer kann nicht bestellt werden, wer **geschäftsunfähig** ist (§ 104 BGB), da ein Geschäftsunfähiger den Betroffenen nicht wirksam vertreten kann (s. § 165 BGB). Dies entspricht § 1780 BGB, auf den § 1908i Abs. 1 S. 1 BGB aber nicht verweist.

Für **beschränkt geschäftsfähige** Minderjährige, Personen, für deren Angelegenheiten ebenfalls ein **Betreuer bestellt** ist, und Personen, die selbst psychisch erkrankt sind, fehlt es an einer gesetzlichen Regelung. § 165 BGB ermöglicht eine Stellvertretung. § 1781 BGB, der in diesen Fällen die Bestellung als Vormund für einen Minderjährigen ausschließt, ist in der Verweisungsnorm des § 1908i Abs. 1 S. 1 BGB nicht genannt und findet deshalb keine Anwendung. Der Rechtsgedanke des § 1781 BGB wird aber allgemein herangezogen und deshalb die Bestellung als Betreuer in diesen Fällen abgelehnt.[4] Dem ist für den Regelfall zuzustimmen. Wer seine Angelegenheiten nicht vollständig selbst erledigen kann, sollte nicht als gesetzlicher Vertreter für andere tätig werden.[5] Gleichwohl sind Konstellationen denkbar, in denen es Sinn machen kann, einen beschränkt Geschäftsfähigen oder eine selbst hilfebedürftige Person zum Betreuer zu bestellen. So vermag im Einzelfall ein Siebzehnjähriger, ohne überfordert zu sein, die erforderlichen Angelegenheiten seiner psychisch kranken Mutter ordentlich zu erledigen, gerade weil ein Vertrauensverhältnis besteht, das eine andere Person nicht oder jedenfalls nicht in angemessener Zeit aufbauen kann. Ebenso ist eine Beziehung zwischen zwei Hilfebedürftigen denkbar, die in unterschiedlichen Aufgabenkreisen Probleme haben und sich mit ihren verbliebenen Fähigkeiten ergänzen. Für solche Fälle ist es gerechtfertigt, dass § 1781 BGB keine Anwendung findet und ein Ermessensspielraum besteht, um außergewöhnliche, aber sinnvolle Lösungen zuzulassen.

---

[3] BayObLG FamRZ 2004, 1600; BayObLG FamRZ 2002, 768, 769.
[4] Dodegge/Roth, B Rn 44; Jürgens/Jürgens, § 1897 BGB Rn 7; Bienwald, § 1897 BGB Rn 64.
[5] BayObLGR 2005, 382.

b) Beamte und Religionsdiener

7 Beamte und Religionsdiener sollen nach §§ 1908i Abs. 1 S. 1, 1784 Abs. 1 BGB nur zum Betreuer bestellt werden, wenn die dafür erforderliche Erlaubnis vorliegt. Wegen der Einzelheiten wird auf die Kommentierung zu § 1784 BGB verwiesen.

c) Ausschluss nach Abs. 3
aa) Bedeutung

8 Nach § 1897 Abs. 3 BGB darf nicht zum Betreuer bestellt werden, wer zu einer Anstalt, einem Heim oder einer sonstigen Einrichtung, in der der Betroffene untergebracht ist oder wohnt, in einem Abhängigkeitsverhältnis oder einer anderen engen Beziehung steht. Hierdurch sollen **Interessenkonflikte** und Belastungen des Vertrauensverhältnisses von Betreutem und Betreuer verhindert werden, die insbesondere in den Aufgabenfeldern Aufenthaltsbestimmung, Ausübung von Rechten gegenüber der Einrichtung und Vermögenssorge auftreten können. Die Anwendung des § 1897 Abs. 3 BGB ist aber nicht davon abhängig, ob ein Interessengegensatz konkret besteht oder absehbar ist. Das Gesetz definiert eine **abstrakte Gefahr** als Grundlage für den Ausschluss als Betreuer.[6]

9 Diese Regelung lässt den Gerichten keinen Ermessensspielraum, sondern enthält einen **absoluten Ausschließungsgrund**.[7] Unabhängig vom Willen und Wohl des Betroffenen dürfen die in § 1897 Abs. 3 BGB genannten Personen nicht zum Betreuer bestellt werden. Dieser Grundsatz ist aber unter Berücksichtigung von Art. 6 Abs. 1 GG einschränkend auszulegen, wenn der Betroffene mit der von der Betreuung ausgeschlossenen Person in **gerader Linie verwandt** (§ 1589 S. 1 BGB) ist.[8] Der Schutzbereich des Art. 6 Abs. 1 GG umfasst auch das Verhältnis von Eltern und volljährigen Kindern.[9] Darin darf nur eingegriffen werden, wenn dies zur Vermeidung von konkretisierten Interessenkollisionen notwendig ist.[10]

bb) Wohnen oder Unterbringung in einer Anstalt, einem Heim oder einer sonstigen Einrichtung

10 § 1897 Abs. 3 BGB setzt voraus, dass der Betroffene in einer Anstalt, einem Heim oder einer sonstigen Einrichtung wohnt oder untergebracht ist. Der Oberbegriff der **Einrichtung** umfasst einen vom einzelnen Betreuten unabhängigen Bestand an Personal, Räumen und anderen Sachmitteln.[11] Einrichtungen sind daher beispielsweise Landeskrankenhäuser, Kliniken, Seniorenanlagen, Altenheime, Pflegeheime, heilpädagogischen Zentren. Für den Gesamtcharakter als Einrichtung ist deren organisatorische Ausgestaltung ohne Bedeutung. So sind Außenwohngruppen oder betreute Wohnformen ebenfalls erfasst, wenn sie weiterhin in den Verantwortungsbereich der Einrichtung fallen, insbesondere Mitarbeiter sich um den Betroffenen kümmern.[12] Die bloße **Wohnung** des

---

6 BayObLG FamRZ 2002, 702; OLG Düsseldorf FamRZ 1994, 1416.
7 BayObLG FamRZ 2002, 702; BayObLG FamRZ 1999, 50.
8 BVerfG BtPrax 2006, 228 unter Aufhebung von BayObLG FamRZ 2002, 702.
9 BVerfG BtPrax 2006, 228; BVerfGE 57, 170, 178.
10 BVerfG BtPrax 2006, 228; BVerfGE 33, 236, 238 f.
11 Jürgens/Jürgens, § 1897 BGB Rn 8.
12 BayObLG FamRZ 2002, 702.

Betroffenen ist dagegen keine Einrichtung. Der Vermieter ist daher von der Bestellung als Betreuer nicht nach § 1897 Abs. 3 BGB ausgeschlossen (zum Ausschluss wegen möglicher Interessenkonflikte s. Rn 26 f).

Eine **Unterbringung** (s. § 1906 BGB) liegt vor, wenn der Betroffene gegen oder ohne seinen Willen in einem abgegrenzten Bereich einer geschlossenen Einrichtung festgehalten, sein Aufenthalt ständig überwacht und er gehindert wird, mit Außenstehenden Kontakt aufzunehmen.[13]   11

Wohnen ist gegeben, wenn der Betroffene innerhalb der Einrichtung Räumlichkeiten nutzt, die seinen Lebensmittelpunkt bilden.   12

cc) Abhängigkeitsverhältnis oder andere enge Beziehung

Ein **Abhängigkeitsverhältnis** liegt vor, wenn ein Arbeits-, Dienst- oder sonstiges Vertragsverhältnis zu der Einrichtung selbst besteht. Eine Beziehung nur zum Träger der Einrichtung reicht nicht.[14] Von der Bestellung als Betreuer sind daher alle Personen ausgeschlossen, die als Geschäftsführer, Einrichtungsleiter, Ärzte, Sozialarbeiter, Pflegekräfte, Hausmeister, Reinigungskräfte und andere Beschäftigte für die Einrichtung tätig sind. Unter Berücksichtigung des Zwecks des § 1897 Abs. 3 BGB, Interessenkollisionen auszuschließen, sind zusätzlich Konstellationen zu berücksichtigen, bei denen der vorgeschlagene Betreuer zwar nicht in einem Vertragsverhältnis zur Einrichtung steht, aber mittelbar gleichwohl einer Aufsicht unterliegt, die eine Abhängigkeit begründet. Das ist der Fall, wenn der vorgeschlagene Betreuer in einer Einrichtung tätig ist, die unter der gleichen Leitung steht wie die Einrichtung, in der der Betroffene wohnt.[15] Entsprechendes gilt, wenn der Vorgeschlagene Mitarbeiter eines Betreuungsvereins ist und dieser Betreuungsverein als Alleingesellschafter einer GmbH das Heim betreibt.[16]   13

Endet das Vertragsverhältnis mit der Einrichtung durch Eintritt in den Ruhestand, Kündigung oder Auflösungsvereinbarung, fällt die Sperre des § 1897 Abs. 3 BGB weg. Allein die abstrakte Befürchtung, ein ehemaliger Mitarbeiter werde sich gegenüber der Einrichtung zulasten des Betroffenen loyal verhalten, rechtfertigt nicht die Anwendung des § 1897 Abs. 3 BGB. Es ist vielmehr wie bei jedem anderen Betreuer zu prüfen, ob konkrete Interessenkonflikte bestehen, die Zweifel an der Eignung für die zu erledigenden Aufgabenkreise begründen (dazu Rn 26 f).[17]   14

Eine **andere enge Beziehung** ist gegeben, wenn zwar kein Abhängigkeitsverhältnis vorliegt, aber gleichwohl ein besonderes Interesse an der Existenz und dem wirtschaftlichen Gelingen der Einrichtung besteht. Ein solches Interesse haben der Inhaber der Einrichtung, die Gesellschafter der GmbH oder KG, die die Einrichtung betreibt, oder die Mitglieder eines Beirats der Einrichtung.[18] Des Weiteren können enge Verwandte, Ehegatten und eingetragene Lebenspartner von Mitarbeitern der Einrichtung ausgeschlossen sein.[19] Allein eine fa-   15

---

13 BGH FamRZ 2001, 149.
14 BayObLG FamRZ 2002, 702; BayObLGZ 1996, 250, 252.
15 BayObLG BtPrax 1997, 36; OLG Schleswig FamRZ 2002, 984.
16 BayObLG BtPrax 1998, 74.
17 OLG Schleswig FamRZ 2002, 984.
18 BayObLG FamRZ 2002, 702.
19 OLG Düsseldorf FamRZ 1994, 1416; BayObLG FamRZ 1999, 50.

miliäre Bindung zu einer in einem Abhängigkeitsverhältnis zur Einrichtung stehenden Person reicht dafür aber nicht. Erforderlich ist vielmehr, dass befürchtet werden muss, der Betreuer werde sich in Konfliktsituationen nicht ausschließlich am Willen und Wohl des Betreuten orientieren, sondern auch auf seine verwandtschaftlichen Beziehungen Rücksicht nehmen.[20] Deshalb sind erst Recht Freunde oder Bekannte von Mitarbeitern der Einrichtung nicht generell ungeeignet, zum Betreuer bestellt zu werden. Erforderlich ist eine Prüfung der Umstände des Einzelfalls.[21] Das gilt schließlich ebenfalls für den niedergelassenen Arzt, der die Bewohner der Einrichtung betreut, oder einen kommunalen Mitarbeiter, dessen Arbeitgeber die Einrichtung betreibt.

d) § 1897 Abs. 7 S. 2 BGB

16 Nach § 1897 Abs. 7 S. 2 BGB soll die Betreuungsbehörde von einem **Berufsbetreuer** (Rn 50), der erstmals in ihrem Bezirk tätig werden will, die Vorlage eines Führungszeugnisses und einer Auskunft aus dem Schuldnerverzeichnis (§ 915 Abs. 1 ZPO) verlangen. Damit wird verdeutlicht, dass eine persönliche Eignung zur Bestellung als Berufsbetreuer bei strafrechtlichen Verurteilungen nach § 32 BZRG, der Abgabe einer eidesstattlichen Versicherung (§ 807 ZPO) oder dem Erlass eines Haftbefehls, um die Abgabe der eidesstattlichen Versicherung zu erzwingen (§ 901 ZPO), fehlt.

17 Die darin zum Ausdruck kommende persönliche Unzuverlässigkeit bezieht sich auf **alle Aufgabenkreise** und nicht nur beispielsweise auf die Vermögenssorge. Denn die in einem Lebensbereich sichtbare Unzuverlässigkeit begründet ebenfalls Zweifel für alle anderen Angelegenheiten.

18 Kommt der Berufsbetreuer der Aufforderung nicht nach, kann die Betreuungsbehörde ein Führungszeugnis selbst anfordern (§ 31 S. 1 BZRG). Zudem besteht das Recht, Informationen aus dem Schuldnerverzeichnis zu erhalten (§ 915 Abs. 3 S. 1 2. Fall ZPO). Von diesen Möglichkeiten muss die Betreuungsbehörde aber keinen Gebrauch machen. Allein die Weigerung des Berufsbetreuers, Führungszeugnis und Auskunft aus dem Schuldnerverzeichnis vorzulegen, begründet Zweifel an seiner persönlichen Eignung.

2. Fachliche Eignung

19 Die fachliche Eignung ist gegeben, wenn die Fähigkeit besteht, die Angelegenheiten des Betroffenen rechtlich zu besorgen (§ 1901 Abs. 1 BGB, s. dort Rn 14 ff), und keine gesetzlichen Ausschlusstatbestände oder Interessenkollisionen vorliegen. Unerheblich ist dagegen, ob der Betreuer bereit und in der Lage ist, die tatsächliche Versorgung oder Pflege des Betroffenen zu übernehmen. Dies hat mit rechtlicher Betreuung im Sinne einer gesetzlichen Vertretung nichts zu tun. In diesem Rahmen ist es vielmehr Aufgabe des Betreuers, die erforderliche Versorgung im Alltag zu organisieren. Gerade bei einer Betreuung durch Familienangehörige können diese Ebenen in einer Person vereint sein. Rechtlich ist aber zwischen rechtlicher Betreuung und sozialer Versorgung zu unterscheiden.

---

20 BayObLG FamRZ 1999, 50.
21 AA Dodegge/Roth, B Rn 45.

a) Kriterien für die fachliche Befähigung

Nach den Vorstellungen des Gesetzgebers ist die Tätigkeit eines Betreuers ein Ehrenamt, das unentgeltlich geführt wird (§§ 1908 i Abs. 1 S. 1, 1836 Abs. 1 S. 1 BGB). Ein Berufsbetreuer soll nur bestellt werden, wenn keine andere geeignete Person zur Verfügung steht, die zur ehrenamtlichen Führung der Betreuung bereit ist (§ 1897 Abs. 6 S. 1 BGB, Rn 48). Dieser **Grundsatz des Ehrenamtes** beruht auf dem Zweck der Betreuung. Ziel ist es, die krankheitsbedingten Defizite in der Lebensführung auszugleichen. Durch die Bestellung eines Betreuers soll der Betroffene so gestellt werden, als wenn er seine Angelegenheiten selbst organisieren könnte. Eine Betreuung ist deshalb ausgeschlossen, wenn auch ein gesunder Mensch sich der Hilfe eines Anlageberaters, Steuerberaters oder Rechtsanwalts bedienen würde, um ein Problem zu lösen.[22]

20

Diese Vorstellung des Gesetzgebers entspricht der Rechtswirklichkeit. Ca. **70% aller Betreuungen werden ehrenamtlich**, vor allem von Angehörigen, geführt. Es bedarf deshalb grundsätzlich keiner fachlichen Mindeststandards oder gar einer akademischen Vorbildung als Arzt, Rechtsanwalt oder Sozialarbeiter, um als Betreuer fachlich geeignet zu sein. Treten Probleme auf, die eine spezielle Ausbildung erfordern, braucht der Betreuer über entsprechende Kenntnisse nicht zu verfügen. Notwendig ist die Bereitschaft, im Bedarfsfall Fachleute einzuschalten und sich deren Fähigkeiten zu sichern.[23]

21

Auf der Grundlage des Prinzips des Ehrenamtes ist die fachliche Befähigung zu bejahen, wenn der Betreuer bereit und in der Lage ist, den **Pflichtenkatalog** des Betreuungsrechts zu erfüllen. Dazu gehören insbesondere:

22

- Der Betreuer muss die Angelegenheiten zum **Wohl des Betroffenen** besorgen können und wollen (§ 1901 Abs. 2 S. 1 BGB, s. dort Rn 31 ff).[24] Kann der Aufgabenkreis mangels Einsatzes oder mangels Einsichtsfähigkeit in die eigenen Möglichkeiten nicht bewältigt werden, ist Eignung zu verneinen.[25] Dagegen stehen unzureichende Kenntnisse der deutschen Sprache der Eignung eines ehrenamtlichen Betreuers aus dem familiären Bereich nicht entgegen, wenn der Betreuer bereit und in der Lage ist, dieses Defizit im Rechtsverkehr (nicht im Verhältnis zum Betreuten!) zu kompensieren.[26]

- Der Betreuer hat auf **Wünsche und Vorstellungen** des Betroffenen einzugehen, soweit dies dem Wohl des Betroffenen nicht zuwiderläuft und für den Betreuer zumutbar ist (§ 1901 Abs. 2 S. 2, Abs. 3 S. 1 BGB, s. dort Rn 36 ff). Der Betreuer muss daher über die notwendige Kommunikationsfähigkeit verfügen, um Wünsche und Vorstellungen des Betroffenen festzustellen; er muss die Bereitschaft haben, Wünsche umzusetzen,[27] und die notwendige Distanz besitzen, um zu erkennen, wann die Verwirklichung von Wünschen dem Wohl des Betroffenen widerspricht.[28] Auf dieser

---

[22] BayObLG Rpfleger 2001, 234; vgl § 1896 BGB Rn 138.
[23] OLG Schleswig OLGReport 2004, 429.
[24] BayObLG BtPrax 2003, 270.
[25] BayObLG FamRZ 2004, 977 – kein Einsatz um der Verwahrlosung des Betroffenen entgegenzuwirken; BayObLG FamRZ 2002, 768 – fehlende Einsichtsfähigkeit hinsichtlich der Organisation einer häuslichen Pflege.
[26] KG FamRZ 2009, 1438.
[27] BayObLG FamRZ 2003, 1775; BayObLG BtPrax 2003, 270.
[28] BayObLG FamRZ 2004, 1750, 1751.

Grundlage ist ein Betreuer nicht deshalb ungeeignet, weil er vor dem Hintergrund des Willens des Betroffenen lebensverlängernde Maßnahmen ablehnt.[29]

- Der Betreuer muss im Rahmen seines Aufgabenkreises bereit sein, Maßnahmen zur Rehabilitation zu ergreifen (§ 1901 Abs. 4 BGB, s. dort Rn 67 ff) und ggf die Aufhebung der Betreuung zu beantragen (§ 1901 Abs. 5 BGB, s. dort Rn 101).
- Der Betreuer muss bereit und in der Lage sein, ein Vermögensverzeichnis zu erstellen (§§ 1908 i Abs. 1 S. 1, 1802 BGB) sowie Auskunfts- und Berichtspflichten zu erfüllen (§§ 1908 i Abs. 1 S. 1, 1839–1841 BGB).[30] Eine besondere Qualifikation ist dafür nicht erforderlich. Der Betreuer wird vielmehr vom Betreuungsgericht (§§ 1908 i Abs. 1 S. 1, 1837 Abs. 1 S. 2 BGB), den Betreuungsvereinen (§ 1908 f Abs. 1 Nr. 2 BGB) und der Betreuungsbehörde (§ 4 BtBG) unterstützt. An der Eignung zur Kooperation mit dem Betreuungsgericht fehlt es nicht allein deshalb, weil der (ehrenamtliche) Betreuer wegen Aussagendelikten rechtskräftig verurteilt ist. Es muss vielmehr ein Bezug zur Betreuung feststellbar sein.[31]

23 An der Fähigkeit zur Aufgabenerledigung, insbesondere zur persönlichen Betreuung (§ 1901 Abs. 2 und 3 BGB, s. dort Rn 21 ff) fehlt es nicht allein deshalb, weil der Betreuer **nicht ortsnah** wohnt. Denn die für den Aufgabenkreis notwendige Kommunikation muss nicht notwendigerweise im Rahmen von Besuchen stattfinden. Der Betreuer kann den erforderlichen Kontakt zum Betroffenen, zu Ärzten, zu einer Einrichtung, zu Behörden und zu anderen Institutionen auch im Wesentlichen durch Telefonate und Briefe wahren.[32]

24 Für die Prüfung der fachlichen Befähigung ist eine Bewertung der konkreten Umstände notwendig. Allein **Befürchtungen**, der Betreuer werde entgegen seiner Absicht die Betreuung nicht ordnungsgemäß führen, reichen nicht, um die Eignung zu verneinen. Es obliegt vielmehr der **betreuungsgerichtlichen Aufsicht**, die ordnungsgemäße Ausübung des Amtes zu überwachen und bei Pflichtwidrigkeiten einzuschreiten (§§ 1908 i Abs. 1 S. 1, 1837 Abs. 2 S. 1 BGB).[33]

b) Ausschlusstatbestände und Interessenkollisionen

25 **Kraft Gesetzes** ist der Betreuer von der Vertretung des Betroffenen ausgeschlossen, wenn Rechtsgeschäfte abzuwickeln sind, an denen der Betreuer selbst, sein Ehegatte, sein eingetragener Lebenspartner oder Verwandte in gerader Linie (§ 1589 S. 1 BGB) beteiligt sind (§§ 1908 i Abs. 1 S. 1, 1795 BGB, s. § 1795 Rn 8 ff). Ist die Erforderlichkeit solcher Rechtsgeschäfte konkret absehbar, kommt eine Bestellung als Betreuer für diesen Aufgabenkreis im Rahmen der Vermögenssorge nicht in Betracht.[34]

---

29 OLG München FGPrax 2007, 84; OLG Frankfurt/M. BtPrax 2007, 91; s. § 1901a Abs. 1, 2 BGB.
30 BayObLG FamRZ 2004, 977.
31 KG FamRZ 2006, 889.
32 OLG Köln FamRZ 1996, 506.
33 BayObLG FamRZ 2003, 1775.
34 BayObLG BtPrax 2005, 110; der Sache nach auch OLG Brandenburg v. 22.2.2007, 11 Wx 3/07.

Darüber hinaus räumen §§ 1908 i Abs. 1 S. 1, 1796 BGB (s. dort Rn 5 ff) dem Betreuungsgericht das Recht ein – im Fall eines **erheblichen Interessengegensatzes** zwischen dem Betroffenen einerseits und dem Betreuer oder dessen nahem Angehörigen gemäß § 1795 Abs. 1 Nr. 1 BGB andererseits –, dem Betreuer die Vertretungsmacht zu entziehen. Ist ein solcher erheblicher Interessengegensatz absehbar, kommt eine Bestellung als Betreuer in diesem Aufgabenkreis nicht in Betracht (§ 1897 Abs. 5 letzter Teilsatz BGB). Erforderlich ist aber das Vorliegen konkreter Umstände. Bloße Befürchtungen oder bloße Vermutungen reichen nicht.[35] Es muss ein so schwerwiegender Interessenkonflikt festgestellt werden, so dass das Wohl des Betroffenen erheblich gefährdet ist.[36]

26

Einen erheblicher Interessengegensatz hat die Rechtsprechung **bejaht** bei Nichterfüllung der sich aus einem Übergabevertrag ergebenden Ansprüche des Betroffenen gegen den Betreuer,[37] bei der Verwaltung eines Hauses des Betroffenen, der Wohnungen an die Eltern der Betreuerin vermietet hat,[38] bei Unterhaltsansprüchen des Betroffenen gegen den Betreuer,[39] bei der Notwendigkeit der Kontrolle der Pflegeleistungen, wenn der Betreuer ein Arbeitskollege des Pflegenden ist.[40] **Verneint** wurde ein erheblicher Interessengegensatz bei der Bestellung eines niedergelassenen Nervenarztes als Betreuer für den Aufgabenkreis der Notfallbehandlung des Betroffenen in einer Klinik,[41] bei der Führung eines Verfahrens des Betroffenen gegen seine Tochter und der Schwester des Betreuers, wenn auch ein familienfremder Betreuer verpflichtet wäre, das Verfahren zu führen.[42] Der bloße Umstand, dass die Betreuerin die Betroffene in ihren Haushalt aufnimmt und deshalb gemeinsame Kosten anfallen, die aufzuteilen sind, begründet keinen konkreten Interessenkonflikt und stellt noch nicht einmal eine abstrakte Gefahr dar.[43]

27

III. Vorschläge des Betroffenen (Abs. 4)

Schlägt der Betroffene eine natürliche Person[44] zum Betreuer vor, ist dem Vorschlag zu entsprechen, wenn dieser dem Wohl des Betroffenen nicht zuwiderläuft (§ 1897 Abs. 4 S. 1 BGB). Lehnt der Betroffene eine bestimmte Person als Betreuer ab, soll das Betreuungsgericht hierauf Rücksicht nehmen (§ 1897 Abs. 4 S. 2 BGB). Positive wie negative Vorschläge kann der Betroffene bereits vor Einleitung des Betreuungsverfahrens als sogenannte Betreuungsverfügung treffen (§ 1897 Abs. 4 S. 3 BGB). Diese Regelungen sind Ausdruck des Grundsatzes der Selbstbestimmung des Betroffenen (dazu Einl. Rn 8), der trotz seiner

28

---

35 OLG München BtPrax 2008, 69; BayObLG FamRZ 2001, 935; OLG Köln OLGReport 2003, 150 (LS); OLG Düsseldorf BtPrax 1995, 110.
36 BayObLG FamRZ 2001, 935; OLG Köln FGPrax 2009, 70; OLG Zweibrücken BtPrax 1997, 164.
37 BayObLG FamRZ 2002, 1589.
38 BayObLG BtPrax 2000, 260.
39 OLG Hamm FamRZ 1993, 988.
40 BayObLG FamRZ 2001, 1555, 1557.
41 BayObLG FamRZ 2003, 1043.
42 OLG Köln OLGReport 2003, 150 (LS).
43 OLG München BtPrax 2008, 69.
44 BayObLG FamRZ 1999, 52; KG FGPrax 2006, 258; der Vorschlag, einen Betreuungsverein oder die Betreuungsbehörde oder eine andere juristische Person zu bestellen, bindet das Vormundschaftsgericht nicht. Der Betroffene kann mit seinem Vorschlag das gesetzliche Rangverhältnis der Betreuertypen nicht überwinden.

Jurgeleit

krankheitsbedingten Defizite sein Leben möglichst selbstständig gestalten soll. Zusätzlich soll die vertrauensvolle Zusammenarbeit zwischen Betroffenem und Betreuer gefördert werden.[45]

29 Die Regelungen des § 1897 Abs. 4 BGB vollziehen aber deutlich nach, welche Schwierigkeiten in der Praxis bestehen, einerseits das Selbstbestimmungsrecht des Betroffenen zu wahren und ihn andererseits vor sich selbst zu schützen. Es geht deshalb um zwei Fragen: Was sind die Anforderungen für einen grundsätzlich bindenden Vorschlag des Betroffenen? Unter welchen Voraussetzungen kann von dem Vorschlag abgewichen werden?

1. Voraussetzungen

30 Ein grundsätzlich bindender Vorschlag setzt nicht voraus, dass der Betroffene geschäftsfähig ist.[46] Wesentlich ist vielmehr ein natürlicher Wille,[47] der ernsthaft, dauerhaft und unbeeinflusst von Dritten eigenständig gebildet wird.[48] Dieser Wille muss sich auf die Auswahl der in Betracht kommenden Personen beziehen. Der Hinweis des Betroffenen beispielsweise, er benötige nur jemanden, der ihn ein bis zwei Stunden am Tag an die Hand nehme, hat keinen Bezug zur Auswahl des Betreuers, sondern wendet sich gegen die Anordnung der Betreuung als solche.[49]

31 Ein **ernsthafter und dauerhafter natürlicher Wille** ist nicht feststellbar, wenn der Betroffene in kurzen Zeitabständen seine Vorschläge ändert,[50] sich widersprechende Antworten auf Fragen zu seinem bevorzugtem Aufenthaltsort und der Person des Betreuers gibt[51] oder den Sinn der Erläuterungen und Fragen des Richters nicht versteht.[52]

32 Problematisch ist oft die Beurteilung, ob der Vorschlag des Betroffenen nicht seinem eigenen Willen entspricht, sondern im Wesentlichen auf den **Einfluss Dritter** zurückzuführen ist. Denn auch der natürliche Wille eines willensschwachen Menschen ist grundsätzlich vorrangig zu beachten.[53] Zudem darf sich der Betroffene wie jeder Mensch beraten lassen und die Meinung Anderer einholen. Dies rechtfertigt nicht die Annahme, der Vorschlag des Betroffenen beruhe im Wesentlichen auf dem Einfluss Dritter. Notwendig ist vielmehr die konkrete Feststellung, der Betroffene könne unter Berücksichtigung aller Umstände seinen Willen unbeeinflusst nicht bilden.[54]

---

45 BayObLG BtPrax 2005, 35, 36; BayObLG BtPrax 2004, 111; BayObLG BtPrax 2003, 270.
46 BGH NJW 2011, 925; BayObLG BtPrax 2005, 110; BayObLG FamRZ 2004, 976; OLG Zweibrücken FamRZ 2005, 832; OLG Hamm FamRZ 2001, 254; OLG Köln OLGReport 2003, 150 (LS); OLG Düsseldorf FGPrax 1996, 184.
47 OLG München OLGReport 2007, 894; BayObLG FamRZ 2004, 976; OLG Köln OLGReport 2002, 174; OLG Zweibrücken BtPrax 2005, 74.
48 OLG München OLGReport 2007, 894; BayObLG BtPrax 2005, 35, 36; BayObLG BtPrax 2004, 111; BayObLG BtPrax 2003, 270; aA BGH NJW 2011, 925; FamRZ 2011, 880; FamRZ 2011, 1577.
49 BGH BtPrax 2010, 279.
50 BayObLG BtPrax 2005, 35; BayObLG BtPrax 2004, 111, 112.
51 OLG Köln JMBl. 2005, 70.
52 BayObLG OLGReport München 2004, 251.
53 BayObLG BtPrax 2005, 110; BayObLG FamRZ 2004, 976; BayObLG BtPrax 2002, 165.
54 BayObLG BtPrax 2002, 165.

Der **BGH** meint im Gegensatz zu den vorstehend dargestellten, der ständigen obergerichtlichen Rechtsprechung entsprechenden Grundsätzen, der Betroffene müsse für einen bindenden Vorschlag über keine natürliche Einsichtsfähigkeit verfügen. Der Vorschlag müsse zudem weder ernsthaft noch dauerhaft sein. Der Betroffene müsse nur etwas kundtun. Sich daraus ergebenden Gefahren bzw Missbräuchen sei auf die durch das Wohl des Betroffenen begrenzte Bindungswirkung zu begegnen.[55] Diese nicht näher begründete Auffassung ist kaum tragbar. Gegen sie spricht zunächst der Zweck der Regelung, das Selbstbestimmungsrecht des Betroffenen zu wahren. Die Wahrung des Selbstbestimmungsrechts setzt zumindest einen natürlichen Willen voraus, den der Betroffene gebildet hat. Des Weiteren dürfte die Auffassung des BGH der Gesetzessystematik nicht entsprechen. Nach dieser ist der Vorschlag bindend und kann nur in Ausnahmefällen unbeachtlich bleiben. Damit ist es nicht vereinbar, Defizite in der Willensbildung über eine extensive Interpretation der Ausnahmeregelung auszugleichen. Abzuwarten bleibt, ob mit der Auslegung des § 1897 Abs. 4 S. 1 BGB durch den BGH auch andere Ergebnisse einhergehen.

2. Vorschläge in einer Betreuungsverfügung

§ 1897 Abs. 4 S. 3 BGB gibt dem Betreuungsgericht auf, grundsätzlich auch 33 Vorschläge zu berücksichtigen, die vor dem Betreuungsverfahren gemacht wurden. Darin liegt eine Willensäußerung für den Fall einer Betreuung (Betreuungsverfügung), die sinnvollerweise schriftlich fixiert wird, aber auch mündlich mitgeteilt werden kann. Damit besteht bereits vor einer psychischen Erkrankung, geistigen oder seelischen Behinderung das Recht, für die Betreuung grundsätzlich bindende Anweisungen zu erteilen. Der Vorschlag zur Person des Betreuers in einer Betreuungsverfügung setzt aber ebenso wie ein Vorschlag im Betreuungsverfahren keine Geschäftsfähigkeit voraus.[56]

Die Betreuungsverfügung ist nach der Vollmacht (dazu § 1896 BGB Rn 15 ff) 34 ein weiteres Rechtsinstitut, um auch im Fall einer psychischen Erkrankung, geistigen oder seelischen Behinderung selbstbestimmt zu leben. Die Betreuungsverfügung vermag aber ein Betreuungsverfahren nicht zu verhindern.

Die **Bindung** an eine Betreuungsverfügung entfällt, wenn der Betroffene er- 35 kennbar an seinem Vorschlag nicht mehr festhalten will.[57] Damit ist nicht ein später erfolgter Widerruf des Vorschlags oder ein zeitlich nachfolgender anderer Vorschlag gemeint. Denn mit diesen Willensäußerungen verliert die frühere Betreuungsverfügung ohnehin ihre Wirksamkeit. Erfasst werden vielmehr tatsächliche Vorgänge, die den Schluss zulassen, der früher vorgeschlagene Betreuer habe jetzt nicht mehr das Vertrauen des Betroffenen. So ist eine Fortgeltung grundsätzlich auszuschließen, wenn der Betroffene den in der Betreuungsverfügung Vorgeschlagenen später verklagt, um streitige Ansprüche durchzusetzen.[58]

---

55 BGH NJW 2011, 925; FamRZ 2011, 880; FamRZ 2011, 1577.
56 Dodegge/Roth, C Rn 125.
57 BGH FamRZ 2011, 1577.
58 OLG München OLGReport 2007, 894; BayObLG FamRZ 2004, 1750.

3. Bindungswirkung eines Vorschlags

36 Für die Bindungswirkung ist zu unterscheiden, ob der Betroffene eine bestimmte Person vorgeschlagen (positiver Vorschlag – § 1897 Abs. 4 S. 1 BGB) oder eine bestimmte Person oder Personengruppe ausgeschlossen (negativer Vorschlag – § 1897 Abs. 4 S. 2 BGB) hat.

a) Positiver Vorschlag

37 Ein positiver Vorschlag des Betroffenen ist für das Betreuungsgericht **grundsätzlich bindend. Es entfällt jedes Auswahlermessen.** Es ist die Person zu bestellen, die der Betroffene wünscht.[59]

38 Der Wille des Betroffenen kann nur dann unberücksichtigt bleiben, wenn die Bestellung der von ihm gewünschten Person **seinem Wohl zuwiderlaufen** würde. Dies erfordert eine umfassende Abwägung aller Umstände. Das Ergebnis der Abwägung muss **deutlich** gegen die Bestellung des Vorgeschlagenen sprechen. Das setzt die konkrete Gefahr voraus, dass der Vorgeschlagene die Betreuung in einem wesentlichen Bereich[60] nicht zum Wohl des Betroffenen führen kann oder will. Abstrakte Befürchtungen reichen ebenso wenig wie die Annahme, andere Personen könnten die Angelegenheiten des Betroffenen noch besser erledigen.[61]

39 Diese Voraussetzungen hat die Rechtsprechung bei erheblichen Interessenkonflikten **bejaht** (s. Rn 25 f). Das ist der Fall, wenn der Vorgeschlagene Pflegekosten aus dem Vermögen des Betroffenen begleicht, obwohl er selbst verpflichtet ist, die Pflegekosten zu tragen, und zugleich erhebliche Vermögensbeträge des Betroffenen für Schenkungen verwendet (vgl §§ 1908 i Abs. 1 S. 1, Abs. 2 S. 1; 1804, 1805 BGB);[62] oder wenn der Betroffene bei einem anderen Angehörigen lebt und zwischen diesem Angehörigen und dem Betreuer nachhaltige Spannungen bestehen, die eine persönliche Betreuung verhindern und damit zulasten des Betroffenen wirken.[63] Ein erheblicher Interessenkonflikt ist zudem anzunehmen, wenn der gewollte Betreuer sich als „Anwartschaftsberechtigter" Erbe ansieht, dessen Ziel es ist, das Vermögen der Betroffenen auf Kosten einer optimalen Versorgung zu erhalten.[64]

40 **Verneint** wurde ein erheblicher Interessenkonflikt bei familiären Spannungen, die der Vorgeschlagene nicht verursachte und die sich nicht zulasten des Betroffenen auswirkten.[65] Denn ein Vorschlag des Betroffenen kann nicht da-

---

59 BGH NJW 2010, 3777; FamRZ 2011, 100; BayObLG BtPrax 2005, 110; BayObLG FamRZ 2004, 976; BayObLG BtPrax 2003, 270; BayObLG BtPrax 2002, 165, 166; OLG Hamm FamRZ 2001, 254; OLG Köln OLGReport 2002, 174; OLG Zweibrücken FamRZ 2005, 832.
60 BGH NJW 2010, 3777; FamRZ 2011, 100; BayObLG FamRZ 2004, 734; OLG Zweibrücken FamRZ 2005, 832 – Interessenkonflikte von geringerem Gewicht reichen nicht, OLG Schleswig FGPrax 2005, 262.
61 BGH NJW 2010, 3777; OLG München OLGReport 2007, 894; BayObLG FamRZ 2004, 976; BayObLG BtPrax 2003, 270; BayObLG BtPrax 2002, 165, 166; OLG Zweibrücken BtPrax 2005, 74; OLG Schleswig FGPrax 2005, 262.
62 BayObLG FamRZ 2005, 832, 833; vgl auch BayObLG FamRZ 2004, 734 – Betreuer fühlt sich verpflichtet, erhebliche Vermögenswerte an sich und Dritte im Wege vorweggenommener Erbfolge zu verschenken.
63 BayObLG FamRZ 2004, 976, 977.
64 OLG Schleswig FGPrax 2007, 130.
65 BayObLG BtPrax 2002, 165; OLG Schleswig FGPrax 2005, 262.

durch umgangen werden, dass ein anderes Familienmitglied Streitigkeiten provoziert, um den Eindruck zu vermitteln, der Vorgeschlagene sei nicht geeignet.[66] Darüber hinaus ist ein erheblicher Interessenkonflikt bei über das normale Maß hinausgehenden Spannungen zwischen Ehegatten verneint worden. Wenn der Betroffene nach 65 Ehejahren trotz der Spannungen wünsche, von seiner Ehefrau rechtlich und sozial betreut zu werden, sei es nicht gerechtfertigt, einen familienfremden Betreuer zu bestellen.[67]

b) Negativer Vorschlag

Der Ablehnung einer bestimmten Person als Betreuer kommt anders als positiven Vorschlägen keine Bindungswirkung zu. Das Betreuungsgericht soll auf eine ablehnende Maßnahme lediglich **Rücksicht** nehmen (§ 1897 Abs. 4 S. 2 BGB). Gleichwohl dürfte im Regelfall ein wünschenswertes Vertrauensverhältnis kaum hergestellt werden können, wenn der Betroffene die Person des Betreuers ablehnt.[68] Auch darin zeigt sich der allgemein zu beachtende Willensvorrang des Betroffenen.[69] 41

Dieser Willensvorrang hat aber seine Grenze, wenn die negative Haltung nicht von nachvollziehbaren Erwägungen getragen wird, sondern beispielsweise Ausdruck einer Ablehnung der Betreuung als solcher ist.[70] 42

IV. Rücksichtnahme auf persönliche Bindungen (Abs. 5)

Schlägt der Betroffene niemanden als Betreuer vor, ist bei der Auswahl auf verwandtschaftliche und sonstige persönliche Bindungen, insbesondere zu Eltern, Kindern, dem Ehegatten oder eingetragenen Lebenspartner **Rücksicht** zu nehmen. Dem Betroffenen nahestehende Personen sollen als Betreuer eingebunden werden, da sie grundsätzlich besser als familienfremde Betreuer geeignet sind, Wünsche und Bedürfnisse des Betroffenen zu erkennen, zu bewerten und umzusetzen.[71] Sie sind deshalb vorrangig zu berücksichtigen.[72] Andererseits ergibt sich aus dem Gebot der Rücksichtnahme kein Anspruch, als Betreuer bestellt zu werden. Entscheidend ist das Wohl des Betroffenen.[73] 43

Der Begriff der **Verwandtschaft** ist in § 1897 Abs. 5 BGB nicht begrenzt. Erfasst werden daher alle Personen, die in gerader Linie oder in der Seitenlinie mit dem Betroffenen verwandtschaftlich verbunden sind (§ 1589 BGB). Der Grad der Verwandtschaft ist unerheblich. Beispielhaft werden aber Eltern und Kinder als Verwandte in gerader Linie, erster Grad, besonders erwähnt. Das entspricht der engen Bindung von Eltern und Kindern in der Lebenswirklichkeit. Entscheidend für die Berücksichtigung eines Verwandten ist daher nicht der Grad der verwandtschaftlichen Beziehung als Rechtskategorie, sondern die 44

---

66 BayObLG FamRZ 2004, 976, 977.
67 OLG Köln OLGReport 2002, 174.
68 BGH BtPrax 2013, 24; BayObLG FamRZ 2002, 1362 (LS); Palandt/Götz, § 1897 BGB Rn 17.
69 BayObLG FamRZ 2004, 1600.
70 BayObLG FamRZ 2002, 1362 (LS).
71 BayObLG FamRZ 2002, 768.
72 BayObLG FamRZ 2004, 1991; BayObLG FamRZ 2003, 1775; OLG Köln OLGReport 2003, 135 (LS).
73 BayObLG FamRZ 2004, 1991; BayObLG FamRZ 2004, 1600; BayObLG FamRZ 2002, 768.

tatsächlich bestehende persönliche Verbindung, die zum Wohl des Betroffenen eine bessere Betreuung ermöglicht.[74]

45 **Andere persönliche Bindungen** können zu Stiefeltern und Stiefkindern (rechtlich betrachtet Schwägerschaft in gerader Linie, erster Grad, § 1590 BGB),[75] Lebensgefährten,[76] guten Freunden und Nachbarn[77] bestehen.

46 Besteht eine persönliche Bindung, darf diese Person als Betreuer nur übergangen werden, wenn das Wohl des Betroffenen aufgrund eines **konkreten Interessenkonflikts erheblichen Ausmaßes** zwischen ihm und dem Betreuer[78] gefährdet wäre.[79] Eine nur abstrakte Gefahr reicht dagegen nicht.[80] Eine nahestehende Person darf deshalb **nicht übergangen** werden, weil sie Erbin des Betroffenen sein könnte oder zusammen mit dem Betroffenen (Mit-)Erbin eines Dritten ist,[81] das Gericht den nicht konkretisierten Verdacht hat, der Wille des Betroffenen werde nicht beachtet,[82] oder theoretisch noch Ansprüche aus einem Vertragsverhältnis offenstehen könnten.[83] In diesen Fällen obliegt es der betreuungsgerichtlichen Aufsicht (§§ 1908i Abs. 1 S. 1, 1837 Abs. 2 S. 1 BGB), die weitere Entwicklung zu beobachten und im Fall der Verdichtung eines abstrakten zu einem konkreten Interessenkonflikt die erforderlichen Maßnahmen zu ergreifen.[84] Der bloße Umstand, dass die Betreuerin die Betroffene in ihren Haushalt aufnimmt und deshalb gemeinsame Kosten anfallen, die aufzuteilen sind, begründet keinen konkreten Interessenkonflikt und stellt noch nicht einmal eine abstrakte Gefahr dar.[85] Des Weiteren besteht kein erheblicher Interessenkonflikt zum Betroffenen, wenn sich neben dem zum Betreuer berufenen Verwandten noch eine andere Person als testamentarischer Erbe des Betroffenen geriert. Der Streit kann nach dem Erbfall ausgetragen werden und hat keine Auswirkungen auf das Wohl des Betroffenen.[86] Dagegen kann die nahestehende Person **unberücksichtigt bleiben**, weil sie selbst psychisch erkrankt ist,[87] die Situation des Betroffenen grundlegend falsch einschätzt,[88] erhebliche Interessenkonflikte in Vermögensangelegenheiten bestehen[89] oder versucht hat, von dem geschäftsunfähigen Betroffenen eine auf sie lautende Vollmacht zu erlangen.[90] Im Fall von Interessenkonflikten in vermögensrechtlichen Fragen ist es

---

74 OLG Brandenburg ZErb 2003, 126 (LS).
75 BayObLG FamRZ 2004, 1991.
76 OLG Köln FamRZ 2000, 116.
77 Palandt/Götz, § 1897 BGB Rn 18.
78 BayObLG NJWE-FER 2000, 259; BayObLG FamRZ 1994, 530, 531.
79 BayObLG FamRZ 2002, 1589; BayObLG BtPrax 2000, 260; BayObLG FamRZ 1999, 49; OLG Köln OLGReport 2003, 135 (LS); OLG Brandenburg ZErb 2003, 126 (LS); vgl auch BGH NJW 2011, 925.
80 BayObLG FamRZ 2003, 1775; BayObLG NJWE-FER 2000, 259; OLG Köln OLGReport 2003, 135 (LS).
81 BayObLG NJWE-FER 2000, 259.
82 BayObLG FamRZ 2003, 1775, 1776.
83 OLG Köln OLGReport 2003, 135 (LS).
84 BayObLG FamRZ 2003, 1775, 1776.
85 OLG München BtPrax 2008, 69.
86 OLG Brandenburg ZErb 2003, 126 (LS).
87 OLG München FGPrax 2007, 124; BayObLGR 2005, 382.
88 BayObLG FamRZ 2002, 768.
89 BayObLG FamRZ 2002, 1589.
90 BayObLG OLGReport München 2004, 251.

aber nicht gerechtfertigt, die nahestehende Person von der Betreuung in Aufgabenkreisen außerhalb der Vermögenssorge auszuschließen.[91]

Sind **mehrere geeignete nahestehende Personen** vorhanden, muss eine Auswahl getroffen werden, die sich am Wohl des Betroffenen orientiert. Je nach den Umständen des Einzelfalls kann daher beispielsweise der Stiefmutter im Verhältnis zur leiblichen Mutter ein Vorrang zukommen.[92] Möglich ist ebenfalls, ausnahmsweise zwei nahestehende Personen, insbesondere beide Elternteile, zum Betreuer zu bestellen (s. § 1899 BGB Rn 3 ff).

V. Die subsidiäre Bestellung von Berufsbetreuern (Abs. 2, 6, 7, 8)

1. Der Vorrang des Ehrenamtes

§ 1897 Abs. 6 BGB regelt den **Vorrang ehrenamtlich tätiger Betreuer**.[93] Ein Berufsbetreuer darf nur bestellt werden, wenn keine andere geeignete Person zur Verfügung steht (§ 1897 Abs. 6 S. 1 BGB). Wird ein Berufsbetreuer bestellt und ergibt sich im Laufe der Betreuung, dass der Betroffene durch eine ehrenamtlich tätige Person betreut werde könnte, hat der Berufsbetreuer dies dem Gericht mitzuteilen (§ 1897 Abs. 6 S. 2 BGB). Dies soll nach § 1908 b Abs. 1 S. 3 BGB zur Entlassung des Berufsbetreuers und Bestellung des ehrenamtlich tätigen Betreuers führen (s. § 1908 b BGB Rn 68 ff).

Die Bestellung eines Berufsbetreuers kommt deshalb nur unter zwei Gesichtspunkten in Betracht. Zum ersten, wenn nahestehende Personen nicht vorhanden oder nicht geeignet sind und familienfremde ehrenamtliche Betreuer nicht zur Verfügung stehen.[94] Zum Zweiten, wenn zwar ein ehrenamtlicher Betreuer bestellt werden könnte, die besonderen Anforderungen des Betreuungsfalles jedoch ausnahmsweise die Bestellung eines Berufsbetreuers als wesentlich bessere Alternative erfordern. Denn das Prinzip des Ehrenamtes kann eingeschränkt werden, soweit es zum Wohl des Betroffenen notwendig ist.[95]

2. Der Begriff des Berufbetreuers

Berufsbetreuer sind natürliche Personen, die die Betreuung im Rahmen ihrer Berufsausübung führen. Ob eine Betreuung berufsmäßig geführt wird, stellt das Betreuungsgericht bei der Bestellung des Betreuers fest (§§ 1908 i Abs. 1 S. 1, 1836 Abs. 1 S. 2 BGB). Nach § 1 Abs. 1 S. 2 VBVG (s. dort Rn 8 ff) liegt Berufsmäßigkeit im Regelfall vor, wenn der Betreuer mehr als zehn Betreuungen führt oder mindestens zwanzig Wochenstunden für die von ihm geführten Betreuungen erforderlich sind. Berufsbetreuer erhalten eine Vergütung nach dem VBVG.

Zum Kreis der Berufsbetreuer zählen zusätzlich **Vereins- und Behördenbetreuer**. Vereinsbetreuer ist der Mitarbeiter eines Betreuungsvereins (s. § 1908 f BGB), der in dieser Eigenschaft ausschließlich oder teilweise als Betreuer tätig ist (§ 1897 Abs. 2 S. 1 BGB). Die Bestellung eines Vereinsbetreuers ist auch dann wirksam, wenn dem Verein die Anerkennung als Betreuungsverein

---

91 BayObLG FamRZ 2002, 1589.
92 BayObLG FamRZ 2004, 1991.
93 BayObLGR 2005, 711; OLG Jena FamRZ 2001, 714.
94 BayObLG OLGReport München 2004, 251; BayObLG FamRZ 2002, 1589; BayObLG FamRZ 2001, 163.
95 BayObLG FamRZ 2002, 768, 769.

fehlt.[96] **Behördenbetreuer** ist der Mitarbeiter einer Betreuungsbehörde, der in dieser Eigenschaft ausschließlich oder teilweise als Betreuer tätig ist (§ 1897 Abs. 2 S. 2 BGB). Mitarbeiter können nur solche Personen sein, die in einem Arbeitsverhältnis zum Verein oder zur Behörde stehen.[97] Vereins- und Behördenbetreuer erhalten selbst keine Vergütung (§§ 7 Abs. 3, 8 Abs. 3 VBVG). Vielmehr ist dem Betreuungsverein nach § 7 VBVG und der Betreuungsbehörde nach § 8 VBVG eine Vergütung zu bewilligen.

3. Besondere Anforderungen für die Bestellung als Berufsbetreuer

52 Soll ein **Vereins- oder ein Behördenbetreuer** bestellt werden, setzt dies die **Einwilligung** des Betreuungsvereins oder der Betreuungsbehörde voraus (§ 1897 Abs. 2 BGB). Damit soll sichergestellt werden, dass das Gericht nicht einseitig in die Struktur des Vereins oder der Behörde eingreift.[98] Das Einwilligungserfordernis gilt deshalb auch, wenn der Betroffene einen bestimmten Mitarbeiter eines Vereins oder der Behörde vorschlägt. § 1897 Abs. 4 S. 1 BGB tritt hinter § 1897 Abs. 2 BGB zurück.[99]

53 Soll ein **Berufsbetreuer erstmals** in dem Bezirk eines Betreuungsgerichts zum Berufsbetreuer bestellt werden, ist das Gericht gehalten, zur Eignung und zu den Voraussetzungen des § 1 Abs. 1 S. 1 2. Fall VBVG die Betreuungsbehörde anzuhören. Die spezifischen Erkenntnisse der Betreuungsbehörde sollen nutzbar gemacht und ggf vorhandene „schwarze Schafe" aussortiert werden. Damit geht die Verpflichtung der Betreuungsbehörde einher, von dem Berufsbetreuer die Vorlage eines Führungszeugnisses und einer Auskunft aus dem Schuldnerverzeichnis zu verlangen (s. dazu Rn 16 ff).

54 Ein **Berufsbetreuer** hat sich nach § 1897 Abs. 8 BGB vor seiner Bestellung über **Zahl und Umfang der von ihm bereits geführten Betreuungen** zu erklären. Diese mit dem zweiten Betreuungsrechtsänderungsgesetz eingeführte Vorschrift stellt die Kompetenzen des Betreuungsgerichts im Rahmen der Prüfung der Geeignetheit des Berufsbetreuers klar. Entsprechend dem Prinzip der persönlichen Betreuung (dazu Einl. Rn 9) sollen Sammelbetreuungen, in denen das Vermögen einer großen Zahl von Personen anonym verwaltet wird, vermieden werden. Der Berufsbetreuer hat deshalb den Umfang der von ihm bereits geführten Betreuungen anhand der dafür wesentlichen Kriterien zu erläutern. Eine Fallobergrenze hat der Gesetzgeber bewusst nicht eingeführt. Entscheidend sind vielmehr die konkreten Umstände der bereits geführten Betreuungen.

VI. Bedeutung des § 1897 BGB für das Betreuungsgericht
1. Prüfungsreihenfolge

55 Aufgrund der herausragenden Bedeutung eines wirksamen **Vorschlages des Betroffenen**, der nur unter engen Voraussetzungen unberücksichtigt bleiben kann, sollte zunächst festgestellt werden, welche Vorstellungen der Betroffene hat. Macht der Betroffene einen Vorschlag, ist diese Person auf persönliche

---

[96] KG Rpfleger 2006, 398.
[97] OLG Hamm FamRZ 2001, 253.
[98] Palandt/Götz, § 1897 BGB Rn 5.
[99] BayObLG FamRZ 1994, 1061.

und fachliche Eignung hin zu untersuchen, um konkrete, deutlich gegen eine Bestellung sprechende Gründe auszuschließen bzw aufzufinden (Rn 39 ff).

Liegt kein Vorschlag vor oder kann dieser nicht berücksichtigt werden, ist der **Vorrang nahestehender Personen** zu berücksichtigen, der nur bei konkreten und erheblichen Interessenkollisionen mit dem Betroffenen unbeachtet bleiben kann (Rn 43 ff). 56

Ist keine geeignete nahestehende Person vorhanden, ist zu prüfen, ob **andere ehrenamtliche Betreuer**, die beispielsweise an einen Betreuungsverein angebunden sind, zur Verfügung stehen. Hier liegt ein Potential, das bisher nicht ausgeschöpft sein dürfte. Initiativen, die zB die Anwerbung von Mitarbeitern der Gerichte und Behörden zum Ziel haben, sind selten. Manche Betreuungsgerichte bestellen stattdessen bevorzugt Berufsbetreuer, teilweise um deren Einkommen sicherzustellen, teilweise um sich die Arbeit zu erleichtern. Beide Motive haben im Gesetz keine Grundlage. 57

Sind keine geeigneten ehrenamtlichen Betreuer zu finden, kann ein **Berufsbetreuer** bestellt werden. Ist schließlich kein geeigneter Berufsbetreuer vorhanden, kann ein **Betreuungsverein** oder – wenn auch ein solcher nicht zur Verfügung steht – die **Betreuungsbehörde** bestellt werden (§ 1900 Abs. 1, Abs. 4 BGB, s. dort Rn 2, 7). 58

2. Ermittlungen

Nach § 26 FamFG hat das Betreuungsgericht alle Umstände, die für die Auswahl des Betreuers von Bedeutung sind, vom Amts wegen zu ermitteln. 59

a) Vorschlag des Betroffenen

Um den Willen des Betroffenen zu ermitteln, kann das Betreuungsgericht auf die Erkenntnisse eines ggf bestellten Verfahrenspflegers (§ 276 FamFG), Äußerungen des Betroffenen gegenüber nahen Angehörigen (s. §§ 279 Abs. 1, 274 Abs. 4 Nr. 1 FamFG), eines Mitarbeiters der Betreuungsbehörde (§ 279 Abs. 2 FamFG) oder dem Gericht (§ 278 Abs. 1 FamFG) zurückgreifen. Zudem ist festzustellen, ob schriftliche Betreuungswünsche des Betroffenen vorliegen. Deshalb besteht nach § 1901c S. 1 BGB die Pflicht, schriftliche Betreuungswünsche beim Betreuungsgericht abzuliefern, sobald Kenntnis von der Einleitung eines Betreuungsverfahrens besteht. 60

b) Nahestehende Personen

Ist der Betroffene familiär eingebunden, wird die Bestellung eines Betreuers zumeist von den nahestehenden Personen angeregt werden. Ihre Ermittlung ist dann häufig unproblematisch. In anderen Fällen kann eine Stellungnahme der Betreuungsbehörde (§ 279 Abs. 2 FamFG) und ggf die Anhörung des Betroffenen (§ 278 Abs. 1 FamFG) zu den notwendigen Erkenntnissen führen. 61

c) Ehrenamtliche Betreuer

Zur Ermittlung familienfremder Betreuer kann das Betreuungsgericht auf die Betreuungsvereine (§ 1908 f Abs. 1 Nr. 2 BGB) und die Betreuungsbehörde (§ 8 BtBG) zurückgreifen. Zusätzlich besteht für das Gericht die Möglichkeit, selbst geeignete ehrenamtliche Betreuer anzusprechen, insbesondere Mitarbeiter von Gerichten und Behörden. Schließlich kann im Rahmen örtlicher Ar- 62 beitsgemeinschaften (Einl. Rn 26) eine Strategie erarbeitet und verwirklicht werden, die die Gewinnung weiterer familienfremder ehrenamtlicher Betreuer zum Ziel hat.

d) Berufsbetreuer

63 Für die Feststellung geeigneter Berufsbetreuer kann das Betreuungsgericht sich die **Kenntnisse der Betreuungsbehörde** nutzbar machen (§ 1897 Abs. 7, § 8 BtBG). Nach § 8 S. 4 BtBG hat die Betreuungsbehörde dem Betreuungsgericht auch den Umfang der von einem Berufsbetreuer geführten Betreuungen mitzuteilen.

Die Vorschläge der Betreuungsbehörde binden das Betreuungsgericht aber nicht. Das Betreuungsgericht kann den vorgeschlagenen Berufsbetreuer ablehnen oder Personen als Berufsbetreuer bestellen, die nicht vorgeschlagen sind. Es gibt keine gesetzliche Grundlage, die die Tätigkeit eines Berufsbetreuers von der vorherigen Zulassung durch die Betreuungsbehörde abhängig macht.[100]

64 Unter der Geltung des **neuen, pauschalen Vergütungssystems** nach §§ 4, 5 VBVG wird des Weiteren zu prüfen sein, wie einfachere und schwerere Betreuungsfälle ausgeglichen zugewiesen werden können. In diesem Rahmen wird es möglicherweise vermehrt zu **unbegründeten Ablehnungen** (s. § 1898 Abs. 1 BGB) von Betreuungen durch Berufsbetreuer kommen. Dahinter kann sich das Bemühen verstecken, möglichst einfache und damit lukrative Fälle zu erhalten. Arbeitsaufwendigere Fälle werden abgelehnt. Ein solcher Berufsbetreuer ist für weitere Betreuungsfälle als ungeeignet einzustufen, weil er eine elementare Pflicht des Betreuungsrechts nicht beachtet. Es bestehen deshalb erhebliche Bedenken an seiner allgemeinen Zuverlässigkeit. Das kann zusätzlich Veranlassung bieten, Maßnahmen nach § 1908 b Abs. 1 S. 1 BGB zu ergreifen.

3. Besonderheiten bei Vereins- und Behördenbetreuern

65 Vor der Bestellung von Behörden- und Vereinsbetreuern ist die **Einwilligung** des Vereins und der Behörde einzuholen (§ 1897 Abs. 2 BGB).

Für die **vormundschaftsgerichtliche Aufsicht** über einen Behördenbetreuer gelten die Besonderheiten des § 1908 g BGB.

Vergütung und Aufwendungsersatz können Behörden- und Vereinsbetreuer selbst nicht verlangen. Dieses Recht wird von der Behörde und dem Verein wahrgenommen (§§ 7, 8 VBVG).

VII. Bedeutung des § 1897 BGB für die Betreuungsbehörde

66 Wird die Betreuungsbehörde um eine **Stellungnahme** gebeten (§ 279 Abs. 2 FamFG), ist ein wesentlicher Inhalt des Betreuungsberichts, zu der vom Betroffenen gewünschten Person, den ihm nahestehenden Menschen, möglichen Interessenkollisionen, anderen ehrenamtlichen Betreuern und geeigneten Berufsbetreuern Angaben zu machen. Zudem hat die Betreuungsbehörde Projekte zu unterstützen, mit denen geeignete Ehrenamtler geworben werden sollen (vgl § 6 Abs. 1 BtBG).

---

100 OLG Hamm BtPrax 2006, 187 zum sogenannten „Bochumer Modell".

Soweit das Gericht von den Vorstellungen der Betreuungsbehörde abweicht, besteht bei der Bestellung eines Betreuers ein Beschwerderecht nach § 303 Abs. 1 FamFG. 67

Für einen **Behördenbetreuer** kann die Behörde Vergütung und Aufwendungsersatz verlangen (§ 8 VBVG).

VIII. Bedeutung für andere Behörden

Beachtet das Gericht den Vorrang des Ehrenamtes nicht, steht dem Vertreter der **Staatskasse** ein Beschwerderecht nach § 304 Abs. 1 FamFG zu. 68

IX. Bedeutung des § 1897 BGB für Betreuungsvereine

Nach § 1908f Abs. 1 Nr. 2 BGB ist ein Betreuungsverein verpflichtet, sich planmäßig um die **Gewinnung ehrenamtlicher Betreuer** zu bemühen. Damit soll der Vorrang der ehrenamtlichen Betreuung umgesetzt werden. Es ist deshalb von besonderer Bedeutung, gerade familienfremde Betreuer zu gewinnen und diese Personen der Betreuungsbehörde und dem Gericht mitzuteilen. 69

Für einen **Vereinsbetreuer** kann der Verein Vergütung und Aufwendungsersatz verlangen (§ 7 VBVG).

X. Bedeutung des § 1897 BGB für Verfahrenspfleger

Eine wesentliche Aufgabe des Verfahrenspflegers ist, Vorstellungen des Betroffenen zum Gericht zu transportieren (s. § 276 FamFG Rn 13). Dazu gehört insbesondere die Frage, welche Person als Betreuer gewünscht wird und zu welchen Personen der Betroffene ein besonderes Näheverhältnis hat. 70

XI. Bedeutung des § 1897 BGB für Angehörige

Angehörige können im Rahmen ihrer Beteiligung am Betreuungsverfahren die Wünsche und Vorstellungen des Betroffenen dem Gericht mitteilen. Ihnen kann nach § 303 Abs. 2 FamFG ein Beschwerderecht gegen die Bestellung eines Betreuers zustehen, wenn sie im ersten Rechtszug beteiligt worden sind. 71

§ 1898 BGB Übernahmepflicht

(1) Der vom Betreuungsgericht Ausgewählte ist verpflichtet, die Betreuung zu übernehmen, wenn er zur Betreuung geeignet ist und ihm die Übernahme unter Berücksichtigung seiner familiären, beruflichen und sonstigen Verhältnisse zugemutet werden kann.

(2) Der Ausgewählte darf erst dann zum Betreuer bestellt werden, wenn er sich zur Übernahme der Betreuung bereit erklärt hat.

I. Einleitung

Nach § 1898 Abs. 1 BGB ist der vom Betreuungsgericht Ausgewählte unabhängig von seiner Staatsangehörigkeit[1] grundsätzlich verpflichtet, die Betreuung zu übernehmen. Gleichwohl kann er nach § 1898 Abs. 2 BGB nur bestellt 1

---

1 Anders für die Vormundschaft über Minderjährige: § 1785 BGB.

werden, wenn er sich mit der Übernahme des Amtes einverstanden erklärt. Zwangsmittel, wie sie § 1788 BGB für die Übernahme der Vormundschaft über Minderjährige normiert, sind im Betreuungsrecht nicht vorgesehen. § 1898 BGB begründet deshalb eine grundsätzlich **sanktionslose Rechtspflicht**.[2] Dem Betroffenen soll kein Betreuer zugemutet werden, der sich hartnäckig weigert, das Amt auszuüben. Der Ausgewählte muss jedoch für einen Schaden eintreten, der durch eine unbegründete Ablehnung der Betreuung entstanden ist (s. §§ 1908i Abs. 1 S. 1, 1787 Abs. 1 BGB). Wegen dieser Schadensersatzpflicht, die als einzige Konsequenz geeignet ist, zumindest mittelbar auf den Ausgewählten einzuwirken, wird nachfolgend erläutert, unter welchen Voraussetzungen die Betreuung zu übernehmen ist.

II. Voraussetzungen der Übernahmepflicht

2   Eine Betreuung ist zu übernehmen, wenn der Ausgewählte geeignet ist und ihm die Übernahme unter Berücksichtigung seiner familiären, beruflichen und sonstigen Verhältnisse zugemutet werden kann. Für die **Eignung** gilt das zu § 1897 Abs. 1 BGB Gesagte (s. dort Rn 4 ff). Die **Zumutbarkeit** richtet sich nach folgenden Kriterien:

3   § 1898 Abs. 1 BGB regelt nicht näher, was unter familiären, beruflichen und sonstigen Verhältnissen zu verstehen ist. Eine Ausgestaltung dieser unbestimmten Begriffe findet sich in § 1786 Abs. 1 BGB für die Vormundschaft für Minderjährige. Auf diese Norm verweist § 1908i Abs. 1 S. 1 BGB jedoch nicht. Der Gesetzgeber hat bewusst davon Abstand genommen, einen Katalog von Ablehnungsgründen aufzustellen.[3] Gleichwohl sind die in **§ 1786 BGB** zum Ausdruck kommenden Rechtsgedanken heranzuziehen.[4] Die Übernahme einer Betreuung ist deshalb in folgenden Konstellationen **nicht zumutbar**:

- Mindestens zwei schulpflichtige Kinder werden überwiegend betreut.
- Es ist die elterliche Sorge für mindestens drei Kinder zu führen.
- Andere Besonderheiten der Versorgung der eigenen Familie erschweren dauerhaft die Führung der Betreuung.
- Der Ausgewählte hat das sechzigste Lebensjahr vollendet.
- Eine Krankheit oder ein Gebrechen stehen der Führung der Betreuung entgegen.
- Eine Betreuung soll gemeinschaftlich geführt werden (s. § 1899 Abs. 1 BGB).
- Der Ausgewählte führt bereits mehr als eine Betreuung, Vormundschaft oder Pflegschaft.

4   Diese Konstellationen begründen **keinen abschließenden Katalog**. Aus anderen Gründen kann die Übernahme der Betreuung aber nur unzumutbar sein, wenn die Erfüllung der Pflichten eines Betreuers zu Belastungen führt, die aufgrund besonderer Umstände das gewöhnliche Maß deutlich übersteigen.[5] Liegen sol-

---

2   Palandt/Götz, § 1898 BGB Rn 1.
3   Palandt/Götz, § 1898 BGB Rn 2.
4   Jürgens/Jürgens, § 1898 BGB Rn 2; Dodegge/Roth, B Rn 68.
5   Jürgens/Jürgens, § 1898 BGB Rn 4; Dodegge/Roth, B Rn 68.

che Gründe oder die in § 1786 Abs. 1 BGB geregelten Fälle vor, kann der Ausgewählte die Übernahme der Betreuung ablehnen, er muss es aber nicht.

III. Bereiterklärung

Die Bestellung als Betreuer hat zu unterbleiben, solange der Ausgewählte sein Einverständnis nicht mitgeteilt hat. Das gilt für alle natürlichen Personen, die zum Betreuer bestellt werden sollen, Ehrenamtler und Berufsbetreuer, Vereins- und Behördenbetreuer.[6] Bei der Bestellung eines Betreuungsvereins oder der Betreuungsbehörde gelten die Besonderheiten des § 1900 BGB (s. dort Rn 2, 7).

Die Bereiterklärung ist eine **Verfahrenshandlung** und keine Willenserklärung. Sie kann deshalb wegen Irrtums nicht angefochten werden. Wird die Bereiterklärung nach der Bestellung zum Betreuer zurückgenommen, kann darin jedoch ein wichtiger Grund zur Entlassung des Betreuers liegen (§ 1908 b Abs. 1 S. 1 BGB).

IV. Bedeutung für das Betreuungsgericht

Vor der Bestellung eines Betreuers ist in jedem Fall sein Einverständnis einzuholen. Dies sollte möglichst frühzeitig geschehen, um nicht unnötig Zeit zu verlieren. Verweigert sich die ausgewählte Person, bestehen keine Zwangsmittel. Es kann nur versucht werden, möglichen Ängsten vor der Aufgabe durch Hinweise auf die Unterstützung durch das Betreuungsgericht (§§ 1908 i Abs. 1 S. 1, 1837 Abs. 1 BGB), die Betreuungsbehörde (§ 4 BtBG) und die Betreuungsvereine (§ 1908 f Abs. 1 Nr. 2 BGB) entgegenzuwirken. In geeigneten Fällen kann zusätzlich auf drohende Schadensersatzpflichten (s. dazu § 1787 Abs. 1 BGB) verwiesen werden.

Unter der Geltung des pauschalen Vergütungssystems nach §§ 4, 5 VBVG kann es zu einer vermehrten unbegründeten Ablehnung von Betreuungen durch **Berufsbetreuer** kommen. Dahinter kann sich das Bemühen verstecken, möglichst einfache und damit lukrative Fälle zu erhalten. Arbeitsaufwendigere Fälle werden abgelehnt. Ein solcher Berufsbetreuer ist für weitere Betreuungsfälle als ungeeignet einzustufen, weil er eine elementare Pflicht des Betreuungsrechts nicht beachtet. Es bestehen deshalb erhebliche Bedenken an seiner allgemeinen Zuverlässigkeit. Das kann zusätzlich Veranlassung bieten, Maßnahmen nach § 1908 b Abs. 1 S. 1 BGB zu ergreifen.

V. Bedeutung für Betreuer

Gegen den Willen der Betreuer kann eine Bestellung nicht erfolgen. Verstößt das Betreuungsgericht gegen diese Regelung, kann der Betreuer gegen seine Bestellung Beschwerde einlegen.[7]

---

6 BayObLG FamRZ 1994, 1061, 1062.
7 BayObLG FamRZ 1994, 1061, 1062.

§ 1899 BGB Mehrere Betreuer

(1) ¹Das Betreuungsgericht kann mehrere Betreuer bestellen, wenn die Angelegenheiten des Betreuten hierdurch besser besorgt werden können. ²In diesem Falle bestimmt es, welcher Betreuer mit welchem Aufgabenkreis betraut wird. ³Mehrere Betreuer, die eine Vergütung erhalten, werden außer in den in den Absätzen 2 und 4 sowie § 1908 i Abs. 1 Satz 1 in Verbindung mit § 1792 geregelten Fällen nicht bestellt.

(2) Für die Entscheidung über die Einwilligung in eine Sterilisation des Betreuten ist stets ein besonderer Betreuer zu bestellen.

(3) Soweit mehrere Betreuer mit demselben Aufgabenkreis betraut werden, können sie die Angelegenheiten des Betreuten nur gemeinsam besorgen, es sei denn, dass das Gericht etwas anderes bestimmt hat oder mit dem Aufschub Gefahr verbunden ist.

(4) Das Gericht kann mehrere Betreuer auch in der Weise bestellen, dass der eine die Angelegenheiten des Betreuten nur zu besorgen hat, soweit der andere verhindert ist.

I. Einleitung

1   § 1899 BGB regelt die Bestellung mehrerer Betreuer, um die Angelegenheiten des Betroffenen rechtlich zu besorgen. Diese Entscheidung ist nicht in das freie Ermessen des Betreuungsgerichts gestellt.[1] § 1899 BGB beinhaltet vielmehr **Sondertatbestände zu dem Grundsatz der Einzelbetreuung** (§ 1897 Abs. 1 BGB). Mehrere Betreuer dürfen daher nur ausnahmsweise bestellt werden, wenn der Betreuer verhindert ist (§ 1899 Abs. 4 BGB – Verhinderungsbetreuer), über die Einwilligung in eine Sterilisation zu entscheiden ist (§ 1899 Abs. 2 BGB – Sterilisationsbetreuer) oder die Angelegenheiten des Betroffenen durch die Bestellung eines Mitbetreuers besser besorgt werden können (§ 1899 Abs. 1, Abs. 3 BGB – Mitbetreuer).[2] Das Abweichen von dem Grundsatz der Einzelbetreuung muss durch besondere Umstände gerechtfertigt sein,[3] die das Betreuungsgerichts in den Tatbeständen von Abs. 1 und Abs. 4 unter Abwägung aller Umstände des Einzelfalls festzustellen hat.[4] Eine ohne Begründung angeordnete Verteilung von Aufgabenkreisen auf mehrere Einzelbetreuer ist damit nicht vereinbar.[5]

2   Neben den in § 1899 BGB geregelten Fallgruppen, kann ein weiterer Betreuer auch als **Gegenbetreuer** bestellt werden, um eine zusätzliche Kontrolle zu ermöglichen (§§ 1908 i Abs. 1 S. 1, 1792 Abs. 1 S. 1 BGB, s. dort Rn 1, 2). Die Voraussetzungen des § 1792 BGB können umgangen werden durch die Bestellung eines Mitbetreuers mit dem Aufgabenkreis der Überwachung des Betreuers. Die Überwachung hat das Betreuungsgericht selbst durchzuführen (§§ 1908 i Abs. 1 S. 1, 1837 Abs. 2 BGB).[6]

---

1 BayObLGR 2002, 47.
2 OLG München FGPrax 2007, 124; BayObLG FamRZ 2002, 1656; BayObLGR 2002, 47; OLG Schleswig FGPrax 2002, 174.
3 BayObLG FamRZ 2003, 1967; FamRZ 1997, 1502.
4 BayObLGR 2002, 47.
5 BayObLG FamRZ 2003, 1967.
6 OLG Frankfurt/M. FGPrax 2009, 18.

Durch das zweite Betreuungsrechtsänderungsgesetz wurde § 1899 Abs. 1 S. 3 BGB eingefügt und § 1899 Abs. 4 BGB geringfügig modifiziert.

II. Mitbetreuer (Abs. 1 und Abs. 3)

1. Grundlagen

Nach § 1899 Abs. 1 S. 1 BGB können mehrere Betreuer bestellt werden, wenn die Angelegenheiten des Betroffenen hierdurch besser besorgt werden können. In diesem Fall ist nach § 1899 Abs. 1 S. 2 BGB zu bestimmen, welcher Betreuer welchen **Aufgabenkreis** wahrnimmt. Möglich ist es also, jedem Betreuer einen anderen Aufgabenkreis zuzuweisen. In Betracht kommt aber auch, für einen Aufgabenkreis mehrere Betreuer zu bestellen. Dann gilt der Grundsatz der Gesamtbetreuung und damit der Gesamtvertretung, der ein gemeinsames Vorgehen der Betreuer erfordert, soweit das Betreuungsgericht nichts anderes bestimmt oder wegen Gefahr in Verzug sofort gehandelt werden muss (§ 1899 Abs. 3 BGB, zu Einzelheiten s. Rn 12 ff). Bei **Meinungsverschiedenheiten** zwischen mehreren Betreuern mit demselben Aufgabenkreis findet über § 1908 i Abs. 1 S. 1 BGB § 1797 Abs. 1 S. 2 BGB Anwendung. Bei Meinungsverschiedenheiten zwischen mehreren Betreuern mit getrennten Aufgabenkreisen entscheidet das Vormundschaftsgericht nach §§ 1908 i Abs. 1 S. 1, 1798 BGB.

Grundsätzlich ist das Betreuungsgericht in der **Kombination von Betreuertypen** frei. So können zwei ehrenamtliche Betreuer oder ein ehrenamtlicher Betreuer und ein Berufsbetreuer oder ein Betreuungsverein und ein ehrenamtlicher Betreuer zusammen bestellt werden. **Ausgeschlossen ist aber die Bestellung mehrerer Berufsbetreuer als Mitbetreuer (§ 1899 Abs. 1 S. 3 BGB).** Als Sterilisations-, Verhinderungs- oder Gegenbetreuer kann dagegen ein Berufsbetreuer bestellt werden, selbst wenn der Hauptbetreuer ein Berufsbetreuer ist.

Jeder Betreuer muss für sich die **Auswahlkriterien des § 1897 BGB** erfüllen (s. dort insbesondere Rn 55 ff).

2. Fallgruppen

Nachfolgend werden typische Fallgruppen vorgestellt, die regelmäßig Gegenstand der Rechtsprechung der Obergerichte sind.

a) Eltern eines behinderten Kindes

Bereits nach der Vorstellung des Gesetzgebers findet § 1899 Abs. 1 BGB vielfach Anwendung, wenn ein behindertes Kind volljährig wird, die Eltern geeignet und bereit sind, diese Aufgabe fortzusetzen und der Betroffene keinen entgegenstehenden Willen äußert.[7] Der Elternteil, der im Fall einer Einzelbetreuung als für die Angelegenheiten des Betroffenen verantwortlicher gesetzlicher Vertreter ausschiede, würde sich zurückgesetzt fühlen, was sich zum Nachteil des Betroffenen auswirken könnte. Ein **eingespieltes Elternteam**, das auf die Wünsche des Betroffenen eingeht, aber auch kritisch reflektiert, und alle notwendigen Maßnahmen zur Versorgung ergreift, sollte daher nicht rechtlich auseinander gerissen werden. Im Regelfall sind deshalb die Eltern gemeinsam für alle erforderlichen Aufgabenkreise zu bestellen.

---

7 OLG Zweibrücken FGPrax 2002, 22; OLG Schleswig OLGReport 2005, 430.

7 Nicht alle Eltern führen aber eine grundsätzlich harmonische Beziehung, manche leben getrennt. In diesen Konstellationen werden Ansprüche im Sinne von § 1671 BGB auf Zuweisung elterlicher Sorge für Minderjährige und § 1684 BGB auf Umgang mit einem minderjährigen Kind in das Betreuungsverfahren verlagert. Es ist deshalb nur ein Betreuer zu bestellen, wenn aufgrund des Streits zwischen den Eltern eine bessere Betreuung des Betroffenen nicht zu erwarten ist.[8] Das entspricht § 1671 BGB in der Auslegung des BGH und des BVerfG. Danach besteht kein Vorrang für die Beibehaltung einer gemeinsamen elterlichen Sorge. Es ist vielmehr konkret zu klären, ob die Eltern in einem erforderlichen Umfang kooperieren können.[9]

8 Wird der Betroffene **nicht mehr im Elternhaus versorgt** und beschränkt sich der Aufgabenkreis der Betreuung auf routinemäßige Angelegenheiten, wie regelmäßige Gespräche mit Ärzten oder Schriftverkehr mit Behörden und Krankenkasse, können berechtigte Zweifel bestehen, ob zum Wohl des Betroffenen die Bestellung beider Elternteile notwendig ist. Denn in dieser Konstellation werden die bereits vor Volljährigkeit bestehenden Verhältnisse nicht fortgeführt. Ein Gefühl der Zurücksetzung, das sich zum Nachteil des Betroffenen auswirken könnte, dürfte regelmäßig nicht vorliegen Es hat dann bei dem Grundsatz der Einzelbetreuung zu verbleiben.[10]

b) Interessenkonflikte

9 Zwischen der grundsätzlich als Betreuer in Betracht kommenden Person und dem Betroffenen können Interessenkonflikte, insbesondere im Bereich der Vermögenssorge[11] oder aufgrund innerfamiliärer Rivalitäten,[12] bestehen. Erstrecken sich die Interessenkonflikte auf alle zu regelnden Angelegenheiten des Betroffenen, scheidet die ausgewählte Person als Betreuer aus (s. dazu § 1897 BGB Rn 25 ff). Ist aber nur ein Teil der erforderlichen Aufgabenkreise betroffen, wird es im Regelfall dem Wohl des Betroffenen dienen, nur für die betroffenen Teilbereiche einen weiteren Betreuer zu bestellen.[13] Ob der weitere Betreuer den konfliktbeladenen Bereich alleine zugewiesen erhält, ist nach den Umständen des Einzelfalles zu beurteilen. Beruht der Interessenkonflikt auf einem Vertretungsausschluss (§§ 1908 i Abs. 1 S. 1, 1795 BGB), ist eine gemeinsame Zuweisung des Aufgabenkreises ausgeschlossen. Soll dagegen in einem alltäglich relevanten Bereich wie der Gesundheitssorge innerfamiliären Spannungen die Spitze genommen werden, kann eine gemeinsame Zuweisung des Aufgabenbereichs sinnvoll sein.[14]

10 Nach Erledigung der dem weiteren Betreuer zugewiesenen Aufgabenbereiche ist dieser zu entlassen (§ 1908 d Abs. 1 S. 1 BGB). Das hat besondere Bedeutung, wenn dem weiteren Betreuer im Bereich der Vermögenssorge eine einzel-

---

8 OLG Zweibrücken FGPrax 2002, 22.
9 BVerfG FamRZ 2004, 354; BGH NJW 2000, 203.
10 OLG Schleswig OLGReport 2005, 430.
11 BayObLG OLGReport München 2004, 251.
12 BayObLG FamRZ 2004, 1991; OLG Köln FGPrax 2009, 70.
13 BayObLG OLGReport München 2004, 251 für den Bereich der Abwicklung eines Übergabevertrages; BayObLG FamRZ 2004, 1991 für den Bereich der Gesundheitssorge; OLG Köln FGPrax 2009, 70 und KG FGPrax 2009, 108 für den Bereich der Vermögenssorge.
14 BayObLG FamRZ 2004, 1991.

ne Angelegenheit wie der Abschluss eines Übergabevertrages zugewiesen wurde.[15]

c) Notwendigkeit besonderer Kenntnisse

Eine Fallgruppe, die abstrakt herangezogen wird, ist die Notwendigkeit besonderer Kenntnisse für einen bestimmten Aufgabenkreis, wenn der gewünschte, vorgesehene oder bereits bestellte Betreuer den damit verbundenen Anforderungen nicht in vollem Umfang gerecht wird.[16] Diese Fallgruppe ist aber vom Ansatz her bedenklich, da ein Betreuer über spezifische Fachkenntnisse nicht verfügen muss. Wesentlich ist vielmehr seine Fähigkeit, notwendige Hilfen, beispielsweise einen Rechtsanwalt oder Vermögensberater oder Arzt, zu organisieren (s. § 1897 BGB Rn 19–21). Ein weiterer Betreuer darf in diesen Fällen nicht bestellt werden.[17] Zudem erscheint es praktisch als eher unwahrscheinlich, dass ein grundsätzlich geeigneter Betreuer nur in einem bestimmten Aufgabenfeld keine Kommunikationsbasis schaffen kann (vgl § 1897 BGB Rn 22) und deshalb ein Mitbetreuer zum Wohl des Betroffenen erforderlich ist.

3. Gemeinschaftliche Mitbetreuung (Abs. 3)

Vorbehaltlich einer anderweitigen Bestimmung des Vormundschaftsgerichts, führen Mitbetreuer, die für denselben Aufgabenkreis bestellt sind, die Betreuung gemeinschaftlich. Sie müssen sich daher grundsätzlich über Ziele, Wege, Notwendigkeiten und Möglichkeiten der Betreuung verständigen und die gesetzliche Vertretung des Betroffenen (§ 1902 BGB) gemeinschaftlich ausüben (Gesamtvertretung). Können sie sich nicht einigen, entscheidet das Vormundschaftsgericht (§§ 1908 i Abs. 1 S. 1, 1797 Abs. 1 S. 2 BGB). Bestehen zwischen den Betreuern erhebliche **Meinungsunterschiede**, die einer am Wohl des Betroffenen orientierten Betreuungsführung entgegenstehen, liegen die Voraussetzungen des § 1899 Abs. 1 S. 1 BGB für die Bestellung mehrerer Betreuer nicht mehr vor. Das Vormundschaftsgericht hat deshalb nach § 1908 b Abs. 1 S. 1 BGB einzugreifen und einen, möglicherweise auch alle Betreuer zu entlassen. Die Frage, welcher Betreuer zu entlassen ist, richtet sich nach den Kriterien des § 1897 BGB (s. dort insbesondere Rn 1, 55).[18]

Das Prinzip der gemeinschaftlichen Mitbetreuung findet keine Anwendung, wenn mit einem Aufschub der dringend zu treffenden Entscheidung **Gefahren** für das Wohl des Betroffenen verbunden wären. Das ist eine Frage des Einzelfalls. Praktisch relevant kann diese Ausnahme insbesondere bei der Notwendigkeit ärztlicher Eingriffe und freiheitsentziehender Unterbringungsmaßnahmen sein (vgl §§ 1904 Abs. 1 S. 2, 1906 Abs. 2 S. 2 BGB).[19]

Die **Gesamtvertretung** hat vielfältige rechtliche Folgen, die wie folgt zusammengefasst werden können:

- **Willenserklärungen für den Betroffenen** sind nur wirksam, wenn alle Mitbetreuer sie gemeinsam abgegeben oder zustimmen. Fehlt es an diesem Erfordernis, ist eine einseitige Willenserklärung (beispielsweise die Kündi-

---

15 BayObLG OLGReport München 2004, 251, 252.
16 BayObLG FamRZ 1997, 114 mwN.
17 BayObLG FamRZ 1997, 114.
18 OLG München FGPrax 2007, 124; OLG Schleswig FGPrax 2002, 174.
19 Jürgens/Jürgens, § 1899 BGB Rn 3; Dodegge/Roth, B Rn 76.

gung eines Mietvertrages) grundsätzlich unwirksam (§ 181 BGB) und ein Vertragsschluss schwebend unwirksam (§ 177 Abs. 1 BGB). Wird die Genehmigung eines Vertrages endgültig verweigert[20] oder gilt sie nach § 177 Abs. 2 BGB als verweigert, findet § 179 BGB Anwendung. Danach kann der Vertragspartner von dem ohne Vertretungsmacht handelnden Betreuer ggf Erfüllung des Vertrages oder Schadensersatz verlangen.

- Für den **Zugang** und damit die Wirksamkeit einer gegenüber dem Betroffenen abzugebenden **Willenserklärung** (§§ 130 Abs. 1 S. 1, 131 Abs. 1 BGB) ist es ausreichend, wenn die Willenserklärung einen der Mitbetreuer erreicht. Dieser allgemeine Rechtsgedanke findet seinen Ausdruck in §§ 28 Abs. 2, 1629 Abs. 1 S. 2 BGB, § 125 Abs. 2 HGB; § 35 Abs. 2 S. 3 GmbHG; § 78 Abs. 2 S. 2 AktG.[21]

- **Zustellungen** in Gerichtsverfahren[22] und Verwaltungsbehördenverfahren sind wirksam, wenn sie gegenüber einem Mitbetreuer erfolgen.

- Betreuungsgerichtliche **Genehmigungen** für die Anlegung von Geld und Verfügungen über Forderungen und Wertpapiere sind entbehrlich, wenn für diesen Aufgabenkreis mehrere Betreuer bestellt sind (§§ 1908 i Abs. 1 S. 1, 1810 S. 2 und 1812 Abs. 3 Hs 2 BGB).

- Für Schäden, die dem Betreuten aus **Pflichtverletzungen der Mitbetreuer** entstehen, haften die Mitbetreuer als Gesamtschuldner (§§ 1908 i Abs. 1 S. 1, 1833 Abs. 1 S. 2 BGB).

- Jedem Mitbetreuer steht ein **Beschwerderecht** gegen Entscheidungen, die den zugewiesenen Aufgabenkreis betreffen, zu (§ 303 Abs. 4 S. 2 FamFG).

- Jeder Mitbetreuer ist anzuhören, wenn das Betreuungsverfahren an ein anderes Betreuungsgericht abgegeben werden soll (§§ 4 S. 2, 274 Abs. 1 Nr. 2 FamFG.

III. Sterilisationsbetreuer (Abs. 2)

14 Für die Entscheidung über die Einwilligung in eine Sterilisation (§ 1905 BGB) ist stets ein besonderer Betreuer zu bestellen (§ 1899 Abs. 2 BGB). Ein Ermessen des Betreuungsgerichts gibt es nicht. Der Aufgabenkreis kann ausschließlich das Aufgabenfeld der Sterilisation umfassen. Darunter fallen alle mit der Entscheidung im Zusammenhang stehenden Tätigkeiten, insbesondere Erörterungen mit dem Betroffenen, Informationsgespräche mit Ärzten und dem sozialen Umfeld sowie der Abschluss des Arztvertrages.[23]

15 Mit der verpflichtenden Bestellung eines Sterilisationsbetreuers verfolgt das Gesetz **zwei Ziele**. Zum einen soll verhindert werden, dass sich der Hauptbetreuer bei der Entscheidung über eine Sterilisation von eigenen Interessen leiten lässt, die sich beispielhaft aus einer vereinfachten Führung der Betreuung ergeben könnten. Zum anderen ist mit der Bestellung eines Sterilisationsbetreuers

---

[20] Das ist auch möglich, wenn wegen der Meinungsunterschiede das Vormundschaftsgericht angerufen wird und sich gegen den Vertragsschluss ausspricht (§§ 1908 i Abs. 1 S. 1, 1797 Abs. 1 S. 2 BGB).
[21] BGH ZIP 2001, 2227; BGH NJW 1988, 1200; Palandt/Ellenberger, § 167 BGB Rn 14.
[22] § 170 Abs. 3 ZPO, § 46 Abs. 2 S. 1 ArbGG.
[23] Palandt/Götz, § 1899 BGB Rn 11.

die Erwartung verbunden, einen für diesen Aufgabenbereich besonders fachkundigen Betreuer finden zu können.[24]

Zum Sterilisationsbetreuer kann **nicht jeder Betreuungstyp** bestellt werden. Betreuungsvereine und Betreuungsbehörden sind ausgeschlossen (§ 1900 Abs. 5 BGB). Im Übrigen kann jede natürliche Person bestellt werden. Die Bestellung eines ehrenamtlich tätigen Betreuers ist möglich, wenn die notwendigen Fachkenntnisse vorhanden sind. 16

IV. Verhinderungsbetreuer (Abs. 4)

Das Betreuungsgericht kann nach § 1899 Abs. 4 BGB einen Ergänzungsbetreuer bestellen, soweit der Hauptbetreuer **nach seiner Bestellung**[25] an der Wahrnehmung seiner Aufgaben verhindert ist. Die Verhinderung kann auf rechtlichen Ausschlusstatbeständen beruhen oder auf eine tatsächliche Abwesenheit zurückzuführen sein. Konkretisieren sich entsprechende Tatbestände bereits vor der Bestellung eines Betreuers, kann ein Mitbetreuer nach § 1899 Abs. 1 BGB einbezogen werden. 17

1. Rechtliche Verhinderung

Eine rechtliche Verhinderung ist gegeben, wenn der Betreuer von der Vertretung des Betreuten kraft Gesetzes ausgeschlossen ist (§§ 1908i Abs. 1 S. 1, 1795 BGB) oder ihm das Gericht wegen erheblicher Interessengegensätze in einem Teilbereich die Vertretungsmacht entzieht (§§ 1908i Abs. 1 S. 1, 1796 BGB).[26] Kraft Gesetzes ist der Betreuer beispielsweise ausgeschlossen, wenn dem Betroffenen gegen den Betreuer Pflichtteilsansprüche zustehen[27] oder die Rückabwicklung eines Grundstücksgeschäftes zwischen dem Betreuer und dem Betroffenen zu prüfen ist.[28] 18

2. Tatsächliche Verhinderung

Eine tatsächliche Verhinderung kann auf einer Erkrankung des Betreuers,[29] auf einer urlaubsbedingten Abwesenheit[30] oder, nach einem Umzug, auf einer weiten Entfernung zwischen dem Wohnort des Betroffenen und dem Wohnort des Betreuers beruhen.[31] In diesen Fällen ist, soweit Bedarf besteht,[32] durch **Bestellung eines weiteren Betreuers** sicherzustellen, dass für den Betroffenen die erforderlichen Angelegenheiten besorgt werden können. 19

Im Fall **urlaubs- oder krankheitsbedingter Abwesenheit** kann der Betreuer zwar Hilfspersonen beauftragen, den Kontakt zum Betroffen zu halten und ihn über wesentliche Vorkommnisse zu informieren. Das versetzt den Betreuer in 20

---

24 Dodegge/Roth, B Rn 75.
25 BayObLG FamRZ 2002, 1656; BayObLG FamRZ 2002, 1589; OLG Schleswig FGPrax 2004, 213.
26 BayObLG FamRZ 2004, 906.
27 BayObLG FamRZ 2004, 906; BayObLG FamRZ 2002, 61 (LS); BayObLG BtPrax 2001, 252.
28 BayObLG FamRZ 2002, 1656 (LS).
29 BayObLG FamRZ 2004, 1903; OLG Dresden BtPrax 2001, 260; OLG Frankfurt/M. FamRZ 2002, 1362.
30 OLG Frankfurt/M. FamRZ 2002, 1362; OLG Dresden BtPrax 2001, 260.
31 BayObLG FamRZ 2000, 1183 (LS).
32 BayObLG FamRZ 2004, 1993.

die Lage, die notwendigen Entscheidungen selbst zu treffen. Unzulässig ist es aber, die Aufgaben als Betreuer auf einen Urlaubs- oder Krankheitsvertreter durch Bevollmächtigung vollständig zu übertragen. Dies widerspräche dem Grundsatz der persönlichen Betreuung.[33]

21 Keine Bedenken bestehen dagegen, in geeigneten Fällen bereits mit Bestellung des Betreuers eine **Dauerersatzbetreuung** einzurichten.[34] Denn die Notwendigkeit, eine Betreuung während Urlaubszeiten sicherzustellen, wird häufig absehbar sein. Dauerersatzbetreuer kann ein weiterer Familienangehöriger, ein Mitbetreuer oder ein anderer Berufsbetreuer sein, der mit dem Hauptbetreuer kooperiert. Kann dagegen das Bedürfnis für einen Ersatzbetreuer in einem überschaubaren Zeitraum nicht konkretisiert werden, fehlt es an der auch für die Bestellung des Ersatzbetreuers notwendigen Erforderlichkeit (§ 1896 Abs. 2 BGB). Keinesfalls darf eine Ersatzbetreuung für die nur abstrakte Möglichkeit einer Erkrankung des Betreuers angeordnet werden.[35]

V. Bedeutung für das Betreuungsgericht

22 Das Betreuungsgericht wird bei der **Bestellung eines Mitbetreuers** nach § 1899 Abs. 1 BGB das Prinzip der Einzelbetreuung zu beachten haben. Die davon abweichende (Ausnahme-)Entscheidung bedarf deshalb einer Begründung. Fehlen entsprechende Feststellungen, wird die Bestellung eines Mitbetreuers in einem Beschwerdeverfahren einer Prüfung nicht standhalten können.

23 **Verfahrensrechtlich** ist bei der nachträglichen Bestellung eines weiteren Betreuers § 293 Abs. 3 FamFG zu beachten. Wird dem weiteren Betreuer ein alter Aufgabenkreis zur alleinigen Wahrnehmung zugewiesen, liegt in seiner Bestellung zugleich eine Teilentlassung des bisherigen Betreuers. In diesen Fällen ist zusätzlich § 296 Abs. 1 FamFG anzuwenden.[36] Wird schließlich der weitere Betreuer für einen neuen Aufgabenkreis bestellt, richtet sich das Verfahren nach § 293 Abs. 1 FamFG.[37]

24 Im Rahmen der **betreuungsgerichtlichen Aufsicht** (§§ 1908 i Abs. 1 S. 1, 1837 Abs. 1–3, 1839–1841 BGB) durch den Rechtspfleger (§ 3 Nr. 2 a RPflG) sind rechtliche Ausschlussgründe oder erhebliche Interessengegensätze (§§ 1908 i Abs. 1 S. 1, 1795, 1796 BGB) festzustellen und dem zuständigen Richter (§ 14 Nr. 4 RPflG) mitzuteilen.

Für Ansprüche auf **Aufwendungsersatz und Vergütung** sind Besonderheiten zu beachten (dazu Rn 28).

VI. Bedeutung für die Betreuungsbehörde

25 Erfährt die Betreuungsbehörde von der Notwendigkeit, einen weiteren Betreuer zu bestellen, kann sie dies dem Betreuungsgerichts **mitteilen** (§ 7 Abs. 1 BtBG, s. dort Rn 2 ff).

---

33 BayObLG BtPrax 2000, 214; OLG Frankfurt/M. FamRZ 2002, 1362; OLG Dresden BtPrax 2001, 260.
34 Bejahend: Knittel, § 1899 BGB Rn 24; Bienwald, § 1899 BGB Rn 2; verneinend: MK/Schwab, § 1899 BGB Rn 24; offengelassen: BayObLG FamRZ 2004, 1993.
35 BayObLG FamRZ 2004, 1993.
36 BayObLG FamRZ 2002, 1656 (LS).
37 BayObLG FamRZ 2002, 1656 (LS); BayObLG FamRZ 1998, 512, 513.

Verfahrensrechtlich findet über § 293 Abs. 1, 3, § 279 Abs. 2 FamFG entsprechende Anwendung. Zur Sachaufklärung kann daher das Vormundschaftsgericht einen Betreuungsbericht anfordern. Zudem kann der Betreuungsbehörde ein Beschwerderecht zustehen (§ 303 Abs. 1 FamFG). 26

VII. Bedeutung für Betreuer

Erkennt der Betreuer die Notwendigkeit, einen weiteren Betreuer zu bestellen, ist er verpflichtet, dies dem Vormundschaftsgericht **mitzuteilen** (§ 1901 Abs. 5 S. 2 3. Fall BGB). 27

Die Bestellung mehrerer Betreuer kann folgende Auswirkungen für den **Aufwendungsersatzanspruch und den Vergütungsanspruch** haben: 28

- Mehrere ehrenamtliche Betreuer können jeder eine volle Jahrespauschale als Aufwandsentschädigung (§ 1835a Abs. 1 S. 1 BGB, s. dort Rn 9) in Anspruch nehmen.[38]
- Wird neben einem Berufsbetreuer ein ehrenamtlicher Betreuer als Mitbetreuer (§ 1899 Abs. 1 S. 1 BGB) bestellt (die Bestellung mehrerer Berufsbetreuer als Mitbetreuer ist nach § 1899 Abs. 1 S. 3 BGB ausgeschlossen, s. Rn 3), erhält der Berufsbetreuer eine Vergütung nach §§ 3 ff VBVG und der ehrenamtliche Betreuer Aufwendungsersatz (§§ 1835, 1835a BGB).
- Sterilisations- und Verhinderungsbetreuer (§ 1899 Abs. 2 und Abs. 4 BGB) erhalten eine Vergütung nach § 6 VBVG.

§ 1900 BGB   Betreuung durch Verein oder Behörde

(1) ¹Kann der Volljährige durch eine oder mehrere natürliche Personen nicht hinreichend betreut werden, so bestellt das Betreuungsgericht einen anerkannten Betreuungsverein zum Betreuer. ²Die Bestellung bedarf der Einwilligung des Vereins.

(2) ¹Der Verein überträgt die Wahrnehmung der Betreuung einzelnen Personen. ²Vorschlägen des Volljährigen hat er hierbei zu entsprechen, soweit nicht wichtige Gründe entgegenstehen. ³Der Verein teilt dem Gericht alsbald mit, wem er die Wahrnehmung der Betreuung übertragen hat.

(3) Werden dem Verein Umstände bekannt, aus denen sich ergibt, dass der Volljährige durch eine oder mehrere natürliche Personen hinreichend betreut werden kann, so hat er dies dem Gericht mitzuteilen.

(4) ¹Kann der Volljährige durch eine oder mehrere natürliche Personen oder durch einen Verein nicht hinreichend betreut werden, so bestellt das Gericht die zuständige Behörde zum Betreuer. ²Die Absätze 2 und 3 gelten entsprechend.

(5) Vereinen oder Behörden darf die Entscheidung über die Einwilligung in eine Sterilisation des Betreuten nicht übertragen werden.

---

38 BayObLG FamRZ 2003, 479; OLG Frankfurt/M. FGPrax 2002, 115; OLG Zweibrücken MDR 2002, 396; OLG Jena FamRZ 2005, 478.

§ 1900 BGB

I. Einleitung

1 § 1900 BGB regelt die – subsidiäre – Betreuung durch einen Betreuungsverein oder die Betreuungsbehörde. Mit dem Begriff des Betreuungsvereins nimmt § 1900 BGB Bezug auf § 1908 f BGB. Gemeint ist also der **anerkannte Betreuungsverein** gemäß § 1908 f Abs. 1 bis 3 BGB (s. dort Rn 12 ff).[1] Mit **Betreuungsbehörde** ist die Betreuungsstelle gemeint, die örtlich zuständig ist (§ 9 S. 2 BtBG). Im Regelfall bestimmt sich die Zuständigkeit nach dem gewöhnlichen Aufenthalt des Betroffenen (§ 3 Abs. 1 S. 1 BtBG, s. dort Rn 2).[2] Betreuungsverein und Betreuungsbehörde können für jeden Aufgabenkreis bestellt werden mit Ausnahme der Entscheidung über die Einwilligung in eine **Sterilisation** (§ 1900 Abs. 5 BGB).

II. Betreuung durch Betreuungsverein

1. Voraussetzungen der Bestellung (Abs. 1)

2 Ein Betreuungsverein darf nur bestellt werden, wenn der Betroffene durch eine oder mehrere natürliche Personen nicht hinreichend betreut werden kann (§ 1900 Abs. 1 S. 1 BGB) und der Verein einwilligt (§ 1900 Abs. 1 S. 2 BGB).

3 Zu den **natürlichen Personen** zählen ehrenamtliche Betreuer, Vereinsbetreuer, Behördenbetreuer[3] und (andere) Berufsbetreuer. Auf den Betreuungsverein darf das Betreuungsgericht daher erst zugreifen, wenn aus dem genannten Personenkreis kein geeigneter Betreuer ausgewählt werden kann. Das betrifft nur einen geringen Promillesatz der Betreuungen. Nach der Vorstellung des Gesetzgebers sollten die Fälle erfasst werden, in denen aufgrund eines komplexen Krankheitsbildes und einer besonders schwierigen Persönlichkeitsstruktur ein Austausch des Vereinsmitarbeiters (§ 1900 Abs. 2 BGB, Rn 4) flexibel, dh ohne Einschaltung des Betreuungsgerichts notwendig ist.[4] Dagegen kann die subsidiäre Zuständigkeit des Betreuungsvereins nicht durch einen Wunsch des Betroffenen (§ 1897 Abs. 4 S. 1 BGB, s. dort Rn 28) begründet werden. Das Vorschlagsrecht des Betroffenen bezieht sich ausschließlich auf natürliche Personen.[5]

Einwilligung meint die vorherige Zustimmung (§ 183 S. 1 BGB) des Betreuungsvereins gegenüber dem Gericht. Bis zur Bestellung als Betreuer kann die Einwilligung gegenüber dem Betreuungsgericht widerrufen werden (§ 183 S. 2 BGB).

2. Führung der Betreuung (Abs. 2)

4 Die Führung der Betreuung überträgt der Verein **einzelnen Mitarbeitern** (§ 1900 Abs. 2 S. 1 BGB), wobei Vorstellungen des Betroffenen entsprochen wird, soweit nicht wichtige Gründe entgegenstehen (§ 1900 Abs. 2 S. 2 BGB). Wichtige Gründe sind insbesondere interne Organisationszwänge, die sich aus der Belastung einzelner Mitarbeiter und besonderer Spezialisierungen ergeben können.[6] Bei der Auswahl des Mitarbeiters hat der Verein zudem §§ 1908 i

---

1 Jürgens/Jürgens, § 1900 BGB Rn 2; Dodegge/Roth, B Rn 9.
2 OLG Hamburg BtPrax 1994, 138.
3 BayObLG FamRZ 1999, 52; BayObLG BtPrax 1994, 171, 172.
4 Dodegge/Roth, B Rn 22.
5 BayObLG FamRZ 1999, 52, 53.
6 Jürgens/Jürgens, § 1900 BGB Rn 3; Dodegge/Roth, B Rn 25.

Abs. 1 S. 1, 1791 a Abs. 3 S. 1 Hs 2 BGB zu beachten. Danach darf kein Mitarbeiter beauftragt werden, der den Betroffenen in einem Heim des Vereins mitversorgt. Das entspricht § 1897 Abs. 3 BGB (s. dort Rn 8 ff).
Der vom Verein beauftragte Mitarbeiter wird dem Gericht mitgeteilt (§ 1900 Abs. 2 S. 3 BGB). Damit ist aber **keine Festlegung** verbunden. Der mit der Wahrnehmung der Angelegenheiten des Betroffenen beauftragte Mitarbeiter kann daher ausgetauscht werden, ohne dass die in §§ 1908 b, 1908 c BGB genannten Voraussetzungen und die damit verbundenen Verfahrensabläufe (§ 296 FamFG) zu beachten wären.[7]

3. Beendigung der Vereinsbetreuung (Abs. 3)
Fallen die spezifischen Gründe, die zur Bestellung des Vereins geführt haben, weg, kann also der Betroffene durch eine natürliche Person betreut werden, hat der Verein dies dem Betreuungsgericht mitzuteilen (§ 1900 Abs. 3 BGB). Der Betreuungsverein kann dann gemäß § 1908 b Abs. 1 S. 1 BGB als Betreuer entlassen werden.

III. Betreuung durch Betreuungsbehörde (Abs. 4)
Kann der Betroffene weder durch eine oder mehrere natürliche Personen noch durch einen Betreuungsverein hinreichend betreut werden (Rn 2), bestellt das Betreuungsgericht die Betreuungsbehörde zum Betreuer (§ 1900 Abs. 4 S. 1 BGB). Einer Einwilligung der Behörde bedarf es nicht.[8] Damit hat der Gesetzgeber einen **Auffangtatbestand** geschaffen, um jedenfalls eine Anlaufstelle zu haben, wenn anderweitig der Bedarf nicht gedeckt werden kann. Das gilt für einen quantitativen wie einen qualitativen Mangel.[9] Die Gründe, die das Betreuungsgericht zur Bestellung der Behörde veranlassen, sind in dem Beschluss nachvollziehbar darzulegen.[10]

Die vorgenannten Grundsätze gelten entsprechend, wenn ein **vorläufiger Betreuer** zu bestellen ist. Wegen der Eilbedürftigkeit sind die Anforderungen an die Ermittlungspflicht des Gerichtes aber situationsangemessen zu relativieren.[11]

Wegen der **Führung und Beendigung** der Betreuung verweist § 1900 Abs. 4 S. 2 BGB auf die Bestimmungen für die Betreuungsvereine in § 1900 Abs. 2 und Abs. 3 BGB (s. Rn 4–6).

IV. Bedeutung für Betreuungsgericht
Die Möglichkeit, Betreuungsvereine und Betreuungsbehörde im Sinne einer **Notzuständigkeit** einzubinden, gewährleistet, stets auf einen geeigneten Betreuer zurückgreifen zu können. Damit wird die Erfüllung der in § 1896 Abs. 1 S. 1 BGB dem Betreuungsgericht auferlegten Pflicht zur Bestellung eines Betreuers sichergestellt.

---

7 Dodegge/Roth, B Rn 25.
8 BayObLG FamRZ 2001, 316.
9 BayObLG FamRZ 1994, 1203; BayObLG FamRZ 1993, 140.
10 BayObLG FamRZ 1999, 1303 (LS); BayObLG FamRZ 1994, 1203; BayObLG FamRZ 1993, 140.
11 BayObLG FamRZ 2001, 316, 317.

11 Die **gerichtliche Aufsicht** ist eingeschränkt (§§ 1908 i Abs. 1 S. 1, 1857 a BGB, s. § 1857 a BGB Rn 7). Zudem kann **kein Zwangsgeld** zur Durchsetzung von Anordnungen verhängt werden (§§ 1908 i Abs. 1 S. 1, 1837 Abs. 3 S. 2 BGB, s. § 1837 BGB Rn 22).

12 Für Ansprüche auf **Aufwendungsersatz und Vergütung** sind Besonderheiten zu beachten (dazu Rn 16, 20).

V. Bedeutung für Betreuungsbehörde

13 Die Auffangzuständigkeit, der sich die Betreuungsbehörde nicht entziehen kann (s. ebenfalls § 9 S. 1 BtBG), zwingt zu einer entsprechenden **personellen Ausstattung**.

14 Gegen ihre Bestellung kann die Betreuungsbehörde **Beschwerde** einlegen (§§ 58, 59 FamFG) mit der konkretisierten Begründung, dass eine natürliche Person oder ein Betreuungsverein zur Verfügung stünde.[12]

Die Betreuungsbehörde unterliegt der **Mitteilungspflicht** nach § 1900 Abs. 3 BGB.

15 Die Betreuungsbehörde unterliegt nur einer eingeschränkten **betreuungsgerichtlichen Aufsicht** (§§ 1908 i Abs. 1 S. 1, 1857 a BGB, s. § 1857 a BGB Rn 7). Zudem kann **kein Zwangsgeld** zur Durchsetzung von Anordnungen verhängt werden (§§ 1908 i Abs. 1 S. 1, 1837 Abs. 3 S. 2 BGB, s. § 1837 BGB Rn 22).

16 Die Betreuungsbehörde erhält **keine Vergütung** (§§ 1908 i Abs. 1 S. 1, 1836 Abs. 4 BGB) und **keine pauschale Aufwandsentschädigung** (§§ 1908 i Abs. 1 S. 1, 1835 a Abs. 5 BGB). Die Behörde kann nur in einem eingeschränkten Umfang **Aufwendungsersatz** verlangen (§§ 1908 i Abs. 1 S. 1, 1835 Abs. 5 BGB).

17 Für ein **Verschulden** des zur Führung der Betreuung bestimmten Mitarbeiters muss die Körperschaft, der die Betreuungsbehörde zugeordnet ist (s. § 1 BtBG) im Wege der Staatshaftung (§ 839 BGB iVm Art. 34 GG) einstehen.

VI. Bedeutung für Betreuungsvereine

18 Wird ein Betreuungsverein ohne seine Einwilligung zum Betreuer bestellt, kann er dagegen **Beschwerde** einlegen (§§ 58, 59 FamFG).[13]

Die Betreuungsvereine unterliegen der **Mitteilungspflicht** nach § 1900 Abs. 3 BGB.

19 Die Betreuungsvereine unterliegen nur einer eingeschränkten **betreuungsgerichtlichen Aufsicht** (§§ 1908 i Abs. 1 S. 1, 1857 a BGB, s. § 1857 a BGB Rn 1). Zudem kann **kein Zwangsgeld** zur Durchsetzung von Anordnungen verhängt werden (§§ 1908 i Abs. 1 S. 1, 1837 Abs. 3 S. 2 BGB, s. § 1837 BGB Rn 18).

20 Die Betreuungsvereine erhalten **keine Vergütung** (§§ 1908 i Abs. 1 S. 1, 1836 Abs. 4 BGB) und **keine pauschale Aufwandsentschädigung** (§§ 1908 i Abs. 1 S. 1, 1835 a Abs. 5 BGB). Die Vereine können nur in einem eingeschränkten Umfang **Aufwendungsersatz** verlangen (§§ 1908 i Abs. 1 S. 1, 1835 Abs. 5 BGB, s. § 1835 BGB Rn 32).

---

12 Dodegge/Roth, B Rn 31.
13 Dodegge/Roth, B Rn 23.

Für ein **Verschulden** des zur Führung der Betreuung bestimmten Mitarbeiters müssen die Vereine einstehen (§§ 1908i Abs. 1 S. 1, 1791a Abs. 3 S. 2, 31 BGB).

VII. Bedeutung für Betroffene

Mit der Verpflichtung des Vereins und der Behörde, eine bestimmte Person mit der Führung der Betreuung zu beauftragen und bei deren **Auswahl** grundsätzlich die Vorstellungen des Betroffenen zu beachten (§ 1900 Abs. 2 und Abs. 4 S. 2 BGB), werden die Prinzipien der persönlichen Betreuung und der Selbstbestimmung umgesetzt. Der Betroffene kann deshalb gegen die Auswahl des Mitarbeiters vorgehen und eine **gerichtliche Entscheidung** beantragen (§ 291 FamFG, s. dort Rn 5). 21

§ 1901 BGB Umfang der Betreuung, Pflichten des Betreuers

(1) Die Betreuung umfasst alle Tätigkeiten, die erforderlich sind, um die Angelegenheiten des Betreuten nach Maßgabe der folgenden Vorschriften rechtlich zu besorgen.

(2) ¹Der Betreuer hat die Angelegenheiten des Betreuten so zu besorgen, wie es dessen Wohl entspricht. ²Zum Wohl des Betreuten gehört auch die Möglichkeit, im Rahmen seiner Fähigkeiten sein Leben nach seinen eigenen Wünschen und Vorstellungen zu gestalten.

(3) ¹Der Betreuer hat Wünschen des Betreuten zu entsprechen, soweit dies dessen Wohl nicht zuwiderläuft und dem Betreuer zuzumuten ist. ²Dies gilt auch für Wünsche, die der Betreute vor der Bestellung des Betreuers geäußert hat, es sei denn, dass er an diesen Wünschen erkennbar nicht festhalten will. ³Ehe der Betreuer wichtige Angelegenheiten erledigt, bespricht er sie mit dem Betreuten, sofern dies dessen Wohl nicht zuwiderläuft.

(4) ¹Innerhalb seines Aufgabenkreises hat der Betreuer dazu beizutragen, dass Möglichkeiten genutzt werden, die Krankheit oder Behinderung des Betreuten zu beseitigen, zu bessern, ihre Verschlimmerung zu verhüten oder ihre Folgen zu mildern. ²Wird die Betreuung berufsmäßig geführt, hat der Betreuer in geeigneten Fällen auf Anordnung des Gerichts zu Beginn der Betreuung einen Betreuungsplan zu erstellen. ³In dem Betreuungsplan sind die Ziele der Betreuung und die zu ihrer Erreichung zu ergreifenden Maßnahmen darzustellen.

(5) ¹Werden dem Betreuer Umstände bekannt, die eine Aufhebung der Betreuung ermöglichen, so hat er dies dem Betreuungsgericht mitzuteilen. ²Gleiches gilt für Umstände, die eine Einschränkung des Aufgabenkreises ermöglichen oder dessen Erweiterung, die Bestellung eines weiteren Betreuers oder die Anordnung eines Einwilligungsvorbehalts (§ 1903) erfordern.

I. Bedeutung der Vorschrift für den Betreuer....................	1	II. Betreuung als rechtliche Besorgung der Angelegenheiten (Abs. 1).........................	14
1. Kreis der Betreuer...........	3	1. Bedeutung der Norm für Umfang der Rechtspflichten.........................	15
2. Das Konzept der persönlichen rechtlichen Betreuung	6		
3. Bedeutungswandel..........	13		

2. (Neben-)Pflichten des Betreuers nach Maßgaben des § 1901 BGB.............	18
a) Pflicht zur Organisation.....................	18
b) Herstellen eines Vertrauensverhältnisses.........	20
c) Häufigkeit persönlichen Kontakts................	21
d) Fehlen sonstiger Hilfen	26
III. Wohl des Betreuten (Abs. 2)....	29
IV. Wünsche und Vorstellungen des Betreuten (Abs. 3)................	34
1. Aktuelle Wünsche...........	34
2. Besprechenspflicht..........	39
3. Betreuungsverfügung.......	42
4. Konflikt zwischen Wille und Wohl......................	44
5. Zumutbarkeit...............	49
6. Auswirkungen eines Nichtbeachtens der Wünsche.....	52
7. Überwachung durch das Gericht und Maßnahmen...	54
V. Der Grundsatz der persönlichen Betreuung und die Delegation von Betreueraufgaben...........	56
VI. Rehabilitation (Abs. 4 S. 1).....	67
VII. Betreuungsplanung (Abs. 4 S. 2 und 3).............	72
1. Zweck des Betreuungsplans......................	72
2. Berufsbetreuer..............	75
3. Geeigneter Fall..............	78
4. Auf Anordnung des Gerichts.....................	80
5. Zu Beginn der Betreuung...	82
6. Inhalt des Betreuungsplans: Ziele und Maßnahmen.....	85
7. Prüfung und Bewertung durch das Betreuungsgericht........................	88
8. Bedeutung für die Betreuungsbehörde................	89
9. Rechtsmittel................	90
VIII. Zwangsbefugnisse des Betreuers................................	91
1. Zwang zum Wohl des Betreuten....................	91
2. Spezialgesetzliche Ermächtigung ist erforderlich........	95
IX. Mitteilungspflichten (Abs. 5)...	101
1. Aufgabe des Betreuers......	101
2. Mitteilungen als Auslöser für Maßnahmen nach § 1908d BGB..............	103
3. Maßnahmen nach § 1899 Abs. 1 und 4 BGB...	106
4. Öffentlich-rechtliche Mitteilungspflichten...............	112

I. Bedeutung der Vorschrift für den Betreuer

1 Die Vorschrift ist von elementarer und zentraler Bedeutung. Sie richtet sich an den Betreuer. Er ist Adressat der in der Vorschrift zusammengefassten Pflichten über Art, Maß und Ziel der Betreuung. Sie zeigt auf, wie der Gesetzgeber die Betreuung im Verhältnis vom Betreuer zum Betreuten konzipiert hat.

2 Für den durch eine Vorsorgevollmacht **Bevollmächtigten** ergeben sich dessen Befugnisse vorrangig aus der Vollmacht selbst (vgl dazu § 1896 Rn 91). Soweit keine ausdrückliche Regelung enthalten ist, sollte sich der Bevollmächtigte an § 1901 Abs. 1 bis Abs. 4 S. 1 BGB gebunden fühlen.

1. Kreis der Betreuer

3 Angesprochen werden **alle Betreuer**, denen eine **persönliche Betreuung** obliegt und die mit gesetzlicher Vertretungsmacht ausgestattet sind. Erfasst werden Berufsbetreuer und ehrenamtliche Betreuer (mit der Ausnahme, dass nur Berufsbetreuer einen Betreuungsplan zu erstellen haben; vgl Abs. 4 S. 1). Die Vorschrift wendet sich nicht nur an den Einzelbetreuer, sondern auch an den Mitbetreuer, den Kontrollbetreuer oder den Ergänzungsbetreuer. Wegen der Eigenart der jeweiligen Betreuungsart bestehen die Pflichten jedoch in unterschiedlicher Intensität (etwa hinsichtlich der Besprechenspflicht in Abs. 3).

So hat beispielsweise der **Kontrollbetreuer** nach § 1896 Abs. 3 BGB bei der 4
Überwachung des Bevollmächtigten in gleichem Maße das Wohl, die Wünsche
und die Vorstellungen des Betreuten zu berücksichtigen. Entspricht der Bevollmächtigte den – nicht dem Wohl des Betreuten zuwiderlaufenden – Wünschen
und Vorstellungen des Vollmachtgebers hinsichtlich seiner Lebensführung, ist
der Kontrollbetreuer zu Beanstandungen nicht berechtigt. Andererseits ist es
geradezu seine Pflicht, eine Ausübung der Vollmacht gegen das Wohl des Betreuten zu unterbinden, weil er deswegen bestellt wurde. Ebenso ist der **Ergänzungsbetreuer** an § 1901 BGB gebunden, jedoch nur hinsichtlich der ihm übertragenen Angelegenheit. **Mitbetreuer** müssen sich in der Betreuungsführung an
§ 1901 BGB ausrichten und verständigen. Kommt es zu Meinungsverschiedenheiten, entscheidet das Betreuungsgericht, welcher Meinung gefolgt werden
soll, §§ 1908 i Abs. 1 S. 1, 1797 Abs. 1 S. 2 BGB (vgl dazu § 1797 BGB
Rn 3 ff).

Von § 1901 BGB wird allerdings nicht der **Gegenbetreuer** (§§ 1908 i Abs. 1 5
S. 1, 1792 BGB) angesprochen, weil dieser den Betreuten nicht, wie in der Vorschrift vorausgesetzt, gesetzlich vertritt, auch wenn er den Betreuten persönlich
zu betreuen hat (vgl dazu § 1792 BGB Rn 4). Die Mitteilungspflichten des Gegenvormundes an das Betreuungsgericht ergeben sich schon aus § 1799 BGB
(iVm § 1908 i Abs. 1 S. 1 BGB), so dass auf § 1901 Abs. 5 BGB nicht zurückzugreifen ist. Auch die weiteren Pflichten und Rechte des Gegenbetreuers sind
spezialgesetzlich geregelt (vgl dazu § 1792 BGB Rn 2).

2. Das Konzept der persönlichen rechtlichen Betreuung

§ 1901 Abs. 1 bis 4 BGB betrifft das **Innenverhältnis** zwischen Betreuer und 6
Betreutem, während § 1902 BGB das Außenverhältnis, das Handeln des Betreuers für und mit Wirkung für den Betreuten mit Dritten behandelt.

Abs. 1 **begrenzt** die Tätigkeit des Betreuers in zweierlei Hinsicht: zum einen 7
auf die **rechtliche Besorgung** und zum anderen auf das **erforderliche Maß**.

Nach Abs. 2 hat der Betreuer sein Handeln am **Wohl des Betreuten** auszurichten. Dieses ist aber nicht nur an Hand von objektiven Kriterien zu bestimmen, 8
sondern auch danach, welche **Wünsche und Vorstellungen** der Betreute selbst
in Bezug auf seine Lebensgestaltung entwickelt (vgl dazu näher Rn 34 ff).

Infolgedessen verpflichtet Abs. 3 den Betreuer, die Wünsche des Betreuten zu 9
beachten. Diese Pflicht wird in Bezug auf den Betreuten nur durch dessen
Wohl und in Bezug auf den Betreuer nur dadurch, dass ihm ihre Befolgung
zumutbar sein muss, eingeschränkt. Maßgebend sind dabei auch Wünsche des
Betreuten zu beachten, die er vor dem Eintritt seiner Betreuungsbedürftigkeit
geäußert und gerade für den Fall in einer Betreuungsverfügung niedergelegt
hat. In Abs. 3 findet das **Selbstbestimmungsrecht des Betreuten** somit seinen
unmittelbaren Niederschlag. Besonders deutlicher Ausdruck dessen ist die Besprechenspflicht in Abs. 3 S. 3, in der sich der **Grundsatz der persönlichen Betreuung** konkretisiert. Der Betreuer soll nicht über den Betreuten hinweg und nicht ohne ihn entscheiden. Er soll ihn vielmehr mit einbeziehen, indem er die wichtigen Angelegenheiten mit ihm bespricht (vgl dazu näher Rn 36 ff).

Abs. 4 verpflichtet den Betreuer zur Wahrnehmung von Rehabilitierungschancen und zeigt das Verständnis des Gesetzgebers von der Betreuung als eine vor- 10 übergehende, auf Besserung gerichtete Aufgabe. **Betreuung soll kein Dauerzustand sein.** Das Handeln des Betreuers muss auf die Aufhebung der Betreuung abzielen, hierfür soll er alles Erforderliche unternehmen. Wie und mit welchen Mittel er dieses Ziel erreichen will, obliegt ihm nicht allein zu entscheiden. Er soll es für das Betreuungsgericht nachprüfbar in einer **Betreuungsplanung** darlegen, welche durchaus auch Kontrollzwecken dient (vgl dazu näher Rn 72 ff).

11 Sobald eine die Betreuungsbedürftigkeit beeinflussende Verbesserung zumindest teilweise erreicht ist, hat der Betreuer dem Betreuungsgericht die dafür sprechenden Umstände mitzuteilen, damit – dem Erforderlichkeitsgrundsatz entsprechend – die Betreuung aufgehoben oder die Aufgabenkreise begrenzt werden können (entsprechendes gilt bei Anordnung eines Einwilligungsvorbehaltes nach § 1903 Abs. 4 BGB). Die **Mitteilungspflichten** des Betreuers in Abs. 5 erstrecken sich im Gegensatz dazu ferner auf solche Umstände, die weitere – die Selbstbestimmung des Betreuten – einschränkende Maßnahmen des Betreuungsgerichts durch Erweiterung des Aufgabenkreises oder der Anordnung eines Einwilligungsvorbehaltes erfordern (vgl dazu näher Rn 101 ff).

12 Werden die Anforderungen des § 1901 BGB nicht beachtet, kommt neben einer möglichen **Haftung** des Betreuers nach § 1833 BGB seine **Entlassung** in Betracht, falls das Betreuungsgericht eine künftige Befolgung nicht mit Mitteln der Aufsicht und der Weisung sicherstellen kann.

3. Bedeutungswandel

13 In der Rechtsprechung spielt § 1901 BGB überwiegend eine Rolle bei den Einwänden der Betreuten zur Vergütung, wenn diese der Ansicht sind, der Betreuer erfülle seine Pflichten zur persönlichen Betreuung nicht genügend.[1] Vor der Geltung des 2. BtÄndG wurde die Norm von den Gerichten nahezu ausschließlich unter dem Gesichtspunkt von Vergütungsstreitigkeiten erörtert, etwa hinsichtlich der Fragen der „Übererfüllung" von Betreuerpflichten oder der Vergütung von Mitteilungspflichten nach Abs. 5. Nach Einführung der Pauschalierung sind diese Fragen nunmehr aber im Wesentlichen obsolet. Die Frage stellt sich allenfalls im Zusammenhang mit Aufwendungsersatz nach § 1835 Abs. 1 BGB, wenn insbesondere ehrenamtliche Betreuer auch sozial betreuend tätig werden.[2]

Bei der Berücksichtigung älterer Entscheidungen ist jedoch zu berücksichtigen, dass die Antwort auf die Frage, ob eine Tätigkeit zur rechtlichen Besorgung einer Angelegenheit vergütungsrechtlich als erforderlich zu betrachten ist, anders ausfällt als die Antwort auf die Frage, ob ihr Nichterbringen einen Verstoß gegen Handlungs(neben)pflichten darstellt, der Zweifel an der Eignung des Betreuers oder einen darauf begründeten Schadensersatzanspruch rechtfertigt.

II. Betreuung als rechtliche Besorgung der Angelegenheiten (Abs. 1)

14 Abs. 1 begrenzt die Amtsgeschäfte des Betreuers auf die **rechtliche Besorgung der Angelegenheiten** des Betreuten (vgl dazu § 1835 Rn 7).[3] Die Tätigkeiten sollen sich dabei auf das Erforderliche beschränken.

---

1 Vgl etwa BGH BtPrax 2012, 163.
2 BayLSG BtPrax 2012, 218.
3 BGH BtPrax 2011, 78.

1. Bedeutung der Norm für Umfang der Rechtspflichten

Abs. 1 wurde durch das Betreuungsrechtsänderungsgesetz zum 1.1.1999 eingefügt. Zweck war es, den Kreis der vergütungsfähigen Tätigkeiten gegenüber denen aus **sozialem Engagement**, die nicht vergütungsfähig sind, abzugrenzen.[4] Politische Motivation war, die ständig steigenden Ausgabenlasten der Staatskassen der Länder zu begrenzen. Die Vorschrift zielte dabei auf die Gruppe der Berufsbetreuer und ihre Vergütungsansprüche ab. Deshalb erfolgte in § 1901 Abs. 1 BGB eine Konzentration der Betreuertätigkeit auf die Angelegenheiten, die rechtlich zu besorgen sind. Aus diesem Grund stellt § 1897 Abs. 1 BGB nunmehr darauf ab, dass ein Betreuer fachlich **zur Rechtsfürsorge geeignet** sein muss (vgl dazu näher § 1897 Rn 19 ff). 15

Nach dem Willen des Gesetzgebers[5] sollte der Betreuer nur für die Rechtsfürsorge, nicht aber für tatsächliche Hilfeleistungen vergütet werden. Zur Rechtsfürsorge sollten aber auch die tatsächlichen Maßnahmen gezählt werden, die auf eine Rechtsfürsorge gerichtet waren oder mit ihr im Zusammenhang standen. 16

Durch die Einführung der Vergütungspauschalen wird die **Erforderlichkeit** wieder zum zentralen Maßstab. Insbesondere von Berufsbetreuern, an die sich Abs. 1 wendet, wird die Gefahr gesehen, dass unter einem Vergütungspauschalsystem tatsächliche Zuwendungen an den Betreuten in Zukunft unterbleiben und eine mit dem Grundsatz der persönlichen Betreuung kaum noch vereinbare Begrenzung auf die bloße Rechtsfürsorge erfolgt. Beachtet jedoch der Berufsbetreuer seine Pflichten aus § 1901 BGB, müsste auch weiterhin eine „anonyme Verwaltung" des Betreuten, wie sie gängige Praxis bei der Vormundschaft war, ausgeschlossen bleiben. Die vom Gesetzgeber eingeführte Pauschalierung ermöglicht es dem Berufsbetreuer, schwierige Betreuungsfälle über die einfach abzuwickelnden, aber voll vergüteten Fälle „quer zu finanzieren". 17

2. (Neben-)Pflichten des Betreuers nach Maßgaben des § 1901 BGB

a) Pflicht zur Organisation

Rechtsfürsorge meint, dass der Betreuer vor allem durch rechtliches Handeln die notwendigen tatsächlichen Maßnahmen für den Betreuten veranlasst. Der Betreuer schuldet die Befriedigung der Lebensbedürfnisse des Betreuten jedoch nicht in Person; Tätigkeiten im pflegenden und versorgenden Bereich sowie allgemeine therapeutische Maßnahmen gehören nicht zu den nach § 1901 BGB zu besorgenden Angelegenheiten.[6] Er ist nur für die Organisation der erforderlichen tatsächlichen Maßnahmen verantwortlich.[7] Der Betreuer hat etwa bei einem notwendigen Wechsel des Aufenthaltsortes einen Wohnungsvermittler zu beauftragen. Er hat Dienstleistungserbringer zu beauftragen, um die Lebensbedürfnisse abzudecken, wie zB Essen auf Rädern, Pflegedienst und Haushaltshilfe. Beauftragt der Betreuer Dritte mit entsprechenden Hilfeleistungen im Namen des Betreuten, sind die erforderlichen Mittel entweder dem Vermö- 18

---

[4] BT-Drucks. 13/7558.
[5] Regierungsentwurf BR-Drucks. 960/96, 33.
[6] LG Koblenz Rpfleger 2004, 488.
[7] BGH BtPrax 2011, 78.

gen des Betreuten zu entnehmen oder Leistungen der Sozialhilfeträger für den Betreuten in Anspruch zu nehmen.

19 Zur Ausübung der Rechtsfürsorge gehört es, dass der Betreuer als gesetzlicher Vertreter alle für die Besorgung der rechtlichen Angelegenheiten im Aufgabenkreis benötigten **Urkunden und Unterlagen**, wie Kontoauszüge, Bankmitteilungen, Verträge und sonstige Schriftstücke, in Besitz nimmt, verwahrt und geordnet führt.

b) Herstellen eines Vertrauensverhältnisses

20 Der Betreuer kann sich nicht nur auf eine bloß rechtliche Erledigung und Verwaltung in der Betreuungsführung zurückziehen. **Vertrauensbildende und -erhaltende Maßnahmen** zu ergreifen, gehört weiterhin zu den Aufgaben des Betreuers, auch wenn es sich um Maßnahmen persönlicher Zuwendung handelt. Die Betreuung soll unter Schaffung eines Vertrauensverhältnisses zwischen Betreuer und Betreutem geführt werden. Eine persönliche Betreuung wird vorausgesetzt. Sie soll auf die Wünsche und Vorstellungen des Betreuten Rücksicht nehmen. Das ist das **Wesen der Betreuung**, durch das sie sich von der früheren Vormundschaft unterscheiden soll. Der persönliche Kontakt dient der Vorbereitung von rechtlich relevanten Entscheidungen, aber auch der Schaffung eines Vertrauensverhältnisses, ohne das die Betreuung nicht auskommt. Nur so kann der Betreuer Wünsche und Vorstellungen des Betreuten – auch mutmaßliche – in Erfahrung bringen und umsetzen.

c) Häufigkeit persönlichen Kontakts

21 Die persönliche Kontaktaufnahme gehört zu den Pflichten des Betreuers, sie ist eine mit dem Aufgabenkreis unabdingbar verknüpfte Nebenpflicht. Bei der pauschalierten Vergütung stellt sich meist die Frage, in welchem Umfang solche Kontakte stattfinden **müssen**. Dies bleibt eine Frage des Einzelfalls. Es liegt jenseits der Grenze des Erforderlichen im Ermessen des Betreuers, wie stark er den persönlichen Kontakt zum Betreuten ausprägt.[8] Als erforderlich (im Sinne von verhältnismäßigem Aufwand) wurden in aller Regel 1–2 Besuche im Monat angesehen.[9] Der Gesetzgeber hat jedenfalls davon abgesehen, Vorgaben zu machen: Im Vormundschaftsrecht wurde in § 1793 Abs. 1 a S. 2 BGB die Pflicht eingeführt, den Mündel regelmäßig einmal im Monat zu besuchen. Diese Regelung gilt nach § 1908 i Abs. 1 S. 1 BGB nicht im Betreuungsrecht.

22 Es kommt entscheidend darauf an, ob besondere Angelegenheiten besprochen werden müssen oder es (nur) darum geht, sich „einmal wieder sehen zu lassen". Lebt der Betreute nicht in einem Heim, bedarf es eines intensiveren Kontakts. Auch die **Dauer** der Betreuung ist für die Kontakthäufigkeit von Bedeutung. „Läuft die Betreuung" (dh sind die wirtschaftlichen und persönlichen Verhältnisse organisiert) und besteht ein Vertrauensverhältnis zwischen den Beteiligten, kann der persönliche Kontakt auf wenige Besuche im Jahr beschränkt werden. Hingegen kann im Rahmen der Gesundheitssorge eine persönliche wöchentliche Kontrolle des Zustandes eines allein in seiner Wohnung

---

8 BayObLG FamRZ 2003, 633.
9 LG Leipzig FamRZ 2000, 1047; LG Koblenz FamRZ 2004, 220.

lebenden, alkoholkranken und ohne Hilfe verwahrlosenden Betreuten erforderlich sein.[10]

Der persönliche Kontakt ist Teil der Betreuung, er muss aber nicht als Formalie behandelt werden. Im Laufe der Betreuung kann, nachdem sich ein Vertrauensverhältnis gebildet hat, der **Kontakt nur noch anlassbezogen** notwendig sein. Aufgabe des Betreuers ist es, den Betreuten wieder in die Selbstständigkeit zu führen, so dass er bei zunehmender Stabilisierung nur noch eine Kontrollfunktion ausübt, die einen häufigen persönlichen Kontakt nicht mehr erfordert. 23

Im Vergütungsrecht trägt § 5 VBVG dem durch **Absenkung der Stundenansätze** Rechnung. 24

Der Gesetzgeber hat durch die **Änderung von § 1908 b Abs. 1 S. 2 BGB**[11] deutlich gemacht, dass der persönliche Kontakt zwischen Betreuer und Betreutem sehr wichtig ist: Ist der Kontakt zu gering, soll dies einen wichtigen Grund für die Entlassung eines Betreuers nach § 1908 b BGB darstellen. Dies wird den Streit, wie häufig ein Betreuer Kontakt zum Betreuten haben muss, nunmehr immer dann entstehen lassen, wenn ein Betreuter den Betreuer wegen zu geringem Kontakt entlassen lassen will. 25

d) Fehlen sonstiger Hilfen

Grundsätzlich hat der Betreuer keine tatsächlichen Hilfeleistungen zu erbringen. Ihm obliegt es nur, **Hilfe zu organisieren**.[12] Auch wenn derartige Hilfsdienste nicht vorhanden sind, ist es nicht Sache des Betreuers, die tatsächlichen Hilfen in eigener Person zu erbringen. 26

Der Betreuer ist aber auch nicht gehindert, diese Hilfen zu erbringen. Gelegentlich wird bei der Entlassung ehrenamtlicher Verwandter als Betreuer damit gedroht, die familiären Beziehungen oder Hilfen einzustellen. In geeigneten Fällen kann das Betreuungsgericht darauf hinweisen, dass die Entlassung als Betreuer diese verwandtschaftlichen Hilfen nicht verbietet, weil es sie bei der Ausübung des Amtes ohnehin nicht voraussetzt.

Müsste der Betreuer tatsächliche Hilfen erbringen, bekäme er eine Funktion zugeteilt, die ihm vom Betreuungsrecht nicht vorgegeben wird. Die **tatsächliche Entwicklung** hat dem bisher nicht entsprochen. In den Gebieten, aus denen sich staatliche Einrichtungen oder private Organisationen zurückgezogen haben, hatte der Betreuer die hinterlassenen Lücken auszufüllen. Dem Betreuer blieben die Aufgaben, für deren Erledigung sich keiner mehr fand. Beeinflusst wurde diese Entwicklung durch den **Abbau sonstiger Hilfen** iSv § 1896 Abs. 2 BGB. Mit der Einführung der Vergütungspauschale sank diese Bereitschaft, für den Betreuten über die Kernaufgaben hinaus eine soziale Betreuung zu erbringen. 27

Zwar wird ein Betreuer bestellt, wenn sonstige Hilfen nicht vorhanden sind oder nicht ausreichen. Dennoch wird der Betreuer nicht verpflichtet werden können, tatsächliche Hilfeleistungen – von Ausnahmen abgesehen, etwa in **Notsituationen** – selbst erbringen zu müssen. Das Amt des Betreuers ist durch 28

---

10 BayObLG FamRZ 2003, 633.
11 Gesetz v. 29.6.2011, BGBl. I, 1306.
12 BGH BtPrax 2011, 78.

Rechtsfürsorge gekennzeichnet, nicht durch tatsächliche Hilfe und Pflege. Aus der Verantwortung des Betreuers für den Betreuten kann nur in begrenztem Umfang das Erbringen derartiger Tätigkeiten erwartet werden. Der Betreuer hat zunächst alle möglichen Hilfen auszuschöpfen und die Befriedigung der Lebensbedürfnisse des Betreuten notfalls durch eine Veränderung der Lebensverhältnisse des Betreuten sicher zu stellen.

III. Wohl des Betreuten (Abs. 2)

29 Abs. 2 enthält eine der zentralen Aussagen der Betreuung: **Oberstes Gebot** der Betreuung ist das Wohl des Betreuten. Hierbei handelt es sich um einen unbestimmten Rechtsbegriff. Das Wohl des Betreuten ist nicht objektiv-empirisch zu verstehen (als das was allgemein in bestimmten Lebenslagen für besserungsfähig und erstrebenswert gehalten wird), sondern subjektiv-konkret.

30 Zu berücksichtigen ist, dass der Betreute durch die Bestellung eines Betreuers nicht die **Freiheit zur eigenen Lebensgestaltung** verliert und auch keinen anderen Begrenzungen oder Einschränkungen unterliegt als jeder Nichtbetreute. Es entspricht dem Wohl des Betreuten, im Rahmen seiner Fähigkeiten sein Leben nach seinen eigenen Wünschen und Vorstellungen zu gestalten. So darf der Betreuer einen Wunsch des Betreuten nicht ablehnen, solange die Erfüllung dieses Wunsches das Vermögen des Betreuten nicht dergestalt gefährdet, dass sein Unterhalt bis zu seinem Tod nicht mehr gesichert ist.[13] Denn Art. 2 GG schützt auch dieses Selbstbestimmungsrecht des Betreuten.

Der Betreute hat ein eigenes Leben mit eigener Biographie und eigene Wünsche und Vorstellungen über seine Art und Weise zu leben. Durch eine psychische Krankheit oder seelische Behinderung muss sich die Lebensführung an noch vorhandene Fähigkeiten anpassen. Betreuung besteht daher in der Aufgabe, das **Bewahrungs- und Entfaltungsinteresse** des Betreuten in persönlicher und wirtschaftlicher Sicht wahrzunehmen und umzusetzen.

31 Der Betreuer sollte sich bewusst sein und werden, dass es ein **Erziehungsrecht über Volljährige** nicht gibt. Er darf nicht ein Lebenskonzept oder ein Modell einer Lebensgestaltung, das er anstelle des Betreuten entwerfen und setzen würde, zum Maßstab seiner Betreuungsführung machen. In der Beratung ehrenamtlicher Betreuer sollte eine dahin gehende Sensibilisierung angestrebt werden.

32 Der Betreuer wird als Treuhänder der Rechte des Betreuten gesehen und ist schon allein deshalb dessen Wohl verpflichtet. Daran ändert sich nichts, auch wenn seine Bestellung im **Drittinteresse** erfolgt ist (etwa auf Veranlassung des Vermieters). Insbesondere wird der Betreuer nicht im Interesse der **Gläubiger des Betreuten** bestellt. Beispielsweise entspricht es nicht dem Wohl des Betreuten, einen Grabpflegevertrag zu kündigen, um Schulden tilgen zu können.[14] Auch gehört es nicht zu den Aufgaben des Betreuers, das Vermögen des Betreuten zugunsten seiner Erben zu erhalten.[15] Schließlich hat der Betreuer nicht kraft seines Amtes eine Garantenstellung zur Verhinderung von Straftaten.[16]

---

13 BGHZ 182, 116; OLG Karlsruhe FamRZ 2010, 2018; KG BtPrax 2009, 297.
14 OLG Köln FamRZ 2003, 188.
15 BGHZ 182, 116.
16 OLG Celle NJW 2008, 1012.

Richtet sich eine Betreuung nicht am Wohl des Betreuten aus, stellt dies eine **Pflichtwidrigkeit** dar, die Maßnahmen des Betreuungsgerichtes nach § 1837 Abs. 2 und 3 BGB auslösen kann und – falls hierdurch keine Abhilfe zu erwarten ist – auch eine Entlassung nach § 1908 b BGB rechtfertigt. 33

IV. Wünsche und Vorstellungen des Betreuten (Abs. 3)
1. Aktuelle Wünsche

Abs. 3 S. 1 verpflichtet den Betreuer, den Wünschen und Vorstellungen des Betreuten Folge zu leisten, soweit sie dessen Wohl nicht zuwiderlaufen und dem Betreuer ihre Befolgung zuzumuten ist.[17] Damit kann der Betreuer die Vorstellungen und Wünsche des Betreuten nur unter engen Voraussetzungen außer Acht lassen. Der Betreuer hat die Wünsche und Vorstellungen des Betreuten aber nur innerhalb des ihm übertragenen Aufgabenkreises und nur dann zu berücksichtigen, wenn ein Handeln erforderlich ist, um die rechtlichen Angelegenheiten des Betreuten zu besorgen. Die Wünsche des Betreuten können den Aufgabenkreis des Betreuers nicht erweitern. Wünsche des Betreuten in Angelegenheiten, die nicht seinem übertragenen Aufgabenkreis unterfallen, muss er ablehnen, schon weil es an der Vertretungsmacht fehlt. Die Wünsche müssen auch realisierbar sein, es müssen mithin die finanziellen, sozialrechtlichen oder medizinischen Voraussetzungen vorliegen. 34

Der Betreuer muss die Willensäußerung des Betreuten beachten, auch wenn dieser im Zeitpunkt seiner Willensäußerungen **nicht geschäftsfähig** ist.[18] 35

Nur der Wunsch, der nicht Ausdruck der Erkrankung ist, ist beachtlich. Ist er aufgrund seiner Erkrankung nicht in der Lage, eigene Wünsche und Vorstellungen zu bilden oder verkennt er die der Entscheidung zugrunde liegenden Tatsachen, muss sein Wunsch unbeachtlich bleiben.[19]

Um die Wünsche und Vorstellungen beachten zu können, muss der Betreuer Kenntnis von ihnen erlangen. Ist eine **Kommunikation mit dem Betreuten** möglich, hat er sie von diesem zu erfragen. Gelingt eine Kommunikation mit dem Betreuten nicht oder nicht mehr, so hat er dessen Wünsche und Vorstellungen ggf durch Rückfragen bei Angehörigen, Pflegepersonal oder Mitarbeitern von Einrichtungen, die Kontakt mit dem Betreuten hatten und haben, in Erfahrung zu bringen. Er muss also auf das **soziale Umfeld** des Betreuten zugehen. 36

Ob es sich um wichtige Angelegenheiten handelt oder um **Kleinigkeiten**, zu denen der Betreute Wünsche geäußert hat oder Vorstellungen hegt, ist für die Beachtenspflicht des Betreuers nicht von Belang.[20] Auch über Wünsche und Vorstellungen im „unwichtigen" kleinen persönlichen und alltäglichen Bereich kann sich der Betreuer nicht einfach hinwegsetzen. Dies mag in einem gewissen Widerspruch zur Besprechenspflicht des Betreuers stehen, die sich nur auf wichtige Angelegenheiten bezieht. Dem ist aber nicht zu entnehmen, dass der Betreuer über weniger Wichtiges entscheiden soll, ohne versucht zu haben, die Wünsche und Vorstellungen des Betreuten in Erfahrung zu bringen. 37

---

17 OLG Karlsruhe FamRZ 2010, 2018; BGHZ 182, 116.
18 OLG Frankfurt/M. BtPrax 1997, 123.
19 BGHZ 182, 116.
20 Regierungsbegründung BT-Drucks. 11/4528, 133 ff.

38 Der Betreuer hat zu beurteilen, ob der geäußerte Wunsch sinnvoll ist. Je nach Krankheitsbild und Art und Umfang der Behinderung können Wünsche von vornherein keine sinnvollen, zur Umsetzung geeigneten Vorschläge enthalten. Hieran ist der Betreuer auch nicht gebunden. Ist der Betreute außer Stande, die Bedeutung einer Angelegenheit zu erfassen, kann er auch keinen relevanten Wunsch äußern. Allerdings sind auch irrationale Wünsche zu beachten, soweit sie den Betreuten nicht schädigen.

2. Besprechenspflicht

39 Die Besprechenspflicht in § 1901 Abs. 3 S. 3 BGB ist Ausprägung des Grundsatzes der persönlichen Betreuung. Sie dient neben der Ermittlung der Wünsche des Betreuten auch der Schaffung eines persönlichen Vertrauensverhältnisses.[21]

Ehe der Betreuer **wichtige Angelegenheiten** erledigt, hat er diese mit dem Betreuten zu besprechen. Ob es sich um eine wichtige Angelegenheit handelt, ist nach den individuellen Gegebenheiten in der Person des Betreuten und nach den konkreten Umständen des Einzelfalles zu bestimmen. Die Regierungsbegründung führt als wichtige Angelegenheiten **beispielhaft** die Telefon- und Postkontrolle, risikoreiche ärztliche Maßnahmen, die geschlossene Unterbringung und andere freiheitsentziehende Maßnahmen sowie die Wohnungsauflösung an.[22]

40 Damit verlangt § 1901 Abs. 3 S. 3 BGB keine **generelle Besprechenspflicht**, weil die Gefahr besteht, den Betreuer damit zu überfordern. Dies ist eine sachgerechte gesetzgeberische Entscheidung, weil sie dem Erforderlichkeitsgrundsatz entspricht und einem erheblichen Anstieg von Betreuungs- und Kostenaufwand begegnet. Für Berufsbetreuer ist wegen der pauschalierten Vergütung ein Spannungsfeld zwischen professionellem Betreuerhandeln und ausreichender persönlicher Kontaktpflege entstanden.

41 Die Besprechenspflicht entfällt, wenn das sprachliche und psychische Leistungsvermögen derart reduziert ist, dass eine Äußerung des Betreuten nicht erwartet werden kann.

3. Betreuungsverfügung

42 Eine besondere Möglichkeit, für den Fall der Betreuungsbedürftigkeit vorzusorgen und dem Betreuer die Wahrnehmung seiner Betreueraufgaben „vorzuschreiben", besteht darin, seine Wünsche und Vorstellungen in einer **Betreuungsverfügung** niederzulegen. Mit der Bestimmung in § 1901 Abs. 3 S. 2 BGB will der Gesetzgeber durch die Bindung des Betreuers an die Beachtlichkeit früher geäußerter Wünsche Vorsorgemöglichkeiten zur Wahrung eines ausgeübten Selbstbestimmungsrechtes des Betreuten ergreifen. Auf Geschäftsfähigkeit kommt es nicht an. Lediglich bei Betreuungsverfügungen, die ärztliche Behandlungsmaßnahmen betreffen, bedarf es der Einwilligungsfähigkeit.

Soweit diese Verfügung schriftlich erklärt wurde, ist die Erklärung nach § 1901c S. 1 BGB an das Betreuungsgericht abzuliefern.

---

21 BayObLG BtPrax 2003, 130.
22 Regierungsbegründung BT-Drucks. 11/4528, 134.

Maßgebend ist dennoch immer nur der **aktuelle Wille** des Betreuten, den der Betreuer aufgrund der Besprechungen mit dem Betreuten, dem Pflegepersonal oder den Angehörigen ermitteln muss. Zwar sieht § 1901 Abs. 3 S. 2 BGB vor, dass die Wünsche, die der Betreute vor der Bestellung des Betreuers geäußert hat, auch weiterhin beachtlich sein sollen. Dies führt jedoch nicht zu einer unwiderruflichen Selbstbindung des Betreuten. Die Vorschrift legt zugrrunde, dass nur die aktuellen Wünsche des Betreuten bindend sind. Eine Beachtlichkeit kann nicht von Wünschen ausgehen, an denen der Betreute erkennbar nicht festhalten will. Der Wortlaut der Vorschrift enthält aber die **Vermutung** für eine Weitergeltung der in einer Betreuungsverfügung niedergelegten Wünsche und Vorstellungen.

4. Konflikt zwischen Wille und Wohl

Bisweilen widerspricht der Wunsch des Betreuten seinem objektiven Wohl. Der **Bundesgerichtshof**[23] hat in einer instruktiven Entscheidung hierzu folgende Grundsätze aufgestellt:

Der Begriff des Wohls des Betreuten darf nicht losgelöst von den subjektiven Vorstellungen und Wünschen bestimmt werden. Da das Selbstbestimmungsrecht des Betreuten geschützt werden soll, liegt ein Widerspruch erst vor, wenn ein beachtlicher Wunsch (vgl dazu Rn 35 ff) des Betreuten seine höherrangigen Rechtsgüter gefährden oder seine gesamte Lebens- und Versorgungssituation erheblich verschlechtern würden. Bloße Zweckmäßigkeitserwägungen des Betreuten haben aber außen vor zu bleiben.

Der Betreuer darf den dem so bestimmten Wohl zuwiderlaufenden Wunsch aber nur dann berücksichtigen, wenn er den Wunsch mit dem Betreuten erörtert, ihn über die Risiken unterrichtet und andere, weniger riskante Wege aufzeigt. Unter Umständen hat der Betreuer vorher selbst fachlichen Rat einzuholen.

Bei der Beantwortung der Frage, ob der Verwirklichung der Wünsche des Betreuten dessen Wohl entgegensteht, hat der Betreuer zu beachten, dass die dem Betreuten zu belassende **selbstbestimmte Lebensgestaltung** eine Inkaufnahme von Lebensrisiken inklusive Selbstgefährdung und sogar Selbstschädigung beinhalten kann. Der Betreuer darf dem Betreuten nicht eine von diesem gewählte Lebensführung, die bestimmte Lebensrisiken oder Schädigungspotentiale aufweist, durch die Mittel seiner Rechtsfürsorge unterbinden. § 1901 BGB enthält **kein Gebot an den Betreuten**, sich so zu verhalten, wie es seinem Wohl entspricht, und von seinen Wünschen und Vorstellungen bezüglich seiner Lebensführung abzulassen. Im Gegenteil: Dem Betreuten wird ein Recht auf Krankheit und unangepassten Lebenswandel zugestanden.[24]

Den Betreuer trifft keine Pflicht, ein Verhalten des Betreuten zu unterstützen oder zu fördern, mit dem er sich selbst gefährdet oder schädigt. Bereits der Begründung zum Regierungsentwurf lässt sich entnehmen, dass der Gesetzgeber den Betreuer nicht dazu verpflichten wollte, „dem Betreuten zu einer **Selbstschädigung** die Hand zu reichen".[25] Nach Auffassung des Bundesgerichts-

---

23 BGHZ 182, 116.
24 BVerfG FamRZ 1998, 895.
25 BT-Drucks. 11/4528, 133.

hofs[26] ist eine Selbstschädigung bei vermögensrechtlichen Angelegenheiten erst anzunehmen, wenn der Unterhalt bis zum Tod des Betreuten nicht mehr gesichert ist.

48 Eine weitere Frage ist, ob der Betreuer selbstschädigendes Verhalten des Betreuten mit aktiven Maßnahmen **unterbinden** muss. Er muss jedenfalls zunächst versuchen, den Betreuten aus den schädlichen Lebensverhältnissen zu bringen (kein Verbleib in der eigenen Wohnung, wenn selbst durch ständige Aufräumarbeiten einer gesundheitsschädlichen Vermüllung nicht vorgebeugt werden kann; Rehabilitationsmaßnahmen bei Suchtkrankheiten). Ist der Betreute nicht zugänglich und sperrt sich gegen die Maßnahmen, kann eine Verpflichtung des Betreuers aber nicht über die ihm vom Gesetz eingeräumten **Zwangsbefugnisse** hinausgehen. Was er nicht mit Zwangsmitteln rechtlich zulässig durchsetzen kann, kann ihm auch nicht als Handlungspflicht auferlegt werden. Die Handlungsgrenzen sind vom Gesetz vorgegeben, so etwa durch die Voraussetzungen eines Einwilligungsvorbehaltes bei erheblicher Gefährdung von Person (Suchtkrankheiten) oder Vermögen des Betreuten oder etwa durch § 1906 BGB durch eine geschlossene Unterbringung wegen Suizidgefahr oder Gefahr erheblicher gesundheitlicher Schäden. Eine strafrechtliche Garantenpflicht besteht für den Betreuer kraft seines Amtes nicht.[27]

5. Zumutbarkeit

49 Der Betreuer ist nicht verpflichtet, Wünschen des Betreuten zu entsprechen, deren Umsetzung ihm unzumutbar ist. Dies bezieht sich vor allen Dingen auf die **Inanspruchnahme seiner Zeit** und seiner Arbeitsleistungen. Der Betreuer muss dem Betreuten nicht Tag und Nacht zur Verfügung stehen und für den Betreuten jederzeit erreichbar sein. Er braucht dem Betreuten auch nicht ständig und in allen Lebenssituationen zur Seite zu stehen. Den Wunsch des Betreuten, ihn bei Einkäufen[28] oder Arztbesuchen[29] zu begleiten, kann der Betreuer ablehnen.

50 Der Betreuer kann jedoch nicht zur Begründung anführen, dass er das ihm für diesen Betreuungsfall zugestandene **Zeitbudget ausgeschöpft** oder bereits überschritten habe. Andererseits kann der Betreute nicht verlangen, dass der Betreuer die Stundenansätze der Pauschalvergütung jeden Monat auch tatsächlich erbringt. Der Vorwurf, nicht genügend oder nichts getan zu haben, wird bei Beschwerden gegen die Betreuervergütung oft erhoben, ohne dass dies zu berücksichtigen ist.[30]

51 Dem Wunsch des Betreuten nach einem Verbleiben in der eigenen Wohnung[31] kann der Betreuer nicht wegen Unzumutbarkeit unbeachtet lassen, nur weil hierdurch ein erhöhter Betreuungsaufwand ausgelöst wird, der bei einem Wechsel in ein Heim entfallen würde.

---

26 BGHZ 182, 116.
27 OLG Celle NJW 2008, 1012.
28 BayObLG FamRZ 1999, 463; LG Koblenz FamRZ 1998, 495; LG Mainz JurBüro 1999, 603.
29 LG Koblenz FamRZ 1998, 495; LG Mainz JurBüro 1999, 603.
30 BGH BtPrax 2012, 163.
31 OLG Köln NJW-RR 1997, 451.

6. Auswirkungen eines Nichtbeachtens der Wünsche

Übergeht der Betreuer Wünsche des Betreuten, die er hätte beachten müssen, ist dies für das **Außenverhältnis** (in den Rechtsbeziehungen mit einem Dritten) grundsätzlich ohne Bedeutung.[32] Der geschlossene Heimvertrag und die Kündigung des Wohnungsmietvertrages bleiben wirksam, auch wenn dem Wunsch des Betreuten nach Verbleib in der eigenen Wohnung hätte Folge geleistet werden müssen. Nur über die allgemeinen Grundsätze des Zivilrechts – hier **Missbrauch der Vertretungsmacht** – kann man zu einer Unwirksamkeit gelangen (siehe hierzu § 1902 Rn 45).[33]

52

Das **unberechtigte Übergehen** der Wünsche des Betreuten kann als Verletzung einer Nebenpflicht zur Haftung des Betreuers und damit zu Schadensersatzansprüchen nach §§ 1908 i, 1833 BGB führen.[34] Das kommt insbesondere dann in Betracht, wenn ein Rechtsgeschäft abgeschlossen wurde, das in Widerspruch hierzu steht (wie etwa das Schließen eines Heimvertrages) und nicht mehr rückgängig gemacht werden kann.

53

7. Überwachung durch das Gericht und Maßnahmen

Verstößt der Betreuer gegen seine Pflichten und übergeht er unberechtigterweise die Wünsche des Betreuten, kommen – auch auf Anregung des Betreuten – **aufsichtsrechtliche Maßnahmen** des Betreuungsgerichts nach § 1837 Abs. 2 und 3 BGB in Betracht. Sind Gebote und Weisungen des Betreuungsgerichts nicht ausreichend, um den Betreuer zur künftigen Beachtung anzuhalten, oder muss sogar von einer fehlenden Bereitschaft ausgegangen werden, den Pflichten aus § 1901 BGB nachzukommen, kommt auch die **Entlassung** des Betreuers nach § 1908 b BGB in Betracht. Der Betreuer, der die Wünsche und Vorstellungen des Betreuten aus sachfremden Gründen negiert, weist nicht die für sein Amt erforderliche Eignung auf.[35] Andererseits kann eine mangelnde Eignung nicht angenommen werden, wenn der Betreuer dem zweifelsfrei festgestellten Willen des Betroffenen – etwa im Hinblick auf lebenserhaltende Maßnahmen – entspricht.[36]

54

Das Betreuungsgericht hat darauf zu achten, dass die Betreuer ihrer Besprechenspflicht nachkommen; es kann, etwa im Rahmen des Betreuungsberichts, auch eine entsprechende Dokumentation verlangen.

55

V. Der Grundsatz der persönlichen Betreuung und die Delegation von Betreueraufgaben

Der Betreuer handelt als gesetzlicher Vertreter im Rahmen seiner Aufgabenkreise grundsätzlich **eigenverantwortlich und selbstständig**. Aus dem in § 1897 BGB hervorgehobenen Grundsatz der **persönlichen Betreuung** ergibt sich, dass die Übertragung von Aufgaben des Betreuers an Dritte grundsätzlich unzulässig ist.

56

---

32 BGH BtPrax 2008, 209.
33 BGH BtPrax 2008, 209.
34 Vgl etwa der Fall in BGHZ 182, 116.
35 BayObLG BtPrax 2003, 269.
36 LG Berlin BtPrax 2007, 138.

57 Die Entscheidung über die Person des Betreuers bleibt dem Betreuungsgericht vorbehalten. Der durch das Betreuungsgericht ausgewählte und bestellte Betreuer hat die ihm im Rahmen der gerichtlich bestimmten Aufgabenkreise zugewiesene rechtliche Besorgung der Angelegenheiten des Betreuten grundsätzlich selbst zu erledigen. Die **Delegation der gesamten Betreuung oder kompletter Aufgabenkreise** durch den Betreuer auf dritte Personen widerspricht dem gesetzlichen Leitbild der persönlichen Betreuung und stellt sich als dessen Umgehung dar. Deshalb darf sich die Bevollmächtigung Dritter zur Wahrnehmung von Betreuungsaufgaben **nur auf einzelne Tätigkeiten** beziehen, durch die sich der Betreuer nicht der ihm übertragenen Entscheidungskompetenz und Verantwortung für den Betreuten entzieht. Andere Personen darf der Betreuer somit nur als untergeordnete „Hilfskräfte", etwa zur Erledigung überschaubarer **einzelner Verwaltungsaufgaben** oder **untergeordneter vermögensrechtlicher** Angelegenheiten, einsetzen.[37]

58 Die vom Betreuer selbst wahrzunehmende **Kernaufgabe** ist gemäß § 1901 Abs. 1 BGB die rechtliche Besorgung der Angelegenheiten des Betreuten im Rahmen der übertragenen Aufgabenkreise. Dies erfordert den persönlichen Kontakt zum Betreuten, um sich zum einen die erforderlichen Informationen zur ordnungsgemäßen Erledigung der Aufgaben zu verschaffen und zum anderen einen persönlichen Eindruck von diesbezüglichen Wünschen und Vorstellungen des Betreuten zu gewinnen. Weiterhin erfordert dies den **Kontakt zu dritten Personen** (in schriftlicher und mündlicher Form), zu denen der Betreute im Rahmen der einzelnen Aufgabenkreise in Rechtsbeziehungen steht.[38]

59 Daher ist selbst im Rahmen einer **Urlaubsvertretung** die Übertragung sämtlicher Betreuungsaufgaben durch den Betreuer auf einen von ihm ausgewählten und bevollmächtigten Urlaubsvertreter unzulässig.[39]

Nur in Fällen **konkret absehbarer zeitlicher Begrenzung der Verhinderung** kann ein Dritter bevollmächtigt werden, wenn dessen Bevollmächtigung nach Inhalt und Zweck darauf gerichtet ist, trotz der Abwesenheit des bestellten Betreuers die persönliche Betreuung durch diesen aufrecht zu erhalten. Die Delegation beschränkt sich daher auf das „schlichte Abarbeiten" überschaubarer konkreter Einzelaufgaben in Angelegenheiten des Betreuten, jedoch **ohne nennenswerte Entscheidungskompetenz**.

So kann der Betreuer die Aufgabe, einen neuen Heimplatz für den Betreuten zu finden, nicht auf einen Dritten übertragen, da durch diese Entscheidung die persönlichen Lebensverhältnisse tiefgreifend geändert werden.[40]

60 Eine unzulässige Übertragung stellt es aber nicht dar, wenn sich der Betreuer in Erfüllung seiner Aufgaben auf den Gebieten, in denen es erforderlich ist, **externen Sachverstand einholt**.[41]

---

37 OLG Frankfurt/M. FGPrax 2004, 29; BayObLG BtPrax 2000, 214; LG Stuttgart BtPrax 1999, 200; LG Frankfurt/Oder FamRZ 1999, 1221.
38 OLG Frankfurt/M. FGPrax 2004, 29.
39 OLG Brandenburg OLGReport 2001, 556; OLG Dresden Rpfleger 2002, 25; OLG Frankfurt/M. BtPrax 2002, 170.
40 LG Mainz v. 17.7.2002, 8 T 182/02.
41 Vgl Begründung zu § 1899 BGB, BT-Drucks. 15/2494, 29 li. Sp.

Im Bereich der **Personensorge** ist dies offensichtlich. Eine **ärztliche Heilbehandlung** oder eine psychiatrische Behandlung wird vom Betreuer mit dem Aufgabenkreis Gesundheitsfürsorge nicht geschuldet. Gleiches gilt im Bereich der **Vermögenssorge**: Der Betreuer muss einen **Prozess** nicht selbst führen, sondern kann einen Rechtsanwalt für den Betreuten mandatieren und Prozessvollmacht erteilen. Zum Fertigen einer Einkommensteuererklärung kann er einen Steuerberater beauftragen. Bei der Verwaltung eines großen Vermögens kann er einen **Vermögensverwalter** einsetzen und auch mit entsprechenden Vollmachten ausstatten.

Infrage kommen derartige Aufträge auf Gebieten, in denen der Betreute selbst – wäre er nicht Betreuer – Dritte mit entsprechenden beruflichen Qualifikationen in Anspruch nehmen würde. Anhaltspunkte für eine Abgrenzung zwischen zulässiger und unzulässiger Übertragung bietet **§ 1835 Abs. 3 BGB**, den § 4 Abs. 2 S. 2 VBVG bestehen lässt. Dieser erlaubt es dem Betreuer, für seine berufsbezogenen Dienste Ersatz von Aufwendungen geltend zu machen, wenn ein anderer Betreuer einen qualifizierten Dritten herangezogen hätte. Dann erfüllt der Betreuer seine Aufgaben im Bereich der Personen- und Vermögenssorge und entledigt sich ihrer nicht – wie dies bei der unzulässigen Delegation gegeben ist.

Innerhalb seiner gesetzlichen Vertretungsmacht nach § 1902 BGB, also innerhalb seiner Aufgabenkreise, kann der Betreuer Dritten auch **Vollmachten erteilen**. Dies gilt allerdings nicht für den Kernbereich der persönlichen Betreuung. Außerhalb seines Aufgabenkreises kann der Betreuer keine Vollmachten erteilen, weil er damit seine gesetzliche **Vertretungsmacht überschreiten** und als Vertreter ohne Vertretungsmacht handeln würde. Die Vollmacht des Dritten wäre dann unwirksam, § 180 S. 1 BGB.

Soweit der Betreuer Aufgaben zulässigerweise auf Dritte übertragen kann, kann er diese auch bevollmächtigen. Er verstößt damit nicht gegen seine Pflichten aus dem **Innenverhältnis** zum Betreuten. Dies kann durch eine Vollmacht für den Betreuten oder durch eine Untervollmacht erfolgen. Der Betreuer kann keine unwiderrufliche Vollmacht erteilen, weil die Vollmacht über das Ende der gesetzlichen Vertretungsmacht hinaus fortbesteht und der Betreute die Möglichkeit haben muss, die Vollmacht zu widerrufen.

Soweit die Vollmacht vom Aufgabenkreis umfasst ist, aber den Kernbereich der persönlichen Betreuung berührt, bestimmt sich die Wirksamkeit der Vollmacht nach den Grundsätzen des Missbrauchs der Vertretungsmacht: ist der Rechtsmissbrauch evident, kann sich der vom Betreuer Bevollmächtigte nicht auf die gesetzliche Vertretungsmacht nach § 1902 BGB berufen.

Das Betreuungsgericht kann die persönliche Betreuung sicherstellen, indem die Zahl der Betreuungen begrenzt wird. Daher hat der Betreuer nach **§ 1897 Abs. 8 BGB** die von ihm geführten Betreuungen nach Zahl und Umfang mitzuteilen. Weiterhin hat die Betreuungsbehörde dies gemäß § 8 S. 4 BtBG festzustellen und ebenfalls dem Betreuungsgericht mitzuteilen.

VI. Rehabilitation (Abs. 4 S. 1)

Den Betreuer trifft die Pflicht, die Rehabilitierung des Betreuten zu betreiben, und zwar in medizinischer, sozialpsychologischer und sozialintegrativer Hinsicht. Die Rehabilitationspflicht ist einer der tragenden Grundsätze des Betreuungsrechts. In geeigneten Fällen soll die Betreuung entbehrlich werden.

68 Der Betreuer soll nicht selbst die Rehabilitation betreiben, also an die Stelle eines Arztes oder einer Fachkraft treten, sondern sich nur ihrer Hilfe bedienen.

69 Nicht nur im Aufgabenkreis der **Personensorge** wird vom Betreuer ein Beitrag zur Rehabilitation gefordert. Auch ein Betreuer mit dem Aufgabenkreis der **Vermögenssorge** kann, worauf die Regierungsbegründung[42] besonders hinweist, seinen Beitrag dadurch leisten, dass er den Betreuten an eine eigenverantwortliche Besorgung seiner Geschäfte heranführt. Hierbei tritt auch das weite Verständnis des Gesetzgebers vom Begriff der Rehabilitation zutage, das dieser auch durch die Einführung von § 105a BGB verdeutlicht hat: Der Betreute soll die Chance auf eigenverantwortliches Handeln in alltäglichen Angelegenheiten erhalten.

70 Die **allgemeine Fürsorge** für den Betreuten zählt auch zu den Pflichten des Betreuers.[43] So erfordert etwa die Übertragung des Aufgabenkreises „Zuführung zur ärztlichen Behandlung und Aufenthaltsbestimmung" nicht nur ein (repressives) Eingreifen des Betreuers bei eingetretenen gesundheitlichen Störungen oder beim Auftreten von Krankheitssymptomen. Aus Abs. 4 wird auch die Pflicht des Betreuers zur Vorabprüfung der Gesundheits- und Lebensverhältnisse des Betreuten hergeleitet. Abs. 4 findet seine besondere Bedeutung daher gerade darin, den Betreuer zu präventivem Handeln zu verpflichten. Der Betreuer ist zum Einschreiten verpflichtet, um gesundheitliche Gefahren für den Betreuten bereits im Ansatz zu verhindern. Das erfordert etwa bei Verwahrlosungstendenzen des Betreuten die regelmäßige Inaugenscheinnahme und Überwachung der Wohnverhältnisse.

71 Bereits bei der Betreuerauswahl sollten Behörde (in ihrem Vorschlag) und Betreuungsgericht (bei seiner **Auswahlentscheidung**) darauf achten, in schwierigen Fällen die Betreuer zu bestellen, die die Rehabilitierungsmöglichkeiten erkennen und nutzen werden. Zu beachten ist, dass das Nutzen der Rehabilitierungschancen Gegenstand der **Eignungsprüfung** des Betreuers iSv § 1897 Abs. 1 BGB ist. Anhand des **Betreuungsplanes** können Behörde und Gericht erkennen, ob der Betreuer die Rehabilitierung ziel- und erfolgversprechend betreiben wird.

VII. Betreuungsplanung (Abs. 4 S. 2 und 3)
1. Zweck des Betreuungsplans

72 Abs. 4 ist durch das 2. BtÄndG um die Vorschriften über die Betreuungsplanung ergänzt worden. Bei berufsmäßig geführter Betreuung hat der Betreuer in geeigneten Fällen auf Anordnung des Gerichts zu Beginn der Betreuung einen Betreuungsplan zu erstellen. In ihm sind die Ziele der Betreuung und die zu ihrer Erreichung zu ergreifenden Maßnahmen darzustellen (Abs. 4 S. 2 und 3). Damit soll der Gefahr vorgebeugt werden, dass sich der Betreuer zu Beginn der Betreuung keine hinreichenden Gedanken über die Ziele und Möglichkeiten der Betreuungsführung macht und hierüber keine klaren **Zielvorstellungen entwickelt**. Die Betreuungsplanung soll den Betreuer also dazu anhalten, die Si-

---

[42] BT-Drucks. 11/4528, 134.
[43] BayObLG FamRZ 2004, 977.

tuation, in der er sich während der Betreuung befindet, festzustellen, zu analysieren und hierauf Ziele aufzubauen, die vernünftigerweise für die konkrete Betreuung definiert werden können. Ferner ist eine entsprechende Strategie zur Erreichung zu entwickeln.

Die Pflicht der Berufsbetreuer zum Erstellen eines Betreuungsplanes hat Zustimmung gefunden, aber auch **Kritik** hervorgerufen. Oftmals richtet sich die Kritik nicht gegen die Betreuungsplanung als solche oder dagegen, dass sie einem Berufsbetreuer auferlegt wird. Kritisiert wird zumeist, dass das Erstellen eines Betreuungsplanes nicht gesondert vergütet wird.

Wie sich aus der Begründung des Bundesratsentwurfes[44] ergibt, ist die Betreuungsplanung mit der Frage des Wechsels des Vergütungssystems verknüpft. Gemeinsames Element ist die **Qualitätssicherung**. Kann über die Vergütung die Qualität der Betreuung nicht sichergestellt werden, bedürfe es anderer Instrumentarien.

Betreuungspläne werden selten angefordert,[45] auch weil gegenüber Berufsbetreuern dieser zusätzliche, nicht vergütete Aufwand nicht durchgesetzt wird.

2. Berufsbetreuer

Die Pflicht zur Erstellung eines Betreuungsplans ist nur für Berufsbetreuer vorgesehen. Hierzu zählen auch Vereins- und Behördenbetreuer sowie Verein und Behörde als Betreuer.

Wegen der Befürchtung, dass sich ehrenamtliche Betreuer von der Übernahme einer Betreuung durch ein Übermaß an **bürokratischem Aufwand** abhalten lassen würden, wurde davon abgesehen, sie ebenfalls zu verpflichten.[46]

In den Fällen der sogenannten **organisierten Einzelbetreuung** sollten die ehrenamtlichen Betreuer von den Mitarbeitern des Vereins mit Inhalten und Zielen einer Betreuungsplanung vertraut gemacht werden. Die Betreuungsplanung hilft den ehrenamtlichen Betreuern, mit der Komplexität eines Falles umzugehen.

3. Geeigneter Fall

Zur Frage, welcher Fall als geeignet erscheint, um die Pflicht zum Erstellen eines Betreuungsplans auszulösen, lassen sich aus dem Gesetz keine klaren Aussagen entnehmen. Es gibt allenfalls verschiedene Hinweise: Die Regelung zur Betreuungsplanung wurde in Abs. 4 eingestellt, der die **Rehabilitation** zur Pflicht der Betreuer macht. Aus der Begründung ergibt sich zudem, dass vorrangig die Aufgabenkreise angesprochen werden, die zur Personensorge gehören, insbesondere Gesundheitsfürsorge und Aufenthaltsbestimmung. Geeignet sind also Fälle, die ergebnisoffen sind und eine Rehabilitation erwarten lassen. Der Betreuungsplan kann aber auch der Qualitätssteigerung dienen und es dem Gericht ermöglichen, die Qualität des Betreuerhandelns zu überprüfen.

Geeignet sind Fälle, in denen konkrete Aufgaben anstehen, wie etwa die Wiedereingliederung, die Schuldenregulierung oder der sinnvolle Einsatz vorhan-

---

44 BT-Drucks. 15/2494, 29, der Wortlaut ist abgedruckt in der 2. Aufl. Rn 94.
45 Vgl NK-BGB/Heitmann, § 1901 BGB Fn 65.
46 BT-Drucks. 15/2494, 29.

dener finanzieller Mittel.[47] Die Geeignetheit bestimmt sich im Hinblick auf die Person des Betreuten, nicht des Betreuers: Die Anordnung eines Betreuungsplanes für neu gewonnene Berufsbetreuer dürfte nicht zulässig sein.

79 Das Betreuungsgericht sollte deshalb die **Betreuungsbehörde**, die gemäß § 4 BtBG die Pflicht hat, die Betreuer bei Erstellen des Betreuungsplans zu beraten und zu unterstützen, auffordern, mit dem nach § 8 BtBG vorzulegenden **Sachbericht** auch zur Frage Stellung zu nehmen, ob es sich um einen geeigneten Fall iSd Abs. 4 S. 2 handelt. Das Gericht kann aber auch aufgrund seiner Anhörung des Betroffenen nach § 278 FamFG geeignete Fälle feststellen.

4. Auf Anordnung des Gerichts

80 Diese gegenüber dem Gesetzesantrag des Bundesrates erfolgte Änderung durch die Einfügung der Voraussetzung „auf Anordnung des Gerichts" erfolgte durch die Beschlussempfehlung des Rechtsausschusses des Deutschen Bundestages (BT-Drucks. 15/4874, 27). Damit wurde vorbeugend die Frage entschieden, ob der Betreuer von sich aus, dh auch ohne Anordnung des Gerichts, einen Betreuungsplan erstellen muss.

81 Zuständig für die Anordnung ist mangels Richtervorbehalts der **Rechtspfleger**.

5. Zu Beginn der Betreuung

82 Das Gesetz sieht nur eine einmalige Erstellung des Betreuungsplans zu Beginn der Betreuung vor. Das kann erhebliche Zeit nach Einleitung des Betreuungsverfahrens sein. Eine zu **enge Zeitvorgabe** wäre nicht hilfreich gewesen, denn der Betreuer muss zunächst die persönliche, gesundheitliche und wirtschaftliche Situation des Betreuten klären und dessen Wünsche und Vorstellungen verlässlich in Erfahrung bringen, bevor er mittel- oder langfristige Ziele setzen kann.[48] Der Rechtspfleger sollte dabei kurze Fristsetzungen zur Vorlage des Betreuungsplans vermeiden.

83 Damit den Betreuern die zeitnahe Erstellung **erleichtert** werden kann, sollte ihnen das Betreuungsgericht das Sachverständigengutachten und den Sachbericht der Betreuungsbehörde in Ablichtung übergeben.

84 Es ist gesetzlich nicht vorgesehen, dass der Betreuungsplan bei sich ändernden Verhältnissen fortgeschrieben wird und ein überarbeiteter Betreuungsplan vorgelegt werden muss. Die Begründung geht davon aus, dass die Regelungen zur **Auskunfts- und Berichtspflicht** (§§ 1908i Abs. 1 S. 1, 1839, 1840 Abs. 1, 1901 Abs. 5 BGB) entsprechend heranzuziehen sind und der Betreuer von sich aus das Gericht über Änderungen in den Verhältnissen, Zielen und Maßnahmen unterrichtet.

6. Inhalt des Betreuungsplans: Ziele und Maßnahmen

85 Bezüglich der Inhalte des Betreuungsplans sieht das Gesetz lediglich vor, dass die Ziele der Betreuung offengelegt und die zu ihrer Erreichung notwendigen Maßnahmen dargestellt werden müssen. Sonstige Vorgaben an eine **inhaltliche Ausgestaltung** fehlen bewusst.

---

47 Vgl NK-BGB/Heitmann, § 1901 BGB Rn 23.
48 BT-Drucks. 15/2494, 29.

Aufgenommen werden müssen zumindest: 86

- die Lebenssituation des Betreuten, seine Wünsche und Vorstellungen (etwa Verbleib in der eigenen Wohnung, Integration in das Arbeitsleben, Überwindung von Suchtkrankheiten etc.),
- die Bewertung, inwieweit diese realistisch umgesetzt werden können,
- das Definieren von mittel- und langfristigen Zielen, Grundsatzzielen und Handlungszielen,[49]
- die Strategien, mit denen die Ziele erreicht werden sollen, und
- die zur Verfügung stehenden Hilfen, die in Anspruch genommen werden können (einschließlich der Finanzierung).

Der Betreuungsplan muss so abgefasst sein, dass dem Gericht eine Bewertung 87 möglich ist. Es ist damit zu rechnen, dass die Betreuungsbehörden, insbesondere über ihre Bundesarbeitsgemeinschaft, **Standards** zur Betreuungsplanung entwickeln und ausbauen werden.[50]

7. Prüfung und Bewertung durch das Betreuungsgericht

Das Gericht hat den Betreuungsplan in der Hinsicht zu prüfen, ob die darin 88 enthaltenen Ziele und Maßnahmen dem Wohl des Betreuten sowie seinen Wünschen und Vorstellungen entsprechen. Es hat das Ergebnis seiner Prüfung zur Grundlage von Maßnahmen nach § 1837 Abs. 2 und 3 BGB zu machen oder ggf einen Betreuerwechsel vorzunehmen. Zu beachten ist, dass die Führung der Betreuung beim Betreuer liegt und dass an die Stelle der **Zweckmäßigkeitserwägungen** des Betreuers nicht solche des Betreuungsgerichts gesetzt werden dürfen. Das Betreuungsgericht kann zur Prüfung und Bewertung des Betreuungsplans die Betreuungsbehörde heranziehen.

8. Bedeutung für die Betreuungsbehörde

Nach § 4 BtBG soll die Betreuungsbehörde die Betreuer bei der Erstellung des 89 Betreuungsplanes unterstützen (vgl zu weiteren Einzelheiten die Kommentierung zu § 4 BtBG).

9. Rechtsmittel

Der Betreuer kann nach § 59 Abs. 1 FamFG Beschwerde gegen die Anordnung 90 eines Betreuungsplanes erheben. Das Betreuungsgericht kann die Erstellung des Betreuungsplanes zwangsweise durchsetzen (§ 1837 BGB iVm § 1908i Abs. 1 S. 1 BGB).

VIII. Zwangsbefugnisse des Betreuers
1. Zwang zum Wohl des Betreuten

Der Betreuer sieht sich des Öfteren vor die Frage gestellt, ob er zu einer 91 zwangsweisen Durchsetzung seiner am Wohl des Betreuten ausgerichteten Entscheidungen berechtigt ist, wenn der Betreute krankheitsbedingt nicht einsichtsfähig ist.

---

49 Vgl hierzu Röder, Betreuungs(case)management, BtPrax 2004, 87.
50 Vgl auch Handlungsempfehlungen der Landesarbeitsgemeinschaft für Betreuungsangelegenheiten des Freistaates Sachsen: http://wiki.btprax.de/Betreuungsplan.

92 Zwangsbefugnisse sind im materiellen Betreuungsrecht sowie im Verfahrensrecht nur in **eng begrenzten Ausnahmefällen** vorgesehen, so für den Fernmeldeverkehr und die Postkontrolle in § 1896 Abs. 4 BGB und bei der Anwendung von Zwang zur Vollziehung einer gerichtlich genehmigten Unterbringung nach § 326 FamFG. Darüber hinaus sind weder in § 1901 BGB noch im sonstigen Betreuungsrecht Zwangsbefugnisse ausdrücklich geregelt.

93 Bedeutung in der Praxis haben die Fälle der Verwahrlosung und Vermüllung der Wohnung des Betreuten in einem gesundheitsschädlichen Ausmaß. Der Betreuer wäre, wenn der Betreute diesen krankheitsbedingt uneinsichtig verweigert, auf einen **zwangsweisen Zutritt** angewiesen, um die gesundheitlichen Gefahren abzuwenden.

94 Ohne Zwangsbefugnisse kann der Betreuer seiner Aufgabe nicht oder nicht stets in erforderlicher Weise nachkommen. Dies kann sogar so weit gehen, dass in den Fällen, in denen der Betreute Entscheidungen des Betreuers nicht nachkommen will und seine erforderliche Mitarbeit verweigert, die Betreuung wegen **Sinn- und Erfolglosigkeit** (etwa bei einer Rehabilitation eines Suchtkranken) aufgehoben werden muss.

2. Spezialgesetzliche Ermächtigung ist erforderlich

95 Durch die Anwendung von Zwang wird in Grundrechte des Betreuten eingegriffen. Selbst bei Einsichtsunfähigkeit bleibt der Betreute Grundrechtsträger und kann in seinen Grundrechten verletzt werden. Deshalb bedarf es einer Rechtsgrundlage für einen **Grundrechtseingriff**. Zwangsbefugnisse, die mit einer Freiheitsentziehung verbunden sind, dürfen aufgrund des Analogieverbotes in Art. 104 Abs. 1 GG auch nicht auf eine entsprechende Anwendung bereits bestehender Regelungen gestützt werden. Dies gilt jedoch nur, wenn in den Schutzbereich eines konkreten Grundrechts eingegriffen wird (vgl etwa zur Wohnung Art. 13 Abs. 7 GG).[51] Es besteht **kein besonderes Gewaltverhältnis** zwischen Betreuer und Betreutem, das die Anwendung von Zwang auch ohne spezielle Ermächtigung rechtfertigen kann.

96 Zwangsbefugnisse werden über die spezialgesetzlichen Ermächtigungen hinaus auch nicht mit Bestellung des Betreuers und **Übertragung eines Aufgabenkreises** eingeräumt. In der Praxis wird teilweise versucht, die Aufgabenkreise so zu formulieren, dass sie Zwangsbefugnisse beinhalten, wie etwa „Betreten der Wohnung gegen den Willen des Betreuten", „Ausübung des Hausrechts gegen den Willen des Betreuten" und „Entrümpelung der Wohnung gegen den Willen des Betreuten".[52] Nach einem Teil der Rechtsprechung soll der Aufgabenkreis des Betreuers „Wohnungsangelegenheiten" den Teilaufgabenbereich des „Zutritts der Wohnung" beinhalten. Der Aufgabenkreis „Zutritt zur Wohnung" bilde die Grundlage für eine gerichtliche Ermächtigung gemäß Art. 13 Abs. 2 GG zum zwangsweisen Eindringen in die Wohnung zu Kontrollzwecken bzw zum Zwecke der Entmüllung durch den Betreuer.[53]

---

[51] BayObLG FamRZ 1999, 1460; LG Darmstadt v. 14.3.2012, 5 T 128/11.
[52] BayObLG BtPrax 2001, 251; OLG Frankfurt/M. BtPrax 1996, 71; NJWE-FER 1998, 153; aA LG Berlin BtPrax 1996, 111; FamRZ 2000, 1316; LG Darmstadt BtPrax 2012, 130.
[53] LG Freiburg NJW-RR 2001, 146.

Die richterliche Beschreibung des Aufgabenkreises ersetzt jedoch nicht die erforderliche spezialgesetzliche Ermächtigung. Der Aufgabenkreis „Wohnungsangelegenheiten" berechtigt nicht zum Betreten der Wohnung gegen den Willen des Betreuten.[54] 97

Auch § 35 FamFG ist keine Ermächtigungsnorm für Zwang, sondern setzt eine Ermächtigung gerade voraus. Die Norm regelt die Vollstreckung einer gerichtlichen Verfügung und kann deshalb nicht Ermächtigungsgrundlage für eine solche sein. Eine zwangsweise Durchsetzung des Zutritts des Betreuers oder von ihm beauftragter Dritter in die durch Art. 13 Abs. 1 GG geschützte Wohnung von Betreuten ohne gesetzliche Ermächtigungsgrundlage ist rechtswidrig. Besteht das Problem in der Vermüllung der Wohnung und wird von dem Betreuten keine Einwilligung zum Betreten und zum Säubern erteilt, muss die Bestellung eines Betreuers unterbleiben, wenn der Betreuungszweck nicht erreicht werden kann.[55] Hier kann die Polizeibehörde allenfalls nach öffentlichem Recht einschreiten. 98

Auch hat der Betreuer keine Zwangsbefugnisse, ambulante ärztliche Maßnahmen durchzusetzen, da § 1906 BGB nur die Freiheitsentziehung rechtfertige, die kurzfristige ambulante Zwangsbehandlung aber keine Freiheitsentziehung darstelle.[56] Damit ist auch eine Anwendung des § 326 FamFG ausgeschlossen, der eine Unterbringungsmaßnahme voraussetzt. Vielmehr muss ein neuer **Krankheitsschub** des Betreuten abgewartet werden, um ihn sodann zur Heilbehandlung für einen längeren Zeitpunkt unterzubringen. 99

Daher ist auch die zwangsweise Unterbringung eines Betreuten in eine offene Alten- und Pflegeeinrichtung unzulässig.[57] 100

IX. Mitteilungspflichten (Abs. 5)

1. Aufgabe des Betreuers

Die Mitteilungspflichten des Betreuers nach § 1901 Abs. 5 BGB korrespondieren mit den Maßnahmen des Betreuungsgerichts nach § 1908 d BGB, dies jedoch nicht vollständig. Der Betreuer hat dem Betreuungsgericht auf der einen Seite die Umstände mitzuteilen, die eine Aufhebung der Betreuung (S. 1) oder eine Einschränkung des Aufgabenkreises ermöglichen, auf der anderen Seite auch solche, die eine Erweiterung des Aufgabenkreises, die Bestellung eines weiteren Betreuers oder die Anordnung eines Einwilligungsvorbehaltes erfordern (S. 2). Sie ist Ausdruck des Grundsatzes, die Betreuung entsprechend ihrer Erforderlichkeit anzupassen. 101

Die Information des Betreuungsgerichts ist dem Betreuer deshalb gesetzlich aufgegeben, weil dieser aufgrund seiner Nähe zum Betreuten am ehesten Kenntnis von der Notwendigkeit oder Anpassung von Inhalt und Umfang der erforderlichen Betreuung erhalten wird. Den Betreuer betreffen die Mitteilungspflichten allgemein auch außerhalb seiner Aufgabenkreise; eine Pflicht, 102

---

54 Allgemein zu dieser Problematik s. Abram, FamRZ 2004, 11.
55 LG Görlitz NJWE-FER 1998, 153; LG Berlin BtPrax 1996, 114.
56 BGH FamRZ 2001; 149; s.a. die Anm. von Lipp, JZ 2001, 825.
57 BtPrax 2003, 42.

genauere Umstände zu ermitteln, trifft ihn aber **nur in seinen Aufgabenkreisen**.[58]

2. Mitteilungen als Auslöser für Maßnahmen nach § 1908 d BGB

103 Die dem Betreuer auferlegten Mitteilungspflichten nach § 1901 Abs. 5 BGB haben unterschiedliche **Zielrichtungen**. Zum einen dienen sie der Verwirklichung des Erforderlichkeitsgrundsatzes. Denn nur in den Fällen, in denen das Gericht weiß, ob eine Betreuung aufgehoben oder eingeschränkt werden kann, kann der Erforderlichkeitsgrundsatz wirksam durchgesetzt werden. Hierauf zielt die Pflicht zur Unterrichtung des Betreuungsgerichts über Umstände, die eine Aufhebung der Betreuung nach § 1908 d Abs. 1 S. 1 BGB oder eine Einschränkung der Betreuung ermöglichen (§ 1908 d Abs. 1 S. 2 BGB), ab. Zu den möglichen Gründen für eine Aufhebung oder Einschränkung des Aufgabenkreises s. die Kommentierung zu § 1908 d BGB Rn 7–16.

104 Die Mitteilungspflicht über Umstände, die die Aufhebung eines Einwilligungsvorbehaltes oder eine Einschränkung oder Erweiterung des Kreises der einwilligungsbedürftigen Willenserklärungen veranlassen könnten (siehe aber § 1908 d BGB Abs. 4) ergibt sich aus der Verweisung des **§ 1903 Abs. 4 BGB**.

105 Mitzuteilen sind ferner Umstände, die eine **Erweiterung** der Betreuung oder die Anordnung eines Einwilligungsvorbehaltes erfordern. Von der Regierungsbegründung selbst wurden diese Mitteilungspflichten wegen eines **möglichen Konflikts** und der Gefahr der Störung des Vertrauensverhältnisses als problematisch angesehen. Die Bedenken bestanden darin, dass eine Mitteilung über Umstände, die der Betreuer im engen persönlichen Umgang mit dem Betreuten in Erfahrung gebracht hat und die zu einer vom Betreuten nicht gewollten Einschränkung seiner Rechte führen, das persönliche Vertrauensverhältnis von Betreuer und Betreutem beeinträchtigen könnten.[59] Rechtfertigen lässt sich die Mitteilungspflicht aber dadurch, dass durch Umsetzung des Grundsatzes „Soviel Betreuung wie erforderlich" unmittelbar dem Wohl des Betreuten gedient wird.[60] Die Mitteilungspflicht ist nur im Interesse des Betreuten auszuüben.

3. Maßnahmen nach § 1899 Abs. 1 und 4 BGB

106 Auch hat der Betreuer mitzuteilen, ob die Notwendigkeit der Bestellung weiterer Betreuer nach § 1899 Abs. 1 und Abs. 4 BGB besteht. Die Mitteilungspflicht bezieht sich auf die Fälle der geteilten und gemeinsamen **Mitbetreuung** (§ 1899 Abs. 1 BGB) und auf die Fälle der **Ersatzbetreuung** (§ 1899 Abs. 4 BGB).

107 Von Relevanz dürfte die Bestellung eines weiteren Mitbetreuers in den Fällen sein, in denen gleichzeitig ein **neuer Aufgabenkreis** zu übertragen ist, weil in weiteren Angelegenheiten des Betreuten ein Betreuungsbedürfnis besteht und der bisher bestellte Betreuer für die Erledigung dieser Angelegenheit nicht geeignet ist. In diesem Fall wird das Betreuungsgericht prüfen, ob nicht statt der Bestellung eines weiteren Betreuers ein **Betreuerwechsel** in Frage kommt.

---

[58] BT-Drucks. 11/4528, 135.
[59] BT-Drucks. 11/4528, 135.
[60] OLG Frankfurt/M. OLGReport 2004, 19.

Liegen Umstände vor, wegen derer der Betreuer nach § 1795 BGB von der Vertretung ausgeschlossen ist, hat er dies dem Betreuungsgericht mitzuteilen, da der Betreuer selbst mangels Vertretungsmacht nicht mehr handeln kann. Das Betreuungsgericht wird dann einen Ergänzungsbetreuer bestellen. 108

Der Betreuer hat auch die Konstellationen, die § 1796 BGB unterfallen, mitzuteilen (dazu § 1796 BGB Rn 4 ff). 109

§ 1901 Abs. 5 BGB begründet nur eine Pflicht bezüglich der Umstände, die die Bestellung eines weiteren Betreuers erforderlich machen. Aber auch die Umstände, die einen **actus contrarius** des Gerichts auslösen, also die Entlassung des Mitbetreuers verlangen, sind mitzuteilen. Beim Ergänzungsbetreuer ergibt sich dies schon daraus, dass die Ergänzungsbetreuung mit Abschluss der Angelegenheiten, für die ein Ergänzungsbetreuer bestellt wurde, aufzuheben ist. 110

Eine Mitteilungspflicht über Umstände, die einen **Betreuerwechsel unter Entlassung des bisherigen Betreuers** nach § 1908 b BGB erfordern, sieht § 1901 Abs. 5 BGB nicht vor. Lediglich bei einer Betreuung durch Verein oder Behörde haben diese Umstände anzuzeigen, aus denen sich ergibt, dass der Betreute nunmehr durch eine oder mehrere natürliche Personen betreut werden kann, § 1900 Abs. 3 und Abs. 4 S. 3 BGB. Ferner hat ein Berufsbetreuer Umstände mitzuteilen, aus denen sich ergibt, dass der Betreute durch eine oder mehrere andere geeignete Personen außerhalb einer Berufsausübung betreut werden kann, § 1897 Abs. 6 S. 2 BGB. 111

4. Öffentlich-rechtliche Mitteilungspflichten

Weitere Mitteilungspflichten des Betreuers mit dem Aufgabenkreis der Personensorge ergeben sich aus §§ 6 Abs. 3 S. 2, 10 Abs. 5 und 45 Abs. 4 Bundesseuchengesetz, § 11 Abs. 2 des Gesetzes zur Bekämpfung der Geschlechtskrankheiten und § 43 Abs. 1 Waffengesetz. 112

§ 1901 a BGB Patientenverfügung

(1) ¹Hat ein einwilligungsfähiger Volljähriger für den Fall seiner Einwilligungsunfähigkeit schriftlich festgelegt, ob er in bestimmte, zum Zeitpunkt der Festlegung noch nicht unmittelbar bevorstehende Untersuchungen seines Gesundheitszustands, Heilbehandlungen oder ärztliche Eingriffe einwilligt oder sie untersagt (Patientenverfügung), prüft der Betreuer, ob diese Festlegungen auf die aktuelle Lebens- und Behandlungssituation zutreffen. ²Ist dies der Fall, hat der Betreuer dem Willen des Betreuten Ausdruck und Geltung zu verschaffen. ³Eine Patientenverfügung kann jederzeit formlos widerrufen werden.

(2) ¹Liegt keine Patientenverfügung vor oder treffen die Festlegungen einer Patientenverfügung nicht auf die aktuelle Lebens- und Behandlungssituation zu, hat der Betreuer die Behandlungswünsche oder den mutmaßlichen Willen des Betreuten festzustellen und auf dieser Grundlage zu entscheiden, ob er in eine ärztliche Maßnahme nach Absatz 1 einwilligt oder sie untersagt. ²Der mutmaßliche Wille ist aufgrund konkreter Anhaltspunkte zu ermitteln. ³Zu berücksichtigen sind insbesondere frühere mündliche oder schriftliche Äußerungen, ethische oder religiöse Überzeugungen und sonstige persönliche Wertvorstellungen des Betreuten.

§ 1901a BGB

(3) Die Absätze 1 und 2 gelten unabhängig von Art und Stadium einer Erkrankung des Betreuten.

(4) ¹Niemand kann zur Errichtung einer Patientenverfügung verpflichtet werden. ²Die Errichtung oder Vorlage einer Patientenverfügung darf nicht zur Bedingung eines Vertragsschlusses gemacht werden.

(5) Die Absätze 1 bis 3 gelten für Bevollmächtigte entsprechend.

I. Einleitung 1	8. Widerrufbarkeit der Patientenverfügung 36
1. Gesetzgebungsverfahren 1	a) Formfreier Widerruf 36
2. Bedeutung der Norm für den Betreuer und Bevollmächtigten 3	b) Nachweis des Widerrufs 38
3. Regelungsziel 5	9. Wirkung der Patientenverfügung 39
II. Patientenverfügung (Abs. 1) 7	a) Bindung an den Patientenwillen 39
1. Definition 7	b) Gleichstellung mit dem aktuellen Willen 40
2. Form 8	c) Fehlende Festlegungen in der Patientenverfügung 42
3. Angaben zu Ort und Zeit ... 11	
4. Volljährigkeit der Errichtenden 13	10. Aufgabe des Betreuers 43
5. Einwilligungsfähigkeit des Errichtenden 15	III. Fehlende Patientenverfügung (Abs. 2) 45
a) Einwilligungsfähigkeit .. 15	1. Bindung an den mutmaßlichen Willen des Patienten .. 45
b) Notwendigkeit der ärztlichen Aufklärung 18	2. Kriterien 48
6. Höchstpersönliche Errichtung 26	3. Ermittlung des Willens des Patienten 49
7. Inhalt der Patientenverfügung 28	4. Eigene Willenserklärung des Betreuers 51
a) Gesetzliche Regelung ... 28	IV. Fehlende Reichweitenbeschränkung (Abs. 3) 52
b) Beschränkung auf ärztliche Maßnahmen 30	V. Verbot der Verpflichtung zur Errichtung einer Patientenverfügung (Abs. 4) 56
c) Keine Beschränkung auf Unumkehrbarkeit des Verlustes der Einwilligungsfähigkeit 31	VI. Erstreckung auf den Bevollmächtigten (Abs. 5) 60
d) Zeitliche Begrenzung ... 32	
e) Behandlungswunsch und ärztliche Basisversorgung 33	
f) Konkret bevorstehende ärztliche Maßnahme 35	

I. Einleitung

1. Gesetzgebungsverfahren

1   Seit dem 1.9.2009 sind die Regelungen in §§ 1901a und 1901b BGB zu Wirksamkeit und Wirkungen der Patientenverfügung in Kraft. Diese Normen wurden ergänzt um die **Neuregelung** der Mitwirkung des Betreuungsgerichts bei **ärztlichen Maßnahmen** in § 1904 Abs. 2 bis 5 BGB.[1] Der Gesetzesänderung

---

1 3. BtÄndG (Patientenverfügungsgesetz) vom 29.7.2009, BGBl. I, 2286.

ging eine lange wissenschaftliche und politische Diskussion voraus.[2] Der Bundesgerichtshof bezeichnete in seiner Entscheidung vom 17.3.2003[3] eine gesetzgeberische Entscheidung für wünschenswert. Dies gab den entscheidenden Anstoß für das Gesetzgebungsverfahren.

Das Bundesjustizministerium legte zunächst einen Referentenentwurf vom 1.11.2004 vor, stellte diesen dann aber zurück, weil der Bundestag das Thema der Patientenverfügung ohne Bindung an die Fraktionsgrenzen beraten wollte. Dem Bundestag lagen in der Folgezeit drei Gesetzentwürfe vor,[4] die dann die Grundlage des am 18.6.2009 vom Bundestag beschlossenen Gesetzes[5] bildeten.

2. Bedeutung der Norm für den Betreuer und Bevollmächtigten

Die Patientenverfügung kommt, wie sich aus Abs. 1 S. 1 ergibt, zum Tragen, wenn ein **Volljähriger nicht mehr einwilligungsfähig** ist, mithin grundsätzlich, wie es § 1896 Abs. 1 S. 1 BGB vorsieht, eines Betreuers oder Bevollmächtigten (vgl dazu Abs. 5) bedarf. §§ 1901 a f BGB setzen daher voraus, dass ein Betreuer bestellt wurde oder der Patient eine Vorsorgevollmacht iSd § 1901 c BGB erteilt hatte. Ist beides bis zu einer aufgrund der Patientenverfügung notwendigen Entscheidung nicht erfolgt, muss das Betreuungsgericht einen Betreuer bestellen.

Ist eine Patientenverfügung vorhanden, stehen Betreuer und Bevollmächtigter vor einem Dilemma: Entscheidungen, die ein Patient im gesunden Zustand, oft auch in jungen Jahren, trifft, müssen bei der konkreten Erkrankung nicht mehr seinem aktuellen Wunsch entsprechen, den er aber in diesem Stadium nicht mehr äußern kann. Daher darf bei Entscheidungen des Betreuungsgerichts in diesem Stadium die Verbindlichkeit der Regelungen zur Einwilligung in ärztliche Behandlungen nicht ungefragt zugrunde gelegt werden. Andererseits muss aber dem behandelnden Arzt die Sicherheit gegeben werden, nicht gegen den Wunsch des Patienten zu handeln.

Die Neuregelung in § 1901 b BGB gibt dem Betreuer über die Regelung zur Verbindlichkeit einer Patientenverfügung hinaus eine verfahrensrechtliche Vorgabe, wie er in einer konkreten Behandlungssituation, in der der Betreute seinen Willen hinsichtlich einer Einwilligung in ärztliches Handeln nicht mehr äußern kann, vorgehen muss.

3. Regelungsziel

Nach Schätzungen der Bundesregierung hatten 2009 bereits 8 Millionen Menschen eine Patientenverfügung errichtet. Mit der Regelung werden die Reichweite und die Grenzen der Verbindlichkeit der Patientenverfügung festgelegt.

Nach dem Willen des Gesetzgebers soll die Regelung der Patientenautonomie das **Selbstbestimmungsrecht jedes Einzelnen** stärken,[6] für alle Beteiligten

---
2 Vgl etwa NK-BGB/Heitmann, § 1901 a BGB Rn 2 f.
3 BGH BtPrax 2003, 123, 126.
4 BT-Drucks. 16/8442, 16/11360 und 16/11493.
5 BT-Drucks. 16/13314.
6 Vgl dazu BT-Drucks. 16/13314, 19.

Rechts- und Verfahrenssicherheit schaffen und den Grundrechtsschutz des Einzelnen durch das Verfahren effektiv stärken.[7]

II. Patientenverfügung (Abs. 1)

1. Definition

7 Die Patientenverfügung ist nach der Legaldefinition in Abs. 1 S. 1 eine Willensbekundung einer einwilligungsfähigen Person zu nicht unmittelbar bevorstehenden medizinischen und begleitenden Maßnahmen für den Zeitpunkt, in dem die Person nicht mehr einwilligungsfähig ist.

2. Form

8 Der Gesetzgeber hat sich aus Gründen der Klarheit für das **Schriftformerfordernis** entschieden (§ 126 BGB). Dieses Formerfordernis war in den ursprünglichen Entwürfen nicht enthalten.

9 Weitere Formerfordernisse gibt es nicht. Damit soll verhindert werden, dass die Hürden für die Wirksamkeit einer Patientenverfügung zu hoch sind. Anderseits ist damit klargestellt, dass eine nur mündlich erklärte Patientenverfügung nichtig ist (§ 125). Die nichtige Patientenverfügung kann allerdings im Wege der Umdeutung nach § 140 im Rahmen einer Entscheidung nach Abs. 2 von Bedeutung sein.

10 Das Schriftformerfordernis dient dem Schutz des Betroffenen vor übereilten und unüberlegten Festlegungen. Sie dient auch der Klarstellung des Willens des Betroffenen, da die Auslegung einer schon länger zurück liegenden mündlichen Erklärung die Beteiligten vor zu große Schwierigkeiten stellen würde.

3. Angaben zu Ort und Zeit

11 Die Patientenverfügung bedarf, um wirksam zu sein, keiner Angabe von Ort und Zeit der Errichtung. Im Gesetzgebungsverfahren wurde auch der Vorschlag, die Angabe von Ort und Zeit der Errichtung als Sollvorgabe wie in § 2247 Abs. 2 BGB beim Testament zu regeln, verworfen.

12 Die Angabe von Ort und Zeit der Errichtung kann für die Frage von Bedeutung sein, ob die Erklärungen in der Patientenverfügung noch auf die aktuelle Lebens- und Behandlungssituation zutreffen. Wenn auch eine längere Zeit vor der konkreten Erkrankung errichtete Patientenverfügung nicht automatisch unwirksam wird, so kann die Angabe von Ort und Zeit der Erstellung deren Beurteilung in der konkreten Anwendungssituation erleichtern.[8]

4. Volljährigkeit der Errichtenden

13 Eine Patientenverfügung ist nur wirksam, wenn sie von einem Volljährigen errichtet wurde. Anders als bei der Testierfähigkeit (vgl § 2229 Abs. 1 BGB) hat sich der Gesetzgeber damit dafür entschieden, für diese weitreichende Entscheidung die Volljährigkeit des Errichters zu verlangen.

14 Eine Patientenverfügung, die vor der Volljährigkeit errichtet wurde, ist nur dann als wirksam zu behandeln, wenn es Indizien dafür gibt, dass der Volljäh-

---

7 Vgl auch BGH BtPrax 2010, 226.
8 Vgl BT-Drucks. 16/13314, 20.

rige diese in seinen Willen aufgenommen hat. Man wird verlangen müssen, dass sich der Volljährige schriftlich zu seiner vorher abgegebenen Erklärung bekennt. Erklärungen des einwilligungsfähigen Minderjährigen sind jedoch vor der Volljährigkeit im Rahmen des § 1626 Abs. 2 BGB, nach Erreichen der Volljährigkeit nach § 1901 a Abs. 2 BGB zu berücksichtigen.[9]

5. Einwilligungsfähigkeit des Errichtenden
a) Einwilligungsfähigkeit

Der Errichtende muss nicht geschäftsfähig, aber einwilligungsfähig sein. Die Einwilligungsfähigkeit ist gegeben, wenn der Errichtende Wesen, Bedeutung und Tragweite der Maßnahmen mit natürlichem Willen jedenfalls in groben Zügen zu erfassen vermag und die für und wider die Maßnahme sprechenden Umstände abwägen kann.[10]

Insofern entspricht die Rechtslage der Einwilligung in eine konkret bevorstehende ärztliche Maßnahme.[11]

Auch angesichts der Komplexität der medizinisch möglichen Maßnahmen und der Schwierigkeit, sich in die Situation zu versetzen, die durch die Patientenverfügung geregelt werden soll, muss man dieses Kriterium wohl eher formal verstehen: Bei Fehlen konkreter Anhaltspunkte, muss man davon ausgehen, dass der Errichtende im Zeitpunkt der Errichtung einwilligungsfähig war. Es gilt die allgemeine Vermutung, dass ein Handelnder einwilligungsfähig ist.

b) Notwendigkeit der ärztlichen Aufklärung

Nach dem Gesetzeswortlaut setzt die Einwilligungsfähigkeit **nicht notwendig** eine ärztliche Aufklärung voraus. Der Gesetzgeber hat zwar darauf verwiesen, eine Beratung werde „vielfach hilfreich" sein,[12] sie müsse aber nicht zwingend durch einen Arzt erfolgen, könne vielmehr auch durch fachkundige Verbände, Vertreter von Glaubensgemeinschaften oder Selbsthilfegruppen vorgenommen werden. Dem Gesetz ist somit eine zwingende Beratungspflicht nicht zu entnehmen. Ein entsprechender Gesetzesvorschlag[13] wurde nicht umgesetzt.

Angesichts der frei verfügbaren formularmäßigen Patientenverfügungen erscheint dies bedenklich, zumal die Verfügungen zwingend bindend sind, wenn sie Regelungen zu einer später konkret eintretenden Lebens- oder Behandlungssituation haben (dazu unter Rn 39 ff).

Deshalb wird man bei der Patientenverfügung wie bei einer konkret bevorstehenden ärztlichen Maßnahme eine wirksame Einwilligung in ärztliche Maßnahmen nur annehmen, wenn der Patient zuvor ärztlich aufgeklärt wurde oder auf eine Aufklärung verzichtet hat.

Dies sollte in der Patientenverfügung dokumentiert sein. Fehlt diese **Dokumentation**, wird man bei Fehlen weiterer Indizien für eine Aufklärung oder einen Aufklärungsverzicht der Einwilligung in die konkrete ärztliche Maßnahme kei-

---

9 NK-BGB/Heitmann, § 1901 a BGB Rn 10.
10 Vgl BGH BtPrax 2012, 115 zu § 1896 Abs. 1 a BGB.
11 Vgl etwa BGH NJW 2006, 2108.
12 BT-Drucks. 16/13314, 19.
13 § 1901 b Abs. 2 S. 1 Nr. 1 BGB des Entwurfes BT-Drucks. 16/11360, 4.

ne bindende Wirkung zusprechen können. Die Patientenverfügung ist dann nur Indiz für den mutmaßlichen Willen des Patienten iSd Abs. 2.

22 Einwilligungsfähig ist, wer Art, Bedeutung und Tragweite der konkreten zur Entscheidung stehenden Maßnahme erfassen und seinen Willen danach bestimmen kann.[14] Dazu muss der Patient die Möglichkeit haben, sinnlich und intellektuell die Tatsachen zur Kenntnis zu nehmen, die seine Krankheit ausmachen, und ihre Bedeutung erfassen. Weiterhin muss er die Existenz der Krankheit als solche und ihre Behandlungsbedürftigkeit einsehen können, in der Lage sein, aufgrund der ärztlichen Aufklärung die Alternativen verschiedener angebotener Behandlungen und einem Verzicht auf Behandlung zu erfassen und nach dieser Erkenntnis zu entscheiden.

23 Bei **einfachen Eingriffen** ist die Einwilligungsfähigkeit eher zu bejahen als bei präventiven Eingriffen, die nicht zur Beseitigung einer unmittelbar spürbaren Gesundheitsbeeinträchtigung notwendig sind.

24 Auf die **Geschäftsfähigkeit** gem. § 104 BGB kommt es für die Einwilligungsfähigkeit nicht an. Minderjährige können ohnehin keine wirksame Patientenverfügung errichten (s.o. Rn 13 f).

25 Die Anordnung einer Betreuung spricht nicht schon für sich gegen die Einwilligungsfähigkeit. Vielmehr kann auch eine unter Betreuung stehende Person uU die Bedeutung des Eingriffes erfassen.

6. Höchstpersönliche Errichtung

26 Die Patientenverfügung ist als die Bestimmung eines Menschen, in welcher Weise er behandelt oder nicht behandelt werden will, wenn er in der aktuellen Situation außerstande ist, darüber selbst zu entscheiden, eine höchstpersönliche Verfügung. Damit ist auch ausgeschlossen, dass ein Bevollmächtigter oder Betreuer für den Vertretenen oder Betreuten eine entsprechende Erklärung abgibt.

27 Dies bringen Abs. 1 S. 3, der die jederzeitige Widerrufbarkeit der Patientenverfügung regelt, und Abs. 4, wonach niemand zur Errichtung einer Patientenverfügung verpflichtet werden kann, nochmals zum Ausdruck.

7. Inhalt der Patientenverfügung

a) Gesetzliche Regelung

28 Das Gesetz vermeidet eine Festlegung des Inhalts einer Patientenverfügung. Der Errichtende kann im Zusammenhang mit ärztlichen Maßnahmen alle Fragen regeln, deren Durchführung seiner Einwilligung bedürften.

29 Abs. 1 enthält zum Inhalt der Patientenverfügung keine Regelungen; vielmehr stellt Abs. 3 ausdrücklich klar, dass die **Reichweite der Patientenverfügung nicht begrenzt** ist (dazu unter Rn 52 ff).

b) Beschränkung auf ärztliche Maßnahmen

30 Da die Patientenverfügung sich nach ihrer gesetzlichen Definition auf die Frage der Einwilligung in ärztliche Maßnahmen beschränkt, kann der Errichtende in

---

14 OLG Hamm BtPrax 1997, 162, 163 f; BT-Drucks. 11/4528, 71.

ihr eine Einwilligung in jede ärztliche Maßnahme erteilen oder diese ärztliche Maßnahme untersagen.

c) Keine Beschränkung auf Unumkehrbarkeit des Verlustes der Einwilligungsfähigkeit

Die Einwilligungsunfähigkeit muss nicht unumkehrbar sein. Der Wortlaut des Abs. 1 S. 1 ist insofern offen, als dass die Patientenverfügung auch Regelungen enthalten kann zu Erkrankungen, die nur vorübergehend die Einwilligungsfähigkeit ausschließen, wie etwa der Schlaganfall oder die Herzattacke. Es ist dann eine Frage der Auslegung der Patientenverfügung, ob das Verbot ärztlicher Maßnahmen auch für diese Situation gelten soll. Dies dürfte regelmäßig verneint werden.

d) Zeitliche Begrenzung

Die Patientenverfügung kann auch zeitlich begrenzt werden, um zu verhindern, dass wesentliche Änderungen der Lebensumstände oder des Gesundheitszustandes nicht berücksichtigt werden.

e) Behandlungswunsch und ärztliche Basisversorgung

Vom Begriff der Patientenverfügung nicht erfasst sind allgemeine Richtlinien für eine künftige Behandlung oder Behandlungswünsche, wie zum Beispiel über die Art und Weise und den Ort der Behandlung. Denn diese Erklärungen enthalten keine vorweggenommene Entscheidung über die Einwilligung oder Nichteinwilligung in eine bestimmte, noch nicht unmittelbar bevorstehende ärztliche Maßnahme.

Die Einwilligungsfähigkeit bezieht sich nicht auf die ärztliche Basisbetreuung, wie eine menschenwürdige Unterbringung, Zuwendung, Körperpflege, das Lindern von Schmerzen, Atemnot und Übelkeit sowie das Stillen von Hunger und Durst auf natürlichem Wege. Deshalb können sie durch eine Patientenverfügung auch nicht ausgeschlossen werden. Sind zur Ermöglichung oder Aufrechterhaltung von Grundfunktionen des Organismus jedoch ärztliche Eingriffe erforderlich, ist hierfür die Einwilligung des Patienten notwendig.[15]

f) Konkret bevorstehende ärztliche Maßnahme

Von den §§ 1901 a f BGB nicht erfasst ist weiterhin eine zeitnahe Einwilligung in eine konkret und zeitnah bevorstehende Behandlung, auch wenn der Patient im Zeitpunkt der Vornahme der ärztlichen Maßnahme, etwa aufgrund einer Anästhesie, nicht mehr einwilligungsfähig ist. Diese Einwilligung kann der Patient auch weiterhin mündlich wirksam erklären.

8. Widerrufbarkeit der Patientenverfügung

a) Formfreier Widerruf

Abs. 1 S. 3 stellt klar, dass eine Patientenverfügung jederzeit formlos widerrufen werden kann. Dies entspricht den allgemeinen Regeln, wonach formbedürftige Rechtsgeschäfte vorbehaltlich anders lautender gesetzlicher Regelungen vom Formzwang nicht umfasst sind.

---

15 BGH BtPrax 2003,123; vgl dazu auch OLG Düsseldorf FamRZ 2008, 1283.

37 Der Widerruf kann mündlich oder durch nonverbale Gesten erklärt werden. Er ist wirksam, wenn der Patient deutlich macht, an der im Vorhinein getroffenen Entscheidung in der aktuellen Situation erkennbar nicht festhalten zu wollen, indem er sich von seiner früheren Verfügung mit erkennbarem Widerrufswillen distanziert;[16] Geschäfts- oder Einwilligungsfähigkeit ist nicht vorauszusetzen.

b) Nachweis des Widerrufs

38 Zu empfehlen ist aber auch hier ein **schriftlicher Widerruf**, da ansonsten der Nachweis eines wirksamen Widerrufs erschwert wird. Die Patientenverfügung soll der Umsetzung des Selbstbestimmungsrechtes dienen für eine Zeit, in der sich der Errichtende nicht äußern kann. Liegt eine schriftliche Patientenverfügung vor, wird es ein fehlender schriftlicher Widerruf den Beteiligten erschweren, den wahren Willen des Errichtenden festzustellen.

9. Wirkung der Patientenverfügung
a) Bindung an den Patientenwillen

39 Enthält die Patientenverfügung eine Entscheidung über die Einwilligung in bestimmte ärztliche Maßnahmen, die auf die konkret eingetretene Situation zutrifft, ist diese Entscheidung des Patienten grundsätzlich **bindend**: Der Patient selbst hat mit der Patientenverfügung seine Einwilligung erteilt.[17] Diese Bindung gilt gerade dann, wenn der Patient nicht mehr einwilligungsfähig ist (vgl etwa § 130 Abs. 2 2. Alt. BGB).

b) Gleichstellung mit dem aktuellen Willen

40 Der in der Patientenverfügung niedergelegte Wille des Patienten wird somit dem aktuellen Willen eines einwilligungsfähigen Patienten gleichgestellt. Dieser Wille des Patienten kann, wenn die Prüfung der Patientenverfügung deren Verbindlichkeit ergibt, nicht vom Betreuer oder Betreuungsgericht durch einen Rückgriff auf einen mutmaßlichen Willen des Betroffenen korrigiert werden. Denn es muss vermieden werden, dass die in eigenverantwortlichem Zustand getroffene Entscheidung unter spekulativer Berufung darauf unterlaufen wird, dass der Patient in der konkreten Situation möglicherweise etwas anderes gewollt hätte.

41 Schließlich entspricht es ständiger zivilrechtlicher Rechtsprechung, dass das Selbstbestimmungsrecht eines Patienten, das durch die Aufklärung sichergestellt ist, auch eine Entschließung schützt, die aus medizinischen Gründen unvertretbar erscheint.[18] Auch die strafrechtliche Rechtsprechung betont das Selbstbestimmungsrecht des Patienten.[19]

c) Fehlende Festlegungen in der Patientenverfügung

42 Es bleibt aber dem Patienten unbenommen, in seiner Patientenverfügung dem Betreuer oder Bevollmächtigten die Entscheidung über die ärztliche Maßnah-

---

16 BGH BtPrax 2003, 123.
17 BGH BtPrax 2010, 226; LG Oldenburg BtPrax 2010, 246.
18 BGH NJW 1984, 465.
19 BGH NJW 1991, 2357; 1995, 80.

me zu überlassen. Dann muss der Betreuer im Rahmen des Abs. 2 den **mutmaßlichen Willen** des Patienten feststellen.

10. Aufgabe des Betreuers

Soweit eine formwirksame Patientenverfügung vorliegt, muss der Betreuer prüfen, ob diese Regelungen zur aktuellen Lebens- oder Behandlungssituation enthält. Ausgehend von den schriftlich niedergelegten Anordnungen wird er zu prüfen haben, inwieweit diese Regelungen noch gelten sollen. Kommt der Betreuer zum Ergebnis, die vom Errichtenden geäußerten Anordnungen seien noch wirksam, muss er diesen, wie Abs. 1 S. 2 nochmals betont, Ausdruck und Geltung verschaffen. 43

Damit ist klargestellt, dass der Betreuer zunächst nur Bote des von ihm festgestellten Willens des Patienten ist.[20] Er ist verpflichtet, den behandelnden Arzt auf die Regelungen in der Patientenverfügung hinzuweisen. 44

III. Fehlende Patientenverfügung (Abs. 2)
1. Bindung an den mutmaßlichen Willen des Patienten

Fehlt eine Patientenverfügung, hat der Patient seine Wünsche **nur mündlich geäußert** oder dem Betreuer die Entscheidung über die Einwilligung überlassen, ist der Betreuer nach Abs. 2 dennoch nicht in seiner Entscheidung frei. Abs. 2 gibt dem Betreuer vielmehr Vorgaben, wie er dann seine Entscheidung zu treffen hat. 45

Durch Abs. 2 soll zunächst die bereits nach dem geltenden Recht bestehende Bindung des Betreuers an Behandlungswünsche des Betreuten (§ 1901 Abs. 3 BGB) festgeschrieben und verdeutlicht werden. 46

Diese Klarstellung ist vor allem wichtig, wenn ein konkreter und situationsbezogener Patientenwille feststellbar ist, der aber etwa wegen der fehlenden Schriftlichkeit für den Arzt nicht verbindlich ist. Dies ist auch der Fall, wenn eine Patientenverfügung existiert, diese aber die konkrete Behandlungssituation nicht regelt. 47

2. Kriterien

Satz 2 und 3 stellen klar, nach welchen Kriterien der Betreuer diesen Willen feststellen soll: Der Betreuer hat die Wünsche anhand konkreter Anhaltspunkte zu ermitteln. Soweit frühere schriftliche oder mündliche Äußerungen bekannt sind, sind diese zugrunde zu legen. Zu berücksichtigen hat der Betreuer auch ethische, religiöse oder sonstige persönliche Wertvorstellungen des Patienten.[21] 48

3. Ermittlung des Willens des Patienten

Diese Anhaltspunkte muss der Betreuer von sich aus ermitteln. Soweit ihm die Überlegungen des Patienten nicht bekannt sind, ist er gehalten, **bei nahen Verwandten** (Ehegatten, Lebenspartner, Eltern, Kinder, Geschwister) oder Ver- 49

---

20 Vgl schon BGH BtPrax 2003, 123.
21 Vgl BGH NJW 1988, 2310; 1995, 80; OLG München MittBayNot 2006, 424.

trauenspersonen des Patienten gezielt im Rahmen der zeitlichen Möglichkeiten nachzufragen.

50 Kann nach Ausschöpfen aller Erkenntnisse ein mutmaßlicher Wille des Patienten nicht festgestellt werden, ist dem Schutz auf Leben Vorrang einzuräumen.

4. Eigene Willenserklärung des Betreuers

51 Anders als bei Abs. 1 muss nunmehr der Betreuer eine eigene Willenserklärung abgeben, die die fehlende Willenserklärung des Patienten ersetzt.

IV. Fehlende Reichweitenbeschränkung (Abs. 3)

52 Wie Abs. 3 klarstellt, können Regelungen in der Patientenverfügung **jede Krankheit und jedes Lebensstadium** erfassen. Damit hat der Gesetzgeber Überlegungen eine Absage erteilt, wonach bestimmte Lebenssituationen (wie etwa Wachkoma oder Demenz) von vornherein einer Regelung in einer Patientenverfügung verschlossen bleiben sollen.

53 Die Mehrheitsmeinung der Enquete-Kommission „Ethik und Recht der modernen Medizin"[22] hatte noch die Auffassung vertreten, der Verzicht auf lebenserhaltende Maßnahmen sei nur möglich, wenn ein irreversibler Verlauf des Grundleidens vorliege und dieses Grundleiden trotz medizinischer Behandlung nach ärztlicher Erkenntnis zum Tod führen würde. Diesen Überlegungen ist der Gesetzgeber aber entgegengetreten.

54 Denn auch der **Abbruch einer lebenserhaltenden Maßnahme** ist bei entsprechendem Patientenwillen Ausdruck der allgemeinen Entscheidungsfreiheit und des Rechts auf körperliche Unversehrtheit: Der Patient soll über seinen Körper auch dann entscheiden können, wenn der Abbruch oder die Nichteinleitung einer Maßnahme zu dessen Tod führen wird. Damit steht der Gesetzgeber in Einklang mit der Rechtsprechung des Bundesgerichtshofes zur Strafbarkeit eines Behandlungsabbruches.[23]

55 Problematisch sind jedoch Patientenverfügungen, mit denen jegliche psychiatrische Behandlung abgelehnt wird. Konsequent ist es, diese Verfügungen zu beachten, wenn sie im einwilligungsfähigen Zustand errichtet wurden. Da nunmehr nach § 1906 Abs. 3 BGB die Zwangsbehandlung wieder zulässig ist (vgl. § 1906 BGB Rn 45 ff), kann trotz einer solchen Vollmacht ein Betreuer bestellt und der Betroffene zwangsweise behandelt werden.[24]

V. Verbot der Verpflichtung zur Errichtung einer Patientenverfügung (Abs. 4)

56 Abs. 4 verdeutlicht nochmals, dass es keinen wie auch immer gearteten Zwang zur Abfassung einer Patientenverfügung geben darf. Damit soll individuellem oder gesellschaftlichem Druck entgegengewirkt werden.

57 S. 2 enthält zudem ein allgemeines zivilrechtliches Koppelungsverbot: Die Errichtung oder Vorlage einer Patientenverfügung darf nicht zur Bedingung

---

22 BT- Drucks. 15/3700.
23 BGH NJW 1995, 80; BGH BtPrax 2010, 226.
24 So schon KG FGPrax 2007, 115.

(§ 158 Abs. 1 BGB) für einen Vertragsschluss – wie etwa einen Heimvertrag oder einen Versicherungsvertrag – gemacht werden.

Ein Verstoß gegen das Koppelungsverbot stellt einen Verstoß gegen ein gesetzliches Verbot iSd § 134 BGB dar, führt zur Nichtigkeit des Vertrages und begründet ggf Schadensersatzansprüche.

Wenn allerdings kein Kontrahierungszwang besteht, kann der Vertragspartner nicht gezwungen werden, einen Vertrag abzuschließen, den er nicht mit einer Person abschließen will, die keine Patientenverfügung errichtet hat.

VI. Erstreckung auf den Bevollmächtigten (Abs. 5)

Abs. 5 erstreckt die Regelungen für den Betreuer auf den aufgrund einer Vorsorgevollmacht iSd § 1901 c S. 2 BGB zur Gesundheitsvorsorge Ermächtigten: Dieser ist wie ein Betreuer an eine Patientenverfügung gebunden.

Durch das im Gesetzgebungsverfahren eingefügte Wort „entsprechend" wird aber auch verdeutlicht, dass sich dessen Verpflichtungen nicht aus § 1901 a BGB, vielmehr vorrangig aus der Vollmacht selbst ergeben.

§ 1901 b BGB   Gespräch zur Feststellung des Patientenwillens

(1) ¹Der behandelnde Arzt prüft, welche ärztliche Maßnahme im Hinblick auf den Gesamtzustand und die Prognose des Patienten indiziert ist. ²Er und der Betreuer erörtern diese Maßnahme unter Berücksichtigung des Patientenwillens als Grundlage für die nach § 1901 a zu treffende Entscheidung.

(2) Bei der Feststellung des Patientenwillens nach § 1901 a Absatz 1 oder der Behandlungswünsche oder des mutmaßlichen Willens nach § 1901 a Absatz 2 soll nahen Angehörigen und sonstigen Vertrauenspersonen des Betreuten Gelegenheit zur Äußerung gegeben werden, sofern dies ohne erhebliche Verzögerung möglich ist.

(3) Die Absätze 1 und 2 gelten für Bevollmächtigte entsprechend.

I. Einleitung

Mit § 1901 b BGB wurde, erst am Ende des Gesetzgebungsverfahrens,[1] der **dialogische Prozess** zwischen dem behandelnden Arzt, dem Betreuer und gegebenenfalls weiteren Personen im Gesetz verankert: Nicht der Arzt allein oder der Betreuer allein entscheiden über die zu treffenden Maßnahmen, vielmehr sollen alle Beteiligte miteinander sprechen

Die Pflichten des Arztes ergeben sich zwar bereits aus dessen berufsrechtlichen Pflichten. Der Gesetzgeber wollte aber im Hinblick auf bestehende Verunsicherungen in der Praxis diesen dialogischen Prozess näher erläutern. Angesichts der teilweise schwerwiegenden und grundrechtsrelevanten Folgen der zu treffenden Entscheidung ist diese **Klarstellung** sinnvoll und hilfreich.

---

1 BT-Drucks. 16/13314, 20 f.

II. Inhalt

1. Pflichten des behandelnden Arztes

3   Zunächst muss, wie Abs. 1 S. 1 darlegt, der behandelnde Arzt prüfen, welche ärztlichen Maßnahmen indiziert sind, und zwar im Hinblick auf den Gesamtzustand und die Prognose des zu dieser Zeit einwilligungsunfähigen Patienten. Weigert sich der Arzt, Maßnahmen zu erörtern, muss das Betreuungsgericht mithilfe eines Sachverständigen dessen Rolle ausfüllen.[2]

2. Erörterung mit dem Betreuer

4   Soweit ein Betreuer oder Bevollmächtigter (vgl Abs. 3) bestellt ist, muss der behandelnde Arzt nach Abs. 1 S. 2 die geplante Maßnahme mit diesem erörtern. Bei der Erörterung soll der Patientenwille berücksichtigt werden, den der Patient entweder im Rahmen einer wirksamen Patientenverfügung niedergelegt hat (§ 1901a Abs. 1 BGB) oder den der Patient auf andere Weise geäußert hat (§ 1901a Abs. 2 BGB).[3]

3. Einbeziehung weiterer Personen

5   Soweit die zeitliche Möglichkeit besteht, sollen in dieses Gespräch nahe Angehörige (Ehegatte, Lebenspartner, Geschwister, Eltern und Kinder) und sonstige Vertrauenspersonen einbezogen werden (Abs. 2). Ihnen soll Gelegenheit zur Äußerung gegeben werden. Sie haben kein eigenes Entscheidungsrecht, sollen aber helfen, den wirklichen Willen des Patienten zu ermitteln. Eine Beteiligung einzelner Personen entfällt von vornherein, wenn es dem erklärten oder erkennbaren Willen des Patienten entspricht, diese Personen nicht zu beteiligen. Die Beteiligung entfällt auch, wenn dies zu einer erheblichen zeitlichen Verzögerung führen würde. Ob eine erhebliche Verzögerung vorliegt, ist abhängig von der Dringlichkeit der Maßnahme und der Erreichbarkeit der einzubeziehenden Personen.

4. Ergebnis des Dialogs

6   Am Ende dieses Dialoges muss feststehen, ob die geplante ärztliche Maßnahme entweder von der Patientenverfügung erfasst und dort geregelt ist (§ 1901a Abs. 1 BGB) oder dem Behandlungswunsch oder dem mutmaßlichen Willen des Patienten entspricht (§ 1901a Abs. 2 BGB).

5. Form des Gespräches und Dokumentation

7   Der Gesetzesüberschrift ist zu entnehmen, dass dieser Dialog auch mündlich stattfinden kann. Zur Absicherung der Beteiligten und auch zur Dokumentation gegenüber dem Betreuungsgericht im Rahmen einer nach § 1904 BGB zu treffenden Entscheidung erscheint eine schriftliche Dokumentation zumindest des Ergebnisses dieses Dialoges sinnvoll.

8   Aus dem ärztlichen Berufsrecht ergibt sich ohnehin die Pflicht, dieses Einvernehmen zu dokumentieren (vgl insoweit die standesrechtlichen Vorschriften, u.a. § 10 der Musterberufsordnung für die deutschen Ärztinnen und Ärzte).

---

2   Vgl dazu AG Nordenham FamRZ 2011, 1327.
3   Vgl etwa LG Kleve BtPrax 2010, 186.

III. Bedeutung für den Betreuer

Der Betreuer muss im Rahmen des Gespräches mit dem behandelnden Arzt feststellen, ob die vom Arzt befürwortete Maßnahme **von der Einwilligung des Patienten**, die dieser in der Patientenverfügung niedergelegt hat, **gedeckt** ist. Dabei hat der Betreuer auch zu prüfen, ob die Patientenverfügung auf die aktuelle Lebens- und Behandlungssituation zutrifft. 9

Kommt der Betreuer zum Ergebnis, die ärztliche Maßnahme ist von der Patientenverfügung erfasst, muss er dem Willen des Patienten „Ausdruck und Geltung" (§ 1901a Abs. 1 S. 1 BGB) verschaffen. 10

Ist der Betreuer der Meinung, die geplante ärztliche Maßnahme ist nicht erfasst, muss er nach § 1901 Abs. 2 BGB selbst über die Einwilligung entscheiden. Dabei hat er die feststellbaren Behandlungswünsche oder den mutmaßlichen Willen des Patienten zu berücksichtigen. 11

Die Einzelheiten der Umsetzung der Entscheidung des Betreuers und des Arztes werden in § 1904 Abs. 1–4 BGB geregelt. 12

IV. Erstreckung auf den Bevollmächtigten (Abs. 3)

Abs. 5 erstreckt die Regelungen für den Betreuer auf den aufgrund einer **Vorsorgevollmacht** iSd § 1901c S. 2 BGB zur Gesundheitsvorsorge Ermächtigten. Auch hier ist klargestellt, dass die Pflichten dem der Vollmacht zugrunde liegenden Auftrag und nicht § 1901b BGB zu entnehmen sind. 13

§ 1901c BGB Schriftliche Betreuungswünsche, Vorsorgevollmacht

¹Wer ein Schriftstück besitzt, in dem jemand für den Fall seiner Betreuung Vorschläge zur Auswahl des Betreuers oder Wünsche zur Wahrnehmung der Betreuung geäußert hat, hat es unverzüglich an das Betreuungsgericht abzuliefern, nachdem er von der Einleitung eines Verfahrens über die Bestellung eines Betreuers Kenntnis erlangt hat. ²Ebenso hat der Besitzer das Betreuungsgericht über Schriftstücke, in denen der Betroffene eine andere Person mit der Wahrnehmung seiner Angelegenheiten bevollmächtigt hat, zu unterrichten. ³Das Betreuungsgericht kann die Vorlage einer Abschrift verlangen.

I. Normzweck: Information des Betreuungsgerichts 1	4. Empfangszuständiges Gericht 19
1. Betreuungsverfügungen 2	5. Zeitpunkt der Ablieferungspflicht 20
2. Vorsorgevollmachten 3	a) Vor Einleitung des Betreuungsverfahrens ... 20
II. Ablieferungspflicht von Betreuungsverfügungen 5	b) Positive Kenntnis 21
1. Erfasste Schriftstücke 5	c) Ende der Ablieferungspflicht 24
a) Maßgeblichkeit des Inhalts 5	III. Unterrichtungspflicht über Vollmachten 26
b) Begriff des „Schriftstücks" 8	1. Erfasste Vollmachten 26
c) Errichtungszeitpunkt 11	2. Unterrichtungspflichtige 33
2. Behandlung kombinierter Erklärungen 12	3. Zeitrahmen 37
3. Der Ablieferungspflichtige 15	

Kieß

IV. Anordnung der Abgabe und Zwangsmittel	40	VI. Verwahrung von Betreuungsverfügungen	43
V. Verwahrung von Vorsorgevollmachten	42		

I. Normzweck: Information des Betreuungsgerichts

1 Betreuungen sollen nur angeordnet werden, soweit Vorsorgemaßnahmen des Betroffenen nicht ausreichen. Ist trotz dieser Subsidiarität eine Betreuung notwendig, soll das Betreuungsgericht Vorschläge und Wünsche des Betroffenen berücksichtigen. § 1901c BGB verpflichtet die Besitzer von verfahrensrelevanten Schriftstücken, das Betreuungsgericht durch Ablieferung bzw Unterrichtung aktiv zu unterstützen und nicht erst eine Aufforderung des Gerichts abzuwarten.

1. Betreuungsverfügungen

2 S. 1 begründet eine mit Zwangsmitteln durchsetzbare **Ablieferungspflicht für schriftliche Betreuungsverfügungen**. Bezweckt wird hiermit zum einen, dass das Betreuungsgericht bei seiner Auswahlentscheidung entsprechende Vorschläge des Betroffenen zur Person des Betreuers berücksichtigt (§ 1897 Abs. 4 S. 3 BGB), zum anderen, dass der Betreuer über Wünsche und Vorstellungen des Betroffenen, die er nach §§ 1901 Abs. 3 S. 2, 1901a BGB zu beachten hat, informiert werden kann.

2. Vorsorgevollmachten

3 S. 2 der Vorschrift bezieht die Vorsorgevollmachten in die **Unterrichtungspflicht** ein. Derjenige, in dessen Händen sich eine Vorsorgevollmacht befindet, ist ab Einleitung des Betreuungsverfahrens verpflichtet, das Betreuungsgericht über deren Inhalt zu unterrichten und, wenn es das Betreuungsgericht verlangt, eine Abschrift einzureichen. Die Unterrichtung über bestehende Vorsorgevollmachten soll dem Betreuungsgericht die Prüfung ermöglichen, ob eine Betreuung nach § 1896 Abs. 2 S. 2 BGB überhaupt erforderlich ist, und wenn, für welche Aufgabenkreise. Im Gegensatz zu den Betreuungsverfügungen ist für die Vorsorgevollmachten keine Herausgabe, sondern (nur) eine Unterrichtung über den Inhalt der Vollmacht sowie ggf die Vorlage einer Abschrift vorgesehen.

4 Wer im Besitz der Urkunde ist, ist nur verpflichtet, von der Existenz der Vollmacht zu unterrichten und ggf eine Kopie herauszugeben, damit sich der Bevollmächtigte weiterhin im Rechtsverkehr mit dem Original der Vollmacht legitimieren kann.[1]

II. Ablieferungspflicht von Betreuungsverfügungen

1. Erfasste Schriftstücke

a) Maßgeblichkeit des Inhalts

5 Die Ablieferungspflicht erstreckt sich auf alle Schriftstücke, die sich äußerlich oder nach ihrem Inhalt als Betreuungsverfügung darstellen. Die Vorschrift stellt nicht darauf ab, dass das Schriftstück ausschließlich Inhalte einer Betreu-

---

[1] BT-Drucks. 15/4874, 27.

ungsverfügung enthält. Auch ist nicht entscheidend, ob das Schriftstück als Betreuungsverfügung bezeichnet ist. Eine Betreuungsverfügung kann auch in einem Brief, in einer Patientenverfügung, in einer Vorsorgevollmacht oder gar in einem Testament enthalten sein.

Als Betreuungsverfügung zu verstehen ist **jede Willensäußerung**, die Vorschläge zur Person des Betreuers (auch im Sinne eines negativen Vorschlags, § 1897 Abs. 4 S. 2 BGB) oder sonstige Wünsche und Vorstellungen hinsichtlich der Führung der Betreuung enthält. Diese weite Bestimmung wird dadurch begrenzt, dass nach dem Normzweck ein Zusammenhang mit einem eingeleiteten Betreuungsverfahren bestehen muss. Es ist zu verlangen, dass die Schriftstücke, die einer Ablieferungspflicht unterliegen, mit einer gewissen **Finalität auf den Betreuungsfall** zugeschnitten sind. Sie müssen somit einen Bezug auf die Auswahl des Betreuers oder zur Wahrnehmung der Betreuung haben, weshalb nicht alles, was Richtschnur für das Handeln des Betreuers sein kann, beim Betreuungsgericht abzuliefern ist. 6

Bei Erklärungen des Betroffenen zu gesundheitlichen Fragen ist zu differenzieren: Eine Patientenverfügung iSd § 1901a BGB, also eine **an einen Arzt gerichtete Erklärung**, in der für den Fall der Einwilligungsunfähigkeit antizipiert in eine medizinische Maßnahme eingewilligt oder die Einwilligung verweigert wird, ist keine Betreuungsverfügung und daher nicht ablieferungspflichtig. Denn sie muss mit Einleitung des Betreuungsverfahrens noch keine Relevanz haben, weil dieses nicht zwangsläufig eine Einwilligungsunfähigkeit voraussetzt. Eine Erklärung des Betroffenen kann aber auch allgemein den Willen des Erklärenden zu Untersuchungen des Gesundheitszustandes, Heilbehandlungen oder ärztlichen Eingriffen für den Fall der Einwilligungsunfähigkeit enthalten. Dann enthält sie Wünsche des Betroffenen zur Wahrnehmung der Betreuung und ist abzuliefern. 7

b) Begriff des „Schriftstücks"

Abzuliefern sind nur Betreuungsverfügungen, die **schriftlich abgefasst** wurden. 8

Eine analoge Anwendung der Herausgabepflicht auf **Datenträger** ist nicht angezeigt. Zum einen sollte die Vorschrift, weil die Ablieferungspflicht zwangsweise durchgesetzt werden kann, im Anwendungsbereich nicht unabsehbar erweitert werden. Zum anderen hat der Gesetzgeber, dem weitere Formen der Speicherung von Willensbekundungen bekannt gewesen sein dürften, bewusst davon abgesehen, den Kreis entsprechend zu erweitern. Das Betreuungsgericht ist jedoch nicht daran gehindert, Datenträger entgegenzunehmen und wird diese im Rahmen der Amtsermittlung auch auswerten. 9

Mit der Vorschrift wurde **kein Formzwang** – auch nicht mittelbar – **für Betreuungsverfügungen** anders als bei Patientenverfügungen eingeführt. Eine handschriftliche Abfassung wird nicht verlangt, auch nicht das Versehen der Urkunde mit Datum und Zeit. Ein Unterschriftserfordernis besteht nicht. Der Hersteller muss sich auch nicht der deutschen Sprache bedienen. 10

c) Errichtungszeitpunkt

Vom Wortlaut her werden nur solche Betreuungsverfügungen erfasst, die **vor der Einleitung** eines Betreuungsverfahrens errichtet wurden. Sonst hätte der Betreuer alle Schriftstücke an das Betreuungsgericht abzuliefern, in denen sich 11 der Betreute während der Betreuung zur Person des Betreuers oder zur Führung der Betreuung äußert. Eine solche Verpflichtung wäre unnötig, weil sich der Betreute während eines anhängigen Betreuungsverfahrens jederzeit selbst an das Betreuungsgericht wenden kann. Auch hat der Betreuer die aktuellen Wünsche und Vorstellungen des Betreuten in Erfahrung zu bringen und zu beachten.

2. Behandlung kombinierter Erklärungen

12 Die Ablieferungspflicht nach § 1901 c S. 1 BGB bezieht sich grundsätzlich auf das **Originalschriftstück**. Die Erfüllung dieser Pflicht kann Probleme aufwerfen, wenn die abzuliefernde Betreuungsverfügung mit einer Vorsorgevollmacht oder einer sonstigen Erklärung verbunden ist, deren Ablieferung an das Betreuungsgericht mit anderen Rechtsvorschriften kollidieren oder praktische Probleme aufwerfen würde.

13 So sind aus sachlichen Gründen häufig **Kombinationen von Vorsorgevollmacht und Betreuungsverfügung** in einer Urkunde anzutreffen. Da dem Bevollmächtigten das Original der Vollmachtsurkunde zu belassen ist (vgl S. 3), die er zum Nachweis seiner Vertretungsmacht benötigt, genügt es, eine Kopie zu den Akten zu nehmen und dem Bevollmächtigten das Original wieder auszuhändigen.

14 Händigt der Besitzer eines **Testaments**, das eine Betreuungsverfügung beinhaltet, dieses an das Betreuungsgericht aus, befreit er sich damit gleichzeitig von seiner ihn beim Versterben des Betroffenen treffenden Ablieferungspflicht nach § 2259 BGB gegenüber dem Nachlassgericht. Auch hier genügt es, eine Abschrift zur Betreuungsakte zu nehmen und das Testament dem Besitzer zu belassen.

3. Der Ablieferungspflichtige

15 Ablieferungspflichtig ist der **tatsächliche Besitzer** des Schriftstücks, es sei denn, der zu Betreuende selbst ist Besitzer. Die Vorschrift ist § 2259 BGB nachgebildet. Dies passt nicht ganz, weil nicht mehr der Verstorbene, vielmehr der Erbe Besitzer des Testaments ist, der Verfasser einer Betreuungsverfügung diese jedoch so verwahren kann, dass kein anderer Besitz an ihr begründet.

16 Befindet sich die Betreuungsverfügung noch in Händen des Betreuten, kann er daher selbst darüber entscheiden, ob er das Schriftstück dem Betreuungsgericht aushändigt oder von den darin enthaltenen Wünschen wieder Abstand nehmen will. Er wird deshalb von der Ablieferungspflicht nicht betroffen. Außerdem sichert ihm die persönliche Anhörung die Darlegung seiner Vorstellungen.

17 Ebenso wird der **Notar**, der von der Einleitung des Betreuungsverfahrens Kenntnis erhält, verpflichtet, eine Betreuungsverfügung, die sich in seinem Besitz befindet, beim Betreuungsgericht abzuliefern (§ 1901 c S. 1 BGB iVm § 51 Abs. 4 BeurkG). Bei notariell beurkundeten Erklärungen wäre eine Ablieferung der Urschrift jedoch systemwidrig, weil diese nach beurkundungsrechtlichen Grundsätzen bei der Urkundensammlung des Notars zu verbleiben hat.[2] Daher wird auch bei notariell beurkundeten Betreuungsverfügungen nach S. 2 und 3

---

2 BT-Drucks. 15/4874, 27.

zu verfahren sein. Die Verschwiegenheitspflicht nach § 18 BNotO steht nicht entgegen, da es dem mutmaßlichen Willen des Betroffenen entspricht, dass die für den Fall der Einrichtung der Betreuung geschaffene Betreuungsverfügung zur Kenntnis des Betreuungsgerichts gelangt.

Gebührenpflichtig ist die Ablieferung nicht, da die Übermittlung von Erklärungen an ein Gericht durch die Gebühr für die Errichtung der Betreuungsverfügung abgegolten werden (KVGNotKG Vorbemerkung 2.1 Abs. 2 Nr. 1 bzw. § 147 Abs. 3 KostO). 18

4. Empfangszuständiges Gericht

Die Ablieferungs- und Unterrichtungspflicht besteht gegenüber dem Betreuungsgericht, bei dem das Betreuungsverfahren eingeleitet wurde. 19

5. Zeitpunkt der Ablieferungspflicht

a) Vor Einleitung des Betreuungsverfahrens

Das Einreichen von schriftlichen Betreuungsverfügungen vor der Einleitung eines Betreuungsverfahrens wäre nur möglich, wenn eine entsprechende Verpflichtung der Betreuungsgerichte durch Gesetz, Verordnung oder Verwaltungsvorschrift vorgesehen ist oder die Betreuungsgerichte freiwillig hierzu bereit sind (siehe hierzu Rn 43 ff). Aus § 1901 c BGB kann eine Pflicht zur Entgegennahme der Betreuungsgerichte vor der Einleitung eines Betreuungsverfahrens nicht abgeleitet werden.[3] Auch die Betreuungsbehörden trifft nach dem Betreuungsbehördengesetz keine Verpflichtung zur Entgegennahme und Aufbewahrung von Betreuungsverfügungen. 20

b) Positive Kenntnis

Die Pflicht zur Ablieferung und Unterrichtung entsteht erst, wenn der Besitzer des Schriftstücks von der Einleitung eines Verfahrens über die Bestellung eines Betreuers **Kenntnis** erlangt. 21

Es genügt somit nicht die Kenntnis der Betreuungsbedürftigkeit, vielmehr muss der Besitzer positive Kenntnis **von der Einleitung des Verfahrens** haben. Somit hat der Gesetzgeber sich klar gegen die sich ansonsten ergebende Anzeigepflicht der Betreuungsbedürftigkeit ausgesprochen,[4] die die Gefahr der Störung des Vertrauensverhältnisses zwischen Mitteilendem und Betroffenem heraufbeschworen hätte. 22

Eine **Nachforschungspflicht** besteht nicht. Der Besitzer einer Betreuungsverfügung ist also nicht gehalten, wenn er die Betreuungsbedürftigkeit erkennt, bei dem Betreuungsgericht nachzufragen, ob ein Betreuungsverfahren eingeleitet wurde. 23

c) Ende der Ablieferungspflicht

Werden solche Schriftstücke **später aufgefunden**, sind sie ebenfalls abzuliefern. Die Ablieferungspflicht bezieht sich nicht auf einen engen zeitlichen Rahmen nach Einleitung des Betreuungsverfahrens, die mit Bestellung eines Betreuers endet. Selbst während der bestehenden Betreuung sind Betreuungsverfügungen 24

---

3 KG FamRZ 1995, 1295.
4 Vgl Gegenäußerung der Bundesregierung BT-Drucks. 11/4528, 227.

relevant und können zu einer Korrektur der betreuungsgerichtlichen Entscheidung führen. Der Betreuer ist ebenfalls an vor seiner Bestellung geäußerte Wünsche des Betreuten nach § 1901 Abs. 3 S. 2 BGB gebunden.

25 Erst mit **Aufhebung** der Betreuung endet die Ablieferungspflicht.

III. Unterrichtungspflicht über Vollmachten
1. Erfasste Vollmachten

26 § 1901 c S. 2 BGB erfasst dem Wortlaut nach alle Schriftstücke, in denen der Betroffene eine andere Person mit der Wahrnehmung seiner Angelegenheiten bevollmächtigt hat.

27 Der Kreis der mitteilungspflichtigen Vollmachten sollte jedoch nicht zu weit gezogen werden, er wird durch den **Zweck** der Unterrichtungspflicht begrenzt (das Betreuungsgericht ist nicht auf Kenntnis aller einmal erteilten Vollmachten des Betroffenen in seinen Angelegenheiten angewiesen). Es geht nur um Vollmachten, in denen der Betroffene Personen mit der Wahrnehmung seiner Angelegenheiten im Sinne einer Rechtsfürsorge (wie es das Betreuungsrecht versteht) bevollmächtigt hat. Dies macht die amtliche Überschrift zu § 1901 c BGB deutlich, die von „Vorsorgevollmacht" spricht.

28 Erfasst werden die **Konto-/Depot-Vorsorgevollmachten**, auch wenn sie nicht als Vorsorgevollmacht bezeichnet sind.

29 Ob ansonsten Banken und Kreditinstitute bei Kenntnis von der Einleitung eines Betreuungsverfahrens verpflichtet sind, über etwa bestehende Kontovollmachten, Daueraufträge oder Einzugsermächtigungen das Betreuungsgericht zu unterrichten, mag im Einzelfall zweifelhaft sein. Durch das Vorliegen solcher Vollmachten kann jedoch in dem einen oder anderen Fall die Betreuungsbedürftigkeit entfallen.

30 § 1901 c BGB gilt nur für **Vollmachten des Betroffenen** selbst, die vor Einleitung des Betreuungsverfahrens abgefasst worden sind. So scheiden bereits Vollmachten des Betreuers aus, die er aufgrund seiner gesetzlichen Vertretungsbefugnisse Dritten in Angelegenheiten des Betreuten erteilt hat. Ebenso wenig sind Untervollmachten eines vom Betroffenen bevollmächtigten Dritten erfasst. Erteilt der Betreute dem Betreuer auf dessen Veranlassung während der Betreuung eine Vollmacht, ist diese auch nicht mitteilungspflichtig. Der Betreuer hat dann allerdings – soweit die Vollmacht reicht – die Aufhebung der Betreuung nach § 1908 d BGB anzuregen und dem Betreuungsgericht über diesen Umstand nach § 1901 Abs. 5 BGB Mitteilung zu machen.

31 Ob die Vollmacht **wirksam** ist, insbesondere ob der Betroffene zum Zeitpunkt ihrer Abfassung noch **geschäftsfähig** war, ist für die Unterrichtungspflicht ohne Belang. Ebenso wenig entfällt die Unterrichtungspflicht, wenn dem Besitzer die Vollmacht mit der Auflage ausgehändigt wurde, diese erst dem Bevollmächtigten zu übergeben, wenn die Betreuungsbedürftigkeit eintritt. Dies ist geradezu charakteristisch für die Vorsorgevollmacht. Es ist Aufgabe des Betreuungsgerichts, die Wirksamkeit der Vollmacht zu prüfen und anhand dieser Prüfung zu entscheiden, ob, und wenn, in welchem Umfang eine Betreuung noch erforderlich ist.

Die Unterrichtungspflicht muss sich auch auf Schriftstücke beziehen, in denen 32
eine Vollmacht **widerrufen** wurde. Der von der Vorschrift Angesprochene
würde dem Gericht ansonsten eine unrichtige Entscheidungsgrundlage liefern,
wenn er nur darüber Auskunft gibt, dass eine schriftliche Vollmacht bestimmten Inhaltes vorliegt, aber verschweigt, dass gleichfalls ein schriftlicher Widerruf erfolgte. Dies gilt auch, wenn der Besitzer des Schriftstücks den Widerruf
für nicht beachtlich hält. Sogar dann, wenn er nur im Besitz eines Schriftstücks
mit dem Widerruf einer Vollmacht ist, sollte das Betreuungsgericht unterrichtet werden, weil diesem dann bereits eine Auskunft über die widerrufene Vollmacht vorliegt. Die Gültigkeit der Vollmacht und deren Widerruf hat das Betreuungsgericht zu beurteilen.

2. Unterrichtungspflichtige

Die Unterrichtungspflicht über sogenannte Vorsorgevollmachten ist an dieselben Grundlagen geknüpft wie die Ablieferung von Betreuungsverfügungen. 33
Das bedeutet, dass immer nur der **Besitzer** des Schriftstücks mit den inhaltlichen Voraussetzungen einer Vollmacht unterrichtungspflichtig ist. Es reicht
nicht, wenn jemand lediglich Kenntnis davon hat, dass eine Vollmacht (zB in
Händen des Betroffenen) existiert. Ein solcher Hinweis kann für das Betreuungsgericht allerdings sehr wertvoll sein, um im Rahmen seiner Amtsermittlungspflicht zu prüfen, ob wegen einer bestehenden Vollmacht kein Betreuungsbedarf gegeben ist.

Unterrichtungspflichtig sind auch Personen und Stellen, bei denen eine Vollmacht errichtet wurde, sofern sich das Original oder die Urschrift in ihrem Besitz befindet. Daher sind auch **Notare**, die die Urschrift einer beurkundeten 34
Vorsorgevollmacht in der Urkundensammlung verwahren, mitteilungspflichtig. Der Besitz einer bloßen Kopie oder beglaubigten Abschrift, zB bei den Akten oder in der Urkundensammlung, löst die Ablieferungspflicht hingegen
nicht aus. **Betreuungsbehörden**, die nach § 6 Abs. 2 BtBG die Unterschrift unter einer Vorsorgevollmacht beglaubigt und gegebenenfalls eine Ablichtung gefertigt haben, sind daher nicht ablieferungspflichtig, denn die Behörde befindet
sich nicht im Besitz des Originals, was jedoch von § 1901 c BGB vorausgesetzt
wird (zumindest eine das Original ersetzende beglaubigte Abschrift). Sie wird
dies jedoch im Wege der Sachaufklärung dem Gericht mitteilen.

Adressat der Verpflichtung ist wiederum **nicht der Betroffene**. Es obliegt seiner 35
Selbstbestimmung, zu entscheiden, ob er über eine erteilte Vollmacht, die er
noch in Händen hält und derer sich daher noch nicht begeben hat, Dritte oder
ein Gericht unterrichten will. Unterrichtet er das Betreuungsgericht dennoch,
hat dies noch nicht die Wirkung, dass die Vollmacht nunmehr erteilt ist. Notwendig ist, dass sie – im Falle der Betreuung einzig infrage kommend – dem
Bevollmächtigten gegenüber erklärt wird. Der Betroffene müsste deshalb das
Betreuungsgericht zum Erklärungsboten bestimmen. In diesem Moment muss
der Betroffene geschäftsfähig sein.

Um dem Verlangen des Betreuungsgerichts nach Vorlage einer **Abschrift** zu 36
entsprechen, genügt die Übersendung einer Fotokopie.

3. Zeitrahmen

37 Auslösendes Moment für eine Unterrichtung ist die Einleitung des Betreuungsverfahrens.

38 Die Pflichten aus § 1901c BGB **enden** erst mit dem Ende der Betreuung, auch wenn im Gesetz als Zeitpunkt nur die Einleitung eines Betreuungsverfahrens genannt wird. Auch während bestehender Betreuung sind entsprechende Schriftstücke abzuliefern oder es ist über sie zu unterrichten. Bedeutung erlangt dies vor allen Dingen, wenn Vorsorgevollmachten erst später aufgefunden werden. Entscheidend ist allein, dass sie vor Einleitung des Betreuungsverfahrens schriftlich niedergelegt wurden.

39 Die Unterrichtungspflicht entbindet das Betreuungsgericht nicht von einer Anfrage beim **Zentralen Vorsorgeregister** der Bundesnotarkammer, weil die dort registrierte Vorsorgevollmacht nicht mit der Vollmacht identisch sein muss, über die eine Unterrichtung erfolgt ist. Oftmals werden auch mehrere Vollmachten erteilt (gerade in den Fällen, in denen ein Betroffener leicht beeinflussbar ist).

IV. Anordnung der Abgabe und Zwangsmittel

40 Nach § 285 FamFG kann das Betreuungsgericht durch Beschluss die Ablieferung oder Vorlage einer Betreuungsverfügung oder Vorsorgevollmacht anordnen.

41 Nach § 35 FamFG kann das Betreuungsgericht diese Anordnung mit Zwangsgeld oder Zwangshaft durchsetzen.

Besteht die Vermutung, dass jemand eine ablieferungspflichtige Betreuungsverfügung in Besitz hat, kann das Betreuungsgericht nach § 35 Abs. 4 S. 1 FamFG iVm § 883 Abs. 2 ZPO zur Abgabe einer eidesstattlichen Versicherung über den Verbleib der Betreuungsverfügung auffordern. § 35 Abs. 4 S. 1 FamFG iVm § 886 ZPO ist nicht anwendbar: Befindet sich das Schriftstück in den Händen einer weiteren Person, ergeht gegen diese die Herausgabeanordnung.

V. Verwahrung von Vorsorgevollmachten

42 Notarielle und nicht notarielle Vorsorgevollmachten können im **Zentralen Vorsorgeregister bei der Bundesnotarkammer** registriert werden.[5] Nach § 6 Abs. 1 und 2 VRegV können Betreuungsgerichte die Auskünfte im Wege eines automatisierten Abrufverfahrens erheben oder schriftliche Auskünfte verlangen. Dadurch wird sichergestellt, dass die Betreuungsgerichte von den hinterlegten Vorsorgevollmachten erfahren. Nicht nur notarielle Vorsorgevollmachten können hinterlegt werden. Eine Pflicht zur Abfrage gibt es für Betreuungsgerichte nicht; sie dürften jedoch im Rahmen der Amtsermittlung dazu angehalten sein.

VI. Verwahrung von Betreuungsverfügungen

43 Seit 2009 können Betreuungsverfügungen auch im Zentralen Vorsorgeregister bei der Bundesnotarkammer hinterlegt werden (§ 10 VRegV). Werden Verfü-

---

[5] Vorsorgeregister-Verordnung (VRegV) v. 21.2.2005 (BGBl. I, 318), zuletzt geändert durch Art. 3 G. v. 18.2.2013 (BGBl. I, 266); siehe Anhang II zu § 1896 BGB.

gungen mit der Vorsorgevollmacht kombiniert, kann der Antragsteller im **Datenformular** zudem angeben, ob die Vollmacht eine Betreuungsverfügung oder eine Patientenverfügung enthält.

Das DRK Mainz bietet ein **Zentralarchiv** zur Hinterlegung von Betreuungsverfügungen, Vorsorgevollmachten und Patientenverfügungen an.[6] Inzwischen gibt es eine Reihe weiterer nicht amtlicher Registrierungs- und Hinterlegungsstellen. Eine ausdrücklich gesetzliche Verpflichtung der Betreuungsgerichte, bei dieser Stelle das Vorliegen von Verfügungen abzufragen, gibt es allerdings nicht, so dass die Hinterlegung an diesen Stellen die gewünschte Information eines Betreuungsgerichts eher nicht sicherstellt.

In einigen Bundesländern gibt es die Möglichkeit, Betreuungsverfügungen zu hinterlegen. Diese werden dann in **amtliche Verwahrung** genommen. Einige Länder haben die Verpflichtung der Betreuungsgerichte, Betreuungsverfügungen entgegen zu nehmen und aufzubewahren, in **Verwaltungsvorschriften** vorgesehen.

So wird in der Verwaltungsvorschrift des Sächsischen Staatsministeriums der Justiz vom 8.1.1993, als geltend bekannt gemacht durch VwV vom 11.12.2009, das Betreuungsgericht zur Entgegennahme bestimmt, in dessen Bezirk der Erklärende seinen gewöhnlichen Aufenthalt hat. Die Betreuungsverfügungen werden dort registriert und in Sammelakten vereinigt. Eine Weitergabe infolge eines Zuständigkeitswechsels ist vorgesehen, verfängt jedoch nur innerhalb des Landes.

Über ähnliche Verwaltungsvorschriften zur Verwahrung verfügen Bayern, Bremen, Hessen, Niedersachsen, Saarland, Sachsen-Anhalt und Thüringen. Andere Länder haben es den Betreuungsgerichten freigestellt, Betreuungsverfügungen in Verwahrung zu nehmen, so Baden-Württemberg, Berlin, Mecklenburg-Vorpommern, Nordrhein-Westfalen, Rheinland-Pfalz und Schleswig-Holstein.

§ 1902 BGB Vertretung des Betreuten

In seinem Aufgabenkreis vertritt der Betreuer den Betreuten gerichtlich und außergerichtlich.

I. Rechtsstellung des Betreuers 1	1. Problem der Doppelzuständigkeit und Beweislastprobleme 15
II. Betreuung und Vollmacht 8	
1. Erteilung einer Vorsorgevollmacht 8	2. Fälle des alleinigen Handelns des Betreuers nur bei sicherer Geschäftsunfähigkeit des Betreuten 17
2. Bevollmächtigung des Betreuers bei laufender Betreuung 10	
3. Widerruf von Vollmachten durch den Betreuer 12	3. Einwilligungsfähigkeit bei ärztlichen Maßnahmen 20
III. Vertretungsmacht des Betreuers und Geschäftsfähigkeit des Betreuten 13	4. Einwilligungsfähigkeit bei freiheitsentziehenden Maßnahmen 21
	5. Eheschließungsfähigkeit 22

---

6 www.zentralarchiv.info/index.htm.

6. Testierfähigkeit	24
7. Handlungs- und Prozessfähigkeit	25
IV. Aufgabenkreis und Umfang der Vertretungsmacht (außergerichtlich)	27
1. Beginn und Ende	31
2. Genaue Beschreibung des Aufgabenkreises erforderlich	33
3. Bei Zweifeln: Erweiterung des Aufgabenkreises anregen	37
4. Obliegenheitspflichten	38
5. Rechtsfolgen bei Überschreiten der Vertretungsmacht	39
V. Die Eigenhaftung des Betreuers	40
VI. Grenzen der Vertretungsmacht	43
1. Aufgabenkreis	43
2. Missbrauch der Vertretungsmacht	45
3. Interessenkollisionen	47
4. Schenkungen	48
5. Höchstpersönliche Rechtsgeschäfte	49
a) Eheschließung, -aufhebung	51
b) Ausübung der elterlichen Sorge	55
c) Vaterschaftsanerkennung	59
d) Sorgeerklärung	62
e) Adoption	63
f) Vaterschaftsanfechtung	65
g) Verfügungen von Todes wegen	66
h) Organspendeerklärung	70
6. Genehmigungsvorbehalte	71
VII. Vertretung in Verwaltungs- und Sozialverwaltungsverfahren	76
1. Handlungsfähigkeit	76
2. Eintritt des Betreuers in das Verfahren und Auswirkungen auf die Handlungsfähigkeit des Betreuten	78
3. Einwilligungsvorbehalt	79
4. Prüfungsmaßstab für den Betreuer: § 1901 BGB	85
VIII. Vertretung vor Gericht	88
1. Zivilprozess	89
a) Geschäftsunfähiger Betreuter	89
b) Geschäftsfähiger Betreuter	93
2. Ehesachen	96
3. Zustellung und Fristversäumung	99
4. Vergleichsschluss	101
5. Zwangsvollstreckung	102
6. Verbraucherinsolvenzverfahren	103
a) Verfahrensfähigkeit	103
b) Mitwirkung des Betreuers beim Schuldenbereinigungsplan	105
c) Haftung des Betreuers für Falschauskünfte	106
7. Geltung des § 53 ZPO in anderen Prozessordnungen	107
IX. Vertretungsmacht in Straf- und Sicherungsverfahren	109
X. Vertretungsmacht im Finanzverfahren	110

I. Rechtsstellung des Betreuers

1 Der Betreuer ist aufgrund § 1902 BGB der **gesetzliche Vertreter** des Betreuten. Diese gesetzliche Vertretungsmacht ist ein wichtiges Mittel zur Erfüllung der dem Betreuer übertragenen Aufgaben.

2 Da der Betreuer aufgrund der gesetzlichen Vertretungsmacht für den Betreuten handeln kann, wird dieser durch die Betreuung **fremdbestimmt**. Diese **Fremdbestimmung** ist jedoch beschränkt: Der Betreuer hat Vertretungsmacht nur im Rahmen der ihm übertragenen Aufgabenkreise.

3 Die aus § 1901 BGB folgenden Beschränkungen der Befugnisse des Betreuers (Wohl des Betreuten, Rücksichtnahme auf seine Wünsche) wirken nur im **Innenverhältnis**.

4 Der Umfang der Vertretungsmacht wird lediglich durch den übertragenen Aufgabenkreis vorgegeben: So verleiht § 1902 BGB einem **Kontrollbetreuer**, der nach § 1896 Abs. 3 BGB mit dem Aufgabenkreis der Geltendmachung von Rechten des Betreuten gegenüber seinem Bevollmächtigten bestellt wird, nur in diesem Umfang Vertretungsmacht. Bei einer geteilten Mitbetreuung (§ 1899 Abs. 1 S. 2 BGB) hat jeder Betreuer einen eigenen Aufgabenkreis, innerhalb dessen er den Betreuten vertritt. Bei der gemeinschaftlichen Mitbetreuung können die Mitbetreuer den Betreuten auch nur gemeinsam im gemeinsamen Aufgabenkreis vertreten.

Die gesetzliche Vertretungsmacht des Betreuers umfasst insbesondere die **Befugnis**, im Namen des Betreuten Willenserklärungen zu empfangen und abzugeben, ihn in gerichtlichen Verfahren zu vertreten, bei Anordnung eines Einwilligungsvorbehalts die jeweilige Zustimmung zu erteilen oder zu versagen und sonstige vom Gesetz vorgesehene Zustimmungsakte vorzunehmen. 5

Wie hieraus bereits deutlich werden mag, hat der Betreuer die Vertretungsbefugnisse nicht zum Selbstzweck, sondern als Befugnisse **zur Erfüllung seiner Aufgaben**. Übt er seine Vertretungsbefugnisse nicht, nicht rechtzeitig oder fehlerhaft aus und läuft dies den Wünschen und Vorstellungen oder dem Wohl des Betreuten zuwider, kann sich eine Haftung aus § 1833 BGB ergeben. Diese Verpflichtung ergibt sich systematisch aus dem Betreuungsrechtsverhältnis, denn die Vertretungsmacht ist vom Grundverhältnis abstrakt. 6

Bei der Vornahme von Rechtsgeschäften sind die Voraussetzungen und Rechtsfolgen für ein Vertreterhandeln in **§§ 164 ff BGB** zu beachten. Das Verbot von In-Sich-Geschäften nach § 181 BGB gilt über § 1795 Abs. 2 BGB auch für den Betreuer. Die allgemeinen Grundsätze des Missbrauchs der Vertretungsmacht sind ebenfalls anwendbar. Die Wirksamkeit kann auch von betreuungsgerichtlichen Genehmigungen (§§ 1821 f BGB) abhängig sein. 7

II. Betreuung und Vollmacht

1. Erteilung einer Vorsorgevollmacht

Ist der Betreute **geschäftsfähig**, bedarf es grundsätzlich keiner Bestellung eines gesetzlichen Vertreters, wenn er seine Angelegenheiten selbst oder durch rechtsgeschäftlich Bevollmächtige erledigen kann. Deshalb ist es nicht verwerflich und stellt auch keinen Grund für eine Entlassung des Betreuers nach § 1908 b Abs. 1 BGB dar, wenn dieser versucht, sich von dem insoweit geschäftsfähigen Betreuten bevollmächtigen zu lassen, um dann die Aufhebung der Betreuung zu veranlassen.[1] 8

Hat der Betreute wirksam eine Vollmacht erteilt, endet deren Wirkung nicht mit Eintritt seiner (späteren) Geschäftsunfähigkeit. Meist wird gerade – im Innenverhältnis zwischen Vollmachtgeber und Bevollmächtigtem – vereinbart, dass von der Vollmacht nur im Fall des Eintritts der Geschäftsunfähigkeit oder Betreuungsbedürftigkeit Gebrauch gemacht werden darf (**Vorsorgevollmacht**). 9

2. Bevollmächtigung des Betreuers bei laufender Betreuung

Es ist sogar zulässig, dass ein (geschäftsfähiger) Betreuter seinen Betreuer **außerhalb** des Aufgabenkreises zu Rechtsgeschäften ermächtigt, für die dieser im Rahmen der Betreuung gemäß §§ 1821, 1822 BGB gerichtlicher Genehmigun- 10

---

[1] LG Leipzig FamRZ 2000, 190.

gen bedürfte. Zum Schutz des Betreuten gilt dies aber nicht für Ermächtigungen **innerhalb** des Aufgabenkreises.[2] Aus gleichem Grund ist auch eine auf die Freistellung von zwingenden gesetzlichen Vorschriften zielende Bevollmächtigung unwirksam, sie ist mit der Stellung eines Betreuers schlicht unvereinbar.[3] Mit der Übertragung des Aufgabenkreises unterstellt das Betreuungsgericht das Handeln des Betreuers seiner Kontrolle. Ein Instrument betreuungsgerichtlicher Überwachung sind gerade die Genehmigungsvorbehalte.

11 Besteht die Gefahr, dass eine Vollmacht wegen Fehlens der betreuungsgerichtlichen Genehmigung unwirksam ist, sollte eine solche schon wegen des Risikos der Unwirksamkeit des vorgenommenen Rechtsgeschäfts eingeholt werden (zu weiteren Einzelheiten siehe die Kommentierung zu § 1821 BGB).

3. Widerruf von Vollmachten durch den Betreuer

12 Als gesetzlicher Vertreter kann der Betreuer auch Vollmachten widerrufen, die der Betreute zuvor wirksam erteilt hat (s. § 1896 BGB Rn 107 f, 170). Der Aufgabenkreis „**Widerruf von Vollmachten**" wird überwiegend in den Fällen angeordnet, in denen ein Bevollmächtigter zur Besorgung der Angelegenheiten entweder nicht in der Lage oder aber nicht geeignet ist oder der Bevollmächtigte sich die Vollmacht auch in Kenntnis der Geschäftsunfähigkeit des Betreuten erschlichen hat.

Gleiches erfolgt, wenn der Betreute nicht in der Lage ist, den Bevollmächtigten zu kontrollieren. Diese Erkenntnis wird meist das Ergebnis einer Kontrollbetreuung nach § 1896 Abs. 3 BGB sein. Ein Betreuer kann Vollmachten des Betreuten nur in dem ihm übertragenen Aufgabenkreis widerrufen. Daher ist es einem Betreuer, dem nicht alle Aufgabenkreise übertragen wurden, zB nicht möglich, eine Altersvorsorgevollmacht, die sich auf alle nur möglichen Rechtshandlungen erstreckt, wirksam zu widerrufen.[4]

III. Vertretungsmacht des Betreuers und Geschäftsfähigkeit des Betreuten

13 Grundsätzlich hat es auf Inhalt und Umfang der gesetzlichen Vertretungsmacht des Betreuers keinen Einfluss, ob der Betreute geschäftsfähig ist oder nicht.

14 Die Vertretungsmacht besteht – mit geringen Ausnahmen – nicht nur bei fehlender Geschäftsfähigkeit des Betreuten. Hierin liegt eine wesentliche Änderung gegenüber der früheren Rechtslage. Nach dieser konnte eine Vormundschaft über Volljährige nur bei festgestellter Geschäftsunfähigkeit angeordnet werden.

1. Problem der Doppelzuständigkeit und Beweislastprobleme

15 Dass für einen Betreuten ein Betreuer bestellt ist, sagt somit nichts über seine Geschäftsfähigkeit aus. Die Betreuerbestellung entzieht ihm nicht die rechtliche Handlungsfähigkeit. Ob er geschäftsfähig ist und seine Willenserklärungen wirksam sind, beurteilt sich allein nach § 104 Nr. 2 BGB und §§ 105, 105 a BGB.

---

2 Regierungsbegründung BT-Drucks. 11/4528, 135 f.
3 OLG Köln FamRZ 2000, 1525.
4 OLG Köln OLGReport 2001, 91.

Dies führt zu einer **Doppelzuständigkeit,** die zur Folge haben kann, dass es zu widersprüchlichen Rechtsgeschäften von Betreuer und Betreutem kommt, die beide grundsätzlich wirksam sind. Die Rechtsfolgen bestimmen sich nach den allgemeinen Regeln, insbesondere ist bei Verfügungen der Grundsatz der Priorität zu beachten. 16

Der Betreute trägt für die Einwendung seiner Geschäftsunfähigkeit die **Beweislast,** da die Geschäftsfähigkeit die Regel bleibt, ihr Fehlen die Ausnahme. Kann der Betreuer im Prozess nicht beweisen, dass der Betreute in dem Moment des Vertragsschlusses geschäftsunfähig war, wird entgegen dem Wohl des Betreuten ein titulierter Anspruch das Vermögen des Betreuten belasten. Die Gefahr kann nur durch **Anordnung eines Einwilligungsvorbehaltes** nach § 1903 BGB ausgeschlossen werden. Der Betreute ist dann, soweit das Rechtsgeschäft zum Kreis der einwilligungsbedürftigen Willenserklärungen rechnet, für dessen Wirksamkeit auf eine Einwilligung des Betreuers angewiesen.

2. Fälle des alleinigen Handelns des Betreuers nur bei sicherer Geschäftsunfähigkeit des Betreuten

Auch künftig dürfte jedoch die Anordnung einer Betreuung bei geschäftsunfähigen Personen die Regel sein. In diesem Fall ist der Betreuer – sofern keine anderslautende wirksame Vollmacht vorliegt – alleinvertretungsbefugt. 17

In bestimmten Fällen sieht das Gesetz jedoch vor, dass die Vertretung durch den Betreuer ohne Mitwirken des Betreuten (**Alleinhandeln des Betreuers**) nur zulässig ist, wenn der Betreute geschäftsunfähig ist. Nur dann darf der gesetzliche Vertreter für den Betreuten Verträge schließen oder Erklärungen abgeben. Solche Erklärungen sind der **Genehmigung des Betreuungsgerichts** unterstellt. Zu nennen sind hier: 18

- § 1411 BGB für den Abschluss von Eheverträgen (entsprechend anwendbar auf Lebenspartnerschaftsverträge, § 7 Abs. 1 S. 3 LPartG),
- § 1596 Abs. 1 und 3 BGB für die Anerkennung der Vaterschaft,
- § 1597 Abs. 3 BGB für den Widerruf der Anerkennung der Vaterschaft,
- § 1600 a Abs. 2 S. 3 BGB für die Vaterschaftsanfechtung,
- § 2347 BGB für den Erbverzicht,
- § 2351 BGB für die Aufhebung des Erbverzichts.

Konsequenz dieser Vorschriften ist, dass die Verträge oder Erklärungen unwirksam sind, wenn der Betreute nicht wirklich geschäftsunfähig war. Deshalb ist in Fällen, in denen zweifelhaft ist, ob der Betreute geschäftsunfähig ist, zu empfehlen, dass die Erklärungen sowohl vom Betreuer als auch vom Betreuten abgegeben werden (**Grundsatz des sichersten Weges**).[5] 19

3. Einwilligungsfähigkeit bei ärztlichen Maßnahmen

Bei einer Einwilligung in eine ärztliche Maßnahme oder Heilbehandlung kommt es nicht auf die Geschäftsfähigkeit an. Verfügt der Betreute in Bezug auf die konkrete anstehende ärztliche Maßnahme über eine **natürliche Einsichts- und Steuerungsfähigkeit,** ist er einwilligungsfähig. Dann darf der Be- 20

---

5 Vgl etwa BayObLG FamRZ 2001, 941.

treuer die Einwilligung zur ärztlichen Maßnahme nicht an dessen Stelle erteilen (vgl die Erläuterungen zu § 1904 BGB). Hier besteht also ein absoluter Vorrang des Willens des Betreuten, der den Betreuer an der Abgabe einer Erklärung hindert.

4. Einwilligungsfähigkeit bei freiheitsentziehenden Maßnahmen

21 Die Einwilligung des Betreuten in seine Unterbringung setzt nicht dessen Geschäftsfähigkeit voraus. Die Einwilligungsfähigkeit ist gegeben, wenn der Betreute die Tragweite der Maßnahme mit natürlichem Willen zu erfassen vermag (Einsichtsfähigkeit).[6] Liegt eine sogenannte **Freiwilligkeitserklärung** vor, scheidet bereits begrifflich eine Freiheitsentziehung aus, einer ansonsten nach § 1906 Abs. 2 S. 1 BGB erforderlichen betreuungsgerichtlichen Genehmigung bedarf es nicht. Ob die Freiwilligkeitserklärung tatsächlich von einem eigenständigen Willen getragen wird, muss idR durch ärztliches Zeugnis festgestellt werden.

5. Eheschließungsfähigkeit

22 Eine Ehe kann der ehemündige Volljährige nur eingehen, wenn er geschäftsfähig iSd § 104 Nr. 2 BGB ist, § 1304 BGB.

23 Im Lebenspartnerschaftsgesetz fehlt eine entsprechende Regelung. Ob eine Erklärung zur Begründung einer eingetragenen Partnerschaft wirksam ist, beurteilt sich deshalb nach § 105 Abs. 1 BGB, die Geschäftsfähigkeit ist hierfür vorauszusetzen.

6. Testierfähigkeit

24 Ob der Betreute letztwillige Verfügungen treffen kann, richtet sich ausschließlich nach seiner Testierfähigkeit iSv § 2229 Abs. 4 BGB. Fähig zur Errichtung eines Testamentes ist nicht, wer wegen krankhafter Störung der Geistestätigkeit, wegen Geistesschwäche oder wegen Bewusstseinsstörung nicht in der Lage ist, die Bedeutung einer von ihm abgegebenen Willenserklärung einzusehen und nach dieser Einsicht zu handeln. § 2229 Abs. 4 BGB fasst also die Voraussetzungen der §§ 104 Nr. 2, 105 Abs. 2 BGB zusammen. Vernichtet der betreute Erblasser sein Testament, hat dies keine Wirkungen, wenn er zugleich testierunfähig ist, weil eine Vernichtung nach § 2255 BGB als Widerruf des Testaments die Testierfähigkeit voraussetzt. Einen Erbvertrag gemäß § 2275 BGB kann nur jemand abschließen, der unbeschränkt geschäftsfähig ist.

7. Handlungs- und Prozessfähigkeit

25 Die Fähigkeit, selbst oder durch selbst bestellte Vertreter in einem Verwaltungsverfahren (Handlungsfähigkeit) oder in einem gerichtlichen Verfahren (Prozessfähigkeit, Verfahrensfähigkeit) zu handeln, setzt **Geschäftsfähigkeit** voraus (§ 12 Abs. 1 Nr. 1 VwVfG, § 11 Abs. 1 Nr. 1 SGB X, § 52 ZPO).

26 Nur in den ihn betreffenden Betreuungs- und Unterbringungsverfahren ist der Betroffene gemäß §§ 275, 316 FamFG stets und unabhängig von einer Geschäftsfähigkeit verfahrensfähig. Deshalb wird hierfür kein Betreuer bestellt, sondern, soweit notwendig, nach § 276 FamFG ein Verfahrenspfleger.

---

6 BT-Drucks. 11/4528, 146; BayObLG FamRZ 1996, 1375.

IV. Aufgabenkreis und Umfang der Vertretungsmacht (außergerichtlich)

Der Umfang der Vertretungsmacht des Betreuers bestimmt sich allein nach den ihm übertragenen Aufgabenkreisen. In Angelegenheiten, die keinem übertragenen Aufgabenkreis zuordenbar sind, besteht keine Vertretungsbefugnis des Betreuers. Er kann für den Betreuten nach außen nicht verpflichtend tätig werden. 27

Nicht von der Vorschrift des § 1902 BGB erfasst wird der **Gegenbetreuer** (§§ 1792, 1799, 1908i BGB), weil ihm kein ihn zur persönlichen Betreuung verpflichtender Aufgabenkreis nach § 1896 Abs. 2 S. 1 BGB übertragen wird. Er hat nach § 1799 BGB (iVm § 1908i Abs. 1 S. 1 BGB) lediglich darauf zu achten, dass der Betreuer die Betreuung pflichtgemäß führt und ist verpflichtet, etwaige Pflichtwidrigkeiten dem Betreuungsgericht anzuzeigen. Eine gesetzliche Vertretungsmacht für den Betreuten wird ihm hiermit nicht eingeräumt. Gleiches gilt für den Verfahrenspfleger, welcher allerdings schon kein Betreuer iSd § 1902 BGB ist. 28

Die innerhalb des Aufgabenkreises bestehende Vertretungsmacht ermächtigt und befugt den Betreuer zur Abgabe von **Willenserklärungen** im Namen des Betreuten und zur Entgegennahme von für den Betreuten bestimmten Erklärungen. Der Betreuer kann aufgrund seiner Vertretungsmacht im übertragenen Aufgabenkreis auch Dritte bevollmächtigen, damit diese im Namen des Betreuten dessen Angelegenheiten besorgen können (Untervollmacht). Vgl zu den Fragen der Zulässigkeit von Aufgabenübertragungen an Dritte und der Wirksamkeit erteilter Vollmachten die Erläuterungen zu § 1901 BGB Rn 57ff. 29

Ist ein Einwilligungsvorbehalt angeordnet, kann der Betreuer einer Willenserklärung des Betreuten zustimmen. 30

Ferner ist der Betreuer zur Vornahme **geschäftsähnlicher Handlungen** befugt. Zu Letzteren zählen etwa die Aufenthaltsbestimmung oder die Einwilligung in ärztliche Behandlungsmaßnahmen.

1. Beginn und Ende

Die Vertretungsmacht des Betreuers **beginnt** mit der Wirksamkeit seiner Bestellung oder Erweiterung seines Aufgabenkreises, dh regelmäßig mit der Bekanntgabe an ihn. Stillschweigendes Dulden einer Betreuertätigkeit durch das Betreuungsgericht verleiht keine gesetzliche Vertretungsmacht.[7] 31

Sie **endet** mit dem Tod des Betreuten oder mit der Wirksamkeit der Entscheidungen über die Aufhebung der Betreuung, Entlassung des Betreuers oder (teilweise) Einschränkung des Aufgabenkreises. Die Entscheidungen werden durch **Bekanntgabe** nach § 15 FamFG wirksam. Die Beschwerde des Betreuers gegen seine Entlassung hat – wie sich aus § 64 Abs. 3 FamFG ergibt – keine aufschiebende Wirkung. Weil mit der Wirksamkeit der Entlassung die gesetzliche Vertretungsmacht entfällt, kann der Betreuer auch keine Beschwerde gegen seine Entlassung im Namen des Betreuten (§ 303 Abs. 4 FamFG) einlegen.[8] Andererseits kann die Vertretungsmacht des Betreuers nach § 1908i Abs. 1 S. 1 BGB iVm §§ 1893, 1698a, 1698b BGB auch über das Amtsende oder den Fortfall 32

---

7 LG Frankenthal Rpfleger 1997, 380.
8 BayObLG FGPrax 1995, 197; aA OLG Schleswig FGPrax 2002, 113.

des Aufgabenkreises hinaus fortbestehen (s. die Erläuterungen zu § 1893 BGB).

2. Genaue Beschreibung des Aufgabenkreises erforderlich

33 Die **Reichweite** der Vertretungsmacht lässt sich dem Aufgabenbereich, der dem Betreuer im Bestellungsbeschluss nach § 286 Abs. 1 Nr. 1 FamFG übertragen wurde, entnehmen. Weicht der Inhalt der Bestallungsurkunde hiervon ab, ist dies unerheblich. Sie dient dem Betreuer nur dazu, seine Vertretungsbefugnis im Rechtsverkehr darzulegen. Durch sie wird der Umfang der Vertretungsmacht gegenüber Dritten nicht festgelegt, sie begründet keinen Gutglaubenschutz. Im umgekehrten Fall hat jedoch der Vertragspartner **anhand des Betreuerausweises** zu prüfen, ob dem Betreuer überhaupt die gesetzliche Vertretungsmacht zukommt.[9] Der Betreuerausweis steht aber einer Vollmachtsurkunde nicht gleich, so dass er weder nach §§ 172 ff BGB Rechtsscheinswirkungen erzeugt, noch bei dessen Nichtvorlage der Vertragspartner sich auf § 174 BGB berufen kann und die gesetzliche Vollmacht zurückweisen kann.[10]

34 Deshalb ist bei Bestellung (durch das Betreuungsgericht und den Betreuer) darauf zu achten, dass der **Aufgabenkreis** so festgelegt wird, dass dem Betreuer die Vertretungsmacht, die er für die Erledigung der erforderlichen Angelegenheiten des Betreuten bedarf, **zweifelsfrei** eingeräumt wird.

35 Bei den standardisierten Festlegungen „Vermögenssorge" oder „Personensorge" tauchen oftmals solche **Zweifelsfragen** auf: So ist zB umstritten, ob der Aufgabenkreis der Vermögenssorge die Vertretungsbefugnis für die gerichtliche Geltendmachung von Unterhalt umfasst. Dies wird teilweise mit der Begründung abgelehnt, diese gehöre wie beim Minderjährigenrecht zur Personensorge.[11] Auch ist streitig, inwieweit der Aufgabenkreis „Vertretung vor Gerichten" die Vertretung in familienrechtlichen Verfahren abdeckt.[12] Weiterhin ist nicht eindeutig geklärt, ob der Aufgabenkreis der Vermögenssorge die Vertretungsbefugnis für Klagen auf Sozialleistungsansprüche vor Verwaltungs- und Sozialgerichten begründet oder ob es hierfür eines klarstellenden Zusatzes „einschließlich Geltendmachung von Sozialleistungsansprüchen" bedarf. Auch hier wird argumentiert, die (erstmalige) Inanspruchnahme von Sozialhilfe sei etwas Persönliches.[13] Insoweit ist es sinnvoll, diese Aufgaben in der Festlegung genau zu bezeichnen.

36 Die Aufgabenkreise „Sorge für die Gesundheit" und „Vermögenssorge" umfassen auch die **Weiterversicherung in der gesetzlichen Krankenversicherung**.[14] Aufgrund der Vertretungsmacht ist der Betreuer befugt, den hierfür erforderlichen Antrag zu stellen. Übt er seine Vertretungsbefugnis nicht aus, bleibt also untätig, macht er sich schadensersatzpflichtig. Der Schaden des Betreuten besteht darin, dass er keinen Versicherungsschutz mehr genießt und diesen nur bei ungünstigeren Konditionen wiedererlangen kann.

---

9 AG Nürnberg VersR 2002, 875.
10 BGH BtPrax 2010, 125.
11 OLG Zweibrücken FamRZ 2000, 1324.
12 Dazu OLG Brandenburg BtPrax 2012, 73.
13 OVG Münster FamRZ 2001, 312; LG Köln FamRZ 1998, 919.
14 BSG BtPrax 2008, 258, OLG Nürnberg FamFR 2013, 144.

3. Bei Zweifeln: Erweiterung des Aufgabenkreises anregen

Hat der Betreuer Rechtsgeschäfte abgeschlossen, bei denen er sich nicht sicher ist, ob sie von seinem Aufgabenkreis (und damit seiner Vertretungsmacht) gedeckt sind, sollte er beim Betreuungsgericht dringend eine hierauf gerichtete **Erweiterung** seines Aufgabenkreises nach § 1908 d Abs. 3 BGB beantragen, notfalls im Wege einer einstweiligen Anordnung. Gleiches gilt, wenn er zum Handeln in einem Bereich gezwungen war, für den er nicht bestellt ist. Nach entsprechender Erweiterung des Aufgabenkreises und damit der Vertretungsmacht kann er durch **Genehmigung** seine zuvor als Vertreter ohne Vertretungsmacht getätigten Rechtsgeschäfte genehmigen und sie so wirksam werden lassen.

4. Obliegenheitspflichten

Den Betreuer treffen als gesetzlichem Vertreter sämtliche **Obliegenheiten** des Betreuten im Rahmen von **Versicherungsverhältnissen**, insbesondere die Anzeige einer Gefahrerhöhung, soweit der Betreute aufgrund seiner Einschränkungen dazu nicht mehr in der Lage ist.[15]

5. Rechtsfolgen bei Überschreiten der Vertretungsmacht

Die Vergewisserung über den genauen Umfang des Aufgabenkreises und der damit korrespondierende Umfang der Vertretungsmacht ist auch deswegen von elementarer Bedeutung, weil der Betreuer bei Überschreiten seiner Vertretungsbefugnisse **gegenüber** einem **Geschäftsgegner** wegen Handelns ohne Vertretungsmacht nach § 179 BGB zum Schadensersatz oder zur Erfüllung verpflichtet. Darüber hinaus macht sich der Betreuer uU gegenüber dem **Betreuten** nach § 1833 BGB (und ggf § 823 BGB) **schadensersatzpflichtig**. Hat der Betreuer mit dem Aufgabenkreis der Gesundheitsfürsorge (ohne Aufgabenkreis Aufenthaltsbestimmung)[16] die Unterbringung des Betreuten veranlasst, kann er auch zur Zahlung eines Schmerzensgeldes an den Betreuten wegen der Rechtswidrigkeit der freiheitsentziehenden Maßnahme nach § 253 Abs. 2 BGB verpflichtet sein.[17]

V. Die Eigenhaftung des Betreuers

Zu beachten ist, dass auf die Vertretung des Betreuten durch den Betreuer die **allgemeinen Bestimmungen des Vertretungsrechtes** Anwendung finden. § 1902 BGB weist dem Betreuer lediglich die Vertretungsmacht zu.

Der Wille des Betreuers, für den Betreuten zu handeln, muss daher für den Geschäftspartner zumindest aus den Umständen erkennbar sein. Nur dann wird der Betreute Vertragspartner. Hierfür wird aber genügen, dass er sich als Betreuer einer bestimmten Person bezeichnet oder gar die Bestellungsurkunde oder den Betreuerausweis vorzeigt. Tut er dies nicht, kann es zu einer eigenen Verpflichtung des Betreuers kommen, § 164 Abs. 2 BGB.

Die Grundsätze der Eigenhaftung eines Vertreters aus der **Anbahnung von Vertragsverhandlungen** können aber auch auf den Betreuer zur Anwendung

---

15 OLG Nürnberg BtPrax 2004, 38.
16 S. hierzu OLG Stuttgart Die Justiz 2004, 303.
17 OLG Hamm FamRZ 2001, 861.

kommen.[18] Der Betreuer als gesetzlicher Vertreter haftet nach diesen Grundsätzen selbst, wenn er ein besonderes wirtschaftliches Interesse am Abschluss des Vertrages hat oder er in besonderem Maße **persönliches Vertrauen** in Anspruch nimmt. Gerade Letzteres ist im Betreuungsrecht in Betracht zu ziehen. Versuche, in die Übernahme der Vermögens- oder der Personensorge eine drittschützende Zielrichtung zu konstruieren und den Betreuer auf dieser Grundlage haften zu lassen, sind zwar weitestgehend fehlgeschlagen.[19] Der Betreuer sollte aber dennoch darauf achten, keine unrichtigen Vorstellungen hervorzurufen (zB dass die Bezahlung von Pflegekosten durch die Sozialhilfe sichergestellt ist). Wenn er den Vertragspartner in Sicherheit wiegt, kann seine Eigenhaftung durchaus begründet sein.

VI. Grenzen der Vertretungsmacht

1. Aufgabenkreis

43 Die Vertretungsmacht des Betreuers ist nur **durch den ihm übertragenen Aufgabenkreis** begrenzt. Innerhalb dessen ist sie grundsätzlich unbeschränkt.

44 Die Bindung des Betreuers an die Wünsche des Betreuten nach § 1901 BGB betrifft nur das Innenverhältnis, sie beschränkt die Vertretungsmacht des Betreuers nicht im Außenverhältnis. Eine andere gesetzliche Regelung wäre schon aus Gründen der Rechtssicherheit undenkbar. Übergeht der Betreuer den Willen des Betreuten, kommt aber dessen Entlassung nach § 1908 b BGB und/oder seine Haftung auf Schadensersatz gemäß §§ 1833, 1908 i Abs. 1 S. 1 BGB in Betracht. Dem Betreuten wird durch das pflichtwidrige Übergehen seiner Wünsche und Vorstellungen oftmals ein Schaden entstehen.

2. Missbrauch der Vertretungsmacht

45 Der Betreute wird durch ein Handeln des Betreuers nur dann nicht berechtigt und verpflichtet, wenn ein Missbrauch der Vertretungsmacht vorliegt. Das ist zum einen der Fall, wenn der Betreuer bewusst mit einem Dritten zusammenwirkt und so die Wünsche des Betreuten (die dessen Wohl entsprechen) **kollusiv** übergeht, so dass das Rechtsgeschäft schon nach § 138 BGB sittenwidrig und daher nichtig ist. Zum anderen können die Rechtsgeschäfte des Betreuers unwirksam sein, wenn er die Wünsche des Betreuten pflichtwidrig übergeht und dies für den Geschäftspartner **evident** ist.[20]

46 Die gleichen Grundsätze gelten für geschäftsähnliche Handlungen des Betreuers, wie Aufenthalts- oder Umgangsbestimmungen. Auch diese sind unwirksam, wenn hierbei die Wünsche des Betreuten pflichtwidrig übergangen werden und dies für den Dritten zumindest evident ist.

3. Interessenkollisionen

47 Bei vermuteten Interessenkollisionen, wie sie in § 1795 BGB niedergelegt sind, ist der Betreuer von Gesetzes wegen von der Vertretung des Betreuten ausgeschlossen. Bei erheblichen Interessengegensätzen kann das Betreuungsgericht dem Betreuer nach § 1796 BGB die Vertretung einzelner oder eines Kreises be-

---

18 OLG Schleswig OLGReport 2003, 8.
19 BGH NJW 1995, 1213; OLG Düsseldorf BtPrax 2010, 288.
20 BGH NJW 1999, 2883; OLG Koblenz v. 28.10.2010, 10 U 709/10.

stimmter Angelegenheiten entziehen. In beiden Fällen ist ein Ergänzungsbetreuer als weiterer Betreuer nach § 1899 Abs. 1 S. 1 und Abs. 4 BGB zu bestellen (vergleiche zu den Einzelheiten die Kommentierung bei §§ 1795 und 1796 BGB und zur Frage, ob der Betreuer die Umstände dem Betreuungsgericht mitzuteilen hat, s. § 1901 BGB Rn 108 f).

4. Schenkungen

Der Betreuer kann in Vertretung des Betreuten keine Schenkungen vornehmen, § 1804 S. 1 BGB (iVm § 1908i Abs. 2 S. 1 BGB), es sei denn, es handelt sich um Pflicht- oder Anstandsschenkungen (§ 1804 S. 2 BGB) oder um ein Gelegenheitsgeschenk, das dem Wunsch des Betreuten entspricht und nach dessen Lebensverhältnissen üblich ist (§ 1908i Abs. 2 S. 1 BGB). Das Verbot gilt auch für gemischte Schenkungen. Der Betreuer ist bereits durch §§ 1795 Abs. 2, 181 BGB daran gehindert, sich aus dem Vermögen des Betreuten unentgeltliche Zuwendungen zu machen. Ein Verstoß gegen die obigen Vorschriften macht die Schenkung **nichtig**. Zu weiteren Einzelheiten siehe die Kommentierung zu § 1804 BGB.

48

5. Höchstpersönliche Rechtsgeschäfte

Bei höchstpersönlichen Geschäften kann, was sich von selbst versteht, der Betreuer den Betreuten **grundsätzlich nicht vertreten**. Ist der Betreute jedoch selbst nicht handlungsfähig, besteht bei einigen höchstpersönlichen Geschäften dennoch ausnahmsweise die Notwendigkeit einer Vertretung (ist zum Beispiel bei der **Einwilligung in eine ärztliche Heilbehandlung** offensichtlich). Hier muss der Betreuer handeln können. Dies bedingt jedoch zunächst, dass der Betreute zur Vornahme des höchstpersönlichen Geschäfts nicht in der Lage ist. Das ist bei dessen Geschäftsunfähigkeit oder Einwilligungsunfähigkeit gegeben, wovon die Zulässigkeit des Stellvertreterhandelns abhängt. Diese **höchstpersönlichen Geschäfte** sind:

49

- Eheschließung,
- Ausübung der elterlichen Sorge,
- Vaterschaftsanerkennung,
- Sorgeerklärung,
- Adoption,
- Vaterschaftsanfechtung,
- Verfügung von Todes wegen.

Zum Schutz des Betreuten ist hier als weitere Wirksamkeitsvoraussetzung die Genehmigung des Betreuungsgerichts gesetzlich festgelegt.

50

a) Eheschließung, -aufhebung

Nach § 1304 BGB kann eine Ehe nicht eingehen, wer geschäftsunfähig ist. Da die Errichtung einer Betreuung die Geschäftsfähigkeit nicht berührt, kommt es für die Frage, ob der Betreute eheschließungsfähig ist, auf seine **natürliche Geschäftsfähigkeit** iSd § 104 Nr. 2 BGB an. Ein Einwilligungsvorbehalt kann sich nicht auf die Eheschließung beziehen, § 1903 Abs. 2 BGB; hierzu muss sich der eheschließungsfähige Betreute nicht die Zustimmung des Betreuers einholen.

51

52 Ist eine Ehe ohne Eheschließungsfähigkeit geschlossen worden, kann sie nach § 1314 Abs. 1 BGB aufgehoben werden. Der Betreute kann die Aufhebung der Ehe aber nach Wegfall seiner Geschäftsunfähigkeit durch Bestätigung der Ehe ausschließen.

53 Der Aufhebungsantrag für einen geschäftsunfähigen Ehegatten ist vom Betreuer zu stellen, der die Genehmigung des Familiengerichtes gemäß § 125 Abs. 2 S. 2 FamFG einholen muss.

54 Entsprechendes gilt für Erklärungen zur Begründung einer **eingetragenen Lebenspartnerschaft**.

b) Ausübung der elterlichen Sorge

55 Auf die elterliche Sorge hat die Bestellung eines Betreuers grundsätzlich keinen Einfluss. Sie kann aber Anlass zu Maßnahmen nach §§ 1666, 1666a BGB – also bis hin zur Entziehung der Personensorge – geben.[21]

56 Ist der Betreute jedoch vollständig oder in Bezug auf die elterliche Sorge auch nur partiell geschäftsunfähig, ruht diese nach § 1673 Abs. 1 BGB.

57 Der geschäftsunfähige Betreute kann aber gemäß § 1684 BGB das Recht auf Umgang weiter ausüben.

58 Die elterliche Sorge kann der Betreute nur **selbst ausüben** („Keine Einrichtung eines gesetzlichen Vertreters des gesetzlichen Vertreters und damit der Bestimmung des Betreuers als mittelbar Sorgeberechtigten"). Dem Betreuer darf ein solcher Aufgabenkreis nicht übertragen werden. Daher umfasst der Aufgabenkreis „Vertretung gegenüber Behörden" nicht auch die Vertretung bei Erziehungskonferenzen im Jugendamt, bei Verhandlungen und Absprachen über die Bewilligung von Familienhilfen sowie Besuchsrecht gegenüber dem Vater des gemeinschaftlichen Kindes.[22] Die gegenteilige Auffassung stellt darauf ab, dass es dabei nicht um das Ausüben des elterlichen Sorgerechts gehe, sondern um die daraus erwachsenden Pflichten und Rechte.[23] Dem ist nicht zu folgen.

c) Vaterschaftsanerkennung

59 Die Anerkennung der Vaterschaft ist genau wie die Zustimmung der Mutter hierzu ein höchstpersönliches und damit vertretungsfeindliches Rechtsgeschäft.

60 Nur ein geschäftsfähiger Betreuter kann daher eine Vaterschaft anerkennen oder der Anerkennung zustimmen. Die Erklärungen können im Rahmen der Betreuung einem Einwilligungsvorbehalt unterstellt werden, § 1596 Abs. 3 Hs 2.

61 Ist der oder die Betreute geschäftsunfähig, dann kann der Betreuer die Vaterschaft mit Genehmigung des Betreuungsgerichts anerkennen und zustimmen, § 1596 Abs. 1 S. 2 und 3 BGB.

d) Sorgeerklärung

62 Erklärungen nicht mit einander verheirateter Eltern, mit denen sie eine gemeinsame elterliche Sorge für ein Kind übernehmen (§ 1626a Abs. 1 Nr. 1 BGB),

---

21 BT-Drucks. 11/4528, 108.
22 LG Rostock BtPrax 2003, 233.
23 Hoffmann, BtPrax 2002, 246.

können sie wegen der **Höchstpersönlichkeit** nur selbst abgeben, § 1626 c Abs. 1 BGB. Im Falle der Geschäftsunfähigkeit eines Elternteils kann der Betreuer die Sorgeerklärung nicht abgeben, sie wäre wegen § 1626 e BGB unwirksam.

e) Adoption

Der Adoptierende muss nach § 1743 Abs. 4 BGB **unbeschränkt geschäftsfähig** 63 sein. Da er den Antrag gemäß § 1752 Abs. 2 S. 1 BGB nur persönlich stellen kann, scheidet eine Vertretung durch den Betreuer aus.

Will der Betreute eine Adoption annehmen, kann der Betreuer den hierfür erforderlichen Antrag nur bei dessen Geschäftsunfähigkeit stellen, § 1768 Abs. 2 BGB. 64

f) Vaterschaftsanfechtung

Die Vaterschaft kann der geschäftsfähige Betreute nur selbst anfechten, 65 § 1600 a Abs. 2 S. 1 und Abs. 5 BGB. Ein Einwilligungsvorbehalt darf nicht angeordnet werden, § 1903 Abs. 3 BGB. Sind die anfechtungsberechtigten Betreuten – entweder Vater oder Mutter – geschäftsunfähig, kann der Betreuer die Anfechtung trotz der Vertretungsfeindlichkeit betreiben. Eine Betreuungsgerichtliche Genehmigung ist nicht vorgesehen, auch nicht für die Einleitung des Anfechtungsverfahrens.

g) Verfügungen von Todes wegen

Ein Testament kann der Erblasser nur persönlich errichten, § 2064 BGB. Der 66 Erblasser kann sich weder im Willen noch in der Erklärung von einem anderen vertreten lassen. Eine gesetzliche Vertretung durch den Betreuer ist daher ausgeschlossen.

Ferner kann die Errichtung eines Testaments gemäß § 1903 Abs. 2 BGB auch 67 nicht einem Einwilligungsvorbehalt unterstellt werden.

Ein gegen den Grundsatz der persönlichen Errichtung errichtetes Testament ist 68 unheilbar nichtig. Demzufolge kann ein Erblasser, der geschäftsunfähig ist, ein bereits errichtetes Testament auch nicht mehr durch seinen Betreuer widerrufen; er bleibt gebunden.

Auch einen Erbvertrag kann der Betreute nur persönlich schließen, § 2074 69 BGB. Der Betreuer ist auch nicht befugt, für den Betreuten nach § 2296 BGB den Rücktritt von einem solchen zu erklären. Allerdings kann der Betreuer den Erbvertrag bei Geschäftsunfähigkeit des betreuten Erblassers bei Vorliegen der Anfechtungsgründe der §§ 2078, 2079 BGB für diesen mit Genehmigung des Betreuungsgerichts anfechten, § 2282 BGB.

h) Organspendeerklärung

Die Lebendspende setzt nach § 8 Abs. 1 S. 1 Nr. 1 a Transplantationsgesetz 70 (TPG) Einwilligungsfähigkeit voraus. Der Betreuer kann deshalb – obwohl nicht ausdrücklich normiert – eine Organspendeerklärung nicht als gesetzlicher Vertreter abgeben. Verstirbt der Betreute, können die Erklärung nach § 4 Abs. 2 TPG nur die Angehörigen (in der dort vorgesehenen Reihenfolge) abgeben.

Kieß

6. Genehmigungsvorbehalte

71 Über die im Familienrecht und Erbrecht enthaltenen Erfordernisse familiengerichtlicher Genehmigungen hat der Betreuer etliche gesetzlich vorgesehene familiengerichtliche Genehmigungsvorbehalte zu beachten, die sich zahlreich nicht nur in Vorschriften des Betreuungsrechts selbst, sondern über § 1908 i BGB auch im Vormundschaftsrecht finden.

72 Genehmigungsvorbehalte in **betreuungsrechtlichen Vorschriften** bestehen bei Einwilligung des Betreuers in ärztliche Maßnahmen (§ 1904 BGB), in eine Sterilisation (§ 1905 Abs. 2 S. 1), Unterbringung des Betreuten (§ 1906 Abs. 2 S. 1 BGB) oder unterbringungsähnliche Maßnahmen (§ 1906 Abs. 4 BGB), Kündigung oder Aufhebung eines Mietverhältnisses über Wohnraum, soweit der Betreute Mieter ist (§ 1907 Abs. 1 BGB), Abschluss eines sonstigen Miet- oder Pachtvertrages über die Dauer von vier Jahren oder Vermietung von Wohnraum (§ 1907 Abs. 3 BGB) und Ausstattung[24] (§ 1908 BGB).

73 Im **Familienrecht** finden sich folgende Vorbehalte betreuungsgerichtlicher Genehmigung, die für den Betreuer gelten: Abweichung von Anordnungen hinsichtlich der Vermögensverwaltung bei Erbschaft oder Schenkung (§ 1803 BGB), der Vermögensverwaltung allgemein (§§ 1806 ff BGB, wobei die Annahme einer geschuldeten Leistung, der ein Anspruch von über 3.000 EUR zugrunde liegt, § 1813 Abs. 1 Nr. 2 BGB, von großer praktischer Relevanz ist), Genehmigungen für Grundstücksgeschäfte (§ 1821 BGB) und für sonstige Geschäfte nach § 1822 Nr. 1 bis 4, 6 bis 13 BGB (siehe die Verweisung in § 1908 i Abs. 1 S. 1 BGB), Genehmigungen betreffend ein Erwerbsgeschäft des Betreuten (§ 1823 BGB) und Überlassung von Gegenständen an den Betreuten (§ 1824 BGB).

74 Bei der **Vermögensverwaltung** im Allgemeinen bedarf es nicht der Genehmigung des Betreuungsgerichts, wenn ein bestellter Gegenbetreuer genehmigen kann, vgl §§ 1810, 1812 (1813) BGB.

75 Ein Handeln des Betreuers ohne Genehmigung ist entweder **unzulässig** (rechtswidrig) oder **unwirksam**. Bei einem Einwilligungsvorbehalt ist ferner zu beachten, dass der Betreuer auch für die Erteilung seiner Zustimmung zu einer Erklärung des Betreuten der betreuungsgerichtlichen Genehmigung bedarf.

VII. Vertretung in Verwaltungs- und Sozialverwaltungsverfahren
1. Handlungsfähigkeit

76 Bezüglich der Handlungsfähigkeit des Betreuten als Beteiligter im Verwaltungsverfahren enthalten § 12 VwVfG und § 11 SGB X inhaltsgleiche Regelungen. Die Handlungsfähigkeit im Sinne dieser Bestimmungen umfasst die **aktive** Handlungsfähigkeit (das Stellen von Anträgen und die Abgabe von Erklärungen, das Einlegen eines Widerspruchs) und die **passive** Handlungsfähigkeit (die Annahme von Erklärungen).

77 Handlungsfähig sind nach § 12 Abs. 1 Nr. 1 VwVfG, § 11 Abs. 1 Nr. 1 SGB X die natürlichen Personen, die nach bürgerlichem Recht **geschäftsfähig** sind. Danach ist nur der geschäftsfähige Betreute handlungsfähig. Die Bestellung eines Betreuers mit dem Aufgabenkreis Vertretung vor Ämtern und Behörden

---

24 S. hierzu OLG Stuttgart FamRZ 2005, 62.

oder Geltendmachung von Sozialhilfeansprüchen ändert an der eigenen Handlungsfähigkeit des Betreuten nichts. Um der Gefahr widersprechender Verfahrenshandlungen vorzubeugen, verweisen § 12 Abs. 3 VwVfG, § 11 Abs. 3 SGB X auf die entsprechende Geltung des § 53 ZPO.

2. Eintritt des Betreuers in das Verfahren und Auswirkungen auf die Handlungsfähigkeit des Betreuten

Über die Verweisung auf § 53 ZPO wird der Betreute, ob nun tatsächlich handlungsfähig oder nicht, im Verwaltungsverfahren immer als handlungsunfähiger Beteiligter behandelt, wenn der Betreuer das Verwaltungsverfahren mittels einer eigener Verfahrenshandlung an sich zieht. Ausreichend soll ebenfalls sein, dass er die Führung des Verwaltungsverfahrens ablehnt,[25] mit der Folge, dass die Behörde das Verfahren nicht mehr durchführen kann und ein Antrag als unzulässig abgewiesen werden müsste, ohne dass es einer Prüfung der Handlungsfähigkeit des Betreuten bedürfte. Gegen belastende Verwaltungsakte kann kein Widerspruch eingelegt werden, wenn der Betreuer dies ablehnt. Eine Vertreterbestellung nach § 16 Abs. 1 Nr. 4 VwVfG, § 15 Abs. 1 Nr. 4 SGB X scheitert daran, dass der Betreute gesetzlich durch den Betreuer vertreten wird.

3. Einwilligungsvorbehalt

Ist für den handlungsunfähigen Betreuten ein Einwilligungsvorbehalt angeordnet, werden dadurch weder seine Handlungsfähigkeit hergestellt noch die Befugnisse des Betreuers erweitert. Der Betreuer kann dessen von vornherein unwirksame Verfahrenshandlungen nämlich nicht durch eine **Genehmigung** wirksam werden lassen, sondern nur erneut im Namen des Betreuten abgeben.

Betrifft ein Einwilligungsvorbehalt den Gegenstand des Verfahrens, so ist ein geschäftsfähiger (und damit handlungsfähiger) Betreuter nur soweit zur Vornahme von Verfahrenshandlungen fähig, als er nach den Vorschriften des bürgerlichen Rechts handeln kann oder durch Vorschriften des öffentlichen Rechts als handlungsfähig anerkannt ist, § 12 Abs. 2 VwVfG, § 11 Abs. 2 SGB X. Eine **Vorschrift des öffentlichen Rechts**, die den Betreuten als handlungsfähig anerkennt, gibt es nicht. Denken mag man hier an **§ 36 Abs. 1 SGB I**, der für Minderjährige ab dem 15. Lebensjahr die Fähigkeit anerkennt, Anträge auf Sozialleistungen zu stellen sowie entgegenzunehmen und sie insoweit als handlungsfähig anerkennt. Die Vorschrift betrifft aber nur beschränkt Geschäftsfähige, nicht Betreute.

Fällt das Verwaltungsverfahren unter den Einwilligungsvorbehalt, bedarf der Betreute dennoch nicht der Zustimmung des Betreuers, wenn die Voraussetzungen des **§ 1903 Abs. 1 S. 2** (jeweils in Verbindung mit §§ 110, 112, 113 BGB) **und Abs. 3 BGB** vorliegen. Ist dies nicht der Fall, sind seine Verfahrenshandlungen nur mit Einwilligung, bei öffentlich-rechtlichen Verträgen noch mit Genehmigung des Betreuers wirksam.

Besteht die Möglichkeit, dass der Betreute Verfahrenshandlungen wegen den Ausnahmen von der Einwilligungsbedürftigkeit der Willenserklärungen wirk-

---

25 Kopp/Ramsauer, § 12 VwVfG Rn 17.

sam vornehmen kann, ist die Behörde zur Prüfung seiner Handlungsfähigkeit von Amts wegen verpflichtet.

83 Soweit der Einwilligungsvorbehalt jedoch greift, also Verfahrenshandlungen im konkreten Verwaltungsverfahren erfasst, wird der Betreute ohne vorherige oder falls möglich nachträgliche Zustimmung an der Vornahme wirksamer Verfahrenshandlungen gehindert.

84 Die **Bekanntgabe** eines Verwaltungsaktes an einen Geschäftsunfähigen kann – selbst wenn es sich um einen begünstigenden Verwaltungsakt handelt – nicht wirksam werden (s. § 7 VwZG). § 1903 Abs. 1 S. 2 BGB iVm § 131 Abs. 2 BGB setzt einen geschäftsfähigen Betreuten voraus.

4. Prüfungsmaßstab für den Betreuer: § 1901 BGB

85 Der Betreuer sollte prüfen, ob das Verwaltungsverfahren von ihm sachgemäß geführt werden kann. Bei ehrenamtlich geführter Betreuung ist die Bestellung eines Berufsbetreuers nach § 1899 Abs. 1 S. 1 BGB mit dem auf das Verwaltungsverfahren zugeschnittenen Aufgabenkreis weiterhin möglich. Wegen § 1899 Abs. 1 S. 3 BGB kann ein Berufsbetreuer anwaltliche Hilfe in Anspruch nehmen.

86 Ob der Betreuer in Verfahrenshandlungen des Betreuten einwilligt oder ob er das Verfahren an sich zieht, hat er gemäß den Maßgaben des § 1901 BGB – auch unter Berücksichtigung des uU nicht unerheblichen Haftungsrisikos – zu entscheiden.

87 Durch Eintritt in das Verfahren kann der Betreuer wegen der entsprechenden Geltung des § 53 ZPO vermeiden, dass die Behörde die Handlungsfähigkeit des Betreuten feststellt. Dies ist aber nur möglich, soweit seine Aufgabenkreise dieses Handeln erfassen. Fehlt dieser Aufgabenkreis und droht eine Kostenbelastung des Betreuten, hat der Betreuer nach § 1901 Abs. 5 BGB die Erweiterung der Aufgabenkreise anzuregen.

VIII. Vertretung vor Gericht

88 Die gerichtliche Vertretungsmacht, die § 1902 BGB dem Betreuer gibt, bezieht sich auf die prozessuale Vertretung iSd § 53 ZPO.

1. Zivilprozess

a) Geschäftsunfähiger Betreuter

89 Ein geschäftsunfähiger Betreuter ist gemäß § 52 ZPO **auch prozessunfähig**. Er selbst kann Prozesshandlungen nicht wirksam vornehmen, insbesondere nicht klagen. Soll der Prozessfähige, für den ein Betreuer mit entsprechendem Aufgabenkreis nicht bestellt ist, verklagt werden, kann für diesen unter bestimmten Voraussetzungen – insbesondere bei Gefahr in Verzug[26] – ein Prozesspfleger bestellt werden, § 57 ZPO. Die Bestellung eines Prozesspflegers ist gegenüber der Bestellung eines Betreuers nachrangig und nur für eine Übergangszeit vorgesehen.[27]

---

26 OLG Dresden ZIP 2005, 1845.
27 LG Mönchengladbach FamRZ 2002, 1431.

Für den prozessunfähigen Betreuten handelt sein **Betreuer als gesetzlicher Vertreter** (§ 51 Abs. 1 ZPO) entweder selbst, durch einen postulationsfähigen Bevollmächtigten oder – soweit zulässig – durch einen anderen Vertreter. Er kann den Betreuten vor Gericht aber nur in dem ihm übertragenen Aufgabenkreis vertreten. Deshalb ist zu prüfen, ob der Betreuer die **Legitimation** hat, gerade in dieser Angelegenheit für den Betreuten in einem Gerichtsverfahren aufzutreten. 90

Oftmals findet sich die Übertragung des **Aufgabenkreises „Vertretung vor Ämtern, Behörden oder Gerichten"** oder nur „Vertretung vor Ämtern und Behörden". Als Aufgabenbeschreibung bei querulatorisch veranlagten Betreuten, die von sich aus den Kontakt mit zahlreichen Behörden und Gerichten suchen, kann dies durchaus sinnvoll sein.[28] Im Übrigen bedürfte es dessen jedoch nicht, weil die Befugnis zur gerichtlichen Vertretung im jeweiligen Aufgabenkreis bereits aufgrund des § 1902 BGB besteht. 91

Eine einmal erteilte Prozessvollmacht gilt trotz nachfolgenden Verlustes der Prozessfähigkeit gem. § 86 ZPO fort,[29] der Fortgang des Prozesses wird insoweit nicht beeinträchtigt. 92

b) Geschäftsfähiger Betreuter

Wird für den Geschäftsfähigen und damit Prozessfähigen ein Betreuer bestellt, wird dem Betreuten hierdurch nicht die Prozessfähigkeit genommen. 93

Eine **Doppelzuständigkeit** von Betreuer und Betreutem ist bei der Prozessführung **ausgeschlossen**. § 53 ZPO bestimmt auch hinsichtlich des geschäftsfähigen und damit nach § 52 ZPO an und für sich prozessfähigen Betreuten, dass der Betreute in einem gerichtlichen Verfahren, das der Betreuer für ihn im Rahmen des Aufgabenkreises führt, einer prozessunfähigen Person gleichsteht. Damit sind Prozesshandlungen des Betreuten unabhängig von einer etwa bestehenden Prozessfähigkeit nicht wirksam. Nur dann, wenn der Betreute den Prozess selbst und allein führt, prüft das Gericht dessen Prozessfähigkeit. 94

Unterfällt der Streitgegenstand des Prozesses einem **Einwilligungsvorbehalt**, ist der Betreute insoweit nicht prozessfähig. Außer in den Fällen des §§ 112, 113 BGB gibt es keine „beschränkte Prozessfähigkeit". Im Bereich des Einwilligungsvorbehaltes ist der Betreute prozessunfähig. Der Betreuer kann auch nicht durch vorherige Zustimmung zur Prozessführung dessen Prozessfähigkeit herstellen.[30] Er kann jedoch als gesetzlicher Vertreter die Prozessführung nachträglich im Gesamten genehmigen. Verweigert der Betreuer die Genehmigung der vom Betreuten in eigenem Namen erhobenen Klage, ist die Klage wirkungslos.[31] 95

2. Ehesachen

In Ehesachen, also bei Anträgen auf Scheidung oder Aufhebung der Ehe oder auf Feststellung ihres Bestehens, wird der – in Bezug auf Ehe und Scheidung auch partiell – Geschäftsunfähige gemäß § 125 Abs. 2 FamFG durch den Be- 96

---

28 KG FGPrax 2008, 62.
29 BGH NJW 1993, 1654.
30 Zöller/Vollkommer, § 52 ZPO Rn 8.
31 FG München v. 11.6.2003, 13 K 1419/99.

treuer vertreten. Ist der Betreute prozessfähig, kann er das Verfahren selbst führen. Übernimmt der Betreuer die Führung des Prozesses für einen prozessfähigen Betreuten, löst dies die Wirkung des § 53 ZPO aus (umstritten), so dass der Betreute dann für prozessunfähig angesehen wird und eigene Verfahrensanträge nicht mehr wirksam stellen kann.[32]

97 Der Betreuer bedarf für den Antrag auf Scheidung oder Aufhebung der Ehe der **Genehmigung des Familiengerichts**, § 125 Abs. 2 S. 2 FamFG. Funktionell zuständig ist der Familienrichter, §§ 3 Nr. 3 g, 25 RPflG.

98 Für Folgesachen bestehen keine zivilprozessualen Besonderheiten.

3. Zustellung und Fristversäumung

99 Zustellungen müssen nach § 170 Abs. 1 ZPO **an den Betreuer** erfolgen. Wird an den Betreuten zugestellt, ist die Zustellung unwirksam. Solange kein Betreuer mit dem entsprechenden Aufgabenkreis für eine prozessunfähige Person bestellt ist, kann eine wirksame Zustellung nicht erfolgen. Bei Gefahr im Verzug hat der Prozessgegner nur die Möglichkeit, durch das Gericht einen besonderen Vertreter nach § 57 ZPO bestellen zu lassen. Der Zustellungsmangel kann nach § 189 ZPO nur geheilt werden, wenn das zuzustellende Schriftstück an den Betreuer gelangt.

100 Die Reichweite der Vertretungsmacht innerhalb des Aufgabenkreises erlangt eine besondere Bedeutung, wenn es um die Frage geht, ob bei versäumten Fristen in einem Verwaltungs- oder Gerichtsverfahren **Wiedereinsetzung** gewährt werden kann. Hatte der Betreuer zur Abgabe von fristwahrenden Erklärungen keine Vertretungsmacht, wurde die Frist dann nicht schuldhaft versäumt, wenn auch der Betreute nicht handlungs- oder prozessfähig war. Eine Wiedereinsetzung kann jedoch nicht erfolgen, wenn der Betreuer als gesetzlicher Vertreter schuldhaft die Frist versäumt hat. Dies ist dem Betreuten zuzurechen, vgl § 51 Abs. 2 ZPO.

4. Vergleichsschluss

101 Der Abschluss eines Prozessvergleichs durch den Betreuer bedarf der betreuungsgerichtlichen Genehmigung, es sei denn, der Wert des insgesamt befriedeten Streites übersteigt 3.000 EUR nicht oder der Vergleich entspricht einem schriftlichen oder protokollierten gerichtlichen Vergleichsvorschlag, §§ 1822 Nr. 12, 1908 i Abs. 1 S. 1 BGB. Deshalb sollte der Betreuer Wert darauf legen, dass sich das Prozessgericht den Vergleichsvorschlag der Prozessparteien zu eigen macht und als gerichtlichen Vorschlag protokolliert.

5. Zwangsvollstreckung

102 Im Zwangsvollstreckungsverfahren ist der prozessunfähige Betreute selbst nicht handlungsfähig, so dass das Vollstreckungsgericht nach pflichtgemäßem Ermessen verlangen kann, dass zB eine eidesstattliche Versicherung nach §§ 807, 883 Abs. 2, 899 ZPO durch den Betreuer abzugeben ist, wenn und soweit diesem die Verwaltung des Schuldnervermögens übertragen wurde.[33] Ist der Betreute geschäfts- und prozessfähig, kann er die eidesstattliche Versiche-

---

32 BGHZ 41, 303.
33 BGH BtPrax 2008, 257.

rung selbst abgeben. Greift allerdings der Betreuer in das Zwangsvollstreckungsverfahren ein, zieht er seine Zuständigkeit über § 53 ZPO an sich.[34] Der Betreute steht einer prozessunfähigen Partei gleich und der Betreuer hat an dessen Stelle die eidesstattliche Versicherung abzugeben. Der Betreuer kann nur an Eides Statt versichern, dass er die Angaben in dem von ihm erstellten Vermögensverzeichnis richtig und vollständig gemacht habe.

6. Verbraucherinsolvenzverfahren

a) Verfahrensfähigkeit

Eine geschäftsunfähige Person und damit auch ein Betreuter sind als natürliche Personen nach § 11 Abs. 1 InsO **insolvenzfähig**, da die Insolvenzfähigkeit die Geschäftsfähigkeit nicht voraussetzt. 103

Hiervon zu trennen ist die Frage, ob er **verfahrensfähig** ist. Dies beurteilt sich nach § 4 InsO iVm §§ 51 bis 53 ZPO. Ist der Betreute nach § 52 Abs. 1 ZPO prozessfähig, ist er auch verfahrensfähig. Ist er prozessunfähig, muss er durch den Betreuer vertreten werden; nur dieser ist in der Lage, die erforderlichen Anträge, etwa nach §§ 287, 305, 4 a InsO zu stellen. Wenn der Betreuer in das Insolvenzverfahren eintritt (aber erst dann), wird auch der geschäfts- und damit verfahrensfähige Betreute gemäß § 4 InsO iVm § 53 ZPO wie ein verfahrensunfähiger Schuldner behandelt, so dass ihn nur der Betreuer vertreten kann. Der Eintritt des Betreuers hat für das Insolvenzgericht dann den Vorteil, dass es die Verfahrensfähigkeit des Betreuten nicht überprüfen muss. 104

b) Mitwirkung des Betreuers beim Schuldenbereinigungsplan

Ob ein Betreuer oder ein Betreuungsverein eine nach § 305 Abs. 1 Nr. 1 InsO geeignete Stelle ist, die das Scheitern einer außergerichtlichen Einigung mit den Gläubigern bescheinigen darf, hängt von den jeweiligen landesrechtlichen Regelungen ab.[35] Soweit Regelungen fehlen, wird der Betreuer selbst die Bescheinigung nicht ausstellen dürfen.[36] Er ist gesetzlicher Vertreter des Schuldners, so dass dieses Näheverhältnis ihn als nicht geeignete Person erscheinen lässt. 105

c) Haftung des Betreuers für Falschauskünfte

Der Betreute haftet nach § 51 Abs. 2 ZPO (§ 4 InsO) für ein Verschulden des Betreuers. Fehler bei Auskünften, die durch den Betreuer als gesetzlichem Vertreter gemacht wurden, können nach § 290 InsO zu einer Versagung der Restschuldbefreiung führen.[37] Dies kann eine Haftung des Betreuers gegenüber dem Betreuten nach § 1833 BGB nach sich ziehen. 106

7. Geltung des § 53 ZPO in anderen Prozessordnungen

Die Verfahrensordnungen anderer Gerichtszweige haben den §§ 51 bis 53 ZPO ähnliche Regelungen oder verweisen schlicht auf diese. Auch in den Prozessen anderer Gerichtszweige wird durch die Verweisung auf § 53 ZPO sichergestellt, dass ein sonst mögliches Neben- und Gegeneinander von Pro- 107

---

34 OLG Zweibrücken OLGReport 2003, 347.
35 Die Landesgesetze sind abgedruckt in Uhlenbruck/Vallender, InsO, 2010, § 305 InsO Rn 35 ff; Hergenröder ZVI 2007, 448.
36 AA Ley ZVI 2003, 104; LG Verden ZInsO 2007, 168.
37 AG Duisburg NZI 2006, 182.

zesshandlungen des Betreuers einerseits und des Betreuten andererseits vermieden wird, indem die Prozessführung allein in die Hände des Betreuers gelegt wird.[38] Diese Grundsätze gelten in verwaltungsgerichtlichen, sozialgerichtlichen und finanzgerichtlichen Verfahren (§ 62 Abs. 4 VwGO, § 71 Abs. 6 SGG, § 79 Abs. 3 AO, § 58 Abs. 2 FGO).[39]

108 In den Verfahrensordnungen der Verwaltungs-, Sozial- und Finanzgerichtsbarkeit werden aber die Ausnahmen des § 1903 BGB für Erklärungen des Betreuten, die trotz **Einwilligungsvorbehalt** keiner vorherigen Zustimmung des Betreuers bedürfen, für die Frage der Prozessfähigkeit übernommen (s. hierzu die Darstellung zum Verwaltungsverfahren).

IX. Vertretungsmacht in Straf- und Sicherungsverfahren

109 In einem Straf- oder Sicherungsverfahren gegen den Betreuten ist der Betreuer trotz seiner Stellung als gesetzlicher Vertreter **nicht zu beteiligen**.[40] Soweit ein Verteidiger bestellt ist, hat er die Interessen des Betreuten zu wahren.[41] Er ist aber nach §§ 304, 298 StPO zur Rechtsmitteleinlegung befugt, wenn eine diesbezügliche Vertretungsmacht aus dem übertragenen Aufgabenkreis folgt.[42] So berechtigt ihn der Aufgabenkreis Vertretung in Behördenangelegenheiten, gegen eine die Bewährungszeit verlängernde gerichtliche Entscheidung Beschwerde einzulegen.[43] Der Aufgabenkreis Vermögenssorge führt bei Vermögensdelikten nicht zu einer **Strafantragsberechtigung**, §§ 77 Abs. 3, 247 StGB.[44]

X. Vertretungsmacht im Finanzverfahren

110 Soweit der Betreuer für den Aufgabenkreis Vermögenssorge bestellt ist, ist er auch zur Abgabe der Einkommensteuererklärung verpflichtet.[45]

§ 1903 BGB Einwilligungsvorbehalt

(1) ¹Soweit dies zur Abwendung einer erheblichen Gefahr für die Person oder das Vermögen des Betreuten erforderlich ist, ordnet das Betreuungsgericht an, dass der Betreute zu einer Willenserklärung, die den Aufgabenkreis des Betreuers betrifft, dessen Einwilligung bedarf (Einwilligungsvorbehalt). ²Die §§ 108 bis 113, 131 Abs. 2 und § 210 gelten entsprechend.

(2) Ein Einwilligungsvorbehalt kann sich nicht erstrecken auf Willenserklärungen, die auf Eingehung einer Ehe oder Begründung einer Lebenspartnerschaft gerichtet sind, auf Verfügungen von Todes wegen und auf Willenserklärungen, zu denen ein beschränkt Geschäftsfähiger nach den Vorschriften des Buches vier und fünf nicht der Zustimmung seines gesetzlichen Vertreters bedarf.

---

38 BVerwG EzFamR BGB § 1902 Nr. 1.
39 FG Baden-Württemberg EFG 2013, 383.
40 BGH NStZ 1996, 610; KG v. 21.3.2001, 1 AR 239/01.
41 BGH FamRZ 2013, 547.
42 KG aaO.
43 OLG Düsseldorf Rpfleger 1996, 81.
44 OLG Köln v. 20.5.2005, 8 Ss 66/05, wistra 2005, 392; OLG Celle BtPrax 2012, 121; aA noch Voraufl. und LG Ravensburg FamRZ 2001, 937.
45 FG Rheinland-Pfalz DStZ 2012, 719.

(3) ¹Ist ein Einwilligungsvorbehalt angeordnet, so bedarf der Betreute dennoch nicht der Einwilligung seines Betreuers, wenn die Willenserklärung dem Betreuten lediglich einen rechtlichen Vorteil bringt. ²Soweit das Gericht nichts anderes anordnet, gilt dies auch, wenn die Willenserklärung eine geringfügige Angelegenheit des täglichen Lebens betrifft.

(4) § 1901 Abs. 5 gilt entsprechend.

I. Wesen, Zweck und Wirkungsweise des Einwilligungsvorbehaltes 1	2. Ausnahmen von der Einwilligungsbedürftigkeit 44
1. Geschäftsfähigkeit des Betreuten ist kein Kriterium für die Anordnung eines Einwilligungsvorbehaltes ... 2	a) Rechtlich vorteilhaftes Geschäft 44
2. Kompensation für eine Entmündigung? 5	b) Geringfügige Angelegenheit des täglichen Lebens (Abs. 3 S. 2) 46
II. Akzessorietät des Einwilligungsvorbehalts 7	c) Geschäfte des täglichen Lebens (§ 105 a BGB) ... 50
1. Abhängigkeit von der Betreuung 7	d) „Taschengeldparagraph" (§ 110 BGB) 56
2. Abhängigkeit vom Aufgabenkreis 10	3. Folgen der Einwilligungsbedürftigkeit 58
III. Voraussetzungen der Anordnung eines Einwilligungsvorbehaltes 12	a) Verträge 60
1. Allgemeine Anforderungen 12	b) Einseitige Willenserklärungen 63
2. Erhebliche Gefahr 14	c) Zugang 64
3. Verhältnismäßigkeitsgrundsatz 18	d) Beschränkungen des Betreuers bei der Zustimmung 65
4. Kein Einwilligungsvorbehalt im Interesse Dritter oder des Betreuers 22	e) Verjährung 66
5. Nur für Willenserklärungen 24	f) Sonstige Folgen 67
6. Beispiele 30	VI. Rechtsfolgen im Verwaltungsverfahren und im Prozess 69
7. Nachfolgende Maßnahmen 37	VII. Mitteilungspflichten 73
IV. Die von der Anordnung eines Einwilligungsvorbehalts ausgeschlossenen Handlungen (Abs. 2) 39	VIII. Verfahren 74
	1. Zuständigkeit 75
V. Rechtsfolgen im außergerichtlichen Bereich 42	2. Verfahrensschritte; Verbund mit Betreuerbestellung 76
1. Vorfrage: Einwilligungsbedürftigkeit der Willenserklärung 42	3. Beschluss und Bekanntgabe 80
	4. Rechtsmittel 83
	5. Beschwerdeverfahren 86
	6. Einstweilige Anordnung.... 87
	IX. Kosten 88

I. Wesen, Zweck und Wirkungsweise des Einwilligungsvorbehaltes

Das Wesen des Einwilligungsvorbehaltes besteht darin, dass der Betreute zu einer Willenserklärung, die den Aufgabenkreis des Betreuers betrifft, dessen Zustimmung (Einwilligung oder Genehmigung; §§ 183 f BGB) bedarf, damit die Willenserklärung wirksam wird. Schließt der Betreute ohne Einwilligung des Betreuers einen Vertrag und verweigert der Betreuer die Genehmigung, ist der

Vertrag endgültig unwirksam, § 1903 Abs. 1 S. 1 und 2 BGB iVm § 108 Abs. 1 BGB.

1. Geschäftsfähigkeit des Betreuten ist kein Kriterium für die Anordnung eines Einwilligungsvorbehaltes

2 Die Bestellung eines Betreuers allein beschränkt noch nicht die rechtsgeschäftlichen Handlungsmöglichkeiten des Betreuten. Ob ein Betreuer geschäftsfähig ist oder nicht, richtet sich allein nach den in § 104 Nr. 2 BGB niedergelegten Voraussetzungen. Ist der Betreute geschäftsfähig, sind die von ihm abgegebenen Erklärungen nicht nach § 105 Abs. 1 BGB unwirksam, auch wenn ein Betreuer bestellt ist. Es kommt zur sogenannten **Doppelzuständigkeit** von Betreuer und Betreutem. Mit der Anordnung des Einwilligungsvorbehaltes wird vermieden, dass sich die Willenserklärungen des Betreuten und des Betreuers widersprechen oder dass der Betreuer wirksame Rechtsgeschäfte tätigt, die den Zielen der Betreuung zuwiderlaufen.

3 Die Anordnung eines Einwilligungsvorbehaltes setzt aber nicht zwingend voraus, dass der Betreute geschäftsfähig ist. Die Frage der Geschäftsfähigkeit oder Geschäftsunfähigkeit ist für die Frage der Anordnung eines Einwilligungsvorbehaltes ohne Bedeutung.[1] Auch bei einem geschäftsunfähigen Betreuten kann das Bedürfnis bestehen, ihn über einen Einwilligungsvorbehalt zu schützen, auch wenn dieser grundsätzlich dadurch geschützt ist, dass seine Willenserklärungen gemäß § 105 Abs. 1 BGB nichtig sind. Die Geschäftsunfähigkeit ist jedoch nicht immer sicher feststellbar, da die Grenze zur Geschäftsfähigkeit fließend ist. Auch kann ein Betreuer nur zeitweise geschäftsunfähig sein, insbesondere bei fluktuierenden Krankheitsbildern. Weil es keinen **Beweis des ersten Anscheins** für eine Geschäftsunfähigkeit gibt, birgt die unerkannt verbindliche Handlungsmöglichkeit erhebliche Risiken für den Betreuten. Der Betreute trägt für die Einwendung seiner Geschäftsunfähigkeit die Beweislast. Diese Gefahrenlage kann die Anordnung eines Einwilligungsvorbehaltes rechtfertigen.[2] Durch einen Einwilligungsvorbehalt wird daher auch sichergestellt, dass der Betreute nicht in Prozesse gezogen wird, in denen die Frage der Geschäftsfähigkeit zu beurteilen ist.[3]

4 Durch die Anordnung des Einwilligungsvorbehaltes wird der Betreute umfassend geschützt, weil die Wirksamkeit seiner Willenserklärung von der Zustimmung des Betreuers abhängt. Die Rechtsfolgen der Willenserklärungen und der Zustimmung beurteilen sich nach den Regelungen über die Wirksamkeit von Willenserklärungen **beschränkt geschäftsfähiger Minderjähriger**. So ordnet § 1903 Abs. 1 S. 2 BGB an, dass die §§ 108 bis 113, 131 Abs. 2 und 210 BGB entsprechend gelten. Auch entspricht die Bestimmung in § 1903 Abs. 3 S. 1 BGB, wonach die Willenserklärung der Einwilligung des Vertreters nicht bedarf, soweit damit lediglich ein rechtlicher Vorteil erlangt wird, dem Minderjährigenrecht (vgl § 107 BGB).

---

1 BayObLG FamRZ 1997, 902; FamRZ 1994, 1135; FamRZ 1993, 1224.
2 BayObLG EzFamR aktuell 2000, 137.
3 Vgl dazu etwa BFH BtPrax 2012, 121.

2. Kompensation für eine Entmündigung?

Mit der Einführung des Einwilligungsvorbehaltes im BtG im Jahre 1992[4] hat der Gesetzgeber die **Entmündigung** nach altem Recht, die konstitutiv zum Wegfall der Geschäftsfähigkeit oder zur beschränkten Geschäftsfähigkeit geführt hatte, abgeschafft. Dennoch hat der Einwilligungsvorbehalt **entmündigende Wirkung**, weil der Betreute ohne Zustimmung seines Betreuers wirksam keine rechtsgeschäftlichen Erklärungen abgeben kann. § 1903 BGB bezweckt aber nicht, den Rechtsverkehr vor rechtsgeschäftlichen Handlungen des Betreuten zu schützen, vielmehr soll der Betreute nur im erforderlichen Maße vor den Gefahren der Teilnahme am Rechtsverkehr geschützt werden.[5]

Die entmündigende Wirkung des Einwilligungsvorbehaltes bedingt aber auch die strenge Beachtung des **Erforderlichkeitsgrundsatzes** bei seiner Anordnung. Er darf nur angeordnet werden, wenn er geeignet, erforderlich und verhältnismäßig ist, um sein Ziel zu erreichen, Gefahren von der Person oder für das Vermögen des Betreuten durch dessen rechtsgeschäftliches Handeln abzuwenden. Für jeden Kreis von einwilligungsbedürftigen Willenserklärungen ist diese Prüfung gesondert vorzunehmen. Dies erfolgt in der Praxis leider nicht stets.

II. Akzessorietät des Einwilligungsvorbehalts

1. Abhängigkeit von der Betreuung

Eine bestehende Betreuung ist, wie der Wortlaut des § 1903 Abs. 1 S. 1 BGB deutlich macht, notwendige Voraussetzung für die Anordnung eines Einwilligungsvorbehaltes. Der Einwilligungsvorbehalt ist somit streng akzessorisch, da er ohne einen Betreuer, der die Einwilligung erteilt, keinen Sinn machen würde. Wegen dieser Akzessorietät ist bei der Frage der Rechtmäßigkeit der Anordnung eines Einwilligungsvorbehaltes stets zu prüfen, ob die Bestellung eines Betreuers erfolgen durfte.[6]

Der **Betreuer** kann **zeitgleich** mit der Anordnung des Einwilligungsvorbehaltes bestellt werden. Bei einstweiliger Anordnung eines vorläufigen Einwilligungsvorbehaltes nach § 300 Abs. 1 S. 1 FamFG muss zumindest zeitgleich auch ein vorläufiger Betreuer durch eine einstweilige Anordnung bestellt werden.

Endet die Betreuung, entfällt auch jeglicher Einwilligungsvorbehalt. Wird ein Betreuer nach § 1908 b BGB entlassen oder stirbt er, bleibt der Einwilligungsvorbehalt jedoch übergangsweise bis zur Bestellung eines anderen Betreuers bestehen, da mit der Entlassung oder dem Tod des Betreuers die Betreuung nicht aufgehoben wird (vgl § 1908 c BGB).

2. Abhängigkeit vom Aufgabenkreis

Auch müssen sich die einwilligungsbedürftigen Willenserklärungen **innerhalb des Aufgabenkreises** des Betreuers befinden, sonst entfaltet der Einwilligungsvorbehalt keine Wirkung. Ein solcher – fehlerhaft – angeordneter Einwilligungsvorbehalt hat keine rechtliche Wirkung; ob das vom Betreuten in dieser Konstellation vorgenommene Geschäft gültig ist, beurteilt sich dann allein nach dessen Geschäftsfähigkeit.

---

4 BGBl. I 1992, 2002.
5 Regierungsentwurf BT-Drucks. 11/4528, 136.
6 BGH BtPrax 2011, 208; BayObLG FamRZ 2004, 1814.

11 Der angeordnete Kreis der einwilligungsbedürftigen Willenserklärungen muss nicht mit den dem Betreuer zugewiesenen Aufgabenkreisen identisch sein. In der Regel werden die einwilligungsbedürftigen Willenserklärungen jedoch schon wegen der unterschiedlichen Voraussetzungen von Betreuung und Einwilligungsvorbehalt nur einen Teil der Aufgabenkreise betreffen.

III. Voraussetzungen der Anordnung eines Einwilligungsvorbehaltes
1. Allgemeine Anforderungen

12 Einwilligungsvorbehalte kommen nur für die Betreuungen in Betracht, die aufgrund psychischer Krankheit und geistiger oder seelischer Behinderung eingerichtet wurden. Bei **körperlicher Behinderung** dürfen sie nicht angeordnet werden.[7]

13 Gegen den Willen des Betreuten darf ein Einwilligungsvorbehalt nur angeordnet werden, wenn der Betreute **seinen freien Willen** aufgrund seiner psychischen Erkrankung oder seiner geistigen oder seelischen Behinderung **nicht bestimmen** kann; vgl § 1896 Abs. 1 a BGB.[8]

2. Erhebliche Gefahr

14 Voraussetzung für die Anordnung ist eine erhebliche Gefahr **für die Person oder das Vermögen** des Betreuten. Maßgebend ist nicht die Schwere der Krankheit oder Behinderung, sondern die **Selbstschädigungsgefahr**, die von der Antriebsstärke des Betreuten zur Teilnahme am Rechtsverkehr abhängt.[9]

15 Ist die Krankheit so schwer, dass der Betreute seinen Willen nicht kundtun kann oder der Rechtsverkehr die Erklärungen ohnehin nicht akzeptiert, besteht eine solche Gefahrenlage daher ebenso wenig[10] wie bei einem Krankheitsbild, das bereits nach außen den Eindruck vermitteln, es fehle dem Betreuten an der Geschäftsfähigkeit. Dann ist eine Gefährdung des Betreuten ohnehin ausgeschlossen.

16 Ein Einwilligungsvorbehalt soll nach der Regierungsbegründung[11] **nur in besonders gelagerten Ausnahmefällen** in Betracht kommen. Eine seelische Krankheit oder geistige Behinderung, die die Betreuerbestellung auslöst, ist meist mit einer gewissen Gefährdung des Betreuten verbunden. Ein Einwilligungsvorbehalt darf aber noch nicht wegen dieser „typischen" Gefahren angeordnet werden; es ist eine über die eine Betreuungsanordnung rechtfertigende Gefahr hinausgehende (erhebliche) Gefahr erforderlich.

17 Die erhebliche Gefahr muss im Wege der **Prognose** ermittelt werden. Anhaltspunkte hierfür bieten die Schädigungen, die der Betreute seiner Person oder seinem Vermögen in der Vergangenheit zugefügt hat. Maßgebend ist auf das **Gefährdungspotential** abzustellen. Die Höhe des Vermögens ist in Bezug zum möglichen Vermögensschaden zu setzen und die Häufigkeit in der Vergangen-

---

7 BT-Drucks. 11/4528, 137.
8 BGH BtPrax 2011, 208; OLG Zweibrücken v. 8.4.2004, 3 W 26/04; BayObLG Rpfleger 1996, 245.
9 OLG Zweibrücken FGPrax 1999, 107.
10 OLG Zweibrücken FGPrax 1999, 107.
11 BT-Drucks. 11/4528, 136.

heit eingetretener Schädigungen zu berücksichtigen.[12] Sind Vermögensbeeinträchtigungen zu befürchten, die den Unterhalt des Betreuten oder seine Fähigkeit, seinen bisher aufgelaufenen oder laufenden Verpflichtungen nachzukommen, beeinträchtigen, kann dies einen Einwilligungsvorbehalt rechtfertigen. Im Verhältnis zum Vermögen geringfügige Schäden rechtfertigen jedoch die Anordnung nicht.[13]

3. Verhältnismäßigkeitsgrundsatz

Schon der Grundsatz der Verhältnismäßigkeit gebietet es, den einen Einwilligungsvorbehalt auslösenden **Grad der Gefährdung** hoch anzusetzen, weil der Betreute ab der Anordnung Willenserklärungen in dem dem Einwilligungsvorbehalt unterliegenden Bereich nicht mehr (oder nur in begrenztem Umfange) wirksam abgeben oder entgegennehmen kann, weil er rechtsgeschäftlich insoweit handlungsunfähig gestellt ist.[14]

Wird für sämtliche einem Betreuer übertragene Aufgabenkreise ein Einwilligungsvorbehalt angeordnet, ist dessen **Erforderlichkeit** auch **für jeden Aufgabenkreis** gesondert darzulegen.[15] Dies folgt bereits aus dem **Grundsatz der Erforderlichkeit**. Der Tatrichter muss den aktuellen Handlungsbedarf für die einzelnen Aufgabenkreise darlegen[16] und prüfen, ob weniger einschneidende Maßnahmen in Betracht kommen.[17] Das setzt zunächst einmal voraus, dass auch begründet wird, warum der Aufgabenkreis selbst erforderlich ist, also ob der Betreuer überhaupt innerhalb eines solchen Aufgabenkreises Maßnahmen vorgenommen hat oder ihre Vornahme beabsichtigt. Ansonsten fehlt es an einem aktuellen Handlungsbedarf.[18]

Der Einwilligungsvorbehalt muss **zur Abwendung einer Gefährdung** des Betreuten **geeignet** sein. Eine solche kann nicht nur darin liegen, dass sich der Betreute durch die Abgabe eigener Willenserklärungen schädigt. Sie kann auch darin bestehen, dass er Erklärungen Dritter wirksam empfangen kann. Über die Frage der Wirksamkeit dem Betreuten gegenüber abgegebener einseitiger, rechtlich nachteiliger Willenserklärungen könnten dann Streitigkeiten erwachsen, so etwa bei Kündigungen durch den Vermieter.

Um eine Vermögensgefährdung auszuschließen, den Betreuten aber dennoch in einem bestimmten Umfang eigenverantwortlich handeln zu lassen, kann in die Anordnung des Einwilligungsvorbehaltes auch aufgenommen werden, dass nur Verpflichtungen und Verfügungen, die einen **bestimmten Betrag** übersteigen, von der Zustimmung des Betreuers abhängig sind. Mit der Festsetzung einer betragsmäßigen Grenze, ab der Rechtsgeschäfte des Betreuten der Zustimmung des Betreuers bedürfen, kann insbesondere dem Verhältnismäßigkeitsgrundsatz im engeren Sinne entsprochen werden.[19] Gleiches gilt für eine **zeitli-**

---

12 BayObLG BtPrax 1995, 143.
13 Vgl etwa LG Landau FamRZ 2012, 1325.
14 BT-Drucks. 11/4528, 139.
15 BayObLG NJW-RR 2003, 871.
16 BayObLG BtPrax 1999, 247 (LS).
17 BayObLGZ 1994, 209.
18 BayObLG NJW-RR 2003, 871.
19 BayObLG EzFamR aktuell 1999, 391.

che Beschränkung** des Einwilligungsvorbehalts durch die konkrete Bezeichnung einer Maßnahme und Mitteilung über deren Beendigung.[20]

4. Kein Einwilligungsvorbehalt im Interesse Dritter oder des Betreuers

22 Der Einwilligungsvorbehalt **bezweckt keinen Drittschutz**. Insbesondere soll er den Betreuten nicht an der Verschwendung seines Vermögens hindern, damit seine Gläubiger auf dieses zugreifen können. Erst recht nicht sollen Expektanzen auf eine Erbschaft gesichert werden. Soweit der Betroffene aber durch seine Vermögensverfügungen Unterhaltsansprüche gefährdet, liegt ein mittelbarer Drittschutz vor.

23 Der Einwilligungsvorbehalt dient auch nicht dazu, dem Betreuer die **Führung der Betreuung dadurch zu erleichtern**, dass der Betreute von wirksamem Handeln abgehalten wird, damit der Betreuer seine Vorstellungen über die Führung der Betreuung und über das, was dem Wohl des Betreuten am Besten dient, auf vereinfachte Weise durchsetzen kann. So birgt der moderne Rechtsverkehr (insbesondere der **Fernabsatz**) zwar diverse Gefahren. Soweit nur Gefahren drohen, die mit den Widerrufs- und Rückgaberechten des verstärkten Verbraucherschutzrechtes zu bewältigen sind, muss ein Einwilligungsvorbehalt nicht angeordnet werden; vielmehr ist dem Betreuer dann zuzumuten, die Rechte zum Widerruf und zur Rückgabe für den Betreuten auszuüben.

5. Nur für Willenserklärungen

24 Der Einwilligungsvorbehalt kann sich immer nur auf einen konkreten Kreis von **Willenserklärungen**, mithin **nur auf rechtsgeschäftliches Handeln** erstrecken. Rein tatsächliche Handlungen können nicht unter einen Einwilligungsvorbehalt gestellt werden.[21]

25 Auch im Bereich der **Personensorge** werden daher nur Willenserklärungen angesprochen.

26 Dies trifft insbesondere auf den Aufgabenkreis der **Aufenthaltsbestimmung** zu. Über einen Einwilligungsvorbehalt kann nicht erreicht werden, dass der Betreute Anordnungen des Betreuers bezüglich seines Aufenthaltes folgt,[22] weil die Bestimmung des eigenen Aufenthalts ein **Realakt** ist. Ein Einwilligungsvorbehalt im Aufgabenkreis der Aufenthaltsbestimmung kommt aber zB dann in Betracht, wenn die Gefahr besteht, dass der Betreute seinen Heimplatz kündigt.[23]

27 Bei **Eigenschädigungen** des Betreuten durch tatsächliches Verhalten nutzt ein Einwilligungsvorbehalt nichts. Hier hat der Betreuer im Notfall aufenthaltsbestimmende Maßnahmen bis hin zur Unterbringung zu treffen.[24]

28 Auch die Einwilligung in eine ärztliche Behandlung ist nur eine Gestattung oder Ermächtigung zur Vornahme tatsächlicher Handlungen[25] (anders der Abschluss des Behandlungsvertrags).

---

20 BayObLG BtPrax 1995, 143; 1994, 30.
21 LG Köln FamRZ 1992, 857.
22 LG Hildesheim BtPrax 1996, 230.
23 BayObLG Rpfleger 1993, 490.
24 BayObLG FamRZ 1993, 852.
25 OLG Hamm FGPrax 1995, 56.

Der Betreuer sollte generell überlegen, ob er mit dem Einwilligungsvorbehalt 29
in der konkreten Lebenssituation des Betreuten ein wirklich hilfreiches und
vernünftiges Mittel an die Hand bekommt, um Gefahren von den Betreuten
abwenden zu können. Wenn dies nicht der Fall ist, sollte er davon absehen, einen Einwilligungsvorbehalt durchzusetzen.

6. Beispiele

Für die Zulässigkeit der Anordnung eines Einwilligungsvorbehaltes ließen sich 30
eine Vielzahl von Beispielen darstellen. Hier soll daher nur eine exemplarische
Auswahl erfolgen:[26]

Die Regierungsbegründung[27] nennt u.a. die Abgabe eines **Vaterschaftsaner-** 31
kenntnisses, obwohl Zweifel an der Vaterschaft bestehen, und – im Bereich der
Alltagsgeschäfte (vgl § 1903 Abs. 3 S. 2 BGB) – den **Kauf von alkoholischen**
Getränken durch einen an Epilepsie leidenden Alkoholiker.

Auch kann die Anordnung eines Einwilligungsvorbehaltes bei Persönlichkeits- 32
störungen mit paranoiden und **querulatorischen** Anteilen, die zu erheblichen
Konflikten mit Gerichten und Justizbehörden führen, in Frage kommen. So zB,
wenn sich der Betreute dadurch, obwohl er durch die Betreuung sonst in seinen Handlungsmöglichkeiten nicht beschränkt wird, selbst schädigt.[28]

In den Fällen, in denen der Betreute **leicht beeinflussbar** ist und sich zur Ertei- 33
lung von Vollmachten überreden lässt, kann eine ernsthafte Vermögensgefährdung zu bejahen sein, wenn zu befürchten ist, dass der – meist auch noch unwirksam – Bevollmächtigte die Vollmacht missbraucht.[29]

Eine Anordnung eines Einwilligungsvorbehaltes ist auch erforderlich, wenn ein 34
Betreuter erhebliche **schuldrechtliche Verpflichtungen ohne Gegenleistung** eingeht, weil die Gefahr besteht, dass er sich wirtschaftlich ruiniert.[30]

Die Anordnung hat aber auch dann zu erfolgen, wenn eine **weitere Verschul-** 35
dung des Betreuten verhindert werden muss. Dies gilt auch dann, wenn er vermögenslos ist und seine Schulden ohnehin nicht tilgen könnte.[31]

Muss der Betreute nicht vor der Verschwendung seines Vermögens geschützt 36
werden, weil er einem **Sparzwang** unterliegt, rechtfertigt das Anliegen des Betreuers, sich durch eine persönliche Übergabe der laufenden Bezüge zum Lebensunterhalt über den Gesundheits- und Ernährungszustand und den Zustand der Wohnung zu informieren, nicht die Anordnung eines Einwilligungsvorbehaltes.[32]

7. Nachfolgende Maßnahmen

Die Aufhebung, Einschränkung oder Erweiterung eines Einwilligungsvorbehal- 37
tes richtet sich nach **§ 1908 d BGB**. Werden dem Betreuer Umstände bekannt,

---

26 Einen guten Überblick über die Fallkonstellationen bietet NK-BGB/Heitmann, § 1903
BGB Rn 4 ff.
27 BT-Drucks. 11/4528, 139.
28 OLG Zweibrücken v. 8.12.2004, 3 W 187/04.
29 BayObLG FamRZ 2004, 1814.
30 BayObLG FamRZ 2000, 1327.
31 BayObLG FamRZ 1997, 902.
32 BayObLG FamRZ 2000, 1523; LG München BtPrax 1999, 114.

die eine solche Maßnahme erfordern, verpflichtet ihn § 1903 Abs. 4 BGB iVm § 1901 Abs. 5 BGB, diese dem Betreuungsgericht mitzuteilen.

38 Ist ein Einwilligungsvorbehalt angeordnet, setzen die **Ablehnung seiner Aufhebung, die Verlängerung und die Erweiterung** dieser Maßnahme voraus, dass der Betreute im Bereich des Einwilligungsvorbehalts nicht zu einer freien Willensbestimmung imstande ist, die erhebliche Gefahr für die Person oder das Vermögen des Betreuten, die zur Anordnung eines Einwilligungsvorbehaltes geführt hat, nach wie vor besteht und die Aufrechterhaltung bzw Erweiterung des Einwilligungsvorbehalts zur Abwendung dieser Gefahr erforderlich ist.[33]

IV. Die von der Anordnung eines Einwilligungsvorbehalts ausgeschlossenen Handlungen (Abs. 2)

39 Bestimmte höchstpersönliche Willenserklärungen des Betreuten dürfen nicht unter einen Einwilligungsvorbehalt gestellt werden; sie können auch nicht von dem Betreuer im Namen des Betreuten abgegeben werden, weil ihm hierfür die gesetzliche Vertretungsmacht fehlt (vgl hierzu § 1902 Rn 49 ff).

40 Betroffen sind (ausdrücklich in § 1903 Abs. 2 BGB einzeln genannt) zum einen die Erklärungen zur **Eingehung einer Ehe** oder zur Begründung einer eingetragenen Lebenspartnerschaft sowie **Verfügungen von Todes** wegen. Ob eine hierauf gerichtete Willenserklärung vom Betreuten wirksam vorgenommen werden kann, richtet sich nach seiner natürlichen Geschäftsfähigkeit (§§ 1304, 2275 Abs. 1 BGB, jeweils in Verbindung mit § 104 Nr. 2 BGB) bzw nach seiner natürlichen Testierfähigkeit (§ 2229 Abs. 4 BGB).

41 Zum anderen sind auch die Willenserklärungen vom Einwilligungsvorbehalt ausgenommen, zu denen ein beschränkt Geschäftsfähiger nach den Vorschriften des Vierten und Fünften Buches des Bürgerlichen Gesetzbuches (Familien- und Erbrecht) keiner Zustimmung seines gesetzlichen Vertreters bedarf. Dies sind

aus dem Familienrecht

- § 1516 Abs. 2 S. 2 BGB: bei fortgesetzten Gütergemeinschaften die Zustimmung zu Verfügungen des anderen Ehegatten,
- § 1600a Abs. 2 S. 2 BGB: Anfechtung der Vaterschaft,
- § 1750 Abs. 3 S. 2 BGB: Einwilligung der Kindeseltern und des Ehegatten des Annehmenden in die Adoption,
- § 1760 Abs. 3 S. 2, Abs. 5 S. 2 BGB: Ausschluss des Rechts, die Aufhebung der Adoption zu verlangen, durch Nachholung der Einwilligung oder durch schlüssiges Handeln des Betreffenden (durch das er zu erkennen gibt, dass das Annahmeverhältnis fortbestehen soll),
- § 1762 Abs. 1 S. 4 BGB: Antrag auf Aufhebung der Adoption

und

- **aus dem Erbrecht** (über die Errichtung von Verfügung von Todes wegen hinaus): § 2282 Abs. 1 S. 2 BGB: Anfechtung des Erbvertrages, § 2290 Abs. 2 S. 2 BGB: Aufhebung des Erbvertrages, § 2296 Abs. 1 S. 2 BGB: Rücktritt vom Erbvertrag und § 2347 Abs. 2 S. 1 BGB: Erbverzicht.

---

33 BayObLG BtPrax 2000, 91.

V. Rechtsfolgen im außergerichtlichen Bereich
1. Vorfrage: Einwilligungsbedürftigkeit der Willenserklärung

Für die Beurteilung der Rechtsfolgen ist die Vorfrage zu stellen, ob der Betreute bei Vornahme eines Rechtsgeschäfts überhaupt der Einwilligung des Betreuers bedurfte. War dies der Fall und lag keine (vorherige) Einwilligung des Betreuers vor, ist die Willenserklärung (vorbehaltlich ihrer Genehmigungsfähigkeit) bis zur (nachträglichen) Genehmigung durch den Betreuer **schwebend unwirksam**, § 1903 Abs. 1 S. 2 iVm § 108 Abs. 1 BGB. Zu beachten ist, dass der Betreuer bei Erteilung der Zustimmung den gleichen **Genehmigungsvorbehalten** unterliegt wie bei eigener Vornahme des Rechtsgeschäfts.

Nur durch einen Einwilligungsvorbehalt können Verfügungsbeschränkungen herbeigeführt werden. Daher gibt es auch keine gesetzliche Grundlage für eine gerichtliche Entscheidung, in das Sparbuch eines Betreuten einen Sperrvermerk eintragen zu lassen.[34]

2. Ausnahmen von der Einwilligungsbedürftigkeit
a) Rechtlich vorteilhaftes Geschäft

Nach § 1903 Abs. 3 S. 1 BGB bedarf der Betreute trotz Bestehens eines Einwilligungsvorbehaltes dann keiner Einwilligung seines Betreuers, wenn ihm die Willenserklärung lediglich einen rechtlichen Vorteil bringt. **Lediglich rechtlich vorteilhafte Geschäfte idS** sind solche, die dem Betreuten hinsichtlich der rechtlichen Folgen keine Nachteile bringen. Hierzu gehören insbesondere Schenkungen an den Betreuten, sofern sie nicht mit hieraus erwachsenden rechtlichen Verpflichtungen verbunden sind (wie dies bei Schenkung von verpachteten Grundstücken oder vermieteten Eigentumswohnungen der Fall ist); vgl hierzu § 1795 Rn 11.

Um solche rechtlich vorteilhaften Geschäfte vornehmen zu können, muss der Betreute aber geschäftsfähig sein, weil die Willenserklärungen eines Geschäftsunfähigen nach § 105 Abs. 1 BGB generell unwirksam sind.

b) Geringfügige Angelegenheit des täglichen Lebens (Abs. 3 S. 2)

Von einer Einwilligung des Betreuers ist der Betreute auch dann nicht abhängig, wenn es sich um Willenserklärungen des Betreuten handelt, die **geringfügige Geschäfte des täglichen Lebens** betreffen, § 1903 Abs. 3 S. 2 BGB.

Hier besteht jedoch die Möglichkeit, dass das Betreuungsgericht solche Willenserklärungen dennoch unter einen Einwilligungsvorbehalt stellt (**sog. qualifizierter Einwilligungsvorbehalt**). Dann bedarf der Betreute doch der Einwilligung seines Betreuers. Die Regierungsbegründung hat als Beispiel den Fall angegeben, dass ein Suchtkranker ständig kleinere Mengen Alkohol erwirbt.[35]

Die Vornahme eines Rechtsgeschäfts iSv § 1903 Abs. 3 S. 2 BGB setzt aber wiederum eine Geschäftsfähigkeit des Betreuten voraus. Ist der Betreute geschäftsunfähig, kann nur § 105 a BGB zur Anwendung kommen (vgl Rn 50 ff).

Die Willenserklärung eines (unerkannt) geschäftsunfähigen Bereuten wird auch nicht durch eine Einwilligung des Betreuers wirksam. In diesen Fällen soll

---

34 LG Mönchengladbach BtPrax 1997, 203.
35 BT-Drucks. 11/4528, 139.

jedoch, worauf die Regierungsbegründung hinweist, die Einwilligung in eine Eigenvornahme des Geschäfts durch den Betreuten umgedeutet werden können.[36]

c) Geschäfte des täglichen Lebens (§ 105 a BGB)

50 Unter den Voraussetzungen des § 105 a BGB kann ausnahmsweise auch ein **geschäftsunfähiger** Betreuter wirksame Willenserklärungen abgeben.

§ 105 a BGB Geschäfte des täglichen Lebens

Tätigt ein volljähriger Geschäftsunfähiger ein Geschäft des täglichen Lebens, das mit geringwertigen Mitteln bewirkt werden kann, so gilt der von ihm geschlossene Vertrag in Ansehnung von Leistung und, soweit vereinbart, Gegenleistung als wirksam, sobald die Leistung und Gegenleistung bewirkt sind. Satz 1 gilt nicht bei einer erheblichen Gefahr für die Person oder das Vermögen des Geschäftsunfähigen.

51 Mit Einführung des § 105 a BGB[37] sollte die im allgemeinen bürgerlichen Recht (§ 105 Abs. 1 BGB) vorgesehene Nichtigkeit von Willenserklärungen eines nach § 104 Nr. 2 BGB Geschäftsunfähigen im Hinblick auf das Ziel des Betreuungsrechts, dem Betreuten möglichst viel eigene Gestaltungs- und Entscheidungsfreiheit zu belassen, modifiziert werden. Zwar nimmt § 1903 Abs. 3 S. 2 BGB geringfügige Angelegenheiten des täglichen Lebens von einem Einwilligungserfordernis des Betreuers aus. Dies änderte aber nichts daran, dass die Willenserklärungen eines geschäftsunfähigen Betreuten generell unwirksam waren.

52 § 105 a BGB verlangt, dass das Geschäft **beiderseitig erfüllt** worden ist. Die Übergabe mangelhafter Sachen schließt dies – zum Schutz des Geschäftsunfähigen – aus.

53 Mit Geschäften des täglichen Lebens sind **Alltagsgeschäfte** gemeint. Von der Gesetzesbegründung werden hier genannt:

- Erwerb von Gegenständen des täglichen Bedarfs,
- zum alsbaldigen Verbrauch bestimmte Nahrungs- bzw Genussmittel, die nach Menge und Wert das übliche Maß nicht übersteigen,
- kosmetische Artikel wie Zahnpasta,
- einfache medizinische Produkte wie Halsschmerztabletten,
- Presseerzeugnisse sowie
- einfache Dienstleistungen, wie Friseur, Fahrten mit dem Personennahverkehr.

54 Im Übrigen soll wie bei § 1903 Abs. 3 BGB auch die Verkehrsanschauung maßgeblich sein.[38] Wegen der recht hohen Fahrtkosten fallen hierunter nicht Ausflugsfahrten zu Gaststätten in einem Krankentransportwagen eines Rettungsdienstes.[39]

55 Die Leistung muss mit **geringwertigen Mitteln** bewirkt werden, also in der Regel durch Barzahlung. Auf die wirtschaftlichen Verhältnisse des Betreuten ist

---

36 BT-Drucks. 11/4528, 139.
37 BGBl. I 2002, 2850.
38 BT-Drucks. 14/9266, 43.
39 LG Gießen BtPrax 2003, 88.

nicht abzustellen, sondern auf das durchschnittliche Preis- und Einkommensniveau,[40] um dem Rechtsverkehr die Möglichkeit zu geben, mit der Vorschrift umzugehen.

d) „Taschengeldparagraph" (§ 110 BGB)

Der sogenannte Taschengeldparagraph findet über die Verweisung in § 1903 Abs. 1 S. 2 BGB auch auf Verträge Anwendung, die einem Einwilligungsvorbehalt unterliegen. Er hat aber wegen der vorgenannten Ausnahmen nur eine geringe praktische Bedeutung.

Danach ist ein ohne Zustimmung des Betreuers geschlossener Vertrag von Anfang an wirksam, wenn der geschäftsfähige Betreute seine Leistung mit Mitteln bewirkt, die ihn zu diesem Zwecke oder zu freier Verfügung vom Betreuer oder mit dessen Zustimmung von einem Dritten überlassen worden sind. Voraussetzung ist – wie auch bei § 105 a BGB –, dass der Vertrag erfüllt wurde. In der Überlassung der Mittel kann eine konkludente Einwilligung des gesetzlichen Vertreters gesehen werden.[41] Bis zur Erfüllung kann der Betreuer daher auch seine Einwilligung nach § 183 BGB widerrufen.

3. Folgen der Einwilligungsbedürftigkeit

Die Folgen ergeben sich aus der Verweisung in § 1903 Abs. 1 S. 2 BGB auf §§ 108 bis 113, 131 Abs. 2 und § 210 BGB.

Ist die Willenserklärung des Betreuten einwilligungsbedürftig, hängt ihre Wirksamkeit von der Zustimmung des Betreuers ab. Dies kann einerseits durch Erteilung einer (vorherigen) Einwilligung geschehen. Andererseits kann dies, weil § 1903 Abs. 1 S. 2 BGB insoweit auf die §§ 108 bis 113 BGB verweist, auch durch eine (nachträgliche) Genehmigung erfolgen.

a) Verträge

Eine Willenserklärung des Betreuten, die er ohne Einwilligung des Betreuers abgegeben hat, ist grundsätzlich **schwebend unwirksam**, § 108 Abs. 1 BGB. Genehmigt der Betreuer die Willenserklärung des Betreuten, ist sie von Anfang an wirksam (§ 184 BGB). Verweigert er seine **Genehmigung**, ist der Vertrag unwirksam. Die Genehmigung ist grundsätzlich an **keine Frist** gebunden. Nur wenn der Vertragspartner den Betreuer zur Genehmigung auffordert, muss die Genehmigung gegenüber dem Vertragspartner (Erklärungen gegenüber dem Betreuten sind wirkungslos) binnen zwei Wochen erfolgen. Wird innerhalb der Frist überhaupt keine Erklärung abgegeben, gilt die Genehmigung als verweigert (§ 108 Abs. 2 BGB).

Wird ein rechtmäßig angeordneter Einwilligungsvorbehalt aufgehoben, kann der geschäftsfähige Betreute seine Willenserklärung selbst genehmigen (§ 108 Abs. 3 BGB). Erfolgte die Anordnung ungerechtfertigt und wird der Einwilligungsvorbehalt deswegen nach **§ 306 FamFG** aufgehoben, ist der Vertrag (vorbehaltlich sonstiger Wirksamkeitsvoraussetzungen) auch ohne Genehmigung von Anfang an wirksam, weil es dann der Zustimmung des Betreuers nicht be-

---

40 BT-Drucks. 14/9266, 43.
41 Palandt/Heinrichs, § 110 BGB Rn 1.

durfte. § 306 FamFG ist aber nicht anwendbar, wenn die Voraussetzungen für die Anordnung eines Einwilligungsvorbehaltes später wieder wegfallen.

62 Im Schwebezustand ist der Vertragspartner zum **Widerruf** berechtigt, den er auch gegenüber dem Betreuten erklären kann (§ 109 Abs. 1 BGB). Hatte er Kenntnis vom Einwilligungsvorbehalt, kann er nur widerrufen, wenn der Betreute wahrheitswidrig behauptet hat, der Betreuer habe eingewilligt. War dem Vertragspartner auch bekannt, dass die Einwilligung bereits verweigert wurde, scheidet das Widerrufsrecht aus (§ 109 Abs. 2 BGB).

b) Einseitige Willenserklärungen

63 Einseitige empfangsbedürftige Willenserklärungen (Kündigung, Erteilen einer Vollmacht) können nur wirksam sein, wenn der Betreuer (vorher) eingewilligt hat. Fehlt dies, können sie grundsätzlich auch nicht mehr durch eine Genehmigung wirksam werden (§ 111 S. 1 BGB). Genehmigungsfähig ist eine solche Erklärung (ausnahmsweise) nur dann, wenn der Empfänger mit der Vornahme ohne Einwilligung entsprechend § 180 BGB einverstanden war. Trotz der Einwilligung kann der Empfänger die Erklärung unverzüglich zurückweisen, wenn der Betreute ihre Erteilung nicht schriftlich vorlegt (§ 180 S. 2 BGB) und sie vom Betreuer zuvor auch nicht mitgeteilt wurde (§ 108 S. 3 BGB).

c) Zugang

64 Die über § 1903 Abs. 1 S. 2 BGB entsprechende Anwendung des § 131 Abs. 2 BGB führt dazu, dass Erklärungen gegenüber dem Betreuten grundsätzlich erst mit Zugang **beim Betreuer** wirksam werden, es sei denn, die Erklärung ist für den Betreuten lediglich rechtlich vorteilhaft oder der Betreuer hat eine Einwilligung zur abweichenden Zugangsregelung erteilt. Dann genügt zu ihrer Wirksamkeit die Abgabe gegenüber dem Betreuten.

d) Beschränkungen des Betreuers bei der Zustimmung

65 Hinsichtlich der Zustimmung unterliegt der Betreuer den gleichen Beschränkungen, denen er bei einer Selbstvornahme ausgesetzt ist, also insbesondere den betreuungsgerichtlichen Genehmigungsvorbehalten der §§ 1821, 1822 BGB und den Ausschlüssen von der Vertretungsbefugnis nach §§ 1795, 1796 BGB. Kündigt der Betreute seine Wohnung und gehört die Kündigung zum Kreis der einwilligungsbedürftigen Erklärungen, kann der Betreuer die Einwilligung hierzu nur mit betreuungsgerichtlicher Genehmigung nach § 1907 Abs. 1 BGB erteilen. Will der Betreute mit einem Angehörigen des Betreuers einen Mietvertrag schließen, kann der Betreuer nicht die Zustimmung zur Erklärung des Betreuten erteilen; § 1795 Abs. 1 Nr. 1 BGB entzieht ihm gesetzlich die Vertretungsmacht hierfür.

e) Verjährung

66 Über § 1903 Abs. 1 S. 2 BGB iVm § 210 BGB werden der Betreute selbst und auch sein Gläubiger vor einer Verjährung ihrer Ansprüche geschützt, indem die Verjährung gehemmt wird, wenn kein Betreuer vorhanden ist.

f) Sonstige Folgen

67 Die §§ 112, 113 BGB, mit denen der Betreuer den Betreuten (teilweise mit betreuungsgerichtlicher Genehmigung) zum selbstständigen Betrieb eines Er-

werbsgeschäftes oder zum Abschluss eines **Dienst- oder Arbeitsvertrages** ermächtigen kann, haben im Betreuungsrecht fast keine Relevanz.

Ein Betreuter, für den in Vermögensangelegenheiten ein Einwilligungsvorbehalt angeordnet wurde, kann nicht Geschäftsführer einer **GmbH** sein (§ 6 Abs. 2 S. 2 GmbHG). Auch ist es ihm verwehrt, Mitglied des Vorstandes oder des Aufsichtsrates einer **Aktiengesellschaft** (§§ 76 Abs. 3 S. 2, 100 Abs. 1 S. 2 AktG) zu sein. 68

VI. Rechtsfolgen im Verwaltungsverfahren und im Prozess

Betrifft ein Einwilligungsvorbehalt den Gegenstand eines **Verwaltungsverfahrens**, so ist ein geschäftsfähiger (und damit handlungsfähiger) Betreuer nur so weit zur Vornahme von Verfahrenshandlungen fähig, als er nach den Vorschriften des bürgerlichen Rechts handeln kann, § 12 Abs. 2 VwVfG, § 11 Abs. 2 SGB X. Fällt das Verwaltungsverfahren unter den Einwilligungsvorbehalt, sind seine Verfahrenshandlungen nur mit Einwilligung, bei öffentlichrechtlichen Verträgen zusätzlich nur mit Genehmigung des Betreuers wirksam. Soweit der Einwilligungsvorbehalt greift, also die Verfahrenshandlungen im konkreten Verwaltungsverfahren erfasst, wird der Betreute ohne vorherige oder (falls möglich) nachträgliche Zustimmung an der Vornahme wirksamer Verfahrenshandlungen gehindert. Wegen weiterer Einzelheiten wird auf die Erläuterungen zu § 1902 BGB Rn 79–84 verwiesen. 69

Unterfällt der Streitgegenstand des **Prozesses** einem Einwilligungsvorbehalt, ist der Betreute insoweit nicht prozessfähig. Außer in den Fällen des §§ 112, 113 BGB gibt es keine „beschränkte Prozessfähigkeit". Im Bereich des Einwilligungsvorbehaltes ist der Betreute prozessunfähig. Der Betreuer kann dessen Prozessfähigkeit auch nicht durch vorherige Zustimmung zur Prozessführung herstellen.[42] Er kann die Prozessführung jedoch als gesetzlicher Vertreter nachträglich im Gesamten genehmigen. Verweigert der Betreuer die Genehmigung der vom Betreuten in eigenem Namen erhobenen Klage, ist die Klage wirkungslos.[43] Die Gerichte können in diesen Fällen die Anwendung von § 21 GKG erwägen.[44] 70

Auch in **anderen Verfahrensordnungen** sind nur die nach bürgerlichem Recht Geschäftsfähigen zur Vornahme von Verfahrenshandlungen befugt. Der Einwilligungsvorbehalt beschränkt insoweit deren Geschäftsfähigkeit. Dies führt aber, anders als in der ZPO vorgesehen, nicht zu einer vollständigen Prozessunfähigkeit. Dies betrifft die Verfahrensordnungen der Verwaltungs-, Sozial- und Finanzgerichtsbarkeit.[45] Zur Vornahme von Prozesshandlungen bedarf der Betreute bei den Voraussetzungen des § 1903 Abs. 1 S. 2 BGB (jeweils iVm §§ 110, 112, 113 BGB) und 1903 Abs. 3 BGB nicht der vorherigen Zustimmung des Betreuers. Er ist, soweit geschäftsfähig, bezüglich dieser Ausnahmen prozessfähig. 71

Nach § 62 Abs. 2 VwGO ist ein geschäftsfähiger Betreuer bei Bestehen eines den Gegenstand des Verfahrens betreffenden Einwilligungsvorbehaltes nur in- 72

---

42 Zöller/Vollkommer, § 52 ZPO Rn 8.
43 BFH v. 10.2.2012 VI B 130/11; BtPrax 2012, 121.
44 BFH BtPrax 2012, 121.
45 Vgl auch LSG Berlin-Brandenburg BtPrax 2012, 30.

soweit zur Vornahme von Verfahrenshandlungen fähig, als er nach den Vorschriften des bürgerlichen Rechts ohne Einwilligung des Betreuers handeln kann oder durch Vorschriften des öffentlichen Rechts als handlungsfähig anerkannt ist. Daher ist ihm zB die Einlegung einer Nichtzulassungsbeschwerde verwehrt, weil diese wegen der Kostenlast nach § 154 Abs. 2 VwGO nicht nur lediglich rechtlich vorteilhaft ist und auch nicht in den Kreis der geringfügigen Angelegenheiten des täglichen Lebens fällt.[46]

VII. Mitteilungspflichten

73 Die Mitteilungspflichten des Betreuers ergeben sich aus § 1901 Abs. 5 und §§ 1903 Abs. 4 iVm 1901 Abs. 5 BGB. Nach § 1901 Abs. 5 BGB ist der Betreuer zur Mitteilung von Umständen an das Betreuungsgericht verpflichtet, die einen Einwilligungsvorbehalt erfordern. Da diese Vorschrift aber nicht die Mitteilung von Umständen erfasst, die zur Aufhebung eines Einwilligungsvorbehaltes oder der Erweiterung oder Einschränkung des Kreises der einwilligungsbedürftigen Willenserklärungen Anlass geben könnten, sind die hierauf bezogenen Mitteilungspflichten § 1903 Abs. 4 BGB zu entnehmen. Zur Erweiterung und Einschränkung des Kreises der einwilligungsbedürftigen Willenserklärungen gehört auch die Anordnung oder Aufhebung eines sogenannten qualifizierten Einwilligungsvorbehaltes nach § 1903 Abs. 3 S. 2 BGB für geringfügige Angelegenheiten des täglichen Lebens.

VIII. Verfahren

74 Die Anordnung eines Einwilligungsvorbehaltes erfolgt von Amts wegen. Anträge sind als Anregungen aufzufassen (vgl § 24 FamFG). Ihnen hat das Gericht im Wege der Amtsermittlung nach § 26 FamFG nachzugehen.[47]

1. Zuständigkeit

75 Zuständig für die Anordnung eines Einwilligungsvorbehaltes ist der Betreuungsrichter, § 15 Abs. 1 S. 1 Nr. 4 RPflG. Vom Richtervorbehalt kann nicht durch Landesrecht abgewichen werden (vgl die Öffnungsklausel in § 19 Abs. 1 Nr. 1 RPflG).

2. Verfahrensschritte; Verbund mit Betreuerbestellung

76 Das Betreuungsverfahren und das Verfahren zur Anordnung eines Einwilligungsvorbehaltes können zeitlich zusammengefasst geführt werden, so dass sich die einzelnen Verfahrensschritte auf beide betreuungsgerichtlichen Maßnahmen beziehen. Dies kann zutreffen auf:

- die persönliche richterliche Anhörung – § 278 Abs. 1 FamFG,[48]
- die Anhörung der Betreuungsbehörde – § 279 Abs. 2 FamFG,
- die Anhörung von Verwandten sowie Vertrauenspersonen – § 279 Abs. 1 und 3 FamFG und
- die Begutachtung – § 280 FamFG.

---

46 BVerwG EzFamR BGB § 1903 Nr. 1.
47 BGH BtPrax 2011, 208.
48 BGH BtPrax 2011, 208; BtPrax 2012, 204.

Die Einholung eines **Sachverständigengutachtens** ist ebenfalls zwingend vorgeschrieben, § 280 Abs. 1 FamFG. Nur unter den Voraussetzungen des § 281 FamFG kann auch ein ärztliches Zeugnis genügen. Ein Sachverständigengutachten muss so gefasst sein, dass das Gericht es auf seine innere Schlüssigkeit, innere Logik und wissenschaftliche Begründung überprüfen kann.[49] In der Praxis genügen die Gutachten bisweilen nicht den in § 280 Abs. 3 FamFG geforderten Kriterien. Das Gericht hat hier gegenüber dem Sachverständigen auf ein verwertbares Gutachten hinzuwirken. In der Praxis entstehen Schwierigkeiten, weil die – medizinischen – Sachverständigen den Tatbestand der Vermögens- oder Personengefährdung feststellen müssen, ohne dass es sich dabei um medizinische Diagnosen handelt. 77

Obwohl die Anordnung eines Einwilligungsvorbehaltes nicht in die Regelbeispiele für eine besondere Erforderlichkeit in § 276 Abs. 1 S. 2 FamFG aufgenommen wurde, wird wegen der einschneidenden Wirkung ein **Verfahrenspfleger** zu bestellen sein. 78

Kommt die Anordnung eines Einwilligungsvorbehaltes erst bei bereits bestehender Betreuung infrage, sind alle Verfahrensvorschriften abzuarbeiten, ohne dass die Erkenntnisse des Betreuungsverfahrens verwertet werden können. 79

3. Beschluss und Bekanntgabe

In dem Beschluss ist gemäß § 286 Abs. 2 FamFG der **Kreis der einwilligungsbedürftigen Willenserklärungen** zu bezeichnen, der auch in die Bestallungsurkunde aufgenommen wird, § 290 S. 2 Nr. 4 FamFG. Der Beschluss muss nach § 286 Abs. 3 FamFG ferner den Zeitpunkt enthalten, zu dem das Gericht spätestens über die Aufhebung oder Verlängerung des Einwilligungsvorbehaltes zu entscheiden hat.[50] Der **Überprüfungszeitpunkt** darf höchstens 7 Jahre nach Erlass der Ursprungsentscheidung liegen. Anordnung oder Aufhebung eines Einwilligungsvorbehaltes, der sich auf die Aufenthaltsbestimmung erstreckt, sind nach § 309 Abs. 2 FamFG der Meldebehörde mitzuteilen. 80

Nach § 1908a BGB kann bei 17-jährigen **Minderjährigen** vorsorglich ein Einwilligungsvorbehalt angeordnet werden, der mit Vollendung des 18. Lebensjahres wirksam wird. 81

Die Entscheidung über die Anordnung eines Einwilligungsvorbehaltes ist dem Betroffenen gemäß §§ 40, 41 FamFG **bekanntzugeben**. 82

4. Rechtsmittel

Gegen die Anordnung eines Einwilligungsvorbehaltes ist die **befristete Beschwerde** nach §§ 58 Abs. 1, 63 FamFG statthaft. 83

Aus § 306 FamFG ergibt sich, dass die Wirksamkeit der von oder gegenüber dem Betreuten vorgenommenen Rechtsgeschäfte auch nach Aufhebung eines Einwilligungsvorbehaltes nicht aufgrund dieses Einwilligungsvorbehaltes in Frage gestellt werden kann. Es besteht daher auch trotz zwischenzeitlicher Aufhebung durch das Betreuungsgericht nach § 1908d Abs. 4 BGB noch ein **schutzwürdiges Interesse** an einer Überprüfung der Anordnung eines Einwilli- 84

---

49 BGH BtPrax 2011, 129; BtPrax 2012, 25.
50 BGH BtPrax 2012, 204.

gungsvorbehaltes in der Beschwerdeinstanz, weil mit der Aufhebung die damit verbundenen Beschränkungen des § 1903 BGB rückwirkend entfallen und Zweifel an der Gültigkeit der Rechtsgeschäfte beseitigt werden würden.[51]

85 Aus den gleichen Gründen kann auch eine Beschwerde gegen die Erstentscheidung trotz inzwischen ergangener Entscheidung über eine Verlängerung der Anordnung des Einwilligungsvorbehaltes aufrechterhalten werden.[52] Selbst durch den Tod des Betroffenen wird eine zuvor eingelegte Beschwerde nicht erledigt.[53]

Der Betroffene kann gegen die **Aufhebung** des Einwilligungsvorbehaltes aufgrund des § 58 FamFG Beschwerde einlegen.[54]

5. Beschwerdeverfahren

86 Auch im Beschwerdeverfahren besteht die Pflicht zur Anhörung des Betroffenen (§ 68 Abs. 3 S. 1 FamFG), wenn nicht die Voraussetzungen des § 68 Abs. 3 S. 2 FamFG vorliegen.

Gegen die Entscheidung des Beschwerdegerichts ist, soweit die Anordnung oder Aufhebung des Einwilligungsvorbehaltes angeordnet wird, die zulassungsfreie Rechtsbeschwerde zum Bundesgerichtshof statthaft (§ 70 Abs. 3 S. 1 Nr. 1 FamFG). Dies gilt auch bei Entscheidungen über die Verlängerung des Einwilligungsvorbehaltes.[55]

6. Einstweilige Anordnung

87 Durch einstweilige Anordnung kann ein **vorläufiger Einwilligungsvorbehalt** angeordnet werden, § 300 FamFG. Dieses Verfahren erledigt sich nicht, wenn ein endgültiger Einwilligungsvorbehalt angeordnet wird. Gegen die vorläufige Entscheidung eingelegte Rechtsmittel sind daher wegen § 306 FamFG in der Hauptsache auch noch nicht erledigt. Das Ziel der Beschwerde muss deswegen nicht auf die Feststellung der Rechtswidrigkeit umgestellt oder auf die Kosten beschränkt werden.

IX. Kosten

88 Gerichtsgebühren fallen nicht an, da das Kostenverzeichnis des GNotKG hierfür keinen Gebührentatbestand vorsieht. Anfallende Auslagen stellen die **Kosten des Verfahrenspflegers** dar. Hierbei ist zu beachten, dass nicht der Freibetrag in Höhe von 25.000 EUR (vgl. dazu KVGNotKG Vorbemerkung 1.1 Abs. 1) gilt, sondern derjenige aus § 1836c BGB in Höhe von 2.600 EUR (s. 31015 KVGNotKG). Wird die Anordnung oder Verlängerung eines Einwilligungsvorbehalts oder die Erweiterung des Kreises der einwilligungsbedürftigen Willenserklärungen abgelehnt, als ungerechtfertigt aufgehoben oder eingeschränkt oder das Verfahren ohne Entscheidung beendet, so werden die hiermit in Zusammenhang stehenden Auslagen nicht beim Betroffenen erhoben, da der Betroffene mangels Kostenschuldnerschaft die Auslagen nicht schuldet

---

51 BayObLG FamRZ 2004, 1814.
52 BayObLG FamRZ 1999, 1692; BtPrax 1997, 198.
53 BayObLG FamRZ 2000, 1328.
54 BayObLG FamRZ 2004, 1814.
55 BGH BtPrax 2012, 276.

(vgl. § 23 Nr. 1 GNotKG iVm KV 11101–11105, die dafür keinen Gebührentatbestand vorsehen).

§ 1904 BGB Genehmigung des Betreuungsgerichts bei ärztlichen Maßnahmen

(1) ¹Die Einwilligung des Betreuers in eine Untersuchung des Gesundheitszustands, eine Heilbehandlung oder einen ärztlichen Eingriff bedarf der Genehmigung des Betreuungsgerichts, wenn die begründete Gefahr besteht, dass der Betreute auf Grund der Maßnahme stirbt oder einen schweren und länger dauernden gesundheitlichen Schaden erleidet. ²Ohne die Genehmigung darf die Maßnahme nur durchgeführt werden, wenn mit dem Aufschub Gefahr verbunden ist.

(2) Die Nichteinwilligung oder der Widerruf der Einwilligung des Betreuers in eine Untersuchung des Gesundheitszustands, eine Heilbehandlung oder einen ärztlichen Eingriff bedarf der Genehmigung des Betreuungsgerichts, wenn die Maßnahme medizinisch angezeigt ist und die begründete Gefahr besteht, dass der Betreute auf Grund des Unterbleibens oder des Abbruchs der Maßnahme stirbt oder einen schweren und länger dauernden gesundheitlichen Schaden erleidet.

(3) Die Genehmigung nach den Absätzen 1 und 2 ist zu erteilen, wenn die Einwilligung, die Nichteinwilligung oder der Widerruf der Einwilligung dem Willen des Betreuten entspricht.

(4) Eine Genehmigung nach den Absätzen 1 und 2 ist nicht erforderlich, wenn zwischen Betreuer und behandelndem Arzt Einvernehmen darüber besteht, dass die Erteilung, die Nichterteilung oder der Widerruf der Einwilligung dem nach § 1901 a festgestellten Willen des Betreuten entspricht.

(5) ¹Die Absätze 1 bis 4 gelten auch für einen Bevollmächtigten. ²Er kann in eine der in Absatz 1 Satz 1 oder Absatz 2 genannten Maßnahmen nur einwilligen, nicht einwilligen oder die Einwilligung widerrufen, wenn die Vollmacht diese Maßnahmen ausdrücklich umfasst und schriftlich erteilt ist.

I. Überblick 1	c) Fernwirkung des Strafrechts 17
II. Struktur der Vorschrift 6	d) Auswirkungen auf die Praxis 18
III. Einvernehmen zwischen behandelndem Arzt und Betreuer 9	IV. Fehlendes Einvernehmen zwischen behandelndem Arzt und Betreuer 20
1. Gegenstand des Einvernehmens 9	1. Notwendigkeit einer betreuungsgerichtlichen Genehmigung 20
2. Gesetzliche Regelung 10	
3. Notwendigkeit einer Entscheidung des Betreuers 12	
4. Schutz des Patienten vor nachteiligen Entscheidungen 13	2. Notwendigkeit einer Einwilligung in ärztliche Maßnahmen (Abs. 1) 22
a) Vier-Augen-Prinzip 13	a) Einwilligungsfähigkeit . . 25
b) Amtsermittlung nach Anregung Dritter 14	b) Einwilligung des Betreuten oder des Betreuers . . 28

c) Patientenverfügung	31
3. Ärztliche Maßnahme	33
a) Untersuchung des Gesundheitszustandes	34
b) Heilbehandlung	36
c) Ärztlicher Eingriff	42
4. Gefahr für Leben oder Gesundheit	44
5. Schwerer und länger andauernder gesundheitlicher Schaden	46
6. Behandlung gegen den Willen des Betreuten	49
7. Maßnahmen ohne Genehmigung (Abs. 1 S. 2)	50
a) Voraussetzungen	51
b) Nachholung der Genehmigung	52
8. Sonderregelungen	53
a) Sterilisation	54
b) Kastrationsgesetz	55
c) Arzneimittelgesetz	56
d) Transplantationsgesetz	59
9. Notwendigkeit der Genehmigung bei Verweigerung der Einwilligung oder bei Widerruf der Einwilligung in eine ärztliche Maßnahme (Abs. 2)	60
10. Genehmigung durch den Bevollmächtigten (Abs. 5)	64
V. Maßstab der Entscheidung des Betreuungsgerichts	67
1. Bei Vorliegen einer Patientenverfügung	68
2. Bei Fehlen einer Patientenverfügung	70
3. Kein mutmaßlicher Wille des Patienten feststellbar	71
VI. Bedeutung für das Betreuungsgericht	73
1. Allgemeines	73
a) Aufgaben des Betreuungsgerichts in Gesundheitsfragen	73
b) Kontrolle des Bevollmächtigten	76
c) Prüfung bei § 1904 BGB	77
2. Zuständigkeit	80
3. Verfahren	81
a) Abs. 1	82
b) Abs. 2	86
VII. Bedeutung für den Bevollmächtigten	90
VIII. Bedeutung für die Betreuungsbehörde	91
IX. Bedeutung für den Betreuungsverein	93
X. Bedeutung für den Betreuer	94
XI. Bedeutung für den behandelnden Arzt	102

I. Überblick

1 Mit der seit dem 1.9.2009 geltenden Neufassung regelt § 1904 BGB zwei Themen: Zusätzlich zur Regelung der Einwilligung in geplante ärztliche Maßnahmen, die für den Betreuten besonders gefährlich sind, wurde die **Regelung über die Nichteinwilligung oder den Widerruf der Einwilligung** in entsprechende ärztliche Maßnahmen in dieser Vorschrift verankert.

2 § 1904 BGB regelt hierbei nur die für den Betreuten besonders gefährlichen Maßnahmen, die **Gefahr für Leben oder Gesundheit** mit sich bringen.

3 Die bisherige Vorschrift, mit der ein für das Wohl des Betreuten abträgliches Zusammenwirken zwischen Betreuer und Arzt verhindert werden sollte, war praktisch von geringerer Bedeutung, da die ärztlichen Maßnahmen in der Regel eilig und nicht im Vorhinein so planbar waren, dass eine betreuungsgerichtliche Genehmigung mit dem notwendigen Verfahren vorab eingeholt werden konnte.

4 Seit der zum 1.9.2009 in Kraft getretenen Gesetzesänderung hat die Vorschrift einen anderen Schwerpunkt: Mit der Aufnahme der Regelungen zur Patientenverfügung in die §§ 1901 a f BGB in das Betreuungsrecht dient die Vorschrift nicht mehr so sehr dem Schutz des Betreuten vor kollusivem Zusammenwirken des Arztes und Betreuers als vielmehr der **Durchsetzung des Willens**, und damit des Selbstbestimmungsrecht des Patienten, wie dies in Abs. 3 verdeutlicht wird. Dabei nahm der Gesetzgeber in Kauf, dass nunmehr dieses kollusive Zusammenwirken zum Nachteil des Patienten formal ermöglicht wurde (vgl dazu Rn 13 ff).

Durch die Neufassung von § 1904 BGB wurde den Beteiligten dazuhin mehr Rechts- und Verfahrenssicherheit gegeben. 5

II. Struktur der Vorschrift

Die Struktur der Vorschrift wird durch Abs. 4 deutlich: Anknüpfungspunkt für eine betreuungsgerichtliche Genehmigung einer besonders gefährlichen ärztlichen Maßnahme (sei es durch Handeln oder Unterlassen weiterer Behandlung) ist nunmehr, ob sich der behandelnde Arzt und der Betreuer darüber einig sind, **ob die geplante ärztliche Maßnahme vom Willen des Patienten gedeckt ist oder nicht**. Nach Abs. 4 ist nämlich eine betreuungsgerichtliche Genehmigung nicht erforderlich, wenn sich der behandelnde Arzt und der Betreuer einig sind, dass die geplante Maßnahme vom Willen des Patienten gedeckt ist.[1] 6

Insofern spielt die Unterscheidung zwischen der Einwilligung in ärztliches Handeln und der Nichteinwilligung oder der Einwilligung in den Abbruch einer ärztlichen Maßnahme nur eine untergeordnete Rolle. 7

Im Folgenden soll daher in der Kommentierung an diese Struktur angeknüpft werden. 8

III. Einvernehmen zwischen behandelndem Arzt und Betreuer

1. Gegenstand des Einvernehmens

§ 1901 b BGB verlangt einen Dialog zwischen behandelndem Arzt und Betreuer, gegebenenfalls unter Einbeziehung weiterer Personen (vgl § 1901 b Abs. 2 BGB), über die Frage, ob die geplante ärztliche Maßnahme dem Willen des Patienten entspricht (§ 1901 a BGB). Es geht also nicht um die Frage der **Indizierung der ärztlichen Maßnahme**: Der behandelnde Arzt wird, wie auch in § 1901 b Abs. 1 BGB vorausgesetzt, nur ärztlich indizierte Maßnahmen erörtern. Es geht vielmehr um die weitere Frage, ob sich der Arzt und der Betreuer über die Frage einig sind, ob die ärztliche Maßnahme dem Willen des Patienten entspricht. Damit folgt das Gesetz der Rechtsprechung des Bundesgerichtshofes.[2] 9

2. Gesetzliche Regelung

Sind sich der behandelnde Arzt und der Betreuer aufgrund dieses Gespräches einig, dass die geplante ärztliche Maßnahme oder das Absehen von dieser Maßnahme dem Willen des Patienten entspricht, bedarf es keiner betreuungsgerichtlichen Genehmigung (Abs. 4). **Einvernehmen** bedeutet, dass beide Handelnde keine Zweifel daran haben, dass das geplante Vorgehen dem Willen des Patienten entspricht. 10

Die Umsetzung des Patientenwillens soll dann nicht durch ein betreuungsgerichtliches Verfahren verzögert oder belastet werden. Eines Negativzeugnisses 11

---

[1] Vgl LG Kleve BtPrax 2010, 186.
[2] BGH BtPrax 2003, 123; BtPrax 2005, 190; vgl auch OLG München BtPrax 2007, 79.

bedarf es nicht, insofern besteht für ein betreuungsrechtliches Verfahren kein Rechtsschutz.[3]

3. Notwendigkeit einer Entscheidung des Betreuers

12 Hierbei ist zu unterscheiden: Sind sich behandelnder Arzt und Betreuer einig, die Entscheidung über die Einwilligung sei der Patientenverfügung zu entnehmen, bedarf es ohnehin keiner Entscheidung des Betreuers über die Einwilligung: Nach § 1901a Abs. 1 BGB ist es die eigene Willenserklärung des Patienten, der der Betreuer „Ausdruck und Geltung" verschafft (vgl § 1901a Rn 39ff). Sind sich behandelnder Arzt und Betreuer einig, die Entscheidung über die Einwilligung werde, wegen des Fehlens einer wirksamen Willenserklärung des Patienten, auf der Grundlage von § 1901a Abs. 2 BGB getroffen, so muss der Betreuer eine Willenserklärung abgeben.

4. Schutz des Patienten vor nachteiligen Entscheidungen

a) Vier-Augen-Prinzip

13 Der Patient ist auch ohne die Einschaltung eines Betreuungsgerichts genügend geschützt: So kann zum einen der behandelnde Arzt oder der Betreuer das Betreuungsgericht einschalten, wenn Meinungsverschiedenheiten zwischen den beiden Handelnden bestehen oder einer der beiden Handelnden Zweifel daran hat, ob das geplante ärztliche Vorgehen dem Willen des Patienten entspricht. Den Gesetzesmaterialien ist zu entnehmen,[4] dass **schon die Zweifel eines der Handelnden** zur Einschaltung des Betreuungsgerichts berechtigen. Angesichts des schwerwiegenden Eingriffes in die Gesundheit des Patienten ist es gerechtfertigt, die Schwelle für ein gerichtliches Einschreiten nicht zu hoch zu hängen. Dieses Vier-Augen-Prinzip dürfte ein sehr wirksamer Schutz des Patienten sein.

b) Amtsermittlung nach Anregung Dritter

14 Zudem sichert das Amtsermittlungsprinzip die Rechte des Patienten: Jeder Dritte, insbesondere der Ehegatte, Lebenspartner, die Verwandten, oder jede andere Vertrauensperson kann ein betreuungsrechtliches Verfahren anregen.[5] Zudem wird wohl oft ein **Verfahrenspfleger** bestellt sein (vgl § 298 Abs. 3 FamFG), der eigene Rechte geltend machen kann.

15 Gegenstand des betreuungsgerichtlichen Verfahrens wäre bei einem Vorgehen nach § 1901a Abs. 2 BGB die Erklärung des Betreuers, bei einem Vorgehen nach § 1901a Abs. 1 BGB dann die Entscheidung des Betreuers, keine eigene Willenserklärung abzugeben.

16 Der letzte Fall ist vom Wortlaut des § 1904 Abs. 1 und 2 BGB zwar nicht erfasst, da dieser an die Genehmigung einer Willenserklärung des Betreuers über die Einwilligung anknüpft. Auch in diesem Fall muss aber im Wege der analogen Anwendung eine betreuungsgerichtliche Entscheidung möglich sein.

---

3 Anders wohl LG Kleve BtPrax 2010, 186.
4 BT-Drucks. 16/8442, 19.
5 Ebd.; vgl auch BGH BtPrax 2005, 190.

c) Fernwirkung des Strafrechts

Und schließlich werden sich Arzt und Betreuer vergegenwärtigen müssen, strafrechtlich zur Rechenschaft gezogen zu werden, wenn nachträglich festgestellt wird, dass sie gegen den Willen des Patienten gehandelt haben.[6]

d) Auswirkungen auf die Praxis

Entscheidungen nach § 1904 Abs. 1 BGB stehen seltener an, da gebotenes ärztliches Handeln das Verfahren mit der Bestellung eines Verfahrenspflegers und insbesondere der Einholung eines weiteren Sachverständigengutachtens (vgl § 298 Abs. 4 FamFG) nicht abwarten kann.

Auch in den Fällen des § 1904 Abs. 2 BGB sind bisher nur wenige Entscheidungen veröffentlicht.[7] Das zeigt, dass die Beteiligten bisher mit den vom Gesetzgeber zur Verfügung gestellten Regelungen zurecht kommen.

IV. Fehlendes Einvernehmen zwischen behandelndem Arzt und Betreuer

1. Notwendigkeit einer betreuungsgerichtlichen Genehmigung

Sind sich der behandelnde Arzt und der Betreuer nicht einig darüber, ob die indizierte ärztliche Maßnahme dem Willen des Patienten entspricht, oder hat einer der beiden Zweifel daran, so muss eine betreuungsgerichtliche Genehmigung eingeholt werden, wenn eine für den Betreuten besonders gefährliche ärztliche Maßnahme ansteht.

§ 1904 Abs. 1 und 2 BGB betrifft nach ihrem Wortlaut nur Willenserklärungen des Betreuers, die dann zu genehmigen sind. Ist aber der Betreuer der Meinung, die Entscheidung über die Einwilligung sei vom Patienten schon in der wirksamen Patientenverfügung abgegeben, gibt er keine eigene Willenserklärung ab. Ist nun der Arzt der Meinung, die Entscheidung sei nicht von der Patientenverfügung erfasst, gäbe es keine Erklärung des Betreuers, die das Betreuungsgericht genehmigen oder nicht genehmigen könnte. Auch in diesem Fall wird man, soweit der behandelnde Arzt eine betreuungsgerichtliche Entscheidung anregt, § 1904 Abs. 1 BGB analog anwenden.

2. Notwendigkeit einer Einwilligung in ärztliche Maßnahmen (Abs. 1)

Voraussetzung der Rechtmäßigkeit einer jeden ärztlichen Maßnahme, auch einer Untersuchung, ist – neben dem ärztlichen Behandlungsvertrag – die Einwilligung des Patienten in die konkrete ärztliche Maßnahme. Nimmt der behandelnde Arzt die Maßnahme ohne die Einwilligung des Patienten vor, läuft er Gefahr, sich wegen einer Körperverletzung nach den §§ 223 ff StGB strafbar zu machen. Zur Durchführung lebensrettender Sofortmaßnahmen bei einem nicht äußerungsfähigen Patienten wird von einer mutmaßlichen Einwilligung in die zum Schutz des Lebens notwendige Maßnahme ausgegangen.

Der **Betreute** kann selbst in die ärztliche Maßnahme einwilligen, wenn und soweit er einwilligungsfähig ist. Er bedarf dazu nicht der Genehmigung des Betreuungsgerichts.

---

6 Darauf weist auch BGH BtPrax 2005, 190 hin.
7 LG Oldenburg BtPrax 2010, 246; LG Kleve BtPrax 2010, 186.

24 Der **Betreuer** kann sowohl den Behandlungsvertrag abschließen als auch in die ärztliche Maßnahme einwilligen, wenn er den Aufgabenkreis „Gesundheitssorge" oder einen enger auf ärztliche Maßnahmen allgemein oder bestimmte Einzeleingriffe zugeschnittenen Aufgabenkreis hat.

a) Einwilligungsfähigkeit

25 Einwilligungsfähig ist, wer Art, Bedeutung und Tragweite der konkreten zur Entscheidung stehenden Maßnahme erfassen und seinen Willen danach bestimmen kann.[8] Dazu muss der Patient die Möglichkeit haben, sinnlich und intellektuell die Tatsachen zur Kenntnis zu nehmen, die seine Krankheit ausmachen, und ihre Bedeutung zu erfassen. Weiterhin muss er die Existenz der Krankheit als solche und ihre Behandlungsbedürftigkeit einsehen können, in der Lage sein, aufgrund der ärztlichen Aufklärung die Alternativen verschiedener angebotener Behandlungen und einem Verzicht auf Behandlung zu erfassen und nach dieser Erkenntnis zu entscheiden.

26 Auf die Geschäftsfähigkeit gem. § 104 BGB kommt es für die Einwilligungsfähigkeit nicht an. Bei Minderjährigen wird aber, mit Ausnahme ganz einfach gelagerter Maßnahmen, die nicht Gegenstand von § 1904 BGB sind, die Einwilligungsfähigkeit nicht vorliegen.

27 Die Anordnung einer Betreuung spricht nicht schon für sich gegen die Einwilligungsfähigkeit. Vielmehr kann auch eine unter Betreuung stehende Person uU die Bedeutung des Eingriffes erfassen. Ob diese Voraussetzungen vorliegen, muss mithilfe eines Sachverständigen festgestellt werden.

b) Einwilligung des Betreuten oder des Betreuers

28 Aus dem allgemeinen Persönlichkeitsrecht des Betreuten und seinem Recht am eigenen Körper, die in allgemeinen, nicht kodifizierten Regeln des Arztrechtes ihren Niederschlag gefunden haben, kommt eine Einwilligung eines Vertreters (Betreuer oder Bevollmächtigter) statt des Patienten nur in Betracht, wenn dieser selbst **einwilligungsunfähig** ist.[9] Es kann daher nur der einwilligungsfähige Betreute selbst oder der Betreuer eines einwilligungsunfähigen Betreuten in die ärztliche Maßnahme einwilligen. Lehnt der einwilligungsfähige Betreute eine Maßnahme ab, hat sie zu unterbleiben.

29 Bleibt unklar, ob der Betreute für die konkrete Maßnahme einwilligungsfähig ist, muss berücksichtigt werden, dass dem Betreuer der Aufgabenkreis „Gesundheitssorge" nur übertragen werden darf, wenn dem Betroffenen die Einwilligungsfähigkeit fehlt. Demnach darf im Zweifel der Betreuer entscheiden.

30 Die Anordnung eines Einwilligungsvorbehalts (§ 1903 BGB) mit dem Ziel, die Ablehnung von Heilbehandlungen durch den Betreuten zu verhindern, ist unzulässig, da die Einwilligung nur eine Gestattung oder Ermächtigung zur Vornahme tatsächlicher Handlungen, mithin keine Willenserklärung, ist (vgl § 1903 BGB Rn 28).

---

8 OLG Hamm BtPrax 1997, 162, 163 f; BT-Drucks. 11/4528, 71.
9 OLG Hamm BtPrax 1997, 162, 163 f.

c) Patientenverfügung

Wie in den §§ 1901 a f BGB vorgesehen, kann ein später unter Betreuung Stehender für den Fall der späteren Einwilligungsunfähigkeit im Rahmen einer Patientenverfügung festlegen, in welche Maßnahmen er einwilligt und welche Maßnahmen er untersagt. 31

Liegt eine wirksame und bindende Patientenverfügung vor (vgl § 1901a BGB Rn 7 ff), hat der Betreute nach § 1901a Abs. 1 S. 1 BGB seine eigene Einwilligung erteilt. Der Betreuer hat in diesem Fall keine Entscheidungsbefugnis, da der Betreute bereits wirksam entschieden hat. 32

3. Ärztliche Maßnahme

Die Vorschrift unterscheidet die in Betracht kommenden ärztlichen Maßnahmen in **Untersuchung, Heilbehandlung und ärztlichen Eingriff.** 33

a) Untersuchung des Gesundheitszustades

Untersuchungen sind diagnostische Maßnahmen, unabhängig davon, ob sie mit einer körperlichen Untersuchung oder einem körperlichen Eingriff verbunden sind oder nicht. Als gefährliche und deshalb genehmigungspflichtige Maßnahmen kommen in Betracht: Pneumoencephalographie, Angiographie, Bronchoskopie, Leberpunktion, Herzkatheteriesierung, Liquorentnahme aus Gehirn oder Rückenmark. 34

Bei alten oder gebrechlichen Betreuten kann auch die Arthroskopie genehmigungsbedürftig sein. 35

b) Heilbehandlung

Heilbehandlungen sind Maßnahmen, durch die die Gesundheit des Betreuten vor allem durch Operationen oder Gabe von Medikamenten wiederhergestellt, Krankheitsfolgen gelindert und Verschlimmerungen vorgebeugt werden sollen. 36

Als gefährliche und deshalb genehmigungspflichtige Operationen kommen in Betracht: Amputationen, Herzoperationen und sonstige Maßnahmen am geöffneten Brustkorb, Transplantationen (Ausnahme Hornhauttransplantationen), neuro- und gefäßchirurgische Eingriffe, Operationen an Gehirn und Rückenmark. 37

Eine Anästhesie kann bei alten und gebrechlichen Betreuten genehmigungspflichtig sein. 38

Als nicht operative Behandlungsmaßnahmen kommen in Betracht: Chemotherapie, Bestrahlungen, auch die Dauerkatheterisierung der Harnblase. 39

Wegen der Nebenwirkungen und der Gefahr von Spätfolgen kann auch die Behandlung mit Psychopharmaka genehmigungspflichtig sein. Diese wird bei einer Langzeitbehandlung eher anzunehmen sein. Die Behandlung mit Glianimon, Atosil und Neurocil oder vergleichbaren Medikamenten über mehrere Wochen ist genehmigungspflichtig.[10] 40

Nach wohl überwiegender Meinung ist die Elektrokrampftherapie genehmigungspflichtig. 41

---

10 LG Berlin BtPrax 1993, 66.

c) Ärztlicher Eingriff

42 Der ärztliche Eingriff umfasst Maßnahmen, die **nicht der Wiederherstellung der Gesundheit dienen**. Beispiele sind Schönheitsoperationen und der Schwangerschaftsabbruch.

43 Der Betreuer kann auch in einen Schwangerschaftsabbruch bei einer Betreuten einwilligen.[11] Eine Genehmigung ist mangels der nach § 1904 BGB erforderlichen Gefahr für die Betreute allerdings in der Regel nicht erforderlich.

4. Gefahr für Leben oder Gesundheit

44 Die von der Vorschrift geforderte begründete Gefahr liegt vor, wenn ein Schadenseintritt beim Betreuten konkret und naheliegend möglich ist. Ein **Wahrscheinlichkeitsgrad des Schadenseintritts von 20 %** bei kunstgerechter Ausführung der Maßnahme soll für die Genehmigungspflicht ausreichen. Es ist nicht erforderlich, dass die Möglichkeit des Schadenseintritts überwiegt. Nicht ausschließbare Risiken führen keinesfalls zur Genehmigungspflicht.

45 Entscheidend ist der konkrete Einzelfall, eine Katalogisierung der ärztlichen Maßnahmen ist nicht möglich. Bei alten und kranken Betreuten ist eine Gefahr eher anzunehmen. Zu berücksichtigen ist auch die Qualifikation des Arztes und die Schwierigkeit einer anstehenden Operation; allerdings ist grundsätzlich davon auszugehen, dass dem behandelnden Arzt kein Kunstfehler unterläuft.

5. Schwerer und länger andauernder gesundheitlicher Schaden

46 Für die Schwere des gesundheitlichen Schadens wird auf § 226 StGB (§ 224 aF) verwiesen (Verlust eines wichtigen Körpergliedes). Die Aufzählung ist jedoch nicht abschließend. Maßgeblich ist die Schwere der Beeinträchtigung der alltäglichen Lebensführung aufgrund der Behandlung im Vergleich zu einem Gesunden.

47 Auch psychische Schäden kommen in Betracht. Zu denken ist an die Gefahr der Abhängigkeit bei der Behandlung mit Medikamenten, auch die Gefahr des Selbstmordes kommt in Betracht.

48 Die Mindestdauer für einen länger andauernden Schaden beträgt in der Regel ein Jahr, bei besonders schweren Gesundheitsschäden kommt eine kürzere Zeit in Betracht.

6. Behandlung gegen den Willen des Betreuten

49 Eine zwangsweise Behandlung außerhalb einer geschlossenen Unterbringung des Betreuten ist **unzulässig**, da das Gesetz keine Ermächtigung für die Anwendung von Zwang bereitstellt.[12] Auch die Argumentation, es handele sich bei der Zwangsbehandlung im Verhältnis zu einer Unterbringung um einen geringeren Eingriff, der „erst recht" zulässig sein müsse, ist vom BGH verworfen worden.

---

11 OLG Frankfurt/M. FamRZ 2009, 368.
12 BGH BtPrax 2001, 32. Zur Zwangsbehandlung insgesamt vgl § 1906 Rn 45 ff.

7. Maßnahmen ohne Genehmigung (Abs. 1 S. 2)

Die Vorschrift erlaubt ein Absehen von der vorherigen Genehmigung nach Abs. 1 S. 1, wenn durch die Dauer des Genehmigungsverfahrens selbst Gefahr für den Betreuten besteht. 50

a) Voraussetzungen

Durch den zeitlichen Aufschub der Maßnahme muss die Gefahr einer ernstlichen und dringenden Beeinträchtigung von Leib oder Leben des Betreuten bestehen. Der Zustand des Betreuten müsste sich bei Abwarten der Genehmigung erheblich verschlimmern. Neben der Eilbedürftigkeit des medizinischen Eingriffs ist auch die von der Belastung des Gerichts und der Verfügbarkeit eines geeigneten Sachverständigen abhängige Verzögerung in die Beurteilung einzubeziehen. 51

b) Nachholung der Genehmigung

War es wegen der mit dem Aufschub der ärztlichen Maßnahme verbundenen Gefahr nicht erforderlich, die Genehmigung des Betreuungsgerichts vorab einzuholen, muss die Maßnahme im Unterschied zu §§ 1631b S. 2 Hs 2, 1906 Abs. 2 S. 2 Hs 2 BGB nicht nachträglich genehmigt werden. 52

8. Sonderregelungen

Sonderregelungen über bestimmte gesundheitsbezogene Maßnahmen enthält § 1905 BGB. Weitere finden sich im Arzneimittel- und Kastrationsgesetz. 53

a) Sterilisation

Die Voraussetzungen für eine Sterilisation enthält § 1905 BGB. 54

b) Kastrationsgesetz

Nach § 3 Abs. 3 KastrG darf eine Kastration des einwilligungsunfähigen Betreuten nur durchgeführt werden, wenn der Betreute selbst nach einer seinem Zustand entsprechenden Aufklärung einverstanden ist und der Betreuer einwilligt. Auf die Einwilligung des Betreuten kann nach § 3 Abs. 4 KastrG nur bei Behandlung einer lebensbedrohenden Krankheit verzichtet werden. 55

c) Arzneimittelgesetz

Nach § 40 Abs. 1 S. 3 Nr. 3 AMG ist ein sog. **klinisches Experiment**, das nicht dem Wohl des Betroffenen selbst dient, nur mit Einwilligung des volljährigen und einwilligungsfähigen Betroffenen zulässig. Eine Einwilligung durch den Betreuer kommt nicht in Betracht. 56

Nach § 41 Abs. 3 AMG ist bei einem **Heilversuch**, durch den mit einem zu prüfenden Medikament das Leben des Betreuten gerettet, seine Gesundheit wiederhergestellt oder sein Leiden erleichtert werden soll, die Einwilligung des Betreuers erforderlich. Der Betreuer kann einwilligen, wenn der Heilversuch dem Wohl des Betreuten dient oder seinen Wünschen entspricht. Ansonsten sind die besonderen Voraussetzungen der §§ 40, 41 AMG zu beachten. 57

Bei untergebrachten Betreuten ist weder ein klinisches Experiment noch ein Heilversuch zulässig, §§ 40 Abs. 1 Nr. 4, 41 Abs. 1 AMG. 58

d) Transplantationsgesetz

59 Nach § 8 Abs. 1 Nr. 1 a) TPG ist eine Organentnahme bei einem Lebenden nur zulässig, wenn der volljährige Einwilligungsfähige eingewilligt hat. Eine Vertretung durch einen Betreuer oder Bevollmächtigten ist nicht möglich.

9. Notwendigkeit der Genehmigung bei Verweigerung der Einwilligung oder bei Widerruf der Einwilligung in eine ärztliche Maßnahme (Abs. 2)

60 Nach Abs. 2 bedarf die Verweigerung oder der Widerruf der Einwilligung des Betreuers in eine ärztliche Maßnahme der Genehmigung des Betreuungsgerichts, wenn die Maßnahme medizinisch angezeigt ist und die begründete Gefahr besteht, dass der Betreute aufgrund des Unterbleibens oder des Abbruchs der Maßnahme stirbt oder einen schweren und länger dauernden gesundheitlichen Schaden erleidet.

61 Infrage kommt hier etwa das Unterlassen der mithilfe einer Magensonde durchgeführten künstlichen Ernährung.[13]

62 Ob eine solche begründete Gefahr besteht, beurteilt sich nach den gleichen Maßstäben wie nach Abs. 1.

63 Abs. 2 enthält die entscheidende Neuregelung für Maßnahmen, die das Leben oder die Gesundheit des Patienten gefährden können. Nachdem der Bundesgerichtshof eine analoge Anwendung des Abs. 1 auf diese Maßnahmen abgelehnt hatte,[14] gleichwohl aber im Wege der richterlichen Rechtsfortbildung eine Genehmigungszuständigkeit des Betreuungsgerichts annahm, hat nunmehr der Gesetzgeber die auch in dieser Entscheidung für wünschenswert erachtete gesetzliche Regelung geschaffen. Damit ist für alle Beteiligten Klarheit in Verfahrensfragen geschaffen worden.

10. Genehmigung durch den Bevollmächtigten (Abs. 5)

64 Die Vorschrift schränkt die **Wirksamkeit einer Vorsorgevollmacht** in Gesundheitsangelegenheiten (§ 1901c BGB) ein: Soll der Bevollmächtigte berechtigt sein, auch in Maßnahmen nach Abs. 1 S. 1 einzuwilligen, muss die Vollmacht schriftlich erteilt sein und die Maßnahmen nach Abs. 1 und 2 ausdrücklich aufführen.

65 In der Regel wird es sich empfehlen, den Text des Abs. 1 S. 1 wörtlich in die Vollmacht zu übernehmen und gegebenenfalls zusätzlich behandelnde Ärzte von ihrer Schweigepflicht zu entbinden.[15]

66 Genügt die Vollmacht diesen Anforderungen nicht, so muss für den Vollmachtgeber ein Betreuer bestellt werden. In der Regel dürfte es sich empfehlen, den vom Patienten in der Vollmacht benannten Gesundheitsbevollmächtigten zu bestellen, vgl §§ 1901c, 1897 Abs. 4 S. 1 BGB.

---

13 BGH BtPrax 2003, 123; BtPrax 2005, 193.
14 BGH BtPrax 2003, 123.
15 LG Hamburg BtPrax 1999, 243.

V. Maßstab der Entscheidung des Betreuungsgerichts

Abs. 3 legt den Genehmigungsmaßstab für das Betreuungsgericht fest: Die Entscheidung über die Einwilligung ist zu genehmigen, wenn sie dem tatsächlich ermittelten individuell-mutmaßlichen Willen des Betreuten entspricht.

67

1. Bei Vorliegen einer Patientenverfügung

Entspricht die Entscheidung des Betreuers dem Patientenwillen, muss das Betreuungsgericht die Genehmigung erteilen.

68

Das Betreuungsgericht muss seiner Entscheidung eine vorhandene, wirksame Patientenverfügung zugrunde legen und ebenso wie der Betreuer im Rahmen des § 1901a Abs. 1 BGB prüfen, ob diese auf die aktuelle Lebens- und Behandlungssituation zutrifft. Ist dies der Fall, genehmigt das Betreuungsgericht die Entscheidung des Betreuers.

69

2. Bei Fehlen einer Patientenverfügung

Fehlt eine wirksame Patientenverfügung oder trifft sie nicht auf die aktuelle Lebens- und Behandlungssituation zu, so muss das Gericht wie der Betreuer in § 1901a Abs. 2 BGB die **Behandlungswünsche oder den mutmaßlichen Willen des Betreuten** feststellen. Es hat mithin die Entscheidung des Betreuers voll zu überprüfen mit all den Erkenntnismitteln, die im Rahmen der Amtsermittlung möglich sind. Anhaltspunkte für die Prüfung ergeben sich aus § 1901a Abs. 2 S. 2 und 3 und § 1901b Abs. 2 BGB. Der Betreute kann seine Wünsche aber auch in einer Betreuungsverfügung (§ 1901c BGB) niederlegen.

70

3. Kein mutmaßlicher Wille des Patienten feststellbar

Kann nach Ausschöpfen aller Erkenntnisse ein mutmaßlicher Wille des Patienten nicht festgestellt werden, ist dem **Schutz auf Leben** und dem objektiven Wohl des Betreuten Vorrang einzuräumen. Bei der Frage, was dem Wohl des Betreuten dient, hat das Gericht vor allem zu prüfen, ob die vom Betreuer vorgenommene Güterabwägung zwischen Vorteilen und Risiken der ärztlich angebotenen Behandlung zutreffend ist.

71

Bei der Behandlung mit Psychopharmaka, die häufig nicht zur Heilung, sondern nur zu einer Sedierung oder Dämpfung führt, hat eine Güterabwägung unter Einbeziehung der Rechtsgüter des Betreuten und den Gefahren der Behandlung stattzufinden. Eine Behandlung, die nicht zu einer Heilung oder nachhaltigen Besserung des Gesundheitszustandes des Betreuten führt, aber schwerwiegende Nebenwirkungen hat, ist nicht genehmigungsfähig.[16] Entscheidend sind Indikation, Dosis und Wirkung der Medikamente sowie Nebenwirkungen, deren Reversibilität und Beeinflussbarkeit, Kontrolluntersuchungen, Folgen des Absetzens und Alternativen.

72

---

[16] LG Berlin BtPrax 1993, 66.

VI. Bedeutung für das Betreuungsgericht
1. Allgemeines
a) Aufgaben des Betreuungsgerichts in Gesundheitsfragen

73 Das Betreuungsgericht hat – außerhalb des Anwendungsbereiches des § 1904 BGB – im Rahmen seiner Aufsicht (§§ 1908 i Abs. 1 S. 1, 1837 Abs. 2 S. 1 BGB) dafür zu sorgen, dass der Betreuer die Vorschrift beachtet und die erforderlichen Genehmigungen einholt.

74 Verweigert der Betreuer pflichtwidrig eine gebotene Behandlung, kann das Gericht ihn durch Aufsichtsmaßnahmen nach §§ 1908 i Abs. 1 S. 1, 1837 Abs. 2 und 3 BGB zur Erteilung der Genehmigung anhalten. Die Einwilligung selbst kann es nur ersetzen, wenn es den Betreuer entlassen oder seinen Aufgabenkreis eingeschränkt hat und die Voraussetzungen der §§ 1908 i Abs. 1 S. 1, 1846 BGB vorliegen.

75 Etwas anderes gilt allerdings dann, wenn der behandelnde Arzt auf die Durchführung der gebotenen Behandlung dringt und er der Meinung ist, die ärztliche Maßnahme sei von einer Patientenverfügung erfasst. Dann kann dieser, wie oben dargelegt, in analoger Anwendung von § 1904 Abs. 1 und 2 BGB eine Entscheidung des Betreuungsgerichts herbeiführen.

b) Kontrolle des Bevollmächtigten

76 Bei einem Gesundheitsbevollmächtigten hat das Gericht die Möglichkeit, einen Kontrollbetreuer nach § 1896 Abs. 3 BGB zu bestellen, der dann die Vollmacht widerrufen kann. Anschließend kann das Gericht nach §§ 1908 i, 1846 BGB die erforderliche Einwilligung selbst erteilen oder einen (ggf auch vorläufigen, §§ 300 f FamFG) Betreuer mit dem Aufgabenkreis Gesundheitssorge bestellen.

c) Prüfung bei § 1904 BGB

77 Soweit § 1904 BGB anwendbar ist, prüft das Gericht zunächst, ob entgegen dem Vortrag des das Verfahren Anregenden, Einvernehmen zwischen dem behandelnden Arzt und dem Betreuer zur Frage der Bindung an den Willen des Patienten vorliegt.

78 Diese Frage dürfte objektiv zu beantworten sein, um zu verhindern, dass Arzt und Betreuer die Verantwortung für ihr Handeln auf das Gericht abwälzen.[17]

79 Stellt das Gericht dieses Einvernehmen fest, lehnt es eine Entscheidung ab. Insbesondere darf das Gericht keine eigene abweichende Entscheidung treffen.[18] Liegen auch die weiteren Voraussetzungen vor, entscheidet das Gericht nach den oben dargelegten Grundsätzen.

2. Zuständigkeit

80 Funktional ist der Richter zuständig (§ 15 Nr. 4 RPflG).

---

[17] Vgl dazu LG Essen BtPrax 2008, 43, das zum alten Recht noch annahm, die Genehmigung sei trotz Einvernehmens von behandelndem Arzt und Betreuer notwendig.
[18] Vgl dazu GenStA Nürnberg FamRZ 2008, 1028 zur strafrechtlichen Beurteilung.

3. Verfahren

§ 298 FamFG unterscheidet in manchen Regelungen hinsichtlich der Genehmigung nach Abs. 1 oder Abs. 2. 81

a) Abs. 1

Bei Entscheidungen nach Abs. 1 ist der Betroffene persönlich anzuhören. Die Anhörung kann nach § 34 Abs. 2 FamFG unterbleiben, wenn erhebliche Nachteile für die Gesundheit des Betreuten zu befürchten sind oder der Betroffene seinen Willen offensichtlich nicht mitteilen kann. Dies setzt aber nach § 278 Abs. 4 FamFG ein ärztliches Gutachten voraus. 82

Ob ein Verfahrenspfleger zu bestellen ist, richtet sich nach der allgemeinen Vorschrift des § 276 FamFG. 83

Angehörige sollen angehört werden (§ 298 Abs. 1 S. 2 FamFG), auf Verlangen des Betroffenen ist eine nahestehende Person anzuhören, wenn dies ohne zeitliche Verzögerungen möglich ist (§§ 298 Abs. 1 S. 3 ff FamFG). 84

Vor der Genehmigung ist ein **Sachverständigengutachten** einzuholen, § 298 Abs. 4 S. 1 FamFG. Ein ärztliches Zeugnis reicht nicht aus. Der behandelnde Arzt soll in der Regel nicht der Sachverständige sein, § 298 Abs. 4 S. 2 FamFG. 85

b) Abs. 2

Hier ist eine Anhörung des Betroffenen nicht vorgesehen (§ 298 Abs. 2 FamFG), das Betreuungsgericht wird sich aber einen **persönlichen Eindruck** verschaffen. 86

Zudem ist zwingend ein **Verfahrenspfleger** zu bestellen (§ 298 Abs. 3 FamFG) und ein **Sachverständigengutachten** einzuholen (§ 298 Abs. 4 FamFG). 87

Schließlich sind die sonstigen Beteiligten anzuhören (§ 298 Abs. 2 FamFG). 88

Steht eine Entscheidung nach Abs. 2 an, soll das Betreuungsgericht nach § 298 Abs. 2 FamFG vor einer Entscheidung die sonstigen Beteiligten anhören, nach § 298 Abs. 3 FamFG einen Verfahrenspfleger bestellen und ein Sachverständigengutachten einholen, wobei der Sachverständige nicht der behandelnde Arzt sein soll (§ 298 Abs. 4 FamFG). Wegen dieser Verfahrensfragen wird auf die Kommentierung zu § 298 FamFG verwiesen. 89

VII. Bedeutung für den Bevollmächtigten

Der Bevollmächtigte hat zunächst die ihm im Innenverhältnis vom Vollmachtgeber erteilten Weisungen für ärztliche Behandlungen zu beachten. Stellt er fest, dass die beabsichtigte ärztliche Maßnahme nicht von der Vollmacht erfasst ist, wird er ein Betreuungsverfahren anregen. 90

VIII. Bedeutung für die Betreuungsbehörde

Die Betreuungsbehörde hat bei ihrer Beratungstätigkeit darauf hinzuwirken, dass die Vollmacht die Maßnahmen des Abs. 1 oder 2 ausdrücklich umfasst, vgl Abs. 5 S. 2. Zur Sicherheit kann der Text der Vorschrift in die Vollmacht übernommen werden. 91

Auch vor einer Beglaubigung der Vollmacht nach § 6 Abs. 2 BtBG muss sie auf eine nicht ausreichende Formulierung hinweisen. 92

IX. Bedeutung für den Betreuungsverein

93 Der Betreuungsverein hat bei seiner Beratungstätigkeit darauf hinzuwirken, dass die Vollmacht die Maßnahmen des Abs. 1 ausdrücklich umfasst, vgl Abs. 5 S. 2. Zur Sicherheit kann der Text der Vorschrift in die Vollmacht übernommen werden.

X. Bedeutung für den Betreuer

94 Zunächst muss der Betreuer feststellen, ob der Patient einwilligungsfähig ist. Ist dies der Fall, muss er nichts Weiteres veranlassen.

95 Ist dies nicht der Fall, prüft der Betreuer, ob eine wirksame Patientenverfügung vorliegt. In diesem Fall prüft er im Rahmen seines Gespräches mit dem Arzt nach § 1908 b BGB, ob die beabsichtigte ärztliche Maßnahme iSd § 1904 BGB von der Patientenverfügung gedeckt ist.

96 Ist dies der Fall und erzielt er mit dem Arzt Einvernehmen, ist hinsichtlich der Einwilligung Weiteres nicht veranlasst.

97 Ist das nicht der Fall, prüft der Betreuer, ob die beabsichtigte ärztliche Maßnahme nach § 1901 a Abs. 2 BGB vom mutmaßlichen Willen des Patienten gedeckt ist. Ist sie vom Willen gedeckt und besteht mit dem Arzt darüber Einvernehmen, ist ebenfalls hinsichtlich der Einwilligung nichts Weiteres veranlasst.

98 Bestehen Meinungsverschiedenheiten, ist eine betreuungsgerichtliche Genehmigung herbeizuführen.

99 Der Betreuer hat, wenn keine Wünsche des Betreuten bekannt sind, die erstrebten positiven Auswirkungen der Maßnahme, wie Beseitigung oder Linderung von Schmerzen, Behebung oder Verbesserung einzelner Funktionsstörungen, vollständige Wiederherstellung der Gesundheit des Betreuten, gegen die mit der Maßnahme verbundenen Gesundheitsgefahren abzuwägen.

100 Zusätzlich hat er darauf zu achten, gem. § 1901 Abs. 4 BGB die Möglichkeiten zu nutzen, die Krankheit oder Behinderung des Betreuten zu beseitigen, zu bessern, Verschlimmerungen vorzubeugen oder die Folgen zu mildern.

101 Bei Zweifeln über die Genehmigungsbedürftigkeit kann der Betreuer sich vom Gericht nach §§ 1908 i Abs. 1 S. 1, 1837 Abs. 1 S. 1 BGB beraten lassen und sich zum Nachweis der Genehmigungsfreiheit ein Negativattest ausstellen lassen.

XI. Bedeutung für den behandelnden Arzt

102 Für den behandelnden Arzt als Teilnehmer an dem Dialog nach § 1901 b BGB gilt Entsprechendes.

103 Der Arzt hat sich zu versichern, ob die für jeden ärztlichen Eingriff notwendige Einwilligung des Betreuers oder Bevollmächtigten und die wegen der Schwere des Eingriffs zusätzlich erforderliche gerichtliche Genehmigung vorliegen. Fehlt eine Einwilligung, so läuft der Arzt Gefahr, sich einer Körperverletzung schuldig zu machen.

104 Ist unklar, ob der Betreute selbst einwilligungsfähig ist, so wird es sich für den Arzt empfehlen, die Einwilligung des Betreuers zusätzlich einzuholen.

Weigert sich ein Betreuer pflichtwidrig, in eine ärztlich angezeigte Maßnahme einzuwilligen, so kann der Arzt das Betreuungsgericht anrufen. Dieses kann auf den Betreuer im Rahmen seiner Aufsicht einwirken (§§ 1908 i Abs. 1 S. 1, 1837 BGB).

Weigert sich statt eines Betreuers ein Gesundheitsbevollmächtigter, so kann der Arzt gleichfalls das Betreuungsgericht anrufen mit dem Ziel, dass ein Kontrollbetreuer eingesetzt wird (§ 1896 Abs. 3 BGB). Dieser kann die Vollmacht widerrufen. Anschließend kann das Gericht nach §§ 1908 i, 1846 BGB die erforderliche Einwilligung selbst erteilen oder einen (ggf auch vorläufigen, §§ 300 f FamFG) Betreuer mit dem Aufgabenkreis Gesundheitssorge bestellen.

§ 1905 BGB Sterilisation

(1) ¹Besteht der ärztliche Eingriff in einer Sterilisation des Betreuten, in die dieser nicht einwilligen kann, so kann der Betreuer nur einwilligen, wenn

1. die Sterilisation dem Willen des Betreuten nicht widerspricht,
2. der Betreute auf Dauer einwilligungsunfähig bleiben wird,
3. anzunehmen ist, dass es ohne die Sterilisation zu einer Schwangerschaft kommen würde,
4. infolge dieser Schwangerschaft eine Gefahr für das Leben oder die Gefahr einer schwerwiegenden Beeinträchtigung des körperlichen oder seelischen Gesundheitszustands der Schwangeren zu erwarten wäre, die nicht auf zumutbare Weise abgewendet werden könnte, und
5. die Schwangerschaft nicht durch andere zumutbare Mittel verhindert werden kann.

²Als schwerwiegende Gefahr für den seelischen Gesundheitszustand der Schwangeren gilt auch die Gefahr eines schweren und nachhaltigen Leides, das ihr drohen würde, weil betreuungsgerichtliche Maßnahmen, die mit ihrer Trennung vom Kind verbunden wären (§§ 1666, 1666 a), gegen sie ergriffen werden müssten.

(2) ¹Die Einwilligung bedarf der Genehmigung des Betreuungsgerichts. ²Die Sterilisation darf erst zwei Wochen nach Wirksamkeit der Genehmigung durchgeführt werden. ³Bei der Sterilisation ist stets der Methode der Vorzug zu geben, die eine Refertilisierung zulässt.

I. Einleitung

Die Vorschrift regelt die Voraussetzungen für die Einwilligung eines Betreuers in die Sterilisation eines Betreuten. Sterilisation ist jede Maßnahme, durch die die **Zeugungs- oder Gebärfähigkeit beseitigt** wird.[1] Verhütungsmittel sind keine Sterilisation. Allerdings ist es vor dem Hintergrund der in § 1905 BGB gesetzlichen Wertungen rechtlich unzulässig, einer Betreuten auf Dauer gegen ihren Willen schwangerschaftsverhütende Mittel zu verabreichen.[2] Art. 23 der

---

[1] HK-FamR/Kemper, § 1905 BGB Rn 3; Bericht der Bundesregierung BtPrax 1996, 176.
[2] OLG Karlsruhe/Freiburg FGPrax 2008, 133, 135; NK-BGB/Heitmann, § 1905 BGB Rn 7.

UN-Behindertenrechtskonvention verpflichtet die Mitgliedstaaten, wirksame und geeignete Schutzmaßnahmen vor Diskriminierung von Menschen mit Behinderungen in allen Fragen der Ehe, Familie, Elternschaft und Partnerschaften zu treffen mit dem Ziel, Heirat und Familiengründung zu gewährleisten.[3] Beim Mann erfolgt die Sterilisation durch Abbinden oder Durchtrennen beider Samenleiter. Bei einer Frau wird die Sterilisation durch einen operativen Eingriff an den Transportwegen des Eies oder an der Gebärmutter erzielt.[4] Für die kriminologisch bedingte freiwillige Kastration eines nicht voll einsichtsfähigen Mannes gilt § 3 Abs. 3 KastrG. Ärztliche Eingriffe zu Heilbehandlungszwecken, die als unerwünschte Nebenfolge eine Unfruchtbarmachung herbeiführen, fallen nicht unter den Schutzzweck der Norm. Bei der Sterilisation handelt es sich um die im Gesetzgebungsverfahren am meisten umstrittene Vorschrift. Mit Hinblick auf unsere nationalsozialistische Vergangenheit, insbesondere dem Gesetz zur Verhütung erbkranken Nachwuchses (GzVeN) vom 14.7.1933, bestand eine berechtigte Scheu, einen so schwerwiegenden Eingriff in die körperliche Unversehrtheit und das Persönlichkeitsrecht eines Betroffenen gesetzlich zu regeln. Vor dem Inkrafttreten des Betreuungsgesetzes wurden jährlich schätzungsweise 1.000 Sterilisationen durchgeführt; in der Zeit von 1992 bis 2007 gab es insgesamt 1.610 vormundschaftsgerichtliche Genehmigungen von Sterilisationen.[5] Vor dem Hintergrund dieser Zahlen ist das gesetzgeberische Anliegen geglückt, durch eine gesetzliche Regelung Missbrauchsmöglichkeiten zu begegnen.

Die Sterilisation **Minderjähriger** ist in jedem Fall ausgeschlossen, § 1631 BGB.

II. Bedeutung für das Betreuungsgericht

2 Das Sterilisationsverfahren unterliegt dem Richtervorbehalt, § 15 Nr. 4 RPflG. Das Betreuungsgericht hat folgende Verfahrensschritte einzuhalten:

- Bestellen einer natürlichen Person zum besonderen Betreuer, § 1899 Abs. 2 BGB. Diese Aufgabe darf weder einem Verein noch der Behörde übertragen werden, § 1900 Abs. 5 BGB;
- Persönliche Anhörung des Betroffenen und Unterrichtung über den Verfahrensablauf, § 297 Abs. 1 FamFG;
- Ausschluss von Verfahrenshandlungen durch den ersuchten Richter, § 297 Abs. 4 FamFG;
- Einholen von Sachverständigengutachten, die sich auf medizinische, psychologische, soziale, sonderpädagogische und sexualpädagogische Aspekte erstrecken, § 297 Abs. 6 S. 1 FamFG;
- keine Personengleichheit zwischen dem Sachverständigen und dem die Sterilisation ausführenden Arzt, § 297 Abs. 6 S. 3 FamFG;
- obligate Bestellung eines Verfahrenspflegers, § 297 Abs. 5 FamFG, sofern der Betroffene nicht durch einen Rechtsanwalt bzw einen anderen **geeigneten** Verfahrensbevollmächtigten vertreten wird;

---

[3] Zinsmeister, Zur Einflussnahme rechtlicher Betreuerinnen und Betreuer auf die Verhütung und Familienplanung der Betreuten, BtPrax 2013, 227, 228.
[4] BayObLG BtPrax 1997, 158, 159.
[5] HK-BUR/Hoffmann, § 1905 BGB Rn 104 a.

- Äußerung der Betreuungsbehörde auf Verlangen des Betreuten oder zur Sachverhaltsaufklärung, § 297 Abs. 2 FamFG;
- Anhörung von Eltern, Pflegeeltern und Kindern des Betroffenen und auf dessen Verlangen einer nahestehenden Person, soweit keine Verzögerung zu besorgen ist, § 297 Abs. 3 FamFG;
- Verpflichtung zur Bekanntmachung der Entscheidung, § 297 Abs. 7 und 8 FamFG, an den Betroffenen, Verfahrenspfleger/Verfahrensbevollmächtigten, Betreuer, Sterilisationsbetreuer sowie die Betreuungsbehörde. Von der Bekanntmachung der Entscheidung mit Gründen an den Betroffenen kann in keinem Fall entgegen der Ausnahmevorschrift des § 288 Abs. 1 FamFG abgesehen werden;
- Durchführung eines Schlussgesprächs, § 297 Abs. 1 FamFG.[6]

Die einzuholenden Gutachten haben sich auf psychologische, soziale, sonderpädagogische und sexualpädagogische Gesichtspunkte zu erstrecken, weswegen **mehrere, mindestens** aber zwei Gutachten einzuholen sind, § 297 Abs. 6 S. 1 FamFG.[7] Um zu ermitteln, ob bei der Betreuten zumutbare andere Methoden der Empfängnisverhütung praktiziert werden können, ist die Frage der Zuverlässigkeit der Anwendung empfängnisverhütender Maßnahmen sowie deren Nebenwirkungen im Rahmen eines sexualpädagogischen Gutachtens abzuklären, das sich auch auf die Abklärung der Möglichkeit sexualpädagogischer Maßnahmen erstrecken soll.[8]

Die Gutachter haben die Betreute vor der Erstattung des Gutachtens persönlich zu untersuchen und zu befragen, § 280 Abs. 2 FamFG. Ferner darf keine Personenidentität zwischen dem Sachverständigen und dem Arzt bestehen, der dann später die Sterilisation durchführen soll, § 297 Abs. 6 S. 3 FamFG.

Die einzuholenden Gutachten müssen sich zu der Frage der **Einwilligungsfähigkeit** der Betreuten äußern. Ist die Betreute einwilligungsfähig, ist keine Erforderlichkeit für die Bestellung eines Sterilisationsbetreuers gegeben. In § 1905 BGB ist ausschließlich die Sterilisation **dauerhaft einwilligungsunfähiger** Betreuter geregelt; die Sterilisation einwilligungsfähiger Volljähriger ist gesetzlich nicht erfasst.[9] Maßgeblich ist, ob der Betreute nach umfassender ärztlicher Aufklärung geistig erfassen kann, aus welchen Gründen eine Sterilisation angezeigt oder notwendig ist und welche Folgen bzw Auswirkungen dieser Eingriff nach sich zieht. Die Beurteilung der Einwilligungsfähigkeit obliegt dem behandelnden Arzt.[10] Der Gesetzgeber wies in § 72 Abs. 1 SGB V den Berufsgruppen der (Zahn-)Ärzte und Psychotherapeuten das Behandlungsmonopol in Gesundheitsangelegenheiten zu.[11]

Das Betreuungsgericht bestellt einen Sterilisationsbetreuer nur, wenn die von ihm angestellte Prüfung zu dem Ergebnis gelangte, dass **sämtliche Voraussetzungen** des § 1905 BGB vorliegen.

---

6 Hoffman, BtPrax 2000, 235, 237.
7 BT-Drucks. 11/4528, 177.
8 BT-Drucks. 11/4528, 144.
9 OLG Hamm BtPrax 2000, 168, 169; HK-FamR/Kemper, § 1905 BGB Rn 2.
10 Ständige Rechtsprechung seit BGHZ 29, 47, 51.
11 Abzulehnen ist die Auffassung von Hoffman, BtMan 2006, 179 dahingehend, der Betreuer sei nicht an ärztliche Feststellungen gebunden.

5 Dem Sterilisationsbetreuer ist **ausschließlich** der **Aufgabenkreis „Entscheidung über die Einwilligung in eine Sterilisation des Betreuten"** und kein weiterer zuzuweisen. Hierdurch ist der besondere Betreuer in der Lage, alle Angelegenheiten zu besorgen, die mit dieser Entscheidung im unmittelbaren Zusammenhang stehen. Es ist ein Sterilisationsbetreuer mit besonderen Fachkenntnissen auszusuchen. Ein Verein oder die Betreuungsbehörde kann nicht zum Sterilisationsbetreuer bestellt werden, § 1900 Abs. 5 BGB.

In Ausnahmefällen kann es ausreichen, nur einen Sterilisationsbetreuer zu bestellen, ohne einen weiteren Betreuer. Besteht nur eine Erforderlichkeit dafür, den Aufgabenkreis der Einwilligung in eine Sterilisation anzuordnen, ist es zum Schutz des Betroffenen nicht geboten, einen weiteren Mitbetreuer zu bestellen.[12]

6 Der Sterilisationsbetreuer prüft in eigener Verantwortung, ob er die Einwilligung in eine Sterilisation der Betreuten erteilen wird. Danach ist in einem weiteren betreuungsgerichtlichen Verfahren die Frage der Genehmigung zu klären. Das Gericht erteilt seinerseits nur dann die betreuungsgerichtliche Genehmigung, wenn es auch anhand der Ausführungen des Sterilisationsbetreuers weiterhin von dem Vorliegen der Voraussetzungen des § 1905 Abs. 1 Nr. 1 bis 5 BGB überzeugt ist.

7 Die **Überprüfungsfrist** für eine Sterilisationsbetreuung ist mit Hinblick auf das Interesse der Betreuten an einer zügigen Entscheidung mit **einem Jahr** auszuweisen.[13] Während dieser Zeit hat der Sterilisationsbetreuer die ihm übertragenen Aufgaben zu erledigen. Verzögert der Sterilisationsbetreuer pflichtwidrig seine Entscheidung, ist er durch das Betreuungsgericht nach §§ 1908i Abs. 1, 1837 BGB zu einer ordnungsgemäßen Amtsführung anzuhalten; ggf ist eine Entlassung und Bestellung eines neuen Sterilisationsbetreuers zu initiieren. Allerdings ist es dem Gericht untersagt, in den rechtlichen Verantwortungsbereich des Sterilisationsbetreuers einzugreifen: Ob ein Antrag auf Genehmigung zur Sterilisation der Betreuten gestellt wird, unterliegt der alleinigen Entscheidung des Sterilisationsbetreuers.[14] Eine Entlassung des Sterilisationsbetreuers nach § 1908b Abs. 1 BGB ist nur dann in Betracht zu ziehen, wenn dieser sich beispielsweise weigert, zur betreuten Person Kontakt aufzunehmen, die gutachterlichen Feststellungen zu überprüfen etc. Gelangt der Sterilisationsbetreuer jedoch nach seinen Ermittlungen zu dem vertretbaren Ergebnis, eine Sterilisation sei nicht vonnöten, steht seine Entscheidung mit dem Gesetz im Einklang.

8 Die Entscheidung ist stets der Betreuten, dem Verfahrenspfleger/Verfahrensbevollmächtigten, dem Sterilisationsbetreuer und auch der zuständigen Behörde bekannt zu machen, da auch Letztere Gelegenheit zur Äußerung haben muss.

9 In der **Beschwerdeinstanz** brauchen Verfahrenshandlungen gleichen Inhalts und Zwecks (Sachverständigengutachten, persönliche Anhörung usw) nicht wiederholt zu werden, wenn sich das Genehmigungsverfahren zeitnah an die Betreuerbestellung anschließt.[15]

---

12 BtKomm/Dodegge, Teil B Rn 75.
13 LG Berlin BtPrax 1993, 34.
14 LG Hildesheim BtPrax 1997, 121.
15 OLG Hamm BtPrax 2000, 168.

III. Bedeutung für den Sterilisationsbetreuer

Der Sterilisationsbetreuer hat sämtliche Voraussetzungen der Vorschrift zu überprüfen. Hierzu im Einzelnen:

1. Dauerhafte Einwilligungsunfähigkeit der Betreuten

Jeder ärztliche Heileingriff in den Körper eines Patienten ist zugleich ein Eingriff in die körperliche Unversehrtheit und stellt sich tatbestandsmäßig als eine Körperverletzung iSd § 223 StGB dar.[16] Ohne die Einwilligung der Betreuten ist die Unfruchtbarmachung sogar als eine schwere Körperverletzung nach §§ 224, 225 StGB zu qualifizieren. Der Sterilisationsbetreuer hat demgemäß in Kooperation mit Ärzten zu prüfen, ob die Betreute **einwilligungsunfähig** ist. Liegt Einwilligungsfähigkeit der Betreuten vor, ist für eine stellvertretende Einwilligung des Sterilisationsbetreuers kein Raum. Einwilligungsunfähigkeit heißt, dass die Betreute nach ihrer natürlichen Einsichts- und Steuerungsfähigkeit die Bedeutung, Tragweite, Vorteile und Risiken einer Maßnahme – hier der Sterilisation – nicht erfassen kann.[17]

Hieraus ergeben sich folgende **Voraussetzungen für die Einwilligungsfähigkeit:**[18]

- Der Patient muss über die Fähigkeit verfügen, einen bestimmten Sachverhalt zu verstehen (**Verständnis**). Neben dem Erfassen von Informationen muss der Patient in der Lage sein, Folgen und Risiken eines Eingriffs abzuwägen sowie Alternativen zu bedenken und abzulehnen;[19]
- der Patient muss die Fähigkeit besitzen, bestimmte Informationen in angemessener Weise zu verarbeiten (**Verarbeitung**);
- der Patient muss die Fähigkeit besitzen, die Information angemessen zu bewerten (**Bewertung**);
- der Patient muss die Fähigkeit haben, den eigenen Willen auf der Grundlage von Verständnis, Verarbeitung und Bewertung der Situation zu bestimmen (**Bestimmbarkeit des Willens**).[20]

Die einwilligungsfähige Betreute muss also verstehen, dass eine Sterilisation die Möglichkeit aufhebt, schwanger zu werden, und hieraus für sie zukünftig Kinderlosigkeit folgt.

Die Einwilligungsunfähigkeit muss **dauerhaft** sein. In Ansehung der rasanten Fortschritte in der modernen Medizin lässt sich häufig nicht mit der gebotenen Sicherheit feststellen, ob die Betreute in einigen Jahren noch einwilligungsunfähig sein wird; ausreichend ist das Vorliegen einer diesbezüglichen **hohen Wahrscheinlichkeit**.

2. Widerspruch der Betreuten gegen die Sterilisation

Äußert sich die Betreute – und sei es objektiv noch so unvernünftig – verbal oder nonverbal durch Gesten, wie beispielsweise Kopfschütteln, gegen die avi-

---

16 BGHSt 11, 111, 113.
17 LG Berlin BtPrax 1993, 66, 68.
18 BT-Drucks. 15/3700, 33.
19 Amelung, Probleme der Einwilligungsfähigkeit, R&P 1995, 20, 26; BT-Drucks. 15/3700, 33.
20 Nedopil, Forensische Psychiatrie, S. 36.

sierte Sterilisation, muss der Betreuer seine Einwilligung versagen. Um den Willen der Betreuten zu eruieren, ist der Sterilisationsbetreuer zu einer **persönlichen Kontaktaufnahme** verpflichtet. Allein auf diesem Wege kann der Sterilisationsbetreuer herausbekommen, ob die Sterilisation dem Willen der Betreuten widerspricht. Eine **Zwangssterilisation** ist gesetzlich verboten. Ferner ist der Sterilisationsbetreuer nach erfolgter betreuungsgerichtlicher Genehmigung verpflichtet, die Betreute auf dem Wege zum Arzt/Krankenhaus zu begleiten, um etwaige Willensänderungen zu erfahren. Der die Maßnahme ausführende Arzt ist zu instruieren, dass ein Widerspruch der Betreuten in der „letzten" Sekunde beachtlich ist und zum sofortigen Abbruch der Operation führen muss. Missachtet der Sterilisationsbetreuer dieses Procedere, ist sein Verhalten pflichtwidrig iSd §§ 1908i Abs. 1 S. 1, 1833 BGB.

14 Der natürliche Wille der Betreuten zum Zeitpunkt des Eingriffs muss sich jedoch gerade gegen die avisierte Sterilisation richten. Ist die Betreute per se mit dem Eingriff einverstanden und hat lediglich generell Angst vor Ärzten und Spritzen, sind die die Widerstände hervorrufenden Verhältnisse zu ändern.[21]

3. Konkrete Schwangerschaftserwartung

15 Der Sterilisationsbetreuer darf nur dann in eine Sterilisation einwilligen, wenn anzunehmen ist, dass es sonst zu einer Schwangerschaft kommen würde. Die Schwangerschaftserwartung muss **konkret** und **ernstlich** sein. Ein besonderer Grad an Wahrscheinlichkeit ist nicht erforderlich. Es ist vielmehr ausreichend, dass aufgrund der **sexuellen Aktivität** der fortpflanzungsfähigen Betreuten mit einer Schwangerschaft zu rechnen ist. Nicht zulässig ist dagegen eine „vorsorgliche" oder „vorbeugende" Sterilisation wegen der lediglich abstrakten Möglichkeit einer Schwangerschaft, wie etwa bei einer gemeinsamen Unterbringung der Betreuten mit Männern in einem Heim oder einer Wohngruppe, aufgrund der allgemeinen Erwartung, es fänden eines Tages sexuelle Kontakte statt, oder aufgrund der Gefahr eines sexuellen Missbrauchs der Betreuten.[22] Ausreichend ist allerdings das Vorhandensein eines oder mehrerer Sexualpartner.

16 Nach dem Wortlaut des Gesetzes können **Männer** gleichermaßen wie Frauen von einer Sterilisation betroffen sein.[23] Allerdings ist eine **Sterilisation im Drittinteresse** kaum zu rechtfertigen. Aus diesem Grunde dürfte die Sterilisation eines Mannes nie in Betracht kommen. Ferner dürfte es rein praktisch unmöglich sein, gutachterlich bei einer avisierten Sterilisation des Mannes die schwerwiegende Gefahr für den Gesundheitszustand der Schwangeren festzustellen.[24]

4. Gefahr für Leben und Gesundheit

17 Infolge der möglichen Schwangerschaft muss bei der Betreuten eine Notlage eintreten. § 1905 Abs. 1 Nr. 4 BGB lehnt sich insoweit an die medizinische Indikation für einen straflosen Schwangerschaftsabbruch an, § 218a Abs. 1

---

21 OLG Hamm BtPrax 2000, 168, 170.
22 BayObLG BtPrax 1997, 158; BayObLG Beschl. v. 23.5.2001, 3 BZ R 97/01.
23 BT-Drucks. 11/4528, 143.
24 NK-BGB/Heitmann, § 1905 BGB Rn 9.

Nr. 2 StGB. Danach ist ein Schwangerschaftsabbruch nicht rechtswidrig, wenn durch die Schwangerschaft folgende Risiken für die Frau bestehen:
- **Lebensgefahr** (**zB** bei Gebärmutterkrebs, chronisch entzündete Restniere, Suizidgefahr);
- **Gefahr einer schwerwiegenden Beeinträchtigung des körperlichen** (zB schwere Herz-Kreislauf-Erkrankung, schlecht medikamentös einstellbare Epilepsie) **oder seelischen** (zB schwere Depressionen, Leiden durch eine Trennung von dem Kind wegen durchzuführender familiengerichtlicher Maßnahmen nach §§ 1666, 1666 a BGB) **Gesundheitszustandes**, die nicht auf zumutbare andere Weise abgewendet werden kann.

Mithilfe des medizinischen Sachverständigengutachtens ist abzuklären, ob die vorbezeichneten Gefahren für die Betreute im Falle einer Schwangerschaft bestehen und ob die Notlage nicht durch eine **medizinische Behandlung** der zu erwartenden Krankheit behoben werden könnte. Alternativen müssen **zumutbar**, insbesondere körperlich und seelisch verträglich sein. Ferner ist eine mögliche psychische Störung als Konsequenz des Schwangerschaftsabbruchs gegen die obengenannten medizinischen Risiken abzuwägen. 18

Ergibt die medizinische Begutachtung, dass die Betreute ein Kind austragen könnte und ihr weder durch die Schwangerschaft noch durch die Geburt eine Gefahr für ihr Leben oder ihren körperlichen bzw seelischen Gesundheitszustand droht, ist durch den Sterilisationsbetreuer die Einwilligung zu versagen. Nicht zu vernachlässigen ist die Gefahr schwerer seelischer Leiden infolge der Trennung von einem Kind, hervorgerufen durch familiengerichtliche Intervention, §§ 1666, 1666 a BGB. Zwar ist die Behinderung einer Frau als solche keinesfalls ein Grund, ihr die Sorge für ihr Kind zu verwehren. Grund für familiengerichtliche Maßnahmen bis hin zu einem Entzug der elterlichen Sorge nach § 1666 BGB kann jedoch auch ein „**unverschuldetes Versagen**" sein. Allerdings sind nach § 1666 a BGB Maßnahmen, mit denen eine Trennung des Kindes von der Familie verbunden ist, nur zulässig, wenn der Gefahr nicht auf andere Weise – auch nicht durch öffentliche Hilfe – begegnet werden kann. Es ist im Einzelfall jedoch möglich, dass trotz bester Hilfsangebote einer Betreuten nach der Geburt des Kindes die elterliche Sorge nicht belassen werden kann und eine Trennung vom Kind erforderlich ist. Es kann nicht davon ausgegangen werden, eine **einwilligungsunfähige** Betreute sei in einem solchen Fall per se **leidensunfähig**.[25] 19

5. Vorrang anderer Verhütungsmittel

Die Sterilisation ist gegenüber anderen zumutbaren Mitteln der Empfängnisverhütung nachrangig. Der Sterilisationsbetreuer kann nur dann in eine Sterilisation einwilligen, wenn eine Schwangerschaft nicht durch chemische oder mechanische Mittel vermieden werden kann. Ob diese Mittel **zumutbar sind**, entscheiden die Umstände des Einzelfalls. Das vorliegende sexualpädagogische Sachverständigengutachten ist zu überprüfen bezüglich der Aussagen über die Zuverlässigkeit bei der Anwendung empfängnisverhütender Maßnahmen so- 20

---

25 BT-Drucks. 11/4528, 144.

wie deren Nebenwirkungen und die Möglichkeit sexualpädagogischer Maßnahmen.[26]

6. Vorherige betreuungsgerichtliche Genehmigung

21 Vor der Erteilung einer Einwilligung in die Sterilisation hat der Sterilisationsbetreuer die betreuungsgerichtliche Genehmigung einzuholen, § 1905 Abs. 2 S. 1 BGB. Eine nachträgliche Genehmigung der Einwilligung, wie sie zB bei der Unterbringung möglich ist, kommt nicht in Betracht.[27]

Die Genehmigung der Sterilisation wird mit Zustellung des Genehmigungsbeschlusses an den Verfahrenspfleger/Verfahrensbevollmächtigten und den Sterilisationsbetreuer wirksam, § 297 Abs. 7 FamFG. Entscheidend für die Fristberechnung ist die letzte Zustellung. Nach § 1905 Abs. 2 S. 2 BGB darf die Sterilisation frühestens zwei Wochen nach Wirksamkeit der Genehmigung durchgeführt werden. Bevor also der Sterilisationsbetreuer tätig wird, hat er sich bei dem Verfahrenspfleger/Verfahrensbevollmächtigten zu erkundigen, wann genau diesem die betreuungsgerichtliche Genehmigung zugestellt wurde.

22 In dem Genehmigungsantrag ist von dem Sterilisationsbetreuer im Einzelnen darzulegen, dass die Voraussetzungen des § 1905 Abs. 1 Nr. 1 bis 5 BGB gegeben sind und auf welche Art und Weise er sich hiervon überzeugte. Ferner ist vorzutragen, welche Methode der Sterilisation bei der Betreuten angewandt werden soll. Nach § 1905 Abs. 2 S. 3 BGB ist der Methode der Vorzug zu geben, die eine Refertilisation zulässt.

7. Vorgehen nach erteilter betreuungsgerichtlicher Genehmigung

23 Der Sterilisationsbetreuer ist nicht an eine erteilte betreuungsgerichtliche Genehmigung gebunden. Gewinnt der Sterilisationsbetreuer zwischenzeitlich den Eindruck, dass die Entscheidung nicht mehr dem Wohl der Betreuten entspricht, oder widersprach diese zwischenzeitlich der Sterilisation, ist von der betreuungsgerichtlichen Genehmigung kein Gebrauch zu machen. Insbesondere der noch in letzter Minute geäußerte Wille der Betreuten, nicht sterilisiert werden zu wollen, ist von dem Sterilisationsbetreuer zu beachten.

24 Ansonsten kann der Sterilisationsbetreuer nach erfolgter Prüfung, wann die Zweiwochenfrist nach Zustellung der betreuungsgerichtlichen Genehmigung abgelaufen ist, gegenüber einem geeigneten Arzt seine Einwilligung zur Sterilisation der Betreuten erteilen.[28]

IV. Bedeutung für den Verfahrenspfleger

25 Grundsätzlich zu den Aufgaben des Verfahrenspflegers und seiner Stellung vgl die Kommentierung zu § 276 FamFG. Im Bereich des Sterilisationsverfahrens obliegt dem Verfahrenspfleger u.a. in besonderem Maße die Aufgabe zu überprüfen, ob die gerichtlich beauftragten **Gutachten** den gesetzlichen Vorgaben des § 280 FamFG entsprechen. Die Gutachten müssen auf einer persönlichen Befragung und Untersuchung der Betreuten beruhen, § 280 Abs. 2 FamFG. Die vorstehend zitierten Vorschriften betonen in Ansehung der Relevanz des Steri-

---

26 BT-Drucks. 11/4528, 144.
27 OLG Düsseldorf FamRZ 1996, 375, 376.
28 OLG Düsseldorf aaO.

lisationsverfahrens die in § 411 ZPO niedergelegte Verpflichtung zur persönlichen Begutachtung. Die Unterschrift des Sachverständigen unter ein von ihm nicht persönlich erstelltes Gutachten mit dem Zusatz „einverstanden" ist nicht ausreichend. Des Weiteren darf keine Personenidentität zwischen dem begutachtenden Arzt und dem ausführenden Arzt gegeben sein, § 297 Abs. 6 S. 3 FamFG. Es ist darauf zu achten, dass alle für die Entscheidung relevanten Umstände (sogenannten Anknüpfungstatsachen) bei den erstellten Gutachten berücksichtigt wurden.

Bei Unvollständigkeit der Tatsachenfeststellungen im Gutachten, Unstimmigkeiten, unverständlichen Ausführungen ist eine **Ladung des Gutachters zum Schlussgespräch** zum Zwecke der Erläuterung seines Gutachtens zu beantragen entsprechend §§ 402, 397, 411 Abs. 3 ZPO.   26

Der Verfahrenspfleger stellt eigenständig seinerseits Ermittlungen an dahin gehend, ob die Voraussetzungen des § 1905 Abs. 1 Nr. 1 bis 5 BGB vorliegen bzw die Verfahrensgarantien eingehalten wurden, § 297 FamFG. Andernfalls ist das Rechtsmittel der Beschwerde einzulegen.   27

§ 1906 BGB Genehmigung des Betreuungsgerichts bei der Unterbringung

(1) Eine Unterbringung des Betreuten durch den Betreuer, die mit Freiheitsentziehung verbunden ist, ist nur zulässig, solange sie zum Wohl des Betreuten erforderlich ist, weil

1. auf Grund einer psychischen Krankheit oder geistigen oder seelischen Behinderung des Betreuten die Gefahr besteht, dass er sich selbst tötet oder erheblichen gesundheitlichen Schaden zufügt, oder
2. zur Abwendung eines drohenden erheblichen gesundheitlichen Schadens eine Untersuchung des Gesundheitszustands, eine Heilbehandlung oder ein ärztlicher Eingriff notwendig ist, ohne die Unterbringung des Betreuten nicht durchgeführt werden kann und der Betreute auf Grund einer psychischen Krankheit oder geistigen oder seelischen Behinderung die Notwendigkeit der Unterbringung nicht erkennen oder nicht nach dieser Einsicht handeln kann.

(2) ¹Die Unterbringung ist nur mit Genehmigung des Betreuungsgerichts zulässig. ²Ohne die Genehmigung ist die Unterbringung nur zulässig, wenn mit dem Aufschub Gefahr verbunden ist; die Genehmigung ist unverzüglich nachzuholen. ³Der Betreuer hat die Unterbringung zu beenden, wenn ihre Voraussetzungen wegfallen. ⁴Er hat die Beendigung der Unterbringung dem Betreuungsgericht anzuzeigen.

(3) ¹Widerspricht eine ärztliche Maßnahme nach Absatz 1 Nummer 2 dem natürlichen Willen des Betreuten (ärztliche Zwangsmaßnahme), so kann der Betreuer in sie nur einwilligen, wenn

1. der Betreute auf Grund einer psychischen Krankheit oder einer geistigen oder seelischen Behinderung die Notwendigkeit der ärztlichen Maßnahme nicht erkennen oder nicht nach dieser Einsicht handeln kann,

2. zuvor versucht wurde, den Betreuten von der Notwendigkeit der ärztlichen Maßnahme zu überzeugen,
3. die ärztliche Zwangsmaßnahme im Rahmen der Unterbringung nach Absatz 1 zum Wohl des Betreuten erforderlich ist, um einen drohenden erheblichen gesundheitlichen Schaden abzuwenden,
4. der erhebliche gesundheitliche Schaden durch keine andere dem Betreuten zumutbare Maßnahme abgewendet werden kann und
5. der zu erwartende Nutzen der ärztlichen Zwangsmaßnahme die zu erwartenden Beeinträchtigungen deutlich überwiegt.

²§ 1846 ist nur anwendbar, wenn der Betreuer an der Erfüllung seiner Pflichten verhindert ist.

(3 a) ¹Die Einwilligung in die ärztliche Zwangsmaßnahme bedarf der Genehmigung des Betreuungsgerichts. ²Der Betreuer hat die Einwilligung in die ärztliche Zwangsmaßnahme zu widerrufen, wenn ihre Voraussetzungen wegfallen. ³Er hat den Widerruf dem Betreuungsgericht anzuzeigen.

(4) Die Absätze 1 und 2 gelten entsprechend, wenn dem Betreuten, der sich in einer Anstalt, einem Heim oder einer sonstigen Einrichtung aufhält, ohne untergebracht zu sein, durch mechanische Vorrichtungen, Medikamente oder auf andere Weise über einen längeren Zeitraum oder regelmäßig die Freiheit entzogen werden soll.

(5) ¹Die Unterbringung durch einen Bevollmächtigten und die Einwilligung eines Bevollmächtigten in Maßnahmen nach den Absätzen 3 und 4 setzen voraus, dass die Vollmacht schriftlich erteilt ist und die in den Absätzen 1, 3 und 4 genannten Maßnahmen ausdrücklich umfasst. ²Im Übrigen gelten die Absätze 1 bis 4 entsprechend.

I. Überblick 1	bb) Notwendigkeit einer Heilbehandlung 26
II. Inhalt 4	cc) Einsichts- und Steuerungsunfähigkeit 32
1. Freiheitsentziehende Unterbringung durch den Betreuer (Abs. 1) 4	dd) Verhältnismäßigkeit ... 33
a) Betreuung mit hinreichendem Aufgabenkreis 5	f) Genehmigung des Betreuungsgerichts (Abs. 2 S. 1 und 2) 36
b) Freiheitsentziehung 6	g) Beendigung der Unterbringung (Abs. 2 S. 3 und 4) 40
aa) Begriff 6	
bb) Einwilligung in die Freiheitsentziehung 9	2. Ärztliche Zwangsbehandlung (Abs. 3, 3 a) 45
c) Wohl des Betreuten 12	a) Gesetzgebungsverfahren 45
d) Selbstgefährdung (Abs. 1 Nr. 1) 14	b) Abwendung eines drohenden erheblichen gesundheitlichen Schadens 46
aa) Krankheitsbild und freie Willensentscheidung 14	
bb) Selbstgefährdung 17	c) Ärztliche Zwangsmaßnahme 47
cc) Verhältnismäßigkeit ... 21	
e) Ärztliche Maßnahmen (Abs. 1 Nr. 2) 24	d) Keine Einsichtsfähigkeit (Nr. 1) 48
aa) Inhalt und Bedeutung 24	

- e) Vorheriges Gespräch (Nr. 2) 49
- f) Erforderlichkeit im engeren Sinne (Nr. 3 und 4) 50
- g) Überwiegen des zu erwartenden Nutzens (Nr. 5) 51
- h) Vorsorgevollmacht 52
- i) Anwendbarkeit von § 1846 BGB (Abs. 3 S. 2) 53
- j) Genehmigung der Maßnahme und Widerruf der Einwilligung (Abs. 3 a) 54
- k) Ambulante Zwangsbehandlung 55
3. Unterbringungsähnliche Maßnahmen (Abs. 4) 56
   - a) Betreuung mit hinreichendem Aufgabenkreis 57
   - b) Freiheitsentzug 58
   - c) Mittel zur Freiheitsentziehung 62
   - d) Dauer und Häufigkeit der Freiheitsentziehung 63
   - e) Aufenthalt des Betreuten in Heim, Anstalt oder sonstiger Einrichtung... 66
   - f) Keine Anwendung bei nach Abs. 1 Untergebrachten 70
   - g) Voraussetzungen für die Zulässigkeit der Maßnahme 71
4. Unterbringung durch einen Bevollmächtigten (Abs. 5).. 74
5. Ärztliche Zwangsmaßnahme aufgrund der Vorsorgevollmacht 83
6. Weitere Rechtsgrundlagen für eine Unterbringung 84

III. **Bedeutung für das Betreuungsgericht** 87
1. Allgemeines 87
2. Verfahren 91
3. Beendigung der Unterbringung 95
4. Eilfälle 97
5. Zuständigkeit 99

IV. **Bedeutung für den Bevollmächtigten** 100

V. **Bedeutung für die Betreuungsbehörde** 105

VI. **Bedeutung für den Betreuungsverein** 107

VII. **Bedeutung für den Betreuer** 108

VIII. **Bedeutung für die unterbringende Einrichtung** 112

I. Überblick

Die Vorschrift regelt die materiellrechtlichen Voraussetzungen für die in der Vorschrift näher umschriebenen Freiheitsentziehungen bei einem Erwachsenen durch einen Betreuer (Abs. 1, 4). In Abs. 3 sind mit dem Gesetz zur Regelung der betreuungsrechtlichen Einwilligung in eine ärztliche Zwangsbehandlung vom 18.2.2013[1] die materiellrechtlichen Voraussetzungen für die ärztliche Zwangsmaßnahmen neu geregelt worden. Dies war notwendig, nachdem der Bundesgerichtshof in seinem Beschluss vom 20.6.2012[2] seine bisherige Rechtsprechung aufgab und feststellte, dass eine ausreichende gesetzliche Grundlage für die ärztliche Zwangsbehandlung fehle. 1

Die Freiheitsentziehung und die ärztliche Zwangsmaßnahme müssen durch das Betreuungsgericht genehmigt werden; bei der Freiheitsentziehung darf die Genehmigung nachträglich eingeholt werden (Abs. 2). 2

Für einen Bevollmächtigten gelten diese Voraussetzungen gemäß Abs. 5 entsprechend. 3

---

1 BGBl. I 2013, 266.
2 BtPrax 2012, 156.

II. Inhalt

1. Freiheitsentziehende Unterbringung durch den Betreuer (Abs. 1)

4 Die Absätze 1 und 2 der Vorschrift regeln die freiheitsentziehende Unterbringung durch den **Betreuer**. Für die Rechtmäßigkeit einer solchen Unterbringung müssen folgende Voraussetzungen vorliegen:

a) Betreuung mit hinreichendem Aufgabenkreis

5 Die Unterbringung nach dieser Vorschrift setzt voraus, dass für den Unterzubringenden ein Betreuer bestellt wurde. Zusätzlich muss der Betreuer einen für die Unterbringung ausreichenden **Aufgabenkreis**, wie zB Aufenthaltsbestimmungsrecht,[3] Unterbringung oder freiheitsentziehende Maßnahmen haben. Der Aufgabenkreis „Gesundheitssorge" reicht nicht aus, wenn er nicht mit dem Aufenthaltsbestimmungsrecht verknüpft ist.[4] Ob der Aufgabenkreis „Personensorge" genügt, ist unklar.[5] Für eine Maßnahme nach Abs. 1 Nr. 2 muss der Aufgabenkreis „Gesundheitsfürsorge" angeordnet sein. In dringenden Fällen, insbesondere während des richterlichen Eildienstes, kann das Gericht auch vorläufig nach §§ 1908 i Abs. 1 S. 1, 1846 BGB ohne Bestellung eines Betreuers entscheiden.[6]

b) Freiheitsentziehung
aa) Begriff

6 Eine **freiheitsentziehende Unterbringung** liegt vor, wenn der Betreute gegen seinen Willen oder im Zustand der Willenlosigkeit in einem räumlich begrenzten Bereich eines geschlossenen Krankenhauses, einer anderen geschlossenen Einrichtung oder dem abgeschlossenen Teil einer solchen Einrichtung festgehalten, sein Aufenthalt ständig überwacht und die Kontaktaufnahme mit Personen außerhalb des Bereichs eingeschränkt wird. Entscheidendes Kriterium ist die **nicht** nur **kurzfristige** Beschränkung der persönlichen Bewegungsfreiheit auf einen bestimmten Lebensraum (sogenannter enger Unterbringungsbegriff).[7] Daher ist eine **ambulante medizinische Zwangsbehandlung** unzulässig.

7 Maßgeblich ist die Einschränkung der Fortbewegungsfreiheit des Betroffenen im Sinne einer **Aufenthaltsbestimmungsfreiheit**.[8] Dieser bleibt auf einen bestimmten, räumlich umgrenzten Bereich beschränkt, den er nicht selbstständig verlassen kann. Ob der Betroffene durch Zäune, verschlossene Türen oder durch Personal, das ihn am Verlassen der Einrichtung hindert, festgehalten wird, ist unerheblich. Es reicht allerdings für die Annahme einer Unterbringung nicht aus, wenn der Betroffene lediglich durch Zureden oder Überreden vom Verlassen der Einrichtung abgehalten wird. Auch der Einsatz von **Personenortungsanlagen** führt nur zur Annahme einer Unterbringung, wenn der außerhalb eines umgrenzten Bereichs Angetroffene sofort wieder in diesen Bereich zurückgebracht wird.[9] Soll die Personenortungsanlage dem Pflegeperso-

---

[3] KG BtPrax 2010, 92.
[4] OLG Hamm FamRZ 2001, 861; OLG Brandenburg BtPrax 2007, 223; OLG Schleswig BtPrax 2009, 299.
[5] Dafür: BtKomm, G Rn 7; dagegen: MK/Schwab, § 1906 BGB Rn 6.
[6] BGH BtPrax 2002, 162; OLG München BtPrax 2008, 77; vgl dazu auch § 1846 Rn 6.
[7] BGH FamRZ 2001, 149; BGH BtPrax 2008, 115.
[8] BGH FamRZ 2001, 149; OLG Brandenburg FamRZ 2006, 1481.
[9] LG Lübeck FamRZ 2013, 577.

nal aber nur die Feststellung ermöglichen, ob der Betroffene sich in eine erhebliche Gesundheitsgefahr begibt, liegt keine freiheitsentziehende Maßnahme vor.[10]

Keine Freiheitsentziehung liegt vor, wenn der Betroffene gar nicht mehr in der Lage ist, sich fortzubewegen. Dies wird bei einem Komapatienten in der Regel der Fall sein. 8

bb) Einwilligung in die Freiheitsentziehung

Eine Freiheitsentziehung liegt nicht vor, wenn der Betreute mit der Unterbringung einverstanden ist, also in sie einwilligt. Voraussetzung für eine **Einwilligung** ist die ernstliche und verlässliche Erklärung, freiwillig in der Einrichtung zu verbleiben und sich der erforderlichen Therapie zu unterziehen.[11] Die Freiwilligkeitserklärung muss deshalb auch die zeitliche Reichweite der notwendigen Behandlung abdecken.[12] **Einwilligungsfähig** ist, wer mit natürlichem Willen eine freiwillige und ernsthafte Zustimmung geben kann. Dazu muss er Wert und Bedeutung des betroffenen Freiheitsrechts sowie die Folgen und Risiken seiner Zustimmung erkennen und bei einer Entscheidung eventuelle Alternativen einbeziehen und sein Handeln danach bestimmen können. Dies ist jeweils im Einzelfall unter Berücksichtigung des aktuellen Krankheitsbildes zu entscheiden. Dabei sind **strenge Anforderungen** zu stellen. Fragwürdige oder fiktive Einwilligungen reichen ebenso wenig[13] wie die einschränkende Äußerung, „unter Umständen" freiwillig zu bleiben.[14] Soweit die Einwilligung in der Anhörung geäußert wird, hat das Betreuungsgericht mithilfe des Sachverständigen oder behandelnden Arztes die Tragfähigkeit der Einwilligung zu überprüfen, um auszuschließen, dass die Einwilligung nur abgegeben wurde, um die Unterbringung zu verhindern, ohne dass sich der Betreute behandeln lassen will. 9

Auf die **Geschäftsfähigkeit** gem. § 104 BGB kommt es für die Einwilligungsfähigkeit nicht an. Andererseits kann nicht allein schon aus der Anordnung des Aufgabenkreises „Aufenthaltsbestimmung" auf die fehlende Einsichtsfähigkeit des Betreuten geschlossen werden. 10

Die Einwilligung kann jederzeit **widerrufen** werden. Liegen die Voraussetzungen für die Unterbringung weiterhin vor, muss der Betreuer die Unterbringung genehmigen lassen (vgl Rn 4 f). Die Einwilligung wird gegenstandslos, wenn der Betreute nicht mehr einwilligen kann. 11

c) Wohl des Betreuten

Die Unterbringung muss zum Wohl des Betreuten selbst **erforderlich** sein. Eine Unterbringung zum Schutz Dritter oder der Allgemeinheit kann der Betreuer nicht nach § 1906 BGB veranlassen. Sie ist nach den Unterbringungsgesetzen der Länder möglich (vgl dazu § 312 FamFG Rn 8 ff). Dies gilt insbesondere, falls der Betreute Straftaten begeht oder Dritte schädigt bzw belästigt. Eine Unterbringung durch den Betreuer ist möglich, wenn der Betreute durch die 12

---

10 OLG Brandenburg FamRZ 2006, 1481.
11 OLG München FamRZ 2005, 1590.
12 OLG München BtPrax 2007, 218.
13 BayObLG FamRZ 1996, 1375.
14 OLG München FamRZ 2007, 1590.

Straftat auch sich selbst gefährdet, weil er sich zB durch seine Taten gerechtfertigter Notwehr mit den in Abs. 1 Nr. 1 beschriebenen Folgen aussetzt.

13 Das Wohl des Betreuten wird durch Abs. 1 Nr. 1 und 2 näher eingegrenzt.

d) Selbstgefährdung (Abs. 1 Nr. 1)
aa) Krankheitsbild und freie Willensentscheidung

14 Die Gefahr einer Selbstschädigung muss aufgrund einer **psychischen Krankheit oder geistiger oder seelischer Behinderung** bestehen. Die Voraussetzung „psychische Krankheit oder geistige oder seelische Behinderung" entspricht den Tatbestandsvoraussetzungen des § 1896 Abs. 1 S. 1 BGB, vgl die Erläuterungen zu § 1896 BGB Rn 121 ff.

15 Anders als § 1896 Abs. 1 a BGB enthält § 1906 Abs. 1 Nr. 1 BGB (zur Einsichtsfähigkeit siehe Rn 32) keinen Hinweis, eine Unterbringung zur Vermeidung der Selbstschädigung sei nur zulässig, soweit der Betroffene nicht fähig ist, seinen Willen selbst zu bilden. Im Wege **verfassungskonformer Auslegung** ist § 1906 Abs. 1 Nr. 1 BGB aber entsprechend auszulegen. Der Staat hat auch im Rahmen des § 1906 Abs. 1 Nr. 1 BGB nicht das Recht, seine erwachsenen und zur freien Willensbestimmung fähigen Bürger zu erziehen, zu bessern oder zu hindern, sich selbst gesundheitlich zu schädigen.[15] Bei einem in freier Selbstbestimmung nach Abwägung vorgenommenen sog. Bilanzselbstmordversuch scheidet deshalb eine Unterbringung aus.

16 **Alkohol- oder Drogenabhängigkeit** oder Magersucht[16] sind für sich gesehen keine Krankheiten iSd § 1906 Abs. 1 Nr. 1 BGB – selbst unter Berücksichtigung der Rückfallgefahr –, es sei denn, die Sucht steht im ursächlichen Zusammenhang mit einem geistigen Gebrechen oder die Sucht hat zu einem Zustand geführt, der das Ausmaß eines geistigen Gebrechens erreicht hat.[17] Auch in diesem Fall kann eine Unterbringung nur genehmigt werden, wenn kein freier Wille des Betroffenen aufgrund der Abhängigkeit mehr vorliegt. Das wird zu bejahen sein, wenn durch die Abhängigkeit eine Persönlichkeitsänderung entstanden ist.[18]

bb) Selbstgefährdung

17 Die Voraussetzungen für die Unterbringung sind gegeben, wenn eine ernstliche und konkrete Gefahr für Leib und Leben des Betreuten vorliegt, wobei der Grad der Gefahr in Relation zum möglichen Schaden ohne Vornahme der Unterbringung zu bemessen ist. Erforderlich sind objektivierbare und konkrete Anhaltspunkte für den Eintritt eines erheblichen Gesundheitsschadens.[19] Im Gegensatz zur öffentlich-rechtlichen Unterbringung verlangt die Unterbringung nach § 1906 Abs. 1 Nr. 1 BGB aber keine akute, unmittelbar bevorstehende Gefahr.[20]

---

15 BGH BtPrax 2011, 259; OLG München FamRZ 2007, 584; OLG Brandenburg BtPrax 2007, 224.
16 Dazu LG Kassel BtPrax 2012, 208.
17 BGH BtPrax 2011, 259; OLG Rostock BtPrax 2010, 134.
18 Vgl BayObLG FamRZ 1999, 1306; OLG Hamm FGPrax 2009, 135.
19 BGH BtPrax 2010, 78; 2010, 279; FamRZ 2011, 1141; FamRZ 2012, 1705.
20 BGH BtPrax 2010, 78.

Ein zielgerichtetes Handeln des Betroffenen ist nicht erforderlich.[21] Es reicht beispielsweise aus, wenn sich die aufgrund ihrer Demenzerkrankung völlig verwirrte Betroffene unbeabsichtigt dem Straßenverkehr aussetzen würde.[22]

Bei der **Gefahr der Selbsttötung** ist zu unterscheiden, ob ein ernsthafter Todeswunsch oder ein eher demonstrativer Wunsch nach Hilfe vorliegt. 18

Erhebliche gesundheitliche Schäden drohen in folgenden Fällen: 19

- Verweigerung der Nahrungs- oder Getränkeaufnahme (vgl oben Rn 16),
- Weigerung, lebensnotwendige Medikamente zu nehmen,[23]
- Weigerung, die zur Abwendung einer erheblichen Eigengefährdung notwendigen Psychopharmaka einzunehmen,[24]
- planloses Umherirren ohne Beachtung des Straßenverkehrs oder ohne notwendige Kleidung,[25]
- wiederholte Verletzungen durch Stürze im Alkoholrausch,[26]
- Leben in einer vermüllten Wohnung, von der Gesundheitsgefahren ausgehen,[27]
- Androhen einer erheblichen Selbstgefährdung.[28]

In jedem Fall muss die Gesundheitsgefährdung einen derartigen **Schweregrad** erreicht haben, dass eine Freiheitsentziehung notwendig ist.

Eine Unterbringung zur **Abwehr eines Vermögensschadens** des Betreuten ist nach dem ausdrücklichen Wortlaut der Vorschrift nicht möglich. In derartigen Fällen kann ein Einwilligungsvorbehalt (§ 1903 BGB) angeordnet werden. 20

cc) Verhältnismäßigkeit

Die Erforderlichkeit der Unterbringung ist einer am Grundsatz der Verhältnismäßigkeit orientierten strengen Prüfung zu unterziehen, da die Freiheit eines Menschen nur aus besonders wichtigem Grund eingeschränkt werden darf.[29] Die Unterbringung ist nur als letzte Möglichkeit zulässig, wenn die Schädigung des Betroffenen nicht durch andere, **mildere Mittel** vermieden werden kann. Bei Zweifeln ist der grundgesetzlich geschützten Freiheit Vorrang zu gewähren.[30] 21

Im Rahmen der Verhältnismäßigkeitsprüfung sind die **personellen und baulichen Gegebenheiten der Einrichtung**, in der sich der Betroffene befindet, hinzunehmen. Die Erforderlichkeit einer Unterbringung kann daher nicht deshalb in Frage gestellt werden, weil bei einer besseren personellen Ausstattung bzw 22

---

21 BGH BtPrax 2010, 78; FamRZ 2012, 1705.
22 OLG München BtPrax 2006, 105.
23 BGH BtPrax 2011, 258; OLG Hamm NJW 1976, 378 f; das setzt die konkrete Feststellung der Folgen einer zu unterlassenden Medikation voraus: OLG Brandenburg BtPrax 2007, 224.
24 BGH BtPrax 2010, 292.
25 OLG München OLGReport 2006, 73; OLG Frankfurt/M. FamRZ 1994, 992.
26 OLG Hamm DAVorm 1997, 55.
27 BGH BtPrax 2010, 78; zu den Grenzen: BGH FamRZ 2011, 1141.
28 BGH BtPrax 2010, 279.
29 BVerfG BtPrax 1998, 144; BGH BtPrax 2011, 258; OLG München BtPrax 2005, 199.
30 BVerfG BtPrax 1998, 144; zum Einzelfall: BGH BtPrax 2011, 258.

bei Veränderungen der baulichen Situation eine Unterbringung vermieden werden könnte.[31]

23 Der Betreuer wird aber zu prüfen haben, ob die Verlegung des Betroffenen in eine andere Einrichtung, in der ihm mehr Freiraum verbleibt, in Betracht kommt.[32]

e) Ärztliche Maßnahmen (Abs. 1 Nr. 2)
aa) Inhalt und Bedeutung

24 Eine Unterbringung nach Nr. 2 ist **zulässig**, wenn die dort aufgeführten ärztlichen Maßnahmen notwendig sind, nicht ohne Unterbringung durchgeführt werden können, bei dem Betreuten die Einsichts- und Steuerungsfähigkeit zur Einwilligung in die Maßnahme fehlt und die Behandlung der Abwendung eines drohenden erheblichen gesundheitlichen Schadens dient.

25 Die letztgenannte Einschränkung wurde durch das Gesetz zur Regelung der betreuungsrechtlichen Einwilligung in eine ärztliche Zwangsbehandlung vom 18.2.2013[33] eingefügt. Mit diesem Gesetz wurde in Abs. 3 und 3a nunmehr ausdrücklich die ärztliche Zwangsbehandlung geregelt, die nach bisherigem Verständnis auch unter Nr. 2 fiel. Daher regelt Abs. 2 für sich betrachtet nur noch den Fall, dass der Betroffene gegen seinen Willen untergebracht wird, er sich aber nicht gegen die während der Unterbringung verabreichte Medikation wendet.[34] Allerdings ist zu beachten, dass die ärztliche Zwangsmaßnahme nach Abs. 3 und 3a die Unterbringung nach Abs. 1 voraussetzt und in der Praxis die Notwendigkeit der Unterbringung mit der Notwendigkeit der Zwangsbehandlung meist zusammenfällt.

bb) Notwendigkeit einer Heilbehandlung

26 Die Begriffe Heilbehandlung, Untersuchung des Gesundheitszustandes und des ärztlichen Eingriffs entsprechen der Aufzählung in § 1904 Abs. 1 S. 1 BGB. Es kann auf die dortigen Ausführungen (Rn 36 ff) verwiesen werden.

27 Für die medizinische Unterbringung ist es unerheblich, ob die Erkrankung Anlass für die Bestellung des Betreuers war (Anlasserkrankung) oder hinzugetreten ist (Begleiterkrankung).[35]

28 Die ärztliche Maßnahme, die ohne Unterbringung nicht durchgeführt werden kann, muss ihrerseits **notwendig** sein, mithin einen medizinischen Nutzen erwarten lassen. Die Notwendigkeit misst sich an medizinischen Gesichtspunkten. Dabei genügt, dass der Betroffene die Krankheits- und Behandlungseinsicht wiedergewinnt, so dass danach eine ambulante Behandlung möglich ist, oder, dass eine Chronifizierung verhindert wird. Die Notwendigkeit ist auch dann zu bejahen, wenn eine bereits chronische Erkrankung auf dem bestehenden Niveau gehalten werden soll, um eine weitere Chronifizierung zu verhindern.[36]

---

31 OLG München BtPrax 2005, 199; OLG Hamm BtPrax 1993, 172.
32 OLG München BtPrax 2005, 199.
33 BGBl. I 2013, 266.
34 BGH BtPrax 2012, 253.
35 BGH BtPrax 2006, 145.
36 OLG Schleswig FGPrax 2005, 136.

An dieser Notwendigkeit fehlt es, wenn **keine Heilungsaussicht** besteht,[37] wenn die behandelnden Ärzte eine Behandlung ablehnen, wenn eine Entwöhnungstherapie gegen den erforderlichen Willen des Betreuten erzwungen werden soll[38] und bei Bagatellerkrankungen.

Zusätzlich muss die Maßnahme **ohne Unterbringung nicht durchführbar** sein. Das setzt die Prognose voraus, der Betroffene werde sich ohne freiheitsentziehende Unterbringung der medizinischen Maßnahme **räumlich entziehen**.[39] Ein bloßer **physischer Widerstand** ohne räumliche Entfernung genügt nicht.[40] Betroffene, die sich nicht räumlich entziehen, aber physisch widersetzen, können daher im Rahmen von § 1906 Abs. 1 Nr. 2, Abs. 3 BGB nicht zwangsbehandelt werden. In diesen Fällen ist – rechtlich – eine Verschlechterung des Gesundheitszustandes hinzunehmen, bis § 1906 Abs. 1 Nr. 1 BGB oder die öffentlich-rechtlichen Eingriffsnormen es dem Betreuer ermöglichen, tätig zu werden.[41]

Kann die Behandlung in einer **offenen Einrichtung**, einer Tagesklinik oder ambulant durchgeführt werden, so ist die Unterbringung nicht zulässig.[42]

Ebenso scheidet die Anwendung von § 1906 Abs. 1 Nr. 2 BGB aus, wenn der Betroffene bereits auf anderer Rechtsgrundlage untergebracht ist.[43]

cc) Einsichts- und Steuerungsunfähigkeit

Weiterhin ist eine Aufhebung oder Einschränkung der Einsichts- und Steuerungsfähigkeit in Bezug auf die Notwendigkeit der Unterbringung erforderlich, die auf einer psychischen Krankheit oder geistigen oder seelischen Behinderung (§ 1896 Abs. 1 S. 1 BGB) beruhen muss. Dieses Erfordernis ist gleichzusetzen mit dem **Ausschluss der Fähigkeit zur freien Willensbestimmung**, die jede betreuungsrechtliche Maßnahme gegen den natürlichen Willen des Betroffenen voraussetzt (§ 1896 Abs. 1a BGB).[44] Bei einer Alkohol- oder Drogenabhängigkeit wird sie zu bejahen sein, wenn durch die Abhängigkeit eine Persönlichkeitsänderung entstanden ist[45] oder eine Minderbegabung vorliegt.[46]

dd) Verhältnismäßigkeit

Auf die Erforderlichkeit der Unterbringung ist besonderer Wert zu legen. Sie ist nur als letzte Möglichkeit zulässig, wenn die Schädigung des Betreuten nicht durch andere, **mildere Mittel** vermieden werden kann. Bei Zweifeln ist der grundgesetzlich geschützten Freiheit Vorrang zu gewähren.[47]

Der Gesetzgeber hat dies nunmehr durch den Hinweis, dass die Unterbringung nur noch **zur Abwendung eines drohenden erheblichen Schadens** erfolgen darf,

---

37 BGH BtPrax 2010, 285.
38 OLG Schleswig BtPrax 1998, 185.
39 BGH BtPrax 2008, 115.
40 BGH BtPrax 2008, 115.
41 So ausdrücklich BGH BtPrax 2008, 115 unter Hinweis auf die Untätigkeit des Gesetzgebers. Vgl dazu § 1906a BGB-E, BR-Drucks. 856/03, 6, 67.
42 BGH BtPrax 2011, 258.
43 OLG München Rpfleger 2009, 381.
44 OLG Hamm FGPrax 2009, 135.
45 BayObLG FamRZ 1999, 1306, 1307; OLG Hamm FGPrax 2009, 135.
46 OLG Hamm DAVorm 1997, 55, 58.
47 BVerfG BtPrax 1998, 144.

ausdrücklich normiert. Die Gesetzesänderung übernimmt damit einerseits die Rechtsprechung des Bundesverfassungsgerichts,[48] soll aber zudem – auch im Sinne der VN-Behindertenrechtskonvention – mehr Transparenz für die Beteiligten schaffen.[49]

35 Über diese allgemeine Bedeutung hinaus ist der Verhältnismäßigkeitsgrundsatz als **Korrektiv** des weit gefassten Anwendungsbereichs von § 1906 Abs. 1 Nr. 2 BGB von besonderer Bedeutung. Gerade weil im Unterschied zu § 1906 Abs. 1 Nr. 1 BGB die Unterbringung nach § 1906 Abs. 1 Nr. 2 BGB nicht an die engen Voraussetzungen der Suizidgefahr oder der erheblichen Gesundheitsbeschädigung gekoppelt ist, bedarf es durch das Verhältnismäßigkeitsprinzips eines Ausgleichs, um dem **Recht auf Freiheit** genügende Geltung zu verschaffen. Der im Rahmen des § 1906 Abs. 1 Nr. 2 BGB festzustellende drohende Gesundheitsschaden muss deshalb stets so erheblich sein, dass er den Freiheitseingriff zu rechtfertigen vermag. Der therapeutische Nutzen der Behandlung muss gegen die Gesundheitsschäden abgewogen werden, die ohne die Behandlung im Rahmen der Unterbringung entstünden.[50]

f) Genehmigung des Betreuungsgerichts (Abs. 2 S. 1 und 2)

36 Nach Abs. 2 S. 1 darf der Betreuer den Betreuten nur mit **Genehmigung des Betreuungsgerichts** unterbringen. Er hat die Genehmigung daher grundsätzlich vor der Freiheitsentziehung einzuholen.

37 In **Eilfällen** darf die Unterbringung allerdings ohne Genehmigung erfolgen; die Genehmigung ist dann nachträglich „unverzüglich" nachzuholen, Abs. 2 S. 2.

38 Ein solcher Einfall liegt vor, wenn der Aufschub der Unterbringung für den Betreuten mit Gefahr verbunden ist. Dies ist dann anzunehmen, wenn dem Betroffenen **erhebliche gesundheitliche Nachteile** drohen, zB durch eine akute gesundheitliche Verschlechterung. Angesichts des richterlichen Eildienstes sind solche Fälle allerdings sehr selten vorstellbar.

39 Auch wenn ein solcher Eilfall vorliegt, ist die Genehmigung **unverzüglich** nachzuholen. „Unverzüglich" bedeutet, dass jede Verzögerung zu vermeiden ist, vgl § 121 BGB („ohne schuldhaftes Zögern"). Deshalb hat der Betreuer das Gericht umgehend zu informieren, das Gericht muss unter Hintanstellung weniger wichtiger Geschäfte tätig werden.[51]

g) Beendigung der Unterbringung (Abs. 2 S. 3 und 4)

40 Hat das Gericht die Unterbringung genehmigt, ist es Sache des Betreuers, zu entscheiden, ob er von der **Genehmigung Gebrauch** macht. Schon nach Abs. 1 ist die Unterbringung nur zulässig, solange sie zum Wohl des Betreuten unter den dort aufgeführten Voraussetzungen erforderlich ist. Abs. 2 S. 3 stellt nochmals klar, dass der Betreute zu entlassen ist, wenn die Voraussetzungen für die Unterbringung wegfallen.

---

48 BVerfG BtPrax 1998, 144.
49 BT-Drucks. 17/11513, 7 f.
50 BGH NJW 2006, 1277; OLG Köln OLGReport 2006, 609 und NJW-RR 2006, 1664; OLG Bremen BtPrax 2007, 87.
51 BVerfG NJW 1990, 2309.

Der Betreuer hat die Entlassung ggf auch gegen ärztlichen Rat zu veranlassen, er trägt die **Verantwortung für die Freiheitsentziehung**. 41

Wird der Betreute endgültig aus der Unterbringung entlassen, ist die **Genehmigung verbraucht**. Das gleiche gilt, wenn der Betreute probeweise in eine offene Station verlegt wird. Eine Fortgeltung der Genehmigung wird nur in sehr engen sachlichen und zeitlichen Grenzen angenommen werden können.[52] Genehmigter Ausgang auch für einen Tag lässt die Wirkung des Beschlusses dabei ebenso wenig entfallen wie eine Flucht des Untergebrachten. 42

Der Betreuer hat die Entlassung dem Gericht **anzuzeigen**, Abs. 2 S. 4. 43

Nach § 330 FamFG kann das Gericht die Unterbringung auch selbst aufheben, wenn deren Voraussetzungen entfallen sind. 44

2. Ärztliche Zwangsbehandlung (Abs. 3, 3 a)

a) Gesetzgebungsverfahren

Durch das Gesetz zur Regelung der betreuungsrechtlichen Einwilligung in eine ärztliche Zwangsmaßnahme vom 18.2.2013 (BGBl. I, 266) wurde die ärztliche Zwangsbehandlung gesetzlich ausdrücklich geregelt. Der Bundesgerichtshof hatte bis 2012 in ständiger Rechtsprechung Abs. 1 Nr. 2 als gesetzliche Grundlage für eine betreuungsrechtliche Zwangsbehandlung genügen lassen.[53] 45

Nachdem das **Bundesverfassungsgericht** ärztliche Zwangsmaßnahmen aufgrund des Maßregelvollzugsgesetzes in Rheinland-Pfalz[54] und des Unterbringungsgesetzes in Baden-Württemberg[55] für verfassungswidrig erklärte, weil die Voraussetzungen für die Eingriffe nicht genügend gesetzlich geregelt gewesen seien, verwies das Bundesverfassungsgericht in seinem Beschluss vom 15.12.2011[56] darauf, dass diese Grundsätze auf betreuungsrechtliche Unterbringungen anzuwenden seien.

Daraufhin gab der **Bundesgerichtshof** seine Rechtsprechung auf und erklärte die Zwangsbehandlung im Rahmen einer geschlossenen Unterbringung für unzulässig.[57]

Der **Gesetzgeber** schuf sodann aufgrund eines Gesetzentwurfs aus der Mitte des Bundestages[58] mit dem Gesetz vom 18.2.2013 die erforderliche gesetzliche Grundlagen für die ärztliche Zwangsbehandlung, mit dem die bis 2012 geltende Rechtslage möglichst nahe abgebildet werden sollte.[59] Insofern kann bei der Auslegung der Neuregelung auch auf die bisherige Rechtsprechung zurückgegriffen werden.

Wesentliche Änderungen betreffen das Verfahren in §§ 321 und 329 FamFG.

Für die ärztliche Zwangsbehandlung ist auch ein Betreuer zu bestellen.[60]

---

52 OLG Hamm BtPrax 2000, 34 f.
53 BGH BtPrax 2011, 38; 2008, 115.
54 BVerfGE 128, 282 = BtPrax 2011, 112.
55 BVerfGE 129, 269 = BtPrax 2011, 253; vgl. auch Beschluss v. 20.2.2013, 2 BvR 228/12 zum sächsischen Landesrecht.
56 BtPrax 2012, 61.
57 BGH BtPrax 2012, 156; BtPrax 2012, 253.
58 BT-Drucks. 17/11513.
59 BT-Drucks. 17/11513, 6.
60 BGH FamRZ 2013, 618.

b) Abwendung eines drohenden erheblichen gesundheitlichen Schadens

46 In Abs. 1 Nr. 2 ist nunmehr klargestellt, dass die Freiheit des Betreuten nur aus **besonders gewichtigem Grund** zu seinem Wohl angetastet werden darf. Dies ist Ausfluss des Verhältnismäßigkeitsgrundsatzes.[61] Damit ist klargestellt, dass die Zwangsbehandlung bei einfachen Erkrankungen weiterhin unzulässig bleibt.

c) Ärztliche Zwangsmaßnahme

47 In Abs. 3 ist nunmehr die ärztliche Zwangsmaßnahme gesetzlich definiert: Die ärztliche Maßnahme muss **gegen den natürlichen Willen** des Betreuten erfolgen. Diesen natürlichen Willen kann auch der einwilligungsunfähige Betreute bilden. Der natürliche Wille liegt vor, wenn der Betreute das Für und Wider gegeneinander abwägen und die Folgen seiner Entscheidung überblicken kann.

Der natürliche Wille ist zu respektieren, auch wenn sich die Entscheidung als wenig rational darstellt. Andererseits liegt keine Verweigerung und damit auch keine Zwangsbehandlung vor, wenn der Betreute gar keinen Willen bildet oder äußert.[62] Der Wille des Betreuten kann sich zudem auch aus einer Patientenverfügung iSd § 1901 a BGB ergeben.

Ob dieser natürliche Wille vorliegt, muss das Gericht mit ärztlichem Rat und aufgrund der notwendigen Anhörung prüfen.

d) Keine Einsichtsfähigkeit (Nr. 1)

48 Die Zwangsbehandlung darf nur angeordnet werden, wenn der Betreute einwilligungsunfähig ist. Dieses Merkmal entspricht insofern Abs. 1 Nr. 2 (s. Rn 32).

e) Vorheriges Gespräch (Nr. 2)

49 Mit dem Betreuten soll ernsthaft, mit dem nötigen Zeitaufwand und ohne Ausübung unzulässigen Drucks versucht werden, den Betreuten von der Notwendigkeit der Maßnahme zu überzeugen. Diese Voraussetzung wurde auf Empfehlung des Rechtsausschusses aus Gründen der Klarstellung eingefügt.[63]

f) Erforderlichkeit im engeren Sinne (Nr. 3 und 4)

50 Die Zwangsbehandlung soll **ultima ratio** bleiben. Nur wenn die Maßnahme ärztlich indiziert ist, um den drohenden erheblichen Schaden abzuwenden und keine anderen Mittel zur Verfügung stehen, darf der Betreute zwangsweise behandelt werden.

In Ausgestaltung des Verhältnismäßigkeitsprinzips ist es erforderlich, die zu **duldende Zwangsbehandlung so präzise wie möglich zu bezeichnen**, damit der Unterbringungszweck sowie Inhalt, Gegenstand und Ausmaß der Behandlung

---

[61] BGH BtPrax 2010, 292.
[62] BT-Drucks. 11/11513, 8.
[63] BT-Drucks. 17/12086, 11.

hinreichend konkretisiert sind.[64] Ein Behandlungskonzept ist grundsätzlich erforderlich.[65]

Dazu soll nach (strittiger) Auffassung des BGH erforderlich sein, bei einer Behandlung mit Medikamenten in der Regel das **Arzneimittel** oder den Wirkstoff, die (Höchst-)Dosierung und die Verabreichungshäufigkeit zu benennen. Vorsorglich sollte zudem eine **alternative Medikation** benannt werden, falls das in erster Linie zu verabreichende Medikament sich als ungeeignet herausstellt.[66] Im Gesetzgebungsverfahren ist die Frage der Bezeichnung der Medikation nicht erörtert worden.

g) Überwiegen des zu erwartenden Nutzens (Nr. 5)

Je schwerwiegender der Eingriff ist, umso deutlicher muss der Nutzen für den Betreuten überwiegen. Der Nutzen muss mithin deutlich überwiegen.[67] Dabei sind auch die Nebenwirkungen der beabsichtigten Medikation[68] sowie die Ergebnisse bereits erfolgter Behandlungen zu berücksichtigen.[69] 51

h) Vorsorgevollmacht

In Abs. 5 ist klargestellt, dass die Einwilligung in eine ärztliche Zwangsbehandlung auch aufgrund einer Vorsorgevollmacht erfolgen kann, wenn die Vollmacht schriftlich erteilt ist und diese die ärztliche Zwangsmaßnahme ausdrücklich umfasst. 52

i) Anwendbarkeit von § 1846 BGB (Abs. 3 S. 2)

Die Unterbringung kann auch aufgrund § 1846 BGB in Eilfällen durch das Gericht ohne Bestellung eines Betreuers angeordnet werden (vgl Rn 97 f). Dies ist nach dem Wortlaut der Norm auch bei der ärztlichen Zwangsmaßnahme möglich. Man wird die Einschränkung von § 1846 BGB wohl dahin gehend verstehen müssen, dass der Gesetzgeber nunmehr auf jeden Fall die Bestellung eines Betreuers verlangt – notfalls mit **einstweiliger Anordnung** nach §§ 300, 301 FamFG. Nachdem nun bei der Anordnung der ärztlichen Zwangsmaßnahme nach § 312 S. 3 FamFG stets ein Verfahrenspfleger zu bestellen ist, spricht auch dies dafür, stets einen Betreuer bestellen zu müssen. 53

j) Genehmigung der Maßnahme und Widerruf der Einwilligung (Abs. 3 a)

Abs. 3 a entspricht bei der ärztlichen Zwangsbehandlung Abs. 2. Insofern wird auf die Kommentierung oben (Rn 36–44) verwiesen. Anders als bei der Unterbringung (vgl Abs. 2 S. 2) ist eine Zwangsbehandlung ohne Genehmigung bei Gefahr in Verzug unzulässig, da in Abs. 3 a eine entsprechende Regelung fehlt. 54

---

64 BGH NJW 2006, 1277, 1281; OLG Karlsruhe FGPrax 2007, 263, 265; OLG Schleswig FGPrax 2008, 180; OLG Celle BtPrax 2007, 263; OLG Brandenburg FamRZ 2007, 1127.
65 OLG Schleswig FGPrax 2008, 180.
66 BGH NJW 2006, 1277, 1281; aA OLG Karlsruhe FGPrax 2007, 263, das die Ausführungen des BGH als obiter dicta bewertete und deshalb von einer Vorlage nach § 28 FGG aF absah.
67 Vgl auch BVerfGE 128, 282 unter Ziffer 61.
68 OLG Köln NJW-RR 2006, 1664.
69 OLG Celle BtPrax 2007, 263.

k) Ambulante Zwangsbehandlung

55 Die ambulante Zwangsbehandlung war seit jeher von § 1906 BGB nicht erfasst.[70] Rechtspolitische Überlegungen, diese als auf den ersten Blick milderes Mittel gesetzlich zu regeln, ist der Gesetzgeber auch anlässlich der Neufassung von § 1906 BGB nicht gefolgt. Sie bleibt auch weiterhin unzulässig.

3. Unterbringungsähnliche Maßnahmen (Abs. 4)

56 Durch Abs. 4 werden die sogenannten unterbringungsähnlichen Maßnahmen der Unterbringung iSd Absatzes 1 gleichgestellt. Für sie gelten die Absätze 1 und 2 entsprechend. Im Einzelnen bestehen folgende Voraussetzungen:

a) Betreuung mit hinreichendem Aufgabenkreis

57 Die Vorschrift findet Anwendung, wenn ein Betreuer bestellt ist, der einen für eine Freiheitsentziehung ausreichenden Aufgabenkreis hat (vgl oben Rn 5).

b) Freiheitsentzug

58 Der Freiheitsentzug nach Abs. 4 ist von demjenigen nach Abs. 1 zu unterscheiden. Während bei der Unterbringung nach Abs. 1 der Freiheitsentzug für alle Bewohner der Unterbringungseinrichtung grundsätzlich gleich ist, handelt es sich bei der Freiheitsentziehung durch unterbringungsähnliche Maßnahmen um solche, die nur einzelne Bewohner treffen.[71] Dies ist zB der Fall, wenn einzelne Bewohner einer Einrichtung mangels Schlüssels nicht in der Lage sind, die Einrichtung zu verlassen, während andere über einen Schlüssel verfügen.[72]

59 Voraussetzung für einen Freiheitsentzug ist ein **natürlicher Wille** im Hinblick auf eine Fortbewegung und die Fähigkeit, diesen Willen umzusetzen, selbst wenn dazu Hilfsmittel (zB ein Rollstuhl) erforderlich sein sollten.[73] Ein Freiheitsentzug liegt auch vor, wenn objektiv zwar keine Fortbewegungsmöglichkeit besteht, aber dennoch ein entsprechender Wille gebildet wird.

60 Eine Freiheitsentziehung liegt dagegen nicht mehr vor, wenn ein **völlig Bewegungsunfähiger** oder eine Person, die auch keinen natürlichen Willen mehr bilden kann, lediglich durch eine Vorrichtung vor dem **Herausfallen** aus dem Bett geschützt werden soll.[74] Im Zweifel ist von einem natürlichen Willen zur Fortbewegung auszugehen.[75]

61 Ein Freiheitsentzug liegt weiterhin nicht vor, wenn der Betreute wirksam in die Freiheitsentziehung **einwilligt** (vgl oben Rn 9 ff).

c) Mittel zur Freiheitsentziehung

62 Abs. 4 nennt als Mittel zur Freiheitsentziehung mechanische Vorrichtungen, Medikamente oder Sonstiges. **Typische Maßnahmen** sind:

---

[70] BGH BtPrax 2001, 32; BtPrax 2008, 115.
[71] LG Ulm BtPrax 2010, 245.
[72] BtKomm, G Rn 11.
[73] OLG Hamm FamRZ 1993, 1490.
[74] OLG Bamberg BtPrax 2012, 175; BGH BtPrax 2012, 206.
[75] OLG Hamm FamRZ 1993, 1490.

- Festbinden des Betreuten im Bett durch einen Beckengurt,[76]
- Bettgitter,[77]
- Anbringen eines Therapietisches an Stuhl oder Rollstuhl,[78]
- Arretieren des Rollstuhls,
- Verhindern des Verlassens der Einrichtung durch Abschließen oder komplizierte Schließmechanismen,
- Verhindern des Verlassens der Einrichtung durch Schlafmittel oder Psychopharmaka,
- Verhindern des Verlassens der Einrichtung durch Personal,
- Wegnahme der Straßenkleidung.

Die freiheitsentziehende Maßnahme muss **zielgerichtet** sein. Wird ein Schlafmittel gezielt dazu verabreicht, den Betreuten an seiner Fortbewegung zu hindern, liegt eine Freiheitsentziehung vor. Dient die Medikamentengabe dazu, für den Schlaf des Betreuten zu sorgen, fehlt es an der Zielrichtung Freiheitsbeschränkung.[79]

d) Dauer und Häufigkeit der Freiheitsentziehung

Die Freiheitsentziehung muss durch die oben beschriebenen Mittel über einen längeren **Zeitraum**[80] oder **regelmäßig** erfolgen.

Es besteht keine Einigkeit, wie lang der für das Eingreifen der Vorschrift vorausgesetzte **Zeitraum** sein muss: Es werden Zeiträume von einem Tag bis zu 14 Tagen angegeben.[81] Maßgeblich sollte die Schwere des Eingriffs sein: Bei einer Fesselung ist eine kürzere Frist geboten als beim Abschließen einer Tür.[82]

Die Alternative „**Regelmäßigkeit**" liegt vor, wenn die Maßnahme stets zur selben Zeit (nachts) oder aus demselben Anlass (Unruhezustand des Betreuten) erfolgt.

e) Aufenthalt des Betreuten in Heim, Anstalt oder sonstiger Einrichtung

Werden freiheitsentziehende Maßnahmen bei einem Betreuten notwendig, der – in der Regel von Angehörigen – **zu Hause gepflegt** wird, so greift die Vorschrift nicht ein und es ist insbesondere für die freiheitsentziehende Maßnahme keine richterliche Genehmigung notwendig. Der Gesetzgeber will pflegenden Angehörigen nicht mit staatlichem Misstrauen begegnen.

Dennoch ist für die Freiheitsbeschränkung selbstverständlich eine **Rechtfertigung** notwendig. In Betracht kommt in erster Linie Nothilfe nach § 32 StGB, weil zB der Betreute eingeschlossen werden muss, damit er die Wohnung nicht verlässt und sich im Straßenverkehr gefährdet.

---

76 BayObLG FamRZ 1994, 721; BGH BtPrax 2012, 206.
77 OLG Frankfurt/M. FamRZ 1994, 992; BGH BtPrax 2012, 206.
78 OLG Frankfurt/M. aaO.
79 Vgl OLG Hamm FGPrax 1997, 64.
80 OLG Frankfurt/M. FGPrax 2007, 149.
81 Vgl Knittel, § 1906 BGB Rn 47.
82 So auch Knittel, aaO.

68 Dieser Zielrichtung entsprechend ist der Begriff der „**Einrichtung**" weit zu fassen. Er schließt Krankenhäuser und Altersheime, aber auch Ausgliederungen von Einrichtungen wie betreute Wohngruppen ein.

69 Auch die eigene **Wohnung** kann eine Einrichtung im Sinne der Vorschrift sein, wenn sie nicht durch pflegende Familienangehörige, sondern durch **fremde Pflegekräfte** abgeschlossen wird.[83]

f) Keine Anwendung bei nach Abs. 1 Untergebrachten

70 Nach dem Wortlaut des Abs. 4 findet die Vorschrift nur Anwendung, wenn der Betreute nicht (nach Abs. 1) untergebracht ist. Da jedoch das Anbinden an ein Bett auch für einen in einer geschlossenen Abteilung eingesperrten Betreuten eine qualitativ erheblich weitergehende Einschränkung seiner Bewegungsfreiheit bedeutet, ist auch in diesem Fall unter **verfassungskonformer Auslegung** der Vorschrift eine Genehmigung notwendig.[84]

g) Voraussetzungen für die Zulässigkeit der Maßnahme

71 Die Regelungen des Abs. 1 sind entsprechend anzuwenden. Die freiheitsentziehende Maßnahme muss daher zum Wohl des Betreuten **erforderlich** sein. Die Erforderlichkeit der Maßnahme ist einer strengen Prüfung, die sich am verfassungsrechtlichen Grundsatz der Verhältnismäßigkeit auszurichten hat, zu unterziehen.[85] Denn das hohe Rechtsgut der Freiheit eines Menschen darf nur aus besonders wichtigem Grund angetastet werden.[86]

72 Im Rahmen der Erforderlichkeit ist insbesondere zu berücksichtigen, dass kein **milderes Mittel** als die Freiheitsentziehung möglich sein darf. So kann ein Bettgitter zum Schutz vor dem Herausfallen aus dem Bett entbehrlich sein, wenn das Bett abgesenkt wird, und damit keine Gefahr mehr besteht, oder der Betroffene in einem **Bettnest** (Matratze am Boden, Umgebung mit Polstern abgesichert) schlafen kann.[87] Auch kann ein Bettgitter so angebracht werden, dass der Betreute willentlich noch das Bett verlassen kann, aber vor Stürzen geschützt wird. Zusätzlich ist in Rechnung zu stellen, dass gerade unterbringungsähnliche Maßnahmen wie das Angurten im Bett erhebliche Risiken bis hin zum Tod für den Betroffenen bedeuten. Schließlich sind negative Folgen für die psychische Konstitution des Betroffenen durch die freiheitsentziehende Maßnahme mit den körperlichen Konsequenzen eines Sturzes abzuwägen.[88]

73 Rein **finanzielle Erwägungen** sind grundsätzlich nicht geeignet, freiheitsentziehende Maßnahmen zu rechtfertigen. Allerdings können auch nicht unbezahlbare Personalverstärkungen verlangt werden.[89]

---

83 OLG Hamburg FamRZ 1995, 1019.
84 BayObLG FamRZ 1994, 721; OLG Frankfurt/M. FGPrax 2007, 149.
85 OLG München FamRZ 2006, 441.
86 BVerfG NJW 1998, 1774; BayObLG FamRZ 2002, 908; OLG München FamRZ 2006, 441.
87 OLG München FamRZ 2006, 441.
88 OLG München FamRZ 2006, 441.
89 OLG Hamm FamRZ 1994, 1490; BayObLG FamRZ 1994, 1617.

4. Unterbringung durch einen Bevollmächtigten (Abs. 5)

Die Vorschrift soll die Bedeutung der Vorsorgevollmacht als Mittel zur Vermeidung von Betreuungen stärken. Vor Einführung des Abs. 5 durch das 1. BetrÄndG ab 1.1.1999 war streitig, ob die Unterbringung aufgrund einer vom Betreuten erteilten Vollmacht möglich war. Mit der Einführung von Abs. 5 hat der Gesetzgeber klargestellt, dass auch ein Bevollmächtigter den Vollmachtgeber unterbringen oder unterbringungsähnlichen Maßnahmen unterziehen kann. 74

Dazu muss die Vollmacht zunächst **schriftlich** erteilt sein. Die Benutzung eines Formulars reicht aus; die eigenhändige Unterschrift ist notwendig, § 126 BGB. 75

Zusätzlich muss die Vollmacht **ausdrücklich** die Unterbringung oder unterbringungsähnliche Maßnahmen umfassen. In der Regel wird es sich empfehlen, den Text der Abs. 1 und 4 wörtlich in die Vollmacht zu übernehmen. Der BGH hat es aber auch genügen lassen, wenn von „Unterbringungsregelungen" die Rede war.[90] 76

Der Vollmachtgeber muss bei Erteilung der Vollmacht **geschäftsfähig** sein, jedenfalls muss er in Bezug auf eine Freiheitsentziehung einwilligungsfähig sein. 77

Das Gleiche gilt für einen **Widerruf** der Vollmacht. Würde man natürliche Ablehnung der Unterbringung als Widerruf der Vollmacht auslegen, wäre die Unterbringungsvollmacht sinnlos.[91] 78

Vor dem 1.1.1999 erteilte Vollmachten müssen für Unterbringungen der Form des Abs. 5 genügen, da es auf die Gesetzeslage zum Zeitpunkt einer gerichtlichen Entscheidung ankommt.[92] 79

Macht der Bevollmächtigte von der Vollmacht Gebrauch und ordnet eine Unterbringung oder unterbringungsähnliche Maßnahme an, gelten die Regelungen von § 1906 Abs. 1 bis Abs. 4 BGB entsprechend (§ 1906 Abs. 5 S. 2 BGB). 80

Darin liegt eine **Einschränkung der Handlungsmacht** des Bevollmächtigten und damit eine Beschränkung der Rechtsmacht des Betroffenen, frei von staatlichem Einfluss sein Leben für den Fall der psychischen Erkrankung, geistigen oder seelischen Behinderung zu gestalten. 81

Dazu hat das **BVerfG** im Rahmen eines **Normenkontrollverfahrens** nach Art. 100 GG entschieden, § 1906 Abs. 5 S. 2 BGB stelle grundsätzlich keinen ungerechtfertigten Eingriff in Art. 1 Abs. 1, Art. 2 Abs. 1 GG dar, da der Genehmigungsvorbehalt dem Schutz des Betroffenen diene, das Selbstbestimmungsrecht des Betroffenen aber unangetastet lasse. Denn die Befugnis, die eigenen Angelegenheiten durch Vollmacht zu gestalten, werde nicht eingeschränkt.[93] Mit dem weitergehenden Gedanken, die Kontrolle als solche schränke das Selbstbestimmungsrecht ein, beschäftigte sich das BVerfG aus formalen Gründen nicht, da das vorlegende Gericht diesen Aspekt im Rahmen seiner Vorlageentscheidung nicht genannt hatte.[94] 82

---

90 BGH FamRZ 2012, 969.
91 Vgl MK/Schwab, § 1906 BGB Rn 132.
92 OLG Zweibrücken FamRZ 2003, 113, 114.
93 BVerfG BtPrax 2009, 118.
94 BVerfG BtPrax 2009, 118, 120.

5. Ärztliche Zwangsmaßnahme aufgrund der Vorsorgevollmacht

83 In Abs. 5 ist klargestellt, dass die Einwilligung in eine **ärztliche Zwangsbehandlung** nach Abs. 3 auch aufgrund einer Vorsorgevollmacht erfolgen kann, wenn die Vollmacht schriftlich erteilt ist und diese die ärztliche Zwangsmaßnahme ausdrücklich umfasst.

6. Weitere Rechtsgrundlagen für eine Unterbringung

84 Neben der zivilrechtlichen Unterbringung nach § 1906 BGB zum Schutz des Betroffenen ist die sogenannte **öffentlich-rechtliche Unterbringung** nach den Landesunterbringungsgesetzen oder bundesrechtlich nach dem Aufenthaltsgesetz oder dem Infektionsschutzgesetz möglich. Diese dienen in erster Linie dem Schutz der Allgemeinheit und setzen zudem, anders als Abs. 1 Nr. 1, eine akute, unmittelbar bevorstehende Gefahr voraus.[95]

85 Eine **Überschneidung** zwischen zivilrechtlicher und öffentlich-rechtlicher Unterbringung kommt bei einer Selbstgefährdung des Betroffenen in Betracht. Dann sind sachliche Gesichtspunkte für die Wahl der Rechtsgrundlage entscheidend: Ist bereits ein Betreuer bestellt oder muss er im Wege einstweiliger Anordnung bestellt werden, hat die zivilrechtliche Unterbringung **Vorrang, zumal sie auch das mildere Mittel darstellt**.[96] Der Betreuer kann aber die Wirkung der öffentlich-rechtlichen Unterbringung nicht beseitigen.[97]

86 Eine **strafrechtliche Unterbringung** ist nach den §§ 63, 64 StGB möglich. Diese Unterbringung dient dem Schutz der Allgemeinheit vor auch in Zukunft gefährlichen Straftätern unabhängig vom Strafvollzug.[98]

III. Bedeutung für das Betreuungsgericht

1. Allgemeines

87 Das Betreuungsgericht hat im Rahmen seiner **Aufsicht** (§§ 1908 i Abs. 1 S. 1, 1837 Abs. 2 S. 1 BGB) dafür zu sorgen, dass der Betreuer die Vorschrift beachtet und die erforderlichen Genehmigungen einholt. Es hat den Betreuer auch zu beraten (§§ 1908 i Abs. 1 S. 1, 1837 Abs. 1 S. 1 BGB), ob die Voraussetzungen für eine Unterbringung vorliegen.

88 Entzieht ein **Bevollmächtigter** einem Vollmachtgeber ohne die erforderliche Genehmigung die Freiheit, wird das Gericht die Bestellung eines **Kontrollbetreuers** nach § 1896 Abs. 3 BGB zu prüfen haben.

89 Ansonsten hat das Gericht bei der Genehmigung die materiellen Voraussetzungen insbesondere der Absätze 1, 3 bis 5 zu prüfen und festzulegen, ob die **Höchstdauer** der Unterbringung (vgl § 329 Abs. 1 FamFG) von maximal einem Jahr, bei offensichtlich längerer Unterbringungsbedürftigkeit von maximal zwei Jahren ausgeschöpft wird.

90 Obwohl die Verantwortung für die Unterbringung bei dem Betreuer/Bevollmächtigten liegt, kann das Gericht wegen der besonderen Gefahren bei einer

---

[95] BGH BtPrax 2010, 78; vgl dazu § 312 FamFG Rn 8 ff.
[96] OLG Hamm BtPrax 2000, 35.
[97] BayObLG FamRZ 2001, 657.
[98] BGH NStZ 2002, 533.

Fixierung bestimmen, dass diese nur nach ausdrücklicher Anordnung durch den behandelnden Arzt angewandt werden darf.

2. Verfahren

Das **Verfahren** ist in den §§ 312 ff FamFG ausführlich geregelt: 91

Ein förmlicher Antrag des Betreuers ist nicht erforderlich, allerdings ist zumindest eine **Mitteilung** nötig, dass eine Unterbringungsmaßnahme gewünscht und beabsichtigt ist.[99] 92

Das Gericht hat grundsätzlich einen **Verfahrenspfleger** zu bestellen (§ 317 Abs. 1 FamFG). Der Betreute ist **anzuhören** (§ 319 FamFG). Nahestehenden Personen ist nach Maßgabe der §§ 320, 315 Abs. 4 FamFG Gelegenheit zur Äußerung zu geben. Das Gericht muss ein **Sachverständigengutachten**[100] einholen (§ 321 FamFG). 93

In dem **Genehmigungsbeschluss** hat das Gericht die Höchstdauer der Unterbringung gem. § 323 Nr. 2 FamFG anzugeben. 94

3. Beendigung der Unterbringung

Nach Mitteilung der **Entlassung** des Betreuten/Vollmachtgebers hat das Gericht die **Genehmigung aufzuheben**, damit eine verbrauchte Genehmigung nicht für eine weitere Unterbringung genutzt werden kann.[101] 95

Das **Gericht** kann nach § 330 FamFG die Unterbringung **selbst aufheben**, wenn deren Voraussetzungen entfallen sind. 96

4. Eilfälle

Das Gericht selbst kann unter den Voraussetzungen der §§ 1908 i Abs. 1 S. 1, 1846 BGB – insbesondere während des richterlichen Eildienstes – den Betroffenen selbst unterbringen. In diesem Fall muss sichergestellt werden, dass dem Betroffenen **innerhalb weniger Tage** ein zumindest **vorläufiger Betreuer** zur Seite steht, der über die Fortdauer der Unterbringung in eigener Verantwortung entscheiden kann. Wird diesem Erfordernis nicht genügt, ist die Anordnung der Unterbringung von Anfang an unzulässig.[102] 97

Bei Vorliegen der entsprechenden Voraussetzungen kann das Gericht mit **einstweiliger Anordnung** nach §§ 300, 301 FamFG einen vorläufigen Betreuer bestellen und gleichzeitig mit einstweiliger Anordnung nach §§ 331–334 FamFG die Unterbringung durch den vorläufigen Betreuer genehmigen. Dann genügt ein ärztliches Zeugnis (§ 331 Abs. 1 S. 1 Nr. 2 FamFG); die Unterbringung darf sechs Wochen (§ 333 S. 1 FamFG) und einschließlich Verlängerungen drei Monate nicht überschreiten (§ 333 S. 4 FamFG). 98

---

99 BayObLG FamRZ 2000, 565.
100 Vgl zu den Anforderungen dazu BGH BtPrax 2010, 291.
101 BayObLG BtPrax 1995, 144.
102 BGH FamRZ 2002, 744; OLG München BtPrax 2008, 77; OLG München OLGReport 2006, 784; OLG München OLGReport 2005, 885; OLG Brandenburg BtPrax 2007, 223.

5. Zuständigkeit

99 Funktional zuständig ist der Richter, da nur er freiheitsentziehende Maßnahmen genehmigen darf (§ 4 Abs. 2 Nr. 2 RPflG).

IV. Bedeutung für den Bevollmächtigten

100 Der Bevollmächtigte hat zunächst die ihm im **Innenverhältnis** vom Vollmachtgeber erteilten Weisungen zu beachten.

101 Er hat **rechtzeitig den erforderlichen Antrag** auf Genehmigung der Unterbringung oder der ärztlichen Zwangsmaßnahme zu stellen bzw nachzuholen, falls die Unterbringung nach Abs. 2 S. 2 ohne vorherige Genehmigung erfolgte.

102 Der Bevollmächtigte kann nach § 326 FamFG die Unterstützung der Betreuungsbehörde in Anspruch nehmen, wenn eine Unterbringung nur mit **Gewalt** durchgesetzt werden kann.

103 Er hat die **Erforderlichkeit** der Maßnahme **ständig zu prüfen** und sie bei Wegfall der Voraussetzungen aufzuheben, vgl Abs. 2 S. 3.

104 Von jeder Beendigung einer Unterbringung oder unterbringungsähnlichen Maßnahme hat er dem **Gericht Mitteilung zu machen** (Abs. 2 S. 4).

V. Bedeutung für die Betreuungsbehörde

105 Die Betreuungsbehörde hat bei ihrer **Beratungstätigkeit** nach § 6 Abs. 1 S. 2 BtBG darauf hinzuwirken, dass die Vollmacht die Unterbringungsmaßnahmen der Abs. 1, 3 und 4 ausdrücklich umfasst, vgl § 1906 Abs. 5 S. 1 BGB. Zur Sicherheit kann der Text der Vorschrift in die Vollmacht übernommen werden.

106 Auch vor einer **Beglaubigung** der Vollmacht nach § 6 Abs. 2 BtBG muss sie auf eine nicht ausreichende Formulierung hinweisen.

VI. Bedeutung für den Betreuungsverein

107 Der Betreuungsverein hat bei seiner **Beratungstätigkeit** nach § 1908f Abs. 1 Nr. 2a BGB darauf hinzuwirken, dass die Vollmacht die Unterbringungsmaßnahmen der Abs. 1, 3 und 4 ausdrücklich umfasst, vgl § 1906 Abs. 5 S. 1 BGB. Zur Sicherheit kann der Text der Vorschrift in die Vollmacht übernommen werden.

VII. Bedeutung für den Betreuer

108 Der Betreuer ist auch bei der Unterbringung nach Maßgabe des § 1901 Abs. 2, 3 BGB **selbstständig verantwortlich**. Er hat rechtzeitig den erforderlichen Antrag auf Genehmigung der Unterbringung zu stellen bzw nachzuholen, falls die Unterbringung nach Abs. 2 S. 2 ohne vorherige Genehmigung erfolgte.

109 Er hat die Erforderlichkeit der Maßnahme **ständig zu prüfen** und sie bei Wegfall der Voraussetzungen aufzuheben, vgl Abs. 2 S. 3.

110 **Gewaltanwendung** ist nach Maßgabe des § 326 FamFG möglich.

111 Von jeder Beendigung einer Unterbringung oder unterbringungsähnlichen Maßnahme hat er dem Gericht **Mitteilung** zu machen (Abs. 2 S. 4).

VIII. Bedeutung für die unterbringende Einrichtung

Die unterbringende Einrichtung hat den **Betreuer/Bevollmächtigten** von einer die Entlassung rechtfertigenden Änderung des Gesundheitszustandes des Betroffenen zu **unterrichten**, damit dieser für die Entlassung des Betroffenen sorgen kann. — 112

Die Einrichtung hat das **Gericht vom Wegfall** der Unterbringungsvoraussetzung zu **unterrichten**, damit dieses selbst die Entlassung des Betroffenen veranlassen kann (§ 330 FamFG). — 113

Gegebenenfalls hat die Einrichtung den Betroffenen **selbst zu entlassen**.[103] — 114

§ 1907 BGB Genehmigung des Betreuungsgerichts bei der Aufgabe der Mietwohnung

(1) ¹Zur Kündigung eines Mietverhältnisses über Wohnraum, den der Betreute gemietet hat, bedarf der Betreuer der Genehmigung des Betreuungsgerichts. ²Gleiches gilt für eine Willenserklärung, die auf die Aufhebung eines solchen Mietverhältnisses gerichtet ist.

(2) ¹Treten andere Umstände ein, auf Grund derer die Beendigung des Mietverhältnisses in Betracht kommt, so hat der Betreuer dies dem Betreuungsgericht unverzüglich mitzuteilen, wenn sein Aufgabenkreis das Mietverhältnis oder die Aufenthaltsbestimmung umfasst. ²Will der Betreuer Wohnraum des Betreuten auf andere Weise als durch Kündigung oder Aufhebung eines Mietverhältnisses aufgeben, so hat er dies gleichfalls unverzüglich mitzuteilen.

(3) Zu einem Miet- oder Pachtvertrag oder zu einem anderen Vertrag, durch den der Betreute zu wiederkehrenden Leistungen verpflichtet wird, bedarf der Betreuer der Genehmigung des Betreuungsgerichts, wenn das Vertragsverhältnis länger als vier Jahre dauern oder vom Betreuer Wohnraum vermietet werden soll.

I. Einleitung 1	1. Anwendung auf Heimplätze, Wohngemeinschaften und andere Wohnformen 15
II. Bedeutung für den Betreuer 3	
1. Aufgabenkreis 3	
2. Zulässigkeit der Wohnungskündigung gegen den Willen des Betroffenen 6	2. Sonderfälle 17
a) Wunschbefolgungspflicht 6	a) Kündigung vor Betreuung 17
b) Zwangsbefugnisse 7	b) Bestehende Partnerschaft 18
III. Genehmigungserfordernisse (Abs. 1) 10	c) Fortsetzung eines Mietverhältnisses mit dem Betroffenen als Erben ... 19
1. Kündigung 11	
2. Aufhebung 13	V. Bedeutung für das Betreuungsgericht 21
IV. Anwendungsbereich 15	

---

103 Jürgens/Marschner, § 1906 BGB Rn 29.

1. Verfahren	22	b) Wirksamkeit	33
a) Anhörung	22	c) Folgen verzögerter Entscheidung	36
b) Verfahrenspfleger	25		
c) Ärztliches Attest	27	**VI. Genehmigung zur Vermietung von Wohnraum des Betreuten (Abs. 3)**	39
d) Grenzen des Betroffenenschutzes	28		
2. Genehmigungskriterien	29	1. Vermietung	39
3. Entscheidung	31	2. Anmietung	41
a) Beschluss	31		

I. Einleitung

1 Es kann Situationen geben, in denen der Betreuer den Wohnraum des Betreuten im Zusammenhang mit einer Veränderung des Aufenthaltes (zB **Umzug ins Heim**) aufgeben muss. Der Umzug ins Heim an sich ist genehmigungsfrei.[1] Der damit einhergehende Verlust der Wohnung stellt jedoch einen gravierenden Einschnitt in den Lebenslauf betreuter Menschen dar. Daher soll die Wohnung des Betreuten als der räumliche Mittelpunkt seines Lebens[2] durch diese Vorschrift, insbesondere vor einer „unkontrollierten, unzeitigen Auflösung",[3] besonders geschützt werden.

2 Es kommt nicht darauf an, wer den Mietvertrag abgeschlossen hat. Entscheidend ist, dass der Betroffene durch den Mietvertrag die Rechtsposition des Mieters oder Mitmieters erworben hat. Der Genehmigungsvorbehalt greift dann nicht, wenn der Betreute Mieter ist, ohne den Mietvertrag selbst geschlossen zu haben, zB wenn er als Ehegatte oder Erbe in den Mietvertrag eingetreten ist.[4] Einschränkend interpretiert ist jedoch nur der vom Betreuten selbst bewohnte Wohnraum durch § 1907 Abs. 1 BGB geschützt, da nicht Rechtsbeziehungen (also die zwischen dem Mieter und Vermieter) geschützt werden sollen, sondern die Wohnung als individuell-räumlicher Mittelpunkt des sozialen Lebens einer Person. Daher bedarf die Aufrechterhaltung der Mietwohnung trotz anderweitiger Unterbringung des Betreuten keiner gerichtlichen Genehmigung.[5]

II. Bedeutung für den Betreuer

1. Aufgabenkreis

3 Ein Mietverhältnis kann beendet werden durch Kündigung oder eine sonstige Willenserklärung, die auf die Aufhebung eines Mietverhältnisses gerichtet ist.

4 **Voraussetzung** für ein Betreuerhandeln ist, dass diese Angelegenheit zu seinem **Aufgabenkreis** gehört. Unstrittig legitimieren folgende Aufgabenkreise ein Betreuerhandeln in diesem Bereich:

---

1 Kritisch dazu mit sehr überzeugenden Argumenten: Sonnenfeld, Betreuungs- und Pflegschaftsrecht, 2. Aufl. 2001, Rn 310.
2 Vgl BVerfG WuM 1993, 377: Demnach ist die Wohnung Lebensmittelpunkt des Mieters; das Wohnrecht räumt ihm weiten Freiraum für eine Lebensführung ein. Das Besitzrecht an der Wohnung steht dem Eigentum iSd Art. 14 GG gleich.
3 BT-Drucks. 11/4528, 83 ff.
4 LG Berlin FamRZ 2000, 1526; § 1907 BGB Rn 15.
5 BayObLG FamRZ 2004, 834.

- alle Angelegenheiten,[6]
- Wahrnehmung der Rechte aus dem Mietverhältnis,
- Wohnungsangelegenheiten,
- Aufenthaltsbestimmung,[7]
- Wohnungsauflösung.[8]

Ob der Aufgabenkreis der Vermögenssorge zu einer Kündigung oder Aufhebung des Mietvertrages berechtigt, ist wegen des starken Bezuges der Angelegenheit auf die Lebensumstände der Person umstritten.[9]

Sonnenfeld[10] vertritt die Auffassung, dass im Einzelfall zu prüfen wäre, ob tatsächlich ein Handeln des Betreuers in Bereichen, welche die Personensorge betreffen, erforderlich ist.

2. Zulässigkeit der Wohnungskündigung gegen den Willen des Betroffenen

a) Wunschbefolgungspflicht

Der Betreuer ist an den Wunsch des Betroffenen gebunden, soweit dies dessen Wohl nicht zuwider läuft, § 1901 Abs. 3 S. 1 BGB. Diese Bindung des Betreuers an den Wunsch des Betreuten besteht sogar dann, wenn der Betreute aufgrund seines Zustandes im konkreten Einzelfall nicht mehr zu einer Entscheidung fähig ist. Seine Wünsche sind nicht bereits deshalb unbeachtlich, weil er „geschäftsunfähig" iSd § 104 Nr. 2 BGB oder „einwilligungsunfähig" ist, dem Betroffenen ein Schaden droht oder der Betreuer etwas anderes für besser hält. § 1901 Abs. 3 S. 1 BGB räumt dem objektiven Wohl des Betroffenen keinen Vorrang vor seinen subjektiven Wünschen ein. Der betreute Mensch hat in gleichem Maße die Freiheit, ein Risiko zu tragen (verursacht durch Stürze, Umherirren, Nichtkontrollierbarkeit seines Handelns), wie ein Mensch ohne Betreuung.

b) Zwangsbefugnisse

Alle Maßnahmen, die im Bereich des Betreuungsgesetzes ohne oder gegen den Willen des Betroffenen ergriffen werden sollen, werden dann zur Zwangsmaßnahme, wenn der Betreuer über die Person des Betreuten (hier über seinen Aufenthalt bzw. die Aufgabe seines Lebensmittelpunktes) bestimmt.[11]

Bis auf Entscheidungen des Betreuers über den Fernmeldeverkehr und die Postkontrolle in § 1996 Abs. 4 BGB und die Anwendung von Zwang gem. § 326 FamFG im Rahmen der Vollziehung einer gerichtlich genehmigten Unterbringung, sind Zwangsmaßnahmen gegen den Betroffenen schlichtweg **nicht zuläs-**

---

6 MK/Wagenitz, § 1907 BGB Rn 1.
7 BayObLG FamRZ 1992, 1222; demnach muss der Aufgabenkreis „Aufenthaltsbestimmungsrecht" im Betreuungsrecht in einem erweiterten Sinne verstanden werden.
8 Damrau/Zimmermann, § 1907 BGB Rn 4, 5.
9 Dagegen: Damrau/Zimmermann, § 1907 BGB Rn 4; Jürgens/Marschner, § 1907 BGB Rn 2; aA: MK/Schwab, § 1907 BGB Rn 3; Staudinger/Bienwald, § 1907 BGB Rn 8. Klüsener, Rpfleger 1991, 225 zählt die Kündigung des Mietvertrages zum Bereich der Vermögenssorge, hält aber den ausdrücklichen Aufgabenkreis „Wohnungsauflösung" für erforderlich.
10 Sonnenfeld, Rn 301.
11 Bauer, Zwangsbefugnisse des Betreuers im Aufgabenkreis Wohnungsangelegenheiten?, FamRZ 1994, 1562.

sig. Unter welchen Voraussetzungen der Betreuer den Wunsch des Betroffenen unbeachtlich lassen darf, bestimmt § 1901 Abs. 3 S. 1 BGB. Demnach ist der Betreuer dann nicht an den Wunsch des Betroffenen gebunden, wenn der Betroffene in der konkreten Situation nicht mehr mit einem **freien Willen handeln** kann und sich durch die Verwirklichung seines Wunsches erheblich **selbst schädigen** würde.

9 Die Vertretungsmacht des Betreuers ist durch die Genehmigungserfordernisse der Abs. 1 und 3 eingeschränkt.

III. Genehmigungserfordernisse (Abs. 1)

10 Abs. 1 stellt zum einen die **Kündigung** eines Mietverhältnisses über Wohnraum, den der Betreute gemietet hat, und zum anderen eine Willenserklärung, die auf die **Aufhebung** eines solchen Mietverhältnisses gerichtet ist, unter ein Genehmigungserfordernis.

1. Kündigung

11 Die Kündigung ist eine einseitige, empfangsbedürftige Willenserklärung. Sie erfolgt durch eine **Erklärung des Betreuers an den Vermieter**, welche auf die Auflösung des Mietverhältnisses mit Wirkung auf die Zukunft gerichtet ist. Die Kündigung bedarf der Schriftform, § 586 Abs. 1 BGB, und wird mit Zugang an den Erklärungsempfänger wirksam.

12 Eine Kündigung, die der Betreuer ohne die erforderliche Genehmigung des Betreuungsgerichtes vornimmt, ist wegen § 1831 BGB unheilbar nichtig.[12] Mithin ist die Genehmigung zwingend vor der Kündigung einzuholen!

2. Aufhebung

13 Erfasst werden von Abs. 1 S. 2 sämtliche Formen einverständlicher Vertragsbeendigung, mithin auch ein gerichtlicher Vergleich (sofern nicht eine Genehmigungspflicht nach §§ 1908i Abs. 1, 1822 Nr. 12 BGB besteht), sowie die folgenden zum Verlust des Rechtes auf Nutzung von Wohnraum führenden **Anlässe**:

- Aufhebungsvertrag,
- Rücktritt vom Mietvertrag,
- Anfechtung wegen Willensmangel,
- Wohnungstausch.

14 Die vertragliche Aufhebung eines Mietvertrages wird durch ein Angebot der einen Partei des Mietvertrages auf Abschluss eines Aufhebungsvertrages und die Annahme durch die andere Partei bewirkt. Dabei ist es für das Genehmigungserfordernis nach Abs. 1 der Norm unerheblich, ob der Betreuer das Angebot abgibt oder annimmt. Wegen der zweiseitigen Natur dieser Rechtsgeschäfte wird hier die Zulässigkeit der Nachgenehmigung (§§ 1908i Abs. 1, 1829 Abs. 1 S. 2 BGB analog) bejaht. Das Rechtsgeschäft ist bis zur Erteilung der Genehmigung und Miteilung an den Vertragspartner schwebend unwirksam.

---

12 LG Berlin Urt. v. 13.10.2001, 65 S 563/99, NZM 2001, 807.

IV. Anwendungsbereich

1. Anwendung auf Heimplätze, Wohngemeinschaften und andere Wohnformen

Da dem Wortlaut der Vorschrift nach in Abs. 1 und 2 nur Mietverhältnisse von dem Schutz erfasst werden, die realen Lebensverhältnisse der Betroffenen aber verschiedene Wohnformen abbilden, stellt sich die Frage einer entsprechenden Anwendung der Vorschrift auf andere Wohnformen.

Ob die **Kündigung von Heimplätzen** ohne gerichtliche Genehmigung wirksam ist, ist umstritten. Bei Heimverträgen handelt es sich zumindest immer teilweise um Mietverträge über Wohnraum. Auch der pflegebedürftige Mensch muss einen räumlichen Lebensmittelpunkt haben, will er nicht zum bloßen Pflegeobjekt verkommen.[13] Daher ist nach zutreffender Ansicht die Anwendung des § 1907 Abs. 1 S. 1 BGB auf Plätze in einem Altenpflegeheim, Altenwohnheim oder einer betreuten Wohngemeinschaft geboten.[14] Eine andere Ansicht hält § 1907 Abs. 1 BGB auf den Heimplatzwechsel nicht anwendbar.[15] Zum selben Ergebnis gelangt Harms,[16] der dem Heimplatz grundsätzlich die Eigenschaft des Wohnraumes abspricht. Nach der Neufassung des HeimG[17] sind Heime Einrichtungen, die dem Zweck dienen, volljährigen Menschen Wohnraum zu überlassen, § 1 Abs. 1 HeimG. Daher ist diese Auffassung unzutreffend.

2. Sonderfälle

a) Kündigung vor Betreuung

War im Zeitpunkt des Wirksamwerdens der Betreuerbestellung bzw. der Erweiterung des Aufgabenkreises für die in § 1907 Abs. 1 BGB geregelten Angelegenheiten die für die Beendigung der Wohnsituation maßgebende Handlung durch Zugang der Kündigungserklärung bei dem Vermieter (§ 542 BGB) oder Abschluss des Aufhebungsvertrages bereits bewirkt, kommt eine gerichtliche Genehmigung nicht mehr in Betracht, auch wenn die Wohnung noch nicht geräumt ist. Der Betreuer übernimmt sein Amt in der Rechtslage, die bei Wirksamwerden seiner Bestellung (§ 40 Abs. 1 FamFG) vorliegt.[18]

b) Bestehende Partnerschaft

Ändert eine betreute Person, die verheiratet ist oder in einer Lebensgemeinschaft lebt, ihren Aufenthalt und bleibt der Ehegatte, Partner oder ein anderer Partner in der Wohnung zurück, wird dadurch die Rückkehr des Betroffenen zu dem früheren Lebensmittelpunkt nicht ausgeschlossen. Eine vormundschaftsgerichtliche Genehmigung wäre erst dann erforderlich, wenn der Be-

---

13 Meier, Handbuch Betreuungsrecht, Rn 788.
14 LG Münster Rpfleger 2001, 180 = FamRZ 2001, 1404 = NJW-RR 2001, 1301; Bienwald/Sonnenfeld/Hoffmann, § 1907 BGB Rn 17; HK-BUR/Rink, § 1907 BGB Rn 9; Knittel, § 1907 BGB Rn 4; Jürgens/Marschner, § 1907 BGB Rn 5; Harm, Die „Wohnungsauflösung", Rpfleger 2002, 59, 61; aA Damrau/Zimmermann, § 1907 BGB Rn 2.
15 LG Münster Rpfleger 2001, 180.
16 Harm, Rpfleger 2002, 60.
17 In Kraft seit 1.1.2002.
18 Staudinger/Bienwald, § 1907 BGB Rn 17.

treuer den Mietvertrag mit Zustimmung des anderen Ehegatten oder Lebenspartners (sofern diese auch Vertragspartei sind) tatsächlich kündigt.[19]

c) Fortsetzung eines Mietverhältnisses mit dem Betroffenen als Erbe

19 Wird eine betreute Person Erbe und war der Erblasser Mieter einer Wohnung, ist zu beachten, dass der Betroffene entweder als Angehöriger iSd § 563 BGB oder als Erbe gem. § 564 BGB in den Mietvertrag eintritt. Im ersteren Falle haben die eingetretenen Personen ein Ablehnungsrecht (§ 563 Abs. 3 BGB);[20] im letzteren Fall sind sowohl der Erbe als auch der Vermieter berechtigt, das Mietverhältnis außerordentlich innerhalb eines Monats mit der gesetzlichen Kündigungsfrist (§ 573c Abs. 1 BGB) zu kündigen. Fraglich ist, ob auch die Ablehnung des Eintrittes in den Mietvertrag des Erblassers und die außerordentliche Kündigung nach § 563 Abs. 3 BGB der Genehmigung nach § 1907 Abs. 1 BGB bedürfen. Nach dem Schutzzweck der Norm ist dies mE dann zu verneinen, wenn der Betroffene seinen Lebensmittelpunkt nicht in eine solche Wohnung verlagert, da dann nur Rechtsverhältnisse an einer Zweitwohnung aufgegeben werden und der zu schützende Lebensraum nicht tangiert ist.

20 Entspricht es dem Wunsch des Betroffenen, eine Zweitwohnung aufrechtzuerhalten, um etwa das Andenken an den verstorbenen Angehörigen zu wahren, hat der Betreuer dies zu respektieren, soweit sich die betreute Person eine Zweitwohnung nach ihren finanziellen Verhältnissen leisten kann.[21]

V. Bedeutung für das Betreuungsgericht

21 Für die Erteilung der Genehmigung ist der Rechtspfleger zuständig. Vor seiner Entscheidung hat er folgende Verfahrensschritte zu beachten:

1. Verfahren
a) Anhörung

22 Die betreute Person ist unabhängig von dem Vorliegen der Geschäftsfähigkeit verfahrensfähig, § 275 FamFG. Das Gericht hat den Betroffenen vor einer Entscheidung persönlich anzuhören, § 299 FamFG. Die Anhörung kann immer dann unterbleiben, wenn diese

- ohne Gefahr für die Gesundheit des Betreuten nicht durchgeführt werden könnte oder
- der Betreute offensichtlich nicht mehr in der Lage ist, seinen Willen kund zu tun, § 278 Abs. 1 FamFG iVm § 34 Abs. 2 FamFG.

23 Diese Ausnahme ist restriktiv zu handhaben.[22] Die Verschaffung eines unmittelbaren Eindruckes verlangt das Gesetz nicht. Wegen der Bedeutung der vom Gericht zu treffenden Entscheidung ist es jedoch geboten, dass sich der Rechtspfleger ein persönliches Bild (genau dies meint der Terminus „persönliche An-

---

19 Nach einer Entscheidung des OLG Köln v. 11.4.2206, 4 UF 169/05, kann der Ehegatte, welcher die gemeinsame Wohnung verlassen hat, dann die Zustimmung zur Kündigung des Mietverhältnisses verlangen, wenn die Eheleute endgültig getrennt sind.
20 Die Ablehnung des Eintrittes ist eine einseitige empfangsbedürftige Willenserklärung, die gegenüber dem Vermieter abzugeben ist und diesem zugehen muss.
21 Deinert/Lütgens/Meier, Die Haftung des Betreuers, 2. Aufl. 2006, Rn 5.
22 LG Stendal v. 18.12.2006, 25 T 211/2006.

hörung") von der tatsächlichen Lebenssituation des Betroffenen macht. Es sollte dabei stets im Blickfeld der Betrachtung sein, dass im Wesentlichen darüber entschieden wird, wo der Betreute den letzten Abschnitt seines Lebens verbringt. Es ist schon häufig vorgekommen, dass der Betroffene in einer besseren persönlichen Verfassung war, als das Gutachten und der Blick in die Gerichtsakte vermuten ließen. Hier liegt also eine besondere Verantwortung in den Händen des Gerichtes.

Stellt das Gericht im Zuge der Anhörung fest, dass die beabsichtigte Kündigung des Mietverhältnisses nicht dem freien Willen einer betreuten Person entspricht, wäre die Genehmigung zu versagen. Mit Blick auf Art. 1 und 2 GG und die mittelbaren Folgen der Entscheidung für Lebenslauf und Lebensqualität der Betroffenen handelt es sich hierbei um eine Entscheidung, welche in die Persönlichkeitsrechte von Grundrechtsträgern zutiefst eingreift. Dieser Aspekt darf wegen der in der Praxis aus pragmatischen Zwängen heraus gebotenen Eile keinesfalls in den Hintergrund treten.

b) Verfahrenspfleger

Nach neuerer Rechtsprechung ist im Falle des Verzichtes auf eine Anhörung zur Wahrung der Interessen des Betroffenen und zur Gewährleistung eines fairen Verfahrens regelmäßig die Bestellung eines Verfahrenpflegers geboten, § 276 Abs. 1 FamFG.[23] Dieser hätte ggf auch die Aufgabe, Rechtsmittel gegen die gerichtliche Entscheidung einzulegen.

Ein Verzicht auf die Bestellung eines Verfahrenspflegers in jenen Fällen, in denen eine Anhörung unterbleiben musste, führt zu einer verfahrensfehlerhaften Entscheidung, welche von der Überprüfungsinstanz aufzuheben wäre. Wegen der Bedeutung der Angelegenheit für den Betroffenen ist es mE geboten, die Motive für ein Absehen von der Verfahrenspflegerbestellung in der Begründung der Endentscheidung entsprechend § 276 Abs. 4 FamFG (der dies für das Absehen von der Bestellung eines Verfahrenspflegers im Falle einer unterbliebenen Anhörung nach § 278 Abs. 4 iVm § 34 Abs. 2 FamFG regelt) zu begründen.

c) Ärztliches Attest

In der Regel wird das Gericht im Rahmen der amtlichen Ermittlungen ein ärztliches Attest, welches die Tatsache der dauerhaften Pflegebedürftigkeit bescheinigt, erfordern. Die Vorlage eines ärztlichen Gutachtens kann erforderlich sein, wenn aufzuklären ist, ob ein Betreuter, der sich bisher sein gewohntes Umfeld erhalten konnte, aufgrund neuer Umstände dazu künftig nicht mehr in der Lage sein wird.

d) Grenzen des Betroffenenschutzes

Die Betrachtung der Praxis zeigt, dass trotz dieser Verfahrensstruktur, die Persönlichkeitsrechte über § 1907 Abs. 1 BGB nicht effektiv geschützt werden können, da die faktische Aufgabe des Mittelpunktes des sozialen Lebens einer Person (Umzug ins Heim) nicht unter einem Genehmigungsvorbehalt steht, sondern erst die Beendigung des den Lebensmittelpunkt begründenden Rechts-

---

23 OLG Frankfurt/M. FamRZ 2006, 1875, was die erneute Anhörungspflicht auch für das Beschwerdeverfahren bejaht, OLG Oldenburg v. 5.7.2002, NJW-RR 2003, 587.

verhältnisses (Mietvertrag). Häufig sind zum Zeitpunkt des Genehmigungsverfahrens oftmals schon neue Lebensumstände geschaffen, welche durch die Versagung der Genehmigung allein nicht mehr umkehrbar sind.[24]

2. Genehmigungskriterien

29 Die Aufgabe des Wohnraumes ist nur dann genehmigungsfähig, wenn zweifelsfrei feststeht, dass der Betroffene auf Dauer oder für lange Zeit[25] nicht in der Lage sein wird, in der eigenen Häuslichkeit zu leben. In Zweifelsfällen bedarf es immer der Einholung eines Sachverständigengutachtens, das sich insbesondere mit der Rückkehrprognose befasst.[26]

30 Mithin hat der Betreuer vor Erwägung einer Wohnungskündigung alle Mittel und Möglichkeiten der ambulanten Pflege auszuschöpfen. Ist auch unter Ausschöpfung aller alternativen Möglichkeiten die Pflege und Versorgung des Betroffenen in der eigenen Häuslichkeit nicht mehr adäquat leistbar, wäre eine Genehmigung der Wohnungskündigung auch gegen den Wunsch zulässig.

3. Entscheidung

a) Beschluss

31 Das Gericht soll die Entscheidung nach der Würdigung aller entscheidungserheblichen Unterlagen treffen und vor dem Hintergrund der Nachvollziehbarkeit begründen.[27]

32 Die Genehmigung ist dem Betreuer als gesetzlichem Vertreter zu erteilen und ergeht durch Beschluss, § 38 Abs. 1 FamFG.

b) Wirksamkeit

33 Ein Beschluss, der die Genehmigung eines Rechtsgeschäftes zum Gegenstand hat, wird erst **mit Rechtskraft** wirksam. Dies ist mit der Entscheidung auszusprechen, § 40 Abs. 2 FamFG.

34 Diese Vorschrift formuliert eine Ausnahme von dem in § 40 Abs. 1 FamFG geregelten Grundsatz des Anknüpfens der Wirksamkeit der Entscheidung an ihre Bekanntgabe.

35 Der Betreuer hat also vor dem Gebrauch der Genehmigung zu prüfen, ob der Beschluss in Rechtskraft erwachsen ist. Die Rechtsmittelfrist beträgt zwei Wochen ab Bekanntgabe der Entscheidung, § 63 Abs. 2 FamFG. Die Bekanntgabe erfolgt durch Zustellung, § 15 Abs. 2 FamFG. Das Betreuungsgericht hat die Rechtskraft nach Ablauf der Rechtsmittelfrist zu bescheinigen. Sodann kann die Kündigung unter Vorlage der rechtskräftigen Genehmigung erfolgen.

c) Folgen verzögerter Entscheidung

36 Verzögert sich die gerichtliche Genehmigung zur Kündigung des Mietverhältnisses eines bereits in einem Pflegeheim lebenden Betreuten, so ist der Sozial-

---

24 Kritisch dazu: Coeppicus, Das Betreuungsgesetz schützt Betroffene nicht, FamRZ 1993, 1017; ders., Sachfragen des Betreuungs- und Unterbringungsrechts.
25 Coeppicus, Sachfragen des Betreuungs- und Unterbringungsrechts, S. 82.
26 OLG Frankfurt/M. v. 17.11.2005, aaO.
27 BVerfGE 40, 276.

hilfeträger verpflichtet, für diesen Übergangszeitraum neben der Übernahme der Pflegekosten auch noch die Mietkosten der Wohnung zu zahlen.[28]

Wegen der erheblichen praktischen Relevanz dieses Problems ist in diesem Zusammenhang auch die Entscheidung des **Bundesverwaltungsgerichtes** vom 30.12.1997 beachtlich:[29]

37

„Auf der Grundlage dessen erscheint es ohne weiteren Klärungsbedarf unmittelbar einleuchtend, dass Mietzinsverpflichtungen, die durch die Verzögerung der Wohnungsaufgabe durch das nach § 1907 BGB erforderliche vormundschaftsgerichtliche Genehmigungsverfahren entstehen, besondere Belastungen des in stationäre Pflege genommenen Hilfebedürftigen sind. Sie entstehen gleichsam aus Anlass des Hilfefalles, ohne dass der Hilfebedürftige sich ihnen entziehen könnte. Denn § 1907 BGB schaltet im Interesse des Schutzes des Betreuten vor dem Verlust seiner Wohnung als dem räumlichen Mittelpunkt seines bisherigen Lebens der Wohnungsaufgabe durch den Betreuer zwingend ein vormundschaftsgerichtliches Genehmigungsverfahren.[30] Dem Sozialhilferecht ist kein Strukturprinzip zu entnehmen, das es rechtfertigen könnte, das wirtschaftliche Risiko für die aus dieser staatlichen Inschutznahme resultierenden Mietbelastungen auf den Vermieter abzuwälzen."

Demnach sind Mietzinsverpflichtungen eines in stationäre Pflege genommenen Hilfebedürftigen, die durch die Verzögerung der Wohnungsaufgabe aufgrund eines erforderlichen vormundschaftsgerichtlichen Genehmigungsverfahrens entstehen, besondere Belastungen iSd § 29 SGB XII, die vom Träger der Sozialhilfe zu übernehmen sind.

38

Das Sozialgericht Berlin hat am 15.10.2008 in einer unveröffentlichten Entscheidung den Träger der Sozialhilfe zur Übernahme der Kosten für die Miete für den Zeitraum vom Tage des Umzuges in die vollstationäre Pflege bis zum Tage des Ablaufes der Kündigungsfrist verpflichtet.[31]

VI. Genehmigung zur Vermietung von Wohnraum des Betreuten (Abs. 3)

1. Vermietung

Das OLG Schleswig[32] hat in seinem Beschluss vom 23.5.2001 dazu entschieden, dass eine gerichtliche Genehmigung zur Vermietung eines Wohnhauses nicht erteilt werden soll, wenn der Betroffene dies nicht wünscht und nach seinen finanziellen Verhältnissen auf Mieteinnahmen nicht angewiesen ist. Dies gilt auch, wenn der Betreute geschäftsunfähig ist und sein Standpunkt objektiv unvernünftig erscheint. Es hat Folgendes statuiert:

39

„Der vom Betreuer abgeschlossene Mietvertrag bedarf nicht der vormundschaftsgerichtlichen Genehmigung. Das Genehmigungserfordernis ergibt sich nicht aus § 1907 Abs. 3 BGB. Diese Vorschrift stellt lediglich die vom Betreuten gemietete Wohnung als räumlichen Mittelpunkt der Lebensverhältnisse des Betreuten unter besonderen Schutz."

---

28 VG München BtPrax 1993, 213.
29 BVerwG v. 30.12.1997, FEVS 48, 241.
30 Vgl die Begründung des Regierungsentwurfs eines Betreuungsgesetzes, BT-Drucks. 11/4528, 149.
31 Sozialgericht Berlin, S 51 SO 2446/06.
32 OLG Schleswig FG Prax 2001, 194.

40 § 1907 Abs. 1 BGB ordnet das Genehmigungsbedürfnis ausdrücklich nur für die Kündigung eines Mietverhältnisses über Wohnraum des Betreuten an, aus Abs. 2 dieser Vorschrift ergibt sich, dass verhindert werden soll, dass der Betreuer, zB bei einer notwendig werdenden Heimunterbringung eines Betreuten, die Regelungen über die Wohnungsauflösung durch Weitervermietung der Wohnung seines Betreuten unterläuft.[33] § 1907 Abs. 3 BGB ist im Kontext der Abs. 1 und 2 zu verstehen. Auch hier ist der Abschluss eines Mietvertrages über die Wohnung des Betreuten gemeint oder, in der zweiten Alternative dieser Vorschrift, die Vermietung der Wohnung des Betreuten, wenn ein solcher Mietvertrag unbefristet geschlossen werden soll und es deswegen auf nicht absehbare Zeit für den Betreuten unmöglich wird, in seine Wohnung wieder einzuziehen und somit in seinen vertrauten Lebensraum zurückzukehren.

2. Anmietung

41 Nach Abs. 3 bedarf der Betreuer der Genehmigung des Betreuungsgerichtes zu einem Miet- oder Pachtvertrag, durch den der Betroffene zu wiederkehrenden Leistungen verpflichtet wird, wenn das Vertragsverhältnis länger als vier Jahre dauern soll. Die Vorschrift soll den Betroffenen vor einer Bindung an längerfristige Zeitmietverträge besonders schützen. Seit 1.9.2001 hat sich daher die mietrechtliche Praxis dahin gehend entwickelt, dass in dem Mietvertrag beide Seiten auf ihr Recht zur ordentlichen Kündigung für einen bestimmten Zeitraum verzichten. Dies ist nach der Rechtsprechung des Bundesgerichtshofs auch zulässig, der Kündigungsverzicht darf aber – für den Mieter – einen Zeitraum von vier Jahren nicht überschreiten.

42 Mithin ist der Betroffene als Mieter schon aus dem Mietrecht geschützt.

§ 1908 BGB Genehmigung des Betreuungsgerichts bei der Ausstattung

Der Betreuer kann eine Ausstattung aus dem Vermögen des Betreuten nur mit Genehmigung des Betreuungsgerichts versprechen oder gewähren.

I. Normzweck

1 Das Vermögen des Betreuten soll vor der Vergabe von **Ausstattungen**, die keine Schenkungen im Rechtssinne sind und demnach nicht dem Schenkungsverbot (§§ 1908 i Abs. 1, 1804 BGB) unterliegen, geschützt werden. Das Gericht soll die Möglichkeit der Kontrolle über die Vergabe von Ausstattungen durch den Betreuer behalten.

II. Begriff

2 **Ausstattung** ist nach der Legaldefinition des § 1624 BGB das, „was einem Kinde mit Rücksicht auf seine Verheiratung oder die Erlangung einer selbstständigen Lebensstellung zur Begründung oder zur Erhaltung der Wirtschaftlichkeit oder Lebensstellung von dem Vater oder der Mutter zugewendet wird".[1]

---

33 Soergel/Damrau, § 1907 BGB Rn 9.
1 BGHZ 44, 91, 93; BayObLG BtPrax 1998, 72; Staudinger/Bienwald, § 1908 BGB Rn 4.

Ausstattungen sind **keine Schenkungen im Rechtssinne**, sondern eine unentgeltliche Leistung besonderer Art. Damit unterliegen sie nicht dem Schenkungsverbot der §§ 1908i Abs. 1, 1804 BGB. Für die Ausstattung sind die Formvorschriften, die für die Schenkung (§ 518 BGB) gelten, daher auch nicht anwendbar.[2]

III. Bedeutung für den Betreuer

Handelt der geschäftsfähige Betreute selbst oder beauftragt er den Betreuer zur Ausstattung eines Kindes aus dem Vermögen, ist eine Genehmigung entbehrlich.[3] Der Betreuer bedarf der Genehmigung immer dann, wenn er für den geschäftsunfähigen Betreuten oder den Betreuten mit Einwilligungsvorbehalt (§ 1903 BGB) handelt oder dessen Erklärung zustimmt.

Von praktischer Relevanz ist die **Abgrenzung** der Ausstattung zur **verbotenen Schenkung** immer dann, wenn der Betreuer über Grundvermögen des Betreuten zugunsten des erwachsenen Kindes des Betreuten verfügen will, um der Familie des Betreuten das Grundstück zu erhalten. Nach hM liegt hierin keine Ausstattung des Kindes.[4]

Einer Entscheidung des OLG Frankfurt/M.[5] lag folgender Sachverhalt zugrunde: Der Betreute erlitt im Sommer 2000 eine Gehirnblutung. Seitdem ist seine Ehefrau, die ihn in dem gemeinsamen Haushalt versorgt, zur Betreuerin bestellt. Der Betreute und die Betreuerin sind Miteigentümer der von ihnen bewohnten Eigentumswohnung im Erdgeschoss des von ihnen im Jahre 1968 erbauten Wohnhauses. Eigentümer der im ersten Obergeschoss gelegenen Wohnung dieses Hauses ist der jüngere der beiden Söhne, welcher dort mit seiner Familie lebt. Der Miteigentumsanteil an dem Wohnungseigentum stellt das einzige Vermögen des Betreuten dar. Die Betreuerin übertrug diesen Miteigentumsanteil in notarieller Urkunde unentgeltlich und beantragte sodann die vormundschaftsgerichtliche Genehmigung dieses Rechtsgeschäftes. Der Rechtspfleger des Amtsgerichts wies den Genehmigungsantrag mit Beschluss zurück. Zur Begründung wurde im Wesentlichen ausgeführt, es handele sich nach den Gesamtumständen zumindest um eine nicht genehmigungsfähige gemischte Schenkung. Das OLG Frankfurt/M. bestätigte die Auffassung des Amtsgerichtes und statuierte wie folgt:

„Die Übertragung des Grundbesitzes stellt keine Ausstattung des Sohnes aus dem Elternvermögen im Sinne des § 1624 BGB dar, welche nach § 1908 BGB zwar der Genehmigung des Vormundschaftsgerichts unterliegen würde, dem Betreuer jedoch im Unterschied zu einer Schenkung nicht von vornherein untersagt wäre. Nach der Legaldefinition des § 1624 Abs. 1 BGB liegt eine Ausstattung vor, wenn eine Zuwendung aus dem Elternvermögen an das Kind mit Rücksicht auf dessen Verheiratung oder die Erlangung einer selbstständigen Lebensstellung zur Begründung oder zur Erhaltung der Wirtschaft oder der Lebensstellung von dem Vater oder der Mutter zugewendet wird, wenn hierdurch das den Umständen, insbesondere den Vermögensverhältnissen der El-

---

2 Staudinger/Coster (2000), § 1624 BGB Rn 16.
3 Erman/A. Roth, § 1908 BGB Rn 4 bzgl der Eigenhandlung des Betreuten; Staudinger/Bienwald, § 1908 BGB Rn 4.
4 BayObLG FamRZ 2003, 1976.
5 OLG Frankfurt/M. FGPrax 2008, 18 = FamRZ 2008, 544.

tern entsprechende Maß nicht überstiegen wird. Ein Zuwendungszweck im Zusammenhang mit einer Verheiratung oder der Erlangung einer selbstständigen Lebensstellung ist angesichts des Alters des Sohnes, der bereits selbst einen inzwischen volljährigen Sohn hat, nicht ersichtlich."

IV. Bedeutung für das Betreuungsgericht
1. Genehmigungskriterien

7 Ein gesetzlicher Anspruch auf eine Ausstattung besteht unabhängig vom Anlass nicht. Das Gericht hat vielmehr zu prüfen, ob die materiellrechtlichen Voraussetzungen für eine Ausstattung vorliegen (etwa Heirat, Erlangung der Selbstständigkeit) und die Ausstattung einen den Vermögensverhältnissen des Betreuten angemessenen Umfang nicht übersteigt.[6]

8 Das Gericht ist **an den Wunsch des Betreuten** nach Maßgabe des **§ 1901 Abs. 3 BGB gebunden.**[7] Demnach kann dieser nur dann übergangen werden, wenn der Betreute einen freien Willen nicht mehr bilden kann und er sein Vermögen durch die beabsichtigte Ausstattung uneinsichtig gefährden würde. Eine Gefährdung des Vermögens ist immer dann anzunehmen, wenn der Betreute seine eigenen Zahlungsverpflichtungen in Folge des beabsichtigten Rechtsgeschäftes nicht mehr erfüllen könnte.[8]

9 Ein vermögensloser Betreuter ist sittlich nicht verpflichtet, seiner vermögenden Tochter einen Teil des von beiden bewohnten Hauses in Form einer Eigentumswohnung zu überlassen, um einen Ausbau der beengten Wohnung der Tochter zu ermöglichen.[9]

2. Verfahren

10 Zuständig für die Erteilung der Genehmigung ist der Rechtspfleger, § 3 Nr. 2 a RPflG. Die materiellrechtlichen Konsequenzen der Erteilung oder Verweigerung der Genehmigung ergeben sich aus den §§ 1908 i Abs. 1, 1828 bis 1831 BGB.

11 Eine Verpflichtung zur **Anhörung** des Betreuten besteht nicht, § 299 FamFG, könnte aber nach § 37 Abs. 2 FamFG geboten sein. Demnach darf das Gericht eine Entscheidung, welche die Rechte eines Beteiligten beeinträchtigt, nur auf Tatsachen und Beweisergebnisse stützen, zu denen dieser Beteiligte sich äußern konnte. Daneben kann zur Beurteilung der Angemessenheit der zu übertragenden Vermögenswerte die Einholung eines Gutachtens geboten sein. Die Entscheidung wird mit Rechtskraft wirksam, § 40 Abs. 2 FamFG.

§ 1908 a BGB Vorsorgliche Betreuerbestellung und Anordnung des Einwilligungsvorbehalts für Minderjährige

¹Maßnahmen nach den §§ 1896, 1903 können auch für einen Minderjährigen, der das 17. Lebensjahr vollendet hat, getroffen werden, wenn anzunehmen ist,

---

6 Zur Angemessenheit einer Ausstattung: OLG Stuttgart BWNotZ 1997, 147.
7 Holzhauer/Reinicke, Rn 2.
8 Sonnenfeld, Betreuung und Pflegschaft, Rn 360.
9 BayObLG FamRZ 2003, 1976; siehe auch Staudinger/Coester (2000), § 1624 BGB Rn 4.

dass sie bei Eintritt der Volljährigkeit erforderlich werden. ²Die Maßnahmen werden erst mit dem Eintritt der Volljährigkeit wirksam.

Nach § 1896 BGB kann ein Betreuer nur bestellt werden, um die Angelegenheiten eines **Volljährigen** zu besorgen. Vor Eintritt der Volljährigkeit sind die Eltern (§§ 1626, 1629), ein Vormund (§§ 1773, 1793 Abs. 1 BGB) oder ein Ergänzungspfleger (§§ 1909, 1915 Abs. 1, 1793 Abs. 1 BGB) für die Vertretung des Minderjährigen zuständig. Ist aber mit **Vollendung des siebzehnten Lebensjahres** absehbar, dass der Minderjährige aufgrund einer psychischen Erkrankung, geistigen, seelischen oder körperlichen Behinderung eines Betreuers bedarf, entstünde eine Lücke, könnte erst mit Vollendung des achtzehnten Lebensjahres die Bestellung eines Betreuers beantragt oder angeregt werden. Diese **Lücke** schließt § 1908 a BGB. Danach kann ein Betreuer bereits nach Vollendung des siebzehnten Lebensjahres bestellt werden. **Wirksam** wird die Bestellung aber erst mit Eintritt der Volljährigkeit.

Die Voraussetzungen der Betreuerbestellung und der Anordnung eines Einwilligungsvorbehaltes richten sich nach §§ 1896, 1903 BGB. Die Auswahl des Betreuers ist unter Beachtung der §§ 1897, 1899, 1900 BGB zu treffen.

Für das **Verfahren** findet § 275 FamFG Anwendung. Der Minderjährige ist deshalb ohne Rücksicht auf seine Geschäftsfähigkeit verfahrensfähig.

§ 1908 b BGB Entlassung des Betreuers

(1) ¹Das Betreuungsgericht hat den Betreuer zu entlassen, wenn seine Eignung, die Angelegenheiten des Betreuten zu besorgen, nicht mehr gewährleistet ist oder ein anderer wichtiger Grund für die Entlassung vorliegt. ²Ein wichtiger Grund liegt auch vor, wenn der Betreuer eine erforderliche Abrechnung vorsätzlich falsch erteilt oder den erforderlichen persönlichen Kontakt zum Betreuten nicht gehalten hat. ³Das Gericht soll den nach § 1897 Abs. 6 bestellten Betreuer entlassen, wenn der Betreute durch eine oder mehrere andere Personen außerhalb einer Berufsausübung betreut werden kann.

(2) Der Betreuer kann seine Entlassung verlangen, wenn nach seiner Bestellung Umstände eintreten, auf Grund derer ihm die Betreuung nicht mehr zugemutet werden kann.

(3) Das Gericht kann den Betreuer entlassen, wenn der Betreute eine gleich geeignete Person, die zur Übernahme bereit ist, als neuen Betreuer vorschlägt.

(4) ¹Der Vereinsbetreuer ist auch zu entlassen, wenn der Verein dies beantragt. ²Ist die Entlassung nicht zum Wohl des Betreuten erforderlich, so kann das Betreuungsgericht stattdessen mit Einverständnis des Betreuers aussprechen, dass dieser die Betreuung künftig als Privatperson weiterführt. ³Die Sätze 1 und 2 gelten für den Behördenbetreuer entsprechend.

(5) Der Verein oder die Behörde ist zu entlassen, sobald der Betreute durch eine oder mehrere natürliche Personen hinreichend betreut werden kann.

Kieß

- I. Bedeutung der Vorschrift 1
- II. Besonderheiten bei der Entlassung; Anwendbarkeit des § 1908 b BGB 4
  1. Entlassung bei beruflich geführter Mitbetreuung..... 4
  2. Aufteilung von Aufgabenkreisen von einem auf mehrere Betreuer 5
  3. Verlängerung der Betreuung 6
  4. Entlassung des Nachfolgebetreuers 7
  5. Nichterfüllung der Berufsmäßigkeit 8
- III. Die Entlassung aus wichtigem Grund (Abs. 1) 9
  1. Fehlende Eignung 10
     - a) Fachliche Eignung 13
     - b) Verstoß gegen die Pflichten aus § 1901 BGB 15
     - c) Pflichtwidrigkeiten gegenüber dem Betreuungsgericht 20
     - d) Störung der Beziehung Betreuer – Betreuter; Wohl des Betreuten 27
     - e) Interessengefährdung ausreichend 39
     - f) Prüfung durch das Betreuungsgericht 43
  2. Sonstiger wichtiger Grund 44
     - a) § 1897 Abs. 3 BGB 47
     - b) Interessenkonflikte 48
     - c) Entlassung eines von mehreren Betreuern 52
     - d) Entlassungswille des Betreuers 57
  3. Entlassung wegen vorsätzlich falscher Abrechnung ... 58
     - a) Gegenüber der Staatskasse 58
     - b) Gegenüber dem Betreuten 64
  4. Fehlender persönlicher Kontakt 67
  5. Wechsel von einem beruflichen zu einem ehrenamtlichen Betreuer 68
  6. Grundsatz der Verhältnismäßigkeit und Abwägungskriterien 76
     - a) Maßnahmen nach § 1837 BGB 77
     - b) Kontinuität 82
     - c) Teilentlassung 84
- IV. Entlassung auf Verlangen des Betreuers (Abs. 2) 87
  1. Bedeutung für den Betreuer 87
  2. Unzumutbarkeit 89
- V. Austauschentlassung auf Vorschlag des Betreuten (Abs. 3) ... 96
  1. Voraussetzungen 96
  2. Antrag des Betroffenen 99
  3. Übernahmebereite, gleich geeignete Person 104
  4. Bedeutung für das Betreuungsgericht 106
     - a) Ermessen 106
     - b) Abwägungskriterien 109
       - aa) Entscheidung über die Aufhebung oder Verlängerung 110
       - bb) Kontinuität der Betreuung 113
       - cc) Zusammenleben in häuslicher Gemeinschaft 115
       - dd) Grad der Ernsthaftigkeit 116
  5. Wohl des Betreuten 120
  6. Austauschentlassung bei Mitbetreuung 123
  7. Abgrenzung zur Teilanfechtung 125
- VI. Entlassung eines Vereins- oder Behördenbetreuers (Abs. 4) 128
  1. Entlassung auf Antrag 128
  2. Umwandlungsbeschluss 130
     - a) Statuswechsel 130
     - b) Beschwerdebefugnis 132
       - aa) Des Betreuten 132
       - bb) Des Betreuungsvereins 133
  3. Entlassung des Vereinsbetreuers aus den Gründen der Abs. 1 und 3 136
- VII. Entlassung des Vereins oder der Behörde (Abs. 5) 137
- VIII. Verfahren 139
  1. Zuständigkeitsverteilung zwischen Richter und Rechtspfleger 139
  2. Antrag 140
  3. Verfahrenserleichterungen nach § 296 FamFG 142

4. Persönliche Anhörung des Betroffenen und des Betreuers 144	9. Rechtsmittel: Befristete Beschwerde 153
5. Bestellung eines Verfahrenspflegers 147	10. Beschwerdeberechtigung.... 154
	a) Nahe Angehörige 154
	b) Sonstige Beteiligte 159
6. Bekanntgabe 149	11. Rechtsbeschwerde 163
7. Einstweilige Anordnung.... 151	IX. Kosten 164
8. Verbindung mit dem Verfahren auf Neubestellung... 152	

I. Bedeutung der Vorschrift

In § 1908 b BGB sind die **wichtigsten und in der Praxis bedeutsamsten Gründe** 1 für eine Entlassung des Betreuers zusammengefasst. Die Vorschrift ist nicht nur für den Betreuer von elementarer Bedeutung, sondern auch für den Betreuten, weil ein Betreuerwechsel seinem grundlegenden Interesse an einer kontinuierlichen Betreuung zuwider läuft. Ein Betreuerwechsel bedeutet für den Betreuten in der Regel einen erheblichen Einschnitt in seine Lebensführung. Die Vorschrift verhindert aber auch, dass der Betreute sich einem „missliebigen" Betreuer ohne Weiteres entziehen kann. Zum anderen stellt die Vorschrift aber auch sicher, dass ein Betreuer nur so lange von einer bestimmten Person betreut wird, wie die Betreuung durch gerade diesen Betreuer seinem Wohl entspricht.

Die **Entlassungsgründe** der Vorschrift, nach denen sich auch die funktionelle 2 Zuständigkeit – entweder des Richters oder des Rechtspflegers – bestimmt, sind Folgende:

- fehlende Eignung (Abs. 1 S. 1),
- sonstiger wichtiger Grund (Abs. 1 S. 1),
- Abrechnungsunehrlichkeit (Abs. 1 S. 2),
- zu geringer persönlicher Kontakt (Abs. 1 S. 2),
- möglicher Wechsel in eine ehrenamtliche Betreuung (Abs. 1 S. 3),
- auf Antrag des Betreuers (Abs. 2),
- auf Antrag des Betreuten (Abs. 3),
- Entlassung des Vereins- oder Behördenbetreuers (Abs. 4),
- Entlassung des Vereins oder der Behörde (Abs. 5).

Ein weiterer Entlassungsgrund findet sich in § 1888 BGB, auf den § 1908 i Abs. 1 S. 1 BGB verweist. Danach sind Beamte oder Religionsdiener ohne weitere inhaltliche Prüfung des Rechtspflegers zu entlassen, wenn zur Führung der Betreuung entweder eine nötige Erlaubnis fehlt (die Beamtengesetze sehen eine Nebentätigkeitserlaubnis vor) oder das Führen der Betreuung untersagt wird.

Die bisher sehr umfangreiche veröffentlichte Judikatur zu § 1908 b BGB ist 3 stark zurückgegangen, seitdem die Oberlandesgerichte mit Betreuungssachen nicht mehr befasst sind, zumal die Rechtsbeschwerde zum Bundesgerichtshof meist wegen der Einzelfallentscheidung nicht zugelassen wird (vgl dazu Rn 163).

II. Besonderheiten bei der Entlassung; Anwendbarkeit des § 1908 b BGB

1. Entlassung bei beruflich geführter Mitbetreuung

4 Nach § 1899 Abs. 1 BGB ist es außer in den Fällen des Abs. 2 (Sterilisationsbetreuer) und Abs. 4 (Ergänzungsbetreuer) unzulässig, neben einem **Berufsbetreuer** einen weiteren Berufsbetreuer zum **Mitbetreuer** zu bestellen. Nach den unter Rn 84–86 dargestellten Grundsätzen ist einer der Berufsbetreuer zu entlassen.

2. Aufteilung von Aufgabenkreisen von einem auf mehrere Betreuer

5 Wenn für den Betroffenen unter Aufteilung des bisher einem Betreuer allein zugewiesenen Aufgabenkreises ein weiterer Betreuer bestellt wird, liegt hierin zugleich eine **Teilentlassung** des bisherigen Betreuers, die auch nach § 1908 b BGB zu beurteilen ist.[1] Dasselbe gilt bei der Übertragung eines schon angeordneten Aufgabenkreises auf einen weiteren Betreuer. Daneben müssen aber auch die Voraussetzungen des § 1899 Abs. 1 oder Abs. 4 BGB für die Bestellung mehrerer Betreuer erfüllt sein.

3. Verlängerung der Betreuung

6 Der Entscheidung über die Verlängerung der Betreuung zu dem nach § 286 Abs. 3 FamFG festgelegten Überprüfungszeitpunkt liegt eine **Einheitsentscheidung** zu Grunde, in der zugleich die Verlängerung der Betreuung angeordnet und der Betreuer ausgewählt wird. Die Auswahl des Betreuers erfolgt nach den in § 1897 Abs. 1 BGB niedergelegten Grundsätzen und nicht nach den Entlassungsgründen des § 1908 b BGB.[2] Der bisherige Betreuer ist also nicht automatisch deshalb erneut als Betreuer auszuwählen und zu bestellen, wenn Entlassungsgründe nicht vorliegen, § 295 Abs. 1 FamFG (vgl § 295 FamFG Rn 3).

4. Entlassung des Nachfolgebetreuers

7 Hebt das Landgericht in der Beschwerdeentscheidung den Beschluss des Betreuungsgerichts auf, mit dem der Betreuer antragsgemäß entlassen und ein Nachfolgebetreuer bestellt wurde, ist der Nachfolgebetreuer zu entlassen, ohne dass die Voraussetzungen des § 1908 b BGB gegeben sein müssen (vgl dazu § 1908 c BGB Rn 12 ff).[3]

5. Nichterfüllung der Berufsmäßigkeit

8 Wurde ein Betreuer als Berufsbetreuer bestellt, ohne dass die Voraussetzungen der Berufsmäßigkeit nach § 1 Abs. 1 Nr. 1 oder Nr. 2 VBVG vorliegen, kann das Betreuungsgericht nicht gegen den Willen des Betreuers durch (Umwandlungs-)Beschluss die Feststellung treffen, dass die Betreuung nicht mehr beruflich, sondern ehrenamtlich weiter geführt werde.[4] Stimmt der Betreuer der unentgeltlichen Führung des Amtes nicht zu, ist er nach § 1908 b BGB zu entlas-

---

[1] BayObLG FamRZ 2002, 1656; OLG Zweibrücken FGPrax 1998, 57.
[2] OLG Zweibrücken FGPrax 2002, 112; BayObLG NJWE-FER 2001, 234; OLG Hamm FGPrax 2000, 196.
[3] BayObLG FamRZ 2003, 784; FGPrax 1995, 196.
[4] OLG Frankfurt/M. BtPrax 2004, 244.

sen.⁵ Ansonsten genügt aber ein Beschluss, mit dem künftig die Unentgeltlichkeit festgestellt wird. ⁶

III. Die Entlassung aus wichtigem Grund (Abs. 1)

Nach Abs. 1 ist der Betreuer zu entlassen bei fehlender Eignung, Vorliegen eines sonstigen wichtigen Grundes, vorsätzlich falscher Abrechnung, zu geringem persönlichem Kontakt oder möglichem Wechsel von einem beruflichen zu einem ehrenamtlichen Betreuer.

1. Fehlende Eignung

In den Vordergrund rückt das Gesetz den Entlassungsgrund der fehlenden Eignung des Betreuers. Abs. 1 S. 1 verlangt die Entlassung des Betreuers, wenn seine Eignung, die Angelegenheiten des Betreuten zu besorgen, nicht mehr gewährleistet ist. Die Eignung ist ein unbestimmter Rechtsbegriff, der sich sowohl auf die physischen als auch auf die psychischen Eigenschaften des Betreuers bezieht.⁷

Der Betreuer muss während seiner gesamten Amtszeit in der Lage sein, die Angelegenheiten des Betreuten in dem gerichtlich bestellten Aufgabenkreis rechtlich zu besorgen und ihn in dem hierfür erforderlichen Umfang persönlich zu betreuen. Deshalb genügt für die Entlassung jeder Grund, der den Betreuer als **nicht mehr geeignet iSv § 1897 Abs. 1 BGB** erscheinen lässt (vgl dazu § 1897 BGB Rn 4 ff).⁸ Werden Umstände erst später bekannt, die einer Bestellung entgegengestanden haben, ist der Betreuer zu entlassen. Beispielhaft wurde dies bei einem Betreuer mit dem Aufgabenkreis Vermögenssorge angenommen, der in mehreren Fällen wegen Vermögensdelikten verurteilt wurde.⁹ Bedenklich ist es daher, einen Betreuer, der sein Betreueramt stets beanstandungsfrei ausgeübt hat, trotz einer rechtskräftigen Verurteilung wegen Besitzes kinderpornographischer Darstellungen nicht zu entlassen.¹⁰

Zur Frage der fehlenden Eignung existiert eine umfangreiche Rechtsprechung, deren **Kasuistik** hier nur leitsatzartig wiedergegeben werden kann. Es empfiehlt sich, die Sachverhalte in den Entscheidungen nachzuvollziehen, bevor von der Vergleichbarkeit von entschiedenem und zu beurteilendem Fall ausgegangen wird.

a) Fachliche Eignung

Eine Entlassung kommt in Frage, wenn sich herausstellt, dass der Betreuer über eine nur **unzureichende** fachliche Eignung verfügt.¹¹ Dies ist beispielsweise dann der Fall, wenn der Betreuer nicht gewährleisten kann, dass die für den Betreuten erforderlichen Behandlungen und Rehabilitationsmaßnahmen ergriffen werden oder die Verabreichung und Einnahme notwendiger Medikamente

---

5 OLG Frankfurt/M. FGPrax 2004, 287; s.a. BayObLG FamRZ 2000, 1450.
6 BayObLG FamRZ 1997, 701.
7 BayObLG BtPrax 2004, 153.
8 BayObLG BtPrax 2004, 153; FamRZ 2003, 403.
9 OLG Köln OLGReport 2006, 858.
10 So aber OLG Naumburg BtPrax 2007, 265.
11 LG Essen NJWE-FER 2000, 258.

sichergestellt ist.[12] Die fachliche Eignung kann auch anhand eines nach § 1901 Abs. 4 S. 2 und 3 BGB zu erstellenden **Betreuungsplanes** festgestellt werden: aufgrund des Betreuungsplanes kann das Gericht feststellen, ob der Betreuer die Ziele anstrebt und bei Bedarf mit einem Betreuerwechsel gegensteuern.[13]

14 Ob die fachliche Eignung zur Führung der Betreuung nicht mehr gewährleistet ist, muss stets in Bezug auf den **übertragenen Aufgabenkreis** beurteilt werden. Hierauf stellt auch § 1897 Abs. 1 BGB ab. Daher kann ein Betreuer für die Gesundheitsfürsorge geeignet sein, aber nicht für die Vermögenssorge. Auch kann ein Betreuer für einen einzelnen Aufgabenkreis ungeeignet sein.[14]

b) Verstoß gegen die Pflichten aus § 1901 BGB

15 Um geeignet zu bleiben, muss sich der Betreuer an die Pflichten, die ihm das Gesetz (insbesondere in § 1901 Abs. 1 bis 4 BGB) im **Innenverhältnis** gegenüber dem Betreuten auferlegt, halten. Missachtet er diese Pflichten, wird hierdurch seine Eignung in einer solchen Weise in Frage gestellt, dass sich eine Entlassung rechtfertigen kann. Je nach Schwere und Verschulden kann schon ein einmaliger Verstoß ausreichen. Aber auch wiederholte Verstöße geringerer Schwere oder ein permanentes Übergehen der Wünsche des Betreuten rechtfertigen uU eine Entlassung. Zu den einen Betreuer nach § 1901 BGB treffenden Pflichten wird auf die Kommentierung dieser Vorschrift verwiesen.

16 Beachtet der Betreuer hingegen die Wünsche und Vorstellungen des Betroffenen, kann eine Ungeeignetheit nur angenommen werden, wenn diese dem Wohl des Betroffenen zuwiderlaufen. Bei der Ermittlung dessen, was dem Wohl des Betroffenen entspricht, sind sämtliche Interessen gegeneinander abzuwägen. Hierbei kommt einem freiverantwortlich gefassten Willen des Betreuten besonderes Gewicht zu. Daher kann es noch vertretbar sein, wenn sich der Betreuer an einen in einer **Patientenverfügung** geäußerten Willen des Patienten (vgl §§ 1908 a f BGB), keine Bluttransfusionen vorzunehmen, hält und seine Einwilligung verweigert, obwohl diese zur Lebenserhaltung notwendig sind. Im entschiedenen Fall sollte der Ehegatte des Betreuten – der Betreute war komatös und ein Angehöriger der Glaubensgemeinschaft der Zeugen Jehovas – zum Betreuer bestellt werden, damit die für die Behandlung vorausgesetzte Einwilligung gegeben werden konnte, die der Betreuer verweigerte.[15]

17 Vom Betreuer wird eine ordnungsgemäße Wirtschaftsführung gefordert. Der Betreuer hat dafür zu sorgen, dass die **Konten** für den Betroffenen übersichtlich und getrennt geführt werden, damit nicht durch eine gemeinsame Kontenführung und Vermischung der Einkünfte eine unübersichtliche Vermögenssituation eintritt.[16]

18 Ist dem Betreuer die Gesundheitssorge und die Aufenthaltsbestimmung übertragen, so hat er nicht nur bei eingetretenen gesundheitlichen Störungen oder dem Auftreten von Krankheitssymptomen zu reagieren. Auch eine **allgemeine Fürsorge** für den Betroffenen zählt zu seinen Pflichten. Das Gebot des § 1901

---

12 BayObLG FamRZ 1997, 1360.
13 S. Begründung BT-Drucks. 15/2494, 29 re Sp.
14 OLG München BtPrax 2010, 35.
15 LG Frankfurt BtPrax 2003, 86.
16 OLG Frankfurt/M. v. 9.7.2003, 20 W 114/03; einschränkend OLG Rostock FamRZ 2005, 1588.

Abs. 4 S. 1 BGB, Möglichkeiten zu nutzen, die Behinderung des Betroffenen zu bessern oder zu beseitigen, ihre Verschlimmerung zu verhüten und ihre Folgen zu mindern, besteht unabhängig von bestimmten Aufgabenkreisen. Dies setzt eine ständige Prüfung und Überwachung der Gesundheits- und Lebensverhältnisse voraus.

Neigt der Betroffene erkennbar zur Verwahrlosung und besteht die Gefahr einer Vermüllung der Wohnung, ist der Betreuer bereits im Vorfeld zum Eingreifen verpflichtet. Kommt er diesen Pflichten nicht nach, mangelt es ihm, weil dem Betreuten hieraus gesundheitliche Gefahren erwachsen, an seiner Eignung.[17] Ein Betreuer ist nicht deshalb ungeeignet, weil er lebenserhaltende Maßnahmen gegenüber dem Betroffenen unter Berufung auf dessen unterstellten Willen ablehnt. Auch stellt es keinen Pflichtenverstoß dar, wenn er die betreuungsgerichtliche Genehmigung vor einem Behandlungsabbruch nicht einholt, wenn der Facharzt die weitere medizinische Behandlung nicht für indiziert hält.[18] Hingegen kann ein Betreuer, der entgegen fachärztlicher Stellungnahme und ohne betreuungsgerichtliche Genehmigung die geschlossene Unterbringung des Betroffenen „verfügt" und dabei dieses Wort verwendet, ungeeignet sein.[19]

19 Daneben kann auch ein Verstoß gegen die in § 1901 Abs. 5 BGB und § 1903 Abs. 4 BGB normierten **Mitteilungspflichten** des Betreuers Zweifel an der Eignung des Betreuers begründen. Sie bestehen zwar nur gegenüber dem Betreuungsgericht und nicht gegenüber dem Betreuten. Kommt der Betreuer seinen Mitteilungspflichten nicht nach, ist jedoch nicht gewährleistet, dass das Betreuungsgericht zeitnah von betreuungsrelevanten Tatsachen erfährt, die eine Korrektur seiner Entscheidungen über Betreuung und Einwilligungsvorbehalt an diese neuen, bislang unbekannten Umstände erfordern. Dies gilt insbesondere in den Fällen, in denen sich eine Ergänzungsbetreuung als notwendig erweist (vgl § 1901 BGB Rn 111).

c) Pflichtwidrigkeiten gegenüber dem Betreuungsgericht

20 Auch Verstöße gegen Ordnungsvorschriften können eine fehlende Eignung belegen. Dies sind beispielsweise die unterlassene, wiederholt verspätete oder (qualitativ) unzureichende Abgabe des Vermögensverzeichnisses oder **Verstöße gegen die Rechnungslegung**. Auch das Nichtbeachten der Vorschriften zur Vermögensanlage und das Nichteinholen erforderlicher Genehmigungen zählen hierzu, auch wenn sie wegen des Grundsatzes der Verhältnismäßigkeit nicht immer zwingend zu einer Entlassung führen müssen.[20]

21 Durch die Vorlage des Vermögensverzeichnisses und der Berichte zur Rechnungslegung kann das Betreuungsgericht Erkenntnisse darüber gewinnen, ob der Betreuer überhaupt die **notwendige Sachkenntnis** besitzt, um im konkreten Fall die Vermögenssorge wahrzunehmen.[21] Dies ist anzuzweifeln, wenn er sich als unfähig erweist, ein aussagekräftiges Vermögensverzeichnis zu erstellen.[22]

---

17 BayObLG FamRZ 2004, 977.
18 OLG München BtPrax 2007, 79.
19 BayObLG BtPrax 2005, 71.
20 OLG Schleswig FGPrax 2006, 74; OLG Brandenburg FamRZ 2007, 1688.
21 LG Essen NJWE-FER 2000, 258.
22 BayObLG FamRZ 2000, 514.

22 Nur wenn der Betreuer das Vermögensverzeichnis nach § 1802 BGB unverzüglich nach Übernahme der Vermögenssorge erstellt und darin das vorhandene Vermögen des Betreuten zum Stichtag der Übernahme der Vermögenssorge verzeichnet (wobei Aktiva und Passiva um Zu- und Abgänge zeitnah zu ergänzen sind), wird das Betreuungsgericht in die Lage versetzt, die Vermögensverwaltung des Betreuers zu **überwachen** und zu kontrollieren. Gleiches gilt für die turnusmäßige Einreichung des Vermögensverzeichnisses (versehen mit der Versicherung der Vollständigkeit und Richtigkeit) und für die jährliche auf die Vermögensverwaltung bezogene Rechnungslegung nach § 1840 Abs. 2 und 3 BGB. Ansonsten wird dem Betreuungsgericht die Möglichkeit genommen, zu erfahren, ob und auf welche Weise Vermögenswerte aus dem Vermögen des Betreuten abgeflossen sind.

23 **Verwehrt** der Betreuer durch Nichterfüllen seiner Berichtspflichten dem Betreuungsgericht die **Kontrolle**, kann von einer **ordnungsgemäßen Vermögensverwaltung** nicht ausgegangen werden. Dies allein führt zu einer Gefährdung des Wohls des Betreuten. Gleiches gilt für Verstöße gegen die Pflicht zur rechtzeitigen Berichterstattung.

24 Ein **einmaliger Verstoß** ist nicht ausreichend, um eine Entlassung wegen fehlender Eignung auszusprechen. Denn dem Betreuungsgericht stehen – als mildere Mittel – die Aufsichtsmittel des § 1837 Abs. 2 S. 1 BGB (iVm § 1908 i Abs. 1 S. 1 BGB) zur Verfügung. Verstößt der Betreuer aber wiederholt und über einen längeren Zeitraum hinweg gegen Pflichten, muss er entlassen werden können.[23]

25 Abzustellen ist aber stets auf den konkreten **Einzelfall**. So hat beispielsweise das Gericht berücksichtigt, dass der Beteiligte über einen Zeitraum von mehr als zehn Jahren die Betreuung seiner Tochter beanstandungsfrei geführt hat und dieser durch die verspätete Vorlage des Berichts kein Nachteil erwachsen ist, weil sich im Berichtszeitraum weder an ihrer persönlichen noch an ihrer vermögensrechtlichen Lage Änderungen ergeben haben.[24] Hat hingegen ein Betreuer ein größeres Vermögen zu verwalten, muss von ihm eine ordnungsgemäße Erfüllung der Rechnungslegungspflichten erwartet werden können. Werden Vermögensverzeichnisse mit unzutreffenden Stichtagen über Jahre verspätet eingereicht, fehlt die Eignung zur Wahrnehmung der Vermögenssorge.[25]

26 Die Ungeeignetheit eines Betreuers kann sich auch daraus ergeben, dass er auf Anordnungen des Betreuungsgerichts nicht reagiert oder den **Kontakt zum Gericht verweigert**. Dies bedeutet nicht, dass ein Betreuer nicht anderer Meinung sein kann als das Betreuungsgericht. Hier hilft letztendlich § 1837 BGB weiter. Der Betreuer muss aber den Dialog mit dem Gericht ermöglichen.

d) Störung der Beziehung Betreuer – Betreuter; Wohl des Betreuten

27 Grundlage einer Entlassung mangels Eignung müssen nicht zwangsläufig Pflichtverletzungen sein. Der Betreuer ist auch dann nicht mehr geeignet, wenn die Betreuung durch ihn dem Wohl des Betreuten zuwiderläuft. Die Gründe

---

23 BayObLG FamRZ 1996, 509.
24 BayObLG BtPrax 2002, 218.
25 BayObLG FamRZ 2004, 977.

hierfür können in der **Person** oder in den **Verhältnissen des Betreuers** liegen.[26] Zur Rechtfertigung einer Entlassung wird darauf abgestellt, dass das Wohl des Betreuten bei einer fortbestehenden Betreuerbestellung entweder nicht oder erheblich schlechter gewahrt ist als bei einem Betreuerwechsel.[27]

So ist der Betreuer zu entlassen, wenn er den Betreuten, der im gleichen Haus wohnt, nicht vor tätlichen Übergriffen des Ehegatten des Betreuers zu schützen in der Lage ist.[28] 28

Eine mangelnde Eignung ist auch dann gegeben, wenn der Betreuer den ihm zugewiesenen Aufgabenkreis nur noch **unzulänglich** bewältigt.[29] Auf ein **Verschulden** des Betreuers kommt es hierbei nicht zwingend an,[30] weshalb auch Beeinträchtigungen wegen Krankheit, Abwesenheit oder seiner Persönlichkeitsstruktur ausreichend sein können, wenn sie eine Gefährdung der Interessen des Betreuten mit sich bringen.[31] 29

Auch kann eine Entlassung notwendig sein, wenn der Betreuer das soziale Umfeld des Betreuten durch **Konfrontationen** beeinträchtigt, zB Konflikte mit dem Pflegedienst in einer Art und Weise austrägt, dass das Erbringen weiterer Pflegeleistungen abgelehnt wird.[32] 30

Letztlich kann eine fehlende Eignung auch schon dann anzunehmen sein, wenn der Betreuer den **nötigen Einsatz** vermissen lässt.[33] 31

Steht das Wohl des Betroffenen einer Weiterführung der Betreuung durch diesen Betreuer entgegen, hindern ein **entgegenstehender Wille** des Betreuten – dieser hält trotzdem am Betreuer fest – oder verwandtschaftliche oder sonstige persönliche Bindungen die Entlassung nicht.[34] 32

Entwickelt der Betroffene gegen seinen Betreuer eine **unüberwindliche Abneigung**, so dass der Betreuer eine persönliche Betreuung im eigentlichen Sinne nicht mehr führen kann, wird hierin jedoch ebenfalls ein wichtiger, die Entlassung rechtfertigender Grund liegen. Entwickelt sich zwischen den Ehegatten, von denen der eine den anderen betreut, eine tiefe Feindschaft, ist der zum Betreuer bestellte Ehegatte zu entlassen. 33

Bloße Spannungen im Betreuungsverhältnis sind aber als solche kein Entlassungsgrund.[35] Launen des Betroffenen muss nicht nachgegeben werden. Typische Meinungsverschiedenheiten bei der alltäglichen Abwicklung der Betreuung mögen zwar Spannungen zwischen den Beteiligten aufbauen, belegen aber noch nicht die für eine Entlassung vorauszusetzende **Zerstörung des Vertrauensverhältnisses**[36] oder den begründeten, hinreichenden Vertrauensverlust.[37] Deshalb rechtfertigt die bloße Ablehnung des Betreuers durch den Betreuten 34

---

26 BayObLG FamRZ 1998, 1259; 1996, 509; 1994, 1353.
27 BayObLG BtPrax 2004, 240.
28 BayObLG BtPrax 2000, 123.
29 LG Essen NJWE-FER 2000, 258.
30 OLG Frankfurt/M. v. 9.7.2003, 20 W 114/03.
31 BT-Drucks. 11/4528, 152 f; BayObLG FamRZ 2005, 931.
32 BayObLG EzFamR aktuell 1999, 395.
33 BayObLG FamRZ 2004, 977.
34 BayObLG EzFamR aktuell 1999, 395.
35 BayObLG BtPrax 1994, 136.
36 BayObLG BtPrax 2003, 183.
37 BayObLG BtPrax 2004, 240.

noch keine Entlassung, solange der Betreuer nur durch regelmäßige und engmaschige Kontaktpflege in der Lage ist, auf den Betreuten positiv einzuwirken und seine gesundheitliche und soziale Situation zu bessern.[38]

35 Auch sollte immer darauf geachtet werden, was das Motiv des Betreuten für den Wunsch nach einem Betreuerwechsel ist. Dieses kann auch in dem Bestreben liegen, sich nur den vom Betreuer vorgesehenen **Maßnahmen zu entziehen** (insbesondere was den Aufenthalt in Einrichtungen angeht). Dies sind keine Störungen des Vertrauensverhältnisses. Dem Betreuten fehlt es vielmehr krankheitsbedingt an der Einsicht, dass bestimmte Behandlungen und Therapien notwendig sind. Auch kommt es vor, dass der Umfang des „Selbst-noch-Möglichen" unrealistisch weit überzogen wird; so bei fehlender Einsicht, dass aufgrund der Erkrankung eine eigene Lebensführung mit eigenem Haushalt nicht mehr möglich ist.[39]

36 Eine fehlende **Erreichbarkeit des Betreuers** für den Betroffenen kann die Eignung ebenfalls in Frage stellen. Ist der Betreuer nicht, nur schwer oder kaum erreichbar, kann nicht mehr gewährleistet sein, dass die Angelegenheiten des Betroffenen in genügendem Umfange besorgt werden. Ein Betreuer ist aber nicht bereits deshalb ungeeignet, wenn er seine Privatanschrift dem Betreuten nicht mitteilt. Dies soll selbst dann gelten, wenn er seine Büroadresse aufgegeben hat.[40] Das schützenswerte Interesse an der **Geheimhaltung der Privatanschrift** ist auch im Rahmen der Eignungsprüfung beachtlich. Die postalische Erreichbarkeit über ein Postfach, per Fax und E-Mail und die telefonische Erreichbarkeit über Mobiltelefon oder Anrufbeantworter sollen ausreichen.[41]

37 Im Bereich der beruflich geführten Betreuungen können durch die Übernahme einer nicht mehr handhabbaren Anzahl von Betreuungsfällen **Überlastungen** eintreten. Nach § 1897 Abs. 8 BGB sind die Betreuer – wegen der Gefahr, dass diese durch die Pauschalen veranlasst werden, möglichst viele Betreuungen zu übernehmen – zu Angaben über Zahl und Umfang der von ihnen geführten Betreuungen verpflichtet. Dies korrespondiert mit der Pflicht der Betreuungsbehörden, Entsprechendes zu ermitteln (§ 8 S. 4 BtBG). Das Betreuungsgericht kann in solchen Fällen die Zahl der Betreuungen über Entlassungen nach § 1908 b Abs. 1 BGB auf ein **vertretbares Maß** mindern.

38 Im Bereich der ehrenamtlich geführten Betreuung können Umstände – etwa eine Verschlimmerung des Krankheitsbildes – hinzutreten, die den Betreuer **überfordern** und durch die er die Betreuung nicht mehr bewältigen kann.

e) Interessengefährdung ausreichend

39 Nach dem Wortlaut des § 1908 b Abs. 1 BGB genügt es, dass die Eignung nicht mehr gewährleistet ist. Das Gesetz verlangt somit nicht den Nachweis mangelnder Eignung, es lässt es im Hinblick auf die dem Betreuer regelmäßig eingeräumten weitreichenden Befugnisse ausreichen, wenn konkrete Tatsachen Anlass zu berechtigten Zweifeln an der Eignung geben.[42]

---

38 BayObLG BtPrax 2002, 130 (LS).
39 BayObLG BtPrax 2002, 130 (LS).
40 LG Hamburg FamRZ 2003, 1323.
41 LG Hamburg FamRZ 2003, 1323.
42 BayObLG FamRZ 2004, 977.

Eine Entlassung ist jedoch nur gerechtfertigt, wenn dem Betreuten durch die mangelnde Eignung des Betreuers **Nachteile** entstehen. Grundlage der Entlassungsentscheidung ist stets die Gefährdung des Wohls des Betreuten.[43] Dessen Wohl kann auch dadurch gefährdet sein, dass der Betreuer seinen Pflichten gegenüber dem Betreuungsgericht in nur ungenügender Weise nachkommt und deswegen das Gericht seiner Überwachungs- und Prüfungspflicht nicht nachkommen kann.[44]

Eine **konkrete Schädigung** des Vermögens oder der Person des Betreuten ist nicht erforderlich. Auf der anderen Seite reicht aber auch eine lediglich **abstrakte Gefahr** nicht aus.

Ungereimtheiten hinsichtlich der Verwendung der finanziellen Mittel des Betreuten führen regelmäßig zur Annahme mangelnder Eignung. Die Vorfälle müssen nicht bis ins Letzte aufgeklärt werden. Mit der Entlassung muss nicht zugewartet werden, bis tatsächlich nachteilige Handlungen nachgewiesen werden können. Vielmehr obliegt es dem Betreuer, die Verwendung von Geldmitteln lückenlos nachzuweisen.[45]

f) Prüfung durch das Betreuungsgericht

Die Eignung ist ein unbestimmter Rechtsbegriff. Ob die Voraussetzungen vorliegen, unterliegt allein der Beurteilung durch den Tatrichter. Das Rechtsbeschwerdegericht prüft die Beurteilung des Tatrichters nur auf Rechtsfehler, dh ob

- der Begriff der Eignung verkannt wurde,
- relevante Umstände unvertretbar über- oder unterbewertet oder
- wesentliche Umstände bei der Subsumtion unter den Begriff der Eignung unberücksichtigt gelassen[46] wurden.

2. Sonstiger wichtiger Grund

Die Anwendung des Rechtsbegriffs „sonstiger wichtiger Grund" setzt eine genaue, auf Tatsachen gestützte und vollständige Abwägung der Interessen der Beteiligten voraus. Da ein einfacher Grund nicht genügt, muss die **Interessenabwägung** eindeutig ausfallen. Das Wohl des Betreuten steht dabei im Vordergrund. Seine Wünsche und Vorstellungen sind jedoch in Bezug auf die Person des Betreuers (§ 1897 Abs. 4 S. 1 BGB) zu berücksichtigen.[47]

Ein „anderer wichtiger Grund" liegt insbesondere dann vor, wenn der Betreuer zwar keine Eignungsmängel aufweist, es dem **Wohl des Betroffenen** aber gleichwohl **zuwiderliefe**, wenn der Betreuer im Amt verbliebe.[48] Die Entlassung wegen eines „anderen wichtigen Grundes" zielt darauf ab, einen Betreuerwechsel dort zu ermöglichen, wo er im Interesse des Betreuten liegt, ohne dass der bisherige Betreuer als ungeeignet einzustufen ist. Das kann etwa dann der Fall sein, wenn ein naher Angehöriger, der die Betreuung bisher nicht

---

43 BayObLG BtPrax 2002, 218.
44 BayObLG BtPrax 2004, 153.
45 BayObLG FamRZ 2003, 786; OLG München Rpfleger 2005, 533.
46 BayObLG BtPrax 2004, 153; FamRZ 2001, 1249.
47 BayObLG BtPrax 1995, 65; FamRZ 1994, 1353.
48 BayObLG FamRZ 1998, 1259.

übernehmen konnte, oder eine Person, die erheblich **geeigneter** ist als der bisherige Betreuer, nunmehr zur Verfügung steht.[49]

46 Gegenüber den Fällen des Satzes 3 – möglicher Wechsel von der beruflich geführten zu einer ehrenamtlich geführten Betreuung – erfassen die „anderen wichtigen Gründe" auch den Wechsel von Berufsbetreuer zu Berufsbetreuer und den Wechsel innerhalb einer ehrenamtlichen Betreuung.

a) § 1897 Abs. 3 BGB

47 Nach dieser Vorschrift kann eine Person, wenn sie zu einer Anstalt, einem Heim oder einer sonstigen Einrichtung, in welcher der Betroffene untergebracht ist oder wohnt, in einem **Abhängigkeitsverhältnis** oder in einer anderen engen Beziehung steht, nicht zum Betreuer bestellt werden. Die Vorschrift enthält einen absoluten Ausschlussgrund, ohne dass dem Gericht ein Ermessensspielraum belassen ist. Das Gericht hat den Betreuer daher wegen des Vorliegens eines wichtigen Grundes unabhängig davon zu entlassen, ob im Einzelfall Interessenkonflikte zu befürchten sind oder nicht.[50] Dies gilt auch dann, wenn sich der Ausschlussgrund des § 1897 Abs. 3 BGB nachträglich herausstellt oder ergibt.

b) Interessenkonflikte

48 Ein „anderer wichtiger Grund" kann auch in einem Interessenkonflikt liegen. Die Gefahr erheblicher konkreter Interessenkonflikte kann hierfür bereits ausreichen,[51] ohne dass der Betreuer zuvor gegen Pflichten verstoßen haben muss oder damit zu rechnen ist.

49 Ein Interessenkonflikt, der eine Entlassung aus wichtigem Grund rechtfertigen kann, ist gegeben, wenn der Betreuer prüfen muss, ob Geschäfte zwischen ihm und dem Betroffenen rückabzuwickeln sind (vgl hierzu die Erläuterungen zu § 1795 und § 1796 BGB). Infrage kommen auch Veränderungen in den Beziehungen, die Interessenkollisionen hervorrufen.

50 Abzustellen ist darauf, ob der Betreuer **seine Vermögensinteressen** über die des Betreuten stellt. Ein solcher Verdacht kann sich insbesondere dann aufdrängen, wenn der sich in desolaten wirtschaftlichen Verhältnissen befindende Betreuer plötzlich mit dem Betreuten einen Mietvertrag abschließen will.[52] Eindeutig ist der Fall, wenn der Betreuer mit dem Aufgabenkreis Vermögenssorge kostenlos im Hause des Betreuten wohnt, der gegen Entgelt andernorts untergebracht ist.[53]

51 **Abstrakte Gefahren**, wie das Bestehen einer Erbberechtigung, belegen aber noch keine Interessenkollision.[54] Die bloß theoretisch denkbare Interessenkollision, ein als Berufsbetreuer bestellter Rechtsanwalt werde in missbräuchlicher Ausnutzung seiner gesetzlichen Vertretungsbefugnis als Prozessbevollmächtig-

---

49 BT-Drucks. 11/4528, 153; BayObLG FamRZ 2000, 1457.
50 BayObLG NJW-RR 2001, 1514; AG Bremen BtPrax 2012, 219.
51 OLG Zweibrücken BtPrax 1997, 64.
52 OLG Zweibrücken FGPrax 1998, 57.
53 OLG Köln NJWE-FER 1998, 201.
54 BayObLG FamRZ 1997, 1358.

ter aussichtslose Prozesse führen, um Gebührenansprüche zu begründen, begründet ebenfalls noch keinen wichtigen Grund in diesem Sinne.[55]

c) Entlassung eines von mehreren Betreuern

Sind mehrere Betreuer bestellt worden, liegt ein wichtiger Grund für die Entlassung eines von ihnen auch dann vor, wenn sich später herausstellt, dass die Voraussetzungen des § 1899 Abs. 1 BGB für die Bestellung mehrerer Betreuer von Anfang an nicht vorgelegen haben oder später weggefallen sind.[56]

Berufsbetreuer können ohnehin nur noch in bestimmten Ausnahmefällen zu Mitbetreuern bestellt werden, § 1899 Abs. 1 S. 3 BGB. Können die Angelegenheiten des Betroffenen durch die Bestellung mehrerer Betreuer nicht (mehr) besser besorgt werden als durch eine Einzelbetreuung, muss einer der Betreuer entlassen werden, um der Wertentscheidung des Gesetzgebers zum **Vorrang der Einzelbetreuung** Geltung zu verschaffen.

Ein wichtiger Grund ist dann ohne Weiteres gegeben. Die sonst zu erörternden Voraussetzungen, ob der Betreuer die Eignung nicht mehr besitzt oder sein Verbleiben im Amt dem Wohl des Betreuten schaden würde, bedarf es nicht.

Die Kriterien der „fehlenden Eignung" und des „sonstigen wichtigen Grundes" haben dann jedoch Bedeutung für die Entscheidung, welcher der Betreuer zu entlassen ist. Fehlen zusätzliche wichtige Gründe und ist auch keiner der Mitbetreuer von vornherein ungeeignet, ist die Auswahlentscheidung nach den Grundsätzen, die für die Erstbestellung gelten (§ 1897 BGB), zu treffen.[57] Mit der Anwendung der **Grundsätze der Erstbestellung** wird sichergestellt, dass derjenige nunmehr korrigierend zum alleinigen Betreuer wird, der ohne die zu Unrecht angenommenen Voraussetzungen des § 1899 Abs. 1 BGB von vornherein als Einzelbetreuer bestellt worden wäre.

Sind ein ehrenamtlicher Betreuer und ein Berufsbetreuer bestellt, so stellt die Entlassung des ehrenamtlichen Betreuers einen wichtigen Grund für die Entlassung des Berufsbetreuers dar, wenn das Betreuungsgericht beabsichtigt, einen Berufsbetreuer für alle Aufgabenkreise zu bestellen.[58]

d) Entlassungswille des Betreuers

Einen Entlassungswillen oder Wunsch, aus der Betreuung entlassen zu werden, kann der Betreuer nicht über Abs. 1 durchsetzen. Der den Betreuerwechsel rechtfertigende wichtige Grund muss im Interesse des Betreuten liegen, nicht in dem des Betreuers. Deshalb ist es grundsätzlich unbeachtlich, wenn der Betreuer die Betreuung nicht mehr führen will.[59] Der Betreuer, der die Betreuung einmal übernommen hat, wird einer gewissen Bindung an diesen Entschluss unterworfen. Von der Betreuung lösen kann er sich nur unter den Voraussetzungen des Abs. 2, dh bei Unzumutbarkeit. Der Unwille, die Betreuung noch fortzuführen, als wichtigen Grund anzuerkennen, würde diese Regel unterlaufen und dem **Kontinuitätsinteresse** des Betreuten **widersprechen**. Diesem räumt das

---

55 OLG Saarbrücken MDR 2004, 1121.
56 OLG München BtPrax 2006, 109; BtPrax 2007, 77.
57 OLG Schleswig FGPrax 2002, 174.
58 OLG München BtPrax 2006, 34.
59 BayObLG Rpfleger 2001, 546.

Gesetz, wie in § 1908 b Abs. 2 BGB zum Ausdruck kommt, einen erheblichen Stellenwert ein.[60]

3. Entlassung wegen vorsätzlich falscher Abrechnung
a) Gegenüber der Staatskasse

58 Ein wichtiger Grund liegt auch dann vor, wenn der Betreuer eine erforderliche Abrechnung vorsätzlich falsch erteilt hat.

59 Wie sich aus der Gesetzesbegründung ergibt, zielt die Vorschrift auf Berufsbetreuer, die ihre Vergütungen oder Aufwendungen **zulasten der Staatskasse** falsch abrechnen.[61] Soweit der Betreuer zulasten des bemittelten Betreuten unrichtig abrechnet, schädigt er dessen Vermögen und hat sich bereits deshalb als ungeeignet erwiesen. Anders verhält es sich in den Fällen mitteloser Betreuter, die einen Regress des Staates bei der unrichtigen Abrechnung gegenüber der Staatskasse nicht zu befürchten brauchen. Deren Vermögen erleidet keine Einbußen, so dass die falsche Abrechnung nicht ihrem Wohl zuwiderläuft.

60 Die Entlassung wegen Abrechnungsunehrlichkeit gegenüber der Staatskasse setzt vorsätzliches Handeln voraus, grobe Fahrlässigkeit reicht nicht.

61 Aufgrund § 304 Abs. 1 S. 2 FamFG kann der **Bezirksrevisor** als Vertreter der Staatskasse nicht nur die Entlassung des Betreuers aus diesem Grund beantragen, sondern nunmehr auch gegen eine ablehnende Entscheidung des Betreuungsgerichts **Beschwerde** einlegen.

62 Eine Entlassung ist zunächst nur **in dem Verfahren** auszusprechen, in dem die fehlerhafte Abrechnung erfolgte. Im Übrigen wird die fehlerhafte Abrechnung als Entlassungsgrund an der Verhältnismäßigkeit geprüft, so dass ein nur geringfügiger, einmaliger Verstoß eine derartige Maßnahme idR nicht rechtfertigt.

63 Die Bedeutung der Vorschrift hat sich wegen der Einführung des **Pauschalierungssystems** verringert.

b) Gegenüber dem Betreuten

64 Hier wird, um eine Entlassung des Betreuers wegen Abrechnungsunehrlichkeit begründen zu können, kein Vorsatz gefordert. Nach bisheriger Rechtsprechung kann bei **grober Fahrlässigkeit** schon eine Unregelmäßigkeit ausreichen, um dem Betreuer die Eignung abzusprechen.[62] Da Abs. 1 S. 3 nur die Vergütungsansprüche gegen die Staatskasse im Blick hat, dürfte sich hieran nichts ändern. Unregelmäßigkeiten, die auf grober Fahrlässigkeit beruhen, können daher eine Entlassung aufgrund fehlenden Eignung begründen. Gleiches gilt für eine unterlassene Eigenkontrolle des Betreuers, die das Vermögen des Betreuten ungerechtfertigt vermindert.

65 Flüchtigkeitsfehler bei der Eingabe in ein Abrechnungsprogramm begründen jedoch nur den Vorwurf leichter Fahrlässigkeit.[63]

---

60 BayObLG BtPrax 2001, 206.
61 BT-Drucks. 15/2494, 30.
62 LG Leipzig FamRZ 1999, 1614.
63 LG Leipzig FamRZ 1999, 1614.

Liegt dem Antrag auf Vergütungsfestsetzung gegen das Vermögen des Betreuten eine fehlerhaft aufgestellte Rechnung des Betreuers zu Grunde und wird diese auf die **Einwendungen des Betreuten** gekürzt, rechtfertigt sich hieraus noch keine Entlassung,[64] obwohl das Vertrauensverhältnis zwischen Betreuer und Betreutem auch bei unverschuldet falscher Rechnungsstellung gestört sein kann.

66

4. Fehlender persönlicher Kontakt

Mit Wirkung ab 6.7.2011 wurde als weiteres gesetzliches Beispiel für einen wichtigen Grund der **fehlende erforderliche Kontakt zum Betreuten** eingeführt. Dies geht zurück auf einen Vorschlag der interdisziplinären Arbeitsgruppe zum Betreuungsrecht. Mit dieser Gesetzesänderung soll die Bedeutung des persönlichen Kontaktes zwischen Betreuer und Betreutem herausgestellt werden.[65] Wegen der Häufigkeit des persönlichen Kontakts wird auf die Kommentierung bei § 1901 Rn 21 verwiesen.

67

Da die Praxis, insbesondere von Berufsbetreuern, weit davon entfernt ist, den Vorstellungen von einem oder zwei Kontakten pro Monat zu entsprechen, wird dies künftig ein Argument sein, mit dem missliebige Betreuer von Betreuten „herausgeschossen" werden sollen. Dann wird die Rechtsprechung sich wieder mit dem Thema der Häufigkeit der Kontakte beschäftigen müssen, nachdem diese Frage im Vergütungsrecht wegen des pauschalierten Vergütungssystems keine Rolle mehr gespielt hatte.

5. Wechsel von einem beruflichen zu einem ehrenamtlichen Betreuer

Nach Abs. 1 S. 3 soll das Betreuungsgericht einen Berufsbetreuer entlassen, wenn die Betreuung durch einen oder mehrere ehrenamtliche Betreuer weitergeführt werden kann. Ein Wechsel kommt immer dann in Frage, wenn die wesentlichen Angelegenheiten, die das Betreuungsgericht veranlasst haben, einen Berufsbetreuer zu bestellen, erledigt sind. Sind die Fachkenntnisse eines Berufsbetreuers nicht mehr erforderlich und stehen menschliche und persönliche Belange im Vordergrund, sollte entsprechend des gesetzgeberischen Willens, den **Vorrang der ehrenamtlichen Betreuung** zu stärken, der Berufsbetreuer entlassen und ein ehrenamtlicher Betreuer bestellt werden.[66]

68

Die Vorschrift dient dazu, die **Rangfolge**, wie sie in § 1897 Abs. 6 S. 1 BGB festgelegt ist, zu gewährleisten. Danach soll ein Berufsbetreuer nur dann zum Betreuer bestellt werden, wenn keine andere geeignete Person zur Verfügung steht, die zur ehrenamtlichen Führung der Betreuung bereit ist. Der Wortlaut der Vorschrift „soll entlassen" deutet daraufhin, dass dem Betreuungsgericht kein Ermessen eingeräumt ist.

69

Dennoch folgt daraus nicht zwingend, dass ein Berufsbetreuer entlassen werden muss, wenn nur eine ehrenamtlich tätige Person zur Führung der Betreuung bereit ist.[67] Die **Bereitschaft** eines nahen Verwandten, nunmehr die Betreuung zu übernehmen, ist nur dann ein wichtiger Grund zur Entlassung des

70

---

64 BayObLG BtPrax 2003, 183.
65 BT-Drucks. 17/3617, 8.
66 LG Duisburg BtPrax 2000, 43.
67 Thüringer OLG NJ 2003, 268 (LS).

bisherigen Betreuers, wenn die Betreuung durch den nahen Angehörigen dem Wohle des Betreuten, der Maßstab der Entscheidung des Gerichtes bleibt,[68] erheblich mehr entspricht als der bisherige Zustand. Wenn ein Elternteil daran leidet, die Betreuung nicht übernehmen zu dürfen, stellt dies allein jedoch noch keinen wichtigen Grund iSd § 1908b Abs. 1 S. 1 BGB dar.[69] Zudem muss die ehrenamtliche Betreuung langfristig gesichert sein. Eine absehbare Rückkehr zum Berufsbetreuer rechtfertigt eine Entlassung nach Abs. 1 S. 3 nicht.[70]

71 Der **Vorrang** der ehrenamtlichen vor der beruflich geführten Betreuung soll die Bestellung überqualifizierter Betreuer vermeiden und (bei Mittellosigkeit des Betreuten) die Staatskasse schonen.[71] Aus der Vorschrift folgt ein Vorrang der ehrenamtlichen Betreuung, der auch gegenüber dem Vorschlag des Betreuten zu beachten ist.[72] Bedenklich ist deshalb die Auffassung, dass ein Betreuerwechsel bei starker persönlicher Bindung des Betreuten an den Berufsbetreuer unterbleiben soll.[73]

72 Da das vorgenannte gesetzgeberische Ziel einer **Schonung der Staatskasse** bei vermögenden Betreuten nicht greift, kann hier eine Aufrechterhaltung der beruflich geführten Betreuung in Betracht gezogen werden.

73 Um den Wechsel der Betreuung vom Berufsbetreuer auf den Ehrenamtler zu sichern, verpflichtet § 1897 Abs. 6 S. 2 BGB **alle Berufsbetreuer**, die hierfür sprechenden Umstände – Vorhandensein eines geeigneten und übernahmebereiten ehrenamtlichen Betreuers – **mitzuteilen**.

74 Darüber hinaus gibt § 304 Abs. 1 S. 2 FamFG dem Vertreter der **Staatskasse** ein Beschwerderecht gegen die Entscheidung, mit der das Betreuungsgericht die Entlassung des Berufsbetreuers und den Wechsel von der berufsmäßig in die ehrenamtlich geführte Betreuung ablehnt.[74] Eine Beschwerde der Staatskasse gegen einen ablehnenden Beschluss soll aber nur dann zulässig sein, wenn ein **konkreter Vorschlag**, auf wen die ehrenamtliche Betreuung übertragen werden soll, unterbreitet wird.[75] Damit wird zumindest vermieden, dass sich das Betreuungsgericht ständig darum zu bemühen hat, ehrenamtliche Betreuer „aufzuspüren".

75 Vergütungsrechtlich wurde der gesetzliche Vorrang des Ehrenamtlers vor dem Berufsbetreuer privilegiert, indem einem Berufsbetreuer bei einem Wechsel die Pauschale bis zum Ende des nächsten auf den Wechsel folgenden Monats zusteht (sog. **Wechselpauschale**).[76]

6. Grundsatz der Verhältnismäßigkeit und Abwägungskriterien

76 Bei der Frage, ob der Betreuer zu entlassen ist, ist der Grundsatz der Verhältnismäßigkeit zu beachten. Nach dem Verhältnismäßigkeitsgrundsatz ist die Entlassung des Betreuers erst als **letzte Maßnahme in Betracht** zu ziehen. Die

---

68 BayObLG BtPrax 2005, 148.
69 OLG Köln FamRZ 2003, 188; BayObLG FamRZ 2000, 1457.
70 OLG Hamm BtPrax 2008, 273.
71 Thüringer OLG FGPrax 2000, 239.
72 Thüringer OLG FGPrax 2000, 239.
73 LG Saarbrücken BtPrax 2000, 266.
74 LG Koblenz FamRZ 2002, 1509.
75 LG Saarbrücken BtPrax 2001, 88 (LS).
76 § 5 Abs. 5 VBVG.

Interessen des Betreuten und des Betreuers sind gegeneinander abzuwägen. Bei dem Berufsbetreuer ist dies insbesondere das Interesse, die Vergütung zu erhalten. Beim ehrenamtlichen Betreuer stehen die (meist familiären) Bindungen zum Betreuten im Vordergrund. Für den pflegenden Angehörigen ist es wichtig, auch die gesetzliche Vertretungsmacht eines Betreuers zu haben (**tatsächliche Pflege und rechtliche Betreuung in einer Hand**), um sich über die tatsächliche Pflege nicht mit einem Betreuer auseinandersetzen zu müssen und um krankheitsbedingten Konfrontationen mit dem Betreuten besser gewachsen zu sein.

a) Maßnahmen nach § 1837 BGB

Das Betreuungsgericht muss den Betreuer zunächst mit den Mitteln der **Aufsicht** und durch Ausübung seines **Weisungsrechtes** zu einer dem Wohl des Betreuten genügenden Amtsführung anhalten.[77] Erst wenn Maßnahmen nach § 1837 BGB (iVm § 1908 i Abs. 1 S. 1 BGB) nicht ausreichen, um eine etwaige Gefährdung des Wohls des Betreuten zu beseitigen, darf das Betreuungsgericht diesen entlassen.

77

Verstößt der Betreuer wiederholt und über einen längeren Zeitraum hinweg gegen seine Berichtspflicht aus § 1840 Abs. 2 und 3 BGB (Bsp.: der Rechnungslegungsfrist wird über Jahre hinweg nicht fristgerecht nachgekommen), kann dies seine Entlassung rechtfertigen. Auch wenn der Betreute durch die verspätete Rechnungslegung keinen konkreten Nachteil erleidet (etwa wenn die **Rechnungslegung** inhaltlich keinen Beanstandungen unterlag), so genügt es doch auch, dass das Betreuungsgericht seinerseits die Amtsführung des Betreuers nicht ausreichend kontrollieren kann. Die bloße Gefährdung des Wohls des Betreuten ist ausreichend. Zu einem Schaden muss es nicht erst kommen, bevor der Betreuer entlassen werden kann.[78]

78

Um dem Grundsatz der Verhältnismäßigkeit zu genügen, ist das Betreuungsgericht nicht gehalten, zunächst alle **Zwangsmittel auszuschöpfen**, wenn es nach seinen bisherigen Erfahrungen davon ausgehen darf, dass sich der Betreuer durch die Maßnahmen nicht zu einem pflichtgemäßen Verhalten bewegen lassen wird.[79]

79

Wurde gegen den Betreuer bereits im Zusammenhang mit dem Nichtbefolgen seiner Rechnungslegungspflichten ein Zwangsgeld verhängt und die Entlassung angedroht, muss dies bei einer **weiteren Versäumung** einer Frist zur Rechnungslegung nicht wiederholt werden.[80] Die wiederholte Festsetzung eines Zwangsgeldes ist in diesem Fall schon deshalb nicht erforderlich, weil ein Zwangsgeld bei einer – wenn auch verspäteten – Vorlage der Rechnungslegung oder des Berichts nicht mehr nach § 35 FamFG durchgesetzt werden könnte.[81]

80

Sind Mahnungen und Weisungen des Betreuungsgerichts **nicht erfolgversprechend**, weil ein zwischen dem Betreuten und dem Betreuer zerstörtes Vertrauensverhältnis nicht wieder hergestellt werden kann, ist das Betreuungsgericht

81

---

77 BayObLG FamRZ 1998, 1257; FamRZ 2003, 403.
78 BayObLG BtPrax 2004, 153.
79 BayObLG BtPrax 2004, 270; BtPrax 2002, 218.
80 BayObLG BtPrax 2004, 153.
81 BayObLG BtPrax 2004, 153.

nicht gehalten, diese zu ergreifen, bevor es den Betreuer entlässt.[82] Durch betreuungsgerichtliche Maßnahmen lassen sich fehlende Fähigkeiten nicht beheben. Ist der Betreuer seiner Aufgabe schlichtweg nicht gewachsen, helfen auch Gebote und sonstige Weisungen nach § 1837 BGB nicht weiter.

b) Kontinuität

82 Im Rahmen der Beurteilung, ob eine Entlassung wegen mangelnder Eignung den Grundsatz der Verhältnismäßigkeit wahrt, ist das Interesse an der Kontinuität der Betreuungsführung zu berücksichtigen. Hält der Betreute am Betreuer fest, ist dies wie ein **Vorschlag nach § 1897 Abs. 4 BGB** zu berücksichtigen, an den das Betreuungsgericht grundsätzlich gebunden ist. Im Folgenden ist dann zwischen Wohl des Betreuten einerseits und seinen Wünschen und Vorstellungen andererseits abzuwägen.[83]

83 Ein zwischen Betreuer und Betreutem gewachsenes **persönliches Vertrauensverhältnis** soll dann nicht zerstört werden, wenn die Eignung nur in begrenztem Maß und Umfang fehlt. Die Fortsetzung der Betreuung durch den Betreuer auf dem herausgeforderten Aufgabengebiet wird in der Regel dem Wohl des Betreuten dienen.[84] Die Kontinuität der Betreuung liegt aber eben nur grundsätzlich im Interesse des Betroffenen, eine allein entscheidende Bedeutung kommt ihr nicht zu. Es ist zu prüfen, ob sich zwischen Betreuer und Betreutem ein besonderes Vertrauensverhältnis (starke persönliche Bindung)[85] entwickelt hat, das es als angezeigt erscheinen lässt, den langjährigen Betreuer weiter im Amt zu belassen.[86] Haben sich die Lebensverhältnisse und Probleme der Betreuung umfassend gewandelt und werden **andere Tätigkeitsfelder** angesprochen (Tätigkeitsfeld eines Sozialpädagogen statt eines Rechtsanwalts), kann allein der **Dauer** der Betreuung keine entscheidende Bedeutung zukommen.

c) Teilentlassung

84 Zur Wahrung des Grundsatzes der Verhältnismäßigkeit wird gefordert, zunächst eine Teilentlassung des Betreuers zu prüfen. Ihm sollen also nur die Aufgabenbereiche entzogen werden, für die angenommen wird, dass eine Eignung diesbezüglich nicht mehr gewährleistet ist. Die anderen Aufgabenbereiche sollten ihm belassen werden. Bezieht sich die mangelnde Eignung nur auf einen von mehreren Aufgabenkreisen, kann daher im Wege einer teilweisen Entlassung nur dieser **betroffene Aufgabenkreis entzogen** und hierfür ein weiterer Betreuer gem. § 1899 Abs. 1 BGB bestellt werden.[87]

85 Dies ist jedoch nur unter der Voraussetzung möglich, dass die Angelegenheiten des Betroffenen durch mehrere Betreuer besser besorgt werden können. Ist dies nicht der Fall, ist der bisherige Betreuer aus allen Aufgabenkreisen zu entlassen und ein neuer Betreuer zu bestellen. Käme für den entzogenen Aufgabenkreis nur die Bestellung eines weiteren Berufsbetreuers in Betracht, scheidet eine

---

82 BayObLG BtPrax 2005, 31.
83 BayObLG BtPrax 1997, 200.
84 OLG Schleswig FGPrax 2002, 174.
85 LG Saarbrücken BtPrax 2000, 266.
86 OLG Schleswig FGPrax 2002, 174; BT-Drucks. 11/4528, 156.
87 OLG Zweibrücken FGPrax 1998, 57; BayObLG FamRZ 1995, 1232.

Teilentlassung ebenfalls aus, weil es § 1899 Abs. 1 S. 3 BGB nicht zulässt, in diesem Fall mehrere Berufsbetreuer zu bestellen.

Die Verurteilung des Betreuers wegen einer Straftat bezüglich eines **Vermögensdelikts** soll die Eignung des Betreuers zur Wahrnehmung des Aufgabenkreises Gesundheitsfürsorge nicht entfallen lassen. Im Einzelfall wird jedoch zu prüfen sein, ob das der Straftat zugrunde liegende Verhalten nicht auf so schwere charakterliche und persönliche Mängel schließen lässt, dass der Betreuer im Gesamten nicht mehr geeignet ist. Das Zu-Tage-Treten krimineller Energie lässt zumindest eine künftige Verhaltensweise befürchten, die nicht ausschließlich am Wohl des Betreuten ausgerichtet sein könnte.[88] Dies entspricht auch der Wertung des Gesetzgebers, der die Behörde nach § 1897 Abs. 7 S. 2 BGB im Zusammenhang mit der Eignungsprüfung eines Berufsbetreuers dazu anhält, vom Betreuer zu verlangen, ein **Führungszeugnis** und eine Auskunft aus dem Schuldnerverzeichnis vorzulegen.

IV. Entlassung auf Verlangen des Betreuers (Abs. 2)

1. Bedeutung für den Betreuer

Nach Abs. 2 kann der Betreuer seine Entlassung verlangen, wenn nach seiner Bestellung **Umstände eingetreten** sind, aufgrund derer ihm die Betreuung nicht mehr zugemutet werden kann. Damit nimmt die Vorschrift § 1898 Abs. 1 BGB in Bezug, wonach eine Verpflichtung zur Übernahme der Betreuung nur besteht, wenn sie dem vom Betreuungsgericht Ausgewählten unter Berücksichtigung seiner familiären, beruflichen und sonstigen Verhältnisse zugemutet werden kann. Mit der Regelung soll es dem Betreuer ermöglicht werden, sich in bestimmten Fällen von den Belastungen, die eine Betreuung mit sich bringt, zu befreien. Zu beachten ist hierbei, dass der Betreuer sich nur auf die Umstände berufen kann, die nach seiner Bestellung eingetreten sind.

Letztlich hilft es auch dem Betreuten nicht, wenn ein Betreuer trotz Unzumutbarkeit gegen seinen Willen an der Betreuung festgehalten wird. Die Vorschrift ist, wie auch § 1898 BGB, **weit gefasst**, um alle in Betracht kommenden Umstände berücksichtigen zu können. Hierbei ist gleichgültig, ob diese Umstände in der Person des Betreuers, des Betroffenen oder eines Dritten liegen.[89]

2. Unzumutbarkeit

Der Begriff der Unzumutbarkeit ist ein unbestimmter Rechtsbegriff. Bei der Prüfung, ob die Weiterführung der Betreuung zumutbar ist, ist das Interesse des Betreuers an seiner Entlassung gegen das Interesse des Betreuten, diesen Betreuer zu behalten, **abzuwägen**.[90] Allein der Umstand, dass der Betreuer die Betreuung nicht mehr führen möchte, kann für sich allein noch keine Unzumutbarkeit begründen.[91]

Die Vorschrift gilt für **ehrenamtlich tätige Betreuer und Berufsbetreuer** gleichermaßen. Das Zumutbarkeitskriterium kann jedoch unterschiedlich gewichtet werden.

---

88 LG Koblenz BtPrax 1998, 38.
89 BT-Drucks. 11/4528, 153.
90 BayObLG BtPrax 2001, 206.
91 BayObLG BtPrax 2001, 206.

91 Gründe, die eine Entlassung eines Ehrenamtlers rechtfertigen können, sind etwa die erforderlich werdende Pflege eines (anderen nahen) Angehörigen, die Verschlechterung des eigenen Gesundheitszustandes (ohne dass dadurch seine Eignung nach Abs. 1 wegfallen würde), fortgeschrittenes Alter oder allgemein die psychische Belastungssituation, der ein pflegender Angehöriger nach einer bestimmten Zeit nicht mehr gewachsen sein kann. Aber auch rein objektive Umstände, wie die Verschlechterung der Verkehrsverbindungen, können die Betreuung für den Betreuer unzumutbar machen.[92]

92 Die Vorschrift soll es dem **Berufsbetreuer** nicht – ebenso wenig wie § 1898 BGB – ermöglichen, sich unbequemer und mit hohem zeitlichen Aufwand zu führenden Betreuungen zu entledigen. Insofern können Fragen der Vergütung – insbesondere seit Einführung der pauschalierten Vergütung – keine Rolle spielen.

93 Unzumutbarkeit liegt auch vor, wenn bei dem als **Vereinsbetreuer** bestellten Betreuer das Arbeitsverhältnis zum Verein endet oder bei einem **Behördenbetreuer** ein Wechsel in ein anderes Amt oder in eine andere Behörde erfolgt ist und er damit die Betreuungsbehörde verlässt.

94 Einem Mitarbeiter des Vereins, der als **Ersatzbetreuer** nach § 1899 Abs. 4 BGB bestellt wurde, kann die Betreuung unzumutbar werden, wenn der als **Hauptbetreuer** eingesetzte Mitarbeiter aus einem Betreuungsverein ausscheidet und er durch Umwandlungsbeschluss die Betreuung als Privatperson weiterführt. Die Bestellung der Mitarbeiter des Vereins als Haupt- und Ersatzbetreuer beruht darauf, dass die durch die Vereinszugehörigkeit geschaffenen organisatorischen Möglichkeiten im Verhinderungsfalle greifen und hierzu fachliche und zeitliche Absprachen getroffen werden können. Durch das Ausscheiden des Hauptbetreuers aus dem Verein wird dieses organisatorische Band gelöst, so dass die Erschwernisse der Zusammenarbeit mit einem externen, nicht vereinsangehörigen Betreuer die Führung der Betreuung unzumutbar machen können.[93]

95 Eine **teilweise Entlassung** des Betreuers ist unter den Voraussetzungen der Bestellung mehrer Betreuer nach § 1899 Abs. 1 BGB möglich, soweit es sich nicht um Berufsbetreuer handelt (Abs. 1 S. 3).

V. Austauschentlassung auf Vorschlag des Betreuten (Abs. 3)
1. Voraussetzungen

96 Die Möglichkeit des Gerichts, den Betreuer zu entlassen, wenn der Betreute eine gleich geeignete Person, die zur Übernahme der Betreuung bereit ist, als neuen Betreuer vorschlägt (**Austauschentlassung**), dient der Sicherung des Vorrangs der Wünsche des Betroffenen in Bezug auf die Person des Betreuers.

97 Der Gedanke des § 1897 Abs. 4 S. 1 BGB wird auch nach der erstmaligen Bestellung des Betreuers fortgeführt,[94] wonach das Betreuungsgericht dem Vorschlag des Betroffenen zu entsprechen hat, wenn die Bestellung möglich ist und dem Wohl des Betreuten nicht zuwiderläuft. Damit wird das Selbstbestim-

---
92 BT-Drucks. 11/4528, 152.
93 BayObLG FamRZ 2002, 767.
94 BayObLG BtPrax 2005, 35; OLG Schleswig FGPrax 2005, 214.

mungsrecht beachtet und eine vertrauensvolle Zusammenarbeit zwischen Betreuer und Betreutem gewährleistet.[95]

Das Betreuungsgericht kann hiernach den Betreuer entlassen, wenn folgende Voraussetzungen erfüllt sind: 98

- Antrag des Betreuten auf Entlassung des Betreuers,
- Vorschlag eines neuen Betreuers,
- die vorgeschlagene Person ist gleich geeignet,
- die vorgeschlagene Person hat ihre Übernahmebereitschaft erklärt und
- der Betreuerwechsel läuft dem Wohl des Betreuten nicht zuwider.

Hingegen ist nicht Voraussetzung, dass der Betroffene für den Betreuerwechsel einen wichtigen Grund anführt.[96]

2. Antrag des Betroffenen

Ein Betreuerwechsel nach Abs. 3 findet nur statt, wenn der Betreute selbst einen hierauf gerichteten Antrag stellt. Einen wichtigen Grund muss er nicht angeben.[97] Der Betreute selbst muss die Person des neuen Betreuers konkret, aber nicht unbedingt namentlich, benennen.[98] Die bestimmte Benennung der als Betreuer gewünschten Person ist Voraussetzung dafür, dass das Betreuungsgericht überhaupt in die Sachprüfung eintritt.[99] Es muss eine natürliche Person als Betreuer vorgeschlagen werden; der Vorschlag, einen Verein oder eine Behörde zu bestellen, ist nicht beachtlich. 99

Auf die Geschäftsfähigkeit des Betreuten kommt es nicht an, § 275 FamFG. Es reicht der von einem natürlichen Willen getragene Wunsch.[100] Auch Wunsch und Wille einer geschäftsunfähigen, in ihrer geistigen Leistungskraft eingeschränkten Person sind zu berücksichtigen.[101] Der Wille nach einem Betreuerwechsel muss eigenständig, ernsthaft und von gewisser Dauer sein.[102] An die Ernsthaftigkeit eines Vorschlags sind gewisse Anforderungen zu stellen. Es ist eine eigene Initiative („**aus eigenem Antrieb**") des Betreuten zu verlangen.[103] Nicht ausreichend ist, dass ein neuer Betreuer vom Betreuungsgericht bereits ausgewählt wurde und dem Betreuten regelrecht als neuer Betreuer präsentiert wurde.[104] 100

Liegt eine entsprechende Äußerung des Betroffenen vor, ist zu prüfen, inwieweit der Wunsch nach einem Betreuerwechsel ernsthaft, von dritter Seite unbeeinflusst und auf Dauer ist. Mit dem Antrag ist der Weg für eine Sachprüfung eröffnet.[105] 101

---

95 BayObLG BtPrax 2005, 35; BtPrax 2004, 111; BtPrax 2003, 270.
96 OLG Köln v. 6.9.2002, 16 Wx 104/02, OLGReport Köln 2003, 47; s.a. BayObLG BtPrax 2004, 409.
97 OLG Köln OLGReport Köln 2003, 47.
98 OLG München BtPrax 2007, 802.
99 Thüringer OLG v. 17.12.2002, 6 W 517/02, NJ 2003, 268 (LS).
100 OLG Zweibrücken v. 23.12.2004, 3 W 250/04.
101 OLG Köln FamRZ 1999, 1169.
102 BayObLG BtPrax 2005, 35.
103 BayObLG BtPrax 2004, 240.
104 OLG Celle v. 8.6.2000, 15 W 9/00.
105 OLG Hamm OLGReport 2006, 648.

102 Eine bloße Erklärung eines Dritten, aus der kein Einverständnis des Betroffenen hervorgeht, genügt als Antrag nicht.[106]

103 Fehlt es an einem Antrag des Betreuten, ist zu prüfen, ob eine Entlassung wegen eines **wichtigen Grundes** nach Abs. 1 in Betracht kommt.

3. Übernahmebereite, gleich geeignete Person

104 Entspricht der Vorschlag dem Wunsch des Betreuten und hat der neue Betreuer seine Übernahmebereitschaft nach § 1898 Abs. 2 BGB erklärt, hat das Gericht festzustellen, ob der neue Betreuer genauso geeignet ist wie der bisherige Betreuer. Die **gleiche Eignung** bedeutet nur, dass die Voraussetzungen des § 1897 Abs. 1 BGB gegeben sein müssen. Der neue Betreuer muss also **nicht die gleichen Qualifikationen** aufweisen wie der bisherige. Die Fortführung einer berufsmäßig geführten Betreuung als ehrenamtliche müsste ansonsten regelmäßig an dieser Vorschrift scheitern, wenn die Probleme in der Betreuung nicht fachkundig gelöst sind und die Betreuungsführung dadurch geringere Anforderungen stellt.

105 Ob der Betreuer ausgetauscht wird, liegt im **Ermessen** des Gerichts („kann"). Das Gericht soll nicht dazu gezwungen sein, nur streng nach Eignungsgesichtspunkten zu entscheiden.

4. Bedeutung für das Betreuungsgericht

a) Ermessen

106 Anders als § 1897 Abs. 4 S. 1 BGB, nach dem das Betreuungsgericht unter den dort normierten Voraussetzungen den Betreuer zu bestellen hat, ist dem Betreuungsgericht bei § 1908 b Abs. 3 BGB dem Wortlaut nach Ermessen eingeräumt. Selbst der Vorschlag eines geeigneten und zur Übernahme bereiten Nachfolgers soll das Betreuungsgericht nicht zwingend verpflichten, den bisherigen Betreuer zu entlassen. Der Vorschlag ist also für das Betreuungsgericht nicht schlechthin verbindlich.[107]

107 Eine Entscheidung kann jedoch als rechtsfehlerhaft beanstandet werden, wenn sich der Tatrichter seines Ermessens überhaupt nicht **bewusst** war.[108]

108 Bei der Ausübung des durch Abs. 3 eingeräumten Ermessens, ob der Betreuer zu entlassen ist, hat das Gericht allerdings zu berücksichtigen, dass dem **Wunsch des Betroffenen bezüglich der Person des Betreuers** besonderes Gewicht zukommt.[109] Der Wunsch des Betroffenen ist das Grundprinzip, an dem sich die Entscheidung auszurichten hat. Mit ihm hat sie sich auseinander zu setzen, um ermessensfehlerfrei zu sein. Nur so lässt sich rechtfertigen, dass das Gericht einem Vorschlag des Betreuten **in der Regel zu entsprechen** hat.[110]

b) Abwägungskriterien

109 Bei der Ermessensausübung sind weitere Gesichtspunkte und Zweckmäßigkeitserwägungen einzustellen. So kann gegen einen Betreuerwechsel sprechen,

---

106 OLG München OLGReport 2009, 463.
107 BayObLG BtPrax 2003, 183 (LS).
108 BayObLG FamRZ 2003, 784.
109 BayObLG BtPrax 2003, 183 (LS); FamRZ 1999, 1170; FamRZ 1998, 1259.
110 LG Münster v. 15.2.2002, 5 T 962/01, BtPrax 2002, 272 (LS).

dass noch gerichtliche Verfahren des Betreuten zu Ende zu führen sind, mit denen der Betreuer am besten vertraut ist.[111]

aa) Entscheidung über die Aufhebung oder Verlängerung

Steht eine Entscheidung über die Aufhebung oder Verlängerung der Betreuung an, ist dies bei der Ausübung des Ermessens zu berücksichtigen.[112] Von einem Betreuerwechsel zu einem solchen Zeitpunkt dürfte unabhängig davon, wie die künftige Entscheidung über eine Aufhebung oder Verlängerung der Betreuung ausfallen wird, wohl überwiegend abzusehen sein.

Könnte die Überprüfung der Betreuerbestellung dazu führen, dass eine **Betreuung nicht mehr erforderlich ist**, ist eine Entscheidung über einen Betreuerwechsel unmittelbar zuvor unzweckmäßig und liefe auch dem Wohl des Betreuten zuwider. Ein Nachfolger kann für diesen kurzen Zeitraum eine sinnvolle Vertretung nicht bewerkstelligen. Könnte aber auch Ergebnis der Überprüfung sein, dass eine Betreuung für den Betroffenen **weiterhin erforderlich** ist, ist ein Betreuerwechsel kurz vor dem Termin ebenfalls unzweckmäßig. Denn die Entscheidung über die Auswahl des Betreuers richtet sich bei einer Verlängerung nach den Vorschriften über die Erstbestellung (also nach § 1897 BGB) und nicht nach denjenigen der Entlassung, insbesondere nicht nach § 1908 b Abs. 3 BGB.[113] In diesem Fall trifft das Betreuungsgericht seine Entscheidung allein nach § 1897 BGB unter besonderer Berücksichtigung des Vorschlags des Betroffenen, § 1897 Abs. 4 BGB. Hinzu kommt, dass das Betreuungsgericht innerhalb des § 1908 b Abs. 3 BGB an eine **Entscheidung des Beschwerdegerichts** über die Person des Betreuers nicht gebunden ist. Allein die Gefahr einer unterschiedlichen Auswahlentscheidung und Bestellung verschiedener Personen zum Betreuer in kurzen Zeitabständen ist mit dem Wohl des Betreuten nicht zu vereinbaren.

Das Betreuungsgericht kann die Entscheidung über die Verlängerung der Betreuung mit einem Antrag des Betreuten auf Entlassung und Neubestellung des Betreuers verbinden. Ein besonderer Anlass für die Entscheidung nach § 286 Abs. 3 FamFG kann gerade der Antrag des Betreuten oder das Herannahen des Überprüfungszeitpunktes sein.[114]

bb) Kontinuität der Betreuung

Die Kontinuität der Betreuung durch den bisherigen Betreuer hat ebenfalls Eingang in die Ermessensentscheidung des Gerichts zu finden. Gerade wenn es darum geht, notwendige **therapeutische Maßnahmen** fortzusetzen, gegen die sich der Betroffene unter dem Vorwand eines Betreuerwechsels eigentlich wendet, sollte dem Wunsch des Betreuten nicht vorschnell nachgekommen werden. Dies weckt die Erwartung, dass auch der bisher eingeschlagene therapeutische Weg nicht weiter verfolgt werden müsse und er seine Vorstellungen hinsichtlich Art und Umfang der Betreuung letztlich über die Person des Betreuers durchzusetzen vermag.

---

111 BayObLG BtPrax 2003, 183.
112 BayObLG BtPrax 2005, 33.
113 BayObLG NJWE-FER 2001, 234; OLG Hamm NJW-RR 2001, 797; OLG Zweibrücken BtPrax 2002, 87.
114 BayObLG FamRZ 2004, 485 (LS).

114 Ein Betreuerwechsel gefährdet meist das Erreichen der therapeutischen Ziele und läuft demnach dem Wohl des Betroffenen zuwider. Das Festhalten am Betreuer kann daher vom Betroffenen auch als **konsequentes Festhalten** an bisherigen eingeleiteten Maßnahmen verstanden werden.[115] Der Betreuer hat nicht jeden Wunsch des Betreuten zu befolgen. Der Betreute soll dies auch nicht über einen Antrag auf Entlassung des Betreuers erreichen können. So kann einem Antrag nicht entsprochen werden, mit dem der Betreute letztlich nur seinen Wunsch nach einem Wohnsitzwechsel durchsetzen will (was ihm beim Betreuer nicht gelang, weil dies seinem Wohl zuwiderliefe).[116]

cc) Zusammenleben in häuslicher Gemeinschaft

115 Kümmert sich der Betreuer nicht nur rechtlich, sondern auch tatsächlich um den Betroffenen oder leben diese gar in häuslicher Gemeinschaft, sind die Einwirkungen eines Entzuges der rechtlichen Betreuung auf dieses Verhältnis zwingend mitzubedenken. Oftmals wird nämlich auch die tatsächliche Pflege erschwert, wenn der Betroffene nicht mehr gewillt ist, sich von seinem entlassenen Betreuer noch etwas sagen zu lassen („Autoritätsverlust").

dd) Grad der Ernsthaftigkeit

116 Weiter sind der Grad der Ernsthaftigkeit[117] und das Motiv des Wunsches/Vorschlags zu berücksichtigen. So kann es im wohlverstandenen Eigeninteresse des Betreuten liegen, seinen Wünschen keine „überragende Bedeutung" beizumessen.[118]

117 Bedarf er aufgrund seiner Persönlichkeit und seines Krankheitsbildes einer **besonders intensiven Anleitung im Alltag**, beruht der Wunsch nach einem Betreuerwechsel beim Betreuten aber darauf, dass er sich bevormundet fühlt, lassen sich diese gegensätzlichen Interessen nicht durch einen Betreuerwechsel beseitigen. Gerade dann, wenn der Betreuer auf die Wünsche des Betreuten nicht eingehen kann, weil sie dessen Wohl zuwiderlaufen würden, sollte ein Betreuerwechsel nicht erfolgen.[119]

118 Ein Nachfolgebetreuer müsste, um die Betreuung mit gleichem Erfolg für den Betreuten führen zu können, genauso dessen Vorstellungen unberücksichtigt lassen und seine Vorgaben konsequent durchsetzen (Bsp.: etwa das wöchentliche Entmüllen des Zimmers in einer Alten- und Pflegeeinrichtung, um die Kündigung des Heimplatzes zu vermeiden), womit letztlich wiederum ein Spannungsverhältnis aufgebaut wird, das durch das Persönlichkeitsbild des Betreuten bedingt ist.

119 Hat der Betreute kurze Zeit nach Stellung seines Antrages auf Betreuerwechsel seine **Meinung wieder geändert**, wird offenbar, dass der Vorschlag nicht auf seinem ernsthaften und dauerhaften Willen beruht.[120] Liegen Anhaltspunkte vor, dass der Wunsch nach einem Betreuerwechsel seine Ursache in einer Ver-

---

115 BayObLG, BtPrax 2002, 130 (LS).
116 BayObLG BayObLGR 1998, 51; vgl auch OLG Hamm OLGReport 2006, 648.
117 Thüringer OLG NJ 2003, 268 (LS).
118 BayObLG FamRZ 2003, 784.
119 LG Flensburg v. 27.5.2002, 5 T 32/02.
120 BayObLG BtPrax 2005, 35.

ärgerung über den bisherigen Betreuer hat, sollte mit der betreuungsgerichtlichen Entscheidung über den Antrag abgewartet werden.

5. Wohl des Betreuten

Als ungeschriebenes Tatbestandsmerkmal wird von der Rechtsprechung – wie bei § 1897 Abs. 4 BGB auch – geprüft, ob ein Betreuerwechsel nicht dem Wohl des Betreuten zuwiderliefe.[121]

Wurde der Betroffene von einem Anderen in seiner auf einen Betreuerwechsel bezogenen Willensbildung beeinflusst (etwa durch einen Verwandten oder Dritten, die eigene **wirtschaftliche Interessen** an der Übernahme der Betreuung haben), spricht dies gegen den Betreuerwechsel. Das Betreuungsgericht wird sich damit auseinander zu setzen haben, ob der Vorschlag dem **eigenen Wunsch** des Betreuten entspricht oder auf der Beeinflussung eines Dritten, insbesondere des als Nachfolger Vorgeschlagenen, beruht. Ferner ist zu klären, ob der die Entscheidung beeinflussende Dritte ein wirtschaftliches Eigeninteresse an einem Betreuerwechsel hat und welches Gewicht dem zukommt.[122] Hierzu bedarf es konkreter tatsächlicher Feststellungen. Eine **allgemeine Gefahr**, dass der neue Betreuer seine Position missbrauchen könnte, genügt nicht.[123]

Dem Wohl des Betreuten läuft es auch zuwider, wenn der Vorgeschlagene nicht die **erforderliche Eignung** aufweist.[124] Kann die Betreuung nur durch einen Berufsbetreuer geführt werden und wird der vorgeschlagene ehrenamtlich Tätige dieser Aufgabe voraussehbar nicht gewachsen sein, kann dem Wunsch des Betreuten nicht entsprochen werden.[125] Gleiches gilt, wenn gegen die voraussehbare Amtsführung des neuen Betreuers Bedenken bestehen, etwa weil das Wohl des Betreuten nicht gewahrt wäre.[126]

6. Austauschentlassung bei Mitbetreuung

Sind mehrere Personen als Mitbetreuer bestellt, und will der Betreute nur noch von einem allein betreut werden, lässt sich dies nach den Regeln einer Austauschentlassung lösen. Eine Austauschentlassung eines Betreuers auf Wunsch des Betroffenen ist auch dann möglich, wenn der Betroffene eine bereits als weiteren Betreuer bestellte, geeignete Person als nunmehr alleinigen Betreuer vorschlägt und diese Person damit einverstanden ist.[127]

Die Entlassung eines Mitbetreuers hat auch dann zu erfolgen, wenn mehrere Betreuer bestellt worden sind, ohne dass hierdurch die Angelegenheiten des Betreuten hätten besser besorgt werden können (was von § 1899 Abs. 1 BGB aber vorausgesetzt wird).

---

121 BayObLG FamRZ 2004, 736; OLG Düsseldorf FGPrax 1995, 109.
122 Thüringer OLG NJ 2003, 268 (LS).
123 BayObLG FamRZ 2004, 736; 1994, 323.
124 OLG Zweibrücken v. 23.12.2004, 3 W 250/04.
125 LG Flensburg v. 27.5.2002, 5 T 32/02.
126 LG Münster BtPrax 2002, 272 (LS).
127 BayObLG FamRZ 2004, 736.

7. Abgrenzung zur Teilanfechtung

125 In manchen Fällen ist eine Abgrenzung zwischen einer **Beschwerde gegen die Betreuerbestellung** und einem Antrag des Betroffenen auf einen **Betreuerwechsel** erforderlich.[128] Fordert der Betreute nach der Bestellung eines Betreuers oder nach Verlängerung einer Betreuung (die insoweit einer Erstbestellung gleichsteht), einen anderen als Betreuer zu bestellen, kann dies zweierlei sein: entweder eine Beschwerde gegen die Ausgangsentscheidung (**Teilanfechtung**) oder ein Antrag nach § 1908 b BGB auf Entlassung des bisherigen und Bestellung eines neuen Betreuers nach § 1908 c BGB. Welcher Antrag gewollt ist, ist durch Auslegung zu ermitteln.

126 Im Falle anwaltlicher Vertretung ist zuerst vom **Wortlaut der Beschwerde** auszugehen. Ansonsten sind der **Zeitfaktor** (in welchem Zeitraum nach Bekanntgabe der Ausgangsentscheidung wird der Antrag gestellt) und das Anliegen (Korrektur der Ausgangsentscheidung oder isolierte Entscheidung über die Entlassung aus laufender Betreuung) einzubeziehen. Ein **Indiz** für eine Beschwerde ist, wenn der Betroffene schon vor der Bestellung einen Wunsch nach einem anderen Betreuer als den letztlich bestellten geäußert hat, weil er so die Ausgangsentscheidung, die diesen, seinen Wunsch nicht berücksichtigt hat, angreift. Hat er sich aber zunächst mit der Person einverstanden erklärt und trägt dann bei eingerichteter Betreuung der Wunsch nach einem anderen Betreuer an das Gericht heran, handelt es sich um einen Fall des § 1908 b Abs. 3 BGB.[129]

127 Auch wenn dem Antrag des **Betreuten auf einen Betreuerwechsel** stattgegeben wurde, ist er nach § 59 Abs. 1 FamFG **beschwerdeberechtigt**, wenn er mit der Beschwerde nun das Ziel verfolgt, am bisherigen Betreuer festzuhalten.[130] Gegenstand des Beschwerdeverfahrens ist dann die Entlassung des Vorbetreuers, nicht die Frage, ob der Nachfolgebetreuer wieder zu entlassen ist.

VI. Entlassung eines Vereins- oder Behördenbetreuers (Abs. 4)

1. Entlassung auf Antrag

128 Ein Vereinsbetreuer ist wie auch ein Behördenbetreuer zu entlassen, wenn Verein oder Behörde dies beantragen. Weder der Verein noch die Behörde müssen eine Begründung oder sonstige Erklärung dafür abgeben, warum das Betreuungsgericht die Entlassung des Mitarbeiters aus dem Betreueramt vornehmen soll. Ausreichend ist allein der Antrag als solcher, dem das Betreuungsgericht entsprechen muss.

129 Der Entlassungsgrund des Abs. 4 steht im Zusammenhang mit § 1897 Abs. 2 S. 1 und 2 BGB, wonach Verein oder Behörde zur Bestellung eines Vereins- oder Behördenbetreuers ihre Einwilligung erteilen müssen. Er dient wie diese Vorschrift der Sicherung der **Personalhoheit** des Vereins oder der Behörde.

---

128 BayObLG FamRZ 2003, 784; NJWE-FER 2001, 234; OLG Hamm FGPrax 2000, 196.
129 BayObLG FamRZ 2003, 784.
130 BayObLG BtPrax 2005, 35.

2. Umwandlungsbeschluss
a) Statuswechsel

Ist die Entlassung nicht zum Wohl des Betreuten erforderlich, kann das Betreuungsgericht stattdessen mit Einverständnis des Betreuers aussprechen, dass dieser die Betreuung künftig **als Privatperson weiterführt**. Eine **Entlassung** des Vereins- oder des Behördenbetreuers **erfolgt nicht**, auch wird die Person des Betreuers nicht ausgetauscht. Es findet lediglich ein Statuswechsel statt. In solchen Fällen wird durch Beschluss ausgesprochen, dass die Vormundschaft ab einem bestimmten Datum nunmehr nicht mehr durch einen Vereins- oder Behördenbetreuer, sondern durch einen Einzelbetreuer geführt wird oder dass der namentlich benannte Betreuer die Betreuung als Privatperson weiterführt (Umwandlungsbeschluss). Siehe zum Entscheidungsinhalt bei Bestellung eines Vereins- oder Behördenbetreuers: § 286 Abs. 1 Nr. 3 FamFG.

Anlass für diese Bestimmung gab die Überlegung, dass andernfalls **betreuungsgerichtliche Genehmigungen**, die für Handlungen des Vereins- oder Behördenbetreuers bereits erteilt, aber noch nicht umgesetzt sind, durch eine Entlassung des Betreuers ihre Wirksamkeit verlieren würden und vom Nachfolgebetreuer nochmals beantragt werden müssten.[131]

b) Beschwerdebefugnis
aa) Des Betreuten

Der Betreute kann mangels Beschwerdeberechtigung einen sogenannten Umwandlungsbeschluss nach § 1908 b Abs. 4 S. 2 BGB, mit dem lediglich ein Statuswechsel erfolgt, nicht mit der Beschwerde angreifen. Es fehlt an einer Rechtsbeeinträchtigung iSd § 59 Abs. 1 FamFG.[132] Wird jedoch der Umwandlungsbeschluss – was möglich ist – mit dem **Ausspruch verbunden**, dass die Betreuung **berufsmäßig** geführt wird, ist der Betreute selbst dann beschwert, wenn er mittellos ist.[133]

bb) Des Betreuungsvereins

Die Betreuungsvereine leiden oft darunter, dass sich Mitarbeiter unter Weiterführung der ihnen bisher als Vereinsbetreuer übertragenen Betreuungen selbstständig machen. Ob dem Verein allerdings eine Beschwerdeberechtigung gegen einen Umwandlungsbeschluss zusteht, ist nicht für alle Fälle gleich zu beantworten.

Beantragt der Verein selbst die Entlassung des Mitarbeiters, würde sich seine **Rechtsstellung** nicht dadurch verbessern, dass das Betreuungsgericht dem ausgeschiedenen Mitarbeiter die Betreuung entzieht (statt ihm die Weiterführung der Betreuung als Privatperson zu belassen). Denn seinen Anspruch auf Vergütung und Aufwendungsersatz gemäß **§ 7 VBVG** verliert der Verein auch dann, wenn der Betreuer antragsgemäß entlassen wird. Ein Recht des Vereins, dass die von einem entlassenen Vereinsbetreuer geführte Betreuung auf einen anderen Vereinsbetreuer übertragen wird, besteht ebenfalls nicht. Es handelt sich

---

131 BT-Drucks. 11/4528, 154.
132 BayObLG FamRZ 2002, 767.
133 BayObLG FamRZ 2002, 767.

letztlich nur um ein Konkurrenzproblem um potenziell freiwerdende Betreuungsfälle.

135 Eine Beschwerdebefugnis nach § 59 Abs. 1 FamFG des Vereins gegen den Umwandlungsbeschluss kann aber dann bejaht werden, wenn ihm hierdurch **ungewollt Ansprüche auf Vergütung und Aufwendungsersatz verloren** gehen. Dies wäre dann nicht Folge seines eigenen Antrags.[134] In dem vom Oberlandesgericht Hamm entschiedenen Fall ging es um die Frage, ob der Betreuer in einem Arbeitsverhältnis zum Verein steht oder dort als freier Mitarbeiter tätig ist. Nur bei Bestehen eines Arbeitsverhältnisses wäre die Eigenschaft eines Vereinsbetreuers anzunehmen gewesen, dem Verein hätten die Ansprüche zugestanden. Als freier Mitarbeiter hätte der Betreuer jedoch selbst einen Anspruch auf Vergütung gehabt. Das Betreuungsgericht hatte ein Arbeitsverhältnis verneint und daraufhin den „Vereinsbetreuer" die Betreuung durch Umwandlungsbeschluss als Privatperson weiterführen lassen. Mit der Beschwerde hatte der Verein das Ziel verfolgt, dass der Mitarbeiter als Vereinsbetreuer anerkannt und der Statuswechsel rückgängig gemacht wird. In diesem Fall ist die Beschwerdeberechtigung offensichtlich gegeben.

3. Entlassung des Vereinsbetreuers aus den Gründen der Abs. 1 und 3

136 Vereins- und Behördenbetreuer können auch aus den Gründen der Abs. 1 und 3 entlassen werden. Bei einer Entlassung aus diesen Gründen verliert der Verein ungewollt seine Vergütungsansprüche, weil der Vereinsbetreuer die Betreuung „für ihn" nicht weiterführen kann.[135] Insoweit ist zweifelsohne eine **Rechtsbeeinträchtigung** des Vereins iSd § 59 Abs. 1 FamFG gegeben.

VII. Entlassung des Vereins oder der Behörde (Abs. 5)

137 Hat das Betreuungsgericht den Verein oder die Behörde nach § 1900 Abs. 1 und 4 BGB selbst zum Betreuer bestellt, so sind sie nach § 1908 b Abs. 5 BGB wieder zu entlassen, sobald der Betreute durch eine oder mehrere natürliche Personen hinreichend betreut werden kann. Hierdurch wird der Vorrang der Einzelbetreuung durch natürliche Personen Geltung verschafft. Verein und Behörde werden durch § 1900 Abs. 3 und Abs. 4 S. 2 BGB zur **Anzeige** über die Voraussetzungen verpflichtet. Eine Verpflichtung des Gerichts, innerhalb von zwei Jahren zu überprüfen, ob die Voraussetzungen einer Einzelbetreuung nunmehr gegeben sind, besteht nicht mehr.

138 Als **natürliche Personen,** die nach Entlassung des Vereins oder der Behörde bestellt werden können, zählen auch Vereins- und Behördenbetreuer. Das können vor allem die Personen sein, die innerhalb des Vereins oder der Behörde den Kontakt zum Betreuten gehalten und die Betreuung auch tatsächlich geführt haben. Verein und Behörde sollten sich dennoch in der Pflicht sehen, die Verhältnisse des Betreuten in einem Maße zu ordnen, dass auch die **Übernahme durch einen ehrenamtlichen Betreuer** in Betracht gezogen werden kann, soweit die krankheitsbedingten Umstände des Betreuten dies zulassen.

---

134 OLG Hamm FGPrax 2000, 192.
135 BayObLG v. 26.10.2004, 3Z BR 207/04.

VIII. Verfahren

1. Zuständigkeitsverteilung zwischen Richter und Rechtspfleger

Funktionell zuständig für die Entlassung des Betreuers ist in den Fällen des § 1908 b Abs. 1, 2 und 5 BGB der Richter,[136] in den Fällen der Abs. 3 und 4 der Rechtspfleger, § 3 Nr. 2 b, § 15 Abs. 1 S. 1 Nr. 1 RPflG.[137] Der Rechtspfleger ist allgemein zuständig für die Entlassung eines Kontrollbetreuers iSd § 1896 Abs. 3 BGB. Wegen der weiteren Einzelheiten hinsichtlich der Zuständigkeiten bei Entlassung und Neubestellung von Betreuern s. § 1908 c BGB Rn 16–21.

2. Antrag

Grundsätzlich erfolgt die Einleitung des Verfahrens von Amts wegen, also auch auf Anregung eines Beteiligten.

In bestimmten Ausnahmefällen wird das Verfahren auf Entlassung jedoch nur auf Antrag eingeleitet:

- auf Antrag des Betreuers, wenn er seine Entlassung wegen Unzumutbarkeit begehrt (Abs. 2),
- auf Antrag des Betreuten, wenn er eine übernahmebereite Person zum neuen Betreuer vorschlägt (Abs. 3) und
- auf Antrag von Verein oder Behörde, wenn sie die Entlassung des Vereins- oder Behördenbetreuers begehren (Abs. 5).

3. Verfahrenserleichterungen nach § 296 FamFG

§ 296 FamFG reduziert das Verfahren zur Entlassung des Betreuers auf nur wenige Schritte. Die Vorschrift gilt ausnahmslos für alle der in § 1908 b BGB genannten Fälle der Entlassung eines Betreuers.

Weder **nahe Angehörige** noch die **Betreuungsbehörde** sind anzuhören. Sie müssen auch keine Gelegenheit zur Stellungnahme erhalten.

4. Persönliche Anhörung des Betroffenen und des Betreuers

Nur dann, wenn der Betroffene der Entlassung des Betreuers **widerspricht**, hat das Gericht gemäß § 296 Abs. 1 FamFG den Betroffenen selbst und den Betreuer persönlich anzuhören.

Der Betroffene ist von einer beabsichtigten Entlassung des Betreuers **zu unterrichten**, damit er dem noch rechtzeitig vor der Entlassung widersprechen kann. Widerspricht der Betroffene erst im **Beschwerdeverfahren**, hat ihn das Landgericht persönlich anzuhören, wenn das Betreuungsgericht wegen des fehlenden Widerspruchs davon abgesehen hat.[138] Die persönliche Anhörung durch die Kammer kann unterbleiben und auf ein Kammermitglied als ersuchten Richters übertragen werden, wenn der persönliche Eindruck nicht entscheidungserheblich ist[139] oder von vornherein abzusehen ist, dass das Beschwerdegericht

---

136 LG Potsdam FamRZ 2002, 1291 (LS).
137 BayObLG FamRZ 1996, 250.
138 BayObLG BtPrax 2001, 37.
139 BayObLG FamRZ 1997, 1360.

das Ergebnis der Ermittlungen ohne eigenen Eindruck vom Betreuten zu würdigen vermag.

146 Von der persönlichen Anhörung des Betroffenen kann gem. § 34 Abs. 2 FamFG abgesehen werden, wenn hiervon erhebliche Nachteile für die Gesundheit des Betroffenen zu besorgen sind oder der Betroffene offensichtlich nicht in der Lage ist, seinen Willen kundzutun.[140]

5. Bestellung eines Verfahrenspflegers

147 Ist der Betroffene nicht in der Lage, sich zu äußern und der Entlassung des Betreuers zu widersprechen oder zuzustimmen, ist zu prüfen, ob ihm gemäß § 276 Abs. 1 FamFG ein **Verfahrenspfleger** zu bestellen ist.[141] Gemäß nachfolgendem S. 2 Nr. 1 ist die Bestellung eines Verfahrenspflegers beim Absehen von der persönlichen Anhörung in der Regel erforderlich. Ein Betreuerwechsel wirkt sich entscheidend auf die Lebensführung des Betroffenen aus, was maßgeblich dafür spricht, einen Verfahrenspfleger zu bestellen.

148 Hinsichtlich der unterschiedlichen Entlassungsgründe in § 1908 b BGB ist die Frage nach der Erforderlichkeit eines Verfahrenspflegers **differenziert** zu behandeln. Auf seine Bestellung soll verzichtet werden können, wenn ein Betreuer mangels Eignung zwingend zu entlassen ist und die Entscheidung durch einen Verfahrenspfleger nicht beeinflusst werden kann.[142]

6. Bekanntgabe

149 Die Entscheidung ist dem Betroffenen und dem Betreuer bekannt zu machen, §§ 40, 287 Abs. 1 FamFG, der Betreuungsbehörde nach der Maßgabe des § 288 Abs. 2 FamFG: Wenn ein Betreuer entlassen wird, ist dies der Betreuungsbehörde stets bekannt zu geben.

150 Grundsätzlich wird die **Entlassung** mit der Bekanntmachung an den Betreuer **wirksam**, § 287 Abs. 1 FamFG. Unter bestimmten Voraussetzungen tritt die Wirksamkeit erst mit Übergabe an den Betroffenen, den Verfahrenspfleger oder an die Geschäftsstelle des Gerichts (§ 287 Abs. 2 S. 2 Nr. 1 und 2 FamFG) ein. Erfolgt die Entlassung gegen den Willen des Betreuers, ist sie diesem nach § 42 Abs. 1 S. 2 FamFG zuzustellen.

7. Einstweilige Anordnung

151 Bei Gefahr im Verzug kann der Betreuer auch durch einstweilige Anordnung entlassen werden, § 300 Abs. 2 FamFG.

8. Verbindung mit dem Verfahren auf Neubestellung

152 Soll mit der Entlassung gleichzeitig über die Bestellung des Nachfolgebetreuers entschieden werden, hat das Betreuungsgericht zusätzlich § 296 Abs. 2 FamFG zu beachten.

---

140 OLG Brandenburg FamRZ 2007, 1688.
141 BayObLG FamRZ 2003, 786; 1997, 1358; OLG Zweibrücken FGPrax 1998, 57; OLG Brandenburg FamRZ 2007, 1688; KG FGPrax 2008, 265.
142 BayObLG FamRZ 2003, 786.

9. Rechtsmittel: Befristete Beschwerde

Gegen die Entscheidung des Betreuungsrichters ist die befristete Beschwerde gegeben (§ 58 Abs. 1 FamFG). Die Beschwerdefrist beträgt einen Monat (§ 63 Abs. 1 FamFG), bei einstweiligen Anordnungen zwei Wochen (§ 63 Abs. 2 FamFG). 153

10. Beschwerdeberechtigung

a) Nahe Angehörige

Die Beschwerdeberechtigung naher Angehöriger ist durch das FamFG neu und klarer geregelt worden: Da die Entlassung des Betreuers ein Verfahren iSd § 303 Abs. 1 Nr. 2 FamFG ist, steht das Beschwerderecht den in § 303 Abs. 2 FamFG benannten nahestehenden, abschließend aufgezählten Angehörigen und Personen, die das Vertrauen des Betroffenen genießen, zu. Diese haben jedoch nur dann ein Beschwerderecht, wenn sie im ersten Rechtszug beteiligt waren. 154

Andere Personen, wie etwa ein Testamentsvollstrecker eines Nachlasses, für den der Betroffene als Erbe eingesetzt ist, hat gegen die Entlassung eines Betreuers mit dem Aufgabenkreis Vermögenssorge kein Beschwerderecht.[143] 155

Soweit die nahen Angehörigen geltend machen wollen, sie seien im ersten Rechtszug zu Unrecht nicht beteiligt worden, steht ihnen nach § 7 Abs. 5 S. 2 FamFG die sofortige Beschwerde nach §§ 567 ff ZPO gegen den Beschluss des Betreuungsgerichts zu, mit dem ein Antrag auf Hinzuziehung nicht entsprochen wurde. 156

Steht rechtskräftig fest, dass die genannten Personen nicht hinzugezogen werden, so sind sie auch nicht mehr berechtigt, mit der Beschwerde gegen die Entlassung eines Betreuers geltend zu machen, sie seien zu Unrecht nicht hinzugezogen worden. 157

Angehörige haben also darauf zu achten, erstinstanzlich mindestens tatsächlich am Verfahren beteiligt zu werden. 158

b) Sonstige Beteiligte

Nach § 59 Abs. 1 FamFG sind der **Betreuer**[144] und der **Betreute** beschwerdeberechtigt. Die Beschwerdeberechtigung besteht selbst bei zwischenzeitlichem Versterben des Betreuten fort. Es tritt keine Erledigung der Hauptsache ein, weil durch Aufhebung der betreuungsgerichtlichen Entscheidung die Entlassung rückwirkend entfallen würde.[145] Der Betreuer kann nach § 303 Abs. 4 S. 1 FamFG auch im Namen des Betreuten Beschwerde einlegen. 159

Bei Entscheidungen über die Entlassung eines Vereins- oder Behördenbetreuers oder eines Vereins oder einer Behörde als Betreuer sind **Verein** oder **Behörde** beschwerdeberechtigt.[146] 160

Dem Vertreter der **Staatskasse** steht ein Beschwerderecht zu, wenn dessen Antrag, den Berufsbetreuer gemäß § 1908 b Abs. 1 S. 2 BGB zu entlassen und die 161

---

143 OLG München BtPrax 2007, 179.
144 BayObLG BtPrax 1995, 65.
145 BayObLG EzFamR aktuell 1999, 395.
146 BayObLG BtPrax 2005, 71.

Betreuung ehrenamtlich fortzuführen, abgelehnt wird, § 304 Abs. 1 FamFG. Bezüglich der Beschwerdeberechtigung gegen einen Umwandlungsbeschluss wird auf Rn 132-135 verwiesen.

162 Der Testamentsvollstrecker eines Nachlasses, für den der Betroffene als Erbe eingesetzt ist, hat gegen die Entlassung eines Betreuers mit dem Aufgabenkreis Vermögenssorge kein Beschwerderecht.[147]

11. Rechtsbeschwerde

163 Gegen die Entscheidung des Beschwerdegerichts ist die Rechtsbeschwerde statthaft; sie muss jedoch vom Beschwerdegericht zugelassen werden, da die Entscheidung nach § 1908 b BGB nicht von § 70 Abs. 3 S. 1 Nr. 1 FamFG erfasst wird; denn die Entscheidung zieht nicht die Aufhebung der Betreuung insgesamt nach sich.[148]

IX. Kosten

164 Haben Betreuter und Betreuer als Verfahrensbeteiligte unterschiedliche Entscheidungen angestrebt, kommt eine **Kostenverteilung gemäß § 307 FamFG oder nach § 81 FamFG** in Betracht.

165 Gerichtsgebühren fallen nicht an, da das Kostenverzeichnis des GNotKG hierfür keinen Gebührentatbestand vorsieht. Anfallende Auslagen stellen die Kosten des Verfahrenspflegers dar. Hierbei ist zu beachten, dass nicht der Freibetrag in Höhe von 25.000 EUR (vgl dazu KVGNotKG Vorbemerkung 1.1 Abs. 1) gilt, sondern derjenige aus § 1836 c BGB in Höhe von 2.600 EUR (s. 31015 KVGNotKG).

166 Soweit eine **Beschwerde** erfolgreich ist, bleibt das Verfahren gerichtsgebührenfrei, da das Kostenverzeichnis des GNotKG hierfür keinen Gebührentatbestand vorsieht. Sie ist auch auslagenfrei (KVNotKG Vorbemerkung 3.1 Abs. 1). Soweit das Beschwerdegericht die Beschwerde als unzulässig verwirft oder als unbegründet zurückweist, fällt die volle Gebühr an (14510 KV GNotKG). Das Gericht kann dann nach § 25 Abs. 2 GNotKG die Kosten einem Beteiligten auferlegen, muss dies aber nicht. Unterbleibt eine Kostenentscheidung, bleibt das Verfahren mangels Kostenschuldners gebührenfrei.

167 Eine Entscheidung über die Erstattung außergerichtlicher Kosten ist im Beschwerdeverfahren nicht veranlasst, wenn außer dem Beschwerdeführer kein weiterer förmlich am Verfahren beteiligt wurde, im Übrigen ist auf § 81 FamFG zu verweisen. Entsprechendes gilt für das Rechtsbeschwerdeverfahren nach § 25 Abs. 2 S 2 GNotKG. Der für die Gebühren maßgebliche **Beschwerdewert** ergibt sich aus § 36 Abs. 3 GNotKG. In der Regel wird er nunmehr auf 5.000 EUR festgesetzt.

§ 1908 c BGB Bestellung eines neuen Betreuers

Stirbt der Betreuer oder wird er entlassen, so ist ein neuer Betreuer zu bestellen.

---

147 OLG München BtPrax 2007, 179.
148 BGH FGPrax 2011, 523; BtPrax 2012, 39.

I. Betreuerwechsel unter Aufrechterhaltung der Betreuung

Die Betreuung als solche bleibt bestehen, auch wenn der Betreuer wegfällt, denn der Betreute bleibt weiterhin betreuungsbedürftig. Daher hat das Betreuungsgericht einen neuen Betreuer zu bestellen, wenn der Betreuer – nach § 1908 b BGB oder aus anderen Gründen – entlassen wird oder verstirbt. 1

Das gilt auch bei Entlassung oder Versterben eines **Gegenbetreuers** oder **Kontrollbetreuers**. Bei Entlassung oder Versterben eines **Mitbetreuers** prüft das Betreuungsgericht, ob die Bestellung eines Mitbetreuers entbehrlich ist, weil der Aufgabenkreis des verbliebenen Betreuers erweitert werden kann. Die Bestellung eines neuen Betreuers unterbleibt insbesondere, wenn bei der ursprünglichen Bestellung des Mitbetreuers zu Unrecht vom Grundsatz der Einzelbetreuung abgewichen wurde und die Entlassung gerade aus diesem Grunde erfolgt (vgl die Kommentierung zu § 1908 b BGB Rn 52–56).

Mit der Bestellung eines neuen Betreuers (**Nachfolgebetreuer**) nach Entlassung oder Tod des vorhergehenden (**Vorbetreuer**) Betreuers wird keine Entscheidung über die Betreuung als solche getroffen. Die Betreuung bleibt angeordnet und besteht unverändert mit den übertragenen Aufgabenkreisen fort. Die Entscheidung nach § 1908 c BGB ist – anders als die Neubestellung eines Betreuers nach § 1896 BGB – keine Einheitsentscheidung, die als Entscheidungselement das Weiterbestehen der Betreuung enthält. Deshalb ändert sich auch der **Überprüfungszeitpunkt** nach §§ 286 Abs. 3, 294 Abs. 3, 295 Abs. 2 FamFG nicht. Mit der Neubestellung trifft das Betreuungsgericht lediglich eine Auswahlentscheidung über die Person des Nachfolgers. Im Zusammenhang mit der Neubestellung kann – und muss unter dem Gesichtspunkt des Amtsermittlungsgrundsatzes nach § 26 FamFG – bei konkreten Hinweisen der Betreuungsbedarf überprüft werden.[1] 2

Ist die Entscheidung durch den Betreuungsrichter zu treffen oder trifft er sie bei Zuständigkeit des Rechtspflegers ausnahmsweise, **kann** er mit der Neubestellung auch die **Entscheidung über die Verlängerung** der Betreuung verbinden. Dann wird auch ein neuer Zeitpunkt, zu dem das Gericht über die Aufhebung oder Verlängerung der Maßnahme zu entscheiden hat, festgesetzt. 3

II. Mitteilungspflichten beim Tod des Betreuers

Die Erben des Betreuers haben dem Betreuungsgericht dessen Tod unverzüglich nach § 1894 Abs. 1 BGB (iVm § 1908 i Abs. 1 S. 1 BGB) anzuzeigen. Dieselbe Pflicht hat der Betreuer beim Tod eines Mit- oder Gegenbetreuers (nach § 1894 Abs. 2 BGB iVm 1908 i Abs. 1 S. 1 BGB) und der Gegenbetreuer beim Tod des Betreuers (§ 1799 Abs. 1 S. 2 BGB iVm § 1908 i Abs. 1 S. 1 BGB). 4

III. Bestellung des Nachfolgebetreuers
1. Bedeutung für das Betreuungsgericht

Für die Auswahl des neuen Betreuers gilt **§ 1897 BGB**. Die Auswahl ist vom Betreuungsgericht nach pflichtgemäßem Ermessen zu treffen.[2] Wegen weiterer Einzelheiten wird auf die Kommentierung zu dieser Norm verwiesen. 5

---

[1] KG Rpfleger 2009, 21.
[2] OLG Zweibrücken BtPrax 2005, 74.

6 Es reicht nicht, in der Hauptsacheentscheidung nach § 1908 c BGB darauf abzustellen, dass bei dem im Wege der einstweiligen Anordnung bestellten Betreuer keine Entlassungsgründe nach § 1908 b Abs. 1 S. 1 BGB vorliegen und er daher auszuwählen ist.[3]

2. Bedeutung für den Nachfolgebetreuer

7 Führt der entlassene Betreuer die Geschäfte des Betreuten in Unkenntnis oder fahrlässiger Unkenntnis seiner Entlassung weiter, richtet sich die Wirksamkeit erfolgter Rechtsgeschäfte nach § 1893 Abs. 1 BGB iVm § 1698 a BGB. Hieran ist der Nachfolgebetreuer gebunden. Fehlen die Voraussetzungen, kann der Nachfolgebetreuer entscheiden, ob er die Rechtsgeschäfte des ohne Vertretungsmacht handelnden Vorbetreuers genehmigen will. Wegen weiterer Einzelheiten wird auf die Kommentierung zu § 1893 BGB verwiesen.

8 Der von einer Betreuungsanordnung abhängige **Einwilligungsvorbehalt** besteht bei Tod oder Entlassung des Betreuers fort, seine Fortgeltung bedarf keiner wiederholenden Anordnung durch Beschluss. Bereits erteilte Genehmigungen behalten ebenfalls ihre Gültigkeit. Sie können dem Dritten nunmehr vom Nachfolgebetreuer gemäß § 1829 Abs. 1 S. 2 BGB mitgeteilt werden.

9 Das Amt des Betreuers ist nach Entlassung beendet und abzuwickeln. Nach § 1890 BGB iVm § 1908 i BGB hat der Betreuer dem Betreuten, der nunmehr vom Nachfolgebetreuer gesetzlich vertreten wird, das verwaltete **Vermögen herauszugeben** und über seine Verwaltung gegenüber dem Betreuten, gesetzlich vertreten durch den Nachfolgebetreuer, Rechenschaft in Form einer Schlussrechnung abzulegen. Der Betreuer kann hierbei auf die bisherigen Rechnungslegungen gegenüber dem Betreuungsgericht Bezug nehmen. Im Zuge dessen hat der Vorbetreuer dem Nachfolgebetreuer auch die Urkunden, Schriftstücke und sonstige Unterlagen des Betreuten, die zur weiteren Vermögensverwaltung und Rechtsdurchsetzung benötigt werden, herauszugeben. Für Streitigkeiten zwischen dem Vorbetreuer und dem Nachfolgebetreuer (im Namen des Betreuten) sind die Prozessgerichte zuständig. Wegen der Einzelheiten wird auf die Erläuterungen zu § 1890 BGB verwiesen.

10 Das Betreuungsgericht prüft die (vom Vorbetreuer erstellte) Schlussrechnung auf ihre rechnungsmäßige und sachliche Richtigkeit. Ihre Einreichung erfolgt aber durch den Nachfolgebetreuer, § 1892 Abs. 1 BGB. Dieser kann die Schlussrechnung als richtig anerkennen, was das Betreuungsgericht beurkundet, § 1892 Abs. 2 BGB.

11 Gesetzliche Regelungen für Aufbewahrungspflichten des Betreuers fehlen. Zumindest der Berufsbetreuer sollte jedoch seine **Handakten** nach Amtsende entsprechend der für Rechtsanwälte in § 50 Abs. 2 BRAO vorgesehenen Dauer von fünf Jahren aufbewahren. Unabhängig hiervon empfiehlt es sich jedoch, die Handakten bis zum Ablauf der Verjährungsfrist wegen möglicher gegen ihn gerichteter Ansprüche aufzubewahren. Hierdurch wird eine Verteidigung gegen den Nachfolgebetreuer erleichtert, falls dieser mit der Geltendmachung von Haftungsansprüchen gegen den Vorbetreuer beauftragt wird.

---

3 BayObLG FamRZ 2001, 252.

3. Aufhebung der Entlassung auf Beschwerde des Vorbetreuers

Hebt das Landgericht den Beschluss des Betreuungsgerichts, mit dem der Betreuer antragsgemäß entlassen und ein Nachfolgebetreuer bestellt wurde, in der Beschwerdeentscheidung auf, ist **der Nachfolgebetreuer zu entlassen**, ohne dass die Voraussetzungen des § 1908 b BGB gegeben sein müssen.[4] Diese Folge ist zwingend. 12

Seine Entlassung durch das Beschwerdegericht begründet für den Nachfolgebetreuer **keine Beschwerdebefugnis** nach § 59 Abs. 1 FamFG. Gegenstand des Beschwerdeverfahrens ist allein die Entlassung des Vorbetreuers und nicht daneben eine Entlassung des Nachfolgebetreuers auf Antrag des Vorbetreuers. Die Bestellung des Nachfolgebetreuers im Rahmen der Entlassung des Vorbetreuers war vor Rechtskraft nur vorläufiger Natur; mit ihrer Aufhebung musste gerechnet werden.[5] 13

Der **Nachfolgebetreuer** verliert sein Amt jedoch erst mit Wirksamwerden der Entscheidung des Beschwerdegerichts (§ 287 FamFG) und nicht rückwirkend. Die vom ihm getätigten Rechtsgeschäfte sind mit der aus § 1902 BGB folgenden gesetzlichen Vertretungsmacht abgeschlossen worden und daher gültig. Für diesen Zeitraum stehen ihm auch Ansprüche auf Vergütung zu. 14

Bei erfolgreicher Beschwerde des **Vorbetreuers** gegen seine Entlassung entfällt diese rückwirkend, er muss somit nicht nochmals bestellt werden.[6] Anspruch auf Vergütung hat er für den Zeitraum zwischen Entlassung und Aufhebung trotz der Rückwirkung nicht, weil er die Betreuung nicht geführt hat. Hierzu war er nicht in der Lage, weil die Entlassung mit Bekanntgabe an ihn wirksam geworden ist und die Beschwerde hiergegen keine aufschiebende Wirkung hat (arg e § 64 FamFG). Er kann jedoch Vergütung und Aufwendungsersatz im Zusammenhang mit der Erfüllung seiner Pflichten aus § 1890 BGB auf Vermögensherausgabe und Rechnungslegung verlangen. 15

IV. Verfahren
1. Zuständigkeit

Örtlich zuständig ist das Betreuungsgericht, bei dem die Betreuung anhängig ist, § 272 Abs. 1 FamFG. 16

Funktionell zuständig ist teilweise der Richter, teilweise der Rechtspfleger. 17

Stirbt der Vorbetreuer, ist auf jeden Fall der Richter zuständig (§ 15 Abs. 1 S. 1 Nr. 2 RPflG).

Soweit der Vorbetreuer **nach § 1908 b BGB entlassen** wird und ein **neuer Betreuer bestellt** wird, ist nach §§ 3 Nr. 2 b, 15 Abs. 1 S. 1 Nr. 1 RPflG zu differenzieren. 18

Der **Richter** ist zuständig:

- bei Entlassung wegen fehlender Eignung oder sonstigem wichtigen Grund (Abs. 1 S. 1 und 2),

---

[4] BayObLG FamRZ 2003, 784; FGPrax 1995, 196.
[5] OLG Zweibrücken FGPrax 2002, 25; BayObLG FamRZ 2001, 938; OLG Köln FamRZ 1998, 841; OLG Stuttgart FamRZ 1996, 420; OLG Düsseldorf FamRZ 1995, 1234.
[6] BayObLG EzFamR aktuell 1999, 395.

- bei Entlassung eines Berufsbetreuers, wenn die Betreuung von einem ehrenamtlichen Betreuer fortgesetzt werden kann (Abs. 1 S. 3),
- bei Entlassung des Betreuers auf eigenen Antrag (Abs. 2),
- bei Entlassung des Vereins oder der Behörde (Abs. 5)

Der **Rechtspfleger** ist zuständig
- bei Entlassung auf Antrag des Betreuten (Abs. 3),
- bei Entlassung des Vereinsbetreuers oder des Behördenbetreuers (Abs. 4) und
- für den Umwandlungsbeschluss nach § 1908 b Abs. 4 S. 2 BGB, der ausspricht, dass der Vereins- oder Behördenbetreuer die Betreuung als Privatperson fortführt.

19 Der **Rechtspfleger** ist auch für die Neubestellung nach Entlassung eines Beamten oder Geistlichen (§ 1908 i Abs. 1 S. 1 BGB iVm § 1888 BGB) zuständig, weil hier ein ausdrücklicher Richtervorbehalt in § 15 RPflG fehlt.

20 Die Zuständigkeitsverteilung beruht auf einer Empfehlung des Rechtsausschusses des Deutschen Bundestages.[7] Bundesrat und Bundesregierung waren unterschiedlicher Auffassung über die **Notwendigkeit eines Richtervorbehaltes**.

21 Auf der Grundlage der **Länderöffnungsklausel** in § 19 Abs. 1 S. 1 Nr. 1 RPflG können die Länder nunmehr sämtliche oben angeführten Entlassungen und Bestellungen auf den Rechtspfleger übertragen. Von dieser Möglichkeit haben bisher nur Bayern (bei Versterben des Vorbetreuers; vgl § 1 VO v. 15.3.2006, GVBl. 2006, 170) und Rheinland-Pfalz (§ 1 Nr. 1 VO v. 1.1.2009, GVBl. 2008, 81) Gebrauch gemacht.

2. Verfahrenserleichterungen

22 Da es bei der Entscheidung nach § 1908 c BGB um die Auswahl eines neuen Betreuers geht, beschränkt sich das Verfahren auf nur wenige Schritte. Die Einholung eines Sachverständigengutachtens nach § 280 FamFG ist in aller Regel nicht gefordert. Die Verfahrenserleichterungen erklären sich daraus, dass mit der Neubestellung die Anordnung der Betreuung unberührt bleibt. Wird allerdings die Neubestellung **mit anderen Entscheidungen verbunden**, etwa mit der Entlassung des Vorbetreuers, der Erweiterung des Aufgabenkreises oder der Verlängerung der Betreuung, sind die dafür vorgeschriebenen Verfahrensschritte zu beachten.

a) Persönliche Anhörungen

23 Nur wenn der Betreute der Neubestellung widerspricht, ist er gemäß § 296 Abs. 2 S. 2 FamFG persönlich anzuhören (vgl dazu § 296 FamFG Rn 13). Hat er sein **Einverständnis** mit dem Betreuerwechsel erklärt, bedarf es grundsätzlich keiner persönlichen Anhörung. Trotz Einverständnis ist ausnahmsweise dennoch eine persönliche Anhörung geboten, wenn **Zweifel** bestehen, ob der Vorschlag des Betroffenen, eine bestimmte Person zu bestellen, dessen **wirkli-**

---

7 BT-Drucks. 11/6949, 78.

chem Willen entspricht.[8] Das Einverständnis des Betreuten muss sich auf einen konkreten Betreuer beziehen.[9]

Vor der Entscheidung über die Bestellung ist **auf Verlangen des Betreuten** oder – soweit vom Amtsermittlungsgrundsatz geboten – der zuständigen Behörde, nahen Familienangehörigen und einer Vertrauensperson die Möglichkeit zur Äußerung zu geben (§ 279 Abs. 2 und 3 FamFG). 24

b) Inhalt und Bekanntmachung des Beschlusses, Mitteilungen

Der Inhalt der Entscheidung richtet sich nach § 286 FamFG. Die Begründung braucht sich nur auf die Auswahl des neuen Betreuers zu beziehen, denn nur hierüber entscheidet das Betreuungsgericht. Die **Bekanntgabe** erfolgt nach §§ 41, 288 FamFG: Die Entscheidung ist allen Beteiligten iSd § 274 FamFG, also vor allem dem Betroffenen unter Beachtung von § 288 FamFG, dem Betreuer nach § 274 Abs. 1 Nr. 2 FamFG und der Betreuungsbehörde nach §§ 274 Abs. 3, 288 Abs. 2 FamFG bekanntzugeben. Die Entscheidung wird mit der Bekanntgabe an den Betreuer wirksam (§ 287 FamFG). Ist für den Betroffenen ein Einwilligungsvorbehalt angeordnet, der sich auf die Aufenthaltsbestimmung erstreckt, hat das Betreuungsgericht der **Meldebehörde** gemäß § 309 Abs. 2 FamFG einen Betreuerwechsel mitzuteilen. 25

Bei Gefahr im Verzug kann das Betreuungsgericht einen Betreuer auch durch **einstweilige Anordnung** gemäß § 300 Abs. 1 Nr. 1 FamFG bestellen, etwa wenn der Betroffene wegen bestehenden Einwilligungsvorbehaltes handlungsunfähig ist. 26

3. Rechtsmittel und Beschwerdebefugnis

Die Entscheidungen können mit der Beschwerde nach § 58 FamFG angegriffen werden. Das Beschwerderecht des **Betroffenen** ergibt sich aus § 59 Abs. 1 FamFG, zum einen gegen die Ablehnung seines Antrags auf Betreuerwechsel, zum anderen gegen die Auswahl des neuen Betreuers. Beschränkt der Betreute sein Rechtsmittel auf die Frage der Auswahl des Betreuers, hat das Beschwerdegericht die Voraussetzungen für die Anordnung der Betreuung nicht mehr zu prüfen,[10] es sei denn, dem Gericht werden im Rahmen seiner Amtsermittlung nach § 26 FamFG Umstände bekannt, die eine Überprüfung nahelegen.[11] 27

Bezüglich der **Beschwerdebefugnis bestimmter naher Angehöriger** kommt es darauf an, ob sie am Verfahren beteiligt waren: Nur wenn die nahen Angehörigen nach §§ 7 Abs. 3, 274 Abs. 4 Nr. 1 FamFG beteiligt wurden, steht ihnen nunmehr nach § 303 Abs. 2 FamFG das Beschwerderecht zu (vgl dazu § 303 FamFG Rn 38 ff). 28

Erledigt sich die Betreuerbestellung, etwa durch Zeitablauf, wird das Rechtsmittel unzulässig; ein Beschwerdeverfahren mit dem Ziel, die Rechtswidrigkeit nachträglich festzustellen, ist in § 62 Abs. 1 FamFG zwar vorgesehen. Geht es aber nur um den Wechsel der Person des Betreuers liegt – anders als bei der 29

---

8 BayObLG FamRZ 2001, 1555.
9 OLG Schleswig FGPrax 2007, 269.
10 OLG Zweibrücken BtPrax 2005, 74.
11 KG BtPrax 2008, 265.

erstmaligen Anordnung der Betreuung[12] – kein schwerwiegender Grundrechtseingriff vor.[13]

§ 1908 d BGB Aufhebung oder Änderung von Betreuung und Einwilligungsvorbehalt

(1) ¹Die Betreuung ist aufzuheben, wenn ihre Voraussetzungen wegfallen. ²Fallen diese Voraussetzungen nur für einen Teil der Aufgaben des Betreuers weg, so ist dessen Aufgabenkreis einzuschränken.

(2) ¹Ist der Betreuer auf Antrag des Betreuten bestellt, so ist die Betreuung auf dessen Antrag aufzuheben, es sei denn, dass eine Betreuung von Amts wegen erforderlich ist. ²Den Antrag kann auch ein Geschäftsunfähiger stellen. ³Die Sätze 1 und 2 gelten für die Einschränkung des Aufgabenkreises entsprechend.

(3) ¹Der Aufgabenkreis des Betreuers ist zu erweitern, wenn dies erforderlich wird. ²Die Vorschriften über die Bestellung des Betreuers gelten hierfür entsprechend.

(4) Für den Einwilligungsvorbehalt gelten die Absätze 1 und 3 entsprechend.

I. Bedeutung für Betreuungsgericht und Betreuer	1
II. Aufhebung der Betreuung und Einschränkung des Aufgabenkreises	7
1. Wegfall nur einer der Anordnungsvoraussetzungen	7
2. Sicherung durch den Überprüfungszeitpunkt	11
3. Zeitlich befristete Betreuung	13
4. Einschränkung des Aufgabenkreises	15
5. Mitteilung durch den Betreuer	17
III. Auf Antrag des Betreuten	18
IV. Bedeutung einer Aufhebung für den Betreuer	22
1. Wirkung für die Zukunft	22
2. Folgen und Abwicklung	25
V. Erweiterung des Aufgabenkreises	28
VI. Aufhebung, Einschränkung oder Erweiterung des Einwilligungsvorbehalts	33
1. Antrag eines Geschäftsunfähigen	33
2. Mitprüfung der Betreuung	35
3. Sicherung durch den Überprüfungszeitpunkt	36
VII. Verfahren	37
1. Aufhebung der Betreuung oder des Einwilligungsvorbehaltes und Einschränkung des Aufgabenkreises oder des Kreises der einwilligungsbedürftigen Willenserklärungen	38
a) Vereinfachungen	38
b) Beschluss	43
c) Bekanntgabe	45
d) Rechtsmittel	46
e) Beschwerdebefugnis	47
2. Erweiterung des Aufgabenkreises oder des Kreises der einwilligungsbedürftigen Willenserklärungen	50
a) Unterscheidung nach wesentlich/unwesentlich	51
b) Rechtsmittel	55
3. Mitteilungspflichten	59
4. Kosten	61

---

12 Vgl dazu BVerfG NJW 2002, 206.
13 KG BtPrax 2009, 245 zum alten Recht.

I. Bedeutung für Betreuungsgericht und Betreuer

Die Vorschrift wendet sich ausschließlich an das Betreuungsgericht, hat aber Bedeutung für den Betreuer insoweit, da ihm nach § 1901 Abs. 5 BGB und § 1903 Abs. 4 BGB korrespondierende **Mitteilungspflichten** auferlegt sind, damit die Möglichkeit des Betreuungsgerichts eröffnet wird, die Maßnahmen auch zeitnah ergreifen zu können. 1

Während sich §§ 1908 b und 1908 c BGB mit Änderungen in Bezug auf die Person des Betreuers beschäftigen, bezieht sich § 1908 d BGB auf **Änderungen bei den Maßnahmen der Betreuung und des Einwilligungsvorbehaltes**. Die Abs. 1 bis 3 haben die Aufhebung der Betreuung und die Einschränkung oder Erweiterung des Aufgabenkreises und Abs. 4 die Aufhebung des Einwilligungsvorbehaltes und die Einschränkung oder Erweiterung des Kreises der einwilligungsbedürftigen Willenserklärungen zum Gegenstand. 2

Als Grundregel für die betreuungsgerichtliche Prüfung der Erweiterung des Aufgabenkreises oder des Kreises der einwilligungsbedürftigen Willenserklärungen lässt sich festhalten, dass die Entscheidungen dieselben Anforderungen an eine **materielle Begründung** stellen wie Erstentscheidungen, unabhängig davon, ob die Entscheidungen mit den Überprüfungen nach dem in § 286 Abs. 3 FamFG vorgesehenen Zeitpunkt zu treffen sind. 3

In verfahrensrechtlicher Hinsicht kommt es darauf an, ob es sich um eine Aufhebung oder Einschränkung handelt, wobei das **Merkmal der Wesentlichkeit** bei den erweiternden Maßnahmen ausschlaggebend dafür ist, welche Verfahrensschritte unverzichtbar sind. 4

Bei **Tod** des Betreuten endet die Betreuung von selbst; es bedarf keiner förmlichen Aufhebung durch das Betreuungsgericht. Wegen der sich für den Betreuer ergebenden Rechtsfolgen und Aufgaben wird auf die Kommentierung bei § 1893 BGB verwiesen. 5

Soweit ein Berufsbetreuer bestellt ist, sollte auch der finanzielle Aspekt berücksichtigt werden: je früher die Betreuung aufgehoben werden kann, desto geringer sind die Kosten für den Betreuten oder die Staatskasse.[1] 6

II. Aufhebung der Betreuung und Einschränkung des Aufgabenkreises

1. Wegfall nur einer der Anordnungsvoraussetzungen

Nach § 1908 d Abs. 1 S. 1 BGB ist eine Betreuung zwingend aufzuheben, wenn ihre Voraussetzungen weggefallen sind. Wegen des Grundsatzes der Erforderlichkeit darf eine Betreuung nur so lange aufrechterhalten bleiben, wie sie notwendig ist. Denn die Betreuung soll kein Dauerzustand sein (**Prinzip der Rehabilitation**; vgl § 1901 Abs. 4 BGB). 7

Die Betreuung ist aufzuheben, wenn auch **nur eine der Voraussetzungen** des § 1896 BGB, die für ihre Anordnung vorliegen müssen, entfällt oder festgestellt wird, dass sie von Anfang an nicht vorlag.[2] Das ist insbesondere dann der Fall, wenn die Betreuungsbedürftigkeit entfallen ist, weil sich der Krankheitszustand des Betreuten so verbessert hat, dass er nunmehr seine rechtlichen Angelegenheiten wieder selbst besorgen kann. 8

---

1 Vgl dazu BGH BtPrax 2012, 62.
2 BGH BtPrax 2011, 130; BayObLG FamRZ 1995, 1519.

9 Nach dem **Grundsatz der Subsidiarität** der Betreuung ist eine Aufhebung dann geboten, wenn der Betreute nunmehr einen Dritten mit der Erledigung bevollmächtigen kann oder andere Hilfen iSd § 1896 Abs. 2 BGB jetzt ausreichen. Deshalb ist es auch nicht per se „verwerflich" und stellt keinen Eignungsmangel dar, wenn der Betreuer versucht, dass ihm der Betreute in einem geschäftsfähigen Zustand eine Vollmacht erteilt.[3] Wird nach Bestellung eines Betreuers eine wirksam erteilte **Vorsorgevollmacht** aufgefunden und können die Angelegenheiten des Betreuten durch den darin benannten Bevollmächtigten ebenso gut besorgt werden (§ 1896 Abs. 2 S. 2 BGB), ist die Betreuung aufzuheben.[4]

10 Eine gegen den **freien Willen** des Betroffenen (zum Begriff des freien Willens siehe die Kommentierung zu § 1896 BGB) fortgesetzte Betreuung ist gem. § 1896 Abs. 1a BGB nicht zulässig; sie ist aufzuheben.[5] Im Falle des Ersatzbetreuers ist die Ersatzbetreuung bei Wegfall oder Überwinden des für die Einrichtung ursächlichen Hindernisses aufzuheben.

2. Sicherung durch den Überprüfungszeitpunkt

11 Zur Sicherung wird das Betreuungsgericht verpflichtet, mit der Anordnung der Betreuerbestellung bereits nach § 286 Abs. 3 FamFG festzulegen, wann eine **Überprüfung** zu erfolgen hat. Dabei darf der Zeitpunkt, zu dem das Gericht über die Aufhebung oder die Verlängerung der Betreuung zu befinden hat, nicht später als 7 Jahre nach dem Zeitpunkt der Ausgangsentscheidung liegen (§ 294 Abs. 3 FamFG). Stellt das Betreuungsgericht im Überprüfungszeitpunkt fest, dass die Voraussetzungen der Betreuung nicht mehr gegeben sind, hebt es die Betreuung nach § 1908d Abs. 1 BGB auf. Die Betreuung endet aber nicht automatisch nach Ablauf der Überprüfungsfrist (vgl dazu § 295 FamFG Rn 3).

12 Beispielsweise darf bei **schubförmig** oder phasenverlaufenden psychischen Krankheiten (bspw bei schubförmig verlaufenden produktiven psycho-pathologischen Ausfällen schizophrener Prägung) ein Betreuer nur für den Zeitraum bestellt werden, in welchem der Betroffene seinen Willen nicht frei bestimmen kann. Liegen infolge eines akuten Schubs die Voraussetzungen für eine Betreuerbestellung vor, muss in Rechnung gestellt werden, dass die Voraussetzungen wegen Abklingens der Schubphase mit der Folge wegfallen können, dass die Betreuung gemäß § 1908d Abs. 1 S. 1 BGB aufzuheben ist. Dies muss bei Festlegung der Überprüfungsfrist nach § 294 Abs. 3 FamFG mitbedacht werden.[6] Wenn eine solche Prognose nicht möglich ist, muss der Betreuer nach § 1901 Abs. 5 S. 1 BGB das Betreuungsgericht entsprechend informieren.

3. Zeitlich befristete Betreuung

13 Einer gesonderten Aufhebung der Betreuung bedarf es nicht, wenn das Betreuungsgericht von vornherein die Betreuung **zeitlich befristet**, etwa wenn der zeitliche Rahmen, in der eine Angelegenheit erledigt sein kann oder das Betreuungsbedürfnis entfällt, vorhersehbar ist. Die Möglichkeit, den automatischen Wegfall der Betreuung nach Ablauf einer bestimmten Frist oder nach Erledigung bestimmter Aufgaben vorzusehen, wird vom Gesetz zwar nicht ausdrück-

---

3 LG Leipzig FamRZ 2000, 190.
4 BGH FamRZ 2012, 969.
5 BayObLG FamRZ 2005, 69.
6 BayObLG FGPrax 1995, 63.

lich vorgesehen, ist aber zulässig, auch wenn die Praxis nicht entsprechend verfährt, sondern einen vorübergehenden Bedarf über die Festlegung des Überprüfungszeitpunktes nach § 294 Abs. 3 FamFG löst. § 1918 Abs. 3 BGB ist nicht analog anwendbar.

Nur bei Bestellung eines Betreuers durch **einstweilige Anordnung** endet gem. § 302 FamFG die Betreuung nach Ablauf der angegebenen Dauer, die insgesamt 6 Monate oder bei Verlängerung 12 Monate nicht übersteigen darf (soweit nicht durch Hauptsacheentscheidung ein Betreuer bestellt wurde). Daher bedarf es nach Ablauf der einstweiligen Anordnung keiner Entscheidung über die Aufhebung. 14

4. Einschränkung des Aufgabenkreises

Treffen diese Voraussetzungen nur für einzelne **Aufgabenkreise** zu, sind diese einzuschränken. Wurde eine Angelegenheit erledigt – etwa Vertretung in einem Rechtsstreit –, so ist der zugrunde liegende Aufgabenkreis aufzuheben. Das Gericht muss – und ist durch den Begriff des Aufgabenkreises nicht daran gehindert – dem Betreuer nur noch eine oder **einzelne Angelegenheiten** zuweisen[7] und darf es nicht bei der Verlängerung der Betreuung beim umfassenden Aufgabenkreis der Vermögenssorge belassen. Reduzieren sich die betreuungsrelevanten Sachverhalte innerhalb eines Aufgabenkreises, ist der Aufgabenkreis hierauf zu konzentrieren. Auch im Hinblick auf den Grundsatz der Rehabilitation (§ 1901 Abs. 4 BGB) sollte das Gericht von dieser Möglichkeit Gebrauch machen, um dem Betroffenen auch positive Signale zu geben. 15

Verbüßt der Betreute eine **Freiheitsstrafe** oder befindet er sich aufgrund §§ 63, 64 StGB in einem psychiatrischen Krankenhaus oder einer Erziehungsanstalt, liegen nicht schon deswegen die Voraussetzungen für eine Aufhebung oder Einschränkung der Betreuung, etwa für die Aufgabenkreise Aufenthaltsbestimmung und Gesundheitsfürsorge, vor. 16

5. Mitteilung durch den Betreuer

Damit gewährleistet ist, dass die Betreuung nur in erforderlichem Umfange aufrechterhalten bleibt, trifft den Betreuer nach § 1901 Abs. 5 S. 1 BGB die Pflicht, dem Betreuungsgericht die Umstände **mitzuteilen**, die eine Aufhebung ermöglichen. Von besonderer Bedeutung ist dies, wenn der Überprüfungszeitpunkt weit entfernt ist oder die Mitteilung sich auf eine mögliche Einschränkung des Aufgabenkreises bezieht, weil solche Einschränkungen – oftmals durch Erledigung der Angelegenheit – meist außerhalb des angesetzten Zeitpunktes, mit der über die Betreuung im Gesamten entschieden werden soll, eintreten. 17

III. Auf Antrag des Betreuten

Ist der Betreuer auf **Antrag des Betreuten** bestellt worden, kann nach Abs. 2 S. 1 auch auf seinen Antrag hin die Betreuung aufgehoben oder eingeschränkt werden. Der Betroffene kann **jederzeit** und unabhängig von der Fristbestimmung des Gerichtes beantragen, die Betreuung wegen Wegfalls ihrer Voraussetzungen aufzuheben. Den Antrag kann auch der Betreute stellen, der ge- 18

---

[7] BayObLG Rpfleger 2001, 234.

schäftsunfähig ist (Abs. 2 S. 2), obwohl diesem Antrag meist der **Erfolg versagt bleiben wird.**[8]

19 Ist die Betreuung nämlich wegen einer psychischen Krankheit, geistigen oder seelischen Behinderung auf Antrag des Betreuten eingerichtet worden (und besteht die Betreuungsbedürftigkeit fort), begründet ein Antrag des Betreuten die Aufhebung nicht, weil auch eine Betreuerbestellung von Amts wegen hätte erfolgen können. Dies stellt Abs. 2 S. 1 Hs 2 ausdrücklich klar. Die **tatsächlichen Feststellungen** kann das Gericht – ohne damit den Grundsatz der Amtsermittlung zu verletzen – auf das Ergebnis der Ermittlungen stützen, die in dem Verfahren über die Erstbestellung durchgeführt worden sind, wenn keine tatsächlichen Anhaltspunkte für eine Veränderung vorliegen oder vorgebracht worden sind.[9]

20 Ein eigener Antrag reicht bei einem Volljährigen, der lediglich aufgrund einer körperlichen Behinderung seine Angelegenheiten nicht besorgen konnte, aus.

21 Das Betreuungsgericht kann im Zusammenhang mit einem Antrag des Betreuten auf Aufhebung der Betreuung die Entscheidung über die **Verlängerung** der Betreuung verbinden. Einen besonderen Anlass für die Entscheidung nach § 286 Abs. 3 FamFG kann gerade der Antrag des Betreuten sein sowie das Herannahen des Überprüfungszeitpunktes bieten.[10]

IV. Bedeutung einer Aufhebung für den Betreuer
1. Wirkung für die Zukunft

22 § 1908 d BGB sieht nur die **Aufhebung der Betreuung mit Wirkung für die Zukunft** vor. Eine rückwirkende Aufhebung der Betreuung kommt wegen der rechtsgestaltenden Wirkung der Entscheidung über die Bestellung eines Betreuers und des Vertrauens des Rechtsverkehrs auf die Wirksamkeit der vom Betreuer vorgenommenen Rechtsgeschäfte nicht in Betracht.[11] Selbst wenn die Voraussetzungen der Betreuerbestellung nicht vorgelegen haben, kann sie nicht rückwirkend aufgehoben werden; Rechtsgeschäfte des Betreuers als gesetzlichem Vertreter des Betreuten kann damit nicht der Boden entzogen werden.[12] Gleiches gilt für die Einschränkung der Aufgabenkreise.

23 Anders ist dies wegen § 306 FamFG bei einer Aufhebung des Einwilligungsvorbehalts als von Anfang an ungerechtfertigt, weil die vom Betreuten getätigten Geschäfte dann wegen des Einwilligungsvorbehaltes nicht deshalb als unwirksam behandelt werden dürfen, weil der Betreuer seine Einwilligung nicht gegeben hat.

24 Ist die Betreuung zu **lange aufrechterhalten** worden – nach Erkennen der Überschuldung des Betreuten hätte die Betreuung mit dem Aufgabenkreis Vermögensverwaltung aufgehoben werden können –, berührt dies den Vergütungsanspruch des Betreuers nicht.[13] Damit ist aber noch nicht die Frage entschieden,

---

8 Vgl dazu den instruktiven Fall bei BGH BtPrax 2011, 130.
9 OLG Hamm NJWE-FER 2001, 326: Antrag auf Aufhebung wenige Monate nach dem Erstentscheid.
10 BayObLG BtPrax 2005, 69.
11 BayObLG FamRZ 2004, 485 (LS).
12 BayObLG FamRZ 2001, 255.
13 BayObLG FamRZ 1998, 507.

ob der Betreuer nicht nach § 1833 BGB haftet. Der Schaden des Betreuten besteht in einer ungerechtfertigten, weil behebbaren, Inanspruchnahme des Betreuers (s. die Kommentierung zu § 1833 BGB).

2. Folgen und Abwicklung

Ist die Betreuung aufgehoben oder der Aufgabenkreis eingeschränkt worden, ist der Betreuer in diesem Umfange **nicht mehr gesetzlicher Vertreter** des Betroffenen. Dennoch sind von ihm bis zur Erlangung der Kenntnis, der fahrlässige Unkenntnis gleichsteht, von der Aufhebung der Betreuung oder der Einschränkung des Aufgabenkreises innerhalb des zuvor bestehenden Aufgabenkreises vorgenommene Rechtsgeschäfte mit Wirkung für und gegen den Betroffenen wirksam; § 1908 i Abs. 1 S. 1 iVm § 1893 Abs. 1 iVm § 1698 a BGB. 25

Mit der Aufhebung ist das Amt des Betreuers beendet und abzuwickeln. Nach § 1890 iVm § 1908 i BGB hat der Betreuer dem Betreuten oder dessen Erben, ggf einem Testamentsvollstrecker oder Nachlasspfleger, das verwaltete **Vermögen herauszugeben** und über die **Verwaltung Rechenschaft abzulegen** – Streitigkeiten sind vor dem Prozessgericht auszutragen. Der Betreuer kann auf die bisherigen Rechnungslegungen gegenüber dem Betreuungsgericht Bezug nehmen (wegen weiterer Einzelheiten wird auf die Erläuterungen zu § 1890 verwiesen). Im Zuge dessen hat der Betreuer auch die Urkunden, Schriftstücke und sonstige Unterlagen des Betreuten, die zur eigenen Vermögensverwaltung und Rechtsdurchsetzung benötigt werden, entweder dem Betreutenoder dessen Erben herauszugeben. Der Betreuer ist verpflichtet, dem Betreuungsgericht die Bestallungsurkunde zurückzugeben, § 1893 Abs. 2 iVm § 1908 i Abs. 1 S. 1 BGB. 26

Zumindest der Berufsbetreuer sollte, obwohl gesetzliche Regelungen für Aufbewahrungspflichten des Betreuers fehlen, nach Amtsende seine **Handakten** nach der für Rechtsanwälte in § 50 Abs. 2 BRAO vorgesehenen Dauer von fünf Jahren aufbewahren. Unabhängig hiervon empfiehlt es sich jedoch, die Handakten bis zum Ablauf der Verjährungsfrist möglicher gegen ihn als Betreuer gerichteter Ansprüche aufzubewahren. Hierdurch wird eine Verteidigung gegen den vormals Betreuten erleichtert, falls dieser Haftungsansprüche geltend macht. 27

V. Erweiterung des Aufgabenkreises

In der Praxis nimmt die Erweiterung der Aufgabenkreise eine bedeutsame Rolle ein. Die Anregung, weitere Aufgabenkreise zu übertragen, geht oft vom Betreuer aus, der zu entsprechenden Mitteilungen nach § 1901 Abs. 5 S. 2 BGB verpflichtet ist. 28

Eine Erweiterung des Aufgabenkreises wird insbesondere bei einer **Verschlimmerung der Krankheit** erforderlich. Ursächlich sind oft auch Hinzutreten oder Feststellen weiterer Aufgaben, wenn nach Aufnahme der Tätigkeit die persönlichen und wirtschaftlichen Verhältnisse des Betroffenen **in vollem Umfange bekannt** werden. 29

Bei der Übertragung neuer Aufgabenkreise ist Zurückhaltung geboten; nur wegen der Tatsache, dass bereits ein Betreuer bestellt ist, sollten Aufgabenkreise nicht leichtfertig erweitert werden. Es reicht nicht aus, im Beschluss die Erwei- 30 terung des Aufgabenkreises nur auf die bereits festgestellte geistige oder seelische Behinderung zu stützen. Diese muss für die fehlende Fähigkeit, die Angelegenheiten zu besorgen, auf die der Aufgabenkreis erweitert werden soll, **kausal** sein. Eine solche Feststellung hat konkret und zweifelsfrei zu erfolgen, was die Einholung eines Sachverständigengutachtens erfordert.[14] Ein **Vorgutachten** kann nur verwertet werden, wenn es sich auch auf den zu erweiternden Aufgabenkreis bezieht.

31 Soweit in Abs. 3 für die **Erweiterung des Aufgabenkreises** die entsprechende Geltung der Vorschriften über die Bestellung eines Betreuers vorgesehen wird, sind damit die materiellrechtlichten Vorschriften der §§ 1896 ff BGB gemeint. Deshalb ist der Aufgabenkreis nur zu erweitern, wenn dies erforderlich ist. Aus der Subsidiarität der Betreuung folgt, dass vor einer etwaigen Erweiterung der Betreueraufgaben andere Möglichkeiten, insbesondere der kommunalen Sozialarbeit (zB zur Verhinderung einer erneuten Vermüllung der Wohnung) ausgeschöpft werden.[15]

32 Ferner muss das Betreuungsgericht prüfen, ob der Betreuer auch die **Eignung** in Bezug auf den erweiterten Aufgabenkreis aufweist und die auch hier nach § 1898 Abs. 2 BGB notwendige Bereitschaft erklärt. Andernfalls hat das Gericht zu überlegen, ob diesbezüglich ein Mitbetreuer zu bestellen (§ 1899 Abs. 1 BGB) oder der bisherige Betreuer zu entlassen und ein neuer Betreuer für alle Aufgabenkreise zu bestellen ist.

VI. Aufhebung, Einschränkung oder Erweiterung des Einwilligungsvorbehalts

1. Antrag eines Geschäftsunfähigen

33 Für die Aufhebung des Einwilligungsvorbehaltes, die Einschränkung oder Erweiterung des Kreises der einwilligungsbedürftigen Willenserklärungen gelten die Abs. 1 bis 3 entsprechend. Obwohl ein Einwilligungsvorbehalt immer nur **von Amts wegen** angeordnet wird und nicht auf Antrag des Betreuten, ist Abs. 2 dennoch nicht ohne Bedeutung. Aus der entsprechenden Anwendung ergibt sich, dass jeder Betreute, auch ein Geschäftsunfähiger, die Aufhebung des Einwilligungsvorbehaltes beantragen kann.

34 Ein Einwilligungsvorbehalt ist dann **aufzuheben,** wenn eine erhebliche Gefahr für die Person oder das Vermögen, zu deren Abwendung er angeordnet wurde, nicht mehr besteht oder, dass zur Abwendung dieser Gefahr der Einwilligungsvorbehalt nicht weiter erforderlich ist.[16] Das ist zB dann der Fall, wenn sich der Betroffene nicht mehr rechtsgeschäftlich betätigt. Hat der Betreute über Jahre hinweg nicht selbstständig am Rechtsverkehr teilgenommen und lässt auch das Krankheitsbild solches nicht erwarten, reichen bloße Befürchtungen zukünftiger rechtsgeschäftlicher Aktivitäten nicht aus, den Vorbehalt aufrechtzuerhalten.[17]

---

14 BayObLG BayOLGR 2002, 265; KG BtPrax 2005, 153; LG Aachen BtPrax 2010, 96.
15 OLG Oldenburg NZM 2004, 198.
16 BayObLG EzFamR aktuell 2000, 137.
17 OLG Zweibrücken FGPrax 1999, 107.

2. Mitprüfung der Betreuung

Wird eine Betreuung aufgehoben oder eingeschränkt, entfällt damit auch der akzessorische Einwilligungsvorbehalt. Andererseits kann ein Antrag auf Aufhebung nur dann abgelehnt werden, wenn alle für die Anordnung erforderlichen Voraussetzungen und wegen der Akzessorität auch die der Betreuung noch vorliegen; was bedeutet, dass ein freier Wille des Betreuten fehlen muss,[18] er also weiterhin zu einer freien Willensbestimmung nicht imstande ist.[19]

3. Sicherung durch den Überprüfungszeitpunkt

Zur Sicherung wird das Betreuungsgericht verpflichtet, mit der Anordnung des Einwilligungsvorbehalts nach § 286 Abs. 3 FamFG bereits festzulegen, wann eine Überprüfung zu erfolgen hat. Dabei darf der Zeitpunkt, zu dem das Gericht über das Fortbestehen des Einwilligungsvorbehalts zu befinden hat, nicht später als 7 Jahre nach dem Zeitpunkt der Ausgangsentscheidung liegen. Stellt das Betreuungsgericht fest, dass nicht mehr alle Voraussetzungen im Überprüfungszeitpunkt gegeben sind, hebt es den Einwilligungsvorbehalt nach § 1908 d Abs. 4 BGB auf. Auch kann es unter Festlegung eines neuen Überprüfungszeitpunktes den Kreis der einwilligungsbedürftigen Willenserklärungen einschränken oder den unveränderten Fortbestand beschließen.

VII. Verfahren

In §§ 293, 294 FamFG sind nunmehr jeweils die Verfahrensregeln zusammengefasst.

Die Anforderungen an das Verfahren unterscheiden sich je nach dem, ob es um die **Aufhebung oder Einschränkung** von Betreuung und Aufgabenkreis oder Einwilligungsvorbehalt und Kreis der einwilligungsbedürftigen Willenserklärungen geht oder um deren **Erweiterung**.

Funktionell zuständig ist in allen Fällen der Betreuungsrichter, da die Verrichtungen nach § 1908 d BGB in § 15 Abs. 1 S. 1 Nr. 3 RPflG unter Richtervorbehalt stehen. Die Öffnungsklausel des § 19 Abs. 1 S. 1 Nr. 1 RPflG schließt eine Aufhebung des Richtervorbehaltes aus.

1. Aufhebung der Betreuung oder des Einwilligungsvorbehaltes und Einschränkung des Aufgabenkreises oder des Kreises der einwilligungsbedürftigen Willenserklärungen

a) Vereinfachungen

§ 294 Abs. 1 und 2 FamFG enthalten eine Vielzahl von **Verfahrenserleichterungen**; die Verfahrensschritte, die das Gericht zu beachten hat, werden in der Vorschrift zitiert.

Auf eine entsprechende Geltung des § 278 FamFG wird in § 294 Abs. 1 FamFG nicht verwiesen. Das Gericht muss also den Betreuten nicht anhören oder sich einen persönlichen Eindruck von ihm verschaffen.[20] Allerdings wird das Betreuungsgericht gehalten sein, dem Betroffenen **rechtliches Gehör** vor

---

18 BayObLG FamRZ 2003, 115 (LS).
19 BayObLG EzFamR aktuell 2000, 137.
20 BGH BtPrax 2011, 130.

der Aufhebung oder Einschränkung der Maßnahmen zu geben, da der Betroffene ein Interesse an ihrem Fortbestand haben kann.

40 Das Betreuungsgericht hat aber der Betreuungsbehörde nach § 294 Abs. 1 iVm § 279 Abs. 2 FamFG **Gelegenheit zur Stellungnahme** zu geben, wenn der Betroffene es verlangt oder es der Sachverhaltsaufklärung dient. Nahestehende Personen sind auf Verlangen anzuhören, wenn dies ohne erhebliche Verzögerung möglich ist (§ 294 Abs. 1 iVm § 279 Abs. 3 FamFG).

41 Die **Einholung eines Gutachtens** oder eines ärztlichen Zeugnisses nach § 280 FamFG ist nicht vorgeschrieben.[21] Hat das Gericht auf eigenen Antrag des Betroffenen einen Betreuer bestellt und nach § 281 Abs. 1 Nr. 1 FamFG auf die Einholung eines Sachverständigengutachtens verzichtet, ist nunmehr die Einholung eines Gutachtens erforderlich, wenn der Antrag auf Aufhebung oder Einschränkung erstmalig abgelehnt werden soll, § 294 Abs. 2 FamFG. Soweit es um die Zurückweisung eines Antrags auf Aufhebung der Betreuung geht, ist das Gericht nicht zur Wiederholung von Verfahrenshandlungen des Bestellungsverfahrens, sondern nur im Rahmen des Amtsermittlungsgrundsatzes zu weiteren tatsächlichen Ermittlungen verpflichtet.[22] Hierzu muss aber ein Anlass bestehen. Dies ist etwa der Fall, wenn zwischen dem Erstgutachten und der erneuten Prüfung mehr als ein Jahr liegt.[23] Allerdings sind auch Krankheitsbilder denkbar, bei denen wegen der Verfestigung der Krankheit ein längerer Zeitraum zwischen Erstgutachten und erneuter Prüfung ein Gutachten nicht erforderlich macht.[24]

Bei Verwendung eines ärztlichen Gutachtens des Medizinischen Dienstes der Krankenversicherung kann gem. § 282 FamFG eine Begutachtung durch Sachverständige entbehrlich werden.

42 Die Bestellung eines **Verfahrenspflegers** nach § 276 FamFG ist nur geboten, wenn tatsächliche Ermittlungen anzustellen sind, die greifbare Anhaltspunkte für eine Veränderung der tatsächlichen Umstände, die der Betreuerbestellung zugrunde lagen, voraussetzen.[25]

b) Beschluss

43 Form und Inhalt der Entscheidung sind in § 38 Abs. 2 und 3 FamFG geregelt: Der Beschluss ist nunmehr zu begründen, es sei denn die Begründung ist nach § 38 Abs. 4 Nr. 2 FamFG überflüssig, weil gleichgerichteten Anträgen der Beteiligten Rechnung getragen wurde oder der Beschluss nicht dem erklärten Willen eines Beteiligten widerspricht. Mit Aufhebung der Betreuung verliert der Betreuer sein Amt; eine gesonderte Entscheidung über seine Entlassung ergeht aber nicht (wegen weiterer Einzelheiten vgl § 294 FamFG Rn 11 ff).

44 Wird ein Einwilligungsvorbehalt aufgehoben, muss sich zumindest aus den Gründen ergeben, ob der Einwilligungsvorbehalt als ungerechtfertigt aufgehoben wird (vgl den Wortlaut des **§ 306 FamFG**, der nur für diesen Fall bestimmt, dass die Wirksamkeit der Rechtsgeschäfte nicht aufgrund des Einwilli-

---

21 BGH BtPrax 2011, 130.
22 BGH BtPrax 2011, 130; BayObLG FGPrax 1995, 52.
23 BayObLG BtPrax 2005, 69; OLG München NJW-RR 2006, 512.
24 BGH BtPrax 2011, 130: zwischen dem Erstgutachten und der erneuten Entscheidung ohne Gutachten lagen 18 Monate.
25 BGH BtPrax 2011, 211.

gungsvorbehaltes in Frage gestellt werden dürfen) oder als nicht weiter erforderlich. Da Rechtsgeschäfte des Betreuers immer wirksam bleiben, auch wenn dessen Bestellung ungerechtfertigt war, bedarf es bei der Entscheidung hierüber keiner Differenzierung in den Gründen.[26]

c) Bekanntgabe

Die Entscheidung ist dem Betroffenen (§ 41 FamFG), dem Betreuer (§ 287 Abs. 1 FamFG) und der Betreuungsbehörde (§§ 294 Abs. 1, 288 Abs. 2 S. 1 FamFG) bekannt zu geben. Mit der mündlichen oder schriftlichen **Bekanntgabe** an den Betreuer wird die Entscheidung wirksam (§ 287 Abs. 1 FamFG).[27] Die Aufhebung eines Einwilligungsvorbehaltes oder die Einschränkung des Kreises der einwilligungsbedürftigen Willenserklärungen bedürfen zu ihrer Wirksamkeit der Bekanntgabe an den Betreuer (§§ 287 Abs. 1, 41 Abs. 1 FamFG).

d) Rechtsmittel

Nach §§ 58 Abs. 1, 63 Abs. 1 FamFG sind die Entscheidungen mit der befristeten Beschwerde anfechtbar. Die Beschwerdefrist beträgt einen Monat.

e) Beschwerdebefugnis

Die Beschwerdebefugnis steht nach § 59 Abs. 1 FamFG dem **Betreuten** zu. Mit der Aufhebung der Betreuung verliert er die Rechtsfürsorge. Zielt die Beschwerde des Betreuten aber gar nicht gegen die Aufhebung, sondern möchte er mit ihr nur die Feststellung erreichen, dass die Anordnung einer Betreuung von Anfang an rechtswidrig gewesen ist, fehlt die Rechtsbeeinträchtigung.[28]

Die weiteren Beschwerdeberechtigten ergeben sich aus § 303 FamFG: Nach § 303 Abs. 1 FamFG ist die Betreuungsbehörde beschwerdebefugt, nach § 303 Abs. 2 FamFG die dort genannten nahestehenden Personen. Diese allerdings nur, wenn sie im ersten Rechtszug beteiligt wurden.

Die Beschwerdebefugnis des **Betreuers** beurteilt sich nach § 303 Abs. 4 FamFG. Hinsichtlich der Aufhebung oder Einschränkung eines Einwilligungsvorbehaltes ist der Betreuer beschwerdeberechtigt. Gegen einen Beschluss, durch den die Betreuung aufgehoben wird, steht dem Betreuer weder im eigenen Namen noch im Interesse des Betroffenen ein Beschwerderecht zu.[29]

2. Erweiterung des Aufgabenkreises oder des Kreises der einwilligungsbedürftigen Willenserklärungen

Das Verfahren zur Erweiterung des Aufgabenkreises entspricht dem Verfahren zur Bestellung eines Betreuers, das Verfahren zur Erweiterung des Kreises der einwilligungsbedürftigen Willenserklärungen dem Verfahren zur Anordnung eines Einwilligungsvorbehaltes (§ 293 Abs. 1 FamFG).

---

26 BayObLG FamRZ 2001, 255.
27 BGH BtPrax 2012, 62.
28 BayObLG MDR 2001, 94.
29 OLG Köln NJW-RR 1997, 708.

a) Unterscheidung nach wesentlich/unwesentlich

51 Sind die Erweiterungen unwesentlich oder liegen die Verfahrenshandlungen nach § 278 Abs. 1 FamFG – persönliche Anhörung – und § 280 f FamFG – Einholung eines Sachverständigengutachtens oder ärztlichen Zeugnisses – nicht länger als 6 Monate zurück, kann auf diese Verfahrenshandlungen verzichtet werden (§ 293 Abs. 3 S. 1 FamFG). Dennoch kann hier auch gem. § 293 Abs. 2 S. 1 Nr. 2 FamFG auf ärztliche Gutachten des Medizinischen Dienstes zurückgegriffen werden, die älter als 6 Monate sind. Dem Betroffenen ist jedoch rechtliches Gehör nach § 34 Abs. 1 Nr. 1 FamFG zu gewähren.

52 Lediglich bei den Erweiterungen des Aufgabenkreises nennt das **Gesetz** beispielhaft Tatbestände, die nicht unwesentlich sind (§ 293 Abs. 2 S. 2 FamFG). Diese sind:

- erstmalige Einbeziehung der Personensorge (ganz oder teilweise),
- Entscheidung über den Post- und Fernmeldeverkehr (§ 1896 BGB Abs. 4),
- Einwilligung in gefährliche ärztliche Maßnahmen (§ 1904 BGB),
- Sterilisation (§ 1905 BGB),
- freiheitsentziehende Unterbringungsmaßnahmen (§ 1906 BGB).

53 Die in § 293 Abs. 2 S. 2 FamFG genannten Tatbestände sind nicht abschließend. Die Erweiterung der Aufgabenkreise Aufenthaltsbestimmung und Gesundheitsfürsorge um den Aufgabenkreis **Umgang mit Familienangehörigen** ist wegen der Bedeutung des Umgangsrechts für den Betroffenen wesentlich.[30] Zur Unterscheidung zwischen wesentlichen und unwesentlichen Erweiterungen bei Aufgabenkreisen und einwilligungsbedürftigen Willenserklärungen im Einzelnen s. die Kommentierung zu § 293 FamFG.

54 Bei Erweiterung des Aufgabenkreises oder des Kreises der einwilligungsbedürftigen Willenserklärungen kann die sofortige Wirksamkeit nach § 297 Abs. 1 FamFG angeordnet werden.

b) Rechtsmittel

55 Gegen die Erweiterung des Aufgabenkreises und gegen die Erweiterung des Kreises der einwilligungsbedürftigen Willenserklärungen ist die befristete Beschwerde statthaft (§§ 59 Abs. 1, 63 Abs. 1 FamFG), ohne dass nach wesentlicher und nicht wesentlicher Erweiterung zu unterscheiden ist.

56 **Beschwerdeberechtigt** sind der Betreute (und bei Körperbehinderung nur er allein, § 59 Abs. 2 FamFG) und der Betreuer, soweit in seinem Aufgabenkreis betroffen auch namens des Betreuten – Ehegatte, Lebenspartner, nahe Angehörige sowie die Betreuungsbehörde (§ 303 FamFG).

57 Der **Staatskasse** steht eine Beschwerdeberechtigung zur Anfechtung einer betreuungsgerichtlichen Entscheidung über die Erweiterung des Aufgabenkreises des Berufsbetreuers nicht zu.[31]

---

30 BayObLG BtPrax 2003, 38.
31 OLG Frankfurt/M. FGPrax 2004, 75.

Hingegen fehlt dem Betreuer die Beschwerdeberechtigung gegen einen Beschluss, der die durch ihn angeregte Erweiterung des Aufgabenkreises ablehnt.[32]

3. Mitteilungspflichten

Wird der Aufgabenkreis auf die Besorgung aller Angelegenheiten erweitert, ist die Entscheidung der Behörde, die das **Wählerverzeichnis** führt, nach § 309 FamFG mitzuteilen. Durch eine alle Angelegenheiten umfassende Betreuung verliert der Betroffene sein Wahlrecht, § 13 Nr. 2 BWG. War für den Betroffenen ein Betreuer für alle Angelegenheiten bestellt und wurden die Aufgabenkreise beschränkt, ist die Entscheidung der Behörde ebenfalls mitzuteilen, § 309 Abs. 1 S. 3 FamFG, so dass er aufgrund der Mitteilung wieder in das Wählerverzeichnis eingetragen werden kann.

Nach § 309 Abs. 2 FamFG ist der **Meldebehörde** die Anordnung eines Einwilligungsvorbehaltes, die sich auf die Aufenthaltsbestimmung des Betroffenen erstreckt, und auch die entsprechende Aufhebung mitzuteilen.

4. Kosten

Gerichtsgebühren fallen nicht an, da das Kostenverzeichnis des GNotKG hierfür keinen Gebührentatbestand vorsieht. Anfallende Auslagen stellen die **Kosten des Verfahrenspflegers** dar. Hierbei ist zu beachten, dass nicht der Freibetrag in Höhe von 25.000 EUR (vgl. dazu KVGNotKG Vorbemerkung 1.1 Abs. 1) gilt, sondern derjenige aus § 1836c BGB in Höhe von 2.600 EUR (s. 31015 KVGNotKG). Wird die Anordnung oder Verlängerung eines Einwilligungsvorbehalts oder die Erweiterung des Kreises der einwilligungsbedürftigen Willenserklärungen abgelehnt, als ungerechtfertigt aufgehoben, eingeschränkt oder das Verfahren ohne Entscheidung beendet, so werden die hiermit in Zusammenhang stehenden Auslagen nicht beim Betroffenen erhoben, da der Betroffene mangels Kostenschuldnerschaft die Auslagen nicht schuldet (vgl. § 23 Nr. 1 GNotKG iVm KV 11101–11105, die dafür keinen Gebührentatbestand vorsehen).

§ 1908 f BGB Anerkennung als Betreuungsverein

(1) Ein rechtsfähiger Verein kann als Betreuungsverein anerkannt werden, wenn er gewährleistet, dass er
1. eine ausreichende Zahl geeigneter Mitarbeiter hat und diese beaufsichtigen, weiterbilden und gegen Schäden, die diese anderen im Rahmen ihrer Tätigkeit zufügen können, angemessen versichern wird,
2. sich planmäßig um die Gewinnung ehrenamtlicher Betreuer bemüht, diese in ihre Aufgaben einführt, fortbildet und sie sowie Bevollmächtigte berät,
2a. planmäßig über Vorsorgevollmachten und Betreuungsverfügungen informiert,
3. einen Erfahrungsaustausch zwischen den Mitarbeitern ermöglicht.

---

32 LG Freiburg FamRZ 2000, 1316.

(2) ¹Die Anerkennung gilt für das jeweilige Land; sie kann auf einzelne Landesteile beschränkt werden. ²Sie ist widerruflich und kann unter Auflagen erteilt werden.

(3) ¹Das Nähere regelt das Landesrecht. ²Es kann auch weitere Voraussetzungen für die Anerkennung vorsehen.

(4) Die anerkannten Betreuungsvereine können im Einzelfall Personen bei der Errichtung einer Vorsorgevollmacht beraten.

I. Allgemeines	1
1. Geltende Fassung	1
2. Normzweck	2
II. Bedeutung der Vorschrift	4
1. Bedeutung für die Gerichte	4
2. Bedeutung für ehrenamtliche Betreuer und Bevollmächtigte	5
3. Bedeutung für die Betreuungsbehörde	9
4. Zur Finanzierung der Betreuungsvereine	10
III. Anerkennungsvoraussetzungen	12
1. Rechtsfähiger Verein	12
2. Mitarbeiter	13
3. Beaufsichtigung	17
4. Weiterbildung	22
5. Angemessene Versicherung	23
6. Planmäßige Gewinnung ehrenamtlicher Betreuer	25
7. Einführung und Fortbildung	28
8. Beratung	31
9. Beratung Bevollmächtigter	34
10. Planmäßige Information über Vorsorgevollmachten und Betreuungsverfügungen	36
11. Beratung bei der Erstellung einer Vollmacht – keine Anerkennungsvoraussetzung	38
12. Erfahrungsaustausch	40
13. Weitere Anerkennungsvoraussetzungen durch Landesrecht	41
14. Verfahren der Anerkennung	42
a) Rechtsnatur der Anerkennung	42
b) Auflagen	43
c) Widerruf	44
d) Rechtsfolgen	45

I. Allgemeines

1. Geltende Fassung

1 § 1908 f BGB ist durch das BtG mit Wirkung vom 1.1.1992 in das BGB aufgenommen worden. Durch das BtÄndG vom 25.6.1998 (BGBl. I, 1580) wurde auf Initiative des Bundesrates mit Wirkung vom 1.1.1992 Abs. 1 Nr. 2a ergänzt. Die letzte Änderung erfolgte durch das 2. BtÄndG vom 21.4.2005 (BGBl. I, 1073): Seit dem 1.7.2005 beraten Betreuungsvereine auch Bevollmächtigte (Abs. 1 Nr. 2), ferner können anerkannte Betreuungsvereine im Einzelfall Personen bei der Errichtung einer Vollmacht beraten (Abs. 4).

2. Normzweck

2 § 1908 f BGB normiert Mindestqualitätsstandards für die **Anerkennung** eines Vereins als **Betreuungsverein**. Die Anerkennung ist einerseits Voraussetzung dafür, dass der Verein oder seine Mitarbeiter zum Betreuer bestellt werden können (§§ 1900 Abs. 1, 1897 Abs. 2 BGB) und die mit dem besonderen Status des Vereinsbetreuers verbundenen Rechtsfolgen eintreten – Ansprüche auf Vergütung und Aufwendungsersatz (§ 7 VBVG) –, andererseits wird eine Ver-

knüpfung zwischen professionellen und ehrenamtlichen Beteiligten bei der Umsetzung des Betreuungsrechts hergestellt. Betreuungsvereine müssen gewährleisten, dass sie sich planmäßig um die Gewinnung ehrenamtlicher Betreuer bemühen, sie in ihre Tätigkeit einführen und sie weiter begleiten. Betreuungsvereine sollen deshalb beruflich tätige Mitarbeiter beschäftigen, die diese Unterstützung leisten und die geeignet sind, selbst im Rahmen ihrer Berufstätigkeit Betreuungen zu führen. In den Vereinen soll so ein Modell der organisierten Einzelbetreuung entstehen.[1] Durch die Erweiterungen der Vorschrift durch das BtÄndG und das 2. BtÄndG haben Betreuungsvereine Informations- und Beratungsaufgaben hinsichtlich der privatrechtlichen Vorsorge für den Betreuungsfall erhalten.

Die Standards für die Anerkennung eines Vereins als Betreuungsverein in § 1908 f BGB sind Mindeststandards.[2] Sie können durch Landesrecht ergänzt oder erweitert werden.

II. Bedeutung der Vorschrift

1. Bedeutung für die Gerichte

Die Existenz von Betreuungsvereinen ist für Gerichte in zweierlei Hinsicht von Bedeutung. Betreuungsvereine sollen das ehrenamtliche Element in der Betreuung stärken und sollen – ohne dass dies eine ausdrückliche Anerkennungsvoraussetzung wäre – berufliche Betreuungsleistungen anbieten.

Erfolgreich agierende Betreuungsvereine tragen somit dazu bei, dass Gerichte in geeigneten Fällen Ehrenamtliche zum Betreuer bestellen können und dass diese Betreuer durch die Angebote des Vereins ihre Fähigkeiten und Kenntnisse zur Führung der Betreuung erweitern können. Dies entlastet sowohl die Gerichte als auch Betreuungsbehörden und die öffentlichen Haushalte. Ist im Einzelfall die Bestellung eines Berufsbetreuers erforderlich, so kann das Gericht mit der Bestellung eines Vereinsbetreuers auf qualifizierte beruflich tätige Betreuer zurückgreifen, denn der Verein muss seine Mitarbeiter beaufsichtigen, weiterbilden und ihnen einen Erfahrungsaustausch ermöglichen. Damit sind qualitätssichernde Rahmenbedingungen gesetzt, die zudem innerhalb einer Organisation den Übergang einer bis dahin beruflich geführten Betreuung auf einen ehrenamtlichen Betreuer erleichtern, der bei Wahrnehmung seiner Aufgabe vom Verein weiter begleitet werden kann.

2. Bedeutung für ehrenamtliche Betreuer und Bevollmächtigte

Beratungs- und Informationsaufgaben im Betreuungswesen zielen auf die **Beratung** von Betreuern, künftigen wie bereits bestellten, auf Menschen, die für den Betreuungsfall vorsorgen möchten und auf Bevollmächtigte ab. Alle an der Umsetzung des Betreuungsrechts beteiligten Institutionen – Gerichte, Betreuungsbehörden, Betreuungsvereine – haben in diesem Zusammenhang Aufgaben, die sich zum Teil überschneiden. Für die in § 1908 f Abs. 1 BGB normier-

---

1 BT-Drucks. 11/4528, 101.
2 Dazu auch BAGüS, DLT, DST: Empfehlungen zur Anerkennung von Betreuungsvereinen nach § 1908 f BGB v. 22.11.2011, www.lwl.org/LWL/Soziales/BAGues/Veroeffentlichungen/empfehlungen.

ten Aufgaben der Betreuungsvereine hat sich der Begriff „**Querschnittsaufgaben**" durchgesetzt.

6 Betreuungsvereine müssen sich bemühen, planmäßig **ehrenamtliche Betreuer zu gewinnen**. Sie sollen sie in ihre Tätigkeit einführen, **fortbilden und beraten**. Parallel hierzu ist die Betreuungsbehörde verpflichtet, Betreuer, ehrenamtliche wie beruflich tätige, auf deren Wunsch hin zu beraten (§ 4 BtBG). Auch Gerichte sind in das Beratungssystem für Betreuer eingebunden (§ 1837 Abs. 1 BGB). Ein ehrenamtlicher Betreuer kann daher entscheiden, wo er um Beratung nachsucht. Eine Beratungspflicht besteht indes nur für die Betreuungsbehörden bei Inanspruchnahme und die Gerichte. Die Pflicht der Betreuungsvereine zur planmäßigen Information über Vorsorgevollmachten und Betreuungsverfügungen korrespondiert mit § 6 Abs. 1 S. 2 BtBG, mit dem die örtliche Betreuungsbehörde verpflichtet wird, die Aufklärung und Beratung über Vollmachten und Betreuungsverfügungen zu fördern. Im Einzelfall soll auch das Betreuungsgericht in geeigneten Fällen Betroffene bei der Anhörung auf die Möglichkeit einer Vorsorgevollmacht sowie ihre Registrierung hinweisen (§ 278 Abs. 2 FamFG). Ziel des Gesetzgebers ist es, durch ein möglichst flächendeckendes System der Beratung die Verbreitung von Vorsorgevollmachten zu fördern, damit weniger Betreuerbestellungen erforderlich werden.

7 Mit dem 2. BtÄndG sind Betreuungsvereine und Betreuungsbehörden (§ 4 BtBG) verpflichtet worden, auch **Bevollmächtigte** zu beraten. Der Gesetzgeber trägt damit der Entwicklung Rechnung, dass Vorsorgevollmachten in den letzten Jahren an Verbreitung gewonnen haben und im Gefolge dieser Entwicklung zunehmend Bevollmächtigte von der ihnen erteilten Vollmacht Gebrauch machen. Sie stehen bei der Wahrnehmung ihrer Aufgaben vor ähnlichen Aufgabenstellungen wie ehrenamtliche Betreuer. Es ist daher folgerichtig, sie in das Beratungssystem für ehrenamtliche Betreuer einzubeziehen.

8 Durch das 2. BtÄndG wird Betreuungsvereinen die rechtliche Kompetenz zugewiesen, bei der **Erstellung einer Vollmacht** im Einzelfall beraten zu können. Dies ist keine Anerkennungsvoraussetzung als Betreuungsverein, ergänzt aber das Spektrum der Informations- und Beratungsangebote für Menschen, die Vorsorge treffen wollen.

3. Bedeutung für die Betreuungsbehörde

9 Hinsichtlich der Beratungsaufgaben für Betreuer und Bevollmächtigte besteht eine „Doppelzuständigkeit" von Verein und Behörde; für die Einführung und Fortbildung von (ehrenamtlichen) Betreuern, die auch Anerkennungsvoraussetzung und somit Aufgabe der Betreuungsvereine ist, besteht für die Behörde ein Sicherstellungsgebot und somit eine Letztverantwortung. Weiterhin soll die Behörde Vereine und die Aufklärung und Beratung über Vollmachten und Betreuungsverfügungen fördern (§§ 4, 5, 6 BtBG). Systematisch betrachtet soll die Betreuungsbehörde durch zielgerichtete Förderung von Betreuungsvereinen die Informations- und Beratungsaufgaben in ihrem Bezirk sicherstellen. In dem Maß, in dem sie nicht die Bedingungen dafür schafft, dass Betreuungsvereine ihren Querschnittsaufgaben nachkommen können, wird sie selbst die Beratungsaufgaben für (ehrenamtliche) Betreuer und Bevollmächtigte wahrnehmen müssen, selbst sicherstellen müssen, dass ehrenamtliche Betreuer in ihre Aufgaben eingeführt und fortgebildet werden und dass die Information und Bera-

tung über Vollmachten und Betreuungsverfügungen in ihrem Bezirk angeboten wird. Die Betreuungsbehörde sollte daher ein Interesse an einer sachgerechten und angemessenen Förderung von Betreuungsvereinen haben.

4. Zur Finanzierung der Betreuungsvereine

Die **Finanzierung der Querschnittsaufgaben** von Betreuungsvereinen erfolgt – soweit ein Verein hierzu keine ausreichenden eigenen Mittel bereitstellen kann – durch die Bereitstellung von Fördermitteln durch die örtliche Behörde und das Land (s. § 6 BtBG). Die Förderung dieser Aufgaben ist bundesweit strukturell nicht abgesichert, wird von Kommunen und Ländern qualitativ und quantitativ unterschiedlich gehandhabt und ist – in der Breite gesehen – nicht ausreichend und nicht kostendeckend.[3]

10

Die Entwicklung der letzten Jahre hat zudem gezeigt, dass die Förderung von Betreuungsvereinen vor dem Hintergrund knapper Kassen von Kommunen und Ländern noch weiter eingeschränkt worden ist. Bei den örtlichen Betreuungsbehörden mag dazu die Betrachtung beigetragen haben, dass der Erfolg des Einsatzes kommunaler Fördermittel nicht in erster Linie die Kommune selbst entlastet, sondern der Justizkasse zugute kommt, die weniger belastet wird, wenn es mehr qualifizierte ehrenamtliche Betreuer gibt und wenn sich betreuungsvermeidende Vollmachten verbreiten. Insgesamt kann die fehlende Absicherung der Finanzierung der Querschnittstätigkeit von Betreuungsvereinen als struktureller Mangel im Betreuungsrecht angesehen werden.[4]

11

III. Anerkennungsvoraussetzungen

1. Rechtsfähiger Verein

Der eindeutige Gesetzeswortlaut des § 1908 f BGB verlangt für den Betreuungsverein den Rechtsstatus einer juristischen Person in Form eines „eingetragenen Vereins" iSd §§ 21 ff BGB. Mit der **Eintragung in das Vereinsregister** erwirbt der Verein Rechtsfähigkeit. Andere juristische Personen wie GmbH, Stiftung etc. können nicht als Betreuungsverein anerkannt werden, ebenso wenig wie lose Zusammenschlüsse von Betreuern in der Form einer GbR.

12

Nicht erforderlich ist, dass der Verein ausschließlich im Sinne des Betreuungsrechts tätig ist, wohl aber muss der Zweck – betreuungsrechtliche Aufgaben iSd § 1908 f BGB – in der Satzung zumindest in allgemeiner Form erkennbar sein. Das Landesrecht sieht in aller Regel darüber hinaus vor, dass Gemeinnützigkeit iSd § 52 AO vorliegen muss.

2. Mitarbeiter

Mitarbeiter eines Betreuungsvereins müssen sowohl die in den Anerkennungsvoraussetzungen beschriebenen Aufgaben wahrnehmen (Querschnittsaufgaben) wie auch Betreuungen übernehmen, die sie im Rahmen einer Berufstätigkeit führen (§§ 1897 Abs. 2, 1900 Abs. 1 BGB), auch wenn dies nicht ausdrücklich in § 1908 f BGB normiert wurde. Mitarbeiter eines Betreuungsvereins kann nur sein, wer zum Verein in einem **Arbeitnehmerverhältnis** steht.[5]

13

---

3 So zB der VGT e.V. in BtPrax 1999, 128.
4 Zu Rechtstatsachen der Förderung s. HK-BUR/Walther, § 6 BtBG.
5 OLG Hamm v. 23.5.2000, 15 W 86/00, BtPrax 2000, 218.

Ehrenamtliche Mitarbeiter oder Mitglieder eines Vereins sind nicht Mitarbeiter eines Betreuungsvereins iS dieser Vorschrift, ebenso nicht freie Mitarbeiter. Letzteres ergibt sich auch daraus, dass nicht der Mitarbeiter des Vereins selbst Ansprüche auf Vergütung und Aufwendungsersatz geltend machen kann, sondern nur der Verein (§ 7 VBVG).

14 Ein Betreuungsverein muss **mindestens zwei Mitarbeiter** beschäftigen. Dieses ergibt sich aus dem Plural des Gesetzestextes wie auch daraus, dass der Verein einen Austausch zwischen Mitarbeitern gewährleisten muss (Abs. 1 Ziff. 3). Nicht vorgeschrieben ist der Umfang der regelmäßigen Arbeitszeit eines Mitarbeiters, so dass auch Teilzeitbeschäftigung möglich ist. Insgesamt sollte ein Verein aber mindestens zwei Mitarbeiter im Gesamtumfang einer Vollzeitstelle beschäftigen, damit die Wahrnehmung der gesamten Aufgabenbreite gewährleisten werden kann.

15 Die Mitarbeiter eines Betreuungsvereins insgesamt müssen befähigt sein, sowohl die **Querschnittstätigkeit** wie auch die **Tätigkeit der Betreuung** auszuüben. Dieses schließt nicht aus, dass einzelne Mitarbeiter ausschließlich Betreuungsarbeit verrichten, wenn der Verein insgesamt sicherstellt, dass auch die Querschnittsarbeit im Verein geleistet wird. In aller Regel wird aber ein mit Querschnittsaufgaben betrauter Mitarbeiter auch Erfahrungen in der Betreuungspraxis benötigen, die für die qualifizierte Beratung ehrenamtlicher Betreuer und Bevollmächtigter eine Voraussetzung sein sollte.

16 Über die **Eignung** eines mit Betreuungsaufgaben befassten Mitarbeiters im Einzelfall entscheidet das Betreuungsgericht (§ 1897 BGB), häufig auf Vorschlag der Betreuungsbehörde (§ 1897 Abs. 7 BGB, § 8 BtBG). Der Verein muss mit der Anerkennung als Betreuungsverein aber nicht nur generell geeignete Mitarbeiter vorhalten, sie sollen zudem – in Abgrenzung zur ehrenamtlichen Betreuung – in der Lage sein, schwierige Betreuungen zu übernehmen. Eine formale Qualifikation ist zwar nicht vorgeschrieben, in Anlehnung an die Regelungen zur Stundensatzhöhe in § 4 VBVG sollten Vereinsbetreuer aber in der Regel über eine abgeschlossene Ausbildung an einer Hochschule verfügen.

3. Beaufsichtigung

17 Die **Aufsichtspflicht** des Betreuungsvereins erstreckt sich auf alle einem Betreuungsverein zugewiesenen gesetzlichen Aufgaben. Die Vorschrift hat – vor allem wegen haftungsrechtlicher Folgen – besondere Bedeutung bei der Wahrnehmung von Betreuungsaufgaben durch den Verein oder seine Mitarbeiter.

18 Nach § 1837 Abs. 2 BGB iVm § 1908 i BGB obliegt die Aufsicht über die **gesamte Tätigkeit** der Betreuer dem Betreuungsgericht. Dies gilt so auch gegenüber dem als natürliche Person bestellten Vereinsbetreuer bzw. gegenüber dem zum Betreuer bestellten Verein. Daneben muss der Verein nach Abs. 1 S. 1 Nr. 1 eine aus dem Arbeitsverhältnis abgeleitete Aufsicht über die gesamte Tätigkeit des Mitarbeiters wahrnehmen. Dass und wie er diese Aufsicht gewährleistet, ist gegenüber der Anerkennungsbehörde darzulegen.

19 Besondere Bedeutung erlangt die Aufsichtspflicht des Vereins im Hinblick auf die Befreiungstatbestände hinsichtlich der betreuungsgerichtlichen Aufsicht über die laufende Vermögensverwaltung (§ 1908 i Abs. 2 S. 2 BGB). Der Ge-

setzgeber hat diese Aufsicht regelmäßig als entbehrlich angesehen, weil er innerhalb der Vereine eine wirksame Kontrolle vorausgesetzt hat.[6]

In den „Empfehlungen zur Anerkennung von Betreuungsvereinen nach § 1908 f BGB"[7] ist die Aufsichtspflicht des Betreuungsvereins dahin gehend präzisiert:

„Sinn der mit § 1908 f Abs. 1 Ziffer 1 BGB gesetzten Anforderung ist es, diese eingeschränkte Aufsicht des Betreuungsgerichtes durch interne Kontrollstrukturen des Betreuungsvereins in einem Umfang zu ergänzen, der einer Kontrolle, wie sie bei einer uneingeschränkten Aufsicht des Betreuungsgerichtes gegeben wäre, entspricht. Dies bedeutet, dass alle Befreiungssachverhalte (zB auch Verfügung über bzw Hinterlegung von Wertpapieren), die ein Vereinsbetreuer in Anspruch nehmen kann, durch interne Verfahren zu ersetzen sind. Die Kontrollstrukturen und Verfahren sind konkret (gegenüber der Anerkennungsbehörde, Verf.) darzulegen. Es ist hinreichend zu konkretisieren, in welcher Form die ... Genehmigung erfolgt und wie sie dokumentiert wird. Eine wechselseitige/gegenseitige Kontrolle zwischen gleichberechtigten Mitarbeitern wäre nicht ohne Probleme und ohne haftungsrechtliche Risiken zu realisieren."

Im sonstigen Handeln des Vereinsbetreuers beschränkt sich die Aufsicht des Vereins im Wesentlichen auf die Rechtsaufsicht. Der Verein kann insoweit keine Ermessensentscheidungen des Vereinsbetreuers anlässlich der Führung der ihm als Einzelperson übertragenen Betreuungen durch Weisungen aufheben. Ist ein Verein als juristische Person zum Betreuer bestellt (§ 1900 Abs. 2 BGB) und delegiert die Betreuungsaufgaben auf einen Mitarbeiter, so umfasst seine Aufsichtspflicht sowohl die Fach- wie auch die Rechtsaufsicht.

4. Weiterbildung

Der Betreuungsverein hat für seine hauptamtlichen Betreuer eine kontinuierliche Weiterbildung der Fachkräfte sicherzustellen. Dieser Verpflichtung entspricht er sowohl durch eigene Weiter- und Fortbildungsangebote – zB Veranstaltungen, Fachliteratur, Praxisberatung – wie auch durch die Entsendung der Mitarbeiter zu externen Veranstaltungen.

5. Angemessene Versicherung

Gemäß § 1833 Abs. 1 BGB haften Betreuer und Gegenbetreuer gegenüber dem Betreuten für Schäden, die aus der **schuldhaften Pflichtverletzung im Rahmen der Amtsführung** resultieren. Der Begriff Pflichtverletzung umfasst alle Verstöße gegen eine vom Gesetz oder Betreuungsgericht auferlegte Verpflichtung. Als Maßstab des Verschuldens ist § 276 BGB anzuwenden. Überträgt ein Betreuungsverein, der vom Gericht zum Betreuer bestellt wird, die Betreuungsaufgaben einem Mitarbeiter, haftet der Verein für Schäden, die dieser Mitarbeiter bei der Wahrnehmung seiner Aufgaben dem Betreuten zufügt. Diese **Haftung** des Vereins greift nicht, wenn nicht der Verein, sondern der Vereinsbetreuer persönlich zum Betreuer bestellt wurde. Ein Vereinsbetreuer muss für Schäden,

---

6 OLG Hamm v. 23.5.2000, 15 W 86/00, BtPrax 2000, 218.
7 BAGüS, DLT, DST: Empfehlungen zur Anerkennung von Betreuungsvereinen nach § 1908 f BGB v. 22.11.2011, Seite 11, www.lwl.org/LWL/Soziales/BAGues/Veroeffentlichungen/empfehlungen.

die er im Rahmen seiner Betreuungstätigkeit verursacht, selber aufkommen. Für die Betroffenen könnte dieses ein wirtschaftliches Risiko bedeuten, wenn ihnen nur der einzelne Vereinsbetreuer haften würde. Deswegen muss der Betreuungsverein die Mitarbeiter angemessen gegen Vermögens-, Personen- und Sachschäden versichern. Für die **Höhe der Versicherung** gibt das VVG Hinweise. Ob die Versicherungspflicht der Betreuungsvereine eine Pflichtversicherung iSd § 113 VVG ist, mag dahingestellt bleiben, nach Auffassung des BMJ kommt aber eine analoge Anwendung in Betracht.[8] Nach § 114 VVG beträgt die Mindestversicherungssumme bei einer Pflichtversicherung, soweit durch Rechtsvorschrift nichts anderes bestimmt ist, 250.000 EUR je Versicherungsfall und eine Million EUR für alle Versicherungsfälle eines Versicherungsjahres. Auch der Ausschuss für Betreuungsangelegenheiten in der BAGüS hält eine Orientierung an § 114 VVG für sachgerecht und empfiehlt – wie auch das BMJ –, keine Rechtsvorschrift zu erlassen, die eine geringere Versicherungssumme beinhaltet.[9]

24 Unabhängig von dieser Regelung kann das Betreuungsgericht **dem Betreuer aufgeben**, eine Versicherung gegen Schäden, die dem Betreuten zugefügt werden könnten, abzuschließen (§ 1837 Abs. 2 S. 2 iVm § 1908 i Abs. 1 S. 1 BGB). Die Haftpflichtversicherungskosten des Vereins können nicht als Aufwendungsersatz geltend gemacht werden (§ 1835 Abs. 5 BGB).

6. Planmäßige Gewinnung ehrenamtlicher Betreuer

25 Die Gewinnung ehrenamtlicher Betreuer – sowie ihre weitere Begleitung – bilden den **Kernbereich** der Aufgaben eines Betreuungsvereines. Das Gesetz fordert planmäßiges Bemühen des Vereins. Dies bedeutet u.a., dass diese Aufgabe auf Dauer angelegt sein und konzeptionelle und planerische Grundlagen haben muss. Die Gewinnung ehrenamtlicher Betreuer durch Betreuungsvereine zielt in der Regel darauf ab, „Fremdbetreuer" zu gewinnen, dh Menschen zu motivieren, die nicht zum Angehörigenkreis oder zum sonstigen sozialen Umfeld eines Betroffenen gehören. In aller Regel werden angehörige Betreuer im Rahmen der Sachverhaltsermittlung für das Betreuungsgericht durch die Betreuungsbehörde gewonnen und vorgeschlagen. Betreuungsvereine sollten ihre Maßnahmen mit der örtlichen Betreuungsbehörde abstimmen.

26 Die **Auswahl der Methoden** obliegt dem Verein. Er wird sich hierbei an den objektiven Erforderlichkeiten und verfügbaren Potentialen orientieren müssen. **Typische Instrumentarien** zur Gewinnung eines geeigneten Betreuerstammes können sein:

- Veröffentlichungen in der Lokalpresse, in Tageszeitungen, im Amtsblatt o.ä.,
- Werbung durch Annoncen in der Presse,
- Entwicklung und Verteilung von Informationsmaterialien,
- Vorträge in sozialen Einrichtungen und in öffentlichen Einrichtungen (wie zB Volkshochschule o.ä.),

---

[8] Schreiben des BMJ an die Landesjustizverwaltungen v. 9.1.2009, Az IAI-3475/4-5-12 1751/2008.
[9] Protokoll der Sitzung des Ausschusses für Betreuungsangelegenheiten in der BAGüS v. 8.–10.10.2008 in Erfurt.

- Veröffentlichungen im Internet,
- Werbung durch persönliche Ansprache,
- Zielgruppenorientierte Veranstaltungen,
- Motivierung des bestehenden Betreuerstammes zur Übernahme weiterer Betreuungsfälle.

In der Praxis hat sich gezeigt, dass Betreuer nicht selten bereit sind, eine weitere oder eine Folgebetreuung zu übernehmen. Ein Verein wird deshalb auch Bemühungen darauf richten, Ehrenamtliche über den einzelnen Betreuungsfall hinaus an sich zu binden.

Es hat sich gezeigt, dass Betreuungsvereine bei der Gewinnung neuer Betreuer erfolgreicher agieren, wenn sie in ein **lokales Netzwerk** von Institutionen und Beratungsstellen eingebunden und in ihrem Einzugsbereich bekannt sind. So sollten sie – sofern vorhanden – an örtlichen Arbeitsgemeinschaften zum Betreuungsgesetz teilnehmen, Kontakt zu allen im Betreuungswesen wichtigen Ansprechpartnern halten und ggf mit ihnen und mit Gerichten und der Betreuungsbehörde ihre Aktivitäten abstimmen. 27

7. Einführung und Fortbildung

Betreuungsvereine müssen ehrenamtliche Betreuer in ihre Aufgaben **einführen und** sie **fortbilden**. Die Vorschrift korrespondiert mit § 5 BtBG, der die Betreuungsbehörde verpflichtet, dafür zu sorgen, dass in ihrem Einzugsbereich ein ausreichendes Angebot zur Einführung von Betreuern und zu ihrer Fortbildung vorhanden ist (s. § 5 BtBG). Die Betreuungsbehörde hat damit eine Letztverantwortung für diese Aufgaben. In die Einführung der Betreuer in ihre Aufgaben ist auch das Gericht eingebunden. Der Rechtspfleger soll „in geeigneten Fällen" neben dem Verpflichtungsgespräch mit dem Betreuer ein Einführungsgespräch führen (§ 289 Abs. 2 FamFG). Das Betreuungsgericht insgesamt soll bei der Einführung der Betreuer mitwirken (§ 1837 Abs. 1 S. 2 BGB). Es bietet sich daher an, dass Gerichte, Betreuungsbehörden und Betreuungsvereine bei der Einführung ehrenamtlicher Betreuer zusammenwirken und zB gemeinsame Veranstaltungen anbieten. 28

Betreuungsvereine kommen der Verpflichtung zur Einführung ehrenamtlicher Betreuer in der Regel nach, indem sie **Veranstaltungen** anbieten. Sie sollten mit den Gerichten zumindest insoweit zusammenarbeiten, dass die Gerichte dem Betreuer das Informations- und Beratungsangebot der Betreuungsvereine bekannt geben und – mit Einverständnis der Betreuer – die Anschrift des Betreuers dem Verein übermitteln. Auch die Betreuungsbehörde kann die Betreuungsvereine unterstützen, indem sie bereits bei der Sachverhaltsermittlung für das Betreuungsgericht vor Beginn einer Betreuung auf das Beratungsangebot der Vereine hinweist. 29

Der Betreuer soll durch die Einführung **Grundkenntnisse** über seine Aufgaben und Pflichten erhalten. Dieses sind typischerweise Grundkenntnisse über das Betreuungsrecht, über Aufgabenkreise, gerichtliche Genehmigungserfordernisse, Rechnungslegung und Vermögensverzeichnis, Haftungs- und Versicherungsfragen sowie Aufwendungsersatz. Nicht zuletzt sollte der Betreuer mit dem über eine Einführung hinausgehenden Qualifizierungs- und Beratungsangebot des Vereins bekannt gemacht werden. Ein Betreuungsverein ist verpflich- 30 tet, über die Einführung hinaus ehrenamtlichen Betreuern Fortbildung anzubieten. Durch die Fortbildung sollen Betreuer vertiefende Kenntnisse und Fähigkeiten erwerben, die für die Führung der Betreuung nützlich sind. Dies sind zB Kenntnisse über soziale Leistungssysteme, Krankheitsbilder und Therapieformen, Vermögensverwaltung, regionale Unterstützungssysteme, Organisation der Betreuung. In der Regel wird ein Betreuungsverein hierzu Veranstaltungen anbieten, die an den Bedürfnissen von Betreuern orientiert sind. Betreuungsvereine sollten bei der Ausgestaltung ihres Fortbildungsangebotes mit den Gerichten und der Betreuungsbehörde zusammenarbeiten.

8. Beratung

31 Die Verpflichtung des Betreuungsvereins zur Beratung ehrenamtlicher Betreuer korrespondiert mit der **Beratungsverpflichtung der Betreuungsbehörde** nach § 4 BtBG. Ferner berät auch das Gericht die Betreuer (§ 1837 Abs. 1 BGB). Der Betreuer hat gegenüber der Betreuungsbehörde und gegenüber dem Gericht einen Beratungsanspruch. Für den Verein ist die **Beratung** ehrenamtlicher Betreuer zwar Voraussetzung für seine Anerkennung, er ist aber häufig nicht in der Lage, alle ehrenamtlichen Betreuer in seinem Bezirk zu allen Fragen zu beraten.

32 Die Beratungsangebote und -ansprüche stehen nebeneinander. Ein Betreuer kann also selbst entscheiden, welche Beratung er bei welcher Stelle nachfragt. Sachlich dürften sich die Beratungsangebote aber unterscheiden. Während das Gericht vor allem für Fragen des gerichtlichen Verfahrens, der Vermögenssorge und der Rechnungslegung ein kompetenter Ansprechpartner sein dürfte, liegt die Beratungskompetenz von Betreuungsbehörde und -verein in psychosozialen Fragen, Fragen des sozialen Leistungsrechts, Beratung in Konfliktsituationen usw. Betreuungsbehörde und Betreuungsvereine sollten auch bei der Ausgestaltung des Beratungssystems für ehrenamtliche Betreuer kooperieren, um Doppelarbeit zu vermeiden und Betreuern ein möglichst übersichtliches Angebot zu machen. Ist ein Betreuungsverein – u.a. durch ausreichende Förderung von Land und Kommune – in der Lage, die Beratung ehrenamtlicher Betreuer in seinem Zuständigkeitsbereich vollständig zu übernehmen, wäre die Kommune entlastet.

Durch das am 1.7.2008 in Kraft getretene RDG[10] ist den Verbänden der Freien Wohlfahrtspflege nach § 8 Abs. 1 Nr. 5 RDG die **Erbringung von Rechtsdienstleistungen** im Rahmen ihres gesetzlichen Auftrages erlaubt. Der gesetzliche Auftrag des § 1908 f BGB bezieht sich auf die Beratung von ehrenamtlichen Betreuern und Bevollmächtigten. Die Beratung anderer Zielgruppen ist durch § 1908 f BGB nicht gedeckt. In der Praxis gehören auch Angehörige und noch nicht bestellte ehrenamtliche Betreuer zu den Zielgruppen von Betreuungsvereinen. Bei ihrer Beratung sollten Betreuungsvereine daher in der rechtlichen Beratung zurückhaltend agieren (zur Beratung bei der Errichtung von Vollmachten s. Rn 38).

33 **Gegenstand der Beratung** sind alle im Einzelfall die Betreuungsführung betreffenden Aspekte. Hierzu zählt auch die über reine Beratung hinausgehende Unterstützung von Betreuern, obwohl der Gesetzgeber dies nicht ausdrücklich

---

10 BGBl. I 2007, 2840.

auch für Betreuungsvereine normiert hat. Mögliche Formen der Unterstützung können Konfliktmanagement, Hilfestellung bei Anträgen und die Bereitstellung von Bürotechnik sein. Als sehr entlastend empfinden ehrenamtliche Betreuer, wenn Vereinsmitarbeiter sie in ihrer Abwesenheit, vor allem im Urlaub, vertreten können. Einige Betreuungsvereine bieten dies mit Unterstützung des Betreuungsgerichtes an, indem sie sich zum Vertretungsbetreuer bestellen lassen (§ 1899 Abs. 4 BGB). Dem stehen auch die Änderungen durch das 2. BtÄndG nicht entgegen, solange nicht bereits ein anderer beruflich tätiger Betreuer für den Betroffenen bestellt ist.

Für **fehlerhafte Beratung** seiner Mitarbeiter haftet der Verein, wenn hierdurch dem Betreuer oder dem Betreuten ein Schaden entstanden ist. Er sollte auf die Qualifizierung seiner Mitarbeiter und auf eine ausreichende Haftpflichtversicherung achten.

9. Beratung Bevollmächtigter

Durch das 2. BtÄndG ist die Beratung Bevollmächtigter in die **Anerkennungsvoraussetzungen von Betreuungsvereinen** aufgenommen worden. Diese Vorschrift korrespondiert mit der Ergänzung von § 4 BtBG, mit der daneben auch die Betreuungsbehörde zur Wahrnehmung dieser Aufgabe verpflichtet ist, sofern es der Bevollmächtigte wünscht. Die Systematik des Gesetzes entspricht damit der der Beratung ehrenamtlicher Betreuer durch Betreuungsvereine und Betreuungsbehörde. Der Gesetzgeber geht in seiner Begründung davon aus, dass eine wesentliche zusätzliche Belastung für Betreuungsvereine und Betreuungsbehörden mit diesen Vorschlägen nicht einhergehen dürfte, „da in vielen Fällen der Vollmachtserteilung an die Stelle eines zu beratenden ehrenamtlichen Betreuers der Bevollmächtigte oder gesetzliche Vertreter tritt."[11]

Die Beratung Bevollmächtigter in das Beratungssystem der rechtlichen Betreuung aufzunehmen, erscheint sachgerecht, dürfte doch ein Bevollmächtigter vor ähnlichen Aufgaben wie ein ehrenamtlicher Betreuer stehen und daher auch einen ähnlichen Beratungsbedarf haben. Gleichwohl sind Unterschiede unverkennbar. Die Rolle des Bevollmächtigten unterscheidet sich hinsichtlich seiner Rechtsstellung, seiner Pflichten und Rechte und hinsichtlich der Haftung von der des Betreuers. Betreuungsvereine und Behörden sollten ihre Mitarbeiter für diese Fragen qualifizieren.

10. Planmäßige Information über Vorsorgevollmachten und Betreuungsverfügungen

Betreuungsvereine haben seit dem 1.1.1999 durch das BtÄndG die Verpflichtung, planmäßig über **Vorsorgevollmachten und Betreuungsverfügungen** zu informieren. Korrespondierend hierzu sollen Betreuungsbehörden die Aufklärung und Beratung über Vollmachten fördern (§ 6 S. 2 BtBG). Auch das Betreuungsgericht soll in geeigneten Fällen auf die Möglichkeiten der Vorsorgevollmacht hinweisen (§ 278 Abs. 2 FamFG).

Betreuungsvereine kommen ihrer Verpflichtung nach, indem sie geeignete **Informationsmaterialien** bereitstellen und verbreiten und indem sie **Informationsveranstaltungen** selbst anbieten oder Vorträge auf anderen Veranstaltungen

---

11 BT-Drucks. 15/2494, 15.

halten. Auch im Hinblick auf diese Aufgabe sollte mit der örtlichen Betreuungsbehörde kooperiert werden.

11. Beratung bei der Erstellung einer Vollmacht – keine Anerkennungsvoraussetzung

38 Die individuelle Beratung bei der Erstellung von Vollmachten ist durch das 2. BtÄndG neu in § 1908 f BGB aufgenommen worden. Dieses bedeutet die Zuschreibung der rechtlichen Kompetenz für den Betreuungsverein. Der Gesetzgeber hat diese Vorschrift nicht als Anerkennungsvoraussetzung normiert. Die Anerkennungsbehörde hat damit auch keine Möglichkeit, auf die Qualität der Beratung Einfluss zu nehmen. Da eine korrespondierende Vorschrift für das Beratungsangebot der Betreuungsbehörde fehlt, ist von der Systematik des Gesetzes her nicht sichergestellt, dass diese Beratung in einem Bezirk niederschwellig, dh im System der rechtlichen Betreuung kostenfrei angeboten wird. Es bleibt den Betreuungsvereinen anheim gestellt, dieses Angebot für Bürger aufzunehmen. Die Finanzierung dieser Leistung könnten Vereine durch die Erhebung eines Beratungsentgelts sicherstellen.[12] Dies könnte sich hemmend auswirken, sind doch die sonstigen Beratungsangebote für ehrenamtliche Betreuer und Bevollmächtigte in der Regel kostenfrei.

39 Der Gesetzgeber geht im Übrigen davon aus, dass Betreuungsvereine bei rechtlich schwierig zu beurteilenden Fällen die **Inanspruchnahme eines Anwalts oder Notars** empfehlen werden.[13] Dies empfiehlt sich schon aus haftungsrechtlichen Gründen, denn für Beratungsfehler haftet der Verein, dem deshalb anzuraten ist, für eine ausreichende Haftpflichtversicherung Sorge zu tragen.

Die Beratung der Betreuungsvereine bei der Errichtung einer Vorsorgevollmacht ist im Übrigen eine zulässige Rechtsberatung iSd RDG.

12. Erfahrungsaustausch

40 Eine weitere Anerkennungsvoraussetzung für die Betreuungsvereine ist die **Ermöglichung des Erfahrungsaustausches** zwischen den Mitarbeitern. Der Begriff des Mitarbeiters bezieht sich an dieser Stelle auch auf ehrenamtliche Betreuer.[14] Der Verein kann den Erfahrungsaustausch auf verschiedene Weise ermöglichen: nur zwischen ehrenamtlichen Betreuern oder auch zwischen Vereinsbetreuern und ehrenamtlichen Betreuern. Der Erfahrungsaustausch verfolgt das Ziel, dass Betreuer untereinander ihre Arbeit reflektieren, sich gegenseitig unterstützen und entlasten und ihre Fähigkeiten und Kenntnisse erweitern. Der Erfahrungsaustausch kann die individuelle, fallbezogene Beratung nicht ersetzen.

13. Weitere Anerkennungsvoraussetzungen durch Landesrecht

41 Durch Landesrecht können weitere Anerkennungsvoraussetzungen geregelt werden. Die Länder haben in ihren Ausführungsgesetzen hiervon unterschiedlich Gebrauch gemacht. So ist in fast allen Ländern **Gemeinnützigkeit des Vereins** eine Anerkennungsvoraussetzung. Vielfach enthalten die landesrechtlichen

---

12 BT-Drucks. 15/2494, 31.
13 BT-Drucks. 15/2494, 15.
14 BT-Drucks. 11/4528, 158.

Regelungen Ausführungen zur Eignung von Mitarbeitern, zu Berichtspflichten und zur Kooperation, zB in Form von örtlichen oder überörtlichen Arbeitsgemeinschaften zum Betreuungsgesetz.

14. Verfahren der Anerkennung

a) Rechtsnatur der Anerkennung

Welche Behörde für die Anerkennung eines Vereins als Betreuungsverein zuständig ist, bestimmt sich nach Landesrecht. In der Regel sind dies die **überörtlichen Betreuungsbehörden** (s. § 2 BtBG). Die Anerkennung ist ein **begünstigender Verwaltungsakt**. Der Verein hat einen Anspruch auf die Anerkennung als Betreuungsverein, wenn er alle bundes- und landesrechtlichen Voraussetzungen erfüllt. Im Anerkennungsverfahren dürfen Erwägungen des Bedarfes keine Rolle spielen. Auch die Frage, ob mit der Anerkennung eine Konkurrenz zur Förderung bereits bestehender Betreuungsvereine entstünde, ist kein Versagensgrund. Vor einer Ablehnung der Anerkennung muss die Behörde dem Verein Gelegenheit zur Äußerung geben. Gegen einen ablehnenden Bescheid hat der Verein – je nach Ausgestaltung der Verwaltungsverfahrensgesetze der Länder – die Möglichkeit des Widerspruchs bzw der Verpflichtungsklage beim Verwaltungsgericht. 42

b) Auflagen

Die Anerkennung als Betreuungsverein kann unter Auflagen erteilt werden. Die Auflagen sind Nebenbestimmungen des Anerkennungsbescheides. Auflagen können zB erteilt werden, wenn ein in der Gründungsphase befindlicher Verein mit Beginn seiner Tätigkeit noch nicht alle Anerkennungsvoraussetzungen erfüllt, aber plausibel dargelegt ist, dass er dies zeitnah erreichen wird, oder wenn er Anerkennungsvoraussetzungen objektiv noch nicht erfüllen kann. 43

c) Widerruf

Die Anerkennungsbehörde kann die Anerkennung eines Betreuungsvereins widerrufen. Diese Befugnis ergänzt die sich aus § 1908 f Abs. 1 S. 1 BGB ergebende Verpflichtung eines Betreuungsvereins, die Anerkennungsvoraussetzungen zu „gewährleisten", also über den Zeitpunkt der Anerkennung hinaus zu erfüllen. Der Gesetzgeber schreibt der Anerkennungsbehörde damit sowohl das Recht wie auch die Pflicht zu, auch über den Anerkennungsvorgang hinaus eine **Aufsichtsfunktion** gegenüber Betreuungsvereinen auszuüben. Erfüllt ein Betreuungsverein nach seiner Anerkennung die Voraussetzungen zur Anerkennung nicht mehr, kann die Sanktion des Widerrufs der Anerkennung greifen. Für den Widerruf gelten die Verwaltungsverfahrensvorschriften der Länder. Die Anerkennungsbehörde muss dem Betreuungsverein vor dem Widerruf der Anerkennung Gelegenheit zur Äußerung geben. 44

d) Rechtsfolgen

Die Anerkennung ist Voraussetzung dafür, dass der Verein Vereinsbetreuungen übernehmen (§ 1900 BGB) und dass seine Mitarbeiter zum Vereinsbetreuer bestellt werden (§ 1897 Abs. 2 BGB) können. Die Anerkennung gilt nach Bundesrecht unbefristet bis zum Widerruf (Hamburg hat durch Landesrecht 45 die Möglichkeit der befristeten Anerkennung eingeräumt). Ist die Anerkennung entfallen, so endet die Berechtigung des Vereins auf Aufwendungsersatz und Vergütung. Vereinsbetreuungen (§ 1900 BGB) müssen als aufgehoben angesehen werden, dh dass ein anderer Betreuer bestellt werden muss, sofern die betreuungsrechtlichen Voraussetzungen dafür weiterhin vorliegen. Die Betreuungen der Vereinsbetreuer behalten auch nach Wegfall der Anerkennung ihren Bestand, allerdings gelten für den Betreuer nicht länger die Befreiungsvorschriften nach § 1908 i BGB. Der Betreuer hat dann einen eigenen Anspruch auf Vergütung und Aufwendungsersatz.

§ 1908 g BGB Behördenbetreuer

(1) Gegen einen Behördenbetreuer wird kein Zwangsgeld nach § 1837 Abs. 3 Satz 1 festgesetzt.

(2) Der Behördenbetreuer kann Geld des Betreuten gemäß § 1807 auch bei der Körperschaft anlegen, bei der er tätig ist.

I. Einleitung

1 Die Sonderregelung des § 1908 g BGB stellt eine – nicht auf Vereinsbetreuer, § 1897 Abs. 2 S. 1 BGB, anwendbare – **Sondervorschrift** für die betreuungsgerichtliche Aufsicht über Behördenbetreuer dar, die nach § 1897 Abs. 2 S. 2 BGB als **natürliche Person** zu Betreuern bestellt wurden. Gegen Pflichtwidrigkeiten eines Vormunds oder Betreuers kann das Betreuungsgericht nach §§ 1908 i, 1837 Abs. 3 S. 1 BGB durch Festsetzung eines Zwangsgeldes einschreiten. Demgegenüber ist die nach § 1900 Abs. 4 BGB selbst zur Betreuerin bestellte Betreuungsbehörde privilegiert: Gegen sie kann kein **Zwangsgeld** festgesetzt werden, §§ 1908 i, 1837 Abs. 3 S. 2 BGB. Der Behördenbetreuer übt gleichermaßen die Betreuung in Wahrnehmung einer öffentlichen Aufgabe aus; mit seiner Stellung wäre die Festsetzung eines Zwangsgeldes nicht zu vereinbaren.[1] Aufsichtsrechtlich wird damit eine Betreuung durch einen Behördenbetreuer einer Behördenbetreuung gleichgestellt. Bei einem Behördenbetreuer kann auch davon ausgegangen werden, dass er ohne Zwangsmaßnahmen sachlich begründete gerichtliche Maßnahmen befolgt.

II. Bedeutung für das Betreuungsgericht

2 **Gegen Pflichtwidrigkeiten eines Behördenbetreuers** kann das Betreuungsgericht wie folgt vorgehen:

- Einschreiten mittels geeigneter Ge- und Verbote, §§ 1908 i, 1837 Abs. 2 S. 1 BGB. Bleibt der Behördenbetreuer weiter untätig, kann das Betreuungsgericht bei der Anstellungskörperschaft eine Dienstaufsichtsbeschwerde einlegen.[2]

- Entlassung bzw Teilentlassung, § 1908 b Abs. 1 BGB.[3]

---

1 BT-Drucks. 11/4528, 159.
2 HK-BUR/Bauer, § 1908 g BGB Rn 3.
3 Damrau/Zimmermann, § 1908 g BGB Rn 2.

Gegen einen Betreuer gerichtete gerichtliche Maßnahmen haben jedoch stets dem **Grundsatz der Verhältnismäßigkeit** zu entsprechen. Eine Entlassung bzw Teilentlassung des Betreuers ist erst dann angezeigt, wenn andere oder mildere Mittel nicht zum Erfolg führen.[4]

III. Bedeutung für die Betreuungsbehörde

Der zum Behördenbetreuer bestellte Mitarbeiter der Betreuungsbehörde unterliegt nicht einer Fachaufsicht, sondern lediglich einer **Dienstaufsicht**.[5] Erhält die Betreuungsbehörde durch eine Dienstaufsichtsbeschwerde des Betreuungsgerichts von einem rechtswidrigen Verhalten eines Mitarbeiters Kenntnis, kann sie mit den zulässigen Maßnahmen der Rechtsaufsicht gegen den Behördenbetreuer vorgehen, um diesen zu einer korrekten Amtsausübung anzuhalten. Im Falle des Versagens dienstaufsichtlicher Maßnahmen bliebe der Betreuungsbehörde ferner die Möglichkeit, einen Entlassungsantrag nach § 1908 b Abs. 2 S. 3 BGB zu stellen, dem gerichtsseits mit Hinblick auf die der Behörde zustehende Personalhoheit zu entsprechen wäre.[6] Einer Weiterführung der Betreuung durch die als Behördenbetreuer entlassene Person als Privatperson (gegen die das aufsichtsrechtliche Mittel des Zwangsgeldes wieder zulässig ist) wird in den in Rede stehenden Fällen wohl regelmäßig das Wohl des Betreuten entgegenstehen.

3

IV. Bedeutung für den Behördenbetreuer

Zu Abs. 1: Der Behördenbetreuer, der ein gerichtliches Gebot für unrechtmäßig erachtet, kann eine Überprüfung durch das Einlegen einer **Beschwerde** erreichen.[7]

4

Zu Abs. 2: Wurde die Betreuungsbehörde selbst zur Betreuerin bestellt, § 1900 Abs. 4 BGB, so kann sie Gelder des Betreuten bei der Körperschaft anlegen, bei der das Amt errichtet ist, § 1805 S. 2 BGB. Diese Anlageerleichterung wird durch § 1908 g Abs. 2 BGB auch dem Behördenbetreuer zugebilligt. Der Behördenbetreuer kann demgemäß Gelder des Betreuten bei der Körperschaft anlegen, bei der er tätig ist, etwa der Sparkasse der Stadt, bei deren Betreuungsbehörde die Beschäftigung ausgeübt wird. Wegen der Einzelheiten der zulässigen Geldanlage wird auf die Kommentierung zu § 1805 BGB verwiesen.

5

§ 1908 i BGB Entsprechend anwendbare Vorschriften

(1) [1]Im Übrigen sind auf die Betreuung § 1632 Abs. 1 bis 3, §§ 1784, 1787 Abs. 1, § 1791 a Abs. 3 Satz 1 zweiter Halbsatz und Satz 2, §§ 1792, 1795 bis 1797 Abs. 1 Satz 2, §§ 1798, 1799, 1802, 1803, 1805 bis 1821, 1822 Nr. 1 bis 4, 6 bis 13, §§ 1823 bis 1826, 1828 bis 1836, 1836 c bis 1836 e, 1837 Abs. 1 bis 3, §§ 1839 bis 1843, 1846, 1857 a, 1888, 1890 bis 1895 sinngemäß anzuwenden. [2]Durch Landesrecht kann bestimmt werden, dass Vorschriften, welche die Aufsicht des Betreuungsgerichts in vermögensrechtlicher

---

[4] Meier, Handbuch Betreuungsrecht, Rn 424.
[5] Jürgens/Winterstein, § 1908 g BGB Rn 2.
[6] HK-BUR/Bauer, § 1908 g BGB Rn 4.
[7] Jürgens/Winterstein, § 1908 g BGB Rn 3.

Hinsicht sowie beim Abschluss von Lehr- und Arbeitsverträgen betreffen, gegenüber der zuständigen Behörde außer Anwendung bleiben.

(2) [1]§ 1804 ist sinngemäß anzuwenden, jedoch kann der Betreuer in Vertretung des Betreuten Gelegenheitsgeschenke auch dann machen, wenn dies dem Wunsch des Betreuten entspricht und nach seinen Lebensverhältnissen üblich ist. [2]§ 1857 a ist auf die Betreuung durch den Vater, die Mutter, den Ehegatten, den Lebenspartner oder einen Abkömmling des Betreuten sowie auf den Vereinsbetreuer und den Behördenbetreuer sinngemäß anzuwenden, soweit das Betreuungsgericht nichts anderes anordnet.

I. Einleitung

1 Nach altem Recht waren die Vorschriften über die Vormundschaft für Minderjährige auch auf die Vormundschaften für Volljährige und Gebrechlichkeitspflegschaften in vollem Umfang anwendbar. Das Betreuungsgesetz hielt demgegenüber eine derart pauschale Verweisung nicht länger für sinnvoll. Eine Reihe von Bestimmungen aus dem Vormundschaftsrecht über Minderjährige taugt wegen ihres Regelungsgehalts nicht für Erwachsene. Aus diesem Grunde wurde von einer Generalverweisung auf das Vormundschaftsrecht Abstand genommen und lediglich einzelne der für Minderjährige gültigen Vorschriften für anwendbar erklärt.[1] In Abs. 1 S. 2 der Vorschrift ist ein Vorbehalt zugunsten des Landesgesetzgebers niedergelegt, bei von Behörden geführten Betreuungen Freistellungen von der Aufsicht in vermögensrechtlicher Hinsicht sowie beim Abschluss von Lehr- und Arbeitsverträgen anzuordnen. Hiervon machten eine Reihe von Bundesländern Gebrauch.

Hinzu tritt eine Verweisung auf **kindschaftsrechtliche Regelungen**, § 1632 Abs. 1 bis 3 BGB. Bei den §§ 1804 und 1857a BGB – Schenkungen des Betreuers und befreite Betreuer – berücksichtigt die Bezugnahme die Besonderheiten des Betreuungsrechts, § 1908 i Abs. 2 BGB.

Einzelverweisungen bergen freilich die Gefahr der Unvollständigkeit in sich. So sah der Regierungsentwurf beispielsweise keine Verweisung auf das Rechtsinstitut der Gegenbetreuung vor, §§ 1792, 1799 BGB vor. Auf die Vorstellungen des Bundesrats hin, denen die Bundesregierung zustimmte,[2] wurde die Möglichkeit eröffnet, dem Betreuer einen **Gegenbetreuer** als Wächter über dessen Amtsführung zur Seite zu stellen. Der Sinn der Regelung liegt in einer Entlastung der Betreuungsgerichte bei der Betreuung großer Vermögen. Die Verfahrensvorschriften (§§ 271 ff FamFG) sehen den Gegenbetreuer nicht vor. Auf die Bestellung eines Gegenbetreuers wird man daher die für die Bestellung eines – weiteren – Betreuers geltenden Vorschriften anwenden.[3]

Der Katalog der Einzelverweisungen ist gesetzestechnisch bedingt und schließt von daher in einigen Fällen die sinnvolle und zwingende analoge Anwendung von Vorschriften nicht aus; die Gesetzesmotive stehen diesem Prinzip nicht entgegen.[4]

---

1 BT-Drucks. 11/4528, 159.
2 BT-Drucks. 11/4528, 210, 229.
3 Schwab, Das neue Betreuungsrecht, FamRZ 1990, 661, 668.
4 Damrau/Zimmermann, § 1908 i BGB Rn 2.

II. Einzelverweisungen

Durch die Einzelverweisungen werden die nachstehend aufgeführten Regelungen für **sinngemäß anwendbar** erklärt; insoweit wird auf die Kommentierung der zitierten Vorschriften Bezug genommen:

- § 1632 Abs. 1 bis 3 BGB: Anspruch auf Herausgabe des Betreuten und Bestimmung seines Umgangs;
- § 1698a BGB, anwendbar über § 1893 Abs. 1 BGB: Fortführung der Geschäfte nach Beendigung der elterlichen Sorge;
- § 1698b BGB, anwendbar über § 1893 Abs. 1 BGB: Geschäftsbesorgung bei Tod des Betreuten;
- § 1784 BGB: Bestellung eines Beamten oder Religionsdieners zum Betreuer (Nebentätigkeitsgenehmigung);
- § 1787 Abs. 1 BGB: Folgen der grundlosen Ablehnung der Übernahme einer Betreuung;
- § 1791a Abs. 3 S. 1 Hs 2 BGB: Keine Bestellung eines Heimmitarbeiters des Vereins zum Betreuer;
- § 1791a Abs. 3 S. 2 BGB: Haftung des Vereins für Mitglieder und Mitarbeiter;
- §§ 1791b, 1791c BGB, anwendbar über § 1893 Abs. 2 BGB: Führung der Behördenbetreuung;
- § 1792 BGB: Gegenbetreuer;[5]
- § 1795 BGB: Gesetzlicher Ausschluss der Vertretungsmacht;
- § 1796 BGB: Entziehung der Vertretungsmacht für bestimmte Angelegenheiten;
- § 1797 Abs. 1 S. 2 und § 1798 BGB: Entscheidung des Betreuungsgerichts bei Meinungsverschiedenheiten zwischen Mitbetreuern;
- § 1798 BGB: Meinungsverschiedenheiten zwischen mehreren Betreuern;
- § 1799 BGB: Rechte und Pflichten des Gegenbetreuers;
- § 1802 BGB: Verzeichnis über das Vermögen des Betreuten;
- § 1803 BGB: Vermögensverwaltung bei Erbschaft oder Schenkung von Dritten;
- § 1804 BGB: Schenkungsverbot
- § 1805 BGB: Verwendungsverbot von Betreutenvermögen;
- § 1806 BGB: Verzinsliche Anlage von Geldern des Betreuten;
- § 1807 BGB: Regelmäßige Geldanlage;
- § 1809 BGB: Versperrte Anlage von Geldern des Betreuten;
- § 1810 BGB: Genehmigung der Geldanlagen nach §§ 1806, 1807 BGB durch das Betreuungsgericht bzw den Gegenbetreuer;
- § 1811 BGB: Gestattung anderer Anlageformen;
- § 1812 BGB: Verfügungen über Forderungen und Wertpapiere;
- § 1813 BGB: Genehmigungsfreie Geschäfte;

---

[5] ZB bei erheblicher Geldverwaltung: BayObLG FamRZ 2004, 1992.

- § 1814 BGB: Hinterlegung von Inhaberpapieren;
- § 1815 BGB: Umschreibung und Umwandlung von Inhaberpapieren;
- § 1816 BGB: Sperrung von Buchforderungen;
- § 1817 BGB: Befreiungsmöglichkeiten;
- § 1818 BGB: Anordnung der Hinterlegung;
- § 1819 BGB: Genehmigung zur Verfügung über hinterlegte Papiere;
- § 1820 BGB: Genehmigung zur Verfügung über umgeschriebene Papiere und Buchforderungen;
- § 1821 BGB: Genehmigung für Geschäfte über Grundstücke, Schiffe oder Schiffsbauwerke;
- § 1822 Nr. 1 bis 4, 6 bis 13 BGB: Genehmigungen über sonstige bedeutsame Geschäfte;
- § 1823 BGB: Genehmigung für die Führung eines Erwerbsgeschäfts des Betreuten;
- § 1824 BGB: Genehmigung für die Überlassung von Gegenständen an den Betreuten;
- § 1825 BGB: Erteilung einer allgemeinen Ermächtigung an den Betreuer;
- § 1826 BGB: Anhörung des Gegenbetreuers vor Genehmigungserteilung;
- § 1828 BGB: Erklärung der betreuungsgerichtlichen Genehmigung;
- § 1829 BGB: Nachträgliche betreuungsgerichtliche Genehmigung eines Vertrages;
- § 1830 BGB: Widerrufsrecht des Vertragspartners bei nachträglicher Genehmigung;
- § 1831 BGB: Genehmigung einseitiger Rechtsgeschäfte des Betreuers;
- § 1832 BGB: Genehmigung des Gegenbetreuers;
- § 1833 BGB: Haftung des Betreuers;
- § 1834 BGB: Verzinsungspflicht von verwendetem Geld;
- § 1835 bis § 1836 BGB: Aufwendungsersatz und Vergütung des Betreuers;
- § 1835c bis § 1836e BGB: Heranziehung des Betreuten für Betreuervergütung und Aufwendungsersatz;
- § 1837 Abs. 1 bis 3: Beratung und Aufsicht durch das Betreuungsgericht;
- § 1839 BGB: Auskunftspflicht des Betreuers;
- § 1840 BGB: Bericht und Rechnungslegung;
- § 1841 BGB: Inhalt der Rechnungslegung;
- § 1842 BGB: Mitwirkung des Gegenbetreuers;
- § 1843 BGB: Rechnungsprüfung durch das Betreuungsgericht;
- § 1846 BGB: Einstweilige Maßregeln des Betreuungsgerichts;
- § 1852 Abs. 2 BGB, anwendbar über § 1908 i Abs. 2 S. 2 BGB, 1857a BGB: Freistellung von Beschränkungen und Genehmigungen bei Geldanlage;
- § 1853 BGB, anwendbar über § 1908 i Abs. 2 S. 2 BGB: Freistellung von der Hinterlegung von Wertpapieren und Sperrvermerken;

- § 1854 BGB, anwendbar über § 1908 i Abs. 2 S. 2 BGB: Freistellung von der Rechnungslegung;
- § 1857 a BGB: Befreiungen für Betreuungsvereine, Behördenbetreuer bzw der Behörde als Betreuer;
- § 1888 BGB: Entlassung von Beamten bzw Religionsdienern bei Versagung oder Zurücknahme der Erlaubnis zur Führung einer Betreuung;
- § 1890 BGB: Rechnungslegung über und Herausgabe des verwalteten Vermögens an den Betreuten bei Amtsbeendigung;
- § 1891 BGB: Rechnungslegung gegenüber dem Gegenbetreuer und Auskunftspflicht des Gegenbetreuers;
- § 1892 BGB: Rechnungsprüfung und -anerkennung durch das Betreuungsgericht;
- § 1892 BGB: Schlussrechnung gegenüber dem Betreuungsgericht;
- § 1893 BGB: Fortführung der Geschäfte nach Amtsbeendigung;
- § 1894 BGB: Anzeigepflicht des Erben beim Tod des Betreuers, Gegenbetreuers oder Mitbetreuers;
- § 1895 BGB: Amtsende des Gegenbetreuers.

Auf die **Gegenbetreuung** findet die im Katalog nicht genannte Vorschrift des § 59 FamFG über die Beschwerdeberechtigung des Gegenbetreuers analog Anwendung. 3

III. Bedeutung für das Betreuungsgericht

Die Vorschriften, auf die § 1908 i BGB verweist, sind nur **sinngemäß** anzuwenden. Es ist daher zunächst zu prüfen, ob die dem Betreuer konkret übertragenen Aufgaben von der Regelung überhaupt erfasst sind.[6] Ferner weisen die Bestimmungen aus dem Vormundschaftsrecht für Minderjährige dem Vormund umfassende Kompetenzen zu und sind deshalb auf dem Hintergrund des vorrangig zu beachtenden Wohls des Betreuten und der Beachtung seiner Wünsche, § 1901 Abs. 3 BGB, zu interpretieren. In verfahrensrechtlicher Hinsicht sind – auch für die unselbstständigen Einzelvorrichtungen des Gerichts bei laufender Betreuung – die Verfahrensgarantien zugunsten des Betreuten zu wahren. Der verfahrensfähige Betreute (§ 275 FamFG) ist anzuhören und zu informieren (§ 278 FamFG), ggf ist ein Verfahrenspfleger (§ 276 FamFG) zu bestellen und Entscheidungen sind bekannt zu machen (§ 41 FamFG). 4

Werden **Eltern des Betreuten, Ehegatten, Lebenspartner** oder **Kinder** zum Betreuer bestellt, so gelten für sie gleichermaßen die für den Verein oder die Behörde vorgesehenen Befreiungen, § 1857 a BGB. Unter Lebenspartner/in sind ausschließlich die nach § 1 LPartG verbundenen homosexuellen Männer oder Frauen zu verstehen. § 1908 i Abs. 2 S. 2 BGB erweitert den Kreis der privilegierten Betreuer auf die **Vereins-** und **Behördenbetreuer**, die aufgrund ihrer Stellung bereits innerhalb des Vereins oder der Behörde kontrolliert werden. 5

Bei der Bestellung oder später können die in § 1857 a BGB genannten **Befreiungen ganz, teilweise** oder **zeitweise** wieder **aufgehoben** und **im Interesse des Betreuten** abweichende Anordnungen getroffen werden. Maßstab ist allein das 6

---

6 Jürgens/Klüsener, § 1908 i BGB Rn 5.

Wohl des Betreuten, das bei Beibehaltung der Befreiung gefährdet wäre.[7] Hinsichtlich näherer Einzelheiten wird auf die Kommentierung zu § 1857a BGB verwiesen.

Schenkungen aus dem Vermögen des Betreuten, die über die in § 1908i Abs. 2 S. 1 BGB genannten Gelegenheitsgeschenke hinausgehen, sind grundsätzlich **nicht genehmigungsfähig**.[8]

IV. Bedeutung für den Betreuer

7 **Abs. 1:** Die für den Vormund geltenden Vorschriften setzen die unbedingte Beachtung im Recht der Minderjährigen voraus. Demgegenüber sind für den Betreuer die Wünsche des Betreuten und dessen Wohl die oberste Messlatte des Handelns.[9] Insoweit kann es im Einzelfall für den Betreuer statthaft sein, etwa von zwingenden Geldanlagevorschriften abzuweichen. Allerdings muss der Betreuer Geld des Betreuten entgegen dessen Willen anlegen; eine Verwahrung eines größeren Geldbetrages zuhause (zB von 13.400 EUR) entspricht nicht dem Wohl des Betreuten.[10] Die diesbezüglichen Wünsche des Betreuten sind zur Regressprophylaxe sorgfältig zu dokumentieren. Ferner ist dem Betreuungsgericht unverzüglich der Wunsch des Betreuten[11] schriftlich mitzuteilen, um eine aufsichtliche Prüfung zu ermöglichen.[12]

Abs. 2: Der Betreuer unterliegt ebenso wie der Vormund dem in § 1804 BGB niedergelegten **Schenkungsverbot**. Der Betreuer ist ebenso wenig zur Vornahme einer gemischten Schenkung berechtigt.[13] Das Schenkungsverbot verfolgt den Zweck, das Vermögen des Betreuten vor einer Schmälerung durch Schenkungen zu schützen. Ausgenommen sind allerdings die sog. Pflicht- und Anstandsschenkungen, § 1804 S. 2 BGB. Größe und Umfang der Schenkung bemessen sich nach den Umständen des Einzelfalls: der Höhe des vorhandenen Vermögens, dem Eigenbedarf des Betreuten und den familiären Gepflogenheiten. § 1908i Abs. 2 S. 1 BGB statuiert eine weitere Ausnahme vom Schenkungsverbot und gestattet dem Betreuer in Vertretung des Betreuten **auf dessen Wunsch hin**, seinen üblichen Lebensverhältnissen entsprechende „**Gelegenheitsgeschenke**" zu machen. Gelegenheitsgeschenke sind die unter Verwandten üblichen Gaben zu Geburts- und Festtagen, soweit sie nicht die Dimension von Wertgeschenken erreichen, ferner Zuwendungen an Nachbarn, Bekannte, Pflegepersonal und Dienstleister. Der Wunsch des Betreuten ist nicht als rechtsgeschäftliche Erklärung zu sehen – Geschäftsfähigkeit ist dementsprechend nicht erforderlich.[14] Weiterhin unerheblich ist, ob zulasten des Betreuten ein Einwilligungsvorbehalt nach § 1903 BGB angeordnet wurde. Häufig werden ohnehin bereits die Voraussetzungen einer **Pflicht- oder Anstandsschenkung** nach § 1804 S. 2 BGB vorliegen; durch die Zulässigkeit von Gelegenheitsgeschenken sollte die Möglichkeit zur Vornahme von Geschenken mit Hinblick auf den

---

7 BayObLG FamRZ 2003, 475.
8 OLG Stuttgart FamRZ 2005, 62 zur Genehmigungsfähigkeit eines Übergabevertrages.
9 OLG Schleswig FGPrax 2001, 194; KG ZMR 2002, 265, 268.
10 BayObLG FamRZ 2005, 389, 390; KG FamRZ 2009, 910, 911.
11 Zur Wunschbefolgungspflicht: BGH Versäumnis- und Endurteil v. 22.7.2009, XII ZR 77/06, www.bundesgerichtshof.de.
12 BayObLG FamRZ 1999, 1460.
13 KG BtPrax 2012, 123, 124.
14 Meier, Handbuch Betreuungsrecht, Rn 32.

grundsätzlichen Willensvorrang des Betreuten vorsichtig erweitert werden.[15] **Schenkungen** aus dem Vermögen des Betreuten, die über die in § 1908 i Abs. 2 S. 1 BGB genannten Gelegenheitsgeschenke hinausgehen, sind grundsätzlich **nicht durch das Betreuungsgericht genehmigungsfähig.**[16] Der Gesetzgeber lockerte in dieser Vorschrift lediglich vorsichtig das im Übrigen strikt aufrecht erhaltene Schenkungsverbot.[17] Das grundsätzliche Schenkungsverbot betrifft nur Betreuer, zu deren Aufgabenkreis auch die Vermögenssorge gehört.[18] Bevollmächtigte des Betroffenen sind hiervon ausgenommen. In einem Rückforderungsprozess trägt der Bevollmächtigte aber die Darlegungs- und Beweislast für die Behauptung, mit der Abhebung ein formnichtiges Schenkungsversprechen des Vollmachtgebers mit dessen Willen vollzogen zu haben.[19]

Die Gelegenheitsgeschenke müssen **dem Wunsch des Betreuten entsprechen.** 8 Der Betreuer ist mitnichten befugt, „auf eigene Faust" generös zulasten des Betreuten Geschenke zu tätigen, nur weil er dies für angemessen hält. Der Wunsch kann von dem Betreuten unmittelbar gegenüber dem Betreuer geäußert worden sein. Ist der Betreute bei Übernahme der Betreuung nicht mehr äußerungsfähig, ist sein diesbezüglicher mutmaßlicher Wille zu ermitteln, wie er etwa in einer Betreuungsverfügung niedergelegt wurde. Ferner sind Verwandte, Nachbarn und Freunde zu befragen, wie es der Betreute in der Vergangenheit mit Geschenken hielt.

Gleichwohl bewegt man sich als Betreuer in diesem Bereich – von eindeutigen Fällen einmal abgesehen – auf einem haftungsrechtlich rutschigen Parkett. Ein Verstoß gegen das Schenkungsverbot kann nicht nur zivilrechtliche Folgen, wie die Entlassung aus dem Betreueramt oder das Erheben von Schadensersatzansprüchen des Betreuten nach sich ziehen, sondern auch strafrechtliche Konsequenzen haben. So kam es zu einem Strafverfahren gegen eine Betreuerin, die mit Zustimmung der Betreuten 10.000 DM an deren einzige Erbin und Enkelin auszahlte zur Finanzierung eines KFZ, das u.a. dazu diente, regelmäßige Besuche der Enkelin bei der Betreuten zu ermöglichen. Die Staatsanwaltschaft, die aufgrund einer Anzeige des Aufsicht führenden Rechtspflegers eingeschaltet wurde, sah im Handeln der Betreuerin den Tatbestand der Untreue als erfüllt an.[20]

Der Betreuer sollte also stets vor größeren Geschenken – und sei der Wunsch 9 des Betreuten noch so dringend – das Betreuungsgericht konsultieren, das nach § 1837 Abs. 1 BGB zur Raterteilung verpflichtet ist.[21] Gelegenheitsschenkungen unterliegen ebenso wie Anstands- und Pflichtschenkungen keiner betreuungsgerichtlichen Genehmigungspflicht; sie können also bei Vorliegen der entsprechenden Voraussetzungen vorgenommen werden. Von daher stellt sich die **Raterteilung** durch das Betreuungsgericht als das Mittel der Wahl dar, um zu

---

15 BT-Drucks. 11/4528, 160.
16 OLG Stuttgart FamRZ 2005, 62.
17 BayObLG Rpfleger 2003, 649, 651.
18 BayObLG FamRZ 2004, 1229.
19 BGH NJW 2007, 2220 = FamRZ 2007, 386; NJW 1997, 47, 48; OLG Naumburg BtPrax 2007, 262 = FamRZ 2008, 182; OLG Karlsruhe FamRZ 2004, 1601.
20 Ausgiebige Fallschilderung bei Deinert/Lütgens/Meier, Die Haftung des Betreuers, 2. Aufl. 2007, 34.
21 LG Kassel v. 12.10.2012, 3 T 349/12 für den Fall einer Schenkung im Wege einer vorweggenommenen Erbfolge in Höhe von 40.000 EUR.

eruieren, ob eine avisierte Schenkung statthaft ist oder nicht. Das Betreuungsgericht ist aufsichtsrechtlich verpflichtet aufzuzeigen, ob eine beabsichtigte Maßnahme des Betreuers pflichtwidrig ist.[22] Es kann ein Antrag nach §§ 1908i Abs. 2 S. 1 iVm 1837 BGB zur Abklärung der Zulässigkeit der avisierten Schenkung gestellt werden.[23]

10 Aus **haftungsrechtlicher Sicht** ist dem Betreuer ferner dringend anzuempfehlen, den seitens des Betreuten an ihn herangetragenen Wunsch zum Schenken genauestens mit Datum und Uhrzeit zu dokumentieren. Aktenvermerke besitzen forensisch den **Beweis der Richtigkeit und Vollständigkeit,** der von der Gegenseite erschüttert werden muss, was freilich selten gelingt.[24]

11 Aufgrund der generellen Verweisung in Abs. 1 S. 1 sind Vereine und Behörden als Betreuer von den Beschränkungen und Genehmigungspflichten bei der Geldanlage, der Hinterlegung von Wertpapieren und Anbringung eines Sperrvermerks sowie der Rechnungslegung befreit, §§ 1852 Abs. 2, 1853, 1854 BGB. Die gleichen Befreiungen genießen die Eltern, der Ehegatte, der eingetragene Lebenspartner, die Abkömmlinge sowie der Vereins- und Behördenbetreuer, soweit das Betreuungsgericht keine anderweitige Anordnung trifft.

Für die in Abs. 2 genannten Personen kann das Betreuungsgericht die Befreiung im Einzelfall aufheben. **Maßstab** ist die ansonsten eintretende Gefährdung des Wohls des Betreuten. Mangelnde Sachkunde und Kompetenz, ebenso wie Beratungsresistenz können die Aufhebung der Befreiung rechtfertigen.[25]

Eine Ausweitung der Befreiung auf andere als die in Abs. 2 genannten Angehörigen ist nicht möglich.[26] Der geschäftsfähige Betreute kann keine Befreiung aussprechen.[27]

Die von der Rechnungslegungspflicht befreiten Betreuer sind verpflichtet, zu Beginn der Betreuung ein Vermögensverzeichnis zu erstellen und dem Gericht vorzulegen, § 1802 BGB. Dies ist in regelmäßigen Abständen zu aktualisieren und dem Gericht wieder einzureichen. Die hierfür festgelegte Frist beträgt zwei Jahre, § 1854 Abs. 2 BGB. Das Gericht kann den Zeitraum auf maximal fünf Jahre verlängern.

Befreite Betreuer können allerdings nach Aufhebung der Betreuung bzw deren Beendigung von Rechtsnachfolgern zur Schlussrechnung nach §§ 1908i, 1890 BGB für die **gesamte Zeit** der Vermögensverwaltung herangezogen werden.[28]

---

22 BayObLG FamRZ 1999, 1460.
23 LG Kassel v. 12.10.2012, 3 T 349/12, BtPrax 2012, 259, 260.
24 Deinert/Lütgens/Meier, aaO S. 48; BGH NJW 1978, 1681, 1682; 1995, 1611, 1612 zur ärztlichen Dokumentation.
25 LG München I FamRZ 1998, 701; BayObLG FamRZ 2003, 475.
26 BayObLG FamRZ 2003, 188.
27 OLG München Rpfleger 2006, 73.
28 OLG Frankfurt/M. Rpfleger 1980, 18; OLG Düsseldorf FamRZ 1996, 374; OLG Thüringen FamRZ 2001, 580.

Einführungsgesetz zum Bürgerlichen Gesetzbuche

In der Fassung der Bekanntmachung vom 21. September 1994
(BGBl. I S. 2494, ber. BGBl. 1997 I S. 1061)
(FNA 400-1)
zuletzt geändert durch Personenstandsrechts-Änderungsgesetz
vom 7. Mai 2013 (BGBl. I S. 1122, 1159)
– Auszug –

Artikel 24 EGBGB Vormundschaft, Betreuung und Pflegschaft

(1) ¹Die Entstehung, die Änderung und das Ende der Vormundschaft, Betreuung und Pflegschaft sowie der Inhalt der gesetzlichen Vormundschaft und Pflegschaft unterliegen dem Recht des Staates, dem der Mündel, Betreute oder Pflegling angehört. ²Für einen Angehörigen eines fremden Staates, der seinen gewöhnlichen Aufenthalt oder, mangels eines solchen, seinen Aufenthalt im Inland hat, kann ein Betreuer nach deutschem Recht bestellt werden.

(2) Ist eine Pflegschaft erforderlich, weil nicht feststeht, wer an einer Angelegenheit beteiligt ist, oder weil ein Beteiligter sich in einem anderen Staat befindet, so ist das Recht anzuwenden, das für die Angelegenheit maßgebend ist.

(3) Vorläufige Maßregeln sowie der Inhalt der Betreuung und der angeordneten Vormundschaft und Pflegschaft unterliegen dem Recht des anordnenden Staates.

I. Überblick

Bei **Betreuungsbedürftigkeit mit Auslandsbezug** ist zu klären, welches materielle Recht anwendbar ist. In erster Linie gelten staatsvertragliche Regelungen, vgl Art. 3 Abs. 2 EGBGB. 1

Für Deutschland ist zum 1.1.2009 das **Haager Erwachsenenschutzübereinkommen** vom 13.1.2000 (BGBl. 2007 II, 323) in Kraft getreten. Dieses Übereinkommen gilt ferner für Estland, Finnland, Frankreich, die Schweiz, Tschechien und Schottland. Danach sind im Grundsatz die Gerichte des gewöhnlichen Aufenthaltes des Betroffenen zuständig, die grundsätzlich ihr eigenes Recht anwenden (s. Art. 5, 13 des Übereinkommens).

Im Verhältnis von Deutschland zum **Iran** gilt Art. 8 Abs. 3 des deutsch-iranischen Niederlassungsabkommens vom 17.2.1929. Danach darf für einen Iraner in Deutschland nur eine Schutzmaßnahme nach iranischem Recht angeordnet werden.

Nach Art. 24 Abs. 1 S. 1 EGBGB ist gleichfalls in erster Linie das Heimatrecht anwendbar. Abs. 1 S. 2 und Abs. 3 ermöglichen die Anwendung des deutschen materiellen Betreuungsrechts. 2

II. Inhalt

Art. 24 EGBGB erfasst als Betreuung neben den §§ 1896 ff BGB die Vorschriften anderer Staaten für den Schutz Volljähriger wie Erwachsenenvormund- 3 schaften und Gebrechlichkeitspflegschaften oder die Sachwalterschaft des österreichischen Rechts.

4 Nach Abs. 1 S. 1 gilt das **Heimatrecht** des Betreuungsbedürftigen für Entstehung, Änderung und Beendigung des Schutzsystems für einen Volljährigen. Auch dessen Inhalt richtet sich nach seinem Heimatrecht.

5 Abs. 1 S. 2 macht von diesem Grundsatz eine praktisch bedeutsame **Ausnahme**: Hat ein ausländischer Betreuungsbedürftiger seinen gewöhnlichen Aufenthalt, dh den Schwerpunkt seiner sozialen, kulturellen und wirtschaftlichen Beziehungen, oder seinen „schlichten" Aufenthalt in Deutschland, so kann das Gericht einen Betreuer nach den §§ 1896 ff BGB bestellen. Damit hat das Gericht ein Wahlrecht: Es kann sich für das Heimatrecht oder deutsches Recht entscheiden. Hat es deutsches Recht gewählt, richtet sich die Betreuung insgesamt nach deutschem Recht.[1]

6 Ist eine Schutzmaßnahme von einem Gericht oder einer Behörde angeordnet worden (und nicht kraft Gesetz entstanden), so gilt gem. Abs. 3 zweite Alternative für den Inhalt der Maßnahme das Recht des anordnenden Staates. Unter Inhalt fallen Auswahl und Bestellung des Betreuers sowie seine Rechte, Pflichten und seine Beaufsichtigung.

7 Nach Abs. 3 erste Alternative richten sich auch vorläufige Maßregeln nach dem Recht des die Maßnahme anordnenden Staates. Darunter fällt auch die Bestellung eines vorläufigen Betreuers durch einstweilige Anordnung nach §§ 300 ff. FamFG.

III. Bedeutung für das Betreuungsgericht

8 Das Betreuungsgericht hat zu prüfen, ob bei einem Ausländer, der sich in Deutschland aufhält, schon eine Schutzmaßnahme nach dessen Heimatrecht besteht. Ist dies nicht der Fall, kann es nach den §§ 1896 ff BGB tätig werden.

9 Funktional zuständig ist der Richter, §§ 3 Nr. 2 b, 15 Abs. 1 Nr. 5 RPflG.

---

1 BayObLGZ 2001, 324.

Gesetz über die Wahrnehmung behördlicher Aufgaben bei der Betreuung Volljähriger (Betreuungsbehördengesetz – BtBG)

Vom 12. September 1990 (BGBl. I S. 2002)
(FNA 404-24)
zuletzt geändert durch Art. 11 G zur Änd. des Zugewinnausgleichs- und Vormundschaftsrechts vom 6. Juli 2009 (BGBl. I S. 1696)

Übersicht vor § 1 BtBG

I. Gesetzesgliederung

1. Behörden: §§ 1–2 BtBG regeln den Behördenaufbau.
2. Örtliche Zuständigkeit: § 3 BtBG regelt die örtliche Zuständigkeit.
3. Aufgaben der örtlichen Behörde: §§ 4–9 BtBG regeln die Aufgabenzuweisung der örtlichen Behörden. Aufgrund landesrechtlicher Regelungen können weitere Aufgaben hinzukommen. Die Aufgabenzuweisung an die überörtlichen Behörden bleibt dem Landesrecht vorbehalten.

II. Gesetzesgeschichte

Vor Inkrafttreten des BtBG lag die Zuständigkeit für die behördlichen Aufgaben der Vormundschaft und Pflegschaft für Volljährige bei den Jugendämtern (§§ 1897 S. 1, 1915 Abs. 1, 1791 b, 1843 ff BGB aF). Durch Landesrecht konnte eine andere Zuweisung der Aufgaben erfolgen (§ 1897 S. 2 aF). Die Aufgaben der Behörde waren bis zum Inkrafttreten des KJHG am 1.1.1991 im Gesetz für Jugendwohlfahrt geregelt (§ 54 a JWG aF). Den Jugendämtern oder den durch Landesrecht bestimmten Behörden wurde nach dem damaligen Recht nicht nur die Aufgabe der Führung von Vormundschaften und Pflegschaften zugewiesen, sondern auch eine umfangreiche Unterstützung der Vormundschaftsgerichte.[1]

Die mit Inkrafttreten des BtBG den Behörden zugewiesenen Aufgaben bedeuteten daher zunächst keine wesentliche Erweiterung der Aufgaben. Es kam vielerorts zum Stellenabbau, da die Personalressourcen zur Führung der bisherigen Vormundschaften und Pflegschaften nach und nach nicht mehr benötigt wurden. Betreuungsvereine und Berufsbetreuer übernahmen diesen Aufgabenbereich. Mit dem 1. und 2. BtÄndG erfolgte eine Zuweisung weiterer Aufgaben an die Betreuungsbehörden.

Im Rahmen der Regelungen des Betreuungsrechts sollte die Behördenstruktur neu geregelt werden. Es wurde als nicht sachgerecht angesehen, dass im Regelfall das Jugendamt als zuständige Behörde auch für Volljährige zuständig war. Als vorteilhaft wurde die **Einrichtung einer speziellen Behörde für Betreuungsangelegenheiten** angesehen, nicht zuletzt, weil ein „Betreuungsamt" von vielen Betroffenen als Ansprechpartner eher akzeptiert würde als etwa das Jugendamt, dessen Zuständigkeit auch für die Angelegenheiten erwachsener Men-

---

1 BT-Drucks. 11/4528, 99.

schen mitunter als diskriminierend empfunden wurde.[2] Auf bundesgesetzliche Vorgaben wurde dann aber verzichtet, die Regelung des Behördenaufbaus und der Behördenzuständigkeit bleibt den Ländern überlassen.

5 Es wurde durch den Gesetzgeber eine neue Behörde geschaffen, die die Aufgaben nach diesem Gesetz und aus der Gesamtregelung des Betreuungsgesetzes wahrnimmt. Die Aufgaben der Behörde ergeben sich nicht nur aus diesem Gesetz; wenn im BGB oder FamFG von der zuständigen Behörde oder der in Betreuungsangelegenheiten zuständigen Behörde gesprochen wird, handelt es sich um die Betreuungsbehörde (zB in § 1897 BGB). Die sich daraus für die Betreuungsbehörde ergebenden Aufgaben sind § 9 BtBG zuzuordnen.

6 Es bleibt im Wesentlichen den **Ländern und Kommunen** überlassen, wie die betreuungsbehördliche Arbeit organisiert und gestaltet wird. So ist sowohl die personelle und sachliche Ausstattung der Betreuungsbehörden als auch die Schwerpunktsetzung in der Aufgabenwahrnehmung höchst unterschiedlich.

7 Der Betreuungsbehörde obliegt es, die Rahmenbedingungen zu schaffen, die **ehrenamtliches Engagement** ermöglichen. Ihr werden strukturell unterstützende Aufgaben zugewiesen. Die Vernetzung der am Betreuungswesen Beteiligten ist eine der Hauptaufgaben der örtlichen Betreuungsbehörden. Der im Regierungsentwurf noch vorgesehene Betreuungsbeirat konnte sich im Gesetzgebungsverfahren nicht durchsetzen. Die Länder sahen die Notwendigkeit zur Bildung eines Betreuungsbeirates nicht. Sie sahen zwar die Notwendigkeit der guten Zusammenarbeit zwischen den Vertretern der Behörden, Vormundschaftsgerichte und Betreuungsvereine, jedoch erschienen ihnen informelle Kontakte auf freiwilliger Basis weitaus effektiver als institutionalisierte Gremien.[3] Baden-Württemberg, Bremen, Nordrhein-Westfalen, Sachsen, Sachsen-Anhalt und Thüringen haben durch landesrechtliche Regelungen Arbeitsgemeinschaften auf örtlicher Ebene geschaffen. Zudem haben Baden-Württemberg, Bremen, Hamburg, Rheinland-Pfalz, Sachsen, Sachsen-Anhalt und Thüringen überörtliche Arbeitsgemeinschaften eingerichtet.

III. Ausblick

8 In der Diskussion um eine grundsätzliche Strukturreform des Betreuungsrechts sind verschiedene Modelle einer stärkeren Einbindung der Betreuungsbehörde erwogen worden, die von einer bloßen Optimierung im Sinne der Schaffung einer besseren sächlichen und personellen Ausstattung[4] und einer besseren Vernetzung aller beteiligten Professionen,[5] einer Erweiterung der „Filterfunktion" der Betreuungsbehörde über die Ausgestaltung der Betreuungsbehörde als Eingangsinstanz[6] bis hin zu einer fast vollständigen Verlagerung der Aufgaben der

---

2 BT-Drucks. 11/4528, 101.
3 BT-Drucks. 11/4528, 223.
4 Vgl Ergebnisse der Bund-Länder-Arbeitsgruppe zur Beobachtung der Kostenentwicklung im Betreuungsrecht und Handlungsempfehlungen zur Optimierung des Betreuungsrechts, S. 44.
5 Vgl Abschlussbericht der interdisziplinären Arbeitsgruppe zum Betreuungsrecht, S. C-18.
6 Vgl Abschlussbericht der Bund-Länder-Arbeitsgruppe „Betreuungsrecht", Betrifft Betreuung 6, S. 173 ff; Abschlussbericht der interdisziplinären Arbeitsgruppe zum Betreuungsrecht, S. C-17.

Betreuungsgerichte auf die Betreuungsbehörde reichen.[7] Der Gesetzgeber ist mit seinem Gesetz zur Stärkung der Funktionen der Betreuungsbehörde[8] dem Vorschlag der interdisziplinären Arbeitsgruppe zum Betreuungsrecht, die Betreuungsbehörde in ihrer Funktion im betreuungsgerichtlichen Verfahren zu stärken und von einer Aufgabenverlagerung abzusehen,[9] gefolgt. Das Gesetz soll nach dem entsprechenden Entwurf am 1.1.2015,[10] nach dem Willen des Bundesrates schon zum 1.1.2014[11] in Kraft treten. Es sieht eine Stärkung der Funktion durch teilweise obligatorische Anhörung der Betreuungsbehörde, der Berücksichtigung der Anhörung durch den Sachverständigen, die Erweiterung des Betreuungs- und Vermittlungsangebots der Betreuungsbehörde gegenüber Betreuern und Bevollmächtigten auch im Hinblick auf eine Betreuung vermeidende Hilfen und der Festlegung des Prinzips der Fachlichkeit vor.

1. Obligatorische Anhörung der Betreuungsbehörde bei erstmaliger Betreuerbestellung oder Anordnung eines Einwilligungsvorbehaltes

Die Betreuungsbehörde ist nach § 279 Abs. 2 S. 1 FamFG (s. § 279 FamFG Rn 10 ff) im Falle der erstmaligen endgültigen Bestellung eines Betreuers oder der erstmaligen endgültigen Anordnung eines Einwilligungsvorbehaltes **zwingend** anzuhören; die Anhörungspflicht gilt nicht im Fall der Anordnung einer vorläufigen Maßnahme nach §§ 300 f FamFG.[12] Die Anhörung kann schriftlich in Form der Einholung des schriftlichen **Sozialberichts** oder – indes nur in einfach gelagerten Fällen – auch (fern)mündlich erfolgen;[13] im letzteren Fall ist das Ergebnis der Anhörung nach § 28 Abs. 4 FamFG (s. § 278 FamFG Rn 40) in einem **Anhörungsvermerk** festzuhalten. Es genügt in beiden Fällen, wenn das Betreuungsgericht der Betreuungsbehörde Gelegenheit zur Äußerung einräumt,[14] wobei eine entsprechend ausreichende Frist zu setzen ist. Die Betreuungsbehörde hat nach § 8 Abs. 1 S. 2 Nr. 1 BtBG im Rahmen ihrer Unterstützungspflicht (s. § 8 BtBG Rn 2 ff) die Aufgabe, im Rahmen ihrer Anhörung, den Sozialbericht zu fertigen bzw im Falle einer mündlichen Anhörung entsprechend Stellung zu nehmen. Auch wenn aus Gründen der Flexibilität kein bestimmter Zeitpunkt der Anhörung vorgegeben ist, sollte diese so **frühzeitig** wie möglich,[15] im Regelfall unmittelbar nach Verfahrenseinleitung erfolgen, um dem Betroffenen die weitere Durchführung eines ggf entbehrlichen Verfahrens und die damit verbundenen Belastungen gerade in den Fällen zu ersparen, in denen die Betreuungsbehörde eine Betreuung vermeidende Hilfsmaßnahmen nutzbar machen oder jedenfalls aufzeigen kann.[16]

Nur für den Fall der **erstmaligen Betreuerbestellung** ist der nähere Inhalt der Anhörung gesetzlich in § 279 Abs. 2 S. 2 FamFG geregelt; soll ein Einwilli-

---

7 Vgl Abschlussbericht der Bund-Länder-Arbeitsgruppe „Betreuungsrecht", Betrifft Betreuung 6, S. 219 ff; Abschlussbericht der interdisziplinären Arbeitsgruppe zum Betreuungsrecht, S. C-17.
8 BR-Drucks. 220/13, 1 ff.
9 Abschlussbericht der interdisziplinären Arbeitsgruppe zum Betreuungsrecht, S. C-20 ff.
10 BR-Drucks. 220/13, 3.
11 BR-Drucks. 220/1/13, 2.
12 BR-Drucks. 220/13, 9.
13 BR-Drucks. 220/13, 9.
14 BR-Drucks. 220/13, 9.
15 Abschlussbericht der interdisziplinären Arbeitsgruppe zum Betreuungsrecht, S. C-23.
16 BR-Drucks. 220/13, 8.

gungsvorbehalt angeordnet werden, bestimmt allein das Betreuungsgericht, nach welchen Kriterien es die Betreuungsbehörde in die Sachverhaltsaufklärung einbeziehen will.[17] Vor der erstmaligen Bestellung eines Betreuers soll sich die Anhörung insbesondere auf folgende Kriterien beziehen:[18]

- **persönliche** Situation des Betroffenen, mithin die derzeitigen finanziellen, Wohn- und Lebensverhältnisse,
- **gesundheitliche** Situation des Betroffenen, also der gesundheitliche Eindruck, die Nennung der behandelnden Ärzte und das Vorliegen bereits bestehender Gutachten, den Gesundheitszustand des Betroffenen betreffend,
- **soziale** Situation des Betroffenen, also die persönlichen, beruflichen und familiären Verhältnisse und die Benennung nächster Angehörige und Kontakt- oder Vertrauenspersonen des Betroffenen,
- **Erforderlichkeit** der Betreuung einschließlich geeigneter anderer Hilfen nach § 1896 Abs. 2 BGB, mithin das tatsächliche Unvermögen des Betroffenen zur Regelung eigener konkret regelungsbedürftiger und gegebenenfalls eilbedürftiger Angelegenheiten, das Vorliegen von (Vorsorge-)Vollmachten und das tatsächliche Bestehen vorhandener oder dem Betroffenen jedenfalls konkret zugänglicher betreuungsvermeidender Hilfen,
- **Betreuerauswahl** unter Berücksichtigung des Vorrangs der Ehrenamtlichkeit, das Vorliegen einer aktuell den Willen des Betroffenen wiedergebenden Betreuungsverfügung, dessen Wunsch nach einer bestimmten Person und die tatsächliche und rechtliche Möglichkeit der Umsetzung dieses Willens,
- die **Sichtweise** des Betroffenen hinsichtlich seiner Situation und der Sachlage, die zur Einleitung des Betreuungsverfahrens geführt hat, und seine bejahende oder ablehnende Einstellung hinsichtlich einerseits nutzbar zu machender oder vorhandener Hilfen, die eine Betreuerbestellung entbehrlich machen, und andererseits hinsichtlich der Unterstützung durch einen zu bestellenden Betreuer.

2. Anhörung der Betreuungsbehörde bei Folgeentscheidungen

11 Bei der der erstmaligen Bestellung eines Betreuers oder der Anordnung eines Einwilligungsvorbehaltes nachfolgenden **Erweiterung**, **Aufhebung** und **Einschränkung** sowie **Verlängerung** einer Betreuung oder eines Einwilligungsvorbehalts ist keine obligatorische Anhörung vorgesehen, weil dem Betreuungsgericht bereits Informationen zu dem Betroffenen vorliegen.[19] Die Betreuungsbehörde ist daher in diesen Verfahren dann anzuhören, wenn es der Betroffene **verlangt** oder es zur **Sachaufklärung** dienlich ist; letzteres ist der Regelfall (vgl § 279 FamFG Rn 10).

---

17 Abschlussbericht der interdisziplinären Arbeitsgruppe zum Betreuungsrecht, S. C-24.
18 Im Einzelnen vgl § 8 BtBG Rn 6 und Empfehlungen zur Sachverhaltsaufklärung im Betreuungsrecht v. 20.10.2010 der Bundesarbeitsgemeinschaft der überörtlichen Träger der Sozialhilfe (BAGüS), S. 10 ff, abrufbar unter http://www.lwl.org/spur-down load/bag/empfehlungen_sachverhaltsaufklaerung.pdf.
19 BR-Drucks. 220/13, 9.

3. Verknüpfung der Anhörung mit dem Gutachten des Sachverständigen

§ 280 Abs. 2 FamFG stellt sicher, dass der Sachverständige in seinem Gutachten zur erstmaligen Bestellung eines Betreuers oder der erstmaligen Anordnung eines Einwilligungsvorbehaltes auch Feststellungen zu den Auswirkungen der Erkrankung des Betroffenen auf dessen soziale Situation trifft.[20] Dies kann sinnhaft nur gelingen, wenn ihm entsprechende valide Erkenntnisquellen in Form des **Sozialberichts** der Betreuungsbehörde vorliegen, die er dann nach Möglichkeit in seinen Feststellungen zu beachten hat. Zwar hat der Gesetzgeber davon abgesehen, einen festen zeitlichen Zeitpunkt für die Einholung des Sozialberichts der Behörde festzulegen (s. Rn 2). Hieraus folgt, dass der Sachverständige den Sozialbericht nur dann seinen Feststellungen zugrunde legen muss, wenn dieser ihm derart frühzeitig zugeht, dass er diesen in seinen Erkenntnisprozess auch tatsächlich beachten kann.[21] Insofern sollte das Betreuungsgericht auf eine frühzeitige Einholung des Sozialberichts und eine entsprechend zeitnahe Übermittlung an den Sachverständigen achten. Ist die Anhörung der Betreuungsbehörde lediglich (fern)mündlich erfolgt, ist der entsprechende **Anhörungsvermerk** dem Sachverständigen zeitnah zu übermitteln.

12

4. Erweiterung der Beratungsfunktion der Betreuungsbehörde

Mit der Neufassung des § 4 BtBG ist eine Stärkung der Aufgaben der Betreuungsbehörde im Vorfeld eines betreuungsgerichtlichen Verfahrens verbunden. Aufgabe der Betreuungsbehörde ist neben der Beratung von Betreuern und Bevollmächtigten und der Sicherstellung entsprechender Angebote der Einführung und Fortbildung für beide nunmehr auch, Betroffene und andere interessierte Personen über allgemeine betreuungsrechtliche Fragen, insbesondere über die Vorsorgevollmacht und andere betreuungsvermeidende Hilfen zu beraten und zu informieren.[22] Bestehen bereits Anhaltspunkte dafür, dass für einen Betroffenen ein Betreuer bestellt werden soll, etwa weil die Betreuungsbehörde im laufenden Betreuungsverfahren seitens des Betreuungsgerichts angehört oder mit der Erstellung des Sozialberichts beauftragt worden ist, oder aufgrund Hinweise Dritter von einem Betreuungsbedarf erfährt, so hat sie dem Betroffenen ein Beratungsangebot zu unterbreiten. Mit **Einverständnis** des Betroffenen kann sie diesen gezielt insbesondere darüber beraten, mit welchen vorhandenen oder jedenfalls dem Betroffenen zugänglichen Hilfen eine Betreuerbestellung vermieden werden kann. Dabei soll die Betreuungsbehörde einen etwaig bestehenden tatsächlichen Hilfebedarf anderen Fachbehörden mitteilen und dem Betroffenen aufzeigen, wie er diese Hilfen tatsächlich erreichen kann. Die Betreuungsbehörde wird nur beratend tätig und übernimmt gegenüber anderen Behörden oder Trägern keine Vertretung des Betroffenen.[23] Lehnt der Betroffene eine Beratung ab, so kann ihm selbstverständlich gegen seinen Willen keine Beratung aufgezwungen werden. Die Betreuungsbehörde hat dann – sofern es tatsächlich zur Durchführung eines Betreuungsverfahrens kommt – im Rahmen ihrer Anhörung auf entsprechende betreuungsvermeidende Hilfen

13

---

20 BR-Drucks. 220/13, 9; Abschlussbericht der interdisziplinären Arbeitsgruppe zum Betreuungsrecht, S. C-27.
21 Abschlussbericht der interdisziplinären Arbeitsgruppe zum Betreuungsrecht, S. C-27.
22 BR-Drucks. 220/13, 10; Abschlussbericht der interdisziplinären Arbeitsgruppe zum Betreuungsrecht, S. C-28.
23 BR-Drucks. 220/13, 10.

hinzuweisen, damit das Betreuungsgericht die Erforderlichkeit der Betreuerbestellung prüfen kann.

5. Prinzip der Fachlichkeit

14 Das Prinzip der Fachlichkeit beruht auf der Annahme, dass entsprechend der Entwicklung von Fachgerichten in Form der Betreuungsgerichte auch die Betreuungsbehörde als Fachbehörde einzurichten ist.[24] Aus diesem Grunde ist die Betreuungsbehörde nach § 9 BtBG mit entsprechend persönlich geeigneten und ausgebildeten oder entsprechend erfahrenen **Fachkräften** auszustatten. **Persönlich** geeignet ist ein Mitarbeiter, der die Charaktereigenschaften mitbringt, die für eine Durchführung der Aufgaben der Betreuungsbehörde notwendig erscheinen, mithin über die notwendige menschliche Reife, um sich mit den Betroffenen und deren Hilfebedürfnis auseinandersetzen zu können, und über die notwendige Toleranz, hohe Sozialkompetenz, das Einfühlungsvermögen, die psychische Belastbarkeit, das persönliche Engagement, die geistige Beweglichkeit, die soziale Intelligenz, das Verantwortungsbewusstsein und die entsprechend soziale Einstellung verfügt.[25] Da diese Eigenschaften in einer Person kaum jemals kumulativ vereint sein dürften, hängt es letztlich maßgeblich von der konkret auszuübenden Tätigkeit ab, welche persönlichen Eigenschaften eine Person aufweisen muss. Hinsichtlich der **fachlichen** Eignung ist bewusst davon abgesehen worden, einheitlich eine bestimmte formale Qualifikation zu verlangen. Ein Abschluss als Sozialarbeiter, Sozialpädagoge, Pädagoge, Psychologe ist jedenfalls ausreichend. Ansonsten bedarf es entsprechender Erfahrungen in der Sozialarbeit mit Aufgabenwahrnehmung in der Hilfe für erkrankte oder behinderte Menschen sowie entsprechend anwendungsbereite und umfassende Kenntnisse der einschlägigen Bestimmungen des BGB, BtBG, FamFG und SGB.

§ 1 BtBG [Sachliche Zuständigkeit]

¹Welche Behörde auf örtlicher Ebene in Betreuungsangelegenheiten zuständig ist, bestimmt sich nach Landesrecht. ²Diese Behörde ist auch in Unterbringungsangelegenheiten im Sinne des § 312 Nr. 1 und 2 des Gesetzes über das Verfahren in Familiensachen und in den Angelegenheiten der freiwilligen Gerichtsbarkeit zuständig.

I. Einleitung

1 Die Zuständigkeit und der Aufbau der örtlichen Behörden werden den Bundesländern überlassen. Die Länder sind verpflichtet, eine Behörde auf örtlicher Ebene festzulegen.[1] Alle Länder haben Landesausführungsgesetze erlassen und die örtliche Zuständigkeit im Landesrecht geregelt. Die Länder können die Aufgaben der Betreuungsbehörde auf eine schon bestehende oder neu zu errichtende Behörde übertragen.

---

24 BR-Drucks. 220/13, 10; Abschlussbericht der interdisziplinären Arbeitsgruppe zum Betreuungsrecht, S. C-30.
25 Vgl. jurisPK/Piepenstock, § 6 SGB XII Rn 15 für Fachkräfte iSd § 6 SGB XII.
1 BT-Drucks. 11/4528, 196.

II. Aufgabenzuweisung

Die Aufgabenzuweisung erfolgt durch die jeweiligen Landesgesetzgeber überwiegend pauschal **an die Landkreise und kreisfreien Städte**. Die Aufgabe der örtlichen Behörde ist in den Ländern Baden-Württemberg, Bayern, Brandenburg, Niedersachsen, Saarland, Sachsen, Sachsen-Anhalt, Schleswig-Holstein und Thüringen den Kreisen bzw Landkreisen und kreisfreien Städten übertragen. In Hessen sind die Magistrate der kreisfreien Städte sowie die Kreisausschüsse der Landkreise zuständig; in Mecklenburg-Vorpommern die Landräte und Oberbürgermeister (Bürgermeister) der kreisfreien Städte; in Nordrhein-Westfalen die kreisfreien und die großen kreisangehörigen Städte, für die übrigen kreisangehörigen Gemeinden die Kreise; in Rheinland-Pfalz die Kreisverwaltung, in kreisfreien Städten die Stadtverwaltung. Die Stadtstaaten haben ihrer Verwaltungsstruktur entsprechend die Aufgaben übertragen: in Berlin sind die Bezirksämter, in Bremen in der Stadtgemeinde Bremen das Amt für Soziale Dienste, in der Stadtgemeinde Bremerhaven der Magistrat, in Hamburg das Bezirksamt Altona zuständig.

Bei der überwiegend pauschalen Festlegung bleibt es der kommunalen Gebietskörperschaft weitgehend überlassen, ob sie eine neue Behörde schaffen oder die Aufgaben auf vorhandene Behörden übertragen will. Intention des Gesetzgebers ist es, dass die Aufgaben eigenständigen Behörden übertragen werden. Weitgehend erfolgt aber eine Aufgabenzuweisung wie vor dem BtBG durch **Übertragung auf vorhandene kommunale Behörden**. Die Aufgaben werden beispielsweise in Jugendämtern, Sozialämtern oder Gesundheitsämtern wahrgenommen und einzelnen Sachgebieten zugewiesen. Die Sachgebiete führen je nach Landesrecht die Bezeichnung örtliche Betreuungsbehörde, Betreuungsbehörde oder Betreuungsstelle.

Die kommunalen Gebietskörperschaften sind zur Übernahme der Aufgaben verpflichtet. Die kommunalen Gebietskörperschaften führen ihre Aufgaben als weisungsfreie Pflichtaufgaben, Pflichtaufgaben der Selbstverwaltung, Angelegenheiten des eigenen Wirkungskreises in eigener Verantwortung. Sie führen diese Aufgaben in eigener Verantwortung aus und sind daher in der Ausgestaltung der Aufgabe frei. Wie sich aus einer von der Bund-Länder-Arbeitsgruppe „Betreuungsrecht" vorgenommenen Erhebung bei Betreuungsbehörden ergibt, haben die Kommunen bei bundesgesetzlich gleicher Aufgabenzuweisung ihre Betreuungsbehörden unterschiedlich ausgestattet.[2] Eine Orientierungshilfe zur Ermittlung von Personalmindestbedarfen könnte die von der Bundesarbeitsgemeinschaft der überörtlichen Träger der Sozialhilfe herausgegebene Empfehlung für die überörtlichen Betreuungsbehörden sein. Der dort empfohlene Mindeststandard wird noch längst nicht von allen Behörden erreicht.[3]

III. Sachliche Zuständigkeit

Die sachliche Zuständigkeit der örtlichen Betreuungsbehörde ergibt sich aus dem dritten Abschnitt dieses Gesetzes, aus den **§§ 4–9 BtBG**. Durch § 9 BtBG

---

2 Vgl hierzu Köller/Engels, Rechtliche Betreuung in Deutschland, Evaluation des Zweiten Betreuungsrechtsänderungsgesetzes, Köln 2009, hrsg. vom Bundesministerium der Justiz.
3 Bundesarbeitsgemeinschaft der überörtlichen Träger der Sozialhilfe, BtPrax 2003, 11; Kania/Langholf, Qualitätsstandards für die Arbeit von Betreuungsbehörden, S. 118 ff, in: Brucker (Hrsg.), Besser Betreuen, 2008.

sind auch die Aufgaben mit erfasst, die nach anderen Vorschriften der Behörde zugewiesen werden.

6 S. 2 legt fest, dass die Betreuungsbehörde auch die zuständige Behörde für die zivilrechtliche Unterbringung eines Betreuten oder Vollmachtgebers und für unterbringungsähnliche Maßnahmen iSd § 312 Nr. 1 und 2 FamFG ist.

7 **Nicht zuständig** ist die örtliche Betreuungsbehörde für die öffentlich-rechtliche Unterbringung psychisch Kranker (§ 312 Nr. 3 FamFG) und für die Unterbringung Minderjähriger (§ 151 FamFG). Die Zuständigkeiten für die **öffentlich-rechtliche Unterbringung** sind in den jeweiligen Unterbringungsgesetzen der Länder geregelt. Für die zivilrechtliche Unterbringung eines Minderjährigen liegt die Unterstützungsfunktion beim Jugendamt, § 167 Abs. 5 FamFG.

IV. Interne Aufgabendelegation

8 Da nach den Landesausführungsgesetzen die Aufgaben in der Regel pauschal den Landkreisen oder kreisfreien Städten zugewiesen werden, ist es zulässig, einzelne Aufgaben auf verschiedene Ämter oder Sachgebiete innerhalb der Gebietskörperschaft zu übertragen. Gleichwohl ist nicht die gesamte Gebietskörperschaft oder alle mit Einzelaufgaben beauftragten Ämter oder Sachgebiete als Betreuungsbehörde anzusehen, sondern nur die primär beauftragte Organisationseinheit. Wenn zB öffentliche Beglaubigungen nach § 6 BtBG und die Vollzugshilfen in Unterbringungssachen nach dem FamFG durch das Ordnungsamt, die Sachverhaltsaufklärung nach § 8 BtBG durch das Gesundheitsamt erfolgen, die sonstigen Aufgaben nach diesem Gesetz durch die Betreuungsbehörde im Jugendamt wahrgenommen werden, so ist die Betreuungsbehörde im Jugendamt als die für Betreuungsangelegenheiten zuständige Behörde anzusehen. Dieses Aufgabensplitting ist zwar zulässig, entspricht allerdings nicht der Intention des Gesetzgebers, die Fachkompetenz in einer Behörde zu bündeln. Durch dieses Aufgabensplitting wird die Betreuungsbehörde auch kaum in die Lage versetzt sein, die ihr zugewiesenen strukturellen und einzelfallbezogenen Steuerungsaufgaben wahrzunehmen.

V. Datenschutz

9 Die Datenschutzvorschriften des SGB X sind für die Betreuungsbehörden nicht anwendbar, da sie keine Sozialleistungsträger sind, vgl §§ 12, 35 SGB I. Das BtBG enthält weder bereichsspezifische Regelungen zur Datenerhebung und Übermittlung (bis auf die Befugnis nach § 7 BtBG), noch zur Akten- und Datenaufbewahrung. Mangels eigener **Datenschutzregelungen** für die betreuungsbehördlichen Aufgaben gelten daher die jeweiligen Datenschutzgesetze der Länder.

10 Die Übertragung der betreuungsbehördlichen Aufgaben auf verschiedene Dienste und Ämter ist zwar innerhalb der Gebietskörperschaft zulässig. Unter datenschutzrechtlichen Gesichtspunkten geht diese weite Auslegung völlig fehl. Die interne Organisationsstruktur der Betreuungsbehörde muss daher sicherstellen, dass Interessenkollisionen ausgeschlossen und die landesrechtlichen Datenschutzregelungen eingehalten werden. Es ist ohne Einverständnis des Betroffenen nicht zulässig, Daten aus Beratungsgesprächen beim Sozialpsychiatrischen Dienst oder aus der sozialhilferechtlichen Leistungsgewährung zu verwenden.

Es ist im Rahmen der Sachverhaltsaufklärung nach § 8 BtBG auch nicht zulässig, ohne Einverständnis des Betroffenen **Daten bei Dritten einzuholen und zu übermitteln**, außer es liegen die Voraussetzungen des § 7 BtBG vor. Den Betreuungsbehörden wird empfohlen, wenn im Umfeld des Betroffenen ermittelt werden soll, eine schriftliche **Einwilligungserklärung** des Betroffenen über das Einverständnis zur Datenerhebung bei Dritten und zur Übermittlung an das Betreuungsgericht einzuholen. Ist der Betroffene nicht einwilligungsfähig oder lehnt er die Abgabe einer Einwilligungserklärung ab, sollte die mit dem Ermittlungsauftrag versehene Betreuungsbehörde abwägen, ob zum Wohle des Betroffenen die weiteren Ermittlungen erforderlich sind und sich eine Übermittlungsbefugnis aus § 7 BtBG ergibt, ansonsten sollte der Ermittlungsauftrag an das Betreuungsgericht zurückgegeben werden. Die weitere Ermittlung des Sachverhalts läge dann beim Gericht.

Die Einwilligungserklärung des Betroffenen sollte **schriftlich** abgefasst sein. Es sollte aufgeführt werden, wofür die Betreuungsbehörde die Daten erheben möchte, bei welchen Dritten sie die Daten erheben möchte und dass die Daten zur Weitergabe an das Betreuungsgericht bestimmt sind. Sollen Daten bei der Schweigepflicht nach § 203 StGB unterliegenden Dritten eingeholt werden, sollte die Erklärung die Formulierung enthalten, dass diese Personen von der Schweigepflicht entbunden werden. Wird im Laufe der Sachverhaltsaufklärung eine Datenermittlung bei weiteren Personen erforderlich, so muss die Einwilligung bezogen auf diese Personen erneut gegeben werden.

Die Betroffenen sollten auf die **Freiwilligkeit** der Einwilligung und auf ihr Widerrufsrecht mit Wirkung für die Zukunft hingewiesen werden. Weiter sollten sie darüber aufgeklärt werden, wie lange die Daten aufbewahrt werden.

VI. Amtshilfe

Beim Vollzug gerichtlicher Entscheidungen in Betreuungs- und Unterbringungssachen, wie nach §§ 278 Abs. 5, 283, 284 Abs. 3, 319 Abs. 5, 322, 322 FamFG, kann sich die Betreuungsbehörde der Amtshilfe anderer Stellen bedienen. Liegt eine gerichtliche Entscheidung vor, die der Behörde die **Befugnis zur Gewaltanwendung** gibt, so ist die Betreuungsbehörde befugt, erforderlichenfalls um die Unterstützung durch die polizeilichen Vollzugsorgane nachzusuchen. Die Mitarbeiter der Betreuungsbehörde selbst sind in der Regel zur Anwendung körperlicher Gewalt nicht befugt, dazu benötigen sie die **polizeilichen Vollzugsorgane**. Eine Ermächtigung zur Anwendung körperlicher Gewalt kann sich nur ableiten lassen, wenn die landesrechtlichen Bestimmungen entsprechende Befugnisse erteilen (Landespolizeirecht). Die polizeilichen Vollzugsorgane können im Wege der Amtshilfe herangezogen werden, aber nicht direkt mit der Maßnahme beauftragt werden.

Nicht zulässig ist auch die Praxis, mit der Vorführung oder mit der Unterstützung bei der Unterbringung durch Betreuer allein die polizeilichen Vollzugsorgane zu beauftragen, ohne dass die Betreuungsbehörde vor Ort anwesend ist. Im Regierungsentwurf wird dazu ausgeführt, dass die Vorführung durch die Fachbehörde erfolgen soll, weil ein sachgerechter Umgang mit dem Betroffenen in so schwierigen Situationen eine Ausbildung im Umgang mit psychisch kranken oder behinderten Menschen voraussetzt.[4]

VII. Externe Aufgabendelegation

15 Es findet sich weder in diesem Gesetz noch in den Landesausführungsgesetzen eine Befugnisnorm zur Delegation von Aufgaben auf Dritte. Anders als in § 76 SGB VIII, wo die Träger der öffentlichen Jugendhilfe anerkannte Träger an der Durchführung ihrer Aufgaben beteiligen oder ihnen diese Aufgaben übertragen können, fehlt hier eine entsprechende Vorschrift. § 2 BtBG sieht lediglich die Übertragung einzelner Aufgaben auf weitere Behörden vor. Mangels Befugnisnorm ist es daher **nicht zulässig**, wenn die Kommune Aufgaben der örtlichen Betreuungsbehörde durch Vertrag auf Dritte wie Betreuungsvereine abschließend überträgt, es sei denn, es handelt sich um Aufgaben, die die **Betreuungsvereine** ohnehin nach § 1908 f BGB zu erfüllen haben, wie die Einführung ehrenamtlicher Betreuer in ihre Aufgaben und ihre Fortbildung. Der Betreuungsverein nimmt dann die Aufgabe in eigener Verantwortung wahr. Die Betreuungsbehörde bleibt aber in der Gewährleistungspflicht.

16 Es hat sich in einigen Kommunen eine Praxis entwickelt, die Sachverhaltsaufklärung nach § 8 BtBG auf Betreuungsvereine zu übertragen. Hier bleibt die Betreuungsbehörde für die Erfüllung ihrer Aufgaben verantwortlich, bedient sich aber bei der Aufgabenerfüllung des Einsatzes von Hilfspersonen. Die **Beauftragung von Hilfspersonen** kann nur für einzelne Aufgaben nach Weisung und ohne eigene Entscheidungsbefugnis der Hilfsperson erfolgen. Keinesfalls ist sie zulässig bei den hoheitlichen Aufgaben, wie der Unterstützung bei der Unterbringung und bei der Wahrnehmung der Beschwerde- und Äußerungsmöglichkeiten nach FamFG. Die Verantwortung für die Aufgabenwahrnehmung bleibt bei der Betreuungsbehörde, für ein Verschulden der Hilfsperson haftet die Betreuungsbehörde wie für eigenes Verschulden nach § 278 BGB.

VIII. Bedeutung für das Betreuungsgericht

17 Die Betreuungsbehörde nimmt die ihr nach diesem Gesetz zugewiesenen Aufgaben in eigener Verantwortung wahr. Das Gericht kann zwar die Betreuungsbehörde um Unterstützung nachsuchen, ihr aber **keine Weisung erteilen**, wie sie ihre Aufgaben wahrnimmt und ihr nicht vorgeben, in welcher Art und Weise sie das Gericht zu unterstützen hat.

§ 2 BtBG [Durchführung überörtlicher Aufgaben]

Zur Durchführung überörtlicher Aufgaben oder zur Erfüllung einzelner Aufgaben der örtlichen Behörde können nach Landesrecht weitere Behörden vorgesehen werden.

I. Einleitung

1 § 2 BtBG ermöglicht die **Übertragung** überörtlicher Aufgaben oder einzelner Aufgaben der örtlichen Behörden **auf weitere Behörden**. Die Länder können

---

4 BT-Drucks. 11/4528, 172, 173.

vorhandene Behörden oder neu zu errichtende Behörden mit überörtlichen und einzelnen Aufgaben betrauen, insbesondere Landesbehörden.

II. Überörtliche Betreuungsbehörden

Während örtliche Behörden eingerichtet werden müssen, bleibt es den Ländern 2 überlassen, ob neben diesen und den Fachministerien überörtliche Behörden eingerichtet werden. Es haben nicht alle Länder von dieser Möglichkeit Gebrauch gemacht. Dort, wo überörtliche Behörden eingerichtet werden, sind sie teils in den Fachministerien, teils in den Durchführungsebenen der Länder, in staatlichen Behörden oder in kommunalen Selbstverwaltungskörperschaften angesiedelt.

Sachliche Zuständigkeit: Ist die Aufgabenzuweisung der örtlichen Betreuungs- 3 behörde eindeutig geregelt, so ist die Aufgabenzuweisung an die überörtlichen Behörden nicht bundeseinheitlich, sondern in den Ausführungsgesetzen der Länder abschließend geregelt. Ihre Aufgabenstellung ist daher unterschiedlich. Einige überörtliche Behörden sind für die Förderung der Betreuungsvereine zuständig, zu den Aufgaben anderer überörtlicher Betreuungsbehörden gehört die Anerkennung und Förderung von Betreuungsvereinen, die Einrichtung von Landesarbeitsgemeinschaften, die Fortbildung von Betreuern, die Unterstützung der örtlichen Betreuungsbehörden.

III. Weitere Behörden

Durch Landesrecht kann die Zuständigkeit weiterer Behörden für einzelne 4 Aufgaben festgelegt werden. Hamburg hat die Zuführungsaufgaben einem zentralen Zuführdienst beim Bezirksamt Altona übertragen, das auch die Aufgaben der örtlichen Betreuungsbehörde wahrnimmt. Niedersachsen hat als weitere Betreuungsbehörde das Landesamt für Soziales, Jugend und Familie zuständig erklärt für die Beschäftigung von Landesbediensteten, die als Behördenbetreuer nach § 1897 Abs. 2 S. 2 BGB tätig werden und für die Anerkennung von Betreuungsvereinen nach § 1908 f BGB.

IV. Bedeutung für die Betreuungsbehörde

Die Aufgabenzuweisung an die überörtlichen Betreuungsbehörden ist teils 5 weitreichend und beinhaltet die Beratung, Anerkennung und Förderung von Betreuungsvereinen, die überörtliche Bedarfsplanung, Gewinnung, Einführung und Fortbildung von Betreuern, die Unterstützung der örtlichen Behörden bei der Wahrnehmung ihrer Aufgaben und die Einrichtung von Arbeitsgemeinschaften im Zuständigkeitsbereich. In anderen Ländern wurde ganz auf die Einrichtung überörtlicher Betreuungsbehörden verzichtet, teilweise werden dort einzelne Aufgaben in den Sozialministerien wahrgenommen. Die Vernetzung auf überörtlicher Ebene, die fachliche Beratung und Unterstützung von örtlichen Betreuungsbehörden und Betreuungsvereinen ist daher in den Ländern unterschiedlich. Die überörtlichen Betreuungsbehörden haben sich zur Weiterentwicklung des Betreuungsrechts, zum fachlichen Austausch, zur Entwicklung von Qualitätskonzepten und Maßnahmen zur Qualitätssicherung der Bundesarbeitsgemeinschaft der überörtlichen Träger der Sozialhilfe (BAGüS) angeschlossen.

V. Überörtliche Betreuungsbehörden – Zusammenstellung

6 Gliederung: Bundesland, 1. Ausführungsgesetz, 2. Sitz der überörtlichen Betreuungsbehörde, 3. Aufgaben der überörtlichen Betreuungsbehörde.

- **Baden-Württemberg**
1. Gesetz zur Ausführung des Betreuungsgesetzes und zur Anpassung des Landesrechts vom 19.11.1991 (BW AG BtG), in der Fassung vom 25.1.2012.
2. Kommunalverband für Jugend und Soziales Baden-Württemberg mit Sitz in Stuttgart.
3. Sicherstellung eines ausreichenden überörtlichen Angebots zur Einführung und Fortbildung der Betreuer sowie zur Unterstützung der örtlichen Betreuungsbehörden bei der Wahrnehmung ihrer Aufgaben;
Anerkennung und Förderung sowie fachliche Beratung von Betreuungsvereinen;
Bedarfsermittlung und Planung für ein ausreichendes Angebot an Betreuern sowie Unterstützung der örtlichen Betreuungsbehörden bei der Wahrnehmung ihrer Aufgabe;
Einrichtung einer Arbeitsgemeinschaft auf der überörtlichen Ebene.
Aufgabenwahrnehmung als weisungsfreie Pflichtaufgaben.
Ausnahme: Aufgabe der Förderung der Betreuungsvereine als Pflichtaufgabe nach Weisung.

- **Bayern**
1. Gesetz zur Ausführung des Gesetzes zur Reform des Rechts der Vormundschaft und Pflegschaft für Volljährige (BY AGBtG) vom 27.12.1991, in der Fassung vom 23.11.2010.
2. Regierungen: Mittelfranken mit Sitz in Ansbach, Niederbayern mit Sitz in Landshut, Oberbayern mit Sitz in München, Oberfranken mit Sitz in Bayreuth, Oberpfalz mit Sitz in Regensburg, Schwaben mit Sitz in Augsburg, Unterfranken mit Sitz in Würzburg.
3. Anerkennung, staatliche Förderung und Beratung von Betreuungsvereinen; Mitwirkung daran, dass im Regierungsbezirk ein ausreichendes Angebot an Betreuern zur Verfügung steht; Unterstützung der Betreuungsstellen bei der Aufgabenerfüllung nach § 5 BtBG.

- **Berlin**
1. Gesetz zur Ausführung des Betreuungsgesetzes und zur Anpassung des Landesrechts vom 17.3.1994 (BE AGBtG).
2. Senatsverwaltung für Gesundheit und Soziales, Berlin.
3. Keine Beschreibung der Aufgaben der überörtlichen Behörde, als weitere Aufgaben sind die Anerkennung und die Förderung von Betreuungsvereinen benannt.

- **Brandenburg**
1. Gesetz zur Ausführung des Betreuungsgesetzes im Land Brandenburg vom 14.7.1992 (BtAusfGBbg), zuletzt geändert durch Gesetz vom 22.4.2003.
2. Landesamt für Soziales und Versorgung, Cottbus.

3. Aufgaben sind insbesondere die Unterstützung der örtlichen Betreuungsbehörden;
die Sicherstellung von überörtlichen Angeboten zur Fortbildung der Betreuer; die Anerkennung und die fachliche Beratung der Betreuungsvereine; die Bedarfsermittlung und Planung für ein ausreichendes Angebot an Betreuern.

- **Bremen**
1. Bremisches Gesetz zur Ausführung des Betreuungsgesetzes und zur Anpassung des Landesrechts vom 18.2.1992 (BremAG-BtG), zuletzt geändert durch Gesetz vom 6.7.2009.
2. Die Senatorin für Soziales, Kinder, Jugend und Frauen, Bremen.
3. Aufgaben sind insbesondere die Vertretung in überregionalen und länderübergreifenden Gremien; die Anerkennung, überregionale Beratung, Begleitung und Koordination von Betreuungsvereinen; die Einrichtung einer Landesarbeitsgemeinschaft, die Unterstützung der örtlichen Betreuungsbehörden.

- **Hamburg**
1. Hamburgisches Gesetz zur Ausführung des Betreuungsgesetzes und zur Anpassung des hamburgischen Landesrechts an das Betreuungsgesetz vom 1.7.1993 (HmbAGBtG).
2. Die Aufgaben der überörtlichen Behörde nimmt die Behörde für Gesundheit und Verbraucherschutz wahr, die auch die ministeriell zuständige Fachbehörde ist.
3. Neben der Anerkennung und der Förderung von Betreuungsvereinen gibt es keine weitere Beschreibung der Aufgaben der überörtlichen Betreuungsbehörde. Das Bezirksamt Altona nimmt die Aufgaben der örtlichen Behörde wahr.

- **Hessen**
1. Hessisches Gesetz zur Ausführung des Betreuungsgesetzes und zur Anpassung des hessischen Landesrechts an das Betreuungsgesetz vom 15.2.1992 (Hess AGBtG), zuletzt geändert durch Gesetz vom 7.9.2012.
2. Zum 1.1.2013 wurde im Hessischen Sozialministerium eine überörtliche Betreuungsbehörde eingerichtet.
3. Die Überörtliche Behörde soll in Zusammenarbeit mit Betreuungsbehörden, Betreuungsvereinen und Betreuungsgerichten darauf hinwirken, dass eine ausreichende Anzahl von Betreuern zur Verfügung steht; sie soll die örtlichen Betreuungsbehörden bei der Aufgabenerfüllung nach § 5 BtBG unterstützen. Sie ist weiter zuständig für die Beratung und Unterstützung der Betreuungsbehörden und der Betreuungsvereine in Angelegenheiten, die nicht nur einen örtlichen Träger betreffen, für die überregionale Fortbildung von Betreuern und für die Entwicklung von Arbeitskonzepten zur Beratung von Angehörigen der Betreuten.Für die Anerkennung von Betreuungsvereinen zuständig sind die Regierungspräsidien (§ 3 Abs. 1 HessAGBtG).

- **Mecklenburg-Vorpommern**
1. Gesetz zur Ausführung des Betreuungsgesetzes und des Betreuungsrechtsänderungsgesetzes vom 30.12.1991 (MV AG BtG), zuletzt geändert durch Gesetz vom 9.11.2010.
2. Bisher wurde von der Ermächtigung an die Landesregierung, durch Rechtsverordnung eine überörtliche Betreuungsbehörde einzurichten, kein Gebrauch gemacht (§ 1 Abs. 1 S. 2 AGBtG MV).
3. Für eine überörtliche Betreuungsbehörde wurden jedoch folgende Aufgaben festgelegt: Sicherstellung eines ausreichenden überörtlichen Angebots zur Einführung und Fortbildung der Betreuer sowie zur Unterstützung der örtlichen Betreuungsbehörden bei der Wahrnehmung ihrer Aufgaben; Anerkennung an Stelle der örtlichen Betreuungsbehörde sowie fachliche Beratung von Betreuungsvereinen; Bedarfsermittlung und Planung für ein ausreichendes Angebot an Betreuern sowie Unterstützung der örtlichen Betreuungsbehörde bei der Wahrnehmung dieser Aufgabe.
- **Niedersachsen**
1. Niedersächsisches Ausführungsgesetz zum Betreuungsgesetz vom 17.12.1991 (Nds. AGBtG), in der Fassung vom 30.3.2012
2. Die Einrichtung einer überörtlichen Betreuungsbehörde ist nach Landesrecht nicht vorgesehen.
3. Für die Anerkennung von Betreuungsvereinen ist das Landesamt für Soziales, Jugend und Familie als weitere Betreuungsbehörde zuständig.
- **Nordrhein-Westfalen**
1. Gesetz zur Ausführung des Betreuungsgesetzes und zur Anpassung des Landesrechts vom 3.4.1992 (Landesbetreuungsgesetz – LBtG), zuletzt geändert durch Gesetz vom 5.4.2005.
2. Landschaftsverband Rheinland mit Sitz in Köln, Landschaftsverband Westfalen-Lippe mit Sitz in Münster. Sie führen die Bezeichnung „Landesbetreuungsamt".
3. Anerkennung von Betreuungsvereinen.
- **Rheinland-Pfalz**
1. Landesgesetz zur Ausführung des Betreuungsgesetzes und zur Änderung anderer Gesetze vom 20.12.1991 (RP AGBtG), zuletzt geändert durch Gesetz vom 19.2.2010
2. Landesamt für Soziales, Jugend und Versorgung, Mainz.
3. Anerkennung, Förderung und fachliche Beratung von Betreuungsvereinen; Einrichtung einer überörtlichen Arbeitsgemeinschaft; Mitwirkung in Zusammenarbeit mit örtlichen Betreuungsbehörden, Betreuungsvereinen und Betreuungsgerichten daran, dass eine ausreichende Anzahl von Betreuern zur Verfügung steht; Unterstützung der örtlichen Betreuungsbehörden bei der Erfüllung ihrer Aufgaben nach § 5 BtBG.
- **Saarland**
1. Gesetz zur Ausführung des Betreuungsgesetzes (Saar AG-BtG) vom 15.7.1992, zuletzt geändert durch Gesetz vom 21.11.2007.
2. Ministerium für Soziales, Gesundheit, Frauen und Familie, Saarbrücken.

3. Beratung der örtlichen Betreuungsbehörden; Empfehlungen zur Erfüllung von Aufgaben in Betreuungsangelegenheiten zu geben; Anerkennung, Beratung und Förderung von Betreuungsvereinen.

- **Sachsen**
1. Gesetz zur Ausführung des Betreuungsgesetzes (SN AGBtG) vom 10.11.1992, zuletzt geändert durch Gesetz vom 14.7.2005.
2. Kommunaler Sozialverband Sachsen, Leipzig.
3. Aufgaben sind insbesondere die Sicherstellung eines ausreichenden überörtlichen Angebots zur Einführung und Fortbildung der Betreuer sowie zur Unterstützung der örtlichen Betreuungsbehörden bei der Wahrnehmung dieser Aufgabe; Anerkennung und Förderung sowie fachliche Beratung von Betreuungsvereinen; Bedarfsermittlung und Planung für ein ausreichendes Angebot an Betreuern sowie Unterstützung der örtlichen Betreuungsbehörden bei der Wahrnehmung dieser Aufgabe; Einrichtung einer Arbeitsgemeinschaft auf der überörtlichen Ebene.

- **Sachsen-Anhalt**
1. Gesetz des Landes Sachsen-Anhalt zur Ausführung des Betreuungsgesetzes und zur Anpassung des Landesrechts (Ausführungsgesetz des Landes Sachsen-Anhalt zum Betreuungsgesetz – AGBtG) vom 17.6.1992, zuletzt geändert durch Gesetz vom 13.4.2010.
2. Ministerium für Gesundheit und Soziales Sachsen-Anhalt, Magdeburg.
3. Aufgaben sind insbesondere die Sicherstellung eines ausreichenden überörtlichen Angebotes zur Fortbildung der Betreuer; Unterstützung der örtlichen Betreuungsbehörden bei der Wahrnehmung ihrer Aufgaben; Anerkennung und Förderung sowie fachliche Beratung von Betreuungsvereinen; Unterstützung der örtlichen Betreuungsbehörden bei der Bedarfsermittlung und Planung eines ausreichenden Angebots an Betreuern; Einrichtung einer überörtlichen Arbeitsgemeinschaft.

- **Schleswig-Holstein**
1. Gesetz zur Ausführung des Betreuungsgesetzes (SH AG BtG) vom 17.12.1991, zuletzt geändert durch Gesetz vom 17.7.2001.
2. Die Einrichtung einer überörtlichen Betreuungsbehörde ist nach Landesrecht nicht vorgesehen.
3. Für die Anerkennung von Betreuungsvereinen sind die Landräte der Kreise und die Bürgermeister der kreisfreien Städte zuständig (§ 2 Abs. 2 AGBtG). Das Land (Ministerium für Soziales, Gesundheit, Familie und Gleichstellung, Kiel) fördert anerkannte Betreuungsvereine (§ 3 AGBtG).

- **Thüringen**
1. Thüringer Gesetz zur Ausführung des Betreuungsgesetzes (ThürAGBtG) vom 19.7.1994, in der Fassung vom 27.9.2012.
2. Thüringer Landesverwaltungsamt, Meiningen.
3. Anerkennung, Förderung und fachliche Beratung von Betreuungsvereinen; Mitwirkung in Zusammenarbeit mit örtlichen Betreuungsbehörden, Betreuungsvereinen und Betreuungsgerichten daran, dass eine ausreichende Anzahl von Betreuern zur Verfügung steht; Unterstützung der örtlichen Be-

treuungsbehörden bei der Erfüllung ihrer Aufgaben nach § 5 BtBG; Einrichtung einer überörtlichen Arbeitsgemeinschaft.

§ 3 BtBG [Örtliche Zuständigkeit]

(1) ¹Örtlich zuständig ist diejenige Behörde, in deren Bezirk der Betroffene seinen gewöhnlichen Aufenthalt hat. ²Hat der Betroffene im Geltungsbereich dieses Gesetzes keinen gewöhnlichen Aufenthalt, ist ein solcher nicht feststellbar oder betrifft die Maßnahme keine Einzelperson, so ist die Behörde zuständig, in deren Bezirk das Bedürfnis für die Maßnahme hervortritt. ³Gleiches gilt, wenn mit dem Aufschub einer Maßnahme Gefahr verbunden ist.

(2) Ändern sich die für die örtliche Zuständigkeit nach Absatz 1 maßgebenden Umstände im Laufe eines gerichtlichen Betreuungs- oder Unterbringungsverfahrens, so bleibt für dieses Verfahren die zuletzt angehörte Behörde allein zuständig, bis die nunmehr zuständige Behörde dem Gericht den Wechsel schriftlich anzeigt.

I. Einleitung

1 Die örtliche Zuständigkeit der in Betreuungs- und Unterbringungsangelegenheiten zuständigen Behörde wird festgelegt. Die Vorschrift wurde unverändert aus dem Regierungsentwurf übernommen.[1] Zur Vermeidung von Zuständigkeitskonflikten erfolgt eine bundeseinheitliche Regelung. Die Vorschrift lehnt sich an die Vorschriften zur gerichtlichen **Zuständigkeit nach dem FamFG** an. Analog §§ 272, 313 FamFG wird der **gewöhnliche Aufenthalt des Betroffenen** zugrunde gelegt. Für Maßnahmen, die keine Einzelperson betreffen, ist die Behörde zuständig, in deren Bezirk die Maßnahme erforderlich ist. Es wird sich hier insbesondere um Maßnahmen der überörtlichen Behörde handeln. Das kann zB die Anerkennung von Betreuungsvereinen oder die Untersagung einer Tätigkeit als Betreuungsverein sein.

II. Abs. 1

1. Abs. 1 S. 1

2 **Gewöhnlicher Aufenthalt:** Der gewöhnliche Aufenthalt befindet sich dort, wo der Betroffene für längere Zeit seinen tatsächlichen Lebensmittelpunkt hat.

Die Begründung eines Aufenthalts ist ein rein tatsächlicher Vorgang. Im Gegensatz dazu setzt die Wohnsitzbegründung einen rechtsgeschäftlichen Willen voraus. Es bedarf bei der Bestimmung des gewöhnlichen Aufenthalts lediglich der Feststellung, wo der tatsächliche Lebensmittelpunkt liegt, also der Ort, an dem der Betroffene sich hauptsächlich (nicht unbedingt ständig) aufzuhalten pflegt. Wohnsitz oder Meldeanschrift sind nicht entscheidend.

Durch einen **vorübergehenden Aufenthalt**, auch wenn er auf längere Zeit ausgelegt ist, wird in der Regel kein gewöhnlicher Aufenthalt begründet (zB bei einem längeren Klinikaufenthalt).[2]

---

1 BT-Drucks. 11/4528, 197, dort als § 4 geführt.
2 ZB BayObLG v. 23.7.1992, 3 Z AR 102/92; OLG Karlsruhe v. 12.12.1995, 11 AR 26/95.

2. Abs. 1 S. 2

Zuständigkeit in Ausnahmefällen: In Anlehnung an § 272 Abs. 3 FamFG wird für den Fall, dass der Betroffene im Geltungsbereich dieses Gesetzes keinen gewöhnlichen Aufenthalt hat oder dieser nicht zu ermitteln ist, eine **Ersatzzuständigkeit** festgelegt. In diesen Ausnahmefällen ist die Behörde zuständig, in deren Bereich das Bedürfnis für die Maßnahme auftritt.

3. Abs. 1 S. 3

Ist mit dem Aufschub einer Maßnahme **Gefahr** verbunden, gilt auch, dass die Behörde zuständig ist, in deren Bezirk das Fürsorgebedürfnis auftritt. Ein **Eilfall** kann auftreten, wenn ein psychisch Kranker sich nicht an seinem gewöhnlichen Aufenthaltsort aufhält, akut erkrankt und untergebracht werden muss. Ein Eilfall kann auch auftreten, wenn ein Bürger, der sich nicht an seinem gewöhnlichen Aufenthaltsort aufhält, vor einer schwerwiegenden Operation eine Vorsorgevollmacht errichten möchte und die Urkundsperson der Betreuungsbehörde die Unterschriftsbeglaubigung nach § 6 BtBG vornehmen soll. Zuständig ist dann die **Behörde am aktuellen Aufenthaltsort**.

III. Abs. 2

Änderung der örtlichen Zuständigkeit: Ändert sich während des Betreuungs- oder Unterbringungsverfahrens der gewöhnliche Aufenthalt des Betreuten, ändert sich, ohne dass es einer ausdrücklichen Entscheidung bedarf, die Zuständigkeit der Behörde. Die zuletzt angehörte Behörde bleibt solange für alle Aufgaben zuständig, bis die neu zuständige Behörde den Zuständigkeitswechsel dem Gericht schriftlich anzeigt. Damit soll auch vermieden werden, dass Unwirksamkeiten bei der Zustellung im gerichtlichen Verfahren entstehen. Die bisher zuständige Behörde bleibt zutreffender Adressat für Zustellungen, bis die neu zuständige Behörde den Zuständigkeitswechsel anzeigt. Die bisherige Zustellung wäre sonst unwirksam. Nur die bisher zuständige Behörde kann bis zum Zuständigkeitswechsel von Rechtsmitteln Gebrauch machen.

Abs. 2 gilt nur, wenn die Behörde schon beteiligt war und der Betroffene dann seinen Aufenthaltsort ändert. Ein Zuständigkeitswechsel während des gerichtlichen Verfahrens erfolgt erst mit der Mitteilung der neu zuständigen Behörde an das Gericht. Damit soll vermieden werden, dass im Falle eines Zuständigkeitskonfliktes zwischen zwei Behörden, die bislang zuständige Behörde den Wechsel anzeigt, obwohl keine andere Behörde die Sache übernimmt.

IV. Bedeutung für das Betreuungsgericht

Durch die Anlehnung der Vorschrift an die entsprechenden Bestimmungen zur gerichtlichen Zuständigkeit wird gewährleistet, dass die Gerichte mit denselben Behörden zu tun haben. Allerdings ist es dort nicht gewährleistet, wo Gerichtsbezirke und Verwaltungsbezirke in ihren Grenzen nicht übereinstimmen.

V. Bedeutung für die Betreuungsbehörde

Die Zuständigkeit der Behörde orientiert sich am **Zeitpunkt der Befassung**, also wenn die Behörde erstmals mit der Angelegenheit befasst wird.

9 Ist die Behörde als Betreuer bestellt und verändert der Betreute seinen gewöhnlichen Aufenthalt, so ist die bisher zum Betreuer bestellte Behörde auf ihren Antrag zu entlassen und die nun zuständige Behörde zu bestellen, es sei denn, es steht eine natürliche Person oder ein Betreuungsverein zur Verfügung.[3]

§ 4 BtBG [Beratung]

Die Behörde berät und unterstützt Betreuer und Bevollmächtigte auf ihren Wunsch bei der Wahrnehmung ihrer Aufgaben, die Betreuer insbesondere auch bei der Erstellung des Betreuungsplans.

I. Einleitung

1 Die Vorschrift wurde unverändert aus dem Regierungsentwurf übernommen.[1] Als entscheidender Mangel am vorherigen Vormundschaftsrecht wurde die **zu geringe Zahl von ehrenamtlichen Pflegern und Vormündern** angesehen. Die Bereitschaft zur Übernahme sei nur zu erhöhen, wenn Ehrenamtliche genügend Unterstützung erfahren.[2] Erweitert wurde die Vorschrift mit der 2. Novellierung um die Beratung und Unterstützung Bevollmächtigter.[3] Durch die Erweiterung auf Bevollmächtigte soll die Möglichkeit der Vorsorge durch Bevollmächtigung gestärkt werden. Der Bevollmächtigte soll wie der Betreuer bei der Wahrnehmung seiner Aufgabe professionelle Beratung und Unterstützung erfahren, sofern er dies wünscht.

2 Weiter wird klargestellt, dass sich Betreuer auch wegen der **Betreuungsplanung** an die Behörde wenden können.[4] Die Betreuungsbehörde unterstützt den Betreuer auf dessen Wunsch bei der Betreuungsplanung. Gemeint ist hier eine individuelle, fallbezogene Betreuungsplanung. Grundlage der Betreuungsplanung ist § 1901 Abs. 4 S. 2 und 3 BGB. Durch eine Betreuungsplanung soll die Effektivität und damit die Qualität der Betreuung gesteigert werden.[5] Die Ergänzung der Vorschrift hat für die Aufgaben der Betreuungsbehörden lediglich klarstellenden Charakter. Bereits die Beratung und Unterstützung von Betreuern beinhaltet planmäßiges Vorgehen und daraus ergibt sich Betreuungsplanung.

II. Bedeutung für das Betreuungsgericht

3 Nach § 1837 Abs. 1 BGB berät das Betreuungsgericht Betreuer. Die Beratung durch das Betreuungsgericht wird bei einer bereits anhängigen Betreuung im Vordergrund stehen. Sie wird sich auf **rechtliche Fragen** beziehen, **die unmittelbar mit der Führung der Betreuung zusammenhängen.** Geht es um andere Beratungs- oder um Unterstützungsbedarfe, wird das Betreuungsgericht den Betreuer an die Behörde verweisen oder den ehrenamtlichen Betreuer auch auf die Beratungsmöglichkeit bei den Betreuungsvereinen hinweisen.

---

3 HansOLG Hamburg BtPrax 1994, 138.
1 BT-Drucks. 11/4528.
2 BT-Drucks. 11/4528, 50.
3 BT-Drucks. 15/2494.
4 BT-Drucks. 15/2494, 44.
5 BT-Drucks. 15/2494, 29–30.

Das Betreuungsgericht kann in geeigneten Fällen einem Berufsbetreuer auferlegen, zu Beginn der Betreuung einen **Betreuungsplan** zu erstellen. Auch in diesen Fällen wird das Gericht den Berufsbetreuer auf die Unterstützungsmöglichkeit durch die Behörde hinweisen. Das Betreuungsgericht kann allerdings nicht direkt die Behörde beauftragen, mit dem Betreuer eine Betreuungsplanung zu erstellen. Es kann auch nicht den Betreuer anweisen, sich zur Beratung an die Behörde zu wenden. Es ist die Entscheidung des Betreuers, ob er die Unterstützungsmöglichkeit durch die Behörde in Anspruch nimmt oder nicht, zur Betreuungsplanung s. Rn 21 ff.

III. Bedeutung für den Bevollmächtigten

Nach dem früheren Betreuungsrecht gab es für Bevollmächtigte kein individuelles **Beratungs- oder Unterstützungsangebot**. Mit der Novellierung 2005 trug der Gesetzgeber damit der zunehmenden Akzeptanz der **Vorsorgevollmacht** in der Bevölkerung Rechnung. Immer mehr Bürger sorgen für den Fall vor, dass sie ihre eigenen Angelegenheiten nicht mehr regeln können und bevollmächtigen eine Person ihres Vertrauens. Der Bevollmächtigte ist daher in den meisten Fällen eine nahestehende Person. Tritt der Vertretungsfall ein, steht der Bevollmächtigte häufig vor einer Fülle von zu regelnden Angelegenheiten und in einer Situation, die durch Krankheit oder Behinderung des Vollmachtgebers geprägt ist. Er hat vergleichbare Angelegenheiten wie der Betreuer zu regeln, muss aber zusätzlich häufig erfahren, dass die Vorsorgevollmacht nicht überall akzeptiert wird. Bei der Behörde Rat und Unterstützung zu erfahren, soll dazu beitragen, dass der Bevollmächtigte seine Aufgabe verantwortungsvoll und im Interesse des Vollmachtgebers wahrnehmen kann. Der Bevollmächtigte kann wahlweise auch das Beratungsangebot eines Betreuungsvereins in Anspruch nehmen, § 1908 f BGB. Die Beratung und Unterstützung kann dem Bevollmächtigten Handlungs- oder Entscheidungsalternativen aufzeigen. Sie kann ihm aber nicht die Entscheidung abnehmen. Der Bevollmächtigte ist in seinem Handeln frei und unterliegt keiner Aufsicht. Er hat die Bevollmächtigung in eigener Verantwortung zu führen und ist nur dem Vollmachtgeber gegenüber in der Verantwortung und Haftung.

Inwieweit Bevollmächtigte die Beratungs- und Unterstützungsangebote in Anspruch nehmen, wird auch von der **Öffentlichkeitsarbeit der Behörden** abhängen. Über die Betreuerbestellung sind die Betreuungsbehörden informiert, wer Bevollmächtigter ist, entzieht sich in der Regel ihrer Kenntnis. Es wird daher von einer gezielten Aufklärungsarbeit abhängen, ob ein hoher Informationsgrad in der Bevölkerung erreicht werden kann.

IV. Bedeutung für die Betreuungsbehörde

Die Beratungs- und Unterstützungsverpflichtung der Behörde besteht sowohl gegenüber Bevollmächtigten wie auch Betreuern, die im Zuständigkeitsbereich der Behörde ihren gewöhnlicher Aufenthalt haben oder dort als Betreuer bzw. Bevollmächtigter tätig sind. Bei den Betreuern ist es unerheblich, ob es sich um ehrenamtliche Betreuer, Berufsbetreuer oder Vereinsbetreuer handelt. Es können **alle Betreuergruppen** die Beratung und Unterstützung durch die Behörde einfordern.

Gegenüber Betreuern und Bevollmächtigten ist die Betreuungsbehörde zur Beratung und Unterstützung verpflichtet. Es ist zwar nicht, wie zB in § 53 SGB VIII, ausdrücklich eine direkte Anspruchsformulierung im Gesetz aufgenommen, aus der Leistungsverpflichtung der Behörde ergibt sich aber stets ein Leistungsanspruch des Normadressaten.[6]

8 Die Beratungs- und Unterstützungsangebote an Betreuer und Bevollmächtigte beruhen auf **freiwilliger Inanspruchnahme** durch den Betreuer oder Bevollmächtigten. Es ist für Betreuer bzw ehrenamtliche Betreuer und Bevollmächtigte ein weiteres Angebot neben dem Beratungsauftrag des Betreuungsgerichts und der Betreuungsvereine, § 1837 Abs. 1 BGB bzw § 1908 f Abs. 1 S. 2 BGB. Der Auftrag der Behörde ist weitergehend und umfasst auch die Unterstützung der Betreuer und Bevollmächtigten.

9 **Aufgabendelegation:** Die Beratung und Unterstützung von Betreuern und Bevollmächtigten nach dieser Vorschrift ist von der Betreuungsbehörde selbst wahrzunehmen. Eine Ermächtigung zur Delegation an Dritte, wie es zB § 76 Abs. 1 SGB VIII zulässt, ist nicht gegeben. Das bestehende Nebeneinander der Beratungsangebote ist vom Gesetzgeber gewollt.[7] Daher kann sich die Behörde auch nicht ihrer Pflicht durch eine abschließende Delegation an Dritte, wie zB Betreuungsvereine, entledigen. Die Behörde kann aber in ihrem Zuständigkeitsbereich die vorhandenen Angebote koordinieren und ehrenamtliche Betreuer und Bevollmächtigte auf die bei Betreuungsvereinen vorhandenen Angebote hinweisen. Die Betreuungsbehörde hat aber weiterhin die eigene Beratung und Unterstützung von Betreuern und Bevollmächtigten zu gewährleisten.

10 Das **Nebeneinander der Beratungsangebote** ist auch als sinnvoll anzusehen. Nur wenn dem Betreuer oder Bevollmächtigten ein vielfältiges Angebot zur Verfügung steht, wird er dieses leichter annehmen können. Um eine breite Akzeptanz und Inanspruchnahme der beratenden Hilfen zu erreichen und ehrenamtliches, bürgerschaftliches Engagement zu fördern, ist ein vielschichtiges Angebot auch und gerade in Zeiten knapper Ressourcen durchaus vertretbar.[8]

11 Für den Umfang der in der Kommune für die Bürgerberatung vorzuhaltenden **Personalressourcen** und der damit verbundenen Kosten ist es unerheblich, ob die Personalressourcen der Betreuungsbehörde oder einem der sozialen Dienste zur Verfügung gestellt werden. Die Inanspruchnahme der Betreuungsbehörde führt zu einer Verringerung der Beratungsnachfrage in anderen kommunalen Hilfe- und Beratungssystemen. Wenden sich Betreuer oder Bevollmächtigte an die Betreuungsbehörde, führt dieses dort zu einer Steigerung der Beratungszahlen. Wenden sie sich stattdessen an einen Dienst im kommunalen Hilfe- und Beratungssystem, entsteht dort der quantitative Aufgabenzuwachs. Ist das kommunale Hilfe- und Beratungssystem soweit abgebaut worden, dass für bestimmte Bevölkerungsgruppen, wie zB alte oder behinderte Menschen, nicht mehr oder nicht mehr ausreichend Dienste zur Verfügung stehen, kann sich daraus ergeben, dass verstärkt Betreuungen angeregt, Betreuer bestellt und damit die Betreuungsbehörde verstärkt in Anspruch genommen wird. Der Be-

---

6 So auch Deinert DAVorm 1992, 119, 120.
7 BT-Drucks. 11/1458, 198 und s. auch Deinert, Handbuch der Betreuungsbehörde, S. 18.
8 Zum Unterstützungsangebot für ehrenamtliche Betreuer s.a.: Zander, Förderung ehrenamtlicher Betreuerinnen und Betreuer, in: Soziale Arbeit 7–8.2006, Deutsches Zentralinstitut für soziale Fragen, Berlin.

treuungsbehörde kommt dann zwangsläufig – wie dem Betreuungsrecht insgesamt, eine gewisse Auffangfunktion zu. Die Kommune wird sich daher des Beratungsauftrages für ihre Bürger nicht entziehen können.

Beratung und Unterstützung: Beratungsinhalte können alle betreuungsrechtlichen wie auch sozialen und sozialrechtlichen Fragestellungen sein, oder es können auch Beratungen in Konfliktfällen sein. Über den Beratungsauftrag hinaus hat die Behörde dem Betreuer oder Bevollmächtigten auch Unterstützung zu gewähren. Dieses können konkrete Hilfestellungen sein, zB bei der Vermittlung sozialer Dienste, bei den Pflichten des Betreuers gegenüber dem Betreuungsgericht oder bei der Durchsetzung von Sozialleistungsansprüchen. Durch die Nähe zu den sozialen Diensten in der Kommune kennt die Betreuungsbehörde die Hilfeangebote vor Ort, kann die Hilfen erschließen und eine Vernetzung der Angebote bewirken. 12

Zur Sicherstellung dieser vielschichtigen Beratungs- und Unterstützungsverpflichtung bedarf die Betreuungsbehörde **qualifizierter Mitarbeiter**, die über Kenntnisse aus den verschiedenen Bereichen sozialer Arbeit mit psychisch Kranken, geistig, körperlich, seelisch Behinderten oder alten Menschen und dem jeweiligen Hilfesystem verfügen, sowie über Kenntnisse des Betreuungsrechts und aus der praktischen Führung von Betreuungen. 13

V. Bedeutung für den Betreuungsverein

Der Betreuungsverein berät gemäß § 1908 f Abs. 1 S. 2 BGB ehrenamtliche Betreuer und Bevollmächtigte. Insoweit haben der ehrenamtliche Betreuer und der Bevollmächtigte die **Wahlmöglichkeit**, sich von dem Verein oder von der Behörde beraten zu lassen. Der Betreuungsverein und der Vereinsbetreuer können sich wiederum auch an die Betreuungsbehörde zur Beratung und Unterstützung wenden. Der Beratungs- und Unterstützungsbedarf kann sich sowohl aus der eigenen Tätigkeit des Vereins in der Beratung von ehrenamtlichen Betreuern und Bevollmächtigten ergeben als auch aus der Tätigkeit der Führung von Betreuungen. 14

VI. Bedeutung für den Betreuer

Der Betreuer kann das Beratungs- und Unterstützungsangebot der Betreuungsbehörde **auf freiwilliger Basis** in Anspruch nehmen. Auch das Gericht kann den Betreuer nicht zur Inanspruchnahme von Beratung verpflichten; es kann ihm diese zum Zweck der besseren Erfüllung seiner Betreueraufgabe nur empfehlen. Der Betreuer hat mehrere Möglichkeiten, sich beraten zu lassen. Der Betreuer kann sich vom Betreuungsgericht beraten lassen, dieses wird er insbesondere in Anspruch nehmen, wenn es um Fragen zum gerichtlichen Verfahren, zur Rechnungslegung und Berichterstattung oder um gerichtliche Genehmigungserfordernisse geht, § 1837 Abs. 1 BGB. Der ehrenamtliche Betreuer und der Bevollmächtigte können sich auch bei einem Betreuungsverein beraten lassen, § 1908 f Abs. 1 S. 2 BGB. Das Beratungsangebot des Betreuungsvereins wird sich ähnlich wie das der Betreuungsbehörde mehr auf Fragen aus dem sozialen Leistungsrecht, Fragen zum Hilfesystem vor Ort, Beratung in Konflikten usw beziehen. Der Betreuer wird auswählen, wo er für seine spezifischen Fragestellungen am ehesten die Hilfestellung erwarten kann. 15

16 Die Beratung und Unterstützung nimmt dem Betreuer nicht die Entscheidung ab, sie kann ihm lediglich Handlungs- oder Entscheidungsalternativen aufzeigen. Der Betreuer hat die Betreuung **in eigener Verantwortung** zu führen und unterliegt der Aufsicht des Betreuungsgerichts.

17 Bedient sich der Betreuer bei der Erstellung der **Betreuungsplanung** der Unterstützung der Betreuungsbehörde, so bleibt dennoch die Umsetzung in seiner Verantwortung.

VII. Bedeutung für Betroffene und weitere Personen

18 Es ist nach allgemeinen verwaltungsrechtlichen Grundsätzen die selbstverständliche Pflicht jeder Behörde, in ihrem Zuständigkeitsbereich ratsuchenden Bürgern Auskünfte zu erteilen und sie über ihre Rechte und Pflichten aufzuklären.

19 Eine ausdrückliche Verpflichtung zur Beratung der **Betroffenen** enthält die Vorschrift nicht. Ist bereits ein Betreuer bestellt, hat der Betreuer in erster Linie den Betreuten zu beraten. Wendet sich ein Betreuer direkt an die Behörde, wird diese aus ihrer allgemeinen Beratungspflicht heraus den Betreuten, wie jeden anderen Bürger auch, beraten. Die Behörde sollte aber bei ihrer Beratungstätigkeit nicht in Konkurrenz zum Betreuer treten und vermeiden, dass sich Konfliktsituationen zwischen Betreuer und Betreutem entwickeln.[9]

20 Analog zur Beratung Betreuer ist es auch Aufgabe der Behörde, einen Rat suchenden **Vollmachtgeber** oder einen **Angehörigen** eines Betreuten oder Vollmachtgebers zu beraten. Sie wird auch Betroffene und Angehörige vor Einleitung eines Betreuungsverfahrens beraten. Aus der allgemeinen Beratungspflicht der Behörde ergibt sich auch die Beratung von Bürgern über **Vorsorgemaßnahmen** zur Vermeidung von Betreuung. Ebenfalls sind Bürger zu beraten, die sich mit dem Gedanken tragen, eine Betreuung zu übernehmen.

VIII. Betreuungsplan

21 Das Betreuungsgericht kann einem Berufsbetreuer in geeigneten Fällen zu Beginn der Betreuung aufgeben, einen Betreuungsplan zu erstellen, § 1901 Abs. 4 S. 2 und 3 BGB. In der Gesetzesbegründung wird dazu ausgeführt, dass der Betreuer gemäß § 1901 Abs. 4 BGB verpflichtet sei, innerhalb seines Aufgabenkreises dazu beizutragen, dass Möglichkeiten genutzt werden, die Krankheit oder Behinderung des Betreuten zu beseitigen, zu bessern, ihre Verschlimmerung zu verhüten oder ihre Folgen zu mindern. In welcher Form dies zu geschehen habe, bleibe ungeregelt. Mithin sei auch eine effektive Kontrolle, ob der Betreuer etwa erforderliche Rehabilitationsmaßnahmen veranlasst oder durchführt, nur eingeschränkt möglich.[10]

22 Als Aufgabe der Betreuungsbehörde ist die **Unterstützung der Betreuer bei der Erstellung des Betreuungsplanes** festgeschrieben. Die Pflicht zur Betreuungsplanung kann vom Gericht nur dem Berufsbetreuer auferlegt werden. Ob der Betreuer die Unterstützung der Betreuungsbehörde in Anspruch nimmt, unterliegt nicht der gerichtlichen Weisung und liegt allein in der Entscheidung des Betreuers. Ehrenamtliche Betreuer können durch das Gericht nicht zur Betreu-

---

9 BT-Drucks. 11/4528, 198.
10 BT-Drucks. 15/2494, 20.

ungsplanung verpflichtet werden. Die Behörde wird auf seinen Wunsch auch den ehrenamtlichen Betreuer bei der Betreuungsplanung unterstützen.

Der Begriff „Betreuungsplanung" ist nicht definiert, ist aber kein neues Instrument.

Betreuungsplanung ist für einen professionell arbeitenden Betreuer unabdingbar. Er wird zunächst Informationen über den Betreuten gesammelt und ausgewertet, sich dann über die Ziele, Perspektiven und Handlungsmöglichkeiten der Betreuung Gedanken gemacht und in einer **Dokumentation** die wichtigsten Schritte festgehalten haben. Die Dokumentation wird er schon allein aus haftungsrechtlichen Gründen geführt haben. Der Betreuungsbehörde sind aus der Führung eigener Betreuungen und aus den beratenden und unterstützenden Aufgaben einzelfallbezogene Planungsprozesse nicht fremd. Im Rahmen der Sachverhaltsaufklärung nach § 8 BtBG nimmt die Betreuungsbehörde in der Regel zur Erforderlichkeit der Betreuung und dem Regelungsbedarf Stellung. Die Sachverhaltsaufklärung der Betreuungsbehörde kann eine Grundlage für die Betreuungsplanung sein.

Zunächst ist eine Klärung der Situation sowie der **Problemlage** und eine Feststellung der **Bedarfslage** des Betroffenen erforderlich. Individuelle Betreuungsplanung „ist eine personenbezogene Planung, die Ziele der Betreuung beschreibt, Schritte zur Zielerreichung und den Grad der Zielerreichung. Die zentrale Frage der individuellen Betreuungsplanung lautet: Was soll durch die Betreuung erreicht werden, wodurch, wie und bis wann und wer soll daran mitwirken? Aus der Beantwortung der Fragen ergibt sich ein Schema, das den Betreuungsablauf strukturiert und gleichzeitig dokumentiert. Die individuelle Betreuungsplanung ist nicht nur ein professionelles Instrument, das die Qualität der Betreuung sichert, sie macht darüber hinaus auch die Arbeit der BetreuerInnen transparent und erleichtert im Vertretungsfall die (zeitweise) Übernahme einer Betreuung."[11]

Die Betreuungsbehörde kann dadurch, dass sie nicht in die Führung der Betreuung involviert ist, einen **Außenblick** auf den Betreuungsprozess richten und den Betreuer unterstützen, evtl noch vorhandene Selbsthilferessourcen des Betreuten zu aktivieren und ihm rehabilitierende Maßnahmen aufzeigen.

Im Betreuungsplan sind die **Ziele** der Betreuung, die zu ihrer Erreichung zu ergreifenden **Maßnahmen** und deren **Umsetzung** darzustellen und zu dokumentieren. Der Betreuer hat sich bei seinem Handeln an dem Wohl des Betreuten zu orientieren und dessen Wünsche und Vorstellungen zu berücksichtigen. Der Betreuer ist verpflichtet, innerhalb seines Aufgabenkreises dazu beizutragen, Möglichkeiten zu nutzen, die die Krankheit oder Behinderung des Betreuten beseitigen, bessern, ihre Verschlimmerung verhüten oder ihre Folgen mindern.

Soweit möglich, sollte der **Betroffene** in den Prozess der Betreuungsplanung **einbezogen** werden. Die Einbeziehung des Betroffenen ergibt sich schon daraus, dass bei der Betreuung weitestgehend die Wünsche des Betroffenen zu beachten sind, § 1901 Abs. 3 BGB. Auch Ergebnisse zB aus Hilfeplankonferenzen können in die Betreuungsplanung einfließen. Hilfeplankonferenzen, zB der

---

11 Sellin/Engels, Qualität, Aufgabenverteilung und Verfahrensaufwand bei rechtlicher Betreuung, Köln 2003, S. 113.

Eingliederungshilfe nach SGB XII, haben die Zielsetzung, die Selbstbestimmung des Betroffenen und seine Teilhabe am gesellschaftlichen Leben zu fördern.

Liegen ausreichend Informationen vor, können die Ziele definiert, der Hilfebedarf ermittelt, abgestimmt und schließlich ein Betreuungsplan erstellt werden. Der Betreuungsplan sollte einen **bestimmten Zeitraum** umfassen, fortgeschrieben und evaluiert werden. Die Verantwortung für die Erstellung des Betreuungsplanes und dessen Umsetzung liegt beim Betreuer. Die Betreuungsbehörde ist in der unterstützenden, beratenden Rolle.

Die Betreuungsbehörden werden bei der Aufgabe der Unterstützung bei Betreuungsplanung ein eigenes Profil (weiter-)entwickeln müssen, denn die gesetzlichen Vorgaben sind bewusst offen gehalten.[12] Von Seiten der Gerichte wird dieses Instrument kaum genutzt, es hat sich daher bisher nicht zu einem Standard in der Betreuungsarbeit entwickeln können. Eine Weiterentwicklung der Fachlichkeit und Qualitätssicherung wird durch die Verbände der Berufsbetreuer angestrebt.[13]

§ 5 BtBG [Fortbildung]

Die Behörde sorgt dafür, daß in ihrem Bezirk ein ausreichendes Angebot zur Einführung der Betreuer in ihre Aufgaben und zu ihrer Fortbildung vorhanden ist.

I. Einleitung

1 Die Vorschrift soll sicherstellen, dass es ein **ausreichendes Angebot an Hilfen** für Betreuer gibt. Zu diesen Hilfen gehören die Einführung der Betreuer in ihre Aufgaben und ihre Fortbildung. Diese Angebote sicherzustellen, ist Aufgabe der Behörde.

Die Vorschrift wird nicht – wie für die Beratung in § 4 BtBG – auf den Personenkreis der Bevollmächtigten erweitert, auch werden ehrenamtliche Verfahrenspfleger nicht in den Personenkreis derer aufgenommen, für den die Behörde ein Angebot bereit zu halten hat.

II. Bedeutung für das Betreuungsgericht

2 Den Betreuungsgerichten werden nach § 1837 Abs. 1 S. 2 BGB **Mitwirkungspflichten** an der Einführung zugewiesen. Die Betreuungsgerichte wirken an der Einführung der Betreuer in ihre Aufgaben zwar mit, werden aber nicht zu Trägern dieser Maßnahmen. Die Mitwirkung kann darin bestehen, dass sich Richter und Rechtspfleger als Referenten bei Einführungsveranstaltungen von Betreuungsvereinen oder Betreuungsbehörden für ehrenamtliche Betreuer zur Verfügung stellen. Das Gericht sollte im Einführungsgespräch auf die Angebo-

---

12 BT-Drucks. 15/2494, 20.
13 ZB Roder, Das Konzept der Fallsteuerung in der rechtlichen Betreuung auf der Grundlage des Case Managements, Bundesverband der Berufsbetreuer/Innen e.V., Hamburg 2008.

te der Betreuungsvereine und der Betreuungsbehörde zur Beratung, Einführung und Fortbildung hinweisen.

III. Bedeutung für die Betreuungsbehörde

Zusätzlich zu der einzelfallbezogenen Beratung und Unterstützung der Betreuer nach § 4 BtBG wird hier eine **weitere Unterstützungsform** als Aufgabe der Betreuungsbehörde festgelegt. Die Behörde ist dafür verantwortlich, dass ein entsprechendes Angebot zur Einführung der Betreuer in ihre Tätigkeit und zu ihrer Fortbildung zur Verfügung steht.[1] Insoweit wird ihr eine Gewährleistungspflicht zugewiesen und verpflichtet sie, die einführenden und unterstützenden Angebote für Betreuer zu steuern und zu koordinieren.

Die Behörde muss nicht selbst als Veranstalter auftreten. Die Angebote können zB durch **Bildungsträger** wie Volkshochschule, Familienbildungsstätten oder insbesondere durch **Betreuungsvereine** erfolgen, die nach § 1908 f BGB verpflichtet sind, ehrenamtliche Betreuer einzuführen und zu beraten. Ob die Behörde diese Aufgabe selbst wahrnimmt oder durch andere wahrnehmen lässt, wird abhängig sein von der personellen und sachlichen Ausstattung der Behörde und den örtlichen Gegebenheiten. Ob ein Betreuungsverein diese Aufgaben ganz oder teilweise übernimmt, hängt letztlich von einer sachgerechten Förderung durch das Land und die Kommunen ab.

Nach § 288 Abs. 2 FamFG gibt das Gericht der Behörde den Beschluss über die Bestellung eines Betreuers oder die Anordnung eines Einwilligungsvorbehaltes oder Beschlüsse über Umfang, Inhalt oder Bestand einer solchen Maßnahme bekannt. Eine **Übermittlung von Daten an Dritte** aus dieser Mitteilung, wie Namen und Adresse des Betreuers, ist nicht zulässig. Nur die Betreuungsbehörde kann sich daher direkt an die Betreuer wenden, ihnen Beratung, Unterstützung und Hilfe bei der Einführung in ihre Aufgaben anbieten und sie auf eigene Fortbildungsangebote oder Angebote anderer Träger hinweisen.

Die Betreuungsbehörde hat damit die Möglichkeit, alle Betreuer, sowohl ehrenamtliche als auch Berufsbetreuer, in ihrem Zuständigkeitsbereich anzusprechen. Es soll über die Vorhaltung von Merkblättern und Informationsmaterialien hinaus gewährleistet werden, dass der Betreuer eine **Einführung** in das Betreuungsrecht und in die Aufgaben und Pflichten eines Betreuers erhält. Ihm soll in der Einführung Basiswissen zur Führung einer Betreuung vermittelt werden, wie zB über die Bedeutung der Aufgabenkreise und gerichtliche Genehmigungserfordernisse, über die Praxis der Vermögensverwaltung und Rechnungslegung, über die Anforderungen des Betreuungsgerichts, über Haftungs- und Versicherungsfragen, über die Beendigung der Betreuung. Durch **Fortbildungsmaßnahmen** soll in einem organisierten Lehr- und Lernprozess vertieftes Wissen zur Führung einer Betreuung vermittelt werden, dieses kann zB die Vermittlung von Kenntnissen über das Sozial- und Leistungssystem, über das soziale Hilfesystem vor Ort, über Krankheitsbilder und therapeutische Angebote sein. Zur Fortbildung gehört auch der Erfahrungsaustausch zwischen den Betreuern.

Ehrenamtliche Betreuer können sich zu ihrer Einführung und Fortbildung auch direkt an einen Betreuungsverein wenden. Allerdings verfügt nur die Be-

---

1 BT-Drucks. 11/4528, 198.

treuungsbehörde durch die Übermittlung der Beschlussmitteilung des Gerichts über die erforderlichen Informationen, um den Betreuer anzuschreiben und ihn mit Erstinformationen durch Merkblätter usw zu versehen und ihn zu Veranstaltungen einzuladen oder auf andere Angebote, zB von Betreuungsvereinen, hinzuweisen. Die Gruppe der angehörigen ehrenamtlichen Betreuer wird bereits vielfach im Rahmen der Sachverhaltsaufklärung nach § 8 BtBG von der Behörde für die Übernahme des Ehrenamtes angesprochen und hat daher schon Kontakt zur Behörde. Durch eigene Maßnahmen kann dieser Personenkreis durch die Behörde erreicht werden.

8 Es ist keine **Kostenfreiheit** für die Angebote vorgeschrieben. Eine Kostenerhebung bei den ehrenamtlichen Betreuern würde aber mit der Intention des Betreuungsgesetzes der Vorrangigkeit des Ehrenamtes und mit der sozialpolitischen Zielsetzung der Förderung bürgerschaftlichen Engagements nicht in Einklang stehen.

IV. Bedeutung für den Betreuungsverein

9 Die Vorschrift unterscheidet sich von der in § 1908 f BGB für die Betreuungsvereine festgelegten Aufgabe darin, dass die Betreuungsvereine vorrangig die von ihnen gewonnenen ehrenamtlichen Betreuer einzuführen und fortzubilden haben. Der Auftrag der Behörde ist weitergehender; er richtet sich an alle Betreuer. Die Betreuungsvereine werden sich aber in der Regel in Kooperation mit der Betreuungsbehörde an der Einführung aller ehrenamtlichen Betreuer in ihre Aufgaben und an ihrer Fortbildung beteiligen.

V. Bedeutung für den Betreuer

10 Es bleibt dem Betreuer überlassen, ob er die Angebote der Betreuungsbehörde in Anspruch nimmt. Es ist für ihn ein **freiwilliges Angebot**. Der Betreuer soll durch die Einführung in die Aufgaben die Grundlagen für die Tätigkeit eines Betreuers vermittelt bekommen. Es sollen ihm gesetzliche Grundlagen, allgemeine Kenntnisse über die Betreuungsarbeit und Kenntnisse über seine Aufgabenkreise vermitteln werden. In weiterführenden Fortbildungen können dann vertiefte Kenntnisse und Fertigkeiten erworben werden.

11 Der Gesetzgeber hat keinen Unterschied zwischen ehrenamtlichen und berufsmäßig tätigen Betreuern gemacht. Durch die Einführung soll der Betreuer lediglich mit seinen Aufgaben vertraut gemacht werden. Im Unterschied zu einer umfassenden Ausbildung kann dieses jedoch nicht zur Professionalisierung ehrenamtlicher Betreuer führen.[2] Die Betreuungsbehörde wird auf Wunsch auch den Berufsbetreuer in seine Aufgaben einführen und fortbilden. Das Fortbildungsangebot wird aber auf ehrenamtliche Betreuer zugeschnitten sein, dieses ergibt sich schon aus der Vorrangigkeit des Ehrenamtes und der Ausnahme der Berufsbetreuung, § 1897 Abs. 6 S. 1 BGB. Berufsbetreuer haben ihre Fortbildung und berufliche Qualifizierung – wie andere Berufsgruppen auch – selbst zu sichern.

---

2 Begründung zu § 3 BtBG des nicht eingeführten Betreuungsbeirates, BT-Drucks. 11/4528, 197.

§ 6 BtBG [Aufgaben]

(1) ¹Zu den Aufgaben der Behörde gehört es auch, die Tätigkeit einzelner Personen sowie von gemeinnützigen und freien Organisationen zugunsten Betreuungsbedürftiger anzuregen und zu fördern. ²Weiterhin fördert sie die Aufklärung und Beratung über Vollmachten und Betreuungsverfügungen.

(2) ¹Die Urkundsperson bei der Betreuungsbehörde ist befugt, Unterschriften oder Handzeichen auf Vorsorgevollmachten oder Betreuungsverfügungen öffentlich zu beglaubigen. ²Dies gilt nicht für Unterschriften oder Handzeichen ohne dazugehörigen Text. ³Die Zuständigkeit der Notare, anderer Personen oder sonstiger Stellen für öffentliche Beurkundungen und Beglaubigungen bleibt unberührt.

(3) Die Urkundsperson soll eine Beglaubigung nicht vornehmen, wenn ihr in der betreffenden Angelegenheit die Vertretung eines Beteiligten obliegt.

(4) ¹Die Betreuungsbehörde hat geeignete Beamte und Angestellte zur Wahrnehmung der Aufgaben nach Absatz 2 zu ermächtigen. ²Die Länder können Näheres hinsichtlich der fachlichen Anforderungen an diese Personen regeln.

(5) ¹Für jede Beglaubigung nach Absatz 2 wird eine Gebühr von 10 Euro erhoben; Auslagen werden gesondert nicht erhoben. ²Aus Gründen der Billigkeit kann von der Erhebung der Gebühr im Einzelfall abgesehen werden.

(6) ¹Die Landesregierungen werden ermächtigt, durch Rechtsverordnung die Gebühren und Auslagen für die Beratung und Beglaubigung abweichend von Absatz 5 zu regeln. ²Die Landesregierungen können die Ermächtigung nach Satz 1 durch Rechtsverordnung auf die Landesjustizverwaltungen übertragen.

I. Einleitung

Die Vorschrift regelt die allgemeine Verpflichtung der Behörde, einzelnen Personen sowie freien oder gemeinnützigen Organisationen Unterstützungsleistungen zukommen zu lassen. Wie die örtliche Behörde diese Unterstützungsleistungen inhaltlich füllt, bleibt dabei ihr überlassen. Dabei handelt es sich sowohl um die Anregung und Förderung der Tätigkeiten zugunsten Betreuungsbedürftiger (Abs. 1 S. 1) als auch um die Förderung der Aufklärung und Beratung über Vorsorgevollmachten und Betreuungsverfügungen (Abs. 1 S. 2). Darüber hinaus regelt die Vorschrift seit 1.7.2005 durch die Einführung des 2. BtÄndG[1] die Beglaubigungskompetenz der Betreuungsbehörden.

Die Unterstützung ist zu gewähren, da diese direkt als Aufgabe der Behörde zugewiesen wird. Insofern handelt es sich um eine **weisungsfreie Pflichtaufgabe**. Danach ist die Wahrnehmung der Aufgabe nicht in das Ermessen der Behörde gestellt. Der Behörde wurde durch § 6 BtBG das „Ob" der Wahrnehmung der Aufgabe übertragen, während das „Wie" der Entscheidungskompetenz der Behörde überlassen bleibt.[2]

Insofern hat der Gesetzgeber auch keine konkreten Maßnahmen vorgegeben. Diese zu bestimmen, bleibt der zuständigen Behörde überlassen.

---

[1] BGBl. I 2005, 1073.
[2] Sponer in: Sponer/Jacob/Musall/Sollondz/Human/Schlempp/Seeger/Stimpfl/Ewert/Weisenberger, Kommunalverfassungsrechtrecht Sachsen – Kommentar zu § 2 der Gemeindeordnung des Freistaates Sachsen.

II. Unterstützungsleistungen

1. Anregung und Förderung der Tätigkeit einzelner Personen

3 Die **Anregung der Tätigkeit einzelner** (natürlicher) **Personen** zugunsten Betreuungsbedürftiger beinhaltet vor allem die Werbung und Gewinnung ehrenamtlicher Betreuer. Da der Gesetzgeber von Betreuungsbedürftigen spricht, könnte dies bedeuten, dass sich die unterstützenden Maßnahmen auch nur auf die eine Betreuung begründenden Defizite beziehen kann, also das Ergebnis der Anregung und Förderung die Gewinnung einer Person als ehrenamtlichen Betreuer ist. **Anregung** dürfte insofern als Grundbaustein der entsprechenden Öffentlichkeitsarbeit angesehen werden. Daraus ergibt sich dann auch die Bereitstellung von Maßnahmen, die die Übernahme einer solchen Tätigkeit demnach auch fördert. Insofern muss § 6 BtBG entgegen § 4 BtBG die Eigeninitiative der Behörde entfachen, wogegen nach § 4 BtBG die Betreuungsbehörde erst auf Wunsch eines bestellten Betreuers tätig werden muss.

Die **Förderung** der Tätigkeit einzelner Personen könnte zB darin bestehen, Menschen zu motivieren, als ehrenamtliche oder beruflich tätige Betreuer tätig zu werden, indem entsprechende Informationsveranstaltungen, Fortbildungsmaßnahmen und Beratungsangebote bereitgehalten werden.

2. Anregung und Förderung gemeinnütziger und freier Organisationen

4 Nach den o.g. Maßstäben richtet sich auch die Anregung und Förderung der Tätigkeit gemeinnütziger und freier Organisationen zugunsten Betreuungsbedürftiger. Die Behörde hat entsprechend dem Bedarf vor Ort **auf die Gründung von Vereinen hinzuwirken**. In der Regel wird es sich bei den freien Organisationen um eingetragene Vereine handeln, die als Betreuungsverein tätig sind oder beabsichtigen, tätig zu werden.

Die Förderung anderer Maßnahmen von gemeinnützigen und freien Organisationen zugunsten bedürftiger Menschen kann vorliegend nicht Grundlage im Betreuungsbehördengesetz sein, sondern unterliegt den jeweiligen Förderbestimmungen im sozialen Bereich.

Der Gesetzgeber hat Art und Umfang der Förderung von Betreuungsvereinen nicht konkret normiert, sondern es bei einer deklaratorischen Aufgabenzuweisung belassen. So ist die Förderung von Betreuungsvereinen in das Belieben von Ländern und Kommunen gestellt. Dieser strukturelle Mangel hat dazu beigetragen, dass vielerorts Betreuungsvereine nicht oder zumindest nicht in ausreichendem Maß dazu in die Lage versetzt sind, die mit ihrer Anerkennung verbundenen Aufgaben – wie die Gewinnung und Begleitung ehrenamtlicher Betreuer und die Aufklärung über Vorsorgevollmachten und Betreuungsverfügungen – wahrzunehmen, s. auch § 1908 f BGB.

5 Mit Einführung des 1. Betreuungsrechtsänderungsgesetzes zum 1.1.1999 hat der Gesetzgeber erstmals mit dem Ziel der Vermeidung von Betreuungen gesetzlich verankert, dass Behörden und Betreuungsvereine (s.a. § 1908 f BGB) **verstärkt öffentlich** auf die Möglichkeit der Errichtung von Vorsorgevollmachten und Betreuungsverfügungen hinzuweisen haben.

3. Förderung der Aufklärung und Beratung über Vorsorgevollmachten und Betreuungsverfügungen

Mit der Einfügung des S. 2 zum 1.1.1999 hat der Gesetzgeber einen ersten Schritt zur **Stärkung des Rechtsinstituts der Vorsorgevollmacht** getan. Dieses Rechtsinstitut kann aber nur dann eine wirksame Alternative zur Betreuung werden, wenn u.a. durch die Behörden und Betreuungsvereine eine entsprechende Aufklärungsarbeit, hier: Öffentlichkeitsarbeit, sichergestellt wird, um den Bürgern die Annahme dieses Rechtsinstituts zur eigenen Vorsorge näher zu bringen.[3]

6

Den Behörden kommt hierbei die Aufgabe zu, die **Aufklärung und Beratung über Vorsorgevollmachten und Betreuungsverfügungen zu fördern**. Dabei ist, wie bereits zu S. 1 ausgeführt, zu beachten, dass die Behörde die Aufgabe hat, Aufklärung und Beratung namentlich durch Betreuungsvereine zu fördern, nicht jedoch selbst zu übernehmen.

7

Die **Förderung** muss keine finanzielle Förderung sein. Sie kann auch darin bestehen, das Thema eines selbst bestimmten Verfügens für den Fall des Eintritts einer Betreuungsbedürftigkeit in der Öffentlichkeit „voranzutreiben". Wie die Behörde die Förderung umsetzt, bleibt letztendlich ihr überlassen. Möglichkeiten der Umsetzung sind die Organisation und Durchführung von Veranstaltungen für interessierte Bürger oder aber die finanzielle Unterstützung von insbesondere Betreuungsvereinen bei der Wahrnehmung von deren Informationspflicht (§ 1908 f Abs. 1 Nr. 2 a BGB), die Ausgabe von Informationsmaterial oder auch über die Arbeit in örtlichen Arbeitsgemeinschaften.

8

III. Beglaubigungskompetenz der Betreuungsbehörde

1. Allgemeines

Mit dem 2. Betreuungsrechtsänderungsgesetz vom 21.5.2005 (BGBl. I Nr. 23, 1073) wurde zum 1.7.2005 der Betreuungsbehörde die Aufgabe der **Beglaubigung von Vorsorgevollmachten oder Betreuungsverfügungen** zugewiesen.

9

Absatz 2 weist der Betreuungsbehörde – nicht nur der „Behörde" – die Beglaubigungsfunktion zu.[4] Die Änderung der Begrifflichkeit im BtBG von „Behörde" zu „Betreuungsbehörde" kann darin begründet liegen, dass man – ähnlich wie im Zuständigkeitsbereich der Jugendämter – Beglaubigungs- bzw Beurkundungskompetenzen an die in der jeweiligen Behörde vorhandenen fachlichen Kompetenzen gebunden wissen will. Da aber nach den Länderausführungsgesetzen zum BtG die betreuungsbehördlichen Aufgaben überwiegend der Gebietskörperschaft zugewiesen wurden, kann die Aufgabenwahrnehmung auch an anderer Stelle in der Kommunalverwaltung erfolgen.

10

2. Beglaubigung von Unterschriften oder Handzeichen

Vorliegend handelt es sich um eine **öffentliche Beglaubigung**.[5] „Öffentlich" wird mit der Gesetzesänderung zum 1.9.2009 ausdrücklich aufgenommen.[6]

11

---

3 BT-Drucks. 15/2494, 13.
4 BR-Drucks. 865/03, 103.
5 BR-Drucks. 865/03, 104.
6 Gesetz zur Änderung des Zugewinnausgleichs- und Vormundschaftsrechts vom 6.7.2009, Art. 11, BGBl. I, 1696.

Aus der Gesetzesbegründung ergibt sich eindeutig, dass es sich lediglich um eine Klarstellung handelt, also auch für frühere Beglaubigungen gelten soll.[7]
Nach **Abs. 1** ist die Urkundsperson der Betreuungsbehörde berechtigt, die Echtheit einer Unterschrift oder eines Handzeichens unter Vorsorgevollmachten und/oder Betreuungsverfügungen zu beglaubigen. Unterschriften oder Handzeichen unter Patientenverfügungen werden in § 6 nicht genannt. Häufig sind aber Patientenverfügungen mit Vorsorgevollmachten oder Betreuungsverfügungen in einem Dokument aufgenommen, so dass sich die Beglaubigung dieser Verfügung mit ergibt.

12 Eine **Unterschrift** hat im Rahmen der Klarstellungs- und Beweisfunktion den Zweck, die Identität der das Schriftstück unterzeichnenden Person erkennbar zu machen.[8] Die Unterschrift muss dabei unter dem Schriftstück und mindestens mit dem Nachnamen erfolgen. Sie muss erkennen lassen, wer die in dem Schriftstück enthaltenen Erklärung(en) abgegeben hat und bezeugt gleichzeitig die Echtheit einer Urkunde. In diesem Sinne ist auch S. 2 zu verstehen, der eine **Beglaubigung ohne Text** ausschließt.

13 Bei **Handzeichen** kann es sich um Kreuze, Striche oder andere Initialen handeln. Nach § 40 Abs. 6 BeurkG gelten für die Beglaubigung von Handzeichen die Vorschriften über die Beglaubigung von Unterschriften gleichermaßen.

3. Beglaubigungsvermerk

14 Die Vorschrift sieht nicht vor, dass durch die Urkundsperson die Beglaubigung dokumentiert werden soll. Jedoch ist entsprechend § 39 BeurkG zu empfehlen, einen Beglaubigungsvermerk mit dem Zeugnis, der Unterschrift und dem Siegel der Behörde unter Angabe von Ort und Tag der Ausstellung der Beglaubigung anzufertigen. Dies sichert zum einen die spätere Nachvollziehbarkeit des Vorgangs der Beglaubigung innerhalb der Betreuungsbehörde als auch den Nachweis nach außen über Zeitpunkt und Umstände der Beglaubigung.

4. Zuständigkeit anderer Personen oder Stellen

15 Nach **Abs. 2 S. 3** bleibt die **Zuständigkeit der Notare sowie anderer** für Beglaubigungen zugelassenen **Personen** oder sonstigen Stellen unberührt.[9] Dies bedeutet, dass sich der Bürger weiterhin jederzeit auch an Notare oder andere zuständige Stellen für die Beglaubigung seiner Vorsorgevollmacht oder seiner Betreuungsverfügung wenden kann.

5. Ausschluss der Beglaubigungskompetenz

16 Abs. 3 schließt die Beglaubigung im Regelfall („soll") durch die Urkundsperson dann aus, wenn dieser die **Vertretung eines Beteiligten** obliegt. Insofern handelt es sich hierbei um eine Schutzvorschrift bei Interessenkollisionen. Beteiligter kann hier Vollmachtnehmer oder Vollmachtgeber bzw benannter potenzieller Betreuter oder Betreuer sein. Ein Interessenkonflikt wird allerdings nur gesehen, sofern der Urkundsperson die Vertretung eines Beteiligten obliegt. Da es sich bei den Handlungen der Beteiligten – vor allem des Voll-

---

[7] BT-Drucks. 16/10798, 31.
[8] Palandt/Grüneberg, § 126 BGB Rn 5.
[9] BR-Drucks. 865/03, 104.

machtgebers – im Rahmen der Vorsorgevollmacht um die Abgabe von Willenserklärungen handelt und diese als rechtwirksam nur volljährig abgegeben werden können, kann es sich bei der Vertretung eines Volljährigen dann nur um eine bereits per Vollmacht übertragene Vertretung oder aber um eine bereits übertragene Betreuung als gesetzliche Vertretung handeln. Verhältnisse zwischen Angehörigen dagegen sind für die Beglaubigung unbeachtlich.

6. Geeignete Urkundsperson/Länderregelungskompetenz

Die Betreuungsbehörde muss nach **Abs. 4 S. 1 geeignete Urkundspersonen** vorhalten. Nach § 415 ZPO ist eine Urkundsperson eine mit öffentlichem Glauben versehene Person. Diese wird durch die Behörde mit den entsprechenden Amtsbefugnissen ausgestattet. Die Urkundsperson übt ihre Aufgabe selbstständig und weisungsfrei aus. Nach Abs. 4 S. 2 kann das Land Näheres über die fachlichen Anforderungen an die Urkundsperson regeln. 17

IV. Gebührenregelungen

1. Gebühr/Verzicht aus Billigkeitsgründen

Nach Abs. 5 erhebt die Behörde für die Beglaubigung grundsätzlich eine **Gebühr** von 10 EUR. Diese beinhaltet bereits der Behörde entstehende Auslagen, da diese nach Abs. 5 Hs 2 nicht gesondert erhoben werden. Die Betreuungsbehörde ist jedoch ermächtigt, aus **Billigkeitsgründen** von der Erhebung der Gebühr im Einzelfall abzusehen. 18

Billigkeit ergibt sich nach den allg. Grundsätzen im Verwaltungsverfahren aus einem sachgerechten Abwägen des Für und Wider aller für die Entscheidung einschlägigen Gesichtspunkte. Ein entscheidendes Kriterium für die Abwägung, ob eine Gebühr erhoben wird oder nicht, dürfte die Einkommens- und Vermögenslage des Vollmachtgebers bzw Betreuungsverfügenden sein. 19

Billigkeitsgründe können zB im Bezug von Leistungen nach dem SGB II oder nach dem 3. und 4. Kapitel des SGB XII gesehen werden. Die Anstellungskörperschaft der Urkundsperson kann dann zB in einer Verwaltungsvorschrift oder Gebührensatzung entsprechende **Gebührenbefreiungstatbestände** festlegen. 20

2. Länderrechtliche Regelungskompetenz

Abs. 6 gibt den **Ländern** die Möglichkeit, abweichend von Abs. 5 über eine Rechtsverordnung andere **Gebühren** und zusätzliche Ausgaben für die Beratung und Beglaubigung festzusetzen. 21

Diese **Ermächtigung zur Regelung der Gebührenhöhe** über eine Rechtsverordnung kann von der jeweiligen Landesregierung auch per Rechtsverordnung an die Landesjustizverwaltung übertragen werden. Da Sinn und Zweck der Erhebung einer Gebühr idR die Abgeltung entstehenden Verwaltungsaufwandes ist, müsste einer Festsetzung der Gebühr die Abstimmung zwischen Kommune als zuständige Beglaubigungsbehörde und Landesjustizverwaltung vorausgehen. 22

Zur **Beratungskompetenz** aus Abs. 6: Der Betreuungsbehörde kommen im BtBG zwei wesentliche Aufgaben im Rahmen der Vorsorgevollmachten zu: Die Beratung von Bevollmächtigten nach § 4 BtBG sowie die Förderung der Aufklärung und Beratung über Vorsorgevollmachten nach § 6 Abs. 1 BtBG. In 23 beiden Fällen jedoch wurde – so zB neu für die Betreuungsvereine nach § 1908 f. Abs. 4 BGB – der Behörde für den Einzelfall keine Beratungskompetenz bei der Errichtung einer Vorsorgevollmacht oder Betreuungsverfügung eingeräumt. Auch kann nicht von einer Einzelfallberatung im Zusammenhang mit der Beglaubigung iS einer Beurkundung ausgegangen werden. Die Beurkundung von Vorsorgevollmachten oder Betreuungsverfügungen wurde eben nicht der Betreuungsbehörde als Aufgabe übertragen. Es kann sich also nur um eine Beratung im Zusammenhang mit der Beglaubigung von Vorsorgevollmachten und Betreuungsverfügungen handeln, ohne eine individuelle Beratung bei der Erstellung von Vorsorgevollmachten oder Betreuungsverfügungen.

24 Unter diesen Gesichtspunkten wurde den Betreuungsbehörden für das Verfahren der Beglaubigung von Vorsorgevollmachten oder Betreuungsverfügungen eine Beratungskompetenz eingeräumt.[10] Zweifellos lässt sich in das Gesamtgefüge der der Betreuungsbehörde zugewiesenen Aufgabe, die Aufklärung und Beratung über Vorsorgevollmachten und Betreuungsverfügungen zu fördern, auch die Beratung und Beglaubigung dieser Rechtsinstitute eingliedern. Kommunen, die entsprechend den bisher geltenden gesetzlichen Vorgaben eine funktionsfähige Betreuungsbehörde eingerichtet haben, werden dies problemlos realisieren können.[11]

V. Zentrale Registrierung von Vorsorgevollmachten

25 Mit dem **Gesetz zur** Änderung der Vorschriften über die Anfechtung der Vaterschaft und das Umgangsrecht von Bezugspersonen des Kindes, zur **Registrierung von Vorsorgeverfügungen** und zur Einführung von Vordrucken für die Vergütung von Berufsbetreuern vom 23.4.2004 (BGBl. I Nr. 18, 598 ff) wurde unter Artikel 2 a die Bundesnotarordnung in der Weise geändert, dass bei der Bundesnotarkammer eine zentrale Registrierung von Vorsorgevollmachten ermöglicht wurde. Seit dem 1.9.2009 ist auch eine Registrierung von Betreuungsverfügungen unabhängig von der Eintragung einer Vorsorgevollmacht möglich.[12] Patientenverfügungen können nur in Verbindung mit Vorsorgevollmachten und/oder Betreuungsverfügungen registriert werden.

26 In der entsprechenden **Vorsorgeregister-Verordnung**[13] sowie in der dazu erlassenen **Vorsorgeregister-Gebührensatzung**[14] wurde auch den Betreuungsbehörden eine Registrierungskompetenz zugewiesen. Danach kann sich die Betreuungsbehörde als Antrag stellende bzw Daten übermittelnde Einrichtung bei der Bundesnotarkammer registrieren lassen und danach entweder im Auftrag des Vollmachtgebers dessen Antrag auf Registrierung übermitteln oder aber in seinem Auftrag den Antrag stellen (§ 4 VRegGebS).

---

10 BT-Drucks. 15/2494, 15.
11 BT-Drucks. 15/2494, 23.
12 Gesetz zur Änderung des Zugewinnausgleichs- und Vormundschaftsrechts vom 6.7.2009, Art. 11, BGBl.I, 1696.
13 Verordnung über das Zentrale Vorsorgeregister (Vorsorgeregister-Verordnung – VRegV vom 21.2.2005 (BGBl. I, 318), zuletzt geänd. durch Gesetz vom 18.2.2013 (BGBl. I, 266).
14 Vorsorgeregister-Gebührensatzung – VRegGebS vom 2.2.2005 (DNotZ 2005, 81) geänd. durch Satzung vom 2.12.2005 (DNotZ 2006, 2); siehe auch Anhang 2 und 3 zu § 1896 BGB.

§ 7 BtBG [Mitteilung an das Betreuungsgericht]

(1) Die Behörde kann dem Betreuungsgericht Umstände mitteilen, die die Bestellung eines Betreuers oder eine andere Maßnahme in Betreuungssachen erforderlich machen, soweit dies unter Beachtung berechtigter Interessen des Betroffenen nach den Erkenntnissen der Behörde erforderlich ist, um eine erhebliche Gefahr für das Wohl des Betroffenen abzuwenden.

(2) Der Inhalt der Mitteilung, die Art und Weise ihrer Übermittlung und der Empfänger sind aktenkundig zu machen.

I. Allgemeines

Die Vorschrift dient zum einen dazu, der Behörde unter bestimmten Voraussetzungen eine **Mitteilungsbefugnis** zur Übermittlung von Daten an das Betreuungsgericht einzuräumen. Zum anderen dient sie dem Schutz vor unberechtigter Datenübermittlung. 1

1. Umfang und Wirkung des Mitteilungsrechts

Es handelt sich nach **Abs. 1** um eine **Ermessensentscheidung** der Behörde. Die Behörde hat zwischen der Notwendigkeit der Betreuerbestellung oder einer erforderlichen Maßnahme in Betreuungssachen, der Beachtung berechtigter Interessen des Betroffenen sowie der Abwendung einer erheblichen Gefahr für das Wohl des Betroffenen abzuwägen. 2

Der Behörde wird hier ein **eigenständiges Mitteilungsrecht** – anders auch: Anzeigerecht eingeräumt, welches entgegen der Mitteilungspflicht nach § 8 BtBG auf die eigene Bewertung der Zusammenhänge und der daraus zu entnehmenden und weiterzuleitenden Daten durch die Behörde aufbaut. Der Behörde kommt hier insoweit eine Filterfunktion aus eigener Initiative heraus zu. 3

Auch dürfte § 7 BtBG die Berechtigung zu eigenen Ermittlungen vorab der Weiterleitung von Daten an das Betreuungsgericht beinhalten. Der Behörde muss die Gelegenheit eingeräumt werden, vor einer Entscheidung, ob und welche Daten an das Betreuungsgericht weitergeleitet werden sollen, nähere Umstände dazu zu erforschen. Möglicherweise kann die Behörde durch diese weitere Ermittlung Umstände aufklären, ohne dass dabei im Weiteren das Betreuungsgericht eingeschaltet werden muss.

Inwieweit diese Daten, die dabei der Behörde zur Kenntnis gelangen, auch an das Betreuungsgericht weitergeleitet werden, muss die Behörde ebenfalls unter Prüfung der Erfüllung der in der Vorschrift benannten Tatbestandsmerkmale vornehmen. 4

Dabei muss die Behörde auch beachten, dass Abs. 1 eine **Haftungsnorm** beinhaltet, die ggf zu einem Schadensersatzanspruch führen kann. Denn die Behörde hat die Pflicht zu prüfen, ob bei unterlassener Übermittlung die Gefahr für das Wohl des Betroffenen so groß wäre, dass durch die unterlassene Übermittlung der Daten dem Betroffenen ein Schaden entsteht. Gleichwohl hat sie auch zu prüfen, ob und inwieweit die Daten zu übermitteln sind bzw welche Daten uU bei ihr verbleiben. 5

2. Ziel der Mitteilung an das Betreuungsgericht

6 Die Datenübermittlung muss zum Ergebnis haben, dass als Maßnahme eine **Betreuerbestellung** oder eine andere Maßnahme in Betreuungssachen erforderlich wird. Die Behörde muss anhand der zur Kenntnis gekommenen Umstände beurteilen, ob diese Maßnahmen erforderlich werden. Ob diese Maßnahmen dann ergriffen werden, obliegt nicht mehr dem Einflussbereich der Behörde, sondern steht im alleinigen Entscheidungsbereich des Betreuungsgerichts.

7 Unter **anderen Maßnahmen in Betreuungssachen** iSd Abs. 1 dürften vor allem Eilmaßnahmen zur Verhinderung von schwerwiegenden Nachteilen für den Betroffenen zu verstehen sein. Dabei kommen Maßnahmen gegen den bestellten Betreuer bei Pflichtverletzungen, aber auch Maßnahmen wie die Erteilung eines Einwilligungsvorbehaltes oder die Anordnung von Heilbehandlungen oder Unterbringungen zum Wohle des Betroffenen in Betracht. Die Befugnis zur Mitteilung an das Gericht deckt auch Mitteilungen der Behörde an das Gericht ab, wenn sie erhebliche Zweifel an der Eignung eines Betreuers hat, diese Zweifel aus einem oder mehreren Einzelfällen begründet sind und im Übrigen die Tatbestandsvoraussetzungen des Abs. 1 erfüllt sind.

Maßnahmen zugunsten Dritter scheiden hierbei aus. Nach Abs. 1 sind ausschließlich die berechtigten Interessen des Betroffenen zu berücksichtigen.

3. Art und Weise der Übermittlung/Nachweisführung

8 In welcher Art und Weise die Übermittlung der Daten erfolgt, bleibt der Behörde überlassen. Aus datenschutzrechtlichen Gründen und unter dem Gesichtspunkt der Nachweisbarkeit empfiehlt sich die **schriftliche Übermittlung**. Bei Ausnutzung der elektronischen Möglichkeiten sollte hierbei auch dem Zeitfaktor in Eilfällen Rechnung zu tragen sein. Darüber hinaus ist auch eine telefonische oder persönliche Übermittlung nicht ausgeschlossen.

9 Abs. 2 dient dazu, den Informationsfluss von der Behörde an das Gericht nachvollziehbar zu machen.[1] Dabei ist in jedem Fall eine Kopie der schriftlichen Übermittlung oder ein **Aktenvermerk** über die telefonische oder persönliche Übermittlung mit den in Abs. 2 benannten Merkmalen anzufertigen.

§ 8 BtBG [Unterstützung des Betreuungsgerichts]

[1]Die Behörde unterstützt das Betreuungsgericht. [2]Dies gilt insbesondere für die Feststellung des Sachverhalts, den das Gericht für aufklärungsbedürftig hält, und für die Gewinnung geeigneter Betreuer. [3]Wenn die Behörde vom Betreuungsgericht dazu aufgefordert wird, schlägt sie eine Person vor, die sich im Einzelfall zum Betreuer oder Verfahrenspfleger eignet. [4]Die Behörde teilt dem Betreuungsgericht den Umfang der berufsmäßig geführten Betreuungen mit.

I. Allgemeines

1 Die Vorschrift ist seit Bestehen des Betreuungsrechts die Grundlage der überwiegenden Tätigkeit von (Betreuungs-)Behörden iSd Gesetzes.

---

1 BT-Drucks. 11/4528, 199.

Die Vorschrift gibt den Betreuungsgerichten das generelle Recht, sich **zur Ermittlung des Sachverhaltes** der Unterstützung der Behörde zu bedienen.

II. Aufgaben der Behörde

1. Allgemeine Unterstützungspflicht

Satz 1 (und 2) regelt lediglich das **Zusammenwirken von Betreuungsgericht und (Betreuungs-)Behörde** bei der Vorbereitung der (allein nach außen wirkenden) Entscheidung des Betreuungsgerichts über die Betreuerbestellung nach § 1897 BGB und der Feststellung der berufsmäßigen Führung der Betreuung.[1] Insofern ist aus Satz 1 auch nicht zu entnehmen, wie diese Unterstützung auszufüllen ist, ob die Behörde die allgemeine Unterstützung auch auf eigene Initiative anbieten kann oder nur nach Aufforderung durch das Betreuungsgericht tätig wird.

2. Sachverhaltsermittlung

Satz 2 geht dann von der konkreten Aufforderung des Betreuungsgerichts an die Behörde zur Sachverhaltsermittlung aus. Dabei legt das Betreuungsgericht den Umfang der Ermittlung fest, da nur in dem Rahmen eine Sachverhalts„feststellung" erfolgen kann, den das Betreuungsgericht für **aufklärungsbedürftig** hält.

Denn entgegen der Begründung der Bundesregierung zu § 8 Satz 2 BtBG in der BT-Drucks. 11/4528 fällt hier der Behörde keine eigene Festlegung des Umfangs zur Feststellung von Sachverhalten zu. Eine eigene Zuständigkeit käme dafür allenfalls nach § 7 BtBG in Betracht.

Vorliegend muss das Betreuungsgericht an die Behörde einen **konkreten Ermittlungsauftrag** stellen, da die Behörde nach der Vorschrift nur im Rahmen der vom Betreuungsgericht festgestellten Aufklärungsbedürftigkeit ermitteln darf. Wie sie innerhalb dieses Ermittlungsauftrages ihre Aufgabe wahrnimmt, bleibt jedoch der Behörde überlassen (BT-Drucks. 11/4528, 101).[2] Daten, die der Behörde bekannt werden, die jedoch außerhalb des Ermittlungsauftrages liegen, kann diese dann nur unter Prüfung der Befugnisse nach § 7 BtBG an das Betreuungsgericht übermitteln.

Wie die Aufgaben im Rahmen der Betreuungsgerichtshilfe durch die Behörden wahrgenommen werden sollten, hat die Bundesarbeitsgemeinschaft der überörtlichen Träger der Sozialhilfe (BAGüS) zusammen mit dem Deutschen Landkreistag und dem Deutschen Städtetag in den „Empfehlungen zur Sachverhaltsaufklärung im Betreuungsrecht" zusammengefasst.[3]

Ziel einer Sachverhaltsaufklärung ist „eine **Entscheidungshilfe** für das Gericht, ohne dem Gericht die Entscheidung abzunehmen". Die Unterstützungsaufgabe der Betreuungsbehörden kann nicht beschränkt auf eine bloße Faktenlieferung

---

1 OVG Lüneburg v. 11.9.2000, 11 L 1446/00, Zeitschrift des Landeswohlfahrtsverbandes Württemberg-Hohenzollern, BtR-Info 2/2003, 22.
2 Bienwald/Sonnenfeld/Hoffmann, 3. Aufl., § 8 BtBG Rn 12.
3 BAGüS, DLT, DST: Empfehlungen zur Sachverhaltsaufklärung im Betreuungsrecht v. 20.10.2010, www.lwl.org/LWL/Soziales/BAGues/Veroeffentlichungen/empfehlungen.

sein.[4] Als Fachbehörde zieht die Betreuungsbehörde Folgerungen aus den gewonnenen Erkenntnissen und unterbreitet dem Gericht einen Vorschlag.

Die Sachverhaltsaufklärung und der damit verbundene Sozialbericht dienen der Beurteilung der Erforderlichkeit einer Betreuung. Die Beurteilung der Erforderlichkeit setzt Kenntnisse über die persönlichen Ressourcen des Betroffenen und über die sozialen Ressourcen im Umfeld voraus. Reichen die persönlichen und die sozialen Ressourcen im familiären und sozialen Umfeld einer Person nicht aus, sind vorrangig die vorhandenen örtlichen Hilfeleistungen in Anspruch zu nehmen bzw auf deren Inanspruchnahme hinzuwirken. Die Beurteilung, ob ausreichende örtliche Hilfen zur Verfügung stehen und eingeleitet werden können, setzt wiederum Kenntnisse über das soziale Leistungssystem der Kommune, über die vorhandenen sozialen Dienste, die ambulanten Hilfen und die ambulanten und stationären Einrichtungen voraus.

Die Betreuungsbehörde hat die fachliche Verpflichtung, sich unabhängig von Vorinformationen – wie medizinische und psychiatrische Stellungnahmen – ein eigenes Bild zu machen, unter Umständen auch in kritischer Distanz zu diesen. Dies schließt eine Sachverhaltsermittlung ausschließlich nach Aktenlage aus.

Nach den „Empfehlungen zur Sachverhaltsaufklärung im Betreuungsrecht" (s. Rn 5) soll die **Berichterstattung der Betreuungsbehörde** im gerichtlichen Betreuungsverfahren

- nachvollziehbar und hinsichtlich ihrer Schlussfolgerungen überzeugend sein,
- vollständig sein,
- dem Unterstützungsbedarf des Gerichts entsprechen, aber auch dem Einzelfall gerecht werden,
- fachlich verlässlich,
- aus sich heraus verständlich sein,
- Fakten und deren Bewertung unterscheidbar machen,
- reflektiert und
- in ihrer Ausdrucksweise wertschätzend gegenüber den betroffenen Personen sein.

Entscheidend für den Bericht ist eine differenzierte und nachvollziehbare Beurteilung, die den gegebenen oder nicht gegebenen **Handlungsbedarf darstellt**.

Der **Bericht** sollte mindestens enthalten:

- eine Benennung des Anlasses der Sachverhaltsaufklärung, Angaben zur betroffenen Person sowie Angaben zu den Quellen, die genutzt wurden;
- Angaben zur sozialen, finanziellen und gesundheitlichen Situation des Betroffenen;
- die Sichtweise des Betroffenen und Aussagen zur praktischen Lebensbewältigung;
- eine Bewertung und Prognose der Erforderlichkeit der Betreuung;

---

[4] Oberloskamp, Qualität von (medizinischen) Gutachten und Sozialberichten, BtPrax 2004, 126.

- eine zusammenfassende Beurteilung mit einem Entscheidungsvorschlag und ggf Angaben zum vorgeschlagenen Betreuer.

3. Gewinnung und Auswahl geeigneter Betreuer/Vorschlagsrecht

Nach Satz 2 Hs 2 hat die Behörde für die **Gewinnung geeigneter Betreuer** Sorge zu tragen. Vorliegend dürfte es sich jedoch vorrangig um die Gewinnung eines Betreuers im konkreten Ermittlungsverfahren und der sich daraus möglicherweise ergebenden Bestellung eines Betreuers handeln.

Die darüber hinausgehende Befugnis der Behörde zur Werbung und Gewinnung geeigneter Betreuer ergibt sich aber auch aus Satz 3, da die Behörde nach entsprechender Aufforderung einen geeigneten Betreuer oder Verfahrenspfleger vorschlagen muss. Hier hat die Behörde eine Sicherstellungspflicht für den Fall der Aufforderung zum Vorschlag durch das Betreuungsgericht.

Im Übrigen ist § 1900 Abs. 4 S. 1 BGB für die Behörde beachtlich. Danach besteht für sie die **Verpflichtung zur Übernahme von Betreuungen**, wenn keine anderen geeigneten natürlichen Personen oder ein Betreuungsverein für die Übernahme zur Verfügung stehen. Es sollte also im eigenen Interesse der Behörde liegen, neben der konkreten Betreuerermittlung im Einzelfall auch daneben einen Pool an geeigneten Betreuern vorhalten zu können.

Macht die Betreuungsbehörde auf Anforderung des Gerichts einen Betreuervorschlag, hat sie die Wünsche der betroffenen Person zu ermitteln. Schlägt die betroffene Person niemanden vor, so hat die Behörde bei der **Auswahl einer geeigneten Person** § 1897 Abs. 5 BGB zu beachten. Auch sollte vorrangig nach einer geeigneten Person im Ehrenamt gesucht werden, § 1897 Abs. 6 BGB. Die vorgeschlagene Person muss persönlich geeignet sein, die betroffene Person persönlich betreuen und über eine auf den Einzelfall bezogene Eignung verfügen.

Die Bundesarbeitsgemeinschaft der überörtlichen Träger der Sozialhilfe (BAGüS) hat für die Praxis örtlicher und überörtlicher Betreuungsbehörden „Empfehlungen bei der Betreuerauswahl" erarbeitet, die Mindeststandards für ehrenamtliche und beruflich tätige Betreuer formulieren.[5]

Mit Einführung des 2. Betreuungsrechtsänderungsgesetzes zum 1.7.2005 (BGBl. I Nr. 23, 1073) wurde der zuständigen Behörde die Aufgabe übertragen, gemäß § 1897 Abs. 7 S. 2 BGB ein Führungszeugnis und eine Auskunft aus dem Schuldnerverzeichnis von einer erstmals als Berufsbetreuer zu bestellenden Person anzufordern.

Letztlich bleibt die Entscheidung über die Geeignetheit der vorgeschlagenen Person als Betreuer dem Betreuungsgericht überlassen. Das Betreuungsgericht ist nicht an den Vorschlag der Betreuungsbehörde gebunden.[6]

---

[5] DLT, DST, BAGüS: Empfehlungen für Betreuungsbehörden bei der Betreuerauswahl, v. 31.1.2013, www.lwl.org/LWL/Soziales/BAGues/Veroeffentlichungen/empfehlungen
[6] OVG Lüneburg v. 11.9.2000, 11 L 1446/00, Zeitschrift des Landeswohlfahrtsverbandes Württemberg-Hohenzollern, BtR-Info 2/2003, 22; so auch OLG Hamm, 15 W 472/05 sowie Jurgeleit/Bučić, Freiwillige Gerichtsbarkeit, § 16 Rn 53.

4. Auswahl eines geeigneten Verfahrenspflegers

12 Seit 1.7.2005 hat die Behörde auch einen **geeigneten Verfahrenspfleger** zu benennen. Daraus kann auch entnommen werden, dass die Behörde zur Beurteilung über die Notwendigkeit der Heranziehung eines Verfahrenspflegers Stellung nehmen müsste. Dies macht insofern Sinn, als die Behörde erfahrungsgemäß die erste ermittelnde Institution vor Ort ist und insofern im Rahmen ihres Ermittlungsauftrages auch die Gesichtspunkte des § 276 Abs. 1 und 2 FamFG mit einfließen dürften.

13 Zur **Geeignetheit des Verfahrenspflegers** lässt sich nur feststellen, dass sich diese an der Fähigkeit orientieren muss, sich im betreuungsgerichtlichen Verfahren auszukennen, da es vorrangige Aufgabe des Verfahrenspflegers ist, die Interessen des Betroffenen im jeweiligen Verfahren zu vertreten. Problematisch erscheint hierbei, dass nicht wenige Behörden gegenwärtig als Verfahrenspfleger bestellt werden. Hier sollte darauf hingewirkt werden, dass Behörden nicht mehr als Verfahrenspfleger bestellt werden. Bei der Bestellung der (Betreuungs-)Behörde als Verfahrenspfleger droht generell ein Interessenkonflikt, wenn die Behörde im Betreuungsverfahren zu Stellungnahmen und Ermittlungen aufgefordert wird, die eine strenge Neutralität sowohl dem Betroffenen als auch dem Betreuer gegenüber erfordern.[7]

14 Im Übrigen sind die Regelungen des § 277 Abs. 2 S. 1 FamFG zu beachten, wonach vor der Bestellung eines Verfahrenspflegers auch die Feststellungen nach § 1836 Abs. 1 BGB iVm § 1 Abs. 1 VBVG zu treffen sind. Nach Satz 1 bis 3 kann die Grundlage dieser Feststellung durch die Behörde mit zu ermitteln sein.

5. Ermittlung des Umfangs der Betreuungen

15 Nach **Satz 4** hat die Behörde bei Heranziehung nach Satz 3 dem Betreuungsgericht auch den **Umfang der berufsmäßig geführten Betreuungen** des vorgeschlagenen Betreuers mitzuteilen.

Seit 1.7.2005 setzt sich der Umfang der Betreuungen aus der **Anzahl** und dem dazu nach § 4 Vormünder- und Betreuervergütungsgesetz – VBVG – zuzuordnenden **Stundenumfang** zusammen.

16 Da sich dieser nach Zeitabläufen ändert, muss die Behörde bei jedem neuen Vorschlag desselben Betreuers diese Daten beim Betreuer abfragen.

Satz 4 beinhaltet nicht die Mitteilung des Umfangs der geführten Verfahrenspflegschaften der vorzuschlagenden Verfahrenspfleger.

§ 9 BtBG [Sonstige Vorschriften]

¹Die Aufgaben, die der Behörde nach anderen Vorschriften obliegen, bleiben unberührt. ²Zuständige Behörde im Sinne dieser Vorschriften ist die örtliche Behörde.

---

7 So LG Braunschweig v. 27.7.2004, 8 T 645/04, FamRZ 2005, 304.

Nach S. 1 obliegen der Behörde neben den im BtBG geregelten Aufgaben noch andere bundesrechtliche Aufgaben, die von den Regelungen des BtBG unberührt bleiben.

Behörden haben weitere Aufgaben nach dem BGB, FamFG oder VBVG wahrzunehmen.

Sonstige Aufgaben der Betreuungsbehörden sind nach dem
BGB:

- **§ 1792 Abs. 1 S. 2 Hs 2 BGB iVm § 1908 i Abs. 1 S. 1 BGB:**
  Die Behörde kann als Gegenvormund bestellt werden. Bei Bestellung der Behörde als Gegenvormund sind die damit zusammenhängenden Rechte und Pflichten zu beachten.
- **§ 1802 Abs. 2 und 3 BGB:**
  Die Behörde hat bei der Erstellung des Vermögensverzeichnisses durch den Betreuer einen Beamten zur Hilfestellung bereitzuhalten, sofern der Betreuer die Unterstützung wünscht. Gleichzeitig kann das Betreuungsgericht bei Erstellung eines ungenügenden Vermögensverzeichnisses anordnen, dass die Behörde das Verzeichnis aufnimmt.
- **§ 1887 Abs. 2 S. 3 BGB iVm § 1895 BGB iVm § 1908 i Abs. 1 S. 1 BGB:**
  Die Behörde soll einen Antrag auf Entlassung aus dem Amt als Betreuer stellen, wenn eine andere geeignete Person als Betreuer bestellt werden kann und dies dem Wohl des Betreuten dient.
- **§ 1897 Abs. 2 S. 2 BGB:**
  Ein Mitarbeiter der Behörde darf nur zum Betreuer bestellt werden, wenn die für ihn zuständige Behörde ihre Einwilligung dazu erklärt hat.
- **§ 1897 Abs. 7 BGB:**
  Vor der erstmaligen Bestellung eines Betreuers als Berufsbetreuer soll das Betreuungsgericht die Behörde zur Eignung des ausgewählten Betreuers und zu den nach § 1 Abs. 1 S. 1 VBVG 2. Alternative zu treffenden Feststellungen anhören. Gleichzeitig soll die Behörde die ausgewählte Person auffordern, ein Führungszeugnis sowie eine Auskunft aus dem Schuldnerverzeichnis vorzulegen.
- **§ 1900 Abs. 4 BGB:**
  Die Behörde überträgt die Wahrnehmung der Aufgaben aus der ihr übertragenen Betreuung auf einen einzelnen Mitarbeiter. Die Abs. 2 und 3 gelten dabei entsprechend.
- **§ 1901 BGB:**
  Die Behörde hat bei der Übertragung von Betreuungen auf sie selbst die gleichen Rechte und Pflichten im Rahmen der Führung von Betreuungen wahrzunehmen.
- **§ 1908 b Abs. 4 BGB:**
  Die Behörde hat das Recht, die Entlassung eines Behördenbetreuers zu beantragen. Hierbei handelt es sich um die Entlassung des als Einzelbetreuer bestellten Behördenmitarbeiters.

3 FamFG:

Für Verfahren in Betreuungs- und Unterbringungssachen gilt der Allgemeine Teil des FamFG (§§ 1–110 FamFG). Die Spezialbestimmungen sind im 3. Buch festgelegt.

3. Buch Abschnitt 1 – Verfahren in Betreuungssachen

- § 274 Abs. 3 FamFG:
  Aus § 274 ergeben sich die Beteiligten in Betreuungssachen, die Vorschrift knüpft an § 7 FamFG an. Abs. 3 enthält eine Sondervorschrift über die Beteiligung der Behörde. Die Behörde ist nicht von Amts wegen, sondern auf ihren Antrag als Beteiligte im Verfahren hinzuzuziehen. Als Verfahrensgegenstände werden Entscheidungen über die Bestellung eines Betreuers oder die Anordnung eines Einwilligungsvorbehaltes oder über Umfang, Inhalt oder Bestand derartiger Entscheidungen beschrieben.

- § 276 FamFG:
  Ob die Behörde als Verfahrenspfleger bestellt werden kann, ist zumindest nicht per Gesetz ausgeschlossen. Ggf erhält die Behörde für ihren als Verfahrenspfleger bestellten Bediensteten nach § 277 Abs. 4 S. 3 FamFG keine Vergütung und keinen Aufwendungsersatz.

- § 278 FamFG:
  Sofern sich der Betroffene im Verfahren zur Bestellung eines Betreuers oder vor der Anordnung eines Einwilligungsvorbehaltes weigert, persönlich zur Anhörung zu erscheinen, kann das Betreuungsgericht den Betroffenen durch die Behörde vorführen lassen, Abs. 5. Der Gesetzgeber hat dabei nicht die Beteiligung entsprechender Vollzugsorgane vorgesehen, sondern diese Aufgabe direkt der Behörde zugewiesen. Der Gesetzgeber ging davon aus, dass die Behörde durch ihre im Umgang mit psychisch kranken oder behinderten Menschen ausgebildeten Mitarbeiter einen sachgerechten Umgang mit dem Betroffenen in schwierigen Situationen gewährleistet.[1] Abs. 6 stellt sicher, dass das Anwenden von Gewalt durch die Behörde eine eigene richterliche Entscheidung verlangt. Die Behörde ist befugt, erforderlichenfalls um die Unterstützung der polizeilichen Vollzugsorgane nachzusuchen. Ebenfalls ist nach Abs. 7 für das Betreten und Durchsuchen der Wohnung sowie für das gewaltsame Öffnen ohne Einwilligung des Betroffenen eine gerichtliche Anordnung erforderlich. Bei Gefahr im Verzug kann die Anordnung nach Abs. 1 durch die Behörde erfolgen.

- § 279 Abs. 2 FamFG:
  Die Behörde erhält Gelegenheit zur Äußerung vor der Bestellung eines Betreuers oder vor der Anordnung eines Einwilligungsvorbehaltes, wenn das Betreuungsgericht ihr dazu Gelegenheit gibt. Die Behörde hat sich demnach nur zu äußern, wenn das Betreuungsgericht an die Behörde diesbezüglich herantritt. Das Betreuungsgericht hat dann die Behörde heranzuziehen, wenn entweder der Betroffene es wünscht oder aber das Betreuungsgericht die Äußerung für sachdienlich hält.

---

[1] BT-Drucks. 11/4528, 172.

- § 283 FamFG:
  Das Betreuungsgericht kann anordnen, dass die Behörde den Betroffenen zur das Gutachten vorbereitenden Untersuchung vorführt. Abs. 2 stellt sicher, dass das Anwenden von Gewalt durch die Behörde eine eigene richterliche Entscheidung verlangt. Die Behörde ist befugt, erforderlichenfalls um die Unterstützung der polizeilichen Vollzugsorgane nachzusuchen. Ebenfalls ist nach Abs. 3 für das Betreten und Durchsuchen der Wohnung sowie für das gewaltsame Öffnen ohne Einwilligung des Betroffenen eine gerichtliche Anordnung erforderlich. Bei Gefahr im Verzug kann die Anordnung durch die Behörde erfolgen.
- § 284 Abs. 3 FamFG:
  Das Betreuungsgericht kann anordnen, dass die Behörde den Betroffenen zur Vorbereitung des Gutachtens zur Beobachtung und der damit zusammenhängenden Unterbringung vorführt.
  Gewalt anwenden und die Wohnung ohne Einwilligung des Betroffenen betreten darf die Behörde nur, wenn dies durch das Gericht ausdrücklich angeordnet wurde, § 283 Abs. 2 und 3 FamFG gilt entsprechend.
- § 288 Abs. 2 FamFG:
  Der Behörde sind Beschlüsse über die Betreuerbestellung oder die Anordnung eines Einwilligungsvorbehaltes oder Beschlüsse über Umfang, Inhalt oder Bestand einer solchen Maßnahme bekannt zu geben. Andere Beschlüsse sind der Behörde bekannt zu geben, wenn sie vor dem Erlass angehört wurde. Gegen solche Entscheidungen steht ihr gem. § 303 FamFG ein Recht zur Beschwerde zu.
- § 291 FamFG:
  Sofern der Betroffene gegen die Auswahl der Person, der die Behörde die Wahrnehmung der Betreuung übertragen hat, eine Entscheidung beantragt hat, kann das Betreuungsgericht von der Behörde verlangen, eine andere Person zu benennen. Dies trifft nur dann zu, wenn bei der Auswahl nicht dem Vorschlag des Betroffenen entsprochen wurde, ohne dass dafür gewichtige Gründe vorliegen, oder aber wenn die durch die Behörde vorgeschlagene Person dem Wohl des Betroffenen zuwiderläuft.
- §§ 293, 295, 296 FamFG:
  Hier sind die Beteiligungen der Behörden in weiteren betreuungsrechtlichen Verfahren wie der Erweiterung des Aufgabenkreises des Betreuers und der Erweiterung des Kreises der einwilligungsbedürftigen Willenserklärungen (§ 293 FamFG), die Verlängerung einer Betreuung oder die Anordnung eines Einwilligungsvorbehaltes (§ 295 FamFG), der Neubestellung eines Betreuers nach § 1908 c BGB benannt.
- § 297 Abs. 2 FamFG:
  Für die Fälle der Einwilligung eines Betreuers in die Sterilisation nach § 1905 BGB erhält die Behörde die Gelegenheit zur Äußerung, wenn es der Betroffene verlangt oder es der Sachaufklärung dient.
- § 303 FamFG:
  § 303 FamFG ergänzt die Regelungen des Allgemeinen Teils über die Beschwerdeberechtigung nach § 59 FamFG. Nach Abs. 1 steht der Behörde gegen die Entscheidungen über die Bestellung eines Betreuers, die Anordnung eines Einwilligungsvorbehaltes sowie gegen Umfang, Inhalt oder Be-

stand dieser Maßnahmen die Beschwerde zu. Ihr steht ein Beschwerderecht auch dann zu, wenn die Entscheidung nicht von Amts wegen, sondern auf Antrag des Betroffenen ergangen ist. Die Neuregelung soll der Behörde die Möglichkeit eröffnen, eine Überprüfung dieser Betreuungen zu veranlassen.

- § 308 FamFG:
  Die Regelung beinhaltet ein Mitteilungsrecht des Betreuungsgerichts für die Fälle, in denen dieses die Mitteilung der Entscheidung an die betreffenden Behörden für erforderlich hält, um eine erhebliche Gefahr für das Wohl des Betroffenen, Dritter oder der öffentlichen Sicherheit abzuwenden. Die Mitteilung der Entscheidung muss der Erfüllung der den Empfängern obliegenden gesetzlichen Aufgaben dienen.

3. Buch Abschnitt 2 – Verfahren in Unterbringungssachen

- § 315 FamFG:
  Die Beteiligten in Unterbringungssachen ergeben sich aus § 315 FamFG; die Vorschrift knüpft an § 7 FamFG an. Abs. 3 enthält eine Sondervorschrift über die Beteiligung der Behörde. Die Behörde ist nicht von Amts wegen, sondern auf ihren Antrag als Beteiligte im Verfahren hinzuzuziehen.

- § 318 FamFG iVm § 317 FamFG:
  Zur Verfahrenspflegschaft in Unterbringungsverfahren s. Parallelregelung zu § 277 Abs. 4 S. 3 FamFG.

- § 319 FamFG:
  Sofern sich der Betroffene in Verfahren nach § 312 FamFG weigert, persönlich zur Anhörung zu erscheinen, kann das Betreuungsgericht den Betroffenen durch die Behörde vorführen lassen, Abs. 5. Das Anwenden von Gewalt durch die Behörde verlangt eine eigene richterliche Entscheidung nach Abs. 6. Die Behörde ist dann befugt, erforderlichenfalls um die Unterstützung der polizeilichen Vollzugsorgane nachzusuchen. Für das gewaltsame Öffnen, Betreten und Durchsuchen der Wohnung des Betroffenen ohne dessen Einwilligung ist ebenfalls eine gerichtliche Anordnung erforderlich, Abs. 7. Bei Gefahr im Verzug kann die Anordnung nach Abs. 1 durch die Behörde erfolgen.

- § 320 FamFG:
  Das Gericht soll in Unterbringungssachen die Behörde anhören.

- § 322 FamFG:
  Für die Vorführung zur Untersuchung und die Unterbringung zur Begutachtung gelten die §§ 283 und 284 FamFG entsprechend.

- § 325 FamFG:
  Das Gericht hat der Behörde die Entscheidung, durch die eine Unterbringungsmaßnahme genehmigt, angeordnet oder aufgehoben wird, bekannt zu geben. Der Behörde ist der Beschluss stets bekannt zu geben, nachdem sie in Unterbringungssachen gemäß § 320 FamFG angehört werden soll.

- § 326 FamFG:
  Die Behörde hat den Betreuer oder den Bevollmächtigten auf deren Wunsch bei der Zuführung zur Unterbringung nach § 312 Abs. 1 FamFG

zu unterstützen. Hier wird erstmals dem Bevollmächtigten iSd § 1896 Abs. 2 S. 2 BGB eine Unterstützung durch die Behörde eingeräumt.
Abs. 2 stellt sicher, dass das Anwenden von Gewalt durch die Behörde eine eigene richterliche Entscheidung verlangt. Die Behörde ist befugt, erforderlichenfalls um die Unterstützung der polizeilichen Vollzugsorgane nachzusuchen. Ebenfalls ist nach Abs. 3 für das Betreten der Wohnung ohne Einwilligung des Betroffenen eine gerichtliche Entscheidung erforderlich, es sei denn, es besteht Gefahr im Verzug. Ebenfalls ist nach Abs. 3 für das Betreten und Durchsuchen der Wohnung sowie für das gewaltsame Öffnen ohne Einwilligung des Betroffenen eine gerichtliche Anordnung erforderlich. Bei Gefahr im Verzug kann die Anordnung nach Abs. 1 durch die Behörde erfolgen.

- § 335 FamFG:
  Abs. 4 regelt das Beschwerderecht der Behörde.
- § 338 FamFG:
  Die Regelung beinhaltet ein Mitteilungsrecht des Betreuungsgerichts, Parallelregelung zu § 308 FamFG.

VBVG:
- § 10 VBVG:
  Bis zum 30.6.2005 im § 1908k BGB geregelt. Die Behörde hat die entsprechenden Meldungen der Berufsbetreuer entgegenzunehmen. Gleichzeitig kann sie die Versicherung an Eides Statt über die Richtigkeit der Angaben verlangen. Sie ist berechtigt und auf Verlangen des Betreuungsgerichts verpflichtet, diese Mitteilung an das Betreuungsgericht zu übermitteln.
  S. 2 verweist darauf, dass als zuständige Behörde iS anderer Vorschriften stets die örtliche Behörde anzusehen ist.[2]

---

2 BT-Drucks. 11/4528, 200.

Gesetz über die Vergütung von Vormündern und Betreuern (Vormünder- und Betreuervergütungsgesetz – VBVG)

Vom 21. April 2005 (BGBl. I S. 1073)
(FNA 400-16)
zuletzt geändert durch Art. 53 FGG-ReformG vom 17. Dezember 2008
(BGBl. I S. 2586)

Übersicht vor § 1 VBVG

1 Das Vormünder- und Betreuervergütungsgesetz (VBVG), welches das frühere Berufsvormündervergütungsgesetz ersetzt, aber auch weit über dieses hinausgeht, beinhaltet den Kern der Reform durch das Zweite Betreuungsrechtsänderungsgesetz vom 21.4.2005.[1] In ihm sind die Regelungen der Vergütung und des Aufwendungsersatzes für beruflich tätige Vormünder, Betreuer und Pfleger zusammengefasst. Das Gesetz ist wie folgt aufgebaut:[2]

2
- Die §§ 1 und 2 VBVG enthalten für alle Berufsgruppen geltende **allgemeine Vorschriften** über die Voraussetzungen der Berufsmäßigkeit und die Inanspruchnahme der Staatskasse bei Mittellosigkeit des Mündels/Betreuten/Pfleglings (§ 1 VBVG) sowie über die Frist zur Geltendmachung des Vergütungsanspruchs (§ 2 VBVG).
- § 3 VBVG regelt die Vergütung beruflich tätiger **Vormünder**. Diese erhalten eine Vergütung nach der tatsächlich aufgewandten und erforderlichen Zeit. Gem. § 277 Abs. 2 FamFG gilt § 3 VBVG auch für die **Verfahrenspfleger**, soweit diese keinen festen Geldbetrag gem. § 277 Abs. 3 FamFG erhalten, sowie gem. § 1915 Abs. 1 BGB für die **sonstigen Pfleger**, wenn der Pflegling mittellos ist.
- Die §§ 4–9 VBVG regeln die Vergütung der beruflich tätigen **Betreuer**.
- Gem. §§ 4, 5 VBVG erhalten diese grundsätzlich eine **pauschale Vergütung**, welche auch den Aufwendungsersatz sowie die Umsatzsteuer abdeckt.
- § 6 VBVG behandelt **Ausnahmefälle**, in denen eine konkrete Abrechnung nach § 3 VBVG stattfindet.
- § 7 VBVG regelt Vergütung und Aufwendungsersatz der **Vereinsbetreuer**, indem er auf die §§ 4–6 VBVG verweist.
- § 8 VBVG behandelt die Ansprüche der **Behördenbetreuer**, indem er auf die §§ 1835, 1836 Abs. 2 BGB Bezug nimmt.
- § 9 VBVG regelt das **Entstehen des Anspruchs** auf pauschale Vergütung nach §§ 4, 5 VBVG.
- § 10 VBVG enthält Regelungen über die **Mitteilungen an die Betreuungsbehörde**,

---

[1] BGBl. I, 1073, die Gesetzesbegründung findet sich in BT-Drucks. 15/4874, 68 ff und BT-Drucks. 15/2494. Vgl auch die Übersicht vor §§ 1835 ff BGB.
[2] Für einen Überblick geordnet nach Berufsgruppen vgl die Übersicht vor §§ 1835 ff BGB Rn 4 ff.

- § 11 VBVG enthält Regelungen über die **Umschulung** und **Fortbildung** von Berufsvormündern und -betreuern.

§ 1 VBVG Feststellung der Berufsmäßigkeit und Vergütungsbewilligung

(1) ¹Das Familiengericht hat die Feststellung der Berufsmäßigkeit gemäß § 1836 Abs. 1 Satz 2 des Bürgerlichen Gesetzbuchs zu treffen, wenn dem Vormund in einem solchen Umfang Vormundschaften übertragen sind, dass er sie nur im Rahmen seiner Berufsausübung führen kann, oder wenn zu erwarten ist, dass dem Vormund in absehbarer Zeit Vormundschaften in diesem Umfang übertragen sein werden. ²Berufsmäßigkeit liegt im Regelfall vor, wenn

1. der Vormund mehr als zehn Vormundschaften führt oder
2. die für die Führung der Vormundschaft erforderliche Zeit voraussichtlich 20 Wochenstunden nicht unterschreitet.

(2) ¹Trifft das Familiengericht die Feststellung nach Absatz 1 Satz 1, so hat es dem Vormund oder dem Gegenvormund eine Vergütung zu bewilligen. ²Ist der Mündel mittellos im Sinne des § 1836d des Bürgerlichen Gesetzbuchs, so kann der Vormund die nach Satz 1 zu bewilligende Vergütung aus der Staatskasse verlangen.

I. Einleitung

1. Inhalt und Zweck der Norm

Die Vorschrift steht in unmittelbarem Zusammenhang mit § 1836 BGB und normiert die Voraussetzungen, bei deren Vorliegen das Gericht die berufsmäßige und damit entgeltliche Führung der Betreuung gem. § 1836 Abs. 1 S. 2 BGB festzustellen hat.

Nach dem Wortlaut von § 1 Abs. 1 VBVG liegt eine berufsmäßige Führung der Betreuung vor, wenn dem Betreuer in einem solchen Umfang Betreuungen übertragen sind, dass er sie

- entweder nur im Rahmen seiner Berufsausübung führen kann,
- oder wenn zu erwarten ist, dass ihm in absehbarer Zeit Betreuungen in einem solchen Umfang übertragen werden.

2. Anwendungsbereich

Im Betreuungsrecht gilt § 1 VBVG für die **beruflich tätigen Betreuer** sowie gem. § 277 Abs. 2 FamFG für die **beruflich tätigen Verfahrenspfleger**,[1] und zwar unabhängig davon, ob der Betreute bemittelt ist oder nicht.[2]

3. Bedeutung

Für die beruflich tätigen Betreuer und Verfahrenspfleger hat die Vorschrift große Bedeutung, da sie die Voraussetzungen festlegt, unter denen sie für ihre Tätigkeit eine **Vergütung** erhalten können.

---

1 Zu den Besonderheiten für diese Berufsgruppe vgl § 277 FamFG Rn 13 ff.
2 Im letzteren Fall ordnet Abs. 2 S. 2 den Eintritt der Staatskasse an, vgl hierzu Rn 17.

II. Die Voraussetzungen der Vergütungsbewilligung
1. Umfang der Betreuung

5 Der Wortlaut von § 1 Abs. 1 VBVG stellt ausdrücklich nur auf den Umfang der übertragenen Betreuungen ab. Ausweislich der durch den Rechtsausschuss gegebenen Begründung zu § 1836 Abs. 1 S. 3 BGB aF soll eine Berufsmäßigkeit jedoch immer schon dann vorliegen, wenn der übertragene Aufgabenkreis ohnehin schon zu einer Berufstätigkeit – die auch andere Geschäfte als Betreuungen umfassen kann – gehört.[3] Ausdrücklich erwähnt die Gesetzesbegründung einen Rechtsanwalt, dem die Betreuung in dieser Funktion, oder einen Steuerberater, dem als solchem die Vermögenssorge übertragen wurde. Wie bereits vor Inkrafttreten von § 1836 Abs. 1 S. 3 BGB aF zum 1.1.1999[4] wird daher auch in der danach ergangenen Rechtsprechung eine Berufsmäßigkeit der geführten Betreuung bejaht, wenn die **berufliche Qualifikation** des Betreuers den Ausschlag zu seiner Bestellung gab und es sich bei ihrer Übernahme nicht um die Erfüllung einer allgemeinen staatsbürgerlichen Pflicht iSd § 1898 Abs. 1 BGB handelt.[5] Dies kann auch bei einer einzigen geführten Betreuung der Fall sein.[6]

6 Der Umstand, dass es sich bei der berufsmäßigen Führung der Betreuung um eine **Nebentätigkeit** handelt, ist unschädlich.[7] Umgekehrt ist es jedoch auch nicht ausgeschlossen, dass jemand neben einer Tätigkeit als Berufsbetreuer einzelne Betreuungen ehrenamtlich führt.[8]

2. Erwartung eines größeren Umfangs an Betreuungen (Abs. 1 S. 1 Alt. 2)

7 Eine Berufsmäßigkeit ist nicht nur anzunehmen, wenn die Voraussetzungen im Zeitpunkt der Feststellung gem. § 1836 Abs. 1 S. 2 BGB bereits tatsächlich vorliegen, sondern auch, wenn dies erst in der Zukunft zu erwarten ist. Die Regelung bezieht sich vor allem auf **Berufsanfänger**, die sich erst einen Bestand an geführten Betreuungen aufbauen müssen. Bei der zu treffenden **Prognose** kann der Zeitraum eines Jahres zugrunde gelegt werden.[9] Innerhalb dieser Zeit muss die Übertragung von im Regelfall mindestes 11 Betreuungen zu erwarten sein.

Sinnvollerweise wird das Gericht vor seiner diesbezüglichen Entscheidung die Betreuungsbehörde anhören.[10]

3. Die Regelvermutungen des Abs. 1 S. 2 Nr. 1

8 Abs. 1 S. 2 enthält zwei Regelvermutungen, nach denen ohne weitere Prüfung eine Berufsmäßigkeit bejaht werden kann.

---

3 BT-Drucks. 13/10331, S. 27.
4 Vgl zur älteren Rechtsprechung zB die Übersicht bei BtKomm/Dodegge, 1. Aufl., Abschn. F Rn 74.
5 OLG Frankfurt/M. FamRZ 2001, 790, 791; KG NJW 2011, 1824 für einen Rechtsanwalt.
6 So zB LG München I FamRZ 2000, 981 (LS) für einen Rechtsanwalt.
7 So BVerfG FamRZ 1999, 568 (Justizangestellte mit Nebentätigkeitsgenehmigung; noch zum Recht vor 1999); OLG Frankfurt/M. FamRZ 2001, 790 (nebenberufliche Freiberuflichkeit eines angestellten Berufsbetreuers).
8 LG Chemnitz FamRZ 2001, 253.
9 BtKomm/Dodegge, Abschn. F Rn 79.
10 BtKomm/Dodegge, aaO.

a) Nach **Nr. 1** liegt regelmäßig eine Berufsmäßigkeit vor, wenn der Betreuer 9
mehr als **10 Betreuungen** (gleichzeitig) führt bzw dies für die Zukunft zu
erwarten ist. Diese Alternative hat praktisch die weitaus größere Bedeutung.

b) Nach **Nr. 2** gilt dasselbe, wenn der erforderliche Zeitaufwand für die Betreuungen/Verfahrenspflegschaften voraussichtlich mindestens **20 Wochenstunden** beträgt. Gem. § 4 Abs. 3 S. 2 VBVG findet diese Alternative jedoch auf die Berufsbetreuer, die eine pauschalierte Vergütung gem. §§ 4, 5 VBVG erhalten, keine Anwendung. Der Grund ist, dass für die Ermittlung der Wochenstunden die pauschalen Stundenansätze des § 5 VBVG zugrunde zu legen wären, für die es auf die **tatsächlich geleistete Arbeit** nicht ankommt.[11] Nach den dort zugrunde gelegten monatlichen Stundenansätzen ist der Fall, dass ein Betreuer mit weniger als 11 Betreuungen auf 20 oder mehr (abrechenbare) Wochenstunden kommt, praktisch nicht denkbar.[12] 10

Im Betreuungsrecht ist Nr. 2 danach nur für die seltenen Ausnahmefälle 11
des § 6 VBVG, in denen eine Vergütung nach § 3 VBVG gewährt wird, sowie für die Verfahrenspfleger anwendbar. Auch hier dürfte es jedoch kaum Fälle geben, in denen ein Sterilisations-, Verhinderungsbetreuer oder Verfahrenspfleger für weniger als 11 Fälle mehr als 19 Wochenstunden arbeiten muss. De facto gilt Nr. 2 daher nur im Vormundschaftsrecht.

c) Liegen die Voraussetzungen der Regelvermutung von Abs. 1 S. 2 vor, ist 12
ohne Weiteres die Berufsmäßigkeit festzustellen. Umgekehrt ist dann, wenn ein Betreuer 10 oder weniger Betreuungen führt, nur in den oben unter Rn 5 geschilderten Ausnahmefällen eine Vergütung zu gewähren.

4. Verein und Behörde

Werden ein Verein oder eine Behörde zum Betreuer bestellt, bedarf es keiner 13
Feststellung der Berufsmäßigkeit. Denn gem. § 1836 Abs. 3 BGB erhalten beide, wenn sie als solche bestellt werden, ohnehin keine Vergütung. Ist ein Vereinsmitarbeiter als Betreuer bestellt, bestimmt § 7 Abs. 1 S. 1 VBVG, dass dem Verein (ohne die Prüfung nach Abs. 1) immer gem. Abs. 2 eine Vergütung zu gewähren ist (vgl § 7 VBVG Rn 6). Seine Tätigkeit gilt also immer als eine berufsmäßige. Für einen Behördenbetreuer wiederum kann der Behörde nur ausnahmsweise gem. § 8 Abs. 1 VBVG iVm § 1836 Abs. 2 BGB eine Vergütung zuerkannt werden (vgl § 8 VBVG Rn 4, 5).

III. Die Feststellung der Berufsmäßigkeit (Abs. 2 S. 1)

Abs. 2 S. 1 stellt klar, dass dem Gericht **kein Ermessen** zukommt. Liegen die 14
Voraussetzungen des Abs. 1 vor, muss die Feststellung erfolgen.[13] Auf der anderen Seite steht die Feststellung auch **nicht zur Disposition des Betreuers**. Diesem kommt nicht etwa ein Wahlrecht zwischen der Feststellung der Berufs-

---

11 Vgl § 5 VBVG Rn 1.
12 Selbst wenn er nur Fälle iSv § 5 Abs. 1 S. 2 Nr. 1 betreuen würde (was kaum je vorkommen und sich überdies spätestens nach drei Monaten ändern würde), benötigte er mindestens 10 Fälle: 10 (Fälle) x 8 (Monatsstunden) = 80 (Monatsstunden); 80 (Monatsstunden) : 4 = 20 (Wochenstunden).
13 Soergel/Zimmermann, § 1836 BGB Rn 9.

mäßigkeit (mit der Folge einer pauschalierten Vergütung gem. §§ 4 und 5 VBVG) und zB einer Vergütung nach Abs. 2 oder einer Inanspruchnahme der den Ehrenamtlichen vorbehaltenen pauschalen Aufwandsentschädigung gem. § 1835 a BGB zu.[14] Hiervon unberührt ist jedoch die Möglichkeit, dass das Gericht einen sonst berufsmäßig tätigen Betreuer in einem Einzelfall wegen dessen persönlicher Nähe (zB zu einem Familienangehörigen) als ehrenamtlich tätigen Betreuer bestellt.[15]

15 Die Feststellung hat gem. § 1836 Abs. 1 S. 2 BGB bei der Bestellung des Betreuers zu erfolgen. Sie ist positiv wie negativ **konstitutiv** und für die spätere Vergütungsbewilligung bindend.[16] Es ist daher weder ihre rückwirkende Aufhebung möglich,[17] noch eine Aberkennung des Vergütungsanspruchs für die Zukunft, wenn sich der Tätigkeitsumfang anders entwickelt, als nach Abs. 1 S. 1 Alt. 2 prognostiziert.[18] Da die Frage der Feststellung der Berufsmäßigkeit unmittelbar mit der Auswahl des Betreuers verbunden ist,[19] kommt auch in dem umgekehrten Fall des nachträglichen Vorliegens der Voraussetzungen einer Berufsmäßigkeit eine Änderung der Betreuung in eine berufsmäßige nicht in Betracht.[20] Lagen jedoch die Voraussetzungen einer berufsmäßigen Führung der Betreuung (oder Verfahrenspflegschaft) bei der Bestellung vor und ist deren Feststellung verfahrenswidrig unterblieben, kann diese rückwirkend vom Beschwerdegericht nachgeholt werden.[21] Eine bestimmte Form ist für die Feststellung nicht vorgesehen. Die Rechtsprechung lässt daher auch zB einen Aktenvermerk ausreichen.[22] Anders als vor 1999 genügt eine „konkludente" Feststellung jedoch nicht.[23]

16 Die Feststellung kann mit der Festlegung eines bestimmten Stundensatzes nach §§ 3, 4 VBVG verbunden werden. Geschieht dies, ist die Festlegung für das spätere Bewilligungsverfahren bindend.[24]

IV. Mittellosigkeit des Betreuten (Abs. 2 S. 2)

17 Abs. 2 S. 2 bestimmt, dass der **Betreuer** dann, wenn der **Betreute mittellos** ist, für die ihm nach S. 1 zustehende Vergütung die **Staatskasse in Anspruch** nehmen kann. Die Regelung gilt für den Vergütungsanspruch des berufsmäßig tätigen Betreuers iSv Abs. 1. Für den ehrenamtlichen Betreuer bestimmt § 1836 Abs. 2 BGB, dass diesem bei Mittellosigkeit des Betreuten keine Vergütung zuerkannt werden kann. Die Parallelvorschrift für den Aufwendungsersatz (so-

---

14 Soergel/Zimmermann, § 1836 BGB Rn 7; MK/Wagenitz, § 1836 BGB Rn 8.
15 LG München I FamRZ 1999, 1235.
16 BGH FamRZ 2006, 111; MK/Wagenitz, § 1836 BGB Rn 6.
17 BayObLG BtPrax 2000, 34.
18 OLG Brandenburg, BtPrax 2012, 166. Dies gilt natürlich nur für laufende, nicht für neu zu übernehmende Betreuungen.
19 Vgl § 1897 Abs. 6 S. 1 BGB: Vorrang des Ehrenamts!
20 Anderer Auffassung: LG Dessau-Roßlau FamRZ 2012, 1326.
21 OLG Karlsruhe NJWE-FER 2001, 312; OLG Dresden FamRZ 2003, 935; OLG Brandenburg FamRZ 2004, 1403; OLG Naumburg FamRZ 2009, 370 und 2010, 836 (LS); im Ergebnis ebenso OLG Hamm BtPrax 2008, 136.
22 OLG Brandenburg FamRZ 2004, 1403 m.Anm. Bienwald in dem Fall eines Verfahrenspflegers; aA: MK/Wagenitz, § 1836 BGB Rn 6: Beschluss erforderlich.
23 So zu Recht Bienwald aaO; a. A.: OLG Hamm FamRZ 2004, 1324 (LS) und (wohl) auch OLG Naumburg FamRZ 2010, 836.
24 Vgl MK/Wagenitz, § 1836 BGB Rn 7 mwN.

weit dieser nicht in dem Inklusivstundensatz des § 4 VBVG enthalten ist, nämlich teilweise bei den Sonderfällen des § 6 VBVG (vgl dort Rn 7) findet sich in § 1835 Abs. 4 S. 1 BGB sowie für die pauschale Aufwandsentschädigung des ehrenamtlichen Betreuers in § 1835a Abs. 3 BGB. Der Anspruch des **Verfahrenspflegers** richtet sich unabhängig von der Mittellosigkeit des Betreuten immer gegen die Staatskasse (§ 277 Abs. 5 S. 1 FamFG).

Die Beurteilung der Mittellosigkeit richtet sich nach **§ 1836d BGB**, der wiederum auf die Regelung des § 1836c BGB Bezug nimmt (für die Voraussetzungen vgl die dortige Kommentierung). Für den Zeitpunkt der Mittellosigkeit kommt es auf die Entscheidung über den Vergütungsantrag in der letzten Tatsacheninstanz an (vgl § 1836d BGB Rn 13). 18

V. Die Höhe der Vergütung

Die Höhe der Vergütung der beruflich tätigen Vormünder, Betreuer und Pfleger ist in den §§ 3–8 VBVG geregelt. Für einen Überblick vgl die Übersicht vor § 1 VBVG sowie die Übersicht vor § 1835ff BGB. Wegen der Einzelheiten wird auf die Kommentierung der entsprechenden Vorschriften verwiesen. 19

VI. Verfahrensrechtliches

Die Feststellung der Berufsmäßigkeit erfolgt bei der Bestellung des Betreuers in dem konkreten Betreuungsverfahren. Sie kann auf Antrag des Betreuers oder von Amts wegen ergehen. Zumindest eine Anregung seitens des Betreuers unter Angabe der erforderlichen Tatsachen ist jedoch sinnvoll, insbesondere, wenn die Umstände der Berufsmäßigkeit (etwa aus anderen Verfahren) bei dem Gericht nicht bekannt sind. Für die Feststellung ist eine Form nicht vorgeschrieben, sie kann im Beschluss der Betreuerbestellung, durch eine Verfügung oder einen Aktenvermerk erfolgen (vgl Rn 15). 20

Zuständig ist der **Richter**. Dies gilt auch, wenn die Feststellung der Betreuerbestellung zeitlich nachfolgt. Denn wegen der gem. § 1897 Abs. 6 S. 1 BGB vorrangig zu prüfenden Bestellung eines ehrenamtlichen Betreuers ist die Feststellung der Berufsmäßigkeit unmittelbar mit der Auswahlentscheidung verknüpft.[25] 21

Wird die Feststellung verweigert, steht dem Betreuer die **Beschwerde** gem. §§ 58ff FamFG zu.[26] Der Beschwerdewert von 600 EUR gem. § 61 Abs. 3 Nr. 2 FamFG wird dabei gem. § 25 Abs. 2 KostO in der Regel erreicht sein. Weder die Staatskasse[27] noch die Betreuungsbehörde[28] haben gegen die Feststellung der Berufsmäßigkeit ein (isoliertes) Beschwerderecht. 22

---

25 BayObLG FamRZ 2001, 1484.
26 BayObLG BtPrax 2001, 124; OLG Frankfurt/M. FamRZ 2001, 790 zum alten Recht.
27 OLG Hamm BtPrax 2000, 265; BayObLG FamRZ 2001, 1484.
28 OLG Hamm BtPrax 2006, 187 = FamRZ 2006, 1785.

§ 2 VBVG Erlöschen der Ansprüche

¹Der Vergütungsanspruch erlischt, wenn er nicht binnen 15 Monaten nach seiner Entstehung beim Familiengericht geltend gemacht wird; die Geltendmachung des Anspruchs beim Familiengericht gilt dabei auch als Geltendmachung gegenüber dem Mündel. ²§ 1835 Abs. 1 a des Bürgerlichen Gesetzbuchs gilt entsprechend.

I. Einleitung

1 Die Vorschrift bestimmt das **Erlöschen des Vergütungsanspruchs**. Sie entspricht § 1836 Abs. 2 S. 4 BGB aF, korrespondiert mit der Regelung des § 1835 Abs. 1 S. 3 BGB für den Aufwendungsersatz und ist auf alle Ansprüche des VBVG anwendbar, gilt also für alle Vergütungsansprüche der Berufsvormünder, -betreuer und Verfahrenspfleger (§ 277 Abs. 2 S. 2 FamFG) einschließlich der Vereinsbetreuer. Keine Anwendung findet sie auf die Behördenbetreuer. Denn diese erhalten keine Vergütung nach dem VBVG, sondern gem. § 8 Abs. 1 VBVG (ausnahmsweise) nach § 1836 Abs. 2 BGB. Dieser Anspruch verjährt nach § 195 BGB in drei Jahren (vgl § 8 VBVG Rn 14). **Zweck** der Regelung ist es, „den Betreuer zur zügigen Geltendmachung seiner Ansprüche anzuhalten und so möglichst zu verhindern, dass Ansprüche zu einer Höhe auflaufen, die die Leistungsfähigkeit des Betroffenen überfordert, dessen Mittellosigkeit begründet und damit eine Eintrittspflicht der Staatskasse auslöst, die bei rechtzeitiger Inanspruchnahme ... nicht begründet gewesen wäre."[1]

II. Der Inhalt der Regelung

1. Die Berechnung der Frist

2 Der Vergütungsanspruch des Betreuers muss binnen **15 Monaten** nach seiner Entstehung beim Familiengericht (Betreuungsgericht) geltend gemacht werden. Dabei wird die Frist nur in der Höhe gewahrt, in welcher der Vergütungsanspruch auch tatsächlich geltend gemacht wird; Nachforderungen nach Fristablauf sind ausgeschlossen.[2]

Grundsätzlich entsteht der Anspruch mit der Ausführung der geschuldeten Tätigkeit.[3] Die pauschale Betreuervergütung gem. §§ 4, 5 VBVG ist jedoch unabhängig von dem tatsächlichen Tätigwerden des Betreuers. Hinzu kommt, dass sie gem. § 9 VBVG erst jeweils nach Ablauf von drei Monaten geltend gemacht werden kann. Da es dem ersichtlichen Gesetzeszweck entspricht, dem Betreuer (entsprechend zB § 1835 Abs. 1 S. 3 BGB) 15 Monate Zeit zu gewähren, um seinen Anspruch geltend zu machen, wäre es unbillig und widersinnig, wenn die Frist des § 2 VBVG (uU bereits bis zu drei Monaten) liefe, bevor dies überhaupt möglich ist. § 2 S. 1 iVm § 9 S. 1 VBVG ist daher dahin gehend zu verstehen, dass der Anspruch erst jeweils nach Ablauf von drei Monaten entsteht und erst dann die Frist zu laufen beginnt.[4] Die Ausschlussfrist endet 15 Monate später.

---

1 BT-Drucks. 13/7158, 27 (zu § 1836 BGB aF); 15/4874, 30.
2 OLG Hamm BtPrax 2009, 130 = FGPrax 2009, 161.
3 BGH FamRZ 2008, 1611 = BtPrax 2008, 207; BGH v. 13.3.2013, XII ZB 26/12, Rn 20.
4 BGH v. 13.3.2013, XII ZB 26/12, Rn 19 ff. Zu dem Meinungsstand vor dieser Entscheidung vgl die Vorauflage.

Beispiel: 3

Ein Betreuer wird am 15.7.2012 bestellt. Gem. §§ 9 S. 1, 5 Abs. 4 VBVG, § 188 Abs. 2 BGB endet die Abrechnungsperiode drei Monate später am 15.10.2012, so dass der Anspruch mit dem Ablauf dieses Tages entstanden ist. Gem. § 187 Abs. 2 BGB[5] beginnt die Ausschlussfrist des S. 1 am folgenden Tag zu laufen und endet gem. § 188 Abs. 2 zweite Alternative 15 Monate später am 15.1.2014.

Erfolgt die Vergütung nach § 3 VBVG – Vormünder, **(Verfahrens-)Pfleger,** 4 Sonderfälle der Betreuung – entsteht der Vergütungsanspruch mit der Erbringung der Leistung, so dass ab diesem Termin die Frist zu laufen beginnt.[6] Für die Berechnung gilt das obige Beispiel entsprechend.

2. Die Geltendmachung des Anspruchs

Anders als beim Aufwendungsersatz des § 1835 BGB und der pauschalen Auf- 5 wandsentschädigung des § 1835 a BGB muss der Betreuer seinen Anspruch auf Vergütung **immer beim Betreuungsgericht** geltend machen. Gem. S. 1 Hs 2 gilt diese auch als Geltendmachung gegenüber dem Betreuten. Auch wenn dem Betreuer die Vermögenssorge zusteht, kommt eine Entnahme der Vergütung aus dem Vermögen des Betreuten nicht in Betracht.[7] Als Geltendmachung kommt entweder ein Antrag auf Festsetzung gem. § 168 Abs. 1 S. 1 FamFG oder – bei Ansprüchen gegen die Staatskasse – ein bloßer Zahlungsantrag gem. § 168 Abs. 1 S. 4 FamFG in Frage.[8] Zur Wahrung der Frist genügt die Bezifferung des Anspruchs, Belege können nachgereicht werden.[9]

3. Die Wirkung der Frist

Bei der Frist des S. 1 handelt es sich um eine **Ausschlussfrist**. Sie ist von Amts 6 wegen zu beachten. Eine Belehrung über die Folgen der Fristversäumung durch das Gericht ist nicht vorgeschrieben und – da es sich um beruflich tätige Betreuer und Verfahrenspfleger handelt – auch nicht geboten.[10] Nach Fristablauf ist eine Wiedereinsetzung in den vorherigen Stand nicht möglich. Die Versäumung kann allenfalls nach Treu und Glauben unbeachtlich sein.[11]

4. Abweichende Fristbestimmung durch das Gericht gem. S. 2

Wie bei dem Anspruch auf Aufwendungsersatz kann nach S. 2 iVm § 1835 7 Abs. 1 a BGB auch bei dem Vergütungsanspruch nach dem VBVG das Betreuungsgericht eine von S. 1 abweichende Frist von mindestens zwei Monaten bestimmen. Wie bei § 1835 Abs. 1 S. 3, Abs. 1 a BGB (vgl § 1835 BGB Rn 27)

---

5 Da es sich – anders als bei § 5 VBVG – um eine Fristberechnung handelt, ist § 187 BGB direkt anwendbar.
6 OLG Schleswig BtPrax 2002, 271 (LS), vgl auch § 3 VBVG Rn 13.
7 Für die andere Rechtslage bei Aufwendungsersatz und Aufwandsentschädigung vgl § 1835 BGB Rn 30 ff.
8 Zu den Einzelheiten des Verfahrens vgl die Kommentierung zu § 168 FamFG.
9 Vgl KG Rpfleger 2011, 605 und MDR 2013, 411: entscheidend ist, dass dem Kostenbeamten die Prüfung und Feststellung der (zutreffenden) Vergütungshöhe möglich ist.
10 Vgl OLG Dresden FamRZ 2004, 137; BayObLG FamRZ 2004, 1137.
11 OLG Frankfurt/M. BtPrax 2001, 257.

muss die Fristverlängerung ausdrücklich erfolgen;[12] in ihr ist über die Folgen der Fristversäumung zu belehren. Auf Antrag (vor Fristablauf) kann die Frist verlängert werden.

5. Regress

8 Mangels Einbeziehung in die Regelung gilt § 2 VBVG für den Regress des Betreuten oder der Staatskasse gegen den Betreuer wegen zu viel gezahlter Vergütung nicht. Der Rückforderungsanspruch verjährt vielmehr gem. § 2 Abs. 4 S. 1 JVEG (Behörde) bzw §§ 195, 199 Abs. 1 BGB (Betreuter), also im Regelfall in **drei Jahren** nach Ablauf des Kalenderjahres, in dem die Zahlung erfolgt ist. Eine analoge Anwendung der Ausschlussfrist des § 2 VBVG kommt nicht zuletzt mangels vergleichbarer Interessenlage nicht in Betracht.[13] Denn Zweck der Vorschrift ist es gerade, den Betreuten und die Staatskasse zu schonen (vgl Rn 1). Dem liefe eine analoge Anwendung der (kurzen) Ausschlussfrist auf den Regressanspruch zuwider.[14]

§ 3 VBVG Stundensatz des Vormunds

(1) [1]Die dem Vormund nach § 1 Abs. 2 zu bewilligende Vergütung beträgt für jede Stunde der für die Führung der Vormundschaft aufgewandten und erforderlichen Zeit 19,50 Euro. [2]Verfügt der Vormund über besondere Kenntnisse, die für die Führung der Vormundschaft nutzbar sind, so erhöht sich der Stundensatz

1. auf 25 Euro, wenn diese Kenntnisse durch eine abgeschlossene Lehre oder eine vergleichbare abgeschlossene Ausbildung erworben sind;
2. auf 33,50 Euro, wenn diese Kenntnisse durch eine abgeschlossene Ausbildung an einer Hochschule oder durch eine vergleichbare abgeschlossene Ausbildung erworben sind.

[3]Eine auf die Vergütung anfallende Umsatzsteuer wird, soweit sie nicht nach § 19 Abs. 1 des Umsatzsteuergesetzes unerhoben bleibt, zusätzlich ersetzt.

(2) [1]Bestellt das Familiengericht einen Vormund, der über besondere Kenntnisse verfügt, die für die Führung der Vormundschaft allgemein nutzbar und durch eine Ausbildung im Sinne des Absatzes 1 Satz 2 erworben sind, so wird vermutet, dass diese Kenntnisse auch für die Führung der dem Vormund übertragenen Vormundschaft nutzbar sind. [2]Dies gilt nicht, wenn das Familiengericht aus besonderen Gründen bei der Bestellung des Vormunds etwas anderes bestimmt.

(3) [1]Soweit die besondere Schwierigkeit der vormundschaftlichen Geschäfte dies ausnahmsweise rechtfertigt, kann das Familiengericht einen höheren als den in Absatz 1 vorgesehenen Stundensatz der Vergütung bewilligen. [2]Dies gilt nicht, wenn der Mündel mittellos ist.

(4) Der Vormund kann Abschlagszahlungen verlangen.

---

12 OLG Schleswig FGPrax 2006, 119; OLG München BtPrax 2008, 124.
13 LG Detmold BtPrax 2012, 33; aA: LG Münster FamRZ 2011, 1689; LG Dessau-Roßlau BtPrax 2012, 173.
14 LG Detmold, aaO.

I. Einleitung

1. Inhalt der Norm

§ 3 VBVG regelt die **Vergütung des Vormunds**. Abs. 1 und 2 entsprechen § 1 Abs. 1 und 2 des früheren Berufsvormündervergütungsgesetzes (BVormVG). Lediglich die Stundensätze wurden durch das 2. BtÄndG erhöht. Abs. 3 entspricht § 1836 Abs. 3 BGB aF, Abs. 4 entspricht § 1836 Abs. 2 S. 2 BGB aF. Die Regelung hat das frühere System der Vergütung des Vormunds beibehalten: Es werden die tatsächlich geleisteten und erforderlichen Stunden vergütet. Anders als die Betreuervergütung gem. § 4 VBVG enthält § 3 VBVG Netto-Stundensätze, dh die Umsatzsteuer ist zusätzlich zu erstatten. Zudem erhält der Vormund seine Aufwendungen gem. § 1835 BGB in voller Höhe erstattet.

Sollte es – erwartungsgemäß – zu einer vollständigen Freistellung beruflich tätiger Betreuer von der Umsatzsteuer kommen,[1] folgt hieraus ein Problem: Denn auch in diesem Fall bleiben die Inklusivstundensätze des § 4 VBVG unverändert; dh die (ursprüngliche eingerechnete) Umsatzsteuer ist nicht etwa „herauszurechnen", wenn sie tatsächlich gar nicht geschuldet und gezahlt wird.[2] Anders als der Gesetzgeber des Jahres 2005, als nach damals allgemeiner Ansicht Berufsbetreuer umsatzsteuerpflichtig waren, dies wollte, wäre der für die gemäß § 3 entlohnten Vormünder, Betreuer und Verfahrenspfleger gezahlte Stundensatz daher geringer als bei einer Bezahlung nach § 4. Da es hierfür – unabhängig von dem Widerspruch zu dem Willen des historischen Gesetzgebers – auch keinen sachlichen Grund gibt, dürfte eine Art. 3 Abs. 1 GG widersprechende und damit verfassungswidrige Situation entstehen. Um dieser zu begegnen, käme in Betracht, im Wege verfassungskonformer Auslegung/Gesetzesanwendung in allen Fällen die Inklusivstundensätze des § 4 anzuwenden.

2. Anwendungsbereich

Abs. 1 und 2 gilt für **Vormünder, Verfahrenspfleger** (§ 277 Abs. 2 S. 2 FamFG Ausnahme: der Verfahrenspfleger erhält einen festen Geldbetrag gem. § 277 Abs. 3 FamFG) und die in § 6 VBVG geregelten Sonderfälle der Betreuung (**Sterilisationsbetreuer, Verhinderungsbetreuer** bei rechtlicher Verhinderung).[3] Auf die Berufsbetreuer im Übrigen findet die Vergütungspauschalierung gem. §§ 4 und 5 VBVG Anwendung. Die Abs. 3 und 4 gelten nur für Vormünder sowie die Sonderfälle der Betreuung gem. § 6 VBVG. § 3 VBVG gilt in seinem Anwendungsbereich gleichermaßen bei **unbemittelten wie bemittelten Betreuten.** Nur bei Letzteren besteht jedoch die Möglichkeit einer Erhöhung des Stundensatzes gem. Abs. 3.

3. Zweck der Regelung

§ 3 VBVG hat für die in Rn 2 aufgeführten sehr unterschiedlichen Gruppen das frühere System der Vergütung der tatsächlich aufgewandten und erforderlichen Zeit beibehalten, statt sie in die pauschalierte Betreuervergütung gem. §§ 4, 5 VBVG einzubeziehen. Der Grund hierfür liegt bei den Sterilisations-

---

[1] Vgl die Kommentierung zu § 4 VBVG Rn 44 ff.
[2] BGH v. 20.3.2013, XII ZB 207/12, Rn 8 ff.
[3] Vgl zB OLG Celle FamRZ 2008, 1213. Verhinderungsbetreuer aus tatsächlichen Gründen erhalten gem. § 6 S. 2 VBVG eine zeitanteilige Pauschalvergütung.

und Verhinderungsbetreuern darin, dass diese nur punktuell tätig werden, weswegen die Gewährung einer Monatspauschale gem. § 5 VBVG nicht passt. Die Vormünder waren nicht Gegenstand der rechtstatsächlichen Untersuchung, welche die Datengrundlage für die Pauschalierung lieferte (vgl § 5 VBVG Rn 17), weswegen diese Gruppe nicht in die Pauschalierung einbezogen werden konnte. Für die Verfahrenspfleger treffen beide Gründe zu. Hier besteht allerdings gem. § 277 Abs. 3 FamFG eine spezielle Möglichkeit der Pauschalierung.

4. Bedeutung

4 Die Bedeutung von § 3 VBVG ist begrenzt. Von den seltenen Ausnahmefällen des § 6 VBVG abgesehen, gilt die Vorschrift im Betreuungsrecht nur für die Verfahrenspfleger, soweit sie keine Pauschale gem. § 277 Abs. 3 FamFG erhalten.

II. Vergütung der aufgewandten und erforderlichen Zeit (Abs. 1 S. 1)

5 Die berufsmäßig tätigen Vormünder und Verfahrenspfleger (soweit sie keinen festen Geldbetrag gem. § 277 Abs. 3 FamFG erhalten) sowie die besonderen Betreuer des § 6 VBVG erhalten die tatsächlich aufgewandte und erforderliche Zeit vergütet. Abrechenbar sind Tätigkeiten, die für die Erfüllung der übertragenen Aufgaben erforderlich sind. Hierzu gehören grundsätzlich nur solche, die der Betreuer in dem ihm übertragenen Aufgabenkreis erbringt und die er nach den Umständen des Einzelfalls für erforderlich halten durfte.[4] Entsprechendes gilt für die Verfahrenspfleger.[5]

III. Die Staffelung der Stundensätze gem. Abs. 1 S. 2

6 Der Stundensatz, mit dem die aufgewandte und erforderliche Zeit vergütet wird, ist gem. Abs. 1 S. 2 nach der **beruflichen Qualifikation** des Betreuers **gestaffelt**.

7 Die **Systematik**, mithilfe derer er ermittelt wird, ist folgende:

Ausgangspunkt ist der **Basisstundensatz von 19,50 EUR** gem. Abs. 1 S. 1. Diesen Betrag kann ein beruflich tätiger Vormund/Verfahrenspfleger/Betreuer in jedem Fall verlangen.

Gem. Abs. 1 S. 2 erhöht sich dieser Stundensatz, wenn der Vormund
1. über „besondere" Kenntnisse verfügt, die
2. für die Führung der Betreuung nutzbar sind.

Der Stundensatz erhöht sich auf **25 EUR**, wenn die zu berücksichtigenden Kenntnisse

a) entweder durch eine abgeschlossene Lehre oder

b) durch eine vergleichbare abgeschlossene Ausbildung erworben sind oder

c) der Betreuer eine entsprechende Nachqualifikation gem. § 11 VBVG durchlaufen hat.

---

[4] BayObLG BtPrax 1999, 73; FamRZ 2002, 638.
[5] BayObLG FamRZ 2005, 391 m.Anm. Bienwald.

Der Stundensatz erhöht sich auf **33,50 EUR**, wenn die zu berücksichtigenden Kenntnisse
a) entweder durch eine abgeschlossene Ausbildung an einer Hochschule oder
b) durch eine vergleichbare abgeschlossene Ausbildung erworben sind oder
c) der Betreuer eine entsprechende Nachqualifikation durchlaufen hat.

Abgesehen von der Höhe der Stundensätze und dem Umstand, dass es sich um **Netto-Beträge** (ohne Umsatzsteuer und Auslagen) handelt, ist die Systematik die gleiche wie bei § 4 VBVG. Insbesondere sind die Vergütungsstufen und deren Voraussetzungen dieselben. Für die weiteren Einzelheiten wird daher auf § 4 VBVG Rn 8 ff Bezug genommen. 8

IV. Die Vermutung allgemeiner Nutzbarkeit besonderer Kenntnisse (Abs. 2)

Liegen besondere Kenntnisse iSv Abs. 1 S. 2 vor, die für die Führung einer Betreuung allgemein nutzbar sind, wird gem. Abs. 2 S. 1 vermutet, dass dies auch für die Führung der konkreten Betreuung gilt. Letzteres ist nicht der Fall, wenn das Gericht aus besonderen Gründen bei der Bestellung des Betreuers etwas anderes bestimmt (Abs. 2 S. 2).[6] 9

V. Die Erhöhung des Stundensatzes bei bemittelten Betreuten (Abs. 3)

Gem. Abs. 3 S. 1 kann das Gericht einen höheren Stundensatz als nach Abs. 1 vorgesehen bewilligen, wenn die besondere Schwierigkeit der Geschäfte dies ausnahmsweise rechtfertigt. Nach S. 2 gilt dies nicht, wenn der Betreute iSv §§ 1836 c, 1836 d BGB mittellos ist. Im Betreuungsrecht findet diese Bestimmung **nur auf die Sonderfälle gem. § 6 VBVG** (also Sterilisationsbetreuer und Verhinderungsbetreuer bei rechtlicher Verhinderung) Anwendung. Für die übrigen Betreuer und die Verfahrenspfleger gilt sie nicht. Ihr Anwendungsbereich im Betreuungsrecht ist also äußerst gering. 10

Der **Zweck** der nach dem Ausgeführten praktisch nur im Vormundschaftsrecht geltenden Regelung ist folgender: Nach § 1836 Abs. 2 S. 2 BGB aF bestimmte sich die Vergütung des Betreuers eines bemittelten Betreuten nach den Fachkenntnissen des Betreuers sowie nach dem Umfang und der Schwierigkeit seiner Geschäfte. Die Stundensätze des § 1 BVormVG galten bei Bemittelten nicht direkt. Allerdings waren sie nach der Rechtsprechung des Bundesgerichtshofes[7] dennoch regelmäßig der Vergütungsbemessung zugrunde zu legen. Nur in Ausnahmefällen war die Gewährung höherer Sätze möglich. Diese richterrechtliche Rechtslage wurde durch das 2. BtÄndG kodifiziert:[8] Gem. Abs. 1 gelten die dortigen Stundensätze auch für Bemittelte. Für besondere Ausnahmefälle schafft Abs. 3 jedoch die Möglichkeit, diese zu erhöhen. Eine besondere Schwierigkeit kann zB bei sehr schwieriger Persönlichkeit und schwierigem Verhalten des Betreuten gegeben sein.[9] Angesichts dessen, dass Sterilisations- 11

---

[6] Für die näheren Einzelheiten vgl § 4 VBVG Rn 32 ff.
[7] BGH BtPrax 2001, 30; vgl auch BayObLG FamRZ 2005, 133 mwN.
[8] Vgl die Gesetzesbegründung in BT-Drucks. 15/4874, 71.
[9] Vgl für weitere Einzelheiten BtKomm/Dodegge, Abschn. F Rn 137, der dort in Fn 475 einen anschaulichen, extremen Fall schildert.

und Verhinderungsbetreuer nur punktuell tätig werden, werden diese Voraussetzungen jedoch nur selten gegeben sein.

VI. Abschlagszahlungen (Abs. 4)

12 Gem. Abs. 4 haben Vormünder, Sterilisations- und (rechtliche) Verhinderungsbetreuer (anders als die übrigen Betreuer) einen **Anspruch** auf Abschlagszahlungen. Für diese wird eine Beantragung in vierteljährlichem Abstand als angemessen angesehen.[10] Da die Sterilisations- und Verhinderungsbetreuer in aller Regel kürzer tätig sein werden, dürfte die Bestimmung im Betreuungsrecht kaum eine Rolle spielen.

VII. Geltendmachung

1. Entstehen des Anspruchs, Verzinsung

13 Der Anspruch auf Vergütung gem. § 3 VBVG entsteht mit der Ausführung der zu vergütenden Tätigkeit.[11] Ab diesem Zeitpunkt läuft die Ausschlussfrist des § 2 VBVG (vgl hierzu § 2 VBVG Rn 4). Da der Anspruch erst durch die gerichtliche Festsetzung (vgl hierzu Rn 14 sowie § 168 FamFG Rn 7 ff) und damit durch eine Gestaltungsentscheidung konkretisiert wird, tritt Fälligkeit jedoch erst mit der Rechtskraft des Festsetzungsbeschlusses ein.[12] Erst ab diesem Zeitpunkt kommt daher eine Verzinsung gem. § 291 BGB[13] oder § 286 BGB in Betracht. Mangels Anwendbarkeit von § 256 BGB ist die Rechtslage also anders als beim Aufwendungsersatz (vgl zu diesem § 1835 BGB Rn 25).

2. Verfahrensrechtliches

14 Anders als beim Aufwendungsersatz des § 1835 BGB und der pauschalen Aufwandsentschädigung des § 1835 a BGB muss der Betreuer seinen Anspruch auf Vergütung immer beim **Betreuungsgericht** geltend machen. Gem. § 2 S. 1 Hs 2 VBVG gilt dies auch als Geltendmachung gegenüber dem Betreuten. Auch wenn dem Betreuer die Vermögenssorge zusteht, kommt eine Entnahme der Vergütung aus dem Vermögen des Betreuten nicht in Betracht (für die andere Rechtslage bei Aufwendungsersatz und Aufwandsentschädigung vgl § 1835 BGB Rn 30). Zur Geltendmachung des Zeitaufwandes genügt eine plausible Darstellung; ggf kann das Gericht den abrechenbaren Aufwand gem. § 287 ZPO schätzen.[14] Das Verfahren richtet sich nach § 168 FamFG. In Betracht kommt entweder ein Antrag auf Festsetzung gem. § 168 Abs. 1 S. 1 FamFG oder – bei Ansprüchen gegen die Staatskasse – ein bloßer Zahlungsantrag gem. § 168 Abs. 1 S. 4 FamFG (zu den Einzelheiten des Verfahrens vgl die Kommentierung zu § 168 FamFG).

---

10 BtKomm/Dodegge, Abschn. F Rn 141 mwN.
11 BGH FamRZ 2012, 627; BGH v. 13.3.2013, XII ZB 26/12, Rn 20; OLG Schleswig BtPrax 2002, 271 (LS); OLG Brandenburg ZKJ 2008, 123; MK/Wagenitz, § 3 VBVG Rn 9.
12 BayObLG FamRZ 2002, 767; Palandt/Grüneberg, § 286 BGB Rn 14 mwN, vgl auch näher § 1835 a BGB Rn 13.
13 BayObLG aaO.
14 ZB BayObLG FamRZ 1998, 1052; LG München II v. 8.2.2008, 6 T 186/08; für eine ausführliche Darstellung der Rspr vgl Deinert/Lütgens, Die Vergütung des Betreuers, Rn 764 ff.

§ 4 VBVG Stundensatz und Aufwendungsersatz des Betreuers

(1) ¹Die dem Betreuer nach § 1 Abs. 2 zu bewilligende Vergütung beträgt für jede nach § 5 anzusetzende Stunde 27 Euro. ²Verfügt der Betreuer über besondere Kenntnisse, die für die Führung der Betreuung nutzbar sind, so erhöht sich der Stundensatz

1. auf 33,50 Euro, wenn diese Kenntnisse durch eine abgeschlossene Lehre oder eine vergleichbare abgeschlossene Ausbildung erworben sind;
2. auf 44 Euro, wenn diese Kenntnisse durch eine abgeschlossene Ausbildung an einer Hochschule oder durch eine vergleichbare abgeschlossene Ausbildung erworben sind.

(2) ¹Die Stundensätze nach Absatz 1 gelten auch Ansprüche auf Ersatz anlässlich der Betreuung entstandener Aufwendungen sowie anfallende Umsatzsteuer ab. ²Die gesonderte Geltendmachung von Aufwendungen im Sinne des § 1835 Abs. 3 des Bürgerlichen Gesetzbuchs bleibt unberührt.

(3) ¹§ 3 Abs. 2 gilt entsprechend. ²§ 1 Abs. 1 Satz 2 Nr. 2 findet keine Anwendung.

I. Einleitung 1	c) Nachqualifikation gem. § 11 Abs. 2 VBVG 31
1. Überblick über Inhalt und Zweck der Regelung; Verfassungsmäßigkeit 1	III. Die Nutzbarkeit der besonderen Kenntnisse gem. Abs. 1 S. 2 32
2. Anwendungsbereich 4	1. Allgemeine Nutzbarkeit 32
3. Bedeutung 5	2. Vermutung der konkreten Nutzbarkeit 33
II. Die Staffelung der Stundensätze gem. Abs. 1 8	3. Ausschließbarkeit der Vermutung 34
1. Die Systematik der Staffelung 9	IV. Der Inklusivstundensatz (Abs. 2 S. 1) 35
2. Der Basisstundensatz von 27 EUR 11	1. Allgemeines 35
3. Die Erhöhung des Stundensatzes 14	2. Bedeutung für die Gerichte 37
a) Das Vorliegen „besonderer" Kenntnisse 14	3. Bedeutung für die Berufsbetreuer 38
b) Erwerb der Kenntnisse durch Ausbildung 15	4. Bedeutung für die Betreuungsvereine 40
4. Der Stundensatz von 33,50 EUR 16	V. Die Abrechenbarkeit beruflicher Dienste als Aufwendungen (Abs. 2 S. 2) 41
a) Abgeschlossene Lehre ... 17	
b) Einer Lehre vergleichbare Ausbildungen 20	VI. Die Vermutung der konkreten Nutzbarkeit besonderer Kenntnisse (Abs. 3, § 3 Abs. 2 VBVG) 43
c) Nachqualifikation gem. § 11 Abs. 1 VBVG 23	VII. Steuerliche Behandlung 44
5. Der Stundensatz von 44 EUR 24	1. Umsatzsteuer 44
a) Abgeschlossenes Studium 25	2. Einkommensteuer, Gewerbesteuer 46
b) Einer Ausbildung an einer Hochschule vergleichbare Ausbildungen 28	VIII. Verfahrensrechtliches 47

Maier

I. Einleitung

1. Überblick über Inhalt und Zweck der Regelung; Verfassungsmäßigkeit

1 Die §§ 4 und 5 VBVG stellen den **Kern der Regelung** des Rechts der Vergütung und des Aufwendungsersatzes für Berufsbetreuer dar. Im Ergebnis sind beide von den tatsächlichen Gegebenheiten des konkreten Falles vollständig losgelöst. Stattdessen wird als Pauschale ein **fester Geldbetrag** gezahlt. Die Ermittlung des für den jeweiligen Fall geltenden Pauschalbetrages setzt sich dabei aus zwei Komponenten zusammen:

1. dem für den jeweiligen Betreuer geltenden **Stundensatz** (in EUR) gem. § 4 VBVG und
2. dem für die jeweilige Betreuung geltenden Stundenansatz (einem pauschalierten durchschnittlichen **Zeitaufwand**) gem. § 5 VBVG.

Beide Werte miteinander multipliziert ergeben den zu zahlenden Pauschalbetrag. Gem. § 4 Abs. 2 VBVG werden durch diesen alle Ansprüche auf Vergütung und Aufwendungsersatz sowie auch eine zu zahlende Umsatzsteuer abgegolten.

Durchgreifende verfassungsrechtliche Bedenken gegen die Pauschalvergütung bestehen nicht. Denn zwar enthält sie eine Berufsausübungsregelung iSv Art. 12 Abs. 1 GG; jedoch wird sie von vernünftigen Gründen des Allgemeinwohls getragen und ist nicht unverhältnismäßig.[1]

2 Anders als gem. § 3 Abs. 3 VBVG bei den Berufsvormündern gibt es für den Bereich der Berufsbetreuer **keine Möglichkeit der Erhöhung** des Stundensatzes. Die Stundensätze sind auch bei der Betreuung von Bemittelten fest. Eine analoge Anwendung von § 3 Abs. 3 VBVG kommt mangels Regelungslücke nicht in Betracht.[2]

Verfassungsrechtliche Bedenken bestehen auch insoweit nicht. Denn Art. 3 Abs. 1 GG gebietet keine Ungleichbehandlung dahin gehend, dass die Betreuung vermögender Personen – zumal wenn sie gleich aufwändig ist! – besser vergütet werden müsste als diejenige unbemittelter.[3] Einen Ausgleich liefert zudem § 5 VBVG, wonach die pauschalen Zeitansätze (und damit im Ergebnis der zu zahlende Pauschalbetrag) bei Bemittelten (Abs. 1) höher sind als bei Mittellosen (Abs. 2).

3 Der Grund für die etwas kompliziert geregelte (praktisch aber einfache) Ermittlung der Pauschale ist, dass einerseits die unterschiedlichen Vergütungsstufen des alten BVormVG aufrechterhalten werden sollten. Andererseits sollte die Höhe der Pauschale nach der Dauer der Betreuung gestaffelt sowie danach

---

1 OLG Karlsruhe FamRZ 2007, 2008 = FGPrax 2008, 107 und Beschl. v. 8.5.2009, 11 Wx 18/08; OLG Celle BtPrax 2008, 171 = Rpfleger 2008, 478. Einen Vorlagebeschluss des OLG Braunschweig (FamRZ 2007, 303) hat das BVerfG (FamRZ 2007, 622) als unzulässig verworfen, da eine Verfassungswidrigkeit der §§ 4 und 5 VBVG nicht hinreichend dargelegt sei. Gleiches gilt für einen Vorlagebeschluss des LG München I (FamRZ 2011, 1642 = BtPrax 2011, 255). Auch die Einbeziehung der Umsatzsteuer in den Stundensatz ist verfassungsrechtlich unbedenklich, vgl BVerfG FamRZ 2009, 1123. Für weitere Einzelheiten vgl § 5 Rn 10.
2 OLG München BtPrax 2007, 30 = FamRZ 2007, 675; OLG Celle BtPrax 2008, 171 = Rpfleger 2008, 487.
3 BVerfG FamRZ 2000, 729, 731: OLG Celle BtPrax 2008, 171 = Rpfleger 2008, 487; vgl außerdem BVerfG FamRZ 2009, 1123 zur Berücksichtigung der Umsatzsteuer.

differenziert werden, ob der Betreute in einem Heim oder zu Hause lebt. Die Angabe von Stundenansätzen in § 5 VBVG macht zudem die Herleitung transparenter, als wenn unmittelbar Euro-Beträge angegeben würden.

2. Anwendungsbereich

Die Vorschrift gilt zusammen mit § 5 VBVG für alle **Berufsbetreuer** unabhängig davon, ob der Betreute bemittelt oder mittellos ist. Lediglich § 6 VBVG enthält zwei Ausnahmen für die Sterilisationsbetreuer und die Verhinderungsbetreuer im Falle rechtlicher Verhinderung des Hauptbetreuers. Gem. § 7 Abs. 1 VBVG gilt die Vorschrift auch für die Vereinsbetreuer.

Keine Anwendung findet § 4 VBVG auf die Behördenbetreuer (§ 8 VBVG). Ebenso wenig gilt die Regelung für die Verfahrenspfleger. Deren Vergütung richtet sich nach § 277 Abs. 2 und 3 FamFG iVm § 3 VBVG.

3. Bedeutung

Als Grundnormen für die Bemessung der Vergütung der Berufsbetreuer haben die §§ 4 und 5 VBVG zentrale Bedeutung.

Für die Gerichte bedeutet die Pauschalierung der §§ 4, 5 VBVG gegenüber der Rechtslage vor Inkrafttreten des 2. BtÄndG eine große Arbeitserleichterung, da die zu zahlende Vergütung einschließlich des Aufwendungsersatzes feststeht und keine Stundenabrechnungen mehr geprüft werden müssen. Lediglich die Eingruppierung in die drei Vergütungsstufen ist zu ermitteln und festzulegen. Da die Nutzbarkeit allgemein vorhandener besonderer Kenntnisse (Abs. 1) gem. Abs. 3 iVm § 3 Abs. 2 VBVG im konkreten Fall vermutet wird, ist auch insoweit eine Einzelfallprüfung nicht erforderlich (vgl hierzu Rn 32, 33).

Für die Betreuer bedeutet die Pauschalierung der §§ 4, 5 VBVG ebenfalls eine Arbeitserleichterung, da sie weder die geleisteten Stunden noch ihre Aufwendungen abrechnen müssen.[4] Die Eingruppierung in die Vergütungsgruppen des Abs. 1 schafft eine Differenzierung hinsichtlich der Vergütungshöhe, die einfach zu handhaben ist.[5]

II. Die Staffelung der Stundensätze gem. Abs. 1

Abs. 1 staffelt den (dann mit dem Stundenansatz gem. § 5 VBVG zu multiplizierenden) Stundensatz **nach der beruflichen Qualifikation** des Betreuers. Die Vorschrift entspricht insoweit genau dem früheren § 1 Abs. 1 BVormVG, nur wurden die Stundensätze erhöht und in diese Aufwendungsersatz und Umsatzsteuer einbezogen. Dies war Teil des politischen Kompromisses zwischen Bund und Ländern während der Beratungen im Bundestag.

1. Die Systematik der Staffelung

Die Systematik, mithilfe derer der jeweils gültige Stundensatz festgestellt wird, ist kompliziert. Sie wird daher zunächst im Überblick dargestellt und sodann im Einzelnen erläutert.

---

4 Zu den weiteren Folgen der pauschalen Stundenansätze vgl § 5 Rn 6 ff VBVG; zu den Folgen der Pauschalierung des Aufwendungsersatzes vgl Rn 35 ff.
5 Vgl die Gesetzesbegründung in BT-Drucks. 13/7158, 14.

10 Ausgangspunkt ist der **Basisstundensatz von 27 EUR** gem. Abs. 1 S. 1. Diesen Betrag kann ein beruflich tätiger Betreuer in jedem Fall verlangen.

Gem. Abs. 1 S. 2 erhöht sich dieser Stundensatz, wenn der Betreuer

1. über „besondere" Kenntnisse verfügt, die
2. für die Führung der Betreuung nutzbar sind.

Der Stundensatz erhöht sich auf **33,50 EUR**, wenn die zu berücksichtigenden Kenntnisse

a) entweder durch eine **abgeschlossene Lehre** oder
b) durch eine vergleichbare abgeschlossene Ausbildung erworben sind oder
c) der Betreuer eine entsprechenden Nachqualifikation gem. § 11 VBVG durchlaufen hat.

Der Stundensatz erhöht sich auf **44 EUR**, wenn die zu berücksichtigenden Kenntnisse

a) entweder durch eine abgeschlossene Ausbildung an einer **Hochschule** oder
b) durch eine vergleichbare abgeschlossene Ausbildung erworben sind oder
c) der Betreuer eine entsprechende Nachqualifikation durchlaufen hat.

Liegen derartige Kenntnisse vor, die für die Führung einer Betreuung **allgemein nutzbar** sind, wird gem. Abs. 3 iVm § 3 Abs. 2 S. 1 VBVG vermutet, dass diese Kenntnisse auch für die Führung der konkreten Betreuung nutzbar sind. Letzteres gilt nicht, wenn das Gericht aus besonderen Gründen bei der Bestellung des Betreuers etwas anderes bestimmt (§ 3 Abs. 2 S. 2 VBVG).

Die Entscheidung, ob die Voraussetzungen einer Erhöhung des Stundensatzes gegeben sind, obliegt der wertenden Betrachtungsweise des Tatrichters.[6]

2. Der Basisstundensatz von 27 EUR

11 Der Basisstundensatz beträgt 27 EUR einschließlich Aufwendungsersatz und Umsatzsteuer.[7] Um diesen zu erhalten, ist **keine besondere Qualifikation** des Betreuers erforderlich. Das Gesetz macht dadurch deutlich, dass es kein bestimmtes Berufsbild des Betreuers gibt. Seine Aufgabe ist grundsätzlich nur, die Fähigkeiten zu kompensieren, die dem Betreuten aufgrund seiner Krankheit oder Behinderung fehlen. Ein besonderer Sachverstand ist daher für die Führung einer Betreuung nicht erforderlich, es genügt der „gesunde Menschenverstand". Alles andere würde auch dem in §§ 1897 Abs. 6, 1836 Abs. 1 S. 1 BGB festgeschriebenen Prinzip des Vorrangs des Ehrenamtes widersprechen. Wie zu § 1836 BGB Rn 7 dargelegt, würde das Betreuungswesen ohne den überwiegenden Einsatz Ehrenamtlicher zusammenbrechen. Bei diesen handelt es sich jedoch ganz überwiegend um Familienangehörige, die – außer ihrer persönlichen und emotionalen Nähe zu dem Betreuten – keine besondere Qualifikation aufweisen. Durch die Etablierung eines standardisierten Berufsbildes des (Berufs-)Betreuers entstünde eine gefährliche „Lücke" zwischen den „hoch professionell" durch besonders qualifizierte Berufsbetreuer und den „unprofessionell" durch Ehrenamtliche Betreuten. Die Gefahr einer Desavouierung des Ehrenamtes wäre die Folge.

---

6 BGH FamRZ 2012, 113 = BtPrax 2012, 27.
7 Zur Einbeziehung von Aufwendungsersatz und Umsatzsteuer vgl näher Rn 35 ff.

Den Stundensatz von 27 EUR gem. Abs. 1 S. 1 erhalten alle Berufsbetreuer ohne Ausbildung, wie zB Hausmann oder Hausfrau. Er gilt jedoch ebenfalls für Berufsbetreuer, die zwar eine Ausbildung absolviert haben, diese jedoch für die Betreuung nicht nutzbar ist (vgl S. 2).[8]

Ebenfalls nur den Basisstundensatz erhalten Betreuer, die eine Ausbildung begonnen, aber nicht abgeschlossen[9] oder ihre Fachkenntnisse nicht durch eine Ausbildung erworben haben.[10] Akademische Ausbildungen sind mit dem Examen abgeschlossen, einer Referendarausbildung bedarf es nicht.[11]

3. Die Erhöhung des Stundensatzes
a) Das Vorliegen „besonderer" Kenntnisse

Erste Voraussetzung für eine Erhöhung der Stundensätze ist gem. § 4 Abs. 1 S. 2, dass der Betreuer über „besondere" Kenntnisse verfügt. Hiermit sind Kenntnisse gemeint, die in einem bestimmten Fachgebiet **über das Allgemeinwissen deutlich hinausgehen**.[12] Die Fähigkeit, zB gut Briefe schreiben oder liebevoll mit kranken Menschen umgehen zu können, sind keine solchen besonderen Kenntnisse. Erforderlich sind darüber hinausgehende Kenntnisse, zB rechtlicher, kaufmännischer, psychologischer oder pflegerischer Art.[13]

b) Erwerb der Kenntnisse durch Ausbildung

Die besonderen Kenntnisse müssen **durch eine Ausbildung oder Nachqualifikation** gem. § 11 Abs. 1 erworben sein. Der Erwerb durch Lebens- oder Berufserfahrung oder durch eine Fortbildung reicht nicht aus.[14] Dies gilt auch für die Fremdsprachkenntnisse eines „Muttersprachlers".[15]

4. Der Stundensatz von 33,50 EUR

Den erhöhten Stundensatz von 33,50 EUR erhalten Betreuer, deren nutzbare Kenntnisse durch

- eine abgeschlossene Lehre oder
- eine vergleichbare abgeschlossene Ausbildung oder
- eine Nachqualifikation nach § 11 Abs. 1 VBVG erworben wurden.

a) Abgeschlossene Lehre

Eine Lehre meint vor allem eine staatlich geregelte bzw anerkannte Ausbildung, zB nach dem Berufsausbildungsgesetz.[16]

Von der Rechtsprechung wurde angenommen, dass u.a. **folgende Lehrberufe** für Betreuungen nutzbare Fachkenntnisse vermitteln:

---

8 Die Rechtsprechung zu einzelnen Ausbildungen, die als nicht nutzbar angesehen wurden, ist unter Rn 19 aufgeführt.
9 BayObLG BtPrax 2000, 124 für ein abgebrochenes Jurastudium.
10 BayObLG BtPrax 2001, 205 für die Beherrschung einer Fremdsprache als Muttersprache.
11 OLG Düsseldorf BtPrax 2000, 224.
12 BGH FamRZ 2012, 629 mwN.
13 Vgl BGH BtPrax 2012, 251.
14 BGH FamRZ 2012, 629 mwN.
15 OLG München BtPrax 2008, 34.
16 Jürgens/Jürgens, § 3 VBVG Rn 5.

Arzthelferin,[17] Bankkaufmann,[18] Handwerksmeister,[19] hauswirtschaftliche Betriebsleiterin,[20] Heilerziehungspflegerin,[21] Heilpraktikerin,[22] Kinderkrankenpflegerin,[23] Zahnarzthelferin.[24]

19 Bei folgenden Lehrberufen wurde eine **Nutzbarkeit verneint**:

Altenpfleger,[25] Bauzeichnerin,[26] Chemie-Facharbeiter,[27] Chemielaborantin,[28] Hauswirtschaftsgehilfin,[29] Industriemechaniker,[30] Industrieschneiderin,[31] Meister der Textilbranche,[32] Optiker,[33] pharmazeutisch-kaufmännische Angestellte,[34] Polsterer,[35] Zahntechniker.[36]

b) Einer Lehre vergleichbare Ausbildungen

20 Es muss sich um eine staatlich reglementierte bzw anerkannte Ausbildung handeln, die einen Wissensstandard vermittelt, der nach Art und Umfang dem durch eine Lehre vermittelten entspricht, und deren Ausbildungserfolg durch eine staatliche bzw staatlich anerkannte Prüfung belegt ist. Als Kriterien können der Zeitaufwand, Umfang und Inhalt des Lehrstoffes sowie die Ausgestaltung der Abschlussprüfung herangezogen werden.[37]

21 Die Rechtsprechung hat u.a. in folgenden Fällen eine **Vergleichbarkeit angenommen**:

Angestelltenlehrgang I,[38] Ausbildung zum Beamten des mittleren nicht-technischen Dienstes der Bundesbahn,[39] Ausbildung zur staatlich anerkannten Erzieherin,[40] Fachschulabschluss als Fachökonom in der ehemaligen DDR,[41] Ausbildung zum Krankenpfleger.[42]

---

17 OLG Dresden FamRZ 2000, 551 (LS).
18 LG Koblenz FamRZ 2001, 1490.
19 LG Koblenz FamRZ 2001, 303.
20 BayObLG FamRZ 2002, 1657 (LS).
21 LG Zwickau FamRZ 2004, 220 (LS).
22 LG Hamburg FamRZ 2001, 1168 (LS).
23 OLG Dresden FamRZ 2000, 552.
24 LG Stendal FamRZ 2006, 1229.
25 OLG Dresden BtPrax 2000, 260, für einen Fall, in dem die Gesundheitssorge nicht übertragen war.
26 LG Hamburg FamRZ 2002, 1064 (LS).
27 OLG Naumburg FGPrax 2008, 27.
28 BayObLG FamRZ 2000, 1306.
29 LG Koblenz FamRZ 2001, 1031.
30 BayObLG BtPrax2001, 656 (LS).
31 OLG Dresden FamRZ 2001, 656 (LS).
32 OLG Dresden FamRZ 2000, 551 (LS).
33 BayObLG BtPrax 2000, 124.
34 BayObLG FamRZ 2001, 713.
35 OLG Schleswig FamRZ 2001, 304.
36 LG Nürnberg-Fürth Rpfleger 2000, 215 (LS).
37 BGH FamRZ 2012, 629 mwN.
38 LG Stendal v. 8.10.2009, 25 T 81/09.
39 BayObLG FamRZ 2001, 304.
40 OLG Braunschweig BtPrax 2000, 130; OLG Dresden BtPrax 1999, 39.
41 LG Leipzig FamRZ 2000, 1306 (LS).
42 OLG Hamm Rpfleger 2002, 313 (LS).

In folgenden Fällen wurde von der Rechtsprechung die **Vergleichbarkeit mit einer Lehre verneint**: 22

Einjährige Fortbildung zur Bürokauffrau,[43] zertifizierter Kurs für Berufsbetreuer,[44] Facharbeiterin für Datenverarbeitung,[45] Ausbildung zur Freundschaftspionierleiterin,[46] nicht abgeschlossenes Jurastudium,[47] Teilnahme an Fortbildungsmaßnahmen einer Sparkasse,[48] Ausbildung zur Bauspar- und Finanzfachfrau beim Berufsbildungswerk der Bausparkassen,[49] einjährige Ausbildung zur Krankenpflegehelferin,[50] Fortbildung zum Rentenberater,[51] zweijährige Ausbildung zur Verkäuferin.[52]

c) Nachqualifikation gem. § 11 Abs. 1 VBVG

Schließlich erhalten Betreuer, welche die dargestellten Anforderungen nicht erfüllen, jedoch eine Nachqualifikation gem. § 11 Abs. 1 VBVG durchlaufen haben, ebenfalls die erhöhte Vergütung von 33,50 EUR.[53] 23

5. Der Stundensatz von 44 EUR

Den erhöhten Stundensatz von 44 EUR erhalten Betreuer, deren nutzbare Kenntnisse durch 24

- eine abgeschlossene Ausbildung an einer Hochschule oder
- eine vergleichbare abgeschlossene Ausbildung oder
- eine Nachqualifikation nach § 11 Abs. 2 VBVG erworben wurden.

a) Abgeschlossenes Studium

Der Höchstsatz von 44 EUR gilt für Hochschulabsolventen. Hochschulen sind Universitäten und Fachhochschulen,[54] nicht aber Fachschulen[55] und Fachakademien.[56] Erforderlich ist, dass das betreuungsrelevante Fach (Fächer) zum **Kernbereich** des Studiums gehört.[57] Ein Studium an einer ausländischen Hochschule kann vergütungserhöhend wirken, wenn der Studiengang einer inländischen Ausbildung vergleichbar ist.[58] Bei einem ausländischen Jurastudium ist dies allerdings wegen des national unterschiedlichen Rechts nicht der Fall.[59] 25

---

43 OLG Dresden FamRZ 2000, 551 (LS).
44 LG Stuttgart v. 7.4.2011, 19 T 181/10, 182/10 und 304/10.
45 BGH v. 18.1.2012, XII ZB 461/10, Rn 16 ff.
46 LG Stendal v. 2.9.2009, 25 T 111/09.
47 BayObLG FamRZ 2000, 1306.
48 BayObLG FamRZ 2000, 1306.
49 OLG München BtPrax 2008, 34.
50 BGH FamRZ 2012, 113 = BtPrax 2012, 27 mwN.
51 BGH FamRZ, 631 (LS).
52 LG Kassel BtPrax 2012, 32.
53 Vgl zu weiteren Einzelheiten die Kommentierung zu § 11 VBVG.
54 OLG Braunschweig BtPrax 2000, 130; OLG Düsseldorf FamRZ 2000, 1309; OLG Hamm BtPrax 2002, 125.
55 BayObLG BtPrax 2000, 223 (LS); OLG Karlsruhe OLGR 2007, 167; LG Heilbronn FamRZ 2007, 766 (LS).
56 BayObLG BtPrax 2000, 91 (LS); OLG Frankfurt OLGR 2009, 317, für ein Studium an einer VWA.
57 BGH FamRZ 2012, 1133 (LS) = BtPrax 2012, 173 (LS); FGPrax 2012, 257 = BtPrax 2012, 251.
58 BayObLG FamRZ 2004, 1232.
59 OLG München BtPrax 2008, 34.

Die fehlende förmliche Anerkennung des Studienabschlusses kann durch eine Bescheinigung der Lehrbefähigung oder durch einen Einsatz als Prüfer durch die zuständige Behörde ersetzt werden.[60]

26 Von der Rechtsprechung wurde angenommen, dass u.a. Studien zu folgenden Berufen für Betreuungen **nutzbare Fachkenntnisse** vermitteln:

Diplomingenieur für Landbau,[61] Diplombetriebswirt (FH),[62] Diplomökonom,[63] Diplompolitologe,[64] Heilpädagoge,[65] Lehrer,[66] Theologe,[67] Veterinär,[68] durch ein Studium erworbene Kenntnisse der Psychologie und Pädagogik.[69]

27 U.a. bei folgenden Studien wurde eine **Nutzbarkeit verneint**:

Diplom-Agraringenieur,[70] Diplombauingenieur,[71] Diplomgeograf,[72] Diplom-Militärwissenschaftler der ehemaligen DDR,[73] Diplom-Staatswissenschaftler der ehemaligen DDR,[74] Informatiker,[75] Maschinenbauingenieur,[76] Verfahrenstechnik,[77] Versorgungstechniker.[78]

b) Einer Ausbildung an einer Hochschule vergleichbare Ausbildungen

28 Es muss sich um eine Ausbildung handeln, die in ihrer Wertigkeit einer (Fach-)Hochschulausbildung entspricht und einen formalen Abschluss aufweist.[79] Sie muss staatlich reglementiert bzw. anerkannt sein und einen Wissensstand vermitteln, der nach Art und Umfang demjenigen eines Hochschulstudiums entspricht. **Kriterien** sind insbesondere der Zeitaufwand, Umfang und Inhalt des Lehrstoffes und die Zulassungsvoraussetzungen, aber auch, ob die erworbene Qualifikation Zugang zu beruflichen Tätigkeiten ermöglicht, die üblicherweise Hochschulabsolventen vorbehalten ist.[80] Nicht erheblich ist die Bezeichnung der Einrichtung.[81]

---

60 BayObLG aaO.
61 OLG Schleswig NJWE-FER 2000, 233.
62 LG Magdeburg FamRZ 2008, 1660.
63 OLG Zweibrücken BtPrax 2000, 89.
64 LG Hamburg FamRZ 2000, 1309.
65 OLG Zweibrücken Rpfleger 2004, 488.
66 (Nach Ableistung auch der Referendarzeit und Ablegung beider Staatsexamina) BayObLG FamRZ 2001, 306; OLG Hamm BtPrax 2002, 42.
67 BayObLG FamRZ 2004, 1604.
68 LG Kassel FamRZ 2002, 988.
69 BayObLG FamRZ 2004, 1232.
70 OLG Naumburg FGPrax 2008, 27.
71 OLG Jena BtPrax 2000, 170.
72 BayObLG BtPrax 2000, 81.
73 KG KGR 2006, 843.
74 LG Nürnberg-Fürth FamRZ 2004, 138 (LS).
75 LG Essen FamRZ 2005, 134.
76 BayObLG BtPrax 2001, 85 (LS); OLG Rostock FamRZ 2008, 1888 (LS).
77 BGH FamRZ 2012, 1133 (LS) = BtPrax 2012, 173 (LS.).
78 BGH FamRZ 2012, 631 (LS).
79 BGH FamRZ 2012, 629 mwN.
80 BGH BtPrax 2012, 165.
81 BGH FamRZ 2012, 629 mwN.

Von der Rechtsprechung wurde u.a. bei folgenden Ausbildungen eine **Vergleichbarkeit angenommen**: 29

Diplom-Verwaltungswirt,[82] Ausbildung an einer Fachschule für Heilpädagogik,[83] erstes Lehrer-Staatsexamen,[84] Diplom-Musiktherapeut,[85] Stabsoffizier.[86] Die Vergleichbarkeit kann sich auch aus einem Gleichstellungsbescheid des zuständigen Ministeriums ergeben.[87]

Bei u.a. folgenden Ausbildungen wurde von der Rechtsprechung die **Vergleichbarkeit mit einem (Fach-)Hochschulstudium verneint**: 30

Alten- und Krankenpfleger,[88] Betriebswirt,[89] Fortbildung einer ReNo-Gehilfin zur Bürovorsteherin,[90] Erzieherin und Kinder- und Familientherapeutin,[91] Heilpädagogin,[92] Ingenieurpädagoge,[93] Meister,[94] Lehrer für Pflegeberufe,[95] Sozialwirtin,[96] Sparkassenbetriebswirt,[97] Diplom-Versorgungstechniker.[98]

c) Nachqualifikation gem. § 11 Abs. 2 VBVG

Schließlich erhalten Betreuer, die nicht über ein abgeschlossenes (Fach-)Hochschulstudium oder eine vergleichbare Ausbildung verfügen, jedoch eine entsprechende Nachqualifikation gem. § 11 Abs. 2 VBVG durchlaufen haben, ebenfalls die erhöhte Vergütung von 44 EUR.[99] 31

III. Die Nutzbarkeit der besonderen Kenntnisse gem. Abs. 1 S. 2

1. Allgemeine Nutzbarkeit

Gem. Abs. 1 S. 2, Abs. 3 iVm § 3 Abs. 2 S. 1 VBVG müssen die besonderen Kenntnisse zunächst allgemein für die Führung einer Betreuung nutzbar sein. Dies ist der Fall, wenn sie den Betreuer in die Lage versetzen, seine Aufgaben zum Wohle des Betreuten besser und effektiver zu erfüllen.[100] Notwendig ist nicht, dass die Kenntnisse im konkreten Fall erforderlich sind, um die Betreuung zu führen. Es genügt, dass sie geeignet sind, die Aufgabenerfüllung zu erleichtern.[101] Des Weiteren reicht es aus, dass die Kenntnisse nur für die Bewäl- 32

---

82 LG Kiel BtPrax 2002, 174.
83 OLG Frankfurt/M. BtPrax 2002, 272; OLG Zweibrücken FamRZ 2004, 1323 (LS).
84 OLG Düsseldorf NJW-RR 2001, 583; ebenso das Studium zur Deutsch- und Englischlehrerin in Kasachstan: OLG Frankfurt/M. FamRZ 2008, 1659 (LS).
85 LG Würzburg BtPrax 2010, 290.
86 BayObLG BtPrax 2000, 32.
87 OLG Brandenburg FamRZ 2002, 349; KG BtPrax 2002, 167, 169.
88 BayObLG BtPrax 2000, 223 (LS); LG Bonn v. 25.9.2012, 4 T 355/12.
89 OLG Schleswig BtPrax 2000, 172.
90 OLG Hamm BtPrax 2002, 125.
91 OLG Braunschweig BtPrax 2000, 130.
92 LG Koblenz BtPrax 2012, 175 (LS).
93 OLG Frankfurt/M. BtPrax 2002, 169.
94 OLG Köln FamRZ 2000, 1303.
95 OLG Hamm Rpfleger 2002, 313 (LS).
96 BGH FamRZ 2012, 629 mwN.
97 BGH BtPrax 2012, 165.
98 BGH FamRZ 2012, 631 (LS).
99 Zu den Einzelheiten vgl die Kommentierung zu § 11 VBVG.
100 BGH FamRZ 2012, 629 mwN.
101 OLG Köln FamRZ 2000, 1303; BGH FamRZ 2003, 1653.

tigung eines bestimmten (angeordneten) Aufgabenkreises nutzbringend sind.[102] Da es gem. § 1901 Abs. 1 BGB die Aufgabe des Betreuers ist, die Angelegenheiten des Betreuten rechtlich zu besorgen, werden juristische Kenntnisse diese Voraussetzung immer erfüllen.[103] Gleiches gilt (im Bereich der Gesundheitssorge) für medizinische und (bei der Vermögenssorge)[104] für wirtschaftliche Kenntnisse.[105]

2. Vermutung der konkreten Nutzbarkeit

33 Sind Kenntnisse vorhanden, die für die angeordneten Aufgabenkreise allgemein nutzbar sind, so wird gem. §§ 4 Abs. 3, 3 Abs. 2 S. 1 VBVG vermutet, dass dies auch konkret der Fall sein wird. Im Vergütungsverfahren findet daher keine Überprüfung statt, ob die vorhandenen Kenntnisse im konkreten Fall tatsächlich nutzbar waren;[106] die **potenzielle Nützlichkeit** genügt.[107] Das Verfahren soll so vereinfacht und standardisiert werden.[108]

3. Ausschließbarkeit der Vermutung

34 Gem. Abs. 3, § 3 Abs. 2 S. 2 VBVG kann die Vermutung, dass die allgemeine Nutzbarkeit der besonderen Kenntnisse auch im konkreten Fall gegeben ist, ausgeschlossen werden. Hierzu muss das Gericht bei der Bestellung des Betreuers aus besonderen Gründen die Bestimmung treffen, dass die vorhandenen Kenntnisse **im konkreten Fall nicht nutzbar** sind. Der Gesetzgeber wollte so den Gerichten die Möglichkeit geben, bei einem Überhang von qualifizierten Berufsbetreuern einen überqualifizierten Betreuer zu bestellen, der dann jedoch – seiner Aufgabe gemäß – nur geringer entlohnt wird.[109] Soweit ersichtlich, findet diese Bestimmung wenig praktische Anwendung.

IV. Der Inklusivstundensatz (Abs. 2 S. 1)

1. Allgemeines

35 Gem. Abs. 2 S. 1 gelten die Stundensätze des Abs. 1 auch die anlässlich der Betreuung entstandenen Aufwendungen sowie eine anfallende Umsatzsteuer ab. Diese „Inklusivstundensätze" stellten neben den pauschalen Zeitansätzen des § 5 VBVG die größte Neuerung des 2. BtÄndG dar. Für den Bereich der Berufsbetreuungen (mit Ausnahme der Sonderfälle des § 6 VBVG) wurde damit die **Unterscheidung zwischen Vergütung und Aufwendungsersatz abgeschafft**,

---

102 BayObLG FamRZ 2000, 844, 845 mwN; OLG Jena FamRZ 2000, 1431, 1433; LG Augsburg BtPrax 2010, 96 (LS).
103 BGH BtPrax 2012, 251.
104 Nicht aber im Rahmen der Aufenthaltsbestimmung oder der Gesundheitssorge: LG Offenburg BtPrax 2012, 210.
105 BGH BtPrax 2012, 251.
106 BayObLG FamRZ 2001, 187 und 306; OLG Dresden BtPrax 2000, 260; OLG Jena BtPrax 2000, 170; OLG Zweibrücken BtPrax 2000, 89; 2001, 43.
107 BGH FamRZ 2012, 629 mwN.
108 BtKomm/Dodegge, Abschn. F Rn 127.
109 Für ein Beispiel vgl BtKomm/Dodegge, Abschn. F Rn 128.

die Stundensätze des Abs. 1 enthalten beide, früher streng getrennte Positionen.[110]

Eine genaue Herleitung der Höhe der Stundensätze, dh eine „Aufspaltung" in die Anteile der Vergütung und des Aufwendungsersatzes ist nicht möglich. Die Höhe beruht auf einer pauschalen politischen Entscheidung. 36

2. Bedeutung für die Gerichte

Für die Gerichte bedeuten die Inklusivstundensätze eine **erhebliche Vereinfachung** gegenüber der Rechtslage vor Inkrafttreten des 2. BtÄndG. Insbesondere bedarf es keiner Prüfung der Berechtigung geltend gemachter Aufwendungen mehr. Dazu ist die Regelung weitgehend streitvermeidend: Ist der Betreuer einmal einer der drei Vergütungsgruppen des Abs. 1 zugewiesen, kann es zu einem weiteren Streit über die Höhe des Stundensatzes nicht mehr kommen. Lediglich hinsichtlich des jeweils gültigen pauschalen Zeitansatzes sowie hinsichtlich der Frage, ob der Betreute in einem „Heim" iSv § 5 Abs. 3 VBVG lebt, können noch Zweifelsfragen entstehen (vgl hierzu § 5 VBVG Rn 5 und 26 ff). 37

3. Bedeutung für die Berufsbetreuer

Für die Berufsbetreuer bedeutet die Einbeziehung (und damit Pauschalierung) des Aufwendungsersatzes ebenfalls eine **deutliche Vereinfachung** gegenüber der Rechtslage vor Inkrafttreten des 2. BtÄndG. Denn sie müssen ihre Aufwendungen weder erfassen noch dokumentieren oder abrechnen. 38

Allerdings besteht das Problem, dass in einem konkreten Verfahren – etwa wenn der Betreute entfernt von dem Betreuer wohnt oder untergebracht ist und häufig besucht werden muss – so hohe Aufwendungen entstehen können, dass der Betreuer in diesem Verfahren nicht mehr „auf seine Kosten kommt" und ggf nur wenig verdient. Dies ist eine notwendige und vom Gesetzgeber bewusst in Kauf genommene Folge der „festen", vom jeweiligen Einzelfall unabhängigen Pauschalierung.[111] Hat der Betreuer in einem Fall **besonders hohe Aufwendungen**, muss er dies mit geringeren Aufwendungen in anderen Fällen ausgleichen. Durchgreifende verfassungsrechtliche Bedenken bestehen insoweit nicht.[112] Allerdings entsteht eine Motivation, die Notwendigkeit von Aufwendungen genau zu überprüfen und ggf deren Reduzierung zu erreichen, soweit dies ohne Beeinträchtigung der Qualität der Betreuung möglich ist (wie zB auf einer Autofahrt oder einem Behördenbesuch mehrere Geschäfte für unterschiedliche Betreute zu erledigen etc.). Im Interesse der selbstzahlenden Betreuten wie auch des Steuerzahlers in den Fällen Mitteloser ist dies vom Gesetzgeber gewollt. 39

---

110 Eine Geltendmachung von Aufwendungen neben der pauschalen Vergütung ist grundsätzlich nicht möglich, vgl zB OLG Frankfurt/M. FamRZ 2009, 1008 (Dolmetscherkosten). Zur einzigen Ausnahme der Geltendmachung beruflicher Dienste vgl § 1835 BGB Rn 19 ff und unten Rn 41.
111 Die im Übrigen entsprechend auch bei den Zeitpauschalen des § 5 VBVG entsteht, vgl dort Rn 6 ff.
112 BVerfG FamRZ 2007, 622; OLG Celle BtPrax 2008, 171 = Rpfleger 2008, 487; OLG Karlsruhe OLGR 2009, 813.

4. Bedeutung für die Betreuungsvereine

40 Bislang enthielt die Einbeziehung der Umsatzsteuer in die Inklusivstundensätze für die Betreuungsvereine einen **zusätzlichen großen Vorteil**: Denn nach der Rechtsprechung des Bundesfinanzhofs sind sie weitgehend von der Umsatzsteuer befreit.[113] Wird ein Vereinsbetreuer eingesetzt, erhält der Verein für diesen gem. § 7 Abs. 1 S. 1 VBVG iVm § 4 VBVG dennoch die gleiche Brutto-Vergütung wie ein freiberuflicher Betreuer. Der Netto-Verdienst des Vereins liegt somit regelmäßig um 19 % höher als der des freien Berufsbetreuers. Gleiches gilt für Kleinunternehmer iSv § 19 UStG, soweit sie nicht für die Umsatzsteuer optieren.[114] Da allerdings zu erwarten ist, dass künftig auch die freien Berufsbetreuer von der Umsatzsteuer befreit werden,[115] wird dies künftig voraussichtlich für alle beruflich tätigen Betreuer gelten.[116] Eine „Herausrechnung" nicht geschuldeter Umsatzsteuer aus dem Stundensatz kommt nicht in Betracht.[117]

V. Die Abrechenbarkeit beruflicher Dienste als Aufwendungen (Abs. 2 S. 2)

41 Gem. Abs. 2 S. 2 bleibt die gesonderte Geltendmachung von Diensten des Betreuers, die zu seinem Gewerbe oder Beruf gehören, als Aufwendungen gem. § 1835 Abs. 3 BGB unberührt. Abgesehen von den Sonderfällen des § 6 VBVG stellt dies die einzige und **wichtigste Ausnahme von der strikten Pauschalierung** des § 5 VBVG dar. Sind die Voraussetzungen erfüllt, erhält der Betreuer die von ihm geleistete Arbeit vergütet, und zwar zusätzlich zur Pauschale gem. §§ 4, 5 VBVG („... gesonderte Geltendmachung ..."). Das frühere, vor dem Inkrafttreten des 2. BtÄndG bestehende **Wahlrecht**[118] ist obsolet. Die Gegenansicht (nach wie vor „Wahlrecht")[119] setzt sich nicht nur über den Wortlaut des Gesetzes hinweg, sondern übersieht, dass der bestellte Betreuer die Inklusivvergütung gem. §§ 4, 5 VBVG in jedem Fall und unabhängig von einer konkreten Tätigkeit erhält. Eine Rechtsgrundlage, ihm diesen Anspruch zu entziehen, wenn er für eine bestimmte berufliche Tätigkeit eine Vergütung gem. § 4 Abs. 2 S. 2 VBVG iVm § 1835 Abs. 3 BGB geltend macht (also „wählt"), gibt es nicht. Auch werden durch die Annahme eines Wahlrechts keine „schwierigen Abgrenzungsfragen" vermieden,[120] sondern nur in die Entscheidung über das Bestehen des Wahlrechts verlagert.

42 War nach früherem Recht eine Abrechnung nach § 1835 Abs. 3 BGB für Berufsbetreuer nur dann interessant, wenn sie nach der jeweils gültigen Vergütungsordnung mehr verdienen konnten als nach §§ 1836, 1836a aF BGB, ist dies jetzt **immer äußerst lukrativ**. Die ratio von Abs. 2 S. 2 ist, die Fälle, in denen der Betreuer aufgrund einer speziellen Qualifikation eine Tätigkeit selbst ausführen kann, die üblicherweise auf einen spezialisierten Dritten übertragen

---

113 BFHE 224, 183 = BtPrax 2009, 120; vgl hierzu Rn 44.
114 BGH v. 20.3.2013, XII ZB 207/12. Vgl iÜ zu diesen näher die Vorauflage.
115 Sei es durch die Rechtsprechung des BFH, sei es durch den Gesetzgeber, vgl Rn 45.
116 Zur bisherigen Rechtslage vgl ausführlich die Vorauflage.
117 BGH v. 20.3.2013, XII ZB 207/12, Rn 8 ff.
118 Vgl zB BayObLG BtPrax 2004, 70 mwN.
119 KG FamRZ 2012, 63 = BtPrax 2011, 270.
120 So aber KG aaO.

wird, im Ergebnis genauso zu behandeln, wie wenn dies geschehen wäre.[121] Auf diese Weise soll verhindert werden, dass ein Betreuer aus finanziellen Erwägungen genötigt wird, eine umfangreiche Tätigkeit, die er bislang im Interesse des Betreuten selbst ausgeführt hat (zB eine Vermögensverwaltung durch einen als Betreuer bestellten Steuerberater oder Rechtsanwalt), fremd zu vergeben. Zu den Voraussetzungen des Anspruchs und weiteren Einzelheiten vgl die Kommentierung bei § 1835 BGB Rn 19 ff.

VI. Die Vermutung der konkreten Nutzbarkeit besonderer Kenntnisse (Abs. 3, § 3 Abs. 2 VBVG)

Gem. Abs. 3 gilt § 3 Abs. 2 VBVG entsprechend. Diese Vorschrift beinhaltet die Vermutung der Nutzbarkeit allgemein nutzbarer besonderer Kenntnisse auch im konkreten Fall. Wegen des sachlichen Zusammenhangs wurde die Bestimmung oben unter Rn 32 ff kommentiert.   43

VII. Steuerliche Behandlung
1. Umsatzsteuer

Die Frage, ob die gem. §§ 4, 5 VBVG gezahlte Vergütung der Umsatzsteuer unterliegt, ist **umstritten** und die Rechtslage (zur Zeit der Drucklegung) im Fluss. Während die **Finanzverwaltung** davon ausging, dass sowohl die freiberuflichen Betreuer als auch die Betreuungsvereine umsatzsteuerpflichtig sind,[122] hat der **Bundesfinanzhof** am 17.2.2009 entschieden, dass Betreuungsvereine, die zu einem anerkannten Verband der freien Wohlfahrtspflege (im konkreten Fall: Caritas) gehören, aus europarechtlichen Gründen (Richtlinie 77/388/EWG) von der Umsatzsteuer befreit sind.[123] Während sich das Urteil des BFH direkt nur auf die Betreuung Mitteloser bezieht, gilt nach Auffassung zB des niedersächsischen Finanzgerichts die Steuerbefreiung ebenso für die Betreuung Bemittelter.[124]   44

Im Gegensatz hierzu ging hinsichtlich der freien Berufsbetreuer bislang auch die **Rechtsprechung** von einer **Umsatzsteuerpflicht** aus.[125] Mit Beschluss vom 12.1.2012[126] hat allerdings der Bundesfinanzhof ein Revisionsverfahren[127] im Hinblick auf eine zu erwartende Entscheidung des Europäisches Gerichtshofs zur Auslegung der Richtlinie 77/388/EWG ausgesetzt. Dieses Urteil (zu einem privaten Pflegedienst) ist am 15.11.2012[128] ergangen. Seine Auswirkungen auf die Rechtsprechung des BFH hinsichtlich der Umsatzsteuerpflicht von Berufsbetreuern muss allerdings noch abgewartet werden.[129]   45

---

121 Vgl die Gesetzesbegründung (zu § 1908 n BGB des Bundesratsentwurfs) in BT-Drucks. 15/2494, 36.
122 Rundverfügung des BMF v. 21.9.2000, FamRZ 2000, 1414 = BtPrax 2001, 23.
123 BFHE 224, 183 = BtPrax 2009, 120.
124 FamRZ 2010, 1477 = BtPrax 2010, 141.
125 Vgl zB FG Düsseldorf, FG Münster, FamRZ 2011, 1339 (jeweils LS).
126 BFH NV 2012, 817.
127 Hinsichtlich des Urteils des FG Düsseldorf FamRZ 2011, 1339 (LS).
128 Umsatzsteuer-Rundschau 2013, 35.
129 In seinem Urteil befasst sich der EuGH in erster Linie mit der – für die Betreuer nicht relevanten – „2/3-Regelung" des § 4 Nr. 16 e UStG aF (jetzt „40 %-Regelung" gem. § 4 Nr. 16 k UStG nF).

Unabhängig von den europarechtlichen Bedenken des BFH sah das – gescheiterte[130] – **Jahressteuergesetz 2013** eine Befreiung der Berufsbetreuer von der Umsatzsteuerpflicht vor.[131] Da der Grund für sein Scheitern in anderweitigen Differenzen zwischen Bundestag und Bundesrat lag, ist davon auszugehen, dass unabhängig von der Rechtsprechung von BFH und EuGH in absehbarer Zeit auch die freien Berufsbetreuer von der Umsatzsteuerpflicht befreit werden.[132] Da die Inklusivstundensätze des § 4 VBVG unverändert bleiben, bedeutet dies eine Einkommenssteigerung um 19 %.

2. Einkommensteuer, Gewerbesteuer

46 Als Einkommen unterliegt die Inklusivvergütung der Einkommensteuer.[133] Hier können nach den steuerrechtlichen Vorschriften die tatsächlichen Aufwendungen als Betriebsausgaben/Werbungskosten geltend gemacht werden.

Nach der neueren Rechtsprechung des Bundesfinanzhofs unterliegen die Berufsbetreuer hingegen nicht der Gewerbesteuer.[134]

VIII. Verfahrensrechtliches

47 Der Vergütungsanspruch der §§ 4, 5 VBVG ist **immer beim Betreuungsgericht** geltend zu machen. Dies gilt unabhängig davon, ob der Betreute bemittelt oder mittellos ist. Gem. § 2 S. 1 Hs 2 VBVG gilt die Geltendmachung gegenüber dem Gericht auch als Geltendmachung gegenüber dem Betreuten. Die Möglichkeit einer Vorschussgewährung wie nach § 1835 BGB (vgl dort Rn 25) besteht nicht. Auch wenn der Betreute bemittelt ist und dem Betreuer die Vermögenssorge zusteht, kommt eine Entnahme der Vergütung aus dem Vermögen des Betreuten nicht in Betracht.[135] Etwas anderes gilt lediglich für den Anspruch auf Vergütung von Diensten gem. Abs. 2 S. 2 iVm § 1835 Abs. 3 BGB. Da es sich hierbei um einen Anspruch auf Aufwendungsersatz handelt,[136] gelten insoweit die für diesen bestehenden Regeln (vgl hierzu § 1835 BGB Rn 30 ff).

48 Das Betreuungsgericht hat auf jeden Festsetzungsantrag hin das Vorliegen der Voraussetzungen für die Höhe der Vergütung neu zu prüfen. Auf ein schutzwürdiges Vertrauen, dass ihm ein bisher bewilligter erhöhter Vergütungssatz

---

130 BR-Drucks. 33/13.
131 § 4 Nr. 16 k UStG-E, vgl BT-Drucks. 17/11190, 71.
132 So ist die Befreiung wiederum in dem „Entwurf eines Gesetzes zur Verkürzung der Aufbewahrungsfristen sowie zur Änderung weiterer steuerlicher Vorschriften" vom 16.4.2013 enthalten, BT-Drucks. 17/13082, 7. Die Angabe der Formeln für die „Herausrechnung" der Umsatzsteuer aus den Inklusivstundensätzen erscheint daher nicht mehr erforderlich, sie finden sich in Abschnitt 15.4 des Umsatzsteuer-Anwendungserlasses – UStAE – (früher: Abschnitt 194 der Umsatzsteuerrichtlinien) und sind in der Vorauflage dargestellt.
133 Und zwar gem. § 18 Abs. 1 Nr. 3 EStG: BFH FamRZ 2013, 298; BGH v. 13.3.2013, XII ZB 26/12, Rn 20.
134 BFHE 230, 54 = FamRZ 2010, 1731 unter Aufgabe der bisherigen, abweichenden Rechtsprechung.
135 Für die andere Rechtslage bei Aufwendungsersatz und Aufwandsentschädigung vgl § 1835 BGB Rn 30.
136 So ausdrücklich die Fiktion in § 1835 Abs. 3 BGB.

auch in Zukunft wieder zuerkannt wird, kann sich der Betreuer nicht berufen.[137]

Das Verfahren richtet sich nach § 168 FamFG. In Betracht kommt entweder ein Antrag auf Festsetzung gem. § 168 Abs. 1 S. 1 FamFG oder – wenn sich der Anspruch wegen Mittellosigkeit des Betreuten gegen die Staatskasse richtet – ein bloßer Zahlungsantrag gem. § 168 Abs. 1 S. 4 FamFG (zu den Einzelheiten des Verfahrens vgl die Kommentierung bei § 168 FamFG Rn 6 ff). Da der Anspruch aus §§ 4, 5 VBVG in aller Regel feststeht und keine Probleme aufwerfen wird, wird in den letzteren Fällen meist ein schlichter Zahlungsantrag ausreichen. Zu der Frist zur Geltendmachung sowie zur Verjährung vgl die Kommentierung zu § 9 VBVG.

§ 5 VBVG Stundenansatz des Betreuers

(1) [1]Der dem Betreuer zu vergütende Zeitaufwand ist
1. in den ersten drei Monaten der Betreuung mit fünfeinhalb,
2. im vierten bis sechsten Monat mit viereinhalb,
3. im siebten bis zwölften Monat mit vier,
4. danach mit zweieinhalb

Stunden im Monat anzusetzen. [2]Hat der Betreute seinen gewöhnlichen Aufenthalt nicht in einem Heim, beträgt der Stundenansatz
1. in den ersten drei Monaten der Betreuung achteinhalb,
2. im vierten bis sechsten Monat sieben,
3. im siebten bis zwölften Monat sechs,
4. danach viereinhalb

Stunden im Monat.

(2) [1]Ist der Betreute mittellos, beträgt der Stundenansatz
1. in den ersten drei Monaten der Betreuung viereinhalb,
2. im vierten bis sechsten Monat dreieinhalb,
3. im siebten bis zwölften Monat drei,
4. danach zwei

Stunden im Monat. [2]Hat der mittellose Betreute seinen gewöhnlichen Aufenthalt nicht in einem Heim, beträgt der Stundenansatz
1. in den ersten drei Monaten der Betreuung sieben,
2. im vierten bis sechsten Monat fünfeinhalb,
3. im siebten bis zwölften Monat fünf,
4. danach dreieinhalb

Stunden im Monat.

(3) [1]Heime im Sinne dieser Vorschrift sind Einrichtungen, die dem Zweck dienen, Volljährige aufzunehmen, ihnen Wohnraum zu überlassen sowie tatsächliche Betreuung und Verpflegung zur Verfügung zu stellen oder vorzuhalten,

---

137 BGH FamRZ 2012, 631 (LS).

und die in ihrem Bestand von Wechsel und Zahl der Bewohner unabhängig sind und entgeltlich betrieben werden. ²§ 1 Abs. 2 des Heimgesetzes gilt entsprechend.

(4) ¹Für die Berechnung der Monate nach den Absätzen 1 und 2 gelten § 187 Abs. 1 und § 188 Abs. 2 erste Alternative des Bürgerlichen Gesetzbuchs entsprechend. ²Ändern sich Umstände, die sich auf die Vergütung auswirken, vor Ablauf eines vollen Monats, so ist der Stundenansatz zeitanteilig nach Tagen zu berechnen; § 187 Abs. 1 und § 188 Abs. 1 des Bürgerlichen Gesetzbuchs gelten entsprechend. ³Die sich dabei ergebenden Stundenansätze sind auf volle Zehntel aufzurunden.

(5) ¹Findet ein Wechsel von einem beruflichen zu einem ehrenamtlichen Betreuer statt, sind dem beruflichen Betreuer der Monat, in den der Wechsel fällt, und der Folgemonat mit dem vollen Zeitaufwand nach den Absätzen 1 und 2 zu vergüten. ²Dies gilt auch dann, wenn zunächst neben dem beruflichen Betreuer ein ehrenamtlicher Betreuer bestellt war und dieser die Betreuung allein fortführt. ³Absatz 4 Satz 2 und 3 ist nicht anwendbar.

I. Einleitung 1	IV. Der Stundenansatz bei mittellosen Betreuten (Abs. 2) 23
1. Überblick über den Inhalt der Regelung 1	V. Die Definition des Heimes gem. Abs. 3 26
2. Anwendungsbereich 2	1. Überblick und Zweck der Regelung 26
3. Normzweck 3	2. Die Legaldefinition des Heimes (Abs. 3 S. 1) 27
4. Bedeutung der Norm 4	3. Betreutes Wohnen (Abs. 3 S. 2) 34
5. Verfassungsmäßigkeit 10	VI. Der Zeitraum der gewährten Vergütung 35
II. Die Struktur des pauschalierten Zeitansatzes 11	1. Vergütung nur während der Dauer der Betreuung 35
1. Parameter: Vermögenslage des Betreuten 12	2. Die Berechnung der Monate (Abs. 4 S. 1) 37
2. Parameter: Aufenthalt des Betreuten 13	3. Änderung von Umständen während eines laufenden Monats (Abs. 4 S. 2 und 3) 40
3. Parameter: Dauer der Betreuung 14	4. Der Wechsel von einem Berufsbetreuer zu einem Ehrenamtlichen (Abs. 5) 42
4. Keine weiteren Differenzierungen und Ausnahmen 15	a) Überblick 42
5. Einfache Ermittlung der Parameter 16	b) Zweck 43
6. Die Herleitung der Höhe der Pauschalen 17	c) Bedeutung 44
III. Der Stundenansatz bei bemittelten Betreuten (Abs. 1) 18	d) Inhalt der Vorschrift 45
1. Struktur der Vorschrift, Beweislast 18	e) Beispiel 46
2. Der gewöhnliche Aufenthalt 19	
3. Die Stundenansätze im Einzelnen 20	

I. Einleitung

1. Überblick über den Inhalt der Regelung

Zusammen mit den Inklusivstundensätzen des § 4 VBVG beinhaltet § 5 VBVG 1
den Kern der Reform des 2. BtÄndG.[1] Sie bedeutet eine grundsätzliche Abkehr
vom früheren System der Vergütung der Berufsbetreuer, nach welchem die tatsächlich im Einzelfall aufgewandte und erforderliche Zeit vergütet wurde (§ 1
Abs. 1 BVormVG, § 1836 Abs. 1 S. 2 BGB aF). Stattdessen enthält § 5 VBVG
feste, vom konkreten Fall unabhängige **Pauschalen** für den anzusetzenden
Zeitwand. Mit den Stundensätzen des § 4 VBVG multipliziert, ergeben diese
einen festen Betrag in Euro, der pro Monat für die jeweilige Betreuung zu zahlen ist. Dieser ist unabhängig davon, was der Betreuer tatsächlich leisten musste und geleistet hat. Dies bestimmt sich – wie früher – ausschließlich danach,
was erforderlich ist, um die Angelegenheiten des Betreuten rechtlich zu besorgen (§ 1901 Abs. 1 BGB). Die Höhe der Pauschale ergibt sich anhand einfacher, ohne weitere Ermittlungen feststehender Parameter direkt aus dem Gesetz. Sie differenziert lediglich danach, wie lange die Betreuung bereits besteht,
ob der Betreute in einem Heim lebt sowie ob er bemittelt ist oder nicht.
Grundlage der Pauschalenbildung war eine vom Bundesministerium der Justiz
in Auftrag gegebene rechtstatsächliche Untersuchung.[2] Da die Pauschalen auf
Durchschnittssätzen beruhen, wird der Aufwand im Einzelfall praktisch immer
entweder darüber oder darunter liegen. Der Ausgleich erfolgt durch die Mischung aufwändiger und weniger aufwändiger Fälle.[3]

2. Anwendungsbereich

Die Vorschrift gilt für alle **beruflich tätigen Betreuer** einschließlich der Vereins- 2
betreuer des § 7 VBVG. Ausgenommen sind lediglich gem. § 6 VBVG die Sterilisationsbetreuer und Verhinderungsbetreuer bei rechtlicher Verhinderung, die
eine Vergütung gem. § 3 VBVG erhalten, sowie die Behördenbetreuer des § 8
VBVG, die ggf nach § 1836 Abs. 2 BGB vergütet werden. Keine Anwendung
findet § 5 VBVG auf die Verfahrenspfleger, die nach Maßgabe des § 277
FamFG iVm § 3 VBVG vergütet werden. Die Pauschalierung gilt für **bemittelte
wie mittellose Betreute**, lediglich die Höhe der Pauschale ist unterschiedlich.

3. Normzweck

Hauptzweck der „harten" Pauschalierung ist die radikale **Vereinfachung** der 3
Vergütungsbemessung und die Reduzierung der früher zahlreichen Streitigkeiten über die Abrechenbarkeit geleisteter Stunden. Hinzu tritt eine „**Deckelung**"
der Kosten für die Betreuervergütungen: Grundsätzlich können diese nicht
mehr schneller steigen als die Zahl der Betreuungsfälle.[4]

---

1 Vgl hierzu auch die Einleitung § 4 Rn 1 ff. Die Gesetzesbegründung findet sich in BT-Drucks. 15/4874, 73.
2 Sellin/Engels, Qualität, Aufgabenverteilung und Verfahrensaufwand bei rechtlicher Betreuung, Köln 2003.
3 Vgl hierzu die Gesetzesbegründung in BT-Drucks. 15/2494, 33 und unten Rn 6 ff.
4 Offenbar wurde dieses Ziel des Gesetzgebers allerdings nicht erreicht, vgl Köhler/Engels, Endbericht Rechtstatsachenforschung „Ausgabenmonitoring und Expertisen zum Betreuungsrecht", BtPrax Sonderausgabe 2012, 8/9 und 12/13. Der Grund hierfür ist unklar.

4. Bedeutung der Norm

4 § 5 VBVG hat sehr große praktische Bedeutung. Zusammen mit § 4 VBVG stellt er die zentrale Norm des Vergütungsrechts für Berufsbetreuer dar.

5 **Für die Gerichte** bedeutete die Einführung fester Pauschalen eine enorme **Vereinfachung des Vergütungsverfahrens.** Denn die früher notwendige, zeitaufwändige Prüfung der Stundenabrechnungen, die einen Großteil der Gesamtbearbeitungszeit der Vormundschaftsgerichte in Betreuungssachen band, ist entfallen. Die jeweils zu zahlende monatliche Vergütung lässt sich durch einen einfachen Blick in die Akte (Dauer der Betreuung, Aufenthaltsort der Betreuten) feststellen. Da wegen der festliegenden Parameter die Entscheidung (mit Ausnahme ggf der Qualifikation des Aufenthaltsortes des Betreuten als Heim iSv Abs. 3) meist nicht problematisch und streitig ist, empfiehlt sich im Regelfall bei Ansprüchen gegen die Staatskasse (die zwischen ca. 70 % bis über 80 % der Fälle ausmachen)[5] die Auszahlung im vereinfachten Verwaltungsverfahren nach § 168 Abs. 1 S. 4 FamFG durch den Kostenbeamten.

6 **Für die Berufsbetreuer** bedeutet die Vergütungspauschalierung ebenfalls eine Vereinfachung und **Zeitersparnis,** da sie über ihre geleisteten Stunden nicht mehr Buch führen und keine Abrechnungen mehr erstellen müssen. Zudem erhalten sie **Planungssicherheit** über ihre Einnahmen, da die Vergütung im Vorhinein feststeht. Auf der anderen Seite besteht – im Gegensatz zur früheren Rechtslage – ein gewisser **Zwang, effizient zu arbeiten.** Denn da die Pauschale vom tatsächlich geleisteten Zeitaufwand unabhängig ist, verdient derjenige Betreuer am meisten, der seine Arbeit am effizientesten organisiert, daher weniger Zeit für die einzelne Tätigkeit benötigt und so zusätzliche Betreuungen übernehmen kann. Da die Pauschalen knapp bemessen sind (vgl Rn 17), geht der Gesetzentwurf des Bundesrates davon aus, dass ein voll berufstätiger Betreuer ca. 40 bis 50 Betreuungen führen muss, um auskömmlich leben zu können.[6]

7 Eine Möglichkeit, Arbeitszeit einzusparen, ist die Konzentration des Betreuers auf die rechtliche Betreuung gem. § 1901 Abs. 1 BGB, verbunden mit der Delegierung von früher uU wahrgenommenen sozialen Hilfstätigkeiten. Eine andere Möglichkeit besteht darin, Aufgaben an Hilfskräfte zu delegieren (vgl § 1835 BGB Rn 13). Dies ist wirtschaftlich interessant, wenn die Hilfskraft einen geringeren Stundenlohn erhält als der Betreuer: Denn die Vergütung ist immer gleich, unabhängig davon, ob ein Teil der Tätigkeit delegiert wird oder nicht. Überträgt der Betreuer eine Tätigkeit, die er zuvor selbst ausgeführt hat, kann er für die freigewordene Zeit eine neue Betreuung übernehmen, für die er den für ihn geltenden Stundensatz erhält (je nach Qualifikation 27, 33,50 oder 44 EUR, § 4 Abs. 1 VBVG). Erhält die (zB für Botengänge, Büroarbeiten pp.) eingesetzte Hilfskraft einen geringeren Stundenlohn (zB nur 15 EUR), verbleibt die Differenz (abzüglich der Umsatzsteuer) dem Betreuer als Gewinn.[7]

8 Besonders lukrativ ist die **Zusammenarbeit mit anderen Betreuern.** Soweit eine Delegation von Aufgaben zulässig ist, kann auch ein Betreuer einen anderen

---

5 Köhler/Engels, aaO, 21.
6 BT-Drucks. 15/2494, 33.
7 Vgl näher Maier, Pauschalierung von Vergütung und Aufwendungsersatz – Chance für Berufsbetreuer, BtPrax Spezial 2005, 17.

mit der Übernahme einer Tätigkeit betrauen. Ergibt sich so die Möglichkeit, zB auf einer Fahrt (zur Bank, zum Sozialamt pp.) die Angelegenheiten mehrerer Betreuter in einem Arbeitsgang zu erledigen, ist die Zeitersparnis enorm. In der eingesparten Zeit können zusätzliche Betreuungen übernommen werden, die das Einkommen des Betreuers steigern.

Über die aufgezeigten Möglichkeiten einer Zeiteinsparung hinaus müssen die Berufsbetreuer darauf achten, nicht nur überdurchschnittlich zeitaufwändige Fälle übertragen zu bekommen. Denn die durch § 5 VBVG eingeführte Pauschalierung setzt eine **Mischkalkulation zwischen über- und unterdurchschnittlich aufwändigen Fällen** voraus.[8] Die abstrakte Regelung einer „gerechten" Verteilung ist bereits deshalb nicht möglich, da der tatsächliche Aufwand immer erst im Nachhinein wirklich feststeht. Jedoch werden auch die Gerichte sowie die vorschlagenden Betreuungsbehörden darauf zu achten haben, dass nicht zB ein Betreuer nur (leicht zu betreuende) altersdemente Heimbewohner und ein anderer nur (aufwändige) junge psychisch Kranke erhält.

5. Verfassungsmäßigkeit

Die Pauschalierung gem. § 5 VBVG ist verfassungsgemäß.[9] Zwar stellt sie einen Eingriff in die Berufsausübungsfreiheit der Betreuer gem. Art. 12 Abs. 1 GG (Berufsausübungsregelung) dar; dieser ist jedoch **durch ausreichende Gründe des Gemeinwohls gerechtfertigt**. Denn – wie ausgeführt – soll die Pauschalierung einer übermäßigen Belastung der Länderhaushalte entgegenwirken sowie Betreuer und Gerichte von zeitaufwändiger Abrechnungs- und Überprüfungsarbeit entlasten. Die Regelung ist auch verhältnismäßig, da die Stundenansätze nicht willkürlich, sondern auf Grundlage einer empirischen Erhebung festgesetzt wurden, wobei auch deren Auskömmlichkeit für die Berufsbetreuer beachtet wurde.[10] Auch ein Verstoß gegen Art. 2 Abs. 1, 3 Abs. 1 oder 14 Abs. 1 GG zulasten bemittelter Betreuter liegt nicht vor, obgleich auch diese unabhängig von dem tatsächlichen geleisteten Betreuungsaufwand die Pauschale zahlen müssen.[11] Auch insoweit ist die Generalisierung und Typisierung angesichts des Massencharakters der Betreuungsfälle zulässig.[12] Zudem profitieren auch die Selbstzahler in gleicher Weise davon, dass die Pauschalen im Einzelfall geringer sein können als der tatsächliche Betreuungsaufwand, wie sie davon belastet werden, dass er ggf niedriger ist. Soweit die Stundenansätze bei Bemittelten höher sind als bei Mittellosen ist die hieraus folgende Privilegierung der Staatskasse durch das Gemeinwohlziel gedeckt.

II. Die Struktur des pauschalierten Zeitansatzes

Der mit dem Stundensatz des § 4 VBVG zu multiplizierende pauschale Zeitansatz („Stundenansatz") enthält folgende Differenzierungen:

---

8 Vgl die Gesetzesbegründung in BT-Drucks. 15/2494, 33 und oben Rn 1.
9 BVerfG FamRZ 2007, 622; 2009, 1899; 2011, 1642 = BtPrax 2011, 255.
10 OLG München BtPrax 2006, 73 und 129; vgl dazu auch Rn 6, 7 und 17.
11 BVerfG FamRZ 2009, 1899.
12 OLG München aaO.

1. Parameter: Vermögenslage des Betreuten

12 Zunächst ist danach zu unterscheiden, ob der Betreute **bemittelt** oder **mittellos** iSv §§ 1836c, 1836d BGB ist. In ersterem Fall richtet sich die Pauschale nach Abs. 1, in letzterem nach Abs. 2. Beide Absätze sind ihrer Struktur nach gleich. Lediglich der Stundenansatz ist bei den bemittelten Betreuten höher als bei den Mittellosen. Im Ergebnis bedeutet dies, dass die Vergütung – unabhängig von der tatsächlich entfalteten Tätigkeit, denn diese richtet sich in beiden Fällen allein nach dem gem. § 1901 Abs. 1 BGB zur Führung der Betreuung Erforderlichen – bei bemittelten Betreuten höher ist als bei Mittellosen. Hierin liegt, vergleichbar zB den Sätzen bei Verfahrenskostenhilfe im Vergleich zu selbst zahlenden Mandanten von Rechtsanwälten, eine politisch gewollte Privilegierung der Staatskasse (und damit des Steuerzahlers).

2. Parameter: Aufenthalt des Betreuten

13 Des Weiteren differenzieren die Stundenansätze danach, ob der Betreute in einem **Heim** (jeweils S. 1) oder **zu Hause** (jeweils S. 2) lebt. Der Grund für diese Unterscheidung liegt zum einen darin, dass die der Bildung der Pauschalen zugrunde liegende rechtstatsächliche Untersuchung ergab, dass der durchschnittliche Betreuungsaufwand für einen Betreuten, der in einem Heim lebt (und daher im Regelfall mehr oder weniger versorgt ist), signifikant geringer ist als für einen zu Hause Lebenden.[13] Zum anderen soll so verhindert werden, dass ein Betreuer, um Arbeitszeit zu sparen und damit seine Verdienstmöglichkeit zu erhöhen (vgl Rn 6), den Betreuten in ein Heim „abschiebt".

3. Parameter: Dauer der Betreuung

14 Der dritte Differenzierungs-Parameter ist schließlich die Dauer der Betreuung: Je länger diese währt, desto geringer ist der Zeitansatz. Grund hierfür ist wiederum das Ergebnis der rechtstatsächlichen Untersuchung.[14] Denn diese hat eindeutig ergeben, dass der Betreuungsaufwand erheblich sinkt, wenn die Betreuung eine Zeitlang besteht und daher „eingespielt" ist und oftmals die akuten Probleme, die zu ihrer Einrichtung geführt haben, gelöst wurden.[15] Zudem soll verhindert werden, dass Betreuer eingespielte und daher unterdurchschnittlich aufwändige Betreuungen „horten", anstatt sie gem. § 1897 Abs. 6 S. 2 BGB an einen Ehrenamtlichen abzugeben. Letzterem Zweck dient darüber hinaus auch Abs. 5 (vgl hierzu Rn 42 ff). Der Einfachheit halber bildet das Gesetz jeweils (in Abs. 1 S. 1 und 2, Abs. 2 S. 1 und 2) **vier Gruppen**:

- die ersten drei Monate der Betreuung,
- den vierten bis sechsten Monat,
- den siebten bis zwölften Monat sowie
- die Zeit danach, also ab dem zweiten Jahr.

---

13 Vgl BT-Drucks. 15/2494, 32 sowie Sellin/Engels, Qualität, Aufgabenverteilung und Verfahrensaufwand bei rechtlicher Betreuung, Köln 2003, S. 152 ff.
14 Vgl BT-Drucks. 15/2494, 32.
15 Vgl Sellin/Engels, Qualität, Aufgabenverteilung und Verfahrensaufwand bei rechtlicher Betreuung, Köln 2003, S. 152 ff.

4. Keine weiteren Differenzierungen und Ausnahmen

Weitere Differenzierungen enthält § 5 Abs. 1 und 2 VBVG nicht. Die gezahlte Pauschale ist daher unabhängig vom Krankheitsbild des Betreuten, seinem Alter oder der Zahl und der Art der übertragenen Aufgabenkreise.[16] Der Grund hierfür ist zum einen, dass die durchgeführte rechtstatsächliche Untersuchung insoweit keine signifikanten Unterschiede ergeben hat.[17] Zum anderen gibt es weder fest umrissene Krankheitsbilder noch definierte Aufgabenkreise. Eine Differenzierung nach diesen Parametern wäre daher nur schwer möglich und zudem in hohem Maße streitträchtig. Gleiches gälte für eine Unterscheidung nach „schwierigen" und „leichten" Fällen. Auch ein Gegenbetreuer gem. §§ 1908I Abs. 1 S. 1, 1792 BGB kann daher die Vergütung gem. §§ 4, 5 VBVG beanspruchen.[18]

Für die Fälle eines **Betreuerwechsels, mehrerer Betreuer** und des Übergangs einer **vorläufigen Betreuung** in eine endgültige siehe die Kommentierung bei § 6 VBVG Rn 13, 16 und 17.

Da die Pauschale vom Umfang der tatsächlich erbrachten Betreuungsleistung unabhängig ist, weil sowohl deren Darlegung überflüssig gemacht als auch ein Streit über sie vermieden werden soll, ist dem Betreuten auch der Einwand verwehrt, der Betreuer habe in einem bestimmten Zeitraum gar keine Tätigkeiten erbracht.[19] Ebenso wenig mindert eine „Schlechtleistung" die Pauschalvergütung.[20] Lediglich in extremen Fällen (wie zB einer feststehenden Straftat des Betreuers gegen den Betreuten) kommt der Einwand der Verwirkung in Betracht.[21]

Auf der anderen Seite ist auch zB eine umfangreiche Vermögensverwaltung von der Pauschale gedeckt und führt nicht zu einer erhöhten Vergütung.[22] Ebenso wenig kann zB ein Betreuer, der den Betreuten zu einem Gerichtstermin begleitet, gem. § 22 JVEG Verdienstausfall geltend machen.[23]

---

16 So ausdrücklich bekräftigt für den Fall der Übertragung nur eines einzigen, begrenzten Aufgabenkreises z.B. von BGH v. 20.3.2013, XII ZB 231/12.
17 Vgl BT-Drucks. 15/2494, S. 32 sowie Sellin/Engels, aaO. Unterschiede hinsichtlich der Aufgabenkreise wurden nicht erhoben, da es keine definierten Aufgabenkreise gibt und jedes Gericht hier anders verfährt (zB: pauschale Übertragung „der Vermögenssorge" oder Aufzählung einzelner Bereiche). Zudem ist unmittelbar einleuchtend, dass zB die Übertragung aller Aufgabenkreise bei einem bettlägerigen Heimbewohner weniger Aufwand verursachen kann, als zB nur die Gesundheitssorge bei einem jungen psychisch Kranken, weshalb eine Differenzierung nach Aufgabenkreisen nicht sinnvoll wäre.
18 OLG Köln FamRZ 2007, 937 = FGPrax 2007, 123 und FGPrax 2008, 155; im Ergebnis ebenso auch schon OLG Schleswig FGPrax 2006, 166. Zum anzuwenden Stundenansatz vgl § 6 Rn 16.
19 OLG Schleswig FamRZ 2007, 236 = BtPrax 2007, 133; OLG München BtPrax 2007, 129; OLG Dresden v. 5.11.2007, 3 W 1246/07. Liegt in der mangelnden Tätigkeit eine Pflichtverletzung, hat natürlich – unabhängig von der Vergütung – das Betreuungsgericht gem. §§ 1908 i Abs. 1 S. 1, 1837 Abs. 2 BGB ggf bis hin zur Entlassung des Betreuers gem. § 1908 b Abs. 1 BGB tätig zu werden.
20 Evtl. Gegenansprüche müssen in einem gesonderten Zivilprozess verfolgt werden: BGH FamRZ 2012, 1051 = BtPrax 2012, 163, Rn 10; vgl § 168 FamFG Rn 15.
21 Vgl OLG Hamm FamRZ 2007, 1185 = BtPrax 2007, 134.
22 OLG München OLGReport 2008, 372, welches bei einer sehr umfangreichen Vermögensverwaltung auf die Möglichkeit einer Vergabe von Tätigkeiten an Dritte bzw einen Vertrag mit dem Betreuten hinweist, vgl hierzu § 1835 BGB Rn 7, 13 ff.
23 BayLSG JurBüro 2012, 602 = BtPrax 2012, 218 (LS).

5. Einfache Ermittlung der Parameter

16 Die Parameter Vermögenslage, Aufenthaltsort und Dauer der Betreuung sind in aller Regel einfach festzustellen und bergen wenig Streitpotenzial. Lediglich im Grenzbereich zwischen ausreichendem Einkommen/Vermögen und Mittellosigkeit[24] sowie bei der Qualifizierung einer Einrichtung als Heim iSv Abs. 3 (vgl hierzu Rn 26 ff) kann es im Einzelfall Schwierigkeiten geben.

6. Die Herleitung der Höhe der Pauschalen

17 Grundlage der Bestimmung der Höhe der pauschalen Stundenansätze sind die Ergebnisse der vom Bundesministerium der Justiz in Auftrag gegebenen **rechtstatsächlichen Untersuchung** zu „Qualität, Aufgabenverteilung und Verfahrensaufwand bei rechtlicher Betreuung", welche 1.808 repräsentativ ausgewählte Betreuungsakten ausgewertet hat.[25] Aus den Ergebnissen dieser Untersuchung[26] wurden **Durchschnittssätze** gebildet, aus denen die Pauschalen des Bundesratsentwurfs[27] entwickelt wurden. Diese finden sich unverändert in Abs. 2 für die mittellosen Betreuten. Für die (selbst zahlenden) bemittelten Betreuten wurden die Pauschalen durch den Bundestag erhöht (Abs. 1). Um den Einfluss von Extremwerten möglichst gering zu halten und so die Wirklichkeit zuverlässig abzubilden, wurde für die Durchschnittsbildung nicht das arithmetische Mittel, sondern der Median zu Grunde gelegt.[28] Dies hat dies dazu geführt, dass die Werte um ca. 20 % niedriger liegen als bei Verwendung des arithmetischen Mittels[29] (und damit auch der tatsächlich im Untersuchungszeitraum abgerechneten Stunden). Im Ergebnis führt dies zu einer – politisch gewollten – rechnerischen Einsparung für die öffentliche Hand von ca. 20 %. Diese „Effizienzdividende" muss von den Betreuern durch die oben (Rn 7 ff) geschilderten Maßnahmen zur Effektivitätssteigerung erbracht werden. Einen gewissen Ausgleich liefert zudem die Erhöhung der Pauschalen bei den Bemittelten gem. Abs. 1 sowie die Erhöhung der Stundensätze gem. § 4 VBVG gegenüber der früheren Rechtslage der §§ 1836 Abs. 2 S 2, 1836a BGB aF, 1 Abs. 1 BVormVG.

III. Der Stundenansatz bei bemittelten Betreuten (Abs. 1)
1. Struktur der Vorschrift, Beweislast

18 Abs. 1 bestimmt den pauschalen Zeitansatz bei bemittelten Betreuten, die für die Vergütung des Betreuers selbst aufkommen müssen. S. 1 der Vorschrift enthält dabei die Stundenansätze für Betreute, die ihren gewöhnlichen Aufenthalt in einem Heim iSv Abs. 3 (vgl Rn 26 ff) haben, S. 2 die höheren Ansätze für diejenigen, bei denen dies nicht der Fall ist, dh die zu Hause wohnen. Diese

---

[24] Vgl hierzu die Kommentierung bei §§ 1836c und 1836d BGB.
[25] Sellin/Engels, Qualität, Aufgabenverteilung und Verfahrensaufwand bei rechtlicher Betreuung, Köln 2003; vgl BT-Drucks. 15/2494, 31.
[26] Vgl Sellin/Engels, S. 402 ff.
[27] BT-Drucks. 15/2494, 7 (§ 1908l BGB-E), 31 ff.
[28] BT-Drucks. 15/2494, 32. Der Median wird so ermittelt, dass zunächst alle Werte in einer Rangfolge geordnet werden. Sodann wird ein Einschnitt bei der Hälfte aller Fälle vorgenommen; der an dieser Stelle rangierende Wert ist der Median, vgl BT-Drucks. 15/2494 aaO.
[29] Vgl die Tabellen bei Sellin/Engels, Qualität, Aufgabenverteilung und Verfahrensaufwand bei rechtlicher Betreuung, Köln 2003, S. 402 ff.

Struktur – als Grundsatz die geringeren Sätze des S. 1, als Ausnahme („Hat der Betreute ... nicht ...") die höheren Sätze des S. 2 – beinhaltet eine Beweislastregelung: Der sie beantragende Betreuer trägt die materielle Beweislast für die Voraussetzungen der höheren Stundenansätze nach S. 2.

2. Der gewöhnliche Aufenthalt

Dem Merkmal des „gewöhnlichen Aufenthalts" waren im Zusammenhang mit der Definition des „Heimes" gem. Abs. 3 nach Inkrafttreten des 2. BtÄndG ein Großteil der gerichtlichen Entscheidungen gewidmet. Es knüpft an die Verwendung des Begriffs in anderen Gesetzen, zB § 272 Abs. 1 Nr. 2 FamFG, § 30 Abs. 3 SGB I, § 9 AO und zahlreichen Vorschriften des EGBGB, an, auf deren Definitionen zurückgegriffen werden kann.[30] Nach der hierzu ergangenen Rechtsprechung des BGH ist das tatsächliche, nicht nur vorübergehende Verweilen an einem bestimmten Ort maßgeblich, der den **Daseinsmittelpunkt** des Betreuten bildet.[31] Der Wille, den Aufenthaltsort zum Daseinsmittelpunkt zu machen, ist nicht erforderlich.[32] Für die Anwendung dieser Definition auf § 5 Abs. 1 und 2 VBVG ist jedoch auch der Zweck der dort getroffenen Differenzierung zu beachten: Der Grund dafür, dass der Betreuer weniger Geld erhält, wenn der Betreute seinen gewöhnlichen Aufenthalt in einem Heim hat, ist, dass der **Betreuungsaufwand dann regelmäßig geringer** ist (vgl Rn 13). Diese ratio legis ist bei der Auslegung des Begriffs des „gewöhnlichen Aufenthalts" iSv Abs. 1 und 2 mit zu beachten.

19

Eine vorübergehende Abwesenheit, aber auch ein länger andauernder Aufenthalt in einer Reha-Einrichtung oder einer Klinik begründet keinen gewöhnlichen Aufenthalt, solange ein Rückkehrwille besteht und sich der Ort, der als der tatsächliche Lebensmittelpunkt zu bezeichnen ist, nicht geändert hat.[33] Gleiches gilt (wegen ihres definitionsgemäß nur vorübergehenden Charakters) für eine Untersuchungshaft[34] und eine zeitweilige Unterbringung in der Psychiatrie.[35]

Einen gewöhnlichen Aufenthalt im „Heim" haben hingegen regelmäßig Strafgefangene und dauerhaft Untergebrachte, wobei es nicht darauf ankommt, ob ggf eine spätere Rückkehrmöglichkeit in eine weiterhin angemietete Wohnung besteht.[36]

Auch ein Hospiz kann am Lebensende zum gewöhnlichen Aufenthalt werden.[37]

---

30 BGH BtPrax 2012, 65. Zu den grundsätzlichen Schwierigkeiten der Begriffsbestimmung und der zT unterschiedlichen Verwendung in verschiedenen anderen Gesetzen vgl zB Deinert/Lütgens, Die Vergütung des Betreuers, Rn 1122 ff; Fröschle, Der gewöhnliche Aufenthalt im Vergütungsrecht, BtPrax 2006, 219 ff.
31 BGH FamRZ 2001, 412.
32 BGH NJW 1993, 2047.
33 BayObLG FamRZ 1993, 89; OLG Karlsruhe FamRZ 1996, 1341; OLG Köln BtPrax 2008, 178.
34 Woran sich auch nicht rückwirkend etwas ändert, wenn anschließend die Strafhaft folgt: OLG München FamRZ 2007, 1913 = BtPrax 2007, 257.
35 OLG Köln FGPrax 2007, 83. Etwas anderes gilt allerdings, wenn die „vorläufige" Heimunterbringung sehr lange dauert (im konkreten Fall bereits neun Monate) und eine baldige Entlassung nicht zu erwarten ist, da sich dann der Daseinsmittelpunkt in das Heim verlagert: OLG Köln FGPrax 2007, 23.
36 BGH BtPrax 2012, 65.
37 OLG Köln FGPrax 2007, 84.

3. Die Stundenansätze im Einzelnen

20 Bei bemittelten Betreuten gelten danach folgende pauschale Zeitansätze:

Dauer der Betreuung	Betreuter lebt im Heim (S. 1)	Betreuter lebt nicht im Heim (S. 2)
erster bis dritter Monat	5,5 Stunden pro Monat	8,5 Stunden pro Monat
vierter bis sechster Monat	4,5 Stunden pro Monat	7 Stunden pro Monat
siebter bis zwölfter Monat	4 Stunden pro Monat	6 Stunden pro Monat
ab dem zweiten Jahr	2,5 Stunden pro Monat	4,5 Stunden pro Monat

21 Um die monatliche Vergütung zu ermitteln, sind diese pauschalen Stundenansätze mit den für den jeweiligen Betreuer geltenden Stundensätzen des § 4 VBVG zu multiplizieren. Es ergeben sich danach die folgenden festen Vergütungssätze (einschließlich Aufwendungsersatz und Umsatzsteuer):[38]

Der Betreute lebt in einem Heim (Abs. 1 S. 1):

Dauer der Betreuung	Stundensatz 27 EUR (§ 4 Abs. 1 S. 1, keine Ausbildung)	Stundensatz 33,50 EUR (§ 4 Abs. 1 S. 2 Nr. 1, Lehre o. ä.)	Stundensatz 44 EUR (§ 4 Abs. 1 S. 2 Nr. 2, Studium o. ä.)
erster bis dritter Monat	148,50 EUR	184,25 EUR	242,00 EUR
vierter bis sechster Monat	121,50 EUR	150,75 EUR	198,00 EUR
siebter bis zwölfter Monat	108,00 EUR	134,00 EUR	176,00 EUR
ab dem zweiten Jahr	67,50 EUR	83,75 EUR	110,00 EUR

22 Der Betreute lebt nicht im Heim (Abs. 1 S. 2):

Dauer der Betreuung	Stundensatz 27 EUR (§ 4 Abs. 1 S. 1, keine Ausbildung)	Stundensatz 33,50 EUR (§ 4 Abs. 1 S. 2 Nr. 1, Lehre o. ä.)	Stundensatz 44 EUR (§ 4 Abs. 1 S. 2 Nr. 2, Studium o. ä.)
erster bis dritter Monat	229,50 EUR	284,75 EUR	374,00 EUR
vierter bis sechster Monat	189,00 EUR	234,50 EUR	308,00 EUR
siebter bis zwölfter Monat	162,00 EUR	201,00 EUR	264,00 EUR
ab dem zweiten Jahr	121,50 EUR	150,75 EUR	198,00 EUR

---

38 § 4 Abs. 2 S. 1 VBVG; vgl dort Rn 35 ff.

IV. Der Stundenansatz bei mittellosen Betreuten (Abs. 2)

Der Stundenansatz bei mittellosen Betreuten richtet sich nach Abs. 2. Die Bestimmung der Mittellosigkeit bemisst sich nach §§ 1836c, 1836d BGB.[39] Ist diese gegeben, kann der Betreuer gem. § 1 Abs. 2 S. 2 VBVG seinen Anspruch gegen die Staatskasse geltend machen.

23

In diesem Fall gelten folgende pauschale Zeitansätze:

Dauer der Betreuung	Betreuter lebt im Heim (S. 1)	Betreuter lebt nicht im Heim (S. 2)
erster bis dritter Monat	4,5 Stunden pro Monat	7 Stunden pro Monat
vierter bis sechster Monat	3,5 Stunden pro Monat	5,5 Stunden pro Monat
siebter bis zwölfter Monat	3 Stunden pro Monat	5 Stunden pro Monat
ab dem zweiten Jahr	2 Stunden pro Monat	3,5 Stunden pro Monat

Mit den Stundensätzen des § 4 VBVG multipliziert, ergeben sich die folgenden festen Vergütungssätze (einschließlich Aufwendungsersatz und Umsatzsteuer):[40]

24

Der Betreute lebt in einem Heim (Abs. 2 S. 1):

Dauer der Betreuung	Stundensatz 27 EUR (§ 4 Abs. 1 S. 1, keine Ausbildung)	Stundensatz 33,50 EUR (§ 4 Abs. 1 S. 2 Nr. 1, Lehre o. ä.)	Stundensatz 44 EUR (§ 4 Abs. 1 S. 2 Nr. 2, Studium o. ä.)
erster bis dritter Monat	121,50 EUR	150,75 EUR	198,00 EUR
vierter bis sechster Monat	94,50 EUR	117,25 EUR	154,00 EUR
siebter bis zwölfter Monat	81,00 EUR	100,50 EUR	132,00 EUR
ab dem zweiten Jahr	54,00 EUR	67,00 EUR	88,00 EUR

Der Betreute lebt nicht im Heim (Abs. 2 S. 2):

25

Dauer der Betreuung	Stundensatz 27 EUR (§ 4 Abs. 1 S. 1, keine Ausbildung)	Stundensatz 33,50 EUR (§ 4 Abs. 1 S. 2 Nr. 1, Lehre o. ä.)	Stundensatz 44 EUR (§ 4 Abs. 1 S. 2 Nr. 2, Studium o. ä.)
erster bis dritter Monat	189,00 EUR	234,50 EUR	308,00 EUR
vierter bis sechster Monat	148,50 EUR	184,25 EUR	242,00 EUR
siebter bis zwölfter Monat	135,00 EUR	167,50 EUR	220,00 EUR

---

39 Vgl hierzu die dortige Kommentierung.
40 § 4 Abs. 2 S. 1 VBVG; vgl dort Rn 35 ff.

Dauer der Betreuung	Stundensatz 27 EUR (§ 4 Abs. 1 S. 1, keine Ausbildung)	Stundensatz 33,50 EUR (§ 4 Abs. 1 S. 2 Nr. 1, Lehre o. ä.)	Stundensatz 44 EUR (§ 4 Abs. 1 S. 2 Nr. 2, Studium o. ä.)
ab dem zweiten Jahr	94,50 EUR	117,25 EUR	154,00 EUR

V. Die Definition des Heimes gem. Abs. 3
1. Überblick und Zweck der Regelung

26 Abs. 3 enthält die zur Bestimmung der Höhe des Stundenansatzes wichtige Definition des Heimes iSv Abs. 1 und 2. S. 1 übernimmt dabei im Wesentlichen die **Legaldefinition des § 1 Abs. 1 S. 2 des Heimgesetzes**. Gegenüber diesem ist er lediglich insoweit etwas weiter formuliert, als seine Anwendung nicht auf Einrichtungen für ältere Menschen, pflegebedürftige oder behinderte Volljährige beschränkt ist, sondern auch etwa für eine Einrichtung für psychisch kranke Jüngere gilt. Abs. 3 S. 2 verweist ausdrücklich auf § 1 Abs. 2 des Heimgesetzes. Grund für die Inbezugnahme ist, eine weitestgehende Anwendung der Rechtsprechung zum Heimgesetz zu ermöglichen. Im Zweifelsfall ist jedoch auch der Zweck der Differenzierung zwischen Heimbewohnern und Betreuten, die nicht in einem Heim leben, gem. Abs. 1 und 2 zu beachten, der in dem üblicherweise unterschiedlichen rechtlichen Betreuungsaufwand liegt.[41]

§ 1 HeimG

(2) Die Tatsache, dass ein Vermieter von Wohnraum durch Verträge mit Dritten oder auf andere Weise sicherstellt, dass den Mietern Betreuung und Verpflegung angeboten werden, begründet allein nicht die Anwendung dieses Gesetzes. Dies gilt auch dann, wenn die Mieter vertraglich verpflichtet sind, allgemeine Betreuungsleistungen wie Notrufdienste oder Vermittlung von Dienst- und Pflegeleistungen von bestimmten Anbietern anzunehmen und das Entgelt hierfür im Verhältnis zur Miete von untergeordneter Bedeutung ist. Dieses Gesetz ist anzuwenden, wenn die Mieter vertraglich verpflichtet sind, Verpflegung und weitergehende Betreuungsleistungen von bestimmten Anbietern anzunehmen.

2. Die Legaldefinition des Heimes (Abs. 3 S. 1)

27 **Ausgangspunkt:** Ein Heim iSv Abs. 3 setzt mehr voraus als nur ein **Gebäude**. Hinzukommen muss eine **personelle und sächliche Ausstattung**, die auf den jeweiligen **Zweck** ausgerichtet ist, sowie ein **Träger**, der eine natürliche oder juristische Person sein kann.[42] Maßgeblich ist nicht der abstrakte Charakter der Einrichtung (zB ob diese der Heimaufsicht unterliegt),[43] sondern ob der konkrete Betreute heimmäßig untergebracht ist.[44] Voraussetzung hierfür ist, dass der Einrichtungsträger eine umfassende, von der aktuellen Situation des Betroffenen unabhängige und dadurch den Betreuer dauerhaft entlastende Versorgungsgarantie übernommen hat. Dies setzt voraus, dass die Einrichtung über eine geschulte Leitung und ausgebildetes Pflegepersonal verfügt, da nur

---

41 Vgl OLG Celle FGPrax 2009, 157.
42 Kunz/Butz/Wiedemann, § 1 HeimG Rn 2, 8.
43 Allerdings kann dies indizielle Wirkung haben: BGH FamRZ 2011, 287 = BtPrax 2011, 82.
44 OLG München BtPrax 2006, 107 = FGPrax 2006, 163.

dann davon auszugehen ist, dass der eigene Organisationsaufwand entsprechend geringer ist.[45]

Personenkreis: Anders als § 1 Abs. 1 S. 2 HeimG ist der Heimbegriff des Abs. 3 S. 1 nicht auf einen bestimmten Personenkreis beschränkt. Liegen die übrigen Voraussetzungen vor, kommen daher Einrichtungen auch für jüngere Menschen, psychisch Kranke, Süchtige etc. in Betracht. Denn auch in diesen Fällen ist der rechtliche Betreuungsaufwand geringer, als wenn der Betreute zu Hause lebt, so dass die Anwendung der niedrigeren Pauschalen des Abs. 1 S. 1, Abs. 2 S. 1 gerechtfertigt ist.

28

Das Heim muss dem Zweck dienen, Volljährige aufzunehmen, ihnen **Wohnraum** zu überlassen sowie tatsächliche **Betreuung**[46] und (für alle Mahlzeiten) **Verpflegung** zur Verfügung zu stellen oder vorzuhalten.[47] Eine reine Vermietung von Räumen (zB einer Altenwohnung) genügt nicht.[48] Notwendig ist vielmehr ein besonderes Verantwortungsverhältnis des Heims gegenüber seinen Bewohnern.[49] Auf der anderen Seite ist nicht erforderlich, dass alle Bewohner – oder gerade der Betreute – die bereit gestellten Leistungen auch tatsächlich in Anspruch nehmen.[50] Krankenhäuser unterfallen nicht dem Heimbegriff, da sie keinen Wohnraum überlassen.[51]

29

Weitere Voraussetzung ist, dass die Einrichtung in ihrem Bestand von dem **Wechsel und der Zahl der Bewohner unabhängig** ist. Letztere ist selbst weder nach oben noch nach unten begrenzt.[52]

30

Für die Qualifizierung als Heim nicht erheblich ist, ob die Bewohner **dauerhaft oder nur vorübergehend** aufgenommen werden. Allerdings finden die Pauschalen für Heimbewohner gem. Abs. 1 S. 1, Abs. 2 S. 1 nur Anwendung, wenn der Betreute selbst in dem Heim seinen gewöhnlichen Aufenthalt hat, was eine dauerhafte Aufnahme voraussetzt. Ist dies der Fall, so scheitert die Qualifizierung als Heim nicht daran, dass bei einer wesentlichen Verschlechterung des Gesundheitszustands des Betreuten für den Träger eine Kündigungsmöglichkeit des Heimvertrages besteht.[53] Denn solange dies nicht geschieht, ist der Aufwand für den Betreuer geringer als bei einem zu Hause Lebenden. Ändert sich die Situation, besteht ggf (wieder) ein Anspruch nach Abs. 1 S. 2 bzw Abs. 2 S. 2.

31

Schließlich muss die Einrichtung durch ihren Träger **entgeltlich** betrieben werden.

32

Nach alledem werden in der Regel Altenheime, Schwesternaltenheime, Altenwohnheime, Pflegeheime, psychiatrische Krankenhäuser[54] sowie auch Strafan-

33

---

45 BGH FamRZ 2008, 778 = BtPrax 2008, 118 (grundlegend); FamRZ 2011, 287 = BtPrax 2011, 82.
46 Vgl OLG Hamm FamRZ 2010, 2012 = BtPrax 2010, 236 mN.
47 Das Vorhandensein einer Kantine, in der gegen gesonderte Bezahlung das Mittagessen eingenommen werden kann, genügt nicht: OLG Schleswig BtPrax 2006, 115 (LS).
48 OLG Hamm FamRZ 2010, 2012 = BtPrax 2010, 236.
49 OLG München BtPrax 2006, 107 = FGPrax 2006, 163.
50 Vgl OLG Celle FGPrax 2009, 157; OLG Hamm FamRZ 2010, 2012 = BtPrax 2010, 236.
51 Kunz/Butz/Wiedemann, § 1 HeimG Rn 6.
52 Kunz/Butz/Wiedemann, § 1 HeimG Rn 2.
53 BGH FamRZ 2011, 287 = BtPrax 2011, 82.
54 OG Köln BtPrax 2006, 237 (LS).

stalten[55] die Voraussetzungen des Abs. 3 S. 1 erfüllen, mangels eines Trägers jedoch nicht eine (Alten-)Wohngemeinschaft[56] und grundsätzlich auch nicht eine Pflegefamilie.[57]

Sind die gesetzlichen Voraussetzungen erfüllt, stellt die Einrichtung ein Heim dar; auf ihre **Bezeichnung kommt es nicht an** (weder positiv noch negativ).[58]

3. Betreutes Wohnen (Abs. 3 S. 2)

34 Gem. Abs. 3 S. 2 gilt § 1 Abs. 2 HeimG entsprechend. Diese Vorschrift enthält Auslegungsregeln, die das betreute Wohnen betreffen. Eine Definition des betreuten Wohnens gibt es nicht. Die Entscheidung ist daher anhand der im Gesetz genannten Kriterien im Einzelfall zu treffen. Dabei nennen § 1 Abs. 2 S. 1 und 2 HeimG lediglich Kriterien, deren Vorliegen allein noch nicht zur Qualifizierung einer Einrichtung als Heim führt. Kommen weitere Kriterien hinzu, kann deshalb durchaus ein Heim iSv S. 1 vorliegen.[59]

VI. Der Zeitraum der gewährten Vergütung
1. Vergütung nur während der Dauer der Betreuung

35 Die Vergütung wird während des Bestehens der Betreuung gewährt. Diese beginnt mit der Bestellung des Betreuers und endet mit seiner Entlassung, der Aufhebung der Betreuung[60] oder dem Tod des Betreuten. Tätigkeiten davor oder danach sind von den Zeitpauschalen gem. §§ 4, 5 VBVG nicht umfasst und werden daher nicht vergütet. Soweit es sich um die Erledigung von Pflichten des Betreuers aus §§ 1840 ff BGB (wie Schlussbericht, Vermögensaufstellung pp.) handelt, sind diese mit der gezahlten Pauschale abgegolten.[61] Etwas anderes gilt gem. §§ 1908 i Abs. 1 S. 1, 1893 Abs. 1 BGB nur, soweit der Betreuer die Geschäfte in Unkenntnis der Beendigung der Betreuung weiterführt (§ 1698 a BGB) oder es sich um eine Notgeschäftsführung für die Erben gem. § 1698 b BGB handelt.[62] In diesem Fall verschiebt sich vergütungsrechtlich das Ende der Betreuung bis zur Kenntnis des Betreuers bzw bis zur Beendigung der

---

55 BGH BtPrax 2012, 65.
56 Vgl Kunz/Butz/Wiedemann, § 1 HeimG Rn 3 ff mN.
57 BGH FamRZ 2008, 778 = BtPrax 2008, 118.
58 Kunz/Butz/Wiedemann, § 1 HeimG Rn 2, 9.
59 Vgl hierzu die Kommentierung in Rn 27–32 sowie zu den weiteren Einzelheiten Kunz/Butz/Wiedemann, § 1 HeimG Rn 14 ff sowie OLG Brandenburg BtPrax 2009, 125 und Beschl. v. 3.2.2009, 11 Wx 72/08, welches in den konkreten Fällen eine Heimunterbringung verneinte.
60 Maßgeblich ist insoweit das Datum der gerichtlichen Entscheidung, nicht etwa des Antrags des Betreuten: BGH FamRZ 2012, 295 = BtPrax 2012, 62.
61 OLG Köln FGPrax 2006, 163; OLG München FamRZ 2006, 1787 = BtPrax 2006, 233.
62 OLG Köln FGPrax 2006, 163; OLG München FamRZ 2006, 1787 = BtPrax 2006, 233; LG Stendal FamRZ 2006, 1063 = BtPrax 2006, 234.

Notgeschäftsführung.[63] Bis dahin steht dem Betreuer daher die Pauschale gem. §§ 4, 5 VBVG zu.[64]

Materiellrechtliche Fehler der Betreuungsanordnung (wenn von dem Gericht also zB die Voraussetzungen des § 1896 BGB zu Unrecht angenommen wurden) hindern die Gewährung einer Vergütung nicht. Entscheidend ist nur, dass die Bestellung des Betreuers wirksam erfolgt ist.[65] Entsprechendes gilt, wenn die Betreuung entgegen § 1908 d Abs. 1 S. 1 BGB zu lange aufrechterhalten wurde.[66]

Zum Problem **zeitlicher Lücken** in der Betreuung siehe § 6 VBVG Rn 15.

2. Die Berechnung der Monate (Abs. 4 S. 1)

Maßgeblich für die Berechnung der Abrechnungsmonate ist die erstmalige Einrichtung einer Betreuung, dh die **erstmalige Bestellung eines Betreuers** („... in den ... Monaten der Betreuung ...").[67] Ein späterer Wechsel des Betreuers – auch von Ehrenamtlichen zu einem Berufsbetreuer –, eine Änderung des Aufgabenkreises oder der Übergang von einer vorläufigen zur endgültigen Betreuung haben auf die Berechnung der Monate grundsätzlich keinen Einfluss. Für die Monatsberechnung erklärt Abs. 3 die Vorschriften über Beginn und Ende von Monatsfristen gem. §§ 187 Abs. 1 und 188 Abs. 2 BGB für entsprechend anwendbar. Dies ist erforderlich, da es sich bei den Abrechnungszeiträumen der Abs. 1 und 2 nicht um Fristen handelt, die Anwendung der Vorschriften jedoch in gleicher Weise sinnvoll ist.[68] Der Abrechnungs-Monat beginnt somit am Tag nach der (erstmaligen) Bestellung des Betreuers (§ 187 Abs. 1 BGB) und endet im folgenden Kalendermonat an dem Tag, der die gleiche Zahl trägt wie der Tag der Bestellung.

Beispiel:[69]

Wird die Bestellung des Betreuers am 17.9. wirksam, beginnt der Abrechnungsmonat am 18.9. und endet am 17.10. Der zweite Monat beginnt am 18.10. und endet am 17.11. und so fort.

---

63 Das OLG Frankfurt/M. BtPrax 2008, 227, hat dies darüber hinaus auch in einem Fall angenommen, in dem der Richter einem Betreuungsverein nach dem Tod des Vereinsbetreuers fälschlich mitgeteilt hatte, dass es der Neubestellung eines anderen Betreuers nicht bedürfe.
64 So zutreffend LG Stendal FamRZ 2006, 1063 = BtPrax 2006, 234. Die aA des OLG München FamRZ 2006, 1787 = BtPrax 2006, 233, wonach analog § 6 VBVG der Betreuer gem. Einzelnachweis die erbrachten Tätigkeiten abrechnen könne, widerspricht dem gesetzlichen Ziel der Vereinfachung und Streitvermeidung durch die Pauschalierung sowie der grundsätzlich mangelnden Analogiefähigkeit von § 6 VBVG, vgl dort Rn 12.
65 BayObLG FamRZ 1999, 1603 für den Fall einer Nachlasspflegschaft.
66 BayObLG NJW-RR 1998, 435.
67 BGH FamRZ 2012, 1211 = BtPrax 2012, 162. Vgl näher hierzu sowie zu weiteren Sonderfällen § 6 Rn 12 ff; zum Wechsel von einem Berufsbetreuer zu einem Ehrenamtlichen vgl Abs. 5 und Rn 42 ff.
68 Vgl hierzu auch die Gesetzesbegründung in BT-Drucks. 15/2494, 33 zu § 1908 l Abs. 3 BGB-E des Bundesratsentwurfs.
69 Aus BT-Drucks. 15/2494, 34.

39 Für die Betreuungen, die zum Zeitpunkt des Inkrafttretens des VBVG am 1.7.2005[70] bereits bestanden, beginnt an diesem Tag der erste Abrechnungsmonat für die gem. §§ 4, 5 VBVG zu gewährende Pauschalvergütung.[71] Bei der Berechnung ist – da insoweit sein Beginn maßgebend ist – der 1.7.2005 mitzuzählen. Gleiches gilt im Rahmen von § 1908a S. 2 BGB hinsichtlich des Tages, mit dem die Volljährigkeit eintritt.[72]

3. Änderung von Umständen während eines laufenden Monats (Abs. 4 S. 2 und 3)

40 Abs. 4 S. 2 und 3 regeln den Fall, dass sich vergütungsrelevante Umstände während eines laufenden Abrechnungs-Monats ändern, also zB die Betreuung (durch Aufhebung oder Tod des Betreuten) endet, der Betreute von zu Hause in ein Heim umzieht, ein Betreuerwechsel stattfindet etc.[73] In diesem Fall ist der Stundenansatz zeitanteilig nach Tagen zu berechnen. Die Berechnung richtet sich – entsprechend der Berechnung von Tagesfristen – nach §§ 187 Abs. 1 und 188 Abs. 1 BGB (Abs. 4 S. 2 Hs 2). D.h. sie beginnt mit dem Tag nach demjenigen, auf den das erste Ereignis (also zB die Bestellung des Betreuers) fällt, und endet mit dem Ablauf des Tages, auf den das zweite Ereignis (also zB der Tod des Betreuten) fällt. Die sich dabei ergebende Stundenzahl ist auf volle Zehntel aufzurunden. Diese genaue Abrechnung pro rata temporis ist zwar etwas kompliziert, gewährleistet jedoch die größtmögliche „**Vergütungsgerechtigkeit**".[74]

Beispiel:[75]

Der Betreuer wird am 10.4. bestellt. Der Betreute ist mittellos und lebt in einem Heim. Er stirbt am 2.11., also während des 7. Monats der Betreuung. Gem. Abs. 2 S. 1 Nr. 3 betrüge der Stundenansatz für den vollen 7. Monat 3 Stunden. Nach Abs. 4 S. 2 iVm mit §§ 187 Abs. 1, 188 Abs. 1 BGB erhält der Betreuer eine Vergütung für die Zeit vom 11.10. bis 2.11. (Entsprechend § 188 Abs. 1 zählt dieser Tag mit), also für 22 Tage. Der Stundenansatz nach Abs. 4 S. 2 beträgt für diesen Zeitraum somit: 22/31 x 3 = 2,1229 Stunden.

Gem. Abs. 4 S. 3 ist dieser Wert auf volle Zehntel, mithin auf 2,2 Stunden aufzurunden.[76]

41 Für den Fall, dass sich die **wirtschaftliche Situation des Betreuten ändert**, dh dass ein bemittelter Betreuter mittellos wird oder umgekehrt, **gelten Abs. 4 S. 2 und 3 nicht**. Auf eine Vorlage des OLG München hat der Bundesgerichtshof klargestellt, dass der Vermögensstatus nur für ganze Abrechnungsmonate –

---

[70] Art. 12 des 2. BtÄndG, vgl auch die Übersicht vor §§ 1835 ff BGB Rn 2.
[71] Denn erst ab diesem Zeitpunkt kann die Pauschale geltend gemacht werden: so zutreffend OLG München FamRZ 2008, 1563 = BtPrax 2008, 174; aA: LG Dresden FamRZ 2006, 1229.
[72] LG Erfurt v. 29.4.2009, 2 T 154/09.
[73] Nicht unter Abs. 4 S. 2 fällt eine Änderung der wirtschaftlichen Verhältnisse des Betreuten, vgl Rn 41.
[74] Vgl BT-Drucks. 15/2494, 34.
[75] Vgl BT-Drucks. 15/2494, 34.
[76] Für ein weiteres Beispiel vgl BT-Drucks. 15/2494, 34.

und zwar an deren Ende – zu bestimmen ist.[77] Allerdings hatte der BGH nur über einen einzigen Monat (in dem der Wechsel zur Mittellosigkeit des Betreuten stattfand) zu entscheiden. Dazu, wie der Fall zu beurteilen ist, wenn gleichzeitig über mehrere Monate zu entscheiden ist, verhält sich die Entscheidung daher nicht. Richtiger Ansicht nach ist die Frage des Vermögensstatus und damit des Stundenansatzes nicht nur für den einzelnen Monat, sondern insgesamt für die geltend gemachte Abrechnungsperiode einheitlich zu beurteilen, wobei wie bei der Bestimmung des Vergütungsschuldners (vgl § 1836 d BGB Rn 13) auf den Zeitpunkt der (letzten) Entscheidung im Vergütungsverfahren abzustellen ist.[78]

Denn sonst entstünde das mit dem Gesetzeszweck kaum zu vereinbarende Ergebnis, dass – jedenfalls teilweise – ein bemittelter Betreuer in den Genuss der zur Schonung der Staatsfinanzen (vgl Rn 12) erniedrigten Stundenansätze gem. Abs. 2 käme, während die Staatskasse die höheren Beträge nach Abs. 1 zu zahlen hätte.[79]

4. Der Wechsel von einem Berufsbetreuer zu einem Ehrenamtlichen (Abs. 5)

a) Überblick

Abs. 5 enthält eine Ausnahme von der monats- bzw taggenauen Berechnung des Vergütungszeitraums nach Abs. 4 für den Fall, dass der Berufsbetreuer die Betreuung an einen Ehrenamtlichen abgibt. In diesem Fall erhält er – obgleich er keine Tätigkeit mehr entfaltet – noch **für den gesamten Abrechnungsmonat (Betreuungsmonat)**,[80] in den der Wechsel fällt, sowie für den Folgemonat die Vergütung weitergezahlt. Dies gilt auch, wenn zunächst der berufliche und der ehrenamtliche Betreuer gleichzeitig bestellt waren (sog. Tandem-Betreuung), Abs. 5 S. 2. Die Anwendbarkeit von Abs. 4 S. 2 und 3 ist ausdrücklich ausgeschlossen, Abs. 5 S. 3. Angesichts seines nicht eingeschränkten Wortlauts findet Abs. 5 auch dann Anwendung, wenn der Wechsel zu dem ehrenamtlichen Betreuer in einem Beschwerdeverfahren gegen die Bestellung des Berufsbetreuers erfolgt.[81] Gleiches gilt, wenn ohne Wechsel der Person des Betreuers ein Wechsel von einer beruflich geführten zu einer ehrenamtlichen Betreuung stattfindet.[82]

42

Für den Fall eines **Wechsels von einem Ehrenamtlichen zu einem Berufsbetreuer** siehe die Kommentierung bei § 6 VBVG Rn 13.

b) Zweck

Der Zweck dieser Regelung ist die **vergütungsrechtliche Flankierung von** § 1897 Abs. 6 S. 2 BGB, wonach ein Berufsbetreuer die Betreuung abzugeben hat, sobald diese durch einen Ehrenamtlichen weitergeführt werden kann (vgl

43

---

77 BGH FamRZ 2011, 368 = BtPrax 2011, 83 mit eingehender Begründung. Wegen des zuvor bestehenden Meinungsstreits vgl die Vorauflage.
78 So auch ausführlich Deinert/Lütgens, Die Vergütung des Betreuers, Rn 1213 ff; aA: OLG Frankfurt BtPrax 2008, 175.
79 Vgl iÜ die Vorauflage.
80 BGH v. 27.2.2013, XII ZB 543/12, Rn 7.
81 OLG Frankfurt/M. FamRZ 2008, 1562 = FGPrax 2008, 202.
82 OLG Hamm FamRZ 2008, 92 = FGPrax 2008, 20. In diesem Fall besteht allerdings kein gleichzeitiger Anspruch auf Aufwandsentschädigung gem. § 1835 a BGB, OLG Hamm aaO.

hierzu § 1897 BGB Rn 48). Im Ergebnis bedeutet sie eine Prämie für die Abgabe an einen ehrenamtlichen Betreuer. Hierdurch soll der Gefahr entgegengewirkt werden, dass ein Berufsbetreuer eine einfach gewordene (und – da die nach Abs. 1, 2 gezahlte Pauschale gleich bleibt – lukrative) Betreuung entgegen der Pflicht aus § 1897 Abs. 6 S. 2 BGB behält. Denn dies widerspräche zum einen dem Vorrang des Ehrenamtes, zum anderen stiegen die Kosten für den Betreuten bzw – bei dessen Mittellosigkeit – für die Staatskasse.

c) Bedeutung

44 **Für die Gerichte** ist die Vorschrift nicht weiter problematisch.

Für die Berufsbetreuer beinhaltet sie die Möglichkeit, ohne Arbeit Geld zu verdienen. Sie gibt daher über die gesetzliche Verpflichtung in § 1897 Abs. 6 S. 2 BGB hinaus einen finanziellen Anreiz, eine geeignete Betreuung an einen Ehrenamtlichen abzugeben und auch bereits eine solche, bei der die zukünftige Geeignetheit für einen Ehrenamtlichen bereits abzusehen ist, ggf im Rahmen einer „Tandem-Betreuung", zu übernehmen.

Für die Betreuungsvereine hat die Vorschrift besondere Bedeutung. Denn da diese in den entsprechenden Fällen besonders häufig eingesetzt werden und auch besonders häufig geeignete Betreuungen abgeben, profitieren sie von der Regelung besonders.

d) Inhalt der Vorschrift

45 Ohne die Vorschrift des Abs. 5 würde der Vergütungszeitraum gem. Abs. 4 S. 2 taggenau enden. Stattdessen sind „der Monat, in den der Wechsel fällt, und der Folgemonat mit dem vollen Zweitaufwand nach Abs. 1 und 2" zu vergüten. Die Vergütung wird somit minimal einen Monat, maximal zwei Monate (minus einen Tag) weiter gezahlt. „Nach den Abs. 1, 2" bedeutet, dass dann, wenn in diese Zeit ein Vergütungssprung fällt (zB zwischen 3. und 4. Monat), die Vergütung sinkt.

e) Beispiel

46 Ein Berufsbetreuer wird am 15.1. bestellt. Der Betreute ist mittellos und lebt in einem Heim. Am 15.6. erfolgt der Betreuerwechsel an einen Ehrenamtlichen: Nach Abs. 4 würde ihm genau diese Zeit, also fünf Monate vergütet. Da der Betreuerwechsel gerade auf das Monatsende iSv Abs. 4 S. 1, § 188 Abs. 2 Alt. 1 BGB fällt, erhält er gem. Abs. 5 nur für den folgenden Abrechnungsmonat, also für die Zeit von 16.6. bis 15.7. eine weitere Vergütung, insgesamt also für sechs Monate.

Findet der Betreuerwechsel hingegen am 16.6. statt, fällt dieses Datum gem. Abs. 4 bereits in den 6. Abrechnungsmonat. Nach Abs. 4 S. 2 würde er bei taggenauer Abrechnung für fünf Monate und einen Tag eine Vergütung erhalten. Aufgrund von Abs. 5 erhält er jedoch für den angefangenen 6. sowie für den folgenden 7. Abrechnungsmonat eine Vergütung, mithin für die Zeit bis 15.8., insgesamt also für sieben Monate. Für den 6. Monat beträgt der Stundenansatz gem. Abs. 2 S. 1 Nr. 2 3,5 Stunden, ab dem 7. Monat nur noch 3 Stunden. Für die Zeit vom 16.6. bis 15.7. beträgt der Stundenansatz daher 3,5 Stunden, für die Zeit vom 16.7. bis 15.8. 3 Stunden.

§ 6 VBVG Sonderfälle der Betreuung

¹In den Fällen des § 1899 Abs. 2 und 4 des Bürgerlichen Gesetzbuchs erhält der Betreuer eine Vergütung nach § 1 Abs. 2 in Verbindung mit § 3; für seine Aufwendungen kann er Vorschuss und Ersatz nach § 1835 des Bürgerlichen Gesetzbuchs mit Ausnahme der Aufwendungen im Sinne von § 1835 Abs. 2 des Bürgerlichen Gesetzbuchs beanspruchen. ²Ist im Fall des § 1899 Abs. 4 des Bürgerlichen Gesetzbuchs die Verhinderung tatsächlicher Art, sind die Vergütung und der Aufwendungsersatz nach § 4 in Verbindung mit § 5 zu bewilligen und nach Tagen zu teilen; § 5 Abs. 4 Satz 3 sowie § 187 Abs. 1 und § 188 Abs. 1 des Bürgerlichen Gesetzbuchs gelten entsprechend.

I. Einleitung

1. Überblick über die Regelung

§ 6 VBVG enthält für zwei eng begrenzte Ausnahmefälle rechtlicher Betreuung eine **Ausnahme von der Pauschalierung** der Vergütung und des Aufwendungsersatzes nach den §§ 4 und 5 VBVG. Es handelt sich dabei um den Sterilisationsbetreuer gem. § 1899 Abs. 2 BGB und den Verhinderungsbetreuer im Falle rechtlicher Verhinderung gem. § 1899 Abs. 4 BGB. Für den Verhinderungsbetreuer bei tatsächlicher Verhinderung des Hauptbetreuers ordnet S. 2 eine Teilung der Pauschalvergütung pro rata temporis an. 1

2. Geschichte und Zweck der Norm

Die Vorschrift entspricht im Wesentlichen § 1908 m BGB-E des Bundesratentwurfs zum 2. BtÄndG.[1] Die in ihr enthaltenen Ausnahmen von der Pauschalierung sind erforderlich, da der **Sterilisationsbetreuer** sowie der **Verhinderungsbetreuer** bei rechtlicher Verhinderung des Hauptbetreuers jeweils nur für ein punktuelles Geschäft tätig werden, während der Hauptbetreuer die übrigen Geschäfte des Betreuten weiter erledigt. Die auf der Grundlage einer über die Zeit hinweg andauernden Betreuung gebildeten pauschalen Stundenansätze des § 5 VBVG passen auf diese Fälle daher nicht. Im Falle einer tatsächlichen, vorübergehenden Verhinderung des Hauptbetreuers ist die Situation anders: Hier ist der Verhinderungsbetreuer anstelle des Hauptbetreuers für eine bestimmte Zeit und nicht punktuell für ein bestimmtes Geschäft zuständig. Für diesen Fall ist es daher sachgerecht, die Pauschalvergütung zeitanteilig aufzuteilen. 2

Weitere Ausnahmen von der Pauschalierung enthält das Gesetz nicht, da sie dem mit der Pauschalierung verfolgten Zweck der Vereinfachung und Streitvermeidung zuwiderliefen. Zudem sind die möglichen verschiedenen Fälle von Betreuungen in die Daten, die der Bildung der Pauschalen zugrunde lagen, eingeflossen.[2] 3

---

1 Die Gesetzesbegründung findet sich in BT-Drucks. 15/2494, 34/35 sowie 15/4874, 74/75.

2 Vgl BT-Drucks. 15/2494, 34 sowie § 5 VBVG Rn 17. Zur Situation bei weiteren Sonderfällen vgl zudem Rn 13 ff.

3. Anwendungsbereich

4 Die Vorschrift gilt für **beruflich tätige Betreuer** einschließlich der **Vereinsbetreuer**, für die lediglich hinsichtlich des Auslagenersatzes gem. § 7 Abs. 2 VBVG eine gewisse Modifikation besteht. Nicht anwendbar ist § 7 VBVG auf die Behördenbetreuer, deren (ausnahmsweise) Vergütung in § 8 VBVG geregelt ist.

4. Bedeutung

5 Angesichts der Beschränkung auf relativ seltene Ausnahmefälle ist die Bedeutung der Vorschrift insgesamt gering. **Für die Gerichte** bewirkt sie in den erfassten Fällen ein Mehr an Arbeit gegenüber der Pauschalierung gem. §§ 4, 5 VBVG, die aufgrund der seltenen Anwendung jedoch nicht sehr zu Buche schlägt. **Für Berufsbetreuer und Betreuungsvereine** bedeutet sie ebenfalls eine Mehrarbeit, da – wie nach altem Recht – die geleisteten Stunden sowie die getätigten Aufwendungen im Einzelnen dokumentiert und abgerechnet werden müssen. Auf der anderen Seite erhalten sie in jedem Fall die tatsächlich geleistete Arbeit vergütet.

II. Sterilisationsbetreuer und Verhinderungsbetreuer bei rechtlicher Verhinderung des Hauptbetreuers (S. 1)

6 S. 1 gilt für den Sterilisationsbetreuer gem. § 1899 Abs. 2 BGB (vgl § 1899 BGB Rn 14 ff) sowie für den Verhinderungsbetreuer gem. § 1899 Abs. 4 BGB im Falle rechtlicher Verhinderung des Hauptbetreuers (vgl § 1899 BGB Rn 18).[3] Ein Letzterer wird etwa für Geschäfte bestellt, bei denen der Hauptbetreuer gem. § 181 BGB oder §§ 1908i Abs. 1 S. 1, 1795 BGB von der Vertretung des Betreuten ausgeschlossen ist. Sind diese Betreuer beruflich tätig, erhalten sie wie Vormünder und Verfahrenspfleger eine **Stundenvergütung gem. § 3 VBVG** (Einzelheiten hierzu unter § 3 VBVG Rn 5 ff).

7 Da § 3 VBVG Netto-Stundensätze enthält, erklärt S. 1 Hs 2 hinsichtlich des Aufwendungsersatzes § 1835 BGB für anwendbar mit Ausnahme des dortigen Abs. 2 (Versicherungskosten). Letzteres hat nur deklaratorische Bedeutung, da § 1835 Abs. 2 S. 2 BGB eine Anwendung von § 1835 Abs. 2 S. 1 BGB auf die Berufsbetreuer ohnehin ausschließt.

8 Der Grund dafür, dass § 6 S. 1 VBVG auf § 3 VBVG sowie § 1835 BGB Bezug nimmt und nicht auf § 4 VBVG, liegt darin, dass die Pauschalierung des Aufwendungsersatzes – wie diejenige des Zeitansatzes gem. § 5 VBVG – eine Mischkalkulation und damit zumindest grundsätzlich auch eine längere Tätigkeit voraussetzt. Dies ist bei dem punktuellen Tätigwerden von Sterilisations- und Verhinderungsbetreuern jedoch nicht der Fall.

Sollte es – erwartungsgemäß – zu einer vollständigen Freistellung beruflich tätiger Betreuer von der Umsatzsteuer kommen, folgt aus der Bezugnahme auf § 3 VBVG allerdings das Problem, dass die S. 1 unterfallenden Betreuer geringere Stundensätze erhalten als die übrigen Berufsbetreuer (vgl § 3 VBVG Rn 1 und § 4 VBVG Rn 44 ff). Dies könnte erfordern, dass, um einen Verstoß gegen Art. 3 Abs. 1 GG zu vermeiden, künftig entgegen dem Wortlaut von S. 1 die Stundensätze gem. § 4 zu bemessen sind.

---

3 Vgl zB OLG Celle FamRZ 2008, 1213.

III. Verhinderungsbetreuer bei tatsächlicher Verhinderung des Hauptbetreuers (S. 2)

Im Falle vorübergehender tatsächlicher Verhinderung des Hauptbetreuers (etwa durch Krankheit oder Urlaub) wird der Verhinderungsbetreuer nicht für ein punktuelles Geschäft zusätzlich zum Hauptbetreuer, sondern für einen bestimmten Zeitraum **an dessen Stelle** tätig. S. 2 ordnet für diesen Fall daher die **Teilung der Inklusivvergütung** der §§ 4, 5 VBVG zeitanteilig nach Tagen an. Gem. S. 2 Hs 2 sind diese nach §§ 187 Abs. 1, 188 Abs. 1 BGB zu berechnen; die sich ergebenden Stundenansätze sind auf volle Zehntel aufzurunden (S. 2 Hs 2 iVm § 5 Abs. 4 S. 3 VBVG). Ist der Hauptbetreuer ehrenamtlich und nur der Verhinderungsbetreuer beruflich tätig, enthält (nur) Letzterer eine zeitanteilige Pauschalvergütung für die Dauer seiner Tätigkeit, während für den Ehrenamtlichen die Aufwandsentschädigung gem. § 1835a BGB entsprechend gekürzt wird, vgl dort Rn 10.[4]

Was die Bezugnahme auf §§ 187 Abs. 1, 188 Abs. 1 BGB betrifft, so ist diese unvollständig. Denn § 187 Abs. 1 BGB behandelt den Fall, dass für den Beginn einer Frist ein in den Lauf eines Tages fallender Zeitpunkt maßgebend ist. Bei der Bestellung eines Verhinderungsbetreuers kann aber auch der Fall auftreten, dass dieser (zB für einen Urlaub des Hauptbetreuers) ab dem Beginn eines Tages bestellt wird. Diesen Fall regelt § 187 Abs. 2 S. 1 BGB. Und zwar zählt dann dieser Tag bei der Frist bereits mit. Eine Verweisung auf diese Vorschrift fehlt jedoch in S. 2 Hs 2. Hierbei handelt es sich um ein Versehen des Gesetzgebers, der die Verweisung offenbar derjenigen in § 5 Abs. 4 S. 2 Hs 2 nachgebildet hat, wo das Problem (abgesehen von den am 1.7.2005 bereits bestehenden Betreuungen; vgl § 5 VBVG Rn 39) nicht auftreten dürfte. Im Wege einer teleologischen Extension ist die Verweisung in den Fällen, in denen der Verhinderungsbetreuer mit dem Beginn eines Tages bestellt wird, daher auch auf § 187 Abs. 2 S. 1 BGB zu erstrecken.

Beispiel:

Die Betreuung wird am 15.1. eingerichtet. Der Betroffene ist mittellos und lebt in einem Heim. Für einen Urlaub des Betreuers wird für die Zeit vom 20.2. bis 10.3. ein Verhinderungsbetreuer bestellt.

Die Verhinderung fällt in den zweiten Abrechnungsmonat gem. § 5 Abs. 2 S. 1 Nr. 1. Der pauschale Stundenansatz beträgt daher 4,5 Stunden. Der Abrechnungsmonat dauert vom 16.2. bis 15.3., hat also 28 Tage (im Schaltjahr: 29). Gem. §§ 187 Abs. 2 S. 1 (s. Rn 10), 188 Abs. 1 BGB umfasst die Verhinderung einen Zeitraum von 19 Tagen. Auf den Verhinderungsbetreuer entfällt somit ein Stundenansatz iHv

4,5 x 19/28 = 4,5 x 0,6786 = 3,0537, gerundet 3,1 Stunden,

auf den Hauptbetreuer entfällt der Rest iHv 4,5 – 3,1 = 1,4 Stunden.

Dieser Stundenansatz ist dann mit dem jeweils gültigen Inklusivstundensatz nach § 4 VBVG zu multiplizieren.

---

[4] Sowie LG Nürnberg-Fürth FamRZ 2008, 219.

IV. Sonstige Sonderfälle

12 Als Ausnahmevorschrift ist § 6 VBVG **keiner Analogie** fähig.[5] Dies entspricht auch dem gesetzgeberischen Ziel der weitest gehenden Vereinfachung und Streitvermeidung.[6] Für alle übrigen besonderen Konstellationen einer Betreuung gelten daher die Pauschalen der §§ 4 und 5 VBVG. Als solche erwähnt die Gesetzesbegründung[7] ausdrücklich:

1. Betreuerwechsel

13 Der hiermit ggf verbundene **Mehraufwand** ist in die Pauschalenbildung eingeflossen. Die Berechnung der Abrechnungsmonate des § 5 VBVG beginnt daher nicht von vorn.[8] Dies gilt auch, wenn zunächst ein ehrenamtlicher Betreuer bestellt war.[9] Der Wortlaut des § 5 Abs. 1 VBVG, der nach den Monaten der Betreuung und nicht nach der Dauer der Tätigkeit des einzelnen Betreuers differenziert, ist eindeutig.

2. Erweiterung des Aufgabenkreises

14 Da das Pauschalierungssystem insgesamt von den übertragenen Aufgabenkreisen unabhängig ist, kann auch deren Erweiterung (oder Reduzierung) keine Rolle spielen.[10]

3. Zeitliche Lücken in der Betreuung

15 Für die Fälle, in denen die Betreuung zunächst aufgehoben, nach einiger Zeit jedoch wieder eingerichtet wird (etwa bei phasenweise auftretenden Schüben psychischer Erkrankungen, nach dem Auslaufen einer vorläufigen Betreuung oder bei einem Betreuerwechsel), trifft das Gesetz keine besondere Regelung. Die Gesetzesbegründung hat die Klärung von Zweifelsfällen insoweit der Rechtsprechung überlassen.[11] Diese ist demgemäß uneinheitlich. So bejahte zB das OLG Frankfurt[12] bereits nach einer Unterbrechung von 7 Wochen das Vorliegen einer neuen Betreuung verbunden mit der entsprechend höheren Anfangsvergütung, während das OLG München[13] selbst nach sechs Monaten vom Weiterbestehen der ursprünglichen Betreuung ausging.[14]

---

5 BGH FamRZ 2012, 1051 = BtPrax 2012, 531; BGH v. 20.3.2013, XII ZB 231/12, Rn 16 ff
6 BT-Drucks. 15/2494, 34 (zu § 1908 m BGB-E).
7 AaO.
8 BGH FamRZ 2012, 1211 = BtPrax 2012, 162. Durch diesen Beschluss hat der BGH die bereits zuvor herrschende Meinung (vgl insoweit die Vorauflage) bestätigt.
9 BGH aaO.
10 Auch dies hat der BGH in seinem Beschluss (aaO) klargestellt.
11 BT-Drucks. 15/2494, 35.
12 FamRZ 2009, 1708 (verschiedene Betreuer).
13 FGPrax 2006, 213 (gleicher Betreuer).
14 Weitere Entscheidungen zB: OLG Zweibrücken FGPrax 2006, 121 = Rpfleger 2006, 401 (Neubeginn der Betreuung nach Pause von 9 Monaten); OLG Karlsruhe BtPrax 2007, 183 (Neubeginn nach Pause von 2 1/2 Monaten bei verschiedenen Betreuern); LG Lübeck FamRZ 2007, 1917 (LS) (kein Neubeginn nach Pause von 7 Monaten).

4. Mehrere Betreuer

Werden mehrere Betreuer gleichzeitig bestellt, erhalten alle (soweit sie beruflich tätig sind und nicht § 6 VBVG unterfallen)[15] die Pauschale gem. §§ 4, 5 VBVG.[16] Denn es handelt sich jeweils um eine eigenständige Betreuung mit einem bestimmten Aufgabenkreis. Da die Pauschalierung nicht nach Aufgabenkreisen differenziert, ist insoweit keine Ausnahme vom System geboten. Die **Vergütungsstufe** (§ 5 Abs. 1 und 2 Nr. 1, 2, 3 oder 4) allerdings richtet sich nach dem Zeitpunkt der Einrichtung der Betreuung/Bestellung des ersten Betreuers.[17]

16

5. Vorläufige Betreuung

Nicht erwähnt ist in der Gesetzesbegründung der (häufige) Fall, dass zunächst gem. § 300 FamFG eine vorläufige Betreuung angeordnet und diese später verlängert wird, bzw sich an die vorläufige Betreuung eine endgültige Betreuung anschließt. In diesem Fall ist die erstmalige (also die vorläufige) Einrichtung der Betreuung für die Berechnung der Abrechnungsmonate des § 5 VBVG maßgebend.[18] Denn ab diesem Zeitpunkt besteht die Betreuung. Auch entsteht typischerweise zu Beginn, also während der unter Zeitdruck eingerichteten vorläufigen Betreuung, der höchste Betreuungsbedarf, der dann im Laufe der Monate sinkt, ohne plötzlich wieder anzusteigen, wenn nach Abschluss des Hauptsacheverfahrens die endgültige Betreuung eingerichtet wird.

17

6. Fälle „begrenzter" Aufgabenkreise

Wie ausgeführt (s. Rn 12) ist § 6 VBVG keiner Analogie fähig. Außer den in S. 1 ausdrücklich genannten Fällen des Sterilisationsbetreuers und (rechtlichen) Verhinderungsbetreuers erhalten deshalb Betreuer, die für andere „punktuelle" Aufgabenkreise bestellt werden, die volle Pauschale gem. §§ 4, 5 VBVG.[19] Dies gilt auch, wenn ein **Betreuer neben einem Bevollmächtigten** zur Vornahme bestimmter Geschäfte bestellt wird.[20]

18

V. Verfahrensrechtliches

Hinsichtlich der Geltendmachung gilt für die Vergütung der Sterilisations- und Verhinderungsbetreuer bei rechtlicher Verhinderung des Hauptbetreuers das zu § 3 VBVG Rn 13, 14, für den Aufwendungsersatz das zu § 1835 BGB Rn 25 ff, hinsichtlich der Pauschalvergütung der Verhinderungsbetreuer bei tatsächlicher Verhinderung das zu § 4 VBVG Rn 47, 48 Ausgeführte.

19

---

15 Die Bestellung mehrere Berufsbetreuer ist nur in Ausnahmefällen zulässig, § 1899 Abs. 1 S. 2 BGB.
16 Vgl OLG Hamm FamRZ 2007, 497 = BtPrax 2007, 90.
17 OLG Schleswig FGPrax 2006, 166; OLG Köln FGPrax 2007, 123, jeweils für den Fall einer Gegenbetreuung.
18 OLG Karlsruhe BtPrax 2007, 183; OLG München FGPrax 2006, 213. Diese Entscheidungen behandeln auch (kontrovers) den Fall einer zeitlichen „Lücke" zwischen vorläufiger und endgültiger Betreuung, vgl hierzu Rn 15.
19 ZB BGH BtPrax 2012, 531, für den Fall einer konkreten Erbauseinandersetzung und ein Aufgebotsverfahren; ebenso BGH v. 20.3.2013, XII ZB 231/12.
20 AA OLG München, 33 Wx 60/10, das im Hinblick auf die Vergleichbarkeit zur Verhinderungsbetreuung gem. § 1899 Abs. 4 BGB in diesem Fall im Wege der Analogie zu § 6 S. 1 VBVG eine Vergütung gem. § 3 VBVG gewähren will.

§ 7 VBVG Vergütung und Aufwendungsersatz für Betreuungsvereine

(1) ¹Ist ein Vereinsbetreuer bestellt, so ist dem Verein eine Vergütung und Aufwendungsersatz nach § 1 Abs. 2 in Verbindung mit den §§ 4 und 5 zu bewilligen. ²§ 1 Abs. 1 sowie § 1835 Abs. 3 des Bürgerlichen Gesetzbuchs finden keine Anwendung.

(2) ¹§ 6 gilt entsprechend; der Verein kann im Fall von § 6 Satz 1 Vorschuss und Ersatz der Aufwendungen nach § 1835 Abs. 1, 1 a und 4 des Bürgerlichen Gesetzbuchs verlangen. ²§ 1835 Abs. 5 Satz 2 des Bürgerlichen Gesetzbuchs gilt entsprechend.

(3) Der Vereinsbetreuer selbst kann keine Vergütung und keinen Aufwendungsersatz nach diesem Gesetz oder nach den §§ 1835 bis 1836 des Bürgerlichen Gesetzbuchs geltend machen.

I. Einleitung

1. Überblick über den Inhalt der Regelung

1   Die Vorschrift regelt die **Vergütung des Vereinsbetreuers**. [1] Sie ist im Zusammenhang mit § 1836 Abs. 3 BGB zu sehen. Die Rechtslage ist danach folgende: Es ist zu unterscheiden, ob gem. § 1897 Abs. 2 BGB ein Mitarbeiter eines Betreuungsvereins als sog. Vereinsbetreuer oder der Verein selbst als juristische Person bestellt wird. Letzteres hat gem. § 1900 Abs. 1 BGB nur ausnahmsweise zu geschehen und spielt daher kaum eine praktische Rolle. Wird der Verein als solcher bestellt, besteht gem. § 1836 Abs. 3 BGB kein Anspruch auf Vergütung (s. § 1836 BGB Rn 24). Ein Anspruch auf Aufwendungsersatz besteht gem. § 1835 Abs. 5 BGB nur bei bemittelten Betreuten (s. § 1835 BGB Rn 32). Ist hingegen ein Vereinsmitarbeiter als Einzelbetreuer bestellt, bestimmt § 7 VBVG, dass dem Verein für diesen ein **Vergütungsanspruch** im Wesentlichen wie einem Berufsbetreuer zusteht. Der Vereinsmitarbeiter selbst kann weder Vergütung noch Aufwendungsersatz geltend machen.

2. Anwendungsbereich

2   § 7 VBVG gilt für Betreuungen, die durch **Mitarbeiter von Betreuungsvereinen** (sog. Vereinsbetreuer, § 1897 Abs. 2 BGB) geführt werden. Auf Betreuungen, für die der Verein als solcher bestellt ist (§ 1900 Abs. 1 BGB), ist sie nicht anwendbar (§ 1836 Abs. 3 BGB). Ebenfalls unanwendbar ist § 7 VBVG auf Verfahrenspflegschaften. Werden diese durch Vereinsmitarbeiter geführt, richtet sich die Vergütung nach § 277 Abs. 4 FamFG.

3. Bedeutung

3   § 7 VBVG hat große praktische Bedeutung. Ca. 6 % der Betreuungen insgesamt und 15 % der professionell geführten werden von Vereinsbetreuern geführt.[2]

4   **Für die Gerichte** bewirkt die Regelung, dass im Ergebnis die Vereinsbetreuer weitestgehend wie Berufsbetreuer behandelt werden. Hauptunterschied ist le-

---

1   Die Gesetzesbegründung findet sich in BT-Drucks. 15/2494, 30 und 15/4874, 75.
2   Deinert, Betreuungszahlen 2011, BtPrax 2012, 243.

diglich, dass § 1835 Abs. 3 BGB (Berufliche Dienste als Aufwendungen) keine Anwendung findet. Für die Gerichte spielt es daher im Ergebnis keine Rolle, ob ein Vereinsmitarbeiter oder ein freier Berufsbetreuer bestellt wird. Das Gleiche gilt für die selbstzahlenden Betreuten sowie (bei den Mittellosen) für die Staatskasse.

Für die Betreuungsvereine hat die Vorschrift überragende Bedeutung. Denn sie ist die **Grundlage ihrer Refinanzierung** und sichert so ihre Existenz.

II. Die Vergütung des Vereinsbetreuers (Abs. 1)

1. Grundsatz

Bestellt das Gericht gem. § 1897 Abs. 2 BGB den Mitarbeiter eines anerkannten Betreuungsvereins zum sog. Vereinsbetreuer, ist nach Abs. 1 S. 1 dem Verein (nicht dem Betreuer selbst, Abs. 3) eine Vergütung nach § 1 Abs. 2 iVm §§ 4 und 5 VBVG zu bewilligen.[3] Die Verweisung direkt auf § 1 Abs. 2 (und nicht auf § 1 Abs. 1) VBVG bedeutet, dass **keine Prüfung der Berufsmäßigkeit** stattfindet. Der Vereinsbetreuer führt die Betreuung also immer berufsmäßig.

2. Gleiche (Inklusiv-)Stundensätze wie bei Berufsbetreuern

Infolge der Verweisung auf § 4 VBVG ist die an die Vereine zu zahlende Vergütung für die Vereinsbetreuer die gleiche wie für die freien Berufsbetreuer. Im Ergebnis bedeutet dies, dass die Vereine eine um 19 % höhere Nettovergütung erhalten als die freien Berufsbetreuer. Denn anders als – zumindest bislang – diese sind sie weitgehend von der Umsatzsteuerpflicht befreit.[4]

3. Bemittelte und mittellose Betreute

Bezüglich der Behandlung von bemittelten und mittellosen Betreuten bestehen keine Unterschiede zu den **allgemeinen Regelungen** für die freien Berufsbetreuer. Kraft der Verweisung auf § 5 VBVG gelten die gleichen Stundenansätze. Ist der Betreute mittellos, kann der Verein wie diese nach § 1 Abs. 2 S. 2 VBVG die Staatskasse in Anspruch nehmen.

4. Kein Aufwendungsersatz für berufliche Dienste (Abs. 1 S. 2)

Neben der Inklusivvergütung nach § 4 VBVG kann der Verein für seine Vereinsbetreuer **keinen Aufwendungsersatz** geltend machen. Dies gilt gem. Abs. 1 S. 2 – im Unterschied zu den freien Berufsbetreuern – auch für berufliche Dienste iSv § 1835 Abs. 3 BGB (vgl hierzu § 1835 BGB Rn 19 ff).

5. Keine Anwendbarkeit der Vorschriften für Ehrenamtliche

Durch § 7 Abs. 1 S. 1 VBVG werden die (Vereine für ihre) Vereinsbetreuer den Berufsbetreuern gleichgestellt. Die Vorschriften für ehrenamtliche Betreuer sind daher nicht anwendbar. Dies gilt insbesondere für den Aufwendungsersatz nach § 1835 BGB, die pauschale Aufwandsentschädigung nach § 1835a BGB und die Ermessensvergütung nach § 1836 Abs. 2 BGB.

---

3   Zu dieser vgl im Einzelnen die Kommentierung zu §§ 4 und 5 VBVG.
4   BFH BFHE 224, 183 = BtPrax 2009, 120; wegen der Einzelheiten vgl § 4 VBVG Rn 44.

III. Sonderfälle der Betreuung (Abs. 2)
1. Vergütung

11 Gem. Abs. 2 gilt die Regelung für Sonderfälle der Betreuung gem. § 6 VBVG entsprechend. D.h. in den Fällen der Sterilisationsbetreuung und der Verhinderungsbetreuung aus Rechtsgründen kann der Verein für seinen Vereinsbetreuer wie ein freiberuflicher Berufsbetreuer eine Vergütung nach § 3 VBVG verlangen, also eine Abrechnung nach konkret geleisteten Stunden (vgl hierzu § 6 VBVG Rn 6 ff und § 3 VBVG Rn 1, 5 ff). Wird ein Vereinsmitarbeiter wegen tatsächlicher Verhinderung des Hauptbetreuers bestellt, ist gem. § 6 S. 2 VBVG die pauschalierte Vergütung zeitanteilig zu teilen (vgl hierzu § 6 VBVG Rn 9 ff).

2. Aufwendungsersatz

12 Kann der Verein gem. Abs. 2 S. 1, § 6 S. 1 VBVG eine Stundenvergütung nach § 3 VBVG verlangen, steht ihm darüber hinaus ein Aufwendungsersatzanspruch gem. § 1835 Abs. 1 BGB zu. Ist der Betreute mittellos, besteht gem. § 1835 Abs. 4 BGB ein Anspruch gegen die Staatskasse. Im Unterschied zu den freien Berufsbetreuern können jedoch keine Versicherungskosten iSv § 1835 Abs. 2 BGB als Aufwendungen geltend gemacht werden. Auch werden sonstige allgemeine Verwaltungskosten nicht ersetzt, Abs. 2 S. 2, § 1835 Abs. 5 S. 2 BGB.

IV. Kein Anspruch des Vereinsbetreuers (Abs. 3)

13 Der Mitarbeiter eines Betreuungsvereins, der gem. § 1897 Abs. 2 BGB als Vereinsbetreuer bestellt wird, hat nach Maßgabe seines Anstellungsvertrages einen Gehaltsanspruch gegen den Verein. Gem. Abs. 1 S. 1 steht der Vergütungsanspruch gegen den Betreuten bzw bei dessen Mittellosigkeit gegen die Staatskasse dem Verein zu, damit dieser sich refinanzieren kann. Ein zusätzlicher Anspruch auch des Vereinsbetreuers selbst gegen den Betreuten oder die Staatskasse besteht deshalb nicht. Wie Abs. 3 klarstellt, gilt dies für alle denkbaren Vergütungs- und Aufwendungsersatzansprüche nach VBVG und BGB.

V. Geltendmachung, Verfahrensrechtliches, Umsatzsteuer

14 Hinsichtlich der Frist zur Geltendmachung gilt § 2 VBVG. Bezüglich des Verfahrens gilt das zu §§ 3, 4 VBVG und § 1835 BGB Ausgeführte.
Nach der Rechtsprechung des Bundesfinanzhofs sind die Betreuungsvereine, jedenfalls soweit sie zu einem anerkannten Verband der freien Wohlfahrtspflege gehören, von der Umsatzsteuerpflicht befreit, da diese gegen EU-Recht verstößt.[5]

---

5 BFHE 224, 183 = BtPrax 2009, 120; wegen der Einzelheiten vgl § 4 VBVG Rn 44.

§ 8 VBVG Vergütung und Aufwendungsersatz für Behördenbetreuer

(1) ¹Ist ein Behördenbetreuer bestellt, so kann der zuständigen Behörde eine Vergütung nach § 1836 Abs. 2 des Bürgerlichen Gesetzbuchs bewilligt werden, soweit der Umfang oder die Schwierigkeit der Betreuungsgeschäfte dies rechtfertigen. ²Dies gilt nur, soweit eine Inanspruchnahme des Betreuten nach § 1836 c des Bürgerlichen Gesetzbuchs zulässig ist.

(2) Unabhängig von den Voraussetzungen nach Absatz 1 Satz 1 kann die Betreuungsbehörde Aufwendungsersatz nach § 1835 Abs. 1 Satz 1 und 2 in Verbindung mit Abs. 5 Satz 2 des Bürgerlichen Gesetzbuchs verlangen, soweit eine Inanspruchnahme des Betreuten nach § 1836 c des Bürgerlichen Gesetzbuchs zulässig ist.

(3) Für den Behördenbetreuer selbst gilt § 7 Abs. 3 entsprechend.

(4) § 2 ist nicht anwendbar.

I. Einleitung

1. Überblick über Regelung und Zweck der Norm

Die Vorschrift regelt **Vergütung und Aufwendungsersatz des Behördenbetreuers**.[1] Sie ist im Zusammenhang mit § 1836 Abs. 3 BGB zu sehen. Die Rechtslage ist danach folgende: 1

Es ist zu unterscheiden, ob gem. § 1897 Abs. 2 S. 2 BGB ein Mitarbeiter einer Betreuungsbehörde als sog. Behördenbetreuer oder gem. § 1900 Abs. 4 BGB die Behörde selbst als Institution bestellt wird. Wird die Behörde als solche bestellt, besteht gem. § 1836 Abs. 3 BGB kein Anspruch auf Vergütung; ein Anspruch auf Aufwendungsersatz besteht nur bei bemittelten Betreuten (§ 1835 Abs. 5 BGB). Ist hingegen ein Behördenmitarbeiter als Einzelbetreuer bestellt, bestimmt § 8, dass der Behörde für diesen ein Anspruch auf Aufwendungsersatz und unter bestimmten Voraussetzungen auch ein Vergütungsanspruch zusteht. Beide Ansprüche bestehen jedoch nur, soweit der Betreute bemittelt iSv § 1836 c BGB ist. Der Vereinsmitarbeiter selbst kann weder Vergütung noch Aufwendungsersatz geltend machen.

2. Anwendungsbereich

§ 8 gilt für Betreuungen, die durch **Mitarbeiter von Betreuungsbehörden** (sog. Behördenbetreuer, § 1897 Abs. 2 S. 2 BGB) geführt werden. Auf Betreuungen, für die die Behörde als solche bestellt ist (§ 1900 Abs. 4 BGB), ist sie nicht anwendbar (§ 1836 Abs. 3 BGB). Ebenfalls unanwendbar ist § 8 auf Verfahrenspflegschaften. Wird für eine solche ein Behördenmitarbeiter bestellt, besteht kein Anspruch auf Vergütung oder Aufwendungsersatz, § 277 Abs. 4 S. 2 FamFG. 2

---

1 Die Gesetzesbegründung findet sich in BT-Drucks. 15/2494, 30 (zu § 1908 h BGB-E) und 15/4874, 76.

3. Bedeutung

3 Die Bedeutung der Vorschrift ist **gering**. Denn es werden – anders als vor 1992 – nur in Ausnahmefällen Behördenbetreuer bestellt.[2] Hinzu kommt, dass ein Anspruch aus § 8 nur besteht, wenn der Betreute vermögend ist und daher selbst in Anspruch genommen werden kann. Ein Vergütungsanspruch setzt darüber hinaus noch einen besonderen Umfang oder eine besondere Schwierigkeit der Betreuung voraus, so dass ein solcher nur in Ausnahmefällen besteht.

II. Die Vergütung des Behördenbetreuers (Abs. 1)

4 Bestellt das Gericht gem. § 1897 Abs. 2 S. 2 BGB den Mitarbeiter einer Betreuungsbehörde zum sog. Behördenbetreuer, kann es nach Abs. 1 S. 1 der Behörde (nicht dem Betreuer selbst, Abs. 3) im Ergebnis unter den gleichen Voraussetzungen wie einem Ehrenamtlichen nach § 1836 Abs. 2 BGB eine Vergütung gewähren. Voraussetzung ist, dass der Umfang oder die Schwierigkeit der Betreuungsgeschäfte dies (ausnahmsweise) rechtfertigen.[3] Bereits dies beschränkt die Vergütungsgewährung auf **Ausnahmefälle**.

5 Weitere Voraussetzung ist gem. Abs. 1 S. 2, dass eine Inanspruchnahme des Betreuten gem. § 1836c BGB möglich, dh der **Betreute bemittelt** ist. Ein Anspruch der Kommune gegen die Landeskasse scheidet aus. Die Abgrenzung zwischen vermögenden und nicht vermögenden Betreuten richtet sich anders als bei § 1836 Abs. 2 BGB nicht nach § 1836d BGB („Mittellosigkeit" des Betreuten), sondern unmittelbar nach § 1836c BGB, der das einzusetzende Einkommen des Betreuten festlegt. Denn anders als § 1836c BGB ist § 1836d BGB ist eine Schutzvorschrift allein zugunsten des Betreuers (und nicht des Betreuten); vgl § 1836d BGB Rn 8, 9. Und dieses Schutzes bedarf die Kommune im Verhältnis zum Land nicht. Der Regress in den Fällen nur eingeschränkter Leistungsfähigkeit (vgl § 1836d BGB Rn 7 ff, § 1836e BGB Rn 11). entfällt daher.

Die Höhe der Vergütung richtet sich nach § 1836 Abs. 2 BGB (vgl dort Rn 16 ff).

III. Der Aufwendungsersatz des Behördenbetreuers (Abs. 2)

6 **Unabhängig von Umfang und Schwierigkeit** der Betreuung steht der Behörde für ihren Mitarbeiter ein Aufwendungsersatzanspruch zu. Auch dies gilt jedoch nur, soweit der Betreute gem. § 1836c BGB selbst in Anspruch genommen werden kann. Wie bei dem Vergütungsanspruch gem. Abs. 1 scheidet ein Anspruch der Kommune gegen die Landeskasse aus. Da Abs. 2 nur auf § 1835 Abs. 1 S. 1 und 2 BGB Bezug nimmt, gelten gegenüber den ehrenamtlichen Betreuern[4] folgende **Besonderheiten**:

7 ■ Die Regelungen über die Ausschlussfrist (§ 1835 Abs. 1 S. 3, Abs. 1a BGB) finden keine Anwendung. Der Anspruch unterliegt daher der allgemeinen

---

[2] Die Wahrnehmung von Betreuungen durch Behördenbetreuer liegt im Promillebereich, vgl Deinert, Betreuungszahlen 2011, BtPrax 2012, 243.
[3] Zu den Voraussetzungen hierfür vgl § 1836 BGB Rn 9 ff; für einen praktischen Fall vgl LG Kassel v. 10.7.2009, 3 T 783/08.
[4] Berufsbetreuern steht – von den Sonderfällen des § 6 abgesehen – kein Anspruch aus § 1835 zu. Sie erhalten stattdessen eine Inklusivvergütung, vgl § 4 Rn 35 ff.

Verjährungsfrist von drei Jahren gem. § 195 BGB. Diese beginnt mit dem Schluss des Jahres zu laufen, in dem der Anspruch entstanden, dh die Aufwendung getätigt wurde.

Beispiel: 8

Die Aufwendung wurde am 3.7.2012 getätigt. Der Ersatzanspruch verjährt mit Ablauf des 31.12.2015.

- Versicherungskosten iSd von § 1835 Abs. 2 BGB (vgl hierzu § 1835 BGB Rn 14 ff) werden nicht ersetzt. 9

- Ein Ersatz von beruflichen Diensten gem. § 1835 Abs. 3 BGB (vgl hierzu § 1835 BGB Rn 19 ff) scheidet aus. 10

- Aufgrund ausdrücklicher Verweisung auf § 1835 Abs. 5 S. 2 BGB werden allgemeine Verwaltungskosten nicht ersetzt. 11

- Ein Anspruch auf Vorschuss besteht nicht. Zwar könnte die Formulierung „Aufwendungsersatz nach § 1835 ..." dies nahe legen. Denn sie entspricht der Überschrift des § 1835 BGB, die den Anspruch auf Vorschuss und Ersatz umfasst (§ 1835 Abs. 1 S. 1 BGB). Es handelt sich jedoch insoweit um eine Ungenauigkeit des Gesetzgebers. Nach der Fassung von § 1908 h Abs. 1 S. 1 BGB a. F.: „Ersatz für Aufwendungen" bestand nach der früheren Rechtslage kein Vorschussanspruch der Kommune.[5] Eine Änderung dieser Rechtslage war nicht beabsichtigt.[6] Auch sachlich machte ein Vorschuss der Landeskasse an die Kommune wenig Sinn. 12

IV. Kein Anspruch des Behördenbetreuers (Abs. 3)

Abs. 3 schließt durch Verweisung auf die Regelung für die Vereinsbetreuer (§ 7 Abs. 3) Ansprüche des Mitarbeiters der Betreuungsbehörde, der gem. § 1897 Abs. 2 S. 2 BGB als Behördenbetreuer bestellt wird, aus. Dieser hat nach Maßgabe seines Anstellungsvertrages/Beamtenverhältnisses einen Gehaltsanspruch gegen die Behörde. Gem. Abs. 1 und 2 stehen die Ansprüche gegen den Betreuten auf Vergütung und Aufwendungsersatz der Behörde zu, damit diese sich in gewissem Umfang refinanzieren kann. Ein zusätzlicher Anspruch auch des Behördenbetreuers selbst besteht deshalb nicht. Wie § 7 Abs. 3 klarstellt, gilt dies für alle denkbaren Vergütungs- und Aufwendungsersatzansprüche nach VBVG und BGB. 13

V. Geltendmachung (Abs. 4)

Für die Geltendmachung der Ansprüche auf Vergütung und Aufwendungsersatz bestehen **keine Ausschlussfristen**. Für die Vergütung stellt dies Abs. 4 klar, der die Anwendung von § 2 ausdrücklich ausschließt. Für den Aufwendungsersatz folgt dies aus der Verweisung nur auf § 1835 Abs. 1 S. 1 und 2 BGB (vgl Rn 11). Es gilt daher die allgemeine Verjährungsfrist von drei Jahren gem. § 195 BGB. Diese beginnt gem. § 199 Abs. 1 BGB mit dem Schluss des Jahres 14

---

5 Vgl zB Soergel/Zimmermann, § 1908 h BGB Rn 4.
6 Vgl die Gesetzesbegründung in BT-Drucks. 4874, S. 76. Soweit dort davon ausgegangen wird, bisher hätten die Behörden einen Anspruch auf Vorschuss geltend machen können, handelt es sich um einen Irrtum, vgl Soergel/Zimmermann, § 1908 h BGB Rn 4.

zu laufen, in dem der Anspruch entstanden ist, dh die Tätigkeit entfaltet bzw die Aufwendung getätigt wurde.

VI. Verfahrensrechtliches

15 Bezüglich des Verfahrens gilt das zu §§ 1836 Abs. 2 und 1835 BGB Ausgeführte.

§ 9 VBVG Abrechnungszeitraum für die Betreuungsvergütung

¹Die Vergütung kann nach Ablauf von jeweils drei Monaten für diesen Zeitraum geltend gemacht werden. ²Dies gilt nicht für die Geltendmachung von Vergütung und Aufwendungsersatz in den Fällen des § 6.

I. Einleitung
1. Inhalt und Zweck der Regelung

1 Die Vorschrift regelt das **Entstehen des Vergütungsanspruchs** gem. §§ 4, 5 VBVG. Sie ist im Zusammenhang mit § 2 VBVG zu sehen, der das Erlöschen bestimmt.[1] Zweck der Regelung ist es, die Betreuer darauf zu beschränken, alle drei Monate (und nicht häufiger) einen Vergütungsantrag zu stellen und so den Verwaltungsaufwand für die Gerichte zu begrenzen.

2. Anwendungsbereich

2 § 9 VBVG gilt für den Anspruch der beruflich tätigen Betreuer (einschließlich der Vereinsbetreuer) auf **pauschalierte Vergütung** gem. §§ 4, 5 VBVG. Wie aus der Stellung der Norm im Abschnitt 3 (Sondervorschriften für Betreuer) folgt, gilt sie nicht für die Vergütung der Vormünder und Pfleger nach § 3 VBVG. Gem. S. 2 sind des Weiteren ausdrücklich ausgenommen die Sonderfälle der Betreuung gem. § 6 VBVG. Der Grund hierfür ist, dass die Tätigkeiten der Sterilisations- und Verhinderungsbetreuer nur punktuell anfallen. In aller Regel werden sie ohnehin insgesamt in nur einer Rechnung abgerechnet, so dass das Problem häufiger Abrechnungen und des damit verbundenen Verwaltungsaufwands bei den Gerichten nicht entsteht. Entsprechend dem nicht beschränkten Wortlaut gilt die Ausnahme daher für alle in § 6 VBVG erwähnten Fälle, auch für Verhinderungsbetreuer bei tatsächlicher Verhinderung des Hauptbetreuers, die nach § 6 S. 2 VBVG eine zeitanteilige Pauschale erhalten (vgl hierzu § 6 VBVG Rn 9 ff).

3 Mangels Verweisung findet § 9 VBVG keine Anwendung auf die im BGB geregelten Ansprüche auf Aufwendungsersatz (§ 1835 BGB), Aufwandsentschädigung (§ 1835 a BGB) und ausnahmsweise Vergütung für ehrenamtliche Betreuer (§ 1836 Abs. 2 BGB). Dies gilt auch, soweit § 8 VBVG hinsichtlich der Behördenbetreuer auf diese Vorschriften verweist. Zwar schweigt der Wortlaut des § 9 VBVG bezüglich der Behördenbetreuer. Eine Geltung auch für diese widerspräche jedoch seinem Zweck, den Verwaltungsaufwand zu begrenzen. Denn § 9 VBVG gilt nicht für Ansprüche auf Aufwendungsersatz. Wollte man

---

[1] Die Gesetzesbegründung findet sich in BT-Drucks. 15/2494, 36 (§ 1908 o BGB-E) sowie BT-Drucks. 15/4874, 77.

ihn auf die Vergütungsansprüche aus § 8 Abs. 1 VBVG anwenden, liefen für diese und die Ansprüche auf Aufwendungsersatz aus § 8 Abs. 2 VBVG getrennte Fristen und müssten ggf getrennte Rechnungen geschrieben und abgerechnet werden.

3. Bedeutung

§ 9 VBVG hat große praktische Bedeutung für alle Betreuungen, die gem. §§ 4, 5 VBVG vergütet werden. 4

Für die Gerichte bedeutet die Regelung eine erhebliche Arbeitsersparnis. Denn sie müssen nur alle drei Monate (und nicht beliebig oft) eine Auszahlungsanordnung erlassen bzw die Vergütung festsetzen. Da sich die Frist nicht nach Kalendermonaten, sondern nach Abrechnungsmonaten bemisst, wird der Arbeitsaufwand zudem verteilt. 5

Für die Berufsbetreuer bedeutet die Regelung, dass sie nur alle drei Monate einen Auszahlungsantrag stellen können. 6

II. Die Entstehung des Vergütungsanspruchs

Abs. 1 bestimmt, dass der Betreuer die pauschalierte (vgl Rn 2) Vergütung jeweils nach Ablauf von **drei Monaten** geltend machen kann. Der erste Abrechnungszeitraum beginnt mit der Bestellung des Betreuers (vgl § 5 VBVG Rn 35 und § 6 VBVG Rn 12 ff) und endet gem. § 5 Abs. 4 VBVG, § 188 Abs. 2 Alt. 1 BGB drei Monate später. Wird ein Betreuer also zB am 15.7.2013 bestellt, endet der erste Abrechnungszeitraum am 15.10.2013. Mit Ablauf dieses Tages entsteht der Vergütungsanspruch und beginnt die Ausschlussfrist des § 2 VBVG zu laufen (vgl § 2 VBVG Rn 2). Der folgende Abrechnungszeitraum läuft entsprechend vom 16.10.2013 (einschließlich, § 187 Abs. 2 S. 1 BGB) bis 15.1.2014 und so fort. 7

Während eine frühere Geltendmachung von Ansprüchen ausgeschlossen ist, besteht **keine Verpflichtung**, fällige Ansprüche immer sofort geltend zu machen; der Betreuer kann seine Vergütung ohne Weiteres zB erst nach 6, 9 oder 12 Monaten beantragen.[2] Eine Ausnahme von der strikten Geltung der Abrechnungszeiträume gilt nur im Fall eines Betreuerwechsels: Hier beginnt der Abrechnungszeitraum für den neuen Betreuer mit seiner eigenen Bestellung zu laufen.[3] Der alte Betreuer kann seinen Anspruch sofort geltend machen, da es keinen Sinn ergäbe, mit der Schlussabrechnung ggf bis zu drei Monate zu warten.[4] Letzteres gilt ebenfalls, wenn die Betreuung während einer Abrechnungsperiode endet.

III. Fälligkeit, Verzinsung

Wie bei den Vergütungsansprüchen aus § 3 VBVG (vgl § 3 VBVG Rn 13) und § 1836 Abs. 2 BGB (vgl § 1836 BGB Rn 20) fallen Entstehung und Fälligkeit auch bei dem Anspruch aus §§ 4, 5 VBVG auseinander. Denn der Anspruch wird erst gem. § 168 Abs. 1 S. 1 FamFG durch die gerichtliche Festsetzung und damit eine Gestaltungsentscheidung konkretisiert. Erst mit **Rechtskraft des** 8

---

2 OLG München BtPrax 2006, 184.
3 BGH FamRZ 2011, 1220 = BtPrax 2011, 218.
4 BGH aaO.

Festsetzungsbeschlusses tritt daher die Fälligkeit ein[5] und kommt eine Verzinsung gem. §§ 291 oder 286 BGB in Betracht. § 256 BGB, der bei dem Anspruch auf Aufwendungsersatz aus § 1835 BGB zur Verzinsung von der Aufwendung an führt (vgl § 1835 BGB Rn 25), ist nicht anwendbar. Zwar werden durch den Anspruch aus §§ 4, 5 VBVG auch getätigte Aufwendungen abgegolten (§ 4 Abs. 2 S. 1 VBVG). Dies führt aber nicht dazu, dass es sich insgesamt um einen Aufwendungsersatzanspruch handelt. Denn der Vergütungsanteil überwiegt deutlich. Auch eine Teilverzinsung kommt nicht in Betracht, da eine Aufspaltung des einheitlichen Anspruchs in einen „Vergütungsanteil" und einen „Aufwendungsanteil" nicht möglich ist (vgl § 4 VBVG Rn 36).

§ 10 VBVG Mitteilung an die Betreuungsbehörde

(1) Wer Betreuungen entgeltlich führt, hat der Betreuungsbehörde, in deren Bezirk er seinen Sitz oder Wohnsitz hat, kalenderjährlich mitzuteilen

1. die Zahl der von ihm im Kalenderjahr geführten Betreuungen aufgeschlüsselt nach Betreuten in einem Heim oder außerhalb eines Heims und

2. den von ihm für die Führung von Betreuungen im Kalenderjahr erhaltenen Geldbetrag.

(2) ¹Die Mitteilung erfolgt jeweils bis spätestens 31. März für den Schluss des vorangegangenen Kalenderjahrs. ²Die Betreuungsbehörde kann verlangen, dass der Betreuer die Richtigkeit der Mitteilung an Eides statt versichert.

(3) Die Betreuungsbehörde ist berechtigt und auf Verlangen des Betreuungsgerichts verpflichtet, dem Betreuungsgericht diese Mitteilung zu übermitteln.

I. Einleitung

1   Mit der Bündelung aller der die Vergütung der berufsmäßigen Führung von Betreuungen betreffenden Vorschriften wurde die in § 1908k BGB geregelte Mitteilungspflicht in das VBVG übernommen. Der § 1908k BGB wurde bei der ersten Novellierung des Betreuungsrechts mit dem BtÄndG vom 25.6.1998 (BGBl. I, 1580) in das BGB eingefügt. Selbstständige Berufsbetreuer und Betreuungsvereine, die Vereinsbetreuer beschäftigten und für deren Tätigkeit eine Vergütung erhielten, wurden verpflichtet, eine Jahresgesamtabrechnung vorzulegen. Mit der Vorschrift strebte der Gesetzgeber an, die Abrechnungsehrlichkeit von Betreuern zu fördern. Diese Abrechnung sollte der Betreuungsbehörde und dem Vormundschaftsgericht die Beurteilung der Berufsmäßigkeit der Betreuertätigkeit erleichtern und zudem ermöglichen, einer Konzentration übermäßig vieler Betreuungen bei einem Betreuer entgegenzuwirken.[1]

---

5 BayObLG FamRZ 2002, 767; Palandt/Grüneberg § 286 BGB Rn 13; im Ergebnis ebenso OLG Rostock FamRZ 2007, 1690 = FGPrax 2007, 229 (zwar Fälligkeit nach Ablauf der Dreimonatsfrist, Verzinsung jedoch erst ab Rechtskraft der Festsetzung).
1 BT-Drucks. 13/10331, 28.

In der Fachöffentlichkeit wurde die Notwendigkeit einer solchen Vorschrift in Frage gestellt[2] bzw sogar als verfassungswidrig bewertet.[3] Es gab aber auch befürwortende Meinungen. So sah *Bienwald* die Meldepflicht des § 1908k BGB als geeignet an, der Betreuungsbehörde ein Instrument der Kontrolle und Steuerung an die Hand zu geben.[4] *Pitschas* sah in der Vorschrift den ausbaufähigen Kern eines künftigen Betreuungscontrollings.[5]

II. Umfang und Inhalt der Mitteilungspflicht

Abs. 1: Der Mitteilungspflicht unterliegen Betreuer, die Betreuungen gegen Entgelt führen. Die Berufsmäßigkeit der Betreuungsführung wird nach § 1836 Abs. 1 S. 2 BGB bereits bei der Bestellung vom Gericht festgelegt. Der Mitteilungspflicht unterliegen alle berufsmäßig geführten Betreuungen, auch Verhinderungsbetreuungen, Sterilisationsbetreuungen, Gegenbetreuungen, Mitbetreuungen. Nicht der Mitteilungspflicht unterliegen berufsmäßig geführte Vormundschaften oder Pflegschaften für Minderjährige sowie Verfahrenspflegschaften. Wird bei ehrenamtlich geführten Betreuungen des besonderen Aufwands und der besonderen Schwierigkeiten wegen ausnahmsweise eine Vergütung nach § 1836 Abs. 2 BGB festgesetzt, so dürften sie ebenfalls nicht der Mitteilungspflicht unterliegen.

Der Betreuer hat der Betreuungsbehörde, in deren **örtliche Zuständigkeit** der Sitz oder Wohnsitz des Betreuers fällt, die Mitteilung zu machen. Dieses ist unabhängig davon, ob der Betreuer in deren Zuständigkeitsbereich Betreuungen führt. Der Betreuer wird als natürliche Person bestellt, es wird nicht das Büro, die Bürogemeinschaft oder die Anwaltssozietät zum Betreuer bestellt, daher richtet sich die örtliche Zuständigkeit bei einer natürlichen Person nach dem Wohnsitz, § 7 BGB. Bei mehreren Wohnsitzen ist der Hauptwohnsitz gemeint.

Der Betreuer hat die **Zahl** der von ihm im Kalenderjahr geführten Betreuungen, aufgeschlüsselt nach Betreuten in einem Heim oder außerhalb eines Heimes, und den dafür erhaltenen **Geldbetrag** mitzuteilen.

S. 1: Die **Zahl der geführten Betreuungen** ergibt sich aus der Zahl der am Jahresende laufenden Betreuungen und der Zahl der im Laufe des Jahres aufgehobenen Betreuungen. Der Zeitpunkt der Aufhebung bezieht sich auf den Tag der Aufhebung der Betreuung durch Tod des Betreuten oder Aufhebungsbeschluss, auf den Zeitpunkt der Beendigung der tatsächlichen Abwicklung der Betreuung kommt es nicht an.

S. 2: Schwieriger wird es für den Betreuer, die Angaben zu machen, in welcher Zahl seine Betreuten **in einem Heim oder außerhalb eines Heimes** leben. Es ist kein Stichtag festgelegt. Der Aufenthaltsort eines Betreuten kann sich im Laufe des Jahres ändern, dieses kann auch mehrmals erfolgen. Die Ausgestaltung wird dem Betreuer und ggf der Rechtsprechung überlassen bleiben. Eine Möglichkeit wäre, für die am 31.12. des Jahres noch bestehenden Betreuungen den

---

2 ZB Walther, Möglichkeiten und Grenzen der Mitteilungspflichten nach § 1908k BGB, BtPrax 2000, 6.
3 Felix, Zusammenfassung des Rechtsgutachtens zur Verfassungsmäßigkeit des Betreuungsrechtsänderungsgesetzes (BtÄndG), Verbandszeitung des Bundesverbandes der Berufsbetreuer/-Innen, Heft 21, Oktober 1999.
4 Bienwald/Sonnenfeld/Hoffmann, § 1908k BGB Rn 3.
5 Pitschas, Betreuung als Beruf, BtPrax 2001, 47.

Aufenthaltsort am Stichtag 31.12. und bei den aufgehobenen Betreuungen den letzten Aufenthaltsort bei Bestand der Betreuung zu zählen.

6 Mitzuteilen ist weiter der für die Führung von Betreuungen im Kalenderjahr erhaltene **Geldbetrag**. Unerheblich ist, ob die Vergütung aus der Staatskasse oder aus dem Vermögen des Betreuten gezahlt wird. Anzugeben ist der tatsächlich im Kalenderjahr erhaltene Geldbetrag. In der Regel wird der Abrechnungsbetrag für das vierte Quartal eines Jahres bei der quartalsmäßigen Abrechnung der Vergütung erst im Folgejahr zu berücksichtigen sein. Als Geldbetrag ist der Bruttobetrag anzugeben, der Auslagen und Umsatzsteuer mit beinhaltet.

7 **Abs. 2:** Der Betreuer hat die Mitteilung für das vorangegangene Kalenderjahr **bis zum 31.3. des Folgejahres** der Betreuungsbehörde zu übermitteln.

8 **Eidesstattliche Versicherung:** Die Betreuungsbehörde kann vom Betreuer verlangen, dass er die Richtigkeit der Mitteilung an Eides Statt versichert. Dieses wird nur in Betracht kommen, wenn offensichtlich unrichtige Angaben übermittelt wurden. Das Ansinnen der Abgabe einer eidesstattlichen Versicherung ist an keine Voraussetzung gebunden. Hinsichtlich der Schwere der strafrechtlichen Konsequenz einer eidesstattlichen Versicherung wird Vorsicht im Umgang mit diesem Instrument geboten sein, zumal sehr fraglich ist, ob sich aus dieser Mitteilung schwerwiegende Schlüsse ziehen lassen. Die Betreuungsbehörde wird den Betreuer zur Abgabe der eidesstattlichen Versicherung nur auffordern, wenn andere Mittel zur Erforschung der Wahrheit nicht vorhanden sind, zu keinem Ergebnis geführt haben oder einen unverhältnismäßigen Aufwand erfordern.[6]

9 **Abs. 3:** Die Behörde ist befugt, die Mitteilung einem Betreuungsgericht zu übermitteln. Fordert ein Betreuungsgericht die Mitteilung eines Betreuers an, ist die Mitteilung zu übermitteln. Das Gericht kann aber nicht pauschal alle abgegebenen Mitteilungen anfordern. Das Gericht muss sich daher an die Behörde wenden, bei der sie die Mitteilung des benannten Betreuers vermutet. Nur das Betreuungsgericht kann die Mitteilung von der Betreuungsbehörde anfordern. Eine **Übermittlungsbefugnis der Daten** im Rahmen der Amtshilfe von Behörde zu Behörde lässt sich nicht ableiten und ist daher nicht zulässig.[7]

10 **Aufbewahrung von Daten:** Es ist gesetzlich nicht geregelt, in welchem Zeitraum die Betreuungsgerichte die Mitteilungen anfordern können und wie lange daher die Daten bei der Betreuungsbehörde aufzubewahren sind. Es sind die landesdatenschutzrechtlichen Regelungen über **personenbezogene Daten** anzuwenden, die aber nur allgemeine Regelungen enthalten: Personenbezogene Daten sind in der Regel zu löschen, wenn ihre Kenntnis für die verantwortliche Stelle zur rechtmäßigen Erfüllung ihrer Aufgaben nicht mehr erforderlich ist.

III. Bedeutung für das Betreuungsgericht

11 Das Betreuungsgericht **kann die Mitteilung** eines von ihm namentlich zu benennenden Betreuers von der Betreuungsbehörde **anfordern**. Es kann nicht

---

[6] Eidesstattliche Versicherung: Analoge Regelungen zu § 27 VwVfG (BGBl. I 1976, 1253) in den Verwaltungsverfahrensgesetzen der Länder.
[7] Analoge Regelungen zu § 14 BDSG (BGBl. I 1990, 2954) in den Datenschutzgesetzen der Länder.

pauschal alle abgegebenen Mitteilungen anfordern. Das Gericht muss sich daher an die Behörde wenden, bei der es die Mitteilung des benannten Betreuers vermutet. Fordert ein Betreuungsgericht die Mitteilung eines Betreuers an, hat die Behörde die Mitteilung zu übermitteln. In der Praxis fordern die Betreuungsgerichte die Mitteilungen nur vereinzelt an. Der Aussagewert der Mitteilung ist als gering einzustufen. Aus dem mitgeteilten Geldbetrag kann nicht auf das tatsächliche Einkommen des Betreuers geschlossen werden. Auch lassen die übermittelten Daten keinen Rückschluss auf die zeitliche Belastung des Betreuers zu. Der Betreuer kann noch andere berufliche Tätigkeiten ausüben, zB als Rechtsanwalt, Verfahrenspfleger, Sozialarbeiter, die keine Berücksichtigung finden.

IV. Bedeutung für die Betreuungsbehörde

Die sachliche Zuständigkeit der örtlichen Betreuungsbehörde ergibt sich aus § 1 BtBG iVm § 9 BtBG. Die Betreuungsbehörde muss den Betreuer zur Abgabe der Mitteilung nicht auffordern. Dieses könnte sie auch nur begrenzt, da ihr nicht alle berufsmäßig tätigen Betreuer in ihrem Zuständigkeitsbereich bekannt sind. § 10 VBVG sieht **keine Sanktionsmöglichkeiten** zur Durchsetzung der Auskunftspflicht vor. Es ist fraglich, ob eine **Vollstreckung** nach den Verwaltungsverfahrens- und Vollstreckungsgesetzen der Länder ohne Ermächtigung zulässig ist. Bejaht hat dieses das VerwG Lüneburg bei der Durchsetzung des aufgehobenen § 1908 k BGB. Danach handelt es sich bei der Mitteilungspflicht nach § 1908 k BGB um eine öffentlich-rechtliche Pflicht, die mit den Mitteln des Verwaltungszwanges durchgesetzt werden kann.[8] Mecklenburg-Vorpommern hatte es als erforderlich angesehen, eine direkte Ermächtigung zu § 1908 k BGB in das Ausführungsgesetz aufzunehmen.[9] Das Niedersächsische Oberverwaltungsgericht hat entschieden, dass gegen § 1908 k BGB keine verfassungsrechtlichen Bedenken bestehen und Berufsbetreuer danach verpflichtet sind, ihre Einnahmen aus der Betreuungstätigkeit jährlich der Betreuungsbehörde mitzuteilen.[10]

12

Bezogen auf die eigene Betreuertätigkeit als Behörde oder der Tätigkeit der Behördenbetreuer ist die Behörde nicht zu einer Mitteilung an das Betreuungsgericht verpflichtet. Betreuungsbehörden führen Betreuungen nicht entgeltlich. Damit besteht **keine Mitteilungspflicht für die Behördenbetreuungen**. Anders als beim Betreuungsverein besteht auch keine Mitteilungspflicht der Behörde für ihre Mitarbeiter. Behördenbetreuer erhalten Vergütung nur in den in § 8 VBVG benannten Ausnahmefällen. Der Behörde ist der Tätigkeitsumfang ihrer Mitarbeiter bekannt. Zudem müsste sie die Mitteilung an sich selbst richten.

13

V. Bedeutung für den Betreuungsverein

Der Mitteilungspflicht unterliegt der Betreuer, der entgeltlich Betreuungen führt. Damit besteht **keine Mitteilungspflicht für Betreuungsvereine**, da der Betreuungsverein seine Betreuungen nicht entgeltlich führen kann. Der Betreuungsverein hat aber für seine Vereinsbetreuer der Mitteilungspflicht nachzu-

14

---

8 VerwG Lüneburg BtPrax 2001, 262.
9 Gesetz zur Ausführung des Betreuungsgesetzes und des Betreuungsrechtsänderungsgesetzes Mecklenburg-Vorpommern, GBl. Meckl.-Vorp., Gl.-Nr. 358.
10 Niedersächsisches OVG v. 27.6.2005, 8 LA 60/04.

kommen.[11] Der Vereinsbetreuer kann gem. § 7 Abs. 3 VBVG selbst keinen Anspruch auf Vergütung geltend machen, dieses kann nur der Verein. Der Betreuungsverein verfügt über die erforderlichen Angaben und macht die Mitteilung für seine Mitarbeiter. Scheidet ein Vereinsmitarbeiter aus und wird als freiberuflicher Betreuer tätig, kann der ehemalige Vereinsmitarbeiter nur über die Zeit der freiberuflichen Tätigkeit berichten. Die Angaben über die vorherige Zeit der Tätigkeit als Vereinsbetreuer sind Bestandteil der Mitteilung des Betreuungsvereins.

Die Mitteilung ist an die örtliche Betreuungsbehörde am Sitz des Betreuungsvereins zu machen. Der Betreuungsverein hat als juristische Person keinen Wohnsitz. Als Sitz des Vereins gilt nach § 24 BGB in der Regel der Sitz der Verwaltung des Vereins.

VI. Bedeutung für den Betreuer

15 Der Betreuer hat die Mitteilung für das vorangegangene Kalenderjahr bis zum 31.3. des Folgejahres der Betreuungsbehörde zu übermitteln. Wird die Tätigkeit im Laufe des Jahres aufgenommen, ist über den anteiligen Zeitraum zu berichten. Gibt ein Betreuer seine Tätigkeit im Laufe eines Jahres auf, entfällt die Mitteilungsverpflichtung.

16 Der Betreuer hat der Betreuungsbehörde **unaufgefordert** die Mitteilung zu machen. Die Betreuungsbehörde kann die Mitteilung des Betreuers dem Betreuungsgericht übermitteln. Fordert das Betreuungsgericht die Mitteilung an, ist sie zur Übermittlung verpflichtet.

17 Die Betreuungsbehörde kann nach Abs. 2 vom Betreuer verlangen, dass er die Richtigkeit der Mitteilung an Eides Statt versichert.

§ 11 VBVG Umschulung und Fortbildung von Berufsvormündern

(1) ¹Durch Landesrecht kann bestimmt werden, dass es einer abgeschlossenen Lehre im Sinne des § 3 Abs. 1 Satz 2 Nr. 1 und § 4 Abs. 1 Satz 2 Nr. 1 gleichsteht, wenn der Vormund oder Betreuer besondere Kenntnisse im Sinne dieser Vorschrift durch eine dem Abschluss einer Lehre vergleichbare Prüfung vor einer staatlichen oder staatlich anerkannten Stelle nachgewiesen hat. ²Zu einer solchen Prüfung darf nur zugelassen werden, wer

1. mindestens drei Jahre lang Vormundschaften oder Betreuungen berufsmäßig geführt und
2. an einer Umschulung oder Fortbildung teilgenommen hat, die besondere Kenntnisse im Sinne des § 3 Abs. 1 Satz 2 und § 4 Abs. 1 Satz 2 vermittelt, welche nach Art und Umfang den durch eine abgeschlossene Lehre vermittelten vergleichbar sind.

(2) ¹Durch Landesrecht kann bestimmt werden, dass es einer abgeschlossenen Ausbildung an einer Hochschule im Sinne des § 3 Abs. 1 Satz 2 Nr. 2 und § 4 Abs. 1 Satz 2 Nr. 2 gleichsteht, wenn der Vormund oder Betreuer Kenntnisse im Sinne dieser Vorschrift durch eine Prüfung vor einer staatlichen oder staat-

---

11 BT-Drucks. 13/10331, 28.

lich anerkannten Stelle nachgewiesen hat. ²Zu einer solchen Prüfung darf nur zugelassen werden, wer
1. mindestens fünf Jahre lang Vormundschaften oder Betreuungen berufsmäßig geführt und
2. an einer Umschulung oder Fortbildung teilgenommen hat, die besondere Kenntnisse im Sinne des § 3 Abs. 1 Satz 2 und § 4 Abs. 1 Satz 2 vermittelt, welche nach Art und Umfang den durch eine abgeschlossene Ausbildung an einer Hochschule vermittelten vergleichbar sind.

(3) ¹Das Landesrecht kann weitergehende Zulassungsvoraussetzungen aufstellen. ²Es regelt das Nähere über die an eine Umschulung oder Fortbildung im Sinne des Absatzes 1 Satz 2 Nr. 2, Absatzes 2 Satz 2 Nr. 2 zu stellenden Anforderungen, über Art und Umfang der zu erbringenden Prüfungsleistungen, über das Prüfungsverfahren und über die Zuständigkeiten. ³Das Landesrecht kann auch bestimmen, dass eine in einem anderen Land abgelegte Prüfung im Sinne dieser Vorschrift anerkannt wird.

Die Vorschrift hat die Regelung des § 2 BVormVG übernommen, die mit dem (1.) BtÄndG zum 1.1.1999 eingeführt wurde. Sie ist in Zusammenhang zu sehen mit den nach der formalen Qualifikation gestaffelten Vergütungsgruppen der §§ 3 und 4 VBVG. Hiernach wird Betreuern, die in eine niedrigere Vergütungsstufe gem. § 4 Abs. 1 eingestuft sind, ermöglicht, durch eine **Nachqualifikation** eine Höhergruppierung zu erlangen (vgl hierzu § 4 VBVG Rn 9 ff).[1] Voraussetzung ist eine **mehrjährige Berufserfahrung**. Für eine Gleichstellung mit einer abgeschlossenen Lehre sind dies drei Jahre (Abs. 1 Nr. 1), für eine Gleichstellung mit einem Hochschulabschluss fünf Jahre (Abs. 2 Nr. 1). Hinzu kommen muss die erfolgreiche Teilnahme an einer Umschulung oder Fortbildung.

Die Inhalte der **Umschulung** und **Fortbildung** sowie der abzulegenden Prüfungen sind landesrechtlich geregelt. Bestimmungen über eigene Prüfungsverfahren haben die Länder Baden-Württemberg, Bayern, Berlin, Brandenburg, Hamburg, Mecklenburg-Vorpommern, Sachsen, Sachsen-Anhalt und Thüringen erlassen. Die Länder Hessen, Niedersachsen, Nordrhein-Westfalen, Rheinland-Pfalz und Schleswig-Holstein erkennen – teilweise mit Einschränkungen – gem. Abs. 3 S. 3 die in anderen Ländern abgelegten Prüfungen an.[2] Bremen und das Saarland haben von der Ermächtigung keinen Gebrauch gemacht.

Eine Verpflichtung, eine vergütungssteigernde Nachqualifikation einzuführen, besteht ebenso wenig, wie daraus, dass ein Bundesland dies unterlassen hat, etwa ein Anspruch des Betreuers auf einen höheren Stundensatz folgte.[3]

---

1 Entsprechendes gilt für die Vormünder und Pfleger gem. § 3 VBVG.
2 Die landesrechtlichen Regelungen sind abgedruckt in HK-BUR Teil 3 und werden zB bei Deinert/Lütgens, Die Vergütung des Betreuers, Rn 696 ff ausführlich behandelt.
3 BGH BtPrax 2012, 129 (LS).

3 Nachdem nach Inkrafttreten des BVormVG zum 1.1.1999 zunächst – vor allem in den neuen Bundesländern – ein großer Nachqualifizierungsbedarf bestand, finden jetzt keine Kurse mehr statt.[4] Dennoch behält die Vorschrift als Ermächtigungsgrundlage für die Anerkennung bereits durchgeführter Nachqualifizierungen ihre Bedeutung.

---

4 Vgl Deinert/Lütgens, aaO, Rn 713.

Gesetz
über das Verfahren in Familiensachen und in den Angelegenheiten der freiwilligen Gerichtsbarkeit (FamFG)

Vom 17. Dezember 2008 (BGBl. I S. 2586)
(FNA 315-24)
zuletzt geändert durch G zur Reform des Seehandelsrechts vom 20. April 2013
(BGBl. I S. 831, 866)
– Auszug –

§ 168 FamFG Beschluss über Zahlungen des Mündels

(1) ¹Das Gericht setzt durch Beschluss fest, wenn der Vormund, Gegenvormund oder Mündel die gerichtliche Festsetzung beantragt oder das Gericht sie für angemessen hält:
1. Vorschuss, Ersatz von Aufwendungen, Aufwandsentschädigung, soweit der Vormund oder Gegenvormund sie aus der Staatskasse verlangen kann (§ 1835 Abs. 4 und § 1835 a Abs. 3 des Bürgerlichen Gesetzbuchs) oder ihm nicht die Vermögenssorge übertragen wurde;
2. eine dem Vormund oder Gegenvormund zu bewilligende Vergütung oder Abschlagszahlung (§ 1836 des Bürgerlichen Gesetzbuchs).

²Mit der Festsetzung bestimmt das Gericht Höhe und Zeitpunkt der Zahlungen, die der Mündel an die Staatskasse nach den §§ 1836 c und 1836 e des Bürgerlichen Gesetzbuchs zu leisten hat. ³Es kann die Zahlungen gesondert festsetzen, wenn dies zweckmäßig ist. ⁴Erfolgt keine Festsetzung nach Satz 1 und richten sich die in Satz 1 bezeichneten Ansprüche gegen die Staatskasse, gelten die Vorschriften über das Verfahren bei der Entschädigung von Zeugen hinsichtlich ihrer baren Auslagen sinngemäß.

(2) ¹In dem Antrag sollen die persönlichen und wirtschaftlichen Verhältnisse des Mündels dargestellt werden. ²§ 118 Abs. 2 Satz 1 und 2 sowie § 120 Abs. 2 bis 4 Satz 1 und 2 der Zivilprozessordnung sind entsprechend anzuwenden. ³Steht nach der freien Überzeugung des Gerichts der Aufwand zur Ermittlung der persönlichen und wirtschaftlichen Verhältnisse des Mündels außer Verhältnis zur Höhe des aus der Staatskasse zu begleichenden Anspruchs oder zur Höhe der voraussichtlich vom Mündel zu leistenden Zahlungen, kann das Gericht ohne weitere Prüfung den Anspruch festsetzen oder von einer Festsetzung der vom Mündel zu leistenden Zahlungen absehen.

(3) ¹Nach dem Tode des Mündels bestimmt das Gericht Höhe und Zeitpunkt der Zahlungen, die der Erbe des Mündels nach § 1836 e des Bürgerlichen Gesetzbuchs an die Staatskasse zu leisten hat. ²Der Erbe ist verpflichtet, dem Gericht über den Bestand des Nachlasses Auskunft zu erteilen. ³Er hat dem Gericht auf Verlangen ein Verzeichnis der zur Erbschaft gehörenden Gegenstände vorzulegen und an Eides Statt zu versichern, dass er nach bestem Wissen und Gewissen den Bestand so vollständig angegeben habe, als er dazu imstande sei.

(4) ¹Der Mündel ist zu hören, bevor nach Absatz 1 eine von ihm zu leistende Zahlung festgesetzt wird. ²Vor einer Entscheidung nach Absatz 3 ist der Erbe zu hören.

(5) Auf die Pflegschaft sind die Absätze 1 bis 4 entsprechend anzuwenden.

I. Einleitung 1	6. Festsetzung nach dem Tod des Betreuten 17
1. Inhalt und Bedeutung der Norm 1	7. Materielle Rechtskraft 19
2. Anwendungsbereich 3	8. Vorabentscheidung über den Anspruchsgrund; Aussetzung des Verfahrens 20
3. Struktur der Norm 5	
4. Zuständigkeit, Antragsformular 6	9. Bekanntgabe der Entscheidung 21
II. Die Auszahlung im vereinfachten (schlichten) Verwaltungsverfahren (Abs. 1 S. 4) 7	IV. Das Verfahren über den Regress der Staatskasse 22
III. Die förmliche Festsetzung von Vergütung und Aufwendungsersatz 10	1. Der Regress gegen den Betreuten 22
1. Festsetzung auf Antrag oder von Amts wegen 10	2. Der Regress gegen den Erben 27
	V. Rechtsmittel 28
2. Darlegung und Glaubhaftmachung der Verhältnisse des Betreuten (Abs. 2) 12	1. Die Beschwerde 29
	a) Voraussetzungen 29
3. Anhörung des Betreuten (Abs. 4) 14	b) Beschwerdeverfahren ... 32
	2. Die Erinnerung 36
4. Einwendungen gegen den Vergütungsanspruch 15	3. Die Rechtsbeschwerde 37
	VI. Die Zwangsvollstreckung 40
5. Ausschlussfristen, Verjährung 16	

I. Einleitung

1. Inhalt und Bedeutung der Norm

1 § 168 FamFG regelt das **Verfahren** zur Festsetzung von Aufwendungsersatz, Aufwandsentschädigung und Vergütung der Vormünder und Betreuer (§ 292 Abs. 1 FamFG) einschließlich des Regresses der Staatskasse gegen den Betreuten/Mündel. Die Vorschrift entspricht im Wesentlichen dem früheren § 56 g FGG.[1]

2 § 168 FamFG hat große praktische Bedeutung. **Für die Gerichte** wichtig ist das Ermessen, ob von Amts wegen eine Festsetzung von Aufwendungsersatz oder Vergütung erfolgen soll (Abs. 1 S. 1) sowie ob und wann ein Regress gegen den Betreuten stattfindet (Abs. 1 S. 2). **Für die Betreuer** wichtig ist die Entscheidung, ob ein formloser Auszahlungsantrag (Abs. 1 S. 4) gestellt oder die förmliche Festsetzung (Abs. 1 S. 1) beantragt werden soll, wenn sich der Anspruch gegen die Staatskasse richtet.

2. Anwendungsbereich

3 Im Betreuungswesen findet § 168 FamFG für die Ansprüche des **Betreuers** (einschließlich der Ansprüche von Vereinen und Betreuungsbehörden) und Ge-

---

[1] Zu den Unterschieden im Einzelnen s. die Vorauflage.

genbetreuers (Abs. 1 S. 1) Anwendung. Abs. 1 gilt auch für die **Verfahrenspfleger** (§ 277 Abs. 5 S. 2 FamFG). Außerdem findet die Vorschrift auf die Vormünder, Gegenvormünder und sonstigen Pfleger (Abs. 5) Anwendung.[2]

Die Vorschrift gilt 4

- immer für **Vergütungsansprüche** (unabhängig davon, ob diese gegenüber dem Betreuten oder gegenüber der Staatskasse geltend gemacht werden, allerdings erst ab Wirksamwerden der Betreuerbestellung),[3]
- für Ansprüche auf **Aufwendungsersatz** und pauschale Aufwandsentschädigung, es sei denn, der Betreute ist bemittelt und dem Betreuer steht die Vermögenssorge zu, so dass er sich direkt aus dem Vermögen des Betreuten befriedigen kann (vgl § 1835 BGB Rn 30),
- für den **Regress der Staatskasse** gegen den Betreuten gem. §§ 1836c bis 1836e BGB.

In zeitlicher Hinsicht gilt § 168 FamFG für alle Vergütungsanträge, die nach seinem Inkrafttreten am 1.9.2009 gestellt wurden. Auch wenn dies im Rahmen einer bereits zuvor bestehenden Betreuung geschieht, handelt es sich bei dem Vergütungsverfahren um ein „selbstständiges Verfahren" iSd Überleitungsvorschrift des Art. 111 Abs. 2 FGG-RG.[4]

3. Struktur der Norm

Es sind **zwei** grundsätzlich **verschiedene Vergütungsverfahren** zu unterscheiden: 5

- das **formelle Festsetzungsverfahren**, das in Abs. 1 S. 1 bis 3, Abs. 2 und 4 geregelt ist sowie
- die **Auszahlung im vereinfachten Verwaltungsweg** bei Ansprüchen gegen die Staatskasse gem. Abs. 1 S. 4.

Abs. 3 regelt die Inanspruchnahme des Erben. Das Beschwerdeverfahren folgt den allgemeinen Vorschriften in §§ 58 ff FamFG.

4. Zuständigkeit, Antragsformular

Das Vergütungsverfahren ist kein eigenständiges Verfahren, sondern **Teil des Betreuungsverfahrens**.[5] Örtlich und sachlich zuständig ist daher das für das Betreuungsverfahren zuständige Betreuungsgericht.[6] Für die Auszahlung im Verwaltungsverfahren gem. Abs. 1 S. 4 ist der Kostenbeamte (Urkundsbeamte der Geschäftsstelle) zuständig, für alle anderen erstinstanzlichen Entscheidungen gem. § 3 Abs. 1 Nr. 2 a RPflG der Rechtspfleger (zu den Zuständigkeiten im Beschwerdeverfahren vgl Rn 32, 38). 6

Gem. § 292 Abs. 2 FamFG können die Bundesländer für die Anträge und Erklärungen auf Ersatz von Aufwendungen und Bewilligung von Vergütung Formulare einführen. Ist dies geschehen, müssen sie benutzt und die Erklärungen

---

2 Vgl im Einzelnen Keidel/Engelhardt, § 168 FamFG Rn 2.
3 OLG Hamm FGPrax 2006, 282 = NJW-RR 2006, 1299.
4 BGH FamRZ 2011, 1394, Rn 6 und 2012, 1051, Rn 7.
5 Etwas anderes gilt jedoch im Rahmen der Überleitungsvorschrift des Art. 111 FGG-RG, vgl Rn 4.
6 BayObLG BtPrax 1997, 114; OLG Naumburg FamRZ 2001, 769; Keidel/Engelhardt, § 168 Rn 5, 6.

– soweit dies möglich ist – als elektronisches Dokument bei dem Betreuungsgericht eingereicht werden. Andernfalls liegt keine ordnungs-(und frist-!)gemäße Geltendmachung vor.

II. Die Auszahlung im vereinfachten (schlichten) Verwaltungsverfahren (Abs. 1 S. 4)

7 Die einfachste Art der Entscheidung über die Ansprüche auf Vergütung und Aufwendungsersatz ist das Verfahren nach **Abs. 1 S. 4**. Für Ansprüche gegen die Staatskasse, also bei Mittellosigkeit des Betreuten, verweist diese Vorschrift auf das Verfahren bei der Zeugenentschädigung. Gemeint ist hiermit, dass auf einen (grundsätzlich, vgl aber Rn 6) formlosen Antrag hin der geltend gemachte Betrag durch den Kostenbeamten (Urkundsbeamten der Geschäftsstelle) geprüft und zur Auszahlung angewiesen werden kann. Die Verweisung bezieht sich nicht auf das gerichtliche Festsetzungsverfahren gem. § 4 Abs. 1 JVEG. Insoweit ist Abs. 1 S. 1 bis 3 lex specialis.[7]

8 **Für das Gericht** bietet dieses Verfahren den Vorteil, dass Prüfung und Festsetzung formlos durch den Kostenbeamten erfolgen können. **Für den Betreuer** stellt es eine einfache und schnelle Möglichkeit dar, zu seinem Geld zu kommen. Es bietet sich vor allem dann an, wenn die Höhe des Anspruchs problemlos zu ermitteln ist und daher zwischen den Parteien nicht im Streit steht. Dies wird auf die große Mehrheit der Fälle zutreffen: Denn nach §§ 4, 5 VBVG ist die dem Berufsbetreuer zustehende Vergütungspauschale einfach zu ermitteln und beinhaltet in den wenigsten Fällen ein Streitpotenzial (vgl die Tabellen in § 5 VBVG Rn 20 ff). Gleiches gilt für die pauschale Aufwandsentschädigung für Ehrenamtliche gem. § 1835 a BGB.

9 Wird ein Antrag auf förmliche Festsetzung nach Abs. 1 S. 1 gestellt, wird die Auszahlungsanordnung des Kostenbeamten wirkungslos.[8] In einem anschließenden Festsetzungsverfahren ist der Rechtspfleger daher nicht an dessen Entscheidung gebunden.[9]

III. Die förmliche Festsetzung von Vergütung und Aufwendungsersatz

1. Festsetzung auf Antrag oder von Amts wegen

10 Gem. Abs. 1 S. 1 findet eine förmliche Festsetzung des Anspruchs auf Vergütung oder Aufwendungsersatz durch den Rechtspfleger statt, wenn dies beantragt wird oder das Gericht sie für angemessen hält. Antragsberechtigt sind sowohl der Betreuer (Gegenbetreuer, Verfahrenspfleger) als auch der Betreute. Eine Festsetzung durch das Gericht von Amts wegen wird zB in Betracht kommen, wenn Zweifel an der Richtigkeit der Entscheidung des Kostenbeamten bestehen.

11 Das Festsetzungsverfahren ist ein Amtsverfahren nach dem FamFG. Die für die Entscheidung erheblichen Tatsachen sind gem. § 26 FamFG von Amts wegen zu ermitteln.[10] Dies setzt jedoch voraus, dass der Antragsteller durch nachvoll-

---

[7] OLG Dresden FamRZ 2011, 320.
[8] BGH NJW 1969, 556.
[9] Er kann deshalb insbesondere auch einen niedrigeren Betrag festsetzen: OLG Köln FGPrax 2006, 116.
[10] BayObLGZ 1990, 130; OLG Düsseldorf Rpfleger 1995, 253.

ziehbare, ggf aufgeschlüsselte Angaben die gerichtliche Prüfung ermöglicht.[11] Entsprechend landesrechtlicher Regelung (durch Erlass) ist vor einer Festsetzung gegen die Staatskasse der Bezirksrevisor als deren Vertreter zu hören.

2. Darlegung und Glaubhaftmachung der Verhältnisse des Betreuten (Abs. 2)

In dem Festsetzungsantrag nach Abs. 1 S. 1 sind gem. Abs. 2 S. 1 die persönlichen und wirtschaftlichen Verhältnisse (einschließlich von Angaben über etwaige Unterhaltsansprüche)[12] des Betreuten darzustellen, damit das Gericht eine Entscheidung über die Mittellosigkeit und ggf einen Regress gegen den Betreuten treffen kann. Auf Verlangen des Gerichts muss der Antragsteller die Angaben glaubhaft machen, Abs. 2 S. 2 iVm § 118 Abs. 2 S. 1 und 2 ZPO.

Aufgrund der dargelegten und ggf glaubhaft gemachten Angaben prüft das Gericht gem. §§ 1836c bis 1836e BGB die wirtschaftliche Leistungsfähigkeit des Betreuten. Denn von dieser hängt es ab, ob ein Anspruch gegen die Staatskasse besteht, ggf ein Regress gegen den Betreuten möglich ist bzw Ratenzahlungen zu erfolgen haben. Reichen hierzu die Angaben des Betroffenen nicht aus, sind dessen Vermögensverhältnisse von Amts wegen aufzuklären.[13] Stünde allerdings der Ermittlungsaufwand außer Verhältnis zur Höhe des Anspruchs der Staatskasse oder der voraussichtlich vom Betreuten zu leistenden Zahlungen, so kann die Prüfung unterbleiben, Abs. 2 S. 3. Dies ist der Fall, wenn die Prüfung mehr kosten würde, als sie einbringt.[14]

3. Anhörung des Betreuten (Abs. 4)

Gem. Abs. 4 S. 1 ist der Betreute, gem. Abs. 4 S. 2 sein Erbe anzuhören, bevor eine von ihm zu leistende Zahlung (direkt an den Betreuer oder im Regress an die Staatskasse) festgesetzt wird. Wird lediglich ein Anspruch gegen die Staatskasse festgesetzt, ist eine Anhörung nicht geboten. Ggf muss diese dann erfolgen, wenn zu späterer Zeit über einen Regress gegen den Betreuten entschieden wird. Die Anhörung kann schriftlich erfolgen.[15] Unter den Voraussetzungen des § 276 FamFG ist dem Betreuten hierzu ein Verfahrenspfleger zu bestellen. Wird dies versäumt, liegt hierin ein absoluter Beschwerdegrund.[16]

4. Einwendungen gegen den Vergütungsanspruch

Einwendungen, die sich auf eine Schlechterfüllung stützen, können im Vergütungs-Festsetzungsverfahren nicht erhoben werden, ihre Geltendmachung muss **im Zivilprozess** erfolgen.[17] Jedoch kann der Vergütungs- bzw Aufwendungsersatzanspruch verwirkt sein, etwa wenn der Betreuer Gelder des Betreuten veruntreut hat. Diesen Einwand kann der Betreute im Festsetzungsverfahren geltend machen.[18]

---

11 OLG Frankfurt/M. BtPrax 2001, 261.
12 OLG Köln FGPrax 2009, 268.
13 OLG Schleswig FamRZ 2004, 979 m.Anm. Bienwald.
14 Vgl die Gesetzesbegründung BT-Drucks. 13/7158, 36.
15 BayObLG FamRZ 1998, 1185.
16 BayObLG FamRZ 2004, 1231 = Rpfleger 2004, 625.
17 BGH FamRZ 2012, 1051 = BtPrax 2012, 163, Rn 10; vgl zudem § 5 VBVG Rn 15.
18 OLG Hamm BtPrax 2007, 134 = FamRZ 2007, 1185, wonach dies auch gilt, wenn die Ansprüche gem. § 1836e BGB auf die Staatskasse übergegangen sind.

5. Ausschlussfristen, Verjährung

16 Die im Gesetz geregelten Ausschlussfristen sind im Vergütungs-Festsetzungsverfahren von Amts wegen zu prüfen. Gem. § 1835 Abs. 1 S. 2, Abs. 1 a BGB gilt für den Aufwendungsersatzanspruch eine Ausschlussfrist von 15 Monaten (zu den Einzelheiten vgl § 1835 BGB Rn 26 ff). Das Gleiche gilt gem. § 2 VBVG für den Vergütungsanspruch. Für die pauschale Aufwandsentschädigung gilt gem. § 1835 a Abs. 4 BGB eine Ausschlussfrist von drei Monaten (vgl § 1835 a BGB Rn 17). Keine Ausschlussfrist gilt für die angemessene Vergütung des ehrenamtlichen Betreuers gem. § 1836 Abs. 2 BGB. Hier gilt die einredeweise zu beachtende dreijährige Verjährung gem. § 195 BGB (vgl § 1836 BGB Rn 21).

6. Festsetzung nach dem Tod des Betreuten

17 Stirbt der Betreute, endet die Betreuung. Noch nicht beglichene Ansprüche auf Vergütung und Aufwendungsersatz werden zu **Nachlassverbindlichkeiten** gem. § 1967 BGB. Sie können gegen den Erben oder – bei Mittellosigkeit des Nachlasses – gegen die Staatskasse geltend gemacht werden und sind durch das Betreuungsgericht gem. Abs. 1 S. 1 festzusetzen.[19] Ob die Vergütung durch den Erben aus dem Nachlass zu entrichten ist oder ob die Staatskasse einzutreten hat, richtet sich dabei nach § 1836 e Abs. 1 S. 2 BGB. Das heißt, die Haftung des Erben ist auch ohne Nachlassverwaltung oder Nachlasskonkurs auf den Wert des Nachlasses beschränkt. Darüber hinaus gelten die Schutzvorschriften des § 102 Abs. 3 und 4 SGB XII, § 1836 c BGB findet hingegen keine Anwendung (§ 1836 e Abs. 1 S. 2 Hs 2 BGB). Vgl zur Inanspruchnahme des Erben insgesamt § 1836 e BGB Rn 16 ff.

18 Wichtig ist, dass – da die Betreuung mit dem Tode des Betreuten endet –, auch wenn der Betreute vermögend war und der Betreuer die Vermögenssorge innehatte, Aufwendungsersatz und Aufwandsentschädigung **nicht mehr dem Vermögen entnommen** werden können. Vielmehr ist in jedem Fall eine gerichtliche Festsetzung erforderlich.[20]

7. Materielle Rechtskraft

19 Entscheidungen über Bewilligung oder Ablehnung von Vergütung und Aufwendungsersatz sind wegen der Nähe des Verfahrens zu einem echten Streitverfahren der materiellen Rechtskraft fähig.[21] Diese Wirkung tritt allerdings nur **inter partes** ein, dh entweder im Verhältnis zwischen Betreuer und Betreutem oder im Verhältnis zwischen Betreuer und Staatskasse.[22] Es ist daher möglich, dass erst in einem Verfahren gegen den Betreuten dessen Mittellosigkeit bejaht (und also der Anspruch abgewiesen), in dem folgenden Verfahren gegen die Staatskasse diese jedoch verneint (und der Anspruch wiederum abgewiesen) wird. Um dieses für den Betreuer unerfreuliche Ergebnis zu vermeiden, kann dann, wenn die Mittellosigkeit und somit der Antragsgegner zweifelhaft erscheint, das Festsetzungsverfahren auf beide Anspruchsgegner erstreckt wer-

---

19 BayObLG BtPrax 2002, 40.
20 Keidel/Engelhardt, § 168 FamFG Rn 17; Deinert, Betreuervergütung und Staatsregress nach dem Tod des Betreuten, FamRZ 2002, 374, 375.
21 BayObLG FamRZ 1998, 1055.
22 BayObLG FG 2000, 202 = FamRZ 2001, 377.

den.[23] Möglich ist es auch, dass der Betreuer im Verfahren über die Erstbeschwerde gegen die Bewilligung einer Vergütung aus der Staatskasse (erstmals) einen Hilfsantrag auf Festsetzung einer Vergütung gegen den Betreuten selbst stellt, über den das Beschwerdegericht dann mit entscheidet.[24] Wurde zunächst ein Antrag des Betreuers auf Festsetzung gegen die Staatskasse abgewiesen, ist dann jedoch eine Befriedigung aus dem Vermögen des Betreuten nicht möglich, so ist ein erneuter Festsetzungsantrag gegen die Staatskasse zulässig, es sei denn, der Betreuer hat die fehlende Durchsetzbarkeit seines Anspruchs gegen den Betreuten zu vertreten.[25] Ebenso wenig hindert die Rechtskraft einer Festsetzung gegen den Betreuten eine nochmalige Geltendmachung des Anspruchs gegen die Staatskasse, wenn – ohne dass der Betreuer dies vorhersehen konnte – eine Durchsetzung des Anspruchs gegen den Betreuten scheitert.[26]

8. Vorabentscheidung über den Anspruchsgrund; Aussetzung des Verfahrens

Eine Vorabentscheidung über den Anspruchsgrund oder eine andere vorgreifliche Rechtsfrage ist entsprechend §§ 303, 304 ZPO möglich.[27] Wird über diese in einem anderen anhängigen Verfahren entschieden, kann das Verfahren gem. §§ 148, 149 ZPO ausgesetzt werden. Gegen die Aussetzung ist das Rechtsmittel der Beschwerde statthaft.[28]

9. Bekanntgabe der Entscheidung

Gem. § 41 Abs. 1 S. 1 FamFG ist die Entscheidung den Beteiligten bekannt zu geben. Entspricht sie dem Willen einer der Beteiligten nicht, ist er diesem gem. § 41 Abs. 2 S. 2 FamFG förmlich zuzustellen. Dies gilt auch für den Bezirksrevisor als Vertreter der Staatskasse.[29]

IV. Das Verfahren über den Regress der Staatskasse

1. Der Regress gegen den Betreuten

Befriedigt die Staatskasse den Betreuer, so gehen gem. § 1836e Abs. 1 S. 1 BGB dessen Ansprüche gegen den Betreuten auf diese über. Gem. Abs. 2 S. 2, § 120 Abs. 2 ZPO haben die Zahlungen an die Landeskasse zu erfolgen.

Grundsätzlich soll die Festsetzung der Zahlungen des Betreuten an die Landeskasse zugleich mit der Entscheidung über den Anspruch des Betreuers erfolgen, Abs. 1 S. 2.[30] Die Inanspruchnahme des Betreuten richtet sich dabei nach den §§ 1836c und 1836e BGB. Zu den Voraussetzungen vgl daher die dortige Kommentierung. Gem. Abs. 1 S. 3 kann nach dem Ermessen des Gerichts der

---

23 BayObLG aaO.
24 OLG Hamm FamRZ 2004, 1324 (LS).
25 BayObLG BtPrax 2004, 73 = FamRZ 2004, 305; Entsprechendes gilt, wenn der Betreuer zunächst einen (bestandskräftigen) Titel gegen den Betreuten erwirkt hat, vgl OLG Frankfurt/M. FGPrax 2009, 160.
26 OLG Frankfurt/M. FGPrax 2009, 160.
27 BayObLG FamRZ 1996, 250.
28 BayObLG FamRZ 2004, 1323 (LS).
29 LG Göttingen Rpfleger 2001, 30; die Zustellung an den Bezirksrevisor erfolgt durch Übersendung der Akten an ihn zu eben jenem Zweck: LG Lüneburg BtPrax 2007, 186 = FamRZ 2007, 1843.
30 Hierbei sind Höhe und Zeitpunkt der Zahlungen zu festzulegen: LG Koblenz BtPrax 2012, 263 (LS).

Regress gegen den Betreuten jedoch auch zu einem späteren Zeitpunkt erfolgen. Dies kann zB zweckmäßig sein, wenn der Betreute zunächst tatsächlich mittellos war, später jedoch wieder zu Vermögen gekommen ist.

24 Gem. Abs. 4 S. 1 ist der Betreute vor der Regressentscheidung anzuhören, wofür unter den Voraussetzungen des § 276 FamFG ein Verfahrenspfleger zu bestellen ist.

25 Gem. Abs. 2 S. 2 iVm § 120 Abs. 3 ZPO soll das Gericht die vorläufige Einstellung der Zahlungen bestimmen, wenn abzusehen ist, dass diese den Anspruch erfüllen. Stellt sich im Nachhinein heraus, dass doch noch Leistungen zu erbringen sind, kann deren Wiederaufnahme angeordnet werden.[31] Ändern sich die Verhältnisse des Betreuten, kann das Gericht nach pflichtgemäßem Ermessen seine Entscheidung ändern, Abs. 2 S. 2 iVm § 120 Abs. 4 ZPO.

26 Die Vollstreckung gegen den Betreuten erfolgt, indem der festgesetzte Betrag gem. § 1 Abs. 1 Nr. 4 b JBeitrO eingezogen wird.

2. Der Regress gegen den Erben

27 Wie in Rn 17 dargelegt, werden die Ansprüche auf Vergütung und Aufwendungsersatz mit dem Tod des Betreuten zu Nachlassverbindlichkeiten gem. § 1967 BGB. Gem. § 1836e Abs. 1 S. 2 BGB,[32] § 168 Abs. 3 FamFG setzt das Gericht Höhe und Zeitpunkt der Zahlungen des Erben an die Staatskasse fest. Zuvor ist der Erbe gem. Abs. 4 S. 2 zu hören. Er hat über den Bestand des Nachlasses Auskunft zu erteilen, auf Verlangen des Gerichts ein Erbschaftsverzeichnis vorzulegen und seine Angaben an Eides Statt zu versichern, Abs. 3 S. 2 und 3.

V. Rechtsmittel

28 Gegen die Entscheidung des Rechtspflegers ist entweder das Rechtsmittel der **Beschwerde** oder der Rechtsbehelf der befristeten **Erinnerung** gegeben. Gegen die Beschwerdeentscheidung besteht im Falle der Zulassung die Rechtsbeschwerde.

1. Die Beschwerde

a) Voraussetzungen

29 Es gelten die allgemeinen Regelungen der §§ 58 ff FamFG. Gem. § 61 FamFG findet **gegen die Entscheidungen des Rechtspflegers** nach Abs. 1 S. 1 bis 3 sowie Abs. 2 und 3 das Rechtsmittel der Beschwerde statt, wenn

- entweder der Wert des Beschwerdegegenstands **600 EUR übersteigt** (§ 61 Abs. 1 FamFG) oder
- bei einer geringeren Beschwer das Gericht die Beschwerde wegen der **grundsätzlichen Bedeutung** der Sache, zur Fortbildung des Rechts oder zur

---

[31] Keidel/Engelhardt, § 168 FamFG Rn 27.
[32] Zu den materiellen Voraussetzungen eines Rückgriffs gegen den Erben vgl § 1836e BGB Rn 16 ff.

Sicherung einer einheitlichen Rechtsprechung zulässt (§ 61 Abs. 2 und 3 FamFG).[33]

Liegen diese Voraussetzungen nicht vor, ist die Beschwerde mit Blick auf § 44 FamFG (Gehörsrüge) nicht statthaft.[34] Die Möglichkeit einer Nichtzulassungsbeschwerde sieht das Gesetz nicht vor. Auch eine „außerordentliche Beschwerde wegen greifbarer Gesetzwidrigkeit" gibt es nicht.[35] Sowohl an die Zulassung der Beschwerde (§ 61 Abs. 3 S. 2 FamFG) als auch an deren Nichtzulassung ist das Beschwerdegericht gebunden, wobei ein „Schweigen" des erstinstanzlichen Beschlusses als Nichtzulassung gilt.[36]

Der **Beschwerdewert** ist der Wert, um den der Beschwerdeführer durch die Entscheidung in seinen Rechten beeinträchtigt zu sein behauptet und in dessen Höhe er eine Änderung begehrt.[37] Eine **grundsätzliche Bedeutung** hat die Rechtssache, wenn der Fall eine klärungsbedürftige Rechtsfrage aufwirft, die über den Einzelfall hinaus Bedeutung hat.[38]   30

Die **Beschwerdeberechtigung** folgt aus § 59 FamFG. Danach ist nur beschwerdeberechtigt, wer durch die Entscheidung unmittelbar in seinen Rechten beeinträchtigt ist. Wird zB ein Anspruch des Betreuers gegen den (bemittelten) Betreuten festgestellt, so haben weder die Staatskasse[39] noch etwa ein Unterhaltspflichtiger[40] eine Beschwerdeberechtigung. Umgekehrt ist der Betreute im Verfahren auf Festsetzung einer Betreuervergütung gegen die Staatskasse nicht beschwerdeberechtigt.[41] Dies gilt auch dann, wenn im Verhältnis zwischen Betreuer und Staatskasse seine Mittellosigkeit verneint und deshalb ein Anspruch gegen die Staatskasse abgelehnt wird. Denn diese Entscheidung ist für ihn nicht bindend.[42]   31

b) Beschwerdeverfahren

Beschwerdegericht ist das Landgericht (§ 72 Abs. 1 S. 2 GVG). Dieses entscheidet durch eine Zivilkammer, welche die Sache auf einen Einzelrichter übertragen kann (§ 68 Abs. 4 FamFG). Entscheidet ein Einzelrichter, ohne dass zuvor   32

---

33 Die Zulassung kann dabei nicht auf eine bestimmte Rechtsfrage beschränkt werden, sondern nur auf selbständig abtrennbare Teile des Streitgegenstandes. Bei einer unzulässigen „Teilzulassung" gilt die Zulassung als unbeschränkt: OLG Schleswig FGPrax 2005, 159 = FamRZ 2005, 1579.
34 Es kommt aber die Umdeutung in eine Erinnerung (zu dieser vgl Rn 36) in Betracht: BGH BtPrax 2012, 253.
35 BGH FamRZ 2007, 1315; OLG München BtPrax 2008, 124 = FamRZ 2008, 1632.
36 OLG Brandenburg BtPrax 2002, 127; OLG Schleswig BtPrax 2007, 225 = FamRZ 2008, 75.
37 BayObLG FamRZ 2001, 379; zu weiteren Einzelheiten vgl Keidel/Meyer-Holz, § 59 FamFG Rn 9 ff.
38 Vgl hierzu und zu den weiteren Alternativen von § 61 Abs. 3 S. 1 Nr. 1 FamFG Keidel/Meyer-Holz, § 61 Rn 28 ff.
39 Etwa weil sie meint, die Vergütung sei zu hoch festgesetzt und schmälere daher zu ihren Ungunsten die Vermögensbasis für einen Rückgriff gem. § 1836 e BGB wegen anderer Forderungen, vgl BayObLG FamRZ 2001, 1484; OLG Hamm FGPrax 2001, 18; OLG Schleswig FamRZ 2000, 1444.
40 LG Koblenz v. 18.8.2010, 2 T 420/10.
41 BayObLG FamRZ 2004, 138 (LS).
42 BayObLG FamRZ 2001, 377; aA: LG Osnabrück FamRZ 2000, 488; vgl auch Rn 19.

ein Übertragungsbeschluss ergangen ist, liegt ein absoluter Beschwerdegrund vor.[43]

33 Anders als nach früherem Recht (§ 21 Abs. 1 FGG) muss die **Beschwerde** (schriftlich oder zu Protokoll der Geschäftsstelle) gem. § 64 Abs. 1 FamFG **beim Betreuungsgericht** (judex a quo) eingelegt werden. Gem. § 63 Abs. 1 FamFG beträgt die **Frist** hierfür **einen Monat**. Sie beginnt mit der schriftlichen Bekanntgabe an den Beschwerdeführer, spätestens jedoch mit Ablauf von fünf Monaten nach Erlass des Beschlusses, § 63 Abs. 3 FamFG. Das Betreuungsgericht hat der Beschwerde **abzuhelfen**, wenn es sie für begründet hält; andernfalls hat es die Beschwerde unverzüglich dem Landgericht vorzulegen, § 68 Abs. 1 S. 1 FamFG. Die erstmalige Zulassung der Beschwerde im Abhilfeverfahren ist möglich.[44]

34 Im Beschwerdeverfahren ist eine reformatio in peius, also eine Änderung der angefochtenen Entscheidung zulasten des Beschwerdeführers, nicht zulässig.[45]

35 Legt der Betreuer gegen die Festsetzung der Höhe seiner von dem Betreuten zu zahlenden Vergütung Beschwerde ein, ist ihm rechtliches Gehör zu gewähren. Unterbleibt dies, liegt hierin ein absoluter Beschwerdegrund.[46]

2. Die Erinnerung

36 Ist der Beschwerdewert von 600 EUR nicht erreicht und hat der Rechtspfleger auch nicht wegen grundsätzlicher Bedeutung der Sache die Beschwerde zugelassen, so steht dem Beschwerten gegen die Entscheidung die Erinnerung gem. § 11 Abs. 2 RPflG zu. Auch diese Vorschrift wurde durch das FGG-Reformgesetz neu gefasst. Die **Frist** beträgt wie bei der Beschwerde **einen Monat** ab schriftlicher Bekanntgabe, sonst fünf Monate nach Erlass des Beschlusses (§§ 11 Abs. 2 S. 1 RPflG, § 63 FamFG). Wird Erinnerung eingelegt, bestehen **für das Gericht mehrere Möglichkeiten:**

- Entweder hilft der Rechtspfleger der Erinnerung ab (§ 11 Abs. 2 S. 2 RPflG). In diesem Fall steht dem nun Beschwerten wiederum die Erinnerung zu.

- Oder der Rechtspfleger lässt nun (wegen grundsätzlicher Bedeutung) die Beschwerde zu. In diesem Fall muss er die Sache an das Beschwerdegericht (Landgericht) weiterleiten.[47]

- Hilft der Rechtspfleger nicht ab und lässt er auch nicht die Beschwerde zu, gilt § 11 Abs. 2 S. 3 RPflG: Der Rechtspfleger muss die Sache dem zuständigen Amtsrichter zur Entscheidung vorlegen. Dieser wiederum kann entweder (wegen grundsätzlicher Bedeutung) die Beschwerde zulassen[48] (und die Sache an das Beschwerdegericht weiterleiten) oder endgültig entscheiden. Im letzteren Fall besteht gegen die richterliche Entscheidung kein Rechtsmittel mehr.

---

43 BayObLG FamRZ 2004, 1137.
44 BayObLGZ 2003, 277; OLG Zweibrücken FGPrax 2005, 216.
45 BGH NJW 2002, 366; BayObLG FamRZ 2002, 130.
46 BayObLG FamRZ 2004, 1899 (LS) in einem Verfahren über die Festsetzung der Vergütung eines Gegenbetreuers.
47 BayObLG FamRZ 2004, 304.
48 BayObLG NJW-RR 2001, 798 = FamRZ 2001, 378; OLG Hamm FGPrax 2000, 66; aA (Zulassung nur durch RPfl. möglich) LG Frankfurt/Oder FamRZ 2001, 376.

3. Die Rechtsbeschwerde

Voraussetzung für die Statthaftigkeit der Rechtsbeschwerde ist deren **Zulassung** durch das Erstbeschwerdegericht, an welche das Rechtsbeschwerdegericht gebunden ist, § 70 Abs. 2 S. 2 FamFG. Hat das Landgericht die Beschwerde nicht ausdrücklich zugelassen, gilt dies als Nichtzulassung.[49] An diese ist der BGH gebunden.[50]

37

Zuständig für die Rechtsbeschwerde ist gem. § 133 GVG der **Bundesgerichtshof**, bei welchem auch die Einlegung erfolgen muss (judex ad quem, § 71 Abs. 1 S. 1 FamFG). Die Rechtsbeschwerdeschrift muss unterschrieben sein, § 71 Abs. 1 S. 3 FamFG. Die Vertretung durch einen Rechtsanwalt ist jedoch nicht erforderlich. Die **Frist** zur Einlegung beträgt **einen Monat** nach der schriftlichen Bekanntgabe der Beschwerdeentscheidung, § 71 Abs. 1 S. 2 FamFG. Die Rechtsbeschwerde muss begründet werden, § 71 Abs. 3. Sie kann nur auf eine **Gesetzesverletzung** gestützt werden, § 72 Abs. 1 FamFG.

38

§ 75 FamFG eröffnet die Möglichkeit einer Übergehung des Beschwerdegerichts durch eine **Sprungrechtsbeschwerde**. Voraussetzung ist ein Beschwerdewert von über 600 EUR sowie die Einwilligung der Beteiligten und die Zulassung durch das Rechtsbeschwerdegericht (BGH), § 75 Abs. 1 S. 1 FamFG. Der Antrag auf Zulassung der Sprungrechtsbeschwerde gilt als Verzicht auf das Rechtsmittel der Beschwerde, § 75 Abs. 1 S. 2 FamFG.

39

VI. Die Zwangsvollstreckung

Es gelten die allgemeinen Vorschriften der §§ 86, 87 FamFG. § 86 Abs. 1 Nr. 1 FamFG stellt dabei fest, dass der Festsetzungsbeschluss ein Vollstreckungstitel ist. Die Regelung der §§ 86, 87 FamFG ist jedoch nicht abschließend. Da es sich um die Vollstreckung einer Geldforderung handelt, gelten gem. § 95 Abs. 1 Nr. 1 FamFG ergänzend die Vorschriften der ZPO über die Zwangsvollstreckung.[51] Wichtig ist dies u.a. für die dortigen Vorschriften zum Schuldnerschutz.

40

Übersicht vor §§ 271 ff FamFG

I. Allgemeines

1. Verfahrensrecht

Das Verfahren in Betreuungssachen ist im Gesetz über das Verfahren in Familiensachen und in Angelegenheiten der freiwilligen Gerichtsbarkeit (FamFG) geregelt; soweit die im dritten Buch des FamFG enthaltenen Vorschriften der §§ 271 ff FamFG keine Sonderregelungen enthalten, gelten §§ 1 bis 87, 97, 104 FamFG. Die Angelegenheiten der freiwilligen Gerichtsbarkeit unterfallen gem. § 13 GVG den Zivilsachen und sind eigenständiger Bestandteil der ordentlichen Gerichtsbarkeit. Hiervon unberührt bleibt noch bis zum Stichtag

1

---

49 OLG Brandenburg BtPrax 2002, 127; OLG Stuttgart FGPrax 2009, 114.
50 Keidel/Meyer-Holz, § 70 FamFG Rn 4, 40. Fehlt es an einer Zulassung, kommt eine „außerordentliche Rechtsbeschwerde wegen greifbarer Gesetzwidrigkeit nicht in Betracht, OLG München BtPrax 2008, 124 = FamRZ 2008, 1632.
51 Keidel/Engelhardt, § 168 FamFG Rn 39.

1.1.2018 die in Baden-Württemberg auf der Grundlage des Art. 138 GG bestehende Sonderzuständigkeit der Bezirksnotare nach §§ 36, 37 BaWüLFGG.[1]

2 Die Vorschriften des FamFG traten an die Stelle der bisherigen Regelungen des zweiten Abschnitts des FGG; der Regelungsgehalt des FGG blieb grundsätzlich erhalten, so dass mit Inkrafttreten des FamFG am 1.9.2009 keine grundlegende Neuausrichtung des Verfahrens in Betreuungssachen verbunden war.[2] Die Regelungen des Verfahrensrechts sind insgesamt übersichtlicher gestaltet worden.

3 § 23 a Abs. 2 GVG definiert die **Angelegenheiten der freiwilligen Gerichtsbarkeit** als Betreuungs-, Unterbringungs-, betreuungsgerichtliche Zuweisungssachen, Nachlass- und Teilungssachen, Registersachen, unternehmensrechtliche Verfahren, die weiteren Angelegenheiten der freiwilligen Gerichtsbarkeit sowie die Freiheitsentziehungssachen und begründet die Zuständigkeit der Amtsgerichte. Änderungen ergeben sich in der **Gerichtsorganisation**. Nach § 23 c Abs. 1 GVG wurden Abteilungen für Betreuungssachen, Unterbringungssachen und den neu eingeführten betreuungsgerichtlichen Zuweisungssachen iSd § 340 FamFG (Betreuungsgerichte) gebildet, die mit Betreuungsrichtern besetzt sind, wobei weiterhin ein Richter auf Probe im ersten Jahr nach seiner Ernennung Geschäfte des Betreuungsrichters nicht wahrnehmen darf (§ 23 c Abs. 2 S. 2 GVG). Weitere Änderungen ergaben sich zum einen aus der Anpassung der Verfahrensvorschriften des dritten Buches des FamFG an die Regelungen des Allgemeinen Teils. Bestimmte, vorher in den §§ 65 ff FGG enthaltene Regelungen, sind in den Allgemeinen Teil verlagert worden, wobei die §§ 271 ff FamFG teilweise ergänzende Regelungen vorsehen. Dies gilt unter anderem für die Zuständigkeitsregelung der Erstbefassung (§ 2 Abs. 1 FamFG), die Regelung über die Anhörung des Betroffenen (§ 34 FamFG), die Bezeichnung und Begründung der gerichtlichen Entscheidung und die Rechtsmittelbelehrung (§§ 38 Abs. 2 bis 3, Abs. 5 Nr. 3, 39 FamFG). Im Rahmen der Anhörung hat das Betreuungsgericht nicht nur auf die Vorsorgevollmacht, sondern auch auf die Möglichkeit der Registrierung beim zentralen Vorsorgeregister der Bundesnotarkammer hinzuweisen (§ 278 Abs. 2 S. 2 FamFG). Das Recht des Betroffenen, aufgrund erheblicher Gründe einer Anhörung naher Angehöriger zu widersprechen (§ 68 a S. 3 FGG), wurde abgeschafft; der Ausgleich widerstreitender Interessen des Betroffenen und naher Angehöriger erfolgt über die Hinzuziehung der Angehörigen als Optionsbeteiligte. Die **Beteiligten** sind gesetzlich in §§ 7, 274 FamFG definiert. Die bisherige Abgrenzung[3] von formell und materiell Beteiligten wird in § 7 FamFG aufgegriffen.[4] Beteiligte sind von Amts wegen von der Verfahrenseinleitung zu benachrichtigen und über ihr Recht, auf Antrag dem Verfahren beigezogen zu werden, zu belehren (§ 7 Abs. 4 FamFG). Klargestellt ist, dass verfahrensleitende Zwischenentscheidungen (§ 58 Abs. 1 FamFG), mit Ausnahme ausdrücklich normierter Fälle, nicht isoliert anfechtbar, sondern **nur mit der Endentscheidung überprüfbar** (§ 58

---

1 BT-Drucks. 16/6308, 318; Zimmermann, Rn 439.
2 BT-Drucks. 16/6308, 170; Kroiß/Seiler, S. 170.
3 Vgl 1. Auflage, Vor §§ 65 ff FGG Rn 5.
4 BT-Drucks. 16/6308, 178.

Abs. 2 FamFG) sind;[5] dies galt bisher ohne ausdrückliche Normierung etwa für die Verfahrenseinleitung,[6] die Verfahrenspflegerbestellung[7] (jetzt § 276 Abs. 6 FamFG), die bloße Mitteilung von Rechtsansichten,[8] die Ablehnung der Einstellung des Verfahrens vor Abschluss der erforderlichen Ermittlungen,[9] grundsätzlich auch für die Beauftragung des Sachverständigen.[10] Die Qualifikation des **Sachverständigen** im Rahmen der Gutachtenerstellung ist nunmehr ausdrücklich gesetzlich geregelt (§ 280 Abs. 1 S. 2 FamFG). Klargestellt ist, dass zum Zwecke der Vorführung des Betroffenen zur persönlichen Anhörung und Untersuchung auch dessen Wohnung ohne seine Einwilligung betreten werden darf (§§ 278 Abs. 7; 283 Abs. 3 FamFG) und bei der Vorlage eines ärztlichen Zeugnisses bei Bestellung eines Vollmachtsbetreuers oder auf Antrag des Betroffenen eine vorherige persönliche Untersuchung stattgefunden haben muss (§§ 281 Abs. 2, 280 Abs. 2 FamFG). Zu verpflichten ist nur noch der sogenannte **unerfahrene ehrenamtliche Betreuer** (§ 289 Abs. 1 FamFG).

Abgeschafft wurde die frühere Möglichkeit, das nur einen Betreuer betreffende Verfahren abzugeben, wenn mehrere Betreuer für unterschiedliche Aufgabenkreise bestellt sind (§ 65 a Abs. 1 S. 3 FGG); das Verfahren kann nur **insgesamt abgegeben** werden.

Eine Änderung ergab sich auch im Bereich der **vormundschaftsgerichtlichen Genehmigungen**. Nach § 40 Abs. 2 S. 1 FamFG wird ein Beschluss, der die Genehmigung eines Rechtsgeschäfts zum Inhalt hat, mit Rechtskraft wirksam (Rechtskraftlösung), also mit Ablauf der zweiwöchigen Beschwerdefrist des § 63 Abs. 2 Nr. 2 FamFG; der vormaligen Behelfslösung des Vorbescheides[11] bedarf es nicht mehr.

Die **Beschwerde** ist nach § 63 FamFG **generell befristet**. Beschwerdegericht in Betreuungssachen ist gemäß § 72 Abs. 1 GVG (nach wie vor) das ortsnähere Landgericht. Die Verhandlung und Entscheidung im Beschwerdeverfahren kann dem Einzelrichter und die Beweisaufnahme einem Kammermitglied als beauftragtem Richter übertragen werden (§ 68 Abs. 4 FamFG).[12] Die **Rechtsbeschwerde** gegen einen Beschluss, mit dem ein Betreuer bestellt, eine bestehende Betreuung aufgehoben, ein Einwilligungsvorbehalt angeordnet oder aufgehoben wird, erfolgt nach §§ 119 Abs. 1 Nr. 1 b, 133 GVG zum BGH und bedarf nach § 70 Abs. 3 S. 1 Nr. 1 FamFG zwar keiner Zulassung. Allerdings kann die befristete Rechtsbeschwerde nur durch einen beim BGH zugelassenen Anwalt durchgeführt werden.

---

[5] Schael, Die Statthaftigkeit von Beschwerde und sofortiger Beschwerde nach dem neuen FamFG, FPR 2009, 11.
[6] BayObLG FamRZ 2001, 707.
[7] BGH FGPrax 2003, 224; OLG Schleswig NJOZ 2003, 2313; OLG Frankfurt/M. NJW-RR 2001, 1370; BayObLG NJW-RR 2000, 526; OLG Hamm FamRZ 1997, 440; aA: OLG Köln FamRZ 2000, 492.
[8] OLG Karlsruhe FamRZ 1998, 1244.
[9] OLG Frankfurt/M. BtPrax 2008, 176.
[10] BayObLG FamRZ 2001, 707; BayObLG FamRZ 2000, 249; BGH NJW 2007, 3575 mit Ausnahme bei willkürlicher Beauftragung; KG FamRZ 2002, 970.
[11] Vgl 1. Auflage, § 69 d FGG Rn 28 ff.
[12] BT-Drucks. 16/6308, 170; Kroiß/Seiler, S. 170.

7 Das Betreuungsgericht kann die **Kosten** nach § 81 FamFG auch teilweise den Beteiligten auferlegen. Die bisherige Regelung des § 13a Abs. 2 FGG wurde grundsätzlich in den §§ 307, 337 FamFG übernommen.

8 Das materielle Betreuungsrecht des bürgerlichen Rechts blieb – abgesehen von sprachlichen Änderungen infolge der begrifflichen Unterscheidung zwischen Familien- und Betreuungsgericht – unberührt.

9 Das FamFG ist zum 1.9.2009 in Kraft getreten. Nach der Übergangsvorschrift des Art. 111 FGG-RG war das frühere Verfahrensrecht des FGG noch auf Verfahren, auch Verlängerungsverfahren (§ 295 FamFG) und Aufhebungsverfahren (§ 294 FamFG), anzuwenden, die bis zum Inkrafttreten des FamFG eingeleitet worden sind, also bis einschließlich 31.8.2009. Nach Art. 111 Abs. 2 FGG-RG sind gerichtliche Verfahren, die mit einer Endentscheidung abschließen, selbstständige Verfahren, so dass alle Verfahren in Betreuungssachen und betreuungsgerichtlichen Zuweisungssachen, die mit einer durch Beschluss zu erlassenden Endentscheidung enden und **nach** Inkrafttreten des FamFG eingeleitet werden, sich ausschließlich nach dem FamFG richten.[13] Endentscheidungen sind nach der Legaldefinition in § 38 Abs. 1 S. 1 FamFG diejenigen, durch die der Verfahrensgegenstand ganz oder hinsichtlich eines abtrennbaren Teils erledigt wird (s. § 303 FamFG Rn 1 ff).[14]

a) Antrags- und Amtsverfahren

10 Das Betreuungsverfahren ist als Amtsverfahren ausgestaltet. Das Betreuungsgericht **muss** ein Verfahren einleiten, wenn es von Umständen Kenntnis erlangt, die eine betreuungsrechtliche Maßnahme erforderlich machen.

11 Dies gilt auch im Falle des § 1896 Abs. 1 S. 3 BGB. Danach ist der Antrag (zum Begriff s. § 1896 BGB Rn 6) des äußerungsfähigen, lediglich körperlich behinderten Betroffenen Voraussetzung für die Betreuerbestellung; gleichwohl muss das Betreuungsgericht ermitteln, ob tatsächlich nur eine körperliche Behinderung vorliegt und daher ein Betreuungsverfahren einleiten. Abgesehen vom Sonderfall des § 1896 Abs. 1 S. 3 BGB kann der Betroffene **nicht** durch Antragsrücknahme das Betreuungsverfahren vor Entscheidungsreife beenden oder bei weiter bestehender Erforderlichkeit der Betreuung deren Aufhebung erzwingen (§ 1908 d Abs. 2 S. 1 BGB; s. auch § 1896 BGB Rn 11). Sein Antrag bedingt lediglich, wie aus § 303 Abs. 2 FamFG folgt, eine Einschränkung des Kreises der Beschwerdebefugten[15] und gemäß § 281 Abs. 1 Nr. 1 FamFG eine Verfahrenserleichterung.[16] Der **Antrag** eines **anderen** Verfahrensbeteiligten oder **Dritten** stellt lediglich an das Betreuungsgericht nicht bindende **Anregung** dar, auch wenn die Betreuerbestellung ausnahmsweise ausschließlich im Drittinteresse erfolgt.[17] Für die Anregung besteht weder Form- noch Begründungszwang; die Anregung kann auch konkludent erfolgen. Von diesen Anregungen sind die zu genehmigenden Einwilligungen oder Willenserklärungen

---

13 Vgl OLG Brandenburg BtPrax 2012, 166; OLG Düsseldorf FGPrax 2009, 284.
14 OLG Frankfurt/M. FGPrax 2011, 260; vgl BGH FGPrax 2012, 136; OLG Stuttgart FGPrax 2009, 292 zum Ablehnungsverfahren gegen einen Richter.
15 BT-Drucks. 16/6308, 272; OLG Hamm FamRZ 2002, 194.
16 OLG Hamm BtPrax 1995, 221.
17 BGH FGPrax 2012, 164; BGH BtPrax 2011, 72; BayObLG FamRZ 1998, 922; AG München FamRZ 2011, 1760; kritisch AG Offenbach v. 26.6.2012, 14 XVII 990/08.

iSd §§ 1904, 1905, 1907 BGB oder Rechtsgeschäfte iSd §§ 1908 i Abs. 1 S. 1, 1819 ff BGB oder die tatsächliche Unterbringung gemäß § 1906 BGB zu **unterscheiden**. Zwar führt das Fehlen der entsprechenden Willenserklärung oder Maßnahme des Betreuers dazu, dass kein genehmigungsfähiger Tatbestand vorliegt. Dennoch kann das Betreuungsgericht von Amts wegen das Vorliegen der Voraussetzungen der §§ 1904 ff BGB und die Erforderlichkeit entsprechender Maßnahmen prüfen und Ermittlungen durchführen.

b) Amtsermittlung

§ 26 FamFG sieht eine umfassende **Sachaufklärungspflicht** des Betreuungsgerichts vor; es hat die Tatsachen, die die formellen und materiellen Voraussetzungen der beabsichtigten Betreuungsmaßnahme ausfüllen, so weit zu ermitteln, wie es die Sachlage erfordert.[18] Zwar muss das Betreuungsgericht nicht jeder nur denkbaren Möglichkeit nachgehen; insbesondere besteht keine Pflicht zu einer Amtsermittlung „ins Blaue hinein".[19] Ermittlungen sind aber dann anzustellen, wenn die Sachlage genügend Anlass zur Prüfung eines Tätigwerdens des Betreuungsgerichts bietet.[20] Der Betreuungsrichter bzw Rechtspfleger entscheidet nach pflichtgemäßem Ermessen über Art und Umfang der Ermittlungen.[21] Die Ermessensausübung unterliegt der Nachprüfung dahin gehend, ob das Betreuungsgericht die Ermessensgrenzen eingehalten hat und von genügenden Tatsachenfeststellungen ausgegangen ist.[22] Der Verhältnismäßigkeitsgrundsatz gilt auch hier; je bedeutender und intensiver die beabsichtigte Betreuungsmaßnahme in grundgesetzlich geschützte Rechte des Betroffenen eingreift, desto sorgfältiger und umfangreicher ist zu ermitteln. Dabei muss es bei entsprechendem Anlass auch unstreitige Tatsachen auf ihre Richtigkeit prüfen;[23] es gilt das Prinzip der materiellen Wahrheit.[24] Verstößt es gegen diese Pflicht und entsteht dem Betroffenen hierdurch ein Schaden, kann dies zu einem Amtshaftungsanspruch des Betroffenen führen; das Spruchrichterprivileg des § 839 Abs. 2 S. 1 BGB gilt im Betreuungsverfahren nicht.[25] Das Betreuungsgericht entscheidet – mit Ausnahme bestimmter normierter Fälle (§§ 30 Abs. 2, 280 FamFG) – nach pflichtgemäßem Ermessen,[26] ob es die erforderlichen Ermittlungen im **Freibeweisverfahren** oder im Wege **der förmlichen Beweisaufnahme** entsprechend den Regelungen der ZPO nach § 30 FamFG durchführt. Die förmliche Beweisaufnahme wird dann durchzuführen sein, wenn der Sachverhalt im Wege des Freibeweises nicht hinreichend aufgeklärt werden kann, der Nachweis bestimmter streitiger oder widersprüchlich vorgetragener Tatsachen entscheidungserheblich ist (§ 30 Abs. 3 FamFG) oder an-

---

18 BGH FGPrax 2012, 199; BGH MDR 2012, 1289; BGH BtPrax 2011, 130; OLG Hamm FGPrax 2011, 232.
19 BGH FGPrax 2011, 178; OLG Saarbrücken MDR 2012, 1231.
20 BGH FGPrax 2011, 290; BGH FGPrax 2011, 178; OLG Saarbrücken MDR 2012, 1231.
21 BGH FGPrax 2012, 199; BGH FGPrax 2011, 77.
22 BGH BtPrax 2012, 204; BGH FGPrax 2012, 199; BGH FGPrax 2012, 84; BGH BtPrax 2011, 130; BGH FGPrax 2011, 77.
23 BayObLG NJW-RR 1997, 971; vgl BayObLG NJW-RR 1992, 1225.
24 Keidel/Sternal, § 26 FamFG Rn 12.
25 Im Einzelnen: Zimmermann, Richter- und Rechtspflegerhaftung im Betreuungsrecht, BtPrax 2008, 185.
26 BT-Drucks. 16/6308, 366; BGH FGPrax 2012, 199; OLG München NZG 2012, 181.

sonsten das Recht des Betroffenen, an der Aufklärung des Sachverhalts mitzuwirken, nicht hinreichend gesichert wäre.[27] Der Amtsermittlungsgrundsatz findet eine weitere **Verschärfung** in der Pflicht des Betreuungsgerichts, bestimmte Ermittlungsmaßnahmen durchzuführen, etwa sich nach § 278 Abs. 1 S. 2 FamFG auf Verlangen des Betroffenen oder bei Sachdienlichkeit in der üblichen Umgebung des Betroffenen einen persönlichen Eindruck von diesem zu verschaffen oder gemäß §§ 280, 293 Abs. 1, 297 Abs. 6, 298 Abs. 2 S. 1 FamFG Sachverständigengutachten[28] oder zumindest nach §§ 281, 295 Abs. 1 S. 2, 300 Abs. 1 S. 1 Nr. 2 FamFG ärztliche Zeugnisse einzuholen.

13 Von nicht zu unterschätzender Bedeutung ist die Möglichkeit des Betreuungsgerichts, einen **Sozialbericht der Betreuungsbehörde** nach § 8 S. 2 BtBG (vgl aber Übersicht vor § 1 BtBG Rn 9 ff) einzuholen. Die Betreuungsbehörde ist grundsätzlich zur Erstattung des Sozialberichts verpflichtet. Nur dann, wenn der Auftrag des Betreuungsgerichts greifbar sachfremd ist, entfällt diese Pflicht.[29] Nach den Nach den Empfehlungen zur Sachverhaltsaufklärung im Betreuungsrecht v. 20.10.2010 der Bundesarbeitsgemeinschaft der überörtlichen Träger der Sozialhilfe (BAGüS)soll die Betreuungsbehörde den Sachverhalt umfänglich ermitteln, Gespräche mit den Beteiligten (Betroffenen, Angehörigen, dem persönlichen Umfeld, Einrichtungen, Ärzten, Soziale Diensten, Behörden) führen und aus den Ermittlungsergebnissen den Sozialbericht fertigen und einem geeigneten Betreuer und ggf einen Verfahrenspfleger ermitteln und vorschlagen (zum näheren Inhalt vgl § 8 BtBG Rn 6). Die **Einschaltung der Betreuungsbehörde auch ohne deren Antrag** iSd § 274 Abs. 3 FamFG hat den nicht zu unterschätzenden Vorteil, dass die Behördenmitarbeiter grundsätzlich besondere sozialpädagogische oder sozialarbeiterische Kenntnisse und Qualifikationen haben[30] und im Umgang mit kranken oder behinderten Betroffenen geübt sind. Sie können daher nicht nur den Sachverhalt von einem anderen Blickwinkel als das Betreuungsgericht ermitteln und aufgrund ihrer Einbindung in kommunale Strukturen das Vorliegen alternativer tatsächlicher Hilfen iSd § 1896 Abs. 2 S. 2 BGB zuverlässiger feststellen, sondern den Betroffenen auf den gerichtlichen Anhörungstermin vorbereiten und ihn entsprechend aufklären.

2. Verfahrensrechte des Betroffenen

14 Zum einen werden die Interessen des Betroffenen besonders geschützt, etwa durch die allgemeinen Vorschriften der **Nichtöffentlichkeit** nach § 170 Abs. 1 S. 1 GVG, der **beschränkten Mitteilungsbefugnis** nach § 22a Abs. 2 FamFG, der **besonderen Kostenregelung** des § 307 FamFG oder der **Verfahrenspflegerbestellung** gemäß § 276 FamFG. Zum anderen sind die Verfahrensrechte des Betroffenen erheblich erweitert: Dieser ist, unabhängig von seiner vollen oder partiellen Geschäftsfähigkeit, gemäß § 275 FamFG **uneingeschränkt verfahrensfähig**; er kann stets wirksam Verfahrenshandlungen vornehmen, Verfah-

---

27 BayObLG NJW-RR 1996, 583; BayObLG NJW-RR 1988, 389.
28 BGH BtPrax 2012, 161.
29 LG Hamburg FamRZ 1997, 118.
30 Vgl BR-Drucks. 220/13, 5; Anlage 2 des Abschlussberichts der Bund-Länder-Arbeitsgruppe „Betreuungsrecht".

renskostenhilfe nach §§ 76 ff FamFG beantragen (s. § 307 FamFG Rn 20),[31] einem Dritten Verfahrensvollmacht erteilen,[32] einen Antrag auf Betreuerbestellung stellen (§ 1896 Abs. 1 S. 3 BGB) oder der Hinzuziehung Dritter bei der Anhörung **widersprechen** (§ 170 Abs. 1 S. 2 GVG); umgekehrt ist auf sein Verlangen einer Vertrauensperson die Anwesenheit in der Anhörung zu erlauben (§ 170 Abs. 1 S. 3 GVG). Auf **Verlangen** des Betroffenen hat das Betreuungsgericht der zuständigen Behörde (§ 279 Abs. 2 FamFG, vgl aber Übersicht vor § 1 BtBG Rn 9) oder einer ihm nahestehenden Person (§ 279 Abs. 3 FamFG) grundsätzlich **Gelegenheit zur Äußerung** zu geben, während eine gegen seine Interessen streitende Beteiligung und damit Anhörung der in § 274 Abs. 4 Nr. 1 FamFG genannten Personen zu unterbleiben hat.[33] Er ist vor Erlass bestimmter betreuungsrechtlicher Entscheidungen (§§ 278 Abs. 1 S. 1, 284 Abs. 1 S. 2, 293 Abs. 1, 296 Abs. 1, Abs. 2 S. 1, 297 Abs. 1 S. 1, 298 Abs. 1 S. 1, 300 Abs. 1 S. 1 Nr. 4 FamFG) grundsätzlich **persönlich anzuhören**. Entscheidungen des Betreuungsgerichts sind ihm gemäß § 41 FamFG grundsätzlich **bekannt zu machen**.

II. Verhältnismäßigkeitsgrundsatz

1. Betreuungsmaßnahmen als Rechtseingriff

Bei den Entscheidungen des Betreuungsgerichts handelt es sich um **Eingriffe** in das grundgesetzlich geschützte **Selbstbestimmungsrecht** des Betroffenen (Art. 2 Abs. 1 GG), da selbstbestimmtes Handeln des Betroffenen durch fremdbestimmte Entscheidungen des Betreuers oder des Betreuungsgerichts verdrängt wird;[34] überdies liegt wegen der Stigmatisierungswirkung der Betreuerbestellung auch ein Eingriff in das Recht des Betroffenen auf Schutz seiner Persönlichkeit aus Art. 2 Abs. 1 GG iVm Art. 1 Abs. 1 GG vor.[35] Dies zeigt schon die Wortwahl des materiellen Betreuungsrechts, wonach eine betreuungsrechtliche Maßnahme **erforderlich** sein, also dem staatlichen Handeln beschränkenden Verhältnismäßigkeitsgrundsatz entsprechen muss (§§ 1896 Abs. 2, 1897 Abs. 1, 1901 Abs. 1, 1903 Abs. 1 S. 1, 1908d Abs. 3 S. 1 BGB).[36] Die Anordnung einer Betreuung führt dazu, dass der Betreuer als gesetzlicher Vertreter des Betroffenen nach § 1902 BGB auch gegen dessen Willen gemäß § 1901 Abs. 3 BGB verbindlich Entscheidungen treffen kann. Für die Einordnung betreuungsrechtlicher Maßnahmen als Rechtseingriff kommt es nicht darauf an, ob der Betroffene das Handeln des Betreuers oder des Betreuungsgerichts als Rechtsbeeinträchtigung empfindet oder sich die Betreuerbestellung als sozialstaatliche Leistung darstellt.[37] Ebenfalls unerheblich für die Einordnung betreuungsrechtlicher Maßnahmen ist der damit verfolgte Zweck der Rechtsfürsorge. Dass durch betreuungsrechtliche, am Wohl des Betroffenen orientierte Maßnahmen, die krankheitsbedingten Defizite des Betroffenen ausgeglichen

15

---

31 Vgl LG Aachen FamRZ 1998, 108 zur Beiordnung eines Rechtsanwalts, wenn der Betroffene krankheitsbedingt keinen Antrag auf Prozesskostenhilfe stellen kann.
32 OLG Schleswig FGPrax 2007, 130.
33 BT-Drucks. 16/6308, 265.
34 Vgl BVerfG BtPrax 2009, 27; BVerfG NJW 2002, 206.
35 BGH MDR 2012, 1464; vgl LG Darmstadt BtPrax 2010, 185.
36 Zimmermann, Richter- und Rechtspflegerhaftung im Betreuungsrecht, BtPrax 2008, 185.
37 OLG München BtPrax 2007, 81.

und er vor Schaden bewahrt werden sollen, umschreibt lediglich den mit dem Rechtseingriff verfolgten verfassungsrechtlich legitimen Zweck und ist daher vom Rechtseingriff als solchem zu unterscheiden. Ohne ein legitimes Ziel wäre jeder staatliche oder staatlich veranlasste Rechtseingriff per se rechtswidrig. Nur dann, wenn betreuungsrechtliche Maßnahmen abgelehnt oder aufgehoben werden, liegt kein Rechtseingriff, sondern die Abwehr oder Beseitigung eines Eingriffs vor.

2. Verfahrensanforderungen

16 Ebenso wie das materielle Betreuungsrecht die Voraussetzungen für den Eingriff in Rechtspositionen des Betroffenen jeweils erhöht, je intensiver dieser ist, wird auch das Verfahrensrecht vom verfassungsrechtlichen Grundsatz der Verhältnismäßigkeit geprägt. Je **intensiver** oder nachhaltiger der beabsichtigte **Eingriff** in die Rechte des Betroffenen ist, desto **strengeren verfahrensrechtlichen Sicherungen** wird der Eingriff unterworfen. Während etwa nach § 281 FamFG die Einholung eines ärztlichen Zeugnisses bei eigenem Antrag des Betroffenen auf Bestellung eines Betreuers genügen kann, ist in allen anderen Fällen grundsätzlich ein Sachverständigengutachten einzuholen. Will das Betreuungsgericht die Einwilligung des Betreuers in eine risikobehaftete oder endgültige ärztliche Maßnahme genehmigen, ist zwingend das Gutachten eines Sachverständigen, der gemäß § 298 Abs. 3 S. 2 FamFG nicht der ausführende Arzt sein soll, einzuholen. Eine weitere Verschärfung erfährt diese Regelung im Fall der Genehmigung der Einwilligung in eine Sterilisation nach § 297 Abs. 6 FamFG, da ein einzelnes Gutachten nicht mehr ausreicht. Diese Erhöhung der Anforderungen lässt sich auch im korrespondierenden materiellen Recht nachweisen. Während die Genehmigung der Einwilligung in eine besonders gefährliche oder endgültige ärztliche Maßnahme nach § 1904 Abs. 1 BGB bei Einwilligungsunfähigkeit des Betroffenen auch gegen dessen Willen möglich ist, scheidet eine entsprechende Genehmigung im Fall der Sterilisation nach § 1905 Abs. 1 S. 1 Nr. 1 BGB bei Widerspruch des Betroffenen per se aus.[38]

III. Überblick über das Betreuungsverfahren
1. Entscheidungen des Betreuungsgerichts

17 Das materielle Betreuungsrecht kennt neben den Genehmigungstatbeständen der §§ 1904 bis 1908, 1908 i BGB zwei Grundformen vormundschaftsgerichtlicher Entscheidungen, die **Bestellung** eines oder die gleichzeitige oder zeitlich nachfolgende Bestellung mehrerer **Betreuer** gemäß §§ 1896 Abs. 1 S. 1, 1899 BGB und die **Anordnung eines Einwilligungsvorbehaltes** nach § 1903 BGB. Damit verbunden sind nach §§ 1901 Abs. 5, 1903 Abs. 4, 1908 b BGB die nachfolgenden Entscheidungen der Aufhebung, Einschränkung, Erweiterung des Aufgabenkreises der Betreuung und des Kreises der einwilligungsbedürftigen Willenserklärungen und die Entlassung des Betreuers. Diese Differenzierung wird spiegelbildlich vom Verfahrensrecht mit der Regelung der Betreuerbestellung und der Anordnung des Einwilligungsvorbehaltes in §§ 278 ff FamFG und der Änderung (§ 293 FamFG), Verlängerung (§ 295 FamFG) und

---

38 BT-Drucks. 15/2494, 28.

Aufhebung (§ 294 FamFG) dieser Entscheidungen und der Betreuerentlassung (§ 296 FamFG) aufgegriffen.

2. Verfahrensablauf

a) Verfahrenseinleitung

Einen strikt einzuhaltenden Verfahrensablauf sieht das FamFG, anders als andere Prozess- oder Verfahrensordnungen, bewusst nicht vor, um eine effiziente und den Besonderheiten des jeweiligen Einzelfalles entsprechende Handhabung zu ermöglichen.[39] Das Verfahren beginnt nach § 1896 Abs. 1 BGB mit einem Antrag des Betroffenen oder von Amts wegen. Die **Verfahrenseinleitung** ist keine Endentscheidung und damit nach § 58 Abs. 1 FamFG **nicht isoliert** anfechtbar.[40]

18

b) Vorermittlungen

Bevor das Betreuungsgericht mit den eigentlichen Ermittlungen iSd §§ 26, 280 ff FGG beginnt, sollte es im Rahmen von Vorermittlungen in geeigneten Fällen den antragstellenden Betroffenen oder anregenden Dritten um **weiteren Sachvortrag** und ggf nach § 1901 c S. 3 BGB um Vorlage einer Abschrift bestehender Vollmachten ersuchen. Weist ein Beteiligter auf das Bestehen einer Vollmacht hin, muss das Betreuungsgericht dem gemäß § 26 FamFG nachgehen.[41] Auch sollte das Betreuungsgericht Erkenntnisse aus ggf vorangegangenen Betreuungsverfahren berücksichtigen; dabei darf es seine Entscheidung aber nicht auf veraltete Ermittlungsergebnisse stützen, wenn neue Entwicklungen offensichtlich sind oder etwa seitens Dritter glaubhaft gemacht werden.[42]

19

c) Abfrage des Vorsorgevollmachtsregisters

Ein **automatisierter Abruf** nach § 6 Abs. 1 VRegV[43] des zentralen Vorsorgeregisters der Bundesnotarkammer hat zu erfolgen. Sofern die Voraussetzungen für eine automatisierte Abfrage im Einzelfall noch nicht erfüllt sein sollten, hat das Betreuungsgericht nach § 78 a Abs. 2 S. 1 BNotO, § 6 Abs. 2 VRegV die Bundesnotarkammer **schriftlich** oder **elektronisch** um Auskunft aus dem Zentralen Vorsorgeregister zu ersuchen. Bei besonderer **Dringlichkeit**, insbesondere wenn ein vorläufiger Betreuer bestellt werden soll, kann gemäß § 6 Abs. 2 S. 2 VRegV das Auskunftsersuchen **fernmündlich** unter Angabe des Aktenzeichens des Betreuungsverfahrens erfolgen. Eine entsprechende Verpflichtung des Betreuungsgerichts zur mündlichen, schriftlichen oder elektronischen Abfrage des zentralen Vorsorgeregisters der Bundesnotarkammer ist zwar nicht ausdrücklich normiert, da der Gesetzgeber lediglich eine Auskunftspflicht der Bundesnotarkammer, hingegen keine Abfragepflicht des Betreuungsgerichts in §§ 78 a ff BNotO geregelt hat. Allerdings ergibt sich eine entsprechende Abfra-

20

---

39 OLG Frankfurt/M. BtPrax 2008, 176.
40 So zum bisherigen Recht: BGH FGPrax 2003, 224; BayObLG BtPrax 2001, 123; BayObLG FamRZ 2001, 707; BayObLG BtPrax 1998, 148; BayObLG FamRZ 1998, 1183.
41 BayObLG BtPrax 2003, 184; s. auch § 1896 BGB Rn 63 ff.
42 BayObLG FamRZ 2003, 1968: zwei Jahre altes Gutachten, obwohl sozialpsychiatrischer Dienst neue Erkenntnisse dargelegt hat.
43 Verordnung über das zentrale Vorsorgeregister; BR-Drucks. 22/05; s. Anhang 2 zu § 1896 BGB.

gepflicht aus § 26 FamFG.[44] Das FamFG stärkt die Rechte des Bevollmächtigten, indem es ihn nach § 274 Abs. 1 Nr. 3 FamFG im Rahmen seines Aufgabenkreises zum **Muss-Beteiligten** nach § 7 Abs. 2 Nr. 2 FamFG macht. Ohne eine entsprechende Abfragepflicht besteht die Gefahr, dass diese Stellung letztlich leer liefe, weil das Betreuungsgericht bei unterlassener Abfrage keine Kenntnis von seiner Existenz hätte, zumal nur bei verbindlicher Abfrage dem in einer etwaig bestehenden Vorsorgevollmacht dokumentierten Willen des Betroffenen Rechnung getragen wird. Zur weiteren Abfrage anderer Register privater Anbieter ist das Betreuungsgericht hingegen nicht verpflichtet, sondern nur berechtigt. Denn abgesehen davon, dass sich der Gesetzgeber des 2. BtÄndG bewusst gegen die Einbeziehung privater Anbieter entschieden hat,[45] wird mit der Hinweispflicht des § 278 Abs. 2 S. 2 FamFG auf das zentrale Vorsorgeregister der Bundesnotarkammer die Bedeutung privater Anbieter in den Hintergrund treten. Hieraus folgt, dass die Aussicht, bei einer entsprechenden Abfrage privater Anbieter, eine positive Meldung zu erhalten, immer mehr schwinden wird.

d) Einstellung des Verfahrens

21 Zeigt sich im Rahmen der Vorermittlungen, dass, etwa wegen Bestehens einer wirksamen Vorsorgevollmacht, kein Grund für vormundschaftsgerichtliche Maßnahmen besteht, etwa weil keine Betreuungsbedürftigkeit[46] oder keine Betreuungsbedarf besteht oder die Bestellung eines Betreuers aus rechtlichen oder tatsächlichen Umständen nicht möglich ist,[47] ist das Verfahren formlos durch Weglegen der Akte oder durch Beschluss[48] einzustellen. Ob der Betroffene vorher anzuhören ist, bestimmt sich nach § 26 FamFG.[49] Ist der Betroffene angehört worden, ist er von der Verfahrenseinstellung in Kenntnis zu setzen.

22 ▶ **Beschlussformel:**
In ... [Rubrum] wird das Verfahren ohne Bestellung eines Betreuers eingestellt. ◀

e) Hauptsacheverfahren

23 Das Betreuungsgericht wird den Betroffenen und die Optionsbeteiligten iSd § 274 Abs. 4 Nr. 1 FamFG, soweit sie nach Namen und Anschrift bekannt sind, über die Einleitung des Betreuungsverfahrens in Kenntnis setzen und dem Betroffenen zumindest Gelegenheit zur Stellungnahme zu geben;[50] die Optionsbeteiligten wird es ferner über ihr Recht, ihre Beteiligung zu beantragen, nach § 7 Abs. 4 S. 2 FamFG belehren. Die **Mitteilung und Belehrung** kann mittels standardisierten Formschreibens erfolgen. Sodann muss es nach § 280 FamFG grundsätzlich das **Gutachten** eines Sachverständigen einholen oder in geeigneten Fällen das Gutachten des Medizinischen Dienstes nach § 282

---

44 Heinemann, Die Reform der freiwilligen Gerichtsbarkeit durch das FamFG und ihre Auswirkungen auf die notarielle Praxis, DNotZ 2009, 6, 22.
45 Vgl Abschlussbericht der Bund-Länder-Arbeitsgruppe „Betreuungsrecht", Betrifft Betreuung 6, S. 58 f.
46 AG Obernburg FamRZ 2009, 1515.
47 OLG Schleswig FGPrax 2010, 32; AG Frankfurt FamRZ 2012, 1084: Betreuungsziel nicht erreichbar; AG Frankfurt FamRZ 2012, 141: Bestehen einer Vollmacht.
48 Vgl AG Lübeck BtPrax 2012, 175.
49 OLG Zweibrücken FamRZ 2009, 1180; LG Kleve v. 7.3.2013, 4 T 29/13.
50 BVerfG BtPrax 2011, 28; BVerfG BtPrax 2010, 173; BVerfG BtPrax 2010, 75.

FamFG anfordern. Im Ausnahmefall kann sich das Betreuungsgericht nach § 281 FamFG mit der Einholung eines ärztlichen Zeugnisses begnügen. Gemäß § 26 FamFG hat das Betreuungsgericht einen geeigneten Betreuer zu ermitteln. Das Betreuungsgericht kann (vgl aber Übersicht vor § 1 BtBG Rn 9, wonach die Anhörung obligatorisch ist) zusätzlich einen **Sozialbericht** der zuständigen Behörde nach § 8 BtBG, insbesondere auch zur Ermittlung eines geeigneten Betreuers (s.a. § 1897 BGB Rn 62 ff, § 8 BtBG Rn 10 f) oder Verfahrenspflegers (§ 8 BtBG Rn 12 ff), und weitere Gutachten, insbesondere auch Pflegegutachten, und amtliche Auskünfte einholen. Es hat Dritten iSd § 274 Abs. 4 Nr. 1 FamFG bei deren vorheriger Beteiligung nach § 279 Abs. 1 FamFG Gelegenheit zu Äußerung zu geben und den Betroffenen nach § 278 Abs. 1 FamFG persönlich anzuhören und sich einen unmittelbaren persönlichen Eindruck von ihm zu verschaffen.

Das Betreuungsgericht hat nach §§ 38, 39, 286 FamFG seine **Entscheidungen** mit einem Mindestinhalt zu versehen und seine Entscheidungen dem Betroffenen (§ 41 FamFG), dem Betreuer (§ 287 Abs. 1 FamFG) und in bestimmten Fällen der zuständigen Behörde (§ 288 Abs. 2 S. 1 FamFG) bekannt zu machen. Der Betreuer wird nach § 289 Abs. 1 FamFG verpflichtet; in geeigneten Fällen führt der Rechtspfleger ein **Einführungsgespräch** mit ihm und dem Betreuten (§ 289 Abs. 2 FamFG). Vor Ablauf der im Beschluss bestimmten Überprüfungsfrist, nach § 286 Abs. 3 FamFG spätestens nach sieben Jahren (§ 295 Abs. 2 FamFG), führt das Betreuungsgericht gemäß § 295 Abs. 1 FamFG das eben beschriebene Hauptsacheverfahren mit der Abweichung durch, dass in bestimmten Fällen statt eines Gutachtens lediglich ein ärztliches Attest eingeholt zu werden braucht. 24

f) Einstweilige Anordnung

Sofern ein Bedürfnis nach schnellerer Sachentscheidung besteht, kann das Betreuungsgericht nach §§ 300 f FamFG unter Unterlassung wesentlicher Ermittlungsmaßnahmen, wie etwa der Einholung eines Gutachtens und ggf der vorherigen persönlichen Anhörung des Betroffenen, bestimmte vorläufige betreuungsrechtliche Entscheidungen treffen. Da das Betreuungsgericht damit auf einer **erkannt unsicheren Tatsachengrundlage** eine in die Rechte des Betroffenen eingreifende Entscheidung treffen muss, ist diese Vorgehensweise nur dann zulässig, wenn mit der Durchführung des Hauptsacheverfahrens zeitliche Verzögerungen bedingt würden, die mit Gefahren für Rechtsgüter und Rechte des Betroffenen verbunden wären. Zudem endet die Wirksamkeit der einstweiligen Anordnung nach Ablauf der im Beschluss bestimmten Zeit, bei Verlängerung spätestens nach einem Jahr (§ 302 FamFG), während die Maßnahme im Hauptsacheverfahren auch bei Überschreiten der Überprüfungsfrist wirksam bleibt. 25

g) Verfahrensende

Das Betreuungsverfahren endet mit Aufhebung der Betreuung nach § 1908 d BGB, infolge Zeitablaufs bei der befristeten oder der vorläufigen Betreuung (§ 302 FamFG) oder – wie sich aus § 309 Abs. 1 S. 3 FamFG ergibt – mit dem 26

Tod des Betreuten[51] (s. auch § 1893 BGB Rn 10). Zum Beschwerdeverfahren siehe §§ 303 ff FamFG.

IV. Betreuungsgerichtliche Zuweisungssachen

27 Neu ist die Regelung der betreuungsgerichtlichen Zuweisungssachen. § 340 FamFG (s. dort) regelt die Zuständigkeit des Betreuungsgerichts für Verfahren, für die bislang das Vormundschaftsgericht zuständig war und nach dessen Auflösung dem Betreuungsgericht übertragen wurden.

§ 271 FamFG Betreuungssachen

Betreuungssachen sind
1. Verfahren zur Bestellung eines Betreuers und zur Aufhebung der Betreuung,
2. Verfahren zur Anordnung eines Einwilligungsvorbehaltes sowie
3. sonstige Verfahren, die die rechtliche Betreuung eines Volljährigen (§§ 1896 bis 1908 i des Bürgerlichen Gesetzbuchs) betreffen, soweit es sich nicht um eine Unterbringungssache handelt.

I. Allgemeines

1 Die Vorschrift definiert die Betreuungssachen iSd § 23 a Abs. 2 Nr. 1 GVG. Dies sind zunächst die Verfahren über die Bestellung eines Betreuers und die Aufhebung der Betreuung (Nr. 1) und Verfahren zur Anordnung eines Einwilligungsvorbehaltes (Nr. 2). Die besondere Hervorhebung dieser Verfahren an erster Stelle hat ihre Rechtfertigung in deren besonderer Bedeutung.[1] Die überwiegende Zahl der Verfahrensvorschriften des FamFG bezieht sich auf die Bestellung eines Betreuers und die Anordnung eines Einwilligungsvorbehaltes.[2] Überdies ist in den Fällen der Nr. 1 und 2 – anders als in den Fällen der Nr. 3 – gegen die Beschwerdeentscheidung die **zulassungsfreie** Rechtsbeschwerde gemäß § 70 Abs. 3 S. 1 Nr. 1 FamFG statthaft. Betreuungssachen sind nach Nr. 3 Verfahren über die rechtliche Betreuung von Volljährigen, wie sie in den §§ 1896 bis 1908 i BGB, also auch über die Verweisung in § 1908 i Abs. 1 BGB geregelt werden, mit Ausnahme des Verfahrens der zivilrechtlichen Unterbringung des Betreuten nach § 1906 BGB, da hierfür die Regelungen der §§ 312 ff FamFG gelten.

2 Betreuungssachen iSd **Nr. 1** sind die Bestellung eines oder mehrerer Betreuer (§ 1899 BGB), unabhängig davon, ob es sich um ehrenamtliche Betreuer, Berufs- (§ 1897 Abs. 6 BGB), Vereins- (§ 1897 Abs. 2 S. 1 BGB), Behördenbetreuer (§ 1897 Abs. 2 S. 2 BGB), Betreuungsvereine (§ 1900 Abs. 1 BGB) oder Betreuungsbehörden (§ 1900 Abs. 4 BGB) handelt, im Hauptsacheverfahren und des vorläufigen Betreuers im Wege einer einstweiligen Anordnung nach § 300 f FamFG für einen Volljährigen (§ 1896 Abs. 1 BGB) oder einen Minderjährigen

---

51 BT-Drucks. 11/4528, 155; BGH FamRZ 2013, 29.
1 BGH BtPrax 2011, 212; BGH FGPrax 2011, 118; BGH FamRZ 2011, 1143; BGH FGPrax 2010, 288.
2 BT-Drucks. 16/6308, 264.

(§§ 1908a; 1896 Abs. 1 BGB), hiervon erfasst ist auch die Bestellung eines Kontrollbetreuers[3] sowie die Verlängerung[4] (§ 295 FamFG), die Erweiterung des Aufgabenkreises der Betreuung[5] (§ 293 FamFG) und deren Einschränkung und die Aufhebung der Betreuung[6] (§ 294 FamFG); hingegen nicht die Bestellung eines Ergänzungsbetreuers, da hiermit die Betreuung in ihrem Umfang unberührt bleibt und allein ein Wechsel der Zuständigkeit der Betreuer zur Wahrnehmung einzelner Angelegenheiten eintritt.[7]

Betreuungssachen iSd Nr. 2 sind die Anordnung eines Einwilligungsvorbehaltes oder eines vorläufigen Einwilligungsvorbehaltes im Wege einer einstweiligen Anordnung nach §§ 300f FamFG für einen Volljährigen (§ 1903 BGB) oder einen Minderjährigen (§§ 1908a, 1903 BGB), sowie deren Verlängerung (§ 295 FamFG),[8] Erweiterung, Einschränkung oder Aufhebung.[9]

Verfahren iSd Nr. 3 sind alle weiteren Verfahren, die die Betreuung des Volljährigen betreffen. Hierunter fallen – mit Ausnahme der Verfahren zur bürgerlich-rechtlichen Unterbringung und der unterbringungsähnlichen Maßnahmen nach § 1906 BGB – alle sonstigen Verfahren. Dies sind unter anderem:

- die Bestellung und Entlassung eines Gegenbetreuers (§ 1792 BGB),[10]
- die Bestellung und Entlassung eines Ergänzungsbetreuers,[11] die (Teil-)Entlassung des Betreuers (§§ 1908b, 1888 BGB)[12] im Hauptsacheverfahren und im Wege einer einstweiligen Anordnung (§ 300 Abs. 2 FamFG) und die Neubestellung eines oder mehrerer Betreuer (§ 1908c BGB, § 296 FamFG)[13] allerdings nur bei unverändert fortbestehender Betreuung (isolierter Betreuerwechsel),[14]
- der Erlass einer einstweiligen Maßregel (§ 1846 BGB),
- die Genehmigung der Einwilligung des Betreuers in eine Sterilisation (§ 1905 BGB, § 297 FamFG), in eine gefährliche ärztliche Maßnahme (§ 1904 Abs. 1 BGB), in die Nichteinwilligung in eine ärztliche Maßnahme (§ 1904 Abs. 2 BGB, § 298 FamFG),

---

3 BGH FGPrax 2012, 255; BGH FGPrax 2012, 112; BGH FGPrax 2011, 178; BGH BtPrax 2011, 127, da Beschwerde gegen Bestellung eines Kontrollbetreuers nach § 70 Abs. 3 S. 1 Nr. 1 FamFG statthaft ist.
4 BGH FamRZ 2011, 1143; BGH FGPrax 2011, 118; BGH FamRZ 2011, 1219; BGH FGPrax 2010, 288.
5 BGH BtPrax 2011, 217, da Beschwerde gegen Erweiterung des Aufgabenkreises der Betreuung nach § 70 Abs. 3 S. 1 Nr. 1 FamFG statthaft ist.
6 BGH FamRZ 2012, 969; aA Prütting/Helms/Fröschle, § 271 FamFG Rn 6 entgegen ausdrücklichem Gesetzeswortlaut soll die Aufhebung Nr. 3 unterfallen.
7 BGH v. 19.12.2012, XII ZB 557/12 und XII ZB 241/12; BGH BtPrax 2012, 39; BGH FGPrax 2011, 320; BGH FamRZ 2011, 1219.
8 BGH FamRZ 2011, 1049 hat bei der Beschwerde gegen Verlängerung der Betreuung und des Einwilligungsvorbehaltes einheitlich Statthaftigkeit nach § 70 Abs. 3 S. 1 Nr. 1 FamFG angenommen.
9 Keidel/Budde, § 271 FamFG Rn 2; aA Bassenge/Roth, § 271 FamFG Rn 4; Prütting/Helms/Fröschle, § 271 FamFG Rn 6.
10 Prütting/Helms/Fröschle, § 271 FamFG Rn 9.
11 BGH v. 19.12.2012, XII ZB 557/12 und XII ZB 241/12; BGH BtPrax 2012, 39; BGH FGPrax 2011, 320; BGH FamRZ 2011, 1219.
12 BGH BtPrax 2011, 217; BGH FamRZ 2011, 1143.
13 BGH FamRZ 2012, 1290; BGH FamRZ 2011, 1143; BGH FGPrax 2011, 118.
14 BGH BtPrax 2011, 212; BGH FGPrax 2011, 179.

- die Genehmigung einer Kündigung des Betreuers oder eine Aufhebungsvereinbarung über Wohnraum des Betreuten oder der Abschluss bestimmter Pacht- oder Mietverträge oder Verträge, die den Betreuten zu wiederkehrenden Leistungen verpflichten (§ 1907 Abs. 1, Abs. 3 BGB, § 299 FamFG),
- die Entscheidung von Streitigkeiten zwischen Betreuer und Dritten über die Herausgabe des Betreuten und der Umgangsbestimmung (§ 1632 Abs. 1 bis 3 BGB),
- die Entscheidung über den Entzug der Vertretungsmacht des Betreuers (§ 1796 BGB),
- die Entscheidung von Streitigkeiten zwischen Mitbetreuern mit demselben Aufgabenkreis (§ 1797 Abs. 1 S. 2 BGB) oder Betreuern mit unterschiedlichen Aufgabenkreisen (§ 1798 BGB),
- die Prüfung des Vermögensverzeichnisses und die Anordnung der Aufnahme eines öffentlichen Inventars (§ 1802 BGB),
- die Genehmigung in eine Geldanlage nach §§ 1806, 1807 BGB (§ 1810 BGB), andere Geldanlageformen (§ 1811 BGB), Verfügungen über Forderungen und Wertpapiere bei fehlender Genehmigung des Gegenbetreuers (§ 1812 BGB), in die Herausgabe hinterlegter Papiere (§ 1814 BGB) und in die Verfügung über Inhaberpapiere (§ 1815 BGB), hinterlegte und umgeschriebene Papiere und Buchforderungen (§§ 1819 f BGB),
- die Überlassung von Gegenständen an den Betreuten (§ 1824 BGB),
- die Genehmigung in ein Rechtsgeschäft iSd §§ 1821, 1822 Nr. 1 bis 4 und 6 bis 13, 1823, 1825 BGB (§ 299 FamFG),
- die Genehmigung des Versprechens oder der Gewährung des Betreuers von Zuwendungen aus dem Vermögen des Betreuten an sein Kind oder Kinder aus Anlass der Eheschließung oder der Erlangung einer selbstständigen Lebensstellung mit dem Ziel der Begründung oder Erhaltung der Lebensstellung des Kindes (§ 1908 BGB),
- die Festsetzung von Vergütung und Aufwendungsersatz (§§ 1835, 1836, 1836e bis 1836e BGB; § 292 FamFG),[15]
- die Führung der Aufsicht über die Betreuer und Festsetzung von Zwangsgeld (§ 1837 Abs. 1 bis 3 BGB) und
- die Prüfung der Rechnungslegung des Betreuers (§§ 1839 bis 1843 BGB) auch nach Beendigung des Betreueramtes (§§ 1890 ff BGB); allerdings nicht die Entscheidung über den Anspruch des Betreuten auf Erstattung der Schlussrechnung.[16]

5 Andere dem Betreuungsgericht zugewiesene Verfahren sind im Umkehrschluss zu § 271 FamFG keine Betreuungsverfahren, sondern betreuungsgerichtliche Zuweisungssachen iSd § 340 FamFG (s. dort).[17]

---

15 Vgl OLG Karlsruhe FamRZ 2003, 405.
16 OLG Stuttgart BtPrax 2001, 79, dies ist im Zivilprozess zu verfolgen.
17 AA Prütting/Helms/Fröschle, § 271 FamFG Rn 12.

II. Bedeutung für das Betreuungsgericht

Die Bedeutung für das Betreuungsgericht besteht darin, dass mit der Aufzählung der Betreuungssachen die **sachliche Zuständigkeit** des Betreuungsgerichts, insbesondere in Abgrenzung zum Familiengericht,[18] festgelegt wird.

III. Bedeutung für die übrigen Verfahrensbeteiligten

Eigenständige Bedeutung für die übrigen Verfahrensbeteiligten hat diese Norm nicht nur, soweit sich die Frage der sachlichen Zuständigkeit stellt. Soweit bisher eine Zuständigkeit des – auch für Betreuungssachen zuständigen – Vormundschaftsgerichts für Minderjährige bestanden hat, ist diese Zuständigkeit auf das Familiengericht übergegangen. Vielmehr ist in den Fällen der Nr. 1 und Nr. 2 nach § 70 Abs. 3 S. 1 Nr. 1 FamFG eine Rechtsbeschwerde **ohne Zulassung** statthaft, weil die in Nr. 1 und Nr. 2 genannten Verfahrensgegenstände von besonderer Bedeutung sind, denn durch sie wird regelmäßig in gravierendem Maße in höchstpersönliche Rechte der Beteiligten eingegriffen.[19]

§ 272 FamFG Örtliche Zuständigkeit

(1) Ausschließlich zuständig ist in dieser Rangfolge:
1. das Gericht, bei dem die Betreuung anhängig ist, wenn bereits ein Betreuer bestellt ist;
2. das Gericht, in dessen Bezirk der Betroffene seinen gewöhnlichen Aufenthalt hat;
3. das Gericht, in dessen Bezirk das Bedürfnis der Fürsorge hervortritt;
4. das Amtsgericht Schöneberg in Berlin, wenn der Betroffene Deutscher ist.

(2) ¹Für einstweilige Anordnungen nach § 300 oder vorläufige Maßregeln ist auch das Gericht zuständig, in dessen Bezirk das Bedürfnis der Fürsorge bekannt wird. ²Es soll die angeordneten Maßregeln dem nach Absatz 1 Nr. 1, 2 oder Nr. 4 zuständigen Gericht mitteilen.

I. Örtliche Zuständigkeit

§ 272 FamFG übernahm inhaltlich die Regelungen des § 65 FGG, mit Ausnahme der Regelung der Erstbefassung des § 65 Abs. 1 FGG, weil diese Regelung bereits in § 2 Abs. 1 FamFG enthalten ist, und der seit Inkrafttreten des 2. BtÄndG geltenden Bestimmung, nach der ein Proberichter im ersten Jahr nicht in Betreuungssachen tätig sein darf (§ 65 Abs. 6 FGG), da diese zwischenzeitlich in § 23 c Abs. 2 S. 2 GVG geregelt ist. Die Eilsachen werden abstrakt beschrieben; vorläufige Maßregeln sind solche nach Art. 24 Abs. 3 EGBGB sowie Maßregeln nach § 1908 i Abs. 1 S. 1 BGB iVm § 1846 BGB.[1] § 272 FamFG regelt unmittelbar nur die **örtliche** Zuständigkeit für alle Betreuungssachen; für

---

18 Zur Frage des Einflusses des Handelns eines Beteiligten als Betreuer in einer Familiensache auf die Zuständigkeit des Familiengerichts vgl OLG Celle v. 11. 4.2013, 17 WF 74/13.
19 BGH BtPrax 2011, 212; BGH BtPrax 2012, 39; BGH FGPrax 2011, 118; BGH FamRZ 2011, 1143; BGH FGPrax 2010, 288.
1 BT-Drucks. 16/6308, 264.

die Genehmigung der Unterbringung des Betreuten oder unterbringungsähnlicher Maßnahmen nach § 1906 BGB gilt § 312 Nr. 1 und Nr. 2 FamFG. Die **sachliche** Zuständigkeit richtet sich nach § 23 a Abs. 2 Nr. 1 GVG, wonach für Betreuungssachen iSd § 271 FamFG die **Amtsgerichte** zuständig sind. Die **internationale** Zuständigkeit richtet sich nach § 104 FamFG und die **funktionelle** Zuständigkeit nach §§ 3 Nr. 2 b, 15, 19 Abs. 1 Nr. 1 RPflG, § 23 c Abs. 2 S. 2 GVG.

II. Bedeutung für das Betreuungsgericht

2 Die **ausschließliche** örtliche Zuständigkeit bestimmt sich in der Reihenfolge der Nrn. 1 bis 4 des Abs. 1. Sie richtet sich mithin in erster Linie nach Abs. 1 Nr. 1, wenn ein Betreuer bereits bestellt ist. Die Zuständigkeit nach Nr. 1 **verdrängt** diejenige nach Nrn. 2 bis 4; die Zuständigkeit nach Nr. 2 geht derjenigen nach Nr. 3 bis 4, die Zuständigkeit nach Nr. 3 derjenigen der Nr. 4 vor. Bei mehreren gleichrangigen Zuständigkeiten ist nach § 2 Abs. 1 FamFG diejenige örtliche Zuständigkeit des Betreuungsgerichts vorrangig, welches zuerst in der Sache befasst ist, also von Umständen Kenntnis erlangt hat, die ein Tätigwerden des Betreuungsgerichts erfordern, so etwa wenn ein Antrag oder eine Anregung bei Gericht eingegangen ist.[2] Dabei kommt es nicht auf die Art oder den Umfang des Aufgabenkreises an, hinsichtlich dessen das Betreuungsgericht tätig geworden ist.[3] Ist ein unzuständiges Betreuungsgericht zuerst tätig geworden, kann hierdurch keine Zuständigkeit nach § 2 FamFG begründet werden; dessen Handlungen bleiben jedoch nach § 2 Abs. 3 FamFG wirksam.

1. Gericht der Betreuerbestellung (Abs. 1 Nr. 1)

3 Der Grundsatz des § 2 Abs. 2 FamFG, wonach die **einmal begründete Zuständigkeit erhalten bleibt**, wird in Abs. 1 Nr. 1 fortgeführt. Danach schließt die Zuständigkeit des Betreuungsgerichts, bei dem die Betreuung anhängig ist, die Zuständigkeit nach den Nrn. 2 bis 4 für weitere betreuungsrechtliche Maßnahmen aus, wenn ein Betreuer bereits bestellt, mithin der Bestellungsbeschluss erlassen worden ist.[4] Dies gilt auch dann, wenn das Gericht fälschlich seine Zuständigkeit bejaht oder gar nicht geprüft hat und einen Betreuer nicht lediglich erkennbar als vorläufigen Betreuer bestellt hat.[5] Wirksam oder bekanntgegeben muss der Beschluss hingegen noch nicht sein.[6] Es kommt allerdings eine Verfahrensabgabe nach § 4 FamFG in Betracht.[7]

2. Gericht des gewöhnlichen Aufenthaltes (Abs. 1 Nr. 2)

4 Ist ein Betreuer noch nicht bestellt, richtet sich die Zuständigkeit nach Abs. 1 und damit nach dem **gewöhnlichen Aufenthalt** des Betroffenen; also nach dem Ort, an dem der Betroffene nach den tatsächlichen Verhältnissen[8] – ohne Rücksicht auf seine Geschäfts- oder Willensäußerungsfähigkeit, seinen ggf ent-

---

2 OLG Zweibrücken FGPrax 2009, 116; OLG München FamRZ 2011, 399.
3 Vgl BayObLG FamRZ 1985, 533.
4 Jürgens/Kretz, § 272 FamFG Rn 3.
5 OLG München OLGReport 2007, 893; Keidel/Budde, § 272 FamFG Rn 2.
6 Bassenge/Roth,/ § 272 FamFG Rn 3; Jürgens/Kretz, § 272 FamFG Rn 3; Prütting/Helms/Fröschle, § 272 FamFG Rn 15.
7 Vgl OLG Brandenburg FamRZ 1998, 109.
8 BGH BtPrax 2012, 65.

gegenstehenden Willen[9] oder auf seine ordnungsbehördliche Meldung[10] – seinen tatsächlichen, nicht notwendigerweise ununterbrochenen anhaltenden Lebensmittelpunkt hat und sozial integriert ist.[11] Bei einem **Wechsel des Aufenthaltes** wird ein neuer gewöhnlicher Aufenthalt nicht erst nach Ablauf einer gewissen Zeit begründet, sondern bereits dann, wenn sich aus den Umständen ergibt, dass der Aufenthalt dort auf eine längere Zeit angelegt ist und der neue Aufenthaltsort anstelle des bisherigen der Lebensmittelpunkt sein soll.[12] Vorübergehende, auch längerfristige[13] Unterbrechungen des Aufenthalts, etwa wegen krankheits-,[14] urlaubs-,[15] studiums- oder strafhaftbedingter Abwesenheit, führen damit nur dann zur Aufhebung des Lebensmittelpunktes, wenn eine konkrete Rückkehr auszuschließen ist[16] oder der Betroffene keinen anderen Daseinsmittelpunkt hat.[17] Unter Umständen können auch mehrere gewöhnliche Aufenthalte begründet werden.[18] Nicht auf Dauer, sondern nur vorübergehend angelegte Unterbrechungen führen am Ort der anderweitigen Anwesenheit lediglich zur Begründung **schlichten Aufenthalts**, selbst wenn sie längere Zeit in Anspruch nehmen sollten,[19] wie ein regelmäßiger Aufenthalt in einem Landeskrankenhaus oder einer Klinik.[20] Dauert die anderweitige Abwesenheit länger als ein Jahr, kommt jedoch eine Verfahrensabgabe nach §§ 4 S. 1, 273 FamFG in Betracht.

3. Gericht des Fürsorgebedürfnisses (Abs. 1 Nr. 3)

In den Fällen des **schlichten Aufenthalts**, etwa bei Obdachlosigkeit,[21] oder **mangelnder Feststellbarkeit** des gewöhnlichen Aufenthalts,[22] etwa infolge Äußerungsunfähigkeit oder -unwilligkeit des Betroffenen, greift die **Ersatzzuständigkeit** nach Abs. 1 Nr. 3 ein. Maßgebend ist, in welchem Gerichtsbezirk das Fürsorgebedürfnis hervortritt, also die erforderlich werdende betreuungsgerichtliche Maßnahme Wirkungen entfalten soll, nicht wo es begründet wird. Muss für den Betroffenen ein Betreuer bestellt werden, tritt das Fürsorgebedürfnis dort hervor, wo der Betroffene sich gerade befindet.[23] In **vermögensrechtlichen Angelegenheiten** kann das Fürsorgebedürfnis demgemäß dort angenommen werden, wo die einzelne Vermögensangelegenheit zu regeln ist, etwa in Grundstücksangelegenheiten in dem Gerichtsbezirk, in dem das Grundstück

---

9 BGH FamRZ 1981, 135; OLG Hamm FGPrax 2007, 80; BayObLG BtPrax 2003, 132 zur strafgerichtlich angeordneten Unterbringung; OLG Düsseldorf MDR 1969, 143 zur Strafhaft.
10 OLG Köln FGPrax 2006, 162; OLG Karlsruhe BtPrax 1995, 184.
11 BGH BtPrax 2012, 65; BGH FamRZ 2001, 412; BGH NJW 1997, 3024; BGH FamRZ 1993, 798; BGH FamRZ 1975, 272.
12 OLG Stuttgart FGPrax 2011, 326.
13 OLG Karlsruhe BtPrax 1996, 72.
14 OLG Zweibrücken FGPrax 2009, 116.
15 OLG Stuttgart FGPrax 2011, 326.
16 BayObLG FamRZ 1997, 1363; OLG Stuttgart BtPrax 1997, 161; OLG Stuttgart FamRZ 1997, 438; BayObLG BtPrax 1996, 195.
17 OLG München BtPrax 2007, 29; BayObLG BtPrax 2003, 132.
18 HK-BUR/Bauer, §§ 272, 2 FamFG Rn 15.
19 Vgl LG Köln FamRZ 1995, 430 zum Aufenthalt auf Campingplatz.
20 OLG Köln FGPrax 2006, 162; OLG Karlsruhe FamRZ 1996, 1341; BayObLG NJW 1993, 670.
21 Vgl aber OLG Köln FGPrax 2006, 162.
22 HK-BUR/Bauer, §§ 272, 2 FamFG Rn 19; Keidel/Budde, § 272 FamFG Rn 4.
23 BayObLG FamRZ 1996, 1341.

liegt,[24] oder der Ort, an dem eine einzelne Angelegenheit zu regeln ist, etwa am Sitz eines Unternehmens oder Betriebes.[25] Im Bereich der **Gesundheitsfürsorge** kann dies der Aufenthaltsort, etwa Klinik, Pflegeeinrichtung oder Unterbringungseinrichtung, sein.[26] Begründet der Betroffene während des laufenden Betreuungsverfahrens vor dem Gericht des Fürsorgebedürfnisses einen gewöhnlichen Aufenthalt in einem anderen Betreuungsgerichtsbezirk, bleibt die Zuständigkeit nach Abs. 1 Nr. 3 erhalten;[27] allerdings kann das Verfahren nach §§ 4 S. 1, 273 FamFG abgegeben werden.[28] Das Fürsorgebedürfnis ist eine qualifizierte Verfahrensvoraussetzung,[29] so dass allein der schlüssige Vortrag zum Fürsorgebedürfnis zur Annahme der Zuständigkeit genügt.

4. Amtsgericht Schöneberg (Abs. 1 Nr. 4)

6 Ist eine Zuständigkeit nach den Nr. 1 bis 3 nicht gegeben, ist nach Nr. 4 allerdings nur für **Deutsche**, die vor allem im Ausland leben, die **Auffangzuständigkeit** des Amtsgerichts Schöneberg gegeben.[30] Dies gilt auch, wenn der Betroffene neben der deutschen noch eine oder mehrere weitere Staatsangehörigkeiten hat (Art. 5 Abs. 1 S. 2 EGBGB). Für Ausländer gilt die Zuständigkeit des § 104 FamFG (s. Rn 18 ff).

5. Zeitpunkt der Zuständigkeitsbestimmung

7 Maßgeblicher Zeitpunkt für die Zuständigkeitsbestimmung iSd Nr. 1 bis 4 ist der Moment, in dem das Betreuungsgericht mit der Angelegenheit befasst war (§ 2 Abs. 1 FamFG), mithin **Kenntnis** von einem betreuungsrechtliche Maßnahmen erforderlich machenden Lebenssachverhalt erlangt.[31] Bei Anträgen eines lediglich körperlich behinderten Betroffenen nach § 1896 Abs. 1 S. 3 BGB kommt es ausnahmsweise auf den Antragseingang beim Betreuungsgericht an.[32] Die in diesen Zeitpunkten einmal begründete örtliche Zuständigkeit bleibt nach § 2 Abs. 2 FamFG durch eine **später eintretende Änderung** der Umstände auch dann **unberührt**, wenn im Falle der Nr. 2 der gewöhnliche Aufenthalt zu einem späteren Zeitpunkt ermittelt wird.[33]

6. Gericht der Eilzuständigkeit (Abs. 2)

8 Abs. 2 schafft neben den Zuständigkeiten des Abs. 1, für deutsche Betroffene auch neben Abs. 1 Nr. 4 (s. Rn 6), eine **zusätzliche Zuständigkeit** ausschließlich für die Anordnung und Aufhebung von Eilmaßnahmen nach §§ 1908 i Abs. 1 S. 1, 1846 BGB und §§ 300 f FamFG[34] und für Ausländer nach Art. 24 Abs. 3 EGBGB, wenn vorläufige Maßnahmen notwendig sind. Danach ist das Gericht zuständig, in dessen Bezirk das Bedürfnis nach Fürsorge (s. Rn 5) be-

---

24 BT-Drucks. 11/4528, 169; OLG München FamRZ 2011, 399.
25 BT-Drucks. 11/4528, 169.
26 BT-Drucks. 11/4528, 169.
27 LG Stuttgart BWNotZ 2007, 15; BayObLG FamRZ 1996, 1341.
28 OLG Hamm NJW-RR 2007, 157.
29 Prütting/Helms/Fröschle, § 272 FamFG Rn 9.
30 Vgl KG FGPrax 1995, 61.
31 OLG Zweibrücken FGPrax 2009, 116.
32 Bumiller/Harders, § 2 FamFG Rn 5, § 272 FamFG Rn 1.
33 BayObLG FamRZ 1996, 1341; vgl OLG Hamm NJW-RR 2007, 157.
34 OLG Hamm NJW-RR 2007, 157; BayObLG BtPrax 2002, 270; BayObLG FamRZ 1996, 1339.

kannt wird. Damit das nach den Abs. 1 Nr. 1, 2 oder Nr. 4 zuständige Betreuungsgericht von der Anordnung der Eilmaßnahmen Kenntnis erlangt, ist das anordnende Betreuungsgericht zur **Mitteilung** nach Abs. 2 S. 2, Zweiter Teil/Kap XV/1 Abs. 1 Nr. 1 bis 3 MiZi verpflichtet.[35] Die Mitteilung hat nach Zweiter Teil/Kap XV/1 Abs. 2 MiZi der **Richter** zu veranlassen. **Entfällt** die Zuständigkeit mit Wegfall des Fürsorgebedürfnisses, etwa weil die vorläufige betreuungsrechtliche Maßnahme getroffen[36] oder deren Erlass abgelehnt worden ist, kann das Eilgericht keine Verfahrensabgabe nach § 273 FamFG bewirken, weil es nunmehr **unzuständig** geworden ist, § 273 FamFG aber eine weiter bestehende Zuständigkeit gerade voraussetzt (s. § 273 FamFG Rn 3).[37] Zuvor hat es idR den vorläufigen Betreuer zu verpflichten und ihm den Betreuerausweis auszuhändigen.[38] Da nach § 51 Abs. 3 FamFG das Verfahren der einstweiligen Anordnung ein selbstständiges Verfahren ist, kommt eine Anordnung der Fortführung des Verfahrens durch das Gericht des gewöhnlichen Aufenthalts nach Erledigung der gebotenen Eilmaßnahmen durch das Eilgericht iSd § 272 Abs. 2 FamFG nicht mehr in Betracht.[39] Das zuständige Betreuungsgericht wird aber aufgrund der durch das Eilgericht erfolgten Mitteilung nach Abs. 2 S. 2 von Amts wegen zu prüfen haben, ob das Hauptsacheverfahren einzuleiten ist (s. § 300 FamFG Rn 23). Das Eilgericht wird daher zweckmäßigerweise seine Verfahrensakte an das zuständige Betreuungsgericht übersenden, ohne dass hierdurch eine Festlegung der Zuständigkeit für weitere zukünftige Eilmaßnahmen erfolgt.[40] Eine vorherige Anhörung der Beteiligten ist vor Weiterleitung nicht erforderlich.[41] Bestellt das Eilgericht fehlerhaft und damit zwar anfechtbar, aber wirksam, einen dauerhaften, nicht bloß vorläufigen Betreuer, begründet es seine Zuständigkeit nach Abs. 1 Nr. 1.[42]

7. Funktionelle Zuständigkeit

Die Zuständigkeitsverteilung zwischen **Richter und Rechtspfleger** bestimmt sich nach §§ 3 Nr. 2 b, 15, 19 Abs. 1 S. 1 Nr. 1 RPflG. Die Zuständigkeit innerhalb des Betreuungsgerichts ist zwischen Rechtspfleger und Richter in der Weise geteilt, dass nach § 3 Nr. 2 b RPflG grundsätzlich der Rechtspfleger zuständig ist, sofern nicht dem Richter nach § 15 RPflG **vorbehaltene** Aufgaben betroffen sind, wobei der Landesgesetzgeber gemäß § 19 Abs. 1 Nr. 1 RPflG von diesem Vorbehalt wiederum Ausnahmen zulassen und damit die Zuständigkeit des Rechtspflegers begründen kann.

9

a) Betreuerbestellung

Soweit die Betreuerbestellung und der Bestand der Betreuung betroffen sind, sind dem Richter **ausdrücklich** die folgenden betreuungsgerichtlichen Angelegenheiten unabhängig davon zugewiesen, ob diese im Hauptsacheverfahren

10

---

35 OLG Frankfurt/M. FamRZ 2012, 1240.
36 OLG Hamm NJW-RR 2007, 157; BayObLG BtPrax 2002, 270.
37 OLG Frankfurt/M. FamRZ 2012, 1240; BayObLG FamRZ 2000, 1442.
38 OLG Frankfurt/M. FGPrax 2004, 287.
39 OLG Frankfurt/M. FamRZ 2012, 1240; aA Keidel/Budde, § 272 FamFG Rn 9; anders zur Vorgängerregelung des § 65 FGG: OLG Hamm NJW-RR 2007, 157; BayObLG FamRZ 2000, 1442; BayObLG BtPrax 2002, 270; BayObLG FamRZ 1996, 1339.
40 OLG Frankfurt/M. FamRZ 2012, 1240.
41 Prütting/Helms/Fröschle, § 272 FamFG Rn 22 a.
42 OLG München OLGReport München 2007, 893.

oder im Rahmen einer einstweiligen Anordnung nach § 300 f FamFG oder Maßregel nach § 1846 BGB zu treffen sind:

- die **Bestellung** eines **Betreuers** (§ 1896 Abs. 1 S. 1 BGB), eines **besonderen Betreuers** (§ 1899 Abs. 2 BGB), eines **weiteren Betreuers** oder **Ergänzungsbetreuers** (s. § 1796 BGB Rn 9)[43] oder **mehrerer Betreuer** (§ 1899 BGB), auch des **Gegenbetreuers** gemäß §§ 1908 i Abs. 1 S. 1, 1792 BGB;[44] zwar verweist § 15 Abs. 1 S. 1 Nr. 7 FamFG über § 1908 i BGB lediglich auf §§ 1632, 1797 und 1798 BGB und gerade nicht auf § 1792 BGB; allerdings wollte der Reformgesetzgeber an der bestehenden Zuständigkeit, die wegen des Sachzusammenhangs mit der richterlichen Betreuerbestellung dem Richter unterfällt, nichts ändern (s. § 1792 BGB Rn 10),[45] hingegen nicht die Bestellung des **Vollmachts-** bzw **Kontrollbetreuers** nach § 1896 Abs. 3 BGB (§ 15 Abs. 1 S. 2 RPflG),[46] die **vorsorgliche Bestellung** eines Betreuers für einen Minderjährigen iSd § 1908 a BGB (§ 15 Abs. 1 S. 1 Nr. 1 RPflG), mit **Ausnahme** des **Vollmachtsbetreuers**,[47]

- die **Bestellung** eines Betreuers und die Anordnung vorläufiger Maßregeln für den **Angehörigen eines fremden Staates** gemäß Art. 24 Abs. 1 S. 2, Abs. 3 EGBGB (§ 15 Abs. 1 S. 1 Nr. 5 RPflG) **einschließlich** des Vollmachtsbetreuers iSd § 1896 Abs. 3 BGB, da § 15 Abs. 1 S. 2 RPflG nicht auf § 15 Abs. 1 S. 1 Nr. 5 RPflG verweist,[48]

- die Bestellung eines Betreuers oder besonderen Vertreters aufgrund **dienstrechtlicher Vorschriften** (§ 15 Abs. 1 S. 1 Nr. 6 RPflG), etwa §§ 3 BDG,[49] 85 Abs. 2 Nr. 1 WDO (s. § 340 FamFG Rn 6),

- die mit der Bestellung zu treffende und nicht mit rückwirkender Kraft aufhebbare[50] **Feststellung** der **berufsmäßigen Führung** der Betreuung (§ 1836 Abs. 1 S. 2 BGB, § 1 VBVG),[51]

- die **Bestimmung der Aufgabenkreise** (§ 1896 Abs. 2 S. 1 BGB),

- die **Entlassung** des **Betreuers** (§ 15 Abs. 1 S. 1 Nr. 1 RPflG), mit Ausnahme des Kontrollbetreuers (§ 1896 Abs. 3 BGB) und des Betreuers iSd § 1888 BGB wegen Versagung oder Rücknahme der Erlaubnis des Religionsdieners oder Beamten (s. dort Rn 2), wegen mangelnder Eignung (§ 1908 b Abs. 1 S. 1, 1. Alt. BGB), aus sonstigem wichtigem Grund (§ 1908 b Abs. 1 S. 1, 2. Alt., S. 2 BGB), auf Wunsch des Betreuers wegen Unzumutbarkeit (§ 1908 b Abs. 2 BGB) oder bei Ersatz des Vereins oder der zuständigen

---

43 Damrau/Zimmermann, § 15 RPflG Rn 4.
44 Damrau/Zimmermann, § 15 RPflG Rn 4, § 293 FamFG Rn 31; Dodegge/Roth, J Rn 30; Jürgens/Kretz, § 15 RPflG Rn 16 und § 293 FamFG Rn 9; Spanl, Ergänzungsbetreuung und Gegenbetreuung, Rpfleger 1992, 142; wohl auch: Bobenhausen, Besprechung Betreuungsrecht, Rpfleger 2001, 467; aA: LG Bonn Rpfleger 1993, 233; Bassenge/Roth, § 15 RPflG Rn 3; Bumiller/Harders, § 272 Rn 14; Jürgens/Kretz, § 15 RPflG Rn 39; MK/Schwab, § 1908 i BGB Rn 12; Prütting/Helms/Fröschle, § 271 FamFG Rn 31; differenzierend Schulte-Bunert/Weinreich/Rausch, § 272 FamFG Rn 20.
45 BT-Drucks. 16/6308, 322.
46 BGH BtPrax 2011, 127.
47 BGH BtPrax 2011, 127.
48 Bassenge/Roth, § 15 RPflG Rn 7; Jürgens/Kretz, § 15 RPflG Rn 24; Schulte-Bunert/Weinreich/Rausch, § 272 FamFG Rn 25.
49 BGH FamRZ 2012, 293.
50 BayObLG BtPrax 2001, 124; BayObLG BtPrax 2000, 34.
51 BayObLG BtPrax 2001, 204.

Behörde durch eine natürliche Person als Betreuer (§ 1908 b Abs. 5 BGB), sowie

- die danach erforderlich werdende **Neubestellung** im Falle der Entlassung (§ 15 Abs. 1 S. 1 Nr. 1 RPflG) oder des Todes des Betreuers (§ 1908 c BGB, § 15 Abs. 1 S. 1 Nr. 2 RPflG), soweit nicht lediglich eine Vollmachtsbetreuung (§ 15 Abs. 1 S. 2 RPflG) oder der bloße **Statuswechsel** des Betreuers[52] (s. § 1908 b BGB Rn 130 f; § 296 FamFG Rn 19) betroffen sind,
- die **Aufhebung, Verlängerung, Erweiterung oder Einschränkung** der Betreuung (§ 1908 d BGB), mit Ausnahme der Vollmachtsbetreuung (§ 15 Abs. 1 S. 2 RPflG),[53]
- die Entscheidung über die beanstandete **Auswahl** des Vereinsbetreuers (§ 291 FamFG), mit Ausnahme des Kontrollbetreuers nach § 1896 Abs. 3 BGB (§ 15 Abs. 1 S. 1 Nr. 3, S. 2 RPflG) und
- die teilweise **Entziehung** der Vertretungsmacht gemäß §§ 1908 i Abs. 1 S. 1, 1796 BGB; zwar enthält § 15 Abs. 1 S. 1 Nr. 7 RPflG keinen entsprechenden Vorbehalt, so dass bei einer bei Ausnahmevorschriften stets gebotenen einschränkenden Auslegung grundsätzlich auf eine fehlende richterliche Zuständigkeit zu schließen wäre, inhaltlich ist diese Entziehung jedoch nichts anderes als die teilweise **Entlassung** des Betreuers,[54] für die – vom Ausnahmefall des § 1896 Abs. 3 BGB abgesehen – nach § 1908 b Abs. 1 S. 1 BGB der Richter zuständig ist (§ 15 Abs. 1 S. 1 Nr. 1, S. 2 RPflG).[55] Auch der Betreuungsgesetzgeber geht davon aus, dass die teilweise Entziehung eine nur quantitativ, nicht aber qualitativ andere Maßnahme als die vollständige Entlassung nach § 1908 b BGB ist.[56] Durch die teilweise Entziehung der Vertretungsmacht eines Betreuers wird bei bestehendem Regelungsbedarf die Bestellung eines Ergänzungsbetreuers nach § 1899 Abs. 4 BGB, nicht eines Ergänzungspflegers entsprechend § 1909 Abs. 1 BGB, durch den Richter erforderlich.[57]

b) Weitere betreuungsrechtliche Maßnahmen

Soweit Entscheidungen im Rahmen der Betreuung betroffen sind, sind dem Richter nach § 15 Abs. 1 S. 1 Nr. 4 RPflG ausdrücklich vorbehalten:

- die **Anordnung** und **Aufhebung** des **Einwilligungsvorbehaltes** (§§ 1903, 1908 d Abs. 4, 1 S. 1 BGB),
- die **Erweiterung** und **Einschränkung** des Kreises der einwilligungsbedürftigen Erklärungen (§§ 1908 d Abs. 4, 1 S. 2, Abs. 3 BGB),
- die **Genehmigung** der Einwilligung des Betreuers in eine risikoreiche oder endgültige **ärztliche Maßnahme** und die Nichteinwilligung in eine ärztlicherseits angebotene Maßnahme (§ 1904 BGB),
- die **Genehmigung** der Einwilligung des Betreuers in eine **Sterilisation** (§ 1905 BGB), die Entscheidung über die **Herausgabe** oder Regelung des

---

52 OLG Hamm FamRZ 2001, 253.
53 BGH BtPrax 2011, 127.
54 Jürgens/Kretz, § 15 RPflG Rn 17; aA Bassenge/Roth, § 15 RPflG Rn 17.
55 Vgl BT-Drucks. 11/4528, 153.
56 BT-Drucks. 11/4528, 211.
57 Jürgens/Kretz, § 15 RPflG Rn 16.

Umgangs des Betreuten nach §§ 1908 i, 1632 Abs. 1 bis 3 BGB (§ 15 Nr. 7 RPflG),
- die Entscheidung über **Meinungsverschiedenheiten** zwischen mehreren Betreuern gemäß §§ 1908 i, 1797 Abs. 1 S. 2, 1798 BGB,
- die Genehmigung nach § 6 KastrG (s. § 340 FamFG Rn 7),
- die Genehmigung nach dem TSG (s. § 340 FamFG Rn 8),
- die Genehmigung für den Antrag auf Scheidung oder Aufhebung der Ehe oder auf Aufhebung der Lebenspartnerschaft durch den gesetzlichen Vertreter eines geschäftsunfähigen Ehegatten oder Lebenspartners nach §§ 125 Abs. 22 S. 2, 270 Abs. 1 S. 1 FamFG und
- Maßnahmen nach § 6 ErwSÜAG (§ 15 Abs. 2 RPflG, s. Rn 23).

c) Verfahrenshandlungen

12 Verfahrensleitende Entscheidungen in Form der Verfahrensdurchführung, insbesondere der Vornahme der Ermittlungen, Anhörungen und Gutachteneinholungen, sowie Bestellung des Verfahrenspflegers, sind, ohne dass es einer ausdrücklichen Zuweisung bedarf, arg e § 4 Abs. 1 RPflG, stets dem Funktionsträger (Richter oder Rechtspfleger) vorbehalten, **der die Sachentscheidung trifft.**[58] Die Verhängung von **Zwangshaft** gemäß § 35 FamFG ist nach Art. 104 Abs. 2 S. 1 GG, arg e § 4 Abs. 2 Nr. 2 RPflG ausschließlich Sache des **Richters.**[59] Die Verhängung von Zwangsgeld nach §§ 285, 35 FamFG gegen den Besitzer einer **Betreuungsverfügung** oder Vorsorgevollmacht iSd § 1901 a BGB obliegt ebenfalls dem Richter,[60] während die Verhängung von Zwangsgeld nach § 35 FamFG davon abhängt, welcher Funktionsträger zur Auferlegung des zu erzwingenden Verhaltens befugt ist. Die Anordnung der Vorführung nach § 278 Abs. 5 FamFG obliegt gemäß § 19 Abs. 1 S. 1 Nr. 1 RPflG dem Richter. Die Entscheidung über die **Abgabe** und **Übernahme** des Verfahrens nach § 273 FamFG steht dem Richter zu.[61] Dass der Betreuungsgesetzgeber die Verfahrensabgabe nicht ausdrücklich einem generellen Richtervorbehalt unterworfen hat, beruht nur darauf, dass er von der selbstverständlichen Zuständigkeit des Richters ausging, weil das Betreuungsverfahren in der Hauptsache dem Richter nach § 15 RPflG vorbehaltene Angelegenheiten betrifft.[62] Eine Abgabe durch den Rechtspfleger würde, unabhängig von dessen Motivation, den Richter daran hindern, insbesondere seiner stets bestehenden Pflicht zur laufenden Prüfung der Erforderlichkeit der Betreuung oder der Eignung des Betreuers (§ 1908 b Abs. 1 BGB) zu genügen, da ihm das Verfahren gänzlich

---

58 BT-Drucks. 11/4528, 165.
59 Musielak/Borth, § 35 FamFG Rn 3.
60 Jürgens/Kretz, § 15 RPflG Rn 33.
61 OLG Zweibrücken FGPrax 2010, 169; OLG Zweibrücken FGPrax 2008, 210; OLG München FGPrax 2008, 67; OLG Frankfurt/M. FGPrax 2007, 119; OLG Zweibrücken FGPrax 2005, 216; OLG Düsseldorf Rpfleger 1997, 426; BayObLG Rpfleger 1993, 395; BayObLG FamRZ 1993, 448 unter Aufgabe von BayObLG Rpfleger 1992, 285; BayObLG BtPrax 1993, 74; Schulte-Bunert/Weinreich/Rausch, § 273 FamFG Rn 7; Zimmermann, Rn 447; aA OLG Düsseldorf Rpfleger 1994, 244; OLG Hamm BtPrax 1994, 36; OLG Köln FamRZ 2001, 939; Jürgens/Kretz, § 154 RPflG Rn 30; wohl auch OLG Frankfurt/M. NJW 1993, 669.
62 BT-Drucks. 11/4528, 165; OLG Zweibrücken FGPrax 2010, 169; KG BtPrax 1996, 107; vgl OLG Köln FamRZ 2001, 939; OLG Düsseldorf Rpfleger 1994, 244.

entzogen wäre.[63] Die Abgabe durch den Rechtspfleger ist daher unwirksam; das Gericht, an das abgegeben worden ist, kann aber dadurch zuständig werden, dass es eine richterliche Handlung vornimmt.[64]

Schließlich fällt die Veranlassung der **Mitteilung** einer betreuungsgerichtlichen Entscheidung oder anderer Umstände nach § 308 FamFG (s. dort) gemäß Zweiter Teil/Kap. XV/3 Abs. 2 MiZi grundsätzlich in die Zuständigkeit des Richters (s. dort). Der Richter ist nach Zweiter Teil/Kap. XV/4 Abs. 3 MiZi für Mitteilungen nach § 309 FamFG zum Wählerverzeichnis und an die Meldebehörde zuständig; die Geschäftsstelle kann eine solche Mitteilung nicht veranlassen.[65] Die Feststellung, ob tatsächlich alle Angelegenheiten (s. § 1896 BGB Rn 166) als Aufgabenkreis der Betreuung bestimmt sind, kann mit Abgrenzungsschwierigkeiten verbunden sein (s. § 309 FamFG Rn 4), die nicht von der Geschäftsstelle geklärt werden sollten.[66] So kann fraglich sein, ob eine Mitteilungspflicht bereits dann ausgelöst wird, wenn im Beschlusswortlaut alle erdenklichen Aufgabenkreise einzeln aufgeführt werden, oder nur dann, wenn tatsächlich die Bezeichnung „alle Angelegenheiten" gebraucht wird (s. § 309 FamFG Rn 4). Gleiche Auslegungsprobleme ergeben sich sinngemäß auch beim **Einwilligungsvorbehalt**, weil für die Geschäftsstelle ggf unklar bleibt, ob die Meldebehörde etwa auch dann in Kenntnis gesetzt werden muss, wenn der Beschluss bestimmte Willenserklärungen vom Einwilligungsvorbehalt ausnimmt.

Hinsichtlich des Betreuungsrichters ist § 23c Abs. 2 S. 2 GVG zu beachten. Danach darf ein **Proberichter** iSd §§ 8, 12 Abs. 1 DRiG im ersten Jahr seiner Ernennung nicht mit Betreuungssachen befasst werden. Da der Richter Entscheidungen zu treffen hat, die tief und nachhaltig in die Rechte des Betroffenen eingreifen können, wird damit gewährleistet, dass der Betreuungsrichter zumindest ein bestimmtes Mindestmaß an richterlicher Erfahrung besitzt.[67] Zugleich erfährt das Betreuungsrecht durch Anhebung der Qualifikationsanforderungen eine deutliche **Aufwertung**, die angesichts der mitunter in der gerichtlichen Praxis herrschenden Geringschätzung dieses Tätigkeitsbereichs[68] die hervorgehobene Bedeutung für die Lebensführung des Betroffenen und die sich daraus ergebende gesteigerte Verantwortung des Betreuungsrichters unterstreicht. Ist gleichwohl ein Proberichter im ersten Jahr seiner Ernennung tätig geworden, ist seine Entscheidung nicht unwirksam, allerdings anfechtbar;[69] ist seine Entscheidung rechtskräftig geworden, kommt eine Wiederaufnahme nach § 44 Abs. 2 FamFG, § 579 Abs. 1 Nr. 1 ZPO in Betracht; dies gilt allerdings dann nicht, wenn der Proberichter eine Genehmigung erteilt hat, die gegenüber einem Dritten wirksam geworden ist (§ 44 Abs. 3 FamFG).

---

63 OLG Zweibrücken FGPrax 2010, 169; OLG Düsseldorf NJW-RR 1998, 1704; KG BtPrax 1996, 107; BayObLG FamRZ 1993, 448.
64 BayObLG FamRZ 1993, 448.
65 AA Bassenge/Roth, § 15 RPflG Rn 12.
66 Vgl Jürgens/Kretz, § 15 RPflG Rn 34.
67 Vgl Abschlussbericht der Bund-Länder-Arbeitsgruppe, Betrifft Betreuung 6, S. 156; Jürgens/Mertens, § 65 FGG Rn 11.
68 Vgl Abschlussbericht der Bund-Länder-Arbeitsgruppe, Betrifft Betreuung 6, S. 153.
69 Bassenge/Roth, Vor §§ 271 ff FamFG Rn 3.

d) Länderöffnungsklausel

15 Von dem Richtervorbehalt des § 15 RPflG kann der Landesgesetzgeber nach Maßgabe des § 19 Abs. 1 S. 1 Nr. 1 RPflG Ausnahmen zulassen und damit die **Zuständigkeit des Rechtspflegers** in den Fällen des § 15 Abs. 1 S. 1 Nr. 1 bis 6 RPflG **erweitern**, soweit zunächst nicht Maßnahmen nach den §§ 1903 bis 1906, 1908 d BGB, § 278 Abs. 5 FamFG und § 283 FamFG betroffen sind. Die Zuständigkeit des Rechtspflegers kann daher für jeden Betreuerwechsel begründet werden. Zudem bleiben zwar auch weiterhin die **Anordnung** der **Betreuung und Bestimmung** der **Aufgabenkreise**, also das Anordnungsverfahren, dem Richter vorbehalten,[70] jedoch kann die Auswahl der Person des Betreuers durch den Rechtspfleger erfolgen. Dies ist insofern bemerkenswert, als das BtG mit Inkrafttreten gerade die erstmalige Anordnung der Betreuung und Bestimmung der Person des Betreuers als **Einheitsentscheidung** ausgestaltet hat, welche sich in der gerichtlichen Praxis bewährt hat.[71] Für die nunmehrige Abkehr sprechen jedoch ebenfalls gute Gründe. Da der Rechtspfleger nicht nur nach § 1896 Abs. 3 BGB den Betreuer bestellt und nach § 1908 b Abs. 3, 4 BGB entlässt, sondern auch nach § 3 Nr. 2 b RPflG, §§ 1908 i Abs. 1 S. 1, 1837 Abs. 2 BGB die Aufsicht über dessen Tätigkeit führt und gegen Pflichtwidrigkeiten des Betreuers durch geeignete Ge- und Verbote einschreitet, ihn berät und in seine Aufgaben einführt (§§ 1908 i Abs. 1, 1837 Abs. 1 BGB, § 289 Abs. 2 FamFG) und die Rechnungen des Betreuers, der über seine Vermögensverwaltung für den Betreuten Rechnung zu legen hat, prüft (§§ 1908 i Abs. 1, 1843 BGB), besteht zwischen ihm und dem Betreuer im Rahmen der laufenden Betreuung ein enger Kontakt. Dieser dauert in der Regel in personeller Hinsicht über einen längeren Zeitraum an, während die höhere personelle Fluktuation in der Richterschaft eine kontinuierliche persönliche Kooperation mit den Betreuern erschwert.[72] Zudem wird dem Rechtspfleger ein wirksames Instrument an die Hand gegeben, generell ungeeignete oder pflichtwidrig handelnde Betreuer von der weiteren Betreuerbestellung auszunehmen.

Der Gesetzentwurf des Bundesrates sah in konsequenter Fortführung dieses Gedankens sogar vor, dass alle betreuungsrechtlichen Entscheidungen, mit Ausnahme derjenigen nach den §§ 1903 bis 1906 BGB und §§ 68 Abs. 3, 68 b Abs. 3 FGG aF vom Rechtspfleger getroffen werden sollten.[73] Soweit von der Ermächtigung Gebrauch gemacht wird, ordnet § 19 Abs. 3 RPflG zur Vermeidung verfahrensrechtlicher Regelungslücken an, dass hinsichtlich der vom **Richter** zu treffenden **Grundentscheidungen** über die Betreuungsanordnung und Aufgabenkreisfestlegung die für die **Betreuerbestellung** geltenden Vorschriften des FamFG anzuwenden sind. Auf das Auswahlverfahren, also auf die konkrete Bestellung des Betreuers durch den Rechtspfleger, sind hingegen nicht die Vorschriften über die erstmalige Anordnung der Betreuung anzuwenden, da anderenfalls im nachgeschalteten Auswahlverfahren dieselben, den Betroffenen belastenden Verfahrenshandlungen erneut, und damit doppelt, vorgenommen werden müssten. Vielmehr ist für das Auswahlverfahren § 296

---

70 BGH FGPrax 2011, 78.
71 Abschlussbericht der Bund-Länder-Arbeitsgruppe, Betrifft Betreuung 6, S. 156.
72 Abschlussbericht der Bund-Länder-Arbeitsgruppe, Betrifft Betreuung 6, S. 153.
73 BT-Drucks. 15/2494, 8, 38 f.

Abs. 2 FamFG entsprechend anzuwenden (s. § 296 FamFG Rn 11 ff).[74] Soweit die vorläufige Bestellung eines Betreuers im Wege einer einstweiligen Anordnung nach § 300 f FamFG betroffen ist, könnte der Landesgesetzgeber ebenfalls das Auswahlverfahren dem Rechtspfleger übertragen, da § 19 Abs. 1 Nr. 1 RPflG keine entgegenstehende Beschränkung enthält.[75] Jedoch dürfte es in eiligen Fällen geboten sein, dass der Richter auch den Betreuer auswählt; die entsprechende Auswahl bliebe dann nach § 8 Abs. 1 RPflG wirksam.

In **Bayern** sind durch die Verordnung zur Aufhebung von Richtervorbehalten im Betreuungsverfahren vom 15.3.2006 die in § 15 Abs. 1 S. 1 Nr. 1 und 2 RPflG bestimmten Richtervorbehalte insoweit aufgehoben worden, als die Bestellung eines Ergänzungsbetreuers (§ 1899 Abs. 4 BGB) und die Bestellung eines neuen Betreuers (§ 1908 c BGB), sofern diese wegen Todes des bisherigen Betreuers erforderlich wird, betroffen sind. Nach der Landesverordnung zur Übertragung von Aufgaben auf den Rechtspfleger und den Urkundsbeamten der Geschäftsstelle vom 15.5.2008 sind in **Rheinland-Pfalz** die Richtervorbehalte für Entscheidungen nach § 15 Abs. 1 S. 1 Nr. 1 bis 6 RPflG, soweit sie nicht die Entscheidung über die Anordnung einer Betreuung und die Festlegung des Aufgabenkreises des Betreuers aufgrund der §§ 1896 und 1908 a BGB, nach §§ 1903 bis 1905 BGB, § 278 Abs. 5 FamFG und § 283 FamFG sowie die Auswahl und Bestellung eines Betreuers im Zusammenhang mit der ersten Entscheidung über die Anordnung einer Betreuung betreffen, aufgehoben worden.

e) Württembergisches Rechtsgebiet

Eine weitere Besonderheit besteht gem. Art. 147 EGBGB, §§ 36 f LFGG BW für das württembergische Rechtsgebiet. Danach ist – jedenfalls bis zur Aufhebung der Notariate zum 1.1.2018 – der **Bezirksnotar** neben dem Richter für betreuungsrechtliche Entscheidungen nach § 1 Abs. 2 LFGG BW zuständig, sofern keine dem Amtsgericht vorbehaltenen Aufgaben nach § 37 LFGG BW betroffen sind. Dies sind die Genehmigung und die Anordnung einer Freiheitsentziehung aufgrund von §§ 1908 i Abs. 1 S. 1, 1846 BGB oder § 284 FamFG, die Anordnung einer Vorführung nach §§ 278 Abs. 5, 283 FamFG sowie alle Entscheidungen in Unterbringungssachen, die Anordnung, Erweiterung oder Aufhebung eines Einwilligungsvorbehalts sowie die Bestellung eines Betreuers oder Pflegers aufgrund dienstrechtlicher Vorschriften, der Erlass einer Maßregel in Bezug auf eine Untersuchung des Gesundheitszustandes, eine Heilbehandlung oder einen ärztlichen Eingriff. Soweit das Verfahren in die Zuständigkeit des Bezirksnotars fällt, gelten ebenfalls die **Vorschriften des FamFG**.

8. Internationale Zuständigkeit

Die internationale Zuständigkeit für Betreuungsverfahren iSd § 271 FamFG richtet sich vorrangig nach dem Haager Übereinkommen über den internatio-

---

74 Fröschle, Ende der Einheitsentscheidung, BtPrax Spezial 2005, 20; vgl Dodegge/Roth, J Rn 23: persönliche Anhörung, Anhörung nach § 279 FamFG und ggf Verfahrenspflegerbestellung nach § 276 FamFG.
75 AA Fröschle, Ende der Einheitsentscheidung, BtPrax Spezial 2005, 20: einheitliche Zuständigkeit des Richters bei einstweiliger Anordnung.

nalen Schutz von Erwachsenen (ESÜ, s. Rn 23 ff) und sodann nach § 104 FamFG.

a) Personenkreis

18 Das Betreuungsgericht ist nach § 104 FamFG für **Deutsche** iSd Art. 116 GG, auch wenn sie **mehrere Staatsangehörigkeiten** besitzen (Art. 5 Abs. 1 S. 2 EGBGB), zuständig (§ 104 Abs. 1 S. 1 Nr. 1 FamFG). Ein **Flüchtling** iSd Abkommens über die Rechtsstellung der Flüchtlinge vom 28.7.1951 steht im Hinblick auf die internationale Zuständigkeit einem deutschen Staatsangehörigen gleich, wenn er seinen gewöhnlichen Aufenthalt in der Bundesrepublik Deutschland hat.[76] Für einen **Staatenlosen** nach dem New Yorker UN-Übereinkommen über die Rechtsstellung der Staatenlosen vom 28.9.1954, der von keinem Staat als eigener Staatsangehöriger betrachtet wird (Art. 1 Abs. 1 des Übereinkommens), gilt das Recht des Landes seines Wohnsitzes oder, wenn er keinen Wohnsitz hat, das des Aufenthaltslands (Art. 12 Abs. 1 des Übereinkommens).

Für **Nichtdeutsche**, die ihren gewöhnlichen Aufenthalt, also ihren faktischen Wohnsitz als tatsächlichen Lebensmittelpunkt,[77] im Inland haben (§ 104 Abs. 1 S. 1 Nr. 2 FamFG), und bei Fehlen eines Inlandsaufenthalts, also bei nur schlichten oder überhaupt keinem Inlandsaufenthalt, ist das Betreuungsgericht auch dann zuständig, wenn die Fürsorge (s. Rn 5) durch das deutsche Betreuungsgericht erforderlich ist (§ 104 Abs. 1 S. 2 FamFG).

Der **Inhalt** der betreuungsgerichtlichen Entscheidung richtet sich gemäß Art. 24 Abs. 3 EGBGB **nach deutschem Recht**. Ist ein dem deutschen Betreuungsverfahren vergleichbares Verfahren bereits im Ausland anhängig, kann das Betreuungsgericht nach seinem Ermessen **nur** von der Betreuerbestellung, nicht jedoch von anderen betreuungsgerichtlichen Maßnahmen absehen, wenn der Betroffene durch das der Betreuung vergleichbare ausländische Rechtsinstitut auch im Inland **hinreichend geschützt** ist.[78]

b) Betreuungsmaßnahmen

19 Liegt ein Fall **konkurrierender**, da nach § 106 FamFG nicht ausschließlicher Zuständigkeit nach § 104 FamFG vor, so kann das deutsche Betreuungsgericht nach pflichtgemäßem Ermessen gemäß §§ 104 Abs. 2, 99 Abs. 2, Abs. 3 FamFG, wenn ein dem deutschen Betreuungsverfahren vergleichbares Verfahren bereits im **Ausland anhängig** ist, nur von der **Bestellung eines Betreuers, nicht** aber von der Vornahme **weiterer betreuungsrechtlicher Maßnahmen absehen**, wenn dies im Interesse des Betroffenen liegt, er also durch das ausländische Rechtsinstitut auch im Inland hinreichend geschützt ist (§§ 104 Abs. 2, 99 Abs. 2 FamFG). Die Bestellung eines Betreuers durch das Betreuungsgericht hat zur Folge, dass die im Ausland angeordnete Vormundschaft, unabhängig von ihrer Anerkennungsfähigkeit nach §§ 108 f FamFG, für deutsche Rechtsverhältnisse keine Wirksamkeit entfaltet.[79] Zuständig für die Entscheidung über die Bestellung eines Betreuers oder den Verzicht hierauf ist für ausländi-

---

76 BGH NJW 1982, 2732.
77 BGH NJW 2002, 2955.
78 OLG Hamm BtPrax 2003, 39.
79 OLG Hamm BtPrax 2003, 39.

sche Betroffene nach § 15 Abs. 1 S. 1 Nr. 5 RPflG der Richter; bei deutschen Betroffenen kann der Rechtspfleger nach § 5 Abs. 2 RPflG vorlegen. Für das Verfahren gelten die allgemeinen Vorschriften; das Betreuungsgericht hat jedoch das **ausländische Recht** von Amts wegen **zu berücksichtigen**. Von der getroffenen Entscheidung ist das ausländische Gericht zweckmäßigerweise in Kenntnis zu setzen. Umgekehrt kann das deutsche Betreuungsgericht dann, wenn für einen deutschen Betroffenen im Ausland ein dem Betreuer vergleichbarer Vertreter in nach § 108 FamFG anzuerkennender Weise bestellt worden ist, entsprechend § 1908 d BGB dieses Rechtsinstitut aufheben und einen Betreuer nach deutschem Recht bestellen.

c) Verfahrensabgabe

Ist im Falle konkurrierender Zuständigkeit das Verfahren vor dem deutschen Betreuungsgericht anhängig, kann dieses nach §§ 104 Abs. 2, 99 Abs. 3 FamFG das Verfahren **an das ausländische Gericht** abgeben. Zuständig ist der jeweils für die Hauptsacheentscheidung zuständige Funktionsträger mit der Maßgabe, dass bei ausländischen Betroffenen der Richter arg e § 15 Abs. 1 Nr. 5 RPflG zuständig ist, während der Rechtspfleger bei deutschen Betroffenen nach § 5 Abs. 2 RPflG vorlegt. Sind mehrere Betreuer bestellt, kann das Verfahren, ebenso wie die Abgabe nach §§ 4, 273 FamFG, nur insgesamt abgegeben werden. 20

Voraussetzungen für die Abgabe sind: 21

- der Betreuer **stimmt** der Abgabe **zu**, §§ 104 Abs. 2, 99 Abs. 3 S. 1 FamFG; verweigert der Betreuer oder bei mehreren Betreuern einer von ihnen die Zustimmung, entscheidet gemäß §§ 104 Abs. 2, 99 Abs. 3 S. 2 und 3 FamFG das im Instanzenzug übergeordnete Gericht in **unanfechtbarer** Weise,[80]
- der andere Staat erklärt seine **Übernahmebereitschaft**, §§ 104 Abs. 2, 99 Abs. 3 S. 1 FamFG,
- dem Betroffenen wurde entsprechend § 4 S. 2 FamFG Gelegenheit zur **Äußerung** gegeben und
- die Abgabe liegt im **Interesse** des Betreuten.

Das Übernahmeersuchen ist nach § 45 Abs. 1 ZRHO grundsätzlich immer, auch soweit der unmittelbare Geschäftsverkehr mit den ausländischen Behörden zugelassen ist, über die zuständige Landesjustizverwaltung zu leiten. 22

d) Haager Übereinkommen über Erwachsenenschutz

Liegt ein internationaler Sachverhalt vor, ist **vorrangig** das Haager Übereinkommen über den internationalen Schutz von Erwachsenen (ESÜ), das von Deutschland, Frankreich und von Großbritannien für Schottland ratifiziert wurde und damit am 1.1.2009 in Kraft trat und seit dem 1.7.2009 für die Schweiz, seit dem 1.3.2011 für Finnland, seit dem 1.11.2011 für Estland und seit dem 1.8.2012 für die Tschechische Republik gilt, zu beachten. Dieses regelt die Anerkennung, Vollstreckung und grenzüberschreitende Zuständigkeit bei Schutzmaßnahmen zugunsten von Erwachsenen, die das 18. Lebensjahr vollendet haben (Art. 2 Abs. 1 ESÜ) und an einer Beeinträchtigung (psychi- 23

---

80 HK-Familienverfahrensrecht/Kemper, § 104 FamFG Rn 17.

schen Krankheit oder seelischen Behinderung), oder der Unzulänglichkeit (geistigen Behinderung) ihrer persönlichen Fähigkeiten leiden und deswegen nicht in der Lage sind, ihre Interessen zu schützen (Art. 1 Abs. 1 ESÜ).[81] Erfasst sind also nur **psychische Erkrankungen und seelische und geistige Behinderungen**, nicht aber körperliche Behinderungen.[82] Werden zum Schutz des Erwachsenen Maßnahmen, wie etwa die Bestellung eines Betreuers (Art. 3 c ESÜ), erforderlich, ist nach Art. 5 Abs. 1 ESÜ das Betreuungsgericht zuständig, in dessen Bezirk der Erwachsene seinen gewöhnlichen Aufenthalt, also seinen tatsächlichen Mittelpunkt der Lebensführung,[83] hat. Für die Feststellung der Anerkennung oder Nichtanerkennung einer in einem anderen Vertragsstaat getroffenen Maßnahme nach Artikel 23 ESÜ und die Vollstreckbarerklärung einer in einem anderen Vertragsstaat getroffenen Maßnahme nach Artikel 25 ESÜ ist hiervon abweichend nach § 6 Abs. 1 Erwachsenenschutzübereinkommens-Ausführungsgesetz (ErwSÜAG) das Betreuungsgericht, in dessen Bezirk ein Oberlandesgericht seinen Sitz hat, für den Bezirk dieses Oberlandesgerichts zuständig; für den Bezirk des Kammergerichts ist das Amtsgericht Schöneberg zuständig.

Örtlich zuständig ist das Betreuungsgericht, in dessen Zuständigkeitsbereich der Betroffene bei Antragstellung seinen gewöhnlichen Aufenthalt hat. Fehlt dieser oder ist ein solcher nicht ermittelbar, ist das Betreuungsgericht zuständig, in dessen Zuständigkeitsbereich das Bedürfnis der Fürsorge (s. Rn 5) hervortritt, subsidiär das zuständige Betreuungsgericht im Bezirk des Kammergerichts. Dieses Betreuungsgericht bleibt nach § 7 Abs. 1 ErwSÜAG für alle weiteren Betreuungsmaßnahmen, einschließlich der Festsetzung von Zwangsmitteln nach § 35 FamFG zuständig. Ist ein Betreuungsverfahren bei einem anderen Betreuungsgericht anhängig, hat es dieses an das nach § 7 Abs. 1 ErwSÜAG zuständige Betreuungsgericht abzugeben; die Abgabeentscheidung ist unanfechtbar (§ 7 Abs. 2 ErwSÜAG).

24 Nach § 8 ErwSÜAG gelten die §§ 275, 276, 297 Abs. 5, 308, 309, 311 FamFG entsprechend. Zuständig ist in den Fällen der §§ 6 bis 12 ErwSÜAG der **Betreuungsrichter** (§ 15 Abs. 2 RPflG). Der Betroffene ist **persönlich anzuhören**, wenn die anzuerkennende oder für vollstreckbar zu erklärende Maßnahme eine im Inland durchzuführende ärztliche Maßnahme (§ 1904 BGB) oder Sterilisation (§ 1905 BGB) beinhaltet. Bei anderen Maßnahmen soll der Betreuungsrichter den Betroffenen persönlich anhören; § 278 Abs. 3 bis 5 FamFG gilt entsprechend. Der Betreuungsrichter kann die im Inland zuständige **Betreuungsbehörde anhören**, wenn es der Betroffene verlangt oder wenn es der Sachaufklärung dient (s. § 279 FamFG Rn 10, vgl aber Übersicht vor § 1 BtBG Rn 9 f); ob er andere Personen anhört, liegt in seinem Ermessen. Der Beschluss ist zu begründen und dem Betroffenen und, falls ein solcher bestellt ist, auch dem Betreuer bekannt zu machen; § 288 FamFG gilt entsprechend. Der Beschluss wird erst mit Rechtskraft wirksam; der Betreuungsrichter kann bei Gefahr im

---

81 Helms, Reform des internationalen Betreuungsrechts durch das Haager Erwachsenenschutzabkommen, FamRZ 2008, 1995.
82 Ludwig, Der Erwachsenenschutz im Internationalen Privatrecht nach Inkrafttretens des Haager Erwachsenenschutzübereinkommens, DNotZ 2009, 251.
83 Helms, Reform des internationalen Betreuungsrechts durch das Haager Erwachsenenschutzabkommen, FamRZ 2008, 1995.

Verzug die sofortige Wirksamkeit des Beschlusses anordnen (s. § 287 FamFG Rn 6 ff). Der Beschluss kann mit der Beschwerde angefochten werden; §§ 303, 305 FamFG gelten entsprechend. Das Betreuungsgericht hat – soweit das materielle Recht betroffen ist – deutsches Recht anzuwenden.[84]

§ 273 FamFG Abgabe bei Änderung des gewöhnlichen Aufenthalts

¹Als wichtiger Grund für eine Abgabe im Sinne des § 4 Satz 1 ist es in der Regel anzusehen, wenn sich der gewöhnliche Aufenthalt des Betroffenen geändert hat und die Aufgaben des Betreuers im Wesentlichen am neuen Aufenthaltsort des Betroffenen zu erfüllen sind. ²Der Änderung des gewöhnlichen Aufenthalts steht ein tatsächlicher Aufenthalt von mehr als einem Jahr an einem anderen Ort gleich.

I. Allgemeines

§ 273 FamFG übernahm die Regelungen des § 65a Abs. 1 S. 2 FGG. 1

1. Bedeutung

Die Abgabe eines Betreuungsverfahrens regeln §§ 4, 273 FamFG. Abgegeben 2
werden kann nur das Verfahren insgesamt; die Abgabe einzelner Verrichtungen ist nicht möglich.[1] Sind mehrere Betreuer mit eigenen Aufgabenkreisen vorhanden, kann mithin nur eine Abgabe des gesamten Verfahrens erfolgen.

2. Anwendungsbereich

§§ 4, 273 FamFG gelten nur **bei nachträglicher Änderung der örtlichen Zu-** 3
ständigkeit des Betreuungsgerichts, bei dem das Verfahren anhängig ist.[2] Ist das Betreuungsgericht von Anfang an unzuständig, hat es das Verfahren nach § 3 Abs. 1 FamFG an das zuständige Gericht zu verweisen. Voraussetzung für eine **Verweisung** nach § 3 FamFG ist, dass das verweisende Betreuungsgericht örtlich oder sachlich unzuständig ist. Nach § 3 Abs. 1 S. 2 FamFG sind sämtliche dem Betreuungsgericht bekannten Beteiligten (ggf sind deren Anschriften von Amts wegen zu ermitteln) anzuhören (vgl Rn 9). Versäumt das Betreuungsgericht die Anhörung, ist der entsprechend ergehende Verweisungsbeschluss nicht nach § 3 Abs. 3 S. 2 FamFG bindend; die Bindungswirkung entfällt auch dann, wenn der Verweisungsbeschluss auf Willkür beruht, mithin die ihm zugrunde liegenden Erwägungen nicht mehr verständlich erscheinen und offensichtlich unhaltbar sind oder sich das Betreuungsgericht über eine eindeutige Zuständigkeitsvorschrift hinweggesetzt hat.[3] Die Verweisung hat durch – nach § 3 Abs. 3 S. 1 FamFG unanfechtbaren – Beschluss oder jedenfalls ernsthafte und als endgültig gemeinte Unzuständigkeitserklärung zu erfolgen; die Entscheidung ist den Beteiligten bekanntzugeben. Erklärt sich auch das Betreuungsgericht, an das verwiesen worden ist, für örtlich oder sachlich unzuständig, hat es dies durch ebenfalls unanfechtbaren Beschluss den Beteilig-

---

84 HK-Familienverfahrensrecht/Kemper, § 104 FamFG Rn 2.
1 Keidel/Budde, § 273 FamFG Rn 2.
2 OLG Düsseldorf NZG 2011, 711.
3 BGH NJW 2003, 3201; OLG Düsseldorf FGPrax 2010, 213.

ten gegenüber bekanntzugeben, da nur dann das übergeordnete Gericht (vgl Rn 14) den Zuständigkeitsstreit nach § 5 Abs. 1 Nr. 4 FamFG entscheiden kann.[4]

II. Bedeutung für das Betreuungsgericht

1. Funktionelle Zuständigkeit

4 Die funktionelle Zuständigkeit für die Abgabeentscheidung liegt ausschließlich beim **Richter** (s. § 272 FamFG Rn 12).[5]

2. Voraussetzungen

a) Anhängigkeit

5 Beim abgebenden Betreuungsgericht muss ein Betreuungsverfahren anhängig sein;[6] ein Betreuer muss aber noch nicht bestellt sein.[7]

b) Wichtiger Abgabegrund

6 Nach § 4 S. 1 FamFG muss ein wichtiger Abgabegrund vorliegen, welcher gemäß § 273 FamFG nicht nur, aber **in der Regel** dann gegeben ist, wenn sich **der gewöhnliche Aufenthalt** des Betroffenen (s. § 272 FamFG Rn 4) **geändert** hat (S. 1) oder ein anderweitiger Aufenthalt von mehr als einem Jahr begründet wurde (S. 2) **und** die Aufgaben des Betreuers im Wesentlichen am neuen oder anderweitigen Aufenthaltsort zu erledigen sind;[8] dabei kann die Abgabe auch dann erfolgen, wenn die Änderung des gewöhnlichen Aufenthalts bereits längere Zeit zurückliegt[9] oder das Betreuungsverfahren grundlos durch das Abgabegericht eingeleitet worden ist.[10] Hingegen kommt eine Abgabe nicht in Betracht, wenn eine Änderung des Aufenthaltsortes nicht eingetreten, sondern allein künftig zu erwarten ist.[11] Ob der Abgabegrund vorliegt, ist im Wege einer **Gesamtabwägung** danach zu beurteilen, ob die Betreuung am neuen Aufenthaltsort nach § 1901 Abs. 2 S. 1 BGB zum **Wohle** des Betroffenen voraussichtlich zweckmäßiger geführt werden kann.[12] Damit ist primär auf die Interessen des Betreuten abzustellen.[13] Eine mögliche Erleichterung der Aufgaben

---

4 BGH FamRZ 1993, 49; BGH FamRZ 1979, 790; OLG Hamm FamRZ 2009, 442; BayObLG NJW-RR 2005, 1012.
5 OLG Zweibrücken FGPrax 2010, 169; OLG Frankfurt/M. FGPrax 2007, 119.
6 Damrau/Zimmermann, § 273 FamFG Rn 4; MK/Schmidt-Recla, § 273 FamFG Rn 2; Keidel/Budde, § 273 FamFG Rn 2.
7 BayObLG v. 12.3.1999, 3Z AR 8/99; BayObLG FamRZ 1998, 1181; BayObLG BtPrax 1993, 65.
8 OLG Schleswig FGPrax 2006, 23; BayObLG BtPrax 2003, 132; OLG Stuttgart BWNotZ 2001, 20.
9 Vgl BayObLG FamRZ 2004, 736; vgl auch LG Lüneburg BtPrax 2007, 265: Abgabe ohne Hinzutreten aktueller Gründe unzulässig, wenn seit dem Umzug des Betroffenen neun Jahre vergangen sind, in denen das Betreuungsverfahren beanstandungsfrei am bisherigen Wohnortgericht weitergeführt wurde.
10 KG KGR Berlin 2005, 563.
11 OLG Stuttgart FGPrax 2011, 326.
12 OLG Stuttgart FGPrax 2011, 326; OLG Hamm FamRZ 2010, 214; OLG Schleswig FGPrax 2006, 23; OLG Stuttgart BWNotZ 2006, 39; OLG Stuttgart FamRZ 1999, 1594; OLG Brandenburg FamRZ 1998, 109; BayObLG FamRZ 1997, 438 und 439; BayObLG FamRZ 1995, 753; OLG Hamm FamRZ 1994, 449; vgl zum obdachlosen Betreuten: OLG Köln FGPrax 2006, 162.
13 OLG Stuttgart FGPrax 2011, 326.

des Betreuers oder des Betreuungsgerichts reicht damit für sich allein nicht,[14] es sei denn, dass dies auch im Interesse des Betroffenen liegt, etwa weil der Betreuer oder das Betreuungsgericht wegen Ortsnähe besondere Kenntnisse der Lebensumstände des Betroffenen haben, den persönlichen Kontakt mit ihm effektiver herstellen können,[15] eine persönliche Anhörung ohnehin nur durch das Übernahmegericht durchgeführt werden kann[16] oder Interessen des Betroffenen zumindest nicht beeinträchtigt werden.[17] Einer Abgabe steht nicht entgegen, dass gegen die Entscheidung des Abgabegerichts Beschwerde eingelegt worden ist.[18]

Beispiele: 7

Der Betroffene erwirbt durch Erbfall an einem anderen Ort Vermögen und die hierdurch erforderliche Vermögensverwaltung kann am effektivsten am Ort des Nachlasses geführt werden;[19] der Betroffene hält sich für einen längeren Zeitraum in einer Einrichtung auf und es ist unsicher, an welchen Ort der Betroffene nach Aufenthaltsbeendigung zurückkehrt; der Betroffene hat überhaupt keine Beziehung mehr zum Bezirk des abgebenden Betreuungsgerichts, anders wenn der Betreute zum bisher zuständigen Betreuungsgericht besonderes Vertrauen gefasst hat.[20]

Vor Abgabe muss das Abgabegericht die Umstände, die einen wichtigen Grund 8 begründen, **vollständig aufklären**. Maßgeblich ist das Bestehen eines wichtigen Grundes im Abgabezeitpunkt; auf eine zukünftige und damit unsichere Entwicklung kommt es nicht an. Eine Abgabe auf erkannt unsicherer Tatsachengrundlage verbietet sich.[21] **Entscheidungen**, die im Abgabezeitpunkt ergehen müssen, sind noch vom **Abgabegericht** zu treffen,[22] falls dies **zweckmäßig ist**,[23] weil die anstehende Entscheidung leichter und schneller vom mit der Sache vertrauten Abgabegericht getroffen werden kann, während sich das Übernahmegericht erst umfangreich einarbeiten müsste.[24] Kann hingegen die noch zu erledigende Aufgabe vom Übernahmegericht, insbesondere wegen der örtlichen Nähe zum Betroffenen, verfahrensökonomischer erledigt werden, kann das Abgabegericht von deren Erledigung absehen.[25] Bewilligungen nach § 1

---

14 LG Berlin. v. 8.2.2007, 84 AR 4/07.
15 OLG Celle OLGReport 2003, 349; OLG Celle FamRZ 1995, 754; OLG Hamm Rpfleger 1994, 211; vgl OLG Brandenburg FamRZ 1998, 109.
16 OLG Hamm FGPrax 2010, 214; vgl OLG Brandenburg FamRZ 1998, 109 (Anhörung am Unterbringungsort); OLG Stuttgart BtPrax 1996, 191 (Anhörung zur Überprüfung der Betreuung); vgl OLG Zweibrücken Rpfleger 1992, 483 (wichtiger Grund auch wegen des durch Änderung der örtlichen Zuständigkeit der zuständigen Behörde bedingten Betreuerwechsels bei Behördenbetreuung).
17 BayObLG FamRZ 1997, 438; BayObLG FamRZ 1995, 753.
18 OLG Schleswig FGPrax 2005, 159.
19 BT-Drucks. 11/4528, 170; OLG Celle FamRZ 1993, 220.
20 BayObLG BtPrax 2002, 271; BayObLG BtPrax 2000, 91; BayObLG FamRZ 2000, 1299; vgl BayObLG BtPrax 2002, 271.
21 OLG Karlsruhe BtPrax 1995, 184; KG BtPrax 1996, 107.
22 OLG München Beschl. v. 6.6.2005, 33 AR 16/05.
23 OLG Stuttgart FGPrax 2011, 299; OLG München FGPrax 2008, 67; BayObLG BtPrax 2000, 223; BayObLG FamRZ 2000, 1299; BayObLG FamRZ 1996, 511; zur Betreuerauswahl: OLG Schleswig FG Prax 2005, 159.
24 KG FGPrax 2012, 19.
25 OLG Brandenburg BtPrax 2000, 92; BayObLG FamRZ 2000, 1299.

Abs. 2 S. 1 VBVG sind im Regelfall noch durch den Rechtspfleger des Abgabegerichts vorzunehmen,[26] zumindest soweit abgeschlossene Quartalszeiträume nach § 9 S. 1 VBVG betroffen sind (vgl § 9 VBVG Rn 7). Für noch offene Abrechnungen wird das Übernahmegericht zuständig.[27] Ausstehende beantragte Genehmigungen sind im Regelfall noch zu erteilen;[28] plausible Anträge auf Aufhebung oder Einschränkung der Betreuung sind jedenfalls dann noch zu bescheiden,[29] wenn hierfür ein persönlicher Kontakt mit dem Betreuten nicht erforderlich ist.[30] Dass der Schlussbericht des durch das Abgabegericht entlassenen Betreuers aussteht, steht der Abgabe in der Regel ebenso wenig entgegen[31] wie die noch ausstehende Verlängerungsentscheidung, wenn noch weitere Ermittlungen erforderlich sind.[32] Das nach § 272 Abs. 2 FamFG zuständige Betreuungsgericht hat in der Regel den (vorläufigen) Betreuer gemäß § 289 FamFG zu verpflichten und ihm nach § 290 FamFG den Betreuerausweis auszuhändigen.[33]

3. Verfahren

a) Anhörung

9   Den Beteiligten (s. § 274 FamFG Rn 12 ff) soll nach § 4 S. 2 FamFG durch das **Abgabegericht** Gelegenheit zur Äußerung zur beabsichtigen Abgabe an ein **konkret** bestimmtes Gericht gegeben werden; eine persönliche Anhörung ist nicht erforderlich,[34] so dass auch die befristete Möglichkeit der schriftlichen Äußerung mit der Einräumung einer Stellungnahmefrist von in der Regel zwei Wochen ausreicht.[35] Der Betroffene, der Betreuer, bei Mitbetreuern alle Mitbetreuer,[36] und ein ggf bestellter Verfahrenspfleger,[37] nicht aber Gegenbetreuer,[38] sollen angehört werden.[39] Ist der Betroffene erkennbar äußerungsunfähig oder aufgrund seiner psychischen Erkrankung außerstande, zu begreifen, dass in Zukunft ein anderes Betreuungsgericht für ihn tätig werden soll, kann die Anhörung unterbleiben;[40] die Bestellung eines Verfahrenspflegers nach § 276 Abs. 1 FamFG ist nicht zwingend erforderlich, weil keine Sachentscheidung getroffen wird.[41] Von der Anhörung kann nur dann abgesehen werden, wenn die

---

26 OLG Stuttgart FGPrax 2011, 299; BayObLG Beschluss v. 22.1.2002, 3Z AR 46/01; vgl BayObLG FamRZ 1994, 1189.
27 OLG Naumburg FamRZ 2001, 769; LG Aachen BtPrax 2001, 88; OLG Karlsruhe FamRZ 1998, 1056; vgl aber OLG Köln FamRZ 2001, 1543; LG Aachen BtPrax 2001, 88.
28 OLG Zweibrücken FGPrax 2008, 210, auch wenn noch weitere Ermittlungen erforderlich sind.
29 BayObLG FamRZ 1996, 511.
30 Vgl OLG Karlsruhe FamRZ 1994, 449.
31 KG FGPrax 2012, 19.
32 BayObLG FamRZ 1997, 439.
33 KG FGPrax 2012, 19; OLG Frankfurt/M. FamRZ 2005, 237.
34 AA Damrau/Zimmermann, § 273 FamFG Rn 11: persönliche Anhörung.
35 HK-BUR/Bauer, §§ 273, 4 FamFG Rn 45, 54.
36 BayObLG FamRZ 2000, 1299.
37 BayObLG FamRZ 2000, 1443.
38 BayObLG FamRZ 1997, 438; aA HK-BUR/Bauer, §§ 273, 4 FamFG Rn 46.
39 BayObLG BtPrax 2000, 223.
40 BayObLG FamRZ 2000, 1443; BayObLG FamRZ 1998, 1181; OLG Zweibrücken FamRZ 1993, 351.
41 BayObLG FamRZ 1998, 1181; aA OLG Brandenburg NJWE-FER 2000, 322; HK-BUR/Bauer, §§ 273, 4 FamFG Rn 55.

Abgabe beschleunigt erfolgen muss, was indes nur im Ausnahmefall, dass eine beabsichtigte Maßnahme eilbedürftig ist und nur durch das Übernahmegericht zweckmäßig erlassen werden kann, anzunehmen ist.

Die Zustimmung des bereits bestellten Betreuers ist nicht erforderlich. Das **Zustimmungserfordernis**[42] wurde ebenso wie das Widerspruchsrecht des Betroffenen durch das 2. BtÄndG beseitigt. Eine Abgabe kann daher gegen den ausdrücklich erklärten Willen des Betreuten und des Betreuers erfolgen. Allerdings sind auch nach wie vor die berechtigten Belange des Betreuers und des Betreuten zu beachten.[43] Der Zustimmung des Verfahrenspflegers bedarf es ebenfalls nicht, da der Verfahrenspfleger lediglich die Rechte des Betroffenen, § 4 S. 2 FamFG, wahrnimmt, er mithin nicht mehr Rechte, als dem Betroffenen zustehen, ausüben kann.[44]

b) Abgabe und Übernahme

Weitere Voraussetzung für die Abgabe ist die – auch formlos erklärte – Übernahme des Verfahrens (§ 4 S. 1 FamFG). Das Übernahmegericht hat nach **eigener Prüfung** des Vorliegens eines wichtigen Grundes eine zumindest stillschweigende **Übernahmeentscheidung** zu treffen;[45] diese ist ebenso wie die **Abgabeerklärung** bis zum Vollzug der Abgabe **widerruflich**[46] und kann auch unter dem Vorbehalt, dass zunächst weitere Ermittlungen durchzuführen sind, erklärt werden.[47] Die Übernahme kann nicht verweigert werden, weil der Betreuerbestellungsbeschluss des Abgabegerichts verfahrensfehlerhaft ist[48] oder die Abgabe durch den unzuständigen Rechtspfleger beschlossen worden ist.[49] Ob Übernahmebereitschaft besteht, ist arg e § 4 S. 1 FamFG vom abgebenden Betreuungsgericht zu ermitteln.[50] Liegen alle Abgabevoraussetzungen vor, erfolgt die Abgabe. Die Abgabe ist nicht bindend; dies gilt nunmehr auch für die Abgabe durch das Amtsgericht Schöneberg.

c) Abgabeentscheidung und Beschlussformel

Obwohl die Abgabe auch stillschweigend durch Übermittlung der Akten geschehen kann, empfiehlt sich die **schriftliche** Fixierung zumindest in Vermerkform.

▶ **Beschlussformel:**

In ... [Rubrum] wird das Betreuungsverfahren aus wichtigem Grund an das Amtsgericht ... [Ortsbezeichnung des Übernahmegerichts] abgegeben. ◀

d) Abgabestreit

Wird die Übernahme verweigert, entscheidet nach § 5 Abs. 1 Nr. 5 FamFG das **übergeordnete gemeinsame Gericht** auf Anrufen des Abgabe- bzw Übernahme-

---

42 Vgl BayObLG BtPrax 2005, 111; BayObLG BtPrax 2000, 91; BayObLG FamRZ 2000, 1299; BayObLG FamRZ 1995, 753.
43 LG Berlin NJOZ 2007, 4174.
44 BayObLG FamRZ 1998, 1182; MK/Schmidt-Recla, § 273 FamFG Rn 8.
45 Vgl aber OLG Karlsruhe BtPrax 2002, 272.
46 BayObLG FamRZ 1999, 248.
47 BayObLG BtPrax 1998, 237.
48 OLG Karlsruhe FGPrax 2002, 115; aA OLG Brandenburg NJWE-FER 2000, 322.
49 OLG Köln FamRZ 2001, 939.
50 OLG Karlsruhe BtPrax 1996, 71.

gerichts.[51] Maßgeblich für die Bestimmung des übergeordneten Gerichts ist der allgemeine Gerichtsaufbau nach dem GVG, nicht die Rechtsmittelzuständigkeit.[52] Gehören die Betreuungsgerichte zu demselben Landgerichtsbezirk, ist das gemeinsame Landgericht zuständig, gehören sie zu unterschiedlichen Landgerichtsbezirken, ist das gemeinsame Oberlandesgericht und im Falle, dass sie in unterschiedlichen Oberlandesgerichtsbezirken liegen, ist das Oberlandesgericht,[53] zu dessen Bezirk das Abgabegericht gehört, zuständig.[54] Das anrufende Gericht soll dabei den für die Beurteilung des Vorliegens eines wichtigen (Abgabe-)Grundes ermittelten (s. Rn 6) maßgeblichen Sachverhalt darstellen. Die Entscheidung des gemeinsamen übergeordneten Gerichts wird mit Bekanntgabe an das Übernahmegericht wirksam und ist nach § 5 Abs. 3 FamFG unanfechtbar.[55]

III. Bedeutung für den Betroffenen

15 Die Entscheidung des übergeordneten Gerichts nach § 5 Abs. 3 FamFG ist ebenso wie die Abgabeentscheidung des Abgabegerichts **unanfechtbar**.[56] Bei der Abgabe- und Übernahmeentscheidung handelt es sich nicht um Endentscheidungen iSd § 38 Abs. 1 FamFG, da sie den Verfahrensgegenstand, also die betreuungsrechtliche Maßnahme, nicht erledigen, sondern das laufende Verfahren auf das übernehmende Gericht übertragen, von dem es dann fortgeführt wird.[57] Es handelt sich also um verfahrensrechtliche **Zwischenentscheidungen**, deren isolierte Anfechtung nach § 58 Abs. 1 FamFG nicht möglich ist; insofern werden diese Entscheidungen nur inzident nach § 58 Abs. 2 FamFG bei Durchführung der Beschwerde gegen die Endentscheidung geprüft.[58] Eine Anhörungsrüge bei unterbliebener Anhörung ist nach § 44 Abs. 1 S. 2 FamFG nicht statthaft, da sich diese nur gegen Endentscheidungen, nicht aber gegen Zwischenentscheidungen richten kann.[59]

IV. Bedeutung für den Betreuer

16 Der Betreuer hat dann, wenn die Betreuung in einem anderen Gerichtsbezirk im Interesse des Betreuten zweckmäßiger geführt werden kann (s. Rn 6), dem noch zuständigen Betreuungsgericht auch ohne Aufforderung nach §§ 1908 i Abs. 1 S. 1, 1839 BGB und ohne dies mit dem grundsätzlich jährlich nach §§ 1908 i Abs. 1 S. 1, 1840 BGB zu erstellenden Bericht zu verbinden, **Mitteilung** zu machen. Dies gilt erst recht dann, wenn der Regelfall des Wechsels des gewöhnlichen Aufenthalts vorliegt, weil damit eine erhebliche Änderung der

---

51 OLG München NJW-RR 2011, 661; OLG München BtPrax 2007, 132.
52 OLG Oldenburg OLG Report Nord 40/2012 Anm. 4; OLG Stuttgart FGPrax 2011, 326.
53 Das BayObLG wurde mit Wirkung zum 1.6.2006 aufgelöst. Seit 1.1.2005 ist das OLG München zuständig; in Rheinland-Pfalz nach § 4 Abs. 3 Nr. 2 Gerichtsorganisationsgesetz das OLG Zweibrücken; vgl BayObLG FamRZ 2001, 1405.
54 OLG Oldenburg OLG Report Nord 40/2012 Anm. 4; OLG Stuttgart FGPrax 2011, 326.
55 BayObLG FamRZ 1996, 511 zur Frage der Gegenvorstellung durch das Abgabegericht.
56 BGH FGPrax 2011, 101; LG Duisburg v. 19.4.2010, 12 T 69/10.
57 BGH FGPrax 2011, 101.
58 BGH FGPrax 2011, 101.
59 AA HK-BUR/Bauer, §§ 273, 4 FamFG Rn 30, 50, 62.

für die Betreuung maßgeblichen tatsächlichen Umstände eingetreten ist. Rechtsmittel stehen ihm gegen die Abgabe bzw abgelehnte Abgabe nicht zu (s. Rn 15).

V. Bedeutung für den Verfahrenspfleger oder Verfahrensbevollmächtigten

1. Verfahrenspfleger

Der Verfahrenspfleger hat als weisungsunabhängiger Vertreter des Betroffenen dessen **objektive** Interessen wahrzunehmen. Er hat daher auf die Einhaltung der materiellen und verfahrensrechtlichen Vorschriften durch das Betreuungsgericht zu achten. Durch rechtzeitige Anregungen an das Betreuungsgericht sollte er mögliche Fehler des Betreuungsgerichts zu verhindern helfen. Im Falle formell oder materiell fehlerhafter Entscheidungen des Betreuungsgerichts kann er Rechtsmittel, die dem Betroffenen zustehen, einlegen. Da er weder den Weisungen des Betreuungsgerichts noch denen des Betroffenen oder anderer Verfahrensbeteiligter unterliegt, entscheidet der Verfahrenspfleger selbstständig darüber, ob und welches Einschreiten geboten ist.

17

2. Verfahrensbevollmächtigter

Im Gegensatz zum Verfahrenspfleger unterliegt der Verfahrensbevollmächtigte, im Regelfall ein Rechtsanwalt, den Weisungen des Betroffenen und ist zur Durchsetzung dessen **subjektiver** Interessen berufen; beim Rechtsanwalt nur, sofern dies mit seiner Stellung als unabhängigem Organ der Rechtspflege vereinbar ist. Daraus folgt, dass der Verfahrensbevollmächtigte ggf auch gegen Betreuungsgericht, Betreuer und Verfahrenspfleger die Wünsche des Betroffenen durchzusetzen und auf die Einhaltung der den Betroffenen schützenden Verfahrensvorschriften zu achten hat. Für die Verfahrensabgabe folgt daraus, dass der Verfahrensbevollmächtigte dann, wenn der Betroffene sich gegen die Abgabe ausspricht, dem Betreuungsgericht deren Unzweckmäßigkeit, etwa wegen einer bereits verfestigten Vertrauensbeziehung zwischen Betreuungsgericht und Betroffenen, oder das Fehlen eines Abgabegrundes darzulegen hat.

18

§ 274 FamFG Beteiligte

(1) Zu beteiligen sind
1. der Betroffene,
2. der Betreuer, sofern sein Aufgabenkreis betroffen ist,
3. der Bevollmächtigte im Sinne des § 1896 Abs. 2 Satz 2 des Bürgerlichen Gesetzbuchs, sofern sein Aufgabenkreis betroffen ist.

(2) Der Verfahrenspfleger wird durch seine Bestellung als Beteiligter zum Verfahren hinzugezogen.

(3) Die zuständige Behörde ist auf ihren Antrag als Beteiligte in Verfahren über

1. die Bestellung eines Betreuers oder die Anordnung eines Einwilligungsvorbehalts,
2. Umfang, Inhalt oder Bestand von Entscheidungen der in Nummer 1 genannten Art

hinzuzuziehen.

(4) Beteiligt werden können

1. in den in Absatz 3 genannten Verfahren im Interesse des Betroffenen dessen Ehegatte oder Lebenspartner, wenn die Ehegatten oder Lebenspartner nicht dauernd getrennt leben, sowie dessen Eltern, Pflegeeltern, Großeltern, Abkömmlinge, Geschwister und eine Person seines Vertrauens,
2. der Vertreter der Staatskasse, soweit das Interesse der Staatskasse durch den Ausgang des Verfahrens betroffen sein kann.

I. Allgemeines 1	3. Verfahrenspfleger (Abs. 2) 18
1. Bedeutung 1	4. Zuständige (Betreuungs-)Behörde (Abs. 3) 19
a) Rechte der Beteiligten, insbesondere Akteneinsicht 2	5. Sonstige Personen und Vertreter der Staatskasse (Abs. 4) 21
aa) Hinweis- und Informationspflicht 3	a) Nahe Angehörige und Vertrauensperson (Abs. 4 Nr. 1) 22
bb) Erklärungsrecht 5	
cc) Recht auf Akteneinsicht 6	b) Vertreter der Staatskasse (Abs. 4 Nr. 2) 27
b) Pflichten der Beteiligten 9	III. Bedeutung für den Betroffenen 28
2. Anwendungsbereich 10	IV. Bedeutung für den Betreuer ... 32
II. Bedeutung für das Betreuungsgericht 11	V. Bedeutung für den Verfahrenspfleger und Verfahrensbevollmächtigten 33
1. Funktionelle Zuständigkeit 11	
2. Mussbeteiligte (Abs. 1) 12	1. Verfahrenspfleger 33
a) Betroffener (Abs. 1 Nr. 1) 13	2. Verfahrensbevollmächtigter 34
b) Betreuer (Abs. 1 Nr. 2) 15	VI. Bedeutung für Dritte 35
	1. Betreuungsbehörde 35
c) Bevollmächtigter (Abs. 1 Nr. 3) 17	2. Beteiligte 36
	3. Dritte 38
	4. Behörden 41

I. Allgemeines

1. Bedeutung

1 Die Beteiligten des Betreuungsverfahrens werden **gesetzlich in §§ 7, 274 FamFG definiert**.[1] Die frühere Abgrenzung[2] nach formell und materiell Beteiligten wurde in § 7 FamFG aufgegriffen.[3] § 7 FamFG differenziert aus Gründen der Rechtsklarheit zwischen Beteiligten kraft Gesetzes (§ 7 Abs. 1 FamFG) und kraft Hinzuziehung (§ 7 Abs. 2 bis 4 FamFG). Die Bedeutung des § 7 Abs. 1 FamFG ist für das Betreuungsverfahren eine eher untergeordnete, da es

---

1 Borth, Die Reform des Verfahrens in Familiensachen, FamRZ 2007, 1925.
2 Vgl 1. Auflage, Vor §§ 65 ff FGG Rn 5.
3 BT-Drucks. 16/6308, 178.

ein echtes Antragserfordernis[4] nur für den Antrag des äußerungsfähigen, nur körperlich behinderten Betroffenen iSd § 1896 Abs. 1 S. 3 BGB kennt und ansonsten als Amtsverfahren ausgestaltet ist. Bedeutsamer ist die Regelung des § 7 Abs. 2 FamFG. Als **Muss-Beteiligte** nach § 7 Abs. 2 FamFG sind diejenigen, deren Recht durch das Verfahren unmittelbar betroffen wird, also die nach bisherigem Recht materiell Beteiligten,[5] oder die aufgrund dieses oder eines anderen Gesetzes von Amts wegen oder auf Antrag zu beteiligen sind, hinzuzuziehen. Hingegen können nach § 7 Abs. 3 FamFG potenziell Betroffene hinzugezogen werden (**Optionsbeteiligte**). § 274 FamFG beschreibt die Fälle, in denen bestimmte Personen aufgrund dieses Gesetzes nach § 7 Abs. 2 Nr. 2 FamFG zu beteiligen sind oder gemäß § 7 Abs. 3 S. 1 FamFG beteiligt werden können. Werden Optionsbeteiligte nicht dem Verfahren als Beteiligte hinzugezogen, aber gleichwohl angehört oder um Auskunft gebeten, so werden sie allein mit diesem Ermittlungsakt nicht automatisch zu Beteiligten; dies ist in § 7 Abs. 6 FamFG klargestellt.

a) Rechte der Beteiligten, insbesondere Akteneinsicht

Die Abgrenzung zwischen Beteiligten und sonstigen dem Verfahren, etwa als Auskunftsperson, hinzugezogenen Dritten hat immense praktische Bedeutung. Beteiligte haben **besondere Rechte, aber auch Pflichten**. Sie **sollen** unter anderem vor der **Abgabe** des Verfahrens bzw. **müssen** vor einer **Verweisung** angehört werden (§§ 3 Abs. 1 S. 2; 4 S. 2 FamFG, s. § 273 FamFG Rn 9) und können im Rahmen ihrer nach § 279 FamFG vorgesehenen Anhörung mit Beiständen erscheinen (§ 12 FamFG). Es besteht eine besondere Hinweispflicht (§ 28 Abs. 1 S. 2 FamFG). Sie können Erklärungen (§ 37 Abs. 2 FamFG) abgeben. Ihnen sind Entscheidungen bekannt zu geben und ihnen steht ein Beschwerderecht nach Maßgabe des § 303 Abs. 2 bis 4 FamFG[6] (s. dort) zu. Überdies können ihnen Verfahrenskosten auferlegt werden (s. § 307 FamFG Rn 8).

aa) Hinweis- und Informationspflicht

Das Betreuungsgericht ist im Rahmen der Verfahrensleitung verpflichtet, die Beteiligten zur Gewährung rechtlichen Gehörs und zum Schutz vor Überraschungsentscheidungen auf rechtliche Gesichtspunkte, die es anders als die Beteiligten beurteilt, oder auf eine Änderung einer gefestigten Rechtsprechung[7] hinzuweisen (§ 28 Abs. 1 S. 2 FamFG). Eine Hinweispflicht besteht daher nicht, wenn kein Beteiligter in dem Verfahren eine Rechtsansicht geäußert hat oder die Beteiligten ohnehin unterschiedliche rechtliche Auffassungen im Verfahren geäußert haben und das Betreuungsgericht einer dieser Ansichten folgt, da es für keinen der Beteiligten eine überraschende Entscheidung des Betreuungsgerichts sein kann, wenn es sich für eine der Auffassungen entscheidet.[8]

Soweit Optionsbeteiligte iSd §§ 7 Abs. 3, 274 Abs. 4 Nr. 1 FamFG dem Betreuungsgericht nach Namen und Anschrift bekannt sind, sind sie über die Einleitung des Betreuungsverfahrens **in Kenntnis zu setzen** (§ 7 Abs. 4 S. 1 FamFG). Das Betreuungsgericht ist aber nicht verpflichtet, die Optionsbeteilig-

---

4 Vgl BT-Drucks. 16/6308, 178.
5 Kroiß/Seiler, S. 29.
6 LG Bonn v. 13.12.2011, 4 T 411/11.
7 BT-Drucks. 16/6308, 187.
8 BT-Drucks. 16/6308, 187.

ten oder deren Anschrift zu ermitteln.[9] Es hat die Optionsbeteiligten über ihr Recht, ihre Beteiligung zu beantragen, nach § 7 Abs. 4 S. 2 FamFG zu belehren, was auch mittels standardisierten Formschreibens erfolgen kann.

bb) Erklärungsrecht

5 Die Beteiligten haben das Recht, sich zu entscheidungserheblichen Umständen zu äußern, da das Gericht seine Entscheidung, die ihre Rechte beeinträchtigt, nur auf solche Tatsachen und Beweisergebnisse stützen kann, zu denen sich die Beteiligten äußern konnten (§ 37 Abs. 2 FamFG). Sie können auch im Rahmen der Beweisaufnahme (§ 29 FamFG) Erklärungen abgeben und zum Ergebnis der Beweisaufnahme Stellung nehmen, soweit dies zur Aufklärung des Sachverhalts oder zur Gewährung rechtlichen Gehörs erforderlich ist (§ 30 Abs. 4 FamFG).

cc) Recht auf Akteneinsicht

6 Beteiligte haben grundsätzlich ein **Akteneinsichtsrecht**, wenn Interessen des Betroffenen dem nicht entgegenstehen (§ 13 Abs. 1 FamFG).[10] Aus dem Recht auf rechtliches Gehör (Art. 103 Abs. 1 BGB) folgt, dass das Betreuungsgericht seiner Entscheidung nur Tatsachen und Beweisergebnisse zugrunde legen darf, die die Beteiligten zur Kenntnis nehmen und zu denen sie sich äußern konnten.[11] Der Glaubhaftmachung eines berechtigten Interesses – wie im Fall Dritter (§ 13 Abs. 2 FamFG, s. Rn 38) – bedarf es ausdrücklich nicht.[12] Das Recht auf Akteneinsicht umfasst die gesamte Akte samt Beiakten, wenn das Betreuungsgericht deren Inhalt für die Entscheidung verwerten will;[13] hiervon ausdrücklich ausgenommen sind Entwürfe und Abstimmungen dokumentierende Unterlagen des Gerichts (§ 13 Abs. 6 FamFG). Das Betreuungsgericht entscheidet nach **pflichtgemäßem Ermessen** über den Akteneinsichtsantrag unter Abwägung des Geheimhaltungsinteresses des Betroffenen und etwaiger Dritter mit dem Akteneinsichtsinteresse des Beteiligten. Die Akteneinsicht ist dann **zu versagen**, wenn schwerwiegende Interessen des Betroffenen, eines anderen Beteiligten oder eines Dritten dem entgegenstehen.[14] Auf Seiten des Betroffenen ist insbesondere sein Recht auf informationelle Selbstbestimmung als Ausfluss seines allgemeinen Persönlichkeitsrechtes (Art. 1 Abs. 1, 2 Abs. 1 GG), welches

---

9   Keidel/Budde, § 274 FamFG Rn 19; Bruns, Die Beteiligten im Familienverfahren, NJW 2009, 2797; Leutheusser-Schnarrenberger, Belastung der Familiengerichte durch die FGG-Reform, FPR 2009, 42; Zimmermann, Die Beteiligten im neuen FamFG, FPR 2009, 5; Fröschle, Beteiligte und Beteiligung am Betreuungs- und Unterbringungsverfahren nach dem FamFG, BtPrax 2009, 155; aA HK-BUR/Bauer, § 274 FamFG Rn 15: alle zumutbaren Ermittlungen hinsichtlich der Muss-Beteiligten sind durchzuführen.
10 Vgl OLG Köln FGPrax 2008, 155 zum Ehepartner; OLG München FGPrax 2007, 227; Dodegge, Die Entwicklung des Betreuungsrechts bis Anfang Juni 2007, NJW 2007, 2673.
11 OLG Köln FGPrax 2008, 155; OLG München OLGReport 2006, 20.
12 So auch bisher: OLG München OLGReport 2006, 63; BayObLG FamRZ 2005, 237; OLG Hamm FGPrax 2004, 141; BayObLG BtPrax 1998, 78; OLG Düsseldorf OLG-Report 1997, 11.
13 BT-Drucks. 16/6308, 181; BayObLG FamRZ 1998, 1625.
14 BT-Drucks. 16/6308, 181.

seine Intimsphäre schützt, zu beachten.[15] Ein derart schwerwiegendes Interesse wird nicht schon dann anzunehmen sein, wenn Umstände aus der Privatsphäre oder aus dem Vermögensbereich eines Beteiligten zur Kenntnis genommen werden können oder bloße Spannungen zwischen dem Beteiligten und dem Betroffenen bestehen.[16] Erforderlich ist vielmehr, dass die Kenntnisnahme von derartigen Umständen zu Gefahren für den Betroffenen führen kann,[17] die etwa mit der Kenntnisnahme eines psychiatrischen Gutachtens verbunden ist.[18] Ist eine derartige Gefahr zu bejahen, ist das Betreuungsgericht aber ggf zur eingeschränkten Akteneinsichtsgewährung verpflicht, indem geheimhaltungsbedürftige Aktenbestandteile vorher aus der Akte zu nehmen sind.[19] Gleiches gilt, wenn bestimmte Aktenbestandteile für den Beteiligten erkennbar von keinem Interesse sind.[20] Enthält die Akte auch wesentliche Informationen über die persönlichen, insbesondere finanziellen Verhältnisse des Betreuers, kann auch das Interesse des Betreuers der Gewährung der Akteneinsicht entgegenstehen; indes tritt sein Interesse an der Geheimhaltung des Akteninhalts gegenüber dem verfassungsrechtlich gewährleisteten Informationsinteresse des Beteiligten zurück, wenn die Akteneinsicht auch die Beurteilung der Geeignetheit des Betreuers ermöglichen kann und nicht offensichtlich rechtsmissbräuchlich verlangt wird.[21] Beantragt ein Vorsorgebevollmächtigter (Abs. 1 Nr. 3) Akteneinsicht, kann diese außer bei Vorliegen einer derartigen Gefahr nur dann verwehrt werden, wenn sich aus dem Akteninhalt die offenkundige Unwirksamkeit der (Vorsorge-)Vollmachtserteilung ergibt.[22] Kann nach diesen Maßstäben Akteneinsicht nicht gewährt werden, ist dem Beteiligten der wesentliche Inhalt in geeigneter Form, soweit dies mit dem Zweck der Ablehnung der Akteneinsicht vereinbar ist, etwa durch Auszüge oder eine schriftliche oder mündliche Zusammenfassung, mitzuteilen.[23] Kann auf diese Weise das rechtliche Gehör nicht hinreichend gewährt werden, dürfen die Erkenntnisse aus den betroffenen Unterlagen grundsätzlich nicht zur Grundlage der Entscheidung gemacht werden.[24]

Über das **Akteneinsichtsgesuch Dritter** entscheidet nach § 13 Abs. 7 FamFG der jeweils zuständige gerichtliche Funktionsträger, also der Richter; bei Kollegialgerichten der Vorsitzende allein;[25] bei den dem Rechtspfleger übertragenen Aufgaben der Rechtspfleger.[26] Die Akteneinsicht kann mit Auflagen verbun-

7

---

15 OLG München FGPrax 2007, 227; OLG München BtPrax 2005, 234; BayObLG FamRZ 2005, 237; OLG Frankfurt/M. OLGReport 1999, 258; vgl LG Saarbrücken BtPrax 2009, 90, stellt maßgeblich darauf ab, ob der der Akteneinsicht widersprechende Betroffene geschäftsfähig ist; ist er geschäftsfähig, soll die Akteneinsicht zu verweigern sein.
16 OLG Köln FGPrax 2008, 155 „Familienfehde".
17 Vgl OLG Frankfurt/M. FGPrax 2005, 154.
18 BT-Drucks. 16/6308, 181.
19 Vgl OLG Köln FGPrax 2008, 155.
20 BayObLG FamRZ 2005, 237.
21 OLG München OLGReport 2006, 63.
22 KG FGPrax 2007, 118.
23 BT-Drucks. 16/6308, 181.
24 BT-Drucks. 16/6308, 181.
25 OLG Frankfurt/M. FGPrax 2011, 260.
26 BT-Drucks. 16/6308, 182; OLG Brandenburg FamRZ 2007, 1575; KG FGPrax 2006, 122; OLG Hamm FGPrax 2004, 141.

den werden.[27] Zur **Anfechtbarkeit** s. Rn 37 und 40. Akteneinsicht ist auf der **Geschäftsstelle** des entscheidenden Gerichts[28] oder des Gerichts zu gewähren, an das die Akten – etwa wegen weiter Entfernung des Beteiligten – zum Zwecke der Akteneinsicht versandt worden sind.[29] Wird der Beteiligte durch einen Rechtsanwalt oder Notar vertreten oder begehrt die zuständige Behörde (Abs. 3) Akteneinsicht, kann die Akte, nicht hingegen etwaige Beweismittel, in deren Geschäfts- oder Amtsräume übersandt werden (§ 13 Abs. 4 S. 1 FamFG); die gerichtliche Entscheidung über diese **Aktenüberlassung** ist **nicht anfechtbar** (§ 13 Abs. 4 S. 2 FamFG). Werden die Akten elektronisch geführt, gewährt die Geschäftsstelle Akteneinsicht durch Erteilung eines Aktenausdrucks, durch Wiedergabe auf einem Bildschirm oder Übermittlung von elektronischen Dokumenten, und zwar auch dem Notar und der zuständigen Behörde (§ 13 Abs. 5 FamFG, § 299 Abs. 3 ZPO). Nach dem Ermessen des Gerichts kann einem Rechtsanwalt oder anderen bevollmächtigten Mitglied einer Rechtsanwaltskammer der elektronische Zugriff auf den Inhalt der Akten gestattet werden, wobei die Gesamtheit der Dokumente mit einer qualifizierten elektronischen Signatur zu versehen und gegen unbefugte Kenntnisnahme zu schützen ist (**Authentisierung und Autorisierung**).[30]

8 Soweit Akteneinsicht gewährt wird, haben die Beteiligten Anspruch auf Fertigung von Ausfertigungen und Ablichtungen und auf deren Beglaubigung (§ 13 Abs. 3 FamFG).[31] **Kosten** für Ablichtungen werden vom Akteneinsicht Beantragenden erhoben, sofern keine Kostenfreiheit nach Vorbemerkung 3.1. Abs. 2 KVGNotKG besteht. Nr. 31000 Nr. 1 KVGNotKG werden für die ersten 50 Seiten 0,50 EUR je Seite und 0,15 EUR für jede weitere Seite und 1 EUR für die ersten 50 Seiten je Seite und 0,30 EUR für jede weitere Seite bei Farbkopien, und nach Nr. 31000 Nr. 2 KVGNotKG bei Überlassung von elektronisch gespeicherten Dateien oder deren Bereitstellung zum Abruf: 1,50 EUR je Datei, höchstens insgesamt 5 EUR für die in einem Arbeitsgang überlassenen, bereitgestellten oder in einem Arbeitsgang auf denselben Datenträger übertragenen Dokumente erhoben. Für die Aktenversendung ist nach Nr. 31003 Nr. 1 KVGNotKG eine Pauschale von 12 EUR zu erstatten.

b) Pflichten der Beteiligten

9 Beteiligte sind zur **Mitwirkung** nach § 27 FamFG verpflichtet und das Betreuungsgericht kann ihr persönliches Erscheinen anordnen (§ 33 FamFG) und ihnen Kosten auferlegen (§ 81 FamFG, s. § 307 FamFG Rn 8 ff).

2. Anwendungsbereich

10 Die Regelungen des § 274 FamFG gelten für alle Betreuungssachen iSd § 271 FamFG.

---

27 OLG Köln FamRZ 2000, 1099.
28 OLG Köln MDR 1983, 848.
29 OLG Dresden NJW 1997, 667.
30 BT-Drucks. 16/6308, 182.
31 OLG Saarbrücken FGPrax 2012, 75.

II. Bedeutung für das Betreuungsgericht

1. Funktionelle Zuständigkeit

Der jeweils für das Verfahren zuständige gerichtliche Funktionsträger hat die Mussbeteiligten zwingend am Verfahren zu beteiligen. Dieser entscheidet auch über die Beteiligung und damit Hinzuziehung der Optionsbeteiligten zum Verfahren. 11

2. Mussbeteiligte (Abs. 1)

Mussbeteiligte, die also unmittelbar in eigenen subjektiven Rechten betroffen sind,[32] **sind in jedem Falle** von Amts wegen am Verfahren **zu beteiligen**. Ein Ermessen besteht nicht. Entscheidend ist lediglich, dass der Gegenstand des Verfahrens ein Recht des zu Beteiligenden betreffen kann. Einer Prognose, ob es tatsächlich zu einem Rechtseingriff im weiteren Verfahrensgang kommen wird, ist mithin nicht anzustellen, zumal eine derartige Prognose zu Beginn des Verfahrens häufig noch gar nicht möglich ist.[33] 12

a) Betroffener (Abs. 1 Nr. 1)

Mussbeteiligter iSd § 7 Abs. 2 Nr. 2 FamFG ist nach Abs. 1 Nr. 1 zunächst der **Betroffene**, da sämtliche Betreuungsmaßnahmen mit ihrem Element der Fremdbestimmtheit in das Selbstbestimmungsrecht des Betroffenen eingreifen.[34] Angesichts der Einordnung des Betroffenen als Mussbeteiligten hat die Regelung des § 7 Abs. 1, Abs. 2 FamFG, wonach der Antragsteller Beteiligter ist, weil er in eigenen materiellen Rechten betroffen sein kann oder zumindest die Pflicht besteht, seinen Antrag zu bescheiden, und er bereits deswegen am Verfahren zu beteiligen ist, keine weitere eigenständige Bedeutung. Denn das Betreuungsverfahren ist – mit Ausnahme des Antrags des lediglich körperlich behinderten äußerungsfähigen Betroffenen (§ 1896 Abs. 1 S. 3 BGB) – als Amtsverfahren ausgestaltet. Bei „Anträgen" Dritter handelt es sich daher um Anregungen an das Betreuungsgericht, tätig zu werden. Derartige Dritte werden durch die Stellung eines „Antrags" nicht zu Mussbeteiligten. 13

Wer Betroffener ist, lässt sich anhand des § 271 FamFG feststellen. Betroffener ist derjenige Volljährige und im Falle des § 1908 a BGB derjenige Siebzehnjährige, **für den ein Betreuer bestellt werden soll oder bestellt worden ist** (§ 271 Nr. 1 FamFG). 14

b) Betreuer (Abs. 1 Nr. 2)

Mussbeteiligter ist ferner der bereits bestellte Betreuer nach Abs. 1 Nr. 2, aber nur insoweit, als sein **Aufgabenkreis betroffen** ist. Diese Einschränkung kommt dann zum Tragen, wenn nach § 1899 Abs. 1 S. 1 BGB mehrere Betreuer für einen Betreuten mit unterschiedlichen Aufgabenkreisen bestellt worden sind und im konkreten Verfahren der Aufgabenkreis des Mitbetreuers nicht berührt ist.[35] Dies wird dann der Fall sein, wenn es im Verfahren lediglich um die Einschränkung oder Erweiterung seines eigenen Aufgabenkreises, nicht 15

---

[32] HK-BUR/Bauer, § 274 FamFG Rn 24; Zimmermann, Die Beteiligten im neuen FamFG, FPR 2009, 5.
[33] BT-Drucks. 16/6308, 178.
[34] BVerfG BtPrax 2009, 27; BVerfG NJW 2002, 206.
[35] BT-Drucks. 16/6308, 265.

aber des Aufgabenkreises des Mitbetreuers geht. Zu beachten ist, dass die Bestellung mehrerer Berufsbetreuer für einen Betroffenen ohnehin der Ausnahmefall nach § 1899 Abs. 1 S. 3 BGB ist und lediglich im Falle der Bestellung eines Sterilisationsbetreuers (§ 1899 Abs. 2 BGB), eines Gegenbetreuers (§§ 1908 i Abs. 1 S. 1, 1792 BGB) und eines Ergänzungs- bzw Verhinderungsbetreuers (§ 1899 Abs. 4 BGB) möglich ist (s. § 1899 BGB Rn 3 ff). Da die Aufgaben des Gegenbetreuers, nämlich die Überwachung des Betreuers, und des Ergänzungs- bzw Verhinderungsbetreuers, im Falle der Verhinderung des Betreuers die Betreuung zu führen, von derjenigen des Betreuers mithin abhängen, sind diese in jedem Falle zu beteiligen und auch dann zum Verfahren heranzuziehen, wenn nur der Aufgabenkreis des Betreuers betroffen zu sein scheint.

16 Ist eine Person als **potenzieller Betreuer** seitens des Betreuungsgerichts ernsthaft ins Auge gefasst, aber noch nicht bestellt, so ist sie zwar nicht Mussbeteiligte iSd Abs. 1 Nr. 2; sie ist jedoch nach § 7 Abs. 2 Nr. 1 FamFG **zwingend zu beteiligen**, da sie durch ihre spätere Bestellung unmittelbar in ihren Rechten betroffen wird.[36] Denn sie treffen vielfältige Betreuerpflichten, welche nicht nur im Rahmen der betreuungsgerichtlichen Aufsicht mit Zwangsmaßnahmen durchgesetzt werden, sondern auch zur Haftung gegenüber dem Betreuten führen können. Dass der potenzielle Betreuer ohnehin zu beteiligen ist, ergibt sich überdies aus dem materiellen Recht, da er sich zur Übernahme der Betreuung **bereit erklären** muss (§ 1898 Abs. 2 BGB). Mithin muss das Betreuungsgericht spätestens vor seiner Bestellung die entsprechende Bereitschaft des potenziellen Betreuers abfragen und ihn am Verfahren beteiligen.

c) Bevollmächtigter (Abs. 1 Nr. 3)

17 Der (Vorsorge-)Bevollmächtigte ist ebenfalls **Mussbeteiligter**, soweit sein **Aufgabenkreis betroffen** ist (Abs. 1 Nr. 3).[37] Dies ist immer dann der Fall, wenn das Verfahren die Bestellung eines Betreuers oder die Erweiterung des Aufgabenkreises des Betreuers für einen Aufgabenkreis zum Gegenstand hat, für den der Bevollmächtigte seitens des Betroffenen bevollmächtigt worden ist, oder wenn ein Vollmachtsbetreuer iSd § 1896 Abs. 3 BGB bestellt werden soll.[38] Zwar schließt das Vorliegen einer wirksamen (**Vorsorge-)Vollmacht** die Bestellung eines Betreuers für den Aufgabenbereich, für den die Vollmacht erteilt worden ist, grundsätzlich aus.[39] Das Betreuungsgericht hat aber eigene Ermittlungen durchzuführen[40] und gleichwohl einen Betreuer zu bestellen, wenn die Vollmacht, etwa wegen festgestellter Geschäftsunfähigkeit des Betroffenen im Erteilungszeitpunkt oder wegen Verstoßes gegen das RDG,[41] unwirksam ist, der (Vorsorge)Bevollmächtigte nicht willens[42] oder fähig ist, die Vollmacht zum Wohle des Betroffenen einzusetzen[43] oder der Betroffene einen Antrag auf

---

36 BT-Drucks. 16/6308, 265; Zimmermann, Rn 452.
37 AG Mannheim v. 29.3.2012, Ha 2 XVII 523/11.
38 BT-Drucks. 16/6308, 265.
39 KG FamRZ 2006, 1481.
40 OLG Celle OLGReport 2007, 260.
41 Noch zum RBerG: KG NJW-RR 2007, 1089; OLG Saarbrücken FamRZ 2003, 1044; vgl auch OLG Schleswig FGPrax 2006, 73.
42 BayObLG FamRZ 2004, 1403.
43 OLG Schleswig FGPrax 2008, 158; KG NJW-RR 2007, 514; OLG Brandenburg NJW 2005, 1587.

Bestellung eines Betreuers für den Aufgabenkreis des Bevollmächtigten stellt und damit ggf konkludent die Vollmacht widerruft. In den Fällen einer unwirksamen Vollmachtserteilung ist zwar strenggenommen kein wirksam Bevollmächtigter gegeben; gleichwohl sollte der vermeintlich Bevollmächtigte dem Verfahren hinzugezogen werden, weil die Feststellung der Unwirksamkeit seiner Bevollmächtigung möglich ist.[44] Ist eine wirksame Vollmacht erteilt, ist er in jedem Falle Mussbeteiligter, da der Widerruf der Vollmacht, aber jedenfalls die Bestellung eines Vollmachtsbetreuers nach § 1896 Abs. 3 BGB droht.[45] Das Betreuungsgericht wird aber beachten müssen, dass das Ziel, einen Betreuer (auch) zum Zwecke des Widerrufs der (Vorsorge-)Vollmacht zu bestellen, nur dann erreicht werden kann, wenn dem Betreuer der Aufgabenkreis des Widerrufs der Vollmacht ausdrücklich zugewiesen wird.[46]

3. Verfahrenspfleger (Abs. 2)

Der Verfahrenspfleger vertritt als Pfleger eigener Art als „Sprachrohr" die **objektiven Interessen** des Betroffenen und ist weder an Weisungen des Betreuungsgerichts noch des Betroffenen gebunden.[47] Seine Bestellung erfolgt stets im objektiv verstandenen Interesse des Betroffenen, so dass er mit seiner Bestellung nach Abs. 2 Beteiligter wird. Seine Beteiligteneigenschaft endet mit der Rechtskraft der Endentscheidung oder einem sonstigen Abschluss des Verfahrens (§ 276 Abs. 5 FamFG) oder wenn seine Bestellung, etwa nach § 276 Abs. 4 FamFG oder anderweitig, aufgehoben wird.

18

4. Zuständige (Betreuungs-)Behörde (Abs. 3)

Die zuständige Betreuungsbehörde kann sich in bestimmten Verfahren **durch eigenen Antrag** zur obligatorisch zu Beteiligenden machen. Das Antragserfordernis soll sicherstellen, dass die Betreuungsbehörde nicht unnötig mit Verfahrenshandlungen belastet wird. Die Betreuungsbehörde hat mithin die Wahl, ob sie aktiv am Verfahren teilnehmen will.[48] Allerdings darf das Betreuungsgericht nicht von einer gebotenen Beteiligung der Betreuungsbehörde nur wegen Fehlens eines entsprechenden Antrags absehen. Hiervon zu unterscheiden ist die Pflicht des Betreuungsgerichts nach § 26 FamFG, den entscheidungserheblichen Sachverhalt vollständig und umfassend aufzuklären. Denn allein durch eine mögliche Anhörung der Betreuungsbehörde (§ 279 Abs. 2 FamFG, vgl aber Übersicht vor § 1 BtBG Rn 9f) oder der Einholung eines Sozialberichts (vgl Vor § 271 FamFG Rn 13) wird die Betreuungsbehörde nicht zum Beteiligten (§ 7 Abs. 6 FamFG). Stellt die Betreuungsbehörde hingegen einen Antrag, besteht kein Ermessen des Betreuungsgerichts, ob es die Betreuungsbehörde, etwa bei vermeintlich klarer tatsächlicher oder rechtlicher Sachlage, gleichwohl nicht beteiligt. Die Beteiligung ist dann gemäß § 7 Abs. 2 Nr. 2, 2. Alt. FamFG **zwingend**.[49]

19

---

44 Vgl Keidel/Budde, § 274 FamFG Rn 4.
45 BT-Drucks. 16/6308, 265.
46 KG FGPrax 2007, 118.
47 BT-Drucks. 16/6308, 265; BT-Drucks. 11/4528, 171.
48 BT-Drucks. 16/6308, 179.
49 BT-Drucks. 16/6308, 179.

20 Die Möglichkeit, durch eigenen Antrag obligatorisch beteiligt zu werden, besteht bei der Bestellung eines Betreuers und der Anordnung eines Einwilligungsvorbehaltes (Abs. 3 Nr. 1) und der Entscheidungen über Umfang, Inhalt und Bestand der Bestellung eines Betreuers und der Anordnung eines Einwilligungsvorbehaltes (Abs. 3 Nr. 2). Dies sind:

- die Aufhebung oder Verlängerung der Betreuung,
- die Einschränkung oder Erweiterung des Aufgabenkreises des Betreuers,
- die Aufhebung oder Verlängerung eines Einwilligungsvorbehaltes,
- die Einschränkung oder Erweiterung des Kreises der einwilligungsbedürftigen Willenserklärungen,
- die Bestellung eines neuen (§ 1908 c BGB) oder weiteren Betreuers (§ 1899 BGB),
- die Entlassung des Betreuers (§ 1908 b BGB),
- der Statuswechsel des Betreuers und
- die Überprüfung der Betreuerauswahl des Betreuungsvereins (§ 291 FamFG),
- hingegen nicht die Genehmigungserfordernisse der §§ 1904, 1905, 1908 i Abs. 1 S. 1 BGB iVm §§ 1821, 1822 Nr. 1 bis 4 und 6 bis 13, 1823, 1825, 1806, 1811, 1812, 1814, 1815, 1819 f, 1824, 1411 Abs. 1 S. 3, Abs. 2 S. 2, 1484 Abs. 2 S. 3, 1491 Abs. 3 S. 2, 1493 Abs. 2 S. 2, 1596 Abs. 1 S. 3, 2290 Abs. 3, 2347 Abs. 2 S. 2 BGB, § 2 NamÄndG und § 16 Abs. 3 VerschG[50] oder die Entscheidung über die Vergütung des Berufsbetreuers oder Berufsverfahrenspflegers.[51]
- Das Betreuungsgericht hat die Betreuungsbehörde gemäß § 7 Abs. 4 FamFG formlos von der Verfahrenseinleitung und – überflüssigerweise, da eine entsprechende Kenntnis über ihr Antragsrecht vorhanden ist[52] – darüber zu informieren, dass sie ihre Beteiligung beantragen kann. Die Betreuungsbehörde kann dann entscheiden, ob sie ihre Beteiligung beantragt; sie kann auch ihren Antrag auf Beteiligung zurücknehmen, mit der Folge, dass sie dann aus dem Verfahren ausscheidet.[53]

5. Sonstige Personen und Vertreter der Staatskasse (Abs. 4)

21 Abs. 4 konkretisiert die Regelung des § 7 Abs. 3 S. 1 FamFG, wonach bestimmte Personen oder der Bezirksrevisor als Vertreter der Staatskasse als Optionsbeteiligte am Verfahren zu beteiligen sind oder beteiligt werden können. Optionsbeteiligte sind zwar nicht unmittelbar in eigenen Rechten betroffen. Indes ist zu erwarten, dass sie, nachdem sie von der Einleitung des Betreuungsverfahrens benachrichtigt worden sind, durch einen **Antrag** ihren Anspruch auf Verfahrensteilhabe bekunden werden.[54] Beachtlich ist, dass **Dritte**, die nicht diesem Personenkreis unterfallen, nur unter den Voraussetzungen des § 7 Abs. 2 Nr. 1 FamFG als Beteiligte dem Verfahren hinzuzuziehen sind. Dies ist

---

50 Prütting/Helms/Fröschle, § 274 FamFG Rn 37; aA Damrau/Zimmermann, § 274 FamFG Rn 13 für Genehmigung nach §§ 1904, 1905 BGB.
51 Damrau/Zimmermann, § 274 FamFG Rn 13; Zimmermann, Rn 453.
52 Keidel/Budde, § 274 FamFG Rn 13.
53 Prütting/Helms/Fröschle, § 274 FamFG Rn 38.
54 BT-Drucks. 16/6308, 179.

nur dann der Fall, wenn die Betreuerbestellung ausschließlich in ihrem Interesse erfolgen soll, etwa, damit sie Rechte gegenüber dem Betroffenen geltend machen können (s. § 1896 BGB Rn 139)[55] oder ein Betreuer für einen prozessunfähigen Beklagten bestellt werden soll, damit sie eine Forderung auch gegen den prozessunfähigen Betreuten gerichtlich durchsetzen können.[56]

a) Nahe Angehörige und Vertrauensperson (Abs. 4 Nr. 1)

Allein in Verfahren, in denen die zuständige Behörde auf ihren Antrag als Beteiligte hinzuzuziehen ist (s. Rn 20), können die sog. Optionsbeteiligten (Kannbeteiligte) am Verfahren beteiligt werden; selbstverständlich ist hierfür nicht Voraussetzung, dass die Betreuungsbehörde einen entsprechenden Antrag stellt. Zum Kreis der Optionsbeteiligten gehören der nicht dauernd getrennt lebende **Ehegatte** (§ 1310 Abs. 1 BGB) und Lebenspartner (§ 1 Abs. 1 S. 1 LPartG), Verwandte in **gerader Linie** (§ 1589 S. 1 BGB: Eltern, Großeltern, Kinder, Enkel, Urenkel), Geschwister und **Pflegeeltern**, also Personen, die durch ein auf längere Dauer angelegtes Pflegeverhältnis in häuslicher Gemeinschaft wie Eltern und Kind mit dem Betroffenen verbunden sind (§ 16 Abs. 5 S. 1 Nr. 8 SGB X, §§ 33, 38, 44 SGB VIII), und eine **Vertrauensperson** des Betroffenen. Dieser Personenkreis wird durch Maßnahmen des Betreuungsgerichts jedenfalls nicht unbedingt in eigenen Rechten betroffen, so dass deren Beteiligung nicht nach § 7 Abs. 2 Nr. 1 FamFG zwingend ist. Allerdings kann deren Hinzuziehung dann geboten sein, wenn sie ein **schützenswertes ideelles Interesse** haben.[57] Das Betreuungsgericht hat zu beachten, dass eine Beteiligung dieses Personenkreises zu Beteiligungsrechten und Pflichten führt, die den subjektiven Interessen des Betroffenen zuwiderlaufen können. Auch wenn der Betroffene weder die Beteiligung dieser Personen noch deren Anhörung als Beteiligte nach § 279 Abs. 1 FamFG verhindern kann, sind seine Interessen an einer Nichtbeteiligung gleichwohl zu berücksichtigen,[58] etwa dann, wenn der Schutz seiner Intimsphäre Vorrang vor der Beteiligung dieser Personen hat oder andere gewichtige Gründe vorliegen, da es sich um eine altruistische Beteiligung handelt und vermieden werden soll, dass Angehörige ohne ein Betroffensein in eigenen Rechten auch dann Einfluss auf das Verfahren nehmen können, wenn dies den Interessen des Betroffenen zuwiderläuft.[59] Das Interesse des Betroffenen ist aus seiner Sicht zu beurteilen.[60] Läuft der einer Beteiligung entgegenstehende subjektive Wille des Betroffenen ohnehin seinen objektiven Interessen zuwider und liegen keine erheblichen Gründe vor, die gegen eine Hinzuziehung der Verwandten sprechen, kommt deren Beteiligung ausnahmsweise auch **gegen den Willen des Betroffenen** in Betracht. Da der dauerhaft getrennt lebende Ehegatte oder Lebenspartner[61] ohnehin nicht zum Kreis der Optionsbeteiligten gehört, wird mithin die Beteiligung des nicht dauernd getrennt lebenden Ehegatten und Lebenspartners grundsätzlich angezeigt sein,

22

---

55 BGH FamRZ 1985, 276 zur Gebrechlichkeitspflegschaft; BayObLG FGPrax 1996, 106.
56 BGH BtPrax 2011, 72; vgl BGH NJW-RR 2011, 284.
57 BT-Drucks. 16/6308, 265.
58 BGH FamRZ 2012, 960.
59 BT-Drucks. 16/6308, 265; Keidel/Budde, § 274 FamFG Rn 17.
60 LG Verden BtPrax 2010, 242; Zimmermann, Rn 455.
61 Vgl hierzu 1. Auflage, § 68 a FGG Rn 8.

während bei der Hinzuziehung der übrigen Angehörigen eine Beteiligung umso weniger angezeigt ist, je weiter der Angehörige sich vom Betroffenen entfernt hat. Ausschlaggebend ist dabei nicht nur die verwandtschaftliche Beziehung, sondern die tatsächliche Ausprägung der persönlichen Bindung.[62] Denkbar ist überdies, allein eine Beteiligung für einen Teilbereich zuzulassen.[63]

23 Im Interesse des Betroffenen kann in den Fällen des Abs. 3 (s. Rn 20) auch eine **Person seines Vertrauens** am Verfahren beteiligt werden, so dass das Betreuungsgericht im Einzelfall auch entferntere Angehörige, den getrennt lebenden Ehegatten oder Lebenspartner sowie sonstige Personen, die mit dem Betroffenen eng verbunden sind, hinzuziehen kann.[64] Um zu verhindern, dass Dritte mit der Behauptung, sie seien Vertrauenspersonen des Betroffenen, am Verfahren beteiligt werden, ist zu verlangen, dass der Betroffene die Person – ausdrücklich oder konkludent – als Vertrauensperson benennt.[65] Problematisch ist indes der umgekehrte Fall, in dem der Betreuer zu einer Willensbekundung und damit Bestimmung einer Vertrauensperson nicht in der Lage ist. Die Ermittlung eines Vertrauensverhältnisses zu einem Nicht-Angehörigen ist dann tatsächlich nicht möglich, aber auch nicht erforderlich, so dass die Beteiligung einer Vertrauensperson nicht möglich ist.[66]

24 Die Angehörigen und die Vertrauensperson können infolge des Verweises auf Abs. 3 nur in den Verfahren, in denen die Betreuungsbehörde auf ihren Antrag zwingend zu beteiligen ist, als Beteiligte dem Verfahren hinzugezogen werden; auf die Ausführungen zu Rn 20 wird verwiesen. Dies ist insofern nicht konsequent, als gerade durch betreuungsgerichtliche Genehmigungen stärker die, etwa finanziellen, Interessen des Betroffenen und damit mittelbar der Angehörigen berührt werden können, als durch eine Entscheidung des Betreuungsgerichts zum Bestand oder Inhalt der Betreuung.

25 Das Betreuungsgericht hat die Beteiligten gemäß § 7 Abs. 4 FamFG, sofern sie ihm bekannt sind, formlos von der **Verfahrenseinleitung** und darüber in **Kenntnis** zu setzen, dass sie ihre Beteiligung beantragen können. Ist aus dem bisherigen Akteninhalt erkennbar, dass Beteiligte existieren können, sind aber Namen und Anschrift unbekannt, kann es diese Daten zwar selbst ermitteln, es ist hierzu aber keinesfalls verpflichtet,[67] da eine aufwändige Ermittlungstätigkeit zur Verzögerung des Verfahrens führte.[68]

26 Stellt ein Angehöriger oder eine Vertrauensperson des Betroffenen einen Antrag auf Hinzuziehung als Beteiligter, hat das Betreuungsgericht diesen Antrag **zeitnah zu bescheiden**. Ein derartiger Antrag kann ggf auch konkludent in der Beschwerde eines bisher nicht Beteiligten zu sehen sein, der ohne sein Verschulden nicht an dem Verfahren beteiligt worden ist.[69] Einem Antrag auf

---

62 LG Verden BtPrax 2010, 242.
63 Damrau/Zimmermann, § 274 FamFG Rn 21.
64 BT-Drucks. 16/6308, 265.
65 LG Koblenz v. 15.3.2010, 2 T 131/10; AG Frankfurt FamRZ 2012, 141.
66 AG Frankfurt FamRZ 2012, 141.
67 Keidel/Budde, § 274 FamFG Rn 19; Bruns, Die Beteiligten im Familienverfahren, NJW 2009, 2797; Leutheusser-Schnarrenberger, Belastung der Familiengerichte durch die FGG-Reform, FPR 2009, 42; Zimmermann, Die Beteiligten im neuen FamFG, FPR 2009, 5.
68 BT-Drucks. 16/6308, 179.
69 LG Saarbrücken BtPrax 2010, 147.

Hinzuziehung muss das Betreuungsgericht nicht zwingend entsprechen.[70] Die Entscheidung über die Hinzuziehung von Angehörigen des Betroffenen ist in das pflichtgemäße Ermessen des Gerichts gestellt und im Rechtsbeschwerdeverfahren nur eingeschränkt dahin gehend überprüfbar, ob die Grenzen des Ermessens überschritten sind oder ob das Ermessen sonst fehlerhaft ausgeübt worden ist.[71] Das Betreuungsgericht hat mithin zu prüfen, ob eine Beteiligung im wohlverstandenen Interesse des Betroffenen **sachgerecht und verfahrensfördernd** ist.[72] Bestehen Zweifel, ob der Betroffene mit der Hinzuziehung dieser Person einverstanden ist, muss er vorher gehört werden.[73] Widerspricht der Betroffene der Beteiligung mit nachvollziehbaren Gründen, ist, falls nicht schwerwiegende Gründe gleichwohl eine Hinzuziehung angeraten sein lassen, von einer Beteiligung abzusehen.[74] Kann sich der Betroffene nicht äußern, ist ggf ein Verfahrenspfleger zu bestellen.[75] Die Hinzuziehung bedarf, wie sich im Umkehrschluss aus § 7 Abs. 5 S. 1 FamFG ableiten lässt, keines formellen Hinzuziehungsaktes, sondern kann sowohl **konkludent** erfolgen, bspw durch Übersendung von Schriftstücken oder durch Ladung zum Termin,[76] als auch in Beschlussform. Die durch Beteiligung in erster Instanz begründete Beteiligtenstellung wirkt in der Beschwerdeinstanz fort.[77] Nur wenn das Betreuungsgericht einen Antrag auf Hinzuziehung zurückweisen will, hat dies nach § 7 Abs. 5 S. 1 FamFG durch Beschluss zu erfolgen.[78]

▶ **Beschlussformel:**

In ... [Rubrum] wird der Antrag des Antragstellers auf Beteiligung am Betreuungsverfahren zurückgewiesen. ◀

Der Beschluss ist nach § 38 Abs. 3 S. 1, Abs. 5 Nr. 3 FamFG zu begründen und mit einer Rechtsmittelbelehrung zu versehen (§ 39 FamFG). Dieser Beschluss ist nach § 7 Abs. 5 S. 2 FamFG mit der sofortigen Beschwerde entsprechend §§ 567 bis 572 ZPO anfechtbar (s. Rn 36).[79] Die Rechtsbeschwerde zum Bundesgerichtshof findet in diesen Fällen nur statt, wenn das Beschwerdegericht die Rechtsbeschwerde in dem angegriffenen Beschluss zugelassen hat (§ 574 Abs. 1 S. 1 Nr. 2 ZPO).[80]

b) Vertreter der Staatskasse (Abs. 4 Nr. 2)

Optionsbeteiligter ist auch der Vertreter der Staatskasse. Da er lediglich fiskalische Interessen vertritt, stellt Abs. 4 Nr. 2 klar, dass er nur dann zu beteiligen ist, wenn finanzielle **Belange der Staatskasse betroffen** sein können.[81] Der Gesetzgeber will mit dieser Beschränkung unnötige Beteiligungen und damit ver- 27

---

70 LG Frankenthal v. 6.1.2010, 1 T 2/10.
71 BGH FamRZ 2012, 960; LG Ulm v. 14.2.2011, 3 T 87/10.
72 BGH FamRZ 2012, 960; LG Verden BtPrax 2010, 242.
73 LG Hannover RdLH 2011, 188.
74 LG Verden BtPrax 2010, 242.
75 AG Frankfurt FamRZ 2012, 141.
76 LG Frankenthal v. 6.1.2010, 1 T 2/10; Bruns, Die Beteiligten im Familienverfahren, NJW 2009, 2797.
77 BGH FGPrax 2012, 182; LG Bielefeld FamRZ 2011, 1617; LG Stuttgart FamRZ 2011, 1091.
78 AG Frankfurt FamRZ 2012, 141.
79 BGH FGPrax 2011, 179; BGH FGPrax 2011, 103.
80 BGH FGPrax 2011, 179; BGH FGPrax 2011, 103.
81 LG Magdeburg v. 21.12.2011, 9 T 629/11.

bundenen zusätzlichen Verfahrensaufwand für den Vertreter der Staatskasse vermeiden. Das Interesse der Staatskasse ist dann betroffen, wenn der Betroffene mittellos ist und die Gerichtskosten nicht vom Betroffenen erhoben werden können (vgl § 307 FamFG Rn 4 f) oder die Vergütung des Berufsbetreuers (§§ 1908 i Abs. 1 S. 1, 1836 Abs. 1 S. 3 BGB, § 1 Abs. 2 S. 2 VBVG) und die Vergütung und der Auslagenersatz des Verfahrenspflegers (§ 277 Abs. 5 S. 1 FamFG) aus der Staatskasse zu zahlen sind (s. § 304 FamFG Rn 1). Gleiches gilt auch beim bemittelten Betreuten, wenn der Rechtspfleger über den **Regress** beim Betreuten oder dessen Erben zu entscheiden hat (§§ 292 Abs. 1, 168 Abs. 1 S. 2, Abs. 3 FamFG). Eine Beteiligung wird im letzteren Fall jedenfalls dann angezeigt sein, wenn der Rechtspfleger von einem Rückgriff beim Betreuten oder seinen Erben absehen will (§§ 292 Abs. 1, 168 Abs. 2 S. 3 FamFG). In diesen Fällen kann er auch bei der Festsetzung des Gegenstandswertes des Verfahrens beteiligt werden.[82] Auch wenn er eine Entlassung des Berufsbetreuers wegen Falschabrechnung (§ 1908 b Abs. 1 S. 2 BGB) oder der Möglichkeit der Bestellung eines ehrenamtlichen Betreuers (§ 1897 Abs. 6 BGB) anregt, ist der Vertreter der Staatskasse, wie sich aus § 304 Abs. 1 S. 2 FamFG ergibt, zu beteiligen.

III. Bedeutung für den Betroffenen

28   Für den Betroffenen hat die mögliche Beteiligung bestimmter Personen in zweifacher Hinsicht Bedeutung, nämlich einerseits hinsichtlich der von ihm gewollten **Verhinderung** deren Beteiligung und andererseits hinsichtlich der **Erwirkung** der Beteiligung bestimmter Angehöriger oder einer Vertrauensperson iSd Abs. 4 Nr. 1. Will er eine Beteiligung bestimmter Angehöriger oder einer Vertrauensperson erreichen, sollte er dies nicht nur dem Betreuungsgericht gegenüber mit Angabe des vollen Namens, der Anschrift und der entsprechenden Begründung, warum deren Beteiligung in seinem Interesse geboten sei, anzeigen. Er sollte vielmehr auch die von ihm als Beteiligte gewünschte(n) Person(en) zur entsprechenden Antragstellung bewegen. Denn eine Ablehnung der Antragstellung ist mit der sofortigen Beschwerde (§ 7 Abs. 6 S. 2 FamFG, §§ 567 ff ZPO) überprüfbar, so dass das Betreuungsgericht gezwungen wird, sich entweder für eine Beteiligung zu entscheiden oder aber eine hinreichende Begründung für deren Ablehnung zu geben, die auch das Beschwerdegericht überzeugen muss.

29   Will er eine Beteiligung eines Optionsbeteiligten iSd Abs. 4 Nr. 1 verhindern, sollte dies ebenfalls mit ausreichender Begründung gegenüber dem Betreuungsgericht erfolgen. Er muss darlegen, aus welchen schutzwürdigen Gründen (etwa Schutz seiner Intimsphäre, bestehende familiäre Spannungen, die über das Maß des Üblichen hinausgehen, Interessenkollision beim Angehörigen) sein Interesse einer Beteiligung entgegensteht.

30   Mit der Stellung eines **eigenen Antrags** auf Bestellung eines Betreuers kann der Betroffene die Beschwerdebefugnis der Optionsbeteiligten ausschließen (s. § 303 FamFG Rn 40),[83] mit der Folge, dass aufgrund mangelnder Beschwerdebefugnis ein möglicher Grund für deren Beteiligung, nämlich die

---

82 Damrau/Zimmermann, § 274 FamFG Rn 23.
83 Vgl auch bisher: OLG Hamm FamRZ 2002, 194.

Möglichkeit, die Betreuungsmaßnahme durch das Landgericht überprüfen zu lassen, wegfällt. Gegen die einem Dritten Akteneinsicht gewährende Entscheidung des Gerichts steht dem Betroffenen die Beschwerde entsprechend §§ 58 ff FamFG (s. Rn 40), hingegen gegen die einem weiteren Beteiligten Akteneinsicht gewährende Entscheidung sofortige Beschwerde entsprechend §§ 567 bis 572 ZPO (vgl § 284 FamFG Rn 20) zu (s. Rn 37).

Eine Beteiligung der Mussbeteiligten, also des potenziellen Betreuers, des bestellten Betreuers, seines Bevollmächtigten, des bestellten Verfahrenspflegers und der Betreuungsbehörde auf deren Antrag kann er nicht verhindern. Gleiches gilt für die Beteiligung des Bezirksrevisors, da dieser nicht in seinem Interesse, sondern im Interesse der Staatskasse beteiligt wird. 31

IV. Bedeutung für den Betreuer

Der Betreuer ist Mussbeteiligter nach § 274 Abs. 1 Nr. 1 FamFG; der potenzielle Betreuer hingegen nach § 7 Abs. 2 Nr. 1 FamFG. Ihre Beteiligung ist zwingend. Insbesondere der potenzielle Betreuer sollte darauf achten, dass er frühzeitig am Verfahren beteiligt wird, damit er nicht von Ermittlungsergebnissen überrascht wird und er in voller Kenntnis der Sachlage entscheiden kann, ob er sich zur Führung der Betreuung bereit erklären soll. 32

V. Bedeutung für den Verfahrenspfleger und Verfahrensbevollmächtigten

1. Verfahrenspfleger

Der Verfahrenspfleger wird mit seiner Bestellung zum Mussbeteiligten. Er wird darauf zu achten haben, dass das Betreuungsgericht nicht aus verfahrensökonomischen Gründen von der Beteiligung derjenigen Optionsbeteiligten absieht, deren Beteiligung im Interesse des Betroffenen geboten ist. Dies gilt auch dann, wenn der Betroffene der Beteiligung bestimmter Optionsbeteiligter widersprochen hat, da für den weisungsunabhängigen Verfahrenspfleger nicht das subjektive Interesse des Betroffenen, sondern dessen objektives Wohl maßgebend ist. In diesen Fällen wird er das Betreuungsgericht um Beteiligung dieser Optionsbeteiligten zu ersuchen und auch darüber zu wachen haben, dass diese nach Maßgabe des § 279 Abs. 1 FamFG auch angehört werden. 33

2. Verfahrensbevollmächtigter

Der Verfahrensbevollmächtigte wird sich frühzeitig beim Betroffenen erkundigen, welche Optionsbeteiligten er als Beteiligte dem Verfahren hinzugezogen wissen möchte und wessen Beteiligung er widerspricht. Ersterenfalls wird er gegenüber dem Betreuungsgericht die Erforderlichkeit der Beteiligung im Interesse des Betroffenen, letzterenfalls das der Beteiligung zwingend entgegenstehende Interesse des Betroffenen an einer Beteiligung darzulegen haben. Er muss nicht auf die Möglichkeit der Antragstellung nach § 7 Abs. 3 FamFG hinweisen, da dies ohnehin dem Betreuungsgericht obliegt. 34

VI. Bedeutung für Dritte

1. Betreuungsbehörde

Die Betreuungsbehörde ist auf ihren **Antrag** hin zwingend dem Verfahren hinzuzuziehen. Sie wird indes zu beachten haben, dass sie mit dem Unterlassen ei- 35 ner Antragstellung nicht verhindern kann, dass das Betreuungsgericht sie nach § 8 S. 2, 3 BtBG um die Anfertigung eines Sozialberichts oder um die Nennung eines geeigneten Betreuers oder Verfahrenspflegers ersucht (vgl aber Übersicht vor § 1 BtBG Rn 9 ff). Auch ohne Antrag und damit Beteiligtenstellung steht ihr zudem ein Beschwerderecht nach § 303 Abs. 1 FamFG zu. Demgegenüber führt die beantragte Hinzuziehung als Beteiligte dazu, dass sie nicht nur aktiver am Verfahren teilnehmen kann und ihr alle Verfahrensrechte zustehen, sondern auch dazu, dass sie mit Verfahrenskosten belastet werden kann. Allerdings ist dieses Risiko eher von untergeordneter Bedeutung, denn eine Kostenbelastung nach § 81 Abs. 2 FamFG wird nur dann in Frage kommen, wenn die Betreuungsbehörde durch grobes Verschulden Anlass für das Verfahren gibt, ihr Antrag auf Betreuerbestellung erkennbar aussichtslos ist, sie schuldhaft unwahre Angaben macht oder durch schuldhaftes Verletzen ihrer Mitwirkungspflichten das Verfahren erheblich verzögert (s. § 307 FamFG Rn 8).

2. Beteiligte

36 Die Beteiligten werden durch das Betreuungsgericht nur dann über die Verfahrenseinleitung und ihr Antragsrecht informiert, wenn sie und ihre Anschrift dem Betreuungsgericht **bekannt** sind. Erfährt der Beteiligte, der beteiligt werden will, von der Verfahrenseinleitung, sollte er im Zweifel nicht darauf warten, dass er im weiteren Verlauf dem Verfahren hinzugezogen wird, sondern er sollte seinen Namen, seine Anschrift und sein Verhältnis zum Betroffenen dem Betreuungsgericht mitteilen und seine Beteiligung beantragen. Er sollte sich im Klaren sein, dass er dann, wenn er in erster Instanz vom Betreuungsgericht nicht beteiligt wird, kein Beschwerderecht erlangt,[84] da § 303 Abs. 2 FamFG eben diese Beteiligung voraussetzt (s. § 303 FamFG Rn 41 ff).[85] Wird sein Antrag abgelehnt, kann er hiergegen sofortige **Beschwerde** nach § 7 Abs. 5 S. 2 FamFG, §§ 567 ff ZPO erheben. Entscheidet das Betreuungsgericht über seinen Antrag nicht oder nicht in absehbarer Zeit, kann dies unter Umständen als konkludente Ablehnung gewertet werden.[86] Die Beschwerde kann schriftlich eingelegt werden, wobei dann der Ablehnungsbeschluss des Betreuungsgerichts nach Datum und Aktenzeichen zu bezeichnen und anzugeben ist, dass diese Ablehnungsentscheidung aufgehoben werden und der Beschwerdeführer als Beteiligter dem Verfahren hinzugezogen werden soll (§ 569 Abs. 2 ZPO); die Beschwerde kann aber auch zu Protokoll der Geschäftsstelle eingelegt werden (§ 569 Abs. 3 Nr. 1 ZPO). Zu beachten ist, dass die sofortige Beschwerde nur binnen einer Notfrist von zwei Wochen bei dem Betreuungsgericht[87] eingelegt werden kann (§ 569 Abs. 1 S. 1 ZPO). Die Frist beginnt mit der Zustellung des Ablehnungsbeschlusses; ist dieser nicht zugestellt worden, endet die Beschwerdefrist spätestens mit dem Ablauf von fünf Monaten nach der Verkündung des Beschlusses (§ 569 Abs. 1 S. 2 ZPO). Für die Einlegung und Durchführung der

---

84 LG Landau FamRZ 2011, 60; LG Frankenthal v. 6.1.2010, 1 T 2/10; Zimmermann, Rn 458.
85 LG Landau FamRZ 2011, 60; Zimmermann, Die Beteiligten im neuen FamFG, FPR 2009, 5.
86 Damrau/Zimmermann, § 274 FamFG Rn 41; HK-BUR/Bauer, § 274 FamFG Rn 48; Zimmermann, Die Beteiligten im neuen FamFG, FPR 2009, 5.
87 Zweifelhaft ist, ob die sofortige Beschwerde auch beim Beschwerdegericht eingelegt werden kann, vgl HK-BUR/Bauer, § 274 FamFG Rn 46.

sofortigen Beschwerde besteht kein Anwaltszwang (§§ 569 Abs. 3 Nr. 1, 78 Abs. 5 ZPO).

Zum Akteneinsichtsrecht der Beteiligten s. Rn 6. Wird den Beteiligten die Akteneinsicht – und nicht lediglich die Aktenüberlassung nach § 13 Abs. 4 FamFG – durch eine richterliche Entscheidung versagt, können sie hiergegen entsprechend §§ 567 bis 572 ZPO sofortige **Beschwerde** (vgl § 284 FamFG Rn 20; s. auch § 303 FamFG Rn 7) einlegen.[88] Zwar handelt es sich bei der Entscheidung über die Versagung der Akteneinsicht gemäß der Legaldefinition in § 38 FamFG um eine **Zwischenentscheidung**, also um eine Entscheidung, die den Verfahrensgegenstand in der Instanz gerade nicht ganz oder teilweise abschließend regelt, so dass deren Anfechtung nach § 58 Abs. 1 FamFG ausgeschlossen scheint. Indes steht Dritten (s. Rn 40) gegen eine versagende Entscheidung die Beschwerde zu, womit aber nicht zu rechtfertigen ist, dass diesen eine Anfechtungsmöglichkeit eröffnet wäre, die die mit wesentlich stärkeren Verfahrensrechten ausgestatteten Beteiligten nicht hätten. Zudem streitet auch § 13 Abs. 4 S. 2 FamFG für eine Anfechtbarkeit. Denn will man dem Gesetzgeber nicht eine bloß überflüssige Wiederholung des bereits in § 58 Abs. 1 FamFG niedergelegten Grundsatzes der Unanfechtbarkeit von Zwischenentscheidungen im Rahmen der Akteneinsichtsgewährung unterstellen, spricht der ausdrückliche Ausschluss der Anfechtbarkeit der Aktenüberlassung im Umkehrschluss für eine Anfechtbarkeit der übrigen Entscheidungen des über das Akteneinsichtsrecht entscheidenden Gerichts in Form der Gewährung und Verweigerung der Akteneinsicht und der Verbindung mit Auflagen.[89] Letztlich wäre der einer Akteneinsicht widersprechende Beteiligte, insbesondere der Betroffene, rechtsschutzlos gestellt, wenn er die Gewährung der Akteneinsicht nicht anfechten könnte. Denn dass er die Endentscheidung anfechten könnte, in deren Rahmen im Nachhinein auch die Entscheidung über die Akteneinsicht geprüft würde (§ 58 Abs. 2 FamFG), nützte ihm nichts, da geheimhaltungsbedürftige Daten gleichwohl bekannt geworden wären. Da die Entscheidung über das Akteneinsichtsgesuch für den Beteiligten keine Endentscheidung iSd § 58 Abs. 1 FamFG darstellt, ist nach der Systematik des FamFG die sofortige Beschwerde nach der ZPO eröffnet (s. § 303 FamFG Rn 7). 37

---

88 AA OLG Jena NJW-RR 2012, 139; Bumiller/Harders, § 13 FamFG Rn 17: Beschwerde nach § 58 FamFG; einschränkend Jurgeleit/Jurgeleit, § 1 Rn 246: Anfechtbarkeit nur dann, wenn Akteneinsicht gegen Interessen eines Beteiligten oder Dritten gewährt werde, weil es sich dann hinsichtlich des Rechts auf informationelle Selbstbestimmung um eine Endentscheidung handele; vgl Jürgens/Kretz, § 13 FamFG Rn 14: Beschwerde nach § 58 FamFG desjenigen, dessen Akteneinsichtsantrag zurückgewiesen worden oder dessen Geheimhaltungsinteresse durch eine gewährte Akteneinsicht betroffen sei; vgl OLG Saarbrücken FGPrax 2012, 75; Keidel/Sternal, § 13 FamFG Rn 69; Prütting/Helms/Jennissen, § 13 FamFG Rn 49; Schulte-Bunert/Weinreich/Schöpflin, § 13 FamFG Rn 23: keine selbständige Anfechtbarkeit, sondern nur inzidente Überprüfung der Endentscheidung wegen Verstoßes gegen das rechtliche Gehör; Bassenge/Roth, § 13 FamFG Rn 11: gegen Entscheidung des Richters kein Rechtsmittel, gegen Entscheidung des Rechtspflegers Erinnerung nach § 11 Abs. 2 RPflG.
89 Jürgens/Kretz, § 13 FamFG Rn 14; aA Schulte-Bunert/Weinreich/Schöpflin, § 13 FamFG Rn 23; Keidel/Sternal, § 13 FamFG Rn 68, da damit allein Zwischenstreitigkeiten mit Rechtsanwälten, Notaren und Behörden ausgeschlossen werden sollten.

3. Dritte

38 Dritten, die dem Verfahren nicht als Beteiligte hinzuzuziehen sind, stehen die Beteiligtenrechte nicht zu. Anders nur, wenn sie nach § 7 Abs. 2 Nr. 1 FamFG als Beteiligte dem Verfahren hinzuziehen sind (s. Rn 21). Ein **Akteneinsichtsrecht** steht ihnen nach Maßgabe des § 13 Abs. 2 S. 1 FamFG nur dann zu, wenn sie ein **berechtigtes Interesse** daran glaubhaft geltend machen können und die Interessen des Betroffenen dem nicht entgegen stehen. Ein berechtigtes Interesse ist jedes nach vernünftiger Erwägung durch die Sachlage gerechtfertigte Interesse rechtlicher, wirtschaftlicher oder wissenschaftlicher Art.[90] Es ist dann zu bejahen, wenn ein künftiges Verhalten des die Akteneinsicht Beantragenden durch die Kenntnis vom Akteninhalt beeinflusst sein kann.[91] Ein **berechtigtes Interesse** ist dann **zu verneinen**, wenn:

- sich der Dritte bereits im Besitz erbetener Informationen befindet und nicht erkennbar ist, dass die erstrebte Akteneinsicht zu weiteren Erkenntnissen führt,[92]
- der Dritte lediglich einzelne, in der Akte möglicherweise enthaltene Fakten ermitteln will,[93]
- der Dritte lediglich das Bestehen einer patenschaftlichen oder freundschaftlichen früheren Beziehung zum Betroffenen und kein anderweitiges Interesse behauptet,[94]
- die Akteneinsicht allein dem Zweck dienen soll, die Erfüllung der Rechnungslegungspflicht des Betreuers nach §§ 1908 i Abs. 1 S. 1, 1890 S. 1 BGB[95] zu überwachen,[96]
- ohne konkrete Anhaltspunkte geäußerte Verdächtigungen, ein Betreuer missbrauche seine Stellung zur Verschiebung von Vermögenswerten des Betreuten in sein eigenes Vermögen und schmälere dadurch Erbansprüche, erst durch die Akteneinsicht erhärtet werden sollen,[97]
- der Dritte Amtshaftungsansprüche geltend machen will, aber nicht zum Kreis der durch die Amtspflicht geschützten Dritten gehört[98] oder
- der Dritte lediglich ein Interesse an der Meinungsbildung des Betreuungsgerichts, etwa vor der Genehmigung eines Grundstücksverkaufs behauptet.[99]

---

90 OLG Stuttgart FGPrax 2011, 263; KG FGPrax 2011, 157; KG FGPrax 2007, 118; KG FGPrax 2006, 122; OLG München BtPrax 2005, 234; OLG Frankfurt/M. FGPrax 2005, 154; BayObLG FamRZ 2005, 237; OLG Saarbrücken BtPrax 1999, 153; OLG Köln NJW-RR 1998, 438; BayObLG FamRZ 1990, 430.
91 OLG Stuttgart FGPrax 2011, 263; OLG Celle FamRZ 2011, 1080; OLG München FGPrax 2008, 157; OLG Frankfurt/M. FGPrax 2005, 154; BayObLG FamRZ 2005, 237; BayObLG EzFamR aktuell 2001, 18.
92 OLG München BtPrax 2005, 234.
93 OLG München BtPrax 2005, 234.
94 OLG Saarbrücken BtPrax 1999, 153.
95 Vgl. hierzu OLG Thüringen v. 27.2.2013, 2 U 352/12.
96 OLG München FGPrax 2007, 227.
97 OLG München BtPrax 2005, 234.
98 KG FGPrax 2006, 122.
99 OLG München OLGReport 2006, 20.

Das berechtigte Interesse ist nach §§ 13 Abs. 1 S. 1, 31 Abs. 1 FamFG **glaub-** 39
haft zu machen; der Amtsermittlungsgrundsatz gilt insoweit nicht.[100] Hierzu genügt ein geringerer Grad der richterlichen Überzeugungsbildung; die Behauptung ist glaubhaft gemacht, sofern eine überwiegende Wahrscheinlichkeit dafür besteht, dass sie zutrifft.[101] Der Dritte kann sich hierbei aller Beweismittel bedienen und auch eine Versicherung an Eides statt abgeben (§ 31 Abs. 1 FamFG); für Geschäftsunfähige oder Minderjährige kann deren gesetzlicher Vertreter die eidesstattliche Versicherung entsprechend § 415 Abs. 1 ZPO abgeben; ein sechzehnjähriger Minderjähriger oder ein prozessfähiger Beteiligter, der durch einen Betreuer oder Pfleger vertreten wird, kann über Tatsachen, die in seinen eigenen Handlungen bestehen oder Gegenstand seiner Wahrnehmung waren, daneben oder statt des Vertreters die eidesstattliche Versicherung abgeben.[102]

Über das Akteneinsichtsgesuch Dritter entscheidet nach § 13 Abs. 7 FamFG 40
der Richter; bei den dem Rechtspfleger übertragenen Aufgaben der Rechtspfleger.[103] Bejaht das Betreuungsgericht ein berechtigtes Interesse, entscheidet es über die Gewährung von Akteneinsicht nach pflichtgemäßem Ermessen und wägt dieses vor allem gegen das Recht des Betroffenen an seiner informationellen Selbstbestimmung und dessen schutzwürdigen Interessen aus der Persönlichkeits- oder Vermögenssphäre ab.[104] Eine Akteneinsicht ist daher bspw dann zu verweigern, wenn

- der Dritte als künftiger Alleinerbe Einsicht in die in der Akte enthaltenen Abrechnungen und Vermögensaufstellungen des Betreuers nehmen will, und dies dem ausdrücklichen natürlichen Willen des Betreuten widerspricht,[105]
- die Einrichtung einer Betreuung abgelehnt wird und der Betroffene der Akteneinsicht widerspricht,[106]
- der Dritte Schuldner ist und der Betroffene als sein Gläubiger die Forderung an einen anderen, etwa seinen Betreuer, abgetreten hat und der Schuldner sich gegen die Abtretung wehren will.[107]

Sie ist indes bspw dann zu gewähren, wenn der mit dem Betreuten in Miterbengemeinschaft stehende Antragsteller Einsicht in die den Nachlass betreffenden Abrechnungen des Betreuers begehrt; allein das Interesse des Betreuers an einem seine Arbeit betreffenden Datenschutz tritt demgegenüber zurück.[108]

---

100 OLG Celle FamRZ 2012, 727.
101 BGH NJW 2003, 3558; BGH NJW 1994, 2898.
102 Bumiller/Harders, § 31 FamFG Rn 1.
103 OLG Brandenburg FamRZ 2007, 1575; KG FGPrax 2006, 122; OLG Hamm FGPrax 2004, 141; vgl OLG München NJOZ 2011, 1963, welches ein berechtigtes Interesse an der Einsicht in das Grundbuch für einen Angehörigen verneint, der aus vermuteten Rechtsgeschäften des Eigentümers sich Rückschlüsse auf dessen Betreuungsbedürftigkeit erhofft.
104 OLG Hamm FGPrax 2011, 27; KG FamRZ 2011, 1415; KG FGPrax 2007, 118; OLG München FGPrax 2008, 157; OLG München FGPrax 2007, 227; OLG Frankfurt/M. FGPrax 2005, 154; BayObLG FamRZ 2005, 1278; OLG Köln FamRZ 2000, 1099.
105 OLG München FGPrax 2007, 227; OLG Köln FamRZ 2004, 1124.
106 OLG Frankfurt/M. FGPrax 2005, 154.
107 BayObLG EzFamR aktuell 2001, 18.
108 OLG Köln NJW-RR 1998, 438.

Ansonsten gilt Rn 6 entsprechend. Gegen die Versagung der Akteneinsicht steht dem Dritten, für den diese Entscheidung zugleich Endentscheidung iSd § 58 Abs. 1 FamFG ist, Beschwerde nach §§ 58 ff FamFG zu (s. auch Rn 37 und § 303 FamFG Rn 7).[109]

4. Behörden

41 (Justiz-)Behörden können Akteneinsicht im Wege der **Rechtshilfe** verlangen.[110] Ihnen steht gegen die Verweigerung der Akteneinsicht Dienstaufsichtsbeschwerde zu.[111] Handelt es sich bei der versagenden Entscheidung um einen Justizverwaltungsakt, ist hiergegen die Beschwerde nach § 23 EGGVG gegeben.[112]

§ 275 FamFG Verfahrensfähigkeit

In Betreuungssachen ist der Betroffene ohne Rücksicht auf seine Geschäftsfähigkeit verfahrensfähig.

I. Einleitung

1 Die Rechtsprechung zur Rechtslage vor Inkrafttreten des Betreuungsrechts anerkannte die Prozess- und Verfahrensfähigkeit geschäftsunfähiger Betroffener im Rahmen von Entmündigungs- und Pflegschaftsverfahren. Für Maßnahmen außerhalb anhängiger Betreuungsverfahren (zB Auswahl bzw Entlassung des Vormundes/Pflegers) wurde die Verfahrensfähigkeit verneint. Eine Verfahrenspflegerbestellung war auf das Unterbringungsverfahren beschränkt. Aufgrund dessen war der Betroffene vor der Reform des Betreuungsrechts weitenteils mehr bloßes Verfahrensobjekt denn eigenständiger Beteiligter. Die **Gewährleistung der vollen Verfahrensfähigkeit des Betroffenen** durch den Reformgesetzgeber stellt sich somit als ein **Kernstück des Verfahrensrechts** dar.

II. Bedeutung für den Betroffenen

2 Die Verfahrensfähigkeit ist als die Fähigkeit definiert, in einem Verfahren als Beteiligter aufzutreten und Rechte im Verfahren selbst auszuüben, § 7 FamFG.

3 Der **Betroffene** kann in allen Verfahren und Instanzen, die mit „seiner" Betreuung zusammenhängen, sämtliche aus seiner Sicht gebotenen Angriffs- und Verteidigungsmittel selbst vorbringen. Zugunsten des geschäftsunfähigen Betreuten wird in den anhängigen Betreuungssachen Geschäftsfähigkeit fingiert. Betreuungssachen sind alle Verfahren zur Bestellung eines Betreuers und zur Aufhebung einer Betreuung, zur Anordnung eines Einwilligungsvorbehaltes sowie sonstige Verfahren, die die rechtliche Betreuung eines Volljährigen (§§ 1896 bis 1908 i BGB) betreffen, § 271 FamFG. Für das Unterbringungsver-

---

109 OLG Celle FamRZ 2012, 727; OLG Saarbrücken FGPrax 2012, 75; OLG Stuttgart FGPrax 2011, 263; KG FGPrax 2011, 157; KG FamRZ 2011, 1415; Jurgeleit/Jurgeleit, § 1 Rn 247; Keidel/Budde, § 13 FamFG Rn 72; Prütting/Helms/Jennissen, § 13 FamFG Rn 50; Schulte-Bunert/Weinreich/Schöpflin, § 13 FamFG Rn 24; aA OLG Hamm FamRZ 2012, 51: Justizverwaltungsakt iSv § 23 EGGVG.
110 BT-Drucks. 16/6308, 181.
111 Keidel/Sternal, § 13 FamFG Rn 73.
112 BT-Drucks. 16/6308, 182.

fahren gilt § 312 FamFG. Betroffener im Sinne der Vorschrift ist sowohl derjenige, der selbst eine Betreuerbestellung beantragte, als auch derjenige, der von Amts wegen einen Betreuer erhielt/erhalten soll. Im Einzelnen kann der Betroffene u.a.

- einem Anwalt Verfahrens- oder Prozessvollmacht erteilen;[1]
- Angriffs- und Verteidigungsmittel vorbringen;
- Verfahrenskostenbeihilfe beantragen;[2]
- Richter und Sachverständige ablehnen;[3]
- Wiedereinsetzung in den vorigen Stand beantragen;
- Anträge stellen;
- rechtliches Gehör ausüben.[4]

Dem Betroffenen sind regelmäßig sämtliche Entscheidungen in Betreuungssachen bekanntzumachen, um diesem die Ausübung seiner Verfahrensrechte zu ermöglichen.[5] Von daher ist dem Betroffenen auch das in der Regel verfahrensentscheidende Sachverständigengutachten zuzustellen.[6] Hiervon kann nur unter den Voraussetzungen von § 288 Abs. 1 FamFG abgesehen werden.[7]

Der Betroffene kann ohne Einschränkung eine Verfahrensvollmacht erteilen.[8] Es ist insoweit von einer Teilgeschäftsfähigkeit auszugehen und der mit einem Rechtsanwalt abgeschlossene Geschäftsbesorgungsvertrag ist analog §§ 112, 113 BGB wirksam.[9] Hiergegen wird teilweise eingewandt, ungeschriebene Voraussetzung der Verfahrensfähigkeit des Betroffenen sei das Vorhandensein eines „natürlichen Willens."[10] Der Betroffene müsse noch über einen freien Willen verfügen und fähig sein, Sinn und Folge seiner Erklärungen zu erkennen und sich eine ungefähre Vorstellung von seiner Lage zu machen.[11] Von daher müsse das Gericht die Verfahrenshandlungen des Vertreters des Betroffenen zurückweisen, der die Feststellungslast für den Bestand der behaupteten Vollmacht/des Auftrages habe.[12] Diese Auffassung ist abzulehnen, bürdet sie doch einem beauftragten Rechtsanwalt eine unangemessene Beweisführung auf. Rechtsanwälte sind Organe der Rechtspflege und nach § 3 Abs. 1 BRAO die berufenen unabhängigen Berater und Vertreter von Bürgern in allen Rechtsangelegenheiten. Von hier nicht zu diskutierenden schwarzen Schafen abgesehen, kann regelhaft eine ordnungsgemäße Berufsausübung unterstellt werden. Das Gesetz sieht zudem eine Einschränkung der Verfahrensfähigkeit, differenziert nach unterschiedlichen Graden der Geschäftsfähigkeit, nicht

4

---

1 BayObLG FamRZ 1999, 1619.
2 Meier, Handbuch Betreuungsrecht, Rn 167.
3 BayObLG FamRZ 1988, 743; BayObLGFamRZ 1986, 186.
4 BayObLG Rpfleger 1979, 422.
5 OLG München BtPrax 2007, 180, 181 = FamRZ 2007, 1769.
6 BGH BtPrax 2010, 278 und BGH NJW-RR 2012, 1505.
7 Keidel/Budde, § 281 FamFG Rn 11.
8 OLG Schleswig FGPrax 2007, 130.
9 Damrau/Zimmermann, § 275 FamFG Rn 6; BayObLG FamRZ 2002, 764.
10 AG Mannheim BtPrax 2012, 219 m. zust. Anm. Heitmannn, jurisPR-FamR 18/2012, Anm. 3.
11 Saarl. OLG BtPrax 1999, 153, 155.
12 BayObLG BtPrax 2004, 159.

vor.[13] Von daher kann der Betroffene, dem die Einsicht in die Bedeutung und die Fähigkeit zur freien Willensentschließung fehlt, auch für ihn nachteilige Verfahrenshandlungen initiieren, wie beispielsweise den Verzicht oder die Rücknahme eines Rechtsmittels.[14] Diese Nachteile der Verfahrensfähigkeit nahm der Gesetzgeber wissend in Kauf. Das Gericht wird in geeigneten Fällen dem Schutzbedürfnis des Betroffenen durch Bestellung eines Verfahrenspflegers Rechnung tragen.

III. Bedeutung für das Betreuungsgericht

5 Im Rahmen der von dem **Gericht** durchzuführenden Amtsermittlung, § 26 FamFG, sind die von dem Betroffenen zu den Gerichtsakten gerichteten Stellungnahmen, Anträge und Anregungen zur Kenntnis zu nehmen und bei der zu treffenden Entscheidung in Erwägung zu ziehen.[15] Das Betreuungsgericht ist verpflichtet, dem Betroffenen von Amts wegen einen **Verfahrenspfleger** nach § 276 FamFG zu bestellen, sofern der Eindruck entsteht, dieser könne nicht ausreichend alleine seine Interessen in dem anhängigen Betreuungsverfahren vertreten. Durch die Bestellung eines Verfahrenspflegers wird die Verfahrensfähigkeit des Betroffenen nicht beeinträchtigt.

6 Ferner ist dem mittellosen Betroffenen, der einen **Verfahrenskostenhilfeantrag** (§§ 76 ff FamFG) stellt, antragsgemäß ein **Rechtsanwalt beizuordnen**. Die Erforderlichkeit der Beiordnung eines Rechtsanwaltes zugunsten des Betroffenen ergibt sich aus dem Verfassungsrecht. Nach der Rechtsprechung des Bundesverfassungsgerichtes ist die gerichtliche Bestellung eines Betreuers für den unter Betreuung Gestellten ein gewichtiger Grundrechtseingriff.[16] Der Betreute wird in seiner Entscheidungsfreiheit aus Art. 2 Abs. 1 GG ganz oder teilweise in den vom Gericht bestimmten Angelegenheiten eingeschränkt. Aufgrund des drohenden schwerwiegenden Eingriffs in die Rechte und die Lebensstellung des Betreuten ist unter Berücksichtigung seiner Handicaps zu seinen Gunsten von der rechtlichen und tatsächlichen Schwierigkeit der Angelegenheit und seiner Unfähigkeit auszugehen, sich ohne fachkundige fremde Hilfe sachgerecht einzulassen.[17] In sonstigen anhängigen Betreuungsangelegenheiten ist – wie sonst auch – die Bewilligung von Verfahrenkostenhilfe abhängig von den Erfolgsaussichten des Rechtsmittels.[18] Entscheidungen in Betreuungssachen sind dem Betroffenen selbst bekannt zu machen.[19] Alle Verfahrenshandlungen, wie zB Zustellungen, werden mit Hinblick auf die Verfahrensfähigkeit des Betroffenen diesem gegenüber wirksam vorgenommen. Mit der Zustellung beginnt auch der Lauf der Rechtsmittelfrist.[20] Lediglich außerhalb des Betreuungsverfahrens sind Zustellungen im Rahmen der Aufgabenkreise an den Betreuer zu bewirken, § 6 Abs. 1 VwZG, § 131 BGB. Bei Vorliegen eines Schutzbedürfnis-

---

13 BT-Drucks. 11/4528, 89 re. Spalte.
14 AA OLG Hamm Rpfleger 1990, 510 zur alten Rechtslage sowie Damrau/Zimmermann, § 275 FamFG Rn 5 mwN.
15 BVerfG FamRZ 1997, 151, 152.
16 BVerfG NJW 2002, 206; BVerfG v. 10.10.2008, 1 BvR 1415/08.
17 LG Berlin BtPrax 2002, 175 m.Anm. Meier, BtPrax 2002, 155.
18 BayObLG BtPrax 2002, 271; FamRZ 2002, 908, 909; OLG München BtPrax 2006, 150 = FamRZ 2006, 1461.
19 OLG München BtPrax 2007, 180, 181.
20 BayObLG FamRZ 2000, 1445.

ses und zur Meidung etwaiger Nachteile der Verfahrensfähigkeit ist dem Betroffenen trotz Vertretung durch einen Rechtsanwalt oder Verfahrensbevollmächtigten ein Verfahrenspfleger zur Wahrnehmung seiner objektiven Interessen zu bestellen.[21]

IV. Bedeutung für den Betreuer

Beauftragte der Betroffene selbst einen Rechtsanwalt mit seiner Vertretung in dem anhängigen Betreuungsverfahren, ist der **Betreuer** mit dem **Aufgabenkreis der Vermögenssorge** auf entsprechende Aufforderung hin je nach Verfahrensstand und Vermögenslage verpflichtet, 7

- einen Beratungshilfeschein auszufüllen und mit Belegen zu versehen;
- einen Verfahrenskostenhilfeantrag auszufüllen und mit Belegen zu versehen;
- die anwaltliche Kosten- bzw Honorarrechnung bei vermögenden Betreuten zu bezahlen.

Das Verweigern von finanziellen Mitteln für das Stellen eines **Betreuungsaufhebungsantrages** durch einen vom Betreuten beauftragten Anwalt ist haftungsrechtlich relevant iSd § 1833 BGB.[22] Keinesfalls ist der Betreuer mit dem Aufgabenkreis der Vermögenssorge befugt, dem Betroffenen durch Verweigerung finanzieller Mittel bzw Mitwirkung eine anwaltliche Rechtsverteidigung zu erschweren. Ein derartiges Vorgehen des Betreuers wäre pflichtwidrig mit Hinblick auf die Wunschbefolgungspflicht, § 1901 Abs. 3 BGB.[23] Die Geschäftsfähigkeit des Betroffenen zum Abschluss eines Geschäftsbesorgungsvertrages bzw einer Honorarvereinbarung mit einem Anwalt wird nach §§ 112, 113 BGB fingiert.[24] Überzogenen, missbräuchlichen Honorarforderungen kann im Einzelfall mit § 138 BGB entgegen getreten werden.[25] 8

V. Bedeutung für den Verfahrenspfleger

Der für den Betroffenen von dem Betreuungsgericht bestellte Verfahrenspfleger vertritt die **objektiven Interessen des Betroffenen** in dem anhängigen Betreuungsverfahren – vgl insoweit die Kommentierung zu § 276 FamFG – und ist an dessen Weisungen nicht gebunden. Von daher kann es zu konkurrierenden Verfahrenshandlungen des Betroffenen bzw seines Verfahrenspflegers kommen.[26] In jedem Fall ist es die Aufgabe des Verfahrenspflegers, die Einhaltung der verfahrensrechtlichen und materiellrechtlichen Vorschriften zugunsten des Betroffenen zu überwachen. 9

---

21 OLG Schleswig FGPrax 2007, 130.
22 Damrau/Zimmermann, § 1837 BGB Rn 9.
23 Zur Wunschbefolgungspflicht und deren Grenzen: BGH NJW 2009, 2814.
24 hM: Damrau/Zimmermann, § 275 FamFG Rn 6; Keidel/Budde, § 275 FamFG Rn 3.
25 Zur Angemessenheit anwaltlicher Honorarforderungen: BGH NJW 2003, 2386.
26 OLG Hamm FamRZ 2006, 1301.

§ 276 FamFG Verfahrenspfleger

(1) ¹Das Gericht hat dem Betroffenen einen Verfahrenspfleger zu bestellen, wenn dies zur Wahrnehmung der Interessen des Betroffenen erforderlich ist. ²Die Bestellung ist in der Regel erforderlich, wenn

1. von der persönlichen Anhörung des Betroffenen nach § 278 Abs. 4 in Verbindung mit § 34 Abs. 2 abgesehen werden soll oder
2. Gegenstand des Verfahrens die Bestellung eines Betreuers zur Besorgung aller Angelegenheiten des Betroffenen oder die Erweiterung des Aufgabenkreises hierauf ist; dies gilt auch, wenn der Gegenstand des Verfahrens die in § 1896 Abs. 4 und § 1905 des Bürgerlichen Gesetzbuchs bezeichneten Angelegenheiten nicht erfasst.

(2) ¹Von der Bestellung kann in den Fällen des Absatzes 1 Satz 2 abgesehen werden, wenn ein Interesse des Betroffenen an der Bestellung des Verfahrenspflegers offensichtlich nicht besteht. ²Die Nichtbestellung ist zu begründen.

(3) Wer Verfahrenspflegschaften im Rahmen seiner Berufsausübung führt, soll nur dann zum Verfahrenspfleger bestellt werden, wenn keine andere geeignete Person zur Verfügung steht, die zur ehrenamtlichen Führung der Verfahrenspflegschaft bereit ist.

(4) Die Bestellung eines Verfahrenspflegers soll unterbleiben oder aufgehoben werden, wenn die Interessen des Betroffenen von einem Rechtsanwalt oder einem anderen geeigneten Verfahrensbevollmächtigten vertreten werden.

(5) Die Bestellung endet, sofern sie nicht vorher aufgehoben wird, mit der Rechtskraft der Endentscheidung oder mit dem sonstigen Abschluss des Verfahrens.

(6) Die Bestellung eines Verfahrenspflegers oder deren Aufhebung sowie die Ablehnung einer derartigen Maßnahme sind nicht selbständig anfechtbar.

(7) Dem Verfahrenspfleger sind keine Kosten aufzuerlegen.

I. Einleitung

1   Nach § 276 Abs. 2 FamFG kann von einer Verfahrenspflegerbestellung bei einer Betreuerbestellung, die die Besorgung aller Angelegenheiten oder die Erweiterung des Aufgabenkreises hierauf zum Gegenstand hat, abgesehen werden bei einem angeblich hieran offensichtlich fehlenden Interesse des Betroffenen. Diese Regelung ist verfassungsrechtlich bedenklich mit Hinblick auf Art. 103 Abs. 1 GG, dem Grundsatz des rechtlichen Gehörs. Objektiv stehen bei einer gerichtlichen Anordnung aller Aufgabenkreise massive Eingriffe in die Rechte des Betroffenen zur Entscheidung an, wie zum Beispiel der Verlust des aktiven und passiven Wahlrechts, vgl §§ 13 Nr. 2, 15 Abs. 2 Nr. 1 BWahlG. Die Anordnung einer Betreuung in allen Angelegenheiten stellt sich somit als ein schwerwiegender Eingriff in die Lebensführung eines Betroffenen dar.[1] § 276 Abs. 2 FamFG ist von daher verfassungskonform eng auszulegen, das heißt, es ist stets von einem Interesse des krankheitsbedingt nicht mehr adäquat artikulationsfähigen Betroffenen an einer Verfahrenspflegerbestellung auszugehen.

---

1   BayObLG FamRZ 2003, 786, 787.

II. Stellung des Verfahrenspflegers

Bei dem Verfahrenspfleger handelt es sich um einen Pfleger eigener Art – einem Helfer des Betroffenen im laufenden Verfahren.[2] Durch seine Bestellung wird die Verfahrensfähigkeit des Betroffenen nicht berührt. Der Verfahrenspfleger unterliegt weder der gerichtlichen Aufsicht, noch ist er an Weisungen des Betroffenen gebunden. Insoweit unterscheidet sich die Stellung eines Verfahrenspflegers von der eines beauftragten Rechtsanwaltes, der im Rahmen des Mandatsverhältnisses die Weisungen seines Auftraggebers umsetzen muss, § 3 BRAO, §§ 611, 627 Abs. 1, 675 BGB. Der Verfahrenspfleger vertritt die **objektiven Interessen des Betroffenen** in dem anhängigen Betreuungsverfahren. Im Gegensatz zum Betreuer unterliegt der Verfahrenspfleger nicht dem Willensvorrang des Betroffenen und der Wunschbefolgungspflicht, § 1901 Abs. 3 BGB. Gleichwohl ist es eine vorrangige Aufgabe des Verfahrenspflegers, dem Gericht die Anliegen und den Willen des Betroffenen zu hintertragen. Der Verfahrenspfleger ist als „Sprachrohr" des Betroffenen aufgerufen, dessen Anspruch auf rechtliches Gehör (Art. 103 Abs. 1 GG) in dem anhängigen Betreuungsverfahren zu realisieren.[3] Im Gegensatz zum Betreuer (§ 1902 BGB) ist der Verfahrenspfleger nicht der gesetzliche Vertreter des Betreuten. Folglich kann der Verfahrenspfleger auch nicht prozessual Einreden, wie diejenige der Verjährung, zugunsten des Betreuten erheben.[4]

III. Bedeutung für das Betreuungsgericht
1. Zuständigkeit

Zuständig für die Bestellung eines Verfahrenspflegers ist das über das entsprechende Betreuungsverfahren zur Entscheidung berufene Gericht. Nicht zulässig ist die Bestellung durch einen Einzelrichter bzw beauftragten Richter des Landgerichts.[5] Funktionell zuständig ist der Richter bei Verfahren, die dem Richtervorbehalt unterliegen, § 15 RPflG. Eine **Zuständigkeit des Richters** zur Bestellung eines Verfahrenspflegers ist dementsprechend u.a. bei folgenden Betreuungsmaßnahmen gegeben:

- Betreuerbestellung, § 1896 BGB;
- Anordnung eines Einwilligungsvorbehalts, § 1903 BGB;
- Aufhebung der Betreuung, Einschränkung und Erweiterung der Aufgabenkreise, § 294 Abs. 1 FamFG;
- risikoreiche Heilbehandlungsmaßnahmen, § 1904 Abs. 1 BGB;
- Nichteinwilligung oder Widerruf der Einwilligung des Betreuers/Bevollmächtigten in eine Untersuchung des Gesundheitszustands, eine Heilbehandlungsmaßnahme oder einen ärztlichen Eingriff bei medizinischer Indikation und der begründeten Gefahr eines schweren gesundheitlichen und länger dauernden Schadens bzw Tod des Betreuten/Vollmachtgebers, § 1904 Abs. 2 BGB iVm § 298 Abs. 3 FamFG;[6]

---

2 BT-Drucks. 11/4528, 171.
3 BT-Drucks. 15/2494, 41.
4 BGH NJW 2012, 3509.
5 BayObLG FamRZ 1999, 874, 875.
6 Eingefügt durch das Dritte Gesetz zur Änderung des Betreuungsrechts, BR-Drucks. 593/09, 3.

- Sterilisation, § 1905 BGB;
- Entlassung des Betreuers, § 1908 b BGB;
- Bestellung eines neuen Betreuers, § 1908 c BGB.

4 Eine **Zuständigkeit des Rechtspflegers** zur Bestellung eines Verfahrenspflegers ist u.a. bei den folgenden Betreuungsangelegenheiten begründet:
- Einrichtung einer Kontrollbetreuung, § 1896 Abs. 3 BGB;
- Wohnungsauflösung, § 1907 BGB;
- andere Anlegung, § 1811 BGB;
- Vergütungsfestsetzungsverfahren, § 168 FamFG;
- Genehmigungsverfahren nach §§ 1821, 1822 BGB.

5 Prinzipiell trifft der Funktionsträger, dessen sachliche Zuständigkeit in dem Hauptsacheverfahren besteht, auch die verfahrensrechtlichen Nebenentscheidungen.[7]

2. Verfahren
a) Bestellen eines Verfahrenspflegers

6 Die Bestellung eines Verfahrenspflegers steht **im pflichtgemäßen Ermessen des Gerichts**. Nach der Rechtsprechung des Bundesverfassungsgerichtes ist die Bestellung eines Betreuers für den Betroffenen ein gewichtiger Grundrechtseingriff.[8] Zudem ist die Zielvorstellung des Reformgesetzgebers in den Gesetzesmotiven in Bedacht zu nehmen. Dort heißt es: „Der Betroffene soll bei diesen schweren Eingriffen in seine Freiheit nicht alleine stehen, sondern fachkundig beraten und vertreten werden".[9] Von daher ist bei der Erforderlichkeit der Verfahrenspflegerbestellung ein großzügiger Maßstab anzulegen. Ist der Betroffene jedoch aufgrund seiner Handicaps außerstande, adäquat seine Verfahrensrechte wahrzunehmen, reduziert sich das Ermessen des Gerichts auf die Bestellung eines Verfahrenspflegers. Die Nichtbestellung eines Verfahrenspflegers bei einem krankheitsbedingt schwer geschädigten Betroffenen ist ein absoluter Rechtsbeschwerdegrund. Es wird unwiderlegbar Kausalität zwischen der unterbliebenen Verfahrenspflegerbestellung und der getroffenen Entscheidung vermutet und davon ausgegangen, dass die Hinzuziehung eines Verfahrenspflegers zu einer anderen Entscheidung geführt hätte.[10]

Bei Vorliegen der nachstehend aufgelisteten Betreuungsmaßnahmen ist die **Bestellung eines Verfahrenspflegers** zugunsten des Betroffenen **obligat**:
- Absehen von einer persönlichen Anhörung des Betroffenen, § 276 Abs. 1 Nr. 1 FamFG;
- Anordnung aller Angelegenheiten des Betroffenen, § 276 Abs. 1 Nr. 2 FamFG;

---

7 BT-Drucks. 11/4528, 165.
8 BVerfG NJW 2002, 206; BVerfG v. 10.10.2008, 1 BvR 1415/08.
9 BT-Drucks. 11/4528, 93.
10 BGH NJW-RR 2012, 65; BayObLG FamRZ 2004,1231.

- Vorläufige Betreuerbestellung, § 300 FamFG;[11]
- Verfahren über die Genehmigung in eine Einwilligung des Betreuers in die Sterilisation des Betroffenen, § 1905 BGB;
- Entscheidungen nach § 1904 Abs. 1 und 2 BGB (§ 298 Abs. 3 FamFG);[12]
- Absehen von der Bekanntgabe der Entscheidungsgründe, § 288 Abs. 1 FamFG;[13]
- Nichtübersendung des im Verfahren auf Betreuerbestellung eingeholten Sachverständigengutachtens;[14]
- Betreuerwechsel[15]/Betreuerentlassung[16]
- Anordnung des Aufgabenkreises Telefon- und Postkontrolle durch den Betreuer, § 1896 Abs. 4 BGB.

Bei den beiden zuletzt bezeichneten Maßnahmen ist mit Hinblick auf Art. 103 Abs. 1 GG und dem Post- und Fernmeldegeheimnis, Art. 10 GG, stets eine Verfahrenspflegerbestellung vorzunehmen. Dies gilt gleichermaßen für die Anordnung aller Angelegenheiten wegen des damit einhergehenden schweren Eingriffs in die Lebensgestaltung des Betroffenen.[17] Entscheidend ist der **Umfang des Verfahrensgegenstandes**, nicht das Ergebnis. Alle Angelegenheiten sind betroffen bei möglich erscheinender Anordnung der „Großen Drei": **den häufig übertragenen Aufgabenkreisen Vermögen, Gesundheit und Aufenthaltsbestimmung**. Im Anordnungsfall werden alle wesentlichen Lebensbereiche vom Betreuer beeinflusst; dem Betroffenen verbleibt dann kein nennenswerter eigenverantwortlicher Handlungsspielraum mehr.[18] Ausnahmsweise kann bei der Anordnung einer Betreuung für alle Angelegenheiten von einer Verfahrenspflegerbestellung abgesehen werden, wenn aufgrund eines möglichen Fehlverhaltens des Betreuers im Aufgabenkreis der Vermögenssorge dessen Entlassung notwendig ist.[19] Bei einem laufenden Betreuungsverfahren ist eine Verfahrenspflegerbestellung veranlasst bei einer Veränderung der der Betreuerbestellung zugrundeliegenden tatsächlichen Verhältnisse.[20]

Wird von einer Verfahrenspflegerbestellung Abstand genommen, ist dieser Schritt individuell und nicht nur formularmäßig **zu begründen**, § 276 Abs. 2 S. 2 FamFG, andernfalls verkommt dieses wichtige Verfahrensrecht des Betroffenen zur bloßen Makulatur. Eine ermessensfehlerhafte Nichtbestellung begründet die weitere Beschwerde. Ohnehin ist dem Betroffenen **bei allen für ihn „wichtigen" Entscheidungen** ein Verfahrenspfleger durch das Gericht zur Seite zu stellen. Insbesondere bei Genehmigungsverfahren zur Wohnraumkündigung

---

11 KG v. 28.11.1995, 9 U 6782/94, BtMan 2005, 100, bewertete unterbliebene Verfahrenspflegerbestellung als amtspflichtwidrig und schadenersatzbegründend iSd § 839 BGB, Art. 34 GG.
12 OLG Karlsruhe BtPrax 2004, 202; BGHZ 154, 205; BGH FamRZ 2005, 1474; Drittes Gesetz zur Änderung des Betreuungsrechts, BR-Drucks. 593/09, 3.
13 BGH NJW 2011, 2577.
14 BayObLG BtPrax 1993, 208; OLG München FamRZ 2006, 289; BGH BtPrax 2010, 278.
15 OLG Zweibrücken FGPrax 1998, 57; KG NJW-RR 2009, 224.
16 BayObLG FamRZ 1997, 13568.
17 BayObLG FamRZ 2003, 786, 787.
18 BGH v. 4.8.2010, NJW-RR 2011, 2; BGH FamRZ 2010, 1648 m.Anm. Fröschle.
19 BayObLG aaO.
20 BGH FamRZ 2011, 556; NJW-RR 2013, 194.

nach § 1907 BGB bzw der avisierten Anordnung eines Einwilligungsvorbehalts ist regelmäßig ein Verfahrenspfleger zu bestellen und ein Sachverständigengutachten einzuholen zu den Auswirkungen des Wohnungsverlustes für den Betroffenen, zum Krankheitsverlauf und den verbliebenen Möglichkeiten einer selbstständigen Lebensführung.[21] Die vorstehend skizzierten Betreuungsmaßnahmen greifen in gravierender Weise in die Freiheitsrechte des Betroffenen ein und weisen ihm – wie beispielsweise im Falle des Einwilligungsvorbehalts – die Rechtsstellung eines minderjährigen Kindes zu.

8 **Zeitpunkt:** Die Verfahrenspflegerbestellung ist vorzunehmen, sobald sich die Erforderlichkeit hierzu herausstellt. Sie sollte mit Hinblick auf die Aufgabenstellung, dem Betroffenen effektiven Rechtsschutz zu gewähren, so früh wie möglich erfolgen.

9 Die **Auswahl** des Verfahrenspflegers steht im pflichtgemäßen Ermessen des Gerichts.[22] Vor der Bestellung eines Verfahrenspflegers ist dem Betroffenen rechtliches Gehör, Art. 103 Abs. 1 GG, zu gewähren. Wünsche des Betroffenen zur Person des Verfahrenspflegers – die nicht bindend sind – sollten nach Möglichkeit berücksichtigt werden. Im Rahmen der (ausreichenden) schriftlichen Anhörung ist der Betroffene auf die Möglichkeit, einen Anwalt zu beauftragen, hinzuweisen. Nicht geeignet zur Wahrnehmung der Aufgaben eines Verfahrenspflegers sind in jedem Fall – entgegen einer langläufigen gerichtlichen Praxis – wegen einer Vermengung der Rollen die Betreuungsbehörden bzw deren Mitarbeiter. Die abstrakte Gefahr einer Interessenkollision steht einer Verfahrenspflegerbestellung entgegen.[23] Das Gesetz sieht in § 276 Abs. 4 FamFG die Aufhebung einer Verfahrenspflegerbestellung vor, wenn der Betroffene von einem Rechtsanwalt oder einem anderen **geeigneten** Verfahrensbevollmächtigten vertreten wird. Daraus ist der Schluss gezogen worden, eine Eignung zur Führung von Verfahrenspflegschaften sei nur bei Vorliegen besonderer Rechtskunde gegeben.[24] Demgegenüber verweist § 276 Abs. 3 FamFG hinsichtlich der von dem Gericht vorzunehmenden Auswahl des Verfahrenspflegers auf § 1897 Abs. 6 S. 1 BGB und betont damit den **Vorrang des Ehrenamtes.** Ob es einer beruflichen Qualifikation des Verfahrenspflegers bedarf, hängt vom jeweiligen Einzelfall ab. Grundsätzlich ist eine juristische Qualifikation jedoch nicht erforderlich.[25] Kommt es im konkreten Fall jedoch auf rechtliche Kenntnisse an, ist ein Rechtsanwalt zu bestellen.[26] Nach Sinn und Zweck des Amtes – dem Betroffenen konstruktiv rechtliches Gehör zu gewähren – ist die gerichtliche Beauftragung einer hierzu unfähigen Person keine ordnungsgemäße Rechtsausübung.[27] Die Bestellung eines Verfahrenspflegers hätte dann lediglich rein formalen Charakter.[28] Das Amt eines Verfahrenspflegers erfordert neben vertieften juristischen Kenntnissen des materiellen Rechts und Verfahrensrechtes auch medizinisches Wissen und die Fähigkeit, medizinische Sachverständigen-

---

21 OLG Oldenburg NJW-RR 2003, 587.
22 BT-Drucks. 11/4528, 17, 171; BVerfG FamRZ 2000, 1280, 1281.
23 LG Braunschweig v. 27.7.2004, 8 T 645/04; LG Stuttgart BWNotZ 1996, 1.
24 OLG Celle BtPrax 1994, 175.
25 BR-Drucks. 865/03, 95.
26 OLG Celle BtPrax 1994, 175.
27 LG München I FamRZ 1995, 1440, 1441.
28 BGH FamRZ 2011, 556 Rn 10; NJW-RR 2012, 66.

gutachten zu verstehen und kritisch zu würdigen.[29] Zudem ist Menschenkenntnis erforderlich, um einen Betreuungssachverhalt zutreffend bewerten zu können. Mit Hinblick auf die vorstehend genannten erforderlichen Eignungsvoraussetzungen ist von daher in jedem Einzelfall kritisch zu prüfen, ob dieser zur Übertragung an einen ehrenamtlichen Pfleger taugt, § 276 Abs. 3 FamFG.

Die **Bestellung** des Verfahrenspflegers erfolgt förmlich[30] durch (unbegründeten) Beschluss.[31] Mangels spezieller Vorschriften gilt hinsichtlich der Bekanntmachung § 15 Abs. 3 FamFG. Die (fern-mündliche) Bekanntmachung und ein Vermerk in der Akte genügen. Die Bestellung kann auch konkludent entgegen § 38 FamFG durch Ladung oder Anhörung – zB des erstinstanzlich bestellten Verfahrenspflegers zu einem Anhörungstermin in der Beschwerdeinstanz – erfolgen[32] sowie durch Aufführung im Rubrum des Beschlusses.[33] Es ist ferner wegen der Vergütungsproblematik festzulegen, ob die Verfahrenspflegschaft ehrenamtlich oder berufsmäßig geführt wird. 10

Beauftragt der Betroffene selbst im Laufe des Verfahrens einen **Rechtsanwalt** mit seiner Interessenwahrnehmung, ist eine bereits erfolgte Verfahrenspflegerbestellung aufzuheben bzw kann diese – falls noch nicht geschehen – unterbleiben, § 276 Abs. 4 FamFG. Stellt der Rechtsanwalt des Betroffenen einen Antrag auf Gewährung von Verfahrenskostenhilfe, ist bei Vorliegen folgender Voraussetzungen eine **Beiordnung** vorzunehmen:[34] 11

- Mittellosigkeit des Betroffenen;
- Drohen schwerwiegender Eingriffe in die Lebensstellung des Betroffenen (umfassende Betreuung, Wohnungsauflösung, Einwilligungsvorbehalt);
- Unvermögen des Betroffenen, seine Rechte selbst in der gebotenen Form wahrzunehmen.[35]
- Die neuere Rechtsprechung des Bundesverfassungsgerichts etikettiert das Versagen von Prozesskostenhilfe/Verfahrenskostenhilfe in ergebnisoffenen Verfahren, in denen eine Beweisaufnahme durchzuführen ist, als verfassungswidrig.[36] In Betreuungsverfahren ist das in einem förmlichen Beweisverfahren einzuholende Sachverständigengutachten, dessen Ergebnis im Sinne der Entscheidungen des Bundesverfassungsgerichts vom Gericht nicht vorhersehbar ist, verfahrensentscheidend.

b) Zusammenarbeit mit dem eingesetzten Verfahrenspfleger

Das Gericht beteiligt den Verfahrenpfleger wie folgt an dem Verfahren: 12

- Gewährung von Akteneinsicht;
- Übermittlung des vollständigen Sachverständigengutachtens;[37]
- Übermittlung der Stellungnahme der Betreuungsstelle;[38]

---

29 So zutreffend Grell, Qualifikation des Verfahrenspflegers, Rpfleger 1993, 321, 322.
30 AG Brühl FamRZ 2011, 842.
31 Damrau/Zimmermann, § 276 FamFG Rn 45.
32 OLG Frankfurt/M. BtPrax 1997, 73.
33 BGH BtPrax 2001, 30.
34 LG Karlsruhe FamRZ 1999, 1091; LG Aachen FamRZ 1998, 1197.
35 LG Berlin BtPrax 2002, 175, 176.
36 BVerfG NJW-RR 2002, 1069; BVerfG NJW 2008, 1060.
37 BT-Drucks. 13/7158, 171.
38 LG München I FamRZ 1995, 1440, 1441.

- Gewährung rechtlichen Gehörs, Art. 103 Abs. 1 GG;
- Ladung und Ermöglichung der Teilnahme an der Anhörung. Einem Antrag des Verfahrenspflegers auf Terminsverlegung im Verhinderungsfall ist zu entsprechen;
- Übersendung von Unterlagen.

Der Verfahrenspfleger muss vollständig am Verfahren beteiligt werden; andernfalls ist bei einem verständigungsunfähigen Betroffenen das rechtliche Gehör nicht gewahrt.[39]

IV. Aufgaben des Verfahrenspflegers

13 Der Verfahrenspfleger ist **Sprachrohr des Betroffenen** in dem anhängigen Betreuungsverfahren. Der Verfahrenspfleger ist nicht lediglich dazu berufen, eine gerichtliche Entscheidung „abzunicken", sondern im Sinne einer engagierten Interessenwahrnehmung verpflichtet, zugunsten des Betroffenen die erforderlichen nachstehend aufgelisteten **Aktivitäten** zu entfalten:

- Einsicht in die Betreuungsakten;
- Kontaktaufnahme zu dem Betroffenen;
- Eruieren des sozialen Umfeldes des Betroffenen (gibt es anderweitige Hilfen iSd § 1896 Abs. 2 BGB?);
- Ermitteln/Überprüfen von vorgelegten Vorsorgevollmachten/Patientenverfügungen (Missbrauchskontrolle: Bestand Geschäfts-/Einwilligungsfähigkeit zum Zeitpunkt der Abfassung der Vorsorgevollmacht/Patientenverfügung? Wurde die Vorsorgevollmacht/Patientenverfügung zwischenzeitlich wirksam widerrufen? Ist der Bevollmächtigte geeignet zur Wahrnehmung der übertragenen Angelegenheiten? Besteht eine Kongruenz zwischen dem aktuellen Willen des Betreuten/Vollmachtgebers und dem schriftlich dokumentierten? Trifft die Patientenverfügung überhaupt auf die aktuelle Lebens- und Behandlungssituation zu? Enthält die Patientenverfügung eine Entscheidung über die anstehende medizinische Maßnahme?);[40]
- Teilnahme bei der Anhörung/dem Schlussgespräch;
- Ermittlungstätigkeit: Einholen von Informationen über die persönlichen/wirtschaftlichen Verhältnisse des Betroffenen;
- Übermittlung der Wünsche des Betroffenen an das Gericht;
- Kontaktaufnahme zu dem von dem Betroffenen gewünschten Betreuer, Eignungsprüfung;
- Überprüfen des (verfahrensentscheidenden) Sachverständigengutachtens;
- Überwachen der Einhaltung der Verfahrensrechte des Betroffenen;
- Überprüfen der Betreuungsvoraussetzungen;
- Anregen weiterer Ermittlungen/Beweiserhebungen;
- Abfassen eines mündlichen/schriftlichen Berichts an das Betreuungsgericht nebst Entscheidungsvorschlag (Votum);

---

39 LG München I FamRZ 1995, 1440, 1441.
40 BT-Drucks. 16/8442 und 16/13314, 4.

- Einlegen und Begründen von Rechtsmitteln. Legt der Verfahrenspfleger eine Beschwerde ein, ist diese zu begründen. Es muss sich aus dem Zusammenhang des Vortrags ergeben, dass das Rechtsmittel dem objektiven Interesse des Betroffenen dient.[41]

V. Ende der Verfahrenspflegschaft

Mit dem Wirksamwerden der die jeweilige Instanz abschließenden Entscheidung über die verfahrensgegenständliche Betreuungsmaßnahme endet die Verfahrenspflegschaft, aber auch durch eine Antrags- oder Beschwerderücknahme. Des Weiteren endet die Verfahrenspflegschaft von selbst durch den Tod des Betroffenen. Das Gericht kann ferner eine Aufhebung anordnen, vgl § 276 Abs. 5 FamFG. 14

VI. Rechtsmittel

Die Bestellung eines Verfahrenspflegers ist eine unanfechtbare Zwischenverfügung, § 276 Abs. 6 FamFG. Insoweit erfolgte eine gesetzliche Klarstellung der zuvor bestehenden obergerichtlichen Rechtsprechung.[42] 15

§ 277 FamFG Vergütung und Aufwendungsersatz des Verfahrenspflegers

(1) [1]Der Verfahrenspfleger erhält Ersatz seiner Aufwendungen nach § 1835 Abs. 1 bis 2 des Bürgerlichen Gesetzbuchs. [2]Vorschuss kann nicht verlangt werden. [3]Eine Behörde oder ein Verein erhält als Verfahrenspfleger keinen Aufwendungsersatz.

(2) [1]§ 1836 Abs. 1 und 3 des Bürgerlichen Gesetzbuchs gilt entsprechend. [2]Wird die Verfahrenspflegschaft ausnahmsweise berufsmäßig geführt, erhält der Verfahrenspfleger neben den Aufwendungen nach Absatz 1 eine Vergütung in entsprechender Anwendung der §§ 1, 2 und 3 Abs. 1 und 2 des Vormünder- und Betreuervergütungsgesetzes.

(3) [1]Anstelle des Aufwendungsersatzes und der Vergütung nach den Absätzen 1 und 2 kann das Gericht dem Verfahrenspfleger einen festen Geldbetrag zubilligen, wenn die für die Führung der Pflegschaftsgeschäfte erforderliche Zeit vorhersehbar und ihre Ausschöpfung durch den Verfahrenspfleger gewährleistet ist. [2]Bei der Bemessung des Geldbetrags ist die voraussichtlich erforderliche Zeit mit den in § 3 Abs. 1 des Vormünder- und Betreuervergütungsgesetzes bestimmten Stundensätzen zuzüglich einer Aufwandspauschale von drei Euro je veranschlagter Stunde zu vergüten. [3]In diesem Fall braucht der Verfahrenspfleger die von ihm aufgewandte Zeit und eingesetzten Mittel nicht nachzuweisen; weitergehende Aufwendungsersatz- und Vergütungsansprüche stehen ihm nicht zu.

(4) [1]Ist ein Mitarbeiter eines anerkannten Betreuungsvereins als Verfahrenspfleger bestellt, stehen der Aufwendungsersatz und die Vergütung nach den Absätzen 1 bis 3 dem Verein zu. [2]§ 7 Abs. 1 Satz 2 und Abs. 3 des Vormünder-

---

41 LG Rostock v. 16.5.2003, 2 T 189/03.
42 BGH BtPrax 2003, 266; aA die hL.

und Betreuervergütungsgesetzes sowie § 1835 Abs. 5 Satz 2 des Bürgerlichen Gesetzbuchs gelten entsprechend. ³Ist ein Bediensteter der Betreuungsbehörde als Verfahrenspfleger für das Verfahren bestellt, erhält die Betreuungsbehörde keinen Aufwendungsersatz und keine Vergütung.

(5) ¹Der Aufwendungsersatz und die Vergütung des Verfahrenspflegers sind stets aus der Staatskasse zu zahlen. ²Im Übrigen gilt § 168 Abs. 1 entsprechend.

I. Einleitung

1. Überblick über Regelung und Zweck der Norm

1 Die Vorschrift regelt **Aufwendungsersatz und Vergütung der Verfahrenspfleger**. Sie entspricht dem früheren § 67a FGG. Lediglich der Begriff „Vormundschaftsgericht" wurde durch „Gericht" ersetzt und die Verweisung in Abs. 5 S. 2 angepasst.

2. Anwendungsbereich

2 § 277 FamFG gilt für die gem. § 276 FamFG bestellten Verfahrenspfleger. Dabei bestehen unterschiedliche Regelungen für Ehrenamtliche (Abs. 1), beruflich tätige Verfahrenspfleger (Abs. 1, 2, und 3), Betreuungsvereine und -behörden (Abs. 4). Kein Unterschied besteht zwischen bemittelten und mittellosen Betreuten. Der Anspruch richtet sich in jedem Fall gegen die Staatskasse (Abs. 5).

3. Bedeutung

3 Die Vorschrift hat große praktische Bedeutung.

4 Für die **Gerichte** beinhaltet vor allem die Möglichkeit einer Pauschalierung von Vergütung und Aufwendungsersatz bei berufsmäßig tätigen Verfahrenspflegern eine erhebliche Arbeitsersparnis.

5 Für die gem. § 276 Abs. 3 FamFG vorrangig zu bestellenden **ehrenamtlichen Verfahrenspfleger** beinhaltet Abs. 1 die Grundlage für den Ersatz ihrer Aufwendungen.

6 Die **berufsmäßig tätigen Verfahrenspfleger** (einschließlich der Vereinsbetreuer) können nach Abs. 2 ihren Zeitaufwand konkret abrechnen. Darüber hinaus besteht nach Abs. 3 die Möglichkeit einer Pauschalierung und damit der Arbeitsersparnis.

II. Der Aufwendungsersatz des Verfahrenspflegers (Abs. 1)

7 Gem. Abs. 1 S. 1 können die Verfahrenspfleger von ihnen getätigte **Aufwendungen** nach § 1835 Abs. 1 und 2 BGB **einzeln abrechnen**. Anders als bei den Betreuern gilt dies nicht nur für Ehrenamtliche, sondern auch für beruflich Tätige. Eine Ausnahme bilden lediglich die Behördenbetreuer (Abs. 4 S. 3) sowie die gem. § 1900 Abs. 1, 4 BGB als solche bestellten Vereine und Behörden (Abs. 1 S. 3). Für die Einzelheiten der abrechenbaren Aufwendungen wird auf die Kommentierung zu § 1835 BGB Rn 12 ff Bezug genommen. Gegenüber der dortigen Rechtslage bestehen insbesondere folgende **Besonderheiten**:

8 Mangels Inbezugnahme nicht anwendbar ist § 1835 Abs. 3 BGB. Eine Geltendmachung von gewerblichen oder beruflichen Diensten als Aufwendungen ist daher ausgeschlossen. Grundsätzlich ist daher auch als Verfahrenspfleger be-

stellten **Rechtsanwälten** eine Abrechnung nach dem RVG verwehrt. Auch sie müssen ihre Tätigkeit als Vergütung nach Abs. 2 oder 3 zu den pauschalen Stundensätzen des § 3 VBVG abrechnen.

Eine **Ausnahme** ist aufgrund der Rechtsprechung des Bundesverfassungsgerichts allerdings geboten, wenn die Führung der Verfahrenspflegschaft mit solchen rechtlichen Schwierigkeiten verbunden ist, dass ein Verfahrenspfleger ohne volljuristische Ausbildung **einen Rechtsanwalt hinzuziehen müsste**.[1] In diesem Fall ist Abs. 1 verfassungskonform dahin gehend auszulegen, dass eine Liquidation nach dem RVG erfolgen kann. Nach der Konzeption des Gesetzgebers ist die Verfahrenspflegschaft als solche jedoch keine anwaltspezifische oder dem Anwaltsberuf vorbehaltene Tätigkeit,[2] wie auch insbesondere durch § 276 Abs. 3 FamFG verdeutlicht wird. Eine Vergütung nach dem RVG kommt daher nur im Ausnahmefall in Betracht,[3] etwa bei einer Tätigkeit in einem Zwangsversteigerungsverfahren[4] oder zur Prüfung eines notariellen Kaufvertrages,[5] nicht jedoch ohne Weiteres in einem Unterbringungsverfahren.[6] Um für den Rechtsanwalt eine klare Entscheidungsgrundlage zu geben, ob er die Verfahrenspflegschaft übernehmen will, sollte das Gericht bereits bei der Bestellung einen Hinweis darauf geben, ob im konkreten Falle davon auszugehen ist, dass rechtsanwaltsspezifische Tätigkeiten anfallen werden.[7] Hat das Betreuungsgericht (dh der Richter) im Bestellungsbeschluss die Erforderlichkeit einer anwaltsspezifischen Tätigkeit festgestellt, ist dies für die Kostenfestsetzung (durch den Rechtspfleger) bindend.[8]

Eine weitere Abweichung von § 1835 BGB enthält Abs. 1 S. 2. Hiernach kann nur **Ersatz** der Aufwendungen, nicht jedoch ein Vorschuss verlangt werden.

Werden ausnahmsweise gem. § 1900 Abs. 1, 4 BGB ein **Verein** oder eine **Behörde** als solche bestellt, besteht **kein Anspruch auf Aufwendungsersatz**. Diese Bestimmung greift den Rechtsgedanken des § 1835 Abs. 5 S. 1 BGB auf, wonach in diesen Fällen bei Betreuungen nur gegenüber selbst zahlenden Bemittelten ein Anspruch besteht.

Mangels Verweisung auf § 1835a BGB ist die Gewährung einer pauschalen Aufwandsentschädigung für **ehrenamtliche** Verfahrenspfleger nicht möglich.

III. Die Vergütung berufsmäßig tätiger Verfahrenspfleger (Abs. 2)

1. Allgemeines

Wie die Betreuung selbst, so wird auch die Verfahrenspflegschaft im Betreuungsverfahren **grundsätzlich unentgeltlich** geführt. Dies folgt bereits aus § 276 Abs. 3 FamFG und wird durch die Verweisung auf § 1836 Abs. 1 BGB noch-

---

1 BVerfG FamRZ 2000, 1280, 1282 (zu § 67 Abs. 3 FGG); BGH BtPrax 2011, 85 und 2012, 205.
2 BVerfG aaO.
3 Vgl hierzu zB OLG Zweibrücken BtPrax 2002, 41; OLG Schleswig OLGReport 2008, 800.
4 LG Leipzig FamRZ 2001, 864.
5 OLG Düsseldorf FamRZ 2008, 76.
6 OLG München BtPrax 2008, 219 = FGPrax 2008, 207 für einen Fall, in dem es um die Beurteilung einer Erklärung zum freiwilligen Verbleib in der Unterbringung ging; LG Siegen v. 20.5.2010, 4 T 102/10.
7 BVerfG aaO; vgl hierzu auch OLG Schleswig OLGReport 2008, 800.
8 BGH BtPrax 2011, 85, Rn 11 ff.

mals bekräftigt. Wird die Verfahrenspflegschaft ausnahmsweise dennoch berufsmäßig geführt, steht dem Verfahrenspfleger eine Vergütung zu. In Betracht kommt dann entweder eine genaue Abrechnung der geleisteten Zeit nach Abs. 2 oder die Gewährung einer Pauschale nach Abs. 3 (vgl hierzu Rn 18 ff). Ausgeschlossen ist eine Vergütung, wenn ein Betreuungsverein oder eine -behörde als solche bestellt werden (Abs. 2 S. 1 iVm § 1836 Abs. 3 BGB) oder wenn ein Behördenmitarbeiter tätig wird (Abs. 4 S. 3).

2. Die Voraussetzungen der Berufsmäßigkeit

14 Gem. Abs. 2 S. 1 iVm § 1836 Abs. 1 BGB erhält der Verfahrenspfleger eine Vergütung, wenn das Betreuungsgericht feststellt, dass er die Pflegschaft berufsmäßig führt. Die inhaltlichen Voraussetzungen hierfür sind in **§ 1 Abs. 1 VBVG** geregelt. Auf die dortigen Ausführungen (§ 1 VBVG Rn 5 ff, Rn 20) wird daher Bezug genommen. Anders als bei den Betreuungen dürften bei den Verfahrenspflegschaften die Regelbeispiele des § 1 Abs. 1 S. 2 VBVG nur eine geringe Rolle spielen. Denn eine Verfahrenspflegschaft wird nur punktuell (während des gerichtlichen Verfahrens) geführt. Auch ein beruflich tätiger Verfahrenspfleger (zB ein Rechtsanwalt) wird daher nicht oft gleichzeitig 10 Pflegschaften führen. Es muss deshalb verstärkt auf die allgemeinen Kriterien zurückgegriffen werden, insbesondere darauf, ob die berufliche Qualifikation des Verfahrenspflegers den Ausschlag zu seiner Bestellung gab oder es sich um die Erfüllung einer allgemeinen staatsbürgerlichen Pflicht handelt (vgl § 1 VBVG Rn 5).[9]

3. Die Höhe der Vergütung nach Abs. 2

15 Gem. Abs. 2 S. 2 richtet sich die Höhe der Vergütung nach § 3 Abs. 1 und 2 VBVG. Das heißt, der Verfahrenspfleger erhält die zur Führung der Pflegschaft **aufgewandte und erforderliche Zeit** nach konkreter Abrechnung vergütet. Hinsichtlich der Notwendigkeit der Aufgabenerfüllung und der hierfür aufgewandten Arbeitszeit hat eine Plausibilitätskontrolle zu erfolgen.[10] Je nach Qualifikation beträgt der Netto-Stundensatz[11] 19,50 EUR, 25 EUR oder 33,50 EUR.[12]

Sollte es – erwartungsgemäß – zu einer vollständigen Freistellung beruflich tätiger Betreuer von der Umsatzsteuer kommen, folgt hieraus, dass – entgegen dem Willen des Gesetzgebers des 2. BtÄndG/VBVG – die Verfahrenspfleger geringere Stundensätze erhalten als die Berufsbetreuer.[13] Um dies zu vermeiden, käme in Betracht, künftig entgegen dem Wortlaut von Abs. 2 die Stundensätze gem. § 4 VBVG zu bemessen.

16 Mangels Verweisung auf § 3 Abs. 3 VBVG ist eine **Erhöhung des Stundensatzes** wegen besonderer Schwierigkeit der Geschäfte **nicht möglich**. Der Grund hierfür ist, dass gem. Abs. 5 die Vergütung stets aus der Staatskasse zu zahlen

---

9 Vgl OLG Frankfurt/M. FamRZ 2001, 790, 791 (für einen Betreuer).
10 OLG Brandenburg FamRZ 2008, 641 und FamFR 2012, 424. Der für eine Supervision entstandene Zeit- und Kostenaufwand ist regelmäßig nicht vergütungsfähig: OLG Koblenz v. 25.4.2010, 9 UF 918/10.
11 Vgl hierzu LG Frankfurt FamRZ 2010, 921.
12 Vgl zu den Einzelheiten die Kommentierung zu § 3 VBVG.
13 Vgl § 3 VBVG Rn 1 und § 4 VBVG Rn 44 ff.

ist und die Erhöhung gem. § 3 Abs. 3 VBVG nur für Bemittelte gilt, die für ihre Betreuungskosten selbst aufkommen.

Auch ein Anspruch auf Abschlagszahlungen gem. § 3 Abs. 4 VBVG besteht nicht.

4. Feststellung der Berufsmäßigkeit

Grundsätzlich hat das Betreuungsgericht bei der Bestellung (zumindest formlos) festzustellen, ob die Verfahrenspflegschaft berufsmäßig erfolgt oder nicht; allerdings kann dies auch noch im Beschwerde- oder im Vergütungsfestsetzungsverfahren nachgeholt werden.[14]

IV. Die Pauschalierung von Vergütung und Aufwendungsersatz (Abs. 3)

Gem. Abs. 3 besteht die Möglichkeit, Aufwendungsersatz und Vergütung des Verfahrenspflegers zu pauschalieren und so den Arbeits- und Verwaltungsaufwand für die Gerichte wie für die Verfahrenspfleger zu verringern. Wie aus Abs. 3 S. 2 folgt (nämlich zwingende Bildung einer Gesamtpauschale für Vergütung und Aufwendungsersatz), gilt die Vorschrift nur für berufsmäßig tätige Verfahrenspfleger (die sowohl Aufwendungsersatz als auch Vergütung beanspruchen können). Eine Pauschalierung des Aufwendungsersatzes eines ehrenamtlichen Verfahrenspflegers scheidet aus.

Voraussetzung ist gem. Abs. 3 S. 1, dass die für die Führung der Pflegschaftsgeschäfte erforderliche Zeit vorhersehbar und ihre Ausschöpfung durch den Pfleger gewährleistet ist.[15] Dies wird in normal gelagerten Fällen häufig der Fall sein, in denen außer dem Lesen der Akte, der Teilnahme am Anhörungstermin und dem Verfassen einer Stellungnahme keine zusätzliche Arbeit anfällt.

Liegen diese Voraussetzungen vor, kann die Pauschalierung **auf Antrag** des Verfahrenspflegers **oder von Amts wegen** erfolgen, Abs. 5 S. 2, § 168 Abs. 1 Nr. 2 FamFG.

Die **Pauschalierung erfolgt** durch Zubilligung eines **festen Geldbetrages**, der Aufwendungsersatz und Vergütung abdeckt, Abs. 3 S. 1. Nach Abs. 3 S. 2 ist dieser zu ermitteln, indem die voraussichtlich erforderliche Zeit mit dem maßgeblichen Stundensatz des § 3 VBVG zuzüglich einer Aufwandspauschale von 3 EUR multipliziert wird.

Beispiel:

Der Verfahrenspfleger ist ein Rechtsanwalt, der gem. § 3 Abs. 1 S. 2 Nr. 2 VBVG einen Betrag von 33,50 EUR pro Stunde abrechnen kann. Die Prognose hat ergeben, dass er für Aktenstudium, Wahrnehmung des Anhörungstermins und Abfassung seiner Stellungnahme zwei Stunden benötigen wird. Die Pauschale beträgt: (33,50 EUR + 3 EUR) x 2 = 73 EUR

---

14 OLG Naumburg FamRZ 2010, 836 (LS) = BtPrax 2010, 96 (LS).
15 Nicht in Betracht kommt eine Pauschalierung allerdings, wenn der Betreute vor der Entscheidung bereits verstorben ist, da hier kein Raum mehr für eine Prognose bleibt, sondern die Höhe des Anspruchs bereits feststeht, OLG Frankfurt/M. Rpfleger 2008, 360 = FamRZ 2008, 1658.

22 Werden Vergütung und Aufwendungsersatz pauschaliert, bedarf es keiner Abrechnung und Nachweisung des Zeit- und Kostenaufwands durch den Verfahrenspfleger mehr, Abs. 3 S. 3. Weitere Ansprüche auf Vergütung und Aufwendungsersatz sind ausgeschlossen.

V. Mitarbeiter von Vereinen und Behörden als Verfahrenspfleger (Abs. 4)

23 Wird ein Mitarbeiter eines anerkannten Betreuungsvereins als Verfahrenspfleger bestellt, stehen Aufwendungsersatz und Vergütung nach Abs. 1 bis 3 dem Verein zu. Die Rechtslage entspricht insoweit derjenigen bei der Betreuervergütung gem. § 7 VBVG. Einer Feststellung der berufsmäßigen Führung der Verfahrenspflegschaft bedarf es nicht (Abs. 4 S. 2 iVm § 7 Abs. 1 S. 2 VBVG). Der Verein kann in jedem Fall eine Vergütung beanspruchen. Der bestellte Mitarbeiter selbst hat einen Gehaltsanspruch gegen den Verein nach Maßgabe seines Anstellungsvertrages; Ansprüche gegenüber der Staatskasse oder dem Betreuten kann er nicht geltend machen (Abs. 4 S. 2, § 7 Abs. 3 VBVG).

24 Der Anspruch auf Aufwendungsersatz umfasst nicht den Ersatz allgemeiner Verwaltungskosten.[16]

25 Wird ein Bediensteter einer Betreuungsbehörde als Verfahrenspfleger bestellt, bestehen keinerlei Ansprüche auf Vergütung oder Aufwendungsersatz, Abs. 4 S. 3.

VI. Anspruch gegen die Staatskasse, (Abs. 5 S. 1)

26 Anders als hinsichtlich der Vergütung und des Aufwendungsersatzes von Betreuern richten sich die Ansprüche des Verfahrenspflegers unabhängig von der wirtschaftlichen Situation des Betreuten **immer ausschließlich gegen die Staatskasse**. Ist der Betreute bemittelt,[17] werden ihm die Zahlungen der Staatskasse als Auslagen des Verfahrens gem. §§ 93a Abs. 2, 137 Nr. 16 KostO/ Vorb 3.1 Abs. 2, Ziff. 31015 GNotKG in Rechnung gestellt.

VII. Geltendmachung, Verfahrensrechtliches

27 Für die Geltendmachung der Ansprüche auf Aufwendungsersatz und Vergütung gilt die **15-monatige Ausschlussfrist** des § 1835 Abs. 1 S. 3 BGB,[18] die durch das Gericht gem. § 1835 Abs. 1a BGB verlängert oder verkürzt werden kann (Abs. 1 S. 1, Abs. 2 S. 2 iVm § 2 VBVG).[19] Dies gilt auch, wenn gem. Abs. 3 ein fester Geldbetrag gewährt wird („Anstelle des Aufwendungsersatzes und der Vergütung nach den Absätzen 1 und 2 ...").

28 Gem. Abs. 5 S. 2 richtet sich das Verfahren nach § 168 Abs. 1 FamFG. Für die Beschwerde gelten die allgemeinen Vorschriften der §§ 58 ff FamFG.[20]

---

16 Dies gilt im Grunde ohnehin (vgl § 1835 BGB Rn 12) und wird durch die Verweisung in Abs. 4 S. 2 auf § 1835 Abs. 5 S. 2 BGB nochmals klargestellt.
17 Also nicht mittellos iSv § 1836c BGB (vgl hierzu die dortige Kommentierung).
18 BGH BtPrax 2012, 205, Rn 10.
19 Zu den Einzelheiten vgl die Kommentierung zu § 1835 BGB Rn 26 ff.
20 Vgl hierzu die Kommentierung zu § 168 FamFG, zur Beschwerde dort Rn 28 ff.

§ 278 FamFG   Anhörung des Betroffenen

(1) ¹Das Gericht hat den Betroffenen vor der Bestellung eines Betreuers oder der Anordnung eines Einwilligungsvorbehalts persönlich anzuhören. ²Es hat sich einen persönlichen Eindruck von dem Betroffenen zu verschaffen. ³Diesen persönlichen Eindruck soll sich das Gericht in dessen üblicher Umgebung verschaffen, wenn es der Betroffene verlangt oder wenn es der Sachaufklärung dient und der Betroffene nicht widerspricht.

(2) ¹Das Gericht unterrichtet den Betroffenen über den möglichen Verlauf des Verfahrens. ²In geeigneten Fällen hat es den Betroffenen auf die Möglichkeit der Vorsorgevollmacht, deren Inhalt sowie auf die Möglichkeit ihrer Registrierung bei dem zentralen Vorsorgeregister nach § 78a Abs. 1 der Bundesnotarordnung hinzuweisen. ³Das Gericht hat den Umfang des Aufgabenkreises und die Frage, welche Person oder Stelle als Betreuer in Betracht kommt, mit dem Betroffenen zu erörtern.

(3) Verfahrenshandlungen nach Absatz 1 dürfen nur dann im Wege der Rechtshilfe erfolgen, wenn anzunehmen ist, dass die Entscheidung ohne eigenen Eindruck von dem Betroffenen getroffen werden kann.

(4) Soll eine persönliche Anhörung nach § 34 Abs. 2 unterbleiben, weil hiervon erhebliche Nachteile für die Gesundheit des Betroffenen zu besorgen sind, darf diese Entscheidung nur auf Grundlage eines ärztlichen Gutachtens getroffen werden.

(5) Das Gericht kann den Betroffenen durch die zuständige Behörde vorführen lassen, wenn er sich weigert, an Verfahrenshandlungen nach Absatz 1 mitzuwirken.

(6) ¹Gewalt darf die Behörde nur anwenden, wenn das Gericht dies ausdrücklich angeordnet hat. ²Die zuständige Behörde ist befugt, erforderlichenfalls um Unterstützung der polizeilichen Vollzugsorgane nachzusuchen.

(7) ¹Die Wohnung des Betroffenen darf ohne dessen Einwilligung nur gewaltsam geöffnet, betreten und durchsucht werden, wenn das Gericht dies zu dessen Vorführung zur Anhörung ausdrücklich angeordnet hat. ²Bei Gefahr im Verzug kann die Anordnung nach Satz 1 durch die zuständige Behörde erfolgen. ³Durch diese Regelung wird das Grundrecht auf Unverletzlichkeit der Wohnung aus Artikel 13 Absatz 1 des Grundgesetzes eingeschränkt.

I. Allgemeines 1	3. Verschaffen des persönlichen Eindrucks (Abs. 1 S. 2, S. 3) 13
1. Bedeutung 1	
2. Anwendungsbereich 3	
II. Bedeutung für das Betreuungsgericht 4	4. Anwesenheit Dritter 15
1. Funktionelle Zuständigkeit .. 4	a) Vertrauensperson 16
a) Richterzuständigkeit 4	b) Sachverständiger 17
b) Rechtspflegerzuständigkeit 5	c) Dritte 18
2. Persönliche Anhörung (Abs. 1 S. 1, Abs. 2) 6	d) Wiederholung der Anhörung („Schlussgespräch") 19
a) Form 6	5. Unterrichtung des Betroffenen (Abs. 2) 20
b) Inhalt 7	6. Rechtshilfe (Abs. 3) 21
c) Ablauf 11	a) Rechtshilfe im Inland ... 21

b) Rechtshilfe im Ausland	26
7. Absehen von der persönlichen Anhörung (Abs. 4)....	27
a) Abs. 4 iVm § 34 Abs. 2 Alt. 1 FamFG.............	28
b) § 34 Abs. 2 2. Alt. 2 FamFG.........	29
8. Absehen von der Einholung des persönlichen Eindrucks......................	31
9. Vorführung (Abs. 5)........	32
a) Funktionelle Zuständigkeit......................	33
b) Verhältnismäßigkeit....	34
c) Gewaltanwendung (Abs. 6)..................	35
d) Betreten der Wohnung (Abs. 7).................	36
e) Inhalt und Beschlussformel.....................	37
f) Kosten...................	39
10. Dokumentation der Verfahrenshandlungen nach Abs. 1 und Abs. 2 (§ 28 Abs. 4 FamFG)........	40
III. Bedeutung für den Betroffenen	42
IV. Bedeutung für den Betreuer.....	44
V. Bedeutung für den Verfahrenspfleger und den Verfahrensbevollmächtigten..................	48
1. Verfahrenspfleger...........	48
2. Verfahrensbevollmächtigter...........................	49
VI. Bedeutung für Dritte............	50

I. Allgemeines

1. Bedeutung

1 § 278 FamFG lehnt sich an die frühere Regelung des § 68 FGG an. Statt des Begriffs des unmittelbaren Eindrucks verwendet das Gesetz denjenigen des **persönlichen Eindrucks**; eine inhaltliche Änderung ist hiermit nicht verbunden. Überdies ist ausdrücklich klargestellt, dass das Betreuungsgericht die Betreuungsbehörde zur Gewaltanwendung und Wohnungsdurchsuchung zum Zwecke der Vorführung des Betroffenen ermächtigen kann.

2 Die persönliche Anhörung des Betroffenen bildet eine **zentrale Verfahrenshandlung,** die nicht nur der Sachaufklärung und der Gewährung des rechtlichen Gehörs dient, sondern der gebrechensbedingt höheren Schutzbedürftigkeit des Betroffenen Rechnung trägt. Art. 103 GG erfordert lediglich, dass demjenigen, in dessen Rechte staatlicherseits eingegriffen wird, zumindest die unmittelbare oder mittelbare, etwa schriftliche, Möglichkeit zur Äußerung gegeben wird. Über diese Mindestanforderung geht § 278 FamFG deutlich hinaus. Das Betreuungsgericht erhält den für seine Entscheidung besonders bedeutsamen persönlichen Eindruck vom Betroffenen[1] und kann damit seiner Kontrollfunktion gegenüber Sachverständigem, Betreuer, Verfahrenspfleger und sonstigen Beteiligten nachkommen. Überdies kann eine wiederholte Anhörung geboten sein (vgl Rn 19).

2. Anwendungsbereich

3 Die Pflicht zur Vornahme der Verfahrenshandlungen nach § 278 FamFG besteht **unmittelbar bei Bestellung eines Betreuers,** nicht jedoch bei der Bestellung eines weiteren Betreuers ohne Erweiterung des Aufgabenkreises der Betreuung, da § 293 Abs. 3 FamFG für diesen Fall eine Sonderregelung enthält,[2] und ebenfalls nicht bei Bestellung eines Gegenbetreuers, wenn der Aufgaben-

---

1 BT-Drucks. 11/4528, 172.
2 BayObLG BtPrax 1998, 32.

kreis ebenfalls nicht erweitert wird.[3] Der persönlichen Anhörung bedarf es ferner bei Anordnung eines **Einwilligungsvorbehaltes** und wegen des Verweises auf die Vorschriften über die erstmalige Betreuerbestellung bei

- der nicht unwesentlichen Erweiterung des Aufgabenkreises der Betreuung (§ 293 Abs. 1 FamFG),
- der Bestellung eines weiteren Betreuers unter Erweiterung des Aufgabenkreises (§ 293 Abs. 3 FamFG),
- der Verlängerung der Betreuerbestellung oder der Anordnung des Einwilligungsvorbehaltes (§ 295 Abs. 1 S. 1 FamFG) und
- der nicht unwesentlichen Erweiterung des Kreises der einwilligungsbedürftigen Willenserklärungen (§ 293 Abs. 1 FamFG).

Sonderregelungen hinsichtlich der persönlichen Anhörung bestehen bei der Genehmigung der Einwilligung in eine Sterilisation (§ 297 Abs. 1 S. 1 FamFG), eine gefährliche ärztliche Maßnahme und der Nichteinwilligung in eine ärztliche Maßnahme (§ 298 Abs. 1 S. 1 FamFG), der Genehmigung bestimmter Rechtsgeschäfte und Willenserklärungen (§ 299 S. 1 FamFG), der Entlassung des Betreuers gegen den Willen des Betreuten (§ 296 Abs. 2 FamFG) und bei Erlass einer einstweiligen Anordnung (§ 300 Abs. 1 S. 1 Nr. 4 FamFG).

II. Bedeutung für das Betreuungsgericht

1. Funktionelle Zuständigkeit

a) Richterzuständigkeit

Zuständig zur Vornahme der Verfahrenshandlungen nach Abs. 1 ist grundsätzlich der für die Sachentscheidung zuständige Betreuungsrichter oder Rechtspfleger. Findet nach durchgeführter Anhörung ein **Dezernatswechsel** statt, ist sein Nachfolger wegen der mit der Anhörung verbundenen Belastung des Betroffenen nicht zur erneuten Anhörung verpflichtet, wenn die Anhörung **ausreichend protokolliert** oder deren Inhalt in einem Vermerk festgehalten wurde; eine mündliche oder sonstige informelle Schilderung der Anhörung verbietet sich allerdings. Auch bei ausreichender Protokollierung kann eine erneute Anhörung nach § 26 FamFG zur **Sachverhaltsaufklärung** erforderlich werden. Die Übertragung der Durchführung der Anhörung, nicht jedoch des Verschaffens des persönlichen Eindrucks, auf den Rechtsreferendar nach § 10 S. 2 GVG ist an sich möglich, dürfte jedoch der Wertung des § 23c Abs. 2 S. 2 GVG, wonach eine besondere Erfahrung für die Wahrnehmung betreuungsrechtlicher Aufgaben vorausgesetzt wird, widerstreiten und daher nur in Ausnahmefall zulässig sein. Für die Anordnung der Vorführung nach Abs. 5 (und erst recht für die weiteren Anordnungen nach Abs. 6 und Abs. 7) ist ausschließlich der **Richter** nach § 19 Abs. 1 S. 1 Nr. 1 RPflG zuständig.

4

b) Rechtspflegerzuständigkeit

Im Falle der Vollmachtsbetreuerbestellung nach § 1896 Abs. 3 BGB ist der Rechtspfleger zuständig (s. § 272 FamFG Rn 12). Die Durchführung der Verfahrenshandlungen durch den ersuchten Rechtspfleger nach Abs. 3 ist unbe-

5

---

3 BayObLG BtPrax 2002, 129; BayObLG FamRZ 2001, 1555; BayObLG FamRZ 1994, 325.

schränkt zulässig, da mit der Bestellung des Vollmachtbetreuers zwar ein Eingriff in die Rechte des Betroffenen verbunden ist.[4] Da dieser Eingriff sich lediglich auf die Kontrolle seines Bevollmächtigten beschränkt, bleibt er in seiner Intensität hinter der Bestellung eines Betreuers mit eigenständigen Aufgabenkreisen zurück, so dass nicht die gleichen hohen Verfahrenssicherungen gelten. Die Vorführung zur persönlichen Anhörung kann der Rechtspfleger hingegen auch in den seiner Zuständigkeit unterliegenden Verfahren gemäß § 19 Abs. 1 S. 1 Nr. 1 RPflG nur dann anordnen, wenn der Landesgesetzgeber ihm diese Aufgabe übertragen hat.

2. Persönliche Anhörung (Abs. 1 S. 1, Abs. 2)

a) Form

6   Das Gesetz enthält keine ausdrücklichen Bestimmungen zu Form, Inhalt und Ablauf der persönlichen Anhörung;[5] sie hat jedoch in jedem Falle **vor Erlass** der betreuungsrechtlichen Maßnahme zu erfolgen; eine Anhörung in einem vorangegangenen oder nachfolgenden Verfahren mit einem anderen Verfahrensgegenstand[6] genügt nicht.[7] Die Anhörung ist **nicht öffentlich** (§ 170 Abs. 1 S. 1 GVG). Will das Betreuungsgericht, etwa zu Ausbildungszwecken, die Anwesenheit Dritter zulassen, hat es den Betroffenen darauf hinzuweisen; widerspricht der Betroffene der beabsichtigten Zulassung, hat diese zu unterbleiben (§ 170 Abs. 1 S. 2 GVG). Auf Verlangen des Betroffenen ist einer **Vertrauensperson** die Anwesenheit in der Anhörung zu gestatten (§ 170 Abs. 1 S. 3 GVG). Der (potenzielle) Betreuer kann, muss aber nicht, bei der persönlichen Anhörung des Betroffenen zugegen sein; verlangt der Betroffene dessen Anwesenheit, sollte der (potenzielle) Betreuer der Anhörung hinzugezogen werden.[8] Die persönliche Anhörung ist **unmittelbar** durchzuführen; telefonische oder schriftliche Anhörung oder Anhörung eines Vertreters, auch wenn dieser der Verfahrensbevollmächtigte ist, genügt selbstverständlich nicht. Entsprechend § 33 Abs. 2 S. 1 FamFG ist der Verfahrensbevollmächtigte des Betroffenen aber jedenfalls von dem Anhörungstermin zu benachrichtigen, weil dem Betroffenen dessen Hinzuziehung wegen des Anspruchs auf effektiven Rechtsschutz nicht verwehrt werden darf.[9]

b) Inhalt

7   Inhaltlich sollte das Betreuungsgericht im Rahmen der Anhörung zunächst die Personalien des Betroffenen, etwaiger Optionsbeteiligter, also Angehöriger, oder einer Vertrauensperson nach § 274 Abs. 4 Nr. 1 FamFG, den Lebenslauf des Betroffenen, seine wirtschaftlichen Verhältnisse, insbesondere das Bestehen von Vollmachten (Kontovollmachten, Vorsorgevollmachten), sowie den tatsächlichen Regelungsbedarf (Erforderlichkeit) feststellen. Besteht Regelungsbedarf, sind **alternative Hilfen** (Einschaltung des sozialpsychiatrischen Dienstes, der Altenhilfe, des Ordnungsamtes, Erteilung von Vollmachten), soweit erkennbar vorhanden, zu erörtern. Liegt ein diese Fragestellungen bereits aufklä-

---

4   Anders BT-Drucks. 11/4528, 172.
5   BGH FGPrax 2012, 17.
6   OLG Köln OLGReport 2007, 594.
7   OLG Naumburg FamRZ 2002, 986.
8   BayObLG BtPrax 2003, 183.
9   BGH FGPrax 2012, 17.

render Sozialbericht nach § 8 S. 2 BtBG oder ein Gutachten nach §§ 280, 282 FamFG vor, kann dies verkürzt geschehen.

Insbesondere hat das Betreuungsgericht nach Abs. 2 S. 2 in geeigneten Fällen die **Möglichkeit der Erteilung einer Vorsorgevollmacht** und die **Möglichkeit ihrer Registrierung** zu erörtern. Ein geeigneter Fall liegt vor, wenn nach den Feststellungen des Betreuungsgerichts, insbesondere auf der Grundlage des nach §§ 280, 282 FamFG einzuholenden Gutachtens, nicht zweifelhaft ist, dass der Betroffene geschäftsfähig ist und eine Person vorhanden ist, die willens[10] und in der Lage ist, die Vollmacht zum Wohle des Betroffenen einzusetzen.[11] Hinsichtlich der Registrierung ist darauf hinzuweisen, dass diese auf schriftlichen Antrag oder über den Internetauftritt der Bundesnotarkammer unter www.vorsorgeregister.de (§ 2 Abs. 1 S. 1, Abs. 2 S. 1 VRegV) erfolgen kann. Aus § 1 Abs. 2 VRegV folgt, dass **jede** schriftliche, und nicht nur eine notariell beurkundete Vorsorgevollmacht registriert werden kann. Der **Antrag** muss mindestens den Familiennamen, Vornamen, das Geschlecht, das Geburtsdatum, den Geburtsort und die Anschrift (Straße, Hausnummer, Postleitzahl, Ort) des Vollmachtgebers und – sofern der Bevollmächtigte genannt wird – dessen Familiennamen, Vornamen und Anschrift (Straße, Hausnummer, Postleitzahl, Ort) enthalten (§ 2 Abs. 1 S. 2, 3 VRegV); die Angabe der Telefonnummer des Bevollmächtigten empfiehlt sich in jedem Fall, da im Eilfall das Betreuungsgericht telefonisch Kontakt zu ihm herstellen kann. Weiterhin werden die von der Vollmacht umfassten Aufgabenkreise aufgenommen (§ 1 Abs. 1 Nr. 5 VRegV). Es sollte auch darauf hingewiesen werden, dass im Falle der Registrierung die Bundesnotarkammer den Bevollmächtigten, der nicht schriftlich in die Speicherung der Daten zu seiner Person eingewilligt hat, schriftlich über die gespeicherten Daten in Kenntnis setzt. Dieser kann jederzeit die **Löschung** seiner personenbezogenen Daten aus dem Register verlangen (§ 4 VRegV). Die **Gebühr** für die Eintragung einer Vorsorgevollmacht sowie die jederzeitige Änderung, Ergänzung oder Löschung eines Eintrags beträgt für Privatpersonen bei einem schriftlichen Antrag 18,50 EUR (Nr. 10 GV-VRegGebS). Wird mehr als ein Bevollmächtigter registriert, fallen für jeden weiteren Bevollmächtigten zusätzlich 3 EUR (Nr. 31 GV-VRegGebS) an. 16 EUR fallen bei der postalischen Registrierung an, wenn mittels Lastschrift bezahlt wird (Nr. 35 GV-VRegGebS), 15,50 EUR bei einem Antrag über das Internet (Nr. 11 GV-VRegGebS) und für sog. institutionelle Nutzer bei einem schriftlichen Antrag 16 EUR (Nr. 20 GV-VRegGebS) bzw 13,50 EUR, wenn mittels Lastschrift bezahlt wird (Nr. 35 GV-VRegGebS), und 11 EUR bei einem Antrag über das Internet (Nr. 21 GV-VRegGebS). Bei Zurückweisung des Antrags auf Registrierung entsteht hingegen eine Gebühr von 18,50 EUR (Nr. 40 GV-VRegGebS). Ein Antragsformular (Formular P: Antrag auf Eintragung einer Vorsorgevollmacht) findet sich unter: http://www.bmj.de/SharedDocs/Downloads/DE/broschueren_fuer_warenkorb/Anlagen/Formular_P.html (15.3.2013).

Von einer eingehenden **Beratung** oder gar **Erstellung** der Vollmacht sollte allein wegen möglicher Haftungsfolgen abgesehen werden, zumal der Betroffene

8

9

---

10 Vgl BayObLG FamRZ 2004, 1403.
11 Vgl OLG Schleswig FGPrax 2008, 158; KG NJW-RR 2007, 514; OLG Brandenburg NJW 2005, 1587.

anderweitige fachkundige Hilfe in Anspruch nehmen kann. Wird gleichwohl eine Auskunft erteilt, muss sie klar, vollständig und richtig sein, anderenfalls im Schadensfalle eine Amtshaftung in Betracht kommt, da Auskünfte, die ein Beamter im haftungsrechtlichen Sinne erteilt, dem Stand seiner Erkenntnismöglichkeiten entsprechend sachgerecht, mithin vollständig, richtig und unmissverständlich sein müssen, so dass der Empfänger der Auskunft entsprechend disponieren kann.[12] Der Betroffene ist ggf auf andere Hilfen iSd § 1896 Abs. 2 S. 2 BGB (s. auch § 1896 BGB Rn 111 f) zu verweisen, weil dann die Betreuungsmaßnahme ggf nicht erforderlich würde.

10 Der Betroffene ist über das rechtliche **Wesen der Betreuung** und über die vorgesehenen **Aufgabenkreise** (Abs. 2 S. 3, s. auch § 1896 BGB Rn 135 ff), die Erforderlichkeit, den Umfang und die Dauer der Betreuerbestellung adäquat mit Rücksicht auf seine Erkrankung oder Behinderung aufzuklären. Vorschläge der zuständigen Behörde (§ 8 S. 2 BtBG) und des Betroffenen hinsichtlich der **Auswahl** und **Person** des **Betreuers**[13] (Abs. 2 S. 3) sowie möglicher Interessenkonflikte sind zu erörtern.[14] Gleiches gilt für die Bestellung eines Verfahrenspflegers. Soll ein Einwilligungsvorbehalt angeordnet werden, sind die hiervon betroffenen Willenserklärungen und die Gefährdung der wirtschaftlichen oder persönlichen Interessen des Betroffenen zu erörtern. Da das Betreuungsgericht nach § 37 Abs. 2 FamFG nur solche Erkenntnisse und Beweismittel seiner Entscheidung zugrunde legen darf, zu denen die Beteiligten Stellung nehmen konnten;[15] ist es verpflichtet, auf entscheidungserhebliche Gesichtspunkte rechtlicher Art hinzuweisen (§ 28 Abs. 1 FamFG) und den Beteiligten Gelegenheit zur Stellungnahme zu geben.[16] Es hat das Ergebnis der Ermittlungsmaßnahmen (Sozialbericht der zuständigen Behörde, Sachverständigengutachten, ärztliche Zeugnisse, amtliche Auskünfte) mit dem Betroffenen zu erörtern. Es hat den Betroffenen zudem über **seine Rechte**,

- eine Milieuanhörung (§ 278 Abs. 1 S. 3, 1. Alt. FamFG) oder die Anhörung der Betreuungsbehörde zu verlangen (§ 279 Abs. 2 FamFG),
- der Öffentlichkeit und damit der Anwesenheit weiterer Personen zu widersprechen (§ 170 Abs. 1 S. 2 GVG),
- einen Verfahrensbevollmächtigten zu beauftragen,
- eine Vertrauensperson der Anhörung beizuziehen (§ 170 Abs. 1 S. 3 GVG) und
- Rechtsmittel einzulegen,

zu informieren.

c) Ablauf

11 Das Betreuungsgericht darf den Betroffenen nicht mit der Anhörung überrumpeln, sondern hat ihn entsprechend über Ort (Aufenthaltsort des Betroffenen, Einrichtung oder Gerichtsgebäude) und Termin **rechtzeitig in Kenntnis zu set-**

---

12 BGH NVwZ 2002, 373; Zimmermann, Richter- und Rechtspflegerhaftung im Betreuungsrecht, BtPrax 2008, 185.
13 KG BtPrax 1995, 106.
14 KG FGPrax 1995, 110.
15 Vgl OLG Brandenburg FamRZ 2001, 936.
16 BVerfG NJW-RR 2002, 69; BayObLG FamRZ 2001, 50.

zen und ihn zu laden. Die Anhörung dient der Verwirklichung des Rechts des Betroffenen auf Gewährung rechtlichen Gehörs. Dieses kann er effektiv nur dann wahrnehmen, wenn grundsätzlich ihm, jedenfalls aber seinem Verfahrensbevollmächtigten, und dem etwaig bestellten Verfahrenspfleger rechtzeitig vor der Durchführung der Anhörung die **bisherigen Ermittlungsergebnisse** (Sozialbericht der zuständigen Betreuungsbehörde, Sachverständigengutachten – s. § 280 FamFG Rn 25 –,[17] ärztliche Zeugnisse, amtliche Auskünfte) übermittelt werden. Die Ermittlungsergebnisse sind grundsätzlich vollständig zu übersenden, damit der Betroffene, sein Verfahrensbevollmächtigter und der etwaig bestellte Verfahrenspfleger in die Lage versetzt werden, etwaige Einwände oder eigene Vorschläge vorzutragen.[18] Eine „sinngemäße" zusammenfassende Darstellung der Ermittlungsergebnisse im Rahmen der Anhörung genügt regelmäßig nicht.[19] Dies gilt nur dann nicht, wenn ein Fall des Abs. 4 iVm § 34 Abs. 2 FamFG (vgl Rn 27 ff) vorliegt.[20] Auch dann, wenn von der Bekanntgabe bisheriger Ermittlungsergebnisse, etwa des Inhalts des medizinischen Gutachtens, eine Gefährdung für seine Gesundheit zu befürchten ist, kann entsprechend § 288 Abs. 1 FamFG von der vollständigen Übermittlung der Ergebnisse an den Betroffenen abgesehen werden;[21] die Gefährdung seiner Gesundheit muss aber aufgrund eines ärztlichen Attests feststehen.[22] Wird von der Übermittlung aus diesen Gründen abgesehen, und hat der Betroffene keinen Verfahrensbevollmächtigten, ist dem Betroffenen zwingend ein Verfahrenspfleger zu bestellen.[23] Dem Verfahrenspfleger sind sämtliche Ermittlungsergebnisse in vollständiger Form zu übermitteln.

Auf die **Art** und den **Grad** der **Erkrankung** oder **Behinderung** des Betroffenen und seine intellektuellen Fähigkeiten ist **Rücksicht** zu nehmen.[24] Die Kommunikation mit ihm ist entsprechend anzupassen. Mit seinen Argumenten muss sich das Betreuungsgericht unter Darlegung der Vor- und Nachteile der beabsichtigten Maßnahme auseinander setzen. 12

3. Verschaffen des persönlichen Eindrucks (Abs. 1 S. 2, S. 3)

Das Betreuungsgericht hat sich den persönlichen Eindruck vom Betroffenen durch **Inaugenscheinnahme** zu verschaffen. Allein damit kann es seiner Kontrollfunktion gegenüber Sachverständigen und angehörten Beteiligten, Auskunftspersonen und vernommenen Zeugen nachkommen.[25] Hieraus folgt, dass selbst wenn ein Gutachten eine freie Willensbildung des Betroffenen verneint, das Betreuungsgericht sich selbst einen Eindruck davon verschaffen muss, ob der Betroffene tatsächlich nicht in der Lage ist, einen freien Willen zu bilden.[26] 13

---

17 OLG München BtPrax 2005, 231.
18 BayObLG BtPrax 1993, 208; vgl BayObLG FamRZ 1986, 1043: Unverwertbarkeit des Gutachtens im Verfahren nach § 1846 BGB, wenn Betroffener vorher keine Gelegenheit zur Stellungnahme hatte.
19 OLG München BtPrax 2006, 35.
20 OLG Frankfurt/M. FGPrax 2003, 221; OLG Düsseldorf BtPrax 1996, 188.
21 OLG München BtPrax 2005, 231.
22 OLG Frankfurt/M. FGPrax 2003, 221; BayObLG FGPrax 1999, 181.
23 OLG München BtPrax 2006, 35; OLG München BtPrax 2005, 231.
24 Vgl Thar, Gesprächsführung mit verwirrten Menschen im Betreuungsverfahren, FPR 2012, 41.
25 BT-Drucks. 11/4528, 172.
26 BGH BtPrax 2012, 160; BGH FamRZ 2011, 880.

Das Verschaffen des persönlichen Eindrucks soll **in der üblichen Umgebung** des Betroffenen (Wohnung, Heim, Einrichtung des betreuten Wohnens, Unterbringungs- oder Strafhaftanstalt) erfolgen. Hinsichtlich der Abgrenzung der üblichen Umgebung von einem nur vorübergehenden Aufenthalt kann auf die Kriterien des gewöhnlichen Aufenthalts iSd § 272 Abs. 1 Nr. 2 FamFG (s. dort Rn 4) zurückgegriffen werden. Eine Milieuanhörung soll durchgeführt werden, wenn der Betroffene es verlangt (S. 3, 1. Alt.), etwa weil er krankheitsbedingt oder infolge bestehender Schwellenängste eine Anhörung in seiner üblichen, ihm gewohnten Umgebung vorzieht, oder es der Sachaufklärung dient (S. 3, 2. Alt.), weil durch Inaugenscheinnahme des üblichen Umfelds weitere Erkenntnisse von der Persönlichkeit des Betroffenen, seinen Fähigkeiten zur selbstständigen Lebensführung und seinem sozialen Umfeld gewonnen werden können und der Betroffene nicht widerspricht (s. § 280 FamFG Rn 18).[27] Der wegen § 275 FamFG stets beachtliche Widerspruch des Betroffenen kann auch durch eine etwaig anderslautende Zustimmung des Verfahrenspflegers nicht beseitigt werden, da der Verfahrenspfleger nicht gesetzlicher Vertreter des Betroffenen ist und dessen Willen nicht ersetzen kann.[28] **Dienlichkeit** der Sachaufklärung ist im **Regelfall** anzunehmen und nur dann ausnahmsweise zu verneinen, wenn das Betreuungsgericht bereits auf anderem Wege, zB aufgrund eines ausführlichen Sozialberichts oder Sachverständigengutachtens, umfassend über die übliche Umgebung unterrichtet worden ist.[29] Ist hingegen etwa zu entscheiden, ob ein Betreuer auch für den Aufgabenbereich der Aufenthaltsbestimmung und eine ggf erforderliche Heimunterbringung des Betroffenen bestellt werden soll, kann nach pflichtgemäßem **Ermessen** von der Inaugenscheinnahme in der üblichen Umgebung, nicht von der Inaugenscheinnahme als solcher, im **absoluten Ausnahmefall** allenfalls dann abgesehen werden, wenn entsprechende **zusätzliche Ermittlungen** durchgeführt worden sind, etwa ein umfassendes Pflegegutachten zu ambulanten und anderen Hilfen eingeholt worden ist. Demgegenüber kann der Betroffene hingegen eine Anhörung an einem anderen Ort nicht verlangen.

14 Eine Anhörung im Gerichtsgebäude allein aus verfahrensökonomischen oder Kostengründen hat zu unterbleiben; sie bietet sich aber gerade dann an, wenn die Fähigkeit des Betroffenen, eigenständig seine Angelegenheiten auch außerhalb seiner üblichen Umgebung wahrzunehmen, ermittelt werden soll, oder ausnahmsweise von der Inaugenscheinnahme der Umgebung des Betroffenen **offensichtlich kein Erkenntnisgewinn** zu erwarten ist. Ist die Anhörung zunächst im Gerichtsgebäude oder an einem anderen Ort durchgeführt worden, kann auf Verlangen des Betroffenen die Inaugenscheinnahme seiner üblichen Umgebung nachfolgen. Dies wird sich insbesondere dann aufdrängen, wenn der Betroffene behauptet, sich in seiner gewöhnlichen Umgebung allein zurechtzufinden und die bisherigen Ermittlungsergebnisse das Gegenteil ergeben haben.

---

27 BGH MDR 2012, 1488.
28 HK-BUR/Bauer, §§ 178, 34 FamFG Rn 86.
29 Einschränkender Prütting/Helms/Fröschle, § 278 FamFG Rn 20.

4. Anwesenheit Dritter

Die Anhörung ist nach § 170 Abs. 1 S. 2 FamFG **nicht-öffentlich** und bei Widerspruch des Betroffenen kann das Betreuungsgericht die Öffentlichkeit nicht zulassen.

a) Vertrauensperson

Auf Verlangen des Betroffenen ist nach dem ausdrücklichen Gesetzeswortlaut des § 170 Abs. 1 S. 3 GVG lediglich eine[30] nur von ihm zu bestimmende Vertrauensperson den Verfahrenshandlungen (s. § 274 FamFG Rn 23) nach Abs. 1 hinzuziehen. Die Beiziehung obliegt dem Betroffenen. Das Betreuungsgericht muss die Vertrauensperson **nicht laden**.[31] Sofern der Verfahrensablauf nicht gestört wird, sollte auch weiteren Vertrauenspersonen die Anwesenheit gestattet werden. Ist die Vertrauensperson bei der Anhörung nicht anwesend, ist die Anhörung mit dieser erneut durchzuführen, wenn dies arg e § 279 Abs. 3 FamFG ohne **erhebliche Verzögerung** möglich ist. Eine nachträgliche isolierte Anhörung der Vertrauensperson ohne den Betroffenen genügt nicht, da die Vertrauensperson nicht nur alle für den Betroffenen wichtigen Gesichtspunkte vortragen soll, sondern dem Betroffenen im Rahmen der Anhörung als Stütze dienen und eine für den Betroffenen entspannte Gesprächssituation schaffen soll.[32]

b) Sachverständiger

Auch wenn der Betroffene der Anwesenheit Dritter widerspricht, kann das Betreuungsgericht den Sachverständigen iSd § 280 FamFG an der Anhörung teilnehmen lassen.[33] Der Sachverständige hat nach § 280 Abs. 2 FamFG den Betroffenen ohnehin persönlich zu untersuchen und zu befragen. Für die Einholung des Sachverständigengutachtens nach §§ 30 Abs. 2, 280 Abs. 1 S. 1 FamFG gilt das **Strengbeweisverfahren**. Das Betreuungsgericht kann den Sachverständigen schon zum Anhörungstermin laden. Die Bestellung des Sachverständigen schon zum Anhörungstermin wird dann in Betracht kommen, wenn dies offensichtlich zur Vermeidung möglicher Nachteile, etwa durch Unterbleiben dringend gebotener psychiatrischer oder medizinischer Maßnahmen, geboten ist, im Rahmen der Anhörung medizinische Fachfragen zu erörtern sind oder die Bestimmung der Krankheitsform erforderlich ist.[34] So etwa, wenn fraglich ist, ob lediglich eine körperliche Behinderung vorliegt, weil dann ohne Antrag des Betroffenen eine Betreuerbestellung unzulässig ist. Wird der Sachverständige hinzugezogen, kann er sein Gutachten **mündlich** zu Protokoll des Betreuungsgerichts **erstatten** (s. § 280 FamFG Rn 24).

c) Dritte

Das Betreuungsgericht kann grundsätzlich nach seinem Ermessen **Dritten**, bei entgegenstehendem **Willen** des Betroffenen (§ 170 Abs. 1 S. 2 GVG) jedoch **nur**

---

30 AA HK-BUR/Bauer, §§ 278, 34 FamFG Rn 199; Prütting/Helms/Fröschle, § 278 FamFG Rn 15; Schulte-Bunert/Weinreich/Rausch, § 278 FamFG Rn 11: auch mehrere Vertrauenspersonen.
31 Bassenge/Roth, § 278 FamFG Rn 15; aA HK-BUR/Bauer, §§ 278, 34 FamFG Rn 197.
32 BT-Drucks. 11/4528, 173.
33 BT-Drucks. 16/6308, 267.
34 BT-Drucks. 11/4528, 173.

dem **Sachverständigen** und dem **Verfahrenspfleger**, der ansonsten seine Pflicht zur Interessenwahrnehmung nicht erfüllen könnte,[35] die Anwesenheit gestatten. Angesichts der Nichtöffentlichkeit und Vertraulichkeit der Anhörung sollte Dritten die Anwesenheit, etwa aus Gründen der Ausbildung oder zu wissenschaftlichen Zwecken, nur zurückhaltend gestattet werden.[36]

d) Wiederholung der Anhörung („Schlussgespräch")

19 Auch wenn keine Pflicht zur Durchführung des Schlussgespräches[37] besteht, ist das Betreuungsgericht dann **zur erneuten Anhörung des Betroffenen verpflichtet**, wenn es **nach** Durchführung der persönlichen Anhörung weitere Ermittlungen durchführt, etwa Gutachten einholt oder Zeugen vernimmt, und dabei entscheidungserhebliche Feststellungen trifft.[38] Dann ist dem Betroffenen nach § 37 Abs. 2 FamFG[39] **erneut** Gelegenheit zur Stellungnahme zu geben und er ist auf die neuen Feststellungen hinzuweisen.[40] Eine persönliche Anhörung wird darüber hinausgehend nur dann zu erfolgen haben, wenn über die im ersten Anhörungstermin dargestellten Aufgabenkreise der Betreuer für weitere nicht unwesentliche Aufgabenkreise (vgl § 293 Abs. 1 FamFG Rn 7 ff) bestellt werden soll und der Betroffene sich mittels einer schriftlichen Äußerung nicht wird ausdrücken können.[41] Gleiches gilt, wenn erstmalig weitere entscheidungserhebliche Umstände, etwa infolge der erstmaligen Einholung eines Gutachtens (auch in zweiter Instanz),[42] ermittelt worden sind oder die Sachlage sich wesentlich geändert hat.[43] Die Pflicht zur Durchführung einer weiteren persönlichen Anhörung endet dort, wo einer der Fälle des Abs. 4 vorliegt, also bei Gesundheitsgefährdung und Äußerungsunfähigkeit des Betroffenen; dann ist aber ein Verfahrenspfleger zu bestellen (s. Rn 27).

5. Unterrichtung des Betroffenen (Abs. 2)

20 Der Betroffene ist – sofern noch nicht vor der Anhörung geschehen – über den **Verfahrensverlauf** zu unterrichten. Der Zeitpunkt und die Form der Unterrichtung sind nicht ausdrücklich geregelt. Eine Unterrichtung kann zwar mündlich oder schriftlich vor oder nach der Anhörung erfolgen. Die Unterrichtung bereits zu Beginn des Verfahrens wird im Regelfall geboten sein, um den Betroffenen schon frühzeitig die Möglichkeit zu geben, für erheblich gehaltene Gesichtspunkte vortragen zu können.[44] Sofern die Unterrichtung zunächst schriftlich erfolgt ist, sollte das Betreuungsgericht spätestens im Rahmen der persönlichen Anhörung durch kurze Nachfrage prüfen, ob der Betroffene die schriftlichen Ausführungen dem Grunde nach verstanden hat, da der Betroffene krankheitsbedingt in den seltensten Fällen den schriftlichen Ausführungen wird folgen können. Ist erkennbar, dass er der schriftlichen Unterrichtung nicht hat folgen können, ist er mündlich, etwa im Rahmen der persönlichen

---

35 BayObLG Rpfleger 2002, 24 zu § 70 b FGG aF.
36 BT-Drucks. 11/4528, 173.
37 Vgl 1. Auflage, § 68 FGG Rn 32 ff.
38 OLG Köln JMBl NW 2008, 114; BayObLG BtPrax 2004, 197.
39 BGH FGPrax 2012, 110; OLG Brandenburg FamRZ 2001, 936.
40 BVerfG NJW-RR 2002, 69; BayObLG FamRZ 2001, 50.
41 BT-Drucks. 16/6308, 192.
42 OLG Frankfurt/M. FamRZ 2008, 1477.
43 BayObLG BtPrax 2004, 197.
44 Horndasch/Viefhues/Beermann, § 278 FamFG Rn 6.

Anhörung oder bei anderer Gelegenheit, zu unterrichten. Zudem ist dann die Bestellung eines Verfahrenspflegers ernsthaft in Betracht zu ziehen. In geeigneten Fällen ist auch dann auf die Möglichkeit der **Vorsorgevollmachtserteilung** hinzuweisen, wenn dadurch zumindest der Aufgabenkreis der Betreuung beschränkt werden kann. Hinsichtlich der Unterrichtung über Vorsorgevollmacht, Registrierung und der Erörterung über Inhalt und Reichweite der Aufgabenkreise und der Auswahl des Betreuers vgl Rn 7 ff.

6. Rechtshilfe (Abs. 3)
a) Rechtshilfe im Inland

Nach Abs. 3 dürfen die Verfahrenshandlungen des Abs. 1 S. 1 (persönliche Anhörung) und – obwohl dies nicht ausdrücklich geregelt ist, auch die des Abs. 1 S. 2 (Einholen des persönlichen Eindrucks) – im Inland durch den ersuchten Richter im Wege der Rechtshilfe erfolgen. Angesichts der Bedeutung der Anhörung für das Betreuungsgericht als Erkenntnisquelle (s. Rn 1)[45] sollte von dieser Möglichkeit nur ausnahmsweise in **offensichtlich eindeutigen Fällen** Gebrauch gemacht werden, wenn anzunehmen ist, dass das entscheidende Betreuungsgericht das Ergebnis der Ermittlungen auch **ohne eigenen Eindruck** von dem Betroffenen zu **würdigen** vermag, etwa dann, wenn sich der Betroffene nach den eindeutigen Feststellungen eines zur Akte gelangten Gutachtens oder des Sozialberichts der zuständigen Behörde – die Angaben anderer Beteiligter und Dritter genügen nicht – offensichtlich äußerungsunfähig oder bewusstlos in einer weit entfernten Einrichtung (etwa ein Koma-Patient[46]) befindet[47] oder lediglich ergänzend im Laufe eines längeren Verfahrens angehört werden soll.[48] Auch dann, wenn das Betreuungsgericht hinsichtlich der Bewertung der Fähigkeit des Betroffenen zur Bildung eines freien Willens iSd § 1896 Abs. 1 a BGB von bisherigen Ermittlungen, etwa den Feststellungen des Sachverständigen (s. § 280 FamFG Rn 20), abweichen will, kann die Anhörung nicht dem beauftragten Gericht übertragen werden.[49] Weite Entfernungen zum aktuellen Aufenthaltsort des Betroffenen rechtfertigen für sich isoliert die Einschaltung des ersuchten Gerichts nicht, weil das Betreuungsgericht des Aufenthaltsortes für Maßnahmen nach § 272 Abs. 1 Nr. 2 FamFG ohnehin zuständig ist. Ist keine originäre Zuständigkeit gegeben, kann in diesen Fällen zur Sicherstellung der persönlichen Anhörung eine Abgabe nach § 273 FamFG erfolgen.[50]

21

Die Entscheidung, die Anhörung dem beauftragten Gericht zu übertragen, ist entweder in der Übertragungsentscheidung oder in dem Beschluss der Hauptsache zu begründen.[51] Um dem ersuchten Gericht eine zielführende Anhörung zu ermöglichen, sollte das ersuchende Gericht einen entsprechenden Fragenkatalog mitsenden und darauf hinweisen, dass auch der Eindruck des Betroffenen und weitere entscheidungserhebliche Umstände im Anhörungsvermerk dokumentiert werden.

22

---

45 OLG Stuttgart BWNotZ 2007, 39.
46 BGH FGPrax 2011, 120.
47 Vgl BT-Drucks. 11/4528, 172; OLG Stuttgart BWNotZ 2007, 39; OLG Hamm NJW-RR 1997, 70; OLG Hamm BtPrax 1996, 190; OLG Frankfurt/M. FamRZ 1993, 1221.
48 BGH FGPrax 2011, 120; OLG Stuttgart BWNotZ 2007, 39.
49 BayObLG BayObLGR 2004, 432.
50 HK-BUR/Bauer, §§ 273, 34 FamFG Rn 101.
51 OLG Thüringen FGPrax 2000, 239.

23 Der ersuchte Richter ist gemäß §§ 156; 158 Abs. 1 GVG nicht befugt, die Zulässigkeit seiner Einschaltung zu prüfen und ein Tätigwerden zu verweigern, weil die nachgesuchte Rechtshilfe aus seiner Sicht unzulässig oder unzweckmäßig sei,[52] da die Anhörung durch das ersuchte Gericht im Rahmen des § 278 FamFG allgemein nach Abs. 3 zulässig ist.[53] Nur bei offensichtlich eklatanter Unrichtigkeit und damit **Rechtsmissbräuchlichkeit**[54] oder gemäß §§ 156, 158 Abs. 2 S. 1 GVG bei **allgemeiner Unzulässigkeit** der Einschaltung des ersuchten Richters,[55] wie etwa im Falle des § 297 Abs. 4 FamFG, darf der ersuchte Richter ablehnen. Befindet sich der Betroffene nicht mehr im Bezirk des ersuchten Gerichts, hat sich das Rechtshilfeersuchen erledigt.[56] Bei streitiger Ablehnung oder Stattgabe entgegen § 158 Abs. 2 GVG entscheidet nach § 159 Abs. 1 GVG das übergeordnete Oberlandesgericht.[57]

24 Der ersuchte Richter hat die Verfahrenshandlungen nach Abs. 1 S. 1, Abs. 2 und Abs. 1 S. 2 vorzunehmen und darauf zu achten, dass er den persönlichen Eindruck vom Betroffenen hinreichend vermittelt. Insofern ist ein **Wortprotokoll geboten**. Erforderlich ist auch, den Zustand und das Verhalten des Betroffenen und seiner Umgebung, seine Äußerungen und sein sonstiges Verhalten sowie besondere Umstände, etwa den Einfluss einer Medikamentengabe auf den Betroffenen, ausführlich im Anhörungsvermerk festzuhalten.

25 **Ändern sich entscheidungserhebliche Umstände** nach der im Wege der Rechtshilfe durchgeführten Anhörung, so ist eine erneute Anhörung durch den entscheidenden Funktionsträger ohnehin dann zwingend, wenn nunmehr die Voraussetzungen für die Anhörung durch den ersuchten Richter nicht mehr vorliegen, etwa weil die Betreuungsbedürftigkeit oder der Betreuungsbedarf größer geworden ist.

b) Rechtshilfe im Ausland

26 Für den Fall, dass sich der Betroffene nicht nur vorübergehend im Ausland aufhält, werden die Verfahrenshandlungen nach Abs. 1 S. 1 und S. 2 im Wege der internationalen Rechtshilfe nach der Rechtshilfeordnung für Zivilsachen (ZRHO),[58] die nach § 1 Abs. 1 ZRHO für alle bürgerlichen Rechtsangelegenheiten gilt, durchgeführt. Die Grundlagen sind in § 3 Abs. 2 ZRHO genannt; im Bereich der EU findet die Beweisaufnahme nach der Verordnung (EG) Nr. 1206/2001 des Rates vom 28.5.2001 über die Zusammenarbeit zwischen den Gerichten der Mitgliedstaaten auf dem Gebiet der Beweisaufnahme in Zivil- oder Handelssachen (EuBVO)[59] statt. Das Ersuchen um Beweisaufnahme

---

52 OLG München BtPrax 2005, 199; BayObLG BtPrax 2000, 91; BayObLG BtPrax 1995, 36; BayObLG Rpfleger 1994, 103; vgl BayObLG BtPrax 2004, 159 zur vorläufigen Unterbringung.
53 BayObLG FamRZ 1993, 450; OLG Frankfurt/M. FamRZ 1993, 1221.
54 OLG Köln FamRZ 2004, 818; OLG Schleswig BtPrax 1995, 145.
55 OLG Köln FamRZ 2004, 818; OLG Frankfurt/M. FamRZ 2004, 137; OLG Frankfurt/M. BtPrax 1993, 138.
56 BayObLG FamRZ 2005, 640.
57 Vgl BayObLG FamRZ 1993, 450.
58 Abrufbar unter: http://www.datenbanken.justiz.nrw.de, dort unter: Internationaler Rechtsverkehr in Zivilsachen; Rechtshilfeordnung für Zivilsachen (15.3.2013).
59 Veröffentlicht im Amtsblatt der Europäischen Gemeinschaften vom 27.6.2001, Nr. L 174, S. 1 ff; abrufbar unter: http://www.ec.europa.eu/justice_home/judicialatlascivil/html/te_information_de.htm (15.3.2013).

muss anhand eines Formblatts[60] übermittelt werden (Art. 4 EuBVO). Kann das Ersuchen nicht innerhalb von 90 Tagen erledigt werden, soll das ersuchte Gericht das ersuchende Gericht hiervon unter Angabe der Gründe, die einer zügigen Erledigung des Ersuchens entgegen stehen, in Kenntnis setzen (Art. 10 EuBVO). Das ersuchende Gericht kann nicht nur der Beweisaufnahme beiwohnen, wenn dies mit dem Recht des Mitgliedstaats des ersuchenden Gerichts vereinbar ist, und die Beteiligung an den Verhandlungen beantragen (Art. 12 EuBVO), sondern kann – unter Verwendung eines Formblatts[61] – nach deutschem Recht in dem Mitgliedstaat des ersuchten Gerichts mit dessen Zustimmung sogar unmittelbar Beweis erheben (Art. 17 EuBVO).

7. Absehen von der persönlichen Anhörung (Abs. 4)

Eine persönliche Anhörung ist nicht etwa dann entbehrlich, wenn der Betreuungsrichter in anderer Funktion, etwa als Familien- oder Jugendrichter, den Betroffenen in einem anderen Verfahren bereits angehört hat.[62] Nur **von der persönlichen Anhörung**, nicht aber der Verschaffung des persönlichen Eindrucks (s. Rn 31), kann das Betreuungsgericht gemäß Abs. 4 iVm § 34 Abs. 2 FamFG und nach vorheriger Bestellung eines Verfahrenspflegers gemäß § 276 Abs. 1 S. 2 Nr. 1 FamFG, der auch zum beabsichtigten Absehen von der persönlichen Anhörung zu hören ist, in zwei Fällen **absehen**:   27

a) Abs. 4 iVm § 34 Abs. 2 Alt. 1 FamFG

Wenn nach **ärztlichem Gutachten** (s. § 280 FamFG Rn 6) (ein ärztliches Attest reicht nicht) die Gefahr besteht, dass von der Durchführung der Anhörung **erhebliche gesundheitliche Nachteile** für den Betroffenen, wie Gefahr des Herzversagens oder der Dekompensation bei psychischen Erkrankungen, ausgehen. Dabei muss das Gutachten auf einer **vorherigen Untersuchung** des Betroffenen entsprechend § 280 Abs. 2 FamFG beruhen,[63] da ansonsten keine ausreichende Erkenntnisgrundlage geschaffen werden kann, um von der Anhörung abzusehen. Das Gutachten muss ferner die Tatsachengrundlagen und die Gefahr für das Gericht nachvollziehbar und konkret darlegen. Lassen sich die gesundheitlichen Gefahren durch Hinzuziehung einer oder mehrerer Vertrauenspersonen, durch Wahl eines anderen Anhörungsortes oder durch entsprechende zumutbare Medikation beseitigen, ist anzuhören.   28

b) § 34 Abs. 2 2. Alt. 2 FamFG

Wenn der Betroffene aufgrund des eigenen unmittelbaren persönlichen Eindrucks des Betreuungsgerichts[64] offensichtlich nicht in der Lage ist, seinen **Willen** schriftlich, verbal, durch Gesten oder Laute oder mithilfe eines Gebärdendolmetschers **kundzutun**. Bei Unklarheiten hat das Betreuungsgericht ggf einen Sachverständigen zur Feststellung der Äußerungsunfähigkeit beizuziehen, wo-   29

---

60 Abrufbar unter: https://e-justice.europa.eu/dynform_intro_taxonomy_action.do?&plang=de, dort unter Formulare „Beweisaufnahme in Zivil- und Handelssachen"; Formblatt A (15.3.2013).
61 Abrufbar unter: https://e-justice.europa.eu/dynform_intro_taxonomy_action.do?&plang=de, dort unter Formulare „Beweisaufnahme in Zivil- und Handelssachen".
62 OLG Köln OLGReport 2007, 594.
63 Bassenge/Roth, § 278 FamFG Rn 11; HK-BUR/Bauer, §§ 278, 34 FamFG Rn 130.
64 BT-Drucks. 16/6308, 192.

bei es dann allerdings an der Offensichtlichkeit des Unvermögens zur Willenskundgabe fehlen wird, so dass ohnehin anzuhören ist. Eine nur **vorübergehende**, etwa durch Ausbruch eines Krankheitsschubes oder einer zeitlich begrenzter Medikation bedingte Äußerungsunfähigkeit des Betroffenen, rechtfertigt nur eine zeitliche Verschiebung, **nicht** aber das vollständige Absehen von der Durchführung der Anhörung. Fällt das Anhörungshindernis weg, ist die Anhörung ggf sogar **nach Erlass** der Entscheidung nachzuholen, da das Betreuungsgericht durch die persönliche Anhörung neue Erkenntnisse gewinnen kann, die eine Aufhebung oder Änderung der Betreuungsmaßnahme gemäß § 48 Abs. 1 FamFG erforderlich machen können.[65]

30 Das **Absehen** von der Anhörung ist in jedem Falle in den Entscheidungsgründen konkret unter Darlegung der tatsächlichen Umstände für das Beschwerdegericht nachprüfbar **zu begründen**.[66]

8. Absehen von der Einholung des persönlichen Eindrucks

31 Der persönliche Eindruck ist grundsätzlich immer einzuholen, und zwar auch dann, wenn der Betroffene iSd § 34 Abs. 2 Alt. 2 FamFG offensichtlich nicht in der Lage ist, seinen Willen kundzutun. Denn ob der Betroffene zur Willensäußerung unfähig ist, hat das Betreuungsgericht selbst zu ermitteln, und nicht dem Sachverständigen oder Dritten zu überlassen. Denn nur mit der Verschaffung eines eigenen persönlichen Eindrucks ist das Betreuungsgericht in der Lage, seine ihm zukommende Kontrollfunktion über Sachverständige, Auskunftspersonen oder Zeugen auszufüllen.[67] Zudem hat der Gesetzgeber klargestellt, mit der sprachlichen Fassung des § 34 Abs. 2 Alt. 2 FamFG gegenüber der bisherigen Regelung des § 68 Abs. 2 Nr. 2 FGG bleibe es dabei, dass von einer persönlichen Anhörung nur abgesehen werden kann, wenn die erheblichen Gesundheitsnachteile für den Betroffenen durch ärztliches Gutachten nachgewiesen sind und die Unfähigkeit zur Willensäußerung aufgrund des persönlichen Eindrucks des Gerichts feststeht.[68] Dies gilt auch bei Weigerung des Betroffenen, an diesen Verfahrenshandlungen teilzunehmen, da Abs. 4 eine abschließende Sonderregelung nur für die Anhörung darstellt. Nur dann, wenn **entsprechend Abs. 4 iVm § 34 Abs. 2 FamFG** eine **erhebliche** Gesundheitsgefahr zu befürchten ist (s. Rn 28), kann im absoluten Ausnahmefall von der Einholung des persönlichen Eindrucks abgesehen werden.[69] Auch im Rahmen des Verfahrens ist der Verhältnismäßigkeitsgrundsatz zu beachten (s. Vor §§ 271 ff FamFG Rn 16). Da andere mildere Mittel dem Betreuungsgericht nicht zur Verfügung stehen – eine heimliche Inaugenscheinnahme des Betroffenen verbietet sich, da ansonsten der Betroffene seine Subjektsqualität einbüßen

---

65 HK-BUR/Bauer, §§ 278, 34 FamFG Rn 145 ff.
66 BGH FGPrax 2012, 163; OLG Hamm OLGReport 1999, 378.
67 BT-Drucks. 11/4528, 172.
68 BT-Drucks. 16/6308, 192.
69 Damrau/Zimmermann, § 278 FamFG Rn 62; Prütting/Helms/Fröschle, § 278 FamFG Rn 35; insofern plakativ: HK-BUR/Bauer, §§ 273, 34 FamFG Rn 133: bei der Verschaffung des unmittelbaren Eindrucks dürfe das Gericht „nicht über Leichen" gehen; offengelassen von OLG Karlsruhe FamRZ 1999, 670; aA Bassenge/Roth, § 278 FamFG Rn 10; Dodegge/Roth, A Rn 153; Jürgens/Kretz, § 278 FamFG Rn 16; Keidel/Budde, § 278 FamFG Rn 7; MK/Schmidt-Recla, § 278 FamFG Rn 12.

bzw der Grundsatz der Beteiligtenöffentlichkeit verletzt würde –[70], wäre es nicht angemessen und damit unverhältnismäßig unter Billigung erheblicher Gesundheits- oder im Extremfall Lebensgefahren für den Betroffenen, den unmittelbaren Eindruck einzuholen, wenn feststeht, dass allein die Verschaffung des unmittelbaren Eindrucks zu einer erheblichen gesundheitlichen Gefährdung des Betroffenen führen wird. In einem solchen seltenen Ausnahmefall ist in einem ersten Schritt zu prüfen, ob nicht als milderes Mittel die Bestellung eines **vorläufigen Betreuers** in Betracht kommt. Scheiden mildere Mittel aus, so ist sorgfältig unter Abwägung der Wahrscheinlichkeit des Schadenseintritts und des gefährdeten Rechtsguts des Betroffenen zu prüfen, ob die Bestellung eines Betreuers unter Verschaffung des unmittelbaren Eindrucks nicht außer Verhältnis zu den zu erwartenden Schäden steht. Sind die mit dem Absehen von der Betreuerbestellung zu erwartenden nachteiligen Folgen im Vergleich zu den zu befürchtenden Schäden weniger gewichtig, ist von der Betreuerbestellung abzusehen. Ist hingegen jedenfalls von einer Gleichwertigkeit oder gar einem Überwiegen der mit dem Absehen von der Betreuerbestellung verbundenen Gefahren auszugehen, ist von der Verschaffung des unmittelbaren Eindrucks abzusehen. Fällt die Gefahr nachträglich weg, ist die Einholung des unmittelbaren Eindrucks nachzuholen. Wird in diesem absoluten Ausnahmefall von der Verschaffung des persönlichen Eindrucks abgesehen, ist dies in den Beschlussgründen eingehend darzutun.[71]

9. Vorführung (Abs. 5)

Weigert sich der Betroffene, an der Anhörung teilzunehmen, kann seine Vorführung angeordnet werden. Nach Ansicht des BGH kann das Betreuungsgericht aber auch nach § 34 Abs. 3 FamFG vorgehen und damit auch ohne persönliche Anhörung entscheiden, wenn der Betroffene im Anhörungstermin unentschuldigt ausbleibt und er zuvor auf die Folgen seines Ausbleibens hingewiesen worden ist.[72] Dies ist insofern bedenklich, als nach zutreffender Ansicht § 278 FamFG als lex specialis zu § 34 Abs. 3 FamFG anzusehen ist.[73] Dies ergibt sich bereits daraus, dass § 278 Abs. 4 FamFG allein auf den § 34 Abs. 2 FamFG, nicht aber auf dessen Abs. 3 verweist. Überdies dient die persönliche Anhörung nicht allein der Gewährung rechtlichen Gehörs, sondern ist auch Erkenntnisgrundlage für die betreuungsgerichtliche Entscheidung. Die Möglichkeiten der Vorführung, Gewaltanwendung und Wohnungsdurchsuchung nach den Abs. 5 bis 7 zeigen, dass der Gesetzgeber die persönliche Anhörung gerade nicht für entbehrlich erachtet.

Will man dem Ansatz des Bundesgerichtshofs gleichwohl folgen, so wird eine Anwendung des § 34 Abs. 3 FamFG allein dann in Betracht kommen, wenn die Vorführung des Betroffenen unverhältnismäßig wäre[74] und die persönliche Anhörung allein der Gewährung rechtlichen Gehörs dient, weil bereits alle ent-

---

70 Damrau/Zimmermann, § 278 FamFG Rn 62; HK-BUR/Bauer, §§ 273, 34 FamFG Rn 133.
71 Vgl BGH FGPrax 2012, 163; OLG Hamm OLGReport 1999, 378 beim Absehen von der persönlichen Anhörung.
72 BGH FamRZ 2010, 1650; Fröschle, Anmerkung, FamRZ 2010, 1651; Prütting/Helms/Fröschle, § 278 FamFG Rn 34.
73 HK-BUR/Bauer, §§ 278, 34 FamFG Rn 41; Keidel/Budde, § 278 FamFG Rn 23.
74 Fröschle, Anmerkung, FamRZ 2010, 1651.

scheidungserheblichen Umstände ermittelt sind; sind daher von der persönlichen Anhörung der Betroffenen zusätzliche Erkenntnisse zu erwarten, ist persönlich anzuhören.[75] Unverhältnismäßigkeit kann indes nur dann angenommen werden, wenn ein Betreuer für unwesentliche Aufgabenkreise bestellt oder für unwesentliche Willenserklärungen ein Einwilligungsvorbehalt angeordnet werden soll; als Maßstab für die Beurteilung der Unwesentlichkeit kann § 293 Abs. 2 S. 1 Nr. 2 FamFG (s. § 293 FamFG Rn 7 ff) herangezogen werden. Dann kann das Betreuungsgericht nach pflichtgemäßem Ermessen[76] entscheiden, ob der mit der Betreuerbestellung oder der Anordnung des Einwilligungsvorbehaltes verbundene Eingriff in die Rechte des Betroffenen[77] gegenüber dem mit Gewaltanwendung und Wohnungsdurchsuchung verbundenen Eingriff in die Rechte des Betroffenen weniger schwer wiegt.

a) Funktionelle Zuständigkeit

33 Zuständig für die Anordnung der Vorführung ist ausschließlich der **Richter** nach § 19 Abs. 1 S. 1 Nr. 1 RPflG, und zwar auch in den Verfahren, die dem Zuständigkeitsbereich des Rechtspflegers unterfallen.

b) Verhältnismäßigkeit

34 Der Betroffene kann im Weigerungsfalle nach Abs. 5 auf Anordnung des Betreuungsgerichts durch die nach §§ 1, 3 BtBG zuständige **Betreuungsbehörde** vorgeführt werden. Eine Vorführung unmittelbar durch die Polizei oder durch den **Gerichtsvollzieher** ist auch deswegen **unzulässig**, weil diese im Gegensatz zur zuständigen Behörde keine Ausbildung im Umgang mit kranken oder behinderten Menschen haben.[78]

Hingegen scheidet eine Inaugenscheinnahme des Betroffenen in der üblichen Umgebung aus, weil die Weigerung als beachtlicher Widerspruch nach Abs. 1 S. 3 zu werten ist.[79] Eine Vorführung ist nur dann erforderlich und damit zulässig, wenn **keine anderen Möglichkeiten** bestehen, den Betroffenen zur Teilnahme an den Verfahrenshandlungen nach Abs. 1, Abs. 2 zu bewegen, etwa durch Einwirkung über Dritte, den Betreuer, dem Betreuungsgericht bekannte und ohne Weiteres erreichbare Angehörige oder Vertrauenspersonen. Die Vorführung ist als milderes Mittel aus Gründen der Verhältnismäßigkeit vorher **anzudrohen**, zumindest aber anzukündigen, da nicht auszuschließen ist, dass sich der Betreute vor dem Druck der in Aussicht gestellten Vorführung anders besinnt.[80]

c) Gewaltanwendung (Abs. 6)

35 Die Durchführung der Vorführung ist im Weigerungsfalle ohne den Einsatz körperlich wirkender Gewalt nicht denkbar. Nunmehr ist wie in § 283 Abs. 2 S. 1 FamFG oder § 326 Abs. 2 S. 1 FamFG eine entsprechende Befugnis zur Anordnung von Gewalt ausdrücklich vorgesehen. Das Betreuungsgericht kann

---

75 Vgl BGH FGPrax 2012, 198; FGPrax 2011, 290; FGPrax 2011, 120.
76 Fröschle, Anmerkung, FamRZ 2010, 1651.
77 Vgl BGH MDR 2012, 1464.
78 BT-Drucks. 11/4528, 173; vgl Walther, Vorführungen und Zuführungen – eine neue Aufgabe örtlicher Betreuungsbehörden. Ein Praxisbericht, BtPrax 1997, 42.
79 Vgl HK-BUR/Bauer, §§ 278, 34 FamFG Rn 166.
80 BayObLG FamRZ 1997, 1568; aA Prütting/Helms/Fröschle, § 278 FamFG Rn 43.

die Betreuungsbehörde zum Einsatz einfacher körperlicher Gewalt ermächtigen (vgl § 283 FamFG Rn 12 f). Unter Gewalt ist einfache körperliche Gewalt, also Festhalten,[81] Wegführen oder Wegtragen, zu verstehen. Die Anordnung der Gewaltanwendung muss **verhältnismäßig** sein;[82] es muss also feststehen, dass der Betroffene ohne Anwendung von Gewalt nicht vorgeführt werden kann. Dies wird dann der Fall sein, wenn zuvor ein Vorführversuch erfolglos geblieben und die Gewaltanwendung ausdrücklich angekündigt worden ist. Nach Abs. 6 S. 2 ist die Betreuungsbehörde befugt, um Unterstützung der polizeilichen Vollzugsorgane nachzusuchen. Hieraus folgt, dass eine Vorführung niemals allein durch die Polizei durchgeführt werden kann. Es muss stets zumindest ein Mitarbeiter der Betreuungsbehörde bei der Vorführung anwesend sein, weil nur er über die im Umgang mit psychisch kranken oder behinderten Betroffenen notwendige Ausbildung verfügt (vgl Anhang zum BtBG Rn 7). Keinesfalls darf das Betreuungsgericht unter Umgehung der Betreuungsbehörde die Polizei direkt um Vorführung ersuchen.[83]

d) Betreten der Wohnung (Abs. 7)

Mit dem durch Gesetz vom 5.12.2012[84] neu eingefügten Abs. 7 hat der Gesetzgeber die bisher fehlende **Ermächtigungsgrundlage** für die **Betreuungsbehörde** zum Betreten oder gewaltsamen Öffnen der Wohnung des Betroffenen gegen dessen Willen[85] geschaffen. Die gerichtliche Betretens- und Durchsuchungsanordnung darf dabei selbstverständlich nur zu dem Zweck erfolgen, den Betroffenen aufzufinden, um ihn zu einer Anhörung vorzuführen.[86]

36

Auch hier gilt der Verhältnismäßigkeitsgrundsatz.[87] Insofern sollte vor der Wohnungsöffnung und -durchsuchung zumindest ein erster – erfolgsloser – Vorführversuch ohne Wohnungsdurchsuchung als weniger einschneidende Maßnahme vorgeschaltet sein. Bei **Gefahr im Verzug** (s. § 301 FamFG Rn 5) kann die Anordnung nach Satz 2 auch durch die zuständige Behörde getroffen werden (s. aber § 283 FamFG Rn 17). S. 3 zitiert gemäß Art. 19 Abs. 1 S. 2 GG Art. 13 GG als einzuschränkendes Grundrecht.

e) Inhalt und Beschlussformel

Die gerichtliche Vorführungsanordnung ist hinreichend bestimmt zu fassen und zu begründen. Sie wird mit der Bekanntmachung an den Betroffenen nach §§ 40 Abs. 1, 41 Abs. 1 FamFG und nicht an den (vorläufigen) Betreuer wirksam, auch wenn damit möglicherweise der Erfolg der Vorführung gefährdet würde; § 287 FamFG gilt hier nicht (s. § 283 FamFG Rn 20), so dass die sofor-

37

---

81 OLG Hamburg PflR 1999, 304.
82 BGH BtPrax 2007, 167.
83 Damrau/Zimmermann, § 278 FamFG Rn 74.
84 BGBl. I, 2418.
85 Vgl BVerfG FamRZ 2009, 1814; BayObLG FamRZ 2002, 348; BayObLG BtPrax 2001, 251; LG Frankfurt/M. FamRZ 1996, 375; LG Frankfurt/M. BtPrax 1994, 216; vgl BayObLG Rpfleger 1999, 445; Schmidt-Recla/Diener, Zwangsmittel im Betreuungs- und Unterbringungsverfahrensrecht, FamRZ 2010, 696; vgl Vorauflage, § 278 FamFG Rn 36; aA LG Freiburg FamRZ 2000, 1316; KG FamRZ 1997, 442; KG BtPrax 1996, 195; LG Berlin FamRZ 1996, 821; Keidel/Budde, § 278 FamFG Rn 29.
86 BT-Drucks. 17/10490, 20.
87 BGH BtPrax 2007, 167.

tige Wirksamkeit nicht nach § 287 FamFG angeordnet werden kann.[88] Sie ist als verfahrensleitende Zwischenentscheidung trotz der mit der Vorführung verbundenen gravierenden Eingriffe nach § 58 Abs. 1 FGG und im Umkehrschluss zu § 284 Abs. 3 S. 2 FamFG grundsätzlich – mit Ausnahme willkürlicher Anordnung (s. Rn 43) – **nicht anfechtbar**;[89] dies gilt erst recht für deren Androhung bzw Ankündigung. Nach § 58 Abs. 1 FamFG sind nur Endentscheidungen anfechtbar; verfahrensleitende Zwischenentscheidungen, zu denen die Vorführanordnung fraglos zählt, sind hingegen nur dann anfechtbar, wenn die Vorschriften über die sofortige Beschwerde der ZPO – §§ 567 ff ZPO – für anwendbar erklärt werden.[90] § 278 Abs. 5 FamFG verweist aber weder auf § 33 Abs. 5 S. 5 FamFG noch auf §§ 567 ff ZPO. Soweit die Anordnung der Gewaltanwendung und der Wohnungsöffnung betroffen sind, muss eine **Anfechtbarkeit** gegeben sein.[91] Denn es ist dem Betroffenen schlicht unzumutbar, wenn er sich einer belastenden Untersuchung unter Anwendung von Zwangsmaßnahmen, die sowohl seine Freiheit als auch in sein Recht auf Unverletzlichkeit der Wohnung eingreifen, unterziehen muss, obwohl eine tragfähige Grundlage für seine etwaig bestehende Betreuungsbedürftigkeit gar nicht vorhanden ist. Ohne die ausnahmsweise zuzulassende Anfechtungsmöglichkeit wäre der Betroffene anderenfalls gezwungen, die Zwangsmittel in Form der Gewaltanwendung und des Betretens seiner Wohnung zu dulden, nur um erst den späteren Betreuerbestellungsbeschluss mit der Beschwerde angreifen zu können.[92]

38 ▶ **Beschlussformel:**

In … [Rubrum] wird die zwangsweise Vorführung des Betroffenen durch die zuständige Behörde … [Bezeichnung, Anschrift] zu dem gerichtlichen Anhörungstermin am … [Datum, Uhrzeit] in … [genaue Bezeichnung des Anhörungsortes] angeordnet. Die zuständige Behörde ist befugt, soweit zur Durchführung der Vorführung erforderlich, einfache Gewalt anzuwenden oder die Hilfe der polizeilichen Vollzugsorgane in Anspruch zu nehmen. Die zuständige Behörde ist befugt, soweit zur Durchführung der Vorführung erforderlich, die Wohnung des Betroffenen ohne dessen Einwilligung zu öffnen, zu betreten und zu durchsuchen. ◀

f) Kosten

39 Die Kosten der Vorführung kann die Betreuungsbehörde dem Betreuungsgericht in Rechnung stellen, da die Vorführung nicht in den eigenen Aufgabenbereich der Behörde fällt; insofern zählen diese Kosten nach Nrn 31009 Nr. 2,

---

88 BT-Drucks. 16/6308, 269 ausdrücklich für § 283 FamFG.
89 Vgl BR-Drucks. 309/2/07, 76 zur Vorführung nach § 283 FamFG; aA Zimmermann, Rn 476, da die Vorführung Ordnungsmittel iSd § 33 Abs. 3 S. 5 FamFG, der auf §§ 567 ff ZPO verweist, ist, vgl aber MK/Schmidt-Recla, § 278 FamFG Rn 47. Zum bisherigen Recht: LG Berlin BtPrax 1999, 112; BayObLG FamRZ 1997, 1568.
90 BR-Drucks. 309/07, 448; BR-Drucks. 309/2/07, 76.
91 OLG Celle FamRZ 2007, 167; aA BayObLG BtPrax 2002, 215; OLG Hamm FGPrax 1996, 221; HK-BUR/Bauer, §§ 278, 34 FamFG Rn 181; vgl Keidel/Budde, § 278 FamFG Rn 28; Damrau/Zimmermann, § 278 FamFG Rn 73: Beschwerdemöglichkeit bei Willkür der Vorführanordnung.
92 BGH BtPrax 2007, 167 für die willkürliche Anordnung der Vorführung zur Untersuchung nach § 283 FamFG; OLG Celle FamRZ 2007, 167.

31013 KVGNotKG zu den gerichtlichen Auslagen.[93] War sie zur Wohnungsöffnung ermächtigt, kann sie auch die Kosten eines eingesetzten Schlüsseldienstes ersetzt verlangen. Bei der Durchführung von Vorführungen nach § 283 FamFG handelt es sich nämlich nicht um Aufgaben, die der zuständigen Betreuungsbehörde nach dem BtBG, ungeachtet der allgemeinen Unterstützungspflicht der Betreuungsbehörde gegenüber dem Betreuungsgericht nach § 8 S. 1 BtBG, obliegen. Die Betreuungsbehörde wird – wie sich aus §§ 4, 5, 6 Abs. 1, 7 Abs. 1 BtBG ergibt – beratend und unterstützend tätig. Die gerichtliche Anordnung der Vorführung einschließlich der Gestattung, die Wohnung des Betroffenen auch gegen dessen Willen zu öffnen, ist nicht mehr Ausfluss dieser beratenden und unterstützenden Tätigkeit, sondern findet ihre Grundlage in § 283 FamFG und unterfällt damit der Amtsermittlungspflicht des Betreuungsgerichts.[94] Ist die Polizei zur Unterstützung der Betreuungsbehörde tätig geworden (Abs. 6 S. 2), kann diese je nach Landesrecht Kosten erheben.

10. Dokumentation der Verfahrenshandlungen nach Abs. 1 und Abs. 2 (§ 28 Abs. 4 FamFG)

Das Betreuungsgericht hat über die wesentlichen Vorgänge der persönlichen Anhörung und der Einnahme des persönlichen Eindrucks nach § 28 Abs. 4 FamFG einen Vermerk anzufertigen. Dieser kann vom Richter, Rechtspfleger oder vom Urkundsbeamten der Geschäftsstelle aufgenommen werden. 40

Bereits nach bisherigem Recht galten die §§ 159 ff ZPO nicht entsprechend; auch § 28 Abs. 4 FamFG verzichtet zugunsten der Sicherstellung der Flexibilität des Betreuungsverfahrens auf Mindestanforderungen an **Inhalt und Form des Vermerks**, so dass dies dem Ermessen des Betreuungsgerichts überlassen bleibt. Das Betreuungsgericht wird aber zu beachten haben, dass der Vermerk einerseits dazu dient, die Beteiligten über die Ergebnisse einer Anhörung oder eines Termins zu informieren, so dass sie ihr weiteres Verfahrensverhalten darauf einstellen können. Insbesondere für den Betroffenen wird entscheidend sein, zu erfahren, von welchen wesentlichen Ergebnissen der Anhörung das Betreuungsgericht ausgeht. Andererseits erleichtert der Vermerk dem Beschwerdegericht die Entscheidung gemäß § 68 Abs. 3 S. 2 FamFG, ob eine Wiederholung der Verfahrenshandlungen angezeigt ist. Damit aber kann je nach konkreter Ausgestaltung des Einzelfalls in eindeutigen und wenig streitträchtigen Fällen eine stichwortartige Zusammenfassung ausreichend, aber auch erforderlich sein, wobei die **wesentlichen Ergebnisse der Verfahrenshandlungen** in den Entscheidungsgründen dargestellt werden, während in konfliktträchtigen Fällen, insbesondere dann, wenn eine Betreuung gegen den natürlichen Willen des Betroffenen eingerichtet werden soll, sich die Aufnahme eines ausführlichen Vermerks in Anlehnung an die §§ 159 ff ZPO, ggf eines Wortprotokolls, aufdrängen wird und zudem der sichtbare Zustand des Betroffenen und seine Gemütsverfassung zu dokumentieren sind. Erfolgte die Verschaffung des persönlichen Eindrucks in der üblichen Umgebung des Betroffenen, sind die maßgeb- 41

---

93 OLG Köln JMBl NW 2005, 20; LG Saarbrücken BtPrax 2012, 219; aA: LG Frankenthal v. 27.7.2009, 1 T 144/09; LG Koblenz FamRZ 2004, 566; LG Koblenz FamRZ 2004, 566; LG Freiburg v. 14.10.2002, 4 T 212/02; LG Limburg BtPrax 1998, 116, da die Vorführung eigene Aufgabe der Betreuungsbehörde sei und kein Fall der Amtshilfe vorliege.
94 LG Saarbrücken v. 27.6.2012, 5 T 250/12.

lichen Erkenntnisse, etwa zur Beschaffenheit und zum Zustand der Wohnung, ebenfalls derart umfassend wiederzugeben, dass einem Dezernatsnachfolger oder dem Beschwerdegericht die Verschaffung eines eigenen Bildes möglich ist. In allen Fällen genügen pauschale Wendungen, etwa dass angehört worden ist, nicht, da in jedem Falle dem Beschwerdegericht eine inhaltliche Überprüfung möglich sein muss.

III. Bedeutung für den Betroffenen

42 Die **Anhörungspflicht** verbessert die Stellung des Betroffenen im Verfahren. Er wird in das Verfahren eingebunden und erhält die über die bloße Anhörungsmöglichkeit hinausgehende Gelegenheit, direkt – von wenigen Ausnahmefällen abgesehen – in Kontakt mit dem gerichtlichen Entscheider zu treten und seine Ansicht von der Notwendigkeit der Betreuungsmaßnahme kundzutun. Gleichzeitig sollen durch den persönlichen Kontakt Schwellenängste des Betroffenen abgebaut werden.

43 Gegen das **grundlose Unterbleiben** der Verfahrenshandlungen nach Abs. 1 und Abs. 2 kann der Betroffene wegen Aufklärungsmangels **Beschwerde** gegen die Endentscheidung einlegen. Gleiches gilt bei **Versagung der Hinzuziehung** einer Vertrauensperson nach § 170 Abs. 1 S. 3 GVG[95] und der Teilnahme Dritter gegen seinen Widerspruch, da darin nicht nur eine Verletzung der Privatsphäre des Betroffenen liegt, sondern zugleich eine Verletzung des § 170 Abs. 1 S. 2 GVG. Gegen die Vorführungs- und Durchsuchungsandrohung und -anordnung kann der Betroffene grundsätzlich kein Rechtsmittel einlegen, da diese als Zwischenentscheidung unanfechtbar sind (s. Rn 37);[96] ist die Vorführanordnung indes willkürlich, so dass sie schlicht nicht mehr verständlich und einer gesetzlichen Grundlage zu entbehren scheint, kann der Betroffene ausnahmsweise Beschwerde hiergegen einlegen.[97] Ungeachtet dessen kommen, wenn die Betreuungsbehörde rechtswidrig Gewalt angewendet hat, Amtshaftungsansprüche der Anstellungskörperschaft in Betracht.[98]

IV. Bedeutung für den Betreuer

44 Der **potenzielle Betreuer** sollte an der Anhörung – wenn der Betroffene dem nicht widerspricht – teilnehmen, um sich dem Betroffenen vorzustellen und gleichzeitig einen Eindruck vom Betroffenen und vom Umfang und der

---

95 HK-BUR/Bauer §§ 278, 34 FamFG Rn 202.
96 Jürgens/Kretz, § 278 FamFG Rn 23; Keidel/Budde, § 278 FamFG Rn 28; Schulte-Bunert/Weinreich/Rausch, § 278 FamFG Rn 12; aA Prütting/Helms/Fröschle, § 278 FamRG Rn 42: Anfechtbarkeit der Vorführanordnung nach § 33 Abs. 3 S. 5 FamFG.
97 Jürgens/Kretz, § 58 FamFG Rn 11; Keidel/Budde, § 278 FamFG Rn 28; vgl zur Vorführung vor dem Sachverständigen nach § 283 FamFG (= § 68 b Abs. 3 FGG): BGH NJW 2007, 3575; LG Verden BtPrax 2010, 243; LG Saarbrücken BtPrax 2009, 143; Jürgens/Kretz, § 283 FamFG Rn 6; Bumiller/Harders, § 283 FamFG Rn 5; Damrau/Zimmermann, § 283 FamFG Rn 16; vgl BVerfG BtPrax 2010, 173; BVerfG BtPrax 2010, 75.
98 OLG Frankfurt/M. RuP 1992, 66: Behörde lässt die Unterbringung von im Umgang mit psychisch Auffälligen nicht geschulten Mitarbeitern durchführen, die den erregten Betroffenen wegen vermuteter Selbsttötungsgefahr fesseln und gewaltsam aus seiner Wohnung verbringen, obwohl keine konkreten Umstände feststehen, denen zufolge nachvollziehbar von einer akuten Selbsttötungsgefahr für den Betroffenen auszugehen war.

Schwierigkeit der zu übernehmenden Betreuung zu gewinnen. Die Anwesenheit in der Anhörung ist, da der potenzielle Betreuer noch nicht bestellt ist, nicht vergütungsfähig.[99]

Gestattet das Betreuungsgericht dem potenziellen Betreuer – etwa auf Widerspruch des Betroffenen – die Anwesenheit in der persönlichen Anhörung nicht, so ist diese Entscheidung für den potenziellen Betreuer **nicht anfechtbar**. 45

Er kann jedoch darauf hinwirken, dass ihm das Betreuungsgericht vor Bestellung **Akteneinsicht** gewährt, da er nach § 7 Abs. 2 Nr. 1 FamFG Beteiligter ist (s. § 274 FamFG Rn 6). 46

Der **bestellte Betreuer** hat grundsätzlich Anspruch auf volle Akteneinsicht (s. § 274 FamFG 6). Zuständig zur Gewährung der Akteneinsicht im Verfahren zur Bestellung eines Betreuers nach § 1896 Abs. 3 BGB ist der Rechtspfleger, in Verfahren, die dem Richtervorbehalt unterfallende Maßnahmen betreffen, der Richter (vgl § 13 Abs. 7 FamFG). Entsprechendes gilt, wenn nur Aktenbestandteile eingesehen werden sollen. 47

V. Bedeutung für den Verfahrenspfleger und den Verfahrensbevollmächtigten

1. Verfahrenspfleger

Der Verfahrenspfleger hat auf die Einhaltung der Vorschriften des materiellen und des Verfahrensrechts zu achten. Er hat, auch bei Widerspruch des Betroffenen nach § 170 Abs. 1 S. 2 GVG ein **Teilnahmerecht**. Eine Verletzung dieses Rechts kann er mit der Beschwerde gegen die Endentscheidung (Aufklärungsrüge) geltend machen. 48

2. Verfahrensbevollmächtigter

Der Verfahrensbevollmächtigte kann, wenn der Betroffene dies wünscht, im Beisein des Betroffenen an den Verfahrenhandlungen nach Abs. 1, Abs. 2 teilnehmen. Gegen den Widerspruch des Betroffenen kann der Verfahrensbevollmächtigte – anders als der Verfahrenspfleger – nicht an der Anhörung teilnehmen. Der Verfahrensbevollmächtigte hat auf die **Einhaltung der Verfahrensvorschriften** zu achten; wird von der Anhörung des Betroffenen abgesehen, hat er zu prüfen, ob die Voraussetzungen des § 34 Abs. 2 FamFG vorlagen; er hat ggf auf eine Nachholung der Anhörung zu bestehen. 49

VI. Bedeutung für Dritte

Sonstigen Beteiligten kann nach Maßgabe des § 13 FamFG ein Akteneinsichtsrecht zustehen (s. § 274 FamFG Rn 38). 50

Dritten, auch sofern sie zu dem nach § 274 Abs. 4 Nr. 1 FamFG genannten Personenkreis gehören, steht ein **Rechtsmittel** gegen die Gewährung oder Versagung der Teilnahme an den Verfahrenshandlungen nach Abs. 1, 2 nicht zu. Hinsichtlich der Bedeutung der Gewaltanwendung, Wohnungsöffnung und -durchsuchung für die Betreuungsbehörde s. § 283 FamFG Rn 26 ff. 51

---

99 Vgl OLG Köln FGPrax 2006, 163.

§ 279 FamFG Anhörung der sonstigen Beteiligten, der Betreuungsbehörde und des gesetzlichen Vertreters

(1) Das Gericht hat die sonstigen Beteiligten vor der Bestellung eines Betreuers oder der Anordnung eines Einwilligungsvorbehalts anzuhören.

(2) Das Gericht hat die zuständige Behörde vor der Bestellung eines Betreuers oder der Anordnung eines Einwilligungsvorbehalts anzuhören, wenn es der Betroffene verlangt oder es der Sachaufklärung dient.

(3) Auf Verlangen des Betroffenen hat das Gericht eine ihm nahestehende Person anzuhören, wenn dies ohne erhebliche Verzögerung möglich ist.

(4) Das Gericht hat im Fall einer Betreuerbestellung oder der Anordnung eines Einwilligungsvorbehalts für einen Minderjährigen (§ 1908a des Bürgerlichen Gesetzbuchs) den gesetzlichen Vertreter des Betroffenen anzuhören.

I. Allgemeines
1. Bedeutung

1 § 279 FamFG übernimmt weitgehend den Regelungsgehalt des § 68a FGG.

2. Anwendungsbereich

2 § 279 FamFG gilt unmittelbar bei der Bestellung eines Betreuers und der Anordnung eines Einwilligungsvorbehaltes und kraft Verweises bei jeder Erweiterung oder Einschränkung des Aufgabenkreises und Aufhebung der Betreuung (§§ 293 Abs. 1, 294 Abs. 1 FamFG), Bestellung eines neuen Betreuers nach § 1908c BGB (§ 296 Abs. 2 S. 3 FamFG) oder eines weiteren Betreuers (§ 293 Abs. 3 FamFG), Verlängerung der Betreuerbestellung oder der Anordnung des Einwilligungsvorbehaltes (§ 295 Abs. 1 S. 1 FamFG), Erweiterung und Einschränkung des Kreises der einwilligungsbedürftigen Willenserklärungen und Aufhebung des Einwilligungsvorbehaltes (§§ 293 Abs. 1, 294 Abs. 1 FamFG). Bei der Genehmigung der Einwilligung in eine Sterilisation sind die sonstigen Beteiligten nach Maßgabe des § 297 Abs. 3 S. 1 FamFG anzuhören und bei der Genehmigung der Einwilligung bzw Nichteinwilligung in eine ärztliche Maßnahme nach § 1904 BGB sollen die Beteiligten nach § 298 Abs. 1 S. 2 FamFG angehört werden. Für vorläufige Maßnahmen gelten ausschließlich §§ 300f FamFG; eine Anhörung der sonstigen Beteiligten ist dort wegen der Eilbedürftigkeit grundsätzlich nicht vorgesehen (s. § 300 FamFG Rn 15).

II. Bedeutung für das Betreuungsgericht
1. Funktionelle Zuständigkeit

3 Die Anhörung erfolgt grundsätzlich durch den Richter, im Falle des § 1896 Abs. 3 BGB durch den Rechtspfleger.

2. Anhörung der Beteiligten (Abs. 1)

4 Die Anhörung der sonstigen Beteiligten (vgl § 274 FamFG Rn 15 ff), also aller Beteiligten mit Ausnahme des Betroffenen, richtet sich nach Abs. 1. Dies gilt auch für die Betreuungsbehörde, wenn sie auf ihren Antrag nach § 274 Abs. 3 FamFG dem Verfahren beigezogen wurde. Der potenzielle Betreuer, also derjenige, den das Betreuungsgericht zum Betreuer bestellen will, ist nach § 7 Abs. 2

Nr. 1 FamFG zwingend zu beteiligen (s. § 274 FamFG Rn 16). Hat er sich zuvor noch nicht zur Übernahme der Betreuung **bereit erklärt** (§ 1898 Abs. 2 BGB), sollte das Betreuungsgericht ihn spätestens im Rahmen seiner Anhörung nach seiner Übernahmebereitschaft fragen. Denn auch wenn der potenzielle Betreuer zur Übernahme der Betreuung nach § 1898 Abs. 1 BGB verpflichtet ist; gegen seinen Willen darf ihn das Betreuungsgericht, wie sich aus § 1898 Abs. 2 BGB ergibt, nicht bestellen.[1]

Die Anhörung dient nicht nur der **Erweiterung der Erkenntnisgrundlagen** des Betreuungsgerichts, sondern auch dazu, den Beteiligten die **Gewährung rechtlichen Gehörs** nach Art. 103 GG[2] zu sichern, so dass nunmehr eine Anhörungspflicht der Beteiligten iSd § 274 FamFG, auch für die Angehörigen des Betroffenen, sofern sie nach § 274 Abs. 4 Nr. 1 FamFG oder § 7 Abs. 2 Nr. 1 FamFG zum Verfahren hinzugezogen wurden, nach Abs. 1 besteht.[3] Eine Besonderheit besteht bei der Anhörung der Optionsbeteiligten, wenn es sich hierbei um Abkömmlinge, also leibliche oder angenommene **Kinder** des Betroffenen (§§ 1591 f, 1741, 1754, 1767 BGB), oder Geschwister des Betroffenen handelt. Diese sollten entsprechend § 159 Abs. 1 FamFG mindestens das vierzehnte Lebensjahr vollendet haben.[4] 5

Angehörige, die nicht nach §§ 7 Abs. 3, 274 Abs. 4 Nr. 1 FamFG als Optionsbeteiligte am Verfahren beteiligt sind, sind damit nicht nach Abs. 1 anzuhören. Es besteht also keine Anhörungspflicht. Will das Betreuungsgericht diese Personen anhören, so richtet sich die Anhörung nach § 26 FamFG. Die Anhörungen sind Auskunftsmittel, die Äußerungsberechtigten keine Zeugen und daher – mit Ausnahme der zuständigen Behörde nach § 8 BtBG[5] – nicht zur Auskunft verpflichtet; daher muss das Betreuungsgericht ggf entscheidungserhebliche Fragen im Strengbeweisverfahren nach § 30 Abs. 1 FamFG klären und die Äußerungsberechtigten als Zeugen vernehmen. Nach § 26 FamFG bleibt es unter Beachtung der Privatsphäre des Betroffenen dem pflichtgemäßen Ermessen des Betreuungsgerichts überlassen, weiteren Personen Gelegenheit zur Äußerung zu geben. 6

Die Anhörung hat in jedem Falle **vor Erlass der Entscheidung** zu erfolgen. Das Betreuungsgericht bestimmt nach pflichtgemäßem Ermessen, ob es mündlich, fernmündlich, schriftlich, mit oder ohne Verwendung formularmäßiger Schreiben, oder in sonstiger Weise Gelegenheit zur Äußerung gibt.[6] Bei schriftlicher Anhörung muss eine **ausreichende Äußerungsfrist**, in der Regel von mindestens zwei Wochen, gesetzt werden.[7] Eine persönliche Anhörung ist jedoch dann nach § 34 Abs. 1 Nr. 1 FamFG durchzuführen, wenn dies zur Gewährung rechtlichen Gehörs erforderlich ist, also zu erwarten ist, dass der Anzuhörende durch die Gelegenheit zur schriftlichen Äußerung seinen Standpunkt im Verfahren nicht wirksam zur Geltung bringen kann (s. § 278 FamFG Rn 19). 7

---

1 BayObLG FamRZ 1994, 1061.
2 BT-Drucks. 16/6308, 267.
3 HK-Familienverfahrensrecht/Kemper, § 279 FamFG Fn 409.
4 AA MK/Schmidt-Recla, § 279 FamFG Rn 8: sittliche Reife erforderlich.
5 Keidel/Budde, § 279 FamFG Rn 4; aA Damrau/Zimmermann, § 279 FamFG Rn 39; HK-BUR/Bauer, § 279 FamFG Rn 18: Ermessen der Behörde.
6 Vgl KG FGPrax 1995, 110; Jürgens/Kretz, § 279 FamFG Rn 1.
7 Damrau/Zimmermann, § 279 FamFG Rn 8; vgl HK-BUR/Bauer, § 279 FamFG Rn 30.

8 Auf eine Anhörung eines Beteiligten kann ausnahmsweise nur dann verzichtet werden, wenn dessen Aufenthalt dem Betreuungsgericht unbekannt und das Auffinden der anzuhörenden Person zu erheblichen **Verfahrensverzögerungen** führte oder wenn von einer Anhörung **keine Sachaufklärung** zu erwarten wäre.

Beispiele:
Die anzuhörende Person ist äußerungsunfähig, ihr Aufenthalt ist überhaupt nicht zu ermitteln, sie hat bereits seit längerem keinen Kontakt zum Betroffenen; sie verweigert erkennbar jede Äußerung.

9 Wird von der Anhörung abgesehen, muss dies in den Entscheidungsgründen derart begründet werden, dass dem Rechtsmittelgericht eine Überprüfung möglich ist.[8] Bei ursprünglich unterlassener Anhörung kommt eine **Nachholung** auch **nach** Erlass der Entscheidung in Betracht (s. § 278 FamFG Rn 29).

3. Anhörung der zuständigen Behörde (Abs. 2)

10 Ist die zuständige Betreuungsbehörde auf ihren Antrag nach § 274 Abs. 3 FamFG (s. § 274 FamFG Rn 19 f) dem Verfahren hinzugezogen worden, ist ihre Anhörung nach Abs. 1 ohnehin zwingend. Ist eine derartige Hinzuziehung nicht erfolgt, so hat die Anhörung der zuständigen Behörde nach Abs. 2 vor der beabsichtigten Maßnahme zu erfolgen, wenn der Betroffene dies **verlangt** oder dies der **Sachaufklärung** dient (vgl aber Übersicht vor § 1 BtBG Rn 9, danach obligatorische Anhörung). Letzteres ist der **Regelfall**. Die Anhörung kann neben der unter Rn 7 dargestellten Form auch dergestalt erfolgen, dass der zuständigen Behörde nach § 8 S. 2 BtBG der Auftrag zur Erstellung eines Sozialberichts erteilt wird (vgl Vor § 271 FamFG Rn 13, vgl aber Übersicht vor § 1 BtBG Rn 9 ff). Der zuständigen Behörde stehen durch ihre **Einbindung** in die kommunale Struktur und aufgrund der regelmäßig vorhandenen **sozialpädagogischen Ausbildung** ihrer Mitarbeiter[9] fundiertere Kenntnisse über alternative Hilfsangebote und die Erforderlichkeit betreuungsrechtlicher Maßnahmen zur Verfügung als dem Betreuungsgericht. Allenfalls in einfach gelagerten Routinefällen,[10] in denen die finanziellen und sozialen Verhältnisse des Betroffenen geordnet sind und sich die Bestellung einer Person aus dem familiären Umfeld geradezu aufdrängt, können die erforderlichen Ermittlungen auch ohne die zuständige Behörde allein vom Betreuungsgericht durchgeführt werden.

11 Beteiligt das Betreuungsgericht die zuständige Behörde **nicht** von sich aus, ist der **Betroffene** über die Möglichkeit der Anhörung der Betreuungsbehörde und sein Recht, deren Anhörung zu verlangen, adäquat **aufzuklären** (anders bei obligatorischer Anhörung, s. Übersicht vor § 1 BtBG Rn 9). Der Betroffene hat im Regelfall keine Kenntnis von der Existenz und Aufgabe der zuständigen Behörde. Dementsprechend liefe sein Recht nach Abs. 2 ohne Aufklärung durch das Betreuungsgericht leer. Durch Anhörung der zuständigen Behörde wird diese nicht zur förmlich Beteiligten (s. § 274 FamFG Rn 19),[11] wohl aber, wenn sie von ihrem Antragsrecht nach § 274 Abs. 3 FamFG Gebrauch macht.

---

8 Vgl OLG Hamm Rpfleger 1993, 338.
9 Vgl Anlage 2: Tabelle zur Strukturreformdiskussion des Abschlussberichtes der Bund-Länder-Arbeitsgruppe.
10 BT-Drucks. 11/4528, 173.
11 BT-Drucks. 11/4528, 173.

Ist es der zuständigen Behörde wegen Personal- oder Zeitmangels nicht möglich, sich zu äußern, muss das Betreuungsgericht die erforderlichen Informationen auf andere Weise nach § 26 FamFG ermitteln, etwa durch Befragung des Betroffenen, ihm nahestehender Personen, Nachbarn oder sonstigen Dritten. Möglich ist auch, einen Mitarbeiter eines Betreuungsvereins als **Sachverständigen** zu beauftragen;[12] hingegen ist ein an den Betreuungsverein gerichtetes Ersuchen um amtliche Auskunft unzulässig, da der Verein keine Behörde ist.

4. Anhörung einer dem Betroffenen nahestehenden Person (Abs. 3)

Verlangt der Betroffene die Anhörung **einer**[13] ihm nahestehenden Person, ist diese zwingend anzuhören, wenn dadurch **keine erhebliche Verzögerung** eintritt. Auf diese Möglichkeit ist der Betroffene spätestens im Rahmen der Anhörung hinzuweisen (s. § 278 FamFG Rn 10). Eine erhebliche Verzögerung ist nur bei Entscheidungsreife anzunehmen, wenn ein weiterer Termin **nicht zeitnah**, etwa innerhalb weniger Wochen,[14] durchgeführt werden könnte oder die anzuhörende Person **nicht erreichbar**, weil im Ausland oder unbekannten Aufenthalts ist. Zur Aufenthaltsermittlung ist das Betreuungsgericht nicht verpflichtet.[15] Die Anhörung kann auch dann abgelehnt werden, wenn das Verlangen des Betroffenen offensichtlich nur der **Verfahrensverzögerung** dient, wobei dies eingehend spätestens in den Beschlussgründen darzulegen ist.

5. Anhörung des gesetzlichen Vertreters (Abs. 5)

Soll ein Betreuer für einen **Siebzehnjährigen** bestellt oder ein Einwilligungsvorbehalt für ihn angeordnet werden, ist nach Abs. 5 dem **gesetzlichen Vertreter**, bei geteilter elterlicher Sorge nach §§ 1671, 1672 BGB beiden gesetzlichen Vertretern, zwingend Gelegenheit zur Äußerung zu geben. Ein Widerspruch oder Verzicht des Minderjährigen ist unbeachtlich.[16] Ob eine persönliche Anhörung erforderlich ist, richtet sich nach § 26 FamFG; eine persönliche Anhörung wird auch dann vorzunehmen sein, wenn dies zur Gewährung rechtlichen Gehörs erforderlich ist (s. Rn 7).

III. Bedeutung für den Betroffenen

Der Betroffene kann bei Unterbleiben der Anhörung der Vertrauensperson nach Abs. 3 oder der entgegen seinem Verlangen unterbliebenen Anhörung der zuständigen Behörde nach Abs. 2 (vgl bei obligatorischer Anhörung Übersicht vor § 1 BtBG Rn 9 f) die nachfolgende Endentscheidung mit der Beschwerde (Aufklärungsrüge) anfechten.[17] Eine isolierte Anfechtung der Entscheidung des

---

12 Vgl auch das „Bochumer Modell", bei dem im Auftrage der Betreuungsbehörde der Stadt Bochum einer von sechs Bochumer Betreuungsvereinen das Sozialgutachten fertigt.
13 Bumiller/Harders, § 279 FamFG Rn 4; Dodegge/Roth, A § 279 FamFG Rn 160; aA Damrau/Zimmermann, § 279 FamFG Rn 32; HK-BUR/Bauer, § 279 FamFG Rn 64; Jürgens/Kretz, § 279 FamFG Rn 5; MK/Schmidt-Recla, § 279 FamFG Rn 13; Prütting/Helms/Fröschle, § 279 FamFG Rn 21: auch mehrere Personen.
14 HK-BUR/Bauer, § 279 FamFG Rn 55; Jürgens/Kretz, § 279 FamFG Rn 5.
15 Abweichend: Damrau/Zimmermann, § 279 FamFG Rn 34: Ermittlungspflicht nach Maßgabe des § 26 FamFG; aA HK-BUR/Bauer, § 279 FamFG Rn 54, 61: Ermittlungspflicht.
16 Bassenge/Roth, § 279 FamFG Rn 6.
17 Damrau/Zimmermann, § 279 FamFG Rn 37.

Betreuungsgerichts, Dritte anzuhören, ist als Zwischenentscheidung grundsätzlich nicht isoliert anfechtbar (§ 58 Abs. 1 FamFG).

IV. Bedeutung für den Betreuer

15 Der potenzielle Betreuer ist Beteiligter gemäß § 7 Abs. 2 Nr. 1 FamFG. Er ist daher anzuhören. Wird er gegen seinen Willen zum Betreuer bestellt, kann er selbst gegen seine Bestellung Beschwerde einlegen.[18] Ist der Betreuer hingegen bereits bestellt, ist er als Mussbeteiligter nach § 274 Abs. 1 Nr. 2 FamFG, sofern sein Aufgabenkreis betroffen ist, vor Erlass der Entscheidung anzuhören.

V. Bedeutung für den Verfahrenspfleger und den Verfahrensbevollmächtigten

1. Verfahrenspfleger

16 Der Verfahrenspfleger hat darauf zu achten, dass eine Anhörung erfolgt, wenn dies zwingend vorgesehen oder zur Sachaufklärung dienlich ist. Insbesondere wird er zu prüfen haben, ob auch ohne entsprechendes Verlangen des Betroffenen eine Anhörung der bislang dem Verfahren nicht auf ihren Antrag als Beteiligte hinzugezogenen zuständigen Behörde erforderlich ist. Dies wird insbesondere der Fall sein, wenn die entscheidungserhebliche Tatsachengrundlage lückenhaft und erkennbar ist, dass das Betreuungsgericht nicht durch anderweitige Ermittlungsmaßnahmen diese Lücken zu schließen gedenkt. In diesem Falle sollte eine entsprechende formlose Anregung an das Betreuungsgericht erfolgen.

2. Verfahrensbevollmächtigter

17 Der Verfahrensbevollmächtigte hat insbesondere darauf hinzuwirken, dass auch diejenigen Personen angehört werden, die zwar keine ohnehin anzuhörenden Beteiligten sind, welche jedoch das Begehren des Betroffenen stützen, also etwa bei dessen Wunsch, keinen Betreuer bestellt zu bekommen, seine Fähigkeit zur eigenständigen Regelung seiner Angelegenheiten bestätigen und dies notfalls auch als Zeugen bekunden können. Dies gilt insbesondere für eine dem Betroffenen nahestehende Person.

VI. Bedeutung für Dritte

18 Dritten steht ein Rechtsmittel gegen die Gewährung oder Versagung der Gelegenheit zur Äußerung, auch auf Art. 6 GG gestützt, nicht zu. Soweit sie zu dem in § 303 Abs. 2 FamFG genannten Personenkreis gehören, können sie aber gegen die Endentscheidung wegen dieses Ermittlungsmangels nach Maßgabe des § 58 Abs. 1 FamFG Beschwerde einlegen. Ihnen kann gemäß § 13 FamFG ein Recht auf Akteneinsicht zustehen (s. § 274 FamFG Rn 38).[19]

---

18 BayObLG FamRZ 1994, 1061.
19 LG München I BtPrax 1997, 245.

§ 280 FamFG Einholung eines Gutachtens

(1) ¹Vor der Bestellung eines Betreuers oder der Anordnung eines Einwilligungsvorbehalts hat eine förmliche Beweisaufnahme durch Einholung eines Gutachtens über die Notwendigkeit der Maßnahme stattzufinden. ²Der Sachverständige soll Arzt für Psychiatrie oder Arzt mit Erfahrung auf dem Gebiet der Psychiatrie sein.

(2) Der Sachverständige hat den Betroffenen vor der Erstattung des Gutachtens persönlich zu untersuchen oder zu befragen.

(3) Das Gutachten hat sich auf folgende Bereiche zu erstrecken:
1. das Krankheitsbild einschließlich der Krankheitsentwicklung,
2. die durchgeführten Untersuchungen und die diesen zugrunde gelegten Forschungserkenntnisse,
3. den körperlichen und psychiatrischen Zustand des Betroffenen,
4. den Umfang des Aufgabenkreises und
5. die voraussichtliche Dauer der Maßnahme.

I. Allgemeines	1
1. Bedeutung	1
2. Anwendungsbereich	3
II. Bedeutung für das Betreuungsgericht	5
1. Funktionelle Zuständigkeit	5
2. Gutachteneinholung bei Betreuerbestellung	6
a) Gutachteneinholung nach Abs. 1	6
aa) Beweisregelungen (Abs. 1 S. 1)	6
bb) Sachverständiger (Abs. 1 S. 2)	9
cc) Beschlussformel	11
dd) Weitere Ermittlungen	17
b) Verfahren vor dem Sachverständigen (Abs. 2)	18
c) Inhalt des Gutachtens (Abs. 3)	19
d) Ergänzende Gutachteneinholung	23
e) Form des Gutachtens	24
f) Übermittlung des Gutachtens	25
3. Gutachteneinholung bei Anordnung eines Einwilligungsvorbehaltes	26
III. Bedeutung für den Betroffenen	28
IV. Bedeutung für den Betreuer	34
V. Bedeutung für den Verfahrenspfleger und Verfahrensbevollmächtigten	35
1. Verfahrenspfleger	35
2. Verfahrensbevollmächtigter	36
VI. Bedeutung für Dritte	37

I. Allgemeines

1. Bedeutung

Das FamFG hat die vormals in § 68 b Abs. 1 bis Abs. 2 FGG enthaltenen Regelungen über die Einholung des Gutachtens, eines ärztlichen Zeugnisses und eines bereits bestehenden Gutachtens des Medizinischen Dienstes der Krankenkassen übersichtlich in drei eigenständigen Paragrafen gestaltet. An dem Regelungsgehalt hat sich grundsätzlich nichts verändert; allerdings hat der Reformgesetzgeber bereits anerkannte Regelungen zur Qualifikation des Sachverständigen und des weiteren Inhalts des Gutachtens ausdrücklich normiert. Die in § 68 b Abs. 3 FGG vorgesehene Möglichkeit der Anordnung der Vorführung   1 ist eigenständig in § 283 FamFG und die Regelung in § 68 b Abs. 4 FamFG über die Unterbringung zur Begutachtung und Untersuchung ist ebenfalls in einer eigenständigen Norm, § 284 FamFG, verankert worden.

2 Die Einholung des Gutachtens durch das Betreuungsgericht ist **zwingend vorgeschrieben** und kann nicht deswegen unterbleiben, weil etwa das Betreuungsgericht sich in fachlicher Hinsicht für hinreichend kompetent hält, irreversible Erkrankungen selbst feststellen zu können. **Auch bei eindeutig scheinenden Krankheiten,** etwa der Minderbegabung, des Down-Syndroms und der fortgeschrittenen Demenz, sind sachverständige Feststellungen erforderlich. Bei demenziellen Erkrankungen ist eine Abgrenzung zu körperlich bedingten Ausfallerscheinungen, wie Stoffwechselstörungen oder Mangelernährungsfolgen, nur durch ärztliche Diagnostik möglich. Auch bei solchen Krankheiten, die auf einer genetischen Veranlagung beruhen und demzufolge eine Änderung scheinbar nicht erwarten lassen, bedarf es weiterhin der Feststellung, welche Fähigkeiten der Betroffene derzeit hat oder welche er voraussichtlich noch erwerben oder verlieren wird, um überhaupt den Betreuungsbedarf festzustellen. Der teilweise in der Praxis erhobenen Forderung, bei vermeintlich eindeutigen Krankheitsbildern von der Gutachteneinholung abzusehen,[1] hat der Gesetzgeber des 2. BtÄndG eine klare Absage erteilt.[2]

2. Anwendungsbereich

3 Das Erfordernis der Gutachteneinholung gilt unmittelbar für das Verfahren zur Bestellung eines Betreuers und für die Anordnung eines Einwilligungsvorbehaltes und kraft Verweises bei der nicht unwesentlichen Erweiterung des Aufgabenkreises (§ 293 Abs. 1 FamFG), Bestellung eines weiteren Betreuers unter Erweiterung des Aufgabenkreises (§ 293 Abs. 3 FamFG), wesentlicher Erweiterung des Kreises der einwilligungsbedürftigen Willenserklärungen (§ 293 Abs. 1 FamFG) und grundsätzlich bei der Verlängerung der Betreuerbestellung oder der Anordnung des Einwilligungsvorbehaltes (§ 295 Abs. 1 FamFG).

4 **Sonderregelungen** bestehen hinsichtlich der Genehmigung der Einwilligung des Betreuers in einen risikoreichen oder endgültigen ärztlichen Eingriff oder der Nichteinwilligung in eine ärztliche Maßnahme (§ 298 Abs. 3 FamFG) oder in eine Sterilisation (§ 297 FamFG), der erstmaligen Ablehnung der Aufhebung der Betreuung (§ 294 Abs. 2 FamFG) und teilweise bei Erlass einer einstweiligen Anordnung (§ 300 Abs. 1 S. 1 Nr. 2 FamFG). Bei der Aufhebung der Betreuung oder der Ablehnung einer betreuungsrechtlichen Maßnahme ist eine Verfahrenshandlung nach § 280 FamFG nicht vorgesehen, da damit ein Rechtseingriff gerade aufgehoben oder abgewiesen wird (s. Vor §§ 271 ff FamFG Rn 15). Gleichwohl kann das Betreuungsgericht in diesen Fällen gemäß § 26 FamFG nach pflichtgemäßem Ermessen entscheiden, ob es ein Gutachten einholt.

---

1 Vgl BT-Drucks. 16/6308, 386.
2 Vgl Abschlussbericht der Bund-Länder-Arbeitsgruppe „Betreuungsrecht", Betrifft Betreuung 6, S. 99; BT-Drucks. 16/6308, 419 f.

II. Bedeutung für das Betreuungsgericht
1. Funktionelle Zuständigkeit
Über die Gutachteneinholung entscheidet der für die Sachentscheidung zuständige gerichtliche Funktionsträger, also der Rechtspfleger im Falle des § 1896 Abs. 3 BGB, ansonsten der Betreuungsrichter.

2. Gutachteneinholung bei Betreuerbestellung
a) Gutachteneinholung nach Abs. 1
aa) Beweisregelungen (Abs. 1 S. 1)
Vor dem Erlass der betreuungsrechtlichen Maßnahme hat das Betreuungsgericht das Gutachten eines Sachverständigen einzuholen.[3] Zu beachten ist, dass bereits das Verfahren vor dem Sachverständigen für den Betroffenen mit Belastungen verbunden ist. Auch wenn keine Mitwirkungspflichten des Betroffenen mit der Beauftragung des Sachverständigen verbunden sind, mag allein die Beauftragung stigmatisierende Wirkung entfalten, wenn Dritte hiervon Kenntnis erhalten;[4] überdies wird der zumeist rechtsunkundige Betroffene von einer Mitwirkungspflicht ausgehen.[5] Mithin ist der Betroffene **vor der Beauftragung des Sachverständigen anzuhören.**[6] Eine persönliche Anhörung ist nicht erforderlich; die Einräumung der Gelegenheit zur Stellungnahme genügt.[7] Der Sachverständige ist nur dann zu beauftragen, wenn das Betreuungsgericht den relevanten Sachverhalt hinsichtlich der Annahme einer möglichen Betreuungsbedürftigkeit, ggf nach Durchführung einer erforderlichen Beweisaufnahme oder der vorherigen Anhörung oder persönlichen Anhörung nach § 278 FamFG, ermittelt hat.[8] Keinesfalls darf dem Sachverständigen diese Ermittlungstätigkeit überlassen werden. Von einer Gutachteneinholung ist das Betreuungsgericht nur in den Fällen der §§ 281, 282 FamFG enthoben. Auch dann, wenn dem Betreuungsgericht eine als „Gutachten" deklarierte ärztliche Stellungnahme vorgelegt wird, ist gleichwohl ein Gutachten einzuholen.[9] Denn diese Stellungnahme ist kein Gutachten iSd § 280 FamFG, weil diese entgegen dem ausdrücklichen Wortlaut der Vorschrift nicht seitens des Betreuungsgerichts eingeholt worden ist.[10]

Ausnahmsweise wird aber dann kein gesondertes Gutachten einzuholen sein, wenn bereits ein den Anforderungen des § 280 FamFG genügendes Gutachten vorliegt, welches sich insbesondere auf die nach § 280 Abs. 3 FamFG für das konkrete Betreuungsverfahren relevanten Gesichtspunkte erstreckt.[11] Dies kann dann der Fall sein, wenn:

---

3 KG FGPrax 2006, 260.
4 LG Verden BtPrax 2010, 243.
5 BVerfG v. 12.1.2011, 1 BvR 2538/10; BVerfG FamRZ 2011, 272.
6 BVerfG v. 12.1.2011, 1 BvR 2538/10; BVerfG FamRZ 2011, 272; BVerfG BtPrax 2010, 75.
7 BVerfG v. 12.1.2011, 1 BvR 2538/10; BVerfG BtPrax 2010, 173; BVerfG BtPrax 2010, 75.
8 AG Neuruppin FamRZ 2006, 1629.
9 Dodegge, Die Entwicklung des Betreuungsrechts bis Anfang Juni 2007, NJW 2007, 2673.
10 KG FGPrax 2006, 260; KG FamRZ 1995, 1379.
11 BGH FamRZ 2012, 293.

- bereits im einstweiligen Anordnungsverfahren nach §§ 300 f FamFG statt eines ärztlichen Zeugnisses ein Gutachten eingeholt worden ist; dann kann nach § 51 Abs. 3 S. 2 FamFG von der Einholung eines neuen Gutachtens abgesehen werden, wenn sich seit Gutachtenerstellung die Umstände nicht verändert haben, oder

- in einem anderen staatsanwaltschaftlichen oder gerichtlichen Verfahren, etwa einem Unterbringungsverfahren, ein derartiges Gutachten bereits vorliegt, da nach Abs. 1 S. 1 iVm § 30 Abs. 2 FamFG die Einholung des Sachverständigengutachtens durch förmliche Beweisaufnahme erfolgt.[12] Es gelten die Vorschriften der ZPO über den Beweis durch Sachverständige entsprechend,[13] also auch § 411 a ZPO.

Wegen des Verweises des § 30 Abs. 1 FamFG obliegt die **Auswahl** des Sachverständigen dem **Ermessen** des Betreuungsgerichts (§ 404 Abs. 1 S. 1 ZPO), ebenso die Verhängung von Ordnungsmitteln gegen ihn im Falle seines Ausbleibens oder der Verweigerung der Gutachtenerstattung (§ 409 ZPO). Der Sachverständige kann abgelehnt werden (§ 406 ZPO). Er ist zur Gutachtenerstattung verpflichtet (§ 407 ZPO), sofern er kein Gutachtenverweigerungsrecht (§ 408 ZPO) hat. Zu berücksichtigen ist aber, dass trotz der entsprechenden Anwendung zivilprozessualer Vorschriften keine schematische Übertragung aller Beweisregelungen und Beweisgrundsätze erforderlich ist, sondern dem Betreuungsgericht, der Intention des FamFG entsprechend, ein Spielraum im Einzelfall verbleibt,[14] so dass die im Zivilprozess übliche mündliche Erörterung des Gutachtens im Betreuungsverfahren nicht regelmäßig durchzuführen ist, sondern allenfalls dann, wenn das Betreuungsgericht noch Fragen an den Sachverständigen hat, die ohne eine mündliche Erörterung nicht beantwortbar scheinen.[15]

8 Die **Entschädigung** des Sachverständigen richtet sich nach § 8 Abs. 1 JVEG, wonach der Sachverständige als Vergütung ein Honorar für seine Leistungen (§§ 9 bis 11 JVEG, Anlage 1 zu § 9 Abs. 1 JVEG), nach Honorargruppe M 1 (50 EUR)[16] für die gutachterliche Beurteilung der Verlängerung der Betreuung, nach M 2 (60 EUR) für die gutachterliche Beurteilung der Einrichtung der Betreuung oder der Anordnung eines Einwilligungsvorbehaltes bei bestehender Betreuung,[17] nach M 3 (85 EUR) für Gutachten im Verfahren zur Genehmigung der Einwilligung in eine Sterilisation nach § 1905 BGB (§ 297 Abs. 6 FamFG), Fahrtkostensatz (§ 5 JVEG), Aufwandsentschädigung (§ 6 JVEG)

---

12 BGH BtPrax 2012, 160.
13 BGH FamRZ 2012, 293; BayObLG FamRZ 1997, 1288.
14 BT-Drucks. 16/6308, 268; kritisch hierzu Keidel/Budde, § 280 FamFG Rn 4.
15 Differenzierend Bassenge/Herbst, § 280 FamFG Rn 5: keine mündliche Verhandlung und §§ 359 Nr. 3, 403, 404 Abs. 4 ZPO nicht anwendbar; aA Damrau/Zimmermann, § 280 FamFG Rn 10: Erläuterungsantrag des Betroffenen oder seines Verfahrensbevollmächtigten ist nachzugeben, selbst wenn das Betreuungsgericht das Gutachten für überzeugend hält.
16 Nach § 9 in der Fassung des Entwurfs eines Zweiten Gesetzes zur Modernisierung des Kostenrechts (2. Kostenrechtsmodernisierungsgesetz – 2. KostRMoG-E), BT-Drucks. 17/11471, S. 110, sind ab 1.8.2013 höhere Sätze vorgesehen: M1 = 65 EUR, M2 = 75 EUR und M3 = 100 EUR.
17 LG Kassel FamRZ 2010, 150; aA AG Ludwigsburg v. 5.12.2012, 2 XVII 550/2012: bei isolierter Begutachtung Einwilligungsvorbehalt wegen Besonderheit des württembergischen Rechtsgebietes: M3.

sowie Ersatz für sonstige und für besondere **Aufwendungen** (§§ 7, 8 Abs. 1 Nr. 4,12 JVEG) erhält. Zu den besonderen Aufwendungen zählen nach § 12 Abs. 1 S. 2 Nr. 1 JVEG auch die für die Vorbereitung und Erstattung des Gutachtens aufgewendeten notwendigen besonderen Kosten einschließlich der insoweit notwendigen Aufwendungen für Hilfskräfte, etwa Laborkosten[18] oder Sach- und Personalkosten eines stationären Krankenhausaufenthaltes der zu begutachtenden Person, soweit diese gerade für die Anfertigung des Gutachtens notwendig waren.[19] Zu beachten ist, dass § 7 JVEG eine Regelung der Erstattung nur solcher baren Auslagen trifft, die über die in §§ 5, 6 und 12 JVEG genannten hinausgehen.[20]

bb) Sachverständiger (Abs. 1 S. 2)

Das Betreuungsgericht hat stets eine **natürliche Person**, kein Institut zu bestellen.[21] Eine **formale Qualifikation** ist ausdrücklich vorgeschrieben. Sachverständiger soll nach § 280 Abs. 1 S. 2 FamFG ein Arzt für Psychiatrie oder zumindest ein in der Psychiatrie erfahrener Arzt[22] sein. Auch wenn dem Betreuungsgericht damit die Möglichkeit bleibt, ausnahmsweise auch eine andere, nicht dieser Qualifikation entsprechende Person zum Sachverständigen zu bestellen, sollte **zumindest zur erstmaligen Feststellung** eines Gebrechens iSd § 1896 Abs. 1 BGB ein medizinischer Sachverständiger in diesem Sinne bestellt werden. Bei psychischen Erkrankungen ist mithin ein Facharzt für Psychiatrie oder zumindest ein in der Psychiatrie erfahrener Arzt,[23] bei psychischen Erkrankungen im Alter, zB Verwirrtheit, Demenz- oder Wahnerkrankungen, ein Gerontopsychiater oder ein in dieser Fachrichtung ausgebildeter Arzt zu bestellen.[24] Wegen der Ausgestaltung als Sollvorschrift kann das Betreuungsgericht in Fällen, in denen nicht neurologische Erkrankungen, sondern andere Krankheitsbilder im Vordergrund stehen, einen Facharzt aus einem anderen Fachgebiet oder einen Arzt mit Erfahrung auf einem anderen Fachgebiet als Sachverständigen bestellen.[25] Bestellt das Gericht einen anderen Sachverständigen, der nicht die Voraussetzungen des Abs. 1 S. 2 erfüllt, ist dies in den Beschlussgründen zu begründen.[26] Bei einem Assistenzarzt oder einem in der Facharztausbildung Befindlichen ist die erforderliche Befähigung ebenfalls gesondert in überprüfbarer Weise in den Entscheidungsgründen darzulegen.[27]

---

18 OLG Thüringen BauR 2012, 997.
19 OLG Frankfurt FGPrax 2008, 275.
20 OLG Hamm BauR 2013, 137.
21 Damrau/Zimmermann, § 280 FamFG Rn 15.
22 Vgl BGH FGPrax 2011, 119; OLG Schleswig BtPrax 2007, 227; BayObLG FamRZ 2002, 494; BayObLG FamRZ 1997, 1565; BayObLG BtPrax 1993, 30.
23 BGH FGPrax 2011, 119; BayObLG FamRZ 2002, 494; BayObLG FamRZ 1997, 1565; BayObLG BtPrax 1993, 30.
24 BayObLG BtPrax 1993, 30; vgl auch BayObLG FamRZ 1995, 1519 zu Landgerichtsärzten; vgl aber Oberloskamp, Die Qualifikation des Sachverständigen gem. § 68b FGG, BtPrax 1998, 18, wonach in bestimmten Konstellationen die Bestellung eines Psychiaters sogar kontraindiziert ist.
25 BT-Drucks. 16/9733, 296; BGH FGPrax 2011, 119: bei hirnorganischem Psychosyndrom mit massiver Störung des Kurzzeitgedächtnisses ist Amtsarzt hinreichend qualifiziert.
26 BGH BtPrax 2012, 160.
27 OLG Schleswig BtPrax 2007, 227; BayObLG FamRZ 2002, 494; BayObLG FamRZ 1998, 1188; BayObLG BtPrax 1997, 123; BayObLG FamRZ 1997, 901; BayObLG BtPrax 1993, 30; vgl KG BtPrax 2007, 82 zum Unterbringungsverfahren.

Unter Umständen kann hierfür genügen, dass das Gutachten des Assistenzarztes von dem Klinikleiter mit dem Vermerk „Einverstanden aufgrund eigener Wahrnehmung und Urteilsfindung" gegengezeichnet wird, da dieser zuverlässig beurteilen kann, ob der Assistenzarzt im konkreten Einzelfall sachkundig ein Gutachten erstellen kann, und davon auszugehen ist, dass er das Gutachten nur gegenzeichnet, wenn er die Sachkunde bejaht.[28] Kann die **hinreichende Qualifikation des Sachverständigen** nicht festgestellt werden, darf sein Gutachten nicht verwertet werden.[29] Denkbar ist auch, den behandelnden Arzt des Betroffenen als Sachverständigen heranzuziehen, falls der Arzt die entsprechende Qualifikation aufweist.[30] Problematisch ist indes, dass bei der zuvor erfolgten Behandlung erhobene Befunde nur dann verwertbar sind, wenn der Betroffene oder der Betreuer den Sachverständigen von der ärztlichen Schweigepflicht entbunden hat.[31] Fehlt es hieran, ist der Sachverständige nicht befugt, auf Kenntnisse als behandelnder Arzt zurückzugreifen, da er der ärztlichen Schweigepflicht unterliegt. Daher sollte von dieser Möglichkeit nicht Gebrauch gemacht werden,[32] zumal die Objektivität des Sachverständigen zweifelhaft sein kann.[33] Trotz Verstoßes des Sachverständigen gegen § 302 Abs. 1 Nr. 1 StGB bleibt das Gutachten aber für das Betreuungsgericht verwertbar.[34]

10 Das Betreuungsgericht kann gem. § 26 FamFG nach oder neben der erstmaligen Feststellung des Vorliegens einer Erkrankung iSd § 1896 Abs. 1 BGB durch einen Arzt für Psychiatrie oder einen auf dem Gebiet der Psychiatrie erfahrenen Arzt ergänzend auch **andere Personen** zum Sachverständigen bestellen und ergänzende Gutachten, etwa Pflegegutachten, einholen.[35] Bei irreversiblen Krankheiten kann es sinnvoll sein, auch einen Psychologen, Pflegesachverständigen oder Pädagogen mit der Untersuchung des Ausprägungsgrades der Krankheit und deren Auswirkung auf die Fähigkeit des Betroffenen zur selbstständigen Aufgabenerledigung zu beauftragen[36] als nur einen medizinischen Sachverständigen.

cc) Beschlussformel

11 Die Beauftragung des Sachverständigen ist an **keine** bestimmte **Form** gebunden;[37] bei mündlicher Bestellung sollte jedoch ein Aktenvermerk gefertigt[38]

---

28 OLG Hamm v. 7.12.2004, 15 W 398/04; BayObLG BtPrax 1993, 30.
29 BGH BtPrax 2012, 160.
30 OLG Hamm v. 7.12.2004, 15 W 398/04; vgl BGH FamRZ 2010, 1726 zum Unterbringungsverfahren.
31 Brosey, Die Würdigung von Sachverständigengutachten in Betreuungs- und Unterbringungssachen unter Berücksichtigung aktueller Rechtsprechung, BtPrax 2011, 141; KG BtPrax 2007, 137 für das Unterbringungsverfahren.
32 Jürgens/Kretz, § 280 FamFG Rn 21.
33 OLG München FGPrax 2008, 110; OLG Stuttgart MDR 1962, 910.
34 BGH FamRZ 2010, 1726.
35 Bassenge/Roth, § 280 FamFG Rn 8; weitergehend Schulte-Bunert/Weinreich/Eilers, § 280 FamFG Rn 30 wohl für Verlängerungsverfahren.
36 BT-Drucks. 11/4528, 174; Oberloskamp, Die Qualifikation des Sachverständigen gemäß § 68 b FGG, BtPrax 1998, 18.
37 BGH FamRZ 2010, 1726 für das Unterbringungsverfahren; Müther, Das Sachverständigengutachten im Betreuungs- und Unterbringungsverfahren, FamRZ 2010, 857.
38 Hinsichtlich der fehlenden Erforderlichkeit der Versendung der vollständigen Akte an den Sachverständigen vgl Bienwald, Zur (Un-)Sitte der Aktenversendung an Sachverständige zur Begutachtung von Betroffenen, BtPrax 2002, 59.

und dem Betroffenen die Person des Sachverständigen und dessen Ernennung zumindest formlos mitgeteilt werden, damit dieser gegebenenfalls von seinem Ablehnungsrecht nach § 30 Abs. 1 FamFG; § 406 ZPO Gebrauch machen kann[39] (s. Rn 30). Im Übrigen empfiehlt sich die Beschlussform (§ 30 Abs. 1 FamFG; § 358 ZPO), unter genauer Bezeichnung des Betroffenen, des Sachverständigen, des Beweisthemas und der einzelnen Beweisfragen, die sich auf die Bereiche des Abs. 3 zu erstrecken haben. Dadurch werden dem Betroffenen nicht nur die zu untersuchenden Fragen, sondern auch die Person des Sachverständigen benannt, so dass der Betroffene oder sein Verfahrensbevollmächtigter etwaige Ablehnungsgründe nach § 30 Abs. 1 FamFG; § 406 ZPO (s. Rn 30) prüfen können. Das Betreuungsgericht muss das den Inhalt des Gutachtens prägende **Beweisthema** und damit die Fragen im Beweisbeschluss oder Auftrag **vorgeben**, auf deren Beantwortung es aus seiner Sicht mit Rücksicht auf gesetzliche Vorgaben ankommt. Am Beispiel der Betreuerbestellung könnten folgende **Fragen** zu stellen sein:

▶ Liegt bei dem Betroffenen eine vorübergehende oder dauerhafte[40] Erkrankung oder Behinderung iSd § 1896 Abs. 1 BGB vor, ggf mit welchem Ausprägungsgrad [Abs. 3 Nr. 1 FamFG]? In welchem Ausmaß und in welchen geistigen oder körperlichen Beeinträchtigungen und Einschränkungen äußert sich diese Erkrankung oder Behinderung [vgl Abs. 3 Nr. 1]? Welchen Verlauf hat die Erkrankung oder Behinderung genommen und wie wird sich diese entwickeln [Abs. 1 Nr. 1 FamFG]; bestehen Besserungs- oder Rehabilitationsmöglichkeiten [vgl § 1901 Abs. 4 BGB]? Welche konkreten Angelegenheiten des Betroffenen, zum Beispiel zum Bereich Gesundheitsfürsorge, Aufenthaltsbestimmung, Vermögens-, Wohnungs-, Renten-, Behörden-, Gerichts- oder Heimangelegenheiten, sind regelungsbedürftig [vgl Abs. 3 Nr. 4]?[41] Für den Fall, dass Heimangelegenheiten regelungsbedürftig sind: Welche Nachteile sind mit einer Aufnahme des Betroffenen in einem Heim verbunden?[42] Für den Fall, dass ein Vollmachtsbetreuer bestellt werden soll: Ist der Betroffene in der Lage, das Handeln seines Bevollmächtigten zu erfassen und nach dieser Einsicht zu handeln? Kann der Betroffene diese Angelegenheiten krankheits- oder behinderungsbedingt nicht oder nur teilweise selbstständig wahrnehmen [vgl § 1896 Abs. 1 S. 1 BGB]? Ist dieses Unvermögen dauerhafter Art [Abs. 3 Nr. 5]?[43] Bestehen Hilfsmöglichkeiten unterhalb der Schwelle einer Betreuung, etwa durch Hilfen kommunaler Einrichtungen oder Dritter [vgl § 1896 Abs. 2 S. 2 BGB]?[44] Für welchen Aufgabenkreis und für welche Dauer ist daher ein Betreuer als einzig in Betracht kommende Hilfsmaßnahme zu bestellen [vgl Abs. 3 Nr. 4]? Im Falle, dass die Bestellung eines Betreuers für erforderlich gehalten wird und der Betroffene der Betreuerbestellung widerspricht: Besitzt der Betroffene die Einsichtsfähigkeit, im Grundsatz die für und wider eine Betreuerbestellung sprechenden Gesichtspunkte zu erkennen und gegeneinander abzuwägen und ist er in der Lage, nach dieser Einsicht zu handeln [vgl § 1896 Abs. 1a BGB, s. dort Rn 133]?[45] Aufgrund welcher Tatsachen sind diese Fähigkeiten des Betroffenen ggf zu verneinen? Ist eine Verständigung mit dem Betroffenen möglich [vgl § 34 Abs. 2, 2. Alt. FamFG]? Sind von einer persönlichen An-

12

---

39 BGH FamRZ 2010, 1726.
40 Vgl OLG Düsseldorf FamRZ 1993, 1224.
41 KG BtPrax 1995, 228; OLG Düsseldorf FamRZ 1993, 1224.
42 Vgl OLG Düsseldorf FamRZ 1993, 1224.
43 Vgl OLG Düsseldorf FamRZ 1993, 1224.
44 Vgl OLG Düsseldorf FamRZ 1993, 1224.
45 Vgl BGH v. 21.11.2012, XII ZB 114/12; BGH BtPrax 2012, 161; BGH FGPrax 2012, 110; BGH FGPrax 2011, 119.

hörung des Betroffenen durch das Gericht erhebliche Nachteile für seine Gesundheit zu besorgen [vgl §§ 34 Abs. 2, 1. Alt.; 278 Abs. 4 FamFG]? Kann diese Besorgnis ggf durch die Anwesenheit Dritter, des Sachverständigen, naher Angehöriger oder einer Vertrauensperson ausgeräumt werden? Welche Untersuchungen wurden durchgeführt und welche Forschungserkenntnisse lagen den Untersuchungen zugrunde [Abs. 3 Nr. 2]? ◄

13 Aus verfahrensökonomischen Gründen empfiehlt es sich, bereits im Gutachten folgende Fragen klären zu lassen, weil damit die unter Umständen erforderliche **nachträgliche Einholung eines ärztlichen Attestes vermieden** wird:

▶ Ist es zur Vermeidung erheblicher Nachteile für die Gesundheit des Betroffenen erforderlich, bei der Bekanntgabe des Gutachtens oder der Entscheidungsgründe an ihn besondere Umstände zu beachten oder ist von einer Bekanntgabe teilweise oder vollständig abzusehen [vgl § 288 Abs. 1 FamFG]? Sind erhebliche Nachteile für die Gesundheit des Betroffenen zu besorgen, wenn er von der Bekanntmachung der Betreuungsentscheidung an andere Gerichte, Behörden oder sonstige öffentliche Stellen unterrichtet wird [vgl §§ 308 Abs. 3 S. 2 Nr. 2, 311 S. 2 FamFG]? ◄

14 Um zu verhindern, dass der Sachverständige nahe liegende Umstände nicht aufklärt oder zwingend erforderliche Untersuchungen nur deswegen unterlässt, weil diese nicht im Fragenkatalog des Gutachtenauftrags auftauchen, empfiehlt sich **am Ende der Fragestellungen** folgende Formulierung:

15 ▶ Die Begutachtung hat sich nicht nur in der bloßen Beantwortung der gestellten Fragen zu erschöpfen, sondern soll auch auf alle im Zusammenhang mit den gestellten Fragen stehenden Umstände eingehen. ◄

16 Das Betreuungsgericht hat die Wahl, ob es dem Sachverständigen eine schriftliche oder mündliche Gutachtenerstattung vorschreibt.[46] Die mündliche Erstattung bietet den Vorteil, dass sie gerade im **Eilfall** sehr früh erfolgen kann, da es der schriftlichen Absetzung des Gutachtens nicht bedarf. Zudem können zugleich Fragen an den Sachverständigen gerichtet und damit unter Umständen erforderlich werdende Ergänzungen des Gutachtens vermieden werden. Dies kann auch im Rahmen der Anhörung des Betroffenen geschehen, da das Betreuungsgericht den Sachverständigen auch zum Anhörungstermin bestellen kann.[47] Der Nachteil liegt jedoch darin, dass der Betroffene und die bei der mündlichen Anhörung des Sachverständigen anwesenden Beteiligten zumeist wegen fehlender eigener psychiatrischer Sachkunde kaum in der Lage sein werden, den nur mündlichen Erläuterungen des Sachverständigen zu folgen. Zudem hat das Betreuungsgericht nach § 29 Abs. 3 FamFG Inhalt und Ergebnis des mündlich erstatteten Gutachtens ohnehin aktenkundig zu machen.[48] Da sich dies nicht in Leerformeln oder Floskeln erschöpfen darf, muss das Betreuungsgericht das Gutachten so umfassend wiedergeben, dass dessen zwingender Inhalt iSd Abs. 3 niedergelegt und der Beschwerdeinstanz eine inhaltliche Nachprüfung möglich wird; ggf empfiehlt es sich, den Sachverständigen direkt diktieren zu lassen. Mithin sollte von der mündlichen Gutachtenerstattung nur im Ausnahmefall, etwa bei besonderer Eile, Gebrauch gemacht werden.

---

46 OLG Brandenburg FamRZ 2001, 38; OLG Brandenburg NJWE-FER 2000, 322.
47 BT-Drucks. 16/6308, 267.
48 KG BtPrax 2007, 85 zum Unterbringungsverfahren.

dd) Weitere Ermittlungen

Wie sich aus § 297 Abs. 6 FamFG ergibt, können vielerlei fachübergreifende Fragestellungen betroffen sein, die für die gerichtliche Entscheidung bedeutsam sind, mit deren Beantwortung ein einzelner Sachverständiger aber überfordert ist.[49] Reicht aus Sicht des Sachverständigen die eigene **Fachkompetenz** zur Ermittlung der entscheidungserheblichen Tatsachen nicht aus, hat dieser dem Betreuungsgericht die Erforderlichkeit weiterer oder ergänzender Ermittlungsmaßnahmen rechtzeitig anzuzeigen. Gleiches gilt sinngemäß bei bloßen Verdachtsdiagnosen;[50] auch hier sind ergänzende sichere Feststellungen einzuholen.

17

b) Verfahren vor dem Sachverständigen (Abs. 2)

Die Untersuchung durch den Sachverständigen ist zwar grundsätzlich beteiligtenöffentlich,[51] da § 30 Abs. 1 FamFG auf §§ 402, 357 Abs. 1 ZPO verweist.[52] Da aber eine Untersuchung des Betroffenen erfolgt, ist zum Schutz der Wahrung seiner Intimsphäre die **Beteiligtenöffentlichkeit ausnahmsweise auszuschließen**.[53] Der Betroffene hat aber entsprechend § 12 FamFG das Recht, vor dem Sachverständigen in Gegenwart eines oder mehrerer Verfahrensbevollmächtigter als Beistand zu erscheinen.[54] Der Sachverständige kann ohne Weiteres Auskunftspersonen anhören, hingegen nicht Zeugen vernehmen (s. auch Übersicht vor § 1 BtBG Rn 12 zur Berücksichtigung des Sozialberichts). Er hat den Betroffenen aufzuklären, dass eine **Schweigepflicht** nicht besteht, und ihn nach Abs. 1 S. 2 auch in offensichtlich eindeutigen Fällen **zeitnah** vor der Gutachtenerstellung[55] persönlich zu **untersuchen** oder, gerade bei psychischen Erkrankungen, zu **befragen**.[56] Die Untersuchung oder Befragung muss selbst dann nicht in der üblichen Umgebung des Betroffenen erfolgen, wenn dieser es verlangt; sie sollten in der üblichen Umgebung erfolgen, wenn hieraus für die Befunderhebung wichtige Schlüsse gezogen werden können oder der Betroffene schlicht nicht in der Lage ist, vor dem Sachverständigen zu erscheinen. Ebenso wenig, wie der Betroffene gegen seinen Willen in seiner Wohnung angehört werden darf (s. § 278 FamFG Rn 13), darf der Sachverständige den Betroffenen gegen dessen Willen in dessen Wohnung untersuchen. Hierfür gibt es keine Rechtsgrundlage.[57] Eine Entscheidung nach Aktenlage,[58] telefonischer

18

---

49 BT-Drucks. 11/4528, 174.
50 BGH BtPrax 2012, 161; OLG Köln FamRZ 2009, 2116; BayObLG BtPrax 1995, 105.
51 OLG Zweibrücken FGPrax 2000, 109; BayObLG NJW 1967, 1867; Damrau/Zimmermann, § 280 FamFG Rn 22; aA Bassenge/Roth, § 280 FamFG Rn 7: keine Beteiligtenöffentlichkeit.
52 Vgl LSG Rheinland-Pfalz NJW 2006, 1547.
53 Vgl OLG München NJW-RR 1991, 896; LSG Rheinland-Pfalz NJW 2006, 1547 zur körperlichen Untersuchung im sozialrechtlichen Verfahren; vgl OLG Frankfurt MDR 2010, 652; OLG Brandenburg OLGR Brandenburg 2003, 194; OLG Köln MedR 2010, 879; OLG Köln NJW 1992, 1568 zur Untersuchung im Arzthaftungsprozess; differenzierend OLG Frankfurt GesR 2011, 295.
54 OLG Zweibrücken FGPrax 2000, 109; Damrau/Zimmermann, § 280 FamFG Rn 22.
55 OLG Brandenburg FamRZ 2001, 40.
56 OLG Köln FamRZ 2001, 310; BayObLG BtPrax 1999, 195; BayObLG FamRZ 1999, 1595; KG FamRZ 1995, 1379.
57 BGH MDR 2012, 1488.
58 OLG Brandenburg FamRZ 2001, 40.

Befragung oder Inaugenscheinnahme des Betroffenen am Fenster,[59] im Hausflur[60] oder aus völlig anderem Anlass[61] reicht nicht aus. Bei Weigerung des Betroffenen zu erscheinen oder sich untersuchen zu lassen, hat der Sachverständige keine Zwangsmittel; er kann aber die Anordnung der Vorführung des Betroffenen durch das Betreuungsgericht nach § 283 FamFG anregen. **Invasive Eingriffe** gegen den Willen des Betroffenen sind hingegen stets **unzulässig**.[62]

c) Inhalt des Gutachtens (Abs. 3)

19 Der Inhalt des Sachverständigengutachtens hat sich an den vorgegebenen Fragen des Betreuungsgerichts zu orientieren.[63] Das Gutachten muss die **Anknüpfungstatsachen** nennen.

20 Der sonstige **Mindestinhalt** des Gutachtens ergibt sich aus Abs. 3. Danach muss das Gutachten Feststellungen zunächst zur Art und zum Ausmaß des Krankheitsbildes und der Krankheitsentwicklung (Nr. 1) enthalten.[64] Es muss auch die Tatsachen darlegen, die auf eine unfreie Willensbildung iSd § 1896 Abs. 1 a BGB schließen lassen.[65] Auch der körperliche und psychiatrische Zustand des Betroffenen (Nr. 3), der Umfang des Aufgabenkreises (Nr. 4), die voraussichtliche Dauer der Betreuerbestellung (Nr. 5),[66] die zugrunde liegenden durchgeführten Untersuchungen[67] und die diesen zugrunde gelegten Forschungserkenntnisse (Nr. 2)[68] sind darzustellen und wissenschaftlich zu begründen.[69] Hingegen bedarf es keiner Feststellungen zur Geschäftsfähigkeit,[70] weil diese – wie sich im Umkehrschluss aus § 1896 Abs. 1 S. 2 BGB zeigt – für die Frage der Betreuungsbedürftigkeit und des Betreuungsbedarfs nicht relevant sind.

21 Die Ausführungen des Sachverständigen in seinem Gutachten müssen so gehalten sein, dass sie die zwingend erforderliche **Prüfung** auf ihre wissenschaftliche Fundierung, Logik und Schlüssigkeit durch das Betreuungsgericht zulassen.[71] Pauschale Feststellungen reichen ebenso wenig[72] wie bloße Vermutungen,[73] Verdachtsdiagnosen,[74] Äußerung diagnostischer Unsicherheiten[75] oder Feststellungen zu Beeinträchtigungen, deren Ausmaße noch im Bereich der Alters-

---

59 OLG Köln FamRZ 2001, 310.
60 OLG Köln OLGReport 2005, 271.
61 OLG Köln FamRZ 1999, 873.
62 OLG Zweibrücken FGPrax 2007, 49.
63 Zur inhaltlichen Darstellung und Gliederung vgl OLG Düsseldorf BtPrax 1993, 175; vgl auch Foerster/Dreßing, Psychiatrische Begutachtung, S. 557.
64 BGH FGPrax 2011, 156.
65 BT-Drucks. 15/2494, 28; BGH BtPrax 2012, 161; BGH FGPrax 2012, 110; BGH FGPrax 2011, 119; OLG München FamRZ 2006, 440; BayObLG BtPrax 2004, 148.
66 KG KGReport Berlin 2006, 359; Holzhauer, Zweifelsfragen zur Sachverständigenbegutachtung im Betreuungsrecht, NZS 1996, 255.
67 BGH FGPrax 2011, 156.
68 BayObLG NJWE-FER 2000, 322; OLG Düsseldorf BtPrax 1993, 175.
69 BGH FGPrax 2011, 156.
70 Schulte-Bunert/Weinreich/Eilers, § 280 FamFG Rn 58.
71 BGH v. 21.11.2012,XII ZB 270/12; BGH FGPrax 2012, 17; BGH FGPrax 2011, 156; OLG Zweibrücken OLGReport 2005, 437.
72 BT-Drucks. 15/2494, 28.
73 OLG Köln OLGReport 2005, 680; OLG Köln FamRZ 2001, 310; BayObLG NJW 1992, 2100.
74 BGH BtPrax 2012, 161; OLG Köln FamRZ 2009, 2116; BayObLG BtPrax 1995, 105.
75 OLG Köln FamRZ 1995, 1083.

norm liegen.[76] Wurden Angaben von Auskunftspersonen und Zeugen verwertet, ist dies offen zu legen. Wurde ärztliches oder nichtärztliches Hilfspersonal eingesetzt, sind diese mit Angabe ihres Tätigkeitsfeldes namhaft zu machen; der Sachverständige muss für deren Tätigkeit die Verantwortung übernehmen (s. Rn 9).[77]

Das Betreuungsgericht muss sich in den Beschlussgründen mit den Anknüpfungstatsachen[78] und den Ergebnissen des Gutachtens **kritisch** auseinandersetzen;[79] eine kritiklose Übernahme der Feststellungen des Sachverständigen kann eine Schadensersatz auslösende Amtspflichtverletzung darstellen.[80]

d) Ergänzende Gutachteneinholung

Genügt das Gutachten den inhaltlichen Anforderungen nicht, kann das Betreuungsgericht den Sachverständigen zur Ergänzung des Gutachtens[81] oder ihn oder einen anderen Sachverständigen nach § 30 Abs. 1 FamFG, § 412 ZPO zur neuen Begutachtung veranlassen. Ist das Gutachten völlig ungenügend, in sich widersprüchlich oder steht fest, dass der Sachverständige von unzutreffenden Tatsachen ausgegangen ist oder ist seine fachliche Kompetenz fraglich,[82] so ist das Betreuungsgericht zur Einholung eines **Ergänzungsgutachtens**,[83] nach § 30 Abs. 1 FamFG, § 411 Abs. 3 ZPO zur mündlichen Anhörung des Sachverständigen[84] oder – bei widersprechenden Gutachten – grundsätzlich zur Einholung eines „**Obergutachtens**", also eines weiteren Gutachtens, **verpflichtet;**[85] hiervon kann es im absoluten Ausnahmefall dann abgesehen werden, wenn dies mit unverhältnismäßigen Belastungen der Betroffenen verbunden wäre.[86] Einwendungen des Betroffenen gegen die tatsächlichen Grundlagen des Gutachtens hat das Betreuungsgericht nachzugehen.[87] Will das Betreuungsgericht von den Feststellungen des Sachverständigen abweichen, hat es dies in den Gründen seiner Sachentscheidung eingehend zu begründen[88] und seine eigene Sachkunde darzustellen.

e) Form des Gutachtens

Die Erstattung des Gutachtens unterliegt **keiner Form**, kann also auch mündlich erstattet werden;[89] in diesem Falle ist es nach § 29 Abs. 3 FamFG akten-

---

76 OLG Frankfurt/M. OLGReport 2005, 84.
77 OLG Brandenburg FamRZ 2001, 40; OLG Brandenburg BtPrax 2000, 224.
78 BGH BtPrax 2012, 161.
79 OLG Frankfurt/M. FamRZ 2008, 1477; BayObLG BtPrax 2002, 121; BayObLG BtPrax 2001, 166; BayObLG FamRZ 2001, 1403; OLG Brandenburg FamRZ 2001, 38; BayObLG BtPrax 1994, 59; BayObLG NJW 1992, 2100.
80 KG RuP 1996, 86 zur vorläufigen Betreuung; vgl auch OLG Zweibrücken BtPrax 2003, 80 zur Anordnung einer vorläufigen Unterbringung auf der Grundlage des ärztlichen Zeugnisses eines Orthopäden.
81 BayObLG BtPrax 1994, 29.
82 BayObLGZ 1986, 211.
83 OLG Köln OLGReport 2005, 680; BayObLG FGPrax 2005, 151; BayObLG BtPrax 1994, 59.
84 BGH NJW-RR 2007, 212.
85 BayObLG BtPrax 2002, 121; BayObLG FamRZ 1998, 921.
86 LG München I FamRZ 2007, 2008.
87 BayObLG FamRZ 1994, 1059.
88 BayObLG BtPrax 1994, 59.
89 OLG Brandenburg FamRZ 2001, 38; OLG Brandenburg NJWE-FER 2000, 322.

kundig zu machen; das Betreuungsgericht hat in einem Protokoll, Vermerk oder in den Entscheidungsgründen den wesentlichen Inhalt des Gutachtens iSd Abs. 3 niederzulegen, insbesondere von welchen Anknüpfungstatsachen der Gutachter ausgegangen ist, welche Befragungen und Untersuchungen er vorgenommen, welche Tests und Forschungsergebnisse er angewandt und welchen Befund er erhoben hat.[90] **Schriftliche Erstattung** ist jedoch dann erforderlich, wenn das Betreuungsgericht schriftliche Begutachtung nach § 30 Abs. 1 FamFG, § 411 ZPO anordnet.

f) Übermittlung des Gutachtens

25 Das Betreuungsgericht hat dem Betroffenen ohne Rücksicht auf seine Verfahrensfähigkeit bzw seinem Verfahrensbevollmächtigten das Gutachten zur Gewährung rechtlichen Gehörs grundsätzlich **vollständig,**[91] **schriftlich und rechtzeitig** vor seiner persönlichen Anhörung iSd § 278 FamFG mitzuteilen.[92] Gleiches gilt für das Protokoll oder den Vermerk des Inhalts des mündlich erstatteten Gutachtens. Die Übermittlung darf nicht von der Zahlung etwaiger Kopierkosten abhängig gemacht werden.[93] Die Verwertung eines Sachverständigengutachtens als Entscheidungsgrundlage setzt nach § 37 Abs. 2 FamFG voraus, dass das Betreuungsgericht den Beteiligten Gelegenheit zur Stellungnahme eingeräumt hat.[94] Nur dann, wenn ein Fall des § 288 FamFG vorliegt, also zu befürchten ist, dass die Bekanntgabe des Gutachteninhalts zu erheblichen Nachteilen für die Gesundheit des Betroffenen führt, kann von der Übersendung des Gutachtens an den Betroffenen abgesehen werden.[95] Eine mangelnde Mitwirkungsbereitschaft des Betroffenen,[96] die Befürchtung, das Vertrauensverhältnis des Betreuten zum sozialpsychiatrischen Dienst könnte gestört werden[97] oder gar der Hinweis des Sachverständigen, dass die Weitergabe seines Gutachtens seiner Zustimmung bedürfe,[98] genügen indes nicht, um von der Übersendung abzusehen. Hat das Betreuungsgericht ergänzende gutachterliche Feststellungen eingeholt, gelten die vorangehenden Ausführungen entsprechend; den Beteiligten ist Gelegenheit zur Stellungnahme hierzu zu geben. Wird von der Übersendung an den Betroffenen abgesehen, ist dem Betroffenen zwingend ein Verfahrenspfleger zu bestellen, wenn die Erwartung gerechtfertigt ist, dass der Verfahrenspfleger mit dem Betroffenen über das Gutachten spricht.[99] Dem Verfahrenspfleger ist das vollständige Gutachten rechtzeitig vor der persönlichen Anhörung des Betroffenen zu übermitteln.[100]

---

90 OLG Brandenburg FamRZ 2001, 38.
91 BGH FGPrax 2012, 110; BGH BtPrax 2011, 217; BGH FamRZ 2011, 1574; BGH BtPrax 2010, 278.
92 OLG Frankfurt/M. FamRZ 2008, 1477; OLG München BtPrax 2005, 231; BayObLG FamRZ 1993, 1489.
93 OLG Düsseldorf BtPrax 1996, 188.
94 BGH FamRZ 2011, 1574.
95 BGH FGPrax 2012, 110; BGH BtPrax 2011, 217; BGH FamRZ 2011, 1574; BGH BtPrax 2010, 278; KG FGPrax 2006, 260.
96 OLG München BtPrax 2005, 231.
97 OLG Frankfurt/M. FGPrax 2003, 221.
98 Damrau/Zimmermann, § 280 FamFG Rn 39.
99 BGH BtPrax 2011, 217; BGH BtPrax 2010, 278; OLG München BtPrax 2006, 35; OLG München BtPrax 2005, 231; BayObLG FamRZ 1993, 1489.
100 BGH FamRZ 2011, 1574.

3. Gutachteneinholung bei Anordnung eines Einwilligungsvorbehaltes

Das Betreuungsgericht hat **zwingend** ein Gutachten dazu einzuholen, ob zu be- 26
fürchten ist, dass der Betroffene sich oder sein Vermögen durch die Abgabe
von Willenserklärungen erheblich gefährdet.[101] Da die Anordnung eines Einwilligungsvorbehaltes
im rechtsgeschäftlichen Bereich nur dann in Frage
kommt, wenn der Betreute aufgrund einer psychischen Erkrankung seinen
Willen insofern nicht frei bestimmen kann,[102] muss sich das Gutachten in jedem
Falle darauf erstrecken, ob der Betreute zur **freien Willensbestimmung**
nicht in der Lage ist.[103] Ansonsten gilt auch diesbezüglich der Mindestinhalt
des Abs. 3; das Gutachten muss Feststellungen zum Krankheitsbild und der
Krankheitsentwicklung (Nr. 1), zum körperlichen und psychiatrischen Zustand
des Betroffenen (Nr. 3), zur Reichweite des Kreises der einwilligungsbedürftigen
Willenserklärungen,[104] zur voraussichtlichen Dauer des Einwilligungsvorbehaltes
(Nr. 5)[105] und den zugrunde liegenden durchgeführten Untersuchungen
und Forschungserkenntnissen (Nr. 2) enthalten. Ansonsten gelten
die Ausführungen zum Gutachten im Rahmen des Verfahrens zur Betreuerbestellung
entsprechend.

Die Gutachteneinholung ist ausnahmslos zwingend und kann nicht durch ein 27
Gutachten des MDK (§ 282 FamFG) oder bei entsprechendem Verzicht oder
Eigenantrag des Betroffenen durch ein ärztliches Zeugnis (§ 281 FamFG) ersetzt
werden.

III. Bedeutung für den Betroffenen

Der Betroffene kann[106] seine **Mitwirkung** an Verfahrenshandlungen vor dem 28
Sachverständigen nach Abs. 2 – trotz § 27 Abs. 1 FamFG – **verweigern**; der
Verstoß gegen die Mitwirkungspflichten hat wegen des Amtsermittlungsgrundsatzes
keine verfahrensrechtlichen Folgen[107] und seine Mitwirkung an Untersuchungshandlungen
kann gerade nicht erzwungen werden;[108] Fragen braucht
er nicht zu beantworten, an Tests nicht teilzunehmen.[109] Er hat gemäß § 12
FamFG das Recht, in jedem Verfahrensstadium und bezogen auf alle Verfahrenshandlungen,
also auch im Rahmen der Begutachtung durch den Sachverständigen,
in Gegenwart eines oder mehrerer Verfahrensbevollmächtigter als
Beistand zu erscheinen (s. Rn 18).[110]

Er kann wegen eines Verfahrensfehlers in Form der Unterlassung der Gutachteneinholung, 29
sofern kein Fall der §§ 281, 282 FamFG vorlag, Beschwerde gegen
die Endentscheidung wegen Aufklärungsmangels einlegen.[111] Ist die hinrei-

---

101 BayObLG FamRZ 1995, 116; vgl BayObLG BtPrax 1995, 143.
102 BayObLG NJW-FER 1998, 273.
103 Vgl BT-Drucks. 15/2494, 28; OLG München FamRZ 2006, 440; BayObLG BtPrax 2004, 148.
104 OLG Düsseldorf BtPrax 1993, 175.
105 KG KGReport Berlin 2006, 359; Holzhauer, Zweifelsfragen zur Sachverständigenbegutachtung im Betreuungsrecht, NZS 1996, 255.
106 Ob er „darf" – vgl Prütting/Helms/Fröschle, § 280 FamFG Rn 22 Fn 7 –, ist praktisch belanglos.
107 Bumiller/Harders, § 27 FamFG Rn 3.
108 OLG Brandenburg FamRZ 1997, 1019; LG Saarbrücken FamRZ 2011, 1094.
109 BayObLG FGPrax 2001, 78.
110 OLG Zweibrücken FGPrax 2000, 109.
111 OLG Hamm FamRZ 2000, 494.

chende Qualifikation des Sachverständigen nicht in den Beschlussgründen dargelegt (vgl Rn 9), so darf das Gutachten nicht verwertet werden.[112] Mithin kann ebenfalls ein Ausklärungsdefizit mit der Beschwerde geltend gemacht werden.

30 Er kann den Sachverständigen dann nach §§ 406 Abs. 1 S. 1, 42 Abs. 1, Abs. 2 ZPO wegen Besorgnis der Befangenheit ablehnen, wenn ein Grund vorliegt, der geeignet ist, Misstrauen gegen die Unparteilichkeit des Sachverständigen zu rechtfertigen.[113] In Betracht kommen insoweit nur **objektive Gründe**, die vom Standpunkt des ablehnenden Betroffenen aus bei vernünftiger Betrachtung die Befürchtung wecken könnten, der Sachverständige stehe der Sache nicht unvoreingenommen und damit nicht unparteiisch gegenüber. Rein subjektive, unvernünftige Vorstellungen des Betroffenen scheiden hingegen aus.[114]

31 Hinsichtlich der Anordnung der Begutachtung ist zu differenzieren. Grundsätzlich sind verfahrensrechtliche Zwischenentscheidungen[115] – wie sich im Umkehrschluss zu § 58 Abs. 1 FamFG ergibt – **nicht anfechtbar**, was grundsätzlich auch für die Beauftragung des Sachverständigen gilt.[116] Allenfalls dann, wenn das Betreuungsgericht von dem Betroffenen ein **bestimmtes Verhalten** verlangt und damit in erheblichem Maße in seine **Rechte eingreift**,[117] ist eine Beschwerdemöglichkeit eröffnet. Erlegt das Gericht dem Betroffenen – stets unzulässig – eine Mitwirkungspflicht auf oder ermächtigt es den Sachverständigen gar zu invasiven Eingriffen,[118] sind diese Anordnungen mit der Beschwerde anfechtbar,[119] da es nicht einsehbar ist, dass der Betroffene derartige Handlungen zunächst dulden müsste und nur nachträglich die Endentscheidung anfechten könnte. Gleiches soll gelten, wenn das Betreuungsgericht dem Betroffenen untersagt, mit seinem Verfahrensbevollmächtigten oder einer anderen Beistandsperson zur Begutachtung zu erscheinen, da hierin ein Eingriff in sein Verfahrensrecht aus § 12 FamFG liegt.[120]

32 Mit der **Auswahl** des Sachverständigen, der Formulierung des **Beweisbeschlusses** oder der **Anordnung der Begutachtung** werden dem Betroffenen weder Handlungspflichten auferlegt, noch in intensiver Weise in seine Rechte eingriffen, so dass keine Anfechtungsmöglichkeit besteht.[121] Erfolgt die Anordnung aber objektiv **willkürlich**,[122] was etwa dann der Fall ist, wenn die Anordnung getroffen wird, ohne den Betroffenen vorher – nicht notwendig persönlich (vgl

---

112 BGH BtPrax 2012, 160.
113 OLG München FamRZ 2006, 557; OLG Saarbrücken BtPrax 1999, 152.
114 Im Einzelnen: Völker, Die Ablehnung des Sachverständigen im ZPO-/FGG-/FamFG-Verfahren, FPR 2008, 287.
115 Vgl BGH FGPrax 2003, 224; OLG Schleswig NJOZ 2003, 2313; OLG Frankfurt/M. NJW-RR 2001, 1370; BayObLG NJW-RR 2000, 526; OLG Hamm FamRZ 1997, 440; BayObLG FamRZ 2001, 707 (Verfahrenseinleitung); OLG Frankfurt/M. BtPrax 2008, 176 (Ablehnung der Einstellung der Ermittlungen); aA: OLG Köln FamRZ 2000, 492 (Verfahrenspflegerbestellung).
116 BayObLG FamRZ 2001, 707; BayObLG FamRZ 2000, 249; KG FamRZ 2002, 970.
117 BayObLG FGPrax 2001, 78.
118 OLG Zweibrücken FGPrax 2007, 49.
119 Jürgens/Kretz, § 280 FamFG Rn 23.
120 OLG Zweibrücken FGPrax 2000, 109; Jürgens/Kretz, § 58 FamFG Rn 12.
121 BVerfG v. 12.1.2011, 1 BvR 2538/10; BVerfG FamRZ 2011, 272; BGH BtPrax 2008, 120.
122 BGH NJW 2007, 3575, allerdings abweichend BGH BtPrax 2008, 120; KG FamRZ 2002, 970; KG FGPrax 2000, 237; vgl auch OLG Frankfurt/M. BtPrax 2008, 176.

Rn 6) – anzuhören[123] oder sonstige Feststellungen zu treffen, welche die Annahme der Betreuungsbedürftigkeit des Betroffenen rechtfertigen könnten,[124] kann der Betroffene hiergegen Beschwerde einlegen.[125]

Einwendungen gegen das Gutachten hat der Betroffene so früh wie möglich dem Betreuungsgericht anzuzeigen, damit das Betreuungsgericht sich zeitnah mit diesen auseinandersetzen und gegebenenfalls eine Gutachtenergänzung anordnen kann.

IV. Bedeutung für den Betreuer

Der potenzielle Betreuer sollte vor der Übernahme des Betreueramtes Einblick in das Gutachten nehmen, um ersehen zu können, mit welchem Erkrankungsbild und etwaigen Schwierigkeiten in der Betreuungsführung er zu rechnen hat. Als Beteiligtem iSd § 7 Abs. 2 Nr. 1 FamFG steht ihm ein Akteneinsichtsrecht nach § 13 FamFG zu, soweit nicht schwerwiegende Interessen des Betroffenen dem entgegen stehen (s. § 274 FamFG Rn 6). Der bestellte Betreuer kann für den Betroffenen nach Maßgabe des § 303 Abs. 4 FamFG die ausnahmsweise rechtsmittelfähigen Entscheidungen des Betreuungsgerichts im Rahmen der Gutachteneinholung mit der Beschwerde anfechten.

V. Bedeutung für den Verfahrenspfleger und Verfahrensbevollmächtigten
1. Verfahrenspfleger

Der Verfahrenspfleger hat auf die **Einhaltung der Verfahrensvorschriften** zu achten, insbesondere darauf, ob im Falle des Abs. 1 S. 2 die Sachkunde des Sachverständigen festgestellt wurde, das Gutachten den geschilderten Anforderungen entspricht und auf zutreffenden Anknüpfungstatsachen beruht. Will das Betreuungsgericht von der Gutachteneinholung absehen, ohne dass ein Fall der §§ 281, 282 FamFG vorliegt, sollte er das Betreuungsgericht auf die Unzulässigkeit des Absehens hinweisen. Ob er im Falle der Unterlassung der Gutachteneinholung wegen Aufklärungsmangels Beschwerde gegen die Entscheidung des Betreuungsgerichts einlegt, hat er im Einzelfall unter Berücksichtigung der Interessen des Betroffenen zu beurteilen. Zwar bedingt das Absehen von der Gutachteneinholung ein Aufklärungsdefizit. Allerdings sind mit der Gutachteneinholung auch Belastungen für den Betroffenen verbunden, zumal der Betroffene nach § 283 FamFG zur Untersuchung vorgeführt oder nach § 284 FamFG sogar untergebracht werden kann. Daher wird der Verfahrenspfleger von der Anfechtung der Entscheidung dann absehen, wenn aus Sicht des Verfahrenspflegers aufgrund der bisherigen Ermittlungsergebnisse, in Form etwa vorliegender ärztlicher Atteste, durchgeführter Anhörungen oder eingeholter Auskünfte, die Betreuungsbedürftigkeit des Betroffenen und der entspre-

---

123 BVerfG v. 12.1.2011, 1 BvR 2538/10; BVerfG FamRZ 2011, 272; BVerfG BtPrax 2010, 173.
124 LG Verden BtPrax 2010, 243 zur Vorführung; LG Saarbrücken BtPrax 2009, 143.
125 Jürgens/Kretz, § 280 FamFG Rn 23; vgl OLG Hamm v. 13.12.2007, 15 W 401/07, allerdings noch zum FGG; differenzierend: MK/Schmidt-Recla, § 280 FamFG Rn 27: Unanfechtbarkeit, wenn Betroffener sich Untersuchung verweigern kann; aA Damrau/Zimmermann, § 280 FamFG Rn 45; Keidel/Budde, § 280 FamFG Rn 15; Prütting/Helms/Fröschle, § 280 FamFG Rn 33: Unanfechtbarkeit.

chende Betreuungsbedarf außer Zweifel stehen, und von der Gutachteneinholung lediglich die Bestätigung dieser Annahme zu erwarten ist.

2. Verfahrensbevollmächtigter

36 Dem Verfahrensbevollmächtigten obliegt es nicht nur, die Einhaltung der Verfahrensvorschriften zu prüfen, sondern auch, ob mögliche Ablehnungsgründe nach §§ 30 Abs. 1 FamFG, 406 ZPO vorliegen. Anders als der Verfahrenspfleger sollte im Falle des Absehens der Gutachteneinholung die Einlegung der Beschwerde davon abhängen, ob der Betroffene mit der Endentscheidung einverstanden ist.

VI. Bedeutung für Dritte

37 Dritten stehen Rechtsmittel gegen die Gutachteneinholung nicht zu. Dies gilt auch für den (Vorsorge-)Bevollmächtigten. Zwar wäre die Durchführung eines Betreuungsverfahrens trotz bestehender Bevollmächtigung nicht erforderlich und damit grundsätzlich unzulässig, es sei denn, dass das Betreuungsgericht begründete Zweifel daran hat, dass im Zeitpunkt der Vollmachtserteilung Geschäftsfähigkeit des Betroffenen vorlag, da es diesen Umstand ohnehin mittels sachverständiger Hilfe[126] aufklären[127] muss. Allerdings leitet der (Vorsorge-)Bevollmächtigte seine Rechtsstellung nur aus der ihm von dem Betroffenen erteilten Vollmacht und damit aus einem fremden Recht ab.[128] Hat der (Vorsorge-)Bevollmächtigte gegen eine gleichwohl erfolgte Betreuerbestellung kein eigenes Beschwerderecht,[129] so dass er nur **im Namen** und im Interesse des Betroffenen hiergegen Beschwerde einlegen könnte, kann er mithin erst recht nicht gegen die ohnehin grundsätzlich nicht anfechtbare Gutachteneinholung im eigenen Namen Beschwerde einlegen (s. aber § 1896 BGB Rn 99 f). Dritten ist das Gutachten – anders als dem Betroffenen – nicht zu übermitteln; Dritte können jedoch ggf Akteneinsicht nehmen (s. § 274 FamFG Rn 6 ff, 37 ff).

38 Für den Sachverständigen ist zu beachten, dass neben seiner Pflicht zur Gutachtenerstattung (§ 407 ZPO) die Beachtung der Verfahrensvorschriften nicht nur für die fachgerechte Gutachtenerstellung von Bedeutung ist. Trifft der Sachverständige seine gutachterlichen Feststellungen wider besseren Wissens ohne vorherige Untersuchung oder Befragung des Betroffenen[130] oder trifft er mit direktem Vorsatz unrichtige erhebliche Einzelfeststellungen,[131] macht er sich wegen Ausstellens unrichtiger Gesundheitszeugnisse nach § 278 StGB strafbar. Überdies kann eine eigene Haftung nach § 839 a BGB in Betracht kommen.

---

126 OLG Schleswig BtPrax 2006, 191.
127 OLG Brandenburg FamRZ 2008, 303; vgl auch LG Neuruppin FamRZ 2007, 932.
128 OLG Frankfurt/M. FGPrax 2009, 67.
129 OLG Frankfurt/M. FGPrax 2009, 67; BayObLG FGPrax 2003, 171; aA OLG Zweibrücken FGPrax 2002, 260.
130 BGH NStZ-RR 2007, 343; OLG Frankfurt/M. NJW 1977, 2128.
131 OLG Frankfurt/M. MedR 2007, 442.

§ 281 FamFG Ärztliches Zeugnis; Entbehrlichkeit eines Gutachtens

(1) Anstelle der Einholung eines Sachverständigengutachtens nach § 280 genügt ein ärztliches Zeugnis, wenn
1. der Betroffene die Bestellung eines Betreuers beantragt und auf die Begutachtung verzichtet hat und die Einholung des Gutachtens insbesondere im Hinblick auf den Umfang des Aufgabenkreises des Betreuers unverhältnismäßig wäre oder
2. ein Betreuer nur zur Geltendmachung von Rechten des Betroffenen gegenüber seinem Bevollmächtigten bestellt wird.

(2) § 280 Abs. 2 gilt entsprechend.

I. Allgemeines
1. Bedeutung

Das FamFG hat die früher in § 68 b Abs. 1 S. 2 und 3 FGG enthaltenen Regelungen über die Einholung des ärztlichen Zeugnisses in einem eigenständigen Paragrafen geregelt. **1**

§ 281 FamFG regelt die Fälle, in denen, als Ausnahme von der Notwendigkeit der Durchführung einer förmlichen Beweisaufnahme, statt der Einholung eines Sachverständigengutachtens die **Vorlage oder Einholung eines ärztlichen Zeugnisses genügt**. Liegen die in § 281 Abs. 1 FamFG genannten Fälle vor, kann das Betreuungsgericht von der Einholung eines Sachverständigengutachtens absehen. Die Einholung zumindest des ärztlichen Attestes ist zwingend und kann nicht deswegen unterbleiben, weil sich das Betreuungsgericht in fachlicher Hinsicht für hinreichend kompetent hält, eine Krankheit oder Behinderung im Sinne des § 1896 Abs. 1 BGB selbst feststellen zu können, oder der Betroffene oder gar andere Beteiligte zum Zwecke der vermeintlichen Schonung des Betroffenen hierauf verzichten. **2**

2. Anwendungsbereich

Da Abs. 1 auf § 280 FamFG verweist, gilt die Ausnahmemöglichkeit, von der Einholung eines Sachverständigengutachtens abzusehen, **nur** im Verfahren zur Bestellung eines Betreuers und kraft Verweises bei der nicht unwesentlichen Erweiterung des Aufgabenkreises (§ 293 Abs. 1 FamFG) auf Antrag des Betroffenen und der Bestellung eines weiteren Betreuers unter Erweiterung des Aufgabenkreises (§ 293 Abs. 3 FamFG). Eine Sondervorschrift enthält § 295 Abs. 1 S. 2 FamFG bei der Verlängerung der Betreuerbestellung oder der Anordnung des Einwilligungsvorbehaltes. Wie bisher gilt diese Ausnahmemöglichkeit ausdrücklich **nicht** im Verfahren zur Anordnung eines **Einwilligungsvorbehaltes**, da der Wortlaut nur von der Bestellung eines Betreuers spricht (s. § 280 FamFG Rn 27). **3**

II. Bedeutung für das Betreuungsgericht
1. Funktionelle Zuständigkeit

Über die Einholung eines ärztlichen Attests anstelle eines Sachverständigengutachtens entscheidet der für die Sachentscheidung jeweils zuständige gerichtli- **4** che Funktionsträger; im Falle des Abs. 1 Nr. 2 also der Rechtspfleger, wenn nicht der Richter an dessen Stelle tätig wird.

2. Einholung bei Betreuerbestellung (Abs. 1)

5 Das Betreuungsgericht kann bei Vorliegen der Voraussetzungen des Abs. 1 von der Einholung eines Sachverständigengutachtens absehen. Es muss aber gleichwohl nach § 26 FamFG ein Gutachten einholen, wenn ansonsten eine ausreichende Erkenntnisgrundlage nicht zu gewinnen ist. Die Gutachteneinholung kann auch dann ernsthaft in Betracht zu ziehen sein, wenn erkennbar ist, dass der die Bestellung eines Betreuers beantragende Betroffene (Abs. 1 Nr. 1) in seinen Entscheidungen wankelmütig ist und mithin zu befürchten ist, dass er einen abzulehnenden Antrag auf Aufhebung der Betreuung stellen wird, da dann das Betreuungsgericht ohnehin die zunächst unterlassene Gutachteneinholung nach § 294 Abs. 2 FamFG nachholen muss.

a) Betreuerbestellung auf Antrag und Verzicht des Betroffenen (Abs. 1 Nr. 1)

6 Nur im Falle der Betreuerbestellung, nicht aber der Anordnung eines Einwilligungsvorbehaltes, **kann**[1] das Betreuungsgericht von der Einholung eines Gutachtens dann absehen, wenn die nachfolgend dargestellten Voraussetzungen **kumulativ**[2] vorliegen:

aa) Antrag des Betroffenen

7 Der Betroffene muss einen **Antrag** nach § 1896 Abs. 1 BGB gestellt haben. Diesen kann er auch konkludent stellen, so etwa wenn er sich mit der Bestellung eines Betreuers einverstanden erklärt hat.[3] Auf seine Geschäftsfähigkeit kommt es dabei gemäß § 1896 Abs. 1 S. 2 BGB nicht an. Hinsichtlich der Bedeutung und Form des Antrags vgl Vor §§ 271 ff FamFG Rn 10 f.

bb) Verzicht des Betroffenen auf die Begutachtung

8 Die Wirksamkeit des Verzichts auf die Begutachtung setzt gemäß § 275 FamFG ebenfalls keine Geschäftsfähigkeit voraus. Zu bedenken ist aber, dass ein hinreichend aussagkräftiges Sachverständigengutachten erst die notwendigen Erkenntnisse zur Betreuungsbedürftigkeit des Betroffenen liefert. Die umfassende Ermittlung des gesundheitlichen Zustandes und der Fähigkeit, seine eigenen Angelegenheiten zu regeln, dient aber vornehmlich dem Schutz des Betroffenen vor ungerechtfertigten, weil nicht erforderlichen Maßnahmen des Betreuungsgerichts. Die Möglichkeit, nachträglich die Aufhebung der Betreuung beantragen und damit nach § 294 Abs. 2 FamFG die Gutachteneinholung erzwingen zu können, stellt keine ausreichende Kompensation für den Verlust dieses Schutzes dar, da in der Zwischenzeit ein Betreuer auf deutlich rudimentärer Erkenntnisgrundlage bestellt bleibt. Der Verzicht ist zudem nur dann tragfähig, wenn der Betroffene um die Bedeutung des Gutachtens als Erkenntnisgrundlage für die Entscheidung des Betreuungsgerichts weiß und er dies seinem Behinderungs- oder Erkrankungsgrad entsprechend erkennen und **verste-**

---

1 OLG München FamRZ 2006, 557; MK/Schmidt-Recla, § 281 FamFG Rn 7; aA Prütting/Helms/Fröschle, § 281 FamFG Rn 8: gebundene Entscheidung.
2 Vgl BGH v. 21.11.2012, XII ZB 296/12.
3 KG FGPrax 2006, 260.

hen kann. Daher sollte das Betreuungsgericht den Betroffenen vor oder nach Erklärung des Verzichts adäquat über die Bedeutung des Gutachtens und seines Verzichts aufklären. Ist erkennbar, dass der Betroffene die Ausführungen des Betreuungsgerichts nicht versteht, die Für und Wider eine Gutachteneinholung streitenden Umstände gegeneinander nicht abzuwägen oder sich beherrschenden Einflüssen Dritter bei der Entscheidung nicht zu entziehen vermag, sollte das Betreuungsgericht trotz erklärten Verzichts ein Gutachten nach § 280 FamFG einholen. Die hierdurch bedingte Verfahrensverzögerung wiegt angesichts der Sicherung der Verfahrensrechte des Betroffenen deutlich weniger schwer.

cc) Unverhältnismäßigkeit der Gutachteneinholung

Die Gutachteneinholung ist dann unverhältnismäßig, wenn im Rahmen einer Gesamtabwägung die Durchführung der Begutachtung, etwa wegen der damit für den Betroffenen verbundenen Belastungen, im Hinblick auf die geringere Intensität des durch die Betreuerbestellung verbundenen Eingriffs in Rechte des Betroffenen, unangemessen wäre, wie etwa bei der Bestellung eines Betreuers für punktuelle Angelegenheiten, zB Stellung eines Antrags auf Leistungen der Grundsicherung im Alter und bei Erwerbsminderung (§§ 41 ff SGB XII) oder Geltendmachung von Renten- oder Unterhaltsansprüchen; hierbei kann auf den Maßstab der Unwesentlichkeit des § 293 Abs. 2 S. 1 Nr. 2 FamFG (s. § 293 FamFG Rn 8) abgestellt werden.[4]

b) Bestellung eines Vollmachtsbetreuers (Abs. 1 Nr. 2)

Im Verfahren zur Bestellung eines Vollmachtsbetreuers nach § 1896 Abs. 3 BGB kann der Rechtspfleger nach seinem Ermessen ebenfalls von der Einholung eines Gutachtens absehen. Dies ist konsequent, da mit der Bestellung eines Vollmachtbetreuers zwar ebenfalls ein Eingriff in das Selbstbestimmungsrecht des Betroffenen vorliegt, aber sich dieser Eingriff auf einen eng umgrenzten Bereich, nämlich die Kontrolle des Bevollmächtigten bezieht, und damit in seiner Intensität deutlich weniger schwer wiegt. Daher bedarf es auch nur reduzierterer Verfahrenssicherungen, die mit der Einholung eines ärztlichen Zeugnisses gewährleistet sind. Eines Antrags und Verzichts des Betroffenen bedarf er hier nicht.

3. Ärztliches Zeugnis

Das ärztliche Zeugnis unterscheidet sich qualitativ nur wie folgt vom Sachverständigengutachten nach § 280 FamFG:

- Es muss die entscheidungserheblichen Gesichtspunkte (s. § 280 FamFG Rn 20) und die Anknüpfungstatsachen lediglich in **verkürzter** Form, gleichwohl **vollständig** und für das Betreuungsgericht nachvollziehbar, enthalten,[5] wobei jedoch auf die Darstellung der wissenschaftlichen Methoden verzichtet werden kann.

- Es muss jedenfalls knappe Angaben zum Sachverhalt, zur Vorgeschichte, zu den Untersuchungsergebnissen sowie zur medizinischen Beurteilung, der

---

4 HK-BUR/Rink, § 68 b FGG Rn 58.
5 BT-Drucks. 11/4528, 174; OLG Hamm FamRZ 2000, 495; LG Kassel v. 5.6.2012, 3 T 194/12.

Art und des Ausmaßes der akuten Erkrankung und zur krankheitsbedingten Unfähigkeit des Betroffenen, seinen Willen frei bestimmen zu können, enthalten.[6] Auch muss klar werden, welche Angelegenheiten er wahrzunehmen nicht in der Lage ist. Inhaltlich darf es sich jedoch nicht in der Wiedergabe von Erklärungen Dritter, bloßen Vermutungen oder einer Verdachtsdiagnose erschöpfen.[7]

- Es kann schriftlich oder mündlich erstattet werden (s. § 280 FamFG Rn 24). Hat das Betreuungsgericht einen Arzt mit der Erstellung des ärztlichen Attestes beauftragt, muss der Arzt Fragen des Gerichts in der von dort verlangten schriftlichen Form beantworten. Es kann sowohl vom Betreuungsgericht im Beweisverfahren **angefordert**, als auch vom Betroffenen oder Dritten, etwa Gesundheitsamt, sozialpsychiatrischen Dienst oder – im Falle der Schweigepflichtentbindung – auch vom Hausarzt oder Angehörigen des Betroffenen,[8] **vorgelegt** werden.[9] Keinesfalls darf das Betreuungsgericht aber dem Betroffenen oder gar einem Dritten auferlegen, ein ärztliches Zeugnis einzureichen, da dies mit der Amtsaufklärungspflicht unvereinbar wäre.[10] Das Betreuungsgericht sollte sich aber vergegenwärtigen, dass im Falle der Zeugnisvorlage durch Privatpersonen aus dem Umfeld des Betroffenen immer die Gefahr einer möglichen Einflussnahme auf den ausstellenden Arzt nicht auszuschließen ist. Auch wenn der Arzt zu einer eigenen Untersuchung oder Befragung des Betroffenen nach Abs. 2 iVm § 280 Abs. 2 FamFG verpflichtet ist (s. Rn 12), ist nicht auszuschließen, dass er gleichwohl die Aussagen dieser Personen zur Betreuungsbedürftigkeit seinen Feststellungen – bewusst oder unbewusst – zu Grunde legt. Besteht Anlass, eine derartige Einflussnahme anzunehmen, sollte es seinerseits ein ärztliches Attest einholen, wobei es sich bei der formlosen – mündlichen oder schriftlichen – Fragestellung an den Arzt an den einem Sachverständigen zu stellenden Fragen (vgl § 280 FamFG Rn 12) orientieren sollte, um eine zielführende Untersuchung und Befragung zu gewährleisten. Im Umkehrschluss zu § 280 Abs. 1 S. 1 FamFG unterfällt die Einholung des Attestes seitens des Betreuungsgerichts nicht der förmlichen Beweisaufnahme, so dass die Regelungen der ZPO (vgl § 280 FamFG Rn 7) nicht entsprechend gelten. Zu beachten ist, dass dem Arzt ein Honoraranspruch gegen die Landeskasse zusteht (vgl Rn 13). Dies gilt auch dann, wenn der Betroffene auf – insoweit unzulässige –[11] Veranlassung des Betreuungsgerichts das ärztliche Zeugnis einholt, da dann das Betreuungsgericht im Rahmen seiner Prüfungspflicht von Amts wegen tätig geworden ist.[12] Ist bereits in einem vorangegangenen einstweiligen Anordnungsverfahren ein ärztliches Zeugnis eingeholt worden, kann nach § 51 Abs. 3 S. 2 FamFG von der Einholung eines neuen Zeugnisses abgesehen werden, wenn sich seit der Zeugniserstellung die Umstände nicht verändert haben.

---

6 OLG Hamm BtPrax 1999, 238; OLG Hamm FGPrax 1995, 56; LG Kassel v. 5.6.2012, 3 T 194/12; vgl OLG Zweibrücken NJOZ 2006, 3173 zur vorläufigen Unterbringung.
7 OLG Zweibrücken FamRZ 2003, 1126.
8 BT-Drucks. 11/4528, 174.
9 Bassenge/Roth, § 281 FamFG Rn 4; Damrau/Zimmermann, § 281 FamFG Rn 3.
10 BGH BtPrax 2011, 130.
11 BGH BtPrax 2011, 130.
12 Vgl OLG Brandenburg FamRZ 2011, 400.

- Im Umkehrschluss zu § 280 Abs. 1 S. 2 FamFG können an die **Qualifikation** des ausstellenden Arztes **geringere**, nur nach § 26 FamFG zu beurteilende Anforderungen gestellt werden. Zu berücksichtigen ist, dass überspannte Anforderungen an die Qualifikation seitens des Betreuungsgerichts zu vermeiden sind. So wird im Regelfall der Hausarzt, der den Betroffenen schon seit langer Zeit behandelt, trotz fehlender fachpsychiatrischer oder neurologischer Fachkenntnisse eher in der Lage sein, eine Veränderung in der Betreuungsbedürftigkeit des Betroffenen zu erkennen, als ein den Betroffenen erstmals untersuchender Facharzt.

4. Verfahren vor dem zeugnisausstellenden Arzt (Abs. 2)

Aufgrund des Verweises in Abs. 2 auf § 280 Abs. 2 FamFG gelten die dortigen Ausführungen (s. § 280 FamRG Rn 18) mit folgenden Maßgaben entsprechend. Auch das ärztliche Zeugnis muss darauf beruhen, dass der Ausstellende den Betroffenen zuvor persönlich untersucht und befragt hat.[13] Es genügt, dass die Untersuchung nicht notwendigerweise aus Anlass der Prüfung der Erforderlichkeit der Betreuerbestellung erfolgt, wenn die hierbei ärztlicherseits gewonnenen Erkenntnisse hinreichend aussagekräftig sind. Das Betreuungsgericht sollte aber in diesen Fällen den Aussagegehalt des ärztlichen Zeugnisses **kritisch** hinterfragen. Denn wenn der Betroffene mit gänzlich anderer Zielrichtung untersucht oder befragt worden ist, ist zweifelhaft, ob der Arzt dabei ausreichende Erkenntnisse hat gewinnen können, die auf das Vorliegen der Betreuungsbedürftigkeit des Betroffenen schließen lassen. Wird die Einholung des ärztlichen Attestes nicht seitens des Betreuungsgerichts veranlasst (s. aber Rn 11), gilt für den Arzt die **ärztliche Schweigepflicht**. Er sollte sich daher von der ärztlichen Schweigepflicht durch den Betroffenen entbinden lassen. Dieser wird im Regelfall – da er die Betreuerbestellung beantragt – von der Schweigepflicht entbinden. Kann der Betroffene den Arzt krankheits- oder behinderungsbedingt nicht **wirksam** von der Schweigepflicht entbinden, sollte der Arzt sich einer möglichen Strafbarkeit nach § 203 Abs. 1 Nr. 1 StGB bewusst sein. In dringenden Ausnahmefällen mag aus der Notkompetenz des Betreuungsgerichts zu folgern sein, dass unter den Voraussetzungen des § 1846 BGB (vgl § 1846 BGB Rn 1) das Betreuungsgericht die unaufschiebbaren und erforderlichen Maßnahmen an Stelle des hierzu nicht fähigen Betroffenen zu ergreifen hat und damit die Schweigepflicht nicht gegenüber dem Betreuungsgericht gilt.[14] Diese Konstruktion wird aber nur in wenigen Ausnahmefällen vorliegen. Auf den mutmaßlichen Willen des Betroffenen kann nur dann abgestellt werden, wenn der Betroffene keinen entgegenstehenden Willen zur Weitergabe von Erkenntnissen an das Betreuungsgericht ausdrücklich bekundet. Dann bleibt lediglich ein Rückgriff auf § 34 StGB. Danach ist das Verhalten des Arztes jedenfalls dann gerechtfertigt, wenn eine drohende **Gefahr für Leben oder Leib des Betroffenen** nur durch die Offenbarung der der ärztlichen Schweigepflicht unterliegenden Informationen an das Betreuungsgericht abgewendet werden kann. Dann aber dürfte ohnehin ein Fall des § 1846 BGB vorliegen, so dass mithin nur in dringenden Ausnahmefällen der Arzt – ohne vom Betreuungsgericht hierzu aufgefordert worden zu sein – ein Attest an das Betreuungs-

---

13 OLG Hamm BtPrax 1999, 238.
14 Seichter, Einführung in das Betreuungsrecht, S. 123.

gericht übermitteln kann, ohne sich strafbar zu machen.[15] Zur Strafbarkeit im Falle der Ausstellung eines unrichtigen Attestes s. § 280 FamFG Rn 38. Auch bei Verstoß gegen die ärztliche Schweigepflicht bleibt das ärztliche Zeugnis allerdings verwertbar.[16]

13 Die **Entschädigung** des zeugnisausstellenden Arztes richtet sich nach § 10 Abs. 1 JVEG, Anlage 2 Nr. 200 f zu § 10 Abs. 1 JVEG. Für die Ausstellung eines Befundscheins oder Erteilung einer schriftlichen Auskunft können je nach Umfang der Leistung nach Anlage 2 Nr. 200, 201 zu § 10 JVEG bis zu 44 EUR anfallen.[17] Für die Erstellung eines Zeugnisses über einen ärztlichen Befund mit geforderter kurzer gutachtlicher Äußerung oder Formbogengutachten, wenn sich die Fragen auf Vorgeschichte, Angaben und Befund beschränken, beträgt das Honorar nach Anlage 2 Nr. 202, 203 zu § 10 JVEG 38 EUR und bei außergewöhnlich umfangreicher Tätigkeit bis zu 75 EUR. Erstellt der Arzt ein ärztliches Zeugnis, kann eine Vergütung nach der Honorargruppe M2 iSv § 9 JVEG (vgl § 280 FamFG Rn 8) gerechtfertigt sein, wenn die an den Arzt im gerichtlichen Anforderungsschreiben gestellten Fragen zumindest weitgehend identisch mit dem Fragenkatalog sind, den ein Sachverständiger bei der Erstattung eines Gutachtens zur Einrichtung einer Betreuung (vgl § 280 Rn 12) zu beantworten hat.[18]

5. Weitere Zeugniseinholung oder Gutachteneinholung

14 Hegt das Betreuungsgericht an der inhaltlichen Richtigkeit des ärztlichen Attestes **Zweifel** oder ist dieses schlicht deswegen nicht aussagekräftig, weil es sich – wie in der Praxis nicht selten – nur auf die Darstellung der Diagnose, der Bejahung der Betreuungsbedürftigkeit und die Angabe der Aufgabenkreise beschränkt, sollte das Betreuungsgericht die Ergänzung des ärztlichen Zeugnisses durch den Arzt erwägen, bevor es einen anderen Arzt mit der Fertigung eines Attestes oder gar einen Sachverständigen mit der Gutachtenerstellung beauftragt. Denn damit werden die zwingend erforderliche erneute Untersuchung und Befragung und die damit einhergehenden Belastungen für den Betroffenen vermieden.

III. Bedeutung für den Betroffenen

15 Ist der Betroffene mit der Betreuerbestellung einverstanden, kann er mit seinem entsprechenden Antrag und Verzicht auf die Begutachtung das Verfahren deutlich beschleunigen. Die Beschleunigung kann er zusätzlich dadurch verstärken, dass er sich von seinem Arzt ein entsprechendes Attest erstellen lässt, welches er mit seinem Antrag dem Betreuungsgericht vorlegt. Scheut er die **Kosten** für die Erstellung des Attests, kann er anregen, dass das Betreuungsgericht das ärztliche Attest einholt. In diesem Fall wird es zunächst aus der Staatskasse gezahlt; die Attestkosten (s. Rn 13) zählen zu den gerichtlichen Auslagen Nr. 31005 KVGNotKG) und werden gegenüber dem Betroffenen nur dann nicht geltend gemacht, wenn sein Freibetrag von 25.000 EUR (s. § 307

---

15 Vgl hierzu auch KG BtPrax 2007, 137 zu § 70 e FGG; aA Seichter, Einführung in das Betreuungsrecht, S. 123.
16 Vgl BGH FamRZ 2010, 1726 zum Gutachten.
17 OLG Brandenburg FamRZ 2011, 400.
18 LG Kassel v. 5.6.2012, 3 T 194/12.

FamFG Rn 5) nicht überschritten wird. Er sollte sich aber stets im Klaren sein, dass diese Beschleunigung mit dem Verzicht auf eine besonders gründliche Untersuchung seiner Betreuungsbedürftigkeit verknüpft ist. Gleichwohl sollte er von dieser Möglichkeit Gebrauch machen. Die Begutachtung kann er nämlich zu jedem späteren Zeitpunkt durch die Beantragung der Aufhebung der Betreuung nach § 294 Abs. 2 FamFG erzwingen, wenn nicht ohnehin das Betreuungsgericht die Betreuung auf seinen Antrag hin aufhebt. Liegt bereits ein ärztliches Zeugnis vor und hat der Betroffene hiergegen begründete Einwendungen, sollte er diese dem Betreuungsgericht mitteilen. Das Betreuungsgericht muss begründeten Einwendungen, die nicht erkennbar haltlos sind, schon im Rahmen seiner Amtsermittlungspflicht (s. Vor §§ 271 ff FamFG Rn 12) nachgehen. Hingegen kann er – anders als den Sachverständigen iSd § 280 FamFG – den zeugnisausstellenden Arzt nicht wegen Befangenheit ablehnen, da dieser Zeuge und eben nicht Sachverständiger ist.[19]

IV. Bedeutung für den Betreuer

Dem potenziellen Betreuer steht als Beteiligtem iSd § 7 Abs. 2 Nr. 1 FamFG ein Akteneinsichtsrecht nach § 13 FamFG zu, soweit nicht schwerwiegende Interessen des Betroffenen dem entgegen stehen (s. § 274 FamFG Rn 6). Er kann damit grundsätzlich auch zur Vorbereitung auf sein Betreueramt Einsicht in das Attest nehmen. 16

V. Bedeutung für den Verfahrenspfleger und Verfahrensbevollmächtigten

1. Verfahrenspfleger

Der Verfahrenspfleger sollte durch Nachfrage beim Betroffenen prüfen, ob er die Bedeutung der Begutachtung, auf die er verzichtet, erkannt hat und damit der erklärte Verzicht des Betroffenen tragfähig ist. Ferner sollte der Verfahrenspfleger prüfen, ob die Begutachtung tatsächlich unverhältnismäßig wäre. Entsprechende Bedenken sollte er dem Betreuungsgericht frühzeitig anzeigen. Da das Absehen von der Gutachteneinholung als Verfahrenshandlung nicht isoliert anfechtbar ist, wird der Verfahrenspfleger gegen die Endentscheidung nur dann wegen dieses Aufklärungsfehlers Beschwerde einlegen, wenn er aufgrund der Umstände annehmen muss, dass durch eine Gutachteneinholung Erkenntnisse zu Tage gefördert werden, welche die Bestellung des Betreuers vollständig oder teilweise nicht für erforderlich erscheinen lassen. Ist hingegen anzunehmen, dass sich an der Einrichtung der Betreuung als solcher oder am Inhalt oder Umfang der Aufgabenkreise nichts ändert, sollte ein Rechtsmittel zur Vermeidung einer erneuten Begutachtung und damit zur Schonung des Betroffenen nicht eingelegt werden. 17

2. Verfahrensbevollmächtigter

Der Verfahrensbevollmächtigte sollte dem Betroffenen die Konsequenz eines Verzichts deutlich machen. Will der Betroffene auf die Gutachteneinholung verzichten, sollte er zugleich den Betroffenen darauf hinweisen, dass eine weitere Beschleunigung dann möglich ist, wenn der Betroffene sich ein entsprechendes ärztliches Attest zur Vorlage beim Betreuungsgericht verschafft. 18

---

19 KG FGPrax 2009, 186.

VI. Bedeutung für Dritte

19 Dritten stehen Rechtsmittel gegen das Absehen der Gutachteneinholung nicht zu. Wollen Dritte für den Betroffenen ein ärztliches Attest einholen, sollten diese sich eine entsprechende Schweigepflichtentbindungserklärung vom Betroffenen erteilen lassen.

§ 282 FamFG Vorhandene Gutachten des Medizinischen Dienstes der Krankenversicherung

(1) Das Gericht kann im Verfahren zur Bestellung eines Betreuers von der Einholung eines Gutachtens nach § 280 Abs. 1 absehen, soweit durch die Verwendung eines bestehenden ärztlichen Gutachtens des Medizinischen Dienstes der Krankenversicherung nach § 18 des Elften Buches Sozialgesetzbuch festgestellt werden kann, inwieweit bei dem Betroffenen infolge einer psychischen Krankheit oder einer geistigen oder seelischen Behinderung die Voraussetzungen für die Bestellung eines Betreuers vorliegen.

(2) [1]Das Gericht darf dieses Gutachten einschließlich dazu vorhandener Befunde zur Vermeidung weiterer Gutachten bei der Pflegekasse anfordern. [2]Das Gericht hat in seiner Anforderung anzugeben, für welchen Zweck das Gutachten und die Befunde verwendet werden sollen. [3]Das Gericht hat übermittelte Daten unverzüglich zu löschen, wenn es feststellt, dass diese für den Verwendungszweck nicht geeignet sind.

(3) [1]Kommt das Gericht zu der Überzeugung, dass das eingeholte Gutachten und die Befunde im Verfahren zur Bestellung eines Betreuers geeignet sind, eine weitere Begutachtung ganz oder teilweise zu ersetzen, hat es vor einer weiteren Verwendung die Einwilligung des Betroffenen oder des Pflegers für das Verfahren einzuholen. [2]Wird die Einwilligung nicht erteilt, hat das Gericht die übermittelten Daten unverzüglich zu löschen.

(4) Das Gericht kann unter den Voraussetzungen der Absätze 1 bis 3 von der Einholung eines Gutachtens nach § 280 insgesamt absehen, wenn die sonstigen Voraussetzungen für die Bestellung eines Betreuers zur Überzeugung des Gerichts feststehen.

I. Allgemeines

1. Bedeutung

1 Das FamFG hat die in § 68 b Abs. 1 a FGG enthaltenen Regelungen über die Einholung eines bereits vorhandenen Gutachtens des Medizinisches Dienstes der Krankenkasse (MDK) übersichtlicher in einer eigenständigen Norm geregelt.

2. Anwendungsbereich

2 § 282 FamFG gilt unmittelbar für das Verfahren zur Bestellung eines Betreuers und kraft Verweises bei der nicht unwesentlichen Erweiterung des Aufgabenkreises (§ 293 Abs. 1 FamFG), der Bestellung eines weiteren Betreuers unter Erweiterung des Aufgabenkreises (§ 293 Abs. 3 FamFG) und grundsätzlich bei der Verlängerung der Betreuerbestellung (§ 295 Abs. 1 FamFG). Beachtlich ist,

dass nach dem Gesetzeswortlaut allein auf eine geistige oder seelische Behinderung abgestellt wird. Der Fall des lediglich körperlich behinderten Betroffenen ist deswegen nicht erfasst, weil für ihn ohnehin nur auf einen eigenen Antrag hin ein Betreuer bestellt werden darf und dann in der Regel ein ärztliches Attest ausreicht (§ 281 Abs. 1 Nr. 1 FamFG).[1]

II. Bedeutung für das Betreuungsgericht
1. Funktionelle Zuständigkeit

Die Entscheidung über die Einholung eines ärztlichen Gutachtens des MDK und die weiteren damit verbundenen Verfahrenshandlungen erfolgen durch den für die Sachentscheidung zuständigen gerichtlichen Funktionsträger, also durch den Rechtspfleger im Falle des § 1896 Abs. 3 BGB, ansonsten durch den Richter.

2. Eignung des Gutachtens des MDK (Abs. 1)

Das Betreuungsgericht kann nach seinem Ermessen von der Gutachteneinholung nach § 280 FamFG absehen, wenn die sonstigen Voraussetzungen für die Bestellung eines Betreuers aufgrund des zulässigerweise verwendeten **ärztlichen Gutachtens des MDK** zweifelsfrei festgestellt werden können.[2] Da durch die Beschränkung auf ärztliche Gutachten des MDK sichergestellt wird, dass **qualifizierte**,[3] geschulte und gegenüber dem MDK nach § 275 Abs. 5 S. 1 SGB V **weisungsunabhängige** Gutachter mit der Untersuchung betraut (§ 17 SGB XI iVm B1 der Richtlinien des GKV-Spitzenverbandes zur Begutachtung von Pflegebedürftigkeit nach dem XI. Buch des Sozialgesetzbuches – RL) und Interessenkollisionen durch Beauftragung qualifizierter Dritter vorgebeugt werden, nach § 18 Abs. 2 S. 1 SGB XI eine **vorherige Untersuchung** des Versicherten möglichst in seiner Wohnung stattfindet und eine **umfassende Sachverhaltsermittlung** unter Einschaltung anderer Fachdisziplinen nach § 18 Abs. 4 SGB XI vorgegeben ist, bestehen unter qualitativen Gesichtspunkten keine Bedenken, derartige Gutachten für das Betreuungsverfahren nutzbar zu machen. Beachtlich ist indes, dass es sich um ein ärztliches Gutachten halten muss; das Gutachten von Pflegefachkräften oder anderen nichtärztlichen Gutachtern genügt nicht. Inhaltlich ist überdies zu berücksichtigen, dass den ärztlichen Gutachten des MDK eine **andere Fragestellung und Zielsetzung**, nämlich die Feststellung der Pflege- und gerade nicht der Betreuungsbedürftigkeit, zugrunde liegt. Zwar prüft der MDK nach § 14 Abs. 1 SGB XI, ob ein den in § 1896 Abs. 1 BGB genannten Erkrankungen und Behinderungen vergleichbares Gebrechen und Maßnahmen der Vorbeugung und Rehabilitation bestehen. Jedoch untersucht der MDK grundsätzlich nur, ob der Versicherte **tatsächliche Verrichtungen des täglichen Lebens** zu bewältigen in der Lage ist. Die Wahrnehmung rechtlicher Angelegenheiten wird nur am Rande, etwa bei der Prüfung der Kenntnis des Wertes von Geldmitteln (D 4.4 Nr. 16 der RL), untersucht. Daher wird das Betreuungsgericht dieses Gutachten regelmäßig nur zur Feststellung eines Gebrechens iSd § 1896 Abs. 1 BGB oder in einfach gelagerten Fällen als einzige Erkenntnisquelle nutzen können. In Kombination mit weiteren Auskunftsmit-

---

[1] BT-Drucks. 15/4874, 29.
[2] KG FGPrax 2006, 260.
[3] Vgl BT-Drucks. 15/2494, 41; kritisch: Damrau/Zimmermann, § 282 FamFG Rn 6.

teln, wie Äußerungen Angehöriger, vor allem aber auch mit dem Sozialbericht der zuständigen Behörde, kann das Gutachten des MDK ein umfassendes Bild der entscheidungserheblichen Umstände zeigen. Die Feststellung, ob das Gutachten des MDK hierzu genügt, wird vom Betreuungsgericht getroffen (Abs. 1 a S. 1).

5 Das Gutachten muss den **Gesundheitszustand** des Betroffenen **aktuell abbilden** können. Ältere Gutachten können bei irreversiblen Krankheitsbildern eher verwendet werden als bei schubförmig verlaufenden oder Veränderungen unterliegenden Erkrankungen. Grenze der zeitlichen Verwertbarkeit sollte – entgegen der in der Gesetzesbegründung geäußerten Ansicht –[4] im Regelfall entsprechend § 293 Abs. 2 S. 1 Nr. 1 FamFG ein Zeitraum von sechs Monaten sein. Zwar mag sich bei irreversiblen Krankheitsbildern die Diagnose der Krankheit nicht ändern; hingegen können die individuellen Fähigkeiten des Betroffenen einem laufenden Veränderungsprozess unterworfen sein. Diese Veränderungen bleiben jedoch bei nahezu unbeschränkter zeitlicher Verwertbarkeit unberücksichtigt. Dies ist auch der Grund, weswegen der MDK nach § 18 Abs. 2 S. 5 SGB XI in angemessenen Zeiträumen zu **Wiederholungsuntersuchungen** des Versicherten verpflichtet ist. Überdies ist es wertungswidersprüchlich, dass bei einer wesentlichen Aufgabenkreiserweiterung nach § 293 Abs. 2 S. 1 Nr. 1 FamFG (s. dort Rn 9, 11) allein ein nicht älter als sechs Monate altes Gutachten genügt, während im Fall der erstmaligen Betreuerbestellung ohne Beschränkung auf unwesentliche Aufgabenbereiche ein deutliches älteres – überdies in völlig anderem Zusammenhang eingeholtes – Pflegegutachten genügen soll.

3. Anforderung des Gutachtens des MDK (Abs. 2)

6 Für die Einführung des Gutachtens in das Betreuungsverfahren gelten nicht die Regeln des förmlichen Beweisverfahrens nach § 30 Abs. 2 FamFG, sondern die des Freibeweises nach § 26 FamFG.

a) Anforderungszweck (Abs. 2 S. 1)

7 Nur zum Zwecke der Vermeidung weiterer Gutachteneinholung darf das Betreuungsgericht das Gutachten anfordern.

b) Anforderung und Übermittlung (Abs. 2 S. 2)

8 Das Betreuungsgericht muss in seiner Anforderung unbedingt den **Zweck der Gutachtenanforderung** (etwa: Verfahren zur Prüfung der Erforderlichkeit der Bestellung eines Betreuers für den Betroffenen Herrn [Name]) angeben, andernfalls besteht keine Pflicht der Pflegkasse zur Übermittlung; § 94 Abs. 2 S. 2 SGB XI.[5] Gemäß § 94 Abs. 2 S. 2 SGB XI hat die Pflegekasse auf Ersuchen des Betreuungsgerichts das Gutachten und dazu erstellte Befunde dem Betreuungsgericht als Abschrift oder als elektronischen Datensatz zu **übermitteln**. Die da-

---

4 Horndasch/Viefhues/Beermann, § 282 FamFG Rn 3: aA BT-Drucks. 15/2494, 42; Jürgens/Kretz, § 282 FamFG Rn 5; Prütting/Helms/Fröschle, § 282 FamFG Rn 16: keine zeitliche Beschränkung, da dieses ggf auch älteren Vorgutachtens nicht zu unrichtigen Entscheidungen führe. Vgl auch OLG Rostock FamRZ 2007, 1767, wonach ein etwa ein Jahr altes Gutachten in Verbindung mit ergänzenden aktuellen ärztlichen Stellungnahmen genügen kann.
5 Bassenge/Roth, § 282 FamFG Rn 4.

tenschutzrechtliche Befugnis hierzu findet sich in § 76 Abs. 2 Nr. 3 SGB X. Gelangen das Gutachten und die Befunde zur Akte, sind sie zunächst **nicht als fester Bestandteil der Gerichtsakte** zu führen, da zu diesem Zeitpunkt noch unklar ist, ob das Gutachten entweder aufgrund fehlender Eignung oder aufgrund fehlender Einwilligung zu vernichten bzw zu löschen sein wird.

c) Vernichtung bei fehlender Eignung (Abs. 2 S. 3)

Hält das Betreuungsgericht die Daten nach Prüfung für **ungeeignet**, die erforderlichen Erkenntnisse zu gewinnen, sind Abschriften bzw elektronische Daten aus datenschutzrechtlichen Gründen zu **vernichten** bzw zu **löschen**, Originale sind zurückzusenden.[6]

4. Eignung des Gutachtens des MDK (Abs. 3)

Hält das Betreuungsgericht sie hingegen für geeignet, eine weitere vollständige oder teilweise Begutachtung zu ersetzen, hat es vor der Verwertung zwingend die **Einwilligung des Betroffenen oder des Verfahrenspflegers**, sofern dieser bestellt ist, einzuholen.

a) Einwilligung des Betroffenen (Abs. 3 S. 1)

Die Einwilligung des Betroffenen setzt wegen § 275 FamFG zwar keine Geschäftsfähigkeit voraus, ist also stets beachtlich. Die Einwilligung wird allerdings nur dann wirksam sein, wenn der Betroffene in der Lage ist, das Für und Wider seiner Einwilligung intellektuell zu erfassen und nach dieser Einsicht zu handeln; bei Zweifeln an der entsprechenden Fähigkeit des Betroffenen wird von einer unwirksamen Einwilligung auszugehen sein. Das Einwilligungserfordernis gewährt dem Betroffenen rechtliches Gehör und schützt ihn davor, dass der ärztlichen Schweigepflicht unterliegende Daten gegen seinen Willen dem Betreuungsgericht zugänglich gemacht werden. Wird die Einwilligung nicht ausdrücklich erteilt, ist das Gutachten unverwertbar. Dies gilt auch, wenn die Einwilligung ohne Angaben von Gründen verweigert wird.[7] Allein aus dem Umstand, dass der Betroffene sich als Versicherter im Verfahren zur Feststellung der Pflegebedürftigkeit nach § 17 SGB XI hat begutachten lassen, kann nicht auf eine konkludente Einwilligung zur Weitergabe an das Betreuungsgericht geschlossen werden, auch wenn dadurch eine für den Betroffenen mit Belastungen verbundene weitere Begutachtung vermieden wird.[8] Um überhaupt eine sinnhafte Einwilligung erteilen zu können, ist dem Betroffenen das zu verwertende ärztliche Gutachten des MDK jedenfalls im Wege der Akteneinsicht bzw Übermittlung einer Ablichtung zur Kenntnis zu bringen, wenn er bisher keine Kenntnis vom Inhalt hatte.

b) Einwilligung des Verfahrenspflegers (Abs. 3 S. 1)

Erteilt der Betroffene die Einwilligung nicht oder nicht wirksam, genügt die Einwilligung des Verfahrenspflegers. Dies ist nicht unproblematisch, da der Verfahrenspfleger damit über Sozialdaten des Betroffenen an dessen Stelle disponieren kann – eine Position, die der Stellung des Verfahrenspflegers wesens-

---

6 BT-Drucks. 15/4874, 29.
7 BT-Drucks. 15/4874, 29.
8 BT-Drucks. 15/2494, 42; BT-Drucks. 15/4874, 29.

fremd ist und der Stellung des Betreuers entspricht.[9] Der Verfahrenspfleger hat nach seiner Bestellung ein Einsichtsrecht in das beigezogene Gutachten, damit er – ebenso wie der Betroffene – überhaupt eine Grundlage für seine Entscheidung hinsichtlich der Erteilung der Einwilligung hat.[10]

c) Vernichtung bei fehlender Einwilligung (Abs. 3 S. 2)

13 Fehlt die erforderliche Einwilligung des Betroffenen oder seines Verfahrenspflegers, hat das Betreuungsgericht die übermittelten Daten ohne schuldhaftes Zögern (vgl § 122 Abs. 1 BGB) zu vernichten bzw zu löschen und Originale zurückzusenden.[11]

5. Absehen von weiterer Begutachtung (Abs. 4)

14 Verwertet das Betreuungsgericht das Gutachten, stellt es aber fest, dass weitere gutachterliche Feststellungen, etwa zur Erforderlichkeit der Betreuerbestellung, erforderlich sind, hat es diese zu veranlassen.[12] Gleiches gilt, wenn der Betroffene sich gegen die Bestellung eines Betreuers ausspricht (§ 1896 Abs. 1a BGB), da dann ohnehin entsprechende sachverständige Feststellungen zur Frage, ob der Betroffene zur freien Willensbildung überhaupt in der Lage ist, erforderlich werden (s. § 280 FamFG Rn 20). Ist der Betroffene hingegen mit der Betreuerbestellung einverstanden und kann sich das Betreuungsgericht die zweifelsfreie Überzeugung von der Erforderlichkeit der Betreuerbestellung auch auf anderem Wege bilden, etwa auf der Grundlage von Auskünften Dritter oder des Sozialberichts der zuständigen Behörde, kann es von der weiteren Begutachtung insgesamt absehen.[13]

III. Bedeutung für den Betroffenen

15 Für den Betroffenen bietet das Absehen von der Gutachteneinholung und der Anforderung des Gutachtens des MDK den Vorteil, dass er sich – anders als in den Fällen der §§ 280, 281 FamFG – nicht einer **erneuten Untersuchung oder Befragung** aussetzen muss. Ist kein Verfahrenspfleger bestellt oder verweigert dieser die Erteilung der Einwilligung in die Verwertung nach Abs. 3 S. 2, hängt es letztlich von seiner Einwilligung ab, ob das Gutachten verwertet wird. Ist der Betroffene ohnehin mit der Bestellung eines Betreuers auch in dem voraussichtlich erkennbaren Umfang einverstanden, so wird er seine Einwilligung erteilen. Sollte das Betreuungsgericht neben dem Gutachten des MDK noch weitere gutachterliche Feststellungen für erforderlich halten, kann der Betroffene nach § 281 Abs. 1 Nr. 1 FamFG die Betreuerbestellung beantragen und auf die Gutachteneinholung verzichten. Das Gutachten des MDK wird dann unter der Voraussetzung, dass dieses ein Arzt, der den Betroffenen zuvor untersucht hat, erstellt hat (s. § 281 FamFG Rn 12), jedenfalls als ärztliches Zeugnis eine Gutachteneinholung entbehrlich machen. Ist er hingegen mit der Bestellung eines Betreuers nicht einverstanden, so wird er seine Einwilligung nicht erteilen. Denn angesichts des dann zwingend einzuholenden Gutachtens besteht zum ei-

---

9 Keidel/Budde, § 282 FamFG Rn 6.
10 BT-Drucks. 15/4874, 29.
11 BT-Drucks. 15/4874, 29.
12 BT-Drucks. 15/4874, 30.
13 BT-Drucks. 15/4874, 30.

nen die Möglichkeit, dass bei zielgerichteter Untersuchung der Betreuungsbedürftigkeit das Vorliegen einer Erkrankung oder Behinderung verneint wird. Zum anderen hat sich der Sachverständige auch dazu zu äußern, inwiefern der Betroffene krankheits- oder behinderungsbedingt seine Angelegenheiten nicht selbst regeln kann, so dass der Betroffene damit zumindest die Gewähr einer hinreichend sicheren und erschöpfenden Ermittlungsgrundlage hat.

Sieht das Betreuungsgericht von der Vornahme weiterer Ermittlungen ab und begnügt es sich nur mit der Einholung des Gutachtens des MDK, kann der Betroffene wegen mangelnder Aufklärung **Beschwerde** gegen den Betreuerbestellungsbeschluss einlegen.

IV. Bedeutung für den Betreuer

Hinsichtlich der Bedeutung für den Betreuer vgl § 281 FamFG Rn 16.

V. Bedeutung für den Verfahrenspfleger und Verfahrensbevollmächtigten

1. Verfahrenspfleger

Verweigert der Betroffene die Erteilung seiner Einwilligung in die Verwendung des Gutachtens des MDK, so wird der Verfahrenspfleger zu entscheiden haben, ob er **an Stelle des Betroffenen die Einwilligung** in die Verwertung des Gutachtens **erteilt**. Insbesondere wird er vor dem Hintergrund, dass er mit seiner Einwilligung über Sozialdaten des Betroffenen disponiert, kritisch zu prüfen haben, ob das Gutachten des MDK tatsächlich eine weitere Begutachtung des Betroffenen entbehrlich macht. Anderenfalls hat er seine Einwilligung zu verweigern und eine Begutachtung nach § 280 FamFG anzuregen. Folgt das Betreuungsgericht der Anregung nicht, kann er Beschwerde gegen die Betreuerbestellung wegen Aufklärungsmangels einlegen. Hiervon sollte er allerdings nur dann Gebrauch machen, wenn ernsthaft zu erwarten ist, dass die Feststellungen eines Sachverständigen die Bestellung eines Betreuers vollständig oder nur auf einzelne Aufgabenbereiche bezogen nicht tragen würden. Denn anderenfalls würde der Betroffene einer weiteren belastenden Untersuchung oder Befragung durch den Sachverständigen ausgesetzt, die sogar mit Zwangsmitteln nach §§ 283, 284 FamFG erzwungen werden kann, ohne dass sich am Ergebnis grundlegend etwas änderte.

2. Verfahrensbevollmächtigter

Dem Verfahrensbevollmächtigten obliegt es, die Einhaltung der Verfahrensvorschriften zu prüfen. Insbesondere sollte er mit dem Betroffenen abklären, ob zur Verfahrensbeschleunigung bzw zu dessen Schonung vor einer Untersuchung oder Befragung durch den Sachverständigen die Einwilligung in die Verwendung des Gutachtens des MDK erteilt werden soll.

VI. Bedeutung für Dritte

Dritten stehen Rechtsmittel gegen das Absehen der Einholung eines Gutachtens nach § 280 FamFG oder gegen die Entscheidung des Betreuungsgerichts, das Gutachten des MDK zu verwerten, nicht zu.

§ 283 FamFG Vorführung zur Untersuchung

(1) ¹Das Gericht kann anordnen, dass der Betroffene zur Vorbereitung eines Gutachtens untersucht und durch die zuständige Behörde zu einer Untersuchung vorgeführt wird. ²Der Betroffene soll vorher persönlich angehört werden.

(2) ¹Gewalt darf die Behörde nur anwenden, wenn das Gericht dies ausdrücklich angeordnet hat. ²Die zuständige Behörde ist befugt, erforderlichenfalls die Unterstützung der polizeilichen Vollzugsorgane nachzusuchen.

(3) ¹Die Wohnung des Betroffenen darf ohne dessen Einwilligung nur gewaltsam geöffnet, betreten und durchsucht werden, wenn das Gericht dies zu dessen Vorführung zur Untersuchung ausdrücklich angeordnet hat. ²Vor der Anordnung ist der Betroffene persönlich anzuhören. ³Bei Gefahr im Verzug kann die Anordnung durch die zuständige Behörde ohne vorherige Anhörung des Betroffenen erfolgen. ⁴Durch diese Regelung wird das Grundrecht auf Unverletzlichkeit der Wohnung aus Artikel 13 Absatz 1 des Grundgesetzes eingeschränkt.

I. Allgemeines

1. Bedeutung

1 Das FamFG hat die in § 68 b Abs. 3 FGG enthaltene Regelung über die Vorführung des Betroffenen zur Untersuchung eigenständig in einem eigenen Paragrafen normiert. Die Unanfechtbarkeit der Anordnung der Vorführung des Betroffenen ist wegen der grundsätzlichen Unanfechtbarkeit von Zwischenentscheidungen nach § 58 Abs. 1 FamFG nicht ausdrücklich geregelt. Der Betroffene soll vor der Anordnung **persönlich angehört werden**. Die **Anwendung unmittelbaren Zwangs** ist ausdrücklich geregelt; es bedarf ausdrücklich der richterlichen Anordnung.[1] Gleiches gilt grundsätzlich für das Betreten der Wohnung des Betroffenen ohne dessen Einwilligung; vor der entsprechenden Anordnung muss der Betroffene persönlich angehört werden.

2. Anwendungsbereich

2 § 283 FamFG gilt für die Vorführung in den Fällen des § 280 FamFG, also in den Fällen, in denen das Betreuungsgericht die Einholung eines Gutachtens nach § 280 FamFG beschlossen hat (vgl § 280 FamFG Rn 2).[2] Hingegen gilt es selbstverständlich nicht für den Fall des § 282 FamFG, da es nicht die Vorführung außerhalb des Betreuungsverfahrens anordnen kann. Auch kann eine Vorführung vor einen Arzt zur Erstellung eines ärztlichen Zeugnisses nach § 281 FamFG nicht erfolgen, da § 283 FamFG ausdrücklich nur von Gutachten spricht.[3]

3 Mangels entsprechenden Verweises gilt § 283 FamFG weder direkt noch entsprechend für die Fälle der §§ 297, 298 FamFG. Gerade im Verfahren der Genehmigung der Einwilligung des Sterilisationsbetreuers in eine Sterilisation

---

[1] BT-Drucks. 16/6308, 268.
[2] Keidel/Budde, § 283 FamFG Rn 2.
[3] Für das Verfahren nach § 14 Abs. 2 Nr. 3 BRAO gilt § 283 FamFG ebenfalls nicht, vgl OLG Stuttgart FGPrax 2007, 47.

macht eine Vorführung keinen Sinn, da eine Weigerung des Betroffenen, sich untersuchen zu lassen, als stets beachtlicher Widerspruch gegen die Sterilisation ausgelegt werden kann (vgl § 297 FamFG Rn 22, 11).

II. Bedeutung für das Betreuungsgericht
1. Funktionelle Zuständigkeit

Zuständig zur Anordnung der Untersuchung und Vorführung durch die zuständige Betreuungsbehörde ist arg e § 19 Abs. 1 S. 1 Nr. 1 RPflG ausschließlich der **Richter**, und zwar auch in den Verfahren, die zur Zuständigkeit des Rechtspflegers gehören, sofern das Landesrecht keine Ausnahme zulässt. 4

2. Anordnung (Abs. 1 S. 1)
a) Regelungsgehalt und Voraussetzungen

Auch wenn Abs. 1 S. 1 zu eng lediglich von der Untersuchung spricht, umfasst die Möglichkeit der Anordnung der Vorführung auch den Fall, dass der Betroffene zur **Befragung** durch den Sachverständigen vorgeführt werden soll. Zur Vorführung ermächtigt werden darf nur die nach §§ 1, 3 BtBG zuständige **Betreuungsbehörde**, da nur sie über im Umgang mit psychisch kranken oder behinderten Betroffenen vertraute und entsprechend ausgebildete Mitarbeiter verfügt.[4] Eine Beauftragung des Gerichtsvollziehers – oder gar entsprechend Abs. 2 S. 2 gleich der Polizei – ist mithin nicht möglich. 5

Die Untersuchungs- und Vorführungsanordnung ist nur dann **erforderlich**, wenn andere **mildere Mittel** nicht vorhanden sind, um eine Untersuchung oder Befragung des Betroffen durch den Sachverständigen zu gewährleisten. Dies ist dann der Fall, wenn 6

- der Betroffene seine freiwillige Teilnahme verweigert, mithin zum ersten vom Sachverständigen bestimmten Untersuchungstermin unentschuldigt nicht erscheint,[5]
- ein Absehen von der Gutachteneinholung nicht nach § 281 FamFG oder § 282 FamFG möglich ist,
- eine freiwillige Teilnahme des Betroffenen auch durch Hinzuziehung einer oder mehrerer Vertrauenspersonen, des Hausarztes oder nach § 12 FamFG eines Beistandes nicht erreicht werden kann und
- eine Gutachtenerstellung auch nicht dadurch ermöglicht werden kann, dass der Sachverständige an der persönlichen Anhörung des Betroffenen (s. § 278 FamFG Rn 17) teilnimmt.

Keinesfalls darf das Betreuungsgericht im Falle der **Weigerung** des Betroffenen, sich durch den Sachverständigen befragen oder untersuchen zu lassen, mit dem Argument der Unverhältnismäßigkeit der Vorführung, ohne vorherige Einholung des nach § 280 FamFG erforderlichen Gutachtens einen Betreuer bestellen oder einen Einwilligungsvorbehalt anordnen. Denn damit läge nicht nur ein klarer Verstoß gegen die Amtsermittlungspflicht, sondern zugleich eine 7

---

[4] BT-Drucks. 11/4528, 173; vgl Walther, Vorführungen und Zuführungen – eine neue Aufgabe örtlicher Betreuungsbehörden. Ein Praxisbericht, BtPrax 1997, 42.
[5] AA Prütting/Helms/Fröschle, § 283 FamFG 8: vergeblicher Untersuchungsversuch dann nicht erforderlich, wenn Vergeblichkeit aus anderen Umständen zu folgern sei.

Verletzung des Rechts des Betroffenen, nur aufgrund hinreichend ermittelter Tatsachengrundlage mit einer betreuungsgerichtlichen Maßnahme überzogen zu werden, vor.

8 Auch kann das Betreuungsgericht weder Mitwirkungshandlungen des Betroffenen erzwingen[6] noch invasive Eingriffe gegen den Willen des Betroffenen anordnen.[7] § 283 FamFG bietet hierfür keine tragfähige Grundlage.

b) Verfahren (Abs. 1 S. 2)

9 Das Verfahren muss den Grundsätzen der **Verhältnismäßigkeit** entsprechen. Dass der Betroffene den seitens des Sachverständigen angesetzten Untersuchungs- oder Befragungstermin schuldhaft versäumt hat, muss das Betreuungsgericht zunächst hinreichend sicher feststellen. Hierzu ist der Betroffene – nicht notwendig persönlich – **anzuhören**. Reagiert der Betroffene auf ein entsprechendes Anschreiben des Betreuungsgerichts nicht, sollte das Betreuungsgericht einen entsprechenden Termin mit dem Sachverständigen abstimmen und den Betroffenen zu diesem Termin nachweislich, also mittels Postzustellungsurkunde, laden (vgl § 33 Abs. 2 S. 2 FamFG). Bereits mit dieser Untersuchungsanordnung sollte aus Verhältnismäßigkeitsgesichtspunkten die Belehrung über die Möglichkeit der Vorführung verbunden werden (vgl § 33 Abs. 4 FamFG),[8] anderenfalls muss dem Betroffenen die Vorführung zu einem späteren Zeitpunkt angekündigt und ein erneuter Untersuchungs- oder Befragungstermin bestimmt werden. Versäumt der Betroffene auch diesen Termin, **soll** er nach Abs. 1 S. 2 zu einer möglichen Vorführung **persönlich angehört** werden.[9] Von der persönlichen Anhörung sollte der Betreuungsrichter nur dann absehen, wenn der Betroffene seine Teilnahme an der persönlichen Anhörung verweigert. Ein Absehen von der persönlichen Anhörung unter dem Gesichtspunkt der offensichtlichen, bereits durch die Weigerung, vor dem Sachverständigen zu erscheinen oder mit diesem zusammenzuarbeiten, dokumentierten Erfolglosigkeit einer etwaigen persönlichen Anhörung sollte unterlassen werden.[10] Denn der Betroffene mag krankheits- oder behinderungsbedingt etwaige, ggf irrationale Gründe haben, vor dem Sachverständigen nicht zu erscheinen. Diese sollten im Rahmen einer persönlichen Anhörung geklärt werden.

10 **Sieht der Betreuungsrichter von der persönlichen Anhörung des Betroffenen ab,** kann er die Vorführung nur dann anordnen, wenn er auf der Grundlage der bisherigen Ermittlungen ausreichende Feststellungen getroffen hat, welche die Annahme der Betreuungsbedürftigkeit des Betroffenen rechtfertigen könnten, da es ansonsten unverhältnismäßig wäre, den Betroffenen ohne ausreichend tragfähige Annahme seiner Betreuungsbedürftigkeit zwangsweise einer psychiatrischen Untersuchung oder Befragung zu unterziehen.[11] Allein etwa der Umstand, dass der Betroffene eine Vielzahl unsinniger oder keinen Erfolg

---

6 BayObLG FGPrax 2001, 78; OLG Hamm FGPrax 1996, 221; OLG Köln FamRZ 1995, 1083.
7 OLG Zweibrücken FGPrax 2007, 49; OLG Hamm FGPrax 1996, 221; OLG Köln FamRZ 1995, 1083.
8 Schulte-Bunert/Weinreich/Eilers, § 283 FamFG Rn 17.
9 LG Saarbrücken FamRZ 2011, 1094; vgl auch BGH NJW 2007, 3575.
10 BVerfG NJW 2011, 1275; BVerfG v. 12.1.2011, 1 BvR 2538/10.
11 BGH NJW 2007, 3575.

versprechender Anträge bei Gericht gestellt hat, rechtfertigt eine derartige Annahme der Betreuungsbedürftigkeit nicht.[12]

Weigert sich der Betroffene, zum Termin zur persönlichen Anhörung zu erscheinen, kann der Betreuungsrichter die Vorführanordnung erlassen. Soll der Betroffene nicht nur zur beabsichtigten Vorführung, sondern **auch zur Frage der Bestellung eines Betreuers oder der Anordnung eines Einwilligungsvorbehaltes** persönlich angehört werden, richtet sich die Vorführung nach § 278 Abs. 5 FamFG. Soll der Betroffene hingegen **ausschließlich zur Frage der Vorführung vor dem Sachverständigen** angehört werden, ist eine Vorführung zur persönlichen Anhörung entsprechend § 278 Abs. 5 FamFG mangels Verweises zwar nicht möglich; der Betreuungsrichter kann jedoch das persönliche Erscheinen des Betroffenen nach § 33 Abs. 1 S. 1 FamFG anordnen und ihn hierzu mit Postzustellungsurkunde laden, wenn absehbar ist, dass der Betroffene der Ladung nicht nachkommen wird. Erscheint der Betreute zum Anhörungstermin nicht, so kann der Betreuungsrichter nach § 33 Abs. 3 FamFG vorgehen und Ordnungsgeld gegen ihn festsetzen.[13] Bleibt er im darauf anzuberaumenden Anhörungstermin erneut aus, so kann der Betreuungsrichter seine Vorführung – aus Gründen der Schonung des Betreuten entsprechend § 278 Abs. 5 FamFG – durch die zuständige Behörde anordnen. Allerdings ist zu berücksichtigen, dass eine Vorführung zur Anhörung ggf unverhältnismäßig wäre, weil dann zweimal, sowohl vor dem Betreuungsrichter als auch vor dem Sachverständigen, vorgeführt werden müsste. 11

3. Gewaltanwendung (Abs. 2)

Die Durchführung der Vorführung ist im Weigerungsfalle ohne den Einsatz von **Gewalt** kaum denkbar. Dementsprechend ist **ausdrücklich die Befugnis des Betreuungsrichters gesetzlich normiert**, die zuständige Betreuungsbehörde zur Gewaltanwendung zu ermächtigen. Damit wurde der Gleichklang zu § 326 Abs. 2 FamFG hergestellt, da nicht einsehbar war, dass für die Zuführung zur Unterbringung die Anwendung von Gewalt nur im Fall richterlicher Anordnung zulässig war, während die Vorführung zur Untersuchung und die Unterbringung zur Begutachtung im Betreuungsverfahren bereits ohne richterliche Prüfung mittels Gewalt vollzogen werden konnte.[14] Unter Gewalt ist einfache körperliche Gewalt, also Festhalten,[15] Wegführen oder Wegtragen, zu verstehen. Die etwaig erforderliche Hinzuziehung der Polizei erfolgt durch die Betreuungsbehörde, nicht durch das Betreuungsgericht (s. § 278 FamFG Rn 35). 12

Ob der Betreuungsrichter die zuständige Betreuungsbehörde zum Einsatz von Gewalt ermächtigt, obliegt zwar seinem Ermessen. Gleichwohl sollte er aus Gründen der Verhältnismäßigkeit[16] nur dann eine entsprechende Ermächtigung in den Anordnungsbeschluss aufnehmen, wenn aufgrund der bisherigen Erkenntnisse **ernsthaft damit zu rechnen ist**, dass der Betroffene sich der Vorführungsmaßnahme als solcher widersetzen wird und mithin feststeht, dass der Betroffene ohne Anwendung von Gewalt nicht vorgeführt werden kann. Dies 13

---

12 OLG Saarbrücken OLGReport 2005, 215.
13 AA Prütting/Helms/Fröschle, § 278 FamFG Rn 7 b.
14 BT-Drucks. 16/6308, 268.
15 OLG Hamburg PflR 1999, 304.
16 Vgl BGH BtPrax 2007, 167.

wird jedenfalls dann der Fall sein, wenn zuvor ein Vorführversuch erfolglos geblieben und die Gewaltanwendung ausdrücklich angekündigt worden ist.

4. Betreten der Wohnung (Abs. 3)

14 Die Streitfrage, ob die zuständige Behörde ermächtigt werden kann, die Wohnung des Betroffenen gegen dessen Willen zu betreten oder gar gewaltsam zu öffnen,[17] ist nunmehr gesetzgeberisch durch die Regelung des Abs. 3 S. 1 entschieden.[18]

a) Betreuungsrichterliche Anordnung (Abs. 3 S. 1)

15 Das Betreten der Wohnung ohne den Willen des Betroffenen ist seitens der Mitarbeiter der die Vorführung durchführenden Betreuungsbehörde oder etwaig hinzugezogener Polizeivollzugskräfte nur dann möglich, wenn der Betreuungsrichter hierzu entsprechend ermächtigt. Hierbei sollte der Betreuungsrichter eine entsprechende Ermächtigung ausdrücklich in den Anordnungsbeschluss nur dann aufnehmen, wenn **ernsthaft** damit zu rechnen ist, dass der Betroffene sich weigern wird, seine Wohnung freiwillig zu verlassen. Die gerichtliche Betretens- und Durchsuchungsanordnung darf dabei selbstverständlich nur zu dem Zweck erfolgen, den Betroffenen aufzufinden, um ihn zur Untersuchung bzw. Befragung vorzuführen. Der Verhältnismäßigkeitsgrundsatz gilt auch hier. Insofern sollte vor der Wohnungsöffnung und Wohnungsdurchsuchung zumindest ein erster – erfolgloser – Vorführversuch ohne Wohnungsdurchsuchung als weniger einschneidende Maßnahme vorgeschaltet sein. Eine Ermächtigung „auf Vorrat" ist unverhältnismäßig und unzulässig.

b) Persönliche Anhörung des Betroffenen (Abs. 3 S. 2)

16 Wegen der mit der Wohnungsöffnung und -durchsuchung verbundenen erheblichen Grundrechtseingriffe **ist** der Betroffene nach S. 2 vor der Anordnung persönlich **anzuhören**. Weigert sich der Betroffene, zum Termin zur persönlichen Anhörung zu erscheinen, kann der Betreuungsrichter mangels entsprechenden Verweises nur dann die Vorführung nach § 278 Abs. 5 FamFG veranlassen, wenn der Betroffene gleichzeitig iSd § 278 Abs. 1 FamFG angehört werden soll. Soll der Betroffene hingegen **ausschließlich** zur Frage der Wohnungsöffnung und -durchsuchung angehört werden, hat der Betreuungsrichter nach § 33 FamFG vorzugehen (vgl Rn 11). Allein bei Gefahr im Verzug (vgl § 301 FamFG Rn 5) kann von der persönlichen Anhörung abgesehen werden; S. 3. In diesem Falle kann dann die Anordnung auch durch die zuständige Behörde getroffen werden.[19]

---

17 Mangels bisheriger entsprechender Ermächtigungsgrundlage zutreffend verneinend: BVerfG FamRZ 2009, 1814; BayObLG FamRZ 2002, 348; BayObLG BtPrax 2001, 251; LG Frankfurt/M. FamRZ 1996, 375; LG Frankfurt/M. BtPrax 1994, 216; vgl BayObLG Rpfleger 1999, 445; bejahend: LG Freiburg FamRZ 2000, 1316; KG FamRZ 1997, 442; KG BtPrax 1996, 195; LG Berlin FamRZ 1996, 821.
18 BR-Drucks. 309/2/07, 75; vgl LG Darmstadt BtPrax 2012, 129; LG Darmstadt Rpfleger 2012, 538, zur Befugnis des Betreuers zum Betreten der Wohnung.
19 BT-Drucks. 17/10490, 21.

c) Anordnung durch die Betreuungsbehörde bei Gefahr im Verzug (Abs. 3 S. 3 und S. 4) und Zitiergebot

Liegt Gefahr im Verzug (s. § 301 FamFG Rn 5) vor, kann die zuständige Betreuungsbehörde auch **ohne entsprechende richterliche Anordnung** nach S. 1 die Wohnung des Betroffenen ohne dessen Einwilligung Willen betreten, was nicht frei von Bedenken ist. Dies entspricht zwar den Regelungen der §§ 278 Abs. 5 S. 2; 326 Abs. 3 S. 2 FamFG. Während es bei § 326 Abs. 3 FamFG noch einsehbar ist, dass aufgrund der bestehenden Gefahr für den Betroffenen oder Dritte, die eine Unterbringung nach § 1906 Abs. 1, Abs. 5 BGB oder nach den Landesgesetzen über die Unterbringung psychisch Kranker erfordern, im Eilfall die Betreuungsbehörde zur Abwehr dieser bestehenden Gefahr die Zuführung auch ohne entsprechende richterliche Anordnung durchführen muss, weil ein weiteres Zuwarten dazu führte, dass die Gefahr in einen Schaden umschlüge, wird im Rahmen des § 283 FamFG ein derartiger Eilfall kaum vorliegen können. Denn anders als die Zuführung zur Unterbringung nach § 326 FamFG dient die Vorführung nach § 283 FamFG lediglich der Gutachtenerstellung. Ist daher für die nicht zum Betreten der Wohnung ermächtigte Betreuungsbehörde erkennbar, dass sie ohne die Öffnung, das Betreten und die Durchsuchung der Wohnung den Betroffenen nicht zur Begutachtung vorführen kann, besteht die einzige Gefahr darin, dass sich die Gutachtenerstellung bis zur Ergänzung der Anordnung um das Betretungsrecht durch den Betreuungsrichter zeitlich verzögert. Die noch von der Bundesregierung vorgeschlagene Formulierung, dass S. 1 nicht gelte, wenn der Erlass des Beschlusses den Erfolg der Vorführung gefährden würde,[20] hat zwar darauf gedeutet, dass ein Absehen von der Anordnung im Beschluss dann erforderlich ist, wenn aufgrund der Bekanntgabe an den Betroffenen zu befürchten ist, dass der Betroffene sich auf eine Wohnungsdurchsuchung einrichtet und damit die Vorführung vereitelt. Dieser möglichen Deutung ist aber durch die nunmehrige Fassung des Abs. 3 S. 3 der Boden entzogen. Angesichts der allenfalls bestehenden und im Regelfall zu vernachlässigenden Gefahr, dass die Vorführung sich zeitlich verzögert, ist ein Betreten ohne Anordnung unzulässig, da einer gleichwohl aufgrund der zu befürchtenden Verzögerung der Gutachtenerstellung zu erwartenden Gefahr für die Interessen des Betroffenen mit dem Erlass einer einstweiligen Anordnung nach den §§ 300, 301 FamFG begegnet werden kann. S. 4 zitiert gemäß Art. 19 Abs. 1 S. 2 GG Art. 13 GG als einzuschränkendes Grundrecht.

5. Anfechtbarkeit

Die Untersuchungs- und Vorführanordnung ist als bloß verfahrensleitende Zwischenentscheidung nach § 58 Abs. 1 FamFG grundsätzlich **nicht anfechtbar**;[21] damit ist erst recht deren Androhung unanfechtbar.[22] In krassen Ausnahmefällen, wenn etwa das Betreuungsgericht die Untersuchung des Betroffenen anordnet, ohne diesen vorher **persönlich** angehört oder sonstige Feststellungen, die die Annahme der Betreuungsbedürftigkeit des Betroffenen rechtfer-

---
20 BT-Drucks. 16/6308, 420.
21 BayObLG FamRZ 2003, 60; OLG Hamm FamRZ 1997, 440; KG FamRZ 1997, 442; BayObLG BtPrax 1994, 108; vgl auch BayObLG FamRZ 2002, 419 bei anschließender Verbringung in Klinik.
22 OLG München FGPrax 2006, 212.

tigen könnten, getroffen zu haben, also willkürlich erscheint,[23] oder eine Ermächtigung zur Anwendung körperlicher Gewalt oder zum gewaltsamen Verschaffen des Zugangs zur Wohnung des Betroffenen vorliegt,[24] ist eine Anfechtbarkeit anzunehmen.[25] Denn es ist dem Betroffenen schlicht unzumutbar, wenn er sich einer belastenden Untersuchung unter Anwendung von Zwangsmaßnahmen, die sowohl in seine Freiheit als auch in sein Recht auf Unverletzlichkeit der Wohnung eingreifen, unterziehen muss, obwohl eine tragfähige Grundlage für seine etwaig bestehende Betreuungsbedürftigkeit schon von Anfang an gar nicht vorhanden ist. Ohne die ausnahmsweise zuzulassende Anfechtungsmöglichkeit wäre der Betroffene anderenfalls gezwungen, die Zwangsmittel in Form der Gewaltanwendung und des Betretens seiner Wohnung und die anschließende Untersuchung zu dulden, nur um erst den späteren Betreuerbestellungsbeschluss erfolgreich mit der Beschwerde angreifen zu können.[26]

19 Soweit die Vorführung des Betroffenen zur persönlichen Anhörung (vgl Rn 11) – nicht Untersuchung – nach § 33 Abs. 3 S. 3 FamFG angeordnet wird, ist diese Vorführanordnung nach § 33 Abs. 3 S. 5 FamFG entsprechend §§ 567 bis 572 ZPO (vgl § 284 FamFG Rn 20, § 303 FamFG Rn 6) anfechtbar. Dies mag vor dem Hintergrund, dass die Vorführung zur Anhörung nach § 278 Abs. 5 FamFG unanfechtbar ist, nicht stringent und widersprüchlich erscheinen.[27]. Allerdings ist die Anfechtbarkeit der Vorführung nach § 33 Abs. 3 S. 3 FamFG ausdrücklich in § 33 Abs. 3 S. 5 FamFG geregelt, während § 278 Abs. 5 FamFG ein Rechtsmittel gerade nicht zulässt, so dass es bei dem Grundsatz der Unanfechtbarkeit verfahrensleitender Zwischenentscheidungen verbleibt.

6. Form und Anordnungsformel

20 Die Anordnung kann mündlich oder schriftlich ergehen. Die Beschlussform ist zwar nicht zwingend, wie sich im Umkehrschluss zu § 284 Abs. 1 S. 1 FamFG ergibt. Sie **sollte** gleichwohl **in Beschlussform ergehen**. Die Anordnung ist dem Betroffenen gegenüber bekannt zu geben und wird, da § 287 FamFG nicht für die Vorführanordnung, sondern nur für die dort genannten Endentscheidungen gilt,[28] mit der Bekanntgabe an den Betroffenen nach § 40 Abs. 1 FamFG wirksam. Entscheidet das Betreuungsgericht durch Beschluss, so ist der Beschluss entsprechend § 38 Abs. 3, Abs. 5 Nr. 3 FamFG zu begründen. Entgegen

---

23 BGH NJW 2007, 3575; LG Verden BtPrax 2010, 243; LG Saarbrücken BtPrax 2009, 143; Jürgens/Kretz, § 283 FamFG Rn 6; Bumiller/Harders, § 283 FamFG Rn 5; Damrau/Zimmermann, § 283 FamFG Rn 16; Prütting/Helms/Fröschle, § 283 FamFG Rn 22; Schulte-Bunert/Weinreich/Eilers, § 283 FamFG Rn 27; vgl BVerfG BtPrax 2010, 173; BtPrax 2010, 75.
24 OLG Celle FamRZ 2007, 167; aA BayObLG BtPrax 2002, 215; OLG Hamm FGPrax 1996, 221.
25 AA Bassenge/Roth, § 283 FamFG Rn 5; Keidel/Budde, § 283 FamFG Rn 9; MK/Schmidt-Recla, § 283 FamFG Rn 11: kein Anfechtbarkeit; aA Prütting/Helms/Fröschle, § 283 FamFG Rn 22: Anfechtbarkeit entsprechend §§ 33 Abs. 3 S. 5; 35 Abs. 5 FamFG mit sofortiger Beschwerde.
26 BGH NJW 2007, 3575; OLG Celle FamRZ 2007, 167.
27 Vgl MK/Schmidt-Recla, § 278 FamFG Rn 49.
28 BT-Drucks. 16/6308, 269.

§ 39 FamFG bedarf es einer Rechtsmittelbelehrung nicht, da ein Rechtsmittel grundsätzlich nicht gegeben ist (s. Rn 18).

▶ Beschlussformel: 21

In ... [Rubrum] wird die zwangsweise Vorführung des Betroffenen durch die zuständige Behörde ... [Bezeichnung, Anschrift] zur Untersuchung [oder Befragung] durch den Sachverständigen ... [Name, Titel und Anschrift] am ... [Datum, Uhrzeit] in ... [genaue Bezeichnung des Untersuchungsortes] zur Vorbereitung eines Gutachtens angeordnet. Die zuständige Behörde ist befugt, soweit zur Durchführung der Vorführung erforderlich, einfache Gewalt anzuwenden oder die Hilfe der polizeilichen Vollzugsorgane in Anspruch zu nehmen. Die zuständige Behörde ist befugt, soweit zur Durchführung der Vorführung erforderlich, die Wohnung des Betroffenen ohne dessen Einwilligung zu öffnen, zu betreten und zu durchsuchen. ◀

Die **Kosten** der Vorführung gehören zu den gerichtlichen Auslagen nach Nrn 22 31009 Nr. 2, 31013 KVGNotKG; die der Betreuungsbehörde durch die Vorführung entstandenen Kosten sind ihr aus der Staatskasse zu ersetzen (s. § 278 FamFG Rn 39).

III. Bedeutung für den Betroffenen

Wegen des grundsätzlichen Ausschlusses der Anfechtbarkeit der Vorführungs- 23 anordnung (vgl § 58 Abs. 1 FamFG) kann sich der Betroffene gegen seine Vorführung nicht erfolgreich zu Wehr setzen, weil eine entsprechende Beschwerde bereits unzulässig wäre. **Ausnahmsweise** kann der Betroffene aber **Beschwerde** einlegen, wenn der Betreuungsrichter

- ihm in unzulässiger Weise eine Mitwirkungspflicht auferlegt,[29]
- den Sachverständigen zu invasiven Eingriffen ermächtigt,[30]
- die Vorführung willkürlich anordnet, ohne die Betreuungsbedürftigkeit hinreichend festzustellen und von der persönlichen Anhörung absieht,[31] oder
- dem Betroffenen untersagt, mit seinem Verfahrensbevollmächtigten oder einer anderen Beistandsperson zur Begutachtung zu erscheinen, da hierin ein Eingriff in sein Verfahrensrecht aus § 12 FamFG liegt.[32]

IV. Bedeutung für den Verfahrenspfleger und Verfahrensbevollmächtigten

1. Verfahrenspfleger

Der Verfahrenspfleger sollte prüfen, ob die Voraussetzungen für die Anord- 24 nung der Vorführung insbesondere unter Einschluss der Anordnung der Gewaltanwendung und des Betretens der Wohnung angesichts der damit verbundenen gravierenden Beeinträchtigungen für den Betroffenen tatsächlich erforderlich sind. Sein Augenmerk wird der Verfahrenpfleger insbesondere darauf

---

29 BayObLG FGPrax 2001, 78.
30 OLG Zweibrücken FGPrax 2007, 49.
31 BGH NJW 2007, 3575; LG Verden BtPrax 2010, 243; LG Saarbrücken BtPrax 2009, 143; Jürgens/Kretz, § 283 FamFG Rn 6; Bumiller/Harders, § 283 FamFG Rn 5; Damrau/Zimmermann, § 283 FamFG Rn 16; Prütting/Helms/Fröschle, § 283 FamFG Rn 22; Schulte-Bunert/Weinreich/Eilers, § 283 FamFG Rn 27; vgl BVerfG BtPrax 2010, 173; BtPrax 2010, 75.
32 OLG Zweibrücken FGPrax 2000, 109.

richten, ob überhaupt eine hinreichende Erkenntnisgrundlage für die Annahme einer Betreuungsbedürftigkeit vorliegt, weil dann eine entsprechende Anordnung unzulässig wäre.

2. Verfahrensbevollmächtigter

25 Da die Vorführanordnung grundsätzlich unanfechtbar ist, sollte das Ziel des Verfahrensbevollmächtigten darauf gerichtet sein, die Verhängung derartiger Zwangsmaßnahmen zu verhindern. Insofern kann er den Betreuungsrichter auf andere bestehende Alternativen hinweisen. In Betracht käme etwa, eine persönliche Anhörung des Betroffenen anzubieten, um sich von dessen fehlender Betreuungsbedürftigkeit überzeugen zu können. Fehlen solche Alternativen, weil der Betroffene tatsächlich betreuungsbedürftig ist, sollte der Verfahrensbevollmächtigte den Betroffenen zu einer Teilnahme an der Untersuchung bewegen, ggf unter Sicherstellung der Teilnahme einer Vertrauensperson.

V. Bedeutung für Dritte

26 Ist die zuständige **Behörde** zur Gewaltanwendung ermächtigt, kann sie diese nur unter strikter Beachtung des Verhältnismäßigkeitsgrundsatzes einsetzen. Bevor Gewalt eingesetzt werden darf, müssen mildere Mittel ausgeschöpft werden. Der Einsatz von Gewalt wird nur dann erforderlich sein, wenn

- der Betroffene sich weigert, auf entsprechende Aufforderung mitzukommen,
- ihm die Gewaltanwendung angedroht wird und
- ein freiwilliges Mitkommen auch nicht dadurch zu gewährleisten ist, dass eine Person seines Vertrauens zeitnah herbeigeholt werden kann.

Ist der Einsatz von Gewalt unvermeidlich, so gilt auch für die Gewaltanwendung als solche der Grundsatz der Verhältnismäßigkeit.

27 Die zuständige Behörde kann nach Abs. 2 S. 2 lediglich im Rahmen einer etwaig erforderlich werdenden Gewaltanwendung **polizeiliche Vollzugskräfte hinzuziehen**, nicht jedoch die Vorführung als solche durch die Polizei durchführen lassen. Dies ergibt sich zum einen aus der systematischen Stellung des Abs. 2 S. 2, welcher auf den die Gewaltanwendung regelnden Abs. 2 S. 1 folgt, und zum anderen aus der Notwendigkeit der Durchführung der Vorführung durch im Umgang mit kranken oder behinderten Betroffenen geschulten Personen, zu denen Polizeikräfte nicht zu zählen sind. Die Hinzuziehung der Polizei ist ultima ratio,[33] mithin nur dann zulässig, wenn anderenfalls die Vorführung nicht möglich wäre.

28 Gleiches gilt sinngemäß für das Betreten der Wohnung. Auch hier sollte der Betroffene zunächst zur freiwilligen Öffnung gebeten werden. Weigert er sich nach wie vor, die Wohnung zu öffnen, sollte ihm unter Androhung der gewaltsamen Öffnung nochmals Gelegenheit gegeben werden, die Wohnungstür zu öffnen. Hat die Betreuungsbehörde hingegen gesicherte Kenntnis davon – etwa aufgrund ihrer bisherigen Ermittlungen oder durch Nachbarn oder Mitbewohner des Betroffenen –, dass sich der Betroffene überhaupt nicht in der Woh-

---

33 BT-Drucks. 16/6308, 268.

nung befindet, ist das Betreten der Wohnung unzulässig, weil zum Auffinden des Betroffenen gänzlich ungeeignet.

Ist eine entsprechende Ermächtigung zur Gewaltanwendung oder zum Betreten der Wohnung unterblieben und ist aus Sicht der Betreuungsbehörde diese Ermächtigung zwingend erforderlich, um die Vorführung überhaupt umsetzen zu können, sollte es beim Betreuungsrichter die Ergänzung des Anordnungsbeschlusses anregen. Ohne entsprechende richterliche Ermächtigung sollte es keinesfalls Gewalt einsetzen oder die Wohnung des Betroffenen ohne dessen Willen betreten. Zwar bedarf es hinsichtlich des Betretens der Wohnung nach Abs. 3 S. 2 bei **Gefahr im Verzug** der richterlichen Anordnung nicht. Da aber kaum ein Fall denkbar ist, in dem eine derartige Gefahr zu bejahen sein könnte (s. Rn 17), sollte von dieser Möglichkeit kein Gebrauch gemacht werden, anderenfalls könnten sich Amtshaftungsansprüche des Betroffenen gegen die Anstellungskörperschaft der Mitarbeiter der Betreuungsbehörde ergeben.[34]

§ 284 FamFG Unterbringung zur Begutachtung

(1) ¹Das Gericht kann nach Anhörung eines Sachverständigen beschließen, dass der Betroffene auf bestimmte Dauer untergebracht und beobachtet wird, soweit dies zur Vorbereitung des Gutachtens erforderlich ist. ²Der Betroffene ist vorher persönlich anzuhören.

(2) ¹Die Unterbringung darf die Dauer von sechs Wochen nicht überschreiten. ²Reicht dieser Zeitraum nicht aus, um die erforderlichen Erkenntnisse für das Gutachten zu erlangen, kann die Unterbringung durch gerichtlichen Beschluss bis zu einer Gesamtdauer von drei Monaten verlängert werden.

(3) ¹§ 283 Abs. 2 und 3 gilt entsprechend. ²Gegen Beschlüsse nach den Absätzen 1 und 2 findet die sofortige Beschwerde nach den §§ 567 bis 572 der Zivilprozessordnung statt.

I. Allgemeines

1. Bedeutung

Die früher in § 68 b Abs. 4 FGG geregelte Unterbringung des Betroffenen zur Begutachtung, **nicht zur Behandlung**, ist in § 283 FamFG normiert. Die Anfechtbarkeit des Unterbringungsbeschlusses ist, obwohl auch diese nur eine Zwischenentscheidung ist, angesichts des gravierenden Eingriffs in das Freiheitsrecht des Betroffenen beibehalten worden; die sofortige Beschwerde nach den §§ 567 ff ZPO ist ausdrücklich eröffnet.

2. Anwendungsbereich

Eine Unterbringung zur Begutachtung kommt nur in den Fällen, in denen das Betreuungsgericht die Einholung eines Gutachtens nach § 280 FamFG beschlossen hat (vgl § 280 FamFG Rn 2), in Betracht.

---

34 Vgl OLG Frankfurt RuP 1992, 66.

II. Bedeutung für das Betreuungsgericht

1. Funktionelle Zuständigkeit

3 Zuständig zur Anordnung der Unterbringung ist ausschließlich nach Art. 104 Abs. 2 S. 1 GG, § 4 Abs. 2 Nr. 2 RPflG der **Betreuungsrichter**; dies gilt auch in den der Zuständigkeit des Rechtspflegers unterfallenden Verfahren.

2. Regelungsgehalt und Voraussetzungen (Abs. 1 S. 1)

4 § 284 FamFG regelt nicht explizit, unter welchen Voraussetzungen eine Unterbringung des Betroffenen beschlossen werden kann. Dies ist auch nicht erforderlich, da die Anordnung der Unterbringung ohnehin strikt **verhältnismäßig** sein muss.[1]

Die Unterbringung kann **nur zur Vorbereitung eines Gutachtens** angeordnet werden und unterliegt einer strengen Verhältnismäßigkeitsprüfung.[2] Zu anderen Zwecken, etwa der Behandlung des Betroffenen, der Vorbereitung einer Anhörung oder der Fertigung eines ärztlichen Attestes, ist dies nicht möglich.

Die Unterbringung ist nur dann **erforderlich**, wenn konkrete Anhaltspunkte für eine Betreuungsbedürftigkeit bestehen und andere, mildere Mittel nicht vorhanden sind, um das Gutachten über den Zustand des Betroffenen erstellen zu können.[3] Dies ist dann der Fall, wenn

- nach dem bisherigen und damit vorläufigen Ermittlungsergebnis die Annahme der Betreuungsbedürftigkeit **ernsthaft** in Betracht kommt,[4]
- ein Absehen von der Gutachteneinholung nicht nach §§ 281, 282 FamFG möglich ist,
- eine genaue Abklärung des Krankheitsbildes nur unter **stationären** Bedingungen möglich ist, also die Erstellung des Gutachtens nach den Feststellungen des Sachverständigen auch nicht dadurch möglich gemacht wird, dass der Betroffene über einen längeren Zeitraum regelmäßig den Sachverständigen aufsucht oder im Falle der fehlenden Mitwirkungsbereitschaft des Betroffenen wiederkehrend nach § 283 FamFG vorgeführt wird; eine regelmäßige Vorführung des Betroffenen zur Untersuchung nach § 283 FamFG ist zuvor erfolglos zu versuchen;[5] die Vorführung ist indes dann kein milderes Mittel, wenn absehbar ist, dass diese nur mit Gewalteinsatz und Betreten seiner Wohnung ohne Einverständnis des Betroffenen möglich wäre, zumal das Risiko bestünde, dass der Betroffene sich angesichts seiner Erfahrungen mit den ersten Vorführungen weiteren Vorführungen entziehen könnte, und
- die Nachteile, die ohne die durch die Unterbringung ermöglichende Untersuchung und Befragung, also letztlich das Absehen von der Anordnung der Betreuung ohne weitere Ermittlungen, einträten die Schwere der Freiheitsentziehung überwiegen.[6]

---

1 BayObLG FGPrax 2004, 250; BayObLG FamRZ 2001, 1559.
2 OLG Saarbrücken OLGReport 2005, 215; BayObLG FGPrax 2004, 250.
3 OLG Saarbrücken OLGReport 2005, 215; BayObLG FGPrax 2004, 250.
4 Vgl BGH NJW 2007, 3575; BayObLG FGPrax 2004, 250.
5 Keidel/Budde, § 284 FamFG Rn 4.
6 AG Obernburg FamRZ 2008, 1559.

Hingegen kann das Betreuungsgericht weder Mitwirkungshandlungen des Betroffenen erzwingen[7] noch invasive Eingriffe gegen dessen Willen anordnen.[8] Das Betreuungsgericht muss überdies den Ort der Unterbringung bestimmen; dies kann es nicht dem Sachverständigen überlassen.[9]

3. Verfahren (Abs. 1 S. 1 und 2)

a) Anhörung eines Sachverständigen

Der Betreuungsrichter muss zunächst einen Sachverständigen zur Notwendigkeit der Unterbringung anhören. Dies kann sowohl schriftlich als auch mündlich geschehen; im Falle mündlicher Anhörung ist das wesentliche Ergebnis durch den Betreuungsrichter zumindest in Vermerkform entsprechend § 29 Abs. 3 FamFG zu dokumentieren.[10] Der anzuhörende Sachverständige muss nicht Gutachter iSd § 280 FamFG sein.[11] Der Sachverständige sollte aber entsprechend § 280 Abs. 1 S. 2 FamFG qualifiziert sein,[12] da es um Fragestellungen geht, die die Erstellung eines Gutachtens nach § 280 FamFG betreffen, und dort eine derartige Qualifikation vorausgesetzt wird. Für die Auswahl des Sachverständigen gelten die Ausführungen zu § 280 FamFG Rn 9 entsprechend.

Die Ausführungen des Sachverständigen müssen sich darauf beziehen, aus welchem Grund und für welche Dauer eine Unterbringung und Beobachtung zur Gutachtenerstellung erforderlich ist. Der Betreuungsrichter sollte dem Sachverständigen die zu beantwortenden Fragen vorgeben:

▶ Ist eine genaue Abklärung des Krankheitsbildes oder der Behinderung nur unter stationären Bedingungen möglich? Ist daher die Unterbringung des Betroffenen zur Gutachtenerstellung unter Zugrundelegung fachpsychiatrischer Standards erforderlich? Sind andere Verfahrensweisen denkbar, die eine Unterbringung nicht erfordern, aber gleichwohl die erforderlichen Erkenntnisse gewinnen lassen? Kann gegebenenfalls mit regelmäßigen ambulanten Untersuchungen oder Befragungen des Betroffenen eine ausreichende Grundlage für die Gutachtenerstellung geschaffen werden? Verneinendenfalls: Aus welchem Grunde ist eine derartige Verfahrensweise ungeeignet? Über welchen Zeitraum muss sich die geschlossene Unterbringung des Betroffenen mindestens erstrecken, um eine ausreichende Untersuchungsgrundlage zu gewährleisten? Sind von einer Bekanntgabe des Ergebnisses der Anhörung des Sachverständigen an den Betroffenen erhebliche Nachteile für die Gesundheit des Betroffenen zu besorgen? ◀

Der Sachverständige muss den Betroffenen vor seiner Anhörung zwar nicht untersucht haben, da die Unterbringung erst die Voraussetzungen für eine tragfähige Untersuchung schaffen soll.[13] Er muss sich aber zumindest einen

---

7 BayObLG FGPrax 2001, 78; OLG Hamm FGPrax 1996, 221; OLG Köln FamRZ 1995, 1083.
8 OLG Zweibrücken FGPrax 2007, 49; OLG Hamm FGPrax 1996, 221; OLG Köln FamRZ 1995, 1083.
9 Prütting/Helms/Fröschle, § 284 FamFG Rn 9.
10 Keidel/Budde, § 284 FamFG Rn 3.
11 Prütting/Helms/Fröschle, § 284 FamFG Rn 5.
12 Bassenge/Roth, § 284 FamFG Rn 2; Damrau/Zimmermann, § 284 FamFG Rn 4.
13 Keidel/Budde, § 284 Rn 3; aA Bassenge/Roth, § 284 FamFG Rn 2: § 280 Abs. 2 FamFG gilt entsprechend.

persönlichen Eindruck von ihm verschafft haben.[14] Lässt der Betroffene die Einholung eines persönlichen Eindrucks durch den Sachverständigen nicht zu, kann der Betreuungsrichter den Sachverständigen zur persönlichen Anhörung des Betroffenen beiziehen.

b) Androhung und Verfahrenspflegerbestellung

10 Dem Betroffenen ist die Unterbringung aus Gründen der Verhältnismäßigkeit vorher **anzudrohen** und es ist nach Maßgabe des § 276 Abs. 1 S. 1 FamFG ein **Verfahrenspfleger** zu bestellen.

c) Persönliche Anhörung des Betroffenen (Abs. 1 S. 2)

11 Der Betroffene ist in jedem Fall **persönlich anzuhören** (Abs. 1 S. 2). Dabei muss sich die Anhörung auch auf das Ergebnis der Anhörung des Sachverständigen erstrecken. Denn die persönliche Anhörung dient auch der Sicherung des rechtlichen Gehörs. Dieses Recht kann der Betroffene aber nur dann effektiv wahrnehmen, wenn grundsätzlich ihm, jedenfalls aber seinem Verfahrensbevollmächtigten und dem etwaig bestellten Verfahrenspfleger, rechtzeitig vor seiner Anhörung auch die Feststellungen des Sachverständigen bekannt gegeben werden. Hiervon kann lediglich entsprechend § 34 Abs. 2 FamFG, also dann abgesehen werden, wenn durch die Bekanntgabe des Ergebnisses der Anhörung des Sachverständigen eine Gefahr für die Gesundheit des Betroffenen zu befürchten ist (vgl 278 FamFG Rn 28).[15] Entsprechend § 278 Abs. 4 FamFG (vgl § 278 FamFG Rn 28) sollte diese Feststellung aufgrund der Anhörung des Sachverständigen getroffen werden.[16]

Bei der Weigerung des Betroffenen, an der Anhörung, die **ausschließlich** die Frage der Unterbringung zur Begutachtung hat, teilzunehmen, gilt § 278 Abs. 5 FamFG zwar nicht entsprechend.[17] Eine Vorführung zur Anhörung kann jedoch im Wege des § 33 Abs. 3 S. 3 FamFG erfolgen (vgl § 283 FamFG Rn 11).[18] Eine Vorführung nach § 278 Abs. 5 FamFG ist aber dann möglich, wenn **gleichzeitig** eine Anhörung iSd § 278 Abs. 1 FamFG erfolgen soll, denn dann gilt ohnehin § 278 Abs. 5 FamFG.

4. Anordnungsdauer (Abs. 2)

a) Dauer der Unterbringung (Abs. 2 S. 1)

12 Die Unterbringung darf für höchstens **sechs Wochen** angeordnet werden. Hieraus folgt, dass der Betreuungsrichter im Falle der erstmaligen Anordnung die Unterbringung nicht für länger als sechs Wochen beschließen darf. Welche Dauer er anordnet, wird sich nach der Anhörung des Sachverständigen richten. Hält der Sachverständige eine bestimmte Unterbringungsdauer für erforderlich, aber auch ausreichend, sollte der Betreuungsrichter nur diese Zeit be-

---

14 Weitergehend Damrau/Zimmermann, § 284 FamFG Rn 4; MK/Schmidt-Recla, § 284 FamFG Rn 5; Prütting/Helms/Fröschle, § 284 FamFG Rn 5; Schulte-Bunert/Weinreich/Eilers, § 284 FamFG Rn 8: Entscheidung nach Aktenlage möglich.
15 Schulte-Bunert/Weinreich/Eilers, § 284 FamFG Rn 11.
16 AA Schulte-Bunert/Weinreich/Eilers, § 284 FamFG Rn 11: Gutachten erforderlich.
17 AA Damrau/Zimmermann, § 284 FamFG Rn 5; Keidel/Budde, § 284 Rn 2; Schulte-Bunert/Weinreich/Eilers, § 284 FamFG Rn 12.
18 AA Prütting/Helms/Fröschle, § 284 FamFG Rn 6: Entscheidung nach § 34 Abs. 3 FamFG möglich.

stimmen; ein etwaiger „Sicherheitszuschlag" ist unzulässig, es sei denn, der Betreuungsrichter kann in den Beschlussgründen darlegen, dass er eigene überlegene Sachkunde besitzt und aus diesem Grunde den Feststellungen des Sachverständigen nicht folgt.

Eine Bestimmung nach Wochen ist nicht erforderlich; die Unterbringung kann nach Tagen oder kalendermäßig bestimmt werden.

b) Verlängerung der Unterbringung (Abs. 2 S. 2)

Genügt – entgegen der ursprünglichen Prognose – ein kürzerer als der beschlossene Unterbringungszeitraum, um das Gutachten zu erstellen, hat der Sachverständige den Betroffenen zu entlassen;[19] das Betreuungsgericht kann den Beschluss aufheben. Reicht der zunächst bestimmte Zeitraum hingegen nicht aus, so kann der Betreuungsrichter die Unterbringung nach **erneuter** Anhörung eines Sachverständigen, dies kann selbstverständlich auch der bereits angehörte Sachverständige sein (s. Rn 6), unter den Voraussetzungen der erstmaligen Anordnung ggf durch **mehrere** Anordnungen[20] bis auf insgesamt **drei Monate verlängern**. Der Betroffene ist vorher **anzuhören**; eine persönliche Anhörung ist nicht erforderlich, da Abs. 1 S. 1 nur für die erstmalige Anordnung gilt.[21]   13

c) Ungeeignetheit der Unterbringung

Steht bereits bei der erstmaligen Anordnung oder im Rahmen der Entscheidung über die Verlängerung fest, dass der insgesamt zur Verfügung stehende Zeitraum von drei Monaten nicht ausreichen wird, um eine Gutachtenerstellung zu gewährleisten, ist die Anordnung der Unterbringung mangels Geeignetheit unzulässig. Denn dem massiven Eingriff in das Freiheitsrecht des Betroffenen stünde kein erreichbares Ziel als Rechtfertigung gegenüber.   14

5. Anordnung von Gewaltanwendung und des Betretens der Wohnung (Abs. 3 S. 1)

Abs. 3 S. 1 verweist hinsichtlich der Anordnung und Durchführung von Zwangsmaßnahmen in Form der Anwendung einfacher körperlicher Gewalt durch die Betreuungsbehörde und des Betretens und Durchsuchens der Wohnung ohne Einwilligung des Betroffenen auf die Vorschrift des § 283 Abs. 2 und 3 FamFG, so dass auf die dortige Kommentierung (§ 283 FamFG Rn 12 ff) verwiesen wird; § 283 Abs. 1 FamFG gilt entsprechend,[22] da eine Maßnahme nach § 283 Abs. 2 und Abs. 3 FamFG denknotwendig eine entsprechende Anordnung zur Vor- bzw Zuführung voraussetzt. Die Zuführung zur Unterbringung hat durch die Betreuungsbehörde zu erfolgen.   15

---

19 Vgl BayObLG FGPrax 2004, 250.
20 Bassenge/Roth, § 284 FamFG Rn 3.
21 Damrau/Zimmermann, § 284 FamFG Rn 12; aA Bassenge/Roth, § 284 FamFG Rn 3; Jürgens/Kretz, § 284 FamFG Rn 5 Keidel/Budde, § 284 FamFG Rn 7; MK/Schmidt-Recla, § 284 FamFG Rn 8; Prütting/Helms/Fröschle, § 284 FamFG Rn 11.
22 Bassenge/Roth, § 284 FamFG Rn 4.

6. Anfechtbarkeit (Abs. 3 S. 2)

16 Die Anfechtbarkeit der Unterbringungsanordnung stellt eine Ausnahme von der grundsätzlichen Unanfechtbarkeit betreuungsgerichtlicher Zwischenentscheidungen nach § 58 Abs. 1 FamFG dar. Der Betroffene kann entsprechend §§ 567 ff ZPO den Unterbringungsbeschluss anfechten (s. Rn 20). Daher ist der Beschluss erst nach Rechtskraft zu vollziehen.

7. Form und Beschlussformel

17 Der Unterbringungsbeschluss ist nach § 38 Abs. 3, Abs. 5 Nr. 3 FamFG zu begründen und nach § 39 FamFG mit einer Rechtsmittelbelehrung (sofortige Beschwerde nach §§ 567 ff ZPO) zu versehen.

18 ▶ **Beschlussformel:**

In ... [Rubrum] wird zum Zwecke der Beobachtung [oder Befragung] des Betroffenen durch den Sachverständigen ... [Name, Titel und Anschrift] und zur Vorbereitung eines Gutachtens die freiheitsentziehende Unterbringung des Betroffenen ... [genaue Bezeichnung] in der geschlossenen Einrichtung ... [genaue Bezeichnung] längstens bis zum ... [genaues Datum] betreuungsgerichtlich angeordnet. Die zur Zuführung zur Unterbringung zuständige Behörde ist befugt, erforderlichenfalls einfache Gewalt anzuwenden oder die Hilfe der polizeilichen Vollzugsorgane in Anspruch zu nehmen. Die zuständige Behörde ist befugt, soweit zur Durchführung der Zuführung zur Unterbringung erforderlich, die Wohnung des Betroffenen ohne dessen Einwilligung zu öffnen, zu betreten und zu durchsuchen. ◀

8. Kosten der Zuführung zur Unterbringung, der Unterbringung und des Sachverständigen

19 Die Kosten der Vorführung zählen nach Nrn 31009 Nr. 2, 31013 KVGNotKG zu den gerichtlichen Auslagen (vgl § 278 FamFG Rn 39).[23] Die Kosten der stationären Unterbringung sind nach §§ 8 Abs. 1 Nr. 4, 12 JVEG nur dann als Aufwendungen des Sachverständigen anzusehen, wenn der stationäre Aufenthalt ausschließlich der Begutachtung diente; war daneben aus medizinischen Gründen eine Untersuchung oder Behandlung erforderlich, wird die Leistungspflicht der Krankenkasse bzw des Sozialhilfeträgers allein durch die richterliche Anordnung der Unterbringung nicht ausgeschlossen.[24] Zu den Kosten des Sachverständigen s. § 280 FamFG Rn 8.

III. Bedeutung für den Betroffenen

20 Der Betroffene kann gegen den Unterbringungsbeschluss und den Verlängerungsbeschluss jeweils sofortige Beschwerde nach §§ 567 ff ZPO einlegen. Der Betroffene muss sich dabei entsprechend §§ 569 Abs. 3 Nr. 1, 78 Abs. 5 ZPO nicht anwaltlich vertreten lassen. Er muss die Beschwerde schriftlich oder durch Erklärung zu Protokoll der Geschäftsstelle binnen zwei Wochen einlegen (§ 569 Abs. 1 ZPO). Die Frist beginnt mit der Zustellung des Beschlusses an ihn oder im Falle der mündlichen Bekanntgabe iSd § 40 Abs. 2 FamFG ent-

---

23 OLG Köln JMBl NW 2005, 20; LG Saarbrücken v. 27.6.2012, 5 T 250/12; aA: LG Frankenthal v. 27.7.2009, 1 T 144/09; LG Koblenz FamRZ 2004, 566; LG Freiburg v. 14.10.2002, 4 T 212/02; LG Limburg BtPrax 1998, 116, da die Vorführung eigene Aufgabe der Betreuungsbehörde ist und kein Fall der Amtshilfe vorliegt.
24 OLG Frankfurt/M. FGPrax 2008, 275.

sprechend § 63 Abs. 3 S. 1 FamFG mit der schriftlichen Bekanntgabe des Beschlusses, spätestens aber mit dem Ablauf von fünf Monaten nach der Verkündung des Beschlusses (vgl § 303 FamFG Rn 6).

Wird vor Ablauf der zweiwöchigen Beschwerdefrist die Unterbringung vollzogen, kann die sofortige Beschwerde auf die Feststellung, dass die Unterbringung rechtswidrig war, umgestellt werden (§ 62 FamFG, s. § 300 FamFG Rn 30),[25] da ansonsten eine etwaig rechtswidrige Unterbringung folgenlos bliebe (s. § 303 FamFG Rn 67 f).

IV. Bedeutung für den Verfahrenspfleger und Verfahrensbevollmächtigten

1. Verfahrenspfleger

Der Verfahrenspfleger hat auf die Einhaltung der Verfahrensvorschriften zu achten, insbesondere darauf, ob eine Unterbringung des Betroffenen überhaupt zulässig ist. Ist eine Unterbringung aus seiner Sicht zur Erstellung eines Gutachtens ungeeignet, sollte er dies dem Betreuungsrichter anzeigen und ggf sofortige Beschwerde entsprechend §§ 567 ff ZPO einlegen.

2. Verfahrensbevollmächtigter

Die Ausführungen zum Verfahrenspfleger gelten sinngemäß. Ist aus Sicht des Verfahrensbevollmächtigten der Unterbringungsbeschluss rechtmäßig und erscheint damit die Einlegung der sofortigen Beschwerde als von vornherein aussichtslos, sollte er den Betroffenen zu einer freiwilligen Untersuchung überreden und diesen Weg dem Betreuungsrichter als Alternative aufzeigen.

V. Bedeutung für Dritte

Die Zuführung zur Unterbringung erfolgt durch die zuständige **Betreuungsbehörde**. Die Ausführungen zu § 283 FamFG Rn 26 ff gelten entsprechend.

§ 285 FamFG Herausgabe einer Betreuungsverfügung oder der Abschrift einer Vorsorgevollmacht

In den Fällen des § 1901c des Bürgerlichen Gesetzbuchs erfolgt die Anordnung der Ablieferung oder Vorlage der dort genannten Schriftstücke durch Beschluss.

I. Allgemeines

Die in § 69e Abs. 1 S. 2 und 3 FGG geregelte Durchsetzung der Vorlage einer Betreuungsverfügung ist eigenständig in § 285 FamFG geregelt. Aufgrund der Geltung der Vorschriften des Allgemeinen Teils des FamFG gilt für die zwangsweise Durchsetzung der Anordnung die Vollstreckungsvorschrift des § 35 FamFG.

---

[25] BayObLG BtPrax 2002, 215; BayObLG FamRZ 2002, 419; BayObLG FamRZ 2001, 1559; vgl BayObLG FamRZ 2001, 578 zu § 70h FGG; KG FamRZ 2002, 338 zu § 70 Abs. 1 S. 2 Nr. 3 FGG; KG FamRZ 2001, 172 zu § 70 Abs. 1 S. 2 Nr. 1b FGG.

II. Bedeutung für das Betreuungsgericht

2 Die Kenntnis des Vorliegens einer Vorsorgevollmacht und einer Betreuungsverfügung ist für das Betreuungsgericht von zentraler Bedeutung. Funktionell zuständig ist der Betreuungsrichter oder Rechtspfleger, der für das konkrete Verfahren zuständig ist.

1. Vorsorgevollmacht und andere Vollmachten

3 Das Vorliegen einer wirksamen (**Vorsorge-**)**Vollmacht** für einen Aufgabenbereich schließt die Bestellung eines Betreuers für diesen Aufgabenbereich grds. aus, da dann die Betreuung nicht erforderlich ist, § 1896 Abs. 2 S. 2 BGB.[1] Dies gilt nur dann nicht, wenn der Bevollmächtigte nicht willens[2] oder in der Lage ist,[3] die Vollmacht zum Wohle des Betroffenen einzusetzen,[4] oder die Vollmacht gerade unwirksam ist. Dies jedoch hat das Betreuungsgericht von Amts wegen zu ermitteln.[5] Ist also zweifelhaft, ob der Betroffene im Zeitpunkt der Vollmachtserteilung geschäftsfähig war, muss das Betreuungsgericht diesen Umstand mittels sachverständiger Hilfe[6] aufklären.[7]

4 Damit das Betreuungsgericht überhaupt in die Lage versetzt wird, zu erfahren, ob eine (Vorsorge-)Vollmacht tatsächlich existiert, ist der Besitzer der Vollmacht (dies kann der Bevollmächtigte, ein die Vollmacht verwahrender Dritter, ein Notar (s. § 1901c BGB Rn 17)[8] oder eine Hinterlegungsstelle sein) verpflichtet, das Betreuungsgericht über das Bestehen einer derartigen Vollmacht zu unterrichten. Da allein die Unterrichtung aber noch keine Prüfung der Reichweite und Wirksamkeit der Vorsorgevollmacht ermöglicht, kann das Betreuungsgericht die Vorlage einer Abschrift nach § 1901c S. 3 BGB, nicht hingegen des Originals verlangen, da der Bevollmächtigte sich mit dem Original im Rechtsverkehr legitimieren muss und bei notariell beurkundeten Vollmachten eine Ablieferung der Originalurkunde systemwidrig wäre, weil diese nach beurkundungsrechtlichen Grundsätzen bei der Urkundensammlung des Notars zu verbleiben hat.[9] Dies gilt natürlich auch dann, wenn das Betreuungsgericht aufgrund eigener Ermittlungen, wie etwa der verpflichtenden Abfrage des Zentralen Vorsorgeregisters der Bundesnotarkammer (s. Vor §§ 271 ff. FamFG Rn 20), Kenntnis vom Bestehen einer Vorsorgevollmacht und deren Besitzer erlangt.

5 § 1901c BGB ist zwar auch mit der Überschrift „Vorsorgevollmacht" überschrieben. Gleichwohl bezieht sich nach dem Gesetzeswortlaut die Unterrichtungspflicht auf **sämtliche Vollmachten,** die die Betreuung ganz oder teilweise

---

1 KG FamRZ 2006, 1481.
2 BayObLG FamRZ 2004, 1403.
3 BGH NJW 2013, 1085; BGH FGPrax 2012, 109; FGPrax 2011, 179; OLG Hamm FGPrax 2011, 232.
4 OLG Schleswig FGPrax 2008, 158; KG NJW-RR 2007, 514; OLG Brandenburg NJW 2005, 1587.
5 BGH FGPrax 2011, 77; OLG Celle OLGR Celle 2007, 260.
6 OLG Hamm FGPrax 2011, 232; OLG Schleswig BtPrax 2006, 191.
7 OLG Brandenburg FamRZ 2008, 303; vgl BGH FamRZ 2012, 969; LG Neuruppin FamRZ 2007, 932.
8 Damrau/Zimmermann, § 285 FamFG Rn 5; aA Prütting/Helms/Fröschle, § 285 FamFG Rn 4a.
9 BT-Drucks. 15/4874, 27.

entbehrlich machen können.[10] Mithin unterfallen der Unterrichtungspflicht alle Vollmachten, die sich auf Angelegenheiten beziehen, die auch dem Aufgabenbereich eines Betreuers unterfallen können. Im Zweifel unterfallen daher alle seitens des Betroffenen erteilten Vollmachten der Unterrichtungspflicht. Aufgrund der Zielrichtung dieser Pflicht, dem Betreuungsgericht die Prüfung der Erforderlichkeit der Bestellung eines Betreuers ermöglichen zu können, bezieht sich die Unterrichtungspflicht auch auf solche Schriftstücke, in denen zwar nicht die Vollmacht selbst niedergelegt ist, aus denen sich aber die Existenz einer Vollmacht ergibt,[11] oder das Erlöschen der Vollmacht, also ein Vollmachtswiderruf (§ 168 S. 2 BGB), oder die Beendigung des der Vollmachtserteilung zugrunde liegenden Rechtsverhältnisses (§ 168 S. 1 BGB) niedergelegt ist (s. § 1901 c BGB Rn 32).[12] Über das Bestehen einer Vorsorgevollmacht muss der Besitzer erst nach Einleitung des Betreuungsverfahrens das Betreuungsgericht in Kenntnis setzen, da zuvor unklar ist, welches Betreuungsgericht künftig überhaupt zuständig ist.[13]

2. Betreuungsverfügung

Nicht minder unwichtig ist auch die Kenntnis von der Existenz und dem Inhalt einer Betreuungsverfügung, in der unabhängig von ihrer Bezeichnung Wünsche und Vorstellungen des Betroffenen hinsichtlich der Auswahl des Betreuers und/oder der Führung der Betreuung niedergelegt sind (vgl § 1901 c BGB Rn 6). Damit wird zwar die Bestellung eines Betreuers nicht ausgeschlossen. Allerdings wird das Betreuungsgericht nur aufgrund der Kenntnis des Inhalts einer Betreuungsverfügung in der Lage sein, den Willen des Betroffenen nach § 1897 Abs. 4 BGB umzusetzen. Dementsprechend sieht § 1901 c S. 1 BGB eine Ablieferpflicht der schriftlichen Betreuungsverfügung im Original vor. Ein Verbleib des Originals beim Besitzer ist nicht erforderlich, da die Betreuungsverfügung ausschließlich im Betreuungsverfahren relevant ist. Die Betreuungsverfügung kann ebenfalls erst nach Einleitung des Betreuungsverfahrens abgeliefert werden, da vor Verfahrenseinleitung die Zuständigkeit des Betreuungsgerichts unklar ist.[14] Dessen ungeachtet haben einige Bundesländer die Möglichkeit der Hinterlegung von Betreuungsverfügungen geschaffen (s. § 1901 c BGB Rn 45 ff).

3. Kombinierte Verfügungen

Ist in einem Schriftstück sowohl eine Betreuungsverfügung als auch eine Vorsorgevollmacht niedergelegt, so kann – da der Bevollmächtigte des Originals zum Nachweis seiner Vollmacht im Rechtsverkehr bedarf – nur eine **Ablichtung** herausverlangt werden.

Sind in einem Schriftstück eine Betreuungsverfügung und etwa eine letztwillige Verfügung enthalten, so besteht bei Testamenten eine Ablieferpflicht des Besitzers oder amtlich verwahrenden Behörde nach § 2259 BGB auch gegenüber

---

10 MK/Schwab, § 1901a BGB Rn 7.
11 MK/Schwab, § 1901a BGB Rn 7.
12 MK/Schwab, § 1901a BGB Rn 7.
13 Vgl KG FGPrax 1995, 153.
14 KG FGPrax 1995, 153.

dem Nachlassgericht. Das Betreuungsgericht sollte sich in diesen Fällen ebenfalls mit der Übergabe einer Ablichtung des Schriftstücks begnügen.

4. Vollstreckung der Ablieferpflicht

8 Unterrichtet der Besitzer das Betreuungsgericht über die Existenz eines Schriftstücks und liefert er dieses im Original (Betreuungsverfügung) oder in Abschrift (Vollmacht) ab, so ist dem Betreuungsgericht im Falle der Vollmacht die Prüfung eröffnet, ob eine wirksame Vollmacht vorliegt, welche die Bestellung eines Betreuers für den Aufgabenkreis der Vollmacht nicht erforderlich und damit unzulässig macht, oder im Falle der Betreuungsverfügung die Prüfung möglich, ob dem Wunsch des Betroffenen, eine bestimmte Person zum Betreuer zu bestellen oder gerade nicht zu bestellen, zu folgen ist.

9 Weigert sich die besitzende Person zur Herausgabe des Schriftstücks, kann das Betreuungsgericht die Ablieferung durch Beschluss anordnen und nach § 35 FamFG erzwingen. Es kann nach pflichtgemäßem Ermessen Zwangsgeld oder für den Fall, dass dieses nicht beigetrieben werden kann oder die Anordnung von Zwangsgeld nicht erwarten lässt, dass der Ablieferverpflichtete dem Anordnungsbeschluss Folge leistet, Zwangshaft (§ 35 Abs. 1 FamFG) oder die Wegnahme durch den Gerichtsvollzieher (§ 35 Abs. 4 FamFG) anordnen. Dies setzt aber stets voraus, dass die Vorlage des Schriftstücks erforderlich ist, um dem Betreuungsgericht eine Prüfung zu ermöglichen. Hat es hingegen vom Inhalt und von den Umständen der Vollmachtserteilung, insbesondere durch die Abfrage des Zentralen Vorsorgeregisters der Bundesnotarkammer, gesicherte Kenntnis, wird die Vorlage einer Abschrift nicht immer zwingend erforderlich sein.

a) Hinweispflicht (§ 35 Abs. 2 FamFG)

10 Voraussetzung für eine Vollstreckung ist zunächst, dass das Betreuungsgericht in dem die Ablieferung anordnenden Beschluss auf die Folgen der Zuwiderhandlung gegen die Anordnung, also die Möglichkeit der Verhängung von Zwangsgeld oder Zwangshaft, hinweist (§ 35 Abs. 2 FamFG). Eine weitere Androhung ist aus Gründen der Verfahrensbeschleunigung untunlich.[15] Ist dieser Hinweis in dem Anordnungsbeschluss unterblieben, ist er nachzuholen. Um die Kenntnisnahme des Verpflichteten vom Anordnungsbeschluss und Hinweis sicherzustellen, ist der Anordnungsbeschluss zuzustellen; § 41 Abs. 1 S. 2 FamFG. Gleiches gilt für den später erstmalig erfolgenden Hinweis.

b) Zwangsgeld (§ 35 Abs. 1 S. 1 FamFG)
aa) Funktionelle Zuständigkeit

11 Die Zuständigkeit richtet sich nach der Zuständigkeit hinsichtlich der Verfahrenshandlung, die durchgesetzt werden soll. Der Rechtspfleger ist daher für die alleinige Zwangsgeldfestsetzung zuständig, soweit das Verfahren nach § 1896 Abs. 3 BGB betroffen ist und damit seinem Zuständigkeitsbereich unterfällt (§ 4 Abs. 1 RPflG), sonst ist der Betreuungsrichter (§§ 3 Nr. 2 b, 15 RPflG) zuständig. Soll ersatzweise Zwangshaft angeordnet werden, so ist ausschließlich der Betreuungsrichter zuständig (§ 4 Abs. 2 Nr. 2 RPflG).

---

15 OLG München FGPrax 2010, 168.

bb) Zwangsgeldfestsetzung

Das Zwangsgeld beträgt gemäß Art. 6 EGStGB, § 35 Abs. 3 S. 1 FamFG mindestens 5 EUR, höchstens 25.000 EUR. Mit der Festsetzung des Zwangsgelds sind nach § 35 Abs. 2 S. 2 FamFG dem Verpflichteten zugleich die Kosten des Verfahrens aufzuerlegen. Mit Kosten im Sinne dieser Bestimmung sind die Gerichtskosten – Gebühren nach Nr. 17006 KVGNotKG und Auslagen nach Nrn 31000 ff KVGNotKG – gemeint.[16]

▶ **Beschlussformel:**

Der [Bezeichnung des Verpflichteten] ist verpflichtet, dem Betreuungsgericht bis zum ... in der Betreuungssache ... die ... [genaue Bezeichnung der Urkunde bzw Ablichtung der Urkunde] vorzulegen. Im Falle der Zuwiderhandlung wird gegen ihn ein Zwangsgeld von 500 EUR festgesetzt. Dem ... [Bezeichnung des Verpflichteten] werden die Kosten des Verfahrens auferlegt. ◀

cc) Kosten und Vollzug

Die Höhe der Gebühr für die Zwangsgeldfestsetzung bemisst sich nach Nr. 17006 KVGNotKG und beträgt einheitlich 20 EUR je Anordnung. Die Kosten der Zwangsgeldfestsetzung trägt gemäß § 27 Nr. 4 GNotKG der Verpflichtete. Die Einziehung des Zwangsgeldes und der Kosten bestimmt sich nach §§ 1 Abs. 1 Nr. 3, Abs. 2; 2 ff JBeitrO; §§ 1 Abs. 1 Nr. 3, Abs. 2 bis 5; 2 ff EBAO.

dd) Aufhebung der Zwangsgeldfestsetzung

Liefert der Abgabepflichtige die Betreuungsverfügung oder die Vollmachtsabschrift nach der Zwangsgeldfestsetzung ab, ist die Festsetzung aufzuheben.[17] Dies gilt auch, wenn der Verpflichtete der Anordnung vor der Entscheidung des Beschwerdegerichts nachkommt.[18]

c) Zwangshaft (§ 35 Abs. 1 S. 2, 3 FamFG)
aa) Funktionelle Zuständigkeit

Für die Anordnung von Zwangshaft ist ausschließlich der Betreuungsrichter nach § 4 Abs. 2 Nr. 2 RPflG zuständig. Dies gilt auch dann, wenn die Zwangshaft ersatzweise neben Zwangsgeld angeordnet werden soll.[19]

bb) Festsetzung von Zwangshaft

Das Betreuungsgericht entscheidet nach pflichtgemäßem Ermessen, welches Zwangsmittel es zur Durchsetzung seiner Anordnung festsetzen will. Neben der Festsetzung von Zwangsgeld besteht nach § 35 Abs. 1 S. 2 FamFG die Möglichkeit der Anordnung von ersatzweiser Zwangshaft oder nach § 35 Abs. 1 S. 3 FamFG sogar der Verhängung originärer Zwangshaft. Da durch diese Möglichkeiten dem Betreuungsgericht eine effektive Durchsetzung seiner Anordnung ermöglicht werden soll, kann Zwangshaft als äußerstes Mittel nur dann angeordnet werden, sofern dies erforderlich ist. Dies wird nur dann der

---

16 LG Kassel FamRZ 2011, 829.
17 BayObLG FGPrax 2002, 118; KG FamRZ 1997, 216; im Einzelnen LG Kassel FamRZ 2011, 829.
18 BayObLG BtPrax 2005, 112.
19 BT-Drucks. 16/6308, 193.

Fall sein, wenn eine vorangegangene Verhängung von Zwangsgeld den Verpflichteten nicht zur Ablieferung veranlasst hat oder wenn der Verpflichtete von vornherein zu erkennen gegeben hat, dass er sich von einer Zwangsgeldfestsetzung unbeeindruckt zeigen und das Schriftstück gleichwohl nicht abliefern wird. Letzteres wird der Ausnahmefall sein, so dass die Verhängung von Zwangshaft regelmäßig nur dann in Betracht kommt, wenn eine vorherige, unter Umständen wiederholt erfolgte Zwangsgeldfestsetzung erfolglos geblieben ist. Mit der Verhängung der Zwangshaft sind nach § 35 Abs. 2 S. 2 FamFG dem Verpflichteten zugleich die Kosten des Verfahrens aufzuerlegen.

cc) Kosten und Vollzug

17 Die Höhe der Gebühr für die Verhängung von Zwangshaft beträgt nach Nr. 17006 KVGNotKG beträgt einheitlich 20 EUR je Anordnung. Die Kosten der Zwangshaftfestsetzung trägt gemäß § 27 Nr. 4 GNotKG der Verpflichtete. Nach § 35 Abs. 1 S. 3 FamFG gelten für den Vollzug der Haft §§ 802g Abs. 1 S. 2 und Abs. 2; 802h; 802j Abs. 1 ZPO entsprechend. Mithin darf die Haft die Dauer von sechs Monaten nicht übersteigen; § 802j Abs. 1 ZPO. Bei ersatzweise verhängter Zwangshaft nach § 35 Abs. 1 S. 2 FamFG ist zudem im Beschluss anzugeben, welcher Zwangsgeldbetrag einem Tag Zwangshaft entspricht.

▶ **Beschlussformel:**

Der ... [Bezeichnung des Verpflichteten] ist verpflichtet, dem Betreuungsgericht bis zum ... in der Betreuungssache ... die [genaue Bezeichnung der Urkunde bzw Ablichtung der Urkunde] vorzulegen. Im Falle der Zuwiderhandlung wird gegen ihn ein Zwangsgeld in Höhe von 1.000 EUR, ersatzweise, für den Fall der Uneinbringlichkeit, Zwangshaft von einem Tag für je 100 EUR festgesetzt. Dem [Bezeichnung des Verpflichteten] werden die Kosten des Verfahrens auferlegt. ◀

dd) Aufhebung der Zwangshaftfestsetzung

18 Liefert der Abgabepflichtige die Betreuungsverfügung oder die Vollmachtsabschrift nach Zwangshaftfestsetzung ab, ist die Verhängung von Zwangshaft aufzuheben.[20]

5. Eidesstattliche Versicherung (§ 35 Abs. 4 FamFG)

19 Unproblematisch ist die Ergreifung von Zwangsmitteln gegen den Ablieferverpflichteten, wenn feststeht, dass er sich im Besitz des abzuliefernden Schriftstücks befindet; dann kann die Wegnahme durch den Gerichtsvollzieher nach § 35 Abs. 4 FamFG; § 883 Abs. 1 ZPO erfolgen. Bestreitet der Verpflichtete hingegen, im tatsächlichen Besitz der Betreuungsverfügung oder Vollmacht zu sein und ist auf der bisherigen Ermittlungsgrundlage ernsthaft zu vermuten, dass er sich im Besitz des abzuliefernden Schriftstücks befindet, kann ihn das Betreuungsgericht nach § 35 Abs. 4 S. 1 FamFG, § 883 Abs. 2 ZPO zur Abgabe einer entsprechenden eidesstattlichen Versicherung anhalten.

a) Funktionelle Zuständigkeit

20 Zuständig ist der Rechtspfleger (§ 3 Nr. 2 b RPflG).

---

20 Im Einzelnen LG Kassel FamRZ 2011, 829.

b) Vollzug

Das Betreuungsgericht setzt von Amts wegen einen Termin zur Abgabe der eidesstattlichen Versicherung fest. Der Verpflichtete ist hierzu nachweisbar mittels Postzustellungsurkunde zu laden. Der Verpflichtete muss die eidesstattliche Versicherung nach § 35 Abs. 4 S. 1 FamFG entsprechend §§ 883 Abs. 2 S. 3, 478 ZPO persönlich vor dem Betreuungsgericht oder einem von diesem ersuchten Gericht (§§ 883 Abs. 2 S. 3, 479 ZPO) leisten. Eine hör- oder sprachbehinderte Person hat den Eid, worauf das Betreuungsgericht hinzuweisen hat, nach ihrer Wahl mittels Nachsprechens der Eidesformel, mittels Abschreibens und Unterschreibens der Eidesformel oder mithilfe eines seitens des Betreuungsgerichts hinzuzuziehenden (Gebärden-)Dolmetschers (§§ 883 Abs. 2 S. 3, 483 ZPO) zu leisten. Das Betreuungsgericht muss den Verpflichteten in jedem Fall vor der Abgabe der eidesstattlichen Versicherung über deren Bedeutung in angemessener Weise belehren (§§ 883 Abs. 2 S. 3, 480 ZPO). Weigert sich der Verpflichtete, die eidesstattliche Versicherung abzugeben, kommt der Erlass eines Haftbefehls gegen ihn in Betracht; § 35 Abs. 4 S. 1 FamFG; §§ 883 Abs. 2 S. 3; 802 g ZPO.

III. Bedeutung für den Betroffenen

Die Durchsetzung der Unterrichtungs- und Ablieferverpflichtung dient der Umsetzung des Willens des Betroffenen. Denn mit der Vorlage der Betreuungsverfügung oder einer Vollmacht ist es dem Betreuungsgericht möglich, seine in einer Betreuungsverfügung niedergelegten **Wünsche** hinsichtlich der Auswahl der Person des Betreuers und der Führung der Betreuung **zu berücksichtigen** oder bei Kenntnis einer Vollmacht von der Bestellung eines Betreuers für den Aufgabenbereich des Bevollmächtigten abzusehen und allenfalls einen Vollmachtsbetreuer nach § 1896 Abs. 3 BGB zu bestellen. Ist der Betroffene selbst im Besitz einer Betreuungsverfügung oder Vollmacht, sollte er diese dem Betreuungsgericht vorlegen. Will er an der Betreuungsverfügung oder einer erteilten Vollmacht nicht mehr festhalten und stattdessen einen Betreuer durch das Betreuungsgericht bestellen lassen, was wohl kaum vorkommen dürfte, genügt es, die Betreuungsverfügung oder die Vollmacht formlos zu widerrufen. Während der **Widerruf** der Betreuungsverfügung keine Geschäftsfähigkeit voraussetzt,[21] ist für den Vollmachtswiderruf nach §§ 105 Abs. 1, 104 Nr. 2 BGB Geschäftsfähigkeit erforderlich.[22] Ein konkludenter Widerruf der Vollmacht kann dann vorliegen, wenn der Betroffene unter Berufung auf das nicht mehr bestehende Vertrauensverhältnis zum Bevollmächtigten die Bestellung eines Betreuers für seine Angelegenheiten beantragt.

IV. Bedeutung für den Verfahrenspfleger oder Verfahrensbevollmächtigten
1. Verfahrenspfleger

Der Verfahrenspfleger sollte darauf achten, dass bei Anzeichen für das Vorliegen einer Betreuungsverfügung oder (Vorsorge-)Vollmacht das Betreuungsgericht entsprechende **Ermittlungen** anstellt und den Besitzer einer schriftlichen Betreuungsverfügung oder Vollmacht ermittelt. Da in diesen Schriftstücken der

---

21 BayObLG FamRZ 1993, 1110.
22 BayObLG BtPrax 2002, 214.

Wille des Betroffenen niedergelegt ist, sollte der Verfahrenspfleger auf die Anwendung von Zwangsmitteln drängen, wenn eine freiwillige Herausgabe nicht erfolgt.

2. Verfahrensbevollmächtigter

24 Der Verfahrensbevollmächtigte hat etwaige ihm anvertraute Betreuungsverfügungen oder Abschriften von (Vorsorge-)Vollmachten umgehend und so früh wie möglich dem Betreuungsgericht zu übergeben, damit der Wille des Betroffenen schon in einem frühen Verfahrensstadium durchgesetzt und den Betroffenen belastende Ermittlungsmaßnahmen vermieden werden und er nicht in die missliche Lage versetzt wird, dass er mit Zwangsmitteln überzogen wird.

V. Bedeutung für Dritte

1. Besitzer einer Betreuungsverfügung oder Vorsorgevollmacht

25 Der Besitzer einer Betreuungsverfügung oder Vorsorgevollmacht hat seiner Ablieferungspflicht nachzukommen, anderenfalls können **Zwangsmittel** gegen ihn verhängt werden. Seine Pflicht zur Ablieferung beginnt mit der Einleitung des Betreuungsverfahrens und endet mit dem Ende des Betreuungsverfahrens, also mit der Aufhebung der Betreuung oder dem Tod des Betreuten.[23] Hieraus ergibt sich, dass er erst mit der positiven Kenntnis von der Einleitung eines Verfahrens zur Bestellung eines Betreuers zur Ablieferung verpflichtet ist. Hat er eine derartige Kenntnis nicht, so ist er trotz eigener Kenntnis von der Betreuungsbedürftigkeit des Betroffenen nicht verpflichtet, sich durch eigene Ermittlungen, etwa durch Nachfrage beim Betreuungsgericht oder der Betreuungsbehörde, diese Kenntnis zu verschaffen.

26 Der **Ablieferungsbeschluss** stellt sich für den Ablieferverpflichteten als Endentscheidung dar, da der Verfahrensgegenstand teilweise erledigt wird,[24] mag er auch später als Beteiligter dem Verfahren zugezogen werden. Damit ist gegen den Beschluss die Beschwerde nach § 58 FamFG eröffnet.[25] Gegen den **Zwangsmittelfestsetzungsbeschluss** (Zwangsgeld, Zwangshaft, Abgabe der eidesstattlichen Versicherung) kann er nach § 35 Abs. 5 FamFG **sofortige Beschwerde** in entsprechender Anwendung der §§ 567 ff ZPO einlegen. Entsprechend § 570 Abs. 1 ZPO hat seine sofortige Beschwerde aufschiebende Wirkung, die mit der Einlegung der Beschwerde ein- und mit der Entscheidung über dieselbe außer Kraft tritt. Der Verpflichtete kann die sofortige Beschwerde selbst einlegen, da er sich entsprechend §§ 569 Abs. 3 Nr. 1, 78 Abs. 3 ZPO nicht anwaltlich vertreten lassen muss; die Beschwerde ist schriftlich oder durch Erklärung zu Protokoll der Geschäftsstelle binnen zwei Wochen einzulegen (§ 569 Abs. 1 ZPO). Die Frist beginnt mit der Zustellung des Beschlusses an ihn oder im Falle der mündlichen Bekanntgabe iSd § 41 Abs. 2 FamFG entsprechend § 63 Abs. 3 S. 1 FamFG mit der schriftlichen Bekanntgabe des Beschlusses, spätestens aber mit dem Ablauf von fünf Monaten nach der Verkün-

---

23 BGH BtPrax 2012, 62.
24 Damrau/Zimmermann § 285 FamFG Rn 9; Keidel/Zimmermann § 35 FamFG Rn 65; aA Prütting/Helms/Fröschle, § 285 FamFG Rn 8.
25 Damrau/Zimmermann, § 285 FamFG Rn 9; Jürgens/Kretz, § 285 FamFG Rn 5; MK/Schmidt-Recla, § 285 FamFG Rn 4; aA Bassenge/Roth, § 285 FamFG Rn 2.

dung des Beschlusses; § 63 Abs. 3 S. 2 FamFG. Hingegen ist die bloße **Androhung** als Zwischenentscheidung nicht anfechtbar.[26]

2. Bevollmächtigte

Ist der Bevollmächtigte im Besitz der Vollmacht, ist er zur Unterrichtung und Übermittlung einer Vollmachtsabschrift bei entsprechendem Verlangen an das Betreuungsgericht verpflichtet. Ist die Vollmacht wirksam erteilt, so wird das Betreuungsgericht wegen mangelnder Erforderlichkeit der Betreuung von der Bestellung eines Betreuers für den durch die Vollmacht abgedeckten Aufgabenkreis absehen. Will der Bevollmächtigte die Vollmacht nicht mehr ausüben, so genügt es nicht, seinen Unwillen gegenüber dem Betreuungsgericht zu demonstrieren. Vielmehr sollte sich der Bevollmächtigte bei ursprünglich wirksamer Übernahme seiner Aufgabe durch Kündigung des der Vollmachtserteilung zugrunde liegenden Auftrags- oder Geschäftsbesorgungsverhältnisses hiervon lösen und dies dem Betreuungsgericht anzeigen.

27

§ 286 FamFG Inhalt der Beschlussformel

(1) Die Beschlussformel enthält im Fall der Bestellung eines Betreuers auch
1. die Bezeichnung des Aufgabenkreises des Betreuers;
2. bei Bestellung eines Vereinsbetreuers die Bezeichnung als Vereinsbetreuer und die des Vereins;
3. bei Bestellung eines Behördenbetreuers die Bezeichnung als Behördenbetreuer und die der Behörde;
4. bei Bestellung eines Berufsbetreuers die Bezeichnung als Berufsbetreuer.

(2) Die Beschlussformel enthält im Fall der Anordnung eines Einwilligungsvorbehalts die Bezeichnung des Kreises der einwilligungsbedürftigen Willenserklärungen.

(3) Der Zeitpunkt, bis zu dem das Gericht über die Aufhebung oder Verlängerung einer Maßnahme nach Absatz 1 oder Absatz 2 zu entscheiden hat, ist in der Beschlussformel zu bezeichnen.

I. Allgemeines 1	a) Betreuerbestellung
1. Bedeutung 1	(Abs. 1) 18
2. Anwendungsbereich 2	aa) Aufgabenkreise
II. Bedeutung für das Betreuungs-	(Abs. 1 Nr. 1) 18
gericht 5	bb) Bezeichnung des
1. Funktionelle Zuständig-	Betreuers
keit 5	(Abs. 1 Nr. 2) 19
2. Eingangsformel	b) Anordnung eines Einwil-
(§ 38 Abs. 2 Nr. 1 FamFG) .. 6	ligungsvorbehaltes
3. Beschlussformel	(Abs. 2) 20
(§ 38 Abs. 2 Nr. 3, Abs. 1,	c) Überprüfungszeitpunkt
2 FamFG) 17	(Abs. 3) 21
	d) Beschlussformel 23

---

[26] BGH FGPrax 2012, 183; vgl OLG München FGPrax 2010, 168 zum Beschwerdeverfahren nach der Grundbuchordnung.

4. Begründung (§ 38 Abs. 3 S. 1, Abs. 5 Nr. 3 FamFG)	26	IV. Bedeutung für den Betreuer	33
5. Unterschrift (§ 38 Abs. 3 S. 2 FamFG)	28	V. Bedeutung für den Verfahrenspfleger oder Verfahrensbevollmächtigten	35
6. Bekanntgabezeitpunkt (§ 38 Abs. 3 S. 3 FamFG)	29	1. Verfahrenspfleger	35
7. Rechtsmittelbelehrung (§ 39 FamFG)	31	2. Verfahrensbevollmächtigter	36
III. Bedeutung für den Betroffenen	32	VI. Bedeutung für Dritte	37

I. Allgemeines

1. Bedeutung

1 Die Anforderungen an den Inhalt des Beschlusses ergeben sich aus §§ 38 Abs. 2 bis 3, Abs. 5 Nr. 3, 39 FamFG. Notwendiger Teil des Beschlusses ist nach § 38 Abs. 2 Nr. 3 FamFG die Beschlussformel, deren Inhalt im Falle der Betreuerbestellung und der Anordnung des Einwilligungsvorbehaltes in § 286 FamFG geregelt wird. Ausdrücklich geregelt ist die Verpflichtung, den Berufsbetreuer ausdrücklich als solchen in der Beschlussformel zu bezeichnen. Im Hinblick auf die Erforderlichkeit der Feststellung der berufsmäßigen Betreuung für den Vergütungsanspruch des Berufsbetreuers muss das Gericht diese Feststellung nach § 1836 Abs. 1 S. 2 BGB, § 1 Abs. 1 S. 1 VBVG zwar ohnehin bei der Bestellung des Betreuers oder nachträglich treffen.[1] Mit der ausdrücklichen Regelung wird der Ausspruch der Berufsmäßigkeit bereits bei der Bestellung sichergestellt. Aus § 17 Abs. 2 FamFG ist zu folgern, dass die Rechtsmittelfrist zwar bei fehlender oder unrichtiger Rechtsmittelbelehrung wirksam läuft, indes fehlendes Verschulden des die Rechtsmittelfrist Versäumenden bei einem Wiedereinsetzungsantrag vermutet wird.

2. Anwendungsbereich

2 §§ 38 Abs. 2 bis 3, Abs. 5 Nr. 3, 39 FamFG gelten unmittelbar für alle Entscheidungen des Betreuungsgerichts, auch einstweilige Anordnungen nach §§ 300 f FamFG, wenn eine Endentscheidung vorliegt, also der Verfahrensgegenstand ganz oder teilweise **erledigt** wird (§ 38 Abs. 1 S. 1 FamFG). Ergänzend gilt Abs. 1, Abs. 3 für die – erstmalige oder nachfolgende – Bestellung eines oder mehrerer Betreuer und nach Abs. 2, Abs. 3 für die Anordnung eines Einwilligungsvorbehaltes und kraft Verweises für die Erweiterung des Aufgabenkreises des Betreuers bzw des Kreises der einwilligungsbedürftigen Willenserklärungen (§ 293 Abs. 1 FamFG), die Verlängerung der Betreuung bzw des Einwilligungsvorbehaltes (§ 295 Abs. 1 S. 1 FamFG)[2] sowie – obwohl in § 286 FamFG nicht erwähnt – entsprechend für den Erlass auf die vorgenannten Maßnahmen gerichteter einstweiliger Anordnungen nach §§ 300 f FamFG.[3]

3 **Zwischen- und Nebenentscheidungen** unterfallen daher grundsätzlich nicht den vorgenannten inhaltlichen Anforderungen. Nur dann, wenn das FamFG

---

[1] Vgl 1. Auflage § 69 FGG Rn 9.
[2] Damrau/Zimmermann, § 286 FamFG Rn 2; MK/Schmidt-Recla, § 286 FamFG Rn 3; aA HK-BUR/Braun, §§ 286, 38, 39 FamFG Rn 6: nur erstmalige Bestellung eines oder mehrerer, auch des weiteren Betreuers und Anordnung des Einwilligungsvorbehaltes.
[3] HK-BUR/Braun, §§ 286, 38, 39 FamFG Rn 6.

dies ausdrücklich vorschreibt, sind diese Entscheidungen, die den Verfahrensgegenstand nicht erledigen, in Beschlussform zu treffen, wie dies bei
- §§ 274 Abs. 1, 7 Abs. 5 S. 1 FamFG (Beschluss über die **Ablehnung** der **Hinzuziehung** als Beteiligter),
- § 284 FamFG (Beschluss über die Anordnung der **Unterbringung** zur Begutachtung und der Verlängerung der Unterbringung),
- § 285 FamFG (Anordnung der **Vorlage** einer Betreuungsverfügung oder der Abschrift einer Vollmacht),

der Fall ist. Entscheidungen des Betreuungsgerichts im **Verfahrenskostenhilfeverfahren** (s. § 307 FamFG Rn 27) und im Verfahren über ein **Ablehnungsgesuch** sind wegen der angeordneten Verweisung auf die Vorschriften der ZPO in Beschlussform zu treffen.

Für die **sonstigen Zwischen- und Nebenentscheidungen**, also verfahrensleitende Anordnungen, wie die Entscheidungen über die Abgabe des Verfahrens nach § 4 FamFG (vgl § 273 FamFG Rn 12), der Hinzuziehung eines Beteiligten zum Verfahren (vgl § 274 FamFG Rn 26, s. aber Rn 3 bei Ablehnung),[4] die Bestellung eines Verfahrenspflegers nach § 276 FamFG (vgl § 276 FamFG Rn 10), die Beauftragung des Sachverständigen nach § 280 FamFG (vgl § 280 FamFG Rn 11) und die Vorführung zur Untersuchung oder Befragung nach § 283 FamFG (vgl § 283 FamFG Rn 20), die Einholung eines Gutachtens des Medizinischen Dienstes der Krankenkasse (vgl § 282 FamFG Rn 6, 8) oder Entscheidungen über die Mitteilung nach §§ 308 ff FamFG, ist die Beschlussform nicht zwingend vorgeschrieben. Das Betreuungsgericht kann, es muss aber nicht in Beschlussform entscheiden. 4

II. Bedeutung für das Betreuungsgericht
1. Funktionelle Zuständigkeit
Die Anforderungen der §§ 38 Abs. 2 bis 3, Abs. 5 Nr. 3, 39 FamFG und § 286 FamFG richten sich an den für den Erlass der Entscheidung zuständigen Funktionsträger, also den Rechtspfleger oder Betreuungsrichter. 5

2. Eingangsformel (§ 38 Abs. 2 Nr. 1 FamFG)
Die einem Urteilsrubrum entsprechende Eingangsformel beginnt mit der Angabe des Aktenzeichens, der Bezeichnung des entscheidenden Gerichts, der Bezeichnung als Beschluss und der Kennzeichnung als Betreuungssache. 6

Es folgt die Bezeichnung des **Betroffenen** (§ 38 Abs. 2 Nr. 1 FamFG), da dieser nach § 274 Abs. 1 Nr. 1 FamFG Mussbeteiligter iSd § 7 Abs. 2 Nr. 2 FamFG ist. Der Betroffene ist nach Vor- und Nachnamen, Geburtsdatum und Geburtsort, vollständiger Anschrift des gewöhnlichen Aufenthalts und ggf Anschrift eines kurzfristigen anderweitigen Aufenthalts (s. § 273 FamFG Rn 6) aufzunehmen. Ist der Name des Betroffenen unbekannt, ist durch geeignete Umschreibungen des Betroffenen sicherzustellen, dass er individualisiert werden kann.[5] Verfügt der Betroffene über keinen festen Wohnsitz, ist die Anschrift der Einrichtung, etwa einer Obdachlosenunterkunft, anzugeben, bei dem die Post für 7

---
4 HK-BUR/Braun, §§ 286, 38, 39 FamFG Rn 18.
5 MK/Schmidt-Recla, § 286 FamFG Rn 4.

diesen angenommen wird. Verfügt er über ein derartiges „Postfach" nicht, ist der letzte bekannte Wohnsitz oder der jetzige tatsächliche Ort des Aufenthaltes anzugeben. Bei fehlender hinreichender Bestimmtheit der Bezeichnung des Betroffenen, die eine Individualisierung nicht zulässt, ist der Beschluss nichtig.[6] Bei bloßer Unvollständigkeit hingegen nachträglich ergänzbar.[7]

8 Hat der Betroffene einen **gesetzlichen Vertreter**, der nicht sein Betreuer ist, was nur im Falle des siebzehnjährigen Betroffenen iSd § 1908 a S. 1 BGB denkbar sein dürfte, ist auch dieser gesetzliche Vertreter oder die gesetzlichen Vertreter in die Eingangsformel unmittelbar nach den Angaben zur Person des Betroffenen mit dem Zusatz „gesetzlich vertreten durch" anzugeben (§ 38 Abs. 2 Nr. 1 FamFG).

9 Wird der Betroffene durch einen Verfahrensbevollmächtigten vertreten, ist dieser gemäß § 38 Abs. 2 Nr. 1 FamFG nach Name, Vorname und genauer Anschrift anzugeben. Ist der Verfahrensbevollmächtigte ein Rechtsanwalt, genügt im Regelfall die Angabe des Ortes des Kanzleisitzes.

10 Sodann ist der bereits bestellte **Betreuer** aufzuführen, da er ebenfalls nach § 274 Abs. 1 Nr. 2 FamFG Mussbeteiligter iSd § 7 Abs. 2 Nr. 2 FamFG ist, soweit sein Aufgabenkreis betroffen ist, und er nach § 1902 BGB ohnehin in diesem Aufgabenkreis gesetzlicher Vertreter des Betroffenen ist (§ 38 Abs. 2 Nr. 1 FamFG). Er ist hinreichend bestimmt nach Vor- und Nachnamen sowie Anschrift zu bezeichnen. Eine Angabe des Geburtsdatums und -ortes ist nur dann erforderlich, wenn ansonsten Verwechslungen hinsichtlich der Person des Betreuers möglich sind.[8] Ist diese nicht hinreichend individualisiert, gilt Rn 7 bei der erstmaligen Einrichtung einer Betreuung entsprechend, es sei denn, dass der Landesgesetzgeber von der Befugnis des § 19 Abs. 1 Nr. RPflG Gebrauch gemacht hätte (s. § 272 FamFG Rn 15), da dann die Einrichtung einer Betreuung auch ohne konkrete Nennung des Betreuers möglich wäre. Handelt es sich bei dem Betreuer um einen **Vereins-, Behörden- oder Berufsbetreuer**, ist dies, wie sich aus § 286 Abs. 1 Nr. 2 bis Nr. 4 FamFG ergibt, zusätzlich anzugeben (s. Rn 19). Ist hingegen der Verein oder die Betreuungsbehörde zum Betreuer zu bestellen, genügt die Angabe des Vereins oder der Behörde; der die Betreuung wahrnehmende Mitarbeiter des Vereins oder der Behörde ist nicht aufzuführen (s. § 291 FamFG Rn 2).

11 Hat der Betreuer einen **Verfahrensbevollmächtigten**, ist dieser sodann anzuführen (vgl Rn 9). Für den Ausnahmefall, dass ein beschränkt Geschäftsfähiger zum Betreuer bestellt worden ist (vgl § 1897 BGB Rn 6), ist auch der gesetzliche Vertreter oder sind die gesetzlichen Vertreter des Betreuers unmittelbar nach den Angaben zu seiner Person mit dem Zusatz „gesetzlich vertreten durch" anzugeben.

12 Ein lediglich **potenzieller Betreuer**, dessen Bestellung das Betreuungsgericht zwar ernsthaft erwägt, aber noch nicht in dem Beschluss anordnet, ist nicht in die Eingangsformel aufzunehmen. Wird er hingegen durch diesen Beschluss bestellt, gilt zusätzlich Abs. 1, Abs. 3 (s. Rn 10).

---

6 HK-BUR/Braun, §§ 286, 38, 39 FamFG Rn 17; MK/Schmidt-Recla, § 286 FamFG Rn 4.
7 HK-BUR/Braun, §§ 286, 38, 39 FamFG Rn 17.
8 AA Jürgens/Kretz, § 286 FamFG Rn 3; Schulte-Bunert/Weinreich/Rausch, § 286 FamFG Rn 3: Geburtsdatum und -ort erforderlich.

Hat der Betroffene einen Dritten iSd § 1896 Abs. 2 S. 2 BGB bevollmächtigt, 13
so ist dieser **Bevollmächtigte**, soweit sein Aufgabenkreis betroffen ist, Mussbeteiligter nach § 274 Abs. 1 Nr. 3 FamFG und damit ebenso wie der Betreuer aufzuführen; Rn 10 gilt entsprechend. Ist ein **Verfahrenspfleger** bereits bestellt, ist dieser anzugeben. Rn 10 gilt entsprechend.

Die zuständige **Betreuungsbehörde** ist ebenfalls nur insoweit anzuführen, als sie auf ihren Antrag obligatorisch nach § 274 Abs. 3 FamFG zu beteiligen ist, also in den Fällen der Bestellung eines Betreuers und Anordnung eines Einwilligungsvorbehaltes und der Entscheidungen über Aufhebung oder Verlängerung der Betreuung, Einschränkung oder Erweiterung des Aufgabenkreises des Betreuers, Aufhebung oder Verlängerung eines Einwilligungsvorbehaltes oder Einschränkung oder Erweiterung des Kreises der einwilligungsbedürftigen Willenserklärungen, Bestellung eines neuen (§ 1908 c BGB) oder weiteren Betreuers (§ 1899 BGB), Entlassung des Betreuers (§ 1908 b BGB), Statuswechsel des Betreuers und Überprüfung der Betreuerauswahl des Betreuungsvereins (§ 291 FamFG). Ist die Betreuungsbehörde hingegen lediglich von Amts wegen oder auf Verlangen des Betroffenen (§ 279 Abs. 2 FamFG) angehört worden, ist sie nicht in die Eingangsformel aufzunehmen.

Hat das Betreuungsgericht dem Verfahren weitere Personen nach § 274 Abs. 4 14
Nr. 1 FamFG, also den nicht dauernd getrennt lebenden Ehegatten (§ 1310 Abs. 1 BGB) oder Lebenspartner (§ 1 Abs. 1 S. 1 LPartG), Verwandte in gerader Linie (§ 1589 S. 1 BGB: Eltern, Großeltern, Kinder, Enkel, Urenkel), Geschwister und Pflegeeltern iSd § 16 Abs. 5 S. 1 Nr. 8 SGB X, § 44 SGB VIII oder eine Vertrauensperson des Betroffenen, als **Beteiligte** hinzugezogen, sind diese Personen ebenfalls aufzuführen. Zu beachten ist, dass diese Personen nur in den Fällen, in denen die Betreuungsbehörde auf ihren Antrag zwingend zu beteiligen ist (vgl Rn 13), beteiligt werden können. Fehlt die Bezeichnung eines Beteiligten in der Beschlussformel, ist der Beschluss nicht unwirksam, sondern kann nach § 42 FamFG berichtigt werden.[9]

Ist der **Vertreter der Staatskasse** gemäß § 274 Abs. 4 Nr. 2 FamFG beteiligt 15
worden, ist auch dieser als Beteiligter anzugeben. Dabei ist er nicht nach Namen und Vornamen, sondern nach seiner Funktion (etwa Bezirksrevisor beim Landgericht) zu individualisieren.

Nach der Aufführung der Beteiligten folgt die Bezeichnung des erkennenden 16
Betreuungsgerichts, also der Name des entscheidenden Richters oder Rechtspflegers (§ 38 Abs. 2 Nr. 2 FamFG), und des Entscheidungstages.

3. Beschlussformel (§ 38 Abs. 2 Nr. 3, Abs. 1, 2 FamFG)

Kernstück des Beschlusses ist und bleibt die Beschlussformel, mit der die be- 17
treuungsrechtliche Maßnahme angeordnet, eingeschränkt oder aufgehoben wird. Diese ist so bestimmt wie möglich zu fassen. Für die Betreuerbestellung und Anordnung eines Einwilligungsvorbehaltes enthält § 286 FamFG weitere Anforderungen.

---

[9] HK-BUR/Braun, §§ 286, 38, 39 FamFG Rn 20.

a) Betreuerbestellung (Abs. 1)
aa) Aufgabenkreise (Abs. 1 Nr. 1)

18 Die **Aufgabenkreise** der Betreuung (Abs. 1 Nr. 1) sind so bestimmt, verständlich und konkret wie möglich zu fassen;[10] zur möglichen Bezeichnung und Konkretisierung der Aufgabenkreise s. § 1896 BGB Rn 154 ff. Fehlt der Aufgabenkreis, ist der Beschluss unwirksam,[11] weil auch im Falle, dass nach Landesrecht die Auswahl des Betreuers dem Rechtspfleger obliegen sollte, die Anordnung der Betreuung und Bestimmung der Aufgabenkreise arg e § 19 Abs. 1 S. 1 Nr. 1 RPflG zwingend einheitlich zu erfolgen hat und dem Gesetz die Einrichtung einer Betreuung ohne Aufgabenkreis fremd ist. Sofern im Ausnahmefall[12] (s. § 1896 BGB Rn 166) tatsächlich für „alle Angelegenheiten" ein Betreuer bestellt wird, sollte sich aus Gründen der Rechtsklarheit aus der Beschlussformel ergeben, dass der Aufgabenkreis des Betreuers ausdrücklich „alle Angelegenheiten" umfasst.[13] In diesem Falle umfasst der Aufgabenkreis „alle Angelegenheiten" nach § 1896 Abs. 4 BGB nur dann die Entscheidung über den Post- oder Telefonverkehr, wenn dies zusätzlich **ausdrücklich** angegeben wird (s. § 1896 BGB Rn 167). Werden mehrere Betreuer für denselben Aufgabenkreis bestellt, so muss in die Beschlussformel die Einzelvertretungsbefugnis ausdrücklich aufgenommen werden, da ansonsten die Betreuer nur gemeinsam handeln können; § 1899 Abs. 3 BGB.

bb) Bezeichnung des Betreuers (Abs. 1 Nr. 2)

19 Beim bestellten ehrenamtlichen Betreuer bedarf es des Zusatzes, dass die Betreuung ehrenamtlich geführt wird, nicht. Der bestellte Berufsbetreuer ist hingegen mit der nach § 1 Abs. 2 S. 1 VBVG **konstitutiv wirkenden Bezeichnung**,[14] also ausdrücklich als „Berufsbetreuer" (Abs. 1 Nr. 4), zu kennzeichnen. Ein Vereinsbetreuer ist ausdrücklich als „Vereinsbetreuer" unter Nennung des (Betreuungs-)Vereins (Abs. 1 Nr. 2)[15] und ein Behördenbetreuer als „Behördenbetreuer" unter Angabe der Betreuungsbehörde (Abs. 1 Nr. 3) zu bezeichnen. Hat das Betreuungsgericht die Bezeichnung als Vereins- oder Berufsbetreuer versehentlich im Beschluss nicht aufgenommen, ist zu differenzieren:

- Hat das Betreuungsgericht – wie sich aus den Entscheidungsgründen ergibt, in denen die Bestellung eines Vereinsbetreuers oder Berufsbetreuers begründet wird – lediglich die Aufnahme in die Beschlussformel **versehentlich** unterlassen, kann der Beschluss nach § 42 FamFG wegen dieser **offensichtlichen** Unterlassung berichtigt werden;[16] diese Entscheidung wirkt auf den Zeitpunkt der Betreuerbestellung zurück, so dass dem (Berufs- oder

---

10 OLG Zweibrücken FamFR 2011, 312.
11 MK/Schmidt-Recla, § 286 FamFG Rn 6; Prütting/Helms/Fröschle, § 286 FamFG Rn 8.
12 BayObLG BtPrax 2002, 216; BayObLG FamRZ 1998, 452; BayObLG BtPrax 1997, 72.
13 LG Zweibrücken BtPrax 1999, 244; LG Saarbrücken BtPrax 2009, 252; vgl VG Neustadt (Weinstraße) FamRZ 2000, 1049.
14 KG Rpfleger 2006, 398; OLG Frankfurt/M. FGPrax 2003, 176; LG Koblenz FamRZ 2001, 303.
15 KG Rpfleger 2006, 398.
16 OLG Hamm FGPrax 2008, 106; OLG Frankfurt/M. FGPrax 2003, 176; vgl auch KG FamRZ 2013, 478: Nachholung noch im Vergütungsfestsetzungsverfahren.

Vereins-)Betreuer ab Beginn der Betreuung der Vergütungsanspruch zusteht.

- Hat das Betreuungsgericht hingegen weder in den Entscheidungsgründen noch in anderer aktenkundiger Weise zu erkennen gegeben, dass es eigentlich einen Vereins- oder Berufsbetreuer bestellen wollte, kann es den Beschluss durch weiteren Beschluss um diese Bezeichnung nach § 43 FamFG nachträglich ergänzen, da der Antrag auf Bestellung zum Vereins- oder Behördenbetreuer **noch nicht** beschieden worden ist.[17] Einer Abänderung nach § 48 FamFG[18] steht entgegen, dass sich die zugrunde liegende Sach- oder Rechtslage gerade nicht nachträglich wesentlich geändert hat.

Fehlt die konstitutiv wirkende Bezeichnung, so wird der Betreuer als ehrenamtlicher Betreuer bestellt. Dies hat insbesondere für den Vereinsbetreuer und den Berufsbetreuer die gravierende Konsequenz, dass – vom Ausnahmefall der §§ 1908 i Abs. 1 S. 1, 1836 Abs. 2 BGB abgesehen – kein Vergütungsanspruch nach § 1 Abs. 2 S. 1 VBVG besteht. Umgekehrt besteht ein Vergütungsanspruch auch dann, wenn die Feststellung der Berufsmäßigkeit irrtümlich oder zu Unrecht erfolgte oder das Betreuungsgericht später die Berufsmäßigkeit in Frage stellen sollte.[19] Eine Abänderungsmöglichkeit nach § 43 FamFG besteht insoweit nicht, da der Antrag auf Bestellung zum Vereins- oder Berufsbetreuer – wenn auch inhaltlich falsch – beschieden worden ist. Gleiches gilt sinngemäß, wenn der Betreuer zunächst zutreffend als ehrenamtlicher Betreuer bestellt worden ist und dieser erst später die Voraussetzungen für die Bestellung zum Berufs- oder Vereinsbetreuer erfüllt.

Weitere Bezeichnungen als „Ergänzungs- bzw Verhinderungsbetreuer", „Kontroll- bzw Vollmachtsbetreuer" oder „Gegenbetreuer" sind zwar nicht gesetzlich gefordert, aber können gleichwohl aus Klarstellungsgründen in die Beschlussformel aufgenommen werden.

b) Anordnung eines Einwilligungsvorbehaltes (Abs. 2)

Das Bestimmtheitserfordernis gilt auch für den Kreis der **einwilligungsbedürftigen Willenserklärungen** (Abs. 2);[20] hinsichtlich der Formulierung s. § 1903 BGB Rn 30 ff. Sollen auch geringfügige Angelegenheiten vom Einwilligungsvorbehalt umfasst sein, ist dies als Ausnahme zu § 1903 Abs. 3 S. 2 BGB gesondert anzugeben. Fehlt die Angabe der einwilligungsbedürftigen Willenserklärung, bleibt eine im selben Beschluss angeordnete Betreuung gleichwohl, allerdings ohne Einwilligungsvorbehalt, wirksam.[21]

20

c) Überprüfungszeitpunkt (Abs. 3)

Die Betreuung und die Anordnung des Einwilligungsvorbehaltes enden – wie sich aus § 309 Abs. 1 S. 3 FamFG ergibt – nur mit dem Tod des Betreuten, bei Aufhebung der Betreuung oder des Einwilligungsvorbehaltes oder – wenn die

21

---

17 Damrau/Zimmermann, § 286 FamFG Rn 30; HK-BUR/Braun, §§ 286, 38, 39 FamFG Rn 20.
18 So aber Prütting/Helms/Fröschle, § 286 FamFG Rn 13.
19 HK-BUR/Braun, §§ 286, 38, 39 FamFG Rn 31.
20 Vgl BayObLG BtPrax 1993, 64.
21 HK-BUR/Braun, §§ 286, 38, 39 FamFG Rn 46.

Maßnahme befristet worden ist - mit Fristablauf,[22] nicht hingegen mit Ablauf der Überprüfungsfrist, da diese Frist nur besagt, dass das Betreuungsgericht in angemessener Zeit **vor Ablauf der Frist** über die Aufhebung oder Verlängerung zu entscheiden hat.[23] Der **Überprüfungszeitpunkt** ist sowohl im Falle der Betreuerbestellung als auch der Anordnung eines Einwilligungsvorbehaltes anzugeben.[24] Nach §§ 294 Abs. 3, 295 Abs. 2 FamFG ist über die Aufhebung und Verlängerung der Betreuerbestellung oder der Anordnung des Einwilligungsvorbehaltes spätestens nach sieben Jahren zu entscheiden. Zur Frage der Bestimmung des Überprüfungszeitpunktes s. § 294 FamFG Rn 19. Bei fehlerhafter oder unvollständiger Zeitbestimmung ist der Beschluss nicht unwirksam, sondern **anfechtbar**. Fehlt die Angabe, kann das Betreuungsgericht die Überprüfungsfrist nachträglich durch Beschluss bestimmen, ansonsten gilt die **Höchstfrist** des § 294 Abs. 3 FamFG von sieben Jahren.[25] Dies gilt entsprechend, wenn irrig eine längere Frist angegeben worden ist.[26]

22 Eine **Kostenentscheidung** ist nur nach Maßgabe des § 307 FamFG (s. dort) erforderlich. Ggf sind weitere Entscheidungen nach § 287 Abs. 2 S. 3 FamFG (Anordnung der sofortigen Wirksamkeit) oder § 288 Abs. 1 FamFG (Absehen von der Bekanntgabe der Entscheidungsgründe) in die Beschlussformel aufzunehmen.

d) Beschlussformel

23 ▶ **Beschlussformel bei Betreuerbestellung:**

In dem Betreuungsverfahren für den ... [genaue Bezeichnung des Betroffenen] wird ... [genaue Bezeichnung des Betreuers/ des Vereins/ der Behörde] als Mitarbeiter des Vereins/der Behörde zum Betreuer/Berufsbetreuer/Vereinsbetreuer/Behördenbetreuer bestellt. Zum Aufgabenkreis wird bestimmt: ... [genaue Bezeichnung, etwa: Gesundheitssorge, Aufenthaltsbestimmung, Regelung des Umgangs des Betreuten, Wohnungsangelegenheiten, Heimangelegenheiten, Vertretung vor Behörden und/ oder Gerichten, wobei die Vertretung auf einzelne konkret zu bezeichnende Gerichts- oder Verwaltungsverfahren oder auf einzelne Verfahrenshandlungen, etwa Stellung eines Strafantrags oder eines Antrags auf Grundsicherung möglich ist, Fernmeldeverkehr des Betroffenen und die Entgegennahme, das Öffnen und das Anhalten der Post – dies muss ausdrücklich auch dann angeordnet werden, wenn der Aufgabenbereich „alle Angelegenheiten" umfassen sollte, § 1896 Abs. 4 BGB –[27] Entscheidung über (Zuführung zur) Unterbringung oder unterbringungsähnliche Maßnahmen, Vermögenssorge, Erbangelegenheiten; nur im Ausnahmefall:[28] alle Angelegenheiten, für den Sterilisationsbetreuer nach § 1899 Abs. 2 BGB nur der Aufgabenkreis Entscheidung über die Einwilligung in eine Sterilisation]. ◀

---

22 BGH BtPrax 2012, 62.
23 OLG Naumburg OLGReport 2004, 56 zur Betreuung; BayObLG BtPrax 1998, 110 zum Einwilligungsvorbehalt.
24 BGH NJW-RR 2012, 1154.
25 Keidel/Budde, § 286 FamFG Rn 8; Bassenge/Roth, § 286 FamFG Rn 6.
26 Damrau/Zimmermann, § 286 FamFG Rn 23.
27 BayObLG FamRZ 2002, 1225.
28 BayObLG FamRZ 1998, 452.

▶ **Beschlussformel bei Einwilligungsvorbehalt:** 24
In dem Betreuungsverfahren für den ... [genaue Bezeichnung des Betroffenen] wird angeordnet, dass der Betreute zu Willenserklärungen, die den Aufgabenkreis ... [genaue Bezeichnung] betreffen, der Einwilligung des Betreuers bedarf. ◀

▶ **In beiden Fällen:**
Das Gericht wird spätestens bis zum ... [genaues Datum] über eine Aufhebung oder Verlängerung der Betreuung/des Einwilligungsvorbehaltes beschließen. ◀

Im Falle des Absehens von der Bekanntgabe der Beschlussgründe nach § 288 25
Abs. 1 FamFG (s. dort) zusätzlich:

▶ Von der Bekanntgabe der Entscheidungsgründe wird gemäß § 288 Abs. 1 FamFG abgesehen. ◀

Bei Anordnung der sofortigen Wirksamkeit nach § 287 Abs. 2 FamFG zusätzlich:

▶ Die sofortige Wirksamkeit des Beschlusses wird angeordnet. ◀

4. Begründung (§ 38 Abs. 3 S. 1, Abs. 5 Nr. 3 FamFG)

Der Beschluss ist zu begründen. Die Ausnahmevorschrift des § 38 Abs. 4 26
FamFG gilt im Betreuungsverfahren nach § 38 Abs. 5 Nr. 3 FamFG ausdrücklich nicht, da aus Gründen der Rechtsfürsorge dem Betroffenen die Gründe für die Anordnung der Betreuung, deren Ablehnung oder die sonstige Endentscheidung auch nachträglich zur Verfügung stehen müssen.[29]

Die Begründung muss eine eigene kritische Auseinandersetzung des Betreuungsgerichts mit dem Ergebnis der Ermittlungen und etwaigen Einwendungen 27
des Betroffenen erkennen lassen[30] und eine Nachprüfung der Entscheidung durch das Beschwerdegericht ermöglichen.[31] Formelhafte, nichtssagende oder nur den Gesetzeswortlaut wiederholende Formulierungen genügen dem Begründungserfordernis nicht. Daran ändert auch der weitverbreitete Einsatz von Formularsammlungen oder seitens der Landesjustizverwaltungen eingeführter elektronischer Fachanwendungen nichts. Fehlt eine ausreichende Begründung, werden Rechtsmittelfristen gleichwohl in Gang gesetzt.[32] Eine fehlende Begründung kann nicht nach §§ 42, 43 FamFG nachgeholt werden.[33]

Die Begründung muss nicht entsprechend § 313 Abs. 1 Nr. 5 und 6 ZPO in eine Darstellung der tatsächlichen und rechtlichen Erwägungen unterteilt sein. Gleichwohl muss die Begründung auch für die Beteiligten verständlich sein und die entscheidungserheblichen tatsächlichen und rechtlichen Erwägungen erkennen lassen. Als **Mindestinhalt** muss die Begründung zu folgenden Punkten Darlegungen enthalten:

---

29 BT-Drucks. 16/6308, 195.
30 BGH FamRZ 2013, 619.
31 OLG Frankfurt/M. FamRZ 2008, 1477.
32 Damrau/Zimmermann, § 286 FamFG Rn 40; Keidel/Budde, § 286 FamFG Rn 13; Jürgens/Kretz, § 286 FamFG Rn 11; aA Bumiller/Harders, § 286 FamFG Rn 7.
33 Damrau/Zimmermann, § 286 FamFG Rn 40; aA HK-BUR/Braun, §§ 286, 38, 39 FamFG Rn 63.

- Vorliegen einer Krankheit iSd § 1896 Abs. 1 BGB,
- bei Bestellung eines Betreuers gegen den natürlichen Willen des Betroffenen (vgl § 1896 Abs. 1 a BGB), ausreichende Feststellungen zum Ausschluss der freien Willensbildung;[34] dies gilt auch bei der Anordnung eines Einwilligungsvorbehaltes gegen den Willen des Betroffenen,[35]
- Ursächlichkeit der Krankheit für das Unvermögen, eigene Angelegenheiten zu besorgen,
- Regelungsbedürftigkeit der angeordneten Aufgabenkreise; es ist für *jeden* Aufgabenkreis die Erforderlichkeit der Betreuerbestellung und für jede Willenserklärung, für die ein Einwilligungsvorbehalt angeordnet wird, konkret zweistufig zu begründen:
  - **erstens**, ob überhaupt Handlungsbedarf für den jeweiligen einzelnen Aufgabenkreis bzw für die rechtsgeschäftliche Willenserklärung besteht[36] (s. § 1896 BGB Rn 137), bspw bei **Bestellung eines Betreuers** für den Aufgabenkreis der
    - Aufenthaltsbestimmung, wenn der Betroffene konkret beabsichtigt, seinen Aufenthalt zu wechseln und dies im Hinblick auf die Gefahr einer Verwahrlosung die Annahme eines Schadenseintritts rechtfertigt;[37]
    - Gesundheitsvorsorge, wenn bei dem Betroffenen ärztliche Behandlungsmaßnahmen durchzuführen sind und er dazu eigenverantwortlich die erforderliche Einwilligung nicht zu erteilen in der Lage ist;[38]
    - Vermögenssorge, wenn die Gefahr besteht, dass der Betroffene sich durch Rechtsgeschäfte selbst erheblichen Schaden zufügt[39] oder die weitere Verschuldung des vermögenslosen Betroffenen verhindert werden soll;[40]
    - oder bei **Anordnung eines Einwilligungsvorbehaltes**, wenn der Betroffene sich durch eine Mietvertragskündigung in die Obdachlosigkeit begeben müsste,
    - der Betroffene Geschäfte tätigt, die ihn derart psychisch belasten, dass dieser Belastung fast Krankheitswert zukommt,
    - verhindert werden soll, dass der alkoholkranke Betroffene sich durch den Kauf und Konsum alkoholischer Getränke in beträchtlichem Maße gesundheitlich selbst schädigt,[41]
  - und **zweitens**, ob weniger einschneidende Maßnahmen in Betracht kommen, mithin die Betreuerbestellung oder die Anordnung des Ein-

---

34 OLG Brandenburg v. 16.1.2007, 11 Wx 66/06; OLG Hamm FamRZ 1995, 433; BayObLG BtPrax 1994, 59.
35 OLG Zweibrücken FamRZ 2004, 1897; OLG Hamm FamRZ 1995, 433; BayObLG FamRZ 1993, 851; BtPrax 1997, 160.
36 BayObLG FamRZ 1999, 1612.
37 OLG Hamm FamRZ 1995, 433.
38 OLG Hamm FamRZ 1995, 433.
39 OLG Hamm FamRZ 1995, 433.
40 BayObLG BtPrax 2001, 37; BtPrax 1997, 160.
41 BT-Drucks. 11/4528, 139.

willigungsvorbehaltes überhaupt erforderlich ist;[42] besteht eine Vorsorgevollmacht, ist daher in den Beschlussgründen darzulegen, ob der Bevollmächtigte nicht willens[43] oder in der Lage ist, die Vollmacht zum Wohle des Betroffenen einzusetzen,[44] oder die Vollmacht – was von Amts wegen zu ermitteln ist[45] – unwirksam ist;

- entscheidungserhebliche konkrete Tatsachen,[46] Ermittlungsmaßnahmen und Beweismittel, und deren kritische Würdigung, insbesondere eingeholter Gutachten.[47] Weicht das Betreuungsgericht von den Feststellungen des Sachverständigen ab, ist dies eingehend unter Darlegung der eigenen Sachkunde zu begründen.[48] Soll das Gutachten eines Sachverständigen verwertet werden, der nicht die Voraussetzungen des § 280 Abs. 1 S. 2 FamFG erfüllt, ist dies in den Beschlussgründen zu begründen.[49]
- die Nichtbestellung eines Verfahrenspflegers in den Fällen des § 276 Abs. 2 FamFG (s. dort),
- das Absehen von der persönlichen Anhörung nach § 278 Abs. 4 FamFG[50]
- Betreuerauswahl, bei Bestellung eines Vereins oder einer Behörde, Darlegung, warum keine natürliche Person,[51] bei Berufsbetreuung, warum kein ehrenamtlicher Betreuer bestellt wurde, also kein geeigneter ehrenamtlicher Betreuer zur Verfügung steht,[52] etwa weil eine Interessenkollision eines potenziellen ehrenamtlichen Betreuers zu befürchten ist oder die sinnhafte Führung der Betreuung besonderer rechtlicher oder sozialpädagogischer Kenntnisse oder Erfahrungen im Umgang mit Kranken bedarf.[53]

Eine Verweisung auf einzelne genau bestimmte Aktenbestandteile, etwa Sozialbericht der zuständigen Behörde, Sachverständigengutachten, ärztliches Zeugnis usw, oder auf Vorentscheidungen in der gleichen Sache bei unveränderter Sachlage ist zulässig, nicht hingegen der pauschale Verweis auf den „Inhalt der Akte".

5. Unterschrift (§ 38 Abs. 3 S. 2 FamFG)

Der Beschluss ist durch den gerichtlichen Entscheider (Rechtspfleger oder Betreuungsrichter) mit einem individuellen Schriftzug des vollen Familiennamens, eine Paraphe genügt nicht,[54] zu unterschreiben, um den bloßen Entscheidungsentwurf vom Beschluss abzugrenzen. Bei Kollegialentscheidungen des Be-

28

---

42 OLG Oldenburg NdsRpfl 2003, 387; BayObLG FamRZ 1999, 1612.
43 BayObLG FamRZ 2004, 1403.
44 OLG Schleswig FGPrax 2008, 158; KG NJW-RR 2007, 514; OLG Brandenburg NJW 2005, 1587.
45 OLG Celle OLGReport 2007, 260.
46 OLG München BtPrax 2006, 36 für Unterbringung.
47 OLG Frankfurt/M. FamRZ 2008, 1477; KG BtPrax 2005, 153; BayObLG BtPrax 2002, 121; BayObLG BtPrax 2001, 166; BayObLG FamRZ 2001, 1403; OLG Brandenburg FamRZ 2001, 38; BayObLG BtPrax 1994, 59; BayObLG NJW 1992, 2100.
48 BayObLG BtPrax 1994, 59.
49 BGH BtPrax 2012, 160.
50 OLG Hamm OLGReport 1999, 378.
51 BayObLG BtPrax 1994, 171.
52 BayObLG BtPrax 2001, 37; FamRZ 1999, 1612.
53 BayObLG BtPrax 2001, 37.
54 BGH MDR 1991, 223; BGH NJW 1988, 713.

schwerdegerichts haben alle Richter zu unterschreiben, die daran mitgewirkt haben.

6. Bekanntgabezeitpunkt (§ 38 Abs. 3 S. 3 FamFG)

29 Der Zeitpunkt des Erlasses des Beschlusses ist auf dem Beschluss zu vermerken. Maßgebend sind daher **alternativ zwei Zeitpunkte**:
- Erfolgt die Bekanntgabe des Beschlusses durch Verlesen der Beschlussformel nach § 41 Abs. 2 FamFG gegenüber dem Betroffenen nach § 40 Abs. 1 FamFG oder dem Betreuer in den Fällen des § 287 Abs. 1 FamFG (s. dort Rn 5), ist die Entscheidung damit „erlassen".
- Soll der Beschluss hingegen den Beteiligten nur schriftlich nach § 41 Abs. 1 FamFG bekannt gegeben werden, ist maßgeblicher Zeitpunkt für dessen Erlass die Übergabe des vollständig abgefassten und unterschriebenen Beschlusses an die Geschäftsstelle zur Veranlassung der Bekanntgabe.

30 Ist in den Fällen des § 287 Abs. 1 FamFG (s. dort Rn 5) eine Bekanntgabe an den Betreuer nicht möglich, so kann die sofortige Wirksamkeit des Beschlusses alternativ durch Bekanntgabe gegenüber dem Betroffenen oder seinem Verfahrenspfleger oder durch Übergabe an die Geschäftsstelle zur Veranlassung der Bekanntgabe herbeigeführt werden. Der **Zeitpunkt** der sofortigen Wirksamkeit ist auf dem Beschluss zu vermerken.

7. Rechtsmittelbelehrung (§ 39 FamFG)

31 Eine Rechtsmittelbelehrung, unter Umständen nach den einzelnen Maßnahmen getrennt, wie etwa der Betreuerbestellung (Beschwerdefrist: ein Monat nach § 63 Abs. 1 FamFG), der Genehmigung eines Rechtsgeschäfts (Beschwerdefrist: zwei Wochen nach § 63 Abs. 2 FamFG), der Erinnerung nach § 11 Abs. 2 RPflG (s. § 303 FamFG Rn 8) oder der Anordnung der Unterbringung zur Begutachtung (Notfrist von zwei Wochen nach § 284 Abs. 3 FamFG, § 569 Abs. 1 S. 1 ZPO), ist zu erteilen. Über die Sprungrechtsbeschwerde (s. § 303 FamFG Rn 100)[55] muss aber nicht belehrt werden; § 39 S. 2 FamFG. Die Rechtsmittelbelehrung muss von der Unterschrift des Entscheiders getragen sein, also oberhalb der Unterschrift stehen.[56] Die Rechtsmittelbelehrung muss die Bezeichnung des statthaften Rechtsmittels oder Rechtsbehelfs, das für die Entgegennahme zuständige Gericht und dessen vollständige Anschrift und die bei der Einlegung einzuhaltende Form und Frist angeben.[57] Überdies muss auch über einen bestehenden Anwaltszwang informieren.[58] Sie muss aus sich heraus auch für einen Laien verständlich sein.[59] Fehlt die Rechtsmittelbelehrung, ist sie unvollständig oder unrichtig, werden Rechtsmittelfristen zwar gleichwohl in Gang gesetzt; allerdings kann der die Rechtsmittelfrist Versäumende **Wiedereinsetzung** in den vorigen Stand beantragen, wobei nach § 17 Abs. 2 FamFG fehlendes Verschulden für die Fristversäumung vermutet wird.[60] Dies gilt auch, wenn die Fristversäumung auf einem Rechtsirrtum, et-

---

55 Vgl hierzu BGH GuT 2012, 283.
56 BAG NJW 1994, 3181; vgl BGH NJW 1991, 487 zur „Oberschrift".
57 BGH FamRZ 2010, 1425.
58 BGH v. 22.8.2012, XII ZB 141/12; FamRZ 2012, 1287.
59 Vgl BGH FamRZ 2010, 1425.
60 Vgl BayObLG FamRZ 2000, 493; BayObLG NJW-RR 1986, 1502.

wa über die Form des zulässigen Rechtsbehelfs, beruht.[61] Die Vermutung gilt dann nicht, wenn der Belehrungsmangel für die Fristversäumung nicht kausal geworden ist.[62] Die Kausalitätsvermutung kann widerlegt werden, wenn der die Frist Versäumende wegen vorhandener Kenntnis über seine Rechtsmittel keiner Unterstützung durch eine Rechtsmittelbelehrung bedarf[63] oder er durch das Beschwerdegericht entsprechend hingewiesen worden ist.[64] Ist er anwaltlich vertreten, ist das Verschulden regelmäßig zu bejahen.[65] Der Wiedereinsetzungsantrag ist nach § 18 Abs. 1 FamFG binnen zwei Wochen nach Kenntnis von der Fristversäumung zu stellen und die versäumte Rechtshandlung ist nachzuholen (§ 18 Abs. 3 S. 2 FamFG). Wird kein Antrag gestellt, sondern nur die versäumte Rechtshandlung innerhalb der Antragsfrist nachgeholt, kann Wiedereinsetzung auch von Amts wegen gewährt werden (§ 18 Abs. 3 S. 3 FamFG). Nach Ablauf von einem Jahr (Ausschlussfrist) kann Wiedereinsetzung weder auf Antrag noch von Amts wegen gewährt werden (§ 18 Abs. 4 FamFG); eine Wiedereinsetzung in die Versäumung der Ausschlussfrist ist ausgeschlossen. Das Gericht entscheidet über die Wiedereinsetzung. Wird Wiedereinsetzung gewährt, ist diese Entscheidung unanfechtbar (§ 19 Abs. 2 FamFG); wird sie hingegen versagt, ist diese Entscheidung mit dem Rechtsmittel, welches für die versäumte Rechtshandlung gilt, anfechtbar (§ 19 Abs. 3 FamFG).

III. Bedeutung für den Betroffenen

Mit einer den Mindestanforderungen der §§ 38 Abs. 2, 286 FamFG entsprechenden Entscheidung kann der Betroffene die Reichweite des Eingriffs in seine Rechte erkennen. Ist der Beschluss unvollständig, kann der Betroffene diesen Fehler mit der Beschwerde geltend machen. Gegen die Betreuerbestellung, die Anordnung eines Einwilligungsvorbehaltes und die konstitutive Statusfestlegung kann er Beschwerde einlegen.[66] Hingegen kann er keine Beschwerde mit dem Ziel der Veränderung der Überprüfungsfrist einlegen.[67] Gegen die Feststellung der Berufsmäßigkeit der Betreuungsführung steht dem bemittelten Betreuten, weil er die Betreuervergütung aus seinem Vermögen zahlen muss, und dem mittellosen Betreuten,[68] wenn über einen Regress gegen ihn befunden wird (§§ 1908i Abs. 1 S. 1, 1836e Abs. 1 S. 1 BGB), ebenfalls ein Beschwerderecht zu.[69] Versäumt er die Rechtsmittelfrist, so kann er Wiedereinsetzung in den vorigen Stand beantragen, wenn er diese Versäumung nicht verschuldet hat, so etwa wenn die Rechtsmittelbelehrung unverständlich, unrichtig oder unvollständig ist. Ist er aber anwaltlich vertreten und hat der Anwalt die Versäumung verschuldet, so stellt § 11 S. 5 FamFG über den Verweis auf § 85 Abs. 2 ZPO das Verschulden des Anwalts seinem Verschulden gleich.[70] Gleiches gilt sinngemäß für das Verschulden des bereits bestellten Betreuers; § 9 Abs. 4 FamFG.

32

---

61 BGH FamRZ 2010, 1425.
62 OLG Dresden BtPrax 2010, 179.
63 BT-Drucks. 16/6308, 183; BGH FamRZ 2010, 1425.
64 KG FGPrax 2002, 245.
65 BGH FamRZ 2010, 1425.
66 LG Koblenz FamRZ 2001, 303.
67 LG München BtPrax 1998, 243.
68 BayObLG FamRZ 2002, 767.
69 LG Koblenz MDR 2011, 1007.
70 BGH FamRZ 2010, 1425.

IV. Bedeutung für den Betreuer

33 Ein den Anforderungen des § 286 FamFG genügender Beschluss definiert den Aufgabenbereich des Betreuers, in dem er zur Aufgabenwahrnehmung verpflichtet ist. Zugleich werden haftungsrechtliche Folgen für ein Untätigbleiben in solchen Bereichen ausgeschlossen, die nicht zu seinem im Beschluss ausgewiesenen Aufgabenbereich gehören.

34 Im Namen des Betreuten kann der Betreuer nach Maßgabe des § 303 Abs. 4 FamFG Beschwerde einlegen (s. dort Rn 50). Aus eigenem Recht kann der Betreuer Beschwerde gegen die **Zurückweisung seiner Bestellungsverweigerung**, gegen seine **Auswahl** und gegen die Verneinung der berufsmäßigen Betreuungsführung,[71] ebenso wie gegen die Ablehnung der nachträglichen Feststellung der berufsmäßigen Führung,[72] einlegen. Hingegen fehlt es ihm an einer eigenen Beschwerdebefugnis, wenn er sich dagegen wehren will, dass ihm ein bestimmter Aufgabenkreis gerade nicht übertragen worden ist.[73] Wird ein Vereinsbetreuer gegen seinen Willen und ohne Zustimmung seines Vereins zum Betreuer bestellt, sind er und der Verein nach § 59 Abs. 1 FamFG beschwerdebefugt;[74] bei bloßem Wechsel des Status des Vereinsbetreuers zum Berufsbetreuer ist der Verein beschwerdebefugt.[75]

V. Bedeutung für den Verfahrenspfleger oder Verfahrensbevollmächtigten

1. Verfahrenspfleger

35 Der Verfahrenspfleger entscheidet, ob die Einlegung eines Rechtsmittels dann geboten ist, wenn die wirksame Entscheidung den Anforderungen der §§ 38 Abs. 3, 286 FamFG, etwa dem Begründungserfordernis, nicht genügt, materiell aber zutreffend ist. Denn eine ggf erneute Vornahme der Verfahrenshandlungen führte nur zu neuen Belastungen des Betroffenen, ohne die Sachentscheidung als solche zu ändern. Insofern wird er von der Einlegung der Beschwerde absehen.

2. Verfahrensbevollmächtigter

36 Entsprechend seiner Aufgabe, die subjektiven Interessen des Betroffenen durchzusetzen, hat der Verfahrensbevollmächtigte immer dann, wenn die Sachentscheidung dem Willen des Betroffenen widerstreitet und die Entscheidung nicht den Anforderungen der §§ 38 Abs. 2, 3, 286 FamFG genügt, Beschwerde einzulegen. Er hat arg e § 1896 Abs. 1 a BGB auch zu prüfen, ob die eine Zwangsbetreuung anordnende Entscheidung genügende Ausführungen dazu enthält, dass der Betroffene seinen Willen nicht habe frei bilden können.

VI. Bedeutung für Dritte

37 Der **Vorsorgevollmachtsbevollmächtigte** hat gegen die Bestellung eines Betreuers – auch eines Kontrollbetreuers – für den von seiner Vollmacht umfassten

---

71 BayObLG Rpfleger 2001, 300.
72 BayObLG BtPrax 2001, 124; BayObLG FamRZ 2001, 867.
73 OLG Köln FGPrax 2009, 70.
74 BayObLG BtPrax 1994, 135.
75 OLG Hamm FamRZ 2001, 253.

Aufgabenbereich kein eigenes Beschwerderecht.[76] Eine Vorsorgevollmacht begründet kein eigenes subjektives Recht des Bevollmächtigten. Die Erteilung der Vollmacht liegt grundsätzlich nicht im Interesse des Bevollmächtigten, sondern allein im Interesse des Betroffenen,[77] so dass durch die Anordnung einer Kontrollbetreuung auch bei Deckungsgleichheit der Aufgabenkreise des Bevollmächtigten und des Betreuers kein eigenes Recht des Bevollmächtigten beeinträchtigt wird. Hingegen kann er nach § 303 Abs. 4 S. 1 FamFG gegen die Betreuerbestellung im Namen des Betreuten Beschwerde einlegen.

38 Liegt die Bestellung eines Betreuers ausdrücklich im Interesse eines **Dritten** (s. § 1896 BGB Rn 139), kann dieser gegen die Ablehnung der Betreuerbestellung Beschwerde einlegen.[78] Ist dieser Dritte Gegner in einem Zivilprozess, so ist die Bestellung eines Betreuers in seinem Interesse bei Vorliegen der Voraussetzungen des § 1896 BGB angezeigt, wenn der Betroffene prozessunfähig ist; die Bestellung eines Prozesspflegers nach § 57 Abs. 1 ZPO macht die Bestellung nicht entbehrlich, da dieser nur ein Notvertreter ist.[79] Hat der Betroffene aber, bevor er prozessunfähig geworden ist, seinem Rechtsanwalt wirksam Prozessvollmacht (§ 80 ZPO) erteilt, bleibt diese gem. § 86 ZPO ungeachtet des Verlusts der Prozessfähigkeit wirksam.[80]

39 Die in § 303 Abs. 2 FamFG Genannten (s. § 303 FamFG Rn 38) können gegen die von Amts wegen erfolgenden Entscheidungen iSd § 303 Abs. 1 FamFG in Form der Bestellung eines Betreuers, der Ablehnung der Betreuerbestellung, der Anordnung oder Ablehnung eines Einwilligungsvorbehaltes oder der Entscheidung über deren Umfang oder Bestand (vgl § 303 FamFG Rn 42) Beschwerde einlegen.[81] Die durch Hinzuziehung in erster Instanz begründete Beteiligtenstellung besteht in der Beschwerdeinstanz fort.[82]

40 Gegen die Feststellung der Berufsmäßigkeit der Betreuungsführung steht dem Bezirksrevisor kein Beschwerderecht zu.[83]

§ 287 FamFG Wirksamwerden von Beschlüssen

(1) Beschlüsse über Umfang, Inhalt oder Bestand der Bestellung eines Betreuers, über die Anordnung eines Einwilligungsvorbehalts oder über den Erlass einer einstweiligen Anordnung nach § 300 werden mit der Bekanntgabe an den Betreuer wirksam.

---

76 KG FGPrax 2009, 110; OLG Frankfurt/M. FGPrax 2009, 67; BayObLG FGPrax 2003, 171; LG Hof Rpfleger 2010, 426; aA OLG Zweibrücken FGPrax 2002, 260; s. auch § 1896 BGB Rn 95.
77 KG FGPrax 2009, 110.
78 BGH BtPrax 2011, 72; BayObLG FamRZ 1998, 922; BayObLG FamRZ 1996, 1369; vgl auch BGH NJW-RR 2011, 284.
79 BGH BtPrax 2011, 72; vgl aber BGH FamRZ 2010, 548.
80 BGH BtPrax 2011, 72.
81 LG Stuttgart FamRZ 2011, 1091.
82 BGH FGPrax 2012, 182; LG Bielefeld FamRZ 2011, 1617.
83 OLG Frankfurt/M. FamRZ 2004, 1324; BayObLG FamRZ 2001, 1484; OLG Hamm FamRZ 2001, 1482; vgl aber OLG Köln FamRZ 2001, 1643: Beschwerdebefugnis der Staatskasse bei konstitutiver Bestellung des Verfahrenspflegers als Rechtsanwalt.

(2) Ist die Bekanntgabe an den Betreuer nicht möglich oder ist Gefahr im Verzug, kann das Gericht die sofortige Wirksamkeit des Beschlusses anordnen. In diesem Fall wird er wirksam, wenn der Beschluss und die Anordnung seiner sofortigen Wirksamkeit

1. dem Betroffenen oder dem Verfahrenspfleger bekannt gegeben werden oder
2. der Geschäftsstelle zum Zweck der Bekanntgabe nach Nummer 1 übergeben werden.

Der Zeitpunkt der sofortigen Wirksamkeit ist auf dem Beschluss zu vermerken.

(3) Ein Beschluss, der die Genehmigung nach § 1904 Absatz 2 des Bürgerlichen Gesetzbuchs zum Gegenstand hat, wird erst zwei Wochen nach Bekanntgabe an den Betreuer oder Bevollmächtigten sowie an den Verfahrenspfleger wirksam.

I. Allgemeines
1. Bedeutung

1 Der Regelungsgehalt des § 69a FGG findet sich in den §§ 278, 288 FamFG wieder. § 287 Abs. 1 FamFG entspricht § 69a Abs. 3 S. 1 FGG und § 287 Abs. 2 FamFG dem § 69a Abs. 3 S. 2 und 3 FGG. Die Wirksamkeit tritt grundsätzlich **mit der Bekanntgabe** und nicht etwa mit dem Eintritt der formellen Rechtskraft ein, um dem regelmäßig vorliegenden Bedürfnis nach einem schnellen Wirksamwerden der betreuungsgerichtlichen Entscheidungen Rechnung zu tragen. Lediglich für Entscheidungen des Betreuungsgerichts, mit denen ein Rechtsgeschäft genehmigt werden soll, hat sich der Gesetzgeber mit § 40 Abs. 2 FamFG für die Rechtkraftlösung entschieden (s. § 299 FamFG Rn 1). **Sonderregelungen** für Genehmigungen iSd § 1904 Abs. 2 BGB enthält der Abs. 3 und § 297 Abs. 7 FamFG für die Genehmigung in die Einwilligung in eine Sterilisation.

Es gilt nach Abs. 1 der **Grundsatz**, dass abweichend von § 40 Abs. 1 FamFG die Wirksamkeit einer betreuungsrechtlichen Entscheidung allein von der **Bekanntgabe an den Betreuer** abhängt.[1] Denn die Verknüpfung der Wirksamkeit der betreuungsgerichtlichen Entscheidung mit der Bekanntgabe nach § 40 Abs. 1 FamFG an den Betroffenen führte zu Zweifeln an deren Wirksamkeit, da unklar wäre, ob der kranke oder behinderte Betroffene den Inhalt der bekannt zu gebenden Entscheidung zu verstehen in der Lage ist.[2] Überdies besteht die Möglichkeit, die **sofortige Wirksamkeit** der Entscheidung herbeizuführen.

2. Anwendungsbereich

2 Die Wirksamkeit der Entscheidung durch Bekanntgabe an den Betreuer kann nicht bei allen, sondern nur bei den in Abs. 1 genannten, das Verfahren abschließenden **Entscheidungen über Umfang, Inhalt und Bestand der Bestellung**

---

1 BayObLG FamRZ 1993, 602.
2 BT-Drucks. 11/4528, 175.

eines Betreuers und der **Anordnung eines Einwilligungsvorbehaltes** herbeigeführt werden. Dies sind:

- die Bestellung eines Betreuers, die Bestellung eines neuen (§ 1908 c BGB) oder weiteren Betreuers (§ 1899 BGB),
- die Aufhebung[3] oder Verlängerung der Betreuung, die Einschränkung oder Erweiterung des Aufgabenkreises des Betreuers,
- die Anordnung und – obwohl vom Wortlaut nicht umfasst – auch die Aufhebung oder Verlängerung eines Einwilligungsvorbehaltes oder die Einschränkung oder Erweiterung des Kreises der einwilligungsbedürftigen Willenserklärungen,[4]
- die Entlassung des Betreuers (§ 1908 b BGB),
- der Statuswechsel des Betreuers,
- die Überprüfung der Betreuerauswahl des Betreuungsvereins (§ 291 FamFG) und
- der Erlass einer einstweiligen Anordnung nach §§ 300 f FamFG hinsichtlich der vorgenannten Maßnahmen.

Nicht hierunter fallen hingegen die Bestellung des Gegenbetreuers, da diese keinen Einfluss auf den „Bestand" der Betreuung hat[5] und die ablehnende Entscheidung des Betreuungsgerichts auf Erlass einer der zuvor genannten Maßnahmen, da eine derartige Entscheidung keine eigenständige Rechtsfolge anordnet, die der Wirksamkeit bedarf,[6] zumal gerade bei der Ablehnung der Bestellung eines Betreuers kein Betreuer vorhanden ist, dem der Beschluss bekannt gegeben werden könnte.

Ebenfalls nicht hierunter fallen **bloße Zwischenentscheidungen**, so etwa die Bestellung eines Verfahrenspflegers nach § 276 Abs. 1 FamFG, die Anordnung der Gutachteneinholung nach § 280 FamFG, die Vorführanordnungen nach §§ 278 Abs. 5, 283 FamFG oder die Unterbringungsanordnung nach § 284 FamFG; diese sind nach § 40 FamFG dem Betroffenen bekannt zu machen und werden mit der Bekanntgabe an diesen wirksam. Dies ist wenig konsequent, da kaum einsichtig ist, wieso insbesondere die besonders belastende Vorführ- oder Unterbringungsanordnung als nicht das Verfahren abschließende Zwischenentscheidung mit Bekanntgabe an den Betroffenen wirksam wird und die durch die Erkrankung oder Behinderung des Betroffenen bedingten Zweifel an deren Wirksamkeit hinzunehmen sein sollen. Andere Maßnahmen werden ebenfalls nach § 40 Abs. 1 FamFG mit **Bekanntgabe an den Beteiligten** wirksam, **für den sie nach ihrem wesentlichen Inhalt bestimmt sind.** Die Bestellung eines Gegenbetreuers wird mit Bekanntgabe an den Gegenbetreuer wirksam,[7] die Anordnung der Herausgabe der Betreuungsverfügung und Vollmachtsabschrift nach § 285 FamFG wird mit Bekanntgabe an den das entsprechende Schriftstück besitzenden Dritten wirksam. Betreuungsgerichtliche Genehmigungen eines Rechtsgeschäfts werden erst mit deren Rechtskraft wirksam (§ 40 Abs. 2 FamFG); deren Bekanntgabe erfolgt an den Betreuer oder Bevollmäch-

3

---

3 OLG Köln OLGReport 2007, 410.
4 HK-BUR/Braun, § 287 FamFG Rn 6.
5 Bassenge/Roth, § 287 FamFG Rn 5.
6 MK/Schmidt-Recla, § 287 FamFG Rn 3; Keidel/Budde, § 287 FamFG Rn 2.
7 Prüttings/Helms/Fröschle, § 287 FamFG Rn 14.

tigten, der um die Genehmigung ersucht und dessen Willenserklärung genehmigt werden soll.[8] Gleiches gilt für die Genehmigung der Einwilligung in eine Sterilisation, die nach § 297 Abs. 7 FamFG mit der Bekanntgabe an den Sterilisationsbetreuer und den Verfahrenspfleger oder Verfahrensbevollmächtigten wirksam wird. Die Genehmigung der Nichteinwilligung in eine ärztliche Maßnahme (§ 1904 Abs. 2 BGB) wird nach Abs. 3 erst zwei Wochen nach Bekanntgabe an den Betreuer oder Bevollmächtigten sowie an den Verfahrenspfleger wirksam. Die Bekanntgabe kann durch Verlesen der Beschlussformel nach § 41 Abs. 2 FamFG, was naturgemäß eine vorherige schriftliche Abfassung derselben voraussetzt (s. § 288 FamFG Rn 7), förmliche Zustellung nach §§ 41 Abs. 1 S. 2; 15 Abs. 2 FamFG, §§ 166 bis 195 ZPO oder durch Aufgabe der Entscheidung unter der Anschrift des Adressaten zur Post erfolgen.

II. Bedeutung für das Betreuungsgericht
1. Funktionelle Zuständigkeit

4 Zuständig für die Bewirkung der Bekanntgabe und die Anordnung der sofortigen Wirksamkeit ist der für die Sachentscheidung zuständige Funktionsträger, also der Betreuungsrichter oder Rechtspfleger.

2. Bekanntmachung an den Betreuer (Abs. 1)

5 Folge der Bekanntgabe an den Betreuer ist nach Abs. 1 die **Wirksamkeit** der betreuungsrechtlichen Entscheidung, mit Ausnahme der Entscheidungen nach Abs. 3, § 297 Abs. 7 FamFG. Die Bekanntgabe kann auch telefonisch erfolgen.[9] Die Bekanntgabe an den Betreuten nach § 40 Abs. 1 FamFG löst die Wirksamkeitsfolge hingegen nicht aus.[10]

3. Anordnung der sofortigen Wirksamkeit (Abs. 2)

6 Im Ausnahmefall kann das Betreuungsgericht nach pflichtgemäßem Ermessen[11] von Amts wegen die sofortige Wirksamkeit nur einer verfahrensbeendenden Hauptsacheentscheidung iSd Abs. 1 (s. Rn 2), zeitgleich mit dieser oder bis zu ihrer ansonsten eintretenden Wirksamkeit auch nachträglich anordnen, wenn eine Bekanntgabe an den Betreuer aus **tatsächlichen** Gründen **nicht möglich** ist, weil er verreist, unbekannt verzogen, verstorben oder entlassen worden ist (S. 1 Alt. 1), oder **Gefahr im Verzug** vorliegt (S. 1 Alt. 2), also der Aufschub der Wirksamkeit der Sachentscheidung eine Gefährdung der Interessen des Betroffenen erwarten lässt. Bloße Schwierigkeiten bei der Bekanntgabe genügen indes nicht.[12] Dabei stehen die Möglichkeiten des Abs. 2 S. 2 nicht in einem Stufenverhältnis.[13]

---

8 BT-Drucks. 16/6308, 196.
9 OLG München FGPrax 2008, 248.
10 BT-Drucks. 11/4528, 175.
11 Bassenge/Roth, § 287 FamFG Rn 8; Jürgens/Kretz, § 287 FamFG Rn 5; Keidel/Budde, § 287 FamFG Rn 11; aA Damrau/Zimmermann, § 287 FamFG Rn 25; HK-BUR/Braun, § 287 FamFG Rn 20: gebundenes Ermessen; MK/Schmidt-Recla, § 287 FamFG Rn 7: reduziertes Ermessen.
12 BT-Drucks. 11/4528, 175.
13 Damrau/Zimmermann, § 287 FamFG Rn 27; MK/Schmidt-Recla, § 287 FamFG Rn 8; Prütting/Helms/Fröschle, § 287 FamFG Rn 23; aA HK-BUR/Braun, § 287 FamFG Rn 23.

a) Verfahren nach Abs. 2 S. 2 Nr. 1

Die Entscheidung wird mit **Bekanntmachung** der Hauptsacheentscheidung und 7
der Entscheidung über die Anordnung der sofortigen Wirksamkeit gegenüber
dem Betroffenen oder seinem Verfahrenspfleger oder Verfahrensbevollmächtigten[14] wirksam. Dies gilt auch, wenn das Betreuungsgericht die Voraussetzungen für die Anordnung rechtsirrig angenommen hat.[15] Der Betroffene muss
nicht in der Lage sein, die Entscheidung und die Anordnung zu verstehen,[16] da
auch eine Bekanntgabe nach §§ 41, 288 Abs. 1 FamFG keine entsprechende
Fähigkeit des Betroffenen voraussetzt. Erfolgt die Entscheidung über die Anordnung der sofortigen Wirksamkeit gemeinsam mit der Hauptsacheentscheidung in einem Beschluss oder nachträglich isoliert in Beschlussform, unterliegt
auch die Anordnung der sofortigen Wirksamkeit dem Begründungszwang
nach § 38 Abs. 2 FGG.[17] Der Zeitpunkt der Bekanntgabe ist nach S. 3 auf der
Entscheidung vom Richter bzw Rechtspfleger zu **vermerken**.[18] Das Fehlen des
Vermerks beeinträchtigt die Wirksamkeit der Anordnung nicht.[19]

b) Verfahren nach Abs. 2 S. 2 Nr. 2

Alternativ kann das Bereuungsgericht die sofortige Wirksamkeit mit **Übergabe** 8
der Hauptsacheentscheidung und der Anordnung der sofortigen Wirksamkeit
an die Geschäftsstelle zum Zwecke der Bekanntmachung nach S. 2 Nr. 1 bewirken. Dies gilt auch, wenn es die Voraussetzungen für die Anordnung
rechtsirrig angenommen hat.[20] Bei Übergabe an die Geschäftsstelle muss

- die Entscheidung vollständig **abgesetzt** und unterschrieben sein,
- das Betreuungsgericht die Geschäftsstelle zur Vornahme der Bekanntmachung nach S. 2 Nr. 1 **anweisen**,
- die Entscheidung aus dem Bereich des Richters oder Rechtspflegers in den Geschäftsstellenbereich **übergehen**, etwa durch Aushändigung an den Geschäftsstellenbeamten, durch Niederlegung in den Räumen der Geschäftsstelle, auch nach Dienstschluss und an dienstfreien Tagen,[21] etwa im Rahmen des Eildienstes.

Nach S. 3 ist der Zeitpunkt der Bekanntgabe oder Übergabe auf der Entscheidung vom Richter bzw Rechtspfleger oder von der Geschäftsstelle zu **vermerken**;[22] das Fehlen des Vermerks beeinträchtigt die Wirksamkeit der Anordnung nicht.[23]

---

14 Bassenge/Roth, § 287 FamFG Rn 9.
15 Bassenge/Roth, § 287 FamFG Rn 6; HK-BUR/Braun § 287 FamFG Rn 21.
16 Jürgens/Kretz, § 287 FamFG Rn 6;; aA MK/Schmidt-Recla, § 287 FamFG Rn 8 Fn. 24.
17 Bassenge/Roth, § 287 FamFG Rn 7; aA MK/Schmidt-Recla, § 287 FamFG Rn 9 keine Begründung erforderlich.
18 Rink, Die Wirksamkeit von Entscheidungen in Betreuungs- und Unterbringungssachen, FamRZ 1992, 1011.
19 Bassenge/Roth, § 287 FamFG Rn 8; HK-BUR/Braun, § 287 FamFG Rn 24.
20 Bassenge/Roth, § 287 FamFG Rn 6; HK-BUR/Braun, § 287 FamFG Rn 21.
21 Jürgens/Kretz, § 287 FamFG Rn 7.
22 Damrau/Zimmermann, § 287 FamFG Rn 28; Jürgens/Kretz, § 287 FamFG Rn 7; Rink, Die Wirksamkeit von Entscheidungen in Betreuungs- und Unterbringungssachen, FamRZ 1992, 1011; aA Keidel/Budde, § 287 FamFG Rn 12 Fn 14; Bumiller/Harders, § 287 FamFG Rn 3: Zuständigkeit des Urkundsbeamten der Geschäftsstelle.
23 Bassenge/Roth, § 287 FamFG Rn 8; HK-BUR/Braun, § 287 FamFG Rn 24.

Die Anordnung der sofortigen Vollziehung ist auch in diesem Falle zu begründen (s. Rn 7).

4. Genehmigungen nach § 1904 Abs. 2 BGB (Abs. 3)

9 Eine von Abs. 1 und 2 abweichende Regelung enthält Abs. 3 für **Genehmigungen nach § 1904 Abs. 2 BGB**. Diese werden erst zwei Wochen nach Bekanntgabe an den Verfahrenspfleger und an den Betreuer oder Bevollmächtigten wirksam. Grund für diese Sonderregelung ist, dass die Unterlassung oder der Abbruch lebenserhaltender oder lebensverlängernder ärztlicher Maßnahmen nicht reversibel ist, und durch die Unterlassung oder den Abbruch der ärztlichen Maßnahme die Gefahr besteht, dass der Betroffene einen länger dauernden oder schweren gesundheitlichen Schaden erleidet oder gar stirbt. Ohne die Sonderregel des Abs. 3 könnte mit der Bekanntgabe an den Betreuer die Wirksamkeit der Genehmigung des Einwilligungswiderrufs des Betreuers oder Bevollmächtigten herbeigeführt werden, so dass der gebotene ärztliche Eingriff nicht vorgenommen würde oder lebenserhaltende oder lebensverlängernde ärztliche Maßnahmen abgebrochen werden müssten. Ein hiernach folgendes erfolgreiches Rechtsmittel, auf dessen Grundlage die Weiterbehandlung vorzunehmen wäre, käme dann aber unter Umständen zu spät. Um daher effektiven Rechtsschutz für die Verfahrensbeteiligten zu gewährleisten, ist der Wirksamkeitszeitpunkt hinausgezögert.[24] Die Genehmigung wird zwei Wochen nach Bekanntmachung durch Zustellung an den Betreuer bzw Bevollmächtigten und den nach § 298 Abs. 3 FamFG zwingend zu bestellenden Verfahrenspfleger wirksam; maßgebend ist die zeitlich zuletzt erfolgte Zustellung.

III. Bedeutung für den Betroffenen

10 Dass die Wirksamkeit einer der in Abs. 1 genannten Entscheidungen grundsätzlich nicht durch die Bekanntgabe an den Betroffenen herbeigeführt wird, ist für den Betroffenen kein Nachteil, da auch ihm der entsprechende Beschluss nach § 41 Abs. 1 FamFG bekannt gemacht werden muss. Nur im Ausnahmefall des Abs. 2 S. 2 Nr. 1 wird der Beschluss mit der Bekanntgabe an ihn wirksam. Da ihm in diesem Falle auch die Entscheidung über die Anordnung der sofortigen Wirksamkeit bekannt gegeben werden muss, wird er in die Lage versetzt, Kenntnis von der sofortigen Wirksamkeit zu erlangen. Auch wenn die Anordnung der sofortigen Wirksamkeit nicht anfechtbar ist,[25] mag er damit in die Lage versetzt werden, sich auf etwaige Entscheidungen des Betreuers einzurichten. Dies wird insbesondere dann von Belang sein, wenn sich der Betroffene ohnehin gegen die Hauptsacheentscheidung ausspricht und auch für die Zwischenzeit bis zur Bekanntgabe gegenüber dem Betreuer keine Fakten geschaffen wissen will. Umgekehrt ist auch denkbar, dass der Betroffene die Entscheidung des Gerichts begrüßt und diese so schnell wie möglich wirksam sehen will, etwa weil er die Schädigung eigener Interessen infolge weiteren Zuwartens befürchtet. Dann kann er die Anordnung der sofortigen Wirksamkeit anregen. Die Ablehnung der Anordnung der sofortigen Wirksamkeit ist aber ebenfalls nicht isoliert anfechtbar.[26]

---

24 BT-Drucks. 16/8442, 19.
25 OLG München BtPrax 2008, 77; Keidel/Budde, § 287 FamFG Rn 11.
26 Jürgens/Kretz, § 287 FamFG Rn 5.

IV. Bedeutung für den Betreuer

Mit der nach Abs. 1 erforderlichen Bekanntgabe an den Betreuer wird gewährleistet, dass er als gesetzlicher Vertreter des Betroffenen Kenntnis von angeordneten betreuungsrechtlichen Maßnahmen erlangt und diese nicht vor seiner Kenntnis wirksam werden. Die Möglichkeit der Anordnung der sofortigen Wirksamkeit nach Abs. 2 schränkt diese mit der Wirksamkeit der Maßnahme zusammenfallende Kenntniserlangung ein. Der Betreuer wird daher ein Interesse haben, derartige Anordnungen so weit wie möglich entbehrlich zu machen. Fällen etwaiger tatsächlicher oder rechtlicher Verhinderungen sollte er mit der rechtzeitigen Anregung der Bestellung eines Verhinderungsbetreuers begegnen und ansonsten seine Erreichbarkeit während der Eildienstzeiten des Gerichts sicherstellen. 11

Eine Besonderheit besteht nach Abs. 3 bei der **Genehmigung nach § 1904 Abs. 2 BGB**. Da die Genehmigung erst zwei Wochen nach Bekanntgabe an ihn und den Verfahrenspfleger wirksam wird, kann er die Nichteinwilligung oder den Widerruf der Einwilligung in die nach § 1904 Abs. 2 BGB gebotene ärztliche Maßnahme erst hiernach wirksam erklären. Es besteht mithin das Risiko, dass der Betreuer nach Ablauf von zwei Wochen nach der Bekanntgabe an ihn die Nichteinwilligung oder den Einwilligungswiderruf dem Arzt gegenüber erklärt, obwohl seit der Bekanntgabe an den Verfahrenspfleger noch nicht zwei Wochen abgelaufen sind und damit die Genehmigung noch nicht wirksam ist. Erklärt er gleichwohl die Einwilligung nicht bzw widerruft er diese, obwohl die betreuungsgerichtliche Genehmigung noch nicht wirksam ist, und sieht der Arzt deswegen von der angebotenen und medizinisch indizierten Maßnahme ab, können hierdurch irreparable Folgen für den Betreuten eintreten, die auf ein erfolgreiches Rechtsmittel nicht mehr beseitigt werden können. Der Betreuer sollte sich daher stets beim Verfahrenspfleger erkundigen, wann diesem der Beschluss zugestellt worden ist, um zuverlässig den Ablauf der zweiwöchigen Frist und damit die Wirksamkeit des Genehmigungsbeschlusses feststellen zu können. Alternativ mag er Einsicht in die Betreuungsakte nehmen, um die Zustellung an den Verfahrenspfleger festzustellen (zum Akteneinsichtsrecht s. § 274 FamFG Rn 6). 12

V. Bedeutung für den Verfahrenspfleger oder Verfahrensbevollmächtigten
1. Verfahrenspfleger

Da im Falle der nicht möglichen Bekanntgabe an den Betreuer die sofortige Wirksamkeit des eine betreuungsrechtliche Entscheidung beinhaltenden Beschlusses auch durch die Bekanntgabe an den Verfahrenspfleger möglich ist, sollte der Verfahrenspfleger immer prüfen, ob die Herbeiführung der sofortigen Wirksamkeit tatsächlich erforderlich ist und nicht ein Zuwarten bis zur Bekanntgabe an den Betreuer möglich ist. Denn mit der Anordnung der sofortigen Wirksamkeit besteht die Gefahr, dass ohne Kenntnis des Betreuers Maßnahmen getroffen werden, mit denen der Betreuer ggf nicht einverstanden ist, und damit Fakten geschaffen werden, bevor er sich hierauf einrichten kann. Zudem ist nicht auszuschließen, dass der Betreuer bereits Maßnahmen getroffen hat, die durch den Erlass der sofort wirksamen Maßnahme konterkariert werden. 13

2. Verfahrensbevollmächtigter

14 Obwohl nicht ausdrücklich geregelt, kann die sofortige Wirksamkeit statt mit der Bekanntgabe an den Betroffenen auch mit der Bekanntgabe an seinen Verfahrensbevollmächtigten herbeigeführt werden. Denn es ist wenig einsichtig, dass mit Bekanntgabe auch an den Betroffenen, der erkrankungs- oder behinderungsbedingt überhaupt nicht in der Lage ist, Bedeutung und Reichweite der ihm bekannt gemachten Entscheidungen zu verstehen, die Wirksamkeit herbeigeführt werden kann, nicht aber mit der Bekanntgabe an den diese Defizite nicht aufweisenden Verfahrensbevollmächtigten, dessen Aufgabe gerade die Umsetzung des Willens des Betroffenen im Verfahren ist. Damit aber wird mit der Bekanntgabe an ihn die effektive Wahrnehmung der Rechte des Betroffenen sichergestellt. Denn der Verfahrensbevollmächtigte kann sich auch im Namen des Betroffenen gegen die angeordnete Maßnahme zur Wehr setzen.

§ 288 FamFG Bekanntgabe

(1) Von der Bekanntgabe der Gründe eines Beschlusses an den Betroffenen kann abgesehen werden, wenn dies nach ärztlichem Zeugnis erforderlich ist, um erhebliche Nachteile für seine Gesundheit zu vermeiden.

(2) [1]Das Gericht hat der zuständigen Behörde den Beschluss über die Bestellung eines Betreuers oder die Anordnung eines Einwilligungsvorbehalts oder Beschlüsse über Umfang, Inhalt oder Bestand einer solchen Maßnahme stets bekannt zu geben. [2]Andere Beschlüsse sind der zuständigen Behörde bekannt zu geben, wenn sie vor deren Erlass angehört wurde.

I. Allgemeines

1. Bedeutung

1 § 288 FamFG greift den Regelungsgehalt des § 69a Abs. 1 S. 2, Abs. 2 FGG auf und erweitert den Kreis der stets der Betreuungsbehörde bekannt zu machenden Entscheidungen über die bisherigen Betreuerbestellungs- und Einwilligungsvorbehaltsanordnungsbeschlüsse hinaus, um zu gewährleisten, dass die Beschwerdefrist der Betreuungsbehörde gegenüber auch dann zu laufen beginnt, wenn sie in erster Instanz mangels Antrags nach § 274 Abs. 3 FamFG (s. § 274 FamFG Rn 19 f) nicht Beteiligte war. Dem Betroffenen sind Entscheidungen stets bekannt zu geben; §§ 40 Abs. 1, 41 Abs. 1 FamFG. Die wirksame Bekanntgabe gegenüber einem Anwesenden kann auch durch bloße Verlesung der Beschlussformel erfolgen. Des Verlesens der Gründe bedarf es nach § 41 Abs. 2 S. 1 FamFG nicht.

2. Anwendungsbereich

2 § 288 Abs. 1 FamFG gilt grundsätzlich für alle zu begründenden betreuungsrechtlichen, damit auch ablehnenden Entscheidungen des Betreuungsgerichts.[1] Sonderregelungen hinsichtlich der Bekanntgabe und des Absehens von der Bekanntgabe der Beschlüsse enthält § 297 Abs. 8 FamFG für die Genehmigung der Einwilligung in eine Sterilisation.

---

1 OLG München BtPrax 2007, 180: auch Entscheidung über Betreuervergütung.

II. Bedeutung für das Betreuungsgericht
1. Funktionelle Zuständigkeit
Zuständig für die Veranlassung der Bekanntgabe und für die Entscheidung 3
über das Absehen der Bekanntgabe der Beschlussgründe ist der für die Sachentscheidung zuständige Funktionsträger (Betreuungsrichter oder Rechtspfleger). Die Bekanntgabe kann erfolgen durch:
- Verlesen der Beschlussformel nach § 41 Abs. 2 FamFG,
- förmliche Zustellung nach §§ 41 Abs. 1 S. 2; 15 Abs. 2 S. 1 Alt. 1 FamFG, §§ 166 bis 195 ZPO oder
- Aufgabe der Entscheidung unter der Anschrift des Adressaten zur Post; § 15 Abs. 2 S. 1 Alt. 2 FamFG.

2. Bekanntmachung an den Betroffenen (Abs. 1)
a) Bekanntmachung
Dem Betroffenen sind als Beteiligtem iSd § 274 Abs. 1 Nr. 1 FamFG nach 4
§§ 40 Abs. 1, 41 Abs. 1 FamFG alle Entscheidungen **unabhängig** davon bekannt zu machen, ob er den Inhalt der Entscheidung inhaltlich **erfassen** kann oder er einen **Verfahrenspfleger** oder **Betreuer** hat.[2] § 15 Abs. 2 S. 1 FamFG verweist zwar hinsichtlich der Bekanntgabe durch Zustellung auf die §§ 166 bis 195 ZPO, mithin auch auf § 170 Abs. 1 S. 1 ZPO, nach dem bei nicht prozessfähigen Personen an deren gesetzlichen Vertreter, mithin eigentlich dem **Betreuer** als gesetzlichem Vertreter im Sinne des § 1902 BGB, zuzustellen ist. Diese Vorschrift findet auf den Betroffenen im Betreuungsverfahren aber **keine Anwendung,** so dass die Zustellung an ihn selbst erfolgen muss.[3] Das gilt selbst dann, wenn ein Einwilligungsvorbehalt angeordnet worden ist oder der Betreuer für den Aufgabenkreis der Entgegennahme, des Anhaltens und Öffnens der Post bestellt worden ist.[4] Ist ein Betreuer mit dem Aufgabenbereich nach § 1896 Abs. 4 BGB bestellt, so hat das Betreuungsgericht mithin sicherzustellen, dass die Entscheidung den Betroffenen auch tatsächlich persönlich erreicht und nicht vom Betreuer in Empfang genommen und nicht weitergegeben wird. Die Zustellung allein an den **Verfahrenspfleger** genügt ebenfalls nicht,[5] da dieser weder gesetzlicher Vertreter noch Zustellungsbevollmächtigter des Betroffenen ist. Die Zustellung hat mithin an den Betroffenen zu erfolgen. Ist der Betroffene untergebracht, kann die Zustellung nach § 15 Abs. 2 S. 1 FamFG, § 178 Abs. 1 Nr. 1 ZPO[6] an den Leiter der Einrichtung oder einen dazu ermächtigten Vertreter[7] erfolgen. Hat der Betroffene hingegen einen **Verfahrensbevollmächtigten** bestellt, ist nach § 15 Abs. 2 S. 1 FamFG, § 172 ZPO an diesen zuzustellen.[8] Gleichwohl sollte nach § 15 Abs. 3 FamFG zumindest eine formlose Übersendung der Entscheidung an den Betroffenen erfolgen.[9] Bei

---
[2] BayObLG FGPrax 1999, 181.
[3] BGH FamRZ 2011, 1049; OLG München BtPrax 2007, 180.
[4] BGH FamRZ 2011, 1049.
[5] BayObLG FGPrax 1999, 181.
[6] OLG Köln FGPrax 2008, 136.
[7] OLG Stuttgart Rpfleger 1975, 102.
[8] BGH NJW-RR 2011, 417.
[9] Damrau/Zimmermann, § 288 FamFG Rn 2; Jürgens/Kretz, § 288 FamFG Rn 4; Keidel/Budde, § 288 FamFG Rn 6; aA HK-BUR/Braun, §§ 288, 15, 41 FamFG Rn 10.

mehreren Bevollmächtigten genügt die Zustellung an einen Bevollmächtigten.[10] Werden nicht anfechtbare Zwischenentscheidungen getroffen (etwa Mitteilung von Rechtsansichten,[11] Ablehnung der Einstellung des Verfahrens vor Abschluss der erforderlichen Ermittlungen), an denen der Betroffene nicht beteiligt ist, und wurde ein Verfahrenspfleger bestellt, kann im **Ausnahmefall** eine Bekanntmachung unterbleiben.[12] Dem Verfahrenspfleger oder Verfahrensbevollmächtigten sind die Entscheidungen ebenfalls bekannt zu machen.

5 Nach § 40 Abs. 1 S. 1 FamFG ist der Beschluss **allen Beteiligten bekannt zu geben**. Dabei kann die Bekanntgabe beim anwesenden Beteiligten durch Verlesen der Beschlussformel erfolgen (§ 40 Abs. 2 S. 1 FamFG), während bei Abwesenden die Bekanntgabe gemäß § 15 Abs. 2 FamFG nach den für die Zustellung von Amts wegen geltenden Vorschriften der ZPO (§§ 166 bis 190 ZPO, s. Rn 4) oder durch Aufgabe zur Post erfolgen kann. Da nach § 63 Abs. 3 FamFG mit der Bekanntgabe des Beschlusses der **Lauf der Rechtsmittelfrist** beginnt, kommt eine anderweitige formlose, etwa fernmündliche oder anderweitige Mitteilung nach § 15 Abs. 3 FamFG nicht in Betracht.

aa) Schriftliche Bekanntmachung

6 Ob bei abwesenden Beteiligten **förmliche Zustellung** oder **Aufgabe zur Post** nach § 15 Abs. 2 FamFG gewählt wird, liegt grundsätzlich im Ermessen des Betreuungsgerichts. Bei der Aufgabe zur Post gilt dann, wenn sich der Zeitpunkt der Bekanntgabe anderweit nicht feststellen lässt, bei im Inland zu erfolgender Bekanntgabe nach § 15 Abs. 2 S. 2 FamFG die Entscheidung drei Tage nach Aufgabe zur Post als bekannt gegeben, wenn nicht der Beteiligte glaubhaft macht, dass ihm das Schriftstück nicht oder erst zu einem späteren Zeitpunkt zugegangen ist.[13] Für den Fristbeginn zählt der Tag der Aufgabe zur Post nach § 16 Abs. 2 FamFG iVm § 222 Abs. 1 ZPO, § 187 Abs. 1 BGB nicht mit; fällt das Fristende auf einen Sonnabend, Sonn- oder Feiertag, endet die Frist mit Ablauf des nächsten Werktages.[14] Geht der Beschluss hingegen bereits früher zu, so wird die Entscheidung mit dem tatsächlichen früheren Zugang wirksam.[15]

Eine Bekanntgabe durch förmliche Zustellung ist aber nach § 41 Abs. 1 S. 2 FamFG an diejenigen Beteiligten erforderlich, deren erklärtem Willen die bekannt zu machende Entscheidung zuwiderläuft.[16] Gibt es also keine Anhaltspunkte dafür, dass der Beschluss **dem Anliegen eines Beteiligten zuwiderläuft**, so bedarf es keiner förmlichen Zustellung. Dies ist etwa dann der Fall, wenn der Betroffene die Bestellung eines Betreuers beantragt hat und die angehörten Beteiligten ihr Einverständnis mit dieser Entscheidung erklärt haben. Zwar kann nicht ausgeschlossen werden, dass infolge eines Sinneswandels einer der Beteiligten gleichwohl Beschwerde einlegt und mangels Vorliegens einer Postzustellungsurkunde, die den Zeitpunkt der Zustellung nach § 182 Abs. 2 Nr. 7 ZPO ausweist, der Lauf der Beschwerdefrist zweifelhaft sein kann. Allerdings

---

10 BGH FamRZ 2004, 865.
11 OLG Karlsruhe FamRZ 1998, 1244.
12 Jürgens/Kretz, § 288 FamFG Rn 4.
13 LG Kassel BtPrax 2012, 78.
14 AA VG Düsseldorf BtPrax 2012, 130.
15 BGH NJW-RR 2012, 1475; LG Kassel BtPrax 2012, 78.
16 BGH FamRZ 2011, 1049.

wird dieses Risiko eher gering einzustufen sein, wobei dann auch die Beschwer des Beschwerdeführers, der eine mit seinem erklärten Willen übereinstimmende Entscheidung nunmehr angreift, zweifelhaft sein kann. Um spätere Zweifel am Lauf der Beschwerdefrist auszuschließen, empfiehlt es sich, den Beschluss auch denjenigen Beteiligten zuzustellen, die sich hinsichtlich der beabsichtigten Entscheidung nicht erklärt haben, da eine spätere Beschwerdeeinlegung dieser Beteiligten nicht auszuschließen ist.

bb) Mündliche Bekanntmachung

Will das Betreuungsgericht den Beschluss einem anwesenden Beteiligten bekannt geben, kann dies nach § 41 Abs. 2 FamFG durch **Verlesen der Beschlussformel** erfolgen, was in der Akte nach § 41 Abs. 2 S. 2 FamFG zu vermerken ist. Erforderlich ist, dass die Beschlussformel schriftlich fixiert worden ist, da sie ansonsten nicht „verlesen" werden kann. Er muss zudem unterschrieben sein, da es sich ansonsten um einen Entwurf handelt. Des Verlesens der Beschlussgründe bedarf es nicht. Der Beteiligte muss auch körperlich anwesend sein; eine Bekanntgabe per Telefon oder Video-Schaltung ist nicht möglich. Ist der Beteiligte nicht der deutschen Sprache mächtig oder ist eine Verständigung mit ihm nur durch Gebärdensprache möglich, ist ein (Gebärden-)Dolmetscher hinzuzuziehen. Ist er zur akustischen Wahrnehmung überhaupt nicht in der Lage, weil er etwa im Koma liegt, ist eine mündliche Bekanntgabe nicht möglich. Die Wirksamkeit des Beschlusses tritt mit der vollständigen Verlesung der Beschlussformel ein.[17] Die Begründung ist unverzüglich nachzuholen (§ 40 Abs. 2 S. 3 FamFG) und der vollständige Beschluss insgesamt schriftlich – wie im Falle der Abwesenheit (s. Rn 6) – durch Zustellung oder Aufgabe per Post bekannt zu geben (§ 40 Abs. 2 S. 4 FamFG). Zu beachten ist, dass die Beschwerdefrist nach § 63 Abs. 3 FamFG mit der schriftlichen Bekanntgabe des Beschlusses an die Beteiligten beginnt. 7

Ein für das Verfahren erheblicher **Schriftsatz** eines Beteiligten, der zeitlich vor der Aufgabe des Beschlusses zum Zwecke der Zustellung durch die Geschäftsstelle bei Gericht eingeht, ist seitens des für die Sachentscheidung zuständigen gerichtlichen Funktionsträgers zu berücksichtigen. Je geringer der zeitliche Abstand zwischen Eingang des Schriftsatzes bei Gericht und Aufgabe des Beschlusses zur Post ist, desto höher ist das Risiko, dass wegen der innergerichtlichen Laufzeiten der zuständige gerichtliche Funktionsträger den Schriftsatz in der Regel erst erhält, nachdem der Beschluss die Einflusssphäre des Gerichts verlassen hat. Eine Berücksichtigung des Inhalts des Schriftsatzes im Rahmen der Entscheidungsfindung wäre dann nicht mehr möglich. Um den Nachweis zu führen, dass der Schriftsatz vom zuständigen Entscheider berücksichtigt worden ist, hat das Betreuungsgericht mittels eines **Vermerks** deutlich zu machen, ob es den Schriftsatz entgegengenommen und zur Kenntnis genommen hat. Fehlt dieser Vermerk, ist zugunsten des Betroffenen davon auszugehen, dass der Schriftsatz vor Aufgabe des Beschlusses auf dem Postweg eingegangen ist.[18] Eine Nichtberücksichtigung des rechtzeitig eingegangen Schriftsatzes stellt einen Verstoß gegen das Gebot der Gewährung rechtlichen Gehörs, oder, 8

---

17 AA Bumiller/Harders, § 41 FamFG Rn 7: Wirksamkeit mit Aufnahme ins Protokoll, wie § 16 Abs. 3 FGG.
18 OLG Zweibrücken FGPrax 2002, 116.

falls die Entscheidungszuständigkeit des Rechtspflegers gegeben ist, gegen den Grundsatz des fairen Verfahrens dar.

b) Absehen von der Bekanntmachung

9 Von der Bekanntmachung lediglich der **Entscheidungsgründe**, niemals der Beschlussformel, kann in ganz seltenen Ausnahmefällen[19] nach Ermessen des Betreuungsgerichts dann abgesehen werden, wenn ansonsten nach ärztlichem Zeugnis (s. § 281 FamFG Rn 11) **erhebliche Nachteile für die Gesundheit des Betroffenen** zu befürchten sind (s. § 278 FamFG Rn 28) und daher wahrscheinlich ist, dass die Bekanntmachung der Gründe bei dem Betroffenen negative physische oder psychische Reaktionen hervorruft, die über das Maß dessen **hinausgehen**, was im Allgemeinen mit der Kenntnisnahme von nachteiligen gerichtlichen Entscheidungen verbunden ist;[20] das Risiko, dass der Betroffene etwa sein Vertrauen in den sozial-psychiatrischen Dienst verliert, reicht nicht aus.[21] Die Gesundheitsgefahr und die zu erwartenden Nachteile muss das **ärztliche Attest** konkret darlegen;[22] es genügt, wenn das eingeholte Gutachten entsprechende Feststellungen hierzu enthält, so dass es sich empfiehlt, auch diesen Fragenkreis an den Sachverständigen zu richten (s. § 280 FamFG Rn 13). Erforderlich ist ein Absehen nur dann, wenn dieses Risiko nicht durch andere Maßnahmen, etwa Bekanntmachung im Beisein Dritter oder einer oder mehrerer Vertrauenspersonen oder eine andere Weise der Bekanntmachung[23] beseitigt oder erheblich reduziert werden kann.[24] Sieht mithin das Betreuungsgericht von der Bekanntgabe der Gründe ab und wird der Betroffene nicht durch einen Verfahrensbevollmächtigten vertreten, ist nunmehr – wenn dies nicht schon vorher geschehen ist – ein Verfahrenspfleger zu bestellen; diesem ist der Beschluss in der berechtigten Annahme vollständig bekannt zu geben, dass er mit dem Betroffenen über die Entscheidungsgründe spricht.[25] Ist Gegenstand der Bekanntgabe ein Beschluss, der die Genehmigung der Einwilligung in eine Sterilisation zum Gegenstand hat, gilt nach § 297 Abs. 8 S. 2 FamFG Abs. 1 nicht, so dass von der Bekanntgabe der Entscheidungsgründe niemals abgesehen werden kann.

10 Die **Nichtbekanntmachungsentscheidung** ist zu begründen und ihrerseits nach § 41 Abs. 1 FamFG bekannt zu machen. Sinnvollerweise wird die Nichtbekanntmachungsentscheidung in den bekannt zu machenden Beschluss aufgenommen, wenn das Betreuungsgericht vor Erlass des bekannt zu machenden Beschlusses bereits Kenntnis von dieser Gesundheitsgefahr hat.

---

19 BT-Drucks. 11/4528, 232.
20 BayObLG NJW-RR 2001, 583; BayObLG FGPrax 1999, 181.
21 OLG Frankfurt/M. FGPrax 2003, 221.
22 OLG Frankfurt/M. FGPrax 2003, 221.
23 BayObLG FGPrax 1999, 181.
24 OLG Frankfurt/M. FGPrax 2003, 221.
25 Vgl BGH BtPrax 2011, 217; BGH BtPrax 2010, 278; OLG München BtPrax 2006, 35; OLG BtPrax 2005, 231; BayObLG FamRZ 1993, 1489 zum Absehen von der Übermittlung des Gutachtens an den Betroffenen.

3. Bekanntmachung an zuständige Behörde (Abs. 2)

Der zuständigen Betreuungsbehörde sind folgende Entscheidungen **stets bekannt zu machen:**[26] die Bestellung eines Betreuers, die Aufhebung (s. auch § 294 FamFG Rn 13) oder Verlängerung der Betreuung, die Einschränkung oder Erweiterung des Aufgabenkreises des Betreuers, die Anordnung, Verlängerung oder Aufhebung eines Einwilligungsvorbehaltes oder die Einschränkung (s. § 294 FamFG Rn 13) oder Erweiterung des Kreises der einwilligungsbedürftigen Willenserklärungen, die Bestellung eines neuen (§ 1908 c BGB) oder weiteren Betreuers (§ 1899 BGB), die Entlassung des Betreuers (§ 1908 b BGB), der Statuswechsel des Betreuers, die Überprüfung der Betreuerauswahl des Betreuungsvereins (§ 291 FamFG) und nach § 297 Abs. 8 S. 3 FamFG die Entscheidung über die Genehmigung der Einwilligung in eine Sterilisation und die Entscheidung über die Ablehnung der vorgenannten Maßnahmen.[27]

11

Andere betreuungsrechtliche Entscheidungen sind ihr gemäß Abs. 2 S. 2 nur dann bekannt zu machen, wenn ihr nach § 279 Abs. 2 FamFG Gelegenheit zur Äußerung gegeben worden ist (vgl aber Übersicht vor § 1 BtBG Rn 9).[28]

12

III. Bedeutung für den Betroffenen

Durch das Bekanntgabeerfordernis des § 41 Abs. 1 FamFG wird die **Rechtsposition des Betroffenen gestärkt.**[29] Ihm sind als primär von betreuungsrechtlichen Entscheidungen belasteten Beteiligten die Beschlüsse bekannt zu geben. Denn nur damit wird seiner verfahrensrechtlichen Stellung als Subjekt Genüge getan. Nur bei Vorliegen erheblicher Nachteile für seine Gesundheit kann von der Bekanntgabe der Beschlussgründe abgesehen werden. Gleichwohl ist ihm die Beschlussformel bekannt zu geben, damit er überhaupt weiß, welche betreuungsgerichtliche Maßnahme in seine Rechte eingreift und er sich zur Wehr setzen kann. Die Nichtbekanntmachung der Gründe schränkt die Möglichkeit effektiven Rechtsschutzes indes ein, da er nicht weiß, aus welchen Gründen das Betreuungsgericht die Entscheidung getroffen hat. Ist er mit der Entscheidung nicht einverstanden, sollte er die Sachentscheidung mit der Beschwerde angreifen.[30] Die Nichtbekanntgabeentscheidung ist Teil der instanzabschließenden Endentscheidung und damit wie die eigentliche Entscheidung selbstständig anfechtbar.[31]

13

IV. Bedeutung für den Betreuer

Die Bekanntgabe an den Betreuer ist bei wesentlichen Entscheidungen, die sich auf Bestand und Umfang der Betreuung auswirken, ohnehin nach § 287 Abs. 1 FamFG Wirksamkeitsvoraussetzung. Sofern sein Aufgabenkreis betroffen ist, ist ihm als Beteiligtem nach § 274 Abs. 1 Nr. 2 FamFG ohnehin der Beschluss nach § 40 Abs. 1 S. 1 FamFG bekannt zu geben. Er wird darauf zu achten ha-

14

---

26 Vgl auch Kap. XV/2 Abs. 1 MiZi.
27 Keidel/Budde, § 288 FamFG Rn 4; Prütting/Helms/Fröschle, § 288 FamFG Rn 15.
28 BT-Drucks. 11/4528, 175.
29 BT-Drucks. 11/4528, 175.
30 Vgl BT-Drucks. 11/4528, 232; BayObLG NJW-RR 2001, 583; FGPrax 1999, 181.
31 OLG Frankfurt FGPrax 2003, 221; BayObLG FGPrax 1999, 181; MK/Schmidt-Recla, § 288 FamFG Rn 6; Keidel/Budde, § 288 FamFG Rn 11; aA Prütting/Helms/Fröschle, § 288 FamFG Rn 12, Schulte-Bunert/Weinreich/Rausch, § 288 FamFG Rn 6.

ben, dass der Betroffene Kenntnis vom Inhalt der Entscheidung nehmen kann. Vielfach sind Betroffene mit dem Verständnis des Inhalts betreuungsrechtlicher Beschlüsse überfordert. Hier sollte der Betreuer den Inhalt des Beschlusses in verständlicher und am Krankheitsbild des Betroffenen ausgerichteter adäquater Form mit dem Betroffenen erläutern.

V. Bedeutung für den Verfahrenspfleger oder Verfahrensbevollmächtigten

15 Verfahrenspfleger oder Verfahrensbevollmächtigter haben zu prüfen, ob von der Bekanntgabe der Beschlussgründe tatsächlich abgesehen werden durfte und dies seitens des Gerichts auch hinreichend begründet worden ist. Denn anderenfalls wären dem Betroffenen zu Unrecht die den Beschluss tragenden Gründe vorenthalten worden, worunter auch seine Möglichkeit, effektiven Rechtsschutz zu erhalten, beeinträchtigt wäre. Dem Verfahrenspfleger als Beteiligtem nach § 274 Abs. 2 FamFG und dem Verfahrensbevollmächtigten sind ohnehin (s. Rn 4) Beschlüsse bekannt zu geben.

VI. Bedeutung für Dritte

16 Der **Betreuungsbehörde** werden die wesentlichen betreuungsrechtlichen Entscheidungen bekannt gegeben. Sie ist daher zu einer eigenständigen Prüfung der mitgeteilten Entscheidungen verpflichtet. Denn aufgrund ihrer fachlichen sozialarbeiterischen und sozialpädagogischen Kompetenz mag sie entscheidungserhebliche Umstände unter diesem anderen fachlichen Blickwinkel anders beurteilen als das Betreuungsgericht. Daher sollte sich die Betreuungsbehörde auch nicht davor scheuen, eine als inhaltlich unzutreffend erkannte Entscheidung gegenüber dem Betreuungsgericht als solche zu benennen und nach Maßgabe des § 303 Abs. 1 FamFG dagegen **Beschwerde** einzulegen. Dem **Vorsorgebevollmächtigten** sind Beschlüsse dann bekannt zu geben, wenn sein Aufgabenkreis betroffen ist; § 274 Abs. 1 Nr. 3 FamFG. Hat ein nichtbeteiligter **Dritter** eine betreuungsgerichtliche Maßnahme angeregt, so hat ihn das Betreuungsgericht nach § 24 Abs. 2 FamFG im Falle der Ablehnung der Maßnahme darüber zu unterrichten, soweit er ein berechtigtes Interesse an der Unterrichtung hat. Erlässt das Betreuungsgericht hingegen anregungsgemäß die Maßnahme, ist er im Umkehrschluss nicht in Kenntnis zu setzen. Ungeachtet dessen kann er aber ein Akteneinsichtsrecht haben (s. § 274 FamFG Rn 38 ff).

§ 289 FamFG Verpflichtung des Betreuers

(1) ¹Der Betreuer wird mündlich verpflichtet und über seine Aufgaben unterrichtet. ²Das gilt nicht für Vereinsbetreuer, Behördenbetreuer, Vereine, die zuständige Behörde und Personen, die die Betreuung im Rahmen ihrer Berufsausübung führen, sowie nicht für ehrenamtliche Betreuer, die mehr als eine Betreuung führen oder in den letzten zwei Jahren geführt haben.

(2) In geeigneten Fällen führt das Gericht mit dem Betreuer und dem Betroffenen ein Einführungsgespräch.

I. Allgemeines
1. Bedeutung

Der Reformgesetzgeber hat die in § 69 b FGG enthaltenen Regelungen über die Verpflichtung des Betreuers und die Bestellungsurkunde aus Gründen der Übersichtlichkeit in zwei eigenständigen Normen geregelt. Die Vorschriften über die Verpflichtung und Unterrichtung finden sich in § 289 FamFG; die Regelungen über die Bestellungsurkunde in § 290 FamFG.

Ziel der Verfahrenshandlungen nach § 289 FamFG ist die Herstellung eines **persönlichen Verhältnisses zwischen dem Betreuer und dem Betreuungsgericht**, die Sicherstellung einer umfassenden **Information** gerade des unerfahrenen ehrenamtlichen Betreuers über seine Aufgaben, Rechte und Pflichten als gesetzlichem Vertreter des Betroffenen,[1] und im Rahmen des Einführungsgespräches die **Schaffung einer vertrauensvollen Zusammenarbeit** zwischen Betroffenem, Betreuer und Betreuungsgericht.

2. Anwendungsbereich

§ 289 FamFG gilt für die erstmalige Bestellung des Betreuers (§ 1896 BGB), des neuen Betreuers (§ 1908 c BGB) und jedes weiteren Betreuers (§ 1899 BGB), auch des Gegenbetreuers (§§ 1908 i Abs. 1, 1792 BGB).[2] Wird der Aufgabenkreis oder der Kreis der einwilligungsbedürftigen Willenserklärungen eingeschränkt (§ 1908 d Abs. 1 S. 2, Abs. 4 BGB) oder erweitert (§ 1908 d Abs. 3 S. 1, Abs. 4 BGB), bedarf es keiner erneuten Verpflichtung oder Unterrichtung.[3] Ausreichend ist, die nach § 290 FamFG bereits dem Betreuer übergebene Urkunde entsprechend zu berichtigen oder neu auszustellen. Bei bloßer Verlängerung der Betreuung nach § 295 FGG gilt § 289 FamFG nicht.[4]

II. Bedeutung für das Betreuungsgericht
1. Funktionelle Zuständigkeit

Zuständig zur Vornahme der Verfahrenshandlungen des § 289 FamFG ist der **Rechtspfleger** gemäß §§ 3 Nr. 2 b, 15 RPflG. Rechtshilfe ist möglich.

2. Verpflichtung und Unterrichtung (Abs. 1 S. 1)

Mündlich zu verpflichten und zu unterrichten ist lediglich der sogenannte **unerfahrene ehrenamtliche Betreuer**, nicht der Berufsbetreuer, Vereinsbetreuer, Behördenbetreuer, Betreuungsverein, die zuständige Behörde und der ehrenamtliche Betreuer, der mehr als eine Betreuung führt oder in den letzten zwei

---

1 BT-Drucks. 11/4528, 176.
2 Bassenge/Roth, § 290 FamFG Rn 1; Keidel/Budde, § 289 Rn 1; aA Damrau/Zimmermann, § 289 FamFG Rn 1; differenzierend Prütting/Helms/Fröschle, § 289 FamFG Rn 3: Abs. 2 gilt nicht.
3 MK/Schmidt-Recla, § 289 FamFG Rn 2; Prütting/Helms/Fröschle, § 289 FamFG Rn 4; aA für den Fall der Erweiterung: Keidel/Budde, § 289 FamFG Rn 1; Schulte-Bunert/Weinreich/Rausch, § 289 FamFG Rn 2: nur bei wesentlicher Erweiterung; Damrau/Zimmermann, § 289 FamFG Rn 4: erneute Verpflichtung bei jeder Form der Erweiterung erforderlich; differenzierend Bassenge/Roth, § 289 FamFG Rn 1: bei Erweiterung und Einschränkung keine neue Verpflichtung, aber ggf Einführungsgespräch.
4 Bassenge/Roth, § 289 FamFG Rn 1; MK/Schmidt-Recla, § 289 FamFG Rn 2; Prütting/Helms/Fröschle, § 289 FamFG Rn 4; Schulte-Bunert/Weinreich/Rausch, § 289 FamFG Rn 2.

Jahren geführt hat (Abs. 1 S. 2). Die mündliche **Verpflichtung** nach Abs. 1 S. 1 wirkt arg e § 287 Abs. 1 FamFG, anders als etwa gemäß § 1789 BGB, **nicht konstitutiv**.[5] Sie erfordert **persönliche Anwesenheit des Betreuers**[6] und kann daher nicht schriftlich, etwa durch Verwendung eines Formblatts, oder fernmündlich erfolgen,[7] da ansonsten die Herstellung eines persönlichen und vertrauensvollen Verhältnisses nur in geringerem Maße gewährleistet wäre. Die Urkunde nach § 290 FamFG kann dagegen auch vorab postalisch übermittelt werden. Im Übrigen ist der Rechtspfleger hinsichtlich der inhaltlichen Ausgestaltung frei.

5 Bei unerfahrenen ehrenamtlichen Betreuern ist eine **eingehende persönliche Unterrichtung** erforderlich. Sofern noch nicht im Vorfeld der Ermittlungen zB durch die zuständige Behörde geschehen, sind sie jeweils abhängig vom Aufgabenkreis aufzuklären über:

- das Wesen der Betreuung und die Reichweite der konkreten Aufgabenkreise,
- die Mitteilungspflicht nach § 1901 Abs. 5 BGB,
- die Pflicht zur Mitteilung der Änderung des Aufenthalts des Betroffenen,
- bei einer Bestellung des Betreuers auch für den Aufgabenkreis der Vermögenssorge ggf über die Pflicht zur Einreichung eines Vermögensverzeichnisses (§§ 1908 i Abs. 1 S. 1, 1802 Abs. 1 S. 1, Abs. 2, 3 BGB) zur Rechnungslegung (§§ 1908 i Abs. 1 S. 1, 1840 f BGB) und Auskunftserteilung (§§ 1908 i Abs. 1 S. 1, 1839 BGB), zur Geldanlage (§§ 1908 i Abs. 1 S. 1, 1806 ff BGB) und Hinterlegung von Wertpapieren (§§ 1908 i Abs. 1 S. 1, 1814 BGB) und über die Pflicht, vormundschaftsgerichtliche Genehmigungen bei bestimmten Rechtsgeschäften (§§ 1908 i Abs. 1 S. 1, 1814 ff, 1819 ff BGB) einzuholen. Auf bestehende Befreiungen nach §§ 1908 i Abs. 1 S. 1, 1857 a BGB ist hinzuweisen.[8]

6 Gleichzeitig sollte zurückhaltend auf die **betreuungsgerichtliche Aufsicht** und mögliche Aufsichtsmittel nach §§ 1908 i Abs. 1 S. 1, 1837 Abs. 2 BGB, hingegen besonders auf die Hilfeleistungen der zuständigen Behörde nach § 4 BtBG, der Betreuungsvereine nach 1908 f Abs. 1 Nr. 2 BGB und des Betreuungsgerichts nach §§ 1908 i Abs. 1 S. 1, 1837 Abs. 1 BGB hingewiesen werden. Beim unerfahrenen ehrenamtlichen Betreuer hat eine adäquate Unterrichtung zu erfolgen. Angesichts des Umfangs der mitzuteilenden Informationen genügt es, wenn die mündliche Unterrichtung sich auf die **wesentlichen Aspekte** beschränkt und im Übrigen Formblätter oder von den Landesjustizverwaltungen bereitgestellte Publikationen übergeben werden.

3. Ausnahme (Abs. 1 S. 2)

7 Wegen der ohnehin bestehenden institutionellen Zusammenarbeit mit dem Betreuungsgericht und der bei ihnen vorhandenen rechtlichen Kenntnisse sind nach Abs. 1 S. 2 **Vereins- und Behördenbetreuer**, der **Verein** und die zuständige **Betreuungsbehörde** nicht zu verpflichten und zu unterrichten. Weil auch

---

5 BayObLG Rpfleger 1993, 283.
6 KG BtPrax 1995, 36.
7 KG Rpfleger 1995, 68.
8 Harm, Die Verpflichtung der ehrenamtlichen Betreuer, BtPrax 1996, 213.

dem Berufsbetreuer und dem erfahrenen ehrenamtlichen Betreuer ihre Aufgaben und Pflichten bekannt sind und sich die Reichweite ihrer Aufgabenkreise aus dem ihnen gegenüber bekannt zu gebenden Beschluss ergibt, sind auch der **Berufsbetreuer**[9] und der **erfahrene ehrenamtliche Betreuer**, der mehr als eine Betreuung führt oder in den letzten zwei Jahren geführt hat, weder mündlich zu verpflichten, noch zu unterrichten.

Der Berufsbetreuer muss aber auch in dem konkreten Fall **als Berufsbetreuer bestellt** sein. Maßgebend ist der Inhalt der Beschlussformel nach § 286 Abs. 1 Nr. 4 FamFG. Wird ein unter Umständen im Betreuungsrecht erfahrener Rechtsanwalt erstmalig zum Betreuer bestellt und fehlt die konstitutiv wirkende Feststellung der Berufsmäßigkeit, ist er als unerfahrener ehrenamtlicher Betreuer zu verpflichten und zu unterrichten.[10]

8

4. Einführungsgespräch (Abs. 2)

Nach Abs. 2 führt der **Rechtspfleger** nach seinem pflichtgemäßen Ermessen in geeigneten Fällen ein persönliches Einführungsgespräch mit dem Betroffenen und dem Betreuer. Abweichend von Abs. 1 kann mit allen Betreuern, also auch den Vereins-, Behörden-, Berufs- und erfahrenen ehrenamtlichen Betreuern ein Einführungsgespräch geführt werden. Denn Ziel des Gesprächs ist nicht die Vermittlung für die Betreuungsführung wichtiger Informationen, sondern die Schaffung eines Vertrauensverhältnisses zwischen dem Betroffenen und dem Betreuer und die Lösung und Besprechung zukünftig zu erwartender Probleme in der Betreuungsführung,[11] was bei allen Betreuern erforderlich werden kann. Wurde ein Familienangehöriger oder eine Vertrauensperson, zu dem ein Vertrauensverhältnis nach den Ermittlungen des Betreuungsgerichts bereits besteht, zum Betreuer bestellt, so wird ein Einführungsgespräch nur vor dem Hintergrund ernsthaft zu erwartender Schwierigkeiten sinnvoll sein.[12] Ein Einführungsgespräch wird regelmäßig dann zu führen sein, wenn vor dieser Zielrichtung

9

- mit dem Betroffenen eine verständige **Kommunikation möglich** ist und
- **nicht gänzlich unbedeutende Aufgaben** vom Betreuer zu erledigen sind.[13]

Das Einführungsgespräch kann mangels entgegenstehender Regelung auch mit der Verpflichtung und Unterrichtung nach Abs. 1 S. 1 **verbunden** werden.[14] Hiervon sollte jedoch im Regelfall abgesehen werden, da die Unterrichtung und Verpflichtung des Betreuers gänzlich andere Inhalte als das Einführungsgespräch hat; aus verfahrensökonomischen Gründen kann es sich aber anbieten, das Einführungsgespräch im unmittelbaren Anschluss an die Verpflichtung des Betreuers durchzuführen.

10

Der Inhalt des Einführungsgespräches ist nicht näher geregelt. Der Rechtspfleger sollte mit den Anwesenden bestehende oder zu erwartende **Schwierigkeiten**

11

---

9 Vgl zur abweichenden bisherigen Rechtslage KG Rpfleger 1995, 68.
10 Vgl BT-Drucks. 16/6308, 269.
11 BT-Drucks. 11/4528, 176.
12 Vgl Bumiller/Harders, § 289 FamFG Rn 6.
13 Jürgens/Kretz, § 289 FamFG Rn 5.
14 BT-Drucks. 11/4528, 176.

im Rahmen der Betreuungsführung besprechen[15] und das Betreuungsgericht als jederzeitigen Ansprechpartner für etwaige Missstände oder als Ansprechpartner für eine kostenfreie Beratung (§§ 1908i Abs. 1, 1837 Abs. 1 S. 1 BGB) benennen.

12 Eine **Teilnahme des Betreuten** an dem Einführungsgespräch kann gegen seinen Willen **nicht erzwungen** werden. Denn das Einführungsgespräch soll von seiner Zielrichtung her ein Vertrauensverhältnis zwischen dem Betreuten und dem Betreuer herstellen oder künftige Probleme behandeln. Daher dient das Einführungsgespräch nicht der Sachverhaltsaufklärung, so dass dem Rechtspfleger nicht die Möglichkeit offen steht, das persönliche Erscheinen nach § 33 Abs. 1 S. 1 FamFG zu einem Einführungsgesprächstermin und beim Ausbleiben seine Vorführung nach § 33 Abs. 3 S. 3 FamFG anzuordnen, zumal eine Vorführung oder vorherige Ordnungsgeldfestsetzung dem Ziel der Schaffung einer vertrauensvollen Basis mehr als abträglich wäre.

13 Der Betreuer ist zum persönlichen Erscheinen verpflichtet; es besteht **Teilnahmepflicht;**[16] sein Nichterscheinen stellt eine Pflichtwidrigkeit nach §§ 1908i Abs. 1 S. 1, 1837 Abs. 2 BGB dar.[17] Er kann sich hierfür keines Stellvertreters bedienen. Seine Teilnahme kann mit Zwangsmitteln nach § 35 FamFG (s. § 285 FamFG Rn 11 ff) durchgesetzt werden.[18]

III. Bedeutung für den Betroffenen

14 Der Betreute kann im Rahmen des Einführungsgespräches auf etwaige Missstände oder Schwierigkeiten mit dem Betreuer hinweisen und entsprechende Maßnahmen des Betreuungsgerichts anregen. Denn bis zum Einführungsgespräch wird er bereits erste Erfahrungen mit dem Betreuer gesammelt haben. Auch sollte er die Gelegenheit nutzen, bestimmte problematische Fragen in Anwesenheit des fachkundigen Rechtspflegers mit dem Betreuer zu erörtern und bereits aufgetauchte Streitfragen einvernehmlich zu klären. Dass der Betreute dabei auch die Betreuungsführung allgemein betreffende Fragen stellen kann, versteht sich von selbst.

IV. Bedeutung für den Betreuer

15 Die Ladung zur Verpflichtung und Unterrichtung oder zum Einführungsgespräch kann der Betreuer gerichtsgebührenfrei nach § 11 Abs. 1 RPflG (vgl § 303 FamFG Rn 8) anfechten, da es sich hierbei um eine Verfügung handelt, die ihm ein bestimmtes Verhalten auferlegt.[19] Die Teilnahme am Einführungsgespräch ist für den Betreuer, da sie nach der Betreuerbestellung stattfindet, **von der Pauschale nach §§ 4f VBVG umfasst** und damit nicht gesondert entschädigungs- oder vergütungsfähig. Für den besonderen Betreuer nach § 1899 Abs. 2 BGB und den Verhinderungsbetreuer nach § 1899 Abs. 4 BGB ist sie

---

15 BT-Drucks. 11/4528, 176; Formella, Das Einführungsgespräch, BtPrax 1995, 198; Lantzerath, Zu Formella: Das Einführungsgespräch, BtPrax 1996, 66.
16 Bassenge/Roth, § 290 FamFG Rn 4.
17 Damrau/Zimmermann, § 289 FamFG Rn 12.
18 AA Prütting/Helms/Fröschle, § 289 FamFG Rn 14: Ordnungsmittel nach § 33 Abs. 3 FamFG; Bassenge/Roth, § 289 FamFG Rn 4.
19 KG Rpfleger 1995, 68.

nach Maßgabe des § 6 S. 1 VBVG, § 1835 BGB aufwendungsersatz- und nach §§ 6, 1 Abs. 2, 3 VBVG vergütungsfähig.

V. Bedeutung für den Verfahrenspfleger oder den Verfahrensbevollmächtigten

1. Verfahrenspfleger

Der Verfahrenspfleger hat ein eigenes Recht, am Einführungsgespräch teilzunehmen, um etwaige Missstände zwischen Betreutem und Betreuer in Gegenwart des Betreuungsgerichts ansprechen oder ausräumen zu können. 16

2. Verfahrensbevollmächtigter

Der Verfahrensbevollmächtigte kann nach Maßgabe des § 12 FamFG am Einführungsgespräch teilnehmen. Widerspricht der Betreute seiner Teilnahme, hat der Verfahrensbevollmächtigte kein eigenes Teilnahmerecht. 17

§ 290 FamFG Bestellungsurkunde

[1]Der Betreuer erhält eine Urkunde über seine Bestellung. [2]Die Urkunde soll enthalten:
1. die Bezeichnung des Betroffenen und des Betreuers;
2. bei Bestellung eines Vereinsbetreuers oder Behördenbetreuers diese Bezeichnung und die Bezeichnung des Vereins oder der Behörde;
3. den Aufgabenkreis des Betreuers;
4. bei Anordnung eines Einwilligungsvorbehalts die Bezeichnung des Kreises der einwilligungsbedürftigen Willenserklärungen;
5. bei der Bestellung eines vorläufigen Betreuers durch einstweilige Anordnung das Ende der einstweiligen Maßnahme.

I. Allgemeines

1. Bedeutung

Mit der Bestellungsurkunde kann sich der Betreuer im Rechtsverkehr aus- und seine Bestellung nachweisen.[1] Indes handelt es sich bei Bestellungsurkunde nicht um eine Vollmachtsurkunde iSd §§ 172 ff BGB.[2] Die Bestellungsurkunde hat auch keine konstitutive Wirkung;[3] maßgebend bleibt vielmehr der Beschluss nach § 286 FamFG. 1

2. Anwendungsbereich

Eine Bestellungsurkunde ist **jedem Betreuer**, also auch dem neuen Betreuer (§ 1908 c BGB) und dem weiteren Betreuer (§ 1899 BGB), **bei seiner erstmaligen Bestellung auszuhändigen**. Wird der Aufgabenkreis oder der Kreis der einwilligungsbedürftigen Willenserklärungen eingeschränkt (§ 1908 d Abs. 1 S. 2, Abs. 4 BGB) oder erweitert (§ 1908 d Abs. 3 S. 1, Abs. 4 BGB), kann die Bestel- 2

---

1 BT-Drucks. 11/4528, 176; BayObLG FamRZ 1994, 1059; KG BtPrax 2012, 123 gegenüber Grundbuchamt.
2 BGH BtPrax 2010, 125.
3 BayObLG FamRZ 1994, 1059.

lungsurkunde entsprechend berichtigt werden oder eine neue Bestellungsurkunde ausgestellt werden. Wird die Betreuung nach § 295 FamFG verlängert, gilt § 290 FamFG nicht; die Urkunde muss nicht ergänzt werden, da sie den Überprüfungszeitpunkt ohnehin nicht ausweist.

II. Bedeutung für das Betreuungsgericht
1. Funktionelle Zuständigkeit

3 Zuständig für die Ausstellung, auch im Falle der Bestellung des Gegenbetreuers,[4] ist der **Rechtspfleger** gemäß §§ 3 Nr. 2 b, 15 RPflG.

2. Bestellungsurkunde
a) Betreuerkreis und Wirkung (S. 1)

4 Jeder Betreuer erhält eine Bestellungsurkunde. Die Betreuungsurkunde muss nicht persönlich überreicht werden. Eine Übersendung per Post genügt. Die Übergabe wirkt nicht konstitutiv und entfaltet zugunsten Dritter keine Rechtsscheinwirkungen.[5]

b) Inhalt (S. 2)

5 Der **Mindestinhalt** ist in Abs. 2 S. 2 geregelt und entspricht weitgehend der Beschlussformel der Entscheidung (vgl § 286 FamFG). Die Urkunde soll dabei enthalten:

- die Bezeichnung des Betroffenen und des Betreuers (Nr. 1),
- bei einem Vereins- oder Behördenbetreuer die Bezeichnung des Vereins oder der Betreuungsbehörde (Nr. 2),
- den Aufgabenkreis des Betreuers entsprechend der Beschlussformel iSd § 286 FamFG (Nr. 3);
- bei Bestellung eines Ersatzbetreuers ist der Verhinderungsfall klar zu umschreiben;[6] zudem sollte die Zeitdauer der Ersatzbetreuung in seine Urkunde und der Umstand seiner Bestellung in die Urkunde des Hauptbetreuers aufgenommen werden;[7]
- bei **geteilter** Mitbetreuung iSd § 1899 Abs. 1 S. 2 BGB ist der dem jeweiligen Betreuer übertragene Aufgabenbereich auszuweisen; bei **gemeinschaftlicher** Mitbetreuung iSd § 1899 Abs. 3 BGB ist in der Bestellungsurkunde die Bestellung des jeweils anderen Betreuers und die gemeinsame Vertretungsbefugnis in den identischen Aufgabenbereichen aufzuführen;[8] bei teilidentischen Aufgabenbereichen gilt dies nur für die gemeinschaftlich wahrzunehmenden Aufgabenbereiche;
- ist es zum Schutze der Privatsphäre des Betroffenen angezeigt, etwaige Aufgabenbereiche nur einem ausgewählten Kreis von Dritten durch Urkundenvorlage zur Kenntnis zu bringen, können auch **mehrere Bestellungsurkun-**

---

4 LG Bonn Rpfleger 1993, 233.
5 BGH BtPrax 2010, 125; BayObLG FamRZ 1994, 1059.
6 Vgl LG Stuttgart BtPrax 1999, 200; zur Frage der „Dauerersatzbetreuung" vgl LG Wuppertal NJW-RR 2012, 1355.
7 MK/Schmidt-Recla, § 290 FamFG Rn 4; vgl aber LG Stuttgart BtPrax 1999, 200.
8 Jürgens/Kretz, § 290 FamFG Rn 3; Keidel/Budde, § 290 FamFG Rn 3.

den ausgestellt werden,[9] wobei, um die spätere Rückgabe aller Urkunden sicherzustellen (s. Rn 6), die Aushändigung mehrerer Urkunden in einem **Aktenvermerk niedergelegt** werden sollte,

- bei Anordnung eines Einwilligungsvorbehalts den Kreis der einwilligungsbedürftigen Willenserklärungen entsprechend der Beschlussformel (Nr. 4),
- bei der Bestellung eines vorläufigen Betreuers durch einstweilige Anordnung den Zeitpunkt deren Endes (Nr. 5) und
- bei ausnahmsweiser zeitlicher Befristung der Betreuerbestellung im Hauptsacheverfahren das zeitliche Ende der Betreuerbestellung.

c) Rückgabe

Bei **Beendigung** des Betreueramtes ist die Urkunde nach §§ 1908 i Abs. 1 S. 1, 1893 Abs. 2 S. 1 BGB dem Betreuungsgericht **zurückzugeben**; die Rückgabe ist nach §§ 1908 i Abs. 1 S. 1, 1837 BGB mittels Zwangsgeldes nach § 35 Abs. 1, Abs. 3 FamFG **erzwingbar** (s. auch § 285 FamFG Rn 11 ff). Verliert der Betreuer den Ausweis, erfolgt kein öffentliches Aufgebot, da der Ausweis kein Wertpapier ist.[10]   6

III. Bedeutung für den Betreuer

Ist die Bestellungsurkunde unrichtig oder weigert sich das Betreuungsgericht bei Änderung des Aufgabenkreises die Urkunde zu berichtigen oder eine neue auszustellen, kann der Betreuer hiergegen gerichtsgebührenfrei Beschwerde nach § 11 Abs. 1 RPflG (vgl § 303 FamFG Rn 8) einlegen.[11] **Endet** die Betreuerbestellung, hat er die **Bestellungsurkunde** zurückzugeben (s. Rn 6).   7

IV. Bedeutung für Dritte

Zugunsten Dritter entfaltet die Bestellungsurkunde keine Rechtsscheinswirkungen.[12] Sie ist **keine Urkunde** iSd § 172 BGB.[13] Weicht daher der Inhalt der Urkunde von dem der zugrunde liegenden Sachentscheidung – also der Beschlussformel nach § 286 FamFG – ab, ist allein Letztere maßgeblich. Ist indes die Bestellungsurkunde falsch und hat ein Dritter im Vertrauen hierauf einen Schaden erlitten, kann ein Amtshaftungsanspruch gegen die Anstellungskörperschaft des Rechtspflegers in Betracht kommen.[14]   8

§ 291 FamFG Überprüfung der Betreuerauswahl

¹Der Betroffene kann verlangen, dass die Auswahl der Person, der ein Verein oder eine Behörde die Wahrnehmung der Betreuung übertragen hat, durch gerichtliche Entscheidung überprüft wird. ²Das Gericht kann dem Verein oder der Behörde aufgeben, eine andere Person auszuwählen, wenn einem Vor-

---

9 MK/Schmidt-Recla, § 290 FamFG Rn 5; aA Prütting/Helms/Fröschle, § 290 FamFG Rn 5.
10 Zimmermann, Rn 492.
11 Jürgens/Kretz, § 290 FamFG Rn 4.
12 BGH BtPrax 2010, 125; BayObLG FamRZ 1994, 1059.
13 BGH BtPrax 2010, 125; BayObLG FamRZ 1994, 1059.
14 Damrau/Zimmermann, § 290 FamFG Rn 6.

schlag des Betroffenen, dem keine wichtigen Gründe entgegenstehen, nicht entsprochen wurde oder die bisherige Auswahl dem Wohl des Betroffenen zuwiderläuft. ³§ 35 ist nicht anzuwenden.

I. Allgemeines
1. Bedeutung

1　§ 291 FamFG entspricht inhaltlich § 69 c FGG.

2　Wird ein Verein oder die zuständige Behörde zum Betreuer bestellt (s. § 1900 BGB Rn 2 ff), so nimmt der Mitarbeiter des Vereins oder der Behörde – im Gegensatz zum bestellten Vereins- oder Behördenbetreuer nach § 1897 Abs. 2 BGB – die Betreuung im Rahmen seines Angestellten- oder Dienstverhältnisses lediglich tatsächlich wahr. Betreuer ist der Verein oder die Behörde. Ziel des § 291 FamFG ist die Sicherstellung des **Vorrangs der Bestellung einer natürlichen Person** (§ 1900 Abs. 1 S. 1 BGB).

2. Anwendungsbereich

3　§ 291 FamFG gilt für alle Betreuerbestellungen, mit Ausnahme des besonderen Sterilisationsbetreuers nach §§ 1899 Abs. 2, 1900 Abs. 5 BGB, da dieser weder Verein noch Betreuungsbehörde sein kann.

II. Bedeutung für das Betreuungsgericht
1. Funktionelle Zuständigkeit

4　Zuständig ist nach §§ 3 Nr. 2 b, 15 Nr. 3 RPflG grundsätzlich der Betreuungsrichter, im Falle der Vollmachtsbetreuung iSd § 1896 Abs. 3 BGB der Rechtspfleger.

2. Gerichtliche Entscheidung gegen Auswahl durch Verein oder Betreuungsbehörde und Verfahren (S. 1)

5　Die Auswahl des die Betreuung wahrnehmenden Mitarbeiters obliegt nach § 1900 Abs. 2 BGB allein dem Verein und der Betreuungsbehörde, und zwar ohne Beteiligung des Betreuungsgerichts. Gegen diese Auswahl kann der Betroffene nach S. 1 **jederzeit** gerichtliche Entscheidung form- und fristlos, ausdrücklich oder konkludent beantragen. In diesem Überprüfungsverfahren sind der Betroffene und der Verein bzw Betreuungsbehörde, nicht aber der die Betreuung wahrnehmende Mitarbeiter beteiligt.[1] Da kein Fall der Betreuerentlassung vorliegt, weil der Verein bzw die Betreuungsbehörde nach wie vor Betreuer bleiben, gilt hinsichtlich des Verfahrens nicht § 296 FamFG, sondern nur § 26 FamFG. Das Verfahren kann das Betreuungsgericht nach seinem Ermessen bestimmen. Es hat aber dem Verein bzw der Betreuungsbehörde Gelegenheit zur Äußerung zu geben; die Gelegenheit zur schriftlichen Stellungnahme genügt.

3. Voraussetzungen und Verfahren (S. 2)

6　Das Betreuungsgericht kann nach S. 2 dem Verein oder der Betreuungsbehörde aufgeben, **einer anderen Person** die Wahrnehmung der Betreuung zu übertra-

---

1　Bassenge/Roth, § 291 FamFG Rn 2; Damrau/Zimmermann, § 291 FamFG Rn 6.

gen, wenn damit dem Wunsch des Betroffenen gefolgt werden kann oder wenn die bisherige Auswahl dem Wohl des Betroffenen zuwiderlief.

a) Anordnung der Auswahl einer anderen Person (S. 2 Hs 1)

Das Betreuungsgericht kann bei Vorliegen der Voraussetzungen für eine Anordnung einen anderen Mitarbeiter auszuwählen, nicht selbst über die Entpflichtung des bisherigen Mitarbeiters entscheiden, sondern lediglich den Verein oder die Betreuungsbehörde dazu anhalten, einem pflichtwidrigen Verhalten des Mitglieds oder Mitarbeiters durch vereins- bzw behördeninterne Maßnahmen zu begegnen.[2] Zwar unterliegen der Verein und die Betreuungsbehörde als Betreuer der betreuungsgerichtlichen **Aufsicht**. Das Betreuungsgericht muss daher gegen Pflichtwidrigkeiten durch geeignete Gebote und Verbote einschreiten (§§ 1908 i Abs. 1 S. 1, 1837 Abs. 2 S. 1 BGB). Solche Maßnahmen können sich aber nur an den Verein oder die Behörde richten, nicht aber gegen deren Mitarbeiter, so dass es diesen auch nicht entlassen kann. Da das Betreuungsgericht die Entlassung des bisherigen Mitarbeiters nicht selbst vornehmen kann, ist es ihm auch verwehrt, die Auswahl eines anderen Mitarbeiters nach § 35 FamFG zu erzwingen (S. 3). 7

b) Entgegenstehende wichtige Gründe (S. 2 Hs 2 Alt. 1)

Nach § 1900 Abs. 2 S. 2, Abs. 4 S. 2 BGB hat der Verein und die Betreuungsbehörde bei der Übertragung der Betreuungsführung auf eine oder mehrere Personen den Wünschen des Betreuten zu entsprechen, soweit nicht wichtige Gründe dem entgegenstehen. Derartige **wichtige Gründe** können intern bedingt sein, also etwa die einer Übertragung auf einen vom Betreuten gewünschten Mitarbeiter entgegenstehende Arbeitsbelastung, oder sich auch aus den Besonderheiten der zu führenden Betreuung selbst ergeben, wenn etwa der seitens des Betreuten gewünschte Mitarbeiter aufgrund seiner Persönlichkeit oder fachlichen Eignung nicht in der Lage wäre, die Betreuung sinnvoll wahrzunehmen. Auch kann bei einem besonders argwöhnischen Betreuten das Erfordernis bestehen, dass der Verein oder die Betreuungsbehörde durch wechselnde Mitarbeiter zunächst herausfinden müssen, zu welchem dieser Mitarbeiter der Betreute Vertrauen fasst.[3] 8

c) Beeinträchtigung des Wohls des Betreuten (S. 2 Hs 2 Alt. 2)

Eine Anordnung wird auch dann in Betracht kommen, wenn die weitere Wahrnehmung der Betreuung durch den Mitarbeiter dem Wohl des Betreuten zuwiderliefe. Erforderlich ist hierfür, dass es dem **Wohl** des Betreuten **mehr als unerheblich schadete**, wenn der bisherige Mitarbeiter auch weiterhin für ihn tätig würde. Dies wird immer dann der Fall sein, wenn die Gefahr erheblicher konkreter Interessenkonflikte besteht oder der Mitarbeiter die dem Verein obliegenden Betreuerpflichten objektiv nicht wahrnimmt.[4] Hierbei wird jedenfalls immer dann ein wichtiger Grund anzunehmen sein, wenn eine derartige Pflichtwidrigkeit des Mitarbeiters vorliegt, die zur Entlassung eines Betreuers führte; auf ein subjektives Verschulden kommt es dabei nicht an.[5] Spannungen 9

---

2 BayObLG Rpfleger 1993, 403.
3 BT-Drucks. 11/4528, 132.
4 Vgl BayObLG FamRZ 2004, 977.
5 OLG Frankfurt/M. v. 9.7.2003, 20 W 114/03.

zwischen dem Betreuten und dem jeweiligen Mitarbeiter können im Einzelfall einen Wechsel dann rechtfertigen, wenn nachvollziehbare Gründe bestehen.[6]

d) Verfahren

10 Das Verfahren richtet sich nach § 26 FamFG. Der Betreute und der Verein bzw die Betreuungsbehörde sind anzuhören; schriftliche Anhörung genügt. Ist der Betreute zur schriftlichen Äußerung nicht in der Lage, wird seine persönliche, nicht öffentliche (§ 170 Abs. 1 S. 1 GVG) Anhörung geboten sein.

4. Zwangsmittel (S. 3)

11 Erzwingbar ist die Anordnung nach S. 2 aber nicht mit den Mitteln der allgemeinen Vorschrift des § 35 FamFG; erst recht kann das Betreuungsgericht nicht die Übertragung der Betreuungswahrnehmung auf eine bestimmte Person erzwingen. Weigern sich der Verein oder die Betreuungsbehörde, der Anordnung Folge zu leisten, können gegen den Verein oder die Betreuungsbehörde mit Ausnahme des Zwangsgeldes (§§ 1908 i Abs. 1 S. 1, 1837 Abs. 3 S. 2) entsprechende aufsichtsrechtliche Maßnahmen ergehen; **notfalls** kann eine Entlassung des Vereins oder der Betreuungsbehörde nach § 1908 b Abs. 1 BGB in Betracht kommen.

III. Bedeutung für den Betroffenen

12 Die Auswahl der Person des Mitarbeiters ist für den Betroffenen von zentraler Bedeutung, denn dieser nimmt faktisch die Betreueraufgaben wahr. Zwar muss auch das Betreuungsgericht im Rahmen seiner Aufsicht prüfen, ob die Wahrnehmung der Betreuung durch Mitarbeiter des Vereins oder der Behörde dem Wohl des Betreuten nicht zuwiderläuft. Allerdings wird es dieses nur bei konkretem Anlass in vertiefter Weise tun. Entsprechend kann der Betroffene nicht nur jederzeit Einwände gegen die Betreuungsführung dem Betreuungsgericht zur Kenntnis bringen, sondern mit dem jederzeit formlosen Antrag nach S. 1 eine entsprechende **Überprüfung** der Auswahl des Mitarbeiters verlangen. Die Zurückweisung seines Antrags kann er mit der **Beschwerde** nach § 58 FamFG anfechten.

IV. Bedeutung für den Betreuer (Verein und Betreuungsbehörde)

13 Der Verein oder die Behörde sollte zunächst prüfen, ob tatsächlich einem Begehren des Betreuten **zwingende Gründe**, etwa interne Arbeitslastverteilung oder Strukturierung, entgegenstehen oder tatsächlich die bisherige Auswahl dem Wohl des Betroffenen widerstreitet. Ist dies der Fall, sollte ohnehin ein anderer Mitarbeiter eingesetzt werden. Anderenfalls können sie als Betreuer bei Stattgabe des Antrags des Betroffenen Beschwerde einlegen. Hat das Betreuungsgericht die Auswahlentscheidung des Vereins oder der Betreuungsbehörde nicht bestätigt, sondern diesem aufgegeben, die Wahrnehmung der Betreuung einem anderen Mitarbeiter zu übertragen, kann nur der Verein Beschwerde nach § 58 FamFG einlegen.[7] Der Betreuungsbehörde steht die Be-

---

6 Vgl Keidel/Budde, § 291 FamFG Rn 3.
7 Bassenge/Roth, § 291 FamFG Rn 2; Damrau/Zimmermann, § 291 FamFG Rn 9.

schwerdemöglichkeit hingegen nicht zu, da § 303 Abs. 1 FamFG diesen Fall nicht nennt; § 59 Abs. 3 FamFG.[8]

V. Bedeutung für den Verfahrenspfleger oder Verfahrensbevollmächtigten

Der Verfahrenspfleger und der Verfahrensbevollmächtigte haben das Betreuungsgericht auf seine Pflicht hinzuweisen, in regelmäßigen Abständen zu prüfen, ob an Stelle des Vereins oder der Behörde eine oder mehrere natürliche Personen bestellt werden können.

14

VI. Bedeutung für Dritte

Dritten bleibt es jederzeit unbenommen, die Bestellung einer anderen Person anzuregen. Rechtsmittel stehen ihnen nur nach Maßgabe des § 303 Abs. 2 FamFG zu.

15

§ 292 Zahlungen an den Betreuer FamFG

(1) In Betreuungsverfahren gilt § 168 entsprechend.

(2) [1]Die Landesregierungen werden ermächtigt, durch Rechtsverordnung für Anträge und Erklärungen auf Ersatz von Aufwendungen und Bewilligung von Vergütung Formulare einzuführen. [2]Soweit Formulare eingeführt sind, müssen sich Personen, die die Betreuung im Rahmen der Berufsausübung führen, ihrer bedienen und sie als elektronisches Dokument einreichen, wenn dieses für die automatische Bearbeitung durch das Gericht geeignet ist. [3]Andernfalls liegt keine ordnungsgemäße Geltendmachung im Sinne von § 1836 Abs. 1 Satz 2 des Bürgerlichen Gesetzbuchs in Verbindung mit § 1 des Vormünder- und Betreuungsvergütungsgesetzes vor. [4]Die Landesregierungen können die Ermächtigung nach Satz 1 durch Rechtsverordnung auf die Landesjustizverwaltungen übertragen.

Auf die Kommentierung zu § 168 FamFG wird verwiesen.

1

§ 293 FamFG Erweiterung der Betreuung oder des Einwilligungsvorbehalts

(1) Für die Erweiterung des Aufgabenkreises des Betreuers und die Erweiterung des Kreises der einwilligungsbedürftigen Willenserklärungen gelten die Vorschriften über die Anordnung dieser Maßnahmen entsprechend.

(2) [1]Einer persönlichen Anhörung nach § 278 Abs. 1 sowie der Einholung eines Gutachtens oder ärztlichen Zeugnisses (§§ 280 und 281) bedarf es nicht,
1. wenn diese Verfahrenshandlungen nicht länger als sechs Monate zurückliegen oder
2. die beabsichtigte Erweiterung nach Absatz 1 nicht wesentlich ist.

---

8 Bassenge/Roth, § 291 FamFG Rn 2; Damrau/Zimmermann, § 291 FamFG Rn 9.

²Eine wesentliche Erweiterung des Aufgabenkreises des Betreuers liegt insbesondere vor, wenn erstmals ganz oder teilweise die Personensorge oder eine der in § 1896 Abs. 4 oder den §§ 1904 bis 1906 des Bürgerlichen Gesetzbuchs genannten Aufgaben einbezogen wird.

(3) Ist mit der Bestellung eines weiteren Betreuers nach § 1899 des Bürgerlichen Gesetzbuchs eine Erweiterung des Aufgabenkreises verbunden, gelten die Absätze 1 und 2 entsprechend.

I. Allgemeines

1 § 293 FamFG regelt die Erweiterung des Aufgabenkreises der Betreuung und des Kreises der einwilligungsbedürftigen Willenserklärungen. Der Grundsatz der Verhältnismäßigkeit findet sich auch in der Gestaltung der Verfahrensanforderungen wieder. Mit der Erweiterung wird der bereits durch die erstmalige Bestellung oder Anordnung verbundene **Eingriff in die Rechte des Betreuten** verstärkt. § 293 FamFG unterscheidet daher nach der **Intensität der Erweiterung**, so dass nur bei unwesentlichen Erweiterungen des Eingriffs Verfahrenserleichterungen gelten, während bei wesentlicher Erweiterung keine Besonderheiten gegenüber der erstmaligen Anordnung bestehen. Von der Einholung des persönlichen Eindrucks kann nicht abgesehen werden, da Abs. 2 S. 1 ausdrücklich nur die persönliche Anhörung und die Einholung eines Gutachtens und eines ärztlichen Zeugnisses im Falle der unwesentlichen Erweiterung für entbehrlich hält.

II. Bedeutung für das Betreuungsgericht

1. Zuständigkeit

2 **Funktionell** zuständig für die Erweiterung ist der für die erstmalige Anordnung berufene gerichtliche Funktionsträger der ersten Instanz. Dies ist mithin nach §§ 3 Nr. 2 b; 15 Nr. 3 RPflG grundsätzlich der **Betreuungsrichter**. Der Rechtspfleger ist lediglich zuständig, wenn der Aufgabenkreis des bereits bestellten Vollmachtsbetreuers iSd § 1896 Abs. 3 BGB um Aufgabenkreise erweitert werden soll, für die ebenfalls eine Rechtspflegerzuständigkeit gegeben ist, also nur die Kontrolle weiterer Bevollmächtigter oder eine Ausdehnung der Kontrollbetreuung auf weitere Vollmachtsbereiche. Das Beschwerdegericht ist hingegen nicht befugt, den Aufgabenbereich der Betreuung zu erweitern, wenn allein der Betreute gegen die Bestellung des Betreuers Beschwerde eingelegt hat (vgl § 303 FamFG Rn 89); nur dann, wenn das Betreuungsgericht die Bestellung eines Betreuers für einen neuen Aufgabenkreis ablehnt, kann das Beschwerdegericht unter Aufhebung dieser Ablehnungsentscheidung den Aufgabenkreis erweitern.[1]

2. Erweiterung des Aufgabenkreises nach § 1908 d Abs. 3 BGB (Abs. 1)

3 Für die Erweiterung des Aufgabenkreises der Betreuung gelten nach Abs. 1 die **Vorschriften über die erstmalige Anordnung**, also §§ 278 ff. FamFG entsprechend;[2] der Betreute ist persönlich (§ 278 FamFG) und weitere Beteiligte sind nach § 279 FamFG anzuhören. Grundsätzlich ist ein Sachverständigengutach-

---

1 BayObLG FamRZ 1996, 1035.
2 KG BtPrax 2005, 153.

ten nach § 280 FamFG oder zumindest ein ärztliches Attest nach § 281 FamFG einzuholen, es sei denn, es liegt ein Fall des Abs. 2 vor. Bei Erforderlichkeit ist ein Verfahrenspfleger zu bestellen, da dessen Bestellung nach § 275 Abs. 5 FamFG mit Abschluss des vorangegangenen Verfahrens endete. Der Beschluss hat den Vorgaben der §§ 286, 38, 39 FamFG zu entsprechen und wird nach § 287 FamFG mit Bekanntgabe an den Betreuer wirksam. Das Betreuungsgericht muss immer dann, wenn ein besonderer Anlass, etwa ein Antrag des Betreuers auf Erweiterung der Betreuung oder neue, etwa seitens des Betreuers nach § 1901 Abs. 5 S. 2 BGB mitgeteilte Tatsachen bekannt werden, auch vor Ablauf der Überprüfungsfrist[3] prüfen, ob die Voraussetzungen für eine Erweiterung des Aufgabenkreises des Betreuers oder des Kreises der einwilligungsbedürftigen Willenserklärungen vorliegen.

a) Verfahrenserleichterungen (Abs. 2)

Allein von einer **persönlichen Anhörung** des Betreuten nach § 278 Abs. 1 FamFG (s. § 278 FamFG Rn 6) bzw der Einholung eines **Gutachtens** nach § 280 FamFG und **ärztlichen Attestes** nach § 281 FamFG kann das Betreuungsgericht gemäß Abs. 2 nach pflichtgemäßem Ermessen absehen, wenn

- diese Verfahrenshandlungen **nicht länger als sechs Monate zurückliegen** (Abs. 2 S. 1 Nr. 1) **oder**
- eine nur **unwesentliche Erweiterung** angeordnet werden soll (Abs. 2 S. 1 Nr. 2).

Dem Betreuten und einem ggf bestellten Verfahrenspfleger ist zur Gewährung rechtlichen Gehörs bei Absehen von diesen Verfahrenshandlungen **Gelegenheit zu Äußerung** zu geben. Dies kann auch schriftlich erfolgen.[4] Da Abs. 1 die Vorschriften über die erstmalige Anordnung für anwendbar erklärt, kann von der Gutachteneinholung daneben auch dann abgesehen werden, wenn ein Fall des § 281 Abs. 1 FamFG (s. dort) vorliegt; dann aber bedarf es der Einholung eines ärztlichen Zeugnisses. Von der Anhörung nach § 279 FamFG (s. dort, vgl aber hinsichtlich der Betreuungsbehörde ergänzend Übersicht vor § 1 BtBG Rn 11) und der Hinzuziehung der Beteiligten nach § 274 FamFG kann dagegen keinesfalls abgesehen werden.

aa) Zeitliche Aktualität (Abs. 2 S. 1 Nr. 1)

Vom Absehen von Verfahrenshandlungen, die im Zeitpunkt der Entscheidung nicht länger als sechs Monate zurückliegen, kann wegen ihrer zeitlichen Aktualität bei einer wesentlichen Erweiterung nur in den **Ausnahmefällen** Gebrauch gemacht werden, in denen etwa nach dem Sachverständigengutachten das Unvermögen zur Besorgung bestimmter Angelegenheiten **feststeht**, letztere im Zeitpunkt der nunmehr zu erweiternden Entscheidung nicht regelungsbedürftig waren und entsprechend nicht geregelt wurden, nun aber regelungsbe-

---

3 Vgl BayObLG BtPrax 2005, 69.
4 BT-Drucks. 13/7158, 39.

dürftig geworden sind.[5] Allein in diesen Fällen mag von der Einholung eines Gutachtens abgesehen werden, da das krankheitsbedingte Unvermögen nach § 280 FamFG ermittelt wurde. Bei **wesentlicher Änderung** der **Umstände** wird aber die **Vornahme** der Verfahrenshandlungen iSd §§ 278, 280 f. FamFG nach § 26 FamFG **geboten** sein, da im Regelfall weder der Betreute zu dieser Änderung persönlich angehört worden ist, noch das Sachverständigengutachten sich zu dieser, zumeist unvorhersehbaren, Änderung verhält. Für die persönliche Anhörung gelten die vorangehenden Ausführungen entsprechend; von dieser kann daher nur dann abgesehen werden, wenn der Aufgabenkreis, um den die Betreuung erweitert werden soll, bereits im Rahmen der persönlichen Anhörung erörtert worden ist; § 34 Abs. 1 Nr. 1 FamFG. Ist der weitere Regelungsbedarf durch eine Verschlimmerung des Krankheitszustandes des Betreuten bedingt, werden die Einholung eines Gutachtens nach § 26 FamFG und die persönliche Anhörung des Betreuten zwingend sein. Hinsichtlich der Fristberechnung gelten die §§ 16 Abs. 2 FamFG, 222 Abs. 1 ZPO, 188 Abs. 2 BGB. Für den Fristbeginn ist jeweils maßgebend der Tag der persönlichen Anhörung bzw der Tag der Untersuchung des Betreuten, der sich aus dem Gutachten entnehmen lässt;[6] bei mehreren Untersuchungsterminen ist auf den letzten Termin abzustellen. Für das Fristende ist auf den Tag des Erlasses des Erweiterungsbeschlusses abzustellen.[7]

bb) Unwesentliche Erweiterung (Abs. 2 S. 1 Nr. 2)

7 Bei der unwesentlichen Erweiterung ist zwischen der Erweiterung des Aufgabenkreises des Betreuers und des Kreises der einwilligungsbedürftigen Willenserklärungen zu differenzieren.

cc) Unwesentliche Erweiterung des Aufgabenkreises des Betreuers (Abs. 2 S. 1 Nr. 2, S. 2)

8 Eine solche liegt vor, wenn der weitere Aufgabenkreis entweder zur Erledigung der bereits bestimmten Aufgaben notwendig oder derart eng mit diesen verknüpft ist, dass die Erweiterung in der erstmaligen Anordnung angelegt war. Auch dann, wenn der Aufgabenkreis lediglich um die **Geltendmachung einzelner** isolierter **Teilhabe- oder Leistungsrechte** des Betreuten gegenüber Dritten, wie dem Renten-, Kranken- oder Pflegeversicherungsträger, oder um die Aufgabe der **Kontrolle eines Bevollmächtigten** (arg e § 1896 Abs. 3 BGB) erweitert werden soll, liegt darin kein wesentlicher Eingriff. In Abgrenzung zu Abs. 2 S. 2 wird ein unwesentlicher Eingriff hauptsächlich im Hinblick auf einzelne abgrenzbare Teile der Vermögenssorge anzunehmen sein.

---

5 Horndasch/Viefhues/Beermann, § 293 FamFG Rn 4; Keidel/Budde, § 293 FamFG Rn 5; aA MK/Schmidt-Recla, § 293 FamFG Rn 9: eine systematische und verfassungsrechtliche Reduktion sei dergestalt geboten, dass bei wesentlichen Erweiterungen nach Abs. 2 S. 2 weder auf die persönliche Anhörung noch auf die Einholung eines Gutachtens/Zeugnisses verzichtet werden könne; aA Prütting/Helms/Fröschle, § 293 FamFG Rn 11: frühere Verfahrenshandlung muss sich nicht auf jetzigen Verfahrensgegenstand beziehen.
6 Damrau/Zimmermann, § 293 FamFG Rn 17; Jürgens/Kretz, § 293 FamFG Rn 5; MK/Schmidt-Recla, § 293 FamFG Rn 5: Tag des Abschlusses der Exploration des Betroffenen durch den Sachverständigen; aA für das Gutachten: Bassenge/Roth, § 293 FamFG Rn 3: Zeitpunkt der Erstattung des Gutachtens; Keidel/Budde, § 293 FamFG Rn 9: Eingang des Sachverständigengutachtens bei Gericht.
7 Jürgens/Kretz, § 293 FamFG Rn 5.

Eine **wesentliche Erweiterung** liegt nach Abs. 2 S. 2 nämlich immer dann vor, 9
wenn folgende Aufgaben in den Aufgabenkreis einbezogen werden:
- erstmals ganz oder teilweise die **Personensorge**,[8] also der Aufgabenkreis der **Gesundheitsfürsorge**,[9] der **Aufsicht** über den Betreuten, der **Aufenthaltsbestimmung** (§ 1626 Abs. 1 S. 2, § 1631 Abs. 1 BGB),[10] der Entscheidung über die **Herausgabe** des Betreuten[11] und dessen **Umgang**[12] (§§ 1626 Abs. 1 S. 2, 1632 BGB), der Entscheidung über **Ehe- und Kindschaftssachen** oder der **Vaterschaftsanerkennung**, der Entscheidung über den **Sozialhilfeantrag**[13] oder Geltendmachung von **Unterhaltsansprüchen**,[14] hingegen nicht Rentenansprüchen,[15]
- die **Fernmelde- und Postangelegenheiten** nach § 1896 Abs. 4 BGB,
- die Entscheidung über Einwilligungen in eine risikoreiche oder endgültige **ärztliche Maßnahme** (§ 1904 Abs. 1 BGB), die Nichteinwilligung in eine ärztliche Maßnahme (§ 1904 Abs. 2 BGB) oder **Sterilisation** (§ 1905 BGB) oder
- die Entscheidung über die **Unterbringung** oder **unterbringungsähnliche Maßnahmen** (§ 1906 BGB).

Daneben ist eine wesentliche Erweiterung dann anzunehmen, wenn der Aufgabenkreis um die **gesamte Vermögenssorge** erweitert werden soll.[16]

dd) Unwesentliche Erweiterung des Kreises der einwilligungsbedürftigen Willenserklärungen (Abs. 2 S. 1 Nr. 2)

Eine Erweiterung liegt nur bei bestehendem Einwilligungsvorbehalt vor; ist der 10
Einwilligungsvorbehalt zunächst aufgehoben worden und soll sodann erneut ein Einwilligungsvorbehalt angeordnet werden, ist für die Anwendung des § 293 FamFG kein Raum; es gelten die Regelungen für die erstmalige Anordnung des Einwilligungsvorbehaltes.[17] Eine **wesentliche Erweiterung** des Kreises der einwilligungsbedürftigen Willenserklärungen liegt dann vor, wenn gemessen an der konkreten wirtschaftlichen Lage des Betreuten die Erweiterung zu einer so erheblichen Einschränkung führt, dass der Betreute zumindest für einen abgrenzbaren Ausschnitt der Lebenswirklichkeit wirtschaftlich handlungsunfähig wird. Eine unwesentliche Erweiterung wird daher dann vorliegen, wenn etwa bei Bestehen mehrerer Konten lediglich ein Konto dem Einwilligungsvorbehalt unterfällt. Hat der Betreute hingegen nur ein Konto, führte der entsprechende Einwilligungsvorbehalt dazu, dass er für den Bereich des bar-

---

8 Vgl Harm, Die Personensorge im Betreuungsrecht, BtPrax 2005, 98.
9 KG BtPrax 2005, 153.
10 KG BtPrax 2005, 153.
11 Horndasch/Viefhues/Beermann, § 293 FamFG Rn 5.
12 BayObLG BtPrax 2003, 38; vgl auch BayObLG BtPrax 2003, 178.
13 LG Köln FamRZ 1998, 919; vgl OVG Münster FamRZ 2001, 312.
14 OLG Zweibrücken FamRZ 2000, 1324.
15 LG Berlin FamRZ 2002, 345.
16 Damrau/Zimmermann, § 293 FamFg Rn 9; Horndasch/Viefhues/Beermann, § 293 FamFG Rn 5; Jürgens/Kretz, § 293 FamFG Rn 6, differenzierend: Dodegge/Roth, A Rn 183: entscheidend ist, wie viele Teile der Vermögenssorge bereits vorher zum Aufgabenkreis gehörten.
17 BGH BtPrax 2012, 204.

geldlosen Verkehrs ausgeschlossen wäre, womit die Erweiterung wesentlich wäre.

ee) Ermittlungsmaßnahmen

11 Liegt **kein zeitlich aktuelles Gutachten** nach § 280 FamFG vor, muss das Betreuungsgericht auch bei einer unwesentlichen Erweiterung zumindest gemäß § 26 FamFG ein ärztliches Attest nach § 281 FamFG einholen, da ansonsten die Betreuungsbedürftigkeit des Betreuten im Hinblick auf den Aufgabenkreis, der nunmehr von der Betreuung umfasst sein soll, nicht anders feststellbar sein wird.

b) Einstweilige Anordnung

12 Eine Erweiterung im Wege einer einstweiligen Anordnung kann unter den Voraussetzungen der §§ 300 f FamFG angeordnet werden, da Abs. 1 auf die Vorschriften über die erstmalige Anordnung verweist.

c) Inhalt

13 Inhaltlich muss der Beschluss den **Anforderungen des § 38 Abs. 2 FamFG** (s. § 286 FamFG Rn 6 ff) entsprechen. § 286 Abs. 1 Nr. 1, Abs. 2 FamFG gilt mit der Maßgabe entsprechend, dass in dem Beschluss nicht die bereits bestehenden, sondern **nur die neuen Aufgabenkreise** bzw einwilligungsbedürftigen Willenserklärungen anzugeben sind, da der Beschluss über die erstmalige Anordnung der Betreuung und des Einwilligungsvorbehaltes nach wie vor gilt. Zudem ist nach § 286 Abs. 3 FamFG der Überprüfungszeitpunkt anzugeben. Dabei kann das Betreuungsgericht für die neuen Aufgabenkreise bzw einwilligungsbedürftigen Willenserklärungen neben dem für die bisherigen Aufgabenkreise bzw einwilligungsbedürftigen Willenserklärungen bereits angeordneten Überprüfungszeitpunkt eine hiervon abweichende neue Überprüfungsfrist bestimmen oder es zweckmäßigerweise (um eine einheitliche Überprüfung und weniger fehleranfällige Vorlage durch die Geschäftsstelle sicherzustellen) bei der bisherigen Überprüfungsfrist insgesamt belassen. Der Beschluss ist nach § 38 Abs. 3, Abs. 5 Nr. 2 FamFG zu begründen, zu unterschreiben, mit dem Übergabe- bzw Bekanntgabezeitpunkt (s. § 286 FamFG Rn 29) und der Rechtsmittelbelehrung (§ 39 FamFG) zu versehen (s. § 286 FamFG Rn 31).

14 ▶ **Beschlussformel im Falle der Aufgabenkreiserweiterung:**

In ... [Rubrum] wird der Aufgabenkreis des Betreuers um den Aufgabenkreis ... [genaue Bezeichnung] erweitert. ◀

▶ **Beschlussformel im Falle der Erweiterung des Kreises der einwilligungsbedürftigen Willenserklärungen:**

In ... [Rubrum] bedarf der Betreute auch zu Willenserklärungen, die den Aufgabenkreis ... [genaue Bezeichnung] betreffen, der Einwilligung des Betreuers ... (Einwilligungsvorbehalt). ◀

▶ **In beiden Fällen:**

Das Gericht wird spätestens bis zum ... [genaues Datum] über eine Aufhebung oder Verlängerung der Betreuung/des Einwilligungsvorbehaltes (insgesamt **oder** hinsichtlich des Aufgabenkreises ... [genaue Bezeichnung] oder der Willenserklärungen, die den Aufgabenkreis ... [genaue Bezeichnung] betreffen,) beschließen. ◀

d) Bekanntmachung und Verpflichtung

Die Bekanntmachung erfolgt nach §§ 287, 288 FamFG und wird nach § 287 Abs. 1 FamFG **mit Bekanntgabe an den Betreuer wirksam**. Eine erneute Verpflichtung und Unterrichtung des Betreuers nach § 289 FamFG erfolgt nicht. Die dem Betreuer ursprünglich nach § 290 FamFG ausgehändigte **Bestellungsurkunde** ist entweder zu berichtigen oder erneut auszustellen und dem Betreuer gegen Rückgabe der alten Bestellungsurkunde auszuhändigen. Der Beschluss ist der zuständigen Betreuungsbehörde nach § 288 Abs. 2 S. 1 FamFG bekannt zu geben (s. § 288 FamFG Rn 11). 15

e) Ablehnungsentscheidung

Von Maßnahmen nach Abs. 1 und Abs. 2 ist die Ablehnung eines Antrags auf Erweiterung des Aufgabenkreises der Betreuung zu unterscheiden. Da mit dieser Ablehnung die Intensivierung eines Eingriffs in das grundrechtlich geschützte Selbstbestimmungsrecht des Betreuten abgewehrt wird, gelten hierfür **keine besonderen Verfahrensgarantien**. Die Erforderlichkeit einer Anhörung der Beteiligten oder der Einholung eines Gutachtens iSd § 280 FamFG richtet sich ebenso wie das übrige Verfahren nach § 26 FamFG. Die Ablehnungsentscheidung ist gemäß § 38 Abs. 3 S. 1, Abs. 5 Nr. 3 FamFG zu begründen und nach § 39 FamFG mit einer Rechtsmittelbelehrung zu versehen. Auch der Ablehnungsbeschluss ist nach den §§ 287, 288 FamFG bekannt zu machen und wird mit der Bekanntgabe an den Betreuer nach § 287 Abs. 1 FamFG wirksam. 16

3. Bestellung eines weiteren Betreuers (Abs. 3)

Ist mit der Bestellung des weiteren Betreuers eine **Erweiterung des Aufgabenkreises** der Betreuung verbunden, gelten **Abs. 1, Abs. 2**,[18] so dass zu prüfen ist, ob die Erweiterung wesentlich ist. Ist sie wesentlich, kann nur bei zeitlicher Aktualität nach Abs. 2 Nr. 1 von der Einholung eines Gutachtens oder der persönlichen Anhörung abgesehen werden. So ist die Bestellung eines Sterilisationsbetreuers (§ 1899 Abs. 2 BGB) immer mit einer wesentlichen Aufgabenkreiserweiterung verbunden. Ist die Erweiterung hingegen unwesentlich, kann ohne zeitliche Begrenzung von der Vornahme dieser Handlungen abgesehen werden. 17

Ist mit der Bestellung des weiteren Betreuers **keine Erweiterung** des Aufgabenkreises verbunden, sieht Abs. 3 gerade nicht die Geltung der Vorschriften über die erstmalige Anordnung nach Abs. 1 vor. Es gelten daher erhebliche **Verfahrenserleichterungen**; das Verfahren bestimmt sich nach § 26 FamFG (s. Rn 18). Mit der Bestellung eines **Ergänzungsbetreuers** nach § 1899 Abs. 4 BGB[19] ist eine Erweiterung des Aufgabenkreises nicht verbunden;[20] der Betreute ist – nicht zwingend persönlich – anzuhören. **Widerspricht** der Betreute allerdings der Bestellung des Ergänzungsbetreuers, ist der Betreute **persönlich anzuhören**, da der Ergänzungsbetreuer im Verhinderungsfall, soweit die Ergänzungsbetreu-

---

18 Horndasch/Viefhues/Beermann, § 293 FamFG Rn 6.
19 OLG Zweibrücken FGPrax 1999, 182; offengelassen von OLG Schleswig FGPrax 2004, 70.
20 BGH FamRZ 2011, 1219; BGH v. 19.12.2012, XII ZB 557/12, XII ZB 241/12.

ung reicht, anstelle des Hauptbetreuers handeln soll[21] und damit der Verhinderungsfall in der Wirkung einer zeitweisen Auswechslung des Haupt- durch den Ergänzungsbetreuer gleichkommt und das Gesetz für eine – wenn auch dauerhafte – „Auswechslung" in Form der Entlassung und Neubestellung eines Betreuers in § 296 BGB eine persönliche Anhörung im Falle des Widerspruchs des Betreuten vorsieht.[22] Überdies kann infolge der Ergänzungsbetreuerbestellung dem Hauptbetreuer konkludent die Vertretungsmacht für den entsprechenden Aufgabenkreis entzogen werden,[23] was aber in der Wirkung einer Entlassung gleichkommt. Bei Bestellung eines Ergänzungsbetreuers ist zudem § 1897 BGB zu beachten.[24] Der **Gegenbetreuer** hat nicht die Aufgabe der Wahrnehmung der Angelegenheiten des Betreuten, sondern der Kontrolle der Amtsführung des Betreuers[25] die das Betreuungsgericht ohne Gegenbetreuerbestellung selbst wahrnehmen müsste (s. § 1792 BGB Rn 1). Für die Bestellung des Gegenbetreuers (s. § 1792 BGB Rn 1 ff) gilt Abs. 3 entsprechend.[26] Einer persönlichen Anhörung des Betreuten bedarf es nicht; schriftliche Anhörung genügt. Eine Anhörung der Betreuungsbehörde ist entbehrlich. Für die **erstmalige** Bestellung des **Kontrollbetreuers** (§ 1986 Abs. 3 BGB) gilt Abs. 3 hingegen nicht,[27] da eine Betreuung, deren Aufgabenkreis erweitert werden könnte, nicht besteht. Es sind die Vorschriften über die erstmalige Betreuerbestellung mit den entsprechenden Verfahrenserleichterungen (vgl § 281 Abs. 1 Nr. 2 FamFG) anzuwenden. Soll im Rahmen einer bestehenden Kontrollbetreuung ein weiterer Kontrollbetreuer für denselben Aufgabenkreis bestellt werden, gelten Abs. 1 und Abs. 2 nicht. Ist hingegen eine Erweiterung verbunden, wird wegen der geringen Eingriffsintensität der Kontrollbetreuerbestellung im Regelfall die Erweiterung nicht wesentlich sein. Die Bestellung eines „**Unterstützungsbetreuers**", also eines Betreuers zur Unterstützung eines Betreuers, ist gesetzlich nicht vorgesehen und nicht möglich; sie lässt sich auch aus dem Institut der Kontrollbetreuung nicht ableiten.[28]

18 Liegt also keine Aufgabenkreiserweiterung vor, hat das Betreuungsgericht den Betreuten – nicht zwingend persönlich – anzuhören und eine Anhörung nach § 279 FamFG durchzuführen; die Erforderlichkeit der Vornahme weiterer Verfahrenshandlungen, wie der **persönlichen Anhörung**, die gemäß § 170 Abs. 1 S. 1 GVG nicht öffentlich ist (s. § 278 FamFG Rn 6), beurteilt sich nach § 26 FamFG.[29] Dies ist sachgerecht, da der durch die Betreuerbestellung ohnehin bewirkte Rechtseingriff nicht intensiviert, sondern lediglich die Person des Betreuers zumindest zeitweise ausgewechselt wird. Bei **Widerspruch** des Betroffenen gegen die Bestellung des weiteren Betreuers ist indes **persönlich anzuhören**

---

21 BGH FamRZ 2011, 1219; BGH v. 19.12.2012, XII ZB 557/12, XII ZB 241/12; vgl OLG Brandenburg BtPrax 2009, 79.
22 Weitergehend Damrau/Zimmermann, § 293 FamFG Rn 29.
23 BayObLG FGPrax 2003, 268.
24 OLG Zweibrücken FGPrax 1999, 182.
25 OLG Frankfurt BtPrax 2008, 268.
26 BayObLG FamRZ 2001, 1556; BayObLG FamRZ 1994, 325; Horndasch/Viefhues/Beermann, § 293 FamFG Rn 6; Damrau/Zimmermann, § 293 FamFG Rn 31;aA Keidel/Budde, § 293 FamFG Rn 13; Jürgens/Kretz, § 293 FamFG Rn 9.
27 Jürgens/Kretz, § 293 FamFG Rn 8.
28 LG Mühlhausen FamRZ 2011, 1897.
29 BayObLG FamRZ 2001, 1556; BayObLG FamRZ 1998, 512; vgl BayObLG FamRZ 1994, 325.

(s. Rn 17). Wird ein weiterer Betreuer unter Aufteilung des bisherigen, einem anderen Betreuer zugewiesenen Aufgabenkreises bestellt, liegt insoweit eine (Teil-)**Entlassung des bisherigen Betreuers** nach § 296 Abs. 1 FamFG, mit den dort zu beachtenden Besonderheiten, vor.[30]

Die Bestellung eines weiteren Betreuers ohne Erweiterung des Aufgabenkreises kann grundsätzlich **nicht** im Wege einer **einstweiligen Anordnung** erfolgen, da Abs. 1 hierfür nicht gilt. Ausnahmsweise kommt eine Anordnung des Beschwerdegerichts nach § 64 Abs. 3 FamFG in Betracht. Der Beschluss ist nach § 38 Abs. 3 S. 1, Abs. 5 Nr. 3 FamFG zu begründen. Die **Bekanntmachung** erfolgt nach §§ 287, 288 FamFG und wird mit Bekanntgabe an den weiteren Betreuer wirksam. Ist der weitere Betreuer ein unerfahrener ehrenamtlicher Betreuer, ist er nach § 289 FamFG zu **verpflichten**. Ihm ist in jedem Falle die Bestellungsurkunde nach § 290 FamFG zu übergeben.

III. Bedeutung für den Betroffenen

Gegen die Erweiterung kann der Betreute Beschwerde einlegen. Hingegen kann er die verfahrensrechtliche Zwischenentscheidung, von der Vornahme der persönlichen Anhörung oder der Einholung eines Gutachtens oder ärztlichen Attestes abzusehen, nicht isoliert, sondern nur mit der Beschwerde gegen den Erweiterungsbeschluss angreifen. Soll ein weiterer Betreuer bestellt werden, so wird die Auswahl des Betreuers für den Betreuten von zentraler Bedeutung sein. Ist er damit nicht einverstanden, sollte er der Bestellung widersprechen, so dass – mit Ausnahme der Bestellung eines Gegenbetreuers – eine persönliche Anhörung des Betreuten erforderlich wird, in der er seine gegen die Person des weiteren Betreuers sprechenden Gesichtspunkte darlegen kann.

IV. Bedeutung für den Betreuer

Der Betreuer kann im Namen des Betreuten nach Maßgabe des § 303 Abs. 4 S. 1 FamFG gegen den Beschluss, mit dem die Erweiterung des Aufgabenkreises der Betreuung oder des Kreises der einwilligungsbedürftigen Willenserklärungen oder die Bestellung eines weiteren Betreuers angeordnet wird, Beschwerde einlegen, wenn sie seinen **Aufgabenkreis betreffen**. Ein eigenes Beschwerderecht kann dem Betreuer nach Maßgabe des § 303 Abs. 4 S. 1 FamFG („auch") zustehen. Gegen die Erweiterung seines Aufgabenkreises oder des Kreises der einwilligungsbedürftigen Willenserklärungen steht ihm die **Beschwerde** zu. Hinsichtlich der **Bestellung eines weiteren Betreuers** nach Abs. 3 kann der bisherige Betreuer nur insoweit Beschwerde einlegen, als er in seinem Betreuungsumfang eingeschränkt wird,[31] da hierin eine **Teilentlassung** liegt (vgl § 303 FamFG Rn 51 f);[32] ansonsten kann nur der weitere Betreuer gegen seine Auswahl Beschwerde einlegen.

V. Bedeutung für Verfahrenspfleger und Verfahrensbevollmächtigten

Verfahrenspfleger und Verfahrensbevollmächtigter haben im Interesse des Betreuten auf die Einhaltung der materiellen und formellen Vorschriften zu ach-

---

30 BayObLG BtPrax 2002, 271.
31 BayObLG FamRZ 2002, 1590.
32 BayObLG FamRZ 2002, 1656.

ten und für diesen Rechtsmittel einzulegen. Dabei hat der Verfahrenspfleger das objektive Wohl, der Verfahrensbevollmächtigte das subjektive Wohl des Betreuten zu beachten.

VI. Bedeutung für Dritte

23 Dritte können nur nach Maßgabe des § 303 Abs. 2 FamFG gegen die Erweiterungsentscheidung oder die Bestellung eines weiteren Betreuers Beschwerde einlegen.

§ 294 FamFG Aufhebung und Einschränkung der Betreuung oder des Einwilligungsvorbehalts

(1) Für die Aufhebung der Betreuung oder der Anordnung eines Einwilligungsvorbehalts und für die Einschränkung des Aufgabenkreises des Betreuers oder des Kreises der einwilligungsbedürftigen Willenserklärungen gelten die §§ 279 und 288 Abs. 2 Satz 1 entsprechend.

(2) Hat das Gericht nach § 281 Abs. 1 Nr. 1 von der Einholung eines Gutachtens abgesehen, ist dies nachzuholen, wenn ein Antrag des Betroffenen auf Aufhebung der Betreuung oder Einschränkung des Aufgabenkreises erstmals abgelehnt werden soll.

(3) Über die Aufhebung der Betreuung oder des Einwilligungsvorbehalts hat das Gericht spätestens sieben Jahre nach der Anordnung dieser Maßnahmen zu entscheiden.

I. Allgemeines

1 Die Regelungen der Aufhebung und der Einschränkung finden sich in § 294 FamFG. Den Grundsatz der Verhältnismäßigkeit beachtend, sieht § 294 FamFG für die Einschränkung und Aufhebung betreuungsgerichtlicher Maßnahmen in Form der Betreuerbestellung und des angeordneten Einwilligungsvorbehaltes deswegen **Verfahrenserleichterungen** vor, weil damit ein zuvor erfolgter Grundrechtseingriff eingeschränkt oder gänzlich beseitigt wird.

II. Bedeutung für das Betreuungsgericht

1. Zuständigkeit

2 **Funktionell** zuständig für die Einschränkung und Aufhebung der Betreuerbestellung und der Anordnung des Einwilligungsvorbehaltes ist der für die erstmalige Anordnung berufene gerichtliche Funktionsträger der ersten Instanz, also nach §§ 3 Nr. 2 b, 15 Nr. 3 RPflG grundsätzlich der **Betreuungsrichter**. Nur für die Einschränkung und Aufhebung der Vollmachtsbetreuung iSd § 1896 Abs. 3 BGB ist der Rechtspfleger berufen.

2. Aufhebung und Einschränkung nach § 1908 d Abs. 1, Abs. 4 BGB (Abs. 1)

3 Das Betreuungsgericht muss immer dann, wenn ein besonderer Anlass, etwa ein – auch konkludenter –[1] Antrag des Betreuten auf Aufhebung der Betreuung

---

[1] LG Görlitz v. 25.2.2013, 2 T 18/13: Auslegung einer unzulässigen erneuten Beschwerde als Antrag auf Aufhebung der Betreuung.

vorliegt, oder ihm neue, etwa seitens des Betreuers nach § 1901 Abs. 5 S. 1 BGB mitgeteilte Tatsachen bekannt werden, auch vor Ablauf der Überprüfungsfrist[2] **ermitteln**, ob die Voraussetzungen für die Betreuerbestellung oder die Anordnung des Einwilligungsvorbehaltes nach wie vor bestehen.[3] § 294 FamFG ist gegenüber der Abänderungsmöglichkeit des § 48 FamFG eine Sonderregelung.[4] Ist die Bestellung eines Betreuers oder die Anordnung eines Einwilligungsvorbehaltes infolge des Ablaufs der Beschwerdefrist des § 63 Abs. 1 FamFG formell rechtskräftig geworden und will der Betreute infolge **geänderter Umstände**, etwa weil infolge der Besserung seines Gesundheitszustandes die Betreuungsbedürftigkeit oder der Betreuungsbedarf sich reduziert hat oder gänzlich weggefallen ist, die Betreuung oder den Einwilligungsvorbehalt aufgehoben wissen, kann er nicht nach § 48 FamFG vorgehen, sondern nur einen Antrag auf Aufhebung der Betreuung stellen. Wird sein Antrag abgelehnt, kann er hiergegen die befristete **Beschwerde** einlegen.

a) Verfahren

Abs. 1 erklärt lediglich die §§ 279, 288 Abs. 2 S. 1 FamFG für entsprechend anwendbar; ansonsten gilt § 26 FamFG.[5]   4

aa) Anhörung

Das Betreuungsgericht hat nach Maßgabe des § 279 FamFG nahe Angehörige, eine Vertrauensperson und die zuständige Betreuungsbehörde (s. aber Übersicht vor § 1 BtBG Rn 11) anzuhören.   5

Eine persönliche **Anhörung des Betreuten** nach Art. 103 Abs. 1 GG ist deswegen **nicht erforderlich**, weil mit dieser Entscheidung ein Rechtseingriff gerade aufgehoben oder eingeschränkt wird.[6] Ob also eine nicht öffentliche (§ 170 Abs. 1 S. 1 GVG), persönliche Anhörung des Betreuten zu erfolgen hat, beurteilt das Betreuungsgericht nach pflichtgemäßem Ermessen nach § 26 FamFG.[7] Eine Anhörung wird dann durchzuführen sein, wenn der Betreute die Aufhebung anregt und greifbare Anhaltspunkte vorträgt, wonach die Betreuungsbedürftigkeit insgesamt oder für die einzuschränkenden Aufgabenbereiche zu verneinen ist.[8] Denn dann sollte sich das Betreuungsgericht **persönlich** einen eigenen Eindruck vom Betroffenen verschaffen.[9] Ist hingegen lediglich der Betreuungsbedarf insgesamt oder teilweise zu verneinen, etwa weil die Angelegenheit des Betreuten sich erledigt hat oder kein weiterer Regelungsbedarf mehr besteht, so wird eine Anhörung des Betreuten dann angezeigt sein, wenn noch Zweifel am Betreuungsbedarf bestehen und vom Betreuten aussagekräftige Angaben hierzu zu erwarten sind. Prüft das Betreuungsgericht aus entsprechendem Anlass, etwa einem Aufhebungsantrag des Betreuten, die Aufhebung der Betreuung und will es von einer Aufhebung absehen, sollte der Betreute   6

---

2 BayObLG BtPrax 2005, 69.
3 OLG München NJW-RR 2006, 512.
4 BT-Drucks. 16/6398, 198.
5 OLG München NJW-RR 2006, 512; OLG Hamm NJWE-FER 2001, 326; Dodegge, Die Entwicklung des Betreuungsrechts bis Anfang Juni 2007, NJW 2007, 2673.
6 Vgl BGH BtPrax 2011, 130; OLG Zweibrücken BtPrax 1998, 150.
7 BT-Drucks. 16/6308, 270; BGH BtPrax 2011, 130.
8 BGH BGH BtPrax 2011, 130.
9 OLG Karlsruhe FamRZ 1994, 449.

persönlich angehört werden, wenn sich sein Antrag nicht von vornherein als zweifelsfrei sinnlose, lediglich querulatorische Eingabe darstellt.[10]

7 Soll die Anhörung durch Gewährung der Möglichkeit zur **schriftlichen Stellungnahme** erfolgen, wird dies nur dann möglich sein, wenn der Betreute nach Aktenlage zu einer schriftlichen Äußerung überhaupt in der Lage ist. Soll der Betreute nicht angehört werden und kommt eine Aufhebung oder Einschränkung ernsthaft in Betracht, sollte der Betreute von dieser Möglichkeit zumindest in Kenntnis gesetzt werden.[11] Auch wenn die Betreuung oder der angeordnete Einwilligungsvorbehalt Eingriffe in das Selbstbestimmungsrecht des Betreuten sind, wird insbesondere die Betreuung vielfach seitens des Betreuten als Hilfestellung verbunden.[12] Daher sollte der Betreute im Vorfeld einer beabsichtigten Aufhebung oder Einschränkung zur Wahrung seiner Subjektsqualität zumindest hierauf hingewiesen werden.

Will das Betreuungsgericht den Betreuten hingegen persönlich anhören, ist eine zwangsweise Vorführung bei **Weigerung** des Betreuten zur Teilnahme an seiner persönlichen Anhörung nach § 278 Abs. 5 FamFG nicht möglich, da § 294 Abs. 1 FamFG gerade nicht auf diese Vorschrift verweist. Insofern kann das Betreuungsgericht zunächst das persönliche Erscheinen des Betreuten nach § 33 Abs. 1 S. 1 FamFG zu einem Anhörungstermin anordnen und ihn hierzu laden; zeichnet sich ab, dass der Betreute der Ladung nicht nachkommen wird, soll die Ladung dem Betreuten nach § 33 Abs. 2 S. 2 FamFG zugestellt werden. Erscheint der Betreute zum Anhörungstermin unentschuldigt nicht, so kann das Betreuungsgericht nach § 33 Abs. 3 FamFG vorgehen und Ordnungsgeld gegen ihn festsetzen. Bleibt er im darauf anzuberaumenden Anhörungstermin unentschuldigt erneut aus, so kann das Gericht nach § 33 Abs. 3 S. 3 FamFG seine **Vorführung** – aus Gründen der Schonung des Betreuten analog § 278 Abs. 5 FamFG – durch die zuständige Betreuungsbehörde anordnen. Entschuldigt der Betreute sein Ausbleiben nachträglich und hinreichend glaubhaft, so hat das Gericht seine Anordnungen aufzuheben (§ 33 Abs. 3 S. 3 FamFG). Voraussetzung für die Anordnung der Vorführung ist aber stets, dass die Vorführung auch verhältnismäßig ist. Daher kann eine Vorführung nur als **ultima ratio** dann in Betracht kommen, wenn anderenfalls entscheidungserhebliche Erkenntnisse über Betreuungsbedürftigkeit oder -bedarf anderweitig nicht zu erlangen wären, was aber aufgrund des Umstandes, dass zumindest der Betreuer als Auskunftsperson zur Verfügung steht, der ohnehin nach § 1901 Abs. 5 BGB zur Mitteilung eine Aufhebung oder Einschränkung rechtfertigender Umstände verpflichtet ist, der absolute Ausnahmefall sein wird.

bb) Verfahrenspflegerbestellung

8 Die Bestellung eines Verfahrenspflegers ist **nicht obligatorisch**. Sie wird aber dann geboten sein, wenn tatsächliche Ermittlungen anzustellen sind, was wiederum greifbare Anhaltspunkte für eine Veränderung der tatsächlichen Um-

---

10 OLG Zweibrücken BtPrax 1998, 150; OLG Karlsruhe FamRZ 1994, 449.
11 OLG Karlsruhe FamRZ 1994, 449: Anhörung nicht erforderlich, wenn Aufhebungsantrag vom Betreuten gestellt wird.
12 OLG München BtPrax 2007, 81.

stände, die der Betreuerbestellung zugrunde lagen, voraussetzt, da ansonsten die Bestellung bloße Förmelei wäre.[13]

cc) Gutachten

Die Erforderlichkeit der Einholung eines Gutachtens nach §§ 280, 282 FamFG oder eines ärztlichen Attests nach § 281 FamFG bestimmt das Betreuungsgericht ebenfalls nach § 26 FamFG.[14] Ein neues Gutachten ist dann einzuholen, wenn ein zeitnahes Gutachten nicht vorliegt[15] oder gewichtige Anhaltspunkte dafür vorliegen, dass sich die Tatsachengrundlage eines früheren Gutachtens erheblich verändert hat[16], etwa dadurch, dass sich aus dem Vorbringen der Verfahrensbeteiligten greifbare Anhaltspunkte für eine Veränderung der der Betreuerbestellung zugrunde liegenden tatsächlichen Umstände ergeben.[17] Holt das Betreuungsgericht ein Gutachten ein, so muss dieses den formalen Anforderungen des § 280 FamFG (vgl § 280 FamFG Rn 9 ff) genügen.[18] **Zwangsmaßnahmen** nach §§ 283, 284 FamFG[19] können mangels entsprechenden Verweises nicht angeordnet werden;[20] ggf kann der Sachverständige an der Anhörung, zu welcher der Betreute nach § 33 Abs. 3 S. 3 FamFG vorgeführt werden kann (s. Rn 8), teilnehmen und den Betreuten dort begutachten. Mitwirkungshandlungen, invasive Eingriffe oder gar eine Unterbringung gegen den Willen des Betroffenen können nicht angeordnet werden (s. § 280 FamFG Rn 18). 9

dd) Entscheidungsform

Der Erlass einer **einstweiligen Anordnung** ist mangels entsprechenden Verweises auf § 300 FamFG nicht möglich; hierzu besteht auch kein Bedürfnis. Allein, dass der Betreuer für die weitere Zeit, in der keine Betreuungsbedürftigkeit oder kein Betreuungsbedarf besteht, noch weiterhin eine Vergütung erhält (vgl § 5 Abs. 4 S. 1 VBVG), genügt für die Annahme eines dringenden Bedürfnisses iSd § 300 Abs. 1 S. 1 Nr. 1 FamFG ohnehin nicht. Ggf kann eine Entlassung des Betreuers nach § 300 Abs. 2 FamFG zu erwägen sein. 10

b) Beschluss

Inhaltlich muss der Beschluss den Anforderungen des § 38 **Abs. 2 FamFG** (s. § 286 FamFG Rn 6 ff) entsprechen. Wird nur eine Einschränkung ausgesprochen, gilt § 286 Abs. 1 Nr. 1, Abs. 2 FamFG mit der Maßgabe entsprechend, dass die verbliebenen Aufgabenkreise bzw einwilligungsbedürftigen Willenserklärungen anzugeben sind. Die Angabe des Überprüfungszeitpunktes nach § 286 Abs. 3 FamFG ist dann entbehrlich, wenn es bei der bisherigen Überprüfungsfrist verbleiben soll. Hat das Betreuungsgericht die Einschränkung ohnehin aus Anlass einer Überprüfung nach § 295 Abs. 2 FamFG vorgenommen, wird es einen neuen Überprüfungszeitpunkt bestimmen. Der Be- 11

---

13 BGH FGPrax 2011, 232; BGH BtPrax 2011, 130.
14 BGH FGPrax 2012, 17; BGH BtPrax 2011, 130; BayObLG FamRZ 1998, 323; LG Essen v. 12.8.2010, 7 T 342/10.
15 BGH BtPrax 2011, 130; BayObLG FamRZ 2003, 115; OLG Frankfurt/M. FamRZ 1992, 859 zur Unterbringung.
16 BayObLG BtPrax 2005, 69; BayObLG FamRZ 2003, 115.
17 BGH BtPrax 2011, 130.
18 BGH FGPrax 2012, 17.
19 BayObLG BtPrax 1995, 182.
20 Vgl OLG München FGPrax 2006, 212.

schluss ist nach § 38 Abs. 3, Abs. 5 Nr. 2 FamFG zu begründen, zu unterschreiben, mit dem Übergabe- bzw Bekanntgabezeitpunkt (s. § 286 FamFG Rn 29) und der Rechtsmittelbelehrung (§ 39 FamFG) zu versehen (s. § 286 FamFG Rn 31).

c) Beschlussformel

12 ▶ **Beschlussformel:**

In ... [Rubrum] wird die Betreuung/der angeordnete Einwilligungsvorbehalt aufgehoben/der Aufgabenkreis des Betreuers auf ... [genau zu bezeichnende Angelegenheiten], eingeschränkt/der Kreis der einwilligungsbedürftigen Willenserklärungen derart eingeschränkt, dass der Betreute nur zu Willenserklärungen, die den ... [genau zu bezeichnenden Aufgabenkreis] betreffen, der Einwilligung des Betreuers bedarf (Einwilligungsvorbehalt).

Ggf: Das Gericht wird spätestens bis zum ... [genaues Datum] über eine Aufhebung oder Verlängerung der Betreuung/des Einwilligungsvorbehaltes beschließen. ◀

d) Bekanntgabe gegenüber Betreuungsbehörde und Wirksamkeit

13 Die Bekanntmachung erfolgt nach §§ 287, 288 FamFG und wird nach § 287 Abs. 1 FamFG **mit Bekanntgabe an den Betreuer wirksam**. Obwohl eigentlich schon § 288 Abs. 2 S. 1 FamFG unmittelbar anordnet, dass Beschlüsse über Umfang oder Bestand der Betreuung oder des Einwilligungsvorbehaltes der Betreuungsbehörde bekannt zu geben sind und hierunter die Aufhebung („Bestand") und Einschränkung („Umfang") fallen (s. § 288 FamFG Rn 11), erklärt Abs. 1 § 288 Abs. 2 S. 1 FamFG überflüssigerweise für entsprechend anwendbar. Beschlüsse über die Aufhebung der Betreuung oder die Anordnung des Einwilligungsvorbehaltes oder die Einschränkung des Aufgabenkreises der Betreuung oder des Kreises der einwilligungsbedürftigen Willenserklärungen sind der zuständigen Betreuungsbehörde bekannt zu geben (s. § 288 FamFG Rn 11).

14 Im Falle der Aufhebung der Betreuung hat der Betreuer die **Bestellungsurkunde** dem Betreuungsgericht **zurückzugeben**. Ist lediglich die Aufhebung des Einwilligungsvorbehaltes oder eine Einschränkung beschlossen worden, erfolgt selbstverständlich keine erneute Verpflichtung und Unterrichtung des Betreuers nach § 289 FamFG; hingegen ist die Bestellungsurkunde entweder um die eingeschränkten Aufgabenkreise bzw einwilligungsbedürftigen Willenserklärungen zu berichtigen oder erneut auszustellen und dem Betreuer gegen Rückgabe der alten Bestellungsurkunde auszuhändigen.

3. Erstmalige Ablehnung der Aufhebung oder Einschränkung (Abs. 2)

15 Von Maßnahmen nach Abs. 1 ist die Ablehnung eines Antrags auf Aufhebung oder Einschränkung der Betreuung oder des Einwilligungsvorbehalts zu unterscheiden. Hierfür gelten grundsätzlich keine besonderen Verfahrensvorschriften,[21] das Verfahren richtet sich nach § 26 FamFG.[22] Soll der Antrag des Betreuten auf Aufhebung abgelehnt werden, wird die Einholung eines **Gutach-**

---

21 BayObLG v. 2.7.1997, 3Z BR 264/97; FGPrax 1995, 52.
22 OLG München FGPrax 2008, 206; KG FGPrax 2006, 260; BayObLG BtPrax 2005, 69.

tens dann geboten sein, wenn ein entsprechendes zeitnahes Gutachten nicht vorliegt.[23]

Lediglich für die **erstmalige Ablehnung** gilt jedoch Abs. 2. Hat das Betreuungsgericht zutreffend nach § 281 Abs. 1 Nr. 1 FamFG von der Einholung eines Gutachtens **abgesehen** (s. § 281 FamFG Rn 6 ff), muss es nach Abs. 2 ein Gutachten nach Maßgabe des § 280 FamFG einholen, wenn der Antrag des Betreuten auf Aufhebung der Betreuung oder Einschränkung des Aufgabenkreises des Betreuers **erstmalig** abgelehnt werden soll.[24] Damit wird sichergestellt, dass die weitere oder unveränderte Aufrechterhaltung der Betreuung auf einer ausreichenden Ermittlungsgrundlage fußt und vermieden, dass der Betroffene, der zunächst auf seine Begutachtung verzichtet hat, durch das spätere Begehren auf Aufhebung der Betreuung schlechter gestellt wird, als wenn er von vornherein auf die Begutachtung bestanden hätte.[25] Im Umkehrschluss ergibt sich, dass das Betreuungsgericht von der Einholung absehen kann, aber nicht muss, wenn es auf Anregung des Betreuten die Betreuung aufheben will; in diesem Falle gilt allein Abs. 1, so dass das Betreuungsgericht nach § 26 FamFG über die Einholung eines Gutachtens entscheidet. Für **weitere Aufhebungsanträge** richtet sich die Erforderlichkeit der Gutachteneinholung, wie das sonstige Verfahren, nach § 26 FamFG.[26] Insofern kommt auch in Betracht, einen Aufhebungsantrag ohne weitere Ermittlungen ablehnend zu bescheiden, wenn die letzte Entscheidung erst wenige Zeit zurückliegt[27] und keine Änderung der Umstände erkennbar ist. In allen Fällen ist der Antrag auf Aufhebung der Betreuung in angemessener Zeit zu bearbeiten und zu bescheiden, anderenfalls kann eine Amtspflichtverletzung vorliegen.[28] Hiervon zu unterscheiden ist der Fall, dass das Betreuungsgericht **verfahrensfehlerhaft** von der Gutachteneinholung abgesehen hat, weil der Betroffene ursprünglich nicht auf die Einholung des Gutachtens verzichtet hat und damit gerade nicht die Voraussetzungen des § 281 FamFG vorgelegen haben; in diesem Fall gilt Abs. 2 nicht.[29] Es gelten die allgemeinen Vorschriften. Indes wird die Amtsermittlungspflicht des § 26 FamFG in dem Verfahren auf Aufhebung der Betreuung die Einholung eines Sachverständigengutachtens regelmäßig gebieten.

Der Beschluss ist nach § 38 Abs. 3, Abs. 5 Nr. 2 FamFG zu begründen und zu unterschreiben. Auf dem Beschluss ist der Übergabe- bzw Bekanntgabezeitpunkt (s. § 286 FamFG Rn 29 und die Rechtsmittelbelehrung (§ 39 FamFG) anzugeben (s. § 286 FamFG Rn 31).

Die **Bekanntmachung** des Ablehnungsbeschlusses erfolgt sowohl bei erstmaliger als auch wiederholter Ablehnung nach §§ 40 Abs. 1, 41 Abs. 1 S. 2, 288 Abs. 1 FamFG dem Betreuten gegenüber. Der Ablehnungsbeschluss bewirkt

---

23 OLG Frankfurt/M. NJW 1992, 1395.
24 KG FGPrax 2006, 260; dies gilt auch dann, wenn der Betroffene zwar keinen Antrag nach § 281 Abs. 1 Nr. 1 FamFG gestellt, sich jedoch mit der Betreuung einverstanden erklärt und ein Dritter – hier der sozialpsychiatrische Dienst – das ärztliche Zeugnis einreicht.
25 BT-Drucks. 11/4528, 180.
26 BayObLG FamRZ 1998, 323.
27 BayObLG FamRZ 1998, 323 (knapp zwei Monate).
28 Zimmermann, Richter- und Rechtspflegerhaftung im Betreuungsrecht, BtPrax 2008, 185.
29 BGH v. 21.11.2012, XII ZB 296/12.

zwar keine Änderung der Betreuung bzw des Einwilligungsvorbehaltes, es ist aber gleichwohl eine Entscheidung über den Bestand. Er wird daher nach § 287 Abs. 1 FamFG mit der Bekanntgabe an den Betreuer wirksam. Eine Bekanntgabe an die zuständige Betreuungsbehörde erfolgt nach § 288 Abs. 2 S. 2 FamFG dann, wenn sie durch das Betreuungsgericht zuvor angehört worden ist (s. § 288 FamFG Rn 12).

4. Überprüfung (Abs. 3)

19 Nach §§ 294 Abs. 3, 295 Abs. 2 FamFG hat das Betreuungsgericht über die Aufhebung und Verlängerung der Betreuerbestellung oder die Anordnung des Einwilligungsvorbehaltes **spätestens sieben Jahre nach deren Anordnung** zu entscheiden. Die konkrete Bestimmung des Überprüfungszeitpunktes hat sich an dem Maßstab der Verhältnismäßigkeit[30] und nach den Einzelfallumständen zu richten. Die im Sachverständigengutachten nach § 280 Abs. 3 Nr. 5 FamFG (vgl. § 280 FamFG Rn 20) getroffene Feststellung über die voraussichtliche Dauer der Maßnahme ist wesentlicher Anhaltspunkt für die Bestimmung der Überprüfungsfrist. Will das Betreuungsgericht von dieser Feststellung abweichen und die Überprüfungsfrist zum Nachteil des Betroffenen über die vom Sachverständigen als erforderlich bezeichnete Dauer der Maßnahme hinaus ausdehnen, muss es die hierfür tragenden Gründe in dem Beschluss darlegen.[31] Sind im Zeitpunkt des Beschlusserlasses mögliche Änderungen des Krankheitsverlaufs absehbar, ist die Frist hieran anzupassen. Gleiches gilt bei schubförmig verlaufenden Erkrankungen.[32] Bei feststehenden Krankheitsbildern und wenig veränderungsanfälligen Sachverhalten kann die Frist von sieben Jahren ausgeschöpft werden, da etwaige unvorhersehbare Änderungen nach §§ 1901 Abs. 5, 1903 Abs. 4 BGB, § 7 BtBG dem Betreuungsgericht ohnehin anzuzeigen sind. Bei mehreren Aufgabenkreisen oder einwilligungsbedürftigen Willenserklärungen sind, soweit erforderlich, für die jeweiligen Bereiche **unterschiedliche Überprüfungsfristen** festzulegen.[33] Die Überprüfungsfrist ist nach § 286 Abs. 3 FamFG **im Anordnungsbeschluss anzugeben** (s. § 286 FamFG Rn 21).

20 Das Betreuungsgericht darf nach dem klaren Wortlaut nicht den Ablauf der Überprüfungsfrist abwarten und dann über die Aufhebung entscheiden, sondern muss „spätestens sieben Jahre" nach der Anordnung entscheiden. Die Entscheidung des Betreuungsgerichts muss also **vor Ablauf der festgesetzten Überprüfungsfrist** oder – bei versehentlichem Unterbleiben der Festsetzung der Frist im Anordnungsbeschluss (s. § 286 FamFG Rn 21) – vor Ablauf der Überprüfungsfrist von sieben Jahren wirksam, mithin bekannt gegeben sein.[34] Ein Verstoß hiergegen führt zwar nicht zur Beendigung der Betreuung oder des Einwilligungsvorbehaltes, da diese Maßnahmen nur durch den Tod des Betreuten und durch deren ausdrückliche Aufhebung enden,[35] sofern die Betreu-

---

30 Bienwald, Generelle Verlängerung der Überprüfungsfrist für Betreuerbestellung oder Einwilligungsvorbehalt gemäß § 69 I Nr. 5 FGG?, FamRZ 2006, 1430.
31 BGH MDR 2013, 93.
32 BayObLG BtPrax 1995, 68.
33 Vgl BGH BtPrax 2012, 204.
34 OLG Naumburg OLGReport 2004, 56.
35 OLG Naumburg OLGReport 2004, 56; vgl. auch VG Gelsenkirchen, Urteil v. 13.03.2013, 11 K 3672/12.

ung nicht befristet war. Ein mehrjähriges Überschreiten des Überprüfungszeitpunktes kann jedoch dazu führen, dass die Aufrechterhaltung der Betreuung rechtsfehlerhaft wird.[36] Zudem kann ein Fristverstoß Amtshaftungsansprüche des Betreuten gegen die Anstellungskörperschaft des Betreuungsrichters oder im Falle des § 1896 Abs. 3 BGB des Rechtspflegers dann nach sich ziehen, wenn der Betreute durch die verspätete Aufhebung oder Einschränkung einen Schaden erlitten haben sollte.[37] Gegen die Untätigkeit kann zudem Dienstaufsichtsbeschwerde eingelegt werden.

III. Bedeutung für den Betroffenen

Der Betreute kann gegen die Aufhebung oder Einschränkung des Aufgabenkreises der Betreuung (Abs. 1)[38] oder die Ablehnung der Aufhebung oder Einschränkung der Betreuung[39] sowie gegen die Aufhebung oder Einschränkung des Einwilligungsvorbehaltes[40] oder bei Ablehnung der Aufhebung oder Einschränkung des Einwilligungsvorbehaltes **Beschwerde** einlegen. Versäumt das Betreuungsgericht, die Aufhebung der Betreuung oder des Einwilligungsvorbehaltes nach Abs. 3 zu prüfen, steht dem Betroffenen lediglich die **Dienstaufsichtsbeschwerde** gegen den Betreuungsrichter oder im Falle des § 1896 Abs. 3 BGB gegen den Rechtspfleger zu; eine **Untätigkeitsbeschwerde** ist wegen der nach §§ 198 ff GVG eröffneten Möglichkeit, um Rechtsschutz bei überlangen Gerichtsverfahren zu ersuchen, **nicht** möglich.[41] Wird die Betreuung aufgehoben und ist der Betroffene der Ansicht, dass die Betreuerbestellung rechtswidrig war, so kann er nach § 62 FamFG beantragen, dass das Beschwerdegericht[42] ausspricht, dass ihn die Entscheidung des Gerichts des ersten Rechtszugs in seinen Rechten verletzt hat;[43] ein berechtigtes Interesse an der Feststellung hat er bereits deswegen, weil mit der Betreuerbestellung ein schwer wiegender Grundrechtseingriff nicht nur in die allgemeine Handlungsfreiheit nach Art. 2 Abs. 1 GG,[44] sondern wegen der Stigmatisierungswirkung der Betreuerbestellung auch in das Recht des Betroffenen auf Schutz seiner Persönlichkeit aus Art. 2 Abs. 1 GG iVm Art. 1 Abs. 1 GG verbunden war[45] (vgl § 303 FamFG Rn 67).[46] Ein schwer wiegender Grundrechtseingriff ist auch mit der Bestellung eines Kontrollbetreuers verbunden.[47] Eine derartige Feststellung ist aber

---

36 LG Frankfurt/M. FamRZ 2003, 185; Bienwald, Zur Rechtmäßigkeit der Aufrechterhaltung einer Betreuung, FamRZ 2003, 186.
37 Vgl Zimmermann, Richter- und Rechtspflegerhaftung im Betreuungsrecht, BtPrax 2008, 185; Meier, Der Fall Martha D oder warum das Land Berlin Schmerzensgeld zahlen musste, BtPrax 2000, 110.
38 BayObLG MDR 2001, 94.
39 Bassenge/Roth, § 295 FamFG Rn 10.
40 BayObLG FamRZ 2000, 567.
41 OLG Stuttgart FamRZ 1998, 1128; Keidel/Meyer-Holz, Anhang zu § 58 FamFG Rn 90; vgl LG München BtPrax 2010, 194; LG Leipzig FamRZ 2001, 652; aA HK-BUR/Braun, §§ 286, 38, 39 FamFG Rn 58: Beschwerde und Untätigkeitsbeschwerde möglich.
42 BGH NJW-RR 2012, 1350: ein isoliertes Feststellungsverfahren vor dem erstinstanzlichen Betreuungsgericht ist unstatthaft.
43 BGH FGPrax 2011, 258.
44 BVerfG BtPrax 2009, 27.
45 BGH MDR 2012, 1464, vgl LG Darmstadt BtPrax 2010, 185.
46 Vgl BVerfG NJW 2002, 206 zur vorläufigen Betreuung.
47 BVerfG BtPrax 2009, 27.

dann nicht zu treffen, wenn die Betreuung aus **nachträglich** eingetretenen Gründen, etwa weil die Betreuung nicht mehr erforderlich ist, aufgehoben wurde[48] oder der Betroffene inzwischen verstorben ist, da kein Bedürfnis besteht, Angehörigen eines verstorbenen Betroffenen durch einen Fortsetzungsfeststellungsantrag die Geltendmachung eines postmortalen Rehabilitationsinteresses zu ermöglichen.[49] Hätte das Betreuungsgericht ein Gutachten einholen müssen und hat es hiervon fehlerhaft abgesehen, kann das Beschwerdegericht das Gutachten selbst einholen und in der Sache entscheiden (§§ 68 Abs. 3, 69 Abs. 1 S. 1 FamFG) oder auf Antrag des Betreuten die Sache an das Betreuungsgericht zur erneuten Entscheidung zurückverweisen (§ 69 Abs. 1 S. 3 FamFG).

IV. Bedeutung für den Betreuer

22 Der Betreuer kann im Namen des Betreuten nach Maßgabe des § 303 Abs. 4 FamFG gegen die unter Rn 21 genannten Entscheidungen **Beschwerde** einlegen, wenn sie seinen **Aufgabenkreis betreffen** (s. § 303 FamFG Rn 50). Dies ist jedenfalls dann **nicht** der Fall, wenn die **Betreuung aufgehoben** oder der Betreuer wirksam entlassen wird, da in diesen Fällen die gesetzliche Vertretungsmacht des Betreuers endet. Gegen die Aufhebung der Betreuung und gegen seine Entlassung kann der Betreuer daher nicht im Namen des Betreuten Beschwerde einlegen.[50] Ein eigenes Beschwerderecht kann dem Betreuer zwar nach Maßgabe des § 303 Abs. 4 FamFG „auch" zustehen. Jedoch steht ihm gegen die Aufhebung der Betreuung[51] grundsätzlich keine Beschwerdebefugnis nach § 59 Abs. 1 FamFG zu, weil er kein eigenes Recht auf weiteren Bestand der Betreuung hat (s. § 303 FamFG Rn 52);[52] dies gilt erst recht dann, wenn der Betreuer der Bevollmächtigte des Betroffenen ist und die Betreuung gerade wegen der Bevollmächtigung aufgehoben wird.[53] Ausnahmsweise dann, wenn er nicht vorher angehört worden ist, kann der Betreuer eine Verletzung des rechtlichen Gehörs mit der Beschwerde geltend machen.[54] Ein Beschwerderecht steht ihm auch dann zu, wenn er entlassen wird und **kein anderer Betreuer** bestellt wird (s. § 303 FamFG Rn 52).[55] Gegen die Ablehnung der Aufhebung steht ihm ebenfalls keine Anfechtungsmöglichkeit zu. Will er die Betreuung nicht weiterführen, kann er seine Entlassung anregen. Gegen die Einschränkung seines Aufgabenkreises oder des Einwilligungsvorbehaltes steht ihm die **Beschwerde** zu.

---

48 OLG Köln FGPrax 2009, 69; OLG München FGPrax 2008, 209; LG Darmstadt BtPrax 2010, 185.
49 BGH MDR 2012, 1464; vgl BGH FGPrax 2012, 44.
50 OLG Köln NJW-RR 1997, 708.
51 KG FGPrax 2006, 18; OLG Düsseldorf BtPrax 1998, 80; OLG Köln FamRZ 1997, 1293.
52 OLG München FGPrax 2006, 264; OLG BtPrax 2006, 33; OLG Düsseldorf BtPrax 1998, 80; OLG Köln FamRZ 1997, 1293; BayObLG FamRZ 1994, 1189.
53 KG FGPrax 2006, 18.
54 LG Frankfurt/M. FamRZ 2003, 185; OLG Düsseldorf FamRZ 1998, 1244.
55 OLG München FGPrax 2006, 264; vgl auch OLG Hamm NJW-RR 2001, 651.

V. Bedeutung für Verfahrenspfleger und Verfahrensbevollmächtigten

Verfahrenspfleger und Verfahrensbevollmächtigter haben im Interesse des Betreuten auf die Einhaltung der materiellen und formellen Vorschriften zu achten und für diesen Rechtsmittel einzulegen. 23

1. Verfahrenspfleger

Das Augenmerk des Verfahrenspflegers sollte darauf gerichtet sein, ob das Betreuungsgericht hinreichende Ermittlungen angestellt hat. Will das Betreuungsgericht eine Aufhebung oder Einschränkung vornehmen, so hat er zu prüfen, ob die bisherigen Ermittlungsergebnisse eine derartige Entscheidung tragen, ggf hat er den Betreuten zu befragen. Ist eine Aufhebung der Betreuung erfolgt und hält der Verfahrenspfleger die Betreuerbestellung für rechtswidrig, ist beachtlich, dass er selbst mangels eigener Beschwer keinen Antrag nach § 62 FamFG stellen kann.[56] 24

2. Verfahrensbevollmächtigter

Der Verfahrensbevollmächtigte wird, wenn die Aufhebung oder die Einschränkung seitens des Betreuten gewünscht wird, diese Maßnahme im Namen des Betreuten **beim Gericht beantragen** und gleichzeitig darlegen, weswegen eine Aufhebung oder Einschränkung erfolgen muss. Dabei ist es wenig hilfreich, wenn er pauschal auf die Unzulässigkeit der bisherigen Maßnahme abstellt. Vielmehr muss er dem Betreuungsgericht Tatsachen unterbreiten, aus denen auf eine nicht mehr oder nicht mehr in dem ursprünglich angenommenen Umfang bestehende Betreuungsbedürftigkeit oder bestehenden Betreuungsbedarf zu schließen ist. Zu Untermauerung dieser Tatsachen empfiehlt es sich, ein entsprechendes ärztliches Zeugnis einzuholen. Will das Betreuungsgericht dieser Anregung nicht nachkommen, sollte der Verfahrensbevollmächtigte die Einholung eines Gutachtens iSd § 280 FamFG oder eines Sozialberichts der Betreuungsbehörde anregen. 25

VI. Bedeutung für Dritte

Nach Maßgabe des § 303 Abs. 2 FamFG können die dort Genannten (s. dort) Beschwerde einlegen gegen die Ablehnung der Aufhebung der Betreuung,[57] die Aufhebung oder Einschränkung des Aufgabenkreises der Betreuung[58] und die Aufhebung des Einwilligungsvorbehaltes oder die Einschränkung des Kreises der einwilligungsbedürftigen Willenserklärungen. 26

§ 295 FamFG Verlängerung der Betreuung oder des Einwilligungsvorbehalts

(1) ¹Für die Verlängerung der Bestellung eines Betreuers oder der Anordnung eines Einwilligungsvorbehalts gelten die Vorschriften über die erstmalige Anordnung dieser Maßnahmen entsprechend. ²Von der erneuten Einholung eines Gutachtens kann abgesehen werden, wenn sich aus der persönlichen Anhö-

---

56 BGH FGPrax 2012, 131.
57 BayObLGZ 2000, 128; BayObLG FamRZ 1993, 324.
58 Bassenge/Roth, § 295 FamFG Rn 10.

rung des Betroffenen und einem ärztlichen Zeugnis ergibt, dass sich der Umfang der Betreuungsbedürftigkeit offensichtlich nicht verringert hat.

(2) Über die Verlängerung der Betreuung oder des Einwilligungsvorbehalts hat das Gericht spätestens sieben Jahre nach der Anordnung dieser Maßnahmen zu entscheiden.

I. Allgemeines

1 Abs. 1 FamFG ersetzt die Regelung des § 69i Abs. 6 FGG und regelt das Verfahren der Verlängerung der Betreuung und des Einwilligungsvorbehaltes. Abs. 2 entspricht dem bisherigen § 69 Abs. 1 Nr. 5 Hs 2 FGG und regelt, dass über den Fortbestand dieser betreuungsrechtlichen Entscheidungen **spätestens nach sieben Jahren zu entscheiden** ist. Auch wenn der durch die Verlängerung der durch die Anordnung der Betreuung oder des Einwilligungsvorbehaltes bedingte Eingriff in das Selbstbestimmungsrecht des Betroffenen fortgeführt wird, bestehen **Verfahrenserleichterungen**.[1]

II. Bedeutung für das Betreuungsgericht
1. Zuständigkeit

2 **Funktionell** zuständig für die Verlängerung der Betreuung und des Einwilligungsvorbehaltes ist nach §§ 3 Nr. 2 b, 15 Nr. 1 RPflG der **Betreuungsrichter**. Nur für die Verlängerung der Vollmachtsbetreuung iSd § 1896 Abs. 3 BGB ist der Rechtspfleger zuständig.

2. Verlängerung (Abs. 1)

3 Ist die Bestellung eines Betreuers oder die Anordnung eines Einwilligungsvorbehalts **befristet**, endet die Maßnahme **automatisch** mit Fristablauf. Eine Verlängerung nach Abs. 1 ist ausgeschlossen, es kommt nur eine erneute Anordnung nach den für die erstmalige Anordnung geltenden Vorschriften in Betracht;[2] die Befristung ist jedoch atypisch. Im Regelfall ist die Anordnung unbefristet, so dass gemäß Abs. 2, §§ 286 Abs. 3, 294 Abs. 3 FamFG die Betreuung und der Einwilligungsvorbehalt spätestens nach sieben Jahren zu überprüfen sind. Besteht ein besonderer Anlass (Antrag des Betreuten auf Aufhebung der Betreuung, neue Tatsachen, die dem Betreuungsgericht mitgeteilt werden), so muss das Betreuungsgericht selbstverständlich auch **vor Fristablauf** über den Fortbestand und Verlängerung der Betreuung in angemessener Zeit[3] entscheiden.[4] Nach Abs. 1 S. 1 gelten für die Verlängerung dieser Maßnahme grundsätzlich die Vorschriften über die erstmalige Anordnung, also §§ 278 ff, 276 FamFG entsprechend,[5] so dass auch bei der Verlängerung die weiterhin bestehende Betreuungsbedürftigkeit, die Erforderlichkeit der Betreuerbestellung und die Eignung des Betreuers zu prüfen sind, dem ernsthaften und durch

---

1 BT-Drucks. 11/4528, 180; BT-Drucks. 16/6308, 270.
2 OLG Hamm FamRZ 2001, 254 zur Betreuerbestellung; BayObLG BtPrax 2000, 91 zum Einwilligungsvorbehalt.
3 Zimmermann, Richter- und Rechtspflegerhaftung im Betreuungsrecht, BtPrax 2008, 185.
4 BayObLG BtPrax 2005, 69.
5 BayObLG BtPrax 2004, 148; BayObLG FGPrax 2002, 117; BayObLG FamRZ 1999, 873; OLG Zweibrücken FGPrax 2002, 112; OLG Zweibrücken FamRZ 1999, 1171 zum Einwilligungsvorbehalt.

seinen natürlichen Willen getragenen Wunsch auch des willensschwachen Betreuten nach einem bestimmten Betreuer grundsätzlich zu entsprechen (§ 1897 Abs. 4 BGB)[6] und der Vorrang verwandtschaftlicher Beziehungen (§ 1897 Abs. 5 BGB) zu beachten ist.[7] Ist mithin im Zusammenhang mit der Entscheidung über die Verlängerung über einen Betreuerwechsel zu befinden, richtet sich die Auswahl der Person des Betreuers nach der für die Neubestellung eines Betreuers maßgeblichen Vorschrift des § 1897 BGB, so dass dem Vorschlag des Betreuten nach § 1897 Abs. 4 S. 1 BGB Rechnung zu tragen ist (vgl § 1908 b BGB Rn 6).[8] Unzulässig ist, aus Anlass des Inkrafttretens des 2. BtÄndG die bis zu diesem Zeitpunkt bestehende Überprüfungsfrist von fünf Jahren „automatisch" und ohne Einhaltung des Verfahrens nach Abs. 1 auf sieben Jahre zu verlängern.[9]

a) Verfahrenserleichterung

Gemäß Abs. 2 S. 2 kann nur von der Einholung eines **Gutachtens** nach §§ 280, 282 FamFG **abgesehen** werden,[10] wenn sich nach der gemäß § 278 FamFG durchzuführenden **persönlichen Anhörung**[11] (s. § 278 FamFG Rn 6) des Betreuten und einem **ärztlichen Zeugnis** (s. § 281 FamFG Rn 11) ergibt, dass sich der Umfang der Betreuungsbedürftigkeit offensichtlich nicht verändert hat, mithin das Betreuungsgericht am weiteren Vorliegen der für die erstmalige Anordnung der betreuungsrechtlichen Maßnahme erforderlichen Voraussetzungen keine Zweifel hegt.[12] Dies setzt grundsätzlich voraus, dass zumindest **im Verfahren zur erstmaligen Bestellung** des Betreuers ein hinreichend aussagekräftiges, ausführliches **Sachverständigengutachten**, in dem die Art der Erkrankung des Betroffenen und die darauf beruhende Betreuungsbedürftigkeit für einzelne Aufgabenkreise im Einzelnen dargelegt ist, überhaupt eingeholt worden ist.[13]

4

Wird dem Betreuungsgericht bekannt, dass sich zwischenzeitlich der Gesundheitszustand des Betroffenen erheblich verändert hat,[14] oder verneint das ärztliche Zeugnis eine Besserung des Gesundheitszustandes des Betreuten, obwohl nach dem persönlichen Eindruck eine erhebliche Besserung nahe liegt,[15] wird die **Einholung eines Gutachtens erforderlich** sein. Holt das Betreuungsgericht ein Gutachten ein, so muss dieses den formalen Anforderungen des § 280 FamFG (vgl § 280 FamFG Rn 9 ff) genügen.[16] Begnügt es sich mit der Einholung eines ärztlichen Zeugnisses, muss der Zeugnisaussteller den Anforderungen des § 280 Abs. 1 S. 2 FamFG gerecht werden. Das ärztliche Zeugnis muss

5

---

6 OLG Frankfurt/M OLGReport 2006, 882; BayObLG FGPrax 2002, 117.
7 OLG Frankfurt/M. OLGReport 2006, 777; OLG Zweibrücken FGPrax 2002, 112; OLG Hamm FGPrax 2000, 196.
8 BGH FGPrax 2010, 288; OLG Frankfurt/M. OLGReport 2006, 777; OLG Schleswig OLGReport 2004, 429; BayObLG BtPrax 2005, 33; OLG Zweibrücken FGPrax 2002, 112; OLG Hamm FGPrax 2000, 196.
9 Bienwald, Generelle Verlängerung der Überprüfungsfrist für Betreuerbestellung oder Einwilligungsvorbehalt gemäß § 69 I Nr. 5 FGG?, FamRZ 2006, 1430.
10 BGH FGPrax 2012, 17.
11 BGH BtPrax 2010, 279.
12 BayObLG BtPrax 2004, 148.
13 OLG Hamm FGPrax 1995, 56.
14 BayObLG FamRZ 2003, 1968.
15 BayObLG BtPrax 2004, 148.
16 BGH FGPrax 2012, 17.

nach § 26 FamFG entsprechend §§ 281 Abs. 2, 280 Abs. 2 FamFG auf einer vorhergehenden Untersuchung und Befragung des Betreuten beruhen und jedenfalls knappe Angaben zum Sachverhalt, zur Vorgeschichte und zu den Untersuchungsergebnissen sowie zur Beurteilung enthalten.[17] Soll die betreuungsrechtliche Maßnahme gegen den (natürlichen) Willen des Betreuten verlängert werden, muss das ärztliche Zeugnis die **Anknüpfungstatsachen** enthalten, aufgrund derer die Einsichtsunfähigkeit und damit die Unfähigkeit des Betreuten, einen freien Willen zu bilden (§ 1896 Abs. 1 a BGB), festgestellt werden kann, anderenfalls ist ein Gutachten nach § 280 FamFG einzuholen oder anzufordern.[18] Keinesfalls darf das Betreuungsgericht dem Betroffenen oder gar einem Dritten auferlegen, ein ärztliches Zeugnis einzureichen, da dies mit der Amtsaufklärungspflicht unvereinbar wäre.[19] Dessen ungeachtet kann das Betreuungsgericht ein seitens des Betreuten oder eines Dritten eingereichtes Zeugnis verwerten.[20] Die Anhörung des Betreuers richtet sich nach § 26 FamFG.[21]

6   Ergibt sich anlässlich der Verlängerung, dass eine Aufhebung oder Einschränkung geboten ist, gilt hierfür § 294 FamFG.[22] Für eine erforderlich werdende Erweiterung gilt hingegen ergänzend § 293 FamFG;[23] in diesem Falle kann von der Einholung eines Gutachtens nicht nach Abs. 1 S. 2, sondern nur nach § 293 Abs. 2 FamFG (s. § 293 FamFG Rn 4) abgesehen werden.[24]

b) Einstweilige Anordnung

7   Da Abs. 1 S. 1 auf die Vorschriften über die erstmalige Anordnung verweist, ist eine Verlängerung im Wege einer **einstweiligen Anordnung** gemäß §§ 300 f FamFG denkbar, aber jedenfalls nicht erforderlich, da die Betreuerbestellung oder Anordnung des Einwilligungsvorbehaltes nicht mit Ablauf der Überprüfungsfrist endet, sondern darüber hinaus fortbesteht.

3. Überprüfungsfrist (Abs. 2)

8   Nach Abs. 2 muss das Betreuungsgericht über die Verlängerung der Betreuerbestellung oder der Anordnung des Einwilligungsvorbehaltes **spätestens nach sieben Jahren** nach deren Anordnung entscheiden. Die Ausführungen zu § 294 FamFG (s. dort Rn 19) gelten entsprechend.

4. Inhalt und Beschlussformel

9   Für den **Inhalt** gelten §§ 38 Abs. 2, 286 FamFG (s. § 286 FamFG Rn 6 ff). Insbesondere ist nach § 286 Abs. 3 FamFG ein neuer Überprüfungszeitpunkt (s. § 294 FamFG Rn 19) anzugeben. Der Beschluss ist nach § 38 Abs. 3, Abs. 5 Nr. 2 FamFG zu begründen, zu unterschreiben, mit dem Übergabe- bzw Be-

---

17 OLG Hamm BtPrax 1999, 238.
18 Vgl BayObLG BtPrax 2004, 148.
19 BGH BtPrax 2011, 130.
20 KG FGPrax 2006, 260.
21 Vgl Tischler, Keine Mitwirkung des Betreuers bei Verlängerung der Betreuung?, BtPrax 1996, 216.
22 Vgl OLG München FGPrax 2008, 206.
23 Bassenge/Roth, § 295 FamFG Rn 1; Jürgens/Kretz, § 295 FamFG Rn 1: §§ 295, 293 FamFG.
24 Bassenge/Roth, § 295 FamFG Rn 1.

kanntgabezeitpunkt (s. § 286 FamFG Rn 29) und der Rechtsmittelbelehrung (§ 39 FamFG) zu versehen (s. § 286 FamFG Rn 31).

▶ **Beschlussformel bei Verlängerung der Betreuerbestellung:** 10
In ... [Rubrum] wird die bisherige Betreuung verlängert. Das Gericht wird spätestens zum ... [genaues Datum] über die Aufhebung oder weitere Verlängerung der Betreuung entscheiden. ◀

Die Bekanntmachung erfolgt nach §§ 287, 288 FamFG und wird nach § 287 11
Abs. 1 FamFG mit Bekanntgabe an den Betreuer wirksam. Eine erneute Verpflichtung und eine Unterrichtung nach §§ 289, 290 FamFG erfolgen nicht. Eine neue Urkunde ist nicht auszuhändigen (s. § 290 FamFG Rn 2).

III. Bedeutung für den Betroffenen

Ist der Betreute mit der Verlängerung der Betreuung oder des Einwilligungs- 12
vorbehaltes nicht einverstanden, so kann er gegen den Verlängerungsbeschluss **Beschwerde** (§ 58 Abs. 1 FamFG) einlegen und damit dem Beschwerdegericht die Prüfung eröffnen, ob nicht eine Aufhebung oder Einschränkung nach § 294 FamFG hätte angeordnet werden müssen. Hat das Betreuungsgericht zu Unrecht von der Gutachteneinholung abgesehen, kann das Beschwerdegericht das Gutachten selbst einholen und in der Sache entscheiden (§§ 68 Abs. 3, 69 Abs. 1 S. 1 FamFG) oder auf Antrag des Betreuten die Sache an das Betreuungsgericht zur erneuen Entscheidung zurückverweisen (§ 69 Abs. 1 S. 3 FamFG).

Ist die Bestellung eines Betreuers oder die Anordnung eines Einwilligungsvor- 13
behaltes infolge Ablaufs der Beschwerdefrist des § 63 Abs. 1 FamFG formell rechtskräftig geworden und begehrt der Betreute infolge geänderter Umstände, etwa weil sich infolge der Besserung seines Gesundheitszustandes die Betreuungsbedürftigkeit reduziert hat oder gänzlich weggefallen ist, die Aufhebung der Betreuerbestellung oder des Einwilligungsvorbehaltes, so ist ihm der Weg der Abänderung nach § 48 FamFG deswegen versperrt, weil § 294 FamFG eine Sonderregelung darstellt.[25] Der Betreute kann daher lediglich einen Antrag auf Aufhebung der Betreuung stellen; wird dieser Antrag abgelehnt, ist hiergegen (erneut) die befristete Beschwerde möglich.

IV. Bedeutung für den Betreuer

1. Rechtsmittel im Namen des Betreuten

Der Betreuer kann im Namen des Betreuten nach Maßgabe des § 303 Abs. 4 14
FamFG gegen die Verlängerungsentscheidung **Beschwerde** einlegen, wenn sie seinen **Aufgabenkreis betrifft** (s. § 303 FamFG Rn 50). Dies wird dann in Betracht kommen, wenn er nicht eine Verlängerung, sondern eine Aufhebung oder Einschränkung für geboten hält. Hat das Betreuungsgericht aus seiner Sicht zu Unrecht von der Einholung eines Gutachtens abgesehen, so wird er allenfalls dann Beschwerde einlegen, wenn er auf der Grundlage der Feststellungen des Sachverständigen eine andere Entscheidung ernsthaft erwartet. Dies sollte er dann aber bereits im Rahmen seiner Anhörung gegenüber dem Betreuungsgericht deutlich machen.

---

25 BT-Drucks. 16/6398, 198.

2. Eigenes Beschwerderecht

15 Ein eigenes Beschwerderecht kann dem Betreuer nach Maßgabe des § 303 Abs. 4 S. 1 FamFG („auch") zustehen (s. dort Rn 51).

V. Bedeutung für Verfahrenspfleger und Verfahrensbevollmächtigten

16 Verfahrenspfleger und Verfahrensbevollmächtigter haben im Interesse des Betreuten auf die Einhaltung der materiellen und formellen Vorschriften zu achten und für diesen Rechtsmittel einzulegen. § 294 Rn 24 f gelten sinngemäß.

VI. Bedeutung für Dritte

17 Dritte können nur nach Maßgabe des § 303 Abs. 2 FamFG gegen die Verlängerungsentscheidung Beschwerde einlegen. Erfolgte die Verlängerung auf Antrag oder mit Einverständnis des Betroffenen, schließt dies ihre Beschwerdeberechtigung mithin aus (vgl § 303 FamFG Rn 40).[26] Für den das ärztliche Zeugnis ausstellenden Arzt kann sich bei gerichtlicher Beauftragung zur Fertigung eines ärztlichen Zeugnisses ein Honoraranspruch ergeben (vgl § 281 Rn 13). Dies gilt auch dann, wenn auf Veranlassung des Betreuungsgerichts der Betreute oder Betreuer das ärztliche Zeugnis einholt, da in diesem Falle das Betreuungsgericht im Rahmen seiner Überprüfungspflicht tätig wird und die Zeugniseinholung allein aus verfahrensökonomischen Gründen vom Betreuten oder Betreuer erfolgt.[27]

§ 296 FamFG Entlassung des Betreuers und Bestellung eines neuen Betreuers

(1) Das Gericht hat den Betroffenen und den Betreuer persönlich anzuhören, wenn der Betroffene einer Entlassung des Betreuers (§ 1908 b des Bürgerlichen Gesetzbuchs) widerspricht.

(2) ¹Vor der Bestellung eines neuen Betreuers (§ 1908 c des Bürgerlichen Gesetzbuchs) hat das Gericht den Betroffenen persönlich anzuhören. ²Das gilt nicht, wenn der Betroffene sein Einverständnis mit dem Betreuerwechsel erklärt hat. ³§ 279 gilt entsprechend.

I. Allgemeines

1 § 296 FamFG übernimmt den grundsätzlichen Regelungsgehalt des § 69 i Abs. 7, 8 FGG aF und erfasst damit **alle Entlassungstatbestände des § 1908 b BGB** unabhängig von der Zuständigkeit des Rechtspflegers oder Betreuungsrichters. § 296 FamFG gilt dabei sowohl für die vollständige Entlassung des Betreuers als auch seine Teilentlassung.[1]

---

26 OLG München FGPrax 2008, 157.
27 OLG Brandenburg FamRZ 2011, 400.
1 Vgl OLG Zweibrücken FGPrax 1998, 57.

II. Bedeutung für das Betreuungsgericht
1. Zuständigkeit

Funktionell zuständig für die Entlassung und Neubestellung des Betreuers ist im Falle einer Entlassung wegen **fehlender Eignung** des Betreuers nach § 1908 b Abs. 1 BGB, wegen **Unzumutbarkeit** der weiteren Fortführung der Betreuung auf Verlangen des Betreuers nach § 1908 b Abs. 2 BGB oder Entlassung des Vereins oder der Betreuungsbehörde wegen Übernahmemöglichkeit durch eine **natürliche** Peson (§ 1908 b Abs. 5 BGB) nach §§ 3 Nr. 2 a, 15 Abs. 1 S. 1 Nr. 1 RPflG der Betreuungsrichter und im Falle der Austauschentlassung (§ 1908 b Abs. 3 BGB), der Entlassung des Vereins und der Betreuungsbehörde auf deren eigenen Antrag (§ 1908 b Abs. 4 BGB), des Statuswechsels und der Entlassung des Beamten oder Religionsdieners nach §§ 1908 i Abs. 1 S. 1, 1888 BGB bei Fehlen der erforderlichen **Erlaubnis** oder Untersagung der Betreuungsführung[2] der Rechtspfleger.

2. Entlassung des Betreuers nach § 1908 b BGB (Abs. 1)

a) Antrag

Grundsätzlich bedarf es keines Antrags auf Einleitung eines Verfahrens zur Entlassung des Betreuers. Eines Antrages bedarf es nur in den Fällen des § 1908 b Abs. 2, 3 und 5 BGB. Liegt ein derartiger, auch konkludenter Antrag des Betreuers (§ 1908 b Abs. 2), des Betreuten (§ 1908 b Abs. 3 BGB) oder des Vereins oder der Betreuungsbehörde (§ 1908 b Abs. 5 BGB) nicht vor, sondern nur eine **Anregung** nicht antragsberechtigter Beteiligter oder Dritter, sollte das Betreuungsgericht eine Entlassung bereits wegen fehlenden Antrags ablehnen. Gleichwohl kann eine Anregung Anlass bieten, zu prüfen, ob nicht ein Fall des § 1908 b Abs. 1 und 4 BGB vorliegt. Wird etwa geltend gemacht, dass dem Betreuer die weitere Führung der Betreuung unzumutbar sei, so kann dies auch die Eignung des Betreuers zur weiteren Führung der Betreuung in Frage stellen, etwa dann, wenn sich die berufliche Belastung des Betreuers erhöht, sein Gesundheitszustand sich verschlechtert hat oder er wegen seines fortschreitenden Alters oder psychischer Belastung die Betreuung nicht mehr führen kann;[3] auch schlechtere Erreichbarkeit des Betreuers aufgrund Wohnsitzwechsels oder Einschränkung der Mobilität des Betreuers können nicht nur eine Unzumutbarkeit,[4] sondern auch eine Uneignung begründen.

b) Ermittlungen

Wird eine Entlassung beantragt oder angeregt, hat das Betreuungsgericht zu prüfen, ob die Voraussetzungen der Entlassung vorliegen. Der **Prüfungsumfang** ist dabei in Abhängigkeit vom Entlassungsgrund (s. § 1908 b BGB Rn 10 ff) völlig verschieden.

---

[2] Jürgens/Kretz § 15 RPflG Rn 37.
[3] Vgl BT-Drucks. 11/4528, 153.
[4] BT-Drucks. 11/4528, 153.

c) Persönliche Anhörung
aa) Widerspruch

5 Das Verfahren bei der Entlassung differenziert danach, ob der Betreute der Entlassung des Betreuers widerspricht. Dabei ist zu beachten, dass Abs. 1 nicht voraussetzt, dass der Betreuer bereits entlassen wird und erst dann der Betreute widerspricht. Es genügt, dass der Betreute schon im Vorfeld der seitens des Betreuungsgerichts beabsichtigten Entlassung des Betreuers ausdrücklich oder konkludent deutlich macht, dass er mit dieser Maßnahme nicht einverstanden ist. Deswegen ist der Betreute schon vor der beabsichtigten Entlassung hierüber in Kenntnis zu setzen. Eine schriftliche Mitteilung an den Betreuten wird nur dann ausreichend sein, wenn er diese überhaupt verstehen kann. Hegt das Betreuungsgericht Zweifel, ob er eine derartige Mitteilung wird verstehen können, sollte der Betreute ohnehin **persönlich** angehört werden.[5] Ist der Betreute äußerungsunfähig, ist ein Verfahrenspfleger zu bestellen.[6] Vor der Entlassung oder Teilentlassung des Betreuers nach § 1908 b BGB ist daneben dem Betreuer[7] und dem Verfahrenspfleger nach § 26 FamFG **Gelegenheit zur Äußerung** einzuräumen.[8] Hingegen bedarf es im Umkehrschluss zu Abs. 2 S. 3 der Anhörung der weiteren Beteiligten nach § 279 FamFG nicht.

6 Widerspricht der Betreute ausdrücklich oder konkludent der Entlassung des Betreuers, sind der Betreuer und der Betreute **persönlich anzuhören;**[9] die Anhörung ist **nicht öffentlich** (§ 170 Abs. 1 S. 1 GVG). Widerspricht nur der Betreuer, so ist seine persönliche Anhörung nicht zwingend erforderlich. Von der Anhörung kann nach § 34 Abs. 2 FamFG abgesehen werden (s. § 278 FamFG Rn 28); dem Betroffenen ist dann grundsätzlich ein Verfahrenspfleger entsprechend § 276 Abs. 1 S. 2 Nr. 1 FamFG zu bestellen,[10] es sei denn, dass die Entlassung wegen begangener Pflichtwidrigkeiten des Betreuers gemäß § 1908 b Abs. 1 S. 1 BGB zwingend ist,[11] da in diesem Falle eine Anhörung des Verfahrenspflegers an der unumgänglichen Entlassung nichts ändert. Da Abs. 1 nicht auf § 278 FamFG oder allgemein auf die für die erstmalige Bestellung geltenden Vorschriften verweist, ist die persönliche Anhörung des Betreuten und des Betreuers durch den **ersuchten Richter** dann zulässig, wenn es für die Entscheidung nicht auf den persönlichen Eindruck ankommt.[12] Inhaltliche Anforderungen enthält Abs. 1 hinsichtlich der Anhörung nicht. Diese ist nach § 26 FamFG auszugestalten.[13] Vorrangig werden die Gründe der beabsichtigten Betreuerentlassung darzulegen und im Falle des § 1908 b Abs. 2 BGB der **Versuch einer einvernehmlichen**, die Unzumutbarkeit beseitigenden **Lösung** durchzuführen sein.

---

5 AA Keidel/Budde, § 296 FamFG Rn 2: persönliche Anhörung nicht geboten.
6 OLG Brandenburg FamRZ 2007, 1688; OLG Zweibrücken FGPrax 1998, 57; BayObLG Rpfleger 1993, 491.
7 BayObLG Rpfleger 1993, 491.
8 Vgl BayObLG BtPrax 1993, 171.
9 BayObLG FamRZ 2001, 935; BtPrax 1997, 200; BayObLG BtPrax 1993, 171; Rpfleger 1993, 491.
10 OLG Zweibrücken FGPrax 1998, 57; BayObLG BtPrax 1997, 37; Rpfleger 1993, 491.
11 BayObLG FamRZ 2003, 786; offengelassen von KG FGPrax 2009, 16; vgl OLG Brandenburg FamRZ 2007, 1688.
12 BayObLG BtPrax 1997, 200.
13 Vgl BayObLG Rpfleger 1994, 110.

bb) Vorführung

Eine zwangsweise Vorführung des Betreuten gemäß oder analog § 278 Abs. 5 FamFG[14] oder § 283 FamFG[15] ist **nicht möglich**, da Abs. 1 nicht auf § 278 FamFG verweist. Bei Weigerung des Betreuten, an der Anhörung teilzunehmen, von einer Widerspruchsrücknahme auszugehen,[16] ist bereits in den Fällen nicht möglich, in denen der Betreute seinen **Widerspruch** ausdrücklich oder konkludent aufrechterhält; überdies können vielerlei Gründe vorliegen, weswegen der Betreute von einer Teilnahme abgesehen hat.[17] Der Betreute kann jedoch ebenso wie der Betreuer nach Anordnung des persönlichen Erscheinens iSd § 33 Abs. 1 S. 1 FamFG, darauf folgendem unentschuldigtem Ausbleiben und Ordnungsgeldfestsetzung nach § 33 Abs. 3 S. 3 FamFG, durch die zuständige Behörde entsprechend § 278 Abs. 5 FamFG vorgeführt werden[18] (s. § 294 Rn 8). Bedarf es der persönlichen Anhörung zur Sachaufklärung nicht, kann das Betreuungsgericht nach § 34 Abs. 3 FamFG auch ohne persönliche Anhörung entscheiden, wenn der Betreute im Anhörungstermin unentschuldigt ausbleibt und er zuvor auf die Folgen seines Ausbleibens hingewiesen worden ist.[19]

d) Inhalt und Beschlussformel

Für den **Beschlussinhalt** gilt § 38 Abs. 2 FamFG (s. § 286 FamFG Rn 6 ff). Der Beschluss ist nach § 38 Abs. 3, Abs. 5 Nr. 2 FamFG zu begründen, zu unterschreiben, mit dem Übergabe- bzw Bekanntgabezeitpunkt (s. § 286 FamFG Rn 29) und der Rechtsmittelbelehrung (§ 39 FamFG) zu versehen (s. § 286 FamFG Rn 31).

▶ **Beschlussformel:**

In ... [Rubrum] wird der bisherige Betreuer ... [genaue Bezeichnung des Betreuers/des Vereins/der Behörde] entlassen [ggf bei gleichzeitiger Neubestellung nach Abs. 2:] und statt seiner ... [genaue Bezeichnung des Betreuers/des Vereins/der Behörde] als Mitarbeiter des Vereins/der Behörde zum neuen Betreuer/Berufsbetreuer/Vereinsbetreuer/Behördenbetreuer bestellt. ◀

Es empfiehlt sich die Klarstellung, dass es bei der bisherigen Überprüfungsfrist bleibt:

▶ Das Gericht wird spätestens bis zum ... [Überprüfungsdatum des Beschlusses über die Anordnung der Betreuung] über eine Aufhebung oder Verlängerung der Betreuung entscheiden. ◀

e) Bekanntmachung

Die Bekanntmachung erfolgt nach §§ 287, 288 FamFG und wird nach § 287 Abs. 1 FamFG **mit Bekanntgabe an den entlassenen Betreuer wirksam**. Der

---

14 AA LG Essen NJWE-FER 1999, 59: Vorführmöglichkeit nach § 278 Abs. 5 FamFG, vgl Jürgens/Kretz, § 296 FamFG Rn 3.
15 OLG München FGPrax 2006, 212.
16 Bassenge/Roth, § 296 FamFG Rn 2.
17 Damrau/Zimmermann, § 206 FamFG Rn 6.
18 Bassenge/Roth § 296 FamFG Rn 3; aA Damrau/Zimmermann § 296 FamFG Rn 6 f: keine Vorführmöglichkeit.
19 Keidel/Budde, § 296 FamFG Rn 3; Prütting/Helms/Fröschle, § 296 FamFG Rn 9; vgl BGH FamRZ 2010, 1650; Fröschle, Anmerkung, FamRZ 2010, 1651.

wirksame Beschluss führt zur Beendigung der Betreuerbestellung. Bei Entlassung des Betreuers gegen seinen Willen ist die Zustellung an ihn erforderlich (§ 41 Abs. 1 S. 2 FamFG). Die Entlassung im Wege einer **einstweiligen Anordnung** ist nach § 300 Abs. 2 FamFG möglich (s. dort Rn 26).

3. Bestellung eines neuen Betreuers nach § 1908 c BGB (Abs. 2)

11 Das Verfahren zur Bestellung eines neuen Betreuers in den Fällen des § 1908 c BGB regelt Abs. 2. Eine isolierte Entlassung des Betreuers nach Abs. 1 wird regelmäßig nur bei Mitbetreuern iSd § 1899 Abs. 3 BGB oder bei der Existenz eines Verhinderungsbetreuers nach § 1899 Abs. 4 BGB möglich sein, da andernfalls bei gleichwohl bestehender Betreuung kein die Betreuung tatsächlich führender Betreuer vorhanden ist und damit faktisch die Betreuung aufgehoben würde. Im Regelfall wird daher das Betreuungsgericht mit der Entlassung des bisherigen Betreuers die Bestellung eines neuen Betreuers **verbinden**. Ist aber im Zusammenhang mit der Entscheidung über die Verlängerung nach § 295 FamFG auch über einen Betreuerwechsel zu befinden, richtet sich die Auswahl der Person des Betreuers nach der für die Neubestellung eines Betreuers maßgeblichen Vorschrift des § 1897 BGB (vgl § 1908 b BGB Rn 6).[20]

a) Persönliche Anhörung

12 Das Betreuungsgericht hat vor der Bestellung des neuen Betreuers zunächst den **Betreuten** zur Person des neuen Betreuers **persönlich anzuhören**.[21] Da Abs. 2 nicht auf § 278 FamFG verweist, richten sich der Ort sowie der Inhalt der Anhörung und die Möglichkeit des Einsatzes des ersuchten Richters nach § 26 FamFG (s. Rn 6 f).[22]

aa) Absehen von persönlicher Anhörung

13 Von der persönlichen Anhörung kann dann **abgesehen** werden, wenn:
- ein Fall des § 34 Abs. 2 FamFG vorliegt (s. § 278 FamFG Rn 28), wobei dem Betreuten nach Maßgabe des § 276 Abs. 1 S. 1 FamFG ein Verfahrenspfleger zu bestellen ist, **oder**
- der Betreute sein **Einverständnis** mit dem Betreuerwechsel und seine konkrete Zustimmung zur Bestellung einer **bestimmten** Person erklärt hat,[23] ein bloßes Schweigen genügt daher regelmäßig nicht.[24] **Schriftliche** Einverständniserklärungen des Betreuten sind vor dem Hintergrund möglicher Einflussnahmen Dritter oder Verständnis- oder Äußerungsdefizite des Betreuten **kritisch** zu bewerten;[25] bei Hinweisen auf derartige Umstände wird eine persönliche Anhörung des Betreuten nach § 26 FamFG zwingend geboten sein,[26] **oder**

---

20 BGH FGPrax 2010, 288; OLG Frankfurt/M. OLGReport 2006, 777; OLG Schleswig OLGReport 2004, 429; BayObLG BtPrax 2005, 33; OLG Zweibrücken FGPrax 2002, 112; OLG Hamm FGPrax 2000, 196.
21 BayObLG BtPrax 1995, 105; BayObLG BtPrax 1994, 171.
22 Bassenge/Roth, § 297 FamFG Rn 7, 2; Jürgens/Kretz, § 296 FamFG Rn 5.
23 OLG Schleswig FGPrax 2007, 269.
24 Bassenge/Roth, § 297 FamFG Rn 7.
25 Jürgens/Kretz, § 296 FamFG Rn 6.
26 Keidel/Budde, § 296 FamFG Rn 5.

- der Betroffene im Anhörungstermin unentschuldigt ausbleibt und er zuvor auf die Folgen seines Ausbleibens hingewiesen worden ist; § 34 Abs. 3 FamFG (s. Rn 7).[27]

bb) Vorführung

Der Betroffene kann, mangels Verweises auf § 278 Abs. 5 FamFG, nur nach Anordnung des persönlichen Erscheinens gemäß § 33 Abs. 1 S. 1 FamFG durch die zuständige Behörde entsprechend § 278 Abs. 5 FamFG vorgeführt werden[28] (s. § 294 FamFG Rn 8).

b) Anhörung Dritter

Das Betreuungsgericht hat gemäß Abs. 2 S. 3 nach Maßgabe des § 279 FamFG nahe Angehörige, auf Verlangen des Betreuten eine Vertrauensperson und ggf die zuständige Behörde anzuhören (s. § 279 FamFG Rn 4 ff, s. aber Übersicht vor § 1 BtBG Rn 9).

c) Inhalt und Beschlussformel

Für den **Inhalt** gilt § 38 Abs. 2 FamFG (s. § 286 FamFG Rn 6-16).[29] Der Beschluss ist nach § 38 Abs. 3, Abs. 5 Nr. 2 FamFG zu begründen (s. § 286 FamFG Rn 26 f), zu unterschreiben sowie mit dem Übergabe- bzw Bekanntgabezeitpunkt (s. § 286 FamFG Rn 29) und der Rechtsmittelbelehrung (§ 39 FamFG) zu versehen (s. § 286 FamFG Rn 31).

▶ **Beschlussformel:**

In ... [Rubrum] wird ... [genaue Bezeichnung des Betreuers/des Vereins/der Behörde] als Mitarbeiter des Vereins/der Behörde zum neuen Betreuer/Berufsbetreuer/ Vereinsbetreuer/Behördenbetreuer bestellt. ◀

d) Bekanntmachung

Der Beschluss ist dem Betroffenen nach § 288 Abs. 1 FamFG und der zuständigen Betreuungsbehörde nach § 288 Abs. 1 S. 1 FamFG bekannt zu machen. Die **Wirksamkeit** tritt mit der Bekanntgabe an den neuen Betreuer nach § 287 Abs. 1 FamFG ein. **Verpflichtung** und Urkundenaushändigung erfolgen nach §§ 289 f. FamFG. Die Bestellung im Wege **einer einstweiligen Anordnung** nach § 300 FamFG ist möglich und insbesondere dann geboten, wenn ein Einwilligungsvorbehalt besteht und der Betreute keine wirksamen Willenserklärungen mehr abgeben kann, weil der Betreuer, dessen Einwilligung erforderlich wäre, fehlt.[30]

e) Statuswechsel

Von der Bestellung eines neuen Betreuers ist der Fall zu unterscheiden, dass der Vereins- oder Behördenbetreuer iSd § 1897 Abs. 2 BGB aus dem Verein oder der zuständigen Behörde ausscheidet und die Betreuung nunmehr als ehrenamtlicher oder Berufsbetreuer nach § 1897 Abs. 1 BGB weiterführen will

---

27 Jürgens/Kretz, § 296 FamFG Rn 5.
28 Vgl BayObLG BtPrax 1994, 171; LG Essen NJWE-FER 1999, 59, aA Damrau/Zimmermann, § 296 FamFG Rn 14, keine Vorführung möglich, da unverhältnismäßig.
29 § 286 FamFG gilt nicht, MK/Schmidt-Recla, § 296 FamFG Rn 6.
30 BT-Drucks. 11/4528, 155.

(vgl § 1908 b BGB Rn 130). Da sich lediglich der Status des Betreuers ändert, liegen kein Betreuerwechsel und keine Neubestellung vor. Zuständig ist der Rechtspfleger nach §§ 3 Nr. 2 b, 15 Nr. 1 RPflG.[31] Das Verfahren richtet sich nach § 26 FamFG. Dem Betreuten, dem Betreuer und dem Verein oder der Behörde ist Gelegenheit zur Äußerung zu geben. Bekanntmachung nach § 288 FamFG. Wirksamkeit nach § 287 FamFG. Der Verein kann gegen die statuswechselnde Entscheidung Beschwerde einlegen.[32]

III. Bedeutung für den Betroffenen

20 Gegen die Bestellung des neuen Betreuers steht dem Betreuten ebenso die **Beschwerde** zu wie gegen die vollständige oder durch Entziehung einzelner Aufgabenkreise bedingte teilweise Entlassung gegen den Willen des Betreuers.[33] Allerdings grundsätzlich **kein Rechtsmittel bei bloßem Statuswechsel** durch Umwandlungsbeschluss;[34] ausnahmsweise jedoch Beschwerde gegen die im Umwandlungsbeschluss ggf getroffene Feststellung der berufsmäßigen Führung, da der bemittelte Betreute die Betreuervergütung zahlen muss. Dies gilt auch bei Mittellosigkeit des Betreuten, da dann ein Regress wegen der aus der Staatskasse gezahlten Betreuervergütung möglich ist. Gegen die Ablehnung der beantragten Entlassung des Betreuers steht ihm ebenfalls die Beschwerde zu.[35]

IV. Bedeutung für den Betreuer

21 Gegen die Aufhebung der Betreuung und gegen seine Entlassung kann der Betreuer nicht im Namen des Betreuten Beschwerde einlegen, da sein Aufgabenkreis jedenfalls dann nicht iSd § 303 Abs. 4 S. 1 FamFG betroffen ist, da in beiden Fällen seine gesetzliche Vertretungsmacht endet.[36]

22 Ein **eigenes Beschwerderecht** steht dem Betreuer nach Maßgabe des § 303 Abs. 4 S. 1 FamFG („auch") zu gegen seine vollständige oder teilweise **Entlassung gegen seinen Willen** bei fortbestehender Betreuung.[37] Dies gilt auch dann, wenn er entlassen und gleichzeitig ein Vollmachtsbetreuer[38] oder ein neuer Betreuer gerade nicht bestellt wird, auch wenn damit faktisch die Betreuung aufgehoben wird.[39] Bei **Entlassung mit seinem Willen** ist zwar ebenfalls Beschwerde möglich,[40] allerdings wird sein Rechtsschutzbedürfnis zweifelhaft sein. Sein Beschwerderecht folgt in beiden Fällen unmittelbar aus § 59 Abs. 1 FamFG.[41] Ist der Betreuer als Mitarbeiter eines Vereins oder der zuständigen Behörde entlassen worden, steht das Beschwerderecht arg e § 1908 b Abs. 4 BGB dem Verein[42] oder der Behörde zu.[43] Gegen die **Ablehnung** seiner beantragten Ent-

---

31 OLG Hamm FamRZ 2001, 253.
32 OLG Hamm FamRZ 2001, 253, näher § 1908 b BGB Rn 132.
33 BayObLG FamRZ 2004, 734; FamRZ 1994, 324; vgl FamRZ 2002, 1656.
34 BayObLG FamRZ 2002, 767.
35 BGH BtPrax 1997, 28.
36 OLG Köln FamRZ 1997, 1293.
37 BayObLG FamRZ 2004, 734; OLG Düsseldorf BtPrax 1995, 108.
38 KG FGPrax 2006, 18.
39 OLG München FGPrax 2006, 264.
40 BayObLG FamRZ 1998, 440.
41 OLG Köln FamRZ 1996, 1025; BayObLG BtPrax 1995, 65; FamRZ 1995, 1232; BtPrax 1995, 220 (auch entlassener Nachfolgebetreuer).
42 BayObLG BtPrax 2005, 71.
43 Vgl OLG Hamm NJW-RR 2001, 651.

lassung kann der Betreuer ebenfalls **Beschwerde** einlegen.[44] Hinsichtlich der Bestellung eines **weiteren** Betreuers kann der bisherige Betreuer nur so weit Beschwerde einlegen, als sein Aufgabenkreis hierdurch **eingeschränkt** wird,[45] da hierin eine **Teilentlassung** liegt;[46] ansonsten kann nur der weitere Betreuer gegen seine Auswahl Beschwerde einlegen.

Dem entlassenen Betreuer steht ein Anspruch auf volle **Akteneinsicht** nach Maßgabe des § 13 FamFG zu (s. § 274 FamFG Rn 6) zu. Befindet er sich bereits im Besitz erforderlicher Informationen und ist nicht erkennbar, dass die erstrebte Akteneinsicht zu weiteren Erkenntnissen führt, muss er sein Interesse an der Akteneinsicht konkret darlegen.[47]

V. Bedeutung für Verfahrenspfleger und Verfahrensbevollmächtigten

1. Verfahrenspfleger

Die Person des Betreuers ist für den Betreuten von überragender Wichtigkeit. Daher wird der Verfahrenspfleger im Besonderen zu prüfen haben, ob im Falle des Widerspruchs des Betreuten gegen die Entlassung des Betreuers von der Entlassung abgesehen werden kann. Er hat danach zunächst zu prüfen, ob die Entlassung nicht ohnehin **zwingend** ist, wie im Falle, dass

- der Betreuer zu einer Einrichtung iSd § 1897 Abs. 3 BGB in einem Abhängigkeitsverhältnis oder einer anderen engen Beziehung steht,
- im Falle des Vereinsbetreuers sein Verein oder im Falle des Behördenbetreuers die Betreuungsbehörde dessen **Entlassung beantragt** (§ 1908 b Abs. 4 S. 1, 3 BGB) und eine Fortführung der Betreuung durch den Betreuer als Privatperson, etwa wegen dessen fehlenden Einverständnisses, nicht möglich ist (§ 1908 b Abs. 4 S. 2, 3 BGB),
- der Betreuer Beamter oder Religionsdiener ist und ihm die erforderliche Erlaubnis fehlt oder ihm das Führen der Betreuung untersagt worden ist (§§ 1908 i Abs. 1 S. 1; 1888 BGB).

Ist die Entlassung nicht zwingend, so ist weiter zu ermitteln, ob die Entlassung des Betreuers **erforderlich** ist. Gegen eine Entlassung wegen fehlender Eignung (§ 1908 b Abs. 1 S. 1, 1. Alt. BGB) kann der Verfahrenspfleger sich dann aussprechen, wenn die Entlassung dem Betreuten mehr schadete als nützte, so etwa, wenn der Betreuer verwandtschaftlich oder in sonstiger Weise persönlich mit dem Betreuten verbunden ist und lediglich geringfügige Gefahren für Vermögenswerte des Betreuten bestehen.[48] Steht die Entlassung wegen eines wichtigen Grundes (§ 1908 b Abs. 1 S. 1, 2. Alt. BGB) im Raum, ist eine umfassende Abwägung der Interessen der Beteiligten vorzunehmen, wobei das Wohl des Betreuten im Vordergrund steht.[49] Bloße **Spannungen** zwischen Betreuer und Betreutem reichen isoliert betrachtet nicht aus, um eine Entlassung zu rechtfertigen,[50] sondern müssen ein derartiges Maß erreichen, dass das **Vertrauensver-**

---

44 BGH BtPrax 1997, 28.
45 BayObLG FamRZ 2002, 1590.
46 BayObLG BtPrax 2002, 271; FamRZ 2002, 1656.
47 KG FamRZ 2006, 1302; OLG München BtPrax 2005, 234.
48 BayObLG Rpfleger 1994, 110.
49 BayObLG BtPrax 1995, 65.
50 BayObLG BtPrax 1994, 136.

hältnis zwischen Betreutem und Betreuer **zerstört** ist[51] oder der Betreute jegliches Vertrauen in den Betreuer verloren hat,[52] wobei er aber dann dessen Entlassung regelmäßig nicht widersprechen wird. Gleiches gilt sinngemäß, wenn der Betreuer gerade gegenüber dem Betreuungsgericht oder dem Betreuten eine ablehnende Haltung zeigt, aber dennoch durch regelmäßige und engmaschige Kontaktpflege dokumentiert, dass er in der Lage ist, auf den Betreuten positiv einzuwirken und seine gesundheitliche und soziale Situation zu bessern.[53] Beantragt der Betreuer wegen Unzumutbarkeit der weiteren Betreuungsführung seine Entlassung (§ 1908 b Abs. 2 BGB), hat der Verfahrenspfleger im Wege einer umfassenden Interessenabwägung zu prüfen, ob eine derartige Unzumutbarkeit vorliegt[54] und diese Unzumutbarkeit nicht durch andere Maßnahmen beseitigt werden kann.

2. Verfahrensbevollmächtigter

25 Für den Verfahrensbevollmächtigten gelten die vorherigen Ausführungen zum Verfahrenspfleger entsprechend. Daher wird er bei einem Wunsch des Betreuten nach Beibehaltung des bisherigen Betreuers in den Fällen, in denen die Entlassung nicht zwingend ist, die im Rahmen der Abwägung gegen die Entlassung des Betreuers streitenden Gesichtspunkte dem Betreuungsgericht darzulegen haben.

VI. Bedeutung für Dritte

26 Dritte können gegen die Entlassung des Betreuers und die Neubestellung eines Betreuers nur nach Maßgabe des § 303 Abs. 2 FamFG Beschwerde einlegen, so dass bei der Neubestellung auf Antrag des Betreuten **kein Beschwerderecht** besteht.[55]

§ 297 FamFG Sterilisation

(1) ¹Das Gericht hat den Betroffenen vor der Genehmigung einer Einwilligung des Betreuers in eine Sterilisation (§ 1905 Abs. 2 des Bürgerlichen Gesetzbuchs) persönlich anzuhören und sich einen persönlichen Eindruck von ihm zu verschaffen. ²Es hat den Betroffenen über den möglichen Verlauf des Verfahrens zu unterrichten.

(2) Das Gericht hat die zuständige Behörde anzuhören, wenn es der Betroffene verlangt oder es der Sachaufklärung dient.

(3) ¹Das Gericht hat die sonstigen Beteiligten anzuhören. ²Auf Verlangen des Betroffenen hat das Gericht eine ihm nahestehende Person anzuhören, wenn dies ohne erhebliche Verzögerung möglich ist.

(4) Verfahrenshandlungen nach den Absätzen 1 bis 3 können nicht durch den ersuchten Richter vorgenommen werden.

---

51 BayObLG BtPrax 2003, 183.
52 BayObLG BtPrax 2004, 240.
53 BayObLG BtPrax 2002, 130.
54 BayObLG Rpfleger BtPrax 2001, 206.
55 Vgl OLG Thüringen v. 28.4.2003, 6 W 136/03.

(5) Die Bestellung eines Verfahrenspflegers ist stets erforderlich, sofern sich der Betroffene nicht von einem Rechtsanwalt oder einem anderen geeigneten Verfahrensbevollmächtigten vertreten lässt.

(6) ¹Die Genehmigung darf erst erteilt werden, nachdem durch förmliche Beweisaufnahme Gutachten von Sachverständigen eingeholt sind, die sich auf die medizinischen, psychologischen, sozialen, sonderpädagogischen und sexualpädagogischen Gesichtspunkte erstrecken. ²Die Sachverständigen haben den Betroffenen vor Erstattung des Gutachtens persönlich zu untersuchen oder zu befragen. ³Sachverständiger und ausführender Arzt dürfen nicht personengleich sein.

(7) Die Genehmigung wird wirksam mit der Bekanntgabe an den für die Entscheidung über die Einwilligung in die Sterilisation bestellten Betreuer und
1. an den Verfahrenspfleger oder
2. den Verfahrensbevollmächtigten, wenn ein Verfahrenspfleger nicht bestellt wurde.

(8) ¹Die Entscheidung über die Genehmigung ist dem Betroffenen stets selbst bekannt zu machen. ²Von der Bekanntgabe der Gründe an den Betroffenen kann nicht abgesehen werden. ³Der zuständigen Behörde ist die Entscheidung stets bekannt zu geben.

I. Allgemeines	1
II. Bedeutung für das Betreuungsgericht	3
1. Besonderer Sterilisationsbetreuer	4
2. Persönliche Anhörung und Unterrichtung des Betreuten (Abs. 1)	6
a) Persönliche Anhörung (Abs. 1 S. 1 Hs 1)	6
b) Persönlicher Eindruck (Abs. 1 S. 1 Hs 2)	12
c) Unterrichtung des Betreuten (Abs. 1 S. 2)	13
3. Anhörung der Betreuungsbehörde (Abs. 2)	14
4. Anhörung der sonstigen Beteiligten (Abs. 3)	15
a) Anhörung der sonstigen Beteiligten (Abs. 3 S. 1)	16
b) Anhörung einer Vertrauensperson (Abs. 3 S. 2)	18
5. Verbot der Vornahme der Verfahrenshandlungen im Wege der Rechtshilfe (Abs. 4)	19
6. Bestellung des Verfahrenspflegers (Abs. 5)	20
7. Gutachten (Abs. 6)	21
a) Mehrere Gutachten (Abs. 6 S. 1)	21
b) Verfahren vor den Sachverständigen (Abs. 6 S. 2)	22
c) Sachverständige (Abs. 6 S. 3)	23
8. Fehlender Widerspruch	24
9. Wirksamkeit der Genehmigung der Einwilligung in eine Sterilisation (Abs. 7)	25
10. Bekanntgabe der Entscheidung über die Genehmigung der Einwilligung in eine Sterilisation (Abs. 8)	26
11. Beschluss und Beschlussformel	27
III. Bedeutung für den Betreuten	29
IV. Bedeutung für den Sterilisationsbetreuer	30
V. Bedeutung für den Verfahrenspfleger oder Verfahrensbevollmächtigten	32
1. Verfahrenspfleger	32
2. Verfahrensbevollmächtigter	33

I. Allgemeines

1 §§ 297 bis 299 FamFG sehen für das Verfahren zur Erteilung betreuungsgerichtlicher Genehmigungen besondere Regelungen vor. Entsprechend dem Grundsatz der Verhältnismäßigkeit steigen die verfahrensrechtlichen Anforderungen mit der Eingriffsintensität der zu genehmigenden Erklärungen; die **strengsten Verfahrensanforderungen** gelten für die Genehmigung der Einwilligung des Betreuers in eine Sterilisation des Betreuten oder der Betreuten.[1]

2 Ein Antragserfordernis ist nicht ausdrücklich vorgesehen.[2] Jedoch wird das Genehmigungsverfahren in der Regel mit einer zumindest konkludenten Anregung des Betreuers oder des Betreuten auf Erteilung der begehrten Genehmigung seiner Einwilligung in die Sterilisation beginnen.

II. Bedeutung für das Betreuungsgericht

3 Zuständig zur Erteilung der Genehmigung ist gemäß §§ 3 Nr. 2 b, 15 Abs. 1 S. 1 Nr. 4 RPflG der **Betreuungsrichter**.

1. Besonderer Sterilisationsbetreuer

4 Angesichts der besonderen Bedeutung des Eingriffs in die körperliche Integrität und die Lebensführung des Betreuten[3] ist für die Erteilung der Einwilligung in eine Sterilisation ein **besonderer Sterilisationsbetreuer** (s. § 1905 BGB Rn 4 ff) iSd § 1899 Abs. 2 BGB (s. dort Rn 14 ff) nach den Vorschriften, nach denen erstmalig ein Betreuer bestellt wird, zu bestellen. Dem Sterilisationsbetreuer ist gemäß § 1899 Abs. 2 BGB **ausschließlich der Aufgabenkreis „Entscheidung über die Einwilligung in eine Sterilisation"** und kein weiterer Aufgabenbereich zuzuweisen, um etwaige Interessenkollisionen des Sterilisationsbetreuers zu verhindern.[4] Ist bereits ein Betreuer bestellt, so ist neben diesem ein weiterer Sterilisationsbetreuer zu bestellen. Ist noch kein Betreuer bestellt und besteht über die Entscheidung, ob in eine Sterilisation eingewilligt werden soll, hinaus weiterer Betreuungsbedarf, ist mit dem Betreuer für die anderen betreuungsbedürftigen Aufgabenbereiche zeitgleich der Sterilisationsbetreuer als **weiterer Betreuer** zu bestellen. Besteht hingegen, was kaum vorkommen dürfte, nur Betreuungsbedarf für den Aufgabenbereich der Einwilligung in eine Sterilisation, ist nur der Sterilisationsbetreuer nach den Vorschriften über die Bestellung eines Betreuers gem. §§ 272 ff. FamFG zu bestellen (s. § 1905 BGB Rn 5). Der besondere Betreuer muss eine natürliche Person sein, da die Betreuungsbehörde oder der Betreuungsverein nicht zum Sterilisationsbetreuer bestellt werden dürfen (§ 1900 Abs. 5 BGB); hingegen kann ein Vereins- oder Behördenbetreuer als natürliche Person bestellt werden. Entsprechend dem **Vorrang des Ehrenamtes** (§ 1897 Abs. 6 S. 1 BGB) ist ein Berufsbetreuer nur dann zu bestellen, wenn kein geeigneter ehrenamtlicher Betreuer zur Übernahme der Sterilisationsbetreuung bereit ist. Auch wenn der Gesetzgeber grundsätzlich davon ausgeht, dass ein Betreuer keine bestimmte Qualifikation aufweisen muss, ver-

---

1 BT-Drucks. 16/6308, 270; die Vorschrift gilt für männliche und weibliche Betreute gleichermaßen, vgl BT/Drucks. 11/4528, 79.
2 AA Damrau/Zimmermann, § 297 FamFG Rn 2; MK/Schmidt-Recla, § 297 FamFG Rn 4 f: Antrag erforderlich.
3 BT-Drucks. 11/4528, 177.
4 BT-Drucks. 11/4528, 131.

langt er doch für den Sterilisationsbetreuer besondere Fachkenntnisse, um beurteilen zu können, ob eine Sterilisation unter allumfassender Berücksichtigung und Abwägung der entscheidungserheblichen Gesichtspunkte (s. Rn 21) erforderlich ist.[5] Denn der Sterilisationsbetreuer muss eine eigene Entscheidung hinsichtlich der Einwilligung in die Sterilisation treffen. Er ist – wie sich aus § 1901 Abs. 3 S. 1 BGB ergibt – nicht den Weisungen des Betreuten oder gar Dritter unterworfen. Wegen des Erfordernisses besonderer Fachkenntnisse wird daher die Bestellung eines ehrenamtlichen Betreuers eher der Ausnahmefall sein.

Der Überprüfungszeitpunkt des § 286 Abs. 3 FamFG ist in seinem Falle kurz zu bemessen,[6] da der Grund seiner Bestellung mit der Durchführung der Sterilisation endet. Die Verfahren auf Bestellung des Sterilisationsbetreuers und das Genehmigungsverfahren können parallel geführt werden;[7] die Bestellung des Sterilisationsbetreuers und die Genehmigung der Einwilligung können auch einheitlich in einem Beschluss erfolgen. Der Vorteil dieser Vorgehensweise liegt darin, dass Verfahrenshandlungen gleichen Inhalts und Zwecks, wie die Bestellung der Sachverständigen und die persönliche Anhörung des Betreuten, nicht doppelt vorgenommen werden müssen.[8]

2. Persönliche Anhörung und Unterrichtung des Betreuten (Abs. 1)

a) Persönliche Anhörung (Abs. 1 S. 1 Hs 1)

Der Betreute ist nach Abs. 1 S. 1 grundsätzlich ohne Ausnahme **persönlich anzuhören**; eine telefonische oder schriftliche Anhörung oder die persönliche Anhörung eines Vertreters oder Verfahrensbevollmächtigten des Betreuten genügt in keinem Falle.

Die Anhörung ist **nicht öffentlich** (§ 170 Abs. 1 S. 1 GVG). Betreuer, Sterilisationsbetreuer, Verfahrenspfleger und der Sachverständige können an der Anhörung teilnehmen; hingegen kann Dritten nur bei fehlendem Widerspruch des Betroffenen die Teilnahme gestattet werden (§ 170 Abs. 1 S. 2 GVG, s. § 278 FamFG Rn 15). Auf Verlangen des Betreuten ist einer Vertrauensperson die Anwesenheit zu gestatten (§ 170 Abs. 1 GVG).

Nur im Falle des Vorliegens der Voraussetzungen des § 34 Abs. 2, 1. Alt. FamFG (vgl § 278 FamFG Rn 28) kann **von der persönlichen Anhörung**, nicht hingegen von der Verschaffung des persönlichen Eindrucks, **abgesehen** werden.[9] Ein Absehen von der persönlichen Anhörung wegen der offensichtlichen Unfähigkeit des Betreuten, seinen Willen kundzutun, wird im Regelfall nicht in Betracht kommen können, da dann schon gar nicht festgestellt werden kann, ob der Betreute der Sterilisation nicht iSd § 1905 Abs. 1 S. 1 Nr. 1 BGB widerspricht und bereits deswegen eine Genehmigungserteilung ausscheidet. Nicht unproblematisch ist, dass eine dem § 278 Abs. 4 FamFG (s. dort Rn 27) entsprechende Regelung fehlt. Damit aber muss das Betreuungsgericht hinsicht-

---

5 BT-Drucks. 11/4528, 79, 131.
6 LG Berlin BtPrax 1993, 34.
7 OLG Hamm FGPrax 2000, 107.
8 OLG Hamm FGPrax 2000, 107.
9 Damrau/Zimmermann, § 297 FamFG Rn 5; Keidel/Budde, § 296 Rn 5; aA Bassenge/Roth, § 297 FamFG Rn 2; MK/Schmidt-Recla, § 297 FamFG Rn 18; Prütting/Helms/Fröschle, § 297 FamFG Rn 11.

lich der Feststellung einer anhörungsbedingten qualifizierten Gesundheitsgefahr **kein ärztliches Gutachten einholen.** Dies ist bedenklich, da das Absehen von der persönlichen Anhörung im Falle der Betreuerbestellung nur bei Vorliegen eines ärztlichen Gutachtens möglich ist, hingegen bei dem wesentlich intensiveren Eingriff der Sterilisation eine derartig fundierte Ermittlungsquelle entbehrlich scheint. Diese Bedenken werden nicht dadurch ausgeräumt, dass der Betreute bei der Bestellung des Sterilisationsbetreuers ohnehin gemäß § 278 Abs. 1 FamFG persönlich angehört werden musste und ein Absehen von der persönlichen Anhörung ohnehin nach § 278 Abs. 4 FamFG nur auf der Grundlage eines ärztlichen Gutachtens möglich war, da der Inhalt der Anhörung zur Bestellung eines Sterilisationsbetreuers und die in diesem Rahmen zu behandelnden Ermittlungsergebnisse im Gegensatz zum Inhalt der Anhörung nach Abs. 1 S. 1 völlig unterschiedlicher Art sind und beide Verfahren nicht zwingend parallel geführt werden müssen. Während bei der Sterilisationsbetreuerbestellung noch unklar ist, ob eine Sterilisation tatsächlich in Betracht kommt, wird im Falle der Anhörung nach Abs. 1 aufgrund des eingeholten Gutachten (Abs. 6) diese Unklarheit nicht mehr bestehen. Daher ist es nach § 26 FamFG geboten, dass das Betreuungsgericht von der persönlichen Anhörung nur dann absieht, wenn nach ärztlichem Gutachten die Gefahr besteht, dass die Durchführung der persönlichen Anhörung erhebliche gesundheitliche Nachteile für den Betreuten bedingt. Da ohnehin die Einholung eines medizinischen Gutachtens nach Abs. 6 S. 1 zu erfolgen hat, sollte der Sachverständige auch dazu Feststellungen treffen, ob von einer persönlichen Anhörung des Betreuten erhebliche gesundheitliche Nachteile für diesen ausgehen.

9 **Wann** die persönliche Anhörung zu erfolgen hat, ist gesetzlich nicht festgelegt, um dem Betreuungsgericht die notwendige Flexibilität, den Besonderheiten des jeweiligen Einzelfalles entsprechen zu können,[10] zu erhalten. In jedem Fall hat die Anhörung vor Erteilung der Genehmigung zu erfolgen. Sofern der Betreuungsrichter eine persönliche Anhörung bereits zu Beginn des Verfahrens vornimmt und erst im Anschluss hieran nach Abs. 6 die erforderlichen Gutachten einholt und damit weitere entscheidungserhebliche Feststellungen trifft, wird er dem Betreuten die Möglichkeit zur Äußerung hierzu einräumen (§ 37 Abs. 2 FamFG),[11] ihn **erneut persönlich anhören** und auf die neuen Feststellungen hinweisen müssen.[12]

10 Inhaltlich sollte der Betreuungsrichter die Bedeutung und die Folgen der Sterilisation mit dem Betreuten erörtern. Dabei hat er die Erörterung der **Art** und dem **Grad** der **Erkrankung** oder **Behinderung** des Betreuten und seinen intellektuellen Fähigkeiten anzupassen. Die Ausführungen sollen in einer dem Betreuten verständlichen Art und Weise erfolgen; gegebenenfalls ist ein (Gebärden-)Dolmetscher hinzuzuziehen. Der Betreuungsrichter hat das **Ergebnis seiner Ermittlungsmaßnahmen**, insbesondere der nach Abs. 6 eingeholten Sachverständigengutachten, **zu erörtern.** Er hat den Betreuten darauf hinzuweisen, dass er jederzeit ohne Angaben von Gründen der Sterilisation widersprechen kann und die Sterilisation erst zwei Wochen nach Wirksamkeit der erteilten Genehmigung durchgeführt werden kann (§ 1905 Abs. 2 S. 2 BGB). Sofern es

---

10 OLG Frankfurt/M. BtPrax 2008, 176.
11 OLG Brandenburg FamRZ 2001, 936.
12 BVerfG NJW-RR 2002, 69; BayObLG FamRZ 2001, 50.

ihn bei der Unterrichtung über den möglichen Verfahrensverlauf noch nicht darüber in Kenntnis gesetzt hat, sollte er den Betreuten ferner darüber informieren, dass dieser die Anhörung der Betreuungsbehörde verlangen (Abs. 2), eine Vertrauensperson der Anhörung beiziehen (§ 170 Abs. 1 S. 3 GVG) und Rechtsmittel gegen die Erteilung der Genehmigung einlegen kann. Eine Anhörung durch den ersuchten Richter ist nicht möglich (Abs. 4).

Weigert sich der Betreute, an dem Termin zur mündlichen Anhörung teilzunehmen, ist eine **zwangsweise Vorführung** des Betreuten entsprechend § 278 Abs. 5 FamFG **nicht möglich**, da Abs. 1 nicht auf § 278 FamFG verweist. Dem Betreuungsrichter stehen aber zwei Möglichkeiten zur Verfügung. Er kann **zum einen** das persönliche Erscheinen iSd § 33 Abs. 1 S. 1 FamFG anordnen und bei darauf folgendem unentschuldigtem Ausbleiben und ggf wiederholter Ordnungsgeldfestsetzung nach § 33 Abs. 3 S. 3 FamFG die Vorführung des Betreuten anordnen (s. § 294 FamFG Rn 8).[13] Der Betreuungsrichter kann **zum anderen** die persönliche Anhörung im Verfahren zur Bestellung des Sterilisationsbetreuers (s. Rn 4) mit der persönlichen Anhörung nach Abs. 1 verbinden, so dass der Betroffene im Verfahren zur Sterilisationsbetreuerbestellung nach § 278 Abs. 5 FamFG vorgeführt werden kann; Voraussetzung hierfür allerdings ist, dass beide Verfahren parallel oder zeitnah nacheinander betrieben werden (s. Rn 5).[14] Allerdings wird der Betreuungsrichter vor der Anordnung einer dieser gravierend in Rechte des Betreuten eingreifenden Vorführung zu prüfen haben, ob in der Weigerung des Betreuten, zum Anhörungstermin zu erscheinen, nicht ein **konkludenter Widerspruch** gegen die Sterilisation als solche zu sehen ist. Dabei wird er alle Umstände zu berücksichtigen haben und insbesondere durch Nachfrage beim Betreuer und Sterilisationsbetreuer in Erfahrung zu bringen haben, ob der Betreute seine Ablehnung gegen die Sterilisation ausdrücklich oder stillschweigend zum Ausdruck gebracht hat. Kommt der Betreuungsrichter zu dem Ergebnis, dass ein konkludenter Widerspruch des Betreuten vorliegt, wird er die Erteilung der Genehmigung bereits aus diesem Grunde abzulehnen haben. Mithin wird in den Fällen der fehlenden Mitwirkung regelmäßig von einem konkludenten Widerspruch auszugehen sein, so dass eine Vorführung ausscheidet.[15] Eine Sachentscheidung nach § 34 Abs. 3 FamFG (s. § 278 FamFG Rn 32) ohne vorherige persönliche Anhörung ist hingegen nicht möglich, da der Gesetzgeber gerade mit dem Erfordernis des fehlenden Widerspruchs des Betroffenen nach § 1905 Abs. 1 S. 1 Nr. 1 BGB eine im Rahmen der persönlichen Anhörung zu klärende materielle Voraussetzung geschaffen hat.[16]

b) Persönlicher Eindruck (Abs. 1 S. 1 Hs 2)

Der Betreuungsrichter hat sich des Weiteren ausnahmslos einen persönlichen Eindruck vom Betreuten zu verschaffen (s. § 278 FamFG Rn 13). Ein **Absehen hiervon ist nicht möglich**. Weigert sich der Betreute, die Einnahme des persön-

---

13 Bassenge/Roth, § 298 FamFG Rn 2; § 296 FamFG Rn 3; vgl MK/Schmidt-Recla, § 297 Rn 15 auch Zwangsgeld nach § 34 Abs. 1 FamFG und bei Nichtbeitreibbarkeit auch Zwangshaft; aA Prütting/Helms/Fröschle, § 297 FamFG Rn 11 f: Zwangsmaßnahmen nicht möglich.
14 Vgl OLG Hamm FGPrax 2000, 107.
15 Jürgens/Kretz, § 297 FamFG Rn 3; MK/Schmidt-Recla, § 297 FamFG Rn 15.
16 Keidel/Budde, § 297 FamFG Rn 5.

lichen Eindrucks zuzulassen, kommt eine etwaig heimliche Beobachtung des Betreuten nicht in Betracht. Der Betreuungsrichter wird aber zu prüfen haben, ob in der Weigerung des Betreuten, dem Betreuungsrichter die Verschaffung des persönlichen Eindrucks zu ermöglichen, ein konkludenter Widerspruch gegen die Sterilisation vorliegt (s. Rn 11).

c) Unterrichtung des Betreuten (Abs. 1 S. 2)

13 Der Betreute ist nach Abs. 1 S. 2 über den möglichen **Verlauf des Verfahrens** in Kenntnis zu setzen. Zwar ist gesetzlich ebenfalls nicht geregelt, wann diese Unterrichtung zu erfolgen hat. Jedoch sollte diese möglichst zu Beginn des Verfahrens erfolgen, denn durch das Unterrichtungserfordernis soll einerseits dem Betroffenen das Verfahren verständlich gemacht werden. Andererseits soll er auch die Möglichkeit erhalten, alle Gesichtspunkte, die für die beabsichtigte Entscheidung maßgeblich sein können, vorzutragen.[17] Dies setzt voraus, dass er die von ihm für maßgeblich gehaltenen Umstände dem Betreuungsrichter so zeitig mitteilen kann, dass dieser sie bei seinen weiteren Ermittlungen berücksichtigen kann. Besonders plastisch ist dies am Beispiel des Widerspruchs des iSd § 1905 Abs. 1 S. 1 Nr. 1 BGB zu veranschaulichen. Teilt der Betreute bereits zu Beginn des Verfahrens mit, dass er der Sterilisation widerspreche, so kommt bereits aus diesem Grunde eine Genehmigungserteilung nicht in Frage; eine Gutachteneinholung nach Abs. 6 wäre dann nicht nur untunlich, sondern zwingend zu unterlassen, weil diese mit nicht erforderlichen und damit unverhältnismäßigen Belastungen des Betreuten verbunden wäre. Der Inhalt der Unterrichtung beschränkt sich sinnvollerweise nicht nur auf den möglichen Verfahrensgang, also darauf, dass der Betreute persönlich angehört wird und von ihm ein persönlicher Eindruck zu verschaffen und Gutachten einzuholen sind, sondern erstreckt sich auch darauf, ihn über seine Rechte, die Anhörung der Betreuungsbehörde verlangen (Abs. 2) und eine Vertrauensperson der Anhörung beiziehen zu können (§ 170 Abs. 1 S. 3 GVG), zu belehren. Die Unterrichtung kann schriftlich, auch mittels standardisierter Schreiben erfolgen, wenn der Betreuungsrichter davon ausgehen darf, dass der Betreute diese Ausführungen inhaltlich verstehen kann; ansonsten ist eine persönliche Anhörung durchzuführen.

3. Anhörung der Betreuungsbehörde (Abs. 2)

14 Der Betreuungsrichter hört die zuständige Betreuungsbehörde vor der Erteilung der Genehmigung dann an, wenn der Betreute dies **verlangt** oder die Anhörung der **Sachaufklärung** dient (s. § 279 FamFG Rn 10). Letzteres wird der Regelfall sein. Denn die Betreuungsbehörde beschäftigt im Regelfall Mitarbeiter mit einer **sozialpädagogischen Ausbildung**,[18] die insbesondere für die nach Abs. 6 S. 1 zu untersuchenden maßgeblichen sonder- und sexualpädagogischen Gesichtspunkte nutzbar gemacht werden kann. Die Betreuungsbehörde wird im Regelfall schriftlich angehört. Dass kann merkwürdigerweise nach Abs. 4 nicht im Wege der Rechtshilfe erfolgen

---

17 BT-Drucks. 11/4528, 172.
18 Vgl Anlage 2: Tabelle zur Strukturreformdiskussion des Abschlussberichtes der Bund-Länder-Arbeitsgruppe.

4. Anhörung der sonstigen Beteiligten (Abs. 3)

Die Regelung des Abs. 3 S. 1 entspricht § 279 Abs. 1 FamFG und die des 15
Abs. 3 S. 2 § 279 Abs. 3 FamFG. Statt eines entsprechenden Verweises auf
§ 279 Abs. 1, Abs. 3 FamFG hat der Gesetzgeber die Anhörung Dritter eigenständig in Abs. 3 geregelt. Anzuhören ist jedenfalls der Ehegatte als Beteiligter nach § 7 Abs. 2 Nr. 1 FamFG.[19] Auch hier kann die Anhörung nicht im Wege der Rechtshilfe erfolgen; Abs. 4.

a) Anhörung der sonstigen Beteiligten (Abs. 3 S. 1)

Anzuhören sind als Mussbeteiligte der **Sterilisationsbetreuer** (§ 274 Abs. 1 16
Nr. 2 FamFG), der nach Abs. 5 zu bestellende **Verfahrenspfleger** (§ 274 Abs. 2 FamFG) und die **Optionsbeteiligten** iSd §§ 7 Abs. 3, 274 Abs. 4 Nr. 1 FamFG (s. § 274 FamFG Rn 22), wenn sie der Betreuungsrichter dem Verfahren hinzugezogen hat. Angehörige, die nicht als Optionsbeteiligte am Verfahren beteiligt sind, sind damit nicht nach Abs. 3 S. 1 anzuhören. Es besteht also keine Anhörungspflicht. Der Betreuungsrichter hat diese Personen gleichwohl dann anhören, wenn dies zur Sachverhaltsaufklärung erforderlich ist (§ 26 FamFG). Ob der Betreuer, der für die übrigen Aufgabenkreise bestellt ist, angehört wird, bestimmt der Betreuungsrichter nach pflichtgemäßem Ermessen.[20] Die Anhörung hat in jedem Fall vor Erteilung der Genehmigung zu erfolgen. Der Betreuungsrichter entscheidet nach pflichtgemäßem Ermessen, ob er mündlich, fernmündlich, schriftlich, mit oder ohne Verwendung formularmäßiger Schreiben oder in sonstiger Weise Gelegenheit zur Äußerung gibt; will er eine schriftliche Stellungnahmemöglichkeit einräumen, muss er eine **ausreichende Äußerungsfrist**, in der Regel von mindestens zwei Wochen, einräumen.

Der Betreuungsrichter kann von einer Anhörung eines Beteiligten ausnahmsweise dann absehen, wenn ihm dessen Aufenthalt unbekannt ist und entsprechende Bemühungen zur Ermittlung des Aufenthalts zu erheblichen **Verfahrensverzögerungen** führten oder wenn von einer Anhörung sowieso **keine Sachaufklärung** zu erwarten ist. Sieht er von der Anhörung ab, ist dies in den Beschlussgründen eingehend zu begründen. 17

b) Anhörung einer Vertrauensperson (Abs. 3 S. 2)

Eine[21] dem Betreuten nahestehende Person hat der Betreuungsrichter zwingend 18
dann anzuhören, wenn der Betreute dies verlangt und deren Anhörung nicht zu einer **erheblichen Verfahrensverzögerung** führt. Auf dieses Recht ist der Betreute im Rahmen seiner Unterrichtung (s. Rn 13), spätestens aber im Rahmen der persönlichen Anhörung (s. Rn 6 ff) hinzuweisen. Eine derartige Verfahrensverzögerung ist nur dann anzunehmen, wenn alle anderen Ermittlungsmaßnahmen abgeschlossen sind und nunmehr die Genehmigung erteilt oder verweigert würde (Entscheidungsreife) und eine Anhörung der Vertrauensperson nicht zeitnah erfolgen könnte. Wann eine derartige „Zeitnähe" anzunehmen ist, hängt von den Umständen des Einzelfalls ab. Je wahrscheinlicher und zeitnäher der Eintritt einer lebens- oder gesundheitsgefährdenden Schwangerschaft

---

19 Prütting/Helms/Fröschle, § 297 FamFG Rn 6.
20 MK/Schmidt-Recla, § 297 FamFG Rn 18.
21 Bumiller/Harders, § 297 FamFG Rn 4; aA Prütting/Helms/Fröschle, § 297 FamFG Rn 19: mehrere Vertrauenspersonen.

ist, desto weniger kann eine mit der Anhörung der Vertrauensperson bedingte zeitliche Verzögerung hingenommen werden. Dies kann dazu führen, dass bei Annahme einer unmittelbar drohenden Schwangerschaft die Anhörung der Verrauensperson bei ansonsten bestehender Entscheidungsreife gänzlich zu unterbleiben hat. Die Entscheidung über das Absehen der vom Betreuten verlangten Anhörung ist in den Beschlussgründen zu begründen.

5. Verbot der Vornahme der Verfahrenshandlungen im Wege der Rechtshilfe (Abs. 4)

19 Angesichts des schwerwiegenden Eingriffs, den die Sterilisation in die Rechte und körperliche Integrität des Betreuten bedingt, sollen dem entscheidenden Betreuungsrichter als Entscheidungsgrundlage eigene **unmittelbare** und nicht im Wege der Rechtshilfe gewonnene **Erkenntnisse** zur Verfügung stehen. Deswegen können die Verfahrenshandlungen nach Abs. 1 bis 3 nicht im Wege der Rechtshilfe vorgenommen werden.[22] Das um Rechtshilfe ersuchte Gericht hat das Rechtshilfeersuchen nach § 158 Abs. 2 GVG abzulehnen.[23]

6. Bestellung des Verfahrenspflegers (Abs. 5)

20 Ein Verfahrenspfleger ist nach Abs. 5 zwingend zu bestellen, und zwar bereits **zu Beginn des Verfahrens**, um eine objektive Interessenwahrnehmung des Betreuten bereits von Anfang an sicherzustellen. Lediglich dann, wenn sich der Betreute durch einen Rechtsanwalt oder einen anderen geeigneten **Verfahrensbevollmächtigten**, den er unabhängig von seiner Geschäftsfähigkeit oder Fähigkeit, einen freien oder natürlichen Willen zu bilden, wirksam bevollmächtigen kann (§ 275 FamFG),[24] vertreten lässt, ist die Bestellung eines Verfahrenspflegers nicht erforderlich. Indes ist ein Verfahrenspfleger auch in diesem Falle zwingend zu bestellen, wenn der Verfahrensbevollmächtigte ungeeignet, nicht willens oder etwa aufgrund eigener Krankheit, Alters oder Überforderung nicht fähig ist, die Interessen des Betreuten wahrzunehmen oder seine Interessen mit denen des Betreuten kollidieren.[25] Zur Qualifikation des Verfahrenspflegers verhält sich Abs. 5 nicht. Da – wie sich aus Abs. 6 folgern lässt – nicht nur rechtliche, sondern auch pädagogische, soziale und psychologische Aspekte maßgeblich sind, bedarf der Verfahrenspfleger nicht der Befähigung zum Richteramt.[26] Er muss aber auch in diesen Bereichen entsprechende Fachkenntnisse haben, was die Bestellung eines ehrenamtlichen Verfahrenspflegers ausscheiden lässt.

7. Gutachten (Abs. 6)

a) Mehrere Gutachten (Abs. 6 S. 1)

21 Mindestens zwei Gutachten, die sich auf die in Abs. 6 S. 1 genannten Gesichtspunkte und auf die Frage der dauerhaften Einwilligungsunfähigkeit des Betreu-

---

22 BT-Drucks. 11/4528, 177.
23 OLG Karlsruhe FamRZ 1994, 638.
24 OLG Schleswig FGPrax 2007, 130.
25 KG FGPrax 2004, 117.
26 So aber MK/Schmidt-Recla, § 297 FamFG Rn 6.

ten (§ 1905 Abs. 1 S. 1 Nr. 2 BGB, siehe dort Rn 11) erstrecken, sind im Wege der **förmlichen** Beweisaufnahme einzuholen.[27] Inhaltlich sind darzulegen:

- Aus **medizinischer** Sicht:
  - mögliche Behandlungsalternativen, insbesondere solche mit vorzuziehender Refertilisationsmöglichkeit (§ 1905 Abs. 2 S. 3 BGB);
  - arg e § 1905 Abs. 1 S. 1 Nr. 4 BGB mögliche schwangerschaftsbedingte Gefahren für das Leben, den Körper oder die Gesundheit des Betreuten[28] (s. § 1905 BGB Rn 17); bei männlichen Betreuten dürfte diese Voraussetzung ernstlich kaum jemals erfüllt sein, weswegen teilweise die Ansicht vertreten wird, dass eine Sterilisation eines Mannes hiernach nicht in Betracht kommt;[29] gleichwohl ist nicht auszuschließen, dass beim männlichen Betreuten zwar keine Gefahr für Leib oder Leben, aber im Ausnahmefall eine solche für seinen psychisch-seelischen Gesundheitszustand bestehen kann;
  - welche **Risiken** der beabsichtigte Eingriff und die möglichen Behandlungsalternativen bergen;
  - ob der Betreute dauerhaft **einwilligungsunfähig**, also nicht in der Lage ist, Art, Bedeutung, Tragweite und auch die Risiken der Maßnahme zu erfassen und seinen Willen hiernach zu bestimmen;[30] eine Genehmigung kann nur erteilt werden, wenn der Betreute auf Dauer einwilligungsunfähig ist; die Sterilisation einwilligungsfähiger Volljähriger ist nicht gesetzlich geregelt;[31]
  - Kann der ärztliche Sachverständige diese Fragen mangels eigener Fachkunde nicht beurteilen, so wird die Einholung eines ergänzenden Gutachtens eines Neurologen oder Sonderpädagogen geboten sei.[32]
- Aus **psychologischer** Sicht:
  - das Bestehen möglicher innerer Zwangssituationen und deren Dauer[33]
  - arg e § 1905 Abs. 1 S. 1 Nr. 4, S. 2 BGB mögliche Beeinträchtigungen des psychisch-seelischen Gesundheitszustandes durch eine Schwangerschaft, auch unter Berücksichtigung der Folgen, die durch eine erforderlich werdende Trennung vom Kind bedingt würden (etwa Selbstmordgefahr aufgrund schwerer Depressionen, depressive Fehlentwicklungen).[34]
- Aus **sozialer** Sicht insbesondere die familiäre, finanzielle, Wohn- und Ausbildungs- und arg e § 1905 Abs. 1 S. 1 Nr. 3 BGB die allgemeine Lebenssituation, die Sexualkontakte des Betreuten **konkret** wahrscheinlich erscheinen lässt, sowie bestehende soziale Alternativen; die bloße Möglichkeit, etwa bei einer gemeinsamen Unterbringung des Betreuten mit Frauen bzw der Betreuten mit Männern in einem Heim und der allgemeinen Erwar-

---

27 OLG Hamm FGPrax 2000, 107.
28 LG Ravensburg RdLH 2006, 38.
29 Damrau/Zimmermann, § 297 FamFG Rn 2.
30 BT-Drucks. 16/8442, 13.
31 OLG Hamm FGPrax 2000, 107.
32 Vgl BT-Drucks. 11/4528, 176.
33 Jürgens/Kretz, § 297 FamFG Rn 9.
34 BT-Drucks. 11/4528, 78; LG Ravensburg RdLH 2006, 38; AG Lahnstein RdLH 2000, 39.

tung, dass eines Tages sexuelle Kontakte stattfinden, insbesondere Partnerschaften eingegangen werden könnten,[35] genügt nicht, da dies einer vorsorglichen Sterilisation gleichkäme.

- Unter **sonderpädagogischen** Gesichtspunkten die innere Perspektive und Lebensreife des Betreuten und arg e § 1905 Abs. 1 S. 1 Nr. 3 BGB die **konkret** bestehende Wahrscheinlichkeit einer Schwangerschaft[36] (vgl § 1905 BGB Rn 15).

- Aus **sexualpädagogischer** Sicht arg e § 1905 Abs. 1 S. 1 Nr. 5 BGB die ggf durch therapeutische Maßnahmen[37] herbeizuführende Fähigkeit des Betreuten, eine Schwangerschaft auf andere Art als durch Sterilisation verhüten zu können.[38] Dabei sind allein zumutbare Maßnahmen in Betracht zu ziehen; das Unterbinden sexueller Kontakte des Betreuten gegen seinen natürlichen Willen ist unzumutbar; dies gilt erst recht, wenn der Betreute zur Vermeidung sexueller Kontakte oder Gabe entsprechender empfängnisverhütender Mittel untergebracht[39] oder fixiert werden soll.[40] Ob mechanische oder chemische Empfängnisverhütungsmittel und -verfahren zumutbar sind, hängt von den Einzelfallumständen ab; insbesondere, ob im konkreten Fall hinreichend sicher davon ausgegangen werden kann, dass der Betreute – ggf nach einer sozialpädagogischen Anleitung – oder der Sexualpartner diese gewissenhaft anwenden, und bei seiner Anwendung unverhältnismäßige Nebenwirkungen oder andere Unverträglichkeiten (etwa Persönlichkeitsveränderungen)[41] zu erwarten sind.[42] Kann die Einnahme empfängnisverhütender Mittel nur gegen den Widerstand des Betroffenen, also mit Zwang durchgesetzt werden, ist dies unzumutbar.[43]

b) Verfahren vor den Sachverständigen (Abs. 6 S. 2)

22 Der Sachverständige hat den Betreuten nach S. 2 jeweils vor der Gutachtenerstattung zwingend **persönlich anzuhören** und zu **untersuchen**. Er hat den Betreuten aufzuklären, dass eine ärztliche **Schweigepflicht nicht** besteht. Bei Weigerung des Betreuten, vor dem Sachverständigen zu erscheinen, gilt § 283 FamFG mangels entsprechenden Verweises nicht entsprechend.[44] Erst recht ist eine Unterbringung nach § 284 FamFG nicht möglich.[45] Der Betreuungsrichter kann zwar nach Rn 11 vorgehen und das persönliche Erscheinen des Betreuten nach § 33 Abs. 1 S. 1 FamFG zu einem Termin anordnen, an dem der Sachverständige teilnimmt.[46] Da der Sachverständige den Betroffenen persönlich zu untersuchen und zu befragen hat und außerdem für die Einholung eines Sachverständigengutachtens nach dieser Vorschrift das Strengbeweisverfahren gilt,

---

35 BayObLG FGPrax 2001, 159; AG Grevenbroich RdLH 1995, Nr. 1, 31.
36 BayObLG FGPrax 1997, 101.
37 Vgl Pohlmann, Sexuelle Aufklärung geistig behinderter Menschen, BtPrax 1995, 171.
38 OLG Hamm FGPrax 2000, 107; BtPrax 2000, 168, vgl § 1905 BGB Rn 20.
39 OLG Karlsruhe FGPrax 2008, 133; BayObLG FGPrax 1997, 101.
40 OLG Karlsruhe FGPrax 2008, 133.
41 LG Ravensburg RdLH 2006, 38 zur „Spirale"; OLG Karlsruhe FGPrax 2008, 133 und Dodegge/Roth, E Rn 44 zur „Drei-Monats-Spritze".
42 OLG Hamm FGPrax 2000, 107; BayObLG FGPrax 1997, 101.
43 OLG Karlsruhe FGPrax 2008, 133.
44 Jürgens/Kretz, § 297 FamFG Rn 9.
45 Keidel/Budde, § 297 FamFG Rn 11; Bassenge/Roth, § 297 FamFG Rn 9.
46 Vgl BT-Drucks. 16/6308, 267.

stellt die Teilnahme des Sachverständigen an diesem Termin auch dann keinen Verstoß gegen die Nichtöffentlichkeit der Anhörung dar, wenn der Betreute der Anwesenheit des Sachverständigen widerspricht (§ 170 Abs. 1 S. 1 und 2 GVG). Indes wird auch hier in der Weigerung des Betroffenen, vor dem Sachverständigen zu erscheinen, regelmäßig ein konkludenter Widerspruch des Betroffenen iSd § 1905 Abs. 1 S. 1 Nr. 1 BGB zu sehen sein (s. Rn 11). Überdies werden die jeweils zu diesen Terminen geladenen Sachverständigen aufgrund der mit Zwang durchgesetzten Anhörungssituation wohl kaum brauchbare Feststellungen im Hinblick auf die in Rn 21 dargelegten Fragestellungen liefern können, so dass auch hier die Anwendung von Zwang im Regelfall faktisch ausscheidet.

c) Sachverständige (Abs. 6 S. 3)

Eine bestimmte formale Qualifikation müssen die Sachverständigen mangels einer dem § 280 Abs. 1 S. 2 FamFG entsprechenden Regelung nicht erfüllen (s. § 280 FamFG Rn 9). Sie müssen aber die für die Untersuchung der nach S. 1 maßgeblichen Gesichtspunkte **nachweisbare Fachkunde** besitzen. Die Sachverständigen dürfen in keinem Fall **personengleich** sein (S. 3), wobei Personengleichheit nicht schon dann anzunehmen ist, wenn sie derselben Klinik angehören.[47]

8. Fehlender Widerspruch

Die Sterilisation darf nach § 1905 Abs. 1 S. 1 Nr. 1 BGB dem freien oder natürlichen Willen des Betreuten nicht widersprechen (s. § 1905 BGB Rn 13 f). Ein entsprechender, **stets beachtlicher Widerspruch** des Betreuten hindert den Erlass der gerichtlichen Genehmigung.

9. Wirksamkeit der Genehmigung der Einwilligung in eine Sterilisation (Abs. 7)

Für die besonders eingriffsintensive Genehmigung der Einwilligung in eine Sterilisation schafft Abs. 7 eine von § 287 FamFG **abweichende Sonderregelung**, um einen ausreichenden Zeitraum für die Einlegung der Beschwerde zu gewährleisten. Die Genehmigung nach § 1905 BGB wird nur mit Bekanntmachung durch Zustellung an den nach Abs. 5 zu bestellenden Verfahrenspfleger (Abs. 7 Nr. 1) oder, wenn dieser nicht bestellt ist, an den Verfahrensbevollmächtigten (Abs. 7 Nr. 2) und den nach § 1899 Abs. 2 BGB zu bestellenden besonderen Sterilisationsbetreuer wirksam; maßgebend ist die zeitlich zuletzt erfolgte Zustellung.[48] Da Abs. 7 nicht auf § 287 Abs. 2 FamFG verweist, kann die sofortige Wirksamkeit der Genehmigung nicht angeordnet werden.

10. Bekanntgabe der Entscheidung über die Genehmigung der Einwilligung in eine Sterilisation (Abs. 8)

Nach Abs. 8 S. 1 und S. 2 ist die Entscheidung samt Gründen dem Betreuten, und zwar ohne Ausnahme, bekannt zu machen (S. 1). Von einer Bekanntgabe der Gründe entsprechend § 288 Abs. 1 FamFG kann nicht abgesehen werden (S. 2): Der zuständigen Betreuungsbehörde ist die Entscheidung stets bekannt zu machen (S. 3).

---

47 Bassenge/Roth, § 297 FamFG Rn 9.
48 OLG Düsseldorf FamRZ 1996, 375.

11. Beschluss und Beschlussformel

27 Der Beschluss ist zu **begründen** (§ 38 Abs. 3 S. 1, Abs. 5 Nr. 3 FamFG) und mit einer **Rechtsmittelbelehrung** (§ 39 FamFG) zu versehen.

28 ▶ **Beschlussformel:**

In ... [Rubrum] wird die Einwilligung des Betreuers ... [Name, Anschrift] in die ... [genaue Bezeichnung der beabsichtigten Sterilisationsmaßnahme] genehmigt. [Ggf:] Der den Eingriff ausführende Arzt darf nicht ... [Namen der Sachverständigen in diesem Verfahren] sein. ◀

▶ Dieser Beschluss wird zwei Wochen nach der Bekanntgabe an den Betreuer sowie an den Verfahrenspfleger [bzw Verfahrensbevollmächtigten] wirksam. ◀

III. Bedeutung für den Betreuten

29 Will der Betreute die Sterilisation – gleichgültig zu welchem Zeitpunkt und aus welchen Beweggründen auch immer – nicht mehr durchgeführt wissen, so muss er lediglich den **Widerspruch** hiergegen erklären. Dieser ist stets maßgeblich, auch wenn er nach der Erteilung der Genehmigung und buchstäblich in „letzter Sekunde" erklärt werden sollte, da dem Gesetz eine Zwangssterilisation fremd ist. Will er sich hingegen nicht gegen die Sterilisation als solche, aber etwa gegen den den Eingriff durchführenden Arzt oder die Art und Weise des Eingriffs richten, sollte er ausdrücklich klarmachen, dass er gleichwohl an der Sterilisation als solcher festhält, damit nicht der Betreuungsrichter hierin einen konkludenten Widerspruch iSd § 1905 Abs. 1 S. 1 Nr. 1 BGB sieht und die Genehmigungserteilung deswegen verweigert. Gegen die Erteilung der Genehmigung kann der Betroffene ebenso Beschwerde einlegen wie gegen deren Versagung. Ist der Eingriff durchgeführt worden, bevor der Betroffene Beschwerde gegen die Erteilung der Genehmigung erhoben hat, kommt die Feststellung der Rechtswidrigkeit nach § 62 FamFG in Betracht (s. § 294 FamFG Rn 21).[49]

IV. Bedeutung für den Sterilisationsbetreuer

30 Der Sterilisationsbetreuer muss eine **eigenständige, alle Umstände des konkreten Falles abwägende Entscheidung** treffen, ob er trotz Vorliegens eines festen Wunsches des Betreuten nach Durchführung der Sterilisation eine entsprechende Genehmigung beim Betreuungsgericht anregt oder von einer erteilten Genehmigung Gebrauch macht. Maßnahmen der Aufsicht hat der Betreuer dabei nicht zu fürchten, wenn seine Entscheidung nicht von sachwidrigen Erwägungen geleitet wird. Denn wenn er die Voraussetzungen für eine Sterilisation als nicht erfüllt ansieht und er es deshalb ablehnt, einen Sterilisationsantrag zu stellen, griffe eine Aufsichtsmaßnahme des Betreuungsgerichts oder sogar seine Entlassung unzulässig in seinen rechtmäßig ausgeübten Verantwortungsbereich ein.[50] Dies gilt auch, wenn eine entsprechende Genehmigung erteilt worden ist, er aber zwischenzeitlich zu der Überzeugung gelangt ist, dass es dem objektiv verstandenen Wohl des Betreuten widerstritte, die Einwilligung in den Eingriff zu erteilen.

---

49 Vgl OLG Düsseldorf FamRZ 1996, 375.
50 LG Hildesheim BtPrax 1997, 121.

Besonders wichtig ist, dass er die Frist des § 1905 Abs. 2 S. 2 BGB beachtet und die Einwilligung in die Sterilisation erst **nach Ablauf von zwei Wochen** nach Wirksamkeit der Genehmigung erteilt und er sich daher vor der Durchführung des Eingriffs beim Verfahrenspfleger bzw Verfahrensbevollmächtigten erkundigen sollte, wann der Beschluss diesen zugestellt worden ist, da maßgeblich für die Feststellung der Wirksamkeit die zeitlich zuletzt bewirkte Zustellung ist.[51] Da die jeweilige Zustellung in der Gerichtsakte zu dokumentieren ist, kann er alternativ durch Akteneinsicht die Zeitpunkte der Zustellungen feststellen. Es ist zu empfehlen, dass er auch die Beschwerdefrist von einem Monat nach § 63 Abs. 1 FamFG – die zweiwöchige Frist des § 63 Abs. 2 Nr. 2 FamFG gilt nicht, weil hier kein Rechtsgeschäft genehmigt wird[52] – verstreichen lässt, um zu verhindern, dass der Betreute sterilisiert wird und dann das Beschwerdegericht die Rechtswidrigkeit der Genehmigungserteilung nach § 62 FamFG feststellt. Dies setzt indes voraus, dass keine Eilbedürftigkeit vorliegt. Die von ihm zu erteilende Einwilligung in die Sterilisation ist unheilbar unwirksam, wenn ihm der Genehmigungsbeschluss nicht vorliegt oder unbekannt ist; eine nach Vornahme der Sterilisation erfolgte Bekanntgabe heilt den Unwirksamkeitsmangel nicht.[53] Um zu gewährleisten, dass ein stets beachtlicher Widerspruch des Betreuten beachtet wird, hat er den Betreuten bis zur Vornahme des Eingriffs zu begleiten und bei Widerspruch des Betreuten seine Einwilligung in den Eingriff zu widerrufen. Gegen die Erteilung der Genehmigung kann der Sterilisationsbetreuer keine Beschwerde einlegen, da er von der erteilten Genehmigung keinen Gebrauch machen muss; gegen die Versagung steht ihm die Beschwerde zu.[54]

V. Bedeutung für den Verfahrenspfleger oder Verfahrensbevollmächtigten

1. Verfahrenspfleger

Bei einer beabsichtigten Sterilisation hat der Verfahrenspfleger auch bei entsprechendem Sterilisationswunsch des Betreuten auf die **ordnungsgemäße Durchführung des Verfahrens** zu achten, insbesondere darauf, ob die Erforderlichkeit der Maßnahme unter den Blickwinkeln des Abs. 6 untersucht und Alternativmaßnahmen geprüft worden sind. Auch wenn der Betreute die Sterilisation wünscht, muss auch der Verfahrenspfleger eigenständig prüfen, ob dieser Eingriff dem objektiv verstandenen Wohl des Betreuten entspricht; im Übrigen s. § 1905 BGB Rn 25 ff.

2. Verfahrensbevollmächtigter

Für den Verfahrensbevollmächtigten gilt Rn 32 mit der Maßgabe sinngemäß, dass er im Falle der beabsichtigten Sterilisation darauf zu achten hat, dass die Maßnahme nicht gegen den stets beachtlichen Willen des Betreuten (s. § 1905 Abs. 1 S. 1 Nr. 1 BGB) durchgeführt wird. Nicht unproblematisch ist, dass der Sterilisationsbetreuer nach Wirksamwerden der Genehmigung die Einwilligung in die Sterilisation gegenüber dem Arzt erklären kann, obwohl die Beschwerdefrist des § 63 Abs. 1 FamFG noch läuft (s. Rn 31). Insofern ist nicht auszu-

---

51 OLG Düsseldorf FamRZ 1996, 375.
52 Bassenge/Roth, § 297 FamFG Rn 15.
53 OLG Düsseldorf FamRZ 1996, 375; vgl § 1905 BGB Rn 21.
54 MK/Schmidt-Recla, § 297 FamFG Rn 23.

schließen, dass der Betreute noch innerhalb der Beschwerdefrist einem Sinneswandel verfallen und der Sterilisation widersprechen könnte. Da sein Widerspruch stets beachtlich ist, bestünde damit das Risiko, dass Fakten geschaffen würden, die nicht mehr in der Beschwerdeinstanz korrigiert werden könnten. Die nachträgliche Feststellung der Rechtswidrigkeit nach § 62 FamFG hilft dann wenig. Zu empfehlen ist, dass der Verfahrensbevollmächtigte den Sterilisationsbetreuer zum Verstreichenlassen der Beschwerdefrist bewegt. Ist absehbar, dass dieser sich hierzu nicht bewegen lassen wird, kann allenfalls vorsorglich Beschwerde eingelegt und ein Antrag auf Aussetzung der Vollziehung des angefochtenen Genehmigungsbeschlusses im Wege einer einstweiligen Anordnung nach § 64 Abs. 3 FamFG an das Beschwerdegericht gestellt werden; problematisch ist dann aber, dass der Betreute mitunter weiterhin nicht dem Eingriff widersprechen will. Hält der Betreute an seinem Sterilisationswunsch auch weiterhin fest, kann die Beschwerde sodann nur zurückgenommen werden.

§ 298 FamFG Verfahren in Fällen des § 1904 des Bürgerlichen Gesetzbuchs

(1) [1]Das Gericht darf die Einwilligung, die Nichteinwilligung oder den Widerruf einer Einwilligung eines Betreuers oder eines Bevollmächtigten (§ 1904 Absatz 1, 2 und 5 des Bürgerlichen Gesetzbuchs) nur genehmigen, wenn es den Betroffenen zuvor persönlich angehört hat. [2]Das Gericht soll die sonstigen Beteiligten anhören. [3]Auf Verlangen des Betroffenen hat das Gericht eine ihm nahestehende Person anzuhören, wenn dies ohne erhebliche Verzögerung möglich ist.

(2) Die Bestellung eines Verfahrenspflegers ist stets erforderlich, wenn Gegenstand des Verfahrens eine Genehmigung nach § 1904 Absatz 2 des Bürgerlichen Gesetzbuchs ist.

(3) [1]Vor der Genehmigung ist ein Sachverständigengutachten einzuholen. [2]Der Sachverständige soll nicht auch der behandelnde Arzt sein.

I. Allgemeines 1	bb) Wirksame Patientenverfügung 11
1. Bedeutung 1	
2. Anwendungsbereich 3	cc) Fehlen einer wirksamen Patientenverfügung 12
II. Bedeutung für das Betreuungsgericht 4	
1. Funktionelle Zuständigkeit 4	dd) Entscheidungszuständigkeit des Bevollmächtigten 13
2. Genehmigung nach § 1904 Abs. 1, Abs. 2 BGB 5	c) Persönliche Anhörung des Betroffenen (Abs. 1 S. 1) 14
a) Genehmigungsbedürftige Einwilligung 5	d) Anhörung der sonstigen Beteiligten (Abs. 1 S. 2) 16
b) Entscheidungszuständigkeit 7	
aa) Entscheidungszuständigkeit des Betreuers ... 7	aa) Absehen von der Anhörung 18

bb) Durchführung der Anhörung 19
e) Anhörung einer Vertrauensperson (Abs. 1 S. 3) 20
f) Bestellung des Verfahrenspflegers (Abs. 2) 21
g) Gutachten des Sachverständigen (Abs. 3) 22
aa) Gutachten (Abs. 3 S. 1) 22
(1) Gutachten im Verfahren nach § 1904 Abs. 1 BGB 23
(2) Gutachten im Verfahren nach § 1904 Abs. 2 BGB 24
bb) Sachverständiger (Abs. 3 S. 2) 25
cc) Beschlussformel 26
dd) Verfahren 27
ee) Vorführung und Unterbringung 28
h) Beschluss und Beschlussformel 29
III. **Bedeutung für den Betroffenen** 32
IV. **Bedeutung für den Betreuer und Bevollmächtigten** 33
V. **Bedeutung für den Verfahrenspfleger oder Verfahrensbevollmächtigten** 35
 1. Verfahrenspfleger 35
 2. Verfahrensbevollmächtigter 36
VI. **Bedeutung für Dritte** 37

I. Allgemeines
1. Bedeutung

§ 298 FamFG übernahm grundsätzlich den Regelungsgehalt des § 69 d Abs. 2 FGG und regelt alle Voraussetzungen in einer Norm. Anpassungen sind den allgemeinen Regelungen des FamFG geschuldet. So entscheidet das Betreuungsgericht gemäß § 30 Abs. 1 FamFG nach pflichtgemäßem Ermessen, ob es die persönliche Anhörung des Betroffenen oder, mangels einer § 297 Abs. 6 S. 1 FamFG entsprechenden Regelung, die Einholung des Sachverständigengutachtens im Strengbeweisverfahren durchführt.

Ein **Antragserfordernis** ist zwar nicht ausdrücklich vorgesehen. Jedoch wird das Genehmigungsverfahren in der Regel mit einer zumindest konkludenten Anregung des Betreuers auf Erteilung der begehrten Genehmigung zur Einwilligung beginnen.

2. Anwendungsbereich

§ 298 FamFG gilt nicht für die Einwilligung des Betreuers bzw Bevollmächtigten (§ 1904 Abs. 5 BGB) in sämtliche ärztliche Untersuchungen oder Eingriffe, sondern nur für bestimmte qualifizierte Eingriffe, nämlich solche, welche die besondere Gefahr in sich bergen, dass der Betroffene durch diese Maßnahme stirbt oder einen schweren und länger dauernden Schaden an seiner Gesundheit erleidet (§ 1904 Abs. 1 BGB, s. dort Rn 44 ff) und für die Nichteinwilligung bzw der Widerruf der Einwilligung in eine ärztliche Maßnahme (§ 1904 Abs. 2 BGB).

II. Bedeutung für das Betreuungsgericht
1. Funktionelle Zuständigkeit

Zuständig zur Erteilung der Genehmigung in die Einwilligung zu einer Maßnahme und Nichteinwilligung oder Widerruf der Einwilligung in eine ärztliche Maßnahme nach § 1904 Abs. 1 BGB ist gemäß § 15 Nr. 4 RPflG der **Betreuungsrichter**.

2. Genehmigung nach § 1904 Abs. 1, Abs. 2 BGB

a) Genehmigungsbedürftige Einwilligung

5 Für Eingriffe **unterhalb der Schwelle des § 1904 Abs. 1, Abs. 2 BGB** bedarf es keiner Genehmigung des Betreuungsrichters; die Einwilligung des Betreuers bzw des Bevollmächtigten (§ 1904 Abs. 5 BGB) genügt, um die ärztliche Maßnahme bzw das Absehen von dieser zu rechtfertigen. Verweigert der Betreuer die Einwilligung in die ärztliche Maßnahme, besteht hierfür nur nach Maßgabe des § 1904 Abs. 2 BGB ein Genehmigungserfordernis. Verweigert der Betreuer für andere, nicht unter § 1904 Abs. 2 BGB fallende medizinisch indizierte Maßnahmen die Einwilligung, kann er sich pflichtwidrig verhalten und damit Aufsichtsmaßnahmen des Betreuungsgerichts erforderlich machen. Das Genehmigungserfordernis gilt sowohl für den Betreuer als auch den Bevollmächtigten, wenn seine Vollmacht diese Maßnahmen ausdrücklich umfasst und schriftlich erteilt ist (§ 1904 Abs. 5 BGB). Hingegen sind Einwilligungen des Betreuten auch dann nicht genehmigungsfähig, wenn dieser einwilligungsunfähig ist, da gerade für diesen Fall ausschließlich die Entscheidungszuständigkeit des Betreuers bzw des Bevollmächtigten greift.

6 Die Genehmigung ist nach § 1904 Abs. 4 BGB nur dann erforderlich, wenn ein sog. **Konfliktfall** vorliegt.[1] Haben Arzt und Betreuer keinen Zweifel daran, dass die Entscheidung über die Einwilligung dem Willen des Betreuten entspricht, ist für die Erteilung einer Genehmigung kein Raum. Die zuweilen vertretene Ansicht, dass auch in diesem Fall ein Genehmigungserfordernis besteht,[2] ist jedenfalls durch die Neufassung des § 1904 Abs. 4 BGB überholt.[3] Dies gilt selbst dann, wenn Hinweise darauf bestehen, dass Arzt und Betreuer bzw Bevollmächtigter in missbräuchlicher Weise zusammenwirken. Einem derart dem Wohl des Betreuten zuwiderlaufenden Verhalten des Betreuers kann mit den Mitteln des Aufsichtsrechts und, als ultima ratio, mit der Entlassung des Betreuers wegen mangelnder Eignung oder aus wichtigem Grund (§ 1908 b Abs. 1 S. 1 BGB) begegnet werden; auf ein entsprechendes pflichtwidriges Verhalten des Bevollmächtigten kann mit der Bestellung eines Vollmachtsbetreuers nach § 1896 Abs. 3 BGB reagiert werden. Schließlich kann einem missbräuchlichen Handeln des Arztes mit strafrechtlichen Mitteln begegnet werden.[4] Der Betreuungsrichter kann im Falle des Nichtvorliegens eines Konfliktfalles allein ein **Negativattest**, wonach die Einwilligung, Nichteinwilligung oder der Widerruf nicht genehmigungsbedürftig ist, erteilen (s. aber § 1904

---

[1] BGH NJW 2005, 2385; OLG München NJW 2007, 3506;LG Kleve BtPrax 2010, 186; LG Oldenburg BtPrax 2010, 246; AG Nordenham FamRZ 2011, 1327; Müller, Zum Abbruch lebensverlängernder oder -erhaltender Maßnahmen durch den Betreuer, DNotZ 2007, 627; vgl auch BGH FGPrax 2003, 161; vgl auch Hahne, Die Rechtsprechung des XII. Zivilsenats des Bundesgerichtshofs zur Frage der Patientenautonomie am Ende des Lebens, DRiZ 2005, 244. Vgl Zwischenbericht der Enquete-Kommission Ethik und Recht der modernen Medizin, BT-Drucks. 15/3700, 20 f; Riedel, Der Zwischenbericht der Enquete-Kommission Ethik und Recht der modernen Medizin des Deutschen Bundestages zu Patientenverfügungen, BtPrax 2005, 45.

[2] LG Essen NJW 2008, 1170; vgl Beckmann, Vormundschaftsgerichtliche Genehmigung der Einstellung der künstlichen Ernährung, ZfL 2008, 26.

[3] Zutreffend schon bisher: Dodegge, Die Entwicklung des Betreuungsrechts bis Anfang Juni 2008, NJW 2008, 2689, Fn 86; Brauer, Zur vormundschaftsgerichtlichen Genehmigung für Abbruch der künstlichen Ernährung, BtPrax 2009, 45.

[4] BT-Drucks. 16/8442, 19.

BGB Rn 11).[5] Eine inhaltliche Prüfung dahin gehend, ob zureichende tatsächliche Anhaltspunkte dafür vorliegen, ob die Voraussetzungen des § 1904 Abs. 1, Abs. 2 BGB vorhanden sind und die Auslegung einer Patientenverfügung oder des mutmaßlichen Willens in dem vom Betreuer und dem behandelnden Arzt verstandenen Sinne jedenfalls vertretbar erscheint, ist weder gesetzlich vorgesehen noch – wegen der dargelegten Möglichkeiten, einen Missbrauch zu verhindern – erforderlich.[6] Der Betreuungsrichter muss daher vorrangig prüfen, ob Betreuer und Arzt unterschiedliche Auffassungen vertreten oder zumindest Zweifel hinsichtlich des Behandlungswillens des Betroffenen hegen.[7] Lässt sich hingegen nicht feststellen, ob ein Konfliktfall vorliegt, etwa weil der Arzt sich einer Erörterung verweigert, hat der Betreuungsrichter das Genehmigungsverfahren durchzuführen.[8] Ist hingegen die ärztliche Diagnose zweifelhaft, muss der Betreuungsrichter einschreiten und ggf lebensverlängernde Maßnahmen durchsetzen.[9] Sodann muss der Betreuungsrichter ermitteln, ob der Betreuer bzw der Bevollmächtigte diese Weiterbehandlung – und nicht lediglich die Modalitäten der Weiterbehandlung – ablehnt.

b) Entscheidungszuständigkeit
aa) Entscheidungszuständigkeit des Betreuers

Dem Betreuer, dessen Einwilligung, Nichteinwilligung oder Widerruf einer Einwilligung genehmigt werden soll, muss der **Aufgabenkreis der Gesundheitsfürsorge** allgemein oder ganz konkret bezogen auf die in Betracht gezogene ärztliche Maßnahme zugewiesen sein. Ist dies nicht der Fall, ist eine Erweiterung des Aufgabenkreises des Betreuers oder die Bestellung eines weiteren Betreuers für diesen Aufgabenkreis in Betracht zu ziehen. Letzterenfalls wird der Betreuungsrichter zu beachten haben, dass die Bestellung mehrerer Berufsbetreuer nach § 1899 Abs. 1 S. 3 BGB unzulässig ist, da kein Ausnahmefall des § 1899 Abs. 2, Abs. 4 BGB vorliegt.

7

Die Entscheidungszuständigkeit des Betreuers entfällt, wenn der **Betreute einwilligungsfähig**, also in der Lage ist, Art, Bedeutung, Tragweite und auch die Risiken der Maßnahme zu erfassen und seinen Willen hiernach zu bestimmen.[10] Ist zweifelhaft, ob der Betreute einwilligungsfähig ist, so hat der Betreuungsrichter diese Frage durch das ohnehin einzuholende medizinische **Sachverständigengutachten** klären zu lassen.[11] Kann der Sachverständige dies mangels eigener Fachkompetenz nicht feststellen, ist das ergänzende Gutachten zur Einwilligungsfähigkeit, etwa eines Neurologen oder Sonderpädagogen, einzuholen.[12] Die Feststellung kann nicht dem behandelnden Arzt überlassen bleiben;[13] zumal zweifelhaft ist, ob der behandelnde Arzt zu derartigen Feststellungen überhaupt in der Lage ist.[14] Es obliegt dem Betreuungsrichter, die Vor-

8

---

5   LG Oldenburg BtPrax 2010, 246.
6   So aber LG Kleve BtPrax 2010, 186.
7   BT-Drucks. 16/8442, 19.
8   AG Nordenham FamRZ 2011, 1327.
9   OLG München NJW 2007, 3506; OLG Hamm FGPrax 1997, 64.
10 BT-Drucks. 16/8442, 13; BVerfG BGBl. I 2013, 488.
11 BT-Drucks. 11/4825, 176.
12 BT-Drucks. 11/4825, 176.
13 AA MK/Schwab § 1904 BGB Rn 11.
14 Bieg/Jaschinski in: JurisPK-BGB, § 1904 BGB Rn 31.

aussetzungen der Genehmigungserteilung festzustellen. Auch kann in **Zweifelsfällen** nicht dahinstehen, ob der Betreute oder der Betreuer[15] entscheidungszuständig ist. Ist zweifelhaft, ob der Betreute einwilligungsfähig ist, bestünde die Gefahr, dass er in einen Eingriff einwilligt, dessen Reichweite er überhaupt nicht überblicken kann und vor dem ihn die Einwilligungszuständigkeit des Betreuers schützen soll. Ist umgekehrt der Betreute einwilligungsfähig, so führte eine gleichwohl durch den Betreuer erklärte Einwilligung, Nichteinwilligung oder der Einwilligungswiderruf zu einer gesetzlich nicht vorgesehenen Ersetzung der Einwilligung oder Nichteinwilligung des Betreuten; verweigert etwa der einwilligungsfähige Betreute die Einwilligung, so führte dies letztlich zu einer Missachtung seines freien Willens und damit zu einer Verletzung seines Selbstbestimmungsrechts, wie sich aus § 1896 Abs. 1a BGB ergibt, wenn der Betreuer gleichwohl die Einwilligung erteilen könnte.

9 Eine Entscheidungszuständigkeit des Betreuers fehlt zunächst auch dann, wenn der Betreute seine Einwilligung, Nichteinwilligung oder den Einwilligungswiderruf im Zustand der Einwilligungsfähigkeit erteilt hat und dann im Verlauf der Behandlung einwilligungsunfähig wird; die **einmal erteilte Einwilligung, Nichteinwilligung oder der Einwilligungswiderruf** bleiben dann selbstverständlich wirksam, so dass daneben für eine weitere Entscheidung des Betreuers kein Raum bleibt.[16] Die wirksam erteilte Einwilligung kann jedoch ggf durch den Betreuer widerrufen werden.

10 Eine Entscheidungszuständigkeit des Betreuers besteht nach § 1901a Abs. 1 S. 2 BGB auch dann nicht, wenn der Betreute seine Einwilligung, Nichteinwilligung oder seinen Einwilligungswiderruf wirksam antizipiert mittels einer nicht widerrufenen **Patientenverfügung** iSd § 1901a Abs. 1 BGB erteilt hat, mit der er für den Fall späterer Einwilligungsunfähigkeit bestimmt, für welche Heilbehandlungsmaßnahmen eine Einwilligung oder Nichteinwilligung erteilt wird.[17] Liegt eine verbindliche Patientenverfügung vor, so ist für eine eigene Entscheidung des Betreuers kein Raum.[18] Der Betreuungsrichter muss also nach § 26 FamFG, ggf durch förmliche Beweisaufnahme gemäß § 30 Abs. 1 FamFG, ermitteln, ob eine wirksame **Patientenverfügung**[19] iSd § 1901a Abs. 1 BGB vorliegt oder der Betreute einen entsprechenden, auf die Vornahme, Nichtvornahme oder den Abbruch der ärztlichen Maßnahme **gerichteten Willen** geäußert hat (§ 1901a Abs. 2 BGB) und er an dem in seiner Patientenverfügung oder in anderer Weise geäußerten Willen **festhält** oder ihn widerrufen hat.[20]

bb) Wirksame Patientenverfügung

11 Liegt eine wirksame Patientenverfügung nach § 1901a Abs. 1 BGB vor, hat der Betreuungsrichter zu prüfen, ob die Patientenverfügung auf die **aktuelle Lebens- und Behandlungssituation** zutrifft und die hierin getroffene Entschei-

---

15 Staudinger/Bienwald, § 1904 BGB Rn 21.
16 LG Kleve BtPrax 2009, 199.
17 LG Kleve BtPrax 2009, 199.
18 BT-Drucks. 16/8442, 14; vgl auch BGH FGPrax 2003, 161; Staudinger/Bienwald § 1904 BGB Rn 24.
19 Im Einzelnen: Lipp, Patientenautonomie und Lebensschutz: Zur Diskussion um eine gesetzliche Regelung der „Sterbehilfe", S. 21 ff.
20 Vgl AG Kaufbeuren PflR 2004, 183.

dung über die ärztliche Maßnahme noch dem **Willen** des Betreuten entspricht. Dabei hat der Betreuungsrichter entsprechend § 1901 a Abs. 1 S. 1 BGB alle Umstände, insbesondere das aktuelle Verhalten des Betreuten, zu berücksichtigen.

cc) Fehlen einer wirksamen Patientenverfügung

Fehlt es an einer Patientenverfügung, ist diese unwirksam oder regelt diese die im Raum stehende ärztliche Maßnahme nicht, hat der Betreuungsrichter entsprechend §§ 1901 a Abs. 2 S. 2, 1901 b Abs. 2 BGB den **mutmaßlichen Willen** des Betreuten anhand seiner früheren mündlichen oder schriftlichen Äußerungen unter Berücksichtigung seiner religiösen Überzeugung, Wertvorstellungen und seiner altersbedingten Lebenserwartung, aufgrund Aussagen von Ärzten des Betroffenen,[21] Vertrauenspersonen, Angehörigen oder sonstigen Dritten, etwa Heim- oder Pflegepersonal, zu erforschen.[22] Kann ein entsprechender mutmaßlicher Wille des Betreuten nicht ermittelt werden, ist unter **objektiv-normativen Gesichtspunkten** über die Vornahme des Eingriffs zu entscheiden, dem Schutz des Lebens des Betroffenen Vorrang einzuräumen und die Behandlung vorzunehmen bzw fortzuführen.[23]

12

dd) Entscheidungszuständigkeit des Bevollmächtigten

Die Ausführungen zum Betreuer (Rn 7 ff) gelten für den Bevollmächtigten entsprechend. Der Betreuungsrichter wird zu beachten haben, dass eine wirksame Bevollmächtigung nur dann vorliegt, wenn die **Vollmacht schriftlich** erteilt worden ist und ausdrücklich die Gesundheitsfürsorge oder die konkret vorzunehmende ärztliche Maßnahme **umfasst** (§ 1904 Abs. 5 S. 2 BGB). Ist zweifelhaft, ob der Betroffene die Vollmacht im Zustand der Geschäfts- bzw Einwilligungsfähigkeit erteilt hat, muss dies der Betreuungsrichter mittels sachverständiger Hilfe[24] aufklären.[25] Steht die Unwirksamkeit der Vollmacht fest, so wird der Betreuungsrichter einen Betreuer mit dem entsprechenden Aufgabenkreis zu bestellen haben. Gleiches gilt, wenn der Bevollmächtigte nicht willens[26] oder in der Lage ist, die Vollmacht zum Wohle des Betroffenen einzusetzen.[27]

13

c) Persönliche Anhörung des Betroffenen (Abs. 1 S. 1)

Der Betroffene ist vor der Genehmigungserteilung nach Abs. 1 S. 1 persönlich anzuhören. Die Anhörung ist **nicht öffentlich** (§ 170 Abs. 1 S. 1 GVG). Betreuer bzw Bevollmächtigter, Verfahrenspfleger und Sachverständiger können an der Anhörung teilnehmen; hingegen kann Dritten nur bei fehlendem Widerspruch des Betreuten die Teilnahme gestattet werden (§ 170 Abs. 1 S. 2 GVG, s. § 278 FamFG Rn 6). Auf Verlangen des Betroffenen ist einer Vertrauens-

14

---

21 LG Oldenburg BtPrax 2010, 246.
22 LG Kleve BtPrax 2009, 199; LG Waldshut-Tiengen NJW 2006, 2270; OLG Karlsruhe FGPrax 2004, 228; LG Hamburg FamRZ 2006, 145; AG Nordenham FamRZ 2011, 1327.
23 Vgl BT-Drucks. 16/8442, 16; LG Kleve BtPrax 2009, 199: Entscheidung im Zweifel „für das weitere Leben".
24 OLG Schleswig BtPrax 2006, 191.
25 OLG Brandenburg FamRZ 2008, 303; vgl auch LG Neuruppin FamRZ 2007, 932.
26 Vgl BayObLG FamRZ 2004, 1403.
27 Vgl OLG Schleswig FGPrax 2008, 158; KG NJW-RR 2007, 514; OLG Brandenburg NJW 2005, 1587.

person die Anwesenheit in der Anhörung zu gestatten (§ 170 Abs. 1 S. 3 GVG). Die persönliche Anhörung hat **unmittelbar** zu erfolgen; eine telefonische oder schriftliche Anhörung oder die persönliche Anhörung eines Vertreters oder Verfahrensbevollmächtigten des Betroffenen genügt selbstverständlich nicht. Weigert sich der Betroffene, zur persönlichen Anhörung zu erscheinen, kann der Betreuungsrichter das persönliche Erscheinen des Betroffenen nach § 33 Abs. 1 S. 1 FamFG zur persönlichen Anhörung und bei darauf folgendem unentschuldigtem Ausbleiben und Ordnungsgeldfestsetzung, § 33 Abs. 3 S. 3 FamFG, dessen Vorführung anordnen (s. § 294 FamFG Rn 8);[28] es kommt alternativ auch ein Absehen von der Anhörung nach § 34 Abs. 3 FamFG nach vorherigem Hinweis auf die Folgen seines Ausbleibens in Betracht.[29]

15 Nur im Falle des Vorliegens der Voraussetzungen des § 34 Abs. 2 FamFG (vgl § 278 FamFG Rn 28) kann **von der Anhörung abgesehen** werden.[30] Dabei ist zu berücksichtigen, dass – anders als nach § 278 Abs. 4 FamFG für den Fall, dass der Betreuungsrichter von der persönlichen Anhörung wegen der Gefahr einer erheblichen Gesundheitsgefährdung des Betroffenen von der Anhörung absehen will – die Einholung eines ärztlichen Gutachtens zum Vorliegen einer derartigen Gefahr **nicht** erforderlich ist. Dies ist nicht unbedenklich (vgl § 297 FamFG Rn 8). Daher sollte im Regelfall ein Absehen von der persönlichen Anhörung wegen einer möglichen Gesundheitsgefährdung nach § 34 Abs. 2 Alt. 1 FamFG nur auf der Grundlage einer **gutachterlichen** Feststellung erfolgen. Da die Einholung eines Gutachtens nach Abs. 2 S. 1 ohnehin zwingend ist, kann der Sachverständige auch hierzu entsprechende Feststellungen treffen. Bei Weigerung des Betroffenen, an der persönlichen Anhörung teilzunehmen, gilt § 297 FamFG Rn 11 entsprechend.

d) Anhörung der sonstigen Beteiligten (Abs. 1 S. 2)

16 Der Betreuungsrichter soll die sonstigen Beteiligten anhören. Dies sind der **Betreuer** (§ 274 Abs. 1 Nr. 2 FamFG) bzw **Bevollmächtigte** (§ 274 Abs. 1 Nr. 3 FamFG), der nach Abs. 2 zu bestellende **Verfahrenspfleger** (§ 274 Abs. 2 FamFG) und die **Optionsbeteiligten** iSd §§ 7 Abs. 3, 274 Abs. 4 Nr. 1 FamFG, wenn sie der Betreuungsrichter dem Verfahren hinzugezogen hat. Auch wenn damit **keine durchgängige Anhörungspflicht** besteht, sind gleichwohl der entscheidungszuständige Betreuer bzw Bevollmächtigte und der bestellte Verfahrenspfleger **stets anzuhören**. Eine Anhörung der sonstigen Beteiligten ist dann zwingend, wenn der einwilligungsunfähige Betroffene äußerungsunfähig ist (§ 34 Abs. 2, 2. Alt. FamFG). Insbesondere dann, wenn mangels Bestehens einer antizipierten Einwilligung, insbesondere einer Patientenverfügung, unklar ist, ob der Eingriff dem Wunsch des Betroffenen entspricht (§ 1901 Abs. 3 S. 1 BGB), ist eine **umfassende Anhörung der Beteiligten aus dem engsten Kreis des Betreuten** geboten, damit sich der Betreuungsrichter ein entsprechendes Bild über die Wünsche und Vorstellungen des Betreuten machen kann. Der Betreu-

---

28 Bassenge/Roth, § 298 FamFG Rn 4, § 296 FamFG Rn 3; Jürgens/Kretz, § 298 FamFG Rn 3; Keidel/Budde, § 298 FamFG Rn 2; aA Damrau/Zimmermann, § 298 FamFG Rn 10: keine Vorführungsmöglichkeit.
29 Bassenge/Roth, § 298 FamFG Rn 4, § 296 FamFG Rn 3; Jürgens/Kretz, § 298 FamFG Rn 3; Keidel/Budde, § 298 FamFG Rn 2; Damrau/Zimmermann, § 298 FamFG Rn 10.
30 Bassenge/Roth, § 298 FamFG Rn 3; Damrau/Zimmermann, § 298 FamFG Rn 6 ff.

ungsrichter muss den Wunsch des Betroffenen in seinen Abwägungsvorgang einbeziehen,[31] da gegen dessen Willen ein Eingriff nicht durchgeführt werden kann. Ist der Betroffene hingegen äußerungsfähig, wird eine Anhörung der sonstigen Beteiligten umso eher zu erfolgen haben, je schwerwiegender die Folgen des Eingriffs für den Betroffenen sind, da dann auch eigene Interessen der sonstigen Beteiligten betroffen sein können, etwa wenn das Risiko des Todes oder des Eintritts der (Schwerst-)Pflegebedürftigkeit des Betroffenen im Raume steht. Dies gilt erst recht, wenn der Abbruch einer lebensverlängernden oder lebenserhaltenden Maßnahme im Raum steht.

Weitere Personen, also sonstige Angehörige und Dritte, kann der Betreuungsrichter gleichwohl dann anhören, wenn er sich weitergehende Erkenntnisse hiervon verspricht oder deren Anhörung nach § 26 FamFG zur Sachverhaltsaufklärung geboten erscheint. 17

aa) Absehen von der Anhörung

Eine Anhörung kann im Ausnahmefall dann unterbleiben, wenn der Aufenthalt der anzuhörenden Person unbekannt ist, die Ermittlung des Aufenthalts zu erheblichen **Verfahrensverzögerungen** führte[32] oder wenn von ihrer Anhörung **keine Sachaufklärung** zu erwarten ist, weil sie selbst äußerungsunfähig ist oder bereits seit derart langer Zeit keinen Kontakt mehr zum Betroffenen hatte, dass keine weiteren Erkenntnisse zu erwarten sind. Sieht der Betreuungsrichter von der Anhörung ab, ist dies in den Beschlussgründen eingehend zu **begründen.** 18

bb) Durchführung der Anhörung

Die Anhörung erfolgt ebenso wie die persönliche Anhörung des Betreuten **vor Erteilung der Genehmigung.** Der Betreuungsrichter entscheidet nach pflichtgemäßem Ermessen, ob er mündlich, fernmündlich, schriftlich, mit oder ohne Verwendung formularmäßiger Schreiben, oder in sonstiger Weise anhört. Er wird darauf zu achten haben, dass er im Fall einer schriftlichen Anhörung eine **ausreichende Äußerungsfrist,** in der Regel von mindestens zwei Wochen, einräumt. 19

e) Anhörung einer Vertrauensperson (Abs. 1 S. 3)

Eine dem Betroffenen nahestehende Person hat der Betreuungsrichter zwingend dann anzuhören, wenn der Betroffene dies verlangt und deren Anhörung nicht zu einer **erheblichen Verfahrensverzögerung** führt.[33] Auf dieses Recht ist er spätestens im Rahmen der persönlichen Anhörung hinzuweisen.[34] Eine der Anhörung der Vertrauensperson entgegenstehende Verfahrensverzögerung ist bei **Entscheidungsreife** (s. § 297 FamFG Rn 18) anzunehmen, wenn eine Anhörung nicht zeitnah erfolgen kann. Dabei hängt von den Umständen des Einzelfalls ab, ob ein weiteres Zuwarten tunlich ist. Je unaufschiebbarer der Eingriff bzw der Abbruch der ärztlichen Maßnahme und je wahrscheinlicher eine Verschlechterung des Gesundheitszustandes des Betroffenen sind, desto untunli- 20

---

31 BT-Drucks. 11/4528, 71 f.
32 Horndasch/Viefhues/Beermann, § 298 FamFG Rn 7 bei Eile.
33 Damrau/Zimmermann, § 289 FamFG Rn 13; Jürgens/Kretz, § 298 FamFG Rn 4: auch mehrere Vertrauenspersonen.
34 Horndasch/Viefhues/Beermann, § 298 FamFG Rn 7.

cher ist ein weiteres Zuwarten. Insbesondere darf ein weiteres Zuwarten nicht dazu führen, dass ein **Notfall** eintritt, der eine Genehmigung obsolet macht (§ 1904 Abs. 1 S. 2 BGB). Auch dann, wenn die verlangte Anhörung bei bestehender Entscheidungsreife erkennbar nur der Verfahrensverzögerung dient, kann von der Anhörung abgesehen werden. Hierfür müssen indes tatsächliche Anhaltspunkte bestehen; bloße vage Vermutungen genügen nicht. Die Entscheidung über das Absehen der vom Betroffenen verlangten Anhörung ist in den Beschlussgründen zu begründen.

f) Bestellung des Verfahrenspflegers (Abs. 2)

21 Die Bestellung des Verfahrenspflegers ist **zwingende Verfahrensvoraussetzung**, um den Schutz der Rechte des Betroffenen zu stärken und die Wahrung seiner Belange im Verfahren zu gewährleisten.[35] Die Bestellung hat jedenfalls **vor der Erteilung der Genehmigung** zu erfolgen. Da der Verfahrenspfleger als Beteiligter anzuhören ist, muss dessen Bestellung so rechtzeitig erfolgen, dass er sich in den Fall einarbeiten und im Rahmen seiner Anhörung eine fundierte Stellungnahme abgeben kann. Es empfiehlt sich daher, den Verfahrenspfleger bereits zu Verfahrensbeginn zu bestellen.[36]

g) Gutachten des Sachverständigen (Abs. 3)
aa) Gutachten (Abs. 3 S. 1)

22 **Vor Erteilung der Genehmigung** hat der Betreuungsrichter ein Sachverständigengutachten einzuholen, sofern nicht bereits eine den Anforderungen an ein Gutachten genügende ärztliche Stellungnahme vorliegt. Anders als bei § 280 Abs. 1 S. 1 FamFG ist eine förmliche Beweisaufnahme iSd § 30 FamFG nicht zwingend vorgesehen. Der Betreuungsrichter entscheidet nach pflichtgemäßem Ermessen, ob er die persönliche Anhörung des Betroffenen oder die Einholung des Sachverständigengutachtens im Strengbeweisverfahren durchführt.[37]

(1) Gutachten im Verfahren nach § 1904 Abs. 1 BGB

23 Im Verfahren zur Erteilung der Genehmigung nach § 1904 Abs. 1 BGB muss der Betreuungsrichter ein Gutachten dazu einholen,

- ob die ärztliche Maßnahme unter Zugrundelegung fachärztlicher Standards **medizinisch indiziert** ist,

- ob und in welchem Ausmaß die ärztliche Maßnahme **Risiken**, insbesondere, dass der Betroffene aufgrund der Maßnahme stirbt oder einen dauerhaften Schaden erleidet (s. § 1904 BGB Rn 44 ff), birgt,[38]

- welche **Vorteile** dieser Eingriff und welche Nachteile oder Risiken das Unterlassen oder Hinausschieben des Eingriffs für den Betroffenen hätte[39] und

---

35 BT-Drucks. 16/8442, 19.
36 Vgl OLG Karlsruhe FGPrax 2004, 228.
37 BT-Drucks. 16/6308, 270.
38 LG Saarbrücken BtPrax 2009, 197.
39 LG Saarbrücken BtPrax 2009, 197; Wolter-Henseler, Gefährliche medizinische Maßnahmen?, BtPrax 1995, 168.

- ob der Betroffene hinreichend einsichts- und damit **einwilligungsfähig**,[40] also in der Lage ist, Art, Bedeutung, Tragweite und auch die Risiken der Maßnahme zu erfassen und seinen Willen hiernach zu bestimmen.[41] Ist Letzteres der Fall, kann die ärztliche Maßnahme arg e §§ 1896 Abs. 1 a, 1906 Abs. 3 BGB ohnehin nicht gegen den freien Willen des Betroffenen zwangsweise durchgeführt werden, zumal die Entscheidungszuständigkeit des Betreuers entfällt (s. Rn 8). Kann der ärztliche Sachverständige die Frage der Einwilligungsfähigkeit nicht beurteilen, ist das ergänzende Gutachten eines Neurologen oder Sonderpädagogen einzuholen.[42]

Hinsichtlich des **Inhalts** des Gutachtens gilt § 280 FamFG Rn 19 ff entsprechend.

(2) Gutachten im Verfahren nach § 1904 Abs. 2 BGB

Im Verfahren zur Erteilung der Genehmigung nach § 1904 Abs. 2 BGB muss der Betreuungsrichter ein Gutachten dazu einholen, 24

- ob der Betroffene einwilligungsunfähig (vgl Rn 8) ist,
- ob die Gefahr besteht, dass der Betroffene aufgrund des Unterbleibens oder des Abbruchs der Maßnahme stirbt oder einen schweren und länger dauernden gesundheitlichen Schaden erleidet; wie sich aus § 1901 a Abs. 3 BGB ergibt, ist nicht (mehr) erforderlich, dass der Krankheitsverlauf des Betroffenen einen irreversibel tödlichen Verlauf angenommen hat,[43]
- ob die ärztlicherseits **angebotene** Behandlungsmaßnahme unter Zugrundelegung fachärztlicher Standards **medizinisch indiziert** ist,
- welche **Aussichten** (Lebensverlängerung oder Lebenserhaltung) mit der Behandlungsmaßnahme verbunden sind,
- welche **Nebenwirkungen** und sonstigen negativen Folgen, etwa andauernde, nicht mehr linderungsfähige Schmerzen, die Behandlungsmaßnahme bedingt.

Hinsichtlich des **Inhalts** des Gutachtens gilt § 280 FamFG Rn 19 ff entsprechend.

bb) Sachverständiger (Abs. 3 S. 2)

Eine bestimmte formale Qualifikation muss der Sachverständige, wie sich im Umkehrschluss zu § 280 Abs. 1 S. 2 FamFG ergibt, nicht erfüllen. Er muss aber jedenfalls in der Fachrichtung, der die beabsichtigte ärztliche Maßnahme unterfällt, **nachweisbare Fachkunde** besitzen.[44] 25

---

40 BT-Drucks. 11/4528, 176; Bumiller/Harders, § 298 FamFG Rn 5; Jürgens/Kretz, § 298 FamFG Rn 5; differenzierend: Prütting/Helms/Fröschle, § 298 FamFG Rn 2 nur in Zweifelsfällen; Keidel/Budde, § 298 FamFG Rn 5, wenn Einwilligungsunfähigkeit anderweit feststellbar; aA MK/Schmidt-Recla, § 289 FamFG Rn 6.
41 BT-Drucks. 16/8442, 13.
42 Vgl BT-Drucks. 11/4528, 176.
43 BT-Drucks. 16/8442, 16; vgl zum bisherigen Recht: OLG Karlsruhe FGPrax 2004, 228; OLG Karlsruhe FGPrax 2002, 26; enger: LG Bielefeld MedR 2006, 648: unmittelbare Todesnähe erforderlich.
44 Keidel/Budde, § 298 FamFG Rn 3.

Um eine unabhängige Begutachtung zu gewährleisten, soll der Sachverständige in der Regel **nicht der ausführende Arzt** sein, hiervon kann nur im **Ausnahmefall** abgesehen werden, wenn

- in angemessener Zeit kein gleich qualifizierter Arzt[45] erreichbar ist,
- nur durch Absehen vom Erfordernis der Personenverschiedenheit eine Eilentscheidung nach § 1904 Abs. 1 S. 2 BGB verhindert werden kann[46] und
- der ausführende Arzt die erforderliche Sachverständigenqualifikation besitzt.

Das Absehen von der Beauftragung personenverschiedener Sachverständiger ist in den Beschlussgründen besonders zu begründen.[47]

cc) Beschlussformel

26 Die Beauftragung des Sachverständigen ist an **keine bestimmte Form** gebunden. Von einer mündlichen Bestellung sollte indes abgesehen werden, zumal hierfür kein Bedürfnis besteht. Denn im „Eilfall" ist die Maßnahme ohnehin nach § 1904 Abs. 1 S. 2 BGB nicht genehmigungspflichtig. Bei gleichwohl mündlich angeordneter Beauftragung sollte der Betreuungsrichter zumindest einen entsprechenden Aktenvermerk fertigen. Im Übrigen empfiehlt sich die Beschlussform, unter genauer Bezeichnung des Beweisthemas und der einzelnen Beweisfragen. Die **Beweisfragen** könnten im Falle der Einwilligung in eine ärztliche Maßnahme (§ 1904 Abs. 1 BGB) wie folgt lauten:

▶ Liegt bei dem Betroffenen eine vorübergehende oder dauerhafte Erkrankung oder Behinderung vor, ggf mit welchem Ausprägungsgrad? Wie äußert sich diese Erkrankung oder Behinderung? Ist unter Zugrundelegung fachärztlicher Standards eine Untersuchung des Gesundheitszustandes des Betreuten, eine Heilbehandlungsmaßnahme oder ein ärztlicher Eingriff medizinisch indiziert und ggf aus welchem Grund? Welche ärztliche Maßnahme ist aus medizinischer Sicht geboten? Welche Risiken sind mit dieser ärztlichen Maßnahme verbunden? Insbesondere: Besteht die ernsthafte und konkrete Gefahr, dass der Betreute durch diese ärztliche Maßnahme einen dauerhaften, also länger als ein Jahr dauernden[48] Schaden erleidet, etwa ein Glied, das Sehvermögen, das Gehör, die Sprache, die Zeugungsfähigkeit ganz oder teilweise verliert, ganz oder teilweise gelähmt bleibt, schwere nachteilige Nebenwirkungen von Medikamenten[49] erleidet oder die Maßnahme andere schwerwiegende Folgen, etwa Herzarrhythmien,[50] bedingt? Besteht darüber hinaus sogar das ernsthafte und konkrete Risiko, dass der Betreute infolge dieser Maßnahme stirbt? Welche ernsthaften und konkreten Risiken wären demgegenüber damit verbunden, dass von der Vornahme der Maßnahme insgesamt oder lediglich zum jetzigen Zeitpunkt abgesehen wird? Ist der Betreute dauerhaft[51] oder zumindest zeitweise in der Lage, die Risiken und

---

45 Bumiller/Harders, § 298 FamFG Rn 5; vgl Vennemann/Linnhoff, Die Problematik des § 1904 BGB – Genehmigung von Heilbehandlungen – anhand eines Falles, BtPrax 1993, 89; Prütting/Helms/Fröschle, § 298 FamFG Rn 23: dies gilt ohne Rücksicht auf Eilbedürftigkeit.
46 Vgl BT-Drucks. 13/7158, S. 38; Bumiller/Harders, § 298 FamFG Rn 5; Jürgens/Kretz, § 298 FamFG Rn 5; Schulte-Bunert/Weinreich/Rausch, § 298 FamFG Rn 8; aA MK/Schmidt-Recla, § 289 FamFG Rn 7.
47 OLG Zweibrücken FGPrax 2000, 24.
48 Vgl OLG Düsseldorf FamRZ 1993, 1224.
49 Vgl OLG Düsseldorf FamRZ 1993, 1224.
50 Vgl OLG Düsseldorf FamRZ 1993, 1224.
51 Vgl OLG Düsseldorf FamRZ 1993, 1224.

Tragweite der ärztlichen Maßnahme zu erfassen und ihre Vor- und Nachteile abzuwägen (Einwilligungsfähigkeit)? Insbesondere: Verfügt der Betreute über eine Krankheitseinsicht, auch zu Art und Schwere der Erkrankung, und kann er entsprechende ärztlicherseits gegebene Informationen verstehen und verarbeiten.[52] Auf welchen Untersuchungen und Forschungserkenntnissen beruhen die vorgenannten Feststellungen? ◂

dd) Verfahren

Hinsichtlich des Verfahrens gilt § 280 Abs. 2 FamFG nicht unmittelbar, da Abs. 2 – anders als § 281 Abs. 2 FamFG – nicht hierauf verweist. Gleichwohl ist eine Begutachtung ohne vorherige persönliche Untersuchung des Betroffenen in ihrem Aussagewert derart eingeschränkt, dass das Betreuungsgericht im Gutachtenauftrag die Untersuchung des Betroffenen durch den Sachverständigen anordnen sollte.[53] Der Sachverständige hat den Betroffenen aufzuklären, dass eine **Schweigepflicht nicht** besteht. Hat das Betreuungsgericht schon anlässlich der Betreuerbestellung ein Gutachten auch zu Maßnahmen nach § 1904 BGB eingeholt, kann dieses arg e § 293 Abs. 2 S. 1 Nr. 1 FamFG bei zeitlicher Aktualität verwertet werden.[54]

27

ee) Vorführung und Unterbringung

Bei Weigerung des Betroffenen, vor dem Sachverständigen zu erscheinen, gilt § 283 FamFG mangels entsprechenden Verweises nicht entsprechend.[55] Der Betreuungsrichter kann aber das persönliche Erscheinen des Betreuten nach § 33 Abs. 1 S. 1 FamFG zur persönlichen Anhörung anordnen und bei darauf folgendem unentschuldigtem Ausbleiben und Ordnungsgeldfestsetzung nach § 33 Abs. 3 S. 3 FamFG dessen Vorführung (s. § 294 FamFG Rn 8)[56] und die Teilnahme des Sachverständigen[57] zum Termin anordnen. Die Teilnahme des Sachverständigen am Termin stellt auch dann keinen Verstoß gegen die Nichtöffentlichkeit der Anhörung dar, wenn der Betreute der Anwesenheit des Sachverständigen widerspricht (§ 170 Abs. 1 S. 1 und 2 GVG). Eine Unterbringung nach § 284 FamFG ist mangels entsprechenden Verweises nicht möglich.[58]

28

h) Beschluss und Beschlussformel

Der Beschluss ist zu **begründen** (§ 38 Abs. 3 S. 1, Abs. 5 Nr. 3 FamFG) und mit einer **Rechtsmittelbelehrung** (§ 39 FamFG) zu versehen. Die Wirksamkeit richtet sich nicht nach § 287 FamFG, da die Genehmigung keinen Einfluss auf den Bestand der Betreuung hat, und auch nicht nach § 40 Abs. 2 S. 1 FamFG, da kein Rechtsgeschäft genehmigt wird, sondern nach § 40 Abs. 1 FamFG. Mit der **Bekanntmachung** an den Betreuer bzw Bevollmächtigten wird die Geneh-

29

---

[52] Vgl OLG Düsseldorf FamRZ 1993, 1224.
[53] Bassenge/Roth, § 298 FamFG Rn 10; Jürgens/Kretz, § 298 FamFG Rn 5: nur in atypischen Fällen ist dies entbehrlich; differenzierend: MK/Schmidt-Recla, § 289 FamFG Rn 5; aA Prütting/Helms/Fröschle, § 298 FamFG Rn 21: nach Aktenlage.
[54] OLG Hamm FamRZ 2001, 314.
[55] Jürgens/Kretz, § 298 FamFG Rn 3.
[56] Bassenge/Roth, § 298 FamFG Rn 4, § 296 FamFG Rn 3; Jürgens/Kretz, § 298 FamFG Rn 3; Keidel/Budde, § 298 FamFG Rn 2; aA Damrau/Zimmermann, § 298 FamFG Rn 10: keine Vorführungsmöglichkeit.
[57] Vgl BT-Drucks. 16/6308, 267.
[58] Bassenge/Roth, § 298 FamFG Rn 10.

migung der Einwilligung nach § 1904 Abs. 1 BGB wirksam, da mit der Genehmigung der Einwilligung in eine ärztliche Maßnahme eine Willenserklärung des Betreuers bzw Bevollmächtigten genehmigt wird und die Genehmigung sich daher an diesen richtet.[59] Abweichend hiervon wird die Genehmigung der Nichteinwilligung bzw des Widerrufs einer Einwilligung in eine ärztliche Maßnahme nach § 1904 Abs. 2 BGB nach § 287 Abs. 3 FamFG (s. dort) erst zwei Wochen nach Bekanntgabe an den zwingend zu bestellenden Verfahrenspfleger und an den Betreuer oder Bevollmächtigten wirksam; maßgebend ist die zuletzt erfolgte Bekanntgabe.

30 Die **ärztliche Maßnahme**, in die eingewilligt bzw nicht eingewilligt werden soll, ist so bestimmt wie möglich zu fassen.[60] Der BGH[61] hat im Zusammenhang mit der Behandlung nach § 1906 Abs. 1 Nr. 2 BGB entschieden, dass die Behandlung so präzise wie möglich anzugeben ist. Nichts anderes gilt vorliegend.[62] Die **ärztliche Maßnahme**, die vorgenommen bzw nicht vorgenommen oder eingestellt werden soll, ist so eindeutig wie möglich zu bestimmen.

Beispiel:

Soll in eine Medikamentengabe eingewilligt werden, so ist das zu verabreichende Medikament oder dessen Wirkstoff, die (Höchst-)Dosierung, Dauer und Häufigkeit der Einnahme anzugeben. Es empfiehlt sich, vorsorglich auch alternative Medikationen für den Fall vorzusehen, dass das vorrangig bestimmte Medikament nicht die erhoffte Wirkung hat oder vom Betreuten nicht vertragen wird.

▶ **Beschlussformel:**

In ... [Rubrum] wird die **Einwilligung** des Betreuers/des Bevollmächtigten ... [Name, Anschrift] in die ... [genaue Bezeichnung der beabsichtigten ärztlichen Maßnahme] genehmigt. ◀

Beispiel:

Soll eine weitere Zufuhr von Nahrungsersatz über eine PEG-Sonde unterbunden werden, ist die Formulierung „Abbruch der lebenserhaltenden Ernährung" deswegen zu unbestimmt, weil unklar bleibt, ob damit nur die Zufuhr von Nahrungsersatz oder auch von kalorienfreier Flüssigkeit, was auf ein menschenunwürdiges Verdursten hinausläuft, oder auch die Gabe schmerzlindernder Mittel betroffen ist.[63]

31 ▶ **Beschlussformel:**

In ... [Rubrum] wird die **Nichteinwilligung** des Betreuers/des Bevollmächtigten ... [Name, Anschrift] in die ... [genaue Bezeichnung der abzubrechenden bzw zu unterlassenden ärztlichen Behandlung] genehmigt.

In ... [Rubrum]: Dem Betreuer wird die Genehmigung erteilt, seine Einwilligung in die ... [genaue Bezeichnung der durchgeführten ärztlichen Maßnahme] zu **widerrufen**.

Dieser Beschluss wird zwei Wochen nach der Bekanntgabe an den Betreuer sowie an den Verfahrenspfleger wirksam. ◀

---

59 So ausdrücklich für den Bevollmächtigten: BT-Drucks. 16/6308, 269.
60 LG Saarbrücken FamRZ 2009, 1350.
61 BGH NJW 2006, 1277.
62 LG Saarbrücken FamRZ 2009, 1350.
63 OLG Düsseldorf FamRZ 2008, 1283.

Beispiel:

Liegt ein Konflikt zwischen Bevollmächtigtem/Betreuer und Arzt nicht vor und bedarf es für die Durchführung der von dem Bevollmächtigten/Betreuer beabsichtigten Maßnahme demnach nicht der Genehmigung des Betreuungsgerichts, so kann ein **Negativattest** (s. Rn 6; s. aber § 1904 BGB Rn 11) erteilt werden.[64]

▶ **Beschlussformel:**

In ... [Rubrum] wird festgestellt, dass die Nichteinwilligung des Betreuers/des Bevollmächtigten ... [Name, Anschrift] in die ... [genaue Bezeichnung der abzubrechenden bzw zu unterlassenden ärztlichen Behandlung] einer betreuungsrechtlichen Genehmigung nicht bedarf. ◀

III. Bedeutung für den Betroffenen

Sowohl die Durchführung einer ärztlichen Untersuchung oder Behandlung als auch erst recht der Abbruch einer ärztlichen Behandlung stellen **Eingriffe in das Selbstbestimmungsrecht** und – im Falle invasiver Eingriffe – in die körperliche Integrität des Betreuten dar. Hinsichtlich der Ablehnung des Sachverständigen vgl § 280 FamFG Rn 30. Gegen die Genehmigung des Betreuungsrichters kann der Betroffene **Beschwerde** einlegen.

IV. Bedeutung für den Betreuer und Bevollmächtigten

Die Entscheidung, ob in eine ärztliche Maßnahme eingewilligt oder nicht eingewilligt wird, erfordert eine eigene, nicht immer einfach zu treffende Entscheidung des Betreuers bzw Bevollmächtigten. Hierbei kann er sich der Hilfe der Betreuungsvereine, der Betreuungsbehörde und des Betreuungsgerichts bedienen. Die eigene, auf einer umfassenden Abwägung zu treffende und möglicherweise Gewissenskonflikte auslösende Entscheidung, vermag ihm jedoch keine dieser Stellen abzunehmen. Besteht eine **Patientenverfügung** iSd § 1901a Abs. 1 BGB, muss er nach § 1901a Abs. 1 S. 1 BGB ermitteln, ob die in der Patientenverfügung niedergelegte Entscheidung des Betroffenen auf dessen **aktuelle Lebens- und Behandlungssituation** und die beabsichtigte ärztliche Maßnahme überhaupt zutrifft, und ob die ärztliche Maßnahme unter Berücksichtigung dieses Maßstabs dem Willen des Betroffenen entspricht. Dabei muss der Betreuer bzw Bevollmächtigte alle Umstände, insbesondere das aktuelle Verhalten des Betroffenen, berücksichtigen, die für oder gegen eine Fortgeltung des in der Patientenverfügung dokumentierten Willens sprechen. Stellt der Betreuer bzw Bevollmächtigte nach umfassender Ermittlung und Abwägung fest, dass die selbstverantwortlich getroffene Entscheidung des Betroffenen dessen aktuelle Lebens- und Behandlungssituation umfasst, ist er an diese Entscheidung gebunden; er darf nicht unter Rückgriff auf den mutmaßlichen Willen des Betroffenen diese Entscheidung korrigieren.[65] Umgekehrt kann er für den Fall, dass die getroffene Entscheidung aufgrund geänderter Umstände, insbesondere nach Abfassung der Patientenverfügung eingetretener medizinischer Fortschritte oder geänderter Vorstellungen des Betroffenen, **nicht mehr die jetzige Situation abbildet**, von der in der Patientenverfügung niedergelegten Ent-

---

64 LG Oldenburg BtPrax 2010, 246.
65 BT-Drucks. 16/8442, 15.

scheidung abweichen. Dann muss er, ebenso wie im Fall des Fehlens einer (wirksamen) Patientenverfügung, nach § 1901a Abs. 2 BGB ermitteln, ob die beabsichtigte ärztliche Maßnahme oder deren Unterlassen oder Abbruch dem **mutmaßlichen Willen** des Betroffenen entspricht. Hierzu hat er, wenn ihm dieser mutmaßliche Wille aufgrund seiner eigenen persönlichen Beziehung zum Betroffenen nicht ohnehin bekannt ist, frühere mündliche oder schriftliche Äußerungen des Betroffenen, dessen religiöse Überzeugung und dessen sonstigen persönlichen Wertvorstellungen (§ 1901b Abs. 2 S. 2 BGB) ebenso zu erforschen wie die **Lebenserwartung** des Betroffenen und mögliche – mit der beabsichtigten Maßnahme verbundene – **Nebenwirkungen, Schmerzen**[66] und Erfolgsaussichten. In beiden Fällen, also sowohl bei Vorliegen einer wirksamen und diese ärztliche Maßnahme regelnden Patientenverfügung als auch bei deren Fehlen, hat der Betreuer bzw Bevollmächtigte, sofern dies ohne zeitliche Verzögerung möglich ist (s. Rn 20), nahe Angehörige und Vertrauenspersonen, die in einem tatsächlichen persönlichen Näheverhältnis zum Betroffenen stehen, oder Pflegekräfte oder Seelsorger, sofern dies im Einklang mit deren Verschwiegenheitspflicht steht, **zu befragen** (§ 1901b Abs. 2 BGB). Kann er auch unter Ausschöpfung aller Erkenntnismöglichkeiten einen mutmaßlichen Willen nicht feststellen, wird er dem **Schutz des Lebens** des Betroffenen den **Vorrang** einräumen und die Einwilligung in die ärztliche Maßnahme erteilen.[67]

Hat der Betreuer bzw Bevollmächtigte einen entsprechenden Entschluss zur Einwilligung (§ 1904 Abs. 1 BGB) oder Nichteinwilligung bzw zum Widerruf einer erteilten Einwilligung (§ 1904 Abs. 2 BGB) gefasst, ist weiter zu differenzieren: Hat er sich nach umfangreicher Ermittlung und Abwägung gegen die Einwilligung in eine ärztliche Maßnahme entschlossen, so wird er keinen Antrag auf Erteilung einer Genehmigung stellen. Der Betreuer wird Aufsichtsmittel des Betreuungsgerichts oder gar seine Entlassung ebenso wenig zu fürchten haben wie der Bevollmächtigte die Bestellung eines Vollmachtsbetreuers nach § 1896 Abs. 3 BGB, da beide eine Entscheidung in ihrem Verantwortungsbereich treffen. Gleiches gilt erst recht, wenn sie ärztliche Maßnahmen für den Betroffenen unter Berufung auf dessen mutmaßlichen (§ 1901a Abs. 2 BGB) oder in einer Patientenverfügung (§ 1901a Abs. 1 BGB) dokumentierten Willen ablehnen und der behandelnde Arzt die weitere Behandlung ohnehin nicht für medizinisch indiziert hält.[68] Will der Betreuer bzw Bevollmächtigte hingegen in eine ärztliche Maßnahme einwilligen und ist er sich dabei nicht ganz sicher, welche von mehreren möglichen ärztlichen Maßnahmen letztlich Erfolg versprechend ist, kann er die Genehmigung auch für alternative Maßnahmen beantragen; dabei muss er jedoch die Reihenfolge der zu genehmigenden Einwilligungen festlegen. Damit vermeidet er die Durchführung mehrerer hintereinandergeschalteter Genehmigungsverfahren, wenn die zunächst ins Auge gefasste Maßnahme keinen Erfolg zeigt.[69]

34 Gegen die erteilte Genehmigung steht dem Betreuer bzw Bevollmächtigten kein eigenes Beschwerderecht zu, da er von der Genehmigung nicht Gebrauch machen muss; er kann im Falle des § 1904 Abs. 1 BGB seine Einwilligung wider-

---

66 BT-Drucks. 16/8442, 15.
67 BT-Drucks. 16/8442, 16.
68 OLG München FamRZ 2007, 1128.
69 Staudinger/Bienwald, § 1904 BGB Rn 29.

rufen bzw im Falle des § 1904 Abs. 2 BGB erteilen. Nur wenn in seinen Aufgabenbereich seitens des Betreuungsrichters, etwa durch Erteilung einer ihn bindenden Auflage, eingegriffen wird, besteht ein Beschwerderecht. Gegen die Ablehnung der Erteilung der Genehmigung kann der Betreuer bzw Bevollmächtigte Beschwerde einlegen, da damit sein Aufgabenkreis betroffen ist. Will er von der Genehmigung im Falle der Nichteinwilligung in eine ärztliche Maßnahme oder des Einwilligungswiderrufs Gebrauch machen, muss er darauf achten, dass die Frist des § 287 Abs. 3 BGB abgelaufen ist. Hierzu wird er sich beim Verfahrenspfleger zu erkundigen haben, wann diesem der Genehmigungsbeschluss bekannt gemacht worden ist (näher hierzu § 287 FamFG Rn 12). Problematisch kann werden, dass nach § 287 Abs. 3 FamFG die Genehmigung schon zwei Wochen nach Bekanntgabe an den Betreuer oder Bevollmächtigten sowie an den Verfahrenspfleger wirksam wird. Da aber hiermit kein Rechtsgeschäft genehmigt wird, gilt nicht die zweiwöchige Beschwerdefrist des § 63 Abs. 2 Nr. 2 FamFG, sondern die Beschwerdefrist von **einem Monat** nach § 63 Abs. 1 FamFG. Dies birgt die Gefahr, dass der Betreuer nach Wirksamkeit des Beschlusses die Einwilligung in die Behandlung verweigert oder widerruft und der gesundheitliche Zustand des Betroffenen sich – ggf irreparabel – verschlechtert, obwohl noch die Beschwerdefrist läuft und auf ein Rechtsmittel hin später die Rechtswidrigkeit der Genehmigungserteilung nach § 62 FamFG (s. § 294 FamRG Rn 21) festgestellt werden könnte. Ein weiteres Zuwarten bis zum Ablauf der Beschwerdefrist wird aber angesichts des Leidens nicht in allen Fällen zumutbar sein. Angesichts dieser unbefriedigenden Situation ist dem Betreuer allein zu empfehlen, beim Betreuten, einem etwaigen Verfahrensbevollmächtigten und dem Verfahrenspfleger nachzufragen, ob diese die Einlegung der Beschwerde erwägen.

V. Bedeutung für den Verfahrenspfleger oder Verfahrensbevollmächtigten

1. Verfahrenspfleger

Der Verfahrenspfleger sollte besonderes Augenmerk darauf richten, ob der Betroffene einwilligungsunfähig oder in der Lage ist, einen Willen zu bilden, da der Eingriff nicht gegen den Willen des Betroffenen durchgeführt werden darf; eine Zwangsbehandlung ist nur in den Grenzen des § 1906 Abs. 3 BGB möglich. Im Falle der Nichteinwilligung in lebensverlängernde oder -erhaltende ärztliche Maßnahmen oder deren Abbruch sollte der Verfahrenspfleger auf eine möglichst umfassende Aufklärung des Willens des Betroffenen drängen und die Anhörung des Umfeldes des Betroffenen über den Kreis der sonstigen Beteiligten und der Vertrauensperson hinaus, insbesondere des behandelnden Arztes, anregen. Denn nur auf einer möglichst breiten Erkenntnisgrundlage kann gewährleistet werden, dass der Betreuungsrichter alle entscheidungserheblichen Umstände ermittelt und in seine Entscheidung einstellt. Die Erteilung der Genehmigung kann der Verfahrenspfleger mit der Beschwerde angreifen. Hingegen ist bei der Ablehnung der Erteilung der Genehmigung für ihn keine Beschwerdemöglichkeit eröffnet. Denn dies liefe darauf hinaus, dass er die Genehmigung einer Einwilligung bzw Nichteinwilligung erstrebt, obwohl diese vom Betreuer bzw Bevollmächtigten und Betroffenen gar nicht mehr weiterverfolgt wird.

Ist die Genehmigung erteilt, stellt sich für ihn im Falle der Genehmigung der Nichteinwilligung und des Einwilligungswiderrufs (§ 1904 Abs. 2 BGB) ebenso wie dem Betreuer das durch die fehlende Harmonisierung zwischen Wirksamkeit und Beschwerdefrist dargelegte Problem (s. Rn 34), dass der Betreuer nach Wirksamwerden der Genehmigung von dieser Gebrauch macht und damit der Betreute nicht weiterbehandelt wird und einen gesundheitlichen Schaden erleidet, obwohl die Beschwerdefrist noch läuft und auf ein Rechtsmittel die Rechtswidrigkeit der Genehmigungserteilung nach § 62 FamFG festgestellt werden könnte. Er sollte gleichwohl nicht gegen seine Überzeugung Beschwerde einlegen.

2. Verfahrensbevollmächtigter

36 Der Verfahrensbevollmächtigte sollte angesichts der überragenden Bedeutung der mit den schwerwiegenden ärztlichen Maßnahmen für den Betreuten verbundenen Folgen nicht bedenkenlos dem Wunsch des Betreuten nach Vornahme oder Unterlassung einer ärztlichen Maßnahme folgen, da er immer berücksichtigen muss, dass der Betreute krankheitsbedingt nicht in der Lage sein kann, die Reichweite seines aktuell geäußerten Wunsches zu überblicken. Auch der Verfahrensbevollmächtigte sollte daher, ähnlich wie der Betreuer, den in einer Patientenverfügung antizipierten oder hilfsweise den mutmaßlichen Willen des Betreuten erforschen. Hat der Verfahrensbevollmächtigte den (tatsächlichen oder mutmaßlichen) Willen des Betreuten festgestellt, hat er diesen gegenüber dem Betreuungsrichter auch deutlich zu machen und die entsprechenden Erkenntnisquellen (schriftliche Aufzeichnungen, Auskunftspersonen etc.) anzugeben.

VI. Bedeutung für Dritte

37 Hinsichtlich der Bedeutung für den Arzt s. § 1904 BGB Rn 102 ff. Dritten steht kein Beschwerderecht gegen die Erteilung bzw Ablehnung der Genehmigung zu; dies gilt auch für die Angehörigen, die Vertrauensperson iSd § 303 Abs. 2 FamFG und erst recht für den Arzt.[70] Denn eine Beteiligung im betreuungsrechtlichen Verfahren ist nach § 274 Abs. 4 Nr. 1 FamFG nur in den Fällen des § 274 Abs. 3 FamFG, die deckungsgleich mit denen des § 303 Abs. 1 FamFG sind, möglich.[71] Da es sich bei der Genehmigung nicht um eine Maßnahme iSd § 303 Abs. 1 FamFG handelt, steht auch der Betreuungsbehörde kein Beschwerderecht zu.[72]

---

70 Damrau/Zimmermann, § 298 FamFG Rn 44.
71 Keidel/Budde, § 298 FamFG Rn 14 und § 303 FamFG Rn 19; Jürgens/Kretz, § 298 FamFG Rn 13.
72 Damrau/Zimmermann, § 298 FamFG Rn 44; aA LG Hamburg FamRZ 2006, 145: Beschwerdebefugnis im Falle des § 1904 Abs. 2 BGB.

§ 299 FamFG Verfahren in anderen Entscheidungen

¹Das Gericht soll den Betroffenen vor einer Entscheidung nach § 1908 i Abs. 1 Satz 1 in Verbindung mit den §§ 1821, 1822 Nr. 1 bis 4, 6 bis 13 sowie den §§ 1823 und 1825 des Bürgerlichen Gesetzbuchs persönlich anhören. ²Vor einer Entscheidung nach § 1907 Abs. 1 und 3 des Bürgerlichen Gesetzbuchs hat das Gericht den Betroffenen persönlich anzuhören.

I. Allgemeines 1	bb) Negativattest 18
1. Bedeutung 1	3. Genehmigung nach
2. Anwendungsbereich 3	§ 1907 Abs. 1 BGB (S. 2) ... 19
II. Bedeutung für das Betreuungs-	a) Verfahren 19
gericht 4	b) Beschluss und Beschluss-
1. Funktionelle Zuständigkeit 4	formel 22
2. Genehmigung von Verfü-	4. Genehmigung nach
gungen und Rechtsgeschäf-	§ 1907 Abs. 3 BGB (S. 2) ... 23
ten (S. 1) 5	5. Sonstige Genehmigungen ... 24
a) Antrag 5	a) Anhörung 25
b) Anhörung 6	b) Prüfungsmaßstab 26
c) Absehen von persönli-	6. Andere Entscheidungen 27
cher Anhörung 7	III. Bedeutung für den Betroffenen 28
d) Vorführung 9	IV. Bedeutung für den Betreuer 29
e) Anhörung Dritter und	V. Bedeutung für den Verfahrens-
weitere Ermittlungen 10	pfleger oder Verfahrensbevoll-
f) Rechtskraftlösung 11	mächtigten 33
g) Erteilung der Genehmi-	1. Verfahrenspfleger 33
gung 12	2. Verfahrensbevollmächtigter 34
aa) Beschluss und	VI. Bedeutung für Dritte 36
Beschlussformel 16	

I. Allgemeines

1. Bedeutung

Im Bereich des Genehmigungsverfahrens hat sich der Gesetzgeber für die **Einführung der Rechtskraftlösung** nach § 40 Abs. 2 S. 1 FamFG entschieden, wonach der Beschluss, mit dem ein Rechtsgeschäft genehmigt wird, erst mit Rechtskraft wirksam wird.[1] Eine erteilte Genehmigung durch das Betreuungsgericht heilt indes keine materiellen Mängel des genehmigten Rechtsgeschäfts.[2] Auch eine Überschreitung des Aufgabenkreises des Betreuers wird nicht geheilt.[3]

§ 299 FamFG sieht für das Verfahren zur Erteilung betreuungsgerichtlicher Genehmigungen besondere Regelungen vor. Entsprechend dem Grundsatz der Verhältnismäßigkeit steigen die verfahrensrechtlichen Anforderungen mit der **Eingriffsintensität** der zu genehmigenden Erklärungen. Während bei Genehmigungen bestimmter Rechtsgeschäfte eine persönliche Anhörung des Betreuten im Regelfall stattfinden soll, ist eine persönliche Anhörung bei Willenserklärungen des Betreuers, die den grundgesetzlich nach Art. 13 GG geschützten Wohnbereich des Betreuten betreffen, zwingend. Soweit keine besonderen Re-

---

1 BT-Drucks. 16/6308, 196.
2 OLG Frankfurt/M. BtPrax 2010, 240.
3 OLG Frankfurt/M. BtPrax 2010, 240.

gelungen bestehen, richten sich das Verfahren und das Erfordernis weiterer Ermittlungen nach § 26 FamFG.

2. Anwendungsbereich

3 § 299 FamFG gilt für die Erteilung von Genehmigungen nach § 1907 BGB, nicht dagegen für die Ablehnung der Erteilung,[4] und im Übrigen nur für einen Teilausschnitt der über die Verweisungsnorm des § 1908 i Abs. 1 S. 1 BGB aus dem Vormundschaftsrecht auch für den Betreuer geltenden Ermächtigungs- und Genehmigungserfordernisse (§§ 1821, 1822 Nr. 1 bis 4 und 6 bis 13, 1823, 1825 BGB). Das Betreuungsgericht kann nach § 1825 BGB dem Betreuer zu Rechtsgeschäften, zu denen nach § 1812 BGB die Genehmigung des Gegenbetreuers erforderlich ist, sowie zu den in § 1822 Nr. 8 bis 10 BGB bezeichneten genehmigungsbedürftigen Rechtsgeschäften eine allgemeine Ermächtigung erteilen. **Genehmigungsbedürftig** ist:

- nach § 1821 Abs. 1 Nr. 1 BGB die Übertragung, Aufhebung, Belastung oder Inhaltsänderung eines Rechts (Verfügung)[5] über oder an einem Grundstück[6], also Grundstückseigentum, Erbbaurechte, Dienstbarkeiten,[7] Nießbräuche, dingliche Vorkaufsrechte und Reallasten, also die Auflassung (§§ 873, 925 BGB), die Bewilligung einer Auflassungsvormerkung, die Begründung von Wohnungseigentum (§ 2 WEG), die Bestellung von Grundpfandrechten und die Verfügung über diese sowie die Verpflichtung zu einer vorgenannten Verfügung (§ 1821 Abs. 1 Nr. 4 BGB),[8] jeweils mit Ausnahme der Hypotheken, Grundschulden und Rentenschulden (§ 1821 Abs. 2 BGB, s. Rn 16)[9];

- die Verfügung über grundstücksbezogene Forderungen, etwa die Abtretung eines Auflassungsanspruchs, eines übertragbaren obligatorischen Vorkaufsrechts, Wiederkaufsrechts (§ 456 BGB) oder des Rechts aus einem Meistgebot in der Zwangsversteigerung,[10] Aufhebung eines Grundstückskaufvertrages oder Löschung einer Auflassungsvormerkung (§ 1821 Abs. 1 Nr. 2 BGB) sowie die Verpflichtung zu einer vorgenannten Verfügung (§ 1821 Abs. 1 Nr. 4 BGB);

- die Verfügung über ein eingetragenes Schiff und Schiffsbauwerk (§ 1821 Abs. 1 Nr. 3 BGB) und die Verpflichtung hierzu (§ 1821 Abs. 1 Nr. 4 BGB);

- der Vertrag, der auf den entgeltlichen Erwerb von Grundstückseigentum und beschränkt dinglichen Grundstücksrechten sowie von Eigentum an

---

[4] Keidel/Budde, § 299 FamFG Rn 1.
[5] OLG Frankfurt/M. v. 16.6.2011, 20 W 251/11; OLG Saarbrücken FGPrax 2001, 70.
[6] OLG Zweibrücken FGPrax 2005, 59.
[7] BGH FGPrax 2012, 108.
[8] Nach BayObLG Rpfleger 2003, 649 bedarf nicht die der Verfügung zugrunde liegende Schenkung, sondern die Verfügung der Genehmigung; vgl aber LG Kassel BtPrax 2012, 259: bei Streit um die Zulässigkeit der Schenkung kann der Betreuer gleichwohl nach Maßgabe von § 1908 i Abs. 2 S. 1 BGB iVm § 1837 BGB eine Entscheidung des Betreuungsgerichts beantragen.
[9] OLG Hamm FGPrax 2011, 61.
[10] MK/Wagenitz, § 1821 BGB Rn 32.

eingetragenen Schiffen und Schiffsbauwerken gerichtet ist (§ 1821 Abs. 1 Nr. 5 BGB);[11]

- ein Rechtsgeschäft, mit dem der Betreute zu einer Verfügung über sein Vermögen im Ganzen, nicht lediglich über einen einzelnen Gegenstand, auch wenn dieser wertmäßig das gesamte Vermögen darstellt, oder über eine angefallene Erbschaft (Erbschaftsverkauf, §§ 2371 ff BGB, Erbauseinandersetzungsvertrag, Nießbrauchbestellung am Erbe, § 1089 BGB) verpflichtet wird (§ 1822 Nr. 1 BGB);
- nach § 1822 Nr. 2 BGB die Ausschlagung einer Erbschaft (§§ 1942 ff BGB)[12] oder eines Vermächtnisses (§ 2180 BGB);
- der Verzicht auf den Pflichtteil (§§ 2346 f BGB), die Anfechtung der Annahme der Erbschaft (§ 1957 Abs. 1 BGB) und der Erbteilungsvertrag (§ 1822 Nr. 2 BGB);
- der schuldrechtliche Vertrag zur Veräußerung oder zum entgeltlichen Erwerb von Erwerbsgeschäften, also berufsmäßig ausgeübte und auf selbstständigen Erwerb ausgerichtete Tätigkeiten sowie ein hierauf gerichteter Gesellschaftsvertrag (§ 1822 Nr. 3 BGB),[13] und regelmäßig die Aufnahme oder Auflösung eines derartigen Erwerbsgeschäftes (§ 1823 BGB);
- ein Pachtvertrag (§ 581 BGB) über einen land- und forstwirtschaftlichen Betrieb, einen Handwerksbetrieb oder ein sonstiges Gewerbe (§ 1822 Nr. 4 BGB);
- ein Ausbildungs-, Dienst- und Arbeitsvertrag, mit dem der Betreute als Arbeitnehmer für mehr als ein Jahr gebunden wird (§ 1822 Nr. 6, 7 BGB);
- ein Darlehensvertrag,[14] die Ausstellung einer Inhaberschuldverschreibung (§§ 793 ff BGB) oder eines Wechsels iSd § 1 WG (§ 1822 Nr. 8, 9 BGB);
- die Bürgschaft, Schuldübernahme, die Bestellung von Sicherheiten am Vermögen des Betreuten, um Verbindlichkeiten Dritter abzusichern (§ 1822 Nr. 10 BGB);
- die Aufgabe von Sicherheiten für eigene Forderungen (§ 1822 Nr. 13 BGB);
- der Abschluss eines Vergleichs (§ 779 BGB), Anwaltsvergleichs (§ 1044 b ZPO) oder Prozessvergleichs, wenn der streitige Betrag 3.000 EUR übersteigt und nicht auf einem gerichtlichen Vergleichsvorschlag beruht (§ 1822 Nr. 12 BGB),[15] und
- die Erteilung einer Prokura (§ 1822 Abs. Nr. 11 BGB).

II. Bedeutung für das Betreuungsgericht
1. Funktionelle Zuständigkeit

Zuständig zur Vornahme der Verfahrenshandlungen ist nach § 3 Nr. 2 b RPflG der **Rechtspfleger**.[16]

4

---

11 OLG München Rpfleger 2011, 374; zur gemischten Schenkung vgl OLG Brandenburg MittBayNot 2009, 155.
12 OLG Celle RdLH 2009, 81; OLG Hamm FGPrax 2009, 265.
13 OLG München FGPrax 2009, 24.
14 OLG Hamm FGPrax 2004, 23.
15 Zum Räumungsvergleich vgl LG Berlin ZMR 2011, 873.
16 Vgl KG Rpfleger 1997, 64.

2. Genehmigung von Verfügungen und Rechtsgeschäften (S. 1)

a) Antrag

5 Ein **Antragserfordernis** ist nicht ausdrücklich vorgesehen (s. § 1828 BGB Rn 9). Jedoch wird das Genehmigungsverfahren in der Regel mit einer zumindest konkludenten Anregung des Betreuers auf Erteilung der begehrten Genehmigung beginnen, da ansonsten unklar ist, ob der Betreuer von der Genehmigung Gebrauch machen wird und damit die Genehmigungserteilung überhaupt erforderlich ist.[17]

b) Anhörung

6 Vor Erteilung der nach §§ 1908 i Abs. 1 S. 1, 1821 (s. dort Rn 5 ff), 1822 Nr. 1 bis 4, 6 bis 13 (s. dort Rn 3 ff), 1823 (s. dort Rn 2), 1825 BGB (s. dort Rn 2) erforderlichen Genehmigung **soll eine persönliche Anhörung** des Betroffenen erfolgen. Der zuständige Rechtspfleger (§ 3 Nr. 2 b RPflG) hat den Betreuten bereits nach dem Grundsatz der Gewährung eines rechtsstaatlichen Verfahrens anzuhören;[18] eine persönliche Anhörung ist aber als Regelfall („soll") vorgesehen, ohne dass es darauf ankommt, ob der Betreute ansonsten nicht zur Wahrnehmung seiner Rechte in der Lage wäre. Mithin kann die persönliche Anhörung auch nicht deswegen unterbleiben, weil der Betreute anderweit, etwa schriftlich, angehört werden könnte, da der Gesetzeswortlaut eindeutig von „persönlicher" Anhörung spricht. **Rechtshilfe** ist im Umkehrschluss zu §§ 278 Abs. 3, 297 Abs. 4 FamFG zulässig.[19] Die Durchführung der persönlichen Anhörung ist in einem Aktenvermerk oder Protokoll zu dokumentieren. Wie sich aus § 37 Abs. 2 FamFG mittelbar ergibt, hat der Rechtspfleger darauf zu achten, dass der Betreute Kenntnis der entscheidungserheblichen Umstände vor oder zumindest im Rahmen seiner Anhörung erhält. Denn hieraus folgt, dass der Genehmigungsentscheidung keine Tatsachen zugrunde gelegt werden dürfen, zu denen sich die Beteiligten nicht äußern konnten.[20]

c) Absehen von persönlicher Anhörung

7 Von der persönlichen Anhörung kann **im Ausnahmefall abgesehen** werden, wenn

- hiervon erhebliche Nachteile für die Gesundheit des Betroffenen zu besorgen sind[21] (§ 34 Abs. 2 Alt. 1 FamFG, s. § 278 FamFG Rn 28). Anders als nach § 278 Abs. 4 FamFG bedarf es zur Feststellung der Gesundheitsgefahr keines Sachverständigengutachtens. Es genügt, wenn der Rechtspfleger aufgrund eigener aktueller Ermittlungen (zB Sozialbericht, bereits vorhandenes Sachverständigengutachten, Anhörungsprotokolle oder Zeugenaussagen)[22], die arg e § 293 Abs. 2 S. 1 Nr. 1 FamFG nicht länger als sechs Monate zurückliegen sollten, diese Feststellung treffen kann, oder

---

17 Jürgens/Freiherr von Crailsheim, § 1828 BGB Rn 12.
18 BVerfG FamRZ 2000, 733.
19 OLG Karlsruhe Rpfleger 1994, 203.
20 BayObLG BtPrax 2005, 75.
21 HK-BUR/Harms, § 299 FamFG Rn 2.
22 Horndasch/Viefhues/Beermann, § 299 FamFG Rn 3.

- der Betreute offenkundig nicht äußerungsfähig ist (§ 34 Abs. 2 Alt. 2 FamFG, s. § 278 FamFG Rn 29),[23] wobei bei der Annahme der Äußerungsunfähigkeit Zurückhaltung geboten ist. Eine Willenskundgabe kann auch durch Gesten, bloße Berührungen oder andere nonverbale Äußerungen erfolgen;
- der Betreute offensichtlich nichts zur Sachaufklärung oder Entscheidungsfindung beitragen kann.[24] Allerdings ist bei der Feststellung dieses Umstandes Zurückhaltung geboten, denn wie soll der Rechtspfleger verlässlich feststellen, ob der Betreute offensichtlich nichts von Entscheidungsrelevanz beisteuern kann, wenn er ihn nicht persönlich anhört. Insofern werden sich diese Fälle auf solche Fallkonstellationen beschränken, in denen der Rechtspfleger etwa aus früheren Anhörungen oder dem Einführungsgespräch (§ 289 Abs. 2 FamFG) den Betreuten bereits kennt und deswegen die Feststellung des Unvermögens zur Sachaufklärung oder Entscheidungsfindung verlässlich treffen kann.[25]

Wird von der persönlichen Anhörung abgesehen, ist dies im Beschluss zu begründen[26] und dem Betroffenen ist jedenfalls Gelegenheit zur Äußerung zu geben, um ihm rechtliches Gehör zu gewähren. Das Absehen von der Anhörung ist in nachprüfbarer Weise in einem Vermerk oder in den Entscheidungsgründen zu begründen.[27] Kann der Betroffene seine Interessen nicht wahrnehmen oder ist er äußerungsunfähig, ist ihm ein **Verfahrenspfleger** nach § 276 Abs. 1 S. 1 FamFG zu bestellen.[28]

8

d) Vorführung

Weigert sich der Betreute an der persönlichen Anhörung teilzunehmen, kann seine Vorführung nach § 33 Abs. 3 S. 3 FamFG, allerdings zu dessen Schonung entsprechend § 278 Abs. 5 FamFG durch die zuständige Betreuungsbehörde, angeordnet werden (s. § 297 FamFG Rn 8).[29] Die Anordnung ist nur zulässig, wenn mildere Mittel, etwa die vorherige Festsetzung von Ordnungsgeld nach § 33 Abs. 3 S. 1 FamFG oder Einschaltung Dritter Personen aus Sicht des Betreuungsgerichts nicht ebenso geeignet sind, das **persönliche Erscheinen** des Betreuten sicherzustellen. Der Betreute ist bereits in der Ladung auf die Möglichkeit der Vorführung hinzuweisen (§ 33 Abs. 4 FamFG). Überdies kann der Rechtspfleger nach § 34 Abs. 3 FamFG auch ohne persönliche Anhörung eine Endentscheidung treffen, wenn der Betroffene im anberaumten Anhörungster-

9

---

23 KG Berlin FamRZ 1996, 1362.
24 Bassenge/Roth, § 299 FamFG Rn 3; differenzierend: Jürgens/Kretz, § 299 FamFG Rn 4, wenn Betreuer nichts zur Entscheidungsfindung beitragen kann; aA Damrau/Zimmermann, § 299 FamFG Rn 15; MK/Schmidt-Recla, § 299 FamFG Rn 3: Absehen nur dann, wenn es auf das direkte Gespräch zwischen Rechtspfleger und dem Betroffenen nicht ankommt, weil dieser in anderer Form hinreichend Stellung nehmen kann.
25 MK/Schmidt-Recla, § 299 FamFG Rn 3 Fn. 7.
26 Damrau/Zimmermann, § 299 FamFG Rn 15.
27 Horndasch/Viefhues/Beermann, § 299 FamFG Rn 3.
28 BGH NJW 2009, 2814; OLG Zweibrücken FGPrax 1998, 57; BayObLG Rpfleger 1993, 491.
29 Bassenge/Roth, § 299 FamFG Rn 4, § 296 FamFG Rn 3; MK/Schmidt-Recla, § 299 FamFG Rn 7; aA Damrau/Zimmermann, § 299 FamFG Rn 11.

min unentschuldigt ausbleibt und er auf diese Folge seines Ausbleibens, sinnvollerweise in seiner Ladung, hingewiesen worden ist.[30]

e) Anhörung Dritter und weitere Ermittlungen

10 Die Erforderlichkeit der **Anhörung** weiterer Personen bestimmt sich nach § 26 FamFG;[31] ist ein **Mit-** oder **Gegenbetreuer** (§§ 1908i Abs. 1 S. 1, 1826 BGB) vorhanden, wird er auch diesen im Regelfall **anhören**.[32] Bei der beabsichtigten Anhörung Dritter, auch naher Angehöriger, ist aber das Recht des Betreuten auf informationelle Selbstbestimmung zu beachten.[33] Die Durchführung der Anhörung ist in einem Aktenvermerk oder Protokoll zu dokumentieren. Sind weitere Ermittlungen erforderlich, sind sie durchzuführen. Dies betrifft erforderlich werdende Sachverständigengutachten, etwa im Falle eines Grundstücksverkaufs zum Verkehrswert des Grundstücks, da ohne dieses überhaupt nicht beurteilt werden kann, ob ein etwaiger Kaufpreis im Verhältnis zum Grundstückswert angemessen ist (s. Rn 14); keinesfalls darf das Betreuungsgericht dem Betreuer oder Betreuten die Beibringung eines entsprechenden Gutachtens auferlegen, da dies einen Verstoß gegen das Amtsermittlungsprinzip darstellte. Hingegen kann es selbstverständlich bereits bestehende (Wertermittlungs-)Unterlagen, die ihm durch den Betreuten, den Betreuer oder Dritte (etwa den potenziellen Käufer des Grundstücks) zur Verfügung gestellt werden, verwerten. Allerdings ist in solchen Fällen gerade im Hinblick auf mögliche Interessenkollisionen eine kritische Würdigung der vorgelegten Unterlagen vorzunehmen.

f) Rechtskraftlösung

11 Nach § 40 Abs. 2 S. 1 FamFG wird der Beschluss, mit dem die Genehmigung erteilt wird, erst mit formeller Rechtskraft, also erst dann **wirksam, wenn die Beschwerdefrist abgelaufen ist** (§ 45 FamFG). Die Beschwerdefrist beträgt gem. § 63 Abs. 2 Nr. 2 FamFG zwei Wochen, und zwar sowohl im Falle der **Erteilung** der Genehmigung als im Falle der **Ablehnung**.[34] Sie beginnt nach § 63 Abs. 3 S. 1 FamFG mit der schriftlichen Bekanntgabe des Genehmigungsbeschlusses an die Beteiligten.

g) Erteilung der Genehmigung

12 Der Rechtspfleger kann die Genehmigung bei **Entscheidungsreife** erteilen. Die Erteilung der Genehmigung steht zwar in seinem pflichtgemäßen Ermessen;[35] der entsprechende Antrag auf Genehmigungserteilung ist aber in angemessener Zeit zu bearbeiten und zu bescheiden[36], anderenfalls kann ein Anspruch aus Amtshaftung bzw Entschädigung aus enteignungsgleichen Eingriff entstehen.[37]

---

30 Damrau/Zimmermann, § 299 FamFG Rn 11.
31 OLG Saarbrücken FGPrax 2001, 70.
32 BVerfG FamRZ 2000, 733.
33 OLG Saarbrücken FGPrax 2001, 70.
34 BT-Drucks. 17/10490, 18.
35 BGH NJW-RR 1995, 248; BGH NJW 1986, 2829; BayObLG BtPrax 2005, 75; BtPrax 2003, 129; NJW-RR 1997, 1163.
36 Zimmermann, Richter- und Rechtspflegerhaftung im Betreuungsrecht, BtPrax 2008, 185.
37 OLG München BtPrax 2012, 69: verspätete Genehmigung für Aktienverkäufe eines Betreuten.

Für die Genehmigungserteilung gelten über die Verweisung in § 1908 i Abs. 1 S. 1 BGB die §§ 1828 f BGB entsprechend. Der Rechtspfleger prüft zunächst, ob das zu genehmigende Rechtsgeschäft rechtmäßig ist, da er an Recht und Gesetz gebunden ist und keine rechts- oder sittenwidrigen Rechtsgeschäfte genehmigen darf.[38] Soll das Eigentum des Betreuten an einem Grundstück auf einen Angehörigen übertragen werden, um diesen Vermögensgegenstand bei einer absehbaren Inanspruchnahme staatlicher Unterstützung dem Zugriff des Sozialhilfeträgers zu entziehen, darf wegen Sittenwidrigkeit die Genehmigung nicht erteilt werden.[39] Liegt ein Verstoß gegen das Vertretungsverbot der §§ 1908 i Abs. 1 S. 1, 1795 BGB[40] oder des Schenkungsverbot der §§ 1908 i Abs. 2 S. 1, 1804 S. 1 BGB[41] vor, kann die Genehmigung nicht erteilt werden. Ist indes aus seiner Sicht zweifelhaft, ob das Rechtsgeschäft wirksam ist, kann die Genehmigung nicht mit dem Verweis auf die zweifelhafte Wirksamkeit versagt werden, denn zur Prüfung der Wirksamkeit sind die Zivilgerichte berufen.[42]

Der jeweilige Prüfungsmaßstab hängt von der Art der zu genehmigenden Verfügung oder Handlung ab. Da die betreuungsgerichtlichen Genehmigungsvorbehalte eine Ausnahme von dem Prinzip ungeschmälerter gesetzlicher Vertretungsmacht des Betreuers als gesetzlichem Vertreter darstellen,[43] darf der Rechtspfleger die Genehmigung **nur in begründeten Fällen versagen**, insbesondere dann, wenn nach Inhalt und Zweck des Geschäfts und nach den gesamten Umständen die Sorge begründet ist, dass das Geschäft **dem Betreutenwohl zuwiderläuft**.[44] Die Genehmigung ist zu erteilen, wenn nach erforderlicher Abwägung feststeht, dass das Rechtsgeschäft im Interesse des Betreuten liegt.[45] Dabei muss der Rechtspfleger eine **Gesamtwürdigung** aller abwägungserheblichen Umstände unter **sorgfältiger Aufklärung** des entscheidungserheblichen Sachverhalts[46] vornehmen,[47] da nur eine umfassende Sachverhaltsaufklärung die tatsächlichen Grundlagen für eine fehlerfreie Betätigung seines Ermessens schafft. Maßgeblich ist dabei die im Zeitpunkt der Entscheidung erkennbare Sachlage.[48] Die dabei anzustellenden Ermittlungen müssen sich insbesondere auf die wirtschaftlichen, auch steuerlichen, Folgen des zu genehmigenden Rechtsgeschäfts und die dem Betreuten daraus etwa drohenden finanziellen Nachteile und Risiken erstrecken.[49] Dabei hat der Rechtspfleger nicht nur die objektiven wirtschaftlichen Interessen des Betreuten, sondern entsprechend

13

---

38 OLG Frankfurt/M. FGPrax 2004, 284.
39 OLG Hamm FGPrax 2009, 265; OLG Frankfurt/M. FGPrax 2004, 284.
40 BayObLG FamRZ 2001, 51.
41 BayObLG BtPrax 1998, 72.
42 BayObLG FamRZ 1969, 434; KG FamRZ 1963, 467.
43 OLG Zweibrücken FamRZ 2001, 1236; FamRZ 2001, 181; MK/Wagenitz, § 1828 BGB Rn 15; vgl OLG Nürnberg FGPrax 2012, 254.
44 OLG Zweibrücken FamRZ 2001, 1236; Staudinger/Engler § 1828 BGB Rn 12.
45 BGH FGPrax 2012, 108; BayObLG BtPrax 2003, 129; OLG Koblenz Rpfleger 2005, 665.
46 BayObLG NJW-RR 1997, 1163.
47 BGH FGPrax 2012, 108; OLG Hamm FGPrax 2004, 23; BayObLG NJW-RR 1997, 1163.
48 OLG Zweibrücken FamRZ 2001, 1236; Staudinger/Engler, § 1828 BGB Rn 17; MK/Wagenitz, § 1828 BGB Rn 16.
49 BGH NJW-RR 1995, 248; BGH NJW 1986, 2829, OLG Celle RdLH 2009, 81; BayObLG FamRZ 2003, 631; LG Nürnberg-Fürth MittBayNot 2007, 218.

§ 1901 Abs. 3 BGB vorrangig dessen Wünsche zu berücksichtigen.[50] Damit können auch Vorteile ideeller Art und insbesondere Familieninteressen berücksichtigt werden,[51] aber selbstverständlich nur, wenn der Betreute die gleichen Interessen verfolgt,[52] seine Wünsche seinem Wohl nicht zuwiderlaufen[53] und dies dem Betreuer zuzumuten ist. Damit kommt eine Genehmigungserteilung oder -versagung selbstverständlich auch gegen den erklärten natürlichen Willen des Betreuten in Betracht.[54] Die Entscheidung kann vom Rechtsbeschwerdegericht nur darauf hin überprüft werden, ob

- der Rechtspfleger sich des ihm zustehenden Ermessens nicht bewusst war, mithin ein Ermessensnichtgebrauch vorliegt,
- er von ungenügenden oder verfahrenswidrig zustande gekommenen Feststellungen ausgegangen ist,
- wesentliche Umstände außer Betracht gelassen hat,
- bei der Bewertung relevanter Umstände unrichtige Maßstäbe zugrunde gelegt hat,
- von seinem Ermessen einen dem Sinn und Zweck des Gesetzes zuwiderlaufenden Gebrauch gemacht und
- die Grenzen des Ermessens überschritten hat.[55]

14 Ist etwa die Genehmigung zu einem **Grundstückskaufvertrag** (§ 1821 Abs. 1 Nr. 1 BGB) zu erteilen, wird der Rechtspfleger bei seiner Ermessensentscheidung nicht nur zu berücksichtigen haben, ob und in welcher Höhe Belastungen, etwa in Form von Kreditzinsen, Renovierungs- und Unterhaltungskosten, anfallen, sondern auch, ob der Betreute durch den Erwerb seinem von ihm als belastend empfundenen Umfeld ausweichen kann.[56] Soll umgekehrt ein Grundstück veräußert werden, wird namentlich ins Gewicht fallen, ob der Kaufpreis im Verhältnis zum Verkehrswert ausgewogen ist, der Betreute an dem Grundstück festhalten will und er es sich finanziell leisten kann, das Grundstück zu unterhalten. Soll ein Hausgrundstück gegen den erklärten natürlichen Willen des Betreuten veräußert werden, wird eine Genehmigung dann erteilt werden, wenn das Gebäude bereits so erhebliche Schäden aufweist, dass es nicht mehr bewohnbar ist, ein weiterer Verfall sowie Schadensersatz- und Instandsetzungsforderungen der unmittelbaren Nachbarn drohen und weder der Betreute noch ein Miteigentümer in der Lage sind, die hohen Kosten der Sanierung zu tragen.[57]

Bei der Genehmigung der **Erbschaftsausschlagung** (§ 1822 Nr. 2 BGB) sind nicht allein die finanziellen Interessen, sondern alle Belange des Betreuten zu berücksichtigen.[58] Es ist insbesondere die Überschuldung des Nachlasses und

---

50 LG Regensburg MittBayNot 2012, 225.
51 OLG Celle FamRZ 2012, 1066; LG Regensburg MittBayNot 2012, 225.
52 MK/Wagenitz, § 1828 BGB Rn 18.
53 BayObLG BtPrax 2005, 75; BayObLG Rpfleger 2003, 649; BayObLG FamRZ 1998, 455; BGH NJW 1996, 2829.
54 OLG Frankfurt/M. OLGReport 2004, 380.
55 BGH FGPrax 2012, 108; OLG München FGPrax 2010, 74; BayObLG BtPrax 2003, 129.
56 BayObLG BtPrax 2005, 75.
57 OLG Frankfurt/M. OLGReport 2004, 380.
58 OLG Köln FGPrax 2007, 266.

die dem Betreuten ansonsten zur Verfügung stehenden Möglichkeiten, sein Leben nach seinen Wünschen und Vorstellungen zu ermöglichen, zu prüfen.[59] Nicht ausgeschlossen ist aber auch, Belange der Allgemeinheit zu berücksichtigen, so etwa, wenn die Ausschlagung einer werthaltigen Erbschaft zur (Fortführung der) Sozialhilfebedürftigkeit des Betreuten führte (s. Rn 12).[60]

Beim Kauf eines **Erwerbsgeschäfts** (§ 1822 Nr. 3 BGB) ist auch zu ermitteln, ob nahe Angehörige dem Wunsch des Betreuten entsprechend eine Beschäftigung in dem Erwerbsgeschäft finden können, die sie anderenfalls nicht erlangen könnten. Allerdings wird vorrangig zu prüfen sein, ob im Hinblick auf die Dauerbindung von Person und Vermögen des Betreuten und dessen Haftungsrisiko die Interessen des Betreuten hinreichend gewahrt sind. Besteht dabei die konkrete Gefahr, dass der Betreute in unzumutbarer Weise mit erheblichen Schulden belastet wird, wird die Genehmigung zu versagen sein.[61]

Eine **Ermächtigung** nach § 1825 BGB kann nur erteilt werden, wenn sie zum Zwecke der Vermögensverwaltung, insbesondere zum Betrieb eines Erwerbsgeschäfts, erforderlich ist, also etwa dann, wenn der Betrieb eines Geschäfts des Betreuten derart viele Rechtsgeschäfte nach § 1822 Nr. 8 bis 10 BGB mit sich bringt oder Genehmigungen des Gegenbetreuers erforderlich macht, dass die Verwaltung des Vermögens des Betreuten durch die entsprechend einzuholenden Genehmigungen des Betreuungsgerichts oder des Gegenbetreuers unzumutbar erschwert wäre.[62]

Kann der Rechtspfleger aus eigener Sachkunde die entscheidungserheblichen Umstände nicht selbst beurteilen, muss er entsprechende **Gutachten** einholen, so etwa bei einem Grundstücksverkauf ein Verkehrswertgutachten oder im Falle des beabsichtigten Kaufs eines Erwerbsgeschäfts ein betriebswirtschaftliches Gutachten. Unterlässt der Rechtspfleger die gebotene umfangreiche Ermittlung und Abwägung der entscheidungserheblichen Umstände, und tritt beim Betreuten infolge einer zu Unrecht erteilten Genehmigung ein Vermögensschaden ein, kommt ein Amtshaftungsanspruch gegen die Anstellungskörperschaft des Rechtspflegers in Betracht.[63] Wegen der sachlichen Unabhängigkeit des Rechtspflegers nach § 9 RPflG gilt dies aber nur dann, wenn die der Entscheidung zugrunde liegende Rechtsauffassung unvertretbar erscheint.[64]

aa) Beschluss und Beschlussformel

Der Rechtspfleger entscheidet durch **Beschluss** und erklärt die Genehmigung bzw deren Ablehnung gegenüber dem Betreuer (§§ 1908 i Abs. 1 S. 1, 1828 BGB); dabei ist nach § 40 Abs. 2 S. 2 FamFG auszusprechen, dass der Beschluss erst mit Rechtskraft wirksam wird. Die Genehmigung kann auch unter einer aufschiebenden, hingegen nicht unter einer auflösenden Bedingung erteilt werden. Die Genehmigung kann mit Auflagen als Aufsichtsmittel nach §§ 1908 i Abs. 1 S. 1, 1837 Abs. 3 BGB verbunden werden; die Wirksamkeit

---

59 OLG Celle ZEV 2009, 529.
60 Vgl OLG Hamm FGPrax 2009, 265; OLG Stuttgart BtPrax 2001, 255.
61 OLG Zweibrücken FamRZ 2001, 181; BayObLG NJW-RR 1997.
62 Staudinger/Engler, § 1825 BGB Rn 5.
63 BGH NJW-RR 1995, 248; BGH NJW 1986, 2829; Zimmermann, Richter- und Rechtspflegerhaftung im Betreuungsrecht, BtPrax 2008, 185; Meier, Zur gerichtlichen Haftung in Betreuungssachen, BtPrax 2005, 131.
64 BGH NJW 2007, 224; OLG München BtPrax 2012, 69.

der Genehmigung bleibt hiervon unberührt. Der Beschluss ist gem. § 38 Abs. 3 S. 1, Abs. 5 Nr. 3 FamFG zu **begründen** und nach § 39 FamFG mit einer **Rechtsmittelbelehrung** zu versehen. Der Beschluss ist auch dem Betreuten bekannt zu geben (§ 41 Abs. 3 FamFG).

17 ▶ Beschlussformel:

In ... [Rubrum] wird dem Betreuer ... [Name, Anschrift] die betreuungsgerichtliche Genehmigung zur ... [genaue Bezeichnung der Verfügung oder des Rechtsgeschäfts iSd S. 1] erteilt. Die Genehmigung wird erst mit Rechtskraft des Beschlusses wirksam. ◀

bb) Negativattest

18 Hält der Rechtspfleger das zu genehmigende Rechtsgeschäft – auch irrig – für genehmigungsfrei, erteilt er ein „Negativattest".[65] Dieses ersetzt weder eine gleichwohl erforderliche Genehmigung, noch stellt es bindend die Genehmigungsfreiheit fest,[66] sondern begründet lediglich eine tatsächliche Vermutung dafür.[67] Bei Zweifeln an der Genehmigungsbedürftigkeit hat das Betreuungsgericht die Zweifels- oder Rechtsfrage zu entscheiden.[68]

3. Genehmigung nach § 1907 Abs. 1 BGB (S. 2)

a) Verfahren

19 Zuständig zur Erteilung der Genehmigung der Wohnungskündigung oder Aufhebung eines Mietverhältnisses über Wohnraum ist der Rechtspfleger (§ 3 Nr. 2 b RPflG). Im Verfahren zur Erteilung einer Genehmigung nach § 1907 Abs. 1 BGB (s. dort Rn 10 ff) bestehen angesichts der überragenden Bedeutung der Wohnung als räumlichem Lebensmittelpunkt des Betreuten erhöhte Anforderungen.[69] Die **persönliche Anhörung** ist nach S. 2 **zwingend**[70] und kann nur im Ausnahmefall des § 34 Abs. 2 FamFG (s. Rn 7) unterbleiben; unterbleibt sie, dann ist dies in den Beschlussgründen zu begründen. Will der Rechtspfleger die Genehmigung ohnehin nicht erteilen und entspricht dies dem erkennbaren Willen des Betreuten, ist eine Anhörung mangels entsprechenden Rechtseingriffs nicht erforderlich.[71] Hinsichtlich einer erforderlichen Vorführung des Betroffenen gilt Rn 9 entsprechend. Zudem hat der Rechtspfleger stets, also nicht nur im Falle des Absehens von der persönlichen Anhörung, einen Verfahrenspfleger nach § 276 Abs. 1 S. 1 BGB zu bestellen;[72] hat er gleichwohl von der Bestellung abgesehen, ist dies in den Beschlussgründen zu begründen.[73]

---

65 Vgl LG Mühlhausen FamRZ 2012, 1324; LG Münster BtPrax 1994, 67.
66 OLG Hamm FGPrax 2011, 61.
67 OLG Hamm FamRZ 1991, 605; LG Mühlhausen FamRZ 2012, 1324; LG Meiningen FamRZ 2008, 1375.
68 MK/Wagenitz, § 1828 BGB Rn 23.
69 Jochum, Zur Frage von Mitteilungspflicht und vormundschaftsgerichtlicher Genehmigung bei drohendem Wohnungsverlust durch fristlose Kündigung bei Mietzahlungsverzug, § 1907 BGB, BtPrax 1994, 201.
70 BGH FGPrax 2012, 108.
71 Damrau/Zimmermann, § 299 FamFG Rn 31.
72 LG Stendal v. 18.12.2006, 25 T 211/06; Bobenhausen, Wohnungskündigung durch den Betreuer, Rpfleger 1994, 13.
73 Neumann, Genehmigungspflichten und spezielle Probleme im Aufgabenkreis Wohnungsangelegenheiten, BtPrax 2008, 246.

Um zu beurteilen, ob der Betreute, ggf nach zeitweiligem anderweitigem Aufenthalt, in seiner Wohnung verbleiben kann, sind Ermittlungen nach § 26 FamFG durchzuführen. Insbesondere sollte, sofern der Betreute dem nicht widerspricht, die **Anhörung in dessen Wohnung** erfolgen.[74] Besondere Vorsicht ist bei Anhörungen des Betroffenen außerhalb seiner üblichen Umgebung angezeigt. Während der Betroffene sich infolge der Nebenwirkungen einer im Krankenhaus oder Heim durchgeführten Behandlung oder bedingt durch Schwächung seines Kurzzeitgedächtnisses in ungewohnter Umgebung während eines kurzzeitigen Aufenthalts, etwa in einem Krankenhaus oder Heim, desorientiert zeigen kann, ist er bei erhaltenem Langzeitgedächtnis und aufgrund langjähriger Übung in dem gewohnten Umfeld seiner Wohnung orientiert und vermag sich auch ohne fremde Hilfe dort zurecht zu finden. Von einer kurzzeitigen Desorientierung in fremder Umgebung auf ein Unvermögen zum selbstständigen Aufenthalt in seiner Wohnung zu schließen, verbietet sich. Regelmäßig wird sich zudem die Einholung eines **Pflegegutachtens**, welches Feststellungen zu den Auswirkungen der Wohnungsaufgabe, zum Krankheitsverlauf und den verbliebenen Möglichkeiten selbstständiger Lebensführung, also insbesondere dazu enthalten muss, ob der Betreute trotz Ausschöpfung aller Möglichkeiten der ambulanten Pflege und entsprechender Sicherungen (etwa Austausch des gefahrträchtigen Herds durch eine Mikrowelle) dauerhaft nicht in der Lage sein wird, ohne ernsthafte Gefahren in seiner Wohnung zu leben, empfehlen.[75]

20

Widerspricht der Betreute der Wohnungskündigung, ist aufgrund der Grundwertung des § 1896 Abs. 1a BGB zu prüfen, ob der Betreute aufgrund einer freien Willensentscheidung in der Wohnung verbleiben will. Nur dann, wenn er zu einer freien Willensbildung nicht in der Lage ist, kann die gegen seinen natürlichen Willen erfolgte Kündigung genehmigt werden.[76] Seine mangelnde Fähigkeit, einen freien Willen zu bilden, muss zumindest durch ein ärztliches Attest (s. § 281 FamFG Rn 11) festgestellt werden.

21

b) Beschluss und Beschlussformel

Der Beschluss ist gem. § 38 Abs. 3 S. 1, Abs. 5 Nr. 3 FamFG zu **begründen** und mit einer **Rechtsmittelbelehrung** (§ 39 FamFG) zu versehen. Die **Kündigung** ist, anders als ein Aufhebungsvertrag über das Mietverhältnis, eine Gestaltungserklärung und kein Rechtsgeschäft. Insofern scheint zweifelhaft, ob die Genehmigung einer Kündigung gem. § 40 Abs. 2 S. 1 FamFG erst mit Rechtskraft wirksam wird (vgl Rn 11). Der Gesetzgeber des FamFG hat indes die Vorbescheidslösung, die auch für die Wohnungskündigung Anwendung fand, insgesamt durch die Rechtskraftlösung ersetzen wollen. Zudem ist kein sachlich einleuchtender Grund erkennbar, wieso für einen Aufhebungsvertrag als Rechtsgeschäft § 40 Abs. 2 S. 1 FamFG Anwendung findet, für eine einseitige Kündigung hingegen nicht. Damit wird auch die Kündigung entsprechend § 40 Abs. 1 S. 1 FamFG **erst mit der Rechtskraft** des entsprechenden Genehmi-

22

---

[74] Neumann, Genehmigungspflichten und spezielle Probleme im Aufgabenkreis Wohnungsangelegenheiten, BtPrax 2008, 246.
[75] OLG Oldenburg NJW-RR 2003, 587; OLG Frankfurt/M. FamRZ 2006, 1875; als zu weitgehend empfindet dies Damrau/Zimmermann, § 299 FamFG Rn 9.
[76] Neumann, Genehmigungspflichten und spezielle Probleme im Aufgabenkreis Wohnungsangelegenheiten, BtPrax 2008, 246.

gungsbeschlusses wirksam; dies ist in der Entscheidung auszusprechen (§ 40 Abs. 2 S. 2 FamFG). Der Beschluss ist dem Betreuten bekannt zu geben (§ 41 Abs. 3 FamFG).

▶ **Beschlussformel:**

In ... [Rubrum] wird dem Betreuer ... [Name, Anschrift] die betreuungsgerichtliche Genehmigung zur Kündigung des Mietverhältnisses für die Wohnung des Betreuten im Hause ... [genaue Anschrift] erteilt, § 1907 Abs. 1 S. 1 BGB. Die Genehmigung wird erst mit Rechtskraft des Beschlusses wirksam. ◀

4. Genehmigung nach § 1907 Abs. 3 BGB (S. 2)

23 Der Genehmigungspflicht des § 1907 Abs. 3 BGB unterliegen Verträge über die Vermietung von Wohnraum und alle auf mehr als vier Jahre abgeschlossenen Dauerschuldverhältnisse (etwa Heimverträge, Rentensparverträge, Lebensversicherungsverträge etc.). Zuständig zur Erteilung ist der Rechtspfleger (§ 3 Nr. 2 b RPflG). Er hat zu prüfen, ob der Vertragsabschluss dem Wohl und Wunsch des Betreuten entspricht. Zum Verfahren vgl Rn 19 und zum Inhalt des Beschlusses s. Rn 22.

5. Sonstige Genehmigungen

24 Für andere als in S. 1 genannte Genehmigungen richtet sich das Verfahren ausschließlich nach § 26 FamFG.[77] **Genehmigungspflichtig** sind über die Verweisungsnorm des § 1908 i Abs. 1 S. 1 BGB:

- Geldanlagen nach §§ 1806, 1807 BGB (§ 1810 BGB),
- andere Geldanlageformen (§ 1811 BGB),
- Verfügungen über Forderungen und Wertpapiere[78] bei fehlender Genehmigung des Gegenbetreuers, auch über Grundpfandrechte[79] und Überweisungen von einem (gesperrten) Konto der Betreuten[80] (§ 1812 BGB),
- Herausgabe hinterlegter Papiere (§ 1814 BGB),
- Verfügung über Inhaberpapiere (§ 1815 BGB), hinterlegte und umgeschriebene Papiere und Buchforderungen (§§ 1819 f BGB) und die
- Überlassung von Gegenständen an den Betreuten (§ 1824 BGB).

a) Anhörung

25 Der zuständige Rechtspfleger (§ 3 Nr. 2 b RPflG) hat den Betreuten bereits nach dem Grundsatz der Gewährung eines rechtsstaatlichen Verfahrens anzuhören.[81] Die Anhörung Dritter richtet sich nach § 26 FamFG.

b) Prüfungsmaßstab

26 Es hat eine **Gesamtabwägung** aller Vor- und Nachteile sowie der Risiken des zu prüfenden Geschäfts für den Betreuten zu erfolgen.[82] Dabei hat das Betreuungsgericht ausschließlich das Wohl und die Interessen des Betreuten nach

---

77 LG Kassel BtPrax 2012, 259.
78 Vgl BGH FamRZ 2010, 207.
79 OLG Hamm FGPrax 2011, 61.
80 BGH FamRZ 2013, 438; LG Münster Rpfleger 1989, 455.
81 BVerfG FamRZ 2000, 733.
82 BGH FamRZ 2013, 438 BGH FGPrax 2012, 108.

dem Standpunkt eines verständigen, die Tragweite des Geschäfts überblickenden Volljährigen zu berücksichtigen, nicht hingegen die Belange Dritter.[83] Insofern sind auch Gesichtspunkte der Zweckmäßigkeit und Nützlichkeit beachtlich.[84] Im Fall der Genehmigung einer **Geldanlage** (§ 1810 BGB) hat der Rechtspfleger die Sicherheit der Anlage und deren Wirtschaftlichkeit zu prüfen, nicht aber, ob eine andere Anlageform gewinnversprechender ist. Ist Gegenstand des Genehmigungsverfahrens eine Überweisung von einem (gesperrten) Konto, darf die Genehmigung nur erteilt werden, wenn die Zahlungen ordnungsgemäßer Vermögensverwaltung nicht widersprechen; lassen sich die Risiken nicht verlässlich abschätzen, ist die Genehmigung zu versagen.[85]

6. Andere Entscheidungen

Nicht unter § 299 FamFG fallen alle anderen Entscheidungen des Betreuungsgerichts in Betreuungssachen (s. § 271 FamFG Rn 4) und betreuungsgerichtliche Zuweisungssachen (s. § 340 FamFG). So übt der Rechtspfleger die Aufsicht über die **gesamte Tätigkeit** des Betreuers (§§ 1908i Abs. 1 S. 1, 1837 Abs. 2 S. 1 BGB) von Amts wegen aus. Das entsprechende Verfahren ist nach § 26 FamFG zu gestalten; der Betreuer und der Betreute sind zu einer beabsichtigten Aufsichtsmaßnahme anzuhören. Im Verfahren auf **Herausgabe des Betreuten** (§§ 1908i Abs. 1 S. 1, 1632 Abs. 1 BGB) ist dieser seitens des nach § 15 Abs. 1 S. 1 Nr. 7 RPflG zuständigen Betreuungsrichters ebenfalls anzuhören, da ansonsten die Berechtigung des Herausgabeverlangens nicht hinreichend ermittelt werden kann, weil unklar bleibt, was der Betreute selbst will.[86] 27

III. Bedeutung für den Betroffenen

Hat das Betreuungsgericht im Falle des S. 1 Dritte formell am Genehmigungsverfahren beteiligt und ihnen die Kenntnis vom genehmigungsbedürftigen Rechtsgeschäft verschafft, kann der Betreute wegen der hierdurch bedingten möglichen Verletzung seines Rechts auf informationelle Selbstbestimmung gegen diese Zwischenverfügung ausnahmsweise Beschwerde einlegen.[87] Gegen eine erteilte, aber noch nicht ausgeübte Genehmigung steht dem Betreuten ebenso wie im Falle ihrer Versagung die Beschwerde offen.[88] Zu beachten ist im Falle der Genehmigungserteilung oder deren Ablehnung[89] die Beschwerdefrist von zwei Wochen (§ 63 Abs. 2 Nr. 2 FamFG). Die Frist beginnt mit der schriftlichen Bekanntgabe des Genehmigungsbeschlusses an alle Beteiligten (§ 63 Abs. 3 FamFG). 28

IV. Bedeutung für den Betreuer

Schließt der Betreuer ein genehmigungsbedürftiges Rechtsgeschäft ab, so wird er den Vertragspartner auf die Genehmigungsbedürftigkeit hinzuweisen haben. 29

---

83 BGH FamRZ 2013, 438.
84 BGH FamRZ 2013, 438.
85 BGH FamRZ 2013, 438.
86 OLG Frankfurt/M. FGPrax 2003, 81.
87 OLG Saarbrücken FamRZ 2001, 651.
88 LG Fulda Rpfleger 2002, 206; KG MDR 1975, 755.
89 Bassenge/Roth, § 299 FamFG Rn 8; Damrau/Zimmermann, § 299 FamFG Rn 24; aA Jürgens/Kretz, § 299 FamFG Rn 8; Prütting/Helms/Fröschle, § 299 FamFG Rn 23: bei Ablehnung gilt Frist des § 63 Abs. 1 FamFG (ein Monat).

Ist für den Betreuer zweifelhaft, ob ein Rechtsgeschäft genehmigungsbedürftig ist, so kann er die Erteilung eines Negativattestes anregen oder gleichwohl einen entsprechenden Antrag auf Genehmigung stellen. Stellt er in Kenntnis der Genehmigungspflicht keinen Antrag, handelt der Betreuer pflichtwidrig und kann daher mit Maßnahmen der betreuungsgerichtlichen Aufsicht konfrontiert werden.

Der Betreuer muss zunächst selbst entscheiden, ob er die Erteilung einer Genehmigung anregt oder beantragt. Da er nach § 1901 Abs. 3 BGB verpflichtet ist, das jeweils zu genehmigende Rechtsgeschäft oder im Falle des § 1907 Abs. 1 BGB die Kündigung nicht nur mit dem Betreuten zu erörtern, sondern sich dabei nach dessen Wünschen zu orientieren, soweit dies dessen Wohl entspricht und ihm zuzumuten ist, wird er ebenfalls eine umfassende Interessenabwägung anzustellen haben. Entscheidungserhebliche Umstände muss er dabei dem Rechtspfleger mitteilen.

30 Bei **Ablehnung** des Antrags auf Erteilung der Genehmigung[90] oder gegen eine damit verbundene Auflage kann der Betreuer nach Maßgabe des § 303 Abs. 4 FamFG im Namen des Betreuten Beschwerde einlegen,[91] sofern er nicht, etwa nach § 181 BGB, von der Vertretung ausgeschlossen ist.[92] Die Ablehnung des Erlasses eines Negativattests durch den Rechtspfleger kann mit der Beschwerde (§ 11 Abs. 1 RPflG) angefochten werden.[93] Gegen die erteilte Genehmigung steht dem Betreuer kein eigenes Beschwerderecht zu, da er von der Genehmigung nicht Gebrauch machen muss; nur wenn in seinen Aufgabenbereich seitens des Betreuungsgerichts eingegriffen wird, etwa durch Übersendung der Genehmigung direkt an den Vertragspartner oder Erteilung der Genehmigung gegen seinen Willen, kann er namens des Betreuten Beschwerde einlegen.

31 Die Rechtskraftlösung des § 40 Abs. 2 S. 1 FamFG ist für den Betreuer nicht unproblematisch. Denn nicht nur ihm, sondern auch dem Betreuten ist der Beschluss bekannt zu geben (§ 41 Abs. 3 FamFG). Da die zweiwöchige Beschwerdefrist erst mit der Bekanntgabe des Genehmigungsbeschlusses an alle Beteiligten, mithin auch an den Betreuten, beginnt, kann bei zweifelhafter Bekanntgabe an den Betreuten unklar sein, **ob und wann die zweiwöchige Beschwerdefrist abgelaufen ist**. Zwar beginnt die Beschwerdefrist jedenfalls nach § 63 Abs. 3 S. 2 FamFG fünf Monate nach Erlass der Genehmigung zu laufen. Bei eilbedürftigen Rechtsgeschäften oder etwa der beabsichtigten Kündigung eines Wohnraummietverhältnisses wird ein weiteres Zuwarten für diesen Zeitraum, etwa wegen entsprechend entstehender weiterer Mietschulden, untunlich sein. Die Erteilung eines Rechtskraftzeugnisses nach § 46 FamFG hilft nur bedingt weiter, denn dieses ist nicht mit Gutglaubenswirkung ausgestattet.[94] Ist das Rechtskraftzeugnis unrichtig und die Beschwerdefrist für einen oder mehrere Beteiligte noch nicht abgelaufen, ist das zu genehmigende Rechtsgeschäft schwebend unwirksam. Ein Rechtsmittelverzicht, wie ihn der Gesetzgeber als

---

90 LG Fulda Rpfleger 2002, 206.
91 LG München I FamRZ 2001, 1396.
92 BayObLG FamRZ 1999, 47.
93 LG Münster BtPrax 1994, 67.
94 Heinemann, Die Reform der freiwilligen Gerichtsbarkeit durch das FamFG und ihre Auswirkungen auf die notarielle Praxis, DNotZ 2009, 6, 17.

verfahrensbeschleunigende Möglichkeit ansieht,[95] kann nur bei einem **wirksamen Rechtsmittelverzicht** aller Verfahrensbeteiligten endgültige Sicherheit bringen. Der Betreuer sollte daher prüfen, wann dem Betreuten der Beschluss bekannt gemacht worden ist, und sich auch bei einem ggf bestellten Verfahrenspfleger nach dem Zeitpunkt der diesem gegenüber erfolgten Bekanntgabe erkundigen.

Ist hingegen die Genehmigung oder deren Verweigerung einem Dritten gegenüber wirksam geworden, etwa dadurch, dass nach § 1829 Abs. 1 S. 2 BGB die nachträgliche Genehmigung oder deren Verweigerung dem Vertragspartner durch den Betreuer mitgeteilt worden ist,[96] findet nach § 48 Abs. 3 FamFG weder eine Wiedereinsetzung in den vorigen Stand wegen Versäumung der Beschwerdefrist nach § 17 FamFG; noch eine Gehörsrüge nach § 44 FamFG, eine Abänderung der Genehmigung nach § 48 Abs. 1 FamFG oder Wiederaufnahme des Verfahrens nach § 48 Abs. 2 FamFG statt.[97]

32

Hinsichtlich der Wirksamkeit der Genehmigung wird der Betreuer zu unterscheiden haben: Hat der Betreuer das zu genehmigende **zweiseitige** Rechtsgeschäft getätigt und wird dann die Genehmigung erteilt, so wird er den rechtskräftigen Beschluss dem Vertragspartner zuzusenden haben; §§ 1908i Abs. 1 S. 1; 1829 Abs. 1 S. 2 BGB. Er kann aber auch – etwa aufgrund eines Sinneswandels – von der Genehmigung keinen Gebrauch machen. Dann wird das Rechtsgeschäft nicht wirksam; hat der Betreuer den Vertragspartner nicht auf die fehlende Genehmigung hingewiesen, kommen ggf Schadensersatzansprüche des Vertragspartners in Betracht. Hat der Betreuer hingegen zuerst die Genehmigungserteilung angeregt und wird diese erteilt und nimmt er dann das Rechtsgeschäft vor, wird das Rechtsgeschäft sofort wirksam. Bei **einseitigen** Rechtsgeschäften ist zu beachten, dass ein einseitiges Rechtsgeschäft (zB Kündigung), das der Betreuer ohne die erforderliche Genehmigung vornimmt, unwirksam ist; nimmt er hingegen mit der Genehmigung ein einseitiges Rechtsgeschäft einem anderen gegenüber vor, so ist das Rechtsgeschäft unwirksam, wenn der Betreuer die Genehmigung nicht vorlegt und der andere das Rechtsgeschäft aus diesem Grunde unverzüglich zurückweist; §§ 1908i Abs. 1 S. 1; 1831 BGB.

V. Bedeutung für den Verfahrenspfleger oder Verfahrensbevollmächtigten

1. Verfahrenspfleger

Die Bestellung eines Verfahrenspflegers ist nur ausnahmsweise dann erforderlich, wenn ohne seine Bestellung die **Gewährung des rechtlichen Gehörs** nicht sichergestellt ist, weil der Betreute seinen Willen nicht mehr in ausreichender Weise kundtun kann.[98] Die Aufgaben des Verfahrenspflegers erschöpfen sich in diesem Fall darin, die Nachteile des Betreuten, die sich aus dessen fehlender Fähigkeit zur Willensbildung oder -äußerung ergeben, auszugleichen.[99] Er hat mithin jedenfalls den Willen des Betreuten zu erforschen. Überdies sollte er die Genehmigungsbedürftigkeit und Genehmigungsfähigkeit zu genehmigender

33

---

95 BT-Drucks. 16/6308, 196.
96 BT-Drucks. 16/6308, 199.
97 BT-Drucks. 16/6308, 198 f.
98 BGH NJW 2009, 1814.
99 BGH NJW 2009, 1814.

Verfügungen und Rechtsgeschäfte iSd Sätze 1 und 2 eigenständig prüfen. Im Falle von Maßnahmen nach § 1907 BGB hat er deren Wirkung für das objektive Wohl des Betreuten zu beachten. Insbesondere bei der Wohnungskündigung oder der Mietvertragsaufhebung iSd § 1907 Abs. 1 FamFG sollte der Verfahrenspfleger sicherstellen, dass eine ausreichende Ermittlungsgrundlage vorliegt, und ggf anregen, dass ein Pflegegutachten eingeholt wird.

2. Verfahrensbevollmächtigter

34 Für den Verfahrensbevollmächtigten gilt Rn 33 entsprechend. Ihm obliegt es, den **Wunsch des Betreuten umzusetzen**. Will der Betreute ein bestimmtes, für ihn wirtschaftlich nachteiliges Rechtsgeschäft mit Rücksicht auf nahe verwandtschaftliche oder freundschaftliche Bindungen abschließen, obliegt es dem Verfahrensbevollmächtigten, den Rechtspfleger auf den grundsätzlichen Vorrang des Willens des Betreuten hinzuweisen. Hat der Rechtspfleger nach § 26 FamFG zur Frage der Wirtschaftlichkeit das Gutachten eines Sachverständigen eingeholt, wird der Verfahrensbevollmächtigte bei einer Verneinung der Wirtschaftlichkeit durch den Sachverständigen dessen Feststellungen besonders kritisch zu würdigen haben. Bei Zweifeln an der Richtigkeit der Feststellungen wird er unter konkreter Darlegung der Schwächen des Gutachtens eine Gutachtenergänzung, bei Zweifeln an der Sachkunde des Sachverständigen die Einholung eines weiteren Gutachtens beantragen. Sind ausnahmsweise Zweifel an der Neutralität des Sachverständigen angebracht, wird auch ein Befangenheitsgesuch (vgl § 280 FamFG Rn 30) zu erwägen sein.

35 Umgekehrt kann es dem tatsächlichen Willen des Betreuten widersprechen, wenn eine Genehmigung erteilt wird. Insbesondere bei einer drohenden Wohnungskündigung wird es die Aufgabe des Verfahrensbevollmächtigten sein, dem Rechtspfleger entsprechende Alternativen zum Verlust der Wohnung aufzuzeigen. Besteht etwa eine Gefahr für den Betreuten lediglich dadurch, dass dieser alleine in seiner Wohnung technische Geräte nicht sachgerecht bedient, kommt alternativ zur Wohnungsaufgabe die Abschaffung dieser Geräte und Sicherstellung einer anderweitigen Versorgung, etwa „Essen auf Rädern", in Betracht. Soll eine kontrollierte Medikamenteneinnahme sichergestellt werden, kann eine entsprechende Pflegekraft hiermit beauftragt werden.

VI. Bedeutung für Dritte

36 Dritten steht gegen die Erteilung einer vormundschaftsgerichtlichen Genehmigung grundsätzlich kein Beschwerderecht zu;[100] nur wenn eine bereits erteilte Genehmigung, nachdem sie wirksam geworden ist, aufgehoben wird, kann gegen die Aufhebung ausnahmsweise eine Anfechtungsmöglichkeit zugunsten Dritter in Betracht kommen.[101] Für den Vermieter gilt im Falle des § 1907 BGB, dass die Kündigung des Betreuers als einseitige Willenserklärung nur dann wirksam ist, wenn die erforderliche Genehmigung des Betreuungsgerichts vorliegt (§§ 1908i Abs. 1 S. 1, 1831 S. 1 BGB). Will der Vermieter eine Aufhebung des Mietvertragsverhältnisses erreichen, genügt die nachträgliche, vom

---

100 KG FGPrax 2010, 25; OLG München MDR 2009, 1001; BayObLG BtPrax 2004, 111; vgl BayObLG FamRZ 2004, 736 zum fehlenden Rechtsschutzbedürfnis des Erben des Betroffenen.
101 BayObLG FamRZ 1995, 302.

Betreuungsgericht dem Betreuer erklärte und von diesem dem Vermieter mitgeteilte Genehmigung (§§ 1908 i Abs. 1 S. 1, 1829 Abs. 1 S. 2 BGB).

§ 300 FamFG Einstweilige Anordnung

(1) ¹Das Gericht kann durch einstweilige Anordnung einen vorläufigen Betreuer bestellen oder einen vorläufigen Einwilligungsvorbehalt anordnen, wenn

1. dringende Gründe für die Annahme bestehen, dass die Voraussetzungen für die Bestellung eines Betreuers oder die Anordnung eines Einwilligungsvorbehalts gegeben sind und ein dringendes Bedürfnis für ein sofortiges Tätigwerden besteht,
2. ein ärztliches Zeugnis über den Zustand des Betroffenen vorliegt,
3. im Fall des § 276 ein Verfahrenspfleger bestellt und angehört worden ist und
4. der Betroffene persönlich angehört worden ist.

²Eine Anhörung des Betroffenen im Wege der Rechtshilfe ist abweichend von § 278 Abs. 3 zulässig.

(2) Das Gericht kann durch einstweilige Anordnung einen Betreuer entlassen, wenn dringende Gründe für die Annahme bestehen, dass die Voraussetzungen für die Entlassung vorliegen und ein dringendes Bedürfnis für ein sofortiges Tätigwerden besteht.

I. Allgemeines 1	g) Beschlussformel 22
1. Bedeutung 1	h) Einleitung des Hauptsacheverfahrens 23
2. Anwendungsbereich 4	
II. Bedeutung für das Betreuungsgericht 6	3. Dauer, Verlängerung und Änderung 24
1. Zuständigkeit 6	4. Mitteilungspflichten 25
2. Voraussetzungen (Abs. 1)... 7	5. Entlassung des Betreuers (Abs. 2) 26
a) Antrag 7	
b) Dringende Gründe und dringendes Bedürfnis (Abs. 1 S. 1 Nr. 1) 8	a) Verfahren 27
	b) Beschlussformel 29
c) Ärztliches Zeugnis (Abs. 1 S. 1 Nr. 2) 12	III. Bedeutung für den Betroffenen 30
d) Verfahrenspfleger (Abs. 1 S. 1 Nr. 3) 13	IV. Bedeutung für den Betreuer 31
e) Persönliche Anhörung (Abs. 1 S. 1 Nr. 4, S. 2) 14	V. Bedeutung für den Verfahrenspfleger oder Verfahrensbevollmächtigten 34
f) Beschlussinhalt und Wirksamkeit 17	VI. Bedeutung für Dritte 35

I. Allgemeines

1. Bedeutung

Der Regelungsgehalt des § 69 f FGG wurde grundsätzlich beibehalten und aus Gründen der Übersichtlichkeit in drei eigenständigen Regelungen normiert. Während § 300 FamFG die Regelungen über die lediglich eine Gefahr mit dem

Aufschub der Maßnahme voraussetzende, gewöhnliche einstweilige Anordnung des § 69 f Abs. 1 S. 1 FGG übernimmt, regelt § 301 FamFG eigenständig die frühere, Gefahr im Verzug voraussetzende eilige einstweilige Anordnung des § 69 f Abs. 1 S. 4 und 5 FGG. § 302 FamFG übernimmt den Regelungsgehalt des § 69 f Abs. 2 FGG.

2 Anordnungsgrund ist, dass ein dringendes Bedürfnis für ein sofortiges Tätigwerden besteht.[1] Die einstweilige Anordnung ist **nicht hauptsacheabhängig**,[2] sondern nach § 51 Abs. 3 S. 1 FamFG auch bei Anhängigkeit des Hauptsacheverfahrens ein **eigenständiges Verfahren**.[3] Gleichwohl muss das Betreuungsgericht nach wie vor von Amts wegen prüfen, ob das Hauptsacheverfahren durchzuführen ist; die Durchführung des Hauptsacheverfahrens ist aber nicht mehr zwingend.

3 Die zeitliche Dauer des Hauptsacheverfahrens kann dazu führen, dass eine notwendige betreuungsrechtliche Maßnahme nicht derart zeitnah erlassen werden kann, dass einem **akuten Regelungsbedarf** entsprochen wird.[4] In diesen Fällen besteht für das Betreuungsgericht die Möglichkeit, eine einstweilige Anordnung zu treffen und von zeitintensiven Ermittlungsmaßnahmen des Hauptsacheverfahrens, wie etwa der Gutachteneinholung, abzusehen. Um die hierdurch bedingte qualitative Einbuße der Ermittlungen und den Umstand auszugleichen, dass das Betreuungsgericht auf einer erkannt unsicheren Tatsachengrundlage seine Entscheidung trifft, enthält § 300 FamFG besondere Bestimmungen, unter denen eine einstweilige Anordnung getroffen werden kann.

2. Anwendungsbereich

4 Durch einstweilige Anordnung nach § 300 FamFG kann ein vorläufiger Betreuer bestellt werden (Abs. 1). Dabei kommt es nicht darauf an, ob damit eine Erweiterung des Aufgabenkreises der Betreuung verbunden ist, da Abs. 1 allgemein von Betreuerbestellung spricht. Erfasst sind damit auch die Fälle des § 296 Abs. 2 FamFG oder die Bestellung eines weiteren Betreuers iSd § 1899 BGB ohne Erweiterung des Aufgabenkreises der Betreuung.[5] Ebenso wenig kommt es auf die Art der Betreuung an, so dass auch ein vorläufiger Kontrollbetreuer bestellt werden kann. Ferner kann ein vorläufiger oder endgültiger Betreuer ganz oder für Teilbereiche entlassen (Abs. 2) oder ein vorläufiger Einwilligungsvorbehalt (Abs. 1) angeordnet werden. Kraft Verweis gilt § 300 FamFG entsprechend für die vorläufige Bestellung eines weiteren Betreuers für einen neuen Aufgabenkreis (§ 293 Abs. 3 FamFG), die vorläufige Erweiterung des Aufgabenkreises der Betreuung und des Kreises der einwilligungsbedürftigen Willenserklärungen (§ 300 Abs. 1 FamFG) und – obwohl grundsätzlich nicht erforderlich (s. § 295 FamFG Rn 7) – für die vorläufige Verlängerung der Betreuerbestellung und der Anordnung des Einwilligungsvorbehaltes (§ 295 Abs. 1 S. 1 FGG). Weder § 300 FamFG noch §§ 49 ff FamFG finden auf die

---

1 BT-Drucks. 16/6308, 271.
2 Vgl zum bisherigen Recht: OLG München FamRZ 1996, 1022; OLG Hamm FamRZ 1995, 1595 zur vorläufigen Anordnung im Unterbringungsverfahren.
3 Vgl van Els, Verhältnis von Hauptverfahren zum Eilverfahren, FPR 2008, 406; Giers, Die Neuregelung der einstweiligen Anordnung durch das FamFG, FGPrax 2009, 47.
4 Vgl OLG Schleswig OLGReport 2005, 471.
5 Keidel/Budde, § 300 FamFG Rn 2; aA MK/Schmidt-Recla, § 300 FamFG Rn 4: keine Anwendung des § 300 FamFG, aber einstweilige Anordnung nach §§ 49 ff FamFG möglich.

Aufhebung und Einschränkung des Aufgabenkreises des Betreuers und des Kreises der einwilligungsbedürftigen Willenserklärungen Anwendung.[6] Hierfür besteht auch kein Bedürfnis. Sollte gleichwohl im Einzelfall dringender Handlungsbedarf dergestalt bestehen, einen bestellten Betreuer an der weiteren Wahrnehmung seines Betreueramtes ganz zu hindern, kann dieser ganz oder teilweise nach Abs. 2 entlassen werden, ohne dass ein neuer Betreuer bestellt wird. Die einstweilige Anordnung ergeht gemäß § 51 Abs. 3 S. 1 FamFG als selbstständige Entscheidung über die genannten Maßnahmen. Leitet das Betreuungsgericht das **Hauptsacheverfahren** ein, so ist dieses unverzüglich weiter zu betreiben, ggf in einem Aktendoppel oder Retent, wenn die Akte zum Beschwerdegericht versandt ist. Wird ein Hauptsacheverfahren nicht eingeleitet, so ist zu berücksichtigen, dass die vorläufige Anordnung mit Ablauf der Anordnungsdauer, spätestens aber nach sechs Monaten oder nach entsprechender, auch mehrmaliger, Verlängerung nach einem Jahr außer Kraft tritt (§ 302 FamFG). Ergänzend sind die §§ 49 ff FamFG anwendbar. Es gelten nach § 51 Abs. 2 S. 1 FamFG die Vorschriften, die für das Hauptverfahren gelten, soweit sich nicht aus den Besonderheiten des einstweiligen Rechtsschutzes etwas anderes ergibt. Beachtlich ist überdies, dass die verkürzte Beschwerdefrist des § 63 Abs. 2 Nr. 1 FamFG von zwei Wochen gilt.

Für andere, nicht § 300 FamFG unterfallende Entscheidungen gelten allein §§ 49 ff FamFG. Die Herausgabe des Betreuten nach §§ 1908 i Abs. 1 S. 1; 1632 Abs. 1 BGB kann daher nach § 49 FamFG angeordnet werden.[7] Bei Pflichtwidrigkeiten des Betreuers kann das Betreuungsgericht dem Betreuer ebenfalls im Wege einer einstweiligen Anordnung bestimmte Handlungs- oder Unterlassungspflichten auferlegen.[8]

Bei anderen als den genannten betreuungsrechtlichen Maßnahmen, wie der Erteilung einer Genehmigung oder Abgabe einer rechtsgeschäftlichen Erklärung (§ 299 FamFG), kann eine einstweilige Maßregel nach §§ 1908 i Abs. 1 S. 1, 1846 BGB dann in Betracht kommen, wenn ein Betreuer nicht, auch nicht vorläufig, bestellt ist und dringende Anhaltspunkte für die Notwendigkeit einer Betreuung bestehen[9] oder der Betreuer an der Aufgabenerledigung verhindert ist[10] und die mit dem Aufschub der Maßnahme verbundene Gefahr durch konkrete Tatsachen begründet ist (s. § 1846 BGB Rn 1 ff).[11] Die §§ 300 ff FamFG regeln die wichtigsten Eilfälle im Rahmen der Betreuerbestellung und Anordnung eines Einwilligungsvorbehaltes und sehen hierfür eigene Verfahren vor. Hingegen hat der Gesetzgeber für § 1846 BGB wegen der Vielgestaltigkeit der zu treffenden Entscheidungen bewusst keine besonderen Verfahrensvorschriften normiert, so dass das Betreuungsgericht das Verfahren nach § 26 FamFG gestaltet. Es besteht indes die Gefahr, dass das Betreuungsgericht Entscheidungen trifft, die der noch zu bestellende oder verhinderte Betreuer nicht getroffen hätte.[12] Daher sollte das Betreuungsgericht von der Möglichkeit des § 1846 BGB nur in **dringlichen Ausnahmefällen** restriktiv Gebrauch machen

---

6 Damrau/Zimmermann, § 300 FamFG Rn 6.
7 OLG Frankfurt/M. FGPrax 2003, 81.
8 Damrau/Zimmermann, § 300 FamFG Rn 5.
9 OLG Bamberg NJW-RR 2012, 467.
10 BayObLG FamRZ 2000, 566.
11 BayObLG FamRZ 2000, 566.
12 Vgl LG Frankfurt/M. BtPrax 2001, 174.

und **keine vorgreiflichen** Maßregeln treffen,[13] um die gebotene Beteiligung des Betreuers nicht zu umgehen[14] (s. auch § 1846 BGB Rn 1 ff). Bei diesen Maßnahmen handelt es sich nicht um einstweilige Anordnungen nach § 49 FamFG, da mit dem Erlass der Maßnahme das Verfahren beendet ist und dem ggf erst noch zu bestellenden (vorläufigen) Betreuer anheimgestellt bleibt, ob er diese Maßnahme aufrecht erhält oder sich anderweitig entscheidet.[15]

II. Bedeutung für das Betreuungsgericht

1. Zuständigkeit

6   Für einstweilige Anordnungen besteht die der allgemeinen Vorschrift des § 50 FamFG vorgehende örtliche Zuständigkeit nach § 272 Abs. 1 FamFG, für Deutsche ohne gewöhnlichen Aufenthalt im Inland die des § 272 Abs. 1 Nr. 4 FamFG. Daneben besteht die Zuständigkeit des § 272 Abs. 2 FamFG. **Funktionell** zuständig ist der jeweils für die Hauptsacheentscheidung zuständige gerichtliche Funktionsträger, also Betreuungsrichter oder Rechtspfleger (s. § 272 FamFG Rn 9). Die persönliche Anhörung des Betroffenen kann abweichend von § 278 Abs. 3 FamFG nach Abs. 1 S. 2 ausnahmsweise auch durch den ersuchten Richter erfolgen.

2. Voraussetzungen (Abs. 1)

a) Antrag

7   Ein Antrag auf Erlass einer einstweiligen Anordnung ist im Umkehrschluss zu § 51 Abs. 1 S. 1 FamFG nicht erforderlich, da das Betreuungsgericht auch **von Amts wegen** tätig werden muss.[16]

b) Dringende Gründe und dringendes Bedürfnis (Abs. 1 S. 1 Nr. 1)

8   Es muss zunächst eine **erhebliche Wahrscheinlichkeit** für den **Erlass** der betreuungsrechtlichen Maßnahme bestehen (dringende Gründe).[17] Das Betreuungsgericht muss von Amts wegen prüfen, ob aufgrund konkreter Tatsachen eine erhebliche Wahrscheinlichkeit dafür spricht, dass die Voraussetzungen für die jeweilige Maßnahme gegeben sind.[18] Des vollen Beweises der entscheidungserheblichen Tatsachen bedarf es nicht; es genügt die Glaubhaftmachung. Glaubhaft gemachte Tatsachen dürfen auch dann verwertet werden, wenn der Betroffene sie bestreitet.[19] Soll ein vorläufiger Betreuer bestellt werden, muss also eine hohe Wahrscheinlichkeit dafür bestehen, dass Betreuungsbedürftigkeit und Betreuungsbedarf gegeben sind.[20] Soll die Betreuung gegen den Willen des

---

13   OLG Schleswig BtPrax 2001, 211.
14   BayObLG FamRZ 2002, 419; vgl auch OLG München BtPrax 2006, 36.
15   Damrau/Zimmermann, § 300 FamFG Rn 7; Prütting/Helms/Fröschle, § 300 FamFG Rn 10.
16   Giers, Die Neuregelung der einstweiligen Anordnung durch das FamFG, FGPrax 2009, 47.
17   KG FGPrax 2008, 226; BayObLG FamRZ 1999, 1611.
18   BayObLG FamRZ 1999, 1611.
19   BayObLG BtPrax 2004, 159.
20   BayObLG FamRZ 1999, 1611; BayObLG BtPrax 1997, 197; LG Bochum FamRZ 2010, 1471; vgl auch OLG Hamm FamRZ 1995, 433.

Betroffenen eingerichtet werden, hat das Betreuungsgericht zu prüfen, ob der Betroffene seinen Willen nicht frei bestimmen kann.[21]

Des Weiteren muss ein dringendes Bedürfnis für ein **sofortiges Tätigwerden** bestehen.[22] Hierbei ist eine **Abwägung** vorzunehmen. Das Betreuungsgericht muss diejenigen Nachteile, die entstehen, wenn von der einstweiligen Anordnung abgesehen und die Durchführung des Hauptsacheverfahrens abgewartet wird, denjenigen Nachteilen gegenüber stellen, die drohen, wenn unter Verzicht auf ausreichende Ermittlung die Maßnahme schon jetzt im Wege der einstweiligen Anordnung erlassen wird.[23] Da die im Wege der einstweiligen Anordnung zu erlassenden Maßnahmen einen Eingriff in die Rechte des Betroffenen darstellen[24] und aufgrund der Eilbedürftigkeit hingenommen wird, dass das Betreuungsgericht die Betreuungsbedürftigkeit des Betroffenen auf einer unsicheren Grundlage (ärztliches Zeugnis statt Sachverständigengutachten) ermittelt, genügt nicht jeder mit dem Aufschub der Maßnahme verbundene, sondern nur ein **erheblicher Nachteil**.[25] Wann ein erheblicher Nachteil vorliegt, bedarf der Entscheidung im Einzelfall. Ein erheblicher Nachteil für den Betroffenen ist jedenfalls dann gegeben, wenn das Absehen von der unaufschiebbaren Maßnahme zum Eintritt einer irreparablen oder schwerwiegenden Folge für den Betroffenen führte. Je wichtiger das gefährdete Rechtsgut oder Recht des Betroffenen ist, desto geringere Anforderungen sind an die Intensität und den Umfang des voraussichtlich eintretenden Nachteils zu stellen. Ist eine konkrete Gefahr, die keinen Aufschub duldet, überhaupt nicht erkennbar, verbietet sich indes der Erlass einer einstweiligen Anordnung.[26]

Bedarf es der Bestellung eines vorläufigen Betreuers für den Bereich der **Gesundheitsfürsorge**, wird im Regelfall genügen, dass der Betroffene einwilligungsunfähig (s. § 298 FamFG Rn 8) ist und aufgrund des Hinauszögerns der medizinisch indizierten Untersuchung oder Behandlung des Betroffenen massive Schäden[27] in Form einer ernsthaften Verschlechterung seines Gesundheitszustandes oder seiner Heilungschancen drohen; je ernsthafter die Erkrankung ist, desto geringere Anforderungen sind an die Wahrscheinlichkeit des eintretenden Nachteils zu stellen.[28] Häufig tritt das Problem auf, dass der Betroffene sich kurzfristig im Heim oder Krankenhaus aufhält und eine Rückkehr in seine Wohnung unwahrscheinlich scheint. Allein der Umstand, dass möglicherweise **Mietschulden** weiter anlaufen, rechtfertigt nicht, einen vorläufigen Betreuer zum Zwecke der Wohnungskündigung zu bestellen; die gilt erst recht dann, wenn die Mieten weiter gezahlt werden können. Denn die Frage, ob die Wohnung gekündigt werden soll, sollte nicht in einem summarischen Verfahren getroffen werden. Anders kann dies indes sein, wenn die Betreuerbestellung dazu

---

21 BayObLG FamRZ 1999, 1611; BayObLG BtPrax 1997, 197.
22 OLG Schleswig OLGReport 2005, 471.
23 Vgl BayObLG FamRZ 1995, 962; Damrau, Bestellung eines vorläufigen Betreuers – Auswirkungen auf die Testamentsvollstreckung, ZEV 1995, 66 wonach ein weiterer Nachteil darin besteht, dass das Amt des Testamentsvollstreckers erlischt, wenn für ihn ein vorläufiger Betreuer für alle Vermögensangelegenheiten bestellt wird.
24 BVerfG BtPrax 2009, 27.
25 BayObLG FamRZ 1999, 1611; BayObLG FamRZ 1997, 1288.
26 OLG Oldenburg NdsRpfl 2003, 387.
27 BayObLG FamRZ 2001, 935; LG Stuttgart BWNotZ 2002, 45.
28 Vgl LG Bochum FamRZ 2010, 1471, fehlende Einkünfte und fehlender Krankenversicherungsschutz.

dienen soll, das Anlaufen von Mietschulden oder Heimkosten und damit einen Verlust der Wohnung oder des Heimplatzes zu verhindern. Allein der Umstand, dass der Betroffene aufgrund seiner Betreuungsbedürftigkeit **Rechnungen nicht zahlt**, ist für sich isoliert betrachtet kein Grund, einen vorläufigen Betreuer zu bestellen. Erst dann, wenn aufgrund der beträchtlichen Höhe der Verbindlichkeiten damit gerechnet werden muss, dass hierdurch erhebliche Schäden in Form von Verzugszinsen, außergerichtlichen und gerichtlichen Kosten der Gläubiger entstehen, kann im Ausnahmefall der Erlass einer einstweiligen Anordnung in Betracht kommen.[29] Ein vorläufiger Einwilligungsvorbehalt kommt auch in Betracht, wenn **erhebliche nachteilige Transaktionen** zulasten des Betroffenen **verhindert** werden sollen.[30]

11 Sowohl das Vorliegen der Voraussetzungen für den Erlass der Maßnahme als auch die Annahme des dringenden Bedürfnisses müssen **aus konkreten Tatsachen ableitbar** sein.[31] Obwohl voller Beweis nicht erforderlich ist und die **Glaubhaftmachung** auch bei Bestreiten des Betroffenen genügt,[32] ist nach § 26 FamFG eine möglichst sorgfältige Tatsachenermittlung geboten.[33] Glaubhaftmachung bedeutet, dass für das Vorliegen der einzelnen Tatsachen anhand konkreter Umstände eine erhebliche Wahrscheinlichkeit besteht.[34] Missachtet das Betreuungsgericht diese Grundsätze, kann dies einen Amtshaftungsanspruch gegen die Anstellungskörperschaft auslösen.[35]

c) Ärztliches Zeugnis (Abs. 1 S. 1 Nr. 2)

12 Dem Betreuungsgericht muss ein ärztliches Zeugnis (s. § 281 FamFG Rn 11) über den Gesundheitszustand des Betroffenen, seiner Betreuungsbedürftigkeit und deren Dauer vorliegen.[36] Soll der vorläufige Betreuer gegen den Willen des Betroffenen bestellt werden, muss das Attest sich dazu verhalten, dass der Betroffene nicht in der Lage ist, seinen Willen frei zu bilden.[37] Diagnostiziert der Arzt eine psychische Erkrankung, muss er die hierzu erforderliche Sachkunde entsprechend § 280 Abs. 1 S. 2 FamFG (s. dort Rn 9) besitzen.[38] Es kann aber auch das Zeugnis eines (Haus-)Arztes, der den Betroffenen bereits länger kennt, ausreichend sein. Der Arzt muss den Betroffenen zuvor – nicht notwendig aus Anlass der Zeugniserstellung – **persönlich befragt bzw untersucht** haben;[39] eine fernmündliche Befragung genügt nicht.[40] Zwar verweist § 300 FamFG – anders als etwa § 281 Abs. 2 FamFG – nicht auf § 280 Abs. 2 FamFG. Jedoch wird ohne vorherige Befragung oder Untersuchung der Zustand des Betroffenen kaum glaubhaft gemacht werden können. Auch bei ent-

---

29 Vgl BayObLG NJWE-FER 2001, 98.
30 BayObLG FamRZ 2004, 1814; OLG Hamm FamRZ 1993, 722; LG Marburg FamRZ 2005, 549.
31 BayObLG FamRZ 1999, 1611.
32 BayObLG BtPrax 2004, 159.
33 BVerfG NJW 1998, 1774 zu § 70 h FGG.
34 Vgl BayObLG BtPrax 2004, 159.
35 KG RuP 1996, 86; Zimmermann, Richter- und Rechtspflegerhaftung im Betreuungsrecht, BtPrax 2008, 185.
36 BayObLG NJWE-FER 2001, 98.
37 BayObLG FamRZ 1999, 1611.
38 BayObLG FamRZ 1999, 1611.
39 OLG Frankfurt/M. FGPrax 2005, 23; Keidel/Budde, § 300 FamFG Rn 6; aA Bassenge/Roth § 300 FamFG Rn 5.
40 OLG Frankfurt/M. FamRZ 2005, 303; OLG Hamm BtPrax 1999, 238.

sprechender praktischer Erfahrung des Betreuungsgerichts und vermeintlicher Eindeutigkeit der Betreuungsbedürftigkeit kann von der Einholung des ärztlichen Attestes angesichts des ausdrücklichen, keine Ausnahme nennenden Wortlauts und des Umstandes, dass es sich bei der Einholung eines ärztlichen Zeugnisses ohnehin nur um eine Minimumanforderung handelt, nicht abgesehen werden. Eines ärztlichen Zeugnisses bedarf es nur dann nicht, wenn ein Fall des § 293 Abs. 2 S. 1 FamFG (s. dort Rn 7 ff) vorliegt.

d) Verfahrenspfleger (Abs. 1 S. 1 Nr. 3)

Nach Maßgabe des § 276 FamFG (s. dort) ist *vor* und nicht erst mit Erlass der Maßnahme ein Verfahrenspfleger zu bestellen und anzuhören. Ihm ist Gelegenheit zur Stellungnahme einzuräumen; hat er bereits Beschwerde eingelegt, bedarf es seiner Anhörung indes nicht mehr. 13

e) Persönliche Anhörung (Abs. 1 S. 1 Nr. 4, S. 2)

Der Betroffene muss zumindest durch den ersuchten Richter persönlich angehört werden; ein Absehen von der Anhörung wegen irriger Annahme der Voraussetzungen des Abs. 1 S. 2 stellt eine haftungsbegründende Amtspflichtverletzung dar. Die Anhörung richtet sich nach § 278 FamFG. Dies ergibt sich aus § 51 Abs. 2 S. 1 FamFG und im Umkehrschluss zu Abs. 1 S. 2. Denn wenn nach dem Willen des Gesetzgebers für die persönliche Anhörung § 278 FamFG nicht hätte gelten sollen, wäre die ausdrückliche Bestimmung einer von § 278 Abs. 3 FamFG abweichenden Regelung schlicht überflüssig gewesen. 14

Von der Anhörung kann gemäß §§ 51 Abs. 1 S. 1; 278 Abs. 4; 34 Abs. 2 FamFG dann **abgesehen** werden, wenn hiervon erhebliche Nachteile für die Gesundheit des Betroffenen zu befürchten sind oder der Betroffene offensichtlich äußerungsunfähig ist (s. § 278 FamFG Rn 28 f). Der Einholung eines Gutachtens nach § 278 Abs. 4 FamFG bedarf es aber wegen der Eilbedürftigkeit nicht.[41] Zweckmäßigerweise sollte aber das nach Abs. 1 S. 1 Nr. 2 einzuholende ärztliche Zeugnis auch hierüber Aussagen enthalten. Die Anhörung anderer Beteiligter richtet sich nach §§ 51 Abs. 1 S. 1; 279 FamFG. Es kommt allenfalls die Anhörung der Betreuungsperson und einer Vertrauensperson (§ 279 Abs. 2, Abs. 3 FamFG) in Betracht, falls dies mit der Eilbedürftigkeit zu vereinbaren ist.[42] 15

Weigert sich der Betroffene, zur persönlichen Anhörung zu erscheinen, kann er nach § 278 Abs. 5 FamFG vorgeführt werden,[43] da § 278 Abs. 1, 2, 5 bis 7 FamFG ergänzend Anwendung findet (s. Rn 14). 16

f) Beschlussinhalt und Wirksamkeit

Wie sich im Umkehrschluss aus § 301 Abs. 2 FamFG ergibt, kann das Betreuungsgericht von der Einhaltung der für die Betreuerbestellung geltenden mate- 17

---

41 BT-Drucks. 16/6308, 271.
42 Weitergehend Prütting/Helms/Fröschle, § 300 FamFG Rn 23, auch § 279 Abs. 4 FamFG.
43 Bassenge/Roth, § 300 FamFG Rn 7; Jürgens/Kretz, § 300 FamFG Rn 9; Keidel/Budde, § 300 FamFG Rn 8; MK/Schmidt-Recla, § 300 FamFG Rn 13; Prütting/Helms/Fröschle, § 300 FamFG Rn 29; aA noch Vorauflage § 300 FamFG Rn 16.

riellrechtlichen Vorschriften auch bei Annahme einer erheblichen Wahrscheinlichkeit drohender Nachteile nicht absehen.

18 Der Beschluss ist nach § 38 Abs. 3, Abs. 5 Nr. 2 FamFG zu begründen. Der Beschluss hat nicht den Überprüfungszeitpunkt nach § 286 Abs. 3 FamFG, sondern die **Dauer der Maßnahme** nach § 302 FamFG zu enthalten. Enthält der Beschluss keine kürzere Frist, gilt die Höchstfrist von sechs Monaten. Beachtlich ist, dass die einstweilige Anordnung nicht nur nach Ablauf des nach § 302 FamFG maßgeblichen Zeitpunkts außer Kraft tritt, sondern nach § 56 Abs. 1 S. 1 FamFG auch dann, wenn das Gericht der Hauptsache (s. Rn 23) eine Hauptsacheentscheidung trifft. Hat das Betreuungsgericht nach § 34 Abs. 2 FamFG von der persönlichen Anhörung des Betroffenen **abgesehen**, hat es dies gesondert zu **begründen**.

19 Der Beschluss ist mit einer Rechtsmittelbelehrung (§ 39 FamFG) zu versehen (s. § 286 FamFG Rn 31); hierzu gehört eine **Belehrung** der Beteiligten (s. § 274 FamFG Rn 12 ff) über ihr Recht, die Einleitung eines Hauptsacheverfahrens beantragen zu können,[44] da das Betreuungsgericht nach § 52 Abs. 1 S. 1 FamFG auf **Antrag** eines Beteiligten das Hauptsacheverfahren einzuleiten hat. Das Betreuungsgericht kann eine Wartefrist für den Antrag der Beteiligten auf Einleitung des Hauptverfahrens bestimmen, damit diese nicht übereilt derartige Anträge stellen (§ 52 Abs. 2 S. 2 FamFG). Die Frist darf höchstens drei Monate betragen und sollte im Regelfall kürzer ausfallen.[45] Einer entsprechenden Belehrung über das Antragsrecht bedarf es nur dann nicht, wenn das Betreuungsgericht ohnehin das Hauptsacheverfahren **von Amts wegen** einleiten will.

20 Ist das Betreuungsgericht nur aufgrund seiner **Eilzuständigkeit** nach § 272 Abs. 2 FamFG tätig geworden, hat es nach Erlass der einstweiligen Anordnung die Akte an das nach § 272 Abs. 1 FamFG zuständige Betreuungsgericht zu übersenden.[46] Da es für die Entscheidung über die Einleitung des Hauptsacheverfahrens unzuständig ist, wird das Eilgericht stets eine Belehrung über das Antragsrecht der Beteiligten mit Fristsetzung erteilen, da es nicht wissen kann, ob das zuständige Betreuungsgericht des Hauptsacheverfahrens dieses von Amts wegen einleiten wird.

21 Der Beschluss wird nach § 287 Abs. 1 FamFG mit Bekanntgabe an den (vorläufigen) Betreuer wirksam. Die **sofortige Wirksamkeit** des Beschlusses kann nach Maßgabe des § 287 Abs. 2 FamFG (s. dort) angeordnet werden. Wird die sofortige Wirksamkeit angeordnet, ist der Übergabe- bzw Bekanntgabezeitpunkt (s. § 287 FamFG Rn 7 f) auf dem Beschluss zu vermerken.

g) Beschlussformel

22 ▶ In dem Betreuungsverfahren für ... [genaue Bezeichnung des Betroffenen] wird durch einstweilige Anordnung für den Betroffenen ... [genaue Bezeichnung des Betreuers/des Vereins/der Behörde] als Mitarbeiter des Vereins/der Behörde zum vorläufigen Betreuer/Berufsbetreuer/Vereinsbetreuer/Behördenbetreuer bis zum ... [genaues Datum] bestellt. Zum Aufgabenkreis wird bestimmt ... [genaue Bezeichnung]. Die einstweilige Anordnung tritt am ... [Datum des Zeitpunkts des Außerkrafttretens] außer Kraft. ◀

---

44 BT-Drucks. 16/6308, 201.
45 BT-Drucks. 16/6308, 201.
46 BayObLG BtPrax 2002, 270.

h) Einleitung des Hauptsacheverfahrens

Das für das Hauptsacheverfahren zuständige Betreuungsgericht ist **zur Prüfung, ob ein Hauptsacheverfahren einzuleiten ist, verpflichtet**. Ist absehbar, dass über die mit der vorläufigen Regelung verbundene Maßnahme hinaus keine Betreuungsbedürftigkeit oder kein Betreuungsbedarf bestehen wird, bedarf es der Einleitung eines Hauptsacheverfahrens nicht.[47] Der Vorteil besteht in diesem Falle in der Vermeidung sowohl etwaiger Belastungen des Betroffenen als auch der Kosten des Hauptsacheverfahrens.

23

3. Dauer, Verlängerung und Änderung

Die einstweilige Anordnung tritt mit Ablauf der Frist (§ 302 FamFG) außer Kraft. Leitet das Gericht ein Hauptsacheverfahren ein und trifft es eine Hauptsacheentscheidung, tritt die einstweilige Anordnung nach § 56 Abs. 1 S. 1 FamFG außer Kraft. Hinsichtlich der Verlängerung vgl § 302 FamFG. Das die einstweilige Anordnung erlassende Betreuungsgericht kann trotz § 54 Abs. 4 FamFG die einstweilige Anordnung im Sinne einer Einschränkung oder gar Aufhebung auch dann ändern, wenn ein Beschwerdeverfahren anhängig ist, da § 294 FamFG ungeachtet der Anhängigkeit eines Beschwerdeverfahrens eine Änderungsmöglichkeit vorsieht.[48]

24

4. Mitteilungspflichten

Wird ein vorläufiger Einwilligungsvorbehalt für den Bereich des **Aufenthaltsbestimmungsrechts** angeordnet, hat der Betreuungsrichter (Kap. XV/5 Abs. 2 MiZi) nach Rechtskraft der Entscheidung eine abgekürzte Ausfertigung der zuständigen **Meldebehörde** zu übersenden (§ 309 Abs. 2 S. 2 FamFG).

25

5. Entlassung des Betreuers (Abs. 2)

Die vollständige oder teilweise Entlassung eines auch nur vorläufigen Betreuers ist nach Abs. 2 dann möglich, wenn eine erhebliche Wahrscheinlichkeit für das Vorliegen der Voraussetzungen des § 1908 b BGB und ein dringendes Bedürfnis für eine sofortige Entlassung wegen erheblicher drohender Nachteile für die Interessen des Betroffenen durch den Aufschub der Maßnahme gegeben sind. Letzteres wird etwa dann der Fall sein, wenn der Betreuer eine Maßnahme ankündigt, vorbereitet oder fortzusetzen beabsichtigt, die mit einer Gefahr für den Betroffenen verbunden ist, die auch durch rechtzeitige Aufsichtsmaßnahmen nach §§ 1908 i Abs. 1 S. 1, 1837 Abs. 2 S. 1 BGB nicht verhindert werden kann,[49] oder ein beträchtlicher Schaden für den Betreuten droht oder gar eingetreten ist.[50] Voller Beweis ist nicht erforderlich; Glaubhaftmachung (vgl Rn 11) genügt. Es ist aus Verhältnismäßigkeitsgesichtspunkten überdies stets zu prüfen, ob nicht der Schaden, der durch eine Entlassung des Betreuers droht, außer Verhältnis zur drohenden Gefahr steht.[51] Daher kann auch eine Teilentlassung etwa dann in Betracht kommen, wenn der für die Aufgabenbe-

26

---

47 Vgl Giers, Die Neuregelung der einstweiligen Anordnung durch das FamFG, FGPrax 2009, 47.
48 Keidel/Budde, § 300 FamFG Rn 13.
49 BT-Drucks. 11/4528, 178.
50 OLG Hamm FGPrax 2008, 246.
51 BayObLG FamRZ 1994, 325.

reiche der Gesundheitsfürsorge und Vermögenssorge bestellte Betreuer allein im letzteren Bereich überfordert ist und dem Betreuten dadurch erheblicher finanzieller Schaden droht. Wird der Betreuer entlassen, ist weiterhin zu prüfen, ob ein neuer vorläufiger Betreuer zu bestellen ist.

a) Verfahren

27 Mangels entsprechender Verweise richtet sich das **Entlassungsverfahren** im Wege einer einstweiligen Anordnung nicht nach Abs. 1 oder § 296 Abs. 1 FamFG, sondern nach § 26 FamFG; zwar gelten nach § 51 Abs. 2 S. 1 FamFG die Vorschriften, die für eine entsprechende Hauptsache gelten; dem steht aber die Eilbedürftigkeit entgegen.[52] Dem Betreuten, dem Betreuer und einem bestellten Verfahrenspfleger ist nach Art. 103 Abs. 1 GG **Gelegenheit zur Äußerung** zu geben, sofern dadurch das **Ziel**, die Gefahr für Rechte oder Rechtsgüter des Betroffenen abzuwenden, **nicht vereitelt** wird;[53] dann ist die Anhörung nachzuholen.[54] Wie sich im Umkehrschluss zu § 301 Abs. 2 FamFG ergibt, gelten für die **Bestellung** des neuen vorläufigen Betreuers die gleichen materiellen Voraussetzungen wie bei der Betreuerbestellung im Hauptsacheverfahren, also auch § 1897 Abs. 4 und Abs. 5 BGB; hinsichtlich des Verfahrens der Bestellung des neuen vorläufigen Betreuers gilt nicht Abs. 1, da dies die erstmalige Bestellung des Betreuers voraussetzt, sondern §§ 51 Abs. 2 S. 1, 296 Abs. 2 FamFG,[55] so dass der Betreute grundsätzlich **persönlich** anzuhören ist, es sei denn, dass er sein Einverständnis mit dem Betreuerwechsel erklärt hat (s. § 296 FamFG Rn 13).

28 Die Entlassungsentscheidung ist nach § 38 Abs. 3, Abs. 5 Nr. 2 FamFG zu begründen, zu unterschreiben und mit der Rechtsmittelbelehrung (§ 39 FamFG) zu versehen (s. § 286 FamFG Rn 31). Das Betreuungsgericht kann die sofortige Wirksamkeit des Beschlusses nach § 287 Abs. 2 FamFG (s. dort) anordnen; in diesem Falle ist der Übergabe- bzw Bekanntgabezeitpunkt (s. § 287 FamFG Rn 7 f) auf dem Beschluss zu vermerken. Das Betreuungsgericht kann seine einstweilige Anordnung nach § 54 Abs. 1 FamFG nachträglich ändern; dies gilt entgegen § 54 Abs. 4 FamFG auch dann, wenn bereits ein Rechtsmittel eingelegt worden ist[56] (s. Rn 24).

b) Beschlussformel

29 ▶ In ... [Rubrum] wird durch einstweilige Anordnung der bisherige Betreuer ... [genaue Bezeichnung] entlassen (und statt seiner ... [genaue Bezeichnung des Betreuers/des Vereins/der Behörde] als Mitarbeiter des Vereins/der Behörde zum vorläufigen Betreuer/Berufsbetreuer/Vereinsbetreuer/Behördenbetreuer bis zum ... [genaues Datum] bestellt). ◀

III. Bedeutung für den Betroffenen

30 Der Betroffene kann sowohl gegen die einstweilige Anordnung als auch gegen die Ablehnung deren Erlasses Beschwerde iSd § 58 Abs. 1 FamFG einlegen, da es sich aufgrund der Selbstständigkeit des einstweiligen Anordnungsverfahrens

---

52 Bassenge/Roth, § 300 FamFG Rn 14.
53 Jürgens/Kretz, § 300 FamFG Rn 11.
54 Keidel/Budde, § 300 FamFG Rn 21.
55 Bassenge/Roth, § 300 FamFG Rn 2, 12.
56 Keidel/Budde § 300 FamFG Rn 13.

(§ 51 Abs. 3 S. 1 FamFG) um eine Endentscheidung handelt. § 57 FamFG gilt nicht für Betreuungssachen. Die Rechtsbeschwerde ist aber nach § 70 Abs. 4 FamFG ausgeschlossen. Zu beachten ist aber, dass die **verkürzte Beschwerdefrist von zwei Wochen** (§ 63 Abs. 2 Nr. 1 FamFG) sowohl im Falle des Erlasses der Anordnung als auch im Falle der Ablehnung des Erlasses gilt.[57] Hat sich die einstweilige Anordnung durch Zeitablauf erledigt, kann ein Rechtsmittel dann eingelegt oder mit dem Ziel weiter aufrechterhalten werden, die Rechtswidrigkeit der Maßnahme festzustellen, da diese einen **tiefgreifenden Grundrechtseingriff** bewirkt hat (§ 62 Abs. 2 Nr. 1 FamFG (s. § 294 FamFG Rn 21).[58] Dann kann das Beschwerdegericht nach § 62 Abs. 1 FamFG auf Antrag aussprechen, dass die Entscheidung des Betreuungsgerichts den Beschwerdeführer in seinen Rechten verletzt hat. Ist hingegen während der Dauer der einstweiligen Anordnung ein Betreuer im Hauptsacheverfahren bestellt worden, hat sich nach § 56 Abs. 1 FamFG die vorläufige Betreuung insofern erledigt, als sie nunmehr durch eine endgültige Betreuung ersetzt worden ist; der Betreute sollte dann gegen die endgültige Betreuung Beschwerde (mit Monatsfrist) einlegen, da die früher eingelegte Beschwerde nicht fortwirkt.[59]

IV. Bedeutung für den Betreuer

Dem vorläufig bestellten Betreuer ist eine Bestellungsurkunde (§ 290 FamFG) auszuhändigen; eine Verpflichtung erfolgt nur im Falle des unerfahrenen ehrenamtlichen Betreuers (s. § 289 FamFG Rn 4).

Hat das Betreuungsgericht eine vorläufige Anordnung nach §§ 1908i Abs. 1 S. 1; 1846 BGB getroffen, muss der nunmehr bestellte oder nicht mehr verhinderte Betreuer **unverzüglich prüfen**, ob er die Maßregel aufheben, ändern oder unverändert bestehen lassen will. Da das Betreuungsgericht die Maßregel an seiner Stelle getroffen hat, kann der Betreuer diese Maßregel auch **selbstständig** aufheben oder ändern; eines besonderen Beschlusses des Betreuungsgerichtes bedarf er nicht.

Der Betreuer kann die einstweilige Anordnung mit dem Rechtsmittel anfechten, welches ihm auch im Falle der Entscheidung im Hauptsacheverfahren zustünde; er wird aber die verkürzte Beschwerdefrist von zwei Wochen (§ 63 Abs. 2 Nr. 1 FamFG) zu beachten haben.

V. Bedeutung für den Verfahrenspfleger oder Verfahrensbevollmächtigten

Sie haben auf die Einhaltung der materiell- und verfahrensrechtlichen Vorschriften zu achten, also insbesondere darauf, ob ein aussagekräftiges Zeugnis vorliegt und bei Absehen von der persönlichen Anhörung des Betroffenen die Voraussetzungen des § 34 Abs. 2 FamFG vorlagen. Insbesondere dann, wenn der Betroffene sich gegen die Maßnahme ausspricht, sollten sie prüfen, ob das Betreuungsgericht ausreichende Feststellungen dazu getroffen hat, dass der Betroffene seinen Willen nicht frei bilden kann. Sie sollten im Vorfeld der Maßnahme ermitteln, ob die dem Betroffenen drohenden Nachteile nicht durch alternative Maßnahmen abgewendet werden können.

---

57 BT-Drucks. 17/10490, 18.
58 BVerfG NJW 2002, 206; OLG Köln FGPrax 2009, 69; OLG Rostock OLGReport 2007, 404; OLG München FGPrax 2008, 209; BayObLG Rpfleger 2004, 285.
59 Zimmermann, Rn 503.

VI. Bedeutung für Dritte

35 Wollen Dritte den Erlass einer einstweiligen Anordnung erwirken, sollten sie trotz der umfassenden Amtsaufklärungspflicht des Betreuungsgerichts die möglichen schwerwiegenden nachteiligen Folgen für den Betroffenen im Falle eines weiteren Zuwartens in ihrer Anregung darstellen. Allein der Hinweis auf **mögliche finanzielle Schäden** für den Betroffenen wird den Erlass einer einstweiligen Anordnung nur dann nahe legen, wenn diese existenzbedrohende Ausmaße oder irreparable Folgen für den Betroffenen befürchten lassen.

36 Die zuständige Behörde und die in § 303 Abs. 2 FamFG Genannten können gegen die erlassene einstweilige Anordnung **Beschwerde** einlegen; die verkürzte Beschwerdefrist nach § 63 Abs. 2 Nr. 1 FamFG von **zwei Wochen** ist zu beachten. Hat das Betreuungsgericht nicht das Hauptsacheverfahren eingeleitet, werden die Beteiligten (s. § 274 FamFG Rn 12 ff) überprüfen müssen, ob sie den **Antrag auf Einleitung des Hauptsacheverfahrens** stellen sollen. Dies wird nur dann der Fall sein, wenn auch nach Außerkrafttreten der einstweiligen Anordnung infolge Zeitablaufs die Betreuungsbedürftigkeit des Betroffenen vorliegt und weiterer Betreuungsbedarf gegeben sein wird. Ist hingegen davon auszugehen, dass über die mit der einstweiligen Anordnung getroffene Regelung hinaus kein weiterer Handlungsbedarf besteht, sollte von der Antragstellung abgesehen werden, da sie außer weiteren Kosten und insbesondere durch die mit der Untersuchung des Betroffenen durch den Sachverständigen (§ 280 FamFG) und die erfolgte persönliche Anhörung durch das Betreuungsgericht (§ 278 FamFG) für diesen verbundenen Belastungen keinen weiteren Vorteil für den Betroffenen hätte.

§ 301 FamFG Einstweilige Anordnung bei gesteigerter Dringlichkeit

(1) ¹Bei Gefahr im Verzug kann das Gericht eine einstweilige Anordnung nach § 300 bereits vor Anhörung des Betroffenen sowie vor Anhörung und Bestellung des Verfahrenspflegers erlassen. ²Diese Verfahrenshandlungen sind unverzüglich nachzuholen.

(2) Das Gericht ist bei Gefahr im Verzug bei der Auswahl des Betreuers nicht an § 1897 Abs. 4 und 5 des Bürgerlichen Gesetzbuchs gebunden.

I. Allgemeines

1. Bedeutung

1 § 301 FamFG entspricht dem § 69f Abs. 1 S. 4 und 5 FGG. Die im Hauptsacheverfahren durchzuführenden Ermittlungen, insbesondere in Form der Gutachteneinholung und der Anhörung der Beteiligten, führen zu zeitlichen Verzögerungen, die bei dringendem Regelungsbedarf zu erheblichen Nachteilen für den Betroffenen führen könnten. Abhilfe schafft die einstweilige Anordnung nach § 300 FamFG, die entsprechende zeitaufwändige Ermittlungsmaßnahmen in Form der **Gutachteneinholung entbehrlich** macht. Gleichwohl sind auch im einstweiligen Anordnungsverfahren zeitliche Verzögerungen bedingende Verfahrenshandlungen in Form der persönlichen Anhörung des Betroffenen und der Bestellung und Anhörung des Verfahrenspflegers vorgesehen, die den sofortigen Erlass einer Maßnahme hindern. Zu diesem Zweck kann unter der

qualifizierten Voraussetzung, dass **Gefahr im Verzug** vorliegt, das Betreuungsgericht von der Vornahme auch dieser Verfahrenshandlungen absehen und nach selbstverständlich stets umfassend vorzunehmender Ermittlung und Prüfung die erforderliche einstweilige Anordnung bei gesteigerter Dringlichkeit anordnen und die zunächst unterlassenen Anhörungen nachholen.

2. Anwendungsbereich
Zum Anwendungsbereich s. § 300 FamFG Rn 4.

II. Bedeutung für das Betreuungsgericht
1. Zuständigkeit
Zur Zuständigkeit s. § 300 FamFG Rn 6.

2. Absehen von Verfahrenshandlungen (Abs. 1)
Das Betreuungsgericht hat das nach § 300 FamFG vorgesehene Verfahren (s. dort Rn 7 ff) einzuhalten. Lediglich bei **Gefahr im Verzug** kann das Betreuungsgericht nach Abs. 1 S. 1 nur von den Verfahrenshandlungen nach § 300 Abs. 1 S. 1 Nr. 3, Nr. 4 FamFG, also der Bestellung und Anhörung des Verfahrenspflegers und der persönlichen Anhörung des Betroffenen zunächst absehen. Diese Anhörungen sind jedoch nach § 301 Abs. 1 S. 2 FamFG **unverzüglich**, also ohne schuldhaftes Zögern (§ 121 Abs. 1 S. 1 BGB) **nachzuholen**. Wird dies versäumt, so wird die einstweilige Anordnung nachträglich rechtswidrig.[1] Von den weiteren Anforderungen des § 300 FamFG ist das Betreuungsgericht selbstverständlich nicht entbunden. Auch bei der einstweiligen Anordnung bei gesteigerter Dringlichkeit müssen dringende Gründe für den Erlass der Maßnahme und ein dringendes Bedürfnis für deren sofortigen Erlass bestehen und ein **ärztliches Zeugnis** (s. § 300 FamFG Rn 12) vorliegen. Eines ärztlichen Zeugnisses bedarf es nur dann nicht, wenn ein Fall des § 293 Abs. 2 FamFG vorliegt.

Gefahr im Verzug liegt dann vor, wenn über die Voraussetzungen des § 300 Abs. 1 S. 1 Nr. 1 FamFG hinaus bei Vornahme der Anhörungen zeitliche Verzögerungen mit der Folge einträten, dass **erhebliche Nachteile** für die Interessen des Betroffenen nicht nur erheblich wahrscheinlich sind (s. § 300 FamFG Rn 8), sondern bereits **unmittelbar drohen**. Die durch das Betreuungsgericht insoweit anzustellende Prognose kann im Freibeweisverfahren getroffen werden. Glaubhaftmachung genügt auch hier.

3. Betreuerauswahl (Abs. 2)
Soll im Wege einer einstweiligen Anordnung erstmalig ein Betreuer bestellt werden, gelten hierfür die gleichen materiellen Voraussetzungen wie bei der Betreuerbestellung im Hauptsacheverfahren. Dies gilt nur dann nicht, wenn **Gefahr im Verzug** (s. Rn 5) vorliegt, da dann das Betreuungsgericht nur von der Beachtung der **Auswahlvorschriften** des § 1897 Abs. 4, 5 BGB absehen kann.[2] Fällt die Gefahr weg, muss das Betreuungsgericht seine Auswahlent-

---
1 Vgl OLG Zweibrücken BtPrax 2003, 80.
2 BayObLG FamRZ 2005, 931; BayObLG BtPrax 2004, 111, LG Regensburg FamRZ 1993, 597.

scheidung nicht nachträglich mit Rücksicht auf einen Vorschlag (§ 1897 Abs. 4 BGB) oder verwandtschaftliche oder persönliche Bindungen des Betreuten ändern, da – anders als Abs. 1 S. 2 – Abs. 2 dem Betreuungsgericht die Nachholung einer diesbezüglichen Auswahlentscheidung gerade nicht vorschreibt.[3]

4. Inhalt und Beschlussformel

7 Hinsichtlich der Dauer s. § 302 FamFG; bezüglich des Inhalts, der Rechtsmittelbelehrung, der Bekanntgabe und der Anordnung der sofortigen Wirksamkeit s. § 300 FamFG Rn 18 f. Ergänzend ist das Vorliegen der Gefahr im Verzug im Beschluss konkret zu begründen; allgemein gehaltene floskelhafte Formulierungen genügen nicht.[4]

8 ▶ **Beschlussformel:**

In dem Betreuungsverfahren für ... [genaue Bezeichnung des Betroffenen] wird durch einstweilige Anordnung wegen Gefahr im Verzug ohne vorherige Anhörung des Betroffenen/und des Pflegers für das Verfahren für den Betroffenen ... [genaue Bezeichnung des Betreuers/des Vereins/der Behörde] als Mitarbeiter des Vereins/der Behörde zum vorläufigen Betreuer/Berufsbetreuer/Vereinsbetreuer/Behördenbetreuer bis zum ... [genaues Datum] bestellt. Zum Aufgabenkreis wird bestimmt: ... [genaue Bezeichnung]. ◀

5. Nachholen der Verfahrenshandlungen (Abs. 1 S. 2)

9 Die zunächst unterlassenen Anhörungen sind **ohne schuldhaftes Zögern** (§ 301 Abs. 1 S. 2 FamFG) unverzüglich nachzuholen. Dabei ist nicht zwingend – ähnlich wie im Rahmen des § 332 S. 2 FamFG – die Anhörung noch am selben[5] oder spätestens nächsten Wochentag[6] nachzuholen. Denn der mit einer vorläufigen Betreuerbestellung verbundene Eingriff in die Rechte des Betroffenen mag nicht in ähnlich intensiver Weise wie die vorläufige Unterbringung in die Rechte des Betroffenen eingreifen. Gleichwohl liegt ein Rechtseingriff vor[7], der ein weiteres Hinausschieben der Anhörung als Erkenntnisgrundlage des Gerichts untunlich erscheinen lässt, zumal der Betreuer sofort für den Betroffenen handeln kann. Die Anhörung ist daher im Regelfall **am nächsten Werktag** nachzuholen, selbst wenn ein Eildienst eingerichtet ist und deswegen eine Anhörung noch außerhalb der Dienstzeiten des Gerichts noch am selben oder jedenfalls nächsten Wochentag möglich wäre, zumal im Eildienst regelmäßig nicht der zuständige Dezernent, sondern ein – uU mit Betreuungssachen nicht vertrauter – Richter tätig wird und damit eher die Prognose gerechtfertigt scheint, dass die Anhörung zwar durchgeführt, aber die einstweilige Anordnung jedenfalls durch diesen Richter nicht abgeändert wird.[8] Ein **weiteres Hinausschieben** der Anhörung ist regelmäßig auch mit Rücksicht auf organisatori-

---

3 BayObLG FamRZ 2005, 931; BayObLG BtPrax 2004, 111; Prütting/Helms/Fröschle, § 301 FamFG Rn 11; aA Keidel/Budde, § 301 FamFG Rn 6.
4 Vgl OLG München OLGReport 2006, 113 zur Unterbringung.
5 KG FGPrax 2008, 40 zu § 332 S. 2 FamFG.
6 OLG Hamm FGPrax 2008, 43; BayObLG FamRZ 2001, 578, jeweils zu § 332 S. 2 FamFG.
7 BVerfG BtPrax 2009, 27; BGH MDR 2012, 1464.
8 AA MK/Schmidt-Recla, § 301 FamFG Rn 4: bei Eildienst kein Verweis in den werktäglichen Geschäftsgang möglich.

sche Gepflogenheiten des Gerichts nicht zulässig. So kann die Anhörung nicht erst im Rahmen bereits später angesetzter „Anhörungsrunden" oder Termine durchgeführt werden. Allein vorrangige und dringliche Dienstgeschäfte können ein weiteres Hinausschieben rechtfertigen. Stellt sich im Rahmen der Anhörung heraus, dass auch unter Berücksichtigung der im Rahmen der Anhörung(en) gewonnenen Erkenntnisse die zuvor getroffene Maßnahme Bestand hat, kann das Betreuungsgericht die zuvor getroffene einstweilige Anordnung bestätigen. Zeigt sich jedoch, dass die Maßnahme vor dem Hintergrund der neuen Erkenntnisse zumindest in der beschlossenen Form keinen Bestand haben kann, ist die Anordnung aufzuheben oder zu ändern (§ 54 Abs. 1 S. 1 FamFG). Dies gilt auch, wenn bereits ein Beschwerdeverfahren anhängig ist, da § 294 BGB ungeachtet der Anhängigkeit eines Beschwerdeverfahrens eine Änderungsmöglichkeit vorsieht.[9] Die Nachholung der Anhörung des Verfahrenspflegers ist nicht erforderlich, wenn er bereits Beschwerde eingelegt hat.[10] Versäumt das Betreuungsgericht die Nachholung der Verfahrenshandlungen, wird die einstweilige Anordnung nachträglich rechtswidrig.[11]

III. Bedeutung für den Betroffenen

Die Annahme von Gefahr im Verzug hat für den Betroffenen gravierende Nachteile, da er nicht vor Erlass der Maßnahme, sondern nur nachträglich persönlich angehört werden muss. Gleichwohl sollte der Betroffene auf eine zeitnahe persönliche Anhörung bestehen, wenn er mit der Anordnung nicht einverstanden ist und gegen die Maßnahme sprechende Umstände geltend machen will, ansonsten s. § 300 FamFG Rn 30.

IV. Bedeutung für den Betreuer

Vgl § 300 FamFG Rn 31 ff.

V. Bedeutung für den Verfahrenspfleger oder Verfahrensbevollmächtigten

Für beide gilt § 300 FamFG Rn 34. Ergänzend werden sie insbesondere ihr Augenmerk darauf zu richten haben, ob bei Absehen von der persönlichen Anhörung des Betroffenen tatsächlich Gefahr im Verzug vorlag. In diesem Falle haben sie auf Nachholung der persönlichen Anhörung zu bestehen; der Verfahrenspfleger hat zudem darauf zu achten, dass seine eigene Anhörung nachgeholt wird.

§ 302 FamFG Dauer der einstweiligen Anordnung

¹Eine einstweilige Anordnung tritt, sofern das Gericht keinen früheren Zeitpunkt bestimmt, nach sechs Monaten außer Kraft. ²Sie kann jeweils nach Anhörung eines Sachverständigen durch weitere einstweilige Anordnungen bis zu einer Gesamtdauer von einem Jahr verlängert werden.

---

9 Keidel/Budde, § 300 FamFG Rn 13.
10 Bassenge/Roth, § 301 FamFG Rn 3.
11 Vgl OLG Zweibrücken BtPrax 2003, 80.

I. Allgemeines

1. Bedeutung

1　§ 302 FamFG entspricht inhaltlich der Regelung des § 69 f Abs. 2 FamFG und trifft damit für das Betreuungsverfahren eine vom Allgemeinen Teil des FamFG abweichende Bestimmung, da ohne diese die Anordnung ansonsten bis zum Wirksamwerden einer anderen Regelung gelten würde (§ 56 Abs. 1 FamFG).

2. Anwendungsbereich

2　§ 302 FamFG gilt für einstweilige Anordnungen nach §§ 300, 301 FamFG (vgl § 300 FamFG Rn 4). Abweichend von der Betreuerbestellung im Hauptsacheverfahren, die so lange gilt, bis sie aufgehoben oder durch den Tod des Betreuten beendet wird, tritt die einstweilige Anordnung **automatisch** mit Ablauf ihrer Anordnungsdauer, aber spätestens nach sechs Monaten oder bei entsprechenden Verlängerungen nach einem Jahr und alternativ bei Erlass einer Hauptsacheentscheidung (§ 56 Abs. 1 S. 1 FamFG) **außer Kraft**.[1] Der Unterschied zwischen diesen beiden Regelungen ist vor dem Hintergrund sachlich angezeigt, dass aufgrund einer einstweiligen Anordnung, und damit eines Verfahrens mit verminderten Verfahrensgarantien, in die Rechte des Betroffenen eingegriffen wird. Dieser Eingriff soll daher auf den für die Durchführung der Ermittlungsmaßnahmen im Hauptsacheverfahren erforderlichen Zeitraum von in der Regel sechs Monaten beschränkt sein.[2] Treten ausnahmsweise besondere Schwierigkeiten bei der Sachverhaltsermittlung auf, so etwa, wenn es der Einholung mehrerer umfassender Gutachten bedarf, kann die einstweilige Anordnung – ggf mehrfach – **verlängert** werden.

II. Bedeutung für das Betreuungsgericht

1. Zuständigkeit

3　Zuständig zur Entscheidung über die Bestimmung des Zeitpunkts, zu dem die einstweilige Anordnung außer Kraft tritt, ist derjenige Betreuungsrichter oder Rechtspfleger, der die einstweilige Anordnung nach §§ 300 f. FamFG erlässt.

2. Anordnung (S. 1)

4　Die einstweilige Anordnung darf die Höchstdauer von **sechs Monaten** ab Wirksamkeit nicht überschreiten. Das Betreuungsgericht kann auch kürzere Fristen im Beschluss bestimmen. Für die Berechnung der Frist gelten § 16 Abs. 2 FamFG, § 222 Abs. 1 ZPO, §§ 187 Abs. 1, 188 Abs. 2 BGB. Maßgebend für den Beginn der Frist ist nach § 16 Abs. 1 FamFG die Bekanntgabe; diese Frist beginnt damit nach § 187 Abs. 1 FamFG mit Beginn des auf den Tag der Bekanntgabe nachfolgenden Tages (0 Uhr). Nach Ablauf der Frist endet die einstweilige Anordnung, wenn sie nicht schon vorher nach § 54 Abs. 1 S. 1 FamFG aufgehoben oder nach S. 2 verlängert[3] worden ist.

1　BGH BtPrax 2012, 62; BayObLG BtPrax 1994, 98.
2　BT-Drucks. 11/4528, 178.
3　BayObLG FamRZ 2004, 1602; BayObLG BtPrax 1994, 100.

3. Verlängerung (S. 2)

Bis zu einer **Gesamtdauer** von insgesamt **einem Jahr** kann die Anordnung ggf mehrfach verlängert werden.[4] Endet die Anordnung infolge Fristablaufs, so kann diese nicht mehr verlängert werden. In Betracht kommt allein die Anordnung einer neuen einstweiligen Anordnung. Um eine Umgehung des S. 2 zu verhindern, kann die Frist für die neue einstweilige Anordnung nur bis zu einem Jahr nach Bekanntgabe des ersten Anordnungsbeschlusses ausgeschöpft werden, da anderenfalls eine Ausweitung des Jahreszeitraums drohte.[5]

a) Verfahren

Voraussetzung hierfür ist, dass jeweils nach schriftlicher oder mündlicher **Anhörung** eines **Sachverständigen** die Verlängerung der einstweiligen Anordnung auch weiterhin erforderlich ist. Obwohl S. 2 nicht auf § 280 Abs. 2 FamFG verweist, muss der Sachverständige den Betreuten persönlich untersucht oder befragt haben,[6] da ansonsten die tatsächliche Erkenntnisgrundlage nicht verstärkt, sondern nur durch sachverständige Schlussfolgerungen ergänzt wird. Überdies verweist S. 2 auf eine „weitere einstweilige Anordnung" und damit auf §§ 300 f. FamFG. Hieraus folgt, dass eine Verlängerung nur im Wege einer einstweiligen Anordnung nach § 300 FamFG oder § 301 FamFG möglich ist, so dass die dortigen Voraussetzungen (s. § 300 FamFG Rn 8 ff) noch vorliegen müssen. Wird der Weg des § 300 FamFG beschritten, hat eine **persönliche Anhörung des Betreuten** und nach Maßgabe des § 276 FamFG die Bestellung eines Verfahrenspflegers jeweils vor der Verlängerungsentscheidung zu erfolgen. Der Einholung eines ärztlichen Zeugnisses bedarf es wegen der Sachverständigenanhörung hingegen nicht. Soll die Verlängerung nach Maßgabe des § 301 FamFG erfolgen, bedarf es hierzu des Vorliegens der Gefahr im Verzug (s. § 301 FamFG Rn 4), was aber nur dann angenommen werden kann, wenn das Betreuungsgericht die Verlängerungsentscheidung im unmittelbaren zeitlichen Zusammenhang mit dem Ablauf der für die erstmalige Anordnung geltenden Frist vornimmt. Deswegen ist **dringend** anzuraten, das Verfahren zur Verlängerung so früh wie möglich einzuleiten, wenn erkennbar wird, dass die bisher angeordnete Frist nicht ausreicht. Die persönliche Anhörung des Betreuten und ggf die Bestellung des Verfahrenspflegers sind unverzüglich (s. § 301 FamFG Rn 9) nachzuholen.

b) Beschlussinhalt

Der Beschluss ist nach § 38 Abs. 3, Abs. 5 Nr. 2 FamFG zu begründen und mit einer Rechtsmittelbelehrung (§ 39 FamFG) zu versehen; da lediglich eine Verlängerung des Geltungszeitraums beschlossen wird, bedarf es der Belehrung der Beteiligten über ihr Antragsrecht auf Einleitung eines Hauptsacheverfahrens nicht. Der Beschluss hat den **Zeitpunkt**, bis zu dem die Maßnahme **verlängert** wird, zu enthalten; fehlt dieser, gilt die **weitere verbleibende Höchstfrist** bis zu sechs Monaten bzw bis Ablauf eines Jahres nach Bekanntgabe der ersten Anordnung. Der Beschluss wird mit Bekanntgabe an den (vorläufigen) Betreuer wirksam. Die sofortige Wirksamkeit des Beschlusses kann nach Maß-

---

4 BT-Drucks. 11/4528, 178.
5 Keidel/Budde, § 302 FamFG Rn 3.
6 Bassenge/Roth, § 302 FamFG Rn 3.

gabe des § 287 Abs. 2 FamFG (s. dort) angeordnet werden, wobei dann der Übergabe- bzw Bekanntgabezeitpunkt (s. § 287 FamFG Rn 7 f) auf dem Beschluss zu vermerken ist.

c) Beschlussformel

8 ▶ In dem Betreuungsverfahren für ... [genaue Bezeichnung des Betreuten] wird die bisherige vorläufige Betreuung durch einstweilige Anordnung bis zum ... [genaues Datum] verlängert. ◀

4. Veränderung

9 Das Betreuungsgericht kann nach § 54 Abs. 1 S. 1, Abs. 3 FamFG die von ihm im Wege der einstweiligen Anordnung getroffene Entscheidung aufheben oder ändern. Dass die Sache beim Beschwerdegericht anhängig ist, schließt eine Änderungsbefugnis nicht aus (s. § 300 FamFG Rn 24).

III. Bedeutung für den Betroffenen

10 Der Betroffene kann sich gegen die Verlängerung der einstweiligen Anordnung mit der Beschwerde wehren, da es sich hierbei ebenfalls um eine selbstständige einstweilige Anordnung iSd §§ 300 f FamFG handelt. Zu beachten ist die Beschwerdefrist von zwei Wochen (§ 63 Abs. 2 Nr. 1 FamFG); § 57 FamFG gilt nicht für Betreuungssachen.

IV. Bedeutung für den Betreuer

11 Der Betreuer wird darauf zu achten haben, dass er die Notwendigkeit der Verlängerung der einstweiligen Anordnung dem Betreuungsgericht so rechtzeitig anzeigt, dass dieses den Sachverständigen zur Notwendigkeit der Verlängerung und ggf den Betreuten rechtzeitig anhören kann. Ohne rechtzeitige Verlängerung endet die vorläufige Betreuung. Eine Verlängerung einer bereits beendeten vorläufigen Betreuung ist nicht möglich. Für den Berufsbetreuer hat dies gravierende Auswirkungen auf seinen Vergütungsanspruch, da das Ende der Betreuung durch Fristablauf eine Veränderung der Umstände darstellt, die gemäß § 5 Abs. 4 S. 2 VBVG dazu führt, dass der Betreuer keine Vergütung mehr erhält.[7]

V. Bedeutung für den Verfahrenspfleger oder Verfahrensbevollmächtigten

12 Da der Gesetzgeber im Regelfall eine Dauer von sechs Monaten für die einstweilige Anordnung als angemessen angenommen hat, sollten Verfahrenspfleger und Verfahrensbevollmächtigter kritisch die **Erforderlichkeit einer Verlängerung hinterfragen**. Soweit das Betreuungsgericht weder von Amts wegen noch auf Antrag eines Beteiligten (§ 52 Abs. 1 S. 1 FamFG) das Hauptsacheverfahren eingeleitet hat, sollte angesichts des nunmehr zu Tage getretenen weiteren Regelungsbedarfs überprüft werden, ob nicht ein Hauptsacheverfahren eingeleitet werden sollte.

---

7 BT-Drucks. 15/2494, 34; BGH BtPrax 2012, 62.

§ 303 FamFG Ergänzende Vorschriften über die Beschwerde

(1) Das Recht der Beschwerde steht der zuständigen Behörde gegen Entscheidungen über

1. die Bestellung eines Betreuers oder die Anordnung eines Einwilligungsvorbehalts,
2. Umfang, Inhalt oder Bestand einer in Nummer 1 genannten Maßnahme

zu.

(2) Das Recht der Beschwerde gegen eine von Amts wegen ergangene Entscheidung steht im Interesse des Betroffenen

1. dessen Ehegatten oder Lebenspartner, wenn die Ehegatten oder Lebenspartner nicht dauernd getrennt leben, sowie den Eltern, Großeltern, Pflegeeltern, Abkömmlingen und Geschwistern des Betroffenen sowie
2. einer Person seines Vertrauens

zu, wenn sie im ersten Rechtszug beteiligt worden sind.

(3) Das Recht der Beschwerde steht dem Verfahrenspfleger zu.

(4) ¹Der Betreuer oder der Vorsorgebevollmächtigte kann gegen eine Entscheidung, die seinen Aufgabenkreis betrifft, auch im Namen des Betroffenen Beschwerde einlegen. ²Führen mehrere Betreuer oder Vorsorgebevollmächtigte ihr Amt gemeinschaftlich, kann jeder von ihnen für den Betroffenen selbständig Beschwerde einlegen.

I. Überblick über die Rechtsmittel in Betreuungssachen 1	c) Anhörungsrüge/Gegenvorstellung 17
1. Rechtsmittel/-behelfe gegen Entscheidungen des Betreuungsgerichts 3	II. Die Beschwerde gegen Entscheidungen des Betreuungsgerichts 19
a) Beschwerde gegen Endentscheidungen des Betreuungsgerichts 3	1. Statthaftigkeit 19
	2. Teilanfechtung 23
	a) Allgemeines 23
b) Sofortige Beschwerde nach der ZPO gegen Entscheidungen in Nebenverfahren/ Zwischenentscheidung 4	b) Beschränkung auf die Kostenentscheidung 24
	3. Beschwerdeberechtigung 25
	a) Allgemeines zur Beschwerdeberechtigung 25
c) Erinnerung 8	b) Beschwerdeberechtigung im Einzelnen 28
d) Anhörungsrüge/außerordentliche Beschwerde/ Gegenvorstellung 10	aa) Betroffener (Betreuter) 28
	bb) Betreuungsbehörde 33
e) Anfechtung des Kostenansatzes 13	cc) Angehörige 38
	dd) Vertrauensperson 47
2. Rechtsmittel/-behelfe gegen Entscheidungen des Beschwerdegerichts 14	ee) Verfahrenspfleger 49
	ff) Betreuer/Vorsorgebevollmächtigter 50
a) Rechtsbeschwerde 14	gg) Vertreter der Staatskasse 53
b) Sonstige Rechtsmittel gegen Entscheidungen des Beschwerdegerichts 15	4. Einlegung der Beschwerde 54

	a) Adressat der Beschwerde	54	h) Inhalt der Beschwerdeentscheidung	83
	b) Form	55	aa) Zurückweisung	84
	c) Verzicht auf die Beschwerde	58	bb) Abänderung bei Begründetheit	85
	d) Rücknahme der Beschwerde	60	cc) Zurückverweisung an das Betreuungsgericht	86
5.	Anschlussbeschwerde	61		
6.	Beschwerdefrist	63		
7.	Beschwerdewert	66	dd) Begründung des Beschwerdebeschlusses	87
8.	Beschwerde trotz Erledigung der Hauptsache	67		
9.	Vorschriften über das Beschwerdeverfahren	69	ee) Ausführung der Beschwerdeentscheidung	88
	a) Abhilfeverfahren	70		
	b) Zulässigkeitsprüfung	72	ff) Verbot der reformatio in peius (Schlechterstellung des Beschwerdeführers)	89
	c) Tatsacheninstanz	73		
	d) Verfahrensgegenstand	74		
	e) Einstweilige Anordnungen im Beschwerdeverfahren	75	gg) Zulassung der Rechtsbeschwerde	90
			hh) Kostenentscheidung	91
	f) Geltung der Vorschriften für die 1. Instanz	77	**III. Rechtsbeschwerde**	96
			1. Statthaftigkeit	97
	aa) Allgemeines	77	2. Form und Frist	102
	bb) Absehen von erneuten Verfahrenshandlungen	78	3. Beschwerdeberechtigung	103
			4. Anschlussrechtsbeschwerde	104
	cc) Anhörungen durch den beauftragten Richter und im Weg der Rechtshilfe	81	5. Verfahren des Rechtsbeschwerdegerichts	105
			6. Entscheidung des Bundesgerichtshofs	106
	g) Übertragung auf den Einzelrichter	82		

I. Überblick über die Rechtsmittel in Betreuungssachen

1 Nach der (mit dem früheren FGG übereinstimmenden) Systematik des FamFG sind im Buch 3 nur einige wenige spezielle Bestimmungen über das Beschwerdeverfahren in Betreuungssachen enthalten, wobei die Beschwerdeberechtigung in den §§ 303 und 304 FamFG sowie die zusätzliche (Empfangs-)Zuständigkeit des Gerichts der Unterbringung in § 305 FamFG geregelt werden.

2 Über diese besonderen, ergänzenden Bestimmungen hinaus gelten auch in Betreuungssachen die **allgemeinen Vorschriften** des FamFG über das Beschwerdeverfahren (§§ 58 ff FamFG).[1] Diese werden nachfolgend insoweit dargestellt, als sie für Beschwerden in Betreuungssachen von Bedeutung sind. Abweichend von der grundsätzlichen Zuständigkeit des Oberlandesgerichts für Beschwerden nach dem FamFG ist für alle Beschwerden gegen Entscheidungen eines Betreuungsgerichts **Beschwerdegericht** die Zivilkammer des (dem Betreuungsge-

---

[1] Eine ausführlichere Darstellung der Neuerungen des Beschwerderechts durch das FamFG findet sich in der Übersicht vor §§ 303 ff FamFG in der 2. Auflage dieses Kommentars; auch wurde bei den Kommentierungen der einzelnen Vorschriften hierauf besonders eingegangen. Eine Wiederholung dieser Darstellung ist jetzt nicht mehr erforderlich.

richt) übergeordneten **Landgerichts** nach § 72 Abs. 1 S. 1 GVG iVm § 119 Abs. 1 Nr. 1 b GVG.

1. Rechtsmittel/-behelfe gegen Entscheidungen des Betreuungsgerichts

a) Beschwerde gegen Endentscheidungen des Betreuungsgerichts

Gegen die Entscheidungen des Betreuungsgerichts – gleichviel, ob dort der Richter oder der Rechtspfleger entschieden hat[2] – findet die (befristete) Beschwerde nach § 58 FamFG statt, wenn es sich um eine **Endentscheidung** handelt (vgl dazu im Einzelnen Rn 19 ff). Zwischenentscheidungen vor Erlass der Endentscheidung (zB über die Durchführung von Ermittlungen über die Voraussetzungen für die Bestellung eines Betreuers, Anordnung von Beweiserhebungen, Bestimmung eines Termins) sind *nicht* gesondert anfechtbar, mit Ausnahme der **Unterbringung zur Begutachtung** nach § 284 Abs. 3 FamFG.[3] Die sonstigen Zwischenentscheidungen unterliegen nach § 58 Abs. 2 FamFG erst zusammen mit der Endentscheidung der Überprüfung durch das Beschwerdegericht. Die Beschwerde ist (jetzt) stets befristet; die Frist beträgt grundsätzlich einen Monat (vgl dazu Rn 63); für die Anfechtung einer einstweiligen Anordnung oder der Entscheidung über die Erteilung einer Genehmigung beträgt die Frist ausnahmsweise zwei Wochen (§ 63 Abs. 2 FamFG). 3

b) Sofortige Beschwerde nach der ZPO gegen Entscheidungen in Nebenverfahren/Zwischenentscheidung

Neben den Endentscheidungen in der Hauptsache – die mit der Beschwerde nach dem FamFG angefochten werden können – findet gegen folgende Entscheidungen in den im Gesetz jeweils besonders bezeichneten **Neben**verfahren des Gerichts 1. Instanz sowie dann, wenn ausnahmsweise eine **Zwischen**entscheidung anfechtbar ist, die sofortige Beschwerde entsprechend den §§ 567 bis 572 ZPO statt. Für Betreuungsverfahren können folgende Fälle relevant werden: 4

- Zurückweisung eines **Ablehnungs**gesuchs (§ 6 Abs. 2 FamFG) gegen den Betreuungsrichter oder -rechtspfleger,
- Ablehnung des Antrags auf **Hinzuziehung als Beteiligter** (§ 7 Abs. 5 FamFG) zB eines Verwandten oder sonstigen Kann-Beteiligten,
- Entscheidungen über die **Aussetzung** des Verfahrens (§ 21 Abs. 2 FamFG),
- Entscheidung über die Rechtmäßigkeit einer **Verweigerung des Zeugnisses** oder der Gutachtenerstattung nach § 29 Abs. 2 FamFG iVm §§ 387 Abs. 3, 409 Abs. 2 ZPO,
- Anordnungen über **Zwangsmaßnahmen** (§ 35 Abs. 5 FamFG), zB betreffend die Ablieferung einer Betreuungsverfügung,
- **Berichtigungs**beschlüsse (§ 42 Abs. 3 S. 2 FamFG),
- Entscheidungen über Anträge auf **Verfahrenskostenhilfe** (an Stelle der Prozesskostenhilfe im Bereich des FamFG – § 76 Abs. 2 FamFG),

---

[2] Nach § 14 RPflG sind die Betreuungssachen im Wesentlichen dem Rechtspfleger übertragen.
[3] Diese Zwischenentscheidung ist wie die Entscheidungen des Betreuungsgerichts in Nebenverfahren mit sofortiger Beschwerde nach der ZPO anfechtbar, vgl dazu Rn 4 ff.

- Beschlüsse im **Vollstreckungs**verfahren (§ 87 Abs. 4 FamFG),
- Entscheidungen im **Kostenfestsetzungs**verfahren (§ 85 FamFG iVm § 104 Abs. 3 ZPO) sowie
- Anordnung der **Unterbringung** zur Erstattung eines **Gutachtens** (§ 284 Abs. 3 FamFG).

5 Ferner ist die sofortige Beschwerde entsprechend der ZPO für die Ablehnung der **Wiedereinsetzung** maßgebend, wenn die versäumte Rechtshandlung sich nach diesen Vorschriften richtet (§ 19 Abs. 3 FamFG).

6 In allen diesen Fällen gilt dann die **Beschwerdefrist** entsprechend den Vorschriften der ZPO, die im Regelfall **zwei Wochen** nach § 569 Abs. 1 ZPO beträgt. Ausnahmsweise gilt für Verfahrenskostensachen jedoch die Beschwerdefrist von einem Monat nach § 127 Abs. 3, 4 ZPO.[4] Ferner gilt in diesen Verfahren (nur) der Beschwerdewert von 200 EUR bei Entscheidungen über Kosten (§ 567 Abs. 2 ZPO). Über diese Beschwerden entscheidet beim Landgericht grundsätzlich der originäre Einzelrichter (§ 568 ZPO), wenn er nicht ausnahmsweise die Sache auf die Kammer überträgt. Für das zu beachtende Verfahren gelten die §§ 570–572 ZPO.

7 Nicht ausdrücklich geregelt ist die Frage, welches Rechtsmittel gegen Entscheidungen betreffend die **Akteneinsicht** (§ 13 FamFG) gegeben ist.[5] In der amtlichen Begründung[6] ist lediglich auf die Beschwerde nach § 23 EGGVG für die Fälle verwiesen, in denen die Entscheidung durch Justizverwaltungsakt getroffen wird. Derartige Entscheidungen sind jedoch nur sehr selten (zB wenn eine nicht am Verfahren beteiligte Behörde Einsicht in abgeschlossene Akten begehrt). Demgegenüber sind die zahlreichen Entscheidungen der Betreuungsgerichte bzw des nach § 13 Abs. 7 FamFG zuständigen Vorsitzenden als gerichtliche Entscheidungen grundsätzlich anfechtbar, wie dies bereits früher zu § 34 FGG[7] allgemein angenommen wurde.

Insoweit ist zu differenzieren:

- Soweit ein **Verfahrensbeteiligter** Einsicht begehrt, handelt es sich bei der Entscheidung über diesen Antrag um eine Zwischenentscheidung, die nach § 58 Abs. 2 FamFG mangels gesetzlicher Regelung nicht gesondert angefochten werden kann.[8] Da es sich hierbei um eine Zwischenentscheidung bzw Nebenverfahren handelt, wäre das systematisch richtige Rechtsmittel die sofortige Beschwerde nach der ZPO, die aber bisher nicht vorgesehen ist.[9]

---

4 Hierauf wird in § 76 Abs. 2 FamFG verwiesen.
5 Nach § 13 Abs. 4 S. 3 FamFG ist ausdrücklich nur die Entscheidung über die Aushändigung der Akten an eine Behörde oder einen Rechtsanwalt oder Notar der Anfechtung entzogen.
6 BT-Drucks. 16/6308, 182.
7 Vgl dazu zB KG in FamRZ 2007, 1041 und OLG Köln BtPrax 2008, 177 sowie KKW/Kahl, § 34 FGG Rn 24 und SchuSo/v. König, § 34 FGG Rn 15 mwN.
8 So Keidel/Sternal, § 13 FamFG Rn 67 ff und Schulte-Bunert/Weinreich/Schöpflin, § 13 FamFG Rn 23.
9 Bumiller/Harders, Rn 17 zu § 13 FamFG weisen zu Recht darauf hin, dass dies eine nicht gerechtfertigte Lücke im Rechtsschutz der Beteiligten darstellt.

- Begehrt ein nicht am Verfahren beteiligter **Dritter** Akteneinsicht, so ist die gerichtliche Entscheidung hierüber eine Endentscheidung, die nach §§ 58 ff FamFG der Beschwerde bzw Rechtsbeschwerde unterliegt.[10]

c) Erinnerung

Gegen Entscheidungen des **Rechtspflegers** in Betreuungssachen findet weiterhin (ausschließlich) die **Erinnerung** nach § 11 Abs. 2 RPflG statt, wenn die **Beschwerde** nach den allgemeinen Verfahrensvorschriften **unzulässig** ist.[11] Hervorzuheben ist, dass eine Erinnerung nur dann zulässig ist, wenn die angegriffene Entscheidung den Beteiligten, der die Erinnerung einlegt, in seinen Rechten beeinträchtigt, bei ihm also eine **Beschwer** vorliegt.[12] Die Erinnerung ist entsprechend der Beschwerde in Verfahren nach dem FamFG **innerhalb eines Monats** einzulegen, wenn der Rechtspfleger in einem Verfahren nach dem FamFG tätig geworden ist. Wenn es sich um einen der Fälle des § 63 Abs. 2 FamFG handelt,[13] so beträgt auch die Frist für die Erinnerung ausnahmsweise zwei Wochen.[14] Vor allem im Hinblick auf die deutliche Anhebung des Beschwerdewerts in vermögensrechtlichen Angelegenheiten dürfte die Rechtspflegererinnerung in Zukunft eine wesentlich größere praktische Bedeutung als bisher erlangen.

8

Seit Inkrafttreten des FamFG sind **unanfechtbare Entscheidungen** des Rechtspflegers (wie sie zB in Grundbuchsachen nach § 71 Abs. 2 GBO sehr häufig sind) in Betreuungssachen nicht mehr vorgesehen; gerichtliche Genehmigungen werden nach § 40 Abs. 2 FamFG erst mit Rechtskraft wirksam.[15]

Der ausdrückliche gesetzliche Ausschluss der Anfechtbarkeit einer Entscheidung zB in § 3 Abs. 3 FamFG für die Verweisung eines Verfahrens an das zuständige Gericht und die Entscheidung über die Abgabe nach § 4 FamFG – die ebenfalls nicht anfechtbar ist[16] – stellen „allgemeine verfahrensrechtliche Vorschriften" iSd § 11 Abs. 2 S. 1 RPflG dar; diese Regelungen stehen deshalb der Zulässigkeit der Erinnerung nicht entgegen.

---

10 So allg. Meinung, zB OLG Stuttgart in FGPrax 2011, 263 und Keidel/Sternal, § 13 FamFG Rn 72 sowie Schulte-Bunert/Weinreich/Schöpflin, § 13 FamFG Rn 24.
11 Die Möglichkeit, gegen eine Entscheidung des Rechtspflegers ein Rechtsmittel einzulegen, über das der Richter zu entscheiden hat, ist verfassungsrechtlich nach Art. 19 Abs. 4 GG geboten, weil der Rechtspfleger nicht dem Richter gleichsteht; vgl hierzu ausführlich Bassenge/Roth, Vor § 1 RPflG Rn 8 ff mwN sowie zB BVerfGE 101, 397, 405.
12 Dies folgt aus der Verweisung in § 11 Abs. 2 S. 4 RPflG auf § 59 Abs. 1 und 2 FamFG.
13 Was zB dann der Fall ist, wenn der Beschwerdewert bei Entscheidung über eine betreuungsgerichtliche Genehmigung oder eine festgesetzte Vergütung unter 600 EUR liegt.
14 § 11 Abs. 2 RPflG wird durch Art. 4 Nr. 2 des Gesetzes zur Einführung einer Rechtsbehelfsbelehrung im Zivilprozess v. 5.12.2012 (BGBl. I, 2418, 2419) mit Wirkung zum 1.1.2014 dahingehend abgeändert, dass künftig die Erinnerungsfrist stets zwei Wochen beträgt.
15 Durch diese Regelung wird die Lücke geschlossen, die durch die Entscheidung des BVerfGE 101, 397 v. 18.1.2000 (NJW 2000, 1709 = FGPrax 2000, 103) zu den früheren §§ 55, 62 FGG entstanden ist. Der vom Bundesverfassungsgericht (BVerfGE 101, 397, 410) für die Übergangszeit bis zu einer Neuregelung vorgeschriebene anfechtbare Vorbescheid vor Erteilung der Genehmigung ist damit überholt.
16 So mit ausführlicher Begründung und umfassender Darstellung des Streitstandes BGH FamRZ 2011, 282.

9 Für den **württembergischen Landesteil**[17] des Landes Baden-Württemberg stellt sich (bis zur Aufhebung der Notariate zum 1.1.2018) weiterhin die Frage, ob die Entscheidungen der Notare (und Notarvertreter) im Landesdienst als Betreuungsrichter ebenso wie Entscheidungen der Richter am Amtsgericht, die nicht der Beschwerde unterliegen (also insbesondere alle Entscheidungen in vermögensrechtlichen Angelegenheiten mit einer Beschwer unter 600 EUR), unanfechtbar sind oder ob insoweit unmittelbar aus Art. 19 Abs. 4 GG abzuleiten ist, dass gegen diese Entscheidungen stets die Beschwerde zum Landgericht stattfindet. Da die Notare im Landesdienst trotz der sachlichen Unabhängigkeit[18] nicht als Richter iSd Art. 97 Abs. 2 GG anzusehen sind (da ihnen als Beamten des gehobenen Justizdienstes die persönliche Unabhängigkeit fehlt), ist mit der ersten Auflage dieses Kommentars davon auszugehen, dass insoweit analog § 11 Abs. 2 RPflG stets die Beschwerde stattfindet; durch diese Auslegung wird eine verfassungsrechtlich bedenkliche Lücke im Rechtsschutz vermieden.[19]

d) Anhörungsrüge/außerordentliche Beschwerde/Gegenvorstellung

10 Bei Geltendmachung der Verletzung des grundrechtlich geschützten Anspruchs auf **rechtliches Gehör** sieht § 44 FamFG (wie früher bereits § 29 a FGG) dann die Gehörsrüge vor, wenn **kein Rechtsmittel** gegen die getroffene Entscheidung gegeben ist. Dies ist beim Betreuungsgericht insbesondere dann der Fall, wenn in einer vermögensrechtlichen Angelegenheit der Beschwerdewert von 600 EUR nicht erreicht ist.

11 Für eine **außerordentliche Beschwerde** bei „greifbarer Gesetzeswidrigkeit" – wie sie früher nach allgemeiner Meinung[20] auch im Bereich der freiwilligen Gerichtsbarkeit zugelassen wurde – besteht jetzt (nach der Einführung der Gehörsrüge) kein Raum mehr.[21]

12 Andererseits sind nach allgemeiner Meinung[22] die Gerichte gehalten, über **Gegenvorstellungen** von Beteiligten unter bestimmten Voraussetzungen sachlich

---

17 Im württembergischen Rechtsgebiet – der in etwa dem OLG-Bezirk Stuttgart entspricht (vgl dazu § 1 Abs. 4 des baden-württembergischen LFGG) – sind (anders als im Bundesgebiet und auch dem badischen Rechtsgebiet) die meisten Aufgaben des Vormundschaftsgerichts (jetzt Betreuungsgerichts, vgl dazu § 486 FamFG und Art. 147 EGBGB) den (staatlichen) Notariaten übertragen, die mit Beamten des gehobenen Justizdienstes (Notare und Notarvertreter, teilw. auch Rechtspfleger) besetzt sind.
18 Vgl dazu Richter/Hammel, Baden-Württembergisches Landesgesetz über die freiwillige Gerichtsbarkeit, § 2 Rn 2.
19 Ein anderes Ergebnis lässt sich auch mit Hinweis auf den besonderen Schutz der hergebrachten Notariatsform durch Art. 138 GG nicht begründen, da nach dem Rechtszustand bei Inkrafttreten des Grundgesetzes stets ein Rechtsmittel gegen die Entscheidungen des Notariats zum übergeordneten Amtsgericht möglich war (Art. 2 Württ. AGBGB vom 29.12.1931).
20 Vgl dazu grundlegend BGHZ 28, 349 sowie BGHZ 119, 372, und zB SchuSo/Briesemeister, Vor § 19 FGG Rn 29 und KKW/Kahl, § 19 FGG Rn 39, je mit zahlreichen Rechtsprechungsnachweisen.
21 So zB Keidel/Meyer-Holz, Anh. zu § 58 FamFG Rn 56 ff; vgl dazu BGHZ 150, 133; OLG Frankfurt/M. BtPrax 2004, 115 und KG FamRZ 2005, 918 sowie BVerfG NJW 2003, 1924 zum Erfordernis der fachgerichtlichen Abhilfemöglichkeit bei Gehörsverletzungen sowie den inhaltlichen Anforderungen daran.
22 Dies gilt auch für das Betreuungsgericht. Vgl dazu ausführlich SchuSo/Briesemeister, § 19 FGG Rn 23 ff und Keidel/Meyer-Holz, Anh. zu § 58 FamFG Rn 48 ff sowie Schulte-Bunert/Weinreich/Unger, Vor § 58 FamFG Rn 36.

zu entscheiden. Vor allem bei grundrechtsrelevanten Verfahrensverstößen verlangt das Bundesverfassungsgericht[23] eine Selbstkorrektur durch die Fachgerichte. Es wird angenommen, dass im Einzelfall auf die Gegenvorstellung eines Beteiligten eine mit einem regulären Rechtsmittel nicht anfechtbare Entscheidung dann abzuändern ist, wenn sich die getroffene Entscheidung bei Berücksichtigung des (neuen) Vorbringens des Beteiligten als unrichtig erweist.[24] Die Einzelheiten hierzu, zB ob eine Frist[25] für diesen formlosen, im Gesetz nicht geregelten Rechtsbehelf besteht, sind streitig. Da die Entscheidungen im Betreuungsrecht wegen der Regelung des § 48 FamFG häufig nicht in materielle Rechtskraft[26] erwachsen, dürften insoweit Abänderungen keine Probleme aufwerfen.

e) Anfechtung des Kostenansatzes

Gegen einen Kostenansatz des Betreuungsgerichts ist zunächst die Erinnerung 13
des Kostenschuldners und der Staatskasse nach § 81 Abs. 1 GNotKG zulässig. Hierüber entscheidet das Betreuungsgericht,[27] gegen dessen Entscheidung der davon Betroffene sodann (unbefristete) Beschwerde einlegen kann, wenn der Wert der Beschwerde mehr als 200 EUR beträgt (§ 81 Abs. 2 GNotKG). Bei Zulassung durch das Betreuungsgericht ist eine Beschwerde auch bei einem niedrigeren Beschwerdewert zulässig (§ 81 Abs. 2 S. 2 GNotKG). Gegen die Entscheidung des Beschwerdegerichts (Landgerichts) ist bei Zulassung durch dieses Gericht die weitere Beschwerde zum Oberlandesgericht möglich (§ 81 Abs. 4 GNotKG).[28]

Nach § 83 GNotKG gilt das Gleiche für die Anfechtung der Festsetzung des **Geschäftswerts**, wobei hier allerdings die Beschwerde nur innerhalb von sechs Monaten nach Abschluss der Sache möglich ist (§ 83 Abs. 1 S. 3 iVm § 79 Abs. 2 S. 2 GNotKG).[29]

2. Rechtsmittel/-behelfe gegen Entscheidungen des Beschwerdegerichts
a) Rechtsbeschwerde

Nach § 70 Abs. 1 FamFG findet gegen die Entscheidungen des Beschwerdegerichts die **Rechtsbeschwerde** (weitgehend vergleichbar mit der Revision und 14

---

23 BVerfG NJW 1995, 3248.
24 BGHZ 150, 133.
25 Das OLG Dresden hat insoweit die Zweiwochenfrist des § 321a Abs. 2 S. 2 ZPO bei einer Streitwertfestsetzung entsprechend angewandt, OLGReport 2006, 116. In BGHZ 150, 133 wird diese Analogie für erwägenswert gehalten.
26 Vgl zu dieser Grenze der Abänderungsmöglichkeit ausführlich zB MK-ZPO/Lipp, Vor § 567 ZPO Rn 10.
27 In den Fällen, die den Kostenansatz einer dem Rechtspfleger übertragenen Sache (§ 3 Nr. 2 b, § 15 RPflG) betreffen, entscheidet der Rechtspfleger, im Übrigen der Richter.
28 Die Zulassung der Beschwerde bei Nichterreichen des Beschwerdewerts und der weiteren Beschwerde ist jeweils **nur** für den Fall der **grundsätzlichen Bedeutung** der zu entscheidenden Frage vorgesehen.
29 Für die Einzelheiten der Anfechtung des Kostenansatzes und des Geschäftswerts vgl die näheren Regelungen in §§ 81, 83 GNotKG sowie die Kommentierungen dieser Vorschriften bzw. zu den Vorgängerbestimmungen in §§ 14, 31 KostO zB bei Korintenberg u.a. Diese Regelungen der KostO wurden ohne sachliche Änderungen in das GNotKG übernommen.

der Rechtsbeschwerde nach der ZPO)[30] statt, wenn das Beschwerdegericht sie **zugelassen** hat (vgl dazu im Einzelnen Rn 96 ff). Die Rechtsbeschwerde ist zuzulassen, wenn die Sache grundsätzliche Bedeutung hat oder eine Entscheidung des Bundesgerichtshofs zur Rechtsfortbildung oder Sicherung einer einheitlichen Rechtsprechung erforderlich ist (§ 70 Abs. 2 FamFG). Eine Beschwerde gegen die **Nichtzulassung** der Rechtsbeschwerde (wie in § 544 ZPO für die Revision vorgesehen) ist dem FamFG fremd. Die bisherige Divergenzvorlage (§ 28 Abs. 2 FGG) ist entfallen.[31]

Ausnahmsweise bedarf die Rechtsbeschwerde nach § 70 Abs. 3 FamFG gegen eine Entscheidung in Betreuungssachen dann *keiner* Zulassung, wenn über die Bestellung eines Betreuers, die Aufhebung der Betreuung und die Anordnung oder Aufhebung eines Einwilligungsvorbehalts (nicht nur durch einstweilige Anordnung) entschieden wurde (vgl dazu Rn 98 ff). Über die Rechtsbeschwerde entscheidet stets der **Bundesgerichtshof** (§ 133 GVG).

b) Sonstige Rechtsmittel gegen Entscheidungen des Beschwerdegerichts

15 Gegen die Entscheidungen des Beschwerdegerichts aufgrund einer sofortigen Beschwerde nach der ZPO[32] findet ebenfalls ausschließlich die Rechtsbeschwerde zum Bundesgerichtshof statt.[33] Diese bedarf stets der Zulassung.

16 Einen Sonderfall – der nicht in das System der Rechtsmittel nach dem FamFG einzuordnen ist – stellt § 181 GVG dar; aufgrund dieser unveränderten Regelung ist gegen die Festsetzung von **sitzungspolizeilichen Ordnungsmitteln** (auch im Beschwerdeverfahren) die innerhalb einer Woche einzulegende Beschwerde zum Oberlandesgericht möglich. Hierbei handelt es sich aber um eine Ausnahmeregelung, die keine Analogieschlüsse für sonstige Zwischenentscheidungen oder Entscheidungen in Nebenverfahren ermöglicht.

c) Anhörungsrüge/Gegenvorstellung

17 Die Rüge bei Verletzung des Anspruchs auf **rechtliches Gehör** nach § 44 FamFG (Anhörungsrüge) ist auch gegenüber Entscheidungen des Beschwerdegerichts aufgrund der Verweisung in § 69 Abs. 3 FamFG möglich. Demgegenüber ist gegen die Entscheidungen des Beschwerdegerichts eine außerordentliche Beschwerde selbst bei Geltendmachung der „greifbaren Gesetzwidrigkeit" jetzt nicht mehr statthaft.

18 Ebenso wie das Betreuungsgericht hat das Beschwerdegericht über **Gegenvorstellungen** eines Beteiligten sachlich zu entscheiden, wenn keine Rechtsbeschwerde statthaft ist.[34] Diese Gegenvorstellungen dürften (nach Wegfall der

---

30 Vgl zu den ausdrücklichen Verweisen auf Regelungen des Revisionsrechts §§ 71 Abs. 2 S. 3, 72 Abs. 3, 74 Abs. 3 S. 4, 75 Abs. 2 FamFG.
31 Nach der Begründung in BT-Drucks. 16/6308, 166 f ist die Beseitigung der (in der Praxis äußerst seltenen) Möglichkeit, dass sich Gerichte in vier verschiedenen Instanzen mit einer Angelegenheit im Verfahren der freiwilligen Gerichtsbarkeit befassen, ein wesentliches Anliegen des FGG-RG.
32 Vgl die unter Rn 4 zusammengestellten Nebenverfahren und Zwischenentscheidungen.
33 Nach §§ 574 ff ZPO; nach § 574 Abs. 3 ZPO kann die Zulassung der Rechtsbeschwerde wegen grundsätzlicher Bedeutung der Sache oder zur Fortbildung des Rechts/Sicherung der einheitlichen Rechtsprechung erfolgen.
34 Vgl dazu Rn 12 mwN.

zulassungsfreien weiteren Beschwerde in Betreuungssachen) eine zunehmende praktische Bedeutung gewinnen.

Gegen des Kostenansatz des Beschwerdegerichts sowie die Festsetzung des Geschäftswerts im Beschwerdeverfahren findet ebenfalls Erinnerung und Beschwerde nach den §§ 81, 83 GNotKG statt. Insoweit kann auf die Ausführungen unter Rn 13 verwiesen werden.

II. Die Beschwerde gegen Entscheidungen des Betreuungsgerichts
1. Statthaftigkeit

Nach § 58 FamFG findet gegen **Endentscheidungen**[35] des Betreuungsgerichts die Beschwerde statt (wodurch die grundlegende Zulässigkeitsvoraussetzung der Beschwerde zum Ausdruck gebracht wird). Durch diese Fassung wird klarer als früher in § 19 FGG zum Ausdruck gebracht, dass grundsätzlich nur die ein Verfahren abschließenden Entscheidungen mit der Beschwerde anfechtbar sind. Damit sind die grundlegenden Entscheidungen über die Betreuerbestellung und die Aufhebung der Betreuung stets mit der Beschwerde anfechtbar. Auch die Ablehnung bzw Einstellung der Prüfung der Voraussetzungen für eine Betreuerbestellung stellt eine anfechtbare Endentscheidung dar.[36]

Wie bisher stellen aber auch die **selbstständigen Einzelentscheidungen** über einzelne Anträge oder Bereiche[37] innerhalb des häufig über eine lange Zeit anhängigen Betreuungsverfahrens (so insb. Entscheidungen über gerichtliche Genehmigungen nach §§ 1822, 1904 ff BGB, die Anordnung oder Aufhebung eines Einwilligungsvorbehalts, die Entlassung eines Betreuers oder gerichtliche Weisungen nach § 1837 Abs. 2 S. 1 BGB sowie Vergütungsfestsetzungsanträge nach §§ 292, 168 FamFG) Endentscheidungen dar, die mit der Beschwerde anfechtbar sind.

Demgegenüber sind **Zwischenentscheidungen** des Betreuungsgerichts, wie insbesondere

- die **Einleitung** des Verfahrens zur Prüfung der Voraussetzungen einer Betreuerbestellung[38] – die weiterhin formlos ergehen kann und nicht ausdrücklich formuliert werden muss[39] –,
- die **Verweisung** eines Betreuungsverfahrens an das zuständige Gericht nach § 3 FamFG,
- die **Abgabe** eines Betreuungsverfahrens aus wichtigem Grund an ein anderes Gericht nach § 4 FamFG,[40]

---

35 Im FGG wurden die erstinstanzlichen Entscheidungen meist als Verfügungen bezeichnet; vgl dazu ausführlich SchuSo/Briesemeister, § 19 FGG Rn 6 sowie KKW/Kahl, § 19 FGG Rn 2 ff und speziell zu Vormundschaftssachen Rn 14.
36 So zB Keidel/Meyer-Holz, § 28 FamFG Rn 18.
37 Vgl zB Keidel/Meyer-Holz, § 58 FamFG Rn 22 und Schulte-Bunert/Weinreich/Unger, § 58 FamFG Rn 14 sowie SchuSo/Briesemeister, § 19 FGG Rn 21.
38 BayObLG BtPrax 1998, 148; OLG Stuttgart FGPrax 2003, 72; OLG Frankfurt/M. BtPrax 2008, 176.
39 Nach §§ 23 ff FamFG sind zwar die Anforderungen an die Aktenführung des Betreuungsgerichts gestiegen, jedoch steht am Beginn der Ermittlungen über die Voraussetzungen einer Betreuung kein formalisierter Akt.
40 So mit ausführlicher Begründung und umfassender Darstellung des Streitstands BGH FamRZ 2011, 282.

- **Ermittlungen** über die medizinischen Voraussetzungen der Bestellung eines Betreuers oder das Betreuungsbedürfnis,
- **Vorladung** des Betroffenen und anderer Personen zur Anhörung,
- Einholung von **behördlichen Erklärungen**, zB über dort vorliegende Erkenntnisse zu aufschlussreichen Vorfällen und auffallenden Verhaltensweisen des Betroffenen oder sonstiger Beteiligter,
- Bestellung oder Ablehnung eines **Verfahrenspflegers** nach § 276 FamFG,[41]
- Anordnung der **Begutachtung** des Betroffenen nach § 280 FamFG, insbesondere durch einen psychiatrischen Sachverständigen,[42]
- Anordnung der **Vorführung** des Betroffenen zur Anhörung durch das Betreuungsgericht nach § 278 Abs. 5 oder zur Vorbereitung des Gutachtens nach § 283 FamFG,[43]
- Entscheidungen über die **Akteneinsicht** durch einen Verfahrensbeteiligten nach § 13 FamFG (vgl dazu Rn 7),
- Hinweis auf **Zwangsmittel** nach § 35 Abs. 2 FamFG oder Androhung solcher Zwangsmittel[44]

nicht gesondert anfechtbar. Derartige Zwischenentscheidungen unterliegen nach § 58 Abs. 2 FamFG lediglich der Überprüfung durch das Beschwerdegericht aufgrund einer Beschwerde gegen die Endentscheidung.

21 **Vorbescheide**[45] und **Zwischenverfügungen**,[46] die ausnahmsweise wie eine endgültige Entscheidungen angefochten werden können, sind in Betreuungssachen (jetzt) nicht mehr vorgesehen, nachdem § 40 Abs. 2 FamFG an die Stelle des vom Bundesverfassungsgericht im Beschluss vom 18.1.2000[47] eingeführten Vorbescheids bei Erteilung vormundschaftsgerichtlicher Genehmigungen getreten ist.

Äußerungen des Betreuungsrichters oder des Beschwerdegerichts im laufenden Verfahren (zB Hinweise zur Rechtslage, zur Erfolgsaussicht eines Antrags oder der Beschwerde oder Ankündigung einer künftigen Entscheidung), stellen als lediglich **vorläufige Meinungsäußerungen** des Gerichts nicht einmal eine Zwischenentscheidung dar und sind selbstverständlich ebenfalls nicht anfechtbar.[48]

---

41 BGH FGPrax 2003, 224 = FamRZ 2003, 1275 entgegen OLG Köln FamRZ 2000, 492.
42 BGH NJW-RR 2008, 737 = FamRZ 2008, 774 entgegen KG FamRZ 2002, 970 = FGPrax 2002, 63.
43 Vgl Keidel/Budde, § 284 FamFG Rn 9 mwN. Das wesentliche Argument für die Unanfechtbarkeit stellt der **Umkehrschluss** zu § 284 Abs. 3 FamFG dar, der für die Unterbringung zur Begutachtung ausnahmsweise die Anfechtbarkeit mit sofortiger Beschwerde (entsprechend der früheren allg. Meinung zu § 68 b Abs. 4 FGG) regelt.
44 BGH FamRZ 2012, 227.
45 Diese Entscheidungsform (für das Gerichts bindende Ankündigung einer nachfolgenden Entscheidung) wurde von der Rechtsprechung für das Erbscheinsverfahren entwickelt, vgl dazu ausführlich zB SchuSo/Briesemeister, § 19 FGG Rn 17 sowie jetzt Keidel/Meyer-Holz, § 58 FamFG Rn 44.
46 Wie in § 18 GBO gesetzlich vorgesehen und von der Rechtsprechung zB für das Registerverfahren übernommen (vgl dazu zB Keidel/Meyer-Holz, § 58 FamFG Rn 44).
47 BVerfGE 101, 397, 410 = NJW 2000, 1709 = FGPrax 2000, 103.
48 Vgl zB Schulte-Bunert/Weinreich/Unger, § 58 FamFG Rn 11.

Eine gewichtige **Ausnahme** bildet insoweit die Anordnung zur **Unterbringung** 22
zur Begutachtung nach § 284 Abs. 1 FamFG, die nach dessen Abs. 3 mit der
sofortigen Beschwerde nach der ZPO anfechtbar ist.[49] Ferner sind aufgrund
der Verweisung in § 29 Abs. 2 FamFG gleichermaßen anfechtbare Zwischenentscheidungen im Betreuungsverfahren denkbar, wenn über die Verweigerung
des Zeugnisses eines Zeugen nach §§ 383 ff ZPO sowie der Verweigerung der
Gutachtenerstattung eines Sachverständigen nach § 408 f ZPO entschieden
wurde. Demgegenüber handelt es sich bei den sonstigen unter Rn 4 genannten
Entscheidungen, die mit der sofortigen Beschwerde nach §§ 567 bis 572 ZPO
angefochten werden können, stets um Entscheidungen in Nebenverfahren der
Betreuungssache.

2. Teilanfechtung

a) Allgemeines

Eine Entscheidung des Betreuungsgerichts kann – wenn der Verfahrensgegen- 23
stand teilbar ist – auch nur zum Teil angefochten werden. Der in der Praxis
häufigste Fall der Teilanfechtung in Betreuungssachen ist die **Beschränkung
der Beschwerde** auf die **Person** des Betreuers.[50]

Erst recht ist eine Teilanfechtung möglich, wenn in einem Beschluss des Betreuungsgerichts Entscheidungen über verschiedene Verfahrensgegenstände zusammengefasst wurden (zB Verlängerung einer bestehenden Betreuerbestellung
und Erteilung einer Genehmigung oder Festsetzung der Vergütung).

b) Beschränkung auf die Kostenentscheidung

Auch die in einer Endentscheidung enthaltene **Kostenentscheidung** des Betreu- 24
ungsgerichts ist gesondert anfechtbar. Entgegen der früheren Regelung in
§ 20 a FGG (der für die freiwillige Gerichtsbarkeit den zivilprozessualen
Grundsatz des § 99 Abs. 1 ZPO übernahm), ist im FamFG keine entsprechende Vorschrift enthalten.[51] Nach der Begründung[52] zum FamFG soll dadurch
die Überprüfung des dem Gericht der 1. Instanz für die Entscheidung über die
Kosten nach § 81 Abs. 1 umfassend eingeräumten Ermessens ermöglicht werden. Damit ist auch in Betreuungssachen eine Beschränkung der Beschwerde
allein auf die Kostenentscheidung zulässig. In solchen Fällen ist aber § 61
Abs. 1 FamFG besonders zu beachten, dass nämlich die Beschwerde nur zulässig ist, wenn sie den **Beschwerdewert** von 600 EUR überschreitet. Diese Einschränkung gilt gerade auch für Beschwerden gegen Kostenentscheidungen.[53]
Die Kostenentscheidung stellt stets eine (ausschließlich) vermögensrechtliche
Angelegenheit dar.

---

49 Wie dies bereits bisher für die entsprechenden Anordnungen nach § 68 b Abs. 4 FGG
allgemein angenommen wurde; vgl BayObLG FamRZ 1994, 1190 (LS).
50 Vgl dazu BGH NJW 1996, 1825 = FGPrax 1996, 107. Zur ursprünglichen und nachträglichen Beschränkbarkeit der Beschwerde vgl Keidel/Sternal, § 64 FamFG Rn 37 ff
und Schulte-Bunert/Weinreich/Unger, § 64 FamFG Rn 17 sowie SchuSo/Briesemeister
§ 21 FGG Rn 29.
51 Vgl zB Keidel/Meyer-Holz, § 58 FamFG Rn 95 ff mwN.
52 Vgl BT-Drucks. 16/6308, 168.
53 Vgl dazu BT-Drucks. 16/6308, 204.

3. Beschwerdeberechtigung

a) Allgemeines zur Beschwerdeberechtigung

25 Das Vorliegen der Beschwerdeberechtigung (oft auch als **Beschwerdebefugnis** bezeichnet) ist eine der Zulässigkeitsvoraussetzungen der Beschwerde. Wenn sie oder eine andere Zulässigkeitsvoraussetzung fehlt, darf das Beschwerdegericht die angefochtene Entscheidung nicht inhaltlich überprüfen, sondern muss die Beschwerde **verwerfen**. Die Regelungen über die Beschwerdeberechtigung sollen die „Popularbeschwerde" (= Möglichkeit der Einlegung der Beschwerde durch beliebige Personen) ausschließen. Nach der grundlegenden Vorschrift des § 59 FamFG ist (nur derjenige) beschwerdeberechtigt, der durch den erlassenen Beschluss in seinen Rechten **unmittelbar**[54] beeinträchtigt ist. In Übereinstimmung mit der früheren Rechtslage (§ 20 Abs. 1 FGG) verlangt damit auch das FamFG die **materielle Beschwer**, die von der höchstrichterlichen Rechtsprechung[55] als unmittelbarer Eingriff in ein zum Zeitpunkt der Entscheidung bestehendes subjektives Recht definiert wird. Allein die Beeinträchtigung rechtlicher, wirtschaftlicher oder sonstiger berechtigter Interessen[56] genügt nicht. Die Rechtsbeeinträchtigung muss durch die Entscheidung des Betreuungsgerichts, nicht allein durch das dazu führende Verfahren[57] oder die Begründung[58] der Entscheidung erfolgen. **Ausnahmsweise** hat die Rechtsprechung[59] einem **Dritten**, der am Verfahren nicht beteiligt ist, der aber beim Betreuungsgericht die Anregung der Prüfung der Bestellung eines Betreuers vorbrachte, eine Beschwerdeberechtigung gegen die Ablehnung der Betreuerbestellung dann eingeräumt, wenn er ohne Bestellung eines Betreuers gehindert ist, seine Rechte gegen den Betroffenen (wegen dessen partieller Geschäftsunfähigkeit) geltend zu machen. Dieser Rechtsprechung ist zuzustimmen.

26 Da im Betreuungsrecht ein zwingend erforderlicher Antrag nur sehr selten, nämlich ausschließlich im Fall der Betreuerbestellung wegen einer körperlichen Behinderung (§ 1896 Abs. 1 S. 3 BGB) vorgesehen ist,[60] ist das Erfordernis der „formellen Beschwer"[61] nach § 59 Abs. 2 FamFG für Betreuungssachen praktisch kaum von Bedeutung.

---

54 Vgl dazu ausführlich SchuSo/Briesemeister, § 20 FGG Rn 17 mwN.
55 Vgl für das Betreuungsverfahren zB BGH NJW 1996, 1825 und FGPrax 1996, 107.
56 Vgl dazu ausführlich Keidel/Meyer-Holz, § 59 FamFG Rn 6 ff; SchuSo/Briesemeister, § 20 FGG Rn 4.
57 Vgl dazu Keidel/Meyer-Holz, § 59 FamFG Rn 7 f und SchuSo/Briesemeister, § 20 FGG Rn 8 ff. Danach führt selbst eine Verletzung des Anspruchs auf rechtliches Gehör (nach Einführung der Anhörungsrüge, vgl dazu jetzt § 44 FamFG) nicht zu einer Beschwerdeberechtigung.
58 Vgl SchuSo/Briesemeister, § 20 FGG Rn 7.
59 BGH FamRZ 2011, 465; so bereits auch BayObLG FamRZ 1996, 1369.
60 Die gelegentlich vertretene Auffassung, für die Erteilung einer betreuungsgerichtlichen Genehmigung oder auch die Festsetzung der Vergütung des Betreuers oder Verfahrenspflegers sei ein Antrag erforderlich, lässt sich mit § 168 Abs. 1 FamFG für die letztgenannten Fälle nicht vereinbaren; wegen der Erteilung einer Genehmigung sei auf die obergerichtliche Rechtsprechung (BGH DNotZ 1967, 320 und BayObLG FamRZ 1994, 1416) verwiesen. In der Praxis ergehen derartige Entscheidungen selbstverständlich in der Regel nur auf entsprechenden Antrag.
61 Dadurch wird das Beschwerderecht eines (eventuell) materiell betroffenen Beteiligten, der keinen Antrag stellte, ausgeschlossen; vgl dazu ausführlich Keidel/Meyer-Holz, § 59 FamFG Rn 37 ff sowie SchuSo/Briesemeister, § 20 FGG Rn 35.

In § 303 FamFG wird **ergänzend**[62] zu diesen allgemeinen Regelungen über die Beschwerdeberechtigung 27
- den (nach Landesrecht bestimmten) Behörden (Abs. 1),
- den näher bestimmten Angehörigen und der Vertrauensperson des Betroffenen (Abs. 2),
- dem Verfahrenspfleger (Abs. 3) und
- dem Betreuer und Vorsorgebevollmächtigten (Abs. 4)

eine differenziert ausgestaltete Beschwerdeberechtigung eingeräumt. Ferner hat nach § 304 FamFG der Vertreter der Staatskasse unter bestimmten Voraussetzungen eine Beschwerdeberechtigung. Das besondere Merkmal der in § 303 FamFG eingeräumten Beschwerdeberechtigungen besteht darin, dass hier (anders als bei § 59 FamFG) eine materielle **Beschwer** im Sinne einer Beeinträchtigung eines subjektiven Rechts[63] **nicht erforderlich** ist.

b) Beschwerdeberechtigung im Einzelnen
aa) Betroffener (Betreuter)

Die Beschwerdeberechtigung des Betroffenen selbst folgt aus § 59 Abs. 1 FamFG und ist deshalb hier **nicht ausdrücklich** geregelt. Durch die **Bestellung eines Betreuers** ist der Betroffene immer in seinen Rechten beeinträchtigt; dies ergibt sich vor allem daraus, dass der Betreuer als gesetzlicher Vertreter (§ 1902 BGB) ihn auch verpflichten kann. Das Gleiche gilt für die Verlängerung der Betreuung, die Erweiterung der Aufgabenkreise, die Anordnung eines Einwilligungsvorbehalts und die Zurückweisung des Antrags des Betroffenen auf Aufhebung der Betreuung sowie gegen die Erteilung einer Genehmigung nach §§ 1904, 1906 BGB. Nach wohl allgemeiner Meinung[64] hat der Betroffene auch dann ein Beschwerderecht, wenn er die Bestellung eines Betreuers zuvor beantragt oder ihr zugestimmt hat. 28

Die Beschwerde des Betroffenen (der seinen Willen kundtun kann) gegen die Betreuerbestellung wegen einer ausschließlich **körperlichen Behinderung** (§ 1896 Abs. 1 S. 3 BGB) dürfte als Rücknahme des Antrags auf Betreuerbestellung auszulegen sein; diese ist stets möglich. Nach Wegfall dieser Voraussetzung für die Betreuerbestellung ist die Betreuung aufzuheben. Wenn das Betreuungsgericht diese Aufhebung nicht vornimmt, hat dies das Beschwerdegericht zu tun. Deshalb ist davon auszugehen, dass der Betroffene auch in diesen Fällen ein Beschwerderecht gegen die Bestellung eines Betreuers hat. 29

Der Betroffene hat auch ein Beschwerderecht gegen die **Aufhebung** der Betreuung,[65] da ihm dadurch ein (oft wesentlicher) Teil der staatlichen Fürsorge bei der Bewältigung des Alltags entzogen wird. Ebenso steht ihm gegen die Aus- 30

---

62 Vgl BT-Drucks. 16/6308, 271; dass gegenüber der bisherigen Regelung nicht mehr auf die allgemeine Bestimmung über das Beschwerderecht Bezug genommen wird, ist ohne Auswirkungen. Der Kreis der Beschwerdeberechtigten wurde gegenüber der früheren Regelung in § 69 g FGG teilweise erheblich abgeändert.
63 So für § 69 g FGG: BayObLG FamRZ 1995, 1596; OLG Zweibrücken FGPrax 1999, 182.
64 OLG Hamm FamRZ 1995, 1519 und zB HK-BUR/Bauer, § 69 g FGG Rn 16; SchuSo/Sonnenfeld, § 69 g FGG Rn 21.
65 OLG München BtPrax 2007, 81 und HK-BUR/Bauer, § 69 g FGG Rn 16.

wahl und Entlassung eines **Betreuers**[66] die Beschwerde zu, denn gerade in diesen Fragen spielen die Vorstellungen und Wünsche des Betroffenen nach § 1897 BGB (und § 291 FamFG) eine große Rolle. Auch wenn der ausgewählte Betreuer zunächst das Vertrauen des Betroffenen hatte und sogar von ihm vorgeschlagen wurde, kann dieser später – häufig aufgrund der Erfahrungen innerhalb der Betreuung – anderen Sinnes geworden sein; wenn dieser Sinneswandel innerhalb der Beschwerdefrist eintritt, kann der Betroffene nicht nur beim Betreuungsgericht einen Antrag auf Entlassung des Betreuers stellen, sondern auch gegen dessen Bestellung Beschwerde einlegen. Auch gegen die Aufhebung eines Einwilligungsvorbehalts hat der Betroffene ein Beschwerderecht[67] sowie gegen die Ablehnung einer vom Betreuer beantragten Genehmigung nach § 1904 BGB,[68] wenn die Genehmigungsbedürftigkeit verneint wurde.

31 Demgegenüber hat der Betroffene **kein Beschwerderecht** gegen die Ablehnung der Bestellung eines Betreuers auf Antrag/Anregung eines Dritten, da ihn diese Entscheidung nicht in seinen Rechten beeinträchtigt. Ebenso kann er die Ablehnung einer Genehmigung der Unterbringung durch den Betreuer nicht mit der Beschwerde angreifen.[69]

32 Für die Frage, ob der Betroffene gegen die Feststellung der **Berufsmäßigkeit der Betreuungsführung**[70] und die Beschlüsse über die **Festsetzung einer Vergütung** für den Betreuer[71] Beschwerde einlegen kann, ist zu differenzieren:

- Wenn er vermögend und deshalb zahlungspflichtig ist, ist er in seinen Rechten durch diese Entscheidungen beeinträchtigt und damit beschwerdeberechtigt.

- Demgegenüber steht ihm **kein Beschwerderecht** zu, wenn der Betreuer seine Vergütung aus der Staatskasse erhält;[72] die durch den gesetzlichen Forderungsübergang nach §§ 1836e, 1908i Abs. 1 BGB gegebene Betroffenheit des Betreuten wird als eine bloß mittelbare angesehen. Das Gleiche gilt für den Fall, dass der Antrag des Betreuers auf Festsetzung einer Vergütung aus der Staatskasse abgelehnt[73] wurde; hier wird darauf verwiesen, dass der Betroffene erst in einem gegen ihn gerichteten Festsetzungsverfahren beteiligt ist und in diesem seine Mittellosigkeit darlegen kann.

Hervorzuheben ist, dass die Frage der **Verfahrensfähigkeit** des Betroffenen nach der ausdrücklichen Regelung in § 275 FamFG weiterhin (ebenso wie früher in § 66 FGG) unabhängig von der Geschäftsfähigkeit auch für das Beschwerdeverfahren stets feststeht.

---

66 BGH NJW 1996, 1825 = FGPrax 1996, 107; SchuSo/Briesemeister, § 20 FGG Rn 41.
67 BayObLG NJW-FER 2000, 152.
68 OLG Hamm NJW 2003, 2392 mit der Begründung, die Ablehnung aus diesen Gründen stelle ein die Rechtsstellung des Betroffenen beeinflussendes Negativzeugnis dar.
69 BayObLG FamRZ 2005, 834.
70 BayObLG FamRZ 2002, 767.
71 Vgl dazu SchuSo/Sonnenfeld, § 56g FGG Rn 95.
72 BayObLG FamRZ 2004, 138 (LS).
73 BayObLG FGPrax 2000, 202 entgegen LG Osnabrück FamRZ 2000, 488.

bb) Betreuungsbehörde

Die zuständige **Behörde**, die sich nach § 1 BtBG aus dem **Recht** des jeweiligen **Landes**[74] ergibt, hat nach Abs. 1 ein eigenes Beschwerderecht gegen die Entscheidungen des Betreuungsgerichtes, wenn über die Bestellung eines Betreuers[75] oder die Anordnung eines Einwilligungsvorbehalts und „Umfang, Inhalt oder Bestand" einer dieser Anordnungen entschieden wurde, somit also (weiterhin) nur gegen Beschlüsse bestimmten Inhalts. Die Beschreibung der anfechtbaren Entscheidungen stimmt mit der Regelung in § 274 Abs. 3 FamFG überein.[76] Entscheidungen des Betreuungsgerichts nach Abs. 1 sind selbstverständlich auch die entsprechenden einstweiligen Anordnungen nach § 300 FamFG.[77]

33

Unter einer Entscheidung über den Umfang, Inhalt oder Bestand der Betreuerbestellung oder des Einwilligungsvorbehaltes (Abs. 1 Nr. 2) sind neben der Grundentscheidung der Bestellung des Betreuers sowie der Anordnung des Einwilligungsvorbehalts zu verstehen:

34

- die **Veränderung** (Einschränkung oder Erweiterung) der Aufgabenkreise des Betreuers und des Kreises der einwilligungsbedürftigen Willenserklärungen;
- die Bestellung eines **weiteren** Betreuers nach § 1899 BGB (bei Aufteilung der Aufgabenkreise, Bestellung eines Gegenbetreuers oder Verhinderungsbetreuers sowie für die Einwilligung in die Sterilisation);
- die **Entlassung** eines Betreuers und Bestellung eines neuen Betreuers danach oder nach dem Tod des bisherigen Betreuers;
- die **Verlängerung** der Bestellung des Betreuers oder des Einwilligungsvorbehalts;
- die **Aufhebung** der Betreuung und/oder des Einwilligungsvorbehalts.

Im Gegensatz hierzu stehen die Entscheidungen innerhalb eines anhängigen Betreuungsverfahrens, zB über die Bestellung eines Verfahrenspflegers, die Begutachtung oder Unterbringung zur Begutachtung, die Erteilung einer Genehmigung nach den §§ 1821 f, 1904 ff BGB, Erteilung von Weisungen nach § 1837 Abs. 2 BGB oder über die Vergütung oder den Aufwendungsersatz des Betreuers nach §§ 292, 168 FamFG oder Verfahrenspflegers, sowie zur Bestellung oder Entlassung eines Ergänzungspflegers nach § 1909 BGB, gegen die die Behörde *kein* Beschwerderecht hat.

35

---

[74] Nach § 1 S. 1 BtBG sind in den Ländern meist die „unteren Verwaltungsbehörden" (Stadt- und Landkreise, kreisfreie Städte) als Betreuungsbehörden bestimmt; vgl die Erläuterungen hierzu.

[75] Nach OLG Hamm FamRZ 2006, 1785 hat die Betreuungsbehörde auch ein Beschwerderecht gegen die Auswahl eines Betreuers speziell unter dem Aspekt der berufsmäßigen Ausübung der Betreuung.

[76] Nach der amtlichen Begründung hierzu (BT-Drucks. 16/6308, 265) soll damit der bisherige Rechtszustand sprachlich gestrafft beibehalten werden.

[77] Vgl BayObLG BtPrax 2004, 111.

Die früher für die Beschwerdeberechtigung wichtige Unterscheidung zwischen wesentlichen und unwesentlichen Erweiterungen des Aufgabenkreises ist jetzt ohne Bedeutung.[78]

36 Der Betreuungsbehörde steht jetzt auch bei Bestellung eines Betreuers auf Antrag des Betroffenen (wegen einer körperlichen Behinderung) ein Beschwerderecht zu.[79] Ob die Behörde bereits beim Betreuungsgericht als Beteiligte (auf ihren Antrag nach § 274 Abs. 3 FamFG) beteiligt wurde, ist für deren Beschwerderecht (anders als bei den Angehörigen/Vertrauenspersonen) unerheblich.

37 Ein Beschwerderecht besteht nach § 59 Abs. 1 FamFG unabhängig von dieser speziellen Regelung dann, wenn die Betreuungsbehörde **in eigenen Rechten** beeinträchtigt ist; für diese Frage wird die Betreuungsbehörde wie jeder Betreuer behandelt. Deshalb kann der Behörde dann ein Beschwerderecht zustehen, wenn sie zum Betreuer bestellt wurde und ihrem Antrag auf Festsetzung einer Vergütung bzw des Aufwendungsersatzes nicht (ausreichend) entsprochen wurde.

cc) Angehörige

38 Die in Abs. 2 Nr. 1 **enumerativ**[80] aufgeführten nahen Angehörigen des Betroffenen haben (im Gegensatz zur zuständigen Behörde) **nur** dann ein Beschwerderecht, wenn sie bereits beim Betreuungsgericht (nach § 274 Abs. 4 Nr. 1 FamFG) **beteiligt** wurden und wenn es sich um eine **von Amts wegen** ergangene Entscheidung handelt. Diese Regelung wirft verschiedene Auslegungsfragen auf, die bisher sehr unterschiedlich beantwortet werden.

39 Zunächst stellt sich die Frage, ob die (privilegierten) Angehörigen alle Entscheidungen in einer Betreuungssache oder nur diejenigen **grundlegenden** Entscheidungen anfechten können, bei denen der Behörde nach Abs. 1 ein Beschwerderecht zusteht. Mit dem Landgericht Stuttgart[81] und der wohl überwiegenden Auffassung in der Kommentarliteratur[82] ist davon auszugehen, dass diese Einschränkung des Absatzes 1 auch für das Beschwerderecht der Angehörigen gilt. Entscheidend ist darauf abzustellen, dass der Gesetzgeber in der für das Betreuungsverfahren grundlegenden Bestimmung in § 274 Abs. 4 FamFG die Beteiligungsmöglichkeit für Angehörige ausdrücklich auf diese Fälle durch Verweis auf Abs. 3 beschränkt und für das Beschwerderecht die (zulässige) Beteiligung des Angehörigen in 1. Instanz voraussetzt. Auch ist aus der Begründung zum FamFG kein Anhaltspunkt dafür ersichtlich, dass das Be-

---

78 Vgl dazu § 69 I Abs. 1 S. 2, 3 iVm § 69 g Abs. 1 FGG. Dass diese Unterscheidung weiterhin nach § 293 Abs. 2 Nr. 2 FamFG für die Möglichkeit des Verzichts auf persönliche Anhörung und Einholung eines Gutachtens/ärztlichen Zeugnisses von Bedeutung bleibt, ändert hieran nichts.
79 Vgl BT-Drucks. 16/6308, 271 unter Hinweis auf die Möglichkeit der Eindämmung unnötiger Betreuungsverfahren auf Antrag des Betroffenen.
80 So zB Schulte-Bunert/Weinreich/Rausch, § 274 FamFG Rn 12 („abschließend") und HK-BUR/Bauer, § 69 g FGG Rn 7.
81 Beschluss vom 15.12.2010, FamRZ 2011, 1091.
82 Keidel/Budde, § 303 FamFG Rn 19 und wohl auch Schulte-Bunert/Weinreich/Rausch, § 303 FamFG Rn 8; aA nur Jürgens/Kretz, § 303 Rn 4 mit der nicht überzeugenden Begründung, durch das FamFG sei die frühere Beschränkung aufgehoben worden.

schwerderecht der Angehörigen gegenüber der bisherigen Regelung wesentlich erweitert werden sollte.[83]

Ferner stellt sich die Frage, ob die Angehörigen nur dann ein Beschwerderecht haben, wenn die konkrete, angefochtene Entscheidung **von Amts wegen** ergangen ist oder ob dieses Recht immer dann besteht, wenn diese Entscheidung nicht notwendig einen Antrag voraussetzt. In der amtlichen Begründung zu § 303 Abs. 2 Nr. 1 FamFG[84] wird lediglich auf die bisherige, gleichlautende Regelung in § 69 g Abs. 1 FGG verwiesen. Unter der Geltung dieser Regelung haben sich mehrere Obergerichte[85] mit dieser Frage befasst und übereinstimmend die Auffassung vertreten, dass jede Betreuerbestellung auf Antrag des Betroffenen und keineswegs nur diejenige wegen einer körperlicher Behinderung entsprechend § 1896 Abs. 1 S. 3 BGB der Beschwerde durch Angehörige[86] (als einzigem Fall der Betreuerbestellung, in dem ein Antrag des Betroffenen erforderlich ist) entzogen ist. Dies gilt nicht nur für die Betreuerbestellung, sondern auch für jede andere Entscheidung iSd Abs. 1 und dürfte entsprechend anzuwenden sein, wenn der Betroffene der dann erlassenen Entscheidung – ohne sie ausdrücklich beantragt zu haben – zustimmt. Eine derartige Erklärung kann als Antrag ausgelegt werden. Diese Auffassung führt allerdings zu teilweise erheblichen Problemen, wenn der Betroffene unterschiedliche Äußerungen im Lauf des Verfahrens abgibt und die getroffene Entscheidung – insb. bei den Aufgabenkreisen des Betreuers – nicht vollständig den Erklärungen des Betroffenen entspricht. Bei derartigen Unsicherheiten dürfte im Zweifel davon auszugehen sein, dass die getroffene Entscheidung von Amts wegen ergangen ist[87] und damit ein Beschwerderecht des Angehörigen besteht.

Zu dem Erfordernis der **Beteiligung in 1. Instanz** ergibt sich die Frage, in welcher Weise diese erfolgt sein muss. Eindeutig ist, dass ein Angehöriger, der durch Entscheidung des Betreuungsgerichts nach § 7 FamFG hinzugezogen wurde, beteiligt war.[88] Im Hinblick darauf, dass durch dieses Erfordernis nach der ausdrücklichen Begründung[89] hierdurch solche Angehörige ausgeschlossen werden sollen, die am bisherigen Verfahren kein Interesse zeigten, ist klar, dass auch die Angehörigen, die in 1. Instanz nicht förmlich hinzugezogen aber sonst, insb. durch eigene Stellungnahmen, beteiligt waren, auch ein Beschwerderecht haben.[90] Ansonsten würden die erstinstanzlichen Betreuungsverfahren durch Entscheidungen nach § 7 FamFG überfrachtet. Wenn ein privilegierter Angehöriger vom Verfahren beim Betreuungsgericht überhaupt keine Kenntnis hatte, muss ihm ein nachträgliches Recht auf Hinzuziehung eingeräumt werden, über das dann im Zwischenverfahren entschieden werden muss.[91] Trotz der klarstellenden Regelung in § 7 Abs. 6 FamFG dürfte davon auszugehen

---

83 BT-Drucks. 16/6308, 271, wo mehrfach die Einschränkungen gegenüber dem bisherigen Rechtszustand betont werden.
84 BT-Drucks. 16/6308, 272.
85 BayObLGZ 98, 82 und FamRZ 2003, 1871; OLG Düsseldorf FamRZ 98, 510, OLG Hamm FamRZ 2002, 194 und OLG München BtPrax 2008, 175.
86 Und entsprechend dem alten Rechtszustand der Beschwerde durch die Behörde.
87 So auch BayObLG FamRZ 2003, 1871.
88 BGH FamRZ 2012, 1049.
89 BT-Drucks. 16/6308, 271.
90 LG Bielefeld FamRZ 2011, 1617, LG Landau FamRZ 2011, 60 sowie Keidel/Budde, § 303 FamFG Rn 27 erscheinen insoweit zu rigoros und eng.
91 So auch LG Saarbrücken FamRZ 2010, 1371 und Keidel-Budde, § 303 FamFG Rn 28.

sein, dass auch die Anhörung eines Angehörigen als ausreichende Beteiligung anzusehen ist.

42 Die frühere Streitfrage,[92] ob die privilegierten Angehörigen die **Betreuerauswahl** nicht nur bei der grundlegenden Betreuerbestellung (als Teilanfechtung) und bei der Bestellung eines neuen Betreuers angreifen können, sondern auch dann, wenn die Entlassung eines Betreuers abgelehnt wurde,[93] ist jetzt[94] dahin gehend zu beantworten, dass ein Beschwerderecht der privilegierten Angehörigen auch gegen die Ablehnung der Entlassung eines Betreuers besteht, weil jede Entscheidung über die Person des Betreuers zum Inhalt der (fortwirkenden) Maßnahme Betreuerbestellung gehört.

43 Der **Kreis der privilegierten Angehörigen** wurde gegenüber der früheren Regelung in § 69 Abs. 1 FGG deutlich enger gezogen. Jetzt sind nur (konsequent deckungsgleich mit der Möglichkeit der Beteiligung im Betreuungsverfahren nach § 274 Abs. 4 Nr. 1 FamFG) folgende Personen beschwerdeberechtigt:

- der **Ehegatte** oder Lebenspartner, der nicht ständig getrennt lebt[95] (wie bisher aber nicht der nichteheliche Lebensgefährte[96] oder Verlobte);
- Verwandte in **gerader** Linie, und zwar Abkömmlinge gleich welcher Stufe, in aufsteigender Linie jedoch nur Eltern oder Großeltern des Betroffenen; selbstverständlich fallen darunter auch durch Adoption begründete Verwandtschaftsverhältnisse und es ist unerheblich, ob eine eheliche oder nichteheliche Geburt die Verwandtschaft begründet;
- die **Pflegeeltern** des Betroffenen;
- als Seitenverwandte nur die **Geschwister** des Betroffenen.

44 Obwohl eine analoge Anwendung dieser Aufzählung ausgeschlossen sein soll,[97] erscheint jedenfalls die Einbeziehung der Stiefkinder und -eltern in den Kreis der Beschwerdeberechtigten näher zu prüfen.[98] Zur Begründung kann insbesondere darauf verwiesen werden, dass durch die gesetzgeberische Entscheidung zur Gleichstellung der Pflegeeltern mit den nahen Angehörigen der auf längere Zeit angelegte soziale Kontakt und der daraus folgende gegenseitige Beistand gerade im Verfahrensrecht Anerkennung gefunden hat. Auf jeden

---

92 BGHZ 132, 157 und zB NJW 1996, 1825 und FGPrax 1996, 107.
93 Für diesen Fall wurde eine Beschwerdeberechtigung abgelehnt mit der Begründung, der Verweis in § 69i Abs. 8 FGG setze die Bestellung eines neuen Betreuers voraus, greife bei Ablehnung der Entlassung des bisherigen Betreuers (für die das Verfahren in § 69i Abs. 7 FGG geregelt ist und der nicht auf § 69g Abs. 1 FGG verweist) jedoch nicht ein.
94 BT-Drucks. 16/6308, 265.
95 Diese Einschränkung ist neu eingeführt worden. Der geschiedene Ehegatte/Lebenspartner hatte schon nach § 69g Abs. 1 FGG kein Beschwerderecht; bei der jetzigen Formulierung in § 303 Abs. 2 Nr. 1 FamFG kann insoweit ein Erst-Recht-Schluss gezogen werden.
96 Allgemeine Meinung bereits zu § 69 Abs. 1 FGG zB BayObLG FGPrax 1998, 56; OLG Karlsruhe FamRZ 2008, 184. Der Vorschlag von Keidel/Budde, § 303 FamFG Rn 23, den nicht verheirateten oder verpartnerten Lebensgefährten als Vertrauensperson des Betroffenen zu behandeln und ihm damit ein Beschwerderecht einzuräumen, erscheint angemessen und pragmatisch.
97 Dafür spricht vor allem, dass im Interesse der Rechtssicherheit der Kreis der Beschwerdeberechtigten klar bestimmt wird, vgl zB BayObLG FGPrax 1998, 56.
98 Wie dies für das Beschwerderecht in Unterbringungssachen nach § 335 FamFG teilweise angenommen wird, vgl LG Oldenburg FamRZ 1996, 500 und ihm folgend ein Teil der Literatur (vgl die Zusammenstellung bei § 335 FamFG Rn 11).

Fall dürfte in einem derartigen Fall die Annahme der Stellung einer Vertrauensperson des Betroffenen – für die hier lediglich die objektive Verbundenheit erforderlich ist –[99] nahe liegen.

Die ausdrückliche Regelung, dass das Beschwerderecht **nur „im Interesse** des Betroffenen" besteht, ist erstmals im FamFG genannt, stellt aber keine inhaltliche Änderung dar. Jedoch kann damit nur in sehr seltenen Ausnahmefällen eine Verwerfung der Beschwerde als unzulässig begründet werden, da jeder (privilegierte) Angehörige (zu Recht oder zu Unrecht) behaupten wird, er handle im Interesse des Betroffenen. Diese Behauptung wird nur in besonders gelagerten Ausnahmefällen widerlegt werden können, zumal das „wohlverstandene" Interesse des Betroffenen meist ein sehr dehnbarer Begriff sein wird.[100]

Nach der allgemeinen Vorschrift des § 59 Abs. 1 FamFG steht Angehörigen grundsätzlich kein Beschwerderecht zu, da sie aufgrund der Verwandtschaft oder Ehe/Lebenspartnerschaft **keine eigenen Rechte** im Betreuungsverfahren geltend machen können.[101] Dies gilt vor allem für die Auswahl des Betreuers. Die nach § 1897 Abs. 5 BGB vorgeschriebene Rücksichtnahme auf verwandtschaftliche und sonstige persönliche Bindungen gibt den Verwandten kein subjektives Recht auf die eigene Bestellung als Betreuer. Die Vorschriften über die Auswahl des Betreuers bestehen im Interesse des Betroffenen,[102] nicht der Verwandten oder des nach § 1897 Abs. 4 BGB Vorgeschlagenen.

dd) Vertrauensperson

Den genannten privilegierten Angehörigen wird durch § 303 Abs. 2 Nr. 2 FamFG die Vertrauensperson des Betroffenen gleichgestellt; auch ihr Beschwerderecht unterliegt den vorstehend dargestellten Einschränkungen. Wer als Vertrauensperson als Kann-Beteiligter hinzugezogen werden kann (nach § 274 Abs. 4 Nr. 1 FamFG) und dann das Beschwerderecht hat, hängt von den Umständen des Einzelfalls ab; eine ausdrückliche Benennung durch den Betroffenen wird nicht vorausgesetzt,[103] ist aber selbstverständlich möglich und im Interesse der Klarheit sinnvoll. Es erscheint besonders nahe liegend, einen (nicht verheirateten und nicht verpartnerten) Lebensgefährten oder Verlobten als Vertrauensperson anzusehen, ebenso ist dies bei einer mit dem Betroffen in häuslicher Gemeinschaft lebenden Person, die nicht zu den privilegierten Angehörigen gehört, stets zu prüfen.

Ob lediglich **eine** Vertrauensperson am Verfahren beteiligt werden kann **oder auch mehrere,** ist bisher nicht entschieden. Aus der amtlichen Begründung[104] und der Kommentarliteratur[105] können hierzu Anhaltspunkte für eine großzü-

---

99 Keidel/Budde, § 303 FamFG Rn 23.
100 In diesen Ausnahmefällen entsteht dann für die Zurückweisung oder Verwerfung der Beschwerde Gerichtsgebühren, da § 131 Abs. 5 KostO dann nicht vorliegt.
101 Die Auffassung des OLG Köln FamRZ 1996, 1024 konnte sich nicht durchsetzen; vgl BGH in NJW 1996, 1825 = FGPrax 1996, 107.
102 Vgl dazu zB BayObLG BtPrax 2004, 113 und 199.
103 Keidel/Budde, § 274 FamFG Rn 16, weist ausdrücklich auf die unterschiedliche Formulierung in § 335 FamFG hin.
104 In BT-Drucks. 16/6308, 266 ist davon die Rede, dass dem Gericht die Hinzuziehung entfernterer Angehörigen, eines getrennt lebenden Ehegatten sowie sonstiger Personen ermöglicht werden soll.
105 Vgl zB SchuSo/Sonnenfeld, § 68a FGG Rn 21 und § 70d FGG Rn 8.

gige Handhabung entnommen werden. Gesichert erscheint, dass es sich um individuelle Personen handeln muss, nicht um eine Organisation.[106] Im Interesse der umfassenden Aufklärung und der Stärkung der Position des Betroffenen sollte jedenfalls nicht strikt eine Begrenzung auf ausschließlich eine Vertrauensperson vorgenommen werden, auch wenn selbstverständlich die Anhörung bzw das Beschwerderecht aller Mitglieder des sozialen Umfelds des Betroffenen die praktischen Möglichkeiten des Betreuungsgerichts sprengt.

ee) Verfahrenspfleger

49 Nach Abs. 3 ist ein (durch das Betreuungsgericht nach § 276 FamFG bestellter) Verfahrenspfleger[107] ausdrücklich beschwerdeberechtigt. Da er zur Wahrnehmung der **Interessen** des Betroffenen bestellt wird, kann er – wie bisher – nur in dessen Interesse Beschwerde einlegen.[108] Sachlich besteht sein Beschwerderecht im gleichen Umfang wie das des Betroffenen.

Soweit er durch eine Entscheidung des Betreuungsgerichts **in eigenen Rechten beeinträchtigt** wird, steht ihm persönlich ein Beschwerderecht nach der generellen Regelung in § 59 Abs. 1 FamFG zu. Dies ist vor allem dann der Fall, wenn seine **Vergütung** nicht oder (nach seiner Auffassung) zu niedrig festgesetzt wurde.[109]

ff) Betreuer/Vorsorgebevollmächtigter

50 Nach Abs. 4 kann auch der (eventuell nur vorläufige) Betreuer oder ein Vorsorgebevollmächtigter insoweit, als sein **Aufgabenkreis** bzw der Kreis der von der Vollmacht umfassten Angelegenheiten betroffen ist, im **Namen des Betroffenen** Beschwerde einlegen. Diese Regelung stimmt hinsichtlich des Betreuers mit § 69g Abs. 2 FGG überein und ist ausschließlich deklaratorischer Natur.[110] Ebenfalls fortgeschrieben wurde die Klarstellung, dass bei Vorhandensein mehrerer Betreuer oder Bevollmächtigter jeder selbstständig Beschwerde einlegen kann.

51 Davon zu unterscheiden ist die Beschwerdeberechtigung des Betreuers nach § 59 Abs. 1 FamFG, wenn er **in eigenen Rechten beeinträchtigt** ist. Dies ist vor allem dann der Fall, wenn er

- gegen seinen Willen ganz oder teilweise **entlassen** wurde (die Betreuung aber fortbesteht und deshalb ein neuer Betreuer bestellt wurde);[111]

---

106 So ausdrücklich für das Unterbringungsverfahren Damrau/Zimmermann, § 70d FGG Rn 11; Schulte-Bunert/Weinreich/Dodegge, § 315 FamFG Rn 17; Marschner/Lesting, § 335 FamFG Rn 17. Demgegenüber verwendet Keidel/Budde, zB § 274 FamFG Rn 16, stets – wohl mit Bedacht – immer nur den Singular für die Vertrauensperson.
107 Vgl zu seiner Stellung und den Grenzen seiner Beschwerdeberechtigung BayObLG FamRZ 2000, 302.
108 Nach der Begründung (BT-Drucks. 16/6308, 272) steht ihm das Beschwerderecht zu, um den Interessen des Betroffenen Geltung zu verschaffen.
109 Selbstverständlich stellt hier besonders die Beschwerdesumme von 600 EUR eine häufige Zulässigkeitsschranke dar.
110 Vgl BT-Drucks. 16/6308, 272.
111 BayObLG FamRZ 2004, 734; KG FamRZ 2006, 505 (LS) für den Fall, dass ein neuer Vollmachtsüberwachungsbetreuer bestellt wurde.

- gegen ihn **Aufsichtsmaßnahmen** nach § 1837 Abs. 2, 3 BGB (iVm § 1908 i Abs. 1 S. 1 BGB) ergriffen wurden, also insbesondere ein Zwangsgeld angedroht oder festgesetzt wurde;
- seine **Weigerung**, zum Betreuer bestellt zu werden, zurückgewiesen wurde oder er ohne seine Zustimmung (Bereiterklärung nach § 1898 Abs. 2 BGB) hierzu bestellt wurde.

Die Ausdehnung auf den Vorsorgebevollmächtigten stellt ebenfalls lediglich eine Klarstellung dar; schon bisher konnte dieser **im Namen des Betroffenen** im Umfang seiner Vollmacht Beschwerde einlegen, solange diese Bestand hat (also nicht mehr nach einem Widerruf durch den Betreuer).

Demgegenüber steht dem Betreuer **kein** Beschwerderecht gegen die **Aufhebung**[112] der Betreuung zu, denn er hat kein Recht auf Fortbestand der Betreuung. Ausnahmsweise wurde jedoch ein Beschwerderecht für den früheren Betreuer gegen die Aufhebung der Betreuung dann anerkannt, wenn diese mit seiner Entlassung zusammenfällt.[113] Auch ist ein Beschwerderecht des durch die Beschwerdeentscheidung wieder entlassenen Nachfolgebetreuers – der durch das Betreuungsgericht gleichzeitig mit der Entlassung des vorherigen Betreuers eingesetzt wurde – abzulehnen,[114] zumal eine solche Rechtsbeschwerde immer unbegründet sein muss, weil der Betroffene sonst mehrere Betreuer hätte, ohne dass die (engen) Voraussetzungen des § 1899 Abs. 1 S. 1 BGB vorliegen. 52

gg) Vertreter der Staatskasse

Das Beschwerderecht des Vertreters der Staatskasse ist abschließend in § 304 FamFG geregelt. Vgl hierzu die dortigen Anmerkungen. 53

4. Einlegung der Beschwerde

a) Adressat der Beschwerde

Die Beschwerde kann nach § 64 Abs. 1 FamFG **nur beim Betreuungsgericht** eingelegt werden; die Einlegung beim Beschwerdegericht ist insbesondere nicht geeignet, die Beschwerdefrist einzuhalten. Selbstverständlich wird das Beschwerdegericht eine – versehentlich – bei ihm eingereichte Beschwerdeschrift dem zuständigen Betreuungsgericht weiterleiten. 54

Zur (weiteren) Zuständigkeit des Amtsgerichts am Ort der **Unterbringung** vgl § 305 FamFG und die dortigen Anmerkungen.

b) Form

Für die Form der Beschwerde stehen weiterhin die Einreichung einer **Beschwerdeschrift** oder die Einlegung zur **Niederschrift** der Geschäftsstelle zur Verfügung (§ 64 Abs. 2 FamFG). Im Gegensatz zur bisherigen allgemeinen Meinung verlangt jetzt § 64 Abs. 2 S. 3 FamFG die **Unterzeichnung**[115] der Be- 55

---

112 Vgl zB OLG Köln NJW-RR 1997, 708; OLG Düsseldorf FamRZ 1998, 1244; OLG München FamRZ 2006, 577 (LS).
113 OLG München FamRZ 2007, 168 unter Betonung des Ausnahmefalls.
114 Vgl dazu BayObLG FGPrax 1995, 197.
115 Nach früherer allg. Meinung zu § 21 FGG war die Unterzeichnung keine Wirksamkeitsvoraussetzung (vgl dazu zB SchuSo/Briesemeister, § 21 FGG Rn 6), jedoch musste der Aussteller der Beschwerdeschrift erkennbar sein.

schwerde durch den Beschwerdeführer oder seinen Bevollmächtigten. Insoweit wurden die Formvorschriften verschärft. Darüber hinaus verlangt § 64 Abs. 2 S. 2 jetzt (wie für die Rechtsmittel im Zivilprozess) zwingend die Bezeichnung des angefochtenen Beschlusses und die Erklärung, dass Beschwerde dagegen eingelegt wird. Im Hinblick auf die häufig gerichtsunerfahrenen Beteiligten dürften auch in Zukunft insoweit keine allzu strengen Maßstäbe angelegt werden. Wesentlich ist, dass der angefochtene Beschluss eindeutig ermittelt werden kann und sich der Anfechtungswille genügend sicher ergibt. Auch nach neuem Recht ist das Betreuungsgericht nach §§ 26 ff FamFG **von Amts wegen** zur **Aufklärung** verpflichtet, wenn ein Schriftstück bei ihm eingeht, das möglicherweise eine Beschwerde darstellen kann. Deshalb dürfte auch in Zukunft als Beschwerdeschrift jedes unterschriebene Schriftstück in deutscher Sprache ausreichen, aus dem der Wille hervorgeht, einen bestimmten (jedenfalls bestimmbaren) Beschluss des Betreuungsgerichts anzufechten und der Überprüfung durch das Beschwerdegericht zuzuführen. Für die Fristwahrung reicht der Eingang der Beschwerdeschrift (oder der Niederschrift eines anderen Amtsgerichts) per Telefax[116] aus. Die Einlegung der Beschwerde in der Form des elektronischen Dokuments setzt nach § 14 Abs. 4 FamFG demgegenüber voraus, dass für den Bundesgerichtshof die Bundesregierung[117] und für die Landesgerichte die Landesregierung durch Rechtsverordnung bestimmt hat,[118] dass elektronische Dokumente eingereicht werden können.

56 Für die Einlegung der Beschwerde durch Erklärung zur **Niederschrift** der Geschäftsstelle des Betreuungsgerichts – die gerade in Betreuungssachen im Hinblick auf den keineswegs nur ganz vereinzelt anzutreffenden „funktionalen" Analphabetismus erhebliche praktische Bedeutung hat – lässt § 25 Abs. 2 FamFG die Niederschrift zur Geschäftsstelle eines jeden Amtsgerichts zu, wobei § 25 Abs. 3 jetzt klarstellt, dass die Wirkung der Verfahrenshandlung erst eintritt, wenn die Niederschrift beim zuständigen Gericht eingeht; deshalb muss die bei einem anderen Amtsgericht (ausgenommen das Amtsgericht, in dessen Bezirk der Betroffene untergebracht ist, vgl § 305 FamFG) eingereichte Beschwerde innerhalb der Beschwerdefrist beim exklusiv zuständigen Betreuungsgericht eingegangen sein. Entsprechend der bisherigen allgemeinen Mei-

---

116 Dabei reicht sowohl ein Computerfax ohne Unterschrift (BSG NJW 1997, 1254) als auch eine eingescannte Unterschrift (GmS-OBG BGHZ 144,160 = NJW 2000, 2340) aus. Vgl zu den Einzelheiten SchuSo/Briesemeister, § 21 FGG Rn 15 und Keidel/Sternal, § 64 FamFG Rn 12 und § 63 FamFG Rn 38 f.
117 Vom 24.8.2007, BGBl. I, 2130, wodurch der elektronische Rechtsverkehr beim BGH auch in Verfahren der freiwilligen Gerichtsbarkeit grundsätzlich zugelassen wird; wegen der Voraussetzungen im Einzelnen vgl die dortigen Regelungen.
118 Nach meinen Recherchen gibt es in den Ländern bisher keine flächendeckenden Regelungen (am ehesten in Hessen auf Grund der VO vom 26.10.2007, GVOBl., 699) hierzu, sondern lediglich Pilotprojekte, zB in Baden-Württemberg (vgl die VO des Justizministeriums vom 15.6.2004, GBl. 2004, 590, die aber nur Zivilprozesse betrifft), Brandenburg, Niedersachsen, während in den anderen Ländern der elektronische Rechtsverkehr auf die Anmeldungen zu den (zentralisierten) Registergerichten, das Mahnverfahren, die Grundbuchämter und Vollstreckungsgerichte sowie teilweise Gerichte der Fachgerichtsbarkeiten beschränkt ist. Vorläufig lässt sich eine Recherche im Internet unter dem Justizportal des Bundes und der Länder zum aktuellen Stand der Bestimmungen in den einzelnen Ländern nicht vermeiden.

nung[119] ist auch weiterhin davon auszugehen, dass die Einlegung der Beschwerde zur Niederschrift des **Betreuungsrichters** – meist unmittelbar nach Erlass und Bekanntgabe der Entscheidung – wirksam ist, auch wenn der Richter zur Protokollierung einer Beschwerde nicht verpflichtet ist.

Die bisher[120] teilweise für zulässig gehaltene **telefonische** Einlegung der Beschwerde (mit Aufnahme eines Vermerks über den Anruf) ist angesichts der jetzt etwas strengeren Formvorschriften für die Einlegung mit der vorliegenden obergerichtlichen Rechtsprechung[121] abzulehnen. Insbesondere ist die Umdeutung eines derartigen Vermerks über den Anruf in eine Beschwerdeschrift jetzt ausgeschlossen.[122]

c) Verzicht auf die Beschwerde

Das Vorliegen eines Rechtsmittelverzichts stellt eine **negative Zulässigkeitsvoraussetzung** für die Beschwerde dar. Wenn die Entscheidung mehrere Verfahrensgegenstände enthält oder dieser teilbar ist, kann auch der Verzicht beschränkt werden.

Es gibt unterschiedliche Möglichkeiten für den Rechtsmittelverzicht:

Nach § 67 Abs. 1 FamFG[123] macht der Rechtsmittelverzicht gegenüber dem Gericht, der nach Bekanntgabe des Beschlusses erklärt wurde, die Beschwerde unzulässig.

Der Verzicht gegenüber einem anderen Beteiligten entfaltet im Verfahren nach § 67 Abs. 3 FamFG erst dann Wirkung, wenn sich dieser darauf beruft. Das Erfordernis, dass vor dem Verzicht die Entscheidung bekanntgegeben wurde,[124] dürfte auch auf den Verzicht gegenüber einem anderen Beteiligten auszudehnen sein, da ansonsten Erklärungen Verbindlichkeit beigemessen würde, die sich auf eine (noch) unbekannte Entscheidung beziehen.

Daneben wird weiterhin ein **Vertrag** unter den Beteiligten über den Rechtsmittelverzicht[125] für wirksam angesehen. In welcher Form der Verzicht erklärt oder vereinbart werden muss, ist nicht festgelegt; im Hinblick auf die Wichtigkeit dieser Erklärung ist jedenfalls eine beweissichere, eindeutige Erklärung zu fordern. Bei der Annahme eines Verzichts durch Auslegung einer Erklärung oder gar als Wirkung einer konkludenten Handlung ist große Zurückhaltung

---

119 Vgl dazu ausführlich SchuSo/Briesemeister, § 21 FGG Rn 22; Keidel/Sternal, § 64 FamFG Rn 18.
120 Vgl dazu zB KKW/Sternal, § 21 FGG Rn 9, dagegen zB HK-BUR/Bauer, § 69 f FGG Rn 14.
121 Vgl insbesondere OLG Frankfurt/M. FGPrax 2001, 46.
122 So BGH FamRZ 2009, 970 (für eine Beschwerde im Zwangsvollstreckungsverfahren) und ausdrücklich Keidel/Sternal, § 64 FamFG Rn 14.
123 Diese gesetzliche Regelung bringt nur eingeschränkt Klarheit für die damit zusammenhängenden Fragen; nach der Begründung in BT-Drucks. 16/6308, 206 f sollte auch der antizipierte Rechtsmittelverzicht zugelassen werden, was aber nicht erfolgte. Bereits für das frühere Recht wurde ein Rechtsmittelverzicht auch im Verfahren der freiwilligen Gerichtsbarkeit für zulässig und wirksam angesehen; vgl dazu ausführlich zB SchuSo/Briesemeister, § 21 FGG Rn 34 ff; KKW/Kahl, § 19 FGG Rn 97 ff. Dort ist auch der Meinungsstand zu den Einzelfragen dargestellt.
124 Nach der Formulierung in § 67 Abs. 1 FamFG ist die schriftliche Bekanntgabe nicht erforderlich, anders als für den Beginn der Beschwerdefrist nach § 63 Abs. 3 FamFG.
125 Vgl Keidel/Sternal, § 64 FamFG Rn 4.

geboten.[126] Vor allem kann der Äußerung des Betroffenen, er finde sich mit der Entscheidung ab, nicht ohne Weiteres die Wirkung eines Verzichts beigelegt werden.

In Betreuungsverfahren spielt der Rechtsmittelverzicht in der Praxis eine gegenüber den sonstigen FG-Verfahren untergeordnete Rolle.

d) Rücknahme der Beschwerde

60 In § 67 Abs. 4 FamFG ist jetzt (ohne Änderung der Rechtslage)[127] bestimmt, dass der Beschwerdeführer bis zum Erlass der Beschwerdeentscheidung sein Rechtsmittel **zurücknehmen** kann. Insoweit ist besonders auf § 275 FamFG und die dort normierte Verfahrensfähigkeit des Betroffenen hinzuweisen. Da Voraussetzungen und Auswirkungen der Rücknahme weiterhin nicht geregelt sind, ist davon auszugehen, dass hinsichtlich der Formfreiheit, der Bedingungsfeindlichkeit und der Unabhängigkeit von Zustimmungserklärungen eventueller Gegner des Beschwerdeführers sowie der Möglichkeit einer erneuten Einlegung nach Rücknahme der bisherige Rechtszustand weiter gilt. Allerdings wird der Wiederholung der Beschwerde nach Rücknahme jetzt in der Regel der Ablauf der Beschwerdefrist entgegenstehen.

5. Anschlussbeschwerde

61 Für die jetzt erstmals[128] (in Anlehnung an § 567 Abs. 3 ZPO) geregelte **Anschließung** eines anderen Beteiligten an eine bereits wirksam eingelegte Beschwerde (die von der Zulässigkeit und dem Fortbestand der Hauptbeschwerde abhängig ist) bestimmt § 66 FamFG, dass diese auch trotz eines Verzichts auf die Beschwerde und außerhalb der Beschwerdefrist möglich ist. Für die Form der Anschließung ist ausschließlich die Einreichung der Beschwerdeanschlussschrift vorgesehen. Im Hinblick auf die grundsätzliche Regelung in §§ 25, 64 Abs. 2 FamFG dürften aber keine Bedenken dagegen bestehen, auch eine solche Anschlusserklärung zur Niederschrift der Geschäftsstelle zu erklären. Adressat der Anschlusserklärung ist immer das Beschwerdegericht; wenn das Beschwerdeverfahren noch (insbesondere im Rahmen der Prüfung der Abhilfe) beim erstinstanzlichen Gericht anhängig ist, kann die Anschließung auch in diesem Stadium gegenüber dem Gericht 1. Instanz erfolgen. Dieses kann (auch) der Anschlussbeschwerde abhelfen.

62 Fraglich ist, ob die für eine selbstständige Beschwerde bestehende **Zulässigkeitsvoraussetzungen** auch für die Anschlussbeschwerde erfüllt sein müssen. Nach dem Wortlaut des § 66 FamFG muss der sich Anschließende nur Betei-

---

126 So BGH NJW 2006, 3498 (zur Annahme eines Rechtsmittelverzichts für eine Kostenentscheidung nach Vergleich) vgl dazu zB Keidel/Sternal, § 67 FamFG Rn 5 f.
127 Vgl zum bisherigen Rechtszustand ausführlich SchuSo/Briesemeister, § 21 FGG Rn 31 ff. Zu Einzelfragen der jetzigen Regelung vgl Keidel/Sternal, § 67 FamFG Rn 15 ff und Schulte-Bunert/Weinreich/Unger, § 67 FamFG Rn 20.
128 Vgl zur Möglichkeit der Anschlussbeschwerde im bisherigen FG-Verfahren (über das Verfahren in Landwirtschaftssachen hinaus) SchuSo/Briesemeister, § 22 FGG Rn 16 ff. Wegen der Einzelfragen der Anschlussbeschwerde nach der Neuregelung wird auf die Kommentierungen von Keidel/Sternal und Schulte-Bunert/Weinreich/Unger je zu § 66 FamFG verwiesen, da in Betreuungsverfahren die Anschlussbeschwerde lediglich eine sehr untergeordnete Rolle spielt.

ligter des Verfahrens sein,[129] trotzdem ist zu verlangen, dass in Betreuungsverfahren das Beschwerderecht nach §§ 59, 303 f FamFG gegeben ist. Demgegenüber müssen die für die selbstständige Beschwerde erforderlichen Voraussetzungen der Beschwer durch die angefochtene Entscheidung und der Überschreitung des Beschwerdewerts (bei vermögensrechtlichen Angelegenheiten) nicht erfüllt sein,[130] wobei zur Begründung auf die ausgedehnte Rechtsprechung zum Zivilprozess verwiesen wird.

Der **Verzicht** auf die Anschlussbeschwerde ist in § 67 Abs. 2 FamFG ausdrücklich geregelt; danach macht er die Anschließung nur dann unzulässig, wenn hierauf nach Einlegung der Hauptbeschwerde gegenüber dem Gericht verzichtet wurde. Dabei dürfte es nicht auf die objektive Tatsache der Einlegung der Hauptbeschwerde ankommen, sondern darauf, ob dem anderen Beschwerdeberechtigten diese Einlegung bekannt war.

6. Beschwerdefrist

Nach § 63 Abs. 1 FamFG gilt für den gesamten Bereich der freiwilligen Gerichtsbarkeit und damit auch für alle Betreuungssachen **grundsätzlich** die Beschwerdefrist von **einem Monat**. Für Betreuungssachen sind jedoch die **abweichenden Fristen** von zwei Wochen nach § 63 Abs. 2 FamFG (und auch diejenige von drei Monaten nach § 304 FamFG) von großer praktischer Bedeutung:

63

- Die Monatsfrist gilt **nur** für Entscheidungen in der **Hauptsache**, während die Beschwerde gegen **einstweilige Anordnungen** stets innerhalb von zwei Wochen einzulegen ist.
- Ferner gilt für alle **Genehmigungen** eines Rechtsgeschäfts durch gerichtlichen Beschluss ebenfalls die Beschwerdefrist von zwei Wochen.
- Für den Vertreter der **Staatskasse**, dem nach § 304 FamFG bei Betroffenheit der Staatskasse ein eigenes Beschwerderecht eingeräumt ist (vgl dazu die dortigen Erläuterungen), besteht eine Beschwerdefrist von drei Monaten ab der formlosen Mitteilung der Entscheidung.

Die Beschwerdefrist **beginnt** nach § 63 Abs. 3 FamFG mit der schriftlichen **Bekanntgabe** des Beschlusses an den Beteiligten.[131] Deshalb beginnt die Frist erst mit der Überlassung des schriftlichen Beschlusses in Ausfertigung oder Abschrift; die Eröffnung des Beschlusses ohne derartige Aushändigung reicht nicht aus. Auch setzt die Aushändigung lediglich eines abgekürzten Beschlusses ohne Gründe die Beschwerdefrist noch nicht in Gang. Die Beschlüsse in Betreuungssachen sind nach § 41 Abs. 1 FamFG bekanntzugeben, wobei eine **Zustellung** nur dann vorgeschrieben ist, wenn der Beschluss vom erklärten Willen eines Beteiligten abweicht.[132] Nach einem Beschluss des BGH[133] muss der Beschluss über die Betreuerbestellung notwendig dem Betroffenen selbst zugestellt werden, insb. reicht die Zustellung an den Betreuer mit dem Aufgaben-

---

129 Die ursprüngliche Begrenzung auf Beschwerdeberechtigte wurde noch vor Inkrafttreten des FamFG abgeändert.
130 Vgl zB Keidel/Sternal, § 66 FamFG Rn 8 b.
131 Nach der Begründung, BT-Drucks. 16/6308, 206, soll damit eine Vereinheitlichung der Prozessordnungen erreicht werden.
132 Durch diese – gegenüber § 16 Abs. 2 FGG einschränkende – Regelung soll nach der Begründung (BT-Drucks. 16/6308, 197) der Verfahrensaufwand reduziert werden.
133 FamRZ 2011, 806.

kreis „Entgegennahme, Anhalten und Öffnen der Post" nicht aus. Im Hinblick auf die Wichtigkeit ist die beweissichere Zustellung der Endentscheidungen in Betreuungssachen (auch bei Bestellung eines Betreuers im Weg der einstweiligen Anordnung) an die Beteiligten stets dringend anzuraten. Hierdurch werden auch die erforderlichen sicheren Grundlagen für die Frage der Einhaltung der Beschwerdefrist geschaffen.

64 Für die (§ 517 ZPO nachgebildete) Auffangregelung in § 63 Abs. 3 S. 2 FamFG, wonach die Beschwerdefrist spätestens **fünf Monate** nach Erlass des Beschlusses zu laufen beginnt, ist die Definition des Erlasses in § 38 Abs. 3 S. 3 FamFG von besonderer Bedeutung. Hervorzuheben ist, dass jetzt für jeden Beteiligten **einzeln** der Fristbeginn (und damit auch die Frage der formellen Rechtskraft) festzustellen ist. Die Regelung in § 287 FamFG über das Wirksamwerden der Betreuerbestellung mit Bekanntgabe an den Betreuer ändert hieran nichts.

65 Bei **Versäumung** der Beschwerdefrist kann dem Beschwerdeführer nach § 17 Abs. 1 FamFG[134] **Wiedereinsetzung** in den vorigen Stand gewährt werden, wenn er ohne Verschulden an der Einhaltung der Frist gehindert war.

Hervorzuheben ist, dass

- die Frist für den Wiedereinsetzungsantrag zwei Wochen ab Wegfall des Hindernisses beträgt (§ 18 Abs. 1 FamFG),
- bei Nachholung der versäumten Rechtshandlung die Wiedereinsetzung auch ohne Antrag gewährt werden kann (§ 18 Abs. 3 S. 3 FamFG) und
- die Gewährung der Wiedereinsetzung nicht anfechtbar ist (§ 19 Abs. 2 FamFG).

Ferner ist besonders darauf hinzuweisen, dass nach § 17 Abs. 2 FamFG das Fehlen eines Verschuldens für die Fristversäumung dann vermutet wird, wenn die für den gesamten Bereich des FamFG in § 39 vorgeschriebene[135] **Rechtsmittelbelehrung** fehlt oder falsch ist. Damit wird ein Verstoß gegen diese Verpflichtung innerhalb des Verfahrens sanktioniert.

7. Beschwerdewert

66 Für alle vermögensrechtlichen Angelegenheiten in Betreuungssachen, insbesondere bei Beschlüssen über Vergütungsfestsetzungsanträge des Betreuers nach §§ 292, 168 FamFG, Entscheidungen über gerichtliche Genehmigungen zu Rechtsgeschäften über das Vermögen des Betroffenen sowie Kostenentscheidungen, ist das Übersteigen des Beschwerdewerts von **600 EUR** nach § 61 Abs. 1 FamFG erforderlich. Für die Feststellung, ob dieser Wert überschritten ist, kommt es auf das **Abänderungsinteresse** des Beschwerdeführers an, das durch den Vergleich zwischen den gestellten Anträgen und der angefochtenen

---

134 Die §§ 17–19 FamFG treten an die Stelle von § 22 Abs. 2 FGG.
135 Für die Betreuungs- und Unterbringungsverfahren stellte die Einführung der Verpflichtung aller Gerichte im Bereich der freiwilligen Gerichtsbarkeit keine sachliche Änderung dar (vgl § 69 Abs. 1 Nr. 6 und 70 Abs. 1 Nr. 4 FGG). Die entsprechende Einführung der Rechtsmittelbelehrung im Zivilprozess zum 1.1.2014 berührt die Betreuungsgerichte ebenfalls nur marginal (Klarstellung, dass über die Möglichkeit der Sprungrechtsbeschwerde nicht belehrt werden muss).

Entscheidung ermittelt wird.[136] Unabhängig davon ist die Beschwerde aber auch dann zulässig, wenn sie wegen grundsätzlicher Bedeutung oder zur Sicherung der einheitlichen Rechtsprechung vom Betreuungsgericht (bindend) nach § 61 Abs. 2 und 3 FamFG zugelassen wurde.[137] Die Voraussetzungen für die Zulassung sind identisch mit den Voraussetzungen für die Zulassung der Rechtsbeschwerde formuliert.

8. Beschwerde trotz Erledigung der Hauptsache

In § 62 FamFG findet sich erstmals eine ausdrückliche Regelung der Frage, ob und unter welchen Voraussetzungen die Beschwerde trotz Erledigung der Hauptsache statthaft ist. Als derartige Erledigungsereignisse kommen in Betreuungssachen vor allem der Tod des Betroffenen oder der Ablauf der Frist bei Bestellung eines vorläufigen Betreuers in Betracht.

67

Diese Bestimmung geht auf die gefestigte Rechtsprechung des **Bundesverfassungsgerichts**[138] zurück. Auch wenn für die Auslegung dieser Bestimmung weiterhin auf die Rechtsprechung des Bundesverfassungsgerichts zurückgegriffen wird,[139] ist jetzt doch die gesetzliche Regelung autonom auszulegen. Dabei ist hervorzuheben, dass die Bestellung eines Betreuers einen „schwerwiegenden Grundrechtseingriff" iSd Abs. 2 Nr. 1 des § 62 FamFG darstellt und damit ein Feststellungsantrag nach dieser Vorschrift grundsätzlich möglich ist.[140] Ferner ist der Zeitpunkt der Erledigung der Hauptsache (vor oder nach Einlegung der Beschwerde) unerheblich,[141] der Antrag also auch dann gestellt werden kann, wenn sich die Hauptsache vor Einlegung der Beschwerde erledigt hat. In den Verfahren, die wie Betreuungsverfahren nicht zur Disposition der Beteiligten stehen, kommt es auf die Erledigungserklärung der Beteiligten nicht an, sondern allein auf die materielle Erledigung der Hauptsache.[142]

Den **Antrag** auf Feststellung der Rechtswidrigkeit kann nur der Betroffene selbst, nicht aber ein nach § 303 FamFG beschwerdeberechtigter Angehöriger stellen.[143] Auch der Verfahrenspfleger des Betroffenen kann *keinen* derartigen Antrag stellen.[144] Dies dürfte auch für den (Vorsorge-)Bevollmächtigten des Betroffenen gelten. Auf einen zulässigen Antrag hin ist die erledigte Maßnahme umfassend aufzuklären, keineswegs nur für den Zeitpunkt der Entschei-

68

---

136 Wenn zB das Betreuungsgericht die verlangte Vergütung oder Auslagenersatz nicht antragsgemäß festsetzte, muss die Differenz zwischen dem festgesetzten und dem weiter verfolgten Betrag mindestens 600,01 EUR betragen.
137 Bereits nach früherem Recht war die Zulassung der Beschwerde bei Nichtübersteigen des Beschwerdewerts in § 56 g Abs. 5 FGG wegen grundsätzlicher Bedeutung vorgesehen.
138 Vgl zB BVerfGE 104, 220, 232 f und FamRZ 2008, 2260.
139 Vgl zB BGH FGPrax 2011, 39 Rn 12 ff.
140 Vgl zB neuerdings BGH FamRZ 2013, 29, Rn 10; so bereits früher BVerfG FamRZ 2002, 312 und 2008, 2260.
141 Vgl dazu ausführlich Keidel/Budde, § 62 FamFG Rn 7.
142 BGH v. 13.7.2011, XII ZB 231/10.
143 BGH FamRZ 2013, 29 betont die Höchstpersönlichkeit des Rechts, einen Antrag nach § 62 FamFG zu stellen. Demgegenüber vertritt der für die Abschiebungshaft zuständige 5. Zivilsenat des BGH im Beschluss FamRZ 2012, 211 die gegenteilige Auffassung mit beachtlichen Gründen vor allem unter Hinweis auf das Rehabilitationsinteresse der Angehörigen.
144 BGH FamRZ 2012, 619.

dung des Beschwerdegerichts.[145] Kosteninteressen allein dürften auf keinen Fall ausreichend für das Feststellungsinteresse sein.[146]

9. Vorschriften über das Beschwerdeverfahren

69 Für das vom Beschwerdegericht zu beachtende Verfahren in Betreuungssachen bestehen keine besonderen Vorschriften mehr, so dass sich das Verfahren insgesamt nach den allgemeinen Vorschriften der §§ 64 ff FamFG richtet.

a) Abhilfeverfahren

70 Zunächst hat das Betreuungsgericht nach § 68 Abs. 1 FamFG zu prüfen, ob es der Beschwerde **abhilft**, weil die Beschwerde begründet ist. Ob das Betreuungsgericht die Abhilfe auch dann zu prüfen und ggf vorzunehmen hat, wenn die Beschwerde nicht zulässig ist, ist noch umstritten,[147] jedoch ist mit der wohl überwiegenden Meinung davon auszugehen, dass das Betreuungsgericht jeder Beschwerde, die nach seiner Prüfung begründet ist, abzuhelfen hat. Zur Begründung ist vor allem auf die Prüfungskompetenz des Beschwerdegerichts für die Zulässigkeitsvoraussetzungen nach § 68 Abs. 2 FamFG zu verweisen. Die Durchführung eines Abhilfeverfahrens ist keine Zulässigkeitsvoraussetzung für eine Entscheidung des Beschwerdegerichts.[148]

71 Erst mit der vom Betreuungsgericht **unverzüglich** vorzunehmenden **Vorlage** der Beschwerde an das Beschwerdegericht fällt die Sache dort an. Dem Betreuungsgericht steht wie jedem Gericht 1. Instanz eine angemessene Frist[149] zur Prüfung der Abhilfe sowie zur eventuell gebotenen weiteren Sachverhaltsermittlung zur Verfügung. Welche Frist angemessen ist, hängt völlig vom Einzelfall ab. Dies trifft vor allem dann zu, wenn die Beschwerde auf neue Tatsachen gestützt wird, die das Betreuungsgericht bisher nicht überprüft und in seine Abwägung einbezogen hat. Um den effektiven Rechtsschutz durch Überprüfung der ergangenen Entscheidung nicht einzuschränken, ist die Abhilfeprüfung jedoch in jedem Fall zügig durchzuführen. So erscheint es auch richtig, bei der Beschwerde gegen eine **einstweilige Anordnung** nach § 300 FamFG nicht alle Einwände des Beschwerdeführers – die dann im Hauptsacheverfahren zu prüfen sind – im Rahmen der Abhilfe aufzuklären, sondern die Sache dem Beschwerdegericht vorzulegen, wenn sich trotz Würdigung des neuen Vorbringens an den dringenden Gründen für die Annahme der Voraussetzungen der Betreuerbestellung oder der Anordnung des Einwilligungsvorbehalts nichts Wesentliches geändert hat.

b) Zulässigkeitsprüfung

72 Nach § 68 Abs. 2 FamFG prüft das Beschwerdegericht die Statthaftigkeit und das Vorliegen aller **Zulässigkeitsvoraussetzungen** (wozu neben den ausdrücklich genannten Bestimmungen über Form und Frist auch die Beschwerdebe-

---

145 OLG Hamm FamRZ 2007, 763 unter Aufgabe seiner früheren Auffassung.
146 BayObLG BtPrax 2005, 30 unter Hinweis vor allem auf das wesentlich einfachere Verfahren nach § 16 KostO.
147 Vgl zB Keidel/Sternal, § 68 FamFG Rn 9 ff und – differenzierend – Schulte-Bunert/Weinreich/Unger, § 68 FamFG Rn 5 ff .
148 So zB Schulte-Bunert/Weinreich/Unger, § 68 FamFG Rn 20 und Keidel/Sternal, § 68 FamFG Rn 34.
149 Vgl zB Schulte-Bunert/Weinreich/Unger, § 68 FamFG Rn 17.

rechtigung, das Vorliegen einer Beschwer und das Übersteigen der Beschwerdesumme gehören)[150] von Amts wegen und hat bei Fehlen einer der Zulässigkeitsvoraussetzungen die Beschwerde als unzulässig zu **verwerfen**. Selbstverständlich sind zur Begründetheit der Beschwerde keine Ermittlungen durchzuführen oder gar Beweise zu erheben, wenn eine der Zulässigkeitsvoraussetzungen fehlt. Derartige Ermittlungen wären – nicht nur im Hinblick auf die Verfahrensökonomie – verfahrensfehlerhaft.

c) Tatsacheninstanz

Das Beschwerdeverfahren ist **in vollem Umfang** eine zweite Tatsacheninstanz,[151] weil die Beschwerde nach § 65 Abs. 3 FamFG ohne Einschränkung auf neue Tatsachen und Beweismittel gestützt werden kann. Mit Ausnahme der (örtlichen) Zuständigkeit des Betreuungsgerichts (§ 65 Abs. 4 FamFG) überprüft das Beschwerdegericht den gesamten Sachverhalt, soweit die Entscheidung angegriffen ist. Insbesondere tritt das Beschwerdegericht für die Ausübung eines Ermessens[152] (zB bei der Auswahl des Betreuers) an die Stelle des Betreuungsgerichts.

73

d) Verfahrensgegenstand

Nur das (bisherige) Ergebnis des Verfahrens in 1. Instanz und das dazu führende Verfahren ist Gegenstand des Beschwerdeverfahrens.[153] So kann zB das Beschwerdegericht nicht in der Hauptsache entscheiden, wenn bisher nur eine einstweilige Anordnung (nach §§ 300 ff FamFG) ergangen ist und diese angefochten wird.[154] Etwaige Anträge (zB auf Erteilung der betreuungsgerichtlichen Genehmigung) und Erweiterungen hierzu können im Beschwerdeverfahren grundsätzlich nicht neu gestellt oder erweitert werden.[155] Dass im Beschwerdeverfahren eine Antragserweiterung (im Verfahren betreffend die Vergütungsfestsetzung) zugelassen wird,[156] wenn dies „sachdienlich" ist, erscheint im Anschluss an die Regelungen der ZPO zulässig und vor allem verfahrensökonomisch sinnvoll.

74

e) Einstweilige Anordnungen im Beschwerdeverfahren

Nach § 64 Abs. 3 FamFG kann das Beschwerdegericht einstweilige Anordnungen erlassen, insbesondere die **Vollziehung** des angefochtenen Beschlusses **aussetzen**. Daraus ist zu schließen, dass – wie bisher – die Einlegung der Be-

75

---

150 Vgl zB sehr ausführlich Keidel/Sternal, § 68 FamFG Rn 61 ff.
151 Vgl zB Keidel/Sternal, § 68 FamFG Rn 42 f und Schulte-Bunert/Weinreich/Unger, § 65 FamFG Rn 9 ff. Da § 65 Abs. 3 FamFG unverändert § 23 FGG übernommen hat, kann die Rechtsprechung hierzu weiter herangezogen werden.
152 Vgl zB Keidel/Sternal, § 68 FamFG Rn 93 und BayObLG NJW-RR 1990, 52, ferner SchuSo/Briesemeister, § 23 FGG Rn 23.
153 BGH in FamRZ 2011, 367 Rn 7 und FamRZ 2011, 876; vgl dazu auch Keidel/Sternal, § 64 FamFG Rn 37 ff und § 68 FamFG Rn 87 ff; Schulte-Bunert/Weinreich/Unger, § 69 FamFG Rn 2 ff.
154 SchuSo/Briesemeister, § 23 FGG Rn 13.
155 Ausführlich dazu KKW/Sternal, § 23 FGG Rn 7 ff.
156 BayObLG NJW-RR 1998, 8.

schwerde keine aufschiebende Wirkung[157] hat. Nach § 40 Abs. 2 und 3 FamFG wird eine Entscheidung nur ganz ausnahmsweise mit Rechtskraft wirksam, grundsätzlich wird die Entscheidung mit der Bekanntgabe an den (wesentlichen) Adressaten **wirksam** (§ 40 Abs. 1 FamFG) und bleibt dies trotz Beschwerdeeinlegung.

76 Der mögliche **Inhalt** einer einstweiligen Anordnung des Beschwerdegerichts richtet sich nach §§ 300 ff FamFG, wo diese Fragen für das Betreuungsgericht geregelt sind; diese Vorschriften sind auch für das Beschwerdegericht maßgebend.[158] In der Regel wird sich jedoch die einstweilige Anordnung des Beschwerdegerichts auf die Aussetzung des angefochtenen Beschlusses[159] beziehen. Einstweilige Anordnungen des Beschwerdegerichts sind **nicht anfechtbar**, da die Rechtsbeschwerde als einzig statthaftes Rechtsmittel gegen die Entscheidungen des Beschwerdegerichts insoweit ausdrücklich (§ 70 Abs. 4 FamFG) ausgeschlossen ist.

f) Geltung der Vorschriften für die 1. Instanz
aa) Allgemeines

77 Nach § 68 Abs. 3 S. 1 FamFG gelten die Vorschriften für die 1. Instanz (also die §§ 23–37 FamFG) grundsätzlich auch für das Beschwerdeverfahren. Diese Verweisung bezieht sich auch auf die für das Verfahren vor dem Betreuungsgericht geltenden besonderen Vorschriften der §§ 271 bis 302 FamFG. Damit gelten im Beschwerdeverfahren in Betreuungssachen insbesondere die Regelungen über:

- die zu beteiligenden Personen (§ 274 FamFG),
- den Verfahrenspfleger (§§ 276 ff FamFG),
- die Anhörung des Betroffenen (§ 278 FamFG) und der sonstigen Beteiligten (§ 279 FamFG),
- die Einholung von Gutachten (§§ 280 ff FamFG).

bb) Absehen von erneuten Verfahrenshandlungen

78 Nach § 68 Abs. 3 S. 2 FamFG kann das Beschwerdegericht unter der Doppel-Voraussetzung, dass das Betreuungsgericht die gebotene Verhandlung oder Verfahrenshandlung durchgeführt hat und von der Wiederholung keine zusätzlichen Erkenntnisse zu erwarten sind, auf die erneute Durchführung des Termins usw verzichten.[160] Insbesondere aus der erforderlichen Feststellung

---

157 Nach der Begründung (BT-Drucks. 16/6308, 196) ist davon auszugehen, dass der bisherige Rechtszustand beibehalten wird. Damit bleiben die Auffassungen zu § 24 Abs. 1 FGG und die dazu ergangene Rechtsprechung grundsätzlich weiterhin anwendbar.
158 Über die Verweisung in § 68 Abs. 3 FamFG.
159 Die bisher in § 24 Abs. 2 FGG vorgesehene Möglichkeit der Aussetzung der Vollziehung durch das Gericht erster Instanz findet sich im FamFG nicht mehr. Da jedoch durch die umfassende Einführung des Abhilfeverfahrens die Stellung des Ausgangsgerichts gestärkt wird, ist davon auszugehen, dass dieses im Rahmen des Abhilfeverfahrens auch die Vollziehung des angefochtenen Beschlusses einstweilen aussetzen kann.
160 Dadurch wurde die früher in § 69 g Abs. 5 S. 3 FGG nur für die erneute Anhörung des Betroffenen bestehende Möglichkeit erheblich ausgeweitet; nach der Begründung (BT-Drucks. 16/6308, 207 f) soll damit der Aufwand im Beschwerdeverfahren reduziert werden.

zum „Ausschluss" zusätzlicher Erkenntnisse bei der Wiederholung der Verfahrenshandlungen ergeben sich Einschränkungen für die Anwendung im Einzelfall. So hat der Bundesgerichtshof entschieden,[161] dass im Verfahren über die Bestellung eines Betreuers das Beschwerdegericht den Betroffenen grundsätzlich **persönlich anhören** muss und die Gründe für das ausnahmsweise Absehen im Einzelfall im Beschluss – auf den konkreten Fall bezogen und nachvollziehbar[162] – darzulegen sind. Wichtige Kriterien für die Zulässigkeit des Verzichts auf die Wiederholung der Anhörung sind demnach:

- Komplexität des Sachverhalts,[163]
- Erforderlichkeit der Würdigung der Glaubhaftigkeit des Vorbringens des Betroffenen,[164]
- gewichtige Verfahrensfehler des Amtsgerichts bei seiner Anhörung,[165]
- neue Erklärungen und Vorschläge des Betroffenen.[166]

Eine ausführliche Darstellung der sehr ausdifferenzierten – und teilweise unterschiedlich akzentuierten – Rechtsprechung der Oberlandesgerichte zur Auslegung des früheren § 69g Abs. 5 S. 3 FGG erscheint nicht mehr geboten.[167] Durch die jetzt bereits seit einigen Jahren beim BGH konzentrierte Zuständigkeit ist insoweit leichter Klarheit über die aktuelle, verbindliche Auslegung der Anforderungen an das Verfahren des Beschwerdegerichts zu gewinnen.

Insgesamt ist bei der Auslegung dieser sehr umfassenden Möglichkeit des Verzichts auf die Wiederholung von Ermittlungen – neben dem auch für die Beschwerdeinstanz geltenden Amtsermittlungsgrundsatz – vor allem der Grundsatz in § 30 Abs. 3 FamFG[168] besonders zu beachten, dass der Weg der (formlosen) Amtsermittlung (nach § 29 FamFG) dann ausgeschlossen ist und eine förmliche Beweiserhebung durchgeführt werden muss, wenn es für die Entscheidung der Sache maßgeblich auf eine (substantiiert) **bestrittene Tatsache** (zB Geschäftsfähigkeit des Betroffenen bei Erteilung einer Vorsorgevollmacht) ankommt. Deshalb hat das Beschwerdegericht auch darauf zu achten, ob das Betreuungsgericht die Ermittlungen in der richtigen Form (förmliches Beweisverfahren) durchgeführt hat und diese selbst formgerecht vorzunehmen, wenn insoweit das Verfahren in 1. Instanz Defizite aufweist.[169]

79

---

161 FamRZ 2012, 968 unter Hinweis auf mehrere vorangegangene Entscheidungen.
162 Vgl dazu Keidel/Sternal, § 68 FamFG Rn 59 a sowie die sehr strengen Maßstäbe, die der BGH in BGHZ 185, 272 (Rn 40 ff) in einem Sorgerechtsverfahren an die persönliche Anhörung des Kindes durch den gesamten Senat sowie die Darlegungen im Beschluss stellt.
163 BGH FGPrax 2010, 163 für die Abschiebungshaft.
164 BGH FGPrax 2010, 290, Rn 9 ff.
165 BGH FGPrax 2010, 290, Rn 15.
166 BGH FamRZ 2011, 723.
167 Vgl dazu eingehend in der 2. Auflage dieses Kommentars, Rn 85 zu § 303 FamFG mit zahlreichen Rechtsprechungsbelegen.
168 Vgl dazu die ausführliche Begründung BT-Drucks. 16/6308, 189 f, sowie zur früheren Rechtslage, insbesondere der ausdifferenzierten Rechtsprechung, SchuSo/Briesemeister, § 12 FGG Rn 50 ff; KKW/Schmidt, § 12 FGG Rn 79 ff, § 15 FGG Rn 3 ff.
169 Nachdem die Zurückverweisung an das Betreuungsgericht selbst bei massiven Verstößen gegen diese Grundsätze – an denen durch das FamFG nichts Wesentliches geändert wurde – durch § 69 FamFG stark eingeschränkt wurde, ist zu erwarten, dass hierdurch erhebliche zusätzliche Arbeit auf die Beschwerdegerichte zukommt.

80 Für die Frage der erneuten Durchführung der sonstigen Ermittlungen vor der Bestellung eines Betreuers, insbesondere der Einholung von **Gutachten**, Vernehmung von **Zeugen** oder Anhörung sonstiger Beteiligter (§ 279 FamFG), sind bis zum Vorliegen neuer Entscheidungen des Bundesgerichtshofs die hierzu ergangenen Entscheidungen der Oberlandesgerichte weiterhin relevant. Danach sind derartige Ermittlungen dann zu wiederholen, wenn

- das bisherige Gutachten oder Zeugnis schon längere Zeit zurückliegt, wobei auch hier wiederum die Sechsmonatsfrist des § 293 Abs. 2 Nr. 1 FamFG einen generellen Orientierungspunkt darstellt, obwohl die Festlegung stets einzelfallabhängig erfolgen muss;[170]
- das vorliegende Gutachten oder ärztliche Zeugnis inhaltliche Mängel aufweist, insbesondere unvollständig ist;[171]
- der Betroffene oder ein Beteiligter die Richtigkeit (substantiiert) angreift;[172]
- sich die Basis des vorliegenden Gutachtens durch eine Änderung der Anknüpfungstatsachen verändert hat.[173]

Bei der Frage, ob **Zeugen** erneut zu vernehmen sind, ist vor allem zu berücksichtigen, ob es – zB wegen der nahen Beziehungen zu einem Beteiligten – auf den persönlichen Eindruck[174] besonders ankommt und ob – und wie substantiiert – die Richtigkeit der Aussage angegriffen wird. Auf jeden Fall ist eine erneute Vernehmung dann notwendig, wenn das Beschwerdegericht die Aussage anders würdigen will.[175]

cc) Anhörungen durch den beauftragten Richter und im Weg der Rechtshilfe

81 Während für die Anhörung des Betroffenen (in 1. Instanz) im Weg der **Rechtshilfe** weiterhin in § 278 Abs. 3 FamFG[176] die Einschränkung enthalten ist, dass diese nur erfolgen darf, wenn die Entscheidung ohne eigenen Eindruck vom Betroffenen getroffen werden kann,[177] besteht für die Anhörung durch ein Mitglied der Beschwerdekammer als **beauftragten Richter** keine Sonderbestimmung[178] mehr; diese ist also ohne besondere Einschränkung möglich, wobei die sachgerechte Aufklärung entsprechend § 26 FamFG das oberste Gebot bleibt.

---

170 Für das Verfahrensrecht vor Einführung des Betreuungsgesetzes: OLG Stuttgart Justiz 1974, 464, wobei die dortige Frist für das Betreuungsverfahren im Hinblick auf § 293 Abs. 2 Nr. 1 FamFG viel zu kurz bemessen erscheint.
171 ZB BayObLG BtPrax 1999, 195.
172 BayObLG FamRZ 1994, 1059.
173 Denn dadurch wird die Basis des vorliegenden Gutachtens erschüttert; ob die angegriffenen Tatsachen für die Ergebnisse des Gutachtens entscheidend sind, kann eventuell durch eine ergänzende Stellungnahme des Sachverständigen geklärt werden.
174 So KKW/Kayser, § 69 g FGG Rn 32.
175 BayObLG FamRZ 1998, 1469.
176 Diese Einschränkung gilt über § 68 Abs. 3 S. 1 FamFG auch für das Beschwerdeverfahren.
177 Zu den Auslegungsgrundsätzen hierzu: BGH FamRZ 2011, 880 Rn 19 und ausführlich Keidel/Budde, § 278 FamFG Rn 10 ff.
178 Nach der Begründung (BT-Drucks. 16/6308, 170) soll die Beweisaufnahme durch den beauftragten Richter (offenbar ganz allgemein) ermöglicht werden. Der BGH hält aber im Einzelfall die Anhörung durch den gesamten Senat für unverzichtbar, BGHZ 185, 272, Rn 40 ff (in einer Kindschaftssache).

g) Übertragung auf den Einzelrichter

Wie bereits nach früherem Recht ist nach § 68 Abs. 4 FamFG die Übertragung des Beschwerdeverfahrens auf ein Mitglied der Beschwerdekammer (jedoch nicht auf einen Richter auf Probe)[179] als Einzelrichter unter den Voraussetzungen des § 526 ZPO möglich.[180] Im Hinblick auf die Wichtigkeit der in Frage stehenden Maßnahme erscheint insoweit jedoch Zurückhaltung geboten, vor allem bei der Bestellung eines Betreuers mit **umfassendem Aufgabenkreis** oder der Anordnung eines umfassenden Einwilligungsvorbehaltes.

h) Inhalt der Beschwerdeentscheidung

Das Beschwerdegericht entscheidet stets durch Beschluss, ebenso wie das Betreuungsgericht, nie durch Urteil (§ 38 FamFG). Daran ändert sich nichts, wenn eine mündliche Verhandlung oder Erörterung im Beschwerdeverfahren durchgeführt wird. Auch für den Inhalt des Beschlusses gelten die §§ 38, 286 FamFG über § 69 Abs. 3 FamFG entsprechend. Nachdem die Verwerfung der Beschwerde als unzulässig – wenn die vorrangige Prüfung der Zulässigkeit der Beschwerde negativ ausgefallen ist – bereits unter Rn 72 genannt wurde, sind hier nur noch die Möglichkeiten der Entscheidung über eine zulässige Beschwerde zu besprechen.

aa) Zurückweisung

Wenn die Beschwerde (zwar zulässig aber) unbegründet ist, wird sie zurückgewiesen. Dies gilt auch dann, wenn das Verfahren des Betreuungsgerichts fehlerhaft war oder sich hinsichtlich der Gründe des Beschlusses des Betreuungsgerichts Fehler oder Lücken ergeben. Ebenso wird die Beschwerde zurückgewiesen, wenn die Entscheidung des Betreuungsgerichts nach Auffassung des Beschwerdegerichts zwar falsch war, sich aber aufgrund der im Beschwerdeverfahren gewonnenen (neuen) Erkenntnisse die angefochtene Entscheidung nur als im Ergebnis zutreffend erweist.

bb) Abänderung bei Begründetheit

Wenn die Beschwerde begründet ist, so ist der angefochtene Beschluss abzuändern und anstelle des Betreuungsgerichts **in der Sache** zu entscheiden (§ 69 Abs. 1 S. 1 FamFG), also zB durch das Beschwerdegericht ein (neuer) Betreuer zu bestellen, die Betreuung aufzuheben oder die Vergütung auf einen anderen Betrag festzusetzen. Wegen der Ausführung einer Entscheidung des Beschwerdegerichts durch das Betreuungsgericht s. Rn 88.

In den Fällen der Erledigung der Hauptsache hat das Beschwerdegericht nach § 62 FamFG über die Rechtswidrigkeit der früheren Anordnung des Betreuungsgerichts zu entscheiden oder den Feststellungsantrag zurückzuweisen.

---

179 Hier aber ohne Einschränkung auf das erste Jahr der Probezeit wie in § 23 b Abs. 3 S. 2 und § 23 c Abs. 2 S. 2 GVG.
180 Vgl dazu BGH BtPrax 2008, 169 gegen OLG Rostock FamRZ 2008, 80; vgl ferner KG FamRZ 2008, 1976.

cc) Zurückverweisung an das Betreuungsgericht

86 Die Zurückverweisung der Sache an das Betreuungsgericht ist nach § 69 Abs. 1 S. 2 und 3 FamFG (in Anlehnung an die Regelung in § 538 Abs. 2 ZPO für das Berufungsverfahren) jetzt **nur** noch dann möglich, wenn

- das Betreuungsgericht in der Sache noch nicht entschieden hat, weil es sich ausschließlich mit Zulässigkeitsfragen[181] befasste, oder
- das Verfahren beim Betreuungsgericht an einem wesentlichen Mangel leidet *und* eine umfangreiche oder aufwändige Beweiserhebung notwendig ist *und* ein Beteiligter die Zurückverweisung beantragt.

Anders als in der genannten ZPO-Vorschrift wird hier eine Kausalität zwischen dem Verfahrensfehler und dem Erfordernis der Beweisaufnahme nicht vorausgesetzt. Allerdings muss der Verfahrensmangel nach allgemeiner Auffassung[182] für die angefochtene Entscheidung ursächlich geworden sein. Nach der Begründung[183] soll durch die Neuregelung der Zurückverweisung im Interesse der Verfahrensbeschleunigung auf die Fälle beschränkt werden, in denen sonst die Beteiligten eine Instanz verlieren. Mit dieser Überlegung kann auch das Erfordernis des Antrags eines Beteiligten am überzeugendsten begründet werden; wenn kein Beteiligter die Zurückverweisung verlangt, sind alle mit dem Verlust einer Tatsacheninstanz einverstanden. Demgegenüber ist jetzt der Gesichtspunkt der Verlagerung der Arbeit (insbesondere eine möglicherweise umfangreichen Beweisaufnahme) auf das Beschwerdegericht allenfalls von untergeordneter Bedeutung.

dd) Begründung des Beschwerdebeschlusses

87 Unverändert schreibt § 69 Abs. 2 FamFG die schriftliche Begründung des Beschlusses des Beschwerdegerichts vor. Entgegen dem Regierungsentwurf[184] und anders als für die erstinstanzliche Entscheidung (vgl § 38 Abs. 4 FamFG) gilt die Begründungspflicht **ohne Ausnahme**. Für den Aufbau und Umfang der Entscheidungsgründe werden weitgehend die Usancen und Vorschriften über die Urteile in Zivilsachen (insbes. § 313 Abs. 2 und 3 ZPO) herangezogen; oberstes Gebot sollte die Verständlichkeit, Widerspruchsfreiheit und Klarheit der Entscheidung sein. Insbesondere der Umfang hängt nahezu vollständig von den Umständen des Einzelfalls ab. Zu Recht wird[185] darauf hingewiesen, dass standardisierte Formulierungen in Beschwerdeentscheidungen vermieden werden sollten und in jedem Einzelfall individuelle Gründe – selbstverständlich gedrängt – dargelegt sein sollten.

ee) Ausführung der Beschwerdeentscheidung

88 Vor allem bei der Bestellung eines Betreuers ist die Ausführung der Entscheidung des Beschwerdegerichts (insbesondere die **Verpflichtung** des Betreuers

---

181 Wenn das Betreuungsgericht seine örtliche Zuständigkeit verneint hat und deshalb eine Entscheidung ablehnte, steht der Anfechtung eines solchen Beschlusses nach § 65 Abs. 4 FamFG nicht entgegen; vgl zB Keidel/Sternal, § 65 FamFG Rn 20.
182 Vgl zB Keidel/Sternal, § 69 FamFG Rn 15a und Schulte-Bunert/Weinreich/Unger, § 69 FamFG Rn 21.
183 BT-Drucks. 16/6308, 208.
184 Vgl § 69 Abs. 2 FamFG im Regierungsentwurf sowie die Begründung hierzu in BT-Drucks. 16/6308, 208 f.
185 So Keidel/Sternal, § 69 FamFG Rn 47 und 49.

nach § 289 FamFG[186] und die Aushändigung der Bestellungsurkunde nach § 290 FamFG) zu unterscheiden. Diese erfolgt durch das Betreuungsgericht.[187] Bereits Zweckmäßigkeitsgründe sprechen dagegen, dass derartige Vollzugsgeschäfte vom – häufig deutlich entfernt residierenden – Beschwerdegericht selbst vorgenommen werden. Auch spricht die Übertragung dieser Aufgabe auf den Rechtspfleger dafür, dies durch den die Betreuung dann begleitenden Rechtspfleger beim Betreuungsgericht durchführen zu lassen.

ff) Verbot der reformatio in peius (Schlechterstellung des Beschwerdeführers)

Die Frage, ob das Beschwerdegericht zum Nachteil des Beschwerdeführers (ohne die Anschlussbeschwerde eines anderen Beteiligten) die angefochtene Entscheidung abändern kann (Verbot der reformatio in peius), ist weiterhin nicht ausdrücklich geregelt und deshalb vom jeweiligen Verfahrensgegenstand abhängig.[188] Nachdem sich durch das FamFG insoweit nichts geändert hat, sind die bisherigen Regeln weiterhin anzuwenden; danach ist davon auszugehen, dass in rein vermögensrechtlichen Angelegenheiten wie dem Vergütungsfestsetzungsverfahren[189] die Beschwerde eines Beteiligten sich nicht zu seinen Lasten auswirken kann. Ferner ist anerkannt,[190] dass auf die Beschwerde des Betroffenen gegen die Betreuerbestellung (mit dem Ziel der Aufhebung der Betreuung) die Aufgabenkreise des Betreuers nicht ausgeweitet werden können.[191] Demgegenüber wird für die von der Fürsorge für den Betroffenen als schutzbedürftiger Person bestimmten Angelegenheiten ansonsten davon auszugehen sein, dass dieses Verbot nicht eingreift. Jedoch ist in derartigen Konstellationen immer besonders zu prüfen, ob der Verfahrensgegenstand des Beschwerdeverfahrens eine (für den Beschwerdeführer verschlechternde) Entscheidung zulässt.[192]

89

gg) Zulassung der Rechtsbeschwerde

In der Entscheidung des Beschwerdegerichts ist über die Frage der **Zulassung** der Rechtsbeschwerde zu befinden, wobei die Entscheidung nicht aus dem Tenor ersichtlich sein muss.[193] Eine – unzutreffende – Rechtsmittelbelehrung des Beschwerdegerichts dahin gehend, dass die Rechtsbeschwerde zulässig ist, kann auch dann nicht als Zulassung der Rechtsbeschwerde ausgelegt werden, wenn sie als Teil des Beschwerdebeschlusses von den Unterschriften der Richter gedeckt ist.[194] Ein Antrag zur Zulassung ist nicht erforderlich, etwaige Anträge hierzu sind bloße Anregungen; das Beschwerdegericht hat von Amts we-

90

---

186 Diese ist lediglich ein (unverzichtbarer) Formalakt ohne konstitutive Wirkung, vgl dazu SchuSo/Sonnenfeld, § 69 b FGG Rn 4. Durch § 289 FamFG wurden die Fälle der Notwendigkeit der Verpflichtung deutlich reduziert.
187 Keidel/Sternal, § 69 FamFG Rn 10.
188 Vgl Keidel/Sternal, § 69 FamFG Rn 18 ff.
189 BGH NJW 2002, 366 (Nr. 21 der Gründe); BayObLG FamRZ 1995, 692.
190 BayObLG FamRZ 1998, 922.
191 Ob in einem solchen Fall einer Ausweitung auch entgegensteht, dass dadurch der Verfahrensgegenstand des Beschwerdeverfahrens – der durch den Beschluss des Betreuungsgerichts begrenzt wird – überschritten würde, bedarf hier keiner näheren Abgrenzung.
192 Darauf weist SchuSo/Briesemeister, § 25 FGG Rn 18 (am Ende) zu Recht besonders hin.
193 BGH FamRZ 2011, 1728 Rn 15 lässt eine Entscheidung im Tenor oder den Entscheidungsgründen ausreichen.
194 BGH FamRZ 2011, 1728 Rn 16 f.

gen über die Zulassung zu entscheiden. Entsprechend der Zulassungsentscheidung ist dann die in jeden Beschluss des Beschwerdegerichts (nach § 39 FamFG) aufzunehmende **Rechtsmittelbelehrung** abzufassen. Zur zulassungsfreien Rechtsbeschwerde in Betreuungssachen siehe Rn 98 ff.

hh) Kostenentscheidung

91 Nach § 82 FamFG ist in der Endentscheidung auch die Kostenentscheidung zu treffen, wenn eine solche ergeht. Weiterhin wird in der Mehrzahl der Beschwerdeentscheidungen in Betreuungssachen keine Kostenentscheidung nach § 81 FamFG veranlasst sein. Über die Verpflichtung zur Tragung der Gerichtskosten kann jetzt jedes Gericht der freiwilligen Gerichtsbarkeit nach billigem Ermessen (§ 81 FamFG) entscheiden; eine Verpflichtung zu einer solchen Entscheidung besteht jedoch (anders als im Zivilprozess, § 308 Abs. 2 ZPO) nicht.

92 Für die **Gerichtskosten** in Betreuungsbeschwerdesachen ist § 25 Abs. 2 GNotKG besonders wesentlich, wonach Kosten (Gebühren und Auslagen) im Beschwerdeverfahren in Betreuungssachen nur von der Person erhoben werden können, der sie das Gericht auferlegt hat, wenn die Beschwerde vom Betreuten selbst oder in seinem Interesse eingelegt wurde. Die Einlegung der Beschwerde „im Interesse des Betroffenen" wird bei Rechtsmitteln der beschwerdeberechtigten Angehörigen meist unwiderlegbar anzunehmen sein (da sonst die Beschwerde nach § 303 Abs. 2 FamFG bereits unzulässig wäre). Demgegenüber entstehen in den anderen Beschwerdeverfahren, in denen im **Eigeninteresse** eines Beteiligten (zB Betreuers oder Verfahrenspflegers in Vergütungsfestsetzungsverfahren) Beschwerde eingelegt wurde, unterschiedlich hohe Gebühren nach Nr. 12220 ff, 14510 ff KVGNotKG.

Die gerichtlichen Auslagen im Beschwerdeverfahren, insbesondere die Vergütung von Sachverständigen oder Zahlungen an Verfahrenspfleger, können einem Beteiligten nach Nr. 31005 und 31015
vom Gericht auferlegt werden.[195]

93 Der **Gegenstandswert** dürfte nur bei Vergütungsfestsetzungsverfahren kein Problem darstellen, da es der streitige Betrag ist. Bei der betreuungsgerichtlichen Genehmigung einer Verfügung des Betreuers wird weiterhin lediglich ein Bruchteil des Wertes des betroffenen Gegenstands zugrunde zu legen sein. Demgegenüber stellt ein Verfahren über die Bestellung eines Betreuers ebenso wie zB über die Betreuerauswahl und die Genehmigung einer Heilbehandlung stets eine **nicht vermögensrechtliche Angelegenheit** dar. Im Regelfall wird nach § 36 Abs. 3 GNotKG ein Wert von 5.000 EUR (statt der bisherigen 3.000 EUR nach § 30 Abs. 2 KostO) anzunehmen sein.

94 Über die Auferlegung der **außergerichtlichen Kosten** eines Beteiligten auf einen anderen ist nach billigem Ermessen (nach §§ 81, 84 FamFG) zu entscheiden, wobei für die Ermessensausübung jetzt in § 81 Abs. 2 FamFG Schranken mit

---

[195] Die nicht unwesentlichen Änderungen des Kostenrechts für das Beschwerdeverfahren durch die Einführung des GNotKG können im Rahmen dieser Kommentierung nicht vertiefend dargestellt werden; insoweit ist auf die speziellen Veröffentlichungen zum 2. Kostenrechtsmodernisierungsgesetz zu verweisen.

Wertungsmöglichkeiten eingeführt wurden.[196] Ferner wurde die bisherige strikte Regelung (ohne jedes Ermessen des Beschwerdegerichts) bei **erfolgloser Beschwerde** (§ 13a Abs. 1 S. 2 FGG) durch § 84 FamFG dahin gehend gelockert, dass jetzt in Ausnahmefällen (zB Erfolglosigkeit nur aufgrund neuen Vorbringens oder einer erst im Beschwerdeverfahren durchgeführten Beweisaufnahme) von der Auferlegung abgesehen werden kann.

Die Möglichkeit der Auferlegung der außergerichtlichen Kosten des Betroffenen auf die **Staatskasse** (bisher § 13a Abs. 2 S. 1 FGG) bei Aufhebung der Betreuung oder Ablehnung der Bestellung eines Betreuers ist jetzt ohne sachliche Änderung in § 307 FamFG geregelt. Demgegenüber ist die früher ebenfalls in § 13a Abs. 2 FGG nur für Verfahren des Vormundschaftsgerichts geregelte Möglichkeit der Auferlegung der Kosten auf den ein grobes Verschulden treffenden **Veranlasser** des Verfahrens jetzt für alle Verfahren nach dem FamFG ausgeweitet worden und in § 81 Abs. 4 FamFG (ohne sonstige inhaltliche Änderung) geregelt. 95

III. Rechtsbeschwerde

Für die Rechtsbeschwerde in Betreuungssachen enthält das Buch 3 keine besonderen Vorschriften; für dieses Rechtsmittel, das der Wahrung der **Rechtseinheit** und der höchstrichterlichen **Rechtsfortbildung** dient, verbleibt es bei den allgemeinen Vorschriften des Abschnitts 5 von Buch 1 (§§ 70–75 FamFG). 96

1. Statthaftigkeit

Die Rechtsbeschwerde ist nach der Regelung in § 72 FamFG ein der Revision und Rechtsbeschwerde im Zivilprozess vergleichbares Rechtsmittel, das **ausschließlich** der Überprüfung des angefochtenen Beschlusses auf **Rechtsverletzungen** dient und das grundsätzlich von der **Zulassung** des Beschwerdegerichts abhängig ist (§ 70 FamFG). Die Rechtsbeschwerde tritt damit an die Stelle der bisher grundsätzlich ohne Zulassung und ohne Anwaltszwang statthaften weiteren Beschwerde,[197] die ebenfalls eine reine Rechtsbeschwerde[198] darstellte. Über die Rechtsbeschwerden entscheidet nach § 133 GVG stets der **Bundesgerichtshof**. 97

Die Zulassung kann nur in der Entscheidung im Hauptsacheverfahren (nicht bei Entscheidungen des Beschwerdegerichts über einstweilige Anordnungen) erfolgen (§ 70 Abs. 4 FamFG) und setzt voraus, dass die Rechtssache **grundsätzliche Bedeutung** hat oder eine Entscheidung des Bundesgerichtshofs für die Fortbildung des Rechts oder zur Sicherung einer einheitlichen Rechtsprechung erforderlich ist (§ 70 Abs. 2 FamFG). Die Nichtzulassung der Rechtsbeschwerde kann nicht angefochten werden; eine dem § 544 ZPO (Nichtzulassungsbeschwerde) vergleichbare Regelung ist im FamFG nicht enthalten.

---

196 Nach der Begründung (BT-Drucks. 16/6308, 215 f) orientiert sich die jetzige Fassung im Wesentlichen an den von der Rechtsprechung zu § 13a FGG entwickelten Fallgruppen.
197 So ausdrücklich BT-Drucks. 16/6308, 167, wobei dort – jedenfalls bei Lektüre durch einen mit den Einzelheiten des bisherigen Rechts nicht vertrauten Leser – der unzutreffende Eindruck erweckt wird, die Rechtsschutzmöglichkeiten für die Beteiligten würden wesentlich verbessert.
198 Nach § 27 Abs. 1 FGG; vgl dazu ausführlich SchuSo/Briesemeister, § 27 FGG Rn 28 ff; KKW/Meyer-Holz, § 27 FGG Rn 15 ff.

98 Ausnahmsweise ist in den **grundlegenden Betreuungsangelegenheiten**, die
- die Bestellung eines Betreuers,
- die Aufhebung der Betreuung oder
- die Anordnung oder Aufhebung eines Einwilligungsvorbehalts zum Gegenstand haben,

nach § 70 Abs. 3 Nr. 1 FamFG die Rechtsbeschwerde **ohne** Zulassung statthaft. Diese Regelung ist dahin auszulegen, dass auch die Verlängerung der Betreuung,[199] Ausdehnung oder Einschränkung der Aufgabenkreise des Betreuers und die **Veränderung** des Kreises der einwilligungspflichtigen Rechtsgeschäfte beim Einwilligungsvorbehalt ohne Zulassung mit der Rechtsbeschwerde angefochten werden können. In diesen Fällen ist die Rechtsbeschwerde auch dann zulassungsfrei statthaft, wenn der Betroffene diese Entscheidung nur teilweise angreift, also zB lediglich die Betreuerauswahl angreift.[200] Der Umstand, dass nach § 62 FamFG (nach Erledigung der Hauptsache) lediglich noch über die Rechtmäßigkeit der früheren Entscheidung entschieden wurde, ändert an der Anwendbarkeit des § 70 Abs. 3 FamFG nichts.[201]

99 In zahlreichen Entscheidungen hat der Bundesgerichtshof inzwischen die **Grenzen** für die zulassungsfreie Rechtsbeschwerde festgeschrieben. So fällt die Entscheidung über die Bestellung eines **Ergänzungsbetreuers** bei Verhinderung des Betreuers nach §§ 1795, 1796 BGB nicht unter § 70 Abs. 3 FamFG.[202] Ebenso kann die Entlassung des bisherigen Betreuers[203] und die anschließende Bestellung eines neuen Betreuers ohne Zulassung mit der Rechtsbeschwerde angegriffen werden.

Für **Nebenentscheidungen** in Betreuungsverfahren (die einem Rechtsmittel unterliegen), so insbesondere über die Befangenheit eines Mitglieds des Beschwerdegerichts, findet ebenfalls ohne Zulassung keine Rechtsbeschwerde statt.[204] Dies gilt auch für Beschwerdeentscheidungen über die Verfahrenskostenhilfe in Betreuungsangelegenheiten; [205] für die ausnahmsweise anfechtbare Zwischenentscheidung über die Unterbringung des Betroffenen zur Begutachtung (§ 284 Abs. 3 FamFG) ist in Verlängerung dieser Entscheidungen ebenfalls anzunehmen, dass eine Rechtsbeschwerde nur nach Zulassung statthaft ist.

100 Die Regelung in § 70 Abs. 3 Nr. 1 FamFG hat auch zur Folge, dass nach § 75 FamFG die genannten, grundlegenden Entscheidungen des Betreuungsgerichts unter Voraussetzung der Zustimmung der anderen Beteiligten und Zulassung durch den Bundesgerichtshof mit der **Sprungrechtsbeschwerde** (entsprechend der Sprungrevision nach § 566 ZPO) angefochten werden können, was im Hinblick darauf, dass die Bestellung eines Kontrollbetreuers nach § 1896 Abs. 3 BGB durch den Rechtspfleger erfolgt, bemerkenswert erscheint.

---

199 BGH FamRZ 2010, 1897, Rn 7 ff.
200 BGH FamRZ 2010, 1897, Rn 10.
201 BGH FamRZ 2012, 211, Rn 5 und 2013, 29, Rn 2.
202 BGH FamRZ 2011, 1219 und BtPrax 2012, 39.
203 BGH FamRZ 2011, 1143 und 1393.
204 BGH FamRZ 2012, 361. Die in der 2. Aufl. dieses Kommentars (Rn 104 zu § 303 FamFG) begründete abweichende Auffassung wird nicht weiter vertreten.
205 BGHZ 184, 323 in einer Abschiebungshaftsache.

In allen anderen Betreuungssachen (insbesondere den Entscheidungen im Rahmen einer laufenden Betreuung, zB zur Auswahl und Entlassung des Betreuers oder eines Verfahrenspflegers, über Anträge auf Genehmigung einer ärztlichen Behandlung oder eines Rechtsgeschäfts sowie Festsetzung der Vergütung) ist die Rechtsbeschwerde von der **Zulassung** durch das Beschwerdegericht abhängig. Wegen der ebenfalls ohne Zulassung zulässigen Rechtsbeschwerde gegen (den Betroffenen belastende) Entscheidungen in Unterbringungssachen, insbesondere den betreuungsgerichtlichen Genehmigungen nach § 1906 BGB, vgl Rn 31 zu § 335 FamFG. 101

Die Zulassung des Beschwerdegerichts **bindet** zwar das Rechtsbeschwerdegericht (§ 70 Abs. 2 S. 2 FamFG), jedoch kann der Bundesgerichtshof nach § 74a FamFG[206] durch einstimmigen Beschluss die Rechtsbeschwerde – ohne mündliche Verhandlung oder Erörterung, aber nach rechtlichem Gehör für die Beteiligten – ebenso wie eine Revision nach § 552a ZPO **zurückweisen**, wenn nach seiner Auffassung die Voraussetzungen für die Zulassung nicht vorliegen und das Rechtsmittel keine Aussicht auf Erfolg hat.

2. Form und Frist

Die Rechtsbeschwerde muss **innerhalb eines Monats** ab Bekanntgabe des schriftlichen Beschlusses des Beschwerdegerichts beim Bundesgerichtshof durch einen dort zugelassenen **Rechtsanwalt** (§ 10 Abs. 4 S. 1 FamFG) eingelegt werden. Für **Behörden** als Beteiligte gilt nach § 10 Abs. 4 S. 2 FamFG hiervon die Ausnahme, dass sie sich durch eigene Beschäftigte (oder solche der Aufsichtsbehörde oder des kommunalen Spitzenverbandes) mit Befähigung zum Richteramt vertreten lassen können. Die Rechtsbeschwerde bedarf der detaillierten **Begründung** entsprechend § 71 Abs. 3 FamFG, für die grundsätzlich die gleiche Frist gilt. Diese Begründungsfrist kann vom Vorsitzenden entsprechend § 551 Abs. 2 S. 5 und 6 ZPO (wie bei der Revision) verlängert werden. 102

Auch wenn für das Rechtsbeschwerdeverfahren nicht auf § 67 FamFG verwiesen wird, dürfte die entsprechende Anwendung dieser Regelungen – die allgemeine Rechtsgrundsätze enthalten – nahe liegen, weshalb der nach Vorliegen der Beschwerdeentscheidung erklärte **Verzicht** auf die Rechtsbeschwerde diese unzulässig macht.[207]

3. Beschwerdeberechtigung

Nach § 74 Abs. 4 FamFG finden[208] für das Verfahren des Rechtsbeschwerdegerichts nicht die Vorschriften über das Beschwerdeverfahren, sondern diejenigen über das erstinstanzliche Verfahren Anwendung, soweit nicht in den §§ 70–75 FamFG etwas Abweichendes bestimmt ist. Deshalb ist die Anwendung der Vorschriften über die Beschwerde (§§ 58–69 FamFG) nicht vorgese- 103

---

206 Diese Möglichkeit wurde im Gesetzgebungsverfahren als Folge der – umstrittenen – Bindung des BGH an die Zulassung durch das Beschwerdegericht (der Regierungsentwurf hatte die Bindung abgelehnt) eingeführt; BT-Drucks. 16/9733, 45 und 290.
207 So auch Keidel/Meyer-Holz, § 74 FamFG Rn 61.
208 Anders als bisher in § 29 Abs. 4 FGG für die weitere Beschwerde geregelt; dort wurde insgesamt auf die Vorschriften des Beschwerdeverfahrens verwiesen.

hen. Trotzdem entspricht es offenbar allgemeiner Meinung,[209] die Beschwerdeberechtigung auch als Zulässigkeitsvoraussetzung der Rechtsbeschwerde zu prüfen. Auch ist von der Notwendigkeit der materiellen oder formellen Beschwer des Rechtsbeschwerdeführers[210] für die Zulässigkeit der Rechtsbeschwerde auszugehen. Der Auffassung, für die Rechtsbeschwerde müssten die allgemeinen Zulässigkeitsvoraussetzungen der Beschwerde erfüllt sein, erscheint sachgerecht. Sachlich kann deshalb davon ausgegangen werden, dass die Bestimmungen über die Beschwerdeberechtigung auch für die Rechtsbeschwerde anzuwenden sind.

4. Anschlussrechtsbeschwerde

104 Die Möglichkeit der Anschlussrechtsbeschwerde nach § 73 FamFG, die „Waffengleichheit" für die unterschiedlichen Beteiligten an dem Verfahren auch im Verfahren der Rechtsbeschwerde erreichen möchte, dürfte für Rechtsbeschwerdeverfahren in Betreuungssachen kaum praktische Bedeutung erlangen, weshalb hier lediglich auf diese Möglichkeit ohne nähere Darstellung hingewiesen wird.

5. Verfahren des Rechtsbeschwerdegerichts

105 Für das Verfahren des Bundesgerichtshofs enthält § 74 FamFG einige grundlegende Bestimmungen, auf die hier ebenfalls nur knapp hingewiesen wird. So findet auch im Rechtsbeschwerdeverfahren nach Abs. 1 zunächst die Prüfung der Zulässigkeit einschließlich der Statthaftigkeit statt.

Bei der Prüfung der Begründetheit einer zulässigen Rechtsbeschwerde ist der Bundesgerichtshof an die gestellten Anträge der Beteiligten gebunden; Verfahrensmängel werden grundsätzlich nur geprüft, wenn sie gerügt wurden. Die Regelungen stimmen mit § 577 Abs. 2 sowie § 557 ZPO überein.[211] Aus der Formulierung des § 74a FamFG kann der Schluss gezogen werden, dass in Rechtsbeschwerdeverfahren eine mündliche Verhandlung oder Erörterung möglich, aber nicht vorgeschrieben ist.

6. Entscheidung des Bundesgerichtshofs

106 Auch für die Entscheidung des Bundesgerichtshofs sowie die Darstellung der Entscheidungsgründe enthält § 74 FamFG Regelungen, die im Wesentlichen denjenigen für Revisionsentscheidungen nachgebildet sind. Ebenso wie in diesen Verfahren entscheidet der Bundesgerichtshof auch in Rechtsbeschwerdeverfahren nur ausnahmsweise selbst in der Sache, vielmehr regelmäßig nur – wenn die Rechtsbeschwerde nicht als unbegründet zurückgewiesen wird – durch Aufhebung des angefochtenen Beschlusses und Zurückverweisung an das Beschwerdegericht.

---

209 Vgl zB BGH FamRZ 2010, 365 Rn 7, wo die Beschwerdebefugnis nach §§ 335, 303 FamFG bei der Zulässigkeit der Rechtsbeschwerde geprüft wird, vgl auch Keidel/Meyer-Holz, § 74 FamFG Rn 61.
210 Vgl Keidel/Meyer-Holz, § 74 FamFG Rn 6 f.
211 Damit ist auch grundsätzlich die Rechtsprechung zu diesen ZPO-Vorschriften zur Auslegung des § 74 Abs. 3 FamFG heranzuziehen, wie dies zB bei Keidel/Meyer-Holz, § 74 FamFG Rn 14 ff erfolgt.

§ 304 FamFG Beschwerde der Staatskasse

(1) ¹Das Recht der Beschwerde steht dem Vertreter der Staatskasse zu, soweit die Interessen der Staatskasse durch den Beschluss betroffen sind. ²Hat der Vertreter der Staatskasse geltend gemacht, der Betreuer habe eine Abrechnung falsch erteilt oder der Betreute könne anstelle eines nach § 1897 Abs. 6 des Bürgerlichen Gesetzbuchs bestellten Betreuers durch eine oder mehrere andere geeignete Personen außerhalb einer Berufsausübung betreut werden, steht ihm gegen einen die Entlassung des Betreuers ablehnenden Beschluss die Beschwerde zu.

(2) Die Frist zur Einlegung der Beschwerde durch den Vertreter der Staatskasse beträgt drei Monate und beginnt mit der formlosen Mitteilung (§ 15 Abs. 3) an ihn.

I. Beschwerdeberechtigung der Staatskasse (Abs. 1)

In Abs. 1 S. 1 wird dem Vertreter der Staatskasse (Bezirksrevisor) ein Beschwerderecht insoweit eingeräumt, als die **Interessen** der Staatskasse durch den Beschluss des Betreuungsgerichts oder Beschwerdegerichts **betroffen** werden. Damit wird der Vertreter der Staatskasse den sonstigen Beteiligten hinsichtlich der Beschwerdeberechtigung gleichgestellt. Die etwas andere Formulierung der Betroffenheit als in § 59 Abs. 1 FamFG stellt keinen Anhaltspunkt für eine sachliche Unterscheidung dar. In der Sache ist mit dieser Neuregelung keine Änderung verbunden. Bereits bisher war die Staatskasse nach § 20 Abs. 1 FGG beschwerdeberechtigt, wenn sie durch eine Entscheidung des Vormundschaftsgerichts unmittelbar betroffen war, was insbesondere bei Festsetzung einer Vergütung (bei Mittellosigkeit des Betroffenen) für einen Betreuer oder Verfahrenspfleger der Fall war.[1]

Nachdem in der Begründung[2] keine Anhaltspunkte für eine grundlegende Erweiterung der Beschwerdeberechtigung enthalten sind, ist davon auszugehen, dass durch S. 1 ohne inhaltliche Änderung lediglich die bisherige Rechtslage klarer zum Ausdruck gebracht werden soll. Damit hat der Vertreter der Staatskasse weiterhin **kein Beschwerderecht** gegen die Bestellung eines Betreuers (oder der Ausweitung seiner Aufgabenkreise) bei einem mittellosen Betroffenen oder die Feststellung, dass der Betreuer die Betreuung berufsmäßig führt.[3] Für die Annahme eines Beschwerderechts aufgrund der Neuregelung in Abs. 1 S. 1 ist ebenso wie bei § 59 Abs. 1 FamFG eine **unmittelbare Betroffenheit** zu

---

1 Vgl zB KKW/Engelhardt, § 56 g FGG Rn 35; SchuSo/Sonnenfeld, § 56 g FGG Rn 95 sowie für Kostenentscheidungen § 20 a Abs. 1 S. 2 FGG.
2 BT-Drucks. 16/6308, 272 und 266 (für § 274 Abs. 4 Nr. 2).
3 So für das frühere Recht OLG Frankfurt/M. FGPrax 2004, 75 = BtPrax 2004, 115 und OLG Hamm FGPrax 2001, 18.

fordern, die bei den genannten Entscheidungen nicht gegeben ist.[4] Der Auslegung des Abs. 1 S. 1 dahin gehend, dass der Vertreter der Staatskasse immer dann ein Beschwerderecht hat, wenn die Interessen der Staatskasse von der Entscheidung berührt sein können,[5] insb. wenn noch keine Zahlungspflicht der Staatskasse begründet wird, steht vor allem die Begründung der jetzigen Regelung entgegen, aus der sich nichts dafür entnehmen lässt, dass die Staatskasse wegen der denkbaren Zahlungspflichten (insb. für die Vergütungsansprüche des Betreuers bei derzeit oder künftig mittellosen Betroffenen) beschwerdeberechtigt sein soll. Aus S. 2 kann entnommen werden, dass auch künftig der Vertreter der Staatskasse erst dann eine ablehnende Entscheidung des Betreuungsgerichts anfechten kann, wenn er zuvor einen entsprechenden Antrag gestellt hat.

3 Daneben wurde die bisherige Regelung in § 69 g Abs. 1 S. 2 FGG mit nur sprachlicher Änderung übernommen. In der Begründung[6] ist ausdrücklich festgehalten, dass dies nur „deklaratorische Wirkung" in den Fällen hat, in denen die Interessen der Staatskasse in den enumerativ aufgezählten Fällen betroffen sind. Für diese Beschwerden ist auf das Erfordernis des **Beschwerdewerts** von 600 EUR nach § 61 FamFG (oder die Zulassung durch das Betreuungsgericht) hinzuweisen.

4 Vor allem im Interesse der Verfahrensökonomie ist anzustreben, dass die Vertreter der Staatskasse grundsätzlich nur dann Beschwerde einlegen sollten, wenn die zu entscheidende Frage über den Einzelfall hinaus von Bedeutung ist. Wenn der Vertreter der Staatskasse Beschwerde einlegt, weil angeblich die Betreuung durch einen ehrenamtlichen Betreuer geführt werden kann, so muss er einen konkreten Vorschlag für die Bestellung des ehrenamtlichen Betreuers machen.[7]

II. Beschwerdefrist (Abs. 2)

5 Die in Abs. 2 bestimmte Beschwerdefrist von **drei Monaten** ab der formlosen Mitteilung des Beschlusses an den Vertreter der Staatskasse ist eine unmittelbare Folge der jetzt allgemeinen Befristung der Beschwerde. Damit – im Interesse der Verwaltungsvereinfachung – nicht jede Entscheidung, die die Interessen der Staatskasse betrifft, auch dem Bezirksrevisor zugestellt werden muss, soll durch diese Regelung ermöglicht werden, dass die Bezirksrevisoren nach der Prüfung der Akten des Betreuungsgerichts – wie bisher – innerhalb ange-

---

4 Die vereinzelt gebliebene Auffassung des OLG Köln FamRZ 2001, 1643, wonach der Vertreter der Staatskasse ein Beschwerderecht aus § 20 FGG hat gegen die Feststellung der Führung einer Verfahrenspflegschaft „als Rechtsanwalt", verkennt das Erfordernis der Unmittelbarkeit der Rechtsbeeinträchtigung. Aus der ausdrücklichen Beschränkung der Beschwerdeberechtigung auf den Fall der Nichtentlassung des Berufsbetreuers trotz Vorschlag eines ehrenamtlichen Betreuers kann mE geschlossen werden, dass bei sonstigen Betreuerbestellungen (und auch von Verfahrenspflegern) ein Beschwerderecht wegen der nur mittelbaren Belastung der Staatskasse nicht eingeräumt werden soll. Daran hat sich durch die Aufnahme von S. 1 nichts geändert.
5 So Keidel/Budde, § 304 FamFG Rn 4. Unklar Schulte-Bunert/Weinreich/Rausch, § 304 FamFG Rn 2. Diese Auslegung würde zu einem äußerst umfassenden Beschwerderecht des Bezirksrevisors bei den meisten Betreuerbestellungen sowie bei allen Verfahrenspflegerbestellungen führen.
6 BT-Drucks. 16/6308, 272.
7 Vgl zB Damrau/Zimmermann, § 69 g FGG Rn 26.

messener Frist (von drei Monaten) die Frage der Beschwerdeeinlegung prüfen können.[8] Aufgrund dieser eindeutigen Motive ist Abs. 2 dahin gehend auszulegen, dass die Frist ab der Kenntnisnahme des Vertreters der Staatskasse läuft; eine derartige Auslegung erscheint möglich, auch wenn die formlose Mitteilung einer Entscheidung iSd § 15 Abs. 3 FamFG jedenfalls üblicherweise ein darauf zielgerichtetes Handeln des Gerichts voraussetzt.

§ 305 FamFG Beschwerde des Untergebrachten

Ist der Betroffene untergebracht, kann er Beschwerde auch bei dem Amtsgericht einlegen, in dessen Bezirk er untergebracht ist.

Durch diese Vorschrift, die die frühere Rechtslage[1] ohne sachliche Änderung fortführt, ist es dem untergebrachten Betroffenen möglich, seine Beschwerde in einer Betreuungssache nicht nur beim Betreuungsgericht, sondern auch bei dem Amtsgericht, in dessen Bezirk er untergebracht ist, einzulegen.[2] Diese Möglichkeit ist nicht beschränkt auf Beschwerden, die sich auf die Unterbringung beziehen[3] und auch nicht auf die Beschwerdeeinlegung zur Niederschrift der Geschäftsstelle; sie besteht für **alle** (Erst-) **Beschwerden** in Betreuungssachen. Demgegenüber kann die Rechtsbeschwerde ausschließlich beim Bundesgerichtshof eingelegt werden (§ 71 Abs. 1 FamFG). 1

Durch die Einlegung bei diesem Amtsgericht wird insbesondere die Beschwerdefrist gewahrt; vor Erteilung einer Rechtskraftbescheinigung zu einem Beschluss in einer Betreuungssache ist deshalb – jedenfalls wenn die Beschwerdefrist erst ganz kurz abgelaufen ist – beim alternativ zuständigen Amtsgericht der Unterbringung Rückfrage zu halten, ob dort eine Beschwerde des Betroffenen einging. Für weitere Erklärungen des untergebrachten Betroffenen im Beschwerdeverfahren (zB Begründung seiner Beschwerde nach § 65 Abs. 2 oder Anschließung nach § 66 FamFG) bedarf es der analogen Heranziehung des § 305 nicht, da zur Aufnahme aller Erklärungen im Verfahren nach § 25 Abs. 2 FamFG jedes Amtsgericht zuständig ist. Für alle Maßnahmen und Entscheidungen aufgrund der eingelegten Beschwerde, insbesondere zur Entscheidung über die Abhilfe und die Vorlage an das Beschwerdegericht nach § 68 Abs. 1 FamFG, ist ausschließlich das Betreuungsgericht, das den angefochtenen Beschluss erlassen hat, zuständig. Hierfür spricht bereits die praktische Notwendigkeit, dass bei diesen Entscheidungen die vorhandenen Akten dem Richter vorliegen müssen und dies nur beim zuvor entscheidenden Betreuungsgericht der Fall ist. 2

---

8 So klar die Begründung BT-Drucks. 16/6308, 272.
1 Nach BT-Drucks. 16/6308, 272 entspricht sie der Vorgängerregelung (§ 69 g Abs. 3 FGG) mit nur sprachlichen Änderungen.
2 Selbstverständlich bleibt allein das dem Betreuungsgericht übergeordnete Landgericht Beschwerdegericht; lediglich für die Empfangszuständigkeit tritt das Unterbringungsamtsgericht neben das Betreuungsgericht (insoweit ist die von SchuSo/Sonnenfeld, Vor § 69 g FGG Rn 39 sowie Vor § 70 m FGG Rn 52 gewählte Bezeichnung „Wahlbeschwerdegericht" irreführend).
3 Nur für derartige Beschwerden nahm der BGH (in NJW 1970, 804) die Ausdehnung des § 29 Abs. 1 S. 1 FGG an.

3 Für **wen** diese Erleichterung eingreift, ist streitig; so wird die Auffassung vertreten,[4] auch ein Bevollmächtigter, der Verfahrenspfleger und der Betreuer könnten die für den Betroffenen einzulegende Beschwerde beim Amtsgericht der Unterbringung einlegen. Dies ist jedoch abzulehnen. Zur Begründung ist vor allem darauf zu verweisen, dass diese Regelung (nur) der Erleichterung der Wahrnehmung der Rechte durch den durch die Unterbringung in der Bewegungsfreiheit behinderten Betroffenen dient. Die genannten Vertreter des Betroffenen bedürfen einer solchen Erleichterung nicht. In der Rechtsbehelfsbelehrung nach § 39 FamFG ist der Hinweis auf die zusätzliche Möglichkeit der Beschwerdeeinlegung beim Amtsgericht des Unterbringungsortes so eindeutig zu formulieren, dass keine Unklarheit besteht und sich Anhaltspunkte für eine Auslegung ergeben, dass auch sonstige Beschwerdeberechtigte oder Vertreter des Betroffenen bei diesem Amtsgericht Beschwerde einlegen können. Denn bei einer anderen Formulierung ist dem weiteren Beteiligten nach § 17 Abs. 2 FamFG Wiedereinsetzung in den vorigen Stand gegen die Versäumung der Beschwerdefrist zu gewähren.

4 Ferner ist streitig, welche **Arten der Freiheitsbeschränkung** als Unterbringung im Sinne dieser Vorschrift gelten.[5] Einigkeit besteht darüber, dass nicht nur der durch den Betreuer nach § 1906 BGB untergebrachte Betroffene hierunter zu verstehen ist, sondern jedenfalls auch der nach öffentlich-rechtlichen Landesgesetzen in einer psychiatrischen Klinik Untergebrachte. Vom Wortlaut her fällt auch der nach §§ 63, 64, 66 StGB im Rahmen des **Maßregelvollzugs** in einer Klinik oder der Sicherungsverwahrung Untergebrachte unter diese Bestimmung, da keine Anhaltspunkte im Gesetzestext vorliegen, dass nur der „nach diesem Gesetz" untergebrachte Betroffene begünstigt ist.

Im Hinblick auf den genannten sachlichen Grund für die Erleichterung der Einlegung[6] der Beschwerde erscheint es sachgerecht, mit dem Kammergericht[7] nicht nur für die Betroffenen, die sich in zivilrechtlicher (§ 1906 BGB) oder öffentlich-rechtlicher (nach den landesrechtlichen Unterbringungsgesetzen) oder nach den genannten strafrechtlichen Bestimmungen in Unterbringung befinden, sondern auch für die Betroffenen in Straf- oder Untersuchungshaft (oder sonstigem gerichtlichem Freiheitsentzug, zB Abschiebungshaft) die Möglichkeit der (fristgerechten) Einlegung der Beschwerde beim nächstgelegenen Amtsgericht zu eröffnen. Zur Wahrung der Interessen der durch die Freiheitsentziehung erheblich behinderten Betroffenen sollte kein Unterschied nach dem Rechtsgrund der Freiheitsentziehung gemacht werden (zumal den Betroffenen häufig die verschiedenen Grundlagen für eine Freiheitsentziehung allenfalls schwer zu erklären sind). Entgegen der zum früheren Recht (§ 29 FGG) ergangenen Entscheidung des Bundesgerichtshofs[8] ist deshalb der Begriff der Unterbringung weit auszulegen, wofür die sehr beachtlichen Gründe des

---

4 Vgl zB Keidel/Budde, und Schulte-Bunert/Weinreich/Rausch, je § 305 FamFG Rn 2.
5 Vgl dazu für die frühere Regelung in § 64 h Abs. 2 FGG (vor Einführung des Betreuungsrechts): BGH NJW 1965, 1182. Zu § 7 Abs. 4 FEVG: KG OLGZ 1994, 206. Ferner zu dieser Frage SchuSo/Sonnenfeld, § 69 g FGG Rn 39; HK-BUR/Bauer, § 69 g FGG Rn 104.
6 So auch die amtliche Begründung in BT-Drucks. 11/4528, 179.
7 OLGZ 1994, 206 für die Auslegung des § 7 Abs. 4 FEVG.
8 FamRZ 2002, 1328 (in der im wesentlichen an Beschlüssen aus den Jahren 1965 und 1970 festgehalten wurde) und ihm folgend Keidel/Budde, § 305 FamFG Rn 5.

BayObLG in der dort dargestellten Vorlageentscheidung, vor allem auch die dort angeführten Entscheidungen des Bundesverfassungsgerichts,[9] sprechen.

§ 306 FamFG Aufhebung des Einwilligungsvorbehalts

Wird ein Beschluss, durch den ein Einwilligungsvorbehalt angeordnet worden ist, als ungerechtfertigt aufgehoben, bleibt die Wirksamkeit der von oder gegenüber dem Betroffenen vorgenommenen Rechtsgeschäfte unberührt.

I. Allgemeines

§ 306 FamFG entspricht inhaltlich § 69 h FGG.[1] Diese Vorschrift enthält keine verfahrensrechtlichen Bestimmungen, sondern regelt ausschließlich die **materiellrechtlichen Wirkungen** der vollständigen oder teilweisen Aufhebung der ungerechtfertigten Anordnung eines Einwilligungsvorbehaltes. Wird die Anordnung des Einwilligungsvorbehaltes deswegen aufgehoben, weil nunmehr deren Voraussetzungen nicht **mehr** vorliegen (§ 1908 d Abs. 4, Abs. 1 BGB), also gerade keine ungerechtfertigte Anordnung vorlag, so wirkt die Aufhebung nur für die Zukunft und lässt die Wirksamkeit von dem oder gegenüber dem Betreuten vorgenommener Rechtsgeschäfte ohnehin unberührt. Auch für den Fall, dass wegen eines Verfahrensfehlers die Anordnung nach § 69 Abs. 1 S. 3 FamFG durch das Beschwerdegericht aufgehoben und die Sache an das Betreuungsgericht zurückverwiesen wird, ist die Anwendung des § 306 FamFG nicht eröffnet, da damit über die Frage, ob die Anordnung ungerechtfertigt war, gerade keine Entscheidung getroffen wird. Nur für den Fall, dass die Anordnung des Einwilligungsvorbehaltes deswegen aufgehoben wird, weil die Voraussetzungen für ihren Erlass **von Anfang an nicht** vorlagen, greift § 306 FamFG. Dies gilt ebenfalls, wenn der Kreis der einwilligungsbedürftigen Willenserklärungen lediglich beschränkt wird, weil die Voraussetzungen für die Unterwerfung dieser Willenserklärungen unter einen Einwilligungsvorbehalt ebenfalls nicht ursprünglich vorgelegen haben. Erfasst wird auch die Aufhebung des vorläufigen Einwilligungsvorbehaltes iSd §§ 300 f FamFG. § 306 FamFG gilt für eine Aufhebung nicht nur durch das Beschwerde- und Rechtsbeschwerdegericht, sondern auch durch Aufhebung durch das Betreuungsgericht im Wege der Abhilfeentscheidung (s. Rn 3) und im Falle des vorläufigen Einwilligungsvorbehaltes auch durch das Außerkrafttreten durch eine Hauptsachentscheidung nach § 56 Abs. 1 FamFG,[2] die das Vorliegen der Voraussetzungen der Anordnung des Einwilligungsvorbehaltes bereits im Zeitpunkt der Anordnung im Wege der einstweiligen Anordnung verneint, da auch in diesem Falle festgestellt wird, dass der Einwilligungsvorbehalt ungerechtfertigt war. Entsprechendes gilt, wenn die Betreuung als von Anfang an ungerechtfertigt aufgehoben wird, da damit inzident die Feststellung getroffen wird, dass der im Rahmen der bestehenden Betreuung angeordnete Einwilligungsvorbehalt ebenfalls von Anfang an ungerechtfertigt war.[3]

1

---

9 Insbesondere BVerfGE 74, 228, 233 ff.
1 BT-Drucks. 16/6308, 272.
2 Prütting/Helms/Fröschle, § 306 FamFG Rn 6.
3 BayObLG FamRZ 2004, 1814.

2 Die Aufhebung durch das Betreuungsgericht im Rahmen der Abhilfe nach § 68 Abs. 1 S. 1 FamFG oder das Rechtsmittelgericht nach § 69 Abs. 1 FamFG mit der jeweils entweder in der Beschlussformel oder in den Beschlussgründen zu treffenden Feststellung, dass der Einwilligungsvorbehalt von Anfang an ungerechtfertigt angeordnet war, bewirkt, dass von oder gegenüber dem Betroffenen vorgenommene Rechtsgeschäfte als **wirksam** zu behandeln **sind**, sofern keine weiteren Unwirksamkeitsgründe, etwa nach §§ 105, 105 a S. 2 BGB vorliegen. Unerheblich ist auch, ob die Beteiligten Kenntnis davon hatten, dass die Voraussetzungen für die Anordnung des Einwilligungsvorbehaltes nicht vorlagen.

II. Bedeutung für das Betreuungsgericht

3 Als ausschließlich materielle Rechtswirkungen der Aufhebung regelnde Norm entfaltet § 306 FamFG zwar keine spezifischen verfahrensrechtlichen Wirkungen. Erledigt sich die Anordnung eines vorläufigen Einwilligungsvorbehaltes, kann deren Rechtmäßigkeit jedoch nur dann angenommen werden, wenn auch die vorläufige Betreuerbestellung rechtmäßig war,[4] so dass auch diese zu prüfen ist. Im Fall der Einlegung der Beschwerde hat das Betreuungsgericht nach § 68 Abs. 1 S. 1 FamFG zu prüfen, ob es der Beschwerde abhilft. Hilft es der Beschwerde ab, hat es zu prüfen, ob die Voraussetzungen der Anordnung des Einwilligungsvorbehalts im Zeitpunkt seiner Anordnung auch bestanden haben. Verneint es dies, hat es die feststellende Entscheidung zu treffen, dass der Einwilligungsvorbehalt als von Anfang an ungerechtfertigt aufgehoben wird. Hilft es hingegen nicht ab, kann sich das Beschwerdegericht nicht nur auf die Prüfung des jetzigen und weiteren Vorliegens der Voraussetzungen der Anordnung des Einwilligungsvorbehaltes beschränken, sondern muss ebenfalls prüfen, ob die Voraussetzungen der Anordnung des Einwilligungsvorbehalts im Zeitpunkt seiner Anordnung auch bestanden haben. Nur dann kann eine entsprechende Feststellung erfolgen. In beiden Fällen empfiehlt es sich aus Klarstellungsgründen, diese Feststellung auch in die Beschlussformel aufzunehmen. Ausreichend ist aber auch, die Feststellung in den Beschlussgründen zu treffen.

III. Bedeutung für den Betroffenen

4 Wird der Einwilligungsvorbehalt rückwirkend als von Anfang an ungerechtfertigt durch das Beschwerde- oder Rechtsbeschwerdegericht aufgehoben, entsteht dem Betreuten aus der vorhergehenden Anordnung des Einwilligungsvorbehaltes kein Rechtsnachteil, da die von ihm oder ihm gegenüber vorgenommenen Rechtsgeschäfte wirksam sind. Ihm entsteht aber auch kein Vorteil, wenn er etwa im Vertrauen auf die Wirksamkeit der Anordnung des Einwilligungsvorbehaltes auf die Unwirksamkeit des Rechtsgeschäfts vertraut hat. Diese Folge tritt jedoch nur ein, wenn das Rechtsmittelgericht die Anordnung des Einwilligungsvorbehaltes als **von Anfang an** aus tatsächlichen oder rechtlichen Gründen deswegen aufhebt, weil die materiellrechtlichen Voraussetzungen für deren Anordnung **nicht vorgelegen** haben.[5]

---

4 BayObLG BtPrax 2005, 75.
5 Keidel/Budde, § 306 FamFG 2.

Eine Aufhebung wegen eines **Verfahrensfehlers**, etwa weil der Anordnungsbeschluss den Kreis der einwilligungsbedürftigen Willenserklärungen nicht hinreichend bestimmt bezeichnet, löst die Rechtsfolge des § 306 FamFG ebenso wenig aus, wie die Aufhebung wegen **nachträglich** geänderter Umstände nach §§ 1903 Abs. 4, 1901 Abs. 5, 1908 d Abs. 4, Abs. 1 S. 1 BGB, weil diese nur Wirkung für die Zukunft entfaltet.

IV. Bedeutung für den Betreuer

Die Aufhebung nach § 306 FamFG hat auf die Wirksamkeit der von oder gegenüber dem Betreuer vorgenommenen Rechtsgeschäfte keinen Einfluss, da seine Vertretungsmacht iSd § 1902 BGB nicht von der Anordnung des Einwilligungsvorbehaltes oder nach § 47 FamFG durch deren Aufhebung berührt wird.[6] Haben der Betreuer und der Betreute während der Zeit, in der ein Einwilligungsvorbehalt zu Unrecht angeordnet war, **widersprechende Verpflichtungsgeschäfte** getätigt, sind beide wirksam; bei widersprechenden Verfügungen ist nur die zeitlich frühere wirksam.[7]

V. Bedeutung für Dritte

Verpflichtungsgeschäfte Dritter mit dem Betroffenen sind im Falle des § 306 FamFG wirksam. Bei widersprechenden Verpflichtungsgeschäften und darauf beruhender Unmöglichkeit der Erfüllung entstehen ggf Schadensersatzansprüche. Bei widersprechenden Verfügungen ist die zeitlich nachfolgende unwirksam.

§ 307 FamFG Kosten in Betreuungssachen

In Betreuungssachen kann das Gericht die Auslagen des Betroffenen, soweit sie zur zweckentsprechenden Rechtsverfolgung notwendig waren, ganz oder teilweise der Staatskasse auferlegen, wenn eine Betreuungsmaßnahme nach den §§ 1896 bis 1908 i des Bürgerlichen Gesetzbuchs abgelehnt, als ungerechtfertigt aufgehoben, eingeschränkt oder das Verfahren ohne Entscheidung über eine solche Maßnahme beendet wird.

I. Allgemeines 1	e) Kostenentscheidung nach §§ 80 f, 307 FamFG 8
II. Bedeutung für das Betreuungsgericht 2	f) Eigenständige Entscheidung 13
1. Kosten 3	g) Rechtsmittel und Vollstreckung 14
a) Gerichtsgebühren bei Betreuung 4	h) Beschwerdeverfahren ... 17
b) Gerichtliche Auslagen bei Betreuung 5	i) Geschäftswert 18
c) Kosten des Verfahrenspflegers 6	2. Verfahrenskostenhilfe 20
d) Kostenentscheidung und Kostenfestsetzung 7	a) Antrag und Anhörung .. 21
	b) Geltendmachung eigener Rechte 22

---

6 Bassenge/Roth, § 306 FamFG Rn 2; Keidel/Budde, § 306 FamFG Rn 7.
7 Bassenge/Roth, § 306 FamFG Rn 2.

c) Erfolgsaussicht und Mutwilligkeit............ 23
d) Persönliche und wirtschaftliche Verhältnisse 24
e) Beiordnung eines Rechtsanwalts........... 26
f) Beschluss und Beschlussformel.................. 27
III. Bedeutung für den Betroffenen 29
IV. Bedeutung für Verfahrenspfleger und Verfahrensbevollmächtigten........................... 33
V. Bedeutung für Dritte............ 34
 1. Bedeutung für Verfahrensbeteiligte..................... 34
 2. Bedeutung für nicht verfahrensbeteiligte Dritte......... 35

I. Allgemeines

1 § 307 FamFG entspricht § 13 a Abs. 2 S. 1 FGG, soweit die Entscheidung über Auslagen des Betroffenen in Betreuungssachen betroffen ist, und wird ergänzt durch § 81 FamFG. Die Erhebung und Festsetzung der Kosten sowie die Bestimmung des Geschäftswertes richtet sich nach dem GNotKG.

II. Bedeutung für das Betreuungsgericht

2 Die Regelung der Auslagen des Betroffenen im Unterbringungsverfahren findet sich eigenständig in § 337 FamFG. Die Anfechtbarkeit einer Entscheidung über die Auslagen folgt aus § 58 FamFG.

1. Kosten

3 Hinsichtlich der im Verfahren entstehenden Kosten ist zwischen den **gerichtlichen Kosten**, nach § 80 S. 1 FamFG zwischen Gebühren und Auslagen, also den Kosten des **Verfahrenspflegers** und der Vergütung des **Betreuers** und den **Auslagen des Betroffenen** in der ersten und in der Rechtsmittelinstanz, und den notwendigen Aufwendungen der Beteiligten, also insbesondere den Kosten ihres Anwalts,[1] zu unterscheiden. Zur Vergütung des Betreuers s. § 1836 BGB Rn 10 ff, §§ 1 ff VBVG; zu den Gerichtsgebühren bei Anordnung eines Einwilligungsvorbehaltes s. § 1903 BGB Rn 88. **Kostenschuldner** ist nach § 23 Nr. 1 GNotKG grundsätzlich der **Betroffene**.[2] Sofern nicht Verfahrenskostenhilfe nach §§ 76 ff FamFG gewährt worden ist (s. Rn 20 ff), muss der Betreute auch die Kosten seines Rechtsanwaltes tragen.

a) Gerichtsgebühren bei Betreuung

4 Wird das Verfahren ohne Sachentscheidung durch bloße Verfügung und Weglegen der Akte **beendet**, besteht nach §§ 1 Abs. 1, 3 Abs. 2 GNotKG Gebührenfreiheit, da dieser Fall gebührenrechtlich nicht von den Nrn 11100 umfasst ist. Ansonsten werden bei Dauerbetreuung[3] nach Vorbemerkung 1.1 Abs. 1 KVGNotKG gerichtliche Gebühren nur dann erhoben, wenn das **Reinvermögen** des Betroffenen nach Abzug der Verbindlichkeiten und ohne Anrechnung des unter § 90 Abs. 2 Nr. 8 SGB XII fallenden Vermögenswertes (selbstgenutztes angemessenes Hausgrundstück)[4] den **Freibetrag** von **25.000 EUR** über-

---

1 BT-Drucks. 16/6308, 215.
2 BT-Drucks. 17/11471, 161.
3 OLG Köln BtPrax 2000, 223; vgl BayObLG FamRZ 1997, 883.
4 Vgl BayObLG BtPrax 1995, 217; BayObLG FamRZ 1996, 245; LG Kassel BtPrax 2012, 261.

schreitet.[5] Steht also ein Hausgrundstück im Eigentum des Betroffenen, bleibt dieses nur dann außer Ansatz, wenn es sich um ein angemessenes eigengenutztes Hausgrundstück handelt. Die **Angemessenheit** bestimmt sich unter anderem nach der Zahl der Bewohner, der Grundstücksgröße, der Hausgröße, dem Zuschnitt und der Ausstattung des Wohngebäudes sowie dem Wert des Grundstücks einschließlich des Wohngebäudes.[6] Das wichtigste objektivierbare Kriterium stellt die Größe der Wohnfläche dar, deren Angemessenheit nach den für die Wohnungsbauförderung maßgeblichen Wohnungsgrößen nach dem Wohnraumförderungsgesetz (WoFG) durch die Länder bestimmt wird.[7] So sind etwa in Nordrhein-Westfalen die für die Belegung von gefördertem Wohnraum iSd § 18 WFNG NRW die in Nr. 8. 2 der WNB angesetzten Werte der Wohnflächen maßgeblich.[8] Nach Nr. 8.2 der WNB zu Abs. 2 ist „angemessen" iSd § 18 Abs. 2 WFNG NRW in der Regel für eine alleinstehende Person eine Wohnungsgröße von 50 m² Wohnfläche. Für einen Haushalt mit zwei haushaltsangehörigen Personen sind zwei Wohnräume oder 65 m² Wohnfläche und für jede weitere haushaltsangehörige Person ein weiterer Raum oder weitere 15 m² Wohnfläche angemessen. Eine Überschreitung der als angemessen erachteten Wohnfläche ist in der Regel dann als geringfügig anzusehen, wenn die angemessene Wohnungsgröße um bis zu 5 m² Wohnfläche überschritten wird. Da die Person Verfügungsberechtigter iSd § 17 Abs. 6 S. 3 WFNG NRW ist, erhöht sich die angemessene Wohnungsgröße um einen zusätzlichen Raum. Ein zusätzlicher Raum oder eine zusätzliche Wohnfläche von 15 m² ist überdies wegen besonderer persönlicher oder beruflicher Bedürfnisse oder eines nach der Lebenserfahrung in absehbarer Zeit zu erwartenden zusätzlichen Raumbedarfs zuzubilligen.[9] Weiterhin ist erforderlich, dass das Hausgrundstück vom Betroffenen selbst oder zusammen mit Angehörigen ganz oder teilweise bewohnt wird und nach dem Tode des Betroffenen von seinen Angehörigen bewohnt werden soll. Steht demnach fest, dass das Hausgrundstück die vorerwähnten Voraussetzungen nicht erfüllt, ist es nicht insgesamt, sondern nur mit dem Teil des überschießenden Wertes anzusetzen.[10] Insoweit kann vom Betroffenen jedenfalls eine dingliche Belastung verlangt werden; eine Veräußerung des Hauses zum Zwecke der Zahlung der Betreuervergütung mag sich insofern als unzumutbare Härte iSd § 90 Abs. 3 SGB XII darstellen.[11]

Für die **Berechnung** des Wertes des Vermögens des Betroffenen bleibt das Einkommen außer Betracht. Es gelten für die Dauerbetreuung die Regelungen der Nr. 11101 Abs. 1 S. 1 KVGNotKG. Anzusetzen sind für eine Betreuung mit dem Aufgabenbereich der Vermögenssorge jeweils 5 EUR für jede angefange-

---

5 BT-Drucks. 17/11471, 194.
6 OLG Saarbrücken FamRZ 2011, 1159.
7 VG München v. 14.12.2009, M 1 K0 09.4662, M 1 K0 09.4980; vgl aber OLG Karlsruhe FuR 2001, 31: Grenzwert für ein „Familienheim" zur Unterbringung eines Vierpersonenhaushalts liegt 130 m²; bei einer geringeren Personenzahl ist in der Regel eine Reduzierung um jeweils 20 m² pro Person vorzunehmen; vgl auch LG Braunschweig NdsRpfl 2009, 216: in der Regel Eigenheime mit nicht mehr als 130 m² Wohnfläche und Eigentumswohnungen mit nicht mehr als 120 m² Wohnfläche.
8 OLG Hamm OLG Report NRW 27/2012 Anm. 6.
9 OLG Hamm OLG Report NRW 27/2012 Anm. 6.
10 Jürgens/Winterstein § 92 KostO Rn 9.
11 LG Kassel BtPrax 2012, 261; LG Braunschweig NdsRpfl 2009, 216.

nen 5.000 EUR, um die das anrechenbare Vermögen den Freibetrag übersteigt, mind. jedoch 50 EUR. Ist nur ein Teil des Vermögens betroffen, etwa wenn der Aufgabenkreis nur auf bestimmte Vermögensangelegenheiten beschränkt ist, ist auch nur dieser Teil zu berücksichtigen (Nr. 11101 Abs. 1 S. 2 KVGNotKG).[12] Ist vom Aufgabenbereich der Betreuung nicht das Vermögen unmittelbar umfasst, etwa wenn im Rahmen des Aufenthaltsbestimmungsrechts nur ein Heimvertrag abzuschließen ist,[13] beträgt die Gebühr 200 EUR (Nr. 11102 KVGNotKG); wäre die Gebühr im Falle der Vermögenssorge nach Nr. 11101 KVGNotKG geringer, dann ist die geringere Gebühr anzusetzen (Nr. 11102 KVGNotKG).[14] Die Gebühr wird erstmals bei Anordnung der Betreuung und später jeweils am 1.1. eines jeden Jahres **fällig** (§ 8 S. 1 GNotKG). Für das Jahr der Einleitung der Betreuungsmaßnahme und das Folgejahr wird nach Nrn. 11101 Abs. 2, 11102 KVGNotKG nur eine Gebühr, ansonsten für jedes Kalenderjahr jeweils eine Gebühr erhoben. Wird eine **vorläufige Betreuung** in der Hauptsache durch eine endgültige Betreuung ersetzt, so entsteht nach Vorbemerkung 1 Abs. 1 KVGNotKG; Nr. 16110 S. 3 KVGNotKG keine Gebühr. Geht eine vorläufige Betreuung nicht in eine endgültige Dauerbetreuung über, so findet Nr. 16110 S. 3 KVGNotKG keine Anwendung; es wird eine Gebühr erhoben.[15] Wird ein Betreuungsverfahren von einem Betreuungsgericht an ein anderes Betreuungsgericht **verwiesen** oder **abgegeben**, ist nach § 5 Abs. 1 GNotKG das frühere erstinstanzliche als Teil des Verfahrens vor dem übernehmenden Gericht zu behandeln. Für die einzelne Jahresgebühr ist nach § 8 GNotKG das Vermögen zum Zeitpunkt ihrer Fälligkeit maßgebend, und zwar auch dann, wenn der Vermögensgegenstand im Laufe des durch die Jahresgebühr abgegoltenen Zeitabschnitts größer oder kleiner geworden ist; ein Vermögenszuwachs nach Fälligkeit der Jahresgebühr kann erst bei der Berechnung der nächsten Jahresgebühr berücksichtigt werden.[16]

b) Gerichtliche Auslagen bei Betreuung

5 Wird der **Freibetrag** von 25.000 EUR nicht überschritten, so werden weder Gerichtsgebühren noch gerichtliche Auslagen (vgl Vorbemerkung 3.1. Abs. 2 KVGNotKG), mit Ausnahme der Auslagen des Verfahrenspflegers, in Ansatz gebracht. Wird der Freibetrag hingegen überschritten, sind auch gerichtliche Auslagen iSd Nrn. 31000 ff KVGNotKG seitens des Betroffenen zu erstatten. Hierzu zählen nach Nr. 31000 KVGNotKG die Dokumentenpauschale, nach Nr. 31006 KVGNotKG die Fahrtkosten des Gerichts, die Kosten der Vorführung nach §§ 278 Abs. 5 bis 7; 283 FamFG gemäß Nrn 31009 Nr. 2, 31013 KVGNotKG und nach Nr. 31005 KVGNotKG die an Sachverständige, Ärzte und Dolmetscher[17] nach Maßgabe des JVEG gezahlten Honorare. Der Betroffene schuldet mangels Kostenschuldnerschaft auch bei **Überschreiten** des Freibetrags von 25.000 EUR keine Auslagen, wenn die Bestellung eines Betreuers,

---

12 OLG Oldenburg Rpfleger 2006, 101.
13 Vgl BVerfG NJW 2006, 2246; BT-Drucks. 16/3038, 53; LG Essen NJOZ 2007, 1364.
14 BT-Drucks. 16/3038, 16.
15 So bisher schon OLG Saarbrücken FGPrax 2006, 136; LG Koblenz FamRZ 2006, 1482; LG Koblenz FamRZ 2005, 1000; Korintenberg/Lappe § 94 KostO Rn 16; Jürgens/Winterstein § 92 KostO Rn 15; aA zur KostO: OLG Frankfurt v. 8.2.2013, 20 W 225/12; OLG Schleswig FGPrax 2010, 315.
16 LG Koblenz FamRZ 2006, 138.
17 Vgl OLG München v. 1.2.2013, 34 Wx 399/11 Kost.

ihre Verlängerung, die Erweiterung des Aufgabenkreises des Betreuers, die Anordnung oder Verlängerung eines Einwilligungsvorbehaltes, die Erweiterung des Kreises der einwilligungsbedürftigen Willenserklärungen oder eine Genehmigung nach §§ 1904 und 1905 BGB **abgelehnt** oder das Verfahren ohne Entscheidung über diese Maßnahme **beendet** oder eine dieser Maßnahmen als **ungerechtfertigt aufgehoben** oder eingeschränkt wird.[18] Die Erhebung von Auslagen von einem anderen oder **weiteren Kostenschuldner** bleibt hingegen möglich. Werden mit den vorgenannten Maßnahmen gleichzeitig weitere nicht begünstigte Maßnahmen angeordnet, so sind Letztere nicht von der Auslagenfreiheit umfasst.

c) Kosten des Verfahrenspflegers

Die Bestellung des Verfahrenspflegers und deren Aufhebung ist nach Vorbemerkung 1 Abs. 3 S. 2 KVGNotKG gebührenfrei. Zu erstatten sind gem. Nr. 31015 KVGNotKG hingegen seine **Auslagen**, also die an ihn seitens der Staatskasse nach § 277 Abs. 5 S. 1 FamFG gezahlten Beträge (s. auch vor §§ 1835 ff BGB Rn 10 f). Hierzu zählen sein **Aufwendungsersatz** nach § 277 Abs. 1 S. 1 FamFG, § 1835 BGB oder nach § 277 Abs. 3 FamFG und die an ihn **tatsächlich gezahlte**, nicht hingegen die noch nicht gezahlte, aber zu zahlende Vergütung nach § 277 Abs. 2 S. 2, Abs. 3 FamFG, §§ 1 bis 3 Abs. 1, 2 VBVG. Es gilt nicht die Freibetragsgrenze der Vorbemerkung 1.1 KVGNotKG, sondern nach Nr. 31015 KVGNotKG die des **§ 1836 c BGB**. Fälligkeit des Auslagenerstattungsanspruchs tritt mit Zahlung an den Verfahrenspfleger ein. Von anderen als dem Betroffenen kann Auslagenersatz nach Nr. 31015 KVGNotKG nicht verlangt werden.

d) Kostenentscheidung und Kostenfestsetzung

Grundsätzlich enthält der Beschluss, durch den ein Betreuer bestellt wird, keine Kostenentscheidung, da die Kostentragungspflicht und die Person des Kostenschuldners und der Anfall von Gebühren und Auslagen und deren Höhe sich aus dem Gesetz ergeben. Kostenschuldner ist der fürsorgebedürftige Betroffene (§ 23 Nr. 1 GNotKG). Eine isolierte oder mit der Hauptsacheentscheidung verbundene Entscheidung über die Gerichtskosten seitens des Betreuungsgerichts im erstinstanzlichen Verfahren muss nicht, sie kann aber nach Maßgabe des § 81 FamFG (s. Rn 8) ergehen. Ergeht keine Kostenentscheidung nach § 81 FamFG über die Verteilung der Kosten, richtet sich diese unverändert nach den Vorschriften des GNotKG.[19] Die von der Kostenentscheidung strikt zu trennende konkrete Festsetzung erfolgt im Kostenfestsetzungsverfahren nach § 18 Abs. 1 Nr. 1 GNotKG durch den Kostenbeamten iSd § 1 KostVfg des Betreuungsgerichts, bei dem die Betreuung anhängig ist oder, bei beendeter Betreuung, anhängig war (§ 18 Abs. 1 S. 1 Nr. 1 GNotKG). Der Kostenansatz bestimmt sich als Justizverwaltungsakt nach §§ 4 ff KostVfg. Gegen den Kostenansatz kann der Betroffene als Kostenschuldner und der Vertreter der Staatskasse nach § 81 Abs. 1, Abs. 8 GNotKG gerichtsgebührenfrei

---

18 Vgl aber AG Sinzig FamRZ 2011, 843 bei verspäteter Vorlage einer Vorsorgevollmacht.
19 BT-Drucks. 16/6308, 215.

schriftlich oder zu Protokoll der Geschäftsstelle[20] **Erinnerung** in Form des § 81 Abs. 5 GNotKG einlegen. Zu beachten ist die Verjährungsfrist des § 6 GNotKG.[21] Über die Erinnerung entscheidet nach § 81 Abs. 1, Abs. 6 GNotKG das Betreuungsgericht, bei dem die Kosten angesetzt sind. Gegen dessen Entscheidung können die Erinnerungsberechtigten nach § 81 Abs. 2 GNotKG dann **Beschwerde** einlegen, wenn der Beschwerdewert über 200 EUR liegt oder das Erinnerungsgericht die Beschwerde wegen der grundsätzlichen Bedeutung der zu entscheidenden Frage zugelassen hat. Hilft das Erinnerungsgericht der Beschwerde nicht ab, hat es die Beschwerde dem Beschwerdegericht iSd § 81 Abs. 3 S. 2 GNotKG KostO vorzulegen. Die **weitere Beschwerde** kann nach § 81 Abs. 4 GNotKG dann eingelegt werden, wenn das Landgericht als Beschwerdegericht entschieden und die weitere Beschwerde wegen der grundsätzlichen Bedeutung der entscheidungserheblichen Frage zugelassen hat.[22]

e) Kostenentscheidung nach §§ 80 f, 307 FamFG

8   Das Betreuungsgericht kann nach Maßgabe des § 81 Abs. 1 FamFG die Verfahrenskosten nach billigem Ermessen einem oder mehreren Beteiligten – mit Ausnahme des Verfahrenspflegers (§ 276 Abs. 7 FamFG) und des Verfahrensbevollmächtigten des Betroffenen – ganz oder zum Teil auferlegen.[23] Eine Verpflichtung des Betreuungsgerichts zur Entscheidung über die Kosten besteht aber im Umkehrschluss zu § 81 Abs. 1 S. 3 FamFG nicht, weil dem Betreuungsgericht lediglich die Möglichkeit eingeräumt wird, den Ausgang des Verfahrens auch bei der Verteilung der gerichtlichen Kosten zu berücksichtigen.[24] § 81 Abs. 1 FamFG geht zwar nicht mehr davon aus, dass die Nichterstattung die Regel und die Kostenerstattung die Ausnahme darstellt.[25] Das Betreuungsgericht muss aber eine Billigkeitsabwägung vornehmen und die Umstände, von denen es sich bei der Ermessensausübung hat leiten lassen, nachvollziehbar in seinen Beschlussgründen darlegen. Die Ermessensausübung kann vom Beschwerdegericht nur dahin gehend überprüft werden, ob das Betreuungsgericht von dem ihm eingeräumten Ermessen überhaupt oder fehlerfrei Gebrauch gemacht hat, da anderenfalls das Beschwerdegericht ein vom Betreuungsgericht fehlerfrei ausgeübtes Ermessen durch eine eigene Ermessensentscheidung ersetzen würde.[26] Um aber dem Beschwerdegericht überhaupt diese eingeschränkte Prüfung auf **Ermessensnicht-** oder **Ermessensfehlgebrauch** ermöglichen zu können, muss das Betreuungsgericht die für seine Ermessensentscheidung maßgeblichen Tatsachen im Beschluss darlegen.[27] Bei der Ausübung seines Ermessens kann das Betreuungsgericht sich auch an den Kostenvorschriften der ZPO, insbesondere des Rechtsgedankens des § 97 Abs. 2 ZPO anlehnen, also etwa Kosten der ersten Instanz einem Beteiligten auferlegen, dessen Anliegen erst im Rechtsmittelzug entsprochen wurde, weil er dem Gericht erst in der Beschwer-

---

20 OLG Hamm v. 06.11.2012, III-1 VAs 41/12: E-Mail (ohne elektronische Signatur) genügt nicht.
21 Zur Frage der Verwirkung s. OLG München v. 07.12.2012, 34 Wx 251/12 Kost.
22 OLG Naumburg OLGReport 2003, 25.
23 BGH v. 13.07.2011, XII ZB 231/10; OLG Köln FamRZ 2012, 1162.
24 BT-Drucks. 16/6308, 215; Schindler, ZEV-Report Zivilrecht, ZEV 2009, 209.
25 OLG München MDR 2012, 855; OLG Düsseldorf FGPrax 2011, 207.
26 OLG Celle ZKJ 2012, 28; OLG Saarbrücken FamRZ 2012, 472.
27 OLG Saarbrücken v. 19.07.2012, 6 WF 360/12.

deinstanz in hinreichendem Umfang Umstände dargetan hat, die sein Anliegen begründen; dies gilt jedoch nur dann, wenn der Beteiligte diese Tatsachen im Rahmen seiner Mitwirkungspflichten (§ 27 FamFG) hätte vortragen müssen, nicht jedoch, soweit die Ermittlung der Tatsachen Teil der Amtsermittlungspflichten (§ 26 FamFG) gewesen wäre.[28] Das Betreuungsgericht soll in den Fällen des § 81 Abs. 2 FamFG die Verfahrenskosten ganz oder teilweise einem Beteiligten auferlegen, wenn dieser durch grobes Verschulden Anlass für das Verfahren gegeben hat, sein Antrag für ihn erkennbar von vornherein aussichtslos war, er zu einer wesentlichen Tatsache schuldhaft unwahre Angaben gemacht hat oder er durch schuldhaftes Verletzen seiner Mitwirkungspflichten das Verfahren erheblich verzögert hat.[29]

Liegt eine Betreuungs- oder Unterbringungsmaßnahme vor, ist zu differenzieren: Im Falle der **öffentlich-rechtlichen Unterbringung** ist die Kostenentscheidung bei Vorliegen der Voraussetzungen **zwingend** (§ 337 Abs. 2 FamFG), während sie in den anderen Fällen der §§ 307, 337 Abs. 1 FamFG im **Ermessen** des Betreuungsgerichts steht.[30] Gemäß § 307 FamFG kann das Betreuungsgericht nach seinem **pflichtgemäßen Ermessen** unter Berücksichtigung der Gesamtumstände, etwa des Verhaltens des Betroffenen, aber auch Verfahrensfehler des Betreuungsgerichts,[31] die notwendigen Auslagen des Betroffenen der **Staatskasse** ganz oder teilweise auferlegen. Voraussetzung ist zunächst, dass Verfahrensgegenstand eine Betreuungsmaßnahme ist, was auch bei der Genehmigung eines Grundstückkaufs[32] oder der Bestellung eines Ergänzungsbetreuers im Zusammenhang mit einem Grundstückskauf zu bejahen ist.[33] Ist dem Betroffenen bereits **Verfahrenskostenhilfe** bewilligt worden (s. Rn 20 ff), kommt eine Entscheidung nach § 307 FamFG nur dann in Betracht, wenn Ratenzahlungen angeordnet worden sind, weil ansonsten sich der Vergütungsanspruch des Rechtsanwalts allein gegen die Staatskasse richtet.[34] Weiter ist erforderlich, dass innerhalb der ersten Instanz oder im Rahmen der Beschwerde eine betreuungsrechtliche Maßnahme, gleich ob sie in Form der einstweiligen Anordnung oder der Hauptsacheentscheidung ergeht,

9

---

28 BT-Drucks. 16/6308, 215.
29 OLG München MDR 2012, 855; OLG Düsseldorf FGPrax 2011, 207; OLG Thüringen FamFR 2012, 258.
30 LG Saarbrücken FamRZ 2011, 1094; Keidel/Budde, § 308 FamFG Rn 12; Bassenge/Roth, § 307 FamFG Rn 6; Jürgens/Kretz, § 307 FamFG Rn 5; Damrau/Zimmermann, § 307 FamFG Rn 28; MK/Schmidt-Recla, § 307 FamFG Rn 7, kein Ermessen, sondern gebundene Entscheidung bei Ablehnung oder Aufhebung der Maßnahme.
31 LG Saarbrücken FamRZ 2011, 1094.
32 Damrau/Zimmermann, § 307 FamFG Rn 23; Jürgens/Kretz, § 307 FamFG Rn 3; Keidel/Budde, § 307 FamFG Rn 2; aA OLG Schleswig BtPrax 1994, 142; MK/Schmidt-Recla, § 307 FamFG Rn 4.
33 Damrau/Zimmermann, § 307 FamFG Rn 23; Jürgens/Kretz, § 307 FamFG Rn 3; Keidel/Budde, § 307 FamFG Rn 2; aA OLG Karlsruhe FamRZ 1997, 1547; MK/Schmidt-Recla, § 307 FamFG Rn 4; vgl auch LG Saarbrücken FamRZ 2009, 1517: vom Anwendungsbereich ist die Anordnung der Vorführung des Betroffenen zur ärztlichen Untersuchung nach § 283 FamFG erfasst, so dass § 307 FamFG entsprechend anzuwenden ist.
34 OLG München BtPrax 2006, 150; Keidel/Budde, § 307 FamFG Rn 11.

- abgelehnt,

- als **von Anfang an** unzulässig, etwa wegen Verfahrensfehlern,[35] oder unbegründet aufgehoben[36] oder eingeschränkt[37] wird; eine Aufhebung oder Einschränkung wegen **nachträglich** eintretender Umstände ist damit nicht erfasst.[38] Im Falle der Einschränkung sind nur diejenigen Kosten erstattungsfähig, die die Betreuungsmaßnahme, die nicht mehr von der Betreuung erfasst ist, verursacht hat,[39] oder

- das Verfahren ohne Entscheidung durch Erledigung beendet wird. Erledigung tritt ein, wenn nach Einleitung des Verfahrens der Verfahrensgegenstand durch ein Ereignis, welches eine Veränderung der Sach- und Rechtslage herbeiführt, weggefallen ist,[40] etwa durch den Tod[41] des Betroffenen. Hierunter fällt auch der Fall, dass eine einstweilige Anordnung wegen des Erlasses der Hauptsacheentscheidung gem. § 56 Abs. 1 S. 1 FamFG, wegen der Verlängerung nach § 302 S. 2 FamFG oder wegen Fristablaufs nach § 302 S. 1 FamFG außer Kraft tritt; auf Antrag des Betroffenen ist eine Kostenentscheidung zu treffen.[42] Entscheidend ist auch hier, ob die einstweilige Anordnung hätte aufrechterhalten oder aufgehoben werden müssen.[43] Ist dies ungewiss und müssten zur Klärung weitere Ermittlungen vorgenommen oder schwierige Rechtsfragen abschließend entschieden werden, genügt eine überschlägige Prüfung der Entscheidung, ob diese auf der Grundlage des ermittelten Sachverhalts nicht vertretbar erscheint und eine erhebliche Wahrscheinlichkeit dafür besteht, dass die Beschwerde erfolgreich gewesen wäre;[44] dies kann auch der Fall sein, wenn das Verfahren erster Instanz an erheblichen Verfahrensfehlern leidet.[45]

Die Erstattung ist **regelmäßig** anzuordnen;[46] anders nur, wenn die aufzuhebende Maßnahme wegen Verschuldens des Betroffenen[47] oder aufgrund solcher Umstände erlassen wird, die originär der Sphäre des Betroffenen zuzurechnen sind, so etwa, wenn eine bereits bestehende wirksame Vorsorgevollmacht erst nach der Bestellung des Betreuers vom Betroffenen vorgelegt wird.[48]

10 Zu den erstattungsfähigen Auslagen gehören die vom Betroffenen zu tragenden Gerichtskosten und außergerichtlichen Kosten,[49] etwa die Kosten der Rei-

---

35 OLG Zweibrücken FGPrax 2003, 220.
36 OLG Zweibrücken FamRZ 2003, 1126.
37 OLG Düsseldorf FamRZ 2000, 248.
38 BayObLG FamRZ 2000, 1523.
39 MK/Schmidt-Recla, § 307 FamFG Rn 5.
40 BGH v. 13.7.2011, XII ZB 231/10; BayObLG FamRZ 2003, 783.
41 BayObLG NJW-RR 2002, 514; vgl BayObLG FamRZ 2001, 1645.
42 BayObLG FamRZ 2004, 1602; Keidel/Budde, § 307 FamFG Rn 6; aA Jürgens/Kretz, § 307 FamFG Rn 4.
43 BayObLG FamRZ 1992, 989.
44 BayObLG FamRZ 2004, 1602.
45 OLG Zweibrücken FGPrax 2003, 220; vgl auch OLG München BtPrax 2008, 77 für Erledigung einer Unterbringungsmaßnahme.
46 AA Prütting/Helms/Fröschle, § 397 FamFG Rn 13: Abwägungsfrage.
47 Jürgens/Kretz, § 307 FamFG Rn 4; vgl Keidel/Budde, § 307 FamFG Rn 12.
48 Vgl AG Sinzig FamRZ 2011, 843.
49 OLG München BtPrax 2009, 239; OLG München BtPrax 2006, 32; Jürgens/Kretz, § 307 FamFG Rn 6; Keidel/Budde, § 307 FamFG Rn 8; aA MK/Schmidt-Recla, § 307 FamFG Rn 9: nur außergerichtliche Auslagen.

se zum Gericht oder zum Sachverständigen,[50] Kosten für den Verfahrenspfleger (Nr. 31015 KVGNotKG)[51], Auslagen für Sachverständige,[52] Ärzte und Dolmetscher (Nr. 31005 KVGNotKG)), Zeugen,[53] Kosten der Vorführung (Nr. 31009 Nr. 2, 31013 KVGNotKG)), Kosten der zivilrechtlichen Unterbringung und Heilbehandlung[54] und vor allem die **Anwaltskosten** (Gebühren und Auslagen) des Betroffenen,[55] nicht hingegen die an den Betreuer gezahlte **Vergütung**, auch wenn die Betreuung aufgehoben wird.[56] Der Betreuer erhält seine Vergütung für erbrachte Tätigkeiten im Rahmen seines Aufgabenkreises, wenn er wirksam bestellt worden ist; eine spätere Aufhebung der Betreuung berührt nicht seinen Vergütungsanspruch.[57] Auch die gerichtliche **Jahresgebühr** der Nrn 11101 f KVGNotKG fällt nicht in den Anwendungsbereich des § 307 FamFG, da diese Gebühr aufgrund der wirksamen Betreuerbestellung und der damit verbundenen Aufsichts- und Beratungstätigkeit des Gerichts anfällt und die Wahrnehmung dieser Aufgaben durch die spätere Aufhebung der Betreuung als ungerechtfertigt unberührt bleibt.[58] Die Erstattung von Anwaltskosten sollte im **Regelfall** in der Kostenentscheidung mit verbindlicher Wirkung für das Kostenfestsetzungsverfahren angeordnet werden, weil angesichts der erheblichen Bedeutung des Betreuungsverfahrens für die private Lebensführung des Betroffenen die **Hinzuziehung eines Anwalts**, hingegen nicht mehrerer Anwälte, regelmäßig erforderlich ist.[59]

▶ **Beschlussformel:**
Die dem Betroffenen entstandenen notwendigen Auslagen [oder ggf beschränkt: Anwaltskosten] werden der Staatskasse auferlegt. ◀

Einem **nicht verfahrensbeteiligten Dritten** kann das Betreuungsgericht gemäß § 81 Abs. 4 FamFG nach seinem Ermessen die Kosten des Verfahrens[60] ganz oder teilweise auferlegen, wenn er das Verfahren **grob fahrlässig** oder **vorsätzlich**, etwa durch bewusst wahrheitswidrige Angaben[61] oder Stellung eines erkennbar aussichtslosen Antrages, wobei sich der Dritte ein etwaiges Verschulden seines Verfahrensbevollmächtigten wie eigenes zurechnen lassen muss,[62] veranlasst hat.[63] Das grobe Verschulden ist nach § 26 FamFG zu ermitteln und positiv festzustellen. Kein Verschulden liegt angesichts des eigenständigen Prüfungsrechts der zuständigen Betreuungsbehörde dann vor, wenn der Dritte sie um ein Einschreiten gebeten und die Behörde die betreuungsrechtliche Maßnahme angeregt hat.

---

50 OLG München BtPrax 2009, 239; BtPrax 2006, 32.
51 BT-Drucks. 11/4528, 181.
52 OLG München BtPrax 2009, 239.
53 OLG München BtPrax 2009, 239.
54 BayObLGZ 87, 174.
55 BT-Drucks. 16/6308, 215; vgl auch BayObLG FGPrax 1999, 77; OLG München MDR 1996, 861.
56 OLG München BtPrax 2009, 239; aA LG Krefeld Rpfleger 1999, 222.
57 OLG München BtPrax 2006, 32.
58 OLG München BtPrax 2009, 239; aA Damrau/Zimmermann, § 307 FamFG Rn 34.
59 OLG Zweibrücken FGPrax 2003, 220.
60 Vgl LG München I NJWE-FER 1999, 98 zur fehlenden Erstattungsfähigkeit der Kosten des Betreuers im Beschwerdeverfahren.
61 MK/Schindler, § 81 FamFG Rn 60.
62 LG Berlin BtPrax 2008, 275.
63 AG Ludwigslust FamRZ 2011, 664.

f) Eigenständige Entscheidung

13 Anders als nach dem GNotKG setzt die Kostentragungspflicht nach §§ 307, 81 FamFG eine Kostenentscheidung, wer wem welche Kosten erstatten muss, zwingend voraus. Diese ist **mit der Hauptsacheentscheidung zu treffen** (§ 82 FamFG). In dieser kann nunmehr in allen Fällen eine **Kostenquotelung** verbindlich für den Kostenbeamten bestimmt werden. Die von der Kostenentscheidung strikt zu unterscheidende Kostenfestsetzung erfolgt gemäß § 85 FamFG nach den **§§ 103 bis 107 ZPO** durch den Rechtspfleger (§ 21 Nr. 1 RPflG).

g) Rechtsmittel und Vollstreckung

14 Die Kostenentscheidung ist **isoliert mit der Beschwerde** nach §§ 58 ff FamFG anfechtbar.[64] Dies gilt auch dann, wenn eine Kostenerstattung abgelehnt wird. Zu beachten ist der Beschwerdewert von mehr als **600 EUR** (§ 61 Abs. 1 FamFG).[65]

15 Gegen die nachfolgende **Kostenfestsetzung** durch den Rechtspfleger gemäß § 85 FamFG, §§ 103 bis 107 ZPO (§ 81 GNotKG, s. Rn 7, gilt gerade nicht) kann bis zu einem Beschwerdewert von 200 EUR, wegen der nach § 567 Abs. 2 ZPO gegen eine richterliche Entscheidung an sich gegebenen Unanfechtbarkeit, befristete **Erinnerung** gemäß § 11 Abs. 2 RPflG und über einem Beschwerdewert von 200 EUR nach § 11 Abs. 1 RPflG, § 104 Abs. 3 S. 1 ZPO **sofortige Beschwerde** eingelegt werden, Rechtsbeschwerde hingegen nur nach Zulassung nach § 574 Abs. 1 S. 1 Nr. 2 ZPO. Ein außerordentliches Rechtsmittel wegen greifbarer Gesetzwidrigkeit des angegriffenen Beschlusses ist nach der Neuregelung des Beschwerderechts durch das Zivilprozessreformgesetz vom 27.7.2001 spätestens mit Einführung der Gehörsrüge gemäß § 44 FamFG nicht mehr gegeben.[66] Der Kostenfestsetzungsbeschluss ist **Vollstreckungstitel** iSd § 794 Abs. 1 Nr. 2 ZPO[67] und wird nach den zivilprozessualen Vorschriften vollstreckt.

16 Hiervon zu unterscheiden ist die Frage des Ersatzes der seitens des Betreuten gezahlten Betreuervergütung, wenn die Betreuung iSd § 307 FamFG unberechtigt angeordnet worden ist (s. Rn 10). Der bemittelte Betreute kann dann allenfalls im Wege der Amtshaftung nach § 839 BGB, Art. 34 GG Ersatz gezahlter Betreuervergütung vom Staat verlangen.[68]

h) Beschwerdeverfahren

17 Das Beschwerdeverfahren ist gemäß § 25 Abs. 2, Abs. 3 GNotKG für den Betreuten gebührenfrei, wenn die Beschwerde von dem Betreuten oder im Interesse des Betreuten eingelegt wird. Entspricht die Beschwerde auch bei großzügiger Auslegung nicht dem wahren objektiven Interesse des Betroffenen, so etwa bei der Vergütungsbeschwerde, fällt nach Nr. 11200 KVGNotKG eine Gebühr gemessen am Beschwerdewert der §§ 35 Abs. 2, 36 GNotKG (§ 61 GNotKG), an. Erledigt sich das Beschwerdeverfahren ohne Endentscheidung

---

64 BT-Drucks. 16/6308, 216, 272; OLG Thüringen FamFR 2012, 258.
65 Vgl BT-Drucks. 16/6308, 204.
66 BGH NJW-RR 2004, 356.
67 Vgl LG München I NJWE-FER 1999, 98.
68 Vgl BayObLG NJW-RR 1998, 435.

und wird die Entscheidung nicht durch Verlesen der Entscheidungsformel bekannt gegeben, wird nach Nr. 11201 KVGNotKG die Hälfte der vollen Gebühr erhoben. Ist die Beschwerde hingegen **erfolgreich**, werden weder **Gebühren** (§ 25 Abs. 1 GNotKG)[69] noch Auslagen erhoben (Vorbemerkung 3.1 Abs. 1 KVGNotKG).

i) Geschäftswert

Der für die Kostenfestsetzung erforderliche Geschäftswert bestimmt sich nach §§ 35 Abs. 2, 36 GNotKG; für die einstweilige Anordnung ist nach § 62 S. 2 GNotKG von der Hälfte des Wertes auszugehen. Im (Rechts-)Beschwerdeverfahren bestimmt sich der Geschäftswert nach § 61 GNotKG.[70] Es gilt daher in nicht vermögensrechtlichen Angelegenheiten, wie der Bestellung oder Entlassung des Betreuers oder der Anordnung eines Einwilligungsvorbehaltes, der **Regelgeschäftswert** von 5.000 EUR (§ 36 Abs. 3 GNotKG),[71] der abhängig von der wirtschaftlichen Bedeutung und Auswirkung für die Beteiligten, ihrer Vermögenslage und des für das Betreuungsgericht verursachten Aufwands niedriger oder höher, jedoch nicht über 1 Mio. EUR (§ 36 Abs. 2 GNotKG), festgesetzt werden kann.[72] Im Verfahren wegen der Aufhebung einer mit dem Aufgabenkreis der Vermögenssorge eingerichteten Betreuung können daher 1/10 des Vermögens des Betreuten als Geschäftswert angesetzt werden.[73] In vermögensrechtlichen Angelegenheiten ist nach § 35 Abs. 2 GNotKG der Wert des Verfahrensgegenstandes, der Sache oder Forderung, etwa die Differenz zwischen beantragter und bewilligter Vergütung, maßgeblich. Macht der Betroffene trotz mehrfacher Nachfrage und entgegen der ihm obliegenden Mitwirkungspflicht keine Angaben zur Höhe seines Vermögens, kann der Geschäftswert nur geschätzt werden.[74] 18

Hiervon ist der Gegenstandswert, nach dem die **Gebühren des Rechtsanwalts** zu berechnen sind, begrifflich zu unterscheiden: Ist der Rechtsanwalt als Verfahrensbevollmächtigter des Betroffenen im gerichtlichen Verfahren tätig geworden, richtet sich der Gegenstandswert gemäß § 23 Abs. 1 S. 1 RVG in Betreuungssachen nach den für die Gerichtsgebühren geltenden Wertvorschriften, also nach §§ 35 Abs. 2, 36 GNotKG. Gleiches gilt nach § 23 Abs. 1 S. 3 RVG entsprechend für Tätigkeiten, die üblicherweise ein gerichtliches Verfahren vorbereiten oder vermeiden sollen. Wird daher der für die Gerichtsgebühren maßgebende Wert nach § 79 GNotKG festgesetzt, ist diese Festsetzung nach § 32 Abs. 1 RVG auch für die Rechtsanwaltsgebühren maßgebend. 19

Ist der Rechtsanwalt hingegen weder in einem gerichtlichen Verfahren tätig, noch steht seine Tätigkeit im Zusammenhang mit einem gerichtlichen Verfah-

---

69 BT-Drucks. 17/11471, 161 f.
70 BayObLG MDR 1996, 751; zutreffend insoweit auch BGH FamRZ 2010, 1726 noch zur KostO; vgl aber BGH BtPrax 2012, 39; BGH FamRZ 2012, 1705, wonach sich der Beschwerdewert nach § 23 Abs. 1 S. 2 RVG iVm § 42 Abs. 3 FamGKG (!) bemessen soll.
71 BGH FGPrax 2012, 198; BGH FGPrax 2011, 179; BGH FGPrax 2012, 163; BGH FGPrax 2011, 156; BGH BtPrax 2012, 204; BGH FamRZ 2012, 1365; BGH FamRZ 2012, 969 noch zur KostO: 3.000 EUR.
72 BayObLG NJOZ 2004, 1137; BayObLG BtPrax 1993, 29.
73 BayObLG BtPrax 1993, 29.
74 LG Koblenz v. 28.06.2009, 2 T 454/06.

ren, gelten die in § 23 Abs. 3 RVG genannten Vorschriften des GNotKG entsprechend; bei nicht zu ermittelndem Gegenstandswert und bei nicht vermögensrechtlichen Streitigkeiten gilt der dem Regelgeschäftswert des § 36 Abs. 3 GNotKG entsprechende Gegenstandswert von 5.000 EUR, der ebenfalls nach Lage des Falles niedriger oder höher, jedoch nicht über 500.000 EUR, angesetzt werden kann.[75] Gleiches gilt, wenn keine Festsetzung nach § 79 GNotKG erfolgt, etwa weil keine Betreuung angeordnet und die Akte ohne sachliche Entscheidung weggelegt wird.[76]

2. Verfahrenskostenhilfe

20 Ursprünglich als eigenständiges Regelwerk geplant,[77] sind die Vorschriften über die Verfahrenskostenhilfe aufgrund der seitens der Länder befürchteten finanziellen Belastung der Landeshaushalte[78] im Rechtsausschuss geändert worden. Nach § 76 Abs. 1 FamFG gelten die §§ 114 bis 127 ZPO, soweit die §§ 76 bis 78 FamFG keine Abweichungen vorsehen.[79]

a) Antrag und Anhörung

21 Verfahrenskostenhilfe wird nur auf Antrag für das jeweilige Verfahren gewährt (§ 76 Abs. 1 FamFG, § 114 ZPO); die Bewilligung von Verfahrenskostenhilfe für das Verfahrenskostenhilfeverfahren ist grundsätzlich nicht möglich.[80] Dem Antrag ist grundsätzlich eine ausgefüllte Erklärung über die persönlichen und wirtschaftlichen Verhältnisse beizufügen (§ 76 Abs. 1 FamFG, § 117 Abs. 4, 3 ZPO). Antragsberechtigt ist nach § 76 Abs. 1 FamFG, § 114 S. 1 ZPO jeder Beteiligte iSd §§ 7, 274 FamFG (s. § 274 FamFG Rn 12 ff). Eine **Anhörung** der übrigen Beteiligten nach § 77 Abs. 1 S. 1 FamFG ist nur dann erforderlich, wenn deren verfahrensrechtliche Stellung durch die Bewilligung der Verfahrenskostenhilfe berührt würde, was dann der Fall ist, wenn die anderen Beteiligten das Verfahren mit entgegengesetzter Zielrichtung zum Begehren des die Verfahrenskostenhilfe beantragenden Beteiligten führen. Steht hingegen fest, dass Verfahrenskostenhilfe nicht bewilligt werden kann, bedarf es der Anhörung der übrigen Beteiligten vor Ablehnung des Antrags nicht.

b) Geltendmachung eigener Rechte

22 Aufgrund des Verweises auf § 114 ZPO setzt die Bewilligung von Verfahrenskostenhilfe voraus, dass der Beteiligte **eigene Rechte** geltend macht. Dies ist beim Betroffenen stets der Fall, da jede betreuungsrechtliche Maßnahme zugleich einen Eingriff in sein Selbstbestimmungsrecht darstellt. Bei den anderen

---

75 Vgl BayObLG NJW-RR 2001, 1301.
76 Vgl BayObLG FamRZ 2001, 1246.
77 BT-Drucks. 16/6308, 27 f.
78 BT-Drucks. 16/6308, 370.
79 BT-Drucks. 16/6308, 212.
80 BGH NJW 1984, 2106; OLG Naumburg v. 15.08.2011, 8 WF 185/11; OLG Hamm FamRZ 1982, 623; zu Ausnahmen vgl OLG Bamberg NJW-RR 2005, 652 (bereits im Prüfungsverfahren werden schwierige Fragen rechtlicher oder tatsächlicher Art beantwortet); OLG Düsseldorf NJW-RR 1996, 838 (Prüfungsverfahren kommt offensichtlich dem Betreiben des Verfahrens gleich). Gleiches gilt im Verfahren der Beschwerde gegen die Versagung der Bewilligung von Verfahrenskostenhilfe in erster Instanz, vgl OLG Bamberg NJW-RR 2005, 652; BayObLG FamRZ 1988, 210; OLG Karlsruhe JurBüro 1994, 606.

„Options-Beteiligten" nach §§ 7, 274 Abs. 4 Nr. 1 FamFG (s. § 274 FamFG Rn 22 f) ist daher im besonderen Maße darauf zu achten, ob tatsächlich eigene Rechte verfolgt werden. Dies ist dann nicht der Fall, wenn die „Options-Beteiligten" sich weder der beabsichtigten Maßnahme des Betreuungsgerichts widersetzen, noch einen eigenen Antrag ankündigen, oder sich lediglich aufgrund besonderer persönlicher Nähe zum Betroffenen in seinem Interesse altruistisch am Verfahren beteiligen, so dass mangels Geltendmachung eigener Rechte keine Verfahrenskostenhilfe gewährt werden kann.[81]

c) Erfolgsaussicht und Mutwilligkeit

Die Verfolgung eigener Rechte muss nach § 76 Abs. 1 FamFG, § 114 S. 1 ZPO zunächst **hinreichende Erfolgsaussicht** bieten, was vom Betreuungsgericht festzustellen ist. Es muss im Rahmen einer summarischen Prüfung eine gewisse Wahrscheinlichkeit dafür streiten, dass der Antragsteller mit seinem Begehren durchdringt; dabei müssen unter Umständen angebotene Beweise vorweg gewürdigt werden, da das Verbot der Beweisantizipation im Verfahren zur Prüfung eines Antrages auf Bewilligung von Verfahrenskostenhilfe nicht uneingeschränkt gilt.[82] Ist eine schwierige, zweifelhafte oder ungeklärte Rechtsfrage, die in vertretbarer Weise auch anders beantwortet werden kann, entscheidungserheblich, ist ebenfalls Verfahrenskostenhilfe zu gewähren.[83] Zudem darf die Rechtsverfolgung **nicht mutwillig** sein, was dann der Fall ist, wenn ein verständiger Beteiligter, der aufgrund seiner persönlichen und wirtschaftlichen Verhältnisse das Verfahren auf eigene Kosten betreiben müsste, seine Rechte in gleicher Weise wie der Antragsteller durchzusetzen suchte.[84] 23

d) Persönliche und wirtschaftliche Verhältnisse

Der Antragsteller muss nach § 76 Abs. 1 FamFG, § 115 ZPO Einkommen[85] und Vermögen einsetzen. Zum **Einkommen** gehören nach § 76 Abs. 1 FamFG, § 115 Abs. 1 S. 2 ZPO alle Einkünfte in Geld oder Geldeswert, also Einkünfte aus nichtselbstständiger und selbstständiger Arbeit, Renten, Unterhaltsleistungen, Kindergeld, das nicht zu dessen Unterhalt verwendet wird,[86] Einkünfte aus Kapitalvermögen, Vermietung, und Verpachtung, Unterhalt; hingegen nur anteilig Leistungen nach § 39 SGB VIII (Erziehungskosten des Pflegegeldes) und überhaupt nicht Leistungen nach § 37 SGB XII, dem BVG oder BEG. Vom maßgeblichen Einkommen sind Einkommenssteuern, Pflichtbeiträge zur Sozialversicherung einschließlich der Beiträge zur Arbeitsförderung, Beiträge zu öffentlichen oder privaten Versicherungen oder ähnlichen Einrichtungen, soweit diese Beiträge gesetzlich vorgeschrieben oder nach Grund und Höhe angemessen sind, sowie geförderte Altersvorsorgebeiträge, Werbungskosten, das Arbeitsförderungsgeld (§ 43 SGB IX), Kosten der Unterkunft und Heizung und notwendige Belastungen (§ 115 Abs. 1 S. 3 Nr. 3, 4 ZPO) abzusetzen.[87] Das 24

---

81 BT-Drucks. 16/6308, 213; LG Kleve v. 10.1.2013, 4 T 8/13.
82 Vgl zur Prozesskostenhilfe BGH NJW 1988, 266; OLG Hamm NJW-RR 2000, 1669.
83 BVerfG NVwZ 2006, 1156; BVerfG NJW-RR 2004, 61; BGH NJOZ 2003, 1117.
84 OLG Hamm FamRZ 2012, 1657.
85 Vgl Zimmermann, Das einzusetzende Einkommen bei Prozess- bzw Verfahrenskostenhilfe, FPR 2009, 388.
86 BGH NJW 2005, 2393.
87 Im Einzelnen Zimmermann, Das einzusetzende Einkommen bei Prozess- bzw Verfahrenskostenhilfe, FPR 2009, 388.

einzusetzende Vermögen bestimmt sich nach § 76 Abs. 1 FamFG, § 115 Abs. 3 S. 2 ZPO, § 90 SGB XII; nicht zu berücksichtigen sind Verbindlichkeiten. Nicht einzusetzen ist das Schonvermögen in Höhe von 1.600 EUR[88] (§ 90 Abs. 2 SBG XII, § 1 Abs. 1 Nr. 1 a der Verordnung zur Durchführung des § 90 Abs. 2 Nr. 9 SGB XII) und das hierüber hinausgehende Vermögen, wenn dies eine **unzumutbare Härte** für den Betreuten darstellte (§ 90 Abs. 3 SBG XII).

25 Stellt das Betreuungsgericht einzusetzendes Einkommen bis 15 EUR fest, ist Verfahrenskostenhilfe ohne monatliche Raten zu bewilligen. Ansonsten sind **grundsätzlich monatliche Ratenzahlungen** in Abhängigkeit des einzusetzenden Einkommens nach der Tabelle des § 115 Abs. 1 ZPO anzuordnen; übersteigen die voraussichtlichen Verfahrenskosten vier Monatsraten nicht, ist nach § 76 Abs. 1 FamFG, § 115 Abs. 4 ZPO Verfahrenskostenhilfe nicht zu bewilligen. Ist einzusetzendes Vermögen in einer die voraussichtlichen Verfahrenskosten übersteigenden Höhe vorhanden, ist Verfahrenskostenhilfe ebenfalls nicht zu bewilligen; kann hingegen nur ein Teil der voraussichtlichen Kosten aus dem Vermögen aufgebracht werden, ist Verfahrenskostenhilfe mit der Maßgabe zu bewilligen, dass der Antragsteller einen bestimmten Betrag zu zahlen hat; ist hingegen kein Vermögen vorhanden, ist Verfahrenskostenhilfe zu bewilligen.

e) Beiordnung eines Rechtsanwalts

26 Ebenfalls nur auf **Antrag** wird dem Antragsteller ein Rechtsanwalt dann nach § 78 Abs. 2 FamFG beigeordnet, wenn die **Sach- und Rechtslage schwierig** ist. Nach dem ausdrücklichen Wortlaut und der Gesetzbegründung[89] rechtfertigt allein die Schwere des Eingriffs in die Rechte des Beteiligten keine Beiordnung. Damit kommt die Beiordnung eines Rechtsanwalts für den Betroffenen nur noch bei rechtlich und tatsächlichen Schwierigkeiten in Betracht, da bei schweren Eingriffen in die Rechte des Betroffenen ohnehin ein dem objektiven Wohl des Betroffenen verpflichteter Verfahrenspfleger nach § 276 Abs. 1 FamFG zu bestellen ist. Bei der gebotenen objektiven Bemessung der Schwierigkeit ist entscheidend, ob ein bemittelter Rechtssuchender in der Lage des Unbemittelten vernünftigerweise einen Rechtsanwalt mit der Wahrnehmung seiner Interessen beauftragt hätte[90]. Dabei sind als Abwägungskriterien auch die subjektiven Fähigkeiten des betroffenen Beteiligten zu berücksichtigen, insbesondere seine Fähigkeit, sich mündlich oder schriftlich auszudrücken[91]. Soll eine Anwaltsbeiordnung erfolgen, ist das Mehrkostenverbot des § 78 Abs. 3 FamFG zu beachten.

f) Beschluss und Beschlussformel

27 Der Beschluss ist nach § 38 Abs. 3, Abs. 5 Nr. 2 FamFG zu begründen, zu unterschreiben und mit der Rechtsmittelbelehrung (§ 39 FamFG) zu versehen. Zu beachten ist, dass der Beschluss nach § 76 Abs. 2 FamFG mit der sofortigen Beschwerde in entsprechender Anwendung der §§ 567–572, 127 Abs. 2 bis 4 ZPO anfechtbar ist; wird sofortige Beschwerde eingelegt, muss das Betreu-

---

[88] Dies ist der Grundbetrag, der aber abhängig vom Einzelfall zu erhöhen ist; vgl Übersicht bei jurisPK-SGB XII/Mecke, § 90 SGB XII Rn 83.
[89] BT-Drucks. 16/6308, 214.
[90] BGH FamRZ 2010, 1427; OLG Dresden FamRZ 2010, 2006.
[91] OLG Schleswig SchlHA 2011, 205.

ungsgericht zunächst eine (Nicht-)Abhilfeentscheidung treffen (§ 76 Abs. 2 FamFG, § 572 Abs. 1 S. 1 ZPO).

▶ **Beschlussformel:** 28

Dem Antragsteller wird Verfahrenskostenhilfe für das Verfahren ... [Nennung des Hauptsacheverfahrens, etwa Verfahren zur Bestellung eines Betreuers für den Betroffenen] im ersten Rechtszug bewilligt.

Zur unentgeltlichen Wahrnehmung seiner Rechte in dieser Instanz wird ihm Rechtsanwalt ... in ... beigeordnet. [alternativ:] Der Antrag auf Beiordnung eines Rechtsanwalts wird zurückgewiesen.

Im Hinblick auf die persönlichen und wirtschaftlichen Verhältnisse werden nach § 76 Abs. 1 FamFG, §§ 114, 115 ZPO monatliche Ratenzahlungen nicht/in Höhe von ... festgesetzt. ◀

III. Bedeutung für den Betroffenen

Die Kostenvorschriften haben für den – bemittelten (s. Rn 4) – Betroffenen nicht unerhebliche Bedeutung, muss er doch mit seinem eigenen Vermögen für die Kosten des Verfahrens aufkommen. Da die Verpflichtung zur Tragung der Kosten des Verfahrens vom Vermögen abhängt, muss der Betroffene nur dann keine Kosten tragen, wenn sein Vermögen die maßgebliche Freibetragsgrenze von 25.000 EUR unterschreitet (Vorbemerkung 1.1 Abs. 1 KVGNotKG). Insofern kann eine abweichende Kostenentscheidung nur nach Maßgabe des § 81 Abs. 2 FamFG (s. Rn 8) erfolgen; liegt ein derartiger Fall vor, sollte der Betroffene anregen, die Verfahrenskosten ganz oder teilweise einem anderen Beteiligten aufzuerlegen. 29

Soweit die eigenen Kosten des Betroffenen für rechtliche Beratung und Vertretung, also insbesondere die Kosten eines Rechtsanwalts betroffen sind, besteht für ihn die Möglichkeit, vor Verfahrensbeginn **Beratungshilfe** in Anspruch zu nehmen. Beratungshilfe wird nach § 2 Abs. 2 S. 1 Nr. 1 BerHG gewährt in Angelegenheiten des Zivilrechts, wozu nach § 13 GVG die Angelegenheiten der freiwilligen Gerichtsbarkeit und damit auch die Betreuungs- und betreuungsgerichtlichen Zuweisungssachen gehören. Beratungshilfe wird nur auf **Antrag** gewährt; der Betroffene muss Beratungshilfe mündlich oder schriftlich unter Darlegung des Sachverhalts, für den er Beratungshilfe begehrt, und Darlegung und Glaubhaftmachung seiner persönlichen und wirtschaftlichen Verhältnisse beim Amtsgericht, in dessen Bezirk er seinen allgemeinen Gerichtsstand hat, oder bei Fehlen eines allgemeinen Gerichtsstand, beim Amtsgericht, in dessen Bezirk er der Beratungshilfe bedarf, beantragen (§ 4 Abs. 1 BerHG). Er kann aber auch direkt einen Rechtsanwalt aufsuchen; dann kann der Antrag auch nachträglich gestellt werden (§ 4 Abs. 2 S. 4 BerHG). Das Amtsgericht erteilt einen sogenannten Beratungshilfeschein (§§ 4, 6 BerHG), wenn der Betroffene nach seinen persönlichen und wirtschaftlichen Verhältnissen die für die Inanspruchnahme eines Rechtsanwalts erforderlichen Mittel nicht aufbringen kann, ihm nicht andere Möglichkeiten für eine Hilfe zur Verfügung stehen, deren Inanspruchnahme ihm als Rechtsuchendem zuzumuten ist, und die Wahrnehmung der Rechte nicht mutwillig ist (§ 1 BerHG). Beratungshilfe wird in aller Regel durch einen Rechtsanwalt erteilt (§ 3 Abs. 1 BerHG). Zu beachten ist, dass der mittellose Betroffene aber jedenfalls zur Zahlung der Beratungshil- 30 fegebühr, der sogenannten Schutz- oder **Praxisgebühr**, welche derzeit 10 EUR beträgt, an den Rechtsanwalt verpflichtet ist, wenn dieser die Gebühr nicht erlässt (Nr. 2500 VV-RVG).

31 Hat das Betreuungsverfahren bereits begonnen, besteht die Möglichkeit der Inanspruchnahme von Verfahrenskostenhilfe. Gegen eine die Verfahrenskostenhilfe versagende Entscheidung kann er nach § 76 Abs. 2 FamFG, §§ 567 ff ZPO sofortige Beschwerde einlegen; die Beschwerdefrist beträgt einen Monat (§ 76 Abs. 2 FamFG, § 127 Abs. 2 S. 3 ZPO). Zudem muss der Verfahrenswert von 600 EUR überschritten sein (§ 76 Abs. 2 FamFG, §§ 127 Abs. 2 S. 2, 511 Abs. 2 Nr. 1 ZPO); dies gilt dann nicht, wenn die persönlichen oder wirtschaftlichen Voraussetzungen ganz oder teilweise verneint wurden.

32 Ein Anwalt wird auch bei bewilligter Verfahrenskostenhilfe indes nur dann nach § 78 Abs. 2 FamFG beigeordnet, wenn die **Sach- und Rechtslage schwierig** ist. Daher wird der Betroffene dem Betreuungsgericht beide Voraussetzungen darzulegen haben, was er aber ohnehin seinem Verfahrensbevollmächtigten überlassen sollte. Liegen die Voraussetzungen des § 78 Abs. 2 FamFG nicht vor, endet das Betreuungsverfahren aber damit, dass die Betreuungsmaßnahme abgelehnt, als ungerechtfertigt aufgehoben, eingeschränkt oder das Verfahren ohne Entscheidung über eine solche Maßnahme beendet wird, sollte der Betroffene beim Betreuungsgericht beantragen, dass seine Auslagen und insbesondere seine Anwaltskosten nach § 307 FamFG der Staatskasse auferlegt werden.

IV. Bedeutung für Verfahrenspfleger und Verfahrensbevollmächtigten

33 Besondere Bedeutung haben die kostenrechtlichen Vorschriften für den Verfahrenspfleger und Verfahrensbevollmächtigten zunächst nur insoweit, als sie die Rechtmäßigkeit etwaiger Entscheidungen zu prüfen haben. Für den Verfahrensbevollmächtigten, der einen mittellosen Betroffenen vertritt, ist aber von besonderem eigenem Interesse, dass er für den Betroffenen die Bewilligung von Verfahrenskostenhilfe unter seiner gleichzeitigen Beiordnung beantragt. Er wird bereits im Antrag die Schwierigkeit der Sach- und Rechtslage (§ 78 Abs. 2 FamFG) darzulegen haben. Liegen die Voraussetzungen für eine Beiordnung nicht vor, sollte der Verfahrensbevollmächtigte jedenfalls dann, wenn ein Fall des § 307 FamFG vorliegt, beim Betreuungsgericht beantragen, dass die Auslagen des Betroffenen, unter Einschluss der Auslagen für ihn, der Staatskasse auferlegt werden.

V. Bedeutung für Dritte
1. Bedeutung für Verfahrensbeteiligte

34 Nach Maßgabe des § 81 Abs. 1 FamFG kann das Betreuungsgericht die Verfahrenskosten nach billigem Ermessen einem Beteiligten ganz oder zum Teil auferlegen, etwa dann, wenn er zur Mitteilung von Umständen verpflichtet war (§ 27 FamFG) und infolge der Unterlassung der Mitteilung Verfahrenskosten verursacht wurden. Das Betreuungsgericht kann ihm Verfahrenskosten zudem ganz oder teilweise auferlegen, wenn er durch grobes Verschulden Anlass für das Verfahren gegeben hat, sein Antrag für ihn erkennbar von vornherein aussichtslos war, er zu einer wesentlichen Tatsache schuldhaft unwahre

Angaben gemacht hat oder er durch schuldhaftes Verletzen seiner Mitwirkungspflichten das Verfahren erheblich verzögert hat.

2. Bedeutung für nicht verfahrensbeteiligte Dritte

Hat ein nicht verfahrensbeteiligter Dritter (etwa Freunde, Bekannte, Nachbarn, ärztliches oder nichtärztliches Hilfspersonal, Pflegekräfte, Heimleiter) das Betreuungsverfahren vorsätzlich oder grob fahrlässig durch unzutreffende Angaben, etwa hinsichtlich der Betreuungsbedürftigkeit oder des Betreuungsbedarfs, in Gang gesetzt und stellt sich die Unwahrheit der Angaben heraus, kann das Betreuungsgericht dem Dritten nach seinem Ermessen die Verfahrenskosten ganz oder teilweise auferlegen (§ 81 Abs. 4 FamFG). Daher sollten Dritte **nicht voreilig** Betreuungsmaßnahmen beim Vormundschaftsgericht anregen, sondern sich bei Zweifelsfällen an die zuständige Betreuungsbehörde, den sozialpsychiatrischen Dienst oder die Altenhilfe wenden. Wenn diese dann beim Betreuungsgericht eine Betreuungsmaßnahme anregen, wird dem Dritten jedenfalls kein Vorwurf grober Fahrlässigkeit zu machen sein, da er nicht klüger als die fachkundige Behörde oder Einrichtung sein muss; dies gilt selbstverständlich dann nicht, wenn er vorsätzlich handelt.

§ 308 FamFG Mitteilung von Entscheidungen

(1) Entscheidungen teilt das Gericht anderen Gerichten, Behörden oder sonstigen öffentlichen Stellen mit, soweit dies unter Beachtung berechtigter Interessen des Betroffenen erforderlich ist, um eine erhebliche Gefahr für das Wohl des Betroffenen, für Dritte oder für die öffentliche Sicherheit abzuwenden.

(2) Ergeben sich im Verlauf eines gerichtlichen Verfahrens Erkenntnisse, die eine Mitteilung nach Absatz 1 vor Abschluss des Verfahrens erfordern, hat diese Mitteilung über die bereits gewonnenen Erkenntnisse unverzüglich zu erfolgen.

(3) ¹Das Gericht unterrichtet zugleich mit der Mitteilung den Betroffenen, seinen Verfahrenspfleger und seinen Betreuer über Inhalt und Empfänger der Mitteilung. ²Die Unterrichtung des Betroffenen unterbleibt, wenn

1. der Zweck des Verfahrens oder der Zweck der Mitteilung durch die Unterrichtung gefährdet würde,
2. nach ärztlichem Zeugnis hiervon erhebliche Nachteile für die Gesundheit des Betroffenen zu besorgen sind oder
3. der Betroffene nach dem unmittelbaren Eindruck des Gerichts offensichtlich nicht in der Lage ist, den Inhalt der Unterrichtung zu verstehen.

³Sobald die Gründe nach Satz 2 entfallen, ist die Unterrichtung nachzuholen.

(4) Der Inhalt der Mitteilung, die Art und Weise ihrer Übermittlung, ihr Empfänger, die Unterrichtung des Betroffenen oder im Fall ihres Unterbleibens deren Gründe sowie die Unterrichtung des Verfahrenspflegers und des Betreuers sind aktenkundig zu machen.

I. Allgemeines
1. Bedeutung

1 § 308 FamFG entspricht mit sprachlichen Änderungen § 69k FGG.[1] Da die Angelegenheiten der freiwilligen Gerichtsbarkeit gem. § 13 GVG den Zivilsachen unterfallen und eigenständiger Bestandteil der ordentlichen Gerichtsbarkeit sind, gelten die Vorschriften über die Zweckbindung (§ 19 EGGVG), Nachberichtspflicht (§ 20 EGGVG) und Mitteilung an Dritte (§ 21 EGGVG) unmittelbar.

2 §§ 308 bis 311 FamFG regeln in **Abwägung** des Rechts des Betroffenen auf informationelle Selbstbestimmung und des öffentlichen Interesses an einer Weitergabe personenbezogener Daten die Mitteilungspflichten des Betreuungsgerichts. § 308 FamFG regelt allgemeine Mitteilungspflichten. §§ 309, 310 FamFG sehen besondere zwingende, also nicht im Ermessen des Betreuungsgerichts stehende Mitteilungspflichten vor, während § 311 FamFG besondere Mitteilungspflichten, die im Ermessen des Betreuungsgerichts stehen, regelt. Hinsichtlich der Mitteilung anderer Gerichte, Behörden und der zuständigen Behörde an das Betreuungsgericht gelten §§ 22a FamFG, 7 BtBG (s. dort § 7 BtBG Rn 1 ff).[2]

2. Anwendungsbereich

3 Die Mitteilungspflicht gilt für alle betreuungsrechtlichen Entscheidungen.

II. Bedeutung für das Betreuungsgericht
1. Funktionelle Zuständigkeit

4 Nach Erster Teil/3 Abs. 1 S. 2 MiZi ist das Gericht der ersten Instanz für die Mitteilung zuständig; funktionell zuständig ist nach Zweiter Teil/Kap XV/3 Abs. 2 MiZi grundsätzlich der **Betreuungsrichter**; der Rechtspfleger nur in dem ihm nach dem RPflG übertragenen Aufgabenkreis; Erster Teil/3 Abs. 3 MiZi.[3] Es handelt sich mithin nicht um Mitteilungen der Justizverwaltung.

2. Mitteilung von Entscheidungen (Abs. 1)

5 Dem Betreuungsrichter ist hinsichtlich der Mitteilung **kein Ermessen** eingeräumt. Liegen die Voraussetzungen der Abs. 1 und 2 vor, so hat er dem entsprechenden Adressaten Mitteilung zu machen. Übermittelt werden kann nur die Entscheidung, nicht aber andere Aktenbestandteile, wie der Sozialbericht der Betreuungsbehörde, ärztliche Zeugnisse oder Sachverständigengutachten; dies ergibt sich sowohl aus dem Wortlaut des Abs. 1, der ausdrücklich von Entscheidungen spricht, als auch im Umkehrschluss aus Abs. 2, wonach einzelne Ermittlungsergebnisse nur unter besonderen Voraussetzungen (s. Rn 13) mitgeteilt werden können.

a) Mitteilungsempfänger

6 Mitteilungsempfänger kann nur ein **Gericht**, eine **Behörde** oder **sonstige öffentliche Stelle**, nicht aber eine private natürliche Person, juristische Person des

---
1 BT-Drucks. 16/6308, 272.
2 Vgl OLG Oldenburg FamRZ 1996, 757.
3 Keidel/Budde, § 308 FamFG Rn 14.

Privatrechts, etwa ein Betreuungsverein, oder eine privatrechtlich organisierte Personengemeinschaft[4] sein. Auch öffentlich-rechtlich organisierte Banken und Sparkassen sind keine tauglichen Mitteilungsempfänger, da sie wegen der von ihnen verfolgten Ziele den Privatbanken gleichzustellen sind.[5] Gleiches gilt auch für ausländische öffentliche Stellen, da der Schutz der Daten des Betroffenen nicht im gleichen Maße gewährleistet ist.[6] Privaten kann aber unter Umständen ein **Akteneinsichtsrecht** nach § 13 FamFG zustehen (s. § 274 FamFG Rn 6 f, 38 f). Erfolgt die Mitteilung im Hinblick auf eine dem Betroffenen erteilte oder beantragte behördliche Erlaubnis, ist nach Zweiter Teil/Kap. XV/3 Abs. 4 S. 2 MiZi die Mitteilung an die öffentliche Stelle zu richten, die für die Erteilung der Erlaubnis zuständig ist. Mitteilungen an die Betreuungsbehörde erfolgen nicht nach § 308 FamFG, sondern im Wege der Bekanntgabe nach § 288 Abs. 2 FamFG.

b) Zweckbindung

Die Mitteilung der gerichtlichen Entscheidung ist nach § 19 Abs. 1 EGGVG zweckgebunden. Sie darf vom Empfänger **nur für die Erfüllung der ihm gesetzlich zugewiesenen Aufgaben** verwendet werden.[7] Daher scheidet eine Mitteilung an eine zur Aufgabenwahrnehmung unzuständige Behörde oder Stelle aus.

c) Voraussetzungen

Da durch die Mitteilung in das Recht des Betroffenen auf informationelle Selbstbestimmung eingegriffen wird, ist der Grundsatz der **Verhältnismäßigkeit** zu beachten. Der Eingriff darf nur zur Erreichung des verfassungsrechtlich legitimen Zwecks der Abwehr einer erheblichen Gefahr für das Wohl des Betroffenen, für Dritte oder für die öffentliche Sicherheit erfolgen.

aa) Erhebliche Gefahr für das Wohl des Betroffenen

Beispiele:

Wenn zulasten des Betroffenen in einem gegen ihn geführten Strafverfahren eine etwaige im Betreuungsverfahren festgestellte oder erkennbare Schuldunfähigkeit (§ 20 StGB) oder eingeschränkte Schuldfähigkeit (§ 21 StGB) oder in einem gegen ihn geführten anderen gerichtlichen Verfahren eine bereits festgestellte Geschäfts- oder Prozessunfähigkeit ohne Mitteilung unerkannt bliebe.[8] Hat der Betreute minderjährige Kinder und ist er im Rahmen einer schweren Depression aktuell nicht in der Lage, seine elterliche Sorge wahrzunehmen,[9] oder kommt es aufgrund der Erkrankung aktuell zu massiven Gefährdungen des Kindes in Form der Vernachlässigung oder Misshandlung,[10] ist zum Schutz des Kindes eine Mitteilung an das für Sorgerechtsentscheidungen zuständige Gericht und Jugendamt geboten, damit dieses prüfen kann, ob die krankheits-

---

4 BT-Drucks. 11/4528, 181.
5 Jürgens/Kretz, § 308 FamFG Rn 2.
6 MK/Schmidt-Recla, § 308 FamFG Rn 8.
7 BT-Drucks. 11/4528, 181.
8 BT-Drucks. 11/4528, 182.
9 LG Rostock BtPrax 2003, 233.
10 Dodegge, Voraussetzungen für eine Betreuung des erkrankten Elternteils und die rechtliche Bedeutung der Betreuung für Sorge- und Umgangsverfahren, FPR 2005, 233.

bedingte Einschränkung des Betreuten bei der Ausübung der elterlichen Sorge durch ein behördliches Hilfsangebot oder sogar gerichtliche Maßnahmen ausgeglichen werden kann.

bb) Erhebliche Gefahr für Dritte

10 Beispiele:

Wenn zu befürchten ist, dass der Betroffene durch seine weitere Berufsausübung als Arzt, Apotheker, Krankenpfleger, Polizist, Rechtsanwalt oder Notar[11] Dritte erheblich schädigt,[12] der Betreute geschäfts- und damit nach § 1304 BGB eheunfähig ist und dessen heiratswilligem Partner im Falle der beabsichtigten Eheschließung die Aufhebung der Ehe nach § 1314 BGB droht[13] oder die erhebliche Wahrscheinlichkeit besteht, dass der Betroffene Gewalttätigkeiten gegen Dritte verüben wird.[14]

cc) Erhebliche Gefahr für die öffentliche Sicherheit

11 Beispiele:

Wenn der Betroffene Inhaber eines Führerscheins, Waffenscheins oder Jagdscheins ist und die konkrete und erhebliche Wahrscheinlichkeit besteht, dass er durch das Benutzen der Waffe oder die Teilnahme am Straßenverkehr andere Personen schädigt.[15]

12 Aus Sicht des Betreuungsrichters muss das Bestehen einer derartigen **Gefahr** erheblich **wahrscheinlich** sein; die vage Möglichkeit reicht nicht aus. Bestehen **mildere**, die Rechte des Betroffenen weniger beschränkende **Maßnahmen**, die ebenso geeignet sind, die Gefahr abzuwenden, sind die milderen Maßnahmen zu ergreifen. Ob der Entscheidungstenor, die Entscheidungsgründe oder sogar die vollständigen Entscheidungen des Betreuungsgerichts und des Rechtsmittelgerichts mitzuteilen sind, beurteilt sich ebenfalls danach, ob dies erforderlich ist. Die Mitteilung darf bei gleichwohl festgestellter Erforderlichkeit nur erfolgen, wenn im Rahmen einer Gesamtabwägung das Interesse an der Abwehr der Gefahr das Recht des Betroffenen an informationeller Selbstbestimmung überwiegt; je **höherwertiger** das gefährdete Rechtsgut ist, desto eher tritt das Interesse des Betroffenen zurück.

3. Mitteilung von Ermittlungsergebnissen (Abs. 2)

13 Bereits vor Erlass der instanzbeendenden Entscheidung kann der Betreuungsrichter zur unverzüglichen Mitteilung gewonnener gesicherter Erkenntnisse nur dann nach Abs. 2 verpflichtet sein, wenn die Gefahr iSd Abs. 1 **unmittelbar droht** und nicht anders als durch die frühzeitige Mitteilung abgewendet werden kann und ein Zuwarten bis zur eigentlichen Entscheidung den Eintritt der abzuwehrenden Gefahr befürchten lässt.

---

11 Für Notare vgl zudem § 54 Abs. 1 S. 1 Nr. 1 BNotO.
12 BT-Drucks. 11/4528, 182.
13 BT-Drucks. 11/4528, 182; vgl BayObLG BtPrax 2003, 78; BayObLG BtPrax 1997, 111.
14 BT-Drucks. 11/4528, 182.
15 BT-Drucks. 11/4528, 182.

4. Unterrichtung (Abs. 3)

Nach Abs. 3 S. 1 hat der Betreuungsrichter den Betroffenen, seinen Betreuer – **unabhängig** von dessen konkretem Aufgabenkreis – und einen ggf bestellten Verfahrenspfleger über die Mitteilung, deren Inhalt und Adressaten – und zwar zeitgleich („zugleich") mit der Veranlassung der Mitteilung – zu unterrichten. Hat der Betroffene einen Verfahrensbevollmächtigten, so ist dieser ebenfalls in Kenntnis zu setzen; eine Benachrichtigung des Betroffenen kann in diesem Falle unterbleiben.[16]

14

Von einer Unterrichtung des Betroffenen kann nach Abs. 3 S. 2 **abgesehen** werden, wenn:

15

- nach Nr. 1 die Gefahr besteht, dass durch die Unterrichtung des Betroffenen die **Abwendung der Gefahr** iSd Abs. 1 **vereitelt** oder **erschwert** würde, was allein in akuten Gefährdungssituationen denkbar ist, **oder**
- nach Nr. 2 von der Unterrichtung nach **ärztlichem Zeugnis** erhebliche Nachteile für die Gesundheit des Betroffenen drohen (s. § 278 FamFG Rn 28) **oder**
- nach Nr. 3 der Betroffene nach dem unmittelbaren Eindruck des Betreuungsrichters offensichtlich **unterrichtungsunfähig** ist; bei Zweifeln an der Verständnisfähigkeit ist er indes zu unterrichten.

Fallen die Gründe nach Abs. 3 S. 2 nachträglich weg, so ist die zunächst unterbliebene Unterrichtung nach Abs. 3 S. 3 **nachzuholen**.

16

5. Dokumentation (Abs. 4)

Das Betreuungsgericht hat die in Abs. 4 genannten Umstände und eine ggf erfolgte Nachholung der Unterrichtung aktenkundig zu machen, nicht nur um eine spätere Nachprüfbarkeit zu ermöglichen,[17] sondern auch, um an seine Nachberichtspflicht (s. Rn 18) erinnert zu werden. In dem Vermerk sind nach Erster Teil /4 S. 2 MiZi der Mitteilungsempfänger sowie Inhalt und Art und Weise der Mitteilung zu dokumentieren. Zur Form der Mitteilung vgl Erster Teil /6 MiZi; danach wird die Form der Mitteilungen nach pflichtgemäßem Ermessen bestimmt. Bei einer Übermittlung im Wege der Datenfernübertragung sind dem jeweiligen Stand der Technik entsprechende Maßnahmen zur Sicherstellung von Datenschutz und Datensicherheit zu treffen, die insbesondere die Vertraulichkeit und die Unversehrtheit der Daten gewährleisten; im Falle der Nutzung allgemein zugänglicher Netze sind dem jeweiligen Stand der Technik entsprechende Verschlüsselungsverfahren anzuwenden.

17

6. Nachberichtspflicht

Wird eine nach Abs. 1 übermittelte Entscheidung nachträglich geändert oder aufgehoben oder wird im Falle des Abs. 2 eine endgültige Entscheidung getroffen, so hat das Betreuungsgericht nach § 20 Abs. 1 EGGVG dem Mitteilungsempfänger von der Änderung oder Aufhebung oder dem Verfahrensausgang **Nachbericht** zu erstatten. Erscheint aus Sicht des Betreuungsgerichts der Nachbericht erforderlich, um drohende Nachteile für den Betroffenen abzuwenden, so hat dies nach § 20 Abs. 1 S. 2 EGGVG **unverzüglich** zu erfolgen. Gleiches

18

---

16 Bassenge/Roth, § 308 FamFG Rn 7.
17 BT-Drucks. 13/4709, 26.

gilt nach § 20 Abs. 2 EGGVG, wenn das Betreuungsgericht die **Unrichtigkeit** der übermittelten Daten feststellt. Eine Nachberichtspflicht besteht gemäß § 20 Abs. 3 EGGVG nur dann nicht, wenn dies weder zur Erfüllung der Aufgaben des Mitteilungsempfängers noch zur Wahrung schutzwürdiger Belange des Betroffenen erforderlich ist.

III. Bedeutung für den Betroffenen

19 §§ 308 ff FamFG sichern das informationelle Selbstbestimmungsrecht des Betroffenen. Gegen die Anordnung der Mitteilung nach § 308 FamFG kann er **sofortige Beschwerde** entsprechend §§ 567 bis 572 ZPO (vgl § 284 FamFG Rn 20) einlegen, wenn die Mitteilung inhaltlich unzutreffend ist.[18] Die Entscheidung über die Mitteilung ist keine Endentscheidung iSd § 58 Abs. 1 FamFG,[19] sondern eine Zwischenentscheidung, die wegen des Eingriffs in das Recht auf informationelle Selbstbestimmung anfechtbar sein muss, so dass nach der Systematik des FamFG die sofortige Beschwerde nach der ZPO eröffnet ist. Nach erfolgter Mitteilung steht dem Betroffenen entsprechend § 22 Abs. 3 EGGVG der Antrag offen, die Rechtswidrigkeit der Mitteilung festzustellen, mit dem Ziel, zukünftige Mitteilungen zu verhindern.

IV. Bedeutung für den Betreuer

20 Der Betreuer sollte bei erfolgter Mitteilung nach Abs. 1, 2 bei Erlass einer abschließenden Entscheidung oder deren Aufhebung oder Änderung das Betreuungsgericht entsprechend § 1901 Abs. 5 BGB an seine **Nachberichtspflicht** aus § 20 EGGVG erinnern.

V. Bedeutung für den Verfahrenspfleger oder Verfahrensbevollmächtigten

21 Verfahrenspfleger und Verfahrensbevollmächtigter haben im Interesse des Betreuten auf die Einhaltung der materiellen und formellen Vorschriften zu achten. Insbesondere der Verfahrensbevollmächtigte wird das Betreuungsgericht ggf an seine Nachberichtspflicht erinnern.

VI. Bedeutung für Dritte
1. Mitteilungsempfänger

22 Der Mitteilungsempfänger hat die **Zweckgebundenheit** nach § 19 Abs. 1 EGGVG zu beachten. Ein Verstoß hiergegen führt zur **Unverwertbarkeit**. Eine Verwendung der Daten für andere Zwecke ist nur dann zulässig, wenn die Daten auch hierfür hätten übermittelt werden dürfen. Stellt der Empfänger fest, dass die übermittelten Daten nicht erforderlich sind, um den Zweck zu erreichen, hat er die übermittelten Daten an das Betreuungsgericht zurückzusenden

---

18 Vgl LG Zweibrücken BtPrax 1999, 244; aA LG Saarbrücken BtPrax 2009, 252; Prütting/Helms/Fröschle, § 308 FamFG Rn 24; Schulte-Bunert/Weinreich/Eilers, § 308 FamFG Rn 39: kein Rechtsmittel; Keidel/Budde, § 308 FamFG Rn 16: Beschwerde nach § 58 Abs. 1 FamFG mit entsprechender Anwendung des § 22 Abs. 2 und Abs. 3 EGGVG; Jürgens/Kretz, § 308 FamFG Rn 13: § 58 Abs. 1 FamFG analog; MK/ Schmidt-Recla, § 308 FamFG Rn 13: Beschwerde nach § 58 Abs. 1 FamFG.
19 Prütting/Helms/Fröschle, § 308 FamFG Rn 24; Schulte-Bunert/Weinreich/Eilers, § 398 FamFG Rn 39; aA Bassenge/Roth, § 308 FamFG Rn 8; Damrau/Zimmermann, § 308 FamFG Rn 42.

(§ 19 Abs. 2 S. 1, 2 EGGVG), nicht zu vernichten.[20] Ist der Empfänger unzuständig, leitet er unter Benachrichtigung des Betreuungsgerichts die Daten an die zuständige Stelle, sofern sie ihm bekannt ist, weiter (§ 19 Abs. 2 S. 3 EGGVG). Ist der Mitteilungsempfänger die für die Überwachung der Amtsführung der Notare zuständige Aufsichtsbehörde nach § 92 BNotO, kann diese gemäß § 54 Abs. 1 S. 1 Nr. 1 BNotO den Notar vorläufig seines Amtes entheben.[21]

2. Sonstige Dritte

Ist von der Mitteilung ein Dritter betroffen, so besteht für diesen in bestimmten Fällen nach Maßgabe des § 21 EGGVG auf Antrag ein **Auskunftsanspruch** hinsichtlich Inhalt und Empfänger der übermittelten Daten. Ansonsten haben Dritte nach § 13 FamFG ein Akteneinsichtsrecht, sofern sie ein berechtigtes Interesse hieran glaubhaft machen und dieses dem Interesse der Verfahrensbeteiligten am Schutz vor Bekanntmachung ihrer Daten vorgeht (s. § 274 FamFG Rn 38 f).[22]

§ 309 FamFG Besondere Mitteilungen

(1) ¹Wird beschlossen, einem Betroffenen zur Besorgung aller seiner Angelegenheiten einen Betreuer zu bestellen oder den Aufgabenkreis hierauf zu erweitern, so hat das Gericht dies der für die Führung des Wählerverzeichnisses zuständigen Behörde mitzuteilen. ²Das gilt auch, wenn die Entscheidung die in § 1896 Abs. 4 und § 1905 des Bürgerlichen Gesetzbuchs bezeichneten Angelegenheiten nicht erfasst. ³Eine Mitteilung hat auch dann zu erfolgen, wenn eine Betreuung nach den Sätzen 1 und 2 auf andere Weise als durch den Tod des Betroffenen endet oder wenn sie eingeschränkt wird.

(2) ¹Wird ein Einwilligungsvorbehalt angeordnet, der sich auf die Aufenthaltsbestimmung des Betroffenen erstreckt, so hat das Gericht dies der Meldebehörde unter Angabe des Betreuers mitzuteilen. ²Eine Mitteilung hat auch zu erfolgen, wenn der Einwilligungsvorbehalt nach Satz 1 aufgehoben wird oder ein Wechsel in der Person des Betreuers eintritt.

I. Allgemeines

§ 309 FamFG entspricht mit sprachlichen Änderungen § 69l FGG.[1] Ergänzend gelten die Regelungen der §§ 19 ff EGGVG über die Zweckbindung, Nachberichtspflicht und Mitteilung an Dritte unmittelbar.

II. Bedeutung für das Betreuungsgericht
1. Funktionelle Zuständigkeit

Gemäß Zweiter Teil/Kap XV/4 Abs. 3, Kap XV/5 Abs. 2 MiZi hat der **Betreuungsrichter** die Mitteilung sowohl im Falle des Abs. 1 als auch des Abs. 2 zu

---

20 BT-Drucks. 13/4709, 26.
21 Vgl BGH BtPrax 2004, 237 zur endgültigen Amtsenthebung.
22 BayObLG BtPrax 1998, 78: Tochter des Betroffenen hat grundsätzlich berechtigtes Interesse; LG Köln BtPrax 1998, 118: ebenso Betreuungsbehörde.
1 BT-Drucks. 16/6308 S. 272.

veranlassen; für die Zuständigkeit des Rechtspflegers nach Erster Teil/3 Abs. 3 MiZi ist hier mangels entsprechender Aufgabenübertragung kein Raum.[2]

2. Mitteilung an Wählerverzeichnis (Abs. 1)

a) Wahlberechtigte

3   Unter den Voraussetzungen des Abs. 1 S. 1 ist der Betroffene nach § 13 Nr. 2 BWG vom Wahlrecht ausgeschlossen.[3] Dies gilt jedoch nur für Deutsche iSd Art. 116 GG und Unionsbürger, die im Rahmen der Kommunalwahlen oder Wahlen zum EU-Parlament aktiv wahlberechtigt sind. Daher hat eine Mitteilung nach Zweiter Teil/Kap XV/1 und 2 MiZi nur **bei Deutschen und wahlberechtigten Unionsbürgern** zu erfolgen. Bei anderen Betroffenen scheidet eine Mitteilung per se aus.

b) Alle Angelegenheiten

4   Nach Abs. 1 besteht die besondere Pflicht zur Mitteilung der Entscheidung, mit der ein oder ggf mehrere Betreuer für alle Angelegenheiten bestellt (s. § 1896 BGB Rn 166) oder der Aufgabenkreis einer bestehenden Betreuung hierauf erweitert wird, an die für die Führung des Wählerverzeichnisses nach §§ 14 ff BWO zuständige Gemeindebehörde als Mitteilungsempfängerin. Die Entscheidung muss entweder **abstrakt-generalisierend** ausdrücklich „alle Angelegenheiten"[4] oder **konkret-individualisierend** bei **Einzelaufführung** von Aufgabenkreisen in der Entscheidungsformel **zwingend** festlegen, dass sich damit die Betreuung auf **alle** Angelegenheiten des Betreuten erstreckt;[5] **ohne diese Klarstellung** entsteht auch dann **keine** Mitteilungspflicht, wenn alle denkbaren Aufgabenkreise einzeln aufgeführt werden.[6] In beiden Fällen muss die Gemeindebehörde der Beschlussformel selbst ohne Weiteres entnehmen können, dass alle Angelegenheiten des Betreuten umfasst sind.[7] Nach Abs. 1 S. 2 ist in beiden Alternativen nicht erforderlich, dass zusätzlich die Post- und Fernmeldeangelegenheiten (§ 1896 Abs. 3 BGB) bzw die Entscheidung über die Einwilligung in eine Sterilisation (§ 1905 BGB) vom Aufgabenbereich umfasst sind. Eine Mitteilungspflicht bei einer **einstweiligen Anordnung** nach § 300 FamFG oder § 301 FamFG besteht nicht, da in diesem Falle nach § 13 Nr. 2 BWG **kein Verlust** des Wahlrechts eintritt, welcher der Gemeindebehörde mitzuteilen wäre.

c) Mitteilungsinhalt

5   Mitzuteilen ist nach Zweiter Teil/Kap XV/4 Abs. 4 MiZi lediglich eine **abgekürzte Ausfertigung** der Entscheidung, also nach Erster Teil/5 Abs. 2 Nr. 1 MiZi keine Entscheidungsgründe.

---

2   MK/Schmidt-Recla, § 309 FamFG Rn 9; Schulte-Bunert/Weinreich/Eilers, § 309 FamFG Rn 21: aA Keidel/Budde, § 309 FamFG Rn 7: funktionelle Zuständigkeit folgt derjenigen für die mitzuteilende Entscheidung.
3   Vgl hierzu BayVerfGH BtPrax 2003, 34; BVerfG FamRZ 1999, 1419.
4   Bassenge/Roth, §§ 309 FamFG Rn 2.
5   BT-Drucks. 13/4709, S. 50; LG Zweibrücken BtPrax 1999, 244; aA BayObLG FamRZ 1997, 388: deklaratorische Feststellung unzulässig; vgl Hellmann, Wann liegt eine Betreuung für alle Angelegenheiten vor?, BtPrax 1999, 229.
6   Vgl Zimmermann, Das Wahlrecht des Betreuten, FamRZ 1996, 79.
7   BT-Drucks. 13/4709, S. 50.

d) Nachberichtspflicht

Die nach § 20 EGGVG ohnehin bestehende Nachberichtspflicht (s. § 308 FamFG Rn 18) wird durch Abs. 1 S. 3 verstärkt. Danach hat eine Mitteilung an die Gemeindebehörde auch dann zu erfolgen, wenn die Betreuung für alle Angelegenheiten in anderer Weise als durch den Tod des Betroffenen beendet oder eingeschränkt wird, da in diesen Fällen das Wahlrecht wieder auflebt.

3. Mitteilung an Meldebehörde (Abs. 2)

a) Einwilligungsvorbehalt

Wird das Aufenthaltsbestimmungsrecht – auch nur vorläufig nach §§ 300 f FamFG – einem Einwilligungsvorbehalt unterworfen, so hat das Betreuungsgericht nach Abs. 2 S. 1 diese Entscheidung nach deren Rechtskraft[8] der zuständigen Meldebehörde als Mitteilungsempfängerin mitzuteilen. Nach Abs. 2 S. 2 hat über § 20 EGGVG hinaus eine Mitteilung auch dann zu erfolgen, wenn dieser Einwilligungsvorbehalt um das Aufenthaltsbestimmungsrecht eingeschränkt wird oder ein Betreuerwechsel beschlossen wird.

b) Mitteilungsinhalt

Mitzuteilen ist nach Kap XV/5 Abs. 3 MiZi lediglich eine **abgekürzte Ausfertigung** der Entscheidung, keine Entscheidungsgründe (s. Rn 5); ergeben sich aus dem Tenor nicht Name und Anschrift des Betreuers, sind diese Angaben ergänzend mitzuteilen.

4. Keine Unterrichtung

Eine Unterrichtung des Betroffenen oder des Betreuers ist nicht erforderlich, da § 309 FamFG gegenüber der allgemeinen Regelung eine abschließende Sonderregelung darstellt, nicht auf § 308 Abs. 3 FamFG verweist und die Mitteilung **zwingend** ist. Der Betreute, sein Verfahrenspfleger und Betreuer müssen daher stets davon ausgehen, dass eine Mitteilung **automatisch** erfolgt. Eine Dokumentation wie in § 308 Abs. 4 FGG ist ebenfalls nicht vorgesehen, aber gleichwohl geboten, um an die Nachberichtspflicht (s. § 308 FamFG Rn 18) erinnert zu werden. Hinsichtlich der Zweckbindung und Verwendung gilt § 19 EGGVG (s. § 308 FamFG Rn 7, 22).

III. Bedeutung für den Betroffenen

Ist die Mitteilung **inhaltlich unrichtig**, kann der Betroffene hiergegen **sofortige Beschwerde** entsprechend §§ 567 bis 572 ZPO (vgl § 284 FamFG Rn 20) einlegen (s. § 308 FamFG Rn 19);[9] bei Erfolg besteht Nachberichtspflicht des Betreuungsgerichts. Gegen die Löschung aus dem Wählerverzeichnis kann er nach § 22 Abs. 1 BWO Einspruch bei der zuständigen Gemeindebehörde und

---

8 Schulte-Bunert/Weinreich/Eilers, § 309 FamFG Rn 23.
9 AA Prütting/Helms/Fröschle, § 309 FamFG Rn 14, § 308 FamFG Rn 24; Schulte-Bunert/Weinreich/Eilers, § 309 FamFG Rn 30: keine Anfechtbarkeit; Keidel/Budde, § 309 FamFG Rn 7, § 308 FamFG Rn 16: Beschwerde nach § 58 Abs. 1 FamFG mit entsprechender Anwendung des § 22 Abs. 2 und Abs. 3 EGGVG; Jürgens/Kretz, § 309 FamFG Rn 6, § 308 FamFG Rn 13: § 58 Abs. 1 FamFG analog; MK/Schmidt-Recla, § 309 FamFG Rn 9: Beschwerde nach § 58 Abs. 1 FamFG nur bei inhaltlicher Unrichtigkeit.

gegen deren Entscheidung Beschwerde nach § 22 Abs. 5 BWO an den Kreiswahlleiter einlegen.

IV. Bedeutung für den Betreuer

11 Eine fehlerhafte Mitteilung kann der Betreuer nur dann anfechten, wenn sein Aufgabenkreis die Vertretung gegenüber Behörden mit umfasst. Gleiches gilt für Einspruch und Beschwerde nach § 22 BWO.

§ 310 FamFG Mitteilungen während einer Unterbringung

Während der Dauer einer Unterbringungsmaßnahme hat das Gericht dem Leiter der Einrichtung, in der der Betroffene untergebracht ist, die Bestellung eines Betreuers, die sich auf die Aufenthaltsbestimmung des Betroffenen erstreckt, die Aufhebung einer solchen Betreuung und jeden Wechsel in der Person des Betreuers mitzuteilen.

I. Allgemeines

1 § 310 FamFG entspricht mit sprachlichen Änderungen § 69 m FGG.[1] Ergänzend gelten die Regelungen der §§ 19 ff EGGVG über die Zweckbindung, Nachberichtspflicht und Mitteilung an Dritte.

II. Bedeutung für das Betreuungsgericht

1. Funktionelle Zuständigkeit

2 Die Mitteilung ist im Umkehrschluss zu Kap. XV/6 Abs. 3 MiZi, wonach der Betreuungsrichter nur für die Veranlassung der Mitteilung an ein für die Unterbringungsmaßnahmen zuständiges Betreuungsgericht zuständig ist, grundsätzlich vom **Urkundsbeamten** der Geschäftsstelle nach Erster Teil/3 Abs. 2 MiZi zu veranlassen.[2]

2. Mitteilung

3 Wird gegen den Betroffenen eine Unterbringungsmaßnahme nach § 312 FamFG durchgeführt, so sind über die genannten Änderungen der laufenden Betreuung der Leiter der Unterbringungseinrichtung, in welcher der Betreute lebt, oder ein Angehöriger dieser Einrichtung, auf den die Befugnis zur Entgegennahme der Mitteilung übertragen worden ist,[3] als Mitteilungsempfänger zu unterrichten. Dies gilt auch bei nur kurzfristigen Unterbringungsmaßnahmen. Die Mitteilungspflicht besteht auch dann, wenn der Aufgabenkreis der Betreuung um das Aufenthaltsbestimmungsrecht erweitert wird.[4] Mitzuteilen ist nur der **Entscheidungstenor** (s. § 309 FamFG Rn 8). Unterrichtung der Beteiligten und Dokumentation sind nicht erforderlich (s. § 309 FamFG Rn 9). Hinsicht-

---

1 BT-Drucks. 16/6308, 272.
2 Damrau/Zimmermann, § 310 FamFG Rn 5; Prütting/Helms/Fröschle, § 310 FamFG Rn 9; aA Bassenge/Roth, § 310 FamFG Rn 5, § 308 FamFG Rn 8; Schulte-Bunert/Weinreich/Eilers, § 310 FamFG Rn 17: Zuständigkeit des Betreuungsrichters oder Rechtspflegers.
3 BT-Drucks. 11/4528, 184.
4 Bassenge/Roth, § 310 FamFG Rn 2.

lich der Zweckbindung und Verwendung gilt § 19 EGGVG (s. § 308 FamFG Rn 7, 22). Für das Mitteilungsverfahren gilt die MiZi. Es besteht eine Nachberichtspflicht nach § 20 EGGVG (s. § 308 FamFG Rn 18).

III. Bedeutung für den Betroffenen

§ 310 FamFG stellt sicher, dass Änderungen der laufenden Betreuung, soweit sie Einfluss auf Unterbringungsmaßnahmen haben können, der entsprechenden Einrichtung bekannt werden, damit diese prüfen kann, ob der Betreuer zur zivilrechtlichen Unterbringung des Betreuten berechtigt oder bei einem Betreuerwechsel nach wie vor gewillt ist, die Unterbringung weiter fortdauern zu lassen. Bei der öffentlich-rechtlichen Unterbringung ist die Kenntnis von der Änderung ebenfalls erforderlich, um in Rücksprache mit dem Betreuer die weiteren erforderlichen Maßnahmen absprechen oder eine zunächst öffentlich-rechtliche Unterbringung durch eine zivilrechtliche Unterbringung ersetzen lassen zu können.

4

IV. Bedeutung für den Betreuer

Der Betreuer sollte etwaige Änderungen ebenfalls dem Leiter der Einrichtung anzeigen. Wird der Betreuer für den Aufgabenkreis des Aufenthaltsbestimmungsrechts bestellt oder wird sein Aufgabenkreis hierauf erweitert, hat er umgehend zu prüfen, ob eine bereits durchgeführte Unterbringungsmaßnahme aufrechterhalten bleiben soll.

5

§ 311 FamFG Mitteilungen zur Strafverfolgung

[1]Außer in den sonst in diesem Gesetz, in § 16 des Einführungsgesetzes zum Gerichtsverfassungsgesetz sowie in § 70 Satz 2 und 3 des Jugendgerichtsgesetzes genannten Fällen, darf das Gericht Entscheidungen oder Erkenntnisse aus dem Verfahren, aus denen die Person des Betroffenen erkennbar ist, von Amts wegen nur zur Verfolgung von Straftaten oder Ordnungswidrigkeiten anderen Gerichten oder Behörden mitteilen, soweit nicht schutzwürdige Interessen des Betroffenen an dem Ausschluss der Übermittlung überwiegen. [2]§ 308 Abs. 3 und 4 gilt entsprechend.

I. Allgemeines

§ 311 FamFG entspricht mit sprachlichen Änderungen § 69n FGG.[1] Ergänzend gelten die Regelungen der §§ 19 ff EGGVG über die Zweckbindung, Nachberichtspflicht und Mitteilung an Dritte.

1

---

1 BT-Drucks. 16/6308, 272.

II. Bedeutung für das Betreuungsgericht
1. Funktionelle Zuständigkeit

2 Gemäß Zweiter Teil/Kap. XV/7 Abs. 2 MiZi hat der Betreuungsrichter die Mitteilung zu veranlassen; der Rechtspfleger nur in ihm nach dem RPflG übertragenen Aufgabenkreis; Erster Teil/3 Abs. 3 MiZi.[2]

2. Mitteilung

3 In § 16 EGGVG ist die Mitteilung an ausländische öffentliche Stellen, in § 70 S. 2, 3 JGG die Benachrichtigung des Jugendstaatsanwalts durch den Betreuungsrichter geregelt. Daneben kann der Betreuungsrichter nach seinem Ermessen[3] eigene Entscheidungen oder Erkenntnisse, welche die Person des Betroffenen erkennen lassen, zum Zwecke der Verfolgung von Straftaten und Ordnungswidrigkeiten nur **an die zuständige Verfolgungsbehörde**, also nach § 152 StPO an die Staatsanwaltschaft oder nach §§ 35 f OWiG an die Verwaltungsbehörde oder das Gericht weiterleiten.[4] Der mitteilende Betreuungsrichter hat seiner Entscheidung eine **Abwägung** zwischen den Interessen des Betroffenen, etwa Gefährdung seiner Gesundheit oder seiner sozialen Eingliederung,[5] und dem öffentlichen Strafverfolgungsinteresse zugrunde zu legen. Der Grundsatz der **Verhältnismäßigkeit** ist dabei zu beachten. Nicht personenbezogene, anonymisierte Daten unterliegen der Einschränkung des § 311 FamFG nicht. Nach S. 2 gilt § 308 Abs. 3 FamFG (s. § 308 FamFG Rn 14 ff) und § 308 Abs. 4 FamFG (s. § 308 FamFG Rn 17) entsprechend, daher Pflicht zur Unterrichtung und Dokumentation. Nachberichtspflicht nach § 20 EGGVG (s. § 308 FamFG Rn 18).

III. Bedeutung für den Betroffenen

4 Gegen die Anordnung der Mitteilung kann der Betreute Rechtsmittel (s. § 308 FamFG Rn 19; § 284 FamFG Rn 20) einlegen und nach erfolgter Mitteilung Antrag entsprechend § 22 Abs. 3 EGGVG stellen (s. § 308 FamFG Rn 19).

§ 312 FamFG Unterbringungssachen

[1]Unterbringungssachen sind Verfahren, die
1. die Genehmigung einer freiheitsentziehenden Unterbringung und die Genehmigung einer Einwilligung in eine ärztliche Zwangsmaßnahme (§ 1906 Absatz 1 bis 3 a des Bürgerlichen Gesetzbuchs) eines Betreuten oder einer Person, die einen Dritten dazu bevollmächtigt hat (§ 1906 Absatz 5 des Bürgerlichen Gesetzbuchs),
2. die Genehmigung einer freiheitsentziehenden Maßnahme nach § 1906 Abs. 4 des Bürgerlichen Gesetzbuchs oder

---

2 Damrau/Zimmermann, § 311 FamFG Rn 3; Bassenge/Roth, § 311 FamFG Rn 5, § 308 FamFG Rn 8; Schulte-Bunert/Weinreich/Eilers, § 311 FamFG Rn 10.
3 Bumiller/Winkler, § 311 FamFG Rn 1.
4 Vgl Brill, Betreuungs- und Unterbringungsrecht – Gerichte müssen künftig öffentliche Stellen auch über die Aufhebung von Betreuungen und Unterbringungen informieren, BtPrax 1998, 20.
5 Bassenge/Roth, § 311 FamFG Rn 2.

3. eine freiheitsentziehende Unterbringung und eine ärztliche Zwangsmaßnahme eines Volljährigen nach den Landesgesetzen über die Unterbringung psychisch Kranker

betreffen. ²Auf die ärztliche Zwangsmaßnahme finden die für die Unterbringung in diesem Abschnitt geltenden Vorschriften entsprechende Anwendung, soweit nichts anderes bestimmt ist. ³Bei der Genehmigung einer Einwilligung in eine ärztliche Zwangsmaßnahme ist die Bestellung eines Verfahrenspflegers stets erforderlich.

I. Einleitung

Die §§ 312 ff FamFG regeln das **gerichtliche Verfahren bei bestimmten zivil- und öffentlich-rechtlichen Unterbringungssachen bei Volljährigen**. Erfasst sind Verfahren, die die Genehmigung oder Anordnung, aber auch die Ablehnung von Unterbringungssachen betreffen.[1]

1

II. Unterbringungssachen

1. Zivilrechtliche Unterbringungssachen (S. 1 Nr. 1 und 2)

Es handelt sich um

2

- Verfahren hinsichtlich der Unterbringung eines Betreuten nach § 1906 Abs. 1 bis 3 BGB bzw der Unterbringung einer Person, die einen Dritten zu ihrer Unterbringung bevollmächtigt hat (§ 1906 Abs. 5 BGB),
- Verfahren hinsichtlich der Genehmigung einer Einwilligung in eine ärztliche Zwangsmaßnahme (§ 1906 Abs. 1–3 a BGB) eines Betreuten oder einer Person, die einen Dritten dazu bevollmächtigt hat (§ 1906 Abs. 5 BGB), und
- Verfahren bezüglich unterbringungsähnlicher Maßnahmen durch einen Betreuer oder Bevollmächtigten (§ 1906 Abs. 4 BGB).

§ 312 Nr. 1 FamFG ist durch das Gesetz zur Regelung der betreuungsrechtlichen Einwilligung in eine ärztliche Zwangsmaßnahme vom 18.2.2013,[2] in Kraft getreten am 26.2.2013, teilweise geändert worden. Die **Neuregelung** beruht auf folgendem **Hintergrund** (vgl hierzu insgesamt auch § 1906 BGB Rn 45):

3

- Der **Bundesgerichtshof** hatte in einer Entscheidung vom 11.10.2000[3] ausgeführt, dass die gegen den Willen eines Betreuten in regelmäßigen Zeitabständen durchzuführende Dauermedikation mit Neuroleptika und die zwangsweise Zuführung des Betreuten zu dieser jeweils kurzfristigen Behandlung mangels einer entsprechenden Rechtsgrundlage nicht genehmigungsfähig sei. Eine **ambulante Zwangsbehandlung** war dementsprechend unzulässig.
- In einer weiteren Entscheidung vom 1.1.2006[4] vertrat der Bundesgerichtshof die Auffassung, dass eine **Zwangsbehandlung** einwilligungsunfähiger

---

1 Vgl BT-Drucks. 16/6308, 272. Zur Anwendung der Regelung auf Unterbringungsmaßnahmen, die durch das Gericht nach § 1846 BGB getroffen werden: Keidel/Budde, § 312 FamFG Rn 2.
2 BGBl. I 2013, 266 f.
3 BGHZ 145, 297 ff.
4 BGHZ 166, 141 ff.

Betroffener gegen den natürlichen Willen **während der gerichtlichen Unterbringung nach § 1906 Abs. 1 Nr. 2 BGB** in Betracht kommen könne. Diese Regelung wurde als Rechtsgrundlage (auch) für die Zwangsbehandlung angesehen.

4 ■ Das **Bundesverfassungsgericht** hat sich in einem Beschluss vom 23.3.2011[5] mit der Zulässigkeit von **Zwangsbehandlungen im Maßregelvollzug nach dem Maßregelvollzugsgesetz Rheinland-Pfalz** befasst. Die Zwangsbehandlung eines Untergebrachten komme nur auf der Grundlage eines Gesetzes in Betracht, das die Voraussetzungen für die Zulässigkeit des Eingriffs in das Grundrecht auf körperliche Unversehrtheit (Art. 2 Abs. 2 S. 1 GG) in materieller und formeller Hinsicht bestimme. Die Regelung des § 6 Abs. 1 S. 2 MaßregelvollzugsG RP ist, da es an einer entsprechenden Grundlage für die Zwangsbehandlung fehle, mit Art. 2 Abs. 2 S. 2 iVm Art. 19 Abs. 4 GG unvereinbar und nichtig erklärt worden.

■ Unter **Aufgabe seiner bisherigen Rechtsprechung** hat der **Bundesgerichtshof** in zwei Beschlüssen vom 20.6.2012[6] nunmehr die Auffassung vertreten, dass es für eine **Zwangsbehandlung im Rahmen einer Unterbringung** an einer hinreichenden **gesetzlichen Grundlage** für eine betreuungsrechtliche Zwangsbehandlung **fehle**. § 1906 Abs. 1 Nr. 2 BGB regele nur den Eingriff der Unterbringung.

5 Mit dem Gesetz zur Regelung der betreuungsrechtlichen Einwilligung in eine ärztliche Zwangsmaßnahme ist eine **Neuregelung** zur Einwilligung eines Betreuers in diese Maßnahme geschaffen worden, § 1906 Abs. 3 BGB nF. Es handelt sich nur um **Einwilligungen in Zwangsmaßnahmen im Rahmen einer Unterbringung nach § 1906 BGB**.

Durch die Ergänzungen in § 312 FamFG wird klargestellt, dass zu den zivilrechtlichen Unterbringungssachen auch die Verfahren auf Genehmigung der Einwilligung von Betreuern oder Bevollmächtigten in ärztliche Zwangsmaßnahmen gehören.[7]

6 Das betreuungsrechtliche Genehmigungsverfahren wird **von Amts wegen** eingeleitet, ohne dass es eines förmlichen Antrags bedarf.[8] Allerdings muss erkennbar sein, dass der Betreuer eine gerichtliche Entscheidung herbeiführen möchte.[9] Verfahrensgegenstand ist die Entscheidung des Gerichts über das Einverständnis des Betreuers oder des Bevollmächtigten mit der Unterbringung oder der unterbringungsähnlichen Maßnahme.

2. Öffentlich-rechtliche Unterbringungssachen (S. 1 Nr. 3)

7 §§ 312 ff FamFG betreffen auch die Anordnung einer freiheitsentziehenden Unterbringung nach den **Landesgesetzen** über die Unterbringung psychisch

---

5 BVerfGE 128, 282 ff = BGBl. I 2011, 841.
6 BGHZ 193, 337 ff (= XII ZB 99/12) und BGH XII ZB 130/12.
7 BT-Drucks. 17/11513, 8.
8 Vgl BayObLG BtPrax 1994, 99; Bassenge/Roth/Bassenge, § 312 FamFG Rn 4; Keidel/Budde, § 312 FamFG Rn 6; MK-ZPO/Schmidt-Recla, § 312 FamFG Rn 5; aA Marschner/Volckart/Lesting, vor §§ 312 ff FamFG Rn 7.
9 Vgl BayObLG FamRZ 2000, 566.

Kranker.[10] Hingegen gelten die Regelungen nicht für Verfahren, die für die aufgrund von **Bundesrecht** angeordnete Freiheitsentziehung[11] maßgeblich sind. Insoweit sind §§ 415 ff FamFG einschlägig.[12]

Alle Bundesländer haben Regelungen hinsichtlich der Unterbringung psychisch kranker Menschen erlassen: 8

- *Baden-Württemberg*:
  Gesetz über die Unterbringung psychisch Kranker (Unterbringungsgesetz – UBG) vom 11.4.1983 idF vom 2.12.1991 (GBl. S. 794), zuletzt geändert durch Gesetz vom 4. Mai 2009 (GBl. S. 195, 199);
- *Bayern*:
  Gesetz über die Unterbringung psychisch Kranker und deren Betreuung (Unterbringungsgesetz – UnterbrG) vom 20.4.1982 idF vom 5.4.1992 (GVBl. S. 60), zuletzt geändert durch Gesetz vom 20.7.2011 (GVBl. S. 309);
- *Berlin*:
  Gesetz für psychisch Kranke (PsychKG) vom 8.3.1985 (GVBl. S. 586); zuletzt geändert durch Gesetz vom 18.9.2011 (GVBl. S. 483);
- *Brandenburg*:
  Gesetz über Hilfen und Schutzmaßnahmen sowie über den Vollzug gerichtlich angeordneter Unterbringung für psychisch kranke und seelisch behinderte Menschen im Land Brandenburg (Brandenburgisches Psychisch-Kranken-Gesetz – BbgPsychKG) vom 5.5.2009 (GVBl. S. 134), zuletzt geändert durch Gesetz vom 26.10.2010 (GVBl. S. 34);
- *Bremen*:
  Gesetz über Hilfen und Schutzmaßnahmen bei psychischen Krankheiten und zur Änderung anderer Gesetze vom 22.12.2000 (GBl. S. 471), zuletzt geändert durch Bek. vom 24.1.2012 (GBl. S. 524);
- *Hamburg*:
  Hamburgisches Gesetz über Hilfen und Schutzmaßnahmen bei psychischen Krankheiten (HmPsychKG) vom 27.9.1995 (GVBl. S. 235), zuletzt geändert durch Gesetz vom 17.2.2009 (GVBl. 2. 29, 34);
- *Hessen*:
  Gesetz über die Entziehung der Freiheit geisteskranker, geistesschwacher, rauschgift- oder alkoholsüchtiger Personen vom 19.5.1952 u.a. geändert durch Gesetz vom 5.2.1992 (GVBl. I S. 66) und vom 15.7.1997 (GVBl. I S. 217);
- *Mecklenburg-Vorpommern*:
  Gesetz über Hilfen und Schutzmaßnahmen für psychisch Kranke (PsychKG) i.d.Bekanntm. vom 13.4.2000 (GVOBl. S. 182/ GS M-V Gl.

---

10 Sie beziehen sich nicht auf Freiheitsentziehungssachen nach §§ 415 ff FamFG und Unterbringungen nach §§ 63, 66 StGB und § 81 StPO; vgl Bahrenfuss/Grotkopp, § 312 FamFG Rn 13, § 415 FamFG Rn 3, 4.
11 ZB bezüglich der Anordnung von Abschiebehaft.
12 S. aber zur Anwendbarkeit der Vorschriften bei Verfahren nach dem Gesetz zur Therapierung und Unterbringung psychisch gestörter Gewalttäter (Therapieunterbringungsgesetz): § 3 ThuG.

Nr. 2127-2), zuletzt geändert durch Gesetz vom 9.11.2010 (GVOBl. S. 642);
- *Niedersachsen*:
  Niedersächsisches Gesetz über Hilfen und Schutzmaßnahmen für psychisch Kranke (Ns. PsychKG) vom 16.6.1997 (GVBl. S. 272), zuletzt geändert durch Gesetz vom 10.6.2010 (GVBl. S. 249);
- *Nordrhein-Westfalen*:
  Gesetz über Hilfen und Schutzmaßnahmen bei psychischen Krankheiten (PsychKG) vom 17.12.1999 (GV NRW S. 662 / SGV NRW 2128), zuletzt geändert durch Gesetz vom 22.11.2011 (GV.NRW S. 587);
- *Rheinland-Pfalz*:
  Landesgesetz für psychisch kranke Personen (PsychKG) vom 17.11.1995 (GVBl. S. 473), zuletzt geändert durch Gesetz vom 20.12.2011 (GVBl. S. 427);
- *Saarland*:
  Gesetz Nr. 1301 über die Unterbringung psychisch Kranker (Unterbringungsgesetz – UBG) vom 11.11.1992 (Amtsbl. S. 1271), zuletzt geändert durch Gesetz vom 21.11.2007 (Amtsbl. S. 2393);
- *Sachsen*:
  Sächsisches Gesetz über die Hilfen und die Unterbringung bei psychischen Krankheiten (SächsPsychKG) idF der Bekanntm. vom 10.10.2007 (Sächs-GVBl. S. 390), zuletzt geändert durch Gesetz vom 14.12.2010 (SächsGVBl. S. 414);
- *Sachsen-Anhalt*:
  Gesetz über Hilfen für psychisch Kranke und Schutzmaßnahmen des Landes Sachsen-Anhalt (PsychKG LSA) vom 30.1.1992 (GVBl. S. 88), ber. in GVBl. S. 432, zuletzt geändert durch Gesetz vom 13.4.2010 (GVBl. S. 192);
- *Schleswig-Holstein*:
  Gesetz zur Hilfe und Unterbringung psychisch kranker Menschen (Psychisch-Kranken-Gesetz – PsychKG) vom 14.1.2000 (GVOBl. Schl.-H. S. 106), ber. auf S. 206, zuletzt geändert durch Gesetz vom 24.9.2009 (GVOBl. S. 633);
- *Thüringen*:
  Thüringer Gesetz zur Hilfe und Unterbringung psychisch kranker Menschen (ThürPsychKG) vom 5.2.2009 (GVBl. S. 10), zuletzt geändert durch Gesetz vom 21.12.2011 (GVBl. S. 539).

9 Die vorgenannten Gesetze regeln die **materiellrechtlichen** Voraussetzungen für die Zulässigkeit einer Freiheitsentziehung.[13] Es können zB nach § 8 Abs. 1 S. 1 PsychKG Berlin psychisch Kranke gegen oder ohne ihren Willen nur untergebracht werden, wenn und solange sie durch ihr krankheitsbedingtes Verhalten ihr Leben, ernsthaft ihre Gesundheit oder besonders bedeutende Rechtsgüter anderer in erheblichem Maße gefährden und diese Gefahr nicht anders abgewendet werden kann. Die fehlende Bereitschaft, sich behandeln zu lassen,

---

13 Vgl OLG Frankfurt/M. BtPrax 1992, 70 f.

rechtfertigt für sich allein keine Unterbringung, § 8 Abs. 1 S. 2 PsychKG Berlin.

Bezüglich der **verfahrensrechtlichen Regelungen** sind unterschiedliche Aspekte zu berücksichtigen: 10

- Die Einleitung des **verwaltungsrechtlichen Unterbringungsverfahrens** richtet sich nach Landesrecht. Dort ist bestimmt, welche Behörden o.Ä. tätig werden müssen.[14]
- Das Gericht wird regelmäßig nur **auf Antrag** tätig.[15] Es handelt sich im Gegensatz zu den Verfahren bei den zivilrechtlichen Unterbringungssachen nicht um Amts-, sondern um Antragsverfahren.[16]
- **Form und Inhalt** des Antrags ergeben sich ebenfalls aus Landesrecht. Hingegen wird in §§ 312 ff FamFG das gerichtliche Verfahren bei der öffentlich-rechtlichen Unterbringung geregelt.[17] Landesrechtliche Regelungen, die auch das gerichtliche Verfahren betreffen, sind regelmäßig außer Kraft getreten (vgl Art. 31 GG).[18]

Auch § 312 S. 1 Nr. 3 FamFG ist durch das Gesetz zur Regelung der betreuungsrechtlichen Einwilligung in eine ärztliche Zwangsmaßnahme vom 18.2.2013[19] ergänzt worden. Zu den Unterbringungsverfahren zählen nicht nur die Verfahren, die die Anordnung einer Unterbringung nach den Landesgesetzen über die Unterbringung psychisch Kranker betreffen. Umfasst werden auch solche, bei denen der Verfahrensgegenstand die Anordnung einer ärztlichen Zwangsmaßnahme nach diesen Gesetzen ist. 11

Dabei ist maßgeblich, ob die Landesgesetze eine gerichtliche Entscheidung zu den ärztlichen Zwangsmaßnahmen vorsehen.[20] Wie unter Rn 4 ausgeführt, hat das Bundesverfassungsgericht § 6 Abs. 1 S. 2 MVollzG RP für verfassungswidrig und nichtig erklärt. Gleiche Entscheidungen sind durch das Bundesverfassungsgericht hinsichtlich § 8 Abs. 2 S. 2 UBG Baden-Württemberg[21] und bezüglich § 22 Abs. 1 S. 1 SächsPsychKG[22] getroffen worden. Da die Vorschriften zum Maßregelvollzug und zur Unterbringung psychisch Kranker Volljähriger teilweise identisch sind,[23] wird in den jeweiligen Bundesländern zu überprüfen sein, ob die Vorschriften zur Anordnung von ärztlichen Zwangsmaßnahmen den Vorgaben des Bundesverfassungsgerichts entsprechen.

3. Entsprechende Anwendung bei ärztlichen Zwangsmaßnahmen (S. 2)

Die Vorschrift ist ebenfalls durch das Gesetz zur Regelung der betreuungsrechtlichen Einwilligung in eine ärztliche Zwangsmaßnahme[24] eingefügt worden. Es soll „bundesrechtlich klargestellt" werden, „dass die Bestimmungen 12

---

14 BayObLG BayObLGZ 1992, 208 ff; vgl Knittel, § 312 FamFG Rn 16.
15 S. aber: BayObLG FamRZ 2000, 566.
16 Keidel/Budde, § 312 FamFG Rn 7; differenz. Fröschle/Fröschle, § 312 FamFG Rn 11.
17 Jürgens/Marschner, § 312 FamFG Rn 8; Knittel, § 312 FamFG Rn 17.
18 Vgl Keidel/Budde, § 312 FamFG Rn 4.
19 BGBl. I 2013, 266 f.
20 BT-Drucks. 17/11513, 8.
21 BVerfGE 129, 269 ff = BGBl. I 2011, 2252.
22 BVerfG v. 20.2.2013, 2 BvR 228/12 = BGBl. I 2013, 480.
23 Vgl § 1 Bln PsychKG.
24 BGBl. I 2013, 266 f.

der §§ 312–339 FamFG" auf die Genehmigung der Einwilligung in eine ärztliche Zwangsmaßnahme und auf eine solche Anordnung entsprechend anzuwenden sind.[25]

4. Bestellung eines Verfahrenspflegers (S. 3)

13 Diese Regelung hat eine **besondere Bedeutung für die Betreuungsgerichte**. § 317 FamFG sieht für Unterbringungssachen vor, dass das Gericht dem Betroffenen einen Verfahrenspfleger zu bestellen hat, wenn dies zur Wahrnehmung der Interessen des Betroffenen erforderlich ist. Handelt es sich hingegen um Verfahren auf Genehmigung einer Einwilligung in eine ärztliche Zwangsmaßnahme (§ 1906 Abs. 3 BGB nF), ist die Bestellung eines Verfahrenspflegers nach § 312 S. 3 FamFG zwingend. Auch diese Vorschrift ist durch das Gesetz zur Regelung der betreuungsrechtlichen Einwilligung in eine ärztliche Zwangsmaßnahme eingefügt worden.[26] Sie „trägt dem Gedanken Rechnung, dass die ärztliche Zwangsmaßnahme in der Unterbringung eine zusätzliche Maßnahme ist, bei der der Betroffene ein besonderes Schutzbedürfnis (Anspruch auf rechtliches Gehör) hat."[27]

Nach hier vertretener Ansicht ist die Bestellung eines Verfahrenspflegers aber auch dann stets erforderlich, wenn die Anordnung einer ärztlichen Zwangsmaßnahme im Rahmen der Unterbringung nach den Landesgesetzen zu prüfen ist. Das Schutzbedürfnis für die Betroffenen ist identisch. § 312 S. 3 FamFG ist in diesen Fällen entsprechend anwendbar.

5. Unterbringung Minderjähriger

14 **Gesonderte Regelungen** gelten hinsichtlich der Unterbringung **Minderjähriger**. Während früher für die zivilrechtliche Unterbringung § 70 Abs. 1 S. 2 Nr. 1 a) FGG maßgeblich war, und für die Unterbringung nach Landesrecht § 70 Abs. 1 S. 2 Nr. 3 FGG galt, wird die Unterbringung seit 2009 im Abschnitt über die Kindschaftssachen geregelt (s. § 151 Nr. 6 und 7 FamFG). Nach § 167 Abs. 1 S. 1 FamFG finden die o.g. Vorschriften entsprechende Anwendung.

§ 313 FamFG Örtliche Zuständigkeit

(1) Ausschließlich zuständig für Unterbringungssachen nach § 312 Nr. 1 und 2[1] ist in dieser Rangfolge:
1. das Gericht, bei dem ein Verfahren zur Bestellung eines Betreuers eingeleitet oder das Betreuungsverfahren anhängig ist;
2. das Gericht, in dessen Bezirk der Betroffene seinen gewöhnlichen Aufenthalt hat;

---

25 BT-Drucks. 17/11513, 8 – auch zu den Abweichungen.
26 BGBl. I 2013, 266 f.
27 BT-Drucks. 17/12086, 14.
1 Es müsste im Gesetzestext heißen: § 312 S. 1 Nr. 1 und 2.

3. das Gericht, in dessen Bezirk das Bedürfnis für die Unterbringungsmaßnahme hervortritt;
4. das Amtsgericht Schöneberg in Berlin, wenn der Betroffene Deutscher ist.

(2) ¹Für einstweilige Anordnungen oder einstweilige Maßregeln ist auch das Gericht zuständig, in dessen Bezirk das Bedürfnis für die Unterbringungsmaßnahme bekannt wird. ²In den Fällen einer einstweiligen Anordnung oder einstweiligen Maßregel soll es dem nach Absatz 1 Nr. 1 oder Nr. 2 zuständigen Gericht davon Mitteilung machen.

(3) ¹Ausschließlich zuständig für Unterbringungen nach § 312 Nr. 3² ist das Gericht, in dessen Bezirk das Bedürfnis für die Unterbringungsmaßnahme hervortritt. ²Befindet sich der Betroffene bereits in einer Einrichtung zur freiheitsentziehenden Unterbringung, ist das Gericht ausschließlich zuständig, in dessen Bezirk die Einrichtung liegt.

(4) ¹Ist für die Unterbringungssache ein anderes Gericht zuständig als dasjenige, bei dem ein die Unterbringung erfassendes Verfahren zur Bestellung eines Betreuers eingeleitet ist, teilt dieses Gericht dem für die Unterbringungssache zuständigen Gericht die Aufhebung der Betreuung, den Wegfall des Aufgabenbereiches Unterbringung und einen Wechsel in der Person des Betreuers mit. ²Das für die Unterbringungssache zuständige Gericht teilt dem anderen Gericht die Unterbringungsmaßnahme, ihre Änderung, Verlängerung und Aufhebung mit.

I. Einleitung

In § 313 FamFG ist die **örtliche Zuständigkeit** der Betreuungsgerichte geregelt. Bedeutung hat die Regelung zum einen für die Gerichte. Ihnen dient sie zur Prüfung, ob sie über Anregungen bzw Anträge zu befinden haben. Wichtig ist die Vorschrift aber auch für diejenigen, die Anregungen einbringen oder Anträge stellen. 1

II. Zivilrechtliche Unterbringungssachen (Abs. 1, 2)

1. Zuständigkeit gemäß Abs. 1

Ausschließlich **örtlich** zuständig für zivilrechtliche Unterbringungssachen (§ 312 S. 1 Nr. 1 und 2 FamFG) ist nach § 313 Abs. 1 FamFG **in dieser Reihenfolge**: 2

- das Gericht, bei dem ein Verfahren zur Bestellung eines Betreuers **eingeleitet** oder das Betreuungsverfahren **anhängig** ist,
- das Gericht, in dessen Bezirk der Betroffene seinen **gewöhnlichen Aufenthalt** hat,
- das Gericht, in dessen Bezirk das **Bedürfnis** für die Unterbringungsmaßnahme hervortritt,
- das Amtsgericht Schöneberg in Berlin, wenn der Betroffene Deutscher ist.³

---

2 Es müsste im Gesetzestext heißen: § 312 S. 1 Nr. 3.
3 Zur Zuständigkeit bei einstweiligen Regelungen s. § 50 FamFG.

Das Amtsverfahren zur Bestellung eines Betreuers ist bereits dann **eingeleitet**, wenn das Gericht Kenntnis von den Tatsachen erlangt, die möglicherweise für ein Tätigwerden sprechen.[4]

Von der **Anhängigkeit** eines Verfahrens ist hingegen erst dann auszugehen, wenn ein Betreuer zumindest im Wege vorläufiger Anordnung bestellt worden ist.[5]

Ist keine Zuständigkeit nach Vorstehendem gegeben, ist der **gewöhnliche Aufenthaltsort**[6] maßgeblich. Darunter versteht man den Ort, an dem ein Betroffener seinen Daseinsmittelpunkt,[7] also den tatsächlichen Mittelpunkt seiner Lebensführung hat.[8] Ein fester Wohnsitz wird nicht vorausgesetzt.[9] Entscheidend ist, dass es sich um einen dauerhaften Aufenthalt handelt. Dabei genügt es, wenn dieser von unbestimmter Dauer ist, also noch nicht gesagt werden kann, wann er enden wird.[10]

Lässt sich auch der gewöhnliche Aufenthaltsort nicht feststellen, ist maßgeblich, wo das **Bedürfnis** für eine Unterbringungsmaßnahme hervortritt.[11] Dabei ist zB darauf abzustellen, wo ein Betroffener einen Krankheitsschub erleidet, der der dringenden Behandlung im Rahmen einer Unterbringung bedarf.[12]

Wenn der Betroffene Deutscher ist, aber keine Zuständigkeit nach Abs. 1 Nr. 1–3 begründet ist, ist das **Amtsgericht Schöneberg** zuständig.[13]

2. Zuständigkeit für einstweilige Anordnungen oder einstweilige Maßregeln (Abs. 2)

3   In Abs. 2 wird eine Zuständigkeit für **Eilfälle** geregelt.[14] Gemeint sind vorläufige Maßnahmen nach § 331 FamFG, nach § 1908 i Abs. 1 S. 1 BGB iVm § 1846 BGB (entspr.) und solche nach Art. 24 Abs. 3 EGBGB.[15]

In diesen Fällen ist nicht nur das nach Abs. 1 zu bestimmende Gericht zuständig, sondern auch dasjenige, in dessen Bezirk das Bedürfnis für die Unterbringungsmaßnahme bekannt wird.[16]

---

4   Vgl Knittel, § 313 FamFG Rn 10; Bahrenfuss/Grotkopp, § 313 FamFG Rn 10; Keidel/Budde, § 313 FamFG Rn 3; MK-ZPO/Schmidt-Recla, § 313 FamFG Rn 6; Prütting/Helms/Roth, § 313 FamFG Rn 5.
5   Vgl Keidel/Budde, § 313 FamFG Rn 3.
6   Vgl § 272 Abs. 1 Nr. 2 FamFG.
7   BayObLG BtPrax 2003, 132.
8   Vgl BGH NJW-RR 1995, 507; s. Keidel/Budde, § 272 FamFG Rn 3 zur Notwendigkeit des Vorhandenseins von Beziehungen; Knittel, § 272 FamFG Rn 17; Marschner/Volckart/Lesting, § 313 FamFG Rn 4; aA Damrau/Zimmermann, § 313 FamFG Rn 10.
9   Vgl OLG Köln FGPrax 2006, 162 f.
10 S. Keidel/ Budde, § 272 FamFG Rn 3 (nicht nur geringe Dauer); zu Sonderfällen (Klinik, Wohnheim etc.): Schulte-Bunert/Weinreich/Dodegge, § 272 FamFG Rn 4–8; Damrau/Zimmermann, § 313 FamFG Rn 11.
11 Vgl § 272 Abs. 1 Nr. 3 FamFG.
12 Vgl BT-Drucks. 11/4528, 169; OLG Hamm FG Prax 2009, 35.
13 Vgl § 272 Abs. 1 Nr. 4 FamFG.
14 Vgl § 272 Abs. 2 FamFG.
15 Vgl Schulte-Bunert/Weinreich/Dodegge, § 313 FamFG Rn 8; s. dazu Keidel/Budde, § 313 FamFG Rn 10; Prütting/Helms/Roth, § 313 FamFG Rn 11; Brandenburgisches OLG v. 19.5.2010, 9 AR 1/10.
16 Vgl BayObLG FamRZ 1995, 304; s. zu Zuständigkeitsdifferenzen Keidel/Budde, § 313 FamFG Rn 10; zum Ende der Zuständigkeit Bassenge/Roth/Bassenge, § 313 FamFG Rn 8; zur Zuständigkeit für das Hauptsacheverfahren BayObLG FamRZ 2001, 778.

Es soll dem Gericht, bei dem ein Verfahren zur Bestellung eines Betreuers eingeleitet oder das Betreuungsverfahren anhängig ist oder dem Gericht, in dessen Bezirk der Betroffene seinen gewöhnlichen Aufenthalt hat, von der einstweiligen Anordnung oder Maßregel Mitteilung machen.

III. Öffentlich-rechtliche Unterbringungssachen (Abs. 3)

Bei öffentlich-rechtlichen Unterbringungssachen ist ausschließlich örtlich zuständig das Gericht, in dessen Bezirk das **Bedürfnis** für die Unterbringungsmaßnahme hervortritt. Entscheidend ist damit nicht der gewöhnliche Aufenthalt. Bei der öffentlich-rechtlichen Unterbringung handelt es sich regelmäßig um Eilfälle, bei denen eine Entscheidung möglichst schnell an „Ort und Stelle" getroffen werden muss.[17]

Befindet sich der Betroffene hingegen bereits in einer Einrichtung zur freiheitsentziehenden Unterbringung, ist ausschließlich das Gericht zuständig, in dessen Bezirk die **Einrichtung** liegt. Auch diese Regelung dient der Gewährleistung möglichst effektiven Rechtsschutzes insbesondere an Feiertagen und Wochenenden.[18]

IV. Unterrichtung des anderen Gerichts (Abs. 4)

In Abs. 4 sind **Mitteilungspflichten der Gerichte** geregelt. Ist für die Unterbringungssache ein anderes Gericht örtlich zuständig als dasjenige, bei dem eine die Unterbringung erfassendes Verfahren zur Bestellung eines Betreuers eingeleitet ist, ist dieses verpflichtet, dem für die Unterbringungssache zuständigen Gericht die Aufhebung der Betreuung, den Wegfall des Aufgabenbereiches Unterbringung und einen Wechsel in der Person des Betreuers mitzuteilen.[19] Das für die Unterbringungsmaßnahme zuständige Gericht wiederum unterrichtet das andere über die Unterbringungsmaßnahme, ihre Änderung, Verlängerung und Aufhebung.

V. Internationale Zuständigkeit

Für zivilrechtliche Unterbringungen bzw unterbringungsähnliche Maßnahmen ist die Regelung des § 104 FamFG maßgeblich. Bei einer öffentlich-rechtlichen Unterbringung gilt dies nicht (§ 104 Abs. 3 FamFG) – mit der Folge, dass sich die ausschließliche Zuständigkeit nach § 313 Abs. 3 FamFG richtet.

VI. Sachliche und funktionelle Zuständigkeit

In § 313 FamFG ist die örtliche Zuständigkeit der Gerichte geregelt. Davon zu unterscheiden sind die sachliche und die funktionelle Zuständigkeit, auf die hingewiesen werden soll.

1. Sachliche Zuständigkeit

Sachlich zuständig für Unterbringungssachen sind nach § 23a Abs. 1 Nr. 2, Abs. 2 Nr. 1 GVG die Amtsgerichte. Bei ihnen werden Abteilungen für Unter-

---

[17] Keidel/Budde, § 313 FamFG Rn 11 mwN.
[18] Vgl Keidel/Budde, § 313 FamFG Rn 12 mwN; Schulte-Bunert/Weinreich/Dodegge, § 313 FamFG Rn 11.
[19] Für einen weiter gehenden Anwendungsbereich s. Keidel/Budde, § 313 FamFG Rn 15.

bringungssachen (**Betreuungsgerichte**) gebildet, § 23 c Abs. 1 GVG. Die Betreuungsgerichte werden mit Betreuungsrichtern besetzt. Ein Richter auf Probe darf im ersten Jahr nach seiner Ernennung Geschäfte des Betreuungsrichters nicht wahrnehmen, § 23 c Abs. 2 GVG.

2. Funktionelle Zuständigkeit

9   Für Maßnahmen nach §§ 312 ff FamFG ist funktionell der **Richter** zuständig, Art. 104 Abs. 2 S. 1 GG, § 14 Abs. 1 Nr. 4 RPflG.

§ 314 FamFG Abgabe der Unterbringungssache

Das Gericht kann die Unterbringungssache abgeben, wenn der Betroffene sich im Bezirk des anderen Gerichts aufhält und die Unterbringungsmaßnahme dort vollzogen werden soll, sofern sich dieses zur Übernahme des Verfahrens bereit erklärt hat.

I. Einleitung, Bedeutung der Regelung

1   § 314 FamFG hat maßgeblich für die Betreuungsgerichte Bedeutung. Nach dem FamFG wird zwischen einer Verweisung und einer Abgabe eines Verfahrens unterschieden. Die entsprechenden Regelungen finden sich im Allgemeinen Teil.

II. Verweisung und Abgabe

2   Wenn ein Gericht örtlich oder sachlich **unzuständig** ist, hat es sich, sofern das zuständige Gericht bestimmt werden kann, durch Beschluss für unzuständig zu erklären und die Sache an das zuständige Gericht zu verweisen, § 3 Abs. 1 FamFG.[1] Ein solcher Beschluss ist nicht anfechtbar, § 3 Abs. 3 S. 1 FamFG. Er ist für das als zuständig bezeichnete Gericht **bindend**, § 3 Abs. 3 S. 2 FamFG.

3   Von der **bindenden Verweisung** bei Unzuständigkeit ist die **nicht bindende Abgabe** des Verfahrens bei bestehender Zuständigkeit des Gerichts zu unterscheiden. Nach § 4 S. 1 FamFG kann das Gericht die Sache aus wichtigem Grund an ein anderes Gericht abgeben, wenn sich dieses zur Übernahme bereit erklärt hat.

III. Abgabe bei zivilrechtlichen Unterbringungssachen

4   Es gilt die Sonderregelung des § 314 FamFG. Danach kann das Gericht die Unterbringungssache **isoliert** abgeben, wenn der Betroffene sich im Bezirk des anderen Gerichts aufhält[2] und die Unterbringungsmaßnahme dort vollzogen werden soll, sofern sich dieses Gericht zur Übernahme des Verfahrens bereit erklärt hat.

---

1   Vgl § 17 a Abs. 2 S. 2 GVG.
2   Dabei ist der tatsächliche Aufenthalt maßgeblich: KG v. 9.6.2010, 1 AR 5/10.

1. Voraussetzungen

Voraussetzung für eine Abgabe des Verfahrens ist zunächst, dass das abgebende Gericht zuständig ist, jedenfalls seine Zuständigkeit für gegeben erachtet.[3] Zudem muss das andere Gericht zur **Übernahme** bereit sein.[4] Die **Bereitschaft** ist nach pflichtgemäßem Ermessen zu **erklären**,[5] wobei – bezogen auf den Zweck der Regelung – maßgeblich ist, ob ein wichtiger Grund für die Abgabe vorliegt.[6] Dieser ist gegeben, wenn im Interesse des Betroffenen eine zweckmäßigere und leichtere Handhabung des Verfahrens erfolgen kann.[7]

2. Verfahren

Erforderlich ist die Erklärung der **Übernahmebereitschaft** des anderen Gerichtes.[8] Zudem sollen die Beteiligten vor der Abgabe **angehört** werden, § 4 S. 2 FamFG.[9] Angesichts der „Sollvorschrift" besteht für das Gericht die Möglichkeit, in besonders eiligen Fällen oder in solchen, in denen eine Anhörung nur mit einem zu einer Verfahrensverzögerung führenden Zeitaufwand möglich ist, von ihr abzusehen.[10] Eine Bestellung eines Verfahrenspflegers nur für das Abgabeverfahren ist nicht erforderlich.[11] Ein Rechtsmittel gegen die Abgabeentscheidung ist nicht gegeben.[12]

IV. Abgabe bei der Unterbringung nach Landesgesetzen

Für die Unterbringungen nach Landesgesetzen galt früher § 70 Abs. 5 FGG. Eine Abgabe des Verfahrens war danach nicht vorgesehen.[13] Nach der amtlichen Begründung entspricht § 314 FamFG dem früheren Regelungsinhalt.[14] Allerdings wird nach dem eindeutigen Wortlaut des § 314 FamFG nicht zwischen zivilrechtlichen und öffentlich-rechtlichen Unterbringungssachen differenziert. Dementsprechend kann[15] eine Abgabe des Verfahrens auch bei Unterbringungen nach den Landesgesetzen auf § 314 FamFG gestützt werden.[16]

---

3 Vgl BayObLG NJWE-FER 1997, 282.
4 Zur Problematik bei fehlender Einigung der Gerichte s. Keidel/ Budde, § 314 FamFG Rn 3 mwN.
5 Wegen der Einzelheiten s. Keidel/Budde, § 314 FamFG Rn 3 mwN.
6 Keidel/Budde, § 314 FamFG Rn 3; Prütting/Helms/Roth, § 314 FamFG Rn 2.
7 Bumiller/Harders, § 314 FamFG Rn 4 mwN; beispielhaft: MK-ZPO/Schmidt-Recla, § 314 FamFG Rn 3.
8 Zur stillschweigenden Erklärung der Bereitschaft und der Übernahme: BayObLG BtPrax 1998, 237.
9 Vgl Bumiller/Harders, § 314 FamFG Rn 6; Keidel/Budde, § 314 FamFG Rn 4 und § 273 FamFG Rn 7; aA Bassenge/Roth, § 315 FamFG Rn 1.
10 BT-Drucks. 16/6308, 176.
11 Vgl BayObLG FamRZ 2000, 1443.
12 BGH FamRZ 2011, 282.
13 Vgl BayObLG FamRZ 2001, 778.
14 BT-Drucks. 16/6308, 271.
15 Einschränkender noch in den Vorauflagen.
16 Vgl Keidel/Budde, § 314 FamFG Rn 2; Bahrenfuss/Grotkopp, § 314 FamFG Rn 5; Bassenge/Roth/Bassenge, § 314 FamFG Rn 1; Jürgens/Marschner, § 314 FamFG Rn 7; Knittel, § 314 FamFG Rn 3; MK-ZPO/Schmidt-Recla, § 314 FamFG Rn 2; Schulte-Bunert/Weinreich/Dodegge, § 314 FamFG Rn 2; einschränkend: Bumiller/Harders, § 314 FamFG Rn 5.

§ 315 FamFG Beteiligte

(1) Zu beteiligen sind
1. der Betroffene,
2. der Betreuer,
3. der Bevollmächtigte im Sinne des § 1896 Abs. 2 Satz 2 des Bürgerlichen Gesetzbuchs.

(2) Der Verfahrenspfleger wird durch seine Bestellung als Beteiligter zum Verfahren hinzugezogen.

(3) Die zuständige Behörde ist auf ihren Antrag als Beteiligte hinzuzuziehen.

(4) [1]Beteiligt werden können im Interesse des Betroffenen
1. dessen Ehegatte oder Lebenspartner, wenn die Ehegatten oder Lebenspartner nicht dauernd getrennt leben, sowie dessen Eltern und Kinder, wenn der Betroffene bei diesen lebt oder bei Einleitung des Verfahrens gelebt hat, sowie die Pflegeeltern,
2. eine von ihm benannte Person seines Vertrauens,
3. der Leiter der Einrichtung, in der der Betroffene lebt.

[2]Das Landesrecht kann vorsehen, dass weitere Personen und Stellen beteiligt werden können.

I. Einleitung

1 Hinsichtlich der Vorschriften zur Beteiligung war es Ziel des Gesetzgebers, die Mitwirkungsfunktionen der Beteiligten bei größtmöglicher Einheitlichkeit des Beteiligtenbegriffs in Anlehnung an andere Verfahrensordnungen – insbesondere an die ZPO – stärker als früher von materiellrechtlichen Elementen zu trennen „und deutlicher **an das formelle Recht anzulehnen**".[1]

Die Vorschriften haben zunächst Bedeutung für das Betreuungsgericht, weil zu prüfen ist, wer in welcher Form zu beteiligen ist. Zudem ist die Beteiligung für die Mitwirkung im gerichtlichen Verfahren maßgeblich.[2]

§ 315 FamFG bestimmt für Unterbringungssachen, wer zu beteiligen ist und wer beteiligt werden kann. Die Vorschrift knüpft an die allgemeine Regelung des § 7 FamFG an.[3]

II. Allgemeine Grundsätze zur Beteiligung

2 Nach § 7 Abs. 1 FamFG ist in Antragsverfahren der Antragsteller Beteiligter.

Gemäß § 7 Abs. 2 FamFG **sind** als Beteiligte hinzuziehen
1. diejenigen, deren Recht durch das Verfahren unmittelbar betroffen wird,
2. diejenigen, die aufgrund dieses oder eines anderen Gesetzes von Amts wegen oder auf Antrag zu beteiligen sind.

---

1 BT-Drucks. 16/6308, 178.
2 Vgl § 13 Abs. 1 FamFG.
3 BT-Drucks. 16/6308, 178.

Das Gericht **kann** von Amts wegen oder auf Antrag weitere Personen als Beteiligte hinzuziehen, soweit dies in diesem oder einem anderen Gesetz vorgesehen ist, § 7 Abs. 3 S. 1 FamFG.

Diejenigen, die nach Abs. 3 als Beteiligte zu dem Verfahren hinzugezogen werden können, sind von der Einleitung des Verfahrens zu benachrichtigen, soweit sie dem Gericht bekannt sind. Sie sind über ihr Antragsrecht zu belehren, § 7 Abs. 4 FamFG.

Nach § 7 Abs. 5 FamFG wird derjenige, der anzuhören ist oder eine Auskunft zu erteilen hat, ohne dass die Voraussetzungen des Abs. 2 oder 3 vorliegen, dadurch **nicht** Beteiligter.

III. Muss-Beteiligte in Unterbringungssachen nach Abs. 1

Zu beteiligen sind nach § 315 Abs. 1 FamFG: 3
- der Betroffene,[4] der ohne Rücksicht auf seine Geschäftsfähigkeit verfahrensfähig ist (§ 316 FamFG),
- der Betreuer,
- der Bevollmächtigte iSd § 1896 Abs. 2 S. 2 des BGB.

Bei den Betreuern und Bevollmächtigten ist die Beteiligung nicht auf Fälle begrenzt, in denen ihr Aufgabenkreis (zB die Aufenthaltsbestimmung) durch das Verfahren betroffen ist.[5] Sie sind als gesetzliche bzw gewillkürte Vertreter durch eine Unterbringungsmaßnahme stets in ihrer Tätigkeit beschränkt, unabhängig davon, welchen Aufgabenkreis sie haben.[6]

Der **Verfahrenspfleger** wird durch seine Bestellung als Beteiligter zum Verfahren hinzugezogen (§ 315 Abs. 2 FamFG).[7]

IV. Beteiligung der Behörde (Abs. 3)
1. Grundsätze

Die **zuständige Behörde** ist auf ihren Antrag als Beteiligte hinzuzuziehen.[8] 4

Bei den zivilrechtlichen Unterbringungsmaßnahmen ist die örtlich zuständige **Betreuungsbehörde** (§ 3 Abs. 1 BtBG) gemeint.[9] Die Behörde ist zum Verfahren hinzuziehen, wenn sie das begehrt. In diesem Fall ist die Hinzuziehung obligatorisch.[10] Nach dem Willen des Gesetzgebers sollen durch das Antragserfordernis unnötige Beteiligungen und dadurch bedingte Zustellungen, Anhörungen und sonstige Verfahrenshandlungen vermieden werden.[11]

Die zuständige Behörde ist bei den Unterbringungen nach **Landesgesetzen** die in diesen Gesetzen genannte Behörde. Als Antragsteller in Verfahren auf An-

---

[4] Vgl § 7 Abs. 2 Nr. 1 FamFG.
[5] BT-Drucks. 16/6308, 273 – anders in Betreuungssachen nach § 274 Abs. 1 Nr. 2 FamFG.
[6] BT-Drucks. 16/6308, 273.
[7] Hinsichtlich des Verfahrenspflegers wird auf die gesonderte Darstellung verwiesen.
[8] S. § 7 Abs. 2 Nr. 2 FamFG.
[9] S. BT-Drucks. 11/4528, 200; Prütting/Helms/Roth, § 315 FamFG Rn 9.
[10] BT-Drucks. 16/6308, 265.
[11] BT-Drucks. 16/6308, 265.

ordnung der Unterbringung ist sie regelmäßig bereits Beteiligte gemäß § 7 Abs. 1 FamFG.[12]

2. Verfahren

5 Das Gericht ist gemäß § 7 Abs. 4 S. 1 FamFG verpflichtet, die (Betreuungs-)Behörde von der Einleitung eines Verfahrens zu **benachrichtigen**. Der Inhalt der Benachrichtigung ist gesetzlich nicht vorgesehen. Er wird so gestaltet sein müssen, dass die Behörde entscheiden kann, ob sie von ihrem Antragsrecht Gebrauch machen möchte.[13] Über das Antragsrecht ist zu **belehren**, § 7 Abs. 4 S. 2 FamFG.

3. Beteiligung und Amtsermittlungspflicht

6 Seitens des Gerichtes ist zu berücksichtigen, dass es ungeachtet einer Beteiligung auf Antrag im Rahmen der Amtsermittlungspflicht nach § 26 FamFG im Einzelfall erforderlich sein kann, die zuständige Behörde anzuhören.[14]

V. Kann-Beteiligte (Abs. 4 S. 1)

1. Grundsätze

7 Im Interesse des Betroffenen können nach § 315 Abs. 4 iVm § 7 Abs. 3 folgende Personen beteiligt werden:

- dessen **Ehegatte** oder **Lebenspartner** (§ 1 LPartG), wenn die Ehegatten oder Lebenspartner zum Zeitpunkt der Hinzuziehung[15] nicht dauernd getrennt im Sinne der §§ 1565 ff BGB leben;
- dessen **Eltern**[16] und volljährige **Kinder**,[17] wenn der Betroffene bei diesen lebt oder bei Einleitung des Verfahrens in häuslicher Gemeinschaft[18] gelebt hat; wie nach bisherigem Recht sind nach hiesiger Ansicht mangels entsprechender Regelung Stiefkinder nicht erfasst;[19]
- die **Pflegeeltern**, die – im Gegensatz zum früheren Recht – in den Kreis der Angehörigen einbezogen worden sind; maßgeblich ist insoweit ein faktisches Pflegeverhältnis familienähnlicher Art;[20]
- eine von dem Betroffenen benannte **Person seines Vertrauens**;
- der **Leiter der Einrichtung**, in der der Betroffene lebt; damit ist der Leiter der Einrichtung, in der sich der Betroffene üblicherweise aufhält, gemeint, nicht jedoch der Leiter der Unterbringungsabteilung.[21]

---

12 S. für Berlin: §§ 11, 14 PsychKG; Keidel/Budde, § 315 FamFG Rn 6; Fröschle/Fröschle, § 315 FamFG Rn 10; Marschner/Volckart/Lesting, § 315 FamFG Rn 8.
13 Vgl Keidel/Budde, § 274 FamFG Rn 12.
14 BT-Drucks. 16/6308, 265; s.a. § 8 S. 2 BtBG; Knittel, § 315 FamFG Rn 17; Prütting/Helms/Roth, § 315 FamFG Rn 8 a.
15 Vgl Bassenge/Roth/Bassenge, § 315 FamFG Rn 9.
16 Vgl dazu BGH FamRZ 2012, 960 f.
17 Vgl Bassenge/Roth/Bassenge, § 315 FamFG Rn 9; Prütting/Helms/Roth, § 315 FamFG Rn 14.
18 S. dazu Bassenge/Roth/Bassenge, § 315 FamFG Rn 9.
19 Bassenge/Roth/Bassenge, § 315 FamFG Rn 9; aA Prütting/Helms/Roth, § 315 FamFG Rn 14; Damrau/Zimmermann, § 315 FamFG Rn 14 unter Hinweis auf LG Oldenburg FamRZ 1996, 500.
20 Bassenge/Roth/Bassenge, § 316 FamFG Rn 9 mwN.
21 BT-Drucks. 16/6308, 273.

Es handelt sich bei den „Kann-Beteiligten" um Personen, die nicht oder nicht zwingend in ihren Rechten betroffen werden, deren **Hinzuziehung** jedoch **geboten** sein kann, zB weil sie als Angehörige ein schützenswertes ideelles Interesse haben.[22] Durch die Regelung, dass die Hinzuziehung im Interesse des Betroffenen erfolgt, soll allerdings vermieden werden, dass Verwandte ohne ein Betroffensein in eigenen Rechten[23] auch dann Einfluss auf das Verfahren nehmen können, wenn dies den Interessen des Betroffenen zuwiderläuft. Das Interesse des Betroffenen ist aus seiner Sicht zu beurteilen.[24] Die Wünsche und Belange des Betroffenen[25] sollen schon zum Zeitpunkt der Entscheidung über eine Beteiligung seiner Angehörigen berücksichtigt werden.[26] Sofern ein äußerungsfähiger Betroffener die Hinzuziehung ablehnt,[27] wird es erforderlich werden, zu prüfen, ob die Ablehnung krankheitsbedingt erfolgt und die Hinzuziehung zwingend erforderlich ist, zB um einen Schaden von dem Betroffenen abzuwenden.[28]

2. Verfahren

Das Verfahren ist in das pflichtgemäße Ermessen des Gerichts gestellt ("kann").[29]

Das Gericht kann gemäß § 7 Abs. 3 FamFG von Amts wegen eine nahe stehende Person hinzuziehen. Eine Form ist insoweit nicht vorgeschrieben. Es muss für die Person aber erkennbar sein, dass sie durch das Gericht als Verfahrensbeteiligte angesehen wird und ihr zB nicht nur die Gelegenheit zur Stellungnahme eingeräumt wird.[30]

Möglich ist auch (im Wege eines Zwischenverfahrens) die Beteiligung auf Antrag. Die vorgenannten Personen sind durch das Gericht zunächst von der Einleitung des Unterbringungsverfahrens zu benachrichtigen, soweit sie bekannt sind, § 7 Abs. 4 S. 1 FamFG. Wenn die Beteiligung in Betracht kommt, wird es allerdings erforderlich sein, zumutbare Anstrengungen zu unternehmen, um zB eine fehlende Anschrift zu ermitteln.[31] Die nahe stehenden Personen sind zudem über ihr Antragsrecht zu belehren, § 7 Abs. 4 S. 1 FamFG.

Wird ein Antrag auf Hinzuziehung gestellt, muss das Gericht dem nicht entsprechen. Wenn ihm stattgegeben wird, ist eine bestimmte Form nicht vorgeschrieben (s.o.). Bei der Ablehnung ist durch Beschluss zu entscheiden, § 7 Abs. 3 S. 2 FamFG. Dieser kann mit der **sofortigen Beschwerde** angegriffen werden. Die Regelungen der §§ 567 bis 572 der ZPO gelten entsprechend, § 7

---

22 BT-Drucks. 16/6308, 265.
23 Zur Heranziehung bei einem Betroffensein in eigenen Rechten s. § 7 Abs. 2 Nr. 1 FamFG.
24 BT-Drucks. 16/6308, 266; Bahrenfuss/Grotkopp, § 315 FamFG Rn 9.
25 § 1901 Abs. 2, 3 S. 1 BGB.
26 BT-Drucks. 16/6308, 265.
27 Vgl zur Problematik, ob auf das so erklärte Interesse oder das wohlverstandene Interesse des Betroffenen abzustellen ist: Keidel/ Budde, § 274 FamFG Rn 17.
28 S. zu § 1901 BGB: Lipp, Freiheit und Fürsorge: Der Mensch als Rechtsperson, Tübingen 2000, 156; vgl Prütting/Helms/Roth, § 315 FamFG Rn 16; vgl Schulte-Bunert/Weinreich/Dodegge, § 315 FamFG Rn 11.
29 Keidel/Budde. § 274 FamFG Rn 18.
30 Keidel Budde, § 274 FamFG Rn 20; Knittel, § 315 FamFG Rn 3, 4; Bahrenfuss/Grotkopp, § 315 FamFG Rn 16.
31 Vgl Keidel/Budde, § 274 FamFG Rn 19; Bahrenfuss/Brosey, § 274 FamFG Rn 13.

Abs. 3 S. 3 FamFG. Die Beschwerdefrist beträgt zwei Wochen. Für die zweite Instanz ist die originäre Einzelrichterzuständigkeit zu berücksichtigen.[32]

VI. Landesrecht (Abs. 4 S. 2)

10 Das Landesrecht kann vorsehen, dass weitere Personen und Stellen beteiligt werden können.[33]

VII. Folge der Beteiligung

11 Wer Beteiligter kraft Gesetzes oder durch Hinzuziehung ist, kann aktiv am Verfahren mitwirken. So steht ihm zB das **Akteneinsichtsrecht** nach § 13 Abs. 1 FamFG[34] zu. Beteiligte sollen zudem bei der Ermittlung des Sachverhalts **mitwirken**, § 27 Abs. 1 FamFG. Sie haben ihre Erklärungen über tatsächliche Umstände vollständig und der Wahrheit gemäß abzugeben, § 27 Abs. 2 FamFG. Unter Umständen sind sie zur Kostentragung verpflichtet.[35]

Im Beschwerdeverfahren steht den in § 315 Abs. 4 Nr. 1–3 FamFG genannten Personen das Beschwerderecht nur zu, wenn sie im ersten Rechtszug beteiligt worden sind (§ 335 Abs. 1 FamFG).[36]

§ 316 FamFG Verfahrensfähigkeit

In Unterbringungssachen ist der Betroffene ohne Rücksicht auf seine Geschäftsfähigkeit verfahrensfähig.

I. Einleitung

1 Die Vorschrift gilt für **alle Unterbringungsverfahren** nach §§ 312 bis 341 FamFG und regelt die Verfahrensfähigkeit des Betroffenen. Bereits vor dem Inkrafttreten des Betreuungsgesetzes legitimierten die landesrechtlichen Unterbringungs- und Psychischkrankengesetze den geschäftsunfähigen Betroffenen wegen des schwerwiegenden Eingriffs in seine Freiheitsrechte, selbst Anträge zu stellen und Beschwerde einzulegen. § 316 FamFG statuiert nunmehr explizit **unabhängig von der Geschäftsfähigkeit** die Verfahrensfähigkeit aller volljährigen Betroffenen. Redaktionell erfolgte eine Harmonisierung mit der Vorschrift über die Verfahrensfähigkeit in Betreuungssachen, § 275 FamFG. Die Vorschrift dient der Gewährleistung der Subjektstellung des Betroffenen im Unterbringungsverfahren und gilt auch für Ausländer, Art. 24 EGBGB.[1]

---

32 § 568 ZPO – BR-Drucks. 309/07, 393; zur Zulässigkeit einer Rechtsbeschwerde s. BGH BtPrax 2011, 80 f.
33 S. dazu Bienwald/Sonnenfeld/Hoffmann, § 315 FamFG Rn 30.
34 Vgl OLG Köln BtPrax 2008, 177 f.
35 Zur Dauer der Beteiligung vgl BGH FamRZ 2012, 961 f.
36 Vgl LG Bielefeld v. 21.4.2011, 23 T 222/11; zur Problematik der Zulässigkeit der Beschwerde, wenn zB ein naher Angehöriger ohne sein Verschulden nicht beteiligt worden ist: LG Landau v. 15.6.2010, 3 T 42/10; LG Saarbrücken v. 22.2.2010, 5 T 87/10; Beschwerdemöglichkeit bejahend: Prütting/Helms/Roth, § 335 FamFG Rn 4.
1 Damrau/Zimmermann, § 316 FamFG Rn 1.

II. Bedeutung für das Betreuungsgericht

Dem Betroffenen ist meistenteils trotz bestehender Verfahrensfähigkeit entweder aus zwingenden oder sonstigen Gründen – siehe hierzu die Kommentierung zu §§ 276, 317 FamFG – zur Wahrung seiner Rechte in dem anhängigen Unterbringungsverfahren ein **Verfahrenspfleger** zu bestellen. Das bei dem Betroffenen vorliegende Krankheitsbild führt fast ausnahmslos zur Unfähigkeit, sich ohne fachkundige fremde Hilfe sachgerecht im Unterbringungsverfahren einzulassen. Durch die Verfahrenspflegerbestellung wird die Verfahrensfähigkeit des Betroffen nicht berührt. Etwa sich widersprechende Verfahrenshandlungen des Verfahrenspflegers und des Betroffenen sind unabhängig voneinander wirksam und wie Rechtsmittel von Einzelbeteiligten zu behandeln. Auch bei Anordnung oder Genehmigung einer vorläufigen Unterbringung – außer bei Gefahr im Verzug – ist dem Betroffenen bereits vor Erlass des Unterbringungsbeschlusses ein Verfahrenspfleger zu bestellen.[2]

Dem bereits anwaltlich vertretenen mittellosen Betroffenen ist regelhaft mit Hinblick auf die schwer wiegenden Eingriffe in die Lebensstellung **Verfahrenskostenhilfe** unter Beiordnung seines Verfahrensbevollmächtigten zu bewilligen. Dies ergibt sich aus einem Umkehrschluss bzw. einer analogen Anwendung aus §§ 317 Abs. 2, 276 Abs. 4 FamFG.[3] Der Betroffene wird durch eine mögliche falsche Entscheidung stets nachhaltig in seinen Rechten verletzt: Für den Fall einer unrechtmäßigen Unterbringungsgenehmigung in seiner Fortbewegungsfreiheit, Art. 2 Abs. 2 S. 2 GG, und im Falle einer unrechtmäßigen Nichtgenehmigung in seiner körperlichen Unversehrtheit, Art. 2 Abs. 2 S. 1 GG.[4] Im Falle einer bereits durch den Betroffenen vorgenommenen Beauftragung eines **Rechtsanwaltes** kann die im Regelfall obligate Bestellung eines Verfahrenspflegers unterbleiben, es sei denn, es besteht der Eindruck einer nicht adäquaten Interessenvertretung. Wurde dem Betroffenen bereits ein Verfahrenspfleger beigeordnet, kann mit dieser Begründung nicht die Bewilligung von Verfahrenskostenhilfe und die Beiordnung eines vom Betroffenen erwählten Rechtsanwaltes versagt werden. Die Bestellung eines Verfahrenspflegers kann dann aufgehoben werden. Im Unterbringungsverfahren kann an den Betroffenen selbst wirksam zugestellt werden. Für den Verfahrenspfleger und den Betroffenen laufen jeweils eigene Beschwerdefristen.[5]

III. Bedeutung für den Betroffenen

Der Betroffene besitzt im Unterbringungsverfahren alle Befugnisse einer geschäftsfähigen Person und kann

- Anträge stellen (zB Verfahrenskostenbeihilfe, Wiedereinsetzung in den vorigen Stand);
- Verfahrensvollmacht erteilen;
- Angriffs- und Verteidigungsmittel vorbringen;

---

2 OLG München v. 27.06.2006, 33 Wx 89/06.
3 LG Karlsruhe FamRZ 1999, 1091, 1092; LG Berlin BtPrax 2002, 175; Keidel/Zimmermann, § 76 FamFG Rn 7.
4 Fröschle/Locher/Kuhrke, PK-FamFG, § 76 FamFG Rn 7.
5 Damrau/Zimmermann, § 316 FamFG Rn 4.

- Richter und Sachverständige ablehnen;
- Verfassungsbeschwerde einlegen.

Der Betroffene kann einen Rechtsanwalt oder anderen Verfahrensbevollmächtigten mit der Wahrnehmung seiner Interessen beauftragen.[6] Insoweit ist – unabhängig von der Geschäftsfähigkeit des Betroffenen – von einer Teilgeschäftsfähigkeit nach §§ 112, 113 BGB auszugehen; der mit einem Rechtsanwalt abgeschlossene Geschäftsbesorgungsvertrag ist wirksam.[7] Teilweise wird vertreten, ungeschriebene Tatbestandsvoraussetzung der Verfahrensfähigkeit sei das Vorhandensein eines natürlichen Willens. Diese Auffassung ist abzulehnen,[8] vgl die Kommentierung zu § 275 FamFG Rn 4 mwN. Nach herrschender Meinung kann der Betroffene auch für seine Rechtsstellung nachteilige Handlungen wirksam vornehmen, wie eine Zustellung entgegennehmen, auf Rechtsmittel verzichten bzw eine Beschwerde zurücknehmen.

IV. Bedeutung für den Betreuer

4 Ein bereits bestellter Betreuer ist zur Kooperation mit dem von dem Betreuten beauftragten Verfahrensbevollmächtigten bzw dem gerichtlich bestellten Verfahrenspfleger verpflichtet.

Dem Betreuer mit dem Aufgabenkreis der Vermögenssorge obliegt im Falle einer vermögenden Betreuung die Finanzierung eines von dem Betreuten selbst engagierten Rechtsanwaltes/Verfahrensbevollmächtigten, ansonsten – bei Mittellosigkeit – sind übersandte Verfahrenskostenhilfeformulare auszufüllen und an das Betreuungsgericht weiterzuleiten. Dem Verfahrensbevollmächtigten/Verfahrenspfleger sind auf Rückfrage Auskünfte zum anhängigen Betreuungs- und Unterbringungsverfahren zu erteilen und erforderlichenfalls ist Einsicht in die Betreuungsakten zu gewähren.

V. Bedeutung für den Verfahrenspfleger

5 Der Verfahrenspfleger ist zur umfassenden Wahrnehmung der **objektiven Rechte** des Betroffenen in dem anhängigen Unterbringungsverfahren verpflichtet, vgl hierzu die Kommentierung zu § 276 FamFG. Der Verfahrenspfleger ist nicht befugt, ein von dem Betroffenen eingelegtes Rechtsmittel ohne dessen Zustimmung zurückzunehmen.[9]

§ 317 FamFG Verfahrenspfleger

(1) [1]Das Gericht hat dem Betroffenen einen Verfahrenspfleger zu bestellen, wenn dies zur Wahrnehmung der Interessen des Betroffenen erforderlich ist. [2]Die Bestellung ist insbesondere erforderlich, wenn von einer Anhörung des Betroffenen abgesehen werden soll.

---

6 KG FamRZ 1962, 483; BayObLG FamRZ 1984, 1259.
7 BayObLG FamRZ 2002, 764.
8 OLG Schleswig FGPrax 2007, 130.
9 Zimmermann, Das neue Verfahren in Unterbringungssachen, FamRZ 1990, 1308, 1309.

(2) Bestellt das Gericht dem Betroffenen keinen Verfahrenspfleger, ist dies in der Entscheidung, durch die eine Unterbringungsmaßnahme genehmigt oder angeordnet wird, zu begründen.

(3) Wer Verfahrenspflegschaften im Rahmen seiner Berufsausübung führt, soll nur dann zum Verfahrenspfleger bestellt werden, wenn keine andere geeignete Person zur Verfügung steht, die zur ehrenamtlichen Führung der Verfahrenspflegschaft bereit ist.

(4) Die Bestellung eines Verfahrenspflegers soll unterbleiben oder aufgehoben werden, wenn die Interessen des Betroffenen von einem Rechtsanwalt oder einem anderen geeigneten Verfahrensbevollmächtigten vertreten werden.

(5) Die Bestellung endet, sofern sie nicht vorher aufgehoben wird, mit der Rechtskraft der Endentscheidung oder mit dem sonstigen Abschluss des Verfahrens.

(6) Die Bestellung eines Verfahrenspflegers oder deren Aufhebung sowie die Ablehnung einer derartigen Maßnahme sind nicht selbständig anfechtbar.

(7) Dem Verfahrenspfleger sind keine Kosten aufzuerlegen.

I. Einleitung

§ 317 Abs. 1 S. 1 FamFG wurde inhaltlich mit der Vorschrift über die Bestellung eines Verfahrenspflegers in einem anhängigen Betreuungsverfahren gem. § 276 Abs. 1 S. 1 FamFG harmonisiert. 1

Die gesetzliche Regelung, dem Betroffenen „wenn dies erforderlich ist" einen Verfahrenspfleger zur Seite zu geben, stellt sich im Vergleich zur Rechtslage vor der Reform des Betreuungsrechts als eine **Verschlechterung** dar und beruht auf einem Kompromiss im Gesetzgebungsverfahren. Mehrere PsychKGs der Bundesländer sahen eine obligatorische Anwaltsbeiordnung im Rahmen eines Unterbringungsverfahrens vor. Gleichwohl betonen auch die Gesetzesmotive die Notwendigkeit, dem Betroffenen **regelhaft** einen Verfahrenspfleger zu bestellen, wovon, so wortwörtlich, nur in „begrenzten Ausnahmefällen" abgesehen werden kann.[1]

II. Bedeutung für das Betreuungsgericht

Die Bestellung eines Verfahrenspflegers in Unterbringungssachen dient der Wahrung der Belange des Betroffenen. Dieser soll sich bei dem besonders schwerwiegenden Eingriff in das Grundrecht der Freiheit der Person (Art. 2 Abs. 2 S. 2 GG) nicht allein einer Allmacht von Gericht und Ärzten gegenübersehen, sondern fachkundig beraten und vertreten werden.[2] Zu diesem Zweck ist bereits vor der abschließenden Anhörung des Betroffenen stets ein Verfahrenspfleger zu bestellen und **in demselben Umfang wie der Betroffene** an den Verfahrenshandlungen zu beteiligen, insbesondere zu den persönlichen Anhö- 2

---

1 BT-Drucks. 11/4528, 183.
2 BT-Drucks. 11/1428, 93; BGH v. 21.9.2011, XII ZB 263/11, BtPrax 2011, 258 = FamRZ 2011, 1864; v. 14.12.2011, XII ZB 488/11, BtPrax 2012, 63 = FamRZ 2012, 442; v. 15.2.2012, XII ZB 389/11, Rn 22, BtPrax 2012, 116 = FamRZ 2012, 619.

rungen zu laden.[3] Durch eine rechtzeitige Bestellung und Ladung des Verfahrenspflegers ist dessen Teilnahme am Anhörungstermin sicherzustellen.[4] Einem etwaigen Terminsverlegungsantrag des Verfahrenspflegers ist zu entsprechen.[5] Erfolgt die Anhörung des Betroffenen ohne die Möglichkeit einer Beteiligung des Verfahrenspflegers, ist diese aufgrund einer erheblichen Rechtsverkürzung verfahrensfehlerhaft und verletzt den Anspruch auf rechtliches Gehör, Art. 103 Abs. 1 GG.[6] Dem Verfahrenspfleger steht ein eigenes Anhörungsrecht zu, § 320 S. 1 iVm § 315 Abs. 2 FamFG. Dessen unterbliebene Anhörung versieht die angeordnete Freiheitsentziehung mit einem nicht mehr rückwirkend zu tilgenden Makel.[7] In § 317 Abs. 1 S. 2 FamFG gesetzlich hervorgehoben ist der Fall einer obligatorischen Bestellung eines Verfahrenspflegers für den Fall eines Absehens von der an sich notwendigen **Anhörung** des Betroffenen bzw der **Verschaffung eines persönlichen Eindrucks**, § 319 Abs. 1 und 2 FamFG durch das Gericht. Nach den eng auszulegenden Vorschriften der §§ 319 Abs. 3, 34 Abs. 2 FamFG kann die persönliche Anhörung lediglich im Falle einer Gefährdung der Gesundheit des Betroffenen unterbleiben.

Zwar nicht explizit im Gesetz erwähnt, aber dem gleichzustellen ist der Fall des **Absehens von der Bekanntmachung der Entscheidungsgründe,**[8] der Nichtbekanntgabe des Sachverständigengutachtens wegen zu befürchtender Gesundheitsschäden sowie der Abgabe einer mündlichen ärztlichen Stellungnahme in Abwesenheit des Betroffenen.[9] Diesem ist ansonsten grundsätzlich das Sachverständigengutachten vollständig, schriftlich und rechtzeitig vor seiner persönlichen Anhörung zu übergeben.[10]

Im Bereich **unterbringungsähnlicher Maßnahmen** ist dem Betroffenen ein Verfahrenspfleger zur Seite zu stellen für die Prüfung von Alternativen zur Freiheitsentziehung.[11]

3 Darüber hinaus ist stets eine Verfahrenspflegerbestellung bei gegebener Unfähigkeit des Betroffenen zur **Ausübung des rechtlichen Gehörs** nach Art. 103 GG vorzunehmen. Der Betroffene besitzt einen verfassungsrechtlichen Anspruch auf rechtliches Gehör. Die alleinige Wahrnehmung dieses Rechtes durch einen Betroffenen, der hierzu außerstande ist, stellt sich als eine nicht ordnungsgemäße Rechtsausübung und reine Formalität dar. Die hilfsbedürftigen Betroffenen sind oft schwer in ihrer geistigen und körperlichen Leistungs-

---

3 OLG Köln FGPrax 2008, 136; BayObLG Rpfleger 2002, 24 mwN; EuGMR NJW 1992, 2945, 2946; BGH v. 15.2.2012, XII ZB 389/11, BtPrax 2012, 116 = FamRZ 2012, 619; v. 2.3.2011, XII ZB 346/10, Rn 18, FamRZ 2011, 805.
4 V. 2.3.2011, XII ZB 346/10, Rn 19, FamRZ 2011, 805 ; Beschluss vom 15.02.2012, XII ZB 389/11, Rn 21, BtPrax 2012, 116 = FamRZ 2012, 619
5 BayObLG Rpfleger 2002, 24.
6 BGH v. 2.3.2011, XII ZB 346/10, Rn 15,16, FamRZ 2011, 805; v. 9.11.2011, XII ZB 286/11, BtPrax 2012, 25, 26.
7 BGH v. 15.2.2012, XII ZB 389/11, Rn 27 BtPrax 2012, 116 = FamRZ 2012, 619. BayObLG NJW 1990, 774; OLG Schleswig FamRZ 1994, 781; EuGHMR NJW-RR 2006, 308.
8 Damrau/Zimmermann, § 317 FamFG Rn 5.
9 KG FamRZ 2008, 1116.
10 BVerfGE 62, 392, 396; BayObLG FamRZ 1993, 1489; OLG München BtPrax 2006, 35.
11 Vgl Ablaufhilfe für freiheitsentziehende Maßnahmen, www.lag-betreuungsvereine.de/lag_index.html.

fähigkeit eingeschränkt, bei einem anderen Befund wären sie überhaupt nicht in eine Unterbringungsmaßnahme involviert. Gegen den drohenden Eingriff in ihre persönliche Freiheit bedürfen sie von daher des **optimalen Rechtsschutzes**.[12] In aller Regel wird es dem krankheits- und medikamentenbedingt gehandicapten Betroffenen entweder gar nicht oder nur sehr eingeschränkt möglich sein, zu Aussagen der Zeugen, des gesetzlichen Vertreters, dem Sachverständigen adäquat Stellung zu nehmen. Der **Europäische Gerichtshof für Menschenrechte**[13] statuiert, dass jedem Untergebrachten anwaltlicher Beistand zu gewähren ist und hiervon nur ausnahmsweise Abstand genommen werden kann. Dies gebietet zudem der Gleichheitsgrundsatz, Art. 3 GG. Nach § 140 Abs. 1 Nr. 6 und 7 StPO ist es zwingend notwendig, einem psychisch auffälligen Beschuldigten bei Unterbringung zur Begutachtung des psychischen Zustandes oder bei isolierter Maßregelanordnung wegen Gefährlichkeit einen Pflichtverteidiger beizuordnen. Dass der Betroffene im zivilrechtlichen Unterbringungsverfahren im Gegensatz zum Beschuldigten keiner Straftat verdächtig ist, erfordert im Umkehrschluss erst recht eine anwaltliche Beiordnung.[14] Ferner ist Betroffenen mit mangelhaften Deutschkenntnissen entweder ein sprachkundiger Verfahrenspfleger und/oder ein Dolmetscher zum Zwecke einer mühelosen Verständigung zur Seite zu stellen.[15]

Des Weiteren ist sowohl den unter als auch den über vierzehn Jahre alten **Kindern** ein Verfahrenspfleger zur Wahrung ihrer Rechte zu bestellen.[16] Kinder unter vierzehn Jahren sind ohnehin nicht verfahrensfähig, § 167 Abs. 3 FamFG, und ihr gesetzlicher Vertreter nach § 1631 b BGB ist zugleich der Verfahrensgegner.[17] Aber auch über vierzehn Jahre alte Kinder sind in der Regel mit einer adäquaten Wahrnehmung ihrer Rechte in einem Unterbringungsverfahren überfordert. Zudem sind Heranwachsende leicht manipulierbar durch Eltern oder andere Erwachsene.

Für eine regelhafte Verfahrenspflegerbestellung zugunsten der Betroffenen spricht zudem ein **Umkehrschluss** aus § 317 Abs. 2 FamFG. Die Nichtbestellung eines Verfahrenspflegers zugunsten des Betroffenen ist seitens des Gerichtes zu begründen. Die Vorschrift wurde auf Wunsch der Bundesregierung vom Rechtsausschuss des Bundestages in das Gesetz aufgenommen.[18] Die Begründung muss nachvollziehbar und auf den Einzelfall zugeschnitten sein.[19] Eine formularmäßige Begründung reicht nicht aus.[20]

Ist der Betroffene mittellos und stellt einen Antrag auf **Verfahrenskostenhilfe**, ist diese nach § 76 FamFG, §§ 114, 121 Abs. 2 ZPO zu bewilligen und auf Antrag ein **Rechtsanwalt** beizuordnen, § 78 Abs. 2 FamFG. Für die „Erfolgsaussicht" der Rechtsverteidigung ist mit Hinblick auf den Eingriff in die persönli-

---

12 OLG Schleswig BtPrax 1994, 62, 63.
13 EGMR NJW 1992, 2945, 2946; BayObLG NJW 1990, 774; OLG Schleswig FamRZ 1994, 781; EuGHMR NJW-RR 2006, 308; MK-ZPO/Schmidt-Recla, § 317 FamFG Rn 4.
14 So zu Recht: LG Kleve v. 23.08.2012 , 4 T 201/12, BtPrax 2012, 262 ff.
15 KG BtPrax 2008, 42.
16 KG FamRZ 2008, 1116.
17 HK-FamR/Schmid, § 1631 b BGB Rn 2.
18 BT-Drucks. 11/4528, 233.
19 OLG Schleswig BtPrax 1994, 62, 63.
20 LG Köln BtPrax 1992, 74; OLG Schleswig FamRZ 1994, 781; KG BtPrax 2008, 42.

che Freiheit des Betroffenen nicht in erster Linie auf die Alternative Unterbringung oder Nichtunterbringung abzustellen, sondern auf den effektiven Rechtsschutz und eine fachgerechte Vertretung des Betroffenen in dem anhängigen Unterbringungsverfahren. Das hiergegen vereinzelt vorgetragene Argument, eine Beiordnung sei lediglich in Ausnahmefällen erforderlich, ist im Lichte der Bedeutung des Grundrechts der Freiheit der Person (Art. 2 Abs. 2 S. 2 GG) abzulehnen.[21]

Wird der Betroffene bereits qualifiziert durch einen Rechtsanwalt oder einen anderen geeigneten Verfahrensbevollmächtigten vertreten, kann nach § 317 Abs. 4 FamFG von der Bestellung eines Verfahrenspflegers Abstand genommen werden. Ein **zusätzlicher Vertretungsbedarf** ist dann in aller Regel nicht mehr gegeben. Wechselt der Betroffene jedoch ständig seinen Verfahrensbevollmächtigten, ist im Interesse eines kontinuierlichen Verfahrensablaufs eine Verfahrenspflegerbestellung vorzunehmen. Ferner kann eine Erforderlichkeit zur Verfahrenspflegerbestellung sich daraus ergeben, dass der Betroffene einem beauftragten Rechtsanwalt unsinnige Weisungen erteilt, an die dieser mit Hinblick auf das Mandatsverhältnis gebunden ist. Wurde dem Betroffenen bereits ein anwaltlicher Verfahrenspfleger bestellt und wird erst danach von ihm beantragt, einen mittlerweile selbst beauftragten Rechtsanwalt im Verfahrenskostenhilfewege beizuordnen, so ist dem Willensvorrang des Betreuten bei Vorliegen der gesetzlichen Voraussetzung zu entsprechen und eine Entlassung des Verfahrenspflegers vorzunehmen.

7 Die **Auswahl** des Verfahrenspflegers steht im pflichtgemäßen **Ermessen des Gerichts.** Der Verfahrenspfleger verfügt idealerweise über gute Kenntnisse der formellen und materiellen Unterbringungsvoraussetzungen und gleichermaßen über Erfahrungen in der Psychiatrie. Der Schutz des Bürgers in Verfahren, die Freiheitsentziehungen zum Gegenstand haben, gehört zu den klassischen Aufgabenfeldern anwaltlicher Berufsausübung. Im Regelfall sind von daher Rechtsanwälte mit dem Amt eines Verfahrenspflegers zu betrauen.[22]

8 Die **Bestellung** des Verfahrenspflegers erfolgt im Interesse des Betroffenen so früh wie möglich, damit dieser noch Einfluss auf die Entscheidung nehmen kann.[23]

Wird bei der Anordnung einer **vorläufigen Unterbringung** wegen Gefahr im Verzug von der Bestellung eines Verfahrenspflegers abgesehen, so ist die Entscheidung hierüber unverzüglich nachzuholen.[24] Die Bestellung erfolgt durch Beschluss und ist eine unanfechtbare Zwischenverfügung.[25] Die Bestellung zum Verfahrenspfleger kann auch konkludent, zB durch Übersendung der Verfahrensakten geschehen.[26] Zuständig für die Bestellung ist der über die Unterbringungsmaßnahme entscheidende Richter. Bei dem Landgericht erfolgt die

---

21 LG Hannover FamRZ 1993, 216; LG Karlsruhe FamRZ 1999, 1991, 1992; EGMR NJW 1992, 2945; BVerfG v. 26.11.2008, 1 BvR 181/08; v. 19.2.2008, 1 BvR 1807/07, Rn 22, NJW 2008, 1060 = MDR 2008, 518; v. 20.2.2002, 1 BvR 1450/00, NJW-RR 2002, 1069.
22 LG Oldenburg BtPrax 1993, 34, 35; AG Bad Homburg BtPrax 1993, 35, 36.
23 BGH v. 2.3.2011, XII ZB 346/10, Rn 17, BtPrax 2011, 125 = FamRZ 2011, 805; OLG Hamm FamRZ 2000, 494; OLG Naumburg FamRZ 2008, 86.
24 OLG Zweibrücken BtPrax 2003, 80.
25 BGH BtPrax 2003, 266.
26 OLG Frankfurt/M. BtPrax 1997, 73, 2003, 266.

Bestellung nicht durch den Vorsitzenden bzw Berichterstatter alleine, sondern durch die Kammer.

III. Bedeutung der Vorschrift für den Verfahrenspfleger

Ein nach § 317 FamFG bestellter Verfahrenspfleger hat kein eigenes Beschwerderecht gegen die Anordnung oder Genehmigung der Unterbringung des Betroffenen. Er kann nur das **Beschwerderecht des Betroffenen** für diesen ausüben.[27] Dem Verfahrenspfleger obliegen zugunsten des Betroffenen folgende **Aktivitäten:**

- Akteneinsicht;
- Kontaktaufnahme mit dem Betroffenen;
- Rücksprache mit dem Betreuer im Falle einer zivilrechtlichen Unterbringung nach § 1906 BGB;
- Rücksprache mit Angehörigen, Nachbarn, nahestehenden Personen über den der Unterbringung zugrunde liegenden Sachverhalt;
- Rücksprache mit den behandelnden Ärzten auf der Station;
- Überprüfung des (verfahrensentscheidenden) Sachverständigengutachtens, siehe hierzu im Einzelnen die Kommentierung zu § 321 FamFG;
- erforderlichenfalls: Stellen von Beweisanträgen;
- Teilnahme an der Anhörung;
- erforderlichenfalls: Befragen des Sachverständigen
- Ladungsantrag des Sachverständigen zur Verhandlung entsprechend §§ 402, 397, 411 Abs. 3 ZPO.

Der anwaltliche Verfahrenspfleger kann eine Vergütung nach dem RVG abrechnen. Wurde ein Rechtsanwalt zum einen in einem Verfahren zur freiheitsentziehenden Unterbringung nach § 1906 Abs. 1 bis 3 BGB und zum anderen in einem Verfahren wegen einer freiheitsentziehenden Maßnahme nach § 1906 Abs. 4 BGB bestellt, können beide Tätigkeiten jeweils nach dem RVG abgerechnet werden.[28]

Der Verfahrenspfleger hat ein eigenes Beschwerderecht, § 335 Abs. 2 FamFG, allerdings keine Antragsbefugnis nach § 62 FamFG zur Feststellung der Rechtswidrigkeit einer erledigten Hauptsache.[29]

§ 318 FamFG Vergütung und Aufwendungsersatz des Verfahrenspflegers

Für die Vergütung und den Aufwendungsersatz des Verfahrenspflegers gilt § 277 entsprechend.

---

27 LG Lübeck FamRZ 1995, 1597, 1598.
28 LG Berlin Beschl. v. 27.9.2004, 87 T 516/01; LG Flensburg JurBüro 1993, 413 (LS); LG Itzehoe JurBüro 1993, 413–14; BGH v. 12.09.2012, XII ZB 543/11, BtPrax 2012, 249 = FamRZ 2012, 1866.
29 BT-Drucks. 16/6308, 205; BGH v. 15.02.2012, XII ZB 389/11, BtPrax 2012, 116 = FamRZ 2012, 1866.

§ 319 FamFG Anhörung des Betroffenen

(1) ¹Das Gericht hat den Betroffenen vor einer Unterbringungsmaßnahme persönlich anzuhören und sich einen persönlichen Eindruck von ihm zu verschaffen. ²Den persönlichen Eindruck verschafft sich das Gericht, soweit dies erforderlich ist, in der üblichen Umgebung des Betroffenen.

(2) Das Gericht unterrichtet den Betroffenen über den möglichen Verlauf des Verfahrens.

(3) Soll eine persönliche Anhörung nach § 34 Abs. 2 unterbleiben, weil hiervon erhebliche Nachteile für die Gesundheit des Betroffenen zu besorgen sind, darf diese Entscheidung nur auf Grundlage eines ärztlichen Gutachtens getroffen werden.

(4) Verfahrenshandlungen nach Absatz 1 sollen nicht im Wege der Rechtshilfe erfolgen.

(5) Das Gericht kann den Betroffenen durch die zuständige Behörde vorführen lassen, wenn er sich weigert, an Verfahrenshandlungen nach Absatz 1 mitzuwirken.

(6) ¹Gewalt darf die Behörde nur anwenden, wenn das Gericht dies ausdrücklich angeordnet hat. ²Die zuständige Behörde ist befugt, erforderlichenfalls um Unterstützung der polizeilichen Vollzugsorgane nachzusuchen.

(7) ¹Die Wohnung des Betroffenen darf ohne dessen Einwilligung nur gewaltsam geöffnet, betreten und durchsucht werden, wenn das Gericht dies zu dessen Vorführung zur Anhörung ausdrücklich angeordnet hat. ²Bei Gefahr im Verzug kann die Anordnung nach Satz 1 durch die zuständige Behörde erfolgen. ³Durch diese Regelung wird das Grundrecht auf Unverletzlichkeit der Wohnung aus Artikel 13 Absatz 1 des Grundgesetzes eingeschränkt.

I. Einleitung

1   Nach § 34 Abs. 1 Nr. 2 FamFG hat das Gericht einen Beteiligten **persönlich anzuhören**, wenn dies im FamFG vorgeschrieben ist. In Unterbringungssachen ist diese Pflicht des Gerichtes ausdrücklich normiert. Das Betreuungsgericht hat den **Betroffenen** vor einer Unterbringungsmaßnahme[1] persönlich anzuhören und sich einen persönlichen Eindruck von ihm zu verschaffen. Die Anhörung stellt eine der wichtigsten Verfahrensgarantien dar. Neben der Wahrung des rechtlichen Gehörs (Art. 103 Abs. 1 GG) dient sie der Sachaufklärung (§ 26 FamFG).[2] Der Richter soll ein „klares und umfassendes Bild von der Persönlichkeit" des Betroffenen bekommen und seiner Pflicht genügen, „den ärztlichen Gutachten richterliche Kontrolle entgegenzusetzen".[3]

---

1   Nicht zwingend vor deren Ablehnung: Knittel, § 319 FamFG Rn 8; Schulte-Bunert/Weinreich/Dodegge, § 319 FamFG Rn 3; Damrau/Zimmermann, § 319 FamFG Rn 14.
2   Vgl Keidel/Budde, § 319 FamFG Rn 1.
3   BVerfG NJW 1990, 2309 f; BGH FamRZ 2009, 1664 f.

II. Durchführung der persönlichen Anhörung
1. Ort (Abs. 1 S. 2)

Den persönlichen Eindruck verschafft sich das Gericht,[4] soweit dies erforderlich ist, in der **üblichen Umgebung** des Betroffenen. Das Gericht hat dabei nach pflichtgemäßem Ermessen zu entscheiden, wo der Betroffene angehört werden soll.[5] Es ist in jedem Einzelfall[6] zu erwägen, welche Erkenntnisse sich ggf aus dem üblichen Umfeld (zB aus dem Zustand einer Wohnung) für die entscheidungserhebliche Frage, ob eine Unterbringungs- bzw unterbringungsähnliche Maßnahme zu genehmigen oder anzuordnen ist, gewinnen lassen. Ein Widerspruchsrecht dahin gehend, dass der Betroffene sich gegen eine Anhörung in der üblichen Umgebung wenden könnte, ist anders als in Betreuungssachen (§ 278 Abs. 1 FamFG) nicht vorgesehen. Nach überwiegender Auffassung lässt sich die Anhörung in der üblichen Umgebung aber nicht erzwingen.[7]

Nach § 170 Abs. 1 S. 1 GVG sind Anhörungen **nicht öffentlich**. Das Gericht kann die Öffentlichkeit zulassen, jedoch nicht gegen den Willen eines Beteiligten. In Unterbringungssachen ist auf Verlangen des Betroffenen einer Person seines Vertrauens die Anwesenheit zu gestatten, § 170 Abs. 1 S. 2 GVG.[8] Die Anhörung ist in Anwesenheit des Verfahrenspflegers durchzuführen.[9]

2. Zeitpunkt

Wann das Betreuungsgericht den Betroffenen anzuhören hat, ist gesetzlich nicht geregelt. Maßgeblich für die Handhabung ist der jeweilige Einzelfall.[10] In der Praxis wird die Anhörung regelmäßig nach Eingang des Sachverständigengutachtens (s. § 321 FamFG) durchgeführt.[11] Dem Betroffenen ist dazu rechtliches Gehör zu gewähren. Außerdem ist es Aufgabe des Gerichts, die Feststellungen im Gutachten auch anhand des persönlichen Eindrucks zu überprüfen.

3. Ausgestaltung

Die Ausgestaltung der Anhörung ist ebenfalls vom **Einzelfall** abhängig.[12] Maßgeblich ist, dass der Richter eine hinreichende Grundlage für seine Entscheidung erhält. Im Gesetz heißt es lediglich, dass das Gericht den Betroffenen über den möglichen Verlauf des Verfahrens unterrichte, Abs. 2.

---

4 Vgl § 278 Abs. 1 FamFG.
5 Vgl Keidel/Budde, § 319 FamFG Rn 4; aA Knittel, § 319 FamFG Rn 31: Beurteilungsspielraum.
6 Vgl BT-Drucks. 11/4528, 219.
7 Keidel/Budde, § 319 FamFG Rn 4; Bienwald/Sonnenfeld/Hoffmann, § 319 FamFG Rn 15; Damrau/ Zimmermann, § 319 FamFG Rn 9; Knittel, § 319 FamFG Rn 32; vgl MK-ZPO/Schmidt-Recla, § 319 FamFG Rn 6; zum Widerspruchsrecht aA: Bassenge/ Roth/Bassenge, § 319 FamFG Rn 5; Marschner/Volkart/Lesting, § 319 FamFG Rn 12/ s.a. Fröschle/Locher, § 319 FamFG Rn 4.
8 S. Knittel, § 319 FamFG Rn 21–24; Marschner/Volkart/Lesting, § 319 FamFG Rn 7.
9 BGH FamRZ 2012, 619 ff.
10 Keidel/Budde, § 319 FamFG Rn 6.
11 Vgl BGH FamRZ 2012, 619 ff.
12 Vgl zum Inhalt: Marschner/Volkart/Lesting, § 319 FamFG Rn 10.

Im Unterbringungsverfahren sind dabei folgende **Aspekte für die Anhörung** wichtig:
- Klärung der Vorgänge, die zum Verfahren geführt haben;
- Besprechung des Sachverständigengutachtens, das rechtzeitig vor der Anhörung zu übersenden ist;[13]
- Klärung, ob Angehörige oder Vertrauenspersonen vorhanden sind;
- Klärung, ob der Betroffene anwaltlich vertreten ist oder einen anderen Bevollmächtigten hat;
- Klärung, ob ein Verfahrenspfleger zu bestellen ist;
- Gewinnung des unmittelbaren Eindrucks von dem Betroffenen (äußere Erscheinung? Mimik? Gestik? Verständigung möglich? Orientierung? Gedankengang? etc.) und ggf von der Umgebung;[14]
- Prüfung der Erforderlichkeit der Unterbringungsmaßnahme (als ultima ratio, Prüfung von weniger einschneidenden Maßnahmen);[15]
- Art und Umfang der Medikation;
- bei der Prüfung, ob eine Behandlung gegen den Willen des Betroffenen im Rahmen einer Unterbringung nach § 1906 BGB notwendig ist:
- Klärung,
  - ob vor einer etwaigen ärztlichen Zwangsmaßnahme versucht wurde, den Betroffenen von der Notwendigkeit der ärztlichen Maßnahme zu überzeugen;[16]
  - ob die Maßnahme zum Wohl des Betroffenen erforderlich ist, um einen drohenden erheblichen gesundheitlichen Schaden abzuwenden (welchen konkret?);[17]
  - ob der Schaden durch keine andere dem Betroffenen zumutbare Maßnahme abgewendet werden kann;[18]
  - ob und wenn ja, aus welchen Gründen der zu erwartende Nutzen die zu erwartenden Beeinträchtigungen überwiegt;[19]
- Besprechung der Dauer der Maßnahme.[20]

4. Vermerk über die Anhörung

5 Das Gericht hat über die Anhörung einen **Vermerk** zu fertigen, § 28 Abs. 4 S. 1 FamFG. In den Vermerk sind die **wesentlichen Vorgänge der persönlichen Anhörung** aufzunehmen.

Mindestvoraussetzungen über die Form und den Inhalt des **Vermerks** sind im FamFG nicht vorgesehen. Eine Übernahme der Bestimmungen über das Protokoll im Zivilprozess ist nicht erfolgt, um die Flexibilität des FamFG-Verfah-

---

13 Vgl BayObLG BtPrax 1993, 208 f.
14 Vgl Damrau/Zimmermann, § 319 FamFG Rn 10.
15 Vgl Bahrenfuss/Grotkopp, § 315 FamFG Rn 9.
16 S. § 1906 Abs. 3 Nr. 2, Abs. 5 BGB nF.
17 S. § 1906 Abs. 3 Nr. 3, Abs. 5 BGB nF.
18 S. § 1906 Abs. 3 Nr. 4, Abs. 5 BGB nF.
19 S. § 1906 Abs. 3 Nr. 5, Abs. 5 BGB nF.
20 Vgl (auch zum Stil der Anhörung) Knittel, § 319 FamFG Rn 11–19; Marschner/Volckart/Lesting, § 319 FamFG Rn 6.

rens zu erhalten.[21] Welche Anforderungen an einen Vermerk zu stellen sind, lässt sich anhand seiner Funktion erklären. Der Vermerk soll zum einen dazu dienen, die Beteiligten über die Ergebnisse einer Anhörung zu informieren, so dass sie ihr weiteres Verhalten im Verfahren darauf einstellen können. Er soll die Ausübung des Äußerungsrechts nach § 37 Abs. 2 FamFG erleichtern oder überhaupt ermöglichen, indem in Kenntnis gesetzt wird, von welchen wesentlichen Ergebnissen der Anhörung das Gericht ausgeht.[22] Zudem vereinfacht der Vermerk dem Beschwerdegericht die Entscheidung nach § 68 Abs. 3 S. 2 FamFG, ob eine Wiederholung der Anhörung erforderlich ist.[23]

Die Ausgestaltung des Vermerks liegt im Ermessen des Gerichts, wobei es sich, je nach den Erfordernissen des Einzelfalles, sowohl um eine stichwortartige Zusammenfassung des Verlaufs einer Anhörung als auch um einen ausführlichen Vermerk im Sinne des Protokolls handeln können soll.[24] Maßgeblich ist, dass als wesentliche Vorgänge einer Anhörung neben den anwesenden Personen sowie Ort und Zeit der Anhörung solche **Umstände** anzusehen sind, **die unmittelbare Entscheidungserheblichkeit** besitzen.[25] Wenn in einer Anhörung Tatsachen bekundet werden, auf die das Gericht seine Entscheidung stützen möchte, ist eine Aufnahme im Hinblick auf § 37 Abs. 2 FamFG geboten. Etwaige Hinweise sind zu dokumentieren, § 37 Abs. 3 FamFG. Bei einer Anhörung in einer Unterbringungssache sind insbesondere die **äußeren Umstände, die persönliche Verfassung des Betroffenen, der Zustand der Umgebung und der Eindruck, den das Gericht gewonnen hat,** aktenkundig zu machen, da dies für die Entscheidung im Regelfall von wesentlicher Bedeutung ist.[26] Gerade die Aufnahme des unmittelbaren Eindrucks ist für die Gerichte wichtig, da dieser nur dann, wenn er dokumentiert ist, bei einem etwaigen Zuständigkeitswechsel von einem späteren Richter verwertet werden kann.[27] Bei längerfristigen Unterbringungen kann auch anhand des unmittelbaren Eindrucks beurteilt werden, wie sich der gesundheitliche Zustand des Betroffenen ggf verändert hat.

III. Absehen von einer persönlichen Anhörung (Abs. 3)

1. Voraussetzungen

Eine Anhörung kann unter zwei Voraussetzungen unterbleiben. Zum einen ist dies möglich, wenn der Beteiligte offensichtlich **nicht in der Lage ist, seinen Willen kundzutun** (§ 34 Abs. 2 Alt. 2 FamFG). Die früher einschlägige Vorschrift lautete dahin, dass von einer persönlichen Anhörung abgesehen werden könne, wenn der Betroffene nach dem unmittelbaren Eindruck des Gerichts offensichtlich nicht in der Lage ist, seinen (natürlichen) Willen[28] kundzutun.[29] In der Begründung des FamFG ist ausgeführt, dass – wie zuvor – von der Anhö-

---

21 BT-Drucks. 16/6308, 187.
22 BT-Drucks. 16/6308, 188.
23 BT-Drucks. 16/6308, 187; Bahrenfuss/Grotkopp, § 319 FamFG Rn 11.
24 BT-Drucks. 16/6308, 187.
25 Vgl Bienwald/Sonnenfeld/Hoffmann, § 319 FamFG Rn 30.
26 BT-Drucks. 16/6308, 188; Damrau/Zimmermann, § 319 FamFG Rn 10; Bassenge/Roth/Bassenge, § 319 FamFG Rn 3.
27 BayObLGZ 1982, 388.
28 Prütting/Helms/Roth, § 319 FamFG Rn 12.
29 § 68 Abs. 2 Nr. 2 FGG.

rung nur abgesehen werden könne, wenn die Unfähigkeit zur Willensäußerung aufgrund des persönlichen Eindrucks, den sich das Gericht verschaffen müsse, feststehe.[30]

7 Von der Anhörung kann auch dann abgesehen werden, wenn durch die Anhörung **erhebliche Nachteile für die Gesundheit des Betroffenen** zu besorgen sind. In diesem Fall darf das Gericht die Entscheidung, von der Anhörung abzusehen, nur auf der Grundlage eines eingeholten Gutachtens, also nicht eines ärztlichen Zeugnisses, treffen (§§ 319 Abs. 3, 29 ff FamFG).[31] Erhebliche Gründe im vorstehenden Sinne liegen nur vor, wenn nachvollziehbar dargelegt wird, dass dem Betroffenen schwerwiegende, insbesondere irreversible oder lebensgefährliche gesundheitliche Schäden drohen.[32]

8 In den vorgenannten Fällen ist regelmäßig ein **Verfahrenspfleger** zu bestellen, § 317 Abs. 1 S. 2 FamFG.

Nicht im Gesetz erwähnt ist die Möglichkeit des Absehens von der Anhörung, wenn die Anregung oder der Antrag bereits (aus anderen Gründen) unzulässig ist bzw das Gericht keine Genehmigung erteilen oder Anordnung treffen will.[33]

Die Unterbleibensgründe sind in der Entscheidung des Betreuungsgerichts darzulegen.[34]

2. Folgen einer fehlerhaft unterlassenen Anhörung

9 Liegen die Voraussetzungen nicht vor, unter denen von einer Anhörung abgesehen werden kann, handelt es sich um einen **Verfahrensfehler**. Zum einen wird der Anspruch auf Gewährung rechtlichen Gehörs (Art. 103 Abs. 1 GG) verletzt. Dieser Verstoß könnte zwar durch nachträgliche Anhörung geheilt werden.[35] Es liegt aber zudem ein Verstoß gegen das Grundrecht der persönlich Freiheit vor (Art. 2 Abs. 2 S. 2 GG iVm Art. 104 Abs. 1 S. 1 GG). „Verstößt der Richter gegen das Gebot vorheriger mündlicher Anhörung, so drückt dieses Unterlassen der gleichwohl angeordneten Unterbringung den Makel rechtswidriger Freiheitsentziehung auf, der durch Nachholung der Maßnahme rückwirkend nicht mehr zu tilgen ist".[36]

Angesichts dessen, dass auch die medizinische Behandlung eines Untergebrachten gegen seinen natürlichen Willen in sein Grundrecht auf körperliche Unversehrtheit eingreift,[37] gilt dies nach hier vertretener Ansicht auch, sofern die richterliche Anhörung vor der Genehmigung oder Anordnung einer ärztlichen Zwangsmaßnahme im Rahmen einer Unterbringung unterbliebe.

---

30 BT-Drucks. 16/6308, 192, 267; vgl Bassenge/Roth/Bassenge, § 319 FamFG Rn 7, 11; Damrau/Zimmermann, § 319 FamFG Rn 13; teilweise einschränkend: Knittel, § 319 FamFG Rn 38; Fröschle/Locher, § 319 FamFG Rn 17.
31 Knittel, § 319 FamFG Rn 35; vgl Bienwald/Sonnenfeld/Hoffmann, § 319 FamFG Rn 22, 24.
32 Vgl Knittel, § 319 FamFG Rn 35.
33 Vgl Damrau/Zimmermann, § 319 FamFG Rn 14.
34 Bassenge/Roth/Bassenge, § 319 FamFG Rn 7.
35 BVerfGE 5, 22, 24.
36 BVerfGE 58, 208; Keidel/Budde, § 319 FamFG Rn 7; Prütting/Helms/Roth, § 319 FamFG Rn 13; zur Amtspflichtverletzung: KG, RuP 1996, 86 ff; zur strafrechtlichen Verantwortlichkeit: BGH BtPrax 2009, 236.
37 Vgl BVerfGE 128, 282 ff = BGBl. I 2011, 841.

IV. Anhörung durch einen ersuchten Richter (Abs. 4)

Im Hinblick auf die Bedeutung des Freiheitsgrundrechtes soll die Anhörung nicht durch einen ersuchten Richter erfolgen (§ 319 Abs. 4 FamFG). Im Inland kommt folglich regelmäßig keine Anhörung im Wege der Rechtshilfe in Betracht.[38] Allerdings darf ein Rechtshilfeersuchen, den Betroffenen vor Anordnung einer (vorläufigen) Unterbringung persönlich anzuhören, durch das ersuchte Gericht grundsätzlich nicht abgelehnt werden.[39]

10

V. Vorführung des Betroffenen (Abs. 5)

Das Gericht kann den Betroffenen durch die zuständige Behörde vorführen lassen, wenn er sich weigert, an den in Abs. 1 genannten Verfahrenshandlungen (Anhörung und Verschaffung eines unmittelbaren Eindrucks) mitzuwirken.[40]

11

Eine Vorführung ist nur dann zulässig, wenn sich aus dem Verhalten des Betroffenen schließen lässt, dass er einen Anhörungstermin nicht wahrnehmen wird.[41] Zudem erfordert der Verhältnismäßigkeitsgrundsatz, dass hinreichende Anhaltspunkte für eine Unterbringungsmaßnahme bestehen[42] und **keine andere Möglichkeit für die Durchführung** der Anhörung gegeben ist.[43] Die Vorführung ist vorher anzudrohen.[44] Weder die Androhung noch die Anordnung sind anfechtbar.[45] Denn es handelt sich nicht um Endentscheidungen nach § 58 Abs. 1 FamFG.

VI. Neuregelungen (Abs. 6, 7)

Bei den Absätzen 6 und 7 handelt es sich um Neuregelungen.[46] Sie sind auf eine Entscheidung des Bundesverfassungsgerichts[47] zurückzuführen. Es hatte ausgeführt, dass die Bestimmung, nach der das Gericht unanfechtbar anordnen konnte, dass der Betroffene zur Vorbereitung eines Gutachtens untersucht und durch die zuständige Behörde zu einer Untersuchung vorgeführt werde, keine ausreichende Rechtsgrundlage für das gewaltsame Öffnen und Betreten der Wohnung zum Zwecke der Vorführung zu einer Begutachtung im Betreuungsverfahren darstelle.[48]

12

---

38 MK-ZPO/Schmidt-Recla, § 319 FamFG Rn 11; zu etwaigen Ausnahmen: Keidel/Budde, § 319 FamFG Rn 7 ff; einschränkend Damrau/Zimmermann, § 319 FamFG Rn 19; Prütting/Helms/Roth, § 319 FamFG Rn 16; zum Beschwerdeverfahren: Schulte-Bunert/Weinreich/Dodegge, § 319 FamFG Rn 18.
39 BayObLG OLGReport München 2004, 255, 256.
40 Vgl §§ 278 Abs. 4, 283 Abs. 1 FamFG.
41 Keidel/Budde, § 319 FamFG Rn 24.
42 Keidel/Budde, § 319 FamFG Rn 25.
43 Vgl § 34 Abs. 3 FamFG.
44 BayObLG FamRZ 1997, 1568; s. zu den weiteren Einzelheiten der gerichtlichen Entscheidung die 1. Auflage, § 68 FGG; Damrau/Zimmermann, § 319 FamFG Rn 21.
45 Vgl ausführlich Keidel/Budde, § 278 FamFG Rn 11; MK-ZPO/Schmidt-Recla, § 319 FamFG Rn 17.
46 S. Art. 6 des Gesetzes zur Einführung einer Rechtsbehelfsbelehrung im Zivilprozess und zur Änderung anderer Vorschriften vom 5.12.2012 (BGBl. I 2012, 2418), in Kraft getreten am 1.1.2013.
47 Zur früheren Vorschrift des § 68 b Abs. 3 S. 1 FGG (Vorführung zur Untersuchung).
48 BVerfG FamRZ 2009, 1814 f.

Die Neuregelung überträgt die Ergänzung des § 278 FamFG, die die Vorführung zur Anhörung in Betreuungssachen betrifft, auf Verfahren in Unterbringungssachen.[49]

VII. Gewaltanwendung (Abs. 6)

13 Gewalt darf die zuständige Behörde nur anwenden, wenn das Gericht dies ausdrücklich angeordnet hat. Es soll eine ausreichende Rechtsgrundlage für die Anwendung unmittelbaren Zwanges geschaffen werden.[50] Die Vorführung obliegt der gemäß § 3 BtBG zuständigen Betreuungsbehörde.

Die Anordnung kommt als ultima ratio in Betracht,[51] wenn nicht davon auszugehen ist, dass sich der Betroffene von der Betreuungsbehörde zum Erscheinen zur Anhörung bewegen lässt.[52]

VIII. Betreten der Wohnung (Abs. 7)

14 Die Wohnung des Betroffenen darf ohne dessen Einwilligung nur gewaltsam geöffnet, betreten und durchsucht werden, wenn das Gericht dies zu dessen Vorführung zur Anhörung ausdrücklich angeordnet hat. Durch die Regelung soll klargestellt werden, dass gerichtliche Betretungs- und Durchsuchungsanordnungen nur zu dem **Zweck** erfolgen dürfen, den Betroffenen aufzufinden, um ihn zu einer Anhörung vorzuführen. Es soll eine hinreichende Rechtsgrundlage zum Betreten der Wohnung geschaffen werden.[53]

Eine Anordnung zur Öffnung kann nur erfolgen, wenn nach bisherigen Erkenntnissen konkret absehbar ist, dass der Betroffene die Wohnungstür nicht freiwillig öffnen wird.[54]

Bei **Gefahr im Verzug** kann die Anordnung durch die zuständige Behörde erfolgen (§ 319 Abs. 2 S. 2 FamFG nF).

Die Angabe des Zwecks der Durchsuchung im Wortlaut der Vorschrift (§ 319 Abs. 2 S. 3 nF) ist aufgrund des mit einer Durchsuchungsanordnung verbundenen erheblichen Eingriffs in Art. 13 Abs. 1 GG geboten.[55]

Die gerichtlichen Entscheidungen nach Abs. 6 und 7 sind, da es sich nicht um Endentscheidungen handelt, ebenfalls nicht anfechtbar.[56]

---

49 BT-Drucks. 17/10490, 21.
50 BT-Drucks. 17/10490, 20.
51 Vgl Bahrenfuss/Brosey, § 283 FamFG Rn 3 mwN.
52 Vgl Prütting/Helms/Fröschle, § 283 FamFG Rn 13.
53 Vgl BT-Drucks. 17/10490, 20.
54 Vgl KG FamRZ 1997, 442; zu den Kosten vgl Prütting/Helms/Fröschle, § 283 FamFG Rn 24; Fröschle/Locher, § 283 FamFG Rn 14.
55 BT-Drucks. 17/10490, S. 20 auch zum Gesetzesvorbehalt (Art. 13 Abs. 2 GG) und zum Zitiergebot (Art. 19 Abs. 1 S. 2 GG).
56 S. ausf.: § 322 FamFG Fn 21 zu § 283 FamFG; vgl Bassenge/Roth/Bassenge, § 319 FamFG Rn 11; Keidel/Budde, § 278 FamFG Rn 28.

§ 320 FamFG Anhörung der sonstigen Beteiligten und der zuständigen Behörde

¹Das Gericht hat die sonstigen Beteiligten anzuhören. ²Es soll die zuständige Behörde anhören.

I. Einleitung

In § 320 wird die Verpflichtung der Betreuungsgerichte zur Anhörung der zum Verfahren hinzugezogenen Beteiligten geregelt. Dieses Erfordernis folgt bereits aus Art. 103 GG.[1] Eine unterbliebene Anhörung ist verfahrensfehlerhaft.[2]

II. Anhörung der sonstigen Beteiligten (S. 1)

Nach § 320 S. 1 FamFG hat das Gericht die sonstigen Beteiligten, also diejenigen, die kraft Gesetzes oder durch Hinzuziehung Beteilige sind, anzuhören. Gemeint sind Beteiligte gemäß § 315 FamFG.

Die Regelung findet Anwendung vor der Genehmigung oder Anordnung einer Unterbringungsmaßnahme, (entsprechende Anwendung) vor der Verlängerung einer solchen Maßnahme (§ 329 Abs. 2 S. 1 FamFG) und – mit Einschränkungen – bei der Aufhebung einer Unterbringung nach Landesrecht (§ 330 S. 2 FamFG).

Wie die Anhörung durchgeführt wird, ist vom Einzelfall abhängig. Eine persönliche Anhörung ist nicht erforderlich. Ausreichend ist die **Einräumung einer Gelegenheit zur Äußerung**, welche in der Praxis zumeist schriftlich unter Setzung einer sachdienlichen Frist erfolgt.[3] Der Betroffene ist über das Ergebnis der Anhörung zu unterrichten.[4]

III. Anhörung der Behörde (S. 2)

Soweit die zuständige Behörde nicht bereits als Beteiligter (nach § 7 FamFG oder § 315 Abs. 3 FamFG) und damit stets anzuhören ist, soll sie gemäß § 320 S. 2 FamFG angehört werden. Eine entsprechende Anhörung ist nach pflichtgemäßem Ermessen erforderlich, wenn sie zum Zwecke der Sachverhaltsaufklärung notwendig ist.[5] Durch eine Anhörung, die nach § 320 S. 2 FamFG erfolgt, wird die Behörde nicht Beteiligte, § 7 Abs. 6 FamFG.

§ 321 FamFG Einholung eines Gutachtens

(1) ¹Vor einer Unterbringungsmaßnahme hat eine förmliche Beweisaufnahme durch Einholung eines Gutachtens über die Notwendigkeit der Maßnahme

---

1 Vgl BT-Drucks. 16/6308, 274.
2 Prütting/Helms/Roth, § 320 FamFG Rn 5; Marschner/Volckart/Lesting, § 320 FamFG Rn 7; Knittel, § 319 FamFG Rn 10 f.
3 Zur Verwertung der Angaben s. Horndasch/Viefhues/Beermann, § 320 FamFG Rn 5 mwN.
4 Bienwald/Sonnenfeld/Hoffmann, § 320 FamFG Rn 9; zu möglichen Ausnahmen s. Rn 10 und: Horndasch/Viefhues/Beermann, § 320 FamFG Rn 6; MK-ZPO/Schmidt-Recla, § 320 FamFG Rn 5, wobei dann allerdings die Bestellung eines Verfahrenspflegers erforderlich erscheint.
5 Vgl BayObLGZ 1998, 82–85; Bassenge/Roth/Bassenge, § 320 FamFG Rn 4.

stattzufinden. ²Der Sachverständige hat den Betroffenen vor der Erstattung des Gutachtens persönlich zu untersuchen oder zu befragen. ³Das Gutachten soll sich auch auf die voraussichtliche Dauer der Unterbringung erstrecken. ⁴Der Sachverständige soll Arzt für Psychiatrie sein; er muss Arzt mit Erfahrung auf dem Gebiet der Psychiatrie sein. ⁵Bei der Genehmigung einer Einwilligung in eine ärztliche Zwangsmaßnahme oder bei deren Anordnung soll der Sachverständige nicht der zwangsbehandelnde Arzt sein.

(2) Für eine Maßnahme nach § 312 Nr. 2[1] genügt ein ärztliches Zeugnis.

I. Einleitung, Bedeutung der Regelung

1 § 321 FamFG gilt für **alle Unterbringungsmaßnahmen,** wenn diese angeordnet oder genehmigt werden sollen. Vor einer Unterbringungsmaßnahme nach § 312 S. 1 Nr. 1 FamFG nF oder § 321 S. 1 Nr. 3 FamFG nF ist durch das Betreuungsgericht[2] ein ärztliches Gutachten einzuholen. Für eine Maßnahme nach § 312 S. 1 Nr. 2 FamFG nF genügt hingegen ein ärztliches Zeugnis. Die Regelung beinhaltet maßgebliche Verfahrensgarantien.

II. Einholung eines ärztlichen Gutachtens (Abs. 1, S. 1–5)

1. Grundsätze

2 Vor einer Unterbringungsmaßnahme hat eine **förmliche Beweisaufnahme durch Einholung eines Gutachtens** über die Notwendigkeit der Maßnahme stattzufinden.[3] Die Vorschrift des § 321 Abs. 1 S. 1 FamFG ist im Zusammenhang mit Regelungen im Allgemeinen Teil des FamFG zu sehen. Nach § 29 Abs. 1 FamFG erhebt das Gericht die erforderlichen Beweise in geeigneter Form. Es ist hierbei an das Vorbringen der Beteiligten nicht gebunden. Es gilt der Grundsatz des Freibeweises. Das Gericht entscheidet nach pflichtgemäßem Ermessen, ob es die entscheidungserheblichen Tatsachen durch eine förmliche Beweisaufnahme entsprechend der Zivilprozessordnung feststellt (§ 30 Abs. 1 FamFG). Allerdings hat eine **förmliche Beweisaufnahme** stattzufinden, wenn es gesetzlich vorgesehen ist (§ 30 Abs. 1 FamFG). Eine solche Regelung enthält § 321 FamFG für Unterbringungsverfahren.[4]

3 Dabei gelten die Vorschriften der Zivilprozessordnung über den Beweis durch Sachverständige entsprechend.[5] Das bedeutet:

Der Sachverständige ist **vom Gericht auszuwählen** (§§ 30 Abs. 1, 321 Abs. 1 S. 1 FamFG, § 404 Abs. 1 S. 1 ZPO).[6] Er soll **Arzt für Psychiatrie** sein, also eine abgeschlossene Facharztausbildung haben;[7] er muss (jedenfalls) Arzt mit

---

1 Nach der Neuregelung: § 312 Satz 1 Nr. 2 FamFG.
2 Zur Pflicht des Gerichts, ein Sachverständigengutachten einzuholen, wenn die Verwaltungsbehörde nach landesrechtlichen Bestimmungen ihrem Unterbringungsantrag ein ärztliches Gutachten beifügen muss, s. BGH FamRZ 2013, 211 f.
3 Zu den Ausnahmen s. Abs. 2 und § 331 Nr. 2 FamFG.
4 Vgl BGH FamRZ 2012, 441 f; MK-ZPO/Schmidt-Recla, § 321 FamFG Rn 1.
5 § 321 FamFG ist § 280 FamFG nachgebildet (Erfordernis der Einholung eines Sachverständigengutachtens vor der Bestellung eines Betreuers).
6 Vgl KG FamRZ 2007, 81 ff; OLG Stuttgart FamRZ 1993, 1365; Keidel/Budde, § 280 FamFG Rn 11; Damrau/Zimmermann, § 321 FamFG Rn 9.
7 Vgl BGH BtPrax 2012, 198 f; s. dazu: MK-ZPO/Schmidt-Recla, § 321 FamFG Rn 6; Prütting/Helms, § 321 FamFG Rn 3; ausführlich: Knittel, § 321 FamFG Rn 6–13.

Erfahrung[8] auf dem Gebiet der Psychiatrie sein. Sofern keine entsprechende Facharztbezeichnung geführt wird, muss die Sachkunde ausdrücklich festgestellt werden.[9] Dies gilt auch bei Assistenzärzten.[10]
Der Sachverständige ist ohne Beschränkung auf bisher tätig gewesene Ärzte frei zu bestimmen (§ 404 Abs. 1 S. 1 ZPO). Auch der behandelnde Arzt ist nicht grundsätzlich als Sachverständiger ausgeschlossen.[11]

Besonderheiten gelten, wenn es sich um ein Genehmigungsverfahren hinsichtlich einer Einwilligung in eine ärztliche Zwangsmaßnahme oder um ein Verfahren auf Anordnung einer entsprechenden Maßnahme handelt. Nach § 321 Abs. 1 S. 5 FamFG **soll** der Sachverständige nicht der zwangsbehandelnde Arzt sein. Die Vorschrift ist durch das Gesetz zur Regelung der betreuungsrechtlichen Einwilligung in eine ärztliche Zwangsmaßnahme vom 18.2.2013[12] eingeführt worden. 4

Ein weitergehender Vorschlag im Gesetzgebungsverfahren, wonach der Arzt auch von der Einrichtung unabhängig sein müsse, in der der Betroffene untergebracht ist, ist nicht aufgenommen worden.[13] Soll der Schutzzweck der Regelung angesichts der Intensität des Grundrechtseingriffs bei einer ärztlichen Zwangsmaßnahme greifen, wird die Einholung eines Gutachtens durch einen außerhalb der Einrichtung tätigen Sachverständigen regelmäßig geboten sein. Nur in absoluten Ausnahmefällen – etwa bei einer besonderen Gefährdungslage für den Betroffenen[14] – wird es zudem möglich sein, auch den behandelnden Arzt zu beauftragen.

Dem Betroffenen ist die Person des Sachverständigen **vor der Begutachtung bekannt zu machen**, da nach § 406 ZPO entsprechend eine Ablehnung des Sachverständigen in Betracht kommt.[15] 5

Der gerichtliche Gutachtenauftrag hat die vom Sachverständigen **zu beantwortenden Fragen** zu umreißen.[16]

Dem Betroffenenmuss vor der Begutachtung der **Zweck** derselben eröffnet werden.[17]

---

8 Vgl BGH FamRZ 2010, 1726; BGH FamRZ 2011, 637; s. zur Problematik der Qualifikation BayObLG BtPrax 1993, 30, 31; BtPrax 2002, 38; KG FamRZ 1995, 1379; OLG Zweibrücken OLGReport 2005, 437.
9 Vgl Keidel/Budde, § 321 FamFG Rn 4 und § 280 FamFG Rn 11; Damrau/Zimmermann, § 321 FamFG Rn 10.
10 Vgl BayObLG FamRZ 1993, 351 f.
11 BGH FamRZ 2010, 1726 f; im Hinblick auf die Problematik der Verwertbarkeit bei fehlender Schweigepflichtsentbindungserklärung aA KG FamRZ 2007, 1043; Knittel, § 321 FamFG Rn 15/16; MK-ZPO/Schmidt-Recla, § 321 FamFG Rn 8; zur Problematik ausführlich: Keidel/Budde, § 280 FamFG Rn 13/14; zu Bedenken hinsichtlich der Bestellung eines den Betroffenen langjährig behandelnden Arztes: Bassenge/Roth/Bassenge, § 321 FamFG Rn 6.
12 BGBl. I 2013, 266 f.
13 BT-Drucks. 17/12086, 12, 14.
14 S. insoweit aber: §§ 331 ff FamFG.
15 KG FamRZ 2007, 1043; FamRZ 2008, 813, 815; zur Beauftragung von Einzelpersonen: Bienwald/Sonnenfeld/Hoffmann, § 321 FamFG Rn 9; Damrau/Zimmermann, § 321 FamFG Rn 12: MK-ZPO/Schmidt-Recla, § 321 FamFG Rn 7.
16 KG FamRZ 1995, 1379, 1381; vgl Keidel/Budde, § 321 FamFG Rn 3.
17 KG FamRZ 2007, 1043.

2. Beispiel für einen gerichtlichen Gutachtenauftrag

6 Nach §§ 321, 30 Abs. 1 FamFG, § 402 ZPO sind Sachverständigengutachten zwar grundsätzlich mündlich zu erstatten. Allerdings erweist sich diese Form der Erstellung schon im Hinblick auf die Überprüfbarkeit für die Beteiligten regelmäßig als nicht ausreichend. Es ist daher geboten, eine **schriftliche Begutachtung anzuordnen**.[18] Ein entsprechender **Beschluss**[19] könnte lauten:[20]

▶ I. Es soll Beweis erhoben werden zu der Frage, ob eine Unterbringung/ärztliche Zwangsmaßnahme[21] des Betroffenen erforderlich ist, durch Einholung eines schriftlichen psychiatrischen Sachverständigengutachtens.

II. Dem Sachverständigen wird aufgegeben, das Gutachten anhand folgenden Fragenkatalogs zu erstellen:[22]
1. Leidet der Betroffene an einer psychischen Krankheit oder geistigen oder seelischen Behinderung, gegebenenfalls an welcher?
2. a) Besteht aufgrund der gemäß Ziffer 1 ggf festgestellten Krankheit oder Behinderung die Gefahr, dass der Betroffene sich selbst tötet oder erheblichen gesundheitlichen Schaden zufügt? Welcher etwaige Schaden könnte eintreten?
   b) Kann diese Gefahr nur durch die Unterbringung des Betroffenen oder auf andere Weise abgewendet werden?
3. a) Ist zur Abwendung eines drohenden erheblichen gesundheitlichen Schadens eine Untersuchung des Gesundheitszustandes, eine Heilbehandlung oder ein ärztlicher Eingriff erforderlich? Hierbei ist die Art der erforderlichen Behandlung oder des ärztlichen Eingriffs näher darzustellen und zu erörtern, weshalb diese Maßnahmen zur Abwendung welchen Schadens notwendig sind.
   b) Kann die Untersuchung, die Heilbehandlung oder der ärztliche Eingriff ohne die Unterbringung des Betroffenen nicht durchgeführt werden?
   c) Kann der Betroffene trotz der nach Ziffer 1. ggf festgestellten Erkrankung oder Behinderung die Notwendigkeit der Unterbringung erkennen und ggf nach dieser Einsicht handeln?
4. Wie lange ist eine Unterbringung des Betroffenen gemäß Ziffern 2. oder 3. zu seinem Wohl voraussichtlich erforderlich?
5. Widerspricht die (konkret bezeichnete) ärztliche Maßnahme (zB Medikation – Name, Inhaltsstoffe, Dosis) dem natürlichen Willen des Betroffenen? Bejahendenfalls:
   a) Kann der Betroffene trotz der nach Ziffer 1. ggf festgestellten Erkrankung oder Behinderung die Notwendigkeit erkennen und ggf nach dieser Einsicht handeln?
   b) Wurde zuvor versucht, den Betroffenen von der Notwendigkeit der ärztlichen Maßnahme zu überzeugen?
   c) Ist die ärztliche Zwangsmaßnahme im Rahmen der Unterbringung zum Wohl des Betreuten erforderlich, um einen drohenden erheblichen gesundheitlichen Schaden – der konkret zu benennen ist – abzuwenden?

---

18 Vgl BVerfGE 62, 392 ff; MK-ZPO/Schmidt-Recla, § 321 FamFG Rn 14; Damrau/Zimmermann, § 321 FamFG Rn 25.
19 Die gerichtliche Beweisanordnung an sich ist nicht anfechtbar: Keidel/Budde, § 280 FamFG Rn 15; Bassenge/Roth/Bassenge, § 321 FamFG Rn 4.
20 Vgl Damrau/Zimmermann, § 321 FamFG Rn 29–32; Knittel, § 321 FamFG Rn 26–28.
21 S. insoweit insbesondere § 1906 Abs. 1 Nr. 2, Abs. 3, Abs. 5 BGB nF.
22 Vgl Fröschle/Locher, § 321 FamFG Rn 10.

d) Kann der erhebliche gesundheitliche Schaden durch keine andere dem Betroffenen zumutbare Maßnahme abgewendet werden? Etwaige andere Maßnahmen sind zu benennen.
e) Überwiegt der zu erwartende Nutzen der ärztlichen Zwangsmaßnahme die zu erwartenden Beeinträchtigungen deutlich? Der Nutzen und die Beeinträchtigungen sind konkret zu benennen. Zudem ist auszuführen, aus welchen Gründen ggf von einem Überwiegen des Nutzens auszugehen ist.
6. Können dem Betroffenen das Gutachten und die Gründe des gerichtlichen Beschlusses ohne erhebliche Nachteile für seine Gesundheit im Wortlaut bekannt gegeben werden? Sofern entsprechende Nachteile drohen, um welche handelt es sich dabei?
7. Kann der Betroffene ohne erhebliche Nachteile für seine Gesundheit persönlich angehört werden? Sofern entsprechende Nachteile drohen, um welche handelt es sich dabei?

III. Zum Sachverständigen wird bestellt: ...

Der ärztliche Sachverständige wird darauf hingewiesen, dass das Gutachten von einem Arzt für Psychiatrie erstellt werden muss. Es ist deshalb anzugeben, ob der Sachverständige Facharzt ist bzw wie lange er auf dem Gebiet der Psychiatrie tätig ist.[23]

IV. Angesichts der Eilbedürftigkeit wird um Einreichung des Gutachtens bis zum ... gebeten. ◄

3. Aufgabe des Sachverständigen (Abs. 1 S. 2)

Der Sachverständige hat den Betroffenen vor der Erstattung des Gutachtens persönlich zu untersuchen oder zu befragen.[24]

4. Inhaltliche Anforderungen an das Gutachten (Abs. 1 S. 3)

Aus dem Gutachten muss sich regelmäßig ergeben, dass die Feststellungen des erstattenden Arztes auf einer persönlichen Untersuchung des Betroffenen beruhen, die möglichst kurze Zeit zurückliegt.[25]

Ein Sachverständiger vermittelt dem Richter Fachwissen zur Beurteilung von Tatsachen.[26] Die Ausführungen müssen folglich so gehalten sein, dass sie eine **verantwortliche richterliche Prüfung auf ihre wissenschaftliche Fundierung, Logik und Schlüssigkeit zulassen.**[27] Ärztliche Bescheinigungen oder Stellungnahmen, die ohne nachprüfbare Begründung lediglich eine Krankheitsdiagnose wiedergeben, sind nicht ausreichend.[28] Der Sachverständige muss den **Untersuchungsbefund,** aus dem er seine Diagnose ableitet, im Einzelnen mitteilen und die **Folgerungen** aus den jeweiligen Befundtatsachen auf die Diagnose oder die ihm sonst gestellte Beweisfrage **nachvollziehbar** darstellen.[29] Das heißt:

---

23 Es wird davon ausgegangen, dass erforderlichenfalls vor der Beauftragung des Sachverständigen geklärt worden ist, dass er nicht der sog. zwangsbehandelnde Arzt ist.
24 S. BT-Drucks. 11/4528, 174; zu nicht hinlänglichen Gutachten: Keidel/Budde, § 280 FamFG Rn 16 mwN.
25 KG FamRZ 1995, 1379, 1380; OLG Brandenburg FamRZ 2001, 40; OLG Köln FamRZ 2001, 310.
26 BGH NJW 1993, 1796.
27 KG FamRZ 1995, 1379, 1380 (für Gutachten bei einer Betreuerbestellung); Keidel/Budde, § 280 FamFG Rn 22; zu Mängeln s. Knittel, § 321 FamFG Rn 32–33.
28 KG FamRZ 1995, 1379, 1380.
29 KG FamRZ 2007, 1043.

- Es müssen die Anknüpfungstatsachen mitgeteilt werden, die die Grundlage der Begutachtung bilden.
- Die wissenschaftlichen Erkenntnisse bzw Erfahrungssätze, anhand derer der Sachverständige tätig geworden ist, müssen benannt werden.
- Schließlich sind die Schlussfolgerungen, die der Sachverständige gezogen hat, aufzuzeigen.[30]

Hinweis:

Selbst wenn keine konkreten Fragen durch das Gericht gestellt werden, muss sich das Gutachten mit der Problematik beschäftigen, ob aus psychiatrischer Sicht die **Voraussetzungen für die konkrete Unterbringungsmaßnahme** vorliegen. Das beinhaltet zB im Rahmen eines Verfahrens nach § 1906 Abs. 1 Nr. 1 BGB die Prüfung, ob aufgrund einer (welcher? woraus sich ergebenden?) Krankheit oder Behinderung die Gefahr besteht, dass der Betroffene sich selbst tötet. Zu untersuchen ist weiter, wie lange eine etwaige Gefährdung voraussichtlich andauert und welche geringeren Maßnahmen als eine Unterbringung zur Gefahrabwendung ausreichend sein könnten.[31]

5. Erörterung des Gutachtens

9   Nach Ansicht des Gesetzgebers erfordert eine entsprechende Anwendung der Zivilprozessordnung keine schematische Übertragung aller Beweisregeln und -grundsätze. Es verbleibe Spielraum im Einzelfall. Als Beispiel wird ausgeführt, dass die im Zivilprozess übliche mündliche Erörterung des Sachverständigengutachtens auf das Betreuungs- (bzw Unterbringungsverfahren) nicht ohne Weiteres übertragbar sei.[32] Aus § 30 Abs. 4 FamFG folgt allerdings, dass den Beteiligten Gelegenheit zu geben ist, zum Ergebnis einer förmlichen Beweisaufnahme Stellung zu nehmen, soweit dies zur Aufklärung des Sachverhalts oder zur Gewährung rechtlichen Gehörs erforderlich ist. Für den Betroffenen bedeutet dies: das Sachverständigengutachtenmuss ihm vollständig und **rechtzeitig vor einer Anhörung übersandt** werden.[33] Von einer Bekanntgabe kann allenfalls dann abgesehen werden, wenn zu befürchten ist, diese werde die Gesundheit des Betroffenen schädigen oder zumindest ernsthaft gefährden.[34] In diesen Fällen muss ein **Verfahrenspfleger** bestellt werden, dem das Gutachten zu übergeben ist; zudem muss „die Erwartung gerechtfertigt" sein, dass der Verfahrenspfleger mit dem Betroffenen das Gutachten bespricht.[35]

6. Folgen eines nicht ausreichenden Gutachtens

10 Hat das Gericht ein für die Entscheidung über die Unterbringungsmaßnahme ausreichendes Gutachten nicht eingeholt, und beantragt der Betroffene im Be-

---

30 Vgl BGH FamRZ 2011, 637; BayObLG FamRZ 1995, 118 f; s. Bahrenfuss/Grotkopp, § 321 FamFG Rn 3; vgl Fröschle/Locher, § 321 FamFG Rn 9.
31 Vgl Damrau/Zimmermann, § 321 FamFG Rn 24.
32 BT-Drucks. 16/6308, 268.
33 Vgl BayObLG BtPrax 2003, 175 f; Keidel/Budde, § 280 FamFG Rn 25; Knittel, § 321 FamFG Rn 23; Damrau/Zimmermann, § 321 FamFG Rn 35.
34 VglBGH BtPrax 2010, 278.
35 VglBGH BtPrax 2010, 278.

schwerdeverfahren nach seiner Entlassung, die Rechtswidrigkeit der Maßnahme festzustellen, kann der Verfahrensfehler nicht mehr geheilt werden.[36]

III. Ärztliches Zeugnis (Abs. 2)

Für eine **unterbringungsähnliche Maßnahme** nach § 312 S. 1 Nr. 2 FamFG nF genügt ein ärztliches Zeugnis. Von einem Gutachten unterscheidet sich das ärztliche Zeugnis dadurch, dass es sich **in verkürzter Form** zu den entscheidungserheblichen Gesichtspunkten verhält.[37] Das ärztliche Zeugnis muss auf einer zeitnahen persönlichen Untersuchung des Arztes beruhen.[38] Es darf sich angesichts der Bedeutung des Eingriffs nicht auf den gesundheitlichen Zustand des Betroffenen beschränken. Es muss vielmehr Angaben zur Erforderlichkeit der Unterbringung, zu den ohne Behandlung drohenden Nachteilen[39] und zur Fähigkeit der freien Willensbestimmung bzw zu deren Ausschluss enthalten.[40] Der das Zeugnis ausstellende Arzt muss über die notwendige Sachkunde verfügen. Nach hier vertretener Ansicht muss er jedenfalls im Regelfall Arzt für Psychiatrie bzw Arzt mit Erfahrung auf dem Gebiet der Psychiatrie sein.[41]

11

Das ärztliche Zeugnis unterscheidet sich von dem Sachverständigengutachten auch dadurch, dass das Zeugnis von einem der Beteiligten **beigebracht** werden kann.[42]

IV. Entschädigung

Wenn das Gericht in Unterbringungssachen ein Gutachten einholt, ist der Sachverständige gemäß § 9 Abs. 1 S. 1 und 2 JVEG nach der Honorargruppe M 3 (derzeit 85 EUR)[43] zu entschädigen. Nach hiesiger Ansicht gilt dies auch in Verfahren, die die Genehmigung unterbringungsähnlicher Maßnahmen betreffen.[44] Maßgeblich ist dabei, ob das Gericht das Gutachten einholt oder ein ärztliches Zeugnis für ausreichend erachtet.

12

§ 322 FamFG Vorführung zur Untersuchung; Unterbringung zur Begutachtung

Für die Vorführung zur Untersuchung und die Unterbringung zur Begutachtung gelten die §§ 283 und 284 entsprechend.

---

36 KG FamRZ 2007, 1043.
37 LG Hildesheim BtPrax 1993, 210; Fröschle/Locher, § 321 FamFG Rn 12.
38 OLG Köln FGPrax 2006, 232; vgl Keidel/Budde, § 281 FamFG Rn 1; Fröschle/Locher, § 321 FamFG Rn 12.
39 OLG Köln FGPrax 2006, 232; vgl Bienwald/Sonnenfeld/Hoffmann, § 321 FamFG Rn 13.
40 Vgl BayObLG BtPrax 2003, 268.
41 Vgl OLG Zweibrücken BtPrax 2003, 80; BtMan 2006, 10; vgl Prütting/Helms/Roth, § 321 FamFG Rn 7; einschränkend: Bienwald/Sonnenfeld/Hoffmann, § 321 FamFG Rn 12; MK-ZPO/Schmidt-Recla, § 321 FamFG Rn 16; aA Bahrenfuss/Grotkopp, § 321 FamFG Rn 13.
42 Vgl Damrau/Zimmermann, § 321 FamFG Rn 43.
43 Nach dem Entwurf des 2. Kostenrechtsmodernisierungsgesetzes, BT-Drucks. 17/13537, 276: 100 EUR.
44 Vgl Damrau/Zimmermann, § 321 FamFG Rn 43.

I. Einleitung

1 Nach § 322 FamFG gelten für die Vorführung zur Untersuchung in Unterbringungssachen und für die Unterbringung zur Begutachtung die Regelungen für Betreuungssachen entsprechend.

II. Anordnung der Untersuchung und der Vorführung
1. Voraussetzungen (§ 283 Abs. 1 FamFG entsprechend)

2 Nach § 322 Hs 1, § 283 Abs. 1 S. 1 FamFG entsprechend kann das Betreuungsgericht anordnen, dass der Betroffene zur Vorbereitung eines Gutachtens untersucht und durch die zuständige Behörde zu einer Untersuchung vorgeführt wird.

Die Anordnung der Untersuchung verpflichtet den Betroffenen zu deren Duldung.[1] Allerdings kann eine darüber hinausgehende Verpflichtung zur Mitwirkung nicht begründet werden.[2] Deshalb sind auch körperliche Eingriffe gegen den Willen des Betroffenen nicht zulässig.[3]

Die Anordnung ist die Grundlage für die nur im Rahmen der Verhältnismäßigkeit anzuordnende Vorführung.[4] Maßgeblich ist insoweit, dass eine andere Möglichkeit, die Begutachtung durchzuführen, nicht besteht.[5] Es bedarf der gerichtlichen Prüfung der Plausibilität und Möglichkeit einer Unterbringungsmaßnahme.[6]

Der Betroffene soll vorher persönlich angehört[7] werden (§ 283 Abs. 1 S. 2 FamFG entsprechend).

2. Gewaltanwendung (§ 283 Abs. 2 FamFG entsprechend)

3 Die Vorführung obliegt der gemäß § 3 BtBG zuständigen Betreuungsbehörde. Es wird davon ausgegangen, dass die Behörde über hinreichend geschultes Personal verfügt.[8]

Nach § 322 Hs 1, § 283 Abs. 2 S. 1 FamFG entsprechend darf die zuständige Behörde, die die Vorführung vornimmt, Gewalt nur anwenden, wenn das Gericht dies ausdrücklich **angeordnet** hat.[9] Es soll sichergestellt werden, dass die Anwendung von Gewalt in jedem Fall einer gerichtlichen Entscheidung bedarf.[10] Die Anordnung kommt in Betracht, wenn nicht davon auszugehen ist,

---

1 BGH NJW 2007, 3575 ff.
2 Keidel/Budde, § 283 FamFG Rn 4; Knittel, § 322 FamFG Rn 10.
3 Keidel/Budde, § 283 FamFG Rn 4; Bahrenfuss/Brosey, § 283 FamFG Rn 2; Marschner/Volckart/Lesting, § 322 FamFG Rn 5; Fröschle/Locher, § 283 FamFG Rn 3.
4 BGH NJW 2007, 3575.
5 BT-Drucks. 11/4528, 175; vgl Prütting/Helms/Fröschle, § 283 FamFG Rn 8, 9; Marschner, Volckart/Lesting, § 322 FamFG Rn 3.
6 OLG München FamRZ 2009, 1863; Schulte-Bunert/Weinreich/Dodegge, § 322 FamFG Rn 4.
7 S. zur Einräumung einer Stellungnahmemöglichkeit bei dauerhaft verweigerter Kontaktaufnahme: Keidel/Budde, § 283 FamFG Rn 7.
8 BT-Drucks. 16/6308, 268.
9 Der Wortlaut ist durch Art. 6 des Gesetzes zur Einführung eines Rechtsbehelfsbelehrung im Zivilprozess und zur Änderung anderer Vorschriften vom 5.12.2012 (BGBl. I 2012, 2418), in Kraft getreten am 1.1.2013, geändert worden.
10 Vgl BT-Drucks. 16/6308, 268.

dass sich der Betroffene von der Betreuungsbehörde zum Erscheinen beim Sachverständigen bewegen lässt.[11]
Die zuständige Behörde ist befugt, erforderlichenfalls die Unterstützung der polizeilichen Vollzugsorgane nachzusuchen, § 322 Hs 1, § 283 Abs. 2 S. 2 FamFG entsprechend. Diese Unterstützungsmaßnahme kommt nur als ultima ratio in Betracht.[12]

3. Betreten der Wohnung (§ 283 Abs. 3 FamFG entsprechend)

§ 322 Hs 1 FamFG verweist zudem auf § 283 Abs. 3 S. 1 FamFG. Es handelt sich um eine Neuregelung.[13]

Nach § 283 Abs. 3 S. 1 FamFG nF darf die Wohnung des Betroffenen ohne dessen Einwilligung nur gewaltsam geöffnet, betreten und durchsucht werden, wenn das Gericht dies zu dessen Vorführung zur Untersuchung ausdrücklich angeordnet hat. Vor der **Anordnung** ist der Betroffene persönlich anzuhören, § 322 Hs 1, § 283 Abs. 3 S. 2 FamFG nF entsprechend. Bei Gefahr im Verzug kann die Anordnung durch die zuständige Behörde ohne vorherige Anhörung des Betroffenen erfolgen (§ 322 Hs 1, § 283 Abs. 3 S. 3 FamFG nF entsprechend). Durch diese Regelung wird das **Grundrecht auf Unverletzlichkeit der Wohnung** aus Art. 13 Abs. 1 des GG eingeschränkt (§ 322 Hs 1, § 283 Abs. 3 S. 4 FamFG nF entsprechend).

Bislang lautete § 283 Abs. 3 FamFG:

Die Wohnung des Betroffenen darf ohne dessen Einwilligung nur betreten werden, wenn das Gericht dies aufgrund einer ausdrücklichen Entscheidung angeordnet hat. Bei Gefahr im Verzug findet Satz 1 keine Anwendung.

Die Neuregelung ist unter Berücksichtigung einer Entscheidung des Bundesverfassungsgerichts vom 21.8.2009[14] ergangen.[15]

Durch § 283 Abs. 3 FamFG nF soll klargestellt werden, dass gerichtliche Betretens- und Durchsuchungsanordnungen nur zu dem Zweck erfolgen dürfen, den Betroffenen aufzufinden, um ihn zu einer Untersuchung vorzuführen.[16] Angesichts des erheblichen Grundrechtseingriffs in Art. 13 Abs. 1 GG sei die Angabe des Zwecks der Durchsuchung im Wortlaut der Vorschrift geboten.[17]

Eine Anordnung zur Öffnung kommt nur in Betracht, wenn nach bisherigen Erkenntnissen konkret absehbar ist, dass der Betroffene die Wohnungstür nicht freiwillig öffnen wird.[18]

Die Anhörung des Betroffenen ist verpflichtend („Muss-Vorschrift"); damit soll der „erhöhten Grundrechtsrelevanz Rechnung" getragen werden.[19] Be-

---

11 Vgl Prütting/Helms/Fröschle, § 283 FamFG Rn 13.
12 Bahrenfuss/Brosey, § 283 FamFG Rn 3 mwN.
13 S. Fn 9.
14 BVerfG FamRZ 2009, 1814 ff; s. näher: § 319 FamFG Rn 12.
15 BT-Drucks. 17/10490, 20 zu § 278 FamFG. Die Ergänzung in § 278 FamFG wird auf Unterbringungsverfahren übertragen, BT-Drucks. 17/10490, 21.
16 BT-Drucks. 17/10490, 21.
17 BT-Drucks. 17/104980, 21.
18 Vgl KG FamRZ 1997, 442; zu den Kosten vgl Prütting/Helms/Fröschle, § 283 FamFG Rn 24; Fröschle/Locher, § 283 FamFG Rn 14.
19 BT-Drucks. 17/104980, 21.

steht allerdings Gefahr im Verzug,[20] kann die Anordnung hinsichtlich des Betretens der Wohnung etc. durch die Behörde ohne vorherige richterliche Anhörung des Betroffenen erfolgen.

4. Anfechtbarkeit

6 Die Vorführungsanordnung ist, da es sich um eine Zwischenentscheidung handelt, **nicht anfechtbar**.[21]

III. Unterbringung zur Begutachtung (§ 284 Abs. 1 FamFG entsprechend)

7 Das Gericht kann nach Anhörung eines Sachverständigen auch beschließen,[22] dass der Betroffene auf bestimmte Dauer untergebracht und beobachtet wird, soweit dies zur Vorbereitung des Gutachtens erforderlich ist (§ 322 Hs 1 FamFG, § 284 Abs. 1 S. 1 FamFG entsprechend).

1. Voraussetzungen

8 In manchen Fällen kann ein Sachverständigengutachten nur erstattet werden, wenn der Betroffene zuvor **über einen längeren Zeitraum beobachtet** worden ist. Eine Unterbringung zu diesem Zweck ist nur unter strikter Beachtung des **Verhältnismäßigkeitsgrundsatzes** zulässig.[23] Die Unterbringung zur Beobachtung kommt nur in Betracht, wenn sich alle anderen Möglichkeiten (zB die Vorführung zu einem Untersuchungstermin) als nicht hinreichend erwiesen haben,[24] oder sie sich mit an Sicherheit grenzender Wahrscheinlichkeit als nicht ausreichend erweisen werden.[25] Dabei müssen konkrete Anhaltspunkte für eine Unterbringungsbedürftigkeit gegeben sein.[26]

2. Verfahren (§ 284 Abs. 1 S. 2 FamFG entsprechend)

9 Der Betroffene ist vorher **persönlich anzuhören** (§ 284 Abs. 1 S. 2 FamFG entsprechend). Es ist ggf nach § 317 Abs. 1 FamFG ein Verfahrenspfleger zu bestellen. Ein Sachverständiger muss zuvor zur Notwendigkeit und Dauer der Unterbringung Stellung genommen haben, § 284 Abs. 1 S. 1 FamFG entsprechend. Zur **Qualifikation des Sachverständigen**, der nicht mit dem Gutachter, der das Sachverständigengutachten zur Erforderlichkeit der Unterbringung zB im Rahmen des § 1906 BGB erstellt, identisch sein muss,[27] äußert sich das Ge-

---

20 S. dazu: Fröschle/Locher, § 283 FamFG Rn 8.
21 S. BVerfG, FamRZ 2010, 1145, 1146; vgl Bahrenfuss/Grotkopp, § 322 FamFG Rn 3; Keidel/Budde, § 283 FamFG Rn 9; aA Prütting/Helms/Fröschle, § 283 FamFG Rn 22; s. aber zur Anfechtbarkeit bei einer willkürlichen Anordnung einer psychiatrischen Untersuchung: BGH NJW 2007, 3575; Bahrensfuss/Brosey, § 283 FamFG Rn 5; Knittel, § 322 FamFG Rn 18 zur Problematik nach der Neuregelung: Schmidt-Recla, FamRZ 2013, 255, 257 f; Bsp. für eine Formulierung der Anordnung: Fröschle/Locher, § 283 FamFG Rn 10.
22 Vgl zur Formulierung: Fröschle/Locher, § 284 FamFG Rn 6; zu den Kosten: ders., ebd., Rn 9.
23 BayObLG FGPrax 2004, 250; vgl Bahrenfuss/Brosey, § 284 FamFG Rn 2; Keidel/Budde, § 284 FamFG Rn 4, 5; Fröschle/Locher, § 284 FamFG Rn 2; Prütting/Helms/Fröschle, § 284 FamFG Rn 4; Schulte-Bunert/Weinreich/Eilers, § 284 FamFG Rn 15.
24 Vgl BayObLG FGPrax 2004, 250; vgl Bahrenfuss/Brosey, § 284 FamFG Rn 2.
25 Bienwald/Sonnenfeld/Hoffmann, §§ 280–284 FamFG Rn 81; Fröschle/Locher, § 284 FamFG Rn 2.
26 Vgl BayObLG FGPrax 2004, 250.
27 Fröschle/Locher, § 284 FamFG Rn 2.

setz nicht. Nach hiesiger Auffassung soll der Sachverständige Arzt für Psychiatrie oder Arzt mit Erfahrung auf dem Gebiet der Psychiatrie sein, § 280 Abs. 1 S. 1 FamFG.[28] Ob eine Äußerung nach Aktenlage genügt, ist streitig.[29] Darauf wird jedenfalls nicht abgestellt werden können, wenn dem Sachverständigen ein unmittelbarer Eindruck möglich ist. Es muss nachvollziehbar begründet werden, warum ohne die Unterbringung ein Gutachten nicht erstellt werden kann.[30]

3. Dauer der Unterbringung (§ 284 Abs. 2 FamFG entsprechend)

Die Unterbringung darf die Dauer von **sechs Wochen** nicht überschreiten. Reicht dieser Zeitraum nicht aus, um die erforderlichen Erkenntnisse für das Gutachten zu erlangen, kann die Unterbringung bis zu einer Gesamtdauer von drei Monaten verlängert werden (§ 284 Abs. 2 S. 2 FamFG). 10

4. Vorführung (§ 284 Abs. 3 FamFG)

Nach § 284 Abs. 3 FamFG gelten § 283 Abs. 2 und 3 FamFG entsprechend. 11

Es wird insoweit auf die Ausführungen unter Rn 3–5 verwiesen.

5. Rechtsmittel (§ 284 Abs. 3 S. 2 FamFG entsprechend)

Es findet die sofortige Beschwerde nach den §§ 567–572 ZPO Anwendung. Es gilt also eine **zweiwöchige Anfechtungsfrist**. Für die Beschwerdegerichte ist zu beachten, dass eine originäre Einzelrichterzuständigkeit begründet ist.[31] 12

§ 323 FamFG Inhalt der Beschlussformel

(1) Die Beschlussformel enthält im Fall der Genehmigung oder Anordnung einer Unterbringungsmaßnahme auch

1. die nähere Bezeichnung der Unterbringungsmaßnahme sowie
2. den Zeitpunkt, zu dem die Unterbringungsmaßnahme endet.

(2) Die Beschlussformel enthält bei der Genehmigung einer Einwilligung in eine ärztliche Zwangsmaßnahme oder bei deren Anordnung auch Angaben zur Durchführung und Dokumentation dieser Maßnahme in der Verantwortung eines Arztes.

I. Einleitung

Das Betreuungsgericht entscheidet durch Beschluss, soweit durch die Entscheidung der Verfahrensgegenstand ganz oder teilweise erledigt wird (Endentscheidung), § 38 Abs. 1 S. 1 FamFG. Dies ist der Fall, wenn zB eine Unterbringung genehmigt, angeordnet oder abgelehnt wird. Nach der Regelung des § 38 Abs. 2 Nr. 1–3 FamFG enthält ein Beschluss die **Bezeichnung der Beteiligten**, 1

---

28 Vgl Knittel, § 322 FamFG Rn 26; Fröschle/Locher, § 284 FamFG Rn 2; Prütting/Helms/Fröschle, § 284 FamFG Rn 5.
29 Nachweise bei Prütting/Helms/Fröschle, § 284 FamFG Rn 5; ablehnend: Marschner/Volckart/Lesting, § 322 FamFG Rn 9.
30 Vgl OLG Saarbrücken v. 28.9.2004, 5 W 236/04.
31 Im Gegensatz zu den übrigen Unterbringungssachen.

ihrer gesetzlichen Vertreter und ihrer Bevollmächtigten; die Bezeichnung des Gerichts und die Namen der Gerichtspersonen, die bei der Entscheidung mitgewirkt haben (Richter/Richterin, der beim Amtsgericht tätig geworden ist) und die **Beschlussformel**, die einem Urteilstenor vergleichbar ist. In § 323 FamFG ist geregelt, welchen Inhalt die Beschlussformel hat.

II. Inhalt der Beschlussformel

1. Erforderliche Angaben nach Abs. 1 Nr. 1 und 2

2   Nach § 323 Abs. 1 FamFG ist im Fall der Genehmigung oder Anordnung einer Unterbringungsmaßnahme diese näher zu bezeichnen.

Das bedeutet: Bei Unterbringungsmaßnahmen nach § 312 S. 1 Nr. 1 und 3 FamFG nF ist die **Art der Einrichtung** zu benennen (zB die psychiatrische Klinik).[1] Die Auswahl obliegt den gesetzlichen oder gewillkürten Vertretern bzw den zuständigen Behörden nach Landesrecht.[2]

Bei einer unterbringungsähnlichen Maßnahme gemäß § 312 S. 1 Nr. 2 FamFG nF muss genau festgelegt werden, **welche Maßnahme** konkret durchgeführt werden soll (zB Anlegen eines Leibgurtes).[3]

Zudem ist der **Zeitpunkt** anzugeben, zu dem die Unterbringungsmaßnahme endet. Dieser ist kalendermäßig zu bestimmen.[4]

2. Erforderliche Angaben nach Abs. 2

3   § 323 Abs. 2 FamFG ist durch das Gesetz zur Regelung der betreuungsrechtlichen Einwilligung in eine ärztliche Zwangsmaßnahme vom 18.2.2003[5] eingeführt worden.

Es „sollen die Durchführung und Dokumentation der Maßnahme in der Verantwortung eines Arztes gewährleistet werden".[6] Nach der Begründung zum Gesetzentwurf[7] ist von den Anforderungen des Bundesgerichtshofs in der Entscheidung vom 1.2.2006[8] auszugehen.

Dort war ausgeführt worden, dass die von dem Betreuten zu duldende Behandlung so präzise wie möglich anzugeben sei, weil sich nur aus diesen Angaben der Unterbringungszweck sowie Inhalt, Gegenstand und Ausmaß der von dem Betreuten zu duldenden Behandlung hinreichend konkret ergäben. Dazu gehörten bei einer Behandlung durch Verabfolgung von Medikamenten in der Regel auch die möglichst genaue Angabe des Arzneimittels oder des Wirkstoffs und deren (Höchst-) Dosierung sowie die Verabreichungshäufigkeit. Insoweit

---

1   Vgl BayObLG FamRZ 1994, 320 ff; Keidel/Budde, § 323 FamFG Rn 4.
2   Vgl OLG Naumburg JAmt 2002, 538 f.
3   Zum Zeitrahmen s. Prütting/Helms/Roth, § 323 FamFG Rn 5.
4   Vgl Keidel/Budde, § 323 FamFG Rn 11 zur Berechnung der Frist nach § 16 FamFG ab Bekanntgabe der Entscheidung; Marschner/Volckart/Lesting, § 323 FamFG Rn 10; Schulte-Bunert/Weinreich/Dodegge, § 323 FamFG Rn 15; ab Erlass der Entscheidung: Bienwald/Sonnenfeld/Hoffmann, § 323 FamFG Rn 19; Prütting/Helms/Roth, § 323 FamFG Rn 6 (und Rn 7 zu den Folgen bei einem Fehlen der erforderlichen Angaben); Fristbeginn ab Wirksamkeit gemäß § 324 FamFG: MK-ZPO/Schmidt-Recla, § 323 FamFG Rn 7.
5   BGBl. I 2013, 266 f.
6   BT-Drucks. 17/12086, 14.
7   BT-Drucks. 17/11513, 8.
8   BGHZ 166, 141 ff.

könne es sich empfehlen, vorsorglich auch alternative Medikationen für den Fall vorzusehen, dass das in erster Linie vorgesehene Medikament nicht die erhoffte Wirkung habe oder vom Betreuten nicht vertragen werde.[9]

3. Beispiele für eine Beschlussformel
▶ **Genehmigung der Unterbringung**

... wird die Unterbringung des Betroffenen in einer geschlossenen Einrichtung eines psychiatrischen Krankenhauses längstens bis zum ... genehmigt.
Die Entscheidung ist sofort wirksam. ◀

▶ **Anordnung der Unterbringung**

... wird die Unterbringung des Betroffenen in einer geschlossenen Einrichtung eines psychiatrischen Krankenhauses längstens bis zum ... angeordnet.
Die Entscheidung ist sofort wirksam. ◀

▶ **Genehmigung unterbringungsähnlicher Maßnahmen**

... wird die zeitweise/regelmäßige ... Freiheitsentziehung durch ... (zB Anbringen von Bettgittern) bis längstens ... genehmigt.
Die Entscheidung ist sofort wirksam. ◀

▶ **Genehmigung einer Einwilligung eines Betreuers in eine ärztliche Maßnahme gegen den Willen des Betreuten**

... wird die Einwilligung des Betreuers in die Behandlung mit
- dem Arzneimittel ...
- dem Wirkstoff ...
- in folgender Dosierung ...
- in folgender Verabreichungshäufigkeit
- vorsorglich alternativ mit ...

betreuungsgerichtlich genehmigt.
Die Durchführung und Dokumentation liegt in der Verantwortung des Arztes ...
Die Entscheidung ist sofort wirksam.[10] ◀

III. Weitergehende Hinweise zur Begründung des Beschlusses

Nach § 38 Abs. 3 S. 1 FamFG sind Beschlüsse zu begründen. Gemäß § 38 Abs. 4 FamFG bedarf es einer **Begründung** unter bestimmten Voraussetzungen nicht, zB, wenn der Beschluss in Gegenwart aller Beteiligten mündlich bekannt gegeben wurde und diese auf Rechtsmittel verzichtet haben.

Davon sieht § 38 Abs. 5 FamFG „Rückausnahmen" vor. Die Möglichkeit, **von einer Begründung abzusehen**, ist beispielsweise **in Betreuungssachen nicht gegeben** (§ 38 Abs. 5 Nr. 3 FamFG). Entsprechende Entscheidungen sind also stets zu begründen. Nach Ansicht des Gesetzgebers müssen den Betroffenen hier die Gründe für die Anordnung der Betreuung, dessen Ablehnung oder

---

9 BGHZ 166, 141, 153, 154.
10 Vgl dazu § 324 FamFG Fn 6.

sonstigen Endentscheidung des Gerichts auch nachträglich zur Verfügung stehen.[11]
Für **Unterbringungssachen** fehlt eine entsprechende ausdrückliche Regelung.[12] Eine **Begründung** des Beschlusses ist allerdings **geboten**.[13] Dass von der früher maßgeblichen Begründungspflicht (§ 70 f Abs. 2 FGG), nicht abgewichen werden sollte, ergibt sich bereits aus einem Umkehrschluss aus § 325 Abs. 1 FamFG. Denn dort ist geregelt, wann von der Bekanntgabe der Gründe eines Beschlusses an den Betroffenen abgesehen werden kann.

Zudem ist ein **Beschluss im Beschwerdeverfahren zu begründen**, § 69 Abs. 2 FamFG. Im Übrigen ergibt sich die Notwendigkeit der Begründung aus rechtsstaatlichen Gesichtspunkten. Dafür spricht die Bedeutung des Freiheitsgrundrechtes.[14] Angesichts dessen wäre nicht erklärlich, weshalb in Betreuungssachen auf eine Begründung nicht verzichtet werden können soll, in Unterbringungssachen hingegen schon. Zudem ist zu berücksichtigen, dass in Unterbringungsverfahren nicht selten Anträge auf Feststellung der Rechtswidrigkeit der Unterbringungsmaßnahme gestellt werden. Schließlich spricht auch die Regelung des § 317 Abs. 2 FamFG, wonach das Gericht in einer Entscheidung, durch die eine Unterbringungsmaßnahme genehmigt oder angeordnet wird, zu begründen hat, warum kein Verfahrenspfleger bestellt wird, dafür, dass eine Begründung erforderlich ist.

§ 324 FamFG Wirksamwerden von Beschlüssen

(1) Beschlüsse über die Genehmigung oder die Anordnung einer Unterbringungsmaßnahme werden mit Rechtskraft wirksam.

(2) [1]Das Gericht kann die sofortige Wirksamkeit des Beschlusses anordnen. [2]In diesem Fall wird er wirksam, wenn der Beschluss und die Anordnung seiner sofortigen Wirksamkeit

1. dem Betroffenen, dem Verfahrenspfleger, dem Betreuer oder dem Bevollmächtigten im Sinne des § 1896 Abs. 2 Satz 2 des Bürgerlichen Gesetzbuchs bekannt gegeben werden,
2. einem Dritten zum Zweck des Vollzugs des Beschlusses mitgeteilt werden oder
3. der Geschäftsstelle des Gerichts zum Zweck der Bekanntgabe übergeben werden.

[3]Der Zeitpunkt der sofortigen Wirksamkeit ist auf dem Beschluss zu vermerken.

I. Einleitung

1   In § 324 FamFG ist das Wirksamwerden von Beschlüssen geregelt.

---

11 BT-Drucks. 16/6308, 195.
12 BGBl. I 2008, 2599.
13 Vgl Bassenge/Roth/Bassenge, § 323 FamFG Rn 8; Bahrenfuss/Grotkopp, § 323 FamFG Rn 6; Schulte-Bunert/Weinreich/Dodegge, § 323 FamFG Rn 22; Damrau/Zimmermann, § 323 FamFG Rn 19.
14 Vgl Art. 104 Abs. 3 S. 1 GG.

II. Eintritt der Rechtskraft (Abs. 1)

Grundsätzlich werden Beschlüsse mit der **Bekanntgabe** an den Beteiligten, für den sie ihrem wesentlichen Inhalt nach bestimmt sind, wirksam, § 40 Abs. 1 FamFG. Dies gilt aber nicht für Beschlüsse über die **Genehmigung oder die Anordnung** einer **Unterbringungsmaßnahme**.[1]

Zu den Unterbringungssachen zählen auch die Genehmigung bzw Anordnung einer Einwilligung in eine ärztliche Zwangsmaßnahme im Rahmen einer Unterbringung (§ 312 S. 1 Nr. 1 und 3 FamFG nF).[2]

Die entsprechenden Beschlüsse werden **mit Rechtskraft wirksam** (§ 324 Abs. 1 FamFG). Maßgeblich ist folglich der Ablauf der Frist für die Einlegung der Beschwerde für alle Berechtigten.

2

III. Anordnung sofortiger Wirksamkeit (Abs. 2 S. 1)

Das Gericht kann die sofortige Wirksamkeit des Beschlusses anordnen.[3] Die Entscheidung hat das Gericht nach pflichtgemäßem Ermessen zu treffen. Dabei ist einerseits zu berücksichtigen, dass die Regelung des § 324 Abs. 1 FamFG der Gewährleistung effektiven Rechtsschutzes für den Betroffenen dient.[4] Andererseits müssen nach den zivil- wie den öffentlich-rechtlichen Normierungen erhebliche Gefährdungen vorliegen, die häufig den umgehenden Vollzug einer Unterbringungsmaßnahme erfordern.[5] Eine Eilbedürftigkeit ist jedenfalls gegeben, wenn ein Abwarten zu einem „erheblichen und unverhältnismäßigen Schaden für den Betroffenen" führen würde.[6] Die Anordnung kann zu jeder Zeit vor Eingang der Akten beim Beschwerdegericht erfolgen.[7] Sie ist isoliert nicht anfechtbar.[8]

3

IV. Wirksamkeit (Abs. 2 S. 2)

Wird die sofortige Wirksamkeit angeordnet, wird der Beschluss wirksam, wenn er und die Anordnung seiner sofortigen Wirksamkeit entweder

4

---

1 Ob auch ablehnende Entscheidungen erfasst sind, ist umstritten: bejahend: Keidel/Budde, § 324 FamFG Rn 2; Bienwald/Sonnenfeld/Hoffmann, § 324 FamFG Rn 6; Damrau/Zimmermann, § 324 FamFG Rn 2; verneinend: Marschner/Volckart/Lesting, § 324 FamFG Rn 2; MK-ZPO/Schmidt-Recla, § 324 FamFG Rn 1.
2 S. Gesetz zur Regelung der betreuungsrechtlichen Einwilligung in eine ärztliche Zwangsmaßnahme vom 18.2.2013 (BGBl. I 2013, 266 f) – zum Hintergrund s. § 312 FamFG Rn 3 u 4.
3 Vgl § 53 Abs. 2 FamFG.
4 Keidel/Budde, § 324 FamFG Rn 1.
5 Keidel/Budde, § 324 FamFG Rn 1 unter Hinweis darauf, dass in der Praxis die Anordnung „nahezu ausnahmslos" erfolgt; vgl Damrau/Zimmermann, § 324 FamFG Rn 8.
6 Vgl Prütting/Helms/Roth, § 324 FamFG Rn 8; Marschner/Volckart/Lesting, § 324 FamFG Rn 6; vgl Knittel, § 324 FamFG Rn 8; vgl Bienwald/Sonnenfeld/Hoffmann, § 324 FamFG Rn 16–18. Weitergehende Voraussetzungen sieht das Gesetz hinsichtlich der Anordnung der sofortigen Wirksamkeit bei der Genehmigung oder Anordnung in ärztliche Zwangsmaßnahmen im Rahmen einer Unterbringung gemäß § 1906 BGB oder nach den Landesgesetzen nicht vor.
7 Fröschle/Locher, § 324 FamFG Rn 5; ggf stillschweigend, BayObLG BtPrax 2002, 39 – aA hinsichtlich dieser Möglichkeit: Marschner/Volckart/Lesting, § 324 FamFG Rn 5; erläuternd: Knittel, § 324 FamFG Rn 9.
8 Vgl OLG München NJW-RR 2008, 810.

Diekmann

- dem Betroffenen,[9] dem Verfahrenspfleger, dem Betreuer oder dem Bevollmächtigten im Sinne des § 1896 Abs. 2 S. 2 des Bürgerlichen Gesetzbuchs bekannt gegeben werden; dabei kann dies bei Anwesenden durch Verlesen der Beschlussformel geschehen,[10]
- einem Dritten zum Zweck des Vollzugs des Beschlusses mitgeteilt[11] oder
- der Geschäftsstelle des Gerichts zum Zweck der Bekanntgabe übergeben werden.[12] Dabei ist die Niederlegung des vollständigen Beschlusses auf der Geschäftsstelle ausreichend, wenn dort kein Urkundsbeamter o.ä. anwesend ist.

Der **Zeitpunkt** der sofortigen Wirksamkeit ist auf dem Beschluss zu vermerken. Es genügt der richterliche Vermerk über den Zeitpunkt des Wirksamwerdens, wenn die Geschäftsstelle nicht besetzt ist.[13]

V. Ende der Wirksamkeit

5 Die Wirksamkeit der Entscheidung endet mit Ablauf der festgesetzten Frist (§ 329 FamFG) oder durch eine vorherige Aufhebung (§ 330 S. 1 FamFG).[14]

§ 325 FamFG Bekanntgabe

(1) Von der Bekanntgabe der Gründe eines Beschlusses an den Betroffenen kann abgesehen werden, wenn dies nach ärztlichem Zeugnis erforderlich ist, um erhebliche Nachteile für seine Gesundheit zu vermeiden.

(2) ¹Der Beschluss, durch den eine Unterbringungsmaßnahme genehmigt oder angeordnet wird, ist auch dem Leiter der Einrichtung, in der der Betroffene untergebracht werden soll, bekannt zu geben. ²Das Gericht hat der zuständigen Behörde die Entscheidung, durch die eine Unterbringungsmaßnahme genehmigt, angeordnet oder aufgehoben wird, bekannt zu geben.

I. Einleitung

1 Nach § 41 Abs. 1 S. 1 FamFG ist ein Beschluss dem Betroffenen vollumfänglich, also einschließlich der Gründe, bekannt zu machen. In § 325 Abs. 1 FamFG ist ein **Ausnahmefall** geregelt.

In § 325 Abs. 2 FamFG ist hingegen normiert, wem – über den Adressatenkreis nach § 41 Abs. 1 S. 1 FamFG **hinaus** – Entscheidungen bekannt zu machen sind.

---

9 Dabei ist strittig, ob der Betroffene die Bekanntgabe verstehen können muss, s. Prütting/Helms/Roth, § 324 FamFG Rn 4.
10 S. wegen der Einzelheiten § 41 Abs. 2 FamFG.
11 S. Keidel/Budde, § 324 FamFG Rn 4.
12 Dabei ist die Niederlegung ausreichend, vgl Prütting/Helms/Roth, § 324 FamFG Rn 6.
13 Damrau/Zimmermann, § 324 FamFG Rn 14, 15; Bahrenfuss/Grotkopp, § 324 Rn 5.
14 Zur Problematik des fehlenden Vollzuges einer Unterbringung bzw zur Frage der probeweisen Aussetzung der Vollziehung und zum Entweichen s. Keidel/Budde, § 324 FamFG Rn 5–7 mwN; Bassenge/Roth/Bassenge, § 319 FamFG Rn 10; Marschner/Volckart/Lesting, § 324 FamFG Rn 12; Knittel, § 324 FamFG Rn 20–22; Schulte-Bunert/Weinreich/Dodegge, § 324 FamFG Rn 12; Damrau/Zimmermann, § 324 FamFG Rn 5–7 mwN.

II. Absehen von einer Bekanntgabe der Beschlussgründe an den Betroffenen (Abs. 1)

Von der Bekanntgabe der Gründe eines Beschlusses an den Betroffenen kann abgesehen werden, wenn dies nach einem aussagekräftigen ärztlichen Zeugnis erforderlich ist, um **erhebliche Nachteile für seine Gesundheit zu vermeiden**. Das Rechtsstaatsprinzip gebietet es, dass der Betroffene über die Gründe der gerichtlichen Entscheidung informiert wird. Folglich kommt die Nichtbekanntmachung nur als „letztes Mittel" in Betracht. Das Betreuungsgericht muss prüfen, ob eine Gesundheitsgefahr nicht ggf. durch die mündliche Bekanntmachung in Anwesenheit von Vertrauenspersonen abgewendet werden kann.[1]

Es genügt für die Annahme eines erheblichen Grundes nicht, wenn befürchtet wird, dass der Betroffene zB kein Vertrauen in den Sozialpsychiatrischen Dienst haben könnte.[2] Wenn die Gefahr, also eine Beeinträchtigung von gewissem Gewicht, höher ist als der Eingriff in die Verfahrensrechte des Betroffenen durch die Nichtbekanntmachung der Gründe, ist dieser zulässig.[3]

Da aufgrund der fehlenden Übermittlung der Beschlussgründe der Anspruch des Betroffenen auf Gewährung rechtlichen Gehörs gemäß Art. 103 GG betroffen ist, ist nach hiesiger Ansicht ein Verfahrenspfleger zu bestellen.[4]

Wird die Anordnung – wie regelmäßig – mit der Entscheidung über die Unterbringungsmaßnahme getroffen, ist sie Teil dieser End-Entscheidung und nicht **isoliert** anfechtbar.[5]

III. Bekanntgabe an den Leiter der Einrichtung (Abs. 2 S. 1)

Nach § 41 Abs. 1 S. 1 FamFG sind Beschlüsse den Beteiligten bekannt zu geben. In Unterbringungsverfahren sind Beteiligte die in § 315 FamFG genannten „Muss"- bzw die „Kann"-Beteiligten.[6] Ihnen ist jedwede Entscheidung bekannt zu machen, einschließlich ggf ablehnender Beschlussfassungen.[7]

Der Beschluss, durch den eine Unterbringungsmaßnahme genehmigt oder angeordnet wird, ist auch dem Leiter der Einrichtung, in der der Betroffene untergebracht werden soll, bekannt zu geben.[8] Nach hiesiger Ansicht sind auch ablehnende oder aufhebende Entscheidungen – schon im Hinblick auf deren Umsetzung – bekannt zu geben.[9]

---

1 Prütting/Helms/Roth, § 325 FamFG Rn 5.
2 Fröschle/Locher, § 325 FamFG Rn 4 mwN; Knittel, § 325 FamFG Rn 8.
3 BayObLG FamRZ 2000, 250; Knittel, § 325 FamFG Rn 7.
4 Keidel/Budde, § 288 FamFG Rn 10; Bahrenfuss/Grotkopp, § 325 FamFG Rn 6.
5 Vgl zur Gesamtproblematik mit zT in den Einzelheiten divergierenden Ansichten: Bahrenfuss/Brosey, § 288 FamFG Rn 4; Keidel/ Budde, § 288 FamFG Rn 11; Fröschle/ Locher, § 325 FamFG Rn 5; MK-ZPO/Schmidt-Recla, § 288 FamFG Rn 6; Schulte-Bunert/Weinreich/Rausch, § 288 FamFG Rn 6; Damrau/Zimmermann, § 325 FamFG Rn 6.
6 Es wird auf die entsprechende Kommentierung zu § 315 FamFG verwiesen.
7 Keidel/Budde, § 325 FamFG Rn 2; Prütting/Helms/Roth, § 325 FamFG Rn 8.
8 Bei wörtlicher Auslegung sind Unterbringungsmaßnahmen nach § 312 S. 1 Nr. 2 FamFG nF nicht erfasst, weil der Betroffene nicht untergebracht ist. Gleichwohl ist der Beschluss bekannt zu geben, da die konkreten Maßnahmen in der Einrichtung durchgeführt werden, vgl Bassenge/Roth, § 326 FamFG Rn 4.
9 Vgl Keidel/Budde, § 325 FamFG Rn 3, für ablehnende Entscheidungen, die unter Aufhebung einer bereits vollzogenen Maßnahme erfolgen; Prütting/Helms/Roth, § 325 FamFG Rn 8; Knittel, § 325 FamFG Rn 13, aA Marschner/Volckart/Lesting, § 325 FamFG Rn 3.

IV. Bekanntgabe an die zuständige Behörde (Abs. 2 S. 2)

4 Eine Bekanntgabe der Entscheidung, durch die eine Unterbringungsmaßnahme genehmigt, angeordnet oder aufgehoben wird, hat zudem an die zuständige Behörde zu erfolgen.[10]

§ 326 FamFG Zuführung zur Unterbringung

(1) Die zuständige Behörde hat den Betreuer oder den Bevollmächtigten im Sinne des § 1896 Abs. 2 Satz 2 des Bürgerlichen Gesetzbuchs auf deren Wunsch bei der Zuführung zur Unterbringung nach § 312 Nr. 1 [1]zu unterstützen.

(2) [1]Gewalt darf die Behörde nur anwenden, wenn das Gericht dies ausdrücklich angeordnet hat. [2]Die zuständige Behörde ist befugt, erforderlichenfalls die Unterstützung der polizeilichen Vollzugsorgane nachzusuchen.

(3) [1]Die Wohnung des Betroffenen darf ohne dessen Einwilligung nur gewaltsam geöffnet, betreten und durchsucht werden, wenn das Gericht dies zu dessen Zuführung zur Unterbringung ausdrücklich angeordnet hat. [2]Vor der Anordnung ist der Betroffene persönlich anzuhören. [3]Bei Gefahr im Verzug kann die Anordnung durch die zuständige Behörde ohne vorherige Anhörung des Betroffenen erfolgen. [4]Durch diese Regelung wird das Grundrecht auf Unverletzlichkeit der Wohnung aus Artikel 13 Absatz 1 des Grundgesetzes eingeschränkt.

I. Einleitung

1 § 326 FamFG trifft Regelungen über die Zuführung zur Unterbringung.

II. Anwendungsbereich

2 Bei einer Unterbringung nach Landesrecht richten sich die Zuführung, die Gewaltanwendung etc. nach den landesrechtlichen Vorschriften. Hingegen ist die Unterbringung durch einen Betreuer oder Bevollmächtigten deren Angelegenheit.[2] § 326 FamFG betrifft nur die Zuführung des Betroffenen **im Rahmen einer Unterbringung** nach § 312 S. 1 Nr. 1 FamFG nF.[3]

III. Unterstützung des Betreuers oder des Bevollmächtigten (Abs. 1)

3 Die zuständige Betreuungsbehörde hat den Betreuer oder den Bevollmächtigten im Sinne des § 1896 Abs. 2 S. 2 BGB auf deren Wunsch bei der Zuführung zur Unterbringung nach § 312 S. 1 Nr. 1 FamFG zu unterstützen. Die Vertreter sollen demnach eine Anlaufstelle erhalten, an die sie sich mit dem Wunsch um Hilfe (zB durch Zurverfügungstellung von Begleitpersonal) wenden können.[4]

---

10 S. dazu BT-Drucks. 16/6308, S. 275, zur Problematik bei ablehnenden Entscheidungen: Prütting/Helms/Roth, § 325 FamFG Rn 10, 11; Fröschle/Locher, § 325 FamFG Rn 6.
1 Nach der Neuregelung: § 312 S. 1 Nr. 1.
2 Keidel/Budde, § 326 FamFG Rn 1; Marschner/Volckart/Lesting, § 326 FamFG Rn 1–3.
3 Vgl AG Freising v. 27.10.2011, XVII 319/04.
4 Vgl BT-Drucks. 11/4528, 185.

IV. Gewaltanwendung (Abs. 2)

Gewalt darf die zuständige Behörde nur anwenden, wenn das **Gericht** dies ausdrücklich **angeordnet** hat. Die zuständige Behörde ist befugt, erforderlichenfalls die Unterstützung der polizeilichen Vollzugsorgane nachzusuchen. Es soll eine ausreichende Rechtsgrundlage für die Anwendung unmittelbaren Zwanges geschaffen werden.[5]

Materiellrechtlich setzt die Anordnung voraus, dass die Erforderlichkeit der Anwendung von Gewalt konkret festgestellt wird und der Verhältnismäßigkeitsgrundsatz im engeren Sinn gewahrt ist.[6] Die Anordnung kommt als ultima ratio[7] in Betracht, wenn nicht davon auszugehen ist, dass sich der Betroffene von der Betreuungsbehörde zum Erscheinen zur Anhörung bewegen lässt.[8]

V. Betreten der Wohnung (Abs. 3)

§ 326 Abs. 3 FamFG ist neu geregelt worden.[9] Bislang lautete er:

Die Wohnung des Betroffenen darf ohne dessen Einwilligung nur betreten werden, wenn das Gericht dies aufgrund einer ausdrücklichen Entscheidung angeordnet hat. Bei Gefahr im Verzug findet Satz 1 keine Anwendung.

Die **Neufassung** des Gesetzes ist auf eine Entscheidung des Bundesverfassungsgerichts[10] zurückzuführen. Das Gericht hatte ausgeführt, dass die Bestimmung, nach der das Gericht unanfechtbar anordnen konnte, dass der Betroffene zur Vorbereitung eines Gutachtens untersucht und durch die zuständige Behörde zu einer Untersuchung vorgeführt werde, keine ausreichende Rechtsgrundlage für das gewaltsame Öffnen und Betreten der Wohnung zum Zwecke der Vorführung zu einer Begutachtung im Betreuungsverfahren darstelle.[11]

Durch die Neuregelung soll den grundrechtlichen Anforderungen auch bei der Zuführung zur Unterbringung entsprochen werden.[12]

Eine Anordnung zur Öffnung kann nur erfolgen, wenn nach bisherigen Erkenntnissen konkret absehbar ist, dass der Betroffene die Wohnungstür nicht freiwillig öffnen wird.[13]

Die Anhörung des Betroffenen ist verpflichtend („Muss-Vorschrift"); damit soll der erhöhten Grundrechtsrelevanz Rechnung getragen werden.[14] Besteht allerdings **Gefahr im Verzug**,[15] kann die Anordnung hinsichtlich des Betretens der Wohnung etc. durch die Behörde ohne vorherige richterliche Anordnung

---

5 BT-Drucks. 17/10490, 21.
6 Vgl Keidel/Budde, § 326 FamFG Rn 3; Knittel, § 326 FamFG Rn 14.
7 Vgl Bahrenfuss/Brosey, § 283 FamFG Rn 3 mwN; Prütting/Helms/Roth, § 326 FamFG Rn 4.
8 Vgl Prütting/Helms/Fröschle, § 283 FamFG Rn 13.
9 S. Art. 6 des Gesetzes zur Einführung einer Rechtsbehelfsbelehrung im Zivilprozess und zur Änderung anderer Vorschriften vom 5.12.2012 (BGBl. I, 2418), in Kraft getreten am 1.1.2013.
10 Zur früheren Vorschrift des § 68 b Abs. 3 S. 1 FGG (Vorführung zur Untersuchung).
11 BVerfG FamRZ 2009, 1814 f.
12 Vgl BT-Drucks. 17/10490, 21.
13 Vgl KG FamRZ 1997, 442; zu den Kosten vgl Prütting/Helms/Fröschle, § 283 FamFG Rn 24; Fröschle/Locher, § 283 FamFG Rn 14.
14 BT-Drucks. 17/104980, 21.
15 S. dazu: Fröschle/Locher, § 283 FamFG Rn 8.

des Betroffenen erfolgen. Bei Gefahr im Verzug kann die Anordnung durch die zuständige Behörde erfolgen (§ 319 Abs. 2 S. 2 FamFG nF). Gefahr im Verzug liegt vor, wenn die durch die Einschaltung des Gerichts bedingte Verzögerung den Zweck vereiteln oder erschweren könnte.[16]

Die Angabe des Zwecks der Durchsuchung im Wortlaut der Vorschrift (§ 319 Abs. 2 S. 3 FamFG nF) ist aufgrund des mit einer Durchsuchungsanordnung verbundenen erheblichen Eingriffs in Art. 13 Abs. 1 GG geboten.[17]

VI. Rechtsmittel

6 Da die gerichtlichen Entscheidungen nach Abs. 2 und 3 in der Praxis oft mit der Genehmigung der Unterbringung verbunden werden, dürften isolierte Anfechtungen kaum relevant sein.[18] Es handelt sich nach hiesiger Auffassung allerdings um Endentscheidungen, die mit der Beschwerde anfechtbar sind.[19]

§ 327 FamFG Vollzugsangelegenheiten

(1) ¹Gegen eine Maßnahme zur Regelung einzelner Angelegenheiten im Vollzug der Unterbringung nach § 312 Nr. 3 kann der Betroffene eine Entscheidung des Gerichts beantragen. ²Mit dem Antrag kann auch die Verpflichtung zum Erlass einer abgelehnten oder unterlassenen Maßnahme begehrt werden.

(2) Der Antrag ist nur zulässig, wenn der Betroffene geltend macht, durch die Maßnahme, ihre Ablehnung oder Unterlassung in seinen Rechten verletzt zu sein.

(3) ¹Der Antrag hat keine aufschiebende Wirkung. ²Das Gericht kann die aufschiebende Wirkung anordnen.

(4) Der Beschluss ist nicht anfechtbar.

I. Einleitung

1 In § 327 FamFG werden Regelungen zur gerichtlichen Überprüfung von Vollzugsangelegenheiten getroffen.

---

16 BVerfGE 51, 97; Knittel, § 326 FamFG Rn 19.
17 Vgl BT-Drucks. 17/10490, 20, auch zum Gesetzesvorbehalt (Art. 13 Abs. 2 GG) und zum Zitiergebot (Art. 19 Abs. 1 S. 2 GG).
18 Keidel/Budde, § 326 FamFG Rn 5.
19 Eine andere Wertung erfolgt allerdings bei Entscheidungen zB nach § 283 FamFG – s. § 322 FamFG Fn 21 zu § 283 FamFG; wie hier: Keidel/Budde, § 326 FamFG Rn 5; Prütting/Helms/Roth, § 326 FamFG Rn 8; Marschner/Volckart/Lesting, § 326 FamFG Rn 13; Knittel, § 326 FamFG Rn 21; Damrau/Zimmermann, § 326 FamFG Rn 19 (auch zu diverg. Ansichten); abw. MK-ZPO/Schmidt-Recla, § 326 FamFG Rn 3 (sofortige Beschwerde); aA Bassenge/Roth/Bassenge, § 326 FamFG Rn 5.

1. Anwendungsbereich (Abs. 1 S. 1)

Nach § 327 Abs. 1 S. 1 FamFG kann ein Betroffener gegen eine Maßnahme zur Regelung einzelner Angelegenheiten im Vollzug der Unterbringung nach § 312 Nr. 3 FamFG[1] eine Entscheidung des Gerichts beantragen. Gemeint sind nur einzelne Maßnahmen im **Vollzug der öffentlich-rechtlichen Unterbringung**. Die Vorschrift orientiert sich an §§ 23 ff EGGVG und §§ 109 ff StVollzG. Sie konkretisiert die Rechtsweggarantie (Art. 19 Abs. 4 GG).[2]

Für **zivilrechtliche Unterbringungen** fehlt eine entsprechende Regelung, weil die Maßnahmen **vom Betreuer oder Bevollmächtigten** bzw. in den Fällen des § 1846 BGB vom Gericht **zu verantworten** sind.[3] Die Betreuungsgerichte üben zudem die Aufsicht über die Tätigkeit der Betreuer aus (§§ 1908 i, 1837 BGB entsprechend).[4] Im Verhältnis Betroffener/Betreuer oder Betreuer/Einrichtung können insoweit zivilrechtliche Ansprüche in Betracht kommen.

2. Maßnahmen (Abs. 1 S. 1)

Es fallen darunter alle **rechtlichen und tatsächlichen Einflussmaßnahmen** seitens der Einrichtung, die Auswirkungen auf die Lebensverhältnisse der Betroffenen haben (zB Regelung des Besuchs, Zimmerkontrolle).[5] Es muss sich folglich nicht zwingend um Verwaltungsakte handeln.[6]

II. Antragstellung (Abs. 1 S. 1 und 2, Abs. 2)

Gegen die Maßnahmen kann der Betroffene einen formfreien und nicht fristgebundenen **Antrag auf gerichtliche Entscheidung** stellen. Der Antrag kann auch von einem Dritten, der zwar nicht untergebracht, von der Maßnahme aber in seinen Rechten betroffen ist, eingebracht werden.[7]

Es kommen mehrere **Antragsarten** in Betracht:[8]

- der Anfechtungsantrag, mit dem sich der Betroffene gegen einen ihn belastenden Vollzugsakt wendet,
- der Feststellungsantrag bei schlicht hoheitlichem Handeln oder bei Erledigung eines belastenden Verwaltungsaktes,

---

1 Nach der Neufassung des § 312 FamFG durch das Gesetz zur Regelung der betreuungsrechtlichen Einwilligung in eine ärztliche Zwangsmaßnahme vom 18.2.2013 (BGBl. I, 266 f): § 312 S. 1 Nr. 3.
2 Vgl Keidel/Budde, § 327 FamFG Rn 2.
3 S. zu Zwangsmaßnahmen, die nicht vom Betreuer o.ä. veranlasst worden sind: OLG München R&P 1987, 112.
4 Vgl Keidel/Budde, § 327 FamFG Rn 2.
5 Vgl Keidel/Budde, § 327 FamFG Rn 4.
6 Keidel/Budde, § 327 FamFG Rn 4.
7 Zur Begründung: Damrau/Zimmermann, § 327 FamFG Rn 13; Marschner/Volckart/Lesting, § 327 FamFG Rn 35; Prütting/Helms/Roth, § 327 FamFG Rn 9; Schulte-Bunert/Weinreich/Dodegge, § 327 FamFG Rn 8; aA Bassenge/Roth/Bassenge, § 327 FamFG Rn 3; Bienwald/Sonnenfeld/Hoffmann, § 327 FamFG Rn 8; Keidel/Budde, § 327 FamFG Rn 8; Knittel, § 327 FamFG Rn 10; MK-ZPO/Schmidt-Recla, §§ 327 FamFG Rn 6.
8 Vgl § 23 Abs. 2 EGGVG.

- der vorbeugende Unterlassungsantrag,
- der Verpflichtungsantrag (§ 327 Abs. 1 FamFG).[9]

Der Antrag ist nur zulässig, wenn der Betroffene geltend macht, durch die Maßnahme, ihre Ablehnung oder Unterlassung in seinen Rechten verletzt zu sein. Dies soll die Mitwirkungspflichten der Beteiligten konkretisieren.[10]

III. Gerichtliches Verfahren

1. Örtliche Zuständigkeit

5 Die örtliche Zuständigkeit ist nicht ausdrücklich geregelt. Zuständig ist nach hiesiger Ansicht das Gericht, das **die Unterbringung angeordnet** hat.[11] Wie sich aus der Regelung des § 314 FamFG ergibt, kann das Gericht die Unterbringungssache abgeben, wenn sich der Betroffene im Bezirk des anderen Gerichts aufhält und die Unterbringungsmaßnahme dort vollzogen werden soll, sofern sich dieses Gericht zur Übernahme des Verfahrens bereit erklärt hat.

2. Verfahren (Abs. 3, 4)

6 Der Betroffene ist in dem Verfahren **Antragsteller**, die Einrichtung **Antragsgegnerin**.[12]

Das Verfahren richtet sich nach den Regeln des FamFG.[13] Das Gericht hat nach § 26 FamFG zu entscheiden, welche Ermittlungen es für erforderlich hält (zB eine persönliche Anhörung des Betroffenen).

Der Antrag hat **keine aufschiebende Wirkung**. Das Gericht kann diese aber anordnen (Abs. 3).

3. Prüfung des Gerichtes

7 Das Betreuungsgericht hat über die Zulässigkeit und Begründetheit des Antrags zu entscheiden. Der Antrag ist begründet, wenn der Betroffene in seinen Rechten verletzt ist.[14] Ob ein Antrag begründet ist, richtet sich nach den gesetzlichen Regelungen des Vollzugs der Unterbringung in den **Landesgesetzen**.[15] Wenn sich aus diesen keine gesetzliche Grundlage für einen Eingriff in die Rechte des Betroffenen ergibt, der über die Freiheitsentziehung an sich hinausgeht, ist die Maßnahme **rechtswidrig**. Besteht hingegen eine solche Grundlage, ist zu prüfen, ob die Vorschriften zutreffend angewandt worden sind. Soweit den Einrichtungen ein Ermessen eingeräumt worden ist, ist zu klären, ob dieses fehlerfrei ausgeübt wurde.

---

9 Vgl Keidel/Budde, § 327 FamFG Rn 5; ausf.: Marschner/Volckart/Lesting, § 327 FamFG Rn 23 ff.
10 BT-Drucks. 16/6308, 275.
11 Vgl § 2 Abs. 2 FamFG; Bumiller/Harders; § 327 FamFG Rn 1; AA Keidel/Budde, § 327 FamFG Rn 10; Knittel, § 327 FamFG Rn 17; Marschner/Volckart/Lesting, § 327 FamFG Rn 43; Schulte-Bunert/Weinreich/Dodegge, § 327 FamFG Rn 10; Damrau/Zimmermann § 327 FamFG Rn 23.
12 Bzw die Behörde, wenn sie die Maßnahme selbst ausgeübt haben sollte: Prütting/Helms/Roth, § 327 FamFG Rn 10.
13 Keidel/Budde, § 327 FamFG Rn 9; Bahrenfuss/Grotkopp, § 327 FamFG Rn 8; einschränkend: Bassenge/Roth/Bassenge, § 327 FamFG Rn 6; aA MK-ZPO/Schmidt-Recla, § 327 FamFG Rn 4.
14 Keidel/Budde, § 327 FamFG Rn 8; Damrau/Zimmermann, § 327 FamFG Rn 17.
15 Ausf.: Marschner/Volckart/Lesting, § 327 FamFG Rn 45 ff.

Welche Entscheidung das Gericht bei einer von ihm festgestellten Rechtswidrigkeit der Maßnahme zu treffen hat, richtet sich nach der Antragstellung (Aufhebung, Feststellung etc.).

Der Beschluss[16] ist **nicht anfechtbar** (Abs. 4).[17]

8

Zu berücksichtigen ist, dass zu den Unterbringungssachen gemäß § 312 S. 1 Nr. 3 FamFG nunmehr auch die **Anordnung einer ärztlichen Zwangsmaßnahme** nach den Landesgesetzen über die Unterbringung psychisch Kranker zählt.[18]

Entscheidungen in Unterbringungssachen können mit der Beschwerde (§§ 58 ff FamFG) und mit der (zulassungsfreien) Rechtsbeschwerde (§§ 70 ff FamFG, 70 Abs. 3 Nr. 2 FamFG) angegriffen werden. Angesichts der Bedeutung des Grundrechts auf körperliche Unversehrtheit (Art. 2 Abs. 2 S. 1 GG) kann eine Differenzierung hinsichtlich der Anfechtbarkeit zu anderen Einzelangelegenheiten im Vollzug geboten sein.

§ 328 FamFG Aussetzung des Vollzugs

(1) ¹Das Gericht kann die Vollziehung einer Unterbringung nach § 312 Nr. 3[1] aussetzen. ²Die Aussetzung kann mit Auflagen versehen werden. ³Die Aussetzung soll sechs Monate nicht überschreiten; sie kann bis zu einem Jahr verlängert werden.

(2) Das Gericht kann die Aussetzung widerrufen, wenn der Betroffene eine Auflage nicht erfüllt oder sein Zustand dies erfordert.

I. Einleitung

In § 328 FamFG ist die Aussetzung der Vollziehung einer **öffentlich-rechtlichen Unterbringung** geregelt.

1

Die Regelung findet keine Anwendung auf zivilrechtliche Unterbringungen.[2] Der **Betreuer oder Bevollmächtigte** hat zivilrechtliche Maßnahmen **selbst zu beenden**, wenn er der Auffassung ist, dass die Unterbringungsvoraussetzungen nicht mehr vorliegen (vgl § 1906 Abs. 3 BGB).

II. Voraussetzungen der Aussetzung

Eine Aussetzung der Vollziehung – nicht diejenige des Unterbringungsverfahrens[3] – kommt in Betracht, wenn eine Entlassung des Betroffenen möglich er-

2

---

16 Zu den Einzelheiten der Entscheidung: Prütting/Helms/Roth, § 327 FamFG Rn 6; Keidel/Budde, § 327 FamFG Rn 15 unter Hinweis auf § 28 EGGVG; Marschner/Volckart/Lesting, § 327 FamFG Rn 65 ff.
17 S. zur Möglichkeit der Verfassungsbeschwerde: Prütting/Helms/Roth, § 327 FamFG Rn 14; Marschner/Volckart/Lesting, § 327 FamFG Rn 72 f: zur Entscheidung bei einer Hauptsachenerledigung ders., aaO, Rn 3 und Keidel/Budde, § 327 FamFG Rn 6.
18 § 312 FamFG ist durch das Gesetz zur Regelung der betreuungsrechtlichen Einwilligung in eine ärztliche Zwangsmaßnahme vom 18.2.2013 (BGBl. I, 266 f) geändert worden. Zum Hintergrund s. § 312 FamFG Rn 3 ff.
1 Nach der Neuregelung: § 312 S. 1 Nr. 3.
2 OLG Hamm Rpfleger 2000, 14–15.
3 Prütting/Helms/Roth, § 328 FamFG Rn 4.

scheint, obwohl zum Zeitpunkt der Aussetzung die Unterbringungsvoraussetzungen noch vorliegen.

Das Betreuungsgericht hat eine **Prognoseentscheidung** zu treffen. Die an die Entscheidung zu stellenden Anforderungen sind geringer als bei einer „endgültigen" Entlassungsentscheidung.[4]

Die Aussetzung der Vollziehung kann gleichzeitig mit der Anordnung der Unterbringung erfolgen.[5]

III. Aussetzung mit Auflagen (Abs. 1 S. 2)

3 Die Aussetzung der Vollziehung kann mit Auflagen[6] verbunden sein. Diese betreffen die Lebensführung außerhalb der Einrichtung.[7] Hinsichtlich einer ärztlichen Behandlung ist zu beachten, dass diese nicht gegen den Willen der Betroffenen angeordnet werden darf.[8]

IV. Dauer der Aussetzung (Abs. 1 S. 3)

4 Die Aussetzung soll sechs Monate nicht überschreiten; sie kann bis zu einem Jahr verlängert werden.

V. Widerruf der Aussetzung (Abs. 2)

5 Das Gericht kann die Aussetzung widerrufen, wenn der Betroffene eine Auflage nicht erfüllt oder sein Zustand dies erfordert. Entscheidend ist insoweit, dass sich die ursprüngliche Prognose, wonach eine Entlassung in Betracht komme, als unzutreffend erwiesen hat. Selbst wenn der Betroffene gegen Auflagen verstößt, rechtfertigt dies den Widerruf der Aussetzung **nur, wenn die Unterbringungsvoraussetzungen vorliegen**. Die Regelung ist keine Strafvorschrift,[9] sondern an den Zweck der Gefahrenabwehr gebunden.

VI. Gerichtliches Verfahren

6 Besondere Verfahrensregelungen enthält das Gesetz nicht. Nach der Gesetzesbegründung sind diese im Hinblick auf den weiter gefassten Begriff der Unterbringungssachen gemäß § 312 FamFG sowie angesichts der Regelung zum Beteiligtenbegriff nach § 315 FamFG entbehrlich.[10] Das bedeutet: es gelten die Grundsätze, die im Allgemeinen Teil des FamFG geregelt sind, sowie die Vor-

---

4 Jürgens/Marschner, § 328 FamFG Rn 2.
5 Mit ausf. Begründung: Jürgens/Marschner, § 328 FamFG Rn 1; Bassenge/Roth/Bassenge, § 328 FamFG Rn 2; Knittel, § 328 FamFG Rn 9; Marschner/Volckart/Lesting, § 328 FamFG Rn 4; aA Keidel/Budde, § 328 FamFG Rn 2; Damrau/Zimmermann, § 328 FamFG Rn 4; MK-ZPO/Schmidt-Recla, § 328 FamFG Rn 7; Prütting/Helms/Roth, § 328 FamFG Rn 4.
6 Dabei handelt es sich um Weisungen: Knittel, § 328 FamFG Rn 12; Marschner/Volckart/Lesting, § 328 FamFG Rn 10.
7 Prütting/Helms/Roth, § 328 FamFG Rn 8.
8 Ausf.: Marschner/Volckart/Lesting, § 328 FamFG Rn 11; Prütting/Helms/Roth, § 328 FamFG Rn 8.
9 Keidel/Budde, § 328 FamFG Rn 3; MK-ZPO/Schmidt-Recla, § 328 FamFG Rn 7; Bassenge/Roth/Bassenge, § 328 FamFG Rn 8; Schulte-Bunert/Weinreich/Dodegge, § 328 FamFG Rn 9; Damrau/Zimmermann, § 328 FamFG Rn 8; s.a. BayObLGZ 1993, 368 ff.
10 BT-Drucks. 16/6308, 275.

schriften der §§ 315 ff FamFG.[11] Das Gericht (funktionell der Richter) hat im Rahmen der Amtsermittlungspflicht gemäß § 26 FamFG den Betroffenen regelmäßig persönlich anzuhören, es kann sich das Erfordernis der Einholung eines Sachverständigengutachtens ergeben etc.[12]

VII. Rechtsmittel

Die Entscheidung, durch die das Aussetzen der Vollziehung widerrufen wird, ist, wenn man sie als Endentscheidung ansieht, mit der Beschwerde gemäß § 58 Abs. 1 FamFG angreifbar.[13]

7

§ 329 FamFG Dauer und Verlängerung der Unterbringung

(1) ¹Die Unterbringung endet spätestens mit Ablauf eines Jahres, bei offensichtlich langer Unterbringungsbedürftigkeit spätestens mit Ablauf von zwei Jahren, wenn sie nicht vorher verlängert wird. ²Die Genehmigung einer Einwilligung in eine ärztliche Zwangsmaßnahme oder deren Anordnung darf die Dauer von sechs Wochen nicht überschreiten, wenn sie nicht vorher verlängert wird.

(2) ¹Für die Verlängerung der Genehmigung oder Anordnung einer Unterbringungsmaßnahme gelten die Vorschriften für die erstmalige Anordnung oder Genehmigung entsprechend. ²Bei Unterbringungen mit einer Gesamtdauer von mehr als vier Jahren soll das Gericht keinen Sachverständigen bestellen, der den Betroffenen bisher behandelt oder begutachtet hat oder in der Einrichtung tätig ist, in der der Betroffene untergebracht ist.

(3) Bei der Genehmigung einer Einwilligung in eine ärztliche Zwangsmaßnahme oder deren Anordnung mit einer Gesamtdauer von mehr als zwölf Wochen soll das Gericht keinen Sachverständigen bestellen, der den Betroffenen bisher behandelt oder begutachtet hat oder in der Einrichtung tätig ist, in der der Betroffene untergebracht ist.

I. Einleitung

In § 329 FamFG sind die Dauer und das gerichtliche Verfahren bei einer Verlängerung der Genehmigung oder Anordnung von Unterbringungsmaßnahmen geregelt. Gleiches gilt hinsichtlich der Genehmigung der Einwilligung in eine ärztliche Zwangsmaßnahme bzw bezüglich deren Anordnung.

1

Besondere Bedeutung hat die Vorschrift damit für die Betroffenen, die Kenntnis über die Länge der Unterbringungsmaßnahme erhalten. Zudem ist die Re-

---

11 Vgl Prütting/Helms/Roth, § 328 FamFG Rn 12; Bahrenfuss/Grotkopp, § 328 FamFG Rn 12; ausf.: Knittel, § 328 FamFG Rn 18 f.
12 Vgl wegen weiterer Einzelheiten: Keidel/Budde, § 328 FamFG Rn 5; Damrau/Zimmermann, § 328 FamFG Rn 13; Bienwald/Sonnenfeld/Hoffmann, § 328 FamFG Rn 8; Schulte-Bunert/Weinreich/Dodegge, § 328 FamFG Rn 10.
13 Bassenge/Roth, § 328 FamFG Rn 10; Keidel/Budde, § 328 FamFG Rn 5; Prütting/Helms/Roth, § 328 FamFG Rn 11; Schulte-Bunert/Weinreich/Dodegge, § 328 FamFG Rn 10; Bienwald/Sonnenfeld/Hoffmann, § 328 FamFG Rn 13, 14; Bahrenfuss/Grotkopp, § 328 FamFG Rn 9; Knittel, § 328 FamFG Rn 20; aA (sof. Beschwerde): Bumiller/Harders, § 328 FamFG Rn 3.

gelung für die Betreuungsgerichte, aber auch für die Betreuer und antragstellenden Behörden sowie die Einrichtungen, in denen Unterbringungen durchgeführt werden, wichtig.

II. Dauer der Unterbringung (Abs. 1 S. 1)

2 Den Betreuungsgerichten obliegt es, eine konkrete Dauer der der Genehmigung oder Anordnung der Unterbringung anzugeben. Durch Abs. 1 wird geregelt, wann eine Unterbringung spätestens endet, nämlich **mit Ablauf eines Jahres**. Bei offensichtlich langer Unterbringungsbedürftigkeit endet sie spätestens mit Ablauf von zwei Jahren, wenn sie nicht vorher verlängert wird.

Die Berechnung der Frist ist umstritten.[1] Um jedwede Unsicherheit zu vermeiden, sollte das Gericht in seiner Beschlussfassung den (Ablauf des) Kalendertag(es) bezeichnen, an dem die Frist endet.[2]

III. Ärztliche Zwangsmaßnahme (Abs. 1 S. 2)

3 § 329 Abs. 1 S. 2 FamFG ist durch das Gesetz zur Regelung der betreuungsrechtlichen Einwilligung in eine ärztliche Zwangsmaßnahme vom 18.2.2013[3] eingeführt worden.

Die Genehmigung einer Einwilligung in eine ärztliche Zwangsmaßnahme oder deren Anordnung darf die Dauer von sechs Wochen nicht überschreiten, wenn sie nicht vorher verlängert wird. Es handelt sich um die Genehmigung einer Einwilligung in eine ärztliche Zwangsmaßnahme im Rahmen einer betreuungsrechtlichen Unterbringung (§ 1906 Abs. 3, 5 BGB nF) oder um eine Anordnung nach den Unterbringungsvorschriften der Länder (§ 312 S. 1 Nr. 1, 3 FamFG nF).

Abweichend von der Dauer einer Unterbringung wird für die Genehmigung oder Anordnung der vorgenannten Maßnahmen eine kürzere Frist bestimmt. Zur Begründung wurde im Gesetzentwurf ausgeführt, dass nach den „Erfahrungswerten der bisherigen Praxis ... von einer wenige Wochen andauernden Behandlungsbedürftigkeit ausgegangen" werde.[4]

IV. Verlängerung von Unterbringungsmaßnahmen (Abs. 2, 3)

1. Zuständigkeit des Gerichts

4 Die örtliche Zuständigkeit bestimmt sich nach § 314 FamFG. Regelmäßig wird das Gericht über die Verlängerung befinden, das hinsichtlich der erstmaligen Genehmigung oder Anordnung entschieden hat.[5]

---

1 In der Voraufl. war unter Bezugnahme auf BGH FGPrax 1995, 130, auf den Erlass des Beschlusses abgestellt worden. Die Entscheidung bezieht sich allerdings auf die frühere Rechtslage. Für den Tag der Bekanntgabe als Fristbeginn: Keidel/Budde, § 329 FamFG Rn 5; s. zu den divergierenden Ansichten § 323 FamFG Fn 4.
2 Vgl Keidel/Budde, § 329 FamFG Rn 5.
3 BGBl. I 2013, 266 f; s. zum Hintergrund: § 312 FamFG Rn 3, 4.
4 BT-Drucks. 17/11513, 8.
5 Keidel/ Budde, § 329 FamFG Rn 11 unter Hinweis auf § 2 Abs. 2 FamFG; Bahrenfuss/Grotkopp, § 329 FamFG Rn 5; Fröschle/Locher, § 329 FamFG Rn 7; Knittel, § 329 FamFG Rn 11; Marschner/Volckart/Lesting, § 329 FamFG Rn 13; Prütting/Helms/Roth, § 329 FamFG Rn 9; aA: Bassenge/Roth/Bassenge, § 329 FamFG Rn 4; Damrau/Zimmermann, § 329 FamFG Rn 4; MK-ZPO/Schmidt-Recla, § 329 FamFG Rn 9.

2. Verfahren

Es gelten sämtliche Vorschriften, die für die Erstanordnung maßgeblich sind (Anhörungen, Einholung eines Sachverständigengutachtens etc.).

3. Unterbringungsmaßnahmen mit Gesamtdauer von mehr als vier Jahren (Abs. 2 S. 2)

Bei Unterbringungen (nicht unterbringungsähnlichen Maßnahmen) mit einer Gesamtdauer von vier Jahren soll sichergestellt werden, dass ein Betroffener nicht wegen einer etwaig festgefügten Meinung eines Gutachters länger als erforderlich untergebracht ist.[6] Es handelt sich um eine **Soll-Vorschrift**, wobei allerdings ein Ausnahmefall kaum vorliegen dürfte.

4. Ärztliche Zwangsmaßnahmen (Abs. 3)

§ 329 Abs. 3 FamFG ist ebenfalls durch das Gesetz zur Regelung der **betreuungsrechtlichen** Einwilligung in die ärztliche Zwangsmaßnahme vom 18.2.2013[7] eingefügt worden.[8]

Der Sachverständige soll den Betroffenen noch nicht behandelt oder begutachtet haben, nicht der **behandelnde** Arzt des Betroffenen und auch nicht Arzt in der Einrichtung sein, in der der Betroffene untergebracht ist. Abweichungen von der Soll-Vorgabe sind im Genehmigungsbeschluss zu begründen.[9]

5. Rechtsmittel

Verlängerungsentscheidungen unterliegen – wie die erstmalige Anordnung oder Genehmigung – der **Beschwerde** (§§ 58 ff FamFG).

§ 330 FamFG Aufhebung der Unterbringung

¹Die Genehmigung oder Anordnung der Unterbringungsmaßnahme ist aufzuheben, wenn ihre Voraussetzungen wegfallen. ²Vor der Aufhebung einer Unterbringungsmaßnahme nach § 312 Nr. 3[1] soll das Gericht die zuständige Behörde anhören, es sei denn, dass dies zu einer nicht nur geringen Verzögerung des Verfahrens führen würde.

I. Einleitung

§ 330 FamFG betrifft die Aufhebung der Unterbringungsmaßnahme. Jede Unterbringungsmaßnahme ist aus rechtsstaatlichen Gründen aufzuheben, wenn ihre entsprechenden Voraussetzungen wegfallen. Die Aufhebung ist nicht nur dann erforderlich, wenn die materiellrechtlichen Unterbringungsgründe während der Dauer der Maßnahme nicht mehr gegeben sind. Sie ist auch dann

---

6 BT-Drucks. 11/4528, S. 186.
7 BT-Drucks. 17/11513, 8.
8 Die Regelung soll nach der Gesetzesbegründung „dazu führen, dass auch für die Verlängerung einer einstweiligen Anordnung im Falle einer Genehmigung der Einwilligung in eine ärztliche Zwangsmaßnahme die gleichen Auswahlkriterien für den Sachverständigen gelten", BT-Drucks. 17/12086, 14.
9 BT-Drucks. 17/12086, 15.
1 Nach der Neuregelung: § 312 S. 1 Nr. 3.

notwendig, wenn sich herausstellt, dass die Gründe von Anfang an nicht vorlagen.[2] Bedeutung hat die Regelung damit vorrangig für die Betroffenen.

Die Regelung in § 330 FamFG betrifft die **Verpflichtung des Gerichts** zur Aufhebung der Unterbringungsmaßnahmen. Umfasst sind alle Unterbringungssachen im Sinne des § 312 S. 1 Nr. 1–3 FamFG. Aufgrund des Gesetzes zur Regelung der betreuungsrechtlichen Einwilligung in eine ärztliche Zwangsmaßnahme vom 18.2.2013[3] sind nach § 312 S. 1 Nr. 1 FamFG nF auch entsprechende Genehmigungsverfahren bei Betreuern und Bevollmächtigten betroffen. Gleiches gilt hinsichtlich einer ärztlichen Zwangsmaßnahme im Rahmen einer Unterbringung nach den Landesgesetzen, § 312 S. 1 Nr. 3 FamFG nF.

2 Bei den zivilrechtlichen Verfahren hat der Betreuer die Unterbringung zu beenden, wenn ihre Voraussetzungen weggefallen sind, § 1906 Abs. 2 S. 3 BGB nF. Die Einwilligung in die ärztliche Zwangsmaßnahme hat der Betreuer zu widerrufen, wenn ihre Voraussetzungen wegfallen, § 1906 Abs. 3 a S. 2 BGB nF. Gleiches gilt für Bevollmächtigte (§ 1906 Abs. 5 S. 1 u. 2 BGB nF). Diese Pflichten bestehen neben der Verpflichtung des Gerichts zur Aufhebung.[4]

Auch die Behörde, die eine öffentlich-rechtliche Maßnahme zu verantworten hat, ist dergestalt verpflichtet.[5] Gleiches gilt für die Einrichtung, in der sich der Betroffene befindet.[6] Sie hat den Betreuer oder Bevollmächtigten vorab zu verständigen.[7]

Um beurteilen zu können, ob eine Unterbringungsmaßnahme aufzuheben ist, obliegt es auch dem zuständigen Richter, das Vorliegen der Voraussetzungen einer Unterbringungsmaßnahme während des gesamten Zeitraums der Dauer der Maßnahme zu beobachten.[8]

II. Gerichtliches Verfahren

3 Bei einer **Unterbringungsmaßnahme nach öffentlichem Recht** (§ 312 Nr. 3 FamFG) sieht das Gesetz vor, dass das Gericht[9] der zuständigen Behörde Gelegenheit zur Äußerung geben soll, es sei denn, dass dies zu einer nicht nur geringen Verzögerung des Verfahrens führen würde.[10] Angesichts der bestehenden Kommunikationsmöglichkeiten dürfte ein Fall von bedeutender Verzögerung kaum auftreten können.[11]

---

2 Vgl BGH NJW 2009, 299, 300; Keidel/Budde, § 330 FamFG Rn 4 mwN; Fröschle/Locher, § 330 FamFG Rn 2.
3 BGBl. I 2013, 266 f – s. zum Hintergrund: § 312 FamFG Rn 3 ff.
4 BT-Drucks. 11/4528, 148; Keidel/Budde, § 330 FamFG Rn 1; Schulte-Bunert/Weinreich/Dodegge, § 330 FamFG Rn 3.
5 Marschner/Volckart/Lesting, § 330 FamFG Rn 2.
6 Marschner/Volckart/Lesting, § 330 FamFG Rn 2.
7 Knittel, § 330 FamFG Rn 7.
8 Marschner/Volckart/Lesting, § 330 FamFG Rn 3; Schulte-Bunert/Weinreich/Dodegge, § 330 FamFG Rn 3.
9 S. zur örtlichen Zuständigkeit (des anordnenden oder genehmigenden Gerichts): Keidel/Budde, § 330 FamFG Rn 5 mwN zur abweichenden Ansicht.
10 Dazu BT-Drucks. 11/4528, 220.
11 Vgl Bassenge/Roth/Bassenge, § 330 FamFG Rn 5; Marschner/Volckart/Lesting, § 330 FamFG Rn 6; Knittel, § 330 FamFG Rn 12.

Bei **zivilrechtlichen Unterbringungsmaßnahmen** fehlen entsprechende Verfahrensregelungen. Es sollen unnötige Verzögerungen vermieden werden.[12] Das Gericht bestimmt gemäß § 26 FamFG somit nach pflichtgemäßem Ermessen, welche Ermittlungen (Anhörungen, Sachverständigengutachten) es für erforderlich hält.[13]

III. Rechtsmittel

Da es sich bei einem Aufhebungsbeschluss um eine Endentscheidung handelt, ist dieser mit der **Beschwerde** gemäß § 58 Abs. 1 FamFG anfechtbar. 4

§ 331 FamFG Einstweilige Anordnung

¹Das Gericht kann durch einstweilige Anordnung eine vorläufige Unterbringungsmaßnahme anordnen oder genehmigen, wenn
1. dringende Gründe für die Annahme bestehen, dass die Voraussetzungen für die Genehmigung oder Anordnung einer Unterbringungsmaßnahme gegeben sind und ein dringendes Bedürfnis für ein sofortiges Tätigwerden besteht,
2. ein ärztliches Zeugnis über den Zustand des Betroffenen und über die Notwendigkeit der Maßnahme vorliegt; in den Fällen des § 312 Nummer 1 und 3[1] muss der Arzt, der das ärztliche Zeugnis erstellt, Erfahrung auf dem Gebiet der Psychiatrie haben und soll Arzt für Psychiatrie sein,
3. im Fall des § 317 ein Verfahrenspfleger bestellt und angehört worden ist und
4. der Betroffene persönlich angehört worden ist.

²Eine Anhörung des Betroffenen im Wege der Rechtshilfe ist abweichend von § 319 Abs. 4 zulässig.

I. Einleitung

In §§ 331 ff FamFG sind die Voraussetzungen für eine Genehmigung oder Anordnung einer vorläufigen Unterbringungsmaßnahme normiert. Aufgrund der Neuregelung in § 312 S. 1 Nr. 1 und 3 FamFG[2] ist auch die Genehmigung einer Einwilligung in eine ärztliche Zwangsmaßnahme im Rahmen einer betreuungsrechtlichen Unterbringung (§ 1906 Abs. 1–3 a, 5 BGB) umfasst. Gleiches gilt bei einer entsprechenden Anordnung im Rahmen einer Unterbringung nach Landesrecht. 1

Die gerichtliche Entscheidung wird durch eine einstweilige Anordnung getroffen.

---

12 BT-Drucks. 11/6949, 38, 85.
13 Keidel/Budde, § 330 FamFG Rn 6; Bienwald/Sonnenfeld/Hoffmann, § 330 FamFG Rn 7; Bahrenfuss/Grotkopp, § 330 FamFG Rn 8; Knittel, § 330 FamFG Rn 11; Marschner/Volckart/Lesting, § 330 FamFG Rn 6; Fröschle/Locher, § 330 FamFG Rn 4; Schulte-Bunert/Weinreich/Dodegge, § 330 FamFG Rn 10.
1 Nach der Neuregelung: § 312 S. 1 Nr. 1 und 3.
2 Sie erfolgte durch das Gesetz zur Regelung der betreuungsrechtlichen Einwilligung in eine ärztliche Zwangsmaßnahme vom 18.2.2013, BGBl. I 2013, 266 f.

II. Örtlich zuständiges Gericht

2 Für einstweilige Anordnungen oder einstweilige Maßregeln ist neben dem Gericht der Hauptsache **auch** jenes zuständig, in dessen Bezirk das **Bedürfnis für die Unterbringungsmaßnahme** bekannt wird. In den Fällen einer einstweiligen Anordnung oder einstweiligen Maßregel soll es dem Gericht Mitteilung machen, das zuständig ist, weil bei ihm ein Verfahren zur Bestellung eines Betreuers eingeleitet oder das Betreuungsverfahren anhängig ist oder dessen Zuständigkeit begründet ist, weil der Betroffene in dessen Bezirk seinen gewöhnlichen Aufenthalt hat (§ 313 Abs. 2 FamFG).

III. Voraussetzungen einer „gewöhnlichen einstweiligen Anordnung" (S. 1)

1. Dringende Gründe (S. 1 Nr. 1)

3 Man unterscheidet die sog. gewöhnliche einstweilige Anordnung[3] und die sog. eilige einstweilige Anordnung.[4] Letztere kann bei Vorliegen von Gefahr im Verzug unter erleichterten Voraussetzungen erlassen werden.

In § 331 S. 1 FamFG sind die **Voraussetzungen für eine gewöhnliche einstweilige Anordnung** geregelt:

Es müssen **dringende Gründe** für die Annahme bestehen, dass die Voraussetzungen für die Genehmigung oder Anordnung einer Unterbringungsmaßnahme gegeben sind. Zudem muss ein dringendes Bedürfnis für ein sofortiges Tätigwerden bejaht werden. Dringende Gründe sind anzunehmen, wenn eine **hohe Wahrscheinlichkeit** für die Genehmigung oder Anordnung einer Unterbringungsmaßnahme vorliegt,[5] dh wenn die materiellrechtlichen Voraussetzungen für eine Unterbringungsmaßnahme gemäß § 312 S. 1 Nr. 1–3 FamFG nF gegeben sind.[6]

Ein **dringendes Bedürfnis** für ein sofortiges Tätigwerden besteht dann, wenn ein **Zuwarten** bis zur Entscheidung in einer etwaigen Hauptsache nicht ohne Eintritt **erheblicher Nachteile** möglich wäre.[7] Es müssen konkrete Tatsachen dafür vorliegen, dass mit dem Aufschub der Maßnahme bis zur endgültigen Entscheidung **Gefahr** für den Betroffenen verbunden wäre.[8] Angesichts der Schwere des mit der Unterbringung verbundenen Freiheitseingriffs muss den drohenden Nachteilen erhebliches Gewicht zukommen.[9] Die Tatsachen müssen glaubhaft sein.[10]

---

3 S. zur früheren Rechtslage: §§ 70 h, 69 f FGG.
4 Vgl § 332 FamFG.
5 BayObLG NJW-RR 2001, 654–656; Keidel/Budde, § 331 FamFG Rn 5; Schulte-Bunert/Weinreich/Dodegge, § 331 FamFG Rn 6.
6 Vgl Keidel/Budde, § 331 FamFG Rn 3.
7 BR-Drucks. 309/07, S. 438; Schulte-Bunert/Weinreich/Dodegge, § 331 FamFG Rn 14; ausf. zu den Vor.: Knittel, § 331 FamFG Rn 11 ff.
8 BayObLG NJW-RR 2001, 654; KG FGPrax 2008, 40; vgl Keidel/Budde, § 331 FamFG Rn 7.
9 Vgl MK-ZPO/Schmidt-Recla, § 331 FamFG Rn 6.; vgl Damrau/Zimmermann, § 331 FamFG Rn 5.
10 Vgl OLG Schleswig FamRZ 1994, 781; vgl BVerfG NJW 1998, 1774; MK-ZPO/Schmidt-Recla, § 331 FamFG Rn 6.

2. Ärztliches Zeugnis (S. 1 Nr. 2)

§ 331 S. 1 Nr. 2 ist durch das Gesetz zur Regelung der betreuungsrechtlichen 4
Einwilligung in eine ärztliche Zwangsmaßnahme vom 18.2.2013[11] ergänzt worden. Zuvor lautete die Vorschrift: „... ein ärztliches Zeugnis über den Zustand des Betroffenen vorliegt". Nunmehr muss sich das Zeugnis auch zur **Notwendigkeit der Maßnahme** (Genehmigung bzw Anordnung einer Unterbringung, einer ärztlichen Zwangsmaßnahme oder Genehmigung nach § 1906 Abs. 4 BGB) äußern.

Soll diesen **inhaltlichen Anforderungen**[12] entsprochen werden, muss das ärztliche Zeugnis die gesundheitliche Situation des Betroffenen beschreiben.[13] Wenn es zudem Ausführungen zur Notwendigkeit der o.g. Maßnahmen beinhalten muss, ist darzulegen, aus welchen Gründen diese erforderlich sind und welche Folgen drohen, sofern sie unterbleiben.[14] Bei der Genehmigung einer Einwilligung in eine ärztliche Zwangsmaßnahme im Rahmen einer Unterbringung nach § 1906 BGB ist zB auszuführen, welche erheblichen gesundheitlichen Schäden zu befürchten sind, wenn ein Betroffener nicht gegen seinen Willen behandelt wird, aus welchen Gründen andere zumutbare Maßnahmen zur Abwendung des Schadens nicht ausreichend sind, und warum der zu erwartende Nutzen der ärztlichen Zwangsmaßnahme die zu erwartenden Beeinträchtigungen deutlich überwiegt (s. § 1906 Abs. 3 BGB nF). Desweiteren müssen Angaben zur voraussichtlichen Dauer der Maßnahme enthalten sein. Schließlich muss das Zeugnis Angaben zur Fähigkeit der freien Willensbestimmung bzw zu deren Ausschluss enthalten.[15]

Eine zeitnahe und **persönliche Untersuchung** und Befragung ist zwar mangels Anwendbarkeit von § 321 Abs. 1 S. 2 FamFG nicht vorgeschrieben, aber schon zur Glaubhaftmachung als notwendig anzusehen.[16] Eine **Form** ist hingegen nicht gesetzlich geregelt.[17]

Die Neuregelung (s. Rn 4) bezieht auch auf die **Qualifikation des Arztes**, der 5
das ärztliche Zeugnis in den Fällen des § 312 S. 1 Nr. 1 und 3 FamFG erstellt.[18] Er muss Erfahrung auf dem Gebiet der Psychiatrie haben und soll Arzt für Psychiatrie sein, wenn es sich

- um ein Genehmigungsverfahren hinsichtlich einer freiheitsentziehenden Unterbringung und hinsichtlich einer Einwilligung in eine ärztliche Zwangsmaßnahme durch Betreuer oder Bevollmächtigte (§ 1906 Abs. 1–3 a BGB nF, § 312 S. 1 Nr. 1 FamFG nF)[19] handelt oder

---

11 BGBl. I 2013, 266 f.
12 Diese waren nach hiesiger Auffassung bereits vor der Neuregelung maßgeblich.
13 Zu den Anforderungen s. Keidel/Budde, § 300 FamFG Rn 6.
14 Vgl Fröschle/Locher, § 331 FamFG Rn 6.
15 Vgl BayObLG BtPrax 2003, 268.
16 Bassenge/Roth/Bassenge, § 331 FamFG Rn 5 mwN; vgl OLG Köln FGPrax 2006, 233; Prütting/Helms/Roth, § 331 FamFG Rn 10; Knittel, § 331 FamFG Rn 25; MK-ZPO/Schmidt-Recla, § 331 FamFG Rn 8.
17 Vgl Bassenge/Roth/Bassenge, § 331 FamFG Rn 5 mwN.
18 Die Regelung verweist nicht auf § 321 Abs. 1 S 5 FamFG nF. Dass der sog. zwangsbehandelnde Arzt das Zeugnis erstellt, ist danach nicht ausgeschlossen.
19 Es müsste im Gesetzestext heißen: § 312 S. 1 Nr. 1.

- bei der freiheitsentziehenden Unterbringung und einer ärztlichen Zwangsmaßnahme eines Volljährigen nach den Landesgesetzen über die Unterbringung psychisch Kranker, § 312 S. 1 Nr. 3 FamFG nF.[20]

Nach der Beschlussempfehlung des Rechtsausschusses des Deutschen Bundestages vom 16.1.2013 muss diese Qualifikation insbesondere im „Hinblick auf die erforderlichen Aussagen zur Einsichtsunfähigkeit des Betroffenen" vorliegen. Der Arzt könne das Fachwissen anderer Ärzte einbeziehen.[21]

Bei der Genehmigung einer freiheitsentziehenden Maßnahme nach § 1906 Abs. 4 BGB äußert sich das Gesetz zur Qualifikation des Arztes nicht. Nach hier vertretener Ansicht muss er jedenfalls im Regelfall Arzt für Psychiatrie bzw Arzt mit Erfahrung auf dem Gebiet der Psychiatrie sein.[22] Maßgeblich ist nämlich, welchen Inhalt das ärztliche Zeugnis aufzuweisen hat. Es soll Angaben nicht nur über den Zustand des Betroffenen, sondern auch über die Notwendigkeit der Maßnahme enthalten. Ob eine Unterbringungsmaßnahme erforderlich ist, dürfte regelmäßig nur von einem Arzt mit entsprechender Sachkunde beurteilt werden können.

3. Bestellung eines Verfahrenspflegers (S. 1 Nr. 3)

6   Ein **Verfahrenspfleger** ist gemäß § 317 Abs. 1 FamFG zu bestellen, wenn dies zur Wahrnehmung der Interessen des Betroffenen erforderlich ist (S. 1). Die Bestellung ist insbesondere erforderlich, wenn von einer Anhörung des Betroffenen abgesehen werden soll (S. 1).

Nach hiesiger Ansicht ist in den Fällen, in denen zu prüfen ist, ob eine Genehmigung einer Einwilligung in eine ärztliche Zwangsmaßnahme (§ 1906 Abs. 3, 3 a BGB) zu erteilen ist, ein Verfahrenspfleger stets zu bestellen. § 312 S. 3 FamFG ist insoweit vorrangig. Gleiches gilt hinsichtlich der Anordnung einer ärztlichen Zwangsmaßnahme im Rahmen einer Unterbringung nach den Unterbringungsgesetzen der Länder (s. § 312 FamFG Rn 13).

Ist die Bestellung eines Verfahrenspflegers erforderlich, ist er vor der Entscheidung zudem anzuhören.

4. Anhörung des Betroffenen (S. 1 Nr. 4, S. 2)

7   Der Betroffene ist persönlich anzuhören. Wenn erhebliche Nachteile für die Gesundheit des Betroffenen zu besorgen sind, kann von einer Anhörung **abgesehen** werden, § 319 Abs. 3 FamFG. Grundsätzlich kann auf die Durchführung der Anhörung **nur aufgrund eines ärztlichen Gutachtens** verzichtet werden. Angesichts dessen, dass die Einholung eines Sachverständigengutachtens

---

20 Es müsste im Gesetzestext heißen: § 312 S. 1 Nr. 3.
21 BT-Drucks. 17/12086, 15.
22 Vgl OLG Zweibrücken BtPrax 2003, 80; nachfolgende Nachweise vor der Neuregelung: vgl Keidel/Budde, § 300 FamFG Rn 6; Bahrenfuss/Grotkopp, § 331 FamFG Rn 7; Knittel, § 331 FamFG Rn 24; Marschner/Volckart/Lesting, § 331 FamFG Rn 11; Fröschle/Locher § 70h FGG Rn 4; SchuSo/Sonnenfeld, § 70h FGG Rn 12; ähnlich Jürgens/Marschner, § 70h FGG Rn 5; Föschle/Locher, § 331 FamFG Rn 6; MK-ZPO/Schmidt-Recla, § 331 FamFG Rn 7; Prütting/Helms/Roth, § 331 FamFG Rn 7; Damrau/Zimmermann, § 331 FamFG Rn 7; aA Bassenge/Roth/ Bassenge, § 331 FamFG Rn 5; diff. Schulte-Bunert/Weinreich/Dodegge, § 331 FamFG Rn 15. Zu berücksichtigen ist, dass das Landesrecht bei öffentlich-rechtlichen Unterbringungen ggf Qualifikationen vorsieht – Nachweise bei Bassenge/Roth/Bassenge, aaO.

in den Fällen der einstweiligen Anordnung nicht erforderlich ist, ist es nach hier vertretener Ansicht ausreichend, wenn sich aus dem ärztlichen Zeugnis ergibt, welche konkreten gesundheitlichen Nachteile drohen.

5. Anhörung im Wege der Rechtshilfe (S. 2)

Eine Anhörung des Betroffenen im Wege der Rechtshilfe ist abweichend von § 319 Abs. 4 FamFG zulässig, S. 2. **8**

6. Weitere Beteiligungen

Hinsichtlich weiterer, zum Verfahren hinzugezogener Beteiligter ergibt sich die Notwendigkeit der Gewährung rechtlichen Gehörs nach den allgemeinen Regelungen.[23] **9**

IV. Dauer der einstweiligen Anordnung

Die Dauer der einstweiligen Anordnung ist in § 333 S. 1 FamFG geregelt. **10**

V. Entscheidung durch Beschluss

Das Gericht entscheidet durch Beschluss, § 38 Abs. 1 S. 1 FamFG. Angesichts der besonderen Bedeutung des Verhältnismäßigkeitsgrundsatzes bei Unterbringungssachen muss das Gericht die Gründe für seine Abwägungsentscheidung im Sinne einer Genehmigung oder Anordnung hinreichend darlegen.[24] **11**

VI. Rechtsmittel

Gegen eine einstweilige Anordnung bei Unterbringungssachen ist die **Beschwerde** statthaft, § 58 Abs. 1 FamFG.[25] Diese ist binnen einer Frist von **zwei Wochen** einzulegen, § 63 Abs. 2 Nr. 1 FamFG.[26] Die Frist beginnt mit der schriftlichen Bekanntgabe des Beschlusses an die Beteiligten, § 63 Abs. 3 S. 1 FamFG. Eine Rechtsbeschwerde ist nicht zulässig, § 70 Abs. 4 FamFG. **12**

§ 332 FamFG Einstweilige Anordnung bei gesteigerter Dringlichkeit

¹Bei Gefahr im Verzug kann das Gericht eine einstweilige Anordnung nach § 331 bereits vor Anhörung des Betroffenen sowie vor Anhörung und Bestellung des Verfahrenspflegers erlassen. ²Diese Verfahrenshandlungen sind unverzüglich nachzuholen.

I. Einleitung

In § 332 sind die Voraussetzungen für die sog. **eilige einstweilige Anordnung** geregelt. **1**

---

23 BT-Drucks. 16/6308, 275; s. dazu Bassenge/Roth/Bassenge, § 331 FamFG Rn 9; Keidel/Budde, § 331 FamFG Rn 15; Prütting/Helms/Roth, § 331 FamFG Rn 4; diff. Bahrenfuss/Grotkopp, § 331 FamFG Rn 11.
24 Vgl Keidel/Budde, § 331 FamFG Rn 5.
25 Die Ausnahmen nach § 57 FamFG gelten nur für Familiensachen.
26 Zur Feststellung der Rechtswidrigkeit nach Erledigung der Hauptsache (§ 62 FamFG) s. Bumiller/Harders, § 331 FamFG Rn 25; MK-ZPO/Schmidt-Recla, § 331 FamFG Rn 14; Schulte-Bunert/Weinreich/Dodegge, § 331 FamFG Rn 25.

II. Gefahr im Verzug (S. 1)

2 Voraussetzung für den Erlass einer eiligen einstweiligen Anordnung ist, dass **Gefahr im Verzug** besteht. Das ist dann der Fall, wenn eine **Notwendigkeit** für eine sofortige Entscheidung gegeben ist, die über das **dringende Bedürfnis** für ein sofortiges Tätigwerden noch hinausgeht.[1] Maßgeblich ist, dass zur Abwendung einer erheblichen gesundheitlichen Gefährdung des Betroffenen[2] eine Beschlussfassung so dringlich ist, dass die Anhörung des Betroffenen und die Bestellung eines Verfahrenspflegers und dessen Anhörung nicht abgewartet werden können.[3]

Während die übrigen Voraussetzungen nach § 331 FamFG gegeben sein müssen,[4] kann das Gericht, also (nur) von diesen Verfahrenshandlungen (zunächst) **absehen:**

- Anhörung des Betroffenen,
- Anhörung und Bestellung eines Verfahrenspflegers.
- Hier ist die Regelung des § 312 S. 3 FamFG[5] zu berücksichtigen. Danach ist bei der Genehmigung einer Einwilligung in eine ärztliche Zwangsmaßnahme die Bestellung eines Verfahrenspflegers stets erforderlich. Die Regelung findet auch im einstweiligen Verfahren Anwendung (s. § 331 FamFG Rn 7).
- Nach hiesiger Ansicht kann im besonderen Eilfall von der Bestellung und Anhörung eines Verfahrenspflegers (zunächst) abgesehen werden.[6] Die Anhörung und die Bestellung eines Verfahrenspflegers stellen Verfahrensgarantien dar. Es bedeutete einen Wertungswiderspruch, wenn im besonderen Eilfall von der Anhörung (zunächst) abgesehen werden kann, von der Bestellung eines Verfahrenspflegers hingegen nicht.

III. Unverzügliches Nachholen (S. 2)

3 Die unterbliebenen Verfahrenshandlungen sind unverzüglich, dh möglichst an demselben,[7] spätestens am nächsten Tag[8] nachzuholen. Erforderlichenfalls

---

1 Bassenge/Roth/Bassenge, § 332 FamFG Rn 2.
2 Auf die Gefahr erheblicher Nachteile auch für Dritte bei der öffentlich-rechtlichen Unterbringung hinweisend: Fröschle/Locher, § 332 FamFG Rn 2.
3 Keidel/Budde, § 332 FamFG Rn 2 (differenzierend für den Fall, dass sich der Betroffene bereits in einer Unterbringung befindet); ähnlich: Marschner/Volckart/Lesting, § 332 FamFG Rn 4; vgl Prütting/Helms/Roth, § 332 FamFG Rn 4; MK-ZPO/Schmidt-Recla, § 332 FamFG Rn 3.
4 Vgl Bahrenfuss/Grotkopp, § 332 FamFG Rn 4.
5 Sie ist durch das Gesetz zur Regelung der betreuungsrechtlichen Einwilligung in eine ärztliche Zwangsmaßnahme vom 18.2.2013 (BGBl. I 2013, 266 f) eingefügt worden, s. § 312 FamFG Rn 3 ff.
6 Zur Problematik der Zulässigkeit eines Rechtsbehelfs gegen eine nach den Voraussetzungen des § 332 FamFG erlassene Anordnung s. OLG Zweibrücken MDR 2012, 32 f.
7 Vgl KG FGPrax 2008, 40; differenzierend hinsichtlich der Anhörung des Verfahrenspflegers: Damrau/Zimmermann, § 332 FamFG Rn 11; Prütting/Helms/Roth, § 332 FamFG Rn 5; Marschner/Volckart/Lesting, § 332 FamFG Rn 7.
8 Vgl OLG Hamm FGPrax 2008, 43.

sind andere Dienstgeschäfte zurückzustellen oder durch einen Eildienst zu gewährleisten.[9]

Wegen der Dauer der einstweiligen Anordnung wird auf § 333 FamFG verwiesen.

§ 333 FamFG Dauer der einstweiligen Anordnung

(1) [1]Die einstweilige Anordnung darf die Dauer von sechs Wochen nicht überschreiten. [2]Reicht dieser Zeitraum nicht aus, kann sie nach Anhörung eines Sachverständigen durch eine weitere einstweilige Anordnung verlängert werden. [3]Die mehrfache Verlängerung ist unter den Voraussetzungen der Sätze 1 und 2 zulässig. [4]Sie darf die Gesamtdauer von drei Monaten nicht überschreiten. [5]Eine Unterbringung zur Vorbereitung eines Gutachtens (§ 322) ist in diese Gesamtdauer einzubeziehen.

(2) [1]Die einstweilige Anordnung darf bei der Genehmigung einer Einwilligung in eine ärztliche Zwangsmaßnahme oder deren Anordnung die Dauer von zwei Wochen nicht überschreiten. [2]Bei mehrfacher Verlängerung darf die Gesamtdauer sechs Wochen nicht überschreiten.

I. Einleitung

In § 333 FamFG sind die Dauer einer einstweiligen Anordnung und die Voraussetzungen einer Verlängerung geregelt.   1

II. Dauer (Abs. 1 S. 1)

Nach § 333 Abs. 1 S. 1 FamFG darf der Zeitpunkt, zu dem die Unterbringungsmaßnahme endet, bei der erstmaligen Anordnung auf **längstens sechs Wochen nach Wirksamkeit** bestimmt werden. Da das Verfahren der einstweiligen Anordnung nicht Teil des Hauptsacheverfahrens ist, darf sich die Frist nicht an der voraussichtlichen Dauer des Hauptsacheverfahrens bestimmen.[1] Entscheidend ist vielmehr die **zur Erreichung des Zwecks** der Unterbringungsmaßnahme voraussichtliche Dauer.[2]   2

Ist kein früherer Zeitpunkt bestimmt, tritt die einstweilige Anordnung „automatisch", ohne dass es einer Aufhebung bedarf, außer Kraft.[3]

III. Verlängerung (Abs. 1 S. 2, 3)

Eine einstweilige Anordnung kann, bevor sie endet, **einmal oder mehrfach** jeweils um höchstens sechs Wochen verlängert werden, § 333 Abs. 1 S. 2   3

---

9 Vgl BVerfG FamRZ 2007, 1627; Jürgens/Marschner, § 331 FamFG Rn 3 mwN; ausführlich: Keidel/Budde, § 332 FamFG Rn 6; MK-ZPO/Schmidt-Recla, § 331 FamFG Rn 4.
1 Zum Hauptsacheverfahren muss es nicht zwingend kommen, vgl BT-Drucks. 16/6308, 201.
2 Bassenge/Roth/Bassenge, § 333 FamFG Rn 2; vgl LG Stuttgart v. 31.1.2011, 10 T 29/11.
3 Knittel, § 333 FamFG Rn 4; s. zudem § 56 FamFG.

FamFG.[4] Entscheidend ist insoweit, dass der Zeitraum von sechs Wochen nicht „ausreicht".[5]

Dabei müssen die Voraussetzungen, die für den Erlass der erstmaligen Anordnung maßgeblich sind, vorliegen. Allerdings genügt kein ärztliches Zeugnis (§ 331 S. 1 Nr. 2 FamFG). Es bedarf der Anhörung eines **Sachverständigen**. Diese kann schriftlich oder mündlich erfolgen.[6] Dabei muss sich der Sachverständige zu den Voraussetzungen nach § 331 FamFG äußern.

Hinweis:
In den Fällen des § 312 S. 1 Nr. 3 FamFG nF (Unterbringungsmaßnahme nach Landesrecht) bedarf es, weil es sich bei einer Verlängerung um eine neue einstweilige Anordnung handelt, eines Antrages der Behörde.[7]

Hinsichtlich der Rechtsmittel gegen Verlängerungsanordnungen gelten die Ausführungen zu den erstmaligen Anordnungen.

IV. Gesamtdauer (Abs. 1 S. 4, 5)

4 Die Gesamtdauer einer einstweiligen Anordnung beträgt höchstens **drei Monate** nach Wirksamkeit der ersten Anordnung unter Berücksichtigung einer Unterbrechung nach § 322 FamFG.[8] Eine Unterbringung zur Vorbereitung eines Gutachtens ist in die Gesamtdauer einzubeziehen.

V. Ärztliche Zwangsmaßnahmen (Abs. 2 S. 1, 2)

5 § 333 Abs. 2 FamFG ist durch das Gesetz zur Regelung der betreuungsrechtlichen Einwilligung in die ärztliche Zwangsmaßnahme vom 18.2.2013 [9] eingefügt worden.

Die Genehmigung einer Einwilligung in eine ärztliche Zwangsmaßnahme oder die Anordnung einer solchen Zwangsmaßnahme im Wege der einstweiligen Anordnung ist abweichend von § 333 Abs. 1 FamFG bestimmt worden. Die einstweilige Anordnung darf die Dauer von **zwei Wochen** nicht überschreiten, § 333 Abs. 2 S. 1 FamFG.

Bei **mehrfacher Verlängerung** darf die Gesamtdauer **sechs Wochen** nicht überschreiten, § 333 Abs. 2 S. 2 FamFG. Es handelt sich um die Anpassung an die in § 329 Abs. 1 FamFG neu geregelte Höchstfrist bei der Genehmigung oder Anordnung entsprechender Maßnahmen.[10]

---

4 Zur Problematik, wann es sich um eine Verlängerung handelt, vgl Keidel/Budde, § 333 FamFG Rn 4-6; Fröschle/Locher, § 333 FamFG Rn 3; Knittel, § 333 FamFG Rn 15; Damrau/Zimmermann, § 333 FamFG Rn 15.
5 S. eingehend: Keidel/Budde, § 333 FamFG Rn 12; Knittel, § 333 FamFG Rn 9; Marschner/Volckart/Lesting, § 333 FamFG Rn 8; Bahrenfuss/Grotkopp, § 333 FamFG Rn 3; MK-ZPO/Schmidt-Recla, § 333 FamFG Rn 3.
6 Bassenge/Roth/Bassenge, § 333 FamFG Rn 3.
7 Knittel, § 333 FamFG Rn 9.
8 Wegen der Einzelheiten s. Bassenge/Roth/Bassenge, § 333 FamFG Rn 4.
9 BGBl. I 2013, 266 f.
10 BT-Drucks. 17/11513, 8.

VI. Hinweise zum Hauptsacheverfahren

Verfahren der einstweiligen Anordnung sind nicht Teil der Hauptsache, sondern selbstständige Verfahren, § 51 Abs. 1 S. 1 FamFG. Wenn das Gericht eine einstweilige Anordnung erlassen hat, steht den Beteiligten in Antragsverfahren die Einleitung des Hauptsacheverfahrens frei. Dies ist bei Unterbringungsmaßnahmen nach Landesrecht zu beachten.

In Amtsverfahren (zivilrechtliche Unterbringungsmaßnahmen) hat das Gericht die Pflicht zu überprüfen, ob die Einleitung eines Hauptsacherfahrens von Amts wegen erforderlich ist.[11] Zudem hat das Gericht in solchen Verfahren **auf Antrag eines Beteiligten** das Hauptsacheverfahren einzuleiten, § 52 Abs. 1 S. 1 FamFG.

§ 334 FamFG Einstweilige Maßregeln

Die §§ 331, 332 und 333 gelten entsprechend, wenn nach § 1846 des Bürgerlichen Gesetzbuchs eine Unterbringungsmaßnahme getroffen werden soll.

I. Regelungsinhalt

Wenn ein Betreuer noch nicht bestellt oder an der Erfüllung seiner Aufgaben verhindert ist, hat das Betreuungsgericht die im Interesse des Betroffenen erforderlichen Maßregeln zu treffen (§ 1908 i Abs. 1 BGB iVm § 1846 BGB entsprechend). Das Gericht ist folglich befugt, schon vor einer Betreuerbestellung die erforderliche Unterbringungsmaßnahme selbst anzuordnen.

Hinweis:

Nach der Rechtsprechung des Bundesgerichtshofs ist es grundsätzlich zulässig, in Eilfällen eine zivilrechtliche Unterbringung anzuordnen, ohne dass zugleich damit schon ein Betreuer bestellt werden muss. Das Gericht ist in einem solchen Fall aber verpflichtet, gleichzeitig mit der Anordnung der Unterbringung durch geeignete Maßnahmen sicherzustellen, dass dem Betroffenen **unverzüglich** ein Betreuer oder jedenfalls ein vorläufiger Betreuer zur Seite gestellt wird. Unterlässt das Gericht solche Maßnahmen, ist die Anordnung der Unterbringung unzulässig.[1]

Zu berücksichtigen ist, dass ein entsprechendes Tätigwerden des Gerichts nicht in Betracht kommt, wenn der Betreuer **pflichtwidrig** die Unterbringung nicht veranlasst.[2]

Zu beachten ist zudem die Regelung des § 1906 Abs. 3 S. 2 BGB nF.[3] Wenn eine ärztliche Maßnahme – im Rahmen einer betreuungsrechtlichen Unterbrin-

---

11 BT-Drucks. 16/6308, 199.
1 BGH FamRZ 2002, 744 ff; ausführlich zum weiteren Verfahren: Keidel/Budde, § 334 FamFG Rn 5; Fröschle/Locher, § 334 FamFG Rn 4; Knittel, § 334 FamFG Rn 10; MK-ZPO/Schmidt-Recla, § 334 FamFG Rn 3; Schulte-Bunert/Weinreich/Dodegge, § 334 FamFG Rn 10; Damrau/Zimmermann, § 334 FamFG Rn 18 ff.
2 Vgl OLG Schleswig NJW-RR 2001, 1370; Bassenge/Roth/Bassenge, § 335 FamFG Rn 1.
3 Die Vorschrift ist durch das Gesetz zur Regelung der betreuungsrechtlichen Einwilligung in eine ärztliche Zwangsmaßnahme vom 18.2.2013 (BGBl. I 2013, 266 f) eingeführt worden.

gung – dem natürlichen Willen des Betroffenen widerspricht, ist § 1846 BGB nur anwendbar, wenn der Betreuer an der Erfüllung seiner Pflichten verhindert ist.

II. Anordnung

3 Soweit zulässig, ergeht die Regelung im Wege einstweiliger Anordnung, auf die §§ 331–332 und 333 FamFG entsprechende Anwendung finden.

§ 335 FamFG Ergänzende Vorschriften über die Beschwerde

(1) Das Recht der Beschwerde steht im Interesse des Betroffenen
1. dessen Ehegatten oder Lebenspartner, wenn die Ehegatten oder Lebenspartner nicht dauernd getrennt leben, sowie dessen Eltern und Kindern, wenn der Betroffene bei diesen lebt oder bei Einleitung des Verfahrens gelebt hat, den Pflegeeltern,
2. einer von dem Betroffenen benannten Person seines Vertrauens sowie
3. dem Leiter der Einrichtung, in der der Betroffene lebt,

zu, wenn sie im ersten Rechtszug beteiligt worden sind.

(2) Das Recht der Beschwerde steht dem Verfahrenspfleger zu.

(3) Der Betreuer oder der Vorsorgebevollmächtigte kann gegen eine Entscheidung, die seinen Aufgabenkreis betrifft, auch im Namen des Betroffenen Beschwerde einlegen.

(4) Das Recht der Beschwerde steht der zuständigen Behörde zu.

I. Einleitung	1	f) Zuständige Behörde	21
II. Beschwerde gegen Entscheidungen des Betreuungsgerichts	3	g) Vertreter der Staatskasse	23
III. Die Beschwerdeberechtigung	5	IV. Vorschriften über das Beschwerdeverfahren	24
1. Allgemeines	5	1. Abhilfeverfahren	26
2. Besondere Beschwerdeberechtigung	8	2. Sofortige Entscheidung oder weitere Ermittlungen	27
a) Angehörige	10	3. Absehen von erneuten Verfahrenshandlungen	28
b) Vertrauensperson	15		
c) Leiter der Einrichtung	16	4. Übertragung auf den Einzelrichter	30
d) Verfahrenspfleger	17		
e) Betreuer/Vorsorgebevollmächtigter	18	V. Rechtsbeschwerde	31

I. Einleitung

1 Entsprechend der gegenüber dem FGG unveränderten Systematik des FamFG sind im Buch 3 (Abschnitt 2) für die Unterbringungssachen nur wenige Vorschriften über das Rechtsmittelverfahren enthalten, die die Regelungen des allgemeinen Teils (Buch 1) über das Beschwerdeverfahren (§§ 58 bis 75 FamFG) ergänzen.

2 Die Vorschriften des FamFG für Unterbringungssachen gelten nach § 3 des Therapieunterbringungsgesetzes (ThUG) auch für die seit 1.1.2011 mögliche

Unterbringung „**psychisch gestörter Gewalttäter**",[1] wobei für diese Verfahren in vielerlei Hinsicht besondere Bestimmungen[2] eingeführt wurden. Im Folgenden sind die für das Beschwerdeverfahren relevanten Vorschriften dieses Gesetzes, durch das die strafrechtlichen Gesetzeslücken aufgrund der Rechtsprechung des Europäischen Gerichtshofs für Menschenrechte zur Unzulässigkeit der nachträglichen Sicherungsverwahrung geschlossen wurden, nicht erläutert, da diese sehr spezielle Materie mit dem Betreuungs- und Unterbringungsrecht – wie es dieser Kommentar darstellt – nur sehr geringe Berührungspunkte hat.

Durch das Gesetz zur Regelung der betreuungsrechtlichen Einwilligung in eine **ärztliche Zwangsmaßnahme**[3] wurde die Definition der zivilrechtlichen Unterbringungssachen in § 312 Nr. 1 FamFG um die Fallgruppe dieser betreuungsgerichtlichen Genehmigungen erweitert. Dies wurde notwendig, nachdem der Bundesgerichtshofs am 20.6.2012[4] seine langjährige Rechtsprechung zur Zulässigkeit der Überwindung des Willens des Betroffenen auf Anordnung des Betreuers im Rahmen einer genehmigten Unterbringung zur Heilbehandlung[5] aufgrund der Beschlüsse des Bundesverfassungsgerichts zur Unzulässigkeit einer Zwangsbehandlung von Personen, die nach den öffentlich-rechtlichen Landesgesetzes untergebracht sind oder sich im Maßregelvollzug nach §§ 63 ff StGB befinden,[6] aufgab. Durch dieses Gesetz werden zwar die verfahrensrechtlichen Regelungen verändert und wegen der besonderen Schwere dieses Eingriffs teilweise verschärft (s. dazu insb. § 1906 BGB Rn 45 ff, § 329 FamFG Rn 3), jedoch sind die Bestimmungen über das Beschwerdeverfahren hierdurch nicht verändert worden, weshalb sich für den vorliegenden Abschnitt keine Änderungen ergaben.

II. Beschwerde gegen Entscheidungen des Betreuungsgerichts

Auch wenn jetzt im Abschnitt 2 des Buches 3 weitgehend selbstständig ausformulierte Regelungen[7] für das Verfahren in Unterbringungssachen enthalten sind, so bestehen doch hinsichtlich des Beschwerdeverfahrens weiterhin keine wesentlichen Unterschiede für die Unterbringungssachen, weshalb hier auf die Erläuterungen zu § 303 FamFG insoweit verwiesen wird, als dort

- die **Statthaftigkeit** der (befristeten) Beschwerde gegen die Endentscheidungen (§ 303 Rn 19 ff) sowie der sofortigen Beschwerde gegen Neben- und Zwischenentscheidungen (§ 303 Rn 4 f) des Betreuungsgerichts,

3

---

1 Vgl Gesetz zur Neuordnung des Rechts der Sicherungsverwahrung und zu begleitenden Regelungen v. 22.12.2010 (BGBl. I, 2300), dort Artikel 5.
2 So sind nach § 4 die Landgerichte (stets eine Zivilkammer in voller Besetzung) in 1. Instanz zuständig; die Beschwerde zum OLG ist das einzige Rechtsmittel (§§ 16 ff); erstaunlich ist, dass die früher in § 28 Abs. 2 FGG geregelte Divergenzvorlage der Oberlandesgerichte an den Bundesgerichtshof für diese Spezialmaterie wieder eingeführt wurde, obwohl deren Abschaffung ein erklärtes Ziel des FamFG war.
3 Vom 18.2.2013 (BGBl. I, 266).
4 XII ZB 99/12, FamRZ 2012, 1366.
5 Vgl insbesondere BGHZ 166, 141.
6 Vgl insbesondere FamRZ 2011, 1128 und 1927.
7 Im Gegensatz zur 2. Auflage wird in der aktuellen Bearbeitung auf die Rechtsentwicklung, insb. die Unterschiede zum früheren FGG, nur noch vereinzelt hingewiesen.

- die **Zulässigkeitsvoraussetzungen** für die Beschwerde, insbesondere betreffend die Form (§ 303 Rn 55 ff) und Frist (§ 303 Rn 63 ff) der Beschwerde sowie deren Adressaten (§ 303 Rn 54),[8]
- der Inhalt der **Beschwerdeentscheidung** (§ 303 Rn 83 ff)

dargestellt wird.

4 Trotzdem sind folgende Punkte – vor allem im Interesse der guten Lesbarkeit – vorweg hervorzuheben:

1. Das FamFG kennt als **Rechtsmittel** gegen Entscheidungen des Betreuungsgerichts in Unterbringungssachen nur noch die **befristete Beschwerde**, und zwar
   - gegen **Entscheidungen in der Hauptsache** die innerhalb eines Monats ab Zustellung einzulegende Beschwerde,
   - gegen **einstweilige Anordnungen** die Beschwerde mit einer Beschwerdefrist von zwei Wochen (§ 63 Abs. 2 FamFG),
   - gegen Entscheidungen in **Nebenverfahren**[9] sowie ausnahmsweise gegen die Zwischenentscheidung[10] betreffend die Unterbringung des Betroffenen zur **Begutachtung** nach §§ 322, 284 FamFG die **sofortige Beschwerde** entsprechend den Vorschriften der ZPO mit einer Beschwerdefrist von zwei Wochen.

2. Wenn sich das Beschwerdeverfahren vor der Entscheidung über die Beschwerde **erledigt** hat (insbesondere durch Entlassung des Betroffenen aus der Unterbringung), kann der Betroffene nach § 62 FamFG den Antrag stellen festzustellen, dass die Entscheidung des Betreuungsgerichts ihn in seinen Rechten verletzt hat. Selbst nur kurzfristig vollzogene Unterbringungsbeschlüsse stellen das Regelbeispiel des schwerwiegenden Grundrechtseingriffs dar.[11]

3. Nach § 324 Abs. 1 FamFG werden Entscheidungen, durch die eine Unterbringung genehmigt oder angeordnet wird, erst mit der Rechtskraft wirksam, weshalb
   - das Betreuungsgericht hier stets über die Frage der sofortigen Wirksamkeit zu entscheiden hat,
   - die Beschwerde des Betroffenen hier aufschiebende Wirkung hat, falls die sofortige Wirkung nicht angeordnet wurde,
   - das Beschwerdegericht im Hauptsacheverfahren[12] zu prüfen hat, ob die sofortige Wirksamkeit seiner Entscheidung anzuordnen ist, da in allen

---

8 Vgl zur alternativen Zuständigkeit des Amtsgerichts der Unterbringung § 336 FamFG.
9 Insbesondere Zurückweisung eines Ablehnungsgesuchs gegen den Richter sowie Ablehnung der Verfahrenskostenhilfe; vgl aber auch die weiteren, in der Erläuterung zu § 303 FamFG Rn 4 ff aufgezählten Verfahren.
10 Grundsätzlich unterliegen Zwischenentscheidungen (vgl dazu § 303 FamFG Rn 20 f) nicht der Anfechtung, sondern nur der Überprüfung durch das Beschwerdegericht nach § 58 Abs. 2 FamFG.
11 Vgl dazu BVerfG NJW 1998, 2432; KG FGPrax 2000, 213; OLG München v. 28.10.2005, 34 Wx 124/05, und v. 2.10.2008, 34 Wx 10/08.
12 In den in der Praxis stark im Vordergrund stehenden einstweiligen Anordnungen in Unterbringungssachen stellt sich diese Frage nicht, da gegen solche die Rechtsbeschwerde nach § 70 Abs. 4 FamFG nicht statthaft ist und deshalb die Entscheidung des Beschwerdegerichts mit Erlass rechtskräftig ist.

Unterbringungssachen für den Betroffenen ohne besondere Zulassung die Rechtsbeschwerde zulässig ist.

III. Die Beschwerdeberechtigung
1. Allgemeines

Im Gegensatz zu den sonstigen Zulässigkeitsvoraussetzungen[13] ist die **Beschwerdeberechtigung** (oft auch als Beschwerdebefugnis bezeichnet), die in § 335 FamFG (vergleichbar dem § 303 FamFG für Betreuungssachen) ergänzend zu § 59 FamFG geregelt ist, gesondert darzustellen. 5

Nach § 59 Abs. 1 FamFG ist die durch einen Unterbringungsbeschluss in ihren Rechten **betroffene Person** beschwerdeberechtigt. Dies ist vor allem der Untergebrachte bzw Unterzubringende selbst, der durch die Anordnung **materiell beschwert** wird. Insoweit ist auf § 316 FamFG hinzuweisen, der für den Betroffenen die **Verfahrensfähigkeit** unabhängig von der Frage der Geschäftsfähigkeit festschreibt. Deshalb kann der Betroffene auch stets einen Bevollmächtigten (insb. Rechtsanwalt) beauftragen; eine Prüfung der Wirksamkeit der Vollmacht macht § 316 FamFG entbehrlich. Der Betroffene kann aber nur gegen einen die Unterbringung anordnenden oder genehmigenden Beschluss Beschwerde einlegen, da er durch einen seine Unterbringung ablehnenden Beschluss nicht beschwert ist.[14] Dies gilt auch dann, wenn er sich durch die Ausführungen in den Gründen des Zurückweisungsbeschlusses beeinträchtigt fühlt, was in der Praxis nicht selten vorkommt. Ausnahmsweise wird aber dann eine relevante Rechtsbeeinträchtigung durch die Gründe der den Antrag zurückweisenden Entscheidung angenommen, wenn das Betreuungsgericht die beantragte Genehmigung zu einer Maßnahme nach § 1906 Abs. 4 BGB nur deshalb ablehnt, weil der verfahrensgegenständliche Eingriff nach seiner Auffassung ohne Genehmigung zulässig ist.[15] Im Hinblick auf die Wirkung einer solchen Entscheidung als „Negativattest" ist dieser Auffassung zuzustimmen. 6

Darüber hinaus wurde für die frühere Regelung die Auffassung vertreten, dass auch **nahe Angehörige**[16] des Betroffenen in ihren eigenen Rechten beeinträchtigt sein können und deshalb ein eigenes Beschwerderecht haben. Diese Auffassung geht auf die amtliche Begründung des Betreuungsgesetzes[17] zurück, wo ausgeführt ist, dass über die (damals neu eingeführte) eigene Beschwerdeberechtigung der nahen Angehörigen hinaus aus Art. 6 Abs. 1 GG ein Beschwerderecht für getrennt lebende „Kinder oder Ehegatten" aus der allgemeinen Beschwerdeberechtigung der in eigenen Rechten Betroffenen hergeleitet werden könne. Auch wenn sich diese Überlegungen in der Begründung des FamFG – das die entsprechenden Bestimmungen des Betreuungsgesetzes unverändert ge-

---
13 Vgl dazu die Erläuterungen Rn 19 ff zu § 303 FamFG.
14 OLG Frankfurt/M. FGPrax 2000, 21; BayObLG FamRZ 2005, 834.
15 OLG Hamm OLGZ 1994, 193 sowie NJW 2003, 2392. Vgl bereits BayObLGZ 1964, 40.
16 Vgl zB Damrau/Zimmermann, § 70m FGG Rn 13 f; KKW/Kahl, § 70m FGG Rn 10 ff und Bienwald, § 70m FGG Rn 7 f. Jürgens/Marschner, § 335 FamFG Rn 6, vertreten sehr allgemein die Auffassung, ein getrennt lebender Ehegatte und Eltern/Kinder ohne häusliche Gemeinschaft mit dem Betroffenen könnten aus Art. 6 Abs. 1 und Art. 103 Abs. 1 GG unmittelbar ein Beschwerderecht herleiten; diese Auffassung vermag vor allem wegen der damit verbundenen Rechtsunsicherheit nicht zu überzeugen.
17 BT-Drucks. 11/4528, 187.

lassen hat – nicht mehr finden, dürften diese weiterhin teilweise beachtlich sein. Vor allem leuchtet ein, dass ein **minderjähriges Kind**[18] durch die Unterbringung des ihn betreuenden Elternteils – seinem möglicherweise einzigen gesetzlichen Vertreter – unmittelbar (auch) in seinen eigenen Rechten betroffen ist und sich deshalb gegen diesen Eingriff zur Wehr setzen kann.[19] Demgegenüber sind nahe Angehörige durch die Ablehnung der Unterbringung bzw der Genehmigung hierzu nicht in eigenen Rechten betroffen.

7 Nach § 59 Abs. 2 FamFG besteht eine Beschwerdeberechtigung **ausschließlich** für den formell beschwerten **Antragsteller** in den öffentlich-rechtlichen Unterbringungssachen, nämlich dann, wenn das Landesrecht einen Antrag (der zuständigen Behörde oder Klinik) zur **Voraussetzung** für die öffentlich-rechtliche Unterbringung erklärt.[20] Demgegenüber greift diese Vorschrift bei Zurückweisung eines Genehmigungsantrags des Betreuers oder Vorsorgebevollmächtigten nach § 1906 BGB nicht ein, da diese Genehmigung auch ohne Antrag oder über diesen hinaus erteilt werden kann.[21]

2. Besondere Beschwerdeberechtigung

8 In ähnlicher Weise wie § 303 FamFG bestimmt § 335 FamFG das Beschwerderecht **weiterer** Personen und Behörden, die hier **enumerativ** aufgezählt sind. Diese haben ein Beschwerderecht unabhängig davon, ob sie durch den angefochtenen Beschluss beschwert sind.

9 Dabei sind in Abs. 1 die dem Betroffenen nahestehenden Personen zusammengefasst, die ein Beschwerderecht **nur im Interesse des Betroffenen** geltend machen können, was hier dazu führt, dass diese Personen ausschließlich gegen die **Anordnung/Genehmigung** der Unterbringung bzw ihre Verlängerung vorgehen können, nicht aber gegen die Zurückweisung des Genehmigungs- bzw Unterbringungsantrags. Für die öffentlich-rechtliche Unterbringung folgt dies bereits aus § 59 Abs. 2 FamFG. Für die Ablehnung der Genehmigung für den Betreuer oder Bevollmächtigten nach § 1906 BGB ergibt es sich aus der Abhängigkeit des Beschwerderechts der „nahestehenden" Personen von den Interessen des Betroffenen, wie er diese versteht.[22] Selbstverständlich können gute Gründe – ebenso wie sie der Betreuer oder Bevollmächtigte, der die Genehmigung der Unterbringung beantragte, darstellte – dafür vorgebracht werden, dass die Un-

---

18 Vgl dazu insb. § 60 FamFG und die dort normierte Altersgrenze des 14. Lebensjahres. Allerdings wird in den Kommentierungen dieser Vorschrift (zB Keidel/Meyer-Holz, § 60 FamFG Rn 10, und Schulte-Bunert/Weinreich/Unger, § 60 FamFG Rn 10) die Unterbringung des gesetzlichen Vertreters nicht als Anwendungsfall erwähnt.
19 Schulte-Bunert/Weinreich/Unger, § 60 FamFG Rn 10, hebt zur Abgrenzung hervor, dass das Kind kein Beschwerderecht hat, wenn die Entscheidung *nur* andere Personen betrifft.
20 Soweit ersichtlich, ist in allen entsprechenden Landesgesetzen (vgl zB in Baden-Württemberg § 3 Abs. 1 UBG, Bayern Art. 5 UBG, Niedersachsen § 17 PsychKG, Nordrhein-Westfalen § 12 PsychKG), ein Antrag der zuständigen Behörde vorgeschrieben.
21 Vgl dazu BGH DNotZ 1967, 320 (für eine Genehmigung nach § 1821 BGB) und BayObLG FamRZ 1994, 1416 (für § 1906 BGB). Unabhängig davon wird in der Praxis wohl nie ein Betreuungsgericht ohne entsprechenden Antrag des Betreuers/Vorsorgebevoll-mächtigten tätig.
22 Nach der Begründung BT-Drucks. 16/6308, 265 soll die Sichtweise des Betroffenen für seine Interessen bei der grundlegenden Bestimmung über die Beteiligung von Angehörigen im Betreuungsverfahren ausschlaggebend sein.

terbringung und vor allem die – während der Unterbringung durchzuführende – fachgerechte medizinische Behandlung im (wohlverstandenen) Interesse des Betroffenen liegen; trotzdem erscheint die Annahme eines Beschwerderechts dieser Personen gegen den ausdrücklichen Willen des Betroffenen mit der Gesetzesformulierung nicht vereinbar. Insbesondere ergibt sich aus den Materialien zum FamFG kein Anhaltspunkt dafür, dass durch die Neuregelung der Betroffene nicht nur seinen Betreuer oder Bevollmächtigten als „Gegner" im Verfahren zur Genehmigung der Unterbringung hat, sondern auch allen ihm nahestehenden Personen „in seinem Interesse" nach ihrer Auslegung gegenüber steht. Darüber hinaus ist darauf hinzuweisen, dass für die Durchführung der genehmigten Unterbringung ausschließlich der Betreuer/Bevollmächtigte zuständig ist, der als verantwortlicher Akteur die Verantwortung für die Unterbringung trägt und deshalb auch bereits für deren Vorbereitung umfassend und ausschließlich zuständig sein sollte. Aus diesem Grunde ist § 335 Abs. 1 FamFG restriktiv auszulegen.[23]

Übereinstimmend mit § 303 Abs. 2 FamFG haben alle in Abs. 1 genannten Personen nur dann ein eigenes Beschwerderecht, wenn sie bereits im Verfahren beim Betreuungsgericht **beteiligt** wurden.[24]

a) Angehörige

In der Nr. 1 des Abs. 1 sind die nahen **Angehörigen** des Betroffenen aufgezählt, denen ein eigenes Beschwerderecht zusteht. In Fortführung der bisherigen Regelung erfolgt diese Bestimmung entsprechend den beim Betreuungsgericht in Unterbringungssachen nach § 315 Abs. 5 FamFG eventuell zu beteiligenden Personen. Der Personenkreis ist hier enger gefasst als bei den Angehörigen, die in Betreuungssachen ein Beschwerderecht haben. Als Grund für diese engere Begrenzung wird in der Begründung zum Betreuungsgesetz[25] darauf hingewiesen, dass der Betroffene nach seiner Entlassung möglichst unbelastet weiter leben kann.

10

Ehegatten und **Lebenspartner** sind beschwerdeberechtigt, wenn sie vom Betroffenen nicht dauernd getrennt leben.[26] Demgegenüber sind – auch hier, ebenfalls wie bei Entscheidungen in Betreuungssachen nach § 303 Abs. 2 Nr. 1 FamFG – nichteheliche Lebensgefährten[27] und Verlobte ausgeschlossen. In nicht seltenen Fällen (insbesondere der öffentlich-rechtlichen Unterbringung) führen die Ereignisse, die den Anlass zur Unterbringung in einer psychiatrischen Klinik bilden, auch zu Erklärungen eines oder beider Ehegatten über die (krankheitsbedingte) Trennung. In solchen Fällen dürfte auf keinen Fall von ei-

---

23 Im Ergebnis ebenso Marschner/Lesting, § 335 FamFG Rn 19. Die entgegengesetzte Auffassung von Keidel/Budde, § 335 FamFG Rn 7, der insoweit ausschließlich auf § 303 Abs. 2 FamFG verweist, vermag nicht zu überzeugen.
24 Diese Personen müssen sich deshalb rechtzeitig, dh im Verfahren beim Betreuungsgericht, um ihre Beteiligung kümmern. Wenn der Antrag auf Hinzuziehung keinen Erfolg hat, kann der Betroffene dagegen nach § 7 Abs. 5 FamFG sofortige Beschwerde einlegen.
25 BT-Drucks. 11/4528, 187.
26 Selbstverständlich nur während bestehender Ehe oder Lebenspartnerschaft, nicht nach Scheidung.
27 Allgemeine Meinung, vgl zB BayObLG FGPrax 1998, 56; so zum früheren Recht Damrau/Zimmermann, § 70m FGG Rn 16; Marschner/Lesting, § 335 FamFG Rn 7; Keidel/Budde, § 315 FamFG Rn 8.

nem „dauernden" Getrenntleben auszugehen sein, zumal sehr häufig die Ehegatten nach der Entlassung des Betroffenen aus der Klinik wieder zusammenziehen.

11 Bei den **Verwandten**[28] in gerader Linie sind **nur** die Eltern und Kinder beschwerdeberechtigt (nicht die weiter entfernten Angehörigen wie Großeltern und Enkel), wenn der Betroffene bei diesen lebt oder bei Einleitung des Verfahrens gelebt hat.

Auch wenn dies im Gesetz nicht mehr ganz klar beschrieben wird,[29] ist davon auszugehen, dass weiterhin jeder Elternteil und jedes Kind für sich **allein** beschwerdeberechtigt ist. Entsprechend der bisherigen allgemeinen Meinung ist weiterhin davon auszugehen, dass unter diese Regelung nur **volljährige**[30] Kinder[31] fallen und deshalb ein eigenes Beschwerderecht ohne Rücksicht auf die Beschwer haben. Ob Stiefkinder und -eltern ebenfalls ein eigenes Beschwerderecht haben, ist streitig. Das LG Oldenburg hat mit überzeugender Begründung[32] das Beschwerderecht eines (in häuslicher Gemeinschaft) lebenden Stiefkindes bejaht; mit der entsprechenden Überlegung dürfte auch dem angeheirateten Elternteil, wenn er in häuslicher Gemeinschaft mit dem Betroffenen lebt, eine Beschwerdeberechtigung zustehen. Zum Beschwerderecht minderjähriger Kinder des Betroffenen aus § 59 Abs. 1 FamFG wegen der Verletzung eigener Rechte siehe Rn 6.

12 Die Einschränkung „bei diesen lebt" ist nicht dahin gehend zu lesen, dass dieses volljährige Kind oder der Elternteil selbstständiger (Mit-)Wohnungsinhaber sein muss, der die von der Unterbringung betroffene Person bei sich aufgenommen hat; vielmehr ist es ausreichend (aber auch erforderlich), dass zwischen dem Betroffenen und dem Angehörigen, der Beschwerde einlegt, eine **häusliche Gemeinschaft** besteht bzw bis zur Verfahrenseinleitung bestanden hat.[33] Dabei ergeben sich besondere Probleme beim Bestehen eines **Doppelwohnsitzes** des Betroffenen, zB bei Studenten. Nach dem Wortlaut und insbesondere der erkennbaren Intention des Gesetzgebers dürfte ausschließlich das aktuelle, tatsächliche Zusammenleben im Zeitpunkt des Verfahrensbeginns entscheidend sein, weshalb zB die Eltern des am Universitätsort (allein) lebenden Kindes bei dessen Unterbringung nicht beschwerdeberechtigt sind. Auf das (formelle) Be-

---

28 Dabei ist es selbstverständlich unerheblich, wenn die Verwandtschaft durch eine Adoption oder nichteheliche Geburt begründet wird.
29 § 70 d FGG sprach von „jedem" Elternteil und Kind.
30 Vgl zB SchuSo/Sonnenfeld, § 70 d FGG Rn 6; Keidel/Budde, § 315 FamFG Rn 8; Schulte-Bunert/Weinreich/Dodegge, § 315 FamFG Rn 15 und Jürgens/Marschner, § 315 FamFG . Wegen des eigenen Betroffenseins von minderjährigen Kindern vgl oben Rn 6.
31 Ob darunter auch Stiefkinder zu verstehen sind, ist streitig, vgl dazu LG Oldenburg FamRZ 1996, 500; SchuSo/Sonnenfeld, § 70 d FGG Rn 6; Schulte-Bunert/Weinreich/Dodegge, § 315 FamFG Rn 15; für das frühere Recht: KKW/Kayser, § 70 d FGG Rn 4.
32 Nämlich dem Hinweis, dass wegen des Erfordernisses der häuslichen Gemeinschaft nach den Vorstellungen des Gesetzgebers der enge persönliche Kontakt gegenüber der Blutsverwandtschaft im Vordergrund steht. Insoweit kann jetzt ergänzend auf die Aufnahme der Pflegeeltern in den Kreis der Beschwerdeberechtigten (vgl dazu Rn 13) hingewiesen werden. Hieraus ist durchaus der Schluss gerechtfertigt, dass aktueller sozialer Kontakt stärker als die Blutsverwandtschaft zu berücksichtigen ist.
33 Vgl dazu zB Keidel/Budde, § 335 FamFG Rn 8; Schulte-Bunert/Weinreich/Dodegge, § 315 FamFG Rn 12 ff; Jürgens/Marschner, § 335 FamFG Rn 6.

stehen eines Wohnsitzes im Sinne des Melderechts kommt es nicht entscheidend an.

Neu hinzugekommen sind (ebenso wie in § 315 Abs. 4 FamFG) die **Pflegeeltern**, deren Interesse am Unterbringungsverfahren für schutzwürdig gehalten wird.[34] Auch wenn der Schwerpunkt der Stärkung der Position der Pflegeeltern sicherlich bei der Unterbringung von Minderjährigen durch das Familiengericht nach § 151 Nr. 6 und 7 FamFG iVm § 167 Abs. 4 FamFG liegt, soll diese soziale Beziehung auch über die Volljährigkeit des Kindes hinaus geschützt werden.[35] Jedoch dürfte für die Pflegeeltern die gleiche Voraussetzung für das Beschwerderecht gelten wie bei den Eltern, die mit dem Betroffenen verwandt sind, nämlich, dass sie mit dem Betroffenen in **häuslicher Gemeinschaft** leben. Diese Auslegung ist geboten, auch wenn die grammatikalische Auslegung des Gesetzeswortlauts (wegen des Anfügens der Pflegeeltern nach dem Relativsatz) zu einem anderen Ergebnis führt. Ein sachlicher Grund dafür, dass die nur durch (kürzeren oder längeren) Sozialkontakt verbundenen Pflegeeltern hier mehr Rechte haben sollen als die mit dem Betroffenen verwandten Eltern, ist nicht erkennbar. Es kann insbesondere darauf verwiesen werden, dass in der Begründung[36] keine Anhaltspunkte dafür erkennbar sind, die eine sachliche Unterscheidung gegenüber der anderen (deutlich glücklicheren) Formulierung in § 274 Abs. 4 Nr. 1 FamFG und § 303 Abs. 2 Nr. 1 FamFG (für die entsprechende Situation bei Betreuungsverfahren) rechtfertigen kann.

13

Seitenverwandte, insbesondere die bei der Beschwerdeberechtigung in Betreuungssachen[37] einbezogenen **Geschwister**, sind hier (in Konsequenz zu § 315 Abs. 4 Nr. 1 FamFG) **ausgeschlossen**. Der Gesetzgeber hat den Schutzbereich der Familie für die besonders sensiblen Unterbringungssachen nicht so weit ausgedehnt, dass auch Geschwistern des Betroffenen eine Beteiligungsmöglichkeit und daraus folgend ein Beschwerderecht eingeräumt wird. Damit scheiden erst recht weiter entfernte Seitenverwandte oder Verschwägerte aus.

14

b) Vertrauensperson

Nach Abs. 1 Nr. 2 hat eine vom Betroffenen benannte **Vertrauensperson**[38] unter den gleichen Voraussetzungen wie ein Angehöriger ein eigenes Beschwerderecht, also nur „im Interesse des Betroffenen" und nur dann, wenn sie in 1. In-

15

---

34 BT-Drucks. 16/6308, 273.
35 Deshalb erscheint die Auffassung von Keidel/Budde, § 335 FamFG Rn 8 und Jürgens/Kretz , § 303 FamFG Rn 5, die Pflegeeltern hätten lediglich bei der Unterbringung Minderjähriger ein Beschwerderecht, zu eng und findet keinen Anhalt im Gesetz.
36 BT-Drucks. 16/6308, 265, 273.
37 Nach § 303 Abs. 2 Nr. 1 FamFG; sie sind dort auch Kannbeteiligte nach § 274 Abs. 4 Nr. 1 FamFG.
38 Die Vertrauensperson im Betreuungsverfahren muss nach der etwas anderen Formulierung in § 274 Abs. 4 Nr. 1 FamFG nicht ausdrücklich benannt worden sein. Keidel/Budde, § 315 FamFG Rn 8, weist zu Recht darauf hin, dass die unterschiedliche Ausgestaltung in der Begründung nicht erläutert und „schwer verständlich" ist. Höchstwahrscheinlich handelt es sich um eine ungewollte Differenzierung des Wortlauts ohne sachlichen Unterschied.

stanz beteiligt wurde.³⁹ Ob der Betroffene auch mehrere Vertrauenspersonen benennen kann mit der Folge, dass diese anzuhören sind und ein Beschwerderecht haben, ist streitig;⁴⁰ allgemein abgelehnt wird die Benennung einer Organisation als Vertrauensperson. Im Interesse der Praktikabilität der Verfahren erscheint die Begrenzung auf allenfalls eine geringe Anzahl erforderlich.

Hiervon zu unterscheiden ist die Frage, ob ein Betroffener, der in 1. Instanz (noch) keine Vertrauensperson benannte, dies mit der Beschwerdeeinlegung oder -begründung nachholen kann, diese Vertrauensperson dann vom Beschwerdegericht beteiligt (insbesondere angehört) wird und damit zur Aufklärung der Sache vor der Entscheidung des Beschwerdegerichts beiträgt. Die nachträgliche Benennung einer solchen Person mit der dargestellten Auswirkung erscheint möglich.

c) Leiter der Einrichtung

16 In Abs. 1 Nr. 3 ist dem Leiter der Einrichtung, in der der Betroffene (außerhalb der Unterbringung) lebt,⁴¹ unter den gleichen Voraussetzungen wie bei den Angehörigen ein Beschwerderecht eingeräumt. Aus der parallelen Regelung in § 315 Abs. 4 Nr. 3 FamFG ergibt sich eindeutig, dass hiermit nicht der Leiter der Klinik oder sonstigen Unterbringungseinrichtung gemeint ist, sondern der – dem Betroffenen mutmaßlich verbundene – Leiter zB einer diakonischen Einrichtung, in der der Betroffene wegen seiner Behinderung lebt. Selbstverständlich muss nicht der Leiter dieser Einrichtung persönlich das Beschwerderecht ausüben, sondern kann sich insoweit durch einen Mitarbeiter vertreten lassen.

d) Verfahrenspfleger

17 Nach Abs. 2 hat der (nach § 317 FamFG grundsätzlich⁴² durch das Betreuungsgericht zu bestellende) Verfahrenspfleger ein eigenes Beschwerderecht, das an keine weiteren Bedingungen geknüpft ist. Nach der Begründung⁴³ wurde es dem § 303 Abs. 3 FamFG nachgebildet. Es ist weiterhin und wie bei den Betreuungssachen (vgl § 303 FamFG Rn 49) davon auszugehen, dass auch er nur

---

39 Zur Frage, ob (und in welcher Form) das Betreuungsgericht von sich aus den Betroffenen auf die Möglichkeit der Benennung einer Vertrauensperson hinzuweisen hat, vgl zum früheren Recht Bienwald, § 70 d FGG Rn 8 und SchuSo/Sonnenfeld, § 70 d FGG Rn 8. Dies kann – mit der Folge der Verpflichtung zur Anhörung – nur für das Hauptsacheverfahren in Unterbringungssachen gelten, nicht aber für die extrem eilbedürftigen einstweiligen Anordnungsverfahren, in denen der Betroffene in der Regel bereits untergebracht ist und eine sofortige Entscheidung unverzichtbar ist. In diesen Fällen kommt nur die nachträgliche Beteiligung durch Übersendung eines Beschlusses und der Möglichkeit, dazu Stellung zu nehmen, in Betracht.
40 SchuSo/Sonnenfeld, § 70 d FGG Rn 8, vertritt die Auffassung, lediglich die erste Vertrauensperson müsse angehört werden, während die weiteren nach Ermessen angehört werden könnten; Marschner/Lesting, § 335 FamFG Rn 17, sowie Schulte-Bunert/Weinreich/Dodegge, § 315 FamFG Rn 17, lassen allgemein mehrere Vertrauenspersonen zu; bei Keidel/Budde, § 315 FamFG Rn 8 und § 335 FamFG Rn 8, wird durch die Verwendung des Singulars demgegenüber stillschweigend von *einer* Vertrauensperson ausgegangen.
41 Vgl hierzu und zur Abgrenzung des dafür maßgeblichen gewöhnlichen Aufenthalts HK-BUR/Bauer, § 70 m FGG Rn 57 f.
42 Vgl zu einer Fallgestaltung, die eine Pflegerbestellung unerlässlich macht, KG FamRZ 2008, 1116; bei der Genehmigung der ärztlichen Zwangsmaßnahme ist nach § 312 S. 3 FamFG seine Bestellung unverzichtbar.
43 BT-Drucks. 16/6308, 276.

im Interesse des Betroffenen – für den er bestellt wurde – Beschwerde einlegen kann und deshalb sein Beschwerderecht nicht umfassender ist als dasjenige des Betroffenen selbst. Deshalb kann er – mangels Beschwer – keine Beschwerde gegen die Zurückweisung des Antrags auf Genehmigung oder Anordnung der Unterbringung oder die Aufhebung der Unterbringung einlegen.[44]

Davon zu unterscheiden ist, dass dem Verfahrenspfleger als in eigenen Rechten betroffenem Beteiligten (ebenso wie im Betreuungsverfahren) nach § 59 Abs. 1 FamFG ein Beschwerderecht vor allem dann zustehen kann, wenn seine **Vergütung** nicht oder zu niedrig im Verfahren nach §§ 318, 277, 168 FamFG festgesetzt wurde.

e) Betreuer/Vorsorgebevollmächtigter

Nach Abs. 3 sind der Betreuer[45] oder Vorsorgebevollmächtigte auch im Namen des Betroffenen beschwerdeberechtigt, wenn die Unterbringungsentscheidung seinen Aufgabenkreis betrifft. Nach der Begründung[46] wurde diese Bestimmung der entsprechenden Regelung bei der Beschwerdeberechtigung in Betreuungssachen (§ 303 Abs. 4 FamFG) nachgebildet, wobei ausdrücklich im Interesse eines beschleunigten Abschlusses der Unterbringungsverfahren die Einlegung einer Beschwerde nur durch einen von mehreren Betreuern (wie in § 303 Abs. 4 S. 2 FamFG vorgesehen) ausgeschlossen wurde. Diese Regelung wirft die – eher theoretische – Frage auf, ob im Fall der Mitbetreuung oder Bestellung mehrerer Bevollmächtigter diese nur **gemeinschaftlich** Beschwerde einlegen können; im Hinblick auf die Effektivität der Einräumung dieser Beschwerdeberechtigung, dürfte diese Frage zu verneinen sein.

18

Wesentlicher erscheint eine bemerkenswerte **Diskrepanz** zu § 315 Abs. 1 FamFG, die sich auch praktisch auswirken dürfte: In § 315 Abs. 1 FamFG ist als **Mussbeteiligter** (iSd § 7 Abs. 2 FamFG) der Betreuer und der Vorsorgebevollmächtigte aufgeführt, und zwar unabhängig davon, ob sein Aufgabenkreis die Aufenthaltsbestimmung umfasst. In der Begründung[47] wird ausdrücklich dargelegt, warum dies so geregelt wird. Deshalb ist zwar vom Betreuungsgericht in jeder Unterbringungssache nach § 312 FamFG stets jeder Betreuer und Vorsorgebevollmächtigte des Betroffenen **zwingend** anzuhören (nach §§ 320, 315 Abs. 1 FamFG), ein Beschwerderecht haben diese Personen jedoch nur dann, wenn die Unterbringung bzw Aufenthaltsbestimmung vom Aufgabenkreis des Betreuers oder dem Aufgaben des Bevollmächtigten erfasst sind. Es ist schwer nachvollziehbar, aus welchen Gründen hier Mitwirkungsrechte in erster und zweiter Instanz[48] abweichend von der Beschwerdeberechtigung geregelt sind.

19

Im Namen des Betroffenen können auch diese Vertreter nur dann Beschwerde einlegen, wenn dieser beschwert ist, wenn also eine Unterbringung angeordnet, genehmigt oder verlängert wurde. In solchen Fällen hat der Betreuer/Vorsorgebevollmächtigte nach § 59 Abs. 1 FamFG kein (eigenes) Beschwerderecht, da

20

---

44 OLG Frankfurt/M. FGPrax 2000, 21.
45 Hierzu gehört auch der vorläufige Betreuer, der durch eine einstweilige Anordnung nach § 300 FamFG bestellt wurde.
46 BT-Drucks. 16/6308, 276.
47 BT-Drucks. 16/6308, 273.
48 Aufgrund der Verweisung in § 68 Abs. 3 FamFG.

seinem Antrag entsprochen wurde. Wenn der Betreuer/Vorsorgebevollmächtigte die (dann) genehmigte Unterbringung für nicht (mehr) erforderlich hält, kann und muss er die Unterbringung aufheben oder von vornherein nicht durchführen.[49]

Demgegenüber hat der Betreuer oder Vorsorgebevollmächtigte als materiell beschwerter Beteiligter ein Beschwerderecht nach § 59 Abs. 1 FamFG in den Fällen der Zurückweisung seines Antrags auf Genehmigung der Unterbringung nach § 1906 BGB.

f) Zuständige Behörde

21 Nach Abs. 4 ist die zuständige Behörde beschwerdeberechtigt und zwar unabhängig davon, ob diese in 1. Instanz beteiligt wurde. Zuständige Behörde ist bei den „zivilrechtlichen" Unterbringungen nach § 312 Nr. 1 und 2 FamFG die örtliche Betreuungsbehörde, die sich aus § 1 BtBG[50] (der in Art. 67 FGG-RG entsprechend angepasst wurde) in Verbindung mit dem Landesrecht ergibt (in der Regel Landkreise/kreisfreie Städte/Stadtkreise). Bei den „öffentlich-rechtlichen" Unterbringungssachen nach § 312 Nr. 3 FamFG ist zuständige Behörde die im **Landesrecht** bestimmte Unterbringungsbehörde (wohl meist die „untere Verwaltungsbehörde" bei den Landkreisen und kreisfreien Städten bzw Stadtkreisen sowie die nach Landesrecht diesen Behörden gleichgestellten Kliniken und sonstigen Einrichtungen),[51] deren Mitwirkung im Landesrecht stets als Antragstellerin vorgesehen ist.

22 Obwohl auch die Behörde ein Beschwerderecht unabhängig von ihrer Beschwer hat, wird angenommen, dass die Betreuungsbehörde jedenfalls kein Beschwerderecht bei Ablehnung (oder Aufhebung) einer zivilrechtlichen Unterbringung hat.[52] Dem ist zuzustimmen.

In den Fällen der öffentlich-rechtlichen Unterbringung kann wegen des Antragserfordernisses gegen einen zurückweisenden Beschluss **nur** die zuständige Behörde nach § 59 Abs. 2 FamFG (als formell Beschwerte) Beschwerde einlegen.

g) Vertreter der Staatskasse

23 Nicht ausdrücklich im Gesetz erwähnt ist die Beschwerdeberechtigung des Vertreters der Staatskasse, die für Betreuungssachen in § 304 FamFG näher geregelt ist. Daraus ist zu schließen, dass ein Beschwerderecht dieses Beteiligten nach § 59 Abs. 1 FamFG ausschließlich dann besteht, wenn die Staatskasse durch einen Beschluss des Betreuungsgerichts **unmittelbar materiell betroffen** ist. Dies ist nur dann der Fall, wenn eine Auslagenentscheidung nach § 337

---

49 So Keidel/Budde, § 335 FamFG Rn 4 und Jürgens/Marschner, § 335 FamFG Rn 5. Nach § 1906 BGB darf die Unterbringung – unabhängig von einer vorliegenden betreuungsgerichtlichen Genehmigung – stets nur für den Zeitraum vollzogen werden, **solange sie erforderlich ist**, vgl § 1906 BGB Rn 40.
50 Vgl insoweit die Erläuterungen zu § 1 BtBG.
51 Vgl dazu die Unterbringungsgesetze der Länder in Verbindung mit den Organisationsvorschriften der Landesverwaltung, in Baden-Württemberg zB § 3 Abs. 1 S. 2 UBG iVm § 13 Landesverwaltungsgesetz.
52 OLG Frankfurt/M. FGPrax 2002, 46.

Abs. 1 FamFG[53] ergangen ist. Da insoweit keine besonderen Vorschriften gelten, besteht auch für die Beschwerde des Vertreters der Staatskasse in diesem Fall die Beschwerdefrist von einem Monat[54] ab schriftlicher Bekanntgabe des Beschlusses nach § 63 Abs. 1 und 3.[55] Das gleiche gilt für die Körperschaft, der die **Unterbringungsbehörde** angehört, wenn ihr das Betreuungsgericht nach § 337 Abs. 2 FamFG (der unverändert an die Stelle des § 13 a Abs. 2 S. 3 FGG tritt) die Auslagen des Betroffenen auferlegt hat.

IV. Vorschriften über das Beschwerdeverfahren

Ebenso wie in Betreuungssachen (vgl § 303 FamFG Rn 69 ff) enthält das FamFG keine besonderen Vorschriften für das Verfahren in Unterbringungssachen in der Beschwerdeinstanz, weshalb insoweit die **§§ 64 ff FamFG** anwendbar sind. Grundsätzlich ist deshalb die Verweisung auf die genannten Erläuterungen zum Verfahren des Beschwerdegerichts in Betreuungssachen ausreichend. 24

Für die **Gerichtskosten** im Beschwerdeverfahren in Unterbringungssachen sind jetzt die §§ 25 Abs. 2, 26 Abs. 3 GNotKG zu beachten, die an die Stelle des § 128 b KostO getreten sind. Danach sind die Unterbringungssachen künftig den Betreuungssachen (vgl § 303 FamFG Rn 92) gleichgestellt mit der Maßgabe, dass dem Betroffenen als Auslagen ausschließlich die Vergütung für den Verfahrenspfleger (Nr. 31015 des KVGNotKG) auferlegt werden können.

Auf folgende Auswirkungen des FamFG für die Bearbeitung von Beschwerden in Unterbringungssachen soll jedoch besonders hingewiesen werden: 25

1. Abhilfeverfahren

Da das Betreuungsgericht jetzt in jedem Fall einer Beschwerde gegen seine Entscheidungen nach § 68 Abs. 1 FamFG die Abhilfe zu prüfen hat, bleibt auch in Unterbringungssachen nach Einlegung einer Beschwerde zunächst das Betreuungsgericht zuständig. Im Hinblick auf die besondere Dringlichkeit der Unterbringungssachen und das häufig festzustellende Drängen der Untergebrachten auf möglichst sofortige Überprüfung der angeordneten Unterbringung ergibt sich ein Interessengegensatz zwischen der Verpflichtung des Betreuungsgerichts, die getroffene Entscheidung unter Berücksichtigung des Vorbringens des Beschwerdeführers und möglicherweise weiterer Aufklärung des Sachverhalts zu überprüfen und andererseits die vom Betroffenen sehr häufig gewünschte, baldmöglichste Überprüfung der Anordnung durch das Beschwerdegericht durch Vorlage der Akten nach Nichtabhilfe zu ermöglichen. Aufgrund der gesetzlichen Neuregelung ist davon auszugehen, dass das Betreuungsgericht jedenfalls die vom Betroffenen vorgebrachten Tatsachen und Gründe zu überprüfen und zu würdigen hat, bevor es die Akten dem Beschwerdegericht 26

---

53 Diese Bestimmung tritt nach der Begründung (BT-Drucks. 16/6308, 276) ohne inhaltliche Änderung an die Stelle des § 13 a Abs. 2 S. 1 FGG.
54 § 304 Abs. 2 FamFG kann für diese Verfahren nicht entsprechend angewandt werden, da insoweit die besonderen Prüfungsbedingungen, die zu der Spezialregelung in § 304 Abs. 2 FamFG führten, nicht bestehen.
55 In einem solchen Verfahren ist dem Vertreter der Staatskasse vor der Entscheidung rechtliches Gehör zu gewähren und ihm die Entscheidung zuzustellen nach § 41 FamFG.

vorlegt. Andererseits kann bei den sehr häufigen einstweiligen Anordnungen in (vor allem öffentlich-rechtlichen) Unterbringungssachen auf keinen Fall eine Aufklärung mit der Intensität und Überzeugungsbildung eines Hauptsacheverfahrens erwartet werden, sondern es muss auch bei der Abhilfeprüfung bei der Prüfung der „dringenden Gründe für die Annahme" der Unterbringungsvoraussetzungen[56] verbleiben. Über die „unverzügliche" Vorlage der Akten an das Beschwerdegericht hinaus ist wegen der Dringlichkeit bei Freiheitsentziehungen und der dazu vorliegenden Rechtsprechung des Bundesverfassungsgerichts[57] sowie wegen der Gewährleistung eines effektiven Rechtsschutzes die beschleunigte Durchführung der Abhilfeprüfung und – bei Nichtabhilfe – der Vorlage an das Beschwerdegericht geboten.[58]

2. Sofortige Entscheidung oder weitere Ermittlungen

27 In Unterbringungssachen legen die Betroffenen – manchmal sofort bei der mündlichen Eröffnung des Unterbringungsbeschlusses – häufig Beschwerde ein, ohne diese (sachbezogen) zu begründen. In derartigen Fällen ist eine sehr unterschiedliche Verfahrensweise des Beschwerdegerichts festzustellen: Während manche Beschwerdegerichte über diese Rechtsmittel (möglichst) sofort nach Eingang der Akten ohne weitere Ermittlungen zum Sachverhalt (wohl meist durch Zurückweisung der Beschwerde) entscheiden, geben andere Beschwerdegerichte den Betroffenen die Möglichkeit, ihre Beschwerde noch zu begründen, wenn sich bei der Durchsicht der Akten gewichtige tatsächliche Anhaltspunkte für die Voraussetzungen der angeordneten Unterbringung ergeben. Dabei wird dem Beschwerdeführer die bisher nicht erkennbare Erfolgsaussicht aufgrund der ersten Aktendurchsicht mitgeteilt. Auch wenn durch diese Vorgehensweise eine gewisse Verzögerung eintritt,[59] erscheint sie nach der jetzigen Regelung in § 65 FamFG sachgerechter, damit nicht nur eine rechtliche Überprüfung der Entscheidung des Betreuungsgerichts stattfindet, sondern – im Sinne eines effektiven Rechtsschutzes – eine Erörterung über die tatsächlichen Grundlagen der angeordneten Unterbringung ermöglicht wird. Diese Vorgehensweise erscheint vor allem im Hinblick darauf, dass jetzt die Entscheidungen des Beschwerdegerichts – bei einstweiligen Anordnungen de jure und bei Unterbringungsanordnungen in der Hauptsache meistens de facto – abschließend sind, besonders angezeigt. Hierdurch kann rechtzeitig geklärt werden, zu welchen (streitigen) Sachverhaltspunkten noch Ermittlungen im Beschwerdeverfahren notwendig sind; trotz des Amtsermittlungsgrundsatzes nach § 26 FamFG erscheint diese Vorgehensweise mit der daraus folgenden Konzentration für die Effektivität der Überprüfung erheblich förderlicher als die bloße Rechtsfolgenüberprüfung des Betreuungsgerichts, zumal dessen Tatsachenbasis – vor allem bei öffentlich-rechtlichen Unterbringungen sehr oft, bei einstweiligen Anordnungen nahezu immer – auf den Ermittlungen der den

---

56 Nach § 331 Nr. 1 FamFG.
57 ZB BVerfGE 58, 208 = NJW 1982, 691.
58 Vgl zB Keidel/Sternal, § 68 FamFG Rn 5 und Schulte-Bunert/Weinreich/Unger, § 68 FamFG Rn 9.
59 Was gegen diese Vorgehensweise vor dem Inkrafttreten des FamFG sprach, da hierdurch der Zugang zum Rechtsbeschwerdegericht als letzter Instanz verhindert wurde.

Antrag notwendigerweise in höchster Eile schreibenden Behörde oder Klinik[60] beruht.

3. Absehen von erneuten Verfahrenshandlungen

Die Anwendung des jetzt für den Anwendungsbereich des gesamten FamFG ausgedehnten § 68 Abs. 3 S. 2 FamFG (vgl dazu § 303 FamFG Rn 78 ff) wirft für das Verfahren in Unterbringungssachen spezifische Fragen auf. Wie bereits bisher über die Verweisung in § 70 m Abs. 3 FGG kann auch in Unterbringungssachen vor allem auf die erneute Anhörung des Betroffenen durch die Beschwerdekammer (oder den jetzt ohne Einschränkung (vgl § 303 FamFG Rn 81) einsetzbaren beauftragten Richter) dann verzichtet werden, wenn von der erneuten Anhörung **keine zusätzlichen Erkenntnisse zu erwarten** sind.[61] Bei der Prüfung dieser Voraussetzung ist stets zu berücksichtigen, dass bei untergebrachten Betroffenen sehr oft durch die in der Unterbringung häufig (seit längerem erstmals) durchgeführte medikamentöse Behandlung der psychischen Erkrankung oder der sonstigen Therapiemaßnahmen auch nach recht kurzem Aufenthalt in der Klinik eine wesentliche Veränderung des Gesundheitszustands eingetreten ist, die gegenüber dem unmittelbar nach der Einweisung bei der Anhörung durch den Betreuungsrichter neue Erkenntnisse erwarten lässt. Es ist deshalb – weit häufiger als in Betreuungssachen – davon auszugehen, dass hier eine **erneute Anhörung stattfinden muss**.[62] Dabei ist auch zu berücksichtigen, dass die angeordnete Freiheitsentziehung einen sehr tiefgreifenden Eingriff darstellt, auch wenn er in helfender Absicht und im „wohlverstandenen" Interesse des Betroffenen erfolgt. Für Verfahren zur Genehmigung von ärztlichen Zwangsmaßnahmen gilt dies nach meinen Erfahrungen in besonderer Weise; hier sollte auf keinen Fall auf eine erneute Anhörung des Betroffenen im Beschwerdeverfahren verzichtet werden.

28

Ähnliches gilt für die Notwendigkeit neuer **ärztlicher Gutachten** oder Zeugnisse über den Gesundheitszustand des Betroffenen; da das Beschwerdegericht als umfassende Tatsacheninstanz in diesen Verfahren insbesondere über die Erforderlichkeit der weiteren Unterbringung (und nur in einer geringeren Anzahl der Fälle über die anfängliche Rechtmäßigkeit des betreuungsgerichtlichen Beschlusses) zu entscheiden hat, steht häufig die Ermittlung des **aktuellen Gesundheitszustandes** und der aktuellen (Gefahren-)Prognose im Mittelpunkt.[63] Dazu sollte jedenfalls eine ergänzende Stellungnahme des medizinischen Sachverständigen – evtl mündlich bei der Anhörung des Betroffenen – eingeholt werden, damit tatsächlich der neueste Tatsachenstand der Beschwerdeentscheidung zugrunde gelegt wird.

29

---

60 Hierbei spielen die „fremdanamnestischen Angaben" von Angehörigen, Polizeibeamten, Nachbarn oder sonstigen Auskunftspersonen häufig eine zentrale Rolle.
61 Vgl zum früheren Rechtszustand SchuSo/Sonnenfeld, § 70 m FGG Rn 44 ff.
62 Vgl dazu zB BayObLG FamRZ 2003, 1854 (LS); OLG Düsseldorf FGPrax 1998, 200; OLG München FamRZ 2006, 729 (LS); Keidel/Sternal, § 68 FamFG Rn 59 ff und Schulte-Bunert/Weinreich/Unger, § 68 FamFG Rn 38 ff, wo jeweils auch der besondere Bezug zu Art. 6 EMRK betont wird, ferner Jürgens/Kretz, § 68 FamFG Rn 7 ff.
63 Vgl dazu OLG Stuttgart Die Justiz 1974, 464, wonach ein Zeitabstand von zwei Monaten zur vorliegenden Begutachtung als zu lange zurückliegend angesehen wurde.

4. Übertragung auf den Einzelrichter

30 Auch in Unterbringungsbeschwerdesachen besteht nach § 68 Abs. 4 FamFG[64] iVm § 526 ZPO die Möglichkeit, die Beschwerde einem Kammermitglied – das nicht Proberichter ist – als Einzelrichter zu übertragen. Trotz der hierdurch möglichen Verfahrenserleichterung und sehr effektiven Möglichkeit der Reduzierung des Arbeitsaufwandes im Beschwerdeverfahren sollte jedenfalls dann, wenn eine längerfristige Unterbringung Gegenstand der Beschwerde ist, im Hinblick auf die Bedeutung der Sache von der Übertragungsmöglichkeit nur zurückhaltend Gebrauch gemacht werden. Das gleiche gilt für Verfahren zur Genehmigung einer ärztlichen Zwangsbehandlung. Es erscheint sachgerechter, lediglich die Durchführung der Anhörung auf ein Kammermitglied als beauftragten Richter (mit ähnlichem Einspareffekt) zu übertragen, jedoch die Beschwerdeentscheidung bei der Kammer zu belassen.

V. Rechtsbeschwerde

31 Gegen die Beschlüsse des Beschwerdegerichts in Unterbringungssachen findet die Rechtsbeschwerde[65] zum Bundesgerichtshof dann **ohne Zulassung** durch das Beschwerdegericht statt, wenn die Unterbringung genehmigt oder angeordnet wurde (§ 70 Abs. 3 Abs. 1 Nr. 2 iVm S. 2 FamFG). Demgegenüber bedarf die Rechtsbeschwerde in sonstigen Beschwerdeentscheidungen in Unterbringungssachen der Zulassung durch das Beschwerdegericht.

Jedoch ist hervorzuheben, dass die Rechtsbeschwerde in den Verfahren über einstweilige Anordnungen nach § 70 Abs. 4 FamFG ausgeschlossen ist und auch nicht zugelassen werden kann, weshalb in diesen sehr zahlreichen Verfahren die Landgerichte letztinstanzlich entscheiden.[66]

32 Wegen der Darstellung der Rechtsbeschwerde im Einzelnen wird auf § 303 FamFG Rn 96 verwiesen. Es ergeben sich insoweit keine relevanten Unterschiede zwischen den Betreuungssachen und den Unterbringungssachen.

§ 336 FamFG Einlegung der Beschwerde durch den Betroffenen

Der Betroffene kann die Beschwerde auch bei dem Amtsgericht einlegen, in dessen Bezirk er untergebracht ist.

1 Durch diese Regelung wird eine **zusätzliche Zuständigkeit** für den untergebrachten Betroffenen bestimmt, um ihm die Einlegung der Beschwerde zu er-

---

64 Der die bisherige Regelung in § 30 Abs. 1 S. 2, 3 FGG verallgemeinert und in vollem Umfang an § 526 ZPO angepasst hat, vgl dazu BT-Drucks. 16/6308, 208. Zur Zulässigkeit der Übertragung auf den Einzelrichter nach bisherigem Recht: BGH BtPrax 2008, 169 gegen OLG Rostock FamRZ 2008, 80 sowie KG FamRZ 2008, 1976.
65 Diese ist an die Stelle der weiteren Beschwerde zum OLG getreten.
66 Auch wenn bereits bisher die weitere Beschwerde in Unterbringungssachen ein eher seltenes Rechtsmittel war (wobei nach meiner Beobachtung recht häufig diese an der erforderlichen Form des § 29 iVm § 21 Abs. 2 FGG scheiterten), stellt die jetzige Neuregelung eine erhebliche Veränderung dar, die sich mE auf die Qualität des von den Beschwerdegerichten einzuhaltenden Verfahrens (insbesondere den in den vorstehenden Rn 27 ff genannten Punkten) auswirken muss.

leichtern. Diese Bestimmung wurde ohne inhaltliche Änderung[1] aus §§ 70 m Abs. 2, 69 g Abs. 3 FGG übernommen.

Die Bestimmung ist inhaltsgleich mit § 305 FamFG. Wegen der Kommentierung wird deshalb in vollem Umfang auf die dortigen Erläuterungen Bezug genommen, auch wenn sich in Unterbringungssachen die dort unter Rn 3, 4 behandelte Frage einer sonstigen freiheitsentziehenden gerichtlichen Anordnung in der Regel nicht stellen dürfte.

2

§ 337 FamFG Kosten in Unterbringungssachen

(1) In Unterbringungssachen kann das Gericht die Auslagen des Betroffenen, soweit sie zur zweckentsprechenden Rechtsverfolgung notwendig waren, ganz oder teilweise der Staatskasse auferlegen, wenn eine Unterbringungsmaßnahme nach § 312 Nr. 1 und 2[1] abgelehnt, als ungerechtfertigt aufgehoben, eingeschränkt oder das Verfahren ohne Entscheidung über eine Maßnahme beendet wird.

(2) Wird ein Antrag auf eine Unterbringungsmaßnahme nach den Landesgesetzen über die Unterbringung psychisch Kranker nach § 312 Nr. 3[2] abgelehnt oder zurückgenommen und hat das Verfahren ergeben, dass für die zuständige Verwaltungsbehörde ein begründeter Anlass, den Unterbringungsantrag zu stellen, nicht vorgelegen hat, hat das Gericht die Auslagen des Betroffenen der Körperschaft aufzuerlegen, der die Verwaltungsbehörde angehört.

I. Einleitung

In § 337 FamFG wird geregelt, wann in Unterbringungssachen die **Auslagen des Betroffenen** der Staatskasse bzw dem Rechtsträger der Verwaltungsbehörde aufzuerlegen sind.[3] Unter Auslagen versteht man in erster Linie Gebühren und Auslagen eines Rechtsanwalts, der vom Betroffenen mandatiert worden ist. Unter Umständen kommen auch gerichtliche Auslagen in Betracht.[4]

1

II. Erstattungsanordnung gegen die Staatskasse (Abs. 1)

§ 337 Abs. 1 FamFG betrifft zum einen Unterbringungsmaßnahmen nach § 312 S. 1 Nr. 1 FamFG nF, also die Genehmigung einer freiheitsentziehenden Unterbringung und die Genehmigung einer Einwilligung in eine ärztliche Zwangsmaßnahme (§ 1906 Abs. 1–3 a BGB; s. dazu § 323 FamFG Rn 3, 4) eines Betreuten oder einer Person, die einen Dritten zu ihrer freiheitsentziehenden Unterbringung bevollmächtigt hat (§ 1906 Abs. 5 BGB). Zum anderen findet § 337 Abs. 1 FamFG Anwendung bei der Genehmigung einer freiheitsentziehenden Maßnahme nach § 1906 Abs. 4 BGB, § 312 S. 1 Nr. 2 FamFG nF.

2

---

1 So ausdrücklich die Begründung in BT-Drucks. 16/6308, 276.
1 Es müsste im Gesetzestext heißen: § 312 S. 1 Nr. 1 und 2.
2 Es müsste im Gesetzestext heißen: § 312 S. 1 Nr. 3.
3 S. im Übrigen zur Kostentragungspflicht: § 81 FamFG.
4 S. dazu bislang § 28 b KostO; vgl § 26 GNotKG-E.

Eine Erstattungsanordnung setzt voraus, dass die Maßnahme
- abgelehnt,
- als ungerechtfertigt aufgehoben,
- (als ungerechtfertigt) eingeschränkt oder
- das Verfahren ohne Entscheidung über eine Maßnahme beendet wird.

Die Aufhebung oder Einschränkung als ungerechtfertigt kommt nur in Betracht, wenn die Maßnahme von Anfang an nicht gerechtfertigt war.[5] Dabei ist es hinreichend, wenn die Umstände, die eine Aufhebung oder Einschränkung gebieten, erst nachträglich bekannt werden.[6] Ein Verfahren wird ohne Entscheidung über die Maßnahme insbesondere bei der Erledigung der Hauptsache beendet.[7]

Das Gericht hat nach pflichtgemäßem Ermessen zu entscheiden, ob, und wenn ja, in welchem Umfang eine Erstattung von Auslagen gegen die Staatskasse erfolgt.[8]

III. Erstattungsanordnung gegen den Rechtsträger der antragstellenden Behörde

3   § 337 Abs. 2 FamFG betrifft die Unterbringungsmaßnahmen nach § 312 S. 1 Nr. 3 FamFG nF, also eine freiheitsentziehende Unterbringung und eine ärztliche Zwangsmaßnahme eines Volljährigen nach den Landesgesetzen über die Unterbringung psychisch Kranker.

Eine Erstattungsanordnung setzt voraus, dass der Antrag der zuständigen Behörde
- abgelehnt oder zurückgenommen wird und
- das Verfahren ergeben hat, dass für die Behörde ein begründeter Anlass, den Unterbringungsantrag zu stellen, nicht vorgelegen hat.

Ob die Fälle der Hauptsachenerledigung erfasst sind, ist umstritten.[9]

Hinsichtlich der Frage, ob für die Behörde ein begründeter Anlass zur Antragstellung nicht vorgelegen hat, ist der Sachverhalt maßgeblich, der von der ihr zum Zeitpunkt der Antragstellung unter Ausnutzung aller ihr zumutbaren Erkenntnisquellen festgestellt werden konnte.[10]

---

5   OLG Zweibrücken FGPRax 2003, 230; Keidel/Budde, § 307 FamFG Rn 3 mwN; Knittel, § 337 FamFG Rn 16/17; Marschner/Volckart/Lesting, § 337 FamFG Rn 3.
6   Vgl Keidel/Budde, § 307 FamFG Rn 4 mwN; Marschner/Volckart/Lesting, § 337 FamFG Rn 5.
7   Vgl Keidel/Budde, § 307 FamFG Rn 6.
8   Keidel/Budde, § 307 FamFG Rn 12; Bassenge/Roth/Bassenge, § 337 FamFG Rn 8; Bahrenfuss/Grotkopp, § 337 FamFG Rn 3; Fröschle/Locher, § 337 FamFG Rn 2; Prütting/Helms/Roth, §§ 337 FamFG Rn 5; aA Marschner/Volckart/Lesting, § 337 FamFG Rn 7; diff. Knittel, § 337 FamFG Rn 21; Damrau/Zimmermann, § 337 FamFG Rn 25.
9   Verneinend: Keidel/Budde, § 337 Rn 6 mwN (§§ 81, 83 Abs. 2 FamFG); Damrau/Zimmermann, § 337 FamFG Rn 38; Fröschle/Locher, § 337 FamFG Rn 5; Prütting/Helms/Roth, § 337 FamFG Rn 7; bejahend: Marschner/Volckart/Lesting, § 337 FamFG Rn 10; entsprechende Anwendung: Bahrenfuss/Grotkopp, § 337 FamFG Rn 3; zur Problematik bei einem Verfahrensfehler s. Knittel, § 337 FamFG Rn 33.
10 Keidel/Budde, § 337 FamFG Rn 7 mwN.

Liegen die Voraussetzungen für eine Erstattung der Auslagen vor, hat das Gericht die Anordnung vollumfänglich zu treffen.[11]
Wegen der weiteren Einzelheiten zu den Kosten wird auf die Kommentierung zu § 307 FamFG verwiesen.

§ 338 FamFG Mitteilung von Entscheidungen

[1]Für Mitteilungen gelten die §§ 308 und 311 entsprechend. [2]Die Aufhebung einer Unterbringungsmaßnahme nach § 330 Satz 1 und die Aussetzung der Unterbringung nach § 328 Abs. 1 Satz 1 sind dem Leiter der Einrichtung, in der der Betroffene lebt, mitzuteilen.

I. Einleitung

In §§ 338, 339 FamFG sind Mitteilungspflichten des Gerichts geregelt. 1

II. Mitteilungs- und Unterrichtungspflichten (S. 1)

1. Mitteilung von Entscheidungen

Für Mitteilungen von Entscheidungen gelten die §§ 308 und 311 FamFG entsprechend. 2

Das bedeutet: Entscheidungen **teilt das Gericht (Richter) anderen Gerichten, Behörden oder sonstigen öffentlichen Stellen** mit, soweit dies unter Beachtung berechtigter Interessen des Betroffenen erforderlich ist, um eine erhebliche Gefahr für das Wohl des Betroffenen, für Dritte oder für die öffentliche Sicherheit abzuwenden, § 308 Abs. 1 FamFG.

Ergeben sich im Verlauf eines gerichtlichen Verfahrens Erkenntnisse, die eine entsprechende Mitteilung erfordern, hat die Mitteilung **unverzüglich** zu erfolgen, § 308 Abs. 2 FamFG.

Die Mitteilungspflichten sollen gewährleisten, dass die in Unterbringungsverfahren gewonnenen Erkenntnisse, die insbesondere in anderen gerichtlichen oder behördlichen Verfahren bedeutsam sein können, beachtet werden können.[1] Die Pflichten dienen auch dazu, dass Maßnahmen zum Schutz gefährdeter Rechtsgüter Dritter ergriffen werden können.[2] Die Mitteilung muss erforderlich sein. Das ist der Fall, wenn das öffentliche Interesse an der Erfüllung der Aufgaben des Mitteilungsempfängers das Interesse des Betroffenen an der Wahrung seines informationellen Selbstbestimmungsrechts überwiegt.[3]

Das Gericht unterrichtet zugleich mit der Mitteilung den **Betroffenen**, seinen 3 Verfahrenspfleger und seinen Betreuer über Inhalt und Empfänger der Mitteilung, § 308 Abs. 3 S. 1 FamFG. Diese Unterrichtung kann nur in den im Gesetz geregelten Fällen (§ 308 Abs. 3 S. 2 FamFG) unterbleiben; ggf muss sie nachgeholt werden (§ 308 Abs. 3 S. 3 FamFG).

---

11 Keidel/Budde, § 337 FamFG Rn 7; Knittel, § 337 FamFG Rn 40/41.
1 Vgl Keidel/Budde, § 308 FamFG Rn 6; Marschner/Volckart/Lesting, § 338 FamFG Rn 9.
2 Vgl Keidel/Budde, § 308 FamFG Rn 7.
3 Vgl BT-Drucks. 11/ 4528, 181; Keidel/Budde, § 308 FamFG Rn 9; Marschner/Volckart/Lesting, § 338 FamFG Rn 13.

Diekmann

Der **Inhalt** der Mitteilung, die Art und Weise ihrer Übermittlung, ihr Empfänger, die Unterrichtung des Betroffenen oder im Fall ihres Unterbleibens deren Gründe sowie die Unterrichtung des Verfahrenspflegers und des Betreuers sind **aktenkundig** zu machen (§ 308 Abs. 4 FamFG).

2. Mitteilungen zur Strafverfolgung

4 Das Gericht darf außer in den vom Gesetz genannten Fällen und in denjenigen, die in § 16 EGGVG und § 70 S. 2 und 3 JGG genannt sind, Entscheidungen oder Erkenntnisse aus dem Verfahren, aus denen die Person des Betroffenen erkennbar ist, von Amts wegen nur zur **Verfolgung von Straftaten oder Ordnungswidrigkeiten** anderen Gerichten oder Behörden mitteilen, soweit nicht schutzwürdige Interessen des Betroffenen an dem Ausschluss der Übermittlung überwiegen (§ 311 S. 1 FamFG).

Wegen der entsprechenden Einzelheiten wird auf die Kommentierung zu §§ 308, 311 FamFG verwiesen.[4]

III. Mitteilung an den Leiter der Einrichtung (S. 2)

5 Die Aufhebung einer Unterbringungsmaßnahme nach § 330 S. 1 FamFG ist dem Leiter der Einrichtung, in der der Betroffene lebt, mitzuteilen. Durch die besondere Mitteilungspflicht soll gewährleistet werden, dass der Leiter einer Einrichtung von dem Ende der Unterbringungsmaßnahme sofort Kenntnis erhält, um für die Entlassung des Betroffenen Sorge tragen zu können.[5] Dann ist es folgerichtig, wenn es sich um den Leiter der Einrichtung handelt, in der der Betroffene untergebracht ist.[6]

In § 330 S. 1 FamFG wird nicht differenziert, um welche Unterbringungsmaßnahmen es sich handelt. Umfasst sind folglich auch unterbringungsähnliche Maßnahmen nach § 312 S. 1 Nr. 2 FamFG nF iVm § 1906 Abs. 4 BGB.[7]

Durch das Gesetz zur Regelung der betreuungsrechtlichen Einwilligung in eine ärztliche Zwangsmaßnahme vom 18.2.2013[8] zählen zu den Unterbringungssachen auch Verfahren, die die Genehmigung der Einwilligung in eine ärztliche Zwangsmaßnahme betreffen (§ 312 S. 1 Nr. 1 FamFG). Es dürfte keinen Bedenken unterliegen, wenn auch die Aufhebung der Genehmigung hinsichtlich der Einwilligung in eine ärztliche Zwangsmaßnahme (§ 1906 Abs. 3, 3a BGB) und die Aufhebung einer Anordnung bei einer Unterbringung nach den Landesgesetzen (§ 312 S. 1 Nr. 3 FamFG nF) mitteilungspflichtig sind.[9]

---

4 Zur Frage der Anfechtbarkeit entsprechender Mitteilungen: bejahend: Keidel/Budde, § 308 FamFG Rn 15/16; Marschner/Volckart/Lesting, § 338 FamFG 23; Fröschle/Locher, § 308 FamFG Rn 9; MK-ZPO/Schmidt-Recla, § 308 FamFG Rn 308; verneinend: Prütting/Helms/Fröschle, § 308 FamFG Rn 24; einschränkend: Damrau/Zimmermann, § 338 FamFG Rn 10.
5 Vgl BT-Drucks. 16/6308, 276.
6 Vgl Keidel/Budde, § 338 FamFG Rn 2; Marschner/Volckart/Lesting, § 339 FamFG Rn 21; aA Fröschle/Locher, § 338 FamFG Rn 2.
7 Prütting/Helms/Roth, § 330 FamFG Rn 2.
8 BGBl. I 2013, 266 f.
9 Dabei wird in der Praxis regelmäßig davon auszugehen sein, dass die Aufhebung hinsichtlich der ärztlichen Zwangsmaßnahme zeitgleich mit der Aufhebung der Genehmigung oder Anordnung der Unterbringung an sich erfolgt.

Schließlich ist die Aussetzung der Unterbringung nach § 328 Abs. 1 S. 1 FamFG mitteilungspflichtig.

§ 339 FamFG Benachrichtigung von Angehörigen

Von der Anordnung oder Genehmigung der Unterbringung und deren Verlängerung hat das Gericht einen Angehörigen des Betroffenen oder eine Person seines Vertrauens unverzüglich zu benachrichtigen.

Die Regelung des § 339 FamFG entspricht den Vorgaben nach Art. 104 Abs. 4 GG, wonach von jeder richterlichen Entscheidung über die Anordnung oder Fortdauer einer Freiheitsentziehung[1] unverzüglich ein Angehöriger oder eine Person seines Vertrauens zu benachrichtigen ist. Es entscheidet grundsätzlich der Betroffene, wer benachrichtigt wird.[2] 1

In welcher **Form** die Benachrichtigung erfolgen muss, ist gesetzlich nicht vorgeschrieben. Sie kann folglich auch fernmündlich erfolgen.[3] 2

Wenn ein Angehöriger oder eine Person des Vertrauens am Verfahren beteiligt worden sind (§ 315 Abs. 4 FamFG), ist der Benachrichtigungspflicht entsprochen worden.[4]

§ 340 FamFG Betreuungsgerichtliche Zuweisungssachen

Betreuungsgerichtliche Zuweisungssachen sind
1. Verfahren, die die Pflegschaft mit Ausnahme der Pflegschaft für Minderjährige oder für eine Leibesfrucht betreffen,
2. Verfahren, die die gerichtliche Bestellung eines sonstigen Vertreters für einen Volljährigen betreffen sowie
3. sonstige dem Betreuungsgericht zugewiesene Verfahren,

soweit es sich nicht um Betreuungssachen oder Unterbringungssachen handelt.

I. Allgemeines

Durch das FamFG wurde der Begriff der „betreuungsgerichtlichen Zuweisungssache" eingeführt. Hiermit wird die sachliche **Zuständigkeit des Betreuungsgerichts für Verfahren außerhalb des Betreuungs- und Unterbringungsverfahrens** umschrieben, für die bislang das aufgelöste Vormundschaftsgericht zuständig war.[1] 1

---

1 Nicht erfasst sind Maßnahmen nach § 312 S. 1 Nr. 2 FamFG: vgl Marschner/Volckart/Lesting, § 339 FamFG Rn 2.
2 Vgl Marschner/Volckart/Lesting, § 339 FamFG Rn 2; Fröschle/Locher, § 339 FamFG Rn 3 mwN.
3 Vgl Prütting/Helms/Roth, § 339 FamFG Rn 2.
4 BT-Drucks. 16/6308, 276; vgl Keidel/Budde, § 339 FamFG Rn 1.
1 BT-Drucks. 16/6308, 276.

II. Bedeutung für das Betreuungsgericht

2 Für betreuungsgerichtliche Zuweisungssachen gilt aufgrund der Vielgestaltigkeit der zugewiesenen Verfahren **kein einheitliches Verfahrensrecht**; enthalten die sondergesetzlichen Bestimmungen keine abweichenden Regelungen, ist das Verfahren zum Erlass derjenigen Betreuungsmaßnahmen anzuwenden, die in ihrer Wirkung der zu erlassenden Entscheidung in der Zuweisungssache **am nächsten** ist. So ist bei der Bestellung eines Betreuers in einem Disziplinarverfahren (vgl Rn 6) grundsätzlich ein Sachverständigengutachten iSd § 280 Abs. 3 FamFG einzuholen.[2] Auch die Bestellung eines Verfahrenspflegers kann angezeigt sein.[3] Für die örtliche Zuständigkeit gilt § 341 FamFG. Für betreuungsgerichtliche Zuweisungssachen ist grundsätzlich die Zuständigkeit des Rechtspflegers gegeben (§ 3 Nr. 2 b RPflG); für die Genehmigung nach § 6 KastrG (§ 15 Abs. 1 S. 1 Nr. 8 RPflG) diejenige des Betreuungsrichters.

1. Pflegschaftsverfahren (Nr. 1)

3 Hierunter fallen insbesondere Pflegschaften nach den §§ 1911, 1914 BGB sowie nach § 1913 BGB[4] oder § 17 SachenRBerG.[5] Dies gilt dann nicht, wenn positiv feststeht, dass der Beteiligte minderjährig oder noch nicht geboren ist, da dann nach § 151 Nr. 5 FamFG das Familiengericht zuständig ist.

2. Verfahren zur gerichtlichen Bestellung eines Vertreters (Nr. 2)

4 Hierunter fallen die gerichtliche Bestellung eines Vertreters für einen Volljährigen, der kein Pfleger ist.

5 Von besonderer Bedeutung ist die Bestellung eines Vertreters im **Verwaltungsverfahren** nach § 16 Abs. 1 Nr. 4 VwVfG, den entsprechenden inhaltsgleichen Regelungen der Länder, § 15 Abs. 1 Nr. 4 SGB X und § 81 Abs. 1 Nr. 4 AO. Danach kann die zuständige Behörde von Amts wegen für den Verfahrensbeteiligten einen Vertreter durch das Betreuungsgericht bestellen lassen, falls der Beteiligte zwar nicht aus rechtlichen, wohl aber aus tatsächlichen Gründen im Verwaltungsverfahren nicht tätig werden kann, weil er einen Antrag nicht zu stellen, eine Unterschrift nicht zu leisten, notwendige Unterlagen nicht beizubringen oder erforderliche Erklärungen nicht abzugeben vermag. Hinsichtlich der Bestellung des besonderen Vertreters verweisen § 16 Abs. 4 VwVfG, § 15 Abs. 4 SGB X, § 81 Abs. 4 AO auf die Betreuungsvorschriften.[6] Damit gelten die Vorschriften über die erstmalige Bestellung eines Betreuers mit der Besonderheit entsprechend, dass das Betreuungsgericht **nur auf Antrag** der Behörde einen Vertreter bestellen kann und die Behörde gemäß § 16 Abs. 3 VwVfG, § 15 Abs. 3 SGB X, § 81 Abs. 3 AO dem Vertreter zur Zahlung einer angemessenen **Vergütung** und zur Erstattung der baren Auslagen, etwa Fahrtkosten, Schreibauslagen, Porto- und Telekommunikationskosten, verpflichtet ist. §§ 1835 ff BGB gelten nicht, so dass die Höhe der Vergütung nach freiem Er-

---

2 BGH NVwZ-RR 2012, 360.
3 OLG Hamm FGPrax 2011, 84.
4 OLG Stuttgart FGPrax 2011, 88; OLG Hamm FGPrax 2011, 84; OLG Frankfurt/M. v. 29.9.2011, 20 W 247/09.
5 Zimmermann, Das neue Nachlassverfahren nach dem FamFG, ZEV 2009, 53, auch Nachlasspflegschaft, allerdings Zuständigkeit des Nachlassgerichts.
6 BGH NVwZ-RR 2012, 360.

messen abhängig vom Umfang, der Dauer und der Schwierigkeit des Verfahrens von der Behörde bestimmt wird; eine Anlehnung an die Vorschriften des RVG, JVEG oder der StBGebV wird sich mangels anderweitiger Regelungen empfehlen. Die an den Vertreter zu zahlende Vergütung und seine baren Auslagen werden durch gerichtlich nachprüfbaren Verwaltungsakt auf Antrag des Vertreters festgesetzt. Von dem Vertretenen kann die Behörde durch ebenfalls gerichtlich nachprüfbaren Verwaltungsakt Ersatz ihrer Aufwendungen, also an den Vertreter gezahlte Vergütung und Auslagenersatz, verlangen. Örtlich zuständig ist das Betreuungsgericht, in dessen Bezirk der Beteiligte seinen gewöhnlichen Aufenthalt hat, ansonsten in dessen Bezirk die antragstellende Behörde ihren Sitz hat.

In Verfahren nach §§ 207 BauGB,[7] 119 FlurbG, 17 SachenRBerG kann dem Beteiligten im Falle seiner Abwesenheit oder Unbekanntheit ein Vertreter bestellt werden. Der Vergütungsanspruch des Vertreters bestimmt sich nach dem ergänzend anwendbaren § 16 Abs. 3 VwVfG.

Nach § 3 BDG, § 85 Abs. 2 S. 1 Nr. 1, S. 3 WDO ist in disziplinarrechtlichen Verfahren dem Beamten oder Soldaten ein Betreuer vom Betreuungsgericht zu bestellen.[8]

3. Sonstige Verfahren (Nr. 3)

Auf der Grundlage der Nr. 3 ist die Zuweisung einzelner weiterer Aufgaben an das Betreuungsgericht möglich. Dies sind unter anderem:

- die Genehmigung der Zustimmung des Betreuers zum Abschluss eines **Ehevertrages** des Betreuten, sofern ein Einwilligungsvorbehalt besteht (§ 1411 Abs. 1 S. 3, Abs. 2 S. 2 BGB),
- die Genehmigung der Ablehnung des Betreuers oder – bei Anordnung eines entsprechenden Einwilligungsvorbehaltes – des Betreuten[9] hinsichtlich der Fortsetzung der **Gütergemeinschaft** (§ 1484 Abs. 2 S. 3 BGB),
- die Genehmigung der seitens des Betreuers oder – bei Anordnung eines entsprechenden Einwilligungsvorbehaltes – des Betreuten[10] erklärten Verzichts auf den Anteil an dem Gesamtgut des von ihm betreuten Abkömmlings (§ 1491 Abs. 3 S. 2 BGB),
- die Genehmigung der Durchführung oder des Unterbleibens der Aufhebung der Gütergemeinschaft im Falle der beabsichtigten Wiederverheiratung oder Begründung einer Lebenspartnerschaft des überlebenden Ehegatten (§§ 1492 Abs. 3 S. 2; 1493 Abs. 2 S. 3 BGB),
- die Genehmigung der Zustimmung des Betreuers in die Vaterschaftsanerkennung des Betreuten bei fehlender oder beschränkter Geschäftsfähigkeit (§ 1596 Abs. 1 S. 3 BGB); die Richtigkeit der **Anerkennung** ist zu prüfen; ergeben sich schwerwiegende Zweifel an der Vaterschaft des anerkennenden Betreuten[11] oder werden gar unlautere Zwecke verfolgt, ist die Geneh-

---

7 BGH NVwZ-RR 2012, 360.
8 BGH NVwZ-RR 2012, 360.
9 BT-Drucks. 11/4528, 106.
10 BT-Drucks. 11/4528, 106.
11 Staudinger/Rauscher, § 1596 BGB Rn 8.

migung zu versagen; liegt der Anerkennung eine wirkliche Abstammung zu Grunde, ist diese zu erteilen,[12]
- die Genehmigung der Anfechtung eines Erbvertrages (§ 2282 BGBAbs. 2) und die Genehmigung der Aufhebung des Erbvertrages (§ 2290 Abs. 3 S. 3 BGB),
- die Genehmigung des Erbverzichts (§ 2347 Abs. 1 S. 2, Abs. 2 S. 2 BGB); da es nicht im Wohl des verzichtenden Betreuten liegen kann, grundlos den **Erbverzicht** (§ 2347 Abs. 1 S. 2 BGB) zu erklären, ist im Regelfall eine wirtschaftlich (annähernd) vollwertige Abfindung für den Verlust des Erbrechts zu verlangen,[13]
- die Genehmigung des Antrags des Betreuers auf Änderung des **Familiennamens** des Betreuten, wenn ein Einwilligungsvorbehalt besteht (§ 2 Abs. 1 S. 2 NamÄndG); soll das Betreuungsgericht einen Antrag des Betreuers auf Namensänderung des Betreuten genehmigen, so hat es nicht zu prüfen, ob ein wichtiger Grund vorliegt, da dies durch die Verwaltungsbehörden und Verwaltungsgerichte geprüft wird; die Genehmigung darf nur verweigert werden, wenn die Namensänderung gesetzlich ausgeschlossen ist oder dem Wohl des Betreuten zweifelsfrei widerspricht;[14] der Betreute ist vorher anzuhören,[15]
- die Genehmigung des Antrags des Betreuers auf Einleitung des Aufgebotsverfahrens zum Zwecke der **Todeserklärung** (§ 16 Abs. 3 VerschG),
- die Genehmigung der Erklärungen über die Hofeigenschaft nach § 1 Abs. 4, Abs. 4 HöfeO (§ 1 Abs. 6 HöfeO),
- Maßnahmen nach § 6 ErwSÜAG (s. § 272 FamFG Rn 23 ff),
- die Genehmigung nach § 6 KastrG;[16] zuständig ist der Betreuungsrichter (§ 15 Nr. 8 RPflG). Der Betroffene ist vorher persönlich zu hören. Der Beschluss, durch den die Genehmigung erteilt wird, wird erst mit der Rechtskraft wirksam.

8 Da § 15 Abs. 1 S. 1 Nr. 9 RPflG dies als betreuungsgerichtliche Zuweisungssache bezeichnet,[17] ist die Entscheidung über den Antrag des gesetzlichen Vertreters auf Änderung des Vornamens einer geschäftsunfähigen Person sowie die Aufhebung der Änderung nach §§ 3 Abs. 1 S. 1, 6 Abs. 2 S. 1, 7 Abs. 3 S. 2 TSG eine betreuungsgerichtliche Zuweisungssache, obwohl hierfür nach dem Wortlaut des § 3 Abs. 1 S. 2 TSG die Zuständigkeit des **Familiengerichts** eröffnet ist.[18] Gleichwohl ist die Zuständigkeit des Betreuungsgerichts eröffnet;[19] zuständig ist nach § 15 Abs. 1 S. 1 Nr. 9 RPflG der Richter.

---

12 Staudinger/Rauscher, § 1596 BGB Rn 11.
13 Staudinger/Schotten, § 2347 BGB Rn 20.
14 BayObLG NJW 1988, 2388.
15 Vgl LG Lübeck FamRZ 1996, 286; LG Bremen StAZ 1982, 332.
16 Prütting/Helms/Roth, § 340 FamFG Rn 10.
17 Vgl BT-Drucks. 16/6308, 322.
18 Bumiller/Harders, § 341 FamFG Rn 3.
19 Jürgens/Kretz, § 15 RPflG Rn 28.

4. Kosten

Hinsichtlich der Gebühren gelten die Vorschriften des GNotKG (vgl Teil 1, Hauptabschnitt 1 KVGNotKG, s. § 307 FamFG Rn 4 ff), für das Beschwerdeverfahren s. § 25 Abs. 2, Abs. 3 GNotKG (s. § 307 FamFG Rn 17). 9

§ 341 FamFG Örtliche Zuständigkeit

Die Zuständigkeit des Gerichts bestimmt sich in betreuungsgerichtlichen Zuweisungssachen nach § 272.

Für die durch das FamFG eingeführten „betreuungsgerichtlichen Zuweisungssachen" (s. § 340 FamFG) bestimmt § 341 FamFG die örtliche Zuständigkeit. Sie richtet sich nach § 272 FamFG (s. dort). Die ausschließliche örtliche Zuständigkeit bestimmt sich damit grundsätzlich in der Reihenfolge des 272 FamFG. Indes ist zu beachten, dass § 272 FamFG lediglich eingeschränkt für die Bestimmung des örtlich zuständigen Betreuungsgerichts gelten kann. Während sich die Zuständigkeit nach § 272 FamFG primär nach dem Gericht ausrichtet, bei dem ein Betreuer bestellt ist, und sodann nach dem gewöhnlichen Aufenthalt und erst hiernach nach dem Bedürfnis der Fürsorge, ist bei der Zuständigkeit für eine betreuungsgerichtliche Zuweisungssache **zu differenzieren**: 1

- Da ein Pfleger oder besonderer Vertreter in den meisten Fällen noch nicht bestellt ist, wird das Gericht des gewöhnlichen Aufenthaltes gemäß § 272 Abs. 1 Nr. 2 FamFG örtlich zuständig sein.[1]
- Dies gilt auch für Verfahren nach § 16 Abs. 1 Nr. 4 VwVfG, § 15 Abs. 1 Nr. 4 SGB X und § 81 Abs. 1 Nr. 4 AO; hat der Beteiligte keinen gewöhnlichen Aufenthalt, ist in diesen Fällen das Betreuungsgericht zuständig, in dessen Bezirk die antragstellende Behörde ihren Sitz hat.
- Für Verfahren nach § 207 BauGB ist das Betreuungsgericht zuständig, in dessen Bezirk das Grundstück liegt.[2] Gleiches gilt sinngemäß für die Zuständigkeit nach § 29 a Abs. 2 LandbeschG, welches die Zuständigkeit des Betreuungsgerichts begründet, in dessen Bezirk das von der Enteignung betroffene Grundstück liegt. Zuständig für die Bestellung des Pflegers für Grundstückseigentümer und Inhaber dinglicher Rechte nach § 17 Abs. 1 SachenRBerG ist das Betreuungsgericht, in dessen Bezirk das Grundstück ganz oder zum größten Teil belegen ist.[3] Im Falle des § 119 FlurberG ist das Betreuungsgericht zuständig, in dessen Bezirk die Teilnehmergemeinschaft der Beteiligten ihren Sitz hat.[4]
- Für Pflegschaftsverfahren nach § 340 Nr. 1 FamFG wird hingegen die örtliche Zuständigkeit des Gerichts gegeben sein, in dessen Bezirk das Bedürfnis der Fürsorge hervortritt (§ 272 Abs. Nr. 3 FamFG).
- Soll nach § 1911 BGB für einen abwesenden Volljährigen, dessen Aufenthalt unbekannt ist, ein Abwesenheitspfleger bestellt werden, weil dessen Vermögensangelegenheiten der Fürsorge bedürfen, ist das Gericht örtlich

---

1 BT-Drucks. 16/6308, 277.
2 OLG Hamm Rpfleger 1977, 137; vgl LG Erfurt LKV 1998, 368.
3 LG Frankfurt (Oder) NotBZ 2006, 370; vgl OLG Brandenburg FamRZ 1997, 246.
4 OLG Hamm Rpfleger 1977, 137.

zuständig, in dessen Bezirk diese Angelegenheiten zu regeln sind.[5] Gleiches gilt sinngemäß für die Pflegerbestellung nach § 1913 BGB. Die Anordnung einer Pflegschaft für Sammelvermögen nach § 1914 BGB wird durch das Gericht anzuordnen sein, in dessen Bezirk dieses Vermögen verwaltet oder verwahrt wird.

- Nach § 96 GBO kann das Grundbuchamt dem Beteiligten für das Rangbereinigungsverfahren einen Pfleger bestellen, wenn die Person oder der Aufenthalt des Beteiligten oder seines Vertreters unbekannt ist. Dem Grundbuchamt obliegt die Aufsicht über den Pfleger. Es ist zuständig für die Erteilung etwa erforderlicher Genehmigungen iSd §§ 1812, 1821, 1822 BGB und zur Festsetzung der Vergütung, § 1836 BGB.

- Im Falle der Pflegschaft für abwesende Beteiligte nach § 364 FamFG tritt an die Stelle des Betreuungsgerichts das Nachlassgericht für die Bestellung eines Pflegers für einen abwesenden Beteiligten für das Auseinandersetzungsverfahren.

2 Die **internationale** Zuständigkeit bei Verfahren mit Auslandsbezug richtet sich nach § 104 FamFG (s. § 272 FamFG Rn 17 ff), die **funktionelle** Zuständigkeit nach §§ 3 Nr. 2 b, 15, 19 Abs. 1 Nr. 1 RPflG (s. § 340 FamFG Rn 2), § 23 c Abs. 2 S. 2 GVG und die sachliche Zuständigkeit nach § 23 a Abs. 2 Nr. 1 GVG.

---

5 Prütting/Helms/Roth, § 341 FamFG Rn 4.

Stichwortverzeichnis

Fette Zahlen beziehen sich auf den Pragraphen des angegebenen Gesetzes, magere auf die Randnummern.

Abbruch lebensverlängernder oder lebenserhaltender Maßnahmen *FamFG* **287** 9, **298** 5
Abgabe des Verfahrens *FamFG* **273** 1 ff
– Abgabeentscheidung *FamFG* **273** 12
– Abgabegrund *FamFG* **273** 6
– Anhörungsrüge *FamFG* **273** 15
– Bedeutung für Betreuer *FamFG* **273** 16
– Bedeutung für Betroffenen *FamFG* **273** 15
– Bedeutung für Verfahrensbevollmächtigten *FamFG* **273** 18
– Bedeutung für Verfahrenspfleger *FamFG* **273** 17
– bei internationaler Zuständigkeit *FamFG* **272** 20 f
– Beschlussform *FamFG* **286** 4
– Beschlussformel *FamFG* **273** 13
– funktionelle Zuständigkeit *FamFG* **272** 12, **273** 4
– mehrere Betreuer *FamFG* **273** 2
– Sachverhaltsaufklärung *FamFG* **273** 8
– wichtiger Grund *FamFG* **273** 6
Abhilfe
– Beschwerdeverfahren *FamFG* **303** 70 f
Ablehnung
– Aufhebung der Betreuung *FamFG* **294** 15
– Erweiterung der Betreuung *FamFG* **293** 16
– Hinzuziehung als Beteiligter *FamFG* **286** 3
– Sachverständiger *FamFG* **280** 30
Ablehnungsgesuch *FamFG* **286** 3
Ablieferungspflicht von Betreuungsverfügungen und Unterrichtungspflicht bei Vorsorgevollmachten *BGB* **1901c** 2, 5 ff
– Besitzer *BGB* **1901c** 15
– Notar *BGB* **1901c** 17

– Verschwiegenheitspflicht des Notars *BGB* **1901c** 17
Abneigung, unüberwindliche *BGB* **1908b** 33
Abschluss eines Vergleichs *FamFG* **299** 3
Abschluss Wohnraummietvertrag *FamFG* **299** 23
Abschrift einer Vorsorgevollmacht *BGB* **1901c** 36
Absehen von Anhörung der sonstigen Beteiligten
– ärztliche Maßnahme *FamFG* **298** 18
– Sterilisation *FamFG* **297** 17
Absehen von Anhörung Vertrauensperson *FamFG* **297** 18
Absehen von Bekanntgabe Beschlussgründe *FamFG* **288** 2
– Beschlussformel *FamFG* **286** 25
– funktionelle Zuständigkeit *FamFG* **288** 3
Absehen von persönlicher Anhörung
– ärztliche Maßnahme *FamFG* **298** 15
– Bestellung eines neuen Betreuers *FamFG* **296** 13
– einstweilige Anordnung *FamFG* **300** 15
– Rechtsgeschäft *FamFG* **299** 7
– Sterilisation *FamFG* **297** 8
– Unterbringung zur Begutachtung *FamFG* **284** 11
– Vorführung zur Untersuchung *FamFG* **283** 9 f
Abstrakte Gefahr *BGB* **1908b** 41, 51
Abwägung bei Betreuerwechsel *BGB* **1908b** 109 ff
Abweichung
– von der Verwaltungsanordnung *BGB* **1803** 9 ff
– von einer Anordnung des Erblassers oder Zuwendenden zur Ver-

1129

mögensverwaltung
BGB **1803** 9 ff
Adoption *BGB* **1896** 143, **1902** 63 f
Akteneinsicht
- Anfechtbarkeit der Ablehnung der Akteneinsicht *FamFG* **274** 37, 40
- der Beteiligten *FamFG* **274** 6 ff
- des Betreuers *FamFG* **278** 47
- des entlassenen Betreuers *FamFG* **296** 23
- des potentiellen Betreuers *FamFG* **278** 46
- Dritter *FamFG* **274** 38
- Entscheidung des Betreuungsgerichts *FamFG* **274** 7
- in Betreuerakten *BGB* **1890** 5
- Justizbehörden *FamFG* **274** 41
- Kosten *FamFG* **274** 8
- Rechtsmittel *FamFG* **303** 7
Aktenvermerk *BGB* **1908i** 10
Aktien *BGB* **1818** 2
Akzessorietät des Einwilligungsvorbehaltes
- Aufgabenkreis *BGB* **1903** 10 f
- Betreuung *BGB* **1903** 7 ff
Alkoholismus *BGB* **1896** 124
Alleinhandeln des Betreuers *BGB* **1902** 17 f
Allgemeine Fürsorge *BGB* **1901** 70, **1908b** 18
Alltagsgeschäfte *BGB* **1903** 46 ff
Altersstarrsinn *BGB* **1896** 127
Ambulante Zwangsbehandlung siehe Ärztliche Zwangsbehandlung
Amtliche Verwahrung von Betreuungsverfügungen *BGB* **1901c** 45 ff
Amtsermittlung *FamFG* **Vor 271 ff** 12; *siehe auch* Verfahren
Amtsgericht Schöneberg
- örtliche Zuständigkeit *FamFG* **272** 6
- Verfahrensabgabe *FamFG* **273** 1

Amtshaftung *FamFG* **Vor 271 ff** 12
- Betreten der Wohnung des Betroffenen *FamFG* **283** 28
- Betreuervergütung *FamFG* **307** 16
- Falschberatung über Vorsorgevollmacht *FamFG* **278** 9
- Genehmigung Rechtsgeschäft *FamFG* **299** 15
- unberechtigte Betreuerbestellung *FamFG* **307** 16
- Verstreichen der Überprüfungsfrist *FamFG* **294** 20
Amtshaftungsanspruch *BGB* **1846** 3
Amtshilfe *BtBG* **1** 14
Amtsverfahren *FamFG* **Vor 271 ff** 10
Andere Hilfen *BGB* **1896** 111 ff, 172
Änderung des gewöhnlichen Aufenthalts *FamFG* **273** 6
Änderung einer Betreuungsmaßnahme *FamFG* **278** 29
Änderungen durch das FamFG
- Abgabe des Betreuungsverfahrens *FamFG* **273** 1
- Abgabe des Verfahrens *FamFG* **Vor 271 ff** 4
- Abschaffung Schlussgespräch *FamFG* **Vor 271 ff** 4
- Absehen von der Bekanntgabe *FamFG* **288** 1
- Allgemeiner Teil *FamFG* **Vor 271 ff** 3
- Änderung der Gerichtsorganisation *FamFG* **Vor 271 ff** 3
- Anhörung des Betroffenen vor Betreuerbestellung *FamFG* **278** 1
- ärztliche Maßnahmen *FamFG* **298** 1
- ärztliches Zeugnis *FamFG* **281** 1
- Aufhebung der Betreuung *FamFG* **294** 1
- Aufhebung des Einwilligungsvorbehaltes *FamFG* **294** 1
- Beschlussinhalt *FamFG* **286** 1

- Beschwerde
  FamFG **Vor 271 ff** 6
- Beschwerdegericht
  FamFG **Vor 271 ff** 6
- Beseitigung des Widerspruchsrechts bei Beteiligtenanhörung
  FamFG **279** 1
- Bestellung eines neuen Betreuers
  FamFG **296** 1
- Bestellungsurkunde
  FamFG **290** 1
- Beteiligtenbegriff
  FamFG **Vor 271 ff** 3, **274** 1
- Betreuungsgericht
  FamFG **Vor 271 ff** 3
- betreuungsgerichtliche Zuweisungssachen *FamFG* **340** 1
- Betreuungsverfügung
  FamFG **285** 1
- eilige einstweilige Anordnung
  FamFG **300** 1, **301** 1
- Einführungsgespräch
  FamFG **289** 1
- Einholung eines Gutachtens
  FamFG **280** 1 ff
- Einschränkung der Betreuung
  FamFG **294** 1
- Einschränkung des Einwilligungsvorbehaltes *FamFG* **294** 1
- einstweilige Anordnung
  FamFG **300** 1
- Entlassung des Betreuers
  FamFG **296** 1
- erstmalige Ablehnung der Aufhebung *FamFG* **294** 1
- Erweiterung der Betreuung
  FamFG **293** 1
- Genehmigung
  FamFG **Vor 271 ff** 5
- Genehmigung Rechtsgeschäft
  FamFG **299** 1
- Gutachten des Medizinischen Dienstes der Krankenkassen
  FamFG **282** 1 ff
- Herausgabe Betreuungsverfügung
  FamFG **285** 1
- Herausgabe Vollmachtsabschrift
  FamFG **285** 1
- Inkrafttreten
  FamFG **Vor 271 ff** 9
- Kosten *FamFG* **307** 1
- Kostenentscheidung
  FamFG **Vor 271 ff** 7
- materielles Recht
  FamFG **Vor 271 ff** 8
- Mitteilungen in Betreuungssachen *FamFG* **308** 1
- Mussbeteiligte
  FamFG **Vor 271 ff** 3
- Nichteinwilligung in ärztliche Maßnahmen *FamFG* **298** 1
- Optionsbeteiligte
  FamFG **Vor 271 ff** 3
- örtliche Zuständigkeit
  FamFG **272** 1
- Rechtsbeschwerde zum BGH
  FamFG **Vor 271 ff** 6
- Rechtskraftlösung
  FamFG **Vor 271 ff** 5, **299** 1
- Rechtsmittelbelehrung
  FamFG **286** 1
- Sachverständiger
  FamFG **Vor 271 ff** 3
- Sterilisation *FamFG* **297** 1
- Übergangsregelung
  FamFG **Vor 271 ff** 9
- Überprüfung der Betreuerauswahl *FamFG* **291** 1
- Unanfechtbarkeit von Zwischenentscheidungen
  FamFG **Vor 271 ff** 3
- unerfahrener Betreuer
  FamFG **Vor 271 ff** 3
- Unterbringung zur Begutachtung
  FamFG **284** 1
- Verfahrensabgabe
  FamFG **273** 1
- Verfahrenskostenhilfe
  FamFG **307** 20
- Verfahrensrecht
  FamFG **Vor 271 ff** 2
- Verlängerung Betreuung
  FamFG **295** 1
- Verlängerung einstweilige Anordnung *FamFG* **302** 1
- Verlängerung Einwilligungsvorbehalt *FamFG* **295** 1
- Verpflichtung *FamFG* **289** 1
- Vollmacht *FamFG* **285** 1
- Vorbescheid
  FamFG **Vor 271 ff** 5
- Vorführung zur Untersuchung
  FamFG **283** 1 ff

- Vorsorgevollmacht
 FamFG **285** 1
- Wirksamwerden von Entscheidungen *FamFG* **287** 1 ff
- Wirkung Aufhebung Einwilligungsvorbehalt *FamFG* **306** 1

Androhung der Vorführung
FamFG **278** 34

Androhung der Vorführung zur Untersuchung *FamFG* **283** 9

Anerkennung
- der Vaterschaft *BGB* **1896** 143, **1902** 59 ff
- eines Betreuungsvereins *BGB* **1908f** 2

Anfechtbarkeit
- Ablehnung der Zulassung Dritter zur Anhörung *FamFG* **278** 51
- Ablehnung Hinzuziehung Optionsbeteiligter *FamFG* **274** 26, 36
- Ablieferpflicht Betreuungsverfügung *FamFG* **285** 26
- Ablieferpflicht Vollmacht *FamFG* **285** 26
- Anordnung der Begutachtung *FamFG* **280** 32
- Anordnung der Unterbringung zur Begutachtung *FamFG* **284** 16
- Anordnung Einwilligungsvorbehalt *FamFG* **286** 32
- Aufhebung der Betreuung *FamFG* **294** 21
- Aufhebung des Einwilligungsvorbehaltes *FamFG* **294** 21
- Auflage *FamFG* **299** 31
- Auswahl/Beauftragung des Sachverständigen *FamFG* **280** 32
- Betreuerbestellung *FamFG* **286** 32
- der Akteneinsicht verwehrenden Entscheidung des Gerichts *FamFG* **274** 37, 40
- der Vaterschaft *BGB* **1896** 143, **1902** 65
- Einholung Gutachten *FamFG* **280** 31
- einstweilige Anordnung *FamFG* **300** 30, 33, 36
- Entscheidung des höheren Gerichts bei Übernahmestreit *FamFG* **273** 14, 15
- Erweiterung der Betreuung *FamFG* **293** 20, 21
- Genehmigung *FamFG* **299** 31
- Genehmigung der Einwilligung in ärztliche Maßnahme *FamFG* **298** 32
- Gutachten des Medizinischen Dienstes der Krankenkassen *FamFG* **282** 16, 20
- Herausgabeanordnung *FamFG* **285** 26
- invasive Eingriffe *FamFG* **280** 31
- Kostenansatz *FamFG* **303** 13, 24
- Kostenfestsetzung *FamFG* **303** 24, **307** 7 ff
- Mitwirkungspflicht *FamFG* **280** 31
- Statusfestlegung *FamFG* **286** 32
- Statuswechsel *FamFG* **296** 19, 20
- Teilanfechtung *FamFG* **303** 23
- Teilentlassung *FamFG* **293** 21
- Umwandlung berufsmäßige Betreuung *FamFG* **296** 20
- Unterbringung zur Begutachtung *FamFG* **284** 16
- Untersuchungsanordnung *FamFG* **283** 18
- Verlängerung der Betreuung *FamFG* **294** 21, **295** 12, 14
- Verlängerung des Einwilligungsvorbehaltes *FamFG* **294** 21, **295** 12, 14
- Verletzung der Nichtöffentlichkeit der Anhörung *FamFG* **278** 43
- Versagung der Teilnahme Vertrauensperson an Anhörung *FamFG* **278** 43
- von Zwischen- und Nebenentscheidungen *FamFG* **303** 20 ff
- Vorführanordnung zur Erzwingung der persönlichen Anhörung *FamFG* **278** 37
- Vorführanordnung zur Untersuchung *FamFG* **283** 18

- Vorführung zur Untersuchung *FamFG* 283 23
- willkürliche Anordnung der Begutachtung *FamFG* 280 32
- Zulassung des potentiellen Betreuers an Anhörung *FamFG* 278 45
- Zwischenentscheidung *FamFG* 278 37, 280 31

Anfechtbarkeit nach Rechtskraft
- Verlängerung der Betreuung *FamFG* 295 13
- Verlängerung des Einwilligungsvorbehaltes *FamFG* 295 13

Anforderung des Betreuungsgerichts an das Gutachten des MDK *FamFG* 282 6

Angehörige
- Ausschluss von der Vertretungsmacht *BGB* 1795 13 ff
- Beschwerdeberechtigung *FamFG* 303 25 ff
- Beschwerderecht *FamFG* 303 38 ff; s. dort
- Beschwerderecht in Unterbringungssachen *FamFG* 335 10 ff
- Bestattungspflicht *BGB* 1893 46
- Optionsbeteiligte *FamFG* 274 22

Anhörung *FamFG* 319 1 ff
- Abgabe des Verfahrens *FamFG* 273 9
- Absehen bei Vorführung zur Untersuchung *FamFG* 283 9 f
- Bestellung eines neuen Betreuers *FamFG* 296 12
- Betreten der Wohnung *FamFG* 319 14
- des gesetzlichen Vertreters *FamFG* 279 15
- des potentiellen Betreuers *FamFG* 279 4
- des Verfahrenspflegers *FamFG* 293 5
- Dritter *FamFG* 298 17
- Entlassung des Betreuers *FamFG* 296 5, 6
- Genehmigung Rechtsgeschäft *FamFG* 299 6, 7
- Gewaltanwendung *FamFG* 319 13
- naher Angehöriger *FamFG* 296 15
- sonstige Genehmigungen *FamFG* 299 25
- Sterilisation *FamFG* 297 6 ff
- Überprüfung der Betreuerauswahl *FamFG* 291 10
- Verfahrensabgabe *FamFG* 273 9
- Vorführung zur Anhörung *FamFG* 283 11
- Vorführung zur Untersuchung *FamFG* 283 9
- Wohnungskündigung *FamFG* 299 19

Anhörung der Betreuungsbehörde
- Aufklärung des Betroffenen *FamFG* 279 12
- Sterilisation *FamFG* 297 14

Anhörung der sonstigen Beteiligten *FamFG* 279 2 ff, 320 1 ff
- Durchführung der Anhörung *FamFG* 298 19
- Genehmigung Dritter *FamFG* 299 10
- Genehmigung Nichteinwilligung in ärztliche Maßnahme *FamFG* 298 16

Anhörung der Vertrauensperson
- ärztliche Maßnahme *FamFG* 298 20
- Sterilisation *FamFG* 297 18

Anhörung des Betroffenen *FamFG* 319 1 ff
- Absehen von persönlicher Anhörung *FamFG* 319 6 ff
- ärztliche Maßnahme *FamFG* 298 14
- Erweiterung der Betreuung *FamFG* 293 5
- fehlerhaft unterlassene Anhörung *FamFG* 319 9 ff
- im Beschwerdeverfahren *FamFG* 303 81
- Vorführung *FamFG* 319 11

Anhörungsrüge *FamFG* 303 10, 17

Anknüpfungstatsachen
- ärztliches Zeugnis
  FamFG 281 11
- Gutachten   *FamFG* 280 19

Anlage von Geld   *BGB* 1806 2 ff, 1807 2 ff, 1811 2 ff
- Aktien   *BGB* 1811 10 ff
- Betreuungsgericht
  BGB 1807 13 ff
- Mündelsperrvermerk
  BGB 1809 2 ff

Annahme der Erbschaft
  FamFG 299 3

Anordnung der sofortigen Wirksamkeit   *FamFG* 287 6 ff
- Beschwerde *siehe dort*
- Wirksamkeit *siehe dort*

Anordnung der Unterbringung zur Begutachtung   *FamFG* 284 16

Anordnung des persönlichen Erscheinens   *FamFG* 283 11

Anordnung Einwilligungsvorbehalt
- Anfechtbarkeit   *FamFG* 286 32
- Anhörung der sonstigen Beteiligten   *FamFG* 279 2 ff
- Anhörung des Betroffenen
  FamFG 278 2 ff
- Beschlussformel   *FamFG* 286 24
- Einholung Gutachten
  FamFG 280 2 ff, 26 ff
- einstweilige Anordnung
  FamFG 300 4
- Vorführung zur Untersuchung
  FamFG 283 2

Anordnung Unterbringung zur Begutachtung   *FamFG* 286 3

Anordnung zur Erstellung eines Betreuungsplans   *BGB* 1901 80

Anregung
- auf Bestellung eines Betreuers
  BGB 1896 4
- der Tätigkeit einzelner Personen durch BtB   *BtBG* 6 3
- der Tätigkeit freier Organisationen durch BtB   *BtBG* 6 4
- der Tätigkeit gemeinnütziger Organisationen durch BtB
  BtBG 6 4

Anspruchsverfolgung
  BGB 1795 22

Antrag
- auf Hinzuziehung
  FamFG 274 20 ff
- des körperlich Behinderten
  FamFG **Vor 271 ff** 11
- eines Dritten
  FamFG **Vor 271 ff** 11
- einstweilige Anordnung
  FamFG 300 7
- Entlassung des Betreuers
  FamFG 296 3
- Genehmigung
  FamFG **Vor 271 ff** 11
- Genehmigung Einwilligung ärztliche Maßnahmen
  FamFG 298 2
- Genehmigung Einwilligung Sterilisation   *FamFG* 297 2
- Genehmigung Rechtsgeschäft
  FamFG 299 5
- gerichtliche Entscheidung Überprüfung Betreuerauswahl
  FamFG 291 5

Antrag auf Bestellung eines Betreuers   *BGB* 1896 4, 7 ff;
  FamFG 281 7
- Bedeutung für das materielle Recht   *BGB* 1896 10
- Bedeutung für das Verfahren
  BGB 1896 13
- Beschwerdebefugnis
  BGB 1896 14
- Boten   *BGB* 1896 8
- Rücknahme   *BGB* 1896 13
- Vertretung   *BGB* 1896 8

Antrag des Betroffenen
- ärztliches Zeugnis
  FamFG 281 3, 6
- auf Betreuerbestellung
  FamFG 281 7

Anwaltspflicht
- Rechtsbeschwerde
  FamFG 303 102

Anwesende   *FamFG* 288 7

Anzeige des Todes des Vormundes/Betreuers   *BGB* 1894 2 ff

Arbeitsgemeinschaft   **Einl.** 26

Arbeits- und Dienstverhältnis
  BGB 1903 67

Arbeitsverhältnis   *BGB* 1822 50 ff

Arbeitsvertrag *BGB* **1822** 15;
FamFG **299** 3
Arzneimittelgesetz
BGB **1904** 56 ff
Ärztliche Maßnahme
BGB **1846** 8, **1904** 33 ff,
1906 24 ff
- Absehen von persönlicher Anhörung *FamFG* **298** 15
- Anhörung der sonstigen Beteiligten *FamFG* **298** 16
- Anhörung Dritter
FamFG **298** 17
- Anhörung Vertrauensperson
FamFG **298** 20
- Antrag *FamFG* **298** 2
- Beschluss *FamFG* **298** 22
- Einvernehmen zwischen Arzt und Betreuer *BGB* **1904** 9 ff
- Einwilligung *BGB* **1904** 1
- Feststellung des Patientenwillens
BGB **1901b** 3 ff
- funktionelle Zuständigkeit
FamFG **272** 11, **298** 4
- Gutachten *FamFG* **298** 21
- Notwendigkeit des Betreuerhandelns *BGB* **1904** 12
- Patientenverfügung
BGB **1901a** 30
- persönliche Anhörung des Betroffenen *FamFG* **298** 14, 28
- Schutz des Patienten
BGB **1904** 13 ff
- Vorführung zur Untersuchung
FamFG **283** 3
- zwangsweise Zuführung
BGB **1901** 99
Ärztlicher Eingriff *BGB* **1904** 42
Ärztliche Schweigepflicht
FamFG **281** 12
Ärztliches Zeugnis *BGB* **1896** 12;
FamFG **281** 11 ff, **321** 11
- Abgrenzung zum Sachverständigengutachten *FamFG* **281** 11 ff
- Antrag des Betroffenen
FamFG **281** 3, 6
- bei unterbringungsähnlichen Maßnahmen *FamFG* **321** 9
- Betreuerbestellung
FamFG **281** 3

- Einholung durch Betreuungsgericht *FamFG* **281** 11
- einstweilige Anordnung
FamFG **300** 12
- ergänzende Einholung
FamFG **281** 14
- funktionelle Zuständigkeit
FamFG **281** 4
- Inhalt *FamFG* **281** 11
- Qualifikation des Arztes
FamFG **281** 11
- Verfahren vor dem Arzt
FamFG **281** 12, **300** 12
- Verlängerung der Betreuung
FamFG **295** 4
- Verlängerung des Einwilligungsvorbehaltes *FamFG* **295** 4
- Verzicht auf Gutachteneinholung
FamFG **281** 6
- Vollmachtsbetreuer
FamFG **281** 3
- Vorführung zur Untersuchung
FamFG **283** 2
- Vorlage durch Dritte
FamFG **281** 11
Ärztliche Zwangsbehandlung
BGB **1906** 1 ff, 45 ff, 56 ff;
FamFG **329** 3, 7
- ambulante Behandlung
BGB **1906** 55
- Dauer einer einstweiligen Anordnung *FamFG* **333** 5
- drohende erhebliche Gefahr
BGB **1906** 46
- Eilfall *BGB* **1906** 53
- Einsichtsfähigkeit
BGB **1906** 48
- einstweilige Anordnung
FamFG **331** 1 ff, 4, 6
- Erforderlichkeit *BGB* **1906** 50
- natürlicher Wille *BGB* **1906** 47
- Verfahrenspflegerbestellung
FamFG **331** 6
- vorheriges Gespräch
BGB **1906** 49
- Vorsorgevollmacht
BGB **1906** 52
Aufenthaltsbestimmung
BGB **1896** 158
- Mitteilung Meldebehörde
FamFG **309** 7

Auffangzuständigkeit
FamFG 272 6
Aufgabendelegation *BtBG* 1 8, 15, 4 9
Aufgabenkreis *BGB* 1896 135 ff
- Anregung der Erweiterung *BGB* 1902 37
- Handeln außerhalb *BGB* 1795 2
- Umfang der Vertretungsmacht *BGB* 1902 33 ff
- Vertretung vor Ämtern, Behörden oder Gerichten *BGB* 1902 91
- Widerruf von Vollmachten *BGB* 1902 12

Aufgebotsverfahren *FamFG* 299 24

Aufhebung der Betreuung *BGB* 1896 11, 1908d 7 ff; *FamFG* 278 29, 294 3
- Ablehnung *FamFG* 294 15
- Anfechtbarkeit *FamFG* 294 21
- Anhörung *FamFG* 294 5 ff
- Antrag *BGB* 1908d 18 ff
- Bedeutung für Betreuer *BGB* 1908d 22 ff; *FamFG* 294 22
- Bedeutung für Betroffenen *FamFG* 294 21
- Bedeutung für Dritte *FamFG* 294 26
- Bedeutung für Verfahrensbevollmächtigten *FamFG* 294 25
- Bedeutung für Verfahrenspfleger *FamFG* 294 24
- Bekanntgabe *FamFG* 294 13
- Beschluss *FamFG* 294 11 f
- Beschwerderecht des Betreuers *FamFG* 294 22
- einstweilige Anordnung *FamFG* 294 10
- erstmalige Ablehnung *FamFG* 294 16
- Folgen und Abwicklung *BGB* 1908d 25 ff
- funktionelle Zuständigkeit *FamFG* 272 10, 294 2
- Gutachten *FamFG* 294 9
- Rückgabe Bestellungsurkunde *FamFG* 294 14
- Überprüfung *FamFG* 294 19 f
- Überprüfungszeitpunkt *BGB* 1908d 11 f
- Verfahren *BGB* 1908d 37 ff; *FamFG* 294 4
- Voraussetzungen *BGB* 1908d 7

Aufhebung der einstweiligen Anordnung *FamFG* 302 9

Aufhebung des Einwilligungsvorbehaltes *BGB* 1908d 33 ff; *FamFG* 294 3, 306 2
- Anfechtbarkeit *FamFG* 294 21
- Anhörung *FamFG* 294 5 ff
- Antrag *BGB* 1908d 33 ff
- Bedeutung für Betreuer *FamFG* 294 22, 306 6
- Bedeutung für Betroffenen *FamFG* 294 21, 306 4
- Bedeutung für Dritte *FamFG* 294 26, 306 7
- Bedeutung für Verfahrensbevollmächtigten *FamFG* 294 25
- Bedeutung für Verfahrenspfleger *FamFG* 294 24
- Bekanntgabe *FamFG* 294 13
- Berichtigung Bestellungsurkunde *FamFG* 294 14
- Beschluss *FamFG* 294 11 f
- Beschwerderecht des Betreuers *FamFG* 294 22
- einstweilige Anordnung *FamFG* 294 10
- funktionelle Zuständigkeit *FamFG* 272 11, 294 2
- Gutachten *FamFG* 294 9
- Überprüfung *FamFG* 294 19
- Überprüfungszeitpunkt *BGB* 1908d 36
- Verfahren *BGB* 1908d 50 ff; *FamFG* 294 4
- Wirkung *FamFG* 306 2

Aufhebung des Erbvertrages *FamFG* 299 24, 340 7

Aufhebung des Grundstückskaufvertrages *FamFG* 299 3

Aufhebung des Wohnraummietvertrages *FamFG* 299 19 ff

Aufhebung von Grundstückseigentum *FamFG* 299 3

Aufhebung von Unterbringungs-
maßnahmen *FamFG* 330 1 f
Aufhebung Zwangsgeld/-haft
FamFG 285 14 ff
Aufklärung
- Förderung durch BtB
BtBG 6 7 f
- Recht zur Anhörung der Betreu-
ungsbehörde *FamFG* 279 12
- über Betreuungsverfügungen
BtBG 6 7
- über Vorsorgevollmachten
BtBG 6 7
Aufklärungsmangel
- Anfechtbarkeit *FamFG* 278 43
- Gutachten des MDK
FamFG 282 16
Auflassung *BGB* 1821 5;
FamFG 299 3
Aufsicht des Betreuungsgerichts
FamFG 299 27
- Befolgung der Anordnung eines
Zuwendenden *BGB* 1803 8
- Entlassung des Betreuers
BGB 1908b 77 ff
- Übergehen der Wünsche des Be-
treuten *BGB* 1901 54 f
Aufsichtsrat *BGB* 1903 68
Aufteilung von Aufgabenkreisen
BGB 1908b 5
Aufwandsentschädigung
BGB 1835a 1 ff
- pauschale *BGB* 1835a 1 ff
- Steuerfreiheit *BGB* 1835a 19 ff
Aufwendungsersatz
BGB 1835 1 ff
- Amtsende *BGB* 1893 24 ff, 32 f
- Ausschlussfrist zur Geltendma-
chung *BGB* 1835 26 ff
- Auszahlung, vereinfachte
FamFG 168 7 ff
- Behördenbetreuer
BGB 1835 33; *VBVG* 8 6 ff
- bemittelte Betreute
BGB 1835 30
- berufliche Dienste als Aufwen-
dungen *BGB* 1835 19 ff;
VBVG 4 41
- Bestattung des Betreuten
BGB 1893 37 ff

- Betreuungsbehörde
BGB 1835 32 ff
- Betreuungsverein
BGB 1835 32 ff
- Durchsetzung des Anspruchs auf
Aufwendungsersatz
BGB 1835 25 ff
- einzelne Aufwendungen
BGB 1835 12
- Entnahme aus dem Betreutenver-
mögen *BGB* 1835 30
- Ersatz *BGB* 1835 25
- Fälligkeit des Anspruchs
BGB 1835 25
- Festsetzung, förmliche
FamFG 168 10 ff
- Kosten für Hilfskräfte
BGB 1835 13
- Mittellosigkeit des Betreuten
BGB 1835 31
- Prognoserisiko *BGB* 1835 11
- soziale Betreuung
BGB 1901 13
- Überblick *BGB* **Vor** 1835 2 ff
- Vereinsbetreuer *BGB* 1835 33
- Verfahrenspfleger
BGB 1835 34; *FamFG* 277 7 ff
- Versicherungskosten
BGB 1835 14 ff
- Verzinsung *BGB* 1835 25
- Vorschuss *BGB* 1835 25
Ausbildungsvertrag
BGB 1822 15; *FamFG* 299 3
Ausgabengeld *BGB* 1806 6
Auskunftsanspruch
FamFG 308 23
Auskunftsanspruch des Betreuten
BGB 1839 7
Auskunftsperson *FamFG* 279 6
Auskunftspflicht *FamFG* 279 6
Auskunftspflicht des Betreuers
BGB 1839 2 ff
Auskunftsrechte des Betreuungsge-
richts *BGB* 1839 2 ff
Auslagen *FamFG* 307 5; siehe
Kosten
- ärztliches Attest *FamFG* 281 15
- erstattungsfähige Auslagen
FamFG 307 10
Auslagenfreiheit *FamFG* 307 4

Ausländer *EGBGB* **Art.24** 1 ff
Auslandsbetreuung *siehe* Betreuung im Ausland
Auslandsbezug *EGBGB* **Art. 24** 1 ff; *FamFG* **272** 19
Ausnahmen vom Verbot des Selbstkontrahierens *BGB* **1795** 9 ff
Ausschlagung Erbschaft *FamFG* **299** 3
Ausschlagung Vermächtnis *FamFG* **299** 3
Ausschlussfrist
– Aufwendungsersatzanspruch *BGB* **1835** 26 ff
– Vergütungsanspruch *VBVG* **2**
Ausschluss von der Vertretungsmacht
– In-Sich-Geschäft *BGB* **1795** 8 ff
– Rechtsgeschäfte mit Angehörigen *BGB* **1795** 13 ff
– Rechtsstreitigkeiten *BGB* **1795** 19 ff
– Sicherungsrechte *BGB* **1795** 17 f
Außengenehmigung *BGB* **1820** 7
Äußerungsunfähigkeit *FamFG* **278** 29
Aussetzung der Vollziehung von Unterbringungsmaßnahmen *FamFG* **328** 1 ff
Ausstattung *BGB* **1908** 2 f
Austauschentlassung bei Mitbetreuern *BGB* **1908b** 123 f
Auswahl
– des Sachverständigen *FamFG* **280** 32
– eines geeigneten Verfahrenspflegers *BtBG* **8** 11
– von geeigneten Betreuern durch BtB *BtBG* **8** 7 f

Baden-Württemberg *FamFG* **Vor 271** ff 1
Basisstundensatz *VBVG* **3** 7, **4** 11 ff
Beamter *BGB* **1784** 1–5, **1888** 1, **1897** 7

Beauftragter Richter
– Beschwerdeverfahren *FamFG* **303** 81
– Unterbringungsbeschwerdeverfahren *FamFG* **335** 30
Beauftragung des Sachverständigen
– Anfechtbarkeit *FamFG* **280** 31
– Beschlussform *FamFG* **286** 4
Beendigung der Betreuung *BGB* **1893** 10 ff
Beerdigungskosten *BGB* **1893** 40, 53
Befreiung *BGB* **1809** 2 ff, **1810** 5, **1814** 6, **1815** 4, **1816** 3, **1817** 2 ff, **1908i** 5
Befristete Betreuung *FamFG* **295** 3
Befristeter Einwilligungsvorbehalt *FamFG* **295** 3
Beglaubigung
– Beratung durch BtB *BtBG* **6** 23
– durch Betreuungsbehörde *BtBG* **6** 9 ff
– durch geeignete Urkundsperson der BtB *BtBG* **6** 17
– öffentliche durch BtB *BtBG* **6** 11
– von Betreuungsverfügungen durch BtB *BtBG* **6** 9
– von Vorsorgevollmachten *BtBG* **6** 9
– Zuständigkeit *BtBG* **6** 15
Begründung
– Beschwerdeentscheidung *FamFG* **303** 85 ff
– des Beschlusses *FamFG* **286** 2
– funktionelle Zuständigkeit *FamFG* **286** 5
– Nichtbekanntmachungsentscheidung *FamFG* **288** 10
– Zwischenentscheidungen *FamFG* **286** 3
Begründung Lebenspartnerschaft *FamFG* **299** 24
Begründung von Wohneigentum *FamFG* **299** 3
Begutachtung *FamFG* **280** 32
Behördenbetreuer *BGB* **1908g** 1 ff
– Aufwendungsersatz *VBVG* **8** 6 ff

- Berufsbetreuer *BGB* 1897 51
- Beschwerde *BGB* 1908g 4;
  siehe dort
- Dienstaufsichtsbeschwerde
  BGB 1908g 3
- Einschreiten bei Pflichtwidrigkeit
  BGB 1908g 2
- Einwilligung der Behörde zur Bestellung *BGB* 1897 52
- Entlassung *BGB* 1908b 137
- Unterrichtung *FamFG* 289 7
- Vergütung *VBVG* 8 4 f
- Verpflichtung *FamFG* 289 7

Behördenbetreuung
BGB 1900 1 f, 7 ff

Bekanntgabe
- Absehen von Bekanntgabe Beschlussgründe *FamFG* 288 2
- Absehen von Bekanntgabe gegenüber dem Betroffenen
  FamFG 325 2
- Abwesende *FamFG* 288 6
- an Beteiligte *FamFG* 288 5
- an Betreuer *FamFG* 287 5
- an Betreuungsbehörde
  FamFG 288 12
- an Betroffenen *FamFG* 287 2 ff
- an Verfahrensbevollmächtigten
  FamFG 287 7
- an Verfahrenspfleger
  FamFG 287 7
- Aufgabe per Post *FamFG* 288 6
- Aufhebung der Betreuung
  FamFG 294 13
- Aufhebung des Einwilligungsvorbehaltes *FamFG* 294 13
- Bedeutung für Betreuer
  FamFG 288 14
- Bedeutung für Betroffenen
  FamFG 288 13
- Bedeutung für Dritte
  FamFG 288 16
- Bedeutung für Verfahrensbevollmächtigten *FamFG* 288 15
- Bedeutung für Verfahrenspfleger
  FamFG 288 15
- Bestellung eines neuen Betreuers
  FamFG 296 18
- Betreuungsbehörde
  FamFG 288 11
- der Genehmigung Sterilisation
  FamFG 297 26
- eines Verwaltungsaktes
  BGB 1902 84
- Einschränkung der Betreuung
  FamFG 294 13
- Einschränkung des Einwilligungsvorbehaltes
  FamFG 294 13
- einstweilige Anordnung
  FamFG 300 21
- Einwilligungsvorbehalt
  BGB 1903 82
- Entlassung des Betreuers
  BGB 1908b 149 f;
  FamFG 296 10
- erstmalige Ablehnung/Aufhebung
  FamFG 294 18
- Erweiterung des Einwilligungsvorbehaltes *FamFG* 293 15
- förmliche Zustellung
  FamFG 288 6
- funktionelle Zuständigkeit
  FamFG 287 4, 288 3
- gegenüber anderen Beteiligten
  FamFG 325 3 f
- mündliche Bekanntgabe
  FamFG 288 7
- Nichtbekanntmachungsentscheidung *FamFG* 288 10
- schriftliche Bekanntgabe
  FamFG 288 6
- unter Abwesenden
  FamFG 288 6
- unter Anwesenden
  FamFG 288 7
- Verlängerung der Betreuung
  FamFG 295 11
- Verlängerung des Einwilligungsvorbehaltes *FamFG* 295 11
- Verlesen *FamFG* 288 7
- von Entscheidungen über Unterbringungsmaßnahmen
  FamFG 325 2 ff
- Zeitpunkt *FamFG* 286 29

Bekanntmachung *siehe* Bekanntgabe

Belastung Grundstückseigentum
FamFG 299 3

Belehrung Beteiligter
FamFG 300 19

Beratung *BGB* 1837 2
- Angehöriger *BtBG* 4 20
- Betreuungsgericht
  BGB 1837 2 ff
- Betroffener *BtBG* 4 19
- Bevollmächtigter *BGB* 1908f 7
- Definition *BGB* 1837 2
- ehrenamtlicher Betreuer
  BGB 1908f 31
- Förderung durch BtB
  BtBG 6 7, 8
- Rechtsanspruch des Betreuers
  BGB 1837 2, 20
- Rechtsanspruch des Betreuten
  BGB 1837 4
- über Betreuungsverfügungen
  BtBG 6 7, 23
- über Vorsorgevollmachten
  BtBG 6 7, 23
- Vollmachtgeber *BtBG* 4 20

Beratung und Unterstützung
BtBG 4 1 ff, 12
- Betreuer *BtBG* 4 15
- Bevollmächtigter *BtBG* 4 5 ff

Berichterstattung *BGB* 1839 3,
1840 2 ff

Berichtigung
- Beschluss *FamFG* 286 19

Berufliche Qualifikation
VBVG 3 6, 4 8 ff

Berufsbetreuer **Einl.** 22
- Auskunft aus dem Schuldnerverzeichnis *BGB* 1897 53
- Beamte *BGB* 1784 4
- Bestellung *FamFG* 289 8
- Betreuerauswahl
  BGB 1897 16–18, 48–54
- Einverständnis mit Bestellung
  BGB 1898 5 f
- Führungszeugnis *BGB* 1897 53
- Ungeeignetheit/Vergütungspauschale *BGB* 1898 8
- Unterrichtung *FamFG* 289 7
- Verpflichtung *FamFG* 289 7
- Zahl und Umfang der Betreuungen *BGB* 1897 54

Berufsmäßigkeit *VBVG* 1 1 ff
- Beschwerde *siehe dort*
- Beschwerderecht des Betreuers
  FamFG 286 34

- Entlassung bei Nichterfüllung
  BGB 1908b 8
- Feststellung *VBVG* 1 14 ff,
  20 ff
- Regelvermutungen
  VBVG 1 8 ff
- Umfang der Betreuung
  VBVG 1 5 ff
- Verein und Behörde
  VBVG 1 13

Beschluss
- Abgabe des Verfahrens
  FamFG 286 4
- Ablehnung der Hinzuziehung als
  Beteiligter *FamFG* 286 3
- Ablehnungsgesuch
  FamFG 286 3
- Anordnung der sofortigen Wirksamkeit *FamFG* 324 3 f
- Anordnung Unterbringung zur
  Begutachtung *FamFG* 286 3
- ärztliche Maßnahme
  FamFG 298 22
- Aufbau Beschlussgründe
  FamFG 286 27
- Aufhebung der Betreuung
  FamFG 294 11
- Aufhebung des Einwilligungsvorbehaltes *FamFG* 294 11
- Aufhebung Mietvertrag
  FamFG 299 22
- Beauftragung des Sachverständigen *FamFG* 286 4
- Bedeutung für Betreuer
  FamFG 286 33
- Bedeutung für Betroffenen
  FamFG 286 32
- Bedeutung für Verfahrensbevollmächtigten *FamFG* 286 36
- Bedeutung für Verfahrenspfleger
  FamFG 286 35
- Begründung *FamFG* 286 2,
  26 ff, 323 5
- Bekanntgabe an Beteiligte
  FamFG 288 5
- Bekanntgabe an Betroffenen
  FamFG 288 4
- Bekanntgabezeitpunkt
  FamFG 286 29
- Berichtigung *FamFG* 286 19

- Bestellung des Verfahrenspflegers *FamFG* **286** 4
- Bestellung eines neuen Betreuers *FamFG* **296** 16
- Bezeichnung der Maßnahme *FamFG* **323** 2
- Bezeichnung des Betroffenen *FamFG* **323** 1
- Dauer *FamFG* **323** 2
- Eingangsformel *FamFG* **286** 6
- Einholung Gutachten des MDK *FamFG* **286** 4
- Einschränkung der Betreuung *FamFG* **294** 11
- Einschränkung des Einwilligungsvorbehaltes *FamFG* **294** 11
- einstweilige Anordnung *FamFG* **300** 18, **301** 7
- Entlassung des Betreuers *FamFG* **296** 8, **300** 28
- Ergänzung *FamFG* **286** 19
- erstmalige Ablehnung/Aufhebung *FamFG* **294** 17
- Erweiterung der Betreuung *FamFG* **293** 13
- Erweiterung des Einwilligungsvorbehaltes *FamFG* **293** 13
- funktionelle Zuständigkeit *FamFG* **286** 5
- Genehmigung/Einwilligung in ärztliche Maßnahme *FamFG* **298** 22
- Genehmigung Nichteinwilligung in ärztliche Maßnahme *FamFG* **298** 32
- Genehmigung Rechtsgeschäft *FamFG* **299** 16
- Genehmigung und Anordnung *FamFG* **323** 2 ff
- Inhalt Beschlussgründe *FamFG* **286** 27, **288** 9
- Inhalt und Bekanntmachung bei Neubestellung eines Betreuers *BGB* **1908c** 25 f
- Kündigung Wohnung *FamFG* **299** 22
- Rechtsmittelbelehrung *FamFG* **286** 31
- Rubrum *FamFG* **286** 6
- Sterilisation *FamFG* **297** 27
- Unterbringung zur Begutachtung *FamFG* **284** 17
- Unterschrift *FamFG* **286** 28
- Verfahrenskostenhilfe *FamFG* **286** 3, **307** 27
- Verlängerung der Betreuung *FamFG* **295** 9
- Verlängerung des Einwilligungsvorbehaltes *FamFG* **295** 9
- Verlängerung einstweilige Anordnung *FamFG* **302** 7
- Vorführung zur Untersuchung *FamFG* **286** 4
- Vorlage Betreuungsverfügung *FamFG* **286** 3
- Wirksamkeit *FamFG* **287** 2, **324** 1 f
- Zeitpunkt der sofortigen Wirksamkeit *FamFG* **286** 30
- Zwischenentscheidungen *FamFG* **286** 3

Beschlussformel
- Abgabeentscheidung *FamFG* **273** 13
- Absehen von Bekanntgabe *FamFG* **288** 9
- Absehen von Bekanntgabe Beschlussgründe *FamFG* **286** 25
- ärztliche Maßnahme *FamFG* **298** 23, 30
- Aufhebung der Betreuung *FamFG* **294** 12
- Aufhebung des Einwilligungsvorbehaltes *FamFG* **294** 12
- Bestandteil des Beschlusses *FamFG* **286** 17
- Bestellung eines neuen Betreuers *FamFG* **296** 17
- Betreuerbestellung *FamFG* **286** 23
- Einschränkung der Betreuung *FamFG* **294** 12
- Einschränkung des Einwilligungsvorbehaltes *FamFG* **294** 12
- Einstellung des Verfahrens *FamFG* **Vor 271 ff** 22
- einstweilige Anordnung *FamFG* **300** 22, **301** 8
- Einwilligungsvorbehalt *FamFG* **286** 24

- Entlassung des Betreuers
  FamFG 296 9
- Entlassung des Betreuers durch einstweilige Anordnung
  FamFG 300 29
- Erweiterung der Betreuung
  FamFG 293 14
- Erweiterung des Einwilligungsvorbehaltes *FamFG* 293 14
- Genehmigung Einwilligung in ärztliche Maßnahme
  FamFG 298 23
- Genehmigung Nichteinwilligung in ärztliche Maßnahme
  FamFG 298 31
- Genehmigung Rechtsgeschäft
  FamFG 299 17
- Gutachteneinholung
  FamFG 280 11
- Kostenentscheidung
  FamFG 307 11
- Kündigung Wohnung
  FamFG 299 22
- Sterilisation *FamFG* 297 28
- Unterbringung zur Begutachtung
  FamFG 284 18
- Verfahrenskostenhilfe
  FamFG 307 28
- Verlängerung der Betreuung
  FamFG 295 10
- Verlängerung des Einwilligungsvorbehaltes *FamFG* 295 10
- Verlängerung einstweilige Anordnung *FamFG* 302 8
- Verlesen *FamFG* 286 29, 288 7
- Vorführanordnung
  FamFG 278 38
- Vorführung zur Untersuchung vor Sachverständigen
  FamFG 283 20

Beschwerde *FamFG* 168 29 ff; *siehe auch* Rechtsmittel
- der Betreuungsbehörde gegen Bestellung *BGB* 1900 14
- der Staatskasse *BGB* 1897 67
- des Betreuers gegen seine Bestellung *BGB* 1898 9
- des Betreuungsvereins gegen Bestellung *BGB* 1900 18
- des Bevollmächtigten gegen Kontrollbetreuer *BGB* 1896 191
- des Untergebrachten
  FamFG 305 1 ff
- einstweilige Anordnung
  FamFG 300 30
- gegen Entscheidungen der BNotK als Vorsorgeregister
  BGB 1896 56
- von Mitbetreuern
  BGB 1899 13

Beschwerdeberechtigung
- Rechtsbeschwerdeverfahren
  FamFG 303 25 ff, 103

Beschwerdeentscheidung
- Beschluss *FamFG* 303 83 ff

Beschwerdefrist *FamFG* 300 30, 303 63
- der Staatskasse *FamFG* 305 5

Beschwerde in Betreuungssachen
- Abhilfe *FamFG* 303 70 f
- aufschiebende Wirkung, keine
  FamFG 303 75
- außerordentliche Beschwerde
  FamFG 303 11
- Beschwerdebefugnis
  FamFG 303 25 ff
- Beschwerdeberechtigung
  FamFG 303 25 ff
- Beschwerdeform
  FamFG 303 55 ff
- Beschwerdeverfahren
  FamFG 303 69 ff
- Beschwerdewert
  FamFG 303 66 ff
- der Staatskasse *FamFG* 304 1 ff
- Einlegung der Beschwerde
  FamFG 303 54 ff
- Erledigung der Hauptsache
  FamFG 303 67 f
- Kosten des Beschwerdeverfahrens
  FamFG 303 91 ff
- sofortige Beschwerde bei Nebenentscheidungen
  FamFG 303 4 ff
- Statthaftigkeit
  FamFG 303 19 ff

Beschwerde in Unterbringungssachen
- Abhilfe *FamFG* 335 26
- Beschwerdeberechtigung
  FamFG 335 5 ff

- Beschwerdeverfahren *FamFG* 335 24 ff
- Statthaftigkeit *FamFG* 335 3

Beschwerderecht
- Aufhebung der Betreuung/Einwilligungsvorbehalt *BGB* 1908d 47 ff
- Behörde *BGB* 1908b 160
- Beteiligter *FamFG* 286 39
- Betreuer *BGB* 1908b 159; *FamFG* 286 34, 296 22
- Betreuter *BGB* 1908b 159
- Dritter *FamFG* 286 38
- Entlassung des Betreuers *BGB* 1908b 154 ff
- nahe Angehörige *BGB* 1908b 154
- Staatskasse *BGB* 1908b 161; *FamFG* 304 1 ff
- Verein *BGB* 1908b 160
- Vorsorgebevollmächtigter *FamFG* 286 37

Beschwerdewert *FamFG* 303 66 ff

Besonderer Betreuer *FamFG* 272 10, 297 4

Besonderer Vertreter *FamFG* 272 10, 340 4 ff

Besprechenspflicht *BGB* 1901 39

Bestallungsurkunde *FamFG* 290 2 ff
- Gutglaubensschutz *BGB* 1902 33
- Rückgabe *BGB* 1893 35 f

Bestattung des Betreuten *BGB* 1893 37 ff

Bestattungsgesetze der Länder *BGB* 1893 46

Bestattungsvorsorgevertrag *BGB* 1893 57

Bestellung des besonderen Betreuers *FamFG* 272 10

Bestellung des Verfahrenspflegers *FamFG* 286 4

Bestellung des Vollmachtsbetreuers *FamFG* 281 10

Bestellung eines Betreuers *siehe* Betreuerbestellung

Bestellung eines Ergänzungsbetreuers *BGB* 1796 9; *FamFG* 293 17

Bestellung eines neuen Betreuers *FamFG* 296 11 ff

Bestellung eines weiteren Betreuers *FamFG* 293 17 ff

Bestimmung der Aufgabenkreise *FamFG* 272 10

Beteiligte
- Abgrenzung zu Auskunftspersonen *FamFG* 279 6
- ablehnende Entscheidung über Hinzuziehung *FamFG* 286 3
- Auskunftsperson *FamFG* 279 6
- Beschwerderecht *FamFG* 286 39
- Beteiligung der Behörde *FamFG* 315 4
- Erklärungsrecht *FamFG* 274 5
- Informationspflicht des Betreuungsgerichts *FamFG* 274 3
- Kannbeteiligte *FamFG* 315 7
- kraft Gesetzes *FamFG* 274 1
- kraft Hinzuziehung *FamFG* 274 1
- Mussbeteiligte *FamFG* 274 12, 315 3
- Pflichten *FamFG* 274 9, 28 ff
- Unterbringungssachen *FamFG* 315 1 ff
- Verfahren bei Hinzuziehung *FamFG* 315 8 ff

Beteiligtenrechte *FamFG* 274 2, 315 11

Beteiligtenstellung *FamFG* 274 28 ff

Beteiligung der Behörde *FamFG* 315 4

Betreten der Wohnung des Betroffenen *FamFG* 283 28, 284 15, 319 14, 322 4 f, 326 5

Betreuer
- Beschwerderecht in Unterbringungssachen *FamFG* 335 18 ff
- Bestattungspflicht *BGB* 1893 47
- Eigenhaftung *BGB* 1902 40 ff
- Entlassung *siehe dort*

- Feststellung des Patientenwillens
  BGB 1901b 4
- Genehmigung von Verfügungen
  FamFG 299 24
- gesetzlicher Vertreter
  BGB 1902 1
- Mussbeteiligter FamFG 274 15
- Patientenverfügung
  BGB 1901a 3
- Rechtsstellung BGB 1902 1 ff

Betreuerauswahl BGB 1897 1 ff
- Abhängigkeitsverhältnis
  BGB 1897 13–15
- Abwägung BGB 1897 2, 47
- Ausschluss kraft Gesetzes
  BGB 1897 8 ff, 25
- Beamte BGB 1897 7
- Bedeutung für Angehörige
  BGB 1897 71
- Bedeutung für Betreuungsbehörde BGB 1897 66 f
- Bedeutung für Betreuungsverein
  BGB 1897 69
- Bedeutung für das Betreuungsgericht BGB 1897 55–63
- Bedeutung für Verfahrenspfleger
  BGB 1897 70
- Behördenbetreuer
  BGB 1897 51 ff; BtBG 8 9
- Berufsbetreuer
  BGB 1897 16–18, 48–54
- Beschwerde siehe dort
- Beschwerderecht der Staatskasse
  BGB 1897 67
- Betreuungsverfügung
  BGB 1897 33 f
- Ehrenamt, Vorrang
  BGB 1897 1, 20–22
- Einrichtung BGB 1897 10–12
- Einzelbetreuung BGB 1897 1, 1899 1
- fachliche Eignung
  BGB 1897 19 ff, 1898 2
- Geschäftsfähigkeit des Betreuers
  BGB 1897 5 f
- Interessenkonflikt BGB 1897 8, 26 f, 39 f, 46
- Minderjährige BGB 1897 6
- natürliche Person BGB 1897 1, 1900 3
- persönliche Beziehungen
  BGB 1897 1, 43, 45
- persönliche Eignung
  BGB 1897 5 ff, 1898 2
- Religionsdiener BGB 1897 7
- Vereinsbetreuer BGB 1897 51, 52, 53
- Verwandte BGB 1897 1, 44
- Willensvorrang BGB 1897 1, 28–41
- Wohl des Betroffenen
  BGB 1897 1, 47

Betreuerausweis
- fehlender Rechtsschein
  BGB 1902 33

Betreuerbestellung FamFG 271 2
- Absehen von Gutachteneinholung FamFG 281 2
- Anfechtbarkeit FamFG 286 32
- Anhörung der sonstigen Beteiligten FamFG 279 2 ff
- Anhörung des Betroffenen
  FamFG 278 2 ff
- ärztliches Zeugnis
  FamFG 281 2 ff
- aufgrund dienstrechtlicher Vorschriften FamFG 272 10
- Beschlussformel FamFG 286 23
- Bestellung als Berufsbetreuer
  FamFG 289 8
- Einholung Gutachten
  FamFG 280 2 ff, 6 ff
- einstweilige Anordnung
  FamFG 300 4, 301 6
- Gutachten des MDK
  FamFG 282 2
- Haager Übereinkommen über Erwachsenenschutz
  FamFG 272 23
- Nachholung unterlassener Gutachteneinholung FamFG 281 5
- Vorführung zur Untersuchung
  FamFG 283 2

Betreuerentlassung BGB 1839 6; siehe Entlassung des Betreuers

Betreuerverpflichtung siehe Verpflichtung des Betreuers

Betreuerwechsel
- einstweilige Anordnung
  BGB 1908c 26

Stichwortverzeichnis

Betreutenvermögen
BGB **1805** 1 ff
Betreuung
- Begriff **Einl.** 1–4
- Ermittlung des Umfangs durch BtB *BtBG* **8** 15
- Kontinuität *BGB* **1908c** 1
- Prinzipien **Einl.** 5 ff
- Strukturen **Einl.** 12 ff

Betreuungsaufhebungsantrag
FamFG **275** 8

Betreuungsbehörde *BGB* **1632** 16, **1792** 7, **1805** 6, **1896** 180; **Einl.** 14; siehe Zuständige Behörde
- Anforderungsprofil *BtBG* **8** 5
- Anhörung *FamFG* **279** 11
- Anlage von Geld *BGB* **1807** 17
- Anregung der Tätigkeit zugunsten Betreuungsbedürftiger *BtBG* **6** 3, 4
- Aufklärung über Vorsorgevollmachten *BtBG* **6** 7
- Auskunftspflicht *FamFG* **279** 6
- Auswahl eines geeigneten Verfahrenspflegers *BtBG* **8** 12
- Beglaubigung von Betreuungsverfügungen *BtBG* **6** 9
- Beglaubigung von Vorsorgevollmachten *BtBG* **6** 9
- Behördenträgerschaft *BtBG* **1** 1 ff
- Bekanntgabe von Entscheidungen *FamFG* **288** 11
- Beratung *BGB* **1901** 89
- Beratung über Betreuungsverfügungen *BtBG* **6** 7 f, 23
- Beratung über Vorsorgevollmachten *BtBG* **6** 7, 23
- Beschwerdeberechtigung *FamFG* **303** 33 ff
- Beschwerderecht in Unterbringungssachen *FamFG* **335** 21 ff
- Betreten der Wohnung des Betroffenen *FamFG* **283** 28
- Entlassung *BGB* **1908b** 137 f
- Förderung der Beratung und Aufklärung *BtBG* **6** 7
- Gelegenheit zur Äußerung *FamFG* **288** 12
- geplante obligatorische Anhörung *BtBG* **Vor 1** 9 ff
- gewaltsame Öffnung der Wohnung des Betroffenen *FamFG* **283** 28
- körperliche Gewalt *FamFG* **283** 26
- Mussbeteiligter *FamFG* **274** 19, 35
- örtliche Behörde *BtBG* **1** 1 ff
- qualifizierte Mitarbeiter *FamFG* **279** 11
- Sachverhaltsermittlung *FamFG* **Vor 271 ff** 13
- sonstige Aufgaben *BtBG* **9** 1 ff
- Sozialbericht *FamFG* **Vor 271 ff** 13
- Sterilisation *FamFG* **297** 14
- überörtliche Behörde *BtBG* **2** 1 ff
- Überprüfung der Betreuerauswahl *FamFG* **291** 2
- unmittelbarer Zwang *FamFG* **283** 26
- Unterrichtung *FamFG* **289** 7
- Unterrichtungspflicht bei Vollmachten *BGB* **1901c**
- Unterstützung des Betreuungsgerichts (Betreuungsplan) *BGB* **1901** 88
- Verpflichtung *FamFG* **289** 7
- Vorführung des Betroffenen *FamFG* **278** 34
- Vorführung zur Untersuchung *FamFG* **283** 5
- weitere Behörden *BtBG* **2** 4
- Werbung und Gewinnung geeigneter Betreuer *BtBG* **8** 7 f

Betreuungsbehördengesetz
BtBG **Vor 1** 1 ff
- Reformvorhaben *BtBG* **Vor 1** 8 ff

Betreuungsgericht **Einl.** 13; *BGB* **1632** 2 ff, **1810** 3 f, **1813** 11, **1821** 26 ff, **1822** 71 ff
- Amtsermittlung *FamFG* **275** 5
- Anlage von Geld *BGB* **1807** 13 ff
- Aufsichtspflicht *BGB* **1805** 4 f, **1807** 16, **1811** 16 f
- Befreiung *BGB* **1817** 8 ff

1145

- Gegenbetreuer BGB 1792 9 f
- Vermögensverzeichnis
  BGB 1802 3 ff
Betreuungsgerichtliche Zuweisungssachen FamFG **Vor 271 ff** 27, **271** 5, **340** 2 ff
- funktionelle Zuständigkeit
  FamFG **341** 2
- internationale Zuständigkeit
  FamFG **341** 2
- örtliche Zuständigkeit
  FamFG **341** 1
- sachliche Zuständigkeit
  FamFG **341** 2
Betreuungsplan BGB **1901** 72 ff; BtBG **4** 2, 17, 21 ff
- Anordnung des Gerichts
  BGB **1901** 80 f
- Beginn der Betreuung
  BGB **1901** 82 ff
- Berufsbetreuer BGB **1901** 75 ff
- ehrenamtlicher Betreuer
  BGB **1901** 75
- Fortschreibung BGB **1901** 84
- geeigneter Fall BGB **1901** 78 f
- Gesetzesbegründung
  BGB **1901** 74
- Inhalt BGB **1901** 85 ff
- Mitwirkung der Betreuungsbehörde BGB **1901** 89
Betreuungsrichter FamFG **272** 14
Betreuungssachen FamFG **271** 1 ff
Betreuungsverein
- als Betreuer BGB **1900** 2 ff
- Aufgaben Einl. 15
- Aufsichtspflicht
  BGB **1908f** 18 ff
- Beratung BGB **1908f** 32 ff
- Entlassung BGB **1908b** 137 f
- Erfahrungsaustausch
  BGB **1908f** 40
- Finanzierung BGB **1908f** 10 ff
- Gegenbetreuung BGB **1792** 8
- Haftung BGB **1908f** 24
- Mitarbeiter BGB **1908f** 14
- Rechtsfähigkeit BGB **1908f** 12
- Überprüfung der Betreuerauswahl FamFG **291** 2
- Unterrichtung FamFG **289** 7
- Verpflichtung FamFG **289** 7

Betreuungsverfahren
  BGB **1896** 4 ff
Betreuungsverfügung
  BGB **1897** 33 f
- Ablieferungspflicht
  BGB **1901c** 2, 5 ff
- Aufklärung durch BtB über
  BtBG **6** 7 f
- Beachtung durch Betreuer
  BGB **1901** 42 f
- Bedeutung für Besitzer
  FamFG **285** 25
- Bedeutung für Betroffenen
  FamFG **285** 22
- Bedeutung für Verfahrensbevollmächtigten FamFG **285** 24
- Bedeutung für Verfahrenspfleger
  FamFG **285** 23
- Beglaubigung durch BtB von
  BtBG **6** 9
- Beratung durch BtB über
  BtBG **6** 7 f, 23
- eidesstattliche Versicherung
  FamFG **285** 19
- Herausgabeverpflichtung
  FamFG **285** 6, 22 ff
Betreuungsvermögen
  BGB **1821** 12
Betroffener FamFG **274** 14
- Mussbeteiligter FamFG **274** 13
- Verfahrensfähigkeit
  FamFG **275** 2 ff
Bevollmächtigter BGB **1904** 64 ff, 90, **1906** 74 ff, 100 ff
- Mussbeteiligter FamFG **274** 17, 34
- Patientenverfügung
  BGB **1901a** 3, 60 ff
Bewahrungs- und Entfaltungsinteresse BGB **1901** 30
Beweisaufnahme
  FamFG **Vor 271 ff** 12
Beweisbeschluss FamFG **280** 11 ff
- Betreuerbestellung
  FamFG **280** 12
- Einwilligung in ärztliche Maßnahme FamFG **298** 26
Beweisfragen FamFG **284** 8
Beweislast BGB **1902** 16

Bezeichnung
- der Aufgabenkreise
 FamFG 286 18
- der Betreuungsbehörde
 FamFG 286 13
- der einwilligungsbedürftigen Willenserklärungen *FamFG* 286 20
- des Betreuers *FamFG* 286 10
- des Betroffenen *FamFG* 286 7
- des Bevollmächtigten
 FamFG 286 13
- des erkennenden Betreuungsgerichts *FamFG* 286 16
- des gesetzlichen Vertreters
 FamFG 286 8
- des potentiellen Betreuers
 FamFG 286 12
- des Verfahrensbevollmächtigten des Betreuers *FamFG* 286 11
- des Verfahrensbevollmächtigten des Betroffenen *FamFG* 286 9
- des Verfahrenspflegers
 FamFG 286 13
- des Vertreters der Staatskasse
 FamFG 286 15
- des zu bestellenden Betreuers
 FamFG 286 19
- hinzugezogener Beteiligter
 FamFG 286 14
- Überprüfungszeitpunkt
 FamFG 286 21
Bezirksnotar *FamFG* **Vor 271 ff** 1, 272 16
BGB-Gesellschaft *BGB* 1821 8, 1822 12
Billigkeit bei Gebührenerhebung durch BtB *BtBG* 6 18
Bundeswertpapiere *BGB* 1807 6, 1816 2 ff
Bürgschaft *BGB* 1822 18, 59 ff; *FamFG* 299 3
Darlehen *FamFG* 299 3
Datenschutz *BtBG* 1 9 ff, 5 5; *FamFG* 282 8; *VBVG* 10 9, 10
Datenträger *BGB* 1901c 9
Dauer der einstweiligen Anordnung *FamFG* 300 18, 302 4
Dauer der Unterbringung zur Begutachtung *FamFG* 284 12

Dauerersatzbetreuung
 BGB 1899 21
Dauerschuldverhältnis
 BGB 1795 10; *FamFG* 299 23
Delegation von Betreueraufgaben
 BGB 1901 56 ff
Demenz *BGB* 1896 126, 127, 128
Depotspritze *BGB* 1906 6
Dezernatswechsel *FamFG* 278 4
Dialogischer Prozess
 BGB 1901b 6
Dienstaufsichtsbeschwerde
 FamFG 294 21
Dienstbarkeit *BGB* 1821 7; *FamFG* 299 3
Dienst- und Arbeitsverhältnis
 BGB 1822 50 ff, 1903 67
Dienstvertrag *BGB* 1822 15; *FamFG* 299 3
Dokumentation *BGB* 1908i 10
- Art *FamFG* 278 41
- Mitteilungen in Betreuungssachen *FamFG* 308 17
- persönliche Anhörung
 FamFG 278 40
- persönlicher Eindruck
 FamFG 278 40
- Verfahrenshandlungen
 FamFG 278 40
- Wortprotokoll *FamFG* 278 41
Doppelzuständigkeit
- Ehesachen *BGB* 1902 101
- Einwilligungsvorbehalt
 BGB 1903 2
- Handeln von Betreuer und Betreutem *BGB* 1902 16
- Verfahren anderer Gerichtszweige *BGB* 1902 107 f
- Zivilprozess *BGB* 1902 94
- Zwangsvollstreckung
 BGB 1902 102
Dringende Gründe *FamFG* 300 8
Dritte
- ärztliche Maßnahme
 FamFG 298 17
- Beschwerderecht
 FamFG 286 38
- Kostenentscheidung
 FamFG 307 12

Drittinteresse
- Aufgabenkreise
  BGB **1896** 139, 169
- Einwilligungsvorbehalt
  BGB **1903** 22
- Wahrnehmung der Betreuung
  BGB **1901** 32

Drogenabhängigkeit
BGB **1896** 124

Ehegatte BGB **1795** 13

Ehesachen BGB **1902** 96 ff

Ehescheidung BGB **1896** 142

Eheschließung BGB **1896** 142, **1902** 51 ff
- Aufhebung BGB **1902** 52 f
- Eheschließungsfähigkeit
  BGB **1902** 22

Ehevertrag BGB **1896** 142, **1902** 18; FamFG **340** 7

Ehrenamtlicher Betreuer
BGB **1908f** 26 ff; Einl. 10 f, 16, 21; FamFG **289** 7

Eidesstattliche Versicherung
FamFG **285** 19 ff

Eigenhaftung des Betreuers
BGB **1902** 40 ff

Eilmaßnahmen BGB **1904** 51, **1906** 5, 97 f

Eilzuständigkeit FamFG **272** 8, **300** 20

Einführungsgespräch
FamFG **289** 1 ff

Eingangsformel FamFG **286** 6

Eingetragener Lebenspartner siehe Lebenspartner

Einheitsentscheidung
FamFG **272** 15

Einholung Gutachten
FamFG **280** 31

Einholung Gutachten des MDK
FamFG **286** 4

Einkommen des Betreuten, einzusetzendes BGB **1836c** 5 ff

Einkommensgrenze
BGB **1836c** 10 ff

Einkommensteuer VBVG **4** 46

Einleitung Aufgebotsverfahren
FamFG **299** 24

Einleitung Betreuungsverfahren
BGB **1901c** 20 ff; FamFG **274** 25

Einschränkung der Betreuung
FamFG **294** 2 ff

Einschränkung des Aufgabenkreises
BGB **1908d** 15 f
- funktionelle Zuständigkeit
  FamFG **272** 10
- Weiterführen der Betreuung
  BGB **1893** 11

Einschränkung des Einwilligungsvorbehaltes FamFG **294** 3 ff
- funktionelle Zuständigkeit
  FamFG **272** 11

Einschränkung des Kreises der einwilligungsbedürftigen Willenserklärungen BGB **1908d** 33 ff

Einsichts- und Steuerungsunfähigkeit BGB **1896** 156, **1906** 32

Einstellung des Verfahrens
FamFG **Vor 271** 21 ff

Einstweilige Anordnung
FamFG **Vor 271** 25 ff, **333** 2 ff
- Absehen von persönlicher Anhörung FamFG **300** 15
- Anfechtbarkeit FamFG **300** 30, **331** 12
- Anhörungen FamFG **331** 7
- Anordnung Einwilligungsvorbehalt FamFG **300** 4
- Antrag FamFG **300** 7
- ärztliches Zeugnis
  FamFG **300** 12
- ärztliche Zwangsbehandlung
  FamFG **331** 1 ff
- Aufenthaltsbestimmung
  FamFG **300** 25
- Aufhebung FamFG **302** 9
- Aufhebung der Betreuung
  FamFG **294** 10; siehe dort
- Aufhebung des Einwilligungsvorbehaltes FamFG **294** 10
- Aufhebung Einwilligungsvorbehalt siehe dort
- Bedeutung für Betreuer
  FamFG **300** 31
- Bedeutung für Betroffenen
  FamFG **300** 30
- Bedeutung für Dritte
  FamFG **300** 35

- Bedeutung für Verfahrensbevollmächtigten *FamFG* 300 34
- Bedeutung für Verfahrenspfleger *FamFG* 300 34
- bei Unterbringungsmaßnahmen *FamFG* 331 1 ff
- Bekanntgabe *FamFG* 300 21; siehe dort
- Belehrung Beteiligter *FamFG* 300 19
- Beschluss *FamFG* 300 18
- Beschlussformel *FamFG* 300 22
- Beschwerde siehe dort
- Beschwerdeverfahren *FamFG* 303 75 f
- Bestellung eines neuen Betreuers *FamFG* 296 18
- Betreuerbestellung *FamFG* 300 4
- Dauer *FamFG* 300 18, 302 4, 333 1 ff
- dringende Gründe *FamFG* 300 8, 331 3
- dringendes Bedürfnis *FamFG* 300 9
- eilige *FamFG* 332 1 ff
- Einschränkung der Betreuung *FamFG* 294 10
- Einschränkung des Einwilligungsvorbehaltes *FamFG* 294 10
- Entlassung des Betreuers *FamFG* 296 10, 300 26, 28
- Erledigung *FamFG* 300 30
- Erweiterung Betreuung *FamFG* 300 4
- Erweiterung Einwilligungsvorbehalt *FamFG* 300 4
- Erzwingung Einleitung Hauptsacheverfahren *FamFG* 300 19
- Erzwingung persönlicher Anhörung *FamFG* 300 16
- Feststellung der Rechtswidrigkeit *FamFG* 300 30
- funktionelle Zuständigkeit *FamFG* 300 6
- Gefahr *FamFG* 331 3
- Gefahr im Verzuge *FamFG* 332 2
- gesteigerte Dringlichkeit *FamFG* 301 2 ff
- Gesundheitssorge *FamFG* 300 10
- Hauptsacheunabhängigkeit *FamFG* 300 2, 4
- Heimkosten *FamFG* 300 10
- Krankenhaus *FamFG* 300 10
- materielles Recht *FamFG* 300 17
- Meldebehörde *FamFG* 300 25
- Mietschulden *FamFG* 300 10
- Mitteilungspflichten *FamFG* 300 25
- örtliche Zuständigkeit *FamFG* 300 6
- persönliche Anhörung *FamFG* 300 14
- Rechtsmittelbelehrung *FamFG* 300 19
- Unterbringung *FamFG* 331 1 ff
- Verfahren Entlassung des Betreuers *FamFG* 300 27
- Verfahrenspfleger *FamFG* 300 13
- Verfahrenspflegerbestellung *FamFG* 331 6
- verkürzte Beschwerdefrist *FamFG* 300 30
- Verlängerung *FamFG* 302 5
- Verlängerung der Betreuung *FamFG* 295 7, 300 4
- Verlängerung des Einwilligungsvorbehaltes *FamFG* 295 7, 300 4
- Vermögenssorge *FamFG* 300 10
- vorläufiger Einwilligungsvorbehalt *BGB* 1903 87
- Wirksamkeit *FamFG* 300 21
- Zuständigkeit *FamFG* 331 2

Einstweilige Anordnung bei gesteigerter Dringlichkeit *FamFG* 301 2 ff, 332 1 ff

Einstweilige Maßregel *FamFG* 300 5, 32

Eintritt des Betreuers in Verwaltungsverfahren *BGB* 1902 78, 85

Einverständnis
- des Betreuten mit Bestellung eines neuen Betreuers *FamFG* 296 13

- mit der Bestellung zum Betreuer
  BGB **1898** 1, 5 f
- Verfahrenshandlung
  BGB **1898** 6

Einwilligung *BGB* **1904** 22 ff,
60 ff, **1906** 9 ff
- antizipierte Einwilligung
  FamFG **298** 10
- ärztliche Maßnahme
  FamFG **298** 9; *siehe auch dort*
- Beschwerde *siehe dort*
- des Betreuers *BGB* **1904** 28 ff
- des Betreuungsvereins
  BGB **1900** 3
- in Verwertung Gutachten MDK
  FamFG **282** 10, 11
- Patientenverfügung
  FamFG **298** 10
- Widerruf *BGB* **1904** 1

Einwilligung in ärztliche Maßnahme *FamFG* **298** 33 ff; *siehe auch* Nichteinwilligung in ärztliche Maßnahme
- Bedeutung für Bevollmächtigten
  FamFG **298** 33
- funktionelle Zuständigkeit
  FamFG **272** 11
- Wirksamwerden *FamFG* **287** 9

Einwilligung in Sterilisation
FamFG **272** 11

Einwilligungsbedürftige Willenserklärungen *BGB* **1903** 42 ff

Einwilligungsfähigkeit
BGB **1904** 25 ff
- ärztliche Maßnahme
  BGB **1901a** 16, **1902** 20;
  FamFG **298** 6
- freiheitsentziehende Maßnahme
  BGB **1902** 21
- Patientenverfügung
  BGB **1901a** 16

Einwilligungsunfähigkeit
- Nichteinwilligung in ärztliche Maßnahme *FamFG* **298** 8 ff
- Sterilisation *FamFG* **297** 21

Einwilligungsvorbehalt
BGB **1904** 30; *FamFG* **271** 3
- Ablehnung der Aufhebung
  BGB **1903** 38

- Anordnung *BGB* **1903** 12 ff;
  FamFG **272** 11
- Aufhebung *BGB* **1908d** 33 ff
- Aufhebung als ungerechtfertigt
  (§ 306 FamFG) *BGB* **1903** 84,
  1908d 44
- ausgenommene Handlungen
  BGB **1903** 39 ff
- Beschlussformel *FamFG* **286** 24
- Doppelzuständigkeit
  BGB **1903** 2
- Einholung Gutachten
  FamFG **280** 3 ff
- einseitige Willenserklärung
  BGB **1903** 63
- einstweilige Anordnung *siehe dort*
- erhebliche Gefahr
  BGB **1903** 14 ff
- Fortbestand bei Neubestellung
  BGB **1908c** 8
- funktionelle Zuständigkeit
  FamFG **272** 11
- Geschäftsfähigkeit
  BGB **1903** 2 ff
- höchstpersönliche Rechtsgeschäfte *BGB* **1903** 39 ff
- Minderjährige *BGB* **1903** 81
- Mitteilung an die Meldebehörde
  (Aufenthaltsbestimmung)
  BGB **1908d** 60
- Mitteilung Meldebehörde
  FamFG **309** 7
- Mitteilungspflichten des Betreuers *BGB* **1903** 73
- qualifizierter Einwilligungsvorbehalt *BGB* **1903** 47
- Überprüfungszeitpunkt
  BGB **1908d** 36
- Verbindung mit Bestellung eines
  Betreuers *BGB* **1903** 76
- Verfahren in anderen Gerichtszweigen *BGB* **1902** 108
- Verfahren zur Anordnung
  BGB **1903** 74 ff
- Verhältnismäßigkeitsgrundsatz
  BGB **1903** 18 ff
- Verlängerung *BGB* **1903** 38
- Vertrag *BGB* **1903** 60 ff
- Verwaltungsverfahren und Sozialverwaltungsverfahren
  BGB **1902** 79 ff

- Zivilprozess *BGB* **1902** 95
- Zugang der Willenserklärung *BGB* **1903** 64
- Einzelrichter *FamFG* **303** 82
- Einzelverweisung *BGB* **1908i** 1 ff
- Elterliche Sorge *BGB* **1896** 144, **1902** 55 ff
- Ende des Verfahrens *siehe* Verfahren
- Endentscheidung *FamFG* **286** 2
- Endogene Psychosen *BGB* **1896** 123
- Entbindung von ärztlicher Schweigepflicht *FamFG* **281** 12
- Entlassung *BGB* **1908b** 44
- Entlassung auf Vorschlag des Betreuten *BGB* **1908b** 96 ff
- Entlassung des (vorläufigen) Betreuers *FamFG* **300** 4
- Entlassung des Beamten/Religionsdieners *BGB* **1908c** 19
- Entlassung des Betreuer
  - Neubestellung *BGB* **1908c**
- Entlassung des Betreuers
  - Anhörung *FamFG* **296** 5
  - Antrag *BGB* **1908b** 87, 99; *FamFG* **296** 3
  - Aufteilung des Aufgabenkreises *BGB* **1908b** 5
  - Beamten, Religionsdiener *BGB* **1908b** 2
  - Bedeutung für Betreuer *FamFG* **296** 21
  - Bedeutung für Betroffenen *FamFG* **296** 20
  - Bedeutung für Dritte *FamFG* **296** 26
  - Bedeutung für Verfahrensbevollmächtigten *FamFG* **296** 25
  - Bedeutung für Verfahrenspfleger *FamFG* **296** 24
  - Behördenbetreuer *BGB* **1908b** 128
  - Bekanntgabe *FamFG* **296** 10
  - Beschluss *FamFG* **296** 8
  - Beschlussformel *FamFG* **296** 9
  - Beschwerde *siehe dort*
  - Beschwerderecht des Betreuers *FamFG* **296** 22
  - Betreuungsbehörde *BGB* **1908b** 137 f
  - Betreuungsverein *BGB* **1908b** 137 f
  - einstweilige Anordnung *BGB* **1908b** 151; *FamFG* **296** 10, **300** 26; *siehe auch dort*
  - falsche Abrechnung *BGB* **1908b** 58 ff
  - fehlende Eignung *BGB* **1908b** 10 ff
  - Fortbestand der Vertretungsmacht über Amtsende hinaus *BGB* **1893** 3 f, 9 ff
  - funktionelle Zuständigkeit *FamFG* **272** 10, **296** 2
  - Grundsatz der Verhältnismäßigkeit *BGB* **1908b** 76
  - Kontinuität *BGB* **1908b** 82 f, 113 f
  - Kosten *BGB* **1908b** 164 ff
  - Mitbetreuer *BGB* **1908b** 4
  - Nachfolgebetreuer *BGB* **1908b** 7
  - persönliche Anhörung *FamFG* **296** 6
  - Pflichtwidrigkeiten gegenüber Betreuungsgericht *BGB* **1908b** 20 ff
  - Rechtshilfe *FamFG* **296** 6
  - Rechtsmittel *BGB* **1908b** 153
  - Sachaufklärungspflicht *FamFG* **296** 4
  - Störung des Vertrauensverhältnisses *BGB* **1908b** 27 ff
  - Teilentlassung *BGB* **1908b** 84 ff
  - Umwandlungsbeschluss *BGB* **1908b** 130 ff
  - Unzumutbarkeit *BGB* **1908b** 89 ff
  - Vereinsbetreuer *BGB* **1908b** 128 ff
  - Verfahren *BGB* **1908b** 139 ff
  - Verfahrenspfleger *BGB* **1908b** 147 f
  - Verstoß gegen Rechnungslegungsvorschriften *BGB* **1908b** 20 ff
  - Vorführung *FamFG* **296** 7

- wichtiger Grund
  BGB **1908b** 9 ff
- wichtiger Grund (sonstiger wichtiger Grund) BGB **1908b** 44 ff
- Widerspruch FamFG **296** 6
- Wohl des Betreuten
  BGB **1908b** 27 ff, 120 ff

Entlassung des Betreuers durch einstweilige Anordnung FamFG **300** 28 f

Entlassung eines von mehreren Berufsbetreuern BGB **1908b** 4

Entlassungswille des Betreuers BGB **1908b** 57

Entlastungserklärung
BGB **1890** 10, 13, **1892** 4

Entmündigung BGB **1903** 5 f

Entnahme aus dem Vermögen des Betreuten BGB **1795** 10

Entschädigung des Arztes FamFG **281** 13

Entschädigung des Sachverständigen FamFG **280** 8

Entscheidung des Betreuungsgerichts FamFG **274** 26

Entscheidung des höheren Gerichts FamFG **273** 14 f

Entscheidungsformen
FamFG **Vor 271 ff** 17

Entscheidungsinhalt *siehe* Beschlussinhalt

Entziehung der Vertretungsmacht BGB **1796** 9

Entzug der Vertretungsmacht
BGB **1795** 4; FamFG **271** 4, **272** 10

Erbangelegenheiten
BGB **1896** 164

Erbauseinandersetzungsvertrag
FamFG **299** 3

Erbausschlagung BGB **1822** 28 ff, **1831** 13 f; FamFG **299** 14

Erbengemeinschaft BGB **1821** 8, **1822** 8

Erbschaft BGB **1822** 4 ff, 23 ff

Erbschaftskauf FamFG **299** 3

Erbteilung BGB **1822** 28 ff; FamFG **299** 3

Erbvertrag BGB **1896** 145, **1902** 69

Erbverzicht FamFG **340** 7

Erforderlichkeit **Einl.** 6–8; BGB **1896** 1, 136

Ergänzung
- Beschluss FamFG **286** 19

Ergänzungsbetreuer
- Aufgabenkreis BGB **1795** 5
- Bestellungsverfahren
  FamFG **293** 17
- Entziehung der Vertretungsmacht BGB **1795** 5, **1796** 9
- Erweiterung der Betreuung
  FamFG **293** 17
- funktionelle Zuständigkeit
  FamFG **272** 10
- gesetzlicher Ausschluss von der Vertretungsmacht BGB **1795**

Ergänzungsgutachten
FamFG **280** 23

Erhebliche Gefahr
BGB **1903** 14 ff
- Einwilligungsvorbehalt
  BGB **1903** 14 ff

Erinnerung FamFG **168** 36
- gegen Entscheidung des Rechtspflegers FamFG **303** 8

Erklärungsrecht der Beteiligten
FamFG **274** 5

Erledigung
- der Hauptsache
  FamFG **303** 67 f, **335** 4
- einstweilige Anordnung
  FamFG **300** 30
- Feststellung der Rechtswidrigkeit
  FamFG **294** 21
- Unterbringung zur Begutachtung
  FamFG **284** 21

Erlöschen der Ansprüche *siehe* Ausschlussfrist

Ermächtigung BGB **1825** 2 ff

Ermächtigung zum Betreten/gewaltsamen Öffnen der Wohnung des Betroffenen FamFG **283** 14 ff

Ermessen BGB **1821** 31

Ermittlungsergebnisse
- Mitteilung FamFG **308** 13

- Übermittlung des Gutachtens an Betroffenen *FamFG* **280** 25
- vollständige Übermittlung *FamFG* **278** 11
Erreichbarkeit des Betreuers *BGB* **1908b** 36
Errichtungszeitpunkt einer Betreuungsverfügung oder Vorsorgevollmacht *BGB* **1901c** 11, 30
Ersatzbetreuer *BGB* **1908b** 94
Ersatzvornahme durch Polizei *BGB* **1893** 50
Ersatzzuständigkeit *FamFG* **272** 5
Erstattungsanspruch *BGB* **1893** 51 f
Erstmalige Ablehnung der Aufhebung *FamFG* **294** 2
Erweiterung der Betreuung *FamFG* **293** 3 ff
- Einholung Gutachten *FamFG* **280** 3 ff
- einstweilige Anordnung *FamFG* **300** 4
- funktionelle Zuständigkeit *FamFG* **272** 10, **293** 2
Erweiterung des Aufgabenkreises *BGB* **1896** 174, **1908d** 28 ff
- Eignung des Betreuers *BGB* **1908d** 32
- Kreis einwilligungsbedürftiger Willenserklärungen *BGB* **1908d** 50 ff
- Verfahren *BGB* **1908d** 50 ff
Erweiterung des Einwilligungsvorbehaltes *FamFG* **293** 2, 10 ff
Erweiterung des Kreises einwilligungsbedürftiger Willenserklärungen *BGB* **1908d** 33 ff, 50 ff
Erweiterung Einwilligungsvorbehalt
- Einholung Gutachten *FamFG* **280** 3 ff
- einstweilige Anordnung *FamFG* **300** 4
- funktionelle Zuständigkeit *FamFG* **272** 11
Erwerbsgeschäft *BGB* **1822** 9 ff, 33 ff, **1823** 2 ff; *FamFG* **299** 14
Erzwingung Einleitung Hauptsacheverfahren *FamFG* **300** 19

Erzwingung persönlicher Anhörung *FamFG* **300** 16
Erzwingung von Mitwirkungshandlungen des Betroffenen *FamFG* **280** 28
Europäischer Menschengerichtshof *FamFG* **317** 3

Fachliche Eignung *BGB* **1908b** 13 f
Falsche Abrechnung des Betreuers *BGB* **1908b** 58 ff
Familiengericht *FamFG* **340** 8
- einstweilige Maßregeln *BGB* **1846** 2 ff
- Zuständigkeit *FamFG* **Vor 271 ff** 3
Fehlender persönlicher Kontakt *BGB* **1908d** 67
Fernmeldeverkehr *BGB* **1896** 166 ff
Festsetzung von Vergütung und Aufwendungsersatz *FamFG* **168** 1 ff
Festsetzung von Zwangsgeld zur Rückgabe der Bestallungsurkunde *BGB* **1893** 36
Feststellung der Berufsmäßigkeit *FamFG* **272** 10
Feststellung der Rechtswidrigkeit
- einstweilige Anordnung *FamFG* **300** 30
- Erledigung *FamFG* **294** 21
Fiktion *BGB* **1893** 3, 14 ff
Finanzverfahren
- Abgabe der Steuererklärung *BGB* **1902** 110
Flüchtling *FamFG* **272** 18
Forderungen *BGB* **1812** 2 ff
Förderung nach dem BtBG *BtBG* **6** 3 ff
Forderungsübergang, gesetzlicher *BGB* **1836e** 1 ff; *siehe auch* Regress gegen den Betreuten
Formelle Rechtskraft *FamFG* **299** 11
Förmliche Beweisaufnahme *FamFG* **Vor 271 ff** 12
- ärztliches Attest *FamFG* **281** 11

- Gutachteneinholung vor Betreuerbestellung *FamFG* 280 7
- Förmliches Beweisverfahren bei Gutachten des Medizinischen Dienstes der Krankenkassen *FamFG* 282 6
- Förmliche Zustellung *FamFG* 288 6
- Formzwang
  - Betreuungsverfügung *BGB* 1901c 10
  - Patientenverfügung *BGB* 1901a 8 ff
- Fortbildung *BtBG* 5 1 ff
- Fortführung der Betreuung *BGB* 1893 7 ff
- Fortsetzung der Gütergemeinschaft *FamFG* 340 7
- Freibeweisverfahren *FamFG* **Vor 271 ff** 12; *siehe auch* Beweisverfahren
- Freier Wille
  - Aufhebung der Betreuung *BGB* 1908d 10
  - Einwilligungsvorbehalt *BGB* 1903 13
- Freiheitsentziehung
  - Aufgabenkreis *BGB* **1906** 5
- Freiheitsentzug *BGB* **1906** 4 ff, 6 ff, 58 ff
- Freiheit zur eigenen Lebensgestaltung *BGB* **1901** 30
- Freistellungsanspruch *BGB* 1893 51 f
- Freiwillige Gerichtsbarkeit *FamFG* **Vor 271 ff** 1
- Fremdbestimmung *BGB* **1902** 2
- Funktionelle Zuständigkeit *FamFG* **272** 9 ff
  - Abgabe des Verfahrens *FamFG* **273** 4
  - Abschluss Dauerschuldverhältnis *FamFG* **299** 23
  - Abschluss Wohnraummietvertrag *FamFG* **299** 23
  - Absehen von Bekanntgabe Beschlussgründe *FamFG* **288** 3
  - Anhörung der sonstigen Beteiligten *FamFG* **279** 3

- Anordnung Einwilligungsvorbehalt *FamFG* **272** 11
- ärztliche Maßnahmen *FamFG* **298** 4
- ärztliches Zeugnis *FamFG* **281** 4
- Aufhebung *FamFG* **272** 10
- Aufhebung der Betreuung *FamFG* **294** 2
- Aufhebung des Einwilligungsvorbehaltes *FamFG* **294** 2
- Aufsicht des Betreuungsgerichts *FamFG* **299** 27
- Begründung *FamFG* **286** 5
- Bekanntgabe *FamFG* **287** 4, **288** 3
- Beschlusserlass *FamFG* **286** 5
- Beschränkung *FamFG* **272** 10
- besondere Mitteilungen in Betreuungssachen *FamFG* **309** 2
- besonderer Betreuer *FamFG* **272** 10
- Bestellung eines neuen Betreuers *FamFG* **296** 2
- Bestellungsurkunde *FamFG* **290** 3
- Bestimmung der Aufgabenkreise *FamFG* **272** 10
- Betreuerbestellung aufgrund dienstrechtlicher Vorschriften *FamFG* **272** 10
- Betreuerbestellung für Ausländer *FamFG* **272** 10
- betreuungsgerichtliche Zuweisungssachen *FamFG* **341** 2
- eidesstattliche Versicherung *FamFG* **285** 20
- Einführungsgespräch *FamFG* **289** 4
- Einholung Gutachten *FamFG* **280** 5
- Einschränkung der Betreuung *FamFG* **294** 2
- Einschränkung des Einwilligungsvorbehaltes *FamFG* **272** 11, **294** 2
- einstweilige Anordnung *FamFG* **300** 6
- einstweilige Anordnung bei gesteigerter Dringlichkeit *FamFG* **301** 3

Stichwortverzeichnis

- Einwilligungsvorbehalt
  FamFG 272 11
- Entlassung des Betreuers
  FamFG 272 10, 296 2
- Entscheidung über Hinzuziehung
  der Beteiligten *FamFG* 274 11
- Entziehung der Vertretungsmacht
  FamFG 272 10
- Ergänzungsbetreuer
  FamFG 272 10
- erstmalige Ablehnung der Aufhebung *FamFG* 294 2
- Erweiterung *FamFG* 272 10
- Erweiterung der Betreuung
  FamFG 293 2
- Erweiterung des Einwilligungsvorbehaltes *FamFG* 293 2
- Feststellung der Berufsmäßigkeit
  FamFG 272 10
- Gegenbetreuer *FamFG* 272 10
- Genehmigung Einwilligung in
  ärztliche Maßnahme
  FamFG 272 11, 298 4
- Genehmigung Einwilligung in
  Sterilisation *FamFG* 272 11
- Genehmigung Nichteinwilligung
  in ärztliche Maßnahme
  FamFG 272 11, 298 4
- Genehmigung Rechtsgeschäft
  FamFG 299 4
- Gutachten des Medizinischen
  Dienstes der Krankenkassen
  FamFG 282 3
- Herausgabe des Betreuten
  FamFG 272 11, 299 27
- Länderöffnungsklausel
  FamFG 272 15
- mehrere Betreuer
  FamFG 272 10
- Meinungsverschiedenheiten zwischen Betreuern *FamFG* 272 11
- Mitteilungen *FamFG* 272 13
- Mitteilungen Strafverfolgung
  FamFG 311 2
- Mitteilungen Unterbringung
  FamFG 310 2
- Neubestellung *FamFG* 272 10
- persönliche Anhörung des Betroffenen vor Betreuerbestellung
  FamFG 278 4
- Richter auf Probe
  FamFG 272 14
- Statuswechsel *FamFG* 272 10, 296 19
- Sterilisation *FamFG* 297 3
- Überprüfung der Betreuerauswahl *FamFG* 291 4
- Umgangsregelung
  FamFG 272 11
- Unterbringung zur Begutachtung
  FamFG 284 3
- Unterrichtung des Betroffenen
  über Verfahrensverlauf
  FamFG 278 4
- Verfahrensabgabe
  FamFG 272 12, 273 4
- Verfahrenspflegerbestellung
  FamFG 272 12
- Verfahrensübernahme
  FamFG 272 12
- Verlängerung *FamFG* 272 10
- Verlängerung Betreuung
  FamFG 295 2
- Verlängerung einstweilige Anordnung *FamFG* 302 3
- Verlängerung Einwilligungsvorbehalt *FamFG* 295 2
- Verpflichtung *FamFG* 289 4
- Vollmachtsbetreuer
  FamFG 272 10
- Vorführung *FamFG* 272 12
- Vorführung zur Anhörung
  FamFG 278 33
- Vorführung zur Untersuchung
  FamFG 283 4
- vorsorgliche Betreuerbestellung
  für Minderjährigen
  FamFG 272 10
- Zwangsgeld *FamFG* 272 12, 285 11
- Zwangshaft *FamFG* 272 12, 285 15

Fürsorgebedürfnis *FamFG* 272 5
Fürsorgepflicht *BGB* 1896 2

Gebühr *BtBG* 6 18 ff
- Zwangsgeldfestsetzung
  FamFG 285 13
- Zwangshaftfestsetzung
  FamFG 285 17
Gefahr *BGB* 1906 17 f
Gefahrerhöhung *BGB* 1902 38

Gefahr für Leib und Leben
 BGB **1904** 44 f
Gefahr im Verzug
- einstweilige Anordnung
 FamFG **301** 5
- Ermächtigung zum Betreten der Wohnung des Betroffenen
 FamFG **283** 17
Gegenbetreuer *BGB* **1826** 2 ff, **1832** 2 ff, **1899** 2
- Amtsende *BGB* **1895** 1 f
- Aufgabenkreis *BGB* **1901** 5
- Aufsicht *BGB* **1792** 1, 2
- Auskunft *BGB* **1792** 2, 13, **1799** 1, **1891** 3
- Ausschlusstatbestände
 BGB **1792** 7 f
- Betreuungsgericht
 BGB **1792** 9 f
- dringende Geschäfte
 BGB **1792** 2
- Entlassung *BGB* **1792** 2
- erhebliche Vermögensverwaltung
 BGB **1792** 5
- Erweiterung der Betreuung
 FamFG **293** 17
- funktionelle Zuständigkeit
 FamFG **272** 10
- Geldanlage *BGB* **1792** 2
- Genehmigung *BGB* **1810** 2 ff
- Genehmigung von Rechtsgeschäften des Betreuers nach Amtsende *BGB* **1893** 22
- gesetzlicher Vertreter
 BGB **1902** 28
- Meinungsverschiedenheiten
 BGB **1792** 11
- Mitwirkungspflichten
 BGB **1792** 2
- Pflichten *BGB* **1792** 2, **1799** 1
- Rechnungsprüfung
 BGB **1792** 2, **1842** 2 f
- Schadensersatzpflicht
 BGB **1792** 2, 12
- Schlussrechnung *BGB* **1792** 2, **1891** 2
- Tod des Betreuers *BGB* **1792** 2
- Überlassung von Gegenständen
 BGB **1792** 2
- Überwachung *BGB* **1792** 1

- Verfügungen über Forderungen
 BGB **1792** 2
- Vergütung *BGB* **1792** 14
- Vermögensverzeichnis
 BGB **1792** 2, **1802** 17
Gegenstandswert *FamFG* **307** 19
Gegenvormund *BGB* **1792** 1 ff
Gehörsrüge *FamFG* **299** 32
Geistige Behinderung
 BGB **1896** 125
Geld *BGB* **1806** 2 ff, **1813** 5
Geldanlage *FamFG* **299** 24, 26
Gelegenheitsgeschenke
 BGB **1908i** 7
Gelegenheit zur Äußerung
 FamFG **Vor 271 ff** 14, **315** 6 ff
Genehmigung *BGB* **1812** 2 ff, **1814** 2 ff, **1816** 2 ff, **1820** 2 ff, **1821** 2 ff, **1822** 2 ff, **1823** 2 ff, **1824** 2 ff, **1826** 2 ff, **1832** 2 ff, **1906** 4 ff, **1907** 3 ff, **1908** 1 ff
- Abschluss Dauerschuldverhältnis
 FamFG **299** 23
- Abschluss Wohnraummietvertrag
 FamFG **299** 23 ff
- Adressat *BGB* **1828** 5
- ärztliche Maßnahme
 BGB **1904** 6, 67 ff
- ärztliche Maßnahmen
 BGB **1904** 9 ff, 21 ff, 31 ff; *FamFG* **298** 5 ff
- Aufhebung Wohnraummietvertrag *FamFG* **299** 19 ff
- Befreiung *BGB* **1813** 2 ff
- Betreuungsgericht
 BGB **1795** 25, **1803** 12, **1893** 19 ff, **1906** 36 ff
- Betreuungssache *FamFG* **271** 4
- Dauerschuldverhältnis
 FamFG **299** 29 ff
- einseitiges Rechtsgeschäft
 BGB **1831** 2 ff
- Erbschaftsausschlagung
 FamFG **299** 14
- Erklärung *BGB* **1828** 2 ff
- Freiheitsentziehung
 BGB **1906** 4 ff
- für Bevollmächtigte
 BGB **1904** 64, 90
- Gegenbetreuer *BGB* **1810** 2 ff

- Geldanlage *FamFG* 299 26 ff
- Grundstückskaufvertrag *FamFG* 299 14
- Kriterien *BGB* 1828 13 ff
- lebensbeendende Maßnahme *BGB* 1904 60 ff
- Mitteilung *BGB* 1829 3
- Nachholung *BGB* 1904 52, 1906 39
- nachträgliche *BGB* 1829 2 ff
- Nichteinwilligung in ärztliche Maßnahme *FamFG* 287 9 ff, 298 4 ff, 16, 29
- Rechtsgeschäft *FamFG* 299 5 ff, 24
- Rechtskraft *BGB* 1828 5
- Umfang *BGB* 1828 12
- Verfahren *BGB* 1828 26 ff
- Verfügung *FamFG* 299 5 ff, 24, 28 ff
- Versagen *BGB* 1828 14 f
- Wirksamkeit *FamFG* 299 31
- Wohnungskündigung *FamFG* 299 19, 28 ff

Genehmigungspflicht *BGB* 1821 17 ff; *FamFG* 299 3

Genehmigungsvorbehalt *BGB* 1902 10 f, 49 ff, 71, 73; *siehe auch* Genehmigung Betreuungsgericht

Generalverweisung *BGB* 1908i 1

Gerichtliche Auslagen *FamFG* 278 39, 283 22, 284 19

Gerichtlicher Vergleich *FamFG* 299 3

Gerichtsgebühren *siehe* Kosten

Gesamtgut *FamFG* 299 24

Gesamtvertretung *BGB* 1899 13

Geschäft des täglichen Lebens *BGB* 1903 50 ff

Geschäftsfähigkeit
- Antrag auf Aufhebung der Betreuung *BGB* 1896 11
- Beachtlichkeit von Wünschen und Vorstellungen des Betreuten *BGB* 1901 35
- Betreuung *BGB* 1902 13 f
- Beweis des ersten Anscheins *BGB* 1903 3
- des Betreuers *BGB* 1897 5 f
- des Bevollmächtigten *BGB* 1896 37
- Einwilligungsvorbehalt *BGB* 1903 2 ff
- freier Wille *BGB* 1896 132
- Zugang der Vollmachtskündigung *BGB* 1896 35

Geschäftsführer *BGB* 1903 68

Geschäftsführung ohne Auftrag
- Beendigung des Amtes *BGB* 1893 18
- Bestattung *BGB* 1893 52

Geschäftswert *FamFG* 307 18

Gesellschaftervertrag *BGB* 1822 33 ff

Gesellschaftsvertrag *BGB* 1822 11; *FamFG* 299 3

Gesetzlicher Vertreter *FamFG* 279 15

Gesetzliche Vertretungsmacht *siehe* Vertretungsmacht

Gesonderte Kostenentscheidung *FamFG* 307 8

Gesundheitlicher Schaden *BGB* 1904 46 ff, 1906 19 f

Gesundheitsgefahr *FamFG* 278 28 ff

Gesundheitssorge *BGB* 1896 155

Gewaltanwendung *BGB* 1906 102, 110
- Anhörung *FamFG* 319 13
- Unterbringung zur Begutachtung *FamFG* 284 15, 322 7 ff
- Vorführung des Betroffenen zur Anhörung *FamFG* 278 35, 283 12
- Vorführung zur Untersuchung *FamFG* 322 3 ff
- Zuführung zur Unterbringung *FamFG* 326 4

Gewaltsame Öffnung der Wohnung des Betroffenen *FamFG* 283 28

Gewerbe *BGB* 1822 13

Gewerbesteuer *VBVG* 4 46

Gewöhnlicher Aufenthalt *BtBG* 3 2; *siehe auch* Aufenthalt
- Verfahrensabgabe *FamFG* 273 6

- Zuständigkeit des Betreuungsgerichts *FamFG* 272 4
- Girokonto *BGB* 1806 2 ff, 1809 2, 1813 7, 10, 1822 16
- Glaubhaftmachung
- des berechtigten Interesses auf Akteneinsicht Dritter *FamFG* 274 39
- einstweilige Verfügung *FamFG* 300 11
- GmbH *BGB* 1822 12
- Grabpflegevertrag *BGB* 1893 57, 1901 32
- Grenzen der Vertretungsmacht *BGB* 1902 43 ff
- Grundpfandrechte *BGB* 1795 17 f, 1821 5; *FamFG* 299 3
- Grundsatz der persönlichen Betreuung *BGB* 1792 4
- Grundsatz der Verhältnismäßigkeit *BGB* 1632 13
- Grundsatz des sichersten Weges *BGB* 1902 19
- Grundschuld *BGB* 1795 18, 1821 7, 16; *FamFG* 299 3
- Grundstück *BGB* 1821 2, 5 ff, 1822 18
- Grundstückskaufvertrag *FamFG* 299 14
- Gutachten *BGB* 1896 12
- Ablehnung des Sachverständigen *FamFG* 280 30
- ärztliche Maßnahme *FamFG* 298 21 f
- Aufhebung Betreuung/Einwilligungsvorbehalt (Ablehnung) *BGB* 1908d 41
- Aufhebung der Betreuung *FamFG* 294 9
- Aufhebung des Einwilligungsvorbehaltes *FamFG* 294 9
- Aufklärungsmangel *FamFG* 280 29
- Bedeutung für Betreuer *FamFG* 280 34
- Bedeutung für Betroffenen *FamFG* 280 28 ff
- Bedeutung für Dritte *FamFG* 280 37 f
- Bedeutung für Sachverständigen *FamFG* 280 38
- Bedeutung für Verfahrensbevollmächtigten *FamFG* 280 36
- Bedeutung für Verfahrenspfleger *FamFG* 280 35
- Bedeutung für Vorsorgebevollmächtigten *FamFG* 280 37 f
- Beschwerde *siehe dort*
- Betreuerbestellung *FamFG* 280 12
- Beweisthema *FamFG* 280 11
- Einschränkung der Betreuung *FamFG* 294 9
- Einschränkung des Einwilligungsvorbehaltes *FamFG* 294 9
- Einwendungen *FamFG* 280 33
- Einwilligung in ärztliche Maßnahme *FamFG* 298 22
- Einwilligungsvorbehalt *BGB* 1903 77
- Ergänzungsgutachten *FamFG* 280 23
- Ermittlungen vor Gutachteneinholung *FamFG* 280 6
- Form der Beauftragung des Sachverständigen *FamFG* 280 11
- Form des Gutachtens *FamFG* 280 15, 24
- funktionelle Zuständigkeit *FamFG* 280 5
- Genehmigung Nichteinwilligung in ärztliche Maßnahme *FamFG* 298 22
- Inhalt *FamFG* 280 19
- inhaltliche Anforderungen *FamFG* 321 8
- kritische Prüfung durch Betreuungsgericht *FamFG* 280 21
- Medizinischer Dienst der Krankenkassen *FamFG* 282 2 ff
- Mindestinhalt *FamFG* 280 19
- Nichteinwilligung in ärztliche Maßnahme *FamFG* 298 22
- Obergutachten *FamFG* 280 23
- persönliche Untersuchung des Betroffenen *FamFG* 280 18, 297 22, 298 27
- Schweigepflicht *FamFG* 280 18, 297 22, 298 27
- Sonderregelungen *FamFG* 280 4

- Sterilisation *FamFG* 297 21
- Strafbarkeit *FamFG* 280 38
- unrichtiges Gutachten *FamFG* 280 38
- Unterbringungsmaßnahmen *FamFG* 321 1 ff
- Unterbringung zur Begutachtung *FamFG* 284 4 ff
- Unverhältnismäßigkeit *FamFG* 281 9
- Verfahren vor dem Sachverständigen *FamFG* 280 18, 297 22, 298 27
- Verlängerung der Betreuung *FamFG* 295 5
- Verlängerung des Einwilligungsvorbehaltes *FamFG* 295 5
- Verzicht auf Begutachtung *FamFG* 281 8
- Vorführung zur Begutachtung siehe dort
- Vorführung zur Untersuchung *FamFG* 322 1 ff
- weitere Gutachten *FamFG* 280 17

Gutachtenverweigerungsrecht *FamFG* 280 7

Gutgläubigkeit bei Amtsende des Betreuers *BGB* 1893 17

Haager Übereinkommen über Erwachsenenschutz *FamFG* 272 23

Haftpflichtversicherung *BGB* 1837 13 ff

Haftung
- der Betreuungsbehörde *BGB* 1900 17
- des Betreuungsvereins *BGB* 1900 20

Haftung des Betreuers *BGB* 1833 1 ff
- Anordnungen und Gebote des Betreuungsgerichts *BGB* 1833 48
- Aufenthaltbestimmung *BGB* 1833 32 ff
- Behördenangelegenheiten *BGB* 1833 44
- Behördenbetreuer *BGB* 1833 61 ff
- Betreuungsbehörde *BGB* 1833 61 ff
- Betreuungsverein *BGB* 1833 64
- Darlegungs- und Beweislast des Betreuers *BGB* 1833 73
- Dokumentation *BGB* 1833 59
- Eigenhaftung *BGB* 1833 2, 1902 40 ff
- Falschauskünfte im Insolvenzverfahren *BGB* 1902 106
- Fortführung der Betreuung trotz Amtsende *BGB* 1893 16
- Gegenbetreuer, Pflichten *BGB* 1833 49
- gesetzliche Pflichten des Betreuers *BGB* 1833 47
- Gesundheitssorge *BGB* 1833 15 ff
- Nichterteilung einer gerichtlichen Genehmigung *BGB* 1893 23
- Pflichten im Innenverhältnis *BGB* 1901 12
- Pflichtverletzung *BGB* 1833 5
- Prozessführung *BGB* 1833 45
- Schaden *BGB* 1833 56
- Teilnahme an klinischen Experimenten *BGB* 1833 28
- Umgangsbestimmung *BGB* 1833 43
- Verjährung *BGB* 1833 57
- Verjährung, Rechtsanwalt *BGB* 1833 69
- Vermögenssorge *BGB* 1833 6 ff
- Verschulden *BGB* 1833 51
- Versicherungsschutz *BGB* 1833 56
- Vollmachtsbetreuer *BGB* 1833 50
- Wohnungsangelegenheiten *BGB* 1833 35 ff
- Zuständigkeit Haftungsprozess *BGB* 1833 72
- Zwangsbehandlung *BGB* 1833 27

Handakten des Betreuers *BGB* 1890 5, 1908c 11

Handlungsfähigkeit *BGB* 1902 76 f

Handwerksbetrieb *BGB* 1822 13

Hauptsacheunabhängigkeit *FamFG* 300 2, 4

Hauptsacheverfahren
FamFG **Vor 271 ff** 23
- Entscheidung über Einleitung
 FamFG **300** 20, 23
- Erzwingung Einleitung
 FamFG **300** 19
- Zuständigkeit *FamFG* **300** 23

Hausarzt *FamFG* **281** 11

Heilbehandlung *BGB* **1904** 36 ff, **1906** 26 ff

Heilversuch *BGB* **1904** 58

Heimangelegenheiten
BGB **1896** 162

Heimvertrag *BGB* **1907** 15 f; *FamFG* **299** 23

Herausgabe des Betreuten
BGB **1632** 1 ff; *FamFG* **299** 27

Herausgabeverpflichtung
- Betreuungsverfügung
 FamFG **285** 6, 19 ff
- Vermögen des Betreuten
 BGB **1890** 2
- Vollmacht *FamFG* **285** 5, 19
- Vollstreckung *FamFG* **285** 8
- Vorsorgevollmacht
 FamFG **285** 4, 22 ff

Hilfe zum Lebensunterhalt
BGB **1836c** 8

Hilfskraft *BGB* **1901** 57

Hinterlegte Papiere
BGB **1814** 2 ff, **1818** 2 ff; *FamFG* **299** 24

Höchstpersönliche Rechtsgeschäfte
- Einwilligungsvorbehalt
 BGB **1903** 39 ff
- Vertretung durch Betreuer
 BGB **1902** 49

Hypothek *BGB* **1807** 5, **1821** 7, 16; *FamFG* **299** 3

Inhaberpapier *BGB* **1814** 2 ff, **1815** 2 ff, **1820** 2 ff, **1822** 17; *FamFG* **299** 24

Inhaberschuldverschreibung
FamFG **299** 3

Inklusivstundensatz *VBVG* **4** 35 ff

In-Sich-Geschäft *BGB* **1795** 7, 8 ff

Interessenkonflikt *BGB* **1795** 13
- Beteiligung eines Sozialhilfeträgers *BGB* **1796** 7
- Entlassung *BGB* **1908b** 48
- erheblicher für Entzug der Vertretungsmacht *BGB* **1796** 1, 5

Internationale Zuständigkeit
FamFG **272** 17 ff, **341** 2

Invasive Eingriffe *FamFG* **280** 28, 31, **283** 8, **284** 5

Jugendamt *BGB* **1857a** 1 ff

Kastration *BGB* **1904** 55; *FamFG* **340** 7

Kernaufgaben des Betreuers
BGB **1901** 58

KG *BGB* **1822** 12

Kirchenaustritt *BGB* **1896** 147

Kommunikation mit dem Betreuten
BGB **1901** 36

Konfliktfall
- ärztliche Maßnahme
 FamFG **298** 6

Konflikt zwischen Wille und Wohl
BGB **1901** 44 ff

Konkludente Einwilligung
FamFG **282** 11

Konkrete Schädigung
BGB **1908b** 41

Konstitutive Bezeichnung
FamFG **286** 19

Kontakt, persönlicher
BGB **1901** 21 ff

Kontinuität der Betreuung
BGB **1908b** 82 f, 113 f

Konto
- Ermittlung vorhandener Konten
 BGB **1802** 6
- getrennte Kontenführung
 BGB **1908b** 17
- Unterrichtungspflicht über Vollmacht *BGB* **1901c** 28

Konto-/Depotvorsorgevollmacht
BGB **1901c** 28

Kontrollbetreuer *BGB* **1896** 68 ff, 76, 185 ff, **1904** 76
- Aufgabenkreis *BGB* **1901** 4
- Bedeutung für Angehörige
 BGB **1896** 192

- Bedeutung für Bevollmächtigten
  BGB **1896** 191
- Bedeutung für das Betreuungsgericht *BGB* **1896** 188 f
- Bedeutung für Gerichte, Behörden *BGB* **1896** 190
- Erweiterung der Betreuung
  FamFG **293** 17
- funktionelle Zuständigkeit
  FamFG **272** 10
- Vertretungsmacht *BGB* **1902** 4
- Zuständigkeit des Rechtspflegers bei Neubestellung
  BGB **1908c** 19

Kontrollfunktion des Betreuungsgerichts *FamFG* **278** 31

Körperliche Behinderung
BGB **1896** 6, 128

Kostbarkeiten *BGB* **1818** 2

Kosten
- Akteneinsicht *FamFG* **274** 8
- ärztliches Attest *FamFG* **281** 15
- Aufhebung oder Änderung von Betreuung und Einwilligungsvorbehalt *BGB* **1908d** 6
- Auslagen *FamFG* **281** 15, **307** 2, 5
- Auslagenfreiheit *FamFG* **307** 4
- Beschwerdeverfahren
  FamFG **303** 91 ff, **307** 17
- betreuungsgerichtliche Zuweisungssachen *FamFG* **340** 9
- Einwilligungsvorbehalt
  BGB **1903** 88
- Entlassung *BGB* **1908b** 164 ff
- Gebühren *FamFG* **307** 2
- gerichtliche Auslagen
  FamFG **278** 39, **283** 22, **284** 19
- Gerichtsgebühren bei Betreuung *FamFG* **307** 4
- gesonderte Kostenentscheidung *FamFG* **307** 8
- Kostenentscheidung
  FamFG **307** 7
- Kostenfestsetzung
  FamFG **307** 7
- Kostenschuldner *FamFG* **307** 2
- notarielle Beglaubigung einer Vollmacht *BGB* **1896** 25 ff
- notarielle Beurkundung einer Vollmacht *BGB* **1896** 24
- Registrierung einer Vollmacht
  BGB **1896** 46
- Verfahrenspfleger
  FamFG **307** 6
- Vorführung des Betroffenen
  FamFG **278** 39, **283** 22, **284** 19
- Zwangsgeldfestsetzung
  FamFG **285** 13
- Zwangshaftfestsetzung
  FamFG **285** 17

Kostenentscheidung
FamFG **286** 22, **307** 8
- Anfechtbarkeit *FamFG* **303** 13, 24, **307** 14
- Bedeutung für Beteiligte
  FamFG **307** 34
- Bedeutung für Dritte
  FamFG **307** 35
- Beschlussformel *FamFG* **307** 11
- zu Lasten Dritter
  FamFG **307** 12

Kosten in Unterbringungssachen
FamFG **337** 1 ff

Krankheitsbilder
BGB **1896** 121 ff, 135, 138
- Alkoholismus *BGB* **1896** 124
- Altersstarrsinn *BGB* **1896** 127
- Demenz *BGB* **1896** 126, 127
- Drogenabhängigkeit
  BGB **1896** 124
- endogene Psychosen
  BGB **1896** 123
- exogene Psychosen
  BGB **1896** 123
- geistige Behinderung
  BGB **1896** 125
- Mangelernährungsfolgen
  BGB **1896** 129
- psychische Krankheiten
  BGB **1896** 123, 124
- seelische Behinderung
  BGB **1896** 126, 127
- Stoffwechselstörungen
  BGB **1896** 129
- Suchtkrankheiten
  BGB **1896** 124

Kredit *BGB* **1822** 16, 53 ff;
FamFG **299** 3

Kreditinstitut *BGB* **1807** 10, **1809** 7

Kündigung *BGB* **1907** 3 ff

Kündigung Mietwohnung
FamFG 299 19 ff, 28

Länderöffnungsklausel
FamFG 272 15

Ländervorbehalt *FamFG* 272 9

Lebensmittelpunkt *FamFG* 272 4

Lebenspartnerschaft
- Begründung und Geschäftsfähigkeit *BGB* 1902 23, 54
- gesetzlicher Ausschluss von der Vertretungsmacht
BGB 1795 13

Lebensversicherungsvertrag
FamFG 299 23

Lehre *BGB* 1822 47; *VBVG* 3 7

Letztwillige Verfügungen
BGB 1896 145

Loyalitätskonflikt und Entzug der Vertretungsmacht
BGB 1796 1 ff

Mangelernährungsfolgen
BGB 1896 129

Maßnahmen des Betreuungsgerichts
BGB 1908b 77 ff

Maßregel *BGB* 1846 4

Mehrere Betreuer *BGB* 1899 1 ff
- Abgabe des Verfahrens
FamFG 273 2
- Entlassung *BGB* 1908b 52 ff
- funktionelle Zuständigkeit
FamFG 272 10
- Gegenbetreuer *BGB* 1899 2
- Kombination von Betreuertypen
BGB 1899 3
- Mitbetreuer *BGB* 1899 1, 3–14
- Sterilisationsbetreuer
BGB 1899 1, 14 ff
- Verhinderungsbetreuer
BGB 1899 1, 17 ff

Meinungsverschiedenheiten
- Gegenbetreuung *BGB* 1792 11
- Mitbetreuer *BGB* 1798 1
- unter Mitbetreuern
BGB 1797 1 ff
- zwischen Betreuern
FamFG 272 11

Meldebehörde
- Mitteilung über Betreuerwechsel
BGB 1908c 25
- Mitteilung über Einwilligungsvorbehalt *BGB* 1903 80, 1908c 25

Mietvertrag *BGB* 1822 46, 1907 3 ff

Milieuanhörung *FamFG* 278 13

Minderjährige
- als Betreuer *BGB* 1897 6
- Anhörung des gesetzlichen Vertreters *FamFG* 279 15
- Bestellung eines Betreuers
BGB 1908a 2
- funktionelle Zuständigkeit
FamFG 272 10

Missbrauch der Vertretungsmacht
- Vollmacht an Dritte (Delegation von Aufgaben) *BGB* 1901 59
- Wirksamkeit von Rechtsgeschäften *BGB* 1902 45 f

Mitbetreuer *BGB* 1899 1, 3 ff
- Austauschentlassung
BGB 1908b 123 f
- Beschwerderecht *BGB* 1899 13
- betreuungsgerichtliche Genehmigungen *BGB* 1899 13
- Differenzierung nach Aufgabenkreisen *BGB* 1899 3
- Eltern eines behinderten Kindes
BGB 1899 6-8
- Entlassung *BGB* 1908b 52 ff
- Gefahrensituationen
BGB 1899 13
- gemeinsame Willenserklärungen
BGB 1899 13
- Gesamtbetreuung *BGB* 1899 3, 12–14
- Haftung als Gesamtschuldner
BGB 1899 13
- Interessenkonflikte
BGB 1899 9 f
- Meinungsverschiedenheiten
BGB 1899 12
- Notwendigkeit besonderer Kenntnisse *BGB* 1899 11
- Teilentlassung
BGB 1908b 84 ff
- Zugang von Willenserklärungen
BGB 1899 13

- Zustellungen *BGB* **1899** 13
Mitteilung
- an das Betreuungsgericht
BtBG **7** 1
- Art und Weise *BtBG* **7** 8
- Betreuungssachen
FamFG **308** 3 ff
- Dokumentation *BtBG* **7** 10
- Eilgericht *FamFG* **272** 8
- Ermittlungsergebnisse
FamFG **308** 13
- geänderte Umstände
FamFG **273** 16
- Haftung *BtBG* **7** 5
- Meldebehörde *FamFG* **309** 7 ff
- Recht der BtB *BtBG* **7** 3
- Strafverfolgung *FamFG* **311** 2
- Unterbringung *FamFG* **310** 5
- Wählerverzeichnis
FamFG **309** 3 ff
- Zweckbindung *FamFG* **308** 7
- zwingende *FamFG* **308** 5
Mitteilungsbefugnis der Betreuungsbehörde *BGB* **1894** 3
Mitteilungsempfänger bei Gefahr
FamFG **308** 6
Mitteilungspflicht *VBVG* **10** 3 ff
- Anordnung eines Einwilligungsvorbehaltes *BGB* **1901** 101
- Ausschluss oder Entzug der Vertretungsmacht *BGB* **1795** 6, **1901** 106 ff
- Berufsbetreuer bei Wechsel zu ehrenamtlichem Betreuer
BGB **1908b** 66
- Bestellung eines weiteren Betreuers *BGB* **1901** 101
- Betreuerwechsel
BGB **1901** 106
- einstweilige Anordnung Aufenthaltsbestimmung
FamFG **300** 25
- Einwilligungsvorbehalt
BGB **1903** 73
- Erweiterung der Betreuung
BGB **1901** 101, 105
- Gefahrenabwehr *siehe dort*
- Meldebehörde *siehe dort*
- Mitteilungspflichten Meldebehörde *siehe dort*

- öffentlich-rechtliche
BGB **1901** 112
- Umfang der Betreuung
BGB **1901** 101 ff
- Umfang eines Einwilligungsvorbehaltes *BGB* **1901** 101, 104
- Unterbringung *siehe dort*
- Verstoß als Entlassungsgrund
BGB **1908b** 19
- Wählerverzeichnis
BGB **1908d** 59; *FamFG* **309** 4
Mittellosigkeit
- des Betreuten *BGB* **1835** 31, **1835a** 14 ff, **1836d** 1 ff; *VBVG* **1** 17
- des Nachlasses *BGB* **1893** 34
Mitwirkungshandlungen
FamFG **283** 8, **284** 5
Mitwirkungspflicht
FamFG **280** 31
Mündliche Bekanntgabe
FamFG **288** 7
Mussbeteiligte *FamFG* **274** 12 ff
Mutmaßlicher Wille
FamFG **298** 12

Nachberichtspflicht
FamFG **308** 18, **309** 6
Nachfolgebetreuer
- Auswahl *BGB* **1908c** 5 f
- Entlassung *BGB* **1908b** 7
Nachholung
- der unterbliebenen Anhörung Beteiligter *FamFG* **279** 10
- von Verfahrenhandlungen
FamFG **301** 9
Nachqualifizierung *VBVG* **11** 1 ff
Nahestehende Person
FamFG **279** 13
Namensänderung *FamFG* **340** 7 f
Nebenpflichten des Betreuers
BGB **1901** 18 ff
Negativattest *FamFG* **299** 18
- ärztliche Maßnahme
FamFG **298** 6
Neubestellung eines Betreuers
BGB **1908b** 152
- bei dessen Tod *BGB* **1908c** 17
- Beschwerdebefugnis
BGB **1908c** 28

1163

- funktionelle Zuständigkeit
  FamFG 272 10
- nach Entlassung *BGB* 1908c 2, 18
- nach Tod des Betreuers
  BGB 1908c 2

Nichtbeachten der Wünsche des Betreuten *BGB* 1901 52 f

Nichtbekanntmachungsentscheidung *FamFG* 288 10

Nichtdeutscher *FamFG* 272 18

Nichteinwilligung in ärztliche Maßnahme *FamFG* 272 11, 287 9, 298 5 ff

- Gutachten *FamFG* 298 22

Nichtöffentlichkeit
  FamFG **Vor** 271 ff 14
- Anhörung *FamFG* 278 15, 297 7
- persönliche Anhörung
  FamFG 278 6

Nießbrauch *BGB* 1821 7;
  FamFG 299 3

Notar *BGB* 1901c 34

Notgeschäftsführung
  BGB 1893 28

Obdachlosigkeit *FamFG* 272 5

Obergutachten *FamFG* 280 23

Obliegenheiten in Versicherungsverhältnissen *BGB* 1902 38

Öffnen der Wohnung des Betroffenen *FamFG* 283 14 f

Optionsbeteiligte *FamFG* 274 4, 21 ff

Ordnungsvorschriften
  BGB 1908b 20 ff

Organspende *BGB* 1896 147, 1902 70

Örtliche Zuständigkeit
  FamFG 272 2
- Abgabe *siehe* Abgabe des Verfahrens
- Amtsgericht Schöneberg
  FamFG 272 6
- Auffangzuständigkeit
  FamFG 272 6
- betreuungsgerichtliche Zuweisungssachen *FamFG* 341 1
- Eilzuständigkeit *FamFG* 272 8

- einstweilige Anordnung
  FamFG 300 6
- Ersatzzuständigkeit
  FamFG 272 5
- Fürsorgebedürfnis
  FamFG 272 5
- Gericht der Betreuerbestellung
  FamFG 272 3
- gewöhnlicher Aufenthalt
  FamFG 272 4
- im Ausland lebende Deutsche
  FamFG 272 6
- mehrere Staatsangehörigkeiten
  FamFG 272 6
- Obdachlosigkeit *FamFG* 272 5
- schlichter Aufenthalt
  FamFG 272 5
- Zeitpunkt der Zuständigkeitsbestimmung *FamFG* 272 7

Pachtvertrag *BGB* 1822 13, 44 ff;
  FamFG 299 3

Patientenverfügung
  BGB 1896 146, 1904 31 f, 68 ff;
  FamFG 298 10 ff, 11
- Ablieferungspflicht
  BGB 1901c 7
- Angaben zu Ort und Zeit der Errichtung *BGB* 1901a 11 f
- ärztliche Basisversorgung
  BGB 1901a 34
- ärztliche Maßnahme
  FamFG 298 10
- Aufgaben für Betreuer
  BGB 1901a 43 f
- Bedeutung für Betreuer
  BGB 1901a 3 ff
- Definition *BGB* 1901a 7
- dialogischer Prozess
  BGB 1901b 1
- Dokumentation des Arztgesprächs *BGB* 1901b 7 f
- eigene Willenserklärung des Betreuten *BGB* 1901a 51
- Einwilligungsfähigkeit
  BGB 1901a 16 ff
- Entlassung des Betreuers
  BGB 1908b 16
- Ermittlung *FamFG* 298 11
- Fehlen einer Verfügung
  BGB 1901a 45 ff;
  FamFG 298 12

- Feststellung des Patientenwillens *BGB* **1901b** 3 ff
- Formvorschrift *BGB* **1901a** 8 ff
- Gleichstellung mit aktuellem Willen *BGB* **1901a** 40
- höchstpersönliche Errichtung *BGB* **1901a** 26 f
- Inhalt *BGB* **1901a** 28 ff
- Nichteinwilligung ärztliche Maßnahme *FamFG* **298** 11
- Notwendigkeit ärztlicher Aufklärung *BGB* **1901a** 18 ff
- psychiatrisches Testament *BGB* **1901a** 55
- Reichweitenbeschränkung *BGB* **1901a** 52 Ff
- Stärkung der Patientenautonomie *BGB* **1901a** 6
- Unwirksamkeit *FamFG* **298** 12
- Volljährigkeit des Errichtenden *BGB* **1901a** 13 f
- Widerrufbarkeit *BGB* **1901a** 36 ff
- Wirkung *BGB* **1901a** 39 ff
- zeitliche Begrenzung *BGB* **1901a** 32
- zwangsweise Errichtung *BGB* **1901a** 56 ff

Patientenwillen *BGB* **1901b** 3 ff

Pauschalvergütung
- Einfluss auf Pflichtenstellung des Betreuers *BGB* **1901** 13, 21, 50
- Fortführung der Betreuergeschäfte über Amtsende hinaus *BGB* **1893** 27

Personensorge *BGB* **1632** 1 ff

Persönliche Anhörung
- Absehen *FamFG* **278** 27 ff, **300** 15
- Begründung des Absehens *FamFG* **278** 30
- bei Entlassung des Betreuers *BGB* **1908b** 144 ff
- bei Widerspruch/Einverständnis mit Neubestellung *BGB* **1908c** 23
- Beschwerdeverfahren *FamFG* **303** 78 ff
- Bestellung eines neuen Betreuers *siehe dort*
- Bestellung eines weiteren Betreuers *siehe dort*
- des Betreuten *FamFG* **294** 8
- des Betroffenen *FamFG* **278** 4 ff
- Dezernatswechsel *FamFG* **278** 4
- Dokumentation *FamFG* **278** 4, 40
- durch Referendar *FamFG* **278** 4
- einstweilige Anordnung *FamFG* **300** 14; *siehe auch dort*
- Erzwingung *FamFG* **300** 16
- Genehmigung ärztlicher Maßnahmen *siehe dort*
- Genehmigung lebensbeendender Maßnahmen *siehe dort*
- Genehmigung Nichteinwilligung in ärztliche Maßnahme *FamFG* **298** 14
- Genehmigung Sterilisation *BGB* **1905** 21 ff
- Genehmigung Verfügung *siehe dort*
- Hinweis auf Registrierungsmöglichkeit *FamFG* **278** 8
- Inhalt *FamFG* **278** 7
- Unterbringung zur Begutachtung *FamFG* **284** 3 ff
- Verhältnismäßigkeit der Vorführung des Betroffenen *FamFG* **278** 34 ff
- Verlängerung der Betreuung *FamFG* **295** 4
- Verlängerung des Einwilligungsvorbehaltes *FamFG* **295** 4
- Vorbereitung des Rechtshilfeersuchens *FamFG* **278** 22
- Vorführung des Betroffenen *FamFG* **278** 32 ff, **283** 9, 11
- Wiederholung *FamFG* **278** 4

Persönliche Betreuung **Einl.** 9
- Delegation von Aufgaben *BGB* **1901** 56 ff
- Grundsatz *BGB* **1901** 6 ff
- persönlicher Kontakt *BGB* **1901** 24 ff
- Übertragung von Entscheidungskompetenzen *BGB* **1901** 60 ff

- Urlaubsvertretung
  BGB 1901 59
Persönlicher Eindruck
- Dokumentation FamFG 278 40
- Gesundheitsgefahr
  FamFG 278 31
- Inaugenscheinnahme
  FamFG 278 13
- Kontrollfunktion des Betreuungsgerichts FamFG 278 13
- Sterilisation FamFG 297 12
- übliche Umgebung
  FamFG 278 13
- Unterbringung zur Begutachtung
  FamFG 284 9
- vor Betreuerbestellung
  FamFG 278 13
Persönliche Untersuchung des Betroffenen FamFG 280 18, 298 27
Pfandbrief BGB 1807 8
Pflegegutachten FamFG 299 20
Pflegschaft FamFG 340 3
Pflichtwidrigkeit BGB 1833 5, 1837 8, 1908b 20 ff
Polizei FamFG 283 15
Post BGB 1896 166 ff
Potentieller Betreuer
  FamFG 274 16, 279 4
Praxis, freiberufliche
  BGB 1822 13
Proberichter FamFG Vor 271 ff 3, 272 14
Prokura BGB 1822 19, 66 f;
  FamFG 299 3
Prozessfähigkeit BGB 1795 26, 1902 25 f, 89 ff
Prozessvergleich FamFG 299 3
Prozessvertretung BGB 1902 93 ff
Psychische Krankheiten
  BGB 1896 123, 124
Psychologisches Gutachten
  FamFG 297 21

Qualifikation des Sachverständigen
  FamFG 280 9
- Einwilligung in ärztliche Maßnahme FamFG 298 25
- Nichteinwilligung in ärztliche Maßnahme FamFG 298 25
- Sterilisation FamFG 297 23
- Unterbringung zur Begutachtung
  FamFG 284 6
Qualifikation des zeugnisausstellenden Arztes FamFG 281 11
Qualifizierter Einwilligungsvorbehalt BGB 1903 47
Querschnittsaufgaben
  BGB 1908f 5
Querulanz BGB 1903 32

Reallast BGB 1821 7;
  FamFG 299 3
Rechnungslegung BGB 1890 2 ff
- Abrechnungsfehler
  BGB 1843 5
- Abrechnung von Gelder bei Heimen, Pflegekräften etc.
  BGB 1843 6
- Amtshaftung BGB 1843 4, 10
- befreite Betreuer BGB 1840 12
- Belege BGB 1841 3 f
- Durchsetzung BGB 1840 2
- Erwerbsgeschäft BGB 1841 7
- Hilfe durch Sachverständigen
  BGB 1841 8
- Inhalt BGB 1841 2 ff
- Prüfbescheid BGB 1843 11 f
- Prüfung durch Betreuungsgericht
  BGB 1843 2 ff, 1892 2 ff
- Verstoß als Entlassungsgrund
  BGB 1908b 20 ff
- Zeitraum BGB 1840 10 f
Recht auf Akteneinsicht
- der Beteiligten FamFG 274 6 ff
- Dritter FamFG 274 38
- Justizbehörden FamFG 274 41
- Kosten FamFG 274 8
Rechtlicher Vorteil BGB 1903 44
- Ausnahme vom Verbot des Selbstkontrahierens
  BGB 1795 11, 13
- Einwilligungsvorbehalt
  BGB 1903 44 f
Rechtsanwalt
- Befugnis zur gerichtlichen Vertretung BGB 1795 12
- Beiordnung FamFG 307 26
- Betreuer BGB 1795 12

Rechtsbeschwerde
  FamFG **168** 37 ff
– Betreuungssachen
  FamFG **303** 96 ff
– Form und Frist
  FamFG **303** 102
– Unterbringungssachen
  FamFG **335** 31 f
Rechtsdienstleistungsgesetz
  FamFG **274** 17
Rechtsfürsorge *BGB* **1901** 14 ff, 17, 19
Rechtshilfe
– Anhörung *siehe dort*
– Entlassung des Betreuers
  FamFG **296** 6; *siehe dort*
– im Ausland *FamFG* **278** 26 ff
– persönliche Anhörung des Betroffenen *FamFG* **278** 24
– Schlussgespräch
  FamFG **Vor 271 ff** 4
– Sterilisation *FamFG* **297** 19
– Verweigerung *FamFG* **278** 23
Rechtskraftlösung
  FamFG **299** 11, 31
Rechtskraftzeugnis
  FamFG **299** 31
Rechtsmittel
– Aufhebung einer Betreuung, Erweiterung des Aufgabenkreises
  BGB **1908d** 45
– Aufhebung eines Einwilligungsvorbehaltes, Erweiterung des Kreises der einwilligungsbedürftigen Willenserklärungen
  BGB **1908d** 55 ff
– Einwilligungsvorbehalt
  BGB **1903** 83 ff
– Entlassung *BGB* **1908b** 153 ff
– Erweiterung der Betreuung oder des Einwilligungsvorbehalts
  BGB **1908d** 50 ff
– Neubestellung *BGB* **1908c** 27
– Rechtsmittelverzicht
  FamFG **299** 31
Rechtsmittelbelehrung
  FamFG **286** 31
– Beschlussinhalt *siehe dort*
– einstweilige Anordnung
  FamFG **300** 19

– Folgen fehlender oder falscher Rechtsmittelbelehrung in Betreuungsverfahren *FamFG* **303** 65
Rechtspfleger *FamFG* **303** 3, 8
Rechtsrat des Betreuungsgerichts
  BGB **1837** 20, **1908i** 9
Rechtsscheinwirkung
– Bestellungsurkunde
  FamFG **290** 8
Rechtsstreitigkeiten
  BGB **1795** 19 ff
Referendar *FamFG* **278** 4
Reformatio in peius
– Betreuungssachen
  FamFG **303** 89
Regelbedarfsstufe 1
  BGB **1836c** 11
Registrierung *BtBG* **6** 25 f
Regress
– gegen den Betreuten
  BGB **1836e** 1 ff;
  FamFG **168** 22 ff
– gegen den Erben
  BGB **1836e** 16 ff;
  FamFG **168** 27
Rehabilitation *BGB* **1901** 67 ff;
  Einl. 7, 20
Religionsdiener *BGB* **1784** 6, **1897** 7
Religionswechsel *BGB* **1896** 147
Rentenschuld *BGB* **1821** 7, **1816**;
  FamFG **299** 3
Rentensparvertrag *FamFG* **299** 23
Richter auf Probe
  FamFG **Vor 271 ff** 3, **272** 14
Rubrum *FamFG* **286** 6
Rückgabe Bestellungsurkunde
  FamFG **294** 14

Sachaufklärungspflicht *BtBG* **8** 3 f
  ; *FamFG* **Vor 271 ff** 12, **273** 8
– Entlassung des Betreuers
  FamFG **296** 4
– Ermittlung der Vertrauensperson
  FamFG **278** 16
– Person und Anschrift der Optionsbeteiligten *FamFG* **274** 25
– Wirksamkeit der Vollmachtserteilung *FamFG* **274** 17

Sachverständigenqualifikation
- Einwilligung in ärztliche Maßnahme *FamFG* 298 25
- Nichteinwilligung in ärztliche Maßnahme *FamFG* 298 25
- Sterilisation *FamFG* 297 23

Sachverständiger *FamFG* 280 7 ff
Sammelkonto *BGB* 1805 3, 5
Schadensersatz *BGB* 1787 2-5
Scheidung *BGB* 1902 96 f
Schenkung *BGB* 1821 14, 1822 11 f
- Ausnahme vom Verbot des Selbstkontrahierens *BGB* 1795 11
- Vermögensverwaltung und Anordnung *BGB* 1803
- Vertretungsmacht *BGB* 1902 48

Schenkungsverbot *BGB* 1908i 7
Schiffe *BGB* 1821 11; *FamFG* 299 3
Schlichter Aufenthalt *FamFG* 272 5
Schlussbericht *BGB* 1892 3
Schlussgespräch *FamFG* Vor 271 ff 4
Schlussrechnung *BGB* 1892 2, 3
- Amtsende *BGB* 1839 6
- gerichtliche Durchsetzung *BGB* 1839 12

Schonvermögen *BGB* 1836c 18 ff
Schriftliche Bekanntgabe *FamFG* 288 6
Schriftsatz *FamFG* 288 8
Schriftstück siehe auch Betreuungsverfügung, Vorsorgevollmacht
- Begriff *BGB* 1901c 8 ff

Schuldenbereinigungsplan *BGB* 1902 105
Schuldentilgung *BGB* 1901 32
Schuldübernahme *BGB* 1822 18; *FamFG* 299 3
Schuldverschreibung *BGB* 1822 58

Schutz des Patienten
- Amtsermittlung auf Anregung Dritter *BGB* 1904 14 ff
- Fernwirkung des Strafrechts *BGB* 1904 17
- Vier-Augen-Prinzip *BGB* 1904 13

Schwangerschaftsabbruch *BGB* 1896 130a–c, 148 ff
- Einwilligung des Betreuers *BGB* 1904 43

Schweigepflicht *FamFG* 280 18, 281 12, 297 22, 298 27
Seelische Behinderung *BGB* 1896 126, 127
Selbstbestimmung **Einl. 8**
- Betreuungsverfügung *BGB* 1897 33
- freier Wille *BGB* 1896 130 ff
- Vollmacht *BGB* 1896 15, 187
- Willensvorrang bei der Betreuerauswahl *BGB* 1897 1, 28–41

Selbstbestimmungsrecht *BGB* 1901 30, 1904 4
- Patientenverfügung *BGB* 1901a 6

Selbstgefährdung *BGB* 1906 14
- Suchterkrankung *BGB* 1906 16

Selbstschädigendes Verhalten des Betreuten *BGB* 1901 47 f
Selbsttötung *BGB* 1906 18
Sexualpädagogisches Gutachten *FamFG* 297 21
Sicherheiten *BGB* 1822 21; *FamFG* 299 3
Sicherungsverfahren *BGB* 1902 109
Sofortige Beschwerde
- Ablehnung Hinzuziehung Optionsbeteiligter *FamFG* 274 36
- gegen Nebenentscheidungen und Zwischenentscheidungen des Betreuungsgerichts *FamFG* 303 4 ff

Sofortige Wirksamkeit *FamFG* 287 6, 300 28
Sonderpädagogisches Gutachten *FamFG* 297 21

Sonstige Beteiligte
- ärztliche Maßnahme
  FamFG 298 16, 18
- Genehmigung Dritter
  FamFG 299 10
- Genehmigung Einwilligung in ärztliche Maßnahme
  FamFG 298 16
- Sterilisation *FamFG* 297 16, 17

Sonstige Hilfen *BGB* 1901 26 ff
Sonstiger wichtiger Grund
  BGB 1908b 44 ff
Sorgeerklärung *BGB* 1902 62
Sozialbericht
  FamFG **Vor** 271 ff 13
Soziale Hilfen *Einl.* 19
Soziales Gutachten
  FamFG 297 21
Sozialhilfeträger
- Ersatz der Beerdigungskosten
  BGB 1893 56

Sozialverwaltungsverfahren
  BGB 1902 76 ff
Spannungen zwischen Betreuer und Betreutem *BGB* 1908b 34
Sparbuch *BGB* 1809 5
Sparkasse *BGB* 1807 9 f
Sparzwang *BGB* 1903 36
Sperrabrede *BGB* 1814 4
Sperrvermerk *BGB* 1809 2 ff, 1815 2 ff, 1816 2 ff
Staatenloser *FamFG* 272 18
Staatsangehörigkeit *BGB* 1898 1; *FamFG* 272 6
Staatskasse *BGB* 1897 67
- Anspruch auf Vergütung und Aufwendungsersatz nach Fortführung der Betreuung
  BGB 1893 26
- Beschwerderecht *siehe dort*
- Ersatz der Beerdigungskosten
  BGB 1893 55

Statthaftigkeit
- Beschwerde in Betreuungssachen
  FamFG 303 19 ff
- Beschwerde in Unterbringungssachen *FamFG* 335 3
- Rechtsbeschwerde in Betreuungssachen *FamFG* 303 97 ff
- Rechtsbeschwerde in Unterbringungssachen *FamFG* 303 22 f

Statusfestlegung *FamFG* 286 32
Statuswechsel *FamFG* 296 19 f
- Beschwerde *siehe dort*
- funktionelle Zuständigkeit
  FamFG 272 10

Sterilisation *BGB* 1896 166, 1904 54, 1905 1 ff
- Anhörung *FamFG* 297 8 ff
- Antrag *FamFG* 297 2
- Aufgabenkreis des Sterilisationsbetreuers *BGB* 1905 5
- Bedeutung für Betroffenen
  FamFG 297 29
- Bedeutung für Sterilisationsbetreuer *FamFG* 297 30
- Bedeutung für Verfahrensbevollmächtigten *FamFG* 297 33
- Bedeutung für Verfahrenspfleger
  FamFG 297 32
- Bekanntgabe der Genehmigung
  FamFG 297 26
- Bekanntgabe der gerichtlichen Entscheidung *BGB* 1905 8
- Beschluss *FamFG* 297 27
- Beschwerdeinstanz, Verfahrenshandlungen *BGB* 1905 9
- Bestellung eines Sterilisationsbetreuers *BGB* 1905 4
- Einwilligungsunfähigkeit
  BGB 1905 11 f; *FamFG* 297 21
- Entzug der elterlichen Sorge
  BGB 1905 19
- funktionelle Zuständigkeit
  FamFG 272 11, 297 3
- Genehmigung *BGB* 1905 21 f
- Gesundheitsgefahr
  BGB 1905 17, 19
- Gutachten *BGB* 1905 3; *FamFG* 297 21
- Minderjähriger *BGB* 1905 1
- Notlage *BGB* 1905 17
- persönlicher Eindruck
  FamFG 297 12
- Rechtshilfe *FamFG* 297 19
- Richtervorbehalt *BGB* 1905 2
- Schwangerschaftserwartung
  BGB 1905 15 f
- Überprüfungsfrist des Gerichts
  BGB 1905 7

- Unterrichtung des Betroffenen
  FamFG 297 13
- Verfahrenspfleger
  BGB 1905 25 ff; *FamFG* 297 20
- Verfahrensschritte des Gerichts
  BGB 1905 2
- Vorführung des Betroffenen zur persönlichen Anhörung
  FamFG 297 11
- Vorführung zur Untersuchung
  FamFG 283 3, 297 22
- Vorrang anderer Verhütungsmittel *BGB* 1905 20
- Widerspruch *BGB* 1905 13; *FamFG* 297 24
- Wirksamkeit *FamFG* 297 25, 31
- Zwangssterilisation *BGB* 1905 13

Sterilisationsbetreuer
BGB 1899 1, 14 ff, 1900 1; *FamFG* 297 4
- Überprüfungszeitpunkt *FamFG* 297 5
- Vergütung *VBVG* 6 6 ff

Stille Gesellschaft *BGB* 1822 12

Stoffwechselstörungen *BGB* 1896 129

Strafbarkeit *FamFG* 281 12

Strafverfahren *BGB* 1902 109

Streitigkeiten zwischen Betreuern *FamFG* 271 4

Strengbeweisverfahren *siehe* Beweisverfahren

Studium *VBVG* 3 7, 4 24 ff

Stufenklage *BGB* 1839 6

Stundensätze *VBVG* 3 6, 4 8 ff
- Erhöhung *VBVG* 3 10 ff, 4 14 ff
- Inklusivstundensatz *VBVG* 4 35 ff
- Staffelung *VBVG* 3 6 ff, 4 8 ff

Subsidiarität **Einl.** 7; *BGB* 1896 1, 2, 15, 111, 138

Suchtkrankheiten *BGB* 1896 124

Teilanfechtung
- Abgrenzung Beschwerde gegen Betreuerbestellung und Ablehnung Betreuerwechsel
  BGB 1908b 125 ff
- Zulässigkeit im Beschwerdeverfahren *FamFG* 303 23 ff

Teilentlassung
- Anfechtbarkeit *FamFG* 293 21
- des Betreuers *FamFG* 293 18
- Entziehung eines Aufgabenkreises *BGB* 1908b 84

Testament *BGB* 1896 145, 1901c 14

Testierfähigkeit *BGB* 1902 24

Therapieunterbringungsgesetz *FamFG* 335 2

Tod des Betreuers *BGB* 1908c 4

Tod des Betreuten
- Benachrichtigung *BGB* 1893 29
- Notgeschäftsführung für die Erben *BGB* 1893 10, 28 ff

Totenfürsorge *BGB* 1893 42 ff
- Berechtigung *BGB* 1893 42 ff, 47 ff
- Erbe *BGB* 1893 43
- Ersatzanspruch des Betreuers *BGB* 1893 51 ff
- Inanspruchnahme des Betreuers *BGB* 1893 47 ff
- Landesgesetze *BGB* 1893 46
- nahe Angehörige *BGB* 1893 46
- Wille des Verstorbenen *BGB* 1893 44

Transplantation *BGB* 1904 59

Transplantationsgesetz (TPG) *BGB* 1902 70

Typischer Aufgabenkreis *BGB* 1896 154 ff

Übergabe an Geschäftsstelle *FamFG* 286 29

Übergangsregelung *FamFG* **Vor** 271 ff 9

Übergehen der Wünsche des Betreuten
- Entlassungsgrund *BGB* 1908b 16
- Überwachung durch Betreuungsgericht *BGB* 1901 54 f

Überlastung des Berufsbetreuers *BGB* 1908b 37

Überlastung des ehrenamtlichen Betreuers *BGB* **1908b** 38
Übermittlung
- Ermittlungsergebnisse *FamFG* **278** 11
- Gutachten des MDK *FamFG* **282** 8

Übernahmebereite Person *BGB* **1908b** 104; *FamFG* **272** 21
Übernahme des Verfahrens *FamFG* **273** 11 f
Übernahmeersuchen bei internationaler Zuständigkeit *FamFG* **272** 22
Übernahmepflicht des Betreueramtes *BGB* **1898** 2 ff
Überprüfung
- Aufhebung der Betreuung *FamFG* **294** 19
- Aufhebung des Einwilligungsvorbehaltes *FamFG* **294** 19
- Betreuerauswahl *FamFG* **291** 2 ff
- Verlängerung der Betreuung *FamFG* **294** 19, **295** 3, 8
- Verlängerung des Einwilligungsvorbehaltes *FamFG* **294** 19, **295** 3, 8

Überprüfungsfrist *FamFG* **294** 20
Überprüfungszeitpunkt *FamFG* **295** 3, 8
- Aufhebung der Betreuung *BGB* **1908d** 11 f
- Aufhebung des Einwilligungsvorbehaltes *BGB* **1908d** 36
- Bestimmung *FamFG* **286** 21
- Bezeichnung *FamFG* **286** 21
- Fehlen *FamFG* **286** 21
- Neufestsetzung bei Neubestellung *BGB* **1908c** 2 f
- Sterilisationsbetreuer *FamFG* **297** 5
- zeitlich befristete Betreuung *BGB* **1908d** 13 f

Übertragung Grundstückeigentum *FamFG* **299** 3
Umgangsregelungen *BGB* **1632** 3 ff, **1896** 165; *FamFG* **272** 11

Umsatzsteuer *BGB* **1835** 12; *VBVG* **4** 44 ff
Umwandlung berufsmäßige Betreuung *FamFG* **296** 20
Umwandlungsbeschluss *BGB* **1908b** 130 ff
Unaufschiebbares Geschäft *BGB* **1893** 31 ff
Unerfahrener ehrenamtlicher Betreuer *FamFG* **289** 5
Ungeeignetheit der Unterbringung *FamFG* **284** 14
Unkenntnis (fahrlässige) von der Beendigung der Betreuung oder des Amtes *BGB* **1893** 3
Unmittelbarer Eindruck *siehe* Anhörung
Unmittelbarer Zwang
- Unterbringung zur Begutachtung *FamFG* **284** 15
- Vorführung des Betroffenen zur Anhörung *FamFG* **278** 35, **283** 12

Untätigkeitsbeschwerde *FamFG* **294** 21
Unterbringung *BGB* **1897** 11, **1906** 4 ff
- Beendigung *BGB* **1906** 40 ff, 113
- Kosten *FamFG* **337** 1 ff
- Mitteilung während Unterbringung *FamFG* **310** 2
- Notwendigkeit *BG* **1906** 29
- Verhältnismäßigkeit *BGB* **1906** 21 ff, 24, 35
- zur Vorbereitung eines Gutachtens *FamFG* **284** 3 ff, **322** 1 ff
- Zwangsbehandlung *BGB* **1906** 6, 25; *FamFG* **284** 1

Unterbringungsähnliche Maßnahme *BGB* **1906** 46 ff
- Anwendung bei Unterbringung *BGB* **1906** 70
- Aufenthalt im Heim oder Anstalt *BGB* **1906** 66 ff
- Dauer und Häufigkeit *BGB* **1906** 63 ff
- Freiheitsentzug *BGB* **1906** 58 ff
- Mittel zum Freiheitsentzug *BGB* **1906** 62

- Zulässigkeit *BGB* 1906 71 ff
Unterbringungsmaßnahmen
FamFG 312 1 ff
- Abgabe des Verfahrens
FamFG 314 1 f
- Anforderungen an Gutachten
FamFG 321 3 f
- Anhörung *FamFG* 319 1 ff
- Antrag gegen Vollzugsmaßnahmen *FamFG* 327 1 ff
- ärztliches Zeugnis
FamFG 321 11
- Aufhebung *FamFG* 330 1 f
- Auflagen *FamFG* 328 3
- Aussetzung der Vollziehung von Unterbringungsmaßnahmen
FamFG 328 1 ff
- Auswahl des Sachverständigen
FamFG 321 3
- bei vorläufigen Maßnahmen
FamFG 334 1
- Bekanntmachung von Entscheidungen *FamFG* 325 1 ff
- Beschluss *FamFG* 323 1 ff, 325 1 ff
- Beteiligte *FamFG* 315 1 ff; siehe auch dort
- Bezeichnung der Maßnahme
FamFG 323 2
- Dauer *FamFG* 323 2
- Dauer der Aussetzung
FamFG 328 4
- dringende Gründe
FamFG 331 3
- Durchführung *FamFG* 326 2 ff
- Eilfälle, Zuständigkeit
FamFG 313 3
- eilige einstweilige Anordnung
FamFG 333 1 ff
- Einleitung des Verfahrens
FamFG 312 1 ff, 10
- einstweilige Anordnung
FamFG 331 1 ff, 333 1 ff
- Fachkenntnisse *FamFG* 321 3
- funktionelle Zuständigkeit
FamFG 313 9
- Gefahr *FamFG* 331 3
- Gefahr im Verzuge
FamFG 332 2
- Gelegenheit zur Äußerung
FamFG 320 1 ff

- gerichtliche Überprüfung
FamFG 327 1 ff
- Gutachtenauftrag
FamFG 321 6
- Hinzuziehung von Beteiligten
FamFG 315 1 ff, 8 ff
- internationale Zuständigkeit
FamFG 313 6
- Landesgesetze *FamFG* 312 8
- Mitteilungspflichten
FamFG 338 1 ff
- mündliches oder schriftliches Gutachten *FamFG* 321 6
- öffentlich-rechtliche
FamFG 312 7 ff, 313 4
- örtliche Zuständigkeit des Gerichts *FamFG* 313 1 ff
- Sachverständigengutachten
FamFG 321 1 ff
- Übernahmebereitschaft
FamFG 314 6
- Überprüfung *FamFG* 329 1 ff
- Unterbringung des Betroffenen zur Vorbereitung eines Gutachtens *FamFG* 322 7
- Unterrichtungspflichten
FamFG 339 1 ff
- Untersuchung und Befragung
FamFG 321 5
- Verlängerung *FamFG* 329 4 ff
- Vorführung des Betroffenen
FamFG 322 1 ff
- vorläufige Unterbringung
FamFG 331 1 ff
- Widerruf *FamFG* 328 5
- zivilrechtliche *FamFG* 312 2, 313 2
- Zuführung *FamFG* 325 1 ff
- zur Anhörung, Untersuchung, Unterbringung zur Beobachtung *FamFG* 322 1 ff
- Zweck *FamFG* 312 1 ff
Untergebrachter Betroffener
- Beschwerdeeinlegung
FamFG 305 1 ff
- Unterbringungsbeschwerdeverfahren *FamFG* 336 1
Unterhaltsansprüche, einzusetzende
BGB 1835a 16, 1836c 7, 1836d 10 ff
Unterhaltspflichtige *BGB* 1893 54

Unterkonto *BGB* **1805** 2
Unterrichtung des Betreuers
FamFG **289** 5 ff
Unterrichtung des Betroffenen
FamFG **278** 20, **297** 13
Unterrichtungspflicht bei Vorsorge-
vollmachten *BGB* **1901c** 3 f,
26 ff
- Herausgabe der Kopie
BGB **1901c** 4
Unterschrift *FamFG* **286** 28
Unterstützungsbetreuer
FamFG **293** 17 ff
Untersuchung des Betroffenen
BGB **1904** 34 f; *FamFG* **297** 22
Untersuchung des Medizinischen
Dienstes der Krankenkassen
FamFG **282** 4
Unwesentliche Erweiterung des
Aufgabenkreises *FamFG* **281** 3
Unwirksamkeit von Rechtsgeschäf-
ten *BGB* **1903** 1
Unzumutbarkeit für Betreuer als
Entlassungsgrund
BGB **1908b** 89 ff
Unzuständiges Gericht
FamFG **272** 2 f
Urkundsperson *BtBG* **6** 17

Vaterschaft *BGB* **1902** 59 ff;
FamFG **340** 7
Veräußerung/Erwerbsgeschäft
FamFG **299** 3
Verbindlichkeit einer Anordnung ei-
nes Schenkers *BGB* **1803** 3
Verbindung der Verfahren
BGB **1908b** 152
Verbot des Selbstkontrahierens
BGB **1795** 8 ff
Verbraucherinsolvenz
BGB **1902** 103 f
Verdachtsdiagnose
FamFG **280** 19, **281** 11
Verein *BGB* **1791a** 1 ff,
1857a 1 ff
Vereinsbetreuer *BGB* **1791a** 1–3,
1900 2 ff; *FamFG* **289** 7
- Berufsbetreuer *BGB* **1897** 51
- Beschwerde *siehe dort*

- Einwilligung des Vereins für Be-
stellung *BGB* **1897** 52
- Entlassung *BGB* **1908b** 128
- Vergütung *VBVG* **7** 1 ff
- Verpflichtung *FamFG* **289** 7
Verfahren
- Abfrage des Vorsorgevollmachts-
registers *FamFG* **Vor 271 ff** 20
- Abgabe bei internationaler Zu-
ständigkeit *FamFG* **272** 20
- Abgabe des Verfahrens
FamFG **273** 9
- Anhörung *FamFG* **273** 9
- Anordnung eines Einwilligungs-
vorbehaltes *BGB* **1903** 74 ff
- Aufhebung der Betreuung und
Einschränkung des Aufgaben-
kreises *BGB* **1908d** 37 ff
- Aufhebung eines Einwilligungs-
vorbehaltes *BGB* **1908d** 37 ff
- bei Ablehnung/Erweiterung der
Betreuung *FamFG* **293** 16
- bei Ablehnung/Erweiterung Ein-
willigungsvorbehalt
FamFG **293** 16
- bei Auslandsbezug
FamFG **272** 19
- Einstellung des Verfahrens
FamFG **Vor 271 ff** 21
- einstweilige Anordnung bei ge-
steigerter Dringlichkeit
FamFG **301** 4
- Entlassung des Betreuers durch
einstweilige Anordnung
FamFG **300** 27
- funktionelle Zuständigkeit für
Verfahrenshandlungen
FamFG **272** 12
- Haager Übereinkommen über Er-
wachsenenschutz
FamFG **272** 24
- Hauptsacheverfahren
FamFG **Vor 271 ff** 23
- Länderöffnungsklausel
FamFG **272** 15
- persönliche Anhörung des Betrof-
fenen *FamFG* **278** 2
- Statuswechsel *FamFG* **296** 19
- Überprüfung
FamFG **Vor 271 ff** 24

- Verfahrensabgabe
  FamFG 273 1 ff
- Verfahrensablauf
  FamFG **Vor** 271 ff 18
- Verfahrensanforderungen
  FamFG **Vor** 271 ff 16
- Verfahrensbevollmächtigter
  FamFG 287 7
- Verfahrenseinleitung
  FamFG **Vor** 271 ff 18, 274 4
- Verfahrensende
  FamFG **Vor** 271 ff 26
- Verfahrenshandlungen
  FamFG 278 40
- Verlängerung der Betreuung
  FamFG 295 4
- Verlängerung der einstweiligen Anordnung *FamFG* 302 6
- Verlängerung des Einwilligungsvorbehaltes *FamFG* 295 4
- Vorermittlung
  FamFG **Vor** 271 ff 19
- Wiederaufnahme des Verfahrens
  FamFG 272 14
- Zuständigkeitsabgrenzung
  FamFG 271 6

Verfahrenserleichterungen
- Aufhebung der Betreuung und Einschränkung des Aufgabenkreises *BGB* 1908d 38
- Aufhebung des Einwilligungsvorbehaltes und des Kreises der einwilligungsbedürftigen Willenserklärungen *BGB* 1908d 38 ff
- Bestellung eines neuen Betreuers
  BGB 1908c 22 ff
- Entlassung eines Betreuers
  BGB 1908b 142 f
- unwesentliche Erweiterung der Betreuung oder des Einwilligungsvorbehaltes
  BGB 1908d 51 ff

Verfahrensfähigkeit
FamFG 275 1 ff, 316 1 ff; *siehe auch* Prozessfähigkeit
- Betroffener *FamFG* 275 2 ff
- Insolvenzverfahren
  BGB 1902 103 f
- Verwaltungsverfahren *siehe* Handlungsfähigkeit

Verfahrensgarantie *BGB* 1846 6

Verfahrenskostenhilfe
FamFG 286 3, 307 21 ff, 316 2, 317 2

Verfahrenskostenhilfeantrag
FamFG 275 6

Verfahrenspfleger *FamFG* 275 5, 9, 276 1 ff, 299 19, 317 1 ff
- Absehen von Anhörung
  FamFG 299 8
- Anhörung *FamFG* 317 2
- Anwesenheit während Anhörung
  siehe Anhörung des Betroffenen
- Aufgaben *FamFG* 276 13
- Aufwendungsersatz
  FamFG 277 7 ff
- Auswahl *BtBG* 8 12;
  FamFG 276 9, 317 7
- Behördenmitarbeiter
  FamFG 277 25
- Bekanntgabe *FamFG* 287 7
- Bekanntmachung von Entscheidungen *FamFG* 317 2
- Beschwerdeberechtigung
  FamFG 303 49
- Beschwerderecht
  FamFG 317 9, 335 17
- Beschwerderecht in Unterbringungssachen *FamFG* 335 17
- Bestellung *FamFG* 272 12, 273 9, 276 6 ff, 10, 317 8
- Bestellung ärztliche Maßnahme
  FamFG 298 21
- Beteiligung *FamFG* 317 2
- einstweilige Anordnung
  FamFG 300 13
- Ende der Pflegschaft
  FamFG 276 14
- Entlassung des Betreuers
  BGB 1908b 147
- funktionelle Zuständigkeit
  FamFG 272 12
- Geeignetheit *BtBG* 8 12 f
- Genehmigung Rechtsgeschäft
  FamFG 299 8
- gerichtliche Aufsicht
  BGB 1837 6
- Kinder *FamFG* 317 4
- Mussbeteiligter *FamFG* 274 18, 33
- Nichteinwilligung in ärztliche Maßnahme *FamFG* 298 21

- objektive Rechte *FamFG* 316 5
- optimaler Rechtsschutz
  FamFG 317 3
- Pauschalierung von Vergütung und Aufwendungsersatz
  FamFG 277 18 ff
- persönlicher Eindruck
  FamFG 317 2
- rechtliches Gehör
  FamFG 317 3
- Rechtsanwalt *FamFG* 277 8 ff, 317 2
- Stellung *FamFG* 276 2 ff
- Sterilisation *FamFG* 297 20
- Unterbringung zur Begutachtung
  FamFG 284 10
- Vereinsmitarbeiter
  FamFG 277 23
- Verfahrensfähigkeit
  FamFG 316 2
- Verfahrenskostenhilfe
  FamFG 317 6
- Vergütung *FamFG* 277 13 ff
- Zusammenarbeit
  FamFG 276 12
- zusätzlicher Vertretungsbedarf
  FamFG 317 6

Verfahrensübernahme
  FamFG 272 12

Verfahrensverlauf *FamFG* 278 20

Verfahren vor dem Arzt
  FamFG 281 12, 300 12

Verfahren vor dem Sachverständigen *FamFG* 280 18, 297 22, 298 27

Verfügung über Vermögen im Ganzen *FamFG* 299 3

Verfügung von Todes wegen
  BGB 1902 66 ff

Vergleich *BGB* 1822 20, 68 f, 1902 105; *FamFG* 299 3

Vergütung
- Abschlagszahlungen
  VBVG 3 12
- aufgewandte und erforderliche Zeit *VBVG* 3 5
- Behördenbetreuer *VBVG* 8 4 f
- berufsmäßige Betreuer *siehe* Vergütung berufsmäßiger Betreuer
- ehrenamtliche Betreuer *siehe* Vergütung ehrenamtlicher Betreuer
- Ende der Betreuung oder des Amtes *BGB* 1893 24 ff, 32 f
- Festsetzung, förmliche
  FamFG 168 10 ff
- Forderungsübergang
  BGB 1836e 1 ff
- Pauschalierung *VBVG* 4 1 ff, 5 1 ff
- Sterilisationsbetreuer
  VBVG 3 1 ff, 6 6 ff
- Überblick *BGB* Vor 1835 2 ff; *VBVG* Vor 1 2
- Vereinsbetreuer *VBVG* 7 1 ff
- Verfahren *siehe* Festsetzung von Vergütung und Aufwendungsersatz
- Verfahrenspfleger
  FamFG 277 13 ff; *VBVG* 3 1 ff
- Verhinderungsbetreuer
  VBVG 3 1 ff, 6 6 ff
- Vormünder *VBVG* 3 1 ff

Vergütung berufsmäßiger Betreuer
  VBVG 5 1 ff
- Änderung von Umständen
  VBVG 5 40
- Basisstundensatz *VBVG* 4 11 ff
- Bedeutung der Reform
  VBVG 5 4 ff
- begrenzter Aufgabenkreis
  VBVG 6 18
- Berechnung der Monate
  VBVG 5 37 ff
- Betreuerwechsel *VBVG* 5 42 ff, 6 13
- Entstehen des Anspruchs
  VBVG 9 7
- Erhöhung des Stundensatzes
  VBVG 4 14 ff
- Erweiterung des Aufgabenkreises
  VBVG 6 14
- Fälligkeit *VBVG* 9 9
- gewöhnlicher Aufenthalt des Betreuten *VBVG* 5 19 ff
- Heimdefinition *VBVG* 5 26 ff
- Inklusivstundensatz
  VBVG 4 35 ff
- mehrere Betreuer *VBVG* 6 16

- Nachqualifizierung
  VBVG 11 1 ff
- Nutzbarkeit besonderer Kenntnisse *VBVG* 4 32 ff
- Parameter der Pauschalierung
  VBVG 5 12 ff
- pauschalierter Zeitansatz
  VBVG 5 11 ff
- Reform *BGB* **Vor 1835** 1 ff;
  VBVG 5 1 ff
- Staffelung der Stundensätze
  VBVG 4 8 ff
- Sterilisationsbetreuer
  VBVG 6 6 ff
- Stundenansatz bei Bemittelten
  VBVG 5 18 ff
- Stundenansatz bei Mittellosen
  VBVG 5 23
- Verfahrensrechtliches
  VBVG 4 47 ff
- Verhinderungsbetreuer
  VBVG 6 6 ff
- Verzinsung *VBVG* 9 9
- vorläufige Betreuung
  VBVG 6 17
- Wechsel zu einem Ehrenamtlichen *VBVG* 5 42 ff
- zeitliche Lücken *VBVG* 6 15
- Zeitraum *VBVG* 5 35 ff

Vergütung ehrenamtlicher Betreuer
BGB **1836** 9 ff

Vergütungsbewilligung
VBVG 1 5 ff

Vergütungsverfahren
FamFG **168** 1 ff

Verhältnismäßigkeit
FamFG **Vor 271 ff** 15
- Einwilligungsvorbehalt
  BGB **1903** 18 ff
- Entlassung *BGB* **1908b** 76
- Unterbringung
  BGB **1906** 21 ff, 24, 28
- Unterbringung zur Begutachtung
  FamFG **284** 4
- Vorführanordnung
  FamFG **283** 6
- Vorführung des Betroffenen zur persönlichen Anhörung
  FamFG **278** 34

Verhinderungsbetreuer
BGB **1899** 1, 17 ff

Verjährung *BGB* **1836** 21, **1903** 66; *VBVG* 8 14

Verlängerung
- Betreuerbestellung
  FamFG **280** 3 ff
- Betreuung *BGB* **1908b** 6;
  FamFG **294** 21 ff, **295** 2 f
- einstweilige Anordnung
  FamFG **302** 3 ff
- Einwilligungsvorbehalt
  FamFG **294** 20 ff, **295** 3 ff
- Unterbringung *FamFG* **284** 13, **329** 1 ff

Verlesen der Beschlussformel
FamFG **286** 29, **288** 7

Verletzung der Nichtöffentlichkeit der Anhörung *FamFG* **278** 43

Vermächtnis *FamFG* **299** 3

Vermerk
- über Beglaubigung *BtBG* 6 14

Vermögen *BGB* **1805** 1 ff, **1822** 3, **1836c** 15 ff
- Verwertbarkeit
  BGB **1836c** 25 ff; *siehe auch* Schonvermögen

Vermögensdelikt, vorbestraft
BGB **1908b** 86

Vermögensgefährdung
- Anordnung eines Erblassers oder Zuwendenden *BGB* **1803**
- Einwilligungsvorbehalt
  BGB **1903** 17, 21

Vermögensherausgabe
BGB **1890** 2 ff

Vermögenssorge *BGB* **1802** 1 ff, **1896** 154; *FamFG* **275** 7

Vermögensverwaltung
BGB **1802** 1 ff, **1817** 2 ff

Vermögensverzeichnis
BGB **1802** 3 ff

Verpflichtung des Betreuers
FamFG **289** 4 ff, **293** 15

Verschlechterungsverbot
- bei Betreuungssachen
  FamFG **303** 89

Verschuldung *BGB* **1903** 35

Versicherung *BGB* **1902** 38

Vertrauensperson
- ärztliche Maßnahme
  FamFG 298 20
- Beschwerdeberechtigung
  FamFG 303 47 ff
- Ermittlung der Vertrauensperson
  FamFG 278 16
- Ladung FamFG 278 16
- Optionsbeteiligte
  FamFG 274 23
- persönliche Anhörung
  FamFG 278 16
- Sterilisation FamFG 297 18

Vertrauensverhältnis
  BGB 1901 20, 1908b 83

Vertreter der Staatskasse
  FamFG 274 27

Vertreter ohne Vertretungsmacht
- Ausschluss von der Vertretungsmacht BGB 1795 1 ff
- Gericht BGB 1902 89 ff
- Handeln über Amtsende hinaus
  BGB 1893 18
- höchstpersönliche Rechtsgeschäfte BGB 1902 49 ff
- Verwaltungsverfahren und Sozialbehörden BGB 1902 76 ff
- Zwangsvollstreckung
  BGB 1902 102

Vertretung durch Urkundsperson
  BtBG 6 16

Vertretungsmacht
- Aufgabenkreis BGB 1902 27 ff
- Ausschluss bei Interessenkollision
  BGB 1902 47
- Beginn BGB 1902 31
- Doppelzuständigkeit
  BGB 1902 16, 1903 2
- Ende BGB 1902 32
- Ende der Betreuung oder des Amtes BGB 1893 3, 9, 31
- Gegenbetreuer BGB 1902 28
- Geschäftsfähigkeit des Betreuten
  BGB 1902 13 f
- Grenzen BGB 1902 7, 43 ff
- Missbrauch BGB 1902 45 f
- Pflicht zur Ausübung
  BGB 1902 6
- Prozess BGB 1902 89 ff
- Schenkungen BGB 1902 48
- Überschreiten gegenüber Betreuten BGB 1902 39
- Umfang BGB 1902 4, 27 ff
- Zweifel bei Umfang
  BGB 1902 35 ff

Verwahrung von Betreuungsverfügungen BGB 1901c 43 ff

Verwaltungsverfahren
- Einwilligungsvorbehalt
  BGB 1903 69

Verwandte BGB 1795 13

Verweisung an zuständiges Gericht
  FamFG 273 3

Verzicht
- Anteil am Gesamtgut
  FamFG 299 24
- Begutachtung FamFG 281 8
- Gesamtgut FamFG 340 7
- Gutachteneinholung
  FamFG 281 6
- Pflichtteil BGB 1822 28 ff

Verzinsung BGB 1834 1 ff
- Aufwendungsersatz
  BGB 1835 25
- Vergütung VBVG 3 13

Volljähriger BGB 1896 1,
  1908a 1

Vollmacht BGB 1896 2, 15 ff,
  172, 1904 64 ff, 1906 74 ff;
  Einl. 4, 7, 18; FamFG 285 3
- Annahmeverpflichtung
  BGB 1896 34 ff
- Auftragsverhältnis
  BGB 1896 35
- Aufwendungsersatz des Bevollmächtigten BGB 1896 57
- Auslegung BGB 1896 29
- Außenvollmacht
  BGB 1896 17 ff
- Bedeutung für Angehörige
  BGB 1896 5, 110
- Bedeutung für Besitzer
  FamFG 285 25
- Bedeutung für Betreuer
  BGB 1896 106 ff
- Bedeutung für Betreuungsverein
  BGB 1896 105
- Bedeutung für Betroffenen
  FamFG 285 22

- Bedeutung für Bevollmächtigten
  FamFG **285** 27
- Bedeutung für Verfahrensbevollmächtigten *FamFG* **285** 24
- Bedeutung für Verfahrenspfleger
  FamFG **285** 23
- Beglaubigung durch Betreuungsbehörde *BGB* **1896** 27
- bei der Unterbringung
  BGB **1906** 74 ff
- Beratung bei der Errichtung
  BGB **1896** 16, 101 f, 106
- Bote *BGB* **1896** 31
- eidesstattliche Versicherung
  FamFG **285** 19
- Errichtungspflicht
  BGB **1896** 80 ff
- Ersatzbevollmächtigte
  BGB **1896** 41
- Erteilung an Betreuer
  BGB **1902** 10 f
- Form *BGB* **1896** 20 ff
- Genehmigungsvorbehalt
  BGB **1902** 10
- Geschäftsfähigkeit
  BGB **1896** 33, 69
- Geschäftsfähigkeit des Bevollmächtigten *BGB* **1896** 37
- Geschäftsfähigkeit des Vollmachtgebers *BGB* **1896** 26
- Grundstücke *BGB* **1896** 21
- Haftung *BGB* **1896** 59 ff
- Herausgabeverpflichtung
  FamFG **285** 5
- Hinterlegung *BGB* **1896** 19
- in Gesundheitsangelegenheiten
  BGB **1904** 64 ff
- In-Sich-Geschäft *BGB* **1795** 7
- Insolvenz des Bevollmächtigten
  BGB **1896** 39
- Insolvenz des Vollmachtgebers
  BGB **1896** 44 f
- Kündigung *BGB* **1896** 36
- mehrere Bevollmächtigte
  BGB **1896** 40 ff
- mehrere Vollmachten
  BGB **1896** 77
- Melderecht *BGB* **1896** 89
- Missbrauch *BGB* **1896** 18
- Missbrauch der Vertretungsmacht *BGB* **1901** 65
- Mustervollmacht/Broschüre
  BGB **1896** 28 f
- Nachforschungspflicht des Betreuungsgerichts
  BGB **1896** 63 ff
- nachträgliches Auffinden
  BGB **1896** 79
- notarielle Beglaubigung
  BGB **1896** 27
- notarielle Beurkundung
  BGB **1896** 21 ff
- partielle Geschäftsfähigkeit
  BGB **1896** 61b, 72
- Passrecht *BGB* **1896** 90
- Prozessvertretung
  BGB **1902** 93 ff
- Recht auf Freiheit vor dem Staat
  BGB **1896** 15
- Rückgabe der Vollmachtsurkunde *BGB* **1896** 31
- Selbstbestimmungsrecht
  BGB **1896** 80, 84
- Tod des Bevollmächtigten
  BGB **1896** 38
- Tod des Vollmachtgebers
  BGB **1896** 43
- Überschreiten *BGB* **1901** 63
- Unterbevollmächtigte
  BGB **1896** 42
- Untervollmacht *BGB* **1901** 64
- Urkundsperson *BtBG* **6** 16
- Vergütung des Bevollmächtigten
  BGB **1896** 57
- Weisungen *BGB* **1896** 80, 84
- Widerruf *BGB* **1896** 30 ff
- Widerruf durch Betreuer
  BGB **1896** 107 ff, **1902** 12
- Widerruf durch Vollmachtgeber
  BGB **1896** 37
- Wirksamkeit von Vollmachten des Betreuers bei Delegation von Aufgaben *BGB* **1901** 59
- Zweifel an der Wirksamkeit
  BGB **1896** 28, 61a

Vollmachtsbetreuer
- Absehen von Gutachteneinholung *FamFG* **281** 10
- ärztliches Zeugnis
  FamFG **281** 3, 10
- Bestellung *FamFG* **281** 10

- funktionelle Zuständigkeit
  FamFG 272 10, 278 5
- Rechtspfleger *FamFG* 278 5
- Überprüfung der Betreuerauswahl *FamFG* 291 4

Vollstreckung
- Herausgabeverpflichtung
  FamFG 285 8
- Zwangshaft *FamFG* 285 17 ff

Vollzug
- eidesstattliche Versicherung
  FamFG 285 21
- Zwangshaft *FamFG* 285 17 ff

Vorbetreuer *BGB* 1908c 9 ff, 1908d 27

Vorermittlungen
  FamFG **Vor** 271 ff 19

Vorführanordnung
  FamFG 278 37 f

Vorführung des Betroffenen
  FamFG 272 12, 294 8, 296 7, 322 1 ff
- funktionelle Zuständigkeit
  FamFG 278 4, 33
- Gewaltanwendung
  FamFG 322 3 ff
- Kosten *FamFG* 278 39, 283 22, 284 19
- zur Anhörung *FamFG* 278 35 f, 283 12 ff
- zur Anhörung, Untersuchung, Unterbringung zur Beobachtung, Vorbereitung eines Gutachtens bei Unterbringungsmaßnahmen *FamFG* 322 1 ff

Vorführung zur persönlichen Anhörung *FamFG* 278 32
- Bestellung eines neuen Betreuers
  FamFG 296 14
- Genehmigung Rechtsgeschäft
  FamFG 299 9
- Sterilisation *FamFG* 297 11

Vorführung zur Untersuchung
  FamFG 283 2 ff
- ärztliche Maßnahme
  FamFG 298 28
- Bedeutung *FamFG* 283 23 ff
- Beschluss *FamFG* 286 4
- Sterilisation *FamFG* 297 22

- vor Sachverständigen
  FamFG 283 20

Vorgenehmigung *BGB* 1829 3 f

Vorkaufsrecht *BGB* 1821 10; *FamFG* 299 3

Vorlage Betreuungsverfügung
  FamFG 286 3

Vorläufige Anordnungen nach § 1846 BGB *FamFG* 334 1 ff

Vorrang des Wohls des Betreuten
  BGB 1901 44 ff

Vorsätzlich falsche Abrechnung
  BGB 1908b 58 ff
- gegenüber Betreuten
  BGB 1908b 64 ff
- gegenüber Staatskasse
  BGB 1908b 58 ff

Vorsorgebevollmächtigter
- Beschwerderecht
  FamFG 286 37
- Beschwerderecht in Unterbringungssachen *FamFG* 335 18 ff
- Mussbeteiligter *FamFG* 274 17

Vorsorgeregister *BtBG* 6 25 f; *FamFG* **Vor** 271 ff 20

Vorsorgevollmacht *FamFG* 285 3
- Beratung bei der Erstellung
  BGB 1908f 8, 38
- Beratung durch Betreuungsgericht *FamFG* 278 9
- Feststellung der Patientenvollmacht *BGB* 1901b 13
- Herausgabeverpflichtung
  FamFG 285 4, 22 ff
- nach dem BtBG *BtBG* 6 7 ff, 23 ff
- planmäßige Information
  BGB 1908f 36
- Sachaufklärungspflicht des Betreuungsgerichts
  FamFG 274 17
- Verstoß gegen Rechtsdienstleistungsgesetz *FamFG* 274 17
- Widerruf *FamFG* 274 17

Vorsorgliche Betreuerbestellung für Minderjährigen *FamFG* 272 10

Wählerverzeichnis *BGB* 1908d 59
Wahlrecht *BGB* 1896 166

Weitere Ermittlungen
- Unterbringungsbeschwerdeverfahren *FamFG* 335 27 ff

Weiterer Betreuer
FamFG 293 17 ff

Weiterversicherung in der gesetzlichen Krankenversicherung
BGB 1902 36

Wertpapier *BGB* 1812 2 ff, 1814 2 ff, 1818 2

Wesentliche/unwesentliche Erweiterung der Betreuung/des Einwilligungsvorbehaltes
BGB 1908d 51 ff

Wichtiger Grund für eine Entlassung *BGB* 1908b 9 ff

Widerruf einer Vollmacht
BGB 1901c 32

Widerruf Geschäftspartner
BGB 1830 2 ff

Widerspruch
- Entlassung des Betreuers
  FamFG 296 6
- Entlassung des Betreuers durch einstweilige Anordnung
  FamFG 300 28
- Kündigung Wohnung
  FamFG 299 21
- Nichtöffentlichkeit der Anhörung
  FamFG 278 15
- Sterilisation *FamFG* 297 24

Wiederaufnahme des Verfahrens
FamFG 272 14, 299 32

Wiedereinsetzung *BGB* 1902 100; *FamFG* 286 31, 299 32
- Beschwerdeverfahren
  FamFG 303 65

Wiederverheiratung *FamFG* 340 7

Willenserklärungen
BGB 1903 24 ff

Willkürliche Anordnung der Begutachtung *FamFG* 280 32

Wirksamkeit
- einstweilige Anordnung
  FamFG 300 21
- Entscheidungen in Unterbringungsmaßnahmen
  FamFG 324 1 f
- Genehmigung *FamFG* 299 31

- Genehmigung Einwilligung in ärztliche Maßnahme
  FamFG 298 22
- Genehmigung Nichteinwilligung in ärztliche Maßnahme
  FamFG 298 29
- Genehmigung Sterilisation
  FamFG 297 25
- Sterilisation *FamFG* 297 31

Wirksamwerden von Entscheidungen *FamFG* 287 2 ff

Wohl des Betreuten *BGB* 1901 29
- aktueller Wille *BGB* 1901 43
- Besprechenspflicht
  BGB 1901 39 ff
- Betreuungsverfügung
  BGB 1901 42
- Drittinteresse *BGB* 1901 32
- Entlassung des Betreuers
  BGB 1908b 27 ff
- Freiheit zur eigenen Lebensgestaltung *BGB* 1901 30
- Konflikt zwischen Wohl und Wünschen *BGB* 1901 44 ff
- selbstschädigendes Verhalten
  BGB 1901 47 f
- Überprüfung der Betreuerauswahl *FamFG* 291 9
- Vorrang *BGB* 1901 44 ff
- Vorschlag des Betreuten
  BGB 1908b 120 ff

Wohnen *BGB* 1897 12

Wohngemeinschaft *BGB* 1907 18

Wohnraummietvertrag
FamFG 299 19

Wohnung *BGB* 1897 10, 1907 3 ff, 39 ff

Wohnungsangelegenheiten
BGB 1896 160

Wohnungseigentum *BGB* 1821 5; *FamFG* 299 3

Wohnungskündigung
BGB 1896 139
- Alternativen *FamFG* 299 35
- Genehmigung *FamFG* 299 19 ff

Wünsche und Vorstellungen des Betreuten *BGB* 1901 34 ff
- Konflikt zum Wohl
  BGB 1901 44 ff

- Nichtbeachten durch Betreuer *BGB* **1901** 52 f
- Realisierbarkeit der Wünsche *BGB* **1901** 34
- Überwachung durch das Gericht *BGB* **1901** 54 f
- Zumutbarkeit *BGB* **1901** 49 ff

Württembergisches Rechtsgebiet *FamFG* **272** 16

Zeitbudget *BGB* **1901** 50
Zeitlich befristete Betreuung *BGB* **1908d** 13 f
Zentralarchiv DRK *BGB* **1901c** 44
Zentrale Registrierung von Vorsorgevollmachten *BtBG* **6** 25 f
Zentrales Vorsorgeregister *BGB* **1901c** 39, 42 ; *FamFG* **Vor 271** 20 ff, **278** 8
Zinsen *BGB* **1806** 4, **1807** 7, **1834** 2 ff
Zivilprozess
- Einwilligungsvorbehalt *BGB* **1903** 70
- Vertretung durch Betreuer *BGB* **1902** 89 ff

Zuführung zur Heilbehandlung *BGB* **1901** 99
Zuführung zur Unterbringung *FamFG* **326** 1 ff
Zumutbarkeit *BGB* **1901** 49 ff
Zurückbehaltungsrecht an Akten *BGB* **1890** 6
Zuständigkeit *FamFG* **Vor 271** ff 3
- Abgabe des Verfahrens *FamFG* **273** 3
- Ausnahmen der BtB *BtBG* **3** 3 ff
- Entscheidung über Einleitung Hauptsacheverfahren *FamFG* **300** 23
- Erstbefassung *FamFG* **272** 2
- funktionelle Zuständigkeit *FamFG* **272** 9 ff
- internationale Zuständigkeit *FamFG* **272** 17
- örtliche der BtB *BtBG* **3** 1 ff
- örtliche Zuständigkeit *FamFG* **272** 2 ff
- örtliche Zuständigkeit nach Haager Übereinkommen über Erwachsenenschutz *FamFG* **272** 23
- sachliche der örtlichen BtB *BtBG* **1** 5 ff
- sachliche der überörtliche BtB *BtBG* **2** 3
- Unzuständigkeit *FamFG* **273** 3
- Verfahrensabgabe *FamFG* **273** 3
- Verweisung an zuständiges Gericht *FamFG* **273** 3

Zuständigkeitsabgrenzung *FamFG* **271** 6
Zustellung *FamFG* **288** 7
Zustimmung bei Verfahrensabgabe *FamFG* **273** 10
Zustimmung des Betreuers
- Abgabe bei internationaler Zuständigkeit *FamFG* **272** 21
- Einwilligungsvorbehalt *BGB* **1903** 1, 4, 58 ff
- Rechtsfolgen *BGB* **1903** 58 ff

Zwangsbefugnisse *BGB* **1901** 91 ff
- Zuführung zur ärztlichen Heilbehandlung *BGB* **1901** 99
- Zutritt zur Wohnung *BGB* **1901** 93, 96

Zwangsbehandlung siehe Ärztliche Zwangsbehandlung
Zwangsgeld *BGB* **1837** 16 ff, **1890** 3, **1892** 2, **1908g** 1; siehe auch Zwangsmittel
- Androhung *BGB* **1837** 16
- Betreuungsbehörde *BGB* **1837** 22
- Einziehung *FamFG* **285** 13
- Erzwingung der Rückgabe der Bestallungsurkunde *BGB* **1893** 36
- Festsetzung *BGB* **1837** 18; *FamFG* **285** 12 ff
- funktionelle Zuständigkeit *FamFG* **272** 12, **285** 11
- Herausgabeverpflichtung Betreuungsverfügung *FamFG* **285** 9

- Herausgabeverpflichtung Vollmacht *FamFG* 285 9
- Höhe *FamFG* 285 12
- Rückgabe Bestellungsurkunde *FamFG* 290 6
- Unzulässigkeit *BGB* 1837 17
- vorheriger Hinweis *FamFG* 285 10

Zwangsmaßnahmen *FamFG* 294 9

Zwangsmittel *siehe auch* Zwangsgeld
- Ausschöpfung vor Entlassung *BGB* 1908b 79
- Durchsetzung von Ablieferung und Unterrichtung *BGB* 1901c 40 f
- Überprüfung der Betreuerauswahl *FamFG* 291 11
- Zwangsgeld *FamFG* 285 8 ff
- Zwangshaft *FamFG* 272 12, 285 15 ff

Zwangsversteigerung *BGB* 1821 15

Zwangsvollstreckung *BGB* 1902 102; *FamFG* 168 40

Zweckbindung *FamFG* 308 7

Zweites Betreuungsrechtsänderungsgesetz
- Bedeutung für das Innenverhältnis *BGB* 1901 13
- Betreuungsplanung *BGB* 1901 72 ff
- Mitteilungspflicht über geführte Betreuungen *BGB* 1901 66
- zwangsweise Zuführung zur Heilbehandlung *BGB* 1901 99

Zwischenentscheidung
- Anfechtbarkeit *FamFG* 280 31
- Begründungspflicht *FamFG* 286 3
- Bekanntgabe an Betroffenen *FamFG* 288 4
- Beschlussform *FamFG* 286 3
- Wirksamwerden *FamFG* 287 3